数学奥林匹克大集新编

黄宣国 / 编著

中国科学技术大学出版社

内容简介

本书将中学阶段的数学内容进行了较系统的归类和介绍.阅读本书可以开拓读者在不等式、方程与多项式、数论、组合数学、平面几何等方面的视野,提高对这些内容的认知和解决同类问题的能力.本书适合中学数学教师和学有所长的高中学生使用.

图书在版编目(CIP)数据

数学奥林匹克大集新编/黄宣国编著. —合肥:中国科学技术大学出版社,2016.7
ISBN 978-7-312-03977-5

Ⅰ.数… Ⅱ.黄… Ⅲ.中学数学课—高中—教学参考资料 Ⅳ.G634.603

中国版本图书馆 CIP 数据核字(2016)第 133114 号

出版	中国科学技术大学出版社
	安徽省合肥市金寨路96号,230026
	http://press.ustc.edu.cn
印刷	合肥市宏基印刷有限公司
发行	中国科学技术大学出版社
经销	全国新华书店
开本	787 mm×1092 mm 1/16
印张	52
字数	1 467 千
版次	2016 年 7 月第 1 版
印次	2016 年 7 月第 1 次印刷
定价	128.00 元

前　言

　　1997年由上海教育出版社出版的《数学奥林匹克大集1994》迄今已近二十年．这本书在高中数学教师群中有一定的影响．近年，有两个出版社联系我，表示愿意再版此书．

　　我花了约半年时间，对原书的个别例题简化了证明，精简了多处叙述，删除了个别我认为不妥的例题，也对原书的极少量小疏忽进行了修改．现呈现在读者面前的这部书，比原书增加了约二分之一的篇幅，对将近二十年来我假期在天津、长沙、杭州、上海、广州等地的讲课内容进行了挑选，从中选择若干材料作为增补例题写入了本书．

　　本书的第一部分为讲座精选，共五章，包含不等式、方程与多项式、数论、组合数学、平面几何等内容，约占全书三分之二的篇幅，其中超过一半的内容是新增的．讲座精选部分材料来自两个方面：首推《美国数学月刊》(The American Mathematical Monthly)，其次是加拿大中等数学杂志(Crux Mathematicorum with Mathematical Mayhem)．另外，还查阅了一些国外数学竞赛方面的书籍，包括英文版的组合数学习题集、不等式论文集等，从中选取了若干题目作为例题．当然书中有一些例题是我自编的，其中包含我与中学生的互动内容．第二部分为资料汇编，共三章，前两章内容基本源于原书，最后一章是新增的，我查阅了2001年至2011年上述提及的加拿大中等数学杂志，从中挑选了近400道各国数学竞赛题目，供读者选用．

　　1995年暑假，我每天写500字的稿纸20页，原书的绝大部分内容就是在当时没有空调的家里完成的．八十多岁高龄的老母亲天天张罗三顿饭，使我能专心写作．因为悲苦的童年，母亲没有进过一天学堂，但凡认得她的人都赞她聪明．待原书1997年夏天出版时，她已离世几个月了．本书的新版，也是我对她老人家的纪念．

　　我希望本书对有志于中等数学研究、数学竞赛辅导的高中数学教师有所帮助，特别是希望对近年进入中学数学教师行列的青年才俊有益．另外，我也希望本书能开拓数学特别优秀的高中学生的视野．

　　我年轻时，在1973年8月写过一首五律．学习、研究数学需要这首诗描绘的心境，现献给读者．

> 往来绝尘嚣，众鸟竞相飞，
> 高树独幽境，细风迎素衣．
> 怜云何处去，广宇随心移，
> 青石正堪坐，静闻蝉曲稀．

另外，本书中的第 6 章有当时许多国内教授、副教授的工作，也有金牌获得者姚健钢的解答，在此深表谢意．

最后，感谢中国科学技术大学出版为对这部书的出版做了大量的工作．

复旦大学数学科学学院

黄宣国

2015 年 6 月

目　　录

前言 ·· (ⅰ)

第一部分　讲 座 精 选

第1章　不等式 ·· (1)
  1.1　凸函数与基本不等式 ·· (1)
  1.2　少量变元的不等式 ·· (21)
  1.3　较复杂的不等式 ·· (48)
  1.4　最大值与最小值 ·· (91)
  第1章习题 ·· (122)

第2章　方程与多项式 ·· (131)
  2.1　等式与方程 ·· (131)
  2.2　多项式 ··· (173)
  2.3　函数方程 ··· (218)
  第2章习题 ·· (250)

第3章　数论 ··· (259)
  3.1　不定方程 ··· (259)
  3.2　Fermat小定理及其应用 ·· (293)
  3.3　质数的性质 ·· (316)
  第3章习题 ·· (350)

第4章　组合数学 ·· (356)
  4.1　点与线段的染色问题 ·· (356)
  4.2　三角形与完全图 ·· (365)
  4.3　比赛与游戏 ·· (383)
  4.4　方格表与圆圈 ·· (404)
  4.5　整数元素集合的性质 ·· (416)
  4.6　子集族 ··· (437)
  第4章习题 ·· (455)

第5章　平面几何 ·· (460)
  5.1　综合法 ··· (460)
  5.2　三角函数法 ·· (491)
  5.3　坐标向量法 ·· (518)
  第5章习题 ·· (537)

第二部分　资料汇编

第 6 章　国家集训队与第 35 届国际数学竞赛 ……………………………… (543)
 6.1　1994 年中国数学奥林匹克题目及解答 ……………………………… (543)
 6.2　1994 年国家数学集训队测验题目及解答 …………………………… (549)
 6.3　1994 年国家数学集训队选拔考试题目及解答 ……………………… (581)
 6.4　第 35 届国际数学奥林匹克竞赛试题及解答 ………………………… (586)
 6.5　第 35 届国际数学奥林匹克竞赛备选题题目及解答 ………………… (593)

第 7 章　1994 年数学竞赛集锦 ………………………………………………… (615)
 7.1　1994 年保加利亚数学奥林匹克竞赛试题及解答 …………………… (615)
 7.2　1994 年罗马尼亚数学奥林匹克竞赛试题及解答 …………………… (656)
 7.3　1994 年英国数学奥林匹克竞赛试题及解答 ………………………… (680)
 7.4　1994 年韩国数学奥林匹克竞赛试题及解答 ………………………… (688)
 7.5　1994 年爱尔兰数学奥林匹克竞赛试题及解答 ……………………… (701)
 7.6　1994 年(第 20 届)俄罗斯数学奥林匹克竞赛试题及解答 ………… (709)
 7.7　1994 年(第 43 届)捷克(和斯洛伐克)数学奥林匹克竞赛试题及解答 ……… (724)
 7.8　1994 年越南数学奥林匹克竞赛试题及解答 ………………………… (728)
 7.9　1994 年加拿大数学奥林匹克竞赛试题及解答 ……………………… (746)
 7.10　1994 年北欧数学奥林匹克竞赛试题及解答 ………………………… (748)
 7.11　1994 年(第 45 届)波兰数学奥林匹克竞赛试题及解答 …………… (752)
 7.12　1994 年中国台北数学奥林匹克竞赛试题及解答 …………………… (764)
 7.13　1994 年中国香港代表队选拔赛试题及解答 ………………………… (770)
 7.14　1994 年十国数学奥林匹克竞赛题汇 ………………………………… (780)
 7.15　印度数学奥林匹克初等问题集 ………………………………………… (790)

第 8 章　各国(地区)数学竞赛试题选编 ……………………………………… (798)
 8.1　1995 年至 2000 年各国(地区)数学竞赛试题 ……………………… (798)
 8.2　2001 年至 2004 年各国(地区)数学竞赛试题 ……………………… (805)
 8.3　2005 年至 2007 年各国(地区)数学竞赛试题 ……………………… (815)

第一部分 讲座精选

第1章 不等式

1.1 凸函数与基本不等式

大家知道,不等式是数学竞赛中很重要的一个部分.本节向读者介绍一些基本的不等式.

大家都知道下面一些不等式.

(1) 当 $0 \leqslant x_1, x_2 \leqslant \pi$(这表明 x_1, x_2 两个实数都大于等于零,而小于等于 π)时,

$$\frac{1}{2}(\sin x_1 + \sin x_2) = \sin \frac{1}{2}(x_1 + x_2)\cos \frac{1}{2}(x_1 - x_2) \leqslant \sin \frac{1}{2}(x_1 + x_2) \quad (1.1.1)$$

因而,有

$$-\frac{1}{2}(\sin x_1 + \sin x_2) \geqslant -\sin \frac{1}{2}(x_1 + x_2) \quad (1.1.2)$$

(2) 当 x_1, x_2 全是正实数时,

$$\sqrt{x_1 x_2} \leqslant \frac{1}{2}(x_1 + x_2) \quad (1.1.3)$$

上式两端取对数,并且两端乘以 -1 有

$$-\frac{1}{2}(\lg x_1 + \lg x_2) = -\lg \sqrt{x_1 x_2} \geqslant -\lg \frac{1}{2}(x_1 + x_2) \quad (1.1.4)$$

(3) 当 p 是正整数,$x_1 > 0$ 和 $x_2 > 0$ 时,有

$$\frac{1}{2}(x_1^p + x_2^p) \geqslant \left[\frac{1}{2}(x_1 + x_2)\right]^p \quad (1.1.5)$$

对 p 用数学归纳法,容易证明上式.

当 $p=1$ 时,(1.1.5)是等式.当 $p=2$ 时,由于

$$\frac{1}{2}(x_1^2 + x_2^2) - \frac{1}{4}(x_1 + x_2)^2 = \frac{1}{4}(x_1 - x_2)^2 \geqslant 0 \quad (1.1.6)$$

不等式(1.1.5)也是正确的.

设当 $p=k$ 时,(1.1.5)成立,当 $p=k+1$ 时,

$$\frac{1}{2}(x_1^{k+1}+x_2^{k+1})=\frac{1}{4}(x_1^k+x_2^k)(x_1+x_2)+\frac{1}{4}(x_1^k-x_2^k)(x_1-x_2)$$

$$\geqslant \frac{1}{4}(x_1^k+x_2^k)(x_1+x_2)\geqslant \frac{1}{2}\left[\frac{1}{2}(x_1+x_2)\right]^k(x_1+x_2)(利用归纳假设)$$

$$=\left[\frac{1}{2}(x_1+x_2)\right]^{k+1} \tag{1.1.7}$$

所以,不等式(1.1.5)对任意正整数 p 成立.

(4) 当 $-\frac{\pi}{2}\leqslant x_1,x_2\leqslant \frac{\pi}{2}$ 时,

$$\frac{1}{2}(\cos x_1+\cos x_2)=\cos\frac{1}{2}(x_1+x_2)\cos\frac{1}{2}(x_1-x_2)\leqslant \cos\frac{1}{2}(x_1+x_2) \tag{1.1.8}$$

上式两端乘以 -1,有

$$-\frac{1}{2}(\cos x_1+\cos x_2)\geqslant -\cos\frac{1}{2}(x_1+x_2) \tag{1.1.9}$$

(5) 当 $0\leqslant x_1,x_2<\frac{\pi}{2}$ 时,

$$\tan x_1+\tan x_2=\frac{\sin x_1}{\cos x_1}+\frac{\sin x_2}{\cos x_2}=\frac{\sin(x_1+x_2)}{\cos x_1\cos x_2} \tag{1.1.10}$$

由于

$$\sin(x_1+x_2)=2\sin\frac{1}{2}(x_1+x_2)\cos\frac{1}{2}(x_1+x_2) \tag{1.1.11}$$

$$\cos x_1\cos x_2=\frac{1}{2}[\cos(x_1+x_2)+\cos(x_1-x_2)]$$

$$\leqslant \frac{1}{2}[\cos(x_1+x_2)+1]=\cos^2\frac{1}{2}(x_1+x_2) \tag{1.1.12}$$

利用(1.1.10),(1.1.11)和(1.1.12),有

$$\tan x_1+\tan x_2\geqslant 2\tan\frac{1}{2}(x_1+x_2) \tag{1.1.13}$$

(6) 当 $0<x_1,x_2\leqslant \frac{\pi}{2}$ 时,

$$\cot x_1+\cot x_2=\frac{\cos x_1}{\sin x_1}+\frac{\cos x_2}{\sin x_2}=\frac{\sin(x_1+x_2)}{\sin x_1\sin x_2} \tag{1.1.14}$$

将

$$\sin x_1\sin x_2=\frac{1}{2}[-\cos(x_1+x_2)+\cos(x_1-x_2)]$$

$$\leqslant \frac{1}{2}[1-\cos(x_1+x_2)]=\sin^2\frac{1}{2}(x_1+x_2) \tag{1.1.15}$$

和(1.1.11)应用于(1.1.14),可以得到

$$\cot x_1+\cot x_2\geqslant 2\cot\frac{1}{2}(x_1+x_2) \tag{1.1.16}$$

(7) 当 x_1,x_2 是任意实数时,可以看到

$$(1+10^{x_1})(1+10^{x_2})=1+(10^{x_1}+10^{x_2})+10^{x_1+x_2}$$

$$\geqslant 1+2\cdot 10^{\frac{1}{2}(x_1+x_2)}+10^{x_1+x_2}(利用(1.1.3))$$

$$=(1+10^{\frac{1}{2}(x_1+x_2)})^2 \tag{1.1.17}$$

上式两端取对数，有

$$\frac{1}{2}[\lg(1+10^{x_1})+\lg(1+10^{x_2})] \geqslant \lg(1+10^{\frac{1}{2}(x_1+x_2)}) \tag{1.1.18}$$

(8) 当 h 是一个正常数，x_1,x_2 是实数时，

$$\frac{1}{4}(\sqrt{h^2+x_1^2}+\sqrt{h^2+x_2^2})^2-\left[h^2+\frac{1}{4}(x_1+x_2)^2\right]$$

$$=\frac{1}{4}[2h^2+x_1^2+x_2^2+2\sqrt{(h^2+x_1^2)(h^2+x_2^2)}]-\left[h^2+\frac{1}{4}(x_1^2+2x_1x_2+x_2^2)\right]$$

$$=\frac{1}{2}\sqrt{(h^2+x_1^2)(h^2+x_2^2)}-\frac{1}{2}(h^2+x_1x_2) \tag{1.1.19}$$

明显地，有

$$(h^2+x_1^2)(h^2+x_2^2)=h^4+h^2(x_1^2+x_2^2)+x_1^2x_2^2$$
$$\geqslant h^4+2h^2x_1x_2+x_1^2x_2^2=(h^2+x_1x_2)^2 \tag{1.1.20}$$

利用(1.1.19)和(1.1.20)，有

$$\frac{1}{4}(\sqrt{h^2+x_1^2}+\sqrt{h^2+x_2^2})^2 \geqslant h^2+\frac{1}{4}(x_1+x_2)^2 \tag{1.1.21}$$

上式两端开方，有

$$\frac{1}{2}(\sqrt{h^2+x_1^2}+\sqrt{h^2+x_2^2}) \geqslant \sqrt{h^2+\frac{1}{4}(x_1+x_2)^2} \tag{1.1.22}$$

上面已举了八个不等式的例子. 现在，我们静心分析一下，立刻发现一个规律. 在(1)中，令 $f(x)=-\sin x(0 \leqslant x \leqslant \pi)$，当 $0 \leqslant x_1,x_2 \leqslant \pi$ 时，有

$$\frac{1}{2}[f(x_1)+f(x_2)] \geqslant f\left(\frac{1}{2}(x_1+x_2)\right) \tag{1.1.23}$$

在(2)中，令 $f(x)=-\lg x(x>0)$ 也有不等式(1.1.23)，唯一不同之处是定义域不同. 从(3)到(8)中，分别令 $f(x)=x^p$ (x 是正实数，p 是正整数且 $p \geqslant 2$)，$f(x)=-\cos x(-\frac{\pi}{2} \leqslant x \leqslant \frac{\pi}{2})$，$f(x)=\tan x\ (0 \leqslant x<\frac{\pi}{2})$，$f(x)=\cot x(0<x \leqslant \frac{\pi}{2})$，$f(x)=\lg(1+10^x)$ (x 是实数)和 $f(x)=\sqrt{h^2+x^2}$ (h 是一个正常数，x 是实数)，同样有不等式(1.1.23)，只不过 x_1,x_2 的定义域有所不同. 从(1)到(8)还可以看出，当且仅当 $x_1=x_2$ 时，(1.1.23)变为等式. 这就是我们发现的规律.

还有许多函数满足不等式(1.1.23)，当然自变量 x 的定义域可能各不相同. 在这个基础上加以研究，建立了凸函数理论. 我们把满足不等式(1.1.23)(等号成立当且仅当 $x_1=x_2$)的函数 $f(x)$ 称为某个定义域区间内的凸函数. 例如，对于(1)，我们就称 $f(x)=-\sin x$ 是闭区间 $[0,\pi]$ 内的一个凸函数. 对于(2)，称 $f(x)=-\lg x$ 是开区间 $(0,\infty)$(这表明实数 $x>0$，∞ 为无穷大)内的一个凸函数等等.

下面再举几个凸函数的例子.

(9) $f(x)=\lg\left(a+\frac{b}{x}\right)$，这里 a,b 是正常数，$x \in (0,\infty)$(这表明 x 属于开区间 $(0,\infty)$).

当 $x_1,x_2 \in (0,\infty)$ 时，有

$$\frac{1}{2}[f(x_1)+f(x_2)]=\frac{1}{2}\left[\lg\left(a+\frac{b}{x_1}\right)+\lg\left(a+\frac{b}{x_2}\right)\right]=\lg\sqrt{\left(a+\frac{b}{x_1}\right)\left(a+\frac{b}{x_2}\right)}$$
$$\tag{1.1.24}$$

$$f\left(\frac{1}{2}(x_1+x_2)\right)=\lg\left(a+\frac{2b}{x_1+x_2}\right) \tag{1.1.25}$$

$$\left(a+\frac{b}{x_1}\right)\left(a+\frac{b}{x_2}\right)-\left(a+\frac{2b}{x_1+x_2}\right)^2$$
$$= ab\left(\frac{1}{x_1}+\frac{1}{x_2}-\frac{4}{x_1+x_2}\right)+b^2\left[\frac{1}{x_1 x_2}-\frac{4}{(x_1+x_2)^2}\right] \geqslant 0 \quad (1.1.26)$$

这里利用
$$(x_1+x_2)^2 \geqslant 4 x_1 x_2 \quad (1.1.27)$$

知道(1.1.26)右端的中括号内部分是非负的,又利用
$$(x_1+x_2)\left(\frac{1}{x_1}+\frac{1}{x_2}\right) = 2+\left(\frac{x_1}{x_2}+\frac{x_2}{x_1}\right) \geqslant 4 \quad (1.1.28)$$

这里最后一个不等式利用(1.1.3).于是,(1.1.26)右端的小括号内部分也是非负的.而且(1.1.26)的右端等于零当且仅当 $x_1=x_2$.于是 $f(x)=\lg\left(a+\frac{b}{x}\right)$ 是 $(0,\infty)$ 内一个凸函数.

(10) $0<a\leqslant 4$, $f(x)=\lg\left(ax+\frac{1}{x}\right)$, $0<x\leqslant 1$.

当 $0<x_1,x_2\leqslant 1$ 时,有
$$\left(ax_1+\frac{1}{x_1}\right)\left(ax_2+\frac{1}{x_2}\right)-\left[\frac{a(x_1+x_2)}{2}+\frac{2}{x_1+x_2}\right]^2$$
$$= a^2 x_1 x_2 + a\left(\frac{x_2}{x_1}+\frac{x_1}{x_2}\right)+\frac{1}{x_1 x_2}-\frac{1}{4}a^2(x_1+x_2)^2-2a-\frac{4}{(x_1+x_2)^2}$$
$$= a(x_1-x_2)^2\left(\frac{1}{x_1 x_2}-\frac{a}{4}\right)+\left[\frac{1}{x_1 x_2}-\frac{4}{(x_1+x_2)^2}\right] \quad (1.1.29)$$

由于 $0<x_1,x_2\leqslant 1$, $0<a\leqslant 4$,那么,有
$$\frac{1}{x_1 x_2} \geqslant 1, \quad 0<\frac{a}{4}\leqslant 1, \quad \frac{1}{x_1 x_2} \geqslant \frac{4}{(x_1+x_2)^2} \quad (1.1.30)$$

从而(1.1.29)的右端是非负的.那么,可以得到
$$\left(ax_1+\frac{1}{x_1}\right)\left(ax_2+\frac{1}{x_2}\right) \geqslant \left[\frac{a(x_1+x_2)}{2}+\frac{2}{x_1+x_2}\right]^2 \quad (1.1.31)$$

明显地,上式等号成立当且仅当 $x_1=x_2$.上式两端取对数,有
$$\frac{1}{2}\left[\lg\left(ax_1+\frac{1}{x_1}\right)+\lg\left(ax_2+\frac{1}{x_2}\right)\right] \geqslant \lg\left(\frac{a(x_1+x_2)}{2}+\frac{2}{x_1+x_2}\right) \quad (1.1.32)$$

于是 $f(x)=\lg\left(ax+\frac{1}{x}\right)$ 是 $(0,1]$ 内的一个凸函数,这里 $0<a\leqslant 4$.

(11) $f(x)=\lg\frac{x^p+1}{x^p-1}$,这里 p 是一个正整数, $x\in(1,\infty)$.当 $x_1,x_2\in(1,\infty)$ 时,有

$$\frac{1}{2}[f(x_1)+f(x_2)]-f\left(\frac{1}{2}(x_1+x_2)\right)$$
$$= \frac{1}{2}\left(\lg\frac{x_1^p+1}{x_1^p-1}+\lg\frac{x_2^p+1}{x_2^p-1}\right)-\lg\frac{\left(\frac{1}{2}(x_1+x_2)\right)^p+1}{\left(\frac{1}{2}(x_1+x_2)\right)^p-1}$$
$$= \frac{1}{2}\lg\frac{(x_1^p+1)(x_2^p+1)}{(x_1^p-1)(x_2^p-1)}-\lg\frac{\left(\frac{1}{2}(x_1+x_2)\right)^p+1}{\left(\frac{1}{2}(x_1+x_2)\right)^p-1} \quad (1.1.33)$$

可以看到

$$\frac{(x_1^p+1)(x_2^p+1)}{(x_1^p-1)(x_2^p-1)} - \left[\frac{\left(\frac{1}{2}(x_1+x_2)\right)^p+1}{\left(\frac{1}{2}(x_1+x_2)\right)^p-1}\right]^2$$

$$= \frac{1}{(x_1^p-1)(x_2^p-1)\left[\left(\frac{1}{2}(x_1+x_2)\right)^p-1\right]^2} \Big\{(x_1^p+1)(x_2^p+1)\left[\left(\frac{1}{2}(x_1+x_2)\right)^p-1\right]^2$$

$$- (x_1^p-1)(x_2^p-1)\left[\left(\frac{1}{2}(x_1+x_2)\right)^p+1\right]^2\Big\} \tag{1.1.34}$$

$$(x_1^p+1)(x_2^p+1)\left[\left(\frac{1}{2}(x_1+x_2)\right)^p-1\right]^2 - (x_1^p-1)(x_2^p-1)\left[\left(\frac{1}{2}(x_1+x_2)\right)^p+1\right]^2$$

$$= (x_1^p x_2^p + x_1^p + x_2^p + 1)\left[\left(\frac{1}{2}(x_1+x_2)\right)^{2p} - 2\left(\frac{1}{2}(x_1+x_2)\right)^p + 1\right]$$

$$- (x_1^p x_2^p - x_1^p - x_2^p + 1)\left[\left(\frac{1}{2}(x_1+x_2)\right)^{2p} + 2\left(\frac{1}{2}(x_1+x_2)\right)^p + 1\right]$$

$$= 2(x_1^p + x_2^p)\left[\left(\frac{1}{2}(x_1+x_2)\right)^{2p} + 1\right] - 4(x_1^p x_2^p + 1)\left(\frac{1}{2}(x_1+x_2)\right)^p$$

$$= 2\Big\{\left[(x_1^p + x_2^p) - 2\left(\frac{1}{2}(x_1+x_2)\right)^p\right] + \left(\frac{1}{2}(x_1+x_2)\right)^p$$

$$\cdot \left[(x_1^p + x_2^p)\left(\frac{1}{2}(x_1+x_2)\right)^p - 2x_1^p x_2^p\right]\Big\} \tag{1.1.35}$$

由于

$$(x_1^p + x_2^p)\left(\frac{1}{2}(x_1+x_2)\right)^p \geqslant 2\left(\frac{1}{2}(x_1+x_2)\right)^{2p} \quad (\text{利用不等式}(1.1.5))$$

$$\geqslant 2(\sqrt{x_1 x_2})^{2p} = 2x_1^p x_2^p \tag{1.1.36}$$

利用(1.1.35)和上式,知道(1.1.34)的右端是非负的,且(1.1.34)的右端等于零当且仅当 $x_1 = x_2$. 再利用(1.1.33),可以知道 $f(x) = \lg\dfrac{x^p+1}{x^p-1}$ 是 $(1,\infty)$ 内一个凸函数.

(12) $f(x) = \dfrac{1}{x^p - x}$,这里正整数 $p \geqslant 2, x \in (1, \infty)$.

当 $x_1, x_2 \in (1, \infty)$ 时,

$$\frac{1}{2}[f(x_1) + f(x_2)] - f\left(\frac{1}{2}(x_1+x_2)\right)$$

$$= \frac{1}{2}\left(\frac{1}{x_1^p - x_1} + \frac{1}{x_2^p - x_2}\right) - \frac{1}{\left(\frac{1}{2}(x_1+x_2)\right)^p - \frac{1}{2}(x_1+x_2)}$$

$$= \frac{1}{2} \frac{1}{(x_1^p - 1)(x_2^p - 1)\left[\left(\frac{1}{2}(x_1+x_2)\right)^p - \frac{1}{2}(x_1+x_2)\right]}$$

$$\cdot \Big\{[(x_2^p - x_2) + (x_1^p - x_1)]\left[\left(\frac{1}{2}(x_1+x_2)\right)^p - \frac{1}{2}(x_1+x_2)\right] - 2(x_1^p - x_1)(x_2^p - x_2)\Big\} \tag{1.1.37}$$

$$[(x_2^p - x_2) + (x_1^p - x_1)]\left[\left(\frac{1}{2}(x_1+x_2)\right)^p - \frac{1}{2}(x_1+x_2)\right] - 2(x_1^p - x_1)(x_2^p - x_2)$$

$$= (x_2^p - x_2)\Big\{\left[\left(\frac{1}{2}(x_1+x_2)\right)^p - x_1^p\right] + \frac{1}{2}(x_1 - x_2)\Big\}$$

$$+ (x_1^p - x_1)\left\{\left[\left(\frac{1}{2}(x_1+x_2)\right)^p - x_2^p\right] + \frac{1}{2}(x_2 - x_1)\right\}$$

$$= \frac{1}{2}(x_2 - x_1)\left[(x_1^p - x_1) - (x_2^p - x_2)\right] + (x_2^p - x_2)\left[\frac{1}{2}(x_1 + x_2) - x_1\right]$$

$$\cdot \left\{\left(\frac{1}{2}(x_1+x_2)\right)^{p-1} + \left(\frac{1}{2}(x_1+x_2)\right)^{p-2} x_1\right.$$

$$+ \left(\frac{1}{2}(x_1+x_2)\right)^{p-3} x_1^2 + \cdots + \left(\frac{1}{2}(x_1+x_2)\right) x_1^{p-2} + x_1^{p-1}\right\}$$

$$+ (x_1^p - x_1)\left[\frac{1}{2}(x_1+x_2) - x_2\right]\left\{\left(\frac{1}{2}(x_1+x_2)\right)^{p-1} + \left(\frac{1}{2}(x_1+x_2)\right)^{p-2} x_2\right.$$

$$+ \left(\frac{1}{2}(x_1+x_2)\right)^{p-3} x_2^2 + \cdots + \left(\frac{1}{2}(x_1+x_2)\right) x_2^{p-2} + x_2^{p-1}\right\}$$

$$= \frac{1}{2}(x_2 - x_1)(x_1^p - x_2^p) + \frac{1}{2}(x_2 - x_1)^2 + \frac{1}{2}(x_2 - x_1)\left\{\left(\frac{1}{2}(x_1+x_2)\right)^{p-1}\right.$$

$$\cdot \left[(x_2^p - x_2) - (x_1^p - x_1)\right] + \left(\frac{1}{2}(x_1+x_2)\right)^{p-2}\left[x_1(x_2^p - x_2) - x_2(x_1^p - x_1)\right]$$

$$+ \left(\frac{1}{2}(x_1+x_2)\right)^{p-3}\left[x_1^2(x_2^p - x_2) - x_2^2(x_1^p - x_1)\right] + \cdots$$

$$+ \left(\frac{1}{2}(x_1+x_2)\right)\left[x_1^{p-2}(x_2^p - x_2) - x_2^{p-2}(x_1^p - x_1)\right]$$

$$+ \left[x_1^{p-1}(x_2^p - x_2) - x_2^{p-1}(x_1^p - x_1)\right]\right\}$$

$$= \frac{1}{2}(x_2 - x_1)(x_2^p - x_1^p)\left[\left(\frac{1}{2}(x_1+x_2)\right)^{p-1} - 1\right] + \frac{1}{2}(x_2-x_1)^2\left[1 - \left(\frac{1}{2}(x_1+x_2)\right)^{p-1}\right]$$

$$+ \frac{1}{2}(x_2 - x_1)\left\{\left(\frac{1}{2}(x_1+x_2)\right)^{p-2} x_1 x_2 (x_2^{p-1} - x_1^{p-1})\right.$$

$$+ \left(\frac{1}{2}(x_1+x_2)\right)^{p-3}\left[x_1^2 x_2^2 (x_2^{p-2} - x_1^{p-2}) + x_1 x_2 (x_2 - x_1)\right] + \cdots$$

$$+ \left(\frac{1}{2}(x_1+x_2)\right)\left[x_1^{p-2} x_2^{p-2}(x_2^2 - x_1^2) + x_1 x_2 (x_2^{p-3} - x_1^{p-3})\right]$$

$$+ \left[x_1^{p-1} x_2^{p-1}(x_2 - x_1) + x_1 x_2 (x_2^{p-2} - x_1^{p-2})\right]\right\} \tag{1.1.38}$$

由于

$$\frac{1}{2}(x_2 - x_1)(x_2^p - x_1^p)\left[\left(\frac{1}{2}(x_1+x_2)\right)^{p-1} - 1\right] + \frac{1}{2}(x_2-x_1)^2\left[1 - \left(\frac{1}{2}(x_1+x_2)\right)^{p-1}\right]$$

$$= \frac{1}{2}(x_2 - x_1)\left[\left(\frac{1}{2}(x_1+x_2)\right)^{p-1} - 1\right]\left[(x_2^p - x_1^p) - (x_2 - x_1)\right]$$

$$= \frac{1}{2}(x_2 - x_1)^2\left[\left(\frac{1}{2}(x_1+x_2)\right)^{p-1} - 1\right]$$

$$\cdot \left[(x_2^{p-1} + x_2^{p-2} x_1 + x_2^{p-3} x_1^2 + \cdots + x_2 x_1^{p-2} + x_1^{p-1}) - 1\right] \tag{1.1.39}$$

利用 $\frac{1}{2}(x_1 + x_2) > 1$, $x_1 > 1$ 和 $x_2 > 1$, 知道上式右端是非负的, 从而(1.1.38)的右端前两项之和是非负的. (1.1.38)的右端其他各项显然都是非负的, 而且(1.1.38)右端等于零当且仅当 $x_1 = x_2$. 因此, $f(x) = \dfrac{1}{x^p - x}$ 是 $(1, \infty)$ 内一个凸函数, 这里正整数 $p \geq 2$.

(13) $f(x) = \dfrac{1}{(1+10^x)^p}$, 这里 p 是一个正整数. $x \in (0, \infty)$.

下面对 p 用归纳法,证明上述 $f(x)$ 是一个凸函数. 当 $p=1$,且 $x_1,x_2\in(0,\infty)$ 时,有

$$\frac{1}{2}\left(\frac{1}{1+10^{x_1}}+\frac{1}{1+10^{x_2}}\right)-\frac{1}{1+10^{\frac{1}{2}(x_1+x_2)}}=\frac{1}{2(1+10^{x_1})(1+10^{x_2})(1+10^{\frac{1}{2}(x_1+x_2)})}$$
$$\cdot\{[(1+10^{x_2})+(1+10^{x_1})](1+10^{\frac{1}{2}(x_1+x_2)})-2(1+10^{x_1})(1+10^{x_2})\} \quad (1.1.40)$$

$$[(1+10^{x_2})+(1+10^{x_1})](1+10^{\frac{1}{2}(x_1+x_2)})-2(1+10^{x_1})(1+10^{x_2})$$
$$=(1+10^{x_1})[(1+10^{\frac{1}{2}(x_1+x_2)})-(1+10^{x_2})]$$
$$+(1+10^{x_2})[(1+10^{\frac{1}{2}(x_1+x_2)})-(1+10^{x_1})]$$
$$=(1+10^{x_1})10^{\frac{1}{2}x_2}(10^{\frac{1}{2}x_1}-10^{\frac{1}{2}x_2})+(1+10^{x_2})10^{\frac{1}{2}x_1}(10^{\frac{1}{2}x_2}-10^{\frac{1}{2}x_1})$$
$$=(10^{\frac{1}{2}x_2}-10^{\frac{1}{2}x_1})^2(10^{\frac{1}{2}(x_1+x_2)}-1)\geqslant 0 \quad (1.1.41)$$

这里利用 $\frac{1}{2}(x_1+x_2)>0$,有 $10^{\frac{1}{2}(x_1+x_2)}>1$. (1.1.41)的右端等于零当且仅当 $x_1=x_2$.

于是,不等式

$$\frac{1}{2}\left[\frac{1}{(1+10^{x_1})^p}+\frac{1}{(1+10^{x_2})^p}\right]\geqslant\frac{1}{(1+10^{\frac{1}{2}(x_1+x_2)})^p} \quad (1.1.42)$$

当 $p=1$ 时成立,这里 x_1,x_2 是任意正实数. 设(1.1.42)对某个正整数 p 成立,且等号成立当且仅当 $x_1=x_2$. 考虑 $p+1$ 情况,

$$\frac{1}{2}\left[\frac{1}{(1+10^{x_1})^{p+1}}+\frac{1}{(1+10^{x_2})^{p+1}}\right]-\frac{1}{(1+10^{\frac{1}{2}(x_1+x_2)})^{p+1}}$$
$$=\frac{1}{4}\left(\frac{1}{1+10^{x_1}}+\frac{1}{1+10^{x_2}}\right)\left[\frac{1}{(1+10^{x_1})^p}+\frac{1}{(1+10^{x_2})^p}\right]$$
$$+\frac{1}{4}\left(\frac{1}{1+10^{x_1}}-\frac{1}{1+10^{x_2}}\right)\left[\frac{1}{(1+10^{x_1})^p}-\frac{1}{(1+10^{x_2})^p}\right]-\frac{1}{(1+10^{\frac{1}{2}(x_1+x_2)})^{p+1}}$$
$$\geqslant\frac{1}{4}\left(\frac{1}{1+10^{x_1}}+\frac{1}{1+10^{x_2}}\right)\left[\frac{1}{(1+10^{x_1})^p}+\frac{1}{(1+10^{x_2})^p}\right]-\frac{1}{(1+10^{\frac{1}{2}(x_1+x_2)})^{p+1}}$$
$$\geqslant\frac{1}{1+10^{\frac{1}{2}(x_1+x_2)}}\frac{1}{(1+10^{\frac{1}{2}(x_1+x_2)})^p}\text{(利用已证明的}(1.1.42)\text{在}p=1\text{时成立,以及归纳假设)}$$
$$-\frac{1}{(1+10^{\frac{1}{2}(x_1+x_2)})^{p+1}}=0 \quad (1.1.43)$$

因此,不等式(1.1.42)对 $p+1$ 成立(用 $p+1$ 代替 p),且等号成立时,不等式(1.1.43)中一切不等式皆取等号,必有 $x_1=x_2$.

因此,$f(x)=\frac{1}{(1+10^x)^p}$ 是 $(0,\infty)$ 内一个凸函数,这里 p 是一个正整数.

在介绍下一个例题之前,先对一个组合概念进行推广. 设 m 是一个正整数. 知道组合数

$$C_x^m=\frac{1}{m!}x(x-1)(x-2)\cdots(x-m+1) \quad (1.1.44)$$

这里 x 是区间 $[m,\infty)$ 内正整数. 现定义推广组合数 C_x^m,由公式(1.1.44)给出,这里 x 是 $[m,\infty)$ 内任意一个正实数.

(14) $f(x)=C_x^m$,这里 C_x^m 是由公式(1.1.44)定义的推广组合数,$x\in[m,\infty)$. 由公式(1.1.44)首先可以看出 $f(x)$ 是区间 $[m,\infty)$ 内一个单调递增函数.

下面证明推广组合数的一个有趣性质.

如果 $x>y\geqslant m$,d 是一个正实数,有

$$f(x+d) - f(x) > f(y+d) - f(y) \tag{1.1.45}$$

由上述 $f(x)$ 的定义,以及(1.1.44),有

$$\begin{aligned}
f(x+d) - f(x) &= \frac{1}{m!}[(x+d)(x+d-1)(x+d-2)\cdots(x+d-m+1) \\
&\quad - x(x-1)(x-2)\cdots(x-m+1)] \\
&= \frac{1}{m!}\{[(x+d)(x+d-1)(x+d-2)\cdots(x+d-m+1) \\
&\quad - x(x+d-1)(x+d-2)\cdots(x+d-m+1)] \\
&\quad + [x(x+d-1)(x+d-2)\cdots(x+d-m+1) \\
&\quad - x(x-1)(x+d-2)\cdots(x+d-m+1)] \\
&\quad + [x(x-1)(x+d-2)(x+d-3)\cdots(x+d-m+1) \\
&\quad - x(x-1)(x-2)(x+d-3)\cdots(x+d-m+1)] + \cdots \\
&\quad + [x(x-1)(x-2)\cdots(x-m+2)(x+d-m+1) \\
&\quad - x(x-1)(x-2)\cdots(x-m+2)(x-m+1)]\} \\
&= \frac{d}{m!}[(x+d-1)(x+d-2)\cdots(x+d-m+1) \\
&\quad + x(x+d-2)\cdots(x+d-m+1) \\
&\quad + x(x-1)(x+d-3)\cdots(x+d-m+1) + \cdots \\
&\quad + x(x-1)(x-2)\cdots(x-m+2)] \\
&> \frac{d}{m!}[(y+d-1)(y+d-2)\cdots(y+d-m+1) \\
&\quad + y(y+d-2)\cdots(y+d-m+1) \\
&\quad + y(y-1)(y+d-3)\cdots(y+d-m+1) + \cdots \\
&\quad + y(y-1)(y-2)\cdots(y-m+2)] \\
&= f(y+d) - f(y) \text{(类似前面的推导,将 } x \text{ 全换成 } y\text{)} \tag{1.1.46}
\end{aligned}$$

当 $x_1 \neq x_2$ 时,这里 x_1, x_2 皆取自区间 $[m, \infty)$,不妨设 $x_1 > x_2$,于是,有 $x_1 > \frac{1}{2}(x_1+x_2) > x_2$,在已证明的不等式(1.1.45)中,令

$$x = \frac{1}{2}(x_1+x_2), \quad d = \frac{1}{2}(x_1-x_2), \quad y = x_2, \quad x+d = x_1, \quad y+d = x \tag{1.1.47}$$

于是,当 $x_1 > x_2$ 时,有

$$C_{x_1}^m - C_{\frac{1}{2}(x_1+x_2)}^m > C_{\frac{1}{2}(x_1+x_2)}^m - C_{x_2}^m \tag{1.1.48}$$

从上式,当 $x_1 > x_2$ 时,有

$$C_{x_1}^m + C_{x_2}^m > 2C_{\frac{1}{2}(x_1+x_2)}^m \tag{1.1.49}$$

当 $x_2 > x_1$ 时,将上式中 x_1, x_2 互换,(1.1.49)仍然成立. 当 $x_1 = x_2$ 时,(1.1.49)左、右两端应相等.

因此,$f(x) = C_x^m$(推广的组合数)是 $[m, \infty)$ 内一个凸函数,这里 m 是一个正整数.

到目前为止,已举了14个凸函数的例子. 不等式(1.1.23)能否推广到具有 n 个实数 $x_1, x_2, \cdots, x_n$ 的情况呢? 这是我们关心的一个问题. 下面的定理回答了这个问题.

定理 1(Jensen 不等式) $f(x)$ 是开区间 (a, b)(这里 a 可以是 $-\infty$,b 也可以是 ∞)内一个凸函数,那么,对于 (a, b) 内任意 n 个实数 $x_1, x_2, \cdots, x_n$,有

$$\frac{1}{n}[f(x_1) + f(x_2) + \cdots + f(x_n)] \geq f\left(\frac{1}{n}(x_1 + x_2 + \cdots + x_n)\right)$$

等号成立当且仅当 $x_1 = x_2 = \cdots = x_n$.

注：(a,b) 也可以被 $[a,b],(a,b]$ 或 $[a,b)$ 代替.

证明：对 n 用数学归纳法. 当 $n=1$ 时，Jensen 不等式左、右两端都是 $f(x_1)$，Jensen 不等式当然成立.

假设当 $n=k$ 时，定理 1(Jensen 不等式)成立. 考虑 $n=k+1$ 情况. 记

$$A = \frac{1}{k+1}(x_1 + x_2 + \cdots + x_k + x_{k+1}) \tag{1.1.50}$$

显然，有

$$\begin{aligned} A &= \frac{2kA}{2k} = \frac{1}{2k}[(k+1)A + (k-1)A] \\ &= \frac{1}{2k}(x_1 + x_2 + \cdots + x_k) + \frac{1}{2k}[x_{k+1} + (k-1)A] \end{aligned} \tag{1.1.51}$$

又记

$$B = \frac{1}{k}(x_1 + x_2 + \cdots + x_k), \quad C = \frac{1}{k}[x_{k+1} + (k-1)A] \tag{1.1.52}$$

A,B 和 C 仍是 (a,b) 内实数，利用凸函数性质，有

$$f(A) = f\left(\frac{1}{2}(B+C)\right) \leqslant \frac{1}{2}[f(B) + f(C)] \tag{1.1.53}$$

利用归纳法假设，有

$$\left.\begin{aligned} f(B) &\leqslant \frac{1}{k}[f(x_1) + f(x_2) + \cdots + f(x_k)] \\ f(C) &\leqslant \frac{1}{k}[f(x_{k+1}) + f(A) + \cdots + f(A)](k-1\text{个}f(A)) \\ &= \frac{1}{k}[f(x_{k+1}) + (k-1)f(A)] \end{aligned}\right\} \tag{1.1.54}$$

将上两个不等式代入(1.1.53)，可以得到

$$f(A) \leqslant \frac{1}{2k}[f(x_1) + f(x_2) + \cdots + f(x_k) + f(x_{k+1}) + (k-1)f(A)] \tag{1.1.55}$$

上式两端乘以 $2k$，再移项，可以得到

$$f(A) \leqslant \frac{1}{k+1}[f(x_1) + f(x_2) + \cdots + f(x_{k+1})] \tag{1.1.56}$$

Jensen 不等式当 $n=k+1$ 时成立，所以 Jensen 不等式是正确的. 当(1.1.56)取等号时，上面一切不等式都应取等号. 特别不等式(1.1.54)(两个不等式)都应取等号，依照归纳法假设，有 $x_1 = x_2 = \cdots = x_k, x_{k+1} = A$. 再利用公式(1.1.50) A 的定义，可以得到 $x_{k+1} = x_1 = x_2 = \cdots = x_k$. 那么，当 $n=k+1$ 时，定理 1 成立，所以定理 1(Jensen 不等式)得证.

把上述开区间 (a,b) 全部换成 $[a,b]$，或 $(a,b]$，或 $[a,b)$，显然一切推导仍然成立.

利用定理 1(Jensen 不等式)，我们立即可以将前面 14 个不等式加以推广.

例 1 当 $0 \leqslant x_1, x_2, \cdots, x_n \leqslant \pi$ 时，

$$\frac{1}{n}(\sin x_1 + \sin x_2 + \cdots + \sin x_n) \leqslant \sin \frac{1}{n}(x_1 + x_2 + \cdots + x_n) \tag{1.1.57}$$

例 2 当 $x_1, x_2, \cdots, x_n$ 全是正实数时，

$$-\frac{1}{n}(\lg x_1 + \lg x_2 + \cdots + \lg x_n) \geqslant -\lg \frac{1}{n}(x_1 + x_2 + \cdots + x_n) \tag{1.1.58}$$

从上式，有

$$\sqrt[n]{x_1 x_2 \cdots x_n} \leqslant \frac{1}{n}(x_1 + x_2 + \cdots + x_n) \tag{1.1.59}$$

习惯上,记
$$A_n = \frac{1}{n}(x_1 + x_2 + \cdots + x_n), \quad G_n = \sqrt[n]{x_1 x_2 \cdots x_n} \tag{1.1.60}$$

A_n 称为 n 个正实数的算术平均值,G_n 称为 n 个正实数的几何平均值,$A_n \geqslant G_n$. 又记

$$H_n = \frac{n}{\frac{1}{x_1} + \frac{1}{x_2} + \cdots + \frac{1}{x_n}} \tag{1.1.61}$$

H_n 称为 n 个正实数的调和平均值. 在不等式(1.1.59)中,用 $\frac{1}{x_1}$ 代替 x_1,$\frac{1}{x_2}$ 代替 x_2,$\cdots$,$\frac{1}{x_n}$ 代替 x_n,有

$$\frac{1}{\sqrt[n]{x_1 x_2 \cdots x_n}} \leqslant \frac{1}{n}\left(\frac{1}{x_1} + \frac{1}{x_2} + \cdots + \frac{1}{x_n}\right) \tag{1.1.62}$$

上式两端取倒数,再利用(1.1.61)和(1.1.60),有

$$H_n \leqslant G_n \leqslant A_n \tag{1.1.63}$$

利用 $H_n \leqslant A_n$,兼顾公式(1.1.60)和(1.1.61),有

$$(x_1 + x_2 + \cdots + x_n)\left(\frac{1}{x_1} + \frac{1}{x_2} + \cdots + \frac{1}{x_n}\right) \geqslant n^2 \tag{1.1.64}$$

这是一个非常有用的不等式.

$A_n \geqslant G_n$ 是一个很重要的不等式,历史上有许许多多不同的证明. 我在国外数学杂志上看到一个直接证明,对 n 用数学归纳法,很简洁,现将它介绍给读者.

当 $n = 2$ 时,对于 2 个正实数 x_1, x_2,显然,有 $\frac{1}{2}(x_1 + x_2) \geqslant \sqrt{x_1 x_2}$,即 $A_2 \geqslant G_2$,等号成立当且仅当 $x_1 = x_2$. 假设 $n = k - 1$(正整数 $k \geqslant 3$)时,有 $A_{k-1} \geqslant G_{k-1}$. 当 $n = k$ 时,由于 A_k, G_k 关于 $x_1, x_2, \cdots, x_k$ 的地位是对称的,任意对调 x_i 与 x_j($i \neq j$),即把 x_i 写成 x_j,x_j 写成 x_i,A_k, G_k 值并未变化. 因此,不妨设 $x_1 \leqslant x_2 \leqslant \cdots \leqslant x_k$. 显然 $x_1 \leqslant A_k \leqslant x_k$,这里 $A_k = \frac{1}{k}(x_1 + x_2 + \cdots + x_k)$,

$$A_k(x_1 + x_k - A_k) - x_1 x_k = (x_1 - A_k)(A_k - x_k) \geqslant 0 \tag{1.1.65}$$

对 $k - 1$ 个正实数 $x_2, x_3, \cdots, x_{k-1}, x_1 + x_k - A_k$,利用归纳法假设,有

$$\frac{1}{k-1}[x_2 + x_3 + \cdots + x_{k-1} + (x_1 + x_k - A_k)] \geqslant \sqrt[k-1]{x_2 x_3 \cdots x_{k-1}(x_1 + x_k - A_k)}$$
$$\tag{1.1.66}$$

而上式左端显然是 A_k.

上式两端 $k - 1$ 次方,可以得到

$$A_k^{k-1} \geqslant x_2 x_3 \cdots x_{k-1}(x_1 + x_k - A_k) \tag{1.1.67}$$

上式两端乘以 A_k,并且利用不等式(1.1.65),有

$$A_k^k \geqslant x_2 x_3 \cdots x_{k-1} A_k(x_1 + x_k - A_k) \geqslant x_2 x_3 \cdots x_{k-1}(x_1 x_k) = G_k^k \tag{1.1.68}$$

于是,有 $A_k \geqslant G_k$,归纳法完成.

利用(3),以及定理 1(Jensen 不等式),有

例 3 当 p 是正整数,$x_1, x_2, \cdots, x_n$ 全是正实数时,有

$$\frac{1}{n}(x_1^p + x_2^p + \cdots + x_n^p) \geqslant \left[\frac{1}{n}(x_1 + x_2 + \cdots + x_n)\right]^p \tag{1.1.69}$$

特别当 $p = 2$ 时,有

$$(x_1 + x_2 + \cdots + x_n)^2 \leqslant n(x_1^2 + x_2^2 + \cdots + x_n^n) \tag{1.1.70}$$

从前述(4)~(14)的内容和定理 1(Jensen 不等式),有

例 4 当 $-\dfrac{\pi}{2} \leqslant x_1, x_2, \cdots, x_n \leqslant \dfrac{\pi}{2}$ 时,

$$\dfrac{1}{n}(\cos x_1 + \cos x_2 + \cdots + \cos x_n) \leqslant \cos \dfrac{1}{n}(x_1 + x_2 + \cdots + x_n) \tag{1.1.71}$$

例 5 当 $0 \leqslant x_1, x_2, \cdots, x_n < \dfrac{\pi}{2}$ 时,

$$\dfrac{1}{n}(\tan x_1 + \tan x_2 + \cdots + \tan x_n) \leqslant \tan \dfrac{1}{n}(x_1 + x_2 + \cdots + x_n) \tag{1.1.72}$$

例 6 当 $0 < x_1, x_2, \cdots, x_n \leqslant \dfrac{\pi}{2}$ 时,

$$\dfrac{1}{n}(\cot x_1 + \cot x_2 + \cdots + \cot x_n) \leqslant \cot \dfrac{1}{n}(x_1 + x_2 + \cdots + x_n) \tag{1.1.73}$$

例 7 $x_1, x_2, \cdots, x_n$ 是任意实数,

$$\dfrac{1}{n}[\lg(1+10^{x_1}) + \lg(1+10^{x_2}) + \cdots + \lg(1+10^{x_n})] \geqslant \lg(1+10^{\frac{1}{n}(x_1+x_2+\cdots+x_n)}) \tag{1.1.74}$$

于是,有

$$\sqrt[n]{(1+10^{x_1})(1+10^{x_2})\cdots(1+10^{x_n})} \geqslant 1+10^{\frac{1}{n}(x_1+x_2+\cdots+x_n)} \tag{1.1.75}$$

对于 $2n$ 个正实数 $a_1, a_2, \cdots, a_n; b_1, b_2, \cdots, b_n$,我们一定能找到 n 个实数 $x_1, x_2, \cdots, x_n$,使得

$$10^{x_1} = \dfrac{b_1}{a_1}, \quad 10^{x_2} = \dfrac{b_2}{a_2}, \quad \cdots, \quad 10^{x_n} = \dfrac{b_n}{a_n} \tag{1.1.76}$$

将(1.1.76)代入(1.1.75),并且在不等式两端同乘以 $\sqrt[n]{a_1 a_2 \cdots a_n}$,有

$$\sqrt[n]{(a_1+b_1)(a_2+b_2)\cdots(a_n+b_n)} \geqslant \sqrt[n]{a_1 a_2 \cdots a_n} + \sqrt[n]{b_1 b_2 \cdots b_n} \tag{1.1.77}$$

容易知道,当且仅当 $\dfrac{b_1}{a_1} = \dfrac{b_2}{a_2} = \cdots = \dfrac{b_n}{a_n}$,上式等号成立.

例 8 h 是正常数,$x_1, x_2, \cdots, x_n$ 全是实数,

$$\dfrac{1}{n}(\sqrt{h^2+x_1^2} + \sqrt{h^2+x_2^2} + \cdots + \sqrt{h^2+x_n^2}) \geqslant \sqrt{h^2 + \left[\dfrac{1}{n}(x_1+x_2+\cdots+x_n)\right]^2} \tag{1.1.78}$$

例 9 设 a, b 是两个正常数,对于 n 个正实数 $x_1, x_2, \cdots, x_n$,有

$$\left(a+\dfrac{b}{x_1}\right)\left(a+\dfrac{b}{x_2}\right)\cdots\left(a+\dfrac{b}{x_n}\right) \geqslant \left(a+\dfrac{nb}{x_1+x_2+\cdots+x_n}\right)^n \tag{1.1.79}$$

例 10 $0 < a \leqslant 4, 0 < x_1, x_2, \cdots, x_n \leqslant 1$,

$$\left(ax_1+\dfrac{1}{x_1}\right)\left(ax_2+\dfrac{1}{x_2}\right)\cdots\left(ax_n+\dfrac{1}{x_n}\right) \geqslant \left[\dfrac{a(x_1+x_2+\cdots+x_n)}{n} + \dfrac{n}{x_1+x_2+\cdots+x_n}\right]^n \tag{1.1.80}$$

例 11 设 p 是正整数,对于开区间 $(1, \infty)$ 内 n 个正实数 $x_1, x_2, \cdots, x_n$,

$$\left(\dfrac{x_1^p+1}{x_1^p-1}\right)\left(\dfrac{x_2^p+1}{x_2^p-1}\right)\cdots\left(\dfrac{x_n^p+1}{x_n^p-1}\right) \geqslant \left[\dfrac{\left(\dfrac{1}{n}(x_1+x_2+\cdots+x_n)\right)^p+1}{\left(\dfrac{1}{n}(x_1+x_2+\cdots+x_n)\right)^p-1}\right]^n \tag{1.1.81}$$

例 12 设正整数 $p \geqslant 2$,对于开区间 $(1, \infty)$ 内 n 个正实数 $x_1, x_2, \cdots, x_n$,

$$\dfrac{1}{n}\left(\dfrac{1}{x_1^p-x_1} + \dfrac{1}{x_2^p-x_2} + \cdots + \dfrac{1}{x_n^p-x_n}\right)$$

$$\geqslant \frac{1}{\left(\frac{1}{n}(x_1+x_2+\cdots+x_n)\right)^p - \frac{1}{n}(x_1+x_2+\cdots+x_n)} \tag{1.1.82}$$

例 13 设 p 是一个正整数,对于 n 个正实数 $x_1,x_2,\cdots,x_n$,有

$$\frac{1}{n}\left[\frac{1}{(1+10^{x_1})^p}+\frac{1}{(1+10^{x_2})^p}+\cdots+\frac{1}{(1+10^{x_n})^p}\right] \geqslant \frac{1}{(1+10^{\frac{1}{n}(x_1+x_2+\cdots+x_n)})^p} \tag{1.1.83}$$

特别地,对于 n 个大于 1 的正实数 $y_1,y_2,\cdots,y_n$,对应地,有 n 个正实数 $x_1,x_2,\cdots,x_n$ 满足

$$10^{x_k} = y_k \quad (k=1,2,\cdots,n) \tag{1.1.84}$$

利用上两式,有

$$\frac{1}{n}\left[\frac{1}{(1+y_1)^p}+\frac{1}{(1+y_2)^p}+\cdots+\frac{1}{(1+y_n)^p}\right] \geqslant \frac{1}{(1+\sqrt[n]{y_1 y_2 \cdots y_n})^p} \tag{1.1.85}$$

例 14 设 m 是一个正整数,对于区间 $[m,\infty)$ 内 n 个正实数 $x_1,x_2,\cdots,x_n$,有推广的组合数的 Jensen 不等式

$$\frac{1}{n}(C_{x_1}^m + C_{x_2}^m + \cdots + C_{x_n}^m) \geqslant C_{\frac{1}{n}(x_1+x_2+\cdots+x_n)}^m \tag{1.1.86}$$

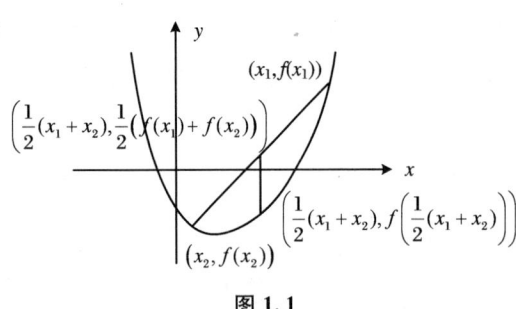

图 1.1

从直观上来看,在凸函数 $y=f(x)$ 的图像 $(x,f(x))$ 上任取两点 $(x_1,f(x_1))$,$(x_2,f(x_2))$,连这两点的线段的中点坐标是 $\left(\frac{1}{2}(x_1+x_2),\frac{1}{2}(f(x_1)+f(x_2))\right)$,过这中点作 y 轴的平行线交图像于点 $\left(\frac{1}{2}(x_1,x_2),f\left(\frac{1}{2}(x_1+x_2)\right)\right)$,利用不等式 (1.1.23),可以看到这凸函数的图像呈现图 1.1 的形状.

现在我们给出 Jensen 不等式的一个简单推广,以便应用.

设 $f(x)$ 是开区间 (a,b)(或闭区间 $[a,b]$ 等)内的一个函数,x_0 是 (a,b) 内任意一个实数,如果当 x 趋向于 x_0 时,必有 $f(x)$ 趋向于确定值 $f(x_0)$,那么,就称函数 $f(x)$ 在 (a,b) 内是一个连续函数. 在本节,前面所提到的函数全是连续函数. 例如 $f(x)=\tan x$ 在 $[0,\frac{\pi}{2})$ 内是一个连续函数,$f(x)=\sin x$ 在 $(-\infty,\infty)$ 内是一个连续函数等等. 对于连续的凸函数,有下述两个定理.

定理 2(加权的 Jensen 不等式) $f(x)$ 是开区间 (a,b)(或闭区间 $[a,b]$ 等)内的一个连续凸函数,$p_1,p_2,\cdots,p_n$ 是 n 个正实数,$a<x_1,x_2,\cdots,x_n<b$(或 $a \leqslant x_1,x_2,\cdots,x_n \leqslant b$ 等),则

$$\frac{1}{p_1+p_2+\cdots+p_n}[p_1 f(x_1)+p_2 f(x_2)+\cdots+p_n f(x_n)] \geqslant f\left(\frac{p_1 x_1+p_2 x_2+\cdots+p_n x_n}{p_1+p_2+\cdots+p_n}\right)$$

注:当 $p_1=p_2=\cdots=p_n=1$ 时,本定理就是定理 1(Jensen 不等式).

证明: 当 $p_1,p_2,\cdots,p_n$ 全是正有理数时,可以写成 $p_i=\frac{m_i}{t_i}$,这里 m_i,t_i 全是正整数,$1 \leqslant i \leqslant n$. 利用 Jensen 不等式,有

$$\frac{1}{p_1+p_2+\cdots+p_n}[p_1 f(x_1)+p_2 f(x_2)+\cdots+p_n f(x_n)]$$

$$= \frac{m_1 t_2 t_3 \cdots t_n f(x_1) + t_1 m_2 t_3 \cdots t_n f(x_2) + \cdots + t_1 t_2 \cdots t_{n-1} m_n f(x_n)}{m_1 t_2 t_3 \cdots t_n + t_1 m_2 t_3 \cdots t_n + \cdots + t_1 t_2 \cdots t_{n-1} m_n}$$

$$\geqslant f\left(\frac{m_1 t_2 t_3 \cdots t_n x_1 + t_1 m_2 t_3 \cdots t_n x_2 + \cdots + t_1 t_2 \cdots t_{n-1} m_n x_n}{m_1 t_2 t_3 \cdots t_n + t_1 m_2 t_3 \cdots t_n + \cdots + t_1 t_2 \cdots t_{n-1} m_n}\right)$$

$$= f\left(\frac{p_1 x_1 + p_2 x_2 + \cdots + p_n x_n}{p_1 + p_2 + \cdots + p_n}\right) \tag{1.1.87}$$

在上式中,有 $m_1 t_2 t_3 \cdots t_n$ 个 $f(x_1)$,$t_1 m_2 t_3 \cdots t_n$ 个 $f(x_2)$,$\cdots$,$t_1 t_2 \cdots t_{n-1} m_n$ 个 $f(x_n)$ 相加,这点读者要注意. 对于正实数 $p_1, p_2, \cdots, p_n$,我们知道,对于任一 $p_j (1 \leq j \leq n)$,有正有理数列 p_{jk}^* $(k=1,2,\cdots)$,当 k 越来越大时,p_{jk}^* 趋向于 p_j. 对于固定 k,依照上面的证明,有加权的 Jensen 不等式:

$$\frac{p_{1k}^* f(x_1) + p_{2k}^* f(x_2) + \cdots + p_{nk}^* f(x_n)}{p_{1k}^* + p_{2k}^* + \cdots + p_{nk}^*} \geq f\left(\frac{p_{1k}^* x_1 + p_{2k}^* x_2 + \cdots + p_{nk}^* x_n}{p_{1k}^* + p_{2k}^* + \cdots + p_{nk}^*}\right) \tag{1.1.88}$$

当 k 越来越大时,上面不等式左端趋向于 $\dfrac{p_1 f(x_1) + p_2 f(x_2) + \cdots + p_n f(x_n)}{p_1 + p_2 + \cdots + p_n}$,而 $\dfrac{p_{1k}^* x_1 + p_{2k}^* x_2 + \cdots + p_{nk}^* x_n}{p_{1k}^* + p_{2k}^* + \cdots + p_{nk}^*}$ 趋向于 $\dfrac{p_1 x_1 + p_2 x_2 + \cdots + p_n x_n}{p_1 + p_2 + \cdots + p_n}$. 利用 f 的连续性,可知上面不等式右端趋向于 $f\left(\dfrac{p_1 x_1 + p_2 x_2 + \cdots + p_n x_n}{p_1 + p_2 + \cdots + p_n}\right)$. 所以,两端取极限(令 $k \to \infty$)后,有加权的 Jensen 不等式.

利用定理 2,可以证明几个重要的不等式. 为书写简洁,下面用 $\sum\limits_{i=1}^{n} a_i$ 表示 $a_1 + a_2 + \cdots + a_n$. i 也可改用其他字母.

例 15(Hölder 不等式)

(1) $a_i, b_i (1 \leq i \leq n)$ 是 $2n$ 个正实数,$\alpha > 0, \beta > 0, \alpha + \beta = 1$,则 $\sum\limits_{i=1}^{n} a_i^{\alpha} b_i^{\beta} \leq \left(\sum\limits_{i=1}^{n} a_i\right)^{\alpha} \left(\sum\limits_{j=1}^{n} b_j\right)^{\beta}$.

(2) 设 $a_{\alpha i} (1 \leq \alpha \leq m, 1 \leq i \leq n)$,$\lambda_{\beta} (1 \leq \beta \leq m)$ 都是正实数,已知 $\sum\limits_{\beta=1}^{m} \lambda_{\beta} = 1$. 那么,有

$$\sum_{j=1}^{n} a_{1j}^{\lambda_1} a_{2j}^{\lambda_2} \cdots a_{mj}^{\lambda_m} \leq \left(\sum_{j=1}^{n} a_{1j}\right)^{\lambda_1} \left(\sum_{j=1}^{n} a_{2j}\right)^{\lambda_2} \cdots \left(\sum_{j=1}^{n} a_{mj}\right)^{\lambda_m}$$

证明:(1) 令

$$A = \sum_{i=1}^{n} a_i, \quad B = \sum_{j=1}^{n} b_j \tag{1.1.89}$$

则

$$A^{-\alpha} B^{-\beta} \sum_{i=1}^{n} a_i^{\alpha} b_i^{\beta} = \sum_{i=1}^{n} \left(\frac{a_i}{A}\right)^{\alpha} \left(\frac{b_i}{B}\right)^{\beta} \tag{1.1.90}$$

从例 2,我们知道 $f(x) = -\lg x (x > 0)$ 是一个连续的凸函数. 利用定理 2(加权的 Jensen 不等式),对于 $1 \leq i \leq n$,有

$$\alpha \lg \frac{a_i}{A} + \beta \lg \frac{b_i}{B} = \frac{\alpha \lg \dfrac{a_i}{A} + \beta \lg \dfrac{b_i}{B}}{\alpha + \beta} (\text{利用 } \alpha + \beta = 1)$$

$$\leq \lg \frac{\alpha \dfrac{a_i}{A} + \beta \dfrac{b_i}{B}}{\alpha + \beta} = \lg\left(\alpha \frac{a_i}{A} + \beta \frac{b_i}{B}\right) \tag{1.1.91}$$

利用上式,有

$$\left(\frac{a_i}{A}\right)^{\alpha} \left(\frac{b_i}{B}\right)^{\beta} \leq \alpha \frac{a_i}{A} + \beta \frac{b_i}{B} \tag{1.1.92}$$

上式关于 i 从 1 到 n 求和,有

$$\sum_{i=1}^{n} \left(\frac{a_i}{A}\right)^{\alpha} \left(\frac{b_i}{B}\right)^{\beta} \leq \frac{\alpha}{A} \sum_{i=1}^{n} a_i + \frac{\beta}{B} \sum_{i=1}^{n} b_i$$
$$= \alpha + \beta (利用(1.1.89)) = 1 \tag{1.1.93}$$

利用(1.1.89)和上式,立刻有 Hölder 不等式.为表示区别,我们将要证明的(2)称为推广的 Hölder 不等式.

令
$$\alpha = \frac{1}{p}, \quad \beta = \frac{1}{q}, \quad \frac{1}{p} + \frac{1}{p} = 1 \tag{1.1.94}$$

当然 $p>1, q>1$. 又令
$$a_i^{\alpha} = x_i, \quad b_i^{\beta} = y_i, \quad a_i = x_i^p, \quad b_i = y_i^q \tag{1.1.95}$$

这里 $i = 1, 2, \cdots, n$. 那么,Hölder 不等式变形为
$$\sum_{i=1}^{n} x_i y_i = \sum_{i=1}^{n} a_i^{\alpha} b_i^{\beta} \leq \left(\sum_{i=1}^{n} a_i\right)^{\alpha} \left(\sum_{i=1}^{n} b_i\right)^{\beta} = \left(\sum_{i=1}^{n} x_i^p\right)^{\frac{1}{p}} \left(\sum_{i=1}^{n} y_i^q\right)^{\frac{1}{q}} \tag{1.1.96}$$

令 $\alpha = \beta = \frac{1}{2}, x_i^2 = a_i, y_i^2 = b_i, x_i, y_i$ 是实数,$1 \leq i \leq n$. 利用 Hölder 不等式,有
$$\sum_{i=1}^{n} x_i y_i \leq \sum_{i=1}^{n} |x_i y_i| = \sum_{i=1}^{n} \sqrt{a_i} \sqrt{b_i} \leq \left(\sum_{i=1}^{n} x_i^2\right)^{\frac{1}{2}} \left(\sum_{j=1}^{n} y_j^2\right)^{\frac{1}{2}} \tag{1.1.97}$$

这是著名的 Cauchy 不等式,有很多应用.虽然,在我们的推导过程中,限制 $x_i, y_i (1 \leq i \leq n)$ 无一等于零,但是从(1.1.97)本身可以看出,这一限制是可以删除的.

(2) 证法与上面完全一样,令
$$A_{\alpha} = \sum_{j=1}^{n} a_{\alpha j} (1 \leq \alpha \leq m) \tag{1.1.98}$$

$$(A_1^{\lambda_1} A_2^{\lambda_2} \cdots A_m^{\lambda_m})^{-1} \sum_{j=1}^{n} a_{1j}^{\lambda_1} a_{2j}^{\lambda_2} \cdots a_{mj}^{\lambda_m} = \sum_{j=1}^{n} \left(\frac{a_{1j}}{A_1}\right)^{\lambda_1} \left(\frac{a_{2j}}{A_2}\right)^{\lambda_2} \cdots \left(\frac{a_{mj}}{A_m}\right)^{\lambda_m} \tag{1.1.99}$$

由于 $f(x) = -\lg x (x>0)$ 是连续的凸函数,有加权的 Jensen 不等式,我们容易明白:

$$\lambda_1 \lg \frac{a_{1j}}{A_1} + \lambda_2 \lg \frac{a_{2j}}{A_2} + \cdots + \lambda_m \lg \frac{a_{mj}}{A_m} = \frac{\lambda_1 \lg \frac{a_{1j}}{A_1} + \lambda_2 \lg \frac{a_{2j}}{A_2} + \cdots + \lambda_m \lg \frac{a_{mj}}{A_m}}{\lambda_1 + \lambda_2 + \cdots + \lambda_m} (利用题目条件)$$

$$\leq \lg \frac{\lambda_1 \frac{a_{1j}}{A_1} + \lambda_2 \frac{a_{2j}}{A_2} + \cdots + \lambda_m \frac{a_{mj}}{A_m}}{\lambda_1 + \lambda_2 + \cdots + \lambda_m}$$

$$= \lg \left(\lambda_1 \frac{a_{1j}}{A_1} + \lambda_2 \frac{a_{2j}}{A_2} + \cdots + \lambda_m \frac{a_{mj}}{A_m}\right) \tag{1.1.100}$$

从上式,立刻有
$$\left(\frac{a_{1j}}{A_1}\right)^{\lambda_1} \left(\frac{a_{2j}}{A_2}\right)^{\lambda_2} \cdots \left(\frac{a_{mj}}{A_m}\right)^{\lambda_m} \leq \lambda_1 \frac{a_{1j}}{A_1} + \lambda_2 \frac{a_{2j}}{A_2} + \cdots + \lambda_m \frac{a_{mj}}{A_m} \tag{1.1.101}$$

上式关于 j 从 1 到 n 求和,有
$$\sum_{j=1}^{n} \left(\frac{a_{1j}}{A_1}\right)^{\lambda_1} \left(\frac{a_{2j}}{A_2}\right)^{\lambda_2} \cdots \left(\frac{a_{mj}}{A_m}\right)^{\lambda_m} \leq \lambda_1 + \lambda_2 + \cdots + \lambda_m (利用(1.1.98))$$
$$= 1 \tag{1.1.102}$$

上式两端同乘以 $A_1^{\lambda_1} A_2^{\lambda_2} \cdots A_m^{\lambda_m}$,再利用(1.1.98)就得到推广的 Hölder 不等式.

考虑加权的 Jensen 不等式取等号的条件,凡是在加权的 Jensen 不等式中,如果 $p_1, p_2, \cdots, p_n$ 全是有理数,从定理 2 的证明中可以看出,这加权的 Jensen 不等式是定理 1 Jensen 不等式的一个简单推论,所以当 $p_1, p_2, \cdots, p_n$ 全是有理数时,加权的 Jensen 不等式取等号,当且仅当 $x_1 = x_2 = \cdots = x_n$,这里字母的意义见定理 2.

例如 Cauchy 不等式(1.1.97)是由 Hölder 不等式令 $\alpha=\beta=\frac{1}{2}$ 推导出来的,这相当于在加权的 Jensen 不等式中,p_1,p_2 全是 $\frac{1}{2}$ 的情况,那么,从不等式(1.1.91)和(1.1.97)可以看出,当 a_i, $b_i(1\leqslant i\leqslant n)$ 全是正实数,即 $x_i,y_i(1\leqslant i\leqslant n)$ 无一为零时,等号成立当且仅当 $\frac{a_i}{A}=\frac{b_i}{B}(i=1,2,\cdots,n)$ 和 $x_iy_i=|x_iy_i|(i=1,2,\cdots,n)$,那么,有

$$\frac{a_1}{b_1}=\frac{a_2}{b_2}=\cdots=\frac{a_n}{b_n}, \quad 即 \quad \frac{x_1}{y_1}=\frac{x_2}{y_2}=\cdots=\frac{x_n}{y_n}>0 \tag{1.1.103}$$

从 Cauchy 不等式本身还可以得到,如果 x_i 不全为零,而且等号成立,某个 x_i 为零,则对应同一下标的 y_i 也为零.

利用 Hölder 不等式,可以简捷地建立幂平均不等式.

例 16(幂平均不等式) $a_1,a_2,\cdots,a_n$ 是正实数,α,β 是正实数,$\alpha>\beta$,则

$$\left(\frac{1}{n}\sum_{i=1}^n a_i^\alpha\right)^{\frac{1}{\alpha}} \geqslant \left(\frac{1}{n}\sum_{i=1}^n a_i^\beta\right)^{\frac{1}{\beta}}$$

证明: 在 Hölder 不等式(1.1.96)中,令 $x_i=1(1\leqslant i\leqslant n)$,那么,有

$$\sum_{i=1}^n y_i \leqslant n^{\frac{1}{p}}\left(\sum_{j=1}^n y_j^q\right)^{\frac{1}{q}} \tag{1.1.104}$$

这里 p,q 满足(1.1.94).从上式,有

$$\frac{1}{n}\sum_{i=1}^n y_i \leqslant \left(\frac{1}{n}\sum_{j=1}^n y_j^q\right)^{\frac{1}{q}} \tag{1.1.105}$$

令

$$y_i=a_i^\beta, \quad q=\frac{\alpha}{\beta}>1 \tag{1.1.106}$$

利用上两式,有

$$\frac{1}{n}\sum_{i=1}^n a_i^\beta \leqslant \left(\frac{1}{n}\sum_{j=1}^n a_j^\alpha\right)^{\frac{\beta}{\alpha}} \tag{1.1.107}$$

上式两端 $\frac{1}{\beta}$ 次方,立刻有幂平均不等式.特别当 $\beta=1,\alpha=2$ 时,利用幂平均不等式,有

$$\frac{1}{n}\sum_{i=1}^n a_i \leqslant \left(\frac{1}{n}\sum_{i=1}^n a_i^2\right)^{\frac{1}{2}} \tag{1.1.108}$$

当然,从 Cauchy 不等式(1.1.97),也能导出上式.上式称为平方平均不等式.

利用幂平均不等式,还可以得到下述不等式.

设 h 是一个正常数,正整数 $p\geqslant 2$,$x_1,x_2,\cdots,x_n$ 都是正实数,利用例 8,有

$$\frac{1}{n}\left(\sqrt{x_1^p+h}+\sqrt{x_2^p+h}+\cdots+\sqrt{x_n^p+h}\right)$$

$$=\frac{1}{n}\left(\sqrt{(x_1^{\frac{p}{2}})^2+h}+\sqrt{(x_2^{\frac{p}{2}})^2+h}+\cdots+\sqrt{(x_n^{\frac{p}{2}})^2+h}\right)$$

$$\geqslant \sqrt{\left[\frac{1}{n}(x_1^{\frac{p}{2}}+x_2^{\frac{p}{2}}+\cdots+x_n^{\frac{p}{2}})\right]^2+h}$$

$$\geqslant \sqrt{\left(\frac{1}{n}\cdot\sum_{k=1}^n x_k\right)^p+h} \quad (利用幂平均不等式) \tag{1.1.109}$$

这表明 $f(x)=\sqrt{x^p+h}$ 是 $(0,\infty)$ 内一个凸函数,这里 h 是一个正常数,正整数 $p\geqslant 2$.

例 17(Minkowski 不等式) 设 $a_{1k},a_{2k},\cdots,a_{mk}(1\leqslant k\leqslant n)$ 全是正实数,$p>1$,则

$$\left[\sum_{k=1}^{n}(a_{1k}+a_{2k}+\cdots+a_{mk})^p\right]^{\frac{1}{p}} \leqslant \left(\sum_{k=1}^{n}a_{1k}^p\right)^{\frac{1}{p}}+\left(\sum_{k=1}^{n}a_{2k}^p\right)^{\frac{1}{p}}+\cdots+\left(\sum_{k=1}^{n}a_{mk}^p\right)^{\frac{1}{p}}$$

证明：令

$$N_k = a_{1k}+a_{2k}+\cdots+a_{mk}(1\leqslant k\leqslant n) \tag{1.1.110}$$

那么，有

$$\sum_{k=1}^{n}(a_{1k}+a_{2k}+\cdots+a_{mk})^p = \sum_{k=1}^{n}(a_{1k}+a_{2k}+\cdots+a_{mk})N_k^{p-1}$$

$$= \sum_{k=1}^{n}a_{1k}N_k^{p-1}+\sum_{k=1}^{n}a_{2k}N_k^{p-1}+\cdots+\sum_{k=1}^{n}a_{mk}N_k^{p-1} \tag{1.1.111}$$

利用 Hölder 不等式(1.1.96)，有

$$\sum_{k=1}^{n}a_{1k}N_k^{p-1} \leqslant \left(\sum_{k=1}^{n}a_{1k}^p\right)^{\frac{1}{p}}\left(\sum_{k=1}^{n}N_k^{(p-1)q}\right)^{\frac{1}{q}}$$

$$= \left(\sum_{k=1}^{n}a_{1k}^p\right)^{\frac{1}{p}}\left(\sum_{k=1}^{n}N_k^p\right)^{\frac{1}{q}}(\text{利用}(1.1.94)\text{的第三式})$$

$$\sum_{k=1}^{n}a_{2k}N_k^{p-1} \leqslant \left(\sum_{k=1}^{n}a_{2k}^p\right)^{\frac{1}{p}}\left(\sum_{k=1}^{n}N_k^p\right)^{\frac{1}{q}}$$

$$\cdots\cdots$$

$$\sum_{k=1}^{n}a_{mk}N_k^{p-1} \leqslant \left(\sum_{k=1}^{n}a_{mk}^p\right)^{\frac{1}{p}}\left(\sum_{k=1}^{n}N_k^p\right)^{\frac{1}{q}} \tag{1.1.112}$$

利用(1.1.111)和(1.1.112)，有

$$\sum_{k=1}^{n}(a_{1k}+a_{2k}+\cdots+a_{mk})^p$$

$$\leqslant \left(\sum_{k=1}^{n}N_k^p\right)^{\frac{1}{q}}\left[\left(\sum_{k=1}^{n}a_{1k}^p\right)^{\frac{1}{p}}+\left(\sum_{k=1}^{n}a_{2k}^p\right)^{\frac{1}{p}}+\cdots+\left(\sum_{k=1}^{n}a_{mk}^p\right)^{\frac{1}{p}}\right] \tag{1.1.113}$$

上式两端同乘以 $\left(\sum_{k=1}^{n}N_k^p\right)^{-\frac{1}{q}}$，利用(1.1.110)和前面公式(1.1.94)的第三式，得到 Minkowski 不等式. Minkowski 不等式是个著名的不等式，特别当 $p=2$ 和 $n=2$ 时，将 a_{11}，$a_{21},\cdots,a_{m1}$ 改写为 $a_1,a_2,\cdots,a_m$，将 $a_{12},a_{22},\cdots,a_{m2}$ 改写为 $b_1,b_2,\cdots,b_m$，那么利用 Minkowski 不等式，有

$$\sqrt{\left(\sum_{i=1}^{m}a_i\right)^2+\left(\sum_{i=1}^{m}b_i\right)^2} \leqslant \sqrt{a_1^2+b_1^2}+\sqrt{a_2^2+b_2^2}+\cdots+\sqrt{a_m^2+b_m^2} \tag{1.1.114}$$

下面几个不等式也是经常要用的.

例 18（排序不等式） 正整数 $n\geqslant 2$，设 $a_1\leqslant a_2\leqslant\cdots\leqslant a_n$，$b_1\leqslant b_2\leqslant\cdots\leqslant b_n$，$k_1,k_2,\cdots,k_n$ 是 $1,2,\cdots,n$ 的任一排列，则

$$\sum_{j=1}^{n}a_jb_{n+1-j} \leqslant \sum_{j=1}^{n}a_jb_{k_j} \leqslant \sum_{j=1}^{n}a_jb_j$$

仅当 $a_1=a_2=\cdots=a_n$ 或 $b_1=b_2=\cdots=b_n$ 时取等号.

证明：先证明后一个不等式. 对 n 用数学归纳法. 当 $n=2$ 时，由于

$$(a_1b_1+a_2b_2)-(a_1b_2+a_2b_1) = (b_1-b_2)(a_1-a_2) \geqslant 0 \tag{1.1.115}$$

那么，有

$$a_1b_2+a_2b_1 \leqslant a_1b_1+a_2b_2 \tag{1.1.116}$$

因而 $n=2$ 时，不等式成立. 设 $a_1\leqslant a_2\leqslant\cdots\leqslant a_{n-1}$，$b_1\leqslant b_2\leqslant\cdots\leqslant b_{n-1}$，$k_1,k_2,\cdots,k_{n-1}$ 是 1，

$2, \cdots, n-1$ 的任一排列,有

$$\sum_{j=1}^{n-1} a_j b_{k_j} \leqslant \sum_{j=1}^{n-1} a_j b_j \tag{1.1.117}$$

这里正整数 $n \geqslant 3$. 令

$$S_n = \sum_{j=1}^{n} a_j b_{k_j} \tag{1.1.118}$$

如果 $k_n = n$,利用归纳假设 (1.1.117),有

$$S_n = a_n b_n + \sum_{j=1}^{n-1} a_j b_{k_j} \leqslant a_n b_n + \sum_{j=1}^{n-1} a_j b_j = \sum_{j=1}^{n} a_j b_j \tag{1.1.119}$$

如果 $k_n \neq n$,由于 $b_{k_1}, b_{k_2}, \cdots, b_{k_n}$ 是 $b_1, b_2, \cdots, b_n$ 的一个排列,则存在某个 $j_0 \neq n$,使得和式 $\sum_{j=1}^{n} a_j b_j$ 中有一项 $a_{j_0} b_n$. 利用

$$(a_n b_n + a_{j_0} b_{k_n}) - (a_{j_0} b_n + a_n b_{k_n}) = (b_n - b_{k_n})(a_n - a_{j_0}) \geqslant 0 \tag{1.1.120}$$

从上式,有

$$a_{j_0} b_n + a_n b_{k_n} \leqslant a_{j_0} b_{k_n} + a_n b_n \tag{1.1.121}$$

因此,可以看到

$$\begin{aligned}
\sum_{j=1}^{n} a_j b_{k_j} &= \sum_{\substack{1 \leqslant j \leqslant n-1 \\ j \neq j_0}} a_j b_{k_j} + a_{j_0} b_n + a_n b_{k_n} \\
&\leqslant \sum_{\substack{1 \leqslant j \leqslant n-1 \\ j \neq j_0}} a_j b_{k_j} + a_{j_0} b_{k_n} + a_n b_n \\
&= \sum_{j=1}^{n-1} a_j b_{k_j} + a_n b_n (\text{这里 } b_{k_{j_0}} = b_{k_n}) \\
&\leqslant \sum_{j=1}^{n-1} a_j b_j + a_n b_n (\text{利用归纳假设}(1.1.117)) \\
&= \sum_{j=1}^{n} a_j b_j
\end{aligned} \tag{1.1.122}$$

这样,利用数学归纳法,我们得到了例 18 的后一个不等式. 现在证明前一个不等式,也利用数学归纳法.

当 $n=2$ 时,利用不等式 (1.1.116),知道前一个不等式成立. 设 $a_1 \leqslant a_2 \leqslant \cdots \leqslant a_{n-1}, b_2 \leqslant b_3 \leqslant \cdots \leqslant b_n, k_1, k_2, \cdots, k_{n-1}$ 是 $2, 3, \cdots, n$ 的任一排列,有

$$\sum_{j=1}^{n-1} a_j b_{n+1-j} \leqslant \sum_{j=1}^{n-1} a_j b_{k_j} \tag{1.1.123}$$

下面考虑和式 $\sum_{j=1}^{n} a_j b_{k_j}$. 也分情况讨论.

如果 $k_n = 1$,则

$$\begin{aligned}
\sum_{j=1}^{n} a_j b_{k_j} &= a_n b_1 + \sum_{j=1}^{n-1} a_j b_{k_j} \geqslant a_n b_1 + \sum_{j=1}^{n-1} a_j b_{n+1-j} (\text{利用归纳假设}(1.1.123)) \\
&= \sum_{j=1}^{n} a_j b_{n+1-j}
\end{aligned} \tag{1.1.124}$$

如果 $k_n \neq 1$,则存在某个 $j_0 \neq n$,使得 $\sum_{j=1}^{n} a_j b_{k_j}$ 中有一项 $a_{j_0} b_1$. 利用

$$(a_n b_{k_n} + a_{j_0} b_1) - (a_n b_1 + a_{j_0} b_{k_n}) = (b_{k_n} - b_1)(a_n - a_{j_0}) \geqslant 0 \tag{1.1.125}$$

这里利用题目条件 $b_1 \leqslant b_{k_n}, a_{j_0} \leqslant a_n$. 利用上式,有

$$a_n b_{k_n} + a_{j_0} b_1 \geqslant a_n b_1 + a_{j_0} b_{k_n} \qquad (1.1.126)$$

于是,可以看到

$$\sum_{j=1}^{n} a_j b_{k_j} = \sum_{\substack{1 \leqslant j \leqslant n-1 \\ j \neq j_0}} a_j b_{k_j} + (a_n b_{k_n} + a_{j_0} b_1)$$

$$\geqslant \sum_{\substack{1 \leqslant j \leqslant n-1 \\ j \neq j_0}} a_j b_{k_j} + (a_{j_0} b_{k_n} + a_n b_1) (\text{利用不等式}(1.1.126))$$

$$\geqslant \sum_{j=1}^{n-1} a_j b_{k_j'} + a_n b_1 (\text{这里 } b_{k_i'} = b_{k_n})$$

$$\geqslant \sum_{j=1}^{n-1} a_j b_{n+1-j} + a_n b_1 = \sum_{j=1}^{n} a_j b_{n+1-j} \qquad (1.1.127)$$

这样,利用数学归纳法,例 18 的前一个不等式也得到了.

例 19(Chebyshev 不等式)

(1) 有 $2n$ 个实数 $a_1, a_2, \cdots, a_n; b_1, b_2, \cdots, b_n$,满足条件 $a_1 \leqslant a_2 \leqslant \cdots \leqslant a_n, b_1 \geqslant b_2 \geqslant \cdots \geqslant b_n$,则

$$\sum_{i=1}^{n} a_i b_i \leqslant \frac{1}{n} \sum_{i=1}^{n} a_i \sum_{j=1}^{n} b_j$$

(2) 有 $2n$ 个实数 $a_1, a_2, \cdots, a_n; b_1, b_2, \cdots, b_n$,满足条件 $a_1 \geqslant a_2 \geqslant \cdots \geqslant a_n, b_1 \geqslant b_2 \geqslant \cdots \geqslant b_n$,则

$$\sum_{i=1}^{n} a_i b_i \geqslant \frac{1}{n} \sum_{i=1}^{n} a_i \sum_{j=1}^{n} b_j$$

证明: 这里,我们给出前一个不等式的证明,后一个不等式的证明留给读者作练习,因为它的证明完全类似前者.

对于 $i, j \in \{1, 2, \cdots, n\}$,显然,有

$$(a_i - a_j)(b_i - b_j) \leqslant 0 \qquad (1.1.128)$$

展开上式,可以得到

$$a_i b_i + a_j b_j \leqslant a_i b_j + a_j b_i \qquad (1.1.129)$$

上式关于 i, j 都从 1 到 n 求和,有

$$\sum_{i=1}^{n} \sum_{j=1}^{n} (a_i b_i + a_j b_j) \leqslant \sum_{i=1}^{n} \sum_{j=1}^{n} (a_i b_j + a_j b_i) \qquad (1.1.130)$$

由于

$$\sum_{i=1}^{n} \sum_{j=1}^{n} (a_i b_i + a_j b_j) = \sum_{i=1}^{n} \left(n a_i b_i + \sum_{j=1}^{n} a_j b_j \right) = n \sum_{i=1}^{n} a_i b_i + n \sum_{j=1}^{n} a_j b_j = 2n \sum_{i=1}^{n} a_i b_i$$

$$(1.1.131)$$

以及

$$\sum_{i=1}^{n} \sum_{j=1}^{n} (a_i b_j + a_j b_i) = \sum_{i=1}^{n} a_i \sum_{j=1}^{n} b_j + \sum_{i=1}^{n} b_i \sum_{j=1}^{n} a_j = 2 \sum_{i=1}^{n} a_i \sum_{j=1}^{n} b_j \qquad (1.1.132)$$

将等式(1.1.131)和(1.1.132)代入不等式(1.1.130),可知第一个 Chebyshev 不等式成立.

例 20(Abel 不等式) 设 $a_1, a_2, \cdots, a_n$ 和 $b_1, b_2, \cdots, b_n$ 是 $2n$ 个实数,$b_1 \geqslant b_2 \geqslant \cdots \geqslant b_n \geqslant 0$.设

$$s_k = a_1 + a_2 + \cdots + a_k (1 \leqslant k \leqslant n)$$

记 $m = \min\limits_{1 \leqslant k \leqslant n} s_k, M = \max\limits_{1 \leqslant k \leqslant n} s_k$,则

$$mb_1 \leqslant \sum_{k=1}^{n} a_k b_k \leqslant Mb_1$$

证明: 由于题目条件,有
$$a_k = s_k - s_{k-1}(2 \leqslant k \leqslant n) \tag{1.1.133}$$
那么,利用上式,可以看到(注意 $s_1 = a_1$)
$$\sum_{k=1}^{n} a_k b_k = s_1 b_1 + (s_2 - s_1)b_2 + (s_3 - s_2)b_3 + \cdots + (s_n - s_{n-1})b_n$$
$$= s_1(b_1 - b_2) + s_2(b_2 - b_3) + s_3(b_3 - b_4) + \cdots + s_{n-1}(b_{n-1} - b_n) + s_n b_n \tag{1.1.134}$$
由题目条件,有
$$\left.\begin{array}{c} m(b_1 - b_2) \leqslant s_1(b_1 - b_2) \leqslant M(b_1 - b_2) \\ m(b_2 - b_3) \leqslant s_2(b_2 - b_3) \leqslant M(b_2 - b_3) \\ \cdots\cdots \\ m(b_{n-1} - b_n) \leqslant s_{n-1}(b_{n-1} - b_n) \leqslant M(b_{n-1} - b_n) \\ mb_n \leqslant s_n b_n \leqslant Mb_n \end{array}\right\} \tag{1.1.135}$$
利用不等式(1.1.134)和(1.1.135),得 Abel 不等式.

关于连续的凸函数,我们还应当介绍一定理给读者.

定理 3 (1) f 是区间 $[a,b]$ 内一个连续的凸函数,则对于 $[a,b]$ 中任意 $x_1 < x_2 < x_3$,有
$$\frac{f(x_1)}{(x_1 - x_2)(x_1 - x_3)} + \frac{f(x_2)}{(x_2 - x_1)(x_2 - x_3)} + \frac{f(x_3)}{(x_3 - x_1)(x_3 - x_2)} \geqslant 0$$

(2) 设 b 是正实数,f 是闭区间 $[0,b]$ 内一个连续的凸函数.$x_1, x_2, \cdots, x_n \in [0,b]$,且满足 $\sum_{j=1}^{n} x_j = mb + r$,这里正整数 $n \geqslant 2$,m 是一个非负整数,$0 \leqslant r < b$,则
$$\sum_{j=1}^{n} f(x_j) \leqslant (n - m - 1)f(0) + mf(b) + f(r)$$

证明: (1) 由于 $x_1 < x_2 < x_3$,那么 $x_2 - x_1 > 0$,$x_3 - x_1 > 0$ 和 $x_3 - x_2 > 0$.要证明的不等式等价于
$$\frac{x_3 - x_2}{x_3 - x_1}f(x_1) + \frac{x_2 - x_1}{x_3 - x_1}f(x_3) \geqslant f(x_2) \tag{1.1.136}$$
利用定理 2(加权的 Jensen 不等式)在 $n = 2$ 的情况,有
$$\frac{p_1 f(x_1) + p_2 f(x_3)}{p_1 + p_2} \geqslant f\left(\frac{p_1 x_1 + p_2 x_3}{p_1 + p_2}\right) \tag{1.1.137}$$
令
$$p_1 = \frac{x_3 - x_2}{x_3 - x_1}, \quad p_2 = \frac{x_2 - x_1}{x_3 - x_1} \tag{1.1.138}$$
则
$$p_1 + p_2 = 1, \quad p_1 x_1 + p_2 x_3 = x_2 \tag{1.1.139}$$
将关系式(1.1.138)和(1.1.139)代入(1.1.137),得不等式(1.1.136).

(2) 在证明(2)前,先证明一个辅助不等式,对于 $[a,b]$ 内连续的凸函数 f,及 $x_1, x_2, x_3, x_4 \in [a,b]$,且 $x_3 \leqslant x_1, x_2 \leqslant x_4$,及 $x_1 + x_2 = x_3 + x_4$,则
$$f(x_1) + f(x_2) \leqslant f(x_3) + f(x_4) \tag{1.1.140}$$

从条件可以知道,如果 $x_1 = x_3$,则 $x_2 = x_4$.如果 $x_1 = x_4$,则 $x_2 = x_3$.(1.1.140)变为等式,如果 $x_2 = x_3$,则 $x_1 = x_4$;如果 $x_2 = x_4$,则 $x_1 = x_3$,(1.1.140)也变为等式.因此,只要考虑 $x_1, x_2 \in (x_3, x_4)$ 的情况.由于现在 $x_3 < x_1 < x_4$,在不等式(1.1.136)中,用 x_4, x_1, x_3 依次代替 x_3, x_2, x_1,有

$$\frac{x_4 - x_1}{x_4 - x_3} f(x_3) + \frac{x_1 - x_3}{x_4 - x_3} f(x_4) \geqslant f(x_1) \tag{1.1.141}$$

又由于 $x_3 < x_2 < x_4$，在上式中，用 x_2 代替 x_1，有

$$\frac{x_4 - x_2}{x_4 - x_3} f(x_3) + \frac{x_2 - x_3}{x_4 - x_3} f(x_4) \geqslant f(x_2) \tag{1.1.142}$$

由于 $x_1 + x_2 = x_3 + x_4$，则

$$\left. \begin{array}{r} 2x_4 - (x_1 + x_2) = x_4 - x_3 \\ (x_1 + x_2) - 2x_3 = x_4 - x_3 \end{array} \right\} \tag{1.1.143}$$

将两个不等式(1.1.141)和(1.1.142)相加，再利用公式(1.1.143)，有不等式(1.1.140).

下面来证明定理3(2)的结论. 对 n 用数学归纳法. 当 $n = 2$ 时，已知 $x_1, x_2 \in [0, b]$，$x_1 + x_2 = mb + r$，$0 \leqslant r < b$，由于 $0 \leqslant x_1 + x_2 \leqslant 2b_1$，则 m 只能为 $0, 1, 2$ 三种情况之一.

① 当 $m = 0$ 时，$x_1 + x_2 = r = 0 + r$，$0 \leqslant x_1, x_2 \leqslant r$. 利用不等式(1.1.140)，有

$$f(x_1) + f(x_2) \leqslant f(0) + f(r) \tag{1.1.144}$$

② 当 $m = 1$ 时，$x_1 + x_2 = b + r$，那么，有 $r \leqslant x_1, x_2 \leqslant b$. 再一次利用不等式(1.1.140)，有

$$f(x_1) + f(x_2) \leqslant f(b) + f(r) \tag{1.1.145}$$

③ 当 $m = 2$ 时，$x_1 + x_2 = 2b$，这时 $r = 0$，由于 $0 \leqslant x_1, x_2 \leqslant b$，必有 $x_1 = x_2 = b$. 显然，有

$$f(x_1) + f(x_2) = 2f(b) \tag{1.1.146}$$

不等式(1.1.144)和(1.1.145)，以及等式(1.1.146)恰是要证明的不等式在 $n = 2$，$m = 0, 1, 2$ 时的情况.

设本例(2)中不等式对于正整数 $n \leqslant k (k \geqslant 2)$ 时成立，考虑正整数 $n = k + 1$ 的情况.

$$\sum_{j=1}^{k+1} x_j = mb + r \, (0 \leqslant r < b) \tag{1.1.147}$$

从上式，有

$$\sum_{j=1}^{k} x_j = mb + (r - x_{k+1}) \tag{1.1.148}$$

对 x_{k+1} 分情况讨论.

① 如果 $0 \leqslant x_{k+1} \leqslant r$，则 $0 \leqslant r - x_{k+1} \leqslant r < b$. 由归纳法假设，有

$$\begin{aligned} \sum_{j=1}^{k+1} f(x_j) &= \sum_{j=1}^{k} f(x_j) + f(x_{k+1}) \\ &\leqslant [(k - m - 1)f(0) + mf(b) + f(r - x_{k+1})] \\ &\quad + f(x_{k+1}) \, (\text{利用}(1.1.148)) \end{aligned} \tag{1.1.149}$$

由于 $x_{k+1} + (r - x_{k+1}) = r$，利用(1.1.140)(或者(1.1.144))，有

$$f(x_{k+1}) + f(r - x_{k+1}) \leqslant f(0) + f(r) \tag{1.1.150}$$

利用不等式(1.1.149)和(1.1.150)，有

$$\sum_{j=1}^{k+1} f(x_j) \leqslant [(k+1) - m - 1] f(0) + mf(b) + f(r) \tag{1.1.151}$$

因此，当 $0 \leqslant x_{k+1} \leqslant r$ 时，归纳法完成.

② 如果 $r < x_{k+1} \leqslant b$，利用公式(1.1.147)，显然 m 是正整数. 以及

$$\sum_{j=1}^{k} x_j = (m-1)b + (b + r - x_{k+1}) \tag{1.1.152}$$

这里 $r \leqslant b + r - x_{k+1} < b$. 于是，利用归纳法假设，有

$$\sum_{j=1}^{k+1} f(x_j) = \sum_{j=1}^{k} f(x_j) + f(x_{k+1})$$

$$\leqslant [k-(m-1)-1]f(0)+(m-1)f(b)$$
$$+f(b+r-x_{k+1})+f(x_{k+1})(注意公式(1.1.152)) \tag{1.1.153}$$

由于 $x_{k+1}+(b+r-x_{k+1})=b+r$，及 $r<x_{k+1},b+r-x_{k+1}\leqslant b$，利用不等式(1.1.140)，有

$$f(x_{k+1})+f(b+r-x_{k+1})\leqslant f(r)+f(b) \tag{1.1.154}$$

利用不等式(1.1.153)和(1.1.154)，有

$$\sum_{j=1}^{k+1}f(x_j)\leqslant [(k+1)-m-1]f(0)+mf(b)+f(r) \tag{1.1.155}$$

因此，当 $r<x_{k+1}\leqslant b$ 时，归纳法也完成了. 所以定理3(2)的结论成立.

定理3的(2)应用很广，它与例1至例14结合起来，可以写出许多有趣的不等式.

例如，我们知道 $f(x)=-\sin x(0\leqslant x\leqslant \pi)$ 是一个连续的凸函数. 那么，对于 $[0,\pi]$ 内 n 个实数 $x_1,x_2,\cdots,x_n$，如果已知 $\sum_{j=1}^{n}x_j=m\pi+r$. 这里正整数 $n\geqslant 2,m$ 是非负整数，$0\leqslant r<\pi$，利用定理3的(2)，有

$$\sum_{j=1}^{n}\sin x_j\geqslant \sin r \tag{1.1.156}$$

又已知 $f(x)=x^p(x>0$，正整数 $p\geqslant 2)$ 是一个连续的凸函数，设 $x_1,x_2,\cdots,x_n$ 皆取自闭区间 $[0,1]$，正整数 $n\geqslant 2,\sum_{j=1}^{n}x_j=m+r$，这里 m 是非负整数，$r\in[0,1)$，利用定理3的(2)，应当有

$$\sum_{j=1}^{n}x_j^p\leqslant m+r^p \tag{1.1.157}$$

如果读者对凸函数与Jensen不等式感兴趣，可以去阅读拙作《凸函数与琴生不等式》(第2版，2014年6月由中国科学技术大学出版社出版).

1.2 少量变元的不等式

本节主要讲述关于二个或三个变元的不等式.

例1 设 p 是正实数，正实数 $q>1$，设实数 x,y 满足
$$p(|x-y|^q+|x+y|^q)=x+y$$
求证：
$$x-y\leqslant (pq)^{\frac{1}{1-q}}(q-1)^{\frac{1}{q}}$$

证明：对于任意正实数 t，定义函数

$$f(t)=\frac{t}{p}-t^q=t\left(\frac{1}{p}-t^{q-1}\right) \tag{1.2.1}$$

令

$$t_0=(pq)^{\frac{1}{1-q}} \tag{1.2.2}$$

下面先证明，当 $t\in(0,t_0)$ 时，有

$$f(t)<f(t_0) \tag{1.2.3}$$

取 $(0,t_0]$ 内两个正实数 t,t^*，这里 $t<t^*$.

$$f(t^*)-f(t)=\frac{1}{p}(t^*-t)-(t^{*q}-t^q)$$

$$= (t^* - t)\left[\frac{1}{p} - (t^{*q-1} + t^{*q-2}t + t^{*q-3}t^2 + \cdots + t^{*2}t^{q-3} + t^*t^{q-2} + t^{q-1})\right]$$
(1.2.4)

利用(1.2.2),及 t,t^* 皆取自开区间 $(0,t_0)$,有
$$t^{*q-1} + t^{*q-2}t + t^{*q-3}t^2 + \cdots + t^{*2}t^{q-3}$$
$$+ t^*t^{q-2} + t^{q-1} < q(t_0)^{q-1} = \frac{1}{p}$$
(1.2.5)

利用(1.2.4)和(1.2.5),有
$$f(t^*) > f(t)(\text{当 } t^* = t_0 \text{ 时},\text{仍然成立})$$
(1.2.6)

再证明当 $t > t_0$ 时,仍然有不等式(1.2.3).当 $t^* > t \geq t_0$ 时,类似不等式(1.2.5),有
$$t^{*q-1} + t^{*q-2}t + t^{*q-3}t^2 + \cdots + t^{*2}t^{q-3}$$
$$+ t^*t^{q-2} + t^{q-1} > qt_0^{q-1} = \frac{1}{p}$$
(1.2.7)

利用公式(1.2.4)和不等式(1.2.7),当 $t^* > t \geq t_0$ 时,有
$$f(t^*) < f(t)$$
(1.2.8)

利用不等式(1.2.6)和上式,对于任意正实数 t,必有
$$f(t) \leq f(t_0)(\text{等号成立当且仅当 } t = t_0)$$
(1.2.9)

利用题目条件,可以看到
$$|x-y|^q = \frac{1}{p}(x+y) - |x+y|^q \leq \frac{1}{p}|x+y| - |x+y|^q$$
$$= f(|x+y|)(\text{利用公式}(1.2.1))$$
$$\leq f(t_0)(\text{利用不等式 } 1.2.9))$$
$$= t_0\left(\frac{1}{p} - t_0^{q-1}\right)(\text{利用公式}(1.2.1))$$
$$= (pq)^{\frac{q}{1-q}}(q-1)(\text{利用公式}(1.2.2))$$
(1.2.10)

利用上式,有
$$x - y \leq |x-y| \leq (pq)^{\frac{1}{1-q}}(q-1)^{\frac{1}{q}}$$
(1.2.11)

注:上式等号什么时候成立?有兴趣的读者可以自己思考.

例2 已知 $x \geq y \geq 1$,求证:
$$\frac{x}{\sqrt{x+y}} + \frac{y}{\sqrt{y+1}} + \frac{1}{\sqrt{x+1}} \geq \frac{y}{\sqrt{x+y}} + \frac{x}{\sqrt{x+1}} + \frac{1}{\sqrt{y+1}}$$

证明:本题的关键之处是要进行变量代换,消去分母中的根号.令
$$x + 1 = 2p^2, \quad y + 1 = 2q^2$$
(1.2.12)

这里 p,q 是两个正实数,利用题目条件,有 $p \geq q \geq 1$.利用上式,有
$$x + y = 2(p^2 + q^2 - 1)$$
(1.2.13)

于是,我们可以看到
$$\frac{x}{\sqrt{x+y}} + \frac{y}{\sqrt{y+1}} + \frac{1}{\sqrt{x+1}} = \frac{2p^2-1}{\sqrt{2(p^2+q^2-1)}} + \frac{2q^2-1}{\sqrt{2}q} + \frac{1}{\sqrt{2}p}$$
(1.2.14)

以及
$$\frac{y}{\sqrt{x+y}} + \frac{x}{\sqrt{x+1}} + \frac{1}{\sqrt{y+1}} = \frac{2q^2-1}{\sqrt{2(p^2+q^2-1)}} + \frac{2p^2-1}{\sqrt{2}p} + \frac{1}{\sqrt{2}q}$$
(1.2.15)

利用公式(1.2.14)和(1.2.15),只要证明

$$\frac{2p^2-1}{\sqrt{2(p^2+q^2-1)}}+\frac{2q^2-1}{\sqrt{2}q}+\frac{1}{\sqrt{2}p} \geqslant \frac{2q^2-1}{\sqrt{2(p^2+q^2-1)}}+\frac{2p^2-1}{\sqrt{2}p}+\frac{1}{\sqrt{2}q} \quad (1.2.16)$$

上式化简,移项后,等价于证明下述不等式

$$\frac{p^2-q^2}{\sqrt{p^2+q^2-1}} \geqslant \frac{p^2-1}{p}+\frac{1-q^2}{q} \tag{1.2.17}$$

$$(1.2.17) \text{ 的右端} = \frac{1}{pq}[q(p^2-1)+p(1-q^2)] = (p-q)\left(1+\frac{1}{pq}\right) \tag{1.2.18}$$

如果 $p=q$,不等式(1.2.17)两端都为零,因此只须考虑 $p>q$ 的情况. 利用(1.2.18),(1.2.17)等价于证明

$$\frac{p+q}{\sqrt{p^2+q^2-1}} \geqslant 1+\frac{1}{pq} \tag{1.2.19}$$

这里 $p>q \geqslant 1$.

上式两端同乘以正实数 $pq\sqrt{p^2+q^2-1}$,因而只须证明

$$pq(p+q) \geqslant \sqrt{p^2+q^2-1}(pq+1) \tag{1.2.20}$$

由于

$$(p+q-1)^2-(p^2+q^2-1) = (p^2+q^2+1+2pq-2p-2q)-(p^2+q^2-1)$$
$$= 2(p-1)(q-1) \geqslant 0 \tag{1.2.21}$$

从而,有

$$p+q-1 \geqslant \sqrt{p^2+q^2-1} \tag{1.2.22}$$

利用

$$pq(p+q)-(p+q-1)(pq+1) = (p-1)(q-1) \geqslant 0 \tag{1.2.23}$$

可以得到

$$pq(p+q) \geqslant (p+q-1)(pq+1)$$
$$\geqslant \sqrt{p^2+q^2-1}(pq+1) \quad (\text{利用不等式}(1.2.22)) \tag{1.2.24}$$

从而不等式(1.2.20)成立. 本题完全解决.

例3 设 n 是正整数,x 是正实数.求证:

$$\sum_{k=1}^{n} \frac{x^{k^2}}{k} \geqslant x^{\frac{1}{2}n(n+1)}$$

证明:对 n 用数学归纳法.当 $n=1$ 时,要证明的不等式左端为 x,右端也为 x. 不等式取等号. 设当 $n=s$ 时,这里 s 是正整数,有

$$\sum_{k=1}^{s} \frac{x^{k^2}}{k} \geqslant x^{\frac{1}{2}s(s+1)} \tag{1.2.25}$$

当 $n=s+1$ 时,利用归纳假设(1.2.25),有

$$\sum_{k=1}^{s+1} \frac{x^{k^2}}{k} = \sum_{k=1}^{s} \frac{x^{k^2}}{k} + \frac{x^{(s+1)^2}}{s+1} \geqslant x^{\frac{1}{2}s(s+1)} + \frac{x^{(s+1)^2}}{s+1} \tag{1.2.26}$$

如果我们能证明,当 $x>0$ 时,下式成立

$$x^{\frac{1}{2}s(s+1)} + \frac{x^{(s+1)^2}}{s+1} \geqslant x^{\frac{1}{2}(s+1)(s+2)} \tag{1.2.27}$$

则归纳法完成. 上式两端乘以正实数 $x^{-\frac{1}{2}s(s+1)}$,不等式(1.2.27)等价于下述不等式

$$1+\frac{x^{\frac{1}{2}(s+1)(s+2)}}{s+1} \geqslant x^{s+1} \tag{1.2.28}$$

令

$$y = x^{\frac{1}{2}(s+1)} \tag{1.2.29}$$

问题转化为去证明

$$1 + \frac{y^{s+2}}{s+1} \geqslant y^2 \tag{1.2.30}$$

这里 y 是正实数.

令

$$f(y) = 1 + y^2\left(\frac{y^s}{s+1} - 1\right) \tag{1.2.31}$$

这里 $y>0$. 如果 $y \geqslant (s+1)^{\frac{1}{s}}$, 则 $f(y) \geqslant 1$. 不等式(1.2.30)当然成立. 当 $0 < y \leqslant 1$ 时, (1.2.30)的右端小于等于1, 不等式(1.2.30)显然成立. 因此还剩下对开区间 $(1, (s+1)^{\frac{1}{s}})$ 内的 y, 不等式(1.2.30)需要证明. 当 y 在这开区间内时, 有 $\frac{y^s}{s+1} < 1$. 利用公式(1.2.31), 有

$$f(y) = 1 - y^2\left(1 - \frac{y^s}{s+1}\right) \tag{1.2.32}$$

取一待定正实数 A, 利用 $G_{s+2} \leqslant A_{s+2}$, 有

$$A^2\left[y^2\left(1 - \frac{y^s}{s+1}\right)\right]^s$$

$$= (Ay^s)(Ay^s)\left(1 - \frac{y^s}{s+1}\right)\left(1 - \frac{y^s}{s+1}\right)\cdots\left(1 - \frac{y^s}{s+1}\right)(s \text{ 个}\left(1 - \frac{y^s}{s+1}\right)\text{相乘})$$

$$\leqslant \left[\frac{1}{s+2}\left(2Ay^s + s\left(1 - \frac{y^s}{s+1}\right)\right)\right]^{s+2}$$

$$= \left[\frac{1}{s+2}\left(s + 2Ay^s - \frac{s}{s+1}y^s\right)\right]^{s+2} \tag{1.2.33}$$

取

$$A = \frac{s}{2(s+1)} \tag{1.2.34}$$

利用(1.2.33)和(1.2.34), 有

$$\left[\frac{s}{2(s+1)}\right]^2\left[y^2\left(1 - \frac{y^s}{s+1}\right)\right]^s \leqslant \left(\frac{s}{s+2}\right)^{s+2} \tag{1.2.35}$$

从上式, 有

$$y^2\left(1 - \frac{y^s}{s+1}\right) \leqslant \frac{s}{s+2}\left[\frac{2(s+1)}{s+2}\right]^{\frac{2}{s}} \tag{1.2.36}$$

当 $s=1$ 时, 利用上式, 有

$$y^2\left(1 - \frac{y}{2}\right) \leqslant \frac{16}{27} \tag{1.2.37}$$

利用公式(1.2.32)和不等式(1.2.37), 当 $s=1$ 时, 有

$$f(y) \geqslant \frac{11}{27} > 0 \tag{1.2.38}$$

下面证明当正整数 $s \geqslant 2$ 时, 有

$$\left[\frac{2(s+1)}{s+2}\right]^{\frac{2}{s}} < \frac{s+2}{s} \tag{1.2.39}$$

如果上式成立, 利用不等式(1.2.36), 有

$$y^2\left(1-\frac{y^s}{s+1}\right)<1 \tag{1.2.40}$$

再利用公式(1.2.32)和上式,有 $f(y)>0$.从而不等式(1.2.30)成立(而且是严格大于).下面证明不等式(1.2.39).将不等式(1.2.39)两端 $\frac{s}{2}$ 次方,不等式(1.2.39)等价于下述不等式:

$$\frac{2(s+1)}{s+2}<\left(1+\frac{2}{s}\right)^{\frac{s}{2}} \tag{1.2.41}$$

由于 s 是一个正整数,利用二项式展开,只取前三项,注意 $s \geqslant 2$,有

$$\left(1+\frac{2}{s}\right)^s \geqslant 1+C_s^1\frac{2}{s}+C_s^2\left(\frac{2}{s}\right)^2$$

$$=3+\frac{2(s-1)}{s}$$

$$\geqslant 4(\text{利用 } s \geqslant 2,\text{有 } 2(s-1)\geqslant s) \tag{1.2.42}$$

利用上式,两端开方,有

$$\left(1+\frac{2}{s}\right)^{\frac{s}{2}} \geqslant 2>\frac{2(s+1)}{s+2} \tag{1.2.43}$$

因而不等式(1.2.41)成立.至此,问题完全解决.

例 4 设 a,b 是两个不同的正实数,满足 $(a-1)(b-1)>0$,求证:
$$a^b+b^a \geqslant 1+ab+(1-a)(1-b)\min\{ab,1\}$$

证明:分两种情况讨论.

① 设 $0<a<1$,利用题目条件,有 $0<b<1$.令

$$a=1-r,\quad b=1-s.\quad r,s\in(0,1) \tag{1.2.44}$$

而且知道

$$\min\{ab,1\}=ab \tag{1.2.45}$$

$$1+ab+(1-a)(1-b)\min\{ab,1\}$$

$$=1+(1-r)(1-s)+rs(1-r)(1-s)(\text{利用公式}(1.2.44)\text{和}(1.2.45))$$

$$=1+(1-r)(1-s)(1+rs) \tag{1.2.46}$$

下面先证明一个 Bernoulli 不等式,当 $x,y \in (0,1)$ 时,

$$(1-x)^y \leqslant 1-xy \tag{1.2.47}$$

由于 $y \in (0,1)$,当 y 是有理数时,可以写

$$y=\frac{m}{n} \tag{1.2.48}$$

这里 m,n 是两个正整数,且 $m<n$.利用上式,有

$$(1-x)^y=(1-x)^{\frac{m}{n}}=\sqrt[n]{1\cdot 1\cdots 1\cdot(1-x)\cdot(1-x)\cdots(1-x)}(\text{有}(n-m)\text{个}1\text{相乘},$$
$$\text{再乘以 } m \text{ 个}(1-x))$$

$$<\frac{1}{n}[(n-m)+m(1-x)](\text{利用 } G_n \leqslant A_n;\text{且 } 1-x<1)$$

$$=\frac{1}{n}(n-mx)=1-xy \tag{1.2.49}$$

于是,当 y 是 $(0,1)$ 内有理数时,不等式(1.2.47)成立.当 y 是 $(0,1)$ 内无理数时,存在 $(0,1)$ 内一列有理数 $\{y_n\}$, $\lim\limits_{n\to\infty}y_n=y$,对于 $(0,1)$ 内有理数 y_n,有

$$(1-x)^{y_n}<1-xy_n(\text{利用不等式}(1.2.49)) \tag{1.2.50}$$

在上式中,令 $n\to\infty$,则对于 $(0,1)$ 内无理数 y,不等式(1.2.47)仍然成立.

利用不等式(1.2.47),有
$$(1-r)^s \leqslant 1-rs, \quad (1-s)^r \leqslant 1-sr \tag{1.2.51}$$
于是,可以看到
$$a^b + b^a = (1-r)^{1-s} + (1-s)^{1-r} (\text{利用公式}(1.2.44))$$
$$= \frac{1-r}{(1-r)^s} + \frac{1-s}{(1-s)^r}$$
$$\geqslant \frac{1-r}{1-rs} + \frac{1-s}{1-rs} (\text{利用不等式}(1.2.51))$$
$$= \frac{2-r-s}{1-rs} = 1 + \frac{(1-r)(1-s)}{1-rs}$$
$$> 1 + (1-r)(1-s)(1+rs)(\text{利用不等式} \frac{1}{1-rs} > 1+rs) \tag{1.2.52}$$

利用公式(1.2.46)和上式,知道题目结论成立.

② 设 $a>1$,利用题目条件,知道 $b>1$.令
$$a = 1+r, \quad b = 1+s \tag{1.2.53}$$
这里 r,s 都是正实数.这时,
$$\min\{1, ab\} = 1 \tag{1.2.54}$$
于是,有
$$1 + ab + (1-a)(1-b)\min\{ab,1\} = 1 + ab + (a-1)(b-1)(\text{利用公式}(1.2.54))$$
$$= 1 + (1+r)(1+s) + rs(\text{利用公式}(1.2.53))$$
$$= 2 + r + s + 2rs \tag{1.2.55}$$

再引入另一个 Bernoulli 不等式,x,y 都是正实数,
$$(1+x)^{1+y} \geqslant 1 + x(1+y) \tag{1.2.56}$$
令
$$\alpha = 1 + y > 1 \tag{1.2.57}$$
不等式(1.2.56)等价于下述不等式:
$$(1+x)^\alpha \geqslant 1 + \alpha x \tag{1.2.58}$$
当 α 为有理数时,记
$$\alpha = \frac{n}{m} \tag{1.2.59}$$

这里 m,n 都是正整数,由于 $\alpha>1$,有 $n>m$.不等式(1.2.58)两端 $\frac{1}{\alpha}$ 次方,即等价证明(当 α 为有理数时)
$$\left(1 + \frac{n}{m}x\right)^{\frac{m}{n}} \leqslant 1 + x \tag{1.2.60}$$

利用 $G_n \leqslant A_n$,有
$$\sqrt[n]{1 \cdot 1 \cdot \cdots \cdot 1 \cdot \left(1 + \frac{n}{m}x\right) \cdot \left(1 + \frac{n}{m}x\right) \cdot \cdots \cdot \left(1 + \frac{n}{m}x\right)}$$
(这里 $(n-m)$ 个 1 相乘,再乘以 m 个 $\left(1+\frac{n}{m}x\right)$)
$$< \frac{1}{n}\left[(n-m) + m\left(1 + \frac{n}{m}x\right)\right](\text{注意} 1 + \frac{n}{m}x > 1)$$
$$= 1 + x \tag{1.2.61}$$

于是,不等式(1.2.60)成立(而且是严格小于).类似前面方法,利用有理数逼近无理数,对于

任意正实数 $\alpha > 1$,不等式(1.2.58)成立.于是,不等式(1.2.56)成立.利用不等式(1.2.56),有
$$(1+r)^{1+s} \geqslant 1+r(1+s), \quad (1+s)^{1+r} \geqslant 1+s(1+r) \tag{1.2.62}$$

利用公式(1.2.53)和不等式(1.2.62),有
$$\begin{aligned} a^b + b^a &= (1+r)^{1+s} + (1+s)^{1+r} \\ &\geqslant [1+r(1+s)] + [1+s(1+r)] \\ &= 2 + r + s + 2rs \end{aligned} \tag{1.2.63}$$

利用公式(1.2.55)和不等式(1.2.63),题目结论成立.

例5 n 是给定正整数,a,b 是任意正实数,求证:
$$\frac{1}{2}(a^{2n} + b^{2n}) \leqslant \left[\left(\frac{a+b}{2}\right)^2 + (2n-1)\left(\frac{a-b}{2}\right)^2\right]^n$$

证明:由于要证明的不等式左、右两端关于 a,b 是对称的,不妨设 $a \geqslant b > 0$. 令
$$x = \frac{a+b}{2}, \quad y = \frac{a-b}{2} \tag{1.2.64}$$

则 $x > y \geqslant 0$. $a = x+y, b = x-y$.

当 $n = 1$ 时,由于
$$\frac{1}{2}(a^2 + b^2) = \left(\frac{a+b}{2}\right)^2 + \left(\frac{a-b}{2}\right)^2$$

要证明的不等式取等号,当然成立.

下面考虑正整数 $n \geqslant 2$ 的情况.利用公式(1.2.64),可以看到
$$\begin{aligned} \frac{1}{2}(a^{2n} + b^{2n}) &= \frac{1}{2}[(x+y)^{2n} + (x-y)^{2n}] \\ &= x^{2n} + C_{2n}^2 x^{2n-2} y^2 + C_{2n}^4 x^{2n-4} y^4 + \cdots + C_{2n}^{2n-2} x^2 y^{2n-2} + y^{2n} \end{aligned} \tag{1.2.65}$$

以及
$$\begin{aligned} \left[\left(\frac{a+b}{2}\right)^2 + (2n-1)\left(\frac{a-b}{2}\right)^2\right]^n &= [x^2 + (2n-1)y^2]^n \\ &= x^{2n} + C_n^1 x^{2(n-1)}(2n-1)y^2 + C_n^2 x^{2(n-2)}(2n-1)^2 y^4 + \cdots \\ &\quad + C_n^{n-1} x^2 (2n-1)^{n-1} y^{2(n-1)} + (2n-1)^n y^{2n} \end{aligned} \tag{1.2.66}$$

利用(1.2.65)和(1.2.66),有
$$\begin{aligned} &\left[\left(\frac{a+b}{2}\right)^2 + (2n-1)\left(\frac{a-b}{2}\right)^2\right]^n - \frac{1}{2}(a^{2n} + b^{2n}) \\ &= [C_n^1(2n-1) - C_{2n}^2]x^{2(n-1)}y^2 + [C_n^2(2n-1)^2 - C_{2n}^4]x^{2n-4}y^4 + \cdots \\ &\quad + [C_n^k(2n-1)^k - C_{2n}^{2k}]x^{2n-2k}y^{2k} + \cdots + [(2n-1)^n - 1]y^{2n} \end{aligned} \tag{1.2.67}$$

下面用数学归纳法证明
$$C_n^k (2n-1)^k \geqslant C_{2n}^{2k} \tag{1.2.68}$$

这里正整数 $k \leqslant n$.

当 $k = 1$ 时,
$$C_n^1(2n-1) - C_{2n}^2 = n(2n-1) - n(2n-1) = 0 \tag{1.2.69}$$

不等式(1.2.68)当 $k=1$ 时,取等号.当然成立.设不等式(1.2.68)对某个正整数 $k < n$ 成立.考虑 $k+1$ 情况
$$\begin{aligned} &C_n^{k+1}(2n-1)^{k+1} - C_{2n}^{2(k+1)} \\ &= \frac{n-k}{k+1} C_n^k (2n-1)^{k+1} - \frac{(2n-2k-1)(2n-2k)}{(2k+1)(2k+2)} C_{2n}^{2k} \\ &= \frac{n-k}{k+1}\left[(2n-1)C_n^k(2n-1)^k - \frac{2n-2k-1}{2k+1}C_{2n}^{2k}\right] \end{aligned} \tag{1.2.70}$$

由于
$$(2n-1)(2k+1) - (2n-2k-1) = 4nk > 0 \tag{1.2.71}$$
则
$$2n - 1 > \frac{2n - 2k - 1}{2k + 1} \tag{1.2.72}$$

利用归纳假设(1.2.68),不等式(1.2.72)和等式(1.2.70),有
$$C_n^{k+1}(2n-1)^{k+1} > C_{2n}^{2(k+1)} \tag{1.2.73}$$

因此,不等式(1.2.68)成立.

利用公式(1.2.67)和不等式(1.2.68),题目结论成立.

例 7 设 a,b,c,d 都是正实数,正整数 $n \geq 3$. 求证:
$$(ac + bd)^n + (ad + bc)^n \leq (a+b)^n(c^n + d^n)$$

证明:设 $x \geq y \geq 0$,取 t 满足 $0 \leq t \leq x - y$,则
$$x - t \geq y, \quad x \geq y + t \tag{1.2.74}$$

可以看到
$$\begin{aligned} x^n - (x-t)^n &= [x - (x-t)][x^{n-1} + x^{n-2}(x-t) + x^{n-3}(x-t)^2 + \cdots + x(x-t)^{n-2} + (x-t)^{n-1}] \\ &= t[x^{n-1} + x^{n-2}(x-t) + x^{n-3}(x-t)^2 + \cdots + x(x-t)^{n-2} + (x-t)^{n-1}] \end{aligned} \tag{1.2.75}$$

类似上式,有
$$(y+t)^n - y^n = t[(y+t)^{n-1} + (y+t)^{n-2}y + (y+t)^{n-3}y^2 + \cdots + (y+t)y^{n-2} + y^{n-1}] \tag{1.2.76}$$

利用(1.2.74)、(1.2.75)和(1.2.76),可以得到
$$x^n - (x-t)^n \geq (y+t)^n - y^n \tag{1.2.77}$$

不妨设 $c \geq d$. 令
$$x = c, \quad y = d, \quad t = \frac{b(c-d)}{a+b} \tag{1.2.78}$$
则
$$x - t = \frac{ac + bd}{a+b}, \quad y + t = \frac{ad + bc}{a+b} \tag{1.2.79}$$

利用(1.2.77)、(1.2.78)和(1.2.79),可以看到
$$c^n + d^n \geq \left(\frac{ac+bd}{a+b}\right)^n + \left(\frac{ad+bc}{a+b}\right)^n \tag{1.2.80}$$

上式两端同乘以 $(a+b)^n$,则题目结论成立.

例 7 确定所有正常数 a,b,使得不等式
$$yz + zx + xy \geq a(y^2z^2 + z^2x^2 + x^2y^2) + bxyz$$
对所有具 $x + y + z = 1$ 的非负实数 x, y, z 成立.

解:先取一些特殊值观察一下,取 $x = y = z = \frac{1}{3}$,从题目不等式,有
$$\frac{1}{3} \geq \frac{1}{27}(a+b), \quad a + b \leq 9 \tag{1.2.81}$$

再取 $x = \frac{1}{2}, y = \frac{1}{2}, z = 0$,从题目不等式,有
$$\frac{1}{4} \geq \frac{a}{16}, \quad a \leq 4 \tag{1.2.82}$$

因此,有

$$0 < a \leqslant 4, \quad 0 < b \leqslant 9-a \tag{1.2.83}$$

公式(1.2.83)是题目中不等式成立的一个必要条件.下面证明这个条件也是充分的.如果我们能证明:设 x,y,z 是非负实数,满足 $x+y+z=1$,对于区间 $(0,4]$ 内任意正实数 a,下述不等式成立:

$$yz + zx + xy \geqslant a(y^2z^2 + z^2x^2 + x^2y^2) + (9-a)xyz \tag{1.2.84}$$

则本题解决.令

$$\left.\begin{aligned} P &= (x+y+z)^2(yz+zx+xy) \\ Q &= y^2z^2 + z^2x^2 + x^2y^2 \\ R &= (x+y+z)xyz \end{aligned}\right\} \tag{1.2.85}$$

这里 P,Q,R 展开式中每一项都是 4 次的,是齐次多项式,可以进行加减,比较大小了.要证明的不等式(1.2.84)等价于证明:当 $0<a\leqslant 4$ 时,

$$P \geqslant aQ + (9-a)R \tag{1.2.86}$$

下面证明:

$$Q \geqslant R \quad \text{和} \quad P \geqslant 4Q + 5R \tag{1.2.87}$$

如果(1.2.87)成立,则

$$\begin{aligned} P &\geqslant 4Q + 5R = aQ + (4-a)Q + 5R \\ &\geqslant aQ + (4-a)R + 5R = aQ + (9-a)R \end{aligned} \tag{1.2.88}$$

这就证明了不等式(1.2.86).现在,我们来证明不等式(1.2.87).

利用 Cauchy 不等式(见 1.1 节不等式(1.1.97)),有

$$\begin{aligned} Q &= y^2z^2 + z^2x^2 + x^2y^2 \\ &= (x^2y^2 + y^2z^2 + z^2x^2)^{\frac{1}{2}}(z^2x^2 + x^2y^2 + y^2z^2)^{\frac{1}{2}} \\ &\geqslant (xy)(zx) + (yz)(xy) + (zx)(yz) \\ &= xyz(x+y+z) = R \end{aligned} \tag{1.2.89}$$

剩下证明(1.2.87)的第二个不等式.利用公式(1.2.85),可以看到

$$\begin{aligned} P &= (x^2+y^2+z^2+2xy+2xz+2yz)(yz+zx+xy) \\ &= (x^2+y^2+z^2)(yz+zx+xy) + 2(xy+zx+yz)^2 \\ &= 2Q + 5R + x^3(y+z) + y^3(z+x) + z^3(x+y) \end{aligned} \tag{1.2.90}$$

利用公式(1.2.85)和(1.2.90),有

$$\begin{aligned} P - 4Q - 5R &= x^3(y+z) + y^3(z+x) + z^3(x+y) - 2(y^2z^2 + z^2x^2 + x^2y^2) \\ &= xy(x-y)^2 + xz(x-z)^2 + yz(y-z)^2 \geqslant 0 \end{aligned} \tag{1.2.91}$$

因此,满足本题的所有正常数 a,b 为公式(1.2.83)所表示.

例 8 设 a,b,c 是实数,求证:

$$(a^2+ab+b^2)(b^2+bc+c^2)(c^2+ca+a^2) \geqslant (ab+bc+ca)^3$$

证明: 由于

$$4(a^2+ab+b^2) - 3(a+b)^2 = (a-b)^2 \geqslant 0 \tag{1.2.92}$$

则

$$a^2 + ab + b^2 \geqslant \frac{3}{4}(a+b)^2 \tag{1.2.93}$$

完全类似,有

$$b^2 + bc + c^2 \geqslant \frac{3}{4}(b+c)^2 \tag{1.2.94}$$

$$c^2 + ca + a^2 \geqslant \frac{3}{4}(c+a)^2 \tag{1.2.95}$$

如果能证明
$$27(a+b)^2(b+c)^2(c+a)^2 \geqslant 64(ab+bc+ca)^3 \tag{1.2.96}$$
则本题结论成立.

令
$$S_1 = a+b+c, \quad S_2 = ab+bc+ca, \quad S_3 = abc \tag{1.2.97}$$

由于
$$(a+b)(b+c)(c+a) = S_1 S_2 - S_3 \tag{1.2.98}$$

因此,问题转化为去证明
$$27(S_1 S_2 - S_3)^2 \geqslant 64 S_2^3 \tag{1.2.99}$$

对于 a, b, c 的取值范围,分两种情况讨论.

① a, b, c 都是非负实数情况. 明显地,有
$$\begin{aligned}
0 &\leqslant a(b-c)^2 + b(c-a)^2 + c(a-b)^2 \\
&= a(b^2+c^2-2bc) + b(c^2+a^2-2ac) + c(a^2+b^2-2ab) \\
&= S_1 S_2 - 9 S_3
\end{aligned} \tag{1.2.100}$$

从上式,有
$$\frac{1}{9} S_1 S_2 \geqslant S_3 \tag{1.2.101}$$

又由于
$$\begin{aligned}
0 &\leqslant (a-b)^2 + (b-c)^2 + (c-a)^2 \\
&= 2[(a+b+c)^2 - 3(ab+bc+ca)] \\
&= 2(S_1^2 - 3S_2)
\end{aligned} \tag{1.2.102}$$

从上式,有
$$S_1^2 \geqslant 3 S_2 \tag{1.2.103}$$

利用不等式(1.2.101)和不等式(1.2.103),有
$$\begin{aligned}
27(S_1 S_2 - S_3)^2 &\geqslant 27\left(S_1 S_2 - \frac{1}{9} S_1 S_2\right)^2 \\
&= \frac{64}{3} S_1^2 S_2^2 \geqslant 64 S_2^3
\end{aligned} \tag{1.2.104}$$

不等式(1.2.99)成立.

② a, b, c 中至少有一个是负数. 因为题目中用 $-a, -b, -c$ 依次代替 a, b, c,不等式左、右两端全部不变,所以只需再考虑 a, b, c 中只有一个负数的情况即可. 因为题目关于 a, b, c 对称,只需考虑 $a < 0, b \geqslant 0, c \geqslant 0$ 即可. 当 $S_2 \leqslant 0$ 时,不等式(1.2.99)显然成立. 考虑 $S_2 > 0$ 情况,由于 $S_2 > 0$,则 $b > 0$(如果 $b = 0$,则 $S_2 = ca \leqslant 0$,与 $S_2 > 0$ 矛盾),类似 $c > 0$.(如果 $c = 0$,则 $S_2 = ab < 0$,也与 $S_2 > 0$ 矛盾),由于 $S_2 > 0$,利用公式(1.2.97),有
$$a(b+c) > -bc \Rightarrow a > -\frac{bc}{b+c} \tag{1.2.105}$$

利用公式(1.2.97)的第一式和不等式(1.2.105),有
$$S_1 > -\frac{bc}{b+c} + b + c = \frac{b^2 + bc + c^2}{b+c} > 0 \tag{1.2.106}$$

再利用公式(1.2.97)的第三式及上面叙述,有
$$S_3 < 0 \text{(利用 } a < 0, bc > 0\text{)} \tag{1.2.107}$$

利用上面叙述,有
$$S_1 S_2 - S_3 > S_1 S_2 > 0 \tag{1.2.108}$$

利用上式,有
$$27(S_1S_2 - S_3)^2 - 64S_2^3 > 27S_1^2 S_2^2 - 64S_2^3$$
$$= S_2^2 [27(a+b+c)^2 - 64S_2] \text{(利用公式(1.2.97) 的第一式)}$$
$$= S_2^2 [27(a^2+b^2+c^2) - 10(ab+bc+ca)] \text{(利用公式(1.2.97) 的第二式)}$$
$$= S_2^2 [17(a^2+b^2+c^2) + 5(a-b)^2 + 5(b-c)^2 + 5(c-a)^2] > 0 \tag{1.2.109}$$

至此,本题结论成立.

例 9 设 a, b, c 是正实数,求证:
$$\sqrt{\frac{a(b+c)}{a^2+bc}} + \sqrt{\frac{b(c+a)}{b^2+ca}} + \sqrt{\frac{c(a+b)}{c^2+ab}} \leqslant \sqrt{2(a+b+c)\left(\frac{1}{a+b} + \frac{1}{b+c} + \frac{1}{c+a}\right)}$$

证明: 利用 Cauchy 不等式,有
$$\left(\sqrt{\frac{a(b+c)}{a^2+bc}} + \sqrt{\frac{b(c+a)}{b^2+ca}} + \sqrt{\frac{c(a+b)}{c^2+ab}}\right)^2$$
$$\leqslant [(b+c)+(c+a)+(a+b)]\left(\frac{a}{a^2+bc} + \frac{b}{b^2+ca} + \frac{c}{c^2+ab}\right)$$
$$= 2(a+b+c)\left(\frac{a}{a^2+bc} + \frac{b}{b^2+ca} + \frac{c}{c^2+ab}\right) \tag{1.2.110}$$

由于题目左、右两端关于 a, b, c 是对称的,即任意互换其中两个,不改变题目结果.不妨设 $a \geqslant b \geqslant c$.于是,有
$$(a-c)(b-c) \geqslant 0, \quad \text{即} \quad ab + c^2 \geqslant ac + bc \tag{1.2.111}$$

利用上式,有
$$\frac{c}{c^2+ab} \leqslant \frac{1}{a+b} \tag{1.2.112}$$

如果能证明
$$\frac{a}{a^2+bc} + \frac{b}{b^2+ac} \leqslant \frac{1}{b+c} + \frac{1}{c+a} \tag{1.2.113}$$

将上面两个不等式相加,有
$$\frac{a}{a^2+bc} + \frac{b}{b^2+ca} + \frac{c}{c^2+ab} \leqslant \frac{1}{a+b} + \frac{1}{b+c} + \frac{1}{c+a} \tag{1.2.114}$$

利用不等式(1.2.110)和(1.2.114),题目结论成立.

下面证明不等式(1.2.113).当 $a = b$ 时,不等式(1.2.113)两端相等.剩下考虑 $a > b \geqslant c$ 情况.

$$\left(\frac{1}{b+c} + \frac{1}{c+a}\right) - \left(\frac{a}{a^2+bc} + \frac{b}{b^2+ac}\right) = \frac{1}{(b+c)(c+a)(a^2+bc)(b^2+ac)}$$
$$\cdot [(c+a)(a^2+bc)(b^2+ac) + (b+c)(a^2+bc)(b^2+ac) -$$
$$a(b+c)(c+a)(b^2+ac) - b(b+c)(c+a)(a^2+bc)] \tag{1.2.115}$$

可以看到
$$(c+a)(a^2+bc)(b^2+ac) + (b+c)(a^2+bc)(b^2+ac)$$
$$- a(b+c)(c+a)(b^2+ac) - b(b+c)(c+a)(a^2+bc)$$
$$= (a^2b^2c + a^3b^2 + b^3c^2 + ab^3c) + (a^3c^2 + a^4c + abc^3 + a^2bc^2)$$
$$+ (a^2b^3 + a^2b^2c + b^4c + b^3c^2) + (a^3bc + a^3c^2 + ab^2c^2 + abc^3)$$
$$- (ab^3c + ab^2c^2 + a^2b^3 + a^2b^2c) - (a^2bc^2 + a^2c^3 + a^3bc + a^3c^2)$$
$$- (a^2b^2c + a^2bc^2 + a^3b^2 + a^3bc) - (b^3c^2 + b^2c^3 + ab^3c + ab^2c^2)$$
$$= c[a^3(a-b) + b^3(b-a) + a^2c(a-b) - c^2(a-b)^2 + b^2c(b-a)]$$

(上一等式中有十对(共二十项)两两抵消)
$$= c(a-b)^2[(a^2+ab+b^2)+(a+b)c-c^2] > 0 (利用 a > b \geqslant c > 0)$$
(1.2.116)

例10 设 a,b,c 是非负实数,$a \leqslant b \leqslant c$,并满足 $a+b+c=3$. 求证:
$$\left(a^2b+\frac{3}{2}\right)\left(b^2c+\frac{3}{2}\right)+\left(b^2c+\frac{3}{2}\right)\left(c^2a+\frac{3}{2}\right)+\left(c^2a+\frac{3}{2}\right)\left(a^2b+\frac{3}{2}\right) \leqslant \frac{75}{4}$$

证明: 由于 $a \leqslant b \leqslant c$,知道 $ab \leqslant ac \leqslant bc$,以及
$$ab^2 + bc^2 + ca^2 = b(ab) + c(bc) + a(ac)$$
$$\leqslant c(bc) + b(ac) + a(ab) (利用排序不等式(见1.1节不等式(1.1.122),$$
当然这里也可以直接证明)
$$= b(a+c)^2 - abc \tag{1.2.117}$$

又可以看到
$$2b(a+c)^2 = 2b(a+c)(a+c)$$
$$\leqslant \left\{\frac{1}{3}[2b+(a+c)+(a+c)]\right\}^3 (利用 G_3 \leqslant A_3)$$
$$= \left[\frac{2}{3}(a+b+c)\right]^3 = 8 (利用题目条件) \tag{1.2.118}$$

利用上面两个不等式,有
$$ab^2 + bc^2 + ca^2 \leqslant 4 - abc \tag{1.2.119}$$

记
$$\left.\begin{array}{l} r = abc \\ A = ab^2 + bc^2 + ca^2 \\ B = a^2b + b^2c + c^2a \end{array}\right\} \tag{1.2.120}$$

于是,有
$$\left(a^2b+\frac{3}{2}\right)\left(b^2c+\frac{3}{2}\right)+\left(b^2c+\frac{3}{2}\right)\left(c^2a+\frac{3}{2}\right)+\left(c^2a+\frac{3}{2}\right)\left(a^2b+\frac{3}{2}\right) = rA + 3B + \frac{27}{4}$$
(1.2.121)

如果能证明
$$rA + 3B \leqslant 12 \tag{1.2.122}$$
则题目结论成立.

由题目条件,r 的定义及 $G_3 \leqslant A_3$,有
$$r \leqslant \left[\frac{1}{3}(a+b+c)\right]^3 = 1 \tag{1.2.123}$$

另外,可以看到
$$(a+b+c)^3 - [3abc + 4ab(a+b) + 4bc(b+c) + 4ca(c+a)]$$
$$= [(a+b)^3 + 3(a+b)^2c + 3(a+b)c^2 + c^3]$$
$$\quad - [3abc + 4ab(a+b) + 4bc(b+c) + 4ca(c+a)]$$
$$= (a^3+b^3+c^3) + 3abc - [ab(a+b) + bc(b+c) + ca(c+a)] \tag{1.2.124}$$

又由于
$$(b+c-a)(a+c-b)(a+b-c)$$
$$= (a^2b + a^2c + ab^2 + ac^2 + bc^2 + b^2c) - (a^3+b^3+c^3) - 2abc \tag{1.2.125}$$

代公式(1.2.125)入(1.2.124),有
$$(a+b+c)^3 - [3abc + 4ab(a+b) + 4bc(b+c) + 4ca(c+a)]$$

$$= abc - (b+c-a)(a+c-b)(a+b-c) \tag{1.2.126}$$

下面证明 Schur 不等式

$$abc \geqslant (b+c-a)(a+c-b)(a+b-c) \tag{1.2.127}$$

令

$$u = c - b, \quad v = b - a, \quad u + v = c - a \tag{1.2.128}$$

利用题目条件,知道 u, v 都是非负实数.利用上式,有

$$\begin{aligned}
&abc - (b+c-a)(a+c-b)(a+b-c) \\
&= a(a+v)(a+u+v) - (a+2v+u)(a+u)(a-u) \\
&= (a^3 + a^2v + a^2u + auv + a^2v + av^2) - (a^3 + a^2u + 2a^2v - au^2 - u^3 - 2vu^2) \\
&= auv + av^2 + au^2 + u^3 + 2u^2v \geqslant 0
\end{aligned} \tag{1.2.129}$$

因此,Schur 不等式(1.2.127)成立.从而公式(1.2.126)的右端是非负的.于是公式 (1.2.126)的左端也是非负的.再利用题目条件,可以看到

$$3abc + 4[ab(a+b) + bc(b+c) + ca(c+a)] \leqslant 27 \tag{1.2.130}$$

利用公式(1.2.120)和上式,有

$$A + B \leqslant \frac{3}{4}(9 - r) \tag{1.2.131}$$

利用公式(1.2.120)和(1.2.128),可以得到

$$\begin{aligned}
A - B &= ab(b-a) + bc(c-b) + ca(a-c) \\
&= (b-v)bv + b(b+u)u - (b+u)(b-v)(u+v) \\
&= (b^2v - bv^2 + b^2u + bu^2) - (b^2 + bu - bv - uv)(u+v) \\
&= uv(u+v) \geqslant 0
\end{aligned} \tag{1.2.132}$$

于是,可以看到

$$\begin{aligned}
rA + 3B - 12 &= \frac{1}{2}(r+3)(A+B) + \frac{1}{2}(3-r)(B-A) - 12 \\
&\leqslant \frac{3}{8}(r+3)(9-r) - 12 \text{(利用不等式(1.2.123) 和(1.2.132),知道上式右端} \\
&\quad \text{第二大项小于等于零,再利用不等式(1.2.131))} \\
&= -\frac{3}{8}(r^2 - 6r + 5) \\
&= -\frac{3}{8}(r-1)(r-5) \leqslant 0 \text{(利用不等式(1.2.123))}
\end{aligned} \tag{1.2.133}$$

因此,不等式(1.2.122)成立.从而题目结论成立.

例 11 设 a, b, c 是正实数,满足 $a + b + c = 1$, m, n 都是正实数,$6m \geqslant 5n$.求证:

$$\frac{ma + nbc}{b + c} + \frac{mb + nca}{c + a} + \frac{mc + nab}{a + b} \geqslant \frac{1}{2}(3m + n)$$

证明:利用 $A_2 \geqslant G_2$,有

$$\frac{ma + nbc}{b + c} + \frac{9}{4}(ma + nbc)(b + c) \geqslant 3(ma + nbc) \tag{1.2.134}$$

利用 Schur 不等式(见例 10 不等式(1.2.127))和题目条件,有

$$\begin{aligned}
abc &\geqslant (1 - 2a)(1 - 2b)(1 - 2c) \\
&= 1 - 2(a + b + c) + 4(ab + bc + ca) - 8abc \\
&= -1 + 4(ab + bc + ca) - 8abc
\end{aligned} \tag{1.2.135}$$

利用上式,有

$$abc \geqslant \frac{1}{9}[4(ab+bc+ca)-1] \qquad (1.2.136)$$

在不等式(1.2.134)中,将 a,b,c 依次换成 b,c,a 有

$$\frac{mb+nca}{c+a} + \frac{9}{4}(mb+nca)(c+a) \geqslant 3(mb+nca) \qquad (1.2.137)$$

在上式中,将 a,b,c 依次换 b,c,a,有

$$\frac{mc+nab}{a+b} + \frac{9}{4}(mc+nab)(a+b) \geqslant 3(mc+nab) \qquad (1.2.138)$$

将 3 个不等式(1.2.134),(1.2.137)和(1.2.138)全部相加,有

$$\frac{ma+nbc}{b+c} + \frac{mb+nca}{c+a} + \frac{mc+nab}{a+b}$$

$$\geqslant 3m(a+b+c) + 3n(ab+bc+ca)$$

$$\quad - \frac{9}{4}[(ma+nbc)(1-a) + (mb+nca)(1-b) + (mc+nab)(1-c)] \text{(利用题目条件)}$$

$$= 3m + 3n(ab+bc+ca)$$

$$\quad - \frac{9}{4}[m(a+b+c) - m(a^2+b^2+c^2) + n(bc+ca+ab) - 3nabc] \text{(又一次利用题目条件)}$$

$$= \frac{3}{4}m + \frac{3}{4}[n(ab+bc+ca) + 3m(a^2+b^2+c^2) + 9nabc] \text{(再一次利用题目条件)}$$

$$\qquad (1.2.139)$$

利用题目条件,可以看到

$$a^2+b^2+c^2 = (a+b+c)^2 - 2(ab+bc+ca)$$
$$= 1 - 2(ab+bc+ca) \qquad (1.2.140)$$

代公式(1.2.140)入不等式(1.2.139),有

$$\frac{ma+nbc}{b+c} + \frac{mb+nca}{c+a} + \frac{mc+nab}{a+b}$$

$$\geqslant 3m + \frac{3}{4}[(n-6m)(ab+bc+ca) + 9nabc]$$

$$\geqslant 3m + \frac{3}{4}[(n-6m)(ab+bc+ca) + 4n(ab+bc+ca) - n] \text{(利用不等式(1.2.136))}$$

$$= 3m - \frac{3}{4}n + \frac{3}{4}(5n-6m)(ab+bc+ca)$$

$$\geqslant 3m - \frac{3}{4}n + \frac{1}{4}(5n-6m)(a+b+c)^2 \text{(利用题目条件,有 } 5n-6m \leqslant 0\text{,再利用不等式}$$

$$\quad (a+b+c)^2 \geqslant 3(ab+bc+ca))$$

$$= 3m - \frac{3}{4}n + \frac{1}{4}(5n-6m) \text{(利用题目条件)}$$

$$= \frac{1}{2}(3m+n) \qquad (1.2.141)$$

例 12 设 a,b,c 是正实数,满足 $abc=1$. 求证:

$$\frac{a+3}{(a+1)^2} + \frac{b+3}{(b+1)^3} + \frac{c+3}{(c+1)^2} \geqslant 3$$

证明: 显然,可以看到

$$\frac{2(a+3)}{(a+1)^2} - 2 = \frac{1}{(a+1)^2}[(1-2a+a^2) + 3(1-a^2)]$$

$$= \left(\frac{1-a}{1+a}\right)^2 + \frac{3(1-a)}{1+a} \qquad (1.2.142)$$

将上式中 a 分别换成 b,c,类似有

$$\frac{2(b+3)}{(b+1)^2} - 2 = \left(\frac{1-b}{1+b}\right)^2 + \frac{3(1-b)}{1+b} \tag{1.2.143}$$

$$\frac{2(c+3)}{(c+1)^2} - 2 = \left(\frac{1-c}{1+c}\right)^2 + \frac{3(1-c)}{1+c} \tag{1.2.144}$$

令

$$x = \frac{1-a}{1+a}, \quad y = \frac{1-b}{1+b}, \quad z = \frac{1-c}{1+c} \tag{1.2.145}$$

这里 x,y,z 都在开区间 $(-1,1)$ 内.

利用上面叙述,题目转化为证明

$$(x^2 + y^2 + z^2) + 3(x + y + z) \geqslant 0 \tag{1.2.146}$$

利用公式(1.2.145),有

$$\begin{aligned} x + y + z &= \frac{1}{(1+a)(1+b)(1+c)} \\ &\cdot [(1-a)(1+b)(1+c) + (1-b)(1+a)(1+c) + (1-c)(1+a)(1+b)] \end{aligned} \tag{1.2.147}$$

$$\begin{aligned} &(1-a)(1+b)(1+c) + (1-b)(1+a)(1+c) + (1-c)(1+a)(1+b) \\ &= (1 - a + b - ab) + (c - ac + bc - abc) + (1 - b + a - ab) \\ &\quad + (c - bc + ac - abc) + (1 - c + a - ac) + (b - bc + ab - abc) \\ &= (a + b + c) - (ab + bc + ca)(\text{利用题目条件}) \\ &= -1 + a + b(1-a) + c(1-a) - bc(1-a)(\text{又一次利用题目条件}) \\ &= -(1-a)(1-b)(1-c) \end{aligned} \tag{1.2.148}$$

利用公式(1.2.147)和(1.2.148),有

$$x + y + z = -\frac{(1-a)(1-b)(1-c)}{(1+a)(1+b)(1+c)} = -xyz \tag{1.2.149}$$

这里利用了公式(1.2.145).

由于 x,y,z 都在开区间 $(-1,1)$ 内,则

$$|xyz| < 1 \tag{1.2.150}$$

利用 $A_3 \geqslant G_3$,有

$$\begin{aligned} x^2 + y^2 + z^2 &\geqslant 3\sqrt[3]{x^2 y^2 z^2} = 3|xyz|^{\frac{2}{3}} \\ &\geqslant 3|xyz|(\text{利用不等式(1.2.150)}) \\ &\geqslant 3xyz = -3(x+y+z) \end{aligned} \tag{1.2.151}$$

这里最后一个等式利用了公式(1.2.149),因而不等式(1.2.146)成立.题目结论成立.

例13 设 x,y,z 都是正实数,求证:

$$8x^2 y^2 z^2 \geqslant (x^2 + xy + xz - yz)(y^2 + yz + yx - xz)(z^2 + zx + zy - xy)$$

证明:由于不等式左、右两端都是齐6次的,可设

$$x + y + z = 1 \tag{1.2.152}$$

这是因为要证明的不等式中的 x,y,z 分别用 $\frac{x}{k},\frac{y}{k},\frac{z}{k}$ 代替,这里 k 是任意正实数,是等价的不等式.因此,可取 $k = x + y + z$.为简洁,就将题目中的 x,y,z 理解为 $\frac{x}{x+y+z},\frac{y}{x+y+z},\frac{z}{x+y+z}$,从而有关系式(1.2.152).

于是，题目中的不等式简化为下述不等式：
$$8x^2y^2z^2 \geqslant (x-yz)(y-xz)(z-xy) \tag{1.2.153}$$

利用公式(1.2.152)，有
$$(x-yz)+(y-xz) = [x(x+y+z)-yz]+[y(x+y+z)-xz]$$
$$= (x+y)^2 > 0 \tag{1.2.154}$$

完全类似，有
$$(y-zx)+(z-yx) = (y+z)^2 > 0 \tag{1.2.155}$$
$$(z-xy)+(x-zy) = (z+x)^2 > 0 \tag{1.2.156}$$

于是，$x-yz, y-xz, z-xy$ 这三项中至多一项是负数. 如果恰有一项是负数，则不等式 (1.2.153) 必成立，而且是严格不等号. 如果这三项中有一项是零，不等式(1.2.153)当然也成立. 下面考虑
$$x-yz > 0, \quad y-xz > 0, \quad z-xy > 0 \tag{1.2.157}$$

情况. 注意到不等式
$$2xy \geqslant \sqrt{(x-yz)(y-zx)} \tag{1.2.158}$$

成立当且仅当
$$4x^2y^2 \geqslant (x-yz)(y-zx) \tag{1.2.159}$$

下面证明上式：
$$4x^2y^2 - (x-yz)(y-zx) = 4x^2y^2 + z(x^2+y^2) - xy[2z+(1-z)^2]$$
$$= 4x^2y^2 + z(x-y)^2 - xy(x+y)^2 \text{（利用公式(1.2.152)）}$$
$$= -xy(x-y)^2 + z(x-y)^2$$
$$= (x-y)^2(z-xy) \geqslant 0 \text{（利用不等式(1.2.157)）} \tag{1.2.160}$$

于是，不等式(1.2.159)成立. 从而不等式(1.2.158)成立.

将不等式(1.2.158)中 x, y, z 依次用 y, z, x 代替，有
$$2yz \geqslant \sqrt{(y-zx)(z-xy)} \tag{1.2.161}$$

将上式中 x, y, z 依次用 y, z, x 代替，有
$$2zx \geqslant \sqrt{(z-xy)(x-yz)} \tag{1.2.162}$$

将三个不等式(1.2.158)，(1.2.161)和(1.2.162)相乘，有不等式(1.2.153). 题目结论成立.

例 14 已知正实数 a, b, c 满足 $abc = 1$，对任意正整数 n，求证：
$$\frac{1}{a^{2^n+1}(b+2c)^{2^{n-1}}} + \frac{1}{b^{2^n+1}(c+2a)^{2^{n-1}}} + \frac{1}{c^{2^n+1}(a+2b)^{2^{n-1}}} \geqslant \left(\frac{1}{3}\right)^{2^{n-1}-1}$$

证明： 将要证明的不等式左端记为 S_n. 由 Cauchy 不等式，有
$$S_1[a(b+2c)+b(c+2a)+c(a+2b)] \geqslant \left(\frac{1}{a}+\frac{1}{b}+\frac{1}{c}\right)^2 = \left(\frac{bc+ca+ab}{abc}\right)^2$$
$$= (bc+ca+ab)^2 \text{（利用题目条件）} \tag{1.2.163}$$

利用上式，立即有
$$S_1 \geqslant \frac{1}{3}(ab+bc+ca) = \frac{1}{3}\left(\frac{1}{c}+\frac{1}{a}+\frac{1}{b}\right) \text{（利用题目条件）}$$
$$\geqslant \sqrt[3]{\frac{1}{abc}} \text{（利用 } A_3 \geqslant G_3\text{）} = 1 \tag{1.2.164}$$

观察上式，有不等式
$$S_n \geqslant \left(\frac{1}{3}\right)^{2^{n-1}}\left(\frac{1}{a}+\frac{1}{b}+\frac{1}{c}\right) \tag{1.2.165}$$

当 $n=1$ 时上式成立. 考虑 $n+1$ 情况, 利用 S_{n+1} 的表达式和 Cauchy 不等式, 有
$$S_{n+1}\left(\frac{1}{a}+\frac{1}{b}+\frac{1}{c}\right) \geqslant S_n^2$$
$$\geqslant \left(\frac{1}{3}\right)^{2^n}\left(\frac{1}{a}+\frac{1}{b}+\frac{1}{c}\right)^2 (\text{利用归纳法假设}(1.2.165)) \tag{1.2.166}$$

利用上式, 知道不等式(1.2.165)对 $n+1$ 成立. 因此, 不等式(1.2.165)对任意正整数 n 成立. 又利用不等式(1.2.164), 知道
$$\frac{1}{a}+\frac{1}{b}+\frac{1}{c} \geqslant 3 \tag{1.2.167}$$

利用不等式(1.2.165)和(1.2.167), 知道题目结论成立.

例 15 设 x,y,z 是正实数. 求证:
$$\frac{x}{\sqrt{y^2+z^2}}+\frac{y}{\sqrt{z^2+x^2}}+\frac{z}{\sqrt{x^2+y^2}}>2$$

证明: 不妨设 $x \geqslant y \geqslant z$. 明显地, 利用 $A_2 \geqslant G_2$, 有
$$\frac{\sqrt{z^2+x^2}}{\sqrt{y^2+z^2}}+\frac{\sqrt{y^2+z^2}}{\sqrt{z^2+x^2}} \geqslant 2 \tag{1.2.168}$$

下面证明
$$\frac{x}{\sqrt{y^2+z^2}}+\frac{y}{\sqrt{z^2+x^2}}+\frac{z}{\sqrt{x^2+y^2}}>\frac{\sqrt{z^2+x^2}}{\sqrt{y^2+z^2}}+\frac{\sqrt{y^2+z^2}}{\sqrt{z^2+x^2}} \tag{1.2.169}$$

如果上式成立, 再利用(1.2.168), 题目结论成立.
$$\left(\frac{x}{\sqrt{y^2+z^2}}+\frac{y}{\sqrt{z^2+x^2}}+\frac{z}{\sqrt{x^2+y^2}}\right)-\left(\frac{\sqrt{z^2+x^2}}{\sqrt{y^2+z^2}}+\frac{\sqrt{y^2+z^2}}{\sqrt{z^2+x^2}}\right)$$
$$=\frac{x-\sqrt{z^2+x^2}}{\sqrt{y^2+z^2}}+\frac{y-\sqrt{y^2+z^2}}{\sqrt{z^2+x^2}}+\frac{z}{\sqrt{x^2+y^2}} \tag{1.2.170}$$

下面证明
$$\frac{z}{\sqrt{x^2+y^2}}>\frac{\sqrt{z^2+x^2}-x}{\sqrt{y^2+z^2}}+\frac{\sqrt{y^2+z^2}-y}{\sqrt{z^2+x^2}} \tag{1.2.171}$$

如果上式成立, 则公式(1.2.170)的右端是正的. 从而不等式(1.2.169)成立.
$$\frac{z}{\sqrt{x^2+y^2}}-\left(\frac{\sqrt{z^2+x^2}-x}{\sqrt{y^2+z^2}}+\frac{\sqrt{y^2+z^2}-y}{\sqrt{z^2+x^2}}\right)$$
$$=\frac{z}{\sqrt{x^2+y^2}}-\left[\frac{z^2}{\sqrt{y^2+z^2}(\sqrt{z^2+x^2}+x)}+\frac{z^2}{\sqrt{z^2+x^2}(\sqrt{y^2+z^2}+y)}\right]$$
$$=z\left\{\frac{1}{\sqrt{x^2+y^2}}-z\left[\frac{1}{\sqrt{y^2+z^2}(\sqrt{z^2+x^2}+x)}+\frac{1}{\sqrt{z^2+x^2}(\sqrt{y^2+z^2}+y)}\right]\right\}$$
$$\tag{1.2.172}$$

由于 $x \geqslant y \geqslant z>0$, 则
$$\left.\begin{array}{r}\sqrt{y^2+z^2} \geqslant \sqrt{2}z \\ \sqrt{z^2+x^2}>x \\ \sqrt{2}x \geqslant \sqrt{x^2+y^2}\end{array}\right\} \tag{1.2.173}$$

于是, 可以看到

$$\frac{z}{\sqrt{y^2+z^2}(\sqrt{z^2+x^2}+x)} < \frac{z}{\sqrt{2}z(x+x)} = \frac{1}{2\sqrt{2}x} \leqslant \frac{1}{2}\frac{1}{\sqrt{x^2+y^2}} \qquad (1.2.174)$$

如果能证明

$$\frac{z}{\sqrt{z^2+x^2}(\sqrt{y^2+z^2}+y)} < \frac{1}{2}\frac{1}{\sqrt{x^2+y^2}} \qquad (1.2.175)$$

利用上面两个不等式,则公式(1.2.172)的右端是正的,从而不等式(1.2.171)成立.

变形不等式(1.2.175),即证明

$$\frac{2z}{\sqrt{y^2+z^2}+y} < \frac{\sqrt{z^2+x^2}}{\sqrt{x^2+y^2}} \qquad (1.2.176)$$

将 y,z 视作参数,令

$$f(x) = \frac{z^2+x^2}{x^2+y^2} = 1 - \frac{y^2-z^2}{x^2+y^2} \qquad (1.2.177)$$

由于 $y \geqslant z$,则 $f(x)$ 是 x 的单调递增函数.由于 $x \geqslant y$,有 $f(x) \geqslant f(y)$.从而,有

$$\frac{z^2+x^2}{x^2+y^2} = f(x) \geqslant f(y) = \frac{y^2+z^2}{2y^2} \qquad (1.2.178)$$

如果能证明

$$\frac{2z}{\sqrt{y^2+z^2}+y} < \frac{\sqrt{y^2+z^2}}{\sqrt{2}y} \qquad (1.2.179)$$

利用不等式(1.2.178)和(1.2.179),则不等式(1.2.176)成立.由于

$$\sqrt{y^2+z^2}(\sqrt{y^2+z^2}+y) = (y^2+z^2) + y\sqrt{y^2+z^2}$$
$$\geqslant 2yz + y\sqrt{2z^2} \quad (\text{利用 } A_2 \geqslant G_2, \text{ 及 } y \geqslant z)$$
$$= (2+\sqrt{2})yz > 2\sqrt{2}yz \qquad (1.2.180)$$

从而不等式(1.2.179)成立.题目结论成立.

例 16 设 a,b,c 是正实数,求证:

$$\frac{a^2}{a^2+bc} + \frac{b^2}{b^2+ca} + \frac{c^2}{c^2+ab} \leqslant \frac{a+b+c}{2\sqrt[3]{abc}}$$

证明:由于不等式两端都是齐次的,利用例 13 证明中的思想,可设

$$abc = 1 \qquad (1.2.181)$$

又由于要证明的不等式对 a,b,c 是可轮换的,因此,可设 $a \leqslant b \leqslant c$. 如果 $a=1$,再由公式(1.2.181),有

$$a = b = c = 1 \qquad (1.2.182)$$

要证明的不等式是明显的等式.

下面设 $a<1$. 由于公式(1.2.181),有

$$\left.\begin{array}{l}\dfrac{a^2}{a^2+bc} = \dfrac{a^3}{a^3+1} \\[2mm] \dfrac{b^2}{b^2+ac} = \dfrac{b^3}{b^3+1} \\[2mm] \dfrac{c^2}{c^2+ab} = \dfrac{c^3}{c^3+1}\end{array}\right\} \qquad (1.2.183)$$

令

$$f(u) = \frac{u}{u+1}, \quad \text{这里 } u \in (0, \infty) \qquad (1.2.184)$$

记
$$x = a^3 < 1, \quad y = b^3, \quad z = c^3 \tag{1.2.185}$$
利用公式(1.2.181)和(1.2.185),有
$$xyz = 1, \quad 及 \quad x \leqslant y \leqslant z (由于 a \leqslant b \leqslant c) \tag{1.2.186}$$
利用上面叙述,有
$$\frac{a^2}{a^2 + bc} + \frac{b^2}{b^2 + ca} + \frac{c^2}{c^2 + ab} = f(x) + f(y) + f(z) \tag{1.2.187}$$
记上式右端为 L. 以及还有
$$\frac{a+b+c}{2\sqrt[3]{abc}} = \frac{1}{2}(a+b+c) = \frac{1}{2}(\sqrt[3]{x} + \sqrt[3]{y} + \sqrt[3]{z}) \tag{1.2.188}$$
令
$$m = \sqrt{yz} \geqslant 1(利用公式(1.2.186))$$
$$r = \sqrt{\frac{z}{y}} \geqslant 1(利用公式(1.2.186))$$
$$y = \frac{m}{r}, \quad z = mr \tag{1.2.189}$$
$$2f(m) - f(y) - f(z) = \frac{2m}{m+1} - \frac{m}{m+r} - \frac{mr}{mr+1}(利用公式(1.2.184)和(1.2.189))$$
$$= \frac{1}{(m+1)(m+r)(mr+1)}[2m(m+r)(mr+1)$$
$$- m(m+1)(mr+1) - mr(m+1)(m+r)]$$
$$= \frac{(m^2-m)(r-1)^2}{(m+1)(m+r)(mr+1)} \geqslant 0 \tag{1.2.190}$$

因此,当 y 和 z 都被它们的几何平均值 $\sqrt{yz}$(即 m)代替后,由公式(1.2.187)和不等式(1.2.190),L 值不会下降.记公式(1.2.188)的右端为 R,由于 $2\sqrt{bc} \leqslant b+c$,公式(1.2.188)的右端中 $\sqrt[3]{y}, \sqrt[3]{z}$ 都被它们的几何平均值 $\sqrt[6]{yz}$ 代替后,R 值不会上升.因此,只要证明被这样代替后,新的 $L \leqslant$ 新的 R,则 $L \leqslant R$.利用公式(1.2.187)和(1.2.188),题目结论成立.为简化书写,只要证明 $y = z$ 时,即 $b = c$ 和 $a = \frac{1}{b^2}$(利用公式(1.2.181))时,$R - L \geqslant 0$ 即可.

由于 $a < 1$,这里 $b > 1$.利用公式(1.2.187)的左端和公式(1.2.188)的左端,在目前情况下,
$$R - L = \frac{1}{2}\left(\frac{1}{b^2} + 2b\right) - \left(\frac{b^{-4}}{b^{-4} + b^2} + \frac{2b^2}{b^2 + b^{-1}}\right)$$
$$= \frac{1+2b^3}{2b^2} - \left(\frac{1}{1+b^6} + \frac{2b^3}{b^3+1}\right)$$
$$= \frac{1}{2b^2(1+b^6)(1+b^3)}$$
$$\cdot [(1+2b^3)(1+b^6)(1+b^3) - 2b^2(1+b^3) - 4b^5(1+b^6)]$$
$$= \frac{1}{2b^2(1+b^6)(1+b^3)}$$
$$\cdot [(b^9 + 2b^{12}) + (b^6 + 2b^9) + (b^3 + 2b^6) + (1+2b^3) - (2b^2 + 6b^5 + 4b^{11})]$$
$$= \frac{1}{2b^2(1+b^6)(1+b^3)}[2b^{10}(b-1)^2 - 2b^8(b-1)^2 - b^6(b-1)^3$$
$$- b^5(b-1)^3 + 5b^4(b-1)^2 + 3b^3(b-1)^2 + (b^2-1)^2]$$
$$= \frac{1}{2b^2(1+b^6)(1+b^3)}[b^5(b-1)^3(b+1)(2b^3-1)$$

$$+ (b-1)^2(5b^4 + 3b^3) + (b^2-1)^2] > 0 \text{(由于} b > 1\text{)} \tag{1.2.191}$$

例 17 设正实数 x, y, z 满足 $xyz \geq 1$,正实数 $\alpha > 1$.求证:
$$\frac{x^\alpha}{x^\alpha + y + z} + \frac{y^\alpha}{y^\alpha + z + x} + \frac{z^\alpha}{z^\alpha + x + y} \geq 1$$

证明: 记
$$xyz = d^3, \quad \text{这里 } d \geq 1 \tag{1.2.192}$$

令
$$x = dx_1, \quad y = dy_1, \quad z = dz_1 \tag{1.2.193}$$

于是,有正实数 x_1, y_1, z_1 满足
$$x_1 y_1 z_1 = 1 \tag{1.2.194}$$

利用公式(1.2.193),可以看到
$$\frac{x^\alpha}{x^\alpha + y + z} + \frac{y^\alpha}{y^\alpha + z + x} + \frac{z^\alpha}{z^\alpha + x + y}$$
$$= \frac{x_1^\alpha}{x_1^\alpha + d^{1-\alpha}(y_1 + z_1)} + \frac{y_1^\alpha}{y_1^\alpha + d^{1-\alpha}(z_1 + x_1)} + \frac{z_1^\alpha}{z_1^\alpha + d^{1-\alpha}(x_1 + y_1)}$$
$$\geq \frac{x_1^\alpha}{x_1^\alpha + y_1 + z_1} + \frac{y_1^\alpha}{y_1^\alpha + z_1 + x_1} + \frac{z_1^\alpha}{z_1^\alpha + x_1 + y_1} \text{(利用 } d \geq 1 \text{ 和 } \alpha > 1\text{)} \tag{1.2.195}$$

为了书写简洁,下面依次用 x, y, z 代替 x_1, y_1, z_1,则
$$\frac{x^\alpha}{x^\alpha + y + z} + \frac{y^\alpha}{y^\alpha + z + x} + \frac{z^\alpha}{z^\alpha + x + y}$$
$$= \frac{x^\alpha}{x^\alpha + (xyz)^{\frac{1}{3}(\alpha-1)}(y+z)} + \frac{y^\alpha}{y^\alpha + (xyz)^{\frac{1}{3}(\alpha-1)}(z+x)}$$
$$+ \frac{z^\alpha}{z^\alpha + (xyz)^{\frac{1}{3}(\alpha-1)}(x+y)} \text{(利用 } xyz = 1\text{)}$$
$$= \frac{x^{\frac{1}{3}(2\alpha+1)}}{x^{\frac{1}{3}(2\alpha+1)} + y^{\frac{1}{3}(\alpha+2)}z^{\frac{1}{3}(\alpha-1)} + y^{\frac{1}{3}(\alpha-1)}z^{\frac{1}{3}(\alpha+2)}} + \frac{y^{\frac{1}{3}(2\alpha+1)}}{y^{\frac{1}{3}(2\alpha+1)} + z^{\frac{1}{3}(\alpha-1)}x^{\frac{1}{3}(\alpha+2)} + x^{\frac{1}{3}(\alpha-1)}z^{\frac{1}{3}(\alpha+2)}}$$
$$+ \frac{z^{\frac{1}{3}(2\alpha+1)}}{z^{\frac{1}{3}(2\alpha+1)} + x^{\frac{1}{3}(\alpha+2)}y^{\frac{1}{3}(\alpha-1)} + x^{\frac{1}{3}(\alpha-1)}y^{\frac{1}{3}(\alpha+2)}} \tag{1.2.196}$$

由于
$$y^{\frac{1}{3}(\alpha+2)}z^{\frac{1}{3}(\alpha-1)} + y^{\frac{1}{3}(\alpha-1)}z^{\frac{1}{3}(\alpha+2)} - (y^{\frac{1}{3}(2\alpha+1)} + z^{\frac{1}{3}(2\alpha+1)}) = (y^{\frac{1}{3}(\alpha+2)} - z^{\frac{1}{3}(\alpha+2)})(z^{\frac{1}{3}(\alpha-1)} - y^{\frac{1}{3}(\alpha-1)})$$
$$\leq 0 \text{(利用 } \alpha > 1\text{)} \tag{1.2.197}$$

于是,有
$$y^{\frac{1}{3}(\alpha+2)}z^{\frac{1}{3}(\alpha-1)} + y^{\frac{1}{3}(\alpha-1)}z^{\frac{1}{3}(\alpha+2)} \leq y^{\frac{1}{3}(2\alpha+1)} + z^{\frac{1}{3}(2\alpha+1)} \tag{1.2.198}$$

利用上式,有
$$\frac{x^{\frac{1}{3}(2\alpha+1)}}{x^{\frac{1}{3}(2\alpha+1)} + y^{\frac{1}{3}(\alpha+2)}z^{\frac{1}{3}(\alpha-1)} + y^{\frac{1}{3}(\alpha-1)}z^{\frac{1}{3}(\alpha+2)}} \geq \frac{x^{\frac{1}{3}(2\alpha+1)}}{x^{\frac{1}{3}(2\alpha+1)} + y^{\frac{1}{3}(2\alpha+1)} + z^{\frac{1}{3}(2\alpha+1)}} \tag{1.2.199}$$

完全类似,有
$$\frac{y^{\frac{1}{3}(2\alpha+1)}}{y^{\frac{1}{3}(2\alpha+1)} + z^{\frac{1}{3}(\alpha+2)}x^{\frac{1}{3}(\alpha-1)} + z^{\frac{1}{3}(\alpha-1)}x^{\frac{1}{3}(\alpha+2)}} \geq \frac{y^{\frac{1}{3}(2\alpha+1)}}{y^{\frac{1}{3}(2\alpha+1)} + z^{\frac{1}{3}(2\alpha+1)} + x^{\frac{1}{3}(2\alpha+1)}} \tag{1.2.200}$$

$$\frac{z^{\frac{1}{3}(2\alpha+1)}}{z^{\frac{1}{3}(2\alpha+1)} + x^{\frac{1}{3}(\alpha+2)}y^{\frac{1}{3}(\alpha-1)} + x^{\frac{1}{3}(\alpha-1)}y^{\frac{1}{3}(\alpha+2)}} \geq \frac{z^{\frac{1}{3}(2\alpha+1)}}{z^{\frac{1}{3}(2\alpha+1)} + x^{\frac{1}{3}(2\alpha+1)} + y^{\frac{1}{3}(2\alpha+1)}} \tag{1.2.201}$$

将上面三个不等式全部相加,再利用公式(1.2.196),知道题目结论成立.

例 18 设 x,y,z 是正实数,满足 $xyz\geqslant 1$. 有理数 α 在区间 $(1,4]$ 内,且 $\dfrac{3}{\alpha-1}$ 是一个正整数. 求证:
$$\frac{x}{x^\alpha+y+z}+\frac{y}{y^\alpha+z+x}+\frac{z}{z^\alpha+x+y}\leqslant 1$$

证明:仍然利用上例中的变换公式(1.2.193),兼顾公式(1.2.192). 有
$$\frac{x}{x^\alpha+y+z}+\frac{y}{y^\alpha+z+x}+\frac{z}{z^\alpha+x+y}$$
$$=\frac{x_1}{x_1^\alpha d^{\alpha-1}+y_1+z_1}+\frac{y_1}{y_1^\alpha d^{\alpha-1}+z_1+x_1}+\frac{z_1}{z_1^\alpha d^{\alpha-1}+x_1+y_1}$$
$$\leqslant\frac{x_1}{x_1^\alpha+y_1+z_1}+\frac{y_1}{y_1^\alpha+z_1+x_1}+\frac{z_1}{z_1^\alpha+x_1+y_1}\quad(利用\ d^{\alpha-1}\geqslant 1)\quad(1.2.202)$$

类似上例,仍然用 x,y,z 依次代替 x_1,y_1,z_1. 即已知正实数 x,y,z 满足
$$xyz=1 \tag{1.2.203}$$
求证题目中不等式成立(利用不等式(1.2.202)). 利用上式,可以看到
$$\frac{x}{x^\alpha+y+z}=\frac{x(xyz)^{\frac{1}{3}(\alpha-1)}}{x^\alpha+(xyz)^{\frac{1}{3}(\alpha-1)}(y+z)}=\frac{x(yz)^{\frac{1}{3}(\alpha-1)}}{x^{\frac{1}{3}(2\alpha+1)}+(yz)^{\frac{1}{3}(\alpha-1)}(y+z)} \tag{1.2.204}$$

下面证明
$$x^{\frac{1}{3}(2\alpha+1)}+(yz)^{\frac{1}{3}(\alpha-1)}(y+z)\geqslant x(yz)^{\frac{1}{3}(\alpha-1)}+y(xz)^{\frac{1}{3}(\alpha-1)}+z(xy)^{\frac{1}{3}(\alpha-1)} \tag{1.2.205}$$

由题目条件,记
$$\beta=\frac{3}{\alpha-1},\quad \beta+2=\frac{2\alpha+1}{\alpha-1} \tag{1.2.206}$$
这里 β 是一个正整数.

利用 $A_{\beta+2}\geqslant G_{\beta+2}$,可以看到
$$x^{\frac{1}{3}(2\alpha+1)}+x^{\frac{1}{3}(2\alpha+1)}+\cdots+x^{\frac{1}{3}(2\alpha+1)}\ (\beta\ 个\ x^{\frac{1}{3}(2\alpha+1)}\ 相加)+(yz)^{\frac{1}{3}(\alpha-1)}y+(yz)^{\frac{1}{3}(\alpha-1)}z$$
$$\geqslant(\beta+2)\sqrt[\beta+2]{x^{\frac{1}{3}(2\alpha+1)\beta}(yz)^{\frac{2}{3}(\alpha-1)}yz}$$
$$=\frac{2\alpha+1}{\alpha-1}x^{\frac{(2\alpha+1)\beta}{3(\beta+2)}}(yz)^{\frac{2\alpha+1}{3(\beta+2)}} \tag{1.2.207}$$

利用公式(1.2.206),可以得到
$$\frac{\beta(2\alpha+1)}{3(\beta+2)}=1,\quad \frac{2\alpha+1}{3(\beta+2)}=\frac{1}{3}(\alpha-1) \tag{1.2.208}$$

利用公式(1.2.206),不等式(1.2.207)和公式(1.2.208),有
$$\frac{3}{\alpha-1}x^{\frac{1}{3}(2\alpha+1)}+(yz)^{\frac{1}{3}(\alpha-1)}(y+z)\geqslant\frac{2\alpha+1}{\alpha-1}x(yz)^{\frac{1}{3}(\alpha-1)} \tag{1.2.209}$$

另外,再利用 $A_{\beta+2}\geqslant G_{\beta+2}$,可以看到
$$x^{\frac{1}{3}(2\alpha+1)}+(yz)^{\frac{1}{3}(\alpha-1)}y+(yz)^{\frac{1}{3}(\alpha-1)}y+\cdots+(yz)^{\frac{1}{3}(\alpha-1)}y(\beta\ 个\ (yz)^{\frac{1}{3}(\alpha-1)}y\ 相加)+yz^{\frac{2}{3}(\alpha-1)}$$
$$\geqslant(\beta+2)\sqrt[\beta+2]{x^{\frac{1}{3}(2\alpha+1)}(yz)^{\frac{1}{3}(\alpha-1)\beta}y^{\beta+1}z^{\frac{2}{3}(\alpha-1)}}$$
$$=\frac{2\alpha+1}{\alpha-1}x^{\frac{1}{3}(\alpha-1)}yz^{\frac{1}{3}(\alpha-1)}\ (利用公式(1.2.206)\ 和(1.2.208)) \tag{1.2.210}$$

利用公式(1.2.206)和上式,有
$$x^{\frac{1}{3}(2\alpha+1)}+\frac{3}{\alpha-1}(yz)^{\frac{1}{3}(\alpha-1)}y+yz^{\frac{2}{3}(\alpha-1)}\geqslant\frac{2\alpha+1}{\alpha-1}y(xz)^{\frac{1}{3}(\alpha-1)} \tag{1.2.211}$$

在上式中,交换 y 和 z,类似地,有

$$x^{\frac{1}{3}(2\alpha+1)} + \frac{3}{\alpha-1}(yz)^{\frac{1}{3}(\alpha-1)}z + zy^{\frac{2}{3}(\alpha-1)} \geqslant \frac{2\alpha+1}{\alpha-1}z(xy)^{\frac{1}{3}(\alpha-1)} \quad (1.2.212)$$

将三个不等式(1.2.209),(1.2.211)和(1.2.212)全部相加,有

$$\left(2 + \frac{3}{\alpha-1}\right)x^{\frac{1}{3}(2\alpha+1)} + \left(1 + \frac{3}{\alpha-1}\right)(yz)^{\frac{1}{3}(\alpha-1)}(y+z) + yz^{\frac{2}{3}(\alpha-1)} + y^{\frac{2}{3}(\alpha-1)}z$$

$$\geqslant \frac{2\alpha+1}{\alpha-1}\left[x(yz)^{\frac{1}{3}(\alpha-1)} + y(xz)^{\frac{1}{3}(\alpha-1)} + z(xy)^{\frac{1}{3}(\alpha-1)}\right] \quad (1.2.213)$$

利用上式,有

$$x^{\frac{1}{3}(2\alpha+1)} + (yz)^{\frac{1}{3}(\alpha-1)}(y+z) \geqslant \left[x(yz)^{\frac{1}{3}(\alpha-1)} + y(xz)^{\frac{1}{3}(\alpha-1)} + z(xy)^{\frac{1}{3}(\alpha-1)}\right] + A \quad (1.2.214)$$

这里

$$A = \frac{\alpha-1}{2\alpha+1}\left[(yz)^{\frac{1}{3}(\alpha-1)}(y+z) - (yz^{\frac{2}{3}(\alpha-1)} + y^{\frac{2}{3}(\alpha-1)}z)\right] \quad (1.2.215)$$

由于 $\alpha > 1$,如果能证明

$$(yz)^{\frac{1}{3}(\alpha-1)}(y+z) \geqslant yz^{\frac{2}{3}(\alpha-1)} + y^{\frac{2}{3}(\alpha-1)}z \quad (1.2.216)$$

则 $A \geqslant 0$,再利用不等式(1.2.214),可以得到不等式(1.2.205)

$$\left[(yz)^{\frac{1}{3}(\alpha-1)}(y+z)\right] - \left[yz^{\frac{2}{3}(\alpha-1)} + y^{\frac{2}{3}(\alpha-1)}z\right]$$

$$= (yz)^{\frac{1}{3}(\alpha-1)}(y^{\frac{1}{3}(\alpha-1)} - z^{\frac{1}{3}(\alpha-1)})(y^{\frac{1}{3}(4-\alpha)} - z^{\frac{1}{3}(4-\alpha)})$$

$$\geqslant 0 (利用 \frac{1}{3}(\alpha-1) > 0, \frac{1}{3}(4-\alpha) \geqslant 0, 以及 y,z 都是正实数) \quad (1.2.217)$$

于是,不等式(1.2.216)成立.

利用不等式(1.2.205)和公式(1.2.204),有

$$\frac{x}{x^\alpha + y + z} \leqslant \frac{x(yz)^{\frac{1}{3}(\alpha-1)}}{x(yz)^{\frac{1}{3}(\alpha-1)} + y(xz)^{\frac{1}{3}(\alpha-1)} + z(xy)^{\frac{1}{3}(\alpha-1)}} \quad (1.2.218)$$

将上式中 x,y,z 依次改为 y,z,x,有

$$\frac{y}{y^\alpha + z + x} \leqslant \frac{y(zx)^{\frac{1}{3}(\alpha-1)}}{y(zx)^{\frac{1}{3}(\alpha-1)} + z(yx)^{\frac{1}{3}(\alpha-1)} + x(yz)^{\frac{1}{3}(\alpha-1)}} \quad (1.2.219)$$

将上式中 x,y,z 依次换成 y,z,x,有

$$\frac{z}{z^\alpha + x + y} \leqslant \frac{z(xy)^{\frac{1}{3}(\alpha-1)}}{z(xy)^{\frac{1}{3}(\alpha-1)} + x(zy)^{\frac{1}{3}(\alpha-1)} + y(zx)^{\frac{1}{3}(\alpha-1)}} \quad (1.2.220)$$

将不等式(1.2.218),(1.2.219)和(1.2.220)全部相加,题目中不等式成立.

例 19 设 a,b,c 是非负实数,满足 $a+b+c=3$.求证:

$$(1+a^2b)(1+b^2c)(1+c^2a) \leqslant 5 + 3abc$$

证明:由于

$$(1+a^2b)(1+b^2c)(1+c^2a) = 1 + (a^2b + b^2c + c^2a) + abc(ab^2 + bc^2 + ca^2) + a^3b^3c^3 \quad (1.2.221)$$

问题转化为证明

$$(a^2b + b^2c + c^2a) + abc(ab^2 + bc^2 + ca^2) + a^3b^3c^3 \leqslant 4 + 3abc \quad (1.2.222)$$

先证明下述不等式:

$$a^2b + b^2c + c^2a + abc \leqslant \frac{4}{27}(a+b+c)^3 \quad (1.2.223)$$

不失一般性,设 c 是 a,b,c 中最小的. 分两种情况.

① 设 $b \leqslant a$, 利用 $A_3 \geqslant G_3$, 有
$$\frac{4}{27}(a+b+c)^3 = \frac{1}{2}\left\{\frac{1}{3}[2b+(a+c)+(a+c)]\right\}^3$$
$$\geqslant \frac{1}{2}[2b(a+c)(a+c)] = b(a+c)^2 \quad (1.2.224)$$

又由于
$$b(a+c)^2 - (a^2b+b^2c+c^2a+abc) = c(a-b)(b-c) \geqslant 0 (\text{利用 } a \geqslant b, \text{及 } b \geqslant c)$$
$$(1.2.225)$$

利用上两个不等式, 知道不等式(1.2.223)成立.

② 设 $b > a$. 可以看到
$$2(a^2b+b^2c+c^2a+abc)$$
$$= [(a^2b+ab^2)+(b^2c+c^2b)+(c^2a+ca^2)] + 2abc$$
$$+ [(a^2b-ab^2)+(b^2c-c^2b)+(c^2a-ca^2)]$$
$$= (a+b)(b+c)(c+a) - (a-b)(b-c)(c-a)$$
$$\leqslant \left\{\frac{1}{3}[(a+b)+(b+c)+(c+a)]\right\}^3 (\text{这里利用 } G_3 \leqslant A_3, \text{以及利用 } a-b<0,$$
$$b-c \geqslant 0, c-a \leqslant 0 \text{ 有 }(a-b)(b-c)(c-a) \geqslant 0) \quad (1.2.226)$$

于是, 不等式(1.2.223)成立.

利用题目条件和不等式(1.2.223), 有
$$a^2b+b^2c+c^2a \leqslant 4-abc \quad (1.2.227)$$

由于上述不等式只限定 c 是 a,b,c 中最小这一条件, 因此, 在上述不等式中交换 a 与 b, 还应当有
$$b^2a+a^2c+c^2b \leqslant 4-abc \quad (1.2.228)$$

利用上述两个不等式, 可以得到
$$(a^2b+b^2c+c^2a) + abc(ab^2+bc^2+ca^2) + a^3b^3c^3$$
$$\leqslant (4-abc) + abc(4-abc) + a^3b^3c^3$$
$$= (1+abc)(4-abc) + a^3b^3c^3 \quad (1.2.229)$$

由于 $G_3 \leqslant A_3$, 以及题目条件, 有
$$abc \leqslant \left[\frac{1}{3}(a+b+c)\right]^3 = 1 \quad (1.2.230)$$

于是, 可以证明不等式(1.2.222)了.
$$(4+3abc) - [(a^2b+b^2c+c^2a) + abc(ab^2+bc^2+ca^2) + a^3b^3c^3]$$
$$\geqslant (4+3abc) - [(1+abc)(4-abc) + a^3b^3c^3] (\text{利用}(1.2.229))$$
$$= a^2b^2c^2(1-abc) \geqslant 0 (\text{利用不等式}(1.2.230)) \quad (1.2.231)$$

于是, 题目结论成立.

例 20 设 x,y,z 都是正实数, 求证:
$$(xy+yz+zx)\left[\frac{1}{(x+y)^2} + \frac{1}{(y+z)^2} + \frac{1}{(z+x)^2}\right] \geqslant \frac{9}{4}$$

证明: 由于题目左端用 tx, ty, tz 代替 x,y,z, 这里 t 是任意正实数, 题目形式不变. 因而将 3 个变元化为 2 个变元, 这是解本题的思路. 本题解答来自复旦附中的一个同学. 设 z 是 x,y,z 中最小的. 令
$$s = \frac{x+y}{2z}, \quad t = \frac{xy}{z^2} \quad (1.2.232)$$

则
$$xy + yz + zx = (t + 2s)z^2 \tag{1.2.233}$$

以及可以看到

$$(xy + yz + zx)\left[\frac{1}{(x+y)^2} + \frac{1}{(y+z)^2} + \frac{1}{(z+x)^2}\right]$$

$$= (2s + t)\left[\frac{z^2}{(x+y)^2} + \frac{z^2}{(y+z)^2} + \frac{z^2}{(z+x)^2}\right]$$

$$= (2s + t)\left\{\frac{1}{4s^2} + \frac{z^2}{(y+z)^2(z+x)^2}\left[(z+x)^2 + (y+z)^2\right]\right\}$$

$$= (2s + t)\left\{\frac{1}{4s^2} + \frac{1}{\left[1 + \frac{1}{z}(x+y) + \frac{xy}{z^2}\right]^2}\left[2 + \frac{2(x+y)}{z} + \frac{x^2 + y^2}{z^2}\right]\right\}$$

$$= (2s + t)\left[\frac{1}{4s^2} + \frac{1}{(1 + 2s + t)^2}(2 + 4s + 4s^2 - 2t)\right] \text{(这里利用 } x^2 + y^2 = (x+y)^2 - 2xy)$$
$$\tag{1.2.234}$$

因此,题目转化为证明

$$(2s + t)\left[\frac{1}{4s^2} + \frac{2 + 4s + 4s^2 - 2t}{(1 + 2s + t)^2}\right] \geqslant \frac{9}{4} \tag{1.2.235}$$

由公式(1.2.232),知道

$$t \leqslant \frac{(x+y)^2}{4z^2} = s^2 \tag{1.2.236}$$

从而,有

$$1 \leqslant t \leqslant s^2 \tag{1.2.237}$$

不等式(1.2.235)等价于下述不等式

$$(2s + t)\left[(1 + 2s + t)^2 + 4s^2(2 + 4s + 4s^2 - 2t)\right] \geqslant 9s^2(1 + 2s + t)^2 \tag{1.2.238}$$

耐心地计算,可以得到

$$(2s + t)\left[(1 + 2s + t)^2 + 4s^2(2 + 4s + 4s^2 - 2t)\right] - 9s^2(1 + 2s + t)^2$$

$$= (2s + t)\left[(1 + 4s^2 + t^2 + 4s + 2t + 4st) + (8s^2 + 16s^3 + 16s^4 - 8s^2 t)\right]$$
$$\quad - 9s^2(1 + 4s^2 + t^2 + 4s + 2t + 4st)$$

$$= (2s + t) + (8s^3 + 4s^2 t) + (2st^2 + t^3) + (8s^2 + 4st) + (4st + 2t^2)$$
$$\quad + (8s^2 t + 4st^2) + (16s^3 + 8s^2 t) + (32s^4 + 16s^3 t) + (32s^5 + 16s^4 t)$$
$$\quad - (16s^3 t + 8s^2 t^2) - (9s^2 + 36s^4 + 9s^2 t^2 + 36s^3 + 18s^2 t + 36s^3 t)$$

$$= t^3 - (17s^2 - 6s - 2)t^2 + (16s^4 - 36s^3 + 2s^2 + 8s + 1)t + (32s^5 - 4s^4 - 12s^3 - s^2 + 2s)$$
$$\tag{1.2.239}$$

将 s 视作一个参数,上式右端记为 $f(t)$,利用不等式(1.2.237),这里 $t \in [1, s^2]$.

对于闭区间 $[1, s^2]$ 内任意两个正实数 t_1, t_2,

$$\frac{1}{2}[f(t_1) + f(t_2)] - f\left(\frac{1}{2}(t_1 + t_2)\right)$$

$$= \frac{1}{2}\left[t_1^3 - (17s^2 - 6s - 2)t_1^2 + t_2^3 - (17s^2 - 6s - 2)t_2^2\right]$$

$$\quad - \left(\frac{1}{2}(t_1 + t_2)\right)^3 + (17s^2 - 6s - 2)\frac{1}{4}(t_1 + t_2)^2$$

$$= \frac{1}{8}(t_1 + t_2)\left[4(t_1^2 - t_1 t_2 + t_2^2) - (t_1^2 + 2t_1 t_2 + t_2^2)\right] - \frac{1}{4}(17s^2 - 6s - 2)(t_1 - t_2)^2$$

$$= \frac{1}{4}(t_1 - t_2)^2 \left[\frac{3}{2}(t_1 + t_2) - (17s^2 - 6s - 2)\right] \qquad (1.2.240)$$

由不等式(1.2.237),可以看到

$$\frac{3}{2}(t_1 + t_2) - (17s^2 - 6s - 2) \leqslant 3s^2 - (17s^2 - 6s - 2)$$
$$= 2s(3 - 7s) + 2 < 0(\text{利用 } s \geqslant 1) \qquad (1.2.241)$$

利用上两式,可以看到$-f(t)$是闭区间$[1, s^2]$内一个凸函数. 于是,利用凸函数的图像(见1.1节),有

$$-f(t) \leqslant \max(-f(1), -f(s^2)) \qquad (1.2.242)$$

这里$t \in [1, s^2]$. 从上式,有

$$f(t) \geqslant \min(f(1), f(s^2)) \qquad (1.2.243)$$

由公式(1.2.239)的右端知道

$$f(1) = 32s^5 + 12s^4 - 48s^3 - 16s^2 + 16s + 4$$
$$= 4(s - 1)(8s^4 + 11s^3 - s^2 - 5s - 1) \geqslant 0 \qquad (1.2.244)$$

这里利用$s \geqslant 1$.

又可以知道

$$f(s^2) = 2s(s^2 - 1)^2 \geqslant 0 \qquad (1.2.245)$$

利用不等式(1.2.243),(1.2.244)和(1.2.245),有

$$f(t) \geqslant 0 \qquad (1.2.246)$$

从而公式(1.2.239)的右端大于等于零,要证明的不等式(1.2.238)成立.

例 21 (1) x_1, x_2, x_3 是正实数,求证:

$$\frac{x_1}{x_2 + x_3} + \frac{x_2}{x_3 + x_1} + \frac{x_3}{x_1 + x_2} \geqslant \frac{3}{2}$$

(2) x_1, x_2, x_3, x_4 是正实数,求证:

$$\frac{x_1}{x_2 + x_3} + \frac{x_2}{x_3 + x_4} + \frac{x_3}{x_4 + x_1} + \frac{x_4}{x_1 + x_2} \geqslant 2$$

(3) x_1, x_2, x_3, x_4, x_5 是正实数,求证:

$$\frac{x_1}{x_2 + x_3} + \frac{x_2}{x_3 + x_4} + \frac{x_3}{x_4 + x_5} + \frac{x_4}{x_5 + x_1} + \frac{x_5}{x_1 + x_2} \geqslant \frac{5}{2}$$

(4) $x_1, x_2, x_3, x_4, x_5, x_6$ 是正实数,求证:

$$\frac{x_1}{x_2 + x_3} + \frac{x_2}{x_3 + x_4} + \frac{x_3}{x_4 + x_5} + \frac{x_4}{x_5 + x_6} + \frac{x_5}{x_6 + x_1} + \frac{x_6}{x_1 + x_2} \geqslant 3$$

证明: 记$x_{n+1} = x_1, x_{n+2} = x_2$,利用Cauchy不等式(1.1.97),有

$$\sum_{j=1}^{n} \frac{x_j}{x_{j+1} + x_{j+2}} \sum_{j=1}^{n} x_j(x_{j+1} + x_{j+2}) \geqslant \left(\sum_{j=1}^{n} x_j\right)^2 \qquad (1.2.247)$$

当然,这里$x_1, x_2, \cdots, x_n$全是正实数. 如果能够证明,当$n = 3, 4, 5, 6$时,总有

$$\left(\sum_{j=1}^{n} x_j\right)^2 \geqslant \frac{n}{2} \sum_{j=1}^{n} x_j(x_{j+1} + x_{j+2}) \qquad (1.2.248)$$

利用不等式(1.2.247)和(1.2.248),有(当$n = 3, 4, 5, 6$时)

$$\sum_{j=1}^{n} \frac{x_j}{x_{j+1} + x_{j+2}} \geqslant \frac{n}{2} \qquad (1.2.249)$$

(1) 当$n = 3$时,显然有

$$(x_1 + x_2 + x_3)^2 - \frac{3}{2}[x_1(x_2 + x_3) + x_2(x_3 + x_1) + x_3(x_1 + x_2)]$$

(2) 当 $n=4$ 时,有

$(x_1 + x_2 + x_3 + x_4)^2 - 2[x_1(x_2 + x_3) + x_2(x_3 + x_4) + x_3(x_4 + x_1) + x_4(x_1 + x_2)]$
$= (x_1^2 + x_2^2 + x_3^2 + x_4^2 + 2x_1x_2 + 2x_1x_3 + 2x_1x_4 + 2x_2x_3 + 2x_2x_4 + 2x_3x_4)$
$\quad - 2(x_1x_2 + 2x_1x_3 + x_2x_3 + 2x_2x_4 + x_3x_4 + x_4x_1)$
$= (x_1 - x_3)^2 + (x_2 - x_4)^2 \geqslant 0 \quad (1.2.251)$

(3) 当 $n=5$ 时,我们可以看到

$(x_1 + x_2 + x_3 + x_4 + x_5)^2 - \dfrac{5}{2}[x_1(x_2 + x_3) + x_2(x_3 + x_4)$
$\quad + x_3(x_4 + x_5) + x_4(x_5 + x_1) + x_5(x_1 + x_2)]$
$= (x_1^2 + x_2^2 + x_3^2 + x_4^2 + x_5^2 + 2x_1x_2 + 2x_1x_3 + 2x_1x_4 + 2x_1x_5$
$\quad + 2x_2x_3 + 2x_2x_4 + 2x_2x_5 + 2x_3x_4 + 2x_3x_5 + 2x_4x_5)$
$\quad - \dfrac{5}{2}(x_1x_2 + x_1x_3 + x_2x_3 + x_2x_4 + x_3x_4 + x_3x_5 + x_4x_5 + x_4x_1 + x_5x_1 + x_5x_2)$
$= \dfrac{1}{4}[(x_1 - x_2)^2 + (x_1 - x_3)^2 + (x_1 - x_4)^2 + (x_1 - x_5)^2 + (x_2 - x_3)^2$
$\quad + (x_2 - x_4)^2 + (x_2 - x_5)^2 + (x_3 - x_4)^2 + (x_3 - x_5)^2 + (x_4 - x_5)^2] \geqslant 0 \quad (1.2.252)$

(4) 当 $n=6$ 时,我们可以得到

$(x_1 + x_2 + x_3 + x_4 + x_5 + x_6)^2 - 3[x_1(x_2 + x_3) + x_2(x_3 + x_4) + x_3(x_4 + x_5)$
$\quad + x_4(x_5 + x_6) + x_5(x_6 + x_1) + x_6(x_1 + x_2)]$
$= (x_1^2 + x_2^2 + x_3^2 + x_4^2 + x_5^2 + x_6^2 + 2x_1x_2 + 2x_1x_3 + 2x_1x_4 + 2x_1x_5 + 2x_1x_6$
$\quad + 2x_2x_3 + 2x_2x_4 + 2x_2x_5 + 2x_2x_6 + 2x_3x_4 + 2x_3x_5 + 2x_3x_6 + 2x_4x_5 + 2x_4x_6 + 2x_5x_6)$
$\quad - 3(x_1x_2 + x_1x_3 + x_2x_3 + x_2x_4 + x_3x_4 + x_3x_5 + x_4x_5 + x_4x_6$
$\quad + x_5x_6 + x_5x_1 + x_6x_1 + x_6x_2)$
$= (x_1 + x_4)^2 + (x_2 + x_5)^2 + (x_3 + x_6)^2 - (x_1 + x_4)(x_2 + x_5)$
$\quad - (x_2 + x_5)(x_3 + x_6) - (x_1 + x_4)(x_3 + x_6) \quad (1.2.253)$

明显地,对于任意实数 y_1, y_2, y_3,有

$$0 \leqslant \dfrac{1}{2}[(y_1 - y_2)^2 + (y_2 - y_3)^2 + (y_3 - y_1)^2]$$
$$= (y_1^2 + y_2^2 + y_3^2) - (y_1y_2 + y_2y_3 + y_3y_1) \quad (1.2.254)$$

在上式中,令

$$y_1 = x_1 + x_4, \quad y_2 = x_2 + x_5, \quad y_3 = x_3 + x_6 \quad (1.2.255)$$

可以知道,公式(1.2.253)的右端大于等于零.因此,得到了所要的结果.

例 22 (1) 设 z, w 都是复数,$|z|=1$.求证:

$$(n-1)\sum_{k=1}^{n}|w + z^k| \geqslant \sum_{k=1}^{n-1}(n-k)|1 - z^k|$$

(2) 设 x 是实数,求证:

$$(n-1)\sum_{k=1}^{n}|\cos kx| \geqslant \sum_{k=1}^{n-1}(n-k)|\sin kx|$$

(3) 设 x_1, x_2 和 z 是三个复数,求证:z 满足 $||x_1| - |x_2|| \leqslant |z| \leqslant |x_1| + |x_2|$ 当且仅当 $z = c_1 x_1 + c_2 x_2$,这里 c_1, c_2 是模长为 1 的复数.

证明:(1) 对于任意正整数 j, k,利用 $|z|=1$,有

第1章 不等式 47

$$|1-z^k| = |z^j||1-z^k| = |z^j - z^{j+k}| = |(z^j+w) - (z^{j+k}+w)|$$
$$\leqslant |z^j+w| + |z^{j+k}+w| \quad (1.2.256)$$

对于满足 $k<n$ 的正整数 k,利用上式,有

$$(n-k)|1-z^k| \leqslant \sum_{j=1}^{n-k}(|z^j+w| + |z^{j+k}+w|)$$
$$= \sum_{j=1}^{n-k}|z^j+w| + \sum_{j=k+1}^{n}|z^j+w| \quad (1.2.257)$$

上式关于 k 从 1 到 $n-1$ 求和,有

$$\sum_{k=1}^{n-1}(n-k)|1-z^k| \leqslant \sum_{k=1}^{n-1}\sum_{j=1}^{n-k}|z^j+w| + \sum_{k=1}^{n-1}\sum_{j=k+1}^{n}|z^j+w|$$
$$= \sum_{k=1}^{n-1}\sum_{j=1}^{n-k}|z^j+w| + \sum_{l=1}^{n-1}\sum_{j=n-l+1}^{n}|z^j+w|$$

（在上式右端第二大项中,令 $l=n-k$）

$$= \sum_{k=1}^{n-1}\sum_{j=1}^{n}|z^j+w| \quad (\text{将上式右端第二大项中 } l \text{ 改为 } k)$$
$$= (n-1)\sum_{j=1}^{n}|z^j+w| \quad (1.2.258)$$

(2) 令

$$z = \cos 2x - \mathrm{i}\sin 2x, \quad w = 1 \quad (1.2.259)$$

利用上一小题的结论,有

$$\sum_{k=1}^{n-1}(n-k)|1-(\cos 2kx - \mathrm{i}\sin 2kx)| \leqslant (n-1)\sum_{k=1}^{n}|1+(\cos 2kx - \mathrm{i}\sin 2kx)|$$
$$(1.2.260)$$

由于

$$|1-(\cos 2kx - \mathrm{i}\sin 2kx)| = |2\sin^2 kx + 2\mathrm{i}\sin kx\cos kx|$$
$$= 2|\sin kx||\sin kx + \mathrm{i}\cos kx| = 2|\sin kx| \quad (1.2.261)$$

类似上式,有

$$|1+(\cos 2kx - \mathrm{i}\sin 2kx)| = 2|\cos kx| \quad (1.2.262)$$

代上两式入不等式(1.2.260),有题目结论.

(3) 当 $z = c_1 x_1 + c_2 x_2$ 时,这里 c_1, c_2 是模长为 1 的复数.那么,有

$$|z| = |c_1 x_1 + c_2 x_2| \leqslant |c_1 x_1| + |c_2 x_2| = |x_1| + |x_2| \quad (1.2.263)$$

又有

$$|z| \geqslant |c_1 x_1| - |c_2 x_2| = |x_1| - |x_2| \quad (1.2.264)$$

和

$$|z| \geqslant |c_2 x_2| - |c_1 x_1| = |x_2| - |x_1| \quad (1.2.265)$$

利用不等式(1.2.264)和(1.2.265),有

$$|z| \geqslant ||x_1| - |x_2|| \quad (1.2.266)$$

这就证明了充分性.下面证必要性.

已知

$$||x_1| - |x_2|| \leqslant |z| \leqslant |x_1| + |x_2| \quad (1.2.267)$$

于是,有

$$|x_2| - |x_1| \leqslant |z| \leqslant |x_1| + |x_2| \quad (1.2.268)$$

利用上式,可以看到

$$|z|-|x_1| \leqslant |x_2| \leqslant |z|+|x_1| \tag{1.2.269}$$

利用不等式(1.2.267)的第一个不等式,有

$$||x_1|-|x_2|| \leqslant |z|, \quad 即 \quad ||x_1|-|z|| \leqslant |x_2| \tag{1.2.270}$$

利用上两个不等式,有

$$||z|-|x_1|| \leqslant |x_2| \leqslant |z|+|x_1| \tag{1.2.271}$$

完全类似地,有

$$||z|-|x_2|| \leqslant |x_1| \leqslant |z|+|x_2| \tag{1.2.272}$$

利用不等式(1.2.267),(1.2.271)和(1.2.272),我们可以在复平面上作一个 $\triangle ABC$(可能退化),使得 $AC=|x_2|$, $BC=|x_1|$, $AB=|z|$. 于是,存在模长为 1 的三个复数 α, β, γ,使得

$$\boldsymbol{CB} = \alpha x_1, \quad \boldsymbol{AC} = \beta x_2, \quad \boldsymbol{AB} = \gamma z \tag{1.2.273}$$

利用 $\boldsymbol{AB} = \boldsymbol{AC} + \boldsymbol{CB}$,及上式,有

$$\gamma z = \beta x_2 + \alpha x_1 \tag{1.2.274}$$

上式两端乘以 γ^{-1},有

$$z = (\gamma^{-1}\beta)x_2 + (\gamma^{-1}\alpha)x_1 \tag{1.2.275}$$

令

$$c_1 = \gamma^{-1}\alpha, \quad c_2 = \gamma^{-1}\beta \tag{1.2.176}$$

c_1, c_2 都是模长为 1 的复数,必要性得证.

1.3 较复杂的不等式

本节介绍 n 个变元的较复杂的一些不等式.

例1 正整数 $n \geqslant 3$, $x_1, x_2, \cdots, x_n$ 是正实数,满足关系式 $\sum_{j=1}^{n} \dfrac{1}{1+x_j} = 1$. 求证:

$$\sum_{j=1}^{n} \sqrt{x_j} \geqslant (n-1)\sum_{j=1}^{n} \frac{1}{\sqrt{x_j}}$$

证明:由于本题的条件及结论关于 $x_1, x_2, \cdots, x_n$ 是对称的,因此不妨设 $x_1 \leqslant x_2 \leqslant \cdots \leqslant x_n$. 于是,有

$$\frac{1}{\sqrt{x_1}} \geqslant \frac{1}{\sqrt{x_2}} \geqslant \cdots \geqslant \frac{1}{\sqrt{x_n}} \tag{1.3.1}$$

对于不同的下标 i,j,$1 \leqslant i,j \leqslant n$,我们来证明

$$x_i x_j \geqslant 1 \tag{1.3.2}$$

用反证法,如果存在某对 (i,j),$i \neq j$,有 $x_i x_j < 1$. 则

$$(1+x_i)(1+x_j) = 1 + x_i + x_j + x_i x_j < 2 + x_i + x_j \tag{1.3.3}$$

由于 $n \geqslant 3$,那么,利用题目条件及上式,有

$$1 > \frac{1}{1+x_i} + \frac{1}{1+x_j} = \frac{2+x_i+x_j}{(1+x_i)(1+x_j)} > 1 \tag{1.3.4}$$

这是一个矛盾. 从而不等式(1.3.2)成立. 当 $i<j$ 时,利用 $0 < x_i \leqslant x_j$,有

$$\frac{\sqrt{x_i}}{1+x_i} - \frac{\sqrt{x_j}}{1+x_j} = \frac{\sqrt{x_i}(1+x_j) - \sqrt{x_j}(1+x_i)}{(1+x_i)(1+x_j)}$$

$$= \frac{(\sqrt{x_i} - \sqrt{x_j})(1 - \sqrt{x_i x_j})}{(1+x_i)(1+x_j)} \geqslant 0 \tag{1.3.5}$$

于是,有
$$\frac{\sqrt{x_1}}{1+x_1} \geqslant \frac{\sqrt{x_2}}{1+x_2} \geqslant \cdots \geqslant \frac{\sqrt{x_n}}{1+x_n} \tag{1.3.6}$$

利用不等式(1.3.1),(1.3.6)及 1.1 节例 19 的 Chebyshev 不等式,有
$$\frac{1}{n}\sum_{j=1}^{n}\frac{1}{\sqrt{x_j}}\sum_{j=1}^{n}\frac{\sqrt{x_j}}{1+x_j} \leqslant \sum_{j=1}^{n}\left(\frac{1}{\sqrt{x_j}}\frac{\sqrt{x_j}}{1+x_j}\right) = 1(\text{利用题目条件}) \tag{1.3.7}$$

利用 1.1 节不等式(1.1.64),有
$$\sum_{j=1}^{n}\frac{\sqrt{x_j}}{1+x_j}\sum_{j=1}^{n}\frac{1+x_j}{\sqrt{x_j}} \geqslant n^2 \tag{1.3.8}$$

上式两端同乘以 $\frac{1}{n}\sum_{j=1}^{n}\frac{1}{\sqrt{x_j}}$,再利用不等式(1.3.7),有
$$\sum_{j=1}^{n}\frac{1+x_j}{\sqrt{x_j}} \geqslant n\sum_{j=1}^{n}\frac{1}{\sqrt{x_j}} \tag{1.3.9}$$

上式移项后,立即有所求证的不等式.

注:本例中有一种三角函数的形式. 令 $x_j = \tan^2 A_j$,这里 $0 < A_j < \frac{\pi}{2}, 1 \leqslant j \leqslant n$. 于是,本题可变形为下述情况. 已知 $A_1, A_2, \cdots, A_n$ 都在开区间 $\left(0, \frac{\pi}{2}\right)$ 内,且满足 $\sum_{j=1}^{n}\cos^2 A_j = 1$,则 $\sum_{j=1}^{n}\tan A_j \geqslant (n-1)\sum_{j=1}^{n}\cot A_j$.

例 2 正整数 $n \geqslant 2$,正实数 $r \geqslant \frac{1}{2}$,$x_1, x_2, \cdots, x_n$ 是正实数,$s = \sum_{j=1}^{n}x_j$. 记 $x_{n+1} = x_1$,求证:

$$\sum_{j=1}^{n}\frac{x_j^{2r+1}}{s - x_j} \geqslant \frac{1}{n^{r-1}(n-1)}(\sum_{j=1}^{n}x_j x_{j+1})^r$$

证明: 显然,我们有
$$\sum_{j=1}^{n}x_j^2 = \frac{1}{2}\sum_{j=1}^{n}(x_j^2 + x_{j+1}^2)(\text{利用 } x_{n+1} = x_1)$$
$$\geqslant \sum_{j=1}^{n}x_j x_{j+1} \tag{1.3.10}$$

将 $x_1, x_2, \cdots, x_n$ 这 n 个正实数从大到小分别记为 $x_1^*, x_2^*, \cdots, x_n^*$,那么,
$$s = \sum_{j=1}^{n}x_j^* \quad \text{和} \quad \sum_{j=1}^{n}\frac{x_j^{2r+1}}{s - x_j} = \sum_{j=1}^{n}\frac{x_j^{*2r+1}}{s - x_j^*} \tag{1.3.11}$$

由于 $x_1^* \geqslant x_2^* \geqslant \cdots \geqslant x_n^*$,则
$$\frac{1}{s - x_1^*} \geqslant \frac{1}{s - x_2^*} \geqslant \cdots \geqslant \frac{1}{s - x_n^*} > 0$$

利用 Chebyshev 不等式,有
$$\sum_{j=1}^{n}\frac{x_j^{*2r+1}}{s - x_j^*} = \sum_{j=1}^{n}x_j^{*2r+1}\frac{1}{s - x_j^*} \geqslant \frac{1}{n}\sum_{j=1}^{n}x_j^{*2r+1}\sum_{j=1}^{n}\frac{1}{s - x_j^*} \tag{1.3.12}$$

利用公式(1.3.11)和上式,有
$$\sum_{j=1}^{n}\frac{x_j^{2r+1}}{s - x_j} \geqslant \frac{1}{n}\sum_{j=1}^{n}x_j^{2r+1}\sum_{j=1}^{n}\frac{1}{s - x_j}$$
$$\geqslant \left(\frac{1}{n}\sum_{j=1}^{n}x_j^2\right)^{\frac{1}{2}(2r+1)}\sum_{j=1}^{n}\frac{1}{s - x_j}(\text{利用 1.1 节例 16(幂平均不等式),注意 } 2r + 1 \geqslant 2)$$

$$\geqslant \left(\frac{1}{n}\sum_{j=1}^{n}x_j^2\right)^r \frac{s}{n}\sum_{j=1}^{n}\frac{1}{s-x_j} (\text{利用 1.1 节不等式}(1.1.108)(\text{平方平均不等式}))$$
(1.3.13)

利用 1.1 节不等式(1.1.64),有
$$\sum_{j=1}^{n}(s-x_j)\sum_{j=1}^{n}\frac{1}{s-x_j} \geqslant n^2 \tag{1.3.14}$$

利用上式及 s 的定义,有
$$s\sum_{j=1}^{n}\frac{1}{s-x_j} \geqslant \frac{n^2}{n-1} \tag{1.3.15}$$

代不等式(1.3.10)和(1.3.15)入不等式(1.3.13),题目结论成立.

例 3 正整数 $n \geqslant 4, a_1, a_2, \cdots, a_n$ 是 n 个正实数,正实数 $r \geqslant 1$,记 $\sum_{j=1}^{n}a_j a_{j+1} = k^2$,这里 $a_{n+1} = a_1, k$ 是正实数. 记 $s = \sum_{j=1}^{n}a_j$. 求证:
$$\sum_{j=1}^{n}\frac{a_j^r}{s-a_j} \geqslant \frac{(2k)^{r-1}}{(n-1)n^{r-2}}$$

注:本题与上例很像,但仔细观察,又貌合神离. 下面给出一个完全不同于上例的处理.

证明: 我们首先证明
$$f(x) = \frac{x^r}{s-x} \tag{1.3.16}$$

是开区间$(0, s)$内一个凸函数. 这里正实数 $r \geqslant 1$. 取 $x, y \in (0, s)$,有
$$\frac{1}{2}[f(x)+f(y)] - f\left(\frac{x+y}{2}\right) = \frac{1}{2}\left(\frac{x^r}{s-x}+\frac{y^r}{s-y}\right) - \frac{\left(\frac{x+y}{2}\right)^r}{s-\frac{x+y}{2}} \tag{1.3.17}$$

不妨设 $x \geqslant y$,那么,有
$$x^r \geqslant y^r, \quad \frac{1}{s-x} \geqslant \frac{1}{s-y} \tag{1.3.18}$$

利用 Chebyshev 不等式(见 1.1 节例 19),有
$$\frac{x^r}{s-x} + \frac{y^r}{s-y} \geqslant \frac{1}{2}(x^r+y^r)\left(\frac{1}{s-x}+\frac{1}{s-y}\right) \tag{1.3.19}$$

而
$$\frac{1}{2}\left(\frac{1}{s-x}+\frac{1}{s-y}\right) - \frac{1}{s-\frac{x+y}{2}} = \frac{2s-(x+y)}{2(s-x)(s-y)} - \frac{2}{2s-(x+y)} \tag{1.3.20}$$

可以看到
$$[2s-(x+y)]^2 - 4(s-x)(s-y) = (x-y)^2 \geqslant 0 \tag{1.3.21}$$

利用上两式,有
$$\frac{1}{2}\left(\frac{1}{s-x}+\frac{1}{s-y}\right) \geqslant \frac{1}{s-\frac{x+y}{2}} \tag{1.3.22}$$

由于正实数 $r \geqslant 1$,利用幂平均不等式(见 1.1 节例 16),有
$$\left(\frac{x^r+y^r}{2}\right)^{\frac{1}{r}} \geqslant \frac{x+y}{2} \tag{1.3.23}$$

上式两端 r 次方,有

$$\frac{x^r + y^r}{2} \geqslant \left(\frac{x+y}{2}\right)^r \tag{1.3.24}$$

利用公式(1.3.17),不等式(1.3.19),(1.3.22)和(1.3.24),我们有

$$\frac{1}{2}\left(\frac{x^r}{s-x} + \frac{y^r}{s-y}\right) \geqslant \left(\frac{x+y}{2}\right)^r \cdot \frac{1}{s - \frac{x+y}{2}} \tag{1.3.25}$$

从不等式(1.3.21)可以知道,上式取等号,当且仅当 $x = y$. 利用公式(1.3.16),(1.3.17)和不等式(1.3.25),可以看到 $f(x) = \dfrac{x^r}{s-x}$ 是 $(0, s)$ 内一个凸函数. 利用1.1节定理1(Jensen不等式),有

$$\frac{1}{n}\sum_{j=1}^{n}\frac{a_j^r}{s-a_j} \geqslant \frac{\left(\frac{s}{n}\right)^r}{s - \frac{s}{n}} = \frac{s^{r-1}}{(n-1)n^{r-1}} \tag{1.3.26}$$

下面证明

$$s^2 \geqslant 4k^2 \tag{1.3.27}$$

对正整数 $n \geqslant 4$ 用数学归纳法来证明上式. 当 $n = 4$ 时,利用

$$a_1 a_2 + a_2 a_3 + a_3 a_4 + a_4 a_1 = (a_1 + a_3)(a_2 + a_4)$$

$$\leqslant \frac{1}{4}[(a_1 + a_3) + (a_2 + a_4)]^2 = \frac{1}{4}s^2 \tag{1.3.28}$$

可以看到

$$s^2 \geqslant 4(a_1 a_2 + a_2 a_3 + a_3 a_4 + a_4 a_1) = 4k^2 \tag{1.3.29}$$

假设当 $n = m$ 时,不等式(1.3.27)成立,考虑 $n = m+1$ 情况,适当改变下标,使得

$$a_{m+1} = \min(a_1, a_2, \cdots, a_m, a_{m+1}) \tag{1.3.30}$$

$$(a_1 + a_2 + \cdots + a_m + a_{m+1})^2 = (a_1 + a_2 + \cdots + a_m)^2 + 2a_{m+1}(a_1 + a_2 + \cdots + a_m) + a_{m+1}^2$$

$$\geqslant 4(a_1 a_2 + a_2 a_3 + \cdots + a_m a_1) + 2a_{m+1}(a_1 + a_2 + \cdots + a_m) + a_{m+1}^2 (\text{利用归纳法假设})$$

$$= 4(a_1 a_2 + a_2 a_3 + \cdots + a_m a_{m+1} + a_{m+1} a_1) + 4a_m a_1 - 2a_m a_{m+1}$$

$$- 2a_1 a_{m+1} + 2a_{m+1}(a_2 + a_3 + \cdots + a_{m-1}) + a_{m+1}^2$$

$$= 4(a_1 a_2 + a_2 a_3 + \cdots + a_m a_{m+1} + a_{m+1} a_1)$$

$$+ (a_{m+1} - 2a_1)(a_{m+1} - 2a_m) + 2a_{m+1}(a_2 + a_3 + \cdots + a_{m-1})$$

$$\geqslant 4(a_1 a_2 + a_2 a_3 + \cdots + a_m a_{m+1} + a_{m+1} a_1) \tag{1.3.31}$$

因此,当 $n = m+1$ 时,不等式(1.3.27)成立. 从而有 $s \geqslant 2k$,将此不等式代入不等式(1.3.26),题目结论成立.

例4 (1) 正整数 $n \geqslant 2$,已知 $x_1, x_2, \cdots, x_n$ 是 n 个正实数,记 $x_{n+k} = x_k (1 \leqslant k \leqslant n)$, p 是正整数,求证:

$$\sum_{k=1}^{n}(x_k^p - x_{k+1}x_{k+2}\cdots x_{k+p}) \geqslant 0$$

(2) 正整数 $n \geqslant 2$,已知正整数 $x_1, x_2, \cdots, x_n$ 满足 $x_1 + x_2 + \cdots + x_n = x_1 x_2 \cdots x_n$. 求证:

$$1 < \frac{1}{n}(x_1 + x_2 + \cdots + x_n) \leqslant 2$$

证明:(1) 令正实数 y_k,满足

$$y_k^{\frac{1}{p}} = x_k (1 \leqslant k \leqslant n) \tag{1.3.32}$$

利用 $G_p \leqslant A_p$,有

$$x_{k+1}x_{k+2}\cdots x_{k+p} = (y_{k+1}y_{k+2}\cdots y_{k+p})^{\frac{1}{p}} \leqslant \frac{1}{p}(y_{k+1} + y_{k+2} + \cdots + y_{k+p}) \qquad (1.3.33)$$

利用上式,有

$$\sum_{k=1}^{n} x_{k+1}x_{k+2}\cdots x_{k+p} \leqslant \sum_{k=1}^{n} \frac{1}{p}(y_{k+1} + y_{k+2} + \cdots + y_{k+p})$$

$$= y_1 + y_2 + \cdots + y_n = x_1^p + x_2^p + \cdots + x_n^p \qquad (1.3.34)$$

题目结论成立.

(2) 由于 $x_1, x_2, \cdots, x_n$ 都是正整数,且满足题目等式条件,那么不可能所有的正整数全为 1,于是

$$\frac{1}{n}(x_1 + x_2 + \cdots + x_n) > \frac{1}{n}n = 1 \qquad (1.3.35)$$

不妨设 $x_1 \geqslant x_2 \geqslant \cdots \geqslant x_n$,那么,存在正整数 $l \leqslant n$,当正整数 $j \leqslant l$ 时,$x_j \geqslant 2$,当 $j > l$ 时,$x_j = 1$.下面证明 $l = 1$ 是不可能.用反证法,设 $l = 1$,那么,$x_2 = x_3 = \cdots = x_n = 1$,从题目等式条件,有

$$x_1 + (n-1) = x_1 \qquad (1.3.36)$$

上式是不可能成立的.于是 $l \geqslant 2$,令

$$A = x_1 x_2 \cdots x_l, \quad B = x_1 + x_2 + \cdots + x_l \qquad (1.3.37)$$

利用题目中的条件,有

$$B + (n - l) = A \qquad (1.3.38)$$

剩下要证明

$$B + (n - l) \leqslant 2n \qquad (1.3.39)$$

利用公式(1.3.38),有

$$2n = 2(A + l - B) \qquad (1.3.40)$$

如果能够证明

$$2(A + l - B) \geqslant A \qquad (1.3.41)$$

利用上二式,有

$$2n \geqslant A \qquad (1.3.42)$$

再利用公式(1.3.38),要证明的不等式(1.3.39)成立.下面证明不等式(1.3.41),即证明

$$A \geqslant 2(B - l) \qquad (1.3.43)$$

令

$$x_j = 2 + y_j \, (1 \leqslant j \leqslant l) \qquad (1.3.44)$$

则 $y_j \geqslant 0$.利用公式(1.3.37),有

$$A = (2 + y_1)(2 + y_2)\cdots(2 + y_l) \geqslant 2^l + 2^{l-1}\sum_{j=1}^{l} y_j \qquad (1.3.45)$$

由于正整数 $l \geqslant 2$,立即有 $2^l \geqslant 2l$ 和 $2^{l-1} \geqslant 2$.那么,再利用不等式(1.3.45),有

$$A \geqslant 2l + 2\sum_{j=1}^{l} y_j = 2\sum_{j=1}^{l}(1 + y_j) = 2\sum_{j=1}^{l}(x_j - 1) \text{(利用公式(1.3.44))}$$

$$= 2B - 2l \text{(利用公式(1.3.37))} \qquad (1.3.46)$$

于是,不等式(1.3.43)成立.本题解决.

例 5 给定 n 个实数 $a_1 \leqslant a_2 \leqslant \cdots \leqslant a_{n-1} \leqslant a_n$,令 $x = \frac{1}{n}(a_1 + a_2 + \cdots + a_n)$,$y = \frac{1}{n}(a_1^2 + a_2^2 + \cdots + a_n^2)$.求证:

$$2\sqrt{y - x^2} \leqslant a_n - a_1 \leqslant \sqrt{2n(y - x^2)}$$

证明:由题目条件,有

$$nx = \sum_{j=1}^{n} a_j, \quad ny = \sum_{j=1}^{n} a_j^2 \tag{1.3.47}$$

从而,可以看到

$$\begin{aligned}
n^2(y - x^2) &= n\sum_{j=1}^{n} a_j^2 - \left(\sum_{j=1}^{n} a_j\right)^2 = (n-1)\sum_{j=1}^{n} a_j^2 - 2\sum_{1 \leqslant i < j \leqslant n} a_i a_j \\
&= (n-1)(a_1^2 + a_n^2) - 2a_1 a_n - 2a_1(a_2 + a_3 + \cdots + a_{n-1}) - 2a_n(a_2 + a_3 + \cdots + a_{n-1}) \\
&\quad + \sum_{2 \leqslant i < j \leqslant n-1} (a_i - a_j)^2 + 2(a_2^2 + a_3^2 + \cdots + a_{n-1}^2) \\
&= \sum_{2 \leqslant i < j \leqslant n-1} (a_i - a_j)^2 + 2\sum_{j=2}^{n-1} \left[a_j - \frac{1}{2}(a_1 + a_n)\right]^2 \\
&\quad + (n-1)(a_1^2 + a_n^2) - 2a_1 a_n - \frac{1}{2}(n-2)(a_1 + a_n)^2 \\
&= \sum_{2 \leqslant i < j \leqslant n-1} (a_i - a_j)^2 + 2\sum_{j=2}^{n-1} \left[a_j - \frac{1}{2}(a_1 + a_n)\right]^2 + \frac{1}{2}n(a_1 - a_n)^2 \\
&\geqslant \frac{1}{2} n(a_1 - a_n)^2
\end{aligned} \tag{1.3.48}$$

利用上式,题目的后一个不等式成立.

另一方面,从上式前几行的推导,有

$$n^2(y - x^2) = (n-1)\sum_{j=1}^{n} a_j^2 - 2\sum_{1 \leqslant i < j \leqslant n} a_i a_j \tag{1.3.49}$$

又由于

$$\begin{aligned}
-n\sum_{j=2}^{n-1} (a_n - a_j)(a_j - a_1) &= -n\sum_{j=2}^{n-1} (a_n a_j - a_j^2 - a_1 a_n + a_1 a_j) \\
&= -na_n \sum_{j=2}^{n-1} a_j + n\sum_{j=2}^{n-1} a_j^2 + n(n-2)a_1 a_n - na_1 \sum_{j=2}^{n-1} a_j
\end{aligned} \tag{1.3.50}$$

利用上面两个公式,有

$$\begin{aligned}
n^2(y - x^2) &= -n\sum_{j=2}^{n-1} (a_n - a_j)(a_j - a_1) + (n-1)(a_1^2 + a_n^2) \\
&\quad - \sum_{j=2}^{n-1} a_j^2 + (n-2)a_n \sum_{j=2}^{n-1} a_j + (n-2)a_1 \sum_{j=2}^{n-1} a_j - [n(n-2) + 2]a_1 a_n - 2\sum_{2 \leqslant i < j \leqslant n-1} a_i a_j \\
&= -n\sum_{j=2}^{n-1} (a_n - a_j)(a_j - a_1) - \left(\sum_{j=2}^{n-1} a_j\right)^2 + (n-2)(a_1 + a_n)\sum_{j=2}^{n-1} a_j \\
&\quad + (n-1)(a_1^2 + a_n^2) - [n(n-2) + 2]a_1 a_n \\
&= -n\sum_{j=2}^{n-1} (a_n - a_j)(a_j - a_1) - \left[\sum_{j=2}^{n-1} a_j - \frac{1}{2}(n-2)(a_1 + a_n)\right]^2 \\
&\quad + \frac{1}{4}(n-2)^2(a_1 + a_n)^2 + (n-1)(a_1^2 + a_n^2) - [n(n-2) + 2]a_1 a_n \\
&= -n\sum_{j=2}^{n-1} (a_n - a_j)(a_j - a_1) - \left[\sum_{j=2}^{n-1} a_j - \frac{1}{2}(n-2)(a_1 + a_n)\right]^2 + \frac{n^2}{4}(a_1 - a_n)^2 \\
&\leqslant \frac{n^2}{4}(a_n - a_1)^2
\end{aligned} \tag{1.3.51}$$

利用上式,题目的前一个不等式成立.

注:本题是我编的,是从 $n = 4$ 时的一个不等式题(1990 年第 31 届 IMO 预选题)推广而来

的. 在本书,我想说明一下,所谓自编题,就是我自己编的,在所知范围内尚无此题. 但我知识有限,也可能已有.

例6 给定两个正整数 $n \geqslant 2, T \geqslant 2$,求所有正整数 a,使得对任意正实数 $a_1, a_2, \cdots, a_n$ 都有

$$\sum_{k=1}^{n} \frac{ak + \frac{a^2}{4}}{s_k} < T^2 \sum_{k=1}^{n} \frac{1}{a_k}$$

式中 $s_k = a_1 + a_2 + \cdots + a_k$.

解:

$$\sum_{k=1}^{n} \frac{1}{s_k}\left(ak + \frac{a^2}{4}\right) = \sum_{k=1}^{n} \frac{1}{s_k}\left[\left(k + \frac{a}{2}\right)^2 - k^2\right]$$

$$= \frac{1}{s_1}\left[\left(1 + \frac{a}{2}\right)^2 - 1\right] + \frac{1}{s_2}\left[\left(2 + \frac{a}{2}\right)^2 - 2^2\right] + \frac{1}{s_3}\left[\left(3 + \frac{a}{2}\right)^2 - 3^2\right]$$

$$+ \cdots + \frac{1}{s_n}\left[\left(n + \frac{a}{2}\right)^2 - n^2\right]$$

$$= \frac{1}{s_1}\left(1 + \frac{a}{2}\right)^2 - \frac{n^2}{s_n} + \sum_{k=2}^{n}\left[\frac{1}{s_k}\left(k + \frac{a}{2}\right)^2 - \frac{1}{s_{k-1}}(k-1)^2\right] \quad (1.3.52)$$

令

$$a_k t_k = s_{k-1}, \text{这里 } k = 2, 3, \cdots, n \quad (1.3.53)$$

这里 $t_k > 0$. 于是,可以看到

$$\frac{1}{s_k}\left(k + \frac{a}{2}\right)^2 - \frac{1}{s_{k-1}}(k-1)^2$$

$$= \frac{1}{s_{k-1} + a_k}\left(k + \frac{a}{2}\right)^2 - \frac{1}{s_{k-1}}(k-1)^2$$

$$= \frac{1}{a_k(t_k+1)}\left(k + \frac{a}{2}\right)^2 - \frac{(k-1)^2}{a_k t_k}$$

$$= \frac{1}{a_k t_k (t_k + 1)}\left[t_k\left(k + \frac{a}{2}\right)^2 - (k-1)^2(t_k + 1)\right]$$

$$= \frac{1}{a_k t_k (t_k + 1)}\left\{\left(\frac{a}{2} + 1\right)^2 t_k(t_k + 1) - \left[\left(\frac{a}{2} + 1\right)t_k - (k-1)\right]^2\right\}$$

$$\leqslant \frac{(a+2)^2}{4 a_k} \quad (1.3.54)$$

从上二式,有

$$\sum_{k=1}^{n} \frac{1}{s_k}\left(ak + \frac{a^2}{4}\right) \leqslant \frac{1}{s_1}\left(1 + \frac{a}{2}\right)^2 - \frac{n^2}{s_n} + \frac{1}{4}(a+2)^2 \sum_{k=2}^{n} \frac{1}{a_k}$$

$$= \frac{1}{4}(a+2)^2 \sum_{k=1}^{n} \frac{1}{a_k} - \frac{n^2}{s_n} \quad (1.3.55)$$

当正整数 a 满足 $a \leqslant 2(T-1)$ 时,由于

$$\frac{1}{4}(a+2)^2 \leqslant T^2 \quad (1.3.56)$$

这时候,利用不等式(1.3.55)和(1.3.56),有

$$\sum_{k=1}^{n} \frac{1}{s_k}\left(ak + \frac{a^2}{4}\right) \leqslant T^2 \sum_{k=1}^{n} \frac{1}{a_k} - \frac{n^2}{s_n} < T^2 \sum_{k=1}^{n} \frac{1}{a_k} \quad (1.3.57)$$

下面证明,当正整数 $a > 2(T-1)$,即正整数 $a \geqslant 2T-1$ 时,必定存在正实数 $a_1, a_2, \cdots, a_n$,使题目中的不等式不成立.

任意给定 $a_1 > 0$,令

$$a_k = \frac{(a+2)}{2(k-1)}s_{k-1}, \text{这里 } k = 2,3,\cdots,n \tag{1.3.58}$$

于是 $a_2, a_3, \cdots, a_n$ 由 a_1 唯一确定. 这里确定的 a_k 是使

$$\frac{1}{2}(a+2)t_k = k-1 \tag{1.3.59}$$

对于 $k = 2,3,\cdots,n$ 成立.

在现在情况下, 不等式 (1.3.54) 变为等式. 利用公式 (1.3.52) 和等式情况下的 (1.3.54), 有

$$\sum_{k=1}^{n}\frac{1}{s_k}\left(ak + \frac{a^2}{4}\right) = \frac{1}{4}(a+2)^2\sum_{k=1}^{n}\frac{1}{a_k} - \frac{n^2}{s_n}\text{(即不等式 (1.3.55) 变为等式)}$$

$$= \left[\frac{1}{4}(a+2)^2 - 1\right]\sum_{k=1}^{n}\frac{1}{a_k} + \sum_{k=1}^{n}\frac{1}{a_k} - \frac{n^2}{s_n} \tag{1.3.60}$$

利用 1.1 节不等式 (1.1.64), 有

$$s_n\sum_{k=1}^{n}\frac{1}{a_k} \geqslant n^2 \tag{1.3.61}$$

由于正整数 $a \geqslant 2T - 1$, 知道 $a + 2 \geqslant 2T + 1$, 利用公式 (1.3.60), 不等式 (1.3.61) 和上面叙述, 有

$$\sum_{k=1}^{n}\frac{1}{s_k}\left(ak + \frac{a^2}{4}\right) \geqslant \left[\frac{1}{4}(a+2)^2 - 1\right]\sum_{k=1}^{n}\frac{1}{a_k} > T^2\sum_{k=1}^{n}\frac{1}{a_k} \tag{1.3.62}$$

综上所述, 知道满足题目要求的全部正整数 a 是 $1, 2, 3, \cdots, 2(T-1)$.

注: 本题是我编的, 用作 1992 年第 33 届国际数学奥林匹克中国国家队的选拔考试题 (第六题). 我从国外不等式论文集中发现一个题目: 对于任意正实数 $a_1, a_2, \cdots, a_n$, 记 $s_k = a_1 + a_2 + \cdots + a_k (1 \leqslant k \leqslant n)$, 求证:

$$\frac{3}{s_1} + \frac{5}{s_2} + \frac{7}{s_3} + \cdots + \frac{2n+1}{s_n} + \frac{n^2}{s_n} \leqslant 4\left(\frac{1}{a_1} + \frac{1}{a_2} + \cdots + \frac{1}{a_n}\right)$$

将此题加工, 改变为本题.

例 7 设正整数 $n \geqslant 2$, 正整数 $p \geqslant 2$, $x_1, x_2, \cdots, x_n$ 都是正实数. 求证:

$$(n-1)^{p-1}\left(\sum_{k=1}^{n}x_k^p\right)\left(\sum_{k=1}^{n}x_k\right)^p \geqslant 2^p\left(\sum_{1 \leqslant i < j \leqslant n}x_ix_j\right)^p + (n-1)^{p-1}\left(\sum_{k=1}^{n}x_k^{p+1}\right)\left(\sum_{k=1}^{n}x_k\right)^{p-1}$$

证明: 由于不等式两端都是 $2p$ 次的项, 因此, 可设

$$\sum_{k=1}^{n}x_k = 1 \tag{1.3.63}$$

利用上式, 再将题目中的不等式移项, 问题可转化为证明

$$(n-1)^{p-1}\left[\sum_{k=1}^{n}(1-x_k)x_k^p\right] \geqslant \left(2\sum_{1 \leqslant i < j \leqslant n}x_ix_j\right)^p \tag{1.3.64}$$

注意

$$2\sum_{1 \leqslant i < j \leqslant n}x_ix_j = \sum_{i \neq j}x_ix_j \tag{1.3.65}$$

另一方面, 可以看到

$$\sum_{i \neq j}x_ix_j = \sum_{i=1}^{n}x_i\left(\sum_{\substack{j=1 \\ \text{但} j \neq i}}^{n}x_j\right) = \sum_{i=1}^{n}x_i(1-x_i)\text{(利用公式 (1.3.63))} \tag{1.3.66}$$

由于 $f(x) = x^p$ 是一个连续的凸函数, 有加权的 Jensen 不等式 (见 1.1 节例 3 和定理 2), 利用 $1 - x_k > 0$ (利用公式 (1.3.63)) 及 $\sum_{k=1}^{n}(1-x_k) = n-1$, 有

$$\sum_{k=1}^{n}\frac{(1-x_k)f(x_k)}{n-1} \geqslant f\left(\sum_{k=1}^{n}\frac{(1-x_k)x_k}{n-1}\right) \tag{1.3.67}$$

于是, 可以得到

$$\frac{1}{n-1}\sum_{k=1}^{n}(1-x_k)x_k^p \geqslant \Big[\sum_{k=1}^{n}\frac{(1-x_k)x_k}{n-1}\Big]^p \tag{1.3.68}$$

利用上式,有

$$(n-1)^{p-1}\sum_{k=1}^{n}(1-x_k)x_k^p \geqslant \Big[\sum_{k=1}^{n}(1-x_k)x_k\Big]^p$$

$$= \Big(\sum_{i\neq j}x_ix_j\Big)^p (\text{利用公式}(1.3.66)) \tag{1.3.69}$$

利用公式(1.3.65)和上式,知道不等式(1.3.64)成立.本题结论成立.

例 8 已知多项式 $f_n(x) = a_1 x^n + a_2 x^{n-1} + \cdots + a_n x + a_{n+1}$,这里 n 是一个大于等于 2 的正整数,且所有系数 a_j 都是正实数($1 \leqslant j \leqslant n+1$),满足 $\sum_{j=1}^{n+1} a_j = 1$.求证:对于满足 $x_1 x_2 \cdots x_m = 1$ 的任意 m 个正实数 $x_1, x_2, \cdots, x_m$,都有

$$f_n(x_1)f_n(x_2)\cdots f_n(x_m) \geqslant 1$$

这里 m 是一个正整数.

证明: 先不利用 $\sum_{j=1}^{n+1} a_j = 1$ 这一条件.当 $n = 2$ 时,对于任意两个正实数 x, y,有

$$f_2(x)f_2(y) - (f_2(\sqrt{xy}))^2 = (a_1 x^2 + a_2 x + a_3)(a_1 y^2 + a_2 y + a_3) - (a_1 xy + a_2 \sqrt{xy} + a_3)^2$$

$$= [(a_1^2 x^2 y^2 + a_1 a_2 xy^2 + a_1 a_3 y^2) + (a_1 a_2 x^2 y + a_2^2 xy + a_2 a_3 y)$$

$$+ (a_1 a_3 x^2 + a_2 a_3 x + a_3^2)]$$

$$- (a_1^2 x^2 y^2 + a_2^2 xy + a_3^2 + 2a_1 a_2 xy\sqrt{xy} + 2a_1 a_3 xy + 2a_2 a_3 \sqrt{xy})$$

$$= a_1 a_2 xy(\sqrt{x} - \sqrt{y})^2 + a_1 a_3 (x-y)^2 + a_2 a_3 (\sqrt{x} - \sqrt{y})^2$$

$$\geqslant 0 \tag{1.3.70}$$

从上式,有

$$f_2(x)f_2(y) \geqslant (f_2(\sqrt{xy}))^2 \tag{1.3.71}$$

设对某个正整数 $n \geqslant 2$,对于任意正实数 x, y,有

$$f_n(x)f_n(y) \geqslant (f_n(\sqrt{xy}))^2 \tag{1.3.72}$$

这里 $f_n(x)$ 是 x 的任意 n 次正实数系数多项式,考虑 $n+1$ 情况,明显地,可以记

$$f_{n+1}(x) = a_1 x^{n+1} + f_n(x) \tag{1.3.73}$$

这里

$$f_n(x) = a_2 x^n + a_3 x^{n-1} + \cdots + a_{n+1} x + a_{n+2} \tag{1.3.74}$$

公式(1.3.73)和(1.3.74)中所有系数 $a_j (1 \leqslant j \leqslant n+2)$ 都是正实数,利用公式(1.3.73),有

$$\left.\begin{array}{l} f_{n+1}(y) = a_1 y^{n+1} + f_n(y) \\ f_{n+1}(\sqrt{xy}) = a_1(\sqrt{xy})^{n+1} + f_n(\sqrt{xy}) \end{array}\right\} \tag{1.3.75}$$

对于任意正实数 x, y,有

$$f_{n+1}(x)f_{n+1}(y) - (f_{n+1}(\sqrt{xy}))^2$$

$$= [a_1^2(xy)^{n+1} + f_n(x)a_1 y^{n+1} + f_n(y)a_1 x^{n+1} + f_n(x)f_n(y)]$$

$$- [a_1^2(xy)^{n+1} + 2a_1(\sqrt{xy})^{n+1}f_n(\sqrt{xy}) + (f_n(\sqrt{xy}))^2] (\text{利用公式}(1.3.73) \text{ 和}(1.3.75))$$

$$= [f_n(x)f_n(y) - (f_n(\sqrt{xy}))^2] + a_1[x^{n+1}f_n(y) + y^{n+1}f_n(x) - 2(\sqrt{xy})^{n+1}f_n(\sqrt{xy})] \tag{1.3.76}$$

由于 $A_2 \geqslant G_2$,有

$$x^{n+1}f_n(y) + y^{n+1}f_n(x) \geqslant 2\sqrt{x^{n+1}y^{n+1}f_n(x)f_n(y)}$$

$$\geqslant 2(\sqrt{xy})^{n+1}f_n(\sqrt{xy}) \text{(利用归纳法假设(1.3.72))} \quad (1.3.77)$$

利用归纳法假设(1.3.72)和(1.3.77),知道公式(1.3.76)的右端是非负的,从而不等式(1.3.72)对任意大于等于2的正整数 n 成立.

下面证明本例的结论.

当正整数 $m=2^k$ 时,这里 k 是一个正整数,对于 2^k 个正实数 $x_1, x_2, \cdots, x_{2^k}$,满足 $x_1 x_2 \cdots x_{2^k}=1$,有

$$f_n(x_1)f_n(x_2)\cdots f_n(x_{2^k})$$
$$\geqslant [f_n(\sqrt{x_1 x_2})]^2 [f_n(\sqrt{x_3 x_4})]^2 \cdots [f_n(\sqrt{x_{2^k-1} x_{2^k}})]^2 \text{(不断地利用不等式(1.3.72))}$$
$$\geqslant [(f_n(\sqrt[4]{x_1 x_2 x_3 x_4}))^2 \cdots (f_n(\sqrt[4]{x_{2^k-3} x_{2^k-2} x_{2^k-1} x_{2^k}}))^2]^2 \geqslant \cdots$$
$$\geqslant [f_n(\sqrt[2^k]{x_1 x_2 \cdots x_{2^k}})]^{2^k} \text{(不断地利用不等式(1.3.72))}$$
$$=(f_n(1))^{2^k}=1\text{(利用题目条件,知道} f_n(1)=\sum_{j=1}^{n+1}a_j=1\text{)} \quad (1.3.78)$$

因此,当 $m=2^k$ 时,题目结论成立.如果正整数 m 满足 $2^{k-1}<m<2^k$,这里 k 是某个正整数.补充 (2^k-m) 个 1,即考虑 2^k 个正实数 $x_1, x_2, \cdots, x_m, 1, 1, \cdots, 1$(补充 (2^k-m) 个 1).利用不等式(1.3.78),有

$$f_n(x_1)f_n(x_2)\cdots f_n(x_m)(f_n(1))^{2^k-m} \geqslant 1 \quad (1.3.79)$$

这里 $x_1 x_2 \cdots x_m \cdot 1 \cdots 1((2^k-m) \text{个 1 相乘})=x_1 x_2 \cdots x_m=1$,及 $f_n(1)=1$,所以,不等式(1.3.79)成立,并且推出题目结论成立.

例9 正整数 $n \geqslant 3$,$x_1, x_2, \cdots, x_n$ 是 n 个正实数,r, s 是两个正整数.求证:

$$1 < \frac{x_1^{r+s}}{x_1^{r+s}+x_2^r x_3^s} + \frac{x_2^{r+s}}{x_2^{r+s}+x_3^r x_4^s} + \cdots + \frac{x_{n-1}^{r+s}}{x_{n-1}^{r+s}+x_n^r x_1^s} + \frac{x_n^{r+s}}{x_n^{r+s}+x_1^r x_2^s} < n-1$$

证明:记 $x_{n+1}=x_1, x_{n+2}=x_2$,对于 $j=1,2,\cdots,n$,令正实数

$$y_j = \frac{x_{j+1}^r x_{j+2}^s}{x_j^{r+s}} \quad (1.3.80)$$

那么,容易得到

$$y_1 y_2 \cdots y_n = 1 \quad (1.3.81)$$

本题转化为证明

$$1 < \frac{1}{1+y_1} + \frac{1}{1+y_2} + \cdots + \frac{1}{1+y_n} < n-1 \quad (1.3.82)$$

这样,自然容易处理了.

对正整数 n 用数学归纳法.

当 $n=3$ 时,有

$$\frac{1}{1+y_1} + \frac{1}{1+y_2} + \frac{1}{1+y_3}$$
$$= \frac{1}{(1+y_1)(1+y_2)(1+y_3)}[(1+y_2)(1+y_3)+(1+y_1)(1+y_3)+(1+y_1)(1+y_2)]$$
$$\quad (1.3.83)$$

显然,上式右端分子与分母的差,当 $y_1 y_2 y_3 \leqslant 1$ 时,

$$(1+y_2)(1+y_3)+(1+y_1)(1+y_3)+(1+y_1)(1+y_2)-(1+y_1)(1+y_2)(1+y_3)$$
$$=(1+y_2+y_3+y_2 y_3)+(1+y_1+y_3+y_1 y_3)+(1+y_1+y_2+y_1 y_2)$$
$$\quad -(1+y_1+y_2+y_3+y_1 y_2+y_1 y_3+y_2 y_3+y_1 y_2 y_3)$$
$$=2+(y_1+y_2+y_3)-y_1 y_2 y_3 > 0 \quad (1.3.84)$$

利用上二式,有如下结论:当正实数 y_1, y_2, y_3 满足 $y_1 y_2 y_3 \leqslant 1$ 时,

$$\frac{1}{1+y_1} + \frac{1}{1+y_2} + \frac{1}{1+y_3} > 1 \tag{1.3.85}$$

类似地,当正实数 y_1, y_2, y_3 满足 $y_1 y_2 y_3 \geqslant 1$ 时,有

$$(1+y_2)(1+y_3) + (1+y_1)(1+y_3) + (1+y_1)(1+y_2) - 2(1+y_1)(1+y_2)(1+y_3)$$
$$= 1 - (y_1 y_2 + y_2 y_3 + y_3 y_1 + 2 y_1 y_2 y_3) < 0 \tag{1.3.86}$$

利用公式(1.3.83)与上式,当正实数 y_1, y_2, y_3 满足 $y_1 y_2 y_3 \geqslant 1$ 时,有如下结论:

$$\frac{1}{1+y_1} + \frac{1}{1+y_2} + \frac{1}{1+y_3} < 2 \tag{1.3.87}$$

利用归纳法,假设对满足 $y_1 y_2 \cdots y_k \leqslant 1$ 的 k 个正实数 $y_1, y_2, \cdots, y_k$(正整数 $k \geqslant 3$),有

$$\sum_{j=1}^{k} \frac{1}{1+y_j} > 1 \tag{1.3.88}$$

又假设对满足 $y_1 y_2 \cdots y_k \geqslant 1$ 的 k 个正实数 $y_1, y_2, \cdots, y_k$(正整数 $k \geqslant 3$),有

$$\sum_{j=1}^{k} \frac{1}{1+y_j} < k-1 \tag{1.3.89}$$

考虑 $k+1$ 个正实数 $y_1, y_2, \cdots, y_{k+1}$ 的情况.先考虑 $y_1 y_2 \cdots y_{k+1} \geqslant 1$ 的情况.不妨设 $y_1 \geqslant y_2 \geqslant \cdots \geqslant y_k \geqslant y_{k+1}$,则 $y_1 y_2 \cdots y_k \geqslant 1$(如果 $y_{k+1} \geqslant 1$,则所有 $y_j \geqslant 1 (1 \leqslant j \leqslant k)$;如果 $y_{k+1} < 1$,则 $y_1 y_2 \cdots y_k \geqslant \frac{1}{y_{k+1}} > 1$).利用归纳法假设(1.3.89),有

$$\sum_{j=1}^{k+1} \frac{1}{1+y_j} = \sum_{j=1}^{k} \frac{1}{1+y_j} + \frac{1}{1+y_{k+1}} < (k-1)+1 = k \tag{1.3.90}$$

于是,利用数学归纳法,我们得到如下结论:正整数 $n \geqslant 3$,n 个正实数 $y_1, y_2, \cdots, y_n$ 如果满足条件 $y_1 y_2 \cdots y_n \geqslant 1$,则

$$\sum_{j=1}^{n} \frac{1}{1+y_j} < n-1 \tag{1.3.91}$$

又考虑 $k+1$ 个正实数 $y_1, y_2, \cdots, y_{k+1}$,满足条件 $y_1 y_2 \cdots y_{k+1} \leqslant 1$,不妨设 $y_1 \leqslant y_2 \leqslant \cdots \leqslant y_k \leqslant y_{k+1}$.首先有 $y_1 y_2 \cdots y_k \leqslant 1$(如果 $y_{k+1} \leqslant 1$,则所有 $y_j \leqslant 1 (1 \leqslant j \leqslant k)$,如果 $y_{k+1} > 1$,则 $y_1 y_2 \cdots y_n \leqslant \frac{1}{y_{k+1}} < 1$).利用归纳法假设(1.3.88),有

$$\sum_{j=1}^{k+1} \frac{1}{1+y_j} = \sum_{j=1}^{k} \frac{1}{1+y_j} + \frac{1}{1+y_{k+1}} > 1 \tag{1.3.92}$$

例10 设 a 是一个正实数,且 $a > \frac{1}{3n}$,$x_1, x_2, \cdots, x_n$ 是 n 个正实数,满足 $\sum_{k=1}^{n} x_k^2 = 1$.求证:

$$a \sum_{k=1}^{n} \frac{1}{x_k} - \sum_{k=1}^{n} x_k \geqslant (an-1)\sqrt{n}$$

证明: 取正实数 u,先证明下述不等式

$$\frac{a}{u} - u \geqslant \frac{1}{2n}(3an-1)\sqrt{n} - \frac{1}{2}(an+1)\sqrt{n} u^2 \tag{1.3.93}$$

上式两端同乘以正实数 u,再移项,即等价于下述不等式

$$\frac{1}{2}(an+1)\sqrt{n} u^3 - u^2 - \frac{1}{2n}(3an-1)\sqrt{n} u + a \geqslant 0 \tag{1.3.94}$$

为书写简洁,记

$$c = \frac{1}{2n}(3an-1)\sqrt{n}, \quad d = \frac{1}{2}(an+1)\sqrt{n} \tag{1.3.95}$$

又令
$$\left.\begin{array}{l}x = \dfrac{1}{3d}(1 + \sqrt{1+3cd}) \\ y = \dfrac{1}{3d}(2\sqrt{1+3cd} - 1)\end{array}\right\} \quad (1.3.96)$$

c, d, x, y 都是正实数,实际上不等式(1.3.93)表示要求出正实数 c, d,恰如公式(1.3.95)所示,满足

$$\dfrac{a}{u} - u \geqslant c - du^2 \quad (1.3.97)$$

明显地,有

$$\begin{aligned} 0 &\leqslant d(u-x)^2(u+y) \\ &= du^3 + d(y-2x)u^2 + d(x^2-2xy)u + dx^2 y \end{aligned} \quad (1.3.98)$$

利用公式(1.3.95)和(1.3.96),有

$$du^3 = \dfrac{1}{2}(an+1)\sqrt{n}u^3, \quad d(y-2x)u^2 = -u^2,$$

$$\begin{aligned} d(x^2-2xy)u &= d\left[\dfrac{1}{9d^2}(2+3cd+2\sqrt{1+3cd}) - \dfrac{2}{9d^2}(1+\sqrt{1+3cd})(2\sqrt{1+3cd}-1)\right]u \\ &= \dfrac{1}{9d}[(2+3cd+2\sqrt{1+3cd}) - 2(\sqrt{1+3cd}+(1+6cd))] = -cu \end{aligned} \quad (1.3.99)$$

另外,又可以看到

$$1 + 3cd = 1 + \dfrac{3}{4}(3an-1)(an+1) = \dfrac{1}{4}(3an+1)^2 \quad (1.3.100)$$

$$\begin{aligned} dx^2 y &= \dfrac{1}{27d^2}(2+3cd+2\sqrt{1+3cd})(2\sqrt{1+3cd}-1) \\ &= \dfrac{1}{27d^2}[2(1+3cd)\sqrt{1+3cd} + (2+9cd)] \\ &= \dfrac{1}{27d^2}\left[\dfrac{1}{4}(3an+1)^3 + \dfrac{3}{4}(3an+1)^2 - 1\right](\text{利用公式}(1.3.100)) \\ &= \dfrac{1}{27d^2}\left[\dfrac{1}{4}(27a^3n^3 + 27a^2n^2 + 9an + 1) + \dfrac{3}{4}(9a^2n^2+6an+1) - 1\right] \\ &= \dfrac{1}{4d^2}an(an+1)^2 = a(\text{利用公式}(1.3.95)\text{的第二式}) \end{aligned} \quad (1.3.101)$$

利用公式(1.3.95),(1.3.98),(1.3.99)和(1.3.101),再对照(1.3.94)的左端,(1.3.98)的右端恰是(1.3.94)的左端.因而不等式(1.3.97)成立.在这不等式中,令 $u = x_k$,有

$$\dfrac{a}{x_k} - x_k \geqslant c - dx_k^2 \quad (1.3.102)$$

上式关于 k 从 1 到 n 求和,有

$$\begin{aligned} a\sum_{k=1}^{n}\dfrac{1}{x_k} - \sum_{k=1}^{n}x_k &\geqslant cn - d(\text{利用题目条件}) \\ &= (an-1)\sqrt{n}(\text{利用公式}(1.3.95)) \end{aligned} \quad (1.3.103)$$

题目结论成立.

例 11 设正整数 $n \geqslant 2$, $x_1, x_2, \cdots, x_n$ 是 n 个皆大于 1 的正实数.记 $x_{n+1} = x_1$,求证:

$$\dfrac{1}{n}\sum_{k=1}^{n}(\log_{x_k}x_{k+1} + \log_{x_{k+1}}x_k)$$

$$\leqslant \{[1+(\log_{x_1}x_2)^n][1+(\log_{x_2}x_3)^n]\cdots[1+(\log_{x_{n-1}}x_n)^n][1+(\log_{x_n}x_1)^n]\}^{\frac{1}{n}}$$

证明: 设 $a_1, a_2, \cdots, a_n$ 是 n 个正实数, 满足
$$a_1 a_2 \cdots a_n = 1 \tag{1.3.104}$$

下面证明:
$$\frac{1}{n}\left(\sum_{k=1}^{n} a_k + \sum_{k=1}^{n} \frac{1}{a_k}\right) \leqslant \left[(1+a_1^n)(1+a_2^n)\cdots(1+a_n^n)\right]^{\frac{1}{n}} \tag{1.3.105}$$

对于固定的下标 $j \in \{1, 2, \cdots, n\}$, 利用 $A_n \geqslant G_n$, 有
$$\frac{1}{n}\left(\sum_{\substack{k=1 \\ \text{但}k \neq j}}^{n} \frac{a_k^n}{1+a_k^n} + \frac{1}{1+a_j^n}\right) \geqslant \sqrt[n]{\frac{a_1^n a_2^n \cdots a_n^n}{a_j^n(1+a_1^n)(1+a_2^n)\cdots(1+a_n^n)}}$$
$$= \frac{1}{a_j \sqrt[n]{(1+a_1^n)(1+a_2^n)\cdots(1+a_n^n)}} (\text{利用}(1.3.104))$$
$$\tag{1.3.106}$$

类似地, 有
$$\frac{1}{n}\left(\sum_{\substack{k=1 \\ \text{但}k \neq j}}^{n} \frac{1}{1+a_k^n} + \frac{a_j^n}{1+a_j^n}\right) \geqslant \frac{a_j}{\sqrt[n]{(1+a_1^n)(1+a_2^n)\cdots(1+a_n^n)}} \tag{1.3.107}$$

不等式(1.3.106),(1.3.107)的两端都乘以 n, 然后相加, 有
$$\sum_{k=1}^{n} \frac{a_k^n}{1+a_k^n} + \sum_{k=1}^{n} \frac{1}{1+a_k^n} \geqslant n\left(\frac{1}{a_j}+a_j\right) \frac{1}{\sqrt[n]{(1+a_1^n)(1+a_2^n)\cdots(1+a_n^n)}} \tag{1.3.108}$$

显然上式左端等于 n, 利用上式, 有
$$a_j + \frac{1}{a_j} \leqslant \sqrt[n]{(1+a_1^n)(1+a_2^n)\cdots(1+a_n^n)} \tag{1.3.109}$$

令
$$a_k = \log_{x_k} x_{k+1}, \quad k = 1, 2, \cdots, n \tag{1.3.110}$$

这里 $x_{n+1} = x_1$, 由于所有 x_k 皆大于 1, 则所有 a_k 皆为正实数, 而且满足公式(1.3.104), 不等式(1.3.109)两端关于 j 从 1 到 n 求和, 再利用公式(1.3.110), 有
$$\frac{1}{n}\sum_{k=1}^{n}(\log_{x_k} x_{k+1} + \log_{x_{k+1}} x_k)$$
$$\leqslant \{[1+(\log_{x_1} x_2)^n][1+(\log_{x_2} x_3)^n]\cdots[1+(\log_{x_{n-1}} x_n)^n][1+(\log_{x_n} x_1)^n]\}^{\frac{1}{n}}$$
$$\tag{1.3.111}$$

题目结论成立.

例 12 已知正整数 $n \geqslant 2$, a 是一个固定正实数, $x_1, x_2, \cdots, x_n$ 都是正实数, 且满足 $\sum_{k=1}^{n} x_k = a$, 求证:
$$\sum_{k=1}^{n} \frac{1}{\frac{2}{3n}a^2 + x_k^2 + x_{k+1}^2} \leqslant \frac{3n}{4a^2}(2n-3), \text{ 这里 } x_{n+1} = x_1$$

证明: 对于任意正实数 A, 利用 Cauchy 不等式, 有
$$\sum_{k=1}^{n} \frac{x_k^2 + x_{k+1}^2}{A + x_k^2 + x_{k+1}^2} \sum_{k=1}^{n} (A + x_k^2 + x_{k+1}^2) \geqslant \left(\sum_{k=1}^{n} \sqrt{x_k^2 + x_{k+1}^2}\right)^2$$
$$= 2\sum_{k=1}^{n} x_k^2 + 2\sum_{1 \leqslant j < k \leqslant n} \sqrt{x_j^2 + x_{j+1}^2}\sqrt{x_k^2 + x_{k+1}^2}$$
$$\tag{1.3.112}$$

由于
$$(x_j^2 + x_{j+1}^2)(x_k^2 + x_{k+1}^2) - (x_j x_{k+1} + x_{j+1} x_k)^2 = (x_j x_k - x_{j+1} x_{k+1})^2 \geqslant 0 \tag{1.3.113}$$

则
$$\sqrt{(x_j^2+x_{j+1}^2)(x_k^2+x_{k+1}^2)} \geqslant x_j x_{k+1} + x_{j+1} x_k \tag{1.3.114}$$

利用不等式(1.3.112)和(1.3.114),有
$$\sum_{k=1}^{n} \frac{x_k^2 + x_{k+1}^2}{A + x_k^2 + x_{k+1}^2}\left(nA + 2\sum_{k=1}^{n} x_k^2\right) \geqslant 2\sum_{k=1}^{n} x_k^2 + 2\sum_{1 \leqslant j<k \leqslant n}(x_j x_{k+1} + x_{j+1} x_k) \tag{1.3.115}$$

显然,可以看到
$$2\sum_{1\leqslant j<k\leqslant n}(x_j x_{k+1} + x_{j+1} x_k) = 2\sum_{j=1}^{n-1} x_j \sum_{k=j+1}^{n} x_{k+1} + 2\sum_{j=1}^{n-1} x_{j+1} \sum_{k=j+1}^{n} x_k$$
$$\geqslant 2\sum_{j=1}^{n} x_j^2 + 2\sum_{1\leqslant j<k\leqslant n} x_j x_k (\text{注意} x_1^2 \text{在上式右端第一大项中以} x_1 x_{n+1} \text{形式出现}, x_{j+1}^2(1\leqslant j\leqslant n-1)\text{在上式右端第二大项中以} x_{j+1} x_{j+1}(k=j+1)\text{形式出现},\text{并注意} x_{n+1} = x_1)$$
$$= \sum_{j=1}^{n} x_j^2 + \left(\sum_{j=1}^{n} x_j\right)^2 \tag{1.3.116}$$

利用不等式(1.3.115)和(1.3.116),有
$$\sum_{k=1}^{n} \frac{x_k^2 + x_{k+1}^2}{A + x_k^2 + x_{k+1}^2} \geqslant \frac{3\sum_{j=1}^{n} x_j^2 + \left(\sum_{j=1}^{n} x_j\right)^2}{nA + 2\sum_{k=1}^{n} x_k^2} \tag{1.3.117}$$

令
$$A = \frac{2}{3n}a^2 \Rightarrow \frac{n}{2}A = \frac{a^2}{3} \tag{1.3.118}$$

利用公式(1.3.118)及题目条件,有
$$\sum_{k=1}^{n} \frac{x_k^2 + x_{k+1}^2}{\frac{2}{3n}a^2 + x_k^2 + x_{k+1}^2} \geqslant \frac{3}{2} \tag{1.3.119}$$

于是,可以看到
$$\sum_{k=1}^{n} \frac{1}{\frac{2}{3n}a^2 + x_k^2 + x_{k+1}^2} = \sum_{k=1}^{n} \left(1 - \frac{x_k^2 + x_{k+1}^2}{\frac{2}{3n}a^2 + x_k^2 + x_{k+1}^2}\right)\frac{3n}{2a^2}$$
$$= \frac{3n^2}{2a^2} - \frac{3n}{2a^2}\sum_{k=1}^{n} \frac{x_k^2 + x_{k+1}^2}{\frac{2}{3n}a^2 + x_k^2 + x_{k+1}^2}$$
$$\leqslant \frac{3n}{4a^2}(2n-3) \tag{1.3.120}$$

题目结论成立.

例13 正整数 $n \geqslant 2$,已知正整数数列 $\{r_n\}$ 满足 $r_1 = 2, r_n = r_1 r_2 \cdots r_{n-1} + 1$,正整数 $a_1, a_2, \cdots, a_n$ 满足 $\sum_{k=1}^{n} \frac{1}{a_k} < 1$. 求证:
$$\sum_{k=1}^{n} \frac{1}{a_k} \leqslant \sum_{k=1}^{n} \frac{1}{r_k}$$

证明:首先证明
$$\sum_{j=1}^{n} \frac{1}{r_j} = 1 - \frac{1}{r_1 r_2 \cdots r_n} \tag{1.3.121}$$

对 n 用数学归纳法. 当 $n=1$ 时,利用 $r_1 = 2$,有 $\frac{1}{r_1} = 1 - \frac{1}{r_1}$. 公式(1.3.121)对 $n=1$ 成立. 设当 n

$= k$ 时,这里 k 是正整数,有公式(1.3.121),则当 $n = k+1$ 时,利用归纳假设,有

$$\sum_{j=1}^{k+1} \frac{1}{r_j} = 1 - \frac{1}{r_1 r_2 \cdots r_k} + \frac{1}{r_{k+1}} = 1 - \frac{r_{k+1} - r_1 r_2 \cdots r_k}{r_1 r_2 \cdots r_k r_{k+1}}$$

$$= 1 - \frac{1}{r_1 r_2 \cdots r_k r_{k+1}} \text{(利用题目条件)} \tag{1.3.122}$$

因此,公式(1.3.121)对任意正整数 n 成立.

下面对 n 用数学归纳法来证明题目中结论.当 $n=1$ 时,由题目条件 $\frac{1}{a_1} < 1$,则正整数 $a_1 \geqslant 2$,当然有 $\frac{1}{a_1} \leqslant \frac{1}{2} = \frac{1}{r_1}$.设当 $n = 1, 2, \cdots, k$ 时,题目中不等式成立,即设

$$\frac{1}{a_1} \leqslant \frac{1}{r_1}, \quad \frac{1}{a_1} + \frac{1}{a_2} \leqslant \frac{1}{r_1} + \frac{1}{r_2}, \cdots, \sum_{j=1}^{k} \frac{1}{a_j} \leqslant \sum_{j=1}^{k} \frac{1}{r_j} \tag{1.3.123}$$

这里 k 是某个正整数.对于 $n = k+1$,用反证法,如果 $\sum_{j=1}^{k+1} \frac{1}{a_j} < 1$,但是,有

$$\sum_{j=1}^{k+1} \frac{1}{a_j} > \sum_{j=1}^{k+1} \frac{1}{r_j} \tag{1.3.124}$$

这里不妨设正整数序列 $a_1 \leqslant a_2 \leqslant \cdots \leqslant a_{k+1}$.对不等式(1.3.123)中各个不等式依次乘以小于等于零的整数 $a_1 - a_2, a_2 - a_3, \cdots, a_k - a_{k+1}$,不等式(1.3.124)乘以 a_{k+1},然后全部相加,有

$$\frac{1}{a_1}(a_1 - a_2) + \left(\frac{1}{a_1} + \frac{1}{a_2}\right)(a_2 - a_3) + \left(\frac{1}{a_1} + \frac{1}{a_2} + \frac{1}{a_3}\right)(a_3 - a_4) + \cdots$$
$$+ \left(\frac{1}{a_1} + \frac{1}{a_2} + \cdots + \frac{1}{a_k}\right)(a_k - a_{k+1}) + \left(\frac{1}{a_1} + \frac{1}{a_2} + \cdots + \frac{1}{a_{k+1}}\right) a_{k+1}$$
$$> \frac{1}{r_1}(a_1 - a_2) + \left(\frac{1}{r_1} + \frac{1}{r_2}\right)(a_2 - a_3) + \left(\frac{1}{r_1} + \frac{1}{r_2} + \frac{1}{r_3}\right)(a_3 - a_4) + \cdots$$
$$+ \left(\frac{1}{r_1} + \frac{1}{r_2} + \cdots + \frac{1}{r_k}\right)(a_k - a_{k+1}) + \left(\frac{1}{r_1} + \frac{1}{r_2} + \cdots + \frac{1}{r_{k+1}}\right) a_{k+1} \tag{1.3.125}$$

不等式(1.3.125)的左端

$$= \left(1 - \frac{a_2}{a_1}\right) + \left(\frac{a_2}{a_1} + 1 - \frac{a_3}{a_1} - \frac{a_3}{a_2}\right) + \left(\frac{a_3}{a_1} + \frac{a_3}{a_2} + 1 - \frac{a_4}{a_1} - \frac{a_4}{a_2} - \frac{a_4}{a_3}\right) + \cdots$$
$$+ \left(\frac{a_k}{a_1} + \frac{a_k}{a_2} + \cdots + \frac{a_k}{a_{k-1}} + 1 - \frac{a_{k+1}}{a_1} - \frac{a_{k+1}}{a_2} - \cdots - \frac{a_{k+1}}{a_k}\right) + \left(\frac{a_{k+1}}{a_1} + \frac{a_{k+1}}{a_2} + \cdots + \frac{a_{k+1}}{a_k} + 1\right)$$
$$= k+1 \tag{1.3.126}$$

不等式(1.3.125)的右端

$$= \left(\frac{a_1}{r_1} - \frac{a_2}{r_1}\right) + \left(\frac{a_2}{r_1} + \frac{a_2}{r_2} - \frac{a_3}{r_1} - \frac{a_3}{r_2}\right) + \left(\frac{a_3}{r_1} + \frac{a_3}{r_2} + \frac{a_3}{r_3} - \frac{a_4}{r_1} - \frac{a_4}{r_2} - \frac{a_4}{r_3}\right)$$
$$+ \left(\frac{a_4}{r_1} + \frac{a_4}{r_2} + \frac{a_4}{r_3} + \frac{a_4}{r_4} - \frac{a_5}{r_1} - \frac{a_5}{r_2} - \frac{a_5}{r_3} - \frac{a_5}{r_4}\right) + \cdots$$
$$+ \left(\frac{a_k}{r_1} + \frac{a_k}{r_2} + \cdots + \frac{a_k}{r_k} - \frac{a_{k+1}}{r_1} - \frac{a_{k+1}}{r_2} - \cdots - \frac{a_{k+1}}{r_k}\right) + \left(\frac{1}{r_1} + \frac{1}{r_2} + \cdots + \frac{1}{r_{k+1}}\right) a_{k+1}$$
$$= \sum_{j=1}^{k+1} \frac{a_j}{r_j} \tag{1.3.127}$$

从而有

$$\sum_{j=1}^{k+1} \frac{a_j}{r_j} < k+1 \tag{1.3.128}$$

利用 $G_{k+1} \leqslant A_{k+1}$,有

$$\sqrt[k+1]{\frac{a_1}{r_1}\frac{a_2}{r_2}\cdots\frac{a_{k+1}}{r_{k+1}}} \leqslant \frac{1}{k+1}\sum_{j=1}^{k+1}\frac{a_j}{r_j} < 1(这里利用不等式(1.3.128)) \qquad (1.3.129)$$

利用上式,有
$$a_1 a_2 \cdots a_{k+1} < r_1 r_2 \cdots r_{k+1} \qquad (1.3.130)$$

由于条件 $\sum_{j=1}^{k+1}\frac{1}{a_j} < 1$,则
$$a_1 a_2 \cdots a_{k+1}\left(\sum_{j=1}^{k+1}\frac{1}{a_j}\right) < a_1 a_2 \cdots a_{k+1} \qquad (1.3.131)$$

由于上式左、右两端皆是正整数,有
$$a_1 a_2 \cdots a_{k+1}\left(\sum_{j=1}^{k+1}\frac{1}{a_j}\right) \leqslant a_1 a_2 \cdots a_{k+1} - 1 \qquad (1.3.132)$$

利用上式,有
$$\sum_{j=1}^{k+1}\frac{1}{a_j} \leqslant 1 - \frac{1}{a_1 a_2 \cdots a_{k+1}} \qquad (1.3.133)$$

利用不等式(1.3.130)和(1.3.133),有
$$\sum_{j=1}^{k+1}\frac{1}{a_j} < 1 - \frac{1}{r_1 r_2 \cdots r_{k+1}} = \sum_{j=1}^{k+1}\frac{1}{r_j} \qquad (1.3.134)$$

不等式(1.3.124)与(1.3.134)是一对矛盾.

例14 设正整数 $n \geqslant 3$, $x_1, x_2, \cdots, x_n$ 全是正实数. 求证:
$$\sum_{k=1}^{n}\left(\frac{x_k}{x_{k+1}}\right)^{n-2} \geqslant \frac{\sum_{k=1}^{n} x_k}{\sqrt[n]{x_1 x_2 \cdots x_n}}, 这里 x_{n+1} = x_1$$

证明: 记
$$N = \frac{1}{2}(n-3)n + \sum_{k=1}^{n-1}k = \frac{1}{2}(n-3)n + \frac{1}{2}(n-1)n = n(n-2) \qquad (1.3.135)$$

对于下述 N 个正实数 $1, 1, \cdots, 1$(有 $\frac{1}{2}(n-3)n$ 个 1),$\left(\frac{x_1}{x_2}\right)^{n-2}, \cdots, \left(\frac{x_1}{x_2}\right)^{n-2}$($n-1$ 个 $\left(\frac{x_1}{x_2}\right)^{n-2}$),$\left(\frac{x_2}{x_3}\right)^{n-2}, \cdots, \left(\frac{x_2}{x_3}\right)^{n-2}$($n-2$ 个 $\left(\frac{x_2}{x_3}\right)^{n-2}$),$\cdots$,$\left(\frac{x_{n-2}}{x_{n-1}}\right)^2, \left(\frac{x_{n-2}}{x_{n-1}}\right)^2$($2$ 个 $\left(\frac{x_{n-2}}{x_{n-1}}\right)^{n-2}$),$\left(\frac{x_{n-1}}{x_n}\right)^{n-2}$($1$ 个 $\left(\frac{x_{n-1}}{x_n}\right)^{n-2}$). 利用上述这 N 个正实数的算术平均值大于等于其几何平均值,有

$$\frac{1}{2}(n-3)n + \sum_{k=1}^{n-1}(n-k)\left(\frac{x_k}{x_{k+1}}\right)^{n-2}$$
$$\geqslant N\sqrt[N]{\left(\frac{x_1}{x_2}\right)^{(n-2)(n-1)}\left(\frac{x_2}{x_3}\right)^{(n-2)2}\cdots\left(\frac{x_{n-2}}{x_{n-1}}\right)^{2(n-2)}\left(\frac{x_{n-1}}{x_n}\right)^{n-2}}$$
$$= N\sqrt[N]{\frac{x_1^{(n-2)(n-1)}}{(x_2 x_3 \cdots x_n)^{n-2}}}$$
$$= N\frac{x_1}{\sqrt[n]{x_1 x_2 \cdots x_n}}(上式根号内分子与分母同乘以 x_1^{n-2},再利用(1.3.135)) \qquad (1.3.136)$$

记
$$x_{n+l} = x_l, 这里 l \in \{1, 2, \cdots, n-1\} \qquad (1.3.137)$$

完全类似(1.3.136),有
$$\frac{1}{2}(n-3)n + \sum_{k=1}^{n-1}(n-k)\left(\frac{x_{k+l}}{x_{k+l+1}}\right)^{n-2} \geqslant N\frac{x_{1+l}}{\sqrt[n]{x_1 x_2 \cdots x_n}}, 这里 l \in \{1, 2, \cdots, n-1\}$$
$$(1.3.138)$$

将不等式(1.3.136)和(1.3.138)(有 $n-1$ 个这样的不等式)全部相加,有

$$\frac{1}{2}(n-3)n^2 + \frac{1}{2}(n-1)n\sum_{k=1}^{n}\left(\frac{x_k}{x_{k+1}}\right)^{n-2} \geq N\frac{\sum_{l=1}^{n}x_l}{\sqrt[n]{x_1 x_2 \cdots x_n}} \tag{1.3.139}$$

例如对于固定下标 $k \in \{1, 2, \cdots, n\}$,不等式(1.3.136)的左端第二大项中一共有 $n-k$ 个 $\left(\frac{x_k}{x_{k+1}}\right)^{n-2}$. 每个不等式(1.3.138)(一共 $n-1$ 个这样的不等式)分别有一个 $\left(\frac{x_k}{x_{k+1}}\right)^{n-2}$,两个 $\left(\frac{x_k}{x_{k+1}}\right)^{n-2}$,$\cdots$,$(n-k-1)$ 个 $\left(\frac{x_k}{x_{k+1}}\right)^{n-2}$,$(n-k+1)$ 个 $\left(\frac{x_k}{x_{k+1}}\right)^{n-2}$,$\cdots$,$(n-1)$ 个 $\left(\frac{x_k}{x_{k+1}}\right)^{n-2}$. 因此,相加后的 $\left(\frac{x_k}{x_{k+1}}\right)^{n-2}$ 的系数是

$$\sum_{k=1}^{n-1}(n-k) = \frac{1}{2}(n-1)n \tag{1.3.140}$$

因此,有不等式(1.3.139).

又由于

$$\frac{N\sum_{l=1}^{n}x_l}{\sqrt[n]{x_1 x_2 \cdots x_n}} = \frac{1}{2}(n-3)n\frac{\sum_{l=1}^{n}x_l}{\sqrt[n]{x_1 x_2 \cdots x_n}} + \frac{1}{2}n(n-1)\frac{\sum_{l=1}^{n}x_l}{\sqrt[n]{x_1 x_2 \cdots x_n}} (利用公式(1.3.135))$$

$$\geq \frac{1}{2}(n-3)n^2 + \frac{1}{2}n(n-1)\frac{\sum_{l=1}^{n}x_l}{\sqrt[n]{x_1 x_2 \cdots x_n}} (利用不等式 \sum_{l=1}^{n}x_l \geq n\sqrt[n]{x_1 x_2 \cdots x_n})$$

$$\tag{1.3.141}$$

利用上式及不等式(1.3.139),知道题目中的不等式成立.

例 15 (1) 设 n 和 r 都是正整数,求证:

$$\left\{\frac{1}{2^n}\sum_{k=1}^{n}\frac{1}{k}C_{n-1}^{k-1}\left[1 - \frac{1}{2^{nr}}(C_n^k)^r\right]\right\}^r \leq \frac{r^r}{(r+1)^{r+1}}$$

(2) 设 n 是正整数,求证:

$$\frac{1}{2^{n-1}}\sum_{k=0}^{n}\sqrt{k}C_{2n}^k \leq \sqrt{n(2^{2n}+C_{2n}^n)}$$

证明: (1) 题目两端开 r 次方,问题等价于证明:

$$\frac{1}{2^n}\sum_{k=1}^{n}\frac{1}{k}C_{n-1}^{k-1}\left[1 - \frac{1}{2^{nr}}(C_n^k)^r\right] \leq \frac{r}{r+1}\frac{1}{(r+1)^{\frac{1}{r}}} \tag{1.3.142}$$

用 L 表示上式的左端. 利用 $C_n^k = \frac{n}{k}C_{n-1}^{k-1}$,这里 $k \in \{1, 2, \cdots, n\}$. 可以看到

$$L = \frac{1}{2^n}\sum_{k=1}^{n}\frac{1}{n}C_n^k\left[1 - \frac{1}{2^{nr}}(C_n^k)^r\right] = \frac{1}{n}\sum_{k=1}^{n}\frac{1}{2^n}C_n^k\left[1 - \left(\frac{1}{2^n}C_n^k\right)^r\right] \tag{1.3.143}$$

利用 $\sum_{k=0}^{n}C_n^k = 2^n$(利用 $2^n = (1+1)^n$,再二项式展开),有 $\frac{1}{2^n}C_n^k \in (0, 1)$. 利用公式(1.3.143),可以知道 L 是一个正实数. 因此,不等式(1.3.142)的确与原题等价.

令

$$f(x) = x(1 - x^r),这里 x \in [0, 1] \tag{1.3.144}$$

取待定正实数 A,利用上式,有

$$A(f(x))^r = Ax^r(1-x^r)(1-x^r)\cdots(1-x^r)\,(r\,\text{个}\,(1-x^r)\,\text{相乘})$$

$$\leq \left[\frac{1}{r+1}(Ax^r + r(1-x^r))\right]^{r+1}(利用 G_{r+1} \leq A_{r+1}) \tag{1.3.145}$$

令
$$A = r \tag{1.3.146}$$
利用上二式，有
$$(f(x))^r \leqslant \frac{r^r}{(r+1)^{r+1}}, \quad f(x) \leqslant \frac{r}{(r+1)^{1+\frac{1}{r}}} \tag{1.3.147}$$
换句话讲，函数 $f(x)$ 在 $rx^r = 1 - x^r$ 时，达到最大值. 这时
$$x^r = \frac{1}{r+1}, \quad x = \frac{1}{(r+1)^{\frac{1}{r}}} \tag{1.3.148}$$
令
$$\bar{x}_k = \frac{1}{2^n} C_n^k \tag{1.3.149}$$
代上式入公式(1.3.143)，有
$$L = \frac{1}{n} \sum_{k=1}^{n} \bar{x}_k (1 - \bar{x}_k^r) = \frac{1}{n} \sum_{k=1}^{n} f(\bar{x}_k) \quad (\text{利用公式}(1.3.144))$$
$$\leqslant \frac{r}{(r+1)^{1+\frac{1}{r}}} \quad (\text{利用不等式}(1.3.147)) \tag{1.3.150}$$
上式就是要证明的不等式(1.3.142).

(2) 利用
$$C_{2n}^k = C_{2n}^{2n-k}, \text{这里 } k \in \{0, 1, 2, \cdots, 2n\} \tag{1.3.151}$$
以及
$$kC_{2n}^k = 2nC_{2n-1}^{k-1}, \text{这里 } k \in \{1, 2, \cdots, 2n\} \tag{1.3.152}$$
可以看到
$$\left(\sum_{k=0}^{n} \sqrt{k} C_{2n}^k \right)^2 = \left[\sum_{k=0}^{n} \sqrt{C_{2n}^k} (\sqrt{k} \sqrt{C_{2n}^k}) \right]^2$$
$$\leqslant \left(\sum_{k=0}^{n} C_{2n}^k \right) \left(\sum_{k=1}^{n} kC_{2n}^k \right) (\text{由 Cauchy 不等式})$$
$$= \frac{1}{2} \left[\sum_{k=0}^{n} (C_{2n}^k + C_{2n}^{2n-k}) \right] \left(2n \sum_{k=1}^{n} C_{2n-1}^{k-1} \right) (\text{利用公式}(1.3.151) \text{ 和}(1.3.152))$$
$$= \frac{1}{2} \left(\sum_{k=0}^{2n} C_{2n}^k + C_{2n}^n \right) \left(2n \sum_{s=0}^{n-1} C_{2n-1}^s \right) (\text{在上式右端第二大项中，令 } s = k - 1)$$
$$= \frac{1}{2} (2^{2n} + C_{2n}^n) \left[n \sum_{s=0}^{n-1} (C_{2n-1}^s + C_{2n-1}^{2n-1-s}) \right] (\text{利用} \sum_{k=0}^{2n} C_{2n}^k = (1+1)^{2n} = 2^{2n})$$
$$= \frac{1}{2} (2^{2n} + C_{2n}^n) n \sum_{s=0}^{2n-1} C_{2n-1}^s = \frac{n}{2} (C_{2n}^n + 2^{2n}) 2^{2n-1}$$
$$= n(C_{2n}^n + 2^{2n}) 2^{2n-2} \tag{1.3.153}$$
上式两端开方，得题目结论.

例 16 设 n, k 是两个正整数，$n \geqslant 2$. $a_1, a_2, \cdots, a_n$ 是正实数，满足 $\sum_{j=1}^{n} a_j^k = 1$. 求证：
$$\sum_{j=1}^{n} a_j + \frac{1}{a_1 a_2 \cdots a_n} \geqslant n^{1-\frac{1}{k}} + n^{\frac{n}{k}}$$
证明：利用 $A_n \geqslant G_n$，及题目条件，有
$$1 = \sum_{j=1}^{n} a_j^k \geqslant n(a_1 a_2 \cdots a_n)^{\frac{k}{n}} \tag{1.3.154}$$

利用上式,有
$$a_1 a_2 \cdots a_n \leqslant \left(\frac{1}{n}\right)^{\frac{n}{k}} < 1 \tag{1.3.155}$$

又一次利用 $A_n \geqslant G_n$,有
$$\sum_{j=1}^n a_j \geqslant n(a_1 a_2 \cdots a_n)^{\frac{1}{n}} \tag{1.3.156}$$

利用上式,有
$$\sum_{j=1}^n a_j + \frac{1}{a_1 a_2 \cdots a_n} \geqslant n(a_1 a_2 \cdots a_n)^{\frac{1}{n}} + \frac{1}{a_1 a_2 \cdots a_n} \tag{1.3.157}$$

记
$$x^* = a_1 a_2 \cdots a_n \tag{1.3.158}$$

利用公式(1.3.155),不等式(1.3.157)和公式(1.3.158),引入辅助函数
$$f(x) = nx^{\frac{1}{n}} + \frac{1}{x}, \text{这里 } x \in (0,1) \tag{1.3.159}$$

利用正整数 $n \geqslant 2$,依二项式展开,有
$$(u+v)^n = u^n + nu^{n-1}v + v^2 f(u,v) \tag{1.3.160}$$

这里 $f(u,v)$ 是 u,v 的一个具整数系数的多项式,对正实数 u,v,令
$$x = u^n, \quad y = nu^{n-1}v \tag{1.3.161}$$

利用公式(1.3.160)和(1.3.161),有
$$[x + y + v^2 f(u,v)]^{\frac{1}{n}} = u + v = x^{\frac{1}{n}} + \frac{1}{n} y x^{\frac{1}{n}-1} \tag{1.3.162}$$

用新的变元 y 代替上式中的 $y + v^2 f(u,v)$,重新书写上式,有
$$(x+y)^{\frac{1}{n}} = x^{\frac{1}{n}} + \frac{1}{n} x^{\frac{1}{n}-1}[y - v^2 f(u,v)] \tag{1.3.163}$$

下面的 u,v 都在开区间 $(0,1)$ 内,利用公式(1.3.161) x 在开区间 $(0,1)$ 内,固定 x,令 $y = \Delta x$,Δx 表示 x 的小增量,即 Δx 很小,但 $\Delta x > 0$. 再利用公式(1.3.161),有
$$v = \frac{\Delta x}{nx^{1-\frac{1}{n}}}, \quad (x+\Delta x)^{\frac{1}{n}} = x^{\frac{1}{n}} + \frac{1}{n} x^{\frac{1}{n}-1} \Delta x + O(\Delta x) \text{(再利用公式(1.3.163))}$$
$$\tag{1.3.164}$$

这里 $O(\Delta x)$ 是 $-\frac{1}{n} x^{\frac{1}{n}-1} v^2 f(u,v)$ 用 $x, \Delta x$ 表示后的形式的缩写,满足 $\lim_{\Delta x \to 0} \frac{O(\Delta x)}{\Delta x} = 0$. 当 $O(\Delta x)$ 忽略不计时,公式(1.3.164)是一个近似计算公式. 利用公式(1.3.159),有
$$f(x) - f(x+\Delta x) = \left(nx^{\frac{1}{n}} + \frac{1}{x}\right) - \left[n(x+\Delta x)^{\frac{1}{n}} + \frac{1}{x+\Delta x}\right]$$
$$= \left(nx^{\frac{1}{n}} + \frac{1}{x}\right) - n\left(x^{\frac{1}{n}} + \frac{1}{n} x^{\frac{1}{n}-1} \Delta x\right) - \frac{1}{x+\Delta x} + O(\Delta x)$$
(利用公式(1.3.164))
$$= \frac{\Delta x}{x(x+\Delta x)} - x^{\frac{1}{n}-1} \Delta x + O(\Delta x)$$
$$= x^{-2} \Delta x \left(\frac{1}{1+\frac{\Delta x}{x}} - x^{1+\frac{1}{n}}\right) + O(\Delta x) \tag{1.3.165}$$

当开区间 $(0,1)$ 内 x 固定时,又当 $\Delta x > 0$,且很小时,由于 $\lim_{\Delta x \to 0} \frac{O(\Delta x)}{\Delta x} = 0$,$O(\Delta x)$ 可以忽略不计,从而公式(1.3.165)的右端是正的. 因此,有

$$f(x) > f(x + \Delta x) \tag{1.3.166}$$

这表明 $f(x)$ 是开区间 $(0,1)$ 内的单调递减函数. 如果读者学习过求导公式,直接对公式(1.3.159)的右端求导,立即有这结论. 公式(1.3.160)至(1.3.166)的推导实际上是用初等的办法来做这件事. 利用公式(1.3.157),(1.3.158)和(1.3.159),有

$$\sum_{i=1}^{n} a_i + \frac{1}{a_1 a_2 \cdots a_n} \geq f(x^*) \geq f\left(\left(\frac{1}{n}\right)^{\frac{n}{k}}\right) (利用不等式(1.3.155), 公式(1.3.158), 以及 f(x) 是单调递减函数)$$
$$= n^{1-\frac{1}{k}} + n^{\frac{n}{k}} (利用公式(1.3.159)) \tag{1.3.167}$$

题目结论成立.

例17 设正整数 $n \geq 2, \alpha$ 是一个大于1的正实数, $x_1, x_2, \cdots, x_n$ 是正实数,满足 $x_1 x_2 \cdots x_n \geq 1$,求证: $\sum_{k=1}^{n} \frac{x_k^\alpha}{x_k^\alpha + x_{k+1} + \cdots + x_{k+n-1}} \geq 1$,这里 $x_{j+n} = x_j, j \in \{1, 2, \cdots, n-1\}$.

证明:记

$$r = \sqrt[n]{x_1 x_2 \cdots x_n} \geq 1 (利用题目条件) \tag{1.3.168}$$

令

$$y_k = \frac{x_k}{r}, \quad k = 1, 2, \cdots, n \tag{1.3.169}$$

$y_1, y_2, \cdots, y_n$ 都是正实数,满足

$$y_1 y_2 \cdots y_n = \frac{x_1 x_2 \cdots x_n}{r^n} = 1 \tag{1.3.170}$$

利用上面叙述,有

$$\frac{x_k^\alpha}{x_k^\alpha + x_{k+1} + \cdots + x_{k+n-1}} = \frac{y_k^\alpha r^\alpha}{y_k^\alpha r^\alpha + y_{k+1} r + \cdots + y_{k+n-1} r}$$
$$\geq \frac{y_k^\alpha}{y_k^\alpha + y_{k+1} + \cdots + y_{k+n-1}} (利用 r \geq 1 及题目条件 \alpha > 1) \tag{1.3.171}$$

如果能证明

$$\sum_{k=1}^{n} \frac{y_k^\alpha}{y_k^\alpha + y_{k+1} + \cdots + y_{k+n-1}} \geq 1 \tag{1.3.172}$$

则题目结论成立.

下面证明:存在一个正实数 $p > 1$,满足

$$\frac{y_k^\alpha}{y_k^\alpha + y_{k+1} + \cdots + y_{k+n-1}} \geq \frac{y_k^p}{y_1^p + y_2^p + \cdots + y_n^p} \tag{1.3.173}$$

如果上式成立,上式两端关于 k 从 1 到 n 求和,不等式(1.3.172)成立. 利用 n 个正实数 $y_k, y_{k+1}, \cdots, y_{k+n-1}$ 恰是 $y_1, y_2, \cdots, y_n$,不等式(1.3.173)等价于证明

$$y_k^\alpha (y_k^p + y_{k+1}^p + \cdots + y_{k+n-1}^p) - y_k^p (y_k^\alpha + y_{k+1} + \cdots + y_{k+n-1}) \geq 0 \tag{1.3.174}$$

上式化简,再除以正实数 y_k^α,即等价于证明

$$y_{k+1}^p + y_{k+2}^p + \cdots + y_{k+n-1}^p \geq y_k^{p-\alpha}(y_{k+1} + y_{k+2} + \cdots + y_{k+n-1}) \tag{1.3.175}$$

利用公式(1.3.170),上式右端恰是 $(y_{k+1} y_{k+2} \cdots y_{k+n-1})^{\alpha - p}(y_{k+1} + y_{k+2} + \cdots + y_{k+n-1})$.

对任意正实数 $p > 1$,利用幂平均不等式,有

$$\left[\frac{1}{n-1}(y_{k+1}^p + y_{k+2}^p + \cdots + y_{k+n-1}^p)\right]^{\frac{1}{p}} \geq \frac{1}{n-1}(y_{k+1} + y_{k+2} + \cdots + y_{k+n-1}) \tag{1.3.176}$$

上式两端 p 次方,有

$$\frac{1}{n-1}(y_{k+1}^p + y_{k+2}^p + \cdots + y_{k+n-1}^p)$$
$$\geqslant \left[\frac{1}{n-1}(y_{k+1} + y_{k+2} + \cdots + y_{k+n-1})\right]^p$$
$$= \frac{1}{n-1}\left[\frac{1}{n-1}(y_{k+1} + y_{k+2} + \cdots + y_{k+n-1})\right]^{p-1}(y_{k+1} + y_{k+2} + \cdots + y_{k+n-1})$$
$$\geqslant \frac{1}{n-1}(y_{k+1}y_{k+2}\cdots y_{k+n-1})^{\frac{p-1}{n-1}}(y_{k+1} + y_{k+2} + \cdots + y_{k+n-1})(\text{利用 } A_{n-1} \geqslant G_{n-1})$$

(1.3.177)

利用上式,有

$$y_{k+1}^p + y_{k+2}^p + \cdots + y_{k+n-1}^p \geqslant (y_{k+1}y_{k+2}\cdots y_{k+n-1})^{\frac{p-1}{n-1}}(y_{k+1} + y_{k+2} + \cdots + y_{k+n-1})$$
$$= y_k^{\frac{1-p}{n-1}}(y_{k+1} + y_{k+2} + \cdots + y_{k+n-1})(\text{利用公式}(1.3.170))$$

(1.3.178)

比较要证明的不等式(1.3.175)和上式,令

$$p - \alpha = \frac{1-p}{n-1}, \quad \text{即令} \quad p = \frac{1}{n}[(n-1)\alpha + 1] \tag{1.3.179}$$

利用题目条件 $\alpha > 1$,知道 $p > 1$.在取了这样的正实数 p 后,不等式(1.3.175)成立.问题解决.

例 18 实数 $c > 1$,实数列 $\{x_n \mid n \in \mathbf{N}^+\}$(这里 $\mathbf{N}^+$ 是由全体正整数组成的集合)满足以下两个条件:

(1) 对所有正整数 n,$x_n > 1$;
(2) 对任意正整数 n,$x_1 + x_2 + \cdots + x_n < cx_{n+1}$.

求证:存在一个正常数 $a > 1$,使得对所有正整数 n,有 $x_n > a^n$.

证明:利用题目条件,有

$$\left.\begin{aligned} x_2 &> \frac{1}{c}x_1 \\ x_3 &> \frac{1}{c}(x_1 + x_2) > \frac{1}{c}\left(1 + \frac{1}{c}\right)x_1 \\ x_4 &> \frac{1}{c}(x_1 + x_2 + x_3) > \frac{1}{c}\left(1 + \frac{1}{c}\right)^2 x_1 \end{aligned}\right\} \tag{1.3.180}$$

我们猜测,对于任意正整数 $n \geqslant 2$,有

$$x_n > \frac{1}{c}\left(1 + \frac{1}{c}\right)^{n-2} x_1 \tag{1.3.181}$$

当 $n = 2, 3, 4$ 时,从不等式(1.3.180)已证明不等式(1.3.181).假设当 $n \leqslant k$ 时(正整数 $k \geqslant 4$),有不等式(1.3.181),考虑 $n = k + 1$ 情况,利用题目条件,有

$$x_{k+1} > \frac{1}{c}(x_1 + x_2 + x_3 + x_4 + \cdots + x_k)$$
$$> \frac{1}{c}\left[1 + \frac{1}{c} + \frac{1}{c}\left(1 + \frac{1}{c}\right) + \frac{1}{c}\left(1 + \frac{1}{c}\right)^2 + \cdots + \frac{1}{c}\left(1 + \frac{1}{c}\right)^{k-2}\right]x_1$$
$$= \frac{1}{c}\left(1 + \frac{1}{c}\right)^{k-1} x_1 \tag{1.3.182}$$

归纳法完成.于是,不等式(1.3.181)成立.当正整数 $n \geqslant 2$ 时,有

$$\frac{1}{c}\left(1+\frac{1}{c}\right)^{n-2}x_1 = \frac{\frac{1}{c}x_1}{\left(1+\frac{1}{c}\right)^2}\left(\frac{1+\frac{1}{c}}{1+\frac{1}{2c}}\right)^n\left(1+\frac{1}{2c}\right)^n \tag{1.3.183}$$

由于 $\dfrac{1+\frac{1}{c}}{1+\frac{1}{2c}} > 1$,则存在正实数 A,满足

$$\frac{1+\frac{1}{c}}{1+\frac{1}{2c}} = 1 + A \tag{1.3.184}$$

利用正整数 $n \geqslant 2$,以及二项式展开,保留前二项,有
$$(1+A)^n > 1 + nA \tag{1.3.185}$$

利用上二式,有

$$\lim_{n\to\infty}\left(\frac{1+\frac{1}{c}}{1+\frac{1}{2c}}\right)^n = \infty \tag{1.3.186}$$

这表明,一定有一个正整数 m,使得

$$\frac{\frac{1}{c}x_1}{\left(1+\frac{1}{c}\right)^2}\left(\frac{1+\frac{1}{c}}{1+\frac{1}{2c}}\right)^m > 1 \tag{1.3.187}$$

利用不等式(1.3.181),(1.3.183)和(1.3.187),可以得到,当正整数 $n \geqslant m$ 时,有
$$x_n > \left(1+\frac{1}{2c}\right)^n \tag{1.3.188}$$

对于有限个大于1的正实数 $x_1, x_2, \cdots, x_{m-1}$,一定有一个正实数 $\lambda > 1$ 存在,λ 可能很接近于1,使得对于 $j = 1, 2, \cdots, m-1$,有
$$x_j > \lambda^j \tag{1.3.189}$$

用 a 表示 λ 与 $1+\dfrac{1}{2c}$ 中较小的一个,当然 $a > 1$.再利用不等式(1.3.188)和(1.3.189),有
$$x_n > a^n \tag{1.3.190}$$

这里 n 是任意正整数.

例19 数列 $a_1, a_2, \cdots, a_n, \cdots$ 是由递推公式 $a_1 = 1, a_{n+1} = \sqrt{a_n^2 + \dfrac{1}{a_n}}$ 所定义,这里 n 是任意正整数.求证:可以找到实数 α,对所有正整数 n,满足 $\dfrac{1}{2} < \dfrac{a_n}{n^\alpha} < 2$.

证明:由于 $n = 1$ 时,$1^\alpha = 1$,再利用题目条件,可以知道不论实数 α 取何值,题目结论成立.利用题目条件,可以知道,对任意正整数 n,a_n 都是正实数.

下面设正整数 $n \geqslant 2$.先分析一下本题.要实数 α 存在,满足题目结论,将这结论(不等式)两端平方后,应当有

$$\frac{1}{4}n^{2\alpha} < a_n^2 < 4n^{2\alpha} \tag{1.3.191}$$

上式两端取倒数,然后开方,有

$$\frac{1}{2n^\alpha} < \frac{1}{a_n} < \frac{2}{n^\alpha} \tag{1.3.192}$$

利用上二式及题目条件,有

$$\left.\begin{array}{l} a_{n+1}^2 < 4n^{2\alpha} + \dfrac{2}{n^\alpha} \\[2mm] a_{n+1}^2 > \dfrac{1}{4}n^{2\alpha} + \dfrac{1}{2n^\alpha} \end{array}\right\} \tag{1.3.193}$$

由于不等式(1.3.191)对任意正整数 $n(n \geq 2)$ 成立,应当有

$$\frac{1}{4}(n+1)^{2\alpha} < a_{n+1}^2 < 4(n+1)^{2\alpha} \tag{1.3.194}$$

对于任意正整数 $n \geq 2$,如果实数 α 满足

$$4n^{2\alpha} + \frac{2}{n^\alpha} \leq 4(n+1)^{2\alpha} \tag{1.3.195}$$

$$\frac{1}{4}n^{2\alpha} + \frac{1}{2n^\alpha} > \frac{1}{4}(n+1)^{2\alpha} \tag{1.3.196}$$

则由不等式(1.3.191)可以推出不等式(1.3.194).利用题目条件,可以得到 $a_2 = \sqrt{2}$.于是,当 $n = 2$ 时,不等式(1.3.191)要成立,必须满足

$$\frac{1}{4}4^\alpha < 2 < 4^{\alpha+1} \tag{1.3.197}$$

因此,如果我们能够找到实数 α,满足不等式(1.3.195),(1.3.196)和(1.3.197),设不等式(1.3.191)成立,由上面分析,能得到不等式(1.3.194),则归纳法完成.取

$$\alpha = \frac{1}{3} \tag{1.3.198}$$

首先,不等式(1.3.197)成立.不等式(1.3.195)和(1.3.196)等价于下述两个不等式:

$$\left.\begin{array}{l} 4n^{3\alpha} + 2 < 4(n+1)^{2\alpha} n^\alpha \\ (n+1)^{2\alpha} n^\alpha < n^{3\alpha} + 2 \end{array}\right\} \tag{1.3.199}$$

利用公式(1.3.198),要证明的不等式等价于下述形式

$$2n + 1 < 2(n+1)^{\frac{2}{3}} n^{\frac{1}{3}} < 2(n+2) \tag{1.3.200}$$

由于

$$\begin{aligned} 8(n+1)^2 n - (2n+1)^3 &= 8(n^2 + 2n + 1)n - (8n^3 + 12n^2 + 6n + 1) \\ &= 4n^2 + 2n - 1 > 0 \end{aligned} \tag{1.3.201}$$

以及

$$(n+2)^3 - (n+1)^2 n > 0 \text{(利用 } n + 2 > n + 1 > n) \tag{1.3.202}$$

因此,不等式(1.3.200)成立.公式(1.3.198)就是所求的一个 α 值.

例20 设正整数 $n \geq 2, a_1, a_2, \cdots, a_n$ 是非负实数且满足 $\sum_{k=1}^n a_k = 1$.求证:

$$n - 1 \leq \sum_{k=1}^n \sqrt{\frac{1 - a_k}{1 + a_k}} \leq n - 2 + \frac{2\sqrt{3}}{3}$$

证明: 明显地,所有 $a_1, a_2, \cdots, a_n$ 都在闭区间 $[0,1]$ 内,于是,有

$$\frac{1}{1 + a_k} \geq 1 - a_k \Rightarrow \frac{1 - a_k}{1 + a_k} \geq (1 - a_k)^2 \tag{1.3.203}$$

上式中第二个不等式两端开方,并且关于 k 从 1 到 n 求和,有

$$\sum_{k=1}^n \sqrt{\frac{1 - a_k}{1 + a_k}} \geq \sum_{k=1}^n (1 - a_k) = n - 1 \text{(利用题目条件)} \tag{1.3.204}$$

下面证明题目中的后一个不等式.首先,要建立两个引理.

引理1 设 x, y 都在闭区间 $[0,1]$ 内,且满足 $x + y = 1$,则

$$\sqrt{\frac{1-x}{1+x}} + \sqrt{\frac{1-y}{1+y}} \leqslant \frac{2}{3}\sqrt{3}$$

引理 1 的证明：

$$\left(\sqrt{\frac{1-x}{1+x}} + \sqrt{\frac{1-y}{1+y}}\right)^2 = \frac{1-x}{1+x} + \frac{1-y}{1+y} + 2\sqrt{\frac{(1-x)(1-y)}{(1+x)(1+y)}} \tag{1.3.205}$$

利用引理条件，可以看到

$$\frac{1-x}{1+x} + \frac{1-y}{1+y} = \frac{1}{(1+x)(1+y)}[(1-x)(1+y) + (1+x)(1-y)]$$

$$= \frac{2(1-xy)}{2+xy} \tag{1.3.206}$$

又可以看到

$$\sqrt{\frac{(1-x)(1-y)}{(1+x)(1+y)}} = \sqrt{\frac{xy}{2+xy}}（利用引理条件） \tag{1.3.207}$$

代公式(1.3.206)和(1.3.207)入(1.3.205)，有

$$\left(\sqrt{\frac{1-x}{1+x}} + \sqrt{\frac{1-y}{1+y}}\right)^2 = \frac{2}{2+xy}[(1-xy) + \sqrt{xy(2+xy)}] \tag{1.3.208}$$

明显地，可以看到

$$\sqrt{xy(2+xy)} = \frac{1}{3}\sqrt{9xy(2+xy)} \leqslant \frac{1}{6}[9xy + (2+xy)]（利用 G_2 \leqslant A_2）$$

$$= \frac{1}{3}(1+5xy) \tag{1.3.209}$$

利用上二式，有

$$\left(\sqrt{\frac{1-x}{1+x}} + \sqrt{\frac{1-y}{1+y}}\right)^2 \leqslant \frac{2}{2+xy}\left[(1-xy) + \frac{1}{3}(1+5xy)\right] = \frac{4}{3} \tag{1.3.210}$$

于是，引理 1 的结论成立．

引理 2 如果 x, y 都是非负实数，满足 $x+y \leqslant \frac{4}{5}$，则

$$\sqrt{\frac{1-x}{1+x}} + \sqrt{\frac{1-y}{1+y}} \leqslant 1 + \sqrt{\frac{1-x-y}{1+x+y}}$$

引理 2 的证明： 如果 x, y 中有一个是零，上式为等式．因此，只须考虑 x, y 都为正实数情况．要证明的不等式两端平方，再移项，等价于要证明

$$2\left(\sqrt{\frac{(1-x)(1-y)}{(1+x)(1+y)}} - \sqrt{\frac{1-x-y}{1+x+y}}\right) \leqslant 1 + \frac{1-x-y}{1+x+y} - \left(\frac{1-x}{1+x} + \frac{1-y}{1+y}\right) \tag{1.3.211}$$

不等式(1.3.211)的右端

$$= \frac{2}{1+x+y} - \frac{2}{(1+x)(1+y)}(1-xy)（利用公式(1.3.206)）$$

$$= \frac{2}{(1+x)(1+y)(1+x+y)}[(1+x)(1+y) - (1+x+y)(1-xy)]$$

$$= \frac{2xy(2+x+y)}{(1+x)(1+y)(1+x+y)} \tag{1.3.212}$$

利用公式(1.3.212)，不等式(1.3.211)等价于要证明

$$2\left(\sqrt{\frac{(1-x)(1-y)}{(1+x)(1+y)}} - \sqrt{\frac{1-x-y}{1+x+y}}\right) \leqslant \frac{2xy(2+x+y)}{(1+x)(1+y)(1+x+y)} \tag{1.3.213}$$

上式两端乘以正实数 $\frac{1}{2}\left(\sqrt{\frac{(1-x)(1-y)}{(1+x)(1+y)}} + \sqrt{\frac{1-x-y}{1+x+y}}\right)$，不等式(1.3.213)等价于要证明

$$\frac{(1-x)(1-y)}{(1+x)(1+y)} - \frac{1-x-y}{1+x+y} \leqslant \frac{xy(2+x+y)}{(1+x)(1+y)(1+x+y)}\left(\sqrt{\frac{(1-x)(1-y)}{(1+x)(1+y)}} + \sqrt{\frac{1-x-y}{1+x+y}}\right) \tag{1.3.214}$$

不等式(1.3.214)的左端

$$= \frac{1}{(1+x)(1+y)(1+x+y)}\left[(1-x)(1-y)(1+x+y) - (1-x-y)(1+x)(1+y)\right] \tag{1.3.215}$$

由于

$$\begin{aligned}(1-x)(1-y)(1+x+y) &- (1-x-y)(1+x)(1+y) \\ &= (1-x-y+xy)(1+x+y) - (1-x-y)(1+x+y+xy) \\ &= xy\left[(1+x+y) - (1-x-y)\right] = 2xy(x+y)\end{aligned} \tag{1.3.216}$$

利用上面二式,不等式(1.3.214)等价于要证明

$$\frac{2(x+y)}{2+x+y} \leqslant \sqrt{\frac{(1-x)(1-y)}{(1+x)(1+y)}} + \sqrt{\frac{1-x-y}{1+x+y}} \tag{1.3.217}$$

利用公式(1.3.216)及引理 2 条件,可以看到

$$(1-x-y+xy)(1+x+y) \geqslant (1-x-y)(1+x+y+xy) \tag{1.3.218}$$

利用上式,可以得到

$$\begin{aligned}\frac{(1-x)(1-y)}{(1+x)(1+y)} &= \frac{1-x-y+xy}{1+x+y+xy} \geqslant \frac{1-x-y}{1+x+y} \\ &= -1 + \frac{2}{1+x+y} \geqslant -1 + \frac{2}{1+\frac{4}{5}}(\text{利用引理条件}) = \frac{1}{9}\end{aligned} \tag{1.3.219}$$

上式两端开方,有

$$\sqrt{\frac{(1-x)(1-y)}{(1+x)(1+y)}} \geqslant \sqrt{\frac{1-x-y}{1+x+y}} \geqslant \frac{1}{3} \tag{1.3.220}$$

利用上式,有

$$\sqrt{\frac{(1-x)(1-y)}{(1+x)(1+y)}} + \sqrt{\frac{1-x-y}{1+x+y}} \geqslant \frac{2}{3} \tag{1.3.221}$$

利用引理 2 条件,有

$$2(2+x+y) - 6(x+y) = 4 - 4(x+y) > 0 \tag{1.3.222}$$

利用上式,有

$$\frac{2}{3} > \frac{2(x+y)}{2+x+y} \tag{1.3.223}$$

利用不等式(1.3.221)和(1.3.223),知道不等式(1.3.217)成立,从而引理 2 的结论成立.

有了上述两个引理,可以来证明题目中的后一个不等式了. 记

$$S_n = \sum_{k=1}^{n} \sqrt{\frac{1-a_k}{1+a_k}} \tag{1.3.224}$$

对 n 用数学归纳法. 当 $n=1$ 时,由题目条件,有 $a_1 = 1$. 再利用上式(1.3.224),有

$$S_1 = 0 < -1 + \frac{2\sqrt{3}}{3} \tag{1.3.225}$$

要证明的不等式当 $n=1$ 时成立. 当 $n=2$ 时,由引理 1,知道要证明的不等式成立. 设对某个正整数 $n \geqslant 3$,有

$$S_{n-1} \leqslant n - 3 + \frac{2\sqrt{3}}{3} \tag{1.3.226}$$

这里
$$S_{n-1} = \sum_{k=1}^{n-1} \sqrt{\frac{1-a_k}{1+a_k}}, \quad \sum_{k=1}^{n-1} a_k = 1 \tag{1.3.227}$$

当然 $a_1, a_2, \cdots, a_{n-1}$ 都是非负实数. 对于和为 1 的 n 个非负实数 $a_1, a_2, \cdots, a_n$, 不失一般性, 设 $a_1 \leqslant a_2 \leqslant \cdots \leqslant a_{n-1} \leqslant a_n$, 记 $a_{n+1} = a_1$. 明显地, 有

$$2 = \sum_{k=1}^{n} (a_k + a_{k+1}) \geqslant n(a_1 + a_2) \tag{1.3.228}$$

从上式, 有

$$a_1 + a_2 \leqslant \frac{2}{n} \leqslant \frac{2}{3}(由于 n \geqslant 3) < \frac{4}{5} \tag{1.3.229}$$

又知道

$$(a_1 + a_2) + \sum_{k=3}^{n} a_k = 1 \tag{1.3.230}$$

利用公式(1.3.224), 有

$$S_n = \sum_{k=3}^{n} \sqrt{\frac{1-a_k}{1+a_k}} + \left(\sqrt{\frac{1-a_1}{1+a_1}} + \sqrt{\frac{1-a_2}{1+a_2}}\right)$$

$$\leqslant \sum_{k=3}^{n} \sqrt{\frac{1-a_k}{1+a_k}} + \left(1 + \sqrt{\frac{1-(a_1+a_2)}{1+(a_1+a_2)}}\right)(利用不等式(1.3.229) 和引理 2)$$

$$\leqslant 1 + \left[(n-3) + \frac{2\sqrt{3}}{3}\right](将 a_1 + a_2 视为一个非负实数. 利用公式(1.3.230) 及归纳假设不等式(1.3.226))$$

$$= n - 2 + \frac{2\sqrt{3}}{3} \tag{1.3.231}$$

题目结论成立.

注: 题目的两个不等式都有可能成为等式. 设 $a_n = 1$, 其余 $a_k(1 \leqslant k \leqslant n-1)$ 皆为零, 左端不等式为等式. 设 $a_{n-1} = a_n = \frac{1}{2}$, 其余 $a_k(1 \leqslant k \leqslant n-2)$ 皆为零, 右端不等式为等式.

例 21 设 m 是一个正整数, $a, a_1, a_2, \cdots, a_m$ 都是正实数.

(1) 求证:

$$\frac{\sqrt[m]{(a+a_1)(a+a_2)\cdots(a+a_m)}}{ma + a_1 + a_2 + \cdots + a_m} \geqslant \frac{\sqrt[m]{a_1 a_2 \cdots a_m}}{a_1 + a_2 + \cdots + a_m}$$

(2) 记 $A = \sum_{k=1}^{m} a_k$, 求证:

$$(a + A - a_1)(a + A - a_2)\cdots(a + A - a_m)$$
$$\geqslant [a + (m-1)a_1][a + (m-1)a_2]\cdots[a + (m-1)a_m]$$

(3) 设正整数 $n \geqslant 3, a_1, a_2, \cdots, a_n$ 是正实数, 记 $S = \sum_{k=1}^{n} a_k, b_k = S - a_k, S^* = \sum_{k=1}^{n} b_k$. 求证:

$$\frac{a_1 a_2 \cdots a_n}{(S-a_1)(S-a_2)\cdots(S-a_n)} \leqslant \frac{b_1 b_2 \cdots b_n}{(S^*-b_1)(S^*-b_2)\cdots(S^*-b_n)}$$

证明: (1) 考虑函数

$$f(x) = -\lg \frac{x}{a+x}, 这里 x \in (0, \infty) \tag{1.3.232}$$

对于 $(0, \infty)$ 内任意两个正实数 x, y, 可以看到

$$\frac{1}{2}[f(x)+f(y)]-f\left(\frac{1}{2}(x+y)\right)=\lg\frac{x+y}{2a+x+y}-\lg\sqrt{\frac{xy}{(a+x)(a+y)}}$$
(1.3.233)

由于
$$\frac{(x+y)^2}{(2a+x+y)^2}-\frac{xy}{(a+x)(a+y)}$$
$$=\frac{1}{(a+x)(a+y)(2a+x+y)^2}[(x+y)^2(a+x)(a+y)-xy(2a+x+y)^2]$$
(1.3.234)

直接计算,可以得到
$$(x+y)^2(a+x)(a+y)-xy(2a+x+y)^2$$
$$=(x^2+2xy+y^2)[a^2+a(x+y)+xy]-xy(4a^2+x^2+y^2+4ax+4ay+2xy)$$
$$=[a^2x^2+a(x+y)x^2+x^3y]+2xy[a^2+a(x+y)+xy]+[a^2y^2+a(x+y)y^2+xy^3]$$
$$-xy(4a^2+x^2+y^2+4ax+4ay+2xy)$$
$$=a(x-y)^2[(x+y)+a]\geqslant 0$$
(1.3.235)

上式等号成立当且仅当 $x=y$. 于是 $f(x)$ 是 $(0,\infty)$ 内一个凸函数. 有相应的 Jensen 不等式,即对于 m 个正实数 $a_1,a_2,\cdots,a_m$,有

$$\frac{1}{m}\sum_{k=1}^{m}\lg\frac{a_k}{a+a_k}\leqslant\lg\frac{\frac{1}{m}\sum_{k=1}^{m}a_k}{a+\frac{1}{m}\sum_{k=1}^{m}a_k}$$
(1.3.236)

从上式,有

$$\frac{\sqrt[m]{a_1a_2\cdots a_m}}{\sqrt[m]{(a+a_1)(a+a_2)\cdots(a+a_m)}}\leqslant\frac{\sum_{k=1}^{m}a_k}{ma+\sum_{k=1}^{m}a_k}$$
(1.3.237)

从上式立即有题目(1)的结论.

(2) 利用 $A_{m-1}\geqslant G_{m-1}$,有
$$\sqrt[m-1]{[a+(m-1)a_2][a+(m-1)a_3]\cdots[a+(m-1)a_m]}$$
$$\leqslant\frac{1}{m-1}[(m-1)a+(m-1)(A-a_1)]\text{(利用题目条件)}$$
$$=a+A-a_1$$
(1.3.238)

上式两端 $m-1$ 次方,有
$$(a+A-a_1)^{m-1}\geqslant[a+(m-1)a_2][a+(m-1)a_3]\cdots[a+(m-1)a_m] \quad (1.3.239)$$

类似上式,还应当有
$$(a+A-a_2)^{m-1}\geqslant[a+(m-1)a_1][a+(m-1)a_3]\cdots[a+(m-1)a_m]$$
……
$$(a+A-a_m)^{m-1}\geqslant[a+(m-1)a_1][a+(m-1)a_2]\cdots[a+(m-1)a_{m-1}]$$
(1.3.240)

不等式(1.3.239)和(1.3.240)的全部 m 个不等式相乘,有
$$[(a+A-a_1)(a+A-a_2)\cdots(a+A-a_m)]^{m-1}$$
$$\geqslant\{[a+(m-1)a_1][a+(m-1)a_2]\cdots[a+(m-1)a_m]\}^{m-1} \quad (1.3.241)$$

上式两端开 $m-1$ 次方,得题目(2)的结论.

(3) 利用题目条件,可以看到

$$\frac{[(S-a_1)(S-a_2)\cdots(S-a_{n-1})]^{\frac{1}{n-1}}}{S^*-b_n} = \frac{[(S-a_1)(S-a_2)\cdots(S-a_{n-1})]^{\frac{1}{n-1}}}{b_1+b_2+\cdots+b_{n-1}}$$

$$= \frac{[(S-a_1)(S-a_2)\cdots(S-a_{n-1})]^{\frac{1}{n-1}}}{(n-1)S-\sum_{k=1}^{n-1}a_k}$$

$$= \frac{[(S-a_1)(S-a_2)\cdots(S-a_{n-1})]^{\frac{1}{n-1}}}{(n-1)a_n+(n-2)\sum_{k=1}^{n-1}a_k} \quad (1.3.242)$$

在题目(2)的结论中,令

$$a = a_n, \quad m = n-1, \quad A = \sum_{k=1}^{n-1} a_k \quad (1.3.243)$$

于是,有

$$a + A - a_k = S - a_k \quad (1.3.244)$$

这里 $k=1,2,\cdots,n-1$.

利用题目(2)的结论,有

$$(S-a_1)(S-a_2)\cdots(S-a_{n-1}) \geqslant [a_n+(n-2)a_1][a_n+(n-2)a_2]\cdots[a_n+(n-2)a_{n-1}] \quad (1.3.245)$$

利用公式(1.3.242)和上式,有

$$\frac{[(S-a_1)(S-a_2)\cdots(S-a_{n-1})]^{\frac{1}{n-1}}}{S^*-b_n}$$

$$\geqslant \frac{\{[a_n+(n-2)a_1][a_n+(n-2)a_2]\cdots[a_n+(n-2)a_{n-1}]\}^{\frac{1}{n-1}}}{(n-1)a_n+(n-2)\sum_{k=1}^{n-1}a_k} \quad (1.3.246)$$

在题目(1)的结论中,令 $m=n-1, a=a_n$,题目(1)中 $a_1,a_2,\cdots,a_{n-1}$ 依次用 $(n-2)a_1, (n-2)a_2,\cdots,(n-2)a_{n-1}$ 代替,有

$$\frac{\{[a_n+(n-2)a_1][a_n+(n-2)a_2]\cdots[a_n+(n-2)a_{n-1}]\}^{\frac{1}{n-1}}}{(n-1)a_n+(n-2)\sum_{k=1}^{n-1}a_k} \geqslant \frac{\sqrt[n-1]{a_1 a_2 \cdots a_{n-1}}}{\sum_{k=1}^{n-1} a_k}$$

$$(1.3.247)$$

利用不等式(1.3.246)和(1.3.247),有

$$\frac{[(S-a_1)(S-a_2)\cdots(S-a_{n-1})]^{\frac{1}{n-1}}}{S^*-b_n} \geqslant \frac{\sqrt[n-1]{a_1 a_2 \cdots a_{n-1}}}{S-a_n} \quad (1.3.248)$$

类似上式,还应当有

$$\frac{[(S-a_1)(S-a_2)\cdots(S-a_{n-2})(S-a_n)]^{\frac{1}{n-1}}}{S^*-b_{n-1}} \geqslant \frac{\sqrt[n-1]{a_1 a_2 \cdots a_{n-2} a_n}}{S-a_{n-1}}$$

……

$$\frac{[(S-a_2)(S-a_3)\cdots(S-a_n)]^{\frac{1}{n-1}}}{S^*-b_1} \geqslant \frac{\sqrt[n-1]{a_2 a_3 \cdots a_n}}{S-a_1} \quad (1.3.249)$$

将不等式(1.3.248)和(1.3.249)中全部 n 个不等式相乘,可以得到

$$\frac{(S-a_1)(S-a_2)\cdots(S-a_n)}{(S^*-b_1)(S^*-b_2)\cdots(S^*-b_n)} \geqslant \frac{a_1 a_2 \cdots a_n}{(S-a_1)(S-a_2)\cdots(S-a_n)} \quad (1.3.250)$$

注:题目(3)中,当 $n=2$,左、右两端显然相等,所以本题设 $n \geqslant 3$.

例 22 已知正整数 $n \geq 4$,确定所有正常数 a, b,使得不等式
$$\sum_{k=1}^{n} x_k x_{k+1} \geq a \sum_{k=1}^{n} x_k^2 x_{k+1}^2 + b x_1 x_2 \cdots x_n$$
对所有满足 $\sum_{k=1}^{n} x_k = 1$ 的非负实数 $x_1, x_2, \cdots, x_n$ 成立,这里 $x_{n+1} = x_1$.

注:本例当年由湖南长沙市一中向振同学给出解答.

解: 在题目不等式中,令
$$x_1 = x_2 = \cdots = x_n = \frac{1}{n} \tag{1.3.251}$$
可以看到
$$a n^{n-3} + b \leq n^{n-1} \tag{1.3.252}$$
又令
$$x_1 = x_2 = \frac{1}{2}, \quad x_3 = x_4 = \cdots = x_n = 0 \tag{1.3.253}$$
由题目中不等式,有
$$a \leq 4 \tag{1.3.254}$$
因而有必要条件:
$$a \in (0, 4], \quad b \in (0, n^{n-1} - a n^{n-3}] \tag{1.3.255}$$
下面证明这条件也是充分的,只须证明
$$\sum_{k=1}^{n} x_k x_{k+1} \geq a \sum_{k=1}^{n} x_k^2 x_{k+1}^2 + (n^{n-1} - a n^{n-3}) x_1 x_2 \cdots x_n, \quad \text{这里} a \in (0, 4] \tag{1.3.256}$$
令
$$\left. \begin{array}{l} P = \sum_{k=1}^{n} x_k x_{k+1} \\ Q = \sum_{k=1}^{n} x_k^2 x_{k+1}^2 \\ R = x_1 x_2 \cdots x_n \end{array} \right\} \tag{1.3.257}$$
先证明:
$$Q \geq n^{n-3} R \tag{1.3.258}$$
由于 $A_n \geq G_n$,有
$$Q \geq n (x_1 x_2 \cdots x_n)^{\frac{4}{n}} = n R^{\frac{4}{n}} \tag{1.3.259}$$
再一次利用 $G_n \leq A_n$,有
$$\sqrt[n]{x_1 x_2 \cdots x_n} \leq \frac{1}{n} \sum_{k=1}^{n} x_k = \frac{1}{n} \text{(利用题目条件)} \tag{1.3.260}$$
利用公式 (1.3.257) 和不等式 (1.3.260),有
$$n^{-n} \geq R \tag{1.3.261}$$
利用 $n - 4 \geq 0$ (题目条件),以及上式,有
$$n^{-n(n-4)} \geq R^{n-4} \tag{1.3.262}$$
上式两端开 n 次方,有
$$n^{4-n} \geq R R^{-\frac{4}{n}} \tag{1.3.263}$$
变形上式,有
$$n R^{\frac{4}{n}} \geq R n^{n-3} \tag{1.3.264}$$
利用不等式 (1.3.259) 和 (1.3.264),有不等式 (1.3.258),如果能证明

$$P \geqslant 4Q + (n^{n-1} - 4n^{n-3})R \tag{1.3.265}$$

则

$$aQ + (n^{n-1} - an^{n-3})R = n^{n-1}R + a(Q - n^{n-3}R)$$
$$\leqslant n^{n-1}R + 4(Q - n^{n-3}R)(由 a \leqslant 4 及不等式(1.3.258))$$
$$\leqslant P \tag{1.3.266}$$

从而不等式(1.3.256)成立.

下面证明不等式(1.3.265).

$$P - 4Q = \left(\sum_{k=1}^{n} x_k x_{k+1}\right)\left(\sum_{k=1}^{n} x_k\right)^2 - 4\sum_{k=1}^{n} x_k^2 x_{k+1}^2 (利用公式(1.3.257) 和题目条件)$$
$$= \left(\sum_{k=1}^{n} x_k x_{k+1}\right)\left(\sum_{k=1}^{n} x_k^2 + 2\sum_{k=1}^{n} x_k x_{k+1} + 2\sum_{\substack{1 \leqslant i < j \leqslant n \\ 但 j \neq i+1}} x_i x_j\right) - 4\sum_{k=1}^{n} x_k^2 x_{k+1}^2 \tag{1.3.267}$$

利用 $A_{n(n-3)} \geqslant G_{n(n-3)}$, 有

$$2\sum_{\substack{1 \leqslant i < j \leqslant n \\ 但 j \neq i+1}} x_i x_j (视为项数是 2\left[\frac{1}{2}n(n-1) - n\right] = n(n-3) 的形如 x_i x_j 的和)$$
$$\geqslant n(n-3)\sqrt[n(n-3)]{(x_1 x_2 \cdots x_n)^{2(n-3)}}$$
$$= n(n-3)R^{\frac{2}{n}} (利用公式(1.3.257)) \tag{1.3.268}$$

利用上二式, 有

$$p - 4Q \geqslant \left(\sum_{k=1}^{n} x_k x_{k+1}\right)\left(\sum_{k=1}^{n} x_k^2 + 2\sum_{k=1}^{n} x_k x_{k+1} + n(n-3)R^{\frac{2}{n}}\right) - 4\sum_{k=1}^{n} x_k^2 x_{k+1}^2$$
$$= \left(\sum_{k=1}^{n} x_k x_{k+1}\right) n(n-3)R^{\frac{2}{n}} + \sum_{k=1}^{n} x_k x_{k+1}(x_k^2 + x_{k+1}^2)$$
$$+ \sum_{k=1}^{n} x_k x_{k+1}(x_{k+2}^2 + x_{k+3}^2 + \cdots + x_{k+n-1}^2)(记 x_{n+k} = x_k, 这里 k = 1, 2, \cdots, n-1)$$
$$- 2\sum_{k=1}^{n} x_k^2 x_{k+1}^2 + 4\sum_{1 \leqslant i < j \leqslant n} x_i x_{i+1} x_j x_{j+1} \tag{1.3.269}$$

由于

$$\sum_{k=1}^{n} x_k x_{k+1}(x_{k+2}^2 + x_{k+3}^2 + \cdots + x_{k+n-1}^2)(视为总项数是 n(n-2) 项的形如 x_k x_{k+1} x_j^2 的和)$$
$$\geqslant n(n-2)\sqrt[n(n-2)]{(x_1 x_2 \cdots x_n)^{4(n-2)}} (利用 A_{n(n-2)} \geqslant G_{n(n-2)})$$
$$= n(n-2)R^{\frac{4}{n}} (利用公式(1.3.257)) \tag{1.3.270}$$

$$4\sum_{1 \leqslant i < j \leqslant n} x_i x_{i+1} x_j x_{j+1} (总项数是 4C_n^2 = 2n(n-1) 项形如 x_i x_{i+1} x_j x_{j+1} 之和)$$
$$\geqslant 2n(n-1)\sqrt[2n(n-1)]{(x_1 x_2 \cdots x_n)^{8(n-1)}} (利用 A_{2n(n-1)} \geqslant G_{2n(n-1)})$$
$$= 2n(n-1)R^{\frac{4}{n}} \tag{1.3.271}$$

又利用 $A_n \geqslant G_n$, 有

$$\sum_{k=1}^{n} x_k x_{k+1} \geqslant nR^{\frac{2}{n}} (利用公式(1.3.257)) \tag{1.3.272}$$

代不等式(1.3.270), (1.3.271)和(1.3.272)入不等式(1.3.269), 有

$$P - 4Q \geqslant nR^{\frac{2}{n}}n(n-3)R^{\frac{2}{n}} + \sum_{k=1}^{n} x_k x_{k+1}(x_k - x_{k+1})^2$$
$$+ n(n-2)R^{\frac{4}{n}} + 2n(n-1)R^{\frac{4}{n}}$$

$$\geqslant [n^2(n-3) + n(n-2) + 2n(n-1)]R^{\frac{4}{n}}$$
$$= n(n^2 - 4)R^{\frac{4}{n}}$$
$$\geqslant (n^2 - 4)Rn^{n-3} (\text{利用 } n \geqslant 4 \text{ 及不等式}(1.3.264))$$
$$= (n^{n-1} - 4n^{n-3})R \tag{1.3.273}$$

于是,不等式(1.3.265)成立.题目中不等式得证.

例 23 设正整数 $n \geqslant 2$,求最大的正实数 λ,使得如果 $a \in (0, \lambda)$,则存在正实数 M,使得当实数 $x_1, x_2, \cdots, x_n$ 满足 $\sum_{k=1}^{n} x_k^2 + a\sum_{k=1}^{n-1} x_k x_{k+1} = 1$,就有 $\sum_{k=1}^{n} x_k^2 \leqslant M$.

解:引入实数 $a_1, a_2, \cdots, a_n$,满足
$$x_k = (-1)^k \sin \frac{k\pi}{n+1} a_k, \quad k = 1, 2, \cdots, n \tag{1.3.274}$$

于是,可以看到

$$2\cos\frac{\pi}{n+1}\sum_{k=1}^{n} x_k^2 + 2\sum_{k=1}^{n-1} x_k x_{k+1}$$

$$= 2\cos\frac{\pi}{n+1}\sum_{k=1}^{n} \sin^2\frac{k\pi}{n+1}a_k^2 - 2\sum_{k=1}^{n-1}\sin\frac{k\pi}{n+1}\sin\frac{(k+1)\pi}{n+1}a_k a_{k+1}$$

$$= \sum_{k=1}^{n} a_k^2 \sin\frac{k\pi}{n+1}\left(\sin\frac{(k+1)\pi}{n+1} + \sin\frac{(k-1)\pi}{n+1}\right) - 2\sum_{k=1}^{n-1}\sin\frac{k\pi}{n+1}\sin\frac{(k+1)\pi}{n+1}a_k a_{k+1}$$

$$= \sum_{k=1}^{n-1} a_k^2 \sin\frac{k\pi}{n+1}\sin\frac{(k+1)\pi}{n+1}(\text{利用 } \sin \pi = 0)$$

$$+ \sum_{k=2}^{n} a_k^2 \sin\frac{k\pi}{n+1}\sin\frac{(k-1)\pi}{n+1} - 2\sum_{k=1}^{n-1}\sin\frac{k\pi}{n+1}\sin\frac{(k+1)\pi}{n+1}a_k a_{k+1}$$

$$= \sum_{k=1}^{n-1} \sin\frac{k\pi}{n+1}\sin\frac{(k+1)\pi}{n+1}(a_k - a_{k+1})^2 (\text{在上式右端第二大项中,令 } S = k-1,\text{有}$$
$$\sum_{k=2}^{n} a_k^2 \sin\frac{k\pi}{n+1}\sin\frac{(k-1)\pi}{n+1} = \sum_{S=1}^{n-1} a_{S+1}^2 \frac{\sin(S+1)\pi}{n+1}\sin\frac{S\pi}{n+1},\text{再将 } S \text{ 改为 } k)$$
$$\tag{1.3.275}$$

所以,当 $a = \dfrac{1}{\cos\dfrac{\pi}{n+1}}$ 时,利用上式,有

$$\sum_{k=1}^{n} x_k^2 + a\sum_{k=1}^{n-1} x_k x_{k+1} = \frac{1}{2\cos\dfrac{\pi}{n+1}} \sum_{k=1}^{n-1} \sin\frac{k\pi}{n+1}\sin\frac{(k+1)\pi}{n+1}(a_k - a_{k+1})^2 \tag{1.3.276}$$

令

$$\left. \begin{array}{l} a_2 = a_3 = \cdots = a_n = t \\ a_1 = t + \sqrt{\dfrac{2\cos\dfrac{\pi}{n+1}}{\sin\dfrac{\pi}{n+1}\sin\dfrac{2\pi}{n+1}}} \end{array} \right\} \tag{1.3.277}$$

这时,利用公式(1.3.276)和(1.3.277),有

$$\sum_{k=1}^{n} x_k^2 + a\sum_{k=1}^{n-1} x_k x_{k+1} = \frac{1}{2\cos\dfrac{\pi}{n+1}} \sin\frac{\pi}{n+1}\sin\frac{2\pi}{n+1}(a_1 - a_2)^2 = 1 \tag{1.3.278}$$

对于任意固定正实数 M,取公式(1.3.277)中 t 是充分大的正实数,满足

$$\sum_{k=1}^{n} x_k^2 = \sum_{k=2}^{n} \sin^2 \frac{k\pi}{n+1} t^2 + \sin^2 \frac{\pi}{n+1} \left(t + \sqrt{\frac{2\cos \frac{\pi}{n+1}}{\sin \frac{\pi}{n+1} \sin \frac{2\pi}{n+1}}} \right)^2$$

（利用公式(1.3.274)和(1.3.277)）
$$> M \tag{1.3.279}$$

所以,所求的
$$\lambda \leqslant \frac{1}{\cos \frac{\pi}{n+1}} \tag{1.3.280}$$

对于开区间 $\left(0, \frac{1}{\cos \frac{\pi}{n+1}}\right)$ 内任一正实数 a,记
$$a = \frac{c}{\cos \frac{\pi}{n+1}}, \quad 这里 c \in (0,1) \tag{1.3.281}$$

取实数 $x_1, x_2, \cdots, x_n$ 满足题目中等式.再由公式(1.3.274)取实数 $a_1, a_2, \cdots, a_n$,于是,有
$$1 = \sum_{k=1}^{n} x_k^2 + \frac{c}{\cos \frac{\pi}{n+1}} \sum_{k=1}^{n-1} x_k x_{k+1}$$
$$= (1-c) \sum_{k=1}^{n} x_k^2 + c \left(\sum_{k=1}^{n} x_k^2 + \frac{1}{\cos \frac{\pi}{n+1}} \sum_{k=1}^{n-1} x_k x_{k+1} \right)$$
$$= (1-c) \sum_{k=1}^{n} x_k^2 + \frac{c}{2\cos \frac{\pi}{n+1}} \sum_{k=1}^{n-1} \sin \frac{k\pi}{n+1} \sin \frac{(k+1)\pi}{n+1} (a_k - a_{k+1})^2 \text{（利用公式(1.3.276)）}$$
$$\geqslant (1-c) \sum_{k=1}^{n} x_k^2 \tag{1.3.282}$$

利用上式,有
$$\sum_{k=1}^{n} x_k^2 \leqslant \frac{1}{1-c} \tag{1.3.283}$$

取
$$M = \frac{1}{1-c} \tag{1.3.284}$$

所以对应的最大正实数 λ 是 $\sec \frac{\pi}{n+1}$.

例 24 （Fan-Taussky-Todd,1955 年文章,本题材料取自 1992 年由湖南教育出版社出版的《数学竞赛(14)》一书.）

(1) 对于任意实数 $a_1, a_2, \cdots, a_n, a_0 = a_{n+1} = 0$,求证：$\sum_{k=1}^{n+1} (a_k - a_{k-1})^2 \leqslant 2\left(1 + \cos \frac{\pi}{n+1}\right) \sum_{k=1}^{n} a_k^2$,等式仅当 $a_k = c(-1)^{k-1} \sin \frac{k\pi}{n+1}, k = 1, 2, \cdots, n$ 时成立,其中 c 是实常数.

(2) 对于任意实数 $a_1, a_2, \cdots, a_n, a_0 = 0$,求证：$\sum_{k=1}^{n} (a_k - a_{k-1})^2 \leqslant 2\left(1 + \cos \frac{2\pi}{2n+1}\right) \sum_{k=1}^{n} a_k^2$,等式仅当 $a_k = (-1)^{k-1} \sin \frac{k\pi}{2n+1}, k = 1, 2, \cdots, n$ 时成立,其中 c 是实常数.

证明: 先证明一个引理.

引理 设 n 是大于 1 的正整数,实数 t 取自开区间 $\left(0, \dfrac{\pi}{n}\right)$,令

$$\mu = 2(1 + \cos t), \quad \lambda_k = 1 + \frac{\sin(k+1)t}{\sin kt}$$

这里 $k = 1, 2, \cdots, n$,则

$$\sum_{k=1}^{n}(a_k - a_{k-1})^2 + \lambda_n a_n^2 \leqslant \mu \sum_{k=1}^{n} a_k^2$$

上式等号成立当且仅当

$$x_k a_k + y_{k-1} a_{k-1} = 0, \quad k = 2, 3, \cdots, n$$

上式中

$$x_k = (\mu - 1 - \lambda_k)^{\frac{1}{2}}, \quad y_{k-1} = (\lambda_{k-1} - 1)^{\frac{1}{2}}$$

引理的证明: 由引理的条件,有

$$\mu - 1 - \lambda_k = 2\cos t - \frac{\sin(k+1)t}{\sin kt}$$

$$= \frac{1}{\sin kt}\{[\sin(k+1)t + \sin(k-1)t] - \sin(k+1)t\}$$

$$= \frac{\sin(k-1)t}{\sin kt} \geqslant 0 \tag{1.3.285}$$

从上式,特别有

$$\mu - 1 - \lambda_1 = 0 \tag{1.3.286}$$

利用引理条件,对于 $k \in \{2, 3, \cdots, n\}$,有

$$x_k y_{k-1} = \left\{\frac{\sin(k-1)t}{\sin kt}\left[\left(1 + \frac{\sin kt}{\sin(k-1)t}\right) - 1\right]\right\}^{\frac{1}{3}} \text{(利用公式(1.3.285))}$$

$$= 1 \tag{1.3.287}$$

明显地,有

$$0 \geqslant -(x_k a_k + y_{k-1} a_{k-1})^2$$

$$= -x_k^2 a_k^2 - 2 a_{k-1} a_k - y_{k-1}^2 a_{k-1}^2 \text{(利用上式)}$$

$$= (a_k - a_{k-1})^2 - (\mu - \lambda_k)a_k^2 - \lambda_{k-1} a_{k-1}^2 \text{(利用引理中 } x_k, y_{k-1} \text{ 的表达式)}$$

这里 $k = 2, 3, \cdots, n$ \hfill (1.3.288)

又可以看到

$$(a_1 - a_0)^2 + \lambda_1 a_1^2 - \mu a_1^2 = a_1^2 + \lambda_1 a_1^2 - \mu a_1^2 \text{(利用题目条件 } a_0 = 0\text{)}$$

$$= 0 \text{(利用公式(1.3.286))} \tag{1.3.289}$$

对不等式(1.3.288)中 k 从 2 到 n 求和,再加上式,有

$$0 \geqslant \sum_{k=1}^{n}(a_k - a_{k-1})^2 + \sum_{k=1}^{n}\lambda_k a_k^2 - \mu\sum_{k=1}^{n} a_k^2 - \sum_{k=2}^{n}\lambda_{k-1}a_{k-1}^2$$

$$= \sum_{k=1}^{n}(a_k - a_{k-1})^2 + \lambda_n a_n^2 - \mu\sum_{k=1}^{n} a_k^2 \tag{1.3.290}$$

上式等号成立,当且仅当不等式(1.3.288)取等号,则

$$x_k a_k + y_{k-1} a_{k-1} = 0, \text{这里 } k = 2, 3, \cdots, n \tag{1.3.291}$$

于是,引理结论成立.

现在来证明本题.

(1) 当 $n = 1$ 时,有

$$\sum_{k=1}^{2}(a_k - a_{k-1})^2 = 2a_1^2 (\text{利用题目条件 } a_0 = 0, \text{及 } a_2 = 0)$$
$$= 2\left(1 + \cos\frac{\pi}{2}\right)a_1^2 \tag{1.3.292}$$

题目(1)中不等式当 $n=1$ 时等式成立.

下面考虑正整数 $n \geqslant 2$,利用引理,引入 μ, λ_k,及令

$$t = \frac{\pi}{n+1}, \quad \text{则} \quad \lambda_n = 1 \tag{1.3.293}$$

利用上式,及引理,有

$$\sum_{k=1}^{n}(a_k - a_{k-1})^2 + a_n^2 \leqslant \mu \sum_{k=1}^{n} a_k^2 \tag{1.3.294}$$

又利用题目条件 $a_{n+1}=0$,兼顾上式,有

$$\sum_{k=1}^{n+1}(a_k - a_{k-1})^2 \leqslant 2\left(1 + \cos\frac{\pi}{n+1}\right)\sum_{k=1}^{n} a_k^2 (\text{注意公式}(1.3.293)) \tag{1.3.295}$$

当上式等号成立时,引理中不等式也应为等式,从而有

$$x_k = \sqrt{\frac{\sin(k-1)t}{\sin kt}}, \quad y_{k-1} = \sqrt{\frac{\sin kt}{\sin(k-1)t}} (\text{这里利用公式}(1.3.285)), \text{注意 } t = \frac{\pi}{n+1} \tag{1.3.296}$$

$k=2,3,\cdots,n$,当等号成立时,利用引理,又可以得到

$$a_k = -\frac{y_{k-1} a_{k-1}}{x_k} = -y_{k-1}^2 a_{k-1} (\text{利用公式}(1.3.287)), \text{这里 } k = 2,3,\cdots,n \tag{1.3.297}$$

利用上式,有

$$\left.\begin{array}{r}a_k = -y_{k-1}^2 a_{k-1} \\ a_{k-1} = -y_{k-2}^2 a_{k-2} \\ \cdots\cdots \\ a_2 = -y_1^2 a_1\end{array}\right\} \tag{1.3.298}$$

将上式中等式全部相乘,有

$$a_k = (-1)^{k-1}(y_1 y_2 \cdots y_{k-1})^2 a_1$$
$$= (-1)^{k-1} a_1 \frac{\sin kt}{\sin t}(\text{利用公式}(1.3.296)) \tag{1.3.299}$$

这里 $t = \frac{\pi}{n+1}$,记

$$c = \frac{a_1}{\sin t}, \quad t = \frac{\pi}{n+1} \tag{1.3.300}$$

题目结论(1)成立.

(2) 当 $n=1$ 时,要证明

$$(a_1 - a_0)^2 \leqslant 2\left(1 + \cos\frac{2\pi}{3}\right)a_1^2 \tag{1.3.301}$$

由于题目条件 $a_0=0$,上式左、右两端皆为 a_1^2,上式是一个恒等式.

下面考虑正整数 $n \geqslant 2$,利用引理,引入实数 μ, λ_k,只不过取 $t = \frac{2\pi}{2n+1} \in \left(0, \frac{\pi}{n}\right)$. 现在

$$\lambda_n = 1 + \frac{\sin(n+1)\frac{2\pi}{2n+1}}{\sin\frac{2n\pi}{2n+1}} = 1 - 1 = 0 \tag{1.3.302}$$

利用引理结论,有
$$\sum_{k=1}^n (a_k - a_{k-1})^2 \leqslant 2\left(1 + \cos\frac{2\pi}{2n+1}\right)\sum_{k=1}^n a_k^2 \tag{1.3.303}$$
等号成立条件完全类似(1)的情况可以得到,有兴趣的读者可以自己计算.

例 25 设正整数 $n \geqslant 2, a_1, a_2, \cdots, a_n; b_1, b_2, \cdots, b_n$ 都是正实数,且满足 $a_1 a_2 \cdots a_n = b_1 b_2 \cdots b_n, \sum_{1 \leqslant i<j \leqslant n} |a_i - a_j| \leqslant \sum_{1 \leqslant i<j \leqslant n} |b_i - b_j|$,求证:$\sum_{i=1}^n a_i \leqslant (n-1)\sum_{i=1}^n b_i$.

证明: 不妨设 $0 < a_1 \leqslant a_2 \leqslant \cdots \leqslant a_n, 0 < b_1 \leqslant b_2 \leqslant \cdots \leqslant b_n$. 由于题目条件和结论都是齐次的,不妨设
$$\sum_{j=1}^n b_j = 1 \tag{1.3.304}$$
对 n 分情况讨论.

① 当 $n=2$ 时,已知
$$a_1 a_2 = b_1 b_2, \quad 0 \leqslant a_2 - a_1 \leqslant b_2 - b_1, \quad b_1 + b_2 = 1 \tag{1.3.305}$$
则
$$(a_1 + a_2)^2 = (a_2 - a_1)^2 + 4a_1 a_2 \leqslant (b_2 - b_1)^2 + 4b_1 b_2$$
$$= (b_1 + b_2)^2 = 1 \tag{1.3.306}$$
题目结论对 $n=2$ 时成立.

② 当正整数 $n \geqslant 3$ 时,利用证明开始时的假设,知道,对于固定的下标 $i, |a_i - a_j|(j \neq i)$,一共有 $n-1$ 项,去掉绝对值后,有 $i-1$ 个 a_i(当 $1 \leqslant j < i$),$n-i$ 个 $-a_i$(当 $i < j \leqslant n$),从而可以看到
$$2\sum_{1 \leqslant i<j \leqslant n} |a_i - a_j| = \sum_{j \neq i} |a_i - a_j| = \sum_{i=1}^n (2i - n - 1)a_i \tag{1.3.307}$$
完全类似地,应当有
$$2\sum_{1 \leqslant i<j \leqslant n} |b_i - b_j| = \sum_{i=1}^n (2i - n - 1)b_i \tag{1.3.308}$$
利用上面二式,以及题目中的条件,有
$$\sum_{i=1}^n (2i - n - 1)a_i \leqslant \sum_{i=1}^n (2i - n - 1)b_i \tag{1.3.309}$$
利用上式,有
$$-(n-1)a_1 + \sum_{i=2}^{n-1}(2i - n - 1)a_i + (n-1)a_n$$
$$\leqslant \sum_{i=1}^{\left[\frac{1}{2}(n+1)\right]}(2i - n - 1)b_i + \sum_{i=\left[\frac{1}{2}(n+1)\right]+1}^n (2i - n - 1)b_i$$
$$\leqslant \sum_{i=\left[\frac{1}{2}(n+1)\right]+1}^n (2i - n - 1)b_i (\text{当} 1 \leqslant i \leqslant \left[\frac{1}{2}(n+1)\right] \text{时,有}(2i - n - 1)b_i \leqslant 0)$$
$$\tag{1.3.310}$$

现在考虑上式左端中间一大项,可以看到
$$\sum_{i=2}^{n-1}(2i - n - 1)a_i = \sum_{i=2}^{\left[\frac{1}{2}(n+1)\right]}(2i - n - 1)a_i + \sum_{i=\left[\frac{1}{2}(n+1)\right]+1}^{n-1}(2i - n - 1)a_i$$
$$= \sum_{i=2}^{\left[\frac{1}{2}(n+1)\right]}(2i - n - 1)a_i + \sum_{i=2}^{n-\left[\frac{1}{2}(n+1)\right]}[2(n+1-j) - n - 1]a_{n+1-j}$$

(在上式右端第二大项中,令 $i = n + 1 - j$)

$$= \sum_{i=2}^{\left[\frac{1}{2}(n+1)\right]} (2i - n - 1)a_i + \sum_{i=2}^{\left[\frac{n}{2}\right]} (n + 1 - 2j)a_{n+1-j}$$

$$= \sum_{i=2}^{\left[\frac{n}{2}\right]} (n + 1 - 2i)(a_{n+1-i} - a_i)$$

$\geqslant 0$(利用当 n 为偶数时,有 $\left[\frac{1}{2}(n+1)\right] = \left[\frac{n}{2}\right]$;以及当 n 为奇数时,$2\left[\frac{1}{2}(n+1)\right] - n - 1$

$= 0$;再利用当 $2 \leqslant i \leqslant \left[\frac{n}{2}\right]$ 时,$n + 1 - i > i$,$a_{n+1-i} \geqslant a_i$) (1.3.311)

利用不等式(1.3.310)和(1.3.311),有

$$(n - 1)(a_n - a_1) \leqslant \sum_{i=\left[\frac{1}{2}(n+1)\right]+1}^{n} (2i - n - 1)b_i \tag{1.3.312}$$

上式两端除以正整数 $n - 1$,有

$$a_n - a_1 \leqslant \sum_{i=\left[\frac{1}{2}(n+1)\right]+1}^{n} \frac{2i - n - 1}{n - 1} b_i + (1 - \sum_{i=1}^{n} b_i)(\text{利用公式}(1.3.304))$$

$$= 1 - \sum_{i=1}^{\left[\frac{1}{2}(n+1)\right]} b_i - \sum_{i=\left[\frac{1}{2}(n+1)\right]+1}^{n-1} \frac{2(n - i)}{n - 1} b_i (\text{注意当 } i = n \text{ 时},n - i = 0)$$

(1.3.313)

由于证明开始时的假设,有

$$a_1^{n-1} a_n \leqslant a_1 a_2 \cdots a_{n-1} a_n \leqslant b_1 b_2 \cdots b_{n-1}$$

(利用公式(1.3.304)知道 $b_n < 1$,再利用题目条件) (1.3.314)

为书写简洁,引入连乘符号 $\prod$,定义

$$\prod_{k=1}^{n} A_k = A_1 A_2 \cdots A_n \tag{1.3.315}$$

利用上二式,可以看到

$$a_1^{n-1} a_n \leqslant \Big(\prod_{i=1}^{\left[\frac{1}{2}(n+1)\right]} b_i\Big) \Big(\prod_{i=\left[\frac{1}{2}(n+1)\right]+1}^{n-1} \frac{2(n - i)}{n - 1} b_i\Big) \Big(\prod_{i=\left[\frac{1}{2}(n+1)\right]+1}^{n-1} \frac{n - 1}{2(n - i)}\Big)$$

$$= \Big(\prod_{i=1}^{\left[\frac{1}{2}(n+1)\right]} b_i\Big) \Big(\prod_{i=\left[\frac{1}{2}(n+1)\right]+1}^{n-1} \frac{2(n - i)}{n - 1} b_i\Big) \frac{(n - 1)^k}{2^k k!} \tag{1.3.316}$$

上式右端当 n 是偶数时,$k = (n - 1) - \frac{n}{2} = \frac{1}{2}(n - 2)$;当 n 是奇数时,$k = (n - 1) - \frac{1}{2}(n + 1) = \frac{1}{2}(n - 3)$.

利用不等式(1.3.316),有

$$\frac{a_1^{n-1} a_n}{(n - 1)^k} \leqslant a_1^{n-1} a_n \frac{2^k k!}{(n - 1)^k}$$

$$\leqslant \Big(\prod_{i=1}^{\left[\frac{1}{2}(n+1)\right]} b_i\Big) \Big(\prod_{i=\left[\frac{1}{2}(n+1)\right]+1}^{n-1} \frac{2(n - i)}{n - 1} b_i\Big)$$

$$\leqslant \Big[\frac{1}{n - 1}\Big(\sum_{i=1}^{\left[\frac{1}{2}(n+1)\right]} b_i + \sum_{i=\left[\frac{1}{2}(n+1)\right]+1}^{n-1} \frac{2(n - i)}{n - 1} b_i\Big)\Big]^{n-1} (\text{利用 } G_{n-1} \leqslant A_{n-1}$$

$$\leqslant \frac{1}{(n-1)^{n-1}}(1-a_n+a_1)^{n-1} \text{(利用不等式(1.3.313)再移项)} \tag{1.3.317}$$

上式两端开 $n-1$ 次方,可以得到

$$a_1\left(\frac{a_n}{(n-1)^k}\right)^{\frac{1}{n-1}}(n-1) \leqslant 1-a_n+a_1 \tag{1.3.318}$$

利用上式,有

$$a_1\left[\left(\frac{a_n}{(n-1)^k}\right)^{\frac{1}{n-1}}(n-1)-1\right] \leqslant 1-a_n \tag{1.3.319}$$

如果 $a_n < \frac{n-1}{n}$,则

$$\sum_{i=1}^n a_i \leqslant na_n < n-1 \tag{1.3.320}$$

利用上式,再利用公式(1.3.304),题目结论成立. 如果 $a_n \geqslant \frac{n-1}{n}$,首先,有

$$\left(\frac{a_n}{(n-1)^k}\right)^{\frac{1}{n-1}}(n-1) \geqslant \left(\frac{1}{n}(n-1)^{n-k}\right)^{\frac{1}{n-1}} > 1 \tag{1.3.321}$$

这里正整数 $n \geqslant 3$,由不等式(1.3.316)后面 k 值的叙述,当 n 是偶数时,有 $(n-1)^{n-k}=(n-1)^{\frac{n}{2}+1} > n$(当正整数 $n \geqslant 4$ 时,显然成立). 当 n 是奇数时,有 $(n-1)^{n-k}=(n-1)^{\frac{1}{2}(n+3)} > n$(当正整数 $n \geqslant 3$ 时,也显然成立). 因而不等式(1.3.321)的最后一个不等式成立.

利用不等式(1.3.321),知道不等式(1.3.319)的左端是大于零的. 从而,有

$$a_n < 1 \tag{1.3.322}$$

由证明开始部分的假设,有

$$\sum_{i=1}^n a_i \leqslant a_1+(n-1)a_n \tag{1.3.323}$$

如果能证明

$$\frac{1-a_n}{\left(\frac{a_n}{(n-1)^k}\right)^{\frac{1}{n-1}}(n-1)-1}+(n-1)a_n < n-1 \tag{1.3.324}$$

则

$$a_1+(n-1)a_n < n-1 \text{(利用不等式(1.3.319) 和(1.3.324))} \tag{1.3.325}$$

利用公式(1.3.304),不等式(1.3.323)和(1.3.325)题目结论成立. 因此,只剩下证明不等式(1.3.324). 下面逐步简化要证明的不等式(1.3.324). 利用不等式(1.3.322),将要证明的不等式(1.3.324)移项,只须证明

$$\left(\frac{a_n}{(n-1)^k}\right)^{\frac{1}{n-1}}(n-1)-1 > \frac{1}{n-1} \tag{1.3.326}$$

上式等价于下述不等式

$$\left(\frac{a_n}{(n-1)^k}\right)^{\frac{1}{n-1}} > \frac{n}{(n-1)^2} \tag{1.3.327}$$

上式两端 $n-1$ 次方,等价于证明

$$a_n > \frac{n^{n-1}}{(n-1)^{2n-2-k}} \tag{1.3.328}$$

由于 $a_n \geqslant \frac{n-1}{n}$,则

$$\frac{(n-1)^{2n-2-k}a_n}{n^{n-1}} \geqslant \frac{(n-1)^{2n-1-k}}{n^n} \tag{1.3.329}$$

如果能证明

$$(n-1)^{2n-1-k} > n^n \tag{1.3.330}$$

则不等式(1.3.328)成立. 因此, 问题转化为证明不等式(1.3.330).

当 $n=3$ 时, 相应 $k=0$, 由于 $2^5 > 3^3$, 不等式(1.3.330)对 $n=3$ 成立. 当正整数 $n \geqslant 4$ 时, 明显地, 有 $(n-1)^{\frac{3}{2}} > n$, 则

$$n^n < (n-1)^{\frac{3}{2}n} \leqslant (n-1)^{2n-1-k} \text{(利用 } k \leqslant \frac{1}{2}(n-2)) \tag{1.3.331}$$

因而不等式(1.3.330)成立. 题目得证.

下面三个不等式需要一些数论和组合数学的知识.

例 26 设 $\{a_n\}$(n 是任意正整数)是正整数的一个序列. 使得对每个正整数 n, $(a_n-1)(a_n-2)\cdots(a_n-n^2)$ 是一个正整数, 且是 n^{n^2-1} 的整数倍. 求证: 对元素全为质数的任一有限集 P, $\sum_{p \in P} \frac{1}{\log_p a_p} < 1$.

证明: 当 n 是某个质数 p 时, 由题目条件, 知道 $(a_p-1)(a_p-2)\cdots(a_p-p^2)$ 是一个正整数, 而且是 p^{p^2-1} 的整数倍. 另一方面, 考虑 p^2 个连续整数 $a_p-1, a_p-2, \cdots, a_p-p^2$, 由于其乘积是一个正整数, 所以这 p^2 个连续整数中无一个是零, 由于 a_p 是一个正整数, 所以 a_p-1 必是正整数. 于是这 p^2 个连续整数都是正整数, 由于每 p 个连续正整数中, 有且只有一个是 p 的倍数, 于是上述 p^2 个连续正整数中, 有且只有 p 个正整数是 p 的整数倍, 且上述 p^2 个连续正整数中, 有且只有一个是 p^2 的整数倍, 其余都不是 p^2 的整数倍. 于是, 记是 p^2 的倍数的一个正整数是 a_p-k, 这里 $k \in \{1,2,\cdots,p^2\}$, 那么, 有

$$a_p - k = p^x m \tag{1.3.332}$$

这里正整数 $x \geqslant 2$, m 是一个正整数, m 与 p 互质. 利用上面叙述, 可以知道正整数 $(a_p-1)(a_p-2)\cdots(a_p-p^2)$ 是 p^{x+p-1} 的整数倍, 但不是 p^{x+p} 的整数倍. 利用题目条件, 有

$$x + p - 1 \geqslant p^2 - 1, \quad \text{即} \quad x \geqslant p^2 - p \tag{1.3.333}$$

因此, 可以知道

$$a_p > a_p - k \geqslant p^x \text{(利用公式(1.3.332))}$$
$$\geqslant p^{p^2-p} \text{(利用不等式(1.3.333))} \tag{1.3.334}$$

利用上式, 有

$$\log_p a_p > p^2 - p \tag{1.3.335}$$

这个不等式对任意质数 p 都成立. 对于元素全为质数的任一有限集 P, 用 T 表示这集合 P 内最大的质数, 利用上式, 有

$$\sum_{p \in P} \frac{1}{\log_p a_p} < \sum_{p \in P} \frac{1}{p^2 - p} \leqslant \sum_{j=2}^{T} \frac{1}{j^2 - j}$$
$$= \sum_{j=2}^{T} \left(\frac{1}{j-1} - \frac{1}{j}\right) = 1 - \frac{1}{T} < 1 \tag{1.3.336}$$

例 27 x 和 n 是两个正整数, $x \leqslant n$, $a_1, a_2, \cdots, a_n$ 是 n 个正整数, 如果对所有 $i, j, 1 \leqslant i \leqslant j \leqslant n$, 有 $a_i + a_{i+1} + a_{i+2} + \cdots + a_j \neq x$, 则称正整数数列 $\{a_1, a_2, \cdots, a_n\}$ 为长 n 的避免 x 的数列.

(1) 如果正整数数列 $\{a_1, a_2, \cdots, a_n\}$ 是长 n 的避免 n 的正整数数列. 求证: $a_1 + a_2 + \cdots + a_n \geqslant 2n$.

(2) 如果正整数数列 $\{a_1, a_2, \cdots, a_n\}$ 是长 n 的避免 x 的数列, n 除以 x 余数为 r. 求证: $a_1 +$

$a_2 + \cdots + a_n \geq 2n - r$.

(3) 如果正整数数列 $\{a_1, a_2, \cdots, a_n, a_1, a_2, \cdots, a_n\}$ 是长 $2n$ 的避免 x 的数列,求证:$a_1 + a_2 + \cdots + a_n \geq 2n$,并且求证:当 $a_1 + a_2 + \cdots + a_n = 2n$ 时,$\dfrac{x}{(x,r)}$ 必是一个奇数. 这里 r 是 n 除以 x 的余数,(x,r) 是 x,r 的最大公因数. 当 $\dfrac{x}{(x,r)}$ 是一个奇数时,请举一个长 $2n$ 的避免 x 的正整数数列 $\{a_1, a_2, \cdots, a_n, a_1, a_2, \cdots, a_n\}$,使得 $a_1 + a_2 + \cdots + a_n = 2n$.

注:本题三个不等式由浅入深,很有趣,是国外组合数学杂志上的一个结果.

证明:(1) 记
$$S_0 = 0, S_k = a_1 + a_2 + \cdots + a_k (1 \leq k \leq n) \tag{1.3.337}$$
$n+1$ 个非负整数 $S_0, S_1, S_2, \cdots, S_n$ 在 mod n 同余类中,必有两个 $S_i, S_j, 0 \leq i < j \leq n$ 属于同一个同余类. 那么,有正整数 m,满足 $S_j - S_i = mn$,显然,有
$$mn = S_j - S_i = a_{i+1} + a_{i+2} + \cdots + a_j \tag{1.3.338}$$
由题目条件,正整数数列 $\{a_1, a_2, \cdots, a_n\}$ 是避免 n 的,那么,必有 $m \geq 2$. 又由于
$$a_1 + a_2 + \cdots + a_n \geq a_{i+1} + a_{i+2} + \cdots + a_j \geq 2n \tag{1.3.339}$$
知道题目结论(1)成立.

(2) $n = qx + r$,这里 q 是正整数. 对于避免 x 的正整数数列 $\{a_1, a_2, \cdots, a_n\}$,子列 $\{a_1, a_2, \cdots, a_x\}, \{a_{x+1}, x_{x+2}, \cdots, a_{2x}\}, \cdots, \{a_{(q-1)x+1}, a_{(q-1)x+2}, \cdots, a_{qx}\}$ 中的每一个都恰为 x 个正整数,而且每个都是避免 x 的正整数数列,利用(1)的证明,同样应当有
$$\left.\begin{array}{r} a_1 + a_2 + \cdots + a_x \geq 2x \\ a_{x+1} + a_{x+2} + \cdots + a_{2x} \geq 2x \\ \vdots \\ a_{(q-1)x+1} + a_{(q-1)x+2} + \cdots + a_{qx} \geq 2x \end{array}\right\} \tag{1.3.340}$$
由于 $a_{qx+1}, a_{qx+2}, \cdots, a_{qx+r}$ 是 r 个正整数,有
$$a_{qx+1} + a_{qx+2} + \cdots + a_{qx+r} \geq r \tag{1.3.341}$$
将不等式(1.3.340)与(1.3.341)全部相加,有
$$a_1 + a_2 + \cdots + a_n \geq 2xq + r = 2n - r \tag{1.3.342}$$

(3) 已知 $\{a_1, a_2, \cdots, a_n; a_1, a_2, \cdots, a_n\}$ 是长 $2n$ 的避免 x 的正整数数列. 记 $a_{n+k} = a_k$,这里 k 是任意正整数,利用不等式(1.3.340)可以得到
$$x \sum_{j=1}^{n} a_j = (a_1 + a_2 + \cdots + a_x) + (a_{x+1} + a_{x+2} + \cdots + a_{2x}) + (a_{2x+1} + a_{2x+2} + \cdots + a_{3x}) + \cdots$$
$$+ (a_{(n-1)x+1} + a_{(n-1)x+2} + \cdots + a_{nx}) (\text{利用右端一共是 } nx \text{ 项之和,再利用 } a_{n+k} = a_k)$$
$$\geq 2nx \tag{1.3.343}$$
由于 x 是正整数,从上式,有
$$\sum_{j=1}^{n} a_j \geq 2n \tag{1.3.344}$$
已知 $\{a_1, a_2, \cdots, a_n, a_1, a_2, \cdots, a_n\}$ 是长 $2n$ 的避免 x 的正整数数列. 当 $p = \dfrac{x}{(x,r)}$ 是一个奇数时,取一组数 $\{1, 1, \cdots, 1, (x,r)+1\}((x,r)-1$ 个 1),这组数的和是 $2(x,r)$. 由于 $n = qx + r$,x, r 都是 (x,r) 的倍数,则 n 也是 (x,r) 的倍数. 记 $n = (x,r)S$,这里 S 是一个正整数. $2n$ 当然是 $2(x,r)$ 的倍数. 取 S 组相同数 $\{1, 1, \cdots, 1, (x,r)+1\}((x,r)-1$ 个 1),依次合并在一起,成为一个数列. 这数列一共有 $S(x,r) = n$ 个数. 将这数列的数依次记为 $a_1, a_2, \cdots, a_n$. 现在证明 $\{a_1, a_2, \cdots, a_n, a_1, a_2, \cdots, a_n\}$ 是长 $2n$ 的避免 x 的正整数数列. 明显地,有
$$a_1 + a_2 + \cdots + a_n = S[1 + 1 + \cdots + 1 + ((x,r)+1)] ((x,r)-1 \text{ 个 } 1 \text{ 相加})$$

$$= 2S(x,r) = 2n \tag{1.3.345}$$

记 $x = (x,r)p$, 这里 p 是奇数. 用上述方法构造的长 $2n$ 的数列 $\{a_1, a_2, \cdots, a_n, a_1, a_2, \cdots, a_n\}$ 中任意选出 k 个连续的正整数, 它们的和或是 $2(x,r)$ 的倍数, 或不是 (x,r) 的倍数. 因此, 必是避免 x 的. 这个例恰是题目需要的.

反之, 如果 $a_1 + a_2 + \cdots + a_n = 2n$, $\{a_1, a_2, \cdots, a_n, a_1, a_2, \cdots, a_n\}$ 是避免 x 的正整数数列. 沿用上述记号 $a_{n+k} = a_k$, 并且记

$$S_k = a_k + a_{k+1} + \cdots + a_{k+x-1} \tag{1.3.346}$$

这里 $k = 1, 2, \cdots, n$, $\{a_k, a_{k+1}, \cdots, a_{k+x-1}\}$ 是长 x 的避免 x ($x \leqslant n$) 的正整数数列. 由本题(1)的推导, 应当有

$$S_k \geqslant 2x, \quad \text{这里 } k = 1, 2, \cdots, n \tag{1.3.347}$$

利用上式, 有

$$S_1 + S_2 + \cdots + S_n \geqslant 2xn \tag{1.3.348}$$

利用公式(1.3.346)和不等式(1.3.348), 可以看到

$$(a_1 + a_2 + \cdots + a_n)x \geqslant 2xn \tag{1.3.349}$$

这里利用不等式(1.3.348)的左端一共是 nx 项连续 a_k 之和. 由于 $a_1 + a_2 + \cdots + a_n = 2n$, 则不等式(1.3.349)是等式, 不等式(1.3.347)(n 个这样的不等式)全是等式. 从而, 有

$$S_k = 2x, \quad \text{这里 } k = 1, 2, \cdots, n$$

利用公式(1.3.346)和上式, 有

$$\left.\begin{aligned}
a_{x+1} - a_1 &= S_2 - S_1 = 0 \\
a_{x+2} - a_2 &= S_3 - S_2 = 0 \\
&\cdots\cdots \\
a_{2x} - a_x &= S_{x+1} - S_x = 0 \\
a_{2x+1} - a_{x+1} &= S_{x+2} - S_{x+1} = 0 \\
a_{2x+2} - a_{x+2} &= S_{x+3} - S_{x+2} = 0 \\
&\cdots\cdots \\
a_{3x} - a_{2x} &= S_{2x+1} - S_{2x} = 0 \\
&\cdots\cdots
\end{aligned}\right\} \tag{1.3.350}$$

利用上式, 极容易看到

$$\left.\begin{aligned}
a_1 &= a_{x+1} = a_{2x+1} = \cdots = a_{(\frac{n}{(x,r)}-1)x+1} \\
a_2 &= a_{x+2} = a_{2x+2} = \cdots = a_{(\frac{n}{(x,r)}-1)x+2} \\
a_3 &= a_{x+3} = a_{2x+3} = \cdots = a_{(\frac{n}{(x,r)}-1)x+3} \\
&\cdots\cdots \\
a_x &= a_{2x} = a_{3x} = \cdots = a_{\frac{n}{(x,r)}x}
\end{aligned}\right\} \tag{1.3.351}$$

现在证明, 对于固定正整数 j, 这里 $1 \leqslant j \leqslant (x,r)$, 下标集合 $\{j, x+j, 2x+j, \cdots, \left(\frac{n}{(x,r)}-1\right)x+j\}$ (恰 $\frac{n}{(x,r)}$ 个正整数), 在 $\mod n$ 意义下, 恰为集合 $\{j, (x,r)+j, 2(x,r)+j, \cdots, \left(\frac{n}{(x,r)}-1\right)(x,r)+j\}$, 在前一个下标集合中任取一个下标 $j+lx$, 这里 $l \in \{0, 1, 2, \cdots \frac{n}{(x-r)}-1\}$, 我们要寻找一个非负整数 $k \in \{0, 1, 2, \cdots \frac{n}{(x,r)}-1\}$, 满足

$$(j+lx) - [k(x,r)+j] \equiv 0 \pmod{n} \tag{1.3.352}$$

明显地, 有

$$(j+lx) - [k(x,r)+j] = (x,r)\left[\frac{lx}{(x,r)} - k\right] \qquad (1.3.353)$$

由于

$$n = qx + r = (x,r)\left[q\frac{x}{(x,r)} + \frac{r}{(x,r)}\right] \qquad (1.3.354)$$

显然,存在 $k \in \{0, 1, 2, \cdots, \frac{n}{(x,r)} - 1\}$,使得

$$k \equiv \frac{lx}{(x,r)} \left(\bmod \frac{n}{(x,r)}\right) \qquad (1.3.355)$$

在取了这样的非负整数 k 后,有

$$\frac{lx}{(x,r)} - k = \frac{n}{(x,r)} t \qquad (1.3.356)$$

这里 t 是一个整数.利用公式(1.3.353)和(1.3.356),有

$$(j+lx) - [k(x,r)+j] = nt \qquad (1.3.357)$$

因而公式(1.3.352)成立.换句话讲,集合 $\{j, x+j, 2x+j, \cdots, (\frac{n}{(x,r)}-1)x+j\}$,在 $\bmod n$ 意义下,包含在集合 $\{j, (x,r)+j, 2(x,r)+j, \cdots, (\frac{n}{(x,r)}-1)(x,r)+j\}$ 内,如果能证明前一个集合内任意两个不同元素在 $\bmod n$ 意义下,肯定不同余,那么,后一个集合(恰含 $\frac{n}{(x,r)}$ 个元素)内任意两个元素在 $\bmod n$ 意义下,也肯定不同余.于是,在 $\bmod n$ 意义下,前一个集合必等同于后一个集合.

对于前一个集合内任意两个不同元素之差

$$(l_1 x + j) - (l_2 x + j) = (l_1 - l_2)x \qquad (1.3.358)$$

这里 $l_1 > l_2$,及 $l_1, l_2 \in \{0, 1, 2, \cdots, \frac{n}{(x,r)} - 1\}$.用反证法,如果 $(l_1 - l_2)x$ 是 n 的倍数,则有正整数 t,使得

$$(l_1 - l_2)x = tn \qquad (1.3.359)$$

利用公式(1.3.354)和上式,有

$$(l_1 - l_2)\frac{x}{(x,r)} = t\left[q\frac{x}{(x,r)} + \frac{r}{(x,r)}\right] \qquad (1.3.360)$$

由于 $\frac{x}{(x,r)}$ 与 $\frac{r}{(x,r)}$ 互质,则 $\frac{x}{(x,r)}$ 与 $q\frac{x}{(x,r)} + \frac{r}{(x,r)}$ 是互质的. 那么, $l_1 - l_2$ 必是 $q\frac{x}{(x,r)} + \frac{r}{(x,r)}$ 的倍数,即正整数 $l_1 - l_2$ 是 $\frac{n}{(x,r)}$ 的倍数,但是 $l_1 - l_2 < \frac{n}{(x,r)}$,这是一个矛盾. 因此,集合 $\{j, x+j, 2x+j, \cdots, (\frac{n}{(x,r)}-1)x+j\}$ 在 $\bmod n$ 意义下,两两元素不同余.这样,作为两个有相同元素个数的集合 $\{j, x+j, 2x+j, \cdots, (\frac{n}{(x,r)}-1)x+j\}$ 与 $\{j, (x,r)+j, 2(x,r)+j, \cdots, (\frac{n}{(x,r)}-1)(x,r)+j\}$,在 $\bmod n$ 意义下是相同的.利用公式(1.3.351), $a_{n+k} = a_k$,以及上述结论,可以得到

$$\left.\begin{array}{l} a_1 = a_{(x,r)+1} = a_{2(x,r)+1} = \cdots = a_{n-(x,r)+1} \\ a_2 = a_{(x,r)+2} = a_{2(x,r)+2} = \cdots = a_{n-(x,r)+2} \\ a_3 = a_{(x,r)+3} = a_{2(x,r)+3} = \cdots = a_{n-(x,r)+3} \\ \cdots\cdots \\ a_{(x,r)} = a_{2(x,r)} = a_{3(x,r)} = \cdots = a_n \end{array}\right\} \qquad (1.3.361)$$

再利用公式(1.3.346),(1.3.349)和(1.3.361),有

$$2x = S_1 = a_1 + a_2 + \cdots + a_x = \frac{x}{(x,r)}(a_1 + a_2 + \cdots + a_{(x,r)}) \tag{1.3.362}$$

由于 $\{a_1, a_2, \cdots, a_n\}$ 是避免 x 的,下面证明正整数 $\frac{x}{(x,r)}$ 必是奇数.用反证法,如果 $\frac{x}{(x,r)}$ 是偶数,利用公式(1.3.362),有

$$x = \frac{x}{2(x,r)}(a_1 + a_2 + \cdots + a_{(x,r)}) \tag{1.3.363}$$

记正整数

$$t^* = \frac{x}{2(x,r)} \tag{1.3.364}$$

利用上式,有

$$t^*(x,r) = \frac{x}{2} \leqslant \frac{n}{2} < n \tag{1.3.365}$$

利用公式(1.3.361)和(1.3.363),兼顾公式(1.3.364)和上式,有

$$(a_1 + a_2 + \cdots + a_{(x,r)}) + (a_{(x,r)+1} + a_{(x,r)+2} + \cdots + a_{2(x,r)}) + \cdots$$
$$+ (a_{(t^*-1)(x,r)+1} + a_{(t^*-1)(x,r)+2} + \cdots + a_{t^*(x,r)})$$
$$= t^*(a_1 + a_2 + \cdots + a_{(x,r)}) = x \tag{1.3.366}$$

这与 $\{a_1, a_2, \cdots, a_n\}$ 是避免 x 的正整数数列矛盾.至此,本题所有结论成立.

例 28 $x_1, x_2, \cdots, x_n$ 是 n 个正实数,求证:n 个正实数 $x_1, \sqrt{x_1 x_2}, \sqrt[3]{x_1 x_2 x_3}, \cdots, \sqrt[n]{x_1 x_2 \cdots x_n}$ 的算术平均值小于等于 n 个正实数 $x_1, \frac{1}{2}(x_1+x_2), \frac{1}{3}(x_1+x_2+x_3), \cdots, \frac{1}{n}(x_1+x_2+\cdots+x_n)$ 的几何平均值.

证明:在证明本题之前,先引入一些辅助知识.当 $k > i$ 时,规定组合数 $C_i^k = 0$.当 k 为负整数时,也规定 $C_i^k = 0$,又规定 $0! = 1$.当 k 为负整数时,规定 $k! = \infty$.对正整数 $i, j, k, 1 \leqslant i, j \leqslant n$,令

$$a_k(i,j) = \frac{C_{n-i}^{j-k} C_{i-1}^{k-1}}{C_{n-1}^{j-1}} \geqslant 0 \tag{1.3.367}$$

明显地,对正整数 $k > \min(i,j)$ 时,如果 $i \geqslant j$,则 $k > j$,$C_{n-i}^{j-k} = 0$,如果 $i < j$,则 $k > i$,$C_{i-1}^{k-1} = 0$.因此,当 $k > \min(i,j)$ 时,有

$$a_k(i,j) = 0 \tag{1.3.368}$$

利用公式(1.3.367),对于所有小于等于 n 的正整数 i, j,有

$$a_k(i,j) = \frac{(n-i)!(n-j)!(i-1)!(j-1)!}{(n-1)!(k-1)!(n-i-j+k)!(i-k)!(j-k)!} = a_k(j,i) \tag{1.3.369}$$

下面推导一个恒等式.

$n-1$ 个人中有 $n-i$ 个男生,$i-1$ 个女生,这里 i 是一个正整数.从这 $n-1$ 个人中任选 $j-1$ 个人,一共有 C_{n-1}^{j-1} 种选法.另一方面,这选出的 $j-1$ 个人中有 $j-k$ 个男生($1 \leqslant k \leqslant j$),$k-1$ 个女生,一共有 $\sum_{k=1}^{j} C_{n-i}^{j-k} C_{i-1}^{k-1}$ 种选法,从而,有

$$\sum_{k=1}^{j} C_{n-i}^{j-k} C_{i-1}^{k-1} = C_{n-1}^{j-1} \tag{1.3.370}$$

上述方法称为构造一个组合模型.利用公式(1.3.367)和(1.3.370),当正整数 i, j 都小于等于 n 时,有

$$\sum_{k=1}^{n} a_k(i,j) = 1 \tag{1.3.371}$$

现在再证明,对于正整数 k,j,如果 $k \leqslant j$,有

$$\sum_{i=1}^{n} C_{n-i}^{j-k} C_{i-1}^{k-1} = C_n^j \tag{1.3.372}$$

构造一个组合模型,在集合 $\{1,2,\cdots,n\}$ 中选 j 个正整数,然后从小到大排列,一共有 C_n^j 种选法.另一方面,选 j 个正整数,第 k 个正整数是 i 的选法是 $\{1,2,\cdots,i-1\}$ 中选 $k-1$ 个正整数,从小到大排在第 1 位到 $k-1$ 位,在 $\{i+1,i+2,\cdots,n\}$ 中选 $j-k$ 个正整数,从小到大排在第 $k+1$ 位到第 j 位,一共有 $C_{i-1}^{k-1} C_{n-i}^{j-k}$ 种选法,再关于 i 从 1 到 n 求和,为集合 $\{1,2,\cdots,n\}$ 中选 j 个正整数,然后从小到大排列的全部取法.因此,有公式(1.3.372).利用公式(1.3.367)和(1.3.372),对于正整数 k,j,当 $k \leqslant j$ 时,有

$$\sum_{i=1}^{n} a_k(i,j) = \frac{C_n^j}{C_{n-1}^{j-1}} = \frac{n}{j} \tag{1.3.373}$$

当 $k > j$ 时,利用公式(1.3.367),有

$$\sum_{i=1}^{n} a_k(i,j) = 0 \tag{1.3.374}$$

还有一个不等式,也是需要的.对于 $2n$ 个正实数 $a_1,a_2,\cdots,a_n;p_1,p_2,\cdots,p_n$,且满足 $p_1 + p_2 + \cdots + p_n = 1$,有

$$a_1^{p_1} a_2^{p_2} \cdots a_n^{p_n} \leqslant \sum_{i=1}^{n} a_i p_i \tag{1.3.375}$$

利用连续的凸函数 $f(x) = -\lg x \,(x > 0)$ 的加权的 Jensen 不等式(见 1.1 节定理 2),有

$$\frac{1}{\sum_{i=1}^{n} p_i} \sum_{i=1}^{n} p_i \lg a_i \leqslant \lg \frac{\sum_{i=1}^{n} p_i a_i}{\sum_{i=1}^{n} p_i} \tag{1.3.376}$$

利用上式,立即推出不等式(1.3.375),从不等式(1.3.375)还容易看出,$p_1, p_2, \cdots, p_n$ 中可以有一些是零.换句话讲,当 $p_1, p_2, \cdots, p_n$ 是非负实数时,不等式(1.3.375)也成立.

有了上述这些预备知识,我们可以证明本题了.对于 $j = 1,2,\cdots,n$,有

$$\frac{1}{n} \sum_{k=1}^{n} \Big(x_k \sum_{i=1}^{n} a_k(i,j) \Big) = \frac{1}{n} \sum_{k=1}^{j} \Big(x_k \sum_{i=1}^{n} a_k(i,j) \Big) \text{(利用公式(1.3.374))}$$

$$= \frac{1}{n} \sum_{k=1}^{j} \Big(x_k \frac{n}{j} \Big) \text{(利用公式(1.3.373))}$$

$$= \frac{1}{j} \sum_{k=1}^{j} x_k \tag{1.3.377}$$

另一方面,有

$$\frac{1}{n} \sum_{k=1}^{n} \Big(x_k \sum_{i=1}^{n} a_k(i,j) \Big) = \frac{1}{n} \sum_{i=1}^{n} \Big(\sum_{k=1}^{n} x_k a_k(i,j) \Big) \tag{1.3.378}$$

记

$$p_k = a_k(i,j) \tag{1.3.379}$$

利用公式(1.3.371),(1.3.375)和(1.3.379),有

$$x_1^{a_1(i,j)} x_2^{a_2(i,j)} \cdots x_n^{a_n(i,j)} \leqslant \sum_{k=1}^{n} x_k a_k(i,j) \tag{1.3.380}$$

利用公式(1.3.377)和不等式(1.3.380),有

$$\frac{1}{n} \sum_{i=1}^{n} x_1^{a_1(i,j)} x_2^{a_2(i,j)} \cdots x_n^{a_n(i,j)} \leqslant \frac{1}{j} \sum_{k=1}^{j} x_k \tag{1.3.381}$$

在上式中,分别取 $j = 1, 2, \cdots, n$,然后取几何平均值,有

$$\frac{1}{n} \prod_{j=1}^{n} \Big(\sum_{i=1}^{n} x_1^{a_1(i,j)} x_2^{a_2(i,j)} \cdots x_n^{a_n(i,j)} \Big)^{\frac{1}{n}} \leqslant \Big(\prod_{j=1}^{n} \Big(\frac{1}{j} \sum_{k=1}^{j} x_k \Big) \Big)^{\frac{1}{n}} \tag{1.3.382}$$

利用推广的 Hölder 不等式(见 1.1 节例 15(2)),有

$$\sum_{i=1}^{n} \Big(\prod_{j=1}^{n} x_1^{a_1(i,j)} x_2^{a_2(i,j)} \cdots x_n^{a_n(i,j)} \Big)^{\frac{1}{n}}$$

$$= \sum_{i=1}^{n} (x_1^{a_1(i,1)} x_2^{a_2(i,1)} \cdots x_n^{a_n(i,1)})^{\frac{1}{n}} (x_1^{a_1(i,2)} x_2^{a_2(i,2)} \cdots x_n^{a_n(i,2)})^{\frac{1}{n}} \cdots (x_1^{a_1(i,n)} x_2^{a_2(i,n)} \cdots x_n^{a_n(i,n)})^{\frac{1}{n}}$$

$$\leqslant \Big(\sum_{i=1}^{n} x_1^{a_1(i,1)} x_2^{a_2(i,1)} \cdots x_n^{a_n(i,1)} \Big)^{\frac{1}{n}} \Big(\sum_{i=1}^{n} x_1^{a_1(i,2)} x_2^{a_2(i,2)} \cdots x_n^{a_n(i,2)} \Big)^{\frac{1}{n}} \cdots \Big(\sum_{i=1}^{n} x_1^{a_1(i,n)} x_2^{a_2(i,n)} \cdots x_n^{a_n(i,n)} \Big)^{\frac{1}{n}}$$

$$= \prod_{j=1}^{n} \Big(\sum_{i=1}^{n} x_1^{a_1(i,j)} x_2^{a_2(i,j)} \cdots x_n^{a_n(i,j)} \Big) \tag{1.3.383}$$

对于 $i = 1, 2, \cdots, n$ 有

$$\prod_{j=1}^{n} x_1^{a_1(i,j)} x_2^{a_2(i,j)} \cdots x_n^{a_n(i,j)} = x_1^{\sum_{j=1}^{n} a_1(j,i)} x_2^{\sum_{j=1}^{n} a_2(j,i)} \cdots x_n^{\sum_{j=1}^{n} a_n(j,i)} \quad (利用公式(1.3.369))$$

$$= (x_1 x_2 \cdots x_i)^{\frac{n}{i}} \quad (利用公式(1.3.373) 和 (1.3.374)) \tag{1.3.384}$$

上式两端开 n 次方,有

$$\Big(\prod_{j=1}^{n} x_1^{a_1(i,j)} x_2^{a_2(i,j)} \cdots x_n^{a_n(i,j)} \Big)^{\frac{1}{n}} = \sqrt[i]{x_1 x_2 \cdots x_i} \tag{1.3.385}$$

利用不等式(1.3.382),(1.3.383)和公式(1.3.385),有

$$\Big(\prod_{j=1}^{n} \Big(\frac{1}{j} \sum_{k=1}^{j} x_k \Big) \Big)^{\frac{1}{n}} \geqslant \frac{1}{n} \sum_{i=1}^{n} \sqrt[i]{x_1 x_2 \cdots x_i} \tag{1.3.386}$$

注:例 28 是《美国数学月刊》(*The American Mathematical Monthly*)1994 年第 4 期一篇文章的结果,作者是 Kiran Kedlaya.

1.4 最大值与最小值

不等式的一个重要应用是求一些代数式的最大值与最小值.本节给出一些例题.

例 1 设 a, b, c 都是正实数,满足 $abc = 1$,n 是一个正整数.求

$$\frac{1}{a^{2n+1}(b+c)} + \frac{1}{b^{2n+1}(c+a)} + \frac{1}{c^{2n+1}(a+b)}$$

的最小值.

注:当 $n = 1$ 时,为 1995 年 IMO 的一个试题.

解:利用题目条件,可以看到

$$\frac{1}{a^{2n+1}(b+c)} + \frac{1}{b^{2n+1}(c+a)} + \frac{1}{c^{2n+1}(a+b)} = \frac{(abc)^{2n}}{a^{2n+1}(b+c)} + \frac{(abc)^{2n}}{b^{2n+1}(c+a)} + \frac{(abc)^{2n}}{c^{2n+1}(a+b)}$$

$$= \frac{(bc)^{2n}}{a(b+c)} + \frac{(ac)^{2n}}{b(c+a)} + \frac{(ab)^{2n}}{c(a+b)} \tag{1.4.1}$$

由 Cauchy 不等式,有

$$[a(b+c) + b(c+a) + c(a+b)] \Big[\frac{(bc)^{2n}}{a(b+c)} + \frac{(ac)^{2n}}{b(c+a)} + \frac{(ab)^{2n}}{c(a+b)} \Big]$$

$$\geqslant [(bc)^n + (ac)^n + (ab)^n]^2 \tag{1.4.2}$$

利用上二式,有

$$\frac{1}{a^{2n+1}(b+c)} + \frac{1}{b^{2n+1}(c+a)} + \frac{1}{c^{2n+1}(a+b)}$$

$$\geqslant \frac{[(bc)^n + (ac)^n + (ab)^n]^2}{2(ab+bc+ca)}$$

$$\geqslant \frac{1}{2} \frac{1}{3^{2n-2}} (ab+bc+ca)^{2n-1} (将 ab,bc,ca 视为三个正实数,利用1.1节例16的幂平均不等式,$$

有 $\left\{\frac{1}{3}[(ab)^n + (bc)^n + (ca)^n]\right\}^{\frac{1}{n}} \geqslant \frac{1}{3}(ab+bc+ca)$,再两端 $2n$ 次方)

$$\geqslant \frac{1}{2} \frac{1}{3^{2n-2}} (3\sqrt[3]{(ab)(bc)(ca)})^{2n-1} (利用 A_3 \geqslant G_3) = \frac{3}{2} (利用题目条件) \tag{1.4.3}$$

当 $a = b = c$ 时,上式取等号,题目所求的最小值是 $\frac{3}{2}$.

例2 非负实数 a,b,c 满足 $ab+bc+ca = 1$. 求 $\frac{1}{a+b} + \frac{1}{b+c} + \frac{1}{c+a}$ 的最小值.

解:不妨设 $a \leqslant b \leqslant c$. 记

$$f(a,b,c) = \frac{1}{a+b} + \frac{1}{b+c} + \frac{1}{c+a} \tag{1.4.4}$$

先证明

$$f\left(0, a+b, \frac{1}{a+b}\right) \leqslant f(a,b,c) \tag{1.4.5}$$

记

$$c^* = \frac{1}{a+b} \tag{1.4.6}$$

利用(1.4.4)和(1.4.6),有

$$f(0, a+b, c^*) = \frac{1}{a+b} + \frac{1}{a+b+c^*} + \frac{1}{c^*} \tag{1.4.7}$$

不等式(1.4.5)等价于证明

$$\frac{1}{a+b+c^*} + \frac{1}{c^*} \leqslant \frac{1}{b+c} + \frac{1}{c+a} \tag{1.4.8}$$

明显地,上式等价于证明

$$\frac{a+b+2c^*}{(a+b+c^*)c^*} \leqslant \frac{a+b+2c}{(b+c)(c+a)} \tag{1.4.9}$$

利用公式(1.4.6),有

$$(a+b+c^*)c^* = 1 + c^{*2} \tag{1.4.10}$$

利用题目条件,有

$$(b+c)(c+a) = 1 + c^2 \tag{1.4.11}$$

利用上二式,不等式(1.4.9)等价于证明

$$\frac{a+b+2c^*}{a+b+2c} \leqslant \frac{1+c^{*2}}{1+c^2} \tag{1.4.12}$$

由于

$$\left.\begin{aligned}\frac{a+b+2c^*}{a+b+2c} &= 1 + \frac{2(c^*-c)}{a+b+2c} \\ \frac{1+c^{*2}}{1+c^2} &= 1 + \frac{c^{*2}-c^2}{1+c^2}\end{aligned}\right\} \tag{1.4.13}$$

利用题目条件,有
$$c = \frac{1-ab}{a+b} < c^* (利用公式(1.4.6)) \tag{1.4.14}$$

利用公式(1.4.13),不等式(1.4.14),不等式(1.4.12)等价于证明
$$\frac{2}{a+b+2c} \leqslant \frac{c^*+c}{1+c^2} \tag{1.4.15}$$

由于
$$(a+b+2c)(c^*+c) - 2(1+c^2) = 2cc^* + (a+b)c - 1(利用公式(1.4.6))$$
$$= \frac{2(1-ab)}{(a+b)^2} - ab(利用题目条件及公式(1.4.6))$$
$$\tag{1.4.16}$$

由于 $a \leqslant b \leqslant c$,及题目条件,可以看到
$$2(1-ab) = 2c(a+b) \geqslant 2 \cdot \frac{1}{2}(a+b)^2 = (a+b)^2 \tag{1.4.17}$$

利用上二式,有
$$(a+b+2c)(c^*+c) - 2(1+c^2) \geqslant 1 - ab \geqslant 0(利用题目条件) \tag{1.4.18}$$

于是不等式(1.4.15)成立.即不等式(1.4.5)成立.再利用公式(1.4.4),(1.4.6)和(1.4.7),有
$$f(a,b,c) \geqslant x + \frac{1}{x} \tag{1.4.19}$$

这里
$$x = (a+b) + \frac{1}{a+b} \geqslant 2 \tag{1.4.20}$$

令
$$F(x) = x + \frac{1}{x}, \quad 这里 x \geqslant 2 \tag{1.4.21}$$

当 $y > x \geqslant 2$ 时,利用上式,可以看到
$$F(y) - F(x) = (y-x)\left(1 - \frac{1}{xy}\right) > 0 \tag{1.4.22}$$

于是 $F(x)$ 是区间 $[2,\infty)$ 内的单调递增函数.再利用不等式(1.4.19)和公式(1.4.21),有
$$f(a,b,c) \geqslant F(x)(这里 x 满足公式(1.4.20)) \geqslant F(2) = \frac{5}{2} \tag{1.4.23}$$

当 a,b,c 三个非负实数中,一个取零,两个取1,取到最小值 $\frac{5}{2}$.

例3 x,y,z 是正实数,满足 $x^4 + y^4 + z^4 = 1$.求 $\frac{x^3}{1-x^8} + \frac{y^3}{1-y^8} + \frac{z^3}{1-z^8}$ 的最小值.

解:明显地,有
$$\frac{x^3}{1-x^8} + \frac{y^3}{1-y^8} + \frac{z^3}{1-z^8} = \frac{x^4}{x(1-x^8)} + \frac{y^4}{y(1-y^8)} + \frac{z^4}{z(1-z^8)} \tag{1.4.24}$$

对于 $u \in (0,1)$,令
$$f(u) = u(1-u^8) \tag{1.4.25}$$

对于任意正实数 A,
$$A[f(u)]^8 = (Au^8)(1-u^8)(1-u^8)\cdots(1-u^8)(8个(1-u^8)相乘)$$
$$\leqslant \left[\frac{1}{9}(Au^8 + 8(1-u^8))\right]^9 (利用 G_9 \leqslant A_9) \tag{1.4.26}$$

令

$$A = 8 \tag{1.4.27}$$

利用不等式(1.4.26)和上式,有

$$8[f(u)]^8 \leqslant \left(\frac{8}{9}\right)^9 \tag{1.4.28}$$

利用公式(1.4.25),知道 $f(u)>0$,再利用上式,有

$$f(u) \leqslant \frac{8}{3^{\frac{9}{4}}} \tag{1.4.29}$$

利用公式(1.4.25)和上式,再利用公式(1.4.24),有

$$\frac{x^3}{1-x^8}+\frac{y^3}{1-y^8}+\frac{z^3}{1-z^8} \geqslant \frac{1}{8}3^{\frac{9}{4}}(x^4+y^4+z^4)=\frac{9}{8}\sqrt[4]{3} \tag{1.4.30}$$

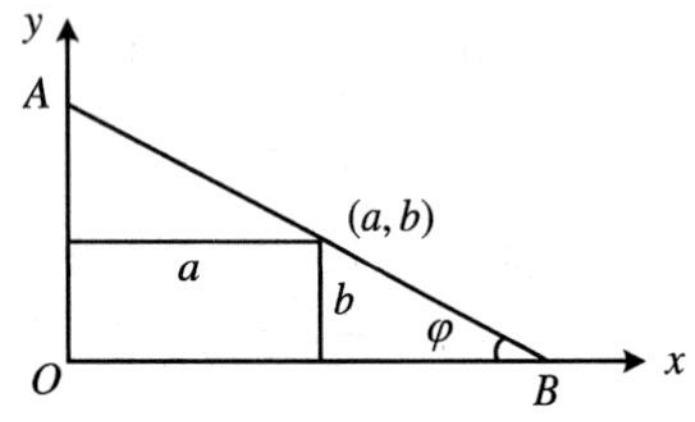

图 1.2

当 $x=y=z=\frac{1}{\sqrt[4]{3}}$时,上式取等号.因此,本题所求的最小值是$\frac{9}{8}\sqrt[4]{3}$.

例 4 已知 a,b 是两个给定正实数,在平面上,过点(a,b)作一条直线,分别交 x,y 轴的正半轴于不同两点.求这两点与原点组成的直角三角形三边长之和的最小值.

解:在这直角三角形内,记这条直线与 x 轴的夹角为锐角φ,见图 1.2.

$$\begin{aligned}
\mathrm{Rt}\triangle AOB\ \text{的周长} &= (b+a\tan\varphi)+(a+b\cot\varphi)+\left(\frac{a}{\cos\varphi}+\frac{b}{\sin\varphi}\right)\\
&=(a+b)+\frac{a(1+\sin\varphi)}{\cos\varphi}+\frac{b(1+\cos\varphi)}{\sin\varphi}\\
&=(a+b)+a\left(\frac{1+\cos\left(\frac{\pi}{2}-\varphi\right)}{\sin\left(\frac{\pi}{2}-\varphi\right)}\right)+b\cot\frac{\varphi}{2}\\
&=(a+b)+a\frac{\cos\left(\frac{\pi}{4}-\frac{\varphi}{2}\right)}{\sin\left(\frac{\pi}{4}-\frac{\varphi}{2}\right)}+b\cot\frac{\varphi}{2}\\
&=(a+b)+a\left(\frac{\cos\frac{\varphi}{2}+\sin\frac{\varphi}{2}}{\cos\frac{\varphi}{2}-\sin\frac{\varphi}{2}}\right)+b\cot\frac{\varphi}{2}\\
&=(a+b)+a\left(\frac{\cot\frac{\varphi}{2}+1}{\cot\frac{\varphi}{2}-1}\right)+b\cot\frac{\varphi}{2}
\end{aligned} \tag{1.4.31}$$

记

$$x=\cot\frac{\varphi}{2},\quad \varphi\in\left(0,\frac{\pi}{2}\right),\quad x\in(1,\infty) \tag{1.4.32}$$

又令

$$f(x)=a\left(\frac{x+1}{x-1}\right)+bx \tag{1.4.33}$$

本题只须求出 $f(x)$的最小值.利用上式,有

$$f(x) = a\left(1 + \frac{2}{x-1}\right) + bx = (a+b) + \frac{2a}{x-1} + b(x-1)$$
$$\geqslant (a+b) + 2\sqrt{2ab}(\text{利用 } A_2 \geqslant G_2) \tag{1.4.34}$$

当 $\frac{2a}{x-1} = b(x-1)$ 时，$f(x)$ 取到最小值．这时，利用 $x>1$，有

$$x = 1 + \sqrt{\frac{2a}{b}} \tag{1.4.35}$$

因此，所求的直角三角形周长的最小值是 $2(a+b) + 2\sqrt{2ab}$．由公式(1.4.32)和(1.4.35)，可唯一确定角 φ．

例5 在 $\triangle ABC$ 中，求 $\dfrac{16\sin^2\frac{A}{2}\sin^2\frac{B}{2}\sin^2\frac{C}{2} + 1}{\tan\frac{A}{2}\tan\frac{B}{2}\tan\frac{C}{2}}$ 的最小值．

解：在 $\triangle ABC$ 中，依惯例，用 a,b,c 依次表示三内角 A,B,C 所对应的边长．记

$$p = \frac{1}{2}(a+b+c) \tag{1.4.36}$$

p 是 $\triangle ABC$ 的半周长，r 是 $\triangle ABC$ 的内切圆半径．点 I 表示 $\triangle ABC$ 的内心，点 I 到边 AB 上的垂足是点 D(图 1.3)．明显地，有

$$AD = \frac{1}{2}(b+c-a) = p-a \tag{1.4.37}$$

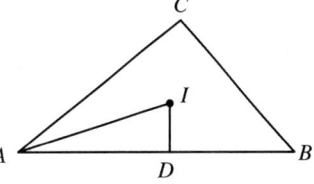

图 1.3

在 Rt$\triangle ADI$ 中，有

$$\tan\frac{A}{2} = \frac{DI}{AD} = \frac{r}{p-a} \tag{1.4.38}$$

利用上式，有

$$\tan\frac{A}{2} = \sqrt{\frac{(rp)^2}{p^2(p-a)^2}} = \sqrt{\frac{p(p-a)(p-b)(p-c)}{p^2(p-a)^2}} = \sqrt{\frac{(p-b)(p-c)}{p(p-a)}} \tag{1.4.39}$$

类似地，有

$$\tan\frac{B}{2} = \sqrt{\frac{(p-a)(p-c)}{p(p-b)}}, \quad \tan\frac{C}{2} = \sqrt{\frac{(p-a)(p-b)}{p(p-c)}} \tag{1.4.40}$$

又可以看到

$$\sin\frac{A}{2} = \sqrt{\frac{1}{2}(1-\cos A)} = \sqrt{\frac{1}{4bc}[2bc - (b^2+c^2-a^2)]}$$
$$= \sqrt{\frac{1}{4bc}(a+b-c)(a-b+c)} = \sqrt{\frac{(p-b)(p-c)}{bc}} \tag{1.4.41}$$

类似地，还可以看到

$$\sin\frac{B}{2} = \sqrt{\frac{(p-a)(p-c)}{ac}}, \quad \sin\frac{C}{2} = \sqrt{\frac{(p-a)(p-b)}{ab}} \tag{1.4.42}$$

用 S 表示 $\triangle ABC$ 的面积．在做了上述这些准备工作后，可以来处理本题了．利用上述公式，可以得到

$$\frac{16\sin^2\frac{A}{2}\sin^2\frac{B}{2}\sin^2\frac{C}{2} + 1}{\tan\frac{A}{2}\tan\frac{B}{2}\tan\frac{C}{2}} = \frac{16pS(p-a)(p-b)(p-c)}{a^2b^2c^2} + \frac{pS}{(p-a)(p-b)(p-c)}$$

$$= \frac{16S^3}{a^2b^2c^2} + \frac{p^2}{S} = \frac{16S^3}{a^2b^2c^2} + \frac{p^2}{4S} + \frac{p^2}{4S} + \frac{p^2}{4S} + \frac{p^2}{4S}$$

$$\geq 5\sqrt[5]{\frac{16S^3}{a^2b^2c^2}\left(\frac{p^2}{4S}\right)^4} \quad (\text{利用 } A_5 \geq G_5)$$

$$= 5\sqrt[5]{\frac{1}{4^5}\frac{p^2}{S}\frac{4^3p^6}{a^2b^2c^2}} \tag{1.4.43}$$

利用

$$S^2 = p(p-a)(p-b)(p-c)$$
$$\leq p\left\{\frac{1}{3}[(p-a)+(p-b)+(p-c)]\right\}^3 \quad (\text{利用 } G_3 \leq A_3)$$
$$= \frac{p^4}{27} \tag{1.4.44}$$

可以看到

$$\frac{p^2}{S} \geq 3\sqrt{3} \tag{1.4.45}$$

又可以看到

$$\frac{4^3p^6}{a^2b^2c^2} = \left[\frac{(a+b+c)^3}{abc}\right]^2 \geq 3^6 \quad (\text{利用 } a+b+c \geq 3\sqrt[3]{abc}) \tag{1.4.46}$$

利用不等式(1.4.43),(1.4.45)和(1.4.46),可以得到

$$\frac{16\sin^2\frac{A}{2}\sin^2\frac{B}{2}\sin^2\frac{C}{2}+1}{\tan\frac{A}{2}\tan\frac{B}{2}\tan\frac{C}{2}} \geq \frac{15}{4}\sqrt{3} \tag{1.4.47}$$

当$\triangle ABC$是等边三角形时,上式等号成立.因此,所求的最小值是$\frac{15}{4}\sqrt{3}$.

例6 对给定的实数a_1,a_2,a_3,a_4,a_5,记

$$F = \max_{x \in [-1,1]} |x^5 - a_1x^4 - a_2x^3 - a_3x^2 - a_4x - a_5|$$

当实数a_1,a_2,a_3,a_4,a_5变化时,求F的最小值.

解:令

$$f(x) = x^5 - a_1x^4 - a_2x^3 - a_3x^2 - a_4x - a_5 \tag{1.4.48}$$

利用上式,可以看到

$$f(1) - f(-1) = 2 - 2(a_2 + a_4) \tag{1.4.49}$$

$$f\left(\cos\frac{2\pi}{5}\right) - f\left(-\cos\frac{2\pi}{5}\right) = 2\cos^5\frac{2\pi}{5} - 2a_2\cos^3\frac{2\pi}{5} - 2a_4\cos\frac{2\pi}{5} \tag{1.4.50}$$

$$f\left(\cos\frac{4\pi}{5}\right) - f\left(-\cos\frac{4\pi}{5}\right) = 2\cos^5\frac{4\pi}{5} - 2a_2\cos^3\frac{4\pi}{5} - 2a_4\cos\frac{4\pi}{5} \tag{1.4.51}$$

利用

$$\cos^3\theta = \frac{1}{4}(\cos 3\theta + 3\cos\theta) \tag{1.4.52}$$

有

$$\cos^3\frac{2\pi}{5} = \frac{1}{4}\left(-\cos\frac{\pi}{5} + 3\cos\frac{2\pi}{5}\right) \tag{1.4.53}$$

$$\cos^3\frac{4\pi}{5} = \frac{1}{4}\left(\cos\frac{2\pi}{5} - 3\cos\frac{\pi}{5}\right) \tag{1.4.54}$$

代(1.4.53)入(1.4.50),有

$$f\left(\cos\frac{2\pi}{5}\right) - f\left(-\cos\frac{2\pi}{5}\right) = 2\cos^5\frac{2\pi}{5} - \frac{1}{2}a_2\left(3\cos\frac{2\pi}{5} - \cos\frac{\pi}{5}\right) - 2a_4\cos\frac{2\pi}{5} \tag{1.4.55}$$

代(1.4.54)入(1.4.51),有
$$f\left(\cos\frac{4\pi}{5}\right) - f\left(-\cos\frac{4\pi}{5}\right) = -2\cos^5\frac{\pi}{5} - \frac{1}{2}a_2\left(\cos\frac{2\pi}{5} - 3\cos\frac{\pi}{5}\right) + 2a_4\cos\frac{\pi}{5} \quad (1.4.56)$$

考虑
$$S = f(1) - f(-1) + A\left[f\left(\cos\frac{2\pi}{5}\right) - f\left(-\cos\frac{2\pi}{5}\right)\right] + B\left[f\left(\cos\frac{4\pi}{5}\right) - f\left(-\cos\frac{4\pi}{5}\right)\right]$$
$$(1.4.57)$$

这里 A,B 是待定实数.利用(1.4.55)和(1.4.56),使得公式(1.4.57)的右端的 a_2,a_4 的系数都为零,兼顾公式(1.4.49),有

$$\left. \begin{array}{l} -2 - \dfrac{A}{2}\left(3\cos\dfrac{2\pi}{5} - \cos\dfrac{\pi}{5}\right) - \dfrac{B}{2}\left(\cos\dfrac{2\pi}{5} - 3\cos\dfrac{\pi}{5}\right) = 0 \\ -2 - 2A\cos\dfrac{2\pi}{5} + 2B\cos\dfrac{\pi}{5} = 0 \end{array} \right\} \quad (1.4.58)$$

解上述关于 A,B 的二元一次方程组,有
$$A = 2, \quad B = 2 \quad (1.4.59)$$

注:有兴趣的读者可以自己解这方程组.

利用公式(1.4.49),(1.4.57)和(1.4.59),这时,有
$$S = 2\left(1 + 2\cos^5\frac{2\pi}{5} - 2\cos^5\frac{\pi}{5}\right) \quad (1.4.60)$$

由于
$$\frac{1}{16}\cos 5\theta = \cos^5\theta - \frac{3}{4}\cos^3\theta + \frac{5}{16}\cos\theta \quad (1.4.61)$$

利用公式(1.4.52)和(1.4.61),可以看到
$$\cos 5\theta = 16\cos^5\theta - 5\cos 3\theta - 10\cos\theta \quad (1.4.62)$$

从上式,有
$$\cos^5\theta = \frac{1}{16}(\cos 5\theta + 5\cos 3\theta + 10\cos\theta) \quad (1.4.63)$$

利用上式,有
$$\cos^5\frac{2\pi}{5} = \frac{1}{16}\left(1 + 10\cos\frac{2\pi}{5} - 5\cos\frac{\pi}{5}\right) \quad (1.4.64)$$

$$\cos^5\frac{\pi}{5} = \frac{1}{16}\left(-1 + 5\cos\frac{3\pi}{5} + 10\cos\frac{\pi}{5}\right) \quad (1.4.65)$$

代上二式入公式(1.4.60),有
$$S = \frac{5}{2} + \frac{15}{4}\left(\cos\frac{2\pi}{5} - \cos\frac{\pi}{5}\right) \quad (1.4.66)$$

由于
$$2\left(\cos\frac{\pi}{5} - \cos\frac{2\pi}{5}\right) = 4\sin\frac{3\pi}{10}\sin\frac{\pi}{10} = \frac{1}{\cos\frac{\pi}{10}}2\sin\frac{3\pi}{10}\sin\frac{2\pi}{10} = \frac{1}{\cos\frac{\pi}{10}}2\sin\frac{2\pi}{10}\cos\frac{2\pi}{10} = \frac{\sin\frac{4\pi}{10}}{\cos\frac{\pi}{10}} = 1$$
$$(1.4.67)$$

利用上二式,有
$$S = \frac{5}{8} \quad (1.4.68)$$

利用题目条件及公式(1.4.48),有

$$10F \geqslant |f(1)| + |f(-1)| + 2\left|f\left(\cos\frac{2\pi}{5}\right)\right| + 2\left|f\left(-\cos\frac{2\pi}{5}\right)\right| + 2\left|f\left(\cos\frac{4\pi}{5}\right)\right| + 2\left|f\left(-\cos\frac{4\pi}{5}\right)\right|$$

$$\geqslant S(\text{利用公式}(1.4.57)\text{和}(1.4.59)) = \frac{5}{8}(\text{利用公式}(1.4.68)) \tag{1.4.69}$$

从上式,有

$$F \geqslant \frac{1}{16} \tag{1.4.70}$$

取

$$a_1 = 0, \quad a_3 = 0, \quad a_5 = 0, \quad a_2 = \frac{5}{4}, \quad a_4 = -\frac{5}{16} \tag{1.4.71}$$

$$F = \max_{x \in [-1,1]} \left| x^5 - \frac{5}{4}x^3 + \frac{5}{16}x \right| \tag{1.4.72}$$

令

$$x = \cos\theta, \quad \theta \in [0, \pi] \tag{1.4.73}$$

利用公式(1.4.61),(1.4.72)和(1.4.73),有

$$F = \max_{\theta \in [0,\pi]} \frac{1}{16} |\cos 5\theta| = \frac{1}{16} \tag{1.4.74}$$

因此,所求的最小值是 $\frac{1}{16}$.

例7 已知正实数 $a \geqslant 3$, $f(x)$ 是具实系数的 n 次多项式(n 为非负整数),求证:
$\max\limits_{j=0,1,2,\cdots,n+1} |a^j - f(j)| \geqslant 1$.

证明: 对 n 利用数学归纳法.

当 $n=0$ 时,$f(x) = c$,这里 c 是一个与 x 无关的实数.用反证法,如果题目结论不成立,那么,有

$$|1 - c| < 1, \quad |a - c| < 1 \tag{1.4.75}$$

利用上式,有

$$|a - 1| \leqslant |a - c| + |c - 1| < 2 \tag{1.4.76}$$

这与题目条件 $a \geqslant 3$ 矛盾.

设对所有 $n-1$ 次实系数多项式,题目结论成立.考虑 n 次实系数多项式 $f(x)$.令

$$g(x) = \frac{1}{a-1}[f(x+1) - f(x)] \tag{1.4.77}$$

记

$$f(x) = a_n x^n + a_{n-1} x^{n-1} + \cdots + a_1 x + a_0 \tag{1.4.78}$$

这里 $a_j(j=0,1,\cdots,n-1,n)$ 全是实数,$a_n \neq 0$.则 $g(x)$ 是 x 的 $n-1$ 次实系数多项式,依照归纳法假设,有

$$\max_{j=0,1,2,\cdots,n} |a^j - g(j)| \geqslant 1 \tag{1.4.79}$$

对于集合 $\{0,1,2,\cdots,n\}$ 内任意元素 j,利用公式(1.4.77),有

$$|a^j - g(j)| = \frac{1}{a-1} |a^{j+1} - a^j - f(j+1) + f(j)|$$

$$\leqslant \frac{1}{a-1} |a^{j+1} - f(j+1)| + \frac{1}{a-1} |a^j - f(j)|$$

$$\leqslant \frac{2}{a-1} \max_{j=0,1,2,\cdots,n+1} |a^j - f(j)| \leqslant \max_{j=0,1,2,\cdots,n+1} |a^j - f(j)| \quad (\text{利用 } a \geqslant 3)$$

$$\tag{1.4.80}$$

利用上二式,归纳法完成,题目结论成立.

例 8　寻找最小正常数 k,使得对任意正实数 x,y,z,有
$$\frac{x}{\sqrt{x+y}} + \frac{y}{\sqrt{y+z}} + \frac{z}{\sqrt{z+x}} \leqslant k\sqrt{x+y+z}$$

解:在题目不等式中,令 $y=3, z=1$,则对于任意正实数 x,有
$$\frac{x}{\sqrt{x+3}} + \frac{3}{2} + \frac{1}{\sqrt{1+x}} \leqslant k\sqrt{x+4} \tag{1.4.81}$$

在上式两端,令 $x \to 0$,有
$$k \geqslant \frac{5}{4} \tag{1.4.82}$$

如果能证明,当 $k = \frac{5}{4}$ 时,题目中的不等式对任意正实数 x,y,z 成立,则 $k = \frac{5}{4}$ 是所求的最小的正常数.

首先,用变量代换,消去分母中的根号是当务之急.引入三个正实数 a,b,c,使得
$$x+y = c^2, \quad y+z = a^2, \quad x+z = b^2 \tag{1.4.83}$$

从上式,有
$$\left. \begin{array}{l} x+y+z = \dfrac{1}{2}(a^2+b^2+c^2), \quad x = \dfrac{1}{2}(b^2+c^2-a^2) \\ y = \dfrac{1}{2}(a^2+c^2-b^2), \quad z = \dfrac{1}{2}(a^2+b^2-c^2) \end{array} \right\} \tag{1.4.84}$$

由于题目中的不等式关于 x,y,z 是圆周对称的(在变换 $x \to y \to z \to x$ 下不变),不妨设 x 是 x,y,z 中最小的一个.于是,利用公式(1.4.84),知道 a 是 a,b,c 中最大的一个.利用公式(1.4.83)和(1.4.84),问题转化为证明
$$\frac{1}{2c}(b^2+c^2-a^2) + \frac{1}{2a}(a^2+c^2-b^2) + \frac{1}{2b}(a^2+b^2-c^2) \leqslant \frac{5}{4}\sqrt{\frac{1}{2}(a^2+b^2+c^2)} \tag{1.4.85}$$

由于
$$2(a^2+b^2+c^2) - (a+\sqrt{b^2+c^2})^2 = (a-\sqrt{b^2+c^2})^2 \tag{1.4.86}$$

所以,有
$$\sqrt{\frac{1}{2}(a^2+b^2+c^2)} \geqslant \frac{1}{2}(a+\sqrt{b^2+c^2}) \tag{1.4.87}$$

利用上式,如果能证明
$$\frac{1}{c}(b^2+c^2-a^2) + \frac{1}{a}(a^2+c^2-b^2) + \frac{1}{b}(a^2+b^2-c^2) \leqslant \frac{5}{4}(a+\sqrt{b^2+c^2}) \tag{1.4.88}$$

则不等式(1.4.85)成立.

可以看到
$$\frac{1}{c}(b^2+c^2-a^2) + \frac{1}{a}(a^2+c^2-b^2) + \frac{1}{b}(a^2+b^2-c^2)$$
$$= (a+b+c) + \frac{1}{abc}[ab(b^2-a^2) + bc(c^2-b^2) + ac(a^2-c^2)] \tag{1.4.89}$$

又可以得到
$$(a+b+c)(a-b)(a-c)(c-b) = (a+b+c)(a^2c - ac^2 + bc^2 - a^2b + ab^2 - b^2c)$$
$$= ab(b^2-a^2) + bc(c^2-b^2) + ac(a^2-c^2) \tag{1.4.90}$$

利用上二式,可以看到

$$\frac{1}{c}(b^2+c^2-a^2)+\frac{1}{a}(a^2+c^2-b^2)+\frac{1}{b}(a^2+b^2-c^2)$$
$$=\frac{(a+b+c)}{abc}[abc+(a-b)(a-c)(c-b)] \tag{1.4.91}$$

利用(1.4.91),不等式(1.4.88)转化为下述不等式

$$4(a+b+c)[abc+(a-b)(a-c)(c-b)] \leqslant 5abc(a+\sqrt{b^2+c^2}) \tag{1.4.92}$$

这里 a,b,c 是正实数,且 a 为最大的一个.视 a 为变元,b,c 为参数.令

$$f(a)=4(a+b+c)[abc+(a-b)(a-c)(c-b)]-5abc(a+\sqrt{b^2+c^2})$$
$$=4(a+b+c)(a-b)(a-c)(c-b)+abc[4(b+c)-a-5\sqrt{b^2+c^2}] \tag{1.4.93}$$

由于 $x>0$,利用公式(1.4.84)的第二式,有

$$a<\sqrt{b^2+c^2} \tag{1.4.94}$$

当 $c \geqslant b$ 时,如果我们能证明 $f(a)<0$,这表明当 $b \leqslant c \leqslant a < \sqrt{b^2+c^2}$ 时,不等式(1.4.92)成立.这时,利用公式(1.4.93),有

$$abc[5\sqrt{b^2+c^2}+a-4(b+c)]>4(a+b+c)(a-b)(a-c)(c-b) \geqslant 0 \tag{1.4.95}$$

当然,如果能证明上式,则 $f(a)<0$ 和不等式(1.4.92)成立.当 $c<b$ 时,令 $b^*=c, c^*=b$,$b^*<c^* \leqslant a<\sqrt{c^{*2}+b^{*2}}$,如果不等式(1.4.95)成立,即

$$ab^*c^*[5\sqrt{b^{*2}+c^{*2}}+a-4(b^*+c^*)]$$
$$>4(a+b^*+c^*)(a-b^*)(a-c^*)(c^*-b^*) \geqslant 0$$
$$\geqslant 4(a+b+c)(a-b)(a-c)(c-b) \tag{1.4.96}$$

注意上式左端就是不等式(1.4.95)左端.因此,只须在条件 $b \leqslant c \leqslant a < \sqrt{b^2+c^2}$ 下,证明不等式(1.4.95)就可以了,或证明等价的不等式 $f(a)<0$.当 $b=c$ 时,利用条件,有 $a<\sqrt{2}b$.利用公式(1.4.93),有

$$f(a)=ab^2[(7-5\sqrt{2})b-(a-b)]<0 \tag{1.4.97}$$

下面考虑 $c>b$ 情况,$f(a)$ 是关于 a 的一个三次实系数多项式,首项系数是 $4(c-b)>0$(利用公式(1.4.93)).常数项 $f(0)=4(b+c)bc(c-b)>0$.下面考虑 $f(a)$ 的根的情况.由于 $f(a)$ 的首项是 $4(c-b)a^3$,那么,当 a 是很大的负数时,$f(a)<0$.又由于 $f(0)>0$,所以在 $(-\infty,0)$ 内,$f(a)$ 必(至少)有一个实数根.利用公式(1.4.93),有

$$f(c)=bc^2(4b+3c-5\sqrt{b^2+c^2}) \tag{1.4.98}$$

由于 $c>b$,则 $(4c-3b)^2>0$,展开后,有

$$16c^2+9b^2>24bc \tag{1.4.99}$$

利用上式,可以看到

$$(3c+4b)^2=9c^2+24bc+16b^2<25(b^2+c^2) \tag{1.4.100}$$

上式两端开方,有

$$3c+4b<5\sqrt{b^2+c^2} \tag{1.4.101}$$

利用公式(1.4.98)和上式,有 $f(c)<0$.这表明 $f(a)$ 在开区间 $(0,c)$ 内必有另一个实数根.另外,利用公式(1.4.93),有

$$f(\sqrt{b^2+c^2})=4(\sqrt{b^2+c^2}+b+c)(\sqrt{b^2+c^2}-b)(\sqrt{b^2+c^2}-c)(c-b)$$

$$\begin{aligned}
&+ \sqrt{b^2+c^2}\,bc[4(b+c) - 6\sqrt{b^2+c^2}] \\
&= [4c(b^2+c^2)(c-b) - 4c(c^2-bc)(c-b) - 6bc(b^2+c^2)] \\
&\quad + 4[(c^2-bc)(c-b) - c^2(c-b) + bc(b+c)]\sqrt{b^2+c^2} \\
&= -2bc(5b^2+c^2) + 8b^2c\sqrt{b^2+c^2} \\
&= -2bc(\sqrt{b^2+c^2} - 2b)^2 \leqslant 0
\end{aligned} \qquad (1.4.102)$$

由于 $f(a)$ 的首项系数为正实数,取 a 为很大的正实数时,$f(a)>0$.因此,$f(a)$ 在区间 $[\sqrt{b^2+c^2},\infty)$ 内有第三个实数根.利用上面叙述,实系数三次多项式 $f(a)$ 在 $(-\infty,0)$,$(0,c)$,$[\sqrt{b^2+c^2},\infty)$ 三个区间内各有一个实数根.于是 $f(a)$ 在区间 $[c,\sqrt{b^2+c^2})$ 内不会改变符号.那么对于区间 $[c,\sqrt{b^2+c^2})$ 内任一正实数 a,$f(a)$ 与 $f(c)$ 同号,而前面已证 $f(c)<0$,则 $f(a)<0$,这恰是要证明的.

例 9 正整数 $n \geqslant 3$,$x_1,x_2,\cdots,x_n$ 是正实数,$x_{n+j}=x_j(1\leqslant j\leqslant n-1)$. 求 $\sum_{j=1}^{n}\dfrac{x_j}{x_{j+1}+2x_{j+2}+\cdots+(n-1)x_{j+n-1}}$ 的最小值.

解:本题的困难之处是分母较复杂,如果有办法将分母的项移到分子上,就容易处理了.令正实数 $a_j,b_j(1\leqslant j\leqslant n)$,满足

$$a_j^2 = \frac{x_j}{x_{j+1}+2x_{j+2}+\cdots+(n-1)x_{j+n-1}} \qquad (1.4.103)$$

和

$$b_j^2 = x_j(x_{j+1}+2x_{j+2}+\cdots+(n-1)x_{j+n-1}) \qquad (1.4.104)$$

记

$$S = \sum_{j=1}^{n} a_j^2 \qquad (1.4.105)$$

本题就是求 S 的最小值.利用 Cauchy 不等式,有

$$\left(\sum_{j=1}^{n}a_j^2\right)\left(\sum_{j=1}^{n}b_j^2\right) \geqslant \left(\sum_{j=1}^{n}a_jb_j\right)^2 = \left(\sum_{j=1}^{n}x_j\right)^2 \qquad (1.4.106)$$

下一个困难之处是展开 $\sum_{j=1}^{n}b_j^2$.读者细心一点,就会发现

$$\begin{aligned}
\sum_{j=1}^{n}b_j^2 &= x_1[x_2+2x_3+3x_4+\cdots+(n-1)x_n] \\
&\quad + x_2[x_3+2x_4+3x_5+\cdots+(n-2)x_n+(n-1)x_1] \\
&\quad + x_3[x_4+2x_5+3x_6+\cdots+(n-2)x_1+(n-1)x_2] + \cdots \\
&\quad + x_{n-1}[x_n+2x_1+3x_2+\cdots+(n-1)x_{n-2}] \\
&\quad + x_n[x_1+2x_2+3x_3+\cdots+(n-1)x_{n-1}] = n\sum_{1\leqslant i<j\leqslant n}x_ix_j
\end{aligned} \qquad (1.4.107)$$

利用公式(1.4.105),不等式(1.4.106),公式(1.4.107),可以得到

$$nS\sum_{1\leqslant i<j\leqslant n}x_ix_j \geqslant \left(\sum_{j=1}^{n}x_j\right)^2 \qquad (1.4.108)$$

本题最后一个困难之处是比较 $\sum_{1\leqslant i<j\leqslant n}x_ix_j$ 与 $\left(\sum_{j=1}^{n}x_j\right)^2$.

利用

$$0 \leqslant \sum_{1\leqslant i<j\leqslant n}(x_i-x_j)^2 = (n-1)\sum_{i=1}^{n}x_i^2 - 2\sum_{1\leqslant i<j\leqslant n}x_ix_j \qquad (1.4.109)$$

可以看到

$$\frac{2}{n-1}\sum_{1\leqslant i<j\leqslant n}x_ix_j \leqslant \sum_{i=1}^n x_j^2 = \Big(\sum_{i=1}^n x_i\Big)^2 - 2\sum_{1\leqslant i<j\leqslant n}x_ix_j \tag{1.4.110}$$

上式移项后,有

$$\frac{2n}{n-1}\sum_{1\leqslant i<j\leqslant n}x_ix_j \leqslant \Big(\sum_{i=1}^n x_i\Big)^2 \tag{1.4.111}$$

利用不等式(1.4.108)和(1.4.111),有

$$S \geqslant \frac{2}{n-1} \tag{1.4.112}$$

当 $x_1 = x_2 = \cdots = x_n$ 时,这时 S 的值是 $\frac{2}{n-1}$,所以本题所求的最小值是 $\frac{2}{n-1}$.

注:本题是我编的一个题目,曾用作 1995 年国家数学集训队第五次测验的第 1 题. 此题是第 34 届 IMO 预选题(1993 年,一共 26 题)第 24 题的一个自然推广,原题如下:对所有正实数 a,b,c,d,求证:

$$\frac{a}{b+2c+3d} + \frac{b}{c+2d+3a} + \frac{c}{d+2a+3b} + \frac{d}{a+2b+3c} \geqslant \frac{2}{3}$$

例 10　给定正整数 $n \geqslant 3$,给定正实数 A,求最小正实数 λ,使得对任意正实数 $a_1, a_2, \cdots, a_n$,以及 $[0, A]$ 内任意 n 个非负实数 $b_1, b_2, \cdots, b_n$,只要 $a_1 + a_2 + \cdots + a_n = b_1 + b_2 + \cdots + b_n = 2A$,就有

$$a_1 a_2 \cdots a_n \leqslant \lambda(a_1 b_1 + a_2 b_2 + \cdots + a_n b_n)$$

解:不妨设 $a_1 \leqslant a_2 \leqslant \cdots \leqslant a_n$,由题目条件,取 b_1, b_2,不全等于 A,有

$$(A-b_1) + (A-b_2) > 0 \tag{1.4.113}$$

当 $3 \leqslant j \leqslant n$ 时,可以看到

$$a_j = \frac{1}{(A-b_1)+(A-b_2)}[(A-b_1)a_j + (A-b_2)a_j]$$

$$\geqslant \frac{1}{(A-b_1)+(A-b_2)}[(A-b_1)a_1 + (A-b_2)a_2] \tag{1.4.114}$$

兼顾

$$\sum_{j=3}^n b_j = 2A - b_1 - b_2 \text{(利用题目条件)} \tag{1.4.115}$$

我们可以得到

$$\sum_{j=3}^n a_j b_j \geqslant \frac{1}{(A-b_1)+(A-b_2)}[(A-b_1)a_1 + (A-b_2)a_2]\sum_{j=3}^n b_j$$

$$= (A-b_1)a_1 + (A-b_2)a_2 \tag{1.4.116}$$

利用上式,有

$$\sum_{j=1}^n a_j b_j \geqslant A(a_1 + a_2) \tag{1.4.117}$$

从而,可以得到

$$\frac{a_1 a_2 \cdots a_n}{\sum_{j=1}^n a_j b_j} \leqslant \frac{a_1 a_2 \cdots a_n}{A(a_1+a_2)} \text{(利用不等式(1.4.117))}$$

$$= \frac{4a_1 a_2 (a_3 \cdots a_n)}{4A(a_1+a_2)} \leqslant \frac{(a_1+a_2)(a_3 \cdots a_n)}{4A} \text{(利用 } 4a_1 a_2 \leqslant (a_1+a_2)^2\text{)}$$

$$\leqslant \frac{1}{4A}\Big[\frac{1}{n-1}((a_1+a_2) + a_3 + \cdots + a_n)\Big]^{n-1} \text{(利用 } G_{n-1} \leqslant A_{n-1}\text{)}$$

$$= \frac{2^{n-3}A^{n-2}}{(n-1)^{n-1}} \tag{1.4.118}$$

当 $b_1 = b_2 = A$ 时,利用题目条件,有 $b_3 = b_4 = \cdots = b_n = 0$. 不等式(1.4.118)的第一个不等式取等号. 因而,对于 $b_1 = b_2 = A$, 不等式(1.4.118)仍然成立. 因此,由题目条件,可以知道

$$\lambda \leqslant \frac{2^{n-3}A^{n-2}}{(n-1)^{n-1}} \tag{1.4.119}$$

取

$$a_1 = a_2 = \frac{A}{n-1}, \quad a_3 = a_4 = \cdots = a_n = \frac{2A}{n-1}, \quad b_1 = b_2 = A, \quad b_3 = b_4 = \cdots = b_n = 0 \tag{1.4.120}$$

则

$$a_1 a_2 \cdots a_n = \frac{2^{n-2}A^n}{(n-1)^n} \tag{1.4.121}$$

和

$$a_1 b_1 + a_2 b_2 + \cdots + a_n b_n = \frac{2A^2}{n-1} \tag{1.4.122}$$

利用上二式和题目条件,有

$$\lambda \geqslant \frac{2^{n-3}A^{n-2}}{(n-1)^{n-1}} \tag{1.4.123}$$

利用不等式(1.4.119)和上式,可以得到所求的最小正实数

$$\lambda = \frac{2^{n-3}A^{n-2}}{(n-1)^{n-1}} \tag{1.4.124}$$

注:当 $A = \frac{1}{2}$ 时,相应的最小正实数 $\lambda = \frac{1}{2(n-1)^{n-1}}$,这是天津南开大学黄玉民教授 1992 年在合肥中国科学技术大学为第 33 届国际数学奥林匹克中国国家队选拔考试出的一个题目.

例 11 已知实数 $a \in (0, 2]$,正整数 $n \geqslant 4, x_1, x_2, \cdots, x_n \in (0, \pi)$,且 $x_1 + x_2 + \cdots + x_n = \pi$. 求 $\left(a\sin x_1 + \frac{1}{\sin x_1}\right)\left(a\sin x_2 + \frac{1}{\sin x_2}\right)\cdots\left(a\sin x_n + \frac{1}{\sin x_n}\right)$ 的最小值.

解:从 1.1 节例 10 知道 $f(y) = \lg\left(ay + \frac{1}{y}\right)(0 < y \leqslant 1)$ 是一个凸函数,那么,利用 1.1 节定理 1(Jensen 不等式),对于 $y_1, y_2, \cdots, y_n \in (0, 1]$,有

$$\frac{1}{n}[f(y_1) + f(y_2) + \cdots + f(y_n)] \geqslant f\left(\frac{1}{n}(y_1 + y_2 + \cdots + y_n)\right) \tag{1.4.125}$$

令

$$y_j = \sin x_j, \quad 1 \leqslant j \leqslant n \tag{1.4.126}$$

利用上二式,有

$$\left(a\sin x_1 + \frac{1}{\sin x_1}\right)\left(a\sin x_2 + \frac{1}{\sin x_2}\right)\cdots\left(a\sin x_n + \frac{1}{\sin x_n}\right)$$
$$\geqslant \left[\frac{a}{n}(\sin x_1 + \sin x_2 + \cdots + \sin x_n) + \frac{n}{\sin x_1 + \sin x_2 + \cdots + \sin x_n}\right]^n \tag{1.4.127}$$

利用 1.1 节例 1 及 $n \geqslant 4$,可以看到

$$0 < \frac{1}{n}(\sin x_1 + \sin x_2 + \cdots + \sin x_n) \leqslant \sin \frac{1}{n}(x_1 + x_2 + \cdots + x_n)$$
$$= \sin \frac{\pi}{n}(\text{利用题目条件}) \leqslant \sin \frac{\pi}{4} = \frac{\sqrt{2}}{2} \tag{1.4.128}$$

另外，当 $0 < x \leqslant y \leqslant \frac{\sqrt{2}}{2}$ 时，$\frac{1}{xy} \geqslant 2$，又 $a \leqslant 2$，可以得到

$$\left(ax + \frac{1}{x}\right) - \left(ay + \frac{1}{y}\right) = (x-y)\left(a - \frac{1}{xy}\right) \geqslant 0 \tag{1.4.129}$$

于是，有

$$ax + \frac{1}{x} \geqslant ay + \frac{1}{y} \tag{1.4.130}$$

利用不等式(1.4.128)和(1.4.130)，有

$$\frac{a}{n}(\sin x_1 + \sin x_2 + \cdots + \sin x_n) + \frac{n}{\sin x_1 + \sin x_2 + \cdots + \sin x_n} \geqslant a\sin\frac{\pi}{n} + \frac{1}{\sin\frac{\pi}{n}} \tag{1.4.131}$$

利用不等式(1.4.127)和(1.4.131)，有

$$\left(a\sin x_1 + \frac{1}{\sin x_1}\right)\left(a\sin x_2 + \frac{1}{\sin x_2}\right)\cdots\left(a\sin x_n + \frac{1}{\sin x_n}\right) \geqslant \left(a\sin\frac{\pi}{n} + \frac{1}{\sin\frac{\pi}{n}}\right)^n \tag{1.4.132}$$

当 $x_1 = x_2 = \cdots = x_n = \frac{\pi}{n}$ 时，上式取等号。因此，所求的最小值是 $\left(a\sin\frac{\pi}{n} + \frac{1}{\sin\frac{\pi}{n}}\right)^n$。

例 12 设 a, b 是两个正实数，$a < b$，正整数 $n \geqslant 3$，$x_1, x_2, \cdots, x_n$ 皆取自闭区间 $[a, b]$，求 $x_1 x_2 \cdots x_n - \sum_{k=1}^{n} x_k$ 的最大值。

解：对任意下标 $k \in \{1, 2, \cdots, n\}$，固定 $x_1, x_2, \cdots, x_{k-1}, x_{k+1}, \cdots, x_n$，记

$$\left.\begin{aligned} A &= x_1 x_2 \cdots x_{k-1} x_{k+1} \cdots x_n \\ B &= x_1 + x_2 + \cdots + x_{k-1} + x_{k+1} + \cdots + x_n \end{aligned}\right\} \tag{1.4.133}$$

令

$$f(x_k) = Ax_k - (B + x_k) = (A-1)x_k - B \tag{1.4.134}$$

视 x_k 为闭区间 $[a, b]$ 内变元，点 $(x_k, f(x_k))$ 的图像是平面上一条直线段。因而，有

$$f(x_k) \leqslant \max(f(a), f(b)) \tag{1.4.135}$$

所以，当 $x_1 x_2 \cdots x_n - \sum_{k=1}^{n} x_k$ 取最大值时，$x_1, x_2, \cdots, x_n$ 必等于 a 或 b。设 $x_1, x_2, \cdots, x_n$ 中有 m 个等于 a，另外 $n - m$ 个等于 b，这里 $m \in \{0, 1, 2, \cdots, n\}$。这时，可以得到

$$x_1 x_2 \cdots x_n - \sum_{k=1}^{n} x_k = a^m b^{n-m} - [ma + (n-m)b] \tag{1.4.136}$$

下面证明：

$$a^m b^{n-m} - [ma + (n-m)b] \leqslant \max(a^n - na, b^n - nb) \tag{1.4.137}$$

不妨设

$$b^n - nb \geqslant a^n - na \tag{1.4.138}$$

利用上式，有

$$b^n - a^n \geqslant n(b - a) \tag{1.4.139}$$

由于 $b > a$，从上式，有

$$b^{n-1} + b^{n-2}a + b^{n-3}a^2 + \cdots + ba^{n-2} + a^{n-1} \geqslant n \tag{1.4.140}$$

令

$$x = \frac{a}{b}, \quad x \in (0,1) \tag{1.4.141}$$

利用上二式,有
$$1 + x + x^2 + \cdots + x^{n-1} \geqslant nb^{1-n} \tag{1.4.142}$$

由于 $x \in (0,1)$,及 $m \leqslant n$,有
$$1 > x > x^2 > \cdots > x^{m-1} > x^m > \cdots > x^{n-1} \tag{1.4.143}$$

利用上式,有
$$\frac{1}{m}(1 + x + x^2 + \cdots + x^{m-1}) \geqslant \frac{1}{n}(1 + x + x^2 + \cdots + x^{n-1})$$
$$\geqslant b^{1-n}(\text{利用不等式}(1.4.142)) \tag{1.4.144}$$

从上式,有
$$1 + x + x^2 + \cdots + x^{m-1} \geqslant mb^{1-n} \tag{1.4.145}$$

利用不等式(1.4.138),不等式(1.4.137)等价于下述不等式
$$a^m b^{n-m} - [ma + (n-m)b] \leqslant b^n - nb \tag{1.4.146}$$

上式变形后,再移项,等价于证明
$$m(b-a) \leqslant b^n \left[1 - \left(\frac{a}{b}\right)^m\right] \tag{1.4.147}$$

利用公式(1.4.141)上式等价于下述不等式
$$m(1-x) \leqslant b^{n-1}(1-x^m), \quad \text{这里 } x \in (0,1) \tag{1.4.148}$$

利用不等式(1.4.145),上式显然成立.所求的最大值是 $\max(a^n - na, b^n - nb)$.

注:$a^n - na > b^n - nb$ 情况的类似证明,留给读者练习.

例 13 设 $\mathbf{N}^+$ 是由全体正整数组成的集合.求 $\min_{n \in \mathbf{N}^+}\left(\frac{2}{n} + \frac{n^2}{k}\right)$,这里 k 是一个固定的正整数.

解:分两步:

① 先证明在区间 $[1, \sqrt[3]{k}]$ 内,函数
$$f(x) = \frac{2}{x} + \frac{x^2}{k}(x \geqslant 1) \tag{1.4.149}$$

是单调递减的.当 x, y 皆取自闭区间 $[1, \sqrt[3]{k}]$ 时,如果 $y > x$,可以看到
$$f(x) - f(y) = 2\left(\frac{1}{x} - \frac{1}{y}\right) + \frac{1}{k}(x^2 - y^2)$$
$$= \frac{(y-x)}{kxy}[2k - xy(x+y)] > 0(\text{利用 } x < \sqrt[3]{k}, y \leqslant \sqrt[3]{k}, \text{可以得到 } xy(x+y) <$$
$$(\sqrt[3]{k})^2 (2\sqrt[3]{k}) = 2k) \tag{1.4.150}$$

于是,$f(x)$ 是单调递减的.

② 再证明在区间 $[\sqrt[3]{k}, \infty)$ 内,函数 $f(x)$ 是单调递增的.当 $y > x \geqslant \sqrt[3]{k}$ 时,有
$$xy(x+y) > 2k \tag{1.4.151}$$

利用公式(1.4.150)的前两个等式,这时候,有
$$f(y) > f(x) \tag{1.4.152}$$

于是,②的结论成立.

利用①和②的结论,可以看到当 x 是正整数时,函数 $f(x)$ 在 $x = [\sqrt[3]{k}]$ 或 $[\sqrt[3]{k}] + 1$ 时,有最小值.利用公式(1.4.149)当 m 是正整数时,有
$$f(m) - f(m+1) = \frac{1}{m(m+1)k}[2k - (2m+1)(m+1)m] \tag{1.4.153}$$

利用上式,可以得到 $f(m) \leqslant f(m+1)$ 当且仅当 $k \leqslant \frac{1}{2}m(m+1)(2m+1)$. 在公式(1.4.153)中,令 $m = [\sqrt[3]{k}]$,从而可以得到

$$\min_{n \in \mathbf{N}^*}\left(\frac{2}{n} + \frac{n^2}{k}\right) = \begin{cases} \dfrac{2}{m} + \dfrac{m^2}{k}, & \text{当 } k \leqslant \dfrac{1}{2}m(m+1)(2m+1) \text{ 时} \\ \dfrac{2}{m+1} + \dfrac{(m+1)^2}{k}, & \text{当 } k > \dfrac{1}{2}m(m+1)(2m+1) \text{ 时} \end{cases} \tag{1.4.154}$$

这里 $m = [\sqrt[3]{k}]$.

例 14 已知正整数 $n \geqslant 2$, k 是一个正常数,设 $x_1, x_2, \cdots, x_n$ 皆是正实数,满足 $x_1 x_2 \cdots x_n = k$,求 $\sum_{k=1}^{n} \dfrac{x_k^n}{(1+x_1)\cdots(1+x_{k-1})(1+x_{k+1})\cdots(1+x_n)}$ 的最小值.

解:不妨设 $x_1 \leqslant x_2 \leqslant \cdots \leqslant x_n$,那么,有

$$x_1^n \leqslant x_2^n \leqslant \cdots \leqslant x_n^n \tag{1.4.155}$$

以及

$$\frac{1}{(1+x_2)(1+x_3)\cdots(1+x_n)} \leqslant \frac{1}{(1+x_1)(1+x_3)\cdots(1+x_n)} \leqslant \cdots$$
$$\leqslant \frac{1}{(1+x_1)(1+x_2)\cdots(1+x_{n-1})} \tag{1.4.156}$$

利用 Chebyshev 不等式(见 1.1 节例 19),有

$$\sum_{k=1}^{n} \frac{x_k^n}{(1+x_1)\cdots(1+x_{k-1})(1+x_{k+1})\cdots(1+x_n)} \geqslant \frac{1}{n}\left(\sum_{k=1}^{n} x_k^n\right)\frac{\sum_{k=1}^{n}(1+x_k)}{(1+x_1)(1+x_2)\cdots(1+x_n)}$$

$$= \frac{1}{n}\left(\sum_{k=1}^{n} x_k^n\right)\frac{n + \sum_{k=1}^{n} x_k}{(1+x_1)(1+x_2)\cdots(1+x_n)} \tag{1.4.157}$$

记

$$a = \frac{1}{n}\sum_{k=1}^{n} x_k \tag{1.4.158}$$

由幂平均不等式(见 1.1 节例 16),有

$$\left(\frac{1}{n}\sum_{k=1}^{n} x_k^n\right)^{\frac{1}{n}} \geqslant a \tag{1.4.159}$$

上式两端 n 次方,有

$$\frac{1}{n}\sum_{k=1}^{n} x_k^n \geqslant a^n \tag{1.4.160}$$

利用 $G_n \leqslant A_n$,有

$$\sqrt[n]{(1+x_1)(1+x_2)\cdots(1+x_n)} \leqslant 1 + a \text{(利用公式(1.4.158))} \tag{1.4.161}$$

上式两端 n 次方,有

$$(1+x_1)(1+x_2)\cdots(1+x_n) \leqslant (1+a)^n \tag{1.4.162}$$

代公式(1.4.158),不等式(1.4.160)和(1.4.162)入不等式(1.4.157),有

$$\sum_{k=1}^{n} \frac{x_k^n}{(1+x_1)\cdots(1+x_{k-1})(1+x_{k+1})\cdots(1+x_n)} \geqslant \frac{na^n}{(1+a)^{n-1}} \tag{1.4.163}$$

利用公式(1.4.158), $A_n \geqslant G_n$,及题目条件,有

$$a \geqslant \sqrt[n]{x_1 x_2 \cdots x_n} = k^{\frac{1}{n}} \tag{1.4.164}$$

当 $a>b>0$ 时,很容易看到 $\dfrac{a}{1+a} > \dfrac{b}{1+b}$. 于是 $\dfrac{a^n}{(1+a)^{n-1}} = a\left(\dfrac{a}{1+a}\right)^{n-1}$ 是 a 的单调递增函数. 于是,利用不等式(1.4.164),有

$$\frac{na^n}{(1+a)^{n-1}} \geqslant \frac{nk}{(1+k^{\frac{1}{n}})^{n-1}} \tag{1.4.165}$$

利用不等式(1.4.163)和上式,所求的最小值是 $\dfrac{nk}{(1+k^{\frac{1}{n}})^{n-1}}$,当 $x_1 = x_2 = \cdots = x_n = k^{\frac{1}{n}}$ 时,取到该最小值.

例 15 已知三个正整数 p, m, n 都大于等于 3, $x_1, x_2, \cdots, x_n$ 是正实数,满足 $\sum\limits_{k=1}^{n} x_k = 1$,求 $\sum\limits_{k=1}^{n} \dfrac{x_k^m}{x_{k+1}(1-x_{k+1}^p)}$ 的最小值,这里 $x_{n+1} = x_1$.

解:设 $x_1, x_2, \cdots, x_n$ 按次序从大到小排列,记为 $y_1, y_2, \cdots, y_n$,则

$$y_1^m \geqslant y_2^m \geqslant \cdots \geqslant y_n^m \tag{1.4.166}$$

又可以看到

$$y_k(1-y_k^p) - y_{k+1}(1-y_{k+1}^p) = (y_k - y_{k+1})[1 - (y_{k+1}^p + y_{k+1}^{p-1}y_k + \cdots + y_{k+1}y_k^{p-1} + y_k^p)]$$
$$\geqslant (y_k - y_{k+1})[1 - (y_k + y_{k+1})^p] \geqslant 0 \tag{1.4.167}$$

这里 $k = 1, 2, \cdots, n-1$. 利用上式,有

$$y_1(1-y_1^p) \geqslant y_2(1-y_2^p) \geqslant \cdots \geqslant y_n(1-y_n^p) \tag{1.4.168}$$

以及

$$\frac{1}{y_1(1-y_1^p)} \leqslant \frac{1}{y_2(1-y_2^p)} \leqslant \cdots \leqslant \frac{1}{y_n(1-y_n^p)} \tag{1.4.169}$$

利用排序不等式(见 1.1 节例 18),兼顾不等式(1.4.166)和(1.4.169),有

$$\sum_{k=1}^{n} \frac{x_k^m}{x_{k+1}(1-x_{k+1}^p)} \geqslant \sum_{k=1}^{n} \frac{y_k^m}{y_k(1-y_k^p)} = \sum_{k=1}^{n} \frac{y_k^{m-1}}{1-y_k^p} \tag{1.4.170}$$

又利用

$$y_1^{m-1} \geqslant y_2^{m-1} \geqslant \cdots \geqslant y_n^{m-1} \tag{1.4.171}$$

和

$$\frac{1}{1-y_1^p} \geqslant \frac{1}{1-y_2^p} \geqslant \cdots \geqslant \frac{1}{1-y_n^p} \tag{1.4.172}$$

利用 Chebyshev 不等式(见 1.1 节例 19),有

$$\sum_{k=1}^{n} \frac{y_k^{m-1}}{1-y_k^p} \geqslant \frac{1}{n} \left(\sum_{k=1}^{n} y_k^{m-1}\right)\left(\sum_{k=1}^{n} \frac{1}{1-y_k^p}\right) = \frac{1}{n}\left(\sum_{k=1}^{n} x_k^{m-1}\right)\left(\sum_{k=1}^{n} \frac{1}{1-x_k^p}\right) \tag{1.4.173}$$

再利用幂平均不等式,及 $m \geqslant 3$(1.1 节例 16),有

$$\left(\frac{1}{n}\sum_{k=1}^{n} x_k^{m-1}\right)^{\frac{1}{m-1}} \geqslant \frac{1}{n}\sum_{k=1}^{n} x_k = \frac{1}{n} \text{(利用题目条件)} \tag{1.4.174}$$

上式两端 $m-1$ 次方,有

$$\sum_{k=1}^{n} x_k^{m-1} \geqslant \frac{1}{n^{m-2}} \tag{1.4.175}$$

下面证明

$$f(x) = \frac{1}{1-x^p}, \quad x \in (0,1) \tag{1.4.176}$$

是一个凸函数.
$$\frac{1}{2}[f(x)+f(y)]-f\left(\frac{1}{2}(x+y)\right)=\frac{1}{2}\left(\frac{1}{1-x^p}+\frac{1}{1-y^p}\right)-\frac{1}{1-\left(\frac{x+y}{2}\right)^p}$$
$$=\frac{1}{2}\frac{1}{(1-x^p)(1-y^p)\left[1-\left(\frac{x+y}{2}\right)^p\right]}$$
$$\cdot\left\{[2-(x^p+y^p)]\left[1-\left(\frac{x+y}{2}\right)^p\right]-2(1-x^p)(1-y^p)\right\} \quad (1.4.177)$$

由于
$$[2-(x^p+y^p)]\left[1-\left(\frac{x+y}{2}\right)^p\right]-2(1-x^p)(1-y^p)$$
$$=\left[(x^p+y^p)-\frac{1}{2^{p-1}}(x+y)^p\right]+\left[(x^p+y^p)\left(\frac{x+y}{2}\right)^p-2x^p y^p\right] \quad (1.4.178)$$

由 1.1 节例 3,知道
$$x^p+y^p\geqslant\frac{1}{2^{p-1}}(x+y)^p \quad (1.4.179)$$

另外,利用 $A_2\geqslant G_2$,有
$$(x^p+y^p)\left(\frac{x+y}{2}\right)^p-2x^p y^p\geqslant 2\sqrt{x^p y^p}(\sqrt{xy})^p-2x^p y^p=0 \quad (1.4.180)$$

利用公式(1.4.177),(1.4.178),不等式(1.4.179)和(1.4.180)可以知道,由公式(1.4.176)定义的函数是(0,1)内一个凸函数,于是,有相应的 Jensen 不等式
$$\frac{1}{n}\sum_{k=1}^{n}\frac{1}{1-x_k^p}\geqslant\frac{1}{1-\left(\frac{1}{n}\sum_{k=1}^{n}x_k\right)^p}=\frac{n^p}{n^p-1} \quad (1.4.181)$$

这里利用题目条件.

利用不等式(1.4.170),(1.4.173),(1.4.175)和(1.4.181),有
$$\sum_{k=1}^{n}\frac{x_k^m}{x_{k+1}(1-x_{k+1}^p)}\geqslant\frac{n^{p-m+2}}{n^p-1} \quad (1.4.182)$$

当 $x_1=x_2=\cdots=x_n=\dfrac{1}{n}$ 时,上式取等号,题目所求的最小值是 $\dfrac{n^{p-m+2}}{n^p-1}$.

例 16 设 a,b 是两个正实数,其中 $b\geqslant 4$,且 $b>a\geqslant 2$.正整数 $n\geqslant 2$,$x_1,x_2,\cdots,x_n$ 是满足 $\sum\limits_{k=1}^{n}x_k^2=1$ 的 n 个实数.求 $\sum\limits_{k=1}^{n}\dfrac{x_k+a}{x_k+b}$ 的最大值与最小值.

解:令
$$u_k=\frac{x_k+a}{x_k+b}, \quad k=1,2,\cdots,n \quad (1.4.183)$$

利用题目条件,知道 $|x_k|\leqslant 1$,则
$$0<u_k<1(\text{利用题目条件}) \quad (1.4.184)$$

利用公式(1.4.183),有
$$x_k=\frac{a-bu_k}{u_k-1} \quad (1.4.185)$$

令
$$f(t)=\left(\frac{a-bt}{t-1}\right)^2, \quad \text{这里 } t\in(0,1) \quad (1.4.186)$$

利用上二式,有
$$f(u_k) = x_k^2, \quad k = 1,2,\cdots,n \tag{1.4.187}$$

由题目条件及上式,有
$$\sum_{k=1}^{n} f(u_k) = 1 \tag{1.4.188}$$

利用公式(1.4.186),有
$$f(t) = b^2 + \frac{2b(b-a)}{t-1} + \frac{(a-b)^2}{(t-1)^2} \tag{1.4.189}$$

令
$$t^* = 1 - t, \quad t^* \in (0,1) \tag{1.4.190}$$

又记
$$g(t^*) = f(t) \tag{1.4.191}$$

利用公式(1.4.189),(1.4.190)和(1.4.191),有
$$g(t^*) = b^2 - \frac{2b(b-a)}{t^*} + \frac{(a-b)^2}{t^{*2}} \tag{1.4.192}$$

下面计算 $g(t^*)$ 是否为 $(0,1)$ 内一个凸函数. 对于开区间 $(0,1)$ 内任意两个正实数 t_1, t_2,利用公式(1.4.192),有

$$\frac{1}{2}[g(t_1) + g(t_2)] - g\left(\frac{1}{2}(t_1 + t_2)\right)$$
$$= b(b-a)\left(\frac{4}{t_1 + t_2} - \frac{1}{t_1} - \frac{1}{t_2}\right) + \frac{1}{2}(a-b)^2\left[\frac{1}{t_1^2} + \frac{1}{t_2^2} - \frac{8}{(t_1+t_2)^2}\right] \tag{1.4.193}$$

容易看到
$$\frac{1}{t_1} + \frac{1}{t_2} - \frac{4}{t_1 + t_2} = \frac{(t_1 - t_2)^2}{t_1 t_2 (t_1 + t_2)} \tag{1.4.194}$$

$$\frac{1}{t_1^2} + \frac{1}{t_2^2} - \frac{8}{(t_1+t_2)^2} = \frac{1}{t_1^2 t_2^2 (t_1+t_2)^2}[t_2^2(t_1+t_2)^2 + t_1^2(t_1+t_2)^2 - 8t_1^2 t_2^2]$$
$$= \frac{(t_1 - t_2)^2}{t_1^2 t_2^2 (t_1+t_2)^2}[(t_1+t_2)^2 + 2t_1 t_2] \tag{1.4.195}$$

代公式(1.4.194)和(1.4.195)入公式(1.4.193),有

$$\frac{1}{2}[g(t_1) + g(t_2)] - g\left(\frac{1}{2}(t_1 + t_2)\right)$$
$$= \frac{(t_1 - t_2)^2}{t_1^2 t_2^2 (t_1+t_2)^2}\left[\frac{1}{2}(a-b)^2(t_1+t_2)^2 + (a-b)^2 t_1 t_2 - b(b-a)t_1 t_2 (t_1+t_2)\right]$$
$$\tag{1.4.196}$$

令
$$u = t_1 + t_2, \quad v = t_1 t_2, \quad u > 0, v > 0 \tag{1.4.197}$$

利用上式,可以看到
$$\frac{1}{2}(a-b)^2(t_1+t_2)^2 + (a-b)^2 t_1 t_2 - b(b-a)t_1 t_2 (t_1+t_2)$$
$$= \frac{1}{2}(a-b)^2\left(u^2 - \frac{2b}{b-a}uv + 2v\right)$$
$$= \frac{1}{2}(a-b)^2\left(u - \frac{b}{b-a}v\right)^2 + (a-b)^2 v\left[1 - \frac{b^2}{2(a-b)^2}v\right] \tag{1.4.198}$$

令

$$h(x) = \frac{x+a}{x+b}, \quad |x| \leqslant 1 \tag{1.4.199}$$

当 $y > x$ 时,有

$$h(y) - h(x) = \frac{(b-a)(y-x)}{(x+b)(y+b)} > 0 \text{(由于 } b > a \geqslant 2 \text{)} \tag{1.4.200}$$

于是 $h(x)$ 是 x 的单调递增函数. 再利用公式(1.4.183)和 $-1 \leqslant x_k \leqslant 1$,有

$$u_k \in \left[\frac{a-1}{b-1}, \frac{a+1}{b+1}\right] \tag{1.4.201}$$

当 $v < \frac{2(a-b)^2}{b^2}$ 时,公式(1.4.198)的右端大于零. 再利用公式(1.4.197),有

$$v \leqslant \left[\frac{1}{2}(t_1 + t_2)\right]^2 = \frac{1}{4}u^2 \tag{1.4.202}$$

如果

$$0 < u \leqslant \frac{2\sqrt{2}}{b}(b-a) \tag{1.4.203}$$

有

$$v \leqslant \frac{2(a-b)^2}{b^2} \text{(利用不等式(1.4.202))} \tag{1.4.204}$$

且上式等号成立当且仅当 $t_1 = t_2$. 利用上面叙述,可以知道这时候

$$\frac{1}{2}[g(t_1) + g(t_2)] \geqslant g\left(\frac{1}{2}(t_1 + t_2)\right) \tag{1.4.205}$$

且等号成立当且仅当 $t_1 = t_2$.

取 $t_1, t_2 \in \left(0, \frac{\sqrt{2}}{b}(b-a)\right)$,则

$$v = t_1 t_2 < \frac{2}{b^2}(b-a)^2 \tag{1.4.206}$$

这时 $1 - t_1, 1 - t_2 \in \left(1 - \frac{\sqrt{2}}{b}(b-a), 1\right)$.

利用公式(1.4.191)和上面叙述,知道 $f(t)$ 是 $\left(1 - \frac{\sqrt{2}}{b}(b-a), 1\right)$ 内一个凸函数. 如果能证明

$$\frac{a-1}{b-1} > 1 - \frac{\sqrt{2}}{b}(b-a) \tag{1.4.207}$$

由于 $b > a$,当上式成立时,有

$$\left[\frac{a-1}{b-1}, \frac{a+1}{b+1}\right] \subset \left(1 - \frac{\sqrt{2}}{b}(b-a), 1\right) \tag{1.4.208}$$

此时,$f(t)$ 也是闭区间 $\left[\frac{a-1}{b-1}, \frac{a+1}{b+1}\right]$ 内一个凸函数. 下面证明不等式(1.4.207). 该不等式两端乘以正实数 $b(b-1)$,不等式(1.4.207)等价于下述不等式

$$b(a-1) - b(b-1)\left[1 - \frac{\sqrt{2}}{b}(b-a)\right] > 0 \tag{1.4.209}$$

由于

不等式(1.4.209)的左端 $= (b-a)[(\sqrt{2}-1)b - \sqrt{2}] \tag{1.4.210}$

由题目条件 $b \geqslant 4$,有

$$(\sqrt{2}-1)b \geqslant 4(\sqrt{2}-1) > \sqrt{2} \tag{1.4.211}$$

利用上式及题目条件,可以知道公式(1.4.210)的右端大于零.从而不等式(1.4.209)成立.

现在$f(t)$是$\left[\dfrac{a-1}{b-1}, \dfrac{a+1}{b+1}\right]$内一个凸函数.有相应的Jensen不等式,于是,可以得到

$$\dfrac{1}{n} = \dfrac{1}{n}\sum_{k=1}^{n} x_k^2 \text{(由题目条件)} = \dfrac{1}{n}\sum_{k=1}^{n} f(u_k) \text{(利用公式(1.4.187))}$$
$$\geqslant f\left(\dfrac{1}{n}\sum_{k=1}^{n} u_k\right) \tag{1.4.212}$$

令

$$u = \dfrac{1}{n}\sum_{k=1}^{n} u_k \tag{1.4.213}$$

利用公式(1.4.183)和上式,题目转化为求nu的最大值和最小值.利用公式(1.4.186)和上二式,有

$$\dfrac{1}{n} \geqslant f(u) = \left(\dfrac{a-bu}{u-1}\right)^2 \tag{1.4.214}$$

从上式,有

$$-\dfrac{1}{\sqrt{n}} \leqslant \dfrac{a-bu}{1-u} \leqslant \dfrac{1}{\sqrt{n}} \tag{1.4.215}$$

利用公式(1.4.201)和(1.4.213),有

$$u < 1 \tag{1.4.216}$$

利用不等式(1.4.215)的前一个不等式及上式,有

$$\sqrt{n}(a-bu) \geqslant u-1, \quad u \leqslant \dfrac{1+a\sqrt{n}}{1+b\sqrt{n}} \tag{1.4.217}$$

利用不等式(1.4.215)的后一个不等式及公式(1.4.216),有

$$\sqrt{n}(a-bu) \leqslant 1-u, \quad u \geqslant \dfrac{a\sqrt{n}-1}{b\sqrt{n}-1} \tag{1.4.218}$$

因此,题目所求的最大值是$\dfrac{n(1+a\sqrt{n})}{1+b\sqrt{n}}$,最小值是$\dfrac{n(a\sqrt{n}-1)}{b\sqrt{n}-1}$.当$u_1 = u_2 = \cdots = u_n = \dfrac{1+a\sqrt{n}}{1+b\sqrt{n}}$时,最大值取到,记$u = \dfrac{1+a\sqrt{n}}{1+b\sqrt{n}}$,这时$x_1 = x_2 = \cdots = x_n = \dfrac{bu-a}{1-u}$.当$u_1 = u_2 = \cdots = u_n = \dfrac{a\sqrt{n}-1}{b\sqrt{n}-1}$时,最小值达到,记$u^* = \dfrac{a\sqrt{n}-1}{b\sqrt{n}-1}$,这时$x_1 = x_2 = \cdots = x_n = \dfrac{bu^*-a}{1-u^*}$.

例17 给定正整数$n \geqslant 2$,

(1) 设$a_1, a_2, \cdots, a_n$是一列整数,满足$a_1 = 0, \max\limits_{1 \leqslant i \leqslant n-1}|a_{i+1} - a_i| = 4$,求$\sum\limits_{k=1}^{n}|a_k|^3$的最大值.

(2) 设$a_1, a_2, \cdots, a_n$是单调整数数列,且$|a_{i+1} - a_i|$是两两不同的正整数,这里$1 \leqslant i \leqslant n-1$,$n$为偶数.求$\sum\limits_{k=1}^{n}|a_k|$的最小值.

注:本题是受2009年中国数学奥林匹克一题的启发而自编的.原题如下:给定整数$n \geqslant 3$,实数$a_1, a_2, \cdots, a_n$满足$\min\limits_{1 \leqslant i < j \leqslant n}|a_i - a_j| = 1$.求$\sum\limits_{k=1}^{n}|a_k|^3$的最小值.

解:(1) 由于$a_1 = 0$,有

$$|a_k| = \left|\sum_{j=2}^{k}(a_j - a_{j-1})\right| \leqslant \sum_{j=2}^{k}|a_j - a_{j-1}| \leqslant 4(k-1) \tag{1.4.219}$$

这里利用题目条件.

利用上式,有

$$\sum_{k=1}^{n} |a_k|^3 \leqslant 64 \sum_{k=1}^{n} (k-1)^3 = 16(n-1)^2 n^2 \tag{1.4.220}$$

令

$$a_k = 4(k-1), \quad 这里 k = 1,2,\cdots,n \tag{1.4.221}$$

满足题目条件,且

$$\sum_{k=1}^{n} |a_k|^3 = 64(n-1)^2 n^2 \tag{1.4.222}$$

所以,所求的最大值是 $64(n-1)^2 n^2$.

(2) 当 $k \in \{1,2,\cdots,n\}$ 时,可以看到

$$|a_k| + |a_{n-k+1}| \geqslant |a_k - a_{n-k+1}| = \left|\sum_{j=k+1}^{n-k+1}(a_j - a_{j-1})\right| (也可能是 \left|\sum_{j=n-k+1}^{k+1}(a_j - a_{j-1})\right|)$$

$$= \sum_{j=k+1}^{n-k+1} |a_j - a_{j-1}| (利用题目条件)$$

$$\geqslant 1 + 2 + 3 + \cdots + |(n-k+1) - k|$$

$$= \frac{1}{2}|n+1-2k|(|n+1-2k|+1) \tag{1.4.223}$$

利用上式,可以得到

$$\sum_{k=1}^{n} |a_k| = \frac{1}{2} \sum_{k=1}^{n} (|a_k| + |a_{n+1-k}|)$$

$$\geqslant \frac{1}{4} \sum_{k=1}^{n} |n+1-2k|^2 + \frac{1}{4} \sum_{k=1}^{n} |n+1-2k| \tag{1.4.224}$$

由于 n 为偶数,记

$$n = 2u, \quad 这里 u 是一个正整数 \tag{1.4.225}$$

$$\frac{1}{4} \sum_{k=1}^{n} |n+1-2k|^2 + \frac{1}{4} \sum_{k=1}^{n} |n+1-2k|$$

$$= \frac{1}{4} \sum_{k=1}^{2u} |(2u+1)-2k|^2 + \frac{1}{4} \sum_{k=1}^{2u} |(2u+1)-2k| (利用公式(1.4.225))$$

$$= \frac{1}{2} \sum_{k=1}^{u} (2k-1)^2 + \frac{1}{2} \sum_{k=1}^{u} (2k-1)$$

$$= \frac{1}{2}\left[\sum_{k=1}^{2u} k^2 - \sum_{k=1}^{u}(2k)^2\right] + \frac{1}{2} u^2$$

$$= \frac{1}{6} u(2u+1)(4u+1) - \frac{1}{3} u(u+1)(2u+1) + \frac{1}{2} u^2$$

$$= \frac{1}{12} n^3 + \frac{1}{8} n^2 - \frac{1}{12} n (利用公式(1.4.225)) \tag{1.4.226}$$

令

$$\left.\begin{aligned} a_k &= -k^2 + (n+2)k - \left(\frac{n^2}{4}+n\right), \quad 这里 1 \leqslant k \leqslant \frac{n}{2} \\ a_k &= k^2 - (n+1)k + \left(\frac{n^2}{4}+\frac{n}{2}+1\right), \quad 这里 \frac{n}{2}+1 \leqslant k \leqslant n \end{aligned}\right\} \tag{1.4.227}$$

当 $1 \leqslant k \leqslant \frac{n}{2} - 1$ 时,利用公式(1.4.227)的第一式,有

$$a_{k+1} - a_k = (n+2) - (2k+1) \tag{1.4.228}$$

这表明,当 $k = 1, 2, \cdots, \frac{n}{2} - 1$ 时,$\frac{n}{2} - 1$ 个差 $a_{k+1} - a_k$ 依次是 $n-1, n-3, \cdots, 3$. 利用公式 (1.4.227),有

$$a_{\frac{n}{2}+1} - a_{\frac{n}{2}} = 1 \tag{1.4.229}$$

当 $\frac{n}{2} + 1 \leqslant k \leqslant n-1$ 时,利用公式 (1.4.227) 的第二式,有

$$a_{k+1} - a_k = (2k+1) - (n+1) \tag{1.4.230}$$

这表明,当 $k = \frac{n}{2} + 1, \frac{n}{2} + 2, \cdots, n-1$ 时,$a_{k+1} - a_k$ 依次是 $2, 4, \cdots, n-2$. 于是,$a_1, a_2, \cdots, a_n$ 是单调增加的整数数列. 又由于公式 (1.4.227),有

$$a_{\frac{n}{2}} = 0 \tag{1.4.231}$$

从而,可以知道

$$\sum_{k=1}^{n} |a_k| = \sum_{k=1}^{\frac{n}{2}} \left[\left(\frac{n^2}{4} + n \right) + k^2 - (n+2)k \right] + \sum_{k=\frac{n}{2}+1}^{n} \left[k^2 - (n+1)k + \left(\frac{n^2}{4} + \frac{n}{2} + 1 \right) \right]$$

$$= \frac{n}{2} \left[\left(\frac{n^2}{4} + n \right) + \left(\frac{n^2}{4} + \frac{n}{2} + 1 \right) \right] + \sum_{k=1}^{n} k^2 - (n+2) \frac{n}{4} \left(\frac{n}{2} + 1 \right) - (n+1) \frac{n}{4} \left(\frac{3n}{2} + 1 \right)$$

$$= \frac{n}{2} \left[\left(\frac{n^2}{2} + \frac{3n}{2} + 1 \right) + \frac{1}{3}(2n^2 + 3n + 1) \right] - \frac{n}{4} \left[\left(\frac{n^2}{2} + 2n + 2 \right) + \left(\frac{3n^2}{2} + \frac{5n}{2} + 1 \right) \right]$$

$$= \frac{1}{12} n^3 + \frac{1}{8} n^2 - \frac{1}{12} n \tag{1.4.232}$$

由上面叙述,又知道 $|a_{i+1} - a_i|(1 \leqslant i \leqslant n-1)$ 是两两不同的正整数. 利用不等式 (1.4.226)(兼顾不等式 (1.4.224)) 和公式 (1.4.232) 知道所求的最小值是 $\frac{1}{12}n^3 + \frac{1}{8}n^2 - \frac{1}{12}n$.

注:当 n 为奇数时,情况会如何? 有兴趣的读者可以考虑.

例 18 n 是一个给定的正整数,正整数 $k < n$. 如果存在正整数 $n_1, n_2, \cdots, n_k$, 使得 $n_1 \geqslant n_2 \geqslant \cdots \geqslant n_k, n = n_1 + n_2 + \cdots + n_k$, 则称集合 $T = \{n_1, n_2, \cdots, n_k\}$ 为 n 的一个 k 分割, 在 n 的所有 k 分割中, 求 $E(T) = \sum_{j=1}^{k} n_j (n - n_j)$ 的最大值.

解:$n = kq + r$,这里 q 是一个正整数,$0 \leqslant r < k, q, r$ 唯一确定. 利用条件,令

$$n_1 = q + e_1, n_2 = q + e_2, \cdots, n_t = q + e_t, n_{t+1} = q - e_{t+1}, n_{t+2} = q - e_{t+2}, \cdots, n_k = q - e_k \tag{1.4.233}$$

这里 t 是待定非负整数,$t \leqslant k-1, e_1, e_2, \cdots, e_t$ 全是正整数,$e_1 \geqslant e_2 \geqslant \cdots \geqslant e_t, e_{t+1}, e_{t+2}, \cdots, e_k$ 全是非负整数,$e_{t+1} \leqslant e_{t+2} \leqslant \cdots \leqslant e_k$, 利用题目条件,以及上面叙述,有

$$(e_1 + e_2 + \cdots + e_t) - (e_{t+1} + e_{t+2} + \cdots + e_k) = r \tag{1.4.234}$$

利用公式 (1.4.233) 和 (1.4.234),有

$$\sum_{j=1}^{k} n_j(n - n_j) = \sum_{j=1}^{t} (q + e_j)(n - q - e_j) + \sum_{j=t+1}^{k} (q - e_j)(n - q + e_j)$$

$$= tq(n-q) + (n-q) \sum_{j=1}^{t} e_j - q \sum_{j=1}^{t} e_j - \sum_{j=1}^{t} e_j^2$$

$$+ (k-t)(n-q)q - (n-q) \sum_{j=t+1}^{k} e_j + q \sum_{j=t+1}^{k} e_j - \sum_{j=t+1}^{k} e_j^2$$

$$= k(n-q)q + (n-q)r - qr - \sum_{j=1}^{k} e_j^2$$

$$= (n-q)n - qr - \sum_{j=1}^{k} e_j^2 \qquad (1.4.235)$$

现在问题是在条件(1.4.234)下,求 $A = \sum_{j=1}^{k} e_j^2$ 的最小值.由于 $t \leqslant k-1, r \leqslant k-1$,当 $e_1 = e_2 = \cdots = e_t = 1, e_{t+1} = e_{t+2} = \cdots = e_k = 0$ 时,利用公式(1.4.234) 必有

$$t = r, \quad A = r \qquad (1.4.236)$$

下面证明在其他情况,有

$$A \geqslant r \qquad (1.4.237)$$

当 $r = 0$ 时,上式显然成立,只需考虑 $r > 0$ 的情况.由于 $e_1, e_2, \cdots, e_t$ 是正整数, $e_{t+1}, e_{t+2}, \cdots, e_k$ 是非负整数,有

$$A = \sum_{j=1}^{k} e_j^2 \geqslant \sum_{j=1}^{t} e_j + \sum_{j=t+1}^{k} e_j \geqslant \sum_{j=1}^{t} e_j - \sum_{j=1}^{k} e_j = r (利用(1.4.234)) \qquad (1.4.238)$$

因此,A 的最小值是 r.本题的最大值是 $(n-q)n - (q+1)r$.

例 19 给定正整数 $n \geqslant 2$,求具有下述性质的最大常数 $\lambda(n)$,如果实数序列 $a_0, a_1, a_2, \cdots, a_n$ 满足 $0 = a_0 \leqslant a_1 \leqslant a_2 \leqslant \cdots \leqslant a_n$,及 $a_i \geqslant \frac{1}{2}(a_{i+1} + a_{i-1}), i = 1, 2, \cdots, n-1$,则有

$$\left(\sum_{k=1}^{n} k a_k\right)^2 \geqslant \lambda(n) \sum_{k=1}^{n} a_k^2$$

解:令 $a_1 = a_2 = \cdots = a_n = 1$,由题目中不等式,有

$$\left(\sum_{k=1}^{n} k\right)^2 \geqslant n\lambda(n), \quad 则 \quad \lambda(n) \leqslant \frac{1}{4} n(n+1)^2 \qquad (1.4.239)$$

下面证明:对于任何满足题目条件的序列 $a_0, a_1, a_2, \cdots, a_n$,均有下述不等式

$$\left(\sum_{k=1}^{n} k a_k\right)^2 \geqslant \frac{1}{4} n(n+1)^2 \left(\sum_{k=1}^{n} a_k\right)^2 \qquad (1.4.240)$$

如果上式成立,则所求的最大常数

$$\lambda(n) = \frac{1}{4} n(n+1)^2 \qquad (1.4.241)$$

首先证明:

$$a_1 \geqslant \frac{1}{2} a_2 \geqslant \frac{1}{3} a_3 \geqslant \cdots \geqslant \frac{1}{n} a_n \qquad (1.4.242)$$

由题目条件,有

$$2 k a_k \geqslant k(a_{k+1} + a_{k-1}), \quad 这里 k = 1, 2, \cdots, n-1 \qquad (1.4.243)$$

上式两端对 $k = 1, 2, \cdots, l$ 求和,这里正整数 $l \in \{1, 2, \cdots, n-1\}$,可以看到

$$2 \sum_{k=1}^{l} k a_k \geqslant \sum_{s=2}^{l+1} (s-1) a_s + \sum_{s=0}^{l-1} (s+1) a_s (在不等式(1.4.243)的第一项,令 s = k+1,对第二项,$$
$$令 s = k-1)$$
$$= 2 \sum_{s=1}^{l-1} s a_s + (l-1) a_l + l a_{l+1} (注意 a_0 = 0) \qquad (1.4.244)$$

化简上式,有

$$2 l a_l \geqslant (l-1) a_l + l a_{l+1} \qquad (1.4.245)$$

利用上式,可以看到

$$\frac{a_l}{l} \geqslant \frac{a_{l+1}}{l+1}, \quad 这里 l = 1, 2, \cdots, n-1 \qquad (1.4.246)$$

由上式,知道不等式(1.4.242)成立.

利用不等式(1.4.242),对于 $1\leqslant i<j\leqslant n$,有

$$\frac{a_i}{i} \geqslant \frac{a_j}{j}, \quad 即 \quad ja_i - ia_j \geqslant 0 \tag{1.4.247}$$

又因为题目条件,知道 $a_j - a_i \geqslant 0$,再由上式,有

$$(ja_i - ia_j)(a_j - a_i) \geqslant 0 \tag{1.4.248}$$

展开上式,得到

$$(i+j)a_ia_j \geqslant ia_j^2 + ja_i^2 \tag{1.4.249}$$

利用上式,有

$$a_ia_j \geqslant \frac{i}{i+j}a_j^2 + \frac{j}{i+j}a_i^2 \tag{1.4.250}$$

于是,可以得到

$$\begin{aligned}\left(\sum_{k=1}^n ka_k\right)^2 &= \sum_{k=1}^n k^2 a_k^2 + 2\sum_{1\leqslant i<j\leqslant n}(ia_i)(ja_j) \\ &\geqslant \sum_{i=1}^n i^2 a_i^2 + 2\sum_{1\leqslant i<j\leqslant n} ij\left(\frac{i}{i+j}a_j^2 + \frac{j}{i+j}a_i^2\right)(利用不等式(1.4.250)) \\ &= \sum_{i=1}^n i^2 a_i^2 + 2\sum_{1\leqslant i<j\leqslant n}\left(\frac{i^2j}{i+j}a_j^2 + \frac{ij^2}{i+j}a_i^2\right)\end{aligned} \tag{1.4.251}$$

交换下标 i,j,有

$$\sum_{1\leqslant i<j\leqslant n}\frac{i^2 j}{i+j}a_j^2 = \sum_{1\leqslant j<i\leqslant n}\frac{j^2 i}{j+i}a_i^2 \tag{1.4.252}$$

利用上二式,有

$$\left(\sum_{k=1}^n ka_k\right)^2 \geqslant \sum_{i=1}^n \left(i^2 + 2\sum_{\substack{j=1\\j\neq i}}^n \frac{ij^2}{i+j}\right)a_i^2 = \sum_{i=1}^n\sum_{j=1}^n \frac{2ij^2}{i+j}a_i^2 \tag{1.4.253}$$

记

$$b_i = \sum_{j=1}^n \frac{2ij^2}{i+j} \tag{1.4.254}$$

当 $1\leqslant i<j\leqslant n$ 时,利用上式,有

$$b_i = \sum_{k=1}^n \frac{2ik^2}{i+k} < \sum_{k=1}^n \frac{2jk^2}{j+k}(利用\frac{i}{i+k}<\frac{j}{j+k},这里 k\in\{1,2,\cdots,n\}) = b_j \tag{1.4.255}$$

利用上式,有

$$b_1 < b_2 < \cdots < b_n \tag{1.4.256}$$

又由题目条件,知道

$$a_1^2 \leqslant a_2^2 \leqslant \cdots \leqslant a_n^2 \tag{1.4.257}$$

由 Chebyshev 不等式(见 1.1 节例 19),再利用上二式,有

$$\sum_{k=1}^n a_k^2 b_k \geqslant \frac{1}{n}\left(\sum_{k=1}^n a_k^2\right)\left(\sum_{k=1}^n b_k\right) \tag{1.4.258}$$

利用不等式(1.4.253),公式(1.4.254)和上式,有

$$\left(\sum_{k=1}^n ka_k\right)^2 \geqslant \frac{1}{n}\left(\sum_{k=1}^n a_k^2\right)\left(\sum_{k=1}^n b_k\right) \tag{1.4.259}$$

利用公式(1.4.254),有

$$\sum_{k=1}^n b_k = \sum_{k=1}^n \left(\sum_{j=1}^n \frac{2kj^2}{k+j}\right) = \sum_{k=1}^n k^2 + \sum_{1\leqslant j<k\leqslant n}\frac{2kj^2}{k+j} + \sum_{1\leqslant k<j\leqslant n}\frac{2kj^2}{k+j}$$

$$= \sum_{k=1}^n k^2 + \sum_{1 \leqslant j < k \leqslant n} \left(\frac{2kj^2}{k+j} + \frac{2jk^2}{j+k} \right) \text{(在上式右端最后一大项中，交换 } j \text{ 与 } k\text{)}$$

$$= \sum_{k=1}^n k^2 + 2\sum_{1 \leqslant j < k \leqslant n} jk = \left(\sum_{k=1}^n k \right)^2 = \frac{1}{4} n^2 (n+1)^2 \tag{1.4.260}$$

利用不等式(1.4.259)和公式(1.4.260)，不等式(1.4.240)成立．

例 20 设正整数 $n \geqslant 3, x_1, x_2, \cdots, x_n$ 皆取自开区间 $(0,1)$，且满足 $\sum_{k=1}^n x_k = 1$，求 $\sum_{1 \leqslant i < j \leqslant n} \frac{1}{1 - x_i x_j}$ 的最大值．

解：不妨设

$$\left. \begin{array}{l} x_1 = a = \max\{x_1, x_2, \cdots, x_n\}, \quad x_1 \geqslant \frac{1}{n} \\ x_2 = \min\{x_1, x_2, \cdots, x_n\}, \quad x_2 \leqslant \frac{1}{n} \end{array} \right\} \tag{1.4.261}$$

令

$$x_1^* = \frac{1}{n}, \quad x_2^* = x_1 + x_2 - \frac{1}{n} > 0, \quad x_1^* + x_2^* = x_1 + x_2 \tag{1.4.262}$$

由上二式，有

$$x_1^* x_2^* - x_1 x_2 = \left(x_1 - \frac{1}{n} \right)\left(\frac{1}{n} - x_2 \right) \geqslant 0 \tag{1.4.263}$$

记

$$f(x_1, x_2, x_3, \cdots, x_n) = \sum_{1 \leqslant i < j \leqslant n} \frac{1}{1 - x_i x_j} \tag{1.4.264}$$

则

$$f(x_1^*, x_2^*, x_3, \cdots, x_n) - f(x_1, x_2, x_3, \cdots, x_n)$$

$$= \left(\frac{1}{1 - x_1^* x_2^*} - \frac{1}{1 - x_1 x_2} \right) + \sum_{k=3}^n \left(\frac{1}{1 - x_1^* x_k} + \frac{1}{1 - x_2^* x_k} - \frac{1}{1 - x_1 x_k} - \frac{1}{1 - x_2 x_k} \right)$$

$$= \frac{x_1^* x_2^* - x_1 x_2}{(1 - x_1^* x_2^*)(1 - x_1 x_2)} + \sum_{k=3}^n \frac{1}{(1 - x_1^* x_k)(1 - x_2^* x_k)} \frac{1}{(1 - x_1 x_k)(1 - x_2 x_k)}$$

$$\cdot \{ [2 - (x_1^* + x_2^*)x_k][1 - (x_1 + x_2)x_k + x_1 x_2 x_k^2]$$

$$- [2 - (x_1 + x_2)x_k][1 - (x_1^* + x_2^*)x_k + x_1^* x_2^* x_k^2] \}$$

$$= \frac{x_1^* x_2^* - x_1 x_2}{(1 - x_1^* x_2^*)(1 - x_1 x_2)} + \sum_{k=3}^n \frac{1}{(1 - x_1^* x_k)(1 - x_2^* x_k)} \frac{1}{(1 - x_1 x_k)(1 - x_2 x_k)}$$

$$\cdot [2 - (x_1 + x_2)x_k] \{ [1 - (x_1 + x_2)x_k + x_1 x_2 x_k^2] - [1 - (x_1^* + x_2^*)x_k + x_1^* x_2^* x_k^2] \}$$

（利用公式(1.4.262)的最后一个等式）

$$= \frac{x_1^* x_2^* - x_1 x_2}{(1 - x_1^* x_2^*)(1 - x_1 x_2)} + \sum_{k=3}^n \frac{[2 - (x_1^* + x_2^*)x_k]}{(1 - x_1^* x_k)(1 - x_2^* x_k)} \frac{1}{(1 - x_1 x_k)(1 - x_2 x_k)}$$

$$\cdot (x_1 x_2 - x_1^* x_2^*) x_k^2 \text{（又一次利用公式(1.4.262)的最后一个等式）}$$

$$= \frac{x_1^* x_2^* - x_1 x_2}{(1 - x_1^* x_2^*)(1 - x_1 x_2)} - \sum_{k=3}^n \left(\frac{1}{1 - x_1^* x_k} + \frac{1}{1 - x_2^* x_k} \right) \frac{(x_1^* x_2^* - x_1 x_2) x_k^2}{(1 - x_1 x_k)(1 - x_2 x_k)}$$

$$\tag{1.4.265}$$

当正整数 $k \geqslant 3$ 时，利用 $G_2 \leqslant A_2$，有

$$x_1^* x_k \leqslant \left[\frac{1}{2}(x_1^* + x_k) \right]^2 \leqslant \frac{1}{4}(x_1 + x_2 + x_k)^2 \text{（利用公式(1.4.262)）} \leqslant \frac{1}{4} \text{（由题目条件）}$$

$$\tag{1.4.266}$$

类似地,当正整数 $k \geqslant 3$ 时,有

$$x_2^* x_k \leqslant \frac{1}{4}, \quad x_1 x_k \leqslant \frac{1}{4} \tag{1.4.267}$$

利用不等式(1.4.266)和(1.4.267),有

$$\frac{1}{1-x_1^* x_k} \leqslant \frac{4}{3}, \quad \frac{1}{1-x_2^* x_k} \leqslant \frac{4}{3}, \quad \frac{1}{1-x_1 x_k} \leqslant \frac{4}{3} \tag{1.4.268}$$

利用不等式(1.4.263),公式(1.4.265)和不等式(1.4.268),有
$f(x_1^*, x_2^*, x_3, \cdots, x_n) - f(x_1, x_2, x_3, \cdots, x_n)$

$$\geqslant \frac{x_1^* x_2^* - x_1 x_2}{(1-x_1^* x_2^*)(1-x_1 x_2)} - \frac{32}{9}(x_1^* x_2^* - x_1 x_2) \sum_{k=3}^{n} \frac{x_k^2}{1-x_2 x_k}$$

$$\geqslant (x_1^* x_2^* - x_1 x_2) \left[1 - \frac{32}{9} \sum_{k=3}^{n} x_k^2\right] (利用不等式(1.4.263),以及 \frac{1}{(1-x_1^* x_2^*)(1-x_1 x_2)} > 1) \tag{1.4.269}$$

令

$$g(x_3, x_4, \cdots, x_n) = \sum_{k=3}^{n} x_k^2 \tag{1.4.270}$$

这里 $x_3, x_4, \cdots, x_n \in (0, a]$,且满足

$$\sum_{k=3}^{n} x_k < 1 - a (由公式(1.4.261)和题目条件) \tag{1.4.271}$$

下面证明

$$g(x_3, x_4, \cdots, x_n) < \frac{1}{4} \tag{1.4.272}$$

对 a 分情况讨论:

① 当 $a \in \left[\frac{1}{2}, 1\right)$ 时,利用公式(1.4.270)和不等式(1.4.271),有

$$g(x_3, x_4, \cdots, x_n) < \left(\sum_{k=3}^{n} x_k\right)^2 < (1-a)^2 \leqslant \frac{1}{4} \tag{1.4.273}$$

剩下考虑 $a \in \left(0, \frac{1}{2}\right)$ 情况.

当 $(0, a]$ 内 $x_3, x_4, \cdots, x_n$ 中某两项,不妨记为 x, y,如果 $x + y \leqslant a$,明显地,有

$$x^2 + y^2 < (x+y)^2 \tag{1.4.274}$$

如果 $x + y > a$,不妨设 $x \geqslant y$,记 $a = x + \alpha$,这里 α 是非负实数.显然,有

$$x^2 + y^2 \leqslant (x+\alpha)^2 + (y-\alpha)^2 = a^2 + (x+y-a)^2 \tag{1.4.275}$$

不等式(1.4.274)和(1.4.275)表示,当 $x + y \leqslant a$ 时,用一个正实数 $x + y$ 代替两个正实数 x, y.当 $x + y > a$ 时,用新的两个正实数 $a, x + y - a$ 代替 x, y.在这样代替后,这一个或两个新正实数与其他 x_k 之和保持不变,但是 $\sum_{k=3}^{n} x_k^2$ 在相应代替后增加了.

② 当 $a \in \left[\frac{1}{3}, \frac{1}{2}\right), \sum_{k=3}^{n} x_k \leqslant a$ 时,有

$$\sum_{k=3}^{n} x_k^2 < \left(\sum_{k=3}^{n} x_k\right)^2 \leqslant a^2 < \frac{1}{4} \tag{1.4.276}$$

当 $\sum_{k=3}^{n} x_k > a$ 时,有

$$\sum_{k=3}^{n} x_k^2 = x_3^2 + \sum_{k=4}^{n} x_k^2 < x_3^2 + \left(\sum_{k=4}^{n} x_k\right)^2$$

$$\leqslant a^2 + \left(\sum_{k=3}^{n} x_k - a\right)^2 (\text{视} \sum_{k=4}^{n} x_k \text{ 为一个正实数, 利用不等式}(1.4.275))$$

$$< a^2 + (1 - 2a)^2 (\text{利用不等式}(1.4.271) \text{ 及} \sum_{k=3}^{n} x_k > a)$$

$$= 5a^2 - 4a + 1 \tag{1.4.277}$$

令

$$f(a) = 5a^2 - 4a + 1, \quad \text{这里 } a \in \left[\frac{1}{3}, \frac{1}{2}\right) \tag{1.4.278}$$

由于平面上图像 $(a, f(a))$ 是一条开口向上的抛物线, 则

$$f(a) \leqslant \max\left(f\left(\frac{1}{3}\right), f\left(\frac{1}{2}\right)\right) = \frac{1}{4} (\text{利用公式}(1.4.278) \text{ 有 } f\left(\frac{1}{3}\right) = \frac{2}{9}, f\left(\frac{1}{2}\right) = \frac{1}{4})$$

$$\tag{1.4.279}$$

③ 当 $a \in \left[\frac{1}{4}, \frac{1}{3}\right)$ 时, 如果 $\sum_{k=3}^{n} x_k \leqslant a$, 不等式 $(1.4.276)$ 仍然成立. 当 $a < \sum_{k=3}^{n} x_k \leqslant 2a$ 时, 利用不等式 $(1.4.277)$ 的前三步, 有

$$\sum_{k=3}^{n} x_k^2 \leqslant a^2 + \left(\sum_{k=3}^{n} x_k - a\right)^2 \leqslant a^2 + a^2 = 2a^2 < \frac{2}{9} < \frac{1}{4} \tag{1.4.280}$$

当 $\sum_{k=3}^{n} x_k > 2a$ 时, 不断地利用不等式 $(1.4.274)$ 和 $(1.4.275)$, 有

$$\sum_{k=3}^{n} x_k^2 < a^2 + a^2 + \left(\sum_{k=3}^{n} x_k - 2a\right)^2 < 2a^2 + (1 - 3a)^2 (\text{利用不等式}(1.4.271))$$

$$= 11a^2 - 6a + 1 \tag{1.4.281}$$

类似不等式 $(1.4.277)$ 的右端处理, 令

$$f^*(a) = 11a^2 - 6a + 1, \quad \text{这里 } a \in \left[\frac{1}{4}, \frac{1}{3}\right) \tag{1.4.282}$$

有

$$f^*(a) \leqslant \max\left(f^*\left(\frac{1}{4}\right), f^*\left(\frac{1}{3}\right)\right) < \frac{1}{4} (\text{利用上式, 有 } f^*\left(\frac{1}{4}\right) = \frac{3}{16}, f^*\left(\frac{1}{3}\right) = \frac{9}{2})$$

$$\tag{1.4.283}$$

④ 当 $a \in \left(0, \frac{1}{4}\right)$ 时, 记

$$\sum_{k=3}^{n} x_k = sa + b \tag{1.4.284}$$

这里 s 是一个非负整数, $b \in (0, a]$. 由题目条件, 公式 $(1.4.271)$ 和上式, 有

$$(s + 1)a + b < 1 \tag{1.4.285}$$

不断地利用不等式 $(1.4.274)$ 和 $(1.4.275)$, 有

$$\sum_{k=3}^{n} x_k^2 \leqslant sa^2 + b^2 (\text{注意公式}(1.4.284))$$

$$< (1 - a - b)a + b^2 (\text{利用不等式}(1.4.285))$$

$$< a (\text{利用 } b \in (0, a]) < \frac{1}{4} \tag{1.4.286}$$

通过上面的仔细耐心分析, 不等式 $(1.4.272)$ 成立. 于是, 利用该不等式, 有

$$1 - \frac{32}{9} \sum_{k=3}^{n} x_k^2 > 0 \tag{1.4.287}$$

利用不等式 $(1.4.263)$, $(1.4.269)$ 和 $(1.4.287)$, 有

$$f(x_1^*, x_2^*, x_3, \cdots, x_n) \geqslant f(x_1, x_2, x_3, \cdots, x_n) \qquad (1.4.288)$$

反复利用上面方法,最后,有

$$f(x_1, x_2, x_3, \cdots, x_n) \leqslant f\left(\frac{1}{n}, \frac{1}{n}, \frac{1}{n}, \cdots, \frac{1}{n}\right) = \frac{C_n^2}{1 - \frac{1}{n^2}} = \frac{n^3}{2(n+1)} \qquad (1.4.289)$$

例 21 设正整数 $n > 3$,设 a_1, a_2, a_3 是给定的正实数,$f(x) = (x+a_1)(x+a_2)(x+a_3)$,对满足 $\sum_{j=1}^{n} x_j = 1$ 的非负实数 $x_1, x_2, \cdots, x_n$,求 $F = \sum_{1 \leqslant i_1 < i_2 < i_3 \leqslant n} \min\{f(x_{i_1}), f(x_{i_2}), f(x_{i_3})\}$ 的最大值.

解:明显地,有

$\min\{f(x_{i_1}), f(x_{i_2}), f(x_{i_3})\}$

$= \min\{(x_{i_1} + a_1)(x_{i_1} + a_2)(x_{i_1} + a_3), (x_{i_2} + a_1)(x_{i_2} + a_2)(x_{i_2} + a_3),$

$\quad (x_{i_3} + a_1)(x_{i_3} + a_2)(x_{i_3} + a_3)\}$

$\leqslant \sqrt[3]{(x_{i_1} + a_1)(x_{i_1} + a_2)(x_{i_1} + a_3)(x_{i_2} + a_1)(x_{i_2} + a_2)(x_{i_2} + a_3)(x_{i_3} + a_1)(x_{i_3} + a_2)(x_{i_3} + a_3)}$

$\leqslant \frac{1}{3}[(x_{i_1} + a_1)(x_{i_2} + a_2)(x_{i_3} + a_3) + (x_{i_1} + a_2)(x_{i_2} + a_3)(x_{i_3} + a_1)$

$\quad + (x_{i_1} + a_3)(x_{i_2} + a_1)(x_{i_3} + a_2)]$ (利用 $G_3 \leqslant A_3$) $\qquad (1.4.290)$

由于

$$(x_{i_1} + a_1)(x_{i_2} + a_2)(x_{i_3} + a_3) = x_{i_1} x_{i_2} x_{i_3} + (a_1 x_{i_2} x_{i_3} + a_2 x_{i_1} x_{i_3} + a_3 x_{i_1} x_{i_2})$$
$$+ (a_1 a_2 x_{i_3} + a_1 a_3 x_{i_2} + a_2 a_3 x_{i_1}) + a_1 a_2 a_3 \qquad (1.4.291)$$

将上述 a_1, a_2, a_3 依次换成 a_2, a_3, a_1,有

$$(x_{i_1} + a_2)(x_{i_2} + a_3)(x_{i_3} + a_1) = x_{i_1} x_{i_2} x_{i_3} + (a_1 x_{i_1} x_{i_2} + a_2 x_{i_2} x_{i_3} + a_3 x_{i_1} x_{i_3})$$
$$+ (a_1 a_2 x_{i_2} + a_1 a_3 x_{i_1} + a_2 a_3 x_{i_3}) + a_1 a_2 a_3 \qquad (1.4.292)$$

将上式中 a_1, a_2, a_3 依次换成 a_2, a_3, a_1,有

$$(x_{i_1} + a_3)(x_{i_2} + a_1)(x_{i_3} + a_2) = x_{i_1} x_{i_2} x_{i_3} + (a_1 x_{i_2} x_{i_3} + a_2 x_{i_1} x_{i_2} + a_3 x_{i_1} x_{i_3})$$
$$+ (a_1 a_2 x_{i_1} + a_1 a_3 x_{i_3} + a_2 a_3 x_{i_2}) + a_1 a_2 a_3 \qquad (1.4.293)$$

代公式(1.4.291),(1.4.292)和(1.4.293)入不等式(1.4.290),有(注意题目中 F 的定义)

$$F \leqslant \sum_{1 \leqslant i_1 < i_2 < i_3 \leqslant n} x_{i_1} x_{i_2} x_{i_3} + \frac{1}{3}(a_1 + a_2 + a_3) \sum_{1 \leqslant i_1 < i_2 < i_3 \leqslant n} (x_{i_1} x_{i_2} + x_{i_2} x_{i_3} + x_{i_3} x_{i_1})$$

$$+ \frac{1}{3}(a_1 a_2 + a_2 a_3 + a_3 a_1) \sum_{1 \leqslant i_1 < i_2 < i_3 \leqslant n} (x_{i_1} + x_{i_2} + x_{i_3}) + C_n^3 a_1 a_2 a_3$$

$$= \sum_{1 \leqslant i_1 < i_2 < i_3 \leqslant n} x_{i_1} x_{i_2} x_{i_3} + \frac{1}{3}(n-2)(a_1 + a_2 + a_3) \sum_{1 \leqslant i < j \leqslant n} x_i x_j$$

$$+ \frac{1}{6}(n-2)(n-1)(a_1 a_2 + a_2 a_3 + a_3 a_1) \sum_{j=1}^{n} x_j + C_n^3 a_1 a_2 a_3 \qquad (1.4.294)$$

这里不等式右端 $\sum_{1 \leqslant i_1 < i_2 < i_3 \leqslant n} (x_{i_1} x_{i_2} + x_{i_2} x_{i_3} + x_{i_3} x_{i_1})$ 的形如 $x_i x_j (i \neq j)$ 的总项数是 $3 C_n^3 = (n-2) C_n^2$. $\sum_{1 \leqslant i_1 < i_2 < i_3 \leqslant n} (x_{i_1} + x_{i_2} + x_{i_3})$ 的形如 x_j 的总项数是 $3 C_n^3 = n C_{n-1}^2$. 从而有公式(1.4.294)的最后一个等式.

利用题目条件,知道
$$\sum_{1\leqslant i<j\leqslant n} x_i x_j = \frac{1}{2}\Big[\Big(\sum_{k=1}^n x_k\Big)^2 - \sum_{k=1}^n x_k^2\Big] = \frac{1}{2}\Big(1 - \sum_{k=1}^n x_k^2\Big)$$
$$\leqslant \frac{1}{2} - \frac{1}{2n}\Big(\sum_{k=1}^n x_k\Big)^2 \text{(这里利用 Cauchy 不等式,有} \Big(\sum_{k=1}^n x_k\Big)^2 \leqslant n\sum_{k=1}^n x_k^2\text{)}$$
$$= \frac{1}{2}\Big(1 - \frac{1}{n}\Big) \tag{1.4.295}$$

下面计算 $\sum_{1\leqslant i_1<i_2<i_3\leqslant n} x_{i_1} x_{i_2} x_{i_3}$. 利用题目条件,有

$$1 = \Big(\sum_{j=1}^n x_j\Big)^3 = \sum_{j=1}^n x_j^3 + 3\sum_{j=1}^n x_j^2\Big(\sum_{k=1}^n x_k - x_j\Big) + 6\sum_{1\leqslant i_1<i_2<i_3\leqslant n} x_{i_1} x_{i_2} x_{i_3} \tag{1.4.296}$$

从上式及题目条件,有

$$6\sum_{1\leqslant i_1<i_2<i_3\leqslant n} x_{i_1} x_{i_2} x_{i_3} = 1 + 2\sum_{j=1}^n x_j^3 - 3\sum_{j=1}^n x_j^2 \tag{1.4.297}$$

下面需要一个引理.

引理 设 A,B 是两个给定正实数,满足 $2B \geqslant 3A$,正整数 $n \geqslant 2$,已知非负实数 $x_1, x_2, \cdots, x_n$ 满足 $\sum_{k=1}^n x_k = 1$,求证:当 $x_1 = x_2 = \cdots = x_n = \frac{1}{n}$ 时,$A\sum_{k=1}^n x_k^3 - B\sum_{k=1}^n x_k^2$ 有最大值 $\frac{A}{n^2} - \frac{B}{n}$.

引理的证明:利用例 20 的处理方法(称局部调整法),不妨设 $0 \leqslant x_1 < \frac{1}{n} < x_2$,令

$$x_1^* = \frac{1}{n}, \quad x_2^* = x_1 + x_2 - \frac{1}{n}, \quad x_1 + x_2 = x_1^* + x_2^* \tag{1.4.298}$$

x_1, x_2 被 x_1^*, x_2^* 代替后,题目条件不变.

$$[A(x_1^3 + x_2^3) - B(x_1^2 + x_2^2)] - [A(x_1^{*3} + x_2^{*3}) - B(x_1^{*2} + x_2^{*2})]$$
$$= A\Big[x_1^3 + x_2^3 - \frac{1}{n^3} - \Big(x_1 + x_2 - \frac{1}{n}\Big)^3\Big]$$
$$+ B\Big[\frac{1}{n^2} + \Big(x_1 + x_2 - \frac{1}{n}\Big)^2 - (x_1^2 + x_2^2)\Big]\text{(利用公式(1.4.298))}$$
$$= \frac{3A}{n^2}(x_1 + x_2)[n(x_1 + x_2) - 1 - n^2 x_1 x_2] + \frac{2B}{n^2}(1 + n^2 x_1 x_2 - nx_1 - nx_2)$$
$$= \frac{1}{n^2}(1 - nx_1)(nx_2 - 1)[3A(x_1 + x_2) - 2B] \leqslant 0 \tag{1.4.299}$$

这里利用 $1 - nx_1 > 0, nx_2 - 1 > 0$,由题目条件,有 $3A(x_1+x_2) - 2B \leqslant 3A - 2B \leqslant 0$. 利用不等式 (1.4.299),可以看到

$$A(x_1^3 + x_2^3) - B(x_1^2 + x_2^2) \leqslant A(x_1^{*3} + x_2^{*3}) - B(x_1^{*2} + x_2^{*2}) \tag{1.4.300}$$

不断地利用上述办法,至多局部调整 $n-1$ 次,有

$$A\sum_{k=1}^n x_k^3 - B\sum_{k=1}^n x_k^2 \leqslant \frac{A}{n^2} - \frac{B}{n} \tag{1.4.301}$$

引理结论成立.

在上述引理中,令 $A = 2, B = 3$,有

$$2\sum_{j=1}^n x_j^3 - 3\sum_{j=1}^n x_j^2 \leqslant \frac{2}{n^2} - \frac{3}{n} \tag{1.4.302}$$

利用公式 (1.4.297) 和上式,有

$$6\sum_{1\leqslant i_1<i_2<i_3\leqslant n} x_{i_1} x_{i_2} x_{i_3} \leqslant 1 + \frac{2}{n^2} - \frac{3}{n} \tag{1.4.303}$$

在不等式 (1.4.294) 中,利用不等式 (1.4.303) 和题目条件,可以得到(兼顾不等式

(1.4.295))

$$F \leqslant \frac{1}{6}\left(1 + \frac{2}{n^2} - \frac{3}{n}\right) + \frac{1}{3}(n-2)(a_1 + a_2 + a_3)\frac{1}{2}\left(1 - \frac{1}{n}\right)$$

$$+ \frac{1}{6}(n-2)(n-1)(a_1 a_2 + a_2 a_3 + a_3 a_1) + C_n^3 a_1 a_2 a_3$$

$$= \frac{1}{6n^2}(n-1)(n-2)[1 + n(a_1 + a_2 + a_3) + n^2(a_1 a_2 + a_2 a_3 + a_3 a_1) + n^3 a_1 a_2 a_3]$$

$$= C_n^3 \left(\frac{1}{n} + a_1\right)\left(\frac{1}{n} + a_2\right)\left(\frac{1}{n} + a_3\right) \tag{1.4.304}$$

当所有 $x_j(1 \leqslant j \leqslant n)$ 全为 $\frac{1}{n}$ 时,上述不等式取等号.上式的右端就是所求的最大值.

注:这是受 2012 年中国数学奥林匹克一题目的影响而自编的.原题如下:设 $f(x) = (x + a)(x + b)$, a, b 是给定的正实数,正整数 $n \geqslant 2$. 对满足 $x_1 + x_2 + \cdots + x_n = 1$ 的非负实数 x_1, $x_2, \cdots, x_n$,求 $F = \sum_{1 \leqslant i < j \leqslant n} \min\{f(x_i), f(x_j)\}$ 的最大值.由于题目结论相当简洁,有兴趣的读者可以考虑将 $f(x)$ 推广为 $(x + a_1)(x + a_2)\cdots(x + a_k)$ 的情况.

复数的代数式也有求最大值与最小值的问题.下面举一个简单例题.

例 22 已知实数 $r \geqslant 2$,复数 z_1, z_2, z_3, z_4 都是模长大于等于 r 的复数,求复数 $2 - (z_1 + z_2)(z_3 + z_4) + z_1 z_2 z_3 z_4$ 的模长的最小值.

解:令

$$z_j = \frac{1}{u_j}, \quad j = 1, 2, 3, 4 \tag{1.4.305}$$

利用题目条件及上式,有

$$|u_j| \leqslant \frac{1}{r}, \quad \frac{1}{|u_j|} \geqslant r \tag{1.4.306}$$

记

$$A = 2 - (z_1 + z_2)(z_3 + z_4) + z_1 z_2 z_3 z_4 \tag{1.4.307}$$

利用公式 (1.4.305) 和 (1.4.307),有

$$A = \frac{1}{u_1 u_2 u_3 u_4}[2u_1 u_2 u_3 u_4 - (u_2 + u_1)(u_4 + u_3) + 1] \tag{1.4.308}$$

利用不等式 (1.4.306) 和上式,有

$$|A| \geqslant r^4 |2u_1 u_2 u_3 u_4 - (u_1 + u_2)(u_3 + u_4) + 1| \tag{1.4.309}$$

由于

$$2u_1 u_2 u_3 u_4 - (u_1 + u_2)(u_3 + u_4) + 1$$
$$= [1 - u_1(u_3 + u_4)][1 - u_2(u_3 + u_4)] - u_1 u_2(u_3^2 + u_4^2) \tag{1.4.310}$$

将公式 (1.4.310) 代入不等式 (1.4.309),有

$$|A| \geqslant r^4 |[1 - u_1(u_3 + u_4)][1 - u_2(u_3 + u_4)] - u_1 u_2(u_3^2 + u_4^2)|$$
$$\geqslant r^4[(1 - |u_1 u_3| - |u_1 u_4|)(1 - |u_2 u_3| - |u_2 u_4|)$$
$$- |u_1 u_2|(|u_3|^2 + |u_4|^2)] \text{(利用不等式 (1.4.306) 及 } r \geqslant 2)$$
$$\geqslant r^4\left[\left(1 - \frac{2}{r^2}\right)^2 - \frac{2}{r^4}\right] = r^4 - 4r^2 + 2 \tag{1.4.311}$$

令 $z_1 = z_2 = z_3 = z_4 = r$,则上式等号成立,因此,本题所求的最小值是 $r^4 - 4r^2 + 2$.

看了本章,读者在不等式方面定会有些收益.数学的道路,正如安徒生谈及科学的道路一样,是条光荣的荆棘路.当我们想起欧拉双目失明,但他的思维的喷泉从不停息,孜孜不倦地口述作

品的时候;当我们想起年轻的伽罗华在监狱里面对数学家不可逾越的鸿沟,开拓着一个新绿洲的时候;当我们想起罗巴契夫斯基被人们骂作疯子,仍坚持他的非欧几何研究的时候……我们就会感觉学习数学的力量倍增,任何困难都能被克服.

第1章习题

1. 设 a,b 是两个正实数,$A = \frac{1}{2}(a+b)$,$G = \sqrt{ab}$,$K = \sqrt{\frac{1}{2}(a^2+b^2)}$,求证:(1) $A^2 \geq KG$;(2) $G+K \leq 2A$;(3) $G^4+K^4 \geq 2A^4$.

提示:(1) 和(2),先证明 $G^2+K^2 = 2A^2$.(3) 展开 $(a-b)^4 \geq 0$.

2. 设实数 x,y 满足 $x^2+y^2 = 1$,求 $f(x,y) = |x-y| + |x^3-y^3|$ 的最大值.

提示:先求证 $(f(x,y))^2 = (1-2xy)(2+xy)^2$,再利用 $G_3 \leq A_3$.最大值为 $\left(\frac{5}{3}\right)^{\frac{3}{2}}$.

3. 设正实数 $x > 1$,求证:$\frac{1}{2}\sqrt{x-1} + \frac{(x-1)^2}{\sqrt{x-1}+\sqrt{x+1}} < \frac{x^2}{\sqrt{x}+\sqrt{x+2}}$.

提示:先求证 $\sqrt{x} + \sqrt{x+2} < 2\sqrt{x+1}$,再求证 $\frac{1}{2}\sqrt{x-1} + \frac{1}{2}(x-1)^{\frac{3}{2}} < \frac{x^2}{2\sqrt{x+1}}$.

4. 设 a 是一个不等于1的正实数,n 是一个正整数,求证:$\frac{a^{2n+2}-1}{a(a^{2n}-1)} > \frac{n+1}{n}$.

提示:对 n 用数学归纳法.

5. 设 x 是不等于1的一个正实数,n 是一个正整数.求证:$x + \frac{1}{x^n} > \frac{2n(x-1)}{x^n-1}$.

提示:先求证 $\frac{1}{x-1}(x^{n+1}+1)(x^n-1) = x^n \sum_{k=1}^{n}\left(x^k + \frac{1}{x^k}\right)$.

6. 正整数 $n \geq 2$,求证:$2\sqrt{n} - 2 + \frac{1}{\sqrt{n}} < \sum_{k=1}^{n}\frac{1}{\sqrt{k}} < 2\sqrt{n} - 1$.

提示:对 n 用数学归纳法.

7. 正整数 $n \geq 2$,$x \in \left(0, \frac{n}{n+1}\right)$.求证:$(1-2x^n+x^{n+1})^n < (1-x^n)^{n+1}$.

提示:先求证 $f(t) = \frac{1-t^n}{1-t}$ 是 $(0,1)$ 内单调递增函数.

8. 对任何实数 x,求证:$x^6 - x^5 + x^4 - x^3 + x^2 - x + \frac{3}{4} > 0$.

提示:先求证当 $x \leq 0$ 时,$f(x) + f(-x) > 0$,$f(x) - f(-x) \geq 0$,这里 $f(x)$ 是题目左端,再讨论 $x \geq 1$,$x \in (0,1)$ 情况.

9. 如果 a,b,c 都是大于1的正实数,α 是正实数.求证:$a^{\sqrt{\alpha\log_a b}+\sqrt{\alpha\log_a c}} + b^{\sqrt{\alpha\log_b a}+\sqrt{\alpha\log_b c}} + c^{\sqrt{\alpha\log_c a}+\sqrt{\alpha\log_c b}} \leq \sqrt{abc}(a^{\alpha-\frac{1}{2}} + b^{\alpha-\frac{1}{2}} + c^{\alpha-\frac{1}{2}})$.

提示:先求证 $\sqrt{\alpha\log_a b} + \sqrt{\alpha\log_a c} \leq \alpha - \frac{1}{2} + \log_a\sqrt{abc}$.

10. 设 a,b,c 是正实数,求证:

$$\frac{\sqrt{a^2+bc}}{b+c} + \frac{\sqrt{b^2+ca}}{c+a} + \frac{\sqrt{c^2+ab}}{a+b} \geq \sqrt{\frac{a}{b+c}} + \sqrt{\frac{b}{c+a}} + \sqrt{\frac{c}{a+b}}$$

提示:不妨设 $a \geqslant b \geqslant c$,展开 $(a-c)(b-c) \geqslant 0$,先求证: $\dfrac{\sqrt{c^2+ab}}{a+b} \geqslant \sqrt{\dfrac{c}{a+b}}$,再分别求证: $\dfrac{\sqrt{a^2+bc}}{b+c} \dfrac{\sqrt{b^2+ac}}{a+c} \geqslant \sqrt{\dfrac{a}{b+c}} \sqrt{\dfrac{b}{c+a}}$ 和 $\dfrac{a^2+bc}{(b+c)^2} + \dfrac{b^2+ac}{(a+c)^2} \geqslant \dfrac{a}{b+c} + \dfrac{b}{c+a}$.

11. 设 a,b,c 是正实数,满足 $a+b+c=1$.求证:
$$\dfrac{ab}{c+ab} + \dfrac{bc}{a+bc} + \dfrac{ca}{b+ca} + \dfrac{1}{4}\left(\dfrac{a+\sqrt{ab}}{a+b}\right)\left(\dfrac{b+\sqrt{bc}}{b+c}\right)\left(\dfrac{c+\sqrt{ca}}{c+a}\right) \geqslant 1$$

提示:先求证
$$\dfrac{ab}{c+ab} + \dfrac{bc}{a+bc} + \dfrac{ca}{b+ca} = \dfrac{1}{(a+b)(b+c)(c+a)}[ab(a+b) + bc(b+c) + ca(c+a)]$$

12. 设 a,b,c 是正实数,求证:
$$\dfrac{a}{\sqrt{a^2+2(b+c)^2}} + \dfrac{b}{\sqrt{b^2+2(c+a)^2}} + \dfrac{c}{\sqrt{c^2+2(a+b)^2}} \geqslant 1$$

提示:利用 Hölder 不等式.

13. 设 a,b,c 是正实数,满足 $\dfrac{1}{a}+\dfrac{1}{b}+\dfrac{1}{c}=1$,求证:
$$\sqrt{ab+c} + \sqrt{bc+a} + \sqrt{ca+b} \geqslant \sqrt{abc} + \sqrt{a} + \sqrt{b} + \sqrt{c}$$

提示:先求证: $\sqrt{abc} = \sqrt{\dfrac{bc}{a}} + \sqrt{\dfrac{ca}{b}} + \sqrt{\dfrac{ab}{c}}$,再求证:当正实数 x,y,z 满足 $\dfrac{1}{x}+\dfrac{1}{y}+\dfrac{1}{z}=1$ 时,有 $\sqrt{x+yz} \geqslant \sqrt{x} + \sqrt{\dfrac{yz}{x}}$.

14. 设 a,b,c 是正实数,求证: $\dfrac{ab+c^2}{a+b} + \dfrac{bc+a^2}{b+c} + \dfrac{ca+b^2}{c+a} \geqslant a+b+c$.

提示:求证: $\left(\dfrac{ab+c^2}{a+b}-c\right) + \left(\dfrac{bc+a^2}{b+c}-a\right) + \left(\dfrac{ca+b^2}{c+a}-b\right) \geqslant 0$.

15. 设 x,y,z 是非负实数,满足 $x^2+y^2+z^2=1$.求证: $\dfrac{x}{1-yz} + \dfrac{y}{1-zx} + \dfrac{z}{1-xy} \leqslant \dfrac{3\sqrt{3}}{2}$.

提示:如果 x,y,z 中有一个是零,不等式明显.考虑 xyz 是正实数情况,先求证: $1-yz \geqslant 2x\sqrt{yz}$ 等,再求证: $xyz\left(\dfrac{1}{1-yz}+\dfrac{1}{1-zx}+\dfrac{1}{1-xy}\right) \leqslant \dfrac{1}{2}(x+y+z)$.

16. 设 a,b,c 是正实数,求证: $\dfrac{2(a^3+b^3+c^3)}{abc} + \dfrac{9(a+b+c)^2}{a^2+b^2+c^2} \geqslant 33$.

提示:对代数式 $2(a^3+b^3+c^3)(a^2+b^2+c^2) + 9abc(a+b+c)^2 - 33abc(a^2+b^2+c^2)$ 进行恒等变形.

17. 设 a,b,c 是正实数,满足 $a+b+c=1$.求证:
$$\dfrac{ab}{3a^2+2b+3} + \dfrac{bc}{3b^2+2c+3} + \dfrac{ca}{3c^2+2a+3} \leqslant \dfrac{1}{12}$$

提示:先求证: $f(x) = -\dfrac{x(1-x)}{3x+2}$ 是 $[0,1]$ 内一个凸函数,再求证:题目左端 $\leqslant 3\left[\dfrac{ab}{6(a+b)+8} + \dfrac{bc}{6(b+c)+8} + \dfrac{ca}{6(c+a)+8}\right]$.

18. 设 a,b,c 是正实数,求证: $3(a+b+c) \geqslant 8\sqrt[3]{abc} + \sqrt[3]{\dfrac{1}{3}(a^3+b^3+c^3)}$.

提示:利用幂平均不等式,先求证:

$$8\sqrt[3]{abc} + \sqrt[3]{\frac{1}{3}(a^3+b^3+c^3)} \leqslant 3\sqrt[3]{24abc+(a^3+b^3+c^3)}$$

再求证上式右端 $\leqslant 3(a+b+c)$.

19. 设 a,b,c 是正实数,求证:$\dfrac{a^3(b+c)}{b^3+c^3} + \dfrac{b^3(c+a)}{c^3+a^3} + \dfrac{c^3(a+b)}{a^3+b^3} \geqslant a+b+c$.

提示:左端减去右端,通分母,进行恒等变换.

20. 设 a,b,c 都是正实数,求证:$\dfrac{1}{a+b} + \dfrac{1}{b+c} + \dfrac{1}{c+a} \leqslant \dfrac{(a+b+c)^2}{6abc}$.

提示:先求证:$4abc\left(\dfrac{1}{a+b} + \dfrac{1}{b+c} + \dfrac{1}{c+a}\right) \leqslant 2(ab+bc+ca)$.

21. 已知 $x,y,z \in (0,1)$,且存在正常数 $a < 3$,使得 $x+y+z = a$.求证:

$$\frac{x}{1-x^2} + \frac{y}{1-y^2} + \frac{z}{1-z^2} \geqslant \frac{9a}{9-a^2}$$

提示:求证:$f(x) = \dfrac{x}{1-x^2}$ 是 $(0,1)$ 内一个凸函数.

22. 设 x,y,z 是正实数,求证:

$$\frac{x}{x+\sqrt{(x+y)(x+z)}} + \frac{y}{y+\sqrt{(y+x)(y+z)}} + \frac{z}{z+\sqrt{(z+x)(z+y)}} \leqslant 1$$

提示:利用 1.1 节不等式(1.1.77).

23. m,n 都是正整数,求证:$\dfrac{1}{m+n+1} - \dfrac{1}{(m+1)(n+1)} \leqslant \dfrac{4}{45}$.

提示:令 $f(m,n)$ 表示不等式的左端,先计算 $f(1,1),f(1,2),f(2,1)$,再考虑 $m+n \geqslant 4$ 情况,令 $k = m+n+2 \geqslant 6$,求证:$f(m,n) \leqslant \dfrac{1}{k-1} - \dfrac{4}{k^2}$.

24. 设 a,b,c 为非负实数,实数 $k > 1$,且满足 $ab \leqslant c^2, a \leqslant kc, b \leqslant kc$.求证:

$$a+b \leqslant \left(k+\frac{1}{k}\right)c$$

提示:利用 $(a-kc)(b-kc) \geqslant 0$.

25. 设 a,b,c 是正实数,求证:

$$\frac{bc}{a^2+bc} + \frac{ca}{b^2+ca} + \frac{ab}{c^2+ab} \leqslant \frac{1}{2}\sqrt[3]{3(a+b+c)\left(\frac{1}{a}+\frac{1}{b}+\frac{1}{c}\right)}$$

提示:先求证:$\dfrac{a^2}{a^2+bc} + \dfrac{b^2}{b^2+ca} + \dfrac{c^2}{c^2+ab} \geqslant \dfrac{(a+b+c)^2}{(a+b+c)^2-(ab+bc+ca)}$,再求证:

$$\frac{1}{2}\sqrt[3]{3(a+b+c)\left(\frac{1}{a}+\frac{1}{b}+\frac{1}{c}\right)} + \frac{(a+b+c)^2}{(a+b+c)^2-(ab+bc+ca)} \geqslant 3$$

26. 设 a,b,c 是正实数,实数 $x \geqslant \dfrac{\sqrt{3}}{9}(a+b+c) - 1$.求证:

$$\frac{1}{a}(b+cx)^2 + \frac{1}{b}(c+ax)^2 + \frac{1}{c}(a+bx)^2 \geqslant abc$$

提示:上式左端乘以 $(a+b+c)$,再利用 Cauchy 不等式.

27. $[a]$ 表示正实数 a 的整数部分,$\{a\} = a - [a]$ 表示正实数 a 的小数部分.
(1) 设 x,y,z 是正实数,求证:

$$\left(\frac{\{x\}^2}{y} + \frac{[x]^2}{z}\right) + \left(\frac{\{y\}^2}{z} + \frac{[y]^2}{x}\right) + \left(\frac{\{z\}^2}{x} + \frac{[z]^2}{y}\right) \geqslant \frac{x^2+y^2+z^2}{x+y+z}$$

(2) 设正实数 $x > 1$，求证：$\left(\dfrac{x+\{x\}}{[x]} - \dfrac{[x]}{x+\{x\}}\right) + \left(\dfrac{x+[x]}{\{x\}} - \dfrac{\{x\}}{x+[x]}\right) > \dfrac{16}{3}$.

提示：(1) 对正实数 a, b, c，先利用 Cauchy 不等式. $\left(\dfrac{\{c\}^2}{a} + \dfrac{[c]^2}{b}\right)(a+b) \geqslant c^2$.

(2) 记不等式左端为 L，先求证：$L = \dfrac{2x^2(x^2 + \{x\}^2 + [x]^2)}{\{x\}[x](2x^2 + \{x\}[x])}$，再求证：
$$2x^2(x^2 + \{x\}^2 + [x]^2) > 3x^4$$
以及 $\{x\}[x](2x^2 + \{x\}[x]) < \dfrac{9}{16}x^4$.

28. 设 x, y, z 是非负实数，求证：$\sqrt{x^2 - xy + y^2} + \sqrt{y^2 - yz + z^2} + \sqrt{z^2 - zx + x^2} \leqslant x + y + z + \sqrt{x^2 + y^2 + z^2 - xy - yz - zx}$.

提示：不妨设 x 是最小的，有 $\sqrt{x^2 - xy + y^2} \leqslant y$，$\sqrt{x^2 - xz + z^2} \leqslant z$.

29. 设 a, b, c 是一个三角形的三边长. 求证：$\dfrac{a(b+c)}{a^2 + bc} + \dfrac{b(c+a)}{b^2 + ca} + \dfrac{c(a+b)}{c^2 + ab} \leqslant 3$.

提示：不妨设 $a \geqslant b \geqslant c$，对上式两端之差进行恒等变换.

30. 设 S 是 $\triangle ABC$ 的面积，R 是 $\triangle ABC$ 的外接圆半径，p 是半周长，求证：$pR \geqslant 2S$.

提示：利用 $R = \dfrac{abc}{4S}$.

31. 设 a, b, c 是一个三角形的三边长，求证：
$$\dfrac{ab}{c(c+a)} + \dfrac{bc}{a(a+b)} + \dfrac{ca}{b(b+c)} \geqslant \dfrac{a}{c+a} + \dfrac{b}{a+b} + \dfrac{c}{b+c}$$

提示：进行变量代换，令 $x = \dfrac{a}{b}, y = \dfrac{b}{c}, z = \dfrac{c}{a}$.

32. 设 x, y 是非负实数，不全为零. 求证：$\dfrac{x^4 + y^4}{(x+y)^4} + \dfrac{\sqrt{xy}}{x+y} \geqslant \dfrac{5}{8}$.

提示：先证当 $y = 0$ 时，题目结论成立. 再考虑 y 是正实数情况，令 $u = \sqrt{\dfrac{x}{y}}$.

33. 设 x, y, z 是正实数，满足 $xyz = 1$. 设 k 是一个正整数，又设 $\dfrac{1}{x} + \dfrac{1}{y} + \dfrac{1}{z} \geqslant x + y + z$. 求证：$\dfrac{1}{x^k} + \dfrac{1}{y^k} + \dfrac{1}{z^k} \geqslant x^k + y^k + z^k$.

提示：先求证 $(1-x)(1-y)(1-z) \geqslant 0$. 于是，有 $(1-x^k)(1-y^k)(1-z^k) \geqslant 0$.

34. 设 a, b, c, d 是非负实数，满足 $a + b + c + d = 4$. 求证：
$$a\sqrt{bc} + b\sqrt{cd} + c\sqrt{da} + d\sqrt{ab} \leqslant 2(1 + \sqrt{abcd})$$

提示：设 x, y, z, t 是 a, b, c, d 从大到小的排列，先利用排序不等式.

35. a, b, c, d 是正实数，求证：
$$\sqrt{\dfrac{1}{4}(a^2 + b^2 + c^2 + d^2)} \geqslant \sqrt[3]{\dfrac{1}{4}(abc + bcd + cda + dab)}$$

提示：先求证
$$\dfrac{1}{4}(abc + bcd + cda + dab) \leqslant \dfrac{1}{2}\left[\dfrac{1}{2}\left(\dfrac{a+b}{2}\right)^2(c+d) + \dfrac{1}{2}\left(\dfrac{c+d}{2}\right)^2(a+b)\right]$$

36. 给定正整数 $n, k, n \geqslant k, 0 \leqslant x \leqslant 1$. 求证：
$$\left(1 - \dfrac{x}{k}\right)^n \geqslant \sum_{j=0}^{k-1}\left(1 - \dfrac{j}{k}\right)C_n^j x^j (1-x)^{n-j}$$

提示:利用 $\left(1-\dfrac{x}{k}\right)^n = \left[(1-x) + \left(1-\dfrac{1}{k}\right)x\right]^n$.

37. 设无穷正实数序列 $\{a_n\}$ 满足 $a_{n+1} = \dfrac{a_n}{1+a_n^2}$,这里 n 是任意正整数. 求证:对于正整数 $n \geqslant 2, a_n \leqslant \dfrac{1}{\sqrt{2n}}$.

提示:令 $b_n = \dfrac{1}{a_n^2}$,先求证: $b_{n+1} = b_n + 2 + \dfrac{1}{b_n}$,再对 n 用数学归纳法($n \geqslant 2$),求证: $b_n \geqslant 2n$.

38. 正整数 $n \geqslant 2$, $2n$ 个实数 $a_1, a_2, \cdots, a_n; b_1, b_2, \cdots, b_n$ 满足 $\sum\limits_{k=1}^{n} a_k^2 = 1$, $\sum\limits_{k=1}^{n} b_k^2 = 1$ 和 $\sum\limits_{k=1}^{n} a_k b_k = 0$. 求证: $\left(\sum\limits_{k=1}^{n} a_k\right)^2 + \left(\sum\limits_{k=1}^{n} b_k\right)^2 \leqslant n$.

提示:令 $x = \sum\limits_{k=1}^{n} a_k, y = \sum\limits_{k=1}^{n} b_k$. 利用 Cauchy 不等式,求证:
$$(x^2 + y^2)^2 = \left[\sum_{k=1}^{n}(a_k x + b_k y)\right]^2 \leqslant n(x^2 + y^2).$$

39. 正整数 $n \geqslant 2$,设 $a_1, a_2, \cdots, a_n$ 是闭区间 $[0,1]$ 内 n 个实数,记 $S = \sum\limits_{k=1}^{n} a_k^3$. 求证: $\sum\limits_{k=1}^{n} \dfrac{a_k}{2n+1+S-a_k^3} \leqslant \dfrac{1}{3}$.

提示:利用 $\dfrac{a_k}{2n+1+S-a_k^3} \leqslant \dfrac{a_k}{2n+S}$,以及算术平均与几何平均之间的不等式.

40. 对于正整数 $n \geqslant 3$,不等式 $\left(\sum\limits_{k=1}^{n} x_k\right)^2 \geqslant 4\sum\limits_{k=1}^{n} x_k x_{k+1}$ 是否对所有正整数 $x_1, x_2, \cdots, x_n$ 成立,这里 $x_{n+1} = x_1$?

提示:当 $n = 3$ 时,有例说明题目中不等式不成立. 当 $n \geqslant 4$ 时,对 n 用归纳法,求证题目中不等式成立. 可设 $x_1 \geqslant x_{n+1}$,及利用 $\sum\limits_{k=1}^{n+1} x_k = \sum\limits_{k=1}^{n-1} x_k + (x_n + x_{n+1})$,再借助归纳法假设.

41. 已知数列 $\{a_n\}$ 满足条件: $a_1 = \dfrac{21}{16}, 2a_n - 3a_{n-1} = \dfrac{3}{2^{n+1}}$,这里正整数 $n \geqslant 2$,正整数 $m \geqslant 2$,求证:当 $n \leqslant m$ 时,有 $\left(a_n + \dfrac{3}{2^{n+3}}\right)^{\frac{1}{m}}\left[m - \left(\dfrac{2}{3}\right)^{\frac{n(m-1)}{m}}\right] < \dfrac{m^2-1}{m-n+1}$.

提示:先求证: $a_n = \left(\dfrac{3}{2}\right)^n - \dfrac{3}{2^{n+3}}$. 再求证: $\left(1 - \dfrac{n}{m+1}\right)^m < \left(1 - \dfrac{1}{m+1}\right)^{mn}$,以及 $\left(1 + \dfrac{1}{m}\right)^m \geqslant \dfrac{9}{4}$. 最后求证:当 $0 < t < 1$ 时, $t(m - t^{m-1}) < m - 1$.

42. 设 x, y, z 都是正实数, α 是一个正整数,满足 $x^\alpha + y^\alpha + z^\alpha = 1$. 求证: $\dfrac{1}{x^2} + \dfrac{1}{y^2} + \dfrac{1}{z^2} \geqslant x^{\alpha-2} + y^{\alpha-2} + z^{\alpha-2} + \dfrac{2(x^{\alpha+1} + y^{\alpha+1} + z^{\alpha+1})}{xyz}$.

提示:利用 $\dfrac{1}{x^2} + \dfrac{1}{y^2} + \dfrac{1}{z^2} = \left(\dfrac{1}{x^2} + \dfrac{1}{y^2} + \dfrac{1}{z^2}\right)(x^\alpha + y^\alpha + z^\alpha)$.

43. 已知 $a_1, a_2, \cdots, a_n$ 是实数,求证: $\sqrt[3]{a_1^3 + a_2^3 + \cdots + a_n^3} \leqslant \sqrt{a_1^2 + a_2^2 + \cdots + a_n^2}$.

提示:利用 Cauchy 不等式.

44. (1) 已知正整数 $n \geqslant 2, x_1, x_2, \cdots, x_n$ 是实数,且满足 $\sum_{j=1}^{n} |x_j| = 1$ 和 $\sum_{j=1}^{n} x_j = 0$. 求证:
$\left| \sum_{k=1}^{n} \frac{x_k}{k} \right| \leqslant \frac{1}{2} - \frac{1}{2n}$.

(2) 已知正整数 $n \geqslant 2, x_1, x_2, \cdots, x_n$ 皆取自闭区间 $[0, 1]$. 求证: 存在一个 $j (1 \leqslant j \leqslant n-1)$, 使得 $x_j(1 - x_{j+1}) \geqslant \frac{1}{4} x_1 (1 - x_n)$.

提示:(1) 利用大于零的部分实数和是 $\frac{1}{2}$, 小于等于零的部分实数和是 $-\frac{1}{2}$. (2) ① 当 n 个实数全相等时,题目结论显然. ② 记 a 是这 n 个实数中最大者, b 是最小者, $a > b$, 分 $x_2 \leqslant \frac{1}{2}(1 + b), x_2 > \frac{1}{2}(1 + b)$ 展开讨论.

45. 已知 $2n$ 个正实数 $a_1, a_2, \cdots, a_n; u_1, u_2, \cdots, u_n$ 且 $\sum_{j=1}^{n} a_j = S$, 求证:
$$\sum_{j=1}^{n} \frac{a_j u_j}{S - a_j} \geqslant \frac{1}{n-1} \sum_{1 \leqslant i < j \leqslant n} \sqrt{u_i u_j} - \frac{n-2}{n-1} \sum_{j=1}^{n} u_j (本题正整数 n \geqslant 2)$$

提示:利用 $\sqrt{u_j} = \sqrt{S - a_j} \sqrt{\frac{u_j}{S - a_j}}$, 以及 Cauchy 不等式.

46. (1) 正整数 $n \geqslant 2, x_1, x_2, \cdots, x_n$ 是 n 个非负实数, 且 $x_1 + x_2 + \cdots + x_n \geqslant 2$. 求证:
$\frac{x_1 \sqrt{x_1 + x_2 + \cdots + x_n}}{(x_1 + x_2 + \cdots + x_{n-1})^2 + x_n} < \sqrt{2}$.

(2) 已知 $x_1, x_2, \cdots, x_n$ 是正实数, 求证:
$$\frac{x_1}{x_2} + \frac{x_2}{x_3} + \cdots + \frac{x_{n-1}}{x_n} + \frac{x_n}{x_1} \leqslant \frac{x_1^2}{x_2^2} + \frac{x_2^2}{x_3^2} + \cdots + \frac{x_{n-1}^2}{x_n^2} + \frac{x_n^2}{x_1^2}$$

提示:(1) 令 $x_2 + x_3 + \cdots + x_{n-1} = x$, 记 $S = x_1 + x_2 + \cdots + x_n$. (2) 利用平方平均不等式, 以及 $A_n \geqslant G_n$.

47. 设 $x_1, x_2, \cdots, x_n$ 是非负实数, 记 $x_{n+1} = x_1, a = \min\{x_1, x_2, \cdots, x_n\}$. 求证:
$$\sum_{j=1}^{n} \frac{1 + x_j}{1 + x_{j+1}} \leqslant n + \frac{1}{(1+a)^2} \sum_{j=1}^{n} (x_j - a)^2$$

提示:令 $S_j = 1 + \frac{(x_{j+1} - a)^2}{(1+a)^2} - \frac{1 + x_j}{1 + x_{j+1}} (1 \leqslant j \leqslant n)$, 先求证: $S_j \geqslant \frac{x_{j+1} - x_j}{1 + a}$.

48. 设 n 是正整数, $x_1, x_2, \cdots, x_n$ 全是正实数. 求证: $\sum_{k=1}^{n} \sum_{j=1}^{k} \sum_{i=1}^{j} x_i \leqslant 2 \sum_{k=1}^{n} \left(\sum_{j=1}^{k} x_j \right)^2 \frac{1}{x_k}$.

提示:先求证题目左端等于 $\sum_{j=1}^{n} (n - j + 1) \sum_{i=1}^{j} x_i = \sum_{j=1}^{n} \left[(n - j + 1) \sqrt{x_j} \right] \left[\left(\sum_{i=1}^{j} x_i \right) \frac{1}{\sqrt{x_j}} \right]$, 再利用 Cauchy 不等式.

49. 设正整数 $n \geqslant 2, x_1, x_2, \cdots, x_n$ 是正实数, $S = \sum_{k=1}^{n} x_k, a_1, a_2, \cdots, a_n$ 是非负实数, 求证:
$\sum_{j=1}^{n} \frac{a_j (S - x_j)}{x_j} \geqslant n(n-1) \sqrt[n]{a_1 a_2 \cdots a_n}$.

提示: 记 $b_j = \frac{a_j}{\sqrt[n]{a_1 a_2 \cdots a_n}}$, 先利用 $\frac{1}{\sqrt[n]{a_1 a_2 \cdots a_n}} \sum_{j=1}^{n} \frac{a_j (S - x_j)}{x_j} = \sum_{j=1}^{n} \frac{b_j (S - x_j)}{x_j} = \sum_{j=1}^{n} \frac{b_j}{x_j} (x_{j+1} + x_{j+2} + \cdots + x_{j+n-1})$ (记 $x_{n+j} = x_j$, 这里 $j = 1, 2, \cdots, n-1$). 再利用 n 个 $A_n \geqslant G_n$.

50. 设正整数 $n \geq 2$, $a_1, a_2, \cdots, a_n$ 皆取自区间 $[0,1]$, 且满足 $\frac{1}{n}\sum_{k=1}^{n} a_k^2 \geq \frac{1}{3}$. 记 $a = \left(\frac{1}{n}\sum_{k=1}^{n} a_k^2\right)^{\frac{1}{2}}$. 求证: $\sum_{k=1}^{n} \frac{a_k}{1-a_k^2} \geq \frac{na}{1-a^2}$.

提示: 先求证 $f(x) = \frac{1}{x(1-x^2)}$ 是 $(0,1)$ 内一个凸函数, 再利用加权的 Jensen 不等式和幂平均不等式.

51. 正整数 $n \geq 3$, r 是大于 1 的正实数, 已知 n 个正实数 $x_1, x_2, \cdots, x_n$ 满足下列两个条件:
(1) $x_1 + x_2 + \cdots + x_n = 1$;
(2) $x_1 \leq x_2 \leq \cdots \leq x_n \leq rx_1$.

求证: $x_1^2 + x_2^2 + \cdots + x_n^2 \leq \frac{(r+1)^2}{4rn}$.

提示: 利用 $(x_j - x_1)(rx_1 - x_j) \geq 0$, 展开后, 再关于 j 从 1 到 n 求和.

52. 正整数 $n \geq 2$, 设集合 $\{a_1, a_2, \cdots, a_n\} =$ 集合 $\{1, 2, \cdots, n\}$. 求证:
$$\frac{1}{2} + \frac{2}{3} + \frac{3}{4} + \cdots + \frac{n-1}{n} \leq \frac{a_1}{a_2} + \frac{a_2}{a_3} + \frac{a_3}{a_4} + \cdots + \frac{a_{n-1}}{a_n} + \frac{a_n}{n} - 1$$

提示: 对 n 用数学归纳法, 并且对集合中的最大值分情况讨论.

53. 设正整数 $n \geq 3$, $x_1, x_2, \cdots, x_n$ 是正实数, 满足 $\sum_{k=1}^{n} \frac{1}{1+x_{k+1}^2 x_{k+2} \cdots x_{k+n-1}} \geq \alpha$, 这里 α 是一个正实数, $x_{n+j} = x_j (j = 1, 2, \cdots, n-1)$. 求证: $\sum_{k=1}^{n} \frac{x_k}{x_{k+1}} \geq \frac{n\alpha}{n-\alpha} x_1 x_2 \cdots x_n$.

提示: 先求证 $f(t) = -\frac{t}{t+1}$ 是 $(-1, \infty)$ 内一个凸函数. 再令 $t_k = \frac{1}{x_1 x_2 \cdots x_n} \frac{x_k}{x_{k+1}}$, $k = 1, 2, \cdots, n$.

54. 设正整数 $n \geq 3$, $x_1, x_2, \cdots, x_n$ 是正实数, a, b 也是正实数, 正整数 m 满足 $2 \leq m \leq n-1$. 求证: $\left(\sum_{k=1}^{n} x_k^m\right)\left(\sum_{k=1}^{n} \frac{1}{ax_k^m + bx_k x_{k+1} \cdots x_{k+m-1}}\right) \geq \frac{n^2}{a+b}$, 这里 $x_{n+k} = x_k$, $k \in \{1, 2, \cdots, n-1\}$.

提示: 先求证 $a\sum_{k=1}^{n} x_k^m + b\sum_{k=1}^{n} x_k x_{k+1} \cdots x_{k+m-1} \leq (a+b)\sum_{k=1}^{n} x_k^m$.

55. 设 p, m, n, k 都是正整数, $p > 1$, $x_1, x_2, \cdots, x_k$ 都是正实数. 求证:
$$x_1^m x_2^m \cdots x_k^m \left(\sum_{j=1}^{k} x_j^n\right)^p \leq k^{p-1} \sum_{j=1}^{k} x_j^{km+np}$$

提示: 先求证题目左端 $\leq k^{p-1}(x_1^{m+np} x_2^m \cdots x_k^m + x_1^m x_2^{m+np} x_3^m \cdots x_k^m + x_1^m x_2^m \cdots x_{k-1}^m x_k^{m+np})$.

56. 设 a, b 是实数, 求 $\sqrt{a^2 + b^2 + 6a - 2b + 10} + \sqrt{a^2 + b^2 - 6a + 2b + 10}$ 的最小值.

提示: 在平面上取 3 点 $A(-3, 1)$, $B(3, -1)$, $P(a, b)$. 利用 $PA + PB \geq AB$, 得最小值.

57. 设 α, β, γ 是实数, 求 $|\cos \alpha| + |\cos \beta| + |\cos \gamma| + |\cos(\alpha - \beta)| + |\cos(\beta - \gamma)| + |\cos(\gamma - \alpha)|$ 的最小值.

提示: 设 3 个实数 x, y, z 满足 $x + y + z = 0$, 求证: $|\cos x| + |\cos y| + |\cos z| \geq 1$. 最小值是 2.

58. 设 α, β, γ 是给定的正实数, 对不全为零的任意实数 x, y, z. 求函数 $f(x, y, z) = \frac{\alpha yz + \beta xz + \gamma xy}{x^2 + y^2 + z^2}$ 的最大值.

提示: 引入待定正常数 $\lambda_1, \lambda_2, \lambda_3$, 先求证: $\alpha yz + \beta zx + \gamma xy \leq \frac{1}{2}\left(\lambda_3 \gamma + \frac{\beta}{\lambda_2}\right)x^2 +$

$\frac{1}{2}\left(\lambda_1\alpha+\frac{\gamma}{\lambda_3}\right)y^2+\frac{1}{2}\left(\beta\lambda_2+\frac{\alpha}{\lambda_1}\right)z^2$. 再确定 $\lambda_1,\lambda_2,\lambda_3$, 使得上式右端 x^2,y^2,z^2 前的系数全相等.

59. (1) x,y,z 都在 $[0,1]$ 内, 求 $x^3+y^3+z^3-x^2y-y^2z-z^2x$ 的最大值.

(2) 已知 x,y,z 都是正实数, 且 $x^2+y^2+z^2=1$, 求 $\frac{xy}{z}+\frac{yz}{x}+\frac{zx}{y}$ 的最小值.

提示: (1) 当 $0\leqslant y\leqslant x\leqslant z\leqslant 1$ 时, 求证: $1-(x^3+y^3+z^3-x^2y-y^2z-z^2x)\geqslant 0$.

(2) 求证: $\left(\frac{xy}{z}+\frac{yz}{x}+\frac{zx}{y}\right)^2\geqslant x^2+y^2+z^2+2$.

60. (1) 设 a,b 是正常数, 求 $\sqrt{a^2\cos^2\theta+b^2\sin^2\theta}+\sqrt{a^2\sin^2\theta+b^2\cos^2\theta}$ 的最大值和最小值.

(2) 设 u,v,w 是正实数, 满足条件 $u\sqrt{vw}+v\sqrt{wu}+w\sqrt{uv}\geqslant 1$, 求 $u+v+w$ 的最小值.

提示: (1) 平方后处理. 最大值是 $\sqrt{2(a^2+b^2)}$, 最小值是 $a+b$. (2) 先求证 $uv+vw+wu\geqslant 1$. 所求最小值是 $\sqrt{3}$.

61. (1) b,c 是正实数, a,d 是非负实数, 已知 $b+c\geqslant a+d$, 求 $\frac{b}{c+d}+\frac{c}{a+b}$ 的最小值.

(2) 设 a,b,c,d 是 4 个两两不同的非零实数, 已知 $\frac{a}{b}+\frac{b}{c}+\frac{c}{d}+\frac{d}{a}=4$, 且 $ac=bd$, 求 $\frac{a}{c}+\frac{b}{d}+\frac{c}{a}+\frac{d}{b}$ 的最大值.

提示: (1) 先考虑 $a+b\geqslant c+d$ 情况. (2) 令 $x=\frac{a}{b},y=\frac{b}{c},u=x+\frac{1}{x},v=y+\frac{1}{y}$, 问题转化为求 uv 的最大值. 最大值是 -12.

62. 设 a,b,c 是正实数, 求 $\frac{a+3c}{a+2b+c}+\frac{4b}{a+b+2c}-\frac{8c}{a+b+3c}$ 的最小值.

提示: 利用变量代换, 令 $x=a+2b+c,y=a+b+2c,z=a+b+3c$, 所求最小值是 $12\sqrt{2}-17$.

63. 设 a,b,c 是正实数, 求 $\frac{(a^3+b^3+c^3)^2}{(b^2+c^2)(c^2+a^2)(a^2+b^2)}$ 的最小值.

提示: 不妨设 $a^2+b^2+c^2=1$, 令 $a=\cos\alpha, b=\sin\alpha\cos\beta, c=\sin\alpha\sin\beta$, 这里 α,β 皆是锐角, 固定角 α, 当 $\beta=\frac{\pi}{4}$ 时, 有最小值 $\frac{9}{8}$.

64. 已知正实数 λ, 求最小的正实数 $M(\lambda)$ 和最大的正实数 $m(\lambda)$, 使得对于所有非负实数 x,y,z, 有 $M(\lambda)(x+y+z)^3\geqslant x^3+y^3+z^3+\lambda xyz\geqslant m(\lambda)(x+y+z)^3$.

提示: 取一些特殊 x,y,z 值, 先求证: $m(\lambda)\leqslant\min\left\{\frac{1}{4},\frac{1}{27}(3+\lambda)\right\}, M(\lambda)\geqslant\max\left\{1,\frac{1}{27}(3+\lambda)\right\}$, 再求证等号成立.

65. 设正整数 $n\geqslant 2$, 又设 $a_1,a_2,\cdots,a_n$ 是满足 $\sum_{k=1}^{n}a_k=1$ 的 n 个非负实数. 求证: $\max\left\{\sum_{k=1}^{n}\sqrt{a_k^2+a_ka_{k-1}+a_{k-1}^2+a_{k-1}a_{k-2}},\sum_{k=1}^{n}\sqrt{a_k^2+a_ka_{k+1}+a_{k+1}^2+a_{k+1}a_{k+2}}\right\}\geqslant 2$. 这里 $a_0=a_n, a_{-1}=a_{n-1}, a_{n+1}=a_1, a_{n+2}=a_2$.

提示: 记题目中前一个和式是 A, 后一个和式是 B, 先对 $(A-2)+(B-2)$ 进行恒等变形.

66. 求满足下列条件的最小正整数 n, 对于 n, 存在正整数 k, 满足 $\frac{8}{15}<\frac{n}{n+k}<\frac{7}{13}$.

提示:先考虑前一个不等式,再考虑后一个不等式.分 n 是 7 的倍数和不是 7 的倍数两种情况讨论.所求 $n=15$,相应 $k=13$.

67. 已知 n 个实数 $x_1,x_2,\cdots,x_n$ 满足 $\sum_{k=1}^{n}x_k^2=1$,这里正整数 $n\geqslant 2$,求 $\sum_{i\neq j}\dfrac{x_i^2}{x_j}$ 的最小值.

提示:先求证 $\sum_{i\neq j}\dfrac{x_i^2}{x_j}=\sum_{i=1}^{n}\dfrac{1}{x_i}-\sum_{i=1}^{n}x_i$.

68. (1) 设 $x_1,x_2,\cdots,x_n;y_1,y_2,\cdots,y_n$ 是 $2n$ 个非负实数,满足 $x_1x_2\cdots x_n=y_1y_2\cdots y_n=a^n$,这里 a 是固定非负实数.求 $(1+x_1+y_1)(1+x_2+y_2)\cdots(1+x_n+y_n)$ 的最小值.

(2) 已知 a 是正实数,$x_1,x_2,\cdots,x_n\in[0,a]$.这里正整数 $n\geqslant 2$,且满足
$$x_1x_2\cdots x_n=(a-x_1)^2(a-x_2)^2\cdots(a-x_n)^2$$
求 $x_1x_2\cdots x_n$ 的最大值.

提示:(1) 两次利用 1.1 节不等式(1.1.77).(2) 先求证 $\sqrt[2n]{x_1x_2\cdots x_n}\leqslant a-\sqrt[n]{x_1x_2\cdots x_n}$.

69. 求所有满足方程组
$$\begin{cases} x_1^2+x_2^2+\cdots+x_n^2=1 \\ (1+x_1)(1+x_2)\cdots(1+x_n)=2 \end{cases}$$
的非负实数组解 $(x_1,x_2,\cdots,x_n)$.

提示:利用 1.1 节不等式(1.1.77).

70. (1) n 是正整数,a 是非零实数,求方程组
$$\begin{cases} x_1+x_2+\cdots+x_n=a, \\ x_1^2+x_2^2+\cdots+x_n^2=a^2, \\ \cdots\cdots \\ x_1^n+x_2^n+\cdots+x_n^n=a^n \end{cases}$$
的所有实数组解.

(2) 正整数 $n\geqslant 3$,求方程 $\dfrac{x_1x_2\cdots x_{n-1}}{x_n}+\dfrac{x_1x_2\cdots x_{n-2}x_n}{x_{n-1}}+\cdots+\dfrac{x_2x_3\cdots x_n}{x_1}=n$ 的全部有序整数组解的数目.

提示:(1) 先考虑 $n=1,2$ 情况.当 $n\geqslant 3$ 时,先求证 $\left|\dfrac{x_k}{a}\right|\leqslant 1$,$\left(\dfrac{x_k}{a}\right)^3\leqslant\left(\dfrac{x_k}{a}\right)^2$.(2) 全部 x_k 都是非零整数.先求证 $x_1x_2\cdots x_n=1$.

第 2 章 方程与多项式

本章介绍三方面的内容:等式与方程,多项式,函数方程.

2.1 等式与方程

恒等变换是代数的一项基本功,先从这开始,叙述若干例题.

例 1 已知正整数 $n \geqslant 2$,函数 $f:[0,1) \to [0,1)$,满足

$$f(x) = \begin{cases} 3x, & \text{当 } 0 \leqslant x < \frac{1}{3} \text{ 时,} \\ 3x-1, & \text{当 } \frac{1}{3} \leqslant x < \frac{2}{3} \text{ 时,} \\ 3x-2, & \text{当 } \frac{2}{3} \leqslant x < 1 \text{ 时} \end{cases}$$

定义 $f^{(k)}(x) = f(f^{(k-1)}(x))$,这里正整数 $k \geqslant 2$.求 $[0,1)$ 内所有实数 x 的个数,满足 $f^{(n)}(x) = x$.

解:题目给出的 $f(x)$ 的形式是下述关系式:
$$f(x) = 3x - a_{n-1}, \quad \text{这里 } a_{n-1} \in \{0,1,2\} \tag{2.1.1}$$

当然 a_{n-1} 的值与 x 的取值范围有关.

不断地利用上式,有
$$f^{(2)}(x) = f(f(x)) = 3(3x - a_{n-1}) - a_{n-2} = 3^2 x - (3a_{n-1} + a_{n-2}) \tag{2.1.2}$$

这里 $a_{n-2} \in \{0,1,2\}$,很容易得到
$$f^{(n)}(x) = 3^n x - (a_{n-1} 3^{n-1} + a_{n-2} 3^{n-2} + \cdots + a_1 3 + a_0) \tag{2.1.3}$$

这里所有 $a_j (0 \leqslant j \leqslant n-1)$ 都是 3 元集合 $\{0,1,2\}$ 内元素.利用题目条件 $f^{(n)}(x) = x$,以及公式 (2.1.3),有

$$x = \frac{1}{3^n - 1}(a_{n-1} 3^{n-1} + a_{n-2} 3^{n-2} + \cdots + a_1 3 + a_0) \tag{2.1.4}$$

由于 $x < 1$,上式中 $a_{n-1}, a_{n-2}, \cdots, a_1, a_0$ 不全为 2.

下面证明:对于任意 $a_j \in \{0,1,2\}$,这里 $j \in \{0,1,2,\cdots,n-1\}$,有

$$f\left(\frac{1}{3^n - 1}(a_{n-1} 3^{n-1} + a_{n-2} 3^{n-2} + \cdots + a_1 3 + a_0)\right)$$
$$= \frac{1}{3^n - 1}(a_{n-2} 3^{n-1} + a_{n-3} 3^{n-2} + \cdots + a_1 3^2 + a_0 3 + a_{n-1}) \tag{2.1.5}$$

这里 $a_{n-1}, a_{n-2}, \cdots, a_1, a_0$ 不全为 2.

分情况讨论:

① 当 $a_{n-1} = 0$ 时,首先可以看到
$$\frac{1}{3^n - 1}(a_{n-2} 3^{n-2} + \cdots + a_1 3 + a_0) \leqslant \frac{3^{n-1} - 1}{3^n - 1} < \frac{1}{3} \tag{2.1.6}$$

利用题目条件,知道公式(2.1.5)成立.

② 当 $a_{n-1}=1$ 时,明显地,有
$$\frac{1}{3} \leqslant \frac{1}{3^n-1}(a_{n-1}3^{n-1}+a_{n-2}3^{n-2}+\cdots+a_1 3+a_0)$$
$$\leqslant \frac{1}{3^n-1}[3^{n-1}+(3^{n-1}-1)] < \frac{2}{3} \tag{2.1.7}$$

利用上式及题目条件,有
$$f\left(\frac{1}{3^n-1}(a_{n-1}3^{n-1}+a_{n-2}3^{n-2}+\cdots+a_1 3+a_0)\right)$$
$$=\frac{3}{3^n-1}(a_{n-1}3^{n-1}+a_{n-2}3^{n-2}+\cdots+a_1 3+a_0)-1$$
$$=\frac{1}{3^n-1}(a_{n-2}3^{n-1}+\cdots+a_1 3^2+a_0 3+a_{n-1})(\text{利用 } a_{n-1}=1) \tag{2.1.8}$$

③ 当 $a_{n-1}=2$ 时,显然,有
$$\frac{2}{3} \leqslant \frac{1}{3^n-1}(a_{n-1}3^{n-1}+a_{n-2}3^{n-2}+\cdots+a_1 3+a_0) < 1 \tag{2.1.9}$$

利用上式及题目条件,有
$$f\left(\frac{1}{3^n-1}(a_{n-1}3^{n-1}+a_{n-2}3^{n-2}+\cdots+a_1 3+a_0)\right)$$
$$=\frac{3}{3^n-1}(a_{n-1}3^{n-1}+a_{n-2}3^{n-2}+\cdots+a_1 3+a_0)-2$$
$$=\frac{1}{3^n-1}(a_{n-2}3^{n-1}+\cdots+a_1 3^2+a_0 3+a_{n-1}) \tag{2.1.10}$$

这里利用 $a_{n-1}=2$.

利用上面叙述,知道公式(2.1.5)成立,不断地利用公式(2.1.5),有
$$f^{(n)}\left(\frac{1}{3^n-1}(a_{n-1}3^{n-1}+a_{n-2}3^{n-2}+\cdots+a_1 3+a_0)\right)$$
$$=f^{(n-1)}\left(\frac{1}{3^n-1}(a_{n-2}3^{n-1}+a_{n-3}3^{n-2}+\cdots+a_1 3^2+a_0 3+a_{n-1})\right)$$
$$=f^{(n-2)}\left(\frac{1}{3^n-1}(a_{n-3}3^{n-1}+\cdots+a_1 3^3+a_0 3^2+a_{n-1}3+a_{n-2})\right)$$
$$\cdots\cdots$$
$$=\frac{1}{3^n-1}(a_{n-1}3^{n-1}+a_{n-2}3^{n-2}+\cdots+a_1 3+a_0) \tag{2.1.11}$$

因此,公式(2.1.4)中 x 都满足题目要求.当然,$a_{n-1},a_{n-2},\cdots,a_1,a_0$ 不能都是 2.公式(2.1.4)给出的 $[0,1)$ 内实数 x 的个数是 3^n-1.

例 2 设 a,n 都是大于等于 2 的正整数.求证:$(\sqrt{a}+\sqrt{a-1})^n$ 一定能写成 $\sqrt{m}+\sqrt{m-1}$ 形式,这里 m 是某个正整数.

证明: 利用二项式展开,当 $n=2k$ 时,这里 k 是正整数,有
$$(\sqrt{a}+\sqrt{a-1})^{2k}$$
$$=[a^k+C_{2k}^2 a^{k-1}(a-1)+C_{2k}^4 a^{k-2}(a-1)^2+\cdots+(a-1)^k]$$
$$+\sqrt{a(a-1)}[C_{2k}^1 a^{k-1}+C_{2k}^3 a^{k-2}(a-1)+C_{2k}^5 a^{k-3}(a-1)^2+\cdots+C_{2k}^{2k-1}(a-1)^{k-1}]$$
$$=A+B\sqrt{a(a-1)} \tag{2.1.12}$$

这里 $a(a-1)$ 是两个连续正整数的乘积,不是完全平方数,则 $\sqrt{a(a-1)}$ 是一个无理数.A,B 是

两个正整数.

当 $n=2k+1$ 时,这里 k 是一个正整数,类似(2.1.12),有

$$(\sqrt{a}+\sqrt{a-1})^{2k+1}$$
$$=[a^k+C_{2k+1}^2 a^{k-1}(a-1)+C_{2k+1}^4 a^{k-2}(a-1)^2+\cdots+C_{2k+1}^{2k}(a-1)^k]\sqrt{a}$$
$$+[C_{2k+1}^1 a^k+C_{2k+1}^3 a^{k-1}(a-1)+C_{2k+1}^5 a^{k-2}(a-1)^2+\cdots+(a-1)^k]\sqrt{a-1}$$
$$=A^*\sqrt{a}+B^*\sqrt{a-1} \tag{2.1.13}$$

这里 A^*,B^* 是两个正整数.

完全类似公式(2.1.12),有

$$(\sqrt{a}-\sqrt{a-1})^{2k}=A-B\sqrt{a(a-1)} \tag{2.1.14}$$

完全类似公式(2.1.13),有

$$(\sqrt{a}-\sqrt{a-1})^{2k+1}=A^*\sqrt{a}-B^*\sqrt{a-1} \tag{2.1.15}$$

由于公式(2.1.12)的左端乘以公式(2.1.14)的左端的积是1,可以得到

$$A^2-a(a-1)B^2=1 \tag{2.1.16}$$

设 m 是一个完全平方数,满足

$$\sqrt{m}=A \Rightarrow B\sqrt{a(a-1)}=\sqrt{m-1} \tag{2.1.17}$$

这里利用公式(2.1.16),完全类似地,又有

$$A^{*2}a-B^{*2}(a-1)=1 \tag{2.1.18}$$

这里利用公式(2.1.13)的左端与公式(2.1.15)的左端乘积是1.令正整数

$$m^*=A^{*2}a,\quad \sqrt{m^*}=A^*\sqrt{a} \tag{2.1.19}$$

利用公式(2.1.18)和(2.1.19),有

$$B^*\sqrt{a-1}=\sqrt{m^*-1} \tag{2.1.20}$$

于是,利用公式(2.1.12)和(2.1.17),有

$$(\sqrt{a}+\sqrt{a-1})^{2k}=\sqrt{m}+\sqrt{m-1} \tag{2.1.21}$$

利用公式(2.1.13),(2.1.19)和(2.1.20),有

$$(\sqrt{a}+\sqrt{a-1})^{2k+1}=\sqrt{m^*}+\sqrt{m^*-1} \tag{2.1.22}$$

因此,题目结论成立.

注:当 $a=2$ 时,本题是2012年北京大学自主招生的一个题目.

例3 设正整数数列 $\{L_n\}$ 满足 $L_0=2$,$L_1=1$ 和 $L_{n+1}=L_n+L_{n-1}$,这里 n 是一个任意正整数.求证:对于所有非负整数 n,

$$\sum_{k=0}^{[\frac{n}{2}]}C_{n+1}^{2k+1}\frac{L_{2k}}{2^n}=\sum_{k=0}^{[\frac{n}{2}]}C_{n-k}^{k}\frac{L_k}{2^{2k}}$$

证明: 数列 $\{L_n\}$ 的特征方程是

$$\lambda^2=\lambda+1 \tag{2.1.23}$$

上式方程的两根是

$$\lambda_1=\frac{1}{2}(1+\sqrt{5}),\quad \lambda_2=\frac{1}{2}(1-\sqrt{5}) \tag{2.1.24}$$

利用上式及题目条件,有

$$L_n=\lambda_1^n+\lambda_2^n \tag{2.1.25}$$

令

$$f_n(x) = \sum_{k=0}^{\left[\frac{n}{2}\right]} C_{n-k}^k \left(\frac{x}{4}\right)^k, \quad \text{这里 } x > -1 \tag{2.1.26}$$

上式中 n 是任意非负整数.利用上式,有

$$f_0(x) = 1, \quad f_1(x) = 1 \tag{2.1.27}$$

这里利用约定 $C_0^0 = 1$.

对于任意正整数 n,利用公式(2.1.26),可以看到

$$\frac{x}{4} f_{n-1}(x) = \sum_{k=0}^{\left[\frac{1}{2}(n-1)\right]} C_{n-1-k}^k \left(\frac{x}{4}\right)^{k+1}$$

$$= \sum_{j=1}^{\left[\frac{1}{2}(n+1)\right]} C_{n-j}^{j-1} \left(\frac{x}{4}\right)^j (\diamondsuit\ j = k+1) \tag{2.1.28}$$

利用公式(2.1.26)和上式,有

$$f_n(x) + \frac{x}{4} f_{n-1}(x) = \sum_{k=0}^{\left[\frac{n}{2}\right]} C_{n-k}^k \left(\frac{x}{4}\right)^k + \sum_{k=1}^{\left[\frac{1}{2}(n+1)\right]} C_{n-k}^{k-1} \left(\frac{x}{4}\right)^k$$

$$= \sum_{k=0}^{\left[\frac{1}{2}(n+1)\right]} C_{n+1-k}^k \left(\frac{x}{4}\right)^k (\text{这里利用当 } n \text{ 是偶数时}, \left[\frac{1}{2}(n+1)\right] = \left[\frac{n}{2}\right]; \text{当 } n$$

是奇数时, $C_{n-\left[\frac{1}{2}(n+1)\right]}^{\left[\frac{1}{2}(n+1)\right]} = 0$,以及 $C_n^{-1} = 0$)

$$= f_{n+1}(x) \tag{2.1.29}$$

固定变元 x,即视 x 为一个固定大于 -1 的实数.公式(2.1.29)的特征方程是

$$\lambda + \frac{x}{4} = \lambda^2 \tag{2.1.30}$$

上述方程有两实根 $\frac{1}{2}(1+\sqrt{1+x})$, $\frac{1}{2}(1-\sqrt{1+x})$(利用 $x > -1$).因此,可以写

$$f_n(x) = C_1 \left[\frac{1}{2}(1+\sqrt{1+x})\right]^{n+1} + C_2 \left[\frac{1}{2}(1-\sqrt{1+x})\right]^{n+1} \tag{2.1.31}$$

这里 n 是任意非负整数.在上式中分别令 $n=0$,及 $n=1$.再利用公式(2.1.27),可以得到

$$C_1 = \frac{1}{\sqrt{1+x}}, \quad C_2 = -\frac{1}{\sqrt{1+x}} \tag{2.1.32}$$

利用公式(2.1.31)和(2.1.32),有

$$f_n(x) = \frac{1}{2^{n+1} \sqrt{1+x}} \left[(1+\sqrt{1+x})^{n+1} - (1-\sqrt{1+x})^{n-1}\right]$$

$$= \frac{1}{2^n \sqrt{1+x}} \sum_{j=0}^{\left[\frac{n}{2}\right]} C_{n+1}^{2j+1} (\sqrt{1+x})^{2j+1}$$

$$= \frac{1}{2^n} \sum_{j=0}^{\left[\frac{n}{2}\right]} C_{n+1}^{2j+1} (1+x)^j \tag{2.1.33}$$

利用公式(2.1.26)和上式,有

$$\sum_{k=0}^{\left[\frac{n}{2}\right]} C_{n-k}^k \left(\frac{x}{4}\right)^k = \frac{1}{2^n} \sum_{k=0}^{\left[\frac{n}{2}\right]} C_{n+1}^{2k+1} (1+x)^k \tag{2.1.34}$$

在上式中,分别令 $x = \lambda_1$ 和 $x = \lambda_2$,再利用公式(2.1.23)和(2.1.24),有

$$\sum_{k=0}^{\left[\frac{n}{2}\right]} C_{n-k}^k \left(\frac{\lambda_1}{4}\right)^k = \frac{1}{2^n} \sum_{k=0}^{\left[\frac{n}{2}\right]} C_{n+1}^{2k+1} \lambda_1^{2k} \tag{2.1.35}$$

和
$$\sum_{k=0}^{\left[\frac{n}{2}\right]} C_{n-k}^k \left(\frac{\lambda_2}{4}\right)^k = \frac{1}{2^n} \sum_{k=0}^{\left[\frac{n}{2}\right]} C_{n+1}^{2k+1} \lambda_2^{2k} \tag{2.1.36}$$

将上二式相加,利用公式(2.1.25),知道题目结论成立.

例 4 设正整数 $n \geq 3$,求和式
$$\sum_{k=0}^{\left[\frac{n}{2}\right]} C_n^k C_{n-k}^k 2^{n-2k}$$

解:令
$$f(x) = (1+x)^{2n} = \sum_{j=0}^{2n} C_{2n}^j x^j \tag{2.1.37}$$

利用上式的第一个等式,有
$$f(x) = [(1+2x)+x^2]^n = \sum_{k=0}^n C_n^k x^{2k} (1+2x)^{n-k} = \sum_{k=0}^n C_n^k x^{2k} \sum_{j=0}^{n-k} C_{n-k}^j (2x)^{n-k-j}$$
$$= \sum_{k=0}^n \sum_{j=0}^{n-k} C_n^k C_{n-k}^j 2^{n-k-j} x^{n+k-j} = \sum_{k=0}^n \sum_{\text{对所有非负整数} j} C_n^k C_{n-k}^j 2^{n-k-j} x^{n+k-j} \tag{2.1.38}$$

这里利用当整数 $j > n-k$ 时,有 $C_{n-k}^j = 0$.

利用公式(2.1.37)和(2.1.38),这二公式的右端应相等.于是,这二公式的右端的 x^n 的系数也应相等.从而,有
$$C_{2n}^n = \sum_{k=0}^n C_n^k C_{n-k}^k 2^{n-2k} = \sum_{k=0}^{\left[\frac{n}{2}\right]} C_n^k C_{n-k}^k 2^{n-2k} \tag{2.1.39}$$

例 5 设 n 是一个正整数,求和式 $\sum_{k=0}^n (-1)^k 2^k C_n^k C_{2n-k}^n$.

解:设 $f(x)$ 是一个多项式,用 $\langle x^k \rangle f(x)$ 表示 $f(x)$ 中 x^k 的系数.明显地,有
$$\langle x^{n-k} \rangle f(x) = \langle x^n \rangle [x^k f(x)]$$
和
$$f(y) = \sum_k [\langle x^k \rangle f(x)] y^k \tag{2.1.40}$$

这里 $\sum_k$ 表示对这多项式的非负整数 k 的所有可能幂次值求和.例如 $f(x)$ 是一个 n 次多项式,$\sum_k$ 表示 $\sum_{k=0}^n$ 等.利用上面叙述,有
$$\langle x^k \rangle (1-2x)^n = (-2)^k C_n^k = (-1)^k 2^k C_n^k \tag{2.1.41}$$
和
$$C_{2n-k}^n = C_{2n-k}^{n-k} = \langle y^{n-k} \rangle (1+y)^{2n-k} = \langle y^n \rangle [y^k (1+y)^{2n-k}] \tag{2.1.42}$$

因此,可以得到
$$\sum_{k=0}^n (-1)^k 2^k C_n^k C_{2n-k}^n$$
$$= \sum_{k=0}^n [\langle x^k \rangle (1-2x)^n][\langle y^k \rangle (y^k (1+y)^{2n-k})] \text{(利用公式(2.1.41)和(2.1.42))}$$
$$= \sum_{k=0}^n [\langle x^k \rangle (1-2x)^n] \left[\langle y^n \rangle \left((1+y)^{2n} \left(\frac{y}{1+y}\right)^k\right)\right]$$
$$= \langle y^n \rangle \left[(1+y)^{2n} \sum_{k=0}^n (\langle x^k \rangle (1-2x)^n) \left(\frac{y}{1+y}\right)^k\right]$$

$$= \langle y^n \rangle \left[(1+y)^{2n} \left(\sum_{k=0}^{n} (-2)^k C_n^k \left(\frac{y}{1+y} \right)^k \right) \right] (\text{利用公式}(2.1.41))$$

$$= \langle y^n \rangle \left[(1+y)^{2n} \left(1 - \frac{2y}{1+y} \right)^n \right] = \langle y^n \rangle [(1+y)^n (1-y)^n] = \langle y^n \rangle (1-y^2)^n$$

$$= \begin{cases} 0, & \text{当 } n \text{ 是奇数时}; \\ (-1)^{\frac{n}{2}} C_n^{\frac{n}{2}}, & \text{当 } n \text{ 是偶数时} \end{cases} \tag{2.1.43}$$

例 6 m,n 是非负整数. 求证:

$$\sum_{k=0}^{\infty} 2^k C_{2m-k}^{m+n} = 4^m - \sum_{j=1}^{n} C_{2m+1}^{m+j}$$

注: 这里当 $m+n > 2m-k$ 时, $C_{2m-k}^{m+n} = 0$.

证明: 令

$$f(x) = \sum_{k=0}^{m} 2^k (1+x)^{2m-k} \tag{2.1.44}$$

$f(x)$ 的展开式中, x^{m+n} 的系数恰是 $\sum_{k=0}^{\infty} 2^k C_{2m-k}^{m+n}$. 利用公式(2.1.44), 当 $|x| < 1$ 时, 有

$$f(x) = (1+x)^{2m} \sum_{k=0}^{m} \left(\frac{2}{1+x} \right)^k = (1+x)^{2m} \frac{1 - \left(\frac{2}{1+x} \right)^{m+1}}{1 - \frac{2}{1+x}}$$

$$= \frac{2^{m+1}(1+x)^m}{1-x} - \frac{(1+x)^{2m+1}}{1-x}$$

$$= 2^{m+1} \left(\sum_{k=0}^{m} C_m^k x^k \right) \left(\sum_{j=0}^{\infty} x^j \right) - \left(\sum_{k=0}^{2m+1} C_{2m+1}^k x^k \right) \left(\sum_{j=0}^{\infty} x^j \right) \tag{2.1.45}$$

同上例中的符号, $f(x)$ 的展开式中 x^{m+n} 的系数. 利用公式(2.1.45), 有

$$\langle x^{m+n} \rangle f(x) = 2^{m+1} \sum_{k=0}^{m} C_m^k - \sum_{k=0}^{m+n} C_{2m+1}^k$$

$$= 2^{2m+1} - \sum_{k=0}^{m} C_{2m+1}^k - \sum_{k=m+1}^{m+n} C_{2m+1}^k (\text{利用} \sum_{k=0}^{m} C_m^k = (1+1)^m = 2^m) \tag{2.1.46}$$

利用

$$\left. \begin{array}{l} \sum_{k=0}^{2m+1} C_{2m+1}^k = (1+1)^{2m+1} = 2^{2m+1} \\ \sum_{k=0}^{m} C_{2m+1}^k = \sum_{k=0}^{m} C_{2m+1}^{2m+1-k} = \sum_{s=m+1}^{2m+1} C_{2m+1}^s \end{array} \right\} \tag{2.1.47}$$

可以得到

$$\sum_{k=0}^{m} C_{2m+1}^k = 2^{2m} \tag{2.1.48}$$

代公式(2.1.48)入公式(2.1.46), 有

$$\langle x^{m+n} \rangle f(x) = 4^m - \sum_{j=1}^{n} C_{2m+1}^{m+j} \tag{2.1.49}$$

利用公式(2.1.44)后的叙述, 以及上式, 知道题目结论成立.

例 7 设正整数 $n \geq 2$, 求和式 $\sum_{k=1}^{\left[\frac{n}{2}\right]} C_n^k C_n^{k-1}$.

解: 记题目中和式为 S_n. 由于

$$\sum_{k=0}^{2n} C_{2n}^k x^k = (1+x)^{2n} = (1+x)^n (1+x)^n$$

$$= \Big(\sum_{i=0}^{n} C_n^i x^i\Big)\Big(\sum_{j=0}^{n} C_n^j x^j\Big) \tag{2.1.50}$$

比较上式两端 x^{n+1} 的系数,应当有

$$C_{2n}^{n+1} = \sum_{i=1}^{n} C_n^i C_n^{n+1-i} \tag{2.1.51}$$

下面分情况讨论:

① 当 $n = 2m$ 时,这里 m 是一个正整数. 令

$$j = n + 1 - i \tag{2.1.52}$$

于是,有

$$\sum_{i=m+1}^{n} C_n^i C_n^{n+1-i} = \sum_{j=1}^{m} C_n^{n+1-j} C_n^j \tag{2.1.53}$$

利用公式(2.1.51)和(2.1.53),有

$$C_{2n}^{n+1} = 2\sum_{i=1}^{m} C_n^i C_n^{n+1-i} = 2\sum_{i=1}^{m} C_n^i C_n^{i-1} \tag{2.1.54}$$

利用 S_n 的定义及上式,有

$$S_n = \frac{1}{2} C_{2n}^{n+1} \tag{2.1.55}$$

② 当 $n = 2m + 1$ 时,这里 m 是一个正整数. 同样,利用公式(2.1.52),有

$$\sum_{i=m+2}^{n} C_n^i C_n^{n+1-i} = \sum_{j=1}^{m} C_n^{n+1-j} C_n^j \tag{2.1.56}$$

利用公式(2.1.51)和上式,有

$$C_{2n}^{n+1} = 2\sum_{i=1}^{m} C_n^i C_n^{n+1-i} + C_n^{m+1} C_n^{n-m}$$

$$= 2\sum_{i=1}^{\left[\frac{n}{2}\right]} C_n^i C_n^{i-1} + (C_n^{m+1})^2 \tag{2.1.57}$$

利用 S_n 的定义和上式,有

$$S_n = \frac{1}{2}\Big[C_{2n}^{n+1} - (C_n^{\frac{1}{2}(n+1)})^2\Big] \tag{2.1.58}$$

综合公式(2.1.55)和公式(2.1.58),有

$$S_n = \frac{1}{2}\Big[C_{2n}^{n+1} - \frac{1}{2}(1 - (-1)^n)(C_n^{\frac{1}{2}(n+1)})^2\Big] \tag{2.1.59}$$

例 8 设 n 是一个正整数,求证:

$$\sum_{k=0}^{n-1} (-1)^k \frac{1}{2n-2k-1} C_{2n-1}^k = (-1)^{n-1} \frac{16^n}{8n C_{2n}^n}$$

证明:令

$$l = 2n - 1 - k, \quad 即 \quad k = 2n - 1 - l \tag{2.1.60}$$

则

$$2n - 2k - 1 = -(2n - 2l - 1) \tag{2.1.61}$$

当 k 取遍集合 $\{0,1,2,\cdots,n-1\}$ 中每个元素时,l 取遍集合 $\{2n-1,2n-2,2n-3,\cdots,n\}$ 中每个元素. 因此,有

$$(-1)^k \frac{1}{2n-2k-1} C_{2n-1}^k = (-1)^{2n-1-l} \frac{1}{-(2n-2l-1)} C_{2n-1}^{2n-1-l} = (-1)^l \frac{1}{2n-2l-1} C_{2n-1}^l \tag{2.1.62}$$

题目中求证的等式左端记为 S,则

$$2S = \sum_{k=0}^{n-1}(-1)^k \frac{1}{2n-2k-1}C_{2n-1}^k + \sum_{k=0}^{n-1}(-1)^k \frac{1}{2n-2k-1}C_{2n-1}^k$$

$$= \sum_{k=0}^{n-1}(-1)^k \frac{1}{2n-2k-1}C_{2n-1}^k + \sum_{l=n}^{2n-1}(-1)^l \frac{1}{2n-2l-1}C_{2n-1}^l \quad (\text{利用公式}(2.1.62))$$

$$= \sum_{k=0}^{2n-1}(-1)^k \frac{1}{2n-2k-1}C_{2n-1}^k \tag{2.1.63}$$

利用上式,有

$$S = \frac{1}{2(2n-1)}\sum_{k=0}^{2n-1}(-1)^k \frac{2n-1}{2n-2k-1}C_{2n-1}^k$$

$$= \frac{1}{2(2n-1)}\sum_{k=0}^{2n-1}(-1)^k \frac{\frac{1}{2}-n}{\frac{1}{2}+k-n}C_{2n-1}^k \tag{2.1.64}$$

下面证明一个引理.

引理 对于任何固定非整数常数 α,

$$\sum_{k=0}^{n}(-1)^k \frac{\alpha}{\alpha+k}C_n^k = \frac{n!}{(\alpha+1)(\alpha+2)\cdots(\alpha+n)}$$

引理的证明:用 A_n 表示引理的左端,有

$$A_n = \sum_{k=1}^{n-1}(-1)^k \frac{\alpha}{\alpha+k}C_n^k + 1 + (-1)^n \frac{\alpha}{\alpha+n}$$

$$= \sum_{k=1}^{n-1}(-1)^k \frac{\alpha}{\alpha+k}(C_{n-1}^k + C_{n-1}^{k-1}) + 1 + (-1)^n \frac{\alpha}{\alpha+n}$$

$$= A_{n-1} + \sum_{k=1}^{n}(-1)^k \frac{\alpha}{\alpha+k}C_{n-1}^{k-1}$$

$$= A_{n-1} + \frac{\alpha}{n}\sum_{k=0}^{n}(-1)^k \frac{k}{\alpha+k}C_n^k$$

$$= A_{n-1} + \frac{\alpha}{n}\left[\sum_{k=0}^{n}(-1)^k C_n^k - \sum_{k=0}^{n}(-1)^k \frac{\alpha}{\alpha+k}C_n^k\right] = A_{n-1} - \frac{\alpha}{n}A_n \tag{2.1.65}$$

这里利用 $\sum_{k=0}^{n}(-1)^k C_n^k = (1-1)^n = 0$,以及 A_n 的定义. 利用上式,有

$$A_n = \frac{n}{\alpha+n}A_{n-1} \tag{2.1.66}$$

利用 A_n 的定义,有

$$A_1 = 1 - \frac{\alpha}{\alpha+1} = \frac{1}{\alpha+1} \tag{2.1.67}$$

利用以上二式,有

$$A_n = \frac{n}{\alpha+n}A_{n-1} = \frac{n(n-1)}{(\alpha+n)(\alpha+n-1)}A_{n-2} = \cdots$$

$$= \frac{n!}{(\alpha+n)(\alpha+n-1)\cdots(\alpha+2)}A_1 = \frac{n!}{(\alpha+1)(\alpha+2)\cdots(\alpha+n)} \tag{2.1.68}$$

引理结论成立.

当正整数 $n \geq 2$ 时,引入记号

$$\left.\begin{array}{l}(2n-3)!! = (2n-3)(2n-5)\cdots 3 \cdot 1 \\ (2n-2)!! = (2n-2)(2n-4)\cdots 4 \cdot 2\end{array}\right\} \tag{2.1.69}$$

利用上式,可以看到

第 2 章 方程与多项式

$$\frac{(2n-2)!}{(2n-3)!!} = (2n-2)!! \tag{2.1.70}$$

在引理中,取

$$\alpha = \frac{1}{2} - n \tag{2.1.71}$$

并且用 $2n-1$ 代替引理中的 n,有

$$\sum_{k=0}^{2n-1}(-1)^k \frac{\frac{1}{2}-n}{\frac{1}{2}-n+k}C_{2n-1}^k = \frac{(2n-1)!}{\left(\frac{3}{2}-n\right)\left(\frac{5}{2}-n\right)\cdots\left(\frac{1}{2}-n+2n-1\right)}$$

$$= \frac{(-1)^{2n-1}2^{2n-1}(2n-1)!}{(2n-3)(2n-5)\cdots 3\cdot 1(-1)(-3)\cdots(-(4n-1)+2n)}$$

$$= \frac{(-1)^{2n-1}2^{2n-1}(2n-1)!}{(2n-3)!!(-1)^n(2n-1)!!}$$

$$= \frac{(-1)^{n-1}2^{2n-1}(2n-1)!}{(2n-3)!!(2n-1)!!} \tag{2.1.72}$$

利用公式(2.1.64)和(2.1.72),有

$$S = \frac{(-1)^{n-1}2^{2n-2}(2n-2)!}{(2n-3)!!(2n-1)!!}$$

$$= \frac{(-1)^{n-1}2^{3n-3}(n-1)!}{(2n-1)!!}(\text{利用公式}(2.1.70) \text{ 和}(2.1.69))$$

$$= \frac{(-1)^{n-1}2^{3n-3}(n!)^2}{nn!(2n-1)!!}$$

$$= \frac{(-1)^{n-1}2^{4n-3}(n!)^2}{n(2n)!}(\text{利用}(2n)! = (2n-1)!!2^n n!)$$

$$= \frac{(-1)^{n-1}16^n}{8nC_{2n}^n} \tag{2.1.73}$$

题目结论成立.

例 9 设 n 是正整数,求和式 $\sum_{k=0}^{n}\frac{(-1)^k C_n^k}{k^3+9k^2+26k+24}$.

解:记题目中和式为 S_n,可以看到

$$S_n = \sum_{k=0}^{n}\frac{(-1)^k}{(k+2)(k+3)(k+4)}C_n^k$$

$$= \sum_{k=0}^{n}\frac{(-1)^k}{(k+2)(k+3)(k+4)}(C_{n+1}^{k+1} - C_n^{k+1})$$

$$= \sum_{k=0}^{n}\frac{(-1)^k(n+1)!}{(k+4)!(n-k)!} - \sum_{k=0}^{n}\frac{(-1)^k n!}{(k+4)!(n-k-1)!}$$

$$= \sum_{k=0}^{n}\frac{(-1)^k}{(n+2)(n+3)(n+4)}C_{n+4}^{k+4} - \sum_{k=0}^{n}\frac{(-1)^k}{(n+1)(n+2)(n+3)}C_{n+3}^{k+4}$$

$$= \frac{1}{(n+2)(n+3)(n+4)}\sum_{s=4}^{n+4}(-1)^s C_{n+4}^s - \frac{1}{(n+1)(n+2)(n+3)}\sum_{j=4}^{n+3}(-1)^j C_{n+3}^j$$

(在上式右端第一大项中,令 $s = k+4$,在第二大项中,令 $j = k+4$,再利用 $C_{n+3}^{n+4} = 0$)

$$= \frac{1}{(n+2)(n+3)(n+4)}\Big[\sum_{k=0}^{n+4}(-1)^k C_{n+4}^k - 1 + C_{n+4}^1 - C_{n+4}^2 + C_{n+4}^3\Big]$$

$$- \frac{1}{(n+1)(n+2)(n+3)}\Big[\sum_{k=0}^{n+3}(-1)^k C_{n+3}^k - 1 + C_{n+3}^1 - C_{n+3}^2 + C_{n+3}^3\Big] \tag{2.1.74}$$

由于

$$\left.\begin{aligned}\sum_{k=0}^{n+4}(-1)^k C_{n+4}^k = (1-1)^{n+4} = 0\\ \sum_{k=0}^{n+3}(-1)^k C_{n+3}^k = (1-1)^{n+3} = 0\end{aligned}\right\} \quad (2.1.75)$$

和

$$\left.\begin{aligned}&-1 + C_{n+4}^1 - C_{n+4}^2 + C_{n+4}^3\\ &= -1 + (n+4) - \frac{1}{2}(n+4)(n+3) + \frac{1}{6}(n+4)(n+3)(n+2)\\ &= \frac{1}{6}(n+1)(n+2)(n+3)\\ &-1 + C_{n+3}^1 - C_{n+3}^2 + C_{n+3}^3\\ &= -1 + (n+3) - \frac{1}{2}(n+3)(n+2) + \frac{1}{6}(n+3)(n+2)(n+1)\\ &= \frac{1}{6}n(n+1)(n+2)\end{aligned}\right\} \quad (2.1.76)$$

代公式(2.1.75)和(2.1.76)入公式(2.1.74)，有

$$S_n = \frac{n+1}{6(n+4)} - \frac{n}{6(n+3)} = \frac{1}{2(n+3)(n+4)} \quad (2.1.77)$$

例 10 记 $H_k = \sum_{j=1}^{k} \frac{1}{j}$，这里正整数 $k \geqslant 2$，求和式 $\sum_{k=2}^{\infty} \frac{(2k+1)H_k^2}{(k-1)k(k+1)(k+2)}$。

解：记 S 为题目中的和式。

由于

$$\frac{2k+1}{(k-1)k(k+1)(k+2)} = \frac{1}{(k-1)k(k+1)} - \frac{1}{k(k+1)(k+2)} \quad \text{待修正}$$

$$\frac{2k+1}{(k-1)k(k+1)(k+2)} = \frac{1}{(k-1)(k+1)} - \frac{1}{k(k+2)} \quad (2.1.78)$$

利用上式，可以看到

$$\begin{aligned}S &= \sum_{k=2}^{\infty}\frac{H_k^2}{(k-1)(k+1)} - \sum_{k=2}^{\infty}\frac{H_k^2}{k(k+2)}\\ &= \frac{1}{3}H_2^2 + \sum_{k=3}^{\infty}\frac{H_k^2}{(k-1)(k+1)} - \sum_{k=2}^{\infty}\frac{H_k^2}{k(k+2)}\\ &= \frac{1}{3}H_2^2 + \sum_{s=2}^{\infty}\frac{H_{s+1}^2}{s(s+2)} - \sum_{k=2}^{\infty}\frac{H_k^2}{k(k+2)} \quad (\text{在上式右端第二大项中,令 } s = k-1)\\ &= \frac{1}{3}H_2^2 + \sum_{k=2}^{\infty}\frac{1}{k(k+2)}(H_{k+1}^2 - H_k^2)\end{aligned} \quad (2.1.79)$$

由题目条件，有

$$H_{k+1}^2 - H_k^2 = (H_{k+1} + H_k)(H_{k+1} - H_k) = \left(2H_k + \frac{1}{k+1}\right)\frac{1}{k+1} \quad (2.1.80)$$

代公式(2.1.80)入(2.1.79)，且利用 $H_2 = \frac{3}{2}$，有

$$\begin{aligned}S &= \frac{3}{4} + 2\sum_{k=2}^{\infty}\frac{H_k}{k(k+1)(k+2)} + \sum_{k=2}^{\infty}\frac{1}{k(k+1)^2(k+2)}\\ &= \frac{3}{4} + \sum_{k=2}^{\infty}H_k\left[\frac{1}{k(k+1)} - \frac{1}{(k+1)(k+2)}\right] + \sum_{k=2}^{\infty}\frac{1}{k(k+1)^2(k+2)}\end{aligned} \quad (2.1.81)$$

在上式右端第二大项中，令 $k = s+1$，有

$$\sum_{k=3}^{\infty}\frac{H_k}{k(k+1)} = \sum_{s=2}^{\infty}\frac{H_{s+1}}{(s+1)(s+2)} \tag{2.1.82}$$

将上式右端中 s 改为 k,再代入公式(2.1.81),有

$$\begin{aligned}S &= \frac{3}{4} + \frac{1}{6}H_2 + \sum_{k=2}^{\infty}\frac{1}{(k+1)(k+2)}(H_{k+1}-H_k) + \sum_{k=2}^{\infty}\frac{1}{k(k+1)^2(k+2)} \\ &= 1 + \sum_{k=2}^{\infty}\left[\frac{1}{(k+1)^2(k+2)} + \frac{1}{k(k+1)^2(k+2)}\right] \\ &= 1 + \sum_{k=2}^{\infty}\frac{1}{k(k+1)(k+2)} \\ &= 1 + \sum_{k=2}^{\infty}\left[\frac{1}{2k(k+1)} - \frac{1}{2(k+1)(k+2)}\right] \end{aligned} \tag{2.1.83}$$

在上式右端第二大项中,令 $k = s+1$,有

$$\sum_{k=2}^{\infty}\frac{1}{2k(k+1)} = \frac{1}{12} + \sum_{k=3}^{\infty}\frac{1}{2k(k+1)} = \frac{1}{12} + \sum_{s=2}^{\infty}\frac{1}{2(s+1)(s+2)} \tag{2.1.84}$$

将上式右端中 s 改为 k,代公式(2.1.84)入(2.1.83),有

$$S = \frac{13}{12} \tag{2.1.85}$$

注:在本例中,我们像对有限项求和一样计算,这种情况在例6中已出现,以后还会出现.中学数学老师知道,在这里是完全可行的.一般中学生,不必太深究其原因,到了大学阶段自然就知道理由了.实际上,先有形式推导,再深究其原因,历史上,数学也是这样发展起来的.

例11 设 n 是一个正整数,a 是一个非零实数,求和式 $\sum_{k=0}^{\left[\frac{n}{2}\right]}(-1)^k a^k C_{n-k}^k$.

解:我们知道当正整数 $k > \frac{n}{2}$ 时,$C_{n-k}^k = 0$. 记题目中和式为 b_n,规定 $b_0 = 1$,有

$$b_n = \sum_{k=0}^{n}(-1)^k a^k C_{n-k}^k \tag{2.1.86}$$

由上式,有

$b_1 = 1$,

$$\begin{aligned}b_{n+1} &= \sum_{k=0}^{n+1}(-1)^k a^k C_{n+1-k}^k = \sum_{k=0}^{n+1}(-1)^k a^k (C_{n-k}^k + C_{n-k}^{k-1}) \\ &= \sum_{k=0}^{n+1}(-1)^k a^k C_{n-k}^k + \sum_{k=1}^{n+1}(-1)^k a^k C_{n-k}^{k-1} \\ &= \sum_{k=0}^{\left[\frac{n}{2}\right]}(-1)^k a^k C_{n-k}^k + a \sum_{s=0}^{\left[\frac{1}{2}(n-1)\right]}(-1)^{s+1} a^s C_{n-1-s}^s \text{(在上式右端第二大项中,令 } s = k-1\text{)} \\ &= b_n - ab_{n-1} \text{(利用公式(2.1.86),这里 } n \text{ 是正整数)} \end{aligned} \tag{2.1.87}$$

由于 $b_0 = 1, b_1 = 1$,再利用上式,b_n 唯一确定.递推公式(2.1.87)的特征方程是

$$\lambda^2 - \lambda + a = 0 \tag{2.1.88}$$

当 $a < \frac{1}{4}$ 时,方程(2.1.88)有两不同实根

$$\lambda = \frac{1}{2}(1 \pm \sqrt{1-4a}) \tag{2.1.89}$$

当 $a = \frac{1}{4}$ 时,方程(2.1.88)有两重根

$$\lambda = \frac{1}{2} \qquad (2.1.90)$$

当 $a > \frac{1}{4}$ 时,方程(2.1.88)有两复根

$$\lambda = \frac{1}{2} \pm \frac{i}{2}\sqrt{4a-1} \qquad (2.1.91)$$

下面依上述三种情况分开讨论.

① 当 $a < \frac{1}{4}$ 时,设

$$b_n = A\left[\frac{1}{2}(1+\sqrt{1-4a})\right]^n + B\left[\frac{1}{2}(1-\sqrt{1-4a})\right]^n \qquad (2.1.92)$$

这里 A,B 是待定实数,在上式中,分别令 $n=0, n=1$,有

$$\left.\begin{array}{l} A+B=1 \\ A\left[\dfrac{1}{2}(1+\sqrt{1-4a})\right] + B\left[\dfrac{1}{2}(1-\sqrt{1-4a})\right] = 1 \end{array}\right\} \qquad (2.1.93)$$

解上述二元一次方程组,有

$$A = \frac{1}{2} + \frac{\sqrt{1-4a}}{2(1-4a)}, \quad B = \frac{1}{2} - \frac{\sqrt{1-4a}}{2(1-4a)} \qquad (2.1.94)$$

代公式(2.1.94)入(2.1.92),有

$$b_n = \frac{\sqrt{1-4a}}{2^{n+1}(1-4a)}\left[(1+\sqrt{1-4a})^{n+1} - (1-\sqrt{1-4a})^{n+1}\right] \qquad (2.1.95)$$

② 当 $a = \frac{1}{4}$ 时,由公式(2.1.90),可令

$$b_n = (A+Bn)\left(\frac{1}{2}\right)^n \qquad (2.1.96)$$

在上式中,分别令 $n=0$ 和 $n=1$,有

$$A = 1, \quad \frac{1}{2}(A+B) = 1, \text{ 则 } B = 1 \qquad (2.1.97)$$

利用公式(2.1.96)和(2.1.97),有

$$b_n = \frac{1}{2^n}(1+n) \qquad (2.1.98)$$

③ 当 $a > \frac{1}{4}$ 时,记

$$\beta = \arcsin\sqrt{1-\frac{1}{4a}}, \quad \beta \in \left(0, \frac{\pi}{2}\right) \qquad (2.1.99)$$

则

$$\left.\begin{array}{l} \sin\beta = \sqrt{1-\dfrac{1}{4a}} = \dfrac{\sqrt{a}}{2a}\sqrt{4a-1} \\ \cos\beta = \dfrac{\sqrt{a}}{2a} \end{array}\right\} \qquad (2.1.100)$$

利用公式(2.1.91)和(2.1.100),有

$$\lambda = \sqrt{a}(\cos\beta \pm i\sin\beta) \qquad (2.1.101)$$

于是,可设

$$\begin{aligned} b_n &= A[\sqrt{a}(\cos\beta + i\sin\beta)]^n + B[\sqrt{a}(\cos\beta - i\sin\beta)]^n \\ &= A(\sqrt{a})^n(\cos n\beta + i\sin n\beta) + B(\sqrt{a})^n(\cos n\beta - i\sin n\beta) \end{aligned} \qquad (2.1.102)$$

这里 A,B 是待定复数,在上式中,依次令 $n=0,n=1$,应当有

$$\left.\begin{array}{r} A + B = 1 \\ A\sqrt{a}(\cos\beta + \mathrm{i}\sin\beta) + B\sqrt{a}(\cos\beta - \mathrm{i}\sin\beta) = 1 \end{array}\right\} \quad (2.1.103)$$

解上述方程组,有

$$\left.\begin{array}{r} A = \dfrac{1}{2} - \dfrac{\sqrt{4a-1}}{2(4a-1)}\mathrm{i} \\ B = \dfrac{1}{2} + \dfrac{\sqrt{4a-1}}{2(4a-1)}\mathrm{i} \end{array}\right\} \quad (2.1.104)$$

代公式(2.1.104)入(2.1.102),有

$$b_n = (\sqrt{a})^n \left(\cos n\beta + \dfrac{\sqrt{4a-1}}{4a-1}\sin n\beta\right) \quad (2.1.105)$$

综合公式(2.1.95),(2.1.98)和(2.1.105),有

$$b_n = \begin{cases} \dfrac{\sqrt{1-4a}}{2^{n+1}(1-4a)}\left[(1+\sqrt{1-4a})^{n+1} - (1-\sqrt{1-4a})^{n+1}\right] & \text{当 } a < \dfrac{1}{4} \text{ 时;} \\ \dfrac{1}{2^n}(1+n) & \text{当 } a = \dfrac{1}{4} \text{ 时;} \\ (\sqrt{a})^n\left(\cos n\beta + \dfrac{\sqrt{4a-1}}{4a-1}\sin n\beta\right) & \text{当 } a > \dfrac{1}{4} \text{ 时} \end{cases}$$

$$(2.1.106)$$

这里 β 满足公式(2.1.99).

注:有兴趣的读者可以自己去解方程组(2.1.103).细心的读者会问:$b_0 = 1$ 是怎么来的.由公式(2.1.86)定义的 b_n,如果允许 $n = 0$,利用 $C_0^0 = 1$,必有 $b_0 = 1$.

例12 设 $\{a_n\},\{b_n\}$(n 是任意正整数)是两列实数,满足下列条件:

(1) $a_{n+1} = a_n^2 - 2b_n$, $b_{n+1} = b_n^2 - 2a_n$,这里 n 是任意正整数.

(2) $4a_1 - 2b_1 = 7$.

求 $2^{512}a_{10} - b_{10}$ 的值.

解:令

$$f(x) = x^3 - a_1 x^2 + b_1 x - 1 \quad (2.1.107)$$

设 α,β,γ 是 $f(x)=0$ 的 3 个复根,由 Vieta 定理,有

$$\alpha + \beta + \gamma = a_1, \quad \alpha\beta + \beta\gamma + \gamma\alpha = b_1, \quad \alpha\beta\gamma = 1 \quad (2.1.108)$$

明显地,有

$$f(x) = (x-\alpha)(x-\beta)(x-\gamma) \quad (2.1.109)$$

利用上式,有

$$-f(x)f(-x) = (x^2 - \alpha^2)(x^2 - \beta^2)(x^2 - \gamma^2) \quad (2.1.110)$$

类似地,令

$$g(x) = (x-\alpha^2)(x-\beta^2)(x-\gamma^2) \quad (2.1.111)$$

由上式,有

$$g(x) = x^3 - (\alpha^2+\beta^2+\gamma^2)x^2 + (\alpha^2\beta^2 + \beta^2\gamma^2 + \gamma^2\alpha^2)x - \alpha^2\beta^2\gamma^2 \quad (2.1.112)$$

利用公式(2.1.108)和题目条件,有

$$\alpha^2 + \beta^2 + \gamma^2 = (\alpha+\beta+\gamma)^2 - 2(\alpha\beta+\beta\gamma+\gamma\alpha) = a_1^2 - 2b_1 = a_2 \quad (2.1.113)$$

和

$$\alpha^2\beta^2 + \beta^2\gamma^2 + \gamma^2\alpha^2 = (\alpha\beta+\beta\gamma+\gamma\alpha)^2 - 2\alpha\beta\gamma(\alpha+\beta+\gamma)$$

$$= b_1^2 - 2a_1 = b_2 \tag{2.1.114}$$

利用数学归纳法,设对某个正整数 n,有

$$a_n = \alpha^{2^{n-1}} + \beta^{2^{n-1}} + \gamma^{2^{n-1}} \tag{2.1.115}$$

$$b_n = (\alpha\beta)^{2^{n-1}} + (\beta\gamma)^{2^{n-1}} + (\gamma\alpha)^{2^{n-1}} \tag{2.1.116}$$

利用公式(2.1.108),(2.1.113)和(2.1.114),知道当 $n=1,2$ 时,公式(2.1.115)和(2.1.116)成立. 则

$$\alpha^{2^n} + \beta^{2^n} + \gamma^{2^n} = (\alpha^{2^{n-1}} + \beta^{2^{n-1}} + \gamma^{2^{n-1}})^2 - 2[(\alpha\beta)^{2^{n-1}} + (\beta\gamma)^{2^{n-1}} + (\gamma\alpha)^{2^{n-1}}]$$

$$= a_n^2 - 2b_n (\text{利用归纳法假设}(2.1.115) \text{ 和 }(2.1.116))$$

$$= a_{n+1}(\text{利用题目条件}) \tag{2.1.117}$$

$$(\alpha\beta)^{2^n} + (\beta\gamma)^{2^n} + (\gamma\alpha)^{2^n}$$

$$= [(\alpha\beta)^{2^{n-1}} + (\beta\gamma)^{2^{n-1}} + (\gamma\alpha)^{2^{n-1}}] - 2(\alpha\beta\gamma)^{2^{n-1}}(\alpha^{2^{n-1}} + \beta^{2^{n-1}} + \gamma^{2^{n-1}})$$

$$= b_n^2 - 2a_n(\text{利用公式}(2.1.108) \text{ 和归纳法假设})$$

$$= b_{n+1}(\text{利用题目条件}) \tag{2.1.118}$$

至此,知道公式(2.1.115)和(2.1.116)对任意正整数 n 成立.

由公式(2.1.107)及题目条件,有

$$f(2) = 7 - 4a_1 + 2b_1 = 0 \tag{2.1.119}$$

于是,2 是 $f(x)$ 的一个根,不妨设

$$\alpha = 2 \Rightarrow \beta\gamma = \frac{1}{2}(\text{利用公式}(2.1.108)) \tag{2.1.120}$$

利用公式(2.1.115)和(2.1.116),兼顾上式,有

$$\left.\begin{aligned} a_{10} &= 2^{2^9} + \beta^{2^9} + \gamma^{2^9} \\ b_{10} &= \frac{1}{2^{2^9}} + 2^{2^9}(\beta^{2^9} + \gamma^{2^9}) \end{aligned}\right\} \tag{2.1.121}$$

利用 $2^9 = 512$,以及上式,有

$$2^{512} a_{10} - b_{10} = 2^{2^9}(2^{2^9} + \beta^{2^9} + \gamma^{2^9}) - \left[\frac{1}{2^{2^9}} + 2^{2^9}(\beta^{2^9} + \gamma^{2^9})\right]$$

$$= 2^{1024} - \frac{1}{2^{512}} \tag{2.1.122}$$

例 13 设正整数 $n \geq 4$,乘积式 $(1-x)(1+2x)(1-3x)(1+4x)\cdots[1+(-1)^{n-1}(n-1)x][1+(-1)^n nx]$ 的展开式中 x^2 项的系数为 C_n. 求 C_n.

解: 记题目中乘积式为 $f(x)$,可以看到

$$f(x)f(-x) = (1-x^2)(1-4x^2)(1-9x^2)(1-16x^2)\cdots[1-(n-1)^2 x^2](1-n^2 x^2)$$

$$= 1 - [1 + 2^2 + 3^2 + 4^2 + \cdots + (n-1)^2 + n^2]x^2 + \cdots \tag{2.1.123}$$

这里省略的都是 x 的至少四次方的项(无立方项). 利用题目条件,知道 $f(x)$ 的一次项系数

$$A_n = (-1) + 2 + (-3) + 4 + \cdots + (-1)^{n-1}(n-1) + (-1)^n n$$

$$= \begin{cases} \dfrac{n}{2} & \text{当 } n \text{ 为偶数时} \\ -\dfrac{1}{2}(n+1) & \text{当 } n \text{ 为奇数时} \end{cases} \tag{2.1.124}$$

于是,可以写

$$f(x) = 1 + A_n x + C_n x^2 + \cdots \tag{2.1.125}$$

由上式,有

$$f(-x) = 1 - A_n x + C_n x^2 + \cdots \tag{2.1.126}$$

利用公式(2.1.125)和(2.1.126)知道
$$f(x)f(-x) = 1 + (2C_n - A_n^2)x^2 + \cdots \tag{2.1.127}$$
利用公式(2.1.123)和(2.1.127),有
$$2C_n - A_n^2 = -\frac{1}{6}n(n+1)(2n+1) \tag{2.1.128}$$
利用公式(2.1.124)和(2.1.128),有
$$C_n = \begin{cases} -\dfrac{1}{24}n(4n^2 + 3n + 2) & \text{当 } n \text{ 为偶数时} \\ -\dfrac{1}{24}(n+1)(4n^2 - n - 3) & \text{当 } n \text{ 为奇数时} \end{cases} \tag{2.1.129}$$

注:$n = 15$ 是 2004 年美国数学邀请赛一个题目.

例 14 设 k, s 是两个正整数,$s \leqslant k$,n 是非负整数.记 $f(n) = n - s\left[\dfrac{n}{k}\right]$,又记 $f^{(0)}(n) = n$,$f^{(j)}(n) = f(f^{(j-1)}(n))$,这里 j 是正整数.求证:当 n 是正整数时,$\sum_{j=0}^{\infty}\left[\dfrac{f^{(j)}(n)}{k}\right] = -\left[\dfrac{q-n}{s}\right]$,这里 $q = \min\{k-1, n\}$.$[x]$ 表示不超过实数 x 的最大整数.

证明: 为简洁,对于非负整数 j,记
$$n_j = f^{(j)}(n), \quad a_j = \left[\frac{n_j}{k}\right], \quad \text{这里 } j \text{ 是任意非负整数} \tag{2.1.130}$$
又记
$$s(n) = \sum_{j=0}^{\infty}\left[\frac{f^{(j)}(n)}{k}\right] = \sum_{j=0}^{\infty}\left[\frac{n_j}{k}\right] = \sum_{j=0}^{\infty} a_j \tag{2.1.131}$$
这里利用公式(2.1.130).

下面对 n 分情况讨论:

① 如果 $0 \leqslant n \leqslant k-1$,则 $\left[\dfrac{n}{k}\right] = 0$,再利用题目条件,有
$$f(n) = n \tag{2.1.132}$$

② 如果 $n \geqslant k$,利用题目条件,有
$$n > f(n) \geqslant n - \frac{sn}{k} \geqslant 0 \tag{2.1.133}$$
利用公式(2.1.130),(2.1.132)和不等式(2.1.133),有
$$n_{j+1} = f(n_j) \leqslant n_j \tag{2.1.134}$$
因此,$\{n_j \mid j = 0, 1, 2, \cdots\}$ 是单调递降非负整数数列.

由公式(2.1.130)及题目条件,知道
$$n_{j+1} = f(n_j) = n_j - sa_j \tag{2.1.135}$$
从上式,有
$$a_j = \frac{1}{s}(n_j - n_{j+1}) \tag{2.1.136}$$

由于 $\{n_j \mid j = 0, 1, 2, \cdots\}$ 是单调递降非负整数数列.因此,从某一项开始,必全相等.于是,有非负整数 N 存在,当正整数 $j > N$ 时,利用公式(2.1.136),有 $a_j = 0$,则 $s(n) = \sum_{j=0}^{N} a_j$(利用公式(2.1.131))
$$= \frac{1}{s}\sum_{j=0}^{N}(n_j - n_{j+1})(\text{利用公式}(2.1.136))$$

$$= \frac{1}{s}(n_0 - n_{N+1}) \tag{2.1.137}$$

如果 $0 \leqslant n \leqslant k-1$,利用公式(2.1.132)和(2.1.130),有 $n_j = n$,这里 j 是任意非负整数.利用公式(2.1.137),有

$$s(n) = 0 \tag{2.1.138}$$

如果 $n \geqslant k$,利用题目条件,有

$$f(n) \geqslant n\left(1 - \frac{s}{k}\right) \geqslant k\left(1 - \frac{s}{k}\right) = k - s \tag{2.1.139}$$

由公式(2.1.137)的第一个公式,有

$$a_{N+1} = 0, 则 n_{N+1} = n_{N+2} (利用公式(2.1.136))$$

$$= f(n_{N+1}) = n_{N+1} - s\left[\frac{n_{N+1}}{k}\right] \tag{2.1.140}$$

利用上式第二个公式,有

$$n_{N+1} \leqslant k - 1 \tag{2.1.141}$$

另一方面,利用题目条件, $n \geqslant k$ 以及公式(2.1.130),知道 a_0 是一个正整数.因此,可设 N 是满足 $a_{N+1} = 0$ 的最小非负整数,即 a_N 是一个正整数.再利用公式(2.1.136),有

$$n_N > n_{N+1} \tag{2.1.142}$$

利用公式(2.1.130)和题目条件,有

$$n_{N+1} = f(n_N) = n_N - s\left[\frac{n_N}{k}\right] \tag{2.1.143}$$

利用上二个公式,我们必有

$$n_N \geqslant k \tag{2.1.144}$$

利用上式,并且在不等式(2.1.139)中用 n_N 代替 n,类似地,有

$$n_{N+1} = f(n_N) \geqslant k - s \tag{2.1.145}$$

因此, n_{N+1} 是满足不等式(2.1.141)和(2.1.145)的.由题目条件和公式(2.1.130),知道

$$f(n) \equiv n \pmod{s}, \quad f^{(j)}(n) \equiv n \pmod{s} \tag{2.1.146}$$

这里 j 是任意正整数.因而知道 $n_{N+1} - n$ 是 s 的倍数.这样的 n_{N+1} 是唯一确定的.又记

$$n - (k - s) = su + v \tag{2.1.147}$$

这里 u 是整数, $v \in \{0, 1, 2, \cdots, s-1\}$.令

$$m = n - s\left[\frac{n - (k-s)}{s}\right] = n - su (利用上式)$$

$$= (k - s) + v (再利用上式) \in [k - s, k - 1] \tag{2.1.148}$$

利用上面叙述的 n_{N+1} 的唯一性,以及公式(2.1.148),有

$$n_{N+1} = m \tag{2.1.149}$$

于是,当 $n \geqslant k$ 时,利用 $n_0 = n$,公式(2.1.137),可以得到

$$s(n) = \frac{1}{s}(n - m) (兼顾公式(2.1.149))$$

$$= \left[\frac{n - k + s}{s}\right] (利用公式(2.1.148)的第一个等式)$$

$$= u (利用公式(2.1.147)) \tag{2.1.150}$$

另一方面,利用公式(2.1.147),有

$$k - n - 1 = -su + (s - v - 1) \tag{2.1.151}$$

这里 $s - v - 1 \in \{0, 1, 2, \cdots, s-1\}$.

利用上式,有

$$\left[\frac{k-n-1}{s}\right] = -u \tag{2.1.152}$$

代公式(2.1.152)入(2.1.150),有

$$s(n) = -\left[\frac{k-n-1}{s}\right] = -\left[\frac{q-n}{s}\right] \tag{2.1.153}$$

这里由于 $n \geq k$,再由题目条件,有 $q = k-1$. 当 $n < k$ 时,则 $q = n$,利用公式(2.1.138),公式(2.1.153)仍然成立. 于是,题目结论成立.

例 15 设 n 是正整数. 记 $\alpha = \frac{1}{2}(1+\sqrt{5})$. 令

$$\Delta_n = [[(n+1)\alpha]\alpha] - [[n\alpha]\alpha]$$

求证:(1) Δ_n 等于 2,或者 3;

(2) $[[(n+1)\alpha^2]\alpha] - [[n\alpha^2]\alpha] = 2\Delta_n - 1$;

(3) $[n\alpha] + [n\alpha^2] = [[n\alpha^2]\alpha]$;

(4) $[[n\alpha^2]\alpha] = [[n\alpha]\alpha^2] + 1$.

证明:(1) 由题目条件,有

$$\frac{1}{\alpha}(n\alpha - 1) = n - \frac{1}{2}(\sqrt{5}-1) \tag{2.1.154}$$

由于 $0 < \frac{1}{2}(\sqrt{5}-1) < 1$,以及 $n\alpha - 1 < [n\alpha] < n\alpha$,有

$$n - 1 < \frac{1}{\alpha}(n\alpha - 1) < \frac{1}{\alpha}[n\alpha] < n \tag{2.1.155}$$

利用上式,有

$$\left[\frac{1}{\alpha}[n\alpha]\right] = n - 1 \tag{2.1.156}$$

又由于

$$1 + \frac{1}{\alpha} = 1 + \frac{1}{2}(\sqrt{5}-1) = \alpha \tag{2.1.157}$$

对于任一正整数 n,有

$$[[n\alpha]\alpha] = \left[[n\alpha]\left(1 + \frac{1}{\alpha}\right)\right] = [n\alpha] + \left[\frac{1}{\alpha}[n\alpha]\right]$$
$$= [n\alpha] + n - 1 \text{(利用公式(2.1.156))} \tag{2.1.158}$$

在上式中用 $n+1$ 代替 n,并且利用题目条件,有

$$\Delta_n = ([(n+1)\alpha] + n) - ([n\alpha] + n - 1)$$
$$= [(n+1)\alpha] - [n\alpha] + 1 \tag{2.1.159}$$

由于 $1 < \alpha < 2$,则

$$\alpha - 1 = ((n+1)\alpha - 1) - n\alpha < [(n+1)\alpha] - [n\alpha]$$
$$< (n+1)\alpha - (n\alpha - 1) = \alpha + 1 \tag{2.1.160}$$

利用上式及 $\alpha < 2$,有

$$0 < \alpha - 1 < [(n+1)\alpha] - [n\alpha] < 3 \tag{2.1.161}$$

利用上式,有

$$[(n+1)\alpha] - [n\alpha] \in \{1, 2\} \tag{2.1.162}$$

利用公式(2.1.159)和(2.1.162),题目结论(1)成立.

(2)和(3) 利用公式(2.1.157),有

$$[n\alpha]\alpha = [n\alpha]\left(1 + \frac{1}{\alpha}\right) < [n\alpha] + n$$

利用上式,有
$$= [n(\alpha+1)] = [n\alpha^2] \tag{2.1.163}$$

$$[n\alpha] < \frac{1}{\alpha}[n\alpha^2] < n\alpha < [n\alpha] + 1 \tag{2.1.164}$$

利用上式,有
$$\left[\frac{1}{\alpha}[n\alpha^2]\right] = [n\alpha] \tag{2.1.165}$$

利用公式(2.1.157),有
$$[[n\alpha^2]\alpha] = \left[[n\alpha^2]\left(1+\frac{1}{\alpha}\right)\right] = [n\alpha^2] + \left[[n\alpha^2]\frac{1}{\alpha}\right]$$
$$= [n\alpha^2] + [n\alpha] \text{(利用公式(2.1.165))} \tag{2.1.166}$$

从而题目结论(3)成立.

利用上式,有
$$[[n\alpha^2]\alpha] = \left[n\alpha\left(1+\frac{1}{\alpha}\right)\right] + [n\alpha] \text{(利用公式(2.1.157))}$$
$$= 2[n\alpha] + n \tag{2.1.167}$$

在上式中,用 $n+1$ 代替 n,有
$$[[(n+1)\alpha^2]\alpha] = 2[(n+1)\alpha] + (n+1) \tag{2.1.168}$$

公式(2.1.168)减去公式(2.1.167),有
$$[[(n+1)\alpha^2]\alpha] - [[n\alpha^2]\alpha] = 2\Delta_n - 1\text{(利用公式(2.1.159))} \tag{2.1.169}$$

从而题目结论(2)成立.

(4) 利用公式(2.1.167)和(2.1.158),有
$$[[n\alpha^2]\alpha] = [n\alpha] + ([[n\alpha]\alpha] + 1) = [[n\alpha](1+\alpha)] + 1$$
$$= [[n\alpha]\alpha^2] + 1\text{(又一次利用公式(2.1.157))} \tag{2.1.170}$$

题目结论(4)成立.

例16 设 k 是一个正整数,定义一个整数序列 $\{a_n\}$,满足 $a_0 = 0, a_1 = 1$ 和 $a_{n+1} = ka_n + a_{n-1}$,这里 n 是任意正整数.

(1) 设 n, r, h 都是非负整数,满足 $r + h \leqslant n$. 求证:
$$a_{n+r}a_{n+r+h} + (-1)^{h+1}a_{n-r-h}a_{n-r} = a_{2n}a_{2r+h}$$

(2) 设 i, j 都是整数,且 $i \geqslant j$,求证:
$$k\sum_{r=0}^{j-1} a_{i-r}a_{j-r} = \begin{cases} a_i a_{j+1} & \text{如果 } j \text{ 是奇数} \\ a_i a_{j+1} - a_{i-j} & \text{如果 } j \text{ 是偶数} \end{cases}$$

证明: (1) 由题目条件,题目递推公式的特征方程是
$$x^2 - kx - 1 = 0 \tag{2.1.171}$$

上述方程有两实根
$$x_1 = \frac{1}{2}(k + \sqrt{k^2+4}), \quad x_2 = \frac{1}{2}(k - \sqrt{k^2+4}) \tag{2.1.172}$$

再利用题目给出的序列的初始条件,有
$$a_n = \frac{x_1^n - x_2^n}{x_1 - x_2}, \quad x_1 x_2 = -1 \text{(由公式(2.1.172))} \tag{2.1.173}$$

这里 n 是任意非负整数.

因此,对于非负整数 p, q,利用上式,有
$$a_p a_q = \frac{1}{(x_1 - x_2)^2}(x_1^p - x_2^p)(x_1^q - x_2^q)$$

$$= \frac{1}{(x_1-x_2)^2}\bigl[(x_1^{p+q}+x_2^{p+q})-(-1)^q(x_1^{p-q}+x_2^{p-q})\bigr] (利用公式(2.1.173)的第二个公式)$$
(2.1.174)

在上式中,用 $p+s$ 代替 p, $q+s$ 代替 q,这里 p,q,s 都是非负整数,有

$$a_{p+s}a_{q+s} = \frac{1}{(x_1-x_2)^2}\bigl[(x_1^{p+q+2s}+x_2^{p+q+2s})-(-1)^{q+s}(x_1^{p-q}+x_2^{p-q})\bigr] \quad (2.1.175)$$

利用公式(2.1.174)和(2.1.175),有

$$a_{p+s}a_{q+s}-(-1)^s a_p a_q = \frac{1}{(x_1-x_2)^2}\bigl[(x_1^{p+q+2s}+x_2^{p+q+2s})-(-1)^s(x_1^{p+q}+x_2^{p+q})\bigr]$$
$$= a_{p+q+s}a_s \quad (2.1.176)$$

这里再一次利用公式(2.1.174),用 $p+q+s$ 代替 p,用 s 代替 q.

又令
$$p = n-r-h, \quad q = n-r, \quad s = 2r+h \quad (2.1.177)$$

(2) 在公式(2.1.176)中,令 $q=1$,有
$$a_{p+s}a_{s+1}-(-1)^s a_p = a_{p+s+1}a_s (利用题目条件 a_1=1) \quad (2.1.178)$$

在题目条件递推式中,令 $n=p+s$,有
$$a_{p+s+1}-a_{p+s-1} = ka_{p+s} \quad (2.1.179)$$

这里 $p+s\geqslant 1$,利用上式,有
$$ka_{p+s}a_s = (a_{p+s+1}-a_{p+s-1})a_s$$
$$= [a_{p+s}a_{s+1}-(-1)^s a_p]-a_{p+s-1}a_s (这里利用公式(2.1.178)) \quad (2.1.180)$$

上式关于下标 s 从 1 到 j 求和,有

$$k\sum_{s=1}^{j} a_{p+s}a_s = \sum_{s=1}^{j}(a_{p+s}a_{s+1}-a_{p+s-1}a_s) - \sum_{s=1}^{j}(-1)^s a_p$$
$$= (a_{p+j}a_{j+1}-a_p a_1) - a_p\sum_{s=1}^{j}(-1)^s$$
$$= \begin{cases} a_{p+j}a_{j+1} & \text{如果 } j \text{ 是奇数} \\ a_{p+j}a_{j+1}-a_p & \text{如果 } j \text{ 是偶数} \end{cases} \quad (2.1.181)$$

这里利用题目条件 $a_1=1$.在上式中,令
$$p = i-j, \quad s = j-r, \quad 0\leqslant r\leqslant j-1 \quad (2.1.182)$$

有题目结论(2).

例 17 设 x 是正整数,k 是大于 1 的正整数.记
$$f^{(1)}(x) = x + [\sqrt[k]{x}], \quad f^{(n)}(x) = f^{(1)}(f^{(n-1)}(x))$$

这里正整数 $n\geqslant 2$.求证:对每一个确定的正整数 m,数列 $\{f^{(n)}(m)\}$ (n 是任意正整数)中至少包含一个正整数的 k 次方.

证明:对任意正整数 m,不妨设
$$A^k \leqslant m < (A+1)^k, \quad 即 \quad A \leqslant \sqrt[k]{m} < A+1 \quad (2.1.183)$$

这里 A 是一个正整数.由上式,记
$$m = A^k + b \quad (2.1.184)$$

这里 b 是一个非负整数.满足
$$b < (A+1)^k - A^k \quad (2.1.185)$$

由题目条件,有
$$f^{(1)}(m) = m + [\sqrt[k]{m}] = (A^k+b)+A \quad (2.1.186)$$

如果 $A^k \leqslant f^{(1)}(m) < (A+1)^k$，在上式中，用 $f^{(1)}(m)$ 代替 m，有

$$f^{(2)}(m) = f^{(1)}(f^{(1)}(m)) = f^{(1)}(m) + \left[\sqrt[k]{f^{(1)}(m)}\right] = A^k + b + 2A \qquad (2.1.187)$$

利用公式(2.1.186)和(2.1.187)，有

$$f^{(2)}(m) - f^{(1)}(m) = A \qquad (2.1.188)$$

设 $A^k \leqslant f^{(i)}(m) < (A+1)^k$，这里 i 是某个正整数. 在公式(2.1.186)中，用 $f^{(i)}(m)$ 代替 m，有

$$f^{(i+1)}(m) = f^{(1)}(f^{(i)}(m)) = f^{(i)}(m) + \left[\sqrt[k]{f^{(i)}(m)}\right] = f^{(i)}(m) + A \qquad (2.1.189)$$

从上式，有

$$f^{(i+1)}(m) - f^{(i)}(m) = A \qquad (2.1.190)$$

于是，每作用一次 $f^{(1)}$，相应地值 $f^{(i+1)}(m)$ 比前一个值 $f^{(i)}(m)$ 增加一个正整数 A. 因此，必存在一个正整数 a_1，满足

$$f^{(a_1)}(m) \geqslant (A+1)^k \qquad (2.1.191)$$

(如果 $a_1 = 1$，则公式(2.1.187)至公式(2.1.190)是多余的.) 且

$$f^{(a_1-1)}(m) < (A+1)^k \qquad (2.1.192)$$

规定 $f^{(0)}(m) = m$. 利用公式(2.1.190)(包括成立条件)，可以看到

$$f^{(a_1)}(m) - f^{(a_1-1)}(m) = A \qquad (2.1.193)$$

由公式(2.1.186)，当 $a_1 = 1$ 时，上式也成立.

利用不等式(2.1.191),(2.1.192)和公式(2.1.193)，有

$$(A+1)^k \leqslant f^{(a_1)}(m) = f^{(a_1-1)}(m) + A < (A+1)^k + A \qquad (2.1.194)$$

利用上式，有

$$f^{(a_1)}(m) = (A+1)^k + p \qquad (2.1.195)$$

满足 p 是区间 $[0, A)$ 内一个整数.

如果 $p = 0$，则题目结论成立. 如果 p 是一个正整数，则 $0 < p < A$. 再利用公式(2.1.195)，有

$$(A+1)^k < f^{(a_1)}(m) < (A+1)^k + A < (A+2)^k \qquad (2.1.196)$$

这里利用题目条件，知道正整数 $k \geqslant 2$，

$$(A+2)^k = [(A+1)+1]^k > (A+1)^k + k(A+1) \qquad (2.1.197)$$

利用上式，知道公式(2.1.196)的最后一个不等式成立.

再对 $f^{(a_1)}(m)$ 反复作用 $f^{(1)}$，在不等式(2.1.183)中，用 $f^{(a_1)}(m)$ 代替 m，$A+1$ 代替 A(比较不等式(2.1.183)和(2.1.196)). 题目前述部分公式(2.1.190)变成

$$f^{(i+1)}(f^{(a_1)}(m)) - f^{(i)}(f^{(a_1)}(m)) = A+1 \qquad (2.1.198)$$

即每作用一次 $f^{(1)}$，相应的值增加了 $A+1$，于是，类似不等式(2.1.191)和(2.1.192)，必有正整数 $a_2 > a_1$，满足

$$f^{(a_2-1)}(m) < (A+2)^k, \quad f^{(a_2)}(m) \geqslant (A+2)^k \qquad (2.1.199)$$

类似公式(2.1.193)，应当有

$$f^{(a_2)}(m) - f^{(a_2-1)}(m) = A+1 \qquad (2.1.200)$$

利用不等式(2.1.199)和公式(2.1.200)，有

$$(A+2)^k \leqslant f^{(a_2)}(m) = f^{(a_2-1)}(m) + (A+1) < (A+2)^k + (A+1) \qquad (2.1.201)$$

记

$$f^{(a_2)}(m) = (A+2)^k + q \qquad (2.1.202)$$

这里 q 是一个非负整数，$0 \leqslant q < A+1$ (利用不等式(2.1.201)). 如果 $q = 0$，则题目结论成立. 下面考虑 $0 < q < A+1$ 情况. 由公式(2.1.198)知道，每次作用 $f^{(1)}$ 后的值的增量为 $A+1$，于是，不断地利用公式(2.1.198)，有

代公式(2.1.195)和公式(2.1.202)入公式(2.1.203),有
$$f^{(a_2)}(m) \equiv f^{(a_1)}(m)(\mathrm{mod}(A+1)) \tag{2.1.203}$$
$$(A+2)^k + q \equiv (A+1)^k + p(\mathrm{mod}(A+1)) \tag{2.1.204}$$
由于
$$(A+2)^k = [(A+1)+1]^k \equiv 1(\mathrm{mod}(A+1)) \tag{2.1.205}$$
利用公式(2.1.204)和(2.1.205),有
$$1 + q \equiv p(\mathrm{mod}(A+1)) \tag{2.1.206}$$
由于 $0 < p < A, 0 < q < A+1$. 再利用上式,有
$$q = p - 1 \tag{2.1.207}$$
代(2.1.207)入公式(2.1.202),有
$$f^{(a_2)}(m) = (A+2)^k + (p-1) \tag{2.1.208}$$
比较公式(2.1.195)和(2.1.208),令
$$g^{(1)}(x) = f^{(a_2-a_1)}(x), \quad g^{(n)}(x) = g^{(1)}(g^{(n-1)}(x)), \quad \text{这里正整数} n \geqslant 2 \tag{2.1.209}$$
于是,可以得到
$$\begin{aligned} g^{(1)}((A+1)^k + p) &= g^{(1)}(f^{(a_1)}(m))(\text{由公式}(2.1.195)) \\ &= f^{(a_2)}(x) = (A+2)^k + (p-1)(\text{利用公式}(2.1.209) \text{ 和}(2.1.208)) \end{aligned}$$
$$\tag{2.1.210}$$
于是,有
$$\begin{aligned} g^{(2)}(f^{(a_1)}(m)) &= g^{(1)}((A+2)^k + (p-1))(\text{利用公式}(2.1.209) \text{ 和}(2.1.210)) \\ &= (A+3)^k + (p-2) \end{aligned} \tag{2.1.211}$$
这里再一次利用公式(2.1.210),并且用 $A+1$ 代替 A, $p-1$ 代替 p(当 p 是正整数时).

类似地,不断作下去,最后,有
$$g^{(p)}(f^{(a_1)}(m)) = (A+p+1)^k \tag{2.1.212}$$
题目结论成立.

例 18 设 x 是大于 -1 的实数,k 是一个正整数,记
$$f(x) = \sum_{k=1}^{\infty} \arctan\left(\frac{x-1}{(k+x+1)\sqrt{k+1}+(k+2)\sqrt{k+x}}\right)$$
(1) 当 n 是一个非负整数时,化简 $f(n)$;
(2) 求 $\lim_{x \to -1^+} f(x)$.

注:$x \to -1^+$ 表示 $x > -1$, 且 $x \to -1$.

解:(1) 利用公式
$$\tan(\arctan \alpha - \arctan \beta) = \frac{\alpha - \beta}{1 + \alpha\beta} \tag{2.1.213}$$
知道
$$\arctan \alpha - \arctan \beta = \arctan\left(\frac{\alpha - \beta}{1 + \alpha\beta}\right) \tag{2.1.214}$$
这里限定 α, β 都是正实数,$\arctan \alpha, \arctan \beta$ 都在开区间 $\left(0, \frac{\pi}{2}\right)$ 内. 又可以看到
$$\frac{\frac{1}{\sqrt{k+1}} - \frac{1}{\sqrt{k+n}}}{1 + \frac{1}{\sqrt{k+1}} \cdot \frac{1}{\sqrt{k+n}}} = \frac{\sqrt{k+n} - \sqrt{k+1}}{1 + \sqrt{k+1}\sqrt{k+n}}$$

$$= \frac{(\sqrt{k+n} - \sqrt{k+1})(\sqrt{k+n} + \sqrt{k+1})}{(1 + \sqrt{k+1}\sqrt{k+n})(\sqrt{k+n} + \sqrt{k+1})}$$

$$= \frac{n-1}{(k+n+1)\sqrt{k+1} + (k+2)\sqrt{k+n}} \tag{2.1.215}$$

利用题目条件,以及上面叙述,有

$$f(n) = \sum_{k=1}^{\infty}\left(\arctan\frac{1}{\sqrt{k+1}} - \arctan\frac{1}{\sqrt{k+n}}\right) \tag{2.1.216}$$

利用上式,知道

$$f(1) = 0 \tag{2.1.217}$$

利用公式(2.1.216),又知道

$$f(0) = \lim_{m\to\infty}\sum_{k=1}^{m}\left(\arctan\frac{1}{\sqrt{k+1}} - \arctan\frac{1}{\sqrt{k}}\right)$$

$$= -\arctan 1 + \lim_{m\to\infty}\arctan\frac{1}{\sqrt{m+1}} = -\frac{\pi}{4} \tag{2.1.218}$$

一般地,对于正整数 $n \geq 2$,利用公式(2.1.216),有

$$f(n) = \sum_{k=1}^{n-1}\arctan\frac{1}{\sqrt{k+1}} = \sum_{k=2}^{n}\arctan\frac{1}{\sqrt{k}} \tag{2.1.219}$$

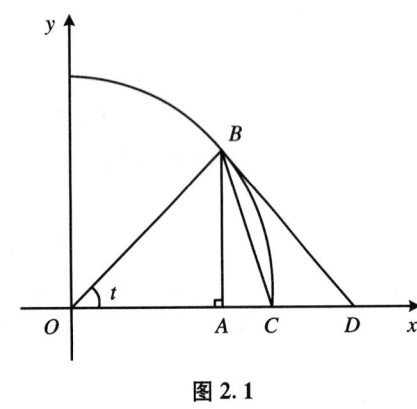

图 2.1

(2) 下面当 $t \in \left(0, \frac{\pi}{2}\right)$ 时,比较 $\sin t, t, \tan t$ 的大小. 作一个半径为 1 的圆(单位圆,图 2.1),取圆心 O 为坐标原点,在第一象限内,令 $\angle COB = t$,作 BA 垂直于 $OC(x$ 轴),则 $AB = \tan t$. 过点 B 作圆 O 的切线,交 x 轴于点 D,用 S 表示面积. 显然,有

$$S_{\triangle COB} < S_{\text{扇形} COB} < S_{\triangle DOB} \tag{2.1.220}$$

因而,有

$$\frac{1}{2}\sin t < \frac{1}{2}t < \frac{1}{2}\tan t \tag{2.1.221}$$

利用上式,有

$$\sin t < t < \tan t \tag{2.1.222}$$

由不等式(2.1.222)的后一个不等式,有

$$\arctan t < t \tag{2.1.223}$$

由于反正切函数的值域在 $\left(-\frac{\pi}{2}, \frac{\pi}{2}\right)$ 内,则上式对任意正实数 t 成立.

仔细观察公式(2.1.213)至(2.1.216),在公式(2.1.216)中,将 n 改成 $x(x > -1)$,仍然成立. 于是,有

$$f(x) = \sum_{k=1}^{\infty}\left(\arctan\frac{1}{\sqrt{k+1}} - \arctan\frac{1}{\sqrt{k+x}}\right) \tag{2.1.224}$$

由上式,知道

$$f(x+1) = \sum_{k=1}^{\infty}\left(\arctan\frac{1}{\sqrt{k+1}} - \arctan\frac{1}{\sqrt{k+x+1}}\right)$$

$$= f(x) + \arctan\frac{1}{\sqrt{1+x}} \tag{2.1.225}$$

从上式,有

$$\lim_{x \to -1^-} f(x) = \lim_{x \to -1^-} \left(f(x+1) - \arctan \frac{1}{\sqrt{1+x}} \right)$$
$$= f(0) - \frac{\pi}{2} = -\frac{3\pi}{4} \text{(利用公式(2.1.218))} \tag{2.1.226}$$

现在介绍几个方程的例题.

例 19 解方程
$$\frac{1}{x-1} + \frac{2}{x-2} + \frac{6}{x-6} + \frac{7}{x-7} = x^2 - 4x - 4$$

解：利用题目方程,移项后,可以看到
$$\left(\frac{1}{x-1}+1\right) + \left(\frac{2}{x-2}+1\right) + \left(\frac{6}{x-6}+1\right) + \left(\frac{7}{x-7}+1\right) = x^2 - 4x \tag{2.1.227}$$

利用上式,有
$$\frac{x}{x-1} + \frac{x}{x-2} + \frac{x}{x-6} + \frac{x}{x-7} = x(x-4) \tag{2.1.228}$$

上述方程明显地有一解
$$x = 0 \tag{2.1.229}$$

当 $x \neq 0$ 时,利用方程(2.1.228),有
$$\left(\frac{1}{x-1} + \frac{1}{x-7}\right) + \left(\frac{1}{x-2} + \frac{1}{x-6}\right) = x - 4 \tag{2.1.230}$$

利用上式,有
$$\frac{2(x-4)}{(x-1)(x-7)} + \frac{2(x-4)}{(x-2)(x-6)} = x - 4 \tag{2.1.231}$$

方程(2.1.231)明显地有一解
$$x = 4 \tag{2.1.232}$$

当 x 既不等于 0,又不等于 4 时,利用方程(2.1.231),有
$$\frac{2}{x^2 - 8x + 7} + \frac{2}{x^2 + 8x + 12} = 1 \tag{2.1.233}$$

令
$$a = x^2 - 8x \tag{2.1.234}$$

利用上二式,有
$$\frac{2}{a+7} + \frac{2}{a+12} = 1 \tag{2.1.235}$$

上式两端乘以 $(a+7)(a+12)$,整理后,有
$$a^2 + 15a + 46 = 0 \tag{2.1.236}$$

解上述方程,有
$$a = \frac{1}{2}(-15 \pm \sqrt{41}) \tag{2.1.237}$$

利用公式(2.1.234)和上式,有
$$(x-4)^2 = \frac{1}{2}(17 \pm \sqrt{41}) \tag{2.1.238}$$

上式两端开方,有 4 个解

$$\left.\begin{array}{l} x_1 = 4 + \sqrt{\frac{1}{2}(17 + \sqrt{41})} \\ x_2 = 4 - \sqrt{\frac{1}{2}(17 + \sqrt{41})} \\ x_3 = 4 + \sqrt{\frac{1}{2}(17 - \sqrt{41})} \\ x_4 = 4 - \sqrt{\frac{1}{2}(17 - \sqrt{41})} \end{array}\right\} \quad (2.1.239)$$

公式(2.1.229),(2.1.232)和(2.1.239)给出了方程的全部解.

例 20 设 n 是一个正整数,x 是一个实数.求方程 $\sum_{k=0}^{n-1}\left[x+\frac{k}{n}\right]^2 = [nx]^2$ 的全部解 x.

解:估计 $\left[x+\frac{k}{n}\right]$ 与 $[x]$ 的关系,是解本题的一个关键.记

$$x^* = x - [x] \quad (2.1.240)$$

则 $0 \leqslant x^* < 1, 0 \leqslant nx^* < n$,因此,有 $[nx^*] \in \{0,1,2,\cdots,n-1\}$.特别地,$[nx^*]=m$,当且仅当 $m \leqslant nx^* < m+1$.于是,$\frac{m}{n} \leqslant x^* < \frac{m+1}{n}$.因此,如果 $k \in \{0,1,2,\cdots,n-[nx^*]-1\}$,那么,有

$$0 \leqslant \frac{k}{n} \leqslant x^* + \frac{k}{n} \leqslant x^* + \frac{1}{n}(n-[nx^*]-1)$$
$$= \frac{1}{n}\{(nx^* - [nx^*]) + (n-1)\} < \frac{1}{n}(1+(n-1)) = 1 \quad (2.1.241)$$

利用上式,有

$$\left[x^* + \frac{k}{n}\right] = 0 \quad (2.1.242)$$

类似地,如果 $k \in \{n-[nx^*], n-[nx^*]+1, n-[nx^*]+2, \cdots, n-1\}$,那么,有

$$1 \leqslant \frac{1}{n}(nx^* - [nx^*] + n) \leqslant \frac{1}{n}(nx^* + k) \leqslant x^* + \frac{1}{n}(n-1) < 2 \quad (2.1.243)$$

利用上式,有

$$\left[x^* + \frac{k}{n}\right] = 1 \quad (2.1.244)$$

利用公式(2.1.242)和(2.1.244),有

$$\left[x + \frac{k}{n}\right] = \left[[x] + x^* + \frac{k}{n}\right] \text{(利用公式(2.1.240))}$$
$$= [x] + \left[x^* + \frac{k}{n}\right]$$
$$= \begin{cases} [x] & \text{如果 } k \in \{0,1,2,\cdots,n-[nx^*]-1\} \text{ 时} \\ [x]+1 & \text{如果 } k \in \{n-[nx^*], n-[nx^*]+1, n-[nx^*]+2, \cdots, n-1\} \end{cases}$$
$$(2.1.245)$$

利用上式,可以得到

$$\sum_{k=0}^{n-1}\left[x+\frac{k}{n}\right]^2 = (n-[nx^*])[x]^2 + [nx^*]([x]+1)^2$$
$$= n[x]^2 + 2[nx^*][x] + [nx^*] \quad (2.1.246)$$

利用公式(2.1.240),有

$$[nx] = [n([x]+x^*)] = n[x] + [nx^*] \quad (2.1.247)$$

上式两端平方,有

$$[nx]^2 = n^2[x]^2 + 2n[x][nx^*] + [nx^*]^2 \tag{2.1.248}$$

利用题目中方程,公式(2.1.246)和(2.1.248).应当有

$$n[x]^2 + 2[nx^*][x] + [nx^*] = n^2[x]^2 + 2n[x][nx^*] + [nx^*]^2 \tag{2.1.249}$$

上式移项后,可以看到

$$(n-1)n[x]^2 + 2(n-1)[nx^*][x] + [nx^*]^2 - [nx^*] = 0 \tag{2.1.250}$$

当 $n=1$ 时,上式是恒等式.从题目方程也可以看出,这时,x 可以是任意实数.

下面 $n \geqslant 2$.由于 $[nx^*]^2 - [nx^*] \geqslant 0$,利用公式(2.1.250),这时,有

$$[x](n[x] + 2[nx^*]) \leqslant 0 \tag{2.1.251}$$

下面分情况讨论:

① 如果 $[x] \leqslant -2$,则 $n[x] \leqslant -2n$.又由于 $[nx^*] \leqslant n-1$,则 $2[nx^*] \leqslant 2(n-1)$,于是,有

$$[x](n[x] + 2[nx^*]) > 0 \tag{2.1.252}$$

不等式(2.1.251)与(2.1.252)是一对矛盾.如果 $[x] \geqslant 1$,不等式(2.1.252)仍然成立.因此,只剩下考虑 $[x] \in \{-1, 0\}$ 情况.

② 如果 $[x] = -1$,利用公式(2.1.250),有

$$((n-1) - [nx^*])(n - [nx^*]) = 0 \tag{2.1.253}$$

由于 $n - [nx^*] > 0$,再利用上式,有

$$[nx^*] = n - 1 \tag{2.1.254}$$

利用上式,有

$$n - 1 \leqslant nx^* < n, \quad 则 \quad 1 - \frac{1}{n} \leqslant x^* < 1 \tag{2.1.255}$$

利用上式和公式(2.1.240),有

$$x = [x] + x^* = -1 + x^* \in \left[-\frac{1}{n}, 0\right) \tag{2.1.256}$$

③ 如果 $[x] = 0$,公式(2.1.250)简化为

$$[nx^*]([nx^*] - 1) = 0 \tag{2.1.257}$$

利用上式,有

$$[nx^*] = 0, \quad 或 \quad [nx^*] = 1 \tag{2.1.258}$$

利用上式的第一个公式,有 $0 \leqslant x^* < \frac{1}{n}$.利用上式的第二个公式,有 $\frac{1}{n} \leqslant x^* < \frac{2}{n}$.再利用公式(2.1.240)及 $[x]=0$,有

$$x = x^* \in \left[0, \frac{2}{n}\right) \tag{2.1.259}$$

因此,题目方程有解.

当 $n=1$ 时,x 可以是任意实数;

当正整数 $n \geqslant 2$ 时,$-\frac{1}{n} \leqslant x < \frac{2}{n}$(利用公式(2.1.256)和(2.1.259)) $\tag{2.1.260}$

例21 设 x, y, z 是不全相等的 3 个非零实数,求所有实数 k,满足

$$x + \frac{1}{y} = y + \frac{1}{z} = z + \frac{1}{x} = k$$

解:由题目方程,知道

$$z = k - \frac{1}{x} = \frac{kx - 1}{x} \tag{2.1.261}$$

代上式入题目中方程,有

$$y = k - \frac{1}{z} = \frac{k^2 x - k - x}{kx - 1} \qquad (2.1.262)$$

又代公式(2.1.262)入题目中另一个方程,有

$$x = k - \frac{1}{y} = \frac{k^3 x - k^2 - 2kx + 1}{k^2 x - k - x} \qquad (2.1.263)$$

整理、变形上式,有

$$(k^2 - 1)x^2 - (k^3 - k)x + (k^2 - 1) = 0 \qquad (2.1.264)$$

因式分解上式,有

$$(k^2 - 1)(x^2 - kx + 1) = 0 \qquad (2.1.265)$$

如果

$$x^2 - kx + 1 = 0, \quad 则 \quad k = x + \frac{1}{x} \qquad (2.1.266)$$

利用上式及题目方程,必有

$$x = y = z \qquad (2.1.267)$$

这与题目条件不符合.再利用公式(2.1.265),必有

$$k = \pm 1 \qquad (2.1.268)$$

当 $k = 1$ 时,对于不等于1的任意非零实数 x,令

$$y = \frac{1}{1-x}, \quad z = \frac{x-1}{x} \qquad (2.1.269)$$

那么,可以看到

$$x + \frac{1}{y} = 1, \quad y + \frac{1}{z} = 1, \quad z + \frac{1}{x} = 1 \qquad (2.1.270)$$

因此,当 $k = 1$ 时,有无限多组不全相等的实数组 $\{x, y, z\}$ 满足题目方程组,而且无一解是零.

当 $k = -1$ 时,对于不等于 -1 的任意非零实数 x,令

$$y = -\frac{1}{x+1}, \quad z = -\frac{x+1}{x} \qquad (2.1.271)$$

则

$$x + \frac{1}{y} = -1, \quad y + \frac{1}{z} = -1, \quad z + \frac{1}{x} = -1 \qquad (2.1.272)$$

因此,当 $k = -1$ 时,也有无限多组不全相等的实数组 $\{x, y, z\}$ 满足题目方程组,而且无一解是零.

在介绍下例之前,先叙述一元三次实系数方程的求根公式,这是有用的.

已知一元三次方程

$$x^3 + ax^2 + bx + c = 0 \qquad (2.1.273)$$

这里 a, b, c 是实常数.

令

$$x = y - \frac{1}{3}a \qquad (2.1.274)$$

代公式(2.1.274)入(2.1.273),有

$$y^3 + \left(b - \frac{1}{3}a^2\right)y + \left(c - \frac{1}{3}ab + \frac{2}{27}a^3\right) = 0 \qquad (2.1.275)$$

令

$$p = b - \frac{1}{3}a^2, \quad q = c - \frac{1}{3}ab + \frac{2}{27}a^3 \qquad (2.1.276)$$

则方程(2.1.273)总可以简化为下述方程
$$y^3 + py + q = 0 \tag{2.1.277}$$

对上述方程,分两种情况讨论:

① 特殊情况. 如果 $q=0$,当 $p<0$ 时,方程(2.1.277)有三个实根
$$y_1 = 0, \quad y_2 = \sqrt{-p}, \quad y_3 = -\sqrt{-p} \tag{2.1.278}$$

如果 $q=0$,当 $p>0$ 时,方程(2.1.277)有复根
$$y_1 = 0, \quad y_2 = \sqrt{p}\,\mathrm{i}, \quad y_3 = -\sqrt{p}\,\mathrm{i} \tag{2.1.279}$$

如果 $p=0$,则 $y^3 = -q$,当 $q=0$ 时,根全是零. 当 q 不等于零时,取
$$w = \cos\frac{2\pi}{3} + \mathrm{i}\sin\frac{2\pi}{3}, \quad w^3 = 1 \tag{2.1.280}$$

上述方程有复根
$$y_1 = \sqrt[3]{-q}, \quad y_2 = \sqrt[3]{-q}\,w, \quad y_3 = \sqrt[3]{-q}\,w^2 \tag{2.1.281}$$

② 一般情况. 如果 $pq \neq 0$,引入新的变元 u, v,令
$$y = u + v \tag{2.1.282}$$
则
$$y^3 = u^3 + v^3 + 3uvy \tag{2.1.283}$$

上式移项后,有
$$y^3 - 3uvy - (u^3 + v^3) = 0 \tag{2.1.284}$$

方程(2.1.277)与方程(2.1.284)比较,应当有
$$uv = -\frac{1}{3}p, \quad u^3 + v^3 = -q \tag{2.1.285}$$

上式的第一等式两端立方,有
$$u^3 v^3 = -\frac{1}{27}p^3 \tag{2.1.286}$$

利用公式(2.1.285)的第二等式及公式(2.1.286),可以知道 u^3, v^3 是下列一元二次方程
$$z^2 + qz - \frac{1}{27}p^3 = 0 \tag{2.1.287}$$

的两个根. 解上述方程,不妨写
$$\left.\begin{array}{l} u^3 = \dfrac{1}{2}\left[-q + \sqrt{q^2 + \dfrac{4}{27}p^3}\right] \\[2mm] v^3 = \dfrac{1}{2}\left[-q - \sqrt{q^2 + \dfrac{4}{27}p^3}\right] \end{array}\right\} \tag{2.1.288}$$

为简洁,记
$$\Delta = \frac{1}{4}q^2 + \frac{1}{27}p^3 \tag{2.1.289}$$

下面分情况讨论:

① 当 $\Delta > 0$ 时,利用公式(2.1.288)和(2.1.289),u 有三个值
$$u_1 = \sqrt[3]{-\frac{1}{2}q + \sqrt{\Delta}}, \quad u_2 = \sqrt[3]{-\frac{1}{2}q + \sqrt{\Delta}}\,w$$
$$u_3 = \sqrt[3]{-\frac{1}{2}q + \sqrt{\Delta}}\,w^2 \quad (w \text{ 意义见公式}(2.1.280)) \tag{2.1.290}$$

另外,v 有三个值
$$v_1 = \sqrt[3]{-\frac{1}{2}q - \sqrt{\Delta}}, \quad v_2 = \sqrt[3]{-\frac{1}{2}q - \sqrt{\Delta}}\,w, \quad v_3 = \sqrt[3]{-\frac{1}{2}q - \sqrt{\Delta}}\,w^2 \tag{2.1.291}$$

利用公式(2.1.282),(2.1.285)的第一等式,公式(2.1.290)和公式(2.1.291),方程(2.1.277)有三个复根

$$\left.\begin{aligned} y_1 &= u_1 + v_1 = \sqrt[3]{-\frac{1}{2}q + \sqrt{\Delta}} + \sqrt[3]{-\frac{1}{2}q - \sqrt{\Delta}} \\ y_2 &= u_2 + v_3 = \sqrt[3]{-\frac{1}{2}q + \sqrt{\Delta}}w + \sqrt[3]{-\frac{1}{2}q - \sqrt{\Delta}}w^2 \\ y_3 &= u_3 + v_2 = \sqrt[3]{-\frac{1}{2}q + \sqrt{\Delta}}w^2 + \sqrt[3]{-\frac{1}{2}q - \sqrt{\Delta}}w \end{aligned}\right\} \quad (2.1.292)$$

公式(2.1.292)通常称为 Cardan 公式.

注:请读者自己检验,公式(2.1.292)的确是方程(2.1.277)的三个根.

由于 $\Delta > 0$,y_1 是实数,为简洁,记

$$a^* = \sqrt[3]{-\frac{1}{2}q + \sqrt{\Delta}}, \quad b^* = \sqrt[3]{-\frac{1}{2}q - \sqrt{\Delta}} \quad (2.1.293)$$

a^*,b^* 也都是实数.下面证明 y_2,y_3 一定不是实数.用反证法,设 y_2,y_3 都是实数,利用公式(2.1.292)和(2.1.293),有

$$a^* w + b^* w^2 = y_2, \quad b^* w + a^* w^2 = y_3 \quad (2.1.294)$$

由于 $\Delta > 0$,利用公式(2.1.293),a^* 不等于 b^*,由条件 $q \neq 0$,则 $a^* + b^*$ 不等于零.因此,a^{*2} 不等于 b^{*2}.利用公式(2.1.294),有

$$w = \frac{a^* y_2 - b^* y_3}{a^{*2} - b^{*2}}, \quad w^2 = \frac{a^* y_3 - b^* y_2}{a^{*2} - b^{*2}} \quad (2.1.295)$$

从而,w,w^2 都是实数,这是不可能的.因此,当 $\Delta > 0$ 时,公式(2.1.292)给出的 y_2,y_3 一定是一对共轭复根.

② 当 $\Delta \leqslant 0$ 时,先考虑 $\Delta = 0$ 情况.公式(2.1.290),(2.1.291)和(2.1.292)仍然是成立的.于是,可以看到

$$y_2 = \sqrt[3]{-\frac{1}{2}q}(w + w^2) = 2\sqrt[3]{-\frac{1}{2}q}\cos\frac{2\pi}{3} \quad (2.1.296)$$

这里利用公式(2.1.280).类似地,有

$$y_3 = y_2 = 2\sqrt[3]{-\frac{1}{2}q}\cos\frac{2\pi}{3} \quad (2.1.297)$$

因此,当 $\Delta = 0$ 时,方程(2.1.277)的三个根全是实数.当 $\Delta < 0$ 时,利用公式(2.1.289),首先,有 $p < 0$,方程(2.1.287)的两个复根分别是

$$\left.\begin{aligned} u^3 &= \frac{1}{2}(-q + 2\sqrt{-\Delta}\mathrm{i}) \\ v^3 &= \frac{1}{2}(-q - 2\sqrt{-\Delta}\mathrm{i}) \end{aligned}\right\} \quad (2.1.298)$$

这里利用公式(2.1.288)和(2.1.289).

记

$$A = \sqrt{-\frac{1}{27}p^3} > 0 \quad (2.1.299)$$

以及

$$A\cos\theta = -\frac{1}{2}q, \quad A\sin\theta = \sqrt{-\Delta} \quad (2.1.300)$$

这里利用 $\frac{1}{4}q^2 - \Delta = A^2$(利用公式(2.1.289)和公式(2.1.299)),$\theta \in (0, \pi)$.

利用公式(2.1.298)和(2.1.300),有
$$\left.\begin{aligned} u^3 &= A(\cos\theta + i\sin\theta) \\ v^3 &= A(\cos\theta - i\sin\theta) \end{aligned}\right\} \tag{2.1.301}$$

上述方程有解
$$\left.\begin{aligned} u_k &= \sqrt{-\frac{1}{3}p}\left(\cos\frac{1}{3}(\theta+2k\pi) + i\sin\frac{1}{3}(\theta+2k\pi)\right) \\ v_k &= \sqrt{-\frac{1}{3}p}\left(\cos\frac{1}{3}(\theta+2k\pi) - i\sin\frac{1}{3}(\theta+2k\pi)\right) \end{aligned}\right\} \tag{2.1.302}$$

这里 $k=0,1,2$,以及利用公式(2.1.299).

类似公式(2.1.292),注意公式(2.1.282)和(2.1.285),有
$$y_1 = u_0 + v_0, \quad y_2 = u_1 + v_1, \quad y_3 = u_2 + v_2 \tag{2.1.303}$$

利用公式(2.1.302)和(2.1.303),有
$$\left.\begin{aligned} y_1 &= 2\sqrt{-\frac{1}{3}p}\cos\frac{\theta}{3} \\ y_2 &= 2\sqrt{-\frac{1}{3}p}\cos\frac{1}{3}(\theta+2\pi) \\ y_3 &= -2\sqrt{-\frac{1}{3}p}\cos\frac{1}{3}(\theta+\pi) \end{aligned}\right\} \tag{2.1.304}$$

从上面叙述,知道,当 $\Delta\leqslant 0$ 时,方程(2.1.277)的三个根全是实根.

例 22 给定 3 个正实数 A,G 和 H. 求证:它们依次是某三个正实数 x,y,z 的算术、几何和调和平均值的充要条件是
$$\frac{A^3}{G^3} + \frac{G^3}{H^3} + 1 \leqslant \frac{3}{4}\left(1+\frac{A}{H}\right)^2$$

证明: 如果有正实数 x,y,z 满足题目条件,即
$$x+y+z = 3A, \quad xyz = G^3, \quad \frac{1}{x}+\frac{1}{y}+\frac{1}{z} = \frac{3}{H} \tag{2.1.305}$$

那么,可以看到
$$xy+yz+zx = xyz\left(\frac{1}{x}+\frac{1}{y}+\frac{1}{z}\right) = \frac{3G^3}{H} \tag{2.1.306}$$

于是,x,y,z 一定是下述一元三次实系数方程的三个根
$$v^3 - 3Av^2 + \frac{3G^3}{H}v - G^3 = 0 \tag{2.1.307}$$

反之,如果上述方程有三个实根 x,y,z,由于 A,G,H 都是正实数,则根 x,y,z 一定都是正实数.且三个正根 x,y,z 满足公式(2.1.305)的前二个公式,及满足公式(2.1.306),则公式(2.1.305)的第三个公式一定满足.因此,问题转化为寻找方程(2.1.307)有三个实根的充要条件.仿照方程(2.1.273)的处理.令
$$v = u + A \tag{2.1.308}$$

有
$$u^3 + pu + q = 0 \tag{2.1.309}$$

这里
$$p = \frac{3G^3}{H} - 3A^2, \quad q = -2A^3 + \frac{3AG^3}{H} - G^3 \tag{2.1.310}$$

根据本例前面的讨论知道,方程(2.1.309)有三个实根的充要条件是

$$\frac{1}{4}q^2 + \frac{1}{27}p^3 \leqslant 0 \tag{2.1.311}$$

利用公式(2.1.310)和不等式(2.1.311),有

$$0 \geqslant \frac{1}{4}\left(-2A^3 + \frac{3AG^3}{H} - G^3\right)^2 + \frac{1}{27}\left(\frac{3G^3}{H} - 3A^2\right)^3$$

$$= \left(A^6 + \frac{9A^2G^6}{4H^2} + \frac{G^6}{4} - \frac{3A^4G^3}{H} + A^3G^3 - \frac{3AG^6}{2H}\right) + \left(\frac{G^9}{H^3} - \frac{3G^6A^2}{H^2} + \frac{3G^3A^4}{H} - A^6\right)$$

$$= -\frac{3A^2G^6}{4H^2} + \frac{G^6}{4} + A^3G^3 - \frac{3AG^6}{2H} + \frac{G^9}{H^3} \tag{2.1.312}$$

上式两端除以正实数 G^6,再移项,可以得到方程(2.1.307)有三个实根的充要条件是下述不等式

$$\frac{A^3}{G^3} + \frac{G^3}{H^3} + 1 \leqslant \frac{3}{4}\left(\frac{A}{H} + 1\right)^2 \tag{2.1.313}$$

这就是题目的结论.

一般地,一元 n 次方程($n \geqslant 5$)很难求根,但是,可以讨论根的某些性质.下面举若干个这方面的例题.

例 23 求最小的正整数 n,使得方程 $\sqrt{3}z^{n+1} - z^n - 1 = 0$ 有一个模长是 1 的复根.

解:设模长是 1 的复根

$$z = \cos\varphi + i\sin\varphi, \quad 这里 \varphi \in [0, 2\pi) \tag{2.1.314}$$

利用上式及题目中方程,有

$$\sqrt{3}z^{n+1} = z^n + 1 = (1 + \cos n\varphi) + i\sin n\varphi$$

$$= 2\cos\frac{1}{2}n\varphi\left(\cos\frac{1}{2}n\varphi + i\sin\frac{1}{2}n\varphi\right) \tag{2.1.315}$$

上式两端取模长,利用 $|z| = 1$,有

$$\left|\cos\frac{1}{2}n\varphi\right| = \frac{\sqrt{3}}{2} \tag{2.1.316}$$

上式两端平方,可以得到

$$1 + \cos n\varphi = \frac{3}{2}, \quad \cos n\varphi = \frac{1}{2} \tag{2.1.317}$$

利用上式,有

$$\sin n\varphi = \pm\frac{\sqrt{3}}{2} \tag{2.1.318}$$

利用公式(2.1.314),(2.1.317)和(2.1.318),可以看到

$$z^n = \cos n\varphi + i\sin n\varphi = \cos\frac{\pi}{3} \pm i\sin\frac{\pi}{3} \tag{2.1.319}$$

上式两端加上 1,有

$$z^n + 1 = \frac{3}{2} \pm \frac{\sqrt{3}}{2}i \tag{2.1.320}$$

利用公式(2.1.319),可以得到

$$z^{n+1} = z \cdot z^n = \left(\frac{1}{2} \pm \frac{\sqrt{3}}{2}i\right)z \tag{2.1.321}$$

利用题目中方程,公式(2.1.320)和(2.1.321),有

$$\sqrt{3}\left(\frac{1}{2} \pm \frac{\sqrt{3}}{2}i\right)z = \frac{3}{2} \pm \frac{\sqrt{3}}{2}i \tag{2.1.322}$$

从上式,有

$$\left(\frac{1}{2} \pm \frac{\sqrt{3}}{2}\mathrm{i}\right)z = \frac{\sqrt{3}}{2} \pm \frac{1}{2}\mathrm{i} \tag{2.1.323}$$

注意上式左、右两端同时取正号或同时取负号.上式两端同时乘以 $\left(\frac{1}{2} \mp \frac{\sqrt{3}}{2}\mathrm{i}\right)$,即公式(2.1.323)两端同时取正号时,乘以 $\left(\frac{1}{2} - \frac{\sqrt{3}}{2}\mathrm{i}\right)$.公式(2.1.323)两端同时取负号时,乘以 $\left(\frac{1}{2} + \frac{\sqrt{3}}{2}\mathrm{i}\right)$,从而,有

$$z = \frac{\sqrt{3}}{2} \mp \frac{1}{2}\mathrm{i} = \cos\frac{\pi}{6} \mp \mathrm{i}\sin\frac{\pi}{6} \tag{2.1.324}$$

利用公式(2.1.319),公式(2.1.324)两端 n 次方,可以看到

$$\cos\frac{\pi}{3} \pm \mathrm{i}\sin\frac{\pi}{3} = \cos\frac{n\pi}{6} \mp \mathrm{i}\sin\frac{n\pi}{6} \tag{2.1.325}$$

从上式,有

$$\frac{n\pi}{6} = 2k\pi - \frac{\pi}{3}, \quad \text{这里 } k \text{ 是正整数} \tag{2.1.326}$$

上式两端同时乘以 $\frac{6}{\pi}$,有

$$n = 12k - 2 \tag{2.1.327}$$

因此,最小的正整数

$$n = 10 \tag{2.1.328}$$

从而,所求的正整数 $n \geqslant 10$.利用公式(2.1.328),令

$$z = \cos\frac{\pi}{6} + \mathrm{i}\sin\frac{\pi}{6} \tag{2.1.329}$$

则

$$\left.\begin{array}{l} z^{10} = \cos\dfrac{5\pi}{3} + \mathrm{i}\sin\dfrac{5\pi}{3} = \dfrac{1}{2} - \dfrac{\sqrt{3}}{2}\mathrm{i} \\ z^{11} = \cos\dfrac{11\pi}{6} + \mathrm{i}\sin\dfrac{11\pi}{6} = \dfrac{\sqrt{3}}{2} - \dfrac{1}{2}\mathrm{i} \end{array}\right\} \tag{2.1.330}$$

利用公式(2.1.329)和(2.1.330),有

$$\sqrt{3}z^{11} = \frac{3}{2} - \frac{\sqrt{3}}{2}\mathrm{i} = 1 + z^{10} \tag{2.1.331}$$

从而,当公式(2.1.328)成立时,有一个模长为1的复根(由公式(2.1.329)给出),所以,所求的最小正整数由公式(2.1.328)给出.

例24 设正整数 $n \geqslant 2$,设不等于1的模长为1的复数 z 是 $z^n = 1$ 的一个根,求证:

$$|nz - (n+z)| \leqslant \frac{1}{4\sin^2\frac{\pi}{2}}\sqrt{4n(n-1)\sin^2\frac{\pi}{n} + 1}\,|z-1|^2$$

证明: 由题目条件,记

$$z = \cos\frac{2k\pi}{n} + \mathrm{i}\sin\frac{2k\pi}{n} \tag{2.1.332}$$

这里 $k \in \{1, 2, \cdots, n-1\}$,利用上式,有

$$|z-1|^2 = \left(\cos\frac{2k\pi}{n} - 1\right)^2 + \sin^2\frac{2k\pi}{n}$$

$$= 2\left(1 - \cos\frac{2k\pi}{n}\right) = 4\sin^2\frac{k\pi}{n} \tag{2.1.333}$$

再利用公式(2.1.332),有

$$|nz - (n+z)|^2 = \left[(n-1)\cos\frac{2k\pi}{n} - n\right]^2 + (n-1)^2\sin^2\frac{2k\pi}{n}$$

$$= 1 + 2n(n-1)\left(1 - \cos\frac{2k\pi}{n}\right) = 1 + 4n(n-1)\sin^2\frac{k\pi}{n} \tag{2.1.334}$$

设 a 是一个正实数,满足

$$|nz - (n+z)| \leqslant a|z-1|^2 \tag{2.1.335}$$

利用公式(2.1.333)和(2.1.334),要不等式(2.1.335)成立,当且仅当

$$1 + 4n(n-1)\sin^2\frac{k\pi}{n} \leqslant 16a^2\sin^4\frac{k\pi}{n} \tag{2.1.336}$$

上式等价于下述不等式

$$16a^2\sin^4\frac{k\pi}{n} - 4n(n-1)\sin^2\frac{k\pi}{n} - 1 \geqslant 0 \tag{2.1.337}$$

将 $\sin^2\frac{k\pi}{n}$ 视作一个变元 x,上式是关于 x 的一元二次不等式,利用 $\sin^2\frac{k\pi}{n} > 0$,应当有

$$\sin^2\frac{k\pi}{n} \geqslant \frac{1}{8a^2}\left[n(n-1) + \sqrt{n^2(n-1)^2 + 4a^2}\right] \tag{2.1.338}$$

由于 $\sin^2\frac{k\pi}{n} \geqslant \sin^2\frac{\pi}{n}$,这里 $k \in \{1, 2, \cdots, n-1\}$.上述不等式对所有这样的 k 成立,当且仅当

$$\sin^2\frac{\pi}{n} \geqslant \frac{1}{2} \frac{1}{\sqrt{n^2(n-1)^2 + 4a^2} - n(n-1)} \tag{2.1.339}$$

上式等价于下述不等式

$$\sqrt{n^2(n-1)^2 + 4a^2} \geqslant \frac{1}{2\sin^2\frac{\pi}{n}} + n(n-1) \tag{2.1.340}$$

上式两端平方后,可以得到

$$a \geqslant \frac{1}{4\sin^2\frac{\pi}{n}}\sqrt{4n(n-1)\sin^2\frac{\pi}{n} + 1} \tag{2.1.341}$$

当上式成立,再倒推前面的推导,可以得到不等式(2.1.335)成立.特别当不等式(2.1.341) a 取等号时,从而题目中不等式成立.

例 25 如果实数 $\mu \in [-1, 1]$,求证:方程 $y^{n+1} - \mu y^n + \mu y - 1 = 0$ 的每个根的模长都是 1.这里 n 是正整数.

证明:如果 $\mu = 1$,则题目中方程为

$$y^{n+1} - y^n + y - 1 = (y-1)(y^n + 1) = 0 \tag{2.1.342}$$

于是,题目中方程的所有 $n+1$ 个根为

$$\left.\begin{array}{l} y_k = \cos\frac{1}{n}(2k\pi + \pi) + i\sin\frac{1}{n}(2k\pi + \pi), \quad k = 0, 1, 2, \cdots, n-1 \\ y_n = 1 \end{array}\right\} \tag{2.1.343}$$

当然所有 $y_j (j = 0, 1, 2, \cdots, n)$ 的模长都是 1.

如果 $\mu = -1$,则题目中方程为

$$y^{n+1} + y^n - y - 1 = (y+1)(y^n - 1) = 0 \tag{2.1.344}$$

显然上述方程的全部根的模长都是 1.

下面 $\mu \in (-1, 1)$.

当 $n = 1$ 时,题目中方程为
$$y^2 - \mu y + \mu y - 1 = y^2 - 1 = 0 \tag{2.1.345}$$
方程根 $y = \pm 1$. 题目结论成立.

现在考虑正整数 $n \geqslant 2$ 的情况. 首先,零不是题目方程的根. 如果方程有一个根 y,满足 $0 < |y| < 1$,令 $y = \dfrac{1}{z}$, $|z| > 1$,满足
$$0 = y^{n+1} - \mu y^n + \mu y - 1 = -\frac{1}{z^{n+1}}(z^{n+1} - \mu z^n + \mu z - 1) \tag{2.1.346}$$
于是,有
$$z^{n+1} - \mu z^n + \mu z - 1 = 0 \tag{2.1.347}$$

因此,题目中方程有模长小于 1 的非零根 y,必对应有一个模长大于 1 的根 $z = \dfrac{1}{y}$. 如果我们能够证明题目中方程不会有模长大于 1 的根,则这方程一定不会有模长小于 1 的非零根. 这样,题目中方程的所有根的模长全是 1.

用反证法,设题目中方程有某个模长大于 1 的根 y,记
$$y = R(\cos\theta + \mathrm{i}\sin\theta) \tag{2.1.348}$$
这里实数 $R > 1$, $\theta \in [0, 2\pi)$.

将题目中方程变形,再两端乘以 $\dfrac{1}{y}$,有
$$y^{n-1}(y - \mu) = \frac{1}{y}(1 - \mu y) \tag{2.1.349}$$
上式两端取模长,有
$$|y|^{n-1} |y - \mu| = \frac{1}{|y|} |1 - \mu y| \tag{2.1.350}$$
上式两端平方,有
$$|y|^{2n-2} |y - \mu|^2 = \frac{1}{|y|^2} |1 - \mu y|^2 \tag{2.1.351}$$
利用正整数 $n \geqslant 2$,以及 $|y| = R > 1$,从上式,有
$$|y - \mu|^2 < \frac{1}{R^2} |1 - \mu y|^2 \tag{2.1.352}$$
利用公式 (2.1.348),有
$$y - \mu = (R\cos\theta - \mu) + \mathrm{i}R\sin\theta \tag{2.1.353}$$
从而,有
$$|y - \mu|^2 = (R\cos\theta - \mu)^2 + R^2\sin^2\theta = R^2 - 2R\mu\cos\theta + \mu^2 \tag{2.1.354}$$
再一次利用公式 (2.1.348),有
$$1 - \mu y = (1 - \mu R\cos\theta) - \mathrm{i}\mu R\sin\theta \tag{2.1.355}$$
从而,有
$$|1 - \mu y|^2 = (1 - \mu R\cos\theta)^2 + \mu^2 R^2\sin^2\theta = 1 + \mu^2 R^2 - 2\mu R\cos\theta \tag{2.1.356}$$
将公式 (2.1.354) 和 (2.1.356) 代入不等式 (2.1.352),有
$$R^2 - 2R\mu\cos\theta + \mu^2 < \frac{1}{R^2}(1 + \mu^2 R^2 - 2\mu R\cos\theta) \tag{2.1.357}$$
从上式,有
$$R^2 - \frac{1}{R^2} < 2\mu\cos\theta \left(R - \frac{1}{R}\right) \tag{2.1.358}$$

由于 $R>1$,则 $R-\frac{1}{R}>0$,上式两端除以正实数 $R-\frac{1}{R}$,有

$$R+\frac{1}{R}<2\mu\cos\theta \tag{2.1.359}$$

由于 $R>1$,则上式左端大于 2,又由于 $\mu\in(-1,1)$,上式右端的绝对值小于 2.因而,不等式(2.1.359)是不可能成立的.所以题目结论成立.

例 26 设 $f(x)$ 是一个整系数多项式,已知 $g(x)=f(x)+12$ 至少有 6 个两两不同的整数根.求证:$f(x)$ 没有整数根.(注:整系数多项式表示多项式系数全是整数)

证明: 设 $x_1,x_2,\cdots,x_k$ 为 $g(x)=0$ 的 k 个两两不同的整数根.在本题,$k\geqslant 6$,于是,我们可以写

$$g(x)=(x-x_1)(x-x_2)\cdots(x-x_k)h(x) \tag{2.1.360}$$

这里 $h(x)$ 也是一个多项式.由于

$$g(x)=a_n x^n+a_{n-1}x^{n-1}+\cdots+a_1 x+a_0 \tag{2.1.361}$$

是一个整系数多项式,且 a_n 不等于零,则可写

$$h(x)=a_n x^{n-k}+b_{n-k-1}x^{n-k-1}+\cdots+b_1 x+b_0 \tag{2.1.362}$$

记

$$(x-x_1)(x-x_2)\cdots(x-x_k)=x^k+c_{k-1}x^{k-1}+\cdots+c_1 x+c_0 \tag{2.1.363}$$

这里 $c_i(0\leqslant i\leqslant k-1)$ 全是整数.比较等式(2.1.360)的两端 x 的不同幂次的系数,列出方程组

$$\left.\begin{array}{l}a_{n-1}=a_n c_{k-1}+b_{n-k-1}\\ a_{n-2}=a_n c_{k-2}+b_{n-k-1}c_{k-1}+b_{n-k-2}\\ \cdots\cdots\end{array}\right\} \tag{2.1.364}$$

依次定出 $b_{n-k-1},b_{n-k-2},\cdots$ 都是整数.因而 $h(x)$ 是一个整系数多项式.

取一个非零整数 y,在本题 $y=12$,如果 $f(x)=g(x)-y$ 有一个整数根 x_0,因为 $g(x_0)=y\neq 0$,那么 x_0 不同于所有 $x_1,x_2,\cdots,x_k$.利用公式(2.1.360),有

$$y=g(x_0)=(x_0-x_1)(x_0-x_2)\cdots(x_0-x_k)h(x_0) \tag{2.1.365}$$

由于上式左端不等于零,则 $h(x_0)$ 也是一个非零整数,$|h(x_0)|\geqslant 1$.再利用公式(2.1.365),有

$$|y|\geqslant|(x_0-x_1)(x_0-x_2)\cdots(x_0-x_k)| \tag{2.1.366}$$

由于 $x_0-x_1,x_0-x_2,\cdots,x_0-x_k$ 是 k 个两两不同的整数,且无一个为零,则当 k 是偶数时,有

$$|y|\geqslant 1\times 1\times 2\times 2\times 3\times 3\times\cdots\times\frac{k}{2}\times\frac{k}{2}=\left(\frac{k}{2}!\right)^2 \tag{2.1.367}$$

当 k 是奇数时,有

$$|y|\geqslant 1\times 1\times 2\times 2\times 3\times 3\times\cdots\times\frac{k-1}{2}\times\frac{k-1}{2}\times\frac{k+1}{2}=\left(\frac{k-1}{2}!\right)\left(\frac{k+1}{2}!\right) \tag{2.1.368}$$

在本题 $k\geqslant 6$,由于 $\left(\frac{6}{2}!\right)^2=36$,如果 $f(x)=0$ 有整数根,在本题,$y=12$,利用不等式(2.1.367)和(2.1.368),有 $12\geqslant 36$,这是不可能的,所以 $f(x)$ 没有整数根.

例 27 设整数 $n\geqslant 2$,多项式 $f_n(x)=a_n x^n+a_{n-1}x^{n-1}+\cdots+a_1 x+a_0$ 的系数全为实数(a_n 不等于零),它的全部复根都有负实部,其中有一对相等实根.求证:一定存在某个 $i\in\{1,2,\cdots,n-1\}$,满足 $a_i^2-4a_{i-1}a_{i+1}\leqslant 0$.

证明: 当 $n=2$ 时,由题目条件,有

$$f_2(x)=A(x+a)^2=A(x^2+2ax+a^2) \tag{2.1.369}$$

这里实数 A 不等于零,由于 $-a$ 是 $f_2(x)$ 的根,a 是一个正实数.那么,有

$$a_2 = A, \quad a_1 = 2aA, \quad a_0 = a^2 A \tag{2.1.370}$$

当正整数 $n=2$ 时,从上式,有

$$a_1^2 - 4a_0 a_2 = 0 \tag{2.1.371}$$

题目结论成立.

下面考虑正整数 $n>2$ 情况. 由题目条件, 存在一个正实数 a, 满足

$$f_n(x) = (x+a)^2 (a_n x^{n-2} + b_{n-3} x^{n-3} + \cdots + b_1 x + b_0) \tag{2.1.372}$$

由于实系数多项式的复根是共轭成对出现的,设 $f_n(x)$ 的其余 $n-2$ 个复根中有 $2k$ 个共轭复根,记为 $x_j \pm \mathrm{i} y_j (j=1,2,\cdots,k, x_j$ 是负实数,y_j 是实数). 另外,有 $n-2-2k$ 个负实根 $z_1, z_2, \cdots, z_{n-2-2k}$,则

$$\begin{aligned}\frac{1}{a_n} f_n(x) &= (x+a)^2 [x-(x_1+\mathrm{i} y_1)][x-(x_1-\mathrm{i} y_1)][x-(x_2+\mathrm{i} y_2)][x-(x_2-\mathrm{i} y_2)]\cdots \\ &\quad [x-(x_k+\mathrm{i} y_k)][x-(x_k-\mathrm{i} y_k)](x-z_1)(x-z_2)\cdots(x-z_{n-2-2k}) \\ &= (x+a)^2 (x^2 - 2x_1 x + x_1^2 + y_1^2)(x^2 - 2x_2 x + x_2^2 + y_2^2)\cdots \\ &\quad (x^2 - 2x_k x + x_k^2 + y_k^2)(x-z_1)(x-z_2)\cdots(x-z_{n-2-2k}) \end{aligned} \tag{2.1.373}$$

注意 $x_j^2 + y_j^2, -2x_j (1\leqslant j \leqslant k), -z_l (1\leqslant l \leqslant n-2-2k)$ 都是正实数.

不妨设 $a_n>0$, 当 $a_n<0$ 时,考虑 $-f_n(x)$ 代替 $f_n(x)$. 利用公式 (2.1.373) 的右端中每一个因式都是具有正的实系数的一次或二次多项式, 比较公式 (2.1.372) 的右端和 (2.1.373) 的右端, 知道每个系数 $b_j (j=0,1,2,\cdots,n-3)$ 都是正实数. 为统一符号, 记 $b_{n-2}=a_n$, 利用公式 (2.1.372), 有

$$\begin{aligned}f_n(x) &= a_n x^n + (2ab_{n-2}+b_{n-3})x^{n-1} + (a^2 b_{n-2}+2ab_{n-3}+b_{n-4})x^{n-2} + \cdots \\ &\quad + (a^2 b_2 + 2ab_1 + b_0)x^2 + (2ab_0 + a^2 b_1)x + a^2 b_0 \end{aligned} \tag{2.1.374}$$

当 $i<0$ 和 $i>n-2$ 时,令 $b_i=0$,则上式可简记为

$$f_n(x) = \sum_{j=0}^{n} (b_{j-2} + 2ab_{j-1} + a^2 b_j) x^j \tag{2.1.375}$$

比较题目条件与上式,有

$$a_j = b_{j-2} + 2ab_{j-1} + a^2 b_j \tag{2.1.376}$$

这里 $j=0,1,2,\cdots,n$.

当 $n=3$ 时, 对题目结论用反证法. 设 $a_1^2 - 4a_0 a_2 > 0, a_2^2 - 4a_1 a_3 > 0$. 利用公式 (2.1.376),有

$$a_0 = a^2 b_0, \quad a_1 = 2ab_0 + a^2 b_1, \quad a_2 = 2ab_1 + b_0, \quad a_3 = b_1 (\text{注意 } b_2 = 0, b_3 = 0) \tag{2.1.377}$$

利用上式,应有

$$0 < a_1^2 - 4a_0 a_2 = (2ab_0 + a^2 b_1)^2 - 4a^2 b_0 (2ab_1 + b_0) = a^3 b_1 (ab_1 - 4b_0) \tag{2.1.378}$$

由于 $a>0, b_1>0$, 从上式知道

$$ab_1 > 4b_0 \tag{2.1.379}$$

又利用公式 (2.1.377), 还应有

$$0 < a_2^2 - 4a_1 a_3 = (2ab_1 + b_0)^2 - 4(2ab_0 + a^2 b_1) b = b_0 (b_0 - 4ab_1) \tag{2.1.380}$$

由于 $b_0>0$, 从上式,有

$$b_0 > 4ab_1 \tag{2.1.381}$$

不等式 (2.1.379) 和 (2.1.381) 是一对矛盾不等式.

下面考虑正整数 $n\geqslant 4$, 对题目结论也用反证法. 设对于任意 $k\in\{1,2,\cdots,n-1\}$, 有

$$a_k^2 - 4a_{k-1} a_{k+1} > 0 \tag{2.1.382}$$

利用公式(2.1.376)和上式,有

$$0 < (b_{k-2} + 2ab_{k-1} + a^2 b_k)^2 - 4(b_{k-3} + 2ab_{k-2} + a^2 b_{k-1})(b_{k-1} + 2ab_k + a^2 b_{k+1})$$
$$= (b_{k-2}^2 + 4a^2 b_{k-1}^2 + a^4 b_k^2 + 4ab_{k-2}b_{k-1} + 2a^2 b_{k-2}b_k + 4a^3 b_{k-1}b_k)$$
$$- 4[(b_{k-3}b_{k-1} + 2ab_{k-2}b_{k-1} + a^2 b_{k-1}^2) + (2ab_{k-3}b_k + 4a^2 b_{k-2}b_k + 2a^3 b_{k-1}b_k)$$
$$+ (a^2 b_{k-3}b_{k+1} + 2a^3 b_{k-2}b_{k+1} + a^4 b_{k-1}b_{k+1})]$$
$$\leqslant b_{k-2}^2 + a^4 b_k^2 - 4ab_{k-2}b_{k-1} - 4a^3 b_{k-1}b_k \tag{2.1.383}$$

对于 $1 \leqslant k \leqslant n-1$,令

$$q_k = ab_k - 4b_{k-1}, \quad r_k = b_{k-1} - 4ab_k \tag{2.1.384}$$

利用公式(2.1.384),不等式(2.1.383)可以改写为

$$b_{k-2} r_{k-1} + a^3 b_k q_k > 0 \tag{2.1.385}$$

在上式,令 $k=1$,利用 $b_{-1}=0, a>0$ 及 $b_1>0$,有

$$q_1 > 0, 则 ab_1 > 4b_0 (在公式(2.1.384)的第一等式中,令 k=1) \tag{2.1.386}$$

在公式(2.1.384)的第二等式中,令 $k=1$,有

$$r_1 = b_0 - 4ab_1 < 0 (利用不等式(2.1.386)的第二式) \tag{2.1.387}$$

在不等式(2.1.385)中,令 $k=n-1$,利用 $b_{n-1}=0$,有

$$b_{n-3} r_{n-2} > 0 \tag{2.1.388}$$

由于 $b_{n-3} > 0$,则

$$r_{n-2} > 0 \tag{2.1.389}$$

用 α 表示使得 $r_\alpha > 0 (1 \leqslant \alpha \leqslant n-1)$ 的最小的下标,利用不等式(2.1.387)和(2.1.389),有

$$2 \leqslant \alpha \leqslant n-2 \tag{2.1.390}$$

在不等式(2.1.385)中,令 $k=\alpha$,有

$$b_{\alpha-2} r_{\alpha-1} + a^3 b_\alpha q_\alpha > 0 \tag{2.1.391}$$

由于 $b_{\alpha-2}>0, r_{\alpha-1} \leqslant 0, a>0, b_\alpha>0$,再由上式,有

$$q_\alpha > 0 \tag{2.1.392}$$

在公式(2.1.384)的第一式中,令 $k=\alpha$,有

$$q_\alpha = ab_\alpha - 4b_{\alpha-1} \tag{2.1.393}$$

利用上二式,有

$$ab_\alpha > 4b_{\alpha-1} \tag{2.1.394}$$

在公式(2.1.384)的第二式中,令 $k=\alpha$,有

$$r_\alpha = b_{\alpha-1} - 4ab_\alpha < 0 (利用上式) \tag{2.1.395}$$

这与 $r_\alpha > 0$ 矛盾.因而题目结论成立.

例28 设正整数 $n \geqslant 2, f_n(x) = a_n x^n + a_{n-1} x^{n-1} + \cdots + a_1 x + a_0$ 是 n 次正实系数多项式.如果 $a_i^2 - 4a_{i-1}a_{i+1} > 0 (i=1,2,\cdots,n-1)$.求证:$f_n(x)$ 的所有根都是实数,而且无两根相等.

证明: 对 n 用归纳法.当 $n=2$ 时,$f_2(x) = a_2^2 x^2 + a_1 x + a_0$,由题目条件 $a_1^2 - 4a_0 a_2 > 0$,则 $f_2(x)$ 的两个根为不相等的实数.设题目结论对 $n-1$ 次的正实系数多项式成立,这里某个正整数 $n \geqslant 3$.令

$$Q(x) = f_n(x) - a_0 = xR(x) \tag{2.1.396}$$

这里

$$R(x) = a_n x^{n-1} + a_{n-1} x^{n-2} + \cdots + a_2 x + a_1 \tag{2.1.397}$$

$R(x)$ 仍然满足题目中条件,由归纳法假设,$R(x)$ 的所有根都是实数,而且无两根相等,那么,$Q(x)$ 有与 $R(x)$ 相同的 $n-1$ 个实根,另一根是零.由于 $R(x)$ 的系数全是正实数,则 $R(x)$ 的实根全是负实数,则 $Q(x)$ 有 $n-1$ 个负实根.

对非负实数 λ,令
$$Q_\lambda(x) = Q(x) + \lambda \tag{2.1.398}$$
用 $N(\lambda)$ 表示多项式 $Q_\lambda(x)$ 的不同实根的数目. 注意
$$\left.\begin{array}{l} Q_{a_0}(x) = f_n(x)(利用公式(2.1.396)) \\ Q_0(x) = Q(x) \end{array}\right\} \tag{2.1.399}$$
利用上面叙述,有
$$N(0) = n \tag{2.1.400}$$
记集合
$$S = \{\lambda \mid \lambda > 0, N(\lambda) < n\} \tag{2.1.401}$$
如果集合 S 是空集,则对于任意正实数 λ,有
$$N(\lambda) = n \tag{2.1.402}$$
特别令 $\lambda = a_0$,题目结论成立. 因此,只须考虑 S 是非空集合情况. 由于 $\lambda > 0$,则 S 中正实数 λ 一定有下界,相应下界中最大的实数记为 inf(称下确界). 记
$$\lambda_0 = \inf\{\lambda \mid \lambda > 0, N(\lambda) < n\} \tag{2.1.403}$$
如果 $\lambda_0 > a_0$,则 $N(a_0) = n$,题目结论成立.

考虑 $\lambda_0 \leqslant a$ 情况. 由于多项式的根随系数连续变化. $Q(x) = Q_0(x)$ 有 n 个两两不同实根,那么,存在一个 $\varepsilon > 0$,使得如果 $0 \leqslant \lambda < \varepsilon$,$Q_\lambda(x)$ 也有 n 个两两不同实根. 因此,有 $\lambda_0 > 0$. 如果 $N(\lambda_0) = n$,那么,存在一个 $\varepsilon > 0$,使得 $(\lambda_0, \lambda_0 + \varepsilon) \cap S = \varnothing$,这与 λ_0 的定义矛盾. 因此,必有
$$N(\lambda_0) < n \tag{2.1.404}$$
因而 $Q_{\lambda_0}(x)$ 有相同实根,或有非实根. 如果 $Q_{\lambda_0}(x)$ 有非实根,再一次利用连续性,存在一个 $\varepsilon > 0$,使得 $0 < \lambda_0 - \varepsilon$,$Q_{\lambda_0 - \varepsilon}(x)$ 也有非实根,这意味着 $\lambda_0 - \varepsilon \in S$,这与 λ_0 是 $N(\lambda) < n$ 下界的最大值矛盾. 因此,$Q_{\lambda_0}(x)$ 只有相同实根这一情况发生. 因为 $Q_{\lambda_0}(x)$ 的所有实根都是负的,满足上一例的全部条件. 记
$$Q_{\lambda_0}(x) = \sum_{i=0}^{n} a_{n-i}^* x^{n-i} \tag{2.1.405}$$
利用例 27 的结论,必有某个 $i \in \{1, 2, \cdots, n-1\}$,满足
$$a_i^{*2} - 4 a_{i-1}^* a_{i+1}^* \leqslant 0 \tag{2.1.406}$$
由于 $\lambda_0 \leqslant a_0$,利用公式(2.1.396)和(2.1.398),有
$$Q_{\lambda_0}(x) = f_n(x) - a_0 + \lambda_0 = a_n x^n + a_{n-1} x^{n-1} + \cdots + a_1 x + \lambda_0 \tag{2.1.407}$$
比较公式(2.1.405)和(2.1.407)的右端,有
$$a_i^* = a_i (i = 1, 2, \cdots, n), \quad a_0^* = \lambda_0 \tag{2.1.408}$$
由题目条件和上式,有
$$a_i^{*2} - 4 a_{i-1}^* a_{i+1}^* > 0 (i = 2, 3, \cdots, n) \tag{2.1.409}$$
利用题目条件 $a_1^2 - 4 a_0 a_2 > 0$,导出
$$\begin{aligned} a_1^{*2} - 4 a_0^* a_2^* &= a_1^2 - 4 \lambda_0 a_2 (利用公式(2.1.408)) \\ &> 4 a_2 (a_0 - \lambda_0) \geqslant 0 \end{aligned} \tag{2.1.410}$$
不等式(2.1.409)和(2.1.410)合并一起,与不等式(2.1.406)是矛盾的. 从而题目结论成立.

例 29 $f(x)$ 是次数大于等于 2 的复系数多项式,系数不全为实数. 求证:$f(z) f(-z) = f(z)$ 在上、下复开半平面都有根,即有根 z,使得 z 的虚部大于零,以及有根 z,使得 z 的虚部小于零.

证明:取一个任意非零实数 r,令
$$F(z) = f(z) f(-z) - r f(z) \tag{2.1.411}$$
记

$$f(z) = a_n z^n + a_{n-1} z^{n-1} + \cdots + a_1 z + a_0 \qquad (2.1.412)$$

这里 $a_n \neq 0$. 由题目条件,$n \geq 2$,a_j 全部是复数($0 \leq j \leq n$).

$$f(-z) = a_n(-1)^n z^n + a_{n-1}(-1)^{n-1} z^{n-1} + \cdots + a_1(-z) + a_0 \qquad (2.1.413)$$

利用上面叙述,兼顾 $2n-1 > n$,有

$$F(z) = (-1)^n a_n^2 z^{2n} + [(-1)^{n-1} a_{n-1} a_n + (-1)^n a_{n-1} a_n] z^{2n-1} + \cdots + (a_0^2 - r a_0)$$
$$\qquad (2.1.414)$$

上式中省略未书写出来的项是 z 的一次到 $2n-2$ 次的项. 明显地,z^{2n-1} 的系数为零. 用 $z_1,z_2,\cdots,z_{2n}$ 表示 $F(z)$ 的 $2n$ 个复根,利用根与系数的关系,有

$$z_1 + z_2 + \cdots + z_{2n} = 0 \qquad (2.1.415)$$

下面对 $f(z)$ 的根分情况来讨论.

① 如果 $f(z)$ 至少有一个复根 z^*,z^* 的虚部不为零. 首先利用公式(2.1.411),可以知道 $\overline{z^*}$ 也是 $F(z)$ 的一个复根. 从公式(2.1.415)可以知道,$F(z)$ 的全部根的虚部之和是零,那么 $F(z)$ 至少有两个复根 z_1,z_2,使得 z_1 的虚部大于零,z_2 的虚部小于零,令 $r=1$,这就是本题的结论.

② 如果 $f(z)$ 的根全是实根 $z_1,z_2,\cdots,z_n$,在这种情况下,有

$$f(z) = a_n(z-z_1)(z-z_2)\cdots(z-z_n) \qquad (2.1.416)$$

由题目条件,知道 a_n 的虚部不为零. 令

$$R(z) = (-z-z_1)(-z-z_2)\cdots(-z-z_n) - \frac{r}{a_n} \qquad (2.1.417)$$

由于 $z_1,z_2,\cdots,z_n$ 都是实数,且 $n \geq 2$,那么 $R(z)$ 的 z^n,z^{n-1} 的系数全为实数. 利用根与系数的关系式可以知道,$R(z)$ 的全部根的和是一个实数,又因为 $\frac{r}{a_n}$ 不是一个实数,所以 $R(z)$ 的根不能全是实数. 因此,必有 $R(z)$ 的两根 z_1,z_2 存在,使得 z_1 的虚部大于零,z_2 的虚部小于零.

利用公式(2.1.411),有

$$F(z) = f(z)[f(-z) - r] = a_n f(z)\left[\frac{1}{a_n} f(-z) - \frac{r}{a_n}\right]$$
$$= a_n f(z) R(z) \text{(利用公式(2.1.416)和(2.1.417))} \qquad (2.1.418)$$

从上式知道,$R(z)$ 的任一根必是 $F(z)$ 的根,所以必有 $F(z)$ 的两个根 z_1,z_2(它们是 $R(z)$ 的两根),使得 z_1 的虚部大于零,z_2 的虚部小于零. 令 $r=1$,这就是题目的结论.

注:本题实际上证明了方程 $f(z)f(-z) = rf(z)$ 在上、下复开半平面都有根,这里 r 是任一非零实数.

例30 设 $f(z)$ 是一个次数大于等于 1 的整系数多项式,如果对于多项式 $g(z) = z^n - 1$(n 是某个正整数)的每个根 u_k($1 \leq k \leq n$),有 $|f(u_k)| \leq 1$. 求证:$g(z)$ 是 $f(z)$ 的一个因式,或者存在一个非负整数 $m < n$,使得 $g(z)$ 是 $f(z) + z^m$ 或 $f(z) - z^m$ 的一个因式.

证明:在展开证明之前,先介绍一个公式 Lagrange 插值公式.

设 $f(x)$ 是 x 的 n 次实系数(或复系数)多项式,$x_1,x_2,\cdots,x_{n+1}$ 是 x 的定义域内 $n+1$ 个不同点,则

$$\begin{aligned}f(x) = &f(x_1)\frac{(x-x_2)(x-x_3)\cdots(x-x_{n+1})}{(x_1-x_2)(x_1-x_3)\cdots(x_1-x_{n+1})}\\&+ f(x_2)\frac{(x-x_1)(x-x_3)\cdots(x-x_{n+1})}{(x_2-x_1)(x_2-x_3)\cdots(x_2-x_{n+1})} + \cdots\\&+ f(x_{n+1})\frac{(x-x_1)(x-x_2)\cdots(x-x_n)}{(x_{n+1}-x_1)(x_{n+1}-x_2)\cdots(x_{n+1}-x_n)}\end{aligned} \qquad (2.1.419)$$

上述公式称为 Lagrange 插值公式. 证明很简单,记公式(2.1.419)的右端为 $g(x)$,$g(x)$ 是 x 的至

多 n 次多项式，记
$$F(x) = f(x) - g(x) \tag{2.1.420}$$
从(2.1.419)的右端容易看出
$$g(x_1) = f(x_1), \quad g(x_2) = f(x_2), \quad \cdots, \quad g(x_{n+1}) = f(x_{n+1}) \tag{2.1.421}$$
由于 $F(x)$ 是 x 的至多 n 次多项式，如果 $F(x)$ 不恒等于零，那么，$F(x)$ 至多有 n 个不同根，利用公式(2.1.420)和(2.1.421)，有
$$F(x_k) = f(x_k) - g(x_k) = 0, \quad 这里 1 \leqslant k \leqslant n+1 \tag{2.1.422}$$
矛盾. 因此，$F(x)$ 必恒等于零. 那么 $f(x) = g(x)$，这表明公式(2.1.419)成立. Lagrange 插值公式表明：x 的 n 次多项式 $f(x)$ 是 $n+1$ 个不同点 $x_1, x_2, \cdots, x_{n+1}$ 所对应的函数值 $f(x_1), f(x_2), \cdots, f(x_{n+1})$ 唯一确定. 从上述证明可以看出，如果 $f(x)$ 的次数于小 n，则公式(2.1.419)也成立.

现在开始本例的证明.

多项式 $f(z)$ 被多项式 $g(z)$ 除，有商多项式 $A(z)$ 和余数多项式 $B(z)$，即
$$f(z) = A(z)(z^n - 1) + B(z) \tag{2.1.423}$$
明显地，$A(z)$ 和 $B(z)$ 都是整系数多项式，而且 $B(z)$ 的次数小于等于 $n-1$. 如果 $B(z)$ 恒等于零，则 $z^n - 1$ 是 $f(z)$ 的一个因式，题目结论成立. 现考虑 $B(z)$ 不恒等于零的情况. 设 $B(z)$ 有 m 重零根，这里 m 是非负整数. 如果 $m = 0$，表示 $B(z)$ 无零根. 当然，$m \leqslant n-1$. 那么，我们可以写
$$B(z) = z^m c(z) \tag{2.1.424}$$
这里 $c(z)$ 是一个整系数多项式，且 $c(0)$ 不等于零. 利用公式(2.1.423)，(2.1.424)和题目条件，有
$$|f(u_k)| = |B(u_k)| = |u_k^m c(u_k)| = |c(u_k)| \tag{2.1.425}$$
利用上式及题目条件，可以知道
$$|c(u_k)| \leqslant 1 \tag{2.1.426}$$
利用上面介绍的 Lagrange 插值公式，有
$$c(z) = c(u_1) \frac{(z-u_2)(z-u_3)\cdots(z-u_n)}{(u_1-u_2)(u_1-u_3)\cdots(u_1-u_n)} + c(u_2) \frac{(z-u_1)(z-u_3)\cdots(z-u_n)}{(u_2-u_1)(u_2-u_3)\cdots(u_2-u_n)} + \cdots$$
$$+ c(u_n) \frac{(z-u_1)(z-u_2)\cdots(z-u_{n-1})}{(u_n-u_1)(u_n-u_2)\cdots(u_n-u_{n-1})} \tag{2.1.427}$$
利用题目条件，有
$$g(z) = z^n - 1 = (z-u_1)(z-u_2)\cdots(z-u_n) \tag{2.1.428}$$
在公式(2.1.427)中，应用公式(2.1.428)，可以看到
$$c(z) = (z^n - 1)\Bigg[\frac{c(u_1)}{(z-u_1)(u_1-u_2)(u_1-u_3)\cdots(u_1-u_n)}$$
$$+ \frac{c(u_2)}{(z-u_2)(u_2-u_1)(u_2-u_3)\cdots(u_2-u_n)} + \cdots$$
$$+ \frac{c(u_n)}{(z-u_n)(u_n-u_1)(u_n-u_2)\cdots(u_n-u_{n-1})}\Bigg] \tag{2.1.429}$$
在上式中，令 $z = 0$，有
$$c(0) = \frac{c(u_1)}{u_1(u_1-u_2)(u_1-u_3)\cdots(u_1-u_n)} + \frac{c(u_2)}{u_2(u_2-u_1)(u_2-u_3)\cdots(u_2-u_n)} + \cdots$$
$$+ \frac{c(u_n)}{u_n(u_n-u_1)(u_n-u_2)\cdots(u_n-u_{n-1})} \tag{2.1.430}$$
对于任意大于等于 1，且小于等于 n 的正整数 l，利用公式(2.1.428)，有
$$u_l(u_l - u_1)(u_l - u_2)\cdots(u_l - u_{l-1})(u_l - u_{l+1})\cdots(u_l - u_n) = \lim_{z \to u_l} \frac{u_l(z^n - 1)}{z - u_l}$$
$$\tag{2.1.431}$$

令
$$z = u_l + t \tag{2.1.432}$$
利用上式,有
$$\lim_{z \to u_l} \frac{u_l(z^n - 1)}{z - u_l} = \lim_{t \to 0} \frac{u_l[(u_l + t)^n - 1]}{t} \tag{2.1.433}$$
利用二项式展开,可以看到
$$(u_l + t)^n - 1 = nu_l^{n-1}t + \cdots + t^n (\text{利用 } u_l^n = 1) \tag{2.1.434}$$
那么,有
$$\lim_{z \to u_l} \frac{u_l(z^n - 1)}{z - u_l} = nu_l^n = n \tag{2.1.435}$$
将公式(2.1.431)和(2.1.435)应用于公式(2.1.430),有
$$c(0) = \frac{1}{n}\sum_{k=1}^{n} c(u_k) \tag{2.1.436}$$
由于 $c(z)$ 是一个整系数多项式,且 $c(0)$ 不等于零,则 $c(0)$ 是一个非零整数,公式(2.1.436)两端取模长,再利用不等式(2.1.426),有
$$1 \leqslant |c(0)| = \frac{1}{n}\left|\sum_{k=1}^{n} c(u_k)\right| \leqslant \frac{1}{n}\sum_{k=1}^{n} |c(u_k)| \leqslant 1 \tag{2.1.437}$$
利用上式,并注意 $c(0)$ 是一个非零整数,有
$$c(0) = 1 \quad \text{或} \quad c(0) = -1 \tag{2.1.438}$$
由于不等式(2.1.437)处处取等号,则不等式(2.1.426)也取等号,再利用不等式(2.1.437)的中间不等式取等号,知道存在 $\theta \in [0, 2\pi)$,满足
$$c(u_1) = c(u_2) = \cdots = c(u_n) = \cos\theta + i\sin\theta \tag{2.1.439}$$
将公式(2.1.438)和(2.1.439)代入公式(2.1.436),有
$$\pm 1 = \cos\theta + i\sin\theta \tag{2.1.440}$$
那么,有
$$\theta = 0, \quad \text{或} \quad \theta = \pi \tag{2.1.441}$$
即对于所有 $k(1 \leqslant k \leqslant n)$,$c(u_k) = 1$;或对于所有 $k(1 \leqslant k \leqslant n)$,$c(u_k) = -1$.但是,$c(z)$ 是 z 的至多 $n-1$ 次多项式,在 n 个两两不同的复数 $u_1, u_2, \cdots, u_n$ 处始终 $c(u_k) - 1 = 0$,或始终 $c(u_k) + 1 = 0 (1 \leqslant k \leqslant n)$.那么,$c(z) - 1$ 必恒等于零,或者 $c(z) + 1$ 必恒等于零.再利用公式(2.1.424),有
$$B(z) = z^m \quad \text{或者} \quad B(z) = -z^m \tag{2.1.442}$$
利用公式(2.1.423)和(2.1.442),可以知道 $f(z) - z^m$ 或 $f(z) + z^m$ 中必有一个有 $g(z)$ 这个因式.

例 31 已知 n 次实系数多项式 $f(x) = x^n + a_1 x^{n-1} + \cdots + a_{n-1} x + a_n$ 有模长大于 1 的复根存在,这里 $a_n = \pm 1$.求证:多项式 $f(x)$ 的所有模长大于 1 的复根的乘积的模长小于 $\sqrt{1 + \sum_{j=1}^{n} a_j^2}$.

证明: 设 $f(x)$ 有 n 个复根 $z_1, z_2, \cdots, z_n$.再利用题目条件,有
$$f(x) = (x - z_1)(x - z_2)\cdots(x - z_n) \tag{2.1.443}$$
利用题目中 $f(x)$ 的表达式和上式,有
$$a_n = (-1)^n z_1 z_2 \cdots z_n, \quad a_n = \pm 1 \tag{2.1.444}$$
由题目条件,不妨设存在正整数 r,对于 $k = 1, 2, \cdots, r$,$|z_k| > 1$,对于 $r < k \leqslant n$,$|z_k| \leqslant 1$,利用公式(2.1.444),必有模长小于 1 的复根存在.由于 $f(x)$ 是 n 次实系数多项式,则非实复根必共轭成对出现.因此,如果有一个非实复根 z_k,满足 $|z_k| > 1$,那么,对应地有一个共轭复根 $\bar{z}_k$,

$|\bar{z}_k| = |z_k| > 1$,而
$$(x - z_k)(x - \bar{z}_k) = x^2 - (z_k + \bar{z}_k)x + z_k\bar{z}_k \tag{2.1.445}$$
是 x 的一个二次实系数多项式.

记
$$f_1(x) = (x - z_1)(x - z_2)\cdots(x - z_r) = x^r + b_1 x^{r-1} + \cdots + b_{r-1}x + b_r \tag{2.1.446}$$

利用公式(2.1.445),可以知道 $f_1(x)$ 是一个实系数多项式. 又记
$$f_2(x) = (x - z_{r+1})(x - z_{r+2})\cdots(x - z_n) = x^{n-r} + b_1^* x^{n-r-1} + \cdots + b_{n-r-1}^* x + b_{n-r}^*$$
$$\tag{2.1.447}$$

完全类似地,可以知道 $f_2(x)$ 也是一个实系数多项式. 利用公式(2.1.443),(2.1.446)和(2.1.447),有
$$f(x) = f_1(x)f_2(x) \tag{2.1.448}$$
比较上式两端常数项,显然有
$$b_r b_{n-r}^* = a_n = \pm 1 \tag{2.1.449}$$
分别比较公式(2.1.446)和公式(2.1.447)两端常数项,有
$$b_r = (-1)^r z_1 z_2 \cdots z_r, \quad b_{n-r}^* = (-1)^{n-r} z_{r+1} z_{r+2} \cdots z_n \tag{2.1.450}$$
利用公式(2.1.444),知道 $z_1, z_2, \cdots, z_n$ 中无一个为零,则 $b_r, b_{n-r}^* \neq 0$. 令

$$\begin{aligned}
g_1(x) &= \left(x - \frac{1}{z_1}\right)\left(x - \frac{1}{z_2}\right)\cdots\left(x - \frac{1}{z_r}\right) \\
&= x^r\left(1 - \frac{1}{xz_1}\right)\left(1 - \frac{1}{xz_2}\right)\cdots\left(1 - \frac{1}{xz_r}\right) \\
&= \frac{(-1)^r x^r}{z_1 z_2 \cdots z_r}\left(\frac{1}{x} - z_1\right)\left(\frac{1}{x} - z_2\right)\cdots\left(\frac{1}{x} - z_r\right) \\
&= \frac{x^r}{b_r} f_1\left(\frac{1}{x}\right) \text{(利用公式(2.1.446)和(2.1.450))} \\
&= \frac{x^r}{b_r}\left(\frac{1}{x^r} + \frac{b_1}{x^{r-1}} + \cdots + \frac{b_{r-1}}{x} + b_r\right) \text{(再次利用公式(2.1.446))} \\
&= x^r + \frac{b_{r-1}}{b_r} x^{r-1} + \cdots + \frac{b_1}{b_r} x + \frac{1}{b_r}
\end{aligned} \tag{2.1.451}$$

类似地,又令
$$\begin{aligned}
g_2(x) &= \left(x - \frac{1}{z_{r+1}}\right)\left(x - \frac{1}{z_{r+2}}\right)\cdots\left(x - \frac{1}{z_n}\right) \\
&= \frac{(-1)^{n-r} x^{n-r}}{z_{r+1} z_{r+2} \cdots z_n}\left(\frac{1}{x} - z_{r+1}\right)\left(\frac{1}{x} - z_{r+2}\right)\cdots\left(\frac{1}{x} - z_n\right) \\
&= \frac{x^{n-r}}{b_{n-r}^*} f_2\left(\frac{1}{x}\right) \text{(利用公式(2.1.447)和(2.1.450))} \\
&= x^{n-r} + \frac{b_{n-r-1}^*}{b_{n-r}^*} x^{n-r-1} + \cdots + \frac{b_1^*}{b_{n-r}^*} x + \frac{1}{b_{n-r}^*}
\end{aligned} \tag{2.1.452}$$

$g_1(x)$ 和 $g_2(x)$ 也都是实系数多项式. 令
$$g(x) = g_1(x)g_2(x) \tag{2.1.453}$$
利用公式(2.1.451),(2.1.452)和(2.1.453),有
$$\begin{aligned}
g(x) &= \left(x - \frac{1}{z_1}\right)\left(x - \frac{1}{z_2}\right)\cdots\left(x - \frac{1}{z_n}\right) \\
&= \frac{(-1)^n x^n}{z_1 z_2 \cdots z_n}\left(\frac{1}{x} - z_1\right)\left(\frac{1}{x} - z_2\right)\cdots\left(\frac{1}{x} - z_n\right)
\end{aligned}$$

$$= \frac{x^n}{a_n} f\left(\frac{1}{x}\right) \text{（利用公式(2.1.443)和(2.1.444))}$$
$$= x^n + \frac{a_{n-1}}{a_n} x^{n-1} + \cdots + \frac{a_1}{a_n} x + \frac{1}{a_n} \tag{2.1.454}$$

这里利用题目条件.

利用公式(2.1.446)和(2.1.452), 令
$$h(x) = f_1(x) g_2(x) = (x - z_1)(x - z_2) \cdots (x - z_r) \left(x - \frac{1}{z_{r+1}}\right) \left(x - \frac{1}{z_{r+2}}\right) \cdots \left(x - \frac{1}{z_n}\right)$$
$$= (x^r + b_1 x^{r-1} + \cdots + b_{r-1} x + b_r) \left(x^{n-r} + \frac{b_{n-r-1}^*}{b_{n-r}^*} x^{n-r-1} + \cdots + \frac{b_1^*}{b_{n-r}^*} x + \frac{1}{b_{n-r}^*}\right)$$
$$= x^n + \left(b_1 + \frac{b_{n-r-1}^*}{b_{n-r}^*}\right) x^{n-1} + \cdots + \frac{b_r}{b_{n-r}^*} \tag{2.1.455}$$

由于 $f_1(x), g_2(x)$ 都是实系数多项式, 则 $h(x)$ 也是实系数多项式. 利用公式(2.1.449), 有
$$\frac{b_r}{b_{n-r}^*} = \pm b_r^2 \tag{2.1.456}$$

记
$$h(x) = x^n + c_1 x^{n-1} + \cdots + c_{n-1} x + c_n \tag{2.1.457}$$

利用公式(2.1.455), (2.1.456)和(2.1.457), 有
$$c_n = \pm b_r^2 \tag{2.1.458}$$

又令
$$h^*(x) = f_2(x) g_1(x)$$
$$= (x - z_{r+1})(x - z_{r+2}) \cdots (x - z_n) \left(x - \frac{1}{z_1}\right) \left(x - \frac{1}{z_2}\right) \cdots \left(x - \frac{1}{z_r}\right)$$
（利用公式(2.1.447)和(2.1.451)） \tag{2.1.459}

多项式 $h^*(x)$ 的全部根是 $h(x)$ 的全部根的倒数. 完全仿照公式(2.1.454)的推导, 再利用公式(2.1.457), 有
$$h^*(x) = x^n + \frac{c_{n-1}}{c_n} x^{n-1} + \cdots + \frac{c_1}{c_n} x + \frac{1}{c_n} \tag{2.1.460}$$

显然, $h^*(x)$ 也是实系数多项式, 利用公式(2.1.448), (2.1.453), (2.1.455)和(2.1.459), 有
$$h(x) h^*(x) = f(x) g(x) \tag{2.1.461}$$

利用公式(2.1.454), (2.1.457), (2.1.460)和题目条件, 比较上式两端 x^n 的系数, 可以得到
$$\frac{1}{c_n}(1 + c_1^2 + c_2^2 + \cdots + c_n^2) = \frac{1}{a_n}(1 + a_1^2 + a_2^2 + \cdots + a_n^2) \tag{2.1.462}$$

利用公式(2.1.450), (2.1.458)和(2.1.462), 有
$$|z_1||z_2|\cdots|z_r| = |b_r| = \sqrt{|c_n|} < \sqrt{\frac{1}{|c_n|}\left(1 + \sum_{j=1}^n c_j^2\right)}$$
$$= \sqrt{1 + \sum_{j=1}^n a_j^2} \text{（利用} |a_n| = 1\text{）} \tag{2.1.463}$$

因此, 题目结论成立.

2.2 多项式

利用根与系数的关系式,多项式的一个应用是可以得到若干三角函数的关系式.下面先介绍这方面的一些内容.

当 n 是正整数时,我们知道
$$(\cos\theta + i\sin\theta)^n = \cos n\theta + i\sin n\theta \tag{2.2.1}$$
这里 $\theta \in [0, 2\pi)$,用二项式展开公式,有
$$\cos n\theta + i\sin n\theta = \cos^n\theta + C_n^1 \cos^{n-1}\theta(i\sin\theta) + C_n^2 \cos^{n-2}\theta(i\sin\theta)^2$$
$$+ C_n^3 \cos^{n-3}\theta(i\sin\theta)^3 + C_n^4 \cos^{n-4}\theta(i\sin\theta)^4$$
$$+ C_n^5 \cos^{n-5}\theta(i\sin\theta)^5 + \cdots + C_n^{n-1}\cos\theta(i\sin\theta)^{n-1} + (i\sin\theta)^n \tag{2.2.2}$$
比较上式两端实部和虚部,有
$$\cos n\theta = \cos^n\theta - C_n^2 \cos^{n-2}\theta\sin^2\theta + C_n^4 \cos^{n-4}\theta\sin^4\theta + \cdots$$
$$+ \begin{cases} (-1)^{\frac{n}{2}} \sin^n\theta & \text{当 } n \text{ 为偶数时} \\ (-1)^{\frac{n-1}{2}} C_n^{n-1} \cos\theta\sin^{n-1}\theta & \text{当 } n \text{ 为奇数时} \end{cases} \tag{2.2.3}$$

$$\sin n\theta = C_n^1 \cos^{n-1}\theta\sin\theta - C_n^3 \cos^{n-3}\theta\sin^3\theta + C_n^5 \cos^{n-5}\theta\sin^5\theta + \cdots$$
$$+ \begin{cases} (-1)^{\frac{n-2}{2}} C_n^{n-1} \cos\theta\sin^{n-1}\theta & \text{当 } n \text{ 为偶数时} \\ (-1)^{\frac{n-1}{2}} \sin^n\theta & \text{当 } n \text{ 为奇数时} \end{cases} \tag{2.2.4}$$

在公式(2.2.3)和(2.2.4)中,令 $n = 2m$,这里 m 是正整数,可以看到
$$\cos 2m\theta = \cos^{2m}\theta - C_{2m}^2 \cos^{2m-2}\theta\sin^2\theta + C_{2m}^4 \cos^{2m-4}\theta\sin^4\theta + \cdots + (-1)^m \sin^{2m}\theta \tag{2.2.5}$$
$$\sin 2m\theta = C_{2m}^1 \cos^{2m-1}\theta\sin\theta - C_{2m}^3 \cos^{2m-3}\theta\sin^3\theta + \cdots + (-1)^{m-1} C_{2m}^{2m-1} \cos\theta\sin^{2m-1}\theta \tag{2.2.6}$$

在公式(2.2.3)和(2.2.4)中,又令 $n = 2m+1$,这里 m 是正整数,可以看到
$$\cos(2m+1)\theta = \cos^{2m+1}\theta - C_{2m+1}^2 \cos^{2m-1}\theta\sin^2\theta + C_{2m+1}^4 \cos^{2m-3}\theta\sin^4\theta$$
$$+ \cdots + (-1)^m C_{2m+1}^{2m} \cos\theta\sin^{2m}\theta \tag{2.2.7}$$
$$\sin(2m+1)\theta = C_{2m+1}^1 \cos^{2m}\theta\sin\theta - C_{2m+1}^3 \cos^{2m-2}\theta\sin^3\theta + C_{2m+1}^5 \cos^{2m-4}\theta\sin^5\theta$$
$$+ \cdots + (-1)^m \sin^{2m+1}\theta \tag{2.2.8}$$

利用公式(2.2.3)和(2.2.4),可以得到

$$\tan n\theta = \frac{\sin n\theta}{\cos n\theta} = \frac{C_n^1 \tan\theta - C_n^3 \tan^3\theta + \cdots + \begin{cases} (-1)^{\frac{n-2}{2}} n\tan^{n-1}\theta & n \text{ 是偶数} \\ (-1)^{\frac{n-1}{2}} \tan^n\theta & n \text{ 是奇数} \end{cases}}{1 - C_n^2 \tan^2\theta + C_n^4 \tan^4\theta + \cdots + \begin{cases} (-1)^{\frac{n}{2}} \tan^n\theta & n \text{ 是偶数} \\ (-1)^{\frac{n-2}{2}} n\tan^{n-1}\theta & n \text{ 是奇数} \end{cases}} \tag{2.2.9}$$

在有了上述公式后,我们可以求下述一些三角函数式的值.下面正整数 $m \geq 2$.

例1 求 $\sin\frac{\pi}{2m} \sin\frac{2\pi}{2m} \sin\frac{3\pi}{2m} \cdots \sin\frac{(m-1)\pi}{2m}$ 的值.

解:利用公式(2.2.6),有

$$\begin{aligned}\sin 2m\theta &= \sin\theta\cos\theta\{C_{2m}^1(1-\sin^2\theta)^{m-1} - C_{2m}^3(1-\sin^2\theta)^{m-2}\sin^2\theta \\ &\quad + C_{2m}^5(1-\sin^2\theta)^{m-3}\sin^4\theta + \cdots + (-1)^{m-1}C_{2m}^{2m-1}\sin^{2m-2}\theta\} \\ &= \sin\theta\cos\theta\{C_{2m}^1 - (C_{2m}^1 C_{m-1}^1 + C_{2m}^3)\sin^2\theta + \cdots \\ &\quad + (-1)^{m-1}(C_{2m}^1 + C_{2m}^3 + C_{2m}^5 + \cdots + C_{2m}^{2m-1})\sin^{2m-2}\theta\} \end{aligned} \quad (2.2.10)$$

令

$$\theta = \frac{j\pi}{2m}, \quad 这里 j = 1, 2, \cdots m-1 \qquad (2.2.11)$$

那么,有

$$\sin 2m\theta = 0, \quad \sin\theta\cos\theta \neq 0 \qquad (2.2.12)$$

记

$$x = \sin^2\theta \qquad (2.2.13)$$

利用上面叙述,可以知道 $\sin^2\frac{\pi}{2m}, \sin^2\frac{2\pi}{2m}, \sin^2\frac{3\pi}{2m}, \cdots, \sin^2\frac{(m-1)\pi}{2m}$ 这 $m-1$ 个正实数是下列方程

$$C_{2m}^1 - (C_{2m}^1 C_{m-1}^1 + C_{2m}^3)x + \cdots + (-1)^{m-1}(C_{2m}^1 + C_{2m}^3 + C_{2m}^5 + \cdots + C_{2m}^{2m-1})x^{m-1} = 0 \qquad (2.2.14)$$

的全部根,因为 $m-1$ 次方程恰有 $m-1$ 个根. 利用 2.1 节公式(2.1.47)和(2.1.75)同样的方法,可以得到

$$C_{2m}^1 + C_{2m}^3 + C_{2m}^5 + \cdots + C_{2m}^{2m-1} = 2^{2m-1} \qquad (2.2.15)$$

从上面叙述,我们有

$$\begin{aligned} & C_{2m}^1 - (C_{2m}^1 C_{m-1}^1 + C_{2m}^3)x + \cdots + (-1)^{m-1}2^{2m-1}x^{m-1} \\ &= (-1)^{m-1}2^{2m-1}\left(x - \sin^2\frac{\pi}{2m}\right)\left(x - \sin^2\frac{2\pi}{2m}\right)\left(x - \sin^2\frac{3\pi}{2m}\right)\cdots\left(x - \sin^2\frac{(m-1)\pi}{2m}\right) \end{aligned} \qquad (2.2.16)$$

比较上式两端常数项,有

$$(-1)^{m-1}2^{2m-1}(-1)^{m-1}\sin^2\frac{\pi}{2m}\sin^2\frac{2\pi}{2m}\cdots\sin^2\frac{(m-1)\pi}{2m} = 2m \qquad (2.2.17)$$

从上式,立即有

$$\sin\frac{\pi}{2m}\sin\frac{2\pi}{2m}\sin\frac{3\pi}{2m}\cdots\sin\frac{(m-1)\pi}{2m} = \frac{\sqrt{m}}{2^{m-1}} \qquad (2.2.18)$$

例2 求 $\sin\frac{\pi}{2m+1}\sin\frac{2\pi}{2m+1}\sin\frac{3\pi}{2m+1}\cdots\sin\frac{m\pi}{2m+1}$ 的值.

解:利用公式(2.2.8),有

$$\begin{aligned}\sin(2m+1)\theta &= \sin\theta\{C_{2m+1}^1(1-\sin^2\theta)^m - C_{2m+1}^3(1-\sin^2\theta)^{m-1}\sin^2\theta \\ &\quad + C_{2m+1}^5(1-\sin^2\theta)^{m-2}\sin^4\theta + \cdots + (-1)^m\sin^{2m}\theta\} \end{aligned} \qquad (2.2.19)$$

在上式中,令

$$\theta = \frac{j\pi}{2m+1}, \quad 这里 j = 1, 2, \cdots, m, \sin\theta > 0 \qquad (2.2.20)$$

又令

$$x = \sin^2\theta \qquad (2.2.21)$$

利用上面叙述,可以知道 $\sin^2\frac{\pi}{2m+1}, \sin^2\frac{2\pi}{2m+1}, \sin^2\frac{3\pi}{2m+1}, \cdots, \sin^2\frac{m\pi}{2m+1}$ 这 m 个正实数是下列方程

$$C_{2m+1}^1 - (C_{2m+1}^1 C_m^1 + C_{2m+1}^3)x + \cdots + (-1)^m (C_{2m+1}^1 + C_{2m+1}^3 + C_{2m+1}^5 + \cdots + C_{2m+1}^{2m+1})x^m = 0 \tag{2.2.22}$$

的全部根.

利用 2.1 节公式(2.1.47)和(2.1.75)同样的方法,有

$$C_{2m+1}^1 + C_{2m+1}^3 + C_{2m+1}^5 + \cdots + C_{2m+1}^{2m+1} = 2^{2m} \tag{2.2.23}$$

利用公式(2.2.22)和(2.2.23),可以得到

$$\begin{aligned} & C_{2m+1}^1 - (C_{2m+1}^1 C_m^1 + C_{2m+1}^3)x + \cdots + (-1)^m 2^{2m} x^m \\ & = (-1)^m 2^{2m} \left(x - \sin^2 \frac{\pi}{2m+1}\right)\left(x - \sin^2 \frac{2\pi}{2m+1}\right)\left(x - \sin^2 \frac{3\pi}{2m+1}\right) \cdots \left(x - \sin^2 \frac{m\pi}{2m+1}\right) \end{aligned} \tag{2.2.24}$$

比较上式两端常数项,有

$$\sin \frac{\pi}{2m+1} \sin \frac{2\pi}{2m+1} \sin \frac{3\pi}{2m+1} \cdots \sin \frac{m\pi}{2m+1} = \frac{\sqrt{2m+1}}{2^m} \tag{2.2.25}$$

例 3 求证:

$$\cos^2 \frac{\pi}{7} + \cos^2 \frac{2\pi}{7} + \cos^2 \frac{3\pi}{7} = 10\cos \frac{\pi}{7} \cos \frac{2\pi}{7} \cos \frac{3\pi}{7}$$

证明: 明显地,有

$$\cos^2 \frac{\pi}{7} + \cos^2 \frac{2\pi}{7} + \cos^2 \frac{3\pi}{7} = \frac{1}{2}\left(3 + \cos \frac{2\pi}{7} + \cos \frac{4\pi}{7} + \cos \frac{6\pi}{7}\right) \tag{2.2.26}$$

考虑方程

$$x^7 - 1 = 0 \tag{2.2.27}$$

上述方程有 7 个复根

$$x_k = \cos \frac{2k\pi}{7} + i\sin \frac{2k\pi}{7}, \quad \text{这里 } k = 0,1,2,3,4,5,6 \tag{2.2.28}$$

利用 Vieta 定理,有

$$\sum_{k=0}^{6} x_k = 0 \tag{2.2.29}$$

利用公式(2.2.28)和(2.2.29),并且只比较实部,有

$$1 + \sum_{k=1}^{6} \cos \frac{2k\pi}{7} = 0 \tag{2.2.30}$$

从上式,有

$$1 + 2\left(\cos \frac{2\pi}{7} + \cos \frac{4\pi}{7} + \cos \frac{6\pi}{7}\right) = 0 \tag{2.2.31}$$

利用公式(2.2.26)和(2.2.31),有

$$\cos^2 \frac{\pi}{7} + \cos^2 \frac{2\pi}{7} + \cos^2 \frac{3\pi}{7} = \frac{5}{4} \tag{2.2.32}$$

又可以看到

$$\begin{aligned} 10\cos \frac{\pi}{7} \cos \frac{2\pi}{7} \cos \frac{3\pi}{7} &= 5\left(\cos \frac{3\pi}{7} + \cos \frac{\pi}{7}\right)\cos \frac{3\pi}{7} = \frac{5}{2}\left(1 + \cos \frac{6\pi}{7}\right) + \frac{5}{2}\left(\cos \frac{4\pi}{7} + \cos \frac{2\pi}{7}\right) \\ &= \frac{5}{2}\left(1 + \cos \frac{2\pi}{7} + \cos \frac{4\pi}{7} + \cos \frac{6\pi}{7}\right) = \frac{5}{4} (\text{利用公式}(2.2.31)) \end{aligned} \tag{2.2.33}$$

利用公式(2.2.32)和(2.2.33),题目结论成立.

例 4 求 $\csc^2 \frac{\pi}{2m} + \csc^2 \frac{2\pi}{2m} + \csc^2 \frac{3\pi}{2m} + \cdots + \csc^2 \frac{m\pi}{2m}$ 的值.

解:在本节例1的公式(2.2.16)中,令 $x = \dfrac{1}{y}$,并且在公式两端乘以 y^{m-1},可以得到

$$C_{2m}^1 y^{m-1} - (C_{2m}^1 C_{m-1}^1 + C_{2m}^3) y^{m-2} + \cdots + (-1)^{m-1} 2^{2m-1}$$

$$= (-1)^{m-1} 2^{2m-1} \left(1 - y\sin^2 \frac{\pi}{2m}\right)\left(1 - y\sin^2 \frac{2\pi}{2m}\right)\left(1 - y\sin^2 \frac{3\pi}{2m}\right)\cdots\left(1 - y\sin^2 \frac{(m-1)\pi}{2m}\right)$$

$$= 2^{2m-1} \sin^2 \frac{\pi}{2m} \sin^2 \frac{2\pi}{2m} \sin^2 \frac{3\pi}{2m} \cdots \sin^2 \frac{(m-1)\pi}{2m}$$

$$\cdot \left(y - \csc^2 \frac{\pi}{2m}\right)\left(y - \csc^2 \frac{2\pi}{2m}\right)\left(y - \csc^2 \frac{3\pi}{2m}\right)\cdots\left(y - \csc^2 \frac{(m-1)\pi}{2m}\right)$$

$$= 2m\left(y - \csc^2 \frac{\pi}{2m}\right)\left(y - \csc^2 \frac{2\pi}{2m}\right)\left(y - \csc^2 \frac{3\pi}{2m}\right)\cdots\left(y - \csc^2 \frac{(m-1)\pi}{2m}\right) \text{(利用公式(2.2.18))}$$

$$\tag{2.2.34}$$

比较上式两端 y^{m-2} 的系数,有

$$-2m\left(\csc^2 \frac{\pi}{2m} + \csc^2 \frac{2\pi}{2m} + \csc^2 \frac{3\pi}{2m} + \cdots + \csc^2 \frac{(m-1)\pi}{2m}\right) = -(C_{2m}^1 C_{m-1}^1 + C_{2m}^3) \tag{2.2.35}$$

从上式,立即有

$$\csc^2 \frac{\pi}{2m} + \csc^2 \frac{2\pi}{2m} + \csc^2 \frac{3\pi}{2m} + \cdots + \csc^2 \frac{(m-1)\pi}{2m} = \frac{2}{3}(m^2 - 1) \tag{2.2.36}$$

例5 求 $\sum\limits_{k=1}^{m} \sec \dfrac{2k\pi}{2m+1}$ 的值.

解:利用公式(2.2.7),并且令

$$x = \cos\theta \tag{2.2.37}$$

可以看到

$$\cos(2m+1)\theta = x^{2m+1} - C_{2m+1}^2 x^{2m-1}(1-x^2) + C_{2m+1}^4 x^{2m-3}(1-x^2)^2 + \cdots$$
$$+ (-1)^m C_{2m+1}^{2m} x(1-x^2)^m$$

$$= \sum_{j=0}^{m} (-1)^{m-j} C_{2m+1}^{2j+1} x^{2j+1} (1-x^2)^{m-j} \tag{2.2.38}$$

将上式右端记为 $f(x)$.利用上式右端,可以写

$$f(x) = a_{2m+1} x^{2m+1} + a_{2m-1} x^{2m-1} + \cdots + a_1 x \tag{2.2.39}$$

利用上二式的右端,有

$$a_1 = (-1)^m (2m+1) \tag{2.2.40}$$

又令

$$z = \cos\theta + i\sin\theta,\ \theta \in [0, 2\pi) \tag{2.2.41}$$

利用公式(2.2.1),有

$$z^{2m+1} + \frac{1}{z^{2m+1}} = [\cos(2m+1)\theta + i\sin(2m+1)\theta] + [\cos(2m+1)\theta - i\sin(2m+1)\theta]$$
$$= 2\cos(2m+1)\theta \tag{2.2.42}$$

利用上式,可以得到

$$\cos(2m+1)\theta = \frac{1}{2}\left(z^{2m+1} + \frac{1}{z^{2m+1}}\right) = 1 + \frac{1}{2z^{2m+1}}(z^{2m+1} - 1)^2 \tag{2.2.43}$$

利用方程

$$z^{2m+1} - 1 = 0 \tag{2.2.44}$$

有 $2m+1$ 个复根

$$z_k = \cos\frac{2k\pi}{2m+1} + i\sin\frac{2k\pi}{2m+1} \qquad (2.2.45)$$

这里 $k = 0,1,2,\cdots,2m$.

又记

$$z_{-k} = \cos\frac{2k\pi}{2m+1} - i\sin\frac{2k\pi}{2m+1} \qquad (2.2.46)$$

这里 $k = 0,1,2,\cdots,2m$. $z_0, z_{-1}, z_{-2}, \cdots, z_{-2m}$ 也是方程(2.2.44)的 $2m+1$ 个全部复根. 于是,有

$$\begin{aligned}(z^{2m+1}-1)^2 &= (z-z_0)^2[(z-z_1)(z-z_{-1})][(z-z_2)(z-z_{-2})]\cdots[(z-z_{2m})(z-z_{-2m})]\\ &= (z^2-2z+1)\left(z^2-2\cos\frac{2\pi}{2m+1}z+1\right)\left(z^2-2\cos\frac{4\pi}{2m+1}z+1\right)\cdots\\ &\quad\cdot\left(z^2-2\cos\frac{4m\pi}{2m+1}z+1\right)\\ &= z^{2m+1}\left(z-2+\frac{1}{z}\right)\left(z-2\cos\frac{2\pi}{2m+1}+\frac{1}{z}\right)\left(z-2\cos\frac{4\pi}{2m+1}+\frac{1}{z}\right)\cdots\\ &\quad\cdot\left(z-2\cos\frac{4m\pi}{2m+1}+\frac{1}{z}\right)\end{aligned} \qquad (2.2.47)$$

利用公式(2.2.38),知道 $\cos(2m+1)\theta$ 就是 $f(x)$,再利用公式(2.2.43)和(2.2.47),有

$$\begin{aligned}f(x) &= 1 + \frac{1}{2}\left(z+\frac{1}{z}-2\right)\left(z+\frac{1}{z}-2\cos\frac{2\pi}{2m+1}\right)\\ &\quad\cdot\left(z+\frac{1}{z}-2\cos\frac{4\pi}{2m+1}\right)\cdots\left(z+\frac{1}{z}-2\cos\frac{4m\pi}{2m+1}\right)\end{aligned} \qquad (2.2.48)$$

利用公式(2.2.41),有

$$z+\frac{1}{z} = 2\cos\theta = 2x(\text{利用公式}(2.2.37)) \qquad (2.2.49)$$

代公式(2.2.49)入(2.2.48),有

$$f(x) = 1 + 2^{2m}(x-1)\left(x-\cos\frac{2\pi}{2m+1}\right)\left(x-\cos\frac{4\pi}{2m+1}\right)\cdots\left(x-\cos\frac{4m\pi}{2m+1}\right) \qquad (2.2.50)$$

比较公式(2.2.39)和(2.2.50),知道 $f(x)$ 的常数项是零. 从而有

$$2^{2m}(-1)^{2m+1}\cos\frac{2\pi}{2m+1}\cos\frac{4\pi}{2m+1}\cdots\cos\frac{4m\pi}{2m+1} = -1 \qquad (2.2.51)$$

从上式,有

$$2^{2m}\cos\frac{2\pi}{2m+1}\cos\frac{4\pi}{2m+1}\cdots\cos\frac{4m\pi}{2m+1} = 1 \qquad (2.2.52)$$

比较公式(2.2.39)和(2.2.50)的 x 的一次项,再利用公式(2.2.40),可以得到(两端再除以公式(2.2.52)的左端)

$$(-1)^m(2m+1) = 1 + \sum_{k=1}^{2m}\sec\frac{2k\pi}{2m+1} = 1 + 2\sum_{k=1}^{m}\sec\frac{2k\pi}{2m+1} \qquad (2.2.53)$$

从上式,有

$$\sum_{k=1}^{m}\sec\frac{2k\pi}{2m+1} = \frac{1}{2}[(-1)^m(2m+1)-1] \qquad (2.2.54)$$

例 6 (1) 求 $\tan\dfrac{\pi}{2m+1}\tan\dfrac{2\pi}{2m+1}\tan\dfrac{3\pi}{2m+1}\cdots\tan\dfrac{m\pi}{2m+1}$ 的值.

(2) 求 $\tan^2\dfrac{\pi}{2m+1} + \tan^2\dfrac{2\pi}{2m+1} + \tan^2\dfrac{3\pi}{2m+1} + \cdots + \tan^2\dfrac{m\pi}{2m+1}$ 的值.

解:(1) 在公式(2.2.9)中,令 $n = 2m+1$,且令

$$\theta = \frac{j\pi}{2m+1}, \quad \text{这里 } j = 1, 2, \cdots, m \tag{2.2.55}$$

这里 m 是一个正整数. 那么, 我们有

$$\tan(2m+1)\theta = 0, \quad \tan\theta > 0 \tag{2.2.56}$$

又设

$$z = \tan^2\theta \tag{2.2.57}$$

从上面叙述知道公式(2.2.9)右端的分子应当等于零, 我们可以看到 $\tan^2\frac{\pi}{2m+1}$, $\tan^2\frac{2\pi}{2m+1}, \tan^2\frac{3\pi}{2m+1}, \cdots, \tan^2\frac{m\pi}{2m+1}$ 是下列方程

$$C_{2m+1}^1 - C_{2m+1}^3 z + C_{2m+1}^5 z^2 - \cdots + (-1)^{m-1}C_{2m+1}^{2m-1}z^{m-1} + (-1)^m z^m = 0 \tag{2.2.58}$$

的全部根. 记上式左端为 $f(z)$, 我们有

$$f(z) = (-1)^m\left(z - \tan^2\frac{\pi}{2m+1}\right)\left(z - \tan^2\frac{2\pi}{2m+1}\right)\left(z - \tan^2\frac{3\pi}{2m+1}\right)\cdots\left(z - \tan^2\frac{m\pi}{2m+1}\right) \tag{2.2.59}$$

比较公式(2.2.58)的左端与公式(2.2.59)的右端的常数项, 有

$$\tan^2\frac{\pi}{2m+1}\tan^2\frac{2\pi}{2m+1}\tan^2\frac{3\pi}{2m+1}\cdots\tan^2\frac{m\pi}{2m+1} = 2m+1 \tag{2.2.60}$$

上式两端开方, 有

$$\tan\frac{\pi}{2m+1}\tan\frac{2\pi}{2m+1}\tan\frac{3\pi}{2m+1}\cdots\tan\frac{m\pi}{2m+1} = \sqrt{2m+1} \tag{2.2.61}$$

在上式中, 令 $m = 3$, 有

$$\tan\frac{\pi}{7}\tan\frac{2\pi}{7}\tan\frac{3\pi}{7} = \sqrt{7} \tag{2.2.62}$$

在公式(2.2.61)中, 令 $m = 5$, 有

$$\tan\frac{\pi}{11}\tan\frac{2\pi}{11}\tan\frac{3\pi}{11}\tan\frac{4\pi}{11}\tan\frac{5\pi}{11} = \sqrt{11} \tag{2.2.63}$$

这些公式很有趣.

(2) 比较公式(2.2.58)的左端与公式(2.2.59)的右端的 z^{m-1} 的系数, 有

$$(-1)^{m+1}\left[\tan^2\frac{\pi}{2m+1} + \tan^2\frac{2\pi}{2m+1} + \tan^2\frac{3\pi}{2m+1} + \cdots + \tan^2\frac{m\pi}{2m+1}\right] = (-1)^{m-1}C_{2m+1}^{2m-1} \tag{2.2.64}$$

从上式, 立即有

$$\tan^2\frac{\pi}{2m+1} + \tan^2\frac{2\pi}{2m+1} + \tan^2\frac{3\pi}{2m+1} + \cdots + \tan^2\frac{m\pi}{2m+1} = m(2m+1) \tag{2.2.65}$$

例7 设 a 是大于等于 2 的正整数, 正整数 $m \geq 3$, 求

$$\left(1 + a\cos\frac{\pi}{m}\right)\left(1 + a\cos\frac{2\pi}{m}\right)\left(1 + a\cos\frac{3\pi}{m}\right)\cdots\left(1 + a\cos\frac{(m-1)\pi}{m}\right)$$

的值.

解: 我们知道 $z^{2m} = 1$ 的 $2m$ 个复根分别为 $1, -1, \cos\frac{k\pi}{m} + i\sin\frac{k\pi}{m}$, 这里整数 $k = \pm 1, \pm 2$, $\pm 3, \cdots, \pm(m-1)$. 于是, 有

$$z^{2m} - 1 = (z-1)(z+1)\left[z - \left(\cos\frac{\pi}{m} + i\sin\frac{\pi}{m}\right)\right]\left[z - \left(\cos\frac{\pi}{m} - i\sin\frac{\pi}{m}\right)\right]$$

$$\cdot \left[z - \left(\cos\frac{2\pi}{m} + i\sin\frac{2\pi}{m}\right)\right]\left[z - \left(\cos\frac{2\pi}{m} - i\sin\frac{2\pi}{m}\right)\right]\cdots$$
$$\cdot \left[z - \left(\cos\frac{(m-1)\pi}{m} + i\sin\frac{(m-1)\pi}{m}\right)\right]\left[z - \left(\cos\frac{(m-1)\pi}{m} - i\sin\frac{(m-1)\pi}{m}\right)\right]$$
$$= (z^2 - 1)\left(z^2 - 2\cos\frac{\pi}{m}z + 1\right)\left(z^2 - 2\cos\frac{2\pi}{m}z + 1\right)\cdots\left(z^2 - 2\cos\frac{(m-1)\pi}{m}z + 1\right)$$
(2.2.66)

取一个复数 z^*,满足

$$z^{*2} + 1 = -\frac{2z^*}{a} \tag{2.2.67}$$

例如取

$$z^* = -\frac{1}{a} + \frac{\sqrt{a^2 - 1}}{a}i \tag{2.2.68}$$

利用公式(2.2.67),有

$$z^{*2} - 2z^*\cos\frac{k\pi}{m} + 1 = -\frac{2z^*}{a}\left(1 + a\cos\frac{k\pi}{m}\right) \tag{2.2.69}$$

在公式(2.2.66)中,令 $z = z^*$,并且利用公式(2.2.69),有

$$\left(1 + a\cos\frac{\pi}{m}\right)\left(1 + a\cos\frac{2\pi}{m}\right)\left(1 + a\cos\frac{3\pi}{m}\right)\cdots\left(1 + a\cos\frac{(m-1)\pi}{m}\right) = \left(-\frac{a}{2z^*}\right)^{m-1}\frac{z^{*2m} - 1}{z^{*2} - 1}$$
(2.2.70)

显然,存在唯一一个 $\theta \in \left(\frac{\pi}{2}, \pi\right)$,满足

$$\cos\theta = -\frac{1}{a}, \quad \sin\theta = \frac{\sqrt{a^2 - 1}}{a} \tag{2.2.71}$$

利用公式(2.2.68)和(2.2.71),有

$$z^* = \cos\theta + i\sin\theta \tag{2.2.72}$$

利用上式,有

$$z^{*2m} - 1 = \cos 2m\theta + i\sin 2m\theta - 1 = 2\sin m\theta(-\sin m\theta + i\cos m\theta) \tag{2.2.73}$$

利用公式(2.2.72)和(2.2.73),有

$$(z^{*2} - 1)z^{*m-1} = 2\sin\theta(-\sin\theta + i\cos\theta)(\cos(m-1)\theta + i\sin(m-1)\theta)$$
$$= 2\sin\theta(-\sin m\theta + i\cos m\theta) \tag{2.2.74}$$

代公式(2.2.73)和(2.2.74)入(2.2.70),有

$$\left(1 + a\cos\frac{\pi}{m}\right)\left(1 + a\cos\frac{2\pi}{m}\right)\left(1 + a\cos\frac{3\pi}{m}\right)\cdots\left(1 + a\cos\frac{(m-1)\pi}{m}\right) = \left(-\frac{a}{2}\right)^{m-1}\frac{\sin m\theta}{\sin\theta}$$
(2.2.75)

这里 $\theta = \arccos\left(-\frac{1}{a}\right)$(利用公式(2.2.71)).

例 8 正整数 $m \geqslant 3$,整数 x 满足 $-m < x < m$,且 x 与 m 具有相同的奇偶性,求和式 $\sum_{j=1}^{m}\left(\cos\frac{j\pi}{m}\right)^m\cos\frac{jx\pi}{m}$ 的值.

解:取

$$w = \cos\frac{\pi}{m} + i\sin\frac{\pi}{m}, \quad w^{2m} = 1 \tag{2.2.76}$$

利用上式,容易看到

$$2\sum_{j=1}^{m}\left(2\cos\frac{j\pi}{m}\right)^{m}\cos\frac{jx\pi}{m} = \sum_{j=1}^{m}(w^{j}+w^{-j})^{m}(w^{jx}+w^{-jx}) = \sum_{j=1}^{m}\sum_{k=0}^{m}C_{m}^{k}w^{-kj}w^{(m-k)j}(w^{jx}+w^{-jx})$$

$$= \sum_{j=1}^{m}\sum_{k=0}^{m}C_{m}^{k}w^{(m-2k)j}(w^{jx}+w^{-jx}) = \sum_{k=0}^{m}C_{m}^{k}\sum_{j=1}^{m}(w^{(m-2k+x)j}+w^{(m-2k-x)j}) \tag{2.2.77}$$

因为 x,m 具有相同的奇偶性,利用公式(2.2.76),当偶数 $m-2k+x\equiv 0(\bmod 2m)$ 时,有

$$\sum_{j=1}^{m}w^{(m-2k+x)j} = m \tag{2.2.78}$$

由于 $0\leqslant k\leqslant m$, $-m<x<m$,则 $-2m<m-2k+x<2m$,因此, $m-2k+x\equiv 0(\bmod 2m)$ 当且仅当 $m-2k+x=0$,即 $k=\frac{1}{2}(m+x)$. 当 $m-2k+x$ 不是 $2m$ 的倍数时, w^{m-2k+x} 不等于 1,

$$\sum_{j=1}^{m}w^{(m-2k+x)j} = \frac{w^{m-2k+x}-w^{(m-2k+x)(m+1)}}{1-w^{m-2k+x}} \tag{2.2.79}$$

由于 $m-2k+x$ 是偶数,则

$$w^{(m-2k+x)m} = 1 (利用公式(2.2.76)) \tag{2.2.80}$$

利用公式(2.2.79)和(2.2.80),当 $m-2k+x$ 不是 $2m$ 的倍数时,有

$$\sum_{j=1}^{m}w^{(m-2k+x)j} = 0 \tag{2.2.81}$$

类似地,利用 $-2m<m-2k-x<2m$,当 $m-2k-x$ 是 $2m$ 的整数倍时,只有 $m-2k-x=0$,即 $k=\frac{1}{2}(m-x)$;当偶数 $m-2k-x$ 不是 $2m$ 的整数倍时,类似公式(2.2.80),有

$$w^{(m-2k-x)m} = 1 \tag{2.2.82}$$

于是,当偶数 $m-2k-x$ 不被 $2m$ 整除时,类似公式(2.2.81),有

$$\sum_{j=1}^{m}w^{(m-2k-x)j} = \frac{w^{m-2k-x}-w^{(m-2k-x)(m+1)}}{1-w^{m-2k-x}} = 0 \tag{2.2.83}$$

另外,利用上面叙述,类似公式(2.2.78),当 $k=\frac{1}{2}(m-x)$ 时,即 $m-2k-x$ 是 $2m$ 的整数倍时,有

$$\sum_{j=1}^{m}w^{(m-2k-x)j} = m \tag{2.2.84}$$

利用公式(2.2.77),(2.2.78),(2.2.81),(2.2.83)和(2.2.84),有

$$\sum_{j=1}^{m}\left(\cos\frac{j\pi}{m}\right)^{m}\cos\frac{jx\pi}{m} = \frac{1}{2^{m+1}}\sum_{k=0}^{m}C_{m}^{k}\sum_{j=1}^{m}(w^{(m-2k+x)j}+w^{(m-2k-x)j})$$

$$= \frac{m}{2^{m+1}}(C_{m}^{\frac{1}{2}(m+x)}+C_{m}^{\frac{1}{2}(m-x)}) = \frac{m}{2^{m}}C_{m}^{\frac{1}{2}(m+x)} \tag{2.2.85}$$

例9 设 n,k 和 r 都是正整数,满足 $kr\leqslant n<(k+1)r$,求证:

$$\sum_{i=0}^{k}C_{n}^{ir} = \frac{2^{n}}{r}\left[1+\sum_{t=1}^{r-1}\cos\frac{nt\pi}{r}\left(\cos\frac{t\pi}{r}\right)^{n}\right]$$

证明:记

$$w = \cos\frac{2\pi}{r}+i\sin\frac{2\pi}{r}, \quad w^{r} = 1 \tag{2.2.86}$$

对于正整数 j,令

$$T_{j} = \sum_{t=1}^{r}w^{tj} \tag{2.2.87}$$

① 当 j 是 r 的整数倍时,有
$$T_j = r \tag{2.2.88}$$
② 当 j 不是 r 的整数倍时,有
$$T_j = \frac{w^j - w^{(r+1)j}}{1 - w^j} = 0(\text{利用公式}(2.2.86)) \tag{2.2.89}$$
记
$$f(z) = (1+z)^n = \sum_{j=0}^{n} C_n^j z^j \tag{2.2.90}$$
利用上式,有
$$\sum_{t=1}^{r} f(w^t) = \sum_{t=1}^{r} \sum_{j=0}^{n} C_n^j w^{tj} = \sum_{j=0}^{n} C_n^j T_j \tag{2.2.91}$$
这里利用公式(2.2.87),利用公式(2.2.88),(2.2.89)和(2.2.91),有
$$\sum_{t=1}^{r} f(w^t) = r \sum_{a=0}^{k} C_n^{ar} (\text{利用题目条件}) \tag{2.2.92}$$
由于公式(2.2.86),有
$$1 + w^t = 2\cos\frac{t\pi}{r}\left(\cos\frac{t\pi}{r} + i\sin\frac{t\pi}{r}\right) \tag{2.2.93}$$
这里 $t \in \{0,1,2,\cdots,r\}$. 类似上式,当 $t \in \{0,1,2,\cdots,r-1\}$ 时,有
$$1 + w^{r-t} = 2\cos\frac{(r-t)\pi}{r}\left(\cos\frac{(r-t)\pi}{r} + i\sin\frac{(r-t)\pi}{r}\right)$$
$$= 2\cos\frac{t\pi}{r}\left(\cos\frac{t\pi}{r} - i\sin\frac{t\pi}{r}\right) \tag{2.2.94}$$
利用公式(2.2.90),(2.2.93)和(2.2.94),当 $t \in \{0,1,2,\cdots,r-1\}$ 时,可以看到
$$f(w^t) + f(w^{r-t}) = (1+w^t)^n + (1+w^{r-t})^n$$
$$= \left[2\cos\frac{t\pi}{r}\left(\cos\frac{t\pi}{r} + i\sin\frac{t\pi}{r}\right)\right]^n + \left[2\cos\frac{t\pi}{r}\left(\cos\frac{t\pi}{r} - i\sin\frac{t\pi}{r}\right)\right]^n$$
$$= 2^{n+1}\left(\cos\frac{t\pi}{r}\right)^n \cos\frac{nt\pi}{r} \tag{2.2.95}$$
利用公式(2.2.92)和(2.2.95),有
$$2r \sum_{a=0}^{k} C_n^{ar} = \sum_{t=1}^{r} f(w^t) + \sum_{t=1}^{r} f(w^{r-t}) (\text{这里利用公式}(2.2.86),\text{有} f(w^r) = f(1) = f(w^0))$$
$$= f(w^r) + f(w^0) + \sum_{t=1}^{r-1} [f(w^t) + f(w^{r-t})]$$
$$= 2^{n+1}\left[1 + \sum_{t=1}^{r-1}\left(\cos\frac{t\pi}{r}\right)^n \cos\frac{nt\pi}{r}\right] (\text{利用公式}(2.2.95),\text{以及利用公式}(2.2.90),$$
$$\text{有} f(1) = \sum_{j=0}^{n} C_n^j = (1+1)^n = 2^n) \tag{2.2.96}$$
从而题目结论成立.

例 10 给定正整数 $n \geqslant 3$,设 $f(n) = \sum_{k=0}^{\left[\frac{n}{3}\right]} (-1)^k C_n^{3k}$,求证:$f(n)$ 是 3 的整数倍.

证明:令
$$w = \cos\frac{2\pi}{3} + i\sin\frac{2\pi}{3}, \quad w^3 = 1, \quad w^2 + w + 1 = 0 \tag{2.2.97}$$
对任意正整数 n,定义

$$\sum_{j=0}^{2}(1-w^{j})^{n} = \sum_{j=0}^{2}\sum_{q=0}^{n}(-1)^{q}C_{n}^{q}w^{jq} = \sum_{q=0}^{n}\left((-1)^{q}C_{n}^{q}\sum_{j=0}^{2}w^{jq}\right) \quad (2.2.98)$$

利用公式(2.2.97),有

$$\left.\begin{array}{l}\sum_{j=0}^{2}w^{jq} = 3 \quad \text{如果 } q \text{ 是 3 的倍数}\\ \sum_{j=0}^{2}w^{jq} = 0 \quad \text{如果 } q \text{ 不是 3 的倍数}\end{array}\right\} \quad (2.2.99)$$

利用公式(2.2.98)和(2.2.99),有

$$\sum_{j=0}^{2}(1-w^{j})^{n} = 3\sum_{k=0}^{\left[\frac{n}{3}\right]}(-1)^{3k}C_{n}^{3k} = 3f(n) \quad (2.2.100)$$

这里利用题目条件.

利用上式,可以看到

$$f(n) = \frac{1}{3}\left[(1-w)^{n} + (1-w^{2})^{n}\right]$$

$$= \frac{1}{3}\left[(1-w)^{n} + (2+w)^{n}\right](\text{利用公式}(2.2.97) \text{ 的最后一个等式}) \quad (2.2.101)$$

利用公式(2.2.97),有

$$(1-w)^{n} = \left[\frac{1}{2}(3-\sqrt{3}\mathrm{i})\right]^{n} = (\sqrt{3})^{n}\left[\frac{1}{2}(\sqrt{3}-\mathrm{i})\right]^{n}$$

$$= (\sqrt{3})^{n}\left(\cos\frac{\pi}{6} - \mathrm{i}\sin\frac{\pi}{6}\right)^{n} = (\sqrt{3})^{n}\left(\cos\frac{n\pi}{6} - \mathrm{i}\sin\frac{n\pi}{6}\right) \quad (2.2.102)$$

以及

$$(2+w)^{n} = \left[\frac{1}{2}(3+\sqrt{3}\mathrm{i})\right]^{n} = (\sqrt{3})^{n}\left(\cos\frac{n\pi}{6} + \mathrm{i}\sin\frac{n\pi}{6}\right) \quad (2.2.103)$$

利用公式(2.2.101),(2.2.102)和(2.2.103),有

$$f(n) = \frac{2}{3}(\sqrt{3})^{n}\cos\frac{n\pi}{6} \quad (2.2.104)$$

对于任意正整数 $n \geqslant 3$, n 可以写成 $n=12k$, $n=12k\pm 1$, $n=12k\pm 2$, $n=12k\pm 3$, $n=12k\pm 4$, $n=12k\pm 5$, $n=12k+6$. 由于 $n\geqslant 3$, 前面一些表达式 k 是正整数, 后面一些表达式中 k 可以取非负整数. 利用公式(2.2.104), 我们有: 当 $n=12k$ 时, $f(n) = 2\times 3^{\frac{1}{2}(n-2)}$; 当 $n=12k\pm 1$ 时, $f(n) = 3^{\frac{1}{2}(n-1)}$; 当 $n=12k\pm 2$ 时, $f(n) = 3^{\frac{1}{2}(n-2)}$; 当 $n=12k\pm 3$ 时, $f(n) = 0$; 当 $n=12k\pm 4$ 时, $f(n) = -3^{\frac{1}{2}(n-2)}$; 当 $n=12k\pm 5$ 时, $f(n) = -3^{\frac{1}{2}(n-1)}$; 当 $n=12k+6$ 时, $f(n) = -2\times 3^{\frac{1}{2}(n-2)}$. 在上述每一种情况, $f(n)$ 都是 3 的整数倍.

从上述 10 例可以看出, 如果读者有兴趣, 以本节开始部分的一些公式为基础, 可以自己动手, 推导出许多有趣的有关三角函数的关系式.

例 11 给定 n 个实数 $a_{1}, a_{2}, \cdots, a_{n}$, 满足 $\sum_{k=1}^{n}a_{k} = 0$, 记 $a_{n+j} = a_{j}(1\leqslant j\leqslant n-1)$. 求 $\sum_{k=1}^{n}\dfrac{1}{a_{k}(a_{k}+a_{k+1})(a_{k}+a_{k+1}+a_{k+2})\cdots(a_{k}+a_{k+1}+\cdots+a_{k+n-2})}$ 的值, 这里每个分数的分母皆不为零.

解: 记题目中所求的和式为 S, 可以看到

$$S = \sum_{k=1}^{n}\frac{1}{a_{k+1}(a_{k+1}+a_{k+2})\cdots(a_{k+1}+a_{k+2}+\cdots+a_{k+n-1})} \quad (2.2.105)$$

记
$$b_k = \sum_{r=1}^{k} a_r, (1 \leqslant k \leqslant n), \ b_n = 0(由题目条件), \quad 记 \ b_{n+j} = b_j (1 \leqslant j \leqslant n-1) \tag{2.2.106}$$

当下标 i,j 不相等时,可以得到
$$b_j - b_i = (b_n - b_i) + b_j (利用上式)$$
$$= \sum_{k=i+1}^{n} a_k + \sum_{k=1}^{j} a_k = \sum_{k=i+1}^{n+j} a_k \tag{2.2.107}$$

利用 1.3 节例 26 引入的连乘符号,以及上面叙述,有
$$S = \sum_{k=1}^{n} \Big(\prod_{\substack{j=1 \\ 但 j \neq k}}^{n} \frac{1}{b_j - b_k} \Big) = \prod_{j=1}^{n-1} \frac{1}{b_j - b_n} + \sum_{k=1}^{n-1} \Big(\prod_{\substack{j=1 \\ 但 j \neq k}}^{n} \frac{1}{b_j - b_k} \Big) \tag{2.2.108}$$

记
$$p = b_1 b_2 \cdots b_{n-1} \tag{2.2.109}$$

在公式(2.2.108)中,利用公式(2.2.106)和(2.2.109),有
$$S = \frac{1}{p} + \sum_{k=1}^{n-1} \Big(-\frac{1}{b_k} \prod_{\substack{j=1 \\ 但 j \neq k}}^{n-1} \frac{1}{b_j - b_k} \Big) \tag{2.2.110}$$

令
$$F(x) = \sum_{k=1}^{n-1} \Big(-\frac{1}{p} \prod_{\substack{j=1 \\ 但 j \neq k}}^{n-1} \frac{b_j - x}{b_j - b_k} \Big) \tag{2.2.111}$$

这里 x 是变元,$F(x)$ 是 x 的至多 $n-2$ 次实系数多项式,显然,有
$$F(b_k) = -\frac{1}{p}, \quad 对所有 \ k \in \{1, 2, \cdots, n-1\} \tag{2.2.112}$$

于是,对任意实数 x,有
$$F(x) = -\frac{1}{p}, \quad 特别有 \ F(0) = -\frac{1}{p} \tag{2.2.113}$$

利用公式(2.2.111)和(2.2.113),有
$$-\frac{1}{p} = F(0) = \sum_{k=1}^{n-1} \Big(-\frac{1}{p} \prod_{\substack{j=1 \\ 但 j \neq k}}^{n-1} \frac{b_j}{b_j - b_k} \Big)$$
$$= \sum_{k=1}^{n-1} \Big(-\frac{1}{b_k} \prod_{\substack{j=1 \\ 但 j \neq k}}^{n-1} \frac{1}{b_j - b_k} \Big) (利用公式(2.2.109))$$
$$= S - \frac{1}{p} (利用公式(2.2.110)) \tag{2.2.114}$$

利用上式,立即有
$$S = 0 \tag{2.2.115}$$

例 12 设正整数 n 是偶数.求证:任一首项系数是 1 的 n 次实系数多项式是两个 n 次的,有 n 个实根的首项系数是 1 的实系数多项式的算术平均.

证明: 对任意两组实数 $a_1 < a_2 < \cdots < a_k$,及 $b_1, b_2, \cdots, b_k$,利用 Lagrange 插值公式(见 2.1 节例 30),有一个(至多)$k-1$ 次实系数多项式 $h(x)$,
$$h(x) = \sum_{i=1}^{k} \prod_{\substack{j=1 \\ 但 j \neq i}}^{k} b_i \frac{x - a_j}{a_i - a_j} \tag{2.2.116}$$

满足 $h(a_i) = b_i, 1 \leqslant i \leqslant k$.这里 k 是正整数.

设题目中给定的首项系数是 1 的 n 次实系数多项式是 $f(x)$,记

$$T = \max\{2|f(1)|, 2|f(2)|, 2|f(3)|, \cdots, 2|f(n)|\} \qquad (2.2.117)$$

取正实数 $M > T$,以及令

$$a_j = j, 1 \leqslant j \leqslant n; \quad b_1 = b_3 = \cdots = b_{n-1} = -M, b_2 = b_4 = \cdots = b_n = M$$
$$(2.2.118)$$

利用公式(2.2.118),有相应的由公式(2.2.116)定义的至多 $n-1$ 次实系数多项式 $h(x)$. 又令

$$g(x) = (x-1)(x-2)(x-3)\cdots(x-n) + h(x) \qquad (2.2.119)$$

$g(x)$ 是首项系数为 1 的 n 次实系数多项式,利用公式(2.2.116)和(2.2.118),对于满足 $2k \leqslant n$ 的正整数 k,有

$$\left.\begin{array}{l} g(2k-1) = h(2k-1) = b_{2k-1} = -M \\ g(2k) = h(2k) = b_{2k} = M \end{array}\right\} \qquad (2.2.120)$$

从而多项式 $g(x)$ 在 n 个开区间 $(-\infty, 1), (1,2), (2,3), \cdots, (n-2, n-1), (n-1, n)$ 上各有一个实根, $g(x)$ 恰有 n 个实根(注意 n 是偶数,当 $|x|$ 是充分大的正实数时, $g(x) > 0$). 又令

$$\varphi(x) = 2f(x) - g(x) \qquad (2.2.121)$$

$\varphi(x)$ 也是首项系数为 1 的 n 次实系数多项式,且当正整数 k 满足 $2k \leqslant n$,利用公式(2.2.117)和(2.2.120),有

$$\varphi(2k-1) = 2f(2k-1) - g(2k-1) \geqslant -T + M > 0 \qquad (2.2.122)$$

以及

$$\varphi(2k) = 2f(2k) - g(2k) \leqslant T - M < 0 \qquad (2.2.123)$$

从而 $\varphi(x)$ 在 n 个开区间 $(1,2), (2,3), (3,4), \cdots, (n-1, n), (n, \infty)$ 内各有一个实根. 于是 $\varphi(x)$ 的根也全是实根. 利用公式(2.2.121),有

$$\frac{1}{2}[\varphi(x) + g(x)] = f(x) \qquad (2.2.124)$$

注: n 为奇数情况,有兴趣的读者利用上述方法自己去思考之.

例 13 设实系数多项式 $f(x)$ 的次数最多是 $2n$ 次(n 是一个正整数),且对闭区间 $[-n, n]$ 内每个整数 k,存在正整数 A,使得 $|f(k)| \leqslant A$. 求证:对于闭区间 $[-n, n]$ 内任意实数 x, $f(x) \leqslant 2^{2n} A$.

证明:根据 Lagrange 插值公式,有

$$f(x) = \sum_{k=-n}^{n} f(k) \prod_{\substack{j=-n \\ \text{但} j \neq k}}^{n} \frac{x-j}{k-j} \qquad (2.2.125)$$

利用上式及题目条件,有

$$|f(x)| \leqslant \sum_{k=-n}^{n} |f(k)| \prod_{\substack{j=-n \\ \text{但} j \neq k}}^{n} \left|\frac{x-j}{k-j}\right| \leqslant A \sum_{k=-n}^{n} \prod_{\substack{j=-n \\ \text{但} j \neq k}}^{n} \left|\frac{x-j}{k-j}\right| \qquad (2.2.126)$$

先估计 $\prod_{\substack{j=-n \\ \text{但} j \neq k}}^{n} |x-j|$.

在实数轴的闭区间 $[-n, n]$ 内,有 $2n$ 个整数点 $-n, -n+1, -n+2, \cdots, k-1, k+1, \cdots, n-1, n$. 对于 $[-n, n]$ 内每个实数点 x, x 取定后,它与上述 $2n$ 个整数点的最短距离小于等于 1, 即存在整数 $j_0, -n \leqslant j_0 \leqslant n, j_0 \neq k$, 使得 $|x - j_0| \leqslant 1$. 显然, 在上述 $2n$ 个整数点之中, 必有第二点, 与点 x 的距离小于等于 2; 必有第三点, 与点 x 的距离小于等于 3, $\cdots$, 必有第 $2n$ 个点, 与点 x 的距离小于等于 $2n$. 于是, 对于 $[-n, n]$ 内任一实数 x, 有

$$\prod_{\substack{j=-n \\ \text{但} j \neq k}}^{n} |x-j| \leqslant (2n)! \qquad (2.2.127)$$

另外，可以看到

$$\prod_{\substack{j=-n \\ 但 j\neq k}}^{n} |k-j|$$
$$= |k+n||k+n-1|\cdots|k-(k-1)||k-(k+1)||k-(k+2)|\cdots|k-n|$$
$$= (k+n)!(n-k)! \tag{2.2.128}$$

利用不等式(2.2.126),(2.2.127),公式(2.2.128),有

$$|f(x)| \leqslant A\sum_{k=-n}^{n} \frac{(2n)!}{(k+n)!(n-k)!} = A\sum_{s=0}^{2n} \frac{(2n)!}{s!(2n-s)!} (令 s = k+n)$$
$$= A\sum_{s=0}^{2n} C_{2n}^{s} = 2^{2n}A \tag{2.2.129}$$

例 14 正整数 $n \geqslant 3$，$f(x)$ 是一个次数大于等于1的整系数多项式，已知存在 n 个整数 $x_1, x_2, \cdots, x_n$，使得 $f(x_i) = x_{i+1}$，这里 $i = 1, 2, \cdots, n-1$，$f(x_n) = x_1$。求证：$x_3 = x_1$。

证明： 记 $x_{n+1} = x_1$，为简洁，记 $f^{(n)}(x) = f(f\cdots(f(x))\cdots)$（$n$ 个 f，这里 n 是正整数）。利用题目条件，对于题目中的正整数 $n \geqslant 3$，有

$$f^{(n)}(x_i) = x_i \quad (i = 1, 2, \cdots, n+1) \tag{2.2.130}$$

对于 $1 \leqslant i < j \leqslant n+1$，利用上式，有

$$f^{(n)}(x_j) - f^{(n)}(x_i) = x_j - x_i \tag{2.2.131}$$

如果 $x_j = x_i$，则 $f(x_j) = f(x_i)$，如果 $x_j \neq x_i$，利用题目条件，记

$$f(x) = a_m x^m + a_{m-1} x^{m-1} + \cdots + a_1 x + a_0 \tag{2.2.132}$$

这里 m 是一个正整数，$a_m, a_{m-1}, \cdots, a_1, a_0$ 都是整数，$a_m \neq 0$。对于不同整数 y_i, y_j，利用公式(2.2.132)，有

$$f(y_j) - f(y_i) = a_m(y_j^m - y_i^m) + a_{m-1}(y_j^{m-1} - y_i^{m-1}) + \cdots + a_1(y_j - y_i) \tag{2.2.133}$$

从上式，可以知道 $f(y_j) - f(y_i)$ 是 $y_j - y_i$ 的整数倍。因此当 $x_j \neq x_i$ 时，有 $x_j - x_i$ 整除 $f(x_j) - f(x_i)$，$f(x_j) - f(x_i)$ 整除 $f^{(2)}(x_j) - f^{(2)}(x_i)$，$\cdots$，类似地，对于 $l \in \{1, 2, \cdots, n\}$，有 $f^{(l)}(x_j) - f^{(l)}(x_i)$ 整除 $f^{(l+1)}(x_j) - f^{(l+1)}(x_i)$。利用上面叙述，我们知道，存在整数 $A_1, A_2, \cdots, A_n$，满足

$$\left.\begin{array}{l} f(x_j) - f(x_i) = (x_j - x_i)A_1 \\ f^{(2)}(x_j) - f^{(2)}(x_i) = (f(x_j) - f(x_i))A_2 = (x_j - x_i)A_1 A_2 \\ \cdots\cdots \\ f^{(n)}(x_j) - f^{(n)}(x_i) = (f^{(n-1)}(x_j) - f^{(n-1)}(x_i))A_n = (x_j - x_i)A_1 A_2 \cdots A_n \end{array}\right\}$$

(2.2.134)

利用公式(2.2.131)和(2.2.134)，当 $x_j \neq x_i$ 时，有

$$A_1 A_2 \cdots A_n = 1 \tag{2.2.135}$$

那么，所有整数 $A_l (1 \leqslant l \leqslant n)$ 只有两个可能的值：1 或 -1。再利用公式(2.2.134)的第一式，有

$$f(x_j) - f(x_i) = \pm (x_j - x_i) \tag{2.2.136}$$

明显地，上式对 $x_j = x_i$ 也是成立的。上式对任意 $i, j (1 \leqslant i < j \leqslant n+1)$ 成立。特别有

$$x_{j+1} - x_j = \pm (f(x_{j+1}) - f(x_j)) = \pm (x_{j+2} - x_{j+1}) (利用题目条件) \tag{2.2.137}$$

记

$$d = x_2 - x_1 \tag{2.2.138}$$

则

$$x_3 - x_2 = f(x_2) - f(x_1) = \pm (x_2 - x_1) = \pm d \tag{2.2.139}$$

当 $d=0$ 时,利用上二式,有 $x_3=x_2=x_1$,题目结论成立. 当 $d\neq 0$ 时,由于 $x_{n+1}=x_1$,有
$$(x_2-x_1)+(x_3-x_2)+\cdots+(x_n-x_{n-1})+(x_{n+1}-x_n)=0 \qquad (2.2.140)$$
那么,必有正整数 k 存在,$1\leqslant k\leqslant n-1$,使得
$$x_2-x_1=d, x_3-x_2=d, \cdots, x_{k+1}-x_k=d, x_{k+2}-x_{k+1}=-d(利用公式(2.2.137))$$
$$\qquad (2.2.141)$$
而将上式中前 k 个等式相加,有
$$x_{k+1}-x_1=kd \qquad (2.2.142)$$
另一方面,利用公式(2.2.136),有
$$x_{k+1}-x_1=\pm(f(x_{k+1})-f(x_1))=\pm(x_{k+2}-x_2) \qquad (2.2.143)$$
利用公式(2.2.141),不考虑第一个等式,将其余 k 个等式相加,有
$$x_{k+2}-x_2=(k-2)d \qquad (2.2.144)$$
利用公式(2.2.142),(2.2.143)和(2.2.144),有
$$(k-2)d=\pm kd, 则 k-2=\pm k(利用 d\neq 0) \qquad (2.2.145)$$
利用公式(2.2.145)的第二等式,只有
$$k=1 \qquad (2.2.146)$$
利用公式(2.2.141)和(2.2.146),有
$$x_2-x_1=d, \quad x_3-x_2=-d \qquad (2.2.147)$$
上二个等式相加,有
$$x_3=x_1 \qquad (2.2.148)$$
这就是结论.

例 15 如果实系数多项式 $f(x)$ 对所有实数 x 只取非负的实数值,则存在 n(n 是一个正整数)个实系数多项式 $Q_1(x),Q_2(x),\cdots,Q_n(x)$,使得
$$f(x)=(Q_1(x))^2+(Q_2(x))^2+\cdots+(Q_n(x))^2$$

证明: 如果 $f(x)$ 是零次多项式,由题目条件,存在非负实数 a,使得 $f(x)=a$. 对于任意正整数 n,令
$$Q_1(x)=Q_2(x)=\cdots=Q_n(x)=\sqrt{\frac{a}{n}} \qquad (2.2.149)$$
则题目结论成立.

现在考虑 $f(x)$ 的次数大于等于 1 的情况. 由于 $f(x)$ 是实系数多项式,非实复根必共轭成对出现. 因此可设 $f(x)$ 的非实复根的个数是 $2k$ 个,这里 k 是非负整数. 对 k 用数学归纳法来证明本题结论.

当 $k=0$ 时,$f(x)$ 的根全为实数. 设 α 是 $f(x)$ 的 l 重实根(l 是一个正整数),那么,有
$$f(x)=(x-\alpha)^l R(x), R(\alpha)\neq 0 \qquad (2.2.150)$$
这里 $R(x)$ 是 x 的一个多项式,$R(x)$ 的根也全为实数. $R(x)$ 的首项系数就是 $f(x)$ 的首项系数,则 $R(x)$ 也是一个实系数多项式.

我们断言,l 必为偶数. 用反证法,如果 l 是奇数,由于 $f(x)$(这里 x 是任意实数)始终大于等于零,当 $x>\alpha$ 时,显然 $(x-\alpha)^l>0$,再利用公式(2.2.150),有当 $x>\alpha$ 时,$R(x)\geqslant 0$. 当 $x<\alpha$ 时,由于 l 是奇数,有 $(x-\alpha)^l<0$,再利用公式(2.2.150),应有 $R(x)\leqslant 0$. 因此,α 是 $R(x)$ 的一个根. 这与 $R(\alpha)\neq 0$ 矛盾.

因此,如果实数 α 是 $f(x)=0$ 的 l 重根,则 l 必为偶数. 设 $\alpha_1,\alpha_2,\cdots,\alpha_k$ 是多项式 $f(x)$ 的 k 个不同的实根,由于 $f(x)$ 的全部根都为实数,那么,有
$$f(x)=a(x-\alpha_1)^{2l_1}(x-\alpha_2)^{2l_2}\cdots(x-\alpha_k)^{2l_k} \qquad (2.2.151)$$

这里 a 是正实数,$l_1,l_2,\cdots,l_k$ 是正整数.令
$$Q_1(x) = \sqrt{a}(x-\alpha_1)^{l_1}(x-\alpha_2)^{l_2}\cdots(x-\alpha_k)^{l_k} \tag{2.2.152}$$
则
$$f(x) = (Q_1(x))^2 \tag{2.2.153}$$
题目结论成立($n=1$).

设题目结论对非实复根个数小于 $2k$(k 是一个正整数)的所有满足题目条件的实系数多项式成立.

下面考虑实系数多项式 $f(x)$,恰具有 $2k$ 个非实复根.由于 $f(x)$ 是实系数多项式,如果有非实复根 α,则必有共轭复根 $\bar{\alpha}$,记 $\alpha = a+bi$,这里 a,b 都是实数,且 b 不等于零.那么,有
$$\begin{aligned}f(x) &= (x-\alpha)(x-\bar{\alpha})R(x) = (x^2-2ax+a^2+b^2)R(x)\\ &= [(x-a)^2+b^2]R(x)\end{aligned} \tag{2.2.154}$$

由于对于任意实数 $x,f(x) \geqslant 0$,再利用公式(2.2.154),有 $R(x) \geqslant 0$.显然 $R(x)$ 也是一个实系数多项式,且 $R(x)$ 的非实复根的个数是 $2k-2$,利用归纳法假设,存在 n 个实系数多项式 $Q_1(x),Q_2(x),\cdots,Q_n(x)$,使得
$$R(x) = (Q_1(x))^2 + (Q_2(x))^2 + \cdots + (Q_n(x))^2 \tag{2.2.155}$$
代公式(2.2.155)入(2.2.154),有
$$\begin{aligned}f(x) &= ((x-a)Q_1(x))^2 + ((x-a)Q_2(x))^2 + \cdots + ((x-a)Q_n(x))^2\\ &\quad + (bQ_1(x))^2 + (bQ_2(x))^2 + \cdots + (bQ_n(x))^2\end{aligned} \tag{2.2.156}$$

因此,$f(x)$ 是 $2n$ 个实系数多项式的平方和,归纳法完成.

例 16 设 $f(x)$ 是具复系数的 n 次多项式,$f(0)=0$.求证:对于任意具 $|\alpha|<1$ 的复数 α,存在 $n+2$ 个模长为 1 的复数 $z_1,z_2,\cdots,z_{n+2}$,满足
$$f(\alpha) = f(z_1) + f(z_2) + \cdots + f(z_{n+2})$$

证明: 对于任意 $n+2$ 个复数 $z_1,z_2,\cdots,z_{n+2}$,令
$$Q(z) = (z-z_1)(z-z_2)\cdots(z-z_{n+2}) \tag{2.2.157}$$
$Q(z)$ 是 z 的 $n+2$ 次复系数多项式.

对正整数 k,令
$$A_k = \sum_{j=1}^{n+2} z_j^k \tag{2.2.158}$$
展开公式(2.2.157)的右端,可以写
$$Q(z) = \sum_{j=0}^{n+2}(-1)^j C_j z^{n+2-j} \tag{2.2.159}$$
这里 $C_j(0 \leqslant j \leqslant n+2)$ 是复数,比较公式(2.2.157)和(2.2.159)的右端,有
$$C_0 = 1,\quad C_1 = \sum_{j=1}^{n+2} z_j,\quad C_2 = \sum_{1 \leqslant i<j \leqslant n+2} z_i z_j,\quad C_3 = \sum_{1 \leqslant i<j<l \leqslant n+2} z_i z_j z_l,\cdots,\quad C_{n+2} = z_1 z_2 \cdots z_{n+2} \tag{2.2.160}$$

明显地,有
$$\begin{aligned}A_{k-1}C_1 &= \Big(\sum_{j=1}^{n+2} z_j^{k-1}\Big)\Big(\sum_{l=1}^{n+2} z_l\Big)(利用公式(2.2.158) 和(2.2.160))\\ &= \sum_{j=1}^{n+2} z_j^k + \sum_{j \neq l} z_j^{k-1} z_l = A_k + s(z_1^{k-1} z_2)\end{aligned} \tag{2.2.161}$$
这里用 $s(z_1^{k-1} z_2)$ 表示 $\sum_{j \neq l} z_j^{k-1} z_l$.

类似地,有

$$A_{k-2}C_2 = \Big(\sum_{j=1}^{n+2} z_j^{k-2}\Big)\Big(\sum_{1\leqslant i<j\leqslant n+2} z_i z_j\Big) = \sum_{j\neq l} z_j^{k-1}z_l + \sum_{i,j,l\text{两两不相等},且 j<l} z_i^{k-2}z_j z_l$$
$$= s(z_1^{k-1}z_2) + s(z_1^{k-2}z_2 z_3) \tag{2.2.162}$$

这里用 $s(z_1^{k-2}z_2 z_3)$ 表示 $\sum_{i,j,l\text{两两不相等},且 j<l} z_i^{k-2}z_j z_l$. 下面 s 的意义类似上述,仅仅是一种为书写简洁的相应表示.

……

$$A_{k-j}C_j = \Big(\sum_{l=1}^{n+2} z_l^{k-j}\Big)\Big(\sum_{1\leqslant i_1<i_2<\cdots<i_j\leqslant n+2} z_{i_1}z_{i_2}\cdots z_{i_j}\Big) = s(z_1^{k-j+1}z_2\cdots z_j) + s(z_1^{k-j}z_2\cdots z_{j+1})$$
$$\tag{2.2.163}$$

这里 $k\in\{1,2,\cdots,n+2\}$.

$$A_1 C_{k-1} = \Big(\sum_{j=1}^{n+2} z_j\Big)\Big(\sum_{1\leqslant i_1<i_2<\cdots<i_{k-1}\leqslant n+2} z_{i_1}z_{i_2}\cdots z_{i_{k-1}}\Big) = s(x_1^2 x_2 \cdots x_{k-1}) + kC_k \tag{2.2.164}$$

从公式(2.2.161)至公式(2.2.164)(包括省略书写部分)依次乘以 1 或 -1,然后全部相加,可以得到

$$A_{k-1}C_1 - A_{k-2}C_2 + \cdots + (-1)^{k-2}A_1 C_{k-1} = A_k + (-1)^{k-2}kC_k \tag{2.2.165}$$

上式移项后,再利用公式(2.2.160)的第一个等式,有

$$A_k C_0 - A_{k-1}C_1 + A_{k-2}C_2 - \cdots + (-1)^{k-1}A_1 C_{k-1} + (-1)^k kC_k = 0 \tag{2.2.166}$$

这里 $k\in\{1,2,\cdots,n+2\}$. 公式(2.2.166)是著名的 Newton 公式. 为保证 Newton 公式对 $k=1$ 成立,必须规定 $A_0 = 1$.

对于集合 $\{1,2,\cdots,n\}$ 中任意元素 k,要求

$$A_k = \alpha^k \tag{2.2.167}$$

只要取

$$C_1 = \alpha, \quad C_j = 0, \quad 2\leqslant j\leqslant n \tag{2.2.168}$$

利用上式及公式(2.2.166),有

$$A_k - \alpha A_{k-1} = 0, \quad \text{这里} 1\leqslant k\leqslant n \tag{2.2.169}$$

当上式成立时,利用 $A_0 = 1$,必有公式(2.2.167). 利用公式(2.2.158)和(2.2.167),这些公式两端分别乘以 $f(x)$ 的各项次的复系数,然后全部相加,题目结论成立.

当要求公式(2.2.168)成立时,再利用(2.2.159),有

$$Q(z) = z^{n+2} - \alpha z^{n+1} + (-1)^{n+1}C_{n+1}z + (-1)^{n+2}C_{n+2} \tag{2.2.170}$$

取

$$(-1)^{n+1}C_{n+1} = -\bar{\alpha}, \quad (-1)^{n+2}C_{n+2} = 1 \tag{2.2.171}$$

有

$$Q(z) = z^{n+2} - \alpha z^{n+1} - \bar{\alpha}z + 1 \tag{2.2.172}$$

对于 $Q(z)$ 的 $n+2$ 个复根 $z_1, z_2, \cdots, z_{n+2}$,利用上式,有

$$z_j^{n+2} - \alpha z_j^{n+1} - \bar{\alpha}z_j + 1 = 0 \tag{2.2.173}$$

这里 $j=1,2,\cdots,n+2$. 利用上式,有

$$z_j^{n+1} = \frac{\bar{\alpha}z_j - 1}{z_j - \alpha} \tag{2.2.174}$$

令

$$F(z) = \frac{\bar{\alpha}z - 1}{z - \alpha} \tag{2.2.175}$$

注:$F(z)$ 称为 Möbius 变换.

设
$$\alpha = x^* + y^* i, \quad z = x + yi \tag{2.2.176}$$
这里 x, y, x^*, y^* 都是实数.
$$|\bar{\alpha}z - 1| = |(x^* - y^*i)(x + yi) - 1| = |(xx^* + yy^* - 1) + i(x^*y - y^*x)|$$
$$= \sqrt{(xx^* + yy^* - 1)^2 + (x^*y - y^*x)^2}$$
$$= \sqrt{(x^2 + y^2)(x^{*2} + y^{*2}) + 1 - 2(xx^* + yy^*)} \tag{2.2.177}$$
利用公式(2.2.176),有
$$|z - \alpha| = \sqrt{(x - x^*)^2 + (y - y^*)^2} \tag{2.2.178}$$
直接计算,又可以看到
$$[(x^2 + y^2)(x^{*2} + y^{*2}) + 1 - 2(xx^* + yy^*)] - [(x - x^*)^2 + (y - y^*)^2]$$
$$= [1 - (x^2 + y^2)][1 - (x^{*2} + y^{*2})] \tag{2.2.179}$$
由题目条件,知道 $|\alpha| < 1$,再由公式(2.2.176),知道 $x^{*2} + y^{*2} < 1$. 利用公式(2.2.175)至 (2.2.179),当 $|z| < 1$ 时,必有 $|F(z)| > 1$,且当 $|z| > 1$ 时,必有 $|F(z)| < 1$.

利用上面叙述,兼顾公式(2.2.174)和(2.2.175),有
$$F(z_j) = z_j^{n+1} \tag{2.2.180}$$
以及知道
$$|z_j| = 1, \quad \text{这里 } j = 1, 2, \cdots, n+2 \tag{2.2.181}$$
题目结论成立.

例 17 设 **C** 是全体复数组成的集.(1) 求证:多项式 $f(z)$ 是关于 $z \in \mathbf{C}$ 的偶函数的充要条件是存在多项式 $g(z)$,使得对于任一复数 z,有 $f(z) = g(z)g(-z)$;

(2) 求证:多项式 $f(z)$ 是关于 $z \in \mathbf{C}$ 的奇函数的充要条件是存在多项式 $g(z)$,使得对于任一复数 z,有 $f(z) = -zg(z)g(-z)$.

证明:(1) 如果存在多项式 $g(z)$,使得对任一复数 z,有
$$f(z) = g(z)g(-z), \text{则 } f(-z) = g(-z)g(z) = f(z) \tag{2.2.182}$$
则 $f(z)$ 是一偶函数.

反之,设非零多项式 $f(z)$ 是一个偶函数(如果 $f(z)$ 恒等于零,令 $g(z)$ 也恒等于零,有 $f(z) = g(z)g(-z)$).下面对非零多项式 $f(z)$ 的非零根的个数 m(m 是非负整数)用数学归纳法来证明.存在多项式 $g(z)$,使得 $f(z) = g(z)g(-z)$.

当 $m = 0$ 时,换句话讲,$f(z)$ 的根全部是零根.于是,必有
$$f(z) = az^n \tag{2.2.183}$$
这里 a 是非零复数,n 是非负整数.由于 $f(z)$ 是偶函数,则必有 $n = 2k$,这里 k 是非负整数.记
$$a = \rho(\cos\theta + i\sin\theta) \tag{2.2.184}$$
这里 ρ 是正实数,$\theta \in [0, 2\pi)$.令
$$g(z) = bz^k, \text{则 } g(-z) = b(-z)^k \tag{2.2.185}$$
这里 b 是待定非零复数.要满足 $f(z) = g(z)g(-z)$,必须满足下面关系式
$$a = (-1)^k b^2 \tag{2.2.186}$$
取
$$b = \sqrt{\rho}\left[\cos\frac{1}{2}(k\pi + \theta) + i\sin\frac{1}{2}(k\pi + \theta)\right] \tag{2.2.187}$$
则公式(2.2.186)成立.因此,当 $m = 0$ 时,存在多项式 $g(z)$,满足 $f(z) = g(z)g(-z)$.

设当非负整数 $n < m$ 时,对于复系数多项式 $f(z)$,如果 $f(z)$ 是一个偶函数,且具有 n 个非零根,那么必有复系数多项式 $g(z)$,使得 $f(z) = g(z)g(-z)$.

现在设偶函数 $f(z)$ 具有 m 个非零根,这里 m 是正整数.如果 α 是 $f(z)$ 的一个非零复根,由于 $f(-\alpha) = f(\alpha) = 0$,则 $-\alpha$ 也是 $f(z)$ 的一个复根.那么,有

$$f(z) = (z - \alpha)(z + \alpha)R(z) = (z^2 - \alpha^2)R(z) \tag{2.2.188}$$

利用 $f(-z) = f(z)$,再利用上式,非零多项式 $R(z)$ 满足

$$R(-z) = R(z) \tag{2.2.189}$$

$R(z)$ 是一个偶函数,$R(z)$ 具有 $m-2$ 个非零根,依照归纳法假设,存在多项式 $S(z)$,满足

$$R(z) = S(z)S(-z) \tag{2.2.190}$$

代上式入公式(2.2.188),有

$$f(z) = \mathrm{i}(z - \alpha)S(z)\mathrm{i}(-z - \alpha)S(-z) \tag{2.2.191}$$

令

$$g(z) = \mathrm{i}(z - \alpha)S(z) \tag{2.2.192}$$

则

$$f(z) = g(z)g(-z) \tag{2.2.193}$$

归纳法完成.有题目结论(1).

(2) 如果存在多项式 $g(z)$,满足 $f(z) = -zg(z)g(-z)$,显然,有 $f(-z) = -f(z)$,$f(z)$ 是一个奇函数,充分性成立.下面证必要性.

如果已知 $f(z)$ 是一个奇函数.

当 $f(z)$ 是零次多项式时,有 $f(z) = a$,这里 a 是一个与 z 无关的复数,利用 $f(-z) = -f(z)$,必有 $a = 0$,$f(z) = 0$,令 $g(z) = 0$,满足 $f(z) = -zg(z)g(-z)$.

现在考虑 $f(z)$ 的次数大于等于 1 的情况.令

$$F(z) = zf(z) \tag{2.2.194}$$

那么 $F(z)$ 是一个偶函数.又多项式 $F(z)$ 的次数大于等于 2,利用(1)的结论,有多项式 $g(z)$,满足

$$F(z) = g(z)g(-z) \tag{2.2.195}$$

利用公式(2.2.194),知道 0 是 $F(z)$ 的一个根,那么,0 也是 $g(z)$ 或 $g(-z)$ 的根,由于 $g(0) = 0$,则 0 既是多项式 $g(z)$ 的根,也是多项式 $g(-z)$ 的根.由于 $g(z)$ 的次数大于等于 1,则存在多项式 $h(z)$,满足

$$g(z) = zh(z) \tag{2.2.196}$$

利用公式(2.2.194)和(2.2.195),有

$$zf(z) = g(z)g(-z) = (zh(z))(-zh(-z)) \tag{2.2.197}$$

这里利用公式(2.2.196),上式中 z 是任意复数,从而,有

$$f(z) = -zh(z)h(-z) \tag{2.2.198}$$

题目结论成立.

例 18 (1) a,b,c 是实数,不全为零.已知对任何整数 x,$f(x) = ax^2 + bx + c$ 都是完全平方数,求证:$f(x) = (dx + e)^2$,这里 d,e 是两个整数;

(2) 如果上述 $f(x)$,当 x 取任何整数时,都是整数的 4 次方,求 a,b.

解:(1) 首先,我们证明 $a \geq 0$.用反证法,如果 $a < 0$,必存在很大的正整数 x,使得

$$a < -\left(\frac{b}{x} + \frac{c}{x^2}\right) \tag{2.2.199}$$

那么,对这很大的正整数 x,有

$$ax^2 + bx + c < 0 \tag{2.2.200}$$

这与题目条件矛盾.如果 $a = 0$,对任意整数 x,$bx + c$ 是一个完全平方数,必有 $b = 0$.再利用题目

条件,可以知道 c 是一个正整数的平方.令 $d=0, e=\sqrt{c}$.本题结论成立.

下面考虑 $a>0$ 的情况.取整数 x,可以看到
$$f(x+1) - f(x) = a(2x+1) + b \tag{2.2.201}$$
由于 $a>0$,取很大的正整数 x,使得 $f(x)>0$,及 $f(x+1)>0$.再利用公式(2.2.201),有
$$\sqrt{f(x+1)} - \sqrt{f(x)} = \frac{f(x+1) - f(x)}{\sqrt{f(x+1)} + \sqrt{f(x)}} = \frac{a(2x+1)+b}{\sqrt{f(x+1)}+\sqrt{f(x)}} \tag{2.2.202}$$
由于
$$\lim_{x\to\infty} \sqrt{\frac{f(x)}{x^2}} = \lim_{x\to\infty}\sqrt{a+\frac{b}{x}+\frac{c}{x^2}} = \sqrt{a} \tag{2.2.203}$$
利用上式,可以得到
$$\lim_{x\to\infty} \frac{a(2x+1)+b}{\sqrt{f(x+1)}+\sqrt{f(x)}} = \lim_{x\to\infty} \frac{a\left(2+\frac{1}{x}\right)+\frac{b}{x}}{\sqrt{\frac{f(x+1)}{(x+1)^2}}\frac{x+1}{x}+\sqrt{\frac{f(x)}{x^2}}} = \frac{2a}{\sqrt{a}+\sqrt{a}} = \sqrt{a} \tag{2.2.204}$$
利用公式(2.2.202)和(2.2.204),有
$$\lim_{x\to\infty} (\sqrt{f(x+1)} - \sqrt{f(x)}) = \sqrt{a} \tag{2.2.205}$$
由于 $\sqrt{f(x+1)} - \sqrt{f(x)}$ 是两个正整数之差(利用题目条件),为一个整数,再利用公式(2.2.205),必存在一个正整数 x_0,当正整数 $x \geq x_0$ 时,有
$$\sqrt{f(x+1)} - \sqrt{f(x)} = \sqrt{a} \tag{2.2.206}$$
取
$$y = x_0 + n, \quad 这里 n 是任意正整数 \tag{2.2.207}$$
利用公式(2.2.206),可以看到
$$\sqrt{f(y)} - \sqrt{f(x_0)} = (\sqrt{f(y)} - \sqrt{f(y-1)}) + (\sqrt{f(y-1)} - \sqrt{f(y-2)})$$
$$+ \cdots + (\sqrt{f(x_0+1)} - \sqrt{f(x_0)}) = n\sqrt{a} \tag{2.2.208}$$
上式移项后,两端平方,有
$$f(y) = (\sqrt{f(x_0)} + n\sqrt{a})^2 = (\sqrt{f(x_0)} + y\sqrt{a} - x_0\sqrt{a})^2 (利用公式(2.2.207))$$
$$= (dy + e)^2 \tag{2.2.209}$$
这里 $d=\sqrt{a}$,利用公式(2.2.206),知道 $\sqrt{a}(a>0)$ 是一个正整数.$e = \sqrt{f(x_0)} - x_0\sqrt{a}$ 是两个整数之差,e 也是一个整数.

对于任意实数 y,记 $f(y) = ay^2 + by + c$,令
$$g(y) = f(y) - (dy+e)^2 \tag{2.2.210}$$
利用公式(2.2.209)和(2.2.210),有无限多个整数 y,使得 $g(y) = 0$,又 $g(y)$ 是 y 的至多一次多项式(利用 $d=\sqrt{a}$),于是,对于任意实数 y,$g(y)$ 恒等于零,则对于任意实数 y,有
$$f(y) = (dy+e)^2 \tag{2.2.211}$$
这就是题目结论(1).

(2) 当 x 是任一整数时,$f(x)$ 是一个整数的 4 次方,当然是一个完全平方数.下面证明:
$$a = 0 \tag{2.2.212}$$
用反证法,当 $a \neq 0$ 时,利用(1)的证明可以知道,$a>0$.而且公式(2.2.211)成立,对于任意整数 x,有
$$f(x) = (dx+e)^2 \tag{2.2.213}$$

由于 $f(x)$ 是整数的 4 次方，则 $|dx+e|$ 应是整数的平方，由于 $d=\sqrt{a}$ 是一个正整数，存在一个很大的正整数 x_0，当正整数 $x \geqslant x_0$ 时，有

$$dx + e > 0 \qquad (2.2.214)$$

由于 $[d(x+1)+e] - (dx+e) = d > 0$，则

$$\sqrt{d(x+1)+e} > \sqrt{dx+e} \qquad (2.2.215)$$

$\sqrt{d(x+1)+e} - \sqrt{dx+e}$ 是两个正整数之差，又利用不等式(2.2.215)，有

$$\sqrt{d(x+1)+e} - \sqrt{dx+e} \geqslant 1 \qquad (2.2.216)$$

但是，可以看到

$$\lim_{x \to \infty} \left[\sqrt{d(x+1)+e} - \sqrt{dx+e} \right] = \lim_{x \to \infty} \frac{d}{\sqrt{d(x+1)+e} + \sqrt{dx+e}} = 0 \qquad (2.2.217)$$

不等式(2.2.216)和公式(2.2.217)是一对矛盾. 因此，必有公式(2.2.212). 对任意整数 x，$bx+c$ 是整数的 4 次方，必有 $b=0$（用反证法，极容易推出，连同不等式(2.2.200)后面的类似结论，请读者自己给出严格证明）. c 是某个整数的 4 次方.

多项式知识也可以用来证不等式，下面介绍几个例题.

例 19 设正整数 $n \geqslant 2$，$a_1, a_2, \cdots, a_n, a_{n+1}$ 是正实数，a_{n+1} 是其中最小的一个. 求证：

$$\sum_{k=1}^{n+1} a_k^{n+1} - (n+1)a_1 a_2 \cdots a_{n+1} \geqslant (n+1)a_{n+1} \left[\sum_{k=1}^{n}(a_k - a_{n+1})^n - \prod_{k=1}^{n}(a_k - a_{n+1}) \right]$$

证明：令

$$t = a_{n+1}, \quad x_k = a_k - a_{n+1} = a_k - t \qquad (2.2.218)$$

这里 $k = 1, 2, \cdots, n$. t 是一个正实数，以及所有 $x_1, x_2, \cdots, x_n$ 都是非负实数. 利用公式(2.2.218)，有

$$\sum_{k=1}^{n+1} a_k^{n+1} - (n+1)a_1 a_2 \cdots a_n a_{n+1} = \sum_{k=1}^{n}(t+x_k)^{n+1} + t^{n+1} - (n+1)t \prod_{k=1}^{n}(t+x_k) \qquad (2.2.219)$$

以及

$$(n+1)a_{n+1} \left[\sum_{k=1}^{n}(a_k - a_{n+1})^n - \prod_{k=1}^{n}(a_k - a_{n+1}) \right] = (n+1)t \left(\sum_{k=1}^{n} x_k^n - \prod_{k=1}^{n} x_k \right) \qquad (2.2.220)$$

将公式(2.2.219)的右端视为关于变元 t ($t > 0$) 的一个多项式. 公式(2.2.220)的右端是 t 的一次式，无常数项. 如果能证明公式(2.2.219)的右端的 t 的系数大于等于公式(2.2.220)的右端 t 的系数，且能证明公式(2.2.219)的右端的 t^{i+1} 的系数 ($i = 1, 2, \cdots, n$) 及常数项皆是非负的，则题目结论成立.

公式(2.2.219)的右端 t^{n+1} 的系数 $= n + 1 - (n+1) = 0$ (2.2.221)

公式(2.2.219)的右端常数项 $= \sum_{k=1}^{n} x_k^{n+1} \geqslant 0$ (2.2.222)

公式(2.2.219)的右端 t^{i+1} ($i = 1, 2, \cdots, n-1$) 的系数

$$= \sum_{k=1}^{n} C_{n+1}^{i+1} x_k^{n-i} - (n+1) \sum_{1 \leqslant j_1 < \cdots < j_{n-i} \leqslant n} \prod_{k=1}^{n-i} x_{j_k}$$（注意公式(2.2.219)的右端最后一大项中，$\prod_{k=1}^{n}(t+x_k)$ 的展开式中 t^i 的系数是 $x_1, x_2, \cdots, x_n$ 中任取 $n-i$ 项乘积的和） (2.2.223)

利用 $A_{n-i} \geqslant G_{n-i}$，有

$$\frac{1}{n-i} \sum_{k=1}^{n-i} x_{j_k}^{n-i} \geqslant \prod_{k=1}^{n-i} x_{j_k} \qquad (2.2.224)$$

上式关于全部 $1\leqslant j_1<j_2<\cdots<j_{n-i}\leqslant n$ 求和,有

$$\sum_{1\leqslant j_1<j_2<\cdots<j_{n-i}\leqslant n}\frac{1}{n-i}\sum_{k=1}^{n-i}x_{j_k}^{n-i}\geqslant \sum_{1\leqslant j_1<j_2<\cdots<j_{n-i}\leqslant n}\prod_{k=1}^{n-i}x_{j_k} \qquad (2.2.225)$$

在上式左端中,先不考虑因子 $\frac{1}{n-i}$,上式左端下标 $1,2,\cdots,n$ 中任选 $n-i$ 个 $j_1<j_2<\cdots<j_{n-i}$,然后将 $\sum_{k=1}^{n-i}x_{j_k}^{n-i}$ 全部相加,这里 i 是固定的,一共有 $C_n^{n-i}(n-i)$ 个形如单项 $x_{j_k}^{n-i}$ 的和. 由于在这全部和式中,$x_1^{n-i},x_2^{n-i},\cdots,x_n^{n-i}$ 的系数都是相同的,则 $\sum_{k=1}^n x_k^{n-i}$ 的系数应当是 $\frac{1}{n}C_n^{n-i}(n-i)$ $= C_{n-1}^i$. 于是,再利用不等式(2.2.225),有

$$\frac{1}{n-i}C_{n-1}^i\sum_{k=1}^n x_k^{n-i}\geqslant \sum_{1\leqslant j_1<j_2<\cdots<j_{n-i}\leqslant n}\prod_{k=1}^{n-i}x_{j_k} \qquad (2.2.226)$$

由于

$$\frac{C_{n+1}^{i+1}}{C_{n-1}^i}=\frac{n(n+1)}{(i+1)(n-i)} \qquad (2.2.227)$$

利用上式及 $1\leqslant i\leqslant n-1$,有

$$C_{n+1}^{i+1}=\frac{n+1}{n-i}\frac{n}{i+1}C_{n-1}^i\geqslant \frac{n+1}{n-i}C_{n-1}^i \qquad (2.2.228)$$

利用公式(2.2.223),不等式(2.2.226)和公式(2.2.228),有

公式(2.2.219)的右端 $t^{i+1}(i=1,2,\cdots,n-1)$ 的系数

$$\geqslant (n+1)\left[\sum_{k=1}^n\frac{1}{n-i}C_{n-1}^i x_k^{n-i}-\sum_{1\leqslant j_1<j_2<\cdots<j_{n-i}\leqslant r}\prod_{k=1}^{n-i}x_{j_k}\right]\geqslant 0 \qquad (2.2.229)$$

最后考虑公式(2.2.219)的右端 t 的系数,容易看到

$$\text{公式(2.2.219)的右端 } t \text{ 的系数} =(n+1)\sum_{k=1}^n x_k^n-(n+1)x_1 x_2\cdots x_n$$
$$= \text{公式(2.2.220)的右端 } t \text{ 的系数} \qquad (2.2.230)$$

因此,题目结论成立.

例 20 正整数 $n\geqslant 2$,$x_1,x_2,\cdots,x_n$ 是 n 个两两不同的实数,记 $f(k)=|x_k-x_1||x_k-x_2|\cdots|x_k-x_{k-1}||x_k-x_{k+1}|\cdots|x_k-x_n|$ $(1\leqslant k\leqslant n)$,$S(x_1,x_2,\cdots,x_n)=\sum_{k=1}^n\frac{(1+x_k^2)^{\frac{n}{2}}}{f(k)}$,求证:$S(x_1,x_2,\cdots,x_n)\geqslant n$.

证明: 记

$$f^*(k)=(x_k-x_1)(x_k-x_2)\cdots(x_k-x_{k-1})(x_k-x_{k+1})\cdots(x_k-x_n),\quad 1\leqslant k\leqslant n \tag{2.2.231}$$

从上式,以及题目条件,有

$$f(k)=|f^*(k)|,\quad 1\leqslant k\leqslant n \qquad (2.2.232)$$

又记

$$g(x)=(1+x^2)^{\frac{n}{2}} \qquad (2.2.233)$$

题目中 $S(x_1,x_2,\cdots,x_n)$ 的表达式关于 $x_1,x_2,\cdots,x_n$ 是对称的. 因此,不妨设 $x_n<x_{n-1}<\cdots<x_2<x_1$,再从题目条件,有

$$S(x_1,x_2,\cdots,x_n)=\sum_{k=1}^n\frac{(-1)^{k-1}g(x_k)}{f^*(k)} \qquad (2.2.234)$$

引入一个多项式 $Q(x)$

$$Q(x) = \sum_{k=1}^{n} (-1)^{k-1} \frac{g(x_k)}{f^*(k)} (x-x_1)(x-x_2)\cdots(x-x_{k-1})(x-x_{k+1})\cdots(x-x_n) \tag{2.2.235}$$

$Q(x)$ 是 x 的至多 $n-1$ 次多项式,由公式(2.2.234)和(2.2.235),可以看到

$$Q(x) = S(x_1, x_2, \cdots, x_n) x^{n-1} + \cdots \tag{2.2.236}$$

上式省略的项是 x 的不超过 $n-2$ 次幂的项.令

$$(x+\mathrm{i})^n = h_1(x) + \mathrm{i} h_2(x) \tag{2.2.237}$$

这里 $\mathrm{i} = \sqrt{-1}$,$h_1(x)$ 和 $h_2(x)$ 都是 x 的实系数多项式,展开上式的左端,有

$$\left. \begin{aligned} h_1(x) &= x^n - C_n^2 x^{n-2} + \cdots \\ h_2(x) &= n x^{n-1} - C_n^3 x^{n-3} + \cdots \end{aligned} \right\} \tag{2.2.238}$$

公式(2.2.237)两端取共轭,有

$$(x-\mathrm{i})^n = h_1(x) - \mathrm{i} h_2(x) \tag{2.2.239}$$

注意这里 x 是实数变元.

利用公式(2.2.233),(2.2.237)和(2.2.239),可以得到

$$\begin{aligned} (g(x))^2 &= (1+x^2)^n = (x+\mathrm{i})^n (x-\mathrm{i})^n \\ &= (h_1(x) + \mathrm{i} h_2(x))(h_1(x) - \mathrm{i} h_2(x)) = (h_1(x))^2 + (h_2(x))^2 \end{aligned} \tag{2.2.240}$$

利用公式(2.2.233),有 $g(x) > 0$(这里 x 是任意实数).再利用公式(2.2.240),对于任意实数 x,有

$$-g(x) \leqslant h_2(x) \leqslant g(x) \tag{2.2.241}$$

对于任意实数 x,有

$$x + \mathrm{i} = \sqrt{x^2+1}(\cos\theta + \mathrm{i}\sin\theta) \tag{2.2.242}$$

这里

$$\cos\theta = \frac{x}{\sqrt{x^2+1}}, \quad \sin\theta = \frac{1}{\sqrt{x^2+1}}, \quad \theta \in (0, \pi) \tag{2.2.243}$$

利用上式,有

$$x = \frac{1}{\tan\theta} \tag{2.2.244}$$

公式(2.2.241)两端 n 次方,有

$$(x+\mathrm{i})^n = (x^2+1)^{\frac{n}{2}}(\cos n\theta + \mathrm{i}\sin n\theta) \tag{2.2.245}$$

取

$$\theta_k = \frac{1}{2n}(2k-1)\pi, \quad k = 1, 2, \cdots, n \tag{2.2.246}$$

上述 n 个角 $\theta_1, \theta_2, \cdots, \theta_n$ 都在开区间 $(0, \pi)$ 内.对应地,取

$$x_k = \frac{1}{\tan\theta_k}, \quad k = 1, 2, \cdots, n \tag{2.2.247}$$

明显地,由上式定义的 $x_1, x_2, \cdots, x_n$ 是两两不同的.由公式(2.2.246),有

$$\sin n\theta_k = \sin\frac{1}{2}(2k-1)\pi = (-1)^{k-1} \tag{2.2.248}$$

$$\cos n\theta_k = 0 \tag{2.2.249}$$

利用公式(2.2.245),(2.2.247),(2.2.248)和(2.2.249),有

$$(x_k + \mathrm{i})^n = (x_k^2+1)^{\frac{n}{2}}(-1)^{k-1}\mathrm{i} \tag{2.2.250}$$

比较公式(2.2.237)和(2.2.250),有

$$h_1(x_k) = 0, \quad h_2(x_k) = (x_k^2+1)^{\frac{n}{2}}(-1)^{k-1} \tag{2.2.251}$$

这里 $k=1,2,\cdots,n$.

利用公式(2.2.231),(2.2.233),(2.2.235)和(2.2.251),有

$$Q(x_k) = (-1)^{k-1}g(x_k) = h_2(x_k) \tag{2.2.252}$$

这里 $k=1,2,\cdots,n$. 由公式(2.2.238),知道 $h_2(x)$ 是 x 的 $n-1$ 次多项式,而 $Q(x)$ 也是 x 的至多 $n-1$ 次多项式(利用公式(2.2.236)),利用公式(2.2.252),它们在 n 个两两不同的点 $x_1,x_2,\cdots,x_n$ 处取相同的实数值,必有

$$h_2(x) = Q(x) \tag{2.2.253}$$

这里 x 是任意实数. 比较上式两端的首项系数,利用公式(2.2.236)和(2.2.238),有

$$S(x_1,x_2,\cdots,x_n) = n \tag{2.2.254}$$

上述证明了这样一个事实,在一组特定的实数值 $x_1,x_2,\cdots,x_n$ 上,公式(2.2.254)成立. 下面证明:对于任意 n 个两两不同的实数 $x_1^*,x_2^*,\cdots,x_n^*$,不妨设 $x_n^* < x_{n-1}^* < \cdots < x_2^* < x_1^*$,恒有

$$S(x_1^*,x_2^*,\cdots,x_n^*) \geqslant S(x_1,x_2,\cdots,x_n) \tag{2.2.255}$$

令

$$\begin{aligned}Q^*(x) &= \sum_{k=1}^n (-1)^{k-1}g(x_k^*) \frac{(x-x_1^*)(x-x_2^*)\cdots(x-x_{k-1}^*)(x-x_{k+1}^*)\cdots(x-x_n^*)}{(x_k^*-x_1^*)(x_k^*-x_2^*)\cdots(x_k^*-x_{k-1}^*)(x_k^*-x_{k+1}^*)\cdots(x_k^*-x_n^*)}\\ &= S(x_1^*,x_2^*,\cdots,x_n^*)x^{n-1} + x\text{ 的低阶项}\end{aligned} \tag{2.2.256}$$

这里利用公式(2.2.231)和(2.2.234),只不过 $x_1,x_2,\cdots,x_n$ 全部被 $x_1^*,x_2^*,\cdots,x_n^*$ 所代替. $Q^*(x)$ 也是 x 的至多 $n-1$ 次多项式. 利用公式(2.2.256),有

$$Q^*(x_k^*) = (-1)^{k-1}g(x_k^*), \quad k=1,2,\cdots,n \tag{2.2.257}$$

利用上式,有

$$(-1)^{k-1}[Q^*(x_k^*) - Q(x_k^*)] = g(x_k^*) + (-1)^k Q(x_k^*) \tag{2.2.258}$$

这里 $k=1,2,\cdots,n$.

利用公式(2.2.253)和(2.2.241),有

$$g(x_k^*) + (-1)^k Q(x_k^*) = g(x_k^*) + (-1)^k h_2(x_k^*) \geqslant 0 \tag{2.2.259}$$

对于上述不等式,分两种情况讨论:

① 不等式(2.2.259)中 n 个不等式全部取等号,再利用公式(2.2.258),有

$$Q^*(x_k^*) = Q(x_k), \quad k=1,2,\cdots,n \tag{2.2.260}$$

由于 $Q^*(x)$ 和 $Q(x)$ 都是 x 的至多 $n-1$ 次多项式,因而必有

$$Q^*(x) = Q(x), \quad \text{这里 } x \text{ 是任意实数} \tag{2.2.261}$$

因此,上式两端的首项系数相等,有

$$S(x_1^*,x_2^*,\cdots,x_n^*) = S(x_1,x_2,\cdots,x_n) \tag{2.2.262}$$

这里利用公式(2.2.256)和(2.2.236). 再利用公式(2.2.254),题目结论成立.

② 不等式(2.2.259)中至少有一个不取等号,即至少存在一个 $k(1 \leqslant k \leqslant n)$,有

$$(-1)^{k-1}[Q^*(x_k^*) - Q(x_k^*)] > 0 \tag{2.2.263}$$

这里利用公式(2.2.258).

利用公式(2.2.236)和(2.2.256),有

$$Q^*(x) - Q(x) = [S(x_1^*,x_2^*,\cdots,x_n^*) - S(x_1,x_2,\cdots,x_n)]x^{n-1} + \cdots \tag{2.2.264}$$

另一方面,对多项式 $Q^*(x) - Q(x)$,利用 Lagrange 插值公式,有

$$Q^*(x) - Q(x) = [Q^*(x_1^*) - Q(x_1^*)]\frac{(x-x_2^*)\cdots(x-x_n^*)}{(x_1^*-x_2^*)\cdots(x_1^*-x_n^*)}$$

$$+ [Q^*(x_2^*) - Q(x_2^*)] \frac{(x - x_1^*)(x - x_3^*)\cdots(x - x_n^*)}{(x_2^* - x_1^*)(x_2^* - x_3^*)\cdots(x_2^* - x_n^*)}$$

$$+ \cdots + [Q^*(x_n^*) - Q(x_n)] \frac{(x - x_1^*)(x - x_2^*)\cdots(x - x_{n-1}^*)}{(x_n^* - x_1^*)(x_n^* - x_2^*)\cdots(x_n^* - x_{n-1}^*)}$$

(2.2.265)

利用上式可以知道 $Q^*(x) - Q(x)$ 的 x^{n-1} 的系数是

$$\frac{Q^*(x_1^*) - Q(x_1^*)}{(x_1^* - x_2^*)\cdots(x_1^* - x_n^*)} + \frac{(-1)[Q^*(x_2^*) - Q(x_2^*)]}{(x_1^* - x_2^*)(x_2^* - x_3^*)\cdots(x_2^* - x_n^*)}$$

$$+ \cdots + \frac{(-1)^{n-1}[Q^*(x_n^*) - Q(x_n^*)]}{(x_1^* - x_n^*)(x_2^* - x_n^*)\cdots(x_{n-1}^* - x_n^*)} > 0$$

(2.2.266)

这里利用 $x_n^* < x_{n-1}^* < \cdots < x_2^* < x_1^*$,不等式(2.2.259)和(2.2.263)(注意不等式(2.2.259)和公式(2.2.258)的关系)再利用公式(2.2.236)和(2.2.256),有

$$S(x_1^*, x_2^*, \cdots, x_n^*) > S(x_1, x_2, \cdots, x_n)$$

(2.2.267)

再利用公式(2.2.254),知道题目结论成立.

例 21 n 是一个正整数,已知

$$f(x) = a_n x^n + a_{n-1} x^{n-1} + \cdots + a_1 x + a_0$$

$$g(x) = \frac{k}{a_n} x^n + \frac{k}{a_{n-1}} x^{n-1} + \cdots + \frac{k}{a_1} x + \frac{k}{a_0}$$

这里 k 与 $a_i (0 \leq i \leq n)$ 都是正实数. 求证:

(1) 当 $k \geq \frac{1}{4}$ 时, $f(g(1))g(f(1)) \geq 4k$;

(2) 当 $0 < k < \frac{1}{4}$ 时,能适当选取 n 及 $a_0, a_1, \cdots, a_n$,使得 $f(g(1))g(f(1)) < 4k$.

证明:(1) 当 $k \geq \frac{1}{4}$ 时,有

$$\left. \begin{array}{l} f(1) = a_n + a_{n-1} + \cdots + a_1 + a_0 \\ g(1) = \dfrac{k}{a_n} + \dfrac{k}{a_{n-1}} + \cdots + \dfrac{k}{a_1} + \dfrac{k}{a_0} \end{array} \right\}$$

(2.2.268)

$$\left. \begin{array}{l} f(g(1)) = a_n \left(\dfrac{k}{a_n} + \dfrac{k}{a_{n-1}} + \cdots + \dfrac{k}{a_1} + \dfrac{k}{a_0}\right)^n + \cdots \\ \qquad + a_1 \left(\dfrac{k}{a_n} + \dfrac{k}{a_{n-1}} + \cdots + \dfrac{k}{a_1} + \dfrac{k}{a_0}\right) + a_0 \\ g(f(1)) = \dfrac{k}{a_n}(a_n + a_{n-1} + \cdots + a_1 + a_0)^n + \cdots \\ \qquad + \dfrac{k}{a_1}(a_n + a_{n-1} + \cdots + a_1 + a_0) + \dfrac{k}{a_0} \end{array} \right\}$$

(2.2.269)

因为 $k, a_i (0 \leq i \leq k)$ 都是正实数,利用公式(2.2.269),有

$$f(g(1))g(f(1)) \geq \left[a_1\left(\frac{k}{a_1} + \frac{k}{a_0}\right) + a_0\right]\left[\frac{k}{a_1}(a_1 + a_0) + \frac{k}{a_0}\right]$$

$$= k\left[k(a_1 + a_0)\left(\frac{1}{a_1} + \frac{1}{a_0}\right) + \frac{a_0}{a_1}(a_1 + a_0) + \frac{a_1}{a_0}k\left(\frac{1}{a_1} + \frac{1}{a_0}\right) + 1\right]$$

(2.2.270)

明显地,有

$$(a_1 + a_0)\left(\frac{1}{a_1} + \frac{1}{a_0}\right) \geq 4$$

$$\frac{a_0}{a_1}(a_1+a_0)+\frac{a_1}{a_0}k\left(\frac{1}{a_1}+\frac{1}{a_0}\right)$$
$$\geqslant 2\sqrt{k(a_1+a_0)\left(\frac{1}{a_1}+\frac{1}{a_0}\right)}(\text{利用 }A_2\geqslant G_2)$$
$$\geqslant 4\sqrt{k}(\text{利用上一个不等式}) \tag{2.2.271}$$

利用不等式(2.2.270)和(2.2.271),有

$$f(g(1))g(f(1))\geqslant k(2\sqrt{k}+1)^2\geqslant 4k(\text{利用 }k\geqslant \frac{1}{4},\text{有 }2\sqrt{k}\geqslant 1) \tag{2.2.272}$$

(2) 当 $0<k<\frac{1}{4}$ 时,取

$$n=1, \quad a_0=a_1=a, \quad a>0 \tag{2.2.273}$$

利用题目条件,有

$$f(x)=a(x+1), \quad g(x)=\frac{k}{a}(x+1) \tag{2.2.274}$$

$$f(1)=2a, \quad g(1)=\frac{2k}{a}, \quad f(g(1))=2k+a, \quad g(f(1))=2k+\frac{k}{a} \tag{2.2.275}$$

下面寻找正实数 a,使得

$$f(g(1))g(f(1))<4k \tag{2.2.276}$$

利用公式(2.2.275)和不等式(2.2.276),即寻找正实数 a,使得

$$(2k+a)\left(2k+\frac{k}{a}\right)<4k \tag{2.2.277}$$

上式等价于下述不等式

$$(2k+a)\left(2+\frac{1}{a}\right)<4 \tag{2.2.278}$$

上式两端乘以 a,等价于下述不等式

$$(2k+a)(2a+1)<4a \tag{2.2.279}$$

令

$$F(a)=(2k+a)(2a+1)-4a=2a^2+(4k-3)a+2k \tag{2.2.280}$$

上式是变元 a 的二次三项式,它的判别式

$$\Delta=(4k-3)^2-16k=(4k-1)(4k-9) \tag{2.2.281}$$

由于现在 $0<k<\frac{1}{4}$,则 $\Delta>0$. $F(a)$ 有两个不同的实根 a_1,a_2. 这里

$$\left.\begin{array}{l}a_1=\frac{1}{4}[(3-4k)+\sqrt{(4k-1)(4k-9)}]\\a_2=\frac{1}{4}[(3-4k)-\sqrt{(4k-1)(4k-9)}]\end{array}\right\} \tag{2.2.282}$$

显然,$a_1>0$,由于

$$(3-4k)^2-(4k-1)(4k-9)=16k>0 \tag{2.2.283}$$

那么,$a_2>0$,在开区间 (a_2,a_1) 内任意选择一个正实数 a,则 $F(a)<0$,对于这个 a,不等式(2.2.278)成立,即本题结论成立.

例22 正整数 $n\geqslant 2$,$d_2,d_3,\cdots,d_n$ 是 $n-1$ 个复数,求证:在 $[0,1]$ 内必有一个实数 x,使得

$$|x+d_2x^2+d_3x^3+\cdots+d_nx^n|\geqslant\frac{1}{n}\tan\frac{\pi}{4n}$$

证明: 记

$$d_j = a_j + \mathrm{i}b_j, \quad j = 1, 2, \cdots, n \tag{2.2.284}$$

这里 a_j, b_j 全是实数,对于任一实数 x,有

$$| x + d_2 x^2 + d_3 x^3 + \cdots + d_n x^n | \geqslant | x + a_2 x^2 + a_3 x^3 + \cdots + a_n x^n | \tag{2.2.285}$$

如果能证明对于任一 n 次($n \geqslant 2$)实系数多项式

$$f(x) = x + a_2 x^2 + a_3 x^3 + \cdots + a_n x^n \tag{2.2.286}$$

在闭区间 $[0,1]$ 内有一实数 x,使得

$$| f(x) | \geqslant \frac{1}{n} \tan \frac{\pi}{4n} \tag{2.2.287}$$

则本题结论成立.

下面介绍 Chebyshev 多项式

$$T_1(x) = x, \quad T_2(x) = 2x^2 - 1, \quad T_n(x) = 2x T_{n-1}(x) - T_{n-2}(x), \quad 正整数\ n \geqslant 3 \tag{2.2.288}$$

$T_n(x)$ 称为 Chebyshev 多项式.容易明白,$T_n(x)$ 是 x 的 n 次整系数多项式,首项是 $2^{n-1} x^n$. Chebyshev 多项式有一个重要性质:对任意正整数 n

$$T_n(\cos \theta) = \cos n\theta, \quad 这里\ \theta \in [0, 2\pi) \tag{2.2.289}$$

利用 Chebyshev 多项式的定义,知道

$$T_1(\cos \theta) = \cos \theta, \quad T_2(\cos \theta) = 2\cos^2 \theta - 1 = \cos 2\theta \tag{2.2.290}$$

设对某个正整数 $k \geqslant 3$,有

$$T_{k-2}(\cos \theta) = \cos(k-2)\theta, \quad T_{k-1}(\cos \theta) = \cos(k-1)\theta \tag{2.2.291}$$

那么,当 $n = k$ 时,利用 Chebyshev 多项式的定义(公式(2.2.288)),有

$$\begin{aligned} T_k(\cos \theta) &= 2\cos \theta T_{k-1}(\cos \theta) - T_{k-2}(\cos \theta) \\ &= 2\cos \theta \cos(k-1)\theta - \cos(k-2)\theta (利用归纳假设公式(2.2.291)) \\ &= \cos k\theta + \cos(k-2)\theta - \cos(k-2)\theta = \cos k\theta \end{aligned} \tag{2.2.292}$$

于是,公式(2.2.289)对任意正整数 n 成立,公式(2.2.289)有一个简单推论,当 $-1 \leqslant x \leqslant 1$ 时,有

$$| T_n(x) | \leqslant 1 \tag{2.2.293}$$

实际上,可以写 $x = \cos \theta$,利用公式(2.2.289),立即有不等式(2.2.293).

引入一个多项式

$$F(x) = (-1)^{n+1} \frac{1}{n} \tan \frac{\pi}{4n} T_n \left(\left(1 + \cos \frac{\pi}{2n}\right) x - \cos \frac{\pi}{2n} \right) \tag{2.2.294}$$

这里 $x \in [0,1]$.

先证明 $F(x)$ 的两个简单性质:

(1) $F(0) = 0$;

(2) 当 $x \in [0,1]$ 时,

$$| F(x) | \leqslant \frac{1}{n} \tan \frac{\pi}{4n} \tag{2.2.295}$$

利用公式(2.2.294)和(2.2.289),有

$$\begin{aligned} F(0) &= (-1)^{n+1} \frac{1}{n} \tan \frac{\pi}{4n} T_n \left(-\cos \frac{\pi}{2n} \right) = (-1)^{n+1} \frac{1}{n} \tan \frac{\pi}{4n} T_n \left(\cos \left(\pi - \frac{\pi}{2n} \right) \right) \\ &= (-1)^{n+1} \frac{1}{n} \tan \frac{\pi}{4n} \cos n \left(\pi - \frac{\pi}{2n} \right) = 0 \end{aligned} \tag{2.2.296}$$

于是,$F(x)$ 的第一个性质成立.当 $0 \leqslant x \leqslant 1$ 时,有

$$\left| \left(1 + \cos \frac{\pi}{2n}\right) x - \cos \frac{\pi}{2n} \right| = \left| x - (1-x) \cos \frac{\pi}{2n} \right|$$

$$\leqslant |x| + |1-x| \quad (\text{利用} \left|\cos\frac{\pi}{2n}\right| < 1)$$
$$= x + (1-x) \quad (\text{利用} \ 0 \leqslant x \leqslant 1)$$
$$= 1 \tag{2.2.297}$$

于是,对于$[0,1]$内x,必有$\psi \in [0,\pi]$,使得

$$\cos\psi = \left(1 + \cos\frac{\pi}{2n}\right)x - \cos\frac{\pi}{2n} \tag{2.2.298}$$

利用公式(2.2.294),(2.2.289)和(2.2.298),有

$$F(x) = (-1)^{n+1}\frac{1}{n}\tan\frac{\pi}{4n}T_n(\cos\psi) = (-1)^{n+1}\frac{1}{n}\tan\frac{\pi}{4n}\cos n\psi \tag{2.2.299}$$

这里$x \in [0,1]$.从而$F(x)$的性质(2)成立.

有了以上预备知识,可用来证明本题了.用反证法,如果对于$[0,1]$内任意实数x,由公式(2.2.286)定义的实系数多项式$f(x)$满足

$$|f(x)| < \frac{1}{n}\tan\frac{\pi}{4n} \tag{2.2.300}$$

我们的方法是研究$F(x) - f(x)$,这里$x \in [0,1]$,取

$$x_k = \frac{\cos\frac{\pi}{2n} - \cos\frac{k\pi}{n}}{1 + \cos\frac{\pi}{2n}}, \quad k = 1,2,\cdots,n \tag{2.2.301}$$

利用上式,明显地,有

$$0 < x_1 < x_2 < \cdots < x_n = 1 \tag{2.2.302}$$

于是,利用(2.2.301),可以看到

$$T_n\left(\left(1+\cos\frac{\pi}{2n}\right)x_k - \cos\frac{\pi}{2n}\right) = T_n\left(\cos\left(\pi - \frac{k\pi}{n}\right)\right)$$
$$= \cos n\left(\pi - \frac{k\pi}{n}\right) \quad (\text{利用公式}(2.2.289))$$
$$= \cos(n-k)\pi = (-1)^{n-k} = (-1)^{n+k} \tag{2.2.303}$$

利用公式(2.2.294)和(2.2.303),有

$$F(x_k) = (-1)^{k+1}\frac{1}{n}\tan\frac{\pi}{4n} \tag{2.2.304}$$

这里$k = 1,2,\cdots,n$.在闭区间$[x_k, x_{k+1}]$($k = 1,2,\cdots,n$)内考虑函数$F(x) - f(x)$.利用公式(2.2.304),有

$$F(x_{k+1}) - f(x_{k+1}) = (-1)^{k+2}\frac{1}{n}\tan\frac{\pi}{4n} - f(x_{k+1}) \tag{2.2.305}$$

$$F(x_k) - f(x_k) = (-1)^{k+1}\frac{1}{n}\tan\frac{\pi}{4n} - f(x_k) \tag{2.2.306}$$

如果k是偶数,利用不等式(2.2.300),公式(2.2.305)和(2.2.306),有

$$F(x_{k+1}) - f(x_{k+1}) > 0, \quad F(x_k) - f(x_k) < 0 \tag{2.2.307}$$

如果k是奇数,类似有

$$F(x_{k+1}) - f(x_{k+1}) < 0, \quad F(x_k) - f(x_k) > 0 \tag{2.2.308}$$

由于多项式函数$F(x) - f(x)$在$[x_k, x_{k+1}]$内关于x是连续的,那么,在$[x_k, x_{k+1}]$内必有一点y_k,使得

$$F(y_k) - f(y_k) = 0, \quad k = 1,2,\cdots,n-1 \tag{2.2.309}$$

利用公式(2.2.286)和(2.2.295)中性质(1),又可以知道

$$f(0) = 0 = F(0) \tag{2.2.310}$$

利用上式,我们可以写

$$F(x) = b_1 x + b_2 x^2 + \cdots + b_n x^n \tag{2.2.311}$$

这里 $b_j (1 \leqslant j \leqslant n)$ 全是实数. 明显地,我们有

$$b_1 = \lim_{x \to 0} \frac{F(x)}{x} \tag{2.2.312}$$

利用公式(2.2.298),有

$$\lim_{x \to 0} \psi = \pi - \frac{\pi}{2n} \tag{2.2.313}$$

又利用公式(2.2.298),有

$$x = \frac{\cos \psi + \cos \frac{\pi}{2n}}{1 + \cos \frac{\pi}{2n}} \tag{2.2.314}$$

利用公式(2.2.299),(2.2.312),(2.2.313)和(2.2.314),有

$$b_1 = \lim_{\psi \to \pi - \frac{\pi}{2n}} \frac{(-1)^{n+1} \frac{1}{n} \tan \frac{\pi}{4n} \cos n\psi \left(1 + \cos \frac{\pi}{2n}\right)}{\cos \psi + \cos \frac{\pi}{2n}} \tag{2.2.315}$$

令

$$\psi = \pi - \frac{\pi}{2n} + t \tag{2.2.316}$$

我们可看到

$$\cos \psi + \cos \frac{\pi}{2n} = \cos \frac{\pi}{2n} - \cos\left(\frac{\pi}{2n} - t\right) = -2\sin\left(\frac{\pi}{2n} - \frac{t}{2}\right) \sin \frac{t}{2} \tag{2.2.317}$$

$$\tan \frac{\pi}{4n}\left(1 + \cos \frac{\pi}{2n}\right) = 2\cos^2 \frac{\pi}{4n} \tan \frac{\pi}{4n} = \sin \frac{\pi}{2n} \tag{2.2.318}$$

$$\cos n\psi = \cos\left(n\pi - \frac{\pi}{2} + nt\right) = (-1)^n \sin nt \tag{2.2.319}$$

利用公式(2.2.315)至(2.2.319),有

$$b_1 = \frac{1}{2n} \lim_{t \to 0} \frac{\sin nt}{\sin \frac{t}{2}} = \frac{1}{2n} \lim_{\theta \to 0} \frac{\sin 2n\theta}{\sin \theta} (\diamondsuit \; t = 2\theta) \tag{2.2.320}$$

利用本节公式(2.2.10),并且在这公式中,将 m 改成 n,有

$$\lim_{\theta \to 0} \frac{\sin 2n\theta}{\sin \theta} = 2n \tag{2.2.321}$$

利用公式(2.2.320)和(2.2.321),有

$$b_1 = 1 \tag{2.2.322}$$

利用公式(2.2.286),(2.2.311)和(2.2.322),有

$$F(x) - f(x) = x^2 [(b_2 - a_2) + (b_3 - a_3)x + \cdots + (b_n - a_n)x^{n-2}] \tag{2.2.323}$$

利用公式(2.2.302)和(2.2.309),可以知道

$$0 < y_1 < y_2 < \cdots < y_{n-1} < 1 \tag{2.2.324}$$

以及 $y_1, y_2, \cdots, y_{n-1}$ 是多项式

$$h(x) = (b_2 - a_2) + (b_3 - a_3)x + \cdots + (b_n - a_n)x^{n-2} \tag{2.2.325}$$

的 $n-1$ 个两两不同实根. 由于 $h(x)$ 是 x 的至多 $n-2$ 次多项式,则 $h(x)$ 必恒等于零. 再利用(2.2.323),对于任意实数 x,有

$$F(x) = f(x) \qquad (2.2.326)$$

这与不等式(2.2.307)和(2.2.308)是矛盾的.从而题目结论成立.

下面一个例题将介绍一个(简单)差分概念.

例 23 已知正整数 $n = 2r - 1, r$ 是一个正整数.求和式 $\sum_{k=0}^{n} \frac{(-1)^k}{k+1} C_n^k \sum_{j=0}^{r-1} (-1)^j C_n^j (r - j)^{n-k}$.

解:将题目中和式记为 S,可以看到

$$S = \frac{1}{n+1} \sum_{k=0}^{n} (-1)^k C_{n+1}^{k+1} \sum_{j=0}^{r-1} (-1)^j C_n^j (r-j)^{n-k} (\text{利用} \frac{1}{n+1} C_{n+1}^{k+1} = \frac{1}{k+1} C_n^k)$$

$$= \frac{1}{n+1} \sum_{j=0}^{r-1} (-1)^j C_n^j \sum_{k=0}^{n} (-1)^k C_{n+1}^{k+1} (r-j)^{n-k} \qquad (2.2.327)$$

由于

$$(r-j)^{n+1} - [(r-j) - 1]^{n+1} = (r-j)^{n+1} - \sum_{s=0}^{n+1} C_{n+1}^s (r-j)^{n+1-s} (-1)^s$$

$$= -\sum_{s=1}^{n+1} (-1)^s C_{n+1}^s (r-j)^{n+1-s}$$

$$= -\sum_{k=0}^{n} (-1)^{k+1} C_{n+1}^{k+1} (r-j)^{n-k} (\text{令 } s = k+1)$$

$$\qquad (2.2.328)$$

利用上面叙述,有

$$S = \frac{1}{n+1} \sum_{j=0}^{r-1} (-1)^j C_n^j [(r-j)^{n+1} - (r-j-1)^{n+1}]$$

$$= \frac{1}{n+1} \sum_{j=0}^{r-1} (-1)^j C_n^j (r-j)^{n+1} - \frac{1}{n+1} \sum_{j=0}^{r-1} (-1)^j C_n^j (r-j-1)^{n+1} \qquad (2.2.329)$$

在上式右端第二大项中,令

$$k = j + 1 \qquad (2.2.330)$$

可以看到

$$\frac{1}{n+1} \sum_{j=0}^{r-1} (-1)^j C_n^j (r-j-1)^{n+1}$$

$$= \frac{1}{n+1} \sum_{k=1}^{r} (-1)^{k-1} C_n^{k-1} (r-k)^{n+1}$$

$$= \frac{1}{n+1} \sum_{k=0}^{r-1} (-1)^{k-1} C_n^{k-1} (r-k)^{n+1} (\text{利用 } C_n^{-1} = 0, \text{以及} (r-r)^{n+1} = 0) \qquad (2.2.331)$$

利用公式(2.2.329)和(2.2.331),有

$$S = \frac{1}{n+1} \sum_{j=0}^{r-1} (-1)^j C_n^j (r-j)^{n+1} - \frac{1}{n+1} \sum_{j=0}^{r-1} (-1)^{j-1} C_n^{j-1} (r-j)^{n+1}$$

$$= \frac{1}{n+1} \sum_{j=0}^{r-1} (-1)^j C_{n+1}^j (r-j)^{n+1} \qquad (2.2.332)$$

记

$$B = \frac{1}{n+1} \sum_{j=r}^{n+1} (-1)^j C_{n+1}^j (r-j)^{n+1} \qquad (2.2.333)$$

在上式中,令

$$j = n + 1 - k \qquad (2.2.334)$$

可以看到

$$B = \frac{1}{n+1} \sum_{k=0}^{r} (-1)^{n+1-k} C_{n+1}^{n+1-k} [r-(n+1)+k]^{n+1} (\text{利用题目条件，有 } n+1-r=r)$$

$$= \frac{1}{n+1} \sum_{k=0}^{r-1} (-1)^k C_{n+1}^k (r-k)^{n+1} (\text{再一次利用 } n+1=2r, \text{又利用}(r-r)^{n+1}=0)$$

$$= S (\text{利用公式}(2.2.333)) \tag{2.2.335}$$

利用公式(2.2.332),(2.2.333)和(2.2.335),有

$$S = \frac{1}{2}(S+B) = \frac{1}{2(n+1)} \sum_{j=0}^{n+1} (-1)^j C_{n+1}^j (r-j)^{n+1} \tag{2.2.336}$$

作为应用，下面介绍一种最简单的差分的基本知识. 令

$$y = f(x) \tag{2.2.337}$$

这里 $f(x)$ 是 x 的一个函数，不妨设 x 可取任意实数. 记

$$x_k = x_0 + k, \quad k = 0, 1, 2, \cdots, n \tag{2.2.338}$$

明显地，有

$$x_k - x_{k-1} = 1, \quad k = 1, 2, \cdots, n \tag{2.2.339}$$

这里 x_0 为实常数，记

$$y_k = f(x_k) \tag{2.2.340}$$

定义 y_k 的差分(一阶差分)

$$\Delta y_k = y_{k+1} - y_k, \quad k = 0, 1, 2, \cdots, n-1 \tag{2.2.341}$$

定义 y_k 的二阶差分

$$\Delta^2 y_k = \Delta y_{k+1} - \Delta y_k = (y_{k+2} - y_{k+1}) - (y_{k+1} - y_k)$$

$$= y_{k+2} - 2y_{k+1} + y_k \tag{2.2.342}$$

定义 y_k 的 s 阶差分

$$\Delta^s y_k = \Delta(\Delta^{s-1} y_k), \quad \text{这里正整数 } s \geqslant 2 \tag{2.2.343}$$

用数学归纳法假设 y_k 的 s 阶差分

$$\Delta^s y_k = \sum_{j=0}^{s} (-1)^j C_s^j y_{k-j+s} \tag{2.2.344}$$

利用公式(2.2.343)和(2.2.344),有

$$\Delta^{s+1} y_k = \Delta(\Delta^s y_k) = \sum_{j=0}^{s} (-1)^j C_s^j \Delta y_{k-j+s} (\text{这是差分 } \Delta \text{ 的运算定义})$$

$$= \sum_{j=0}^{s} (-1)^j C_s^j (y_{k-j+s+1} - y_{k-j+s})$$

$$= \sum_{j=0}^{s} (-1)^j C_s^j y_{k-j+s+1} - \sum_{j=0}^{s} (-1)^j C_s^j y_{k-j+s} \tag{2.2.345}$$

在上式右端第二大项中，令 $j = i-1$,有

$$\sum_{j=0}^{s} (-1)^j C_s^j y_{k-j+s} = \sum_{i=1}^{s+1} (-1)^{i-1} C_s^{i-1} y_{k-i+s+1} \tag{2.2.346}$$

利用公式(2.2.345)和(2.2.346),有

$$\Delta^{s+1} y_k = \sum_{j=0}^{s+1} (-1)^j C_s^j y_{k-j+s+1} - \sum_{j=0}^{s+1} (-1)^{j-1} C_s^{j-1} y_{k-j+s+1} (\text{利用 } C_s^{s+1} = 0, \text{以及 } C_s^{-1} = 0)$$

$$= \sum_{j=0}^{s+1} (-1)^j C_{s+1}^j y_{k-j+s+1} \tag{2.2.347}$$

于是，公式(2.2.344)对任意正整数 s 成立. 公式(2.2.344)称为 s 阶差分公式.

在公式(2.2.344)中，令 $s = n+1, k = 0$,可以看到

$$\Delta^{n+1} y_0 = \sum_{j=0}^{n+1}(-1)^j C_{n+1}^j y_{n+1-j} \tag{2.2.348}$$

在本题,令
$$f(x) = x^{n+1} \tag{2.2.349}$$

又令
$$x_0 = r - (n+1) = -r(\text{利用题目条件}) \tag{2.2.350}$$

利用公式(2.2.338),有
$$x_{n+1-j} = x_0 + (n+1-j) = r - j(\text{利用题目条件}) \tag{2.2.351}$$

利用公式(2.2.340),(2.2.349)和(2.2.351),有
$$y_{n+1-j} = f(x_{n+1-j}) = (r-j)^{n+1} \tag{2.2.352}$$

利用公式(2.2.348)和(2.2.352),有
$$\Delta^{n+1} y_0 = \sum_{j=0}^{n+1}(-1)^j C_{n+1}^j (r-j)^{n+1} \tag{2.2.353}$$

利用公式(2.2.338),(2.2.341),(2.2.349)和(2.2.350),可以得到
$$\Delta y_0 = y_1 - y_0 = f(x_1) - f(x_0)(\text{利用公式}(2.2.340))$$
$$= f(x_0+1) - f(x_0) = (x_0+1)^{n+1} - x_0^{n+1} = \sum_{j=1}^{n+1} C_{n+1}^j x_0^{n+1-j} \tag{2.2.354}$$

则
$$\Delta^2 y_0 = \sum_{j=1}^{n+1} C_{n+1}^j \Delta x_0^{n+1-j} = \sum_{j=1}^{n+1} C_{n+1}^j \left[(x_0+1)^{n+1-j} - x_0^{n+1-j}\right](\text{利用差分的定义})$$
$$= \sum_{j=1}^{n+1} C_{n+1}^j \left(\sum_{l=1}^{n+1-j} C_{n+1-j}^l x_0^{n+1-j-l}\right) \tag{2.2.355}$$

仔细观察公式(2.2.354)和(2.2.355)的右端的 x_0 的最高幂次项情况. Δy_0 的 x_0 的最高幂次项是 $(n+1)x_0^n$, $\Delta^2 y_0$ 的 x_0 的最高幂次项是 $(n+1)nx_0^{n-1}$. 依次类推(有兴趣的读者可以自己推导),有
$$\Delta^{n+1} y_0 = (n+1)! \tag{2.2.356}$$

利用公式(2.2.336),(2.2.353)和(2.2.356),有
$$S = \frac{1}{2} n! \tag{2.2.357}$$

下面介绍整系数多项式的分解问题. 解这类问题,最基本的思想是下述两个定理.

例 24(Eisenstein 定理) 设正整数 $n \geqslant 3$, $f(x) = a_n x^n + a_{n-1} x^{n-1} + \cdots + a_1 x + a_0$ 是 x 的一个整系数多项式,如果有一个素数 p 能整除 $a_0, a_1, \cdots, a_{n-1}$, 但 p 不能整除 a_n, p^2 不能整除 a_0, 则 $f(x)$ 不能分解为两个次数皆大于等于1的整系数多项式的乘积.

注:素数又称质数. 整系数多项式就是这多项式的系数都是整数.

证明:用反证法. 如果
$$f(x) = g(x) h(x) \tag{2.2.358}$$

这里
$$\left.\begin{array}{l} g(x) = b_l x^l + b_{l-1} x^{l-1} + \cdots + b_1 x + b_0 \\ h(x) = c_m x^m + c_{m-1} x^{m-1} + \cdots + c_1 x + c_0 \end{array}\right\} \tag{2.2.359}$$

这里 l, m 皆是正整数, $l+m=n$, $b_l, b_{l-1}, \cdots, b_0, c_m, c_{m-1}, \cdots, c_1, c_0$ 全是整数,且 $b_l c_m \neq 0$.

比较等式(2.2.358)两端常数项,有
$$a_0 = b_0 c_0 \tag{2.2.360}$$

由于 a_0 是素数 p 的整数倍,从上式可以知道, b_0, c_0 中至少有一个是 p 的整数倍. 不妨设

b_0 是 p 的整数倍,由于 p^2 不整除 a_0,则 c_0 不是 p 的整数倍.再由题目条件知道 $g(x)$ 的系数不全是 p 的整数倍.于是,存在正整数 r,这里 $1 \leqslant r \leqslant l \leqslant n-1$,使得 p 能整除 $b_0, b_1, \cdots, b_{r-1}$,但 p 不整数 b_r.引入下述记号

$$b_s = 0(l+1 \leqslant s \leqslant n), \quad c_t = 0(m+1 \leqslant t \leqslant n) \tag{2.2.361}$$

比较等式(2.2.358)两端 x^r 的系数,有

$$a_r = b_r c_0 + b_{r-1} c_1 + \cdots + b_1 c_{r-1} + b_0 c_r \tag{2.2.362}$$

由上面叙述,可以知道 a_r 不是 p 的整数倍.由于 $r \leqslant n-1$,这与题目条件矛盾.

例 25(Gauss 定理) $f(x)$ 是一个 n 次($n \geqslant 3$)整系数多项式,如果 $f(x) = g(x)h(x)$,此处 $g(x), h(x)$ 为两个有理系数的多项式,则存在一个非零有理数 A,使得 $Ag(x)$ 和 $\frac{1}{A}h(x)$ 都是整系数多项式.

注:有理系数的多项式即这多项式的所有项的系数全是有理数.

证明:首先,由于 $g(x)$ 是有理系数多项式,那么,必有一个非零整数 M,使得

$$Mg(x) = a_l x^l + a_{l-1} x^{l-1} + \cdots + a_1 x + a_0 \tag{2.2.363}$$

是整系数多项式,即 $a_t(0 \leqslant t \leqslant l)$ 全是整数,且 a_l 不等于零.这里 l 是正整数.

同样地,有一个非零整数 N,使得

$$Nh(x) = b_m x^m + b_{m-1} x^{m-1} + \cdots + b_1 x + b_0 \tag{2.2.364}$$

也是整系数多项式,b_m 不等于零.这里 m 也是正整数.记

$$MNf(x) = c_{l+m} x^{l+m} + c_{l+m-1} x^{l+m-1} + \cdots + c_1 x + c_0 \tag{2.2.365}$$

利用题目条件,有

$$MNf(x) = (Mg(x))(Nh(x)) \tag{2.2.366}$$

由题目条件,知道 $MNf(x)$ 是一个整系数多项式.用 $(a_l, a_{l-1}, \cdots, a_1, a_0)$ 表示 $l+1$ 个整数 $a_l, a_{l-1}, \cdots, a_1, a_0$ 的最大公约数(下类同),下面证明:

$$(a_l, a_{l-1}, \cdots, a_1, a_0)(b_m, b_{m-1}, \cdots, b_1, b_0) = (c_{l+m}, c_{l+m-1}, \cdots, c_1, c_0) \tag{2.2.367}$$

类似上例公式(2.2.361),引入

$$a_s = 0(l+1 \leqslant s \leqslant l+m), \quad b_t = 0(m+1 \leqslant t \leqslant l+m) \tag{2.2.368}$$

类似上例公式(2.2.362),在这里,有

$$c_r = a_r b_0 + a_{r-1} b_1 + \cdots + a_1 b_{r-1} + a_0 b_r \tag{2.2.369}$$

这里 $0 \leqslant r \leqslant l+m$.从而可知 $(a_l, a_{l-1}, \cdots, a_1, a_0)(b_m, b_{m-1}, \cdots, b_1, b_0)$ 必定整除 $(c_{l+m}, c_{l+m-1}, \cdots, c_1, c_0)$.

反之,对于 $(c_{l+m}, c_{l+m-1}, \cdots, c_1, c_0)$ 的任一质因子 p,如果 p 不整除 $(a_l, a_{l-1}, \cdots, a_1, a_0)$.那么,存在非负整数 μ,$0 \leqslant \mu \leqslant l$,使得 p 能整除 $(a_l, a_{l-1}, \cdots, a_{\mu+1})$(如果 $\mu = l$,表示 p 不能整除任一 $a_i(0 \leqslant i \leqslant l)$).但 p 不能整除 a_μ.如果 p 不能整除 $(b_m, b_{m-1}, \cdots, b_1, b_0)$,则存在非负整数 v,$0 \leqslant v \leqslant m$,使得 p 能整数 $(b_m, b_{m-1}, \cdots, b_{v+1})$,但 p 不能整除 b_v(同样地,$v = m$ 表示 p 不能整除任一 $b_j(0 \leqslant j \leqslant m)$).利用公式(2.2.369),有

$$c_{\mu+v} = \sum_{s+t=\mu+v} a_s b_t \tag{2.2.370}$$

上式右端中除 $a_\mu v_v$ 一项外,其余各项都是 p 的倍数.这导致 $c_{\mu+v}$ 不是 p 的倍数,与 p 整除 $(c_{l+m}, c_{l+m-1}, \cdots, c_1, c_0)$ 矛盾.不断重复上面叙述,证明 $(c_{l+m}, c_{l+m-1}, \cdots, c_1, c_0)$ 必定整除 $(a_l, a_{l-1}, \cdots, a_1, a_0)(b_m, b_{m-1}, \cdots, b_1, b_0)$.从而公式(2.2.367)成立.

现在再继续 Gauss 定理的证明.分两种情况讨论.

① 如果 $f(x)$ 的系数的最大公约数是 1.

利用公式(2.2.365),(2.2.366)和(2.2.367),有

$$MN = (a_l, a_{l-1}, \cdots, a_1, a_0)(b_m, b_{m-1}, \cdots, b_1, b_0) \tag{2.2.371}$$

令

$$A = \frac{M}{(a_l, a_{l-1}, \cdots, a_1, a_0)} = \frac{(b_m, b_{m-1}, \cdots, b_1, b_0)}{N} \tag{2.2.372}$$

利用公式(2.2.363)和(2.2.364),可以知道 $Ag(x)$ 及 $\frac{1}{A}h(x)$ 都是整系数多项式,这恰是 Gauss 定理的结论.

② 如果 $f(x)$ 的系数的最大公约数是 B,这里 B 是一个大于 1 的正整数.利用题目条件,有

$$\frac{1}{B}f(x) = g(x)\left(\frac{1}{B}h(x)\right) \tag{2.2.373}$$

多项式 $\frac{1}{B}f(x)$ 的系数的最大公约数是 1,多项式 $g(x), \frac{1}{B}h(x)$ 仍为两个有理系数多项式.由情况①的证明可以知道,有一个非零有理数 A,使得 $Ag(x), \frac{1}{A}\left(\frac{1}{B}h(x)\right)$ 都是整系数多项式.那么, $Ag(x), \frac{1}{A}h(x)$ 也都是整系数多项式.Gauss 定理成立.

例 26 正整数 $n \geqslant 3, k$ 是正整数, $p_1, p_2, \cdots, p_k$ 是 k 个不同的素数.求所有整数 a,使得 $f(x) = x^n + ax^{n-1} + p_1 p_2 \cdots p_k$ 能够分解为两个次数都大于等于 1 的整系数多项式的乘积.

解:设

$$f(x) = g(x)h(x) \tag{2.2.374}$$

利用例 24 的符号,特别是公式(2.2.359).首先,比较上式的常数项有

$$b_0 c_0 = p_1 p_2 \cdots p_k \tag{2.2.375}$$

不妨设

$$b_0 = p_1 p_2 \cdots p_t, \quad c_0 = p_{t+1} p_{t+2} \cdots p_k \tag{2.2.376}$$

这里 $t = 0$ 时,表示 $b_0 = 1$, $t = k$ 时,表示 $c_0 = 1$.下面只对 $1 \leqslant t \leqslant k-1$ 进行讨论. $t = 0$ 及 $t = k$ 时的讨论完全类似,留给读者练习.由于 $f(x)$ 的首项系数是 1,则 $g(x)$ 的系数不全是素数 p_1 的倍数.于是,存在正整数 $r, 1 \leqslant r \leqslant l \leqslant n-1$,使得 $b_1, b_2, \cdots, b_{r-1}$ 都是 p_1 的整数倍,但 b_r 不是 p_1 的整数倍.利用例 24 中公式(2.2.362),知道 a_r 不是 p_1 的整数倍(利用公式(2.2.376)),但是从题目中 $f(x)$ 的表达式,必有 $r \geqslant n-1$.从而只能是下述情况: $r = l = n-1, m = 1$,又比较公式(2.2.374)两端 x^n 的系数,必有

$$\left.\begin{array}{l} g(x) = x^{n-1} + b_{n-2}x^{n-2} + \cdots + b_1 x + p_1 p_2 \cdots p_t \\ h(x) = x + p_{t+1} p_{t+2} \cdots p_k \end{array}\right\} \tag{2.2.377}$$

或者,有

$$\left.\begin{array}{l} g(x) = -x^{n-1} + b_{n-2}x^{n-2} + \cdots + b_1 x + p_1 p_2 \cdots p_t \\ h(x) = -x + p_{t+1} p_{t+2} \cdots p_k \end{array}\right\} \tag{2.2.378}$$

先考虑公式(2.2.377),比较公式(2.2.374)两端 x 的系数,有

$$b_1 p_{t+1} p_{t+2} \cdots p_k + p_1 p_2 \cdots p_t = 0 \tag{2.2.379}$$

由于 $p_1, p_2, \cdots, p_k$ 是两两不同的素数.从上式,有

$$t = k, \quad b_1 = -p_1 p_2 \cdots p_k \tag{2.2.380}$$

利用公式(2.2.377)和(2.2.380),再比较公式(2.2.374)两端各项系数,有

$$\left.\begin{array}{l} b_j = (-1)^j p_1 p_2 \cdots p_k, \quad 2 \leqslant j \leqslant n-2 \\ a = 1 + (-1)^{n-2} p_1 p_2 \cdots p_k \end{array}\right\} \tag{2.2.381}$$

完全类似,从公式(2.2.378)出发,有

$$\left.\begin{array}{l} t = k, \quad b_j = p_1 p_2 \cdots p_k (1 \leqslant j \leqslant n-2) \\ a = -(1 + p_1 p_2 \cdots p_k) \end{array}\right\} \tag{2.2.382}$$

推论 取 $k=1, p_1=3$,由本题结论,只有 $f(x) = x^n + [1+(-1)^{n-2}3]x^{n-1} + 3$ 和 $f(x) = x^n - 4x^{n-1} + 3$ 能够分解为两个次数都大于等于1的整系数多项式的乘积. 因此,当正整数 $n \geqslant 3$ 时, $f(x) = x^n + 5x^{n-1} + 3$ 一定不可能表示成两个次数都大于等于1的整系数多项式的乘积. 这恰是1993年第34届 IMO 的第1题要证明的结论(原题 $n \geqslant 2, n=2$ 是很容易直接证明的).

例27 正整数 m, n 都大于等于2,且 m, n 互质, 求证: $x^{(m-1)n} + x^{(m-2)n} + \cdots + x^{2n} + x^n + 1$ 能够分解为 $x^{m-1} + x^{m-2} + \cdots + x^2 + x + 1$ 及另一个整系数多项式的乘积.

证明: 记

$$f(x) = x^{(m-1)n} + x^{(m-2)n} + \cdots + x^{2n} + x^n + 1 \tag{2.2.383}$$

这里 $x^n \neq 1$.

$$g(x) = x^{m-1} + x^{m-2} + \cdots + x^2 + x + 1 \tag{2.2.384}$$

类似,这里 $x \neq 1$.

利用几何级数求和公式,有

$$f(x) = \frac{x^{mn}-1}{x^n-1}, \quad g(x) = \frac{x^m-1}{x-1} \tag{2.2.385}$$

和

$$\frac{f(x)}{g(x)} = \frac{(x^{mn}-1)(x-1)}{(x^m-1)(x^n-1)} \tag{2.2.386}$$

我们知道 $(x^m-1)(x^n-1) = 0$ 的全部复根为 $1, 1, \cos\frac{2k\pi}{m} + i\sin\frac{2k\pi}{m}(k=1,2,\cdots,m-1)$, $\cos\frac{2s\pi}{n} + i\sin\frac{2s\pi}{n}(s=1,2,\cdots,n-1)$. 由于 m,n 互质,则不存在正整数 $k(k=1,2,\cdots,m-1)$ 及 $s(s=1,2,\cdots,n-1)$, 满足 $\frac{k}{m} = \frac{s}{n}$. 因此,上述非实复根无两个相等. 又 $(x^{mn}-1)(x-1) = 0$ 的全部复根为 $1, 1, \cos\frac{2l\pi}{mn} + i\sin\frac{2l\pi}{mn}(l=1,2,\cdots,mn-1)$. 由于

$$\left.\begin{array}{l} \frac{2k\pi}{m} = \frac{2kn\pi}{mn}, \quad \text{这里 } k=1,2,\cdots,m-1 \\ \frac{2s\pi}{n} = \frac{2sm\pi}{mn}, \quad \text{这里 } s=1,2,\cdots,n-1 \end{array}\right\} \tag{2.2.387}$$

显然 $n(m-1) \leqslant mn-1, m(n-1) \leqslant mn-1$. 所以, $(x^m-1)(x^n-1)$ 的全部根都是 $(x^{mn}-1)(x-1)$ 的根. 又由于当复数 x 是 $(x^m-1)(x^n-1)$ 的根时, 其共轭 $\bar{x}$ 也是这多项式的根. 利用实系数多项式非实复根共轭成对出现这一事实, 以及上面叙述,有

$$(x^{mn}-1)(x-1) = (x^m-1)(x^n-1)h(x) \tag{2.2.388}$$

这里 $h(x)$ 是首项系数为1的 x 的 $(mn+1) - (m+n)$ 次实系数多项式. 比较公式 (2.2.388) 两端常数项, 可以知道 $h(x)$ 的常数项是1. 记

$$h(x) = x^{mn+1-m-n} + a_1 x^{mn-m-n} + a_2 x^{mn-m-n-1} + \cdots + a_{mn-m-n}x + 1 \tag{2.2.389}$$

比较公式 (2.2.388) 两端各项的系数, 可以得到关于未知数 $a_i(i=1,2,\cdots,mn-m-n)$ 的一些整系数方程组, 要注意这些方程组关于变元 a_i 全是一次的. 那么依次定出的 $a_{mn-m-n}, \cdots, a_2, a_1$ 全是有理数. 利用本节例25的 Gauss 定理, 存在一个非零有理数 A, 使得 $A(x^m-1)(x^n-1)$, 及 $\frac{1}{A}h(x)$ 都是整系数多项式, 那么, A 及 $\frac{1}{A}$ 都是整数 (利用公式 (2.2.389)), 于是, 必有 $A = \pm 1$, 从而 $h(x)$ 是整系数多项式. 利用公式 (2.2.386) 和 (2.2.388), 有 $f(x) = g(x)h(x)$, 这就是

本题的结论.

例 28 求所有正整数 $k \geqslant 2$,使得多项式 $x^{2k+1}+x+1$ 能分解为多项式 x^k+x+1 与一个整系数多项式的乘积.对每个这样的 k,求所有正整数 n,使得 x^n+x+1 能分解为多项式 x^k+x+1 与另一个整系数多项式的乘积.

解:可以看到
$$x^{2k+1}+x+1 = (x^k+x+1)x^{k+1} - x^{k+1}(x+1) + x + 1$$
$$= (x^k+x+1)(x^{k+1}-x^2-x) + (x^3+2x^2+2x+1) \quad (2.2.390)$$

于是所求的正整数 k,必须满足如下性质:x^3+2x^2+2x+1 能分解为 x^k+x+1 与另一个首项系数是 1 的 x 的整系数多项式的乘积,那么,有
$$k \leqslant 3 \quad (2.2.391)$$

下面分情况讨论:

① 当 $k=3$ 时,由于
$$x^3+2x^2+2x+1 = (x^3+x+1) + (2x^2+x) \quad (2.2.392)$$

不满足上述要求.

② 当 $k=2$ 时,由于
$$x^3+2x^2+2x+1 = (x^2+x+1)(x+1) \quad (2.2.393)$$

因此,
$$k = 2 \quad (2.2.394)$$

是唯一满足题目要求的正整数.

现在考虑后半题.求所有正整数 n,使得 x^n+x+1 能分解为 x^2+x+1 与另一个整系数多项式的乘积.

多项式 x^2+x+1 的两个复根是
$$w = \cos\frac{2\pi}{3} + i\sin\frac{2\pi}{3}, \quad \bar{w} = \cos\frac{4\pi}{3} + i\sin\frac{4\pi}{3} = w^2 \quad (2.2.395)$$

于是,w, w^2 应是 x^n+x+1 的根,即有
$$w^n + w + 1 = 0, \quad w^{2n} + w^2 + 1 = 0 \quad (2.2.396)$$

利用公式(2.2.395)和(2.2.396),有
$$\left(\cos\frac{2n\pi}{3} + i\sin\frac{2n\pi}{3}\right) + \left(\cos\frac{2\pi}{3} + i\sin\frac{2\pi}{3}\right) + 1 = 0 \quad (2.2.397)$$

以及
$$\left(\cos\frac{4n\pi}{3} + i\sin\frac{4n\pi}{3}\right) + \left(\cos\frac{4\pi}{3} + i\sin\frac{4\pi}{3}\right) + 1 = 0 \quad (2.2.398)$$

比较公式(2.2.397)的实部和虚部,也比较公式(2.2.398)的实部和虚部,有
$$\cos\frac{2n\pi}{3} + \cos\frac{2\pi}{3} + 1 = 0, \quad \sin\frac{2n\pi}{3} + \sin\frac{\pi}{3} = 0 \quad (2.2.399)$$

和
$$\cos\frac{4n\pi}{3} + \cos\frac{4\pi}{3} + 1 = 0, \quad \sin\frac{4n\pi}{3} + \sin\frac{4\pi}{3} = 0 \quad (2.2.400)$$

利用公式(2.2.399),有
$$\sin\frac{2n\pi}{3} = -\frac{\sqrt{3}}{2}, \quad \cos\frac{2n\pi}{3} = -\frac{1}{2} \quad (2.2.401)$$

利用公式(2.2.400),有
$$\sin\frac{4n\pi}{3} = \frac{\sqrt{3}}{2}, \quad \cos\frac{4n\pi}{3} = -\frac{1}{2} \quad (2.2.402)$$

对任意正整数 n,必为 $3s,3s-1,3s-2$ 形式,这里 s 是正整数.当 $n=3s$ 时,不满足公式 (2.2.401) 的第一个公式,当 $n=3s-2$ 时,也不满足公式 (2.2.401) 的第一式.当 $n=3s-1$ 时,容易验证公式 (2.2.401) 和 (2.2.402) 都满足.那么,当 $n=3s-1$ 时,这里 s 是任意正整数,方程组 (2.2.396) 满足.这表明存在实系数多项式 $h(x)$(实系数理由同上例公式 (2.2.388))满足

$$x^n + x + 1 = (x^2 + x + 1)h(x) \tag{2.2.403}$$

类似上例最后的证明,$h(x)$ 是一个整系数多项式,所以,所求的所有正整数

$$n = 3s - 1, \quad \text{这里 } s \text{ 是任意正整数} \tag{2.2.404}$$

整系数多项式的分解,还有一种处理方法,待定系数法.特别是在次数不高的情况下.请看下例.

例 29 求所有整数对 a,b,使得多项式 $x^4 + (2a+1)x^3 + (a-1)^2 x^2 + bx + 4$ 能够分解为两个 x 的二次多项式 $P(x)$ 及 $Q(x)$ 的乘积,这里 $P(x)$ 及 $Q(x)$ 都具首项系数 1,而且 $Q(x)$ 恰有两个不同的根 r,s,满足 $P(r)=s$ 和 $P(s)=r$.

解:从题目条件,可以知道

$$Q(x) = (x-r)(x-s) \tag{2.2.405}$$

记

$$P(x) = x^2 + cx + d \tag{2.2.406}$$

利用题目条件及上面叙述,有

$$r^2 + cr + d = s, \quad s^2 + cs + d = r \tag{2.2.407}$$

上面二式相减,有

$$(r-s)(r+s+c+1) = 0 \tag{2.2.408}$$

由于题目条件 $r \ne s$,从上式,有

$$c = -1 - r - s \tag{2.2.409}$$

代公式 (2.2.409) 入 (2.2.407) 的第一等式,有

$$d = s + r + sr \tag{2.2.410}$$

令

$$u = r + s, \quad v = rs \tag{2.2.411}$$

利用上面叙述,有

$$\left.\begin{array}{l} Q(x) = x^2 - ux + v \\ P(x) = x^2 - (1+u)x + (u+v) \end{array}\right\} \tag{2.2.412}$$

利用题目条件,以及公式 (2.2.412),有

$$\begin{aligned}
& x^4 + (2a+1)x^3 + (a-1)^2 x^2 + bx + 4 \\
&= (x^2 - ux + v)[x^2 - (1+u)x + (u+v)] \\
&= x^4 - (1+2u)x^3 + (u^2 + 2u + 2v)x^2 - (u^2 + 2uv + v)x + v(u+v)
\end{aligned} \tag{2.2.413}$$

比较上式两端系数,有下列等式

$$2a+1 = -(1+2u), \quad (a-1)^2 = u^2 + 2u + 2v, \quad b = -(u^2 + 2uv + v), \quad 4 = v(u+v) \tag{2.2.414}$$

从上式第一个不等式,有

$$a = -(1+u) \tag{2.2.415}$$

代上式入公式 (2.2.414) 的第二个等式,有

$$u = v - 2 \tag{2.2.416}$$

代上式入公式 (2.2.414) 的第四个等式,有

$$v^2 - v - 2 = 0 \tag{2.2.417}$$

解上述方程,有

$$v_1 = 2, \quad v_2 = -1 \tag{2.2.418}$$

利用公式(2.2.416),(2.2.415)和(2.2.414)的第三个等式,有

$$v_1 = 2, \quad u_1 = 0, \quad a_1 = -1, \quad b_1 = -2 \tag{2.2.419}$$

和

$$v_2 = -1, \quad u_2 = -3, \quad a_2 = 2, \quad b_2 = -14 \tag{2.2.420}$$

因此,满足题目要求的整数对(a,b)是上述公式(2.2.419)和(2.2.420)内两对.经检验,这两对整数的确是解.

设 $a_1 < a_2 < \cdots < a_n$ 是 n 个不同的正整数,令

$$f(x) = (x^{a_1} - x^{a_2})(x^{a_1} - x^{a_3})\cdots(x^{a_1} - x^{a_n})(x^{a_2} - x^{a_3})(x^{a_2} - x^{a_4})\cdots(x^{a_2} - x^{a_n})\cdots(x^{a_{n-1}} - x^{a_n}) \tag{2.2.421}$$

简记上式为

$$f(x) = \prod_{1 \leqslant i < j \leqslant n} (x^{a_i} - x^{a_j}) \tag{2.2.422}$$

上式右端表示对所有正整数对$(a_i, a_j)(1 \leqslant i < j \leqslant n)$, C_n^2 个因式 $x^{a_i} - x^{a_j}$ 的乘积.懂得公式(2.2.422)右端的记号意义,要比写公式(2.2.421)清楚.

例 30 已知 $a_1 < a_2 < \cdots < a_n$ 是 n 个不同的正整数,令

$$f(x) = \prod_{1 \leqslant i < j \leqslant n} (x^{a_i} - x^{a_j}), \quad g(x) = \prod_{1 \leqslant i < j \leqslant n} (x^i - x^j)$$

求证:一定存在 x 的一个整系数多项式 $h(x)$,使得 $f(x) = g(x)h(x)$.

证明: 如果所有 $a_j = j (j = 1, 2, \cdots, n)$,则 $f(x) = g(x)$,令 $h(x)$ 恒等于1,题目结论成立.下面考虑至少有一个 $a_j > j$ 的情况.如果我们能证明多项式 $g(x)$ 的每个根(包括重数)都是 $f(x)$ 的至少相同重数的根,那么就能写

$$f(x) = g(x)h(x) \tag{2.2.423}$$

然后利用例27一样的处理方法,很容易证明 $h(x)$ 是 x 的整系数多项式(细节证明留给读者作练习).

记

$$f_1(x) = \prod_{j=2}^{n} (x^{a_1} - x^{a_j}) = x^{(n-1)a_1} \prod_{j=2}^{n} (1 - x^{a_j - a_1}) \tag{2.2.424}$$

$$f_2(x) = \prod_{j=3}^{n} (x^{a_2} - x^{a_j}) = x^{(n-2)a_2} \prod_{j=3}^{n} (1 - x^{a_j - a_2}) \tag{2.2.425}$$

……

$$f_{n-2}(x) = (x^{a_{n-2}} - x^{a_{n-1}})(x^{a_{n-2}} - x^{a_n}) = x^{2a_{n-2}}(1 - x^{a_{n-1} - a_{n-2}})(1 - x^{a_n - a_{n-2}}) \tag{2.2.426}$$

$$f_{n-1}(x) = x^{a_{n-1}}(1 - x^{a_n - a_{n-1}}) \tag{2.2.427}$$

利用题目条件,以及上面叙述,有

$$f(x) = f_1(x)f_2(x)\cdots f_{n-2}(x)f_{n-1}(x) \tag{2.2.428}$$

设 $f(x)$ 的零根的重数是 A,利用上面叙述,有

$$A = (n-1)a_1 + (n-2)a_2 + \cdots + 2a_{n-2} + a_{n-1} \tag{2.2.429}$$

完全类似,可以得到 $g(x)$ 的零根的重数 B 满足下述关系式

$$B = (n-1) \times 1 + (n-2) \times 2 + \cdots + 2 \times (n-2) + 1 \times (n-1) \tag{2.2.430}$$

由于 $a_i \geqslant i (i \neq j)$,及 $a_j > j$,有(可能 $j = n$)

$$A \geqslant B \tag{2.2.431}$$

于是,可以写
$$f(x) = x^A \prod_{1 \leqslant i < j \leqslant n} (1 - x^{a_j - a_i}) \tag{2.2.432}$$
完全类似,有
$$g(x) = x^B \prod_{1 \leqslant i < j \leqslant n} (1 - x^{j-i}) \tag{2.2.433}$$

除了零根以外,从公式(2.2.432)可以看到多项式 $f(x)$ 的其他非零根全是单位根. 对于 $r = 1, 2, \cdots, n-1$. 记 z_r 是一个 r 次单位根,即
$$z_r^r = 1, \quad z_r^s \neq 1, \quad \text{这里 } s = 1, 2, \cdots, r-1 (r \geqslant 2) \tag{2.2.434}$$

当 $1 \leqslant i < j \leqslant n$ 时,记 $a_j - a_i = kr + s$,这里 k 是一个非负整数,$s = 0, 1, 2, \cdots, r-1, r \geqslant 2$. 容易看到
$$1 - z_r^{a_j - a_i} = 1 - z_r^s \tag{2.2.435}$$

从公式(2.2.434)和(2.2.435)可以看到 z_r 是多项式 $1 - x^{a_j - a_i}$ 的一个根,当且仅当 $a_j - a_i$ 是 r 的整数倍. 根 1 的重数,$f(x)$ 与 $g(x)$ 显然相等.

在 mod r 意义下,所有正整数可以分为 r 个同余类 $A_1, A_2, \cdots, A_r$,这里正整数 $a \in A_j (1 \leqslant j \leqslant r)$ 当且仅当 $a = kr + j$,这里 k 是非负整数. 用 k_j 表示 $a_1, a_2, \cdots, a_n$ 中在 $A_j (1 \leqslant j \leqslant r)$ 内的个数. 这里及下述正整数 $r \geqslant 2$.

对于固定的正整数 $r, k_j \geqslant 0$,且
$$\sum_{j=1}^{r} k_j = n \tag{2.2.436}$$

在公式(2.2.432)的右端,具 $a_j \equiv a_i \pmod{r}$,$1 \leqslant i < j \leqslant n$ 的正整数对 (a_i, a_j) 的数目总和记为 C,则
$$C = \sum_{j=1}^{r} C_{k_j}^2 = \frac{1}{2} \sum_{j=1}^{r} k_j (k_j - 1)$$
$$= \frac{1}{2} \sum_{j=1}^{r} k_j^2 - \frac{n}{2} (\text{利用公式}(2.2.436)) \tag{2.2.437}$$

数 C 恰是 $f(x)$ 的根 z_r 的重数,如果 $C = 0$,则 z_r 不是 $f(x)$ 的根. 令
$$t_j = k_j - \left[\frac{n}{r}\right], \quad j = 1, 2, \cdots, r \tag{2.2.438}$$

这里 $\left[\frac{n}{r}\right]$ 表示不超过 $\frac{n}{r}$ 的最大整数. t_j 是一个整数. 从上式,有
$$\sum_{j=1}^{r} t_j = n - r\left[\frac{n}{r}\right] (\text{利用公式}(2.2.436)) \tag{2.2.439}$$

公式(2.2.438)移项后,两端平方,关于 j 从 1 到 r 求和,有
$$\sum_{j=1}^{r} k_j^2 = \sum_{j=1}^{r} \left(t_j + \left[\frac{n}{r}\right]\right)^2$$
$$= \sum_{j=1}^{r} t_j^2 + 2\left[\frac{n}{r}\right]\left(n - r\left[\frac{n}{r}\right]\right) + r\left[\frac{n}{r}\right]^2 (\text{利用公式}(2.2.439)) \tag{2.2.440}$$

由于现在 n, r 固定,利用公式(2.2.439)可以知道,$\sum_{j=1}^{r} t_j^2$ 当 $n - r\left[\frac{n}{r}\right]$ 个 t_j 取 1,其余 t_j 取零时为最小(注意 $0 \leqslant n - r\left[\frac{n}{r}\right] < r$,以及利用 $\sum_{j=1}^{r} t_j^2 \geqslant \sum_{j=1}^{r} t_j$ 和公式(2.2.439)). 将 $\sum_{j=1}^{r} k_j^2$ 的最小值记为 D,则
$$D = \left(n - r\left[\frac{n}{r}\right]\right) + 2\left[\frac{n}{r}\right]\left(n - r\left[\frac{n}{r}\right]\right) + r\left[\frac{n}{r}\right]^2 (\text{利用公式}(2.2.440))$$

$$= \left(1 + 2\left[\frac{n}{r}\right]\right)\left(n - r\left[\frac{n}{r}\right]\right) + r\left[\frac{n}{r}\right]^2 \tag{2.2.441}$$

而对于 $g(x)$ 的相应的计算,用 k_j^* 表示 n 个正整数 $1,2,\cdots,n$ 在同余类 A_j ($1\leqslant j\leqslant r$) 中的个数. 把 $1,2,\cdots,n$ 按大小顺序分成 $\{1,2,\cdots,r\}, \{r+1,r+2,\cdots,2r\}\cdots,\left\{\left(\left[\frac{n}{r}\right]-1\right)r+1,\right.$ $\left.\left(\left[\frac{n}{r}\right]-1\right)r+2,\cdots,\left[\frac{n}{r}\right]r\right\}, \left\{r\left[\frac{n}{r}\right]+1, r\left[\frac{n}{r}\right]+2,\cdots,n\right\}$,一共 $\left[\frac{n}{r}\right]+1$ 组,当 n 是 r 的整数倍时,上述最后一组不存在,一共 $\left[\frac{n}{r}\right]$ 组. 当 $1\leqslant j\leqslant n-r\left[\frac{n}{r}\right]$ 时,显然 $k_j^* = \left[\frac{n}{r}\right]+1$,当 $n-r\left[\frac{n}{r}\right]+1\leqslant j\leqslant r$ 时,$k_j^* = \left[\frac{n}{r}\right]$,那么,可以看到

$$\sum_{j=1}^r k_j^{*2} = \left(n - r\left[\frac{n}{r}\right]\right)\left(\left[\frac{n}{r}\right]+1\right)^2 + \left\{r - \left(n - r\left[\frac{n}{r}\right]\right)\right\}\left[\frac{n}{r}\right]^2$$

$$= r\left[\frac{n}{r}\right]^2 + \left(n - r\left[\frac{n}{r}\right]\right)\left\{\left(\left[\frac{n}{r}\right]+1\right)^2 - \left[\frac{n}{r}\right]^2\right\}$$

$$= r\left[\frac{n}{r}\right]^2 + \left(n - r\left[\frac{n}{r}\right]\right)\left(1 + 2\left[\frac{n}{r}\right]\right)$$

$$= D(\text{利用公式}(2.2.441)) \tag{2.2.442}$$

利用公式(2.2.433),$g(x)$ 的任一非零根必为一个 r 次单位根,这里 $r\in\{1,2,\cdots,n-1\}$. 利用公式(2.2.441)和(2.2.442),我们知道,对于 $g(x)$ 的任一个 r 次单位根 z_r, z_r 连同它的重数一定是 $f(x)$ 的根(包括重数),那么本题结论成立.

例 31(A. Cohn 定理 1930 年左右发现) $p = \overline{a_n a_{n-1} \cdots a_1 a_0}$ ($0\leqslant a_j\leqslant 9, j=0,1,\cdots,n-1$, $n, a_n\geqslant 1$) 是一个素数的十进制表示,则多项式 $f(x) = a_n x^n + a_{n-1} x^{n-1} + \cdots + a_1 x + a_0$ 不可能分解为两个次数都大于等于 1 的整系数多项式的乘积.

证明:先证明一个引理.

引理 如果 $a_0, a_1, \cdots, a_{n-1}, a_n \in \{0,1,2,\cdots,9\}$, $a_n\geqslant 1$,则 $f(z) = a_n z^n + a_{n-1} z^{n-1} + \cdots + a_1 z + a_0$ 的根 z 的实部小于零,或者 z 的模长 $|z| < \frac{1}{2}(1+\sqrt{37})$.

引理的证明:如果根 $z=0$,当然满足结论. 现在考虑非零复根 z 情况,如果 z 的实部 $\mathrm{Re}\, z\geqslant 0$. 记 $z = x + \mathrm{i}y$,这里 x,y 都是实数,$x\geqslant 0$,由于 z 不等于零,则 $x^2 + y^2 > 0$,

$$\frac{1}{z} = \frac{x - \mathrm{i}y}{x^2 + y^2} \tag{2.2.443}$$

由于

$$a_n + \frac{a_{n-1}}{z} = \left(a_n + \frac{a_{n-1} x}{x^2 + y^2}\right) - \frac{a_{n-1} y}{x^2 + y^2}\mathrm{i} \tag{2.2.444}$$

利用上式,可以看到

$$\mathrm{Re}\left(a_n + \frac{a_{n-1}}{z}\right) \geqslant a_n \geqslant 1 \tag{2.2.445}$$

由于复根 z 不等于零,利用题目条件,有

$$\frac{f(z)}{z^n} = a_n + \frac{a_{n-1}}{z} + \cdots + \frac{a_1}{z^{n-1}} + \frac{a_0}{z^n} \tag{2.2.446}$$

上式两端取模长. 如果 $|z|\leqslant 1$,由于 $1 < \frac{1}{2}(1+\sqrt{37})$,则引理结论成立. 下面考虑 $|z| > 1$ 情况.

$$\left|\frac{f(z)}{z^n}\right| \geqslant \left|a_n + \frac{a_{n-1}}{z}\right| - 9\left(\frac{1}{|z|^2} + \frac{1}{|z|^3} + \cdots + \frac{1}{|z|^n}\right)(\text{利用引理条件})$$

$$> \text{Re}\left(a_n + \frac{a_{n-1}}{z}\right) - \frac{9}{|z|^2 - |z|} \qquad (2.2.447)$$

设 r 是 $r^2 - r = 9$ 的正实根, 则

$$r = \frac{1}{2}(1 + \sqrt{37}) \qquad (2.2.448)$$

由于

$$(|z|^2 - |z|) - (r^2 - r) = (|z| - r)(|z| + r - 1) \qquad (2.2.449)$$

那么, 利用上式, 当 $|z| \geq r$ 时, 有

$$|z|^2 - |z| \geq r^2 - r = 9 \qquad (2.2.450)$$

所以, 当 $|z| \geq \frac{1}{2}(1 + \sqrt{37})$ 时, 利用不等式 (2.2.447), 公式 (2.2.448) 和不等式 (2.2.450), 兼顾不等式 (2.2.445), 有

$$\left|\frac{f(z)}{z^n}\right| > 0 \qquad (2.2.451)$$

这与 $f(z) = 0$ 矛盾. 引理结论成立.

对本题的结论用反证法, 如果

$$f(x) = g(x)h(x) \qquad (2.2.452)$$

其中 $g(x), h(x)$ 都是次数大于等于 1 的整系数多项式, 设 $z_1, z_2, \cdots, z_l (1 \leq l \leq n-1)$ 是 $g(x)$ 的全部复根, 可以写

$$g(x) = A(x - z_1)(x - z_2) \cdots (x - z_l) \qquad (2.2.453)$$

这里 A 是非零整数. 由于 $g(x)$ 是整系数多项式, $g(10)$ 必是一个整数. 利用上式, 有

$$|g(10)| = |A| |10 - z_1| |10 - z_2| \cdots |10 - z_l| \qquad (2.2.454)$$

记 $z_j = x_j + \mathrm{i}y_j$, 这里 x_j, y_j 都是实数, $1 \leq j \leq l$. 由于 $z_1, z_2, \cdots, z_l$ 也是 $f(x)$ 的复根(利用公式 (2.2.452)) 利用引理, 必有 $x_j < 0$, 或者 $|z_j| < \frac{1}{2}(1 + \sqrt{37}) < 4$. 于是, 利用

$$10 - z_j = (10 - x_j) - \mathrm{i}y_j \qquad (2.2.455)$$

有

$$|10 - z_j| = \sqrt{(10 - x_j)^2 + y_j^2} \geq |10 - x_j| > 6 \qquad (2.2.456)$$

这里利用 $x_j < 0$, 或者 $x_j \leq |z_j| < 4$.

利用公式 (2.2.454), 以及不等式 (2.2.456), 有

$$|g(10)| > |A| 6^l \geq 6^l \qquad (2.2.457)$$

而 $h(x)$ 是 x 的一个 $n - l$ 次整系数多项式, 完全类似, 有 $h(10)$ 是一个整数, 且

$$|h(10)| > 6^{n-l} \qquad (2.2.458)$$

利用题目条件, 公式 (2.2.452), (2.2.457) 和 (2.2.458), 有

$$p = f(10) = |f(10)| = |g(10)| |h(10)| \qquad (2.2.459)$$

素数 p 可以分解为两个都大于等于 6 的整数的乘积, 这是不可能的. 从而题目结论成立.

关于整系数多项式的分解, 有许多问题可以探讨, 有兴趣的读者可以自己思考、研究之.

我们知道, 当 n 是正整数时, 有

$$(1 + x)^n = 1 + C_n^1 x + C_n^2 x^2 + \cdots + C_n^{n-1} x^{n-1} + x^n \qquad (2.2.460)$$

因此, 多项式与组合数有紧密的联系. 下面举两个有趣的例题.

例 32 设 n 是一个正整数, $n + 1$ 个正整数 $C_n^0, C_n^1, C_n^2, \cdots, C_n^{n-1}, C_n^n$ 中除以 3 余 1 的个数用 a_n 表示, 除以 3 余 2 的个数用 b_n 表示. 求证: $a_n > b_n$.

证明: 用 3 进制写出 n, 即

第 2 章 方程与多项式

$$n = 3^k n_k + 3^{k-1} n_{k-1} + \cdots + 3 n_1 + n_0 \tag{2.2.461}$$

这里 $n_k = 1$ 或 $2, n_{k-1}, \cdots, n_1, n_0 \in \{0,1,2\}$. k 是非负整数,那么,利用公式(2.2.461),有

$$(1+x)^n = (1+x)^{3^k n_k}(1+x)^{3^{k-1} n_{k-1}}\cdots(1+x)^{3 n_1}(1+x)^{n_0} \tag{2.2.462}$$

对于任意整数 x,可以看到

$$(1+x)^3 \equiv 1 + x^3 \pmod 3 \tag{2.2.463}$$

$$(1+x)^{3^2} \equiv (1+x^3)^3 \pmod 3 \equiv 1 + x^{3^2} \pmod 3 \tag{2.2.464}$$

类似不断地两端立方,对于任意正整数 m,有

$$(1+x)^{3^m} \equiv 1 + x^{3^m} \pmod 3 \tag{2.2.465}$$

这里 x 是任意整数. 利用公式(2.2.462)和(2.2.465),有

$$(1+x)^n \equiv (1+x^{3^k})^{n_k}(1+x^{3^{k-1}})^{n_{k-1}}\cdots(1+x^3)^{n_1}(1+x)^{n_0} \pmod 3 \tag{2.2.466}$$

对于任意整数 x,记

$$F_j(x) = (1+x^{3^j})^{n_j}(1+x^{3^{j-1}})^{n_{j-1}}\cdots(1+x^3)^{n_1}(1+x)^{n_0} \tag{2.2.467}$$

这里 $j = 0,1,2,\cdots,k$. 利用公式(2.2.462)和(2.2.466),对于任意整数 x,有

$$F_k(x) \equiv (1+x)^n \pmod 3 \tag{2.2.468}$$

下面对 j 用数学归纳法,证明 $F_j(x)(j=0,1,2,\cdots,k)$ 的展开式全部系数中除以 3 余 1 的个数 a_j^* 大于除以 3 余 2 的个数 b_j^*. 如果能证明这点,再利用公式(2.2.468),有

$$a_n = a_k^* > b_k^* = b_n \tag{2.2.469}$$

题目结论成立.

当 $j = 0$ 时,

$$F_0(x) = (1+x)^{n_0} \tag{2.2.470}$$

这里 $n_0 \in \{0,1,2\}$,当 $n_0 = 0$ 时,$F_0(x) = 1$. 当 $n_0 = 1$ 时,$F_0(x) = 1 + x$. 当 $n_0 = 2$ 时,$F_0(x) = (1+x)^2 = 1 + 2x + x^2$. 无论哪一种情况,都有 $a_0^* > b_0^*$.

设当 $0 \leqslant j < k$ 时,有 $a_j^* > b_j^*$,从 $F_j(x)$ 的定义公式(2.2.467),有

$$F_{j+1}(x) = (1+x^{3^{j+1}})^{n_{j+1}} F_j(x) \tag{2.2.471}$$

这里 $n_{j+1} \in \{0,1,2\}$.

当 $n_{j+1} = 0$ 时,有

$$F_{j+1}(x) = F_j(x) \tag{2.2.472}$$

利用上式及归纳法假设,有

$$a_{j+1}^* = a_j^* > b_j^* = b_{j+1}^* \tag{2.2.473}$$

当 $n_{j+1} = 1$ 时,利用公式(2.2.471),有

$$F_{j+1}(x) = F_j(x) + x^{3^{j+1}} F_j(x) \tag{2.2.474}$$

$F_j(x)$ 的展开式中 x 的最高幂次记为 A,利用公式(2.2.467),有

$$A = 3^j n_j + 3^{j-1} n_{j-1} + \cdots + 3 n_1 + n_0 \leqslant 2(3^j + 3^{j-1} + \cdots + 3 + 1) = 3^{j+1} - 1 < 3^{j+1} \tag{2.2.475}$$

而 $x^{3^{j+1}} F_j(x)$ 的开展式中变元最低项次数为 $x^{3^{j+1}}$,所以,$F_{j+1}(x)$ 的展开式中各项系数的"集合"就是 $F_j(x)$ 与 $x^{3^{j+1}} F_j(x)$ 展开式中各项系数的"并集". 这里"集合"、"并集"内允许有相同元素. 利用公式(2.2.474),有

$$a_{j+1}^* = 2 a_j^* > 2 b_j^* = b_{j+1}^* \tag{2.2.476}$$

当 $n_{j+1} = 2$ 时,利用公式(2.2.471),有

$$F_{j+1}(x) = F_j(x) + 2 x^{3^{j+1}} F_j(x) + x^{2 \times 3^{j+1}} F_j(x) \tag{2.2.477}$$

完全类似上述的证明,利用不等式(2.2.475),可以知道 $F_{j+1}(x)$ 的展开式中各项系数的"集

合"就是 $F_j(x), 2x^{3^{j+1}} F_j(x), x^{2\times 3^{j+1}} F_j(x)$ 的展开式中各项系数的"并集",利用公式(2.2.477)和归纳法假设,有

$$a_{j+1}^* = a_j^* + b_j^* + a_j^* = 2a_j^* + b_j^* > b_j^* + a_j^* + b_j^* = b_{j+1}^* \tag{2.2.478}$$

于是,归纳法完成,题目结论成立.

例33 n 是一个正整数,$n+1$ 个正整数 $C_n^0, C_n^1, C_n^2, \cdots, C_n^{n-1}, C_n^n$ 中除以 5 余 $j(1 \leqslant j \leqslant 4)$ 的个数用 a_j 表示.求证 $a_1 + a_4 \geqslant a_2 + a_3$.

证明:将 n 用 5 进制表示,有

$$n = n_k 5^k + n_{k-1} 5^{k-1} + \cdots + n_1 5 + n_0 \tag{2.2.479}$$

这里 $n_j (1 \leqslant j \leqslant k) \in \{0,1,2,3,4\}, n_k \geqslant 1$. k 是非负整数.对于任意整数 x,类似上例情况,很容易得到,对于正整数 m,有

$$(1+x)^{5^m} \equiv (1+x^{5^m}) \pmod{5} \tag{2.2.480}$$

利用公式(2.2.479)和(2.2.480),有

$$(1+x)^n \equiv (1+x^{5^k})^{n_k}(1+x^{5^{k-1}})^{n_{k-1}} \cdots (1+x^5)^{n_1}(1+x)^{n_0} \pmod{5} \tag{2.2.481}$$

这里 x 是任意整数(下同).类似上例,令

$$F_j(x) = (1+x^{5^j})^{n_j}(1+x^{5^{j-1}})^{n_{j-1}} \cdots (1+x^5)^{n_1}(1+x)^{n_0} \tag{2.2.482}$$

这里 $j = 0, 1, 2, \cdots, k$.

$F_j(x)$ 的展开式中各项系数除以 5 余 $i(1 \leqslant i \leqslant 4)$ 的个数用 $a_i^{(j)}$ 表示.利用公式(2.2.481)和(2.2.482),有

$$(1+x)^n \equiv F_k(x) \pmod{5} \tag{2.2.483}$$

利用上式,有

$$a_i = a_i^{(k)}, \quad 1 \leqslant i \leqslant 4 \tag{2.2.484}$$

下面对 j 用数学归纳法,证明

$$a_1^{(j)} + a_4^{(j)} \geqslant a_2^{(j)} + a_3^{(j)} \tag{2.2.485}$$

这里 $j = 0, 1, 2, \cdots, k$.

当 $j = 0$ 时,利用公式(2.2.482),有

$$F_0(x) = (1+x)^{n_0} \tag{2.2.486}$$

当 $n_0 = 0$ 时,$F_0(x) = 1$;当 $n_0 = 1$ 时,$F_0(x) = 1 + x$;当 $n_0 = 2$ 时,$F_0(x) = 1 + 2x + x^2$;当 $n_0 = 3$ 时,$F_0(x) = 1 + 3x + 3x^2 + x^3$;当 $n_0 = 4$ 时,$F_0(x) = 1 + 4x + 6x^2 + 4x^3 + x^4$.在上述五种情况内,都有

$$a_1^{(0)} + a_4^{(0)} \geqslant a_2^{(0)} + a_3^{(0)} \tag{2.2.487}$$

假设对非负整数 $j(0 \leqslant j < k)$,有

$$a_1^{(j)} + a_4^{(j)} \geqslant a_2^{(j)} + a_3^{(j)} \tag{2.2.488}$$

考虑 $j+1$ 情况.利用公式(2.2.482),有

$$F_{j+1}(x) = (1+x^{5^{j+1}})^{n_{j+1}} F_j(x) \tag{2.2.489}$$

这里 $n_{j+1} \in \{0,1,2,3,4\}$.

下面分情况讨论:

① 当 $n_{j+1} = 0$ 时,$F_{j+1}(x) = F_j(x)$,这时,有 $a_i^{(j+1)} = a_i^{(j)} (1 \leqslant i \leqslant 4)$,那么,利用归纳假设公式(2.2.488),有

$$a_1^{(j+1)} + a_4^{(j+1)} = a_1^{(j)} + a_4^{(j)} \geqslant a_2^{(j)} + a_3^{(j)} = a_2^{(j+1)} + a_3^{(j+1)} \tag{2.2.490}$$

② 当 $n_{j+1} = 1$ 时,利用公式(2.2.489),有

$$F_{j+1}(x) = F_j(x) + x^{5^{j+1}} F_j(x) \tag{2.2.491}$$

利用公式(2.2.482),$F_j(x)$ 的展开式中 x 的最高项次数记为 A,则

$$A = 5^j n_j + 5^{j-1} n_{j-1} + \cdots + 5 n_1 + n_0 \leqslant 4(5^j + 5^{j-1} + \cdots + 5 + 1) = 5^{j+1} - 1 < 5^{j+1} \tag{2.2.492}$$

所以, $F_{j+1}(x)$ 的展开式中各项系数的"集合"就是 $F_j(x)$ 展开式中与 $x^{5^{j+1}} F_j(x)$ 展开式中各项系数的"并集". 那么, 有

$$a_i^{(j+1)} = 2 a_i^{(j)}, \quad i = 1, 2, 3, 4 \tag{2.2.493}$$

利用上式及归纳法假设(2.2.488), 有

$$a_1^{(j+1)} + a_4^{(j+1)} \geqslant a_2^{(j+1)} + a_3^{(j+1)} \tag{2.2.494}$$

③ 当 $n_{j+1} = 2$ 时, 由于

$$F_{j+1}(x) = (1 + x^{5^{j+1}})^2 F_j(x) = F_j(x) + 2 x^{5^{j+1}} F_j(x) + x^{2 \times 5^{j+1}} F_j(x) \tag{2.2.495}$$

利用不等式(2.2.492), 可以知道(兼顾上式)

$$\left.\begin{aligned} a_1^{(j+1)} &= a_1^{(j)} + a_3^{(j)} + a_1^{(j)} = 2 a_1^{(j)} + a_3^{(j)} \\ a_2^{(j+1)} &= a_2^{(j)} + a_1^{(j)} + a_2^{(j)} = 2 a_2^{(j)} + a_1^{(j)} \\ a_3^{(j+1)} &= a_3^{(j)} + a_4^{(j)} + a_3^{(j)} = 2 a_3^{(j)} + a_4^{(j)} \\ a_4^{(j+1)} &= a_4^{(j)} + a_2^{(j)} + a_4^{(j)} = 2 a_4^{(j)} + a_2^{(j)} \end{aligned}\right\} \tag{2.2.496}$$

利用上式, 以及归纳法假设(2.2.488), 有

$$(a_1^{(j+1)} + a_4^{(j+1)}) - (a_2^{(j+1)} + a_3^{(j+1)}) = (a_1^{(j)} + a_4^{(j)}) - (a_2^{(j)} + a_3^{(j)}) \geqslant 0 \tag{2.2.497}$$

④ 当 $n_{j+1} = 3$ 时, 完全类似地, 有

$$F_{j+1}(x) = (1 + 3 x^{5^{j+1}} + 3 x^{2 \times 5^{j+1}} + x^{3 \times 5^{j+1}}) F_j(x) \tag{2.2.498}$$

$$\left.\begin{aligned} a_1^{(j+1)} &= 2(a_1^{(j)} + a_2^{(j)}), \quad a_2^{(j+1)} = 2(a_2^{(j)} + a_4^{(j)}) \\ a_3^{(j+1)} &= 2(a_3^{(j)} + a_1^{(j)}), \quad a_4^{(j+1)} = 2(a_4^{(j)} + a_3^{(j)}) \end{aligned}\right\} \tag{2.2.499}$$

利用上式, 及归纳法假设, 有

$$a_1^{(j+1)} + a_4^{(j+1)} \geqslant a_2^{(j+1)} + a_3^{(j+1)} \tag{2.2.500}$$

⑤ 当 $n_{j+1} = 4$ 时, 利用

$$F_{j+1}(x) = (1 + 4 x^{5^{j+1}} + 6 x^{2 \times 5^{j+1}} + 4 x^{3 \times 5^{j+1}} + x^{4 \times 5^{j+1}}) F_j(x) \tag{2.2.501}$$

类似地, 可以写出

$$\left.\begin{aligned} a_1^{(j+1)} &= 3 a_1^{(j)} + 2 a_4^{(j)}, \quad a_2^{(j+1)} = 3 a_2^{(j)} + 2 a_3^{(j)} \\ a_3^{(j+1)} &= 3 a_3^{(j)} + 2 a_2^{(j)}, \quad a_4^{(j+1)} = 3 a_4^{(j)} + 2 a_1^{(j)} \end{aligned}\right\} \tag{2.2.502}$$

利用上式及归纳法假设, 这时, 不等式(2.2.500)仍然成立. 归纳法完成. 因此, 不等式(2.2.485)成立. 再利用公式(2.2.484), 题目结论成立.

注: 显然, 可以提一个问题: n 是一个正整数, p 是一个素数, $n+1$ 个正整数 $C_n^0, C_n^1, \cdots, C_n^{n-1}, C_n^n$ 中除以 p 余 j ($1 \leqslant j \leqslant p-1$) 的个数用 a_j 表示, 问 $p-1$ 个数 $a_1, a_2, \cdots, a_{p-1}$ 之间有怎样的关系? 有兴趣的读者可以考虑这问题.

下面一例也是有趣的.

例 34 x 和 y 是不相等的两个复数. 已知对于某四个连续的正整数 n, $\dfrac{x^n - y^n}{x - y}$ 是一个整数.

求证: 对于所有正整数 n, $\dfrac{x^n - y^n}{x - y}$ 都是整数.

证明: 令

$$b = -(x + y), \quad c = xy \tag{2.2.503}$$

记

$$t_n = \frac{x^n - y^n}{x - y} \tag{2.2.504}$$

这里 n 是任意非负整数. 利用上二式, 有

$$t_{n+2} + bt_{n+1} + ct_n = \frac{1}{x-y}[(x^{n+2} - y^{n+2}) - (x+y)(x^{n+1} - y^{n+1}) + xy(x^n - y^n)] = 0$$

(2.2.505)

利用公式(2.2.503)和(2.2.504), 有

$$t_0 = 0, \quad t_1 = 1, \quad t_2 = -b \tag{2.2.506}$$

如果能证明 b, c 是两个整数, 利用公式(2.2.505)和(2.2.506)可以知道, 对于任意正整数 n, t_n 是整数. 对于任意正整数 n, 有

$$t_{n+1}^2 - t_n t_{n+2} = \frac{1}{(x-y)^2}[(x^{n+1} - y^{n+1})^2 - (x^n - y^n)(x^{n+2} - y^{n+2})]$$

$$= \frac{1}{(x-y)^2} x^n y^n (x^2 - 2xy + y^2) = c^n (\text{利用公式}(2.2.503)) \tag{2.2.507}$$

由题目条件, 存在正整数 m, 使得 $t_m, t_{m+1}, t_{m+2}, t_{m+3}$ 都是整数, 那么 $t_{m+1}^2 - t_m t_{m+2}, t_{m+2}^2 - t_{m+1} t_{m+3}$ 都是整数. 再由公式(2.2.507), 可以知道 c^m, c^{m+1} 都是整数.

如果 $c = 0$, 由公式(2.2.503), x, y 中必有一个为零. 如果 x 等于零, 由题目条件, y 不等于零. 再由公式(2.2.504), 有 $t_n = y^{n-1}$. 利用题目条件, 知道 $y^{m-1}, y^m, y^{m+1}, y^{m+2}$ 都是非零整数. 由于 $y = \frac{y^m}{y^{m-1}}$ 应当为非零有理数, 记 $y = \frac{u}{v}$, 这里 u, v 是两个互质(即互素)的整数, 且 u, v 都不为零. 由于 $y^m = \frac{u^m}{v^m}, y^m$ 是一个整数, 必有 $v = 1, y = u, t_n = u^{n-1}$ 都是整数. 如果 y 等于零, x 不等于零, 完全同样证明 t_n 都是整数.

如果 c 不等于零, 则 $c = \frac{c^{m+1}}{c^m}$ 应当是非零有理数, 完全类似上述证明 c 必为一个整数.

利用公式(2.2.504), 有

$$t_m t_{m+3} - t_{m+1} t_{m+2} = \frac{1}{(x-y)^2}[(x^m - y^m)(x^{m+3} - y^{m+3}) - (x^{m+1} - y^{m+1})(x^{m+2} - y^{m+2})]$$

$$= -x^m y^m (x+y) = bc^m (\text{利用公式}(2.2.503)) \tag{2.2.508}$$

由于上式左端是一个整数, 则 bc^m 是一个整数. 现在已知 c 是一个非零整数, 则 b 必是一个有理数. 将 b 视为一个变元, 在公式(2.2.505)中, 令 $n = 1$, 有

$$t_3 = -bt_2 - ct_1 = b^2 - c (\text{利用公式}(2.2.506)) \tag{2.2.509}$$

设对正整数 s, 有

$$t_s = f_s(b), \quad t_{s+1} = f_{s+1}(b) \tag{2.2.510}$$

这里 $f_j(b)(j = s, s+1)$ 是 b 的 $j-1$ 次整系数多项式, 首项系数为 $(-1)^{j-1}$, 即

$$\left.\begin{array}{l} f_s(b) = (-1)^{s-1} b^{s-1} + \cdots \\ f_{s+1}(b) = (-1)^s b^s + \cdots \end{array}\right\} \tag{2.2.511}$$

在公式(2.2.505)中, 令 $n = s$, 再利用公式(2.2.510)和(2.2.511), 有

$$t_{s+2} = -bt_{s+1} - ct_s = -bf_{s+1}(b) - cf_s(b) = (-1)^{s+1} b^{s+1} + \cdots \tag{2.2.512}$$

这里公式(2.2.511)和(2.2.512)右端省略的是 b 的次数较低的项. 因此, 对任意正整数 $s, t_s = f_s(b)$ 是 b 的 $s-1$ 次整系数多项式, 首项系数是 $(-1)^{s-1}$. 由于 b 是一个有理数, 当 $b = 0$ 时, 本题结论成立. 当 b 是一个非零有理数时, 存在两个互质的非零整数 $p, q, q > 0$, 使得 $b = \frac{p}{q}$, 由于 t_m 是整数, 利用上述结论, 有

$$t_m = f_m(b) = (-1)^{m-1} \left(\frac{p}{q}\right)^{m-1} + a_1 \left(\frac{p}{q}\right)^{m-2} + \cdots + a_{m-2} \frac{p}{q} + a_{m-1} \tag{2.2.513}$$

这里 $a_1,\cdots,a_{m-2},a_{m-1}$ 全为整数,上式两端乘以 q^{m-2},可以看到 $(-1)^{m-1}\dfrac{p^{m-1}}{q}$ 是一个整数,由于 p,q 互质,则 $q=1$,那么,b 是一个非零整数.本题结论成立.

例 35 已知数列 $\{a_n\mid n\in \mathbf{N}^+\}$ 满足 $a_1=0, a_2=2, a_3=3, a_{n+3}=a_n+a_{n+1}(n\in \mathbf{N}^+)$,求证:对任意质数 p,a_p 是 p 的倍数.

证明:由题目条件,有
$$a_4=2,\quad a_5=5,\quad a_6=5,\quad a_7=7,\quad a_8=10,\quad a_9=12,\quad a_{10}=17,\quad a_{11}=22 \tag{2.2.514}$$

可以看到 a_n 的值很不规则.

题目中递推公式对应的特征方程是
$$\lambda^3 - \lambda - 1 = 0 \tag{2.2.515}$$

明显地,在开区间 $(1,2)$ 内,上述方程有一个正实根 λ_1(读者可以根据 2.1 节例 21 给出的三次方程求根公式写出这个 λ_1,较复杂).因此,有
$$\lambda^3 - \lambda - 1 = (\lambda - \lambda_1)\left(\lambda^2 + \lambda_1\lambda + \dfrac{1}{\lambda_1}\right) \tag{2.2.516}$$

方程 (2.2.515) 的另二根是下述方程
$$\lambda^2 + \lambda_1\lambda + \dfrac{1}{\lambda_1} = 0 \tag{2.2.517}$$

的两个根.利用 $\lambda_1\in(1,2)$,可以看到
$$\lambda_1^3 = \lambda_1 + 1 < 3 \tag{2.2.518}$$

于是,方程 (2.2.517) 的判别式小于零.方程 (2.2.517) 的两个根
$$\left.\begin{aligned}\lambda_2 &= \dfrac{1}{2}\left(-\lambda_1 + \sqrt{\dfrac{4}{\lambda_1} - \lambda_1^2}\,\mathrm{i}\right)\\ \lambda_3 &= \dfrac{1}{2}\left(-\lambda_1 - \sqrt{\dfrac{4}{\lambda_1} - \lambda_1^2}\,\mathrm{i}\right)\end{aligned}\right\} \tag{2.2.519}$$

利用上面叙述,我们可以写
$$a_n = a\lambda_1^n + b\lambda_2^n + c\lambda_3^n \tag{2.2.520}$$

这里 n 是任意正整数,a,b,c 是待定系数.利用题目条件,在上式中,依次令 $n=1,2,3$,可以看到下述方程组

$$\begin{aligned}&\lambda_1\left(a - \dfrac{1}{2}b - \dfrac{1}{2}c\right) + \dfrac{1}{2}\sqrt{\dfrac{4}{\lambda_1} - \lambda_1^2}(b-c)\mathrm{i} = 0\\ &\left[\lambda_1^2 a + \dfrac{1}{2}\left(\lambda_1^2 - \dfrac{2}{\lambda_1}\right)b + \dfrac{1}{2}\left(\lambda_1^2 - \dfrac{2}{\lambda_1}\right)c\right] + \dfrac{1}{2}\lambda_1\sqrt{\dfrac{4}{\lambda_1} - \lambda_1^2}(c-b)\mathrm{i} = 2\\ &\left[\lambda_1^3 a + \dfrac{1}{2}(3 - \lambda_1^3)b + \dfrac{1}{2}(3 - \lambda_1^3)c\right] + \dfrac{1}{8}\left[3\lambda_1^2\sqrt{\dfrac{4}{\lambda_1} - \lambda_1^2} - \left(\dfrac{4}{\lambda_1} - \lambda_1^2\right)^{\frac{3}{2}}\right](b-c)\mathrm{i} = 3\end{aligned} \tag{2.2.521}$$

明显地,上述方程组有一组解
$$a = 1,\quad b = 1,\quad c = 1 \tag{2.2.522}$$

由题目条件,知道 a_n 是唯一确定的整数数列,利用公式 (2.2.520) 和 (2.2.522),有
$$a_n = \lambda_1^n + \lambda_2^n + \lambda_3^n \tag{2.2.523}$$

记
$$\sigma_1 = \lambda_1 + \lambda_2 + \lambda_3,\quad \sigma_2 = \lambda_1\lambda_2 + \lambda_2\lambda_3 + \lambda_3\lambda_1,\quad \sigma_3 = \lambda_1\lambda_2\lambda_3 \tag{2.2.524}$$

再利用方程 (2.2.514) 及 Vieta 定理,有

$$\sigma_1 = 0, \quad \sigma_2 = -1, \quad \sigma_3 = 1 \tag{2.2.525}$$

在下面,暂时将 $\lambda_1, \lambda_2, \lambda_3$ 视作变元.

利用公式(2.2.524)的第一个等式及公式(2.2.525)的第一个等式,对于 $i, j \in \{1,2,3\}$,且 $i \neq j$,兼顾公式(2.2.523),有

$$a_n = \lambda_i^n + \lambda_j^n - (\lambda_i + \lambda_j)^n = -\sum_{k=1}^{n-1} C_n^k \lambda_i^{n-k} \lambda_j^k \tag{2.2.526}$$

利用上式,有

$$6a_n = -\sum_{k=1}^{n-1} C_n^k \left[\lambda_1^{n-k}(\lambda_2^k + \lambda_3^k) + \lambda_2^{n-k}(\lambda_3^k + \lambda_1^k) + \lambda_3^{n-k}(\lambda_1^k + \lambda_2^k) \right] \tag{2.2.527}$$

对于 $k \in \{1, 2, \cdots, n-1\}$,令

$$f_k(\lambda_1, \lambda_2, \lambda_3) = \lambda_1^{n-k}(\lambda_2^k + \lambda_3^k) + \lambda_2^{n-k}(\lambda_3^k + \lambda_1^k) + \lambda_3^{n-k}(\lambda_1^k + \lambda_2^k) \tag{2.2.528}$$

下面正整数 $n \geqslant 5$,且 n 为奇数.当正整数 k 固定时,$f_k(\lambda_1, \lambda_2, \lambda_3)$ 是一个整系数对称多项式,这里所谓对称多项式是将 $\lambda_1, \lambda_2, \lambda_3$ 中任二个变元互换,公式(2.2.528)的右端整体上不变.将 $f_k(\lambda_1, \lambda_2, \lambda_3)$ 先按 λ_1 的降幂排列,当 λ_1 的幂次相同时,再按 λ_2 的降幂排列等.因此,当奇数 $n > 2k$ 时,$f_k(\lambda_1, \lambda_2, \lambda_3)$ 的首项是 $\lambda_1^{n-k} \lambda_2^k$,而对称多项式 $\sigma_1^{n-2k} \sigma_2^k$ 的首项是 $\lambda_1^{n-2k}(\lambda_1 \lambda_2)^k = \lambda_1^{n-k} \lambda_2^k$,恰与 $f_k(\lambda_1, \lambda_2, \lambda_3)$ 的首项相同,令

$$f_k^*(\lambda_1, \lambda_2, \lambda_3) = f_k(\lambda_1, \lambda_2, \lambda_3) - \sigma_1^{n-2k} \sigma_2^k \tag{2.2.529}$$

$f_k^*(\lambda_1, \lambda_2, \lambda_3)$ 也是一个对称多项式,它的首项低于 $f_k(\lambda_1, \lambda_2, \lambda_3)$ 的首项.利用上述办法,不断作下去,最后得到一列幂次不断降低的整系数对称多项式,作了若干步后,必定得到零.于是 $f_k(\lambda_1, \lambda_2, \lambda_3)$ 必是有限个变元 $\sigma_1, \sigma_2, \sigma_3$ 的整系数多项式的和.当 $k > n - k$ 时,$f_k(\lambda_1, \lambda_2, \lambda_3)$ 的首项是 $\lambda_1^k \lambda_2^{n-k}$,可类似考虑对称多项式 $f_k(\lambda_1, \lambda_2, \lambda_3) - \sigma_1^{2k-n} \sigma_2^{n-k}$ 等等.因此,有一个整系数多项式 $g(\sigma_1, \sigma_2, \sigma_3)$,满足

$$f_k(\lambda_1, \lambda_2, \lambda_3) = g_k(\sigma_1, \sigma_2, \sigma_3) \tag{2.2.530}$$

利用公式(2.2.527),(2.2.528)和(2.2.530),有

$$6a_n = -\sum_{k=1}^{n-1} C_n^k g_k(\sigma_1, \sigma_2, \sigma_3) = -\sum_{k=1}^{n-1} C_n^k g_k(0, -1, 1) \tag{2.2.531}$$

这里利用公式(2.2.525).

明显地,$g_k(0, -1, 1)$ 是一个整数.因此,当质数 $n \geqslant 5$ 时,由于每个 $C_n^k (k = 1, 2, \cdots, n-1)$ 都是质数 n 的倍数,则 a_n 必是质数 n 的倍数,再利用题目条件 a_2, a_3 的值,题目结论成立.

注:本例题是 2014 年暑假我在广州讲课时,一个中学生提的问题.我断断续续思考了几天,得到上述解答.由于本题风格与其他题目迥异.故将此题作为本节的最后一个例题,介绍给读者.

2.3 函数方程

粗略地讲,含有未知函数的方程称为函数方程.例如

$$f(2x - f(x)) = x$$
$$f(x) + f(y) = f(x + y)$$
$$f(x^2 - 1) = f(x)f(-x)$$

等等.

在上述方程中,要求的是一个函数 $f(x)$ 的表达式,在本节,我们讲述二十几个有关函数方程

的例题.

例1 设 n 是一个大于等于 2 的正整数,求所有连续函数 $f:\mathbf{R}\to\mathbf{R}$,满足 $f(x+y^n)=f(x)+(f(y))^n$,这里 x,y 是任意实数.

注:在本节,用 $\mathbf{R}$ 表示由全体实数组成的集合.

解: 在题目的函数方程中,令 $x=y=0$,有
$$f(0) = 0 \tag{2.3.1}$$
在题目函数方程中,令 $x=0$,再利用上式,有
$$f(y^n) = (f(y))^n \tag{2.3.2}$$
对于任何非负实数 z,一定有一个非负实数 y,满足 $y^n=z$.那么,可以看到
$$f(x+z) = f(x+y^n) = f(x)+(f(y))^n (函数方程)$$
$$= f(x) + f(y^n)(利用公式(2.3.2)) = f(x)+f(z) \tag{2.3.3}$$
在上式中,令 $x=-z(z\geqslant 0)$,再利用公式(2.3.1),有
$$f(-z) = -f(z) \tag{2.3.4}$$
当 $z<0$ 时,$-z>0$,再利用上式,有
$$f(-z) = -f(-(-z)) = -f(z) \tag{2.3.5}$$
再兼顾(2.3.1),可以知道,公式(2.3.4)对任意实数 z 成立.

当 $z<0$ 时,利用公式(2.3.4),有
$$f(x+z) = -f((-x)+(-z)) = -(f(-x)+f(-z))(利用公式(2.3.3))$$
$$= f(x)+f(z)(利用公式(2.3.4)) \tag{2.3.6}$$
再兼顾公式(2.3.1),可以知道公式(2.3.3)对任意实数 x,z 成立.在公式(2.3.3)中,令 $z=x$,有
$$f(2x) = 2f(x) \tag{2.3.7}$$
利用数学归纳法,设对正整数 $k\geqslant 2$,有
$$f(kx) = kf(x) \tag{2.3.8}$$
这里 x 是任意实数.利用公式(2.3.3)和(2.3.8),有
$$f((k+1)x) = f(kx+x) = f(kx)+f(x) = (k+1)f(x) \tag{2.3.9}$$
因此,对于任意正整数 k,公式(2.3.8)成立($k=1$ 显然).

对于任意正有理数 $\dfrac{n}{m}$,这里 m,n 是两个正整数.有
$$f\left(\dfrac{n}{m}\right) = f\left(n\dfrac{1}{m}\right) = nf\left(\dfrac{1}{m}\right)(利用公式(2.3.8))$$
$$= \dfrac{n}{m}\left(mf\left(\dfrac{1}{m}\right)\right) = \dfrac{n}{m}f(1)(再一次利用公式(2.3.8)) \tag{2.3.10}$$
对于任意负有理数 $-\dfrac{n}{m}$,这里 m,n 是两个正整数,利用公式(2.3.4)和(2.3.10),有
$$f\left(-\dfrac{n}{m}\right) = -f\left(\dfrac{n}{m}\right) = -\dfrac{n}{m}f(1) \tag{2.3.11}$$
利用公式(2.3.1),(2.3.10)和(2.3.11),可以得到,对于任意有理数 x,有
$$f(x) = f(1)x \tag{2.3.12}$$
对于任一实数 x,一定有一个有理数集合 $\{x_m, | m\in \mathbf{N}^+\}$(在本节,$\mathbf{N}^+$ 表示由全体正整数组成的集合),满足 $\lim\limits_{m\to\infty}x_m=x$,对于有理数 x_m,利用公式(2.3.12),有
$$f(x_m) = f(1)x_m \tag{2.3.13}$$
由于 f 是连续的,则
$$f(x) = f(\lim_{m\to\infty}x_m) = \lim_{m\to\infty}f(x_m) = \lim_{m\to\infty}(f(1)x_m) = f(1)x \tag{2.3.14}$$

下面分情况讨论：

① 如果 $f(1)=0$，则对于任意实数 x，
$$f(x) = 0 \tag{2.3.15}$$
上式当然是满足题目条件的一个解．

② 如果 $f(1)\neq 0$，在公式(2.3.2)中，令 $y=1$，有
$$f(1) = (f(1))^n \tag{2.3.16}$$
由于 $f(1)\neq 0$，从上式，有
$$(f(1))^{n-1} = 1 \tag{2.3.17}$$
由于 $f(1)$ 是一个实数，因此，当 n 为偶数时，$f(1)=1$，当 n 为奇数时，$f(1)=\pm 1$．因此，满足本题的所有连续函数，除了由公式(2.3.15)确定的零函数外，尚有下述解：

当 n 为偶数时，$f(x) = x$ $\tag{2.3.18}$

当 n 为奇数时，$f(x) = x$，或者 $f(x) = -x$ $\tag{2.3.19}$

注：从题目解答可以看出，当 $n=1$ 时，满足 $f(x+y)=f(x)+f(y)$ 的连续函数 $f:\mathbf{R}\to\mathbf{R}$ 是 $f(x)=f(1)x$，这里 $f(1)$ 是任意实数．如果没有连续性条件，上式仅对有理数 x 成立．

例 2 求所有函数 $F:\mathbf{R}\to\mathbf{R}$，满足 $F(x+y)=F(x)+F(y)$，这里 x,y 是任意实数；而且存在一个正实数 M，对于闭区间 $[a,b]$ 内任一实数 y，$|F(y)|<M$，这里 a,b 是给定两个实数，$a<b$．

解：对于闭区间 $[0,b-a]$ 内任一实数 x，由题目条件，有
$$F(x+a) = F(x) + F(a) \tag{2.3.20}$$
于是，利用上式，移项后，有
$$|F(x)| \leqslant |F(x+a)| + |F(a)| < M + |F(a)| \text{（利用 } x+a\in[a,b]\text{ 及题目条件）} \tag{2.3.21}$$
令
$$m = \frac{F(b-a)}{b-a} \tag{2.3.22}$$
又令
$$\psi(x) = F(x) - mx, \quad x\in\mathbf{R} \tag{2.3.23}$$
利用题目中函数方程及上式，有
$$\psi(x+y) - \psi(x) - \psi(y) = (F(x+y)-m(x+y)) - (F(x)-mx) - (F(y)-my) = 0 \tag{2.3.24}$$
上式中 x,y 是任意实数．

又利用公式(2.3.22)和(2.3.23)，有
$$\psi(b-a) = 0 \tag{2.3.25}$$
对于任一实数 x，利用公式(2.3.24)和(2.3.25)，有
$$\psi(x+b-a) = \psi(x) + \psi(b-a) = \psi(x) \tag{2.3.26}$$
另外，对于闭区间 $[0,b-a]$ 内任一实数 x，利用公式(2.3.23)，有
$$|\psi(x)| \leqslant |F(x)| + |mx|$$
$$< M + |F(a)| + |m|(b-a)\text{（利用不等式(2.3.21)，以及 } 0\leqslant x\leqslant b-a\text{）} \tag{2.3.27}$$
利用公式(2.3.26)和(2.3.27)，立刻可以知道，对于任一实数 x，有
$$|\psi(x)| < M + |F(a)| + |m|(b-a) \tag{2.3.28}$$
实际上，公式(2.3.26)表明 $\psi(x)$ 以 $b-a$ 为周期，当然 $b-a$ 不一定是 $\psi(x)$ 的最小正周期．

下面证明 $\psi(x)$ 恒等于零. 用反证法, 如果存在实数 x_0, 使得 $\psi(x_0) \neq 0$, 利用公式 (2.3.24), 类似例1公式(2.3.8)的证明, 可以得到, 对于任意正整数 k,

$$\psi(kx_0) = k\psi(x_0) \tag{2.3.29}$$

利用不等式(2.3.28)和上式, 有

$$k|\psi(x_0)| = |\psi(kx_0)| < M + |F(a)| + |m|(b-a) \tag{2.3.30}$$

由于 $|\psi(x_0)| > 0$, 上式左端取正整数 k 非常大, 这不等式是不可能成立的. 因此, $\psi(x)$ 恒等于零. 再利用公式(2.3.23), 有

$$F(x) = mx, \quad x \in \mathbf{R} \tag{2.3.31}$$

这里 m 是一个实数, 它必须满足下述条件: 对于 $[a,b]$ 内任一实数 x, $|mx| < M$. 例如取

$$|m| < \min\left(\frac{M}{|a|}, \frac{M}{|b|}\right) \tag{2.3.32}$$

例 3 求所有连续函数 $f: \mathbf{R} \to \mathbf{R}$, 满足以下两个条件:

(1) $f(1) = a + 1$, 这里 a 是非零常数;

(2) $f(xy) = f(x)f(y) - af(x+y) + a$.

解: 在题目条件(2)中, 令 $y = 1$, 有

$$f(x) = f(x)f(1) - af(x+1) + a = f(x)(a+1) - af(x+1) + a \tag{2.3.33}$$

利用上式, 以及 a 是非零常数, 有

$$f(x+1) = f(x) + 1 \tag{2.3.34}$$

这里 x 是任意实数, 不断地利用上式, 对于任意正整数 n, 有

$$f(x+n) = f(x) + n \tag{2.3.35}$$

对于负整数 $-n$, 这里 n 是正整数, 在上式中, 用 $x - n$ 代替 x, 有

$$f(x) = f(x-n) + n \tag{2.3.36}$$

利用公式(2.3.36), 可以知道, 公式(2.3.35)对于负整数 n 也成立. 当 $n = 0$ 时, 公式(2.3.35)显然成立. 换句话讲, 对于任意整数 n, 公式(2.3.35)成立. 因此, 如果能够写出闭区间 $[0,1]$ 上的函数 $f(x)$, 再利用公式(2.3.35), $\mathbf{R}$ 上的函数 f 就完全知道了. 在题目条件(2)中, 令 $x = \frac{1}{n}, y = n$, 这里 n 是一个非零整数, 有

$$f(1) = f\left(\frac{1}{n}n\right) = f\left(\frac{1}{n}\right)f(n) - af\left(\frac{1}{n} + n\right) + a \tag{2.3.37}$$

利用公式(2.3.36), 有

$$f(n) = f(1 + (n-1)) = f(1) + (n-1) \tag{2.3.38}$$

$$f\left(\frac{1}{n} + n\right) = f\left(\frac{1}{n}\right) + n \tag{2.3.39}$$

将公式(2.3.38)和(2.3.39)代入公式(2.3.37), 再利用题目条件(1), 可以得到

$$f\left(\frac{1}{n}\right) = a + \frac{1}{n} \tag{2.3.40}$$

在题目条件(2)中, 令 $y = m$, 这里 m 是一个非零整数, $x = \frac{1}{n}$, 这里 n 也是一个非零整数, 有

$$f\left(\frac{m}{n}\right) = f\left(\frac{1}{n}\right)f(m) - af\left(\frac{1}{n} + m\right) + a$$

$$= \frac{m}{n} + a \text{ (利用公式(2.3.38),(2.3.39),(2.3.40)及题目条件(1))} \tag{2.3.41}$$

因此, 对于任一非零有理数 x, 有

$$f(x) = x + a \tag{2.3.42}$$

由于 f 是连续的,类似例1的处理,对于任一实数 x,公式(2.3.42)是成立的.请读者自己验证,由公式(2.3.42)定义的函数 $f:\mathbf{R}\to\mathbf{R}$ 满足题目两个条件.

例4 求所有的函数 $f:\mathbf{R}\to\mathbf{R}$,使得对于任意两个实数 x,y,有
$$(x-y)f(x+y)-(x+y)f(x-y)=4xy(x^2-y^2)$$

解:在题目的函数方程中,取 $y=x\neq 0$,有
$$f(0)=0 \tag{2.3.43}$$

令 $a=x+y,b=x-y$,则 $a+b=2x,a-b=2y$,利用题目函数方程,有
$$bf(a)-af(b)=(a+b)(a-b)\left[\left(\frac{1}{2}(a+b)\right)^2-\left(\frac{1}{2}(a-b)\right)^2\right]=(a^2-b^2)ab \tag{2.3.44}$$

由于 x,y 是任意实数,所有公式(2.3.44)对于任意实数 a,b 成立.当 $ab\neq 0$ 时,公式(2.3.44)两端乘以 $\frac{1}{ab}$,有
$$\frac{f(a)}{a}-\frac{f(b)}{b}=a^2-b^2 \tag{2.3.45}$$

从上式移项,可以看到
$$\frac{f(a)}{a}-a^2=\frac{f(b)}{b}-b^2 \tag{2.3.46}$$

利用上式,可以知道,对于任意非零实数 x,有
$$\frac{f(x)}{x}-x^2=f(1)-1 \tag{2.3.47}$$

这只须将公式(2.3.46)中 a 改成变元 x,再令 $b=1$.利用公式(2.3.47),有
$$f(x)=x^3+ax, \quad \text{这里 } a=f(1)-1 \tag{2.3.48}$$

利用公式(2.3.43),在公式(2.3.48)中允许 x 等于零.请读者自己验证,对于由公式(2.3.48)定义的函数 $f:\mathbf{R}\to\mathbf{R}$,这里 a 是一个任意实数,满足题目中函数方程.

例5 求一个函数 $f:\mathbf{R}\to\mathbf{R}$,使得对于任一个实数 x,有 $f(f(x))=-x$.

解:令
$$\left.\begin{array}{l} D_1=\{x\in\mathbf{R}\mid[-|x|]\text{是奇数}\} \\ D_2=\{x\in\mathbf{R}\mid[-|x|]\text{是偶数}\} \end{array}\right\} \tag{2.3.49}$$

这里 $[-|x|]$ 表示不超过 $-|x|$ 的最大整数.显然地,
$$\mathbf{R}=D_1\bigcup D_2 \tag{2.3.50}$$

引入一个符号函数
$$\operatorname{sgn}x=\begin{cases} 1 & \text{当 }x>0\text{ 时} \\ -1 & \text{当 }x<0\text{ 时} \\ 0 & \text{当 }x=0\text{ 时} \end{cases} \tag{2.3.51}$$

定义
$$f(x)=\begin{cases} x+\operatorname{sgn}x & \text{当 }x\in D_1\text{ 时} \\ -x+\operatorname{sgn}x & \text{当 }x\in D_2\text{ 时} \end{cases} \tag{2.3.52}$$

下面证明这样定义的函数,满足题目条件.

当 $x\in D_1$ 时,如果 $x>0$,$[-x]$ 是奇数.$[-x-1]=[-x]-1$ 是偶数,于是 $x+1\in D_2$,利用公式(2.3.51)和(2.3.52),可以看到
$$f(f(x))=f(x+\operatorname{sgn}x)=f(x+1)=-(x+1)+\operatorname{sgn}(x+1)=-x \tag{2.3.53}$$

如果 $x\in D_1$,但 $x<0$ ($x\in D_1$,由公式(2.3.49),x 不等于零).利用 $[-|x|]$ 是奇数,知道 $[x]$

是奇数.这时,有
$$[-|x-1|] = [-(1-x)] = [x-1] = [x]-1 \tag{2.3.54}$$
于是 $x-1 \in D_2$,于是,有
$$f(f(x)) = f(x + \text{sgn}\, x) = f(x-1) = -(x-1) + \text{sgn}(x-1) = -x \tag{2.3.55}$$
当 $x=0$ 时,$0 \in D_2$,由公式(2.3.51)和(2.3.52),有
$$f(0) = 0, \quad f(f(0)) = f(0) = 0 \tag{2.3.56}$$
下面考虑非零实数 $x \in D_2$ 情况. 如果 $x<0$, $[-|x|]=[x]$ 是偶数, 由于 $x<0$, 则 $[x] \leqslant -2$, 因而 $x<-1$,
$$\left.\begin{array}{l} f(x) = -x + \text{sgn}\, x = -x - 1 \\ -|x+1| = x+1 \\ [-|x+1|] = [x+1] = [x]+1 (\text{奇数}) \end{array}\right\} \tag{2.3.57}$$
利用上式,完全类似,可以看到
$$f(f(x)) = f(-x + \text{sgn}\, x) = f(-x-1)$$
$$= -(x+1) + \text{sgn}(-x-1)(\text{利用} -x-1 \in D_1) = -x \tag{2.3.58}$$
考虑最后一种情况,当 $x \in D_2$,且 $x>0$ 时,这时 $-x<0$,$[-|x|]=[-x]$ 是偶数,则 $[-x] \leqslant -2$,从而 $x>1$,完全类似,有
$$f(f(x)) = f(-x + \text{sgn}\, x) = f(-x+1) \tag{2.3.59}$$
由于
$$[-|1-x|] = [1-x] = 1 + [-x](\text{奇数}) \tag{2.3.60}$$
从而,有 $1-x \in D_1$,完全类似,有(兼顾公式(2.3.59))
$$f(f(x)) = (1-x) + \text{sgn}(1-x) = -x \tag{2.3.61}$$
综合上述,对于任意实数 x,由公式(2.3.52)定义的函数满足 $f(f(x)) = -x$.

例 6 给定一个实数 c,求所有函数 $f: \mathbf{R} \to \mathbf{R}$,使得对于任意实数 x,$f(x) + cf(2-x) = (x-1)^3$.

解: 在题目函数方程中,用 $2-x$ 代替 x,有
$$f(2-x) + cf(x) = (1-x)^3 \tag{2.3.62}$$
上式乘以 c,与题目中函数方程相减,如果实数 c 不等于 ± 1,有
$$f(x) = \frac{(1-x)^3}{c-1} \tag{2.3.63}$$
如果 $c=1$,题目函数方程左端等于公式(2.3.62)的左端. 于是,对于任意实数 x,有 $(x-1)^3 = (1-x)^3$,这是不可能的. 因此,当 $c=1$ 时,题目函数方程无所求的解.

下面考虑 $c=-1$ 情况. 题目中函数方程为
$$f(x) - f(2-x) = (x-1)^3 \tag{2.3.64}$$
利用上式,可以看到
$$f(x) = \frac{1}{2}(f(x) - f(2-x)) + \frac{1}{2}(f(x) + f(2-x))$$
$$= \frac{1}{2}(x-1)^3 + \frac{1}{2}(f(1+(x-1)) + f(1-(x-1))) \tag{2.3.65}$$
令
$$E(x) = \frac{1}{2}(f(1+x) + f(1-x)), \quad x \in \mathbf{R} \tag{2.3.66}$$
利用上式,有
$$E(-x) = E(x), \quad x \in \mathbf{R} \tag{2.3.67}$$

$E(x)$ 是一个偶函数,利用公式(2.3.66),公式(2.3.65)可以改写为

$$f(x) = \frac{1}{2}(x-1)^3 + E(x-1) \qquad (2.3.68)$$

下面直接证明,对于任一个偶函数 $E:\mathbf{R}\to\mathbf{R}$,由公式(2.3.68)定义的函数 $f:\mathbf{R}\to\mathbf{R}$ 满足函数方程(2.3.64),利用公式(2.3.68),有

$$f(2-x) = \frac{1}{2}((2-x)-1)^3 + E((2-x)-1) = \frac{1}{2}(1-x)^3 + E(1-x) \qquad (2.3.69)$$

由于 $E(x-1) = E(1-x)$,公式(2.3.68)减去(2.3.69),函数方程(2.3.64)满足. 于是,公式(2.3.63)(这里 c 不等于 ± 1)和公式(2.3.68)(这时 $c=-1$)给出了所求的全部解.

例 7 已知 a_0, a_1, a_2 是三个非零实数,求所有的函数 $f:\mathbf{R}\to\mathbf{R}$,使得对任意实数 x, y,有

$$f(x-f(y)) - f(f(y)) + 2a_2 x f(y) + 2a_1 f(y) = f(x) - a_0$$

解:记 $c = f(0)$,用 $f(\mathbf{R})$ 表示函数 f 的像集合. 在题目函数方程中,令 $x = y = 0$,有

$$f(-c) - f(c) + 2a_1 c = c - a_0 \qquad (2.3.70)$$

由于 a_0 不等于零,则

$$c \neq 0 \qquad (2.3.71)$$

在题目函数方程中,取 $x = f(y)$,有

$$c - f(x) + 2a_2 x^2 + 2a_1 x = f(x) - a_0 \qquad (2.3.72)$$

利用上式,立即有

$$f(x) = a_2 x^2 + a_1 x + \frac{1}{2}(c + a_0) \qquad (2.3.73)$$

上式对任意 $x \in f(\mathbf{R})$ 成立. 在题目函数方程中,令 $y = 0$,有

$$f(x-c) - f(c) + 2a_2 cx + 2a_1 c = f(x) - a_0 \qquad (2.3.74)$$

从上式,有

$$f(x-c) - f(x) = -2a_2 cx + (f(c) - 2a_1 c - a_0) \qquad (2.3.75)$$

由于 a_2 不等于零,又利用公式(2.3.71),当 x 取遍所有实数时,上式右端也取遍所有实数,则集合

$$\{f(x-c) - f(x) \mid x \in \mathbf{R}\} = \mathbf{R} \qquad (2.3.76)$$

由上式,对任意 $x \in \mathbf{R}$,存在相应的 $y_1, y_2 \in f(\mathbf{R})$,满足

$$x = y_1 - y_2 \qquad (2.3.77)$$

在题目函数方程中,用 y_1 代替 x,y_2 代替 $f(y)$,再利用上式,可以看到

$$\begin{aligned}
f(x) &= f(y_1 - y_2) = f(y_2) - 2a_2 y_1 y_2 - 2a_1 y_2 + f(y_1) - a_0 \\
&= \left(a_2 y_2^2 + a_1 y_2 + \frac{1}{2}(c + a_0)\right) - 2a_2 y_1 y_2 - 2a_1 y_2 \\
&\quad + \left(a_2 y_1^2 + a_1 y_1 + \frac{1}{2}(c + a_0)\right) - a_0 \text{(利用公式(2.3.73))} \\
&= a_2(y_1 - y_2)^2 + a_1(y_1 - y_2) + c \\
&= a_2 x^2 + a_1 x + c \text{(利用公式(2.3.77))} \qquad (2.3.78)
\end{aligned}$$

这里 x 是一个任意实数. 比较公式(2.3.73)和(2.3.78),有

$$c = a_0 \qquad (2.3.79)$$

利用公式(2.3.78)和(2.3.79),有

$$f(x) = a_2 x^2 + a_1 x + a_0 \qquad (2.3.80)$$

下面验证上式是题目函数方程的解.

$$x - f(y) = x - (a_0 + a_1 y + a_2 y^2) \qquad (2.3.81)$$

第 2 章 方程与多项式 ──────────────────────────────── 225

$$f(x-f(y)) = a_0 + a_1[x-(a_0+a_1y+a_2y^2)] + a_2[x-(a_0+a_1y+a_2y^2)]^2 \tag{2.3.82}$$

$$\begin{aligned}f(f(y)) &= f(a_0+a_1y+a_2y^2)\\ &= a_0 + a_1(a_0+a_1y+a_2y^2) + a_2(a_0+a_1y+a_2y^2)^2\end{aligned} \tag{2.3.83}$$

由公式(2.3.80),(2.3.82)和(2.3.83),有

$$\begin{aligned}&f(x-f(y)) - f(f(y)) + 2a_2 x f(y)\\ &= a_1[x-2(a_0+a_1y+a_2y^2)] + a_2[x^2-2x(a_0+a_1y+a_2y^2)] + 2a_2 x(a_0+a_1y+a_2y^2)\\ &= -2a_1 f(y) + (f(x)-a_0)\end{aligned} \tag{2.3.84}$$

于是,由公式(2.3.80)确定的 $f(x)$ 是题目函数方程的解.

例 8 求所有函数 $f:\mathbf{R}\to\mathbf{R}$,满足下述方程,对任意实数 x,y,有

$$f(x+y) + f(x)f(y) = f(x) + f(y) + f(xy)$$

解:明显地,$f(x)$ 恒等于常值 0 或常值 2,以及 $f(x)=x$(这里 x 是任意实数)都是解.在题目函数方程中,令 $x=y=0$,有

$$(f(0))^2 = 2f(0), \quad 则 f(0)=2, \quad 或者 f(0)=0 \tag{2.3.85}$$

下面分情况讨论:

① 如果 $f(0)=2$,在题目函数方程中,令 $y=0$,有

$$3f(x) = f(x)+4, \quad f(x)=2 \tag{2.3.86}$$

这里 x 是任意实数.

② 如果 $f(0)=0$,记 $a=f(1)$,在题目函数方程中,令 $x=1$ 和 $y=-1$,可以看到

$$af(-1) = a + 2f(-1) \tag{2.3.87}$$

从上式,知道 $a\neq 2$,以及

$$f(-1) = \frac{a}{a-2} \tag{2.3.88}$$

在题目函数方程中,用 $x-1$ 代替 x,令 $y=1$,有

$$f(x) + af(x-1) = 2f(x-1) + a \tag{2.3.89}$$

从上式,有

$$f(x) + (a-2)f(x-1) = a \tag{2.3.90}$$

在题目函数方程中,用 $1-x$ 代替 x,令 $y=-1$,有

$$f(-x) + f(1-x)f(-1) = f(1-x) + f(-1) + f(x-1) \tag{2.3.91}$$

利用公式(2.3.88)和(2.3.91),有

$$f(-x) + \frac{2}{a-2}f(1-x) - f(x-1) = \frac{a}{a-2} \tag{2.3.92}$$

在题目函数方程中,用 $-x$ 代替 x,令 $y=1$,有

$$f(1-x) + af(-x) = 2f(-x) + a \tag{2.3.93}$$

化简上式,有

$$f(1-x) + (a-2)f(-x) = a \tag{2.3.94}$$

利用公式(2.3.89),有

$$f(x-1) = \frac{1}{a-2}(a-f(x)) \tag{2.3.95}$$

利用公式(2.3.92)和(2.3.95),兼顾公式(2.3.88),有

$$f(1-x) = \frac{a-2}{2}\left[\frac{a}{a-2} + f(x-1) - f(-x)\right] = a - \frac{1}{2}f(x) - \frac{a-2}{2}f(-x) \tag{2.3.96}$$

利用公式(2.3.94)和(2.3.96),有
$$f(x) - (a-2)f(-x) = 0 \tag{2.3.97}$$
在上式中,用 $-x$ 代替 x,有
$$f(-x) - (a-2)f(x) = 0 \tag{2.3.98}$$
下面对 a 的取值分情况讨论:

(1) 当 a 既不等于 1, 也不等于 3 时, 公式(2.3.98)两端乘以 $(a-2)$,再与公式(2.3.97)相加,有
$$[1 - (a-2)^2]f(x) = 0, \quad 则 \quad f(x) = 0 \tag{2.3.99}$$

(2) 当 $a = 3$ 时,利用公式(2.3.90),有
$$f(x) = 3 - f(x-1) \tag{2.3.100}$$
在上式中,令 $x = 2$,有
$$f(2) = 3 - f(1) = 0 (利用 f(1) = a) \tag{2.3.101}$$
再在公式(2.3.100)中,令 $x = \frac{5}{2}$,有
$$f\left(\frac{5}{2}\right) = 3 - f\left(\frac{3}{2}\right) = f\left(\frac{1}{2}\right)(在公式(2.3.100) 中令 x = \frac{3}{2}) \tag{2.3.102}$$
另一方面,在题目函数方程中,令 $x = 2, y = \frac{1}{2}$,有
$$f\left(\frac{5}{2}\right) + f(2)f\left(\frac{1}{2}\right) = f(2) + f\left(\frac{1}{2}\right) + 3 \tag{2.3.103}$$
利用公式(2.3.101),(2.3.102),上式是不可能成立的.

(3) 当 $a = 1$ 时,利用公式(2.3.95),有
$$f(x-1) = f(x) - 1 \tag{2.3.104}$$
这里 x 是任意实数. 不断地利用上式,对任意整数 n,有
$$f(x+n) = f(x) + n \tag{2.3.105}$$
在上式中,令 $x = 0$,利用 $f(0) = 0$,对任意整数 n,有
$$f(n) = n \tag{2.3.106}$$
在题目函数方程中,令 $y = n$,这里 n 是任意整数,有
$$f(x+n) + f(x)f(n) = f(x) + f(n) + f(nx) \tag{2.3.107}$$
利用公式(2.3.105)和(2.3.106),有
$$f(nx) = nf(x) \tag{2.3.108}$$
这里 x 是任意实数,n 是任意整数.

对于任意有理数 $r, r = \frac{m}{n}$,这里 m 是整数,n 是正整数. 那么,利用公式(2.3.108),有
$$mf(x) = f(mx) = f(n(rx)) = nf(rx) \tag{2.3.109}$$
利用上式,有
$$f(rx) = rf(x) \tag{2.3.110}$$
这里 r 是任意有理数,x 是任意实数. 利用上式及 $f(1) = 1$,有
$$f(r) = rf(1) = r \tag{2.3.111}$$
在题目函数方程中,令 $y = x$,再利用公式(2.3.108),有
$$f(x^2) = (f(x))^2 \tag{2.3.112}$$
当 x 是正实数时,利用上式,有
$$f(x) = (f(\sqrt{x}))^2 \geqslant 0 \tag{2.3.113}$$

又在公式(2.3.110)中,令 $r=-1$,有
$$f(-x) = -f(x) \tag{2.3.114}$$
利用公式(2.3.113)和(2.3.114),当实数 $x<0$ 时,有
$$f(x) \leqslant 0 \tag{2.3.115}$$
在题目函数方程中,令 y 等于有理数 r,再利用公式(2.3.110)和(2.3.111),有
$$f(x+r) = f(x) + r \tag{2.3.116}$$
对于任意固定实数 x,取有理数 $r<x$,有
$$f(x) = f((x-r)+r) = f(x-r) + r(\text{利用公式}(2.3.116)) \geqslant r(\text{利用公式}(2.3.113)) \tag{2.3.117}$$
又取有理数 $r>x$,类似地,有
$$f(x) = f((x-r)+r) = f(x-r) + r \leqslant r \tag{2.3.118}$$
这里利用不等式(2.3.115),不等式(2.3.117)和(2.3.118),必有
$$f(x) = x \tag{2.3.119}$$
因此,本题的全部解就是开始部分给出的三个解.

例 9 设 a,b,c,d,u,v 是已知实数,且 $a+c \neq 0$. 求所有连续函数 $f:\mathbf{R} \to \mathbf{R}$,对任意实数 x,满足 $f(ax+b) + f(cx+d) = ux+v$.

解:设 f 是所求的一个连续函数,令
$$g(x) = f(x) - \frac{ux}{a+c} + \frac{1}{2}\left[\frac{(b+d)u}{a+c} - v\right] \tag{2.3.120}$$
$g(x)$ 也是一个连续函数.
$$\begin{aligned}&g(ax+b) + g(cx+d) \\ &= \left[f(ax+b) - \frac{u(ax+b)}{a+c}\right] + \left[f(cx+d) - \frac{u(cx+d)}{a+c}\right] + \left[\frac{(b+d)u}{a+c} - v\right] \\ &= (ux+v) - \frac{u}{a+c}[(ax+b)+(cx+d)] + \left[\frac{(b+d)u}{a+c} - v\right](\text{利用题目中函数方程}) \\ &= 0 \end{aligned} \tag{2.3.121}$$
下面分情况讨论:

① 当 $a=c$ 时,由题目条件,a,c 都不为零,如果又有 $b=d$,利用公式(2.3.121),有
$$g(ax+b) = 0 \tag{2.3.122}$$
由于 a 不等于零,当 x 取遍所有实数时,$ax+b$ 也取遍所有实数. 再利用上式,对于任意实数 x,有
$$g(x) = 0 \tag{2.3.123}$$
那么,从公式(2.3.120),有
$$f(x) = \frac{u}{2a}x - \frac{1}{2}\left(\frac{bu}{a} - v\right) \tag{2.3.124}$$

② 当 $a=c$ 和 $b \neq d$ 时,利用公式(2.3.121),有
$$g(ax+b) + g(ax+d) = 0 \tag{2.3.125}$$
令
$$y = ax+b \tag{2.3.126}$$
利用公式(2.3.125)和(2.3.126),有
$$g(y) + g(y+d-b) = 0 \tag{2.3.127}$$
由于 a 不等于零,上二式中 y 可以是任意实数. 利用公式(2.3.120),有

$$f(x) = g(x) + \frac{u}{2a}x - \frac{1}{2}\left[\frac{(b+d)u}{2a} - v\right] \tag{2.3.128}$$

这里 $g(x)$ 是满足公式(2.3.127)的连续函数(将公式(2.3.127)中变元 y 改成 x). 满足公式(2.3.127)的连续函数有许多. 例如

$$g(x) = A\sin\frac{\pi x}{d-b} \quad \text{或} \quad g(x) = A\cos\frac{\pi x}{d-b} \tag{2.3.129}$$

这里 A 是任意非零实数.

③ 当 $a \neq c$ 时,再由题目条件 $a \neq -c$,则 $|a| \neq |c|$,不妨设 $|a| > |c|$,令

$$p = \frac{d-b}{a-c}, \quad q = \frac{ad-bc}{a-c} \tag{2.3.130}$$

从上式,有

$$ap + b = cp + d = q \tag{2.3.131}$$

于是,对任意实数 x,有

$$\begin{aligned} g(ax+q) &= g(a(x+p)+b) \quad (\text{利用公式}(2.3.131)) \\ &= -g(c(x+p)+d) \quad (\text{利用公式}(2.3.121),\text{并且用 } x+p \text{ 代替 } x) \\ &= -g(cx+q) \quad (\text{又一次利用公式}(2.3.131)) \end{aligned} \tag{2.3.132}$$

如果 $c=0$,则 $a \neq 0$,由公式(2.3.131),有 $q=d$. 代入公式(2.3.132),有

$$g(ax+d) = -g(d) \tag{2.3.133}$$

上式 $ax+d$ 取遍所有实数. 从上式,有

$$g(x) = \alpha, \quad \text{这里 } \alpha = -g(d) \tag{2.3.134}$$

α 是一个实常数. 再利用公式(2.3.121),有

$$\alpha = 0 \tag{2.3.135}$$

这时,有解公式(2.3.130)(左端是零以及 $c=0$).

如果 $c \neq 0$,当 $a=0$ 时,利用公式(2.3.121),又得到公式(2.3.134)和(2.3.135),仍有解(2.3.124). 因此,下面只考虑 $a \neq 0$ 情况. 令 $x = \frac{ay}{c}$,代入公式(2.3.132),有

$$g\left(\frac{a^2 y}{c} + q\right) = -g(ay+q) = g(cy+q) \tag{2.3.136}$$

下面证明:对于任意实数 z,有

$$a\left[a\left(\frac{a}{c}\right)^n z + q\right] = (-1)^{n+1} g(cz+q) \tag{2.3.137}$$

这里 n 是任意正整数.

对 n 用数学归纳法,当 $n=1$ 时,利用公式(2.3.136)就能推出公式(2.3.137). 设公式(2.3.137)对某个正整数 n 成立. 考虑 $n+1$ 情况

$$\begin{aligned} g\left(a\left(\frac{a}{c}\right)^{n+1} z + q\right) &= -g\left(a\left(\frac{a}{c}\right)^n z + q\right) \quad (\text{利用公式}(2.3.136) \text{ 的第一个等式}) \\ &= (-1)^{n+2} g(cz+q) \quad (\text{利用归纳假设公式}(2.3.137)) \end{aligned} \tag{2.3.138}$$

于是,公式(2.3.137)对任意正整数 n 成立. 令

$$z_n(x) = \frac{x-q}{a\left(\frac{a}{c}\right)^n} \tag{2.3.139}$$

可以看到

$$g(x) = g\left(a\left(\frac{a}{c}\right)^n z_n(x) + q\right)$$

$$= (-1)^{n+1}g(cz_n(x) + q)(\text{利用公式}(2.3.137)) \tag{2.3.140}$$

由于 $\left|\dfrac{a}{c}\right| > 1$，对任意固定实数 x，当 $n \to \infty$ 时，利用公式(2.3.139)，有 $z_n(x) \to 0$，再由公式(2.3.140)，以及 $g(x)$ 是连续函数. 对任意固定实数 x，当 $n \to \infty$ 时，有 $g(cz_n(x) + q) \to g(q)$，必有

$$g(q) = 0 \tag{2.3.141}$$

用反证法. 如果 $g(q) \neq 0$，当 n 是偶数时，$n \to \infty$，利用公式(2.3.140)及函数 g 的连续性，有 $g(x) \to -g(q)$；当 n 是奇数时，有 $g(x) \to g(q)$. $g(x)$ 是一个固定值，这是不可能的. 利用上面叙述，有公式(2.3.141)，以及

$$g(x) = 0 \tag{2.3.142}$$

利用公式(2.3.120)及上式，有

$$f(x) = \dfrac{ux}{a+c} - \dfrac{1}{2}\left[\dfrac{(b+d)u}{a+c} - v\right] \tag{2.3.143}$$

上式是情况③解的一般公式，它包括前述 $c = 0$ 或 $a = 0$，导致 $g(x)$ 恒等于零这些特殊情况. 本题的全部解由公式(2.3.124)，(2.3.128)和(2.3.143)给出.

例 10 k 是一个正整数，求所有定义域是 $[0,1]$ 的连续函数 $f(x)$，满足 $f((k+1)x - kf(x)) = x$，这里对于 $[0,1]$ 内任意实数 x，$(k+1)x - kf(x)$ 也在 $[0,1]$ 内.

解：令

$$g(x) = f(x) - x, \quad x \in [0,1] \tag{2.3.144}$$

利用上式，有

$$(k+1)x - kf(x) = x - kg(x) \tag{2.3.145}$$

利用题目条件，知道 $x - kg(x)$ 在闭区间 $[0,1]$ 内.

利用上面叙述及题目条件，有

$$\begin{aligned} g(x - kg(x)) &= f(x - kg(x)) - (x - kg(x))(\text{利用公式}(2.3.144)) \\ &= x - (x - kg(x))(\text{利用公式}(2.3.145) \text{及题目条件}) \\ &= kg(x) \end{aligned} \tag{2.3.146}$$

由于 $g(x)$ 也是 $[0,1]$ 上一个连续函数，它在平面上的图像是一段曲线，有起点，也有终点. 因此，必存在一点 $x_0 \in [0,1]$，使得

$$|g(x_0)| = \max_{x \in [0,1]} |g(x)| \tag{2.3.147}$$

如果 $g(x_0) = 0$，则 $g(x)$ 恒等于零. 那么，利用公式(2.3.144)，对于 $[0,1]$ 内任一实数 x，有

$$f(x) = x \tag{2.3.148}$$

显然，由上式定义的函数满足题目条件. 下面先证明，当正整数 $k \geq 2$ 时，无其他解了. 用反证法. 如果有其他解，则由公式(2.3.144)定义的 $g(x)$ 不恒等于零. 利用公式(2.3.147)，有 $|g(x_0)| > 0$. 利用公式(2.3.146)，有

$$|g(x_0 - kg(x_0))| = k|g(x_0)| > |g(x_0)| \tag{2.3.149}$$

而 $x_0 - kg(x_0)$ 在闭区间 $[0,1]$ 内，公式(2.3.147)与不等式(2.3.149)是矛盾的.

现在考虑 $k = 1$ 情况. 仔细讨论发现也无其他解了. 也用反证法，如果由公式(2.3.147)确定的 $|g(x_0)| > 0$. 利用公式(2.3.146)及 $k = 1$，有

$$g(x_0 - g(x_0)) = g(x_0) \tag{2.3.150}$$

记

$$x_1 = x_0 - g(x_0) \tag{2.3.151}$$

利用上二式，有

$$g(x_1) = g(x_0) \tag{2.3.152}$$

在公式(2.3.146)中,取 $x = x_1$,注意 $k = 1$,有

$$g(x_1 - g(x_1)) = g(x_1) \tag{2.3.153}$$

记

$$x_2 = x_1 - g(x_1) = x_0 - 2g(x_0)(利用公式(2.3.151) 和(2.3.152)) \tag{2.3.154}$$

利用公式(2.3.153)和(2.3.154),有

$$g(x_2) = g(x_1) = g(x_0)(利用公式(2.3.152)) \tag{2.3.155}$$

由前面叙述,知道 x_1, x_2 都在闭区间[0,1]内.

利用数学归纳法,设当 $n = m$ 时,$x_m = x_0 - mg(x_0) \in [0,1]$,且 $g(x_m) = g(x_0)$,这里 m 是某个正整数.当 $n = m + 1$ 时,

$$\begin{aligned} x_{m+1} &= x_0 - (m+1)g(x_0) = [x_0 - mg(x_0)] - g(x_0) \\ &= x_m - g(x_m) \in [0,1](利用归纳法假设及公式(2.3.145)(k = 1)) \end{aligned} \tag{2.3.156}$$

于是,有

$$\begin{aligned} g(x_{m+1}) &= g(x_m - g(x_m))(利用公式(2.3.156)) \\ &= g(x_m)(利用 k = 1,以及公式(2.3.146)) \\ &= g(x_0)(利用归纳法假设) \end{aligned} \tag{2.3.157}$$

归纳法完成.因而,我们有如下结论:对于任意正整数 n,$x_n = x_0 - ng(x_0)$ 都在闭区间[0,1]内,且 $g(x_n) = g(x_0)$.由于 $g(x_0) \neq 0$,$x_0 - ng(x_0)$(n 是任意正整数)全部在[0,1]内显然是不可能的.矛盾.

因此,满足本题条件的解只有 $f(x) = x$.

例 11 求所有函数 $f:\mathbf{R} \to \mathbf{R}$,使得 $f(f(x)) = x^2 - 2$.

解:记

$$g(x) = x^2 - 2, \quad x \in \mathbf{R} \tag{2.3.158}$$

利用上式,有

$$g(-1) = -1, \quad g(2) = 2 \tag{2.3.159}$$

又令

$$h(x) = g(g(x)) = g(x^2 - 2) = (x^2 - 2)^2 - 2 = x^4 - 4x^2 + 2, \quad x \in \mathbf{R} \tag{2.3.160}$$

利用上式,有

$$h(-1) = -1, \quad h(2) = 2 \tag{2.3.161}$$

以及

$$\begin{aligned} h\left(\frac{1}{2}(-1+\sqrt{5})\right) &= \left(\frac{1}{2}(-1+\sqrt{5})\right)^2 \left[\left(\frac{1}{2}(-1+\sqrt{5})\right)^2 - 4\right] + 2 \\ &= \left(\frac{1}{2}(3-\sqrt{5})\right)\left(\frac{1}{2}(-5-\sqrt{5})\right) + 2 = \frac{1}{2}(-1+\sqrt{5}) \end{aligned} \tag{2.3.162}$$

$$\begin{aligned} h\left(\frac{1}{2}(-1-\sqrt{5})\right) &= \left(\frac{1}{2}(1+\sqrt{5})\right)^2 \left[\left(\frac{1}{2}(1+\sqrt{5})\right)^2 - 4\right] + 2 \\ &= \left(\frac{1}{2}(3+\sqrt{5})\right)\left(\frac{1}{2}(-5+\sqrt{5})\right) + 2 = \frac{1}{2}(-1-\sqrt{5}) \end{aligned} \tag{2.3.163}$$

当然,利用多项式的除法,能自然地得到方程 $h(x) = x$ 的四根.记集合

$$S = \left\{-1, 2, \frac{1}{2}(-1+\sqrt{5}), \frac{1}{2}(-1-\sqrt{5})\right\} \tag{2.3.164}$$

S 是由四个实数组成的一个集合.

在集合 S 中取两个不同元素 a, b,我们要证明 $f(a)$ 不等于 $f(b)$.用反证法,如果 $f(a) =$

$f(b)$,则 $f(f(a))=f(f(b))$,利用题目条件,有 $a^2-2=b^2-2$,则 $a=-b$,但集合 S 中没有这样两个和为零的元素. 矛盾.

在集合 S 中任取一个元素 a,我们证明 $f(a) \in S$. 由于 $a \in S$,利用公式(2.3.161),(2.3.162)和(2.3.163),有

$$h(a)=a, \quad 即 \quad f(f(f(f(a))))=a \tag{2.3.165}$$

这里利用公式(2.3.158),题目中函数方程,以及公式(2.3.160),得到后一个公式. 公式(2.3.165)后一个公式两端再作用 f,有

$$h(f(a))=f(a) \tag{2.3.166}$$

由公式(2.3.160)给出的 $h(x)$ 是 x 的四次多项式,方程 $h(x)=x$ 至多四个实根,而集合 S 恰给出了这四个实根,从而 $f(a) \in S$(利用公式(2.3.166)).

从上面叙述,我们可以知道 f 导出集合 S 到 S 的一个单射. 当然,f 是满射.

在集合 S 的四个元素中,$-1,2$ 满足方程 $a^2-2=a$,取 $a \in S$,且满足 $a^2-2 \neq a$,则 a 必是 $\frac{1}{2}(-1+\sqrt{5}),\frac{1}{2}(-1-\sqrt{5})$ 两元素之一. 下面证明 $f(a) \neq a$. 用反证法,如果 $f(a)=a$,则 $g(a)=f(f(a))$(由公式(2.3.158)及题目中函数方程)$=f(a)=a$,于是,有 $a^2-2=a$. 矛盾. 记 $f(a)=b,b \in S,b \neq a$. 下面证明 b 必为 $\frac{1}{2}(-1+\sqrt{5}),\frac{1}{2}(-1-\sqrt{5})$ 两元素之一. 也用反证法,如果 b 不是上述两元素之一,则 b 必为 $-1,2$ 两元素之一,则 $f(b)=f(f(a))=a^2-2 \neq a$. 由于 f 在集合 S 上是单射,则 $f(f(b)) \neq f(a)$,这导致 $b^2-2 \neq b$,这与 b 是 $-1,2$ 两元素之一矛盾. 因此,我们有如下结论:f 将 $\frac{1}{2}(-1+\sqrt{5}),\frac{1}{2}(-1-\sqrt{5})$ 两元素映为这两元素.

令

$$a=\frac{1}{2}(-1+\sqrt{5}) \tag{2.3.167}$$

由前面叙述,有 $f(a) \neq a$,则必有

$$f(a)=\frac{1}{2}(-1-\sqrt{5}) \tag{2.3.168}$$

类似地,有

$$f\left(\frac{1}{2}(-1-\sqrt{5})\right)=\frac{1}{2}(-1+\sqrt{5}) \tag{2.3.169}$$

利用公式(2.3.168)和(2.3.169),有

$$f(f(a))=a, \quad a^2-2=a \tag{2.3.170}$$

公式(2.3.167)与(2.3.170)的第二个等式是矛盾的.

综上所述,我们知道不存在 $f:\mathbf{R} \to \mathbf{R}$,满足 $f(f(x))=x^2-2$.

注:提一个自然的推广问题:求所有正整数 k,使得存在函数 $f:\mathbf{R} \to \mathbf{R}$,满足 $f(f(x))=x^2-k$.

在本书,用 $\mathbf{N}$ 表示由全体非负整数组成的集合.

例 12 求证:存在函数 $f:\mathbf{N} \to \mathbf{N}$,满足 $f(f(n))+f(n)=2n+p$,当且仅当正整数 p 是 3 的整数倍. 这里 n 是任意非负整数.

证明:先设正整数 p 是 3 的整数倍,记

$$p=3m \tag{2.3.171}$$

这里 m 是一个正整数. 令

$$f(n)=n+m, \quad 这里 n 是任意非负整数 \tag{2.3.172}$$

于是,有
$$f(f(n)) + f(n) = f(n+m) + (n+m) = (n+2m) + (n+m) = 2n + p \tag{2.3.173}$$

充分性得证.

下面证必要性,设题目中函数方程成立.定义函数 $f^{(k)}:\mathbf{N}\to\mathbf{N}$,这里 k 是非负整数.对任意非负整数 n,
$$f^{(0)}(n) = n, \quad f^{(1)}(n) = f(n), \quad f^{(k+1)}(n) = f(f^{(k)}(n)) \tag{2.3.174}$$

对任意固定非负整数 n,记
$$a_k(n) = f^{(k)}(n), \quad \text{这里 } k \text{ 是任意非负整数} \tag{2.3.175}$$

在题目函数方程中,用 $f^{(k)}(n)$ 代替 n,再利用上式,有
$$a_{k+2} + a_{k+1} = 2a_k + p \tag{2.3.176}$$

令
$$b_k = a_{k+1} - a_k \tag{2.3.177}$$

利用上二式,有
$$b_{k+1} + 2b_k = p, \quad b_{k+2} + 2b_{k+1} = p \tag{2.3.178}$$

公式(2.3.178)中两式相减,有
$$b_{k+2} + b_{k+1} - 2b_k = 0 \tag{2.3.179}$$

上式的特征方程是
$$\lambda^2 + \lambda - 2 = 0 \tag{2.3.180}$$

有两根
$$\lambda_1 = 1, \quad \lambda_2 = -2 \tag{2.3.181}$$

于是,有
$$b_k = A + B(-2)^k \tag{2.3.182}$$

这里 A, B 是两个待定实常数.将上式中 k 改为 j,且关于 j 从 0 到 $k-1$ 求和,这里 k 是一个正整数,利用公式(2.3.177),有
$$a_k = a_0 + kA - \frac{B}{3}[(-2)^k - 1] \tag{2.3.183}$$

由于上式左端是非负整数,当 B 不等于零时,由上式,必有无限多项 a_k 小于零.例如当 $B>0$ 时,取正整数 k 是很大的偶数时,上式右端是负整数,当 $B<0$ 时,相应取正整数 k 是很大的奇数时,也会出现同一现象.于是,必有
$$B = 0 \tag{2.3.184}$$

代公式(2.3.184)入(2.3.183),有
$$a_k = a_0 + kA \tag{2.3.185}$$

利用公式(2.3.176)和(2.3.185),有
$$3A = p, \quad \text{即} \quad A = \frac{1}{3}p \tag{2.3.186}$$

于是由公式(2.3.174)的中间一个公式,以及(2.3.175),再利用上二式,有
$$f(n) = a_0 + \frac{1}{3}p = n + \frac{1}{3}p \tag{2.3.187}$$

由于上式右端是非负整数,则正整数 p 必是 3 的整数倍.

例 13 设函数 $f:\mathbf{N}\to\mathbf{N}$,满足 $f(m^2 + n^2) = (f(m))^2 + (f(n))^2$,这里 m, n 是任意非负整数,且 $f(1)$ 是一个正整数.求满足上述条件的所有 f.

解:在题目函数方程中,令 m, n 都等于零,有

$$f(0) = 2(f(0))^2, \quad 则 \quad f(0) = 0 (由于 f(0) 是非负整数) \tag{2.3.188}$$

在题目函数方程中,令 $m=1, n=0$,利用上式及 $f(1)$ 是一个正整数条件,有
$$f(1) = 1 \tag{2.3.189}$$

又利用题目函数方程及上式,有
$$f(2) = f(1^2 + 1^2) = (f(1))^2 + (f(1))^2 = 2 \tag{2.3.190}$$
$$f(4) = f(2^2 + 0^2) = (f(2))^2 + (f(0))^2 = 4 \tag{2.3.191}$$
$$f(5) = f(2^2 + 1^2) = (f(2))^2 + (f(1))^2 = 5 \tag{2.3.192}$$
$$f(8) = f(2^2 + 2^2) = (f(2))^2 + (f(2))^2 = 8 \tag{2.3.193}$$

这里也利用公式(2.3.188).

如果有非负整数 m, n, k, l 满足 $m^2 + n^2 = k^2 + l^2$,则利用题目函数方程,有
$$(f(m))^2 + (f(n))^2 = (f(k))^2 + (f(l))^2 \tag{2.3.194}$$

由于 $3^2 + 4^2 = 0^2 + 5^2$,再由上式及公式(2.3.188),有
$$(f(3))^2 = (f(5))^2 - (f(4))^2 = 25 - 16 = 9 \tag{2.3.195}$$

这里利用公式(2.3.191)和(2.3.192),又由于 $f(3)$ 是非负整数,有
$$f(3) = 3 \tag{2.3.196}$$

又利用 $7^2 + 1^2 = 5^2 + 5^2$,再利用公式(2.3.189),(2.3.192),(2.3.194),有
$$(f(7))^2 = 2(f(5))^2 - (f(1))^2 = 49, \quad f(7) = 7 \tag{2.3.197}$$

又可以看到
$$f(9) = f(3^2 + 0^2) = (f(3))^2 + (f(0))^2 = 9 \tag{2.3.198}$$
$$f(10) = f(3^2 + 1^2) = (f(3))^2 + (f(1))^2 = 9 + 1 = 10 \tag{2.3.199}$$

利用 $6^2 + 8^2 = 10^2 + 0^2$,又类似可以看到
$$(f(6))^2 = (f(10))^2 + (f(0))^2 - (f(8))^2 = 10^2 - 8^2 = 36, \quad f(6) = 6 \tag{2.3.200}$$

利用上面叙述,可以知道,对于 $n = 0, 1, 2, \cdots, 10$,有
$$f(n) = n \tag{2.3.201}$$

利用数学归纳法,设对所有 $n < m$,这里正整数 $m > 10$,n 为非负整数,公式(2.3.201)成立. 考虑 $n = m$ 情况. 分情况讨论:

① 如果 m 是奇数,记 $m = 2k+1$,由于 $m > 10$,则正整数 $k \geqslant 5$,利用
$$(2k+1)^2 + (k-2)^2 = (2k-1)^2 + (k+2)^2 \tag{2.3.202}$$

利用公式(2.3.194)及上式,有
$$(f(2k+1))^2 + (f(k-2))^2 = (f(2k-1))^2 + (f(k+2))^2 \tag{2.3.203}$$

由于 $k \geqslant 5$,则 $k-2, 2k-1, k+2$ 皆小于 $2k+1$,而且这些数都是非负整数,利用归纳法假设,有
$$f(k-2) = k-2, \quad f(2k-1) = 2k-1, \quad f(k+2) = k+2 \tag{2.3.204}$$

利用公式(2.3.203)和(2.3.204),有
$$(f(2k+1))^2 = (2k-1)^2 + (k+2)^2 - (k-2)^2 = (2k+1)^2 \tag{2.3.205}$$

这里利用公式(2.3.202),又 $f(2k+1)$ 是非负整数,有
$$f(2k+1) = 2k+1 \tag{2.3.206}$$

② 如果 m 是偶数,记 $m = 2k+2$,这里正整数 $k \geqslant 5$. 利用
$$(2k+2)^2 + (k-4)^2 = (2k-2)^2 + (k+4)^2 \tag{2.3.207}$$

完全类似情况①,可以得到
$$f(2k+2) = 2k+2 \tag{2.3.208}$$

细节证明留给读者练习,归纳法完成. 本题解由公式(2.3.201)给出.

例 14 求所有函数 $f:(0,\infty)\to(0,\infty)$，使得

(1) $f(f(f(x)))+2x=f(3x)$，对所有 $x>0$ 成立；

(2) $\lim\limits_{x\to\infty}(f(x)-x)=0$.

解：在题目条件(1)中，用 $\frac{1}{3}x(x>0)$ 代替 x，有

$$f(x)=\frac{2}{3}x+f\left(f\left(f\left(\frac{1}{3}x\right)\right)\right)>\frac{2}{3}x \tag{2.3.209}$$

定义一个正实数数列 $\{a_n\}(n\in\mathbf{N}^+$，在本节 $\mathbf{N}^+$ 表示由全体正整数组成的集合)如下：

$$a_1=\frac{2}{3},\quad a_{n+1}=\frac{1}{3}a_n^3+\frac{2}{3} \tag{2.3.210}$$

下面证明：对任意正实数 x 和 $n\in N$，成立

$$f(x)>a_n x \tag{2.3.211}$$

由不等式(2.3.209)和公式(2.3.210)的第一式，知道当 $n=1$ 时，不等式(2.3.211)成立．设对某个正整数 n，不等式(2.3.211)成立．对于任意正实数 x，由题目条件，$f\left(f\left(\frac{1}{3}x\right)\right)$ 也是正实数．在归纳法假设(2.3.211)中，用 $f\left(f\left(\frac{1}{3}x\right)\right)$ 代替 x，有

$$\begin{aligned}f\left(f\left(f\left(\frac{1}{3}x\right)\right)\right)&>a_n f\left(f\left(\frac{1}{3}x\right)\right)\\&>a_n^2 f\left(\frac{1}{3}x\right)\text{(在归纳假设(2.3.211)中，用}f\left(\frac{1}{3}x\right)\text{代替}x)\\&>a_n^3\left(\frac{1}{3}x\right)\text{(在归纳假设(2.3.211)中，用}\frac{1}{3}x\text{代替}x)\end{aligned} \tag{2.3.212}$$

利用公式(2.3.209)的等式部分和上式，有

$$f(x)>\left(\frac{2}{3}+\frac{1}{3}a_n^3\right)x=a_{n+1}x\text{(利用公式(2.3.210))} \tag{2.3.213}$$

于是，不等式(2.3.211)成立．

利用公式(2.3.210)，有

$$a_{n+1}=\frac{1}{3}(a_n^3+1+1)\geqslant\sqrt[3]{a_n^3}\text{(利用}A_3\geqslant G_3)=a_n \tag{2.3.214}$$

于是，正实数数列 $\{a_n\}$ 是单调递增的．又利用公式(2.3.210)，知道 $a_1\in(0,1)$，设 $a_n\in(0,1)$，再由此公式，知道 $0<a_{n+1}<1$. 因此对 $n\in\mathbf{N}^+$，有

$$0<a_n<1 \tag{2.3.215}$$

因此，数列 $\{a_n\}$ 的极限存在，用正实数 u 表示这个极限．在公式(2.3.210)的第二个等式两端令 $n\to\infty$，有

$$u=\frac{1}{3}u^3+\frac{2}{3},\quad\text{即}\quad u^3-3u+2=0 \tag{2.3.216}$$

上式方程有根 1(两重根)和 -2. 由于 $u>0$，只有

$$u=1 \tag{2.3.217}$$

在不等式(2.3.211)中，令 $n\to\infty$，再利用上式，有

$$f(x)\geqslant x \tag{2.3.218}$$

这里 x 是任意正实数，不断地利用上式，有

$$f(f(f(x)))\geqslant f(f(x))\geqslant f(x) \tag{2.3.219}$$

再利用题目条件(1)，有

$$f(3x) - 3x = f(f(f(x))) - x \geqslant f(x) - x \geqslant 0 \qquad (2.3.220)$$

不断地利用上式,对 $n \in \mathbf{N}^+$,有

$$f(3^n x) - 3^n x \geqslant f(3^{n-1} x) - 3^{n-1} x \geqslant f(3^{n-2} x) - 3^{n-2} x \geqslant \cdots \geqslant f(x) - x \geqslant 0$$
$$(2.3.221)$$

利用题目条件(2),对任意固定正实数 x,应有

$$\lim_{n \to \infty}(f(3^n x) - 3^n x) = 0 \qquad (2.3.222)$$

利用不等式(2.3.221)和公式(2.3.222),必有

$$f(x) = x \qquad (2.3.223)$$

这里 x 是任意正实数.

例 15 设 $\overline{\mathbf{R}^+}$ 表示所有非负实数的集合,a 和 b 是两个正实数,求所有函数 $f: \overline{\mathbf{R}^+} \to \overline{\mathbf{R}^+}$,满足函数方程

$$f(f(x)) + af(x) = b(a+b)x$$

解:同以前用过的记号一样,记

$$f^{(1)}(x) = f(x), \quad f^{(n+1)}(x) = f(f^{(n)}(x)), \quad n \in \mathbf{N}^+ \qquad (2.3.224)$$

另外,记 $f^{(0)}(x) = x$. 任意固定一个非负实数 x,记

$$a_n = f^{(n)}(x) \qquad (2.3.225)$$

这里 n 是任意非负整数.

在题目给出的函数方程中,用 $f^{(n)}(x)$ 代替 x,再利用公式(2.3.225),当然这里固定 x,有

$$a_{n+2} + a a_{n+1} = b(a+b) a_n \qquad (2.3.226)$$

令

$$y_n = a_{n+1} - b a_n, \quad 这里 n 是非负整数 \qquad (2.3.227)$$

利用上二式,有

$$y_{n+1} = -(a+b) y_n \qquad (2.3.228)$$

不断地利用上式,对任意一个正整数 m,有

$$y_m = (-(a+b))^m y_0 \qquad (2.3.229)$$

利用公式(2.3.227),有

$$y_0 = a_1 - b a_0 = f(x) - bx (利用开始部分叙述) \qquad (2.3.230)$$

不断地利用公式(2.3.227)和(2.3.229),可以得到

$$\begin{aligned}
a_n &= b a_{n-1} + y_{n-1} = b(b a_{n-2} + y_{n-2}) + (-(a+b))^{n-1} y_0 \\
&= b^2 a_{n-2} + \{b(-(a+b))^{n-2} + (-(a+b))^{n-1}\} y_0 \\
&= b^3 a_{n-3} + \{b^2(-(a+b))^{n-3} + b(-(a+b))^{n-2} + (-(a+b))^{n-1}\} y_0 \\
&= \cdots \\
&= b^n a_0 + \{b^{n-1} + b^{n-2}(-(a+b)) + b^{n-3}(-(a+b))^2 + \cdots \\
&\quad + b^2(-(a+b))^{n-3} + b(-(a+b))^{n-2} + (-(a+b))^{n-1}\} y_0 \\
&= b^n a_0 + \frac{b^{n-1} - \frac{1}{b}(-(a+b))^n}{1 - \left(\frac{-(a+b)}{b}\right)} y_0 \\
&= b^n a_0 + \frac{b^n - (-(a+b))^n}{a + 2b} y_0 \qquad (2.3.231)
\end{aligned}$$

利用公式(2.3.225),(2.3.230)和(2.3.231),有

$$f^{(n)}(x) = b^n x + \frac{b^n - (-(a+b))^n}{a + 2b}(f(x) - bx)$$

$$= \frac{b^n}{a+2b}[(a+b)x+f(x)] + \frac{(-(a+b))^n}{a+2b}(bx-f(x)) \quad (2.3.232)$$

利用上式,可以得到

$$\frac{f^{(n)}(x)}{(a+b)^n} = \frac{1}{a+2b}[(a+b)x+f(x)]\left(\frac{b}{a+b}\right)^n + \frac{(-1)^n}{a+2b}(bx-f(x)) \quad (2.3.233)$$

由于题目条件,对于任意非负实数 x,有 $f(x) \geqslant 0, f^{(2)}(x) = f(f(x)) \geqslant 0, \cdots, f^{(n)}(x) \geqslant 0$. 于是,对于任意正整数 n,公式(2.3.233)的右端大于等于零. 取 $n = 2k(k \in \mathbf{N}^+)$,可以看到

$$\frac{1}{a+2b}(bx-f(x)) \geqslant -\frac{1}{a+2b}[(a+b)x+f(x)]\left(\frac{b}{a+b}\right)^n \quad (2.3.234)$$

在公式(2.3.233)的右端,再取 $n = 2k+1(k \in N)$,有

$$\frac{1}{a+2b}(bx-f(x)) \leqslant \frac{1}{a+2b}[(a+b)x+f(x)]\left(\frac{b}{a+b}\right)^n \quad (2.3.235)$$

由于 a,b 是正实数,利用 $\left(1+\frac{a}{b}\right)^n \geqslant 1 + n\frac{a}{b}$,有

$$\lim_{n\to\infty}\left(\frac{b}{a+b}\right)^n = \lim_{n\to\infty}\frac{1}{\left(1+\frac{a}{b}\right)^n} = 0 \quad (2.3.236)$$

利用不等式(2.3.234),(2.3.235)和极限等式(2.3.236),可以看到

$$bx - f(x) \geqslant 0, \quad 及 \quad bx - f(x) \leqslant 0 \quad (2.3.237)$$

从而,有

$$f(x) = bx \quad (2.3.238)$$

上式对任意固定非负实数 x 成立. 经检,上式是满足题目条件的唯一解.

例 16 求所有连续函数 $f:\mathbf{R}\to\mathbf{R}$,满足 $f(x+y) = g(x) + h(y)$. 这里 $g:\mathbf{R}\to\mathbf{R}, h:\mathbf{R}\to\mathbf{R}, x, y$ 是任意实数.

解: 本题解答分三步走.

① 寻找关于函数 f 的一个函数方程,在这个函数方程中,既没有函数 g,也没有函数 h.

在题目的函数方程中,令 $y = 0$,有

$$g(x) = f(x) - h(0), \quad x \in R \quad (2.3.239)$$

再在题目的函数方程中,令 $x = 0$,有

$$h(y) = f(y) - g(0), \quad y \in R \quad (2.3.240)$$

将上二式代入题目函数方程中,有

$$f(x+y) = f(x) + f(y) - (g(0) + h(0)) \quad (2.3.241)$$

在题目函数方程中,令 $x = y = 0$,有

$$f(0) = g(0) + h(0) \quad (2.3.242)$$

利用上二式,我们有

$$f(x+y) = f(x) + f(y) - f(0) \quad (2.3.243)$$

② 从例2得到启发,猜测函数方程(2.3.243)的解很可能是

$$f(x) = ax + b \quad (2.3.244)$$

循着例2的思路,首先要求出 $f(nx)(n \in \mathbf{N}^+)$ 与 $f(x)$ 的关系式,有公式(2.3.243)中,令 $y = x$,有

$$f(2x) = 2f(x) - f(0) \quad (2.3.245)$$

再在公式(2.3.243)中,令 $y = 2x$,再利用上式,有

$$f(3x) = 3f(x) - 2f(0) \quad (2.3.246)$$

利用数学归纳法,设当 $n = k$ 时,这里 k 是正整数,有

$$f(kx) = kf(x) - (k-1)f(0) \tag{2.3.247}$$

由前面叙述,当 $k = 1, 2, 3$ 时,公式(2.3.247)成立.现设公式(2.3.247)成立.在公式(2.3.243)中,令 $y = kx$,有

$$\begin{aligned} f((k+1)x) &= f(x) + f(kx) - f(0) \\ &= (k+1)f(x) - kf(0)(\text{利用归纳假设公式}(2.3.247)) \end{aligned} \tag{2.3.248}$$

归纳法完成,即对于任意正整数 k,公式(2.3.247)成立.对于负整数 $-n$,这里 $n \in \mathbf{N}^+$,利用公式(2.3.243),有

$$f(0) = f(nx + (-nx)) = f(nx) + f(-nx) - f(0) \tag{2.3.249}$$

利用上式及公式(2.3.247),有

$$f(-nx) = -nf(x) - (-n-1)f(0) \tag{2.3.250}$$

综合公式(2.3.247)和上式,我们得到,对于任意整数 m,有

$$f(mx) = mf(x) - (m-1)f(0) \tag{2.3.251}$$

注意到当 $m = 0$ 时,上式也成立.

③ 当 x 是有理数时,寻找 $f(x)$ 与 x 的关系式,在公式(2.3.251)中,取 $x = \dfrac{p}{q}$,这里 p 是整数,q 是正整数,取 $m = q$,有

$$f(p) = f\left(q \frac{p}{q}\right) = qf\left(\frac{p}{q}\right) - (q-1)f(0) \tag{2.3.252}$$

又在公式(2.3.251)中,令 $x = 1, m = p$,有

$$f(p) = pf(1) - (p-1)f(0) \tag{2.3.253}$$

上二式左端相等,则右端也应相等.于是,可以得到

$$f\left(\frac{p}{q}\right) = (f(1) - f(0))\frac{p}{q} + f(0) \tag{2.3.254}$$

由于 f 是连续的,利用一个实数一定是一列有理数的极限.类似例1的处理,可以知道,猜测公式(2.3.244)成立.而且

$$a = f(1) - f(0), \quad b = f(0) \tag{2.3.255}$$

反之,当 a, b 是两个任意固定实数时,由公式(2.3.244)给出的函数满足公式(2.3.243).相应地 $g(x), h(y)$ 都可以写出.题目函数方程满足.

例17 求满足以下关系式的所有函数 $f, g, h : \mathbf{R} \to \mathbf{R}, f(x) - g(y) = (x-y)h(x+y)$,这里 x, y 是任意实数.

解:利用上例的思想,想办法化为只含一个函数的函数方程.在题目的函数方程中,令 $y = x$,有

$$f(x) = g(x), \quad x \in \mathbf{R} \tag{2.3.256}$$

在题目的函数方程中,令 $y = 0$,再利用上式,有

$$f(x) = f(0) + xh(x) \tag{2.3.257}$$

利用题目函数方程以及上面叙述,有

$$xh(x) - yh(y) = (x-y)h(x+y) \tag{2.3.258}$$

用 $x+y$ 代替上式中 x,用 $-y$ 代替上式中 y,有

$$(x+y)h(x+y) + yh(-y) = (x+2y)h(x) \tag{2.3.259}$$

公式(2.3.258)乘以 $x+y$,加上公式(2.3.259)乘以 $x-y$,化简后,可以看到

$$2y^2 h(x) = (x+y)yh(y) - y(x-y)h(-y) \tag{2.3.260}$$

在上式中,令 $y = 1$,有

$$h(x) = ax + b \qquad (2.3.261)$$

这里

$$a = \frac{1}{2}[h(1) - h(-1)], \quad b = \frac{1}{2}[h(1) + h(-1)] \qquad (2.3.262)$$

利用公式(2.3.257),(2.3.256)和(2.3.261),有

$$g(x) = f(x) = ax^2 + bx + c \qquad (2.3.263)$$

这里 $c = f(0)$.

对于任意三个实数 a,b,c, 由公式(2.3.261)和(2.3.263), 可以定义三个函数 f,g,h, 很容易验证满足题目中的函数方程.

例 18 已知 n 是一个正整数, 求所有不恒等于零的连续函数 F、G、$H:[0,\infty) \to (-\infty,\infty)$, 满足函数方程 $F(x+y+nxy) = G(x)H(y)$, 这里 x,y 是任意非负实数.

解: 利用例 16 的思想, 首先要想办法, 化为只含一个未知函数的函数方程. 在题目的函数方程中, 依次令 $y=0, x=0$, 可以看到

$$F(x) = G(x)H(0), \quad x \in [0,\infty); \quad F(y) = G(0)H(y), \quad y \in [0,\infty) \quad (2.3.264)$$

由于 $F(x), F(y)$ 不恒等于零, 则 $H(0), G(0)$ 无一个等于零. 利用公式(2.3.264), 有

$$G(x) = \frac{F(x)}{H(0)}, \quad H(y) = \frac{F(y)}{G(0)} \qquad (2.3.265)$$

利用公式(2.3.265)和题目中函数方程, 可以看到

$$F(x+y+nxy) = \frac{F(x)F(y)}{H(0)G(0)} \qquad (2.3.266)$$

令

$$f(x) = \frac{F(x)}{H(0)G(0)}, \quad x \in [0,\infty) \qquad (2.3.267)$$

利用公式(2.3.266)和(2.3.267), 有

$$f(x+y+nxy) = f(x)f(y) \qquad (2.3.268)$$

这里 x,y 是任意非负实数. 下面我们来解上述函数方程. 明显地, 可以看到

$$x + y + nxy = \frac{1}{n}(1+nx)(1+ny) - \frac{1}{n} \qquad (2.3.269)$$

由于 $x \geq 0, y \geq 0$, 令

$$1 + nx = c^u, \quad 1 + ny = c^v \qquad (2.3.270)$$

这里 c 是一个正常数, 且 $c>1, u \geq 0, v \geq 0$. u 依赖于 x, v 依赖于 y. 利用公式(2.3.269)和(2.3.270), 有

$$x = \frac{1}{n}(c^u - 1), \quad y = \frac{1}{n}(c^v - 1), \quad x+y+nxy = \frac{1}{n}(c^{u+v} - 1) \qquad (2.3.271)$$

代公式(2.3.271)入公式(2.3.268), 并且记

$$f^*(u) = f\left(\frac{1}{n}(c^u - 1)\right), \quad u \in [0,\infty) \qquad (2.3.272)$$

可以看到

$$f^*(u+v) = f^*(u)f^*(v) \qquad (2.3.273)$$

由于 $f(x)$ 不恒等于零, 那么, $f^*(u)$ 不恒等于零. 在上式中, 令 $u = v = \frac{1}{2}$, 有

$$f^*(1) = \left(f\left(\frac{1}{2}\right)\right)^2 \geq 0 \qquad (2.3.274)$$

如果 $f^*(1) = 0$, 则对于正实数 $u \geq 1$ 时, 利用公式(2.3.273), 有

$$f^*(u) = f^*(1)f^*(u-1) = 0 \tag{2.3.275}$$

当 u 在开间区 $(0,1)$ 内时,在公式 $(2.3.273)$ 中,令 $v = u$,有

$$f^*(2u) = (f^*(u))^2 \tag{2.3.276}$$

下面证明:对于任意正整数 k,有

$$f^*(ku) = (f^*(u))^k \tag{2.3.277}$$

当 $k=1$ 时,上式显然成立,当 $k=2$ 时,由公式 $(2.3.276)$ 知道上式成立.现设公式 $(2.3.277)$ 成立,则利用公式 $(2.3.273)$ 和归纳法假设,有

$$f^*((k+1)u) = f^*(u)f^*(ku) = (f^*(u))^{k+1} \tag{2.3.278}$$

从证明过程中可以看出,这里 u 可以是任意非负实数.对于 $u \in (0,1)$,一定存在一个正整数 k(当 u 取定后),使得 $ku > 1$,那么,利用已证明的公式 $(2.3.277)$,有

$$(f^*(u))^k = f^*(ku) = 0(\text{利用公式}(2.3.275)) \tag{2.3.279}$$

因而,对于 $u \in (0,1)$,有

$$f^*(u) = 0 \tag{2.3.280}$$

再由 f^* 的连续性,有 $f^*(0) = 0$,$f^*(u)$ 恒等于零,矛盾.因此,必有 $f^*(1) > 0$.

在公式 $(2.3.277)$ 中,取 $m = ku$,这里 m 是一个正整数,有

$$f^*(m) = \left(f^*\left(\frac{m}{k}\right)\right)^k \tag{2.3.281}$$

再在公式 $(2.3.277)$ 中,令 $u = 1, k = m$,有

$$f^*(m) = (f^*(1))^m \tag{2.3.282}$$

又利用公式 $(2.3.273)$,有

$$f^*\left(\frac{m}{k}\right) = f^*\left(\frac{m}{2k}\right)f^*\left(\frac{m}{2k}\right) \geqslant 0 \tag{2.3.283}$$

利用公式 $(2.3.281),(2.3.282)$ 和 $(2.3.283)$,有

$$f^*\left(\frac{m}{k}\right) = (f^*(1))^{\frac{m}{k}} \tag{2.3.284}$$

上式对于任意正整数 m,k 成立,利用 f^* 的连续性,可以知道,对于任意一个非负实数 u,有

$$f^*(u) = (f^*(1))^u \tag{2.3.285}$$

由于 $f^*(1) > 0$,则一定存在实数 α,使得

$$f^*(1) = c^\alpha \tag{2.3.286}$$

利用公式 $(2.3.285)$ 和 $(2.3.286)$,有

$$f^*(u) = c^{\alpha u} \tag{2.3.287}$$

利用公式 $(2.3.272)$ 和上式,有

$$f\left(\frac{1}{n}(c^u - 1)\right) = c^{\alpha u}, \quad u \in [0, \infty) \tag{2.3.288}$$

利用公式 $(2.3.271)$ 的第一个等式及上式,有

$$f(x) = c^{\alpha u} = (1 + nx)^\alpha \tag{2.3.289}$$

利用公式 $(2.3.267)$ 和上式,有

$$F(x) = H(0)G(0)(1 + nx)^\alpha \tag{2.3.290}$$

利用公式 $(2.3.265)$ 和上式,可以看到

$$G(x) = G(0)(1 + nx)^\alpha, \quad H(x) = H(0)(1 + nx)^\alpha \tag{2.3.291}$$

利用公式 $(2.3.290)$ 和 $(2.3.291)$,满足本题条件的解只可能是

$$F(x) = AB(1 + nx)^\alpha, \quad G(x) = A(1 + nx)^\alpha, \quad H(x) = B(1 + nx)^\alpha, \quad x \in [0, \infty) \tag{2.3.292}$$

这里 A,B 是任意非零实数. α 是一个任意实数. 很容易验证它们满足题目条件.

例 19 求次数大于等于1的所有实系数多项式 $f(x)$, 它的根全是实数, 而且满足 $f(x^2-1) = f(x)f(-x)$.

解: 如果 α 是 $f(x)$ 的实根, 则 $f(\alpha)=0$, 利用题目条件, 有
$$f(\alpha^2-1) = f(\alpha)f(-\alpha) = 0 \tag{2.3.293}$$

记 $\beta = \alpha^2 - 1$. 则 β 也是 $f(x)$ 的根, 完全类似, β^2-1 也是 $f(x)$ 的根. 这样, 我们就得到一个实根序列
$$\alpha, \alpha^2-1, (\alpha^2-1)^2-1, ((\alpha^2-1)^2-1)^2-1, \cdots \tag{2.3.294}$$

它们中的每一个都是 $f(x)$ 的根. 因为 $f(x)$ 是一个多项式, 只可能有有限多个根. 因此, 上述必有许多根是相等的.

如果 $\alpha = \alpha^2 - 1$, 那么, 有
$$(\alpha^2-1)^2 - 1 = \alpha^2 - 1 = \alpha, \quad ((\alpha^2-1)^2-1)^2 - 1 = \alpha^2 - 1 = \alpha \ \text{等等} \tag{2.3.295}$$

这表明公式(2.3.294)中出现的根全相等, 都是 α, 由于 $\alpha = \alpha^2 - 1$, 则
$$\alpha = \frac{1}{2}(1+\sqrt{5}) \quad \text{或} \quad \alpha = \frac{1}{2}(1-\sqrt{5}) \tag{2.3.296}$$

又如果 $(\alpha^2-1)^2 - 1 = \alpha$, 则
$$\alpha(1+\alpha)(\alpha^2-\alpha-1) = 0 \tag{2.3.297}$$

上述方程有四个实根
$$\alpha_1 = 0, \quad \alpha_2 = -1, \quad \alpha_3 = \frac{1}{2}(1+\sqrt{5}), \quad \alpha_4 = \frac{1}{2}(1-\sqrt{5}) \tag{2.3.298}$$

利用公式(2.3.293), 如果 α_1 是 $f(x)$ 的根, 则 α_2 也是 $f(x)$ 的根. 如果 α_2 是 $f(x)$ 的根, 则 α_1 也是 $f(x)$ 的根. 因此, 我们猜测
$$f(x) = (x(x+1))^j \left(\frac{1}{2}(1+\sqrt{5})-x\right)^k \left(\frac{1}{2}(1-\sqrt{5})-x\right)^l \tag{2.3.299}$$

这里 j,k,l 都是非负整数, 且 $2j+k+l$ 是正整数. 当 $f(x)$ 取公式(2.3.299)时, 有
$$f(-x) = (x(x-1))^j \left(\frac{1}{2}(1+\sqrt{5})+x\right)^k \left(\frac{1}{2}(1-\sqrt{5})+x\right)^l \tag{2.3.300}$$
$$f(x^2-1) = ((x^2-1)x^2)^j \left(\frac{1}{2}(3+\sqrt{5})-x^2\right)^k \left(\frac{1}{2}(3-\sqrt{5})-x^2\right)^l \tag{2.3.301}$$

由于
$$(x(x+1))(x(x-1)) = x^2(x^2-1) \tag{2.3.302}$$
$$\left(\frac{1}{2}(1+\sqrt{5})-x\right)\left(\frac{1}{2}(1+\sqrt{5})+x\right) = \frac{1}{2}(3+\sqrt{5})-x^2 \tag{2.3.303}$$
$$\left(\frac{1}{2}(1-\sqrt{5})-x\right)\left(\frac{1}{2}(1-\sqrt{5})+x\right) = \frac{1}{2}(3-\sqrt{5})-x^2 \tag{2.3.304}$$

利用上面的计算, 可以知道, 由公式(2.3.299)定义的多项式 $f(x)$ 满足题目全部条件.

下面证明, 没有其他形式的解了. 换句话讲, 满足题目条件的解 $f(x)$ 的不同实根(至多)只有公式(2.3.298)给出的四个. 用反证法, 如果 $f(x)$ 还有其他的实根. 记
$$f(x) = (x(x+1))^j \left(\frac{1}{2}(1+\sqrt{5})-x\right)^k \left(\frac{1}{2}(1-\sqrt{5})-x\right)^l F(x) \tag{2.3.305}$$

这里 j,k,l 都是非负整数. $F(x)$ 是 x 的一个次数大于等于1的多项式. 由于 $f(x)$ 的根全为实数, 则 $F(x)$ 的根也全为实数. $F(x)$ 的首项系数与 $f(x)$ 的首项系数至多相差一个符号, $F(x)$ 也是一个实系数多项式. 另外, $F(x)$ 的任一实根不是公式(2.3.298)的四个值之任一个. 记

$$g(x) = (x(x+1))^j \left(\frac{1}{2}(1+\sqrt{5}) - x\right)^k \left(\frac{1}{2}(1-\sqrt{5}) - x\right)^l \quad (2.3.306)$$

利用公式(2.3.305)和上式,有

$$f(x) = g(x)F(x), \quad x \in \mathbf{R} \quad (2.3.307)$$

由于前面已证明

$$g(x^2 - 1) = g(x)g(-x), \quad x \in \mathbf{R} \quad (2.3.308)$$

利用题目条件和公式(2.3.307),(2.3.308),有

$$F(x^2 - 1) = F(x)F(-x), \quad x \in \mathbf{R} \quad (2.3.309)$$

上式表明多项式 $F(x)$ 也是题目函数方程的解.由于 $F(x)$ 的根全为实数,且 $F(x)$ 是一个多项式,根个数有限.用 α_0 表示 $F(x)$ 的最小的实根.下面对 α_0 的取值范围进行讨论,证明 $F(x)$ 不存在.注意 α_0 不取公式(2.3.298)中任何一值.下面分情况讨论:

① 当 $\alpha_0 > \frac{1}{2}(1+\sqrt{5})$ 时,我们知道 $\alpha^2 - \alpha - 1 = 0$ 的两个实根为 $\frac{1}{2}(1-\sqrt{5}), \frac{1}{2}(1+\sqrt{5})$.于是,有

$$\alpha_0^2 - \alpha_0 - 1 > 0 \quad (2.3.310)$$

利用上式我们可以看到

$$\alpha_0^2 - 1 > \alpha_0 > \frac{1}{2}(1+\sqrt{5}) > 1 \quad (2.3.311)$$

令

$$\beta = \alpha_0^2 - 1, \quad 则 \quad \beta > \alpha_0 (利用上式) \quad (2.3.312)$$

类似地,有

$$\beta^2 - 1 > \beta \quad (2.3.313)$$

于是,我们可以得到

$$(\alpha_0^2 - 1)^2 - 1 = \beta^2 - 1 > \alpha_0^2 - 1 \quad (2.3.314)$$

再令

$$\gamma = \beta^2 - 1, \quad 有 \quad \gamma > \frac{1}{2}(1+\sqrt{5}) \quad (2.3.315)$$

仍然有

$$\gamma^2 - 1 > \gamma \quad (2.3.316)$$

以及

$$((\alpha_0^2 - 1)^2 - 1)^2 - 1 = (\beta^2 - 1)^2 - 1 = \gamma^2 - 1 > \gamma = (\alpha_0^2 - 1)^2 - 1 \quad (2.3.317)$$

这样一直作下去,我们可以得到一个严格单调递增的正实数的无限序列,由公式(2.3.294)给出,其中将 α 改为 α_0,其中每一个都是 $F(x)$ 的实根,这显然不可能.

② 当 $\frac{1}{2}(1-\sqrt{5}) < \alpha_0 < \frac{1}{2}(1+\sqrt{5})$ 时,利用 $\frac{1}{2}(1-\sqrt{5})$ 和 $\frac{1}{2}(1+\sqrt{5})$ 是方程 $\alpha^2 - \alpha - 1 = 0$ 的两个实根,于是,有 $\alpha_0^2 - 1 < \alpha_0$,而 $\alpha_0^2 - 1$ 也是 $F(x)$ 的一个实根,这与 α_0 是 $F(x)$ 的最小实根矛盾.

③ 当 $\alpha_0 < \frac{1}{2}(1-\sqrt{5})$ 时,因为 $F(x)$ 只有实根,那么,有

$$F(x) = A(x - \alpha_0)(x - \alpha_1)(x - \alpha_2)\cdots(x - \alpha_t) \quad (2.3.318)$$

这里 A 是非零实数,$\alpha_0, \alpha_1, \alpha_2, \cdots, \alpha_t$ 全是实数.从上式,有

$$F(-x) = A(-1)^{t+1}(x + \alpha_0)(x + \alpha_1)(x + \alpha_2)\cdots(x + \alpha_t) \quad (2.3.319)$$

$F(-x)$ 的根也全是实数.由于公式(2.3.309),$F(x^2-1)$ 的根全是实数.由于 $F(x^2-1)$ 有因式 $x^2 - (1+\alpha_0)$,那么,必有 $1+\alpha_0 > 0$(注意零及共轭复数都不是 $F(x^2-1)$ 的根).于是,我们可以看

到
$$-1 < \alpha_0 < \frac{1}{2}(1-\sqrt{5}) < 0 \tag{2.3.320}$$
由于
$$(\alpha_0^2-1)^2 - 1 = \alpha_0 + [(\alpha_0^2-1)^2 - 1 - \alpha_0]$$
$$= \alpha_0 + \alpha_0(\alpha_0+1)\left(\alpha_0 - \frac{1}{2}(1+\sqrt{5})\right)\left(\alpha_0 - \frac{1}{2}(1-\sqrt{5})\right) \tag{2.3.321}$$
利用不等式(2.3.320),可以得到上式右端第二大项小于零.于是,有
$$(\alpha_0^2-1)^2 - 1 < \alpha_0 \tag{2.3.322}$$
由于 α_0 是 $F(x)$ 的根,利用前面叙述可以知道 $(\alpha_0^2-1)^2-1$ 也是 $F(x)$ 的一个实根(参考根序列(2.3.294)),这与 α_0 是 $F(x)$ 的最小实根假设矛盾.

综上所述,次数大于等于 1 的多项式 $F(x)$ 不存在. $F(x)$ 只能是一个非零实常数 A,由于要满足公式(2.3.309),这非零实常数 A 必须是 1,这表明公式(2.3.299)给出满足本题条件的唯一形式的解.

例 20 已知函数序列 $P_k(x)$ 和 $Q_k(x)$ 满足
(1) $(Q_k(x))^2 - x(P_k(x))^2 = Q_{2k}(x)$;
(2) $(Q_k(x))^2 + x(P_k(x))^2 = (1+x)^k$;
(3) $P_{2k}(x) = 2P_k(x)Q_k(x)$.

这里 k 是任意正整数,x 是任意正实数.求 $P_k(x)$ 和 $Q_k(x)$.

解:题目条件(1)、(2)中两个方程相加,有
$$2(Q_k(x))^2 = Q_{2k}(x) + (1+x)^k \tag{2.3.323}$$
令
$$R_k(x) = \frac{Q_k(x)}{(1+x)^{\frac{k}{2}}} \tag{2.3.324}$$
这里 k 是任意正整数,x 是任意正实数.利用上式,有
$$R_{2k}(x) = \frac{Q_{2k}(x)}{(1+x)^k} \tag{2.3.325}$$
代上二式入公式(2.3.323),有
$$2(R_k(x))^2 = R_{2k}(x) + 1 \tag{2.3.326}$$
题目条件(2)中方程减去条件(1)中方程,有
$$2x(P_k(x))^2 = (1+x)^k - Q_{2k}(x) \tag{2.3.327}$$
又令
$$S_k(x) = \frac{\sqrt{x}}{(1+x)^{\frac{k}{2}}} P_k(x) \tag{2.3.328}$$
这里 x 是任意正实数,k 是任意正整数.

利用公式(2.3.325),(2.3.327)和(2.3.328),有
$$2(S_k(x))^2 = 1 - R_{2k}(x) \tag{2.3.329}$$
公式(2.3.326)和(2.3.329)相加,有
$$(R_k(x))^2 + (S_k(x))^2 = 1 \tag{2.3.330}$$
因此,对每个正整数 k,有相应的 x 的函数 $\theta_k(x)$,满足
$$R_k(x) = \cos\theta_k(x), \quad S_k(x) = \sin\theta_k(x) \tag{2.3.331}$$
利用公式(2.3.328)和上式,有

$$P_k(x) = \frac{1}{\sqrt{x}}(1+x)^{\frac{k}{2}}\sin\theta_k(x) \tag{2.3.332}$$

这里 x 是任意正实数. 利用公式(2.3.324)和(2.3.331),有

$$Q_k(x) = (1+x)^{\frac{k}{2}}\cos\theta_k(x) \tag{2.3.333}$$

代上二式入题目条件(1)中方程,有

$$\cos 2\theta_k(x) = \cos\theta_{2k}(x) \tag{2.3.334}$$

代公式(2.3.332)和(2.3.333)入题目条件(2),得一个恒等式. 代公式(2.3.332)和(2.3.333)入题目条件(3)中方程,有

$$\sin\theta_{2k}(x) = \sin 2\theta_k(x) \tag{2.3.335}$$

利用公式(2.3.334)和上式,有

$$\theta_{2k}(x) = 2\theta_k(x) + 2s\pi \tag{2.3.336}$$

这里 s 是一个整数,可以依赖于 x 与 k 变化. 公式(2.3.332),(2.3.333)和(2.3.336)给出了满足题目条件的所有解. 这里 k 是任意正整数,x 是任意正实数.

注:当 x 在开区间 $(-1,0)$ 内时,会有什么相应结果? 有兴趣的读者可以一试.

例 21 设 $f:\mathbf{R}\to\mathbf{R}$ 是一个连续的周期函数,对所有正整数 n,满足 $\sum_{k=1}^{n}\frac{|f(k)|}{k}\leqslant 1$. 求证:存在一个实数 c,满足 $f(c)=0$ 和 $f(c+1)=0$.

证明: 设 T 是周期函数 f 的一个周期. 因为 $|f|$ 在闭区间 $[0,T]$ 内是连续的. 从图像(一段曲线)上看,必存在正实数 M,对于闭区间 $[0,T]$ 内任意实数 x,满足 $|f(x)|\leqslant M$. 由于 f 是一个周期函数,对于任意实数 x,有

$$|f(x)|\leqslant M \tag{2.3.337}$$

令

$$g(x) = |f(x)| + |f(x+1)| \tag{2.3.338}$$

这里 x 是任意实数. $g(x)$ 也是一个周期 T 的连续周期函数. 下面证明,必存在一个实数 c,满足

$$g(c) = 0 \tag{2.3.339}$$

用反证法,设对任意实数 x,$g(x)>0$. $g(x)$ 是一个正的连续函数,且处处不等于零,则必在闭区间 $[0,T]$ 内取到一个正的最小值 m(利用图像直观). 由于 $g(x)$ 的周期性,对于任意实数 x,有

$$g(x)\geqslant m \tag{2.3.340}$$

令

$$s_n = \sum_{k=1}^{n}\frac{g(k)}{k} \tag{2.3.341}$$

这里 n 是任意正整数. 一方面,利用不等式(2.3.340)和(2.3.341),有

$$s_n \geqslant m\sum_{k=1}^{n}\frac{1}{k} \tag{2.3.342}$$

另一方面,利用公式(2.3.338)和(2.3.341),有

$$s_n = \sum_{k=1}^{n}\frac{|f(k)|}{k} + \sum_{k=1}^{n}\frac{|f(k+1)|}{k}$$

$$= \sum_{k=1}^{n}\frac{|f(k)|}{k} + \sum_{k=1}^{n}\left(\frac{1}{k+1}+\frac{1}{k(k+1)}\right)|f(k+1)|$$

$$\leqslant 2 + M\sum_{k=1}^{n}\frac{1}{k(k+1)}(\text{利用题目条件及不等式}(2.3.337))$$

$$= 2 + M\sum_{k=1}^{n}\left(\frac{1}{k} - \frac{1}{k+1}\right) = 2 + M\left(1 - \frac{1}{n+1}\right) < 2 + M \qquad (2.3.343)$$

利用不等式(2.3.342)和(2.3.343),有

$$\sum_{k=1}^{n}\frac{1}{k} < \frac{1}{m}(2 + M) \qquad (2.3.344)$$

上式右端与 n 无关. 众所周知,上式左端是无界的,随着 n 的不断增加而趋向于 ∞(不知这一结论的读者,记 $s_{2^t}^* = \sum_{k=1}^{2^t}\frac{1}{k}$,对正整数 t 用数学归纳法,很容易证明 $s_{2^t}^* \geqslant 1 + \frac{t}{2}$,从而得到这一结论). 因而不等式(2.3.344)是不可能对任意正整数 n 成立.

例 22 设 n 为正偶数,求有理数集到复数集的所有映射 f,满足以下两个条件:

(1) 对任意有理数 $x_1, x_2, \cdots, x_n$,有

$$f(x_1 + x_2 + \cdots + x_n) = f(x_1)f(x_2)\cdots f(x_n)$$

(2) 对任意有理数 x,又有

$$\overline{f(n)}f(x) = f(n)\overline{f(x)}$$

解: ① 如果 $f(1) = 0$,则对于任意有理数 x,利用题目条件(1),有

$$\begin{aligned} f(x) &= f((x-1) + 1 + 0 + \cdots + 0)(n - 2 \text{ 个零}) \\ &= f(x-1)f(1)(f(0))^{n-2} = 0 \end{aligned} \qquad (2.3.345)$$

② 如果 $f(1) \neq 0$,利用题目条件(1),有

$$|f(n)| = |f(1)|^n > 0 \qquad (2.3.346)$$

题目条件(2)表明,对于任意有理数 x,$\overline{f(n)}f(x)$ 是一个实数,那么,对于任意有理数 x,$f(x)$ 与 $f(n)$ 的幅角相等或相差 π,记

$$f(n) = |f(n)|(\cos\theta + i\sin\theta), \quad \theta \in [0, 2\pi) \qquad (2.3.347)$$

于是,对于任意有理数 x,有

$$f(x) = \pm|f(x)|(\cos\theta + i\sin\theta) \qquad (2.3.348)$$

利用题目条件(1),有

$$f(n) = (f(1))^n = (|f(1)|(\cos\theta + i\sin\theta))^n = |f(1)|^n(\cos n\theta + i\sin n\theta)$$
$$\qquad (2.3.349)$$

比较公式(2.3.347)和上式,再兼顾公式(2.3.346),有

$$\theta + 2k\pi = n\theta \qquad (2.3.350)$$

这里 k 是非负整数. 从上式,有

$$\theta = \frac{2k\pi}{n-1} \qquad (2.3.351)$$

对于任意有理数 x,令

$$g(x) = |f(x)| \qquad (2.3.352)$$

利用题目条件(1)及上式,对 n 个有理数 $x_1, x_2, \cdots, x_n$,有

$$g(x_1 + x_2 + \cdots + x_n) = g(x_1)g(x_2)\cdots g(x_n) \qquad (2.3.353)$$

对任意有理数 x,利用题目条件(1),有

$$\begin{aligned} f(x) &= \left(f\left(\frac{x}{n}\right)\right)^n \\ &= \left(g\left(\frac{x}{n}\right)\right)^n(\cos n\theta + i\sin n\theta)(\text{利用公式}(2.3.348) \text{ 及 } n \text{ 是偶数,兼顾公式}(2.3.352)) \\ &= g(x)(\cos\theta + i\sin\theta)(\text{利用公式}(2.3.350) \text{ 和公式}(2.3.353)) \\ &= |f(x)|(\cos\theta + i\sin\theta) \end{aligned} \qquad (2.3.354)$$

在公式(2.3.353)中,取 $x_1, x_2, \cdots, x_{n-1}$ 都等于零,$x_n = 1$,有
$$g(1) = g(1)(g(0))^{n-1} \tag{2.3.355}$$
由于 $g(1)$ 不等于零,又利用 n 是偶数,则
$$g(0) = 1 \tag{2.3.356}$$
在公式(2.3.353)中,令 $x_1 = x, x_2 = y$,其他 $x_j (3 \leqslant j \leqslant n)$ 全取零.可以看到
$$g(x+y) = g(x)g(y)(g(0))^{n-2} = g(x)g(y) \tag{2.3.357}$$
这里利用公式(2.3.356),对于任意 $s(s \in \mathbf{N}^+)$ 个有理数 $x_1, x_2, \cdots, x_s$,反复利用上式,有
$$g(x_1 + x_2 + \cdots + x_s) = g(x_1)g(x_2)\cdots g(x_s) \tag{2.3.358}$$
对任意正整数 m,在上式中,$x_1, x_2, \cdots, x_s$ 皆取 $\frac{1}{m}$,有
$$\begin{aligned} g\left(\frac{s}{m}\right) &= \left(g\left(\frac{1}{m}\right)\right)^s = \left(\left(g\left(\frac{1}{m}\right)\right)^m\right)^{\frac{s}{m}} \\ &= \left(g\left(m\frac{1}{m}\right)\right)^{\frac{s}{m}} \text{(在公式(2.3.358)中,令 } s = m, x_1, x_2, \cdots, x_m \text{ 皆取} \frac{1}{m}) \\ &= (g(1))^{\frac{s}{m}} \end{aligned} \tag{2.3.359}$$
记
$$g(1) = |f(1)| = c > 0 \tag{2.3.360}$$
利用上二式,对任意一个正有理数 x,有
$$g(x) = c^x \tag{2.3.361}$$
对于任意一个负有理数 $-x(x > 0)$,利用公式(2.3.357)和(2.3.356),有
$$g(x)g(-x) = g(0) = 1 \tag{2.3.362}$$
利用公式(2.3.361)和上式,有
$$g(-x) = c^{-x} \tag{2.3.363}$$
对于任意有理数 x,利用公式(2.3.351),(2.3.354),(2.3.361)和(2.3.363),有
$$f(x) = g(x)(\cos\theta + i\sin\theta) = c^x\left(\cos\frac{2k\pi}{n-1} + i\sin\frac{2k\pi}{n-1}\right) \tag{2.3.364}$$
这里 c 是一个正实数,$k = 0, 1, 2, \cdots, n-2$,c, k 与 x 无关.即一旦取定,便不再变化.请读者自己验证,由公式(2.3.364)定义的有理数集到复数集上的映射 f,一定满足本题两个条件.因此,$f(x)$ 恒等于零和公式(2.3.364)给出了本题的全部解.

注:当 $n = 1988$ 时,本题为 1988 年国家数学集训队选拔考试试题.

例 23 求所有函数 $f:[-1,1] \to [-1,1]$,使得对于 $[-1,1]$ 内任意两上实数 x, y,有
$$|xf(y) - yf(x)| \geqslant |x - y|$$

解:在题目不等式中,令 $x = 0, y = 1$,有
$$|f(0)| \geqslant 1 \tag{2.3.365}$$
又由于 $f(0) \in [-1,1]$,必有
$$f(0) = \pm 1 \tag{2.3.366}$$
在题目不等式中,令 $y = -x$,有
$$|xf(-x) + xf(x)| \geqslant 2|x| \tag{2.3.367}$$
上式对于闭区间 $[-1,1]$ 内任意实数 x 成立,那么,对于 $[-1,1]$ 内任意非零实数 x,有
$$|f(x) + f(-x)| \geqslant 2 \tag{2.3.368}$$
又由于 $f(x), f(-x)$ 皆在闭区间 $[-1,1]$ 内,必有
$$f(x) = f(-x) = \pm 1 \tag{2.3.369}$$

明显地,对于[-1,1]内任意实数 x,$f(x)=1$,以及 $f(x)=-1$ 是满足题目条件的两个解. 当然这时候题目中不等式取等号.

下面证明本题还有两个解.

① 当 $f(0)=1$ 时(利用公式(2.3.366)),如果存在[-1,1]内一个非零实数 x,使得 $f(x)\neq 1$,利用公式(2.3.369),对于这个 x,有 $f(x)=-1$. 现在证明对于[-1,1]内任意非零实数 y,必有 $f(y)=-1$. 用反证法,如果存在[-1,1]内一个非零实数 y,使得 $f(y)\neq -1$,利用公式(2.3.369),对于这个 y,有 $f(y)=1$,显然 y 不同于 x,利用公式(2.3.369),有 $f(-y)=1$. 不妨设 $xy<0$,当 $xy>0$ 时,用 $-y$ 代替 y 进行下述讨论. 对于这对非零实数 x,y,应有

$$|xf(y)-yf(x)|=|x+y| \qquad (2.3.370)$$

利用上式及题目不等式,有

$$|x+y|\geq |x-y| \qquad (2.3.371)$$

而当 $xy<0$ 时,上式是不可能成立的. 因此,我们有

$$f(x)=\begin{cases} 1 & \text{当 } x=0 \text{ 时} \\ -1 & \text{当 } x \text{ 是}[-1,1]\text{内任意非零实数时} \end{cases} \qquad (2.3.372)$$

容易验证,上式是满足题目条件的解.

完全类似

$$f(x)=\begin{cases} -1 & \text{当 } x=0 \text{ 时} \\ 1 & \text{当 } x \text{ 是}[-1,1]\text{内任意非零实数时} \end{cases} \qquad (2.3.373)$$

是满足题目条件的另一解.

细节的证明留给读者练习. 本题一共有四个解.

例 24 求所有函数 $f:\mathbf{R}\to \mathbf{R}$,使得对于任意实数 x,y,z,有 $\frac{1}{2}f(xy)+\frac{1}{2}f(xz)-f(x)f(yz)\geq \frac{1}{4}$.

解: 在题目不等式中,令 $x=y=z=0$,有

$$\left(f(0)-\frac{1}{2}\right)^2\leq 0, \quad 则 \quad f(0)=\frac{1}{2} \qquad (2.3.374)$$

在题目不等式中,令 $x=y=z=1$,类似有

$$\left(f(1)-\frac{1}{2}\right)^2\leq 0, \quad 则 \quad f(1)=\frac{1}{2} \qquad (2.3.375)$$

在题目不等式中,令 $y=z=0$,有

$$f(0)-f(0)f(x)\geq \frac{1}{4} \qquad (2.3.376)$$

利用公式(2.3.374)和上式,有

$$f(x)\leq \frac{1}{2} \qquad (2.3.377)$$

在题目不等式中,令 $y=z=1$,有

$$f(x)-f(1)f(x)\geq \frac{1}{4} \qquad (2.3.378)$$

利用公式(2.3.375)和上式,有

$$f(x)\geq \frac{1}{2} \qquad (2.3.379)$$

利用不等式(2.3.377)和(2.3.379),有

$$f(x)=\frac{1}{2} \qquad (2.3.380)$$

这里 x 是任意实数.上式给出满足题目条件的唯一解.上二例可称为求函数不等式的解.当然,前一例难些.对于二元多项式,例如
$$f(x,y) = 3x^2y^3 + x^4 + y + 1$$
我们称为 5 次多项式,又例如
$$f(x,y) = x^8 + x^7 + y^7 + xy^5 + 2$$
我们称为 8 次多项式.实际上,将多项式每项 x 的幂次与 y 的幂次相加,这些和数中最大的一个整数定义为这二元多项式的次数.

例 25 设 n 是一个整数,$n \geq 2$,求所有 n 次二元实系数多项式 $f(x,y)$,使得对任意实数 x,y,有
$$f(x+1, y+1) = f(x,y)$$

解:我们要想办法将二元多项式问题归结为一元多项式问题处理.令
$$x = u + v, \quad y = u - v \tag{2.3.381}$$
则
$$u = \frac{1}{2}(x+y), \quad v = \frac{1}{2}(x-y) \tag{2.3.382}$$
记
$$f(x,y) = f(u+v, u-v) = F(u,v) \tag{2.3.383}$$
$F(u,v)$ 也是 n 次二元实系数多项式.利用上面叙述,有
$$f(x+1, y+1) = f((u+1)+v, (u+1)-v) = F(u+1, v) \tag{2.3.384}$$
利用题目条件,公式(2.3.383)和(2.3.384),有
$$F(u+1, v) = F(u,v) \tag{2.3.385}$$
不断地利用上式,对于任意正整数 m,有
$$F(u+m, v) = F(u,v) \tag{2.3.386}$$
任取两个实数 a, b,令
$$g(u) = F(u, b) - F(a, b) \tag{2.3.387}$$
这里 a, b 固定不变,$g(u)$ 是 u 的一个实系数多项式,至多 n 次.利用公式(2.3.386)和(2.3.387),对于任意正整数 m,有
$$g(a+m) = F(a+m, b) - F(a, b) = 0 \tag{2.3.388}$$
因此,利用上述公式,多项式 $g(u)$ 有无限多个实根 $a+1, a+2, a+3, \cdots$.从而多项式 $g(u)$ 恒等于零.再利用(2.3.387),有
$$F(u, b) = F(a, b) \tag{2.3.389}$$
取 $a = 0, b = v$,从上式,有
$$F(u, v) = F(0, v) \tag{2.3.390}$$
上式中 u, v 是两个任意实数.利用公式(2.3.382),(2.3.383)和(2.3.390),有
$$f(x, y) = F(u, v) = F\left(0, \frac{1}{2}(x-y)\right) \tag{2.3.391}$$
明显地,$F\left(0, \frac{1}{2}(x-y)\right)$ 是关于 $x-y$ 的一个实系数多项式,由于 $f(x,y)$ 是 n 次二元实系数多项式,有
$$f(x, y) = F\left(0, \frac{1}{2}(x-y)\right) = \sum_{k=0}^{n} a_k (x-y)^k \tag{2.3.392}$$
这里 a_n 是任意非零实数,$a_k (0 \leq k \leq n-1)$ 是任意实数.

注:当 $n=1$ 时,利用题目条件,立即有 $f(x,y) = a_1(x-y) + a_0$,这里 a_1 是任意非零实数,

a_0 是任意实数. 公式(2.3.392)可包含 $n=1$ 情况.

下面一例有些难度.

例 26 n,k 是两个正整数, $n \geqslant 2$, 记 $f^{(1)}(x)=f(x), f^{(s+1)}(x)=f(f^{(s)}(x))$, 这里 $s \in \mathbf{N}^+$. 函数 $f:\mathbf{N}^+ \to \mathbf{N}^+$, 满足 $f^{(n)}(x)=x+k$, 求函数 f 存在的充要条件, 这里 x 是任意正整数.

解: 首先, 我们来分析一下, 满足题目条件的函数 f 必须满足哪些性质?

① f 必须是单射. 如果 $f(x)=f(y)$, 则 $f^{(n)}(x)=f^{(n)}(y)$, 那么, $x+k=y+k$, 则 $x=y$, f 的确是单射.

② 对于任意正整数 m, 有
$$f(x+mk) = f(x) + mk \tag{2.3.393}$$

对 m 用数学归纳法. 当 $m=1$ 时, 利用题目中函数方程, 有
$$f(x+k) = f(f^{(n)}(x)) = f^{(n)}(f(x)) = f(x)+k \tag{2.3.394}$$

这里 $x \in \mathbf{N}^+$. 因此, 当 $m=1$ 时, 公式(2.3.393)成立. 设公式(2.3.393)成立. 考虑 $m+1$ 情况
$$\begin{aligned}f(x+(m+1)k) &= f((x+mk)+k) \\ &= f(x+mk)+k \text{(利用已证明的公式(2.3.394))} \\ &= (f(x)+mk)+k \text{(利用归纳假设(2.3.393))} \\ &= f(x)+(m+1)k\end{aligned} \tag{2.3.395}$$

归纳法完成. 因而公式(2.3.393)成立.

③ 设 m 是任意正整数, 有
$$f^{(mn)}(x) = x+mk \quad (x \in \mathbf{N}^+) \tag{2.3.396}$$

对 m 用数学归纳法, 当 $m=1$ 时, 由题目函数方程立即可以得到公式(2.3.396). 设公式(2.3.396)对某个正整数 m 成立. 考虑 $m+1$ 情况
$$\begin{aligned}f^{((m+1)n)}(x) &= f^{(mn)}(f^{(n)}(x)) \\ &= f^{(n)}(x)+mk \text{(由归纳假设公式(2.3.396))} \\ &= (x+k)+mk \text{(利用题目函数方程)} \\ &= x+(m+1)k\end{aligned} \tag{2.3.397}$$

归纳法完成. 因此, 公式(2.3.396)成立.

利用公式(2.3.396), 立即有下述结论: 对任意正整数 l, 及任意正整数 x, 有
$$f^{(l)}(x) \neq x \tag{2.3.398}$$

用反证法, 如果有两个正整数 l,x, 使得
$$f^{(l)}(x) = x \tag{2.3.399}$$

上式两端不断作用 $f^{(l)}$, 容易明白, 对于任意正整数 t, 有
$$f^{(lt)}(x) = x \tag{2.3.400}$$

取 $t=n$, 利用公式(2.3.396)和上式, 有
$$x+lk = x \tag{2.3.401}$$

上式中 l,k 都是正整数, 这是不可能成立的. 因此, 公式(2.3.398)成立.

④ $f(1),f(2),f(3),\cdots,f(k)$, 在 $\bmod k$ 意义下, 无两数在同一剩余类内. 也用反证法, 如果存在正整数 i,j, $1 \leqslant i < j \leqslant k$, 使得
$$f(i) \equiv f(j) \pmod{k} \tag{2.3.402}$$

由于 f 是单射, 利用上式, 必存在非零整数 t, 使得
$$f(j) = f(i)+kt \tag{2.3.403}$$

如果 t 是正整数, 利用公式(2.3.393)和上式, 有
$$f(j) = f(i+kt), \quad j = i+kt \text{(利用 } f \text{ 是单射)}$$

这与 $1 \leqslant i < j \leqslant k$ 矛盾. 如果 t 是负整数, 利用公式 (2.3.403) 和 (2.3.393), 有
$$f(i) = f(j) + k(-t) = f(j + k(-t)) \tag{2.3.404}$$
再一次利用 f 是单射, 有
$$i = j + k(-t) \tag{2.3.405}$$
同样与 $1 \leqslant i < j \leqslant k$ 矛盾. 因而④开始时的断言成立.

⑤ 对于任意正整数 $i \in$ 集合 $\{1, 2, \cdots, k\}$, $f(i), f^{(2)}(i), \cdots, f^{(n)}(i)$ 在 $\bmod k$ 意义下, 无两数属于同一个剩余类. 用反证法, 如果存在 $1 \leqslant s < t \leqslant n$, 使得
$$f^{(s)}(i) \equiv f^{(t)}(i) \pmod{k} \tag{2.3.406}$$
那么, 有整数 l, 满足
$$f^{(t)}(i) = f^{(s)}(i) + lk \tag{2.3.407}$$
如果 l 是正整数, 在公式 (2.3.396) 中, 令 $x = f^{(s)}(i), m = l$, 有
$$f^{(t)}(i) = f^{(ln)}(f^{(s)}(i)) = f^{(ln+s)}(i) \tag{2.3.408}$$
由于 $ln + s > t$, 及 f 是一个单射, 从上式, 有
$$i = f^{(ln+s-t)}(i) \tag{2.3.409}$$
利用公式 (2.3.398), 可以知道上式是不成立的.

如果 $l = 0$, 从公式 (2.3.407), 以及 $t > s, f$ 是单射, 有
$$f^{(t-s)}(i) = i \tag{2.3.410}$$
上式同样与公式 (2.3.398) 矛盾. 上式也是不成立的.

如果 l 是负整数, 利用公式 (2.3.407), 有
$$f^{(s)}(i) = f^{(t)}(i) + (-l)k = f^{(-ln)}(f^{(t)}(i))\,(\text{利用公式 (2.3.396)})$$
$$= f^{(t-ln)}(i) \tag{2.3.411}$$
由于 $t - ln > s$, 类似地, 利用 f 是单射及上式, 有
$$i = f^{(t-ln-s)}(i) \tag{2.3.412}$$
这同样是不可能成立的.

因此⑤开始时的断言成立. 利用这断言, 我们必有
$$n \leqslant k \tag{2.3.413}$$

⑥ 当 $1 \leqslant i < j \leqslant k$ 时, 这里 i, j 是正整数, 如果一个集合 $\{f(i), f^{(2)}(i), f^{(3)}(i), \cdots, f^{(n)}(i)\}$ 中有一个元素与另一个集合 $\{f(j), f^{(2)}(j), f^{(3)}(j), \cdots, f^{(n)}(j)\}$ 中某个元素, 在 $\bmod k$ 意义下, 属于同一个剩余类, 那么, 这两个集合在 $\bmod k$ 意义下必相等.

利用条件, 如果存在正整数 s, t, 满足
$$f^{(s)}(i) \equiv f^{(t)}(j) \pmod{k} \tag{2.3.414}$$
这里 $1 \leqslant s, t \leqslant n$. 我们证明, 对于任意正整数 l, 有
$$f^{(s+l)}(i) \equiv f^{(t+l)}(j) \pmod{k} \tag{2.3.415}$$
如果 $f^{(t)}(j) = f^{(s)}(i)$, 上式显然成立. 下面不妨设存在正整数 m, 使得
$$f^{(s)}(i) = f^{(t)}(j) + mk \tag{2.3.416}$$
那么, 可以看到
$$f^{(s)}(i) = f^{(mn)}(f^{(t)}(j))\,(\text{利用公式 (2.3.396)}) = f^{(mn+t)}(j) \tag{2.3.417}$$
上式两端作用 $f^{(l)}$, 有
$$f^{(s+l)}(i) = f^{(mn+t+l)}(j) = f^{(t+l)}(j) + mk\,(\text{再一次利用公式 (2.3.396)}) \tag{2.3.418}$$
因此, 公式 (2.3.415) 成立.

利用题目函数方程, 有
$$f^{(n)}(i) \equiv i \pmod{k}, \quad f^{(n)}(j) \equiv j \pmod{k} \tag{2.3.419}$$

利用上式及题目函数方程,可以看到

集合 $\{f(i), f^{(2)}(i), f^{(3)}(i), \cdots, f^{(n)}(i)\}$

$\equiv$ 集合 $\{f^{(s)}(i), f^{(s+1)}(i), f^{(s+2)}(i), \cdots, f^{(s+n-1)}(i)\} \pmod{k}$

$\equiv$ 集合 $\{f^{(t)}(j), f^{(t+1)}(j), f^{(t+2)}(j), \cdots, f^{(t+n-1)}(j)\} \pmod{k}$,利用公式(2.3.414)和(2.3.415))

$\equiv$ 集合 $\{f(j), f^{(2)}(j), f^{(3)}(j), \cdots, f^{(n)}(j)\} \pmod{k}$ \hfill (2.3.420)

有了以上分析,下面可以来求函数 f 存在的充要条件了.

利用性质④,我们知道,在 $\mod k$ 意义下,集合 $\{f(1), f(2), f(3), \cdots, f(k)\}$ 内全部元素组成一个完全剩余类.利用性质⑤和⑥,在 $\mod k$ 意义下,可以将上述集合分成若干个子集合,每个子集合都为 $\{f(j), f^{(2)}(j), f^{(3)}(j), \cdots, f^{(n)}(j)\}$ 形状,任意两个子集合都不相交.由于每个子集合恰含 n 个元素,所以 k 一定是 n 的整数倍.这是必要条件.下面证明这条件也是充分的.

当 k 是 n 的整数倍时,令
$$f(x) = x + \frac{k}{n}, \quad x \in \mathbf{N}^+ \tag{2.3.421}$$

明显地,对于任意正整数 l,有
$$f^{(l)}(x) = x + \frac{kl}{n} \tag{2.3.422}$$

特别地,令 $l = n$,题目函数方程满足.

因此,本题所求的充要条件为 k 是 n 的整数倍.

注:当 $n = 2, k = 1987$ 时,这恰是 1987 年第 28 届国际数学奥林匹克竞赛的第 4 题,本题是我自编的,是该题的一个推广.

本节的函数方程从知识点而言,是最简单的含未知函数的方程.如果方程中含有一个实(数)变元的未知函数的各阶导数,这称为常微分方程;如果方程中含有多个实变元的未知函数的各阶导数,称为偏微分方程;如果方程中的多个变元是复变元,这就属于多复变函数理论.有志终生从事数学研究的青年,应当以现代数学为自己研究的目标.

第 2 章习题

1. 设整数 $n \geqslant 2$,求证:$\sum_{k=1}^{n} \sqrt{1 + \frac{1}{k^2} + \frac{1}{(k+1)^2}} = \frac{n(n+2)}{n+1}$.

提示:先求证 $\left(1 + \frac{1}{k} - \frac{1}{k+1}\right)^2 = 1 + \frac{1}{k^2} + \frac{1}{(k+1)^2}$.

2. 求 $\cot \frac{\pi}{7} + \cot \frac{2\pi}{7} - \cot \frac{3\pi}{7}$ 的值.

提示:记 $\theta = \frac{\pi}{7}$,先求证 $(\cot \theta - \cot 3\theta) + \cot 2\theta = \frac{1}{\sin 3\theta}(2\cos\theta - \cos 3\theta + 1)$,再计算上式右端平方的值.答案是 $\sqrt{7}$.

3. 设 $a_0, a_1, a_2, \cdots$ 和 $b_0, b_1, b_2, \cdots$ 是两个整数序列,满足 $a_0 = b_0 = 1$,对于每个非负整数 k,

(1) $a_{k+1} = \sum_{j=0}^{k} b_j$;(2) $b_{k+1} = \sum_{j=0}^{k} (j^2 + j + 1) a_j$.

求证:对每个正整数 n,$a_n = \dfrac{b_1 b_2 \cdots b_n}{a_1 a_2 \cdots a_n}$.

提示:先求证 $a_{n+2} = 2a_{n+1} + (n^2+n)a_n$. 再用数学归纳法,求证:$a_n = n!, b_n = na_n$.

4. (1) 数列 $\{x_n\}$ 满足 $x_1 = 3, x_{n+1} = [\sqrt{2}x_n]$,这里 n 是任意正整数.求所有正整数 n,使得 x_n, x_{n+1}, x_{n+2} 成等差数列.

(2) 给定正整数 a, a 不是完全平方数. 求证:当 $a \geqslant b$ 时,实数数列 $\{x_n\}$,这里 $x_1 = b$ $(b \geqslant 2), x_{n+1} = [\sqrt{a}x_n], n$ 是任意正整数,不存在三项 x_n, x_{n+1}, x_{n+2} 成等差数列.

提示:(1) 当 $2x_{n+1} = x_n + x_{n+2}$ 时,先求证 $x_n < (\sqrt{2}+1)^3$,有解 $n=1$ 及 $n=3$.

(2) 当 $2x_{n+1} = x_n + x_{n+2}$ 时,先求证 $x_n < \dfrac{(\sqrt{a}+1)^3}{(a-1)^2}$,再求证右端小于 2.

5. 已知两数列 $\{a_n\}, \{b_n\}$ 满足 $a_1 = \alpha, b_1 = \beta, a_{n+1} = \alpha a_n - \beta b_n, b_{n+1} = \beta a_n + \alpha b_n$,这里 n 是任意正整数,问有多少不全为零的实数对 (α, β),满足 $a_{2013} = b_1$ 和 $b_{2013} = a_1$?

提示:题目条件可改写为 $a_{n+1} + \mathrm{i}b_{n+1} = (\alpha + \mathrm{i}\beta)(a_n + \mathrm{i}b_n)$.

6. 在 $\triangle ABC$ 中,求 $\dfrac{\cos A + \cos B}{1 + \cos A + \cos B - \cos C} + \dfrac{\cos B + \cos C}{1 + \cos B + \cos C - \cos A} + \dfrac{\cos C + \cos A}{1 + \cos C + \cos A - \cos B}$ 的值.

提示:先求证:$\dfrac{\cos A + \cos B}{\sin A + \sin B} = \tan \dfrac{C}{2}$. 答案是 2.

7. 设 a, b, c 是正实数,满足 $abc = 1$,求 $\dfrac{1+a}{1+a+ab} + \dfrac{1+b}{1+b+bc} + \dfrac{1+c}{1+c+ca}$ 的值.

提示:先求证 $\dfrac{1+b}{1+b+bc} = \dfrac{a(1+b)}{1+a+ab}$ 等.答案是 2.

8. 设 a, b, c 是 $\triangle ABC$ 的三条边长,设 $2a + 3b + 4c = 4\sqrt{2a-2} + 6\sqrt{3b-3} + 8\sqrt{4c-4} - 20$. 求证:$\triangle ABC$ 是一个直角三角形.

提示:将题目中等式转化成三个代数式的平方和等于零的形式.

9. 设 a, b 是非负实数,满足 $b \leqslant a, n$ 是正整数,求证:存在非负实数 k,满足 $(a-b)^n = \sqrt{k^2 - \sqrt{k^2 - (a^2-b^2)^n}}$.

提示:$k = \dfrac{1}{2}[(a+b)^n - (a-b)^n]$.

10. 设正整数 $n \geqslant 2, d, q$ 是两个不等于零的已知实数,且 $q \neq 1, 2n$ 个实数 $a_1, a_2, \cdots, a_{2n}$ 满足 $a_{2k} - a_{2k-1} = d$,这里 $k = 1, 2, \cdots, n, \dfrac{a_{2k+1}}{a_{2k}} = q$,这里 $k = 1, 2, \cdots, n-1$.

求证:(1) $\displaystyle\sum_{k=1}^{2n} a_k = \dfrac{1}{q-1}[2qa_{2n} - 2a_1 - nd(1+q)]$.

(2) $a_{2n} = a_1 q^{n-1} + d\left(\dfrac{1-q^n}{1-q}\right)$.

提示:(1) 先求证 $\displaystyle\sum_{k=1}^{2n} a_k = (1+q)\sum_{j=1}^{n} a_{2j} - qa_{2n} + a_1 = (1+q)\left(\sum_{k=1}^{n} a_{2k-1} + nd\right) - qa_{2n} + a_1$.

(2) 对 n 用数学归纳法.

11. 在 $\triangle ABC$ 中,求证:

$$4\cos^2 \dfrac{A}{2}\cos^2 \dfrac{B}{2}\cos^2 \dfrac{C}{2} = \left(\cos \dfrac{A}{2} + \cos \dfrac{B}{2} + \cos \dfrac{C}{2}\right)\left(\cos \dfrac{B}{2} + \cos \dfrac{C}{2} - \cos \dfrac{A}{2}\right)$$
$$\cdot \left(\cos \dfrac{C}{2} + \cos \dfrac{A}{2} - \cos \dfrac{B}{2}\right)\left(\cos \dfrac{A}{2} + \cos \dfrac{B}{2} - \cos \dfrac{C}{2}\right).$$

提示:先求证题目等式右端 $= 4\cos^2 \dfrac{B}{2}\cos^2 \dfrac{C}{2} - \left(\cos^2 \dfrac{B}{2} + \cos^2 \dfrac{C}{2} - \cos^2 \dfrac{A}{2}\right)^2$. 再求证

$\cos^2 \dfrac{B}{2} + \cos^2 \dfrac{C}{2} - \cos^2 \dfrac{A}{2} = 2\sin \dfrac{A}{2} \cos \dfrac{B}{2} \cos \dfrac{C}{2}$.

12. 设 a, b, c 是正整数,已知 $\dfrac{\sqrt{3}a + b}{\sqrt{3}b + c}$ 是一个有理数. 求证: $\dfrac{a^2 + b^2 + c^2}{a + b + c}$ 是一个整数.

提示:先求证: $b^2 = ac$.

13. 设 x, y, z 是实数,满足 $xy + yz + zx = 1$. 求证:

(1) $\left| \dfrac{x}{1 + x^2} + \dfrac{y}{1 + y^2} + \dfrac{z}{1 + z^2} \right| = \dfrac{2}{\sqrt{(1 + x^2)(1 + y^2)(1 + z^2)}}$.

(2) $\dfrac{x}{1 + x^2} + \dfrac{y}{1 + y^2} + \dfrac{z}{1 + z^2} = \dfrac{2}{x + y + z - xyz}$.

提示:先求证 $1 + x^2 = (x + y)(x + z)$ 等.

14. 求下述方程的实根 $\dfrac{(\sqrt{2x^2 - 2x + 12} - \sqrt{x^2 - 5})^3}{(5x^2 - 2x - 3)\sqrt{2x^2 - 2x + 12}} = \dfrac{2}{9}$.

提示:令 $u = \sqrt{2x^2 - 2x + 12}, v = \sqrt{x^2 - 5}$. 再令 $w = \dfrac{u}{v}$. 答案 $x = -3$ 和 $x = \dfrac{19}{7}$.

15. 设 a 是一个正整数,求非负整数解 x 的数目,满足 $\left[\dfrac{x}{a} \right] = \left[\dfrac{x}{a + 1} \right]$.

提示:写 $x = a(a + 1)q + r$,这里 q 是一个非负整数,r 是一个小于 $a(a + 1)$ 的非负整数. 求证 $q = 0$.

16. 设 a, b, c 是方程 $x^3 - 19x^2 + 26x - 2 = 0$ 的三个根. 求 $\dfrac{1}{a} + \dfrac{1}{b} + \dfrac{1}{c}$ 的值.

提示:利用 Vieta 定理. 答案是 13.

17. 设 3 个实数 a, b, c 满足 $a + b + c = 0$ 和 $abc = 4$,求 $a^3 + b^3 + c^3$.

提示:设 a, b, c 是方程 $x^3 + \alpha x - 4 = 0$ 的 3 个根,这里 α 是一个参数. 利用 Vieta 定理,答案是 12.

18. 求所有实数对 (x, y),满足下述方程 $20\sin x - 21\cos x = 81y^2 - 18y + 30$.

提示:先将方程改写为 $\dfrac{20}{29}\sin x - \dfrac{21}{29}\cos x = \dfrac{1}{29}(9y - 1)^2 + 1$.

19. 求方程 $\sqrt[4]{13 + x} + \sqrt[4]{4 - x} = 3$ 的所有实数解.

提示:令 $u = \sqrt[4]{13 + x}, v = \sqrt[4]{4 - x}$,先求出 uv. 答案是 $x = 3$ 和 $x = -12$.

20. 求所有实数 x,使得对任意正整数 $n, x^n + x^{-n}$ 都是整数.

提示:令 $a_0 = 2, a_n = x^n + x^{-n}$,这里 n 是任意正整数. 先求证 $a_{n+1} = a_n a_1 - a_{n-1}$. 再解方程 $x + x^{-1} = k$,这里 k 是一个整数.

21. 设两个函数 $f(x) = 3x - 1 + |2x + 1|, g(x) = \dfrac{1}{5}(3x + 5 - |2x + 5|)$,这里 x 都是任意实数. 求证: $g(f(x)) = f(g(x))$.

提示: $f(x) = \begin{cases} 5x, & \text{当 } x \geqslant -\dfrac{1}{2} \text{ 时} \\ x - 2, & \text{当 } x < -\dfrac{1}{2} \text{ 时} \end{cases}$ 以及 $g(x) = \begin{cases} \dfrac{1}{5}x, & \text{当 } x \geqslant -\dfrac{5}{2} \text{ 时} \\ x + 2, & \text{当 } x < -\dfrac{5}{2} \text{ 时} \end{cases}$.

22. 求实数 x,满足方程 $x\left(\sqrt{3 - 2x + \sqrt{5(1 - x^2)}} + \sqrt{\dfrac{3}{2}} \right) = \sqrt{\dfrac{2}{3}}$.

提示:先移项,再两端平方,化简后,令 $x = \cos\theta, \theta \in [0, \pi]$.

23. 设正整数 $n \geqslant 2$,求证: $\sum_{1 \leqslant i < j \leqslant n} \sin^2 \frac{1}{n}(j-i)\pi = \frac{n^2}{4}$.

提示:先求证: $\sum_{k=1}^{n}\left(\cos \frac{2k\pi}{n} + \mathrm{i}\sin \frac{2k\pi}{n}\right) = \sum_{k=1}^{n}\left(\cos \frac{2\pi}{n} + \mathrm{i}\sin \frac{2\pi}{n}\right)^k = 0$. 再求证
$$\sum_{1 \leqslant i,j \leqslant n} \cos \frac{2}{n}(j-i)\pi = 0$$

24. 求实数组 (x,y,z),满足
$$x^3 + x(y-z)^2 = 2, y^3 + y(z-x)^2 = 30, z^3 + z(x-y)^2 = 16$$
提示:先求证 $(x-y)xyz = y - 15x$ 等. 再求证 $2z = x+y, z = 2x$.

25. 解方程组 $x^3 + 3xy^2 = -49, x^2 - 8xy + y^2 = 8y - 17x$.

提示:先求证 $(x+1)(2x^2 + 49x - 49) = 24xy(x+1)$.

26. 设 x,y,z 是实数,满足方程 $x+y+z = 3$ 和 $xy+yz+zx = a$. 已知 x 的最大值减去 x 的最小值等于 8. 求 a 的值.

提示:将 x 当作参数,先求出 $y+z$ 和 yz,再利用不等式 $(y+z)^2 \geqslant 4yz$,答案 $a = -9$.

27. 设正整数 $n \geqslant 2$. 求证: 方程 $x^n + x^{-n} = 1 + x$ 在开区间 $\left(1, 1+\frac{1}{n}\right)$ 内有一个实根.

提示:令 $f(x) = (x^n + x^{-n}) - (1+x)$. 首先,对 n 用数学归纳法,求证: $f\left(1+\frac{1}{n}\right) > 0$. 再令 $g(x) = x^n f(x)$.

28. 设正整数 $n \geqslant 2, x_1, x_2, \cdots, x_n$ 都是整数,满足 $\sum_{k=1}^{n}|x_k| - \left|\sum_{k=1}^{n} x_k\right| = 2$,求证: $x_1, x_2, \cdots, x_n$ 中至少有一个是 1 或 -1.

提示:不妨设 $x_1, x_2, \cdots, x_s$ 是正整数, $x_{s+1}, x_{s+2}, \cdots, x_n$ 是零或负整数. 如果 $\sum_{j=1}^{n} x_j \geqslant 0$,求证: $\sum_{j=s+1}^{n} |x_j| = 1$,如果 $\sum_{j=1}^{n} x_j < 0$,求证: $\sum_{j=1}^{s} x_j = 1$.

29. 设 p, q, r, s 是已知实数,设方程 $x^4 - px^3 + qx^2 - rx + s = 0$ 的三个根是 $\tan A, \tan B, \tan C$,这里 A, B, C 是一个三角形的三个内角. 求方程的第四个根.

提示:设第四个根是 d,利用
$$x^4 - px^3 + qx^2 - rx + s = (x - \tan A)(x - \tan B)(x - \tan C)(x - d)$$

30. a, b, c, d 是实数,已知多项式 $f(x) = x^6 + ax^3 + bx^2 + cx + d$ 的根全部是实数,求 a, b, c, d.

提示:设 $f(x)$ 的 6 个实根是 $x_j(1 \leqslant j \leqslant 6)$,有 $\sum_{j=1}^{6} x_j = 0$,以及 $\sum_{1 \leqslant i<j \leqslant 6} x_i x_j = 0$.

31. 设 n 为正整数,求证:方程 $z^{n+1} - z^n - 1 = 0$ 有模长为 1 的复根的充要条件是 $n+2$ 可被 6 整除.

提示:设 z 是模长为 1 的复根,求证: $|z-1| = 0$.

32. 设 a, b, c 是方程 $x^3 - x^2 - x - 1 = 0$ 的三个根. 求证: 对于任意正整数 n, $\frac{a^n - b^n}{a-b} + \frac{b^n - c^n}{b-c} + \frac{c^n - a^n}{c-a}$ 是一个整数.

提示:将题目中的代数式记为 $f(n)$. 求证 $f(n+3) = f(n+2) + f(n+1) + f(n)$.

33. 正整数 $n \geqslant 2, z$ 是复数, $f(z) = 1 + \frac{z}{4} + \left(\frac{z}{4}\right)^2 + \cdots + \left(\frac{z}{4}\right)^n$,已知两个不同复数 z_1,

z_2 的模长都小于等于 1. 求证: $|f(z_1) - f(z_2)| > \frac{3}{25} |z_1 - z_2|$.

提示: 对正整数 k 用数学归纳法证明 $|z_1^k - z_2^k| \leqslant k |z_1 - z_2|$.

34. 正整数 n 是一个奇数,且不是 3 的整数倍. 求证: $4^n - (2+\sqrt{2})^n$ 的整数部分可被 112 整除.

提示: $(2-\sqrt{2})^n \in (0,1)$,以及 $(2+\sqrt{2})^n + (2-\sqrt{2})^n$ 是正整数.

35. 已知 $f(z)$ 和 $g(z)$ 都是 n 次复系数多项式. 求证: $f(z)$ 的全部根就是 $g(z)$ 的全部根的充要条件是对于任意非零复数 z, $|f(z)| - |g(z)|$ 始终大于等于零,或始终小于等于零.

提示: 必要性. 记 $f(z) = a(z-z_1)^{n_1}(z-z_2)^{n_2}\cdots(z-z_k)^{n_k}$, 这里 $n_1, n_2, \cdots, n_k$ 全是正整数, a 是非零复数, 则 $g(z) = b(z-z_1)^{n_1}(z-z_2)^{n_2}\cdots(z-z_k)^{n_k}$, b 也是非零复数, 估计 $|f(z)| - |g(z)|$. 充分性. 不妨设 $|f(z)| - |g(z)| \geqslant 0$, 这里 $z \neq 0$, 先求证设 z^* 是 $f(z)$ 的 m 重根, 则 z^* 是 $g(z)$ 至少 m 重根.

36. 已知实系数多项式 $f(x) = x^n + a_1 x^{n-1} + \cdots + a_{n-1} x + a_n$ 的全部根为实数 $b_1, b_2, \cdots, b_n$, 这里正整数 $n \geqslant 2$, 求证: 当实数 $x > \max(b_1, b_2, \cdots, b_n)$ 时,有

$$f(n+1) \geqslant \frac{2n^2}{\frac{1}{x-b_1} + \frac{1}{x-b_2} + \cdots + \frac{1}{x-b_n}}$$

提示: 先证明 $t > 0$ 时, $\frac{1}{2}n(n-1)t^2 - nt + 1 \geqslant 0$. $(1+t)^n \geqslant 2nt$. $f(x+1) = (x+1-b_1)(x+1-b_2)\cdots(x+1-b_n)$, 利用 $A_n \geqslant G_n$.

37. 设 a, b, c 是 3 个不同的实数, $f(x)$ 是一个实系数多项式, 已知 $f(x)$ 除以 $x-a$ 得余数 a, $f(x)$ 除以 $x-b$ 得余数 b, $f(x)$ 除以 $x-c$ 得余数 c, 求 $f(x)$ 除以 $(x-a)(x-b)(x-c)$ 所得的余式.

提示: 考虑 $f(x) - x$.

38. 设 x_1, x_2, x_3 是 $x^3 - 6x^2 + 3x + 1 = 0$ 的三个实根, 求 $x_1^2 x_2 + x_2^2 x_3 + x_3^2 x_1$ 的值.

提示: 展开 $(x_1 + x_2 + x_3)(x_1 x_2 + x_2 x_3 + x_3 x_1)$ 以及 $(x_1 + x_2 + x_3)^3$.

39. 设 $a_0 > a_1 > a_2 > \cdots > a_n > 0$. 求证: 实系数多项式 $f(x) = a_0 + a_1 x + a_2 x^2 + \cdots + a_n x^n$ 的根的模长必大于 1.

提示: 用反证法, 如果根 z 满足 $|z| \leqslant 1$, 求证: $|(1-z)f(z)| > 0$.

40. 已知 $f_1(x) = 1$, $f_2(x) = x$, 当正整数 $n \geqslant 3$ 时, $f_n(x) = x f_{n-1}(x) + f_{n-2}(x)$. 求证: 当 $n \geqslant 3$ 时, $(f_n(x))^2 \leqslant (x^2+1)^2 (x^2+2)^{n-3}$.

提示: 对 n 用数学归纳法.

41. 正整数 $n \geqslant 2$, 已知 $f(x) = x^n + a_{n-1} x^{n-1} + \cdots + a_1 x + 1$ 的所有系数 $a_i (1 \leqslant i \leqslant n-1)$ 都是非负实数, 且此多项式 n 个根全是实数. 求证: $f(2) \geqslant 3^n$.

提示: n 个根全为负数, n 个根乘积绝对值是 1. 利用根与系数关系, 求证:
$$a_k \geqslant C_n^k (1 \leqslant k \leqslant n-1)$$

42. 正整数 $n \geqslant 2$, 已知 $f(x) = x^n + a_1 x^{n-1} + \cdots + a_{n-1} x + a_n$ 有 n 个负实根. 求证:
$$a_{n-1} f(1) \geqslant \frac{n^{n+1}}{(n-1)^{n-1}} a_n$$

提示: 设 $f(x)$ 的 n 个负实根是 $-x_1, -x_2, \cdots, -x_n$. $f(1) = (1+x_1)(1+x_2)\cdots(1+x_n)$. $a_n = x_1 x_2 \cdots x_n$, $a_{n-1} = a_n \left(\frac{1}{x_1} + \frac{1}{x_2} + \cdots + \frac{1}{x_n} \right)$.

43. 设正整数 $n \geq 2$, M 是一个正实数, n 个复数 $z_1, z_2, \cdots, z_n$ 满足 $|z_j| = M$ 和 $\left|\sum_{k=1}^{n} z_k\right| = \left|\sum_{k=1}^{n} z_k - z_j\right|$, 这里 $j = 1, 2, \cdots, n$. 求证: $\left(\sum_{k=1}^{n} z_k\right)\left(\sum_{k=1}^{n} \frac{1}{z_k}\right) = \frac{n}{2}$.

提示: 令 $S = \sum_{k=1}^{n} z_k$, 先求证 $S\bar{S} = S\bar{S} - z_j\bar{S} - S\overline{z_j} + M^2$, 这里 $j = 1, 2, \cdots, n$.

44. 设复数 a_n 不等于零, $f(z) = \sum_{k=0}^{n} a_k z^k$ 是一个复系数多项式, 具复根 $z_1, z_2, \cdots, z_n$, 满足 $|z_k| < R$, 这里 R 是一个正实数, $k = 1, 2, \cdots, n$. 求证: $\sum_{k=1}^{n} \frac{1}{\sqrt{R^2 - |z_k|^2}} \geq \frac{2}{R^2}\left|\frac{a_{n-1}}{a_n}\right|$.

提示: 对于 $(0, R^2)$ 内实数 x, 先求证: $\frac{1}{\sqrt{R^2 - x}} \geq \frac{2}{R^2}\sqrt{x}$. 注意 $\sum_{k=1}^{n} z_k = -\frac{a_{n-1}}{a_n}$.

45. 设正整数 $n \geq 2$, $A = \{z_1, z_2, \cdots, z_n\}$ 是 n 个两两不同复数的集合, 满足下述条件: 对每个下标 $i \in \{1, 2, \cdots, n\}$, 有集合 $\{z_i z_1, z_i z_2, \cdots, z_i z_n\}$ 等于 A.

(1) 求证: 对每个下标 $i \in \{1, 2, \cdots, n\}$, $|z_i| = 1$;

(2) 当复数 $z \in A$ 时, 求证: $\bar{z} \in A$.

提示: (1) 利用集合 A 的两种表达式的全部元素乘积相等. (2) 利用集合 $\{zz_1, zz_2, \cdots, zz_n\} = A$, 必有一个下标 $i \in \{1, 2, \cdots, n\}$, 满足 $zz_i = z$.

46. 给定一个整系数多项式 $f(x)$, 它对应 3 个不同整数 a_1, a_2, a_3, 有 $f(a_i) = 2$, $i = 1, 2, 3$. 求证: 对于任何整数 n, $f(n) \neq 3$.

提示: 用反证法, 如果有整数 n, 使得 $f(n) = 3$, 利用 $n - a_i$ 整除 $f(n) - f(a_i)$, $i = 1, 2, 3$.

47. 给定整系数多项式 $f(x)$, 有 3 个不同整数 a_1, a_2, a_3, 满足 $f(a_1) = 1$, $f(a_2) = 2$, $f(a_3) = 3$. 求证: 至多存在一个整数 b, 满足 $f(b) = 5$.

提示: 用反证法, 如果有两个整数 $b_1 > b_2$, 满足 $f(b_1) = f(b_2) = 5$. 利用 $a_2 - a_1$ 整除 $f(a_2) - f(a_1)$, 有 $|a_2 - a_1| = 1$, 类似有 $|a_3 - a_2| = 1$. 求证: $|b_i - a_3| \in \{1, 2\}$, 而 $b_i - a_2$ 又整除 $f(b_i) - f(a_2)$, $i = 1, 2$.

48. 求一切整系数多项式 $f(x) = x^n + a_{n-1}x^{n-1} + a_{n-2}x^{n-2} + \cdots + a_1 x + a_0$ 满足以下两个条件:

(1) $a_{n-1}, a_{n-2}, \cdots, a_1, a_0 \in \{1, -1\}$;

(2) 所有根是实数.

提示: 求证 $n \leq 3$.

49. 已知 $f(x) = ax^4 + bx^3 + cx^2 + dx$, 这里 a, b, c, d 是正实数. 已知当 $x = -2, -1, 1, 2$ 时, $f(x)$ 都是整数, 且 $f(1) = 1$, $f(5) = 70$.

(1) 求 a, b, c, d;

(2) 求证: 对每个整数 x, $f(x)$ 是一个整数.

提示: 从整数 $f(1) + f(-1)$, $f(1) - f(-1)$, $f(2) + f(-2)$, $f(2) - f(-2)$ 着手, 再利用题目条件 $f(1)$ 和 $f(5)$ 的值.

50. 给定正整数 n, 求所有正实数 a, b, 使得 $x^2 + ax + b$ 是 x 的多项式 $ax^{2n} + b + (ax + b)^{2n}$ 的一个因式.

提示: 只须考虑 $x^2 + ax + b$ 有共轭复根 $w, \bar{w}$ 的情况. 求证: 当题目结论成立时, w^{2n} 也是 $x^2 + ax + b$ 的根.

51. (1) 求证: 多项式 $f(x) = x^4 + 26x^3 + 52x^2 + 78x + 1989$ 不能分解为两个次数都大于等

于 1 的整系数多项式的乘积.

(2) 求所有正整数 A,使得 $f(x) = x^4 + 26x^3 + 52x^2 + 78x + A$ 能分解为两个次数都大于等于 1 的整系数多项式的乘积.

提示:分两种情况 $f(x) = (x+a)(x^3+bx^2+cx+d)$ 与 $f(x) = (x^2+ax+b)(x^2+cx+d)$ 展开讨论.

52. $f(x,y)$ 是 x 与 y 的一个二元实系数多项式.

(1) 如果在单位圆周 $x^2+y^2 = 1$ 上有无限多个点 (x,y),使得 $f(x,y) = 0$,问在这单位圆周上任意一点处,是否总有 $f(x,y) = 0$?

(2) 如果在单位圆周上,$f(x,y) = 0$,问 x^2+y^2-1 是否为 $f(x,y)$ 的一个因式?

提示:(1) 在删除点 $(-1,0)$ 的单位圆周上,令 $x = \dfrac{1-t^2}{1+t^2}, y = \dfrac{2t}{1+t^2}$,这里 $-\infty < t < \infty$. 如果 $f(x,y)$ 的最高幂次是 d,考虑多项式 $(1+t^2)^d f\left(\dfrac{1-t^2}{1+t^2}, \dfrac{2t}{1+t^2}\right)$. (2) 视 y 为参数,记 $f(x,y) = (x^2+y^2-1)g(x,y) + r(x,y)$,这里 $r(x,y)$ 是 x,y 的一个多项式,x 的幂次小于 2,又记 $r(x,y) = f^*(y)x + g^*(y)$. 求证:$f^*(y), g^*(y)$ 恒等于零.

53. 求所有函数 $F: \mathbf{R} \to \mathbf{R}$,对所有实数 x,满足 $F(x) + xF(-x) = 1$.

提示:在题目方程中用 $-x$ 代替 x.

54. 对绝对值不等于 1 的任意实数 x,函数 $f(x)$ 满足 $f\left(\dfrac{x-3}{x+1}\right) + f\left(\dfrac{x+3}{1-x}\right) = x$,求 $f(x)$.

提示:令 $y = \dfrac{x+3}{1-x}$,先求证 $f(x) + f\left(\dfrac{x-3}{x+1}\right) = y$,再令 $z = \dfrac{x-3}{x+1}$,求证:$f\left(\dfrac{x+3}{1-x}\right) + f(x) = z$,答案 $f(x) = \dfrac{7x+x^3}{2(1-x^2)}$.

55. 求所有函数 $f: \mathbf{R} \to \mathbf{R}$,满足方程 $f(x-y) = f(x) + f(y) + xy$,这里 x 是任意实数,y 是集合 $\{f(x) \mid x \in \mathbf{R}\}$ 内任意元素.

提示:记 $a = f(0)$,先求证:$f(y) = \dfrac{1}{2}(a-y^2)$,这里 $y \in f(\mathbf{R})$.

56. $\mathbf{Z}$ 是由全体整数组成的集合,求所有函数 $f: \mathbf{Z} \to \mathbf{Z}$,对所有整数 m, n,满足
$$f(n^2) = f(n+m)f(n-m) + m^2.$$

提示:先取 $m = 0$,再取 $m = n, n = 2$,然后求证:$(f(n))^2 = f(n^2) = n^2$.

57. 求所有函数 $f: \mathbf{R} \to \mathbf{R}$,满足 $f(xf(x)+f(y)) = (f(x))^2 + y$,这里 x, y 是任意实数.

提示:求证 $f(f(y)) = y$,以及 $(f(z))^2 = z^2$,这里 y, z 都是任意实数.

58. 设 $\mathbf{Q}$ 是全体有理数组成的集合,$f: \mathbf{Q} \to \mathbf{R}$,满足下述方程 $f(x+y) = f(x) + f(y) + 2xy$,这里 x, y 是任意有理数,$f(1)$ 是一个已知正整数 a,求 f.

提示:先求证 $f(nz) = n(f(z)+(n-1)z^2)$,这里 z 是任意正有理数,n 是任意正整数. 再求出 $f\left(\dfrac{1}{n}\right)$. 答案 $f(x) = x(x+a-1)$.

59. 定义在闭区间 $[0,1]$ 上的函数 $f(x)$ 满足 $f(0) = f(1) = 0$,且对于 $[0,1]$ 内所有实数 x, y,有 $f\left(\dfrac{1}{2}(x+y)\right) \leqslant f(x) + f(y)$. 求证:方程 $f(x) = 0$ 在闭区间 $[0,1]$ 内有无限多个解.

提示:先求证 $f(x) \geqslant 0$. 令 $x_n = \left(\dfrac{1}{2}\right)^n$,这里 n 是任意正整数. 对 n 用数学归纳法.

60. 用 $\mathbf{N}$ 表示由全体非负整数组成的集合,求所有函数 $f: \mathbf{N} \to \mathbf{N}$,满足 $f(3m+2n) = f(m)f(n)$,这里 m, n 是任意非负整数.

提示:常值函数(即恒等于一个常数)0 和 1 都是解.设另外有一解 f,满足 $f(0) = 1$,对所有正整数 $k,f(k) = 0$,这个 f 也是解.由题目方程,有 $f(0) \in \{0,1\}$,记 $f(1) = a$,先求证 $f(5) = a^2$ 及 $f(25) = a^4$.

61. 求所有函数 $f:\mathbf{R} \to \mathbf{R}$,满足 $f(1) = 1$,以及对所有实数 x,y,有 $f(x+y) = 3^y f(x) + 2^x f(y)$.

提示:依次令 $y = 1, x = 1$,答案 $f(x) = 3^x - 2^x$.

62. 求所有函数对 $f:\mathbf{R} \to \mathbf{R}$ 和 $g:\mathbf{R} \to \mathbf{R}$,满足下述方程:对任意实数 x,y,有
$$f(x + g(y)) = xf(y) - yf(x) + g(x)$$

提示:f,g 都是零函数的解.假设 f 不是常值函数,先求证 $f(g(y)) = ay + b$,这里 $a = -f(0), b = g(0)$,再求证 $(g(x) - b)(f(y) + a) = (g(y) - b)(f(x) + a)$.有解 $f(x) = \frac{c}{c+1}(x - c)$,这里非零实常数 c 不等于 -1,$g(y) = c(y - c)$.

63. 设 n,k 是两个正整数,求所有单调递增函数 $f:\mathbf{R} \to \mathbf{R}$,满足 $f((k+1)x) - f(kx) = nx$,这里 x 是任意实数.

提示:先求证 $f(y) = \frac{n}{k+1}y + f\left(\frac{k}{k+1}y\right)$,再求证 $f(y) = ny\left(1 - \left(\frac{k}{k+1}\right)^m\right) + f\left(\left(\frac{k}{k+1}\right)^m y\right)$.记 $g(y) = \lim_{m \to \infty} f\left(\left(\frac{k}{k+1}\right)^m y\right)$.通过求极限,求证当 y 是任意正实数时,$g(y)$ 是一个常数,再考虑 $y < 0$ 情况,有解 $f(y) = \begin{cases} ny + a & \text{当 } y > 0 \text{ 时} \\ c & \text{当 } y = 0 \text{ 时} \\ ny + b & \text{当 } y < 0 \text{ 时} \end{cases}$,这里常数之间有关系式 $a \geq c \geq b$.

64. a 是一个固定实数,$f:\mathbf{R} \to \mathbf{R}$,满足 $f(0) = \frac{1}{2}$ 和 $f(x+y) = f(x)f(a-y) + f(y)f(a-x)$,这里 x,y 是任意实数.求所有满足上述条件的 f.

提示:先求证 $f(a) = \frac{1}{2}, f(y) = f(a-y)$.

65. 求所有函数 $f:\mathbf{R} \to \mathbf{R}$,使得对于所有不等于 0 和 1 的实数 x,满足
$$f(x) + f\left(\frac{x-1}{x}\right) = 1 + x$$

提示:令 $y = \frac{x-1}{x}$,先求证 $f\left(\frac{1}{1-y}\right) + f(y) = \frac{y-2}{y-1}$.再令 $y = \frac{z-1}{z}$.

66. 求所有实系数多项式 $f(x)$,使得 $f(0) = 0$,且对所有实数 $x, f(x^2 + 1) = (f(x))^2 + 1$.
提示:先求 $f(1), f(2), f(5), f(26)$ 等,然后求证 $f(x) - x$ 有无限多个根.

67. 求所有函数 $f:\mathbf{R} \to \mathbf{R}$,使得 $2f(x) + f(1-x) = x^2$,这里 x 是任意实数.
提示:将 x 换成 $1 - x$.

68. a, b, c 是已知实数,求所有函数 $f:\mathbf{R} \to \mathbf{R}$,满足 $af(x-1) + bf(1-x) = cx$,这里 x 是任意实数.

提示:用 x 代换题目方程中的 $x - 1$,再在题目方程中将 $x - 1$ 换成 $-x$.

69. a, b 是两个正整数,求所有函数 $f:\mathbf{N}^+ \to \mathbf{N}^+$,使得 $f(1) = a, f(n+1) = bf(n) + b - 1$.
提示:$f(n+1) + 1 = b(f(n) + 1)$.

70. 求所有满足 $xf(y) + yf(x) = (x+y)f(x)f(y)$ 的函数 $f:\mathbf{R} \to \mathbf{R}$,这里 x, y 是任意实数.
提示:先求 $f(1)$,再令 $y = 1$.

71. 函数 $f:\mathbf{R} \to \mathbf{R}$ 满足 $f(xy) = \frac{f(x) + f(y)}{x + y}$,这里 x, y 是满足 $x + y \neq 0$ 的任意实数,问是

否存在实数 x,使得 $f(x)$ 不等于零.

提示:先令 $y = 1$.

72. a,b,c,d 是四个正实数,求正整数集合 $\mathbf{N}^+$ 上的函数 f,使得 $f(1) = a, f(2) = b$,以及对于任意正整数 $n, cf(n + 2) = df(n)$.

提示:先求出 $f(2k + 1)(k \in \mathbf{N}^+)$ 与 $f(1)$ 的关系,再求出 $f(2k)(k \in \mathbf{N}^+)$ 与 $f(2)$ 的关系.

73. 求所有连续函数 $f:\mathbf{R} \to [0,\infty)$,满足 $f\left(\dfrac{1}{2}(x + y)\right) = \sqrt{f(x)f(y)}$,这里 x, y 是任意实数.

提示:先求证 $f(0)f\left(\dfrac{1}{2}(x + y)\right) = f\left(\dfrac{x}{2}\right) f\left(\dfrac{y}{2}\right)$,再设法利用 2.3 节例 18.

74. 求所有单调递增函数 $f:\mathbf{R} \to \mathbf{R}$,满足 $f(f(x) + y) = f(x + y) + f(0)$,这里 x, y 是任意实数.

提示:令 $y = -x$.

75. k 是一个正整数,$f:\mathbf{N}^+ \to \mathbf{N}^+$ 是单调递增函数,满足 $f(f(n)) = kn$. 求证:对于任意正整数 $n, \dfrac{2kn}{k + 1} \leqslant f(n) \leqslant \dfrac{1}{2}(k + 1)n$.

提示:先求证当正整数 b 大于正整数 a 时 $f(b) - f(a) \geqslant b - a$.

76. 设函数 $f:(0,\infty) \to (0,\infty)$ 满足 $f(xy) \leqslant f(x)f(y)$,这里 x, y 是任意正实数. 求证:对任意正实数 x,及任意正整数 n,有 $f(x^n) \leqslant f(x)(f(x^2))^{\frac{1}{2}}(f(x^3))^{\frac{1}{3}} \cdots (f(x^n))^{\frac{1}{n}}$.

提示: 将要证明的不等式右端记为 $F_n(x)$. 先求证 $(F_n(x))^n = f(x^n) \cdots f(x^3) f(x^2) f(x) F_{n-1}(x) \cdots F_2(x) F_1(x)$. 再对 n 利用数学归纳法.

77. 设函数 $f:[0,\infty) \to \mathbf{R}$,且满足以下条件:

(1) 对任何 $x \geqslant 0$ 及 $y \geqslant 0, f(x)f(y) \leqslant y^2 f\left(\dfrac{x}{2}\right) + x^2 f\left(\dfrac{y}{2}\right)$.

(2) 存在实常数 $M > 0$,当 $0 \leqslant x \leqslant 1$ 时,$|f(x)| \leqslant M$,求证:$f(x) \leqslant x^2$,这里 x 是任意非负实数.

提示:$f(0) = 0$. 用反证法,设有一个正实数 x_0,满足 $f(x_0) > x_0^2$. 对正整数 k 用数学归纳法求证 $f\left(\dfrac{x_0}{2^k}\right) > 2^{2^k - 2k - 1} x_0^2$,从而可以导出矛盾.

78. 设 f 是非负整数集上一个函数,满足 $f(0) = f(1) = 2$,和 $f(n + 1) = f(n) + \left[\dfrac{1}{2}f(n - 1)\right]$,这里 n 是任意正整数. 求证:对任意正整数 $n, [(\sqrt{3} - 1)(f(n) + 1)] = f(n - 1)$. 这里 $\left[\dfrac{1}{2}f(n - 1)\right]$ 表示不超过 $\dfrac{1}{2}f(n - 1)$ 的最大整数等.

提示:b 是一个正整数,取 $a = [(\sqrt{3} - 1)(b + 1)]$,和 $c = b + \left[\dfrac{a}{2}\right]$,先求证 $[(\sqrt{3} - 1)(c + 1)] = b$.

79. 设 $\mathbf{Q}^+$ 是由全体正有理数组成的集合,$\mathbf{R}^+$ 是由全体正实数组成的集合. 求所有函数 $f: \mathbf{Q}^+ \to \mathbf{R}^+$,满足 $f(x) + f(y) + 2xyf(xy) = \dfrac{f(xy)}{f(x + y)}$. 这里 x, y 是任意正有理数.

提示:先取 $x = y = 1$,再取 $x = y = 2$,接着求证 $f(1) = 1$,答案 $f(x) = \dfrac{1}{x^2}$.

80. 求所有函数 $f:\mathbf{R} \to \mathbf{R}$,对任意实数 x, y,满足
$$f(f(x) - y^2) = (f(x))^2 - 2f(x)y^2 + f(f(y))$$

提示:$f(x)$ 恒等于零是一个解. 对于其他解,先求证 $f(0) = 0, f(f(x)) = (f(x))^2$. 答案 $f(x) = x^2$.

第 3 章 数 论

数论是数学竞赛的一个重要内容.本章分不定方程、Fermat 小定理及其应用、素数的性质三部分内容向读者介绍约六十个例题.

3.1 不定方程

本节主要讲述不定方程.

例1 求方程 $\left[x\right]+\left[\dfrac{x}{2!}\right]+\left[\dfrac{x}{3!}\right]+\cdots+\left[\dfrac{x}{10!}\right]=1995$ 的所有正整数解 x,这里 $\left[\dfrac{x}{a!}\right]$($a=1$, $2,\cdots,10$)表示不超过 $\dfrac{x}{a!}$ 的最大整数.

解: 由于当 x 是正整数时,利用题目方程,有

$$1995 \geqslant [x] + \left[\dfrac{x}{2!}\right] + \left[\dfrac{x}{3!}\right] > x + \dfrac{1}{2}(x-1) + \left(\dfrac{x}{6}-1\right) = \dfrac{5}{3}x - \dfrac{3}{2} \tag{3.1.1}$$

利用上式,立即有正整数

$$x < 1198 \tag{3.1.2}$$

我们知道 $6!=720, 7!=5040$,于是,我们得到解 $x<7!$.每个小于 $7!$ 的正整数 x 均可表示为下述形式

$$x = a6! + b5! + c4! + d3! + e2! + f \tag{3.1.3}$$

这里 a,b,c,d,e,f 都是非负整数,且 $a\leqslant 6, b\leqslant 5, c\leqslant 4, d\leqslant 3, e\leqslant 2, f\leqslant 1$.由于

$$\left.\begin{array}{l} 1 < 2!,\quad e2! + f \leqslant 2\times 2! + 1 < 3! \\ d3! + e2! + f \leqslant 3\times 3! + 2\times 2! + 1 < 4! \\ c4! + d3! + e2! + f < 4\times 4! + 4! = 5! \\ b5! + c4! + d3! + e2! + f < 5\times 5! + 5! = 6! \end{array}\right\} \tag{3.1.4}$$

因此,一个小于 $7!$ 的正整数 x 对应唯一一组 (a,b,c,d,e,f) 满足公式(3.1.3).

利用公式(3.1.3)和(3.1.4),有

$$\left.\begin{array}{l} \left[\dfrac{x}{6!}\right] = a,\quad \left[\dfrac{x}{5!}\right] = 6a + b,\quad \left[\dfrac{x}{4!}\right] = 30a + 5b + c \\ \left[\dfrac{x}{3!}\right] = 120a + 20b + 4c + d,\quad \left[\dfrac{x}{2!}\right] = 360a + 60b + 12c + 3d + e \\ \left[x\right] = 720a + 120b + 24c + 6d + 2e + f \end{array}\right\} \tag{3.1.5}$$

利用 $x<7!$,公式(3.1.5)及题目方程,有

$$1237a + 206b + 41c + 10d + 3e + f = 1995 \tag{3.1.6}$$

由于

$$0 \leqslant 206b + 41c + 10d + 3e + f \leqslant 206\times 5 + 41\times 4 + 10\times 3 + 3\times 2 + 1 = 1231 \tag{3.1.7}$$

利用方程(3.1.6)和上式,有
$$a = 1 \tag{3.1.8}$$
代公式(3.1.8)入(3.1.6),有
$$206b + 41c + 10d + 3e + f = 758 \tag{3.1.9}$$
利用上式,以及
$$0 \leqslant 41c + 10d + 3e + f \leqslant 41 \times 4 + 10 \times 3 + 3 \times 2 + 1 = 201 \tag{3.1.10}$$
立即有
$$b = 3 \tag{3.1.11}$$
代(3.1.11)入(3.1.9),有
$$41c + 10d + 3e + f = 140 \tag{3.1.12}$$
完全类似上述运算方法,有解
$$c = 3, \quad d = 1, \quad e = 2, \quad f = 1 \tag{3.1.13}$$
利用公式(3.1.3),(3.1.8),(3.1.11)和(3.1.13),有
$$x = 1163 \tag{3.1.14}$$
上式给出了满足题目方程的唯一解.

例 2 求方程 $x^4 + y^4 = z^2$ 的所有整数组解 (x, y, z).

解:显然 $x = 0, y = 0, z = 0$ 是方程的一组整数解. $x = 0, y = m$ (m 是非零整数), $z = \pm m^2$; $x = n, y = 0, z = \pm n^2$ (n 是非零整数)也都是解.下面证明没有其他形式的整数组解了.用反证法,如果有其他形式的整数组解,则 $xy \neq 0$. 另外,如果 (x, y, z) 是满足方程的一组整数解,则 $(|x|, |y|, |z|)$ 也是满足方程的一组整数解.因此,我们只须考虑 x, y, z 都是正整数情况.我们知道许多正整数,不论是有限个,还是无限个,其中必有一个最小的正整数.因此,我们可设 (x, y, u) 是满足题目方程的所有正整数组解中 z 最小的一组正整数解.

这时候,满足题目方程的正整数解 (x, y, u) 里, x 与 y 必定互质(即互素).用反证法,如果 x, y 的最大公因数 $(x, y) > 1$,从题目方程可以知道,u 必是 $(x, y)^2$ 的整数倍,那么,可以看到
$$\left(\frac{x}{(x, y)}\right)^4 + \left(\frac{y}{(x, y)}\right)^4 = \left(\frac{u}{(x, y)^2}\right)^2 \tag{3.1.15}$$
从而 $\left(\frac{x}{(x, y)}, \frac{y}{(x, y)}, \frac{u}{(x, y)^2}\right)$ 也是满足题目方程的一组正整数解,但是,$\frac{u}{(x, y)^2} < u$,这与前面假设 u 最小矛盾.所以 x 与 y 互质,如果 x 与 y 都是奇数,由于当 k 是非负整数时,
$$(2k + 1)^2 = 4k(k + 1) + 1 \equiv 1 \pmod{4} \tag{3.1.16}$$
则 x^4 与 y^4 除以 4 都余 1, $x^4 + y^4$ 除以 4 余 2. 但是偶数平方是 4 的整数,奇数平方除以 4 余 1,不可能有 $x^4 + y^4$ 等于 u^2. 于是,x, y 必定一奇一偶.不妨设 x 为偶数,y 为奇数,则 u 为奇数.利用题目方程,有
$$\left(\frac{x^2}{2}\right)^2 = \frac{u + y^2}{2} \cdot \frac{u - y^2}{2} \tag{3.1.17}$$
$\frac{u + y^2}{2}, \frac{u - y^2}{2}$ 都是整数.由于 x, y 是互质的,则 y^2, u 必定互质,利用
$$u = \frac{u + y^2}{2} + \frac{u - y^2}{2}, \quad y^2 = \frac{u + y^2}{2} - \frac{u - y^2}{2} \tag{3.1.18}$$
可以知道正整数 $\frac{u + y^2}{2}$ 与 $\frac{u - y^2}{2}$ 必定互质.再利用公式(3.1.17),可以知道,这两个正整数都是完全平方数,即存在正整数 a, b, 使得
$$\frac{u + y^2}{2} = a^2, \quad \frac{u - y^2}{2} = b^2 \tag{3.1.19}$$

而且 a,b 是互质的,从上式,有
$$u = a^2 + b^2, \quad y^2 = a^2 - b^2 (a > b) \tag{3.1.20}$$

由于 u 是奇数,则 a,b 是一奇一偶.利用公式(3.1.17)和(3.1.19),有
$$x^2 = 2ab \tag{3.1.21}$$

如果 a 是偶数,a^2 是 4 的整数倍,b 为奇数,b^2 除以 4 余 1.利用公式(3.1.20)的第二个等式,有 y^2 除以 4 余 3,这显然不可能.因此,a 是奇数,b 是偶数.记 $b=2c(c\in\mathbf{N}^+$,在本章,$\mathbf{N}^+$ 表示由全体正整数组成的集合).利用公式(3.1.21),有
$$\left(\frac{x}{2}\right)^2 = ac \tag{3.1.22}$$

a,b 是互质的,则 a,c 也是互质的,再利用上式,有两个正整数 d 和 f,使得
$$a = d^2, \quad c = f^2 \tag{3.1.23}$$

d,f 当然是互质的,d 为奇数(由于 a 是奇数).利用公式(3.1.20)的第二个等式和上式,有
$$(2f^2)^2 + y^2 = (d^2)^2 \tag{3.1.24}$$

利用 $(2c, y^2) = (b, a^2 - b^2) = 1$(利用 a,b 互质),则
$$(2f^2, y) = (2c, y) = 1 \tag{3.1.25}$$

由于 y 是奇数,利用公式(3.1.24),则 d 也是奇数,从而可以看到
$$(f^2)^2 = \frac{d^2 + y}{2} \frac{d^2 - y}{2} \tag{3.1.26}$$

完全类似对公式(3.1.17)的讨论,有两个互质的正整数 l,m,使得
$$d^2 = l^2 + m^2, \quad y = l^2 - m^2 \tag{3.1.27}$$

代公式(3.1.27)入(3.1.26),有
$$f^2 = lm \tag{3.1.28}$$

由于 l,m 互质,则存在正整数 r,s,使得
$$l = r^2, \quad m = s^2 \tag{3.1.29}$$

将上式代入公式(3.1.27)的第一等式,有
$$r^4 + s^4 = d^2 \tag{3.1.30}$$

因此,$(x, y, z) = (r, s, d)$ 也是满足题目方程的一组正整数解.利用公式(3.1.20)的第一个等式,以及公式(3.1.23)的第一个等式,有
$$d < d^2 < u \tag{3.1.31}$$

正整数 d 比 u 更小,这与 u 的最小性矛盾.

例 3 求方程 $2x^4 + 1 = y^2$ 的所有整数组解.

解:明显地,$x=0, y=1$;$x=0, y=-1$ 是方程的两组整数解.如果 (x,y) 是解,则 $(|x|, |y|)$ 也是解.下面证明,所有整数组解只有上述两组.用反证法,如果题目方程有正整数组解,利用上例相同思想,假设 (x,y) 是原方程的所有正整数解中具最小正整数 y 的一组正整数解.从题目方程,可以知道 y 是奇数,则
$$y = 2s + 1 \tag{3.1.32}$$

上式代入题目方程,有
$$x^4 = 2s(s+1) \tag{3.1.33}$$

下面分情况讨论.

① 如果 s 是奇数,则 s 与 $2(s+1)$ 互质,有两个互质的正整数 u,v,使得
$$s = u^4, \quad 2(s+1) = v^4 \tag{3.1.34}$$

利用上式,有

$$2(u^4 + 1) = v^4 \qquad (3.1.35)$$

从而 v 必是偶数,则 u 必为奇数,利用 u^4 除以 8 余 1,则 $2(u^4+1)$ 除以 8 余 4,但 v^4 是 16 的倍数.矛盾.

② 如果 s 是偶数,则 $2s, s+1$ 互质,利用公式(3.1.33),有两个互质的正整数 u, v,使得
$$2s = u^4, \quad s + 1 = v^4 \qquad (3.1.36)$$

从而 u 必为偶数,$u = 2w, w \in \mathbf{N}^+$,$s$ 是偶数,则 v 是奇数,v^2 除以 4 余 1,因而,有一偶数 a,使得
$$v^2 = 2a + 1 \qquad (3.1.37)$$

利用上面叙述,有
$$2w^4 = \frac{1}{8} u^4 = \frac{1}{4}(v^4 - 1) = a(a+1) \qquad (3.1.38)$$

则存在正整数 b, c,使得
$$a = 2b^4 (\text{利用 } a \text{ 是偶数}), \quad a + 1 = c^4 \qquad (3.1.39)$$

从上式,有
$$2b^4 + 1 = (c^2)^2 \qquad (3.1.40)$$

因此,$x = b, y = c^2$ 也是题目方程的一组正整数解. 然而,$c^2 < c^4 = a+1$(由公式(3.1.39))$< 2a+1 = v^2$(利用公式(3.1.37))$< v^4 = s+1$(由公式(3.1.36))$< y$(利用公式(3.1.32))这与 y 的最小性假设矛盾.

例 4 求所有的非零整数对 (m, n),其中 $m < n$,满足方程 $\arctan \frac{4}{7} + \arctan \frac{1}{m} + \arctan \frac{1}{n} = \frac{\pi}{4}$.

解:利用公式
$$x + y = \arctan \frac{\tan x + \tan y}{1 - \tan x \tan y} \qquad (3.1.41)$$

这里 x, y 都是实数. 利用上式,有
$$\arctan \frac{1}{m} + \arctan \frac{1}{n} = \arctan \frac{n + m}{mn - 1} \qquad (3.1.42)$$

再利用公式(3.1.41),有
$$\arctan \frac{4}{7} + \arctan \frac{m + n}{mn - 1} = \arctan \frac{4(mn - 1) + 7(m + n)}{7(mn - 1) - 4(m + n)} \qquad (3.1.43)$$

利用上二式,以及题目方程,有
$$4(mn - 1) + 7(m + n) = 7(mn - 1) - 4(m + n) \qquad (3.1.44)$$

整理上式,有
$$3mn = 11(m + n) + 3 \qquad (3.1.45)$$

利用上式,立即有
$$m + n = 3u \qquad (3.1.46)$$

这里 u 是一个整数,代上式入公式(3.1.45),有
$$mn = 11u + 1 \qquad (3.1.47)$$

利用上二式,可以知道,两个不同的整数 m, n 是下述方程
$$y^2 - 3uy + (11u + 1) = 0 \qquad (3.1.48)$$

的两个根. 因此,上述方程的判别式必是 v^2,这里 v 是一个正整数. 因而,有
$$v^2 = 9u^2 - 4(11u + 1) \qquad (3.1.49)$$

整理上式,有

$$9u^2 - 44u - (4 + v^2) = 0 \tag{3.1.50}$$

将 u 视作一个变元,上式是关于 u 的一个一元二次方程.由于已有一个整数根,则其判别式是 w^2,这里 w 是一个非负整数.从而有

$$w^2 = 44^2 + 36(4 + v^2) \tag{3.1.51}$$

上式右端是 4 的倍数,则

$$w = 2w^* \tag{3.1.52}$$

这里 w^* 是一个正整数,代上式入公式(3.1.51),化简后,可以看到

$$(w^* - 3v)(w^* + 3v) = 2^3 \times 5 \times 13 \tag{3.1.53}$$

由于上式,有 $w^* > 3v$,又由于

$$(w^* + 3v) - (w^* - 3v) = 6v \tag{3.1.54}$$

则 $w^* - 3v$ 与 $w^* + 3v$ 是两个同奇偶的正整数.由于公式(3.1.53)的右端是偶数,则 $w^* - 3v$ 与 $w^* + 3v$ 都应是偶数.利用公式(3.1.53),有下述几种可能性:

$$\begin{aligned}&① \begin{cases} w^* - 3v = 2 \\ w^* + 3v = 2^2 \times 5 \times 13 \end{cases}; \quad ② \begin{cases} w^* - 3v = 2 \times 5 \\ w^* + 3v = 2^2 \times 13 \end{cases}; \\ &③ \begin{cases} w^* - 3v = 2^2 \times 5 \\ w^* + 3v = 2 \times 13 \end{cases}; \quad ④ \begin{cases} w^* - 3v = 2^2 \\ w^* + 3v = 2 \times 5 \times 13 \end{cases}\end{aligned} \tag{3.1.55}$$

在情况①,有

$$v = 43, \quad w^* = 131 \tag{3.1.56}$$

代上式的第一式入公式(3.1.50),有整数

$$u = 17 \tag{3.1.57}$$

代上式入公式(3.1.48),有

$$y^2 - 51y + 188 = 0 \tag{3.1.58}$$

m, n 是上述方程的两个正整数根,且 $m < n$,有

$$m = 4, \quad n = 47 \tag{3.1.59}$$

在情况②,有

$$v = 7, \quad w^* = 31 \tag{3.1.60}$$

代上式的第一个等式入公式(3.1.50),有整数

$$u = -1 \tag{3.1.61}$$

代上式入公式(3.1.48),有

$$y^2 + 3y - 10 = 0 \tag{3.1.62}$$

有解

$$m = -5, \quad n = 2 \tag{3.1.63}$$

在情况③,有

$$v = 1, \quad w^* = 23 \tag{3.1.64}$$

代上式的第一个等式入公式(3.1.50),有整数

$$u = 5 \tag{3.1.65}$$

代上式入公式(3.1.48),有

$$y^2 - 15y + 56 = 0 \tag{3.1.66}$$

有解

$$m = 7, \quad n = 8 \tag{3.1.67}$$

在情况④,有

$$v = 21, \quad w^* = 67 \tag{3.1.68}$$

代上式的第一式入公式(3.1.50),有整数
$$u = -5 \tag{3.1.69}$$
代上式入公式(3.1.48),有
$$y^2 + 15y - 54 = 0 \tag{3.1.70}$$
有解
$$m = -18, \quad n = 3 \tag{3.1.71}$$
综述之,本题有四组解
$$(m,n)(m<n) = (4,47),(-5,2),(7,8),(-18,3) \tag{3.1.72}$$
注:这是我根据 2008 年美国数学邀请赛的一题改编而成. 原题如下: 求正整数 n, 满足 $\arctan \frac{1}{3} + \arctan \frac{1}{4} + \arctan \frac{1}{5} + \arctan \frac{1}{n} = \frac{\pi}{4}$.

例 5 求所有的整数组 (x,y,n) 满足方程
$$x^n + y^n = 2\,000$$

解: 对 n 分情况讨论:

① 当 $n=1$ 时,令
$$x = a, \quad y = 2\,000 - a \tag{3.1.73}$$
这里 a 是任意整数,是满足题目方程的整数组解.

② 当 $n=2$ 时,利用题目方程,有
$$x^2 + y^2 = 2\,000 \tag{3.1.74}$$
由于奇数平方除以 4 余 1, 则满足上式的 x,y 都应是偶数. 记
$$x = 2x_1, \quad y = 2y_1 \tag{3.1.75}$$
这里 x_1, y_1 都是整数, 利用公式(3.1.74)和(3.1.75), 有
$$x_1^2 + y_1^2 = 500 \tag{3.1.76}$$
由于 500 是 4 的倍数, 完全类似地, 有
$$x_1 = 2x_2, \quad y_1 = 2y_2 \tag{3.1.77}$$
这里 x_2, y_2 都是整数. 利用上二式, 有
$$x_2^2 + y_2^2 = 125 \tag{3.1.78}$$
x_2, y_2 的绝对值都小于等于 11. 满足上式的全部有序整数组解是
$$(x_2, y_2) = (2,11),(11,2),(-2,11),(11,-2),(2,-11),(-11,2),(-2,-11),(-11,-2),$$
$$(5,10),(10,5),(-5,10),(10,-5),(5,-10),(-10,5),(-10,-5),(-5,-10) \tag{3.1.79}$$

因而当 $n=2$ 时, 再利用公式(3.1.75)和(3.1.77), 相应的全部有序整数组解是
$$(x,y) = (8,44),(44,8),(-8,44),(44,-8),(8,-44),(-44,8),(-8,-44),(-44,-8),$$
$$(20,40),(40,20),(-20,40),(40,-20),(20,-40),(-40,20),(-40,-20),(-20,-40) \tag{3.1.80}$$
一共 16 组.

③ 当 $n = 2k$ 时, 这里正整数 $k \geq 2$, 令
$$x^* = x^k, \quad y^* = y^k \tag{3.1.81}$$
利用上式及题目方程, 有
$$x^{*2} + y^{*2} = 2\,000 \tag{3.1.82}$$
x^*, y^* 为公式(3.1.80)给出的解. 但 40 和 44 都不是任一正整数的 k 次方($k \geq 2$). 因而在这种情况, 题目方程无整数组解.

④ 当 $n=3$ 时,先考虑方程
$$x^3 + y^3 = 2\,000 \tag{3.1.83}$$
的正整数组解. 由于
$$\left.\begin{array}{l} 1^3 = 1, \quad 2^3 = 8, \quad 3^3 = 27, \quad 4^4 = 64, \quad 5^3 = 125, \quad 6^3 = 216, \quad 7^3 = 343 \\ 8^3 = 512, \quad 9^3 = 729, \quad 10^3 = 1\,000, \quad 11^3 = 1\,331, \quad 12^3 = 1\,728, \quad 13^3 = 2\,197 \end{array}\right\} \tag{3.1.84}$$
于是,满足方程(3.1.83)的正整数组解只有
$$x = 10, \quad y = 10 \tag{3.1.85}$$
⑤ 当 $n=2k+1$ 时,这里正整数 $k \geqslant 2$,考虑方程
$$x^{2k+1} + y^{2k+1} = 2\,000 \tag{3.1.86}$$
的正整数组解. 由于
$$1^5 = 1, \quad 2^5 = 32, \quad 3^5 = 243, \quad 4^5 = 1\,024, \quad 5^5 = 3\,125 \tag{3.1.87}$$
于是,无正整数组解满足 $x^5 + y^5 = 2\,000$. 当正整数 $k \geqslant 3$ 时,$n \geqslant 7$,由于
$$1^{2k+1} = 1, \quad 2^{2k+1} \geqslant 2^7 = 128, \quad 3^{2k+1} \geqslant 3^7 = 2\,187 \tag{3.1.88}$$
所以,当 $n=2k+1$ 时,这里正整数 $k \geqslant 2$,无正整数解满足方程(3.1.86).

⑥ 当 $n=2k+1$ 时,这里 k 是一个正整数,考虑 x,y 一正、一负情况(x,y 中不可能有一个是零,因为 2 000 不是一个整数的奇次方(至少 3 次,参考公式(3.1.84),公式(3.1.87)和(3.1.88)). 不妨设 $y<0$,令
$$z = -y, \quad 2\,000 = 2^4 \times 5^3 \tag{3.1.89}$$
这里 z 是一个正整数,利用上式及题目方程,有
$$2^4 \times 5^3 = x^{2k+1} - z^{2k+1} = (x-z)(x^{2k} + x^{2k-1}z + \cdots + xz^{2k-1} + z^{2k}) \tag{3.1.90}$$

由于 x,z 都是正整数,可以知道 $x>z$. 利用公式(3.1.90)可以知道 x,z 必同奇偶. 如果 x,z 都是奇数,公式(3.1.90)的右端第二大项是奇数个奇数之和,必为奇数. 于是,有 $x-z$ 必是 16 的倍数,从而 $x \geqslant 17$,于是 $x^{2k} \geqslant 17^2 > 125$. 公式(3.1.90)的右端大于左端,矛盾. 于是,x,z 必都是偶数,记
$$x = 2x^*, \quad z = 2z^* \tag{3.1.91}$$
这里 x^*, z^* 都是正整数. 利用上式和公式(3.1.90),有
$$x^{*2k+1} - z^{*2k+1} = \frac{2^4 \times 5^3}{2^{2k+1}} \tag{3.1.92}$$

由于上式左端是一个整数,则右端也必是整数. 因而,有
$$k = 1 \tag{3.1.93}$$

利用公式(3.1.92)和(3.1.93),有
$$x^{*3} - z^{*3} = 250 \tag{3.1.94}$$
从上式,有
$$(x^* - z^*)(x^{*2} + x^*z^* + z^{*2}) = 2 \times 5^3 \tag{3.1.95}$$

如果 x^*, z^* 是一奇一偶,上式左端是一个奇数,这不可能. 如果 x^*, z^* 都是偶数,上式左端是 8 的整数倍,这也不可能. 因此,x^*, z^* 都是奇数. 利用
$$x^* - z^* (\text{偶数}) < x^{*2} + x^*z^* + z^{*2} (\text{奇数}) \tag{3.1.96}$$
以及公式(3.1.95)只有下述两种情况:
$$\begin{cases} x^* - z^* = 2 \\ x^{*2} + x^*z^* + z^{*2} = 125 \end{cases} \text{或者} \begin{cases} x^* - z^* = 10 \\ x^{*2} + x^*z^* + z^{*2} = 25 \end{cases} \tag{3.1.97}$$
上式后一种情况,利用第一个等式,有 $x^* > 10$,不可能满足第二个等式. 下面考虑前一种情

况,有
$$x^* = z^* + 2, \quad 125 = (z^* + 2)^2 + (z^* + 2)z^* + z^{*2} \tag{3.1.98}$$
整理上式第二个等式,有
$$3z^{*2} + 6z^* - 121 = 0 \tag{3.1.99}$$
上式前二项都是3的倍数,而121不是3的倍数,则公式(3.1.99)无正整数解 z^*.

因而满足方程的全部整数组解就是由公式(3.1.73)($n=1$),公式(3.1.80)($n=2$),公式(3.1.85)($n=3$)给出的.

注:这是我自编的一个题目.

例6 求方程 $8x^4 + 1 = y^2$ 的所有整数组解.

解:显然,有序整数组
$$(x,y) = (0,1),(0,-1),(1,3),(-1,3),(1,-3),(-1,-3) \tag{3.1.100}$$
是满足题目方程的六组整数解. 如果我们能证明本题无其他正整数组解,则本题所有整数组解仅此六组. 用反证法,如果本题有其他正整数组解 (x,y),这里 $x \geq 2, y > 11$,明显地,y 是奇数. 记 $y = 2s + 1$,这里正整数 $s > 5$. 再利用题目方程,有
$$2x^4 = s(s+1) \tag{3.1.101}$$
下面对 s 分情况讨论.

① 如果 s 是偶数,利用 $(s, s+1) = 1$,知道存在正整数 u, v,使得
$$s = 2u^4, \quad s + 1 = v^4 \tag{3.1.102}$$
利用上式,有
$$2u^4 + 1 = v^4 \tag{3.1.103}$$
利用例3的结论,有 $u = 0$. 矛盾.

② 如果 s 是奇数,则 $s \geq 7$,$s+1$ 是偶数,利用 $s, s+1$ 互质,以及公式(3.1.101),有互质的正整数 u, v,满足
$$s = u^4, \quad s + 1 = 2v^4 \tag{3.1.104}$$
由于 s 是奇数,则 u 是奇数,$u \geq 3$,u^4 除以4余1,则 $s+1 = u^4 + 1$ 除以4余2,利用公式(3.1.104)的第二式,v 也是奇数. 公式(3.1.104)的第二个等式两端平方,再利用第一个等式,有
$$(u^4 + 1)^2 = 4v^8 \tag{3.1.105}$$
从上式,可以看到
$$(u^4 - 1)^2 = 4(v^8 - u^4) \tag{3.1.106}$$
利用上式,有
$$\left[\frac{1}{4}(u^4 - 1)\right]^2 = \frac{v^4 + u^2}{2} \cdot \frac{v^4 - u^2}{2} \tag{3.1.107}$$
由于 u, v 是互质的两个奇数,则 u^2, v^4 也是互质的两个奇数,从而可以知道 $\frac{v^4 + u^2}{2}$,$\frac{v^4 - u^2}{2}$ 必是互质的正整数. 利用公式(3.1.107),有正整数 x^* 和正整数 y^*,使得
$$\frac{v^4 + u^2}{2} = x^{*2}, \quad \frac{v^4 - u^2}{2} = y^{*2} \tag{3.1.108}$$
利用上式,可以看到
$$\left.\begin{array}{l}(v^2 - u)^2 + (v^2 + u)^2 = 2(v^4 + u^2) = (2x^*)^2 \\ \dfrac{1}{2}(v^2 - u)(v^2 + u) = y^{*2}\end{array}\right\} \tag{3.1.109}$$
记

$$\bar{x} = v^2 - u, \quad \bar{y} = v^2 + u \tag{3.1.110}$$

利用公式(3.1.109)和(3.1.110),可以知道 $\bar{x}, \bar{y}$ 都是正整数,由于 u, v 都是奇数,则 $\bar{x}, \bar{y}$ 都是偶数,满足

$$\bar{x}^2 + \bar{y}^2 = (2x^*)^2, \quad \frac{1}{2}\bar{x}\bar{y} = y^{*2} \tag{3.1.111}$$

下面我们要证明不存在正整数 $\bar{x}, \bar{y}$,使得 $\bar{x}^2 + \bar{y}^2$ 和 $\frac{1}{2}\bar{x}\bar{y}$ 都是完全平方数.如果是这样,公式(3.1.111)是不可能成立的.那么问题解决了.

用反证法,假设存在正整数 $\bar{x}, \bar{y}$,使得 $\bar{x}^2 + \bar{y}^2$ 及 $\frac{1}{2}\bar{x}\bar{y}$ 都是完全平方数.记 $\bar{x}, \bar{y}$ 是满足这个性质的所有正整数组中,$\bar{x}\bar{y}$ 最小的一组.因为 $\bar{x}\bar{y}$ 最小,则 $(\bar{x}, \bar{y}) = 1$,如果 $(\bar{x}, \bar{y}) > 1$,则正整数组 $\left(\frac{\bar{x}}{(\bar{x}, \bar{y})}, \frac{\bar{y}}{(\bar{x}, \bar{y})}\right)$ 仍然满足这个性质.且 $\frac{\bar{x}}{(\bar{x}, \bar{y})} \frac{\bar{y}}{(\bar{x}, \bar{y})} < \bar{x}\bar{y}$,这与 $\bar{x}\bar{y}$ 是最小的假设矛盾.由于 $\bar{x}, \bar{y}$ 互质,且 $\bar{x}^2 + \bar{y}^2$ 是一个完全平方数,类似例2的证明,可以知道 $\bar{x}, \bar{y}$ 必定一奇一偶.不妨设 $\bar{x}$ 是偶数,$\bar{y}$ 是奇数.类似例2对公式(3.1.17)的讨论,有

$$\bar{x}^2 + \bar{y}^2 = m^2, \quad \frac{1}{2}\bar{x}\bar{y} = n^2 \tag{3.1.112}$$

这里 m, n 都是正整数,我们有

$$\bar{x} = 2ab, \quad \bar{y} = a^2 - b^2, \quad m = a^2 + b^2, \quad n^2 = ab(a^2 - b^2) \tag{3.1.113}$$

这里 a, b 是一奇一偶,且 a, b 是互质的.于是 $a+b, a-b, a, b$ 四个正整数两两互质.利用公式(3.1.113)的最后一个等式,可以知道存在四个正整数 r, s, t, w,满足

$$a = r^2, \quad b = s^2, \quad a - b = t^2, \quad a + b = w^2 \tag{3.1.114}$$

t, w 是互质的,由于 a, b 是一奇一偶的,则 t, w 都是奇数,$w > t$,令

$$\tilde{x} = \frac{1}{2}(t + w), \quad \tilde{y} = \frac{1}{2}(w - t) \tag{3.1.115}$$

则

$$\tilde{x} + \tilde{y} = w \tag{3.1.116}$$

由于 w 是奇数,则正整数 $\tilde{x}, \tilde{y}$ 必定一奇一偶.由于 t, w 是互质的,则 $\tilde{x}, \tilde{y}$ 也是互质的.利用公式(3.1.114)和(3.1.115),有

$$\tilde{x}^2 + \tilde{y}^2 = \frac{1}{2}(t^2 + w^2) = a = r^2 \tag{3.1.117}$$

$$\frac{1}{2}\tilde{x}\tilde{y} = \frac{1}{8}(w^2 - t^2) = \frac{1}{4}b = \left(\frac{1}{2}s\right)^2 \tag{3.1.118}$$

由于 $\tilde{x}, \tilde{y}$ 是一奇一偶,则上式左端是一个正整数,则 s 必是偶数.利用公式(3.1.117)和(3.1.118)可以知道 $\tilde{x}^2 + \tilde{y}^2, \frac{1}{2}\tilde{x}\tilde{y}$ 都是完全平方数.但是,可以看到

$$\frac{1}{2}\tilde{x}\tilde{y} = \left(\frac{1}{2}s\right)^2 (利用公式(3.1.118)) < s^2 = b (利用公式(3.1.114))$$

$$< ab(a^2 - b^2) = n^2 (利用公式(3.1.113)) = \frac{1}{2}\bar{x}\bar{y} (利用公式(3.1.112))$$

$$\tag{3.1.119}$$

于是 $\tilde{x}\tilde{y} < \bar{x}\bar{y}$,与 $\bar{x}\bar{y}$ 的最小性假设矛盾.

例7 求方程 $x(x+1)(2x+1) = 6y^2$ 的所有正整数组解 (x, y),使得 x 是偶数.

解:由于 x 是偶数,则 $x + 1$ 是奇数,容易明白三个正整数 $x, x+1, 2x+1$ 是两两互质的.下

面先证明偶数 x 必是 3 的倍数. 如果 $x+1$ 是 3 的整数倍,则奇数 $2x+1$ 不是 3 的整数倍,利用题目方程及上面叙述,可以知道 $2x+1$ 必是完全平方数,由于

$$(3k+1)^2 \equiv 1(\bmod 3), \quad (3k+2)^2 \equiv 1(\bmod 3), \tag{3.1.120}$$

这里 k 是非负整数,则 $2x+1$ 除以 3 必余 1,从而 x 必是 3 的整数倍,与 $x+1$ 是 3 的整数倍矛盾. 如果 $2x+1$ 是 3 的倍数,则 $x+1$(奇数)不是 3 的整数倍,再由题目方程,这时候 $x+1$ 必是一个完全平方数. 类似地,利用公式(3.1.120), $x+1$ 除以 3 必余 1, x 是 3 的整数倍,这与 $2x+1$ 是 3 的整数倍矛盾. 从上面叙述,可以知道偶数 x 是 3 的倍数, x 必是 6 的整数倍. 于是, 存在正整数 p,q,r,满足

$$x = 6q^2, \quad x+1 = p^2, \quad 2x+1 = r^2 \tag{3.1.121}$$

利用上式,我们有

$$6q^2 = r^2 - p^2 = (r-p)(r+p) \tag{3.1.122}$$

由于 x 是偶数,则 p,r 都是奇数,上式右端是 4 的整数倍,则 $q = 2q^*$,这里 q^* 是一个正整数. 再利用公式(3.1.122),有

$$6q^{*2} = \frac{r-p}{2} \frac{r+p}{2} \tag{3.1.123}$$

利用公式(3.1.121)知道 p,r 是互质的,于是 $\frac{r-p}{2}$ 与 $\frac{r+p}{2}$ 是互质的. 对于 $\frac{r-p}{2}$ 与 $\frac{r+p}{2}$ 的取值,利用公式(3.1.123)分情况讨论:

① $\frac{r-p}{2}, \frac{r+p}{2}$ 中有一个是 $6A^2$,另一个是 B^2,这里 A, B 都是正整数,利用

$$p = \frac{r+p}{2} - \frac{r-p}{2} \tag{3.1.124}$$

可以得到

$$p = 6A^2 - B^2, \quad \text{或 } p = -(6A^2 - B^2) \tag{3.1.125}$$

再利用公式(3.1.123),有

$$q^* = AB \tag{3.1.126}$$

利用公式(3.1.121),有

$$p^2 = 6q^2 + 1 \tag{3.1.127}$$

于是,可以得到

$$\begin{aligned}(6A^2 - B^2)^2 &= p^2(\text{利用公式}(3.1.125)) = 24q^{*2} + 1(\text{利用公式}(3.1.127) \text{ 和 } q = 2q^*) \\ &= 24A^2B^2 + 1(\text{利用公式}(3.1.126))\end{aligned} \tag{3.1.128}$$

利用上式,可以看到

$$(6A^2 - 3B^2)^2 = 8B^4 + 1 \tag{3.1.129}$$

利用上例的结果,有

$$B = 1, \quad A = 1 \tag{3.1.130}$$

利用上式,以及公式(3.1.126)和(3.1.121),有

$$q^* = 1, \quad q = 2, \quad x = 24 \tag{3.1.131}$$

② $\frac{r-p}{2}, \frac{r+p}{2}$ 中有一个是 $3A^2$,另一个是 $2B^2$,这里 A, B 都是正整数,再利用公式(3.1.124),有

$$p = 3A^2 - 2B^2, \quad \text{或 } p = 2B^2 - 3A^2 \tag{3.1.132}$$

这时,公式(3.1.126)和(3.1.127)仍然成立. 类似公式(3.1.128),有

$$(3A^2 - 2B^2)^2 = p^2(\text{利用公式}(3.1.132)) = 24A^2B^2 + 1 \tag{3.1.133}$$

利用上式,有
$$2(2B)^4 + 1 = (3A^2 - 6B^2)^2 \tag{3.1.134}$$
利用例3的结论,知道没有正整数对(A,B)满足上式.综上所述,满足题目要求的偶数x是唯一的,所求的正整数组解是
$$x = 24, \quad y = 70 \tag{3.1.135}$$

例8 求方程$x^n + 2^{n+1} = y^{n+1}$的所有正整数组解(x,y,n),满足以下两个条件:

(1) x是奇数;

(2) x与$n+1$是互质的.

解: 当$n = 1$时,取
$$y = t(\text{正整数 } t \geqslant 3), \quad x = t^2 - 4 \tag{3.1.136}$$
是满足题目要求的正整数组解.

下面考虑$n \geqslant 2$情况.由题目方程,有
$$x^n = (y-2)(y^n + 2y^{n-1} + 2^2 y^{n-2} + \cdots + 2^{n-1}y + 2^n) \tag{3.1.137}$$
由于x是奇数,则$y-2$的任一质因子p必是奇数.又利用x与$n+1$互质,有$(x,(n+1)2^n) = 1$,那么p不是$(n+1)2^n$的因数,而
$$y^n + 2y^{n-1} + 2^2 y^{n-2} + \cdots + 2^{n-1}y + 2^n$$
$$= [(y-2) + 2]^n + 2[(y-2) + 2]^{n-1} + 2^2[(y-2) + 2]^{n-2} + \cdots + 2^{n-1}[(y-2) + 2] + 2^n$$
$$\equiv (n+1)2^n \pmod{y-2} \tag{3.1.138}$$
从上式,我们知道p不是公式(3.1.137)的右端第二大项的因数.那么,公式(3.1.137)的右端两大项是互质的.因此,存在正整数A,使得
$$y^n + 2y^{n-1} + 2^2 y^{n-2} + \cdots + 2^{n-1}y + 2^n = A^n \tag{3.1.139}$$
由于公式(3.1.137),则正整数$y \geqslant 3$,现在$n \geqslant 2$,很容易看到
$$y^n < y^n + 2y^{n-1} + 2^2 y^{n-2} + \cdots + 2^{n-1}y + 2^n < (y+2)^n \tag{3.1.140}$$
利用公式(3.1.139)和上式,必有
$$A = y + 1 \tag{3.1.141}$$
当y是偶数时,公式(3.1.139)的左端是偶数,但$y+1$是奇数,矛盾.当y是奇数时,公式(3.1.139)的左端是奇数,但$y+1$是偶数,又矛盾.

综上所述,当正整数$n \geqslant 2$时,无满足题目条件的解.公式(3.1.136)给出了满足题目条件的全部解$(n = 1)$.

注:本题是自编的,曾作为1993年国家数学集训队的测验题.

例9 求证:有无限多个正整数a,使得对每一个固定的a,方程$[x^{\frac{3}{2}}] + [y^{\frac{3}{2}}] = a$至少有2 015对正整数解$(x,y)$,这里$[x^{\frac{3}{2}}]$,$[y^{\frac{3}{2}}]$分别表示不超过$x^{\frac{3}{2}}$,$y^{\frac{3}{2}}$的最大整数.

解: $x^{\frac{3}{2}}$,$y^{\frac{3}{2}}$的$\frac{3}{2}$次方是个麻烦事,要想办法将它们化为容易处理的项.

我们首先证明,对于正整数n,当$n \geqslant 6k^2$时$(k \in \mathbf{N}^+)$,有
$$n^3 + 6kn < (n^2 + 4k)^{\frac{3}{2}} < n^3 + 6kn + 1 \tag{3.1.142}$$
$$8n^3 + 6kn < (4n^2 + 2k)^{\frac{3}{2}} < 8n^3 + 6kn + 1 \tag{3.1.143}$$
容易看到
$$(n^2 + 4k)^3 - (n^3 + 6kn)^2 = (n^6 + 12n^4 k + 48n^2 k^2 + 64k^3) - (n^6 + 12n^4 k + 36k^2 n^2)$$
$$= 12n^2 k^2 + 64k^3 > 0 \tag{3.1.144}$$
和

$$(n^3 + 6kn + 1)^2 - (n^2 + 4k)^3$$
$$= (n^6 + 36k^2n^2 + 1 + 12n^4k + 2n^3 + 12kn) - (n^6 + 12n^4k + 48n^2k^2 + 64k^3)$$
$$= 2n^2(n - 6k^2) + 12k(n - 6k^2) + 8k^3 + 1 > 0 \tag{3.1.145}$$

从而不等式(3.1.142)成立.

另外,容易看到
$$(4n^2 + 2k)^3 - (8n^3 + 6kn)^2 = (64n^6 + 96n^4k + 48n^2k^2 + 8k^3) - (64n^6 + 96n^4k + 36k^2n^2)$$
$$= 12k^2n^2 + 8k^3 > 0 \tag{3.1.146}$$

和
$$(8n^3 + 6kn + 1)^2 - (4n^2 + 2k)^3$$
$$= (64n^6 + 36k^2n^2 + 1 + 96n^4k + 16n^3 + 12kn) - (64n^6 + 96n^4k + 48n^2k^2 + 8k^3)$$
$$= 4n^2(4n - 3k^2) + 4k(3n - 2k^2) + 1 > 0 \tag{3.1.147}$$

从而不等式(3.1.143)成立.

有了不等式(3.1.142)和(3.1.143),本题就非常容易解决了.

对固定的大于等于 6×2015^2 的正整数 n,令
$$x_k = n^2 + 4k, \quad y_k = 4n^2 + 2k \tag{3.1.148}$$

这里 $k = 1, 2, 3, \cdots, 2015$.

利用不等式(3.1.142),(3.1.143)和上式,有
$$[x_k^{\frac{3}{2}}] = n^3 + 6kn \tag{3.1.149}$$
$$\lceil y_k^{\frac{3}{2}} \rceil = 8n^3 + 6kn \tag{3.1.150}$$

利用上二式,可以看到
$$[x_k^{\frac{3}{2}}] + [y_{2016-k}^{\frac{3}{2}}] = (n^3 + 6kn) + (8n^3 + 6(2016-k)n) = 9n^3 + 12\,096n \tag{3.1.151}$$

这里 $k = 1, 2, 3, \cdots, 2015$.

我们知道,大于等于 6×2015^2 的正整数 n 有无限多个,则 $a = 9n^3 + 12\,096n$ 也有无限多个 ($n \geq 6 \times 2015^2$),对于每一个这样的 a,题目中的方程至少有 2015 对正整数 (x_k, y_{2016-k}) 是解,这里 $k = 1, 2, 3, \cdots, 2015$.

例10 求下述方程的所有正整数组解
$$x^{y^z} y^{z^x} z^{x^y} = 1990^{1990} xyz$$

解:题目中方程可以化为
$$x^{y^z-1} y^{z^x-1} z^{x^y-1} = 1990^{1990} \tag{3.1.152}$$

记
$$k = \min(x, y, z) \tag{3.1.153}$$

利用上二式,有
$$k^{3(k^k-1)} \leq 1990^{1990} \tag{3.1.154}$$

如果正整数 $k \geq 10$,可以看到
$$3(k^k - 1) \geq 3(10^{10} - 1) > 10^{10} \tag{3.1.155}$$

于是,有
$$k^{3(k^k-1)} > 10^{10^{10}} \tag{3.1.156}$$

然而,
$$1990^{1990} < 2000^{2000} = (2 \times 10^3)^{2 \times 10^3} = 4^{10^3} \times 10^{6 \times 10^3} < 10^{7 \times 10^3} < 10^{10^{10}} \tag{3.1.157}$$

利用上面叙述,必有

$$k \leqslant 9 \tag{3.1.158}$$

利用公式(3.1.152)和(3.1.153),可以看到 k 是 1990^{1990} 的一个因数,而

$$1990 = 2 \times 5 \times 199 \tag{3.1.159}$$

那么,我们有

$$k = 1,2,4,5,8 \tag{3.1.160}$$

从题目方程可以看出,如果 (x,y,z) 是一组解,则 (y,z,x) 和 (z,x,y) 也都是解.因此,可先设

$$x = k \tag{3.1.161}$$

下面分情况讨论:

① 如果 $x=1$,利用公式(3.1.152),有

$$y^{z-1} = 1990^{1990} \tag{3.1.162}$$

利用公式(3.1.159)可以知道三个素数 $2,5,199$ 一定整除 y,那么,必存在正整数 t_1,t_2,t_3,使得

$$y = 2^{t_1}5^{t_2}199^{t_3} \tag{3.1.163}$$

代公式(3.1.163)入(3.1.162),有

$$2^{t_1(z-1)}5^{t_2(z-1)}199^{t_3(z-1)} = 2^{1990}5^{1990}199^{1990} \tag{3.1.164}$$

从上式,立即有

$$t_1(z-1) = 1990, \quad t_2(z-1) = 1990, \quad t_3(z-1) = 1990 \tag{3.1.165}$$

从而有

$$t_1 = t_2 = t_3 = t \tag{3.1.166}$$

利用公式(3.1.163)和上式,有

$$y = 1990^t \tag{3.1.167}$$

利用公式(3.1.162)和上式,或者利用公式(3.1.165)和(3.1.166),有

$$t(z-1) = 1990 = 2 \times 5 \times 199 \tag{3.1.168}$$

由于 $2,5,199$ 都是质数,则

$$(t,z) = (1,1991),(2,996),(5,399),(199,11),(10,200),(398,6),(995,3),(1990,2) \tag{3.1.169}$$

利用公式(3.1.167)和上式,可以知道正整数组解(由于 (x,y,z) 是解时,$(y,z,x),(z,x,y)$ 都是解.为简洁,下面对这种情况只写出其中一组).

$$(x,y,z) = (1,1990,1991),(1,1990^2,996),(1,1990^5,399),(1,1990^{199},11),$$
$$(1,1990^{10},200),(1,1990^{398},6),(1,1990^{995},3),(1,1990^{1990},2) \tag{3.1.170}$$

② 如果 $x=2^\alpha$,这里 $\alpha \in \{1,2,3\}$,由于 x 最小,则 $y \geqslant 2, z \geqslant 2$.利用公式(3.1.152)可以知道 y 是 199 的整数倍,或者 z 是 199 的整数倍.当 z 是 199 的整数倍时,有

$$z^{2^\alpha} - 1 \geqslant z^2 - 1 \geqslant 199^2 - 1 = 39600 \tag{3.1.171}$$

利用上式,有

$$y^{z^{2^\alpha}-1} \geqslant 2^{39600} = (2^{11})^{3600} > 1990^{1990} \tag{3.1.172}$$

不等式(3.1.172)与公式(3.1.152)是矛盾的.

当 y 是 199 的整数倍时,则有

$$\alpha(y^z - 1) \geqslant 199^2 - 1 > 1990 \tag{3.1.173}$$

那么,公式(3.1.152)左端有因数 2^{199^2-1},这与等式(3.1.152)(兼顾公式(3.1.159))是矛盾的.因此当 x,y,z 中最小值是 $2^\alpha(\alpha=1,2,3)$ 时,原方程无正整数组解.

③ 如果 $x=5$,这时公式(3.1.152)为

$$5^{y^z-1} y^{z^5-1} z^{5^y-1} = 2^{1990} 5^{1990} 199^{1990} \tag{3.1.174}$$

从上式可以知道,y 是 199 的整数倍,或 z 是 199 的整数倍,如果 y 是 199 的整数倍,及 $z \geq 5$(利用 x 最小),有

$$z^{5^y-1} > 5^{5 \times 1990} > 1990^{1990} \tag{3.1.175}$$

不等式(3.1.175)与公式(3.1.174)是矛盾的.

如果 z 是 199 的整数倍,及 $y \geq 5$,有

$$5^y - 1 \geq 5^5 - 1 = 3124 \tag{3.1.176}$$

公式(3.1.174)的左端有因数 199^{3124},这也与公式(3.1.174)矛盾.

综上所述,满足本题方程的所有正整数组解由公式(3.1.170)给出.

例 11 求所有正整数对 (x,y),使得 $x \leq y$,x^2+1 是 y 的整数倍,y^2+1 是 x 的整数倍.

解:$x=1,y=1$ 显然是解.另外,如果 $x=y$ 是满足题目条件的一组正整解,利用 x^2+1 是 x 的整数倍,必有

$$x = 1 \quad 和 \quad y = x = 1 \tag{3.1.177}$$

下面考虑满足题目条件的正整数组解 (x,y),这里 x,y 不相等,不妨设 $x<y$,那么,利用 x,y 是正整数,有

$$x \leq y - 1 \tag{3.1.178}$$

令

$$z = \frac{x^2+1}{y}, \quad 则 \quad y = \frac{x^2+1}{z} \tag{3.1.179}$$

定义一个映射 T:

$$T(x,y) = (z,x) \tag{3.1.180}$$

这里 z 由公式(3.1.179)确定,由题目条件,知道 z 是一个正整数.利用公式(3.1.178)和(3.1.179),有

$$z \leq \frac{x^2+1}{x+1} \leq x \tag{3.1.181}$$

由公式(3.1.179)的第二个等式,自然地,会提一个问题:$\frac{z^2+1}{x}$ 是否为一个正整数呢?由于公式(3.1.179)的第一个等式

$$\frac{(x^2+1)^2}{y^2}(1+y^2) = z^2(1+y^2) \tag{3.1.182}$$

利用题目条件,知道 $\frac{(x^2+1)^2}{y^2}(1+y^2)$ 应是 x 的整数倍,又由于

$$\frac{(x^2+1)^2}{y^2}(1+y^2) = z^2 + (x^2+1)^2 (利用公式(3.1.179))$$

$$= (z^2+1) + (x^4+2x^2) \tag{3.1.183}$$

可以知道 z^2+1 一定是 x 的整数倍.因此,映射 T 将 (x,y) 映成 (z,x),$z \leq x$,$x<y$,对应后的正整数对变小了,但题目条件仍然满足.如果 $z=x$,利用本题前面叙述,有 $z=x=1$,如果 $z<x$,再作映射 T,记

$$T(z,x) = (x^*, z) \tag{3.1.184}$$

这里 $x^* = \frac{z^2+1}{x}$.完全类似前面证明可以明白,正整数 x^*,z 仍然满足题目条件,$x^* \leq z$,这样一直作下去,记

$$T^{(k)}(x,y) = T(T^{(k-1)}(x,y)) \tag{3.1.185}$$

这里正整数 $k \geqslant 2$，由于正整数不可能无限减少，必存在一个正整数 k，满足
$$T^{(k)}(x,y) = (1,1) \tag{3.1.186}$$
利用公式(3.1.179)和(3.1.180)，映射 T 有一个逆映射 T^{-1}，
$$T^{-1}(z,x) = (x,y) = \left(x, \frac{x^2+1}{z}\right) \tag{3.1.187}$$
利用公式(3.1.186)和(3.1.187)，有
$$(x,y) = T^{-(k)}(1,1) \tag{3.1.188}$$
这里
$$T^{-1}(z,x) = T^{-1}(z,x),\ T^{-(k)}(1,1) = T^{-1}(T^{-(k-1)}(1,1)),\quad 正整数\ k \geqslant 2 \tag{3.1.189}$$
因此，满足题目条件的所有正整数组解必为：$(1,1)$, $T^{-1}(1,1) = (1,2)$, $T^{-1}(1,2) = (2,5)$, $\cdots$. 那么，一般形式的解是什么样的正整数呢？为此，我们向读者介绍 Fibonacci 数列的定义及一些简单性质.
$$F_1 = 1,\quad F_2 = 1,\quad F_{n+2} = F_{n+1} + F_n\ (n \in \mathbf{N}^+) \tag{3.1.190}$$
数列 $\{F_n \mid n \in \mathbf{N}^+\}$ 称为 Fibonacci 数列. 递推式(3.1.190)的特征方程是
$$\lambda^2 - \lambda - 1 = 0 \tag{3.1.191}$$
上述方程的两个根
$$\lambda_1 = \frac{1}{2}(1+\sqrt{5}),\quad \lambda_2 = \frac{1}{2}(1-\sqrt{5}) \tag{3.1.192}$$
则可写
$$F_n = A\lambda_1^n + B\lambda_2^n \tag{3.1.193}$$
这里 A,B 是待定常数，在上式中，令 $n=1, n=2$，再利用公式(3.1.190)的前二式，有
$$\left.\begin{aligned}\frac{1}{2}(1+\sqrt{5})A + \frac{1}{2}(1-\sqrt{5})B &= 1\\ \frac{1}{2}(3+\sqrt{5})A + \frac{1}{2}(3-\sqrt{5})B &= 1\end{aligned}\right\} \tag{3.1.194}$$
解这二元一次方程组，有
$$A = -B = \frac{1}{\sqrt{5}} \tag{3.1.195}$$
利用公式(3.1.192), (3.1.193)和(3.1.195)，有
$$F_n = \frac{1}{\sqrt{5}}\left[\left(\frac{1}{2}(1+\sqrt{5})\right)^n - \left(\frac{1}{2}(1-\sqrt{5})\right)^n\right] \tag{3.1.196}$$
上式称为 Fibonacci 数列的 Binet 公式.

下面证明，当正整数 $n \geqslant 3$ 时，
$$F_n^2 - F_{n-2}F_{n+2} = (-1)^n \tag{3.1.197}$$
利用公式(3.1.196)，有 ($n \geqslant 3$)
$$\begin{aligned}F_n^2 - F_{n-2}F_{n+2} &= \frac{1}{5}\left[\left(\frac{1}{2}(1+\sqrt{5})\right)^n - \left(\frac{1}{2}(1-\sqrt{5})\right)^n\right]^2 \\ &\quad - \frac{1}{5}\left[\left(\frac{1}{2}(1+\sqrt{5})\right)^{n-2} - \left(\frac{1}{2}(1-\sqrt{5})\right)^{n-2}\right] \\ &\quad \cdot \left[\left(\frac{1}{2}(1+\sqrt{5})\right)^{n+2} - \left(\frac{1}{2}(1-\sqrt{5})\right)^{n+2}\right] \\ &= \frac{1}{5}\left\{2(-1)^{n+1} + (-1)^{n-2}\left[\left(\frac{1}{2}(1+\sqrt{5})\right)^4 + \left(\frac{1}{2}(1-\sqrt{5})\right)^4\right]\right\}\end{aligned}$$
$$\tag{3.1.198}$$

容易看到

$$\left(\frac{1}{2}(1+\sqrt{5})\right)^4 + \left(\frac{1}{2}(1-\sqrt{5})\right)^4 = 2\left[\left(\frac{1}{2}\right)^4 + C_4^2\left(\frac{1}{2}\right)^2\left(\frac{\sqrt{5}}{2}\right)^2 + \left(\frac{\sqrt{5}}{2}\right)^4\right] = 7 \tag{3.1.199}$$

代公式(3.1.199)入(3.1.198),有公式(3.1.197).在这公式中,令 $n = 2k+1 (k \in \mathbf{N}^+)$,有

$$F_{2k+3} = \frac{F_{2k+1}^2 + 1}{F_{2k-1}} \tag{3.1.200}$$

现在证明,对于任意正整数 k,

$$T^{-(k)}(1,1) = (F_{2k-1}, F_{2k+1}) \tag{3.1.201}$$

对 k 用数学归纳法,先利用公式(3.1.190),有 $F_3 = 2$,再利用公式(3.1.187),有 $T^{-1}(1,1) = (1,2) = (F_1, F_3)$. 公式(3.1.201)对 $k = 1$ 时成立. 设公式(3.1.201)对某个正整数 k 成立. 考虑 $k+1$ 情况,可以看到

$$T^{-(k+1)}(1,1) = T^{-1}(T^{-(k)}(1,1)) = T^{-1}(F_{2k-1}, F_{2k+1})$$
$$= \left(F_{2k+1}, \frac{F_{2k+1}^2 + 1}{F_{2k-1}}\right) = (F_{2k+1}, F_{2k+3}) \tag{3.1.202}$$

因此,公式(3.1.201)对任意正整数 k 成立.满足本题的所有解找到.

例 12 m 是一个正整数,求所有正整数对 (a,b),使得 $a+b$ 是 $a^{2m} + b^{2m}$ 的一个因数.

解:记 $d = (a,b)$ (a,b 的最大公因数),那么,存在正整数 A,B,使得

$$a = dA, \quad b = dB \tag{3.1.203}$$

这里 A,B 互质.

因为 $A+B$ 是 $A^2 - B^2$ 的因数,则 $A+B$ 是 $A^{2m} - B^{2m}$ 的因数,那么,有

$$A^{2m} + B^{2m} = 2A^{2m} - (A^{2m} - B^{2m}) \equiv 2A^{2m} (\bmod (A+B)) \tag{3.1.204}$$

类似上式,有

$$A^{2m} + B^{2m} \equiv 2B^{2m} (\bmod (A+B)) \tag{3.1.205}$$

因而 $a+b$ 整除 $a^{2m} + b^{2m}$ 当且仅当 $A+B$ 整除 $d^{2m-1}(A^{2m} + B^{2m})$. 再利用公式(3.1.204)和(3.1.205),可以知道 $a+b$ 整除 $a^{2m} + b^{2m}$ 当且仅当 $A+B$ 整除 $d^{2m-1}(2A^{2m}, 2B^{2m})$,由于 $(A,B) = 1$,则 $a+b$ 整除 $a^{2m} + b^{2m}$ 当且仅当 $A+B$ 整除 $2d^{2m-1}$,任取两个互质的正整数 A,B,利用 $A+B$ 的质因子分解,一定能找到最小的正整数 D,使得 $A+B$ 整除 $2D^{2m-1}$,一个正整数 d 满足 $A+B$ 整除 $2d^{2m-1}$,则容易明白 D 一定是 d 的因数.因此,满足题目要求的所有正整数对

$$(a,b) = (kDA, kDB) \tag{3.1.206}$$

这里 A,B 是任意互质的正整数,k 是任意一个正整数,D 是满足 $A+B$ 整除 $2D^{2m-1}$ 的最小正整数.

例 13 用 $s(n)$ 表示正整数 n 的各位数字之和.

(1) 是否存在正整数 n,使得 $n + s(n) = 1995$?

(2) 求证:任意两个相邻正整数中至少有一个能够表示为 $n + s(n)$,这里 n 是某个适当的正整数.

解:(1) 因为 $s(n) \geqslant 1$,如果题目方程成立,则 $n \leqslant 1994$.又由于 $s(1999) = 28$,明显地 $s(n) < 28$,利用题目方程,有 $n > 1967$,即 $n \geqslant 1968$.

用 * 表示集合 $\{0,1,2,3,\cdots,9\}$ 中的一个元素时,由于

$$198* + s(198*) = 198* + 18 + * > 1995 \tag{3.1.207}$$

因此,$198*$ 不是所要的解.又由于

$$196* + s(196*) \leqslant 1969 + 25 = 1994 \tag{3.1.208}$$

因此，196 * 也不是所要的解．因此，如果题目方程有解，则 $1970 \leqslant n \leqslant 1979$，由于

$$\left.\begin{array}{lllll} s(1970)=17, & s(1971)=18, & s(1972)=19, & s(1973)=20, & s(1974)=21 \\ s(1975)=22, & s(1976)=23, & s(1977)=24, & s(1978)=25, & s(1976)=26 \end{array}\right\} \tag{3.1.209}$$

因此，满足题目方程的正整数

$$n = 1974 \tag{3.1.210}$$

(2) 任取两个相邻的正整数 $m-1, m$，一定有一个非负整数 k，满足

$$10^k + 1 \leqslant m < 10^{k+1} + 1 \tag{3.1.211}$$

为方便，记上述 m 为 m_k，一定有一个正整数 d_k，$1 \leqslant d_k \leqslant 9$，使得

$$d_k(10^k + 1) \leqslant m_k < (d_k + 1)(10^k + 1) \tag{3.1.212}$$

令

$$m_{k-1} = m_k - d_k(10^k + 1) \tag{3.1.213}$$

利用上二式，有

$$0 \leqslant m_{k-1} < 10^k + 1 \tag{3.1.214}$$

对于非负整数 m_{k-1}，一定有一个非负整数 d_{k-1} 存在，使得

$$d_{k-1}(10^{k-1} + 1) \leqslant m_{k-1} < (d_{k-1} + 1)(10^{k-1} + 1) \tag{3.1.215}$$

利用上二式，有

$$d_{k-1} \leqslant 9 \tag{3.1.216}$$

再令

$$m_{k-2} = m_{k-1} - d_{k-1}(10^{k-1} + 1) \tag{3.1.217}$$

利用不等式 (3.1.215) 和公式 (3.1.217)，有

$$0 \leqslant m_{k-2} < 10^{k-1} + 1 \tag{3.1.218}$$

这样一直作下去，一般地，记

$$m_{j-1} = m_j - d_j(10^j + 1) \tag{3.1.219}$$

$$d_j(10^j + 1) \leqslant m_j < (d_j + 1)(10^j + 1) \tag{3.1.220}$$

这里 $d_j \in \{0, 1, 2, \cdots, 9\}$，$j = k, k-1, \cdots, 1, 0$.

到最后一步，取 $j = 0$，利用公式 (3.1.219) 和 (3.1.220)，有

$$m_{-1} = m_0 - 2d_0, \quad 2d_0 \leqslant m_0 < 2(d_0 + 1) \tag{3.1.221}$$

于是 $m_{-1} \in \{0, 1\}$．当 $d_k, d_{k-1}, \cdots, d_1, d_0$ 全部确定后，令正整数

$$n = \sum_{j=0}^{k} d_j 10^j \tag{3.1.222}$$

那么，可以看到

$$\begin{aligned} n + s(n) &= \sum_{j=0}^{k} d_j(10^j + 1) = \sum_{j=0}^{k}(m_j - m_{j-1}) \quad (\text{利用公式}(3.1.219)) \\ &= m_k - m_{-1} = \begin{cases} m & \text{当 } m_{-1} = 0 \text{ 时} \\ m - 1 & \text{当 } m_{-1} = 1 \text{ 时} \end{cases} \end{aligned} \tag{3.1.223}$$

例 14 求方程 $m^{n^m} = n^{m^n}$ 的所有正整数组解．

解：取任意正整数 t，令

$$m = t, \quad n = t \tag{3.1.224}$$

这当然是解．下面考虑 $m \neq n$ 情况．不妨设 $n > m$，由于当 $m = 1$ 时，必有 $n = 1$．下面考虑 $m \geqslant 2$ 情况．分情况讨论：

① 当 $m = 2$ 时，题目方程为

$$2^{n^2} = n^{2^n} \tag{3.1.225}$$

这里正整数 $n > 2$,由于 3 不是 2^n 的因数,则 $n \geq 4$.下面证明这时候,有

$$2^n \geq n^2 \tag{3.1.226}$$

如果上述不等式成立,结合方程(3.1.225)这时无所求解.对 n 用数学归纳法,当 $n = 4$ 时,不等式(3.1.226)左、右两端皆是 16,取等号.设当 $n = k(k \geq 4)$ 时,$2^k \geq k^2$,则当 $n = k+1$ 时,容易看到 $2^{k+1} = 2 \cdot 2^k \geq 2k^2 > (k+1)^2$(利用 $k(k-2) > 1$).于是,当正整数 $n \geq 4$ 时,不等式(3.1.226)成立.

② 当 $n > m \geq 3$ 时,先比较 m^n 与 n^m 的大小.下面证明

$$m^n > n^m \tag{3.1.227}$$

如果能证明上式,可以看到

$$n^{m^n} > n^{n^m} > m^{n^m} \tag{3.1.228}$$

于是,当 $n > m \geq 3$ 时,本题无所求的解.不等式(3.1.227)两端开 mn 次方,等价于下述不等式

$$m^{\frac{1}{m}} > n^{\frac{1}{n}} \tag{3.1.229}$$

记

$$f(k) = \left(1 + \frac{1}{k}\right)^k (k \in \mathbf{N}^+) \tag{3.1.230}$$

现在我们来证明

$$f(k) < f(k+1), \quad \text{且} \quad f(k) < 3 (k \in \mathbf{N}^+) \tag{3.1.231}$$

利用公式(3.1.230)和二项式展开公式,有

$$f(k) = 1 + k \cdot \frac{1}{k} + \frac{k(k-1)}{2!} \cdot \frac{1}{k^2} + \frac{k(k-1)(k-2)}{3!} \cdot \frac{1}{k^3} + \cdots + \frac{k(k-1)\cdots 3 \times 2 \times 1}{k!} \cdot \frac{1}{k^k}$$

$$= 1 + 1 + \frac{1}{2!}\left(1 - \frac{1}{k}\right) + \frac{1}{3!}\left(1 - \frac{1}{k}\right)\left(1 - \frac{2}{k}\right) + \cdots + \frac{1}{k!}\left(1 - \frac{1}{k}\right)\left(1 - \frac{2}{k}\right)\cdots\left(1 - \frac{k-1}{k}\right) \tag{3.1.232}$$

完全类似地,有

$$f(k+1) = 1 + 1 + \frac{1}{2!}\left(1 - \frac{1}{k+1}\right) + \frac{1}{3!}\left(1 - \frac{1}{k+1}\right)\left(1 - \frac{2}{k+1}\right) + \cdots$$

$$+ \frac{1}{k!}\left(1 - \frac{1}{k+1}\right)\left(1 - \frac{2}{k+1}\right)\cdots\left(1 - \frac{k-1}{k+1}\right)$$

$$+ \frac{1}{(k+1)!}\left(1 - \frac{1}{k+1}\right)\left(1 - \frac{2}{k+1}\right)\cdots\left(1 - \frac{k}{k+1}\right) \tag{3.1.233}$$

明显地

$$1 - \frac{j}{k} < 1 - \frac{j}{k+1} (j = 1, 2, \cdots, k-1) \tag{3.1.234}$$

那么,$f(k)$ 的右端从第三项开始,每项都小于 $f(k+1)$ 右端相应的项,并且 $f(k+1)$ 的右端还多最后一项,且这项大于零.因此有不等式(3.1.231)的第一个不等式.

另外,利用公式(3.1.232),当正整数 $k \geq 2$ 时,有

$$f(k) < 2 + \frac{1}{2!} + \frac{1}{3!} + \cdots + \frac{1}{k!} < 2 + \frac{1}{1 \times 2} + \frac{1}{2 \times 3} + \cdots + \frac{1}{(k-1)k}$$

$$= 2 + \left(1 - \frac{1}{2}\right) + \left(\frac{1}{2} - \frac{1}{3}\right) + \cdots + \left(\frac{1}{k-1} - \frac{1}{k}\right) = 3 - \frac{1}{k} < 3 \tag{3.1.235}$$

而 $f(1) = 2$,所以,有不等式(3.1.231)的第二式.利用不等式(3.1.231),可以知道,对任意正整数 $s \geq 3$,有 $f(s) < s$.再利用公式(3.1.230),当正整数 $s \geq 3$ 时,有

$$s > \left(1 + \frac{1}{s}\right)^s = \left(\frac{s+1}{s}\right)^s \tag{3.1.236}$$

上式两端乘以 s^s,有

$$s^{s+1} > (s+1)^s, \quad 即 \quad s^{\frac{1}{s}} > (s+1)^{\frac{1}{s+1}} \tag{3.1.237}$$

利用上式,立即有

$$m^{\frac{1}{m}} > (m+1)^{\frac{1}{m+1}} > (m+2)^{\frac{1}{m+2}} > \cdots > n^{\frac{1}{n}} \tag{3.1.238}$$

因而不等式(3.1.229)成立.

综上所述,满足本题方程的所有正整数组解就是由公式(3.1.224)给出的.

例 15 求所有正整数组 (x,y,z),使得 $xy+1$ 是 z 的整数倍,$yz-1$ 是 x 的整数倍,$zx-1$ 是 y 的整数倍.

解:先考虑一些特殊情况.

① 当 $x=y$ 时,再利用题目条件,知道 $xz-1$ 是 x 的整数倍,则

$$x=1, \quad y=1, \quad z=1 \quad 或 \quad z=2 \tag{3.1.239}$$

② 当 $x=z$ 时,再利用题目条件,知道 $xy+1$ 是 x 的整数倍,则

$$x=1, \quad z=1, \quad y=n(n \in \mathbf{N}^+) \tag{3.1.240}$$

③ 当 $y=1$ 时,利用题目条件,有

$$z-1=ax, \quad x+1=bz \tag{3.1.241}$$

这里 a 是非负整数,b 是正整数,利用上式,有

$$x+1=b(ax+1) \tag{3.1.242}$$

从上式知道,$a \in \{0,1\}$,于是,有解

$$\begin{cases} x=b-1 \\ y=1 \\ z=1 \end{cases} \text{（当 } a=0 \text{ 时,正整数 } b \geqslant 2) \quad 和 \quad \begin{cases} x=n(n \in \mathbf{N}^+) \\ y=1 \\ z=n+1 \end{cases} \text{（当 } a=1 \text{ 时）} \tag{3.1.243}$$

解(3.1.243)包含解(3.1.239).

④ 当 $z=1$ 时,利用题目条件,有非负整数 a,b,使得

$$y-1=ax, \quad x-1=by \tag{3.1.244}$$

利用上式,有

$$y-1=a(by+1) \tag{3.1.245}$$

显然,a,b 不可能都是正整数,当 $a=0$ 时,解在公式(3.1.243)中出现,当 $b=0$ 时,解在公式(3.1.240)中出现.这时,不产生新解.

⑤ 当 $x \neq y, x \neq z, y \neq 1$ 和 $z \neq 1$ 时,由于是求正整数组解,则 $y \geqslant 2, z \geqslant 2$.由于题目条件关于 x,y 是对称的,利用公式(3.1.243)可以得一组新解

$$x=1, \quad y=n, \quad z=n+1 \tag{3.1.246}$$

现在考虑 $x>y \geqslant 2$,及 $z \geqslant 2$ 情况.

从题目条件可以知道 x,y,z 是两两互质的.那么,$(xy+1)-(x+y)z$ 既是 z 的整数倍,又是 x 的整数倍和 y 的整数倍,那么,存在整数 k,满足

$$(xy+1)-(x+y)z=kxyz \tag{3.1.247}$$

由于 $x>y \geqslant 2$,及 $z \geqslant 2$,可以得到

$$(xy+1)-(x+y)z < (xy+1) \leqslant xyz \tag{3.1.248}$$

以及

$$(xy+1)-(x+y)z > -(x+y)z > -2xz \geqslant -xyz \tag{3.1.249}$$

利用上面叙述,必有
$$k = 0 \tag{3.1.250}$$
代公式(3.1.250)入公式(3.1.247),有
$$xy + 1 = (x + y)z \tag{3.1.251}$$
任取一个大于1的正整数 t,令
$$z = t, \quad y = a + t \tag{3.1.252}$$
这里 a 是一个非零整数,代上式入公式(3.1.251),有
$$x = t + \frac{t^2 - 1}{a} \tag{3.1.253}$$
当然限制非零整数 $a \geqslant 2 - t$(由于 $y \geqslant 2$).由于 x, y 是对称的,还应当有解
$$x = a + t, \quad y = t + \frac{t^2 - 1}{a}, \quad z = t \tag{3.1.254}$$

这里特别需要说明,当 a 取正整数时,$\frac{t^2-1}{a}$ 必须是一个正整数,以及 $t^2 - 1 > a^2$(由于公式(3.1.252)和(3.1.253)中 $x > y$).下面证明 a 不能取负整数.利用 $a \geqslant 2 - t$,如果 a 是负整数,两端平方后,有 $a^2 \leqslant (2-t)^2$,由于 $t \geqslant 2$,则可以看到 $t^2 - 1 \geqslant a^2 + 4t - 5 \geqslant a^2 + 3$,又由于公式(3.1.252)和(3.1.253)中,$x > y$,有 $\frac{t^2-1}{a} > a$,那么,有 $t^2 - 1 < a^2$,这导致矛盾.因此,满足本题的全部解由公式(3.1.240),(3.1.243),(3.1.246),(3.1.252)和(3.1.253),(3.1.254)给出.请读者自己验证这些解都满足题目条件.

例16 设 a 是一个整数,x, y 都是正整数,令
$$f_a(x, y) = \frac{x^2 + y^2 + a}{xy}$$

(1) 求证:存在无限多个整数 a,对于每个固定整数 a,有无限多对正整数 (x, y),使得 $f_a(x, y)$ 是一个整数.

(2) 对每个固定整数 a,上述定义的整数 $f_a(x, y)$ 的集合 $E(a)$ 是否必定是无限集?如果不是,确定整数 a,以及相应的有限集 $E(a)$.

解:(1) 对任意正整数 d 和任意正整数 λ,令
$$a = -d^2, \quad x = \lambda d, \quad y = d \tag{3.1.255}$$
则相应的
$$f_a(x, y) = \lambda \tag{3.1.256}$$
因此,题目结论(1)成立.

(2) 取 $a = 0$,由题目条件,有
$$f_0(x, y) = \frac{x^2 + y^2}{xy} \tag{3.1.257}$$
记 x, y 的最大公因数 (x, y) 是 d,于是,有
$$x = x_1 d, \quad y = y_1 d \tag{3.1.258}$$
这里正整数 x_1, y_1 是互质的.利用上面叙述,有
$$f_0(x, y) = \frac{x_1^2 + y_1^2}{x_1 y_1} \tag{3.1.259}$$
由于 x_1, y_1 是互质的,有
$$(x_1^2 + y_1^2, x_1) = 1, \quad (x_1^2 + y_1^2, y_1) = 1 \tag{3.1.260}$$
由于上二式及 $f_0(x, y)$ 是一个整数,必定有
$$x_1 = 1, \quad y_1 = 1 \tag{3.1.261}$$

利用上面叙述,有
$$f_0(x,y) = 2, \quad 则 \quad E(0) = \{2\} \tag{3.1.262}$$

因此,不是对每个固定整数 a,相应的 $E(a)$ 是无限集. 在上述(1)中,当 $-a$ 是正整数的平方时,相应的 $E(a)$ 是无限集.

下面考虑其他形式的整数 a.

建立二个引理来解答之.

引理 1 设 a 是一个给定的正整数,设 $\dfrac{x^2+y^2+a}{xy} = \beta$,这里 x,y,β 都是正整数,则 $\beta \leqslant a+2$.

引理 1 的证明: 对于一个固定的正整数 y,有正整数 x 和 β,满足引理 1 中等式,即
$$y^2 + a = x(\beta y - x) \tag{3.1.263}$$

由于上式左端及 x 都是正整数,则 $\beta y - x$ 也是一个正整数. 利用公式(3.1.263),有
$$(\beta y)^2 = [x + (\beta y - x)]^2 = [(\beta y - x) - x]^2 + 4(y^2 + a) \tag{3.1.264}$$

由于 a,y 固定,当 $\beta y - x$ 与 x 差的绝对值最大时,βy 达到最大值. 于是,当
$$x = 1 \quad 或 \quad \beta y - x = 1 \tag{3.1.265}$$

时, βy 达到最大.

① 当 $x=1$ 时,由公式(3.1.263),有
$$\beta = y + \frac{a+1}{y} \tag{3.1.266}$$

② 当 $\beta y - x = 1$ 时,由公式(3.1.263)仍有公式(3.1.266),于是公式(3.1.266)给出了 β 的最大值(当正整数 y 给定时),又由于 β 是一个正整数,则正整数 y 必是 $a+1$ 的一个因数. 于是 $y \leqslant a+1$,再利用
$$\left(y + \frac{a+1}{y}\right)^2 = \left(y - \frac{a+1}{y}\right)^2 + 4(a+1) \tag{3.1.267}$$

当 y 与 $\dfrac{a+1}{y}$ 之差的绝对值最大时,利用公式(3.1.266)和(3.1.267),$\max \beta$ 达到最大值,这时,必有
$$y = 1 \quad 或 \quad y = a+1 \tag{3.1.268}$$

必有
$$\max \beta \leqslant a + 2 \tag{3.1.269}$$

引理 1 的结论成立.

引理 2 设正整数 a 不是一个完全平方数,则 $E(-a)$ 是一个有限集.

引理 2 的证明: 由于题目条件,有
$$f_{-a}(x,y) = \frac{x^2+y^2-a}{xy} \tag{3.1.270}$$

这里,x,y 是一对正整数,上式左端是一个整数,则右端也是整数.

首先考虑 $y^2 - a < 0$ 情况,正整数 $y \in \{1,2,3,\cdots,[\sqrt{a}]\}$. 由公式(3.1.270)知道 $y^2 - a$ 必是 x 的整数倍,对于上述集合内每个固定正整数 y,正整数 x 一定是有限个. 从而 $E(-a)$ 必是有限集.

剩下考虑 $y^2 - a > 0$ 情况(注意 a 不是一个完全平方数). 类似引理 1 的证明,简记 β^* 为公式(3.1.270)的左端,有
$$y^2 - a = x(\beta^* y - x) \tag{3.1.271}$$

这时候,$\beta^* y - x$ 是一个正整数,
$$x + (\beta^* y - x) = \beta^* y \tag{3.1.272}$$

对每个固定正整数 $y, y^2 - a$ 是一个固定的正整数. 利用
$$(\beta^* y)^2 = [x + (\beta^* y - x)]^2 = [(\beta^* y - x) - x]^2 + 4(y^2 - a)(利用公式(3.1.271)) \tag{3.1.273}$$

当 $x = 1$ 或 $\beta^* y - x = 1$ 时, $\beta^* y$ 达到最大, 这时, 利用公式(3.1.271), 有
$$\beta^* = y - \frac{a-1}{y} \tag{3.1.274}$$

由于 y, β^* 都是整数, 则正整数 y 必是正整数 $a-1$ 的一个因数(由于 a 不是完全平方数), 又由于 $y^2 > a$, 则正整数
$$y \in \{[\sqrt{a}] + 1, [\sqrt{a}] + 2, \cdots, a - 1\} \tag{3.1.275}$$

利用公式(3.1.274)和上式, β^* 必是有限个, 从而 $E(-a)$ 是一个有限集.

综上所述, 除了 $-a$ 是正整数的平方外, 对于其他整数 a, $E(a)$ 均为有限集.

设 p 是一个正整数, 但不是完全平方数, 不定方程
$$x^2 - py^2 = 1 \tag{3.1.276}$$

称为 Pell 方程. 关于 Pell 方程, 有下述定理.

例 17 定理: Pell 方程 $x^2 - py^2 = 1$ 的全部正整数组解是
$$\begin{cases} x_k = \dfrac{1}{2}[(x_1 + y_1\sqrt{p})^k + (x_1 - y_1\sqrt{p})^k] \\ y_k = \dfrac{1}{2\sqrt{p}}[(x_1 + y_1\sqrt{p})^k - (x_1 - y_1\sqrt{p})^k] \end{cases}$$

这里 p 是一个正整数, 但不是完全平方数, k 取全体正整数, (x_1, y_1) 是最小的一组正整数解.

注: 上述公式中 $k = 1$ 时为恒等式.

证明: 由二项式展开公式, 定理中定义的数对 (x_k, y_k) 是一对正整数. 而且满足
$$x_k^2 - py_k^2 = [(x_1 + y_1\sqrt{p})(x_1 - y_1\sqrt{p})]^k = (x_1^2 - py_1^2)^k = 1 \tag{3.1.277}$$

这里利用定理条件, 有
$$x_1^2 - py_1^2 = 1 \tag{3.1.278}$$

因此, 定理中给出的数对 (x_k, y_k) 是满足 Pell 方程(3.1.276)的正整数组解. 下面证明, 任意满足 Pell 方程(3.1.276)的一组正整数解 (x^*, y^*), 一定存在相应的正整数 k, 使得
$$x^* = x_k, \quad y^* = y_k \tag{3.1.279}$$

设一对正整数 (x^*, y^*) 满足 Pell 方程, 即
$$x^{*2} - py^{*2} = 1 \tag{3.1.280}$$

这里 $x^* > x_1, y^* > y_1$.

由于开区间
$$(1, \infty) = \bigcup_{k=1}^{\infty} ((x_1 + y_1\sqrt{p})^{k-1}, (x_1 + y_1\sqrt{p})^k] \tag{3.1.281}$$

以及
$$x^* + y^*\sqrt{p} > 3 (由正整数 p \geq 2, 及 x^* > 2 导出) \tag{3.1.282}$$

则存在正整数 $k \geq 2$, 满足
$$(x_1 + y_1\sqrt{p})^{k-1} < x^* + y^*\sqrt{p} \leq (x_1 + y_1\sqrt{p})^k \tag{3.1.283}$$

由于方程(3.1.278), 以及 $x_1 + y_1\sqrt{p} > 0$, 因式分解公式(3.1.278), 有
$$x_1 - y_1\sqrt{p} > 0 \tag{3.1.284}$$

不等式(3.1.283)的各端同时乘以正实数 $(x_1 - y_1\sqrt{p})^{k-1}$, 有
$$1 < (x^* + y^*\sqrt{p})(x_1 - y_1\sqrt{p})^{k-1} \leq x_1 + y_1\sqrt{p} \tag{3.1.285}$$

这里利用公式(3.1.278).

由于定理中给出的公式,可以看到
$$\left.\begin{array}{l} x_{k-1} - y_{k-1}\sqrt{p} = (x_1 - y_1\sqrt{p})^{k-1} \\ x_{k-1} + y_{k-1}\sqrt{p} = (x_1 + y_1\sqrt{p})^{k-1} \end{array}\right\} \tag{3.1.286}$$

这只须将定理中给出的公式的正整数 k 改为 $k-1$,立即可以得到.

利用公式(3.1.286),有
$$(x^* + y^*\sqrt{p})(x_1 - y_1\sqrt{p})^{k-1} = (x^* + y^*\sqrt{p})(x_{k-1} - y_{k-1}\sqrt{p}) = \bar{x} + \bar{y}\sqrt{p} \tag{3.1.287}$$

这里
$$\bar{x} = x^* x_{k-1} - p y^* y_{k-1}, \quad \bar{y} = x_{k-1} y^* - y_{k-1} x^* \tag{3.1.288}$$
$(\bar{x}, \bar{y})$ 是一对整数.

利用公式(3.1.286)和(3.1.288),类似公式(3.1.287),有
$$(x^* - y^*\sqrt{p})(x_1 + y_1\sqrt{p})^{k-1} = (x^* - y^*\sqrt{p})(x_{k-1} + y_{k-1}\sqrt{p}) = \bar{x} - \bar{y}\sqrt{p} \tag{3.1.289}$$

利用公式(3.1.278),(3.1.280),(3.1.287)和(3.1.289),有
$$(\bar{x} + \bar{y}\sqrt{p})(\bar{x} - \bar{y}\sqrt{p}) = [(x^* + y^*\sqrt{p})(x^* - y^*\sqrt{p})][(x_1 + y_1\sqrt{p})(x_1 - y_1\sqrt{p})]^{k-1} = 1 \tag{3.1.290}$$

这表明 $(\bar{x}, \bar{y})$ 是满足 Pell 方程的一组整数解,利用不等式(3.1.285)和公式(3.1.287),有
$$1 < \bar{x} + \bar{y}\sqrt{p} \leqslant x_1 + y_1\sqrt{p} \tag{3.1.291}$$

利用公式(3.1.290)和上式,有
$$\bar{x} + \bar{y}\sqrt{p} > 1 > \bar{x} - \bar{y}\sqrt{p} > 0 \tag{3.1.292}$$

利用上式,有
$$\bar{y} > 0, \quad \bar{x} > 0 \tag{3.1.293}$$

即 $(\bar{x}, \bar{y})$ 是这 Pell 方程的一组正整数解. 利用不等式(3.1.291),以及 (x_1, y_1) 是这 Pell 方程的一组最小的正整数解,则
$$\bar{x} = x_1, \quad \bar{y} = y_1 \tag{3.1.294}$$

在公式(3.1.287)的两端乘以 $(x_1 + y_1\sqrt{p})^{k-1}$,并且利用公式(3.1.278)和(3.1.294),有
$$x^* + y^*\sqrt{p} = (x_1 + y_1\sqrt{p})^k = x_k + y_k\sqrt{p} \tag{3.1.295}$$

这里利用定理中给出的公式,由于 $\sqrt{p}$ 是无理数,以及 x^*, y^*, x_k, y_k 都是正整数,从上式,有
$$x^* = x_k, \quad y^* = y_k \tag{3.1.296}$$

于是,定理结论成立.

下面利用上述定理,先推导一组递推公式.
$$x_k x_{n-k} + p y_k y_{n-k} = x_n, \quad y_k x_{n-k} + x_k y_{n-k} = y_n \tag{3.1.297}$$
这里 n 是任意大于等于 2 的正整数,正整数 $k \leqslant n-1$.

$$\begin{aligned} &x_k x_{n-k} + p y_k y_{n-k} \\ &= \frac{1}{4}[(x_1 + y_1\sqrt{p})^k + (x_1 - y_1\sqrt{p})^k][(x_1 + y_1\sqrt{p})^{n-k} + (x_1 - y_1\sqrt{p})^{n-k}] \\ &\quad + \frac{1}{4}[(x_1 + y_1\sqrt{p})^k - (x_1 - y_1\sqrt{p})^k][(x_1 + y_1\sqrt{p})^{n-k} - (x_1 - y_1\sqrt{p})^{n-k}] \\ &= \frac{1}{2}[(x_1 + y_1\sqrt{p})^n + (x_1 - y_1\sqrt{p})^n] = x_n \end{aligned} \tag{3.1.298}$$

$$y_k x_{n-k} + x_k y_{n-k}$$
$$= \frac{1}{4\sqrt{p}}\{[(x_1 + y_1\sqrt{p})^k - (x_1 - y_1\sqrt{p})^k][(x_1 + y_1\sqrt{p})^{n-k} + (x_1 - y_1\sqrt{p})^{n-k}]$$
$$+ [(x_1 + y_1\sqrt{p})^k + (x_1 - y_1\sqrt{p})^k][(x_1 + y_1\sqrt{p})^{n-k} - (x_1 - y_1\sqrt{p})^{n-k}]\}$$
$$= \frac{1}{2\sqrt{p}}[(x_1 + y_1\sqrt{p})^n - (x_1 - y_1\sqrt{p})^n] = y_n \tag{3.1.299}$$

上述定理及刚才推导的递推公式有许多应用. 下面举几个例题.

例 18 设 n 是一个正整数, 已知 $2 + 2\sqrt{1 + 12n^2}$ 是一个整数. 求证: 它一定是一个完全平方数.

证明: 利用题目条件, 存在正整数 u, 满足
$$\sqrt{1 + 12n^2} = u \tag{3.1.300}$$

上式两端平方, 可以看到
$$u^2 - 12n^2 = 1 \tag{3.1.301}$$

这是一个 Pell 方程, $p = 12$, 最小的一组正整数解
$$u_1 = 7, \quad n_1 = 2 \tag{3.1.302}$$

利用上例中定理, 知道满足方程(3.1.301)的所有正整数组解 (u_k, n_k), 其中
$$u_k = \frac{1}{2}[(7 + 2\sqrt{12})^k + (7 - 2\sqrt{12})^k] = \frac{1}{2}[(2 + \sqrt{3})^{2k} + (2 - \sqrt{3})^{2k}] \tag{3.1.303}$$

利用上面叙述, 有
$$2 + 2\sqrt{1 + 12n_k^2} = 2 + 2u_k = [(2 + \sqrt{3})^k + (2 - \sqrt{3})^k]^2 \tag{3.1.304}$$

由二项式展开, 知道 $(2 + \sqrt{3})^k + (2 - \sqrt{3})^k$ 是一个正整数. 这就是题目结论.

例 19 (1) 求证: 存在无限多个正整数 a, 使得 $a + 1$ 和 $3a + 1$ 都是完全平方数.

(2) 设 $a_1 < a_2 < \cdots < a_n < \cdots$ 是 (1) 的全部正整数解. 求证: $a_n a_{n+1} + 1$ 是一个完全平方数.

证明: (1) 由题目条件, 寻找正整数 x 和 y, 满足
$$a + 1 = x^2, \quad 3a + 1 = y^2 \tag{3.1.305}$$

由上式, 立即有
$$3x^2 - y^2 = 2 \tag{3.1.306}$$

由于偶数的平方是 4 的整数倍, 所以满足上述方程的正整数 x, y 都是奇数. 令
$$u = \frac{1}{2}(3x - y), \quad v = \frac{1}{2}(y - x) \tag{3.1.307}$$

再利用公式(3.1.305)知道, u, v 都是正整数. 利用公式(3.1.306)和(3.1.307), 有
$$u^2 - 3v^2 = 1 \tag{3.1.308}$$

于是, 得到一个 Pell 方程, $p = 3$.
$$u_1 = 2, \quad v_1 = 1 \tag{3.1.309}$$

是满足 Pell 方程(3.1.308)的一组最小正整数解. 利用例 17 中定理, 知道方程(3.1.308)的全部正整数组解 (u_n, v_n) 满足
$$\left.\begin{array}{l} u_n = \frac{1}{2}[(2 + \sqrt{3})^n + (2 - \sqrt{3})^n] \\ v_n = \frac{1}{2\sqrt{3}}[(2 + \sqrt{3})^n - (2 - \sqrt{3})^n] \end{array}\right\} \tag{3.1.310}$$

利用公式(3.1.307), 记相应正整数对 (x_n, y_n) 满足
$$u_n = \frac{1}{2}(3x_n - y_n), \quad v_n = \frac{1}{2}(y_n - x_n) \tag{3.1.311}$$

利用上式,有
$$u_n + v_n = x_n \tag{3.1.312}$$
利用公式(3.1.305),记相应的正整数 a_n 满足
$$a_n + 1 = x_n^2, \quad 3a_n + 1 = y_n^2 \tag{3.1.313}$$
利用公式(3.1.312)和(3.1.313)的第一个等式,有
$$a_n = (u_n + v_n)^2 - 1$$
$$= \left\{\frac{1}{2}\left[(2+\sqrt{3})^n + (2-\sqrt{3})^n\right] + \frac{1}{2\sqrt{3}}\left[(2+\sqrt{3})^n - (2-\sqrt{3})^n\right]\right\}^2 - 1 \tag{3.1.314}$$

为了书写简洁,记
$$\alpha = 2 + \sqrt{3}, \quad \beta = 2 - \sqrt{3}, \quad \alpha\beta = 1 \tag{3.1.315}$$
利用公式(3.1.314)和(3.1.315),有
$$a_n = \left[\frac{1}{2}\left(1+\frac{1}{\sqrt{3}}\right)\alpha^n + \frac{1}{2}\left(1-\frac{1}{\sqrt{3}}\right)\beta^n\right]^2 - 1$$
$$= \frac{1}{4}\left(\frac{4}{3}+\frac{2}{\sqrt{3}}\right)\alpha^{2n} + \frac{1}{4}\left(\frac{4}{3}-\frac{2}{\sqrt{3}}\right)\beta^{2n} + \frac{1}{2}\left(1-\frac{1}{3}\right) - 1$$
$$= \frac{1}{6}(\alpha^{2n+1} + \beta^{2n+1} - 4) \tag{3.1.316}$$

这里 n 是任意正整数.利用上式,有题目结论(1).

(2) 利用上式,有
$$a_n a_{n+1} + 1 = \frac{1}{36}(\alpha^{2n+1} + \beta^{2n+1} - 4)(\alpha^{2n+3} + \beta^{2n+3} - 4) + 1$$
$$= \frac{1}{36}\left[(\alpha^{4n+4} + \alpha^2 - 4\alpha^{2n+3}) + (\beta^2 + \beta^{4n+4} - 4\beta^{2n+3})\right.$$
$$\left. - (4\alpha^{2n+1} + 4\beta^{2n+1} - 16)\right] + 1 \text{(利用 } \alpha\beta = 1\text{)}$$
$$= \frac{1}{36}\{[\alpha^{4n+4} + (7+4\sqrt{3}) - 4(2+\sqrt{3})\alpha^{2n+2}] + [(7-4\sqrt{3}) + \beta^{4n+4} - 4(2-\sqrt{3})\beta^{2n+2}]$$
$$- [4(2-\sqrt{3})\alpha^{2n+2} + 4(2+\sqrt{3})\beta^{2n+2} - 16] + 36\}\text{(利用公式(3.1.315))}$$
$$= \frac{1}{36}(\alpha^{4n+4} + \beta^{4n+4} + 66 - 16\alpha^{2n+2} - 16\beta^{2n+2})$$
$$= \left[\frac{1}{6}(\alpha^{2n+2} + \beta^{2n+2} - 8)\right]^2 \tag{3.1.317}$$

记
$$f_{2n+2} = \frac{1}{6}(\alpha^{2n+2} + \beta^{2n+2} - 8) \tag{3.1.318}$$

这里 n 是任意非负整数.

当 $n = 0$ 时,利用公式(3.1.315)和上式,有
$$f_2 = \frac{1}{6}(\alpha^2 + \beta^2 - 8) = 1 \tag{3.1.319}$$

设对某个非负整数 n,由公式(3.1.318)定义的 f_{2n+2} 是一个正整数,考虑 $n+1$ 情况:
$$f_{2n+4} = \frac{1}{6}(\alpha^{2n+4} + \beta^{2n+4} - 8)\text{(在公式(3.1.318)中用 }n+1\text{ 代替 }n\text{)}$$
$$= \frac{1}{6}[(7+4\sqrt{3})\alpha^{2n+2} + (7-4\sqrt{3})\beta^{2n+2} - 8]\text{(利用公式(3.1.315))}$$
$$= (\alpha^{2n+2} + \beta^{2n+2}) + f_{2n+2} + \frac{2\sqrt{3}}{3}(\alpha^{2n+2} - \beta^{2n+2}) \tag{3.1.320}$$

这里利用公式(3.1.318),公式(3.1.315)和二项式展开公式,知道上式右端第一个圆括号内部分是正整数,第二个圆括号连同前面系数也是正整数.再利用归纳法假设,知道 f_{2n+2} 是一个正整数.因此 f_{2n+4} 是一个正整数.于是,由公式(3.1.318)定义的 f_{2n+2} 都是正整数(n 是任意非负整数),于是,再利用(3.1.317),知道 $a_n a_{n+1}+1$ 是完全平方数.

例 20 求证:有无穷多个正整数 n,使得算术平均值 $\frac{1}{n}\sum_{k=1}^{n}k^2$ 是一个完全平方数.

证明: 由于题目条件,考虑

$$\frac{1}{n}\sum_{k=1}^{n}k^2 = \frac{1}{6}(n+1)(2n+1) = m^2 \tag{3.1.321}$$

这里 m 是一个正整数,利用上式,有

$$2n^2 + 3n + 1 = 6m^2 \tag{3.1.322}$$

利用上式,可以看到

$$(4n+3)^2 - 3(4m)^2 = 1 \tag{3.1.323}$$

令

$$x = 4n+3, \quad y = 4m \tag{3.1.324}$$

则正整数 (x,y) 满足下述 Pell 方程

$$x^2 - 3y^2 = 1 \tag{3.1.325}$$

利用例17中定理,上述方程的全部正整数组解 (x_k, y_k),由下列公式确定

$$\left.\begin{array}{l} x_k = \frac{1}{2}[(2+\sqrt{3})^k + (2-\sqrt{3})^k] \\ y_k = \frac{1}{2\sqrt{3}}[(2+\sqrt{3})^k + (2-\sqrt{3})^k] \end{array}\right\} \tag{3.1.326}$$

这里 k 是任意正整数.利用上式,有

$$x_2 = 7, \quad y_2 = 4 \tag{3.1.327}$$

利用公式(3.1.326),有

$$\left.\begin{array}{l} x_{4k+2} = \frac{1}{2}[(2+\sqrt{3})^{4k+2} + (2-\sqrt{3})^{4k+2}] \\ y_{4k+2} = \frac{1}{2\sqrt{3}}[(2+\sqrt{3})^{4k+2} - (2-\sqrt{3})^{4k+2}] \end{array}\right\} \tag{3.1.328}$$

这里 k 是任意非负整数.利用二项式展开公式,以及上式的第一个等式,有

$x_{4k+2} = 4t + 3^{2k+1}$(这里 t 是一个正整数)

$\equiv -1 (\bmod 4) \equiv 3 (\bmod 4)$(这里利用 $3^{2k+1} = (4-1)^{2k+1}$,或者 $3^{2k+1} = 3(4-1)^{2k}$)

$$\tag{3.1.329}$$

利用公式(3.1.328)的第二个等式,及二项式展开公式,有

$$y_{4k+2} \equiv 0 (\bmod 4) \tag{3.1.330}$$

定义正整数对 (n_{4k+2}, m_{4k+2}),满足

$$x_{4k+2} = 4n_{4k+2} + 3, \quad y_{4k+2} = 4m_{4k+2} \tag{3.1.331}$$

利用上面叙述,有无限多组正整数解 (n_{4k+2}, m_{4k+2}) 存在,满足题目要求.

例 21 求所有两个连续的正整数,使得它们的立方差是一个完全平方数.

解: 本题是求所有的正整数 a, b,满足

$$(a+1)^3 - a^3 = b^2 \tag{3.1.332}$$

化简上式,有

$$3a^2 + 3a + 1 = b^2 \tag{3.1.333}$$

令
$$x = 2b, \quad y = 2a + 1 \tag{3.1.334}$$
利用公式(3.1.333)和(3.1.334),有
$$x^2 - 3y^2 = 1 \tag{3.1.335}$$

上述方程是一个 Pell 方程,最小正整数组解 $x_1 = 2, y_1 = 1$. 上例公式(3.1.326)给出了全部正整数组解. 在例 17 后面递推公式(3.1.297)中,用下标 $n+1$ 代替 $n,k=1$,这里 $p=3$,可以看到
$$x_{n+1} = 2x_n + 3y_n, \quad y_{n+1} = x_n + 2y_n \tag{3.1.336}$$
这里 n 是任意正整数,利用上式,有
$$\left. \begin{array}{l} x_{n+2} = 2x_{n+1} + 3y_{n+1} = 7x_n + 12y_n \\ y_{n+2} = x_{n+1} + 2y_{n+1} = 4x_n + 7y_n \end{array} \right\} \tag{3.1.337}$$

利用公式(3.1.336)和(3.1.337)可以看到,如果 x_n 是偶数,y_n 是奇数,则 x_{n+1} 是奇数,y_{n+1} 是偶数,以及 x_{n+2} 是偶数,y_{n+2} 是奇数. 由于 $x_1 = 2, y_1 = 1$,满足公式(3.1.334)的全部正整数解是 (x_{2n+1}, y_{2n+1}),这里 n 是任意正整数. 因此,所求的全部正整数 a 相应地记为 a_{2n+1},利用上例公式(3.1.326)和公式(3.1.334),有
$$a_{2n+1} = \frac{1}{2}(y_{2n+1} - 1) = \frac{1}{4\sqrt{3}}[(2+\sqrt{3})^{2n+1} - (2-\sqrt{3})^{2n+1}] - \frac{1}{2} \tag{3.1.338}$$
所求的两个连续正整数是 $a_{2n+1}, a_{2n+1} + 1$.

另外,值得一提的是下述 2000 年全国高中数学联赛第二试中一题:

设数列 $\{a_n\}$ 和 $\{b_n\}$ 满足 $a_0 = 1, b_0 = 0$,且 $a_{n+1} = 7a_n + 6b_n - 3, b_{n+1} = 8a_n + 7b_n - 4, n = 0, 1, 2, \cdots$,求证:$a_n (n = 0, 1, 2, \cdots)$ 是完全平方数. 将题目条件改写为
$$a_{n+1} - \frac{1}{2} = 7\left(a_n - \frac{1}{2}\right) + 6b_n, \quad b_{n+1} = 8\left(a_n - \frac{1}{2}\right) + 7b_n \tag{3.1.339}$$
令
$$x_n^* = a_n - \frac{1}{2}, \quad y_n^* = b_n, \quad x_1^* = \frac{7}{2}, \quad y_1^* = 4 \tag{3.1.340}$$
这里利用题目条件,有 $a_1 = 4, b_1 = 4$.

利用公式(3.1.339)和(3.1.340),有
$$x_{n+1}^* = 7x_n^* + 6y_n^*, \quad y_{n+1}^* = 8x_n^* + 7y_n^* \tag{3.1.341}$$
上述第一个等式两端乘以 2,有
$$2x_{n+1}^* = 7(2x_n^*) + 12y_n^*, \quad y_{n+1}^* = 4(2x_n^*) + 7y_n^* \tag{3.1.342}$$
考虑 Pell 方程
$$x^2 - 3y^2 = 1 \tag{3.1.343}$$
则
$$x_1 = 2, \quad y_1 = 1, \quad x_2 = 7, \quad y_2 = 4 \tag{3.1.344}$$
利用例 21 中递推公式(3.1.337),将下标 $2n$ 代替 n,有
$$x_{2(n+1)} = 7x_{2n} + 12y_{2n}, \quad y_{2(n+1)} = 4x_{2n} + 7y_{2n} \tag{3.1.345}$$
比较公式(3.1.342)和(3.1.345),并注意公式(3.1.340)和(3.1.344),有
$$2x_n^* = x_{2n}, \quad y_n^* = y_{2n} \tag{3.1.346}$$
于是,利用上式第一个等式及公式(3.1.326),有
$$2x_n^* = \frac{1}{2}[(2+\sqrt{3})^{2n} + (2-\sqrt{3})^{2n}] \tag{3.1.347}$$
再利用公式(3.1.340)的第一个等式及上式,有

$$a_n = \left\{\frac{1}{2}[(2+\sqrt{3})^n + (2-\sqrt{3})^n]\right\}^2 = x_n^2 \qquad (3.1.348)$$

这里利用公式(3.1.326)的第一个等式.

类似方程(3.1.276),方程

$$x^2 - py^2 = -1 \qquad (3.1.349)$$

称为负 Pell 方程,这里正整数 p 同样不是一个完全平方数.设已知 (x_1^*, y_1^*) 是一组正整数解,且是方程(3.1.349)的所有正整数解(x^*, y^*)中,使得 $x^* + y^*\sqrt{p}$ 达到最小的一组解,称 (x_1^*, y_1^*) 是负 Pell 方程的一组最小正整数解.对于负 Pell 方程,有下述定理.

例 22 定理:负 Pell 方程 $x^2 - py^2 = -1$ 的全部正整数组解 (x_n^*, y_n^*) (n 是任意正整数) 满足

$$\begin{cases} x_n^* = \dfrac{1}{2}[(x_1^* + y_1^*\sqrt{p})^{2n-1} + (x_1^* - y_1^*\sqrt{p})^{2n-1}] \\ y_n^* = \dfrac{1}{2\sqrt{p}}[(x_1^* + y_1^*\sqrt{p})^{2n-1} - (x_1^* - y_1^*\sqrt{p})^{2n-1}] \end{cases}$$

这里正整数 p 不是完全平方数,(x_1^*, y_1^*) 是一组最小正整数解.

证明: 由于题目中公式,对于任意正整数 n,利用二项式展开公式,可以看到 x_n^*, y_n^* 都是正整数,且满足

$$x_n^{*2} - py_n^{*2} = [(x_1^* + y_1^*\sqrt{p})(x_1^* - y_1^*\sqrt{p})]^{2n-1} = (-1)^{2n-1} = -1 \qquad (3.1.350)$$

这里利用

$$x_1^{*2} - py_1^{*2} = -1 \qquad (3.1.351)$$

利用公式(3.1.350),知道 (x_n^*, y_n^*) 是满足负 Pell 方程的一组正整数解.

称方程(3.1.276)是对应的(正)Pell 方程,设 (x_1, y_1) 是其最小的一组正整数解.下面先寻找 (x_1, y_1) 与 (x_1^*, y_1^*) 之间的关系式.

令正整数对 $(\bar{x}, \bar{y})$ 满足

$$\bar{x} + \bar{y}\sqrt{p} = (x_1^* + y_1^*\sqrt{p})^2 \qquad (3.1.352)$$

由于 $\sqrt{p}$ 是无理数,比较上式两端,有

$$\bar{x} = x_1^{*2} + py_1^{*2}, \quad \bar{y} = 2x_1^* y_1^* \qquad (3.1.353)$$

以及

$$\bar{x}^2 - p\bar{y}^2 = (x_1^{*2} - py_1^{*2})^2 = 1 \qquad (3.1.354)$$

这里利用公式(3.1.351),于是,$(\bar{x}, \bar{y})$ 是对应的 Pell 方程的一组正整数解.

由于

$$(x_1^* + y_1^*\sqrt{p})(x_1 - y_1\sqrt{p}) = (x_1^* x_1 - py_1^* y_1) + (y_1^* x_1 - x_1^* y_1)\sqrt{p} \qquad (3.1.355)$$

以及

$$(x_1^* x_1 - py_1^* y_1)^2 - p(y_1^* x_1 - x_1^* y_1)^2 = x_1^2(x_1^{*2} - py_1^{*2}) + py_1^2(py_1^{*2} - x_1^{*2})$$
$$= -(x_1^2 - py_1^2)(\text{利用公式}(3.1.351)) = -1 \qquad (3.1.356)$$

则 $(x_1^* x_1 - py_1^* y_1, y_1^* x_1 - x_1^* y_1)$ 是负 Pell 方程的一组整数解.明显地,利用负 Pell 方程,$x_1^* x_1 - py_1^* y_1, y_1^* x_1 - x_1^* y_1$ 都是非零整数.

下面分情况讨论:

① 当 $py_1^* y_1 - x_1^* x_1$ 是正整数时,利用 $(py_1^* y_1 - x_1^* x_1, |y_1^* x_1 - x_1^* y_1|)$ 是负 Pell 方程的一组正整数解.利用 (x_1^*, y_1^*) 的最小性,有

利用上式,有
$$py_1^* y_1 - x_1^* x_1 \geqslant x_1^* \tag{3.1.357}$$
利用上式,有
$$py_1^* y_1 \geqslant x_1^* (x_1 + 1) \tag{3.1.358}$$
上式两端平方,有
$$p^2 y_1^{*2} y_1^2 \geqslant x_1^{*2} (x_1 + 1)^2 \tag{3.1.359}$$
利用负 Pell 方程及相应的(正)Pell 方程,有
$$(x_1^{*2} + 1)(x_1^2 - 1) \geqslant x_1^{*2} (x_1 + 1)^2 \tag{3.1.360}$$
上式两端都除以正因数 $x_1 + 1$,有
$$(x_1^{*2} + 1)(x_1 - 1) \geqslant x_1^{*2} (x_1 + 1) \tag{3.1.361}$$
化简上式,有
$$x_1 - 1 \geqslant 2 x_1^{*2} \tag{3.1.362}$$
利用上式及公式(3.1.351),有
$$py_1^{*2} - 1 = x_1^{*2} \leqslant \frac{1}{2}(x_1 - 1) \tag{3.1.363}$$
从上式,有
$$\begin{aligned}y_1^{*2} &\leqslant \frac{1}{2p}(x_1 + 1) = \frac{1}{2py_1^2}(x_1 + 1) y_1^2 \\ &= \frac{1}{2(x_1^2 - 1)}(x_1 + 1) y_1^2 (利用(x_1, y_1)满足对应 Pell 方程(3.1.276)) \\ &= \frac{y_1^2}{2(x_1 - 1)}\end{aligned} \tag{3.1.364}$$
利用公式(3.1.353)的第一个等式,不等式(3.1.362)和上式,有
$$\begin{aligned}\bar{x} &\leqslant \frac{1}{2}(x_1 - 1) + \frac{py_1^2}{2(x_1 - 1)} \\ &= \frac{1}{2}(x_1 - 1) + \frac{1}{2}(x_1 + 1) (利用(x_1, y_1)满足对应 Pell 方程(3.1.276)) \\ &= x_1\end{aligned} \tag{3.1.365}$$
利用公式(3.1.353)的第二个等式,不等式(3.1.362)和(3.1.364),有
$$\bar{y} \leqslant 2 \sqrt{\frac{1}{2}(x_1 - 1)} \frac{y_1}{\sqrt{2(x_1 - 1)}} = y_1 \tag{3.1.366}$$
利用 $(\bar{x}, \bar{y})$ 是对应 Pell 方程的一组正整数解,利用(x_1, y_1)的最小性,以及上二个不等式,有
$$\bar{x} = x_1, \quad \bar{y} = y_1 \tag{3.1.367}$$
利用公式(3.1.353)和上式,有
$$x_1 + y_1 \sqrt{p} = (x_1^* + y_1^* \sqrt{p})^2 \tag{3.1.368}$$
② 当 $x_1^* x_1 - py_1^* y_1$ 是正整数时,类似公式(3.1.357),有
$$x_1^* x_1 - py_1^* y_1 \geqslant x_1^* \tag{3.1.369}$$
利用上式,有
$$x_1^* (x_1 - 1) \geqslant py_1^* y_1 \tag{3.1.370}$$
上式两端平方,有
$$x_1^{*2}(x_1 - 1)^2 \geqslant (x_1^{*2} + 1)(x_1^2 - 1)(利用负 Pell 方程及对应的(正)Pell 方程) \tag{3.1.371}$$
上式两端同除以共同正因数 $x_1 - 1$(由于 $x_1 \geqslant 2$),有

$$x_1^{*2}(x_1-1) \geqslant (x_1^{*2}+1)(x_1+1) \tag{3.1.372}$$

上式右端显然大于左端,上式是不可能成立的. 因此,只有公式(3.1.368). 这个公式给出了负 Pell 方程的最小正整数组解与对应的(正)Pell 方程的最小正整数组解之间的关系式.

如果 (x^*, y^*) 是满足负 Pell 方程的一组正整数解,类似公式(3.1.352),令正整数对 $(\tilde{x}, \tilde{y})$ 满足

$$\tilde{x} + \tilde{y}\sqrt{p} = (x^* + y^*\sqrt{p})^2 \tag{3.1.373}$$

完全类似公式(3.1.353)和(3.1.354),$(\tilde{x}, \tilde{y})$ 是对应正 Pell 方程的一组正整数解. 利用例17的定理,有正整数 k,满足

$$\tilde{x} = x_k, \quad \tilde{y} = y_k \tag{3.1.374}$$

利用公式(3.1.373)和(3.1.374),有

$$(x^* + y^*\sqrt{p})^2 = x_k + y_k\sqrt{p} = (x_1 + y_1\sqrt{p})^k \text{(利用例 17)}$$
$$= (x_1^* + y_1^*\sqrt{p})^{2k} \text{(利用公式(3.1.368))} \tag{3.1.375}$$

上式两端开方,有

$$x^* + y^*\sqrt{p} = (x_1^* + y_1^*\sqrt{p})^k \tag{3.1.376}$$

由于 $\sqrt{p}$ 是一个无理数,x^*, y^*, x_1^*, y_1^* 皆是正整数,利用公式(3.1.376),有

$$(x_1^* - y_1^*\sqrt{p})^k = x^* - y^*\sqrt{p} \tag{3.1.377}$$

利用 (x^*, y^*) 是负 Pell 方程的一组正整数解,应有

$$-1 = (x^* + y^*\sqrt{p})(x^* - y^*\sqrt{p})$$
$$= [(x_1^* + y_1^*\sqrt{p})(x_1^* - y_1^*\sqrt{p})]^k \text{(利用公式(3.1.376) 和(3.1.377))}$$
$$= (-1)^k \tag{3.1.378}$$

因此,正整数 k 必为奇数 $2n-1$(n 是一个正整数),再利用公式(3.1.376)和(3.1.377),以及题目给出的公式,有

$$x^* = x_n^*, \quad y^* = y_n^* \tag{3.1.379}$$

这就是结论.

下面举一个负 Pell 方程的应用例题.

例 23 设 x, y 都是正整数,且 $x + xy$ 和 $y + xy$ 都是完全平方数. 求证: x, y 中恰有一个是完全平方数.

证明: 如果 x, y 都是完全平方数,利用题目条件知道 $x(1+y)$ 也是完全平方数,则 $1+y$ 也是完全平方数,于是 y 和 $1+y$ 都是完全平方数,这不可能. 因此,x, y 中至多有一个是完全平方数.

记

$$x = ac^2, \quad x + 1 = bd^2 \tag{3.1.380}$$

这里正整数 a, b 都无大于 1 的平方数作为因数. 而且 a, b 不可能都是 1,c, d 都是正整数.

利用公式(3.1.380),有

$$x(y+1) = ac^2(y+1), \quad (x+1)y = bd^2 y \tag{3.1.381}$$

由题目条件,公式(3.1.381)的两个右端都是完全平方数,则必有

$$y + 1 = au^2, \quad y = bv^2 \tag{3.1.382}$$

这里 u, v 都是正整数.

利用公式(3.1.380)和(3.1.382),有

$$au^2 - bv^2 = 1, \quad ac^2 - bd^2 = -1 \tag{3.1.383}$$

而且,可以看到
$$(auc + bvd)^2 - ab(cv + ud)^2 = (au^2 - bv^2)(ac^2 - bd^2) = -1 \qquad (3.1.384)$$

利用公式(3.1.380),以及 $x(x+1)$ 不是一个完全平方数,可以知道正整数 ab 不是一个完全平方数.引入一个负 Pell 方程
$$x^{*2} - aby^{*2} = -1 \qquad (3.1.385)$$

我们利用公式(3.1.384)和上式,再利用上例中的定理,知道存在正整数 n,满足
$$auc + bvd = x_n^*, \quad cv + ud = y_n^* \qquad (3.1.386)$$

这里正整数 x_n^*, y_n^* 满足上例题目中表达式,即负 Pell 方程(3.1.385)有正整数组解.由上例叙述知道对应的(正)Pell 方程
$$x^{*2} - aby^{*2} = 1 \qquad (3.1.387)$$

一定有正整数组解(利用公式(3.1.368)).

令
$$\alpha = 2x + 1, \quad \beta = 2cd \qquad (3.1.388)$$

则
$$\alpha^2 - ab\beta^2 = (2ac^2 + 1)^2 - 4abc^2 d^2 (\text{利用公式}(3.1.380) \text{的第一等式})$$
$$= 4ac^2(ac^2 - bd^2) + (4ac^2 + 1)$$
$$= 1 (\text{利用公式}(3.1.383) \text{的第二等式}) \qquad (3.1.389)$$

于是 (α, β) 是满足对应的(正)Pell 方程的一组正整数解.利用例 17 中定理,存在正整数 k,使得
$$\alpha + \sqrt{ab}\beta = (x_1 + \sqrt{ab}y_1)^k \qquad (3.1.390)$$

这里 (x_1, y_1) 是满足方程(3.1.387)的一组最小正整数解.

当 $k = 2m$ 时,这里 m 是一个正整数,有
$$\alpha + \sqrt{ab}\beta = [(x_1 + \sqrt{ab}y_1)^m]^2 (\text{利用公式}(3.1.390))$$
$$= (x_m + \sqrt{ab}x_m)^2 (\text{再次利用例 17}) \qquad (3.1.391)$$

当 $k = 2m - 1$ 时,这里 m 是一个正整数,利用公式(3.1.390)和上例公式(3.1.368),有
$$\alpha + \sqrt{ab}\beta = (x_1^* + \sqrt{ab}y_1^*)^{2(2m-1)} = [(x_1^* + \sqrt{ab}y_1^*)^{2m-1}]^2$$
$$= (x_m^* + \sqrt{ab}y_m^*)^2 (\text{利用上例}) \qquad (3.1.392)$$

利用公式(3.1.391)和(3.1.392),可统一地写成
$$\alpha + \beta\sqrt{ab} = (u^* + v^*\sqrt{ab})^2 \qquad (3.1.393)$$

这里 (u^*, v^*) 是正整数对,满足
$$u^{*2} - abv^{*2} = 1 \quad \text{或者} \quad u^{*2} - abv^{*2} = -1 \qquad (3.1.394)$$

利用公式(3.1.393),有
$$\alpha = u^{*2} + abv^{*2} \qquad (3.1.395)$$

下面分情况讨论:

① 如果公式(3.1.394)的第一个等式成立,再利用公式(3.1.388)的第一个等式和公式(3.1.395),有
$$2(x + 1) = \alpha + 1 = u^{*2} + (abv^{*2} + 1) = 2u^{*2} \qquad (3.1.396)$$

于是,$x + 1$ 是一个完全平方数,又利用题目条件,知道 $y(x+1)$ 是一个完全平方数,则 y 也是一个完全平方数.

② 如果公式(3.1.394)的第二个等式成立,类似,有
$$2x = \alpha - 1 = u^{*2} + (abv^{*2} - 1) = 2u^{*2} \qquad (3.1.397)$$

则 x 是一个完全平方数.从而题目结论成立.

下面再举一例,这例解答的最后部分用到 Pell 方程知识.

例 24 已知 ε 是一个给定正实数,一个正整数 n 称为 ε 平方阶的,如果 $n = ab$,这里 a, b 都是正整数,且满足 $a \leq b < (1+\varepsilon)a$. 每个正整数都是 ε 平方阶的 6 个连续正整数组成的一个集合 $\varepsilon(6)$. 求证:有无限多个 $\varepsilon(6)$ 类型的集合.

证明: 利用

$$x^2 = xx, \quad x^2 - 1 = (x-1)(x+1), \quad x^2 - 4 = (x-2)(x+2) \quad (3.1.398)$$

取正整数 $x > 3$, 满足

$$1 < x - 2 < x + 2 < (1+\varepsilon)(x-2) \quad (3.1.399)$$

上式最后一个不等式成立,且当仅当

$$\varepsilon x > 4 + 2\varepsilon, \quad 即取 \quad x > \frac{4}{\varepsilon} + 2 \quad (3.1.400)$$

当上式成立时(当然本题的 ε 很小,认为 $\frac{4}{\varepsilon} > 1$,否则就取 $x > 3$ 即可),必然满足

$$1 < x - 1 < x + 1 < (1+\varepsilon)(x-1) \quad (3.1.401)$$

因此,当正整数 x 满足不等式(3.1.400)时,利用上面叙述,可以知道 x^2, x^2-1, x^4-4 都是 ε 平方阶的. 剩下考虑 3 个正整数 $x^2 - 2, x^2 - 3$ 和 $x^2 - 5$.

取正整数

$$x = t^2 + t - 2 \quad (3.1.402)$$

这里 t 是正整数,且 $t \geq 2$, 可以看到

$$(x-t)(x+t+1) = (x^2 - t^2) + (x-t) = x^2 - 2 \quad (3.1.403)$$

$$(x - 2t + 1)(x + 2t + 3) = (x^2 - 4t^2) + (x + 2t) + 3(x - 2t + 1)$$
$$= (x^2 + 4x + 3) - 4(t^2 + t) = x^2 - 5 \quad (3.1.404)$$

当 x 取公式(3.1.402)的正整数时,利用上面叙述,$x^2 - 2$ 和 $x^2 - 5$ 都可以写成正整数 a 乘以正整数 b 的形式.

先要求

$$1 < x - t < x + t + 1 < (1+\varepsilon)(x-t) \quad (3.1.405)$$

由公式(3.1.402),上式前二个不等号显然成立. 要上式最后一个不等号成立,当且仅当

$$x > \left(1 + \frac{2}{\varepsilon}\right)t + \frac{1}{\varepsilon} \quad (3.1.406)$$

利用公式(3.1.402)和上式,取

$$t\left(t - \frac{2}{\varepsilon}\right) > \frac{1}{\varepsilon} + 2 \quad (3.1.407)$$

对于给定的正常数 ε,只要取正整数 t 很大即可,同时满足不等式(3.1.400)和(3.1.407)的正整数 t 当然有无限多个. 因此 $x^2 - 2$ 是 ε 平方阶的.

利用公式(3.1.402),有

$$x - 2t + 1 = t^2 - t - 1, \quad x + 2t + 3 = t^2 + 3t + 1 \quad (3.1.408)$$

取正整数 $t \geq 3$, 且要满足

$$1 < t^2 - t - 1 < t^2 + 3t + 1 < (1+\varepsilon)(t^2 - t - 1) \quad (3.1.409)$$

要上式最后一个不等式成立,只须取正整数 t 满足

$$t\left[t - \left(1 + \frac{4}{\varepsilon}\right)\right] > \frac{2}{\varepsilon} + 1 \quad (3.1.410)$$

由于正实数 ε 是给定的,只要取正整数 t 很大,上式一定成立. 明显地,同时满足不等式(3.1.400),(3.1.407)和(3.1.410)的正整数 t 有无限多个. 利用公式(3.1.404),(3.1.408)和

(3.1.409)(当然不等式(3.1.410)要成立),知道 x^2-5 是 ε 平方阶的.于是,有无限多个正整数 x,使得 x^2, x^2-1, x^2-2, x^2-4 和 x^2-5 都是 ε 平方阶的.剩下考虑 x^2-3.

如果正整数 x 又可以写成
$$x = 2s^2 - 2 \tag{3.1.411}$$
这里 s 是大于等于 2 的正整数.

可以看到
$$(x-2s+1)(x+2s+1) = x^2 - 4s^2 + 2x + 1 = x^2 - 3 \tag{3.1.412}$$
取正整数 $s(s \geqslant 2)$ 满足
$$1 < x - 2s + 1 < x + 2s + 1 < (1+\varepsilon)(x-2s+1) \tag{3.1.413}$$
前二个不等式显然成立,要求上式的最后一个不等式成立,只须取正整数 s 满足
$$2s^2 - 2 > 2\left(1 + \frac{2}{\varepsilon}\right)s - 1 \tag{3.1.414}$$
这里利用公式(3.1.411),显然有无限多个正整数 s 满足上式,即 x^2-3 是 ε 平方阶的.

下面要寻找(无限多个)正整数 x,同时满足公式(3.1.402)和(3.1.411),即
$$t^2 + t = 2s^2 \tag{3.1.415}$$
令
$$u = 2t + 1 \tag{3.1.416}$$
利用上二式,有
$$u^2 - 8s^2 = 1 \tag{3.1.417}$$
上述方程是一个 Pell 方程,最小的一组正整数解
$$u_1 = 3, \quad s_1 = 1 \tag{3.1.418}$$

利用例 17 中定理,有无限多组正整数解 (u_n, s_n) 满足方程(3.1.417),且 u_n 必是奇数,对应满足公式(3.1.415)的无限多组正整数 (t_n, s_n) 存在.因此,有无限多组 ε(6),使得 $x^2, x^2-1, x^2-2, x^2-3, x^2-4, x^2-5$ 是 ε 平方阶的.

注:提一个问题:是否存在无限多个由 10 个连续正整数组成的集合,在每个 10 元集合内,至少有 8 个 ε 平方阶的元素?

下面二例,处理方法很接近.

例 25 如果 a, b, c 是正整数,使得 $0 < a^2 + b^2 - abc \leqslant c + 1$.求证:$a^2 + b^2 - abc$ 是一个完全平方数.

证明:设
$$a^2 + b^2 - abc = k \tag{3.1.419}$$
由题目条件,k 是一个正整数,且 $k \leqslant c+1$.考虑下述形式的方程
$$x^2 + y^2 - cxy - k = 0 \tag{3.1.420}$$
显然,
$$\begin{cases} x = a \\ y = b \end{cases}, \quad \begin{cases} x = b \\ y = a \end{cases} \tag{3.1.421}$$
是方程(3.1.420)的两组正整数解.下面先证明,满足方程(3.1.420)的任意一组整数解 (x, y),必定有
$$xy \geqslant 0 \tag{3.1.422}$$

用反证法,如果 $xy < 0$,由于 x, y 都是整数,则 $xy \leqslant -1$,c 是正整数,则 $-cxy \geqslant c$.由于 $k \leqslant c+1$,再由方程(3.1.420),有 $x^2 + y^2 \leqslant 1$.由于 x, y 都是整数,则 x, y 中必有一个是零,这与 $xy \leqslant -1$ 矛盾.

由于方程(3.1.420)有正整数解,设 $x = a^*, y = b^*$ 是满足方程(3.1.420)的所有正整数组解中,$a^* + b^*$ 最小的一组正整数解. 由于 $x = b^*, y = a^*$ 也是方程(3.1.420)的一组正整数解,因此,不妨设 $a^* \geqslant b^*$. 在方程(3.1.420)中,令 $y = b^*$,考虑下述一元二次方程

$$x^2 - cb^* x + b^{*2} - k = 0 \tag{3.1.423}$$

我们已知上述方程有一根 $x = a^*$,设另一根为 $\bar{a}$,由 Vieta 定理,有

$$a^* + \bar{a} = cb^*, \quad a^* \bar{a} = b^{*2} - k \tag{3.1.424}$$

由上式第一个等式,知道 $\bar{a}$ 是一个整数.

对本题的结论,用反证法. 设 k 不是一个完全平方数,则 $b^{*2} - k$ 不等于零. 于是,利用公式(3.1.424)的第二个等式,知道 $\bar{a}$ 不等于零. 由于 $x = \bar{a}, y = b^*$ 是满足方程(3.1.420)的一组整数解,利用不等式(3.1.422),有 $\bar{a}b^* \geqslant 0$,由于 b^* 是一个正整数,$\bar{a}$ 不等于零,则 $\bar{a}$ 一定是正整数解. 利用公式(3.1.424)的第二个等式,有

$$\bar{a} = \frac{b^{*2} - k}{a^*} \leqslant \frac{b^{*2} - 1}{a^*} \leqslant \frac{a^{*2} - 1}{a^*} < a^* \tag{3.1.425}$$

那么,方程(3.1.420)的正整数组解 $x = \bar{a}, y = b^*$,具性质 $\bar{a} + b^* < a^* + b^*$,这与 $a^* + b^*$ 的最小性假设矛盾. 因此,k 一定是一个完全平方数.

注:当 $k = c$ 时,本题恰为1988年国际数学奥林匹克竞赛的第六题.

例 26 设 m, n 是两个同奇偶的正整数,且 $n^2 - 1$ 是 $m^2 + 1 - n^2$ 的一个整数倍. 求证: $m^2 + 1 - n^2$ 是一个完全平方数.

证明:由题目条件,存在整数 t,满足

$$n^2 - 1 = t(m^2 + 1 - n^2) \tag{3.1.426}$$

从上式,可以看到

$$m^2 = (m^2 + 1 - n^2) + (n^2 - 1) = (1 + t)(m^2 + 1 - n^2) \tag{3.1.427}$$

记

$$k = t + 1 \tag{3.1.428}$$

由于 m 是一个正整数,利用上二式,可以得到 k 是非零整数. 如果能证明 k 是一个完全平方数,利用上面叙述,知道 $m^2 + 1 - n^2$ 是一个有理数的平方,又由于 $m^2 + 1 - n^2$ 是一个整数,则 $m^2 + 1 - n^2$ 是一个完全平方数. 题目结论成立.

令

$$x = \frac{1}{2}(m + n), \quad y = \frac{1}{2}(m - n) \tag{3.1.429}$$

由于 m, n 是同奇偶的正整数,则 x, y 都是整数. 利用上面叙述,有

$$(x + y)^2 - k(1 + 4xy) = m^2 - k(1 + m^2 - n^2) = 0 \tag{3.1.430}$$

令集合

$$S_k = \{(x, y) \mid 整数对 (x, y) 满足 (x + y)^2 - k(1 + 4xy) = 0\} \tag{3.1.431}$$

利用公式(3.1.429)和(3.1.430)知道,集合 S_k 是非空的. 利用公式(3.1.431)可以看到,当 $(x, y) \in S_k$ 时,$(y, x) \in S_k$,且 $(-x, -y) \in S_k$.

记

$$a = \min\{x \mid x \geqslant 0, (x, y) \in S_k, 且\ x \leqslant |y|\} \tag{3.1.432}$$

这里对于 $(x, y) \in S_k$,由于 $(y, x) \in S_k$,可以使得 $|x| \leqslant |y|$,否则 x, y 互换位置. 如果 $x < 0$,用 $(-x, -y)$ 代替. 下面证明

$$a = 0 \tag{3.1.433}$$

如果上式成立,有 $(0, y) \in S_k$. 再利用公式(3.1.431),有

$$k = y^2 \tag{3.1.434}$$

由前面叙述,知道题目结论成立.

下面用反证法,设 $a>0$. 由公式(3.1.431),有 $(a,y) \in S_k$,则
$$(a+y)^2 - k(1+4ay) = 0 \tag{3.1.435}$$
整理上式,有
$$y^2 + (2a - 4ak)y + (a^2 - k) = 0 \tag{3.1.436}$$
上式是变元 y 的一元二次方程,已知有一个整数根 y,记另一根是 b,由 Vieta 定理,可以看到
$$b + y = 2(2k-1)a, \quad by = a^2 - k \tag{3.1.437}$$
由上式的第一个等式,知道 b 也是整数. 又可以得到
$$(a+b)(a+y) = a^2 + a(b+y) + by = (4a^2 - 1)k (利用公式(3.1.437)) \tag{3.1.438}$$

下面分情况讨论.

① 如果非零整数 $k<0$,利用公式(3.1.437),有
$$b + y < 0, \quad by > 0 \tag{3.1.439}$$
则 b, y 都是负整数. 又由于 $(a,b) \in S_k$,利用公式(3.1.432),有 $a \leqslant |y|$,及 $a \leqslant |b|$,那么,有
$$a + y \leqslant 0, \quad a + b \leqslant 0 \tag{3.1.440}$$
利用公式(3.1.438)和(3.1.440),有
$$(4a^2 - 1)k \geqslant 0 \tag{3.1.441}$$
利用反证法假设 a 是正整数,又 $k<0$,上式是不可能成立的.

② 如果非零整数 $k>0$,即 k 是正整数,又由于 a 是一个正整数(反证法假设),兼顾公式(3.1.438),有
$$(a+b)(a+y) > 0 \tag{3.1.442}$$
又利用公式(3.1.437)的第一个等式,有
$$b + y > 0 \tag{3.1.443}$$
利用公式(3.1.432),以及 $(a,y) \in S_k$, $(a,b) \in S_k$,有 $a \leqslant |y|$, $a \leqslant |b|$,如果 $b<0$,则 $a+b<0$,再利用不等式(3.1.442),有 $a+y<0$,从而有 $b<0$ 和 $y<0$,这与不等式(3.1.443)矛盾. 于是,必有
$$b > 0, \quad y > 0 (类似可得) \tag{3.1.444}$$
利用上面叙述,有
$$a \leqslant b, \quad a \leqslant y, \quad a^2 \leqslant by \tag{3.1.445}$$
上式与公式(3.1.437)的第二个等式($k>0$)矛盾. 从而公式(3.1.433)成立. 得到题目结论.

3.2 Fermat 小定理及其应用

本节先介绍 Fermat 小定理及其应用.

例 1(Fermat 小定理) p 是质数,a 是正整数,则 $a^p - a$ 是 p 的整数倍.

证明: 对 a 用数学归纳法. 当 $a=1$ 时,Fermat 小定理显然成立. 设 $a = n$ (n 是某个正整数)时,$n^p - n$ 是 p 的整数倍. 由 $a = n+1$,由于 p 是质数,利用组合数 $C_p^1, C_p^2, \cdots, C_p^{p-1}$ 都是 p 的整数倍,有
$$(n+1)^p = n^p + C_p^1 n^{p-1} + C_p^2 n^{p-2} + \cdots + C_p^{p-1} n + 1 = n^p + 1 + kp \tag{3.2.1}$$

这里 k 是某个正整数. 再利用归纳法假设, 有
$$n^p = sp + n \tag{3.2.2}$$
这里 s 是正整数, 从上二式, 有
$$(n+1)^p - (n+1) = (k+s)p \tag{3.2.3}$$
归纳法完成. Fermat 小定理成立.

特别当 a, p 互质时, 利用 $a^p - a = a(a^{p-1} - 1)$, 可以知道
$$a^{p-1} \equiv 1 (\bmod p) \tag{3.2.4}$$
注: 公式(3.2.4)是经常要用的一个公式.

例 2 求证: 没有无限多个质数 $p_1, p_2, \cdots, p_n, \cdots$, 使得 $p_1 < p_2 < \cdots < p_n < \cdots$, 而且对于任意正整数 k, 有 $p_{k+1} = 2p_k \pm 1$.

证明: 用反证法, 如果有无限多个质数 $p_1, p_2, \cdots, p_n, \cdots$, 满足题目条件, 可以删去质数 2, 3, 不妨设 $p_1 > 3$, 由于 $6s, 6s+2, 6s+3, 6s-2 (s \in \mathbf{N}^+)$ 都是合数, 则大于 3 的质数 p_1, 必有
$$p_1 \equiv 1 (\bmod 6) \quad \text{或} \quad p_1 \equiv -1 (\bmod 6) \tag{3.2.5}$$
如果 $p_1 = 6s - 1 (s \in \mathbf{N}^+)$, 由题目条件, $p_2 = 2p_1 + 1$ 或 $p_2 = 2p_1 - 1$, 当 $p_2 = 2p_1 - 1$ 时, 可以看到
$$p_2 = 12s - 3 \tag{3.2.6}$$
p_2 不是质数, 因此, 必有 $p_2 = 2p_1 + 1 \equiv -1 (\bmod 6)$, 重复上面证明, 我们知道, 对于任意正整数 k, 有
$$p_k \equiv -1 (\bmod 6) \quad \text{以及} \quad p_{k+1} = 2p_k + 1 \tag{3.2.7}$$
在上式中, 分别令 $k = n-1, n-2, \cdots, 2, 1$, 这里正整数 $n \geq 4$, 有
$$\begin{aligned} p_n &= 2p_{n-1} + 1 = 2(2p_{n-2} + 1) = 2^2 p_{n-2} + (2+1) \\ &= 2^3 p_{n-3} + (2^2 + 2 + 1) = \cdots = 2^{n-1} p_1 + (2^{n-2} + 2^{n-3} + \cdots + 2^2 + 2 + 1) \\ &= 2^{n-1} p_1 + (2^{n-1} - 1) \end{aligned} \tag{3.2.8}$$
取 $n = p_1 (p_1 > 3)$, 有
$$p_{p_1} = 2^{p_1 - 1} p_1 + (2^{p_1 - 1} - 1) \tag{3.2.9}$$
由于 p_1 是奇质数, 与 2 互质, 利用 Fermat 小定理(即利用公式(3.2.4)), 有
$$2^{p_1 - 1} \equiv 1 (\bmod p_1) \tag{3.2.10}$$
利用上式, 知道公式(3.2.9)的右端是 p_1 的整数倍, 这与 p_{p_1} 是质数矛盾(显然 $p_1 < p_{p_1}$).

完全类似, 如果取 $p_1 \equiv 1 (\bmod 6)$, 有
$$p_{k+1} = 2p_k - 1 (k \in \mathbf{N}^+) \tag{3.2.11}$$
和
$$p_{p_1} = 2^{p_1 - 1} p_1 - (2^{p_1 - 1} - 1) \tag{3.2.12}$$
p_{p_1} 同样是 p_1 的整数倍, 也导出矛盾.

例 3 设 $p = 2n + 1$ 是一个奇质数, s 是满足 $1 \leq s \leq n$ 的一个正整数. 求证:

(1) $4^s \sum_{k=0}^{n-s} C_{2s+2k-1}^{2s-1} \equiv 1 (\bmod p)$;

(2) $4^s \sum_{k=0}^{n-s} C_{2s+2k}^{2s-1} \equiv -1 (\bmod p)$.

证明: (1) 首先, 令
$$2s = p - 2t + 1, \quad \text{即} \quad t = \frac{1}{2}[p - (2s - 1)] \tag{3.2.13}$$
由题目, 知道 t 是一个正整数, 利用上式, 有
$$4^s \sum_{k=0}^{n-s} C_{2s+2k-1}^{2s-1} = 2^{2s} \sum_{k=0}^{t-1} C_{p-2t+2k}^{p-2t} = 2^{2s} \sum_{k=0}^{t-1} C_{p-2t+2k}^{2k} \tag{3.2.14}$$

可以看到
$$C_{p-2t+2k}^{2k} = \frac{(p-2t+2k)(p-2t+2k-1)\cdots(p-2t+1)}{(2k)!}$$
$$\equiv (-1)^{2k}\frac{(2t-2k)(2t-2k-1)\cdots(2t-1)}{(2k)!}(\mathrm{mod}\ p) = C_{2t-1}^{2k} \quad (3.2.15)$$

这里利用 $2k \leqslant 2(t-1) < p$（利用公式(3.2.13)），上式实际上是公式
$$(2k)!C_{p-2t+2k}^{2k} = Ap + (2k)!C_{2t-1}^{2k} \quad (3.2.16)$$

的简洁写法. 由于奇质数 p 与 $(2k)!$ 互质，上式右端正整数 A 必是 $(2k)!$ 的整数倍.

利用公式(3.2.14)和(3.2.15)，有
$$4^s \sum_{k=0}^{n-s} C_{2s+2k-1}^{2s-1} \equiv 2^{2s} \sum_{k=0}^{t-1} C_{2t-1}^{2k} (\mathrm{mod}\ p) \quad (3.2.17)$$

利用
$$\sum_{k=0}^{t-1} C_{2t-1}^{2k} = \sum_{k=1}^{t} C_{2t-1}^{2k-1} = 2^{2t-2} \quad (3.2.18)$$

这里利用 $2^{2t-1} = (1+1)^{2t-1}$，以及 $0 = (1-1)^{2t-1}$，再利用二项式展开公式，立即可以得到公式(3.2.18).

利用公式(3.2.17)和(3.2.18)，有
$$4^s \sum_{k=0}^{n-s} C_{2s+2k-1}^{2s-1} \equiv 2^{2s+2t-2}(\mathrm{mod}\ p) = 2^{p-1}(\text{利用公式}(3.2.13))$$
$$\equiv 1(\mathrm{mod}\ p, \text{利用 Fermat 小定理}) \quad (3.2.19)$$

(2) 利用公式(3.2.13)，有
$$C_{2s+2k}^{2s-1} = C_{p-2t+2k+1}^{p-2t} = C_{p-2t+2k+1}^{2k+1} \quad (3.2.20)$$

类似公式(3.2.15)，有
$$C_{p-2t+2k+1}^{2k+1} = \frac{1}{(2k+1)!}(p-2t+2k+1)(p-2t+2k)\cdots(p-2t+1)$$
$$\equiv (-1)^{2k+1}\frac{1}{(2k+1)!}(2t-2k-1)(2t-2k)\cdots(2t-1)(\mathrm{mod}\ p)$$
$$= -C_{2t-1}^{2k+1} \quad (3.2.21)$$

这里利用 $2k+1 < 2t-1 < p$.

利用公式(3.2.13)和上式，有
$$4^s \sum_{k=0}^{n-s} C_{2s+2k}^{2s-1} \equiv -2^{2s}\sum_{k=0}^{t-1} C_{2t-1}^{2k+1}(\mathrm{mod}\ p) = -2^{2s}2^{2t-2}(\text{利用公式}(3.2.18))$$
$$= -2^{p-1}(\text{利用公式}(3.2.13))$$
$$\equiv -1(\mathrm{mod}\ p, \text{又一次利用 Fermat 小定理}) \quad (3.2.22)$$

例 4 已知奇质数 p 和正整数 n，

(1) 如果 $n-1$ 是 $p-1$ 的整数倍，求证：$\sum_{k=1}^{p-1} k^{n-1} + 1$ 是 p 的整数倍；

(2) 如果 $n-1$ 不是 $p-1$ 的整数倍，求证：$\sum_{k=1}^{p-1} k^{n-1}$ 是 p 的整数倍.

证明：(1) 当 $n=1$ 时，有
$$\sum_{k=1}^{p-1} k^{n-1} + 1 = p \quad (3.2.23)$$

当 $n \geqslant 2$ 时，利用题目条件，有
$$n - 1 = (p-1)s, \quad s \in \mathbf{N}^+ \quad (3.2.24)$$

对于集合$\{1,2,\cdots,p-1\}$内任一元素k,k与p是互质的,由公式(3.2.23)和Fermat小定理,有
$$k^{n-1} = (k^{p-1})^s \equiv 1 \pmod{p} \tag{3.2.25}$$
利用上式,可以得到
$$\sum_{k=1}^{p-1} k^{n-1} + 1 \equiv (p-1) + 1 \pmod{p} \equiv 0 \pmod{p} \tag{3.2.26}$$

(2) 利用题目条件,记
$$n - 1 = (p-1)s + r \tag{3.2.27}$$
这里s是一个非负整数,$r \in \{1,2,\cdots,p-2\}$.

由Fermat小定理,对于集合$\{1,2,\cdots,p-1\}$内任一元素k,有
$$k^{n-1} = (k^{p-1})^s k^r \equiv k^r \pmod{p} \tag{3.2.28}$$
先考虑$p=3$情况,这时,有
$$\sum_{k=1}^{2} k^{n-1} = 1 + 2^{n-1} = 1 + (3-1)^{n-1}$$
$$\equiv 1 + (-1) \pmod{3}, \text{利用题目条件,知道}\ n-1\text{是奇数}) \equiv 0 \pmod{3} \tag{3.2.29}$$
题目结论成立.下面考虑奇质数$p \geq 5$情况.

对公式(3.2.27)中r用数学归纳法.

当$r=1$时,可以看到
$$\sum_{k=1}^{p-1} k^{n-1} \equiv \sum_{k=1}^{p-1} k^r \pmod{p}, \text{利用公式(3.2.28)}) = \frac{1}{2}(p-1)p (\text{利用}\ r=1) \tag{3.2.30}$$
由于p是一个大于等于5的奇质数,则$\frac{1}{2}(p-1)$是一个正整数,公式(3.2.30)的右端当然是p的整数倍.题目结论(2)当$r=1$时成立.

当r是集合$\{1,2,\cdots,r^*-1\}$内任一元素时,这里正整数r^*是大于等于2,但小于等于$p-2$. 设$\sum_{k=1}^{p-1} k^r$是p的整数倍.下面证明$\sum_{k=1}^{p-1} k^{r^*}$也是p的整数倍.由归纳法假设,记
$$\sum_{k=1}^{p-1} k^r = ps(r) \tag{3.2.31}$$
这里$s(r)$是一个正整数.利用上式,可以得到
$$p^{r^*+1} - 1 = \sum_{k=1}^{p-1} [(k+1)^{r^*+1} - k^{r^*+1}] = \sum_{k=1}^{p-1} \left(\sum_{j=0}^{r^*} C_{r^*+1}^j k^j \right)$$
$$= \sum_{j=0}^{r^*} C_{r^*+1}^j \left(\sum_{k=1}^{p-1} k^j \right) = (p-1) + \sum_{r=1}^{r^*-1} C_{r^*+1}^r \left(\sum_{k=1}^{p-1} k^r \right) + (r^*+1) \sum_{k=1}^{p-1} k^{r^*}$$
$$= (p-1) \sum_{r=1}^{r^*-1} C_{r^*+1}^r ps(r) + (r^*+1) \sum_{k=1}^{p-1} k^{r^*} \tag{3.2.32}$$
利用上式,有
$$p^{r^*+1} - p - p \sum_{r=1}^{r^*-1} C_{r^*+1}^r s(r) = (r^*+1) \sum_{k=1}^{p-1} k^{r^*} \tag{3.2.33}$$
由于$r^*+1 \in \{3,4,\cdots,p-1\}$,以及上式左端是$p$的整数倍,则$\sum_{k=1}^{p-1} k^{r^*}$必是奇质数$p$的整数倍,归纳法完成.因此,当$r$是集合$\{1,2,\cdots,p-2\}$内任一元素时,题目结论成立.

例5 确定所有正整数对(n,p),满足下述条件:p是一个质数,$n \leq 2p$,且$(p-1)^n + 1$能被n^{p-1}整除.

解:显然,

$$n = 1, p \text{ 是任意一个质数,以及 } n = 2, p = 2 \qquad (3.2.34)$$

是满足题目条件的解.

下面考虑 $n \geqslant 2, p \geqslant 3$ 情况. 由于 p 是一奇质数,$(p-1)^n + 1$ 是一个奇数.再利用题目条件,n 必为奇数.记 q 为 n 的最小质因子,利用题目条件,知道 $(p-1)^n + 1$ 是 q 的整数倍.于是,有

$$(p-1)^n \equiv -1 (\bmod q) \qquad (3.2.35)$$

利用 q 是质数,兼顾上式,有

$$(q, p-1) = 1 \qquad (3.2.36)$$

由 q 的最小性,有

$$(n, q-1) = 1 \qquad (3.2.37)$$

利用上式,知道存在整数 u, v,使得

$$un + v(q-1) = 1 \qquad (3.2.38)$$

注:不知道上式的读者,可以利用 n 除以 $q-1$ 余 $r (1 \leqslant r \leqslant q-2)$,再 $q-1$ 除以 r 余 r_1 等方法,直接证明.

利用公式(3.2.36),以及 Fermat 小定理,有

$$(p-1)^{q-1} \equiv 1 (\bmod q) \qquad (3.2.39)$$

利用公式(3.2.35),(3.2.38)和(3.2.39),可以得到

$$p - 1 = [(p-1)^n]^u [(p-1)^{q-1}]^v \equiv (-1)^u (\bmod q) \qquad (3.2.40)$$

注:公式中 u, v 必有一个是负整数,不妨设 u 是一个负整数.由于

$$[(p-1)^n]^u [(p-1)^n]^{-u} = 1 \qquad (3.2.41)$$

为简洁,记 $A = [(p-1)^n]^{-u}$,$-u$ 是正整数.由于 $p-1$ 与 q 互质,则 A 与质数 q 互质.在 $\bmod q$ 意义下,

$$\text{集合} \{A, 2A, 3A, \cdots, (q-1)A\} \equiv \text{集合} \{1, 2, 3, \cdots, q-1\} (\bmod q) \qquad (3.2.42)$$

因此,在集合 $\{1, 2, 3, \cdots, q-1\}$ 内必有唯一一个元素 t,满足

$$tA \equiv 1 (\bmod q) \qquad (3.2.43)$$

在数论中,将这个正整数 t 记为 A^{-1},在 $\bmod q$ 意义下,公式(3.2.41)左端第一大项就是正整数 A^{-1}. 公式(3.2.40)就是在这样意义下运算. 这里再指出一点,在 $\bmod q$ 意义下,$[(p-1)^n]^u$ 就是 $-u$ 个正整数 $[(p-1)^n]^{-1}$ 相乘(将上述 A 改为等于 $(p-1)^n$,有类似结论与符号).

由于 n 为奇数,则 n 的最小质因子 q 也必为奇数.$q-1$ 是偶数,$1-v(q-1)$ 必为奇数.利用公式(3.2.38),u 必为奇数.再由公式(3.2.40),有

$$p - 1 \equiv -1 (\bmod q) \qquad (3.2.44)$$

从而,有

$$p = q \qquad (3.2.45)$$

于是 p 是 n 的最小质因数,又由于题目条件及 n 是奇数,有 $n < 2p$,于是,必有

$$n = p \qquad (3.2.46)$$

由上式及题目条件,知道 $(p-1)^p + 1$ 是 p^{p-1} 的整数倍.又利用

$$(p-1)^p + 1 = p^2(p^{p-2} - C_p^1 p^{p-3} + C_p^2 p^{p-4} - C_p^3 p^{p-5} + \cdots - C_p^{p-2} + 1) \qquad (3.2.47)$$

从上式右端可以看出,它仅是 p^2 的整数倍,不是 p^3 的整数倍,因而必有

$$p - 1 \leqslant 2, \quad \text{则} \quad p = 3 \qquad (3.2.48)$$

因此,满足本题条件的解只有一组:$n = p = 3$.

例 6 (1) 设 a, b 是正整数,对于任意正整数 n,设 $b^n + n$ 都是 $a^n + n$ 的整数倍,求证:$a = b$.

(2) 设 p 是一个奇质数,问是否存在正整数对 m,n,使得 $m^{2(p-1)}+p^n$ 是完全平方数? 证明结论.

解:(1) 用反证法.设 $a\neq b$,当 $n=1$ 时,由于 $b+1$ 是 $a+1$ 的整数倍,则 $b>a$.设 p 是一个大于 b 的质数,取正整数 n,满足

$$n\equiv 1(\bmod(p-1)) \quad \text{和} \quad n\equiv -a(\bmod p) \tag{3.2.49}$$

这样的 n 必定存在,例如取

$$n=(a+1)(p-1)+1 \tag{3.2.50}$$

利用公式(3.2.49)的第一个等式,以及 Fermat 小定理,有

$$a^n=a^{k(p-1)+1}(\text{这里 } k \text{ 是一个正整数})=(a^{p-1})^k a$$
$$\equiv a(\bmod p),\text{由于质数 }p>b>a,\text{则 }a\text{ 与 }p\text{ 互质}) \tag{3.2.51}$$

利用公式(3.2.49)的第二个等式,以及上式,有

$$a^n \equiv -n(\bmod p) \tag{3.2.52}$$

由题目条件,b^n+n 是 a^n+n 的整数倍,再利用上式,知道 b^n+n 必是 p 的整数倍.再利用 Fermat 小定理(将公式(3.2.51)中 a 换成 b),有

$$b^n \equiv b(\bmod p) \tag{3.2.53}$$

利用公式(3.2.49)的第二个等式及上式,有

$$b^n+n \equiv b-a(\bmod p) \tag{3.2.54}$$

利用上面的叙述,可以知道 $b-a$ 是 p 的整数倍,但正整数 $b-a<p$,矛盾.

(2) 设存在正整数对 m,n,满足

$$m^{2(p-1)}+p^n=k^2 \tag{3.2.55}$$

这里 k 是一个正整数,从上式,有

$$p^n=(k-m^{p-1})(k+m^{p-1}) \tag{3.2.56}$$

由于 p 是一个质数,利用上式,存在非负整数对 α,β,满足

$$k-m^{p-1}=p^\alpha, \quad k+m^{p-1}=p^\beta, \quad \alpha+\beta=n \tag{3.2.57}$$

比较上式的前二个等式,有 $\alpha<\beta$.这前二个等式相减,有

$$2m^{p-1}=p^\beta-p^\alpha=p^\alpha(p^{\beta-\alpha}-1) \tag{3.2.58}$$

记

$$m=p^r m^* \tag{3.2.59}$$

这里 r 是一个非负整数,m^* 是一个正整数,但不是 p 的整数倍.利用上二式,有

$$2p^{r(p-1)}m^{*p-1}=p^\alpha(p^{\beta-\alpha}-1) \tag{3.2.60}$$

由于 $m^*,p^{\beta-\alpha}-1$ 都不是奇质数 p 的整数倍.从上式,有

$$r(p-1)=\alpha, \quad 2m^{*p-1}=p^{\beta-\alpha}-1 \tag{3.2.61}$$

由于 m^* 与 p 互质,利用 Fermat 小定理,有

$$m^{*p-1}\equiv 1(\bmod p), \quad 2m^{*p-1}\equiv 2(\bmod p) \tag{3.2.62}$$

由于公式(3.2.61)的第二个等式右端在 $\bmod p$ 意义下等于 $p-1$,于是,只能是

$$p=3 \tag{3.2.63}$$

利用公式(3.2.55)和上式,有

$$m^4+3^n=k^2 \tag{3.2.64}$$

上述方程一定有正整数组解.例如

$$m=2, \quad n=2, \quad k=5 \tag{3.2.65}$$

注:有兴趣的读者可以自己求方程(3.2.64)的全部正整数组解 (m,n,k).

例 7 设 p 是奇质数,求证:$\sum_{k=1}^{p-1} k^{2p-1} - \frac{1}{2}p(p+1)$ 是 p^2 的整数倍.

证明: 由于 $p-1$ 是偶数,有

$$\sum_{k=1}^{p-1} k^{2p-1} = \sum_{k=1}^{\frac{1}{2}(p-1)} k^{2p-1} + \sum_{k=\frac{1}{2}(p+1)}^{p-1} k^{2p-1}$$

$$= \sum_{k=1}^{\frac{1}{2}(p-1)} k^{2p-1} + \sum_{s=1}^{\frac{1}{2}(p-1)} (p-s)^{2p-1} \text{(在上式右端第二大项中,令 } s = p-k\text{)}$$

$$= \sum_{k=1}^{\frac{1}{2}(p-1)} \left[k^{2p-1} + (p-k)^{2p-1} \right] \tag{3.2.66}$$

对于集合 $\{1,2,\cdots,\frac{1}{2}(p-1)\}$ 内任一元素 k,有

$$k^{2p-1} + (p-k)^{2p-1}$$
$$= p^{2p-1} + C_{2p-1}^1 p^{2p-2}(-k) + C_{2p-1}^2 p^{2p-3}(-k)^2 + \cdots + C_{2p-1}^{2p-3} p^2(-k)^{2p-3} + C_{2p-1}^{2p-2} p(-k)^{2p-2}$$
$$\equiv (2p-1)pk^{2p-2} (\bmod p^2) \tag{3.2.67}$$

利用 k 的取值范围,知道 k 与奇质数 p 互质,由 Fermat 小定理,知道

$$(2p-1)k^{2p-2} = (2p-1)(k^{p-1})^2 \equiv 2p-1 (\bmod p) \equiv -1 (\bmod p) \tag{3.2.68}$$

由上式,知道存在正整数 m,满足

$$(2p-1)k^{2p-2} = mp - 1 \tag{3.2.69}$$

利用上式,有

$$(2p-1)pk^{2p-2} \equiv -p (\bmod p^2) \tag{3.2.70}$$

利用公式(3.2.67)和上式,可以得到

$$k^{2p-1} + (p-k)^{2p-1} \equiv -p (\bmod p^2) \tag{3.2.71}$$

利用公式(3.2.66)和上式,有

$$\sum_{k=1}^{p-1} k^{2p-1} \equiv \frac{1}{2}(p-1)(-p)(\bmod p^2) \equiv \frac{1}{2}(p-p^2) + p^2 (\bmod p^2) = \frac{1}{2}p(p+1) \tag{3.2.72}$$

题目结论成立.

例 8(Wilson 定理) 设 p 是质数,则 $(p-1)! + 1$ 是 p 的整数倍.

证明: 当 $p = 2$ 时,利用 $1! + 1 = 2$,可以知道 Wilson 定理成立. 下面考虑 p 是奇质数的情况. 令

$$f(x) = (x-1)(x-2)\cdots(x-p+1) - (x^{p-1}-1) = -\frac{1}{2}p(p-1)x^{p-2} + \cdots + (p-1)! + 1 \tag{3.2.73}$$

从上式,我们可以看出 $f(x)$ 是 x 的 $p-2$ 次整系数多项式,取正整数 $k \in \{1,2,\cdots,p-1\}$,利用公式(3.2.73)的第一个等式,有

$$f(k) = -(k^{p-1} - 1) \tag{3.2.74}$$

由于 p 是一个质数,则 p, k 互质,利用 Fermat 小定理可以知道 $-f(k)$ 是 p 的整数倍. 因此,当 $k = 1, 2, \cdots, p-1$ 时,有

$$f(k) \equiv 0 (\bmod p) \tag{3.2.75}$$

下面我们引入一个同余方程的结果.

定理 p 是一个质数,一个 n 次整系数多项式 $f(x) = a_n x^n + a_{n-1} x^{n-1} + \cdots + a_1 x + a_0$,如果存在 $n+1$ 个两两不同整数 $x_1, x_2, \cdots, x_{n+1}$,其中任意两个的差都不是 p 的整数倍,但 $f(x_j)$

$(1 \leqslant j \leqslant n+1)$ 都是 p 的整数倍,则 $f(x)$ 的所有系数 $a_n, a_{n-1}, \cdots, a_1, a_0$ 都是 p 的整数倍. 这里 n 是正整数.

如果上述定理成立,利用公式(3.2.73)和(3.2.75)可以知道 $f(x)$ 的系数都是 p 的整数倍,特别 $f(x)$ 的常数项 $f(0)=(p-1)!+1$ 也应是 p 的整数倍,这就是 Wilson 定理在 p 是奇质数时的结论.

现在我们来证明这个同余方程的定理.

定理的证明: 首先我们证明可以确定整数 $b_{n-1}, b_{n-2}, \cdots, b_2, b_1, b_0$, 使得

$$\begin{aligned}
f(x) &= a_n x^n + a_{n-1} x^{n-1} + a_{n-2} x^{n-2} + \cdots + a_1 x + a_0 \\
&= a_n (x-x_1)(x-x_2) \cdots (x-x_{n-1})(x-x_n) + b_{n-1}(x-x_1)(x-x_2) \cdots (x-x_{n-1}) \\
&\quad + b_{n-2}(x-x_1)(x-x_2) \cdots (x-x_{n-2}) + \cdots + b_2(x-x_1)(x-x_2) + b_1(x-x_1) + b_0
\end{aligned} \tag{3.2.76}$$

比较上式两端 x^{n-1} 的系数,有

$$a_{n-1} = -a_n \sum_{i=1}^{n} x_i + b_{n-1} \tag{3.2.77}$$

从上式, b_{n-1} 唯一确定. 再比较公式(3.2.76)两端 x^{n-2} 项的系数,有

$$a_{n-2} = a_n \sum_{1 \leqslant i < j \leqslant n} x_i x_j - b_{n-1} \sum_{i=1}^{n-1} x_i + b_{n-2} \tag{3.2.78}$$

利用上式, b_{n-2} 也唯一确定. 顺次进行下去, 可以唯一确定所有 $b_j (0 \leqslant j \leqslant n-1)$, 使得公式(3.2.76)成立.

利用题目条件及公式(3.2.76), 有

$$b_0 = f(x_1) \equiv 0 \pmod{p} \tag{3.2.79}$$

即 b_0 是 p 的倍数, 再利用 $x = x_2$ 代入公式(3.2.76), 有

$$b_1(x_2 - x_1) + b_0 = f(x_2) \equiv 0 \pmod{p} \tag{3.2.80}$$

由于公式(3.2.79)及 $x_2 - x_1$ 不是 p 的倍数, p 又是质数, 从上式, 有

$$b_1 \equiv 0 \pmod{p} \tag{3.2.81}$$

依次用 $x = x_3, \cdots, x_n, x_{n+1}$ 代入公式(3.2.76), 可以得出 $b_2, \cdots, b_{n-1}, a_n$ 都是 p 的整数倍, 于是 $a_n, a_{n-1}, \cdots, a_1, a_0$ 也都是 p 的整数倍.

Wilson 定理有一些应用. 下面举三个简单结果.

(1) 记 p 是质数, 求证: 不超过 $\dfrac{(p-1)!}{p}$ 的最大整数 $\left[\dfrac{(p-1)!}{p}\right]$ 是 $p-1$ 的整数倍.

证明: 利用 Wilson 定理, 知道 $(p-1)!+1$ 是 p 的整数倍, 那么, 有

$$\left[\frac{(p-1)!}{p}\right] = \left[\frac{(p-1)!+1}{p} - \frac{1}{p}\right] = \frac{(p-1)!+1}{p} - 1 \tag{3.2.82}$$

从上式, 有

$$p\left[\frac{(p-1)!}{p}\right] = (p-1)! - (p-1) \tag{3.2.83}$$

由于 p 与 $p-1$ 是互质的, 利用上式右端是 $p-1$ 的整数倍. (1) 的结果成立.

(2) 设 $2p+1$ 是奇质数, 求证: $(p!)^2 + (-1)^p$ 是 $2p+1$ 的整数倍.

证明: 由于

$$\left. \begin{aligned}
p+1 &\equiv -p \pmod{2p+1} \\
p+2 &\equiv -(p-1) \pmod{2p+1} \\
&\cdots\cdots \\
2p &\equiv -1 \pmod{2p+1}
\end{aligned} \right\} \tag{3.2.84}$$

则
$$(2p)! = p!(p+1)(p+2)\cdots(2p) \equiv (-1)^p (p!)^2 (\bmod (2p+1)) \quad (3.2.85)$$
于是,可以看到
$$(-1)^p [(p!)^2 + (-1)^p] \equiv (2p)! + 1(\bmod (2p+1))$$
$$\equiv 0(\bmod(2p+1)), 利用题目条件及 Wilson 定理) \quad (3.2.86)$$
于是,结论(2)成立.

(3) 设 p 是质数,求证: $(p-1)! - (p-1)$ 是 $\frac{1}{2}p(p-1)$ 的整数倍.

证明: 利用 Wilson 定理,存在正整数 t,使得
$$(p-1)! = pt - 1 \quad (3.2.87)$$
利用上式,有
$$(t-1)p = (p-1)! - (p-1) = (p-1)[(p-2)! - 1] \quad (3.2.88)$$
由于 p 与 $p-1$ 互质,从上式,有非负整数 s,使得
$$(p-2)! - 1 = ps \quad (3.2.89)$$
从上式,有
$$(p-1)! = (p-1)(p-2)! = (p-1)(ps+1)$$
$$\equiv p - 1 (\bmod \tfrac{1}{2}p(p-1)) \quad (3.2.90)$$
(3)的结果成立.

例 9 四个正整数 a, t, d 和 r 是合数.求证:存在正整数序列 $\{at^n + d \mid n \in \mathbf{N}^+\}$ 的 r 个连续的数,每一个都是合数.

证明: 记
$$f(n) = at^n + d, \quad n \in \mathbf{N}^+ \quad (3.2.91)$$
$f(n)$ 显然单调递增.

如果 $(a,d) > 1$,或 $(t,d) > 1$,则每个 $f(n)$ 都是合数.下面考虑 a, d 是互质的,且 t, d 也是互质的情况.

对于 $j = 1, 2, \cdots, r$,用 p_j 表示 $f(j)$ 的一个质因数,注意可能有 $f(j) = p_j$. 由于 t, d 互质,则 t, p_j 是互质的 $(j = 1, 2, \cdots, r)$,利用 Fermat 小定理,有
$$t^{p_j - 1} \equiv 1 (\bmod p_j) \quad (3.2.92)$$
令
$$x = (p_1 - 1)(p_2 - 1)\cdots(p_r - 1) \quad (3.2.93)$$
则
$$f(x+j) - f(j) = (at^{x+j} + d) - (at^j + d)(利用公式(3.2.91))$$
$$= at^j (t^x - 1) \quad (3.2.94)$$
利用公式(3.2.93)可以知道 $t^{p_j - 1} - 1$ 是 $t^x - 1$ 的因数.再从公式(3.2.93),可以知道 p_j 是 $t^x - 1$ 的因数,于是,利用公式(3.2.94),有
$$f(x+j) \equiv f(j)(\bmod p_j) \quad (3.2.95)$$
于是 $f(x+j)$ 是质数 p_j 的整数倍.又由于 $f(x+j) > f(j)$,则 $f(x+1), f(x+2), \cdots, f(x+r)$ 全是合数.

A 是一个给定正整数,x 是任意整数,如果两个整系数多项式 $f(x) = a_n x^n + a_{n-1} x^{n-1} + \cdots + a_1 x + a_0$, $g(x) = b_n x^n + b_{n-1} x^{n-1} + \cdots + b_1 x + b_0$,对应项系数的差 $a_j - b_j (j = 0, 1, \cdots, n-1, n)$ 都是 A 的倍数,则写 $f(x) \equiv g(x)(\bmod A)$,或者写 $f(x) - g(x) \equiv 0(\bmod A)$.

例 10 p 是一个质数,是否存在 p 个正整数 $a_1, a_2, \cdots, a_p$,使得对任意整数 x,有两个整系数多项式
$$(x+a_1)(x+a_2)\cdots(x+a_p) \equiv (x^p+1) \pmod{p^2}$$

解: 当 $p=2$ 时,令
$$f(x) = (x+a_1)(x+a_2) - (x^2+1) \tag{3.2.96}$$
这里及下述 x 全是整数.

用反证法,如果能找到两个正整数 a_1, a_2,使得对任意整数 x,$f(x)$ 都是 4 的整数倍.令
$$x = 2k - a_1 \tag{3.2.97}$$
这里 k 是一个偶数.那么,$f(2k-a_1)$ 应是 4 的倍数.另一方面,利用公式 (3.2.96),有
$$f(2k-a_1) = (a_1+a_2)(2k-a_1) + (a_1 a_2 - 1)$$
$$\equiv -(a_1^2+1) \pmod 4, \text{利用} 2k \text{ 是 4 的整数倍}) \tag{3.2.98}$$
于是 a_1^2+1 是 4 的整数倍,这是不可能的.因此,当 $p=2$ 时,满足题目条件的正整数 a_1, a_2 不存在.

下面考虑 p 是奇质数情况,也用反证法.如果存在 p 个正整数 $a_1, a_2, \cdots, a_p$ 满足题目条件,令
$$f(x) = (x+a_1)(x+a_2)\cdots(x+a_p) - (x^p+1) \tag{3.2.99}$$
令
$$x = p^2 - a_j, \quad j \in \{1, 2, \cdots, p\} \tag{3.2.100}$$
一方面,我们知道 $f(p^2 - a_j)$ 是 p^2 的整数倍;另一方面,利用公式 (3.2.99) 及 p 是奇质数,有
$$f(p^2 - a_j) \equiv -(p^2 - a_j)^p - 1 \pmod{p^2} \equiv a_j^p - 1 \pmod{p^2} \tag{3.2.101}$$
于是 $a_j^p - 1$ 应是 p^2 的倍数 ($j=1,2,\cdots,p$),利用 Fermat 小定理,我们知道 $a_j^p - a_j$ 是质数 p 的倍数,那么
$$(a_j^p - 1) - (a_j^p - a_j) = a_j - 1 \tag{3.2.102}$$
也应是 p 的倍数.

那么,存在非负整数 $b_j (j=1,2,\cdots,p)$,使得
$$a_j = 1 + b_j p \tag{3.2.103}$$
由题目条件及公式 (3.2.99),$f(0)$ 是 p^2 的整数倍.于是,利用公式 (3.2.99) 及 (3.2.103),有
$$f(0) = a_1 a_2 \cdots a_p - 1 = (1+b_1 p)(1+b_2 p)\cdots(1+b_p p) - 1$$
$$\equiv \sum_{j=1}^{p} b_j p \pmod{p^2} \tag{3.2.104}$$
那么,必有
$$\sum_{j=1}^{p} b_j \equiv 0 \pmod p \tag{3.2.105}$$
利用题目条件,我们可以看出整系数多项式
$$(x+a_1)(x+a_2)\cdots(x+a_p) = x^p + \sum_{j=1}^{p} a_j x^{p-1} + \cdots + a_1 a_2 \cdots a_p$$
$$\equiv x^p + 1 \pmod{p^2} \tag{3.2.106}$$
那么,$\sum_{j=1}^{p} a_j$ 应是 p^2 的倍数,但利用公式 (3.2.103),有
$$\sum_{j=1}^{p} a_j = p + p\sum_{j=1}^{p} b_j \equiv p \pmod{p^2}, \text{利用公式 (3.2.105))} \tag{3.2.107}$$
因此,我们导出矛盾.

所以,满足题目条件的 $a_1, a_2, \cdots, a_p$ 不存在.下面再举 10 个风格迥异的数论例题.

例 11 设 n 是一个正整数,记 $f(n) = \dfrac{1}{n}\sum_{k=1}^{n}\left[\dfrac{n}{k}\right]$.求证:

(1) 有无限多个正整数 n,使得 $f(n+1) > f(n)$;
(2) 有无限多个正整数 n,使得 $f(n+1) < f(n)$.

证明: 对于固定的正整数 n,用 $d(n)$ 表示 n 的不同的正因数的数目.例如 $d(4) = 3$,$d(6) = 4$.对于每个正整数 k,在集合 $\{1,2,3,\cdots,n\}$ 内恰有 $\left[\dfrac{n}{k}\right]$ 个元素是 k 的整数倍.因此,有

$$\sum_{k=1}^{n}\left[\frac{n}{k}\right] = \sum_{k=1}^{n}d(k) \tag{3.2.108}$$

这是由于上式两端都表示集合 $\{1,2,3,\cdots,n\}$ 的所有元素的正因数的总数目.一端是水平方向数目求和,另一端是垂直方向数目求和.

(1) 由于函数 d 是无界的,那么,有无限多个正整数 n,满足

$$d(n+1) > \max\{d(k), 1 \leqslant k \leqslant n\} \tag{3.2.109}$$

于是,利用题目条件,以及公式(3.2.108),用 $n+1$ 代替 n,有

$$\begin{aligned}
f(n+1) &= \frac{1}{n+1}\sum_{k=1}^{n+1}\left[\frac{n+1}{k}\right] = \frac{1}{n+1}\sum_{k=1}^{n+1}d(k) \\
&= \frac{1}{n+1}\left(\sum_{k=1}^{n}d(k) + d(n+1)\right) \\
&> \frac{1}{n}\sum_{k=1}^{n}d(k)\ (\text{利用不等式}(3.2.109),\text{有}\ d(n+1) > \frac{1}{n}\sum_{k=1}^{n}d(k)) \\
&= f(n) \tag{3.2.110}
\end{aligned}$$

题目结论(1)成立(这里利用公式(3.2.108)和题目条件).

(2) 由题目定义,有

$$f(6) = \frac{14}{6} > 2 \tag{3.2.111}$$

另外,对每个正整数 $k \geqslant 2$,有

$$d(k) \geqslant 2 \tag{3.2.112}$$

利用公式(3.2.108)及 $f(n)$ 的定义,可以知道 $f(n)$ 是 $d(1),d(2),d(3),\cdots,d(n)$ 的算术平均值,由上二式,可以得到,当正整数 $n \geqslant 6$ 时,有

$$f(n) > 2 \tag{3.2.113}$$

另一方面,对于每个质数 $n+1$,有

$$d(n+1) = 2 \tag{3.2.114}$$

因此,对任意大于等于 7 的质数 $n+1$,有

$$f(n+1) < f(n) \tag{3.2.115}$$

例 12 设正整数 n 是奇数,

$$f(x) = a_n x^n + a_{n-1}x^{n-1} + \cdots + a_1 x + a_0$$

是一个整系数多项式,$a_n \neq 0$.求证:存在一个正整数 m,$f(m)$ 不是完全平方数.

证明: 用反证法,设对任意正整数 m,$f(m)$ 都是完全平方数,从而有

$$a_n > 0 \tag{3.2.116}$$

因为如果 $a_n < 0$,取很大的正整数 m,必有 $f(m) < 0$,矛盾.利用不等式(3.2.116),存在很大的负整数 r,又利用 n 是奇数,有

$$f(r) < 0 \tag{3.2.117}$$

令

$$g(x) = f(x+r) \tag{3.2.118}$$

由上二式,有
$$g(0) = f(r) < 0 \tag{3.2.119}$$

利用公式(3.2.118)和题目条件,有
$$\begin{aligned} g(x) &= a_n(x+r)^n + a_{n-1}(x+r)^{n-1} + \cdots + a_1(x+r) + a_0 \\ &= a_n x^n + b_{n-1} x^{n-1} + \cdots + b_1 x + b_0 \end{aligned} \tag{3.2.120}$$

这里 $b_j (0 \leqslant j \leqslant n-1)$ 都是整数.

利用上二式,有
$$b_0 = g(0) < 0 \tag{3.2.121}$$

取正整数 m,满足 $m > -r$,即 $m+r$ 是一个正整数,由公式(3.2.118),有
$$g(m) = f(m+r) \tag{3.2.122}$$

由反证法假设 $g(m)$ 是一个完全平方数.

先证明 $-b_0$ 是一个完全平方数. 也用反证法,如果 $-b_0$ 不是一个完全平方数,则存在一个正整数 α(奇数),及一个质数 p,满足
$$p^\alpha \mid b_0, \quad 但 \quad p^{\alpha+1} \nmid b_0 \tag{3.2.123}$$

注:这表示 b_0 是 p^α 的倍数,但不是 $p^{\alpha+1}$ 的倍数.

令
$$m_1 = p^{\alpha+1}(1-r) \tag{3.2.124}$$

利用公式(3.2.118),有
$$g(m_1) = f(m_1 + r) = f(p^{\alpha+1}(1-r) + r) \text{(利用上式)} \tag{3.2.125}$$

由于 $1-r > -r, p^{\alpha+1}(1-r) > -r$,则公式(3.2.125)的右端是一个完全平方数,即 $g(m_1)$ 也是一个完全平方数. 利用公式(3.2.120),有
$$g(m_1) \equiv b_0 \pmod{m_1} \tag{3.2.126}$$

利用公式(3.2.123),(3.2.124)和(3.2.126),有
$$p^\alpha \mid g(m_1), \quad 但 \quad p^{\alpha+1} \nmid g(m_1) \tag{3.2.127}$$

这与 $g(m_1)$ 是一个完全平方数矛盾. 因此,$-b_0$ 是一个完全平方数,记
$$-b_0 = t^2 \tag{3.2.128}$$

这里 t 是一个正整数.

记
$$t = 3^\beta u, \quad b_0 = -3^{2\beta} u^2 \tag{3.2.129}$$

这里 β 是一个非负整数,u 是一个正整数,但不是 3 的整数倍. 令
$$m_2 = 3^{2\beta+1}(1-r) > -r \text{(利用 } r < 0\text{)} \tag{3.2.130}$$

利用公式(3.2.118),有
$$g(m_2) = f(m_2 + r) \tag{3.2.131}$$

上式右端是一个完全平方数(用反证法假设及不等式(3.2.130)).

利用公式(3.2.120),有
$$g(m_2) \equiv b_0 \pmod{m_2} \tag{3.2.132}$$

由公式(3.2.129),(3.2.130)和上式,可以知道
$$3^{2\beta} \mid g(m_2), \quad 但 \quad 3^{2\beta+1} \nmid g(m_2) \tag{3.2.133}$$

利用公式(3.2.131)和上式,可以记
$$g(m_2) = 3^{2\beta} v^2 \tag{3.2.134}$$

这里 v 是一个正整数,但 v 不是 3 的倍数.

利用公式(3.2.129),(3.2.132)和(3.2.134)可以得到
$$3^{2\beta}v^2 + 3^{2\beta}u^2 = g(m_2) - b_0 \equiv 0 (\bmod m_2) \tag{3.2.135}$$
利用公式(3.2.130)及上式,知道 $u^2 + v^2$ 必是 3 的倍数. 由于正整数 u,v 都不是 3 的倍数,必有
$$u^2 \equiv 1(\bmod 3), \quad v^2 \equiv 1(\bmod 3) \tag{3.2.136}$$
得矛盾.

例 13 已知正整数 $n \geqslant 2$, 整数 b_0 在闭区间 $[2, 2n-1]$ 内, 设 $b_{k+1} = \begin{cases} 2b_k - 1 & \text{如果 } b_k \leqslant n \\ 2b_k - 2n & \text{如果 } b_k > n \end{cases}$. 记 $p(b_0, n)$ 是使得 $b_p = b_0$ 的最小正整数 p.

(1) 对所有正整数 k, 求 $p(2, 2^k)$ 和 $p(2, 2^k + 1)$;

(2) 求证: $p(2, n)$ 是 $p(b_0, n)$ 的整数倍.

解: (1) 令
$$m = n - 1, \quad a_k = b_k - 1 \tag{3.2.137}$$
则
$$a_0 = b_0 - 1 \in [1, 2m] \tag{3.2.138}$$
以及
$$a_{k+1} = \begin{cases} 2a_k & \text{如果 } a_k \leqslant m \\ 2a_k - (2m+1) & \text{如果 } a_k > m \end{cases} \tag{3.2.139}$$
因此,可以看到
$$a_k \in [1, 2m] \quad \text{和} \quad a_{k+1} \equiv 2a_k (\bmod (2m+1)) \tag{3.2.140}$$
由题目条件和公式(3.2.137),知道 $p(b_0, n)$ 是使得 $a_p = a_0$ 的最小正整数 p.

下面证明,对任意正整数 k, 有
$$\begin{cases} p(2, 2^k) = k+1 \\ a_{k+1} \equiv 2a_k(\bmod(2^{k+1}-1)) \end{cases} \quad \text{和} \quad \begin{cases} p(2, 2^k+1) = 2(k+1) \\ a_{k+1} \equiv 2a_k(\bmod(2^{k+1}+1)) \end{cases} \tag{3.2.141}$$
先证明上式的前一部分,由于这时 $b_0 = 2, n = 2^k$, 再利用公式(3.2.137),有
$$a_0 = 1, \quad m = 2^k - 1, \quad 2m+1 = 2^{k+1} - 1 \tag{3.2.142}$$
反复利用公式(3.2.140),有
$$a_{k+1} \equiv 2^{k+1}a_0(\bmod(2^{k+1}-1)) \equiv a_0(\bmod(2^{k+1}-1)) \equiv 1(\bmod(2^{k+1}-1)) \tag{3.2.143}$$
对于正整数 s 满足 $1 \leqslant s \leqslant k$ 时, $2^s - 1$ 不是 $2^{k+1} - 1$ 的倍数. 反复利用公式(3.2.140),有
$$a_s \equiv 2^s a_0 (\bmod(2^{k+1}-1)) = 2^s (\text{利用公式}(3.2.142)) \tag{3.2.144}$$
上式右端在 $\bmod(2^{k+1}-1)$ 意义下不等于 1, 利用上面叙述,有
$$p(2, 2^k) = k+1 \tag{3.2.145}$$
下面证明公式(3.2.141)的后一部分. 由于
$$2^{2(k+1)} - 1 = (2^{k+1} - 1)(2^{k+1} + 1) \equiv 0(\bmod(2^{k+1}+1)) \tag{3.2.146}$$
反复利用公式(3.2.140),有
$a_{2(k+1)} \equiv 2^{2(k+1)} a_0 (\bmod(2^{k+1}+1))$, 由于 $n = 2^k + 1$, 则由公式(3.2.137), 有 $2m+1 = 2^{k+1} + 1$)
$$\equiv 1 (\text{利用 } a_0 = 1, \bmod(2^{k+1}+1), \text{注意公式}(3.2.146)) \tag{3.2.147}$$
利用公式(3.2.140)的第一个等式, 有 $a_{2(k+1)} \in [1, 2^{k+1}]$, 再利用公式(3.2.147), 有
$$a_{2(k+1)} = 1 \tag{3.2.148}$$
于是, 利用公式(3.2.140), 可以知道下标 $2(k+1)$ 必是下标 $p(2, 2^k+1)$ 的倍数. 下面证明
$$p(2, 2^k + 1) = 2(k+1) \tag{3.2.149}$$
当正整数 $s \in \{1, 2, \cdots, k+1\}$ 时, $2^s - 1$ 不是 $2^{k+1} + 1$ 的倍数. 因此, 有

$$p(2, 2^k+1) \geqslant k+2 \tag{3.2.150}$$

又利用 $2(k+1)$ 是 $p(2, 2^k+1)$ 的倍数,必有公式(3.2.149),公式(3.2.141)的后一部分公式成立.

(2) 设
$$p(2, n) = t \tag{3.2.151}$$

则
$$2^t \equiv 1 (\bmod\, 2m+1), 利用\, a_0 = 1, 及公式(3.2.140)) \tag{3.2.152}$$

对于任意正整数 b_0,记
$$t = p(b_0, n)\alpha + r \tag{3.2.153}$$

这里 α 是非负整数,$r \in \{0, 1, 2, \cdots, p(b_0, n)-1\}$. 反复利用公式(3.2.140),有
$$a_t \equiv 2^t a_0 (\bmod\, 2m+1) \equiv a_0 (\bmod\, 2m+1), 利用公式(3.2.152)) \tag{3.2.154}$$

又利用公式(3.2.140)后面叙述的 $p(b_0, n)$ 的意义,有
$$a_{p(b_0, n)} \equiv a_0 (\bmod\, 2m+1), \quad a_{p(b_0, n)\alpha} \equiv a_0 (\bmod\, 2m+1) \tag{3.2.155}$$

下面的等号全是在 $\bmod\,(2m+1)$ 意义下,于是,有
$$a_0 \equiv 2^{p(b_0, n)\alpha + r} a_0 (利用公式(3.2.153) 和(3.2.154)) \equiv 2^r a_{p(b_0, n)\alpha} (反复利用公式(3.2.140))$$
$$\equiv 2^r a_0 (利用公式(3.2.155)) \equiv a_r (又一次利用公式(3.2.140)) \tag{3.2.156}$$

由于 $p(b_0, n)$ 是最小的正整数,利用上式,有
$$r = 0 \tag{3.2.157}$$

利用公式(3.2.153)和(3.2.157),题目结论成立.

例 14 设一个正整数 $n \geqslant 2$,且对于集合 $\{0, 1, 2, \cdots, n-2\}$ 内任一元素 k,有
$$C_{n-2}^k \equiv (-1)^k (k+1)(\bmod\, n)$$

求证:n 是一个质数.

证明: 用反证法. 设 n 是一个合数,要证明存在一个元素 $k \in$ 集合 $\{0, 1, 2, \cdots, n-2\}$,使得 $C_{n-2}^k - (-1)^k (k+1)$ 不是 n 的整数倍.

设 p 是合数 n 的最小质因子,如果存在某个非负整数 $k < p$,上面叙述的结论成立,则反证法完成. 如果对于集合 $\{0, 1, 2, \cdots, p-1\}$ 内所有元素 k,都有题目中等式,特别令 $k = p-2$,有
$$C_{n-2}^{p-2} \equiv (-1)^{p-2}(p-1)(\bmod\, n) \tag{3.2.158}$$

于是,可以看到
$$(p-1)C_{n-2}^p = C_{n-2}^{p-2}\left(\frac{n-p}{p}\right)(n-p-1)$$
$$\equiv \left(\frac{n-p}{p}\right)(n-p-1)(-1)^{p-2}(p-1)(\bmod\, n\, 利用公式(3.2.158))$$
$$\equiv (-1)^{p-2}(p-1)\left(\frac{n-p}{p}\right)(-p-1)(\bmod\, n)$$
$$= (-1)^{p-2}(p-1)\left(p-n+1-\frac{n}{p}\right)$$
$$\equiv (-1)^{p-2}(p-1)\left(p+1-\frac{n}{p}\right)(\bmod\, n) \tag{3.2.159}$$

由于 p 是合数 n 的最小质因数,则 $p-1$ 的所有质因数(如果存在)都不是 n 的因数. 于是,利用公式(3.2.159),有
$$C_{n-2}^p \equiv (-1)^{p-2}\left(p+1-\frac{n}{p}\right)(\bmod\, n, 当\, p = 2\, 时,这公式仍然成立) \tag{3.2.160}$$

上式右端在 $\bmod\, n$ 意义下,不等于 $(-1)^p(p+1)$,这表明本题开始时的叙述对 $k = p$ 成立.

反证法完成.

例 15 求所有的有序的全由正有理数组成的三元数组 (x,y,z),使得 $x+\dfrac{1}{y}, y+\dfrac{1}{z}, z+\dfrac{1}{x}$ 都是正整数.

解:明显地,有

$$\left(x+\frac{1}{y}\right)\left(y+\frac{1}{z}\right)\left(z+\frac{1}{x}\right) = \left(x+\frac{1}{y}\right)+\left(y+\frac{1}{z}\right)+\left(z+\frac{1}{x}\right)+\left(xyz+\frac{1}{xyz}\right) \tag{3.2.161}$$

利用题目条件,可以知道 $xyz+\dfrac{1}{xyz}$ 必是正整数. 由于 xyz 是正有理数,记

$$xyz = \frac{\alpha}{\beta} \tag{3.2.162}$$

这里 α,β 是两个互质的正整数,利用上式,有

$$xyz+\frac{1}{xyz} = \frac{\alpha^2+\beta^2}{\alpha\beta} \tag{3.2.163}$$

于是,存在正整数 m,使得

$$\alpha^2+\beta^2 = m\alpha\beta, \quad 即 \quad \alpha^2 = \beta(m\alpha-\beta) \tag{3.2.164}$$

由于 α 与 β 是互质的,从上式,必有

$$\beta = 1 \tag{3.2.165}$$

利用公式(3.2.163)和上式,有

$$xyz+\frac{1}{xyz} = \alpha+\frac{1}{\alpha} \tag{3.2.166}$$

由于上式左端是一个正整数,则正整数

$$\alpha = 1, \quad xyz = 1 \tag{3.2.167}$$

记

$$x = \frac{a}{b}, \quad y = \frac{b}{c}, \quad 则 \quad z = \frac{c}{a} \tag{3.2.168}$$

这里 a,b 全都是正整数,c 是正有理数.

下面分情况讨论.

① 如果 $a=b=c$,由公式(3.2.168),有

$$x = 1, \quad y = 1, \quad z = 1 \tag{3.2.169}$$

② 如果 a,b,c 中恰有两个相等,不妨设 $a=b$,利用公式(3.2.168),有

$$x = 1, \quad y = \frac{a}{c}, \quad z = \frac{c}{a}, \quad 这里 a \neq c \tag{3.2.170}$$

利用上式,有

$$x+\frac{1}{y} = 1+\frac{c}{a}, \quad y+\frac{1}{z} = \frac{2a}{c}, \quad z+\frac{1}{x} = \frac{c}{a}+1 \tag{3.2.171}$$

利用题目条件,知道 $\dfrac{c}{a}$ 是一个正整数. 记

$$\frac{c}{a} = k, \quad 即 \quad c = ka \tag{3.2.172}$$

这里 k 是一个正整数,由于 $a \neq c$,则 $k \geqslant 2$,又利用(3.2.171)的第二个等式,知道 $\dfrac{2a}{c} = \dfrac{2}{k}$ 也是一个正整数,则必有

$$k = 2, \quad c = 2a \tag{3.2.173}$$

于是,有序三元数组
$$(x,y,z) = \left(1,\frac{1}{2},2\right),\left(\frac{1}{2},2,1\right),\left(2,1,\frac{1}{2}\right) \tag{3.2.174}$$

③ 如果 a,b,c 是两两不相等的,不妨设 $a>b>c$,则
$$z + \frac{1}{x} = \frac{b+c}{a}(\text{利用公式}(3.2.168)) \tag{3.2.175}$$

由于上式左端是一个正整数,又 $b+c<2a$,则
$$b + c = a \tag{3.2.176}$$

又利用公式(3.2.168),有
$$x + \frac{1}{y} = \frac{a+c}{b} = 1 + \frac{2c}{b} \tag{3.2.177}$$

$\frac{2c}{b}$ 是一个正整数,利用 $b>c$,则
$$2c = b, \quad a = 3c(\text{又利用公式}(3.2.176)) \tag{3.2.178}$$

于是,有序数组
$$(a,b,c) = (3c,2c,c) \tag{3.2.179}$$

不失一般性,a,b,c 三数中设 a 为最大,如果 $a>c>b$,完全类似上述,有序数组
$$(a,c,b) = (3b,2b,b) \tag{3.2.180}$$

于是,有序数组(利用公式(3.2.168),(3.2.179)和(3.2.180))
$$(x,y,z) = \left(\frac{3}{2},2,\frac{1}{3}\right),\left(2,\frac{1}{3},\frac{3}{2}\right),\left(\frac{1}{3},\frac{2}{3},2\right),\left(3,\frac{1}{2},\frac{2}{3}\right),\left(\frac{1}{2},\frac{2}{3},3\right),\left(\frac{2}{3},3,\frac{1}{2}\right) \tag{3.2.181}$$

公式(3.2.169),(3.2.174)和(3.2.181)给出了全部解.

例 16 设 $q_0,q_1,q_2,\cdots$ 是满足下列两个条件的无限整数数列:
(1) 对所有的 $m>n\geq 0$,$m-n$ 整除 $q_m - q_n$;
(2) 对所有 n,存在多项式 f,使得 $|q_n|<f(n)$(这里 n 是非负整数).

求证:存在多项式 Q,对所有的正整数 n,有 $q_n = Q(n)$.

证明:记 d 是多项式 f 的次数,利用 Lagrange 插值公式,存在次数不超过 d 的多项式
$$Q(x) = q_0 \frac{(x-1)(x-2)\cdots(x-d)}{(0-1)(0-2)\cdots(0-d)} + q_1 \frac{(x-0)(x-2)(x-3)\cdots(x-d)}{(1-0)(1-2)(1-3)\cdots(1-d)} + \cdots$$
$$+ q_d \frac{(x-0)(x-1)\cdots(x-(d-1))}{(d-0)(d-1)\cdots(d-(d-1))} \tag{3.2.182}$$

这里多项式满足
$$Q(i) = q_i, \quad i = 0,1,2,\cdots,d \tag{3.2.183}$$

$Q(x)$ 的系数都是有理数.记正整数 k 是 $Q(x)$ 的所有系数的最小公分母.令
$$r_n = k(Q(n) - q_n), \quad \text{这里 } n \text{ 是任意非负整数} \tag{3.2.184}$$

利用上面叙述,对于任意 $i \in \{0,1,2,\cdots,d\}$,有
$$r_i = 0 \tag{3.2.185}$$

因为对于任一整系数多项式 $L(x)$ 和任意两个不相等的整数 m,n,$m-n$ 整除 $L(m) - L(n)$.利用公式(3.2.184),有
$$r_m - r_n = (kQ(m) - kQ(n)) - k(q_m - q_n) \tag{3.2.186}$$

利用上面叙述及题目条件(1),有
$$(m-n) \mid (r_m - r_n) \tag{3.2.187}$$

上式对所有非负整数对 $m>n\geq 0$ 成立.

利用公式(3.2.184),有
$$|r_n| \leq k(|Q(n)|+|q_n|) < k(|Q(n)|+f(n)) \text{（利用题目条件(2)）} \quad (3.2.188)$$
由于两多项式 f,Q 的次数都不超过 d,所以上式右端 n 的最高次数不会超过 d.于是,存在很大的正整数 a,b,使得对所有非负整数 n,有
$$|r_n| < an^d + b \quad (3.2.189)$$
另一方面,对任意正整数 $n > d$,与集合 $\{0,1,2,\cdots,d\}$ 中任意元素 i,利用公式(3.2.187),有
$$(n-i)|(r_n - r_i), \quad \text{即} \quad (n-i)|r_n\text{（利用公式(3.2.185)）} \quad (3.2.190)$$
由上式可以知道,$d+1$ 个正整数 $n, n-1, n-2, \cdots, n-d$ 都整除 r_n,这推出该 $d+1$ 个正整数的最小公倍数 M_n 整除 r_n,由于 $n-i, n-j$ 的最大公约数
$$(n-i, n-j) = (n-i, j-i) \quad (3.2.191)$$
因此,有
$$(n-i, n-j) | (j-i) \quad (3.2.192)$$
这里 $0 \leq i < j \leq d$.利用上式,有
$$\prod_{0 \leq i < j \leq d}(n-i, n-j) \leq \prod_{0 \leq i < j \leq d}(j-i) \quad (3.2.193)$$
上式的右端记为 A.A 是一个仅与 d 有关的正整数.下面证明
$$M_n \geq \frac{n(n-1)(n-2)\cdots(n-d)}{\prod_{0 \leq i < j \leq d}(n-i, n-j)} \geq \frac{n(n-1)(n-2)\cdots(n-d)}{A} \quad (3.2.194)$$
利用不等式(3.2.193),上式的后一个不等式成立.剩下证明前一个不等式.设一个质因数 p 在 $n, n-1, n-2, \cdots, n-d$ 的质因子分解式中依次为 $a_0, a_1, a_2, \cdots, a_d$（皆为非负整数）.设
$$a_t = \max_{0 \leq i \leq d} a_i \quad (3.2.195)$$
这里下标 t 固定,可以看到
$$a_t = \sum_{i=0}^{d} a_i - \sum_{i \neq t} \min(a_i, a_t) \quad (3.2.196)$$
式中,a_t 是 p 在 $n, n-1, n-2, \cdots, n-d$ 的最小公倍数 M_n 的质因子分解式中的次数,而 $\sum_{i=0}^{d} a_i$ 是 p 在 $n(n-1)(n-2)\cdots(n-d)$ 的质因子分解式中的次数.而 $\sum_{i \neq t} \min(a_i, a_t)$ 小于等于 p 在 $\prod_{0 \leq i < j \leq d}(n-i, n-j)$ 质因子分解式中的次数,所以,不等式(3.2.194)的前一个不等式成立.

由于 $n(n-1)(n-2)\cdots(n-d)$ 是变元 n 的 $d+1$ 次多项式,所以存在一个正整数 T,当正整数 $n \geq T$ 时,利用不等式(3.2.194)（不看中间部分）,有
$$M_n > an^d + b \quad (3.2.197)$$
利用公式(3.2.190)后面的叙述 $M_n | r_n$,再利用公式(3.2.189)和(3.2.197),知道当 $n \geq T$ 时,有
$$r_n = 0 \quad (3.2.198)$$
对 $T > n > d$,先取正整数 $m \geq T$,利用上式,有 $r_m = 0$,则
$$r_m - r_n = -r_n, \quad \text{则} \quad (m-n)|(-r_n)\text{（利用公式(3.2.187)）} \quad (3.2.199)$$
由于正整数 m 可以任意大,则公式(3.2.198)对满足 $T > n > d$ 的正整数 n 也成立.再兼顾公式(3.2.184)和(3.2.185),题目结论成立.

例17 给定正奇数 m,任意 $8m+3$ 个两两不同余的正整数组成的集合,一定能从这集合中选择 4 个两两不同的元素 a, b, c, d,使得 $a+b-c-d$ 是 $4m(8m+1)$ 的整数倍.

证明: 分两步:

① 考虑在 $\bmod 4m(8m+1)$ 意义下,两两不同余的 $8m+2$ 个正整数组成的集合.
为简洁,记
$$k = 4m(8m+1) \tag{3.2.200}$$
对于这 $8m+2$ 个正整数组成的集合,任取其中两个元素,一共有 $C_{8m+2}^2 = (4m+1)(8m+1)$ 个两元数组.对于每个两元数组 (a,b),作和 $a+b$.一共有 $(4m+1)(8m+1)$ 个这样的和.由于 $(4m+1)(8m+1) > k$,则必有两个两元数组 $(a,b),(c,d)$,使得
$$(a+b) - (c+d) \equiv 0 (\bmod k) \tag{3.2.201}$$
如果 a,b 之一,不妨设 a 等于 c,d 之一,例如 $a=c$,利用公式(3.2.201),有 $b \equiv d (\bmod k)$. 由于这集合内任两个不同元素皆 $\bmod k$ 不同余,则 $b=d$,这与两元数组 $(a,b),(c,d)$ 不一样矛盾.因此,a,b,c,d 是这集合内 4 个两两不同的元素,满足题目结论.

现在考虑在 $\bmod k$ 意义下,两两不同的 $8m+1$ 个正整数组成的集合.由于
$$C_{8m+1}^2 = k \tag{3.2.202}$$
则有两种可能性,对于这集合的全部两元数组,有两个两元数组 $(a,b),(c,d)$ 满足公式(3.2.201),则题目结论成立.另一种可能性,这集合的全部两元数组,在 $\bmod k$ 意义下,每个两元数组中两元素之和,恰为 $0,1,2,\cdots,k-1$(一共 k 个).利用公式(3.2.200),有
$$\sum_{t=0}^{k-1} t = \frac{1}{2}(k-1)k = 2m(8m+1)[4m(8m+1)-1] \tag{3.2.203}$$
由于 m 是奇数,以及 $8m+1,4m(8m+1)-1$ 也都是奇数,则
$$公式(3.2.203) 的右端 \equiv 2(\bmod 4) \tag{3.2.204}$$
另一方面,$8m+1$ 个正整数 $\{a_1,a_2,\cdots,a_{8m+1}\}$ 组成的集合的所有两元数组中全部元素之和,每个元素在这和式中出现了 $8m$ 次,于是全部元素之和必为 $8m$ 的倍数,当然也是 4 的整数倍.这与公式(3.2.204)矛盾.

从上面叙述,可以看到对于由大于等于 $8m+1$ 个在 $\bmod k$ 意义下两两不同余的正整数组成的集合,必有其中 4 个元素,满足题目结论.

② 考虑 $8m+3$ 个两两不同的正整数组成的集合,在 $\bmod k$ 意义下,如果这 $8m+3$ 个元素属于至少 $8m+1$ 个两两不同的剩余类.由①,题目结论成立.如果在 $\bmod k$ 意义下,这 $8m+3$ 个元素恰属于 $T(T \leqslant 8m)$ 个不同的剩余类,那么,有以下两种情况发生.

(1) 必有一个剩余类,至少含 4 个元素;

(2) 每个剩余类至多含 3 个元素,那么,必有至少两个剩余类,每个剩余类内至少含有两个元素.在一个剩余类内取两元素 a,c;在另一个剩余类内取两元素 (b,d),无论(1)或(2),显然题目结论都成立.

注:本题是我根据 $m=1$ 的一个题目改编而成的.

例 18 求所有正整数 k,使得给定序列
$$a_1 = a_2 = 4, \quad a_{n+2} = (k-2)a_{n+1} - a_n + 10 - 2k$$
(这里 n 是任意正整数)中的每一项都是完全平方数.

解:由题目条件,得
$$a_3 = 2k - 2 \tag{3.2.205}$$
a_3 是一个偶数.由题目条件,a_3 又是一个完全平方数,则 a_3 必是一个偶数的平方,可记
$$a_3 = (2p)^2 = 4p^2 \tag{3.2.206}$$
这里 p 是一个非负整数.利用上面叙述,有
$$k = 2p^2 + 1 \tag{3.2.207}$$
利用上式及题目条件,有

$$a_{n+2} = (2p^2 - 1)a_{n+1} - a_n + 8 - 4p^2 \tag{3.2.208}$$

这里 n 是任意正整数. 在上式中, 依次令 $n=2, n=3$. 再利用题目条件和公式(3.2.206), 有

$$a_4 = 4(2p^4 - 2p^2 + 1) \tag{3.2.209}$$

$$a_5 = 4(4p^6 - 6p^4 + 2p^2 + 1) \tag{3.2.210}$$

由题目条件, 知道 a_5 是完全平方数. 因此, 可以设

$$t^2 = 4p^6 - 6p^4 + 2p^2 + 1 = 2p^2(2p^2 - 1)(p^2 - 1) + 1 \tag{3.2.211}$$

这里 t 是一个正整数.

下面对 p 分情况讨论:

① 当 $p=0$ 时, 利用公式(3.2.206), (3.2.207), (3.2.209)和(3.2.210), 有

$$a_3 = 0, \quad k = 1, \quad a_4 = 4, \quad a_5 = 4 \tag{3.2.212}$$

这时, 公式(3.2.208)简化为下述形式

$$a_{n+2} = -a_{n+1} - a_n + 8 \tag{3.2.213}$$

利用题目条件, 公式(3.2.212)和(3.2.213)可以知道, 数列 $\{a_n\}$ 是周期数列:

$$4, 4, 0, 4, 4, 0, \cdots \tag{3.2.214}$$

因此, 题目条件满足.

② 当 $p=1$ 时, 完全类似, 有

$$a_3 = 4, \quad k = 3, \quad a_4 = 4, \quad a_5 = 4, \quad a_{n+2} = a_{n+1} - a_n + 4 \tag{3.2.215}$$

这时, 数列 $\{a_n\}$ 是常值数列

$$4, 4, 4, 4, 4, 4, \cdots \tag{3.2.216}$$

因此, 题目条件满足.

③ 当正整数 $p \geq 2$ 时, 利用公式(3.2.211)可以看到

$$t^2 - \left(2p^3 - \frac{3}{2}p\right)^2 = 1 - \frac{1}{4}p^2 \leq 0 \tag{3.2.217}$$

$$t^2 - \left(2p^3 - \frac{3}{2}p - \frac{1}{2}\right)^2 = \frac{1}{4}(p^3 - p^2) + \frac{3}{2}(p^3 - p) + \frac{1}{4}p^3 + \frac{3}{4} > 0 \tag{3.2.218}$$

利用上二式, 有

$$\left(2p^3 - \frac{3}{2}p - \frac{1}{2}\right)^2 < t^2 \leq \left(2p^3 - \frac{3}{2}p\right)^2 \tag{3.2.219}$$

上式各端皆乘以 4, 有

$$(4p^3 - 3p - 1)^2 < (2t)^2 \leq (4p^3 - 3p)^2 \tag{3.2.220}$$

从而必有

$$2t = 4p^3 - 3p, \quad 即 \quad t = 2p^3 - \frac{3}{2}p \tag{3.2.221}$$

利用不等式(3.2.217)和上式, 有

$$p = 2 \tag{3.2.222}$$

利用上式和公式(3.2.207), 有

$$k = 9 \tag{3.2.223}$$

利用上式和题目条件, 有

$$a_{n+2} = 7a_{n+1} - a_n - 8 \tag{3.2.224}$$

改写上式, 有

$$a_{n+2} - \frac{8}{5} = 7\left(a_{n+1} - \frac{8}{5}\right) - \left(a_n - \frac{8}{5}\right) \tag{3.2.225}$$

对任意正整数 n, 令

$$b_n = a_n - \frac{8}{5} \tag{3.2.226}$$

利用上二式及题目条件,有

$$b_{n+2} = 7b_{n+1} - b_n, \quad b_1 = b_2 = \frac{12}{5} \tag{3.2.227}$$

上述递推公式的特征方程是

$$\lambda^2 - 7\lambda + 1 = 0 \tag{3.2.228}$$

上述方程的两个根分别是

$$\left. \begin{array}{l} \lambda_1 = \dfrac{1}{2}(7 + 3\sqrt{5}) = \left(\dfrac{1}{2}(3 + \sqrt{5})\right)^2 \\ \lambda_2 = \dfrac{1}{2}(7 - 3\sqrt{5}) = \left(\dfrac{1}{2}(3 - \sqrt{5})\right)^2 \end{array} \right\} \tag{3.2.229}$$

于是,可以写

$$b_n = A\lambda_1^n + B\lambda_2^n \tag{3.2.230}$$

这里 A, B 是待定常数. 再利用公式(3.2.227)的后一个等式,有

$$\lambda_1 A + \lambda_2 B = \frac{12}{5}, \quad \lambda_1^2 A + \lambda_2^2 B = \frac{12}{5} \tag{3.2.231}$$

解上述方程组,有

$$A = \frac{4}{5}(9 - 4\sqrt{5}), \quad B = \frac{4}{5}(9 + 4\sqrt{5}) \tag{3.2.232}$$

代上式入公式(3.2.230),且利用公式(3.2.229)和(3.2.226),有

$$\begin{aligned} a_n &= \frac{8}{5} + \frac{4}{5}(9 - 4\sqrt{5})\left(\frac{1}{2}(3 + \sqrt{5})\right)^{2n} + \frac{4}{5}(9 + 4\sqrt{5})\left(\frac{1}{2}(3 - \sqrt{5})\right)^{2n} \\ &= \frac{8}{5} + \frac{1}{5}(\sqrt{5} - 1)^2\left(\frac{1}{2}(3 + \sqrt{5})\right)^{2n-2} + \frac{1}{5}(\sqrt{5} + 1)^2\left(\frac{1}{2}(3 - \sqrt{5})\right)^{2n-2} \end{aligned} \tag{3.2.233}$$

这里利用

$$(9 - 4\sqrt{5})(3 + \sqrt{5})^2 = (9 - 4\sqrt{5})(14 + 6\sqrt{5}) = (\sqrt{5} - 1)^2 \tag{3.2.234}$$

和

$$(9 + 4\sqrt{5})(3 - \sqrt{5})^2 = (9 + 4\sqrt{5})(14 - 6\sqrt{5}) = (\sqrt{5} + 1)^2 \tag{3.2.235}$$

改写公式(3.2.233)的右端,可以看到

$$a_n = \frac{4}{5}\left[2 + \left(\frac{1}{2}(3 + \sqrt{5})\right)^{2n-3} + \left(\frac{1}{2}(3 - \sqrt{5})\right)^{2n-3}\right] \tag{3.2.236}$$

这里 n 是任意正整数. 在上式中,用 $n+2$ 代替 n,有

$$a_{n+2} = \frac{4}{5}\left\{\left(\frac{1}{2}(\sqrt{5} + 1)\right)^{2n+1} + \left(\frac{1}{2}(\sqrt{5} - 1)\right)^{2n+1}\right\}^2 \tag{3.2.237}$$

令

$$c_n = \frac{1}{\sqrt{5}}\left\{\left(\frac{1}{2}(\sqrt{5} + 1)\right)^{2n+1} + \left(\frac{1}{2}(\sqrt{5} - 1)\right)^{2n+1}\right\} \tag{3.2.238}$$

这里 n 是任意正整数. 利用 3.1 节例 11 中的 Fibonacci 数列的 Binet 公式(3.1.196),有

$$c_n = F_{2n+1} \tag{3.2.239}$$

c_n 显然是一个正整数,因而 a_{n+2} 是一个完全平方数.

例19 (1) 设两个整数数列 $\{u_n\}, \{v_n\}$(这里 n 是任意非负整数)满足: $u_0 = 4, u_1 = 11$, $u_{n+2} = 4u_{n+1} - u_n$; $v_0 = 1, v_1 = 6, v_{n+2} = 4v_{n+1} - v_n$,求 u_n, v_n 的表达式;

(2) 设数列 $\{a_n\}$(这里 n 是非负整数)由下列条件确定: $a_0 = 6, a_{n+1} = \dfrac{1}{13}(8a_n \sqrt{3a_n^2 + 13} - $

$6a_n^2 - 13)$,这里 n 是任意非负整数.求证:a_n 是正整数,$a_n^2 - a_{n+1}$ 是 13 的整数倍,这里 n 是任意非负整数.

解:(1) 由于 u_n, v_n 的递推公式是完全一样的,因此,它们的特征方程都是
$$\lambda^2 - 4\lambda + 1 = 0 \tag{3.2.240}$$
上述方程的两个根是
$$\left. \begin{array}{l} \lambda_1 = 2 + \sqrt{3} (\text{为简洁},\text{记为 } w) \\ \lambda_2 = 2 - \sqrt{3} (\text{为简洁},\text{记为 } w^*), ww^* = 1 \end{array} \right\} \tag{3.2.241}$$
于是,可以写
$$u_n = c_1 w^n + c_2 w^{*n}, \quad v_n = c_1^* w^n + c_2^* w^{*n} \tag{3.2.242}$$
在上式中,分别令 $n=0, n=1$,再利用题目条件,有
$$\begin{cases} c_1 + c_2 = 4 \\ wc_1 + w^* c_2 = 11 \end{cases}; \quad \begin{cases} c_1^* + c_2^* = 1 \\ wc_1^* + w^* c_2^* = 6 \end{cases} \tag{3.2.243}$$
解上述两个方程组,有
$$\begin{cases} c_1 = \dfrac{1}{2}(4 + \sqrt{3}) \\ c_2 = \dfrac{1}{2}(4 - \sqrt{3}) \end{cases}; \quad \begin{cases} c_1^* = \dfrac{1}{\sqrt{3}} c_1 \\ c_2^* = -\dfrac{1}{\sqrt{3}} c_2 \end{cases} \tag{3.2.244}$$
利用上面叙述,有
$$u_n = \frac{1}{2}(4+\sqrt{3})(2+\sqrt{3})^n + \frac{1}{2}(4-\sqrt{3})(2-\sqrt{3})^n \tag{3.2.245}$$
$$v_n = \frac{1}{2\sqrt{3}}(4+\sqrt{3})(2+\sqrt{3})^n - \frac{1}{2\sqrt{3}}(4-\sqrt{3})(2-\sqrt{3})^n \tag{3.2.246}$$

(2) 为简洁,仍用公式(3.2.242)表示 v_n.利用此公式和公式(3.2.244),有
$$\begin{aligned} 3v_n^2 + 13 &= (c_1 w^n - c_2 w^{*n})^2 + 13 \\ &= c_1^2 w^{2n} + c_2^2 w^{*2n} - 2c_1 c_2 + 13 (\text{利用公式}(3.2.241)\text{的最后一个等式}) \\ &= (c_1 w^n + c_2 w^{*n})^2 (\text{利用公式}(3.2.244),\text{有 } c_1 c_2 = \frac{13}{4}) \\ &= u_n^2 (\text{利用公式}(3.2.242)) \end{aligned} \tag{3.2.247}$$
利用公式(3.2.245)知道 $u_n > 0$,再由题目条件,知道 u_n 是正整数.利用公式(3.2.247),有
$$u_n = \sqrt{3v_n^2 + 13} \tag{3.2.248}$$
令
$$f(x) = \frac{2}{13} x(4\sqrt{3x^2 + 13} - 3x) - 1 \tag{3.2.249}$$
这里 $x > 0$.

利用题目条件及上式,有
$$a_{n+1} = f(a_n) \tag{3.2.250}$$
利用公式(3.2.248)和(3.2.249),有
$$f(v_n) = \frac{2}{13} v_n (4u_n - 3v_n) - 1 \tag{3.2.251}$$
利用公式(3.2.242)和(3.2.244),有
$$4u_n - 3v_n = 4(c_1 w^n + c_2 w^{*n}) - \sqrt{3}(c_1 w^n - c_2 w^{*n}) = \frac{13}{2}(w^n + w^{*n}) \tag{3.2.252}$$
代公式(3.2.242)和上式入公式(3.2.251),有

$$f(v_n) = \frac{1}{\sqrt{3}}(w^n + w^{*n})(c_1 w^n - c_2 w^{*n}) - 1 (\text{利用公式}(3.2.244))$$

$$= \frac{1}{\sqrt{3}}(c_1 w^{2n} - c_2 w^{*2n})(\text{利用公式}(3.2.241)\text{的最后一个等式和公式}(3.2.244))$$
(3.2.253)

对于任意非负整数 n，令
$$b_n = v_{2^n} \tag{3.2.254}$$

b_n 是正整数(利用题目条件和公式(3.2.246)).利用公式(3.2.253)和(3.2.254)，有

$$f(b_n) = f(v_{2^n}) = \frac{1}{\sqrt{3}}(c_1 w^{2^{n+1}} - c_2 w^{*2^{n+1}})$$

$$= v_{2^{n+1}}(\text{利用公式}(3.2.242)\text{和}(3.2.244)) = b_{n+1} \tag{3.2.255}$$

利用公式(3.2.254)和题目条件，有
$$b_0 = v_1 = 6 = a_0 \tag{3.2.256}$$

利用公式(3.2.250),(3.2.255)和(3.2.256)，有
$$a_n = b_n \tag{3.2.257}$$

这里 n 是任意非负整数.

利用上面叙述，有
$$a_n = v_{2^n} = \frac{1}{\sqrt{3}}(c_1 w^{2^n} - c_2 w^{*2^n}) \tag{3.2.258}$$

于是，a_n 都是正整数.

利用上式，有

$$a_n^2 - a_{n+1} = \frac{1}{3}(c_1 w^{2^n} - c_2 w^{*2^n})^2 - \frac{1}{\sqrt{3}}(c_1 w^{2^{n+1}} - c_2 w^{*2^{n+1}})$$

$$= \frac{1}{\sqrt{3}}\left(c_1\left(\frac{c_1}{\sqrt{3}} - 1\right)\right)w^{2^{n+1}} + \frac{1}{\sqrt{3}}\left(c_2\left(\frac{c_2}{\sqrt{3}} + 1\right)\right)w^{*2^{n+1}} - \frac{2}{3}c_1 c_2 (\text{利用公式}(3.2.241)\text{的最}$$
后一个等式)
(3.2.259)

由公式(3.2.244)，有
$$\frac{1}{\sqrt{3}}\left(c_1\left(\frac{c_1}{\sqrt{3}} - 1\right)\right) = \frac{13}{12}, \quad \frac{1}{\sqrt{3}}\left(c_2\left(\frac{c_2}{\sqrt{3}} + 1\right)\right) = \frac{13}{12}, \quad \frac{2}{3}c_1 c_2 = \frac{26}{12} \tag{3.2.260}$$

代公式(3.2.260)入(3.2.259)，有
$$a_n^2 - a_{n+1} = \frac{13}{12}(w^{2^n} - w^{*2^n})^2 \tag{3.2.261}$$

这里利用公式(3.2.241)的最后一个等式.

令
$$\theta_n = \frac{1}{12}(w^{2^n} - w^{*2^n})^2 \tag{3.2.262}$$

这里 n 是任意非负整数.

利用上式和公式(3.2.241)，有
$$\theta_0 = 1, \quad \theta_1 = 16 \tag{3.2.263}$$

利用公式(3.2.262)，有

$$12\theta_n^2 + 4\theta_n = \frac{1}{12}(w^{2^n} - w^{*2^n})^2[(w^{2^n} - w^{*2^n})^2 + 4]$$

$$= \frac{1}{12}(w^{2^n} - w^{*2^n})^2(w^{2^n} + w^{*2^n})^2 = \frac{1}{12}(w^{2^{n+1}} - w^{*2^{n+1}})^2 = \theta_{n+1} \tag{3.2.264}$$

利用公式(3.2.263)和(3.2.264),知道 θ_n 都是正整数,再利用公式(3.2.261)和(3.2.262),知道正整数 $a_n^2 - a_{n+1}$ 必是 13 的整数倍.

例 20 设正整数 $A \geqslant 10, x_1, x_2, \cdots, x_n, \cdots$ 是单调递增的正整数数列,且对于任意正整数 $n \geqslant A$,满足 $\sum_{k=1}^{n} x_k^3 = \left(\sum_{k=1}^{n} x_k\right)^2$. 求证:对所有正整数 $n, x_n = n$.

注:本题的单调递增表示这正整数数列 $x_1 < x_2 < \cdots < x_n < \cdots$.

证明:令

$$S_n = \sum_{i=1}^{n} x_i \tag{3.2.265}$$

这里 n 是任意正整数.

对于正整数 $n \geqslant A$,利用题目条件,有

$$x_{n+1}^3 + S_n^2 = x_{n+1}^3 + \sum_{k=1}^{n} x_k^3 = (S_n + x_{n+1})^2 = S_n^2 + 2 S_n x_{n+1} + x_{n+1}^2 \tag{3.2.266}$$

利用上式,当 $n \geqslant A$ 时,有

$$x_{n+1}^2 = 2 S_n + x_{n+1} \tag{3.2.267}$$

于是,对于任意正整数 $n \geqslant A+1$,有

$$\begin{aligned}
x_{n+1}^2 &= x_{n+1} + 2(S_{n-1} + x_n) \quad (\text{利用公式}(3.2.265)) \\
&= x_{n+1} + 2 x_n + (x_n^2 - x_n) \quad (\text{在公式}(3.2.267) \text{中,用下标 } n-1 (\geqslant A) \text{代替} n) \\
&= x_{n+1} + x_n^2 + x_n
\end{aligned} \tag{3.2.268}$$

上式移项后,再因式分解,有

$$(x_{n+1} + x_n)(x_{n+1} - x_n - 1) = 0 \tag{3.2.269}$$

再由于 x_n, x_{n+1} 都是正整数,有

$$x_{n+1} = x_n + 1, \quad \text{这里正整数 } n \geqslant A+1 \tag{3.2.270}$$

不断地利用上式,对于任意正整数 k,有

$$x_{A+1+k} = x_{A+1} + k \tag{3.2.271}$$

当然,当 $k = 0$ 时,上式也成立.

令

$$S = \sum_{t=1}^{A} x_t^3 - \sum_{t=1}^{x_{A+1}-1} t^3 \tag{3.2.272}$$

对于正整数 $n \geqslant A+1$,有

$$\begin{aligned}
\sum_{t=1}^{n} x_t^3 &= \sum_{t=1}^{A} x_t^3 + \sum_{t=A+1}^{n} x_t^3 \\
&= \sum_{t=1}^{A} x_t^3 + \sum_{k=0}^{n-(A+1)} (x_{A+1} + k)^3 \quad (\text{利用公式}(3.2.271)) \\
&= \sum_{t=1}^{A} x_t^3 + \sum_{t=1}^{x_n} t^3 - \sum_{t=1}^{x_{A+1}-1} t^3 \quad (\text{利用上式右端第二大项是一列连续正整数立方之和,从 } x_{A+1}^3 \\
&\quad \text{加到 } x_n^3) \\
&= \left[\frac{1}{2} x_n (x_n + 1)\right]^2 + S \quad (\text{利用公式}(3.2.272))
\end{aligned} \tag{3.2.273}$$

又令

$$K = \sum_{t=1}^{A} x_t - \sum_{t=1}^{x_{A+1}-1} t \tag{3.2.274}$$

类似地,可以看到,当正整数 $n \geqslant A+1$,有

$$(\sum_{t=1}^{n} x_t)^2 = (\sum_{t=1}^{A} x_t + \sum_{t=A+1}^{n} x_t)^2 = [\sum_{t=1}^{A} x_t + \sum_{k=0}^{n-(A+1)} (x_{A+1} + k)]^2 (\text{利用公式}(3.2.271))$$

$$= (\sum_{t=1}^{A} x_t + \sum_{t=1}^{x_n} t - \sum_{t=1}^{x_{A+1}-1} t)^2$$

$$= [\frac{1}{2} x_n (x_n + 1) + K]^2 (\text{利用公式}(3.2.274)) \quad (3.2.275)$$

利用题目条件,知道公式(3.2.273)和上式的左端,因此,它们的右端应相等,从而有

$$S = K^2 + x_n(x_n + 1)K \quad (3.2.276)$$

从上式,对于正整数 $n \geq A+1$,有

$$x_n(x_n + 1)K = S - K^2 \quad (3.2.277)$$

由于$\{x_n\}$是单调递增的正整数数列,无上界. 而上式右端是个定值,因而,必有

$$K = 0 \quad (3.2.278)$$

利用公式(3.2.274)和上式,有

$$\sum_{t=1}^{A} x_t = \sum_{t=1}^{x_{A+1}-1} t \quad (3.2.279)$$

利用题目条件,有

$$x_{A+1} - 1 \geq x_A \geq A \quad (3.2.280)$$

因此,公式(3.2.279)左端的每个 x_t 必在右端和式中出现. 利用上二式,有

$$\text{集合}\{x_1, x_2, x_3, \cdots, x_A\} = \text{集合}\{1, 2, 3, \cdots, x_{A+1} - 1\} \quad (3.2.281)$$

由于上式左端集合内元素是依次单调递增的,因此,必有

$$x_1 = 1, \quad x_2 = 2, \quad x_3 = 3, \quad \cdots, \quad x_k = k, \quad \cdots, \quad x_A = x_{A+1} - 1, \quad \text{这里} 1 \leq k \leq A$$
$$(3.2.282)$$

从上式,有

$$x_{A+1} = A + 1 \quad (3.2.283)$$

利用公式(3.2.271),(3.2.282)和(3.2.283),题目结论成立.

3.3 质数的性质

本节约二十个例题主要是围绕质数性质展开.

例1 设 p, q 是两奇质数,且 $p > q$,设 a, b, c 是 3 个正整数,满足 $a = b + 4pq, \sqrt{a} + \sqrt{b} = \sqrt{c}$. 记 $S = a + b$,求 S 的最大可能值.

解:由题目条件,有

$$\sqrt{b + 4pq} + \sqrt{b} = \sqrt{c} \quad (3.3.1)$$

上式两端平方,有

$$2b + 4pq + 2\sqrt{b(b + 4pq)} = c \quad (3.3.2)$$

由于 b, p, q, c 都是正整数,则 $b(b + 4pq)$ 必是一个完全平方数. 于是,存在正整数 z,满足

$$b(b + 4pq) = z^2 \quad (3.3.3)$$

从上式,可以看到

$$4p^2q^2 = (b + 2pq)^2 - z^2 = (b + 2pq + z)(b + 2pq - z) \quad (3.3.4)$$

由于 $b + 2pq + z$ 与 $b + 2pq - z$ 之和是偶数,又由于上式左端是偶数,则 $b + 2pq + z$ 与 $b +$

$2pq - z$ 必都是偶数. 由于 p, q 都是奇质数, 且 $b + 2pq + z > b + 2pq - z$, 从而有以下可能性:

$$\left.\begin{array}{ll} \text{①} \begin{cases} b + 2pq + z = 2p^2 q^2 \\ b + 2pq - z = 2 \end{cases}; & \text{②} \begin{cases} b + 2pq + z = 2p^2 q \\ b + 2pq - z = 2q \end{cases} \\ \text{③} \begin{cases} b + 2pq + z = 2pq^2 \\ b + 2pq - z = 2p \end{cases}; & \text{④} \begin{cases} b + 2pq + z = 2p^2 \\ b + 2pq - z = 2q^2 \end{cases} \end{array}\right\} \quad (3.3.5)$$

在情况①, 将两个方程相加, 再兼顾题目条件, 有

$$b = (pq - 1)^2, \quad a = (pq + 1)^2, \quad \sqrt{c} = \sqrt{a} + \sqrt{b} = 2pq, \quad c = 4p^2 q^2 \quad (3.3.6)$$

这时,

$$S = 2(p^2 q^2 + 1) \quad (3.3.7)$$

在情况②, 类似有

$$b = q(p - 1)^2, \quad a = q(p + 1)^2, \quad c = 4p^2 q, \quad S = 2q(p^2 + 1) \quad (3.3.8)$$

在情况③, 可以看到

$$b = p(q - 1)^2, \quad a = p(q + 1)^2, \quad c = 4pq^2, \quad S = 2p(q^2 + 1) \quad (3.3.9)$$

在情况④, 可以得到

$$b = (p - q)^2, \quad a = (p + q)^2, \quad c = 4p^2, \quad S = 2(p^2 + q^2) \quad (3.3.10)$$

比较上述 4 种情况, 由于

$$\left.\begin{array}{l} 2(p^2 q^2 + 1) - 2q(p^2 + 1) = 2(p^2 q - 1)(q - 1) > 0 \\ 2(p^2 q^2 + 1) - 2p(q^2 + 1) = 2(pq^2 - 1)(p - 1) > 0 \\ 2(p^2 q^2 + 1) - 2(p^2 + q^2) = 2(p^2 - 1)(q^2 - 1) > 0 \end{array}\right\} \quad (3.3.11)$$

则 S 的最大值是 $2(p^2 q^2 + 1)$.

注: 当 $p = 5, q = 3$ 时, 这是 2003 年美国数学邀请赛的一个题目. 本题是依此改编的.

例 2 求出所有的质数对 (p, q), 满足 $p^2 + 1$ 是 q 的整数倍, $q^2 - 1$ 是 p 的整数倍.

解: 由于

$$q^2 - 1 = (q + 1)(q - 1) \quad (3.3.12)$$

再利用题目条件, 有

$$p \mid (q - 1) \quad \text{或} \quad p \mid (q + 1) \quad (3.3.13)$$

① 当 $p \mid (q - 1)$ 时, 记

$$q = kp + 1 \quad (3.3.14)$$

这里 k 是一个正整数. 由题目条件, 知道 $q \leq p^2 + 1$, 再利用上式, 有

$$k \leq p \quad (3.3.15)$$

又利用

$$k(p^2 + 1) = p(kp + 1) - (p - k) = pq - (p - k) \quad (3.3.16)$$

由题目条件, 知道上式左端是 q 的整数倍. 于是, 有

$$q \mid (p - k) \quad (3.3.17)$$

明显地, 可以看到

$$0 \leq p - k (\text{利用不等式}(3.3.15)) < p < kp + 1 \quad (3.3.18)$$

利用公式 (3.3.14), (3.3.17) 和 (3.3.18), 有

$$k = p \quad (3.3.19)$$

利用公式 (3.3.14) 和上式, 有

$$q = p^2 + 1 \quad (3.3.20)$$

由于 p 是质数, 则 $p \geq 2$, 从上式知道 $q \geq 5$, q 是奇质数, p 必是偶数, 又 p 是质数, 必有

$$p = 2, \quad q = 5 \quad (3.3.21)$$

② 当 $p \mid (q+1)$ 时，记
$$q = kp - 1 \tag{3.3.22}$$
这里 k 是一个正整数，由于
$$(p+2)p - 1 > p^2 + 1 \geqslant q \text{（由题目条件）} \tag{3.3.23}$$
利用上二式，有
$$k \leqslant p + 1 \tag{3.3.24}$$
利用
$$k(p^2 + 1) = p(kp - 1) + (p + k) = pq + (p + k)\text{（利用公式(3.3.22)）} \tag{3.3.25}$$
再兼顾题目条件，有
$$q \mid (p + k) \tag{3.3.26}$$
利用公式(3.3.22)和上式，有
$$kp - 1 \leqslant p + k, \quad 即 \quad (k-1)(p-1) \leqslant 2 \tag{3.3.27}$$
从上式，必有
$$k \leqslant 3 \tag{3.3.28}$$

下面分情况讨论：
① 当 $k = 1$ 时，利用公式(3.3.22)，知道 $p - 1, p$ 是两个连续质数，必有
$$p = 3, \quad q = 2 \tag{3.3.29}$$
② 当 $k = 2$ 时，由公式(3.3.22)，有
$$q = 2p - 1 \tag{3.3.30}$$
又利用公式(3.3.27)的后一个不等式，有
$$p \leqslant 3 \tag{3.3.31}$$
利用上二式，有
$$p = 2, \quad q = 3; \quad p = 3, \quad q = 5 \tag{3.3.32}$$
③ 当 $k = 3$ 时，利用公式(3.3.22)，有
$$q = 3p - 1 \tag{3.3.33}$$
再利用公式(3.3.27)的后一个不等式，有
$$p = 2, \quad q = 5 \tag{3.3.34}$$
因此，所求的全部有序质数对
$$(p, q) = (3, 2), (2, 3), (3, 5), (2, 5) \tag{3.3.35}$$

例 3 (1) 如果 p 是一个质数，求证：$2^p + 3^p$ 不是一个完全平方数；

(2) 求所有正整数对 m, n，使得 $2^m + 3^n$ 是一个完全平方数．

解：(1) 如果 $p = 2, 2^2 + 3^2 = 13$ 不是完全平方数．下面考虑 p 是奇质数情况．
$$2^p + 3^p = (2 + 3)(2^{p-1} - 2^{p-2} \times 3 + \cdots - 2 \times 3^{p-2} + 3^{p-1}) \tag{3.3.36}$$
明显地，可以看到
$$2^{p-1} - 2^{p-2} \times 3 + \cdots - 2 \times 3^{p-2} + 3^{p-1} = 2^{p-1} - 2^{p-2} \times (5-2) + \cdots - 2 \times (5-2)^{p-2}$$
$$\equiv p \times 2^{p-1} \pmod{5} \tag{3.3.37}$$
如果 $p = 5, 2^5 + 3^5 = 275$，当然不是完全平方数．如果 p 不等于 5，利用上面叙述，有
$$2^p + 3^p \equiv 5p \times 2^{p-1} \pmod{25} \tag{3.3.38}$$
从上式知道，$2^p + 3^p$ 是 5 的整数倍，但不是 25 的倍数，这样的数显然不是完全平方数．

(2) 如果
$$2^m + 3^n = t^2 \tag{3.3.39}$$
这里 t 是一个正整数，且 t 是一个奇数，则 $t \geqslant 5$．由于 t 总是 $3S, 3S+1, 3S+2 (S \in \mathbf{N}^+)$ 三类数之

一，则 t^2 或是 3 的倍数，或除以 3 余 1. 当 m 为奇数时，有

$$2^m + 3^n = (3-1)^m + 3^n \equiv -1 \pmod{3} \equiv 2 \pmod{3} \tag{3.3.40}$$

利用上面叙述，知道 m 必为偶数，$m \geq 2$. 由于 t 是一个奇数，$t^2 \equiv 1 \pmod{4}$，再利用公式 (3.3.39)，有

$$3^n \equiv 1 \pmod{4} \tag{3.3.41}$$

再利用 $3^n = (4-1)^n$，n 必为偶数. $n = 2q (q \in \mathbf{N}^+)$，那么，我们有

$$2^m = t^2 - 3^{2q} = (t + 3^q)(t - 3^q) \tag{3.3.42}$$

注意

$$(t + 3^q) + (t - 3^q) = 2t \tag{3.3.43}$$

t 又是一个奇数. 利用公式 (3.3.42) 可以知道存在正整数 s_1, s_2，使得

$$t + 3^q = 2^{s_1}, \quad t - 3^q = 2^{s_2}, \quad s_1 > s_2, \quad 2^{s_1} + 2^{s_2} = 2t \tag{3.3.44}$$

从而必有

$$s_2 = 1, \quad s_1 = m - 1 \tag{3.3.45}$$

利用上面叙述，有

$$t + 3^q = 2^{m-1}, \quad t - 3^q = 2 \tag{3.3.46}$$

上式中二个等式相减，有

$$3^q + 1 = 2^{m-2} \tag{3.3.47}$$

由于 m 是偶数，从上式知 $m \geq 4$，再由上式，知道 $3^q + 1$ 必是 4 的倍数，利用

$$3^q + 1 = (4-1)^q + 1 \equiv (-1)^q + 1 \pmod{4} \tag{3.3.48}$$

那么，q 必为奇数. 如果 $q > 1$，利用 q 是奇数，有

$$3^q + 1 = (3+1)(3^{q-1} - 3^{q-2} + \cdots + 3^2 - 3 + 1) = 4t^* \tag{3.3.49}$$

这里 t^* 是奇数个奇数相加减，必是一个奇数. 且当 $q > 1$ 时，奇数 $t^* > 1$. 利用公式 (3.3.47) 和 (3.3.49)，有

$$2^{m-2} = 4t^* \tag{3.3.50}$$

这是一个矛盾等式. 因此只能是

$$q = 1, \quad m = 4, \quad n = 2 \tag{3.3.51}$$

经检验，上式满足题目要求.

例 4 记 $\{p_j \mid j \in \mathbf{N}^+\}$ 是所有质数从小到大的排列. 令 $a_n = \sum_{j=1}^{n} p_j (n \in \mathbf{N}^+)$. 求证：对任意正整数 n，闭区间 $[a_n, a_{n+1}]$ 内至少有一个完全平方数.

证明：$a_1 = 2, a_2 = 5, a_3 = 10, a_4 = 17, a_5 = 28$. 显然闭区间 $[2,5], [5,10], [10,17], [17,28]$ 内都含有一个完全平方数. 下面考虑正整数 $n \geq 5$ 的情况.

我们来分析一下本题. $a_n \leq m^2 \leq a_{n+1} (m \in \mathbf{N}^+)$ 等价于 $\sqrt{a_n} \leq m \leq \sqrt{a_{n+1}}$. 如果能证明

$$\sqrt{a_{n+1}} - \sqrt{a_n} \geq 1 \tag{3.3.52}$$

则闭区间 $[\sqrt{a_n}, \sqrt{a_{n+1}}]$ 的长度大于 1，内部必有一个正整数 m，不等式 (3.3.52) 等价于下述不等式

$$a_{n+1} \geq (\sqrt{a_n} + 1)^2 = a_n + 2\sqrt{a_n} + 1 \tag{3.3.53}$$

由于

$$p_{n+1} = a_{n+1} - a_n, \quad a_n = \sum_{j=1}^{n} p_j \tag{3.3.54}$$

如果能证明，当正整数 $n \geq 5$ 时，

$$(p_{n+1} - 1)^2 \geqslant 4 \sum_{j=1}^{n} p_j \tag{3.3.55}$$

则本题结论成立.

令

$$q_n = (p_n - 1)^2 - 4 \sum_{j=1}^{n-1} p_j \tag{3.3.56}$$

这里正整数 $n \geqslant 5$. 从上式,有

$$q_{n+1} - q_n = (p_{n+1} - 1)^2 - (p_n - 1)^2 - 4p_n = (p_{n+1} - p_n)(p_{n+1} + p_n - 2) - 4p_n \tag{3.3.57}$$

由于正整数 $n \geqslant 5$, p_n, p_{n+1} 全是奇质数,则

$$p_{n+1} - p_n \geqslant 2 \tag{3.3.58}$$

利用上二式,可以看到

$$q_{n+1} - q_n \geqslant 2(p_{n+1} - p_n - 2) \geqslant 0 \tag{3.3.59}$$

那么,当正整数 $n \geqslant 5$ 时,有

$$q_n \geqslant q_5 \tag{3.3.60}$$

而利用公式(3.3.56),有

$$q_5 = (p_5 - 1)^2 - 4(p_1 + p_2 + p_3 + p_4) = 100 - 68 = 32 > 0 \tag{3.3.61}$$

那么,当正整数 $n \geqslant 5$ 时,

$$q_n > 0 \tag{3.3.62}$$

从而不等式(3.3.55)成立. 题目结论成立.

例 5 设 p 是一个质数,正整数 $m > p(p-1)$,集合 $A = \{x_1, x_2, \cdots, x_m\}$ 是由 m 个两两不同的无一个是 p^2 的整数倍的正整数组成的集合. 求证:一定能在集合 A 内找到一个子集合 $\{x_{j_1}, x_{j_2}, \cdots, x_{j_r}\}$($1 \leqslant j_1 < j_2 < \cdots < j_r \leqslant m$),满足下述条件:

(1) $\sum_{s=1}^{r} x_{j_s}$ 是 p 的整数倍;

(2) $\sum_{s=1}^{r} x_{j_s}$ 不是 p^2 的整数倍.

证明:如果集合 A 中有一个元素 x_{j_1} 是 p 的倍数,利用题目条件,x_{j_1} 不是 p^2 的倍数,取 $A^* = \{x_{j_1}\}$,满足题目要求.

下面考虑集合 A 中无一个元素是 p 的倍数. 记集合 A 中元素

$$x_l = i + (j-1)p + u_l p^2 \tag{3.3.63}$$

这里 $l \in \{1, 2, \cdots, m\}$, $i \in \{1, 2, \cdots, p-1\}$, $j \in \{1, 2, \cdots, p\}$, u_l 是非负整数.

将集合 A 中全部元素按照 mod p^2 的不同余数 $i+(j-1)p$ 分组,当 i, j 固定时,在 mod p^2 意义下,都在 $i+(j-1)p$ 同一组的 A 中元素个数记为 $a_{i,j}$(非负整数). 由于不同的 $i \in \{1, 2, \cdots, p-1\}$ 至多只有 $p-1$ 个,而集合 A 中元素总个数 $m > p(p-1)$. 因此,总有一个 $i_0 \in \{1, 2, \cdots, p-1\}$ 存在,使得

$$\sum_{j=1}^{p} a_{i_0, j} > p \tag{3.3.64}$$

即集合 A 内有 $a_{i_0,1}$ 个元素 mod p^2 余 i_0,有 $a_{i_0,2}$ 个元素 mod p^2 余 $i_0 + p$,$\cdots$,有 $a_{i_0,p}$ 个元素 mod p^2 余 $i_0 + (p-1)p$. 利用不等式(3.3.64)一定有 $n \leqslant p$ 个正整数 $A_1, A_2, \cdots, A_n$ 存在,满足

$$A_k \leqslant a_{i_0, j_k}, \quad 且 \quad \sum_{k=1}^{n} A_k = p \tag{3.3.65}$$

这里下标 $1 \leqslant j_1 < j_2 < \cdots < j_n \leqslant p$. 不妨设

$$A_1 < a_{i_0, j_1} \tag{3.3.66}$$

这表明有 A_1 个元素在 $\bmod p^2$ 意义下,余 $i_0 + (j_1-1)p$,有 A_2 个元素在 $\bmod p^2$ 意义下,余 $i_0 + (j_2-1)p, \cdots$,有 A_n 个元素在 $\bmod p^2$ 意义下,余 $i_0 + (j_n-1)p$. 为简洁,记

$$\lambda_k = j_k - 1 \tag{3.3.67}$$

于是, $\lambda_1, \lambda_2, \cdots, \lambda_n$ 是集合 $\{0,1,2,\cdots,p-1\}$ 内 n 个两两不同的非负整数.

将上述元素个数分别为 $A_1, A_2, \cdots, A_n$ 的全部元素合并为 A 的一个子集合. 由于每个元素在 $\bmod p$ 意义下,都余 i_0. 于是,这个子集合内全部元素(一共 p 个)之和,在 $\bmod p$ 意义下,为 $i_0 p$,即这个子集合内全部元素之和是 p 的倍数. 用 S 表示这个子集合内全部元素之和,利用上面叙述,有

$$S = i_0 p + \left(\sum_{k=1}^{n} \lambda_k A_k\right) p \tag{3.3.68}$$

如果这 n 个元素之和 S 不是 p^2 的倍数,则题目结论成立. 如果这 n 个元素之和恰是 p^2 的倍数. 由公式(3.3.65)和(3.3.68),必有

$$n \geqslant 2 \tag{3.3.69}$$

利用反证法,如果 $n=1$,则 $A_1 = p, S \equiv i_0 p \pmod{p^2}, S$ 不是 p^2 的倍数,题目结论已成立. 所以只须考虑公式(3.3.69). 不妨设在 $\bmod p^2$ 意义下,余 $i_0 + \lambda_2 p$ 的一个元素换成余 $i_0 + \lambda_1 p$ 的一个元素,利用不等式(3.3.66),就可以进行. 这两个元素显然是 $\bmod p^2$ 不同余的,这样,经过一个元素的交换后,这个子集合仍是 p 个元素,其和是 p 的倍数,但不是 p^2 的倍数. 题目结论成立.

例 6 p, q 是两个质数,已知 $\sqrt{p^2 + 7pq + q^2} + \sqrt{p^2 + 14pq + q^2}$ 是一个整数. 求证: $p = q$.

证明: 当 $p = q$ 时,明显地

$$\sqrt{p^2 + 7pq + q^2} = 3p, \quad \sqrt{p^2 + 14pq + q^2} = 4p \tag{3.3.70}$$

题目结论成立.

下面我们要证明,如果 x, y 和 $\sqrt{x} + \sqrt{y}$ 都是正整数,则 $\sqrt{x}$ 和 $\sqrt{y}$ 一定是两个正整数.

由于

$$\sqrt{y} = (\sqrt{x} + \sqrt{y}) - \sqrt{x} \tag{3.3.71}$$

上式两端平方,有

$$y = (\sqrt{x} + \sqrt{y})^2 - 2(\sqrt{x} + \sqrt{y})\sqrt{x} + x \tag{3.3.72}$$

从上式,有

$$\sqrt{x} = \frac{(\sqrt{x} + \sqrt{y})^2 + x - y}{2(\sqrt{x} + \sqrt{y})} \tag{3.3.73}$$

上式右端的分子、分母都是整数,则 $\sqrt{x}$ 一定是有理数. 由于 x 是正整数,则 $\sqrt{x}$ 一定是正有理数. 于是,存在两个互质的正整数 u, v,使得

$$\sqrt{x} = \frac{u}{v}, \quad x = \frac{u^2}{v^2} \tag{3.3.74}$$

于是,必有

$$v = 1, \quad \sqrt{x} = u \tag{3.3.75}$$

$\sqrt{x}$ 是一个正整数,利用

$$\sqrt{y} = (\sqrt{x} + \sqrt{y}) - \sqrt{x} \tag{3.3.76}$$

$\sqrt{y}$ 也是一个正整数. 令

$$x = p^2 + 7pq + q^2, \quad y = p^2 + 14pq + q^2 \tag{3.3.77}$$

从上面叙述可以知道, x, y 都是完全平方数,不妨设 $p \geqslant q$,由于

$$p^2 < p^2 + 14pq + q^2 \leqslant 16p^2 \tag{3.3.78}$$

那么存在非负整数 m,使得

$$p^2 + 14pq + q^2 = (4p - m)^2 \tag{3.3.79}$$

这里 $0 \leqslant m < 3p$. 又由于

$$p^2 + 7pq + q^2 \leqslant 9p^2 \tag{3.3.80}$$

那么,存在非负整数 n,使得

$$p^2 + 7pq + q^2 = (3p - n)^2 \tag{3.3.81}$$

这里 $0 \leqslant n < 2p$. 公式(3.3.79)与(3.3.81)相减,有

$$7pq = (4p - m)^2 - (3p - n)^2 = (7p - m - n)(p - m + n) \tag{3.3.82}$$

由于 $7,p,q$ 都是质数,一定有 $k, l \in \{1, p, q, pq\}$,使得 $7k$ 等于 $7p - m - n$ 或等于 $p - m + n$, $kl = pq, l$ 等于公式(3.3.82)右端另一个因数. 注意

$$7p - m - n > p - m + n \tag{3.3.83}$$

又由于

$$7k + l = (7p - m - n) + (p - m + n) = 8p - 2m \tag{3.3.84}$$

以及

$$7k - l = \pm[(7p - m - n) - (p - m + n)] = \pm(6p - 2n) \tag{3.3.85}$$

公式(3.3.85)给出了两种情况.

① 公式(3.3.85)的右端取正号. 将公式(3.3.84)和(3.3.85)相加,有

$$14k = 14p - 2(m+n), \quad 即 \quad m + n = 7(p - k) \tag{3.3.86}$$

代上式入公式(3.3.82),有

$$pq = k(p - m + n) \tag{3.3.87}$$

因为 $k \in \{1, p, q, pq\}$,以及注意到公式(3.3.86)有 $k \neq pq$(利用公式(3.3.86)的左端是非负的).

(1) 当 $k = p$ 时,利用公式(3.3.86)和(3.3.87),有

$$m = 0, \quad n = 0, \quad q = p \tag{3.3.88}$$

题目结论成立.

(2) 当 $k = q$ 时,利用公式(3.3.87),有

$$m = n = \frac{7}{2}(p - q) (利用公式(3.3.86)) \tag{3.3.89}$$

再利用公式(3.3.79),有

$$p^2 + 14pq + q^2 = \left(\frac{1}{2}p + \frac{7}{2}q\right)^2 \tag{3.3.90}$$

利用上式,有

$$0 = 4(p^2 + 14pq + q^2) - (p + 7q)^2 = 3p^2 + 42pq - 45q^2 \tag{3.3.91}$$

又由于 $p \geqslant q$,上式成立当且仅当 $p = q$. 题目结论成立.

(3) 当 $k = 1$ 时,利用公式(3.3.87),有

$$p - m + n = pq, \quad 则 \quad n > m \tag{3.3.92}$$

于是 $m + n < 4p$(利用 $n < 2p$). 再利用公式(3.3.86),有

$$7(p - 1) < 4p, \quad 质数 \ p = 2 \tag{3.3.93}$$

由于 $p \geqslant q$,则质数 $q = 2$,题目结论也成立.

② 公式(3.3.85)的右端取负号. 将公式(3.3.84)和(3.3.85)相加,有

$$7k = p - m + n \tag{3.3.94}$$

公式(3.3.84)和(3.3.85)相减,有
$$l = 7p - m - n \tag{3.3.95}$$
利用公式(3.3.83),以及上二式,有
$$l > 7k \tag{3.3.96}$$
又利用 $kl = pq, p \geq q$,则只有 $k \in \{1, q\}$.

(1) 当 $k = q$ 时,$l = p$.利用公式(3.3.95),有
$$m + n = 6p \tag{3.3.97}$$
由于 $m < 3p, n < 2p$,上式是不可能成立的.

(2) 当 $k = 1$ 时,$l = pq$,利用公式(3.3.95),有
$$m + n = p(7 - q) \tag{3.3.98}$$
于是,有 $q \leq 7$,又 $m + n < 5p$,则 $7 - q < 5, q > 2$,则质数 $q \in \{3, 5, 7\}$.

当 $q = 7$ 时,再利用公式(3.3.98),有 $m = 0, n = 0$.再利用公式(3.3.94),有 $p = 7$.题目结论成立.

在现在情况下,公式(3.3.95)变成
$$pq = 7p - m - (7 - p + m)(利用公式(3.3.94)) = 8p - 2m - 7 \tag{3.3.99}$$
当 $q = 3$ 时,从上式,有
$$m = \frac{1}{2}(5p - 7) \tag{3.3.100}$$
再利用公式(3.3.79),有
$$p^2 + 42p + 9 = \left(\frac{3}{2}p + \frac{7}{2}\right)^2 \tag{3.3.101}$$
化简上式,有
$$p(126 - 5p) = 13 \tag{3.3.102}$$
由于 $13, p$ 都是质数,则应有 $p = 13$,但上式不成立.因此这种情况不会发生.

当 $q = 5$ 时,利用公式(3.3.99),有
$$m = \frac{1}{2}(3p - 7) \tag{3.3.103}$$
再利用公式(3.3.79),有
$$p^2 + 70p + 25 = \left(\frac{5}{2}p + \frac{7}{2}\right)^2 \tag{3.3.104}$$
化简上式,有
$$21p(p - 10) = 51 \tag{3.3.105}$$
由于 p 是质数,上式是不可能成立的.

综上所述,题目结论成立.

例 7 p 是大于等于 5 的一个质数,求证:至少存在两个不同质数 q_1, q_2,满足 $1 < q_i < p - 1$ 和 $q_i^{p-1} - 1$ 不是 p^2 的整数倍 ($i = 1, 2$).

证明:当 $p = 5$ 时,令 $q_1 = 2, q_2 = 3$,题目结论显然成立.考虑质数 $p \geq 7$ 的情况.

$n \in \mathbf{N}^+$,如果 $(n, p) = 1$ 和 $n^{p-1} - 1$ 是 p^2 的倍数,称 n 是一个正常正整数.如果 $(n, p) = 1$,$n^{p-1} - 1$ 不是 p^2 的倍数,称 n 为一个非正常正整数.这里 $n > 1$.$n = 1$ 是一个特殊的正常正整数.如果 n_1, n_2 都是正常正整数,则 $(n_1, n_2, p) = 1$.记 $n_1^{p-1} - 1 = p^2 k_1, n_2^{p-1} - 1 = p^2 k_2$,这里 k_1, k_2 都是正整数.由于
$$(n_1 n_2)^{p-1} - 1 = (p^2 k_1 + 1)(p^2 k_2 + 1) - 1 \equiv 0 (\bmod p^2) \tag{3.3.106}$$
则 $n_1 n_2$ 也是正常正整数.于是,有限个正常正整数的乘积还是一个正常正整数.因此,如果正整

数 $n>1$, n 又是一个非正常正整数,则 n 至少有一个质因数是非正常正整数.

如果 n 是正常正整数, $n^{p-1}=1+p^2k^*$, 这里 k^* 是一个正整数. k 是另一个正整数, 与 p 互质. 我们证明 $|kp-n|$ 是一个非正常正整数. 首先, 由于 n,p 互质, 则 $|kp-n|$ 与 p 是互质的. 利用 p 是奇数, 有

$$(kp-n)^{p-1} \equiv n^{p-1}-(p-1)kpn^{p-2}(\bmod p^2) \equiv 1+kpn^{p-2}(\bmod p^2) \quad (3.3.107)$$

由于 p 是质数, 且 k,p 是互质的, n,p 也是互质的, 则 p 不是 kn^{p-2} 的因数. 再利用公式(3.3.107), 可以知道 $(kp-n)^{p-1}-1$ 不是 p^2 的倍数, 则 $|kp-n|$ 是非正常正整数.

有了以上这些预备知识, 可以来证明本题了. 由于 p 是质数, 且 $p \geqslant 7$, 则正整数 $p-2$ 与 p 是互质的. 下面分情况讨论.

① 如果 $p-2$ 是一个非正常正整数, 那么, 存在 $p-2$ 的一个质因数 q, q 是一个非正常正整数. 因为 1 是一个特殊的正常正整数, 在前面讨论中, 取 $n=1, k=1$, 则可以知道 $p-1$ 是一个非正常正整数(将 k^* 改为非负整数, 则允许 n 等于 1. 前面也可以允许 k_1, k_2 是非负整数, 将特殊的正常正整数 1 放入一起讨论), 那么存在 $p-1$ 的一个质因数 r, r 是非正常正整数. 由于 $p-2$ 与 $p-1$ 是互质的, 则 r, q 是不同的, r, q 都小于 $p-1$ ($p-1 \geqslant 6$, $p-1$ 是偶数, 则必是合数), 题目结论成立.

② 如果 $p-2$ 是一个正常的正整数, 那么在公式(3.3.107)前后的讨论中, 令 $n=p-2, k=1$, 则 $p-(p-2)=2$ 是一个非正常正整数.

由于 $(p-2)^2$ 是一个正常正整数, 利用

$$(p-2)^2 = p^2-4(p-1) \quad (3.3.108)$$

又知道 $4(p-1)$ 与 p 互质, 可以看到

$$1 \equiv ((p-2)^2)^{p-1}(\bmod p^2) \equiv (4(p-1))^{p-1}(\bmod p^2) \quad (3.3.109)$$

则 $4(p-1)$ 是一个正常正整数. 在公式(3.3.107)前后的讨论中, 令 $k=3, n=4(p-1)$, 则 $|kp-n|=p-4$ 是一个非正常正整数. 由本题开始部分的讨论知道, 奇数 $p-4$ 有一个奇质因数 s, s 是非正常正整数, $s<p-1$, 2 与 s 是所求的质数.

例 8 设 p 是一个大于等于 5 的质数, 求证: $\sum_{k=1}^{p^2-1} C_{2k}^k$ 是 p^2 的整数倍.

证明: 令

$$S = \sum_{k=1}^{p^2-1} C_{2k}^k + 1 \quad (3.3.110)$$

下面证明

$$S \equiv 1(\bmod p^2) \quad (3.3.111)$$

如果上式成立, 则题目结论成立.

用 $\langle x^n \rangle f(x)$ 表示 $f(x)$ 的展开式中 x^n 的系数, 这里 n 是非负整数. 由于 $\left(x+\dfrac{1}{x}\right)^{2k}$ 的展开式中常数项是 $C_{2k}^k x^k \left(\dfrac{1}{x}\right)^k = C_{2k}^k$, 这里实数变元 $x \neq 0$, 且满足 $|x|<1$. 于是, 有

$$\langle x^0 \rangle \left(x+\dfrac{1}{x}\right)^k = C_{2k}^k \quad (3.3.112)$$

当正整数 m 是奇数时, $\left(x+\dfrac{1}{x}\right)^m$ 展开式中无常数项, 则

$$\langle x^0 \rangle \left(x+\dfrac{1}{x}\right)^m = 0 \quad (3.3.113)$$

注意 $\left(x+\dfrac{1}{x}\right)^0 = 1$, 利用上面叙述, 有

$$S = 1 + \langle x^0 \rangle \sum_{m=1}^{2p^2-1} \left(x + \frac{1}{x}\right)^m = \langle x^0 \rangle \sum_{m=0}^{2p^2-1} \left(x + \frac{1}{x}\right)^m = \langle x^0 \rangle \left(\frac{1 - \left(x + \frac{1}{x}\right)^{2p^2}}{1 - \left(x + \frac{1}{x}\right)}\right)$$

$$= \langle x^0 \rangle \left\{ x^{1-2p^2} \left(\frac{(x^2+1)^{2p^2} - x^{2p^2}}{x^2+1-x}\right)\right\} = \langle x^0 \rangle \left\{ x^{1-2p^2} \frac{(1+x)((x^2+1)^{2p^2} - x^{2p^2})}{x^3+1}\right\}$$

$$= \langle x^{2p^2-1} \rangle \left\{\frac{(1+x)(x^2+1)^{2p^2}}{x^3+1}\right\} (\text{从上式右端知道，这常数项等于} \frac{(1+x)[(x^2+1)^{2p^2} - x^{2p^2}]}{x^3+1}$$

展开式中 x^{2p^2-1} 的系数，而 $\frac{1}{1+x^3} = \frac{1}{1-(-x^3)} = 1 + (-x^3) + (-x^3)^2 + (-x^3)^3 + \cdots$，这里 $|x| < 1$. 于是 $-\frac{(1+x)x^{2p^2}}{1+x^3}$ 项不必考虑)

$$= \langle x^{2p^2-1} \rangle \left(\left(\frac{1+x}{x^3+1}\right) \sum_{m=0}^{2p^2} C_{2p^2}^m (x^2)^m\right) = \langle x^{2p^2-1} \rangle \left(\sum_{m=0}^{2p^2} C_{2p^2}^m \frac{x^{2m} + x^{2m+1}}{x^3+1}\right) \qquad (3.3.114)$$

对于非负整数 r，当 $|x| < 1$ 时，有

$$\frac{x^r}{1+x^3} = x^r \sum_{j=0}^{\infty} (-x^3)^j = \sum_{j=0}^{\infty} (-1)^j x^{r+3j} \qquad (3.3.115)$$

因此，对上式的右端，只需考虑 $r < 2p^2, r \equiv 2p^2 - 1 \pmod 3 \equiv 1 \pmod 3$，利用大于等于 5 的奇质数 $p \equiv \pm 1 \pmod 3$)情况. 当 $3j + r = 2p^2 - 1$ 时，

$$(-1)^j = (-1)^{3j} = (-1)^{r-1} \qquad (3.3.116)$$

令

$$\chi(m) = \begin{cases} 1 & \text{当 } m \equiv 0 \pmod 3 \text{ 时} \\ 0 & \text{当 } m \equiv 1 \pmod 3 \text{ 时} \\ -1 & \text{当 } m \equiv 2 \pmod 3 \text{ 时} \end{cases} \qquad (3.3.117)$$

利用上面叙述，有

$$S = \sum_{m=0}^{p^2-1} \chi(m) C_{2p^2}^m \qquad (3.3.118)$$

利用公式(3.3.115)后面的叙述，当 $m \equiv 0 \pmod 3$，公式(3.3.114)右端大圆括号内分子部分只须考虑 x^{2m+1} 项(即公式(3.3.115)中，$r = 2m+1$). 又利用公式(3.3.115)和(3.3.116)，其系数是1(暂不考虑 $C_{2p^2}^m$). 完全类似，当 $m \equiv 1 \pmod 3$ 时，不须考虑 x^{2m} 与 x^{2m+1} 项. 当 $m \equiv 2 \pmod 3$ 时，只须考虑 x^{2m} 项，其系数是 -1，从而有公式(3.3.118).

下面考虑 $C_{2p^2}^m$ 除以 p^2 的系数，对于 $k \in \{1, 2, \cdots, p-1\}$，$C_p^k$ 是质数 p 的倍数. 因此，当 x 是整数时，有

$$(1+x)^{p^2} = [(1+x)^p]^p \equiv [(1+x^p)]^p \pmod p \equiv 1 + x^{p^2} \pmod p \qquad (3.3.119)$$

由上式，定义 x 的多项式 $v(x)$，

$$pv(x) = (1+x)^{p^2} - (1+x^{p^2}) \qquad (3.3.120)$$

利用公式(3.3.119)，知道 $v(x)$ 是 x 的整系数多项式. 利用公式(3.3.120)，有

$$(1+x)^{2p^2} = [(1+x)^{p^2}]^2 = [pv(x) + (1+x^{p^2})]^2$$

$$= 1 + 2x^{p^2} + x^{2p^2} + p^2(v(x))^2 + 2pv(x)(1+x^{p^2}) \qquad (3.3.121)$$

利用公式(3.3.120)可以知道，当正整数 $k \in [1, p^2-1]$ 时，有

$$\langle x^k \rangle (pv(x)) = C_{p^2}^k \qquad (3.3.122)$$

比较公式(3.3.121)的两端 x^k 的系数，这里正整数 $k \in [1, p^2-1]$，有

$$C_{2p^2}^k \equiv 2C_{p^2}^k \pmod{p^2} \qquad (3.3.123)$$

这里利用公式(3.3.122).

利用公式(3.3.118)和上式,可以看到
$$S \equiv 1 + 2\sum_{m=1}^{p^2-1}\chi(m)C_{p^2}^m \pmod{p^2} \tag{3.3.124}$$
令
$$w = \cos\frac{2\pi}{3} + i\sin\frac{2\pi}{3} = \frac{1}{2}(-1+\sqrt{3}i) \tag{3.3.125}$$
对于正整数 n,有
$$w^{-1}(1+wx)^n - w(1+w^{-1}x)^n = w^{-1}\sum_{m=0}^{n}C_n^m(wx)^m - w\sum_{m=0}^{n}C_n^m(w^{-1}x)^m$$
$$= \sum_{m=0}^{n}(w^{m-1} - w^{1-m})C_n^m x^m \tag{3.3.126}$$
利用公式(3.3.125),有
$$w^{m-1} - w^{1-m} = \left[\cos\frac{2\pi}{3}(m-1) + i\sin\frac{2\pi}{3}(m-1)\right] - \left[\cos\frac{2\pi}{3}(m-1) - i\sin\frac{2\pi}{3}(m-1)\right]$$
$$= 2i\sin\frac{2\pi}{3}(m-1) \tag{3.3.127}$$
由于
$$\sin\frac{2\pi}{3}(m-1) = \begin{cases} 0 & \text{当 } m \equiv 1 \pmod{3} \text{ 时} \\ -\frac{\sqrt{3}}{2} & \text{当 } m \equiv 0 \pmod{3} \text{ 时} \\ \frac{\sqrt{3}}{2} & \text{当 } m \equiv 2 \pmod{3} \text{ 时} \end{cases} \tag{3.3.128}$$
利用公式(3.3.117),(3.3.127)和(3.3.128),有
$$w^{m-1} - w^{1-m} = -\sqrt{3}i\chi(m) \tag{3.3.129}$$
利用公式(3.3.126)和(3.3.129),有
$$w^{-1}(1+wx)^n - w(1+w^{-1}x)^n = \sum_{m=0}^{n}(-\sqrt{3}i\chi(m))C_n^m x^m \tag{3.3.130}$$
在上式中,令 $n = p^2, x = 1$,有
$$-\sqrt{3}i\sum_{m=0}^{p^2}\chi(m)C_{p^2}^m = w^{-1}(1+w)^{p^2} - w(1+w^{-1})^{p^2} \tag{3.3.131}$$
利用公式(3.3.125),有
$$1 + w = \cos\frac{\pi}{3} + i\sin\frac{\pi}{3} \tag{3.3.132}$$
又由于 p 是一个大于等于 5 的质数,则
$$p \equiv \pm 1 \pmod{6} \tag{3.3.133}$$
从上式,有
$$p^2 \equiv 1 \pmod{6} \tag{3.3.134}$$
利用公式(3.3.132),有
$$(1+w)^6 = 1 \tag{3.3.135}$$
利用上面叙述,有
$$w^{-1}(1+w)^{p^2} = w^{-1}(1+w) = 1 + w^{-1} \tag{3.3.136}$$
$$w(1+w^{-1})^{p^2} = w[(1+w)w^{-1}]^{p^2} = w(1+w)w^{-1} = 1 + w \tag{3.3.137}$$
这里利用公式(3.3.125),$(w^{-1})^6 = 1$.

代公式(3.3.136)和(3.3.137)入(3.3.131),有

$$-\sqrt{3}\mathrm{i}\sum_{m=0}^{p^2}\chi(m)C_{p^2}^m = w^{-1} - w = -\sqrt{3}\mathrm{i} \qquad (3.3.138)$$

这里利用(3.3.125).从上式,有

$$\sum_{m=0}^{p^2}\chi(m)C_{p^2}^m = 1 \qquad (3.3.139)$$

利用公式(3.3.117),有

$$\chi(0) = 1, \quad \chi(p^2) = 0(\text{利用公式}(3.3.134)) \qquad (3.3.140)$$

利用公式(3.3.139)和(3.3.140),有

$$\sum_{m=1}^{p^2-1}\chi(m)C_{p^2}^m = 0 \qquad (3.3.141)$$

利用公式(3.3.124)和上式,知道公式(3.3.111)成立.

例9 设 p 是一个奇质数,正整数 a 与 p 互质,

(1) 设存在整数 x, x^2 除以 p 恰余 a, 求证: $a^{\frac{1}{2}(p-1)} - 1$ 是 p 的整数倍;

(2) 设不存在整数 x, x^2 除以 p 恰余 a, 求证: $a^{\frac{1}{2}(p-1)} + 1$ 是 p 的整数倍.

证明:(1) 由 Fermat 小定理,知道 $a^{p-1} - 1$ 是 p 的整数倍,利用因式分解,有

$$a^{p-1} - 1 = (a^{\frac{1}{2}(p-1)} + 1)(a^{\frac{1}{2}(p-1)} - 1) \qquad (3.3.142)$$

利用 p 是奇质数,以及上式右端两因子差 2,知道 $a^{\frac{1}{2}(p-1)} + 1$ 与 $a^{\frac{1}{2}(p-1)} - 1$ 中仅有一个是 p 的倍数.由题目条件,存在整数 x,满足

$$x^2 \equiv a(\bmod p) \qquad (3.3.143)$$

由于 a 与 p 互质,则 x 与质数 p 也互质,利用 Fermat 小定理,有

$$x^{p-1} \equiv 1(\bmod p) \qquad (3.3.144)$$

利用公式(3.3.143)和上式,有

$$a^{\frac{1}{2}(p-1)} \equiv x^{p-1}(\bmod p) \equiv 1(\bmod p) \qquad (3.3.145)$$

(2) 对于集合 $\{1,2,3,\cdots,p-1\}$ 内任一元素 b,考虑同余方程

$$bx \equiv a(\bmod p) \qquad (3.3.146)$$

由于 b 与质数 p 互质,有

$$\text{集合}\{b,2b,3b,\cdots,(p-1)b\} \equiv \text{集合}\{1,2,3,\cdots,p-1\}(\bmod p) \qquad (3.3.147)$$

对于这固定元素 b,必有集合 $\{1,2,3,\cdots,p-1\}$ 内唯一的一个元素 x_b,满足同余方程(3.3.146),当然正整数 a 固定,且与 p 互质.于是,有 $p-1$ 对两元数组 $(1,x_1),(2,x_2),(3,x_3),\cdots,(p-1,x_{p-1})$ 都满足同余方程(3.3.146).

由于题目条件,不存在整数 x,满足 $x^2 \equiv a(\bmod p)$,则必有

$$b \neq x_b, \quad \text{这里 } bx_b \equiv a(\bmod p) \qquad (3.3.148)$$

于是,集合 $\{1,2,3,\cdots,p-1\}$(一共偶数 $p-1$ 个元素)可按 (b,x_b) 两两配对,分成 $\frac{1}{2}(p-1)$ 对,将这 $\frac{1}{2}(p-1)$ 对两元数组全部相乘,有

$$a^{\frac{1}{2}(p-1)} \equiv (p-1)!(\bmod p) \equiv -1(\bmod p, \text{利用 Wilson 定理}) \qquad (3.3.149)$$

这就是题目(2)的结论.

例10 设奇质数 $p \geqslant 5$,求证: $C_{2p}^p - 2$ 是 p^3 的整数倍.

证明:设在集合 $\{1,2,3,\cdots,p\}$ 中取 i 个元素,在集合 $\{p+1,p+2,p+3,\cdots,2p\}$ 中取 $p-i$ 个元素,将这些元素合在一起,这里 $i \in \{0,1,2,\cdots,p\}$,得到集合 $\{1,2,3,\cdots,2p\}$ 中取 p 个元素.

从而,有
$$C_{2p}^p = \sum_{i=0}^{p} C_p^i C_p^{p-i} = \sum_{i=0}^{p} (C_p^i)^2 = \sum_{i=1}^{p-1} (C_p^i)^2 + 2 \quad (3.3.150)$$

从上式,有
$$C_{2p}^p - 2 = \sum_{i=1}^{p-1} \left(\frac{p!}{i!(p-i)!} \right)^2 = p^2 \sum_{i=1}^{p-1} \left(\frac{(p-1)!}{i!(p-i)!} \right)^2 \quad (3.3.151)$$

这里由于 p 是一个质数,正整数 $\dfrac{p!}{i!(p-i)!}(1 \leqslant i \leqslant p-1)$ 必是 p 的一个倍数,即 $\dfrac{(p-1)!}{i!(p-i)!}(1 \leqslant i \leqslant p-1)$ 是一个正整数. 如果能证明 $\sum\limits_{i=1}^{p-1} \left(\dfrac{(p-1)!}{i!(p-i)!} \right)^2$ 是 p 的倍数,则题目结论成立.

利用 Wilson 定理,有 $(p-1)! \equiv -1 \pmod{p}$,则 $[(p-1)!]^2 \equiv 1 \pmod{p}$,因此,有
$$\sum_{i=1}^{p-1} \left(\frac{(p-1)!}{i!(p-i)!} \right)^2 \equiv [(p-1)!]^2 \sum_{i=1}^{p-1} \left(\frac{(p-1)!}{i!(p-i)!} \right)^2 \pmod{p} = \sum_{i=1}^{p-1} \left(\frac{(p-1)!(p-1)!}{i!(p-i)!} \right)^2$$
(3.3.152)

令
$$t_i = \frac{(p-1)!(p-1)!}{i!(p-i)!} (i = 1, 2, \cdots, p-1) \quad (3.3.153)$$

显然 t_i 是一个正整数. 利用上式,有
$$t_1 = (p-1)! \equiv -1 \pmod{p}, \text{利用 Wilson 定理}) \quad (3.3.154)$$
$$t_{i+1} = \frac{(p-1)!(p-1)!}{(i+1)!(p-i-1)!} = \left(\frac{p-i}{i+1} \right) t_i \quad (3.3.155)$$

这里 $i \in \{1, 2, \cdots, p-2\}$.

下面对正整数 k 用数学归纳法. 求证:当 $k \in \{1, 2, \cdots, p-1\}$ 时,
$$k^2 t_k^2 \equiv 1 \pmod{p} \quad (3.3.156)$$

利用公式(3.3.154),知道 $k=1$ 时,上式成立. 设对某个正整数 $k \in \{1, 2, \cdots, p-2\}$ 时,公式 (3.3.156)成立. 考虑 $k+1$ 情况,有
$$(k+1)^2 t_{k+1}^2 = t_k^2 (p-k)^2 \quad (\text{在公式}(3.3.155) \text{中,令} i = k)$$
$$\equiv t_k^2 k^2 \pmod{p} \equiv 1 \pmod{p}, \text{利用归纳法假设}(3.3.156)) \quad (3.3.157)$$

于是,公式(3.3.156)对任意正整数 $k \in \{1, 2, \cdots, p-1\}$ 成立. 利用 k 与 p 互质,有
$$\text{集合}\{1, 2, \cdots, p-1\} \equiv \text{集合}\{k, 2k, \cdots, (p-1)k\} \pmod{p} \quad (3.3.158)$$

对上述固定元素 k,仿照 3.2 节例 5 的方法,将满足同余方程 $kx_k \equiv 1 \pmod{p}$ 的集合 $\{1, 2, \cdots, p-1\}$ 内唯一正整数 x_k 写成 $\dfrac{1}{k}$ 或 k^{-1}(在 mod p 意义下),在此写法下,有
$$x_k^2 \equiv \left(\frac{1}{k} \right)^2 \pmod{p} \equiv t_k^2 \pmod{p}, \text{利用公式}(3.3.156)) \quad (3.3.159)$$

因此,利用公式(3.3.152),(3.3.153)和上式,有
$$\sum_{i=1}^{p-1} \left(\frac{(p-1)!}{i!(p-i)!} \right)^2 \equiv \sum_{k=1}^{p-1} t_k^2 \pmod{p} \equiv \sum_{k=1}^{p-1} \left(\frac{1}{k} \right)^2 \pmod{p} \quad (3.3.160)$$

如果能证明
$$\sum_{k=1}^{p-1} \left(\frac{1}{k} \right)^2 \equiv 0 \pmod{p} \quad (3.3.161)$$

利用公式(3.3.151)和上二式,则题目结论成立.

从上面叙述知道,当 k 取遍集合 $\{1, 2, \cdots, p-1\}$ 内每一元素时,在 mod p 意义下,正整数 x_k 也取遍集合 $\{1, 2, \cdots, p-1\}$ 内每一元素. 因此,有

$$\sum_{k=1}^{p-1}\left(\frac{1}{k}\right)^2 \equiv \sum_{k=1}^{p-1} k^2 (\bmod\ p) = \frac{1}{6}(p-1)p(2p-1) \tag{3.3.162}$$

由于奇质数 $p \geqslant 5$，则 p 与 6 互质，则正整数 $\frac{1}{6}(p-1)p(2p-1)$ 必是 p 的倍数(实际上，很容易直接证明 $(p-1)(2p-1)$ 是 6 的倍数). 因此，在 $\bmod\ p$ 意义下，正整数 $\sum_{k=1}^{p-1}\left(\frac{1}{k}\right)^2$ 是 p 的整数倍.

例 11 求证：每一个质数都能表示成四个整数的平方和.

证明： 先证明一个引理.

引理 如果 n_1, n_2 是正整数，并且 n_1, n_2 都能表示成四个整数的平方和，则 $n_1 n_2$ 也能表示成四个整数的平方和.

引理的证明： 设

$$\left.\begin{array}{l} n_1 = x_1^2 + x_2^2 + x_3^2 + x_4^2 \\ n_2 = y_1^2 + y_2^2 + y_3^2 + y_4^2 \end{array}\right\} \tag{3.3.163}$$

这里 $x_i, y_i (1 \leqslant i \leqslant 4)$ 全是整数，则

$$\begin{aligned} n_1 n_2 &= (x_1^2 + x_2^2 + x_3^2 + x_4^2)(y_1^2 + y_2^2 + y_3^2 + y_4^2) \\ &= (x_1 y_1 + x_2 y_2 + x_3 y_3 + x_4 y_4)^2 + (x_1 y_2 - x_2 y_1 + x_3 y_4 - x_4 y_3)^2 \\ &\quad + (x_1 y_3 - x_3 y_1 + x_4 y_2 - x_2 y_4)^2 + (x_1 y_4 - x_4 y_1 + x_2 y_3 - x_3 y_2)^2 \end{aligned} \tag{3.3.164}$$

这就是引理的结论.

下面开始本题的证明. 因为

$$2 = 1^2 + 1^2 + 0^2 + 0^2 \tag{3.3.165}$$

对于质数 2，题目结论成立. 下面考虑奇质数 p.

考虑下列 $p+1$ 个整数

$$0, 1^2, 2^2, \cdots, \left(\frac{1}{2}(p-1)\right)^2, -1, -1-1^2, -1-2^2, \cdots, -1-\left(\frac{1}{2}(p-1)\right)^2 \tag{3.3.166}$$

注意，对 $\bmod\ p$ 而言，只有 p 个不同的剩余类. 那么，公式(3.3.166)中必有两个不同整数，在同一个剩余类内. 当 $0 \leqslant k < t \leqslant \frac{1}{2}(p-1)$ 时，利用

$$t^2 - k^2 = (t+k)(t-k) \tag{3.3.167}$$

以及 $0 < t-k \leqslant \frac{1}{2}(p-1), 0 < t+k < p-1$，可以知道 $t^2 - k^2$ 不是奇质数 p 的倍数. 类似地，有 $(-1-k^2) - (-1-t^2)$ 也不是 p 的倍数. 因此，属于同一剩余类的两个整数必为 x^2 和 $-1-y^2$ 形状. 这里 $0 \leqslant x, y \leqslant \frac{1}{2}(p-1)$. 从而 $x^2 - (-1-y^2)$ 必是 p 的倍数，于是，存在正整数 m，使得

$$1 + x^2 + y^2 = mp \tag{3.3.168}$$

由于

$$1 \leqslant 1 + x^2 + y^2 \leqslant 1 + 2\left(\frac{1}{2}(p-1)\right)^2 = 1 + \frac{1}{2}(p-1)^2 < p^2 \tag{3.3.169}$$

因此，利用上二式，有

$$0 < m < p \tag{3.3.170}$$

利用公式(3.3.168)，我们知道，p 有一个正的倍数，它能表示成 4 个整数 $0, 1, x, y$ 的平方和. 在所有能表示成 4 个整数平方和的 p 的非零倍数中，一定有 p 的一个最小的正倍数 $m_0 p$，满足

$$m_0 p = x_1^2 + x_2^2 + x_3^2 + x_4^2, \quad \text{这里 } 0 < m_0 < p \tag{3.3.171}$$

下面证明
$$m_0 = 1 \tag{3.3.172}$$

首先证明:m_0 是奇数.用反证法,如果 m_0 是偶数,则利用公式(3.3.171),有以下三种情况: ① x_1, x_2, x_3, x_4 都是偶数;② x_1, x_2, x_3, x_4 都是奇数;③ x_1, x_2, x_3, x_4 中两个奇数,两个偶数.不妨假定 x_1, x_2 是偶数,x_3, x_4 是奇数.不论①、②还是③,$x_1 + x_2, x_1 - x_2, x_3 + x_4, x_3 - x_4$ 全是偶数.利用公式(3.3.171)有

$$\left(\frac{1}{2}(x_1 + x_2)\right)^2 + \left(\frac{1}{2}(x_1 - x_2)\right)^2 + \left(\frac{1}{2}(x_3 + x_4)\right)^2 + \left(\frac{1}{2}(x_3 - x_4)\right)^2 = \frac{1}{2} m_0 p \tag{3.3.173}$$

于是,当 m_0 是偶数时,$\frac{1}{2} m_0 p$ 能表示成四个整数的平方和,这与 m_0 的最小性假设矛盾.所以当 m_0 最小时,m_0 必为奇数.

现在可以证明公式(3.3.172)了.用反证法,假设奇数 $m_0 > 1$,则 $m_0 \geqslant 3$,且 m_0 不是 x_1, x_2, x_3, x_4 四整数(可以记为全是非负整数)的最大公约数的因数.因为如果 m_0 是 x_1, x_2, x_3, x_4 四整数的最大公约数的因数,则 m_0^2 是 $x_1^2, x_2^2, x_3^2, x_4^2$ 的因数,那么,利用公式(3.3.171),m_0^2 也是 $m_0 p$ 的因数,而 p 是质数,$3 \leqslant m_0 < p$,这种情况不会发生.

由于闭区间 $\left[-\frac{1}{2} m_0, \frac{1}{2} m_0\right]$ 长是 m_0,对于 x_1, x_2, x_3, x_4,必存在 $\left[-\frac{1}{2} m_0, \frac{1}{2} m_0\right]$ 内四个整数 y_1, y_2, y_3, y_4,使得

$$y_i \equiv x_i \pmod{m_0}, \quad 1 \leqslant i \leqslant 4 \tag{3.3.174}$$

由于 m_0 是奇数,$\frac{1}{2} m_0, -\frac{1}{2} m_0$ 都不是整数,则

$$|y_i| < \frac{1}{2} m_0, \quad 1 \leqslant i \leqslant 4 \tag{3.3.175}$$

由于 m_0 不是 x_1, x_2, x_3, x_4 四整数最大公约数的因数,则 y_1, y_2, y_3, y_4 不全为零,因此,有

$$0 < y_1^2 + y_2^2 + y_3^2 + y_4^2 < 4\left(\frac{1}{2} m_0\right)^2 = m_0^2 \tag{3.3.176}$$

利用公式(3.3.171)和(3.3.174),可以看到

$$y_1^2 + y_2^2 + y_3^2 + y_4^2 \equiv x_1^2 + x_2^2 + x_3^2 + x_4^2 \pmod{m_0} \equiv 0 \pmod{m_0} \tag{3.3.177}$$

利用上二式,存在正整数 $m_1 < m_0$,使得

$$y_1^2 + y_2^2 + y_3^2 + y_4^2 = m_1 m_0 \tag{3.3.178}$$

利用引理,公式(3.3.171)和上式,可以知道,有四个整数 z_1, z_2, z_3, z_4,使得

$$z_1^2 + z_2^2 + z_3^2 + z_4^2 = m_0^2 m_1 p \tag{3.3.179}$$

由公式(3.3.164),有

$$z_1 = x_1 y_1 + x_2 y_2 + x_3 y_3 + x_4 y_4 \equiv x_1^2 + x_2^2 + x_3^2 + x_4^2 \pmod{m_0, 利用公式(3.3.174))}$$
$$\equiv 0 \text{(利用公式(3.3.171)}, \mod m_0) \tag{3.3.180}$$

$$z_2 = x_1 y_2 - x_2 y_1 + x_3 y_4 - x_4 y_3 \equiv 0 \pmod{m_0, 利用公式(3.3.174))} \tag{3.3.181}$$

$$z_3 = x_1 y_3 - x_3 y_1 + x_4 y_2 - x_2 y_4 \equiv 0 \pmod{m_0, 利用公式(3.3.174))} \tag{3.3.182}$$

$$z_4 = x_1 y_4 - x_4 y_1 + x_2 y_3 - x_3 y_2 \equiv 0 \pmod{m_0, 利用公式(3.3.174))} \tag{3.3.183}$$

那么,存在整数 $t_i (i = 1, 2, 3, 4)$,使得

$$z_i = m_0 t_i \tag{3.3.184}$$

利用公式(3.3.179)和(3.3.184),有

$$t_1^2 + t_2^2 + t_3^2 + t_4^2 = m_1 p \tag{3.3.185}$$

而正整数 $m_1 < m_0$，这与 m_0 的最小性假设矛盾. 所以，公式(3.3.172)成立. 题目结论成立.

注：由于每一个正整数 n 可表示为若干个质因数的乘积，而每个质因数都能表示成四个整数的平方和，再利用引理，有下述著名的定理：

Lagrange 定理 每个正整数都能表示成四个整数的平方和.

例 12 设 $n = 4^h(8k+7)$，这里 h, k 是非负整数.

（1）求证：存在无限多组不同的正整数 (a, b, c, d, e)，使得
$$n = \frac{a^2 + b^2 + c^2 + d^2 + e^2}{abcde + 1}$$

（2）求证：没有正整数组 (a, b, c, d)，使得
$$n = \frac{a^2 + b^2 + c^2 + d^2}{abcd + 1}$$

证明：我们先证明 n 不能表示成三个整数的平方和. 用反证法，设存在三个整数 x, y, z，使得
$$n = x^2 + y^2 + z^2 \tag{3.3.186}$$

由于 $k(k-1)(k \in \mathbf{N}^+)$ 必是偶数，则 $(2k-1)^2 = 4k(k-1) + 1 \equiv 1 \pmod{8}$. 而一个偶数的平方除以 8 必余零或 4. 如果 $h = 0$，则 $n = 8k + 7 \equiv 7 \pmod 8$，$n$ 是奇数，x, y, z 只有两种可能，全为奇数，或二偶一奇，但无论哪一种情况，这三个数的平方和除以 8 不可能余 7，因此，只须考虑 $h \geq 1$ 情况. 这时候 n 是 4 的倍数，x, y, z 必全为偶数（如果 x, y, z 是一偶二奇，则这三数的平方和除以 8 余 2 或余 6，不可能是 4 的倍数）. 令

$$x^* = \frac{x}{2} \tag{3.3.187}$$

$$y^* = \frac{y}{2} \tag{3.3.188}$$

$$z^* = \frac{z}{2} \tag{3.3.189}$$

$$h^* = h - 1 \tag{3.3.190}$$

可以看到
$$x^{*2} + y^{*2} + z^{*2} = 4^{h^*}(8k+7) \tag{3.3.191}$$

类似上述证明，只零考虑 h^* 是正整数情况，类似地，x^*, y^*, z^* 必全为偶数，公式(3.3.191)两端再除以 4，这样一直作下去. 最后，考虑一组整数 $\tilde{x}, \tilde{y}, \tilde{z}$，满足
$$\tilde{x}^2 + \tilde{y}^2 + \tilde{z}^2 = 8k + 7 \tag{3.3.192}$$

同样推出矛盾.

有了以上预备知识，下面可以证明本题了.

（1）利用上例注中 Lagrange 定理，有不全为零的整数 b^*, c^*, d^*, e^*，满足 $0 \leq b^* \leq c^* \leq d^* \leq e^*$，使得
$$n = b^{*2} + c^{*2} + d^{*2} + e^{*2} \tag{3.3.193}$$

由刚才叙述的预备知识，知道 b^*, c^*, d^*, e^* 全是正整数.

考虑下述整系数的一元二次方程
$$x^2 - b^* c^* d^* e^* n x = 0 \tag{3.3.194}$$

这方程有一个根是零，记另一根为 a^*，则
$$a^* = b^* c^* d^* e^* n \tag{3.3.195}$$

由于正整数 $n \geq 7$，b^*, c^*, d^*, e^* 全是正整数，有
$$a^* \geq 7 b^* \tag{3.3.196}$$

a^* 是正整数. 利用公式(3.3.193)和(3.3.195),有
$$a^{*2} - a^*b^*c^*d^*e^*n + (b^{*2} + c^{*2} + d^{*2} + e^{*2} - n) = 0 \tag{3.3.197}$$
改写上式,有
$$n = \frac{a^{*2} + b^{*2} + c^{*2} + d^{*2} + e^{*2}}{a^*b^*c^*d^*e^* + 1} \tag{3.3.198}$$

这样,我们就有了满足题目要求的一组正整数解 $(a^*, b^*, c^*, d^*, e^*)$,将这一组正整数解从小到大排列,记为 $(a_1, b_1, c_1, d_1, e_1)$,利用公式(3.3.195)后面的叙述,有 $a_1 < a^*$ (a^* 实际上是 e_1).

类似地,考虑一元二次方程
$$x^2 - b_1c_1d_1e_1nx + (b_1^2 + c_1^2 + d_1^2 + e_1^2 - n) = 0 \tag{3.3.199}$$

由于公式(3.3.197),知道 $x = a_1$ 是上述方程的一个正整数解. 记这方程的另一根为 a_1^*,利用 Vieta 定理,有
$$a_1^* + a_1 = b_1c_1d_1e_1n \geq 7b_1a^* (利用 n \geq 7, e_1 = a^*) \tag{3.3.200}$$

利用上式的第一个等式,知道 a_1^* 是一个正整数. 上式移项后,可以看到
$$a_1^* \geq 49b_1 - a_1 (利用公式(3.3.195)后面的叙述) \geq 48b_1 \geq 48a_1 \tag{3.3.201}$$

利用 a_1^* 是方程(3.3.199)的根,可以看到
$$n = \frac{a_1^{*2} + b_1^2 + c_1^2 + d_1^2 + e_1^2}{a_1^*b_1c_1d_1e_1 + 1} \tag{3.3.202}$$

$(a_1^*, b_1, c_1, d_1, e_1)$ 与 $(a_1, b_1, c_1, d_1, e_1)$ 是不同的两组正整数(利用不等式(3.3.201)). 再将 $(a_1^*, b_1, c_1, d_1, e_1)$ 从小到大排列,记为 $(a_2, b_2, c_2, d_2, e_2)$,这里 $a_2 = b_1 \geq a_1$. 类似地,再考虑一元二次方程
$$x^2 - b_2c_2d_2e_2nx + (b_2^2 + c_2^2 + d_2^2 + e_2^2 - n) = 0 \tag{3.3.203}$$

这样一直作下去,在每次得到新的正整数组过程中,总是将前一组正整数 $(a_j, b_j, c_j, d_j, e_j)$ $(a_j \leq b_j \leq c_j \leq d_j \leq e_j)$ 中最小的一个 a_j 删除,换上一个比 b_j 大得多的正整数 a_j^* 代替. 因此,我们可以找出任意多组两两不同的正整数组 $(a_j, b_j, c_j, d_j, e_j)$ $(j \in \mathbf{N}^+)$ 满足
$$n = \frac{a_j^2 + b_j^2 + c_j^2 + d_j^2 + e_j^2}{a_jb_jc_jd_je_j + 1} \tag{3.3.204}$$

(2) 用反证法,如果有正整数 $a, b, c, d, a \leq b \leq c \leq d$,满足
$$n(abcd + 1) = a^2 + b^2 + c^2 + d^2 \tag{3.3.205}$$

下面证明必有一个整数 $d^*, 0 \leq d^* < d$,使得
$$n(abcd^* + 1) = a^2 + b^2 + c^2 + d^{*2} \tag{3.3.206}$$

考虑一元二次方程
$$x^2 - abcnx + (a^2 + b^2 + c^2 - n) = 0 \tag{3.3.207}$$

由于公式(3.3.205),$x = d$ 是上述方程的一个整数解. 记另一解为 d^*,由 Vieta 定理,有
$$d^* = abcn - d \tag{3.3.208}$$

d^* 也是一个整数. 下面证明
$$d^* < d \quad 及 \quad d^* \geq 0 \tag{3.3.209}$$

对上式第一个不等式用反证法,设 $d^* \geq d$,再利用公式(3.3.208),有
$$2d \leq abcn \tag{3.3.210}$$

从上式,立即有
$$2d(1 + abcd) \leq abcn(1 + abcd) = abc(a^2 + b^2 + c^2 + d^2) (利用公式(3.3.205)) \tag{3.3.211}$$

从上式,有
$$0 < 2d \leqslant abc(a^2 + b^2 + c^2 - d^2) \tag{3.3.212}$$
利用上式,有
$$d^2 < a^2 + b^2 + c^2 \leqslant 3c^2 (利用 a \leqslant b \leqslant c) \tag{3.3.213}$$
和
$$n + nabc^2 \leqslant n(1 + abcd)(利用 c \leqslant d) = a^2 + b^2 + c^2 + d^2 (利用公式(3.3.205))$$
$$< bc^2 (利用不等式(3.3.213)) \tag{3.3.214}$$
而 $n \geqslant 7$,上式是不可能成立的.

对公式(3.3.209)的第二个不等式也用反证法.设 d^* 是一个负整数,由于 d^* 满足方程(3.3.207),有
$$n(1 + abcd^*) = a^2 + b^2 + c^2 + d^{*2} \tag{3.3.215}$$
上式右端大于零,但上式左端小于等于零,矛盾.因此,公式(3.3.209)成立.

如果 $d^* = 0$,则 $n = a^2 + b^2 + c^2$,前面已证这不可能,如果 d^* 是正整数,将满足公式(3.3.206)的正整数 a,b,c,d^* 从小到大排列写成 a_1, b_1, c_1, d_1,再仿照上面作法,将正整数 d_1 缩小,但正整数不可能无限缩小,总有一个正整数 j 存在,使得 b_j, c_j, d_j 都是正整数,且满足
$$n = b_j^2 + c_j^2 + d_j^2 \tag{3.3.216}$$
前面已证这不可能.

例13 (1) 设 p 是一个奇质数,正整数 k 满足 $k \equiv 1 \pmod{p}$,求证:对于任何正整数 n,p 整除 n 的最高幂等于 p 整除 $1 + k + k^2 + \cdots + k^{n-1}$ 的最高幂.

(2) 设正整数 $k \equiv 1 \pmod{4}$,求证:对于任意正整数 n,2 整除 n 的最高幂等于 2 整除 $1 + k + k^2 + \cdots + k^{n-1}$ 的最高幂.

证明:(1) 当 $k = 1$ 时,题目结论(1)、(2)是显然的.下面 $k > 1$,令
$$f(n) = 1 + k + k^2 + \cdots + k^{n-1} = \frac{k^n - 1}{k - 1} \tag{3.3.217}$$
这里固定正整数 k.由题目条件,记
$$k = pl + 1 \tag{3.3.218}$$
这里 l 是一个正整数.利用上面叙述,有
$$f(n) = \frac{1}{pl}[(pl+1)^n - 1] = \sum_{j=1}^{n} C_n^j (pl)^{j-1} = n + \sum_{j=2}^{n} C_n^j (pl)^{j-1} \tag{3.3.219}$$
设 m 是一个正整数,用 $v(m)$ 表示 p 整除 m 的最高幂.如果能证明
$$v(C_n^j) + j - 1 > v(n)(j = 2, 3, \cdots, n) \tag{3.3.220}$$
那么,利用上二式,题目结论(1)成立.因为
$$C_n^j = \frac{1}{j!} n(n-1)(n-2)\cdots(n-j+1) \tag{3.3.221}$$
明显地,我们有
$$v(C_n^j) \geqslant v(n) - v(j!) \tag{3.3.222}$$
而 $j!$ 中 p 的幂次可以用下面方法计算,在 $1, 2, 3 \cdots, (j-1), j$ 中被 p 整除的个数是 $\left[\dfrac{j}{p}\right]$,加上被 p^2 整除个数 $\left[\dfrac{j}{p^2}\right]$,再加上被 p^3 整除的个数 $\left[\dfrac{j}{p^3}\right]$ 等等,即
$$v(j!) = \sum_{k=1}^{\infty} \left[\frac{j}{p^k}\right] \tag{3.3.223}$$
这里 $\left[\dfrac{j}{p^k}\right]$ 表示不超过 $\dfrac{j}{p^k}$ 的最大整数.利用上式,有

$$v(j!) < \sum_{k=1}^{\infty} \frac{j}{p^k} = \frac{j}{p-1} \tag{3.3.224}$$

由于奇质数 $p \geqslant 3, j \geqslant 2$,有

$$j \leqslant 2(j-1) \leqslant (p-1)(j-1) \tag{3.3.225}$$

利用上二式,有

$$v(j!) < j-1 \tag{3.3.226}$$

利用不等式(3.3.222)和(3.3.226),知道不等式(3.3.220)成立.

(2) 由于 $k = 4l + 1$,这里 l 是一个正整数,利用公式(3.3.217),有

$$f(n) = \frac{1}{4l}[(1+4l)^n - 1] = n + \sum_{j=2}^{n} C_n^j 2^{2j-2} l^{j-1} \tag{3.3.227}$$

对于 $2 \leqslant j \leqslant n$,如果能证明

$$v(C_n^j) + 2j - 2 > v(n) \tag{3.3.228}$$

则题目(2)的结论成立.类似(1)的证明,有

$$v(j!) = \sum_{k=1}^{\infty} \left[\frac{j}{2^k}\right] < \sum_{k=1}^{\infty} \frac{j}{2^k} = j \tag{3.3.229}$$

这里 $v(m)$ 表示 2 整除正整数 m 的最高幂.

利用不等式(3.3.222)和(3.3.229),有

$$v(C_n^j) > v(n) - j \geqslant v(n) - (2j-2) \tag{3.3.230}$$

于是,不等式(3.3.228)成立.

在介绍下例之前,我们先介绍 Euler 函数.

m 是一个正整数,Euler 函数 $\varphi(m)$ 等于数列 $0, 1, 2, \cdots, m-1$ 中与 m 互质的数的个数,例如 $\varphi(4) = 2, \varphi(8) = 4$.如果一个模 m 的剩余类里的数与 m 互质,称为一个与模 m 互质的剩余类.在与模 m 互质的全部剩余类中,从每一类各任取一数所组成的集合,称为模 m 的一个简化剩余系.当然这里 $m > 1$.

Euler 定理 设 m 是大于 1 的正整数,a 是一个与 m 互质的正整数,则 $a^{\varphi(m)} \equiv 1 \pmod{m}$.

证明:设 $r_1, r_2, \cdots, r_{\varphi(m)}$ 是模 m 的简化剩余系,由于 $(a, m) = 1$,则 $ar_1, ar_2, \cdots, ar_{\varphi(m)}$ 也是模 m 的简化剩余系,所以,有

$$(ar_1)(ar_2)\cdots(ar_{\varphi(m)}) \equiv r_1 r_2 \cdots r_{\varphi(m)} \pmod{m} \tag{3.3.231}$$

从上式,有

$$r_1 r_2 \cdots r_{\varphi(m)} (a^{\varphi(m)} - 1) \equiv 0 \pmod{m} \tag{3.3.232}$$

又由于

$$(r_1 r_2 \cdots r_{\varphi(m)}, m) = 1 \tag{3.3.233}$$

则 Euler 定理的结论成立.

例 14 设正整数 $n > 1, \varphi(n)$ 是 Euler 函数,已知 $\sum_{k=2}^{n} k^{\varphi(n)}$ 是 n 的整数倍.记 n 的全部不同质因数是 $p_1, p_2, \cdots, p_k$,求证:$\sum_{j=1}^{k} \frac{1}{p_j} + \frac{1}{p_1 p_2 \cdots p_k}$ 是正整数.

证明:记

$$S_n = \sum_{k=2}^{n} k^{\varphi(n)} \tag{3.3.234}$$

如果存在一个质数 p,满足

$$n = p^2 m \tag{3.3.235}$$

这里 m 是一个正整数,即 n 是 p^2 的倍数,则

$$1 + S_n = \sum_{k=1}^{n} k^{\varphi(n)} (\text{利用公式}(3.3.234)) \equiv \sum_{k=1}^{n-1} k^{\varphi(n)} (\bmod p)$$

$$\equiv \sum_{j=0}^{mp-1} \sum_{k=1}^{p-1} (jp+k)^{\varphi(n)} (\bmod p, \text{这里将 } n \text{ 元集合} \{0,1,2,\cdots,n-1\} \text{ 分成 } mp \text{ 个 } p \text{ 元子集} \{0, 1,2,\cdots,p-1\}, \{p,p+1,p+2,\cdots,2p-1\}, \cdots, \{(mp-1)p,(mp-1)p+1,(mp-1)p+2,\cdots,(mp-1)p+(p-1)\}, \text{然后将 } p \text{ 的倍数全部删除})$$

$$\equiv \sum_{j=0}^{mp-1} \left(\sum_{k=1}^{p-1} k^{\varphi(n)} \right) (\bmod p) = mp \sum_{k=1}^{p-1} k^{\varphi(n)} \equiv 0 (\bmod p) \tag{3.3.236}$$

从上式知道 $1+S_n$ 是 p 的倍数,又利用公式(3.3.234),(3.3.235)和题目条件,知道 S_n 是 p^2 的倍数,这不可能.因而公式(3.3.235)不可能成立.利用题目条件,只能是

$$n = p_1 p_2 \cdots p_k \tag{3.3.237}$$

这里 k 个质数 $p_1 < p_2 < \cdots < p_k$.

下面对 k 用数学归纳法证明

$$\varphi(n) = (p_1 - 1)(p_2 - 1) \cdots (p_k - 1) \tag{3.3.238}$$

当 $k=1$ 时,显然与 p_1 互质的 $1,2,3,\cdots,p_1$ 内的所有正整数是 $1,2,3,\cdots,p_1-1$,则

$$\varphi(p_1) = p_1 - 1 \tag{3.3.239}$$

注:在 Euler 函数 $\varphi(m)$ 的定义中,将数列 $0,1,2,\cdots,m-1$ 换成 $1,2,\cdots,m-1,m$,结果完全相同.考虑 $k=2$ 情况.这时 $n = p_1 p_2$,$1,2,3,\cdots,p_1 p_2$ 一共 $p_1 p_2$ 个正整数中,是 p_1 的倍数的正整数是 $p_1, 2p_1, 3p_1, \cdots, p_2 p_1$,是 p_2 的倍数的正整数是 $p_2, 2p_2, 3p_2, \cdots, p_1 p_2$.于是,$1,2,3,\cdots,p_1 p_2$ 这一列正整数中,与 $p_1 p_2$ 互质的正整数个数是删除 p_1 的倍数 p_2 个,又删除 p_2 的倍数 p_1 个,但正整数 $p_1 p_2$ 删除了二次,则

$$\varphi(p_1 p_2) = p_1 p_2 - (p_2 + p_1) + 1 = (p_1 - 1)(p_2 - 1) = \varphi(p_1)\varphi(p_2) \tag{3.3.240}$$

设两个正整数 m,n 是互质的,在数列 $1,2,3,\cdots,m$ 中任取一个元素 x,数列 $1,2,3,\cdots,n$ 中任取一个元素 y,令

$$z = nx + my \tag{3.3.241}$$

这样的正整数 z 一共有 mn 个,对于任意两个不同的两元数组 $(x,y),(x^*,y^*)$,这里 $1 \leqslant x, x^* \leqslant m, 1 \leqslant y, y^* \leqslant n$,先证明上述 z 与

$$z^* = nx^* + my^* \tag{3.3.242}$$

在 $\bmod mn$ 意义下不同余.用反证法,设这两数同余,则

$$n(x - x^*) + m(y - y^*) \equiv 0 (\bmod mn) \tag{3.3.243}$$

由于 m,n 是互质的,必有

$$x \equiv x^* (\bmod m), \quad y \equiv y^* (\bmod n) \tag{3.3.244}$$

从而有 $x = x^*, y = y^*$.矛盾.

因此,由公式(3.3.241)定义的 mn 个正整数 z,在 $\bmod mn$ 意义下,组成一个完全剩余系(即在 $\bmod mn$ 意义下,mn 个同余类中每个同余类各取一个元素,组成一个集合,称为完全剩余系).

下面考虑简化剩余系,设数列 $1,2,3,\cdots,m$ 中与 m 互质的正整数是 $x_1, x_2, \cdots, x_{\varphi(m)}$,数列 $1,2,3,\cdots,n$ 中与 n 互质的正整数是 $y_1, y_2, \cdots, y_{\varphi(n)}$,考虑正整数

$$z_{jk} = nx_j + my_k, \quad 1 \leqslant j \leqslant \varphi(m), 1 \leqslant k \leqslant \varphi(n) \tag{3.3.245}$$

z_{jk} 显然既与 m 互质,也与 n 互质.全体 z_{jk} 的个数是 $\varphi(m)\varphi(n)$ 个.

记 M 是 $\bmod mn$ 的一个简化剩余系,则上述全部 z_{jk} 在 M 内,而且由上面叙述,全体 z_{jk} 在 $\bmod mn$ 意义下两两不同余.

下面证明,在 mod mn 意义下,M 内任一元素 z 一定能写成公式(3.3.245)的形式. 首先,利用公式(3.3.241)及上面叙述,有

$$z \equiv nx + my \pmod{mn} \quad (3.3.246)$$

这里 $x \in \{1,2,3,\cdots,m\}$,$y \in \{1,2,3,\cdots,n\}$. 由于 z 与 m 互质,则 x 必为某个 $x_j (1 \leqslant j \leqslant \varphi(m))$;又 z 与 n 互质,则 y 必为某个 $y_k (1 \leqslant k \leqslant \varphi(n))$,从而,在 mod mn 意义下,集合 M 就是由上述全部正整数 z_{jk} 组成,从而有

$$\varphi(mn) = \varphi(m)\varphi(n) \quad (3.3.247)$$

设公式(3.3.238)对某个正整数 k 成立,取

$$m = p_1 p_2 \cdots p_k, \quad n = p_{k+1} \quad (3.3.248)$$

这里 $k+1$ 个质数 $p_1 < p_2 < \cdots < p_k < p_{k+1}$. 显然,$m,n$ 是互质的,利用公式(3.3.247)及归纳法假设(3.3.238),有

$$\varphi(p_1 p_2 \cdots p_k p_{k+1}) = \varphi(p_1 p_2 \cdots p_k)\varphi(p_{k+1}) = (p_1 - 1)(p_2 - 1)\cdots(p_k - 1)(p_{k+1} - 1) \quad (3.3.249)$$

因此,公式(3.3.238)对任意正整数 k 成立.

利用公式(3.3.238),知道 $\varphi(n)$ 是 $p_i - 1(1 \leqslant i \leqslant k)$ 的倍数. 当正整数 x 与质数 p_i 互质时,利用 Fermat 小定理,有

$$x^{p_i - 1} \equiv 1 \pmod{p_i} \quad (3.3.250)$$

利用公式(3.3.238),有

$$x^{\varphi(n)} \equiv 1 \pmod{p_i} \quad (3.3.251)$$

当正整数 x 是 p_i 的倍数时,显然,有

$$x^{\varphi(n)} \equiv 0 \pmod{p_i} \quad (3.3.252)$$

利用公式(3.3.234),公式(3.3.251)和(3.3.252),注意 $2,3,\cdots,n$ 这 $n-1$ 个正整数中,恰有 $\dfrac{n}{p_i}$ 个正整数 $p_i, 2p_i, 3p_i, \cdots, \left(\dfrac{n}{p_i}\right)p_i$ 是 p_i 的倍数,有

$$S_n = \sum_{x=2}^{n} x^{\varphi(n)} \equiv (n-1) - \frac{n}{p_i} \pmod{p_i} \quad (3.3.253)$$

利用题目条件,S_n 是 n 的倍数,又 n 是 $p_i (1 \leqslant i \leqslant k)$ 的倍数,则公式(3.3.253)的右端应是 p_i 的倍数. 从而有 $1 + \dfrac{n}{p_i}$ 是质数 p_i 的倍数. 又利用公式(3.3.237)知道 $\dfrac{n}{p_j}(j \neq i, 1 \leqslant j \leqslant k)$ 都是 p_i 的倍数,则 $1 + \dfrac{n}{p_i} + \sum_{\substack{j=1 \\ 但 j \neq i}}^{k} \dfrac{n}{p_j}$ 必是 p_i 的倍数,即 $1 + \sum_{j=1}^{k} \dfrac{n}{p_j}$ 是 p_i 的倍数,从而知道 $1 + \sum_{j=1}^{k} \dfrac{n}{p_j}$ 是 $p_1 p_2 \cdots p_k$(等于 n)的倍数. 由于

$$1 + \sum_{j=1}^{k} \frac{n}{p_j} = n\left(\frac{1}{n} + \sum_{j=1}^{k} \frac{1}{p_j}\right) \quad (3.3.254)$$

上式右端圆括号内项整体上是一个正整数,再利用公式(3.3.237),有题目结论.

例 15 正整数 $n \geqslant 2$,设 n 个正整数 $a_1, a_2, \cdots, a_n$,满足 $1 < a_1 < a_2 < \cdots < a_n < 2n$,其中没有一个数 a_j 是另一数 $a_k (k \neq j)$ 的倍数. 求证:$a_1 \geqslant 2^k$,这里 k 是正整数,满足 $3^k < 2n < 3^{k+1}$.

证明: 记

$$a_j = 2^{b_j} c_j, \quad j = 1, 2, \cdots, n \quad (3.3.255)$$

b_j 是非负整数,c_j 全是奇数. 由题目条件知道 $c_1, c_2, \cdots, c_n$ 中不可能有两数相等. 明显地,$1 \leqslant c_j \leqslant 2n - 1$,那么,$c_1, c_2, \cdots, c_n$ 恰是 $1, 3, \cdots, 2n-1$ 这 n 个奇数的某个排列. 对任一正整数 $2n$(正整数 $n \geqslant 2$),必有一个正整数 k 存在,满足

$$3^k < 2n < 3^{k+1} \tag{3.3.256}$$

$1,3,3^2,\cdots,3^k$ 是闭区间$[1,2n-1]$内奇数.考虑公式(3.3.255)中 c_j 为集合$\{1,3,3^2,\cdots,3^k\}$内元素的数.即考虑公式(3.3.255)中 $k+1$ 个下述形状的正整数

$$a_{j_s} = 2^{\beta_s}3^s \tag{3.3.257}$$

这里 $s=0,1,2,\cdots,k$.因为 $a_{j_0},a_{j_1},a_{j_2},\cdots,a_{j_k}$ 中没有一个数是另一个数的倍数,则必有

$$\beta_0 > \beta_1 > \beta_2 > \cdots > \beta_{k-1} > \beta_k \geqslant 0 \tag{3.3.258}$$

由于 β_s 是非负整数,则 $\beta_{k-1} \geqslant 1, \beta_{k-2} \geqslant 2$,一般地,$\beta_s \geqslant k-s$.因此对每一个 $s \in \{0,1,2,\cdots,k\}$,利用公式(3.3.257),有

$$a_{j_s} \geqslant 2^{k-s}3^s \geqslant 2^k \tag{3.3.259}$$

如果 a_1 是公式(3.3.257)中一个数,从上式,知道题目结论成立.

如果 a_1 不是这样一个数,由于公式(3.3.255),有

$$a_1 = 2^{b_1}c_1, \quad \text{奇数 } c_1 \geqslant 5 \tag{3.3.260}$$

下面证明题目结论成立.用反证法,如果 $a_1 < 2^k$,从上式,有

$$c_1 < 2^{k-b_1}, \quad k-b_1 \geqslant 3 (\text{由于公式}(3.3.260)) \tag{3.3.261}$$

利用上式,有

$$3^{b_1+1}c_1 < 3^{b_1+1}2^{k-b_1} < 3^{b_1+1}3^2 2^{k-b_1-3}$$
$$= 3^{b_1+3}2^{k-b_1-3} \leqslant 3^k < 2n \tag{3.3.262}$$

所以奇数 $c_1 3^{\lambda-1}$,这里 $\lambda=1,2,3,\cdots,b_1+2$ 是 $c_1,c_2,\cdots,c_n$ 中 b_1+2 个数,其对应的 a_j 记为

$$a_{j_\lambda} = c_1 3^{\lambda-1} 2^{t_\lambda} \tag{3.3.263}$$

这里 $\lambda=1,2,3,\cdots,b_1+2, j_1=1$(比较公式(3.3.260)与(3.3.263)),$t_1=b_1, t_\lambda$ 全是非负整数.在非负整数 $t_2,t_3,\cdots,t_{b_1+2}$ 中如有一个 t_s 大于等于 b_1,利用公式(3.3.260)和(3.3.263)可以知道 a_{j_s} 是 a_1 的倍数,与题目条件不符.于是,这所有 $t_\lambda (2 \leqslant \lambda \leqslant b_1+2)$ 在闭区间$[0,b_1-1]$内,那么,其中必有两个非负整数 $t_\mu = t_\upsilon$,这里 $2 \leqslant \mu < \upsilon \leqslant b_1+2$.再利用公式(3.3.263),可以知道 a_{j_υ} 是 a_{j_μ} 的倍数.又矛盾.

例 16 正整数 n 是 4 的倍数,设集合 $E = \{1,2,3,\cdots,2n\}$,集合 $G = \{a_1,a_2,\cdots,a_n\} \subset E$,且集合 G 有下列两条性质:

(1) 对任何 $1 \leqslant i < j \leqslant n, a_i + a_j \neq 2n+1$;

(2) $\sum_{i=1}^{n} a_i = 4A$,这里 A 是个固定的正整数.

求证:集合 G 中奇数的个数是 4 的倍数,且 G 中所有正整数的平方和是一个定数.

证明:将集合 E 分成$\{1,2n\},\{2,2n-1\},\{3,2n-2\},\cdots,\{n,n+1\}$共 n 个两元数组,每个数组两个元素之和都是 $2n+1$.由于题目条件(1),集合 G 是从上述 n 个两元数组中各取一个元素组成.

将上述 n 个两元数组分成两类,第一类是$\{1,2n\},\{4,2n-3\},\{5,2n-4\},\{8,2n-7\},\cdots,\{n-3,n+4\},\{n,n+1\}$.由于 n 是 4 的倍数,这第一类每个数组中有一个正整数是 4 的倍数,另一个正整数除以 4 余 1.第二类是$\{2,2n-1\},\{3,2n-2\},\{6,2n-5\},\{7,2n-6\},\cdots,\{n-2,n+3\},\{n-1,n+2\}$,这第二类每个数组中有一个正整数除以 4 余 2,另一个正整数是除以 4 余 3,这第一类有 $\frac{n}{2}$ 个两元数组,第二类也恰有 $\frac{n}{2}$ 个两元数组.

集合 G 的 n 个元素中取自第一类数组恰有 $\frac{n}{2}$ 个,取自第二类数组也有 $\frac{n}{2}$ 个.设集合 G 的 n 个元素中,除以 4 余 1 的有 x 个,则是 4 的倍数的有 $\frac{n}{2} - x$ 个,除以 4 余 3 的有 y 个,那么除以 4

余 2 的就有 $\frac{n}{2} - y$ 个. $x + y$ 就是集合 G 中奇数的个数.

$$\sum_{j=1}^{n} a_j = x + 3y + 2\left(\frac{n}{2} - y\right) \pmod{4} \equiv x + y \pmod{4} \quad (3.3.264)$$

又由于题目条件(2),知道上式左端是 4 的倍数,则 $x + y$ 是 4 的倍数,这是题目的第一个结论.

又设

$$G = \{a_1, a_2, a_3, \cdots, a_n\}, \quad G^* = \{b_1, b_2, b_3, \cdots, b_n\} \quad (3.3.265)$$

是满足题目条件的两个不同的集合,那么,有

$$\sum_{j=1}^{n} a_j = 4A, \quad \sum_{j=1}^{n} b_j = 4A \quad (3.3.266)$$

不妨设 G 中有 k 个正整数 $a_{j_1}, a_{j_2}, \cdots, a_{j_k}$ 与 G^* 中 k 个正整数 $b_{j_1}, b_{j_2}, \cdots, b_{j_k}$ 不相同 ($1 \leqslant k \leqslant n$),其中 $a_{j_1} < a_{j_2} < \cdots < a_{j_k}, b_{j_1} > b_{j_2} > \cdots > b_{j_k}$,这里不相同的意义是讲集合 $\{a_{j_1}, a_{j_2}, \cdots, a_{j_k}\}$ 与集合 $\{b_{j_1}, b_{j_2}, \cdots, b_{j_k}\}$ 无公共元素. G 与 G^* 中其余正整数两两对应相等.明显地,有

$$\sum_{l=1}^{k} a_{j_l} = \sum_{l=1}^{k} b_{j_l} \quad (3.3.267)$$

如果能证明

$$\sum_{l=1}^{k} a_{j_l}^2 = \sum_{l=1}^{k} b_{j_l}^2 \quad (3.3.268)$$

则 G 中所有正整数的平方和等于 G^* 中所有正整数的平方和.

由于 G 与 G^* 中所有正整数都是从前述 n 个两元数组中各取一个正整数组成,从 G, G^* 中删除相同的元素后,$a_{j_1}, a_{j_2}, \cdots, a_{j_k}$ 属于 k 个两元数组恰也是 $b_{j_1}, b_{j_2}, \cdots, b_{j_k}$ 所属的 k 个两元数组.因此,$a_{j_1}, a_{j_2}, \cdots, a_{j_k}$ 与 $b_{j_1}, b_{j_2}, \cdots, b_{j_k}$ 全体恰是这 k 个两元数组包含的全部 $2k$ 个正整数.又由于这 k 个两元数组中每个数组两个正整数之和都是 $2n + 1$,利用公式(3.3.266)后面的叙述,必有

$$a_{j_1} + b_{j_1} = a_{j_2} + b_{j_2} = \cdots = a_{j_k} + b_{j_k} = 2n + 1 \quad (3.3.269)$$

于是,我们可以得到

$$\sum_{j=1}^{n} a_j^2 - \sum_{j=1}^{n} b_j^2 = \sum_{l=1}^{k} a_{j_l}^2 - \sum_{l=1}^{k} b_{j_l}^2 = \sum_{l=1}^{k} (a_{j_l} + b_{j_l})(a_{j_l} - b_{j_l})$$

$$= (2n + 1)\left(\sum_{l=1}^{k} a_{j_l} - \sum_{l=1}^{k} b_{j_l}\right) = 0 \quad (3.3.270)$$

这里利用公式(3.3.267).

注:当 $n = 100, A = 2\,520$ 时,本题恰是 1990 年全国高中数学联赛第二试的第二题.

在讲述下例之前,先介绍数论中一个知识.设 p 是一个奇质数,d 是一个与 p 互质的整数,如果同余方程

$$y^2 \equiv d \pmod{p} \quad (3.3.271)$$

有整数解 y,称 d 是模 p 的二次剩余.如果这同余方程无整数解 y,则称这 d 是模 p 的二次非剩余.

有一个著名的判别定理.

定理(Euler 判别法) 设 p 是奇质数,那么,与 p 互质的整数 d 是模 p 的二次剩余的充要条件是 $d^{\frac{1}{2}(p-1)} \equiv 1 \pmod{p}$,$d$ 是模 p 的二次非剩余的充要条件是 $d^{\frac{1}{2}(p-1)} \equiv -1 \pmod{p}$.

证明:由于 d 与 p 是互质的,由 Fermat 小定理,知道

$$d^{p-1} \equiv 1 \pmod{p} \quad (3.3.272)$$

上式因式分解,有
$$(d^{\frac{1}{2}(p-1)} - 1)(d^{\frac{1}{2}(p-1)} + 1) \equiv 0 \pmod{p} \tag{3.3.273}$$

由于上述左端两个因数相差 2,p 又是一个奇质数,则 $d^{\frac{1}{2}(p-1)} - 1$ 与 $d^{\frac{1}{2}(p-1)} + 1$ 中仅有一个是 p 的倍数.

下面先证明,与 p 互质的整数 d 是模 p 的二次剩余的充要条件是
$$d^{\frac{1}{2}(p-1)} \equiv 1 \pmod{p} \tag{3.3.274}$$

先证必要性,如果 d 是模 p 的二次剩余,则必有整数 y,满足
$$y^2 \equiv d \pmod{p}, \quad 则 \quad d^{\frac{1}{2}(p-1)} \equiv y^{p-1} \equiv 1 \pmod{p} \tag{3.3.275}$$
这是因为 d 与 p 互质,则 y 与奇质数 p 也互质,再利用 Fermat 小定理,有公式(3.3.275)的第二个等式.

再证充分性,设公式(3.3.274)成立,这时 d 必与 p 互质,考虑一次同余方程
$$ax \equiv d \pmod{p} \tag{3.3.276}$$
记
$$M = 集合\left\{-\frac{1}{2}(p-1), -\frac{1}{2}(p-3), \cdots, -2, -1, 1, 2, \cdots, \frac{1}{2}(p-3), \frac{1}{2}(p-1)\right\} \tag{3.3.277}$$

在 mod p 意义下,M 是由 mod p 不等于零的全部剩余类(每类只取一个元素)组成的集合.a 与 p 互质,一定有唯一对应元素 $x_a \in M$,满足方程(3.3.276),即
$$ax_a \equiv d \pmod{p} \tag{3.3.278}$$

用反证法,如果 d 不是模 p 的二次剩余,则 a 不等于 x_a,这样集合 M 中的全部 $p-1$ 个元素可按 a, x_a 作为一对数组(a 当然在 mod p 意义下属于 M),两两配对,由 Wilson 定理,有
$$-1 \equiv (p-1)! \pmod{p} \equiv (-1)^{\frac{1}{2}(p-1)} \left(\left(\frac{1}{2}(p-1)\right)!\right)^2 \pmod{p}, 利用公式(3.3.277))$$
$$\equiv d^{\frac{1}{2}(p-1)} \pmod{p}, 利用公式(3.3.278)及后面的两两配对) \tag{3.3.279}$$

上式与公式(3.3.274)是矛盾的.所以必有 M 内某一元素 a,满足 $a = x_a$,则 d 是模 p 的二次剩余.再利用公式(3.3.273)后面的叙述,以及上述证明,Euler 判别法的后一个结论成立.

例 17 设 p 是一个奇质数,且 mod 4 余 3,a, q 是两个非负整数,其中 q 不是 p 的倍数,$a+1 < p$,求证:
$$\sum_{k=1}^{p} \left[\frac{1}{p}(qk^2 + a)\right] = 2a + 1 + \sum_{k=1}^{p} \left[\frac{1}{p}(qk^2 - a - 1)\right]$$

注:这里 $[x]$ 表示不超过实数 x 的最大整数.

证明: 记
$$S(a) = \sum_{k=1}^{p} \left[\frac{1}{p}(qk^2 + a)\right], \quad T(a) = \sum_{k=1}^{p} \left[\frac{1}{p}(qk^2 - a - 1)\right], \quad M = \{1, 2, 3, \cdots p\} \tag{3.3.280}$$

利用上式,有
$$S(a+1) - S(a) = \sum_{k=1}^{p} \left\{\left[\frac{1}{p}(qk^2 + a + 1)\right] - \left[\frac{1}{p}(qk^2 + a)\right]\right\}$$
$$= |集合\{k \in M \mid p \mid (qk^2 + a + 1)\}| \quad (集合的绝对值表示集合内全部元素的个数) \tag{3.3.281}$$
$$T(a) - T(a+1) = \sum_{k=1}^{p} \left\{\left[\frac{1}{p}(qk^2 - a - 1)\right] - \left[\frac{1}{p}(qk^2 - a - 2)\right]\right\}$$

$$= |\text{集合}\{k \in M \mid p \mid (qk^2 - a - 1)\}| \qquad (3.3.282)$$

由于 p, q 是互质的,有

$$\text{集合}\{1, 2, 3, \cdots, p\} \equiv \text{集合}\{q, 2q, 3q, \cdots, pq\} (\bmod p) \qquad (3.3.283)$$

于是,一定有唯一对应的正整数 $q^* \in \{1, 2, 3, \cdots, p-1\}$,满足

$$q^* q \equiv 1 (\bmod p) \qquad (3.3.284)$$

同本节例 10,记这个正整数 q^* 为 $\dfrac{1}{q}$ 或 q^{-1},q^* 不是 p 的倍数.

由公式(3.3.281)的右端,考虑

$$qk^2 \equiv -(a+1)(\bmod p) \qquad (3.3.285)$$

利用上式,有

$$k^2 \equiv -q^{-1}(a+1)(\bmod p) \qquad (3.3.286)$$

类似地,由公式(3.3.282)的右端,考虑

$$qk^2 \equiv a+1(\bmod p) \qquad (3.3.287)$$

从上式,有

$$k^2 \equiv q^{-1}(a+1)(\bmod p) \qquad (3.3.288)$$

记正整数

$$x = q^{-1}(a+1) \qquad (3.3.289)$$

这里 q^{-1} 就是前述的正整数 q^*.由题目条件及公式(3.3.284),知道 x 不是奇质数 p 的倍数.再利用方程(3.3.286)和方程(3.3.288),有

$$k^2 \equiv -x(\bmod p), \quad \text{或} \quad k^2 \equiv x(\bmod p) \qquad (3.3.290)$$

用 $N(-x)$ 表示上述第一个方程的不同同余类解个数.用 $N(x)$ 表示上述第二个方程的不同同余类解个数(注意 $k \in M$(公式(3.3.280))),同一个同余类只算同一个解).

由于 p 是一个奇质数,有

$$\text{集合}\{1, 2, 3, \cdots, p\} \equiv \text{集合}\left\{-\dfrac{1}{2}(p-1), -\dfrac{1}{2}(p-3), \cdots, -1, 0, 1, \cdots, \dfrac{1}{2}(p-3), \dfrac{1}{2}(p-1)\right\}$$
$$(3.3.291)$$

对于集合 $\left\{0, 1, 2, \cdots, \dfrac{1}{2}(p-3), \dfrac{1}{2}(p-1)\right\}$ 内任一元素 k,利用

$$(-k)^2 = k^2 \qquad (3.3.292)$$

知道方程(3.3.290)中任一个方程,如果有整数解,必有两个不同同余类解.

下面证明,当方程(3.3.290)中一个方程有解时,另一个方程必无解.用反证法,设存在集合 M 内两个元素 k, k^* 满足

$$k^2 \equiv x(\bmod p), \quad k^{*2} \equiv -x(\bmod p) \qquad (3.3.293)$$

由于 x 不是 p 的倍数,则 k, k^* 都不等于 p.利用上式,有

$$k^{*2} \equiv -k^2(\bmod p) \qquad (3.3.294)$$

类似前述,对于不是 p 的倍数的整数 k,一定有正整数 $\tilde{k}$,满足 $k\tilde{k} \equiv 1(\bmod p)$,则

$$(k^* \tilde{k})^2 \equiv -(k\tilde{k})^2(\bmod p, \text{利用公式}(3.3.294))$$
$$\equiv -1(\bmod p) \qquad (3.3.295)$$

由于题目条件,$p \equiv 3(\bmod 4)$,满足

$$(-1)^{\frac{1}{2}(p-1)} = -1 \qquad (3.3.296)$$

因此,利用前述的 Euler 判别法定理,取 $d = -1$,这时,二次同余方程

$$y^2 \equiv -1(\bmod p) \qquad (3.3.297)$$

无整数解.这与公式(3.3.295)矛盾.因此,方程(3.3.290)中一个方程有解时,另一个方程必无解.

于是,当正整数 x 不是 p 的倍数时,利用公式(3.3.292)及上面叙述,有
$$N(x) + N(-x) = 2 \tag{3.3.298}$$
上式左端两项中,一个是 2,另一个是零.

利用上面叙述,有
$$[S(a+1) - S(a)] + [T(a) - T(a+1)] = N(-q^{-1}(a+1)) + N(q^{-1}(a+1)) = 2 \tag{3.3.299}$$

下面证明
$$S(a) - T(a) = 2a + (S(0) - T(0)) \tag{3.3.300}$$

利用公式(3.3.299),将 a 改成 b,并且关于 b 从 0 到 $a-1$ 求和,有
$$\sum_{b=0}^{a-1}[S(b+1) - S(b)] + \sum_{b=0}^{a-1}[T(b) - T(b+1)] = 2a \tag{3.3.301}$$
化简上式左端,再移项,有公式(3.3.300).

利用公式(3.3.280)及题目条件中 q 不是 p 的倍数,有
$$S(0) - T(0) = \sum_{k=1}^{p}\left(\left[\frac{1}{p}qk^2\right] - \left[\frac{1}{p}(qk^2-1)\right]\right) = |\text{集合}\{k \in M \mid p \mid qk^2\}|$$
$$= 1(\text{由于 } k \in M, M \text{ 中只有一个元素 } k = p, \text{满足 } qk^2 \text{ 是奇质数 } p \text{ 的倍数}) \tag{3.3.302}$$

利用公式(3.3.300)和(3.3.302),有
$$S(a) - T(a) = 2a + 1 \tag{3.3.303}$$

由公式(3.3.280)和上式,知道题目结论成立.

例 18 求所有大于 1 的正整数 n,使得存在唯一的正整数 $a \leqslant n!$,满足 $a^n + 1$ 可以被 $n!$ 整除.

解:对 n 分情况讨论:

(1) 如果 $n = 2$ 时,由题目条件知道正整数 $a \leqslant 2$,又 $a^2 + 1$ 是 2 的倍数,只有
$$a = 1, \quad n = 2 \text{ 是解} \tag{3.3.304}$$

(2) 如果 $n > 2$,且 n 是偶数,则 a^n 是一个完全平方数,在 mod 4 意义下,a^n 是 0 或 1,则 $a^n + 1$ 是 1 或 2.因此,$a^n + 1$ 不可能是 $n!$ ($n \geqslant 4$)的倍数.

(3) 如果 $n > 2$,且 n 为奇数,则 $n \geqslant 3$,先设 n 是奇质数 p,且存在相应的一个正整数 $a \leqslant p!$,使得 $p! \mid (a^p + 1)$,由 Fermat 小定理,知道
$$a^p \equiv a (\text{mod } p), \quad a^p + 1 \equiv a + 1 (\text{mod } p) \tag{3.3.305}$$
利用上面叙述,有
$$p \mid (a+1) \tag{3.3.306}$$

下面证明,正整数 $\frac{a^p+1}{a+1}$ 没有小于 p 的质因子 q.用反证法,设存在质数 $q < p$,使得 q 是 $\frac{a^p+1}{a+1}$ 的一个因数.由于 $p!$ 是偶数,利用 $p! \mid (a^p + 1)$,知道 a 必是奇数,又利用
$$\frac{a^p+1}{a+1} = \sum_{j=0}^{p-1}(-a)^j \tag{3.3.307}$$

上式右端是 p 项(奇数项)奇数之和,必为奇数,所以作为 $\frac{a^p+1}{a+1}$ 的因数 q 也是奇质数.显然,有
$$a^p \equiv -1 (\text{mod } q), \quad a^{2p} \equiv 1 (\text{mod } q) \tag{3.3.308}$$

因此，a 与奇质数 q 互质，利用 Fermat 小定理，知道
$$a^{q-1} \equiv 1 \pmod{q} \tag{3.3.309}$$
$q-1$ 是一个偶数，记
$$d = (q-1, 2p) \tag{3.3.310}$$
d 是一个偶数．由于奇质数 $q<p$，及 p 是一个奇质数，必有
$$d = 2 \tag{3.3.311}$$
显然，存在两个整数 u, v（一正、一负），满足
$$2pu + (q-1)v = 2 \tag{3.3.312}$$
利用公式(3.3.308)，(3.3.309)和(3.3.312)，知道
$$a^2 = (a^{2p})^u (a^{q-1})^v \equiv 1 \pmod{q} \tag{3.3.313}$$
这里当一个正整数 x 满足 $x \equiv 1 \pmod{q}$ 时，正整数 x^* 满足 $x^* x \equiv 1 \pmod{q}$，必有 $x^* \equiv 1 \pmod{q}$，即 $x^{-1} \equiv 1 \pmod{q}$．因此，无论 u 是负整数，还是 v 是负整数，公式(3.3.313)的最后一个等式成立．

利用公式(3.3.313)及 q 是一个奇质数，有
$$a \equiv \pm 1 \pmod{q} \tag{3.3.314}$$
① 当 $a \equiv 1 \pmod{q}$ 时，利用公式(3.3.307)，有
$$\frac{a^p+1}{a+1} \equiv \sum_{j=0}^{p-1}(-1)^j \pmod{q} \equiv 1 \pmod{q} \tag{3.3.315}$$
这与 q 是 $\dfrac{a^p+1}{a+1}$ 的一个因数矛盾．

② 当 $a \equiv -1 \pmod{q}$ 时，利用公式(3.3.307)，有
$$\frac{a^p+1}{a+1} \equiv p \pmod{q} \tag{3.3.316}$$
利用 q 是 $\dfrac{a^p+1}{a+1}$ 的一个质因数，必有 $q = p$（p 也是质数），这与 $q < p$ 的假设矛盾．因此，$\dfrac{a^p+1}{a+1}$ 没有小于 p 的质因数．

又由于
$$a^p + 1 = (a+1)\left(\frac{a^p+1}{a+1}\right) \tag{3.3.317}$$
及题目条件 $p! \mid (a^p+1)$，再利用上述结论，可以知道
$$(p-1)! \mid (a+1) \tag{3.3.318}$$
又利用公式(3.3.306)，结合上式，有
$$p! \mid (a+1) \tag{3.3.319}$$
又 $a \leq p!$，则存在唯一的正整数
$$a = p! - 1 = n! - 1 \tag{3.3.320}$$

(4) 如果 n 是奇数，且 n 又是合数，记 p 是 n 的最小（奇）质因数，且满足
$$p^a \mid n!, \quad \text{但 } p^{a+1} \nmid n! \tag{3.3.321}$$
这里 a 是一个正整数．因为 $2p < p^2 \leq n$（利用 p 是合数 n 的最小（奇）质因数），可以知道 $n!$ 的展开式中包含 p 及 $2p$ 这两个因数．于是，
$$a \geq 2 \text{（利用公式(3.3.321)）} \tag{3.3.322}$$
利用公式(3.3.321)，记正整数
$$m = \frac{n!}{p^a} \tag{3.3.323}$$

对于任意满足
$$a^* \equiv -1 (\bmod p^{a-1}m) \tag{3.3.324}$$
的正整数 a^*，记
$$a^* = -1 + p^{a-1}mk = -1 + \frac{n!}{p}k\,(\text{利用公式}(3.3.323)) \tag{3.3.325}$$
这里 k 是一个正整数，则
$$a^{*p} = (-1 + p^{a-1}mk)^p = -1 + p^a mk + \sum_{j=2}^{p}(-1)^{p-j}C_p^j p^{(a-1)j}(mk)^j \tag{3.3.326}$$
对于所有的正整数 $j \geqslant 2$，利用不等式(3.3.322)，有
$$(a-1)j \geqslant a \tag{3.3.327}$$
利用公式(3.3.326)和上式，有
$$a^{*p} = -1 + p^a t \tag{3.3.328}$$
这里 t 是一个正整数．利用上式，有
$$p^a \mid (a^{*p} + 1) \tag{3.3.329}$$
再利用 p 是奇数 n 的最小质因数，知道 $a^{*p} + 1$ 是 $a^{*n} + 1$ 的一个因数．于是，利用公式(3.3.329)，有
$$p^a \mid (a^{*n} + 1) \tag{3.3.330}$$
利用公式(3.3.325)有 $m \mid (a^* + 1)$．利用公式(3.3.321)和(3.3.323)，知道 m 与 p 互质，于是，有 $mp^a \mid (a^{*n} + 1)$（注意 n 是奇数和利用公式(3.3.330)），再兼顾公式(3.3.323)，有
$$n! \mid (a^{*n} + 1) \tag{3.3.331}$$
但是在闭区间 $[1, n!]$ 中，有 p 个正整数 a^*（注意公式(3.3.325)中 $k \in \{1, 2, \cdots, p\}$）满足公式(3.3.325)，与题目中唯一性矛盾．

综上所述，公式(3.3.304)和(3.3.320)给出了所求的全部解．

例 19 设 α, β 是两个正实数，对于所有正整数 n，已知 $[n\alpha] + [n\beta] = [n(\alpha+\beta)]$，求证：$\alpha, \beta$ 中至少有一个是正整数．

注：这里 $[x]$ 表示不超过实数 x 的最大整数．

证明： 用反证法，设 α, β 都不是正整数，记
$$\alpha = [\alpha] + \alpha_1, \quad 0 < \alpha_1 < 1 \tag{3.3.332}$$
$$\beta = [\beta] + \beta_1, \quad 0 < \beta_1 < 1 \tag{3.3.333}$$
那么，有
$$[n\alpha] + [n\beta] = (n[\alpha] + n[\beta]) + ([n\alpha_1] + [n\beta_1]) \tag{3.3.334}$$
$$[n(\alpha+\beta)] = n([\alpha] + [\beta]) + [n(\alpha_1 + \beta_1)] \tag{3.3.335}$$
利用题目条件，对于任意正整数 n，有
$$[n\alpha_1] + [n\beta_1] = [n(\alpha_1 + \beta_1)] \tag{3.3.336}$$
下面我们首先证明
$$\alpha_1 + \beta_1 < 1 \tag{3.3.337}$$
用反证法，如果
$$\alpha_1 + \beta_1 \geqslant 1 \tag{3.3.338}$$
在公式(3.3.336)中，令 $n = 1$，导致左端等于零，右端等于1，这不可能．因此，不等式(3.3.337)成立．

对于任意正实数 x，记
$$\{x\} = x - [x] \tag{3.3.339}$$

利用公式(3.3.332),(3.3.333)和上式,有
$$\alpha_1 = \{\alpha\}, \quad \beta_1 = \{\beta\} \tag{3.3.340}$$
由于 $n\alpha_1 + n\beta_1 = n(\alpha_1 + \beta_1)$,此等式减去等式(3.3.336),再利用公式(3.3.339),有
$$\{n\alpha_1\} + \{n\beta_1\} = \{n(\alpha_1 + \beta_1)\} \tag{3.3.341}$$
我们知道,如果 $\alpha_1 + \beta_1$ 是正有理数,则存在正整数 p,q,使得
$$\alpha_1 + \beta_1 = \frac{p}{q} \tag{3.3.342}$$
那么,有
$$\{q(\alpha_1 + \beta_1)\} = q(\alpha_1 + \beta_1) - [q(\alpha_1 + \beta_1)] = p - p = 0 \tag{3.3.343}$$
当 $\alpha_1 + \beta_1$ 是正无理数时,我们需要下述定理.

定理(有理数逼近实数定理) x 是一个正的无理数,那么一定存在两个单调递增的正整数数列 $\{p_n \mid n \in \mathbf{N}^+\}$ 和 $\{q_n \mid n \in \mathbf{N}^+\}$,满足 $\left|x - \frac{p_n}{q_n}\right| < \frac{1}{q_n^2}$.

定理证明:令
$$\frac{1}{x_1} = x - [x] \tag{3.3.344}$$
x_1 也是一个无理数,而且大于1,再令
$$\frac{1}{x_2} = x_1 - [x_1] \tag{3.3.345}$$
如此继续下去,对于 $j = 2,3,\cdots,n$,令
$$\frac{1}{x_{j+1}} = x_j - [x_j] \tag{3.3.346}$$
这里 $[x_j]$ 都是正整数,$x_2, x_3, \cdots, x_{n+1}$ 全是大于1的正无理数.又记 $a_j = [x_j], 1 \leqslant j \leqslant n, a_0 = [x]$. 这样,我们就得到了一分数表示式
$$x = a_0 + \cfrac{1}{a_1 + \cfrac{1}{a_2 + \cfrac{1}{\ddots + \cfrac{1}{a_n + \cfrac{1}{x_{n+1}}}}}} \tag{3.3.347}$$
为简洁,上式可简记为
$$x = [a_0, a_1, a_2, \cdots, a_n, x_{n+1}] \tag{3.3.348}$$
利用上二式的关系,我们有
$$\left.\begin{array}{l} [a_0] = a_0, \quad [a_0, a_1] = a_0 + \dfrac{1}{a_1} = \dfrac{a_0 a_1 + 1}{a_1}, \\ [a_0 a_1, a_2] = a_0 + \dfrac{1}{a_1 + \dfrac{1}{a_2}} = a_0 + \dfrac{a_2}{a_1 a_2 + 1} = \dfrac{a_0 a_1 a_2 + a_0 + a_2}{a_1 a_2 + 1} \end{array}\right\} \tag{3.3.349}$$
记
$$\left.\begin{array}{l} p_0 = a_0, \quad q_0 = 1, \quad p_1 = a_0 a_1 + 1, \quad q_1 = a_1 \\ p_2 = a_0 a_1 a_2 + a_0 + a_2 = a_2 p_1 + p_0, \quad q_2 = a_1 a_2 + 1 = a_2 q_1 + q_0 \end{array}\right\} \tag{3.3.350}$$
那么,有
$$[a_0] = \frac{p_0}{q_0}, \quad [a_0, a_1] = \frac{p_1}{q_1}, \quad [a_0, a_1, a_2] = \frac{p_2}{q_2} \tag{3.3.351}$$

引入二列数
$$p_n = a_n p_{n-1} + p_{n-2}, \quad q_n = a_n q_{n-1} + q_{n-2} \tag{3.3.352}$$
这里正整数 $n \geqslant 2$,我们要证明
$$p_n q_{n-1} - p_{n-1} q_n = (-1)^{n-1} (n \in \mathbf{N}^+) \tag{3.3.353}$$
$$p_n q_{n-2} - p_{n-2} q_n = (-1)^n a_n, \quad 正整数 n \geqslant 2 \tag{3.3.354}$$
$$[a_0, a_1, \cdots, a_n] = \frac{p_n}{q_n} (n \in \mathbf{N}^+) \tag{3.3.355}$$
这里一切 $a_j (1 \leqslant j \leqslant n)$ 全是正实数,a_0 是非负实数.

对于公式(3.3.353),对 n 用数学归纳法. 当 $n=1$ 时,利用公式(3.3.350),有
$$p_1 q_0 - p_0 q_1 = (a_0 a_1 + 1) - a_0 a_1 = 1 \tag{3.3.356}$$
因此,当 $n=1$ 时,公式(3.3.353)成立. 设 $n=k$ 时,
$$p_k q_{k-1} - p_{k-1} q_k = (-1)^{k-1} \tag{3.3.357}$$
则当 $n=k+1$ 时,有
$$\begin{aligned} p_{k+1} q_k - p_k q_{k+1} &= (a_{k+1} p_k + p_{k-1}) q_k - p_k (a_{k+1} q_k + q_{k-1}) (利用公式(3.3.352)) \\ &= p_{k-1} q_k - p_k q_{k-1} = (-1)^k (利用归纳法假设公式(3.3.357)) \end{aligned} \tag{3.3.358}$$
因此,公式(3.3.353)成立. 又很容易得到
$$\begin{aligned} p_n q_{n-2} - p_{n-2} q_n &= (a_n p_{n-1} + p_{n-2}) q_{n-2} - p_{n-2} (a_n q_{n-1} + q_{n-2}) (利用公式(3.3.352)) \\ &= a_n (-1)^{n-2} (利用公式(3.3.353)) = (-1)^n a_n \end{aligned} \tag{3.3.359}$$
于是,得到公式(3.3.354). 下面证明公式(3.3.355). 奠基工作,公式(3.3.351)已经做了. 设当 $n=m$ 时,这里正整数 $m \geqslant 2$,有
$$[a_0, a_1, \cdots, a_m] = \frac{p_m}{q_m} \tag{3.3.360}$$
当 $n=m+1$ 时,利用公式(3.3.347)和(3.3.348),有
$$\begin{aligned} [a_0, a_1, \cdots, a_{m-1}, a_m, a_{m+1}] &= \left[a_0, a_1, \cdots, a_{m-1}, a_m + \frac{1}{a_{m+1}}\right] \\ &= \frac{\left(a_m + \frac{1}{a_{m+1}}\right) p_{m-1} + p_{m-2}}{\left(a_m + \frac{1}{a_{m+1}}\right) q_{m-1} + q_{m-2}} (利用归纳法假设(3.3.360),并且利用 \end{aligned}$$

公式(3.3.352) 只不过这里 $a_m + \dfrac{1}{a_{m+1}}$ 代替了 a_m)

$$\begin{aligned} &= \frac{(a_m p_{m-1} + p_{m-2}) + \dfrac{p_{m-1}}{a_{m+1}}}{(a_m q_{m-1} + q_{m-2}) + \dfrac{q_{m-1}}{a_{m+1}}} \\ &= \frac{a_{m+1} p_m + p_{m-1}}{a_{m+1} q_m + q_{m-1}} (利用公式(3.3.352)) \\ &= \frac{p_{m+1}}{q_{m+1}} (又一次利用公式(3.3.352)) \end{aligned} \tag{3.3.361}$$

于是,公式(3.3.355)成立.

现在我们来证明有理数逼近实数定理. $a_1, a_2, \cdots, a_n$ 全是正整数,利用公式(3.3.348)和(3.3.355),有

从上式,有
$$x = \frac{x_{n+1}p_n + p_{n-1}}{x_{n+1}q_n + q_{n-1}} \tag{3.3.362}$$

从上式,有
$$x - \frac{p_n}{q_n} = \frac{p_{n-1}q_n - p_n q_{n-1}}{q_n(x_{n+1}q_n + q_{n-1})} = \frac{(-1)^n}{q_n(x_{n+1}q_n + q_{n-1})} (\text{利用公式}(3.3.353)) \tag{3.3.363}$$

由于 a_0 是非负整数,$a_1, a_2, \cdots, a_n$ 都是正整数,利用公式(3.3.350)和(3.3.352),可以知道 $p_j, q_j (j \in \mathbf{N}^+)$ 都是正整数,而且满足

$$\left.\begin{array}{l} p_0 < p_1 \leqslant p_2 < p_3 < \cdots < p_n < \cdots \\ q_0 < q_1 < q_2 < q_3 < \cdots < q_n < \cdots \end{array}\right\} \tag{3.3.364}$$

从上式,显然,有
$$p_n \geqslant n - 1, \quad q_n \geqslant n \tag{3.3.365}$$

利用公式(3.3.363),两端取绝对值,再利用上式及 $x_{n+1} > 1$,有定理结论.

现在回到本题的证明上来. 当 $\alpha_1 + \beta_1$ 是无理数时,令 $x = \alpha_1 + \beta_1$,在公式(3.3.363)中取 $n = 2k(k \in \mathbf{N}^+)$,可以看到

$$0 < (\alpha_1 + \beta_1)q_{2k} - p_{2k} = \frac{1}{x_{2k+1}q_{2k} + q_{2k-1}} < \frac{1}{q_{2k}} \tag{3.3.366}$$

从上式,有
$$p_{2k} < (\alpha_1 + \beta_1)q_{2k} < p_{2k} + \frac{1}{2k} (\text{利用公式}(3.3.365)) \tag{3.3.367}$$

上式表明对于正实数 ε,这里 $\varepsilon < \min(\alpha_1, \beta_1) < 1$,一定有正整数 q_{2k} 存在,使得
$$\{(\alpha_1 + \beta_1)q_{2k}\} < \varepsilon \tag{3.3.368}$$

实际上只要取正整数 k 满足 $\frac{1}{2k} < \varepsilon$ 即可.

利用公式(3.3.341)和上式,有
$$\{\alpha_1 q_{2k}\} < \varepsilon, \quad \{\beta_1 q_{2k}\} < \varepsilon \tag{3.3.369}$$

而
$$\begin{aligned}(q_{2k} - 1)(\alpha_1 + \beta_1) &= q_{2k}(\alpha_1 + \beta_1) - (\alpha_1 + \beta_1) \\ &= [q_{2k}(\alpha_1 + \beta_1)] + \{q_{2k}(\alpha_1 + \beta_1)\} - (\alpha_1 + \beta_1) \end{aligned} \tag{3.3.370}$$

利用不等式(3.3.368),有
$$\{q_{2k}(\alpha_1 + \beta_1)\} - (\alpha_1 + \beta_1) < \varepsilon - (\alpha_1 + \beta_1) < 0 \tag{3.3.371}$$

利用上二式,有
$$[(q_{2k} - 1)(\alpha_1 + \beta_1)] = [q_{2k}(\alpha_1 + \beta_1)] - 1 \tag{3.3.372}$$

另一方面,有
$$(q_{2k} - 1)\alpha_1 = [q_{2k}\alpha_1] + \{q_{2k}\alpha_1\} - \alpha_1 < [q_{2k}\alpha_1] (\text{利用公式}(3.3.369)) \tag{3.3.373}$$

类似地,还有
$$(q_{2k} - 1)\beta_1 < [q_{2k}\beta_1] \tag{3.3.374}$$

则
$$\left.\begin{array}{l} [(q_{2k} - 1)\alpha_1] = [q_{2k}\alpha_1] - 1 \\ [(q_{2k} - 1)\beta_1] = [q_{2k}\beta_1] - 1 \end{array}\right\} \tag{3.3.375}$$

在公式(3.3.336)中,令 $n = q_{2k} - 1$,有
$$[(q_{2k} - 1)\alpha_1] + [(q_{2k} - 1)\beta_1] = [(q_{2k} - 1)(\alpha_1 + \beta_1)] \tag{3.3.376}$$

但是,利用公式(3.3.372),(3.3.375),上式是不可能成立的(注意在公式(3.3.336)中,令

$n = q_{2k}$).

当 $\alpha_1 + \beta_1$ 是正有理数,利用公式(3.3.341)和(3.3.343),有
$$\{q\alpha_1\} = 0, \quad \{q\beta_1\} = 0 \tag{3.3.377}$$

在上述证明中,取 $q_{2k} = q$,公式(3.3.368)至公式(3.3.376)的叙述仍然有效.因此,也推出矛盾.

当 α,β 中有一个是正整数时,题目等式对任意正整数 n 显然成立.

在与高中学生上课时,有几次,同学们问我,已知正实数 $x \geq 1$,闭区间 $[x, 2x]$ 内必有一个质数,这结论是怎样来的,这是著名的 Bertrand 假设,由 Chebyshev 给予第一个证明.

例 20(Bertrand-Chebyshev 定理) 对于任意一个大于等于 1 的实数 x,在闭区间 $[x, 2x]$ 内至少有一个质数.

证明:分几步来证明.

(1) 当正整数 $n \geq 5$ 时,有
$$\frac{1}{n} 2^{2n-1} < C_{2n}^n < 2^{2n-2} \tag{3.3.378}$$

明显地,可以看到
$$2nC_{2n}^n = 2n \frac{(2n)!}{n!n!} = \frac{2}{1} \cdot \frac{3}{1} \cdot \frac{4}{2} \cdot \frac{5}{2} \cdots \frac{2n-2}{n-1} \cdot \frac{2n-1}{n-1} \cdot \frac{2n}{n} \cdot \frac{2n}{n} > 2^{2n} \tag{3.3.379}$$

对于公式(3.3.378)的第二个不等式,对 n 用数学归纳法.当 $n = 5$ 时,可以看到
$$C_{10}^5 = 252 < 256 = 2^8 \tag{3.3.380}$$

设当 $n = k$(正整数 $k \geq 5$)时,有
$$C_{2k}^k < 2^{2k-2} \tag{3.3.381}$$

则当 $n = k + 1$ 时,有
$$\begin{aligned} C_{2(k+1)}^{k+1} &= \frac{(2k)!}{k!k!} \cdot \frac{(2k+1)(2k+2)}{(k+1)^2} \\ &= C_{2k}^k \cdot \frac{2(2k+1)}{k+1} < 2^{2k-2} \cdot 2^2 \text{(利用归纳法假设公式(3.3.381))} \\ &= 2^{2(k+1)-2} \end{aligned} \tag{3.3.382}$$

因此,不等式(3.3.378)成立.

(2) 设正实数 $b > 10$,y 是一个正实数,用 $\lceil y \rceil$ 表示大于等于 y 的最小整数.记
$$a_k = \left\lceil \frac{b}{2^k} \right\rceil, \quad \text{这里 } k \in \mathbf{N}^+ \tag{3.3.383}$$

那么,由定义,有
$$\left. \begin{aligned} \frac{b_1}{2} &\leq a_1 < \frac{b}{2} + 1 \\ \frac{b}{2^2} &\leq a_2 < \frac{b}{2^2} + 1 \\ &\cdots\cdots \\ \frac{b}{2^k} &\leq a_k < \frac{b}{2^k} + 1 \\ &\cdots\cdots \end{aligned} \right\} \tag{3.3.384}$$

由于 $b > 10$,则
$$a_1 > a_2 > \cdots \geq a_k \geq \cdots \tag{3.3.385}$$

注意,当下标 k(k 为正整数)较大时,$a_k, a_{k+1}, \cdots$ 都等于 1.从公式(3.3.384)可以知道

$$a_k < \frac{b}{2^k} + 1 = 2\frac{b}{2^{k+1}} + 1 \leqslant 2a_{k+1} + 1 \tag{3.3.386}$$

由于 $a_k, 2a_{k+1}+1$ 都是正整数,从上式,有
$$a_k \leqslant 2a_{k+1}, \quad k \in \mathbf{N}^+ \tag{3.3.387}$$

令 m 是使得 $a_m \geqslant 5$ 的最大正整数,即 $a_{m+1} < 5$. 利用公式(3.3.387),有 $a_m \leqslant 2a_{m+1} < 10$. 因为 $2a_1 \geqslant b$,所以 m 个区间 $(a_m, 2a_m], (a_{m-1}, 2a_{m-1}], \cdots, (a_2, 2a_2], (a_1, 2a_1]$ 之并整个地覆盖了区间 $(10, b]$. 用 $\prod_{x < p \leqslant y} p$ 表示区间 $(x, y]$ 内所有质数的乘积,如果区间 $(x, y]$ 内无质数,规定 $\prod_{x < p \leqslant y} p = 1$,那么,我们有

$$\prod_{10 < p \leqslant b} p \leqslant \prod_{a_1 < p \leqslant 2a_1} p \prod_{a_2 < p \leqslant 2a_2} p \cdots \prod_{a_m < p \leqslant 2a_m} p \tag{3.3.388}$$

对于任意正整数 n,由于在 n 与 $2n$ 之间的质数能整除 $(2n)!$,但不能整除 $n!$,因此,对于 $(n, 2n]$ 内的任一质数 p,p 能整除 C_{2n}^n,那么,我们有

$$\prod_{n < p \leqslant 2n} p < C_{2n}^n < 2^{2n-2} \text{(利用公式(3.3.378))} \tag{3.3.389}$$

利用不等式(3.3.388)和(3.3.389),有

$$\prod_{10 < p \leqslant b} p \leqslant 2^{2(a_1-1)+2(a_2-1)+\cdots+2(a_m-1)} < 2^{2\left(\frac{b}{2}+\frac{b}{2^2}+\cdots+\frac{b}{2^m}\right)} \text{(利用公式(3.3.384))} < 2^{2b} \tag{3.3.390}$$

如果在区间 $(\sqrt{2n}, 2n]$ 内存在质数 p(如果不止一个,则任取一个),由于
$$\sqrt{2n} < p \leqslant 2n < p^2 \tag{3.3.391}$$

又利用 $C_{2n}^n = \frac{(2n)!}{n! \, n!}$,$C_{2n}^n$ 的质因子分解式中 p 的幂次为 $\left[\frac{2n}{p}\right] - 2\left[\frac{n}{p}\right]$,由于 $\frac{n}{p} = \left[\frac{n}{p}\right] + \left\{\frac{n}{p}\right\}$,这里 $0 \leqslant \left\{\frac{n}{p}\right\} < 1$,则

$$\frac{2n}{p} = 2\left[\frac{n}{p}\right] + 2\left\{\frac{n}{p}\right\} \tag{3.3.392}$$

利用上式,有
$$2\left[\frac{n}{p}\right] \leqslant \left[\frac{2n}{p}\right] \leqslant 2\left[\frac{n}{p}\right] + 1 \tag{3.3.393}$$

于是,可以看到
$$0 \leqslant \left[\frac{2n}{p}\right] - 2\left[\frac{n}{p}\right] \leqslant 1 \tag{3.3.394}$$

因此,C_{2n}^n 的质因子分解式中,如果含质数 $p \in (\sqrt{2n}, 2n]$,则 p 的幂次是 1 次,如果不含 p,是零次. 当 $n \geqslant 3$ 时,如果奇质数 $p \in \left(\frac{2}{3}n, n\right]$,那么在 $(2n)!$ 的有关 p 的质因子中仅有 p 及 $2p$ 出现,而无其他 p 的倍数出现(因为 $3p > 2n$),而 $(n!)^2$ 中显然有 p^2,因此,C_{2n}^n 中不会出现区间 $\left(\frac{2}{3}n, n\right]$ 中任一个质数.

当正整数 $n \geqslant 50$,$\sqrt{2n} \geqslant 10$,对于 $[2, \sqrt{2n}]$ 内任一质数 p,一定有一个正整数 r 存在,使得
$$p^r \leqslant 2n < p^{r+1} \tag{3.3.395}$$

对 C_{2n}^n 进行质因子分解,利用上述结论,有

$$C_{2n}^n \leqslant \prod_{1 < p \leqslant \sqrt{2n}} p^r \prod_{\sqrt{2n} < p \leqslant \frac{2}{3}n} p \prod_{n < p \leqslant 2n} p \leqslant \prod_{1 < p \leqslant \sqrt{2n}} 2n \prod_{\sqrt{2n} < p \leqslant \frac{2}{3}n} p \prod_{n < p \leqslant 2n} p$$

$$< (2n)^{\sqrt{2n}} \prod_{\sqrt{2n} < p \leqslant \frac{2}{3}n} p \prod_{n < p \leqslant 2n} p \text{(利用区间 $(1, \sqrt{2n}]$ 内质数个数小于 $\sqrt{2n}$ 个)}$$

$$< (2n)^{\sqrt{2n}} 2^{\frac{4}{3}n} \prod_{n<p\leqslant 2n} p \quad (\text{在不等式}(3.3.390)\text{中},\text{取 } b = \frac{2}{3}n) \tag{3.3.396}$$

(3) 在本段,我们证明当正整数 $n \geqslant 4\,000$ 时,$(n,2n]$ 内至少有一个质数.用反证法,如果存在一个正整数 $n \geqslant 4\,000$,区间 $(n,2n]$ 内无质数,那么,有

$$\prod_{n<p\leqslant 2n} p = 1 \tag{3.3.397}$$

利用公式(3.3.396)和上式,对于这个 n,有

$$C_{2n}^{n} < (2n)^{\sqrt{2n}} 2^{\frac{4}{3}n} \tag{3.3.398}$$

再利用不等式(3.3.378),有

$$\frac{1}{n} 2^{2n-1} < (2n)^{\sqrt{2n}} 2^{\frac{4}{3}n} \tag{3.3.399}$$

化简上式,有

$$2^{\frac{2}{3}n} < (2n)^{\sqrt{2n}+1} \tag{3.3.400}$$

下面证明,当正整数 $n \geqslant 4\,000$ 时,上式是不成立的.对于任意正整数 n,显然有

$$n \leqslant 2^{n-1} \tag{3.3.401}$$

于是,可以看到

$$2n = (\sqrt[6]{2n})^6 < ([\sqrt[6]{2n}]+1)^6 \leqslant (2^{[\sqrt[6]{2n}]})^6 \quad (\text{在不等式}(3.3.401)\text{中},\text{令 } n \text{ 是}[\sqrt[6]{2n}]+1) \tag{3.3.402}$$

利用不等式(3.3.400)和(3.3.402),我们可以看到

$$2^{2n} < (2n)^{3(\sqrt{2n}+1)} < (2^{[\sqrt[6]{2n}]})^{18(\sqrt{2n}+1)} \tag{3.3.403}$$

由于 $n \geqslant 4\,000$,则

$$18(\sqrt{2n}+1) < 20\sqrt{2n} \tag{3.3.404}$$

利用上二式,有

$$2n < 20\sqrt{2n}\sqrt[6]{2n} = 20(2n)^{\frac{2}{3}} \tag{3.3.405}$$

从上式,应当有

$$(2n)^{\frac{1}{3}} < 20 \tag{3.3.406}$$

由于 $n \geqslant 4\,000$,$(2n)^{\frac{1}{3}} > 20$,上式是不成立的.于是,我们有如下结论:当正整数 $n \geqslant 4\,000$ 时,区间 $(n,2n]$ 内必有一个质数.

(4) 现在证明当正整数 $n < 4\,000$ 时,在区间 $(n,2n]$ 内必(至少)有一个质数,列出下述数表:

$$2,3,5,7,13,23,43,83,163,317,631,1\,259,2\,503,4\,001 \tag{3.3.407}$$

其中每一个都是质数.这列质数中任意两个相邻质数有下述性质:后面一个质数大于前面一个质数,但小于前面一个质数的 2 倍.由于区间 $(1,2]$ 内有一个质数 2.下面考虑区间 $(n,2n]$,这里 $2 \leqslant n < 4\,000$.对于这样一个正整数 n,首先在质数表(3.3.407)中取大于 n 的最小质数 p,由于 $n \geqslant 2$,则 $p \geqslant 3$,记 p^* 是质数表(3.3.407)中奇质数 p 的前一项质数,于是,有

$$p^* \leqslant n < p < 2p^* \leqslant 2n \tag{3.3.408}$$

那么,在区间 $(n,2n]$ 中至少有一个奇质数 p.

到现在为止,我们已证明了,对于任意正整数 n,$(n,2n]$ 内至少有一个质数.

(5) 对于任意一个大于等于 1 的正实数,由前面证明,区间 $([x],2[x]]$ 内至少有一个质数 p,$[x] < p \leqslant 2[x]$,这里 $[x]$ 是不超过 x 的最大整数.由于 p 是正整数,则 $p \geqslant [x]+1 > x$,又 $2[x] \leqslant 2x$,这表明区间 $(x,2x]$ 内至少有一个质数 p.

上述 Bertrand-Chebyshev 定理是有用的,下面举一个例.

例 问是否存在正整数 $n>1$，使得 n^2 个正整数 $1,2,3,\cdots,n^2$ 能适当地放入一张 $n\times n$ 的方格中，每个方格内放入一个正整数，使得每一行被放入的 n 个正整数的乘积都是相同的？

解：如果存在一个放入法，满足题目条件．

将每一行被放入的 n 个正整数的乘积记为 a，a 是一个正整数，这方格表中所有正整数相乘，依照题目条件，有

$$(n^2)! = a^n \tag{3.3.409}$$

利用 Bertrand-Chebyshev 定理，在 $(n,2n]$ 内必有一个质数 p，利用公式 (3.3.409)，p 必整除 a，p^n 整除 a^n，由于 $p>n$，则 $np>n^2$．因此 $(n^2)!$ 中含 p 倍数的因子全部至多是 $p,2p,3p,\cdots,(n-1)p$，即 $(n^2)!$ 中 p 的幂次至多为 $n-1$．因此，p^n 不整除 $(n^2)!$，得矛盾．因此，不存在满足题目条件的 n．

第 3 章习题

1. 求所有 3 元整数组 (x,y,z)，满足下述不等式 $x^2+y^2+z^2+3 < xy+3y+2z$．
   提示：移项再配方．

2. 求方程 $(x^2-y^2)^2 = 1+16y$ 的所有整数组解．
   提示：不失一般性，设 $x \geq 0$，如果 $x \geq y$，令 $x = y+a$，这里 a 是非负整数．如果 $0 \leq x \leq y-1$，利用 $x^2-y^2 \leq 1-2y < 0$．

3. 求所有 3 元非负整数组 (x,y,z)，满足 $5^x+7^y=z^3$．
   提示：先求证，对于非负整数 z，在 $\mod 8$ 意义下，z^3 不可能等于 $2,4,6$．x 只能是偶数，y 只能是奇数．

4. 求所有正整数对 m,n，及质数 p，满足 $p^n+144=m^2$．
   提示：移项后因式分解，知道 $m-12$ 和 $m+12$ 都是 p 的幂次．答案 $(m,n,p)=(13,2,5),(20,8,2),(15,4,3)$．

5. 求所有正整数对 (x,y)，满足方程 $x+y+xy=2\,006$．
   提示：利用 $(1+x)(1+y)=2\,007$．

6. 求证：方程 $x^4+x=3y^2$ 无正整数组解．
   提示：利用 $3y^2=x(x+1)(x^2-x+1)$．

7. 求质数对 p,q，满足方程 $p^2-p+1=q^3$．
   提示：利用 $p(p-1)=(q-1)(q^2+q+1)$．

8. 求所有正整数组 (x,y,z)，满足方程 $(x+y)(1+xy)=2^z$．
   提示：利用 $x+y=2^a$，$1+xy=2^b$，这里正整数 a,b 满足 $a+b=z$，$b \geq a$．(x,y,z) 有解 $(1,2^j-1,2j)$，这里 j 是正整数；以及 $(2^k-1,2^k+1,3k+1)$，这里正整数 $k \geq 2$．

9. 求所有正整数 n，使得方程 $x^3+y^3+z^3=nx^2y^2z^2$ 有正整数组解 (x,y,z)．
   提示：不妨设 $x \geq y \geq z$，先求证：$x+1 \leq ny^2z^2 \leq 3x$，有解 $n=1$ 或 $n=3$．

10. (1) 求所有正整数对 (x,y)，满足下述方程 $3^y-1=x^3$；
    (2) 当正整数 n 大于 3 时，求证：方程 $3^y-1=x^n$ 无正整数对解 (x,y)．
    提示：(1) 先求证：$x^2-x+1=3^s$，这里 s 是一个正整数，再求证 x^2-x+1 不是 9 的倍数．
    (2) 用反证法，先求证 n 不能是偶数．

11. 求所有正整数对 (x,y)，满足方程 $(x+y)^x=x^y$．

提示：记 $d=(x,y), x=dx_1, y=dy_1$，这里 x_1,y_1 是两个互质的正整数. 先求证 $x_1=1$，有解 $(x,y)=(3,6),(2,6)$.

12. 设 p,q 都是质数，α,β 都是大于 1 的正整数，求满足下述方程 $p^\alpha-q^\beta=1$ 的所有解 (p,q,α,β).

提示：p,q 必一奇一偶，分 $p=2,q=2$ 展开讨论. 有解 $(p,q,\alpha,\beta)=(3,2,2,3)$.

13. 设 p 是一个已知质数，求所有整数对 (x,y)，满足方程 $1+(p-1)x+(p+1)y=xy$.

提示：$x=1,y=-1$ 是一组解. 对其他情况，记 $d=(x-1,y+1), x-1=du, y+1=dv$, u,v 是两个互质的整数.

14. 确定所有正整数对 (a,b)，使得 $2a+1$ 和 $2b-1$ 是互质的，且 $4ab+1$ 是 $a+b$ 的整数倍.

提示：$4ab+1=k(a+b)$，这里 k 是正整数，再利用 $(2a+1)(2b+1)=(k+2)(a+b)$，以及 $2a+1$ 与 $a+b$ 是互质的.

15. 设 p,q 是两个不同质数，求下述方程组所有正整数组解 (x,y,z)，$\dfrac{z+p}{x}+\dfrac{z-p}{y}=q$, $\dfrac{z+p}{y}-\dfrac{z-p}{x}=q$.

提示：先求证：$yz=px$，及 $xz+py=qxy$.

16. 求方程 $[x]+\left[\dfrac{x}{2!}\right]+\left[\dfrac{x}{3!}\right]+\cdots+\left[\dfrac{x}{10!}\right]=2015$ 的正整数解 x，这里 $\left[\dfrac{x}{a!}\right](1\leqslant a\leqslant 10)$ 表示不超过 $\dfrac{x}{a!}$ 的最大整数.

提示：利用 3.1 节例 1 的方法.

17. 设 n 是正整数，求证：$x+y+2xy=n$ 有正整数组解的充要条件是 $2n+1$ 是合数.

提示：如果 $2n+1=n_1n_2$. 令 $x=\dfrac{1}{2}(n_1-1), y=\dfrac{1}{2}(n_2-1)$.

18. 设正整数 a,b,c 都是奇数. 求证：方程 $ax^2+bx+c=0$ 无有理数根.

提示：用反证法，设方程有有理数根 $\dfrac{p}{q}$，这里整数 p 与正整数 q 互质. 求证 p,q 都是奇数，从而导出矛盾.

19. 求方程 $x!+y!+z!=w!$ 的所有正整数组解 (x,y,z,w).

提示：如果 $x>y>z$，求证：$x!+y!+z!<(x+1)!$，这时无解. 再考虑 x,y,z 中有两数相等情况.

20. 求所有正整数 n，满足两个条件：

(1) n 不是完全平方数；

(2) $[\sqrt{n}]^3$ 是 n^2 的因数.

提示：记 $n=k^2+m$，这里 $0<m<2k+1$.

21. 已知 x,y 是正整数，且 x^2+y^2-x 是 $2xy$ 的倍数. 求证：x 是一个完全平方数.

提示：存在正整数 t，使得 $x^2+y^2-x=2txy$，然后求证当 p 是 x 的质因数时，p^2 一定是 x 的因数.

22. 怎样的有理数 $\dfrac{m}{n}$（m,n 是两个互质的正整数）能够表示为 $\dfrac{1}{x}+\dfrac{1}{y}$，这里 x,y 都是正整数？

提示：先求证 $\dfrac{m}{n}=\dfrac{1}{x}+\dfrac{1}{y}$ 的充要条件是存在 n 的因数 d_1,d_2，使得 m 整除 d_1+d_2.

23. 设 n 是一个正整数,求证:$x^2 + xy + y^2 = n$ 的整数组解的数目是 6 的倍数.

提示:如果 (x,y) 是整数组解,考虑 $(x+y,-x),(y,-x-y),(-x,-y),(-x-y,x)$, $(-y,x+y)$.

24. 当正整数 n 最小取何值时,方程 $\left[\dfrac{10^n}{x}\right] = 2015$ 有正整数解 x?这里 $\left[\dfrac{10^n}{x}\right]$ 表示不超过 $\dfrac{10^n}{x}$ 的最大整数.

提示:$2015 \leqslant \dfrac{10^n}{x} < 2016$.

25. 设正整数 n 是奇数,求证:$n^{n+2} + (n+2)^n$ 是 $2(n+1)$ 的整数倍.

提示:利用 $(n+2)^n + n^{n+2} = [(n+1)+1]^n + [(n+1)-1]^{n+2}$.

26. 设 a,b,c 是和为零的 3 个整数,求证:$2(a^4 + b^4 + c^4)$ 是一个偶数的平方.

提示:设 a,b,c 是方程 $x^3 + qx + r = 0$ 的 3 个根,求证:$2(a^4 + b^4 + c^4) = (2q)^2$.

27. 求证:一个正整数 k 不能表示成 $\left[n + \sqrt{n} + \dfrac{1}{2}\right]$ 的充要条件是 k 是一个完全平方数,这里 n 是与 k 有关的某个正整数.

提示:令 $f(n) = \left[n + \sqrt{n} + \dfrac{1}{2}\right](n \in \mathbf{N}^+)$. 求证:当 $n = m^2 - m$ 时 $(m = 2,3,4,\cdots)$, $f(n+1) - f(n) = 2$. 在其他情况下, $f(n+1) - f(n) = 1$.

28. 设 n 是一个正整数,求证:$(n+1)(n+2)(n+3)\cdots(2n-1)2n$ 是 2^n 的整数倍.

提示:$\dfrac{(2n)!}{n!}$ 的质因子分解式中 2 的幂次是 $\left(\left[\dfrac{2n}{2}\right] + \left[\dfrac{2n}{2^2}\right] + \left[\dfrac{2n}{2^3}\right] + \cdots + \left[\dfrac{2n}{2^{k+1}}\right]\right) - \left(\left[\dfrac{n}{2}\right] + \left[\dfrac{n}{2^2}\right] + \left[\dfrac{n}{2^3}\right] + \cdots + \left[\dfrac{n}{2^k}\right]\right)$,这里非负整数 k 满足 $2^k \leqslant n < 2^{k+1}$.

29. 求证:存在形如 $11\cdots1100\cdots00$ 的 k 位数(前面全是 1,后面全是 0,正整数 $k \leqslant 2015$),它能被 2014 整除. 再求证存在全由 1 组成的 k 位数($k \leqslant 2019$),它是 1009 的整数倍.

提示:对 2015 个正整数 $1,11,111,\cdots,11\cdots11$(由 2015 个 1 组成)利用抽屉原理.

30. 求所有正整数 n,使得 $z_n = 10101\cdots0101$($2n+1$ 位数,且 1,0 交替出现)是质数.

提示:先求证 $z_n = \dfrac{1}{99}(10^{n+1} + 1)(10^{n+1} - 1)$.

31. n 是正整数,$f(n) = 1 + 2^2 + 3^3 + \cdots + n^n$,求证:有无限多项 $f(n)$ 是奇合数.

提示:考虑 $f(36m + 17)(m \in \mathbf{N}^+)$.

32. 设 $f(x) = x^2 - x + 1$. 求证:对于任意正整数 $n,n,f(n),f(f(n)),\cdots$ 必两两互质.

提示:$f(1) = f(0) = 1$,记 $f^{(m)}(x) = f(f^{(m-1)}(x))$,求证:$f^{(m)}(n) = kn + 1$,这里正整数 $m \geqslant 2$.

33. 正整数 n 是奇数,求证:$1 + 2^n + 3^n + \cdots + n^n$ 一定是 $1 + 2 + 3 + \cdots + n$ 的整数倍.

提示:改写成 $(1 + n^n) + (2^n + (n-1)^n) + (3^n + (n-2)^n) + \cdots + \left(\left(\dfrac{1}{2}(n-1)\right)^n + \left(\dfrac{1}{2}(n+3)\right)^n\right) + \left(\dfrac{1}{2}(n+1)\right)^n$,或者 $(1 + (n-1)^n) + (2^n + (n-2)^n) + \cdots + \left(\left(\dfrac{1}{2}(n-1)\right)^n + \left(\dfrac{1}{2}(n+1)\right)^n\right) + n^n$.

34. 如果 p 和 q 是两个质数,并且 $q = p + 2$,求证:$p^q + q^p$ 能被 $p + q$ 整除.

提示:$p^q + q^p = (p^p + q^p) + (p^{p+2} - p^p)$.

35. 奇质数 $p > 3$,a,b 是正整数,求证:$ab^p - ba^p$ 一定是 $6p$ 的倍数.

提示:先证明 $b^p - b$ 是 6 的倍数,再利用 Fermat 小定理,然后将 b 换成 a.

36. 给定正整数 $n \geqslant 3$,$a_1,a_2,\cdots,a_n$ 和 $b_1,b_2,\cdots,b_n$ 都是 $1,2,\cdots,n$ 的排列.求证:当 n 是偶数时,$a_1 + b_1, a_2 + b_2, \cdots, a_n + b_n$ 在 $\bmod n$ 意义下必有两项同余;当 n 是奇数时,可以选择排列 $a_1, a_2, \cdots, a_n; b_1, b_2, \cdots, b_n$,使得 $a_1 + b_1, a_2 + b_2, \cdots, a_n + b_n$ 在 $\bmod n$ 意义下两两不同余.

提示:利用 $\sum_{j=1}^{n} a_j = \sum_{j=1}^{n} b_j = \frac{1}{2}n(n+1)$,当 n 为偶数时,$\frac{1}{2}n(n+1) \equiv \frac{1}{2}n \pmod{n}$.

37. 在两个相邻的正整数的 k 次幂(正整数 $k \geqslant 2$)组成的闭区间 $[n^k, (n+1)^k]$ 内是否存在成等比数列的 $k+1$ 个两两不同的正整数.证明你的结论.

提示:如果有正整数 $a_j(1 \leqslant j \leqslant k+1)$,满足 $n^k \leqslant a_1 < a_2 < \cdots < a_{k+1} \leqslant (n+1)^k$,以及 $\frac{a_2}{a_1} = \frac{a_3}{a_2} = \cdots = \frac{a_{k+1}}{a_k} = \frac{u}{v}$,这里 u,v 是互质的两个正整数,$u > v$,$a_{k+1} = a_1 \left(\frac{u}{v}\right)^k$,再估计 $\frac{a_{k+1}}{a_1}$.

38. k 是一个正整数,求证:一定有一个正整数 n,使得 $n2^k$ 的各位数字均不为零.

提示:对 k 用数学归纳法,求证:存在仅含数字 1 和 2 的一个 k 位数 m_k,使得 m_k 是 2^k 的倍数.

39. 求所有质数 p,使得 $\frac{1}{p}(2^{p-1} - 1)$ 是一个完全平方数.

提示:$2^{p-1} - 1 = pn^2$,p 是一个奇质数,正整数 n 是奇数,对左端进行因式分解.

40. p,q 是两个不同质数,求证:$(pq+1)^4 - 1$ 至少有 4 个不同质因数.

提示:因式分解.

41. 求证:存在无限多对不同的正整数对 (n,k),使得 $n!-1$ 与 $k!-1$ 的最大公约数大于 1.

提示:利用 Wilson 定理,先求证对任意一个奇质数 p,$(p-2)! \equiv 1 \pmod{p}$.设 k 是大于 3 的一个偶数,考虑 $k!-1$ 的任意一个奇质因子 p.

42. 设 n 是正整数,求 $n!+1$ 和 $(n+1)!$ 的最大公因数.

提示:先求证 $n+1$ 是这最大公因数的倍数,再利用 Wilson 定理.

43. 设 a,b,c,d 都是整数,设 3 个二次式 $ax^2 + bx + c$,$ax^2 + bx + (c+d)$,$ax^2 + bx + (c-d)$ 的根都是整数.已知 $S = ad > 0$.求证:S 一定是某个整数边长的直角三角形的面积.

提示:利用 $b^2 - 4a(c-d) = u^2$,$b^2 - 4ac = v^2$,$b^2 - 4a(c+d) = w^2$,这里 u,v,w 都是非负整数,先求证:u,w 是同奇偶的,且满足 $\left(\frac{1}{2}(u-w)\right)^2 + \left(\frac{1}{2}(u+w)\right)^2 = v^2$.

44. 求证:开区间 $(1,2)$ 内的任意一个有理数能写成 $\frac{a^3 + b^3}{c^3 + d^3}$ 的形式,这里 a,b,c,d 都是正整数.

提示:取开区间 $(1,2)$ 内一个有理数 $\frac{m}{n}$,这里 m,n 都是正整数,取 $a = m+n$,$b = 2m-n$,$c = a$.

45. 设 $p_j(1 \leqslant j \leqslant 6)$ 都是质数,且满足 $p_{k+1} = 2p_k + 1$,这里 $1 \leqslant k \leqslant 5$.求证:$\sum_{1 \leqslant i < j \leqslant 6} p_i p_j$ 是 15 的整数倍.

提示:先求证 $p_1 \equiv -1 \pmod{3}$,导出题目中和式是 3 的倍数.再求证:$p_1 \equiv -1 \pmod{5}$,导出题目中和式是 5 的倍数.

46. 设正整数 a,b 是一个直角三角形的两条直角边长,整数 h 是斜边上的高长,已知 $\frac{1}{a} + \frac{1}{b}$

$+\frac{1}{h}=1$,求 a,b.

提示:设 c 是斜边长,先求证 $ab=a+b+c$.

47. 设 m,n 是两个正整数,已知方程 $(x+m)(x+n)=x+m+n$ 至少有一个整数解 x,求证:$\frac{1}{2}<\frac{m}{n}<2$.

提示:先求证:判别式大于零.方程有两个不同的整数根.再求证 $2m-n>0$.

48. 集合 $\mathbf{N}^+$ 上的一个函数 f 满足 $\sum_{k=1}^{n}f(k)=n^2f(n)$,这里 n 是任意正整数.已知 $f(1)=1008$,求 $f(2015)$.

提示:先求证 $f(n)=\left(\frac{n-1}{n+1}\right)f(n-1)$,这里正整数 $n\geqslant 2$.

49. 已知正整数 $n\geqslant 2$,p 是一个质数,使得 $p-1$ 是 n 的一个倍数,n^3-1 是 p 的一个倍数.求证:$4p-3$ 是完全平方数.

提示:求证 $p=n^2+n+1$.

50. 设 $p(n)$ 是正整数 n 的所有(十进制)数字之积,能否找到一个无上界的正整数数列 $\{n_k\mid k\in\mathbf{N}^+\}$,由 $n_{k+1}=n_k+p(n_k)$ 定义.

提示:利用 $n_k\leqslant n_{k+1}\leqslant n_k+9^{C(n_k)}$,这里 $C(n_k)$ 是 n_k 在十进制下的数字个数.用反证法,先选择一个正整数 m,满足 $10^m>n_1$ 和 $9^m<10^{m-1}$.

51. 设正整数 n,k 都大于等于 2,且 $n+k^n$ 与 k 互质,求证:$n+k^n$ 和 $nk^{k^{n-1}}+1$ 中至少有一个不是质数.

提示:记 $p=n+k^n$,$q=nk^{k^{n-1}}+1$,设 p 是一个质数,利用 Fermat 小定理,求证 q 是 p 的倍数.

52. 设 n 是一个正整数,已知 $2^{2^n}+1$ 是一个质数,求证:这个质数不可能是两个正整数的 5 次方的差.

提示:用反证法,设 $2^{2^n}+1=x^5-y^5$,这里 x,y 是两个正整数,先求证 $x=y+1$.

53. 对每个固定的正整数 $k\geqslant 2$,求证:存在无理数 r,对每个正整数 m,满足 $[r^m]\equiv -1(\bmod k)$.

提示:令 $r=k+\sqrt{k(k-1)}$.

54. 设 a,b,c,d,m,n 都是正整数,满足 $a+b+c+d=m^2$,$a^2+b^2+c^2+d^2=2021$.并且已知 a,b,c,d 中最大者是 n^2,求 m,n.

提示:先求证 m 是奇数,且 $m<90$.有解 $m=9,n=6$.

55. p 是一个质数,问能否找到 p^2 个正整数 $a_1,a_2,\cdots,a_{p^2}$,使得整系数多项式 $(x+a_1)(x+a_2)\cdots(x+a_{p^2})\equiv x^{p^2}+1(\bmod p^2)$,这里 x 是任意整数.

提示:利用 3.2 节例 10 方法.

56. (1) 求证:$2^k(k\in\mathbf{N}^+)$ 不可能是连续 m 个 $(m\geqslant 2)$ 正整数之和;

(2) 求证:任何一个不是 2 的幂次的正整数都能表示成至少两个连续正整数之和.

提示:(1) 设 $2^k=n+(n+1)+\cdots+(n+m-1)=\frac{1}{2}m(2n+m-1)$.(2) 如果 $A=n+(n+1)+\cdots+(n+k-1)=\frac{1}{2}k(2n+k-1)$.记 $A=2^l(2j-1)$,l 是非负整数,正整数 $j\geqslant 2$,分 $j\geqslant 2^l$ 和 $2^l>j$ 展开讨论.

57. 设 n 是大于 6 的正整数,$a_1,a_2,\cdots,a_k$ 是所有小于 n 且与 n 互质的正整数,如果 $a_2-a_1=a_3-a_2=\cdots=a_k-a_{k-1}>0$.求证:$n$ 是质数或是 $2^k(k\in\mathbf{N})$.

提示：$a_1,a_2,\cdots,a_k$ 是公差为 d 的等差数列，$a_1=1,a_k=n-1$，分别讨论 $d=1,d=2$ 及 $d\geqslant 3$ 情况．

58．求证：正整数 n 的所有正整数因子的和是 2 的幂次当且仅当 n 是不同的形如 2^k-1（$k\in\mathbf{N}^+$）的质因子的乘积．

提示：用 $\sigma(n)$ 表示 n 的所有正整数因子的和，如果正整数 r,s 互质，则 $\sigma(rs)=\sigma(r)\sigma(s)$，$n$ 的质因子分解式 $n=\prod_{j=1}^{m}p_j^{\alpha_j},\sigma(n)=\prod_{j=1}^{m}\sigma(p_j^{\alpha_j})=\prod_{j=1}^{m}(1+p_j+p_j^2+\cdots+p_j^{\alpha_j})$．这里 α_j 是正整数，$p_1,p_2,\cdots,p_m$ 是两两不同的质数．

59．求证：不存在一个次数大于等于 1 的整系数多项式 $f(x)$，对于任意非负整数 $n,f(n)$ 是质数．

提示：用反证法．$f(0)=p$ 是质数．对于任意正整数 k，$f(kp)$ 必为 p 的倍数，由题意 $f(kp)=p$，考虑方程 $f(x)=p$．

60．设 n 是一个正整数，求 $2n+1$ 个正整数 $a_1<a_2<\cdots<a_{2n+1}$，构成一个等差级数，而且 $a_1a_2\cdots a_{2n+1}$ 是一个完全平方数．

提示：任取一个严格单调递增的等差数列 $b_1<b_2<\cdots<b_{2n+1}$，对于任一正整数 k，考虑 $kb_1,kb_2,\cdots,kb_{2n+1}$．取适当 k 满足题目要求．

第 4 章 组 合 数 学

本章按照题目类型,分成六节.本章很多内容不难,可以作为高中数学第二课堂的材料.

4.1 点与线段的染色问题

本节介绍约十个点与线段的染色题目.

例 1 一个圆周上有 2 015 个点染 10 种颜色,每点染一色.已知任意相继 100 个点都出现了 10 色.求证:一定有 89 个相继点出现所有 10 色.

证明:本题的思路是利用反证法,逐步深入分析.用反证法,设任一含 89 点的一段(圆弧、下同)均不出现 10 色,即最多出现 9 色.为叙述方便,在圆周上的点依顺时针排列讲前后关系.则有如下结论.

(1) 任一含 11 点一段中必有其后的 89 个点段未出现的颜色点.因为这二段的并集是含 100 点的一段,特别任一个 12 点段至少含 2 色,因为前 11 个点段并上其后一点,前 11 点段中必有一点与 12 点中最后一点颜色不同.

(2) 任取一个 12 点段,记为 B,再考虑 7 个相继 11 点段 $A_1, A_2, \cdots, A_7$,由于每个 $A_i (1 \leqslant i \leqslant 7)$ 点段含有其后 89 个点段未出现的颜色(用题目条件及反证法假设),而 $(\bigcup_{i=1}^{7} A_i)$(相继排列) $\cup B$(B 在最后)是含 89 点的一段,由反证法假设,至多含 9 色,兼顾(1),B 中全部点只含 2 色.

(3) 如果有一个 11 点段 A_1 中全部点为同一 α 色,由(1),知其后相邻的 11 点段 A_2 必不含 α 色点.由 A_1 的最后一点与 A_2 组成一个 12 点段.由(2),只含 2 色,则 11 点段 A_2 只含另一种颜色 β 点.类似地,所有点依次划分为一段一段 11 点段,每段 11 点都含同一种颜色,相邻段不同色.当总点数不是 11 的倍数时,例如本题,这种情况不会发生.因此,每个 11 点段必含 2 色点.

现在任取一个 89 点段 C,它的前方 11 点段中有一点的颜色不出现在 C 中(见(1)).设最靠近 C 的这点是 $P(\alpha$ 色$)$,点 P 及后继 11 点组成一个 12 点段,其中必有 C 中点.由(2),这 12 点段只含 2 色,因而这相继 11 点只含另一色 β 点.由(3),这是不可能的.

注:对本题有兴趣的读者可以思考更一般的问题:一个圆周上有 m 个点染 n 种颜色,每点染一色.已知 $m > n^2$,已知任意 n^2 个相继点都出现了 n 色.问至少要多少点,才能出现含这点数目的相继点的一段出现所有 n 色?

例 2 设 n 是大于 1 的正整数,平面上有 $2n$ 个点,其中任意三点不共线,将其中的 n 个点染成蓝色,其余 n 个点染成红色.如果一条直线过其中一个蓝点或一个红点,且该直线的每一侧的蓝点数目与红点数目都相同,那么称该直线为平衡的.求证:至少存在两条平衡直线.

证明:取这 $2n$ 个点的凸包 M(一个最小的凸多边形,全部 $2n$ 个点在其内部或边上,M 上所有顶点都是这 $2n$ 个点组成的集合内元素).下面证明,M 上的每个顶点都在一条平衡直线上.本题的思路是利用凸包的顶点作基础,作直线旋转.

如果上述结论成立, M 上至少有三个不同的顶点, 而每一条平衡直线至多过 M 的两个顶点, 所以平衡直线至少有两条.

对 M 的任意一个顶点 A, 不妨设点 A 是红点, 过点 A 作一条直线 L, 使 M 在 L 的一侧. 然后, 将直线 L 绕点 A 逆时针旋转, 每次过一个蓝点, 得 n 条直线 $AB_1, AB_2, \cdots, AB_n$. 利用题目条件, 这 n 条直线上不会再有 $2n$ 个点中的其他点. 直线 AB_i 的左侧的蓝点数目是 $b_i = i - 1 (1 \leqslant i \leqslant n)$. 设这同一侧的红点数目为 r_i, 则由于点 A 是红点,

$$0 \leqslant r_1 \leqslant r_2 \leqslant \cdots \leqslant r_n \leqslant n - 1 \tag{4.1.1}$$

下面证明, 存在 $i \in \{1, 2, \cdots, n\}$, 使得

$$r_i = b_i = i - 1 \tag{4.1.2}$$

即直线 AB_i 的左侧的蓝点数目等于红点数目. AB_i 是一条平衡直线, 从而上述结论成立.

记

$$d_i = r_i - b_i, \quad i = 1, 2, \cdots, n \tag{4.1.3}$$

则

$$\left. \begin{array}{l} d_1 = r_1 - b_1 \geqslant 0 (\text{利用 } b_1 = 0) \\ d_n = r_n - b_n = r_n - (n-1) \leqslant 0 (\text{利用不等式}(4.1.1)) \end{array} \right\} \tag{4.1.4}$$

另外, 还有

$$\begin{aligned} d_i - d_{i+1} &= (r_i - r_{i+1}) + 1 (\text{利用公式}(4.1.3) \text{ 以及 } b_{i+1} - b_i = 1) \\ &\leqslant 1 (\text{利用不等式}(4.1.1)) \end{aligned} \tag{4.1.5}$$

利用上面叙述, 整数列 $d_1, d_2, \cdots, d_n$ 是从一个不小于零的整数开始, 到一个不大于零的整数结束, 而且, 从 d_1 到 d_2, d_2 到 $d_3, \cdots, d_{n-1}$ 到 d_n, 每次至多减少 1, 所以, 必存在一个

$$d_i = 0 \tag{4.1.6}$$

再利用公式(4.1.3), 知道公式(4.1.2)成立.

例 3 将一个圆周 432 等分, 并将 432 个分点分别染上红、绿、蓝、黄中的一种颜色, 使每种颜色的点各 108 个. 求证: 对满足条件的任一染色方法, 均可在每个颜色中选出三个点, 使得同色的三点组成的三角形全等.

证明: 以圆心为旋转中心, 称逆时针旋转角 $\dfrac{2\pi}{432}$ 为转动一格.

设所有绿点(108 个)转动 k 格后 ($k = 1, 2, \cdots, 431$), 其中有 a_k 个点与红点重合, 这里 a_k 是非负整数, 则

$$\sum_{k=1}^{431} a_k = 108^2 \tag{4.1.7}$$

这是因为每个绿点在全部转动过程中, 与 108 个红点各重合一次.

由于

$$108^2 = 432 \times 27, \quad \text{则} \quad \frac{108^2}{431} > 27 \tag{4.1.8}$$

再利用公式(4.1.7), 必存在某个

$$a_k \geqslant 28 \tag{4.1.9}$$

考虑这其中 28 个红点, 设这些红点转动 k 格 ($k = 1, 2, \cdots, 431$) 后与 b_k 个蓝点重合, 类似公式(4.1.7)每个红点在全部转动过程中, 与 108 个蓝点各重合一次, 有

$$\sum_{k=1}^{431} b_k = 28 \times 108 \tag{4.1.10}$$

由于 $\dfrac{28 \times 108}{431} > 7$, 再由上式知道, 必存在某个

$$b_t \geq 8 \tag{4.1.11}$$

考虑这其中 8 个蓝点,设这些蓝点转动 k 格后($k=1,2,\cdots,431$),与 c_k 个黄点重合.类似公式(4.1.7)和(4.1.10),有

$$\sum_{k=1}^{431} c_k = 8 \times 108 \tag{4.1.12}$$

由于 $\frac{8 \times 108}{431} > 2$,再利用上式,知道存在某个

$$c_s \geq 3 \tag{4.1.13}$$

考虑这其中的三个黄点,将其顺时针转动 s 格后所得三点均为蓝点,再顺时针转动 t 格后所得的三点均为红点,再顺时针转动 k 格后所得的三点均为绿点.这 12 个点组成 4 个顶点同色的全等三角形.

注:有兴趣的读者可以思考下述推广问题:

设 n,k 是两个大于等于 3 的正整数,在一个圆周上有 nk 个等分点,取 k 种颜色,每种颜色染 n 个点,寻找 n 与 k 的关系式,使得无论按何种顺序对上述等分点染色,总能找到 k 个顶点同色的三角形?

例 4 将平面上一个凸 n 边形(正整数 $n \geq 3$)的每个顶点染上红、蓝、绿三种颜色之一,使得相邻顶点的颜色互不相同,问有多少种满足条件的方法?

解:记 T_n 是将平面上一个凸 n 边形的每个顶点染上红、蓝、绿三种颜色之一,使得相邻顶点的颜色互不相同的方法数.有

$$T_3 = 6, \quad T_4 = 18 \tag{4.1.14}$$

第一个等式是明显的.下面证明第二个等式.当 $n=4$ 时,任取凸四边形 $ABCD$ 的两个相对顶点,例如顶点 A、C 都染红色,顶点 D、B 分别染蓝、绿两色,有两种方法,点 A、C 同染蓝色,B、D 分别染红、绿两色,有两种方法,点 A、C 同染绿色,B、D 分别染红、蓝两色,也是两种方法,以上共有 6 种方法.类似地,将两顶点 B、D 染同色,两顶点 A、C 染异色,也有 6 种方法.另外,顶点 A、C 同染三种颜色之一.例如红色,顶点 B、D 同染另外两种颜色之一,例如同染蓝色,或同染绿色,也共有 6 种方法.从而公式(4.1.14)的第二个等式成立.

下面推导递推关系,对于平面上任意一个凸 $n(n \geq 5)$ 边形 $A_1 A_2 \cdots A_n$,对它的顶点按题目要求染色,有两种情况.

(1) 两顶点 A_1, A_{n-1} 不同色,顶点 A_n 必染第三色.这时,这凸 n 边形的染色法,由凸 $n-1$ 边形 $A_1 A_2 \cdots A_{n-1}$ 染色法唯一确定.这有 T_{n-1} 种染色方法.

(2) 两顶点 A_1, A_{n-1} 同色,点 A_n 有两种染色法,这时凸 n 边形的染色法,可以这样考虑,将顶点 A_1 与顶点 A_{n-1} 重合,得一个凸 $n-2$ 边形 $A_1 A_2 \cdots A_{n-2}$,每对应这个凸 $n-2$ 边形的一个染色法,将对应两个凸 n 边形的染色法,于是,共有 $2T_{n-2}$ 种染色法.

于是,有递推关系式

$$T_n = T_{n-1} + 2T_{n-2} \quad (n \geq 5) \tag{4.1.15}$$

上述公式对应的特征方程是

$$\lambda^2 = \lambda + 2 \tag{4.1.16}$$

方程(4.1.16)的两个根是

$$\lambda_1 = 2, \quad \lambda_2 = -1 \tag{4.1.17}$$

于是,可以写

$$T_n = A \cdot 2^n + B(-1)^n \tag{4.1.18}$$

这里正整数 $n \geq 3$,A,B 是两个待定常数.利用公式(4.1.14)和(4.1.18),有

$$A = 1, \quad B = 2 \tag{4.1.19}$$

利用公式(4.1.18)和(4.1.19),有

$$T_n = 2^n + 2(-1)^n \tag{4.1.20}$$

例5 空间有若干个点,其中任意四点不共面.某些点对间有线段相连,这样构成一个图,如果最少要用 n 种颜色给这些点染色,才能使任意两个同色点之间无线段相连,那么,就称这图是 n 色图.求证:对于任意正整数 n,都存在一个不含三角形的 n 色图.

证明: 对 n 用数学归纳法.当 $n=1$ 时,取一点染色,当 $n=2$ 时,取 3 点 A、B、C,A、B 之间连线段,B、C 之间也连线段,要达到题目要求,A、B、C 至少需染 2 色,例如 A、C 点染红色,B 点染绿色,线段 AB、BC 端点不同色.当 $n=3$ 时,五边形的全部顶点用 3 种颜色染色,可不含三角形,且同色点之间无线段相连,例如顺时针写五边形顶点 A、B、C、D、E,顶点 A、C 染红色,B、E 染蓝色,点 D 必须染第三色,例如绿色.显然,五边形不能用 2 种颜色染顶点,使每条边两端点都异色.

设题目结论对正整数 n 成立,所得图记为 G. G 为 n 色图, G 的顶点数为 m, 作 n 个与 G 相同的复制图 $G_1, G_2, \cdots, G_n$. 从 $G_1, G_2, \cdots, G_n$ 中任取一个顶点组成一个 n 点组,一共有 m^n 个两两不同的 n 点组,每个 n 点组 1—1 对应(一一对应)空间一个点,记为点 $A_1, A_2, \cdots, A_{m^n}$,这里 1—1 对应即单射兼满射.将每一个点 A_i 与其对应的 n 点组 $(B_1, B_2, \cdots, B_n)$ (这里点 B_j 是 G_j 的一个顶点,$j=1,2,\cdots,n$)中的每点 B_j 均连线段 A_iB_j,这样得到一个图 G^*,下面证明 G^* 是可以成为 $n+1$ 色图.

首先,$G_1, G_2, \cdots, G_n$ 中顶点(这里顶点等同图 G 顶点)都按 G 的染色方法用 n 种颜色来染.而点 $A_1, A_2, \cdots, A_{m^n}$ 都用同一种颜色第 $n+1$ 种颜色来染,即构成 $n+1$ 色图.显然,G^* 中无三角形,因为对固定 i,从点 A_i 引出的线段只有 $A_iB_1, A_iB_2, \cdots, A_iB_n$,而 $B_1, B_2, \cdots, B_n$ 点之间无线段相连.下面证明 G^* 不是 n 色图,如果 G^* 可以用 n 色来染全部顶点,在上述 n 点组中,取这样一个 n 点组:G_i 中取顶点 B_i,染有第 i 种颜色. n 点组 $(B_1, B_2, \cdots, B_n)$ 已经染了 n 种颜色.设其对应点为 A_j,点 A_j 必须用第 $n+1$ 种颜色染,才能满足题目要求,否则导出矛盾.于是 G^* 是 $n+1$ 色图.

例6 某省下属的每两个城市都恰好由汽车、火车、飞机三种交通方式中的一种直接连结.已知在全省中三种交通方式全有,但没有一个城市三种方式全有,并且任何三个城市中两两连结的方式不全相同.求这个省所含城市个数的最大值.

解: 将每个城市用平面上一个点表示,无三点共线.如果两个城市之间的交通方式是汽车、火车、飞机,那么,在相应的点之间连线依次用红色、蓝色、白色染色.设这省有 n 个城市,每两个点(城市)之间连一条线段.由题目条件,每条线段被染上红、蓝、白三种颜色之一.根据题目条件,三种颜色的线段都有,但是无同色线段组成的三角形.

下面证明

$$n \leqslant 4 \tag{4.1.21}$$

用反证法,如果 $n \geqslant 5$,即平面上至少有 5 个点 A、B、C、D、E,其中任三点不共线.由题目条件,每个点(城市)引出的线段至多两种颜色.所以,可以将点分为三类,非红、非蓝、非白.当然同一点可能出现在两类中,显然,5 个点分在三类中,至少有一类含有(不少于)两个点.

分两种情况讨论:

① 如果有 3 个点在同一类中,不妨设 A、B、C 都在非红类内.那么,一定存在不在这一类中的点 D,不妨设点 D 在非蓝类中,那么,线段 DA, DB, DC 都是白色,由于无线段同色的三角形,则线段 AB, BC, CA 皆不是白色,又不是红色,只能都是蓝色,矛盾.

(2) 如果每一类中至多只含 2 点,由于 5 点分在三类中,必有一类,恰含 2 点.不妨设点 A, B

在非红类中,线段 AB 是蓝色.由于 5 点分在三类,每一类至多 2 点,因此,三类中都有点,在非蓝类中必有点 C.于是线段 AC,BC 只能是白色.在非白类中,必有点 D,于是线段 AD,BD 只能是蓝色.存在 3 条线段全蓝色的 $\triangle ABD$,也矛盾.综上所述,不等式(4.1.21)成立.

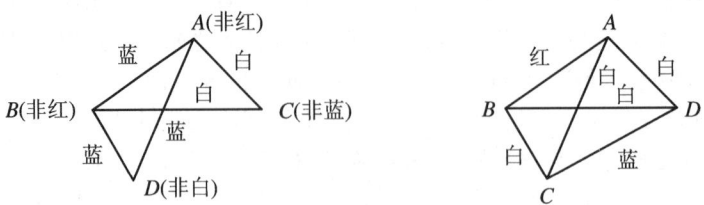

图 4.1

当 $n=4$ 时,取线段 AB 是红色,线段 CD 是蓝色,其余 4 条线段 AC,BC,AD,BD 都是白色,满足题目要求.

例 7 平面上凸 n 边形 P 中的每条边和每条对角线都是被染为 n 种颜色中的一种.问:对怎样的正整数 $n(n\geqslant 3)$,存在一种染色方式,使得对于这 n 种颜色中的任何 3 种不同颜色,都能找到一个三角形,其顶点为多边形 P 的顶点,且它的三条边分别被染成这 3 种颜色?

解:(1) 每 3 个顶点形成一个三角形,这样三角形的个数为 C_n^3,而 n 种颜色中任取 3 种颜色,也恰有 C_n^3 种取法,所以本题相当于要求不同的三角形对应不同的颜色组成,即形成 1—1 对应.

将多边形的边与对角线都称为线段,任取 n 种颜色之一,在其余 $n-1$ 种颜色中任取 2 种,组成 3 种不同颜色,由题目条件,存在一个三角形,以这 3 种颜色为 3 条边染色,所以,每种颜色的线段都应出现在 C_{n-1}^2 个三角形中,这表明各种颜色的线段条数都相等.n 个顶点中任取 2 个顶点,每 2 个顶点连一条线段,一共有 C_n^2 条线段,每条线段都染 n 种颜色之一,且各种颜色的线段条数都相等,则每种颜色的线段条数都是 $\frac{1}{n}C_n^2=\frac{1}{2}(n-1)$.因此,$n$ 必为奇数.这是必要性.下面考虑充分性.

(2) 记 $n=2m+1$,这里 m 是一个正整数.从某个顶点开始,按顺时针方向将平面上凸 $2m+1$ 边形的各个顶点依次记为 $A_1,A_2,\cdots,A_{2m+1}$,又记 $A_{2m+1+k}=A_k$,这里 $k\in\{1,2,\cdots,2m\}$,也记 $A_{-k}=A_{2m+1-k}$.再将 $2m+1$ 种颜色分别标记为颜色 $1,2,\cdots,2m+1$.将边 A_iA_{i+1} 染颜色 i,其中 $i\in\{1,2,\cdots,2m+1\}$.再对每个 $i\in\{1,2,\cdots,2m+1\}$,将线段(对角线)$A_{i-k}A_{i+1+k}$ 也染颜色 i,其中 $k\in\{1,2,\cdots,m-1\}$.于是染颜色 i 的线段恰为 $1+(m-1)=m$ 条.染色线段总数是 $m(2m+1)=C_{2m+1}^2$ 条.全部线段都染了色.注意,在这样的染色方法下,不同线段 $A_{i_1}A_{j_1}$ 与 $A_{i_2}A_{j_2}$ 同色的充要条件是

$$i_1+j_1\equiv i_2+j_2,\quad \mod(2m+1) \tag{4.1.22}$$

因此,对任何 $\mod(2m+1)$ 不相等的 i,j,任何 k 如果在 $\mod(2m+1)$ 意义下不等于零,则线段 A_iA_j 与线段 $A_{i+k}A_{j+k}$ 不同色.换言之,如果不同线段 $A_{i_1}A_{j_1}$ 与 $A_{i_2}A_{j_2}$ 满足 $1\leqslant i_1<j_1\leqslant 2m+1,1\leqslant i_2<j_2\leqslant 2m+1$,及

$$j_1-i_1\equiv j_2-i_2,\quad \mod(2m+1) \tag{4.1.23}$$

则线段 $A_{i_1}A_{j_1}$ 与线段 $A_{i_2}A_{j_2}$ 不同色.

任取两个不同的三角形 $\triangle A_{i_1}A_{j_1}A_{k_1}(1\leqslant i_1<j_1<k_1\leqslant 2m+1)$ 与 $\triangle A_{i_2}A_{j_2}A_{k_2}(1\leqslant i_2<j_2<k_2\leqslant 2m+1)$,如果它们之间至多只有一条对应边同色,当然对应不相同的颜色组合.如果它们之间有两对对应边同色,不妨设线段 $A_{i_1}A_{j_1}$ 与 $A_{i_2}A_{j_2}$ 同色,分情况讨论:

① 如果线段 $A_{j_1}A_{k_1}$ 与 $A_{j_2}A_{k_2}$ 也同色,利用公式(4.1.22)知道

$$\left.\begin{array}{l}i_1 + j_1 \equiv i_2 + j_2, \quad \mod(2m+1) \\ j_1 + k_1 \equiv j_2 + k_2, \quad \mod(2m+1)\end{array}\right\} \tag{4.1.24}$$

上式的两个等式相减,有

$$k_1 - i_1 \equiv k_2 - i_2, \quad \mod(2m+1) \tag{4.1.25}$$

由公式(4.1.23)知道,两条不同线段 $A_{i_1}A_{k_1}$ 与 $A_{i_2}A_{k_2}$ 不同色(这两条线段肯定是不同线段,用反证法,如果是同一条线段,则 $i_2=i_1,k_2=k_1$,再利用公式(4.1.24)有 $j_2=j_1$,这两个三角形是同一个三角形,矛盾).

② 如果线段 $A_{i_1}A_{k_1}$ 与 $A_{i_2}A_{k_2}$ 同色,由公式(4.1.22)知道

$$\left.\begin{array}{l}i_1 + j_1 \equiv i_2 + j_2, \quad \mod(2m+1) \\ i_1 + k_1 \equiv i_2 + k_2, \quad \mod(2m+1)\end{array}\right\} \tag{4.1.26}$$

公式(4.1.26)中二个等式相减,有

$$k_1 - j_1 \equiv k_2 - j_2, \quad \mod(2m+1) \tag{4.1.27}$$

由公式(4.1.23)及类似公式(4.1.25)后面的叙述,知道这两条不同线段 $A_{j_1}A_{k_1}$ 与 $A_{j_2}A_{k_2}$ 不同色,总之,三角形对应不同的颜色组合.

综上所述,正整数 $n(n\geqslant 3)$ 是奇数恰满足题目要求.

例 8 设正整数 $m\geqslant 2$,对于一个 $(2m+1)$(行)$\times n$(列)的方格表用红、蓝两色对全部方格染色,一格一色.如果对任意一种染色方案总可以找到由 $m+1$ 行与 $m+1$ 列相交出的同色的 $(m+1)^2$ 个方格.求正整数 n 的最小值.

解:分两步.

(1) 将每列的 $2m+1$ 个方格,其中 $m+1$ 个方格染同一种颜色,其余的 m 个方格染另一种颜色,这样每列的不同染色方法,一共有 $2C_{2m+1}^{m+1}$ 种,前面系数 2 表示两种颜色的互换.

将 $(2m+1)$(行)$\times 2mC_{2m+1}^{m+1}$(列)方格表从左到右,每 $2C_{2m+1}^{m+1}$ 列用上述 $2C_{2m+1}^{m+1}$ 种不同染色法对每一列用一种染色法染色,其中无两列染色法相同,这样就有了 m 块 $(2m+1)$(行)$\times 2C_{2m+1}^{m+1}$(列)像复制一样拼接组成的染色方格表.由于每列在相同 $m+1$ 个位置同色必须在上述不同的块中寻找,至多只能找到 m 列(连同自身).因此,无法找到 $(m+1)$(行)$\times (m+1)$(列)同色的方格图形.所以 n 至少应为 $2mC_{2m+1}^{m+1}+1$.

(2) 如果 $n=2mC_{2m+1}^{m+1}+1$,因为每列有 $2m+1$ 个方格,染红、蓝的方格数必不相等,将全部列(每列作为一个元素)分成两类:每列中染红方格数大于染蓝方格数,每列中染蓝方格数大于染红方格数.其中至少有一类有 $mC_{2m+1}^{m+1}+1$ 列.为叙述方便,不妨设有 $mC_{2m+1}^{m+1}+1$ 列,每列染红方格数大于染蓝方格数.考虑其中每列染红颜色的 $m+1$ 个方格,对应地,有 C_{2m+1}^{m+1} 种染色方法(因为每列有 $2m+1$ 个方格,任选其中 $m+1$ 个方格染红颜色),这 $mC_{2m+1}^{m+1}+1$ 列中必有 $m+1$ 列,每列在相同的 $m+1$ 个位置上染了红颜色.这 $m+1$ 列就组成了 $(m+1)$(行)$\times (m+1)$(列)相交出同染红色的 $(m+1)^2$ 个方格图形.

综上所述,所求的正整数 n 的最小值是 $2mC_{2m+1}^{m+1}+1$.

注:这是根据 $m=2$ 时的克罗地亚的一个竞赛题改编的.

例 9 36 张扑克牌(每种花色 9 张)分给 6 人,设对任意两人 A,B 都有两种花色 α,β,满足 A 和 B 持有的花色 α 的张数一样,持有的花色 β 的张数也一样.求证:必有一人持有 4 张同一花色的牌.

证明:对任一花色,记为 α,设 6 人按持有花色 α 的张数分组,每组分为 $a_1\geqslant a_2\geqslant \cdots \geqslant a_k\geqslant 1$ ($k\leqslant 6$).持有花色 α 的总人数

$$\sum_{j=1}^k a_j = 6 \tag{4.1.28}$$

持花色 α 的张数相同的二人组个数

$$S = \sum_{j=1}^{k} \frac{1}{2} a_j(a_j - 1) \tag{4.1.29}$$

如果 $a_1 \leqslant 4$,则可估计出 S 的上界.

① 如果 $a_k=1$,由于 $a_1 \leqslant 4$,一共有 6 人,a_1 与 a_k 之间还有其他 a_j,即 $k \geqslant 3$,且 $a_{k-1} \leqslant 2$.因为如果 $a_{k-1} \geqslant 3$,由于 $a_1 \leqslant 4$,最少人数为 $a_{k-1}=3, a_1=3$,一共至少 7 人,矛盾.可以将最后两组人数合并为一组,相应地 S 值增大了.

② 如果 $a_k \geqslant 2$,只有 $a_1=4, a_2=2$;$a_1=3, a_2=3$;$a_1=a_2=a_3=2$ 三种情况,其中 $a_1=4, a_2=2$ 给出最大的

$$S = \frac{1}{2} \times 4(4-1) + \frac{1}{2} \times 2 \times (2-1) = 7 \tag{4.1.30}$$

$a_1=3, a_2=3$ 给出的相应 $S=6$;$a_1=a_2=a_3=2$ 给出的相应 $S=3$.于是,有

$$S \leqslant 7 \tag{4.1.31}$$

情况①可归入情况②估计 S 的上界.总之,当 $a_1 \leqslant 4$ 时,有不等式(4.1.31).

由于 $\frac{1}{2} \times 6 \times (6-1) = 15$,作一张 4(行)×15(列)的方格表,行代表扑克牌花色,列代表(已编号的)二人组.先看列,任取某一列,代表某二人组.再看行,例如第一行,代表花色 α,如果这二人持有花色 α 的张数一样多,就在相应的方格内填上 1,否则就填 0,于是这表内全部方格内填满了 1,0 两数.由题目条件,每一列至少有两个 1,所以这方格表全部填数之和不少于 2×15(列)=30.因此,必有一行的填数和不小于 8,即存在一种花色,例如花色 α,对应的

$$S \geqslant 8 \tag{4.1.32}$$

由前面叙述,对应这个花色 α,应有

$$a_1 \geqslant 5 \tag{4.1.33}$$

这表明至少有 5 个人持有某种花色 α 的牌数相同.设他们每人持 m 张,5 个人持此花色的总牌数为 $5m$ 张.由于每种花色仅 9 张牌,只能是

$$m = 0 \quad \text{或} \quad m = 1 \tag{4.1.34}$$

由于一共仅 6 个人,因此,另一个人持有花色 α 是 9 张(当 $m=0$ 时),或 4 张(当 $m=1$ 时),题目结论成立.

注:a_j 是人数,例如无花色 α 牌的人最多,有 4 人,即 $a_1=4$.

例 10 给定正整数 $n \geqslant 3$,以及 $\left[\frac{1}{3}(n+2)^2\right]$ 种颜色,将一个 $n \times n$ 方格表中的每个方格都染上其中一种颜色,且每种颜色至少用一次.求证:这方格表中一定存在 1×3 或 3×1 的小长方形,其三个方格染上三种不同的颜色.

证明: 如果一个 1×3 或者 3×1 的小长方形中至少有两个是同色的,则称此小长方形被该颜色"占据"了.

先证明两个引理.

引理 1 在一行中,若某种颜色(不妨设为红色)染了 p 个方格,则这种颜色最多占据了这一行中的 $\frac{3}{2}p - 1$ 个小长方形.

引理 1 的证明: 对于每个被红色占据的小长方形,称其中的红色方格被计算了一次,那么,这 p 个染色的方格,除去最左端、最右端的两个,中间的染色方格每个最多被计算了三次(见图,A 表示染红色的固定方格,被红色占据的 3 个小长方形 $\boxed{A~~~}$,$\boxed{~A~}$,$\boxed{~~~A}$)最左端的一个染色方格最多被计算了 2 次(见图 $\boxed{A~~~}$,$\boxed{~A~}$).最右端的一个染色方格也类似

最多被计算了 2 次. 于是, 所有红色方格最多被计算(重复计算)了 $3p-2$ 次, 因为至少 2 个红色方格折算成一个被红色占据的小长方形, 所以被红色占据的小长方形最多有 $\frac{1}{2}(3p-2)$ 个.

引理 2 在整个方格表中, 若某种颜色(不妨设为红色)染了 q 个方格, 则这种颜色最多占据了 $3(q-1)$ 个小长方形.

引理 2 的证明: 如果 $q=1$, 无被红色占据的小长方形, 引理 2 的结论成立.

如果 $q \geq 2$, 设红色方格分布在 k 行和 l 列中, 显然 $k+l \geq 3$ (由于 $q \geq 2$, 红色方格不可能分布在一行、一列中).

先考虑 k 行情况, 设每一行红色方格数是 q_{i_j} 个, 这里 $j \in \{1, 2, \cdots, k\}$, 则

$$\sum_{j=1}^{k} q_{i_j} = q \tag{4.1.35}$$

由引理 1 知道, 被红色占据的 1×3 小长方形不超过 $\sum_{j=1}^{k} \frac{1}{2}(3q_{i_j} - 2)$ 个, 而

$$\sum_{j=1}^{k} \frac{1}{2}(3q_{i_j} - 2) = \frac{3}{2}q - k \tag{4.1.36}$$

类似地, 被红色占据的 3×1 小长方形不超过 $\frac{3}{2}q - l$ 个, 所以被红色占据的小长方形总数不会超过

$$\left(\frac{3}{2}q - k\right) + \left(\frac{3}{2}q - l\right) \leq 3(q-1) \text{(个)} \tag{4.1.37}$$

现在回到本题目. 记 $m = \left[\frac{1}{3}(n+2)^2\right]$, 用 n_i 表示第 i 种颜色染的方格数目. 利用引理 2, 所有被颜色占据的小长方形的总数不超过

$$\sum_{i=1}^{m} 3(n_i - 1) = 3n^2 - 3m \text{(个)} \tag{4.1.38}$$

这里利用题目条件, $n \times n$ 方格表中每个方格都染了颜色, 所以有 $\sum_{i=1}^{m} n_i = n^2$, 记

$$(n+2)^2 = 3m + r, \quad 这里 r \in \{0, 1, 2\} \tag{4.1.39}$$

利用上式, 可以看到

$$3m = (n^2 + 4n) + (4 - r) > n^2 + 4n \tag{4.1.40}$$

则

$$\sum_{i=1}^{m} 3(n_i - 1) < 3n^2 - (n^2 + 4n) = 2n(n-2) \tag{4.1.41}$$

由于每一行或每一列有 $n-2$ 个小长方形, 因而 $n \times n$ 方格表中有 1×3 或 3×1 的小长方形 $2n(n-2)$ 个. 又利用不等式 (4.1.41), 知道其中至少有一个小长方形, 没有被任何颜色占据, 也就是这个小长方形的 3 个方格染上了三种不同的颜色.

例 11 一个通讯网络由若干终端组成, 如果任三个终端中至少有两个终端是直接相连的, 则称此通讯网络是"三连通的", 将满足下列条件的通讯网络称为一个具有"n 个叶片的风车": n 对终端 $\{x_1, y_1\}, \{x_2, y_2\}, \cdots, \{x_n, y_n\}$ 中 x_i 与 y_i 直接相连 ($i = 1, 2, \cdots, n$), 并存在一个中心终端与 $2n$ 个终端 $x_1, y_1, x_2, y_2, \cdots, x_n, y_n$ 均直接相连. 记任意一个三连通的通讯网络包含着一个具有 n 个叶片的风车时所具有的最少终端数为 $f(n)$. 求 $f(n)$ 的值.

解: 设在图 G 中每个顶点代表一个终端, 如果两个终端直接相连, 就在相应的两顶点之间连一条红线, 否则, 连一条蓝线. 这里任三个顶点不共线.

由题意, 知道图 G 中不存在蓝色三角形, 设图 G 有 m 个顶点, 分情况讨论.

(1) 当 $n=1$ 时,一个具有一个叶片的风车即为一个红色连线三角形(下面简称红色三角形).

① 当 $m \geqslant 6$ 时,由于图 G 内所有顶点之间都连红线或蓝色,必有一个同色三角形.由于无蓝色三角形,则必有一个红色三角形,于是,有

$$f(1) \leqslant 6 \tag{4.1.42}$$

② 当 $m=5$ 时,将正五边形的五条边染红色,五条对角线染蓝色,则此图是三连通的,但不存在红色三角形,从而有

$$f(1) \geqslant 6, \quad 则 \quad f(1)=6 \tag{4.1.43}$$

(2) 当 $n \geqslant 2$ 时,也分情况讨论:

① 如果 $m=4n$,考虑由 $4n$ 个顶点 $x_1, x_2, \cdots, x_{4n}$ 组成的图.其中,$x_1, x_2, \cdots, x_{2n}$ 两两之间连线都是红色;$x_{2n+1}, x_{2n+2}, \cdots, x_{4n}$ 两两之间也都是红色连线.其余顶点之间连线都是蓝色,则此图为三连通的,且不存在 n 个叶片的风车.从而有

$$f(n) \geqslant 4n+1 \tag{4.1.44}$$

② 如果 $m=4n+1$,下面证明:图 G 中必定包含一个具有 n 个叶片的风车.

任取图 G 中一顶点 x_0,设 B 是和点 x_0 连线为红色的顶点的集合.C 是和点 x_0 连线为蓝色的顶点的集合.因为与顶点 x_0 不组成蓝色三角形(蓝色连线三角形的简称),集合 C 中任意两顶点连线都是红色的.

如果 $|B| \geqslant 2n+1$,记

$$B=\{x_1, x_2, \cdots, x_{2n+1}, \cdots\} \tag{4.1.45}$$

则 x_1, x_2, x_3 中必有两点连线为红色,否则 $\triangle x_1 x_2 x_3$ 是边蓝色的三角形,设边 $x_1 x_2$ 为红色,类似地,x_3, x_4, x_5 中必两点连线为红色,不妨设边 $x_3 x_4$ 是红色(否则改动下标编号),如此下去,有红色线段 $x_1 x_2, x_3 x_4, \cdots, x_{2n-1} x_{2n}$,和顶点 x_0 构成一个具有 n 个叶片的风车.

如果 $|C| \geqslant 2n+1$.由于集合 C 中任两点的连线为红色,知道集合 C 中存在 $2n+1$ 个顶点,其中任两点之间连线全为红色的图形,这是一个具有 n 个叶片的风车.

如果 $|B|=|C|=2n$,设

$$B=\{x_1, x_2, \cdots, x_{2n}\}, \quad C=\{y_1, y_2, \cdots, y_{2n}\} \tag{4.1.46}$$

且集合 C 中任两顶点之间连线全为红色.如果集合 B 中存在一个顶点 x_1 与集合 C 中两个顶点 y_1, y_2 连线为红色,则点 y_1 与 $\{x_1, y_2\}, \{y_3, y_4\}, \{y_5, y_6\}, \cdots, \{y_{2n-1}, y_{2n}\}$ 构成一个具有 n 个叶片的风车.如果集合 B 中任一个顶点至多与集合 C 中一个顶点连线为红色,任取 $x_i, x_j \in B(1 \leqslant i < j \leqslant 2n)$,至多与集合 C 中的两点连线为红色.在集合 C 中一定至少有一点 y_k,使得边 $x_i y_k$,$x_j y_k$ 均为蓝色,于是边 $x_i x_j$ 必为红色(由于无蓝色三角形).由于 x_i, x_j 是 B 中任意两顶点,则集合 B 中 $2n$ 个点的任两点连线都是红色,再与顶点 x_0 构成连线全为红色的具 $2n+1$ 个顶点的图形,这显然包含一个具有 n 个叶片的风车.于是,当 $n \geqslant 2$ 时,有

$$f(n)=4n+1 \tag{4.1.47}$$

公式(4.1.43)和(4.1.47)给出了本题答案.

例 12 $2, 3, 4$ 到 70 这全部 69 个正整数染 4 色,每个整数染一色,求证:必有同色的正整数 a, b, c(允许相同),满足 $ab-c$ 是 71 的整数倍.

证明:对于不被 71 整除的任意两个整数 u, v,首先,存在唯一的整数 $n \in \{1, 2, 3, \cdots, 70\}$,满足

$$un \equiv v \pmod{71} \tag{4.1.48}$$

由于 71 是质数,$u, 71$ 是互质的,则

$$集合\{u, 2u, 3u, \cdots, 70u\} \equiv 集合\{1, 2, 3, \cdots, 70\} \pmod{71} \tag{4.1.49}$$

于是在 mod 71 意义下,对于 $v \in$ 集合 $\{1,2,3,\cdots,70\}$,必有唯一元素 $n \in$ 集合 $\{1,2,3,\cdots,70\}$,满足同余方程(4.1.48),将满足同余方程(4.1.48)的正整数 n 记为

$$n \equiv \frac{v}{u} (\bmod 71) \tag{4.1.50}$$

以 $V = \{2,3,4,\cdots,70\}$ 为顶点集,在平面上取 69 个点,其中任三点不共线,在每个点上标 $2,3,4,\cdots,70$ 中一个数,将这 69 个点,任两点连一条线段,对每条线段的两个端点,各标数 i, j,不妨设 $2 \leqslant i < j \leqslant 70$,则记此线段为线段 (i, j). 由于 $i \neq j$,又由于 i, j 的取值范围,知道在 mod 71 意义下,i 不等于 j. 由前面叙述,在 mod 71 意义下,正整数 $\frac{j}{i} \in V$. 将这线段 (i, j) 染上正整数 $\frac{j}{i}$ 在题目中给出的染色方案中的颜色,于是,每条线段都染了 4 色中的一色.

在这 69 个点中,任取一个点,记为 A. 从点 A 引出的 68 条线段中,一共染了 4 色,其中必有 17 条线段为同一色(记为 α 色),这 17 条同 α 色线段的另一端点,一共 17 个端点. 由上面叙述,其中任两点之间也连线段. 如果其中有一条线段是 α 色,则有一个边(即线段)同色的三角形. 否则这 17 个端点的两两连线全是另外 3 色. 任取其中一个顶点 B,由点 B 引出 16 条线段,到另外 16 个端点,这 16 条线段,一共染了 3 色,必有其中 6 条线段染同一 β 色($\beta \neq \alpha$). 它们的另一端点,一共 6 点,其中任两点也连线段,如果有 β 色线段,从而有一个边全为 β 色的三角形. 否则这 6 个端点,其中任两点连线,全部线段染 2 色,必有一个边同色的三角形. 总之,必有一个三边同色的三角形. 设边同色的三角形顶点上放的正整数为 $2 \leqslant u < v < w \leqslant 70$,则 $\frac{v}{u}, \frac{w}{v}, \frac{w}{u}$ 在 mod 71 意义下,作为三个正整数在题目染色方案中染同色,记

$$\frac{v}{u} \equiv a, \quad \frac{w}{v} \equiv b, \quad \frac{w}{u} \equiv c (\bmod 71) \tag{4.1.51}$$

在 mod 71 意义下,a, b, c 是三个正整数. 由前面叙述,有

$$ua \equiv v, \quad vb \equiv w, \quad uc \equiv w (\bmod 71) \tag{4.1.52}$$

利用上式,可以看到

$$uv(ab) \equiv vw (\bmod 71) \tag{4.1.53}$$

由于 v 与 71 互质,从上式,有

$$u(ab) \equiv w (\bmod 71) \tag{4.1.54}$$

利用公式(4.1.52)的第三个等式及上式,有

$$ab \equiv c (\bmod 71) \tag{4.1.55}$$

从而 $ab - c$ 必是 71 的整数倍,且 a, b, c 是同色的正整数.

4.2 三角形与完全图

平面上有 n 个点(正整数 $n \geqslant 3$),其中任三点不共线,任两点之间连一条线段,这样得到的图形称为 n 点的完全图,记为 G_n. G_3 就是一个三角形. 先从三角形说起.

例 1 正整数 $n \geqslant 3$,有多少个正整数边长的两两不全等的直角三角形,使得两条直角边长互质,而且面积是周长的 n 倍.

解:满足题目条件的一个直角三角形两条直角边长记为 x, y,斜边长记为 z. x, y, z 都是正整数. 由勾股定理,有

$$x^2 + y^2 = z^2 \tag{4.2.1}$$

由于题目条件,知道 x,y 是互质的.利用 3.1 节例 2 中的讨论,我们知道 x,y 必定是一奇一偶,不妨设 x 是奇数,y 是偶数.而且有正整数 $a,b,a>b,a,b$ 也是一奇一偶,a,b 互质,满足

$$x = a^2 - b^2, \quad y = 2ab, \quad z = a^2 + b^2 \tag{4.2.2}$$

利用上式,这直角三角形的面积是

$$S = \frac{1}{2}xy = ab(a^2 - b^2) \tag{4.2.3}$$

这直角三角形的周长是

$$L = x + y + z = 2a(a+b) \tag{4.2.4}$$

利用题目条件及上面叙述,有

$$b(a-b) = 2n \tag{4.2.5}$$

对于给定的正整数 $n \geqslant 3$,进行质因子分解

$$n = 2^r p_1^{t_1} p_2^{t_2} \cdots p_k^{t_k} \tag{4.2.6}$$

这里 r 是非负整数,$p_1, p_2, \cdots, p_k$ 全是两两不相同的奇质数,$t_1, t_2, \cdots, t_k$ 全是正整数.由于 a, b 是一奇一偶的,则 $a-b$ 必是奇数.那么,利用公式(4.2.5)知道 b 必是偶数,而且 b 与 $a-b$ 是互质的.利用公式(4.2.5)和(4.2.6)可以知道 2^{r+1} 是 b 的因子.$p_j^{t_j}(1 \leqslant j \leqslant k)$ 或是 b 的因子,或是 $a-b$ 的因子,两者必居其一.如果 $p_j^{t_j}$ 是 b 的因子,将 $p_j^{t_j}$ 放入第一个盒子,如果 $p_j^{t_j}$ 是 $a-b$ 的因子,将 $p_j^{t_j}$ 放入第二个盒子,而 k 个奇数 $p_1^{t_1}, p_2^{t_2}, \cdots, p_k^{t_k}$ 放入两个盒子里,一共有 2^k 种不同的放法,每对于 $p_1^{t_1}, p_2^{t_2}, \cdots, p_k^{t_k}$ 的一种放法,将放入第一个盒子里的所有正整数(如果无正整数在第一个盒子里,则写 1)与 2^{r+1} 全部相乘,乘积为 b.将放入第二个盒子里的所有正整数相乘,乘积是 $a-b$,如果第二个盒子里无整数,则写 $a-b=1$.于是,a, b 唯一确定.那么,满足题目条件的两两不全等的直角三角形个数有 2^k 个,这里 k 是 n 的质因子分解式中奇质因子的个数.

注:将两条直角边长互质改为两条直角边长有最大公因数 t,这里 t 是一个给定正整数,这会有什么结果呢?请读者考虑.

例 2 s, t 是固定正整数,都大于等于 3.$M = \{(x,y) | 1 \leqslant x \leqslant s, 1 \leqslant y \leqslant t, x, y \in \mathbf{N}^+\}$ 是平面内一个点集,确定顶点属于 M,两条对角线分别平行于 x, y 轴的菱形的数目.

解:菱形对角线互相垂直.由于两条对角线分别平行于 x, y 轴,则菱形的四个顶点坐标分别是 $A\left(x_1, \frac{1}{2}(y_1+y_2)\right), B\left(\frac{1}{2}(x_1+x_2), y_1\right), C\left(x_2, \frac{1}{2}(y_1+y_2)\right), D\left(\frac{1}{2}(x_1+x_2), y_2\right)$(图

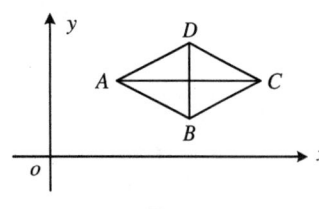

图 4.2

4.2).满足题目条件的菱形顶点横坐标与纵坐标都是正整数,则 x_1, x_2 都是正整数,x_1, x_2 同奇偶,y_1, y_2 也都是正整数,y_1, y_2 也同奇偶.不妨设 $x_1 < x_2, y_1 < y_2$.有

$$AC = x_2 - x_1, \quad BD = y_2 - y_1 \tag{4.2.7}$$

所以满足题目条件的菱形的两条对角线长全是正整数,而且长度全是偶数.

取 $x^* \in \{1, 2, 3, \cdots, s\}$,在直线 $x = x^*$ 上,考虑菱形的顶点 (x^*, y^*),这里 $y^* = 1, 2, 3, \cdots, t$.在连续正整数 $1, 2, 3, \cdots, t$ 中,有 $t-2$ 个不同数对 $(1,3), (2,4), (3,5), \cdots, (t-2,t)$,两数之差恰为 2.那么,对应有 $t-2$ 对不同点 $\{(x^*, 1), (x^*, 3)\}, \{(x^*, 2), (x^*, 4)\}, \{(x^*, 3), (x^*, 5)\}, \cdots, \{(x^*, t-2), (x^*, t)\}$,它们可以作为菱形的一对顶点 B、D,使得 $BD = 2$.类似地,有 $t-4$ 对不同点 $\{(x^*, 1), (x^*, 5)\}, \{(x^*, 2), (x^*, 6)\}, \{(x^*, 3), (x^*, 7)\}, \cdots, \{(x^*, t-4), (x^*, t)\}$,它们也可以作为菱形的一对顶点 B、D,且 $BD = 4$.也有 $t-6$ 对不同点 $\{(x^*, 1), (x^*, 7)\}, \{(x^*, 2), (x^*, 8)\}, \{(x^*, 3), (x^*, 9)\}, \cdots, \{(x^*, t-6), (x^*, t)\}$(如果 $t > 6$)可以作为菱形的一对顶点 B、D 的坐标,使得 $BD = 6$ 等等.因此,当 $t = 2k+1$ 时

$(k \in \mathbf{N}^+)$,在直线 $x = x^*$ 上,距离是偶数的点对数目记为 E,则

$$E = (t-2) + (t-4) + (t-6) + \cdots + (t-2k) = tk - k(k+1) = k^2 = \left[\frac{1}{4}(t-1)^2\right] \tag{4.2.8}$$

当 $t = 2k$ 时($k \in \mathbf{N}^+$),相应的
$$E = (t-2) + (t-4) + (t-6) + \cdots + (t-2(k-1))$$
$$= t(k-1) - (k-1)k = k^2 - k = \left[\frac{1}{4}(t-1)^2\right] \tag{4.2.9}$$

于是,在直线 $x = x^*$ 上,全部可能的不同对角线 BD 总共有 $\left[\frac{1}{4}(t-1)^2\right]$ 条.

类似地,在直线 $y = y^*$ 上,这里 $y^* \in \{1,2,3,\cdots,t\}$,全部可能的不同对角线 AC 总共有 $\left[\frac{1}{4}(s-1)^2\right]$ 条.

在 $\left[\frac{1}{4}(t-1)^2\right]$ 条可能的不同对角线 BD 中任选一条对角线 $\{(x^*,a),(x^*,a+2j)\}$,这里 a,j 都是正整数,$1 \leq a \leq t-2, a+2j \leq t, x^*$ 是待定正整数. 在 $\left[\frac{1}{4}(s-1)^2\right]$ 条可能的不同对角线 AC 中任选一条对角线 $\{(b,y^*),(b+2l,y^*)\}$,这里 b,l 都是正整数,$1 \leq b \leq s-2, b+2l \leq s, y^*$ 是待定正整数,要这四点组成一个菱形的四个顶点,必有

$$\left. \begin{array}{l} x^* = \frac{1}{2}[b + (b+2l)] = b + l \\ y^* = \frac{1}{2}[a + (a+2j)] = a + j \end{array} \right\} \tag{4.2.10}$$

即 x^*, y^* 是唯一确定的. 那么,所求的菱形总数是 $\left[\frac{1}{4}(s-1)^2\right]\left[\frac{1}{4}(t-1)^2\right]$.

例 3 是否存在由无限多个两两不同的正有理数的平方作元素组成的集合 A,任取 A 中一个元素 β,存在满足下述条件的一个三角形:

(1) 这个三角形的三边长都是正整数;

(2) 用 R, r 分别表示这个三角形的外接圆及内切圆的半径,满足 $R = \beta r$. 证明你的结论.

解:依惯例,用 S 表示三角形的面积,p 表示半周长,a,b,c 表示三角形的三边长. 利用题目条件,有

$$Rp = \beta rp = \beta S, \quad 4RpS = 4\beta S^2 = 4\beta p(p-a)(p-b)(p-c) \tag{4.2.11}$$

利用上式,可以看到

$$abc = 4RS = 4\beta(p-a)(p-b)(p-c) \tag{4.2.12}$$

令

$$x = b+c-a, \quad y = a+c-b, \quad z = a+b-c \tag{4.2.13}$$

则

$$x+y = 2c, \quad x+z = 2b, \quad y+z = 2a \tag{4.2.14}$$

公式(4.2.12)两端乘以 8,再利用公式(4.2.13),有

$$8abc = 4\beta(b+c-a)(a+c-b)(a+b-c) = 4\beta xyz \tag{4.2.15}$$

利用公式(4.2.14)和(4.2.15),有

$$(x+y)(y+z)(z+x) = 4\beta xyz \tag{4.2.16}$$

当 β 固定时,公式(4.2.16)有正整数组解 (x,y,z),必定有正整数组解 $(2x,2y,2z)$,那么,有正整数 (a,b,c) 满足公式(4.2.14)和(4.2.15)(只不过这时 x,y,z 都是偶数).

取特解,令
$$a = b, \quad 则 \quad x = y = c(利用公式(4.2.13)) \tag{4.2.17}$$
利用公式(4.2.16)和(4.2.17),有
$$(x + z)^2 = 2\beta xz \tag{4.2.18}$$
令正有理数
$$u = \frac{x}{z} \tag{4.2.19}$$
利用上二式,有
$$u^2 - 2(\beta - 1)u + 1 = 0 \tag{4.2.20}$$
对于任意正整数 n,令
$$\beta = \left(\frac{2n^2 + 1}{2n}\right)^2 \tag{4.2.21}$$
β 是有理数的平方,利用上式,有
$$2(\beta - 1) = \frac{4n^4 + 1}{2n^2} \tag{4.2.22}$$
代上式入公式(4.2.20),有
$$2n^2 u^2 - (4n^4 + 1)u + 2n^2 = 0 \tag{4.2.23}$$
上述方程有解
$$u_1 = 2n^2, \quad u_2 = \frac{1}{2n^2} \tag{4.2.24}$$
利用 u_1,可以令
$$x = y = 2n^2, \quad z = 1(参考公式(4.2.19)) \tag{4.2.25}$$
利用 u_2,类似地,可以令
$$x = y = 1, \quad z = 2n^2 \tag{4.2.26}$$
最后证明,由公式(4.2.21)定义的 β 是无限多个正有理数. 这只须证明函数
$$f(n) = \frac{2n^2 + 1}{2n} \tag{4.2.27}$$
是 n 的单调递增函数即可,当两个正整数 m, n 满足 $n > m$ 时,利用公式(4.2.27),有
$$f(n) - f(m) = \frac{1}{2mn}[m(2n^2 + 1) - n(2m^2 + 1)]$$
$$= \frac{1}{2mn}(n - m)(2mn - 1) > 0 \tag{4.2.28}$$
至此,存在满足题目条件的集合
$$A = \left\{\left(\frac{2n^2 + 1}{2n}\right)^2 \,\middle|\, n \in \mathbf{N}^+\right\} \tag{4.2.29}$$

例 4 (1) 设 k 是一个固定的正有理数,求证:周长是面积 k 倍的以正整数为边长的三角形至多只有有限个.

(2) 当 k 为大于 1 的正整数时,求出满足(1)的所有三角形.

解:(1) 记
$$k = \frac{u}{v} \tag{4.2.30}$$
这里 u, v 是两个互质的正整数.

依惯例,用 a, b, c 表示三角形的三边长,p 是半周长,S 表示三角形的面积. 令
$$x = p - a, \quad y = p - b, \quad z = p - c, \quad x + y + z = p \tag{4.2.31}$$

由题目条件,知道 $2p = kS$,两端平方后,有
$$4p = k^2(p-a)(p-b)(p-c) \tag{4.2.32}$$
利用上面叙述,可以看到
$$u^2 xyz = 4v^2(x + y + z) \tag{4.2.33}$$
从公式(4.2.31)知道,$2x, 2y, 2z$ 都是正整数.不失一般性,设 $x \geqslant y \geqslant z > 0$,首先要证明
$$yz \leqslant \frac{12v^2}{u^2} \tag{4.2.34}$$
利用反证法,如果
$$yz > \frac{12v^2}{u^2} \tag{4.2.35}$$
则
$$y\left(yz - \frac{4v^2}{u^2}\right) \leqslant x\left(yz - \frac{4v^2}{u^2}\right) = xyz - \frac{4v^2}{u^2}x$$
$$= \frac{4v^2}{u^2}(y+z)(\text{利用公式}(4.2.33)) \leqslant \frac{8v^2}{u^2}y \tag{4.2.36}$$

上式两端除以 y,再移项,得不等式(4.2.34),与不等式(4.2.35)矛盾.从而不等式(4.2.34)成立.利用这个不等式和 $y \geqslant z > 0$,有
$$z^2 \leqslant \frac{12v^2}{u^2} = \frac{12}{k^2}(\text{利用公式}(4.2.30)), \quad z \leqslant \frac{2\sqrt{3}}{k} \tag{4.2.37}$$

由于 $2z$ 是正整数,满足上式的 z 个数有限.对于每个这样的 z,利用
$$(u^2 zx - 4v^2)(u^2 zy - 4v^2) = u^4 xyz^2 - 4u^2 v^2 z(x+y) + 16v^4$$
$$= 4u^2 v^2 z(x+y+z) - 4u^2 v^2 z(x+y) + 16v^4 (\text{利用公式}(4.2.33))$$
$$= 4u^2 v^2 z^2 + 16v^4 \tag{4.2.38}$$

上式右端是一个固定的正整数.上式两端取绝对值,可以看到 $4 | u^2 zx - 4v^2 |$ 与 $4 | u^2 zy - 4v^2 |$ 必为有限个正整数.从而 x, y(满足 $2x, 2y$ 是正整数)只有有限个.题目结论(1)成立.

(2) 由于 $2z$ 是一个正整数,再利用不等式(4.2.37),有
$$k \leqslant 4\sqrt{3}, \quad \text{则正整数 } k \in \{2, 3, 4, 5, 6\} \tag{4.2.39}$$
这里利用题目条件正整数 $k > 1$.

利用公式(4.2.30),(4.2.31)和(4.2.33),有
$$a = y+z, \quad b = x+z, \quad c = x+y, \quad 4(x+y+z) = k^2 xyz \tag{4.2.40}$$
当 x, y, z 中有一个不是正整数时,利用公式(4.2.40)的前三个等式,知道其余 2 个也都不是正整数.这时公式(4.2.40)的最后一个等式左端仅是 2 的整数倍,不是 4 的整数倍.这时 $8xyz$ 仅是一个奇数,则 k^2 必是 16 的整数倍,从而有 $k = 4$.换句话讲,当 k 不等于 4 时,x, y, z 必须都是正整数.再利用不等式(4.2.37)和公式(4.2.39),有
$$k \in \{2, 3, 4\} \tag{4.2.41}$$
因为 $k \in \{5, 6\}$ 时,z 必为正整数,这与不等式(4.2.37)矛盾.

下面分情况讨论:

① 当 $k = 2$ 时,x, y, z 必须都是正整数,再利用不等式(4.2.37),必有
$$z = 1 \tag{4.2.42}$$
这时,利用公式(4.2.40)的最后一个等式,有
$$x + y + 1 = xy \tag{4.2.43}$$
从上式,有

$$y > 1, \quad x = \frac{y+1}{y-1} = 1 + \frac{2}{y-1} \tag{4.2.44}$$

上式中 x, y 都是正整数,则

$$y = 2 \quad 或 \quad y = 3 \tag{4.2.45}$$

利用 $x \geqslant y \geqslant z$ 及上面叙述,有解

$$x = 3, \quad y = 2, \quad z = 1 \tag{4.2.46}$$

当 $y = 3$ 时,$x = 2$,舍去. 再利用(4.2.40),有

$$a = 3, \quad b = 4, \quad c = 5 \tag{4.2.47}$$

② 当 $k = 3$ 时,x, y, z 也都是正整数. 再利用不等式(4.2.37),仍有公式(4.2.42),再利用公式(4.2.40)的最后一个等式,有

$$4(x + y + 1) = 9xy \tag{4.2.48}$$

上式变形后,有

$$y = \frac{4(x+1)}{9x-4} \tag{4.2.49}$$

由于

$$(9x - 4) - 4(x + 1) = 5x - 8 \tag{4.2.50}$$

当 $x \geqslant 2$ 时,由上二式知道 $y < 1$,这不可能. 当 $x = 1$ 时,$y = \frac{8}{5}$,这也不可能.

③ 当 $k = 4$ 时,利用公式(4.2.40)的最后一个公式,有

$$x + y + z = 4xyz \tag{4.2.51}$$

这时,利用公式(4.2.37)的最后一个不等式,有

$$z = \frac{1}{2} \tag{4.2.52}$$

这时,x, y 都不是正整数,利用上二式,有

$$x + y + \frac{1}{2} = 2xy, \quad 即 \quad x(2y - 1) = y + \frac{1}{2} \tag{4.2.53}$$

利用上式,有

$$y > \frac{1}{2}, \quad 则 \quad y \geqslant \frac{3}{2} \tag{4.2.54}$$

由于 $2y$ 是一个正整数,但是 y 不是正整数,导出上式后一个不等式. 利用公式(4.2.53)和(4.2.54),可以看到

$$\left(y + \frac{1}{2}\right) - (2y - 1) = \frac{3}{2} - y \leqslant 0 \tag{4.2.55}$$

则 $x \leqslant 1$,这与 $x \geqslant y$ 矛盾.

综上所述,满足条件的解只有公式(4.2.47)给出的一组.

注:这是国内一篇文章的结果.

例 5 设正整数 $n \geqslant 2$,$T(n)$ 表示位于平面子集 $[0, n] \times [0, n]$ 内的满足下列条件的三角形的数目:

(1) 三角形的边所在直线与 x 轴正向夹角为 $0, \frac{\pi}{4}, \frac{\pi}{2}, \frac{3\pi}{4}$ 之一;

(2) 一个三角形至少有两个顶点为整点.

求 $T(n)$.

注:横、纵坐标皆为整数的点称为整点.

解: 由于三角形的边所在直线的斜率为 $0, 1, \infty, -1$ 之一. 这四个斜率可以分成四组:$\{0, \infty,$

$-1\},\{0,1,-1\},\{0,\infty,1\},\{\infty,1,-1\}$. 以每组斜率为直线相交而成的三角形全为等腰直角三角形. 见图 4.3.

图 4.3(a)与(c)的两个等腰直角三角形可以通过空间翻转建立一一对应. (b)与(d)的两个等腰直角三角形通过旋转也能建立一一对应. 因此, 我们只要计算(a)与(b)情况的全部三角形的个数, 然后乘以 2 即可得 $T(n)$.

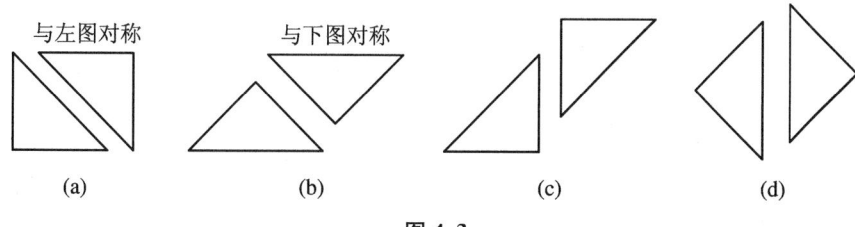

图 4.3

在图 4.3(a)、(b)情况, 只须考虑直角等腰三角形的平行于 x 轴的边在最下方的情况, 然后乘以 2, 可以得到(a)、(b)中三角形的总数目.

对于 $k=1,2,\cdots,n$, 在(a)情况, 考虑顶点 $\{(a,b),(a+k,b),(a,b+k)\}$ 的等腰直角三角形的集合. 这里 $a=0,1,2,\cdots,n-k, b=0,1,2,\cdots,n-k$. 这样的等腰直角三角形(当 k 固定时)个数是 $(n-k+1)^2$. 在(b)情况, 考虑顶点 $\{(a,b),(a+k,b),\left(a+\dfrac{k}{2},b+\dfrac{k}{2}\right)\}$ 的等腰直角三角形的集合, 这里 $a=0,1,2,\cdots,n-k;b=0,1,2,\cdots,\left[n-\dfrac{k}{2}\right]$. 这样的三角形个数是 $(n-k+1)\left(\left[n-\dfrac{k}{2}\right]+1\right)$.

从上面分析, 我们有

$$\frac{1}{4}T(n)=\sum_{k=1}^{n}(n-k+1)^2+\sum_{k=1}^{n}(n-k+1)\left(\left[n-\frac{k}{2}\right]+1\right) \tag{4.2.56}$$

下面对 n 分情况计算.

① 当 $n=2t(t\in\mathbf{N}^+)$ 时, 有

$$\begin{aligned}\frac{1}{4}T(n)&=\sum_{k=1}^{2t}(2t-k+1)^2+\sum_{j=1}^{t}(2t-2j+1)(2t-j+1)\\&\quad+\sum_{j=1}^{t}[(2t-(2j-1)+1](2t-j+1)\\&=\sum_{k=1}^{2t}(2t-k+1)^2+\sum_{j=1}^{t}(2t-j+1)(4t-4j+3)\\&=\left(8t^3+\sum_{k=1}^{2t}k^2+2t-4t\sum_{k=1}^{2t}k-2\sum_{k=1}^{2t}k+8t^2\right)\\&\quad+\left(8t^3-12t\sum_{j=1}^{t}j+10t^2+4\sum_{j=1}^{t}j^2-7\sum_{j=1}^{t}j+3t\right)\\&=16t^3+\frac{t}{3}(2t+1)(4t+1)+2t-4t^2(2t+1)-2t(2t+1)+8t^2-6t^2(t+1)\\&\quad+10t^2+\frac{2}{3}t(t+1)(2t+1)-\frac{7}{2}t(t+1)+3t\\&=t\left(6t^2+\frac{9}{2}t+\frac{1}{2}\right)\end{aligned} \tag{4.2.57}$$

于是, 我们有

$$T(n) = n(n+1)(3n+1) + \left[\frac{n^2}{2}\right] \tag{4.2.58}$$

(2) 当 $n = 2t + 1 (t \in \mathbf{N}^+)$ 时,利用公式(4.2.56),有

$$\frac{1}{4}T(n) = \sum_{k=1}^{2t+1}(2t+2-k)^2 + \sum_{j=1}^{t}(2t+2-2j)(2t+1-j+1)$$

$$+ \sum_{j=1}^{t+1}[2t+2-(2j-1)](2t+1-j+1)$$

$$= \sum_{k=1}^{2t+1}(2t+2-k)^2 + \sum_{j=1}^{t}(2t+2-j)(4t-4j+5) + (t+1)$$

$$= \sum_{k=1}^{2t+1}(4t^2+4+k^2+8t-4kt-4k)$$

$$+ \sum_{j=1}^{t}(8t^2+18t-12jt+10-13j+4j^2) + (t+1)$$

$$= 4t^2(2t+1) + 4(2t+1) + \frac{1}{6}(2t+1)(2t+2)(4t+3) + 8t(2t+1)$$

$$- 2t(2t+1)(2t+2) - 2(2t+1)(2t+2) + 8t^3 + 18t^2 - 6t^2(t+1)$$

$$+ 10t - \frac{13}{2}t(t+1) + \frac{2}{3}t(t+1)(2t+1) + (t+1)$$

$$= 6t^3 + \frac{27}{2}t^2 + \frac{19}{2}t + 2 \tag{4.2.59}$$

从上式,仍然得到公式(4.2.58).这就是本题的答案.

下面介绍一个有关完全图的著名定理.

例 6 平面上有 n 个点,任 3 点不共线,已在若干点之间连有线段,用 N_k 表示 k 点的完全图的数目,求证: $\frac{N_{k+1}}{N_k} \geqslant \frac{1}{k^2-1}\left(\frac{k^2 N_k}{N_{k-1}} - n\right)$,这里正整数 $k \in$ 集合 $\{2,3,\cdots,n-1\}$,以及 $N_k \neq 0$.

证明:设 $A_1, A_2, \cdots, A_{N_k}$ 分别表示 k 点的完全图,用 $B_1, B_2, \cdots, B_{N_{k-1}}$ 分别表示 $k-1$ 点的完全图.设 A_i 被包含在 a_i 个 $k+1$ 点的完全图内,设 B_α 被包含在 b_α 个 k 点的完全图内,这里 $a_i(1 \leqslant i \leqslant N_k), b_\alpha(1 \leqslant \alpha \leqslant N_{k-1})$ 都是非负整数.如果点 x 不是 A_i 的某个顶点,且与 A_i 不形成 $k+1$ 点的完全图,那么,点 x 一定与 A_i 内至少某顶点 y 不连线段.用 $U_1, U_2, \cdots, U_{k-1}$ 表示 $A_i \cup \{x\}$ 内含两个顶点 $\{x, y\}$ 的 k 个顶点形成的 $k-1$ 个图形.那么,任何图形对 $\{A_i, U_\alpha\}(1 \leqslant \alpha \leqslant k-1)$ 组成一个 k 点的完全图 A_i 和一个 k 点的不完全图 U_α(由于有两个顶点 x, y 不连线段,称具 k 个顶点的图形 U_α 为 k 点的不完全图).对固定一个 A_i,U_α 个数至少有 $k-1$ 个.而满足上述条件的点 x 的个数有 $n-k-a_i$ 个.因此,$\sum_{i=1}^{N_k}(k-1)(n-k-a_i)$ 是对上述所有图形对 $\{A_i, U_\alpha\}$ 的一个下界.另一方面,这样的图形对 $\{A_i, U_\alpha\}$ 的数目显然是 $\sum_{\alpha=1}^{N_{k-1}} b_\alpha(n-k+1-b_\alpha)$ 个.这里 b_α 是包含固定 B_α 的 k 点的完全图的数目,而 $n-(k-1)-b_\alpha$ 是 B_α 包含在 k 点的一个不完全图的数目.于是,有

$$\sum_{i=1}^{N_k}(k-1)(n-k-a_i) \leqslant \sum_{\alpha=1}^{N_{k-1}} b_\alpha(n-k+1-b_\alpha) \tag{4.2.60}$$

我们知道

$$\sum_{i=1}^{N_k} a_i = (k+1)N_{k+1} \tag{4.2.61}$$

上式左端是 $k+1$ 点的完全图的总个数,但每个都计算了 $k+1$ 次.

同理,有
$$\sum_{\alpha=1}^{N_{k-1}} b_\alpha = kN_k \tag{4.2.62}$$

利用上面叙述,有
$$(k-1)(n-k)N_k - (k^2-1)N_{k+1} \leqslant k(n-k+1)N_k - \sum_{\alpha=1}^{N_{k-1}} b_\alpha^2 \tag{4.2.63}$$

利用 Cauchy 不等式,有
$$\sum_{\alpha=1}^{N_{k-1}} b_\alpha^2 \geqslant \frac{1}{N_{k-1}} \Big(\sum_{\alpha=1}^{N_{k-1}} b_\alpha\Big)^2 = \frac{k^2 N_k^2}{N_{k-1}} \tag{4.2.64}$$

利用上二式,再化简,有
$$nN_k \geqslant \frac{k^2 N_k^2}{N_{k-1}} - (k^2-1)N_{k+1} \tag{4.2.65}$$

上式两端除以正整数$(k^2-1)N_k$,再移项,有题目结论.

下面来讲应用.

平面上有 n 个点,任三点不共线,在若干点之间连有线段.如果存在大于1的正实数 a,使得线段总数是 $\frac{1}{2}\big(1-\frac{1}{a}\big)n^2$.记
$$C_a^k = \frac{a(a-1)(a-2)\cdots(a-k+1)}{k!} \tag{4.2.66}$$

当 $N_k \neq 0$ 时,有
$$N_k \geqslant C_a^k \Big(\frac{n}{a}\Big)^k, \quad k \in \text{集合}\{2,3,\cdots,n-1\} \tag{4.2.67}$$

这里规定 $N_0 = 1$,定义 $N_1 = n$. 对 k 用归纳法,首先证明
$$\frac{N_k}{N_{k-1}} \geqslant \frac{a-k+1}{a}\frac{n}{k}, \quad k \in \text{集合}\{1,2,\cdots,n-1\} \tag{4.2.68}$$

注:公式(4.2.67)中 N_2 理解为已连线段的数目.

当 $k=1$ 时,由于 $\frac{N_1}{N_0} = n$,而公式(4.2.68)的右端也等于 n. 因此,公式(4.2.68)对 $k=1$ 成立. 由于 $N_2 = \frac{1}{2}\big(1-\frac{1}{a}\big)n^2$,则
$$\frac{N_2}{N_1} = \frac{1}{2}\Big(1-\frac{1}{a}\Big)n \tag{4.2.69}$$

因此,当 $k=2$ 时,不等式(4.2.68)取等号.设对某个正整数 $k\geqslant 2(k\leqslant n-2)$,有不等式(4.2.68),利用例6的结论及归纳法假设,有
$$\frac{N_{k+1}}{N_k} \geqslant \frac{1}{k^2-1}\Big\{k^2\Big(\frac{a-k+1}{a}\Big)\frac{n}{k} - n\Big\} = \frac{n}{a(k^2-1)}\{k(a-k+1)-a\}$$
$$= \frac{n}{a(k+1)}(a-k) = \frac{a-(k+1)+1}{a}\frac{n}{k+1} \tag{4.2.70}$$

因此,不等式(4.2.68)成立.反复利用此不等式,有
$$N_k = \frac{N_k}{N_{k-1}}\frac{N_{k-1}}{N_{k-2}}\cdots\frac{N_2}{N_1}N_1 \geqslant n\prod_{s=2}^{k}\Big(\frac{a-s+1}{a}\frac{n}{s}\Big)$$
$$= C_a^k\Big(\frac{n}{a}\Big)^k \text{(利用公式(4.2.66))} \tag{4.2.71}$$

在上述应用中,包括例6,$N_k \neq 0$ 是不可知的条件.在实际应用中,此条件是多余的.例如前述,在平面上,有 n 个点,其中无三点共线,如果已知在若干点之间连有 m 条线段,即正整数 m

$$= \frac{1}{2}\left(1-\frac{1}{a}\right)n^2, N_2 > 0,$$ 因此,可以用公式(4.2.71)直接计算 N_3,即不等式(4.2.67)可以直接用来计算 N_3. 于是,我们有

$$N_3 \geq \frac{1}{6}(a-1)(a-2)\frac{n^3}{a^2} \tag{4.2.72}$$

利用上述条件,有

$$1-\frac{1}{a} = \frac{2m}{n^2}, \quad a = \frac{n^2}{n^2-2m}, \quad a-1 = \frac{2m}{n^2-2m}, \quad a-2 = \frac{4m-n^2}{n^2-2m} \tag{4.2.73}$$

因此,正实数 $a > 1$ 存在,代上式入公式(4.2.72),有

$$N_3 \geq \frac{m}{3n}(4m-n^2) \tag{4.2.74}$$

当上式右端是正实数时,至少存在一个三角形,即当 $4m > n^2$ 时,至少存在一个三角形.

当 $N_3 > 0$ 时,可以直接应用不等式(4.2.71)去计算 N_4. 换句话讲,可以直接写出

$$N_4 \geq \frac{1}{24}(a-1)(a-2)(a-3)\frac{n^4}{a^3} \tag{4.2.75}$$

利用上面叙述,可以看出,当上式右端大于零时,不等式(4.2.72)的右端必定大于零,即不等式(4.2.75)的右端大于零,隐含着 $N_3 > 0$ 这一事实. 再仔细分析不等式(4.2.71),当其右端大于零时,隐含着 $N_{k-1} > 0$ 这一事实. 因此,可以直接利用不等式(4.2.71)(即不等式(4.2.67))来计算 N_k.

由公式(4.2.73),有

$$a-3 = \frac{6m-2n^2}{n^2-2m} \tag{4.2.76}$$

代公式(4.2.73)和(4.2.76)入不等式(4.2.75),有

$$N_4 \geq \frac{m}{6n^2}(4m-n^2)(3m-n^2) \tag{4.2.77}$$

因此,只要 $3m > n^2$,就至少存在一个四点的完全图.

下面介绍几个与平面上点、直线有关的例题.

例7 平面上是否有 100 条两两不同的直线,使得它们之间恰有 1 995 个不同的交点.

解:由于任意 2 条不同直线如果不平行,必有一个交点,则 100 条两两不同的直线,最多可能有 $C_{100}^2 = 4\ 950$ 个不同的交点,所以本题的解可能存在.

将 100 条直线分成两族,第一族有 a 条直线,它们之间互相平行,无一个交点,第二族 $100-a$ 条直线,它们之间也互相平行,无一交点. 这两族直线不平行,即第一族 a 条直线中任一条与第二族 $100-a$ 条直线中任一条恰有一个交点,那么这两族直线一共有 $a(100-a)$ 个交点. 考虑方程

$$a(100-a) = 1\ 995 \tag{4.2.78}$$

如果上述方程有正整数解 a,则问题解决. 但上述方程恰没有正整数解. 稍微调整一下上面办法. 由于

$$73 \times 26 = 1\ 898 = 1\ 995 - 97 \tag{4.2.79}$$

取第一族 73 条互相平行的直线 $x=1, x=2, \cdots, x=72, x=73$,取第二族 26 条互相平行的直线 $y=1, y=2, \cdots, y=25, y=26$. 这样确定了 99 条直线,这 99 条直线一共有 1 898 个交点,称这些交点为第一类交点. 想办法适当定义一条直线

$$y = ax + b (a \neq 0)$$

使得这条直线与上述 99 条直线都相交,但其中有 2 个交点是上述第一、二族直线相交的第一类交点,其余 97 个交点是新交点,则问题解决.

令直线 L 方程

$$y = x + 25 \tag{4.2.80}$$

这条直线 L 既不平行于 x 轴,也不平行于 y 轴.那么,与第一、二族直线都相交,其中直线 L 与直线 $x=1$ 的交点 $(1,26)$ 恰是直线 L 与直线 $y=26$ 的交点,也是直线 $x=1$ 与直线 $y=26$ 的交点,这交点当然是第一类交点.直线 L 与直线 $x=2,x=3,\cdots,x=72,x=73$ 的交点 $(2,27),(3,28),\cdots,(72,97),(73,98)$,一共有 72 个,全是新交点;直线 L 与直线 $y=1,y=2,\cdots,y=24,y=25$ 的交点 $(-24,1),(-23,2),\cdots,(-1,24),(0,25)$ 也全是新交点,一共有 25 个.因此,这 100 条直线的交点总数是 $1898+72+25=1995$(个).

注:有兴趣的读者可以思考如下问题:设正整数 $n\geqslant 3$,求集合 $\{1,2,3,\cdots,C_n^2\}$ 内所有元素 k,使得平面上有 n 条两两不同的直线,它们之间恰有 k 个不同的交点.

例 8 求证:平面上存在一个有限点集 A,使得对每个点 $x\in A$,存在集合 A 内点 $y_1,y_2,\cdots,y_{1995}$,使得点 x 和 $y_k(1\leqslant k\leqslant 1995)$ 的距离都是 1.

证明:考虑集合

$$K = \left\{\left(\pm\frac{t^2-1}{t^2+1}, \pm\frac{2t}{t^2+1}\right) \,\Big|\, 1\leqslant t\leqslant 1995, t\in \mathbf{N}^+\right\} \tag{4.2.81}$$

由于

$$\left(\pm\frac{t^2-1}{t^2+1}\right)^2 + \left(\pm\frac{2t}{t^2+1}\right)^2 = \frac{1}{(t^2+1)^2}[(t^2-1)^2+4t^2] = 1 \tag{4.2.82}$$

那么点 $\left(\frac{t^2-1}{t^2+1},\frac{2t}{t^2+1}\right)$,$\left(\frac{t^2-1}{t^2+1},-\frac{2t}{t^2+1}\right)$,$\left(-\frac{t^2-1}{t^2+1},\frac{2t}{t^2+1}\right)$ 及 $\left(-\frac{t^2-1}{t^2+1},-\frac{2t}{t^2+1}\right)$ 都在单位圆周 $x^2+y^2=1$ 上,且 K 的四个子集 $\left\{\left(\frac{t^2-1}{t^2+1},\frac{2t}{t^2+1}\right)\in K \,\Big|\, 1\leqslant t\leqslant 1995\right\}$,$\left\{\left(-\frac{t^2-1}{t^2+1},\frac{2t}{t^2+1}\right)\in K \,\Big|\, 1\leqslant t\leqslant 1995\right\}$,$\left\{\left(-\frac{t^2-1}{t^2+1},-\frac{2t}{t^2+1}\right)\in K \,\Big|\, 1\leqslant t\leqslant 1995\right\}$ 和 $\left\{\left(\frac{t^2-1}{t^2+1},-\frac{2t}{t^2+1}\right)\in K \,\Big|\, 1\leqslant t\leqslant 1995\right\}$,(这里 t 全是正整数)分别在平面的第一、第二、第三和第四象限内.

令

$$q = (1+1^2)(1+2^2)(1+3^2)\cdots(1+1995^2) \tag{4.2.83}$$

又令集合

$$B = \left\{0,\frac{1}{q},\frac{2}{q},\frac{3}{q},\cdots,\frac{2q}{q}\right\} \tag{4.2.84}$$

定义集合

$$A = \{(a_1,a_2)\in\mathbf{R}^2 \,|\, a_i\in B, i=1,2\} \tag{4.2.85}$$

下面证明平面内集合 A 满足题目要求.

在集合 A 内任取一点 $x^*=(a_1,a_2)=\left(\frac{j^*}{q},\frac{k^*}{q}\right)$,这里 $j^*,k^*\in$ 集合 $\{0,1,2,3,\cdots,2q\}$.由于 x^* 在正方形 $[0,2]\times[0,2]$ 内,两条直线 $x=1$ 与 $y=1$ 将这个正方形四等分为四个小正方形,x^* 必落在其中一个小正方形内.如果点 x^* 落在直线 $x=1$ 或 $y=1$ 上,则将点 x^* 归入含 x^* 的相邻两小正方形之一.以点 x^* 为圆心,作一个单位圆,那么,这个单位圆必有 $\frac{1}{4}$ 圆周 Γ 落在正方形 $[0,2]\times[0,2]$ 内,这 $\frac{1}{4}$ 圆周两端点与点 x^* 连线段平行于 x,y 轴,将点 x^* 平移到原点 o,则这 $\frac{1}{4}$ 圆周 Γ 平移后,必与以原点 o 为圆心的 $\frac{1}{4}$ 圆周 Γ^* 重合,这平移后的 $\frac{1}{4}$ 圆周必落在第一、二、三、

四象限之一. 取 K 中 1995 个点 $z_1, z_2, \cdots, z_{1995}$,使得这 1995 个点全部落在这平移后的 $\frac{1}{4}$ 圆周上,即取上述 K 的四个子集之一内的全部点作为 $z_1, z_2, \cdots, z_{1995}$,则点 z_i 坐标是 $\left(\pm \dfrac{t^2-1}{t^2+1}, \pm \dfrac{2t}{t^2+1}\right)$,这里 $t = 1, 2, \cdots, 1995$. 当然上述横纵坐标前正负号是取定的. 令

$$y_t = \left(a_1 \pm \frac{t^2-1}{t^2+1}, a_2 \pm \frac{2t}{t^2+1}\right), \quad 1 \leqslant t \leqslant 1995 \tag{4.2.86}$$

显然,这 1995 个点 $y_1, y_2, \cdots, y_{1995}$ 落在平移前的 $\frac{1}{4}$ 圆周 Γ 上,这些点与点 x^* 的距离恰全部等于 1. 利用上面叙述,有

$$y_t = \left(\frac{j^*}{q} \pm \frac{t^2-1}{t^2+1}, \frac{k^*}{q} \pm \frac{2t}{t^2+1}\right) \tag{4.2.87}$$

利用公式(4.2.83),可以看到 $\dfrac{q}{t^2+1}$ 是一个正整数,这里 $t = 1, 2, \cdots, 1995$. 记此数为 p_t,那么,有

$$y_t = \left(\frac{1}{q}(j^* \pm p_t(t^2-1)), \frac{1}{q}(k^* \pm 2p_t t)\right) \tag{4.2.88}$$

$j^* \pm p_t(t^2-1), k^* \pm 2p_t t$ 都是整数. 而点 $y_t(1 \leqslant t \leqslant 1995)$ 全落在 $\frac{1}{4}$ 圆周 Γ 上,那么 1995 个点 $y_1, y_2, \cdots, y_{1995}$ 全部落在正方形 $[0, 2] \times [0, 2]$ 内,那么,有

$$0 \leqslant j^* \pm p_t(t^2-1) \leqslant 2q, \quad 0 \leqslant k^* \pm 2p_t t \leqslant 2q$$

全部点 $y_1, y_2, \cdots, y_{1995}$ 在集合 A 内.

例 9 设 K 是平面内两两不同的无限点列组成的一个集合,如果每两点距离都是整数,求证: K 内所有点在同一条直线上.

证明:用反证法,设集合 K 内有三点 A, B, C 不共线. 利用一个三角形两边之差的绝对值小于第三边,则 K 内其余点到点 A 与点 B 的距离之差,取 $-AB$ 到 AB 之间的整数值. 而 $-AB$ 到 AB 间的整数值只有有限个,利用双曲线的定义,立刻可以知道,K 内有无限多点,必在以点 A 与点 B 为两个焦点的有限条互不相交的双曲线上,称其为第一族双曲线. 同样地,将点 A 换成点 C,K 内除去点 A 与点 C 的其余无限多点必在以点 B 与点 C 为两个集点的有限条互不相交的第二族双曲线上. 由于 A, B 和 C 不共线,这两族双曲线交点显然只有有限个. 而现在 K 内除去 A, B 和 C 三点,仍有无限多点,它们既在第一族双曲线上,又在第二族双曲线上,则必在这两族双曲线的交点上,而交点个数有限,矛盾.

例 10 在实数轴不同两点 x, y,用 $|x - y|$ 表示这两点(即两实数)的距离.

设 k, n 是正整数,且 $n \geqslant 3$.

(1) 当 $n - 1 \leqslant k \leqslant \frac{1}{2} n(n-1)$ 时,求证:在实数轴上存在 n 个两两不同点 $x_1, x_2, \cdots, x_n$,使得它们之间恰有 k 个不同的距离.

(2) 当 $\left[\dfrac{n}{2}\right] \leqslant k < n - 1$ 时,求证:在平面上有 n 个两两不同的点,恰确定 k 个不同的距离.

证明:(1) 对于闭区间 $\left[n-1, \dfrac{1}{2}n(n-1)\right]$ 内固定正整数 k,一定有正整数 m 存在,$2 \leqslant m \leqslant n-1$,使得

$$\frac{1}{2}n(n-1) - \frac{1}{2}m(m-1) \leqslant k \leqslant \frac{1}{2}n(n-1) - \frac{1}{2}(m-1)(m-2) \tag{4.2.89}$$

先取 m 个点 $1, 2, 3, \cdots, m$,接着取点 $m + p$,这里

$$p = k - \frac{1}{2}n(n-1) + \frac{1}{2}m(m-1) + 1 \qquad (4.2.90)$$

利用公式(4.2.89)和上式,知道 p 是一个正整数.利用上面叙述,又可以看到

$$p \leqslant -\frac{1}{2}(m-1)(m-2) + \frac{1}{2}m(m-1) + 1 = m \qquad (4.2.91)$$

于是,实数轴上 $m+1$ 个点 $\{1,2,3,\cdots,m,m+p\}$ 能取到的全部不同距离显然是 $\{1,2,3,\cdots,p+m-1\}$. 现在在实数轴上取其他 $n-m-1$ 个点 $\{\pi^{m+2},\pi^{m+3},\cdots,\pi^n\}$,一点 $\pi^{m+j}(j=2,3,\cdots,n-m)$ 与集合 $\{1,2,3,\cdots,m,m+p,\pi^{m+2},\pi^{m+3},\cdots,\pi^{m+j-1}\}$ 中任一点的全部不同距离的数目是 $(m+1)+(j-2)=m+j-1$,那么,n 个点 $\{1,2,3,\cdots,m,m+p,\pi^{m+2},\pi^{m+3},\cdots,\pi^n\}$ 能取到全部不同距离数目记为 T,

$$\begin{aligned} T &= (p+m-1) + \sum_{j=2}^{n-m}(m+j-1) \\ &= (p+m-1) + \frac{1}{2}(n-m-1)[(m+1)+(n-1)] \\ &= k - \frac{1}{2}n(n-1) + \frac{1}{2}m(m-1) + m + \frac{1}{2}(n^2-m^2) - \frac{1}{2}(n+m) \text{(利用公式(4.2.90))} \\ &= k \end{aligned} \qquad (4.2.92)$$

(2) 在平面内作一个正 $2k+1$ 边形 $A_1A_2A_3\cdots A_{2k+1}$,利用题目条件,有

$$2k + 1 \geqslant 2\left[\frac{n}{2}\right] + 1 \geqslant (n-1) + 1 = n \qquad (4.2.93)$$

在这正 $2k+1$ 边形中,取 n 个连续的顶点 $A_1,A_2,\cdots,A_n$,取线段 $A_{k+1}A_{k+2}$ 的中点 M.由于这正 $2k+1$ 边形关于直线 A_1M 对称,又由于 $n > k+1$,则 $A_1,A_2,\cdots,A_n$ 恰确定 k 个不同的距离 $A_1A_2,A_1A_3,\cdots,A_1A_{k+1}$.

例 11 考虑直角坐标平面上有 $4k^2$ 个点组成的集合 M,这里 k 是正整数.求证:至多有 $(2k-1)^2k^2$ 个长方形,每个长方形的边都与坐标轴平行,顶点属于 M.

证明: 设点 A 是所给的集合 M 内任一元素(点),称以点 A 为一个顶点,另外三个顶点也属于 M,且边平行于坐标轴的长方形是好长方形.

下面证明:当点 A 给定时,至多有 $(2k-1)^2$ 个好长方形.过点 A 作平行于两坐标轴的直线 l_1,l_2,设 $l_1-\{A\}$ 上有 m 个 M 内元素(点),$l_2-\{A\}$ 上有 n 个 M 内元素.对元素 $B \in M$,且元素 B 不属于 $l_1 \cup l_2$,至多有一个好长方形,以点 A,B 为二个顶点.而这样的 M 内点 B 至多有 $(4k^2-1)-(m+n)$.而每一个以点 A 为一个顶点的好长方形必有一个顶点是上述这样的 B 点.

下面分情况讨论:

① 如果 $m+n \geqslant 2(2k-1)$,则好长方形至多有

$$(4k^2 - 1) - 2(2k-1) = (2k-1)^2 (\text{个}) \qquad (4.2.94)$$

② 如果 $m+n \leqslant 4k-3$,考虑点对 $P \in l_1-\{A\},Q \in l_2-\{A\}$.可以知道每一对点 (P,Q) 至多形成一个好长方形,以点 A,P,Q 为三个顶点.于是,以点 A 为一个顶点的好长方形个数记为 S,有

$$\begin{aligned} S &\leqslant mn \leqslant m(4k-3-m) = -\left[\frac{1}{2}(4k-3) - m\right]^2 + \frac{1}{4}(4k-3)^2 \\ &\leqslant -\frac{1}{4} + \frac{1}{4}(4k-3)^2 (\text{利用 } m \text{ 是正整数}) \\ &= 4k^2 - 6k + 2 < (2k-1)^2 \end{aligned} \qquad (4.2.95)$$

综上所述,对任意元素 $A \in M$,以点 A 为其一个顶点的好长方形至多是 $(2k-1)^2$ 个.于是,满足条件的长方形个数小于等于 $(2k-1)^2k^2$ 个.这是由于每个长方形有 4 个顶点,在乘积 $(2k-$

$1)^2 4k^2$ 中,每个长方形都被计算了 4 次.

例 12 k 是一个正整数,$A = (a, a^*), B = (b, b^*), A, B$ 是整点,$d(A, B) = |a - b| + |a^* - b^*|$. $S = \{(a, a^*) \in \mathbf{Z} \times \mathbf{Z} \mid |a| + |a^*| \leq k\}$. 求 $f(k) = \sum_{A, B \in S} d(A, B)$,这里 $\mathbf{Z}$ 是全体整数组成的集合.

解: 对于 S 内任意一对点 $A = (a, a^*), B = (b, b^*)$,相应地,$S$ 内有一对对应点 $A^* = (a^*, a), B^* = (b^*, b)$,利用题目条件,有

$$d(A, B) = |a - b| + |a^* - b^*| = d(A^*, B^*) \tag{4.2.96}$$

上式右端 $|a - b|$ 是点对 (A, B) 的横坐标差的绝对值,而 $|a^* - b^*|$ 是点对 (A^*, B^*) 的横坐标差的绝对值.因此,对于 $f(k)$,只须计算所有点对 (A, B) 的横坐标差的绝对值,然后乘以 2 即可.

在直线 $x = a$ 上,这里 a 是整数,且 $|a| \leq k$,我们来计算这条直线上,S 内点的数目 N_a.由题目条件可以知道

$$|a| - k \leq a^* \leq k - |a| \tag{4.2.97}$$

因此在直线 $x = a$ 上,在 S 内有 $2k + 1 - 2|a|$ 个整点 (a, a^*),即

$$N_a = 2k + 1 - 2|a| \tag{4.2.98}$$

从上式,立即有

$$N_{-a} = N_a \tag{4.2.99}$$

同样地,在直线 $x = b$ 上,这里 $b > a$,S 内点的数目是 $2k + 1 - 2|b|$,$N_{-b} = N_b$,在直线 $x = a$ 上任一点与 $x = b$ 上任一点之间横坐标差的绝对值是 $b - a$.于是,利用上面叙述,有

$$f(k) = 2 \sum_{-k \leq a < b \leq k} (b - a) N_a N_b = 2 \sum_{-k \leq a < b < 0} (b - a) N_a N_b + 2 \sum_{0 < a < b \leq k} (b - a) N_a N_b$$
$$+ 2 \sum_{-k \leq a < 0 < b \leq k} (b - a) N_a N_b + 2 \sum_{0 < b \leq k} b N_0 N_b + 2 \sum_{-k \leq a < 0} (-a) N_a N_0 \tag{4.2.100}$$

在上式右端第一大项中,令 $a^* = -b, b^* = -a$,有

$$2 \sum_{-k \leq a < b < 0} (b - a) N_a N_b = 2 \sum_{0 < a^* < b^* \leq k} (b^* - a^*) N_{-b^*} N_{-a^*} = 2 \sum_{0 < a^* < b^* \leq k} (b^* - a^*) N_{b^*} N_{a^*} \tag{4.2.101}$$

在公式 (4.2.100) 的右端第三大项中,令 $a^* = -a$,有

$$2 \sum_{-k \leq a < 0 < b \leq k^2} (b - a) N_a N_b = 2 \sum_{0 < a^*, b \leq k} (b + a^*) N_{-a^*} N_b$$
$$= 2 \sum_{0 < a, b \leq k} (b + a) N_a N_b (\text{将 } a^* \text{ 改成 } a,\text{再利用公式} (4.2.99))$$
$$= 2 \sum_{0 < a < b \leq k} (b + a) N_a N_b + 2 \sum_{0 < b < a \leq k} (b + a) N_a N_b + 4 \sum_{0 < b \leq k} b N_b^2$$
$$= 4 \sum_{-0 < a < b \leq k} (b + a) N_a N_b + 4 \sum_{0 < b \leq k} b N_b^2 (\text{将上式右端第二大项中 } a, b \text{ 互换}) \tag{4.2.102}$$

在公式 (4.2.100) 的右端最后一大项中,令 $a^* = -a$,有

$$2 \sum_{-k \leq a < 0} (-a) N_a N_0 = 2 \sum_{0 < a^* \leq k} a^* N_{-a^*} N_0$$
$$= 2 \sum_{0 < b \leq k} b N_b N_0 (\text{将 } a^* \text{ 改成 } b,\text{再利用 } N_{-b} = N_b) \tag{4.2.103}$$

代公式 (4.2.101)、(4.2.102) 和 (4.2.103) 入公式 (4.2.100),有

$$f(k) = 4 \sum_{0 < a < b \leq k} (b - a) N_a N_b + 4 \sum_{0 < a < b \leq k} (b + a) N_a N_b + 4 \sum_{0 < b \leq k} b N_b N_0 + 4 \sum_{0 < b \leq k} b N_b^2$$
$$= 8 \sum_{0 < a < b \leq k} b N_a N_b + 4 \sum_{0 < b \leq k} b N_b (N_0 + N_b)$$

$$= 4\sum_{b=1}^{k} bN_b(2N_1 + 2N_2 + \cdots + 2N_{b-1} + N_0 + N_b) \qquad (4.2.104)$$

利用公式(4.2.98),我们有

$$2N_1 + 2N_2 + \cdots + 2N_{b-1} + N_0 + N_b$$
$$= \sum_{j=0}^{b} N_j + \sum_{j=1}^{b-1} N_j = \sum_{j=0}^{b}(2k+1-2j) + \sum_{j=1}^{b-1}(2k+1-2j)$$
$$= (2k+1)(b+1) - b(b+1) + (2k+1)(b-1) - (b-1)b$$
$$= 2b(2k+1-b) \qquad (4.2.105)$$

代上式入公式(4.2.104),再利用公式(4.2.98),有

$$f(k) = 4\sum_{b=1}^{k} b(2k+1-2b)2b(2k+1-b) = 8\sum_{b=1}^{k} b^2[(2k+1)^2 - 3(2k+1)b + 2b^2]$$
$$= 8(2k+1)^2 \sum_{b=1}^{k} b^2 - 24(2k+1)\sum_{b=1}^{k} b^3 + 16\sum_{b=1}^{k} b^4 \qquad (4.2.106)$$

利用

$$\left.\begin{aligned} \sum_{b=1}^{k} b^2 &= \frac{k}{6}(k+1)(2k+1) \\ \sum_{b=1}^{k} b^3 &= \left[\frac{1}{2}k(k+1)\right]^2 \\ \sum_{b=1}^{k} b^4 &= \frac{1}{30}k(k+1)(2k+1)[3k(k+1) - 1] \end{aligned}\right\} \qquad (4.2.107)$$

注:不熟悉上式最后一个等式的读者,可以对 k 用数学归纳法无困难地证明它.

代公式(4.2.107)入公式(4.2.106),有

$$f(k) = k(k+1)(2k+1)\left[\frac{4}{3}(2k+1)^2 - 6k(k+1) + \frac{8}{15}(3k(k+1) - 1)\right]$$
$$= \frac{2}{15}k(k+1)(2k+1)(7k^2 + 7k + 6) \qquad (4.2.108)$$

例 13 在一个城市内公共汽车线路不止一条,任意两条不同线路有且只有一个公共的汽车站,每两个汽车站之间有一条公共汽车线路连结它们.

(1) 如果每条线路恰有 k 个汽车站($k \geqslant 3$),求汽车线路数目;

(2) 如果公共汽车线路的数目是 m(正整数 $m \geqslant 7$,且 $4m-3$ 是一个奇数的完全平方),每条汽车线路至少有 k 个($k \geqslant 3$)公共汽车站.求每条公共汽车线路上汽车站的数目.

解: 先证明,通过每个汽车站,恰有相同数目的汽车线路,这一数目也是每条汽车线路上的汽车站数目.

如果 a 是一条汽车线路,在 a 上,记全部汽车站为 $A_1, A_2, \cdots, A_n$,这里 $n \geqslant k$(图 4.4(a)).设 S 是不在线路 a 上的一个汽车站.由题目条件,有一条汽车线路 l_j 连接 S 与 A_j 两个汽车站,$j = 1, 2, \cdots, n$.由于当 $j \neq k$ 时,A_j 与 A_k 是 a 上不同的两个车站,利用题目条件,l_j 与 l_k 不属于同一条汽车线路.因此,通过汽车站 S,有 n 条汽车线路 $l_1, l_2, \cdots, l_n$.如果还有另一条汽车线路 l 连接 S 与另一汽车站 B,这 B 不同于任一 $A_j, j = 1, 2, \cdots, n$.由题目条件,两条汽车线路 l 与 a 有且只有一个公共汽车站.因此,必有某个汽车站 A_j 位于汽车线路 l 上.那么,两条汽车线路 l 与 l_j 至少有两个公共汽车站 S 和 A_j.矛盾.因此,通过汽车站 S,恰有 n 条两两不同的汽车线路 $l_1, l_2, \cdots, l_n$.

现在记 b 是不同于 a 的任意一条汽车线路(图 4.4(b)).下面证明,在 b 上恰有 n 个汽车站.不妨设 a 与 b 恰公共汽车站 A_1.由于在 b 上至少有 k 个汽车站($k \geqslant 3$),那么,存在不在线路 a

上的两个汽车站 B_2,B_3,它们在汽车线路 b 上. B_2 与 A_2 两个汽车站有一条汽车线路 l 连结它们. 由于 l 与 b 只有一个公共汽车站 B_2,那么车站 B_3 不在 l 上. 由于线路 l 上至少有 $k(k\geqslant 3)$ 个汽车站,那么,还至少有一个汽车站 C,C 在 l 上. 由题目条件,C 既不在 a 上,也不在 b 上. 因为 l 与 a 已有公共汽车站 A_2,l 与 b 已有公共汽车站 B_2. 由前面的证明,通过汽车站 C,恰有 n 条两两不同的汽车线路,这些线路的每一条与 b 恰有一个公共汽车站. 因此,汽车线路 b 上恰有 n 个汽车站.

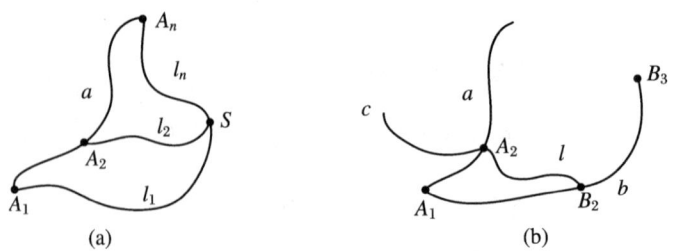

图 4.4

对于汽车线路 b,任一汽车站 $A_j(2\leqslant j\leqslant n)$ 不在 b 上. 由前面证明可以知道,通过每一汽车站 $A_j(2\leqslant j\leqslant n)$ 恰有 n 条两两不同的汽车线路. 由于汽车站 A_1 不在汽车线路 l 上(l 与 a 已有公共汽车站 A_2),l 上也恰有 n 个汽车站,那么,通过汽车站 A_1 也恰有 n 条两两不同的汽车线路.

现在知道,每条汽车线路上有 n 个汽车站,每个汽车站恰通过 n 条汽车线路. 因为通过任一汽车站 $A_j(j=1,2,\cdots,n)$ 的不同于线路 a 的汽车线路恰有 $n-1$ 条,因此,全部汽车线路总数是 $n(n-1)+1$ 条,这些汽车线路中任意两条都是不同的. 由于任一汽车线路必与 a 有一个公共汽车站 A_j,则这条汽车线路被统计在上述 $n(n-1)+1$ 条这个数目中. 因此,$n(n-1)+1$ 是汽车线路总数.

(1) 由于 $n=k$,则 $k(k-1)+1$ 是汽车线路总数.
(2) 由题目条件,有
$$n(n-1)+1 = m \tag{4.2.109}$$
解上述关于 n 的一元二次方程,利用题目条件,有正整数
$$n = \frac{1}{2}(1+\sqrt{4m-3}) \tag{4.2.110}$$

注:这是一个自编题目.

现在我们来讲组合数学中重要的包含-排斥原理(容斥原理). 设 S 是事物的有限集合. $P_1,P_2,P_3,\cdots,P_m$ 是 S 中的事物可能具有的 m 种性质. $A_1,A_2,A_3,\cdots,A_m$ 是分别具有性质 $P_1,P_2,P_3,\cdots,P_m$ 的 S 的子集,记 $\overline{A_i}=S-A_i$,$\overline{A_i}$ 表示 S 中不具有性质 P_i 的子集,$1\leqslant i\leqslant n$. 用 $|P|$ 表示集合 P 中元素个数.

例 14(包含-排斥原理)

(1) 集合 S 中不具有 $P_1,P_2,P_3,\cdots,P_m$ 的任何性质的事物个数为
$$|\overline{A_1}\cap\overline{A_2}\cap\cdots\cap\overline{A_m}| = |S|-\sum|A_i|+\sum|A_i\cap A_j|-\sum|A_i\cap A_j\cap A_k|+\cdots$$
$$+(-1)^m|A_1\cap A_2\cap\cdots\cap A_m|$$
其中各和式分别取遍集合 $\{1,2,\cdots,m\}$ 的所有 1 元组合,2 元组合,3 元组合,$\cdots$,$m-1$ 元组合.

(2) S 中至少含有性质 $P_1,P_2,P_3,\cdots,P_m$ 之一的事物的个数为
$$|A_1\cup A_2\cup\cdots\cup A_m| = \sum|A_i|-\sum|A_i\cap A_j|+\sum|A_i\cap A_j\cap A_k|-\cdots$$

$$+ (-1)^{m+1} |A_1 \cap A_2 \cap \cdots \cap A_m|$$

式中 $\sum$ 意义同(1).

证明:引入下列符号

$$\left.\begin{array}{l} W(0) = |S|, \quad W(1) = \sum |A_i|, \quad W(2) = \sum |A_i \cap A_j| \\ W(3) = \sum |A_i \cap A_j \cap A_k|, \quad \cdots, \quad W(m) = |A_1 \cap A_2 \cap \cdots \cap A_m| \end{array}\right\} \quad (4.2.111)$$

于是,要证明的两个公式为

$$|\overline{A}_1 \cap \overline{A}_2 \cap \cdots \cap \overline{A}_m| = \sum_{i=0}^{m} (-1)^i W(i) \quad (4.2.112)$$

$$|A_1 \cup A_2 \cup \cdots \cup A_m| = \sum_{i=1}^{m} (-1)^{i+1} W(i) \quad (4.2.113)$$

先证明前一个公式,只要证明对任意 $x \in S$,它对公式(4.2.112)的左右两端参加计数的值都相等即可.分两种情况讨论.

第一种情况,如果 x 不具有 $P_1, P_2, P_3, \cdots, P_m$ 中任何性质,即 $x \in \overline{A}_1 \cap \overline{A}_2 \cap \cdots \cap \overline{A}_m$.显然它对公式(4.2.112)的左端参加计数为 1.而 $x \in S$,所以它对公式(4.2.112)的右端 $|S|$ 项参加计数为 1;又 x 不属于任一 $A_i (i = 1, 2, \cdots, m)$,因此它对 $\sum |A_i|, \sum |A_i \cap A_j|, \cdots$ 等和式的计数都为 0.这样,x 对公式(4.2.112)的右端计数也为 1.这说明 x 对公式(4.2.112)的左、右两端的计数是相等的.

第二种情况,如果 x 恰具有 $k (1 \leqslant k \leqslant m)$ 种性质.不妨设 x 恰具有性质 $P_1, P_2, \cdots, P_k$.显然 x 不属于 $\overline{A}_1 \cap \overline{A}_2 \cap \cdots \cap \overline{A}_m$,那么 x 对公式(4.2.112)的左端计数为 0.这里要说明一下,如果一个集合 $A = \{x_1, x_2, \cdots, x_t\}$,则 $|A| = t$,每个 $x_j (1 \leqslant j \leqslant t)$ 都在 A 内,对于 $|A|$ 的计数都为 1, t 个 1 相加,恰为 $|A|$.不在 A 内 x,对于 $|A|$ 的计数都为 0.本题就是采用这样的想法.对于公式(4.2.112)的右端,x 对 $|S|$ 项计数为 1.又因为 $x \in A_1 \cap A_2 \cap \cdots \cap A_k$,因而对和式 $\sum |A_i|$ 项,x 参加计数 k 次,每次计数都为 1.对 $\sum |A_i \cap A_j|$ 项,设 (i,j) 是集合 $\{1, 2, \cdots, m\}$ 的任一个二元组合.显然,每当 (i,j) 是子集合 $\{1, 2, \cdots, k\}$ 的一个二元组合时,x 参加计数为 1,其余情况计数为 0.而这样计数为 1 的二元组合个数为 C_k^2.于是这 x 对 $\sum |A_i \cap A_j|$ 项的计数是 C_k^2.其余类推.对于多于 k 个集合的交的那些项,x 对其计数显然为 0.因而这 x 对公式(4.2.112)右端的计数之和为

$$C_k^0 - C_k^1 + C_k^2 - C_k^3 + \cdots + (-1)^k C_k^k = (1-1)^k = 0 \quad (4.2.114)$$

这说明在第二种情况,x 对公式(4.2.112)的左、右两端计数相等.

从第一、二种情况的叙述,我们知道公式(4.2.112)成立.有了公式(4.2.112),公式(4.2.113)就能轻易地从下述推导得出.

$$|A_1 \cup A_2 \cup \cdots \cup A_m| = |S| - |\overline{A}_1 \cap \overline{A}_2 \cap \cdots \cap \overline{A}_m| = |S| - \sum_{i=0}^{m} (-1)^i W(i)$$

$$= \sum_{i=1}^{m} (-1)^{i+1} W(i) (\text{利用 } W(0) = |S|) \quad (4.2.115)$$

包含-排斥原理有许多应用,先举两个简单例子.

(1) 某班级有学生 25 人,其中有 14 人会西班牙语,12 人会法语,6 人会法语和西班牙语,5 人会德语和西班牙语,还有 2 人对这三种语言都会说.而 6 个会德语的人会说法语和西班牙语.求不会这三种语言的人数.

解:记会讲法语、德语、西班牙语的学生的集合分别记为 A_F, A_G, A_S,利用题目条件可以看到

$$\left.\begin{array}{l}|A_F| = 12, \quad |A_G| = 6, \quad |A_S| = 14, \\ |A_F \cap A_S| = 6, \quad |A_G \cap A_S| = 5, \quad |A_F \cap A_G \cap A_S| = 2\end{array}\right\} \quad (4.2.116)$$

考虑 $|A_F \cap A_G|$,因为 6 个会德语的人都会讲法语或西班牙语,由于其中 5 人会西班牙语,那么另一人肯定会讲法语.又上述 5 个既懂德语又懂西班牙语的人中有两人会讲法语,因此,有

$$|A_F \cap A_G| = 3 \quad (4.2.117)$$

利用题目条件和上面叙述可以知道

$$\left.\begin{array}{l}W(0) = 25 \\ W(1) = |A_F| + |A_G| + |A_S| = 32 \\ W(2) = |A_F \cap A_S| + |A_G \cap A_S| + |A_F \cap A_G| = 14 \\ W(3) = |A_F \cap A_G \cap A_S| = 2\end{array}\right\} \quad (4.2.118)$$

利用公式(4.2.112)和上式,有不会这三种语言的人数

$$|\overline{A_F} \cap \overline{A_G} \cap \overline{A_S}| = 25 - 32 + 14 - 2 = 5 \quad (4.2.119)$$

(2) 某班有数学、物理和化学爱好者小组,各组依次为 10 人,12 人和 5 人,其中有 4 人既参加数学小组又参加物理小组,有 3 人既参加数学小组又参加化学小组,有 3 人既参加物理小组又参加化学小组,有 2 人三个小组都参加,问这三个小组共有多少人?

解:不妨记参加数学小组的人的集合为 A_1,参加物理小组的人的集合为 A_2,参加化学小组的人的集合为 A_3,由题目条件,有

$$\left.\begin{array}{l}|A_1| = 10, \quad |A_2| = 12, \quad |A_3| = 5, \quad |A_1 \cap A_2| = 4 \\ |A_1 \cap A_3| = 3, \quad |A_2 \cap A_3| = 3, \quad |A_1 \cap A_2 \cap A_3| = 2\end{array}\right\}$$

利用公式(4.2.113)和上式,有

$$|A_1 \cup A_2 \cup A_3| = (10 + 12 + 5) - (4 + 3 + 3) + 2 = 19 \quad (4.2.120)$$

于是,这三个小组共有 19 人.

例 15 药剂师在实验室里有若干配料,其中有些配料是甜的.现在药剂师要调剂 204 种药,每种药恰由 6 种配料组成,且这 6 种配料中至少有一种甜性配料.已知对任意 4 种配料,恰有一种药包含了这 4 种配料.求证:至少有一种药,包含了至少 5 种甜性配料.

证明:用反证法.设每种药至多包含了 4 种甜性配料.设总共有 T 种配料,先求出 T.由于有 C_T^4 种 4 配料组,均出现在 204 种药中,每种药有 $C_6^4 = 15$ 种 4 配料组.由于对任意 4 种配料,恰有一种药包含了这 4 种配料,那么,应当有

$$C_T^4 = 15 \times 204 = 3^2 \times 5 \times 2^2 \times 17 \quad (4.2.121)$$

从上式,有

$$T(T-1)(T-2)(T-3) = 15 \times 16 \times 17 \times 18 \quad (4.2.122)$$

利用上式,正整数

$$T = 18 \quad (4.2.123)$$

设配料 x 出现在 k_x 种药中,剩下 17 种配料中任取 3 种配料,与 x 组成包含 x 的 4 配料组.那么包含配料 x 的 4 配料组共有 $C_{17}^3 = 680$ 种,而含 x 的 k_x 种药中,每种药有 6 种配料,有 $C_5^3 = 10$ 种含 x 的 4 配料组.于是,有

$$10k_x = 680, \quad 即 \quad k_x = 68 \quad (4.2.124)$$

设配料 x, y 出现在 $k_{x,y}$ 种药中,利用任意一个 4 配料组恰有一种药包含它,则含有配料 x, y 的 4 配料组有 $C_{16}^2 = 120$ 种,而含 x, y 的 $k_{x,y}$ 种药中,每种药含有 $C_4^2 = 6$ 种含 x, y 配料的 4 配料组,所以,有

$$6k_{x,y} = 120, \quad k_{x,y} = 20 \tag{4.2.125}$$

设配料 x,y,z 出现在 $k_{x,y,z}$ 种药中. 由条件, 含有 x,y,z 的 4 配料组共有 $C_{15}^1 = 15$ 种, 而含 x,y,z 的 $k_{x,y,z}$ 种药中, 每种药含有 3 种含 x,y,z 的 4 配料组, 所以, 有

$$3k_{x,y,z} = 15, \quad k_{x,y,z} = 5 \tag{4.2.126}$$

设配料 x,y,z,w 出现在 $k_{x,y,z,w}$ 种药中, 由题目条件, 知道

$$k_{x,y,z,w} = 1 \tag{4.2.127}$$

利用反证法假设, 任意 5 种甜性配料不被一种药包含. 设所有 m 种甜性配料分别记为 $S_1, S_2, S_3, \cdots, S_m$. 下面计算所有含甜性配料的种药的数目.

一方面, 由题目条件知道所有 204 种药都含有甜性配料. 另一方面, 由容斥原理, 一共有

$$\sum_{a=1}^{m} k_{S_a} - \sum_{1 \leqslant a < b \leqslant m} k_{S_a, S_b} + \sum_{1 \leqslant a < b < c \leqslant m} k_{S_a, S_b, S_c} - \sum_{1 \leqslant a < b < c < d \leqslant m} k_{S_a, S_b, S_c, S_d} = 68m - 20C_m^2 + 5C_m^3 - C_m^4 \tag{4.2.128}$$

种药含有甜性配料, 这里利用公式 (4.2.124), (4.2.125), (4.2.126) 和 (4.2.127).

利用上面叙述, 有

$$68m - 10m(m-1) + \frac{5}{6}m(m-1)(m-2) - \frac{1}{24}m(m-1)(m-2)(m-3) = 204 \tag{4.2.129}$$

化简上式, 可以看到

$$m(78 - 10m) + \frac{1}{24}m(m-1)(m-2)(23-m) = 204 \tag{4.2.130}$$

由于当正整数 $m \geqslant 23$ 时, 上式左端小于等于零. 公式 (4.2.130) 不可能成立. 于是, 有

$$m \leqslant 22 \tag{4.2.131}$$

公式 (4.2.130) 两端乘以 12, 利用 $\frac{1}{2}(m-1)(m-2)$ 是整数, 有

$$12m(78 - 10m) + m\frac{1}{2}(m-1)(m-2)(23-m) = 3^2 \times 4^2 \times 17 \tag{4.2.132}$$

m 必是 $3^2 \times 4^2 \times 17$ 的因数, 结合不等式 (4.2.131), 有

$$m \in \text{集合}\{1, 2, 3, 4, 6, 8, 9, 12, 16, 17, 18\} \tag{4.2.133}$$

令

$$f(m) = m(78 - 10m) + \frac{1}{24}m(m-1)(m-2)(23-m) \tag{4.2.134}$$

即记公式 (4.2.130) 的左端为 $f(m)$. 直接计算, 有

$$\begin{aligned} &f(1) = 68, \quad f(2) = 116, \quad f(3) = 149, \quad f(4) = 171, \quad f(6) = 193, \quad f(8) = 194 \\ &f(9) = 186, \quad f(12) = 101, \quad f(16), f(17), f(18) \text{ 全是负实数} \end{aligned} \tag{4.2.135}$$

因此, 无正整数 m 满足公式 (4.2.130). 反证法完成.

注: 这是一个自编题.

4.3 比赛与游戏

本节先从有关体育比赛的题目谈起.

例1 设 n 是正整数,2^n 名乒乓球选手参加一届友谊赛,每人每天至多赛一场,已知选手的水平两两不同,强的胜弱的,每一天的比赛程序在前一天晚上决定.求证:可组织 $\frac{1}{2}n(n+1)$ 天比赛就能决定所有选手的强弱.

证明: 对 n 用数学归纳法.当 $n=1$ 时,两人安排一场比赛,显然题目结论成立.设题目结论对 $n-1$ 成立.考虑 n 情况,先将 2^n 名选手分成 A、B 两组,每组 2^{n-1} 人,两组比赛同时进行.由归纳法假设,经过 $\frac{1}{2}(n-1)n$ 天比赛,可以定出每组选手的强弱水平.为叙述方便,用">"表示"强于".于是,有

$$\left. \begin{array}{ll} A \text{ 组} & A_1 > A_2 > \cdots > A_{2^{n-1}} \\ B \text{ 组} & B_1 > B_2 > \cdots > B_{2^{n-1}} \end{array} \right\} \tag{4.3.1}$$

设 k,l 为正整数,并且 $k+l=2^n$,当 $A_1>A_2>\cdots>A_k$,$B_1>B_2>\cdots>B_l$ 时,下面证明排定这 2^n 名选手的强弱只需 n 天.

对 n 用归纳法.当 $n=1$ 时,$k=l=1$,安排一场比赛,结论显然成立.设结论对正整数 n 成立,考虑满足 $k+l=2^{n+1}$ 的正整数 k,l,不妨设 $l \geq k$,则 $l \geq 2^n \geq k$,安排第一天的比赛如下:

$$\begin{array}{ccccccc} A_1 & A_2 & & A_{j-1} & A_j & & A_k \\ | & | & \cdots & | & | & \cdots & | \\ B_{2^n} & B_{2^n-1} & & B_{2^n-j+2} & B_{2^n-j+1} & & B_{2^n-k+1} \end{array} \tag{4.3.2}$$

这里"|"表示这两位选手安排一场比赛,两个下标之和为 2^n+1 的 A、B 两组内各一位选手安排为第一天比赛.B 组内其他选手(如果存在)休息.

设 A_j 是第一个负于对手的 A 组选手,即选手 $A_1,A_2,\cdots,A_{j-1}$ 胜,$A_j,A_{j+1},\cdots,A_k$ 负,这里 $j \in$ 集合 $\{1,2,\cdots,k+1\}$,那么,经过第一天比赛后,有

$$\left. \begin{array}{l} A_1 > A_2 > \cdots > A_{j-1} > B_{2^n-j+2} > B_{2^n-j+3} > \cdots > B_l (\text{当 } j=1 \text{ 时},\text{无 } A \text{ 组选手}) \\ B_1 > B_2 > \cdots > B_{2^n-j+1} > A_j > A_{j+1} > \cdots > A_k (\text{当 } j=k+1 \text{ 时},\text{无 } A \text{ 组选手}) \end{array} \right\} \tag{4.3.3}$$

第一天比赛结束后,再重新分组:

$$\left. \begin{array}{l} \text{第一组}: A_1 > A_2 > \cdots > A_{j-1}, \quad B_1 > B_2 > \cdots > B_{2^n-j+1} (\text{当 } j=1 \text{ 时},\text{无 } A \text{ 组选手}) \\ \text{第二组}: A_j > A_{j+1} > \cdots > A_k, \quad B_{2^n-j+2} > B_{2^n-j+3} > \cdots > B_l (\text{当 } j=k+1 \text{ 时},\text{无 } A \text{ 组选手}) \end{array} \right\} \tag{4.3.4}$$

第一组有选手 2^n 名,则第二组选手也是 2^n 名.由上面叙述,第一组选手中任一名选手的水平都强于第二组中任一选手的水平.由归纳法假设,这两组比赛同时进行,只需 n 天,就可定出每组所有选手的强弱,从而知道了全部选手的强弱.因此结论对 $n+1$ 成立.

回到第一次的数学归纳法,有了上述结论,令 $k=l=2^{n-1}$,全部选手经过 $\frac{1}{2}(n-1)n+n=\frac{1}{2}n(n+1)$ 天比赛,就能定出所有选手的强弱.题目结论成立.

例2 有 n 支球队参加足球 T 联赛,每支球队与其他球队只比赛一场,规定胜一场得3分,平一场得1分,负一场不得分.联赛结束后,有一些球队可能会被取消比赛资格和比赛结果,剩下的球队将重新计算成绩.积分多的球队将会成为这次联赛的冠军(如果只有一支球队没被取消比赛资格,则它就是冠军).

设 $f_i(T)(i=1,2,\cdots,n,\text{正整数 } n \geq 5)$ 是在这次 T 联赛中使得第 i 支球队获得冠军,而被取消比赛资格的球队数目的最小值.又设 $F(T)=\sum_{i=1}^{n}f_i(T)$,求 $F(T)$ 的最大值和最小值.

解:对于每个 $i \in$ 集合 $\{1,2,\cdots,n\}$,n 支球队中第 i 支球队获得冠军,至多 $n-1$ 支球队被取消资格与成绩,因此,有

$$f_i(T) \leqslant n-1, \quad F(T) \leqslant n(n-1) \tag{4.3.5}$$

另外,如果在 T 联赛中,所有比赛结果都是平局,每支球队得分都一样,为 $n-1$ 分,则要第 i 支球队得冠军,必须取消其他 $n-1$ 支球队的比赛资格与成绩.因此,不等式(4.3.5)的等号能够取到,$F(T)$ 的最大值是 $n(n-1)$.

下面求 $F(T)$ 的最小值.

对于 T 联赛,如果第 i 支球队赢第 $i+1$ 支球队($i \in$ 集合 $\{1,2,\cdots,n-1\}$),第 n 支球队赢第 1 支球队,其他球队之间的比赛均为平局,则每支球队赢一场,负一场,平 $n-3$ 场,每支球队都得 n 分.如果取消第 $i-1$ 支球队的资格和相应结果,则第 i 支球队得分仍为 n 分,但其他 $n-2$ 支球队每队得分至多为 $n-1$ 分.于是,有

$$f_i(T) = 1, \quad \text{这里 } i \in \{1,2,\cdots,n\}, \quad F(T) = n \tag{4.3.6}$$

下面分情况讨论,证明上式给出了 $F(T)$ 的最小值.

① 如果在 T 联赛中至少有 2 支球队得分最多(相同),或者各队得分都一样,则要第 i 支球队获得冠军,至少要取消一支球队的比赛资格和相应结果.于是,有

$$f_i(T) \geqslant 1(i=1,2,\cdots,n), \quad F(T) \geqslant n \tag{4.3.7}$$

② 如果在 T 联赛中有一支球队比其他球队得分多,不妨设第 n 支球队比其他球队得分多.于是,有

$$f_n(T) = 0, \quad f_i(T) \geqslant 1(i=1,2,\cdots,n-1), \quad F(T) \geqslant n-1 \tag{4.3.8}$$

如果 $F(T) = n-1$,利用上式,有

$$f_i(T) = 1(i=1,2,\cdots,n-1), \quad f_n(T) = 0 \tag{4.3.9}$$

设第 i 支球队($1 \leqslant i \leqslant n-1$)获得冠军,被取消资格和结果的是第 a_i 支球队.显然,当 $i \neq j$ 时($i,j \in$ 集合 $\{1,2,\cdots,n-1\}$),$a_i \neq a_j$,否则取消同一支球队的资格和相应结果,既能使第 i 支球队得冠军,又能使第 j 支球队得冠军,这不可能.

于是,当 $a_i \neq n$ 时,第 a_i 支球队一定输给了第 n 支球队,因为如果第 a_i 支球队胜第 n 支球队,取消 a_i 支球队的资格和相应结果,则第 n 支球队得分不变,其他球队得分不会提高,仍是第 n 支球队得冠军,与第 i($1 \leqslant i \leqslant n-1$)支球队得冠军矛盾.如果第 a_i 支球队平第 n 支球队,取消第 a_i 支球队的资格和相应结果,则第 n 支球队少 1 分,其他球队得分不会提高,则第 n 支球队得分仍是最高,可能与某些球队同分,不能保证第 i 支($1 \leqslant i \leqslant n-1$)球队得冠军.所以,利用上面叙述,$a_1, a_2, \cdots, a_{n-1}$ 中至多一个是 n,且第 n 支球队至少战胜了 $n-2$ 支球队,从而第 n 支球队得分 $k_n \geqslant 3(n-2)$.由于取消一支球队的资格和相应结果,要使第 i 支球队($1 \leqslant i \leqslant n-1$)得冠军,这时第 n 支球队重新计分 $k_n^* \geqslant k_n - 3 \geqslant 3(n-3)$,利用第 i 支球队得分 $k_i \geqslant k_i^*$(取消一支球队的资格和相应结果后,第 i 支球队重新计分是 k_i^*)$> k_n^* \geqslant 3(n-3)$.则先考虑不取消第 n 支球队的比赛资格和结果,最后考虑可能取消第 n 支球队的比赛资格和相应结果,有

$$k_i \geqslant 3(n-3)+1, \quad i=1,2,\cdots,n-1 \tag{4.3.10}$$

于是,在 T 联赛中,所有球队得分之和

$$\sum_{i=1}^{n} k_i \geqslant (n-1)[3(n-3)+1] + 3(n-2) = 3n^2 - 8n + 2 \tag{4.3.11}$$

另一方面,n 支球队比赛总得分不会超过 $3C_n^2$,则

$$\sum_{i=1}^{n} k_i \leqslant 3C_n^2 = \frac{3}{2}n(n-1) \tag{4.3.12}$$

利用不等式(4.3.11)和(4.3.12),有

$$\frac{3}{2}n(n-1) \geq 3n^2 - 8n + 2 \tag{4.3.13}$$

上式两端乘以2,再化简,有

$$0 \geq 3n^2 - 13n + 4 = n(3n-13) + 4 \geq 14(由于正整数 n \geq 5) \tag{4.3.14}$$

得矛盾.因此,不可能有 $F(T) = n-1$,从而 $F(T)$ 的最小值是 n.

例3 在某城市足球赛中,要求每一队都必须同其余各队进行一场比赛,胜一场得3分,平一场得1分,负一场得0分.已知有一队得分最多,比其余任一队得分都多,但这队胜的场次最少,比任何一队都少,问至少有几队参加比赛?

解:记得分最多的队为 A 队,A 队胜 n 场,平 m 场,A 队得 $3n+m$ 分.其余每一队至少胜 $n+1$ 场,因此得分大于等于 $3(n+1)$,那么,应当有

$$3n + m > 3(n+1) \tag{4.3.15}$$

利用上式,有

$$m \geq 4 \tag{4.3.16}$$

因此 A 队至少平了4场,那么一定有一支球队,它和 A 队打平了一场,这个队得分至少 $3(n+1)+1$.这支球队得分应少于 A 队得分,那么,应当有

$$3n + m > 3(n+1) + 1, \quad m \geq 5 \tag{4.3.17}$$

设共有 k 队参赛,从上面分析,注意到 n 可能是零,有

$$k \geq m + 1 \geq 6 \tag{4.3.18}$$

首先,我们要证明 $k=6$ 是不可能的.当 $k=6$ 时,A 队与其他各队都是平局,A 队只得5分,其他5队每队至多得4分,因此,这6支球总得分至多为

$$5 + 4 \times 5 = 25(分) \tag{4.3.19}$$

另一方面,6支球队比赛,每场比赛至少产生2分,因此,6支球队得分总数至少为 $2C_6^2 = 30$ 分,矛盾.

下面证明 $k=7$ 也同样不可能.当 $k=7$ 时,A 队只进行了6场比赛,利用不等式(4.3.17),A 队至少要平5场,有两种可能,第一种可能,A 队全为平局,A 队得6分,其余6队每队至多得5分,全部球队得分至多为

$$6 + 5 \times 6 = 36(分) \tag{4.3.20}$$

而7支球队参赛,总得分至少为 $2C_7^2 = 42$ 分,矛盾.第二种可能,A 队胜一场,平5场,A 队得8分,由题目条件,其余6支球队每队至少胜2场,每队得分最多7分.因此,全部队伍得分最多为

$$8 + 7 \times 6 = 50(分) \tag{4.3.21}$$

而全部比赛至少胜了13场,全部比赛一共赛了 $C_7^2 = 21$ 场,那么,这7支球队得分总数至少为

$$3 \times 13 + 2 \times 8 = 55(分) \tag{4.3.22}$$

又得矛盾.因此,参赛球队

$$k \geq 8 \tag{4.3.23}$$

当 $k=8$ 时,A 队进行了7场比赛,由于 A 队至少要平5场,则至多胜2场.对于 A 队而言,有以下三种可能性.

第一种情况,A 队全为平局,这时,A 队只得7分,其他各队每队至多得6分,全部队伍总分至多为

$$7 + 6 \times 7 = 49 < 2C_8^2(分) \tag{4.3.24}$$

这不可能,这里 $2C_8^2 = 56$ 是全部球队最少的得分总数(为满足题目条件,实际得分总数要大于56分).

第二种情况，A 队只胜一场，这时 A 队只得 9 分，其余各队每队至多胜 2 场，且每队至多得 8 分，全部球队总分至多为
$$9 + 8 \times 7 = 65(\text{分}) \tag{4.3.25}$$
而全部比赛至少胜了 15 场，因此全部球队得分总数至少为
$$3 \times 15 + 2(C_8^2 - 15) = 71(\text{分}) \tag{4.3.26}$$
又矛盾.

第三种情况，A 队胜 2 场，平 5 场，A 队得 11 分，其余各队每队至多得 10 分，每队胜 3 场. 全部球队得分总数至多为
$$11 + 10 \times 7 = 81(\text{分}) \tag{4.3.27}$$
而全部比赛至少胜了 23 场，总分至少为
$$3 \times 23 + 2(C_8^2 - 23) = 79(\text{分}) \tag{4.3.28}$$

从上面分析导出下例.

球队编号	A	B	C	D	E	F	G	H	得分
A		1	1	1	1	1	3	3	11
B	1		3	0	3	0	3	0	10
C	1	0		3	0	3	0	3	10
D	1	3	0		3	0	3	0	10
E	1	0	3	0		3	0	3	10
F	1	3	0	3	0		3	0	10
G	0	0	3	0	3	0		3	9
H	0	3	0	3	0	3	0		9

因此，本题结论是至少有 8 支球队参加了比赛.

例 4 一次循环赛中有 $2n+1$ 支参赛队，其中每队与其他队都只打一场比赛，且比赛结果中没有平局. 如果三支队 X, Y, Z 满足：X 击败 Y，Y 击败 Z，Z 击败 X，则称它们形成一个环形三元组.

(1) 求环形三元组的最小可能数目；

(2) 求环形三元组的最大可能数目.

这里正整数 $n \geqslant 2$.

解：(1) 将全部 $2n+1$ 支参赛队依水平高低由高至低依次记为 $T_1, T_2, T_3, \cdots, T_{2n+1}$. 如果比赛结果，当 $i < j$ 时，T_i 队击败 T_j 队，则不存在环形三元组，即环形三元组的最小可能值是 0.

(2) 任何 3 支参赛队或者组成一个环形三元组，或者组成一个支配型三元组，即某队击败了其余两队. 设环形三元组有 c 组，支配型三元组有 d 组，则
$$c + d = C_{2n+1}^3 \tag{4.3.29}$$
将全部队伍编号为 $T_1, T_2, T_3, \cdots, T_{2n+1}$. 设某队 T_i 击败 x_i 支其他队，将这 x_i 支队中任取二队(当 $x_i \geqslant 2$ 时)，与 T_i 队组成一个支配型三元组，这样的支配型三元组有 $C_{x_i}^2 = \frac{1}{2} x_i(x_i - 1)$ 组. 这结果包含 $x_i \in \{0, 1\}$ 情况. 由于题目条件，比赛结果中没有平局，$2n+1$ 支队，每二队打一场比赛，一共有 C_{2n+1}^2 场比赛，产生了 C_{2n+1}^2 支被击败的队(有重复计算，严格地应称为队次). 于是，有
$$\sum_{i=1}^{2n+1} x_i = C_{2n+1}^2 \tag{4.3.30}$$

由于支配型三元组有 d 组，则

$$d = \sum_{i=1}^{2n+1} \frac{1}{2} x_i (x_i - 1) = \frac{1}{2} \sum_{i=1}^{2n+1} x_i^2 - \frac{1}{2} C_{2n+1}^2 \tag{4.3.31}$$

利用 Cauchy 不等式,有

$$(2n+1) \sum_{i=1}^{2n+1} x_i^2 \geqslant \Big(\sum_{i=1}^{2n+1} x_i\Big)^2 = (C_{2n+1}^2)^2 \tag{4.3.32}$$

这里利用公式(4.3.30).

利用上二式,有

$$d \geqslant \frac{1}{2} n^2 (2n+1) - \frac{1}{2}(2n+1) n \tag{4.3.33}$$

利用公式(4.3.29)和上式,有

$$C \leqslant C_{2n+1}^3 - \frac{1}{2} n^2 (2n+1) + \frac{1}{2}(2n+1) n = \frac{1}{6} n(2n+1)[2(2n-1) - 3n + 3]$$

$$= \frac{1}{6} n(n+1)(2n+1) \tag{4.3.34}$$

下面说明,上式等号能够取到. 为叙述方便,当下标 $i > 2n+1$ 时,记参赛队 $T_i = T_{i-(2n+1)}$. 将全部 $2n+1$ 支队依次顺时针排在一个圆周上,对每一下标 $i \in$ 集合$\{1,2,3,\cdots,2n+1\}$,设队 T_i 击败队 $T_{i+1}, T_{i+2}, \cdots, T_{i+n}$ 这 n 支队,但输给队 $T_{i+n+1}, T_{i+n+2}, \cdots, T_{i+2n}$.

考虑含有队 T_i 的环形三元组,如果环形三元组中含有队 $T_{i+j} (1 \leqslant j \leqslant n)$,第三支队可取队 $T_{i+n+1}, T_{i+n+2}, \cdots, T_{i+n+j}$(共 j 队)之一. 考虑$\{T_i, T_{i+j}, T_{i+n+k}\} (1 \leqslant k \leqslant j)$ 这 3 支队伍. 由前面叙述,队 T_i 击败队 $T_{i+j} (1 \leqslant j \leqslant n)$,负于 T_{i+n+k} 队$(1 \leqslant k \leqslant j \leqslant n)$. 注意下标 $1 \leqslant k \leqslant j$,有 $T_{i+n+k} \in$ 集合$\{T_{i+j+1}, T_{i+j+2}, \cdots, T_{i+j+n}\}$,于是队 T_{i+j} 击败队 T_{i+n+k},于是$\{T_i, T_{i+j}, T_{i+n+k}\}$ 组成一个环形三元组. 对每一个固定下标 $i (i \in$ 集合$\{1,2,3,\cdots,2n+1\})$,当下标 j 取定后,下标 k 的取法有 j 种,因此,对每一个固定下标 i,有 $\sum_{j=1}^{n} j = \frac{1}{2} n(n+1)$ 个环形三元组. 当安排完所有下标 i 的队之后,每一个环形三元组都被计算了三次. 因此,环形三元组的总数目是

$$\frac{1}{3}(2n+1) \frac{1}{2} n(n+1) = \frac{1}{6} n(n+1)(2n+1) \tag{4.3.35}$$

这就是环形三元组的最大值.

例 5 200 名网球手参加积分循环赛,每人每天赛一场,每天赛前所有选手按当时的总分排序,依次配成 100 个相邻对比赛. 求证:如果比赛持续足够多天后,必有一天有两人的总分之差大于 50(网球每场比赛分出胜负,胜方得 1 分,负方得 0 分).

证明:记分改为每场胜方得 $\frac{1}{2}$ 分,负方得 $-\frac{1}{2}$ 分,这不改变同一天两人比赛总分差 1 分事实. 于是,同一天所有选手总分之和等于 0. 当比赛进行了偶数天后,各人的总分都为整数;当比赛进行了奇数天后,各人的总分都为半整数(其绝对值是 $\frac{1}{2}$ 乘以正奇数).

设第 k 天赛前各人总分按高分到低分排列为

$$a_k(1)(\text{第 } k \text{ 天赛前第 1 名分值}) \geqslant a_k(2)(\text{第 } k \text{ 天赛前第 2 名分值}) \geqslant \cdots$$
$$\geqslant a_k(200)(\text{第 } k \text{ 天赛前第 200 名分值}) \tag{4.3.36}$$

记

$$S_k(i) = a_k(2i-1) + a_k(2i) \tag{4.3.37}$$

这里 $i \in \{1,2,3,\cdots,100\}$. 每个 $S_k(i)$ 为整数. 由上面叙述,有

$$S_k(1) \geqslant S_k(2) \geqslant \cdots \geqslant S_k(100) \tag{4.3.38}$$

由于当天同组两人比赛,赛后各 $S_k(i)$ 不变,这里将得分 $a_k(2i-1)$ 和 $a_k(2i)$ 的两人称同组,所

以第二天排序后,有 $S_{k+1}(1) \geqslant S_k(1)$,因为很可能第二名输球后,其位置被第三名(或第四名)代替. 如果 $S_k(1) - S_k(100) > 100$,则可以看到

$$100 < (a_k(1) + a_k(2)) - (a_k(199) + a_k(200))$$
$$= (a_k(1) - a_k(199)) + (a_k(2) - a_k(200)) \qquad (4.3.39)$$

$a_k(1) - a_k(199), a_k(2) - a_k(200)$ 中必有一个数大于 50,这就是要证明的结论.

对假设条件用相反面,设每天的 $S_k(1) - S_k(100) \leqslant 100$,由于 $\sum_{i=1}^{100} S_k(i) = 0$,再利用不等式 (4.3.38),有 $S_k(100) \leqslant 0$. 于是,有 $S_k(1) \leqslant 100$. 因此,正整数数列 $S_k(1)$ 有上界且单调递增. 因此,必从某天起,整数 $S_k(1)$ 为常值. 此后,每天的前二名位置都保持不变. 否则重新排序后,将使某个 $S_{k+1}(1) > S_k(1)$. 同理可得此后 $S_k(2) = a_k(3) + a_k(4)$,当 k 很大时,$S_k(2)$ 也是常值. 依此类推,可得充分多天后,所有 $S_k(i)(1 \leqslant i \leqslant 100)$ 都为常值.

下面求这些常值.

由于 $S_k(i)$ 组两人(利用公式(4.3.37)),必有某天一人总分不小于 $\frac{1}{2}(S_k(i) + 1)$,另一人总分不大于 $\frac{1}{2}(S_k(i) - 1)$,而 $S_k(i+1)$ 组每天必有一人总分不小于 $\frac{1}{2}S_k(i+1)$. 由于前面叙述,所有 $S_k(i)$ 为常值,两人组 $a_k(2i-1), a_k(2i)$(这里用来代表人)保持所在组位置不变,那么,有

$$\frac{1}{2}(S_k(i) - 1) \geqslant \frac{1}{2}S_k(i+1) \qquad (4.3.40)$$

从上式,立即有

$$S_k(i) - S_k(i+1) \geqslant 1, \quad i = 1, 2, \cdots, 99 \qquad (4.3.41)$$

如果上述左端差都是 1,则 $S_k(1), S_k(2), \cdots, S_k(100)$ 是 100 个相邻整数,那么,有

$$\sum_{i=1}^{100} S_k(i) = S_k(100) + (S_k(100) + 1) + (S_k(100) + 2) + \cdots + (S_k(100) + 99)$$
$$= 50[2S_k(100) + 99] \neq 0 \qquad (4.3.42)$$

得矛盾(因为左端是 0). 于是,必有一个 $i \in$ 集合 $\{1, 2, \cdots, 99\}$,满足

$$S_k(i) - S_k(i+1) \geqslant 2 \qquad (4.3.43)$$

由相反面假设,$S_k(1) - S_k(100) \leqslant 100$. 利用不等式(4.3.41)和(4.3.43),可以看到 $S_k(i)$(k 固定,$i \in$ 集合 $\{1, 2, 3, \cdots, 100\}$)是 101 个相邻整数 $x, x+1, x+2, \cdots, x+100$ 删除内部一个 $x+i$ ($1 \leqslant i \leqslant 99$)组成. 将这 100 个整数求和,得

$$(101x + 5050) - (x + i) = 100x + (5050 - i) \qquad (4.3.44)$$

由前面叙述,这 100 个整数之和应为 0. 因此,i 必是 50 的整数倍(公式(4.3.44)的右端应是 50 的倍数),于是,有

$$i = 50, \quad x = -50 \qquad (4.3.45)$$

于是 $S_k(1), S_k(2), \cdots, S_k(100)$ 依次是 $50, 49, 48, \cdots, 2, 1, -1, -2, \cdots, -48, -49, -50$. 利用上面叙述,$S_k(1)$ 组两人各天的总分必为 $(25, 25), (25\frac{1}{2}, 24\frac{1}{2})$ 循环. 这是由于 $S_k(2) = 49$,这组每人的平均分值是 $24\frac{1}{2}$. 如果 $S_k(1)$ 组得分为 $24\frac{1}{2}$ 的人再输一场,名次不可能保持在前二名,这与前面叙述矛盾. 类似地,$S_k(100)$ 组两人各天的总分必为 $(-25, -25), (-24\frac{1}{2}, -25\frac{1}{2})$ 循环. 利用前面叙述,在经过某个充分大的奇数天后,有

$$a_k(1) - a_k(100) = 25\frac{1}{2} - \left(-25\frac{1}{2}\right) = 51 \qquad (4.3.46)$$

这时题目结论也成立.

例 6 设 n 是正整数,$2n+3$ 位棋手参加一个单循环快棋赛,比赛进程要求如下:任意两场比赛不同时进行,每位棋手所参加的任意两场比赛不同时进行,每位棋手所参加的任意两场比赛之间至少还有 n 场比赛.求证:在这样安排的比赛中有一位棋手既参加了第一场比赛,也参加了最后一场比赛.

证明: 由于任意两场比赛不同时进行.将所有棋手参加比赛按时间顺序先后依次称为第 1 场,第 2 场,$\cdots$,第 C_{2n+3}^2 场比赛.称同一位棋手参加的相邻两场比赛的场次差为间隔.由赛程要求,所有选手的间隔不小于 $n+1$.

考虑任意连续的 $n+3$ 场比赛 $g_1,g_2,\cdots,g_{n+3}$,一共有 $2(n+3)$ 人次参加了这些比赛.由于只有 $2n+3$ 位棋手,必至少有 3 人,每人参加了两场比赛.由于每位选手比赛间隔不小于 $n+1$.又由于 $2(n+1)>n+2$,不会出现一位选手连续 3 次出现在上述 $n+3$ 场比赛中.在上述 $n+3$ 场比赛中,比赛场次差不小于 $n+1$ 的比赛对仅 3 对 $(g_1,g_{n+2}),(g_1,g_{n+3}),(g_2,g_{n+3})$.由于是单循环赛,上述 3 对比赛中,有 3 位棋手,每位棋手恰参加了两场比赛,这 $n+3$ 场比赛,一共 $2n+6$ 人次参赛,除去 3 人重复参赛,剩下 $2n$ 人次,每人至多参赛一次,但全部选手尚剩 $2n$ 人,因此,在比赛 $g_1,g_2,\cdots,g_{n+3}$ 中,全部选手都参赛了.

参加比赛 g_1 的两位棋手,记为 A、B,从上面叙述,不妨设棋手 A 参加了 g_1,g_{n+2} 场比赛,棋手 B 参加了 g_1,g_{n+3} 场比赛,即参加比赛 g_1 的两位棋手经过了 $n+1$ 和 $n+2$ 间隔后又参加了比赛.由于 g_1 是任选的,则任意一名棋手比赛的间隔为 $n+1$ 或 $n+2$.从上面叙述,又可以看出,参加比赛 g_{n+3} 的两位棋手必在 g_1,g_2 中出现.因此,全部棋手都在 $n+2$ 场比赛 $g_1,g_2,\cdots,g_{n+2}$ 中出场.

下面证明,存在一位棋手,其比赛的所有间隔都是 $n+2$.如果这个断言成立,因为单循环赛中,每位棋手都要参加 $2n+2$ 场比赛,对于这位棋手,比赛间隔总和是

$$(n+2)(2n+1) = 2n^2+5n+2 \tag{4.3.47}$$

而所有比赛的场次

$$C_{2n+3}^2 = (2n+3)(n+1) = 2n^2+5n+3 \tag{4.3.38}$$

则这位棋手必参加了第一场比赛和最后一场比赛.

现在证明:存在一位棋手,其比赛的所有间隔都是 $n+2$.用反证法,设每一位棋手都出现过 $n+1$ 间隔.设选手 X 是第一次出现 $n+1$ 间隔最晚的棋手,其第一次出现 $n+1$ 间隔后参加了第 t 场比赛,对手为棋手 Y.由 X 的选取知道,Y 在这场比赛前已出现过 $n+1$ 间隔.设棋手 Y 在第 t 场比赛之前,最后一次出现 $n+1$ 间隔是参加了第 q 场比赛和第 $q+(n+1)$ 场比赛,从第 $q+(n+1)$ 场比赛直到第 t 场,选手 Y 的间隔都为 $n+2$,设这期间 Y 共有 k 次 $n+2$ 间隔,利用上面叙述,有

$$t-k(n+2) = q+(n+1) \tag{4.3.49}$$

另一方面,棋手 X 在参加第 $t-(n+1)$ 场比赛之前的间隔都是 $n+2$.

下面分情况讨论:

① 如果棋手 X 在参加第 t 场比赛之前出现过至少 $k+1$ 次间隔,则选手 X 参加了 $t-(n+1)-k(n+2)=q$(利用公式(4.3.49))场比赛,棋手 X 与棋手 Y 两次相遇,矛盾.

② 如果棋手 X 在第 t 场比赛之前出现间隔数小于 $k+1$,则他第一场比赛的场次不小于

$$t-(n+1)-(k-1)(n+2) = q+(n+2)(这里利用公式(4.3.49)) \geq n+3 \tag{4.3.50}$$

这与前面所述所有棋手在前 $n+2$ 场比赛中都要出场矛盾.综上所述,题目结论成立.

例7 设 n 是一个正整数,求和式 $\sum_{k=1}^{n} C_{n+k}^{k} k^2$.

解:本题思路是寻找一个组合模型.

考虑一个具有 $2n+1$ 名国际象棋选手的俱乐部.选手按水平从高到低分成第 1 至第 $2n+1$ 等级.挑选其中 $n+1$ 名选手作队员组成一支队伍.此外,从剩下的 n 名选手中,挑选一名领队和一名教练加入上述队伍,同一名选手可以兼任这两种职务,但是领队和教练的水平等级至少要高于一名队员.

首先挑选的 $n+1$ 名选手中,设水平等级最低的队员在全部 $2n+1$ 名选手中是第 k 等级,则
$$n+1 \leqslant k \leqslant 2n+1 \tag{4.3.51}$$
对于满足上式的固定正整数 k,这支队伍剩下的 n 名选手有 C_{k-1}^{n} 种选法,而领队和教练有 $(k-1-n)^2$ 种挑选方法,这是因为当 $k=n+1$ 时,由于剩下的 n 名选手水平都比选入队伍的任一名队员差,由题目条件,无法选出领队,这时,无法组成一支队伍.当 $k=n+2$ 时,由于剩下的 n 名选手中比选入队伍的最低水平的选手水平高的只有 1 人,那么,只能选此人为领队兼教练.当 $k=n+3$ 时,由于剩下的 n 名选手中有两人的水平比水平等级是 k 的选手高,领队和教练有 $2 \times 2 = 2^2$ 种选法.依此类推,当 $k=2n+1$ 时,这第 k 名水平的选手是全部 $2n+1$ 名选手中水平最低的,领队和教练在这剩下的 n 名选手中有 $n \times n = n^2$ 种选法.设这支队伍的挑选方法总数是 M,利用上面叙述,有

$$M = \sum_{k=n+2}^{2n+1} C_{k-1}^{k-1-n}(k-1-n)^2 = \sum_{s=1}^{n} C_{n+s}^{s} s^2 \quad (\diamondsuit k-1-n = s) \tag{4.3.52}$$

用另一种观点为考虑队伍的组成方法.在全部 $2n+1$ 名选手中,任选 $n+1$ 名队员,有 C_{2n+1}^{n+1} 种方法.在剩下的 n 名选手中,任选一名选手作领队和任选一名选手作教练有 n^2 种挑选方法.然而,不得不除去下面一些选择.① 当领队和教练为同一个人时,这支队伍共有 $n+2$ 个人,因此,共有 C_{2n+1}^{n+2} 种选择方法,对于每一种选择,这 $n+2$ 名选手中水平级别最低的一名选手充当领队兼教练,一共有 C_{2n+1}^{n+2} 种选择方法,这是不允许的,应减除.② 当领队和教练不是同一个人时,一支队伍共有 $n+3$ 个人,这支队伍有 C_{2n+1}^{n+3} 种选择方法,这 $n+3$ 名选手中选择水平级别最低的一名选手担任领队(或教练),再确定其余 $n+2$ 名选手之一作教练(或领队),这也是不允许的.由此推出

$$M = n^2 C_{2n+1}^{n+1} - C_{2n+1}^{n+2} - 2(n+2) C_{2n+1}^{n+3} \tag{4.3.53}$$

利用公式(4.3.52)和(4.3.53),有

$$\sum_{k=1}^{n} C_{n+k}^{k} k^2 = \frac{n C_{2n+1}^{n+1}}{(n+2)(n+3)} [n(n+2)(n+3) - (n+3) - 2(n-1)(n+2)]$$
$$= \frac{n(n+1)^3}{(n+2)(n+3)} C_{2n+1}^{n+1} \tag{4.3.54}$$

下面介绍若干有关游戏的题目.

例8 某人给 6 个人写了 6 封信,并且准备了 6 个写有收信人地址的信封,问有多少种投放信笺的方法,使每份信笺与信封上收信人都不相符?

解:设 $F(n)$ 是将 n 份信笺 $L_1, L_2, \cdots, L_n$ 放入 n 个信封 $K_1, K_2, \cdots, K_n$,使每份信笺 L_i 都不与相应的信封地址相符的放法数.本题求 $F(6)$.

设在错放信笺时,把信笺 L_1 放入信封 $K_i (i \neq 1)$ 内,分以下两种情况讨论其他信笺的放法.

(1) 信笺 $L_i (i \neq 1)$ 放入信封 K_1 内,那么其余 4 份信笺放进(全是错放)其余 4 个信封内,有 $F(4)$ 种方法,又因为 $K_i (i \neq 1)$ 可以是 5 个信封 $K_2, K_3, \cdots, K_6$ 中任何一个,共计有 $5F(4)$ 种放法.

(2) 信笺 $L_i (i \neq 1)$ 没有放入信封 K_1 内,暂时认为信笺 L_i 应当放入 K_1 内(由于(1)已被计

算),L_i 没有放入 K_1 意味着 L_i 被错放.于是对于信笺 $L_2,L_3,\cdots,L_6$,它们全部都没有放进自己的信封里,有 $F(5)$ 种放法,和情况(1)一样,$K_i(i\neq1)$ 可以是 5 个信封中的任一个.共计有 $5F(5)$ 种放法.

于是,有
$$F(6) = 5F(4) + 5F(5) \tag{4.3.55}$$

类似上述讨论,有
$$\left.\begin{array}{l}F(5) = 4F(3) + 4F(4), \quad F(4) = 3F(2) + 3F(3)\\ F(3) = 2F(1) + 2F(2), \quad F(1) = 0, \quad F(2) = 1\end{array}\right\} \tag{4.3.56}$$

利用上二式,显然有
$$F(3) = 2, \quad F(4) = 9, \quad F(5) = 44, \quad F(6) = 265 \tag{4.3.57}$$

注:对任意 n 份信笺和 n 个信封的一般情况,这里正整数 $n \geqslant 3$,完全类似本题的讨论,有
$$F(n) = (n-1)(F(n-2) + F(n-1)) \tag{4.3.58}$$

下面对正整数 n 用数学归纳法,证明 $n \geqslant 2$ 时,有
$$F(n) = n!\left(\frac{1}{2!} - \frac{1}{3!} + \frac{1}{4!} - \cdots + \frac{(-1)^n}{n!}\right) \tag{4.3.59}$$

当 $n = 2,3$ 时,利用上式右端可以得到与公式 (4.3.56) 和 (4.3.57) 同样的数值.设当 $n = k-1$ 和 $n = k$ 时,这里正整数 $k \geqslant 3$,有
$$F(k-1) = (k-1)!\left(\frac{1}{2!} - \frac{1}{3!} + \cdots + \frac{(-1)^{k-1}}{(k-1)!}\right) \tag{4.3.60}$$

$$F(k) = k!\left(\frac{1}{2!} - \frac{1}{3!} + \cdots + \frac{(-1)^k}{k!}\right) \tag{4.3.61}$$

利用归纳法假设和递推公式 (4.3.58),有
$$\begin{aligned}F(k+1) &= k(F(k-1) + F(k))\\ &= k!\left(\frac{1}{2!} - \frac{1}{3!} + \cdots + \frac{(-1)^{k-1}}{(k-1)!}\right) + kk!\left(\frac{1}{2!} - \frac{1}{3!} + \cdots + \frac{(-1)^k}{k!}\right)\\ &= (k+1)!\left(\frac{1}{2!} - \frac{1}{3!} + \cdots + \frac{(-1)^{k-1}}{(k-1)!}\right) + (-1)^k k\\ &= (k+1)!\left(\frac{1}{2!} - \frac{1}{3!} + \cdots + \frac{(-1)^{k-1}}{(k-1)!} + \frac{(-1)^k}{k!} + \frac{(-1)^{k+1}}{(k+1)!}\right)\end{aligned} \tag{4.3.62}$$

例 9 海边有 k 个苹果,有 m 个($m \geqslant 5$)猴子,第一个猴子到海边,它把苹果平均分成 m 份,发现还剩 r 只苹果($1 \leqslant r < m$),第一个猴子吃掉了这 r 只苹果,然后将 m 份苹果中的一份拿走了.第二个猴子来了,它把剩下的苹果也按个数平均分成 m 份,发现又剩下 r 只苹果,第二个猴子吃掉了这 r 只苹果,然后将 m 份苹果中的一份拿走了.第三,第四,$\cdots$,第 $m-1$ 个猴子都碰到同样情况,同样处理了这些苹果.最后第 m 个猴子到了海边,发现海边的苹果已不足 3 000 个,而且恰好可以平均分成 m 份,求 k,m,r 的全部可能值.

解: 设第 l 个猴子离开海边时,海边还剩下 $f_l(k)$ 个苹果.记 $f_0(k) = k$.由题目条件,有
$$f_{l+1}(k) = \frac{m-1}{m}[f_l(k) - r] \tag{4.3.63}$$

这里 $l = 0,1,2,\cdots,m-2$,已知 $m \leqslant f_{m-1}(k) < 3\,000$,由上面叙述,有
$$\begin{aligned}f_{m-1}(k) &= \frac{m-1}{m}[f_{m-2}(k) - r] = \left(\frac{m-1}{m}\right)^2 f_{m-3}(k) - r\left[\frac{m-1}{m} + \left(\frac{m-1}{m}\right)^2\right] = \cdots\\ &= \left(\frac{m-1}{m}\right)^{m-1} f_0(k) - r\left[\frac{m-1}{m} + \left(\frac{m-1}{m}\right)^2 + \cdots + \left(\frac{m-1}{m}\right)^{m-1}\right]\\ &= \left(\frac{m-1}{m}\right)^{m-1}[k + r(m-1)] - r(m-1)\end{aligned} \tag{4.3.64}$$

由于 $f_{m-1}(k)$ 是一个正整数,且 $m-1$ 与 m 是互质的,利用上式,存在正整数 t,使得
$$k + r(m-1) = tm^{m-1} \tag{4.3.65}$$
代上式入公式(4.3.64),有
$$f_{m-1}(k) = t(m-1)^{m-1} - r(m-1) = (m-1)[t(m-1)^{m-2} - r] \tag{4.3.66}$$
由于 $m \geqslant 5$,上式右端是 m 的单调递增函数.当 $m=6$ 时,可以看到
$$\text{公式}(4.3.66) \text{ 的右端} = t5^5 - 5r \geqslant 5^5 - 25 (\text{利用 } r \leqslant m-1)$$
$$= 3\,100 > 3\,000 \tag{4.3.67}$$
所以,必有 $m<6$,又利用题目条件,则
$$m = 5 \tag{4.3.68}$$
利用公式(4.3.66)和上式,有
$$f_4(k) = 256t - 4r = 4(64t - r) \tag{4.3.69}$$
于是,$f_4(k)$ 是 4 的整数倍,又利用题目条件,$f_4(k)$ 个苹果可以平均分成 5 份,即 $f_4(k)$ 是 5 的整数倍,那么,有
$$f_4(k) = 20n, \quad n \in \mathbf{N}^+ \tag{4.3.70}$$
由题目条件,有 $1 \leqslant n < 150$,利用公式(4.3.69)和(4.3.70),有
$$64t - 5n = r \tag{4.3.71}$$
这里 $r \in \{1,2,3,4\}$,将上式变形为下述形式
$$64(t - 4r) - 5(n - 51r) = 0 \tag{4.3.72}$$
由于 64 与 5 是互质的,则存在整数 β,满足
$$t - 4r = 5\beta, \quad n - 51r = 64\beta \tag{4.3.73}$$
利用 $1 \leqslant n < 150, 51 \leqslant 51r \leqslant 204$,可以看到
$$-203 \leqslant n - 51r < 99 \tag{4.3.74}$$
利用公式(4.3.73)的第二个等式,及上式,有
$$\beta \in \text{集合}\{-3, -2, -1, 0, 1\} \tag{4.3.75}$$
下面分情况讨论:

① 当 $\beta = -3$ 时,利用公式(4.3.73),有
$$r = 4, \quad n = 12, \quad t = 1 \tag{4.3.76}$$
再利用公式(4.3.65),有
$$k = 609 \tag{4.3.77}$$

② 当 $\beta = -2$ 时,类似地,有
$$r = 4, \quad n = 76, \quad t = 6, \quad k = 3\,734 \tag{4.3.78}$$
或者
$$r = 3, \quad n = 25, \quad t = 2, \quad k = 1\,238 \tag{4.3.79}$$

③ 当 $\beta = -1$ 时,类似地,有
$$r = 4, \quad n = 140, \quad t = 11, \quad k = 6\,859 \tag{4.3.80}$$
或者
$$r = 3, \quad n = 89, \quad t = 7, \quad k = 4\,363 \tag{4.3.81}$$
或者
$$r = 2, \quad n = 38, \quad t = 3, \quad k = 1\,867 \tag{4.3.82}$$

④ 当 $\beta = 0$ 时,完全类似地,有
$$r = 1, \quad n = 51, \quad t = 4, \quad k = 2\,496 \tag{4.3.83}$$
或者

$$r = 2, \quad n = 102, \quad t = 8, \quad k = 4\,992 \tag{4.3.84}$$

⑤ 当 $\beta = 1$ 时,也完全类似地,有

$$r = 1, \quad t = 9, \quad n = 115, \quad k = 5\,621 \tag{4.3.85}$$

综上所述,满足本题的全部解是(4.3.76)至公式(4.3.85)给出的9组,注意 m 都是5.

注:本节例3和上题是我根据两个陈题改编的.

例10 白雪公主与7个小矮人生活在森林的小房子里,在16个连续的日子里,每天有一些小矮人在采矿,其余的在森林里摘果实,没有一个小矮人在同一天干两件工作.对任意不同的两天,至少有三个小矮人在这两天里干过这两件工作.已知在第一天,所有7个小矮人均在采矿,求证:在这16天的某一天,所有7个小矮人均在摘果实.

证明: 如果一个小矮人在 D_1, D_2, D_3 三天中的工作相同,则称这三天对这小矮人"单调".

先证明一个引理.

引理 不可能存在三个小矮人 X_1, X_2, X_3,使得在第 D_1, D_2, D_3 天对其中每个人均单调.

引理的证明: 用反证法,设存在三个小矮人 X_1, X_2, X_3,使得在第 D_1, D_2, D_3 天中对其每个人均单调.由题目条件,在剩下的4个小矮人中,一定存在其中三个小矮人 Y_1, Y_2, Y_3,在第 D_1, D_2 两天中,每个人的工作不同.因此,在包含第 D_3 天的二天中,Y_1, Y_2, Y_3 干过同样的工作.例如 Y_1 在其中两天摘果实,Y_2 在其中两天采矿,Y_3 在其中两天摘果实.而两天中肯定有一个是第 D_3 天.由抽屉原理,不妨设在第 D_3, D_1 两天,Y_1 干过相同的工作,例如摘果实,Y_2 也干过相同的工作,例如采矿.于是在第 D_1, D_3 两天,5个小矮人 X_1, X_2, X_3, Y_1, Y_2 的每个人从事相同工作.尚剩2个小矮人,这与题目条件,在第 D_1, D_3 两天里,至少有三个小矮人干过不同工作矛盾.因而引理成立.

回到题目.对于确定的三个小矮人,每个人可以选择采矿、摘果实两种工作,$2^3 = 8$,共有 8 种工作安排,由引理,知道这8种工作安排均各自在16天里发生了两次,不可能有三次(即三天),至多出现两次,16天工作安排,8种工作安排恰每种出现两次(即两天),这表明,每个小矮人恰有8天在采矿,另外8天在摘果实.

对于 $k \in \{0, 1, 2, \cdots, 7\}$,用 $d(k)$ 表示恰有 k 个小矮人摘果实的天数.由于第一天所有小矮人均在采矿,其余每天至少有三个小矮人在摘果实,否则有第一天与另外某天至少5个小矮人同时在采矿,由引理证明的最后部分,这不可能.

所以,有

$$d(0) = 1(\text{第一天}), \quad d(1) = 0, \quad d(2) = 0 \tag{4.3.86}$$

用反证法,设题目结论不成立,则

$$d(7) = 0 \tag{4.3.87}$$

利用上二式和题目条件,有

$$d(3) + d(4) + d(5) + d(6) = 16 - 1 = 15 \tag{4.3.88}$$

又每个小矮人均恰好8天在摘果实,一人摘一天果实算一天工作量,所以,有

$$3d(3) + 4d(4) + 5d(5) + 6d(6) = 8 \times 7 = 56 \tag{4.3.89}$$

用 q 表示其中三个小矮人在同一天摘果实的总数目.7个小矮人,3人一组,一共有 $C_7^3 = 35$ 个三人组,由前面叙述,3人8种工作安排,均各自在16天内发生了两次(即两天),所以,必有

$$q = 35 \times 2 = 70 \tag{4.3.90}$$

又因为 k 个小矮人同时摘果实的那些天有 C_k^3 个三元组,参考上面叙述,有

$$d(3) + C_4^3 d(4) + C_5^3 d(5) + C_6^3 d(6) = 70 \tag{4.3.91}$$

展开化简上式,有

$$d(3) + 4d(4) + 10d(5) + 20d(6) = 70 \tag{4.3.92}$$

类似考虑采矿情况，$d(k)$表示 k 个小矮人摘果实的天数，也表示 $7-k$ 个小矮人采矿的天数. 类似地，可以得到
$$C_7^3 d(0) + C_4^3 d(3) + d(4) = 70 \tag{4.3.93}$$
利用公式(4.3.86)和上式，有
$$4d(3) + d(4) = 70 - 35 = 35 \tag{4.3.94}$$
公式(4.3.89)乘以 10，加上公式(4.3.94)乘以 4，减去公式(4.3.92)，再减去公式(4.3.88)乘以 40，可以得到
$$\begin{aligned}&10[3d(3) + 4d(4) + 5d(5) + 6d(6)] + 4[4d(3) + d(4)] \\ &\quad - [d(3) + 4d(4) + 10d(5) + 20d(6)] - 40[d(3) + d(4) + d(5) + d(6)] \\ &= 560 + 140 - 70 - 600 = 30\end{aligned} \tag{4.3.95}$$
化简上式，有
$$d(3) = 6 \tag{4.3.96}$$
代上式入公式(4.3.94)，有
$$d(4) = 11 \tag{4.3.97}$$
上二式与公式(4.3.88)是矛盾的. 因此题目结论成立.

例 11 设正整数 $m \geq 3$，船长和三位水手共得到了 $3m+5$ 枚面值相同的金币. 四人商议按照如下规则对金币进行分配：水手 1，水手 2，水手 3 每人写下一个正整数，分别为 b_1, b_2, b_3，满足 $b_1 \geq b_2 \geq b_3$，且 $b_1 + b_2 + b_3 = 3m+5$. 船长在不知道水手写的数的情况下，将 $3m+5$ 枚金币分成 3 堆，各堆数量分别为 a_1, a_2, a_3，且 $a_1 \geq a_2 \geq a_3$. 对于水手 $k(k=1,2,3)$，当 $b_k < a_k$ 时，可以从第 k 堆拿走 b_k 枚金币，否则不能拿. 最后所有余下的金币归船长所有. 无论三位水手怎样写数，船长总可以确保自己拿到 n 枚金币，求 n 的最大值.

解：设船长将金币分成
$$a_1 = m+3, \quad a_2 = m+2, \quad a_3 = m \tag{4.3.98}$$
枚三堆.

下面分情况讨论：

(1) 如果 $b_1 \geq m+3$，则水手 1 不能拿走 a_1 枚金币，再由题目条件，船长至少可以得到
$$(m+3) + 1 + 1 = m+5 \tag{4.3.99}$$
枚金币.

(2) 如果 $b_1 < m+3$，则 $b_1 \leq m+2$，利用题目条件，有 $b_2 + b_3 \geq 2m+3$，$b_2 \geq m+2$，则
$$b_1 = b_2 = m+2, \quad b_3 = m+1 \tag{4.3.100}$$
由题目条件，水手 2 和水手 3 不能拿走一枚金币，剩下给船长的金币数目至少为
$$1 + (m+2) + m = 2m+3 > m+5 \tag{4.3.101}$$
因此，船长可以确保得到至少 $m+5$ 枚金币.

下面证明，船长无法确保得到多于 $m+5$ 枚金币. 分情况讨论：

① 设 $a_1 \leq m+3$，由于题目条件，得 $a_2 \leq m+3$，$a_3 \geq m-1$. 当 $b_1 = a_1+2, b_2 = a_2-1, b_3 = a_3-1$ 时，船长可得 $a_1 + 1 + 1 = a_1 + 2 \leq m+5$ 枚金币.

② 设 $a_1 > m+3$，由于
$$2a_3 \leq a_2 + a_3 = (3m+5) - a_1 < 2m+2 \tag{4.3.102}$$
从上式，有
$$a_3 < m+1, \quad 则 \quad a_3 \leq m \tag{4.3.103}$$
（ⅰ）当 $a_2 - a_3 \geq 3$ 时，设 $b_1 = a_1-1, b_2 = a_2-1, b_3 = a_3+2$，则船长可得金币枚数是
$$1 + 1 + a_3 \leq m+2 \tag{4.3.104}$$

（ii）当 $a_2 - a_3 \leqslant 2$ 时，分情况讨论.

① 设 $a_3 = 1$，则 $a_2 \leqslant 3$，再由题目条件，有 $a_1 \geqslant 3m+1$. 设 $b_1 = a_1 - 2, b_2 = a_2 + 1, b_3 = a_3 + 1$，船长得到金币枚数是

$$2 + a_2 + a_3 \leqslant 6 \tag{4.3.105}$$

② 设 $a_3 > 1$，再利用题目条件，有

$$2a_2 = (a_2 + a_3) + (a_2 - a_3) \leqslant [(3m+5) - a_1] + 2$$
$$< (3m+7) - (m+3) = 2m+4 \tag{4.3.106}$$

利用上式，则正整数

$$a_2 \leqslant m+1 \tag{4.3.107}$$

于是，有

$$a_1 - a_2 > (m+3) - (m+1) = 2, \quad 即 \quad a_1 - a_2 \geqslant 3 \tag{4.3.108}$$

设

$$b_1 = a_1 - 1, \quad b_2 = a_2 + 2, \quad b_3 = a_3 - 1 \tag{4.3.109}$$

利用不等式(4.3.108)，有 $b_1 \geqslant b_2$，船长可得金币枚数是

$$1 + a_2 + 1 \leqslant m+3 \tag{4.3.110}$$

因此，船长至多可以得到 $m+5$ 枚金币.

例 12 有一张 $n \times n$ 方格的棋盘，一只鸟遵循下列规则飞翔，在垂直方向，鸟每飞一次，只能向上飞一格；在水平方向，鸟每飞一次，可以向右飞任意格，但不飞出这张棋盘. 开始时，鸟在这张棋盘的左下角原点 O，问有多少种不同的方法，使得这只鸟飞到棋盘的直线 $x + y = m$ 上，这里 m 是给定的小于等于 n 的正整数. 另外，当 $n = 7$ 时，有多少种不同方法，使得鸟从原点 O 飞到棋盘右上角点 A.

解：设鸟飞到直线 $x + y = s(s = 1, 2, \cdots, m)$ 上的不同方法数目为 a_s. 本题先求 a_m，考虑最后一次飞法. 在垂直方向，只有当鸟停在 $x + y = m - 1$ 上时，才能在最后一次由垂直方向飞到直线 $x + y = m$ 上. 于是，最后一次是垂直方向飞到直线 $x + y = m$ 上的不同飞法有 a_{m-1} 种. 在水平方向，在最后一次起飞前，鸟可以停在任一条直线 $x + y = k(1 \leqslant k \leqslant m-1)$ 上，都能够在最后一次由水平方向直飞到 $x + y = m$ 这条直线上. 另外，从原点也可以水平方向直飞到直线 $x + y = m$ 上. 于是，最后一次是由水平方向飞到直线 $x + y = m$ 上，应有 $a_1 + a_2 + \cdots + a_{m-1} + 1$ 种不同的飞法.

当 $m = 1$ 时，鸟从原点可以水平方向或垂直方向飞到直线 $x + y = 1$ 上，因此，$a_1 = 2$. 当 $m = 2$ 时，从上面分析可以知道

$$a_2 = a_1 + (a_1 + 1) = 5 \tag{4.3.111}$$

下面考虑正整数 $m \geqslant 3$，从上面叙述，可以得到

$$a_m = 2a_{m-1} + (a_1 + a_2 + \cdots + a_{m-2}) + 1 \tag{4.3.112}$$

在上式中，用 $m-1$ 代替 m，有

$$a_{m-1} = 2a_{m-2} + (a_1 + a_2 + \cdots + a_{m-3}) + 1 \tag{4.3.113}$$

利用上二式，可以得到

$$a_m - a_{m-1} = 2a_{m-1} - a_{m-2} \tag{4.3.114}$$

于是，我们得到递推公式

$$a_m - 3a_{m-1} + a_{m-2} = 0 \tag{4.3.115}$$

上述公式的特征方程是

$$\lambda^2 - 3\lambda + 1 = 0 \tag{4.3.116}$$

上述方程有两根

第4章 组合数学

$$\lambda_1 = \frac{1}{2}(3+\sqrt{5}), \quad \lambda_2 = \frac{1}{2}(3-\sqrt{5}) \qquad (4.3.117)$$

因此,可以写

$$a_m = A\lambda_1^m + B\lambda_2^m \qquad (4.3.118)$$

这里 A,B 是待定常数.在上式中,依次令 $m=1, m=2$,再利用公式(4.3.111)及前面叙述,有

$$\lambda_1 A + \lambda_2 B = 2, \quad \lambda_1^2 A + \lambda_2^2 B = 5 \qquad (4.3.119)$$

利用公式(4.3.117)和上述方程组,有

$$A = \frac{1}{10}(5+\sqrt{5}), \quad B = \frac{1}{10}(5-\sqrt{5}) \qquad (4.3.120)$$

代公式(4.3.117)和(4.3.120)入公式(4.3.118),有

$$\begin{aligned}a_m &= \frac{1}{2\sqrt{5}}(\sqrt{5}+1)\left(\frac{1+\sqrt{5}}{2}\right)^{2m} + \frac{1}{2\sqrt{5}}(\sqrt{5}-1)\left(\frac{1-\sqrt{5}}{2}\right)^{2m} \\ &= \frac{1}{\sqrt{5}}\left[\left(\frac{1+\sqrt{5}}{2}\right)^{2m+1} - \left(\frac{1-\sqrt{5}}{2}\right)^{2m+1}\right]\end{aligned} \qquad (4.3.121)$$

熟悉 Fibonacci 数列的读者知道,上式右端恰是 F_{2m+1}.

接着求鸟从左下角点 O 飞到右上角点 A 的方法数.先不限制 $n=7$,设鸟飞到右上角点 A 的方法中,在垂直方向上总共飞了 n 步.设在水平方向飞了 k 步($k=1,2,3,\cdots,n$).由于垂直方向与水平方向先后飞次序的不同,都是不同的飞法,一共有 C_{n+k}^k 种不同的次序排法,而水平方向飞 k 步,k 步总数也应当是 n 格.当 k 固定时,对于 C_{n+k}^k 中任一个次序排法,可以有许多种飞法,这飞法数目等于 n 个元素分成 k 个集合,每个集合至少有一个元素的分法数目.这数目可以这样求:在一条线段上有 $n+1$ 个点,不考虑两个端点,从中间 $n-1$ 个点中任意选出 $k-1$ 个点,然后用剪刀沿这 $k-1$ 个点将这线段剪成 k 段,每一种剪法代表 n 个元素(每两点之间线段代表一个元素,一条线段上有 $n+1$ 个点(包含两个端点),将这线段分成 n 小段,一共代表 n 个元素),分成 k 个集合的一种分法,因此,这数目是 C_{n-1}^{k-1},那么,一只鸟从左下角点 O 飞到右上角点 A 的不同飞法总数是 $\sum_{k=1}^{n} C_{n+k}^k C_{n-1}^{k-1}$.特别当 $n=7$ 时,有

$$\begin{aligned}\sum_{k=1}^{7} C_{7+k}^k C_6^{k-1} &= C_8^1 C_6^0 + C_9^2 C_6^1 + C_{10}^3 C_6^2 + C_{11}^4 C_6^3 + C_{12}^5 C_6^4 + C_{13}^6 C_6^5 + C_{14}^7 C_6^6 \\ &= 8 + 216 + 1\,800 + 6\,600 + 11\,880 + 10\,296 + 3\,432 = 34\,232\end{aligned} \qquad (4.3.122)$$

例 13 考虑上半平面 $\{(x,y)|y\geqslant 0\}$,开始时一个人站在原点上,每走一步是一个单位距离,东、南、西、北都可以走,但不能离开上半平面.请问走 n 步(n 是一个固定正整数),有多少种不同的方法?证明你的结论.

解:用 $g_k(n)$ 表示初始位置在点 $(0,k)$(k 是非负整数)走 n 步的不同方法数目.

当 k 是正整数时,$g_k(n)$ 按照第一步的走法,可以分成以下四个情况:

(1) 第一步从点 $(0,k)$ 走到点 $(0,k-1)$,以后有 $g_{k-1}(n-1)$ 种走法;

(2) 第一步从点 $(0,k)$ 走到点 $(0,k+1)$,以后有 $g_{k+1}(n-1)$ 种走法;

(3) 第一步从点 $(0,k)$ 走到点 $(1,k)$,以后有 $g_k(n-1)$ 种走法;可以这样理解,平移点 $(1,k)$ 到点 $(0,k)$,从点 $(1,k)$ 出发以后的 $n-1$ 步走法与从点 $(0,k)$ 出发的 $n-1$ 步走法在这平移下成 1—1 对应,因此,有 $g_k(n-1)$ 种走法;

(4) 第一步从点 $(0,k)$ 到点 $(-1,k)$,类似(3),以后,有 $g_k(n-1)$ 种走法.

利用上面叙述,当 k 是正整数时,我们有以下公式:

$$g_k(n) = 2g_k(n-1) + g_{k+1}(n-1) + g_{k-1}(n-1) \qquad (4.3.123)$$

完全类似上面叙述,我们也有

$$g_0(n) = 2g_0(n-1) + g_1(n-1) \tag{4.3.124}$$

显然,有
$$g_0(1) = 3 \tag{4.3.125}$$

当正整数 $k \geq n$ 时,由于任何一步东、南、西、北都可以走,则当 $k \geq n$ 时,有
$$g_k(n) = 4^n \tag{4.3.126}$$

从上式及上面叙述,有
$$g_1(1) = 4, \quad g_2(1) = 4, \quad g_0(2) = 2g_0(1) + g_1(1) = 10 \tag{4.3.127}$$

另外,又有
$$g_1(2) = 2g_1(1) + g_2(1) + g_0(1) = 15 \tag{4.3.128}$$

读者容易明白,利用上述递推公式,我们可以依次求出所有 $g_k(n)$,这表明 $g_k(n)$ 是唯一确定的. 因为利用公式(4.3.125)和(4.3.126), $g_k(1)$ 已知(这是 k 是任意非负整数),设 $g_k(n-1)$ 已知,那么,利用公式(4.3.123)和(4.3.124), $g_k(n)$ 是唯一确定的.

令
$$g_k^*(n) = \sum_{j=0}^{k} C_{2n+1}^{n-j}, \quad \text{这里 } k \text{ 是非负整数} \tag{4.3.129}$$

利用上式,有
$$g_0^*(1) = C_3^1 = 3 \tag{4.3.130}$$

当正整数 $k \geq n$ 时,利用公式(4.3.129),有
$$g_k^*(n) = \sum_{j=0}^{n} C_{2n+1}^{n-j} = \sum_{l=0}^{n} C_{2n+1}^{l} (\text{利用 } l = n-j)$$

$$= 2^{2n} (\text{以前不止一次地类似利用公式} \sum_{l=0}^{2n+1} C_{2n+1}^{l} = (1+1)^{2n+1} = 2^{2n+1}, \text{以及公式 } 2\sum_{l=0}^{n} C_{2n+1}^{l}$$

$$= \sum_{l=0}^{n} C_{2n+1}^{l} + \sum_{l=0}^{n} C_{2n+1}^{2n+1-l} = \sum_{l=0}^{2n+1} C_{2n+1}^{l} = 2^{2n+1}, \text{立即可以得到}) \tag{4.3.131}$$

利用公式(4.3.129),有
$$g_1^*(n-1) = C_{2n+1}^{n-1} + C_{2n-1}^{n-2} = C_{2n}^{n-1} \tag{4.3.132}$$
$$g_0^*(n-1) = C_{2n-1}^{n-1}, \quad g_0^*(n) = C_{2n+1}^{n} \tag{4.3.133}$$

利用公式(4.3.132)和(4.3.133),有
$$g_1^*(n-1) + 2g_0^*(n-1) = C_{2n}^{n-1} + 2C_{2n-1}^{n-1} = C_{2n}^{n-1} + C_{2n-1}^{n-1} + C_{2n-1}^{n}$$
$$= C_{2n}^{n-1} + C_{2n}^{n} = C_{2n+1}^{n} = g_0^*(n) \tag{4.3.134}$$

而当 k 是正整数时,利用公式(4.3.129),有
$$2g_k^*(n-1) + g_{k+1}^*(n-1) + g_{k-1}^*(n-1)$$

$$= 2\sum_{j=0}^{k} C_{2n-1}^{n-1-j} + \sum_{j=0}^{k+1} C_{2n-1}^{n-1-j} + \sum_{j=0}^{k-1} C_{2n-1}^{n-1-j}$$

$$= 2\sum_{j=0}^{k} C_{2n-1}^{n-1-j} + \left(C_{2n-1}^{n-1} + \sum_{j=1}^{k+1} C_{2n-1}^{n-1-j} \right) + \sum_{j=0}^{k-1} C_{2n-1}^{n-1-j}$$

$$= \sum_{j=0}^{k} (C_{2n-1}^{n-1-j} + C_{2n-1}^{n-2-j}) + \sum_{j=0}^{k} (C_{2n-1}^{n-1-j} + C_{2n-1}^{n-j}) (\text{在上式右端第三项和式中,令 } l = j-1, \text{有}$$

$$\sum_{j=1}^{k+1} C_{2n-1}^{n-1-j} = \sum_{l=0}^{k} C_{2n-1}^{n-2-l}, \text{又利用 } C_{2n-1}^{n-1} + \sum_{j=0}^{k-1} C_{2n-1}^{n-1-j} = \sum_{j=0}^{k} C_{2n-1}^{n-j})$$

$$= \sum_{j=1}^{k} C_{2n}^{n-1-j} + \sum_{j=0}^{k} C_{2n}^{n-j} = \sum_{j=0}^{k} C_{2n+1}^{n-j} = g_k^*(n) \tag{4.3.135}$$

利用上面叙述,我们可以知道 $g_k^*(n)$ 满足 $g_k(n)$ 的所有相关公式(4.3.123)至(4.3.126),利用唯一性,有

$$g_k^*(n) = g_k(n) \tag{4.3.136}$$

特别令 $k=0$,利用公式(4.3.129)和上式,有

$$g_0(n) = C_{2n+1}^n \tag{4.3.137}$$

上式给出了本题答案.

例14 一个生物学家,观察一只变色龙捉苍蝇,变色龙每捉一只苍蝇都要休息一会儿,生物学家注意到:(1) 变色龙休息了一分钟后捉到了第一只苍蝇;(2) 捉第 $2m$ 只苍蝇之前休息的时间与捉第 m 只苍蝇之前休息的时间相同,且比捉第 $2m+1$ 只苍蝇之前休息的时间少一分钟,这里 m 是任意正整数;(3) 当变色龙停止休息时,能立即捉到一只苍蝇.问:

(1) 变色龙第一次休息 9 分钟之前,它共捉了多少只苍蝇?

(2) 多少分钟之后,变色龙捉到第 98 只苍蝇?

(3) 1999 分钟之后,变色龙共捉了多少只苍蝇?

解:设捉第 m 只苍蝇之前,变色龙休息的时间为 $r(m)$,由题目条件,有

$$r(1) = 1, \quad r(2m) = r(m), \quad r(2m+1) = r(2m) + 1 = r(m) + 1 \tag{4.3.138}$$

这表示 $r(m)$ 恰等于正整数 m 在二进制下 1 的数目.设 $t(m)$ 是变色龙捉到第 m 只苍蝇的时刻, $f(n)$ 是 n 分钟后变色龙一共捉到的苍蝇的数目,对每个正整数 m,有

$$t(m) = \sum_{j=1}^{m} r(i), \quad f(t(m)) = m \tag{4.3.139}$$

下面寻找递推关系式,有

$$t(2m+1) = \sum_{i=1}^{2m+1} r(i) = \sum_{j=1}^{m+1} r(2j-1) + \sum_{j=1}^{m} r(2j) = 1 + \sum_{j=2}^{m+1}(r(2j-2)+1) + \sum_{j=1}^{m} r(j)$$

$$= (1+m) + 2\sum_{j=1}^{m} r(j) = (1+m) + 2t(m) \tag{4.3.140}$$

$$t(2m) = \sum_{i=1}^{2m} r(i) = \sum_{j=1}^{2m} r(2j-1) + \sum_{j=1}^{m} r(2j) = 1 + \sum_{j=2}^{m}(r(j-1)+1) + \sum_{j=1}^{m} r(j)$$

$$= 2\sum_{j=1}^{m} r(j) + m - r(m) = 2t(m) + m - r(m) \tag{4.3.141}$$

下面证明:对于任意正整数 p,有

$$t(2^p m) = 2^p t(m) + pm 2^{p-1} - (2^p - 1)r(m) \tag{4.3.142}$$

对 p 用数学归纳法.当 $p=1$ 时,从公式(4.3.141)能推出公式(4.3.142)(完全一致).设公式(4.3.142)对某个正整数 p 成立,考虑 $p+1$ 情况,我们可以看到

$$t(2^{p+1}m) = t(2(2^p m)) = 2t(2^p m) + 2^p m - r(2^p m)(利用公式(4.3.141))$$

$$= 2[2^p t(m) + pm 2^{p-1} - (2^p - 1)r(m)] + 2^p m - r(m)(利用归纳法假设(4.3.142)和公式(4.3.138))$$

$$= 2^{p+1} t(m) + (p+1)m 2^p - (2^{p+1} - 1)r(m) \tag{4.3.143}$$

于是,公式(4.3.142)对任意正整数 p 成立. m 是任意正整数.

在作了这些准备工作后,可以来求题目中的数目了.

(1) 问题是求最小正整数 m,满足

$$r(m+1) = 9 \tag{4.3.144}$$

即捉第 $m+1$ 只苍蝇之前(已捉了 m 只苍蝇),变色龙第一次休息了 9 分钟.在二进制下,有 9 个 1 的最小正整数是 $2^p - 1 = 511$,所求

$$m = 510 \tag{4.3.145}$$

(2) 利用公式(4.3.141),有

$$t(98) = 2t(49) + 49 - r(49) \tag{4.3.146}$$

利用公式(4.3.140),有
$$t(49) = 25 + 2t(24) \tag{4.3.147}$$
利用公式(4.3.142),有
$$t(24) = t(2^3 \times 3) = 2^3 t(3) + 36 - 7r(3) \tag{4.3.148}$$
利用公式(4.3.138),有
$$r(2) = r(1) = 1, \quad r(3) = r(1) + 1 = 2 \tag{4.3.149}$$
利用 $49 = 2^5 + 2^4 + 2^0$,有
$$r(49) = 3 \tag{4.3.150}$$
利用公式(4.3.140),有
$$t(3) = 2 + 2t(1) = 4 (利用题目条件知道 t(1) = 1) \tag{4.3.151}$$
代公式(4.3.149)和(4.3.151)入(4.3.148),有
$$t(24) = 54 \tag{4.3.152}$$
利用公式(4.3.147)和上式,有
$$t(49) = 133 \tag{4.3.153}$$
代公式(4.3.150)和上式入公式(4.3.146),有
$$t(98) = 312 \tag{4.3.154}$$

(3) 因为当且仅当 $n \in [t(m), t(m+1))$ 时,有 $f(n) = m$.由题目条件,求正整数 m_0,满足
$$t(m_0) \leq 1999 < t(m_0 + 1) \tag{4.3.155}$$
利用公式(4.3.140),有
$$t(2^p - 1) = t(2(2^{p-1} - 1) + 1) = 2t(2^{p-1} - 1) + 2^{p-1} \tag{4.3.156}$$
这里正整数 $p \geq 2$,利用上式,有
$$\begin{aligned} t(2^p - 1) &= 2[2t(2^{p-2} - 1) + 2^{p-2}] + 2^{p-1} = 2^2[2t(2^{p-3} - 1) + 2^{p-3}] + 2 \times 2^{p-1} \\ &= 2^3 t(2^{p-3} - 1) + 3 \times 2^{p-1} = \cdots \\ &= 2^{p-1} t(2 - 1) + (p-1)2^{p-1} = p2^{p-1} (利用 t(1) = 1) \end{aligned} \tag{4.3.157}$$
在公式(4.3.142)中,令 $m = 1$,有
$$t(2^p) = 2^p t(1) + p2^{p-1} - (2^p - 1)r(1) = p2^{p-1} + 1 \tag{4.3.158}$$
又在公式(4.3.142)中,令 $m = 2^q - 1$,这里 q 是正整数,有
$$\begin{aligned} t(2^p(2^q - 1)) &= 2^p t(2^q - 1) + p(2^q - 1)2^{p-1} - (2^p - 1)r(2^q - 1) \\ &= 2^p(q2^{q-1}) + p(2^q - 1)2^{p-1} - (2^p - 1)q (利用公式(4.3.157) 和 r(2^q - 1) 恰等 \\ &\quad 于 2^q - 1 在二进制下 1 的数目 q) \\ &= (p + q)2^{p+q-1} - p2^{p-1} - q2^p + q \end{aligned} \tag{4.3.159}$$
利用公式(4.3.158),可以得到
$$t(2^8) = 8 \times 2^7 + 1 = 1\,025 < 1\,999 < 9 \times 2^8 + 1 = t(2^9) \tag{4.3.160}$$
利用不等式(4.3.155)和上式,有
$$2^8 < m_0 < 2^9 \tag{4.3.161}$$
下面我们来严格证明上式.
利用公式(4.3.140)和(4.3.141),有
$$t(2^8 + 1) - t(2^8) = 1 + r(2^7) = 2 \tag{4.3.162}$$
又利用 $t(m)$ 是 m 的单调递增(不降)函数,利用公式(4.3.160)和(4.3.162),有
$$t(2^8 + 1) = 1\,027 < 1\,999 \tag{4.3.163}$$
再利用不等式(4.3.155),有公式(4.3.161)的前一个不等式,又再利用公式(4.3.160),及 $t(m)$ 是 m 的单调递增函数,有公式(4.3.161)的后一个不等式,从而,在二进制下,m_0 有 9

位数.

在公式(4.3.159)中,令 $p=6, q=3$,有
$$t(2^6(2^3-1)) = 9\times 2^8 - 6\times 2^5 - 3\times 2^6 + 3 = 1\,923 \tag{4.3.164}$$

又在公式(4.3.159)中,令 $p=5, q=4$,有
$$t(2^5(2^4-1)) = 9\times 2^8 - 5\times 2^4 - 4\times 2^5 + 4 = 2\,100 \tag{4.3.165}$$

利用上二式和 $t(m)$ 是 m 的单调递增函数,可以知道,在二进制下,9 位数 m_0 的前 4 位数是 1110.

利用公式(4.3.140),有
$$\begin{aligned}
& t((2^3-1)2^6 + (2^3+2^2+2+1)) \\
&= 2t((2^3-1)2^5 + (2^2+2+1)) + [(2^3-1)2^5 + (2^2+2+2)] \\
&= 2\{2t((2^3-1)2^4 + 2 + 1) + [(2^3-1)2^4 + 2 + 2]\} + 232 \\
&= 4\{2t((2^3-1)2^3 + 1) + [(2^3-1)2^3 + 2]\} + 464 \\
&= 8[2t((2^3-1)2^2) + (2^3-1)2^2 + 1] + 696 \\
&= 16(5\times 2^4 - 2^2 - 3\times 2^2 + 3) + 928 \text{(利用公式(4.3.159))} \\
&= 1\,072 + 928 = 2\,000
\end{aligned} \tag{4.3.166}$$

又利用公式(4.3.140)和(4.3.141),有
$$\begin{aligned}
& t((2^3-1)2^6 + (2^3+2^2+2+1)) - t((2^3-1)2^6 + (2^3+2^2+2)) \\
&= 1 + r((2^3-1)2^5 + (2^2+2+1)) = 1 + 6 = 7
\end{aligned} \tag{4.3.167}$$

利用公式(4.3.166)和(4.3.167),有
$$t((2^3-1)2^6 + (2^3+2^2+2)) = 1\,993 \tag{4.3.168}$$

利用公式(4.3.166)和(4.3.168),有
$$f(1\,999) = (2^3-1)2^6 + (2^3+2^2+2) = 462 \tag{4.3.169}$$

在 1 999 分钟后,变色龙共捉了 462 只苍蝇.

例 15 (1) 已知偶数 $a\geqslant 4$,正整数 $b\geqslant 3$.现发行一种数学彩票,在一张彩票上填上前 ab 个正整数中的 a 个数,开奖时从 $1,2,3,\cdots,ab$ 中划去 b 个数.如果一张彩票上数无一个被划去,则该彩票中奖.问至少须购买多少张彩票,才能通过适当地填写彩票,保证至少有一张中奖?证明你的结论.

(2) 将(1)中 a 改为奇数 $a\geqslant 3$,结果如何?证明你的结论.

解:(1) 须购买 $b+3$ 张彩票,对全部彩票用①、②、③、$\cdots$、$\boxed{b+3}$ 编号,这 $b+3$ 张彩票可以用下法填写.

第一组:① $1,2,3,\cdots,a$;

② $1,2,\cdots,\dfrac{a}{2};a+1,a+2,\cdots,a+\dfrac{a}{2}$;

③ $\dfrac{a}{2}+1,\dfrac{a}{2}+2,\dfrac{a}{2}+3,\cdots,\dfrac{a}{2}+a$.

第二组:在①、②、③所填数字的每一个都加上同一个正整数 $a+\dfrac{a}{2}$,得

④ $a+\dfrac{a}{2}+1,a+\dfrac{a}{2}+2,a+\dfrac{a}{2}+3,\cdots,2a+\dfrac{a}{2}$;

⑤ $a+\dfrac{a}{2}+1,a+\dfrac{a}{2}+2,\cdots,2a;2a+\dfrac{a}{2}+1,2a+\dfrac{a}{2}+2,\cdots,3a$;

⑥ $2a+1,2a+2,2a+3,\cdots,3a$.

剩余 $b-3$ 张彩票作为一组,按下法填写.

⑦ $3a+1,3a+2,\cdots,4a$；

⑧ $4a+1,4a+2,\cdots,5a$；

……

ⓑ₊₃ $ab-a+1,ab-a+2,\cdots,ab$.

下面证明：上述彩票中至少有一张中奖．用反证法，如果上述彩票无一张中奖，为了防止第一组 3 张彩票中有一张中奖，开奖时，需划去 $1,2,3,\cdots,a+\dfrac{a}{2}$ 内的至少两个数（如果划去 $1,2,\cdots,\dfrac{a}{2}$ 中一个数，则③中奖，如果划去 $\dfrac{a}{2}+1,\dfrac{a}{2}+2,\cdots,a$ 中一个数，则②中奖，如果划去 $a+1,a+2,\cdots,a+\dfrac{a}{2}$ 中一个数，则①中奖）．为了防止第二组 3 张彩票中有一张中奖，开奖时，也需划去 $a+\dfrac{a}{2}+1,a+\dfrac{a}{2}+2,\cdots,3a$ 内的至少两个数．为了防止第三组有彩票中奖，开奖时至少须划去 $3a+1,3a+2,\cdots,ab$ 中 $b-3$ 个数，这样一共至少须划去 $2+2+(b-3)=b+1$ 个数，才能使上述彩票无一张中奖．由于开奖时只划去 b 个数，矛盾．因而上述彩票中至少有一张中奖．

如果只购买 $b+2$ 张彩票，则 $b+2$ 张彩票上共填写有 $a(b+2)$ 个数．分两种情况讨论．

① 如果有一个数出现在 3 张彩票上，开奖时恰划去此数，另外 $b-1$ 张彩票上每张各划去一个数，因而这 $b+2$ 张彩票无一张中奖．

② 如果一个数至多出现在两张彩票上，则 $b+2$ 张彩票上填写的 $a(b+2)$ 个数中至少有 $2a$ 个数出现两次，不妨设此 $2a$ 个数为 $1,2,3,\cdots,2a$．填写 1 的两张彩票上至多还有 $2a-2$ 个数，而 $2,3,\cdots,2a$ 是 $2a-1$ 个数，其中至少有一个数不出现在填有 1 的两张彩票上，不妨设 $2a$ 不出现在这两张彩票上．开奖时，恰划去 1 和 $2a$，于是，有 4 张彩票不中奖．再从剩余 $b-2$ 张彩票上各划去一个数，这 $b+2$ 张彩票无一张中奖．因此，须至少购买 $b+3$ 张彩票，才能保证有一张中奖．

(2) 买 $b+4$ 张彩票．对于全部彩票从①到 ⓑ₊₄ 连续编号，用下述方法填写．

第一组 $b-1$ 张彩票．

① $a+1,a+2,a+3,\cdots,2a$；

② $2a+1,2a+2,2a+3,\cdots,3a$；

……

ⓑ₋₁ $ab-a+1,ab-a+2,ab-a+3,\cdots,ab$.

第二组 3 张彩票．

ⓑ $1,2,\cdots,\dfrac{1}{2}(a-1),2a+1,2a+2,\cdots,2a+\dfrac{1}{2}(a+1)$；

ⓑ₊₁ $1,2,\cdots,\dfrac{1}{2}(a-1),2a+\dfrac{1}{2}(a+1),2a+\dfrac{1}{2}(a+3),\cdots,3a$；

ⓑ₊₂ $1,2,\cdots,\dfrac{1}{2}(a-1),2a+1,2a+\dfrac{1}{2}(a+3),2a+\dfrac{1}{2}(a+5),\cdots,3a$.

第三组 2 张彩票．

ⓑ₊₃ $\dfrac{1}{2}(a+1),\dfrac{1}{2}(a+3),\cdots,a,a+1,\cdots,a+\dfrac{1}{2}(a-1)$；

ⓑ₊₄ $\dfrac{1}{2}(a+1),\dfrac{1}{2}(a+3),\cdots,a,a+\dfrac{1}{2}(a+1),a+\dfrac{1}{2}(a+3),\cdots,2a-1$.

观察第二组 3 张彩票后半段数字都出现在彩票②上，第三组 2 张彩票后半段的数字都出现在彩票①上．

用反证法，如果开奖时，所有彩票不中奖，则第一组 $a+1,a+2,a+3,\cdots,ab$ 中须至少划去

$b-1$ 个数. 开奖时, 尚有最后一个数可以划去. 有下述两种情况:

① 开奖时, 划去的最后一个数不在第一组全部彩票填写的数字范围内, 即划去的最后一个数在集合 $\{1,2,3,\cdots,a\}$ 中. 分两段讨论.

（i）如果开奖时, 划去的最后一个数属于集合 $\{1,2,\cdots,\frac{1}{2}(a-1)\}$, 由于开奖时, 彩票①只划去一个数, 则第三组彩票 $\boxed{b+3}$、$\boxed{b+4}$ 中有一张中奖.

（ii）如果开奖时, 划去的最后一个数属于集合 $\{\frac{1}{2}(a+1),\frac{1}{2}(a+3),\cdots,a\}$, 由于开奖时, 彩票②只划去一个数, 则第二组 3 张彩票中必有一张中奖.

② 开奖时, 划去的最后一个数在第一组全部彩票填写的数字范围内, 利用上面叙述, 只剩下考虑开奖时彩票①划去两个数, 或彩票②划去两个数的情况. 如果彩票①划去的两个数, 则彩票②只划去一个数, 由前面叙述, 第二组 3 张彩票中必有一张中奖. 如果彩票②划去两个数, 则彩票①只划去一个数, 第三组必有一张中奖.

综上所述, 这样填写的 $b+4$ 张彩票中必有一张中奖.

下面证明: 如果仅买 $b+3$ 张彩票, 有可能无一张中奖. 设 $b+3$ 张彩票对应的填写数字的集合分别为 $A_1,A_2,A_3,\cdots,A_{b+3}$.

分情况讨论:

① 如果有某个数字出现在上述 3 个集合内 (即某个数字填在 3 张彩票上), 不妨设 $a^* \in A_{b+1} \cap A_{b+2} \cap A_{b+3}$. 考虑剩下的 b 集合 $A_1,A_2,\cdots,A_b$, 如果它们中还有两个集合相交, 例如 $b^* \in A_1 \cap A_2$, 开奖时, 划去 a^*,b^*, 以及 $A_3,A_4,\cdots,A_b$ 中各一个数, 共划去 b 个数, 这 $b+3$ 张彩票无一张中奖. 如果 $A_1,A_2,\cdots,A_b$ 这 b 个集合两两不交, 每个集合内 a 个元素, 则这 b 个集合构成集合 $\{1,2,3,\cdots,ab\}$ 的一个划分. 于是上述提及元素 a^* 也属于 $A_1,A_2,\cdots,A_b$ 之一, 不妨设 $a^* \in A_b$, 开奖时, 划去 a^*, 则 4 张彩票不中奖, 剩余 $b-1$ 张彩票上各划去一个数, 于是, 所有彩票无一张中奖.

② 如果每个数字至多出现在 $A_1,A_2,A_3,\cdots,A_{b+3}$ 的两个集合内, 由于 $(b+3)a > ab$, 所以必有两个集合相交, 不妨设其中 $B_1 \cap C_1 \neq \emptyset$ (改写字母为叙述简洁), 且 $x_1 \in B_1 \cap C_1$, $b+3$ 个集合删去 B_1,C_1 后, 剩 $b+1$ 个集合, 由于 $(b+1)a > ab$, 所以还有两集合相交, 不妨设其中 $B_2 \cap C_2 \neq \emptyset$, $x_2 \in B_2 \cap C_2$, 这 $b+3$ 个集合删除 B_1,C_1,B_2,C_2 4 个集合后, 剩下 $b-1$ 个集合, 如果其中仍有元素 $x_3 \in B_3 \cap C_3$, 开奖时, 划去 x_1,x_2,x_3, 6 张彩票不中奖, 尚剩 $b-3$ 张彩票. 开奖时, 在这些彩票上各划去一个数, 全部彩票不中奖. 因此, 剩下考虑这 $b-1$ 个集合两两不相交的情况. 将这 $b-1$ 个集合重新记为 $D_1,D_2,\cdots,D_{b-1}$, 将 $1,2,3,\cdots,ab$ 排成一个 a 列 b 行 (每行 a 个数) 的表格, 将 $D_1,D_2,\cdots,D_{b-1}$ 内全部元素一个集合一行全部填入前 $b-1$ 行. 由上面叙述知道, x_1,x_2 必在表格的最后一行.

用 $\alpha(B_1)$ 表示 B_1 分布在表格最后一行的元素组成的子集合, 用 $\beta(B_1)$ 表示 B_1 分布在表格的前 $b-1$ 行的元素组成的子集合. 有

$$B_1 = \alpha(B_1) + \beta(B_1) \tag{4.3.170}$$

上述公式表示 $\alpha(B_1)$ 加上 $\beta(B_1)$, 其全部元素恰组成 B_1, 完全类似, 有

$$\left.\begin{aligned} C_1 &= \alpha(C_1) + \beta(C_1) \\ B_2 &= \alpha(B_2) + \beta(B_2) \\ C_2 &= \alpha(C_2) + \beta(C_2) \end{aligned}\right\} \tag{4.3.171}$$

如果 $\beta(B_1)$ 与 $\beta(C_1)$ 的并集占据 (至少) 两行, 则开奖时, 前 $b-1$ 行每行划去一个元素, 使 B_1,C_1 对应的彩票不中奖, 最后一行划去 x_2, 使 B_2,C_2 对应的彩票也不中奖, 则全部彩票无一张

中奖.因此,剩下考虑 $\beta(B_1)$ 与 $\beta(C_1)$ 分布在同一行的情况.同理,设 $\beta(B_2)$ 与 $\beta(C_2)$ 的并集占据(至少)两行,开奖时,可能全部彩票无一张中奖,剩下考虑 $\beta(B_2)$ 与 $\beta(C_2)$ 也分布在同一行情况.

如果这两行相同,则 B_1,B_2,C_1,C_2 以及相同的那一行对应的集合 D_j,共 5 个集合,全部元素集中分布在两行,D_j 对应的一行及最后一行,由于 $5a > 2 \times 2a$(每个元素至多出现两次,两行一共 $2a$ 个元素),则必有至少一个元素重复出现在其中 3 个集合中,与②条件矛盾.所以这两行一定是不同的行.

由②条件,知道 $\beta(B_1)$ 与 $\beta(C_1)$ 不再相交(否则有元素属于 3 个集合),则
$$|\beta(B_1)| + |\beta(C_1)| \leqslant a \tag{4.3.172}$$
同理,有
$$|\beta(B_2)| + |\beta(C_2)| \leqslant a \tag{4.3.173}$$
由于 a 是奇数,再结合公式(4.3.172),知道 $|\beta(B_1)|$ 与 $|\beta(C_1)|$ 中必有一个小于等于 $\frac{1}{2}(a-1)$.再利用公式(4.3.170)和(4.3.171),知道 $|\alpha(B_1)|$ 与 $|\alpha(C_1)|$ 中必有一个大于等于 $\frac{1}{2}(a+1)$.同理知道 $|\alpha(B_2)|$ 与 $|\alpha(C_2)|$ 中必有一个大于等于 $\frac{1}{2}(a+1)$.不妨设 $\alpha(B_1) \cap \alpha(B_2) \neq \varnothing$,设 $d \in \alpha(B_1) \cap \alpha(B_2)$.开奖时,划去 d,则 B_1,B_2 对应的两张彩票不中奖.在前 $b-1$ 行,利用前面提及的 $\beta(B_1)$ 与 $\beta(C_1)$ 在同一行,$\beta(B_2)$ 与 $\beta(C_2)$ 分布在另一行.特别有 $\beta(C_1)$ 与 $\beta(C_2)$ 分布在不同行.因此,开奖时,在前 $b-1$ 行中各划去一个数,可使剩余的 $b+1$ 张彩票无一张中奖.

综上所述,当 a 为奇数时,至少要购买 $b+4$ 张彩票,才能通过适当填写,保证有一张中奖.

注:这是根据 1996 年城市联赛的一个题目($a=b=10$)改编的.当年湖南省长沙市第一中学向振同学给出了第 2 小题的解答.

4.4 方格表与圆圈

先从有关方格表的题目说起.

例 1 设正整数 $n \geqslant 2$,给定 $2n$ 个两两不同的实数 $a_1, a_2, \cdots, a_n; b_1, b_2, \cdots, b_n$.用下列规则将 $n \times n$ 方格表填满,在第 i 行和第 j 列交叉的方格内填上数 $a_i + b_j$.如果所有列中数的 n 个乘积相等,求证:所有行中数的 n 个乘积也相等.

证明: 令
$$f(x) = (x+a_1)(x+a_2)\cdots(x+a_n) - (x-b_1)(x-b_2)\cdots(x-b_n) \tag{4.4.1}$$
$f(x)$ 是 x 的一个至多 $n-1$ 次的多项式.
$$f(b_j) = (b_j+a_1)(b_j+a_2)\cdots(b_j+a_n), \quad 1 \leqslant j \leqslant n \tag{4.4.2}$$
由题目条件,存在实数 c,使得
$$f(b_1) = f(b_2) = \cdots = f(b_n) = c \tag{4.4.3}$$
令
$$Q(x) = f(x) - c \tag{4.4.4}$$
$Q(x)$ 是 x 的一个至多 $n-1$ 次的(实系数)多项式,而且有 n 个两两不同实根 $b_1, b_2, \cdots, b_n$,则 $Q(x)$ 一定恒等于零.$f(x)$ 恒等于常数 c.那么,有
$$f(-a_1) = f(-a_2) = \cdots = f(-a_n) = c \tag{4.4.5}$$

利用公式(4.4.1)和上式,有
$$(a_j + b_1)(a_j + b_2)\cdots(a_j + b_n) = (-1)^{n-1}c \tag{4.4.6}$$
上式表明方格表中所有行中数的 n 个乘积都是 $(-1)^{n-1}c$.

例 2 设 m,n 是两个正整数,$m > n \geqslant 3$. 有 m 个兴趣小组,若干学生参与,每个学生可以参加多个兴趣小组. 已知每个兴趣小组人数相同,又已知任意 n 个兴趣小组包含了全体学生,而任意 $n-1$ 个兴趣小组不包含全体学生,求学生人数的最小值.

解: 设 m 个兴趣小组的学生组成的集合为 $A_1, A_2, \cdots, A_m$. 由题目条件,知道
$$|A_1| = |A_2| = \cdots = |A_m| = x \tag{4.4.7}$$
这里 x 是一个正整数. 记集合
$$T = A_1 \cup A_2 \cup \cdots \cup A_m, \quad |T| = y \tag{4.4.8}$$
构造一个 $y(行) \times m(列)$ 的方格表. 给所有 y 个学生编号为学生 a_1,学生 a_2,$\cdots$,学生 a_y. 如果学生 $a_i (1 \leqslant i \leqslant y) \in A_j (1 \leqslant j \leqslant m)$,就在第 i 行、第 j 列的方格内填上 1,否则填 0.

由题目条件,任意 $n-1$ 列中,即代表 $n-1$ 个兴趣小组学生组成的集合,由题目条件,至少有一个学生不参加这 $n-1$ 个兴趣小组中的任意一个. 因此,必有一行与其相交的 $n-1$ 个方格均填 0. 称这至少含 $n-1$ 个 0 的行为"零行".

再由题目条件,知道 $A_1, A_2, \cdots, A_m$ 中的任意 n 个集合的并集为集合 T,则任意两个零行不是同一行. 用反证法,如果是同一行,这零行内至少有 n 个 0,即至少有一个同学不参加相应的 n 个兴趣小组,与题目条件矛盾.

于是,可构造 m 列中任选 $n-1$ 列(作为一个元素)到一行(零行作为一个元素)的一个单射,从而必有
$$C_m^{n-1} \leqslant y = |T| \tag{4.4.9}$$
利用 $C_m^{n-1} = C_m^{m-n+1}$,在 $C_m^{m-n+1}(行) \times m(列)$ 的方格表中,每一行填 $m-n+1$ 个 1,其余 $n-1$ 个方格填 0,任两行的填法不全相同,每行恰对应一个学生参加 $m-n+1$ 个兴趣小组,但任两个学生参加的兴趣小组不全相同.

任取 $n-1$ 列,由于有 $C_m^{m-n+1} = C_m^{n-1}$ 行,至少有一行的 $m-(n-1)$ 个 1 不在这 $n-1$ 列中,因此,这 $n-1$ 列中必有一零行,即任意 $n-1$ 个兴趣小组不包含全体学生. 任取 n 列,剩下 $m-n$ 列,由于每行有 $m-n+1$ 个 1,则这 n 列每行中都至少有一个 1. 于是,任 n 个兴趣小组包含了全体学生.

综上所述,所求学生总人数的最小值是 C_m^{n-1}.

例 3 (1) 在一个 m 行,n 列(m,n 都是大于等于 2 的正整数)非负实数表中,每行、每列都至少有一个正实数. 如果某一行与某一列相交于一个正实数,则该行的各数之和与该列的各数之和相等. 求证:$m = n$.

(2) 设 m,n 都是正整数,且 n 是偶数. 在一个 n 行,m 列的方格表中,每个方格内分别填上 1 或 -1,已知其中任意两列处于同一行的两个数相乘之和小于等于零. 求证:这方格表中填有 1 的个数不超过 $\frac{1}{2}n(m+\sqrt{m})$.

证明:(1) 记这数表中第 i 行、第 j 列非负实数是 $a_{ij} (1 \leqslant i \leqslant m, 1 \leqslant j \leqslant n)$. 设
$$S = \{(i,j) \mid a_{ij} > 0\} \tag{4.4.10}$$
记第 i 行全部非负实数之和为 r_i,第 j 列全部非负实数之和为 C_j,则当 $(i,j) \in S$ 时,利用题目条件,有
$$r_i = C_j \tag{4.4.11}$$
利用上面叙述,有

$$\sum_{(i,j)\in S}\frac{a_{ij}}{r_i} = \sum_{i=1}^{m}\sum_{j=1}^{n}\frac{a_{ij}}{r_i}(\text{补充若干 } a_{ij}=0)$$
$$= \sum_{i=1}^{m}\frac{1}{r_i}\sum_{j=1}^{n}a_{ij} = \sum_{i=1}^{m}\frac{1}{r_i}r_i = m \tag{4.4.12}$$

又可以看到

$$\sum_{(i,j)\in S}\frac{a_{ij}}{r_i} = \sum_{(i,j)\in S}\frac{a_{ij}}{C_j} = \sum_{i=1}^{m}\sum_{j=1}^{n}\frac{a_{ij}}{C_j}(\text{补充若干 } a_{ij}=0)$$
$$= \sum_{j=1}^{n}\frac{1}{C_j}\sum_{i=1}^{m}a_{ij} = \sum_{j=1}^{n}\frac{1}{C_j}C_j = n \tag{4.4.13}$$

利用上二式,有

$$m = n \tag{4.4.14}$$

题目结论成立.

(2) 由题目条件知道,设这方格表中任意两列,处于同一行的两个方格中填相同数(都填 1 或都填 -1)的数对不会超过 $\frac{n}{2}$.设第 i 行($1\leqslant i\leqslant n$)填 1 的个数为 a_i,填 -1 的个数为 $m-a_i$,则

$$\sum_{i=1}^{n}(C_{a_i}^2 + C_{m-a_i}^2) \leqslant \frac{n}{2}C_m^2 \tag{4.4.15}$$

这是由于全方格表中,只计同行,填相同数的数对不会大于 $\frac{n}{2}C_m^2$.

展开公式(4.4.15)的两端,并且两端同乘以 2,有

$$\sum_{i=1}^{n}[a_i(a_i-1) + (m-a_i)(m-a_i-1)] \leqslant \frac{1}{2}m(m-1)n \tag{4.4.16}$$

整理上式,并且两端乘以 2,有

$$\sum_{i=1}^{n}(2a_i-m)^2 \leqslant m(m-1)n - 2n(m^2-m) + nm^2 = mn \tag{4.4.17}$$

利用 Cauchy 不等式及上式,可以看到

$$\left[\sum_{i=1}^{n}(2a_i-m)\right]^2 \leqslant n\sum_{i=1}^{n}(2a_i-m)^2 \leqslant mn^2 \tag{4.4.18}$$

上式两端开方,再移项,有

$$2\sum_{i=1}^{n}a_i \leqslant n\sqrt{m} + mn \tag{4.4.19}$$

上式两端除以 2,题目结论成立.

例 4 已知 n 是大于 1 的奇数,$n\times n$ 数表中的每个元素都是绝对值不大于 1 的实数,全数表元素之和等于零.求最小的正实数 C,使得每个这样的数表中必有一行或一列,其元素之和的绝对值不大于 C.

解:记 $n=2k+1$,这里 k 是一个正整数.分两步.第一步,构造一个例,使得 C 尽可能小,用 a_{ij} 表示第 i 行,第 j 列所填的实数.令

$$a_{ij} = \begin{cases} 1, & \text{当 } 1\leqslant i,j\leqslant k+1 \text{ 时} \\ -1, & \text{当 } i,j \text{ 都大于 } k+1 \text{ 时} \\ -\dfrac{2k+1}{2k(k+1)}, & \text{其他 } i,j \text{ 情况} \end{cases} \tag{4.4.20}$$

这里 $1\leqslant i,j\leqslant 2k+1$.

前 $k+1$ 行和前 $k+1$ 列,每行或每列 n 个元素之和都相同,记为 S,有

$$S = k+1 - \frac{(2k+1)k}{2k(k+1)} = k + \frac{1}{2(k+1)} \tag{4.4.21}$$

后 k 行和后 k 列,每行或每列 n 个元素之和的绝对值都相同,记为 S^*,有

$$S^* = \left| -\frac{(2k+1)}{2k(k+1)}(k+1) + (-1)k \right| = k + \frac{2k+1}{2k} > k + \frac{1}{2(k+1)} \tag{4.4.22}$$

于是,由公式(4.4.20)确定的 $n \times n$ 实数表,每个元素的绝对值皆不大于 1. 全数表元素之和记为 E,有

$$E = (k+1)^2 - k^2 + \left(-\frac{2k+1}{2k(k+1)}\right)2(k+1)k = 0 \tag{4.4.23}$$

因此,由公式(4.4.20)确定的实数表满足题目要求. 因此,所求的最小的正实数

$$C \geqslant k + \frac{1}{2(k+1)} \tag{4.4.24}$$

下面证明,所求的最小正实数

$$C = k + \frac{1}{2(k+1)} = \frac{1}{2}(n-1) + \frac{1}{n+1} \tag{4.4.25}$$

用反证法. 设有一个 $n \times n$ 实数表,满足题目条件,但是,每行、每列全部元素之和的绝对值都大于 $k + \frac{1}{2(k+1)}$,不妨设前 $k+1$ 行,每行元素之和都大于 $k + \frac{1}{2(k+1)}$. 这是因为全实数表每个元素都乘以 -1,仍满足题目条件. $2k+1$ 行元素之和,放在两个盒子内,一个盒子内放正值,一个盒子内放负值. 总有一个盒子内放至少 $k+1$ 个值,如果是负值,全实数表每个元素都乘以 -1. 关于前 $k+1$ 行,可通过调换行,例如将最后一行全部元素与第一行全部元素互换(保留列的位置),来达到这一要求. 于是,这前 $k+1$ 行全部元素之总和大于 $(k+1)k + \frac{1}{2}$. 但是,这前 $(k+1) \times n$ 子数表的每列 $k+1$ 个元素之和,由题目条件,每个元素的绝对值不大于 1,则子数表的每列 $k+1$ 个元素之和都不大于 $k+1$. 因此,这前 $(k+1) \times n$ 子数表中必至少有 $k+1$ 列,每列全部元素之和为正值. 因为如果至多只有 k 列,每列全部元素之和为正值,则这个前 $(k+1) \times n$ 子数表的全部元素之和不大于 $k(k+1)$,与前面叙述矛盾. 这 $k+1$ 列中,在 $n \times n$ 数表中,每列全部元素之和,尚需加 k 个元素,每个元素的绝对值不大于 1,则需加上绝对值不超过 k 的实数. 由于已设每列元素之和的绝对值都大于 $k + \frac{1}{2(k+1)}$. 因此,每列上述 $k+1$ 个元素与这后 k 个元素之和必定是正实数. 因此,这 $k+1$ 列中每列 n 个元素之和是正值. 由假设,应大于 $k + \frac{1}{2(k+1)}$. 再注意到列也可以调整,可设前 $k+1$ 列每列全部元素之和为正值,大于 $k + \frac{1}{2(k+1)}$. 再注意到左上角的 $(k+1) \times (k+1)$ 方块和右下角的 $k \times k$ 方块全部元素之和的绝对值依次不大于 $(k+1)^2$ 和 k^2. 最后得到这 $n \times n$ 实数表全部元素之和,记为 M,有

$$\begin{aligned} M &> (k+1)\left[k + \frac{1}{2(k+1)}\right] + (k+1)\left[k + \frac{1}{2(k+1)}\right] - (k+1)^2 - k^2 \\ &= 2(k+1)k + 1 - (k+1)^2 - k^2 = 0 \end{aligned} \tag{4.4.26}$$

这是由于前 $k+1$ 行全部元素之和加上前 $k+1$ 列全部元素之和,减去重复的前 $k+1$ 行,前 $k+1$ 列的 $(k+1)^2$ 个元素,再考虑剩下的右下角 k 行、k 列元素. 公式(4.4.26)与题目条件 $M = 0$ 矛盾. 因此,公式(4.4.25)就是题目结论.

下面开始有关圆圈,例如人坐在圆桌旁的题目.

例 5 (1) 围绕一个圆桌坐着来自 25 个国家的 100 名代表,每个国家 4 名代表. 求证:可以将他们分成四组,使得每一组中都有来自每个国家的 1 名代表,并且每一组中的任何两名代表都

不是圆桌旁的邻座.

(2) 已知 m,n 都是大于 1 的正整数,考虑 $m\times n$ 个点构成的矩阵点阵,将其中的 k 个点染为红色,使得任意具有两条直角边平行于矩阵的边的直角三角形的三个顶点不同时为红色点. 求 k 的最大值.

解:(1) 先证明一个引理.

引理 设有 n 对熟人,他们分别来自 n 个不同的国家,每个国家 2 人,则可将他们分成两组,使得每一组中都有每个国家的 1 名代表,并且同组内没有熟人.

引理的证明:先将第一个国家的代表甲分在第一组,代表乙分在第二组,接着将代表乙的熟人,假设他是第 i 个 $(2\leqslant i\leqslant n)$ 国家的代表甲分到第一组,将第 i 个国家的代表乙分在第二组,再将这乙的熟人分在第一组,如此下去,如果到某一步,发现某个代表的熟人已经分在第一组,那么这个熟人一定就是第一个国家的代表甲.这样的分组方式是符合要求的.如果此时还有人没有被分配,那么就对他们重新进行与刚才一样的分组过程即可.

回到原题.

将来自 X 国的 4 名代表分为两对,其中两人代表 X_1 国,另两人代表 X_2 国.对每个国家的 4 名代表都作如此处理.再将 100 名代表按顺时针方向分为 50 对圆桌"邻座对",称同一对中的两人为"熟人",于是,现在有 50 对"熟人",来自 50 个"国家"(将 X_1,X_2 视为"两国").利用引理,可将他们分为两组,每组 50 人,组内无"熟人",且每组分别恰有每个"国家"的 1 名代表,即每个国家两名代表.注意在每一组内,任何人都至多有一个圆桌旁的邻座在同一组内.于是,可以在每一组内按照圆桌旁的相邻关系分为互不相交的 25 个"熟人对".先将有邻座关系的同组人两两一对,称为"熟人对",其余人任意两两一对,也称为"熟人对",并且再一次运用引理,将每组都分为两个小组,使得每一小组中都恰有来自每个国家的 1 名代表,并且每一小组中的任何两名代表都不是圆桌旁的邻座.

(2) 任取一行、一列,删除这一行、一列的一个公共点,将这一行、这一列的其他所有点均涂成红色.于是,在这一行,有 $n-1$ 个点染为红色,在这一列,有 $m-1$ 个点染为红色.其他点全部不染色,则染红色点数目是 $m+n-2$,这样红色染色法满足题目要求,于是,有

$$\max k \geqslant m+n-2 \tag{4.4.27}$$

下面对 n 用数学归纳法,证明要满足题目要求,

$$\text{染红点的数目} \leqslant m+n-2 \tag{4.4.28}$$

当 $n=2$ 时,用反证法,设染红点的数目为 $m+n-1=m+1>2$,则必存在一行有 2 个红点,由题目要求,这两红点所在的两列无其他红点,这不可能.

当 $n=3$ 时,也用反证法,设染红点数目为 $m+n-1=m+2$.由于一共 m 行,必存在一行至少有 2 个红点,由题目要求,这两红点所在的两列无其他红点.由于一共仅 3 列,则剩下的一列至多有 $m-1$ 个红点,才能满足题目要求.于是,至多有红点 $(m-1)+2=m+1<m+2$.矛盾.

设 $n\leqslant k$ 时,这里正整数 $k\geqslant 3$.在 $m\times n$ 点阵中,不等式 (4.4.28) 成立.考虑 $n=k+1$ 情况,也用反证法.设 $m\times n$ 点阵中有 $m+n-1=m+k$ 个红点,满足题目要求,由抽屉原理,必有一行有 2 个红点(因为一共 m 行),由题目要求,这 2 个红点所在的两列中无其他的红点,将此两列从这点阵中删除,剩下 $m\times(k-1)$ 点阵中有 $m+k-2$ 个红点,这与归纳法假设,要满足题目要求,染红点数目 $\leqslant m+(k-1)-2$ 矛盾.于是,不等式 (4.4.28) 成立.

综上所述

$$\max k = m+n-2 \tag{4.4.29}$$

例 6 设正奇数 $n\geqslant 3$,$3n+1$ 个正整数,$1,4,7,\cdots,9n+1$(公差为 3 的等差数列)排列在一个圆周上,记 m 为这 $3n+1$ 个数中任意一个数与其相邻两数之和的最大值.在所有这样的排列中,

求 m 的最小值.

解:将一个圆周上给定的这 $3n+1$ 个正整数划分为 $n+1$ 个集合 $S_1,S_2,S_3,\cdots,S_{n+1}$.其中 $S_1 = \{1\}$,$S_2,S_3,\cdots,S_{n+1}$ 分别包含 3 个位置相邻的正整数.集合 $S_2,S_3,\cdots,S_{n+1}$ 中包含的所有元素之和记为 S,则

$$S = 4+7+\cdots+(9n+1) = \frac{3}{2}n(9n+5) \tag{4.4.30}$$

利用题目条件,用 $\lceil x \rceil$ 表示大于等于正实数 x 的最小正整数,可以看到

$$m \geqslant \left\lceil \frac{1}{n} \frac{3}{2} n(9n+5) \right\rceil = \frac{3}{2}(9n+5)(\text{利用 } n \text{ 是奇数}) \tag{4.4.31}$$

猜测:在所有排列中,

$$\min m = \frac{3}{2}(9n+5) \tag{4.4.32}$$

下面用反证法,设

$$\min m \leqslant \frac{3}{2}(9n+5)-1 \tag{4.4.33}$$

则这个圆周上的所有数字之和,利用公式(4.4.30),应当是 $1+S$,再利用不等式(4.4.33),有

$$1+S \leqslant n\left[\frac{3}{2}(9n+5)-1\right]+1 = \frac{n}{2}(27n+13)+1 \tag{4.4.34}$$

公式(4.4.30)与上式是矛盾的.因此,公式(4.4.33)不成立.下面给出一个排列方法,满足公式(4.4.32).

令 $S_1 = \{1\}$,将剩余 $3n$ 个元素 $4,7,10,\cdots,9n-2,9n+1$ 分成 3 段,每段 n 个元素

$$\left.\begin{aligned} A_1 &= \{4,7,10,\cdots,3n+1\} \\ A_2 &= \{3n+4,3n+7,3n+10,\cdots,6n+1\} \\ A_3 &= \{6n+4,6n+7,6n+10,\cdots,9n+1\} \end{aligned}\right\} \tag{4.4.35}$$

从集合 A_1 中任取一个元素 $3j-2(j=2,3,\cdots,n+1)$,集合 A_2 中任意一个元素可以写成 $3k-2(k=n+2,n+3,\cdots,2n+1)$,集合 A_3 中任意一个元素可以写成 $3l-2(l=2n+2,2n+3,\cdots,3n+1)$.从集合 A_1,A_2,A_3 中各取一个元素 $3j-2,3k-2,3l-2$,要求这 3 个元素之和是 $\frac{3}{2}(9n+5)$.

于是,有

$$3(j+k+l)-6 = \frac{3}{2}(9n+5) \tag{4.4.36}$$

化简上式,有

$$j+k+l = \frac{9}{2}(n+1) \tag{4.4.37}$$

于是,令 3 元集合

$$S_j = \left\{3j-2,\frac{9}{2}n+\frac{17}{2}+3(t_j-j),9n+1-3t_j\right\} \tag{4.4.38}$$

这里 $j=2,3,\cdots,n+1$,$t_j \in \{0,1,2,\cdots,n-1\}$.但要求满足

$$3n+4 \leqslant \frac{9}{2}n+\frac{17}{2}+3(t_j-j) \leqslant 6n+1 \tag{4.4.39}$$

注意 S_j 中 3 元素之和恰是 $\frac{3}{2}(9n+5)$.化简上式,有

$$-\frac{1}{2}(n+3) \leqslant t_j-j \leqslant \frac{1}{2}(n-5) \tag{4.4.40}$$

令

$$\left.\begin{aligned} t_j &= 2j-4, \quad \text{这里 } j=2,3,\cdots,\frac{1}{2}(n+1) \\ t_{\frac{1}{2}(n+5)+j} &= 2j+1, \quad \text{这里 } j=0,1,2,\cdots,\frac{1}{2}(n-3) \\ t_{\frac{1}{2}(n+3)} &= n-1 \end{aligned}\right\} \quad (4.4.41)$$

有兴趣的读者可以自己验证,当上式成立时,t_j 取遍集合 $\{0,1,2,\cdots,n-1\}$ 内每个元素,而且不等式(4.4.40)满足.公式(4.4.38)定义的 S_j 内3个元素依次属于 A_1,A_2,A_3 集合,而且这3个元素分别取遍集合 A_1,A_2,A_3 内每个元素.

注:这是克罗地亚的一个竞赛题($n=3$)的推广.有兴趣的读者可以考虑 n 是偶数情况.

例7 一次宴会有 n 位客人被邀请,他们围着圆桌坐成一圈,且座位已经被主人用卡片分别标上 $1,2,3,\cdots,n$ 共 n 个号.一位服务员根据一种奇特的规则为客人服务:他挑选一位客人为其服务,其后,他根据这个客人座位上的数目逆时针移动相同数目个座位,接着为这个刚到达的座位上的客人服务.类似地,他用同样的方式逆时针移动座位数目等于他刚服务的客人座位上的数目.求所有正整数 $n \geqslant 2$,使得主人可以放置这 n 张卡片,且服务员能恰当地选择一位客人开始服务,依据如上的规则,为每位客人服务.

解:如果 $n=2k$,这里 k 是正整数,主人按照顺时针方向,先放第 $2k$ 号卡片在(任意选择的)某一个座位上,然后,将其他偶数号卡片依递增的次序顺时针依次摆放 $2,4,6,\cdots,2k-2$ 号卡片,接着再将所有奇数号卡片依递增的次序顺时针依次摆放 $1,3,5,\cdots,2k-1$ 号卡片.

服务员先选取第1号卡片所对应的客人,为他服务.按逆时针方向,下一位服务的客人则是第 $2k-2$ 号卡片对应的客人,接着,按逆时针方向,数 $2k-2$ 个座位,恰是放卡片3的座位.服务员为放卡片3的座位上的客人服务,再接着为放卡片 $2k-4$ 的座位上的客人服务,再接着依次为放卡片 $5,2k-6,7,\cdots,2k-3,2,2k-1,2k$ 的座位上的客人服务,满足题目要求.

如果 $n=2k+1$,这里 k 是一个正整数,且卡片能按要求放置.设服务员依次能为第 $x_1,x_2,\cdots,x_{2k+1}$ 卡号位置上客人服务.首先,有

$$x_{2k+1} = 2k+1 \quad (4.4.42)$$

否则,服务员为卡片号 $2k+1$ 对应的客人服务后,接下来依规则服务的还是这位客人,服务无法进行下去.于是,公式(4.4.42)成立.从而,有

$$\sum_{j=1}^{2k} x_j = \sum_{j=1}^{2k} j = k(2k+1) \quad (4.4.43)$$

公式(4.4.43)的右端是 $2k+1$ 的整数倍,这意味着服务员为第 $2k$ 位客人(倒数第2位被服务的客人)服务后,又回到了最先开始的地方,将为第 x_1 号卡片位置上的客人服务.因此,服务员将永远无法为第 $2k+1$ 卡号对应的客人服务.

因此,所求的正整数 n 必为偶数.

例8 设正整数 $n \geqslant 2$,某寄宿学校中有 2^n 名学生,位在 2^{n-1} 间宿舍内,每间宿舍合住的两人称为室友.已知这些学生,共选修 n 门课,且任意两名同学所选课程都不完全相同.求证:所有同学可以排成一圈,满足:

(1) 任意两个室友相邻;

(2) 任意非室友相邻的两人中,一人所选的课程是另一人所选课程的子集,且恰少选一门课.

证明:对 n 用归纳法.

当 $n=2$ 时,4个人共选2门课,记为课 A,课 B.由题目条件,任意两名同学所选课程都不完全相同,只能是其中两人分别选一门课,且不相同,有一人选二门课,剩下一人不选课.对于选二

门课的同学,他的室友有二种可能性:① 选一门课,不妨设选课 A;② 不选课,利用图 4.5 排列,题目结论成立.

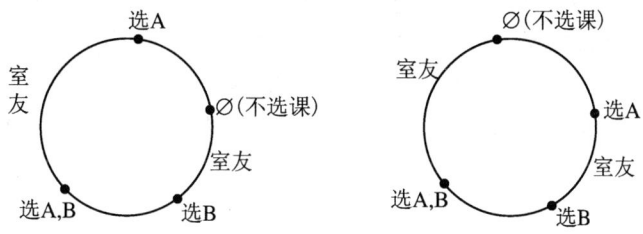

图 4.5

下面考虑正整数 $n \geqslant 3$,设题目结论对 $n-1$ 成立.由于有 2^n 名学生,一共选 n 门课.将这 n 门课看作 n 个不同元素,可组成一个集合,它有 2^n 个子集,包含空集.每个子集恰对应一名学生的选课情况,空集对应不选课.这 n 门课中任意固定的一门课 C^*,选课 C^* 的人数与没选课 C^* 的人数应相等,因为有元素 C^* 的子集族与没有元素 C^* 的子集族是 1—1 对应的.选课 C^* 的人组成集合 A,没选课 C^* 的人组成集合 B.因此,有

$$|A| = |B| = 2^{n-1} \tag{4.4.44}$$

将集合 A 内的所有同学两人一间安排到另外有 2^{n-2} 间宿舍的学校,原来的室友还是室友,剩下的 A 内同学任意两两配对成为新室友.对集合 B 的所有同学也仿照集合 A,原来的室友还是室友.

集合 A 的同学数是 2^{n-1} 名,由于都选课程 C^*,不考虑这门课.集合 A 的全部同学共修了 $n-1$ 门课,两人一间住在 2^{n-2} 间宿舍内,满足归纳法假设条件,集合 A 内全部同学可以排成一个圆圈 K,满足题目结论(1)和(2).

设 $(x_1,x_2),(x_3,x_4),(x_5,x_6),\cdots,(x_{2k-1},x_{2k})$ 是圆 K 上按顺时针方向排列的所有新室友对,记 x_i^* 表示 x_i 原来的室友,$x_i^* \in B, 1 \leqslant i \leqslant 2k$.在集合 B 中,令 $(x_{2k}^*,x_1^*),(x_2^*,x_3^*),(x_4^*,x_5^*),\cdots,(x_{2k-2}^*,x_{2k-1}^*)$ 构成新的室友对,与集合 B 中原来的室友对集共同构成了集合 B 中全部新室友对.

对集合 B 也应用数学归纳法,可将集合 B 中全部学生排成一个圆圈 K^*,满足题目结论(1)和(2).将圆 K 中 x_{2i} 到 x_{2i+1}(两个相邻新室友对最近的同学)之间的同学保持顺序地安插到圆圈 K^* 中一对新室友 x_{2i}^*, x_{2i+1}^* 之间,这里规定 $x_{2k+1}^* = x_1^*$,成 $x_{2i}^*, x_{2i}, \cdots, x_{2i+1}, x_{2i+1}^*$,这样得到新的大圆圈显然满足题目要求.

例 9 设正整数 $n \geqslant 2, k$ 是非负整数.n 个人围坐在一个大圆桌周围.用 $g_n(k)$ 表示这 n 个人中选择 k 个人的数目,其中被选择的任两人不相邻.记 $g_n(0) = 1$.

(1) 当 $n = 6$ 时,写出全部 $g_n(k)$.

(2) 记 $f_n(x) = \sum_{k \geqslant 0} g_n(k) x^k$,确定所有正整数 n,使得 $(1+2x)$ 是 $f_n(x)$ 的一个因式.

解:(1) 明显地,有

$$g_6(0) = 1, \quad g_6(1) = 6 \tag{4.4.45}$$

将围坐大圆桌的人按顺时针编号为 $\{1,2,3,4,5,6\}$,在 mod 6 意义下,当 $k = 2$ 时,有以下全部选择法:$\{1,3\},\{1,4\},\{1,5\},\{2,4\},\{2,5\},\{2,6\},\{3,5\},\{3,6\},\{4,6\}$,一共 9 种,即

$$g_6(2) = 9 \tag{4.4.46}$$

当 $k = 3$ 时,有以下全部选择法:$\{1,3,5\},\{2,4,6\}$,即

$$g_6(3) = 2, \quad \text{当 } k \geqslant 4 \text{ 时}, g_6(k) = 0 \tag{4.4.47}$$

(2) 先求出 $g_n(k)$,取 n 个整数,其中 k 个是 $1(k<n)$,$n-k$ 个是 0. 将这 n 个整数放成一排,使得无两个 1 是相邻的. 有多少种排法呢? 可以这样考虑:取 $n-k+1$ 个依次编号的小盒子,k 个小球任意地放入这 $n-k+1$ 个小盒子内,每个小盒子内至多放一个小球,一共有 C_{n-k+1}^k 种不同的放法. 对于每种放法,一个小球放在写有编号的小盒子内,代表 1,0 先后两个数. 不放球的小盒子代表数 0,最后一个小盒子不放球,代表不放数,放一个小球代表一个数 1. 于是一种小球以上的放法代表无两个 1 相邻的 n 个数(k 个 1,$n-k$ 个 0)的一个排法. 于是, 这排法有 C_{n-k+1}^k 种.

对于围成一个大圆桌的数目,应有

$$g_n(k) = C_{n-k+1}^k - C_{n-k-1}^{k-2} \tag{4.4.48}$$

这是由于对于排成一排的数目,相对于围坐一个大圆桌而言,第一编号的小盒子与最后一个编号的小盒子作相邻处理. 因此, 必须减去第一个小盒子与最后一个小盒子各放入一个小球的 C_{n-k-1}^{k-2} 种排法. 将数字 1 代表人,从而有公式 (4.4.48).

利用公式 (4.4.48), 有

$$g_n(k) = \frac{(n-k-1)!}{k!(n-2k+1)!}[(n-k)(n-k+1) - k(k-1)]$$
$$= \frac{n(n-k-1)!}{k!(n-2k)!} \tag{4.4.49}$$

因此, 利用题目条件, 有

$$f_n(x) = n \sum_{k \geqslant 0} \frac{(n-k-1)!}{k!(n-2k)!} x^k \tag{4.4.50}$$

注意,在公式 (4.4.49) 中,只有当 $2k \leqslant n$ 时,右端才有意义,当 $2k > n$ 时,由定义 $g_n(k) = 0$. 因此, 公式 (4.4.50) 中右端只是有限项之和.

由于

$$C_{n-k}^k = \frac{(n-k)(n-k-1)!}{k!(n-2k)!} \tag{4.4.51}$$

利用公式 (4.4.50) 和 (4.4.51), 有

$$f_n(x) = n \sum_{k=0}^{\left[\frac{n}{2}\right]} \frac{1}{n-k} C_{n-k}^k x^k \tag{4.4.52}$$

下面寻找递推关系.

在上式中, 用 $n+1$ 代替 n, 可以看到

$$f_{n+1}(x) = (n+1) \sum_{k=0}^{\left[\frac{n+1}{2}\right]} \frac{1}{n+1-k} C_{n+1-k}^k x^k$$
$$= (n+1) \sum_{k=0}^{\left[\frac{n+1}{2}\right]} \frac{1}{n+1-k} C_{n-k}^k x^k + (n+1) \sum_{k=1}^{\left[\frac{n+1}{2}\right]} \frac{1}{n+1-k} C_{n-k}^{k-1} x^k \tag{4.4.53}$$

对于固定的实数 x, 利用公式 (4.4.52) 和 (4.4.53), 有

$$f_{n+1}(x) - f_n(x) = (n+1) \sum_{k=0}^{\left[\frac{n+1}{2}\right]} \frac{1}{n+1-k} C_{n-k}^k x^k - n \sum_{k=0}^{\left[\frac{n}{2}\right]} \frac{1}{n-k} C_{n-k}^k x^k$$
$$+ (n+1) \sum_{k=1}^{\left[\frac{n+1}{2}\right]} \frac{1}{n+1-k} C_{n-k}^{k-1} x^k$$
$$= \sum_{k=0}^{\left[\frac{n}{2}\right]} \left(\frac{n+1}{n+1-k} - \frac{n}{n-k} \right) C_{n-k}^k x^k + (n+1) \sum_{k=1}^{\left[\frac{n+1}{2}\right]} \frac{1}{n+1-k} C_{n-k}^{k-1} x^k$$

(利用 $C_{n-\left[\frac{n+1}{2}\right]}^{\left[\frac{n+1}{2}\right]}$ 当 n 是奇数时等于零)

$$= -\sum_{k=1}^{\left[\frac{n}{2}\right]} \frac{k}{(n+1-k)(n-k)} C_{n-k}^k x^k + (n+1)\sum_{k=1}^{\left[\frac{n+1}{2}\right]} \frac{1}{n+1-k} C_{n-k}^{k-1} x^k$$
(4.4.54)

当 k 是集合 $\{1,2,\cdots,\left[\frac{n}{2}\right]\}$ 内元素时,有

$$\frac{k}{(n+1-k)(n-k)} C_{n-k}^k = \frac{(n-k-1)!}{(k-1)!(n-2k)!} \frac{1}{n+1-k}$$
$$= \frac{1}{n+1-k} C_{n-k-1}^{k-1} \quad (4.4.55)$$

利用上二式,有

$$f_{n+1}(x) - f_n(x) = -\sum_{k=1}^{\left[\frac{n}{2}\right]} \frac{1}{n+1-k} C_{n-k-1}^{k-1} x^k + (n+1)\sum_{k=1}^{\left[\frac{n+1}{2}\right]} \frac{1}{n+1-k} C_{n-k}^{k-1} x^k$$
(4.4.56)

由于当 n 为奇数时,有

$$C_{n-\left[\frac{n+1}{2}\right]-1}^{\left[\frac{n+1}{2}\right]-1} = 0 \quad (4.4.57)$$

以及当 k 是集合 $\{1,2,\cdots,\left[\frac{n+1}{2}\right]\}$ 内元素时,有

$$\frac{n+1}{n+1-k} C_{n-k}^{k-1} - \frac{1}{n+1-k} C_{n-k-1}^{k-1} = \frac{1}{(n+1-k)} \frac{(n-k-1)!}{(k-1)!(n-2k)!}\left[\frac{(n+1)(n-k)}{(n-2k+1)} - 1\right]$$
$$= (n-1)\frac{(n-k-1)!}{(k-1)!(n-2k+1)!} \quad (4.4.58)$$

利用上面叙述,有

$$f_{n+1}(x) - f_n(x) = (n-1)\sum_{k=1}^{\left[\frac{n+1}{2}\right]} \frac{(n-k-1)!}{(k-1)!(n-2k+1)!} x^k \quad (4.4.59)$$

令

$$j = k-1 \quad (4.4.60)$$

代上式入公式(4.4.59),有

$$f_{n+1}(x) - f_n(x) = x(n-1)\sum_{j=0}^{\left[\frac{n-1}{2}\right]} \frac{(n-j-2)!}{j!(n-2j-1)!} x^j$$
$$= x(n-1)\sum_{j=0}^{\left[\frac{n-1}{2}\right]} \frac{1}{n-j-1} C_{n-j-1}^j x^j = xf_{n-1}(x) \quad (4.4.61)$$

这里利用公式(4.4.52).

当实数 x 固定时,将 $f_n(x)$ 视作 a_n,可以看到递推公式(4.4.61)特征方程是

$$\lambda^2 - \lambda - x = 0 \quad (4.4.62)$$

记上述方程的两个根是 λ_1,λ_2,有

$$\lambda_1 = \frac{1}{2}(1+\sqrt{1+4x}), \quad \lambda_2 = \frac{1}{2}(1-\sqrt{1+4x}) \quad (4.4.63)$$

利用 $f_n(x)$ 的定义,及 $g_1(0)=1$,有

$$f_1(x) = 1, \quad f_2(x) = g_2(0) + g_2(1)x = 1+2x \quad (4.4.64)$$

利用上面叙述,有

$$f_n(x) = \lambda_1^n + \lambda_2^n = \left[\frac{1}{2}(1+\sqrt{1+4x})\right]^n + \left[\frac{1}{2}(1-\sqrt{1+4x})\right]^n \tag{4.4.65}$$

注意到 $(1+2x)$ 是 $f_n(x)$ 的一个因式,当且仅当

$$f_n\left(-\frac{1}{2}\right) = 0 \tag{4.4.66}$$

当 $x = -\frac{1}{2}$ 时,利用公式(4.4.63),有

$$\lambda_1 = \frac{1}{2}(1+\mathrm{i}), \quad \lambda_2 = \frac{1}{2}(1-\mathrm{i}) \tag{4.4.67}$$

利用公式(4.4.65)和(4.4.67),有

$$f_n\left(-\frac{1}{2}\right) = \left[\frac{1}{2}(1+\mathrm{i})\right]^n + \left[\frac{1}{2}(1-\mathrm{i})\right]^n$$

$$= \left[\frac{\sqrt{2}}{2}\left(\cos\frac{\pi}{4} + \mathrm{i}\sin\frac{\pi}{4}\right)\right]^n + \left[\frac{\sqrt{2}}{2}\left(\cos\frac{\pi}{4} - \mathrm{i}\sin\frac{\pi}{4}\right)\right]^n$$

$$= \left(\frac{\sqrt{2}}{2}\right)^n \left[\left(\cos\frac{n\pi}{4} + \mathrm{i}\sin\frac{n\pi}{4}\right) + \left(\cos\frac{n\pi}{4} - \mathrm{i}\sin\frac{n\pi}{4}\right)\right]$$

$$= 2\left(\frac{\sqrt{2}}{2}\right)^n \cos\frac{n\pi}{4} \tag{4.4.68}$$

因此,$(1+2x)$ 是 $f_n(x)$ 的一个因式,当且仅当

$$\cos\frac{n\pi}{4} = 0, \quad 即 \quad n = 2(2l+1) \tag{4.4.69}$$

这里 l 是任意非负整数.

下面我们推广组合公式.

例 10 如果 $\left\{\begin{matrix} j \\ n \end{matrix}\right\}$ 是实数或复数,对于任何整数 j 和任何非负整数 n,满足 $\left\{\begin{matrix} j \\ n+1 \end{matrix}\right\} = \left\{\begin{matrix} j \\ n \end{matrix}\right\} + \left\{\begin{matrix} j+1 \\ n \end{matrix}\right\}$. 求证:对于任何正整数 m,$\sum_{j=0}^{m} C_m^j \left\{\begin{matrix} j \\ 0 \end{matrix}\right\} = \left\{\begin{matrix} 0 \\ m \end{matrix}\right\}$.

证明:当 $m = 1$ 时,要证明的等式左端记为 A,

$$A = C_1^0 \left\{\begin{matrix} 0 \\ 0 \end{matrix}\right\} + C_1^1 \left\{\begin{matrix} 1 \\ 0 \end{matrix}\right\} = \left\{\begin{matrix} 0 \\ 0 \end{matrix}\right\} + \left\{\begin{matrix} 1 \\ 0 \end{matrix}\right\} = \left\{\begin{matrix} 0 \\ 1 \end{matrix}\right\} \tag{4.4.70}$$

这恰是要证明的等式右端.

当 $m = 2$ 时,由于

$$C_2^0 \left\{\begin{matrix} 0 \\ 0 \end{matrix}\right\} + C_2^1 \left\{\begin{matrix} 1 \\ 0 \end{matrix}\right\} + C_2^2 \left\{\begin{matrix} 2 \\ 0 \end{matrix}\right\} = \left\{\begin{matrix} 0 \\ 0 \end{matrix}\right\} + 2\left\{\begin{matrix} 1 \\ 0 \end{matrix}\right\} + \left\{\begin{matrix} 2 \\ 0 \end{matrix}\right\} = \left\{\begin{matrix} 0 \\ 1 \end{matrix}\right\} + \left\{\begin{matrix} 1 \\ 1 \end{matrix}\right\} = \left\{\begin{matrix} 0 \\ 2 \end{matrix}\right\} \tag{4.4.71}$$

所以当 $m = 2$ 时,要证明的等式也成立.从 $m = 2$ 的证明,提示我们猜测

$$\sum_{j=0}^{m} C_m^j \left\{\begin{matrix} j \\ 0 \end{matrix}\right\} = \sum_{j=0}^{m-1} C_{m-1}^j \left\{\begin{matrix} j \\ 1 \end{matrix}\right\} = \cdots = \sum_{j=0}^{m-k+1} C_{m-k+1}^j \left\{\begin{matrix} j \\ k-1 \end{matrix}\right\} = \cdots = \sum_{j=0}^{1} C_1^j \left\{\begin{matrix} j \\ m-1 \end{matrix}\right\} = \left\{\begin{matrix} 0 \\ m \end{matrix}\right\} \tag{4.4.72}$$

由于

$$\sum_{j=0}^{m-1} C_{m-1}^j \left\{\begin{matrix} j \\ 1 \end{matrix}\right\} = \sum_{j=0}^{m-1} C_{m-1}^j \left(\left\{\begin{matrix} j \\ 0 \end{matrix}\right\} + \left\{\begin{matrix} j+1 \\ 0 \end{matrix}\right\}\right) = \sum_{j=0}^{m-1} C_{m-1}^j \left\{\begin{matrix} j \\ 0 \end{matrix}\right\} + \sum_{j=0}^{m-1} C_{m-1}^j \left\{\begin{matrix} j+1 \\ 0 \end{matrix}\right\}$$

$$= \sum_{j=0}^{m-1} C_{m-1}^j \left\{\begin{matrix} j \\ 0 \end{matrix}\right\} + \sum_{l=1}^{m} C_{m-1}^{l-1} \left\{\begin{matrix} l \\ 0 \end{matrix}\right\} \quad (\text{在上式右端第二大项中,令 } l = j+1)$$

$$= \begin{Bmatrix} 0 \\ 0 \end{Bmatrix} + \sum_{j=1}^{m-1}(C_{m-1}^j + C_{m-1}^{j-1})\begin{Bmatrix} j \\ 0 \end{Bmatrix} + \begin{Bmatrix} m \\ 0 \end{Bmatrix} = \begin{Bmatrix} 0 \\ 0 \end{Bmatrix} + \sum_{j=1}^{m-1}C_m^j\begin{Bmatrix} j \\ 0 \end{Bmatrix} + \begin{Bmatrix} m \\ 0 \end{Bmatrix}$$

$$= \sum_{j=0}^{m} C_m^j \begin{Bmatrix} j \\ 0 \end{Bmatrix} \tag{4.4.73}$$

上式表明公式(4.4.72)的第一个等式成立.

对公式(4.4.72)的等式个数用数学归纳法,设存在某个正整数 $k, 2 \leqslant k \leqslant m-1$,使得

$$\sum_{j=0}^{m} C_m^j \begin{Bmatrix} j \\ 0 \end{Bmatrix} = \sum_{j=0}^{m-1} C_{m-1}^j \begin{Bmatrix} j \\ 1 \end{Bmatrix} = \cdots = \sum_{j=0}^{m-k+1} C_{m-k+1}^j \begin{Bmatrix} j \\ k-1 \end{Bmatrix} \tag{4.4.74}$$

下面证明

$$\sum_{j=0}^{m-k+1} C_{m-k+1}^j \begin{Bmatrix} j \\ k-1 \end{Bmatrix} = \sum_{j=0}^{m-k} C_{m-k}^j \begin{Bmatrix} j \\ k \end{Bmatrix} \tag{4.4.75}$$

如果能证明上式,则公式(4.4.72)成立.本题结论成立.

$$\sum_{j=0}^{m-k} C_{m-k}^j \begin{Bmatrix} j \\ k \end{Bmatrix} = \sum_{j=0}^{m-k} C_{m-k}^j \left(\begin{Bmatrix} j \\ k-1 \end{Bmatrix} + \begin{Bmatrix} j+1 \\ k-1 \end{Bmatrix}\right) = \sum_{j=0}^{m-k} C_{m-k}^j \begin{Bmatrix} j \\ k-1 \end{Bmatrix} + \sum_{j=0}^{m-k} C_{m-k}^j \begin{Bmatrix} j+1 \\ k-1 \end{Bmatrix}$$

$$= \sum_{j=0}^{m-k} C_{m-k}^j \begin{Bmatrix} j \\ k-1 \end{Bmatrix} + \sum_{l=1}^{m-k+1} C_{m-k}^{l-1} \begin{Bmatrix} l \\ k-1 \end{Bmatrix} \text{(在上式右端第二大项中,令 } l = j+1\text{)}$$

$$= \begin{Bmatrix} 0 \\ k-1 \end{Bmatrix} + \sum_{j=1}^{m-k}(C_{m-k}^j + C_{m-k}^{j-1})\begin{Bmatrix} j \\ k-1 \end{Bmatrix} + \begin{Bmatrix} m-k+1 \\ k-1 \end{Bmatrix}$$

$$= \sum_{j=0}^{m-k+1} C_{m-k+1}^j \begin{Bmatrix} j \\ k-1 \end{Bmatrix} \tag{4.4.76}$$

这就是要证明的公式(4.4.75).

本题结论有很多应用,下面举几个例.

(1) 当正整数 k, i 取定后,令 $\begin{Bmatrix} j \\ n \end{Bmatrix} = C_{k+n}^{i-j}$,这里当 $i < j$ 时,右端理解是零.

$$\begin{Bmatrix} j \\ n \end{Bmatrix} + \begin{Bmatrix} j+1 \\ n \end{Bmatrix} = C_{k+n}^{i-j} + C_{k+n}^{i-j-1} = C_{k+n+1}^{i-j} = \begin{Bmatrix} j \\ n+1 \end{Bmatrix} \tag{4.4.77}$$

于是本题条件满足,而且

$$\begin{Bmatrix} j \\ 0 \end{Bmatrix} = C_k^{i-j}, \quad \begin{Bmatrix} 0 \\ m \end{Bmatrix} = C_{k+m}^i \tag{4.4.78}$$

利用本题结论,对于任意正整数 m,有

$$\sum_{j=0}^{m} C_m^j C_k^{i-j} = C_{m+k}^i \tag{4.4.79}$$

(2) 当正整数 k, i 取定后,令 $\begin{Bmatrix} j \\ n \end{Bmatrix} = C_{k+n}^{k-i-j}$,对于任意正整数 m,类似(1),可以得到

$$\sum_{j=0}^{m} C_m^j C_k^{i+j} = C_{k+m}^{k-i} \tag{4.4.80}$$

(3) 当正整数 k, i 取定后,令 $\begin{Bmatrix} j \\ n \end{Bmatrix} = (-1)^{n+j} C_{k+j}^{i-n}$,可以得到,对任意正整数 m

$$\sum_{j=0}^{m} (-1)^j C_m^j C_{k+j}^i = (-1)^m C_k^{i-m} \tag{4.4.81}$$

(4) 正整数 k 取定,令 $\begin{Bmatrix} j \\ n \end{Bmatrix} = F_{k+n-j}$,这里 F_{k+n-j} 是第 $k+n-j$ 个 Fibonacci 数.对任意正整数 m,有

$$\sum_{j=0}^{m} C_m^j F_{k-j} = F_{k+m} \tag{4.4.82}$$

上述(2)、(3)和(4)的细节推导留给读者练习.

(5) k 是一个给定正整数. 令

$$\left\{ \begin{matrix} j \\ n \end{matrix} \right\} = \frac{1}{(k-n-j)C_{k-n}^j} \tag{4.4.83}$$

这里 $n+j < k-1$. 利用上式, 有

$$\left\{ \begin{matrix} j \\ n \end{matrix} \right\} + \left\{ \begin{matrix} j+1 \\ n \end{matrix} \right\} = \frac{j!(k-n-j-1)!}{(k-n)!} + \frac{(j+1)!(k-n-j-2)!}{(k-n)!}$$

$$= \frac{j!(k-n-j-2)!}{(k-n-1)!} = \frac{1}{(k-n-1-j)C_{k-n-1}^j} = \left\{ \begin{matrix} j \\ n+1 \end{matrix} \right\} \tag{4.4.84}$$

于是, 可利用本题结论, 对于任意正整数 $m, m < k-1$, 有

$$\sum_{j=0}^{m} C_m^j \frac{1}{(k-j)C_k^j} = \frac{1}{k-m} \tag{4.4.85}$$

令 $k = m + l, l \geqslant 2$, 代入上式, 有

$$\sum_{j=0}^{m} \frac{(m-j+1)(m-j+2)\cdots m}{(m+l)(m+l-1)\cdots(m+l-j)} = \frac{1}{l} \tag{4.4.86}$$

上式两端乘以 $(m+1)(m+2)\cdots(m+l)$, 有

$$\sum_{j=0}^{m} (m-j+1)(m-j+2)\cdots(m+l-j-1) = \frac{1}{l}(m+1)(m+2)\cdots(m+l) \tag{4.4.87}$$

在上式中, 记 $m - j = k$, 有

$$\sum_{k=0}^{m} (k+1)(k+2)\cdots(k+l-1) = \frac{1}{l}(m+1)(m+2)\cdots(m+l) \tag{4.4.88}$$

上式称为 Gauss 公式, 这里正整数 $l \geqslant 2$.

4.5 整数元素集合的性质

本节涉及的集合全是以整数作为元素.

例1 正整数 $n > 10^3$, 对于元素 $k \in$ 集合 $\{1, 2, 3, \cdots, n\}$, 2^n 除以 k 的余数是 r_k, 求证 $\sum_{k=1}^{n} r_k > \frac{7}{2} n$.

证明: 由题目条件, 我们可以写

$$2^n = kq_k + r_k \tag{4.5.1}$$

这里 q_k 是正整数, $0 \leqslant r_k < k$.

令集合

$$\left. \begin{matrix} H_0 = \{t \mid t \text{ 是奇数}, 3 \leqslant t \leqslant n\} \\ H_j = \{t \mid t = 2^j m, m \text{ 是奇数}, 3 \leqslant m \leqslant \left[\frac{n}{2^j}\right]\}, \quad j = 1, 2, \cdots, 8 \end{matrix} \right\} \tag{4.5.2}$$

这里 $\left[\frac{n}{2^j}\right]$ 表示不超过 $\frac{n}{2^j}$ 的最大整数.

当 $j \neq l$ 时, 显然 $H_j \cap H_l = \varnothing$, 这里 $0 \leqslant j, l \leqslant 8$, 令 $k = 2^j m \in H_j$, 这里 $j \in$ 集合 $\{0, 1, 2, \cdots,$

8)},m 是大于等于 3 的奇数. 利用公式(4.5.1),有

$$r_k = 2^j(2^{n-j} - mq_k) \tag{4.5.3}$$

这里 $k = 2^j m$. 由于 $r_k \geq 0$,以及 m 是大于等于 3 的奇数,从公式(4.5.3),必有

$$2^{n-j} > mq_k, \quad \text{则} \quad 2^{n-j} \geq mq_k + 1 \tag{4.5.4}$$

利用公式(4.5.3)和上式,有

$$r_k \geq 2^j \tag{4.5.5}$$

这里 $k = 2^j m \in H_j$. 于是,有

$$m \in \text{集合}\{3,5,7,\cdots,\left[\frac{n}{2^j}\right](\text{或}\left[\frac{n}{2^j}\right] - 1)\} \tag{4.5.6}$$

上述元素 m 的个数大于等于 $\frac{1}{2}\left[\frac{n}{2^j}\right] - 1$. 利用上面叙述,令

$$S_j = \sum_{k \in H_j} r_k \geq 2^j \left(\frac{1}{2}\left[\frac{n}{2^j}\right] - 1\right) > 2^j \left(\frac{1}{2}\left(\frac{n}{2^j} - 1\right) - 1\right) = \frac{1}{2}(n - 3 \times 2^j) \tag{4.5.7}$$

这里 $j = 0, 1, 2, \cdots, 8$. 利用上式,有

$$\sum_{k=1}^{n} r_k \geq \sum_{j=0}^{8} S_j > \sum_{j=0}^{8} \frac{1}{2}(n - 3 \times 2^j) = \frac{9}{2}n - \frac{3}{2}(2^9 - 1)$$

$$= \frac{9}{2}n - \frac{3}{2} \times 511 > \frac{7}{2}n \,(\text{利用 } n > 10^3) \tag{4.5.8}$$

注:当题目结论右端改为较弱的数 $3n$ 时,这是我拟的 1995 年国家数学集训队第五次测验的第 3 题.

例 2 给定一个大于 1 的正整数 n,S_n 表示所有置换 $f:\{1,2,3,\cdots,n\} \to \{1,2,3,\cdots,n\}$ 组成的集合. 对于每个置换 f,令 $F(f) = \sum_{k=1}^{n} |k - f(k)|$. 求 $\frac{1}{n!}\sum_{f \in S_n} F(f)$.

解:明显地,我们有

$$\sum_{f \in S_n} F(f) = \sum_{k=1}^{n} \sum_{f \in S_n} |k - f(k)| \tag{4.5.9}$$

由于 S_n 内一共有 $n!$ 个置换,对于某个固定 $k(1 \leq k \leq n)$,以及对于某个固定 j,满足 $f(k) = j$ 的置换一共有 $(n-1)!$ 个,这里 $j = 1, 2, \cdots, n$. 那么,有

$$\sum_{f \in S_n} F(f) = (n-1)! \sum_{k=1}^{n} \sum_{j=1}^{n} |k - j| \tag{4.5.10}$$

利用上式,有

$$\frac{1}{n!}\sum_{f \in S_n} F(f) = \frac{1}{n}\left[\sum_{j=1}^{n}|1-j| + \sum_{j=1}^{n}|2-j| + \cdots + \sum_{j=1}^{n}|n-j|\right]$$

$$= \frac{1}{n}\{[1 + 2 + 3 + \cdots + (n-1)] + [1 + 1 + 2 + 3 + \cdots + (n-2)]$$

$$+ [2 + 1 + 1 + 2 + 3 + \cdots + (n-3)] + \cdots + [(n-1) + (n-2) + \cdots + 2 + 1]\}$$

$$= \frac{1}{n}[(2n-2) + 2(2n-4) + 3(2n-6) + \cdots + (n-1)2]$$

$$= \frac{1}{n}\{[1 + 2 + 3 + \cdots + (n-1)]2n - 2[1^2 + 2^2 + 3^2 + \cdots + (n-1)^2]\}$$

$$= \frac{1}{n}\left[(n-1)n^2 - \frac{1}{3}(n-1)n(2n-1)\right] = \frac{1}{3}(n^2 - 1) \tag{4.5.11}$$

例 3 对正整数 m、n,有 m 个互不相同的正偶数与 n 个互不相同的正奇数,其总和是 1995. 对于所有这样的 m 与 n,求 $3m + 4n$ 的最大值.

解:设

$$\sum_{j=1}^{m} a_j + \sum_{l=1}^{n} b_l = 1\,995 \tag{4.5.12}$$

这里 $a_j(1 \leqslant j \leqslant m)$ 是互不相同的正偶数,$b_l(1 \leqslant l \leqslant n)$ 是互不相同的正奇数.由于 $1\,995$ 是奇数,则 n 一定是奇数.明显地,有

$$\sum_{j=1}^{m} a_j \geqslant \sum_{j=1}^{m} 2j = m(m+1) \tag{4.5.13}$$

$$\sum_{l=1}^{n} b_l \geqslant \sum_{l=1}^{n} (2l-1) = n^2 \tag{4.5.14}$$

利用上面叙述,有

$$m(m+1) + n^2 \leqslant 1\,995 \tag{4.5.15}$$

利用上式,可以看到

$$\left(m + \frac{1}{2}\right)^2 + n^2 \leqslant 1\,995 + \frac{1}{4} \tag{4.5.16}$$

由 Cauchy 不等式,有

$$3\left(m + \frac{1}{2}\right) + 4n \leqslant (3^2 + 4^2)^{\frac{1}{2}} \left(\left(m + \frac{1}{2}\right)^2 + n^2\right)^{\frac{1}{2}} \leqslant 5\left(1\,995 + \frac{1}{4}\right)^{\frac{1}{2}} \tag{4.5.17}$$

从上式,有

$$3m + 4n \leqslant 5\left(1\,995 + \frac{1}{4}\right)^{\frac{1}{2}} - \frac{3}{2} < 5 \times 44.7 - \frac{3}{2} \tag{4.5.18}$$

利用 $3m + 4n$ 是正整数,再利用上式,有

$$3m + 4n \leqslant 221 \tag{4.5.19}$$

下面我们考虑方程

$$3m + 4n = 221 \tag{4.5.20}$$

的所有正整数组解 (m, n).利用上式,有

$$3(m - 71) + 4(n - 2) = 0 \tag{4.5.21}$$

由于 3 与 4 是互质的,有

$$n - 2 = 3k, \quad m - 71 = -4k \tag{4.5.22}$$

由于 n 是奇数,则 k 一定是奇数.记 $k = 2t + 1$,这里 t 是整数,于是有

$$m = 67 - 8t, \quad n = 5 + 6t \tag{4.5.23}$$

利用不等式(4.5.16),有

$$m^2 < 1\,995, \quad n^2 < 1\,995 \tag{4.5.24}$$

从上式,有

$$m \leqslant 44, \quad (奇数)n \leqslant 43 \tag{4.5.25}$$

利用公式(4.5.23)及上式,有

$$3 \leqslant t \leqslant 6 \tag{4.5.26}$$

下面分情况讨论:

① 当 $t = 3$ 时,利用公式(4.5.23),有 $m = 43, n = 23$,但是与不等式(4.5.15)矛盾.

② 当 $t = 4$ 时,利用公式(4.5.23),有 $m = 35, n = 29$,也与不等式(4.5.15)矛盾.

③ 当 $t = 6$ 时,利用公式(4.5.23),有 $m = 19, n = 41$,也与不等式(4.5.15)矛盾.

④ 当 $t = 5$ 时,利用公式(4.5.23),有

$$m = 27, \quad n = 35 \tag{4.5.27}$$

这时不等式(4.5.15)满足,以及公式(4.5.20)成立.

例如取 27 个正偶数 $2,4,6,\cdots,52,54$,其和是 756. 又取 35 个正奇数 $1,3,5,\cdots,65,67,83$,其和是 1239. 那么这 27 个正偶数与 35 个正奇数之和恰为 1995. 因此,满足本题条件的解只有公式 (4.5.27) 给出的一组,满足公式 (4.5.20).

例 4 设 n 是正整数,求证:可以将总重量为 $100n$ 克的 n 个苹果(每个苹果重不少于 25 克) 切成每块不少于 25 克的大块,按重量平均分给 n 个人,每人得 100 克苹果.

注:本题以克为最小重量单位.

证明:对 n 用数学归纳法. 当 $n=1$ 时,结论显然成立. 设结论对 $n-1$ 成立. 下面设正整数 $n \geqslant 2$,设两个最重的苹果的重量分别为 a,b 克$(a \geqslant b)$. 由于每个苹果平均重 100 克,则

$$a + b \geqslant 200 (\text{克}) \tag{4.5.28}$$

将这两个最重的苹果用一个重量为

$$c = a + b - 100 \geqslant 100 (\text{克}) \tag{4.5.29}$$

的苹果替换,得到 $n-1$ 个苹果. 由归纳法假设,设可以将这 $n-1$ 个苹果分成若干个不小于 25 克的大块按重量给 $n-1$ 个人平分. 不妨假设这些大块苹果的重量介于 25 克和 50 克之间. 因为对于重量大于 50 克的苹果总可以切下若干块 25 克的苹果,直到剩余苹果的重量介于 25 克和 50 克之间. 设后来替换的重量为 c 的苹果被切成了重量分别为 $c_1, c_2, \cdots, c_k$ 克的 k 块,这里 k 是一个正整数.

令

$$S_0 = 0, \quad S_d = c_1 + c_2 + \cdots + c_d \tag{4.5.30}$$

这里 $d = 1, 2, \cdots, k$. 为简洁,下面一般省略"克"字. 令 t 为满足 $a - S_t \leqslant 75$ 的最小下标,显然 $a - S_t$ 是一个正整数.

将替换下来的重量为 a 的苹果切下重量分别为 $c_1, c_2, \cdots, c_t$ 的部分. 从重量为 b 的苹果切下重量分别为 $c_{t+1}, c_{t+2}, \cdots, c_k$ 的块. 于是,前者剩下的苹果重量为

$$a^* = a - S_t = (a - S_{t-1}) - C_t > 75 - C_t \geqslant 25 \tag{4.5.31}$$

于是,$a^* \in [25, 75]$.

第二个苹果剩下的重量是

$$b^* = \left[(a+b) - \sum_{j=1}^{k} c_j\right] - a^* = [(a+b) - c] - a^* = 100 - a^* \in [25, 75] \tag{4.5.32}$$

利用上式,有

$$a^* + b^* = 100 \tag{4.5.33}$$

将这两块苹果分给一个同学,剩下的苹果按归纳法假设可以按重量平均分给另外 $n-1$ 个同学. 题目结论成立.

例 5 正整数 $n \geqslant 2$,给定两两不同实数 $a_1, a_2, \cdots, a_n$ 的一个集合 S. 定义 $k(S)$ 是所有形式 $a_i + 2^j (i, j = 1, 2, 3, \cdots, n)$ 的不同数的数目. 对所有的集合 S,求 $k(S)$ 的最小值.

解:排列 $a_i + 2^j (i, j = 1, 2, 3, \cdots, n)$ 为下述 n 行:

$$\left.\begin{array}{l} a_1 + 2, a_1 + 2^2, a_1 + 2^3, \cdots, a_1 + 2^n \\ a_2 + 2, a_2 + 2^2, a_2 + 2^3, \cdots, a_2 + 2^n \\ \cdots\cdots \\ a_n + 2, a_n + 2^2, a_n + 2^3, \cdots, a_n + 2^n \end{array}\right\} \tag{4.5.34}$$

下面证明上述不同的两行至多有一对数相等.

例如,当 $a_i < a_j$ 时,已知

$$a_i + 2^k = a_j + 2^l \tag{4.5.35}$$

这里 k,l 是正整数,$k>l$. 如果还有一对正整数 k^*,l^*,满足
$$a_i + 2^{k^*} = a_j + 2^{l^*} \tag{4.5.36}$$
这里 $k^*>l^*$. 公式(4.5.35)和(4.5.36)相减,有
$$2^k - 2^{k^*} = 2^l - 2^{l^*}, \quad 即 \quad 2^l(2^{k-l}-1) = 2^{l^*}(2^{k^*-l^*}-1) \tag{4.5.37}$$
由于 $2^{k-l}-1$ 与 $2^{k^*-l^*}-1$ 都是奇数,从上式,有
$$l = l^*, \quad k = k^* \tag{4.5.38}$$
这表明数表(4.5.34)两行中的确至多有一对数相等. 那么,这数表中可能重复的最大数目是 C_n^2. 如果每两行中恰有一个公共元素,例如令
$$a_i = a + 2^i (i = 1,2,3,\cdots,n) \tag{4.5.39}$$
这里 a 是任意实数,就能达到. 那么所求 $k(S)$ 的最小值
$$\min k(S) = n^2 - C_n^2 = \frac{1}{2}n(n+1) \tag{4.5.40}$$

例6 已知 n 是一个正整数,f 是集合 $\{1,2,3,\cdots,2^{n-1}\}$ 到自身的一个映射,对于集合 $\{1,2,3,\cdots,2^{n-1}\}$ 内任意元素 k,满足 $f(k) \leqslant k$. 求证:存在一个数列 $1 \leqslant a_1 < a_2 < \cdots < a_n \leqslant 2^{n-1}$,满足 $f(a_1) \leqslant f(a_2) \leqslant \cdots \leqslant f(a_n)$.

证明: 对 n 用数学归纳法. 当 $n=1$ 时,利用题目条件,有 $f(1)=1$. 题目结论显然成立. 设正整数 $k<n$ 时,f 是集合 $\{1,2,3,\cdots,2^{k-1}\}$ 到自身的一个映射,对于集合 $\{1,2,3,\cdots,2^{k-1}\}$ 内任意元素 s,有 $f(s) \leqslant s$,则存在一个数列 $1 \leqslant b_1 < b_2 < \cdots < b_k \leqslant 2^{k-1}$,满足 $1 \leqslant f(b_1) \leqslant f(b_2) \leqslant \cdots \leqslant f(b_k)$. 利用这归纳法假设,当 $k=n-1$ 时,存在 $n-1$ 个正整数的数列 $1 \leqslant b_1 < b_2 < \cdots < b_{n-1} \leqslant 2^{n-2}$,满足 $1 \leqslant f(b_1) \leqslant f(b_2) \leqslant \cdots \leqslant f(b_{n-1}) \leqslant b_{n-1} \leqslant 2^{n-2}$.

现在考虑 $k=n$ 情况.

对于集合 $\{2^{n-2}+1, 2^{n-2}+2, \cdots, 2^{n-1}\}$($2^{n-2}$ 个元素),如果这集合内有一个元素 y,满足 $f(y) \geqslant f(b_{n-1})$,从而有正整数数列 $1 \leqslant b_1 < b_2 < \cdots < b_{n-1} < y$(利用 $b_{n-1} \leqslant 2^{n-2} < y$),以及满足 $f(b_1) \leqslant f(b_2) \leqslant \cdots \leqslant f(b_{n-1}) \leqslant f(y)$,则归纳法完成.

下面考虑这集合 $\{2^{n-2}+1, 2^{n-2}+2, \cdots, 2^{n-1}\}$ 内任一元素 y,都满足 $f(y) < f(b_{n-1}) \leqslant 2^{n-2}$ 情况. 现在有映射
$$f: 集合\{1,2,3,\cdots,2^{n-1}\} \to 集合\{1,2,3,\cdots,2^{n-2}\} \tag{4.5.41}$$

对于固定元素 $k \in$ 集合 $\{2,3,\cdots,n-1\}$,由题目条件,f 映集合 $\{1,2,3,\cdots,2^{n-k-1}\}$ 到自身,由归纳法假设,存在正整数数列 $1 \leqslant b_1 < b_2 < \cdots < b_{n-k} \leqslant 2^{n-k-1}$,满足 $1 \leqslant f(b_1) \leqslant f(b_2) \leqslant \cdots \leqslant f(b_{n-k}) \leqslant b_{n-k} \leqslant 2^{n-k-1}$,如果有 k 个正整数 $x_1 < x_2 < \cdots < x_k \leqslant 2^{n-1}$,满足 $f(x_1) = f(x_2) = \cdots = f(x_k) \in (2^{n-k-1}, 2^{n-k}]$,利用 $x_j \geqslant f(x_j) > 2^{n-k-1} (1 \leqslant j \leqslant k)$,有数列 $1 \leqslant b_1 < b_2 < \cdots < b_{n-k} < x_1 < x_2 < \cdots < x_k$,满足 $1 \leqslant f(b_1) \leqslant f(b_2) \leqslant \cdots \leqslant f(b_{n-k}) < f(x_1) = f(x_2) = \cdots = f(x_k)$. 归纳法完成.

剩下考虑对集合 $\{2,3,\cdots,n-1\}$ 内任一元素 k,在区间 $(2^{n-k-1}, 2^{n-k}]$ 的每个正整数点上,f 至多取值 $k-1$ 次,$f(1)$ 也至多取值 $k-1$ 次(否则归纳法完成),而 f 的定义域中全部元素是 2^{n-1} 个,在这种情况下,分别取 $k=2, k=3, \cdots, k=n-1$,有
$$2^{n-1} \leqslant (2^{n-2} - 2^{n-3}) + 2(2^{n-3} - 2^{n-4}) + 3(2^{n-4} - 2^{n-5}) + \cdots + (n-2)(2-1) + (n-1)$$
$$= 2^{n-2} + 2^{n-3} + 2^{n-4} + \cdots + 2 + 1 = 2^{n-1} - 1 \tag{4.5.42}$$
得矛盾. 归纳法完成.

例7 m 个正整数组成一个序列恰包含 n 个不同的数(正整数 $n \geqslant 2$). 如果 $m \geqslant 2^n$,求证:一定有一些连续项的乘积恰为完全平方数. 如果 $m < 2^n$,这个结论不一定成立.

证明: n 个不同的正整数记为 $\{a_1, a_2, \cdots, a_n\}$,记序列 $S = \{b_1, b_2, \cdots, b_m\}$ 是恰包含上述 n

个正整数的. 取 m 个子序列 $S_1 = \{b_1\}, S_2 = \{b_1, b_2\}, S_3 = \{b_1, b_2, b_3\}, \cdots, S_m = S$. 对于每个子序列 $S_j (1 \leq j \leq m)$, 相应地作一个序列 $\{k_1, k_2, \cdots, k_n\}$, 在 S_j 中 $a_l (1 \leq l \leq n)$ 出现偶数次, 令 $k_l = 0$, 如果 a_l 出现奇数次, 令 $k_l = 1$. 注意零是偶数. 这样作出的新序列有 m 个. 我们知道两个数 0, 1 放入 n 个座位, 每个座位放一个数, 全部放法恰是 2^n 个. 下面分两种情况讨论:

① 如果 $\{0, 0, \cdots, 0\}$ 不属于任一个新序列, 利用 $m \geq 2^n$, 可以知道, 必有两个新序列 $\{k_1, k_2, \cdots, k_n\}, \{k_1^*, k_2^*, \cdots, k_n^*\}$, 满足 $k_l = k_l^* (1 \leq l \leq n)$. 于是, 对应地有两个子序列

$$\left.\begin{array}{l} S_j = \{b_1, b_2, \cdots, b_j\} \\ S_{j+t} = \{b_1, b_2, \cdots, b_j, b_{j+1}, \cdots, b_{j+t}\} \end{array}\right\} \quad (4.5.43)$$

这里 j, t 都是正整数, 在这两个子序列中, $a_1, a_2, \cdots, a_n$ 出现次数的奇偶性完全相同. 于是 $\{b_{j+1}, b_{j+2}, \cdots, b_{j+t}\}$ 中出现的 $a_1, a_2, \cdots, a_n$ 次数全是偶数. 那么 t 个连续项的乘积 $b_{j+1} b_{j+2} \cdots b_{j+t}$ 是一个完全平方数.

② 如果 $\{0, 0, \cdots, 0\}$ 属于这新序列, 那么, 相应地有一个子序列 $\{b_1, b_2, \cdots, b_j\}, b_1, b_2, \cdots, b_j$ 中 $a_1, a_2, \cdots, a_n$ 出现的次数全是偶数(包含零次), 那么, 乘积 $b_1 b_2 \cdots b_j$ 恰是完全平方数.

如果 $m < 2^n$, 用 $p_j (1 \leq j \leq n+1)$ 表示第 j 个质数 ($p_1 = 2, p_2 = 3, p_3 = 5$ 等等). 令

$$\left.\begin{array}{l} S_1 = \{p_1\}, \quad S_2 = \{S_1, p_2, S_1\} = \{p_1, p_2, p_1\}, \\ S_3 = \{S_2, p_3, S_2\} = \{p_1, p_2, p_1, p_3, p_1, p_2, p_1\}, \quad \cdots, \\ S_n = \{S_{n-1}, p_n, S_{n-1}\}, \quad S_{n+1} = \{S_n, p_{n+1}, S_n\} \end{array}\right\} \quad (4.5.44)$$

这里一般地 $S_k = \{S_{k-1}, p_k, S_{k-1}\} (2 \leq k \leq n+1)$. "集合" S_k 内含 $2^k - 1$ 个质数(因为这里有很多重复出现的质数, 所以集合加上了引号), 从 S_k 的构造很容易看出, S_n 中任意连续正整数都不是完全平方数, 当 $m < 2^n$ 时, $m \leq 2^n - 1$, 从公式 (4.5.44) 的 S_n 中删除最后 $2^n - 1 - m$ 个正整数, 就得到一个恰含 m 个 $(m < 2^n)$ 正整数的序列, 这序列中任意连续正整数都不是完全平方数, 而且这序列中恰包含 n 个不同的正整数 $p_1, p_2, \cdots, p_n$ (如果 $m \geq 2^{n-1}$).

例 8 正整数 $m, n \geq 2$, 给定正整数 $x_1, x_2, \cdots, x_n$ 以及 $y_1, y_2, \cdots, y_m$, 两个和 $x_1 + x_2 + \cdots + x_n$ 以及 $y_1 + y_2 + \cdots + y_m$ 彼此相等, 且小于 mn, 求证: 在等式 $x_1 + x_2 + \cdots + x_n = y_1 + y_2 + \cdots + y_m$ 两端可以各删除一部分数, 使得剩下的部分仍然成立等式.

证明: 记

$$S = x_1 + x_2 + \cdots + x_n = y_1 + y_2 + \cdots + y_m \quad (4.5.45)$$

$S < mn$. 令

$$k = m + n, \quad k \geq 4 \quad (4.5.46)$$

下面对正整数 k 用数学归纳法来证明本题的结论.

当 $k = 4$ 时, 必有 $m = 2, n = 2$, 由于 $S < 4$, 只有 $S \in \{2, 3\}$, 当 $S = 2$ 时, 必有 $x_1 = x_2 = 1, y_1 = y_2 = 1$, 在等式 (4.5.45) ($m, n = 2$) 的两端删除 x_2, y_2, 仍有 $x_1 = 1 = y_1$, 当 $S = 3$ 时, 必有 $\{x_1, x_2\} = \{1, 2\} = \{y_1, y_2\}$. 等式 (4.5.45) ($n, m$ 都等于 2) 两端各删除一个 1, 或一个 2, 剩下仍为等式.

设 $m^* + n^* = k - 1$ 时, 题目结论成立, 这里正整数 $k \geq 5$, 正整数 $m^* \geq 2$, 正整数 $n^* \geq 2$.

当 $m + n = k$ 时, 这里正整数 $m \geq 2$, 正整数 $n \geq 2$, 正整数 $k \geq 5$. 不妨设 x_1 是 $x_1, x_2, \cdots, x_n$ 中最大者, y_1 为 $y_1, y_2, \cdots, y_m$ 中最大者.

如果 $x_1 = y_1$, 则删除 x_1, y_1, 题目结论成立.

如果 $x_1 \neq y_1$, 不妨设 $x_1 > y_1$, 利用公式 (4.5.45), 有

$$(x_1 - y_1) + x_2 + \cdots + x_n = y_2 + \cdots + y_m = S - y_1 \quad (4.5.47)$$

将 $x_1 - y_1$ 视为一个正整数, 上式第一个等号两端共有 $n + (m-1) = k - 1$ 项. 如果 $m \geq 3$, 令

$$n^* = n \geq 2, \quad m^* = m - 1 \geq 2 \quad (4.5.48)$$

由于 y_1 是 $y_1, y_2, \cdots, y_m$ 中最大者,则

$$y_1 \geqslant \frac{1}{m} \sum_{j=1}^{m} y_j = \frac{1}{m} S \tag{4.5.49}$$

$$S^* = S - y_1 \leqslant S\left(1 - \frac{1}{m}\right) < mn\left(1 - \frac{1}{m}\right) = n(m-1) = n^* m^* \tag{4.5.50}$$

由归纳法假设,题目结论成立. 如果 $x_1 - y_1$ 未被删除,将 $-y_1$ 移到等式右端即可.

如果 $m = 2$,有

$$x_1 + x_2 + \cdots + x_n = y_1 + y_2 = S \tag{4.5.51}$$

由题目条件,有 $S < 2n$. 由于 $x_1 > y_1$,以及 $x_j (2 \leqslant j \leqslant n)$ 全是正整数,再利用公式 (4.5.51),有

$$n - 1 < x_2 + x_3 + \cdots + x_n < y_2 \leqslant y_1 \tag{4.5.52}$$

利用上式,有

$$y_1 \geqslant y_2 \geqslant n \tag{4.5.53}$$

那么,有

$$S = y_1 + y_2 \geqslant 2n \tag{4.5.54}$$

这与 $S < 2n$ 条件矛盾. 因而 $m = 2$ 这种情况不会发生.

例 9 在绝对值不超过 $2m - 1$ (m 是正整数) 的任意 $2m + 1$ 个两两不同的整数中,求证:可以找到 3 个数,它们的和是零.

证明: 对正整数 m 用数学归纳法.

当 $m = 1$ 时,绝对值不超过 1 的任意 3 个两两不同的整数,只能是 $-1, 0, 1$ 三个,它们的和是零. 题目结论成立.

设当正整数 $m = k - 1 (k \geqslant 2)$ 时,题目结论成立. 当 $m = k$ 时,考虑 $2k + 1$ 个绝对值不超过 $2k - 1$ 的整数组成的集合 A. 如果在其中存在 $2k - 1 = 2(k-1) + 1$ 个绝对值不超过 $2k - 3 = 2(k-1) - 1$ 的数. 由归纳法假设,其中可以找到 3 个数,和是零.

如果在其中至少含有 3 个绝对值超过 $2k - 3$ 的不同整数,由于不超过 $2k - 1$,有以下四种可能:

(1) $2k - 1, -2k + 1, 2k - 2$;
(2) $2k - 1, -2k + 1, 2 - 2k$;
(3) $2k - 1, 2k - 2, -2k + 2$;
(4) $1 - 2k, 2k - 2, -2k + 2$.

在情况(1)中,考虑 $2k - 1$ 个整数对 $(1, 2k-2), (2, 2k-3), \cdots, (k-1, k)$;以及 $(0, -2k+1), (-1, -2k+2), (-2, -2k+3), \cdots, (-k+1, -k)$. 这 $4k - 2$ 个整数,加上整数 $2k - 1$ 是绝对值不超过 $2k - 1$ 的全部整数,由于取 $2k + 1$ 个绝对值不超过 $2k - 1$ 的整数,则至少有 $2k$ 个整数取自上述 $2k - 1$ 个整数对,至少有一对整数同时被取到. 如果这一对整数是 $(1, 2k-2), (2, 2k-3), \cdots, (k-1, k)$ 中一对,由于这一对整数和是 $2k - 1$,再取一个整数 $-2k + 1$,则这 3 个整数和是零. 如果这一对整数是 $(0, -2k+1), (-1, -2k+2), \cdots, (-k+1, -k)$ 中一对整数. 由于其和是 $-2k + 1$,则在情况(1)中再取一个整数 $2k - 1$,这 3 个整数和是零.

在情况(2)中,考虑 $2k - 1$ 个整数对 $(-1, 2-2k), (-2, 3-2k), (-3, 4-2k), \cdots, (-k+1, -k)$,以及 $(0, 2k-1), (1, 2k-2), \cdots, (k-1, k)$,在前 $k - 1$ 对整数中,每对整数之和是 $-2k + 1$,在后 k 对整数中,每对整数之和是 $2k - 1$. 上述 $4k - 2$ 个整数,再加上整数 $-2k + 1$,是绝对值不超过 $2k - 1$ 的全部整数. 由于取 $2k + 1$ 个绝对值不超过 $2k - 1$ 的整数,那么,至少有上述一对整数同时被取到,如果是前 $k - 1$ 对中的一对整数,则再添加一个整数 $2k - 1$,那么,这 3 个整

数之和零. 如果是后 k 个整数中的一对整数,则添加一个整数 $-2k+1$,同样有 3 个整数之和是零.

在情况(3)中,考虑 $2k-2$ 个整数对 $(0,2k-2),(1,2k-3),(2,2k-4),(3,2k-5),\cdots,(k-2,k);(-1,-2k+2),(-2,-2k+3),\cdots,(-k+1,-k)$. 这 $4k-4$ 个整数再加上 $k-1, 2k-1, -2k+1$ 是绝对值不超过 $2k-1$ 的全部 $4k-1$ 个整数. 由于不含 $-2k+1$,则取 $2k+1$ 个绝对值不超过 $2k-1$ 的整数,至少能取到上述一对整数. 如果是前 $k-1$ 对整数之一,则再取整数 $-2k+2$,如果是后 $k-1$ 对整数之一,再取一个整数 $2k-1$,题目结论成立.

在情况(4),考虑 $2k-2$ 个整数对 $(1,2k-2),(2,2k-3),\cdots,(k-1,k);(0,-2k+2),(-1,-2k+3),(-2,-2k+4),\cdots,(-k+2,-k)$, 这 $4k-4$ 个整数加上 $-k+1, -2k+1, 2k-1$ 是绝对值不超过 $2k-1$ 的全部整数,取 $2k+1$ 个绝对值不超过 $2k-1$ 的整数,但不含 $2k-1$,则这 $2k+1$ 个整数中,至少含有上述一对整数,如果这对整数是上述前 $k-1$ 对整数之一,则再取一个整数 $-2k+1$. 如果是后 $k-1$ 对整数之一,则取整数 $2k-2$,题目结论成立.

例 10 已知正整数 a,d 和 k 都大于等于 2,且 a 与 d 互质,求不存在非负整数组 $(x_0,x_1,x_2,\cdots,x_{k-1})$,满足 $\sum_{t=0}^{k-1}(a+dt)x_t = m$ 的正整数 m 的个数,以及这样的 m 的最大值.

解: 首先 m 不是 a 的倍数,如果 m 是 a 的整数倍,记 $m=sa$,这里 s 是正整数,取 $x_0=s$,其余 $x_t=0(1\leqslant t\leqslant k-1)$,则

$$\sum_{t=0}^{k-1}(a+dt)x_t = as = m \tag{4.5.55}$$

因而 m 只能在 $\bmod\ a$ 余 $1,2,\cdots,a-1$ 中去寻找. 记 E_s 是 $\bmod\ a$ 余 s 的剩余类,这里 $s\in\{1,2,\cdots,a-1\}$. 设 m_s 是 E_s 类中能够写成 $\sum_{t=0}^{k-1}(a+dt)x_t$ (这里 $(x_0,x_1,x_2,\cdots,x_{k-1})$ 是非负整数组,不全为零,下同) 的最小正整数. 则对于任意正整数 j,m_s+ja 也一定能够写成 $\sum_{t=0}^{k-1}(a+dt)x_t$,只须将 x_0 改为 x_0+j,其余 x_t 不动即可. 因而在 E_s 类中,不能写成 $\sum_{t=0}^{k-1}(a+dt)x_t$ 形式的正整数是 $m_s-a, m_s-2a, \cdots, m_s-\left[\dfrac{m_s}{a}\right]a$. 一共有 $\left[\dfrac{m_s}{a}\right]=\dfrac{m_s-s}{a}$ 个. 从而所求的正整数 m 的总数 T 满足

$$T = \sum_{s=1}^{a-1}\left[\frac{m_s}{a}\right] = \frac{1}{a}\sum_{s=1}^{a-1}m_s - \frac{1}{2}(a-1) \tag{4.5.56}$$

所求这样的 m 的最大值是 $\max\limits_{1\leqslant s\leqslant a-1}(m_s-a) = \max\limits_{1\leqslant s\leqslant a-1}m_s - a$.

下面来求全部 $m_s(1\leqslant s\leqslant a-1)$. 由于 a,d 是互质的,则

集合 $\{d,2d,\cdots,(a-1)d\} \equiv$ 集合 $\{1,2,\cdots,a-1\}\pmod{a}$

对于某个正整数 $y\in\{1,2,\cdots,a-1\}$,一定存在唯一的正整数 $s\in\{1,2,\cdots,a-1\}$,使得 $dy\in E_s$. 反之,对于 $s\in\{1,2,\cdots,a-1\}$,一定有唯一 $y\in\{1,2,\cdots,a-1\}$,满足 $dy\in E_s$.

记

$$y = (k-1)q + r \tag{4.5.57}$$

这里 q 是一个非负整数,$r\in\{0,1,2,\cdots,k-2\}$. dy 是 E_s 内 d 的倍数中最小的一个正整数,

$$\sum_{t=0}^{k-1}(a+dt)x_t \equiv dy \pmod{a} \tag{4.5.58}$$

利用上式,有

$$d\left(\sum_{t=0}^{k-1}tx_t\right) \equiv dy \pmod{a}, \quad \sum_{t=0}^{k-1}tx_t \equiv y \pmod{a} \tag{4.5.59}$$

这里利用 a,d 互质,利用上式及 y 的最小性,有

$$\sum_{t=0}^{k-1} t x_t \geqslant y \qquad (4.5.60)$$

利用公式(4.5.57)及上式,有

$$(k-1)\sum_{t=0}^{k-1} x_t \geqslant (k-1)q + r \qquad (4.5.61)$$

下面对 r 分情况讨论:

① 当 $r=0$ 时,利用上式,有

$$\sum_{t=0}^{k-1} x_t \geqslant q \qquad (4.5.62)$$

② 当 $r>0$ 时,利用不等式(4.5.61),有

$$\sum_{t=0}^{k-1} x_t \geqslant q+1 \qquad (4.5.63)$$

在情况 ①,dy 属于的 E_s 剩余类中,能表示 $\sum_{t=0}^{k-1}(a+dt)x_t$ 的最小正整数是 $aq+dy$,只须取 $x_{k-1} = q$,其余 $x_t = 0$,能看到

$$\sum_{t=0}^{k-1}(a+dt)x_t = [a+d(k-1)]q = aq + dy \qquad (4.5.64)$$

在情况 ②,能表示成 $\sum_{t=0}^{k-1}(a+dt)x_t$ 的最小正整数是 $a(q+1)+dy$,只须取 $x_{k-1} = q, x_r = 1$,其余 $x_t = 0$,能看到

$$\sum_{t=0}^{k-1}(a+dt)x_t = [a+d(k-1)]x_{k-1} + (a+dr)x_r$$
$$= a(q+1) + d[(k-1)q+r] = a(q+1) + dy \qquad (4.5.65)$$

这里利用公式(4.5.57).

将上述两种情况合并为 $a\left(\left[\dfrac{y-1}{k-1}\right]+1\right) + dy.$

因而题目中所求的 m 的最大值是

$$\max_{1 \leqslant y \leqslant a-1}\left\{a\left(\left[\dfrac{y-1}{k-1}\right]+1\right) + dy\right\} - a = a\left[\dfrac{a-2}{k-1}\right] + d(a-1) \qquad (4.5.66)$$

利用公式(4.5.56)和上面叙述,有

$$T = \dfrac{1}{a}\sum_{y=1}^{a-1}\left\{a\left(\left[\dfrac{y-1}{k-1}\right]+1\right) + dy\right\} - \dfrac{1}{2}(a-1)$$

$$= \sum_{y=1}^{a-1}\left(\left[\dfrac{y-1}{k-1}\right]+1\right) + \dfrac{1}{2}(a-1)(d-1) \qquad (4.5.67)$$

下面求上式右端第一大项.

$$\sum_{y=1}^{a-1}\left(\left[\dfrac{y-1}{k-1}\right]+1\right) = \sum_{s=0}^{a-2}\left(\left[\dfrac{s}{k-1}\right]+1\right)(\Leftarrow s = y-1)$$

$$= (k-1)\left(1+2+3+\cdots+\left[\dfrac{a-2}{k-1}\right]\right)$$

$$\quad + \left(\left[\dfrac{a-2}{k-1}\right]+1\right)\left(a-2-\left[\dfrac{a-2}{k-1}\right](k-1)+1\right)$$

$$= \dfrac{1}{2}(k-1)\left[\dfrac{a-2}{k-1}\right]\left(\left[\dfrac{a-2}{k-1}\right]+1\right)$$

$$+ \left(\left[\frac{a-2}{k-1}\right]+1\right)\left(a - \left[\frac{a-2}{k-1}\right](k-1)-1\right)$$

$$= \left(\left[\frac{a-2}{k-1}\right]+1\right)\left(a-1-\frac{1}{2}(k-1)\left[\frac{a-2}{k-1}\right]\right) \tag{4.5.68}$$

利用上二式,有

$$T = \left(\left[\frac{a-2}{k-1}\right]+1\right)\left(a-1-\frac{1}{2}(k-1)\left[\frac{a-2}{k-1}\right]\right)+\frac{1}{2}(a-1)(d-1) \tag{4.5.69}$$

注:这例是《美国数学月刊》一篇文章的结果.

例 11 正整数 $n \geqslant 2$,考虑两两不同的整数组成的一个集合 F,零不属于 F.而且 F 内每个整数都是 F 内两个整数之和. F 内任意 s 个(允许相等,$2 \leqslant s \leqslant n$)整数之和不为零.求证:$F$ 内至少有 $2n+2$ 个整数.

证明: 用 F^+ 表示 F 内全部正整数组成的一个子集.用 F^- 表示 F 内全部负整数组成的一个子集.由于零不在 F 内,则

$$F = F^+ \bigcup F^- \tag{4.5.70}$$

下面证明 F^+ 与 F^- 无一个是空集.如果 F^- 是空集,则 $F = F^+$ 内最小正整数不可能是 F^+ 内其他两个正整数之和.如果 F^+ 是空集,则 $F = F^-$ 内一个最大负整数不可能是 F^- 内两个负整数之和.因此,F^+ 与 F^- 内部都有元素.

设 F^+ 内有 s 个元素,在平面上取 s 个点,无三点共线.每个点对应 F^+ 内一个元素,例如 $x \in F^+$,在平面上对应点用 A_x 表示.

在 F^+ 内任取一个元素 y,由题目条件,y 一定是 F 内两个元素 x,z 之和.由于 $y>0$,则 x,z 之中至少有一个大于零,不妨设 $x>0$,设 x,y 在平面上对应 A_x,A_y 两点,作一向个量 A_xA_y.对于正整数 x,x 一定是 F 内两个元素 u,v 之和,不妨设 $u>0$.对应地作向量 A_uA_x.这样一直作下去,由于平面上只有 s 个元素,那么,一定有若干向量组成的一个封闭折线图,不妨记为

$$\boldsymbol{A}_{x_1}\boldsymbol{A}_{x_2}, \boldsymbol{A}_{x_2}\boldsymbol{A}_{x_3}, \boldsymbol{A}_{x_3}\boldsymbol{A}_{x_4}, \cdots, \boldsymbol{A}_{x_{k-1}}\boldsymbol{A}_{x_k}, \boldsymbol{A}_{x_k}\boldsymbol{A}_{x_1}$$

F^+ 内正整数个数至少 k 个(因为 $x_1,x_2,\cdots,x_{k-1},x_k$ 全在 F^+ 内).现在,我们有

$$x_1 = x_k + z_k = (x_{k-1}+z_{k-1})+z_k = \cdots = x_1+(z_1+z_2+\cdots+z_k) \tag{4.5.71}$$

这里 $z_j \in F (1 \leqslant j \leqslant k)$,从上式,有

$$z_1 + z_2 + \cdots + z_k = 0 \tag{4.5.72}$$

由题目条件,有 $k \geqslant n+1$,则 $|F^+| \geqslant n+1$,完全类似有 $|F^-| \geqslant n+1$.再利用公式 (4.5.70),有

$$|F| \geqslant 2n+2 \tag{4.5.73}$$

题目结论成立.

例 12 设 $1,2,3,\cdots,2n$ 任意地分成两组,每组 n 个元素.求证:一组中两元素之和(包括相同元素之和)除以 $2n$ 得到的余数集与另一组的相应余数集相同.

证明: 设两组为 A,B,只要证明对任意元集 $a_1,a_2 \in A$,允许 $a_1 = a_2$,存在相应 $b_1,b_2 \in B$,满足

$$b_1 + b_2 \equiv a_1 + a_2 (\bmod 2n) \tag{4.5.74}$$

这里允许 b_1,b_2 相等.

分情况讨论:

① 如果 a_1 与 a_2 同奇偶,设 $a_1+a_2 = 2k$,这里 k 是一个正整数.在 $\bmod 2n$ 意义下,考虑 $n+1$ 个余数对 $(k,k),(k-1,k+1),(k-2,k+2),\cdots,(k-n,k+n)$,这里元素全部属于集合 $\{1,2,3,\cdots,2n\}$.同一对中两元素之和等于 $2k$,而不同对的任两元素之和,在 $\bmod 2n$ 意义下,不同余.由于 A、B 每组元素各 n 个,必有上述一对,在 $\bmod 2n$ 意义下,不属于 A.于是,这一对的

两个元素(允许相等),在 mod $2n$ 意义下,属于 B 组.于是,有公式(4.5.74).

② 如果 a_1,a_2 是一奇一偶,设 $a_1+a_2=2k+1$,这里 k 是一个正整数.考虑 n 个余数对 $(k,k+1),(k-1,k+2),(k-2,k+3),\cdots,(k-n+1,k+n)$,同一对中两元素之和等于 $2k+1$. 这 n 个余数对的全部元素从小到大排列恰是从 $k-n+1$ 到 $k+n$ 连续 $2n$ 个整数.因此,在 mod $2n$ 意义下,恰等于 $1,2,3,\cdots,2n$. 由于 a_1,a_2 是一奇一偶,则 a_1 不等于 a_2.

上述 n 个余数对,在 mod $2n$ 意义下,恰给出了两元素之和为 $2k+1$ 的全部二元数对.因此,在 mod $2n$ 意义下,上述 n 个余数对中必有一对是 (a_1,a_2). 如果剩余 $n-1$ 对余数中,每对至少有一个元素属于 A,则 A 组中全部 n 个元素在 mod $2n$ 意义下,有 $n+1$ 个余数,这是不可能的. 因此,在剩余的 $n-1$ 对余数中,必至少有一对属于 B,则公式(4.5.74)仍然成立.

例 13 设正整数 m 是偶数,$23m-1$ 名男生和 $27m+1$ 名女生被平均分成 m 组,每组 50 人.并且用 1 到 50 标记每个组的学生,现选取 4 名学生,其中含有奇数名女生,且满足下述性质:他们来自两个组,且这 4 名学生中有两对学生的号码相同.求证:满足要求的 4 人组的组数是奇数.

证明: 将选自两个组,且有两对相同号码的 4 个学生称为一个"队",设

$$\left.\begin{array}{l} S=\{\delta\mid\delta\text{ 是一个队}\} \\ T=\{\delta\in S\mid\delta\text{ 含有奇数个女生}\} \\ E=\{\delta\in S\mid\delta\text{ 含有偶数个女生}\} \end{array}\right\} \quad (4.5.75)$$

注意零也是偶数.题目要求求证:$|T|$ 是奇数.对于 S 的任意子集 A,定义

$$f(A)=\sum_{\delta\in A}(\delta\text{ 中女生的人数}) \quad (4.5.76)$$

由公式(4.5.75)知道

$$T\cap E=\varnothing,\quad T\cup E=S \quad (4.5.77)$$

于是,有

$$f(S)=f(T)+f(E) \quad (4.5.78)$$

因为 $f(E)$ 是偶数,则

$$f(T)\equiv f(S)(\bmod 2) \quad (4.5.79)$$

下面求 $f(S)$.

对于某个指定的女生,可以从其所在组内选出另一名学生,由于每组有 50 名学生,共有 49 种选法.再从其他 $m-1$ 组的每组中选出与这两名学生号码相同的学生,4 个学生组成一个队. 因此,每个指定女生在 $49(m-1)$ 个队里,即每个女生在 $f(S)$ 中被重复计数 $49(m-1)$ 次,利用题目条件,有

$$f(S)=49(m-1)(27m+1)\equiv 1(\bmod 2) \quad (4.5.80)$$

又每个 $\delta\in T$ 均有奇数个女生,则

$$f(T)\equiv|T|\ (\bmod 2) \quad (4.5.81)$$

因此,利用公式(4.5.79),(4.5.80)和(4.5.81),有

$$|T|\equiv f(T)(\bmod 2)\equiv f(S)(\bmod 2)\equiv 1(\bmod 2) \quad (4.5.82)$$

于是,$|T|$ 是奇数,题目结论成立.

例 14 给定正整数 $n\geqslant 10$,集合 $\{1,2,3,\cdots,n\}$ 符合如下条件的子集的数目记为 m,子集均含有 5 个元素,且这 5 个元素中至少有两个是连续的.求 m.

解: 集合 $\{1,2,3,\cdots,n\}$ 中任取 5 个元素的子集总数目是 C_n^5,从这集合中取出 5 个元素,且这 5 个元素中没有两个是连续的子集数目记为 A. 则

$$m=C_n^5-A \quad (4.5.83)$$

考虑 5 个正整数
$$1 \leqslant a_1 < a_2 < a_3 < a_4 < a_5 \leqslant n \tag{4.5.84}$$
如果它们中没有两个是连续的,令
$$b_1 = a_1, \quad b_2 = a_2 - 1, \quad b_3 = a_3 - 2, \quad b_4 = a_4 - 3, \quad b_5 = a_5 - 4 \tag{4.5.85}$$
对于元素 $k \in$ 集合 $\{2,3,4,5\}$,有
$$b_{k+1} - b_k = (a_{k+1} - k) - [a_k - (k-1)] = (a_{k+1} - a_k) - 1 \geqslant 2 - 1 = 1 \tag{4.5.86}$$
$$b_2 - b_1 = (a_2 - a_1) - 1 \geqslant 2 - 1 = 1 \tag{4.5.87}$$
由上面叙述,知道 b_1, b_2, b_3, b_4, b_5 是区间 $[1, n-4]$ 中两两不同的 5 个正整数. 反之,如果 b_1, b_2, b_3, b_4, b_5 是区间 $[1, n-4]$ 内 5 个正整数,且 $b_1 < b_2 < b_3 < b_4 < b_5$,依照公式 (4.5.85),令
$$a_1 = b_1, \quad a_2 = b_2 + 1, \quad a_3 = b_3 + 2, \quad a_4 = b_4 + 3, \quad a_5 = b_5 + 4 \tag{4.5.88}$$
a_1, a_2, a_3, a_4, a_5 是区间 $[1, n]$ 内 5 个正整数,无两个是相邻的. 因此,有
$$A = C_{n-4}^5 \tag{4.5.89}$$
利用公式 (4.5.83) 和上式,有
$$m = C_n^5 - C_{n-4}^5 \tag{4.5.90}$$
注:将 5 改为正整数 k,这里 $2k-1 < n$,会有什么结果? 读者可以考虑.

例 15 设正整数 $n \geqslant 2$,S 是集合 $\{1, 2, 3, \cdots, n\}$ 的子集. S 中没有一个整数整除另一个整数,也没有两个互质的元素. 求 S 的元素个数的最大值.

解: 将集合 S 简化是本题的钥匙. 构造一个映射
$$f: S \to \text{集合} \left\{ \left[\frac{n}{2}\right] + 1, \left[\frac{n}{2}\right] + 2, \left[\frac{n}{2}\right] + 3, \cdots, n \right\} \tag{4.5.91}$$
对于 S 内任意元素 x,存在一个非负整数 k,满足 $2^k x \in \left(\frac{n}{2}, n\right]$. 令
$$f(x) = 2^k x \tag{4.5.92}$$
集合 $\left\{ \left[\frac{n}{2}\right] + 1, \left[\frac{n}{2}\right] + 2, \left[\frac{n}{2}\right] + 3, \cdots, n \right\}$ 中的元素显然满足"没有一个整数整除另一个整数"这一条件. 下面证明 f 是单射. 如果有 $x, y \in S$,满足
$$f(x) = f(y), \quad \text{即} \quad 2^{k_1} x = 2^{k_2} y \tag{4.5.93}$$
这里 k_1, k_2 是两个非负整数,不妨设 $k_1 < k_2$. 由上式,有
$$x = 2^{k_2 - k_1} y, \quad \text{即} \quad y \mid x \tag{4.5.94}$$
这与题目条件矛盾. 因此,必有 $k_1 = k_2, x = y, f$ 是单射.

又对于集合 S 内任两个元素 x, y,由题目条件,它们的最大公约数 $(x, y) > 1$. 由于 $f(x) = 2^{k_1} x, f(y) = 2^{k_2} y$,这里 k_1, k_2 是非负整数,则
$$(f(x), f(y)) \geqslant (x, y) > 1 \tag{4.5.95}$$
从而像集 $f(S)$ 中不含有两个相邻的整数,集合 $\left\{ \left[\frac{n}{2}\right] + 1, \left[\frac{n}{2}\right] + 2, \left[\frac{n}{2}\right] + 3, \cdots, n \right\}$ 含有 $n - \left[\frac{n}{2}\right] = \left[\frac{1}{2}(n+1)\right]$ 个元素. 下面分情况讨论:

① 当 $n = 4k$ 或 $4k + 1$,这里 k 是一个正整数. 当 $n = 4k$ 时,$\left[\frac{1}{2}(n+1)\right] = 2k$;当 $n = 4k+1$ 时,$\left[\frac{1}{2}(n+1)\right] = 2k + 1$,则
$$|S| = |f(S)| \text{(利用 } f \text{ 是单射)} \leqslant k \tag{4.5.96}$$

下面证明上式的最后一步. 当 $\left[\frac{1}{2}(n+1)\right] = 2k$ 时, 利用 $f(S)$ 中不含有两个相邻的整数. 公式(4.5.96)的不等式容易理解. 当 $\left[\frac{1}{2}(n+1)\right] = 2k+1$ 时, 集合 $\{2k+1, 2k+2, 2k+3, \cdots, 4k+1\}$ (即 $n = 4k+1$ 时) 可分成 $\{2k+1, 2k+2\}, \{2k+3, 2k+4\}, \cdots, \{4k-1, 4k\}, \{4k+1\}$, 一共 $k+1$ 组. 由于两个相邻奇数互质, 利用不等式(4.5.95), 知道像集 $f(S)$ 中不含有互质的元素, 则前面 $k-1$ 组的每组至少须划去一个数. 最后二组一起至少划去二个数, 即总共至少须划去 $k+1$ 个数. 从而有公式(4.5.96)中的不等式.

② 当 $n = 4k+2$ 时, $\left[\frac{1}{2}(n+1)\right] = 2k+1$; 当 $n = 4k+3$ 时, $\left[\frac{1}{2}(n+1)\right] = 2k+2$, 这里 k 是非负整数. 类似地, 有

$$|S| = |f(S)| \leqslant k+1 \tag{4.5.97}$$

当 $n = 4k+2$ 时, 集合 $\{2k+2, 2k+3, 2k+4, \cdots, 4k+2\}$ 可分成 $\{2k+2, 2k+3\}, \{2k+4, 2k+5\}, \cdots, \{4k, 4k+1\}, \{4k+2\}$ 一共 $k+1$ 组. 当 $n = 4k+3$ 时, 集合可分成 $\{2k+2, 2k+3\}, \{2k+4, 2k+5\}, \cdots, \{4k+2, 4k+3\}$ 一共 $k+1$ 组. 第一种情况, 前 k 组至少每组划去一个数, 一共至少划去 k 个数. 第二种情况, 每组至少划去一个数, 一共至少划去 $k+1$ 个数. 从而公式(4.5.97)的不等式成立.

综上所述, 利用不等式(4.5.96)和(4.5.97), 有

$$|S| \leqslant \left[\frac{1}{4}(n+2)\right] \tag{4.5.98}$$

令集合

$$S = \{k \mid k \text{ 是偶数}, \text{且 } \frac{n}{2} < k \leqslant n\} \tag{4.5.99}$$

当 $n = 4t$ 或 $4t+1$ 时, 这里 t 是一个正整数. 容易看到 $|S| = t$; 当 $n = 4t+2$, 或 $4t+3$ 时, 这里 t 是非负整数. 类似有 $|S| = t+1$. 从而不等式(4.5.98)取等式. 所求 S 的元素个数的最大值是 $\left[\frac{1}{4}(n+2)\right]$.

例 16 对于 $1, 2, \cdots, 10$ 的每一个排列 $\tau = (x_1, x_2, \cdots, x_{10})$, 定义 $S(\tau) = \sum_{k=1}^{10} |2x_k - 3x_{k+1}|$, 约定 $x_{11} = x_1$. 求:

(1) $S(\tau)$ 的最大值与最小值;
(2) 使 $S(\tau)$ 达到最大值的所有排列 τ 的个数;
(3) 使 $S(\tau)$ 达到最小值的所有排列 τ 的个数.

解: (1) 将 10 改为正整数 $n(n \geqslant 2)$. 对于 $1, 2, \cdots, n$ 的每一排列 $\tau = (x_1, x_2, \cdots, x_n)$, 定义

$$S(\tau) = \sum_{k=1}^{n} |2x_k - 3x_{k+1}|, \quad \text{这里 } x_{n+1} = x_1 \tag{4.5.100}$$

全部 n 个值 $3x_{k+1} - 2x_k (1 \leqslant k \leqslant n)$ 至少有一个是负的, 因为某个 $x_{k+1} = 1, x_k \geqslant 2, 3x_{k+1} - 2x_k \leqslant -1$. 而负整数的绝对值减去这个负整数必大于等于 2. 所以, 有

$$\sum_{k=1}^{n} |2x_k - 3x_{k+1}| \geqslant \sum_{k=1}^{n} (3x_{k+1} - 2x_k) + 2 = \sum_{k=1}^{n} x_k + 2 = \frac{1}{2}n(n+1) + 2 \tag{4.5.101}$$

由于 $x_{n+1} = x_1$, 可以将 $x_1, x_2, \cdots, x_n$ 理解为顺时针方向在一个圆周上排列的 n 个点, 将 $x_1, x_2, \cdots, x_n$ 依次改写为 $x_n^*, x_{n-1}^*, \cdots, x_1^*, x_{n+1}^* = x_1^*$, 则从整体上观察

$$\sum_{k=1}^{n} |2x_k - 3x_{k+1}| = \sum_{k=1}^{n} |3x_k^* - 2x_{k+1}^*| \tag{4.5.102}$$

令
$$x_k^* = k, \quad 1 \leqslant k \leqslant n \tag{4.5.103}$$
当正整数 $k \geqslant 2$ 时,有
$$3k - 2(k+1) = k - 2 \geqslant 0 \tag{4.5.104}$$
而且
$$3x_1^* - 2x_2^* = 3 - 4 = -1 < 0 \tag{4.5.105}$$
利用上面叙述,有
$$\sum_{k=1}^{n} |2x_k - 3x_{k+1}| = \sum_{k=2}^{n}(3x_k^* - 2x_{k+1}^*) + (2x_2^* - 3x_1^*)$$
$$= \sum_{k=1}^{n} x_k^* + 2 = \frac{1}{2}n(n+1) + 2 \tag{4.5.106}$$

下面求最大值.

设 $k_1, k_2, \cdots, k_n$ 是 $1, 2, \cdots, n$ 的一个排列,这里
$$\left.\begin{array}{l} 3x_{k_j} - 2x_{k_j-1} \geqslant 0, \quad j = 1, 2, \cdots, s \\ 3x_{k_j} - 2x_{k_j-1} < 0, \quad j = s+1, s+2, \cdots, n \end{array}\right\} \tag{4.5.107}$$
那么,可以看到
$$\sum_{k=1}^{n}|2x_k - 3x_{k+1}| = \left(3\sum_{j=1}^{s} x_{k_j} - 2\sum_{j=1}^{s} x_{k_j-1}\right) - \left(3\sum_{j=s+1}^{n} x_{k_j} - 2\sum_{j=s+1}^{n} x_{k_j-1}\right)$$
$$= \left(3\sum_{j=1}^{s} x_{k_j} + 2\sum_{j=s+1}^{n} x_{k_j-1}\right) - \left(2\sum_{j=1}^{s} x_{k_j-1} + 3\sum_{j=s+1}^{n} x_{k_j}\right)$$
$$\leqslant 3[n + (n-1) + \cdots + (n-s+1)] + 2[n + (n-1) + \cdots + (s+1)]$$
$$\quad - 2(1 + 2 + \cdots + s) - 3[1 + 2 + \cdots + (n-s)]$$
$$= \frac{3}{2}s(2n-s+1) + (n-s)(n+s+1) - s(s+1) - \frac{3}{2}(n-s)(n-s+1)$$
$$= s\left(3n - \frac{5}{2}s + \frac{1}{2}\right) + (n-s)\left(\frac{5}{2}s - \frac{1}{2}n - \frac{1}{2}\right)$$
$$= -5s^2 + (6n+1)s - \frac{1}{2}n(n+1)$$
$$= -5\left[s - \frac{1}{10}(6n+1)\right]^2 + \frac{1}{20}(26n^2 + 2n + 1) \tag{4.5.108}$$
记
$$n = 5k + j \tag{4.5.109}$$
这里 k 是一个非负整数,$j \in \{0, 1, 2, 3, 4\}$
$$s - \frac{1}{10}(6n+1) = s - 3k - \frac{1}{10}(6j+1) \tag{4.5.110}$$
当 $j = 0$ 时,$\frac{1}{10}(6j+1) = \frac{1}{10}$. 当 $j = 1$ 时,$\frac{1}{10}(6j+1) = \frac{7}{10}$. 当 $j = 2$ 时,$\frac{1}{10}(6j+1) = \frac{13}{10}$. 当 $j = 3$ 时,$\frac{1}{10}(6j+1) = \frac{19}{10}$. 当 $j = 4$ 时,$\frac{1}{10}(6j+1) = \frac{5}{2}$. 因而,可以看到

① 当 $j = 0$ 时,令 $s = 3k = \frac{3}{5}n$,有
$$\sum_{k=1}^{n}|2x_k - 3x_{k+1}| \leqslant -\frac{1}{20} + \frac{1}{20}(26n^2 + 2n + 1) = \frac{1}{10}(13n^2 + n) \tag{4.5.111}$$

② 当 $j = 3$ 时,令 $s = 3k + 2 = \frac{1}{5}(3n+1)$,有

$$\sum_{k=1}^{n} |2x_k - 3x_{k+1}| \leqslant -\frac{1}{20} + \frac{1}{20}(26n^2 + 2n + 1) = \frac{1}{10}(13n^2 + n) \quad (4.5.112)$$

③ 当 $j = 1$ 时，令 $s = 3k + 1 = \frac{1}{5}(3n + 2)$，有

$$\sum_{k=1}^{n} |2x_k - 3x_{k+1}| \leqslant -\frac{9}{20} + \frac{1}{20}(26n^2 + 2n + 1) = \frac{1}{10}(13n^2 + n - 4) \quad (4.5.113)$$

④ 当 $j = 2$ 时，令 $s = 3k + 1 = \frac{1}{5}(3n - 1)$，有

$$\sum_{k=1}^{n} |2x_k - 3x_{k+1}| \leqslant -\frac{9}{20} + \frac{1}{20}(26n^2 + 2n + 1) = \frac{1}{10}(13n^2 + n - 4) \quad (4.5.114)$$

⑤ 当 $j = 4$ 时，令 $s = 3k + 2 = \frac{1}{5}(3n - 2)$，或令 $s = 3k + 3 = \frac{3}{5}(n + 1)$，有

$$\sum_{k=1}^{n} |2x_k - 3x_{k+1}| \leqslant -\frac{5}{4} + \frac{1}{20}(26n^2 + 2n + 1) = \frac{1}{10}(13n^2 + n - 12) \quad (4.5.115)$$

上面五种情况，右端等号都能取到，上述右端(3 个不同值)是相应情况下的最大值. 有兴趣的读者在未读下文前思考之.

特别当 $n = 10$ 时，最小值是 57. 利用公式(4.5.111)，最大值是 131.

(2) 现在来求公式(4.5.100)定义的 $S(\tau)$ 达到最大值的所有排列 τ 的个数.

无论上面五种情况中的哪一种，都有

$$3(n - s + 1) - 2s = 3n - 5s + 3 \geqslant 0 \quad (4.5.116)$$

以及

$$3(n - s) - 2(s + 1) = 3n - 5s - 2 \leqslant 0 \quad (4.5.117)$$

因而，利用公式(4.5.107)和(4.5.108)，如果

$$\sum_{k=1}^{n} |2x_k - 3x_{k+1}| = 3[n + (n-1) + \cdots + (n-s+1)] - 2(1 + 2 + \cdots + s)$$
$$+ 2[n + (n-1) + \cdots + (s+1)] - 3[1 + 2 + \cdots + (n-s)]$$
$$(4.5.118)$$

必须有

①
$$\left.\begin{array}{l}\text{集合}\{x_{k_1}, x_{k_2}, \cdots, x_{k_s}\} = \text{集合}\{n, n-1, \cdots, n-s+1\} \\ \text{集合}\{x_{k_1-1}, x_{k_2-1}, \cdots, x_{k_s-1}\} = \text{集合}\{1, 2, \cdots, s\}\end{array}\right\} \quad (4.5.119)$$

以及

②
$$\left.\begin{array}{l}\text{集合}\{x_{k_{s+1}}, x_{k_{s+2}}, \cdots, x_{k_n}\} = \text{集合}\{1, 2, \cdots, n-s\} \\ \text{集合}\{x_{k_{s+1}-1}, x_{k_{s+2}-1}, \cdots, x_{k_n-1}\} = \text{集合}\{n, n-1, \cdots, s+1\}\end{array}\right\} \quad (4.5.120)$$

这里约定 $x_0 = x_n$.

注意在公式(4.5.111)至(4.5.115)中，$2s - n > 0$，于是，有

$$\text{集合}\{n, n-1, \cdots, s+1\} \subset \text{集合}\{n, n-1, \cdots, n-s+1\} \quad (4.5.121)$$

$$\text{集合}\{1, 2, \cdots, n-s\} \subset \text{集合}\{1, 2, \cdots, s\} \quad (4.5.122)$$

对于 $1, 2, \cdots, n$ 的任一排列 $k_1, k_2, \cdots, k_n$，约定 $x_0 = x_n$，有

$$\text{集合}\{x_{k_1-1}, x_{k_2-1}, \cdots, x_{k_n-1}\} = \text{集合}\{x_{k_1}, x_{k_2}, \cdots, x_{k_n}\} = \text{集合}\{1, 2, \cdots, n\} \quad (4.5.123)$$

因而，当公式(4.5.120)的第二个公式成立时，必有公式(4.5.119)的第二个公式.

又利用公式(4.5.119)和(4.5.121)，可以看到

$$\text{集合}\{x_{k_{s+1}-1}, x_{k_{s+2}-1}, \cdots, x_{k_n-1}\} \subset \text{集合}\{x_{k_1}, x_{k_2}, \cdots, x_{k_s}\} \quad (4.5.124)$$

在同一个圆周上，按顺时针方向安排 n 个元素 $x_1, x_2, \cdots, x_n$，即集合 $\{1, 2, \cdots, n\}$ 内全部元素，使得集合 $\{1, 2, \cdots, n-s\}$ (注意公式(4.5.120)的第一个等式)内每个元素与集合 $\{n, n-1,$

$\cdots,n-s+1\}$ 内元素交叉排列,即集合 $\{1,2,\cdots,n-s\}$ 内任一元素在圆周的左、右两旁都是集合 $\{n,n-1,\cdots,n-s+1\}$ 内元素(由于 $n-s<s$,这可以做到). 这样安排后,保证公式(4.5.120)的第二个等式成立(注意公式(4.5.120)的第一个等式). 在这圆周上,任取 n 个位置之一放置 $x_{k_1}=n$. 因为集合 $\{1,2,\cdots,n-s\}$ 内元素在 $n-s$ 个位置上可以任意安排,集合 $\{n-1,n-2,\cdots,n-s+1\}$ 等于集合 $\{x_{k_2},x_{k_3},\cdots,x_{k_s}\}$ 内元素也可以在 $s-1$ 个位置上任意排列,使得 $S(\tau)$ 达到最大值的所有排列 τ 的个数

$$M_n = n(n-s)!(s-1)! \tag{4.5.125}$$

特别当本题 $n=10$ 时,对应 $s=6$. 利用上式,有

$$M_{10} = 28\,800 \tag{4.5.126}$$

至此,$S(\tau)$ 的最大值及其相应排列 τ 的个数问题解决.

(3) 下面计算 $n=10$ 时,$S(\tau)=57$ 的排列 τ 的个数. 设 $x_{10}=1$,利用公式(4.5.101),必有 $x_9=2$,且 $3x_{k+1}-2x_k\geq 0$,$k=1,2,\cdots,8$. 并且这些条件也是充分的. 可以看到排列 $\tau=(x_1,x_2,\cdots,x_{10})$ 中,有

$$x_{10}=1, \quad x_9=2, \quad x_8=3, \quad x_7=4, \quad x_6\in\{5,6\} \tag{4.5.127}$$

下面分情况讨论.

① 当 $x_6=6$ 时,有

$$\text{集合}\{x_1,x_2,x_3,x_4,x_5\}=\text{集合}\{5,7,8,9,10\} \tag{4.5.128}$$

当 $x_1=5$ 时,$x_5\neq 10$,因为如果 $x_5=10$,不满足 $3x_6-2x_5\geq 0$. 这时,满足条件的排列有 $4!-3!=18$ 种.

当 $x_1\neq 5$ 时,必有某个 $x_k=5(2\leq k\leq 5)$. 这时,必有 $x_{k-1}=7$,因为要满足 $3x_k-2x_{k-1}\geq 0$,将 5,7 作为一组,8,9,10 每个数作为一组,一共有 4 组,同样 $x_5\neq 10$,这时满足条件的排列有 $4!-3!=18$ 种.

② 当 $x_6=5$ 时,有

$$\text{集合}\{x_1,x_2,x_3,x_4,x_5\}=\text{集合}\{6,7,8,9,10\} \tag{4.5.129}$$

由于要满足 $3x_6-2x_5\geq 0$,则 $x_5\in\{6,7\}$. 如果 $x_5=6$,则 7,8,9,10 可以任意排列作为 x_1,x_2,x_3,x_4,但 $x_4\neq 10$. 因为如果 $x_4=10$,不满足 $3x_5-2x_4\geq 0$ 条件. 这样的排列也有 $4!-3!=18$ 种. 如果 $x_5=7$,则 6,8,9,10 可以任意排列作为 x_1,x_2,x_3,x_4,但当某个 $x_k=6$ 时($2\leq k\leq 4$),$x_{k-1}\neq 10$,因为要满足 $3x_k-2x_{k-1}\geq 0$. 由于 6 前面是 10 的排列有 3! 种,这样的排列也有 $4!-3!=18$ 种.

由于 $x_j=1(1\leq j\leq 9)$ 也可以将 $x_1,x_2,\cdots,x_{10}$ 排在一个圆周上,且令 $x_{10+j}=x_j(1\leq j\leq 9)$,可知任意一个 $x_j=1$ 都对应与 $x_{10}=1$ 一样多的满足条件的排列. 从而使 $S(\tau)=57$ 的排列 τ 有

$$10(18+18+18+18)=720(\text{种}) \tag{4.5.130}$$

注:这是 1999 年我自编的题目,用在当年国家队选拔考试中. 对于一般 n,$S(\tau)$ 取到最小值的排列 τ 的个数问题留给有兴趣的读者思考. 提一个研究性的问题:设 p,q 是两个不同的质数,对于 $1,2,\cdots,n$(正整数 $n\geq 3$) 的每一排列 $\tau=(x_1,x_2,\cdots,x_n)$,定义

$$S(\tau)=\sum_{k=1}^{n}|px_k-qx_{k+1}|, \quad \text{这里} x_{n+1}=x_1$$

提与本题同样的三个问题. 对此问题有兴趣且有一定研究能力的读者可以思考.

例17 $d(n)$ 是正整数 n 的全部正整数因子的个数. 定义 $s(n)=\sum_{k\mid n}d(k)$,这里求和是对 n 的所有正整数因子 k 求和. 求所有 n,满足 $n=s(n)$.

解: 设 p 是一个质数,先考虑 $n=p^k$ 情况,这里 k 是一个正整数. 明显地,p^k 的所有正整数因子是 $1,p,p^2,\cdots,p^{k-1},p^k$. 因此,有

$$d(p^k) = k+1 \tag{4.5.131}$$

由题目条件及上式,有

$$s(p^k) = \sum_{j=0}^{k} d(p^j) = \frac{1}{2}(k+1)(k+2) \tag{4.5.132}$$

如果 $s(p^k) = p^k$,利用上式,有

$$\frac{1}{2}(k+1)(k+2) = p^k \tag{4.5.133}$$

当 k 是奇数时,正整数 $\frac{1}{2}(k+1)$ 与 $k+2$ 互质,必有

$$\frac{1}{2}(k+1) = 1, \quad k+2 = p^k \tag{4.5.134}$$

从上式,必有

$$k = 1, \quad p = 3, \quad n = 3 \tag{4.5.135}$$

当 k 是偶数时,利用正整数 $k+1$ 与 $\frac{1}{2}(k+2)$ 互质,以及 $\frac{1}{2}(k+2) < k+1$,则 $\frac{1}{2}(k+2)$ 等于 1,由于 k 是正整数,这是不可能的.

从上面叙述知道,如果 $n = p^k$,这里 p 是质数,k 是正整数,必有公式(4.5.135),另外,$n = 1$ 也满足题目要求.

下面考虑正整数 n,它既不等于 1,也不等于 3.当 p_1,p_2 是两个不同质数,k_1,k_2 是两个正整数,显然,$p_1^{k_1}p_2^{k_2}$ 的全部正整数因子是 $1,p_2,p_2^2,\cdots,p_2^{k_2};p_1,p_1p_2,p_1p_2^2,\cdots,p_1p_2^{k_2};p_1^2,p_1^2p_2,p_1^2p_2^2,\cdots,p_1^2p_2^{k_2};\cdots;p_1^{k_1},p_1^{k_1}p_2,p_1^{k_1}p_2^2,\cdots,p_1^{k_1}p_2^{k_2}$.从而,有

$$\begin{aligned}
s(p_1^{k_1}p_2^{k_2}) &= \sum_{l=0}^{k_2}\sum_{j=0}^{k_1} d(p_1^j p_2^l) \\
&= \sum_{l=0}^{k_2}\sum_{j=0}^{k_1} (j+1)(l+1) \text{(对于固定的非负整数 } j,l,p_1^j p_2^l \text{ 的全部正整数因子是全部} \\
&\quad p_1^s p_2^t \text{,这里 } 0 \leqslant s \leqslant j, 0 \leqslant t \leqslant l) \\
&= \left[\frac{1}{2}(k_1+1)(k_1+2)\right]\left[\frac{1}{2}(k_2+1)(k_2+2)\right] \\
&= s(p_1^{k_1})s(p_2^{k_2}) \text{(利用公式(4.5.132))} \tag{4.5.136}
\end{aligned}$$

对 n 进行质因子分解

$$n = p_1^{k_1}p_2^{k_2}\cdots p_t^{k_t} \tag{4.5.137}$$

这里 $p_1,p_2,\cdots,p_t$ 是两两不同的质数,$k_1,k_2,\cdots,k_t$ 全是正整数.我们断言

$$s(n) = s(p_1^{k_1})s(p_2^{k_2})\cdots s(p_t^{k_t}) \tag{4.5.138}$$

对正整数 t 用数学归纳法.当 $t = 1$ 时,上式显然成立.当 $t = 2$ 时,由公式(4.5.136)知道公式(4.5.138)成立.设当 $t = m$ 时,这里正整数 $m \geqslant 2$,有

$$s(p_1^{k_1}p_2^{k_2}\cdots p_m^{k_m}) = s(p_1^{k_1})s(p_2^{k_2})\cdots s(p_m^{k_m}) \tag{4.5.139}$$

这里 $p_1,p_2,\cdots,p_m$ 是两两不同的质数.$k_1,k_2,\cdots,k_m$ 全是正整数.将 $p_1^{k_1}p_2^{k_2}\cdots p_m^{k_m}$ 的全部正整数因子记为 $1,a_1,a_2,\cdots,a_\beta$.当 $t = m+1$ 时,类似前面叙述,$1,a_1,a_2,\cdots,a_\beta;p_{m+1},p_{m+1}a_1,p_{m+1}a_2,\cdots,p_{m+1}a_\beta;p_{m+1}^2,p_{m+1}^2a_1,p_{m+1}^2a_2,\cdots,p_{m+1}^2a_\beta;\cdots;p_{m+1}^{k_{m+1}},p_{m+1}^{k_{m+1}}a_1,p_{m+1}^{k_{m+1}}a_2,\cdots,p_{m+1}^{k_{m+1}}a_\beta$ 是 $p_1^{k_1}p_2^{k_2}\cdots p_m^{k_m}p_{m+1}^{k_{m+1}}$ 的全部正整数因子.从而,类似公式(4.5.136),令 $a_0 = 1$,有

$$\begin{aligned}
s(p_1^{k_1}p_2^{k_2}\cdots p_m^{k_m}p_{m+1}^{k_{m+1}}) &= \sum_{j=0}^{\beta} d(a_j)[1+2+3+\cdots+(k_{m+1}+1)] \text{(这里利用对于固定 } j(0 \leqslant j \leqslant \beta), \\
&\quad \text{及 } l(0 \leqslant l \leqslant k_{m+1}), p_{m+1}^l a_j \text{ 的全部正整数因子的个数是}(l+1)d(a_j)) \\
&= s(p_1^{k_1}p_2^{k_2}\cdots p_m^{k_m})s(p_{m+1}^{k_{m+1}}) = s(p_1^{k_1})s(p_2^{k_2})\cdots s(p_m^{k_m})s(p_{m+1}^{k_{m+1}}) \tag{4.5.140}
\end{aligned}$$

这里 p_{m+1} 是不同于 $p_1, p_2, \cdots, p_m$ 的质数,k_{m+1} 是正整数,因而公式(4.5.138)成立.

现在我们考虑 $s(n) = n$,这里 n 既不是 1,也不是 3. 利用公式(4.5.137)和(4.5.138),有

$$\frac{s(p_1^{k_1})}{p_1^{k_1}} \frac{s(p_2^{k_2})}{p_2^{k_2}} \cdots \frac{s(p_t^{k_t})}{p_t^{k_t}} = 1 \tag{4.5.141}$$

如果有某个正整数 $j, 1 \leqslant j \leqslant t$,满足

$$s(p_j^{k_j}) = p_j^{k_j} \tag{4.5.142}$$

利用前面的叙述,有

$$p_j = 3, \quad k_j = 1 \tag{4.5.143}$$

由于其他 $p_l (l \neq j)$ 与 p_j 互质,满足公式(4.5.142)的 p_j 至多一个. 由于 n 不等于 1 或 3,如果方程(4.5.141)有解,则必有 $t \geqslant 2$,如果有

$$\frac{s(p_j^{k_j})}{p_j^{k_j}} > 1 \tag{4.5.144}$$

利用方程(4.5.141)和上式,必有另一个正整数 $l, l \neq j, 1 \leqslant l \leqslant t$,满足

$$\frac{s(p_l^{k_l})}{p_l^{k_l}} < 1 \tag{4.5.145}$$

反之亦然. 考虑不等式(4.5.144),利用公式(4.5.132),有

$$\frac{1}{2}(k_j + 1)(k_j + 2) > p_j^{k_j} \tag{4.5.146}$$

下面证明,当 $p_j \geqslant 3$ 时,有

$$p_j^{k_j} \geqslant \frac{1}{2}(k_j + 1)(k_j + 2), \quad k_j \in \mathbf{N}^+ \tag{4.5.147}$$

对正整数 k_j 用数学归纳法. 当 $k_j = 1$ 时,不等式(4.5.147)的右端是 3. 不等式(4.5.147)对 $k_j = 1$ 成立. 假设不等式(4.5.147)对某个正整数 k_j 成立,可以看到

$$p_j^{k_j+1} \geqslant p_j \frac{1}{2}(k_j + 1)(k_j + 2) = \frac{1}{2}(k_j + 2)(k_j + 3) + \frac{1}{2}(k_j + 2)[p_j(k_j + 1) - (k_j + 3)]$$

$$> \frac{1}{2}(k_j + 2)(k_j + 3) (\text{利用 } p_j \geqslant 3) \tag{4.5.148}$$

于是不等式(4.5.147)成立. 因此,满足不等式(4.5.146)的只有 $p_j = 2$,这时候,该不等式为

$$\frac{1}{2}(k_j + 1)(k_j + 2) > 2^{k_j} \tag{4.5.149}$$

下面证明:当正整数 $k_j \geqslant 4$ 时,必有

$$2^{k_j} > \frac{1}{2}(k_j + 1)(k_j + 2) \tag{4.5.150}$$

对 k_j 用数学归纳法,当 $k_j = 4$ 时,上式左端是 16,右端是 15,所以不等式(4.5.150)对 $k_j = 4$ 时成立. 设不等式(4.5.150)对某个正整数 $k_j \geqslant 4$ 成立,利用这归纳法假设,有

$$2^{k_j+1} > (k_j + 1)(k_j + 2) = \frac{1}{2}(k_j + 2)(k_j + 3) + (k_j + 2)\left[(k_j + 1) - \frac{1}{2}(k_j + 3)\right]$$

$$> \frac{1}{2}(k_j + 2)(k_j + 3) (\text{利用 } k_j \geqslant 4) \tag{4.5.151}$$

于是,不等式(4.5.150)成立. 这样,满足不等式(4.5.149)的正整数 $k_j \in \{1, 2, 3\}$.

利用公式(4.5.132),有

$$s(2) = 3, \quad s(2^2) = 6, \quad s(2^3) = 10 \tag{4.5.152}$$

利用上式,有

$$\frac{s(2)}{2} = \frac{3}{2}, \quad \frac{s(2^2)}{2^2} = \frac{3}{2}, \quad \frac{s(2^3)}{2^3} = \frac{5}{4} < \frac{3}{2} \tag{4.5.153}$$

利用不等式(4.5.144)和上式,有
$$1 < \frac{s(p_j^{k_j})}{p_j^{k_j}} \leqslant \frac{3}{2} \tag{4.5.154}$$

满足上式的 p_j 只有一个,$p_j = 2, k_j \in \{1,2,3\}$.

利用公式(4.5.141)和不等式(4.5.154),有
$$\frac{2}{3} \leqslant \frac{s(p_1^{k_1})}{p_1^{k_1}} \frac{s(p_2^{k_2})}{p_2^{k_2}} \cdots \frac{s(p_{j-1}^{k_{j-1}})}{p_{j-1}^{k_{j-1}}} \frac{s(p_{j+1}^{k_{j+1}})}{p_{j+1}^{k_{j+1}}} \cdots \frac{s(p_t^{k_t})}{p_t^{k_t}} < 1 \tag{4.5.155}$$

这里 $p_1, p_2, \cdots, p_{j-1}, p_{j+1}, \cdots, p_t$ 全是奇质数.利用前面的叙述,对于奇质数而言,有
$$\frac{s(p_l^{k_l})}{p_l^{k_l}} \leqslant 1 \tag{4.5.156}$$

利用不等式(4.5.155)和(4.5.156),有
$$\frac{s(p_l^{k_l})}{p_l^{k_l}} \geqslant \frac{2}{3} \tag{4.5.157}$$

这里 $l \in$ 集合 $\{1,2,\cdots,j-1,j+1,\cdots,t\}$.利用公式(4.5.132)和上式,可以得到
$$\frac{3}{4}(k_l+1)(k_l+2) \geqslant p_l^{k_l} \tag{4.5.158}$$

下面证明,当奇质数 $p_l \geqslant 5$ 时,对任意正整数 k_l,有
$$p_l^{k_l} > \frac{3}{4}(k_l+1)(k_l+2) \tag{4.5.159}$$

对正整数 k_l 用数学归纳法.当 $k_l = 1$ 时,上式右端是 $\frac{9}{2}$,上式左端大于等于5,因而当 $k_l = 1$ 时,不等式(4.5.159)成立.设不等式(4.5.159)对某个正整数 k_l 成立,则
$$p_l^{k_l+1} > p_l \frac{3}{4}(k_l+1)(k_l+2) = \frac{3}{4}(k_l+2)(k_l+3) + \frac{3}{4}(k_l+2)[p_l(k_l+1)-(k_l+3)]$$
$$> \frac{3}{4}(k_l+2)(k_l+3)(\text{利用 } p_l \geqslant 5) \tag{4.5.160}$$

因此,满足不等式(4.5.158)的奇质数只有一个
$$p_l = 3 \tag{4.5.161}$$

代上式入不等式(4.5.158),有
$$\frac{3}{4}(k_l+1)(k_l+2) \geqslant 3^{k_l} \tag{4.5.162}$$

下面证明,当正整数 $k_l \geqslant 3$ 时,必有
$$3^{k_l} > \frac{3}{4}(k_l+1)(k_l+2) \tag{4.5.163}$$

对 k_l 用数学归纳法,当 $k_l = 3$ 时,上式左端是27,右端是15.不等式成立.假设不等式对某个正整数 $k_l(k_l \geqslant 3)$ 成立,有
$$3^{k_l+1} > \frac{9}{4}(k_l+1)(k_l+2) = \frac{3}{4}(k_l+2)(k_l+3) + \frac{3}{4}(k_l+2)[3(k_l+1)-(k_l+3)]$$
$$> \frac{3}{4}(k_l+2)(k_l+3) \tag{4.5.164}$$

因此,不等式(4.5.163)成立.那么,满足不等式(4.5.162)的 $k_l \in \{1,2\}$ 利用公式(4.5.132),有
$$\frac{s(3^2)}{3^2} = \frac{2}{3} \tag{4.5.165}$$

到目前为止,我们知道 n 的所有可能的正整数因子是 $1, 2, 2^2, 2^3, 3$ 和 3^2.那么,n 的全部可

能的解集是集合$\{1,2,4,8,3,6,12,24,9,18,36,72\}$. 在这集合的 12 个元素中,利用公式 (4.5.132)和(4.5.136),满足 $s(n) = n$ 的全部正整数解是 1,3,18 和 36. 这个简单的验证工作留给读者练习.

例 18 设 n 是正整数,记 $f(n)$ 为集合 $\{1,2,3,\cdots,2^n-1\}$ 的满足如下条件的子集的元素个数的最小值:

① A 包含 1 与 2^n-1;

② 子集 A 中除 1 外的任何元素均为 A 中另两个(可以相同)元素的和.

(1) 求 $f(3)$ 和 $f(4)$;

(2) 当正整数 $n(n \geqslant 7)$ 用二进制表示时,记
$$n = 2^{n_k} + 2^{n_{k-1}} + \cdots + 2^{n_1} + 2^{n_0}$$
这里 $n_j(1 \leqslant j \leqslant k)$ 全是正整数,n_0 是非负整数,且 $k \geqslant 2$,以及 $n_k > n_{k-1} > \cdots > n_1 > n_0$. 求证:当 n 是奇数时,$f(n) \leqslant n + n_k + k$;当 n 是偶数时(无 2^{n_0} 项),$f(n) \leqslant n + n_k + (k-1)$.

解:(1) 显然 $f(1) = 1$. 当 $n = 2$ 时,集合 $\{1,2,3\}$ 满足题目条件的只能是集合 $\{1,2,3\}$ 本身,即 $f(2) = 3$. 当 $n = 3$ 时,设子集 $A \subseteq$ 集合 $\{1,2,3,\cdots,7\}$,且 A 满足题目条件①和②,明显地,利用只比 1 大的后面一个 A 内元素只能是两个 1 之和,必为 2,则 $\{1,2,7\} \subseteq A$.

设
$$A = \{1,2,m,7\} \tag{4.5.166}$$

这里 $m \in$ 集合 $\{3,4,5,6\}$,由于奇数 7 是 A 内两个元素之和,则 $m = 5$,但 5 不是元素 1,2 之和,矛盾. 因此,有
$$|A| \geqslant 5, \quad 令子集\ A = \{1,2,4,6,7\} \tag{4.5.167}$$

显然满足题目条件①和②,则
$$f(3) = 5 \tag{4.5.168}$$

下面考虑 $n = 4$ 情况. 子集 $A \subseteq \{1,2,3,\cdots,15\}$,明显地,子集
$$A = \{1,2,3,5,10,15\} \tag{4.5.169}$$

满足题目条件①和②. 下面证明
$$f(4) = 6 \tag{4.5.170}$$

用反证法,设
$$f(4) \leqslant 5 \tag{4.5.171}$$

利用题目条件①及前面的叙述,可设
$$A = \{1,2,m,k,15\} \tag{4.5.172}$$

这里 $3 \leqslant m < k \leqslant 14$. 由于 m 是两元素 1,2(可以相同)之和,则
$$m \in \{3,4\} \tag{4.5.173}$$

因此,只有两种可能性:
$$A = \{1,2,3,k,15\} \quad 或 \quad A = \{1,2,4,k,15\} \tag{4.5.174}$$

由于元素 k 是子集 A 中两元素(可以相同)之和,在上式的前一种情况,有 $k \in \{4,5,6\}$. 在上式的后一种情况,$k \in \{5,6,8\}$. 无论哪一种情况,15 都不可能是子集 A 中另外二个元素之和. 矛盾. 因此,公式(4.5.170)成立.

(2) 首先证明,当 n 是正整数时,有
$$f(n+1) \leqslant f(n) + 2 \tag{4.5.175}$$

设子集 $A \subseteq \{1,2,3,\cdots,2^n-1\}$,且满足题目条件①和②和
$$|A| = f(n) \tag{4.5.176}$$

令

$$B = A \cup \{2^{n+1} - 2, 2^{n+1} - 1\} \tag{4.5.177}$$

由于 n 是正整数，有 $2^{n+1} - 2 > 2^n - 1$，从而知道

$$|B| = |A| + 2 = f(n) + 2 \tag{4.5.178}$$

利用 $B \subseteq \{1,2,3,\cdots,2^{n+1}-1\}$，以及 $2^n - 1 \in A$，

$$2^{n+1} - 2 = (2^n - 1) + (2^n - 1), \quad 2^{n+1} - 1 = 1 + (2^{n+1} - 2) (\text{利用 } 1 \in A) \tag{4.5.179}$$

则子集 B 满足题目条件①和②．从而，有

$$f(n+1) \leqslant |B| = f(n) + 2 \tag{4.5.180}$$

下面证明

$$f(2n) \leqslant f(n) + n + 1 \tag{4.5.181}$$

设子集 A 满足公式(4.5.176)，令

$$B = A \cup \{2(2^n - 1), 2^2(2^n - 1), 2^3(2^n - 1), \cdots, 2^n(2^n - 1), 2^{2n} - 1\} \tag{4.5.182}$$

明显地，有

$$B \subseteq \text{集合}\{1,2,3,\cdots,2^{2n}-1\} \tag{4.5.183}$$

且

$$|B| = f(n) + (n+1) \tag{4.5.184}$$

对子集合 $\{0,1,2,\cdots,n-1\}$ 内任一元素 k，有

$$2^{k+1}(2^n - 1) = 2^k(2^n - 1) + 2^k(2^n - 1) \tag{4.5.185}$$

以及

$$2^{2n} - 1 = 2^n(2^n - 1) + (2^n - 1) \tag{4.5.186}$$

注意元素 $1, 2^n - 1$ 在 A 内，当然也在 B 内．则子集 B 满足题目条件①和②，从而有

$$f(2n) \leqslant |B| = f(n) + n + 1 \tag{4.5.187}$$

于是，不等式(4.5.181)成立．

利用不等式(4.5.175)和上式，有

$$f(2n+1) \leqslant f(2n) + 2 \leqslant f(n) + n + 3 \tag{4.5.188}$$

利用题目(2)中条件，可以看到

$$f(n) = f(2^{n_k} + 2^{n_{k-1}} + \cdots + 2^{n_1} + 2^{n_0}) \tag{4.5.189}$$

下面分情况讨论：

① 当 $n_0 = 0$ 时，利用上三式，有

$$f(n) \leqslant f(2^{n_k - 1} + 2^{n_{k-1} - 1} + \cdots + 2^{n_1 - 1}) + (2^{n_k - 1} + 2^{n_{k-1} - 1} + \cdots + 2^{n_1 - 1}) + 3$$

$$= f(2^{n_1 - 1}(2^{n_k - n_1} + 2^{n_{k-1} - n_1} + \cdots + 2^{n_2 - n_1} + 1))$$

$$\quad + 2^{n_1 - 1}(2^{n_k - n_1} + 2^{n_{k-1} - n_1} + \cdots + 2^{n_2 - n_1} + 1) + 3$$

$$\leqslant f(2^{n_1 - 2}(2^{n_k - n_1} + 2^{n_{k-1} - n_1} + \cdots + 2^{n_2 - n_1} + 1))$$

$$\quad + (2^{n_1 - 2} + 2^{n_1 - 1})(2^{n_k - n_1} + 2^{n_{k-1} - n_1} + \cdots + 2^{n_2 - n_1} + 1) + 4 (\text{如果 } n_1 \geqslant 2)$$

$$\leqslant \cdots \leqslant f(2^{n_k - n_1} + 2^{n_{k-1} - n_1} + \cdots + 2^{n_2 - n_1} + 1)$$

$$\quad + (2^{n_1 - 1} + 2^{n_1 - 2} + 2^{n_1 - 3} + \cdots + 2 + 1)(2^{n_k - n_1} + 2^{n_{k-1} - n_1} + \cdots + 2^{n_2 - n_1} + 1) + (n_1 + 2)$$

$$= f(2^{n_k - n_1} + 2^{n_{k-1} - n_1} + \cdots + 2^{n_2 - n_1} + 1)$$

$$\quad + (2^{n_1} - 1)(2^{n_k - n_1} + 2^{n_{k-1} - n_1} + \cdots + 2^{n_2 - n_1} + 1) + (n_1 + 2)$$

$$= f(2^{n_k - n_1} + 2^{n_{k-1} - n_1} + \cdots + 2^{n_2 - n_1} + 1) + n + (n_1 + 1) - (2^{n_k - n_1} + 2^{n_{k-1} - n_1} + \cdots + 2^{n_2 - n_1} + 1)$$

$$\leqslant f(2^{n_k - n_1} + 2^{n_{k-1} - n_1} + \cdots + 2^{n_2 - n_1}) + n + (n_1 + 3) - (2^{n_k - n_1} + 2^{n_{k-1} - n_1} + \cdots + 2^{n_2 - n_1} + 1)$$

$$\tag{4.5.190}$$

特别当 $k = 2$ 时，利用上式，有

$$f(2^{n_2} + 2^{n_1} + 1) \leqslant f(2^{n_2 - n_1}) + (2^{n_2} + 2^{n_1} + 1 + n_1 + 3) - (2^{n_2 - n_1} + 1)$$

$$\leqslant f(2^{n_2-n_1-1})+(2^{n_2}+2^{n_1}+1+n_1+3)-2^{n_2-n_1-1}(利用不等式(4.5.187))$$
$$\leqslant f(2^{n_2-n_1-2})+(2^{n_2}+2^{n_1}+1+n_1+4)-2^{n_2-n_1-2}(如果\ n_2-n_1-1\ 是正整数)$$
$$\leqslant \cdots \leqslant f(4)+(2^{n_2}+2^{n_1}+1+n_1)+(n_2-n_1)-4$$
$$=(2^{n_2}+2^{n_1}+1)+n_2+2(利用公式(4.5.170)) \tag{4.5.191}$$

这里 n_1, n_2 都是正整数,且 $n_2 > n_1$.

对题目结论(2),先考虑 n 是奇数情况.对正整数 $k \geqslant 2$ 用数学归纳法.当 $k=2$ 时,$n_0=0$,利用不等式(4.5.191)知道题目结论成立.

设
$$f(2^{n_k}+2^{n_{k-1}}+\cdots+2^{n_1}+1) \leqslant (2^{n_k}+2^{n_{k-1}}+\cdots+2^{n_1}+1)+n_k+k \tag{4.5.192}$$
这里正整数数列 $n_k > n_{k-1} > \cdots > n_1$.

当 $k+1$ 时,设
$$n = 2^{n_{k+1}}+2^{n_k}+2^{n_{k-1}}+\cdots+2^{n_1}+1 \tag{4.5.193}$$
这里正整数数列 $n_{k+1} > n_k > n_{k-1} > \cdots > n_1$.

于是,利用不等式(4.5.187)和(4.5.188),有
$$f(n) \leqslant f(2^{n_1}(2^{n_{k+1}-n_1}+2^{n_k-n_1}+\cdots+2^{n_2-n_1}+1))+2$$
$$\leqslant f(2^{n_{k+1}-n_1}+2^{n_k-n_1}+\cdots+2^{n_2-n_1}+1)+(2^{n_1-1}+2^{n_1-2}+\cdots+2+1)$$
$$\cdot (2^{n_{k+1}-n_1}+2^{n_k-n_1}+\cdots+2^{n_2-n_1}+1)+(n_1+2)(类似公式(4.5.190)的推导)$$
$$\leqslant (2^{n_{k+1}-n_1}+2^{n_k-n_1}+\cdots+2^{n_2-n_1}+1)+(n_{k+1}-n_1)+k$$
$$+(2^{n_1}-1)(2^{n_{k+1}-n_1}+2^{n_k-n_1}+\cdots+2^{n_2-n_1}+1)+(n_1+2)(这里利用归纳法假设(4.5.192),$$
只不过用正整数 $n_{k+1}-n_1, n_k-n_1, \cdots, n_2-n_1$ 依次代替 $n_k, n_{k-1}, \cdots, n_1$)
$$=(2^{n_{k+1}}+2^{n_k}+\cdots+2^{n_2}+2^{n_1}+1)+n_{k+1}+(k+1) \tag{4.5.194}$$

不等式(4.5.192)成立.于是,当 n 是奇数时,题目结论(2)成立.

② 下面考虑 n 是偶数情况.

记
$$n = 2^{n_k}+2^{n_{k-1}}+\cdots+2^{n_1} \tag{4.5.195}$$
这里正整数数列 $n_k > n_{k-1} > \cdots > n_1$.

类似公式(4.5.190)的推导,有
$$f(n) \leqslant f(2^{n_k-n_1}+2^{n_{k-1}-n_1}+\cdots+2^{n_2-n_1}+1)$$
$$+(2^{n_1-1}+2^{n_1-2}+\cdots+2+1)(2^{n_k-n_1}+2^{n_{k-1}-n_1}+\cdots+2^{n_2-n_1}+1)+n_1$$
$$\leqslant (2^{n_k-n_1}+2^{n_{k-1}-n_1}+\cdots+2^{n_2-n_1}+1)+(n_k-n_1)+(k-1)$$
$$+(2^{n_1}-1)(2^{n_k-n_1}+2^{n_{k-1}-n_1}+\cdots+2^{n_2-n_1}+1)+n_1(利用不等式(4.5.192))$$
$$=(2^{n_k}+2^{n_{k-1}}+\cdots+2^{n_2}+2^{n_1})+n_k+(k-1)$$
$$= n+n_k+(k-1) \tag{4.5.196}$$

注:本题来源于 2012 年上海市高中数学竞赛的最后一题,原题要求证:$f(100) \leqslant 108$.

4.6 子 集 族

本节主要介绍集合的若干子集之间的关系.

例1 任取 n 元集的 $n+1$ 个奇数元子集,求证:必有其中两个的交集也是奇数元集,这里正

整数 $n \geqslant 3$.

证明:设 n 元集为 A,如果 n 元集的 $n+1$ 个奇数元子集 $M=\{B_1,B_2,\cdots,B_{n+1}\}$,即每个 $|B_j|(1 \leqslant j \leqslant n+1)$ 都为奇数.如果其中有两个子集相同,则交集满足题目结论.下面考虑 $B_1,B_2,\cdots,B_{n+1}$ 两两不同情况.

设 P 是 M 的子集族,$x \in A$,用 $n(x,P)$ 表示 P 中包含元素 x 的子集的个数.

引理 存在 M 的非空子集族 Q,满足下述条件,对于 A 内任意元素 x,每个 $n(x,Q)$ 都是偶数.

引理的证明:对于 M 的任意非空子集族 P,设 A 的子集
$$O(P) = \{x \in A \mid n(x,P) \text{ 是奇数}\} \tag{4.6.1}$$

由于集合 M 的非空子集族个数是 $2^{n+1}-1$,大于 A 的子集族总个数 2^n,所以必有 M 的两个非空子集族 $P_1 \neq P_2$,满足 $O(P_1)=O(P_2)$.于是,有
$$n(x,P_1) \equiv n(x,P_2) \pmod 2, \quad \forall x \in A \tag{4.6.2}$$

记
$$P_1 \triangle P_2 = (P_1 - P_2) \cup (P_2 - P_1) \tag{4.6.3}$$

$P_1 \triangle P_2$ 是 M 的非空子集族,对于每个 $x \in A$,设 3 个互不相交的子集族 $P_1 - P_2, P_1 \cap P_2, P_2 - P_1$ 中包含 x 的子集个数依次为 k_1, k_2, k_3,则
$$n(x,P_1) = k_1 + k_2 \quad n(x,P_2) = k_2 + k_3 \tag{4.6.4}$$

由于公式(4.6.2),知道 k_1+k_2 与 k_2+k_3 同奇偶,则 k_1,k_3 是同奇偶的.又利用公式(4.6.3),有
$$n(x, P_1 \triangle P_2) = k_1 + k_3, \quad \text{必为偶数} \tag{4.6.5}$$

令
$$Q = P_1 \triangle P_2 \tag{4.6.6}$$

引理结论成立.

记
$$Q = \{C_1, C_2, \cdots, C_q\} \tag{4.6.7}$$

由于每个 $x \in A$ 属于 Q 中偶数个子集,故 C_1 中元素 x 必属于 $\{C_2,C_3,\cdots,C_q\}$ 中奇数个子集.于是在和式 $\sum_{i=2}^{q} |C_1 \cap C_i|$ 中每个 C_1 中元素被计算了奇数次.而 $C_1 \in M$,$|C_1|$ 是奇数,所以 $\sum_{i=2}^{q} |C_1 \cap C_i|$ 是奇数,从而必有一个 $C_1 \cap C_i$,满足 $|C_1 \cap C_i|$ 是奇数.

注:$P_1 \triangle P_2$ 称为 P_1, P_2 的交叉和.

例 2 设 k,n 是两个正整数,a,b 是两个正实数.满足 $a^b < n^{-\frac{2}{k}}(2^n-1)^{\frac{1}{k(k+1)}}$.设 $a_1, a_2, \cdots, a_n$ 是给定的正实数,满足 $a_1 < a_2 < \cdots < a_n < a^b$.求证:集合 $\{a_1, a_2, \cdots, a_n\}$ 中有两个非空且不相交的子集 A, B,使得

① A 与 B 的元素个数相等;

② 对于集合 $\{1,2,\cdots,k\}$ 的每个元素 s,A 的全部元素的 s 次方之和等于 B 的全部元素的 s 次方之和.

证明:设非空子集合
$$E \subseteq \text{集合}\{a_1, a_2, \cdots, a_n\} \tag{4.6.8}$$

用 $E^s(s=0,1,2,\cdots,k)$ 表示 E 中全部元素的 s 次方之和(对应题目条件①和②),构造映射
$$f: E \to (E^0, E^1, E^2, \cdots, E^k) \tag{4.6.9}$$

利用公式(4.6.8),知道非空子集合 E 的个数等于 2^n-1.由题目条件,对于集合 $\{1,2,\cdots,k\}$

内任意元素 s,有
$$0 < a_1^s < a_2^s < \cdots < a_n^s < a^{sb} \tag{4.6.10}$$
于是,可以看到
$$|E^0| \leq n, \quad |E^s| \leq na^{sb} \tag{4.6.11}$$
利用上面叙述,有
$$f \text{ 的像的总个数} \leq n(na^b)(na^{2b})\cdots(na^{kb})$$
$$= n^{k+1}a^{\frac{1}{2}k(k+1)b} < 2^n - 1 (\text{利用题目条件}) \tag{4.6.12}$$
从而,至少有两个不同的非空子集 C,D,满足
$$f(C) = f(D) \tag{4.6.13}$$
令
$$A = C - C \cap D, \quad B = D - C \cap D \tag{4.6.14}$$
利用上面叙述,知道非空子集 A,B 满足题目条件.

例 3 设 k 是一个正整数,在一个 $3k \times 3k$ 的方格表中,一些方格染白色,其他方格染红色. 设 T 是由三个方格 C_1, C_2, C_3 组成的方格组 (C_1, C_2, C_3) 的个数,使得 C_1, C_2 在同一行,C_2, C_3 在同一列,且 C_1, C_3 是染白色的,C_2 是染红色的. 求 T 的最大值.

解:设第 i 行有 a_i 个白格,$1 \leq i \leq 3k$,第 j 列有 b_j 个白格,$1 \leq j \leq 3k$. 设 R 是全体红格组成的集合. 用 (i,j) 表示第 i 行、第 j 列方格,对于每个 C_2 红格 (i,j),有 $a_i b_j$ 个满足条件的方格组 (C_1, C_2, C_3). 于是,有
$$T = \sum_{(i,j) \in R} a_i b_j \leq \frac{1}{2} \sum_{(i,j) \in R} (a_i^2 + b_j^2)$$
$$= \frac{1}{2} \sum_{i=1}^{3k} (3k - a_i) a_i^2 + \frac{1}{2} \sum_{j=1}^{3k} (3k - b_j) b_j^2 \tag{4.6.15}$$
这是因为第 i 行有 $3k - a_i$ 个红格,第 j 列有 $3k - b_j$ 个红格.

对于 $x \in \{0,1,2,\cdots,3k\}$,利用 $G_3 \leq A_3$,有
$$(3k-x)x^2 = \frac{1}{2}(6k-2x)xx \leq \frac{1}{2}\left[\frac{1}{3}((6k-2x)+x+x)\right]^3 = 4k^3 \tag{4.6.16}$$
在上式中,分别令 $x = a_i$,及 $x = b_j$,再利用公式(4.6.15),有
$$T \leq 12k^4 \tag{4.6.17}$$
当上式等号成立时,不等式(4.6.15)和(4.6.16)都应取等号,有
$$6k - 2a_i = a_i, \quad a_i = 2k \tag{4.6.18}$$
以及
$$6k - 2b_j = b_j, \quad b_j = 2k \tag{4.6.19}$$
这里 $i,j \in \{1,2,\cdots,3k\}$.

在 mod $3k$ 意义下,当 $i - j \in \{1,2,\cdots,2k\}$ 时,将方格 (i,j) 染成白色,其他方格染成红色,即当 i 固定时,每行有 $2k$ 个白格. 当 j 固定时,每列也有 $2k$ 个白格. 于是,T 的最大值达到.

例 4 设 $A_1, A_2, \cdots, A_n, \cdots$ 是一列(无穷多个)集合. 对于任意正整数 k,集合 A_k 内全部元素的个数 $|A_k| \geq k^3$. 对于任意不同的正整数 i,j,满足 $|A_i \cap A_j| \leq 2\min\{i,j\}$. 求证:存在一个集合 B,满足 $|B \cap A_k| = k$.

证明:考虑集合 $A_i - \bigcup_{\text{所有}j \leq \frac{1}{2}(i^2+i), j \neq i} A_j$. 利用题目条件,当 $j < i$ 时,$|A_i \cap A_j| \leq 2j$. 当 $j > i$ 时,$|A_i \cap A_j| \leq 2i$. 于是,有
$$\left| A_i - \bigcup_{\text{所有}j \leq \frac{1}{2}(i^2+i), j \neq i} A_j \right| \quad (A_i \text{ 减去 } \frac{1}{2}(i^2+i) - 1 \text{ 个集合})$$

$$\geqslant i^3 - \left[2(1+2+\cdots+(i-1))+2i\frac{1}{2}(i^2-i)\right] = i^3 - [(i-1)i+i(i^2-i)] = i \tag{4.6.20}$$

因而集合 $A_i - \bigcup_{\text{所有}j \leqslant \frac{1}{2}(i^2+i), j \neq i} A_j$ 中至少有 i 个元素，在这集合内取出一部分元素组成 B_i，即

$$B_i \subset A_i - \bigcup_{\text{所有}j \leqslant \frac{1}{2}(i^2+i), j \neq i} A_j \tag{4.6.21}$$

这里满足

$$|B_1|=1, \quad |B_i|=i-\left|A_i \cap \left(\bigcup_{k=1}^{i-1} B_k\right)\right| \tag{4.6.22}$$

这里下标 $i \geqslant 2$. 讲得仔细一些. 取 B_i 为 $A_i - \bigcup_{\text{所有}j \leqslant \frac{1}{2}(i^2+i), j \neq i} A_j$ 中 i 个元素，但删除 $A_i \cap \left(\bigcup_{k=1}^{i-1} B_k\right)$ 中全部元素. 考虑集合 $A_i \cap \left(\bigcup_{k=1}^{i-1} B_k\right) (i \geqslant 2)$，当 $\frac{1}{2}(k^2+k) \geqslant i$ 时，这里 $k \in$ 集合 $\{1,2,\cdots,i-1\}$，$B_k \subset A_k - \bigcup_{\text{所有}j \leqslant \frac{1}{2}(k^2+k), j \neq k} A_j$，右端减去的集合中有 A_i（已知 $k<i$），则 $B_k \cap A_i = \varnothing$. 取满足 $\frac{1}{2}(m^2+m) < i$ 的最大正整数 m，利用上面叙述，有

$$A_i \cap \left(\bigcup_{k=1}^{i-1} B_k\right) = A_i \cap \left(\bigcup_{k=1}^{m} B_k\right) \tag{4.6.23}$$

再利用上面叙述，有

$$\left|A_i \cap \left(\bigcup_{k=1}^{i-1} B_k\right)\right| = \left|A_i \cap \left(\bigcup_{k=1}^{m} B_k\right)\right| \leqslant 1+2+\cdots+m = \frac{1}{2}m(m+1) < i \tag{4.6.24}$$

从而，利用公式(4.6.22)和上式，有

$$|B_i| \geqslant 1 \tag{4.6.25}$$

令

$$B = \bigcup_{i=1}^{\infty} B_i \tag{4.6.26}$$

利用上面叙述，当 $k \in$ 集合 $\{m+1, m+2, \cdots, i-1\} \cup$ 集合 $\{i+1, i+2, \cdots\}$ 时，有 $\frac{1}{2}(k^2+k) \geqslant i$，且 $k \neq i$，$B_k \cap A_i = \varnothing$. 于是，可以得到

$$|B \cap A_i| = \left|A_i \cap \left(\bigcup_{k=1}^{m} B_k\right)\right| + |A_i \cap B_i|$$
$$= \left|A_i \cap \left(\bigcup_{k=1}^{m} B_k\right)\right| + \left(i - \left|A_i \cap \left(\bigcup_{k=1}^{i-1} B_k\right)\right|\right) (\text{利用公式}(4.6.21)\text{和}(4.6.22))$$
$$= i (\text{利用公式}(4.6.24)) \tag{4.6.27}$$

这里下标 $i \geqslant 2$.

另外，有

$$|B \cap A_1| = |B_1 \cap A_1| (\text{利用公式}(4.6.21)\text{知道，当正整数 }i \geqslant 2\text{ 时，}B_i\text{ 内不含集合 }A_1\text{ 内元素})$$
$$= |B_1| (\text{又一次利用公式}(4.6.21)，\text{知道 }B_1 \subset A_1) = 1 \tag{4.6.28}$$

另外，值得一提的是当 $i \neq j$ 时，有

$$B_i \cap B_j = \varnothing \tag{4.6.29}$$

不妨设 $i>j$，显然，有

$$A_j \subset \bigcup_{\text{所有}k \leqslant \frac{1}{2}(i^2+i), k \neq i} A_k, \quad A_j \cap B_i = \varnothing \tag{4.6.30}$$

这里利用公式(4.6.21)，又知道 $B_j \subset A_j$. 从而公式(4.6.29)成立.

例 5 设集合 $E = \{(x,y) \in \mathbf{N}^+ \times \mathbf{N}^+ \mid x+y \text{ 是一个完全平方数}\}$. 当正整数 n 固定时，用 N

(n) 表示集合 $\{(x,y) \in E \mid x \leq n, \text{和 } y \leq n\}$ 内全部元素的个数. 求 $\lim_{n \to \infty} \dfrac{N(n)}{n\sqrt{n}}$ 的值.

注:这里 $\mathbf{N}^+$ 是全体正整数组成的集合.

解:对每个 $n \in \mathbf{N}^+$,和 $k \in \mathbf{N}^+$,用 $\varphi(n,k)$ 表示正整数对 (x,y) 的数目,这里 $1 \leq x, y \leq n$,和满足 $x+y=k$. 那么,利用题目中 $N(n)$ 的定义,有

$$N(n) = \sum_{i=1}^{\infty} \varphi(n, i^2) \tag{4.6.31}$$

首先观察,如果 $1 \leq x, y \leq n$,则 $2 \leq x+y \leq 2n$,于是,有

$$\varphi(n,k) = 0, \quad \text{除非 } 2 \leq k \leq 2n \tag{4.6.32}$$

分两种情况讨论:

① 如果 $2 \leq k \leq n+1$,那么方程 $x+y=k$ 满足条件的有序正整数组解

$$(x,y) = (1, k-1), (2, k-2), \cdots, (k-2, 2), (k-1, 1) \tag{4.6.33}$$

因此,有

$$\varphi(n,k) = k-1 \tag{4.6.34}$$

② 如果 $n+1 \leq k \leq 2n$,那么,满足方程 $x+y=k$ 的有序正整数组解

$$(x,y) = (k-n, n), (k-n+1, n-1), \cdots, (n-1, k-n+1), (n, k-n) \tag{4.6.35}$$

那么,有

$$\varphi(n,k) = 2n+1-k \tag{4.6.36}$$

利用上面叙述,可以看到,对于每个正整数 i,有

$$\varphi(n, i^2) = \begin{cases} i^2 - 1, & \text{如果 } 2 \leq i \leq \lceil \sqrt{n+1} \rceil \\ 2n+1-i^2, & \text{如果 } \lceil \sqrt{n+1} \rceil \leq i \leq \lceil \sqrt{2n} \rceil \\ 0, & \text{其余情况} \end{cases} \tag{4.6.37}$$

这里 $\lceil \sqrt{n+1} \rceil$ 表示大于等于 $\sqrt{n+1}$ 的最小正整数.

为简洁,记

$$I_1 = \lceil \sqrt{n+1} \rceil, \quad I_2 = \lceil \sqrt{2n} \rceil \tag{4.6.38}$$

利用上面叙述,有

$$N(n) = \sum_{i=2}^{I_1} (i^2 - 1) + \sum_{i=I_1+1}^{I_2} (2n+1-i^2) = \sum_{i=1}^{I_1} i^2 - I_1 + (2n+1)(I_2 - I_1) - \sum_{i=I_1+1}^{I_2} i^2$$

$$= 2\sum_{i=1}^{I_1} i^2 - \sum_{i=1}^{I_2} i^2 + 2n(I_2 - I_1) + (I_2 - 2I_1)$$

$$= \frac{1}{3} I_1(I_1+1)(2I_1+1) - \frac{1}{6} I_2(I_2+1)(2I_2+1) + 2n(I_2 - I_1) + (I_2 - 2I_1)$$

$$= \frac{1}{3} \sqrt{n}\sqrt{n} 2\sqrt{n} - \frac{1}{6} \sqrt{2n}\sqrt{2n} 2\sqrt{2n} + 2n(\sqrt{2n} - \sqrt{n}) + 0(n) \tag{4.6.39}$$

这里

$$\lim_{n \to \infty} \frac{1}{n} |0(n)| \leq A \tag{4.6.40}$$

A 是一个正常数.

化简公式(4.6.39),有

$$N(n) = \frac{2}{3} n\sqrt{n} - \frac{2}{3}\sqrt{2} n\sqrt{n} + 2(\sqrt{2}-1) n\sqrt{n} + 0(n) = \frac{4}{3}(\sqrt{2}-1) n\sqrt{n} + 0(n) \tag{4.6.41}$$

上式两端除以 $n\sqrt{n}$,可以得到

$$\lim_{n\to\infty}\frac{N(n)}{n\sqrt{n}}=\frac{4}{3}(\sqrt{2}-1) \qquad(4.6.42)$$

注:对极限不熟悉的读者,例如利用公式(4.6.38),可以看到

$$\frac{1}{\sqrt{n+1}+\sqrt{n}}-1=(\sqrt{n+1}-1)-\sqrt{n}<I_1-\sqrt{n}\leqslant\sqrt{n+1}-\sqrt{n}=\frac{1}{\sqrt{n+1}+\sqrt{n}} \qquad(4.6.43)$$

其余的类似推导,作为一个练习,不熟悉极限的读者可以自己去严格证明公式(4.6.39).

例6 设 m,n 都是大于等于 2 的正整数.设集合 S 内有 $(n+1)m-1$ 个元素,将它的所有 n 元子集任意分拆为两类.求证:至少有一类内存在 m 对不相交的子集.

证明:对 m 用归纳法.下面奠基($m=2$)与归纳一起考虑.设题目结论对 $m-1$ 成立,这里正整数 $m\geqslant 3$.当 $m=2$ 时,题目结论后面要证明.如果集合 S 的所有 n 元子集归入一类,另一类为空集,记集合

$$S=\{a_1,a_2,a_3,\cdots,a_{(n+1)m-1}\} \qquad(4.6.44)$$

S 内有 m 对两两不相交的 n 元子集合 $\{a_1,a_2,\cdots,a_n\}$ 与 $\{a_{n+1},a_{n+2},\cdots,a_{2n-1},a_{2n+k}\}$,这里 $k=0,1,2,\cdots,m-1$.注意 $2n+k\leqslant 2n+m-1\leqslant(n+1)m-1$(利用 $m\geqslant 2$).

如果集合 S 的所有 n 元子集归入二类,无一类为空集.在两个不同类内分别存在 n 元子集合 A 与 B,使得对于所有不同类中各任意选取一个 n 元子集合 A^*,B^*,满足

$$|A^*\cap B^*|\leqslant|A\cap B| \qquad(4.6.45)$$

这里利用有限个非负整数,必有最大值这一事实.

下面证明

$$|A\cap B|=n-1 \qquad(4.6.46)$$

用反证法,设 $|A\cap B|=k<n-1$.以 n 元子集 B 为基础,构造另一个 n 元子集 C.在 B 中取出一个不属于 $A\cap B$ 的元素,用在 A 中但不在 B 中的一个元素替代它,这个元素与 B 中剩下的 $n-1$ 个元素组成一个 n 元子集 C.于是,有

$$|A\cap C|=k+1,\quad\text{且}\quad|B\cap C|=n-1 \qquad(4.6.47)$$

$k+1,n-1$ 都大于 k.设 A 在第一类,B 在第二类.由上面叙述,利用 k 的最大性,知道 C 既不能在第二类,也不能在第一类,得矛盾.因而公式(4.6.46)成立.

利用公式(4.6.46),有

$$|A\cup B|=n+1 \qquad(4.6.48)$$

由于 $|S|=(n+1)m-1$,子集合 $S-A\cup B$ 的元素个数

$$|S-A\cup B|=(n+1)(m-1)-1 \qquad(4.6.49)$$

满足归纳法假设.因此,将 $S-A\cup B$ 内所有 n 元子集任意分拆为两类,必存在其中一类,在这类内,有 $m-1$ 对不相交的 n 元子集($m\geqslant 3$).将属于这一类的 n 元子集 A 或 B,必有一个,放入一起考虑.将这 n 元子集放入后,产生了(至少)$2(m-1)\geqslant m$ 对不相交的 n 元子集.

当 $m=2$ 时,上述证明中的子集合 $S-A\cup B$ 的元素个数恰为 n,只有一个 n 元子集合,即 $S-A\cup B$ 自身,它只能属于两类中的一类.将属于同一类的 n 元子集 A 或 B 放入一起考虑,则存在一对不相交的 n 元子集合.

当 $m=2$ 时,集合

$$S=\{a_1,a_2,a_3,\cdots,a_{2n+1}\} \qquad(4.6.50)$$

由上述,不妨记上述不相交的一对 n 元子集

$$A^*=\{a_1,a_2,\cdots,a_n\},\quad B^*=\{a_{n+1},a_{n+2},\cdots,a_{2n}\} \qquad(4.6.51)$$

设 A^*, B^* 同属第一类.

考虑两个 $n+1$ 元子集合

$$\left.\begin{array}{l} C = \{a_1, a_2, \cdots, a_n, a_{2n+1}\} \\ D = \{a_{n+1}, a_{n+2}, \cdots, a_{2n}, a_{2n+1}\} \end{array}\right\} \quad (4.6.52)$$

由公式(4.6.51)和(4.6.52),有

$$C \cap B^* = \varnothing, \quad D \cap A^* = \varnothing \quad (4.6.53)$$

如果 $C、D$ 中至少有一个含 a_{2n+1} 的 n 元子集在第一类,利用公式(4.6.53),第一类中至少有二对不相交的 n 元子集合.下面考虑 $C、D$ 中所含 a_{2n+1} 的 n 元子集都在第二类情况.

考虑一对不相交的 n 元子集合

$$\left.\begin{array}{l} C^* = \{a_1, a_2, \cdots, a_{n-1}, a_{n+1}\} \\ D^* = \{a_n, a_{n+2}, a_{n+3}, \cdots, a_{2n}\} \end{array}\right\} \quad (4.6.54)$$

如果它们全在第一类内,则第一类内有两对不相交的 n 元子集合.剩下考虑

① 如果 C^* 在第二类内,D 内 n 元子集合 $\{a_{n+2}, a_{n+3}, \cdots, a_{2n}, a_{2n+1}\}$ 与之组成一对不相交的子集对.

② 如果 D^* 在第二类内,C 内 n 元子集 $\{a_1, a_2, \cdots, a_{n-1}, a_{2n+1}\}$ 与之组成一对不相交的 n 元子集对.再考虑一对不相交的 n 元子集合

$$\left.\begin{array}{l} E^* = \{a_1, a_2, \cdots, a_{n-1}, a_{n+2}\} \\ F^* = \{a_n, a_{n+1}, a_{n+3}, \cdots, a_{2n}\} \end{array}\right\} \quad (4.6.55)$$

如果它们全在第一类时,则第一类内有两对不相交的 n 元子集合.剩下考虑

③ 如果 E^* 在第二类内,D 内有一个 n 元子集 $\{a_{n+1}, a_{n+3}, a_{n+4}, \cdots, a_{2n}, a_{2n+1}\}$ 与之组成一对不相交的 n 元子集对.

④ 如果 F^* 在第二类内,在 C 内有一个 n 元子集 $\{a_1, a_2, \cdots, a_{n-1}, a_{2n+1}\}$ 与 F^* 组成一对不相交的 n 元子集.

于是,第二类内也有二对不相交的 n 元子集,从而 $m=2$ 时,题目结论成立.

例 7 d, k 是两个正整数,k 是 d 的整数倍.X_k 是所有满足下列条件的 k 个整数组 $(x_1, x_2, \cdots, x_k)$ 组成的集合:

① $0 \leqslant x_1 \leqslant x_2 \leqslant \cdots \leqslant x_k \leqslant k$;

② $x_1 + x_2 + \cdots + x_k$ 是 d 的整数倍.

另外,Y_k 是 X_k 内 k 个整数组 $(x_1, x_2, \cdots, x_{k-1}, k)$ 组成的子集合.求 Y_k 所含元素个数与 X_k 所含元素个数的比值.

解: 对所有 $i, j \in \{1, 2, \cdots, k\}$,令

$$a_{ij} = \begin{cases} 1, & \text{如果 } x_i \geqslant j \text{ 时} \\ 0, & \text{如果 } x_i < j \text{ 时} \end{cases} \quad (4.6.56)$$

当 i 固定时,利用上式,有

$$a_{i1} \geqslant a_{i2} \geqslant \cdots \geqslant a_{ik} \quad (4.6.57)$$

以及

$$a_{i1} = a_{i2} = \cdots = a_{ix_i} = 1 \quad (4.6.58)$$

当 $j \geqslant x_i + 1$ 时,$a_{ij} = 0$.于是,有

$$x_i = \sum_{j=1}^{k} a_{ij} \quad (4.6.59)$$

令

$$b_{ij} = 1 - a_{ij}, \quad 1 \leqslant i, j \leqslant k \quad (4.6.60)$$

显然 $b_{ij} \in \{1,0\}$，而且有
$$b_{i1} \leqslant b_{i2} \leqslant \cdots \leqslant b_{ik} \tag{4.6.61}$$
令
$$y_i = \sum_{j=1}^{k} b_{ji}, \quad 1 \leqslant i \leqslant k \tag{4.6.62}$$
从上二式，有
$$0 \leqslant y_1 \leqslant y_2 \leqslant \cdots \leqslant y_k \leqslant k \tag{4.6.63}$$
利用上面叙述，我们可以看到
$$\sum_{i=1}^{k} x_i + \sum_{i=1}^{k} y_i = \sum_{i,j=1}^{k} a_{ij} + \sum_{i,j=1}^{k} b_{ji}$$
$$= \sum_{i,j=1}^{k} a_{ij} + \sum_{i,j=1}^{k} (1 - a_{ij}) (将上式右端第二和式中 i 与 j 互换，再利用公式(4.6.60))$$
$$= k^2 \tag{4.6.64}$$

由于 d 是 k 的因数，$(x_1, x_2, \cdots, x_k) \in X_k$，利用不等式(4.6.63)和公式(4.6.64)，有 $(y_1, y_2, \cdots, y_k) \in X_k$。

另外，$x_k = k$ 时，利用公式(4.6.59)，有
$$a_{kj} = 1, \quad i \leqslant j \leqslant k \tag{4.6.65}$$
于是，我们可以看到
$$y_k = \sum_{j=1}^{k} b_{jk} (利用公式(4.6.62)) = \sum_{j=1}^{k} (1 - a_{jk}) (利用公式(4.6.60))$$
$$= k - 1 - \sum_{j=1}^{k-1} a_{jk} (利用公式(4.6.65)，有 a_{kk} = 1) < k \tag{4.6.66}$$
定义一个映射
$$\varphi : X_k \to Y_k, \quad \varphi(x_1, x_2, \cdots, x_k) = (y_1, y_2, \cdots, y_k) \tag{4.6.67}$$
当上式右端 $(y_1, y_2, \cdots, y_k)$ 确定时，利用公式(4.6.61)和(4.6.62)，全部 k^2 个数 $b_{ij} \in \{0,1\}$ 唯一确定，从而全部 k^2 个数 a_{ij} 唯一确定，再利用公式(4.6.59) $x_1, x_2, \cdots, x_k$ 唯一确定。于是，φ 是一个单射。又利用公式(4.6.66)，有
$$\varphi(Y_k) \subseteq X_k - Y_k \tag{4.6.68}$$
下面证明
$$\varphi(X_k - Y_k) \subseteq Y_k \tag{4.6.69}$$
对于 $X_k - Y_k$ 内任一元素 $(x_1, x_2, \cdots, x_k)$，这里 $x_k < k$。利用公式(4.6.57)和(4.6.59)，有 $a_{kk} = 0$。于是，$b_{kk} = 1$。又利用题目条件①，有 $x_i < k, 1 \leqslant i \leqslant k-1$。类似上述，有 $a_{ik} = 0 (1 \leqslant i \leqslant k-1)$，$b_{ik} = 1$。从而 $y_k = k$。于是公式(4.6.69)成立。利用公式(4.6.68)和(4.6.69)，可以得到 Y_k 内所含元素个数与 X_k 内所含元素个数比值是 1:2。

例8 给定 n 个正整数 $a_j (1 \leqslant j \leqslant n)$，且 $a_1 + a_2 + \cdots + a_n = 2n$。令 $a_{n+j} = a_j$，这里 j 是正整数，和 $S_{j,l} = a_j + a_{j+1} + \cdots + a_{j+l}$，这里 l 是非负整数。求证：对任何非负整数 A，一定有一个 $S_{j,l}$ 存在，使得 $A < S_{j,l} \leqslant A + 2$。

证明：如果 $a_j (1 \leqslant j \leqslant n)$ 全是 2，则 $S_{j,l+1} - S_{j,l} = 2$，于是，有 $S_{j,0} = 2, S_{j,1} = 4, \cdots, S_{j,l} = 2(l+1)$。于是，对任何一个非负整数 A，$(A, A+2]$ 内一定含一个 $S_{j,l}$。

下面考虑正整数 $a_j (1 \leqslant j \leqslant n)$ 不全为 2 的情况。又由于 n 个正整数和为 $2n$，则必有某个正整数 $a_i = 1$。考虑
$$S_{i,l} = a_i + a_{i+1} + \cdots + a_{i+l} \tag{4.6.70}$$

对本题结论用反证法,如果存在一个非负整数 A,$(A,A+2]$ 内无任何 $S_{j,l}$. 下面证明必有上式中一个 $S_{i,l} \in (A, A+2]$,这就导出了矛盾. 首先,由于 $S_{i,0} = a_i = 1$,则 $(0,2]$ 内含 a_i. 因此,上述 A 必是某个正整数. 由于 $a_i, a_{i+1}, \cdots, a_{i+l}$ 全是正整数. 则一定能找到唯一一个正整数 l,满足

$$S_{i,l-1} \leqslant A, \quad S_{i,l} > A+2 \tag{4.6.71}$$

又由于公式(4.6.70),有

$$a_{i+l} = S_{i,l} - S_{i,l-1} > 2 \tag{4.6.72}$$

记

$$i + l \equiv j \pmod{n}, \quad 这里 j = 1, 2, \cdots, n \tag{4.6.73}$$

记 $a_{i_1}, a_{i_2}, \cdots, a_{i_k}$ 是对应同一个 $a_j > 2$ ($1 \leqslant j \leqslant n$) 的等于 1 的正整数全部, 这里 $1 \leqslant i_1 < i_2 < \cdots < i_k$, 且 $0 < i_k - i_1 < n$. 那么,有

$$\left.\begin{array}{l} a_{i_1} + a_{i_1+1} + \cdots + a_{j-1} \leqslant A \\ a_{i_1} + a_{i_1+1} + \cdots + a_j > A + 2 \\ a_{i_2} + a_{i_2+1} + \cdots + a_{j-1} \leqslant A \\ a_{i_2} + a_{i_2+1} + \cdots + a_j > A + 2 \\ \cdots\cdots \\ a_{i_k} + a_{i_k+1} + \cdots + a_{j-1} \leqslant A \\ a_{i_k} + a_{i_k+1} + \cdots + a_j > A + 2 \end{array}\right\} \tag{4.6.74}$$

要注意,这里下标 $i_1, i_2, \cdots, i_k$ 不一定比下标 j 小. 因为对 j 已 $\bmod n$, 由于 $a_{i_k} = 1$, 再利用公式(4.6.74)的最后一个不等式,有

$$a_{i_k+1} + a_{i_k+2} + \cdots + a_j \geqslant A + 2 \tag{4.6.75}$$

由于 $(A, A+2]$ 内无一个 $S_{j,l}$, 所以不等式(4.6.75)不可能取等号, 即

$$a_{i_k+1} + a_{i_k+2} + \cdots + a_j > A + 2 \tag{4.6.76}$$

但是,利用公式(4.6.74)的第一个不等式,有

$$a_{i_1} + a_{i_2} + \cdots + a_{i_k} + a_{i_k+1} + a_{i_k+2} + \cdots + a_{j-1} \leqslant A \tag{4.6.77}$$

利用不等式(4.6.76)和(4.6.77),有

$$a_j > a_{i_1} + a_{i_2} + \cdots + a_{i_k} + 2 = k + 2 \tag{4.6.78}$$

利用上式,有

$$a_j + (a_{i_1} + a_{i_2} + \cdots + a_{i_k}) > 2(k+1) \tag{4.6.79}$$

对所有等于 1 的正整数 a_{i_s}, 可以分成若干组, 每一组对应上述一个 $a_j > 2$, 将这个 a_j 并入这组, 对每组有一个类似不等式(4.6.79)一样的不等式, 不等式的右端是左端项数的 2 倍. 剩下一些 $a_j \geqslant 2$, 于是 n 个 $a_1, a_2, \cdots, a_n$ 之和必大于 $2n$. 这与题目条件矛盾.

例 9 设 p 是一个质数, k 是一个正整数, $n = p^k$. $S = \{a_1, a_2, \cdots, a_m\}$ 是由 m 个正整数组成的集合, 用 $E_n(S, j)$ 表示集合 S 中偶数个元素组成的子集合的个数, 每个子集合全部元素的和 $\bmod r$ 同余于 j, 用 $O_n(S, j)$ 表示集合 S 中奇数个元素组成的子集合的个数, 每个子集合全部元素的和 $\bmod r$ 也同余于 j. 对每个集合 $\{1, 2, \cdots, m\}$ 内元素 i, 记 $b_i = \max\{p^j \mid a_i \text{ 是 } p^j \text{ 的整数倍}\}$. 求证: 对集合 $\{0, 1, 2, \cdots, n-1\}$ 内每个元素 j, $E_n(S, j) \equiv O_n(S, j) \pmod{p}$ 当且仅当 $\sum_{i=1}^{m} b_i \geqslant n$.

证明: 令

$$g(x) = (1 - x^{a_1})(1 - x^{a_2}) \cdots (1 - x^{a_m}) \tag{4.6.80}$$

以及

$$g(x) = (1 - x^n) f(x) + h(x) \tag{4.6.81}$$

这里 $f(x)$ 是 x 的 $\sum_{k=1}^{m}a_k - n$ 次整系数多项式,称为商多项式,$h(x)$ 是 x 的至多 $n-1$ 次整系数多项式,称为余数多项式(如果 $\sum_{k=1}^{m}a_k < n$,则 $f(x)$ 恒等于零).

当正整数 k 为偶数时,集合 S 内偶数个元素 $a_{i_1}, a_{i_2}, \cdots, a_{i_k}$ 满足
$$a_{i_1} + a_{i_2} + \cdots + a_{i_k} = tn + j \tag{4.6.82}$$
这里 t 是非负整数,j 是集合 $\{0,1,2,\cdots,n-1\}$ 内元素. 利用上面叙述,相应地在 $g(x)$ 的展开式中有一项 x^{tn+j}. 由于
$$x^{tn+j} - x^j = x^j(x^{tn} - 1) = x^j(1-x^n)D(x) \tag{4.6.83}$$
这里 $D(x)$ 是 x 的一个整系数多项式. 当 $t=0$ 时,$D(x)$ 恒等于零. 利用上式,有
$$x^{tn+j} = x^j(1-x^n)D(x) + x^j \tag{4.6.84}$$
当正整数 k 是奇数时,集合 S 内奇数个元素 $a_{i_1}, a_{i_2}, \cdots, a_{i_k}$ 满足
$$a_{i_1} + a_{i_2} + \cdots + a_{i_k} = t^*n + j \tag{4.6.85}$$
这里 t^* 也是非负整数,j 是集合 $\{0,1,2,\cdots,n-1\}$ 内元素. 相应地,在 $g(x)$ 的展开式中有一项 $-x^{t^*n+j}$,类似有
$$-x^{t^*n+j} = x^j(1-x^n)D^*(x) - x^j \tag{4.6.86}$$
这里 $D^*(x)$ 也是 x 的一个整系数多项式. 当 $t^*=0$ 时,$D^*(x)$ 恒等于零.

利用上面叙述,可以知道 $h(x)$ 的 x^j 的系数是 $E_n(S,j) - O_n(S,j)$. 于是,对集合 $\{0,1,2,\cdots,n-1\}$ 内每个元素 j,
$$E_n(S,j) \equiv O_n(S,j) \pmod{p} \tag{4.6.87}$$
当且仅当多项式
$$h(x) \equiv 0 \pmod{p} \tag{4.6.88}$$
这里 x 是任意整数.

由题目条件,$n = p^k$,利用 $C_n^r = \frac{n}{r}C_{n-1}^{r-1}$,这里 $r \in \{1,2,\cdots,n-1\}$,以及 p 是一个质数,知道 C_n^r 必是 p 的整数倍. 于是,对于任意整数 x,有
$$(1-x)^n \equiv 1 - x^n \pmod{p} \tag{4.6.89}$$
利用公式(4.6.81),(4.6.88)和(4.6.89),公式(4.6.87)成立当且仅当在 $\bmod p$ 意义下,多项式 $(1-x)^n$ 是 $g(x)$ 的一个因式.

记
$$a_i = b_i r_i \tag{4.6.90}$$
这里 b_i 是 p 的一个幂次,可能 $b_i = 1$. 正整数 r_i 不是质数 p 的整数倍.

利用公式(4.6.90),有
$$\begin{aligned}1 - x^{a_i} &= (1-x^{b_i})(1+x^{b_i}+x^{2b_i}+\cdots+x^{(r_i-1)b_i}) \\ &\equiv (1-x)^{b_i}(1+x^{b_i}+x^{2b_i}+\cdots+x^{(r_i-1)b_i}) \pmod{p, \text{利用公式}(4.6.89)}\end{aligned} \tag{4.6.91}$$
由于当 $x=1$ 时,有
$$1 + x^{b_i} + x^{2b_i} + \cdots + x^{(r_i-1)b_i} = r_i \tag{4.6.92}$$
r_i 不是 p 的倍数,从而在 $\bmod p$ 意义下,$(1-x)$ 不是 $1 + x^{b_i} + x^{2b_i} + \cdots + x^{(r_i-1)b_i}$ 的一个因式. 再利用公式(4.6.91),知道在 $\bmod p$ 意义下,$(1-x)^{b_i}$ 是整除多项式 $1 - x^{a_i}$ 的 $(1-x)$ 的最高幂次多项式. 利用公式(4.6.80)及上面叙述,在 $\bmod p$ 意义下,$(1-x)^{\sum_{i=1}^{m}b_i}$ 是整除 $g(x)$ 的 $(1-x)$ 的最高幂次多项式. 从而在 $\bmod p$ 意义下,$(1-x)^n$ 是 $g(x)$ 的一个因式,当且仅当 $\sum_{i=1}^{m}b_i \geq n$. 综上所述,题目结论成立.

例 10 如果正整数 $n \geq 2$，$\{1,2,\cdots,n\}$ 的一个排列 π 称为一个等距排列，如果有一个正整数 C，使得对所有 $j \in \{1,2,\cdots,n\}$，$|\pi(j)-j|=C$．求全部等距排列 π 的个数．

解：如果对于某个正整数 C，对应的等距排列 π 存在，满足题目条件，则称这个 C 为可允许正整数．首先，要证明，对于一个可允许正整数 C，只有唯一一个等距排列 π 存在．

由于 $\pi(1) \in \{1,2,\cdots,n\}$，由题目条件，有 $|\pi(1)-1|=C$，那么，只有

$$\pi(1) = 1 + C \qquad (4.6.93)$$

以及 $1 \leq C \leq n-1$，又利用

$$|\pi(1+C)-(1+C)| = C \qquad (4.6.94)$$

那么，只有下述两种可能

$$\pi(1+C) = 1, \quad \pi(1+C) = 1 + 2C \qquad (4.6.95)$$

如果上式后一个等式成立，由于 π 是一个排列，则必有一个元素 $x \in$ 集合 $\{1,2,\cdots,n\}$，使得 $\pi(x)=1$．利用题目条件，应有 $|\pi(x)-x|=C$，即 $x=1+C$，这导致 $\pi(1+C)=1$，与公式 (4.6.95) 的第二个等式矛盾．因此，必有公式 (4.6.95) 的第一个等式成立．当 $C=1$ 时，利用上面叙述，有

$$\pi(1) = 2, \quad \pi(2) = 1 \qquad (4.6.96)$$

下面考虑 $C>1$ 情况．要证明，对于小于等于 C 的正整数 k，有

$$\pi(k) = k + C, \quad \pi(k+C) = k \qquad (4.6.97)$$

对于满足 $\pi(z)=k$ 的元素 $z \in$ 集合 $\{1,2,\cdots,n\}$．这里元素 $k \in$ 集合 $\{1,2,\cdots,\min(C,n-C)\}$．由于 $|\pi(z)-z|=C$，有 $|k-z|=C$，而 $1 \leq k \leq C$，只能有 $z=k+C$．于是公式 (4.6.97) 的第二个等式成立．由于 $k+C \leq n$，则 $C<n$．又由于 $|\pi(k)-k|=C$，利用 $k \leq C$，只能有 $\pi(k)=k+C$．从而公式 (4.6.97) 的第一个等式成立．利用公式 (4.6.97)，有

$$\pi(\text{集合}\{1,2,\cdots,2C\}) = \text{集合}\{1,2,\cdots,2C\} \qquad (4.6.98)$$

如果 $2C<n$，我们删除 $1,2,\cdots,2C$．考虑映射

$$\pi: \{2C+1, 2C+2, \cdots, n\} \to \{2C+1, 2C+2, \cdots, n\} \qquad (4.6.99)$$

完全类似上述证明，可以得到

$$\pi(2C+k) = 3C+k, \quad \pi(3C+k) = 2C+k \qquad (4.6.100)$$

这里元素 $k \in$ 集合 $\{1,2,\cdots,C\}$．因此，我们有

$$\pi(\text{集合}\{2C+1, 2C+2, \cdots, 4C\}) = \text{集合}\{2C+1, 2C+2, \cdots, 4C\} \qquad (4.6.101)$$

如果 $4C<n$，还可以类似地作下去．这可以用数学归纳法证明，由于证明过程没有增加任何难度，这里省略了（读者可以作为练习）．从而 n 必是 $2C$ 的整数倍．如果 n 是 $2C$ 的整数倍，能够具体地写出这等距排列 π，一般公式是

$$\left.\begin{array}{l}\pi(2mC+k) = (2m+1)C+k \\ \pi((2m+1)C+k) = 2mC+k\end{array}\right\} \qquad (4.6.102)$$

这里元素 $k \in$ 集合 $\{1,2,\cdots,C\}$，m 是非负整数，且满足 $m \leq \dfrac{n}{2C}-1$．

因此，当 n 是奇数时，无所求的等距排列．当 $n=2t$ 时，这里 t 是正整数，t 的全部正整数因子的个数为 $\tau(t)$，则等距排列 π 的个数恰是这全部正整数因子的个数．因为 t 有一个正整数因子 C，则 n 是 $2C$ 的整数倍．可以利用公式 (4.6.102) 具体唯一地写出这个等距排列．所以全部等距排列的个数是 $\tau(t) = \tau\left(\dfrac{n}{2}\right)$．

例 11 给定由 n 个不同的实数组成的一个集合 $S=\{x_1, x_2, \cdots, x_n\}$，$S$ 的一族子集 $\{A_1, A_2, \cdots, A_m\}$ 称为 S 的一个可分离子集族，如果对于 S 内任何两个不同的元素 x_i, x_j，有不相交的两个

子集 A_k, A_l,使得 $x_i \in A_k$,和 $x_j \in A_l$.当 n 固定时,用 $f(n)$ 表示满足上述条件的子集个数 m 的最小值.

(1) 求 $f(4)$;

(2) 对于 $n \geq 4$,求证:
$$f(n) \leq \min\left\{f(k) + f\left(\left\lceil \frac{n}{k} \right\rceil\right) \bigg| k = 2, 3, \cdots, n-2\right\}$$

这里 $\left\lceil \dfrac{n}{k} \right\rceil$ 表示不小于 $\dfrac{n}{k}$ 的最小正整数.

解:(1) 记
$$S = \{x_1, x_2, x_3, x_4\} \tag{4.6.103}$$

如果 $f(4) = 3$,即满足题目条件的 S 的子集只有 3 个,A_1, A_2, A_3.取 x_1, x_2,不妨设 $x_1 \in A_1$,$x_2 \in A_2$,且 $A_1 \cap A_2 = \varnothing$,$x_1$ 不在 A_2 内,x_2 不在 A_1 内.对于 x_1, x_3,由于 x_1 不在 A_2 内.那么,只有两种可能性:① x_1 不在 A_3 内,② x_1 在 A_3 内.在情况①,x_1 只属于 A_1,$x_3 \in A_2$ 或 $x_3 \in A_3$.当 $x_3 \in A_2$ 时,x_2, x_3 都在 A_2 内.考虑 x_2, x_3 应有两个不相交的子集,各含一个元素,这两个子集只能是 A_1, A_3,而 $A_1 \cap A_2 = \varnothing$,则 A_1 既不含 x_2,也不含 x_3,矛盾.当 $x_3 \in A_3$ 时,由于 $x_1 \in A_1$,$A_1 \cap A_2 = \varnothing$,$A_1 \cap A_3 = \varnothing$.$A_2, A_3$ 中无 x_1,A_1 中无 x_2, x_3.因而含 x_2, x_3 的不相交的子集只能是 A_2, A_3.考虑 x_1, x_4.由于 A_2, A_3 中无 x_1,因而含 x_1, x_4 的不相交的两个子集中必有一个 A_1,已知 $x_1 \in A_1$,不妨设 $x_4 \in A_2$.A_1 内无 x_4.考虑都在 A_2 中的元素 x_2, x_4,含这对元素的不相交的两子集必为 A_1, A_3,由于 x_2 不在 A_1 内,则 $x_4 \in A_1$,$x_2 \in A_3$.由于 $A_2 \cap A_3 = \varnothing$,也矛盾.在情况②,$x_3 \in A_1$,或 $x_3 \in A_2$.由于 $x_1 \in A_1 \cap A_3$,因此只能有 $x_3 \in A_2$,且 $A_3 \cap A_2 = \varnothing$.考虑都在 A_2 内的元素 x_2, x_3,只能有 A_1, A_3 各含一个元素,且 $A_1 \cap A_3 = \varnothing$,这与 $x_1 \in A_1 \cap A_3$ 矛盾.因此,必有
$$f(4) \geq 4 \quad \text{和} \quad f(4) = 4 \tag{4.6.104}$$

取 $A_j = \{x_j\}, j = 1, 2, 3, 4$,就能使上式后一个等式成立.

(2) 对 n 用数学归纳法.当 $n = 4$ 时,显然 $f(2) = 2$,$f(2) + f(2) = 4$.题目中不等式取等号.设对小于 n 的正整数 ($n > 4$),题目中不等式成立.考虑 n 情况,记
$$S = \{x_1, x_2, \cdots, x_n\} \tag{4.6.105}$$

是 n 个实数的一个集合,$k \in \{2, 3, \cdots, n-2\}$.将 S 中全部元素排成下列一个矩阵

$$\left.\begin{array}{l} x_1, x_2, \cdots, x_k \\ x_{k+1}, x_{k+2}, \cdots, x_{2k} \\ x_{2k+1}, x_{2k+2}, \cdots, x_{3k} \\ \cdots\cdots \\ x_{n-1}, x_n \end{array}\right\} \tag{4.6.106}$$

每行 k 个元素,一共可排 $m = \left\lceil \dfrac{n}{k} \right\rceil$ 行,最后一行可能不足 k 个元素.用 Y_i 表示这矩阵的第 i 行,用 Z_j 表示这矩阵的第 j 列.考虑两个新的实数集合
$$P = \{y_1, y_2, \cdots, y_m\}, \quad Q = \{z_1, z_2, \cdots, z_k\} \tag{4.6.107}$$

由于 $m < n$,$k < n$,利用归纳法假设,存在 P 的可分离子集族 $D_1, D_2, \cdots, D_{f(m)}$,$Q$ 的可分离子集族 $E_1, E_2, \cdots, E_{f(k)}$,对 $i \in \{1, 2, \cdots, f(m)\}$,令
$$B_i = \bigcup_{y_l \in D_i} Y_l \tag{4.6.108}$$

即如果 $D_i = \{y_{l_1}, y_{l_2}, \cdots, y_{l_t}\}$,那么 B_i 是由公式 (4.6.106) 中 $y_{l_1}, y_{l_2}, \cdots, y_{l_t}$ 行的所有元素组成.

类似地,对于 $j \in \{1, 2, \cdots, f(k)\}$,令
$$C_j = \bigcup_{z_l \in E_j} Z_l \tag{4.6.109}$$

下面证明，$B_1, B_2, \cdots, B_{f(m)}; C_1, C_2, \cdots, C_{f(k)}$ 是 S 的一个可分离的子集族。在 S 中任取两个不同的实数 x_i, x_j，有以下两种情况要考虑：

① 设 x_i, x_j 属于公式(4.6.106)的不同行，即 $x_i \in Y_s, x_j \in Y_t$，这里 s, t 不相等，都不超过 m。由于 $D_1, D_2, \cdots, D_{f(m)}$ 是集合 P 的可分离的子集族，有不相交的子集 D_u, D_v，使得 $y_s \in D_u, y_t \in D_v$，利用公式(4.6.108)，记

$$B_u = \bigcup_{y_l \in D_u} Y_l, \quad B_v = \bigcup_{y_l \in D_v} Y_l \tag{4.6.110}$$

因而，有

$$x_i \in Y_s \subseteq B_u, \quad x_j \in Y_t \subseteq B_v \tag{4.6.111}$$

由于 $D_u \cap D_v = \emptyset$，则 $B_u \cap B_v = \emptyset$。因为如果 $B_u \cap B_v \neq \emptyset$，则至少有 B_u 中一个 Y_l，它在 B_v 中(对于公式(4.6.106)中任两行，要么重合，要么交为空集)。那么，必有 $y_l \in D_u \cap D_v$，这与 $D_u \cap D_v = \emptyset$ 矛盾。

② 设 x_i, x_j 属于公式(4.6.106)的不同列，类似上述证明有不相交的子集 C_u, C_v，使得 $x_i \in C_u, x_j \in C_v$。因此，子集族 $B_1, B_2, \cdots, B_{f(m)}, C_1, C_2, \cdots, C_{f(k)}$ 是 S 的可分离的子集族。于是，有

$$f(n) \leqslant f(k) + f(m) = f(k) + f\left(\left\lceil \frac{n}{k} \right\rceil\right) \tag{4.6.112}$$

由 k 的任意性，题目结论成立。

例 12 设 m, n, k 都是正整数，且 $m \geqslant n$，求证：如果 $1 + 2 + 3 + \cdots + n = mk$，则可将 $1, 2, 3, \cdots, n$ 分成 k 组，使得每一组数的和都等于 m。

证明： 对 n 用数学归纳法，当 $n = 1$ 时，由题目条件，有 $m = 1, k = 1$，结论当然成立。

设对一切正整数 $n < n_0$，结论成立。考虑 $n = n_0$ 情况。这里 n_0 是某个固定正整数。由于 $m \geqslant n = n_0$，分以下四种情况。

(1) 当 $m = n_0$ 时，由于

$$1 + 2 + 3 + \cdots + n_0 = mk = n_0 k \tag{4.6.113}$$

那么，有

$$k = \frac{1}{2}(n_0 + 1) \tag{4.6.114}$$

由于 k 是正整数，从上式，知 n_0 必为奇数，我们将 $1, 2, 3, \cdots, n_0$ 分成以下若干组，每个圆括号表示一组：

$$(1, n_0 - 1), (2, n_0 - 2), (3, n_0 - 3), \cdots, \left(\frac{1}{2}(n_0 - 1), \frac{1}{2}(n_0 + 1)\right), (n_0) \tag{4.6.115}$$

一共有 $\frac{1}{2}(n_0 + 1) = k$ 组，每组内元素之和是 n_0，而 $n_0 = m$，题目结论成立。

(2) 当 $m = n_0 + 1$ 时，利用题目条件，有

$$k = \frac{1}{2} n_0 \tag{4.6.116}$$

n_0 必为偶数。将 $1, 2, 3, \cdots, n_0$ 分成以下 $\frac{1}{2} n_0$ 组

$$(1, n_0), (2, n_0 - 1), (3, n_0 - 2), \cdots, \left(\frac{1}{2} n_0, \frac{1}{2} n_0 + 1\right) \tag{4.6.117}$$

每组内元素之和为 $n_0 + 1 = m$，满足题目要求。

(3) 当 $m \geqslant 2n_0$ 时，由于题目条件，有

$$k = \frac{1}{2m} n_0 (n_0 + 1) \tag{4.6.118}$$

于是，有

$$k \leqslant \frac{1}{4}(n_0+1), \quad 即 \quad n_0 \geqslant 4k-1 \qquad (4.6.119)$$

从上式,立即有

$$n_0 - 2k + 1 \geqslant 2k > 0 \qquad (4.6.120)$$

从而可以看到

$$\begin{aligned} & 1+2+3+\cdots+(n_0-2k) \\ &= (1+2+3+\cdots+n_0) - [(n_0-2k+1)+(n_0-2k+2)+\cdots+n_0] \\ &= mk - k(2n_0-2k+1) \end{aligned} \qquad (4.6.121)$$

从上式,可以知道,上式左端是 k 的整数倍. 利用不等式(4.6.120),可以得到

$$\frac{1}{n_0-2k}[1+2+3+\cdots+(n_0-2k)] = \frac{1}{2}(n_0-2k+1) \geqslant k \qquad (4.6.122)$$

令

$$m^* = m - (2n_0-2k+1) \qquad (4.6.123)$$

利用公式(4.6.121),(4.6.122)和(4.6.123),有

$$m^* = \frac{1}{k}[1+2+3+\cdots+(n_0-2k)] \geqslant n_0 - 2k \qquad (4.6.124)$$

归纳条件满足, 由归纳法假设, $1,2,3,\cdots,n_0-2k$ 可以分成 k 组, 每一组元素之和都等于 m^*. 剩下元素 $n_0-2k+1, n_0-2k+2, \cdots, n_0$, 一共 $2k$ 个元素, 分成 k 组, 每组两个元素 $(n_0, n_0-2k+1), (n_0-1, n_0-2k+2), \cdots, (n_0-k+1, n_0-k)$, 每组内两元素之和都等于 $2n_0-2k+1$, 再将这 k 组中每一组与前面 k 组中每一组任意配对, 合并为一个新组, 这样, 就能得到 k 个新组, 每个新组内全部元素之和是 $m^* + (2n_0-2k+1) = m$ (利用公式(4.6.123)), 这就是题目结论.

(4) 当 $n_0 + 1 < m < 2n_0$ 时, 分两种情况:

① 当 $m = 2t$ 时, 这里 t 是一个正整数, 有

$$1 \leqslant \frac{1}{2}(n_0+1) < t < n_0 \qquad (4.6.125)$$

再利用题目条件, 有

$$\frac{1}{2}n_0(n_0+1) = 2tk \qquad (4.6.126)$$

利用上二式, 有

$$\frac{1}{4}(n_0+1) < k < \frac{1}{2}n_0 \qquad (4.6.127)$$

由于 t 在开区间 $(1, n_0)$ 内, 先拿掉 $n_0 - t$ 组和为 $2t$ 的二元数组 $(t-1, t+1), (t-2, t+2), \cdots, (2t-n_0+1, n_0-1), (2t-n_0, n_0)$, 公式(4.6.126)两端剩下有

$$1+2+3+\cdots+(2t-n_0-1) + t = 2tk - 2t(n_0-t) \qquad (4.6.128)$$

从上式, 有

$$1+2+3+\cdots+(2t-n_0-1) = t(2k-2n_0+2t-1) \qquad (4.6.129)$$

令

$$k^* = 2k - 2n_0 + 2t - 1 \qquad (4.6.130)$$

利用上二式, 有

$$1+2+3+\cdots+(2t-n_0-1) = tk^* \qquad (4.6.131)$$

由于 $t < n_0$, 则 $t > 2t-n_0-1$ 和 $2t-n_0-1 < n_0$. 公式(4.6.131)中 t 相当于题目中 m, k^* 相当于题目中 k. 因此利用归纳法假设, 可将 $1,2,3,\cdots,2t-n_0-1$ 分成 k^* 组, 每一组内全部元

素之和都等于 t,由公式(4.6.130)知道 k^* 是奇数. t 一个元素为一组,那么,$1,2,3,\cdots,2t-n_0-1,t$ 可分成 k^*+1(偶数)组,每组内全部元素之和都等于 t,将这 k^*+1 组,每两组合并为一个新组,则可以合并为 $\frac{1}{2}(k^*+1)$ 个新组,每个新组内全部元素之和是 $2t$,于是,全部 $1,2,3,\cdots,n_0$ 可以分成若干组,每组和为 $2t$. 利用公式(4.6.126),知道一共有 k 组.

② 当 $m=2t+1$ 时,这里 t 是正整数,由于(4)条件,有

$$\frac{n_0}{2} < t < n_0 - \frac{1}{2} \tag{4.6.132}$$

利用题目条件,有

$$1+2+3+\cdots+n_0 = (2t+1)k \tag{4.6.133}$$

由于 t 在开区间 $\left(\frac{n_0}{2}, n_0-\frac{1}{2}\right)$ 内,先拿掉 $(t,t+1),(t-1,t+2),\cdots,(2t+2-n_0,n_0-1),(2t+1-n_0,n_0)$,一共 n_0-t 个二元数组. 每个二元数组两元素之和是 $2t+1$. 拿掉这些数后,公式(4.6.133)还剩下

$$1+2+3+\cdots+(2t-n_0) = (2t+1)(k-n_0+t) \tag{4.6.134}$$

令 $k^*=k-n_0+t$,由于 $2t-n_0<n_0,2t-n_0<2t+1$,则 $2t+1$ 相当于题目中 m,$2t-n_0$ 相当于 n,$k-n_0+t$ 相当于 k. 利用归纳法假设,$1,2,3,\cdots,2t-n_0$ 可分成 $k-n_0+t$ 组,每组内全部元素之和为 $2t+1$. 于是,所有 $1,2,3,\cdots,n_0$ 可以分成 k 组,每组内全部元素和为 $2t+1$,即 m.

设正整数 $n\geqslant 2, t_1,t_2,\cdots,t_n$ 是 n 个实数,令

$$f(x) = (x+t_1)(x+t_2)\cdots(x+t_n) \tag{4.6.135}$$

展开上式右端,有

$$f(x) = x^n + \sigma_1 x^{n-1} + \sigma_2 x^{n-2} + \cdots + \sigma_{n-1} x + \sigma_n \tag{4.6.136}$$

$\sigma_j(j=1,2,\cdots,n)$ 称为 n 个实数 $t_1,t_2,\cdots,t_n$ 的第 j 个初等对称函数. 显然,有

$$\sigma_1 = \sum_{i=1}^{n} t_i, \quad \sigma_2 = \sum_{1\leqslant i<j\leqslant n} t_i t_j, \quad \cdots, \quad \sigma_n = t_1 t_2 \cdots t_n \tag{4.6.137}$$

记 $\sigma_0=1$,令

$$\tau_k = \sum_{j=1}^{n} t_j^k, \quad k=1,2,\cdots,n \tag{4.6.138}$$

下面用组合数学方法来证明 Newton 公式.

例 13(Newton 公式) 对于 $k=1,2,\cdots,n$,有

$$\sum_{j=0}^{k-1}(-1)^j \sigma_j \tau_{k-j} + (-1)^k \sigma_k k = 0$$

证明:考虑满足下述条件的 (A,b^l) 组成的集合 $A^*(n,k)$,这里 n,k 是固定的正整数,$n\geqslant 2, 1\leqslant k\leqslant n$.

(1) A 是集合 $\{1,2,\cdots,n\}$ 的一个子集;

(2) b 是集合 $\{1,2,\cdots,n\}$ 内的一个元集;

(3) $|A|+l=k$;

(4) l 是非负整数,如果 $l=0$,则 $b\in A$.

用

$$W(A,b^l) = (-1)^{|A|} \left(\prod_{a\in A} t_a\right) t_b^l \tag{4.6.139}$$

定义 (A,b^l) 的权 $W(A,b^l)$,例如

$$W(\{1,3,5\},2^3) = (-1)^3 (t_1 t_3 t_5) t_2^3 = -t_1 t_2^3 t_3 t_5 \tag{4.6.140}$$

容易看到 $\sum_{j=0}^{k-1}(-1)^j \sigma_j \tau_{k-j} + (-1)^k \sigma_k k$ 是 $A^*(n,k)$ 的所有元素的权的和. 我们将证明这权之和是零. 定义映射

$$T: A^*(n,k) \to A^*(n,k)$$

$$T(A, b^l) = \begin{cases} (A - \{b\}, b^{l+1}), & \text{当 } b \in A \text{ 时} \\ (A \cup \{b\}, b^{l-1}), & \text{当 } b \notin A \text{ 时} \end{cases} \quad (4.6.141)$$

这映射满足

$$W(T(A, b^l)) = -W(A, b^l) \quad (4.6.142)$$

利用公式(4.6.141),很容易看到 TT 是一个恒等映射,那么,所有权两两成对,其和是零. 因此,权的总和是零. Newton 公式成立.

例 14 设 S 是一个集合. 对于 S 内每个非空子集 X,已知有一个元素 $f(X) \in X$. 如果 $|S| = 2^n$,这里 n 是一个正整数. 求证:有一个子集链 $X_1 \subset X_2 \subset \cdots \subset X_n \subset S$,具 $f(X_1) = f(X_2) = \cdots = f(X_n)$.

证明: 先对集合 S 内全部元素重新编号. 由于 $f(S)$ 是 S 内一个元素,取重新编号为 2^n 的一个元素 a_{2^n} 不等于 $f(S)$. 利用 $f(S) \in S - \{a_{2^n}\}$,以及 $f(S - \{a_{2^n}\}) \in S - \{a_{2^n}\}$,元素 $f(S)$ 及 $f(S - \{a_{2^n}\})$ 在 $S - \{a_{2^n}\}$ 内出现次数最少的一个记为 $a_{2^n - 1}$. 例如 $S - \{a_{2^n}\}$ 至少含 3 个元素,取不是两元素 $f(S)$ 和 $f(S - \{a_{2^n}\})$ 的任一元素为 $a_{2^n - 1}$.

归纳地重新定义 S 内编号元素 $a_m (2 \le m \le 2^n - 1)$,如果已连续选取重新编号 S 内元素 a_{2^n}, $a_{2^n - 1}, \cdots, a_{m+1}$,重新编号元素 a_m 满足下述性质:对于集合 $\{m, m+1, \cdots, 2^n\}$ 内任一元素 v,元素 $f(S - \{a_{2^n}, a_{2^n - 1}, \cdots, a_{v+1}\})$ 在 $S - \{a_{2^n}, a_{2^n - 1}, \cdots, a_{m+1}\}$ 内出现次数最少的元素记为 a_m,这里自然地规定,当 $v = 2^n$ 时, $S - \{a_{2^n}, a_{2^n - 1}, \cdots, a_{v+1}\}$ 就是 S. 利用题目条件,由于 $f(S - \{a_{2^n}, a_{2^n - 1}, \cdots, a_{m+1}\}) \in S - \{a_{2^n}, a_{2^n - 1}, \cdots, a_{m+1}\}$,因而 S 内若干元素 $f(S - \{a_{2^n}, a_{2^n - 1}, \cdots, a_{v+1}\})$(这里 v 取遍集合 $\{m, m+1, \cdots, 2^n\}$ 内每一元素)至少有一个在 $S - \{a_{2^n}, a_{2^n - 1}, \cdots, a_{m+1}\}$ 内. 这样,有了集合 S 内重新编号元素 $a_{2^n}, a_{2^n - 1}, \cdots, a_2$. 集合 S 内最后一个元素重新编号记为 a_1.

注意到

$$S - \{a_{2^n}, a_{2^n - 1}, \cdots, a_{v+1}\} = \{a_1, a_2, \cdots, a_v\} \quad (4.6.143)$$

这里 $v = m, m+1, \cdots, 2^n$. 特别地,有

$$S - \{a_{2^n}, a_{2^n - 1}, \cdots, a_{m+1}\} = \{a_1, a_2, \cdots, a_m\} \quad (4.6.144)$$

用 $\varphi(m)$ 表示使得元素

$$f(\{a_1, a_2, \cdots, a_v\}) \in \{a_1, a_2, \cdots, a_m\} \quad (4.6.145)$$

的集合 $\{a_1, a_2, \cdots, a_v\} (m \le v \le 2^n)$ 的数目. 利用题目条件,知道 $\varphi(m)$ 是正整数,且满足

$$f(\{a_1, a_2, \cdots, a_v\}) = a_j \quad (4.6.146)$$

这里 $j \in$ 集合 $\{1, 2, \cdots, m\}$. 利用上面叙述,特别是重新编号元素 a_m 的定义,在所有的满足公式(4.6.146)的右端中,以满足

$$f(\{a_1, a_2, \cdots, a_v\}) = a_m \quad (4.6.147)$$

的集合 $\{a_1, a_2, \cdots, a_v\}$ 数目为最少. 这里, $m \le v \le 2^n$. 因此,满足公式(4.6.147)的集合 $\{a_1, a_2, \cdots, a_v\}$ 的个数不会超过 $\left[\dfrac{1}{m}\varphi(m)\right]$.

下面证明一个不等式

$$\varphi(m) - \varphi(m-1) \le \frac{1}{m}\varphi(m) - 1 \quad (m \ge 2) \quad (4.6.148)$$

因为集合 $\{a_1, a_2, \cdots, a_v\}$ 的个数在 $\varphi(m)$ 内计算,但不在 $\varphi(m-1)$ 内计算的是 $v \ge m$,且满

足公式(4.6.147)的集合的个数,这样的集合个数小于等于$\left[\frac{1}{m}\varphi(m)\right]$. 另外,有一个集合$\{a_1, a_2,\cdots,a_{m-1}\}$的数目在$\varphi(m-1)$内计算,但不在$\varphi(m)$内计算. 从而有公式(4.6.148).

接着证明
$$\varphi(2^k + l) \geqslant (n-k)2^k + (n-k-2)l \tag{4.6.149}$$
这里$l\in$集合$\{0,1,2,\cdots,2^k-1\}$, $k\in$集合$\{0,1,2,\cdots,n\}$,且满足$2^k+l\leqslant 2^n$.

对非负整数$2^n - (2^k + l)$利用数学归纳法.

当$2^n - (2^k + l) = 0$时,由上面叙述,必有
$$k = n, \quad l = 0 \tag{4.6.150}$$
这时,不等式(4.6.149)的右端是零,左端是正整数,不等式当然成立.

当$2^n - (2^k + l) = 1$时,类似公式(4.6.150),有
$$n = k+1, \quad l = 2^k - 1 \tag{4.6.151}$$
这时不等式(4.6.149)的右端等于1,左端是正整数. 不等式(4.6.149)当然也成立.

现在采用的数学归纳法是使得$2^k + l$逐渐下降的方法. 设不等式(4.6.149)对$2^k + l + 1$成立,即设
$$\varphi(2^k + l + 1) \geqslant (n-k)2^k + (n-k-2)(l+1) \tag{4.6.152}$$
这里$l\in$集合$\{0,1,2,\cdots,2^k-1\}$, $2^k+l+1\leqslant 2^n$. $k\in$集合$\{0,1,2,\cdots,n-1\}$. 考虑$2^k + l$情况.

利用不等式(4.6.148),有
$$\varphi(m-1) \geqslant 1 + \left(1 - \frac{1}{m}\right)\varphi(m) \tag{4.6.153}$$

在上式中,令$m = 2^k + l + 1$,可以得到
$$\varphi(2^k + l) \geqslant 1 + \frac{2^k + l}{2^k + l + 1}\varphi(2^k + l + 1)$$
$$\geqslant 1 + \frac{2^k + l}{2^k + l + 1}[(n-k)2^k + (n-k-2)(l+1)] \quad (\text{利用归纳假设公式(4.6.152)})$$
$$= 1 + \frac{2^k + l}{2^k + l + 1}[(n-k)(2^k + l + 1) - 2(l+1)]$$
$$= 1 + (2^k + l)(n-k) - 2(l+1) + \frac{2(l+1)}{2^k + l + 1} \tag{4.6.154}$$

由于$\frac{2(l+1)}{2^k + l + 1} \in (0,1]$(利用$l+1\leqslant 2^k$),而$\varphi(2^k + l)$是正整数,利用不等式(4.6.154),有
$$\varphi(2^k + l) \geqslant (2^k + l)(n-k) - 2l = (n-k)2^k + (n-k-2)l \tag{4.6.155}$$
因而不等式(4.6.149)成立. 在这不等式中,令$k = 0, l = 0$,有
$$\varphi(1) \geqslant n \tag{4.6.156}$$

上述不等式意味着满足$f(\{a_1, a_2, \cdots, a_v\}) = a_1$的集合个数至少是$n$个,这里$1\leqslant v\leqslant 2^n$,这就是题目的结论.

例15 给定一个正整数$k \geqslant 2$. 令$a_1 = 1$,对任意的整数$n \geqslant 2$, a_n是方程$x = 1 + \sum_{i=1}^{n-1}\left[\sqrt[k]{\frac{x}{a_i}}\right]$中大于$a_{n-1}$的最小解. 求证:所有的质数均在数列$a_1, a_2, \cdots, a_n, \cdots$中.

证明: 用$\mathbf{N}^+$表示由全体正整数组成的集合. 对于任意一个不含大于1的正整数的k次方作为因子的正整数a,定义$\mathbf{N}^+$的子集合
$$\mathbf{N}^{+k}a = \{p^k a \mid \forall p \in \mathbf{N}^+\} \tag{4.6.157}$$
$\mathbf{N}^{+k}a$也可以写成$a\mathbf{N}^{+k}$. 它是由a乘以任意一个正整数的k次方组成的$\mathbf{N}^+$的子集合. 这样的正整数a称为子集$\mathbf{N}^{+k}a$的标准代表元素,也是这个子集内的最小元素. 设正整数b是另一个不含

大于 1 的正整数的 k 次方作为因子的正整数,如果 $\mathbf{N}^{+k}a \cap \mathbf{N}^{+k}b \neq \emptyset$,则必有两个正整数 c,d,满足

$$c^k a = d^k b \tag{4.6.158}$$

将 c,d 的最大公约数记为 (c,d),上式两端除以 $(c,d)^k$.因此,不妨设 c,d 是互质的,那么,必有 a 是 d^k 的整数倍,b 是 c^k 的整数倍.由前面的约定,必有

$$c = 1, \quad d = 1, \quad a = b \tag{4.6.159}$$

上述说明了 $\mathbf{N}^+$ 的两个子集合 $\mathbf{N}^{+k}a$ 与 $\mathbf{N}^{+k}b$ 要么重合,要么不相交.这里 a,b 依次是 $\mathbf{N}^{+k}a$,$\mathbf{N}^{+k}b$ 的标准代表元素.因此,对于两个不同的标准代表元素 a,b,有

$$\mathbf{N}^{+k}a \cap \mathbf{N}^{+k}b = \emptyset \tag{4.6.160}$$

因此,我们可以将 $\mathbf{N}^+$ 分解成许多(实际上是无穷多个,例如任一个质数 a 就是一个标准代表元素)互不相交的子集合 $\mathbf{N}^{+k}a$ 的并集.将每个子集合 $\mathbf{N}^{+k}a$ 当作一个抽象元素,记为 $[a]$,全部这样的抽象元素组成的集合记为 B.

定义一个自然映射

$$\pi: N \to B, \quad \pi(x) = [x] \tag{4.6.161}$$

π 是一个满映射,但 π 不是单射.

对于任意正整数 c,设 b 是 $\mathbf{N}^{+k}b$ 的标准代表元素,令子集

$$E_b = \{x \in \mathbf{N}^{+k}b \mid x \leqslant c\} \tag{4.6.162}$$

当 b,d 是两个不同的标准代表元素时,利用公式 (4.6.160) 和 (4.6.162),有

$$E_b \cap E_d = \emptyset \tag{4.6.163}$$

利用公式 (4.6.162),可以看到 $x \in E_b$,则 $x \leqslant c$,以及 $x = t^k b$,这里 $t \in \mathbf{N}^+$,于是,有 $t \leqslant \sqrt[k]{\dfrac{c}{b}}$,则

$$|E_b| = \left[\sqrt[k]{\dfrac{c}{b}}\right] \tag{4.6.164}$$

对于任意正整数 c,π 将集合 $\{1,2,\cdots,c\}$ 映成集合 B 内元素 $[1],[2],\cdots,[c]$,将这些元素中相等的多余元素删除,得像集合 $\{[b_1],[b_2],\cdots,[b_t]\}$,这里 $b_1=1$,正整数 $b_1<b_2<\cdots<b_t$,而且都是标准代表元素.这里当 $1 \leqslant i < j \leqslant t$ 时,$[b_i]$ 与 $[b_j]$ 不相等.利用 π 是一个满映射,以及上面叙述,有

$$\text{集合}\{1,2,\cdots,c\} = \bigcup_{j=1}^{t} E_{b_j} \tag{4.6.165}$$

利用上面叙述,有

$$c = \sum_{j=1}^{t} |E_{b_j}| = \sum_{j=1}^{t} \left[\sqrt[k]{\dfrac{c}{b_j}}\right] \tag{4.6.166}$$

利用题目条件及上面叙述,首先,有

$$a_1 = b_1 = 1 \tag{4.6.167}$$

按从小到大顺序排列集合 $\mathbf{N}^+$ 中全部子集 $\mathbf{N}^{+k}b$ 的全部标准代表元素 $b_1 < b_2 < \cdots < b_n < \cdots$.

由于公式 (4.6.167),利用数学归纳法,设当正整数 $m<n$ 时,有

$$a_m = b_m \tag{4.6.168}$$

在公式 (4.6.166) 中,令 $c=b_n$,再利用归纳假设公式 (4.6.168),有

$$b_n = \sum_{j=1}^{n} \left[\sqrt[k]{\dfrac{b_n}{b_j}}\right] = 1 + \sum_{j=1}^{n-1} \left[\sqrt[k]{\dfrac{b_n}{b_j}}\right] = 1 + \sum_{j=1}^{n-1} \left[\sqrt[k]{\dfrac{b_n}{a_j}}\right] \tag{4.6.169}$$

由题目条件中 a_n 的定义,以及上式和 $b_n > a_{n-1}$ (利用公式 (4.6.168),有 $a_{n-1}=b_{n-1}<b_n$),有

$$a_n \leqslant b_n \qquad (4.6.170)$$

设 $a_n < b_n$, 在公式(4.6.166)中, 令 $c = a_n$, 可以看到

$$a_n = \sum_{j=1}^{n-1}\left[\sqrt[k]{\frac{a_n}{b_j}}\right] = \sum_{j=1}^{n-1}\left[\sqrt[k]{\frac{a_n}{a_j}}\right] (利用归纳法假设公式(4.6.168))$$

$$= a_n - 1 (利用题目条件) \qquad (4.6.171)$$

上式显然是不成立的. 从而必有

$$a_n = b_n \qquad (4.6.172)$$

由于全部质数都是标准代表元素, 再由上式, 知道题目结论成立.

第4章习题

1. 用任意的方式, 给平面上每一点染上黑色或白色. 求证: 一定存在一个边长为 1 或 $\sqrt{3}$ 的正三角形, 它的三个顶点是同色的.

提示: 如果平面上点不全同色, 先证明必有两个距离为 2 的异色点.

2. 设平面上有 6 个点, 其中任 3 点不共线, 任意两点连一条线段. 对全部线段用红、蓝两种颜色染色, 一条线段染一种颜色. 求证: 至少有两个线段同色的三角形.

提示: 设这 6 个点是 $A_1, A_2, \cdots, A_6$. 有一个线段同色的三角形是显然的. 不妨设 $\triangle A_1 A_2 A_3$ 是线段同色(例如红色)的一个三角形. 考虑 $\triangle A_4 A_5 A_6$, 不妨设 $A_4 A_5$ 是蓝色, 考虑线段 $A_j A_4$, $A_j A_5 (j = 1, 2, 3)$ 的颜色.

3. 将集合 $M = \{1, 2, 3, \cdots, n\}$ 的全部元素用三种颜色来染色. 每个元素仅染一色. 设 $A = \{(x, y, z) | x, y, z \in M, x + y + z \equiv 0 \pmod{n}, x, y, z 颜色相同\}$, $B = \{(x, y, z) | x, y, z \in M, x + y + z \equiv 0 \pmod{n}, x, y, z 颜色两两不同\}$. 求证: $2|A| \geqslant |B|$.

提示: 设 P, Q, R 分别表示集合 M 中被染三种颜色的同色元素组成的子集合. 对于 M 中 3 个子集 X, Y, Z, 记 $M_{XYZ} = \{(x, y, z) | x \in X, y \in Y, z \in Z, 且 x + y + z \equiv 0 \pmod{n}\}$. 利用 $|M_{XYP}| + |M_{XYQ}| + |M_{XYR}| = |X||Y|$, 求证 $|B| - 2|A| \leqslant 0$.

4. 已知正整数 $n \geqslant 2$, 正整数 $1, 2, 3, \cdots, 3 \times n! - 1$ 任意地放入 n 个集合内. 求证: 一定有一个集合, 在这集合内能找到 3 个正整数 x, y, z, 满足 $x + y = z$, 这里 x, y 允许相等.

提示: 在平面上取 $3 \times n!$ 个点 $A_0, A_1, A_2, \cdots, A_{3 \times n! - 1}$, 其中无三点共线, 任两点之间连一条线段, 题目中 n 个集合记为 $B_1, B_2, \cdots, B_n$, 取 n 种颜色 $C_1, C_2, \cdots, C_n$, 对线段 $A_i A_j (0 \leqslant i < j \leqslant 3 \times n! - 1)$, 如果正整数 $j - i \in B_l$, 则对线段 $A_i A_j$ 染 C_l 颜色. 对 n 用数学归纳法, 求证存在一个线段同色的三角形.

5. 设 n 是正整数, 圆周上有 $3n + 1$ 个点, 现将它们任意地染成白色或黑色. 如果从某一点开始, 依顺时针方向绕圆周运动到任一点, 所经过的(包括该点本身)白色总数恒大于黑点总数, 则称该点为好点, 为确保圆周上至少有一个好点, 求所染黑点数目的最大值.

提示: 好点必为白点. 对 n 用数学归纳法证明仅当黑点个数小于等于 n 时, 才能保证一定有好点存在.

6. 将坐标平面上每个整点都染上三种不同颜色之一, 一点一色, 而且三种颜色的点都有. 求证: 存在一个直角三角形, 它的三个顶点两两不同色.

提示: 分情况讨论: ① 设每条平行于 y 轴的直线上的整点都染同一种颜色; ② 设存在一条平行于 y 轴的直线, 其上所有的整点染两种颜色; ③ 设存在一条平行于 y 轴的直线, 其上所有的整

点都染三种颜色.

7. 设正整数 $n \geqslant 3$,能否用 n 种不同颜色将所有的正整数染色,一数一色,且满足
(1) 每种颜色的数有无穷多个;
(2) 不存在三个两两不同色的正整数 a,b,c,满足 $a=bc$.证明你的结论.

提示:取 $n-1$ 个质数 $p_1,p_2,\cdots,p_{n-1}$,满足 $p_1<p_2<\cdots<p_{n-1}$. A_1 表示所有 p_1 的整数倍组成的正整数集合, A_2 表示不在集合 A_1 内的所有 p_2 的整数倍组成的正整数集合,$\cdots$, A_{n-1} 表示不在集合 $A_1,A_2,\cdots,A_{n-2}$ 内的所有 p_{n-1} 的整数倍组成的正整数集合, A_n 表示所有剩余正整数组成的集合.每个集合中的正整数都染同一种颜色.

8. 将平面上的所有点染上两种颜色,一点一色,称为平面上点的 2 染色.求证:可以将平面上全部点适当地 2 染色,使得在平面上不存在边长为 1 的顶点同色的正三角形.

提示:对平面上的点 (x,y),如果 $\left[\dfrac{2x}{\sqrt{3}}\right]$ 为偶数,这点染红色;如果 $\left[\dfrac{2x}{\sqrt{3}}\right]$ 为奇数,这点染蓝色,平面被分成了宽 $\dfrac{\sqrt{3}}{2}$ 的无限多个红、蓝两色交替出现的带形区域,每个带形区域内点同色(只包含左端边界),然后分情况讨论.

9. 已知在 20 个城市之间共辟有 172 条航线,求证:利用这些航线,可以从其中任何一个城市飞抵其余任何一个城市,包括中转后抵达.

提示:用反证法,设有城市 A,由 A 仅能飞抵 $n \leqslant 18$ 个城市.将所有城市分为两类:A 及从 A 可飞抵的城市,A 不能飞抵的 $19-n$ 个城市.计算航线总数.

10. 在空间给出了 8 个点,其中任何 4 点不共面,以这些点为端点,连有 17 条线段.求证:这些线段至少连成了一个三角形.

提示:考虑 8 个点中连有线段最多的点.

11. 设平面上有长度两两不同的五条线段,已知其中任何三条都可以组成一个三角形.求证:其中必有一个锐角三角形.

提示:利用反证法及余弦定理.

12. 欲从无限长的纸带上剪出任何形状的面积为 1 的三角形,试问:纸带的宽度至少应该是多少?

提示:先考虑面积为 1 的正三角形.

13. 在平面上分布着若干已知点,它们中任何两点之间的距离两两不同.现将其中每一点同离它距离最近的点用线段相连.试问:由此可以连成一条闭折线吗?

提示:用反证法,考虑闭折线中最长线段.

14. 在半径为 2 的圆内能否放入 8 个不重叠的边长都是 1 的正方形?

提示:能.在圆内按 2 个,3 个,3 个放三排边长都是 1 的正方形.然后证明.

15. 设 $ABCDE$ 是平面上一个凸五边形,在连接任意三个顶点的 10 个三角形中,面积最大的值记为 S_1,面积最小的值记为 S_2.对于平面内所有凸五边形,求 $\dfrac{S_1}{S_2}$ 的最小值.

提示:与正五边形比较.

16. 在半径为 1 的圆内,求证:不可能无重叠地放入两个面积都大于 1 的三角形.

提示:求证:圆心必位于面积大于 1 的三角形内.

17. 一个正方形被分割成若干个矩形.求证:这些矩形的外接圆的面积之和不小于原正方形的外接圆的面积.

提示:一个给定圆的内接矩形中,面积最大的是内接正方形.将圆 K 的面积记为 $S(K)$,将内

接于圆 K 的矩形 T 面积记为 $S(T)$,有 $\frac{\pi}{2}S(T) \leqslant S(K)$.

18. 平面上无三点共线的四点连成 6 条线段,求证:最长的线段和最短的线段的比值不小于 $\sqrt{2}$.

提示:在钝角三角形中,最长的边与最短的边之比大于 $\sqrt{2}$.再求证:在平面上无三点共线的四点中,总可以找到其中三点,组成一个直角或钝角三角形.

19. 给定平面上不全在一条直线上的 n 个点(正整数 $n \geqslant 3$),求证:必有一条直线恰好通过这 n 个点中的两点.

提示:在每对点之间分别用线段相连,每一点到这些线段所在直线的非零距离总数有限,必有一个最小非零距离存在.设这最小值恰是点 p 到直线 L 的距离.求证:直线 L 恰通过这 n 个点中的两点.

20. 设 A 为平面上的 $n(n \geqslant 3)$ 点集.求证:在以 A 内两点为直径的两端点的所有圆中,存在这样的圆,在这圆内(包括圆周)至少包含 A 中 $\left[\frac{n}{3}\right]$ 个点.

提示:设 C 是包含 A 的所有 n 点的半径最小的圆.然后分 C 的圆周上只含有 A 中两点,或含 A 中至少三点展开讨论.

21. 设 n 是一个正整数,且 $n \geqslant 3$,正整数 d 满足 $2d+1 \leqslant n$,求和式 $\sum_{k=d}^{n-d} C_k^d C_{n-k}^d$.

提示:构造一个模型,含 $n+1$ 个元素的集合 $T=\{0,1,2,\cdots,n\}$ 中任取 $2d+1$ 个元素.其次,固定一个正整数 $k \in [d,n-d]$,分别考虑子集 $\{0,1,2,\cdots,k-1\}$ 和 $\{k+1,k+2,k+3,\cdots,n\}$.

22. 设 n 是正整数,求和式 $\sum_{k=1}^{n} k C_n^k$.

提示:将这和式记为 S,利用变量代换,重新写出 $2S$.

23. 求最小的正整数 n,使得任何 n 元正整数集合 A 中都有 15 个元素,其和是 15 的整数倍.

提示:先求证 $|A| \geqslant 29$.

24. 设正整数 $n \geqslant 5$,求集合 $\{1,2,3,\cdots,n\}$ 中无公共元素的元素对数目的最大值,使得其中任意两个不同的元素对 (a,b) 和 (c,d),均有 $a+b,c+d$ 是不超过 n 的不同正整数这一性质.

提示:先求证:满足条件的元素对数目小于等于 $\left[\frac{1}{5}(2n-1)\right]$.

25. 一次会议有 1995 位科学家参加,每人至少有其中 1331 位合作者.求证:可以从中选出 4 位科学家,他们之中任意两人都合作过.

提示:设与科学家 v_i 合作过的科学家的集合记为 A_i.求证:一定有 3 个集合 A_1,A_2,A_3,使得 $A_1 \cap A_2, A_1 \cap A_2 \cap A_3$ 等都非空.

26. 40 个学生解 3 个问题,每个问题的得分是从 0 到 7 的整数.求证:存在两个学生 A,B,使得对于每个问题,A 的得分都不少于 B.

提示:将每个学生在前两题上的得分 i,j 用平面上一个整点 (i,j) 表示,然后证明存在两个学生对应于同一个整点.

27. 设 $S=\{x_1,x_2,\cdots,x_n\}$ 是 n 个正整数 $1,2,\cdots,n$(正整数 $n \geqslant 3$)的依任意次序的排列.$f(S)$ 是 S 中任两个相邻元素差的绝对值的最小值.对所有排列 S,求 $f(S)$ 的最大值.

提示:当 $n=2k$ 时,考虑数 k;当 $n=2k+1$ 时,考虑数 $k+1$,这里 $k \in \mathbf{N}^+$.

28. 求证：在集合 $\{1,2,3,\cdots,\frac{1}{2}(3^k+1)\}(k\in \mathbf{N}^+)$ 中可以取出 2^k 个元素，使得无三个数成等差数列．

提示：对 k 用数学归纳法．

29. n,k 是两个正整数，$k\leqslant n$．集合 $S=\{x_1,x_2,\cdots,x_n\}$ 是 n 个两两不同的实数组成的集合．T 是形式 $x_{j_1}+x_{j_2}+\cdots+x_{j_k}$ 的所有实数的集合，这里 $x_{j_1},x_{j_2},\cdots,x_{j_k}$ 是 S 内两两不同的元素．求证：T 至少包含了 $k(n-k)+1$ 个不同的元素．

提示：对 n 用数学归纳法．

30. 在一次国际会议上，有四种官方语言，任意两名会议代表可以用这四种语言之一进行讨论．求证：至少有 $\frac{3}{5}$ 的会议代表能讲同一种语言．

提示：分情况讨论：① 如果存在一名会议代表只会一种语言；② 每名会议代表（至少）会两种语言，一共有 6 类情况．先求证这 6 类中至多出现 3 类，再分这 3 类中无共同语言，或有一种共同语言进行讨论．

31. 已知正整数 $n\geqslant 100$，集合 $S=\{1,2,3,\cdots,n\}$，正整数 $c\leqslant\left[\frac{n}{2}\right]$．如果存在 S 内一个子集 T，对于 T 内任意两个元素 a,b，$|a-b|\neq c$，则称 T 为一个好子集．求好子集 T 内全部元素个数的最大值．

提示：先求证 $|T|\leqslant\frac{2}{3}|S|$．

32. 设集合 $\{1,2,3,\cdots,n\}$ 的子集 M 满足：对 M 的任一个 3 元子集 $\{x,y,z\}(x<y<z)$，均有 z 不是 $x+y$ 的整数倍．求证：集合 M 中最多有 $\left[\frac{n}{2}\right]+1$ 个元素．

提示：集合 $M=\left\{\left[\frac{1}{2}(n+1)\right],\left[\frac{1}{2}(n+1)\right]+1,\left[\frac{1}{2}(n+1)\right]+2,\cdots,n-1,n\right\}$ 满足题目要求．又设满足题目条件的集合 M 内的最小元素是 a_1，$n=qa_1+r$，这里 q 是一个正整数，$0\leqslant r<a_1$，将集合 $\{1,2,3,\cdots,n\}$ 中所有大于 a_1 的元素按 $\bmod a_1$ 排列成一个 a_1(行)$\times q$(列)的数表（最后 a_1-r 行，每行 $q-1$ 个元素）进行讨论．

33. 有 n 支足球队进行比赛，任意两队赛一场，胜队得 3 分，平局得 1 分，负队得零分．问一个队至少要得多少分，才能保证得分不小于该队的至多有 $k-1$ 支队，其中 $k\in\{2,3,\cdots,n-1\}$．

提示：先求证存在 $k+1$ 支球队都得分 $3n-\left[\frac{1}{2}(3k+1)\right]-3$ 情况．

34. 有 $m(m\geqslant 40)$ 名学生参加一次测验，有 $n(n\geqslant 10)$ 个选择题．每一题答对给 10 分，答错不给分．求证：一定有 3 个学生在 $\left\lceil\frac{n}{4}\left(\frac{m-4}{m-1}\right)\right\rceil$ 个相同选择题上得分是一样的．

注：这里 $\lceil x\rceil$ 表示大于等于正实数 x 的最小正整数．

提示：对第 i 个选择题，设有 a_i 个学生答对了，$0\leqslant a_i\leqslant m$．在此题上得分相同的学生 3 人组的数目记为 A_i，先求证：$A_i=C_{a_i}^3+C_{m-a_i}^3\geqslant\frac{m}{24}(m-2)(m-4)$．

35. 已知集合 $S=\{1,2,3,\cdots,3n\}$，n 是一个正整数．T 是 S 的子集，满足条件：对任意的 T 内 3 个可以相同的元素 x,y,z，都有 $x+y+z$ 不属于 T．求所有集合 T 的元素的最大值．

提示：先求证 $T=\{n+1,n+2,\cdots,3n\}$ 满足条件．另一方面，作 n 个 3 元子集合 $A_k=\{k,2n-k,2n+k\}$，$k=1,2,\cdots,n-1$，$A_n=\{n,2n,3n\}$．

36. 给定正整数 m,n，求最小的正整数 k，使得在任意 k 个人中，要么存在 $2m$ 个人，将他们

两两分成 m 组,每组中的两个人互相认识,要么存在 $2n$ 个人,将他们两两分成 n 组,每组中的两个人互相不认识.

提示:记 $M=\max\{m,n\}, N=\min\{m,n\}$,所求的 $\min k=2M+N-1$,对 N 用数学归纳法.

37. 16 名学生参加一次数学竞赛,考题全是选择题,每题有 4 个选择支,考完后发现任何两名学生的答案至多有一道题相同.问最多有多少道考题?

提示:求证最多有 5 道题目,并举例.

38. 15 支球队参加循环赛,每两队比赛一场.

(1) 求证:必有一场比赛,对阵的双方在此前赛过的场数之和为奇数;

(2) 满足此条件的比赛能否只有一场?

提示:(1) 用反证法.(2) 可以.

39. 有一个梯子共 n 级,一位古怪的数学家在梯子上爬上爬下,每次升 a 级或降 b 级,这里 a,b 是固定的正整数.如果他能从地面开始,爬到梯子的最顶一级,然后又回到地面,求 n 的最小值,用 a,b 表示,并加以证明.

提示:$n=a+b-(a,b)$.证明时可设 $(a,b)=1$.

40. 用 $a(n)$ 表示正整数 n 的二进制表达式中 1 的个数,求证:

(1) $a(n^2) \leqslant \dfrac{1}{2} a(n)[a(n)+1]$;

(2) 上式中的等号可以对无穷多个正整数成立.

提示:(1) 先求证 $a(n+m) \leqslant a(n)+a(m)$,对 n 用数学归纳法,分奇偶性证明.(2) 取 $n = 2 + \sum_{i=2}^{m} 2^{2^i}, a(n) = m$.

第5章 平面几何

到目前为止,平面几何是训练中学生逻辑推理能力的最简洁课程.本章分三部分,综合法,三角函数法和坐标向量法.自然地,以综合法为重点.

5.1 综合法

例1 点 P,Q 是 $\triangle ABC$ 位于 $\angle BAC$ 内部的两点,直线 PQ 是线段 BC 的垂直平分线,而且满足 $\angle ABP + \angle ACQ = \pi$(图 5.1,图 5.2).求证: $\angle BAP = \angle CAQ$.

证明:分情况讨论:

(1) 当 $\angle C \geqslant \angle B$ 时,设 T 是直线 PQ 与 $\triangle ACQ$ 的外接圆周的不同于点 Q 的另一个交点,再利用题目条件,有

$$\angle ATP = \angle ATQ = \pi - \angle ACQ = \angle ABP \qquad (5.1.1)$$

于是, A,T,B,P 四点共圆.从而,有

$$\angle CAQ = \angle CTQ (\text{利用 } A,C,Q,T \text{ 四点共圆})$$
$$= \angle BTP (\text{利用直线 } PQ \text{ 是线段 } BC \text{ 的垂直平分线})$$
$$= \angle BAP (\text{利用 } A,T,B,P \text{ 四点共圆}) \qquad (5.1.2)$$

(2) 当 $\angle B > \angle C$ 时,类似有

$$\angle ATP = \angle ATQ = \angle ACQ = \pi - \angle ABP \qquad (5.1.3)$$

利用上式,知道 A,B,T,P 是四点共圆.同样,有

$$\angle BAP = \angle BTP = \angle CTQ = \angle CAQ \qquad (5.1.4)$$

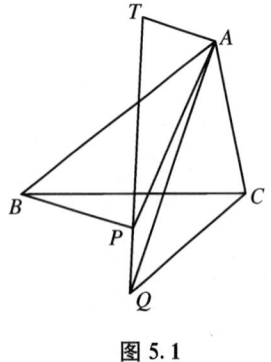

图 5.1

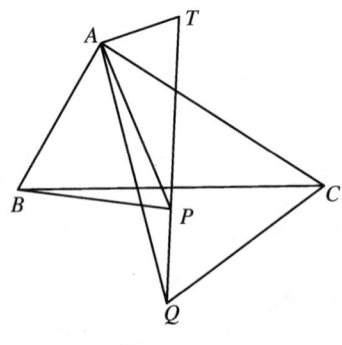

图 5.2

例2 A^*, B^*, C^* 是锐角 $\triangle ABC$ 三条高的垂足, K 是线段 AA^* 与 B^*C^* 的交点. L,M 依次是 A^*K 的垂直平分线与 AB、AC 的交点(图 5.3).求证: A,A^*,L,M 是四点共圆的.

证明:设 $\triangle KB^*A^*$ 的外接圆交 AC 于另一点 M^*,由于

$$\angle BC^*C = \frac{\pi}{2} = \angle BB^*C \qquad (5.1.5)$$

则 B, C, B^*, C^* 是四点共圆,有

$$\angle AB^*C^* = \angle ABC \qquad (5.1.6)$$

利用上式及 K, B^*, M^*, A^* 是四点共圆的,有

$$\angle KA^*M^* = \angle KB^*A = \angle ABC \qquad (5.1.7)$$

又

$$\angle AB^*B = \frac{\pi}{2} = \angle AA^*B \qquad (5.1.8)$$

则 A, B, A^*, B^* 是四点共圆的.从而,有

$$\angle ABC = \angle A^*B^*M^* = \angle A^*KM^* (利用 K, B^*, M^*, A^* 是四点共圆的) \qquad (5.1.9)$$

利用公式(5.1.7)和(5.1.9),有

$$\angle KA^*M^* = \angle A^*KM^* \qquad (5.1.10)$$

于是 $\triangle M^*A^*K$ 是一个等腰三角形.

设 $\triangle KC^*A^*$ 的外接圆交 AB 于点 L^*,类似上述证明,$\triangle L^*A^*K$ 也是一个等腰三角形,类似公式(5.1.10),有

$$\angle KA^*L^* = \angle ACB \qquad (5.1.11)$$

利用 $\triangle M^*A^*K$ 和 $\triangle L^*A^*K$ 都是等腰三角形,有

$$KA^* \perp L^*M^* \qquad (5.1.12)$$

而且 L^*M^* 平分线段 KA^*,那么点 L 与点 L^* 重合,点 M 与点 M^* 重合.利用公式(5.1.7)和(5.1.11),有

$$\angle LA^*M = \angle L^*A^*M^* = \angle KA^*M^* + \angle KA^*L^*$$
$$= \angle ABC + \angle ACB = \pi - \angle BAC \qquad (5.1.13)$$

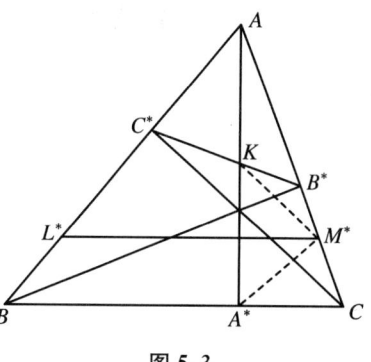

图 5.3

于是,A, L, A^*, M 四点共圆.

注:将锐角 $\triangle ABC$ 改为钝角三角形 $\triangle ABC$,是否有类似结果呢? 请读者考虑.

例 3 在 $\triangle ABC$ 中,边 BC 最短,$\angle A$ 的内角平分线交 BC 于点 D,$\angle B$ 和 $\angle C$ 的外角平分线分别交射线 AC,射线 AB 于点 E、F,过点 D 作 BC 的垂线,过点 E 作 AC 的垂线,过点 F 作 AB 的垂线.假设这三条垂线交于一点 Q,求证:$AB = AC$.

证明: 过点 D 分别作 FQ, EQ, AB, AC 的垂线,垂足分别是 G, H, I, J. 由于 AD 是 $\angle BAC$ 的内角平分线,有

$$DI = DJ, \quad AI = AJ \qquad (5.1.14)$$

显然,$DIFG$ 和 $DJEH$ 都是矩形,有

$$DG = IF, \quad DH = JE \qquad (5.1.15)$$

由于直角 $\triangle ADI$ 全等于直角 $\triangle ADJ$,所以,当 $AF > AE$ 时,利用上面叙述,有

$$DG = IF = AF - AI > AE - AJ = JE = DH \qquad (5.1.16)$$

对本题的结论用反证法.设 $AB \neq AC$,不妨设 $AB > AC$($AB < AC$ 完全类似证明,这留给读者作练习),那么,有 $\angle ACB > \angle ABC$.由于 CF 是 $\angle C$ 的外角平分线,可以看到

$$\frac{BF}{AF} = \frac{S_{\triangle FBC}}{S_{\triangle FAC}} = \frac{BC\sin\frac{1}{2}(\pi - C)}{AC\sin\frac{1}{2}(\pi + C)} = \frac{BC}{AC} \qquad (5.1.17)$$

从上式,我们有

$$\frac{AF-AB}{AF}=\frac{BC}{AC}, \quad 即 \quad \frac{AB}{AF}=1-\frac{BC}{AC} \tag{5.1.18}$$

同理,有

$$\frac{AC}{AE}=1-\frac{BC}{AC} \tag{5.1.19}$$

利用 $AB>AC$,公式(5.1.18)和(5.1.19),有

$$AF>AE \tag{5.1.20}$$

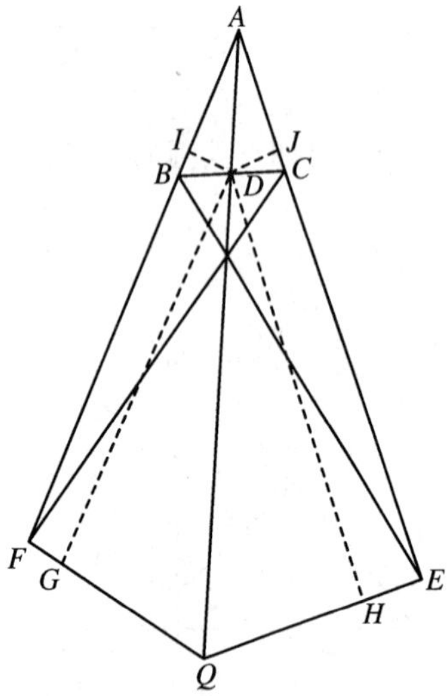

于是,不等式(5.1.16)成立.

在直角 $\triangle DGQ$ 和直角 $\triangle DHQ$ 中(图5.4),利用不等式(5.1.16)和正弦函数定义,有

$$\sin\angle DQG=\frac{DG}{DQ}>\frac{DH}{DQ}=\sin\angle DQH \tag{5.1.21}$$

于是,可以看到

$$\angle DQG>\angle DQH \tag{5.1.22}$$

又由于 B,D,Q,F 四点共圆,有

$$\angle ABC=\angle DQG \tag{5.1.23}$$

由于 C,D,Q,E 四点共圆,有

$$\angle ACB=\angle DQH \tag{5.1.24}$$

利用上面叙述,有

$$\angle ABC>\angle ACB \tag{5.1.25}$$

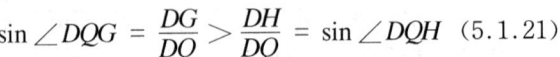

图 5.4

这与假设 $AB>AC$ 矛盾.

注:将 BC 最短这一条件删除,会有什么结果?请读者考虑.

例 4 在 $\triangle ABC$ 中,O 为外心,P,Q 分别是 AB,AC 上的点,满足

$$\frac{BP}{AC}=\frac{PQ}{CB}=\frac{QC}{BA}$$

求证:A,P,Q,O 是四点共圆的.

证明: 在四边形 $QPBC$ 外作 $\triangle DPQ \backsim \triangle ACB$,由于 $\angle PDQ=\angle CAB$,则点 D 必在 $\triangle APQ$ 的外部.不妨设 D 与 B 两点在直线 AC 的两侧,D 和 B 两点在直线 AC 同侧情况完全类似,留给读者练习.首先,由于 $\triangle DPQ \backsim \triangle ACB$,有

$$\angle QDP=\angle BAC, \quad \frac{DP}{AC}=\frac{PQ}{CB}=\frac{QD}{BA} \tag{5.1.26}$$

利用上式及题目条件,有

$$BP=DP, \quad QC=QD \tag{5.1.27}$$

连线段 BD,CD,在四边形 $BCDP$ 内,利用内角和为 2π,有

$$2\pi=\angle ABC+(\angle BCA+\angle QCD)+(\angle CDQ+\angle QDP)+(\pi-\angle PDB-\angle PBD)$$
$$=(\angle ABC+\angle BCA+\angle BAC)+2\angle CDQ+\pi-2\angle PDB(利用公式(5.1.26)的第一个等式及公式(5.1.27))$$
$$=2\pi+2\angle CDQ-2\angle PDB \tag{5.1.28}$$

从上式,有

$$\angle CDQ=\angle PDB \tag{5.1.29}$$

利用公式(5.1.26)的第一个等式和上式,有

$$\angle CDB=\angle CDQ+\angle QDB=\angle CDQ+(\angle QDP-\angle PDB)=\angle BAC \tag{5.1.30}$$

于是,C,D,A,B 四点共圆.即点 D 在 $\triangle ABC$ 的外接圆上.从而,有
$$OD = OB = OC \tag{5.1.31}$$
利用公式(5.1.27)和(5.1.31),可以得到
$$OP \perp BD, \quad OQ \perp CD \tag{5.1.32}$$
设直线 OP 与 BD 相交于点 M,直线 OQ 与 CD 相交于点 N(图 5.5).利用四边形 $OMDN$ 内角和是 2π,公式(5.1.30)和(5.1.32),有
$$\angle POQ = 2\pi - \angle OMD - \angle CDB - \angle OND = \pi - \angle BAC \tag{5.1.33}$$
从上式,有
$$\angle POQ + \angle PAQ = \pi \tag{5.1.34}$$
A,P,Q,O 是四点共圆的.

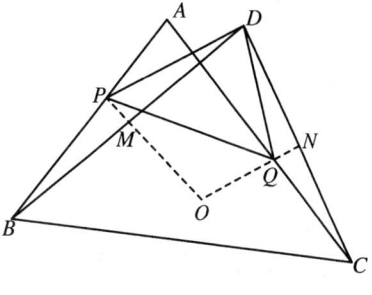

图 5.5

例 5 过 $\triangle ABC$ 的一个顶点 C 作直线 l 平行于 AB,$\angle A$ 的内分角线交 BC 于点 D,延长后交直线 l 于点 E,$\angle B$ 的内分角线交 AC 于点 F,延长后交直线 l 于点 G(图 5.6).如果 $GF=DE$,求证:$AC=BC$.

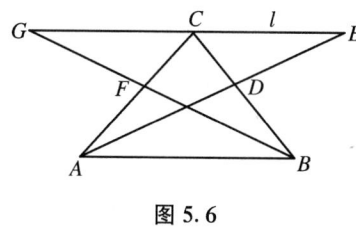

图 5.6

证明: 由于 $AB/\!/CE$,则
$$\triangle ABD \backsim \triangle ECD \tag{5.1.35}$$
利用上式及 AD 是 $\angle BAC$ 的内分角线,有
$$\frac{AD}{DE} = \frac{BD}{DC} = \frac{AB}{AC} \tag{5.1.36}$$
利用题目条件,完全类似,有
$$\frac{BF}{GF} = \frac{AF}{FC} = \frac{AB}{BC} \tag{5.1.37}$$
公式(5.1.36)两端除以上式两端,再利用题目条件,有
$$\frac{AD}{BF} = \frac{BC}{AC} \tag{5.1.38}$$
注意 AD 是 $\angle BAC$ 的内分角线长,记为 t_a,类似地 BF 记为 t_b,记 BC 为 a,AC 为 b.公式(5.1.38)为
$$\frac{t_a}{t_b} = \frac{a}{b} \tag{5.1.39}$$
下面证明当 $a<b$ 时,有 $t_a>t_b$,同理当 $a>b$ 时,$t_a<t_b$.于是,利用公式(5.1.39),必有 $a=b$.题目结论成立.

设 $a<b$,则
$$\angle ABC > \angle CAB \tag{5.1.40}$$
在 $\angle CBF$ 内作 $\angle FBL = \frac{1}{2}\angle CAB$,交线段 AD 于点 L(图 5.7).
由于
$$\angle FAL = \frac{1}{2}\angle CAB = \angle FBL \tag{5.1.41}$$
则 A,F,L,B 四点共圆.由于
$$\angle ABL = \frac{1}{2}(\angle ABC + \angle CAB)(锐角)$$
$$> \angle CAB(利用不等式(5.1.40)) \tag{5.1.42}$$

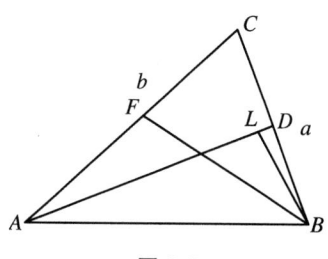

图 5.7

在同一个圆内,(锐角)圆周角大则所对的弦长,于是,有
$$AL > BF \tag{5.1.43}$$
从上式,可以得到
$$AD > BF, \quad 即 \quad t_a > t_b \tag{5.1.44}$$

例 6 设点 D、E、F 依次是 $\triangle ABC$ 的边 BC, CA, AB 上的点,R 是 $\triangle ABC$ 的外接圆半径. 求证:
$$\left(\frac{1}{AD} + \frac{1}{BE} + \frac{1}{CF}\right)(DE + EF + FD) \geqslant \frac{1}{R}(AB + BC + CA)$$

证明: 设 D^* 是点 D 关于直线 AC 的对称点,线段 DD^* 与直线 AC 交于点 H. 点 D^{**} 是点 D 关于直线 AB 的对称点,线段 DD^{**} 与直线 AB 交于点 G(图 5.8). 明显地,有
$$DE + EF + FD = D^*E + EF + FD^{**} \geqslant D^*D^{**} = 2GH$$
$$= 2AD\sin A(\text{利用 } A, G, D, H \text{ 四点共圆,以及 } AD \text{ 是这圆的一条直径}) \tag{5.1.45}$$

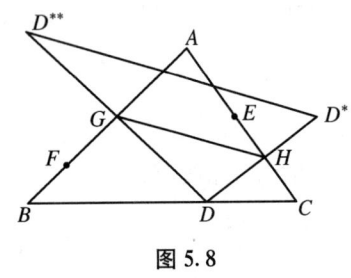

图 5.8

利用上式,有
$$\frac{1}{AD}(DE + EF + FD) \geqslant 2\sin A \tag{5.1.46}$$
同理,还应当有
$$\frac{1}{BE}(DE + EF + FD) \geqslant 2\sin B \tag{5.1.47}$$
$$\frac{1}{CF}(DE + EF + FD) \geqslant 2\sin C \tag{5.1.48}$$

将上面三个不等式全部相加,再利用 $\triangle ABC$ 的正弦定理,得题目结论.

注: 此题曾多次给中学同学们练习,无一人能解出,这是一个有趣的题目.

例 7 已知 $\triangle ABC$ 的外接圆上三点 P, Q, R 分别是圆弧 $\overset{\frown}{BC}, \overset{\frown}{AC}, \overset{\frown}{AB}$ 的中点,弦 PR 交 AB 于 D 点,弦 PQ 交 AC 于点 E,求证:$DE \parallel BC$.

证明: 连结 AP、BQ、CR,因为 P, Q, R 三点分别是圆弧 $\overset{\frown}{BC}$, $\overset{\frown}{AC}, \overset{\frown}{AB}$ 的中点,则 AP, BQ, CR 三条直线相交于 $\triangle ABC$ 的内心 I(图 5.9).

$$\angle AIR = \frac{1}{2}(\angle A + \angle C) = \angle ADR \tag{5.1.49}$$

于是,A, I, D, R 四点共圆,则
$$\angle AID + \angle ARD = \pi \tag{5.1.50}$$
完全类似地,I, E, Q, A 四点共圆,有
$$\angle AIE + \angle AQE = \pi \tag{5.1.51}$$
又利用 A, R, P, Q 四点共圆,有
$$\angle ARD + \angle AQE = \angle ARP + \angle AQP = \pi \tag{5.1.52}$$

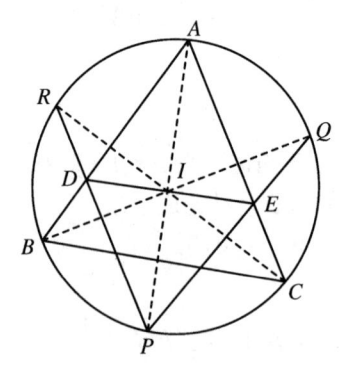

图 5.9

利用上面叙述,有
$$\angle AID + \angle AIE = \pi \tag{5.1.53}$$
于是,D, I, E 三点一直线,再利用 A, I, D, R 四点共圆,可以看到
$$\angle ADI = \angle ARI = \angle ARC = \angle ABC \tag{5.1.54}$$
从而,有题目结论.

例 8 由 $\triangle ABC$ 的外接圆的 $\overset{\frown}{BC}$ 上一点 P 分别向边 BC, AC 与 AB 作垂线 PK, PL 和 PM (图 5.10). 求证：
$$\frac{BC}{PK} = \frac{AC}{PL} + \frac{AB}{PM}$$

证明：连结 PA, PB 和 PC, 由于
$$\angle PCA = \pi - \angle PBA < \pi - \angle PBC \tag{5.1.55}$$
那么，在线段 BC 上存在一点 N, 使得 $\angle PNB = \angle PCA$, 这是因为 BC 上点 N 从点 C 运动到点 B 时，$\angle PNB$ 的取值范围包括大于 $\angle PCB$, 且小于 $\pi - \angle PBC$ 的一切角.
于是，有
$$\angle PBC = \angle PAC, \quad \angle PCB = \angle PAB \tag{5.1.56}$$
及
$$\angle PNC = \pi - \angle PNB = \pi - \angle PCA = \angle PBA \tag{5.1.57}$$

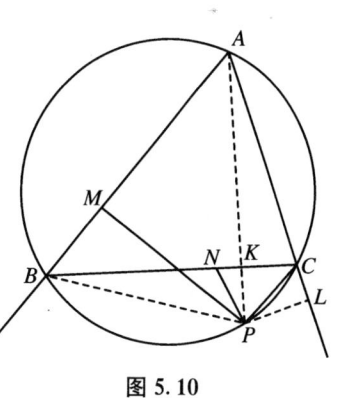

图 5.10

从而，可以知道
$$\triangle BPN \backsim \triangle APC, \quad \triangle CPN \backsim \triangle APB \tag{5.1.58}$$
利用相似三角形对应边的比等于对应高的比，有
$$\frac{AC}{BN} = \frac{PL}{PK}, \quad \frac{AB}{CN} = \frac{PM}{PK} \tag{5.1.59}$$
利用上式，立即有
$$\frac{AC}{PL} + \frac{AB}{PM} = \frac{BN + CN}{PK} = \frac{BC}{PK} \tag{5.1.60}$$

例 9 设 $\triangle ABC$ 的内切圆依次切边 BC, CA 和 AB 于点 D、E、F, 这内切圆交线段 AD 于中点 X. 线段 XB 和 XC 依次交这内切圆于点 Y 和 Z (图 5.11), 求证：$EY = FZ$.

证明：利用圆内接四边形，如果有一对对边互相平行，则一定是一个等腰梯形，其对角线长相等. 本题关键在于证明 $FY \parallel EZ$. 要做到这一点，只须证明 $FY \parallel AD$ 即可. 因为同理可得 $EZ \parallel AD$. 因而问题转化为去证明 $FY \parallel AD$.

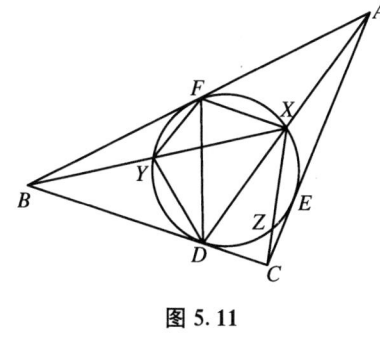

图 5.11

容易看到
$$\angle FYD = \angle FXA \tag{5.1.61}$$
由于
$$\angle FBY = \angle XBF, \quad \angle BFY = \angle BXF \tag{5.1.62}$$
有
$$\triangle FBY \backsim \triangle XBF \tag{5.1.63}$$
利用上式，有
$$\frac{FY}{FX} = \frac{BF}{BX} = \frac{BD}{BX} \tag{5.1.64}$$
类似公式 (5.1.63), 有
$$\triangle YBD \backsim \triangle DBX \tag{5.1.65}$$
从上式，有
$$\frac{YD}{DX} = \frac{BD}{BX} \tag{5.1.66}$$
利用公式 (5.1.64) 和 (5.1.66), 以及题目条件，有

$$\frac{FY}{FX} = \frac{YD}{DX} = \frac{YD}{AX} \tag{5.1.67}$$

利用公式(5.1.61)和上式,有

$$\triangle FYD \sim \triangle FXA \tag{5.1.68}$$

从上式,有

$$\angle YFD = \angle XFA \tag{5.1.69}$$

又

$$\angle XFA = \angle FDX \tag{5.1.70}$$

利用上二式,有

$$\angle YFD = \angle FDX, \quad FY \parallel AD \tag{5.1.71}$$

题目结论成立.

例 10 在直角 $\triangle ABC$ 中,斜边 $AC=2$,O 是 AC 的中点,I 是 $\triangle ABC$ 的内心(图 5.12),求 OI 长的最小值.

解:以点 O 为圆心,AC 为直径作圆,连结线段 BI 并延长交这圆于点 M. 容易看到

$$\angle IAM = \angle OAM + \angle OAI = \angle CAM + \angle OAI = \angle CBM + \angle OAI$$
$$= \frac{\pi}{4} + \frac{1}{2}\angle A \tag{5.1.72}$$

又可以看到

$$\angle AIM = \angle ABI + \angle IAB = \frac{\pi}{4} + \frac{1}{2}\angle A \tag{5.1.73}$$

利用上面叙述,我们有

$$MA = MI \tag{5.1.74}$$

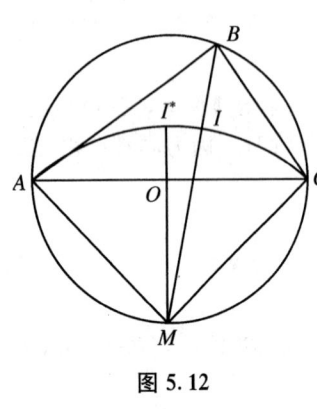

图 5.12

又由于 $\overparen{MC} = \overparen{MA}$,则 $MC = MA$,$\triangle AMC$ 是一个等腰直角三角形,以点 M 为圆心,MA 为半径作圆,点 I 在这圆周上. 连线段 MO,并延长交这圆周于点 I^*.明显地,有

$$OI + OM \geq MI = MI^* = OM + OI^* \tag{5.1.75}$$

从上式,有

$$OI \geq OI^* = MI - OM \tag{5.1.76}$$

由于 $\triangle AMC$ 是一个等腰直角三角形,又 $AC=2$,则

$$MA = \sqrt{2}, \quad MI = \sqrt{2}(\text{利用公式}(5.1.74)) \tag{5.1.77}$$

当然 $OM = 1$,利用上面叙述,有

$$OI \geq \sqrt{2} - 1 \tag{5.1.78}$$

OI 长的最小值 $OI^* = \sqrt{2} - 1$.

例 11 设 AB,CD 都是圆 O 的直径,其中 $\overparen{AC}$ 对应 $\frac{\pi}{3}$ 圆心角. 在 $\overparen{CB}$ 上任取一点 P,PA,PD 分别交 CD,AB 于点 M,N(图 5.13),求证:

$$PA \cdot PD = PA \cdot PM + PD \cdot PN$$

证明:设 R 是圆 O 的半径,利用题目条件,知道 $\triangle AOC$ 是一个等边三角形. 有

$$\angle ACM = \frac{\pi}{3}, \quad \angle DON = \frac{\pi}{3} \tag{5.1.79}$$

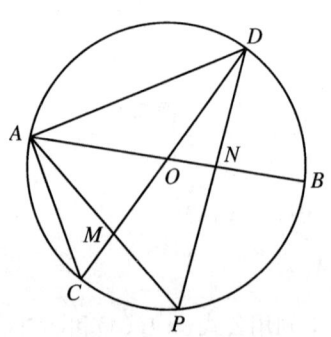

图 5.13

明显地,可以看到
$$\triangle ACM \cong \triangle DON \tag{5.1.80}$$
这里利用 $\angle CAM = \angle ODN$,公式(5.1.79),以及 $AC = R = OD$. 于是,有
$$OM + ON = OM + MC = R \tag{5.1.81}$$
又
$$\angle BOC = \pi - \angle AOC = \frac{2\pi}{3}, \quad \angle APD = \angle ACD = \frac{\pi}{3} \tag{5.1.82}$$
利用上式,知道 O, M, P, N 是四点共圆的. 从而,有
$$AM \cdot AP + DN \cdot DP = AO \cdot AN + DO \cdot DM$$
$$= R[(R+ON)+(R+OM)]$$
$$= 3R^2 (利用公式(5.1.81)) \tag{5.1.83}$$
有 Rt$\triangle ACD$ 中,
$$AD^2 = CD^2 - AC^2 = 3R^2 \tag{5.1.84}$$
利用上二式,有
$$AM \cdot AP + DN \cdot DP = AD^2 \tag{5.1.85}$$
在 $\triangle PAD$ 中,利用余弦定理,有
$$AD^2 = PA^2 + PD^2 - PA \cdot PD (利用 \angle APD = \frac{\pi}{3}) \tag{5.1.86}$$
利用公式(5.1.85)和(5.1.86),有
$$AM \cdot AP + DN \cdot DP = PA^2 + PD^2 - PA \cdot PD \tag{5.1.87}$$
从上式移项,可以看到
$$PA \cdot PD = PA(PA - AM) + PD(PD - DN) = PA \cdot PM + PD \cdot PN \tag{5.1.88}$$

例 12 $\triangle ABC$ 内接于圆 Γ_1,D 是线段 BC 延长线上一点,使得 AD 外切圆 Γ_1 于点 A,Γ_2 是通过 A、D 的圆,切 BD 于点 D,点 E 是圆 Γ_1 和 Γ_2 的另一交点(图 5.14). 求证:$\dfrac{EB}{EC} = \dfrac{AB^3}{AC^3}$.

证明: 在 $\triangle DAB$ 和 $\triangle DCA$ 中,可以看到
$$\angle ADC = \angle ADB, \quad \angle DAC = \angle ABC \tag{5.1.89}$$
从而,有
$$\triangle DAB \backsim \triangle DCA \tag{5.1.90}$$
利用上式,有相似三角形的面积之比等于对应边长的平方之比,即
$$\frac{S_{\triangle DAB}}{S_{\triangle DCA}} = \frac{AB^2}{AC^2} \tag{5.1.91}$$

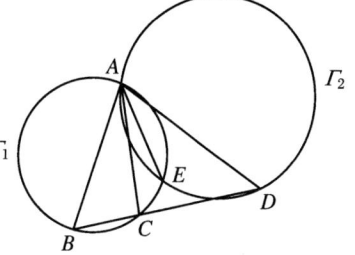

图 5.14

又利用这两个三角形同一条高,有
$$\frac{S_{\triangle DAB}}{S_{\triangle DCA}} = \frac{DB}{DC} \tag{5.1.92}$$
从上二式,有
$$\frac{DB}{DC} = \frac{AB^2}{AC^2} \tag{5.1.93}$$
连 EA 与 ED,有
$$\angle ABE = \angle EAD, \quad \angle EAB = \angle ECD \tag{5.1.94}$$
利用 CD 是圆 Γ_2 的一条切线,有
$$\angle EAD = \angle EDC \tag{5.1.95}$$

利用公式(5.1.94)的第一个等式及上式,有
$$\angle ABE = \angle EDC \tag{5.1.96}$$
利用上式及公式(5.1.94)的第二个等式,有
$$\triangle DCE \sim \triangle BAE \tag{5.1.97}$$
于是,可以得到
$$\frac{DC}{AB} = \frac{EC}{EA} \tag{5.1.98}$$

利用 Ptolemy 定理(圆内接四边形对角线长乘积等于这四边形对边长乘积之和. 不熟悉这一定理的读者,可以将其中一条对角线适当地分成两条线段,利用两组相似三角形,很容易证明这一结论),有

$$AC \cdot EB = BC \cdot EA + EC \cdot AB = (DB - DC)\frac{AB \cdot EC}{DC} + EC \cdot AB(\text{利用公式}(5.1.98))$$
$$= \frac{AB^3}{AC^2}EC(\text{利用公式}(5.1.93)) \tag{5.1.99}$$

利用上式,立即有
$$\frac{EB}{EC} = \frac{AB^3}{AC^3} \tag{5.1.100}$$

例 13 设 AD, BE 和 CF 分别是锐角 $\triangle ABC$ 的三条高,点 P, Q 分别在线段 DF, EF 上,如果 $\angle PAQ$ 和 $\angle DAC$ 同向相等,求证: AP 为 $\angle FPQ$ 的内角平分线.

注: $\angle PAQ$ 和 $\angle DAC$ 同向相等意味着这两角不但相等,而且 $\angle PAQ$ 所含区域与 $\angle DAC$ 所含区域朝同一方向,在本题都朝 $\angle BAC$ 区域方向.

证明:延长 PF 到点 R,使得 $FR = FQ$,连线段 RQ, RA. 由题目条件, A, F, D, C 四点共圆(图 5.15),有
$$\angle DFC = \angle DAC = \angle PAQ \tag{5.1.101}$$
又知道 B, F, E, C 四点共圆,以及 A, B, D, E 四点共圆,有
$$\angle CBE = \angle CFE, \quad \angle CBE = \angle DAC \tag{5.1.102}$$
利用上面叙述,有
$$\angle PAQ = \frac{1}{2}(\angle DFC + \angle CFE) = \frac{1}{2}\angle DFE = \frac{1}{2}(\angle FRQ + \angle FQR)$$
$$= \angle FRQ(\text{利用 } FR = FQ) = \angle PRQ \tag{5.1.103}$$

于是, P, Q, A, R 四点共圆. 从而,有
$$\angle APR = \angle AQR, \quad \angle APQ = \angle ARQ \tag{5.1.104}$$

利用公式(5.1.101)和(5.1.103),有
$$\angle FRQ = \angle DFC, \quad 则 \quad RQ \parallel FC \tag{5.1.105}$$

利用题目条件及上式,有
$$AF \perp RQ \tag{5.1.106}$$

又利用 $FR = FQ$,则 AF 是 RQ 的垂直平分线. 从而有
$$\angle AQR = \angle ARQ \tag{5.1.107}$$

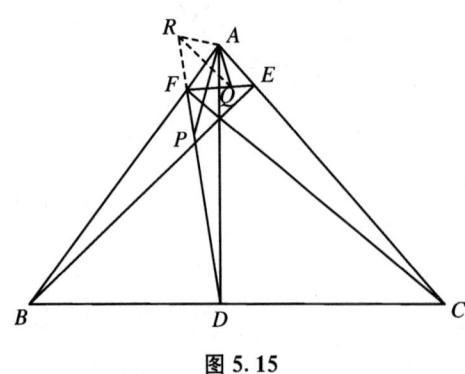

图 5.15

利用公式(5.1.104)和上式,有
$$\angle APR = \angle APQ \tag{5.1.108}$$

题目结论成立.

例 14 圆 Γ 通过 $\triangle ABC$ 的顶点 A,且分别与边 AB, AC 和 BC 上的中线 AD 交于 B^*, C^* 和 D^* 三点. 求证:$AB^* \cdot AB, AD^* \cdot AD, AC^* \cdot AC$ 成一个等差数列.

证明:连结线段 B^*C^*, B^*D^*, D^*C^* (图 5.16),记圆 Γ 的半径是 R. 由于 AD 是 BC 边上的中线,则

$$S_{\triangle ABD} = S_{\triangle ACD} = \frac{1}{2} S_{\triangle ABC} \tag{5.1.109}$$

设 $\angle BAD = \beta, \angle CAD = \alpha$. 利用正弦定理,有

$$B^*D^* = 2R\sin\beta, \quad C^*D^* = 2R\sin\alpha, \quad B^*C^* = 2R\sin(\alpha+\beta) \tag{5.1.110}$$

利用 Ptolemy 定理,有

$$AB^* \cdot C^*D^* + AC^* \cdot B^*D^* = AD^* \cdot B^*C^* \tag{5.1.111}$$

将公式(5.1.110)代入(5.1.111),有

$$AB^* \sin\alpha + AC^* \sin\beta = AD^* \sin(\alpha+\beta) \tag{5.1.112}$$

上式两端同乘以 $\frac{1}{2} AB \cdot AC \cdot AD$,再利用三角形的面积公式,有

$$AB^* \cdot AB S_{\triangle ACD} + AC^* \cdot AC S_{\triangle ABD} = AD^* \cdot AD S_{\triangle ABC} \tag{5.1.113}$$

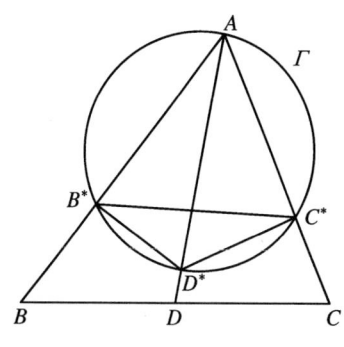

图 5.16

利用公式(5.1.109)和上式,有

$$AB^* \cdot AB + AC^* \cdot AC = 2AD^* \cdot AD \tag{5.1.114}$$

题目结论成立.

例 15 一个三角形的三个内角的比为 $1:2:4$,求证:内角平分线与对边的三个交点是一个等腰三角形的三个顶点.

证明:利用三角形内角和是 π,不妨设

$$\angle A = \frac{\pi}{7}, \quad \angle B = \frac{2\pi}{7}, \quad \angle C = \frac{4\pi}{7} \tag{5.1.115}$$

设 AD, BE, CF 是 $\triangle ABC$ 的三条内角平分线,相交于 $\triangle ABC$ 的内心 I,作直线 $BJ \perp CF$,交直线 AC 于 J 点,连线段 IJ(图5.17).

由于

$$\frac{1}{2}\angle C + \angle B = \frac{4\pi}{7} > \frac{\pi}{2} \tag{5.1.116}$$

则直线 BJ 在 $\angle CBA$ 内,点 J 在线段 AC 上. 由于 CF 是 $\angle BCA$ 的内角平分线,则点 B 与点 J 关于 CF 对称. 于是,有

$$BI = IJ, \quad BC = CJ \tag{5.1.117}$$

由于 $BJ \perp CF$,有

$$\angle BCF + \angle CBJ = \frac{\pi}{2} \tag{5.1.118}$$

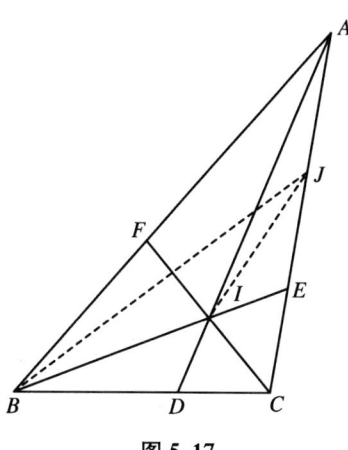

图 5.17

从上式,有

$$\angle CBJ = \frac{\pi}{2} - \frac{2\pi}{7} = \frac{3\pi}{14} \tag{5.1.119}$$

另外,可以看到
$$\angle IBJ = \angle CBJ - \frac{\pi}{7} = \frac{\pi}{14} \tag{5.1.120}$$

再利用$\angle EIJ$是等腰$\triangle IBJ$的一个外角,有
$$\angle EIJ = 2\angle IBJ = \frac{\pi}{7} \tag{5.1.121}$$

容易看到
$$\triangle BCI \cong \triangle JCI \tag{5.1.122}$$

从而,有
$$\angle EJI = \frac{\pi}{7} \tag{5.1.123}$$

利用公式(5.1.121)和上式,可以得到
$$\angle IEC = \angle EJI + \angle EIJ = \frac{2\pi}{7} \tag{5.1.124}$$

又利用$\angle CID$是$\triangle IAC$的一个外角,有
$$\angle CID = \angle IAC + \angle ICA = \frac{5\pi}{14} \tag{5.1.125}$$

这里利用公式(5.1.115).

在$\triangle CDI$中,有
$$\angle CDI = \pi - \angle CID - \angle DCI = \frac{5\pi}{14} \tag{5.1.126}$$

这里利用公式(5.1.115)和(5.1.125).

利用上面叙述,有
$$JE = EI(\text{利用公式}(5.1.121)\text{ 和}(5.1.123)) = CI(\text{利用公式}(5.1.115)\text{ 和}(5.1.124))$$
$$= CD(\text{利用公式}(5.1.125)\text{ 和}(5.1.126)) \tag{5.1.127}$$

从而,可以看到
$$CE = CJ - JE = BC - CD(\text{利用公式}(5.1.117)\text{ 和}(5.1.127)) = BD \tag{5.1.128}$$

利用公式(5.1.115),有
$$\angle CBF = \frac{2\pi}{7} = \angle FCE = \angle BCF \tag{5.1.129}$$

从上式,有
$$BF = CF \tag{5.1.130}$$

利用公式(5.1.128),(5.1.129)和上式,有
$$\triangle FBD \cong \triangle FCE \tag{5.1.131}$$

于是,可以得到
$$FD = FE \tag{5.1.132}$$

$\triangle DEF$是一个等腰三角形.

例16 点D是$\triangle ABC$的边BC上一点,点E和点F分别是$\triangle ABD$和$\triangle ACD$的内心.已知B,C,E,F四点共圆.求证:$\dfrac{AD+BD}{AD+CD} = \dfrac{AB}{AC}$.

证明: 直线EF依次交边AB、AC于点G和H(图5.18).利用题目条件,以及$\angle AGH$是$\triangle GBE$的一个外角,有
$$\angle AGH = \frac{1}{2}(\angle ABC + \angle ACB) = \angle AHG \tag{5.1.133}$$

这里也利用 $\angle AHG$ 是 $\triangle FHC$ 的一个外角. 当然, $\triangle AGH$ 是一个等腰三角形. 设 K 是 AD 与 GH 的交点, 容易看到

$$\frac{KE}{EG} = \frac{KA}{AG} = \frac{KA}{AH} = \frac{KF}{FH} \qquad (5.1.134)$$

上式两端加上 1, 有

$$\frac{KG}{EG} = \frac{KH}{FH} \qquad (5.1.135)$$

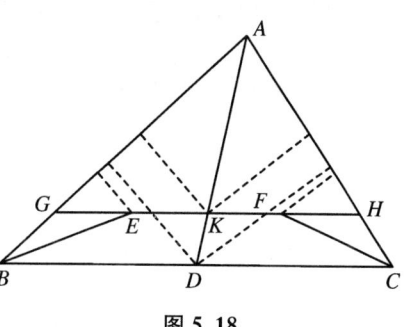

图 5.18

$\triangle ABD$ 的内切圆半径用 r_1 表示, 点 D 到边 AB 上的高长用 h_1 表示. $\triangle ACD$ 的内切圆半径用 r_2 表示, 点 D 到边 AC 上的高长用 h_2 表示. $\triangle AKG$ 的顶点 K 到 GA 上的高长用 k_1 表示, $\triangle AKH$ 的点 K 到边 HA 上的高长用 k_2 表示. 显然, 有

$$\frac{k_1}{h_1} = \frac{AK}{KD} = \frac{k_2}{h_2} \qquad (5.1.136)$$

又有

$$\frac{k_1}{r_1} = \frac{KG}{EG} = \frac{KH}{FH} (利用公式 (5.1.135)) = \frac{k_2}{r_2} \qquad (5.1.137)$$

利用上二式, 有

$$\frac{h_2}{h_1} = \frac{k_2}{k_1} = \frac{r_2}{r_1}, \quad 即 \quad \frac{h_1}{r_1} = \frac{h_2}{r_2} \qquad (5.1.138)$$

又可以看到

$$h_1 \cdot AB = 2S_{\triangle ABD} = r_1(AB + BD + DA) \qquad (5.1.139)$$

利用上式, 有

$$\frac{h_1}{r_1} = 1 + \frac{BD + DA}{AB} \qquad (5.1.140)$$

类似地, 有

$$h_2 \cdot AC = 2S_{\triangle ACD} = r_2(AC + CD + DA) \qquad (5.1.141)$$

以及

$$\frac{h_2}{r_2} = 1 + \frac{CD + DA}{AC} \qquad (5.1.142)$$

利用公式 (5.1.138), (5.1.140) 和 (5.1.142), 知道题目结论成立.

例 17 在一个圆内, AB 是一条直径, CD 是一条不与直径 AB 在圆内相交的弦. 点 P 是劣弧 $\overset{\frown}{CD}$ 的中点. PQ 垂直 AB, 点 Q 在直径 AB 上, PQ 交弦 CD 于点 E, 点 F 是线段 AQ 的中点. FG 垂直 CE 交线段 CE 于点 G (图 5.19). 已知 $PC = PQ$. 求证:

(1) $EP = EQ = EG$;

(2) A, G, P 三点在一条直线上.

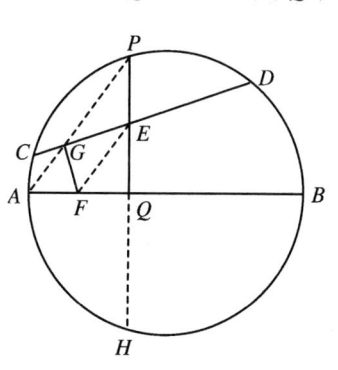

图 5.19

证明: (1) 利用题目条件, 有

$$\angle PCD = \angle PDC \qquad (5.1.143)$$

设射线 PQ 交圆周于另一点 H, 可以看到

$$\angle PEC = \pi - \angle PCD - \angle CPH$$
$$= \pi - \angle CHP - \angle CPH (利用公式 (5.1.143) 以及$$
$$\angle CHP = \angle PDC)$$
$$= \angle PCH = \angle PAH = 2\angle PAQ \qquad (5.1.144)$$

利用上式,以及 E,Q,F,G 四点共圆,有

$$\angle GFQ = \angle PEC = 2\angle PAQ \tag{5.1.145}$$

利用 $\triangle PCE \backsim \triangle PHC$,有

$$PC^2 = PE \cdot PH = 2PE \cdot PQ \tag{5.1.146}$$

利用题目条件及上式,有

$$PQ = 2PE \tag{5.1.147}$$

于是,点 E 是线段 PQ 的中点.又利用题目条件,知道点 F 是线段 AQ 的中点,有

$$EF \parallel PA \tag{5.1.148}$$

利用公式(5.1.145)和上式,有

$$\angle PAQ = \angle EFQ = \angle GFE \tag{5.1.149}$$

于是,可以得到

$$\text{Rt}\triangle GFE \cong \text{Rt}\triangle QFE \tag{5.1.150}$$

利用上式,有

$$EQ = EG, \quad 则 \quad EP = EQ(\text{利用公式}(5.1.147)) = EG \tag{5.1.151}$$

(2) 利用公式(5.1.149)和题目条件,有

$$FG = FQ = AF \tag{5.1.152}$$

利用上式,立即有

$$\angle GAF = \frac{1}{2}\angle GFQ = \angle EFQ \tag{5.1.153}$$

从而,可以看到

$$GA \parallel EF \tag{5.1.154}$$

利用公式(5.1.148)和(5.1.154),题目结论成立.

例18 在 $\triangle ABC$ 中,CD,BE 是两条内分角线,求 $\triangle ABC$ 的内角满足的充要条件,使得 $\angle BED = \frac{\pi}{6}$.

解:设

$$\angle BED = \frac{\pi}{6} \tag{5.1.155}$$

作 $DF \perp BE$,F 为垂足,延长后交 BC 边于点 G(图 5.20).这里利用 $\angle BDE = \pi - \frac{\pi}{6} - \frac{1}{2}\angle B > \frac{\pi}{3}$,知道点 F 必在线段 BE 内部.容易看到

$$\text{Rt}\triangle BDF \cong \text{Rt}\triangle BGF, \quad BD = BG \tag{5.1.156}$$

又有

$$\triangle BDE \cong \triangle BGE, \quad DE = GE, \quad \angle BEG = \angle BED = \frac{\pi}{6} \tag{5.1.157}$$

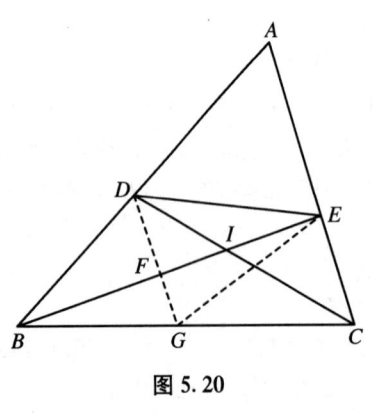

图 5.20

利用上式,有

$$\angle DEG = \frac{\pi}{3} \tag{5.1.158}$$

于是,$\triangle DEG$ 是一个等边三角形.在两个 $\triangle CED$ 和 $\triangle CGD$ 中,由于

$$\angle ECD = \frac{1}{2}\angle C = \angle GCD, \quad DE = DG \tag{5.1.159}$$

则这两个三角形的外接圆半径相等.因而对应公共边 CD 的内角 $\angle CED$ 和 $\angle CGD$ 的正弦相等.

从而有

$$① \angle CED = \angle CGD; \quad ② \angle CED + \angle CGD = \pi \quad (5.1.160)$$

当情况①成立时,有

$$\triangle CED \cong \triangle CGD, \quad \angle EDC = \angle GDC = \frac{\pi}{6} \quad (5.1.161)$$

设 $\triangle ABC$ 的内心是 I,则利用上式及公式(5.1.155),有

$$\angle EIC = \angle BED + \angle EDC = \frac{\pi}{3} \quad (5.1.162)$$

又 $\angle EIC$ 是 $\triangle BCI$ 的一个外角,则

$$\frac{1}{2}(\angle B + \angle C) = \frac{\pi}{3}, \quad \angle B + \angle C = \frac{2\pi}{3} \quad (5.1.163)$$

从上式,立即有

$$\angle A = \frac{\pi}{3} \quad (5.1.164)$$

当情况②成立时,四边形 $CEDG$ 内接于一圆周

$$\angle C + \angle EDG = \pi, \quad \angle C = \frac{2\pi}{3} \quad (5.1.165)$$

公式(5.1.164)或(5.1.165)给出了必要条件.下面证明,当公式(5.1.164)或(5.1.165)成立时,必有公式(5.1.155).

当公式(5.1.164)成立时,公式(5.1.163)和(5.1.162)成立,从而四点 A, D, I, E 共圆.于是,有

$$\angle BED = \angle IED = \angle DAI = \frac{\pi}{6} \quad (5.1.166)$$

下面考虑公式(5.1.165)成立情况.过点 D 作 $\angle EDG = \frac{\pi}{3}$,交边 BC 于点 G(图 5.21,由于 $BD = \frac{ac}{a+b} < a$,则可以推出 $DE > CE$,因为在边 BC 上取一点 D^*,满足 $BD^* = BD$,则 $\triangle BDE \cong \triangle BD^*E$, $DE = D^*E > CE$,则 $\angle CDE < \frac{\pi}{3}$).

于是,C, E, D, G 四点共圆.又由于

$$\angle ECD = \angle GCD, \quad 则 \quad DE = DG \quad (5.1.167)$$

$\triangle DEG$ 是一个等边三角形,则

$$\angle DEG = \frac{\pi}{3} \quad (5.1.168)$$

又利用 $DE = EG$,$\angle DBE = \angle GBE$,知道 $\triangle BDE$ 与 $\triangle BGE$ 的外接圆半径相等,那么,对应于公共边 BE 的两个内角 $\angle BDE$ 与 $\angle BGE$ 具相同的正弦值.由于 $\angle B$ 是一个锐角,则 B, D, E, G 不可能四点共圆,则必有

$$\angle BDE = \angle BGE, \quad \triangle BDE \cong \triangle BGE \quad (5.1.169)$$

则

$$\angle BED = \angle BEG = \frac{1}{2}\angle DEG = \frac{\pi}{6} \quad (5.1.170)$$

例 19 已知 $\triangle ABC$,有一条直线截这三角形的面积与周长为相等的两部分.求证:这条直线

一定通过这三角形的内心.

证明: 设一条直线 L 截 $\triangle ABC$ 的边 AB 于点 P,截边 AC 于点 Q,$\angle A$ 的内角平分线 AD 交 BC 边于点 D,交直线 L 于点 I(图 5.22).

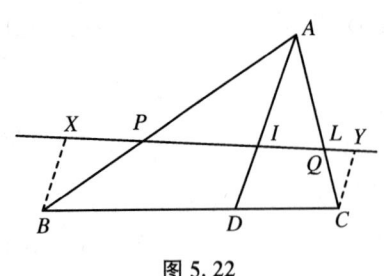

图 5.22

设点 X 和点 Y 是直线 L 上两点,满足 $BX \parallel AD$,$CY \parallel AD$,于是,有

$$\frac{PB}{AP} = \frac{BX}{AI}, \quad \frac{QC}{AQ} = \frac{CY}{AI} \qquad (5.1.171)$$

由于 AD 是 $\angle A$ 的内角平分线,为简洁,依惯例用 a,b,c 依次表示 BC,AC,AB,则

$$BD = \frac{ac}{b+c}, \quad CD = \frac{ab}{b+c} \qquad (5.1.172)$$

又利用 $BX \parallel DI \parallel CY$,有

$$DI = \frac{BD}{BC}CY + \frac{IY}{XY}BX = \frac{c}{b+c}CY + \frac{b}{b+c}BX \qquad (5.1.173)$$

这里利用 $\frac{IY}{XY} = \frac{CD}{BC}$.上式两端同乘以 $\frac{b+c}{AI}$,有

$$b\frac{BX}{AI} + c\frac{CY}{AI} = (b+c)\frac{DI}{AI} \qquad (5.1.174)$$

当点 I 恰是 $\triangle ABC$ 的内心时,利用(5.1.172),有

$$\frac{DI}{AI} = \frac{BD}{AB} = \frac{a}{b+c} \qquad (5.1.175)$$

利用公式(5.1.171),(5.1.174)和上式,有

$$b\frac{PB}{AP} + c\frac{QC}{AQ} = a \qquad (5.1.176)$$

反之,如果一条直线 L 交边 AB 于点 P,交边 AC 于点 Q,且满足公式(5.1.176),设点 I 是直线 XY 与 $\angle A$ 的内角平分线的交点.首先,利用公式(5.1.171),(5.1.174)和(5.1.176),有

$$\frac{DI}{AI} = \frac{a}{b+c} = \frac{BD}{AB} \qquad (5.1.177)$$

因此,点 I 必是 $\triangle ABC$ 的内心.因此,公式(5.1.176)是直线 L 通过内心 I 的一个充要条件.为简洁,记 $x = AP$,$y = AQ$,于是,公式(5.1.176)变为下述形式

$$bc\left(\frac{1}{x} + \frac{1}{y}\right) = a + b + c$$

如果直线 L(即直线 PQ)平分 $\triangle ABC$ 的面积与周长,那么,可以得到

$$xy = \frac{1}{2}bc, \quad x + y = \frac{1}{2}(a+b+c) \qquad (5.1.178)$$

利用上式,公式(5.1.177)成立,即直线 L 通过 $\triangle ABC$ 的内心.题目结论成立.

例 20 设点 P 是 $\triangle ABC$ 内部一点,记 $\angle APB - \angle ACB = C_1$,$\angle APC - \angle ABC = B_1$,$\angle BPC - \angle BAC = A_1$(图 5.23).

求证:

$$\frac{aPA}{\sin A_1} = \frac{bPB}{\sin B_1} = \frac{cPC}{\sin C_1}$$

证明: 在 $\triangle ABC$ 外,作

$$\angle EBC = \angle CAP, \quad \angle ECB = \angle PCA \qquad (5.1.179)$$

得 $\triangle BEC$,利用上式,有

$$\triangle APC \sim \triangle BEC \qquad (5.1.180)$$

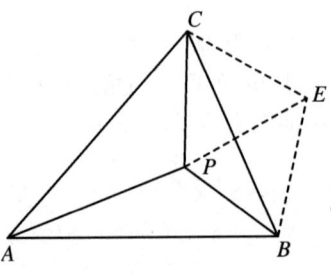

图 5.23

于是,有
$$\frac{AC}{BC} = \frac{PA}{BE} = \frac{PC}{EC} \tag{5.1.181}$$

利用上式,有
$$BC \cdot PA = AC \cdot BE, \quad \frac{AC}{PC} = \frac{BC}{EC} \tag{5.1.182}$$

由于公式(5.1.179),有
$$\angle ACB = \angle ACP + \angle PCB = \angle ECB + \angle PCB = \angle PCE \tag{5.1.183}$$

利用上二式,有
$$\triangle ABC \backsim \triangle PEC, \quad \frac{AC}{PC} = \frac{AB}{PE} \tag{5.1.184}$$

利用上式,有
$$AB \cdot PC = AC \cdot PE \tag{5.1.185}$$

公式(5.1.182)的第一个等式与上式相除,有
$$\frac{BC \cdot PA}{AB \cdot PC} = \frac{BE}{PE} \tag{5.1.186}$$

利用题目条件和公式(5.1.184),有
$$\angle BPE = \angle BPC - \angle EPC = \angle BPC - \angle CAB = A_1 \tag{5.1.187}$$

又利用题目条件和公式(5.1.180),有
$$\angle PBE = \angle PBC + \angle CBE = \angle PBC + \angle CAP = \angle APB - \angle ACB = C_1 \tag{5.1.188}$$

由于$\triangle ABC$的内角和是π,以及
$$\angle APC + \angle BPC + \angle APB = 2\pi \tag{5.1.189}$$

再利用题目条件,有
$$A_1 + B_1 + C_1 = \pi \tag{5.1.190}$$

在$\triangle PBE$中,利用公式(5.1.187),(5.1.188)和(5.1.190),有
$$\angle BEP = B_1 \tag{5.1.191}$$

在$\triangle PBE$中,利用正弦定理,有
$$\frac{BE}{\sin A_1} = \frac{PB}{\sin B_1} = \frac{PE}{\sin C_1} \tag{5.1.192}$$

从上式,有
$$\frac{BE}{PE} = \frac{\sin A_1}{\sin C_1} \tag{5.1.193}$$

代上式入公式(5.1.186),有
$$\frac{aPA}{cPC} = \frac{\sin A_1}{\sin C_1} \tag{5.1.194}$$

同理可得
$$\frac{bPB}{cPC} = \frac{\sin B_1}{\sin C_1} \tag{5.1.195}$$

利用上二式,有题目结论.

注:本题依惯例,依次用a,b,c表示BC,CA,AB.

例 21 AB是圆O的非直径的弦,C为其中点.直线OC交圆O于M、N两点.P为劣弧$\overset{\frown}{AB}$上不同于A,B,M的一点.直线AP,BP分别交直线MN于点E和F(图5.24).求证:
$$\sqrt{CE \cdot CF} < CM < \frac{1}{2}(CE + CF)$$

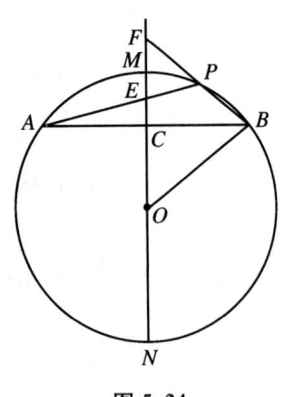

图 5.24

证明:设
$$\angle PAB = \alpha, \quad \angle PBA = \beta, \quad \angle AOC = \angle BOC = \alpha + \beta \tag{5.1.196}$$

记这圆半径是 R,又记 $OC = d$,则
$$CN = R + d = 2d + CM \tag{5.1.197}$$

$$\tan \alpha = \frac{CE}{AC} = \frac{CE}{BC}, \quad \tan \beta = \frac{CF}{BC} \tag{5.1.198}$$

以及
$$\tan(\alpha + \beta) = \frac{BC}{OC} = \frac{BC}{d} \tag{5.1.199}$$

再利用
$$\tan(\alpha + \beta) = \frac{\tan \alpha + \tan \beta}{1 - \tan \alpha \tan \beta} \tag{5.1.200}$$

可以看到
$$\frac{BC}{d} = \frac{BC(CE + CF)}{BC^2 - CE \cdot CF} \tag{5.1.201}$$

利用上式,有
$$BC^2 - CE \cdot CF = d(CE + CF) \tag{5.1.202}$$

又可以看到
$$\begin{aligned} BC^2 &= CM \cdot CN = CM(2d + CM)(\text{利用公式}(5.1.197)) \\ &= CM^2 + 2d \cdot CM \end{aligned} \tag{5.1.203}$$

利用上二式,可以得到
$$\begin{aligned} CM^2 - CE \cdot CF &= (BC^2 - 2d \cdot CM) - [BC^2 - d(CE + CF)] \\ &= d(CE + CF - 2CM) \end{aligned} \tag{5.1.204}$$

因式分解上式,有
$$(CM + \sqrt{CE \cdot CF})(CM - \sqrt{CE \cdot CF}) = 2d\left[\frac{1}{2}(CE + CF) - CM\right] \tag{5.1.205}$$

由于上式左端第一圆括号内项是正的,上式右端 $2d$ 也是正的,则 $CM - \sqrt{CE \cdot CF}$ 与 $\frac{1}{2}(CE + CF) - CM$ 必定同号(同正、同负或同为零). 由于点 P 不同于点 M,知道 $CE < CF$,从而,有
$$\sqrt{CE \cdot CF} < \frac{1}{2}(CE + CF) \tag{5.1.206}$$

因此,只能是
$$\sqrt{CE \cdot CF} < CM < \frac{1}{2}(CE + CF) \tag{5.1.207}$$

例 22 在 $\triangle ABC$ 中,点 D, E, F 依次是边 BC, AC, AB 上的内点,设 A, F, D, E 是四点共圆的(图 5.25). 求证:$4\dfrac{S_{\triangle DEF}}{S_{\triangle ABC}} \leqslant \left(\dfrac{EF}{AD}\right)^2$.

证明:作 $BB^* \perp AC$,点 B^* 是垂足. $DX \perp AC$,点 X 是垂足. $CC^* \perp AB$,$DY \perp AB$,点 C^*,Y 也都是垂足. 明显地,有
$$BB^* \parallel DX, \quad \frac{DX}{BB^*} = \frac{DC}{BC} \tag{5.1.208}$$

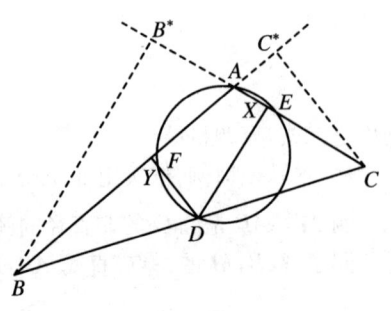

图 5.25

类似地,有
$$\frac{DY}{CC^*} = \frac{BD}{BC} \tag{5.1.209}$$

上二式相乘,有
$$\frac{DX}{BB^*}\frac{DY}{CC^*} = \frac{BD \cdot DC}{BC^2} \tag{5.1.210}$$

明显地,可以看到
$$BC^2 = (BD + DC)^2 \geqslant 4BD \cdot DC \tag{5.1.211}$$

利用上二式,有
$$\frac{DX}{BB^*}\frac{DY}{CC^*} \leqslant \frac{1}{4} \tag{5.1.212}$$

记
$$\angle DEA = \angle DFB = \theta \tag{5.1.213}$$

凸四边形 $AFDE$ 的外接圆半径是 R,于是,有
$$EF = 2R\sin A, \quad AD = 2R\sin\theta, \quad \frac{EF}{AD} = \frac{\sin A}{\sin\theta} \tag{5.1.214}$$

又可以看到
$$BB^* = AB\sin A, \quad CC^* = AC\sin A, \quad DX = DE\sin\theta, \quad DY = DF\sin\theta \tag{5.1.215}$$

利用上式,有
$$\frac{DX}{BB^*}\frac{DY}{CC^*} = \frac{DE \cdot DF\sin^2\theta}{AB \cdot AC\sin^2 A} \tag{5.1.216}$$

利用不等式(5.1.212)和上式,有
$$\frac{4DE \cdot DF}{AB \cdot AC} \leqslant \frac{\sin^2 A}{\sin^2\theta} \tag{5.1.217}$$

又利用公式(5.1.214),$\sin A = \sin\angle FDE$,以及上式,有
$$4\frac{S_{\triangle DEF}}{S_{\triangle ABC}} = 4\frac{DE \cdot DF}{AB \cdot AC} \leqslant \left(\frac{\sin A}{\sin\theta}\right)^2 = \left(\frac{EF}{AD}\right)^2 \tag{5.1.218}$$

例 23 在直角 $\triangle ABC$ 中,AB 垂直于 BC,$\angle ACB = \frac{2\pi}{9}$,点 P 在边 AB 上,点 Q 在边 BC 上,$\angle PQB = \frac{\pi}{9}$(图 5.26). 求证:$AQ = 2BQ$ 的充要条件是 $PQ = CQ$.

证明: 设点 R 是斜边 AC 上一点,使得
$$\angle QRC = \frac{2\pi}{9}, \quad 注意 \angle CQP = \frac{8\pi}{9}, \angle CQR = \frac{5\pi}{9}, \tag{5.1.219}$$

利用上式及题目条件,有
$$QR = CQ, \quad \angle PQR = \frac{\pi}{3} \tag{5.1.220}$$

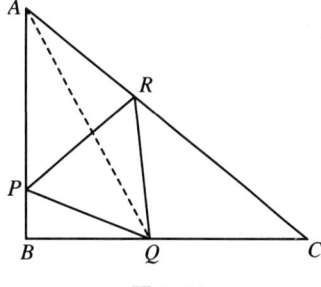

图 5.26

先证充分性.

(1) 设 $PQ = CQ$. 再利用公式(5.1.220),知道 $\triangle PQR$ 是一个等边三角形,则
$$\angle RPQ = \frac{\pi}{3} \tag{5.1.221}$$

又利用题目条件,有

$$\angle BPQ = \frac{\pi}{2} - \frac{\pi}{9} = \frac{7\pi}{18} \tag{5.1.222}$$

利用上二式,以及题目条件,有

$$\angle APR = \pi - \frac{\pi}{3} - \frac{7\pi}{18} = \frac{5\pi}{18} = \angle PAR \tag{5.1.223}$$

于是,△RAP 是一个等腰三角形,再利用△PQR 是一个等边三角形,有

$$RA = RP = RQ \tag{5.1.224}$$

于是,△RAQ 是一个等腰三角形,有

$$\angle RAQ = \angle RQA = \frac{1}{2}\angle QRC = \frac{\pi}{9} \tag{5.1.225}$$

这里利用公式(5.1.219).

另外,可以看到

$$\angle BAQ = \angle BAC - \angle QAC = \frac{5\pi}{18} - \frac{\pi}{9} = \frac{\pi}{6} \tag{5.1.226}$$

这里利用题目条件和公式(5.1.225).因此,在 Rt△ABC 中,有

$$AQ = 2BQ \tag{5.1.227}$$

下面证明必要性.

(2) 设公式(5.1.227)成立,则$\angle BAQ = \frac{\pi}{6}$.因此,可以看到

$$\angle QAC = \angle BAC - \angle BAQ = \frac{\pi}{9} \tag{5.1.228}$$

和

$$\angle RQA = \angle QRC - \angle QAR = \frac{\pi}{9} \tag{5.1.229}$$

这里利用公式(5.1.219).

由上二式,知道△RAQ 是一个等腰三角形.于是,有

$$RA = RQ \tag{5.1.230}$$

又利用题目条件,知道

$$\angle APQ = \frac{\pi}{2} + \frac{\pi}{9} = \frac{11\pi}{18} \tag{5.1.231}$$

设△APQ 的外接圆圆心是点 O,由上式,知道点 O 与点 P 在直线 AQ 的两侧,且这圆周劣弧 $\overset{\frown}{AQ}$ 对应的圆心角$\angle AOQ = \frac{7\pi}{9}$,因此,有

$$\angle ARQ = \frac{2\pi}{9} + \frac{5\pi}{9}(\angle ARQ \text{ 是 } \triangle RQC \text{ 的一个外角}) = \frac{7\pi}{9} = \angle AOQ \tag{5.1.232}$$

利用 $OA = OQ$,及公式(5.1.230),取线段 AQ 的中点 X,则 $OX \perp AQ$,$RX \perp AQ$,三点 X,O,R 在同一条直线(线段 AQ 的垂直平分线)上,再利用公式(5.1.232),知道点 O 与点 R 重合.于是,有

$$RA = RQ = RP \tag{5.1.233}$$

再利用公式(5.1.220)的第二个等式,知道△PQR 是一个等边三角形.因而,有

$$PQ = QR = CQ \tag{5.1.234}$$

这里再一次利用公式(5.1.220)的第一个等式.

例 24 设四边形 $ABCD$ 内接于圆心 O 的圆,AB,DC 延长后交于点 E,AD,BC 延长后交于点 F.点 O_1 是△ADE 的外心,点 O_2 是△ABF 的外心(图 5.27).求证:△$O_1OO_2 \backsim \triangle ECF$.

证明：如果 $\angle D$ 是直角，圆心点 O 是对角线 AC 的中点，又 $\triangle ADE$ 也是一个直角三角形，其外接圆圆心是斜边 AE 的中点，则

$$O_1O \parallel EC \tag{5.1.235}$$

由于四边形 $ABCD$ 内接于一圆周，则 $\angle B$ 也是直角，类似地，点 O_2 是直角 $\triangle ABF$ 的斜边 AF 的中点，于是，有

$$OO_2 \parallel CF, \quad O_1O_2 \parallel EF \tag{5.1.236}$$

显然，利用公式(5.1.235)和(5.1.236)，有题目结论．

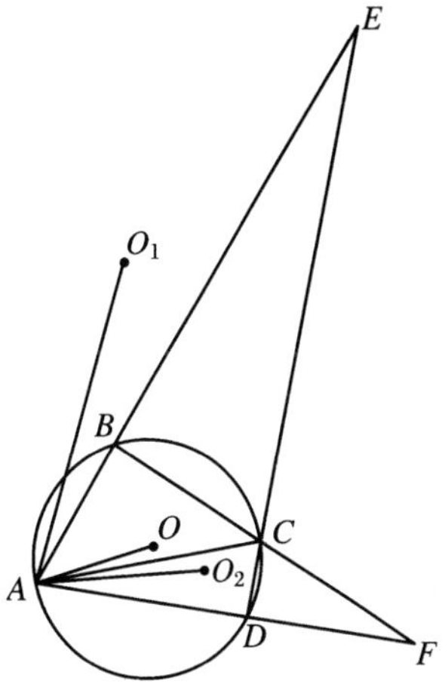

下面考虑 $\angle D$ 和 $\angle B$ 都是非直角的情况．由于 $\angle D$ 和 $\angle B$ 之和是 π，不妨设 $\angle ADE$ 是钝角，则点 O_1 在 $\triangle ADE$ 的形外，点 O 在 $\triangle ADC$ 的形外．

由于

$$\angle AO_1E = 2(\pi - \angle ADE) = 2\angle ABC \tag{5.1.237}$$

又

$$\angle AOC = 2\angle ABC \tag{5.1.238}$$

利用上二式，有

$$\angle AO_1E = \angle AOC \tag{5.1.239}$$

又

$$O_1A = O_1E, \quad OA = OC \tag{5.1.240}$$

则两个等腰三角形

$$\triangle O_1AE \sim \triangle OAC \tag{5.1.241}$$

利用上式，有

$$\frac{O_1A}{AE} = \frac{OA}{AC} \tag{5.1.242}$$

同理，两个等腰三角形

$$\triangle O_2AF \sim \triangle OAC \tag{5.1.243}$$

这里利用 $\angle AO_2F = 2\angle ABF = \angle AOC$，于是，有

$$\frac{O_2A}{AF} = \frac{OA}{AC} \tag{5.1.244}$$

利用公式(5.1.242)和上式，有

$$\frac{O_1A}{AE} = \frac{O_2A}{AF} \tag{5.1.245}$$

利用公式(5.1.241)和(5.1.243)，有

$$\angle O_1AE = \angle OAC = \angle O_2AF \tag{5.1.246}$$

利用上式，可以看到

$$\angle O_1AO_2 = \angle EAF \tag{5.1.247}$$

利用公式(5.1.245)和上式，有

$$\triangle O_1AO_2 \sim \triangle EAF \tag{5.1.248}$$

从上式，有

$$\frac{O_1O_2}{EF} = \frac{O_1A}{EA} = \frac{O_2A}{FA} \tag{5.1.249}$$

利用公式(5.1.241)，有

$$\angle O_1AO = \angle EAC \tag{5.1.250}$$

图 5.27

利用公式(5.1.242)和上式,有
$$\triangle AO_1O \sim \triangle AEC \tag{5.1.251}$$
利用上式,有
$$\frac{OO_1}{CE} = \frac{AO_1}{AE} = \frac{AO}{AC} \tag{5.1.252}$$
同理,利用公式(5.1.244)以及 $\angle OAO_2 = \angle CAF$(利用公式(5.1.243)),有
$$\triangle AOO_2 \sim \triangle ACF \tag{5.1.253}$$
利用上式,有
$$\frac{OO_2}{CF} = \frac{AO}{AC} = \frac{AO_2}{AF} \tag{5.1.254}$$
于是,利用公式(5.1.249),(5.1.252)和上式,有
$$\frac{O_1O_2}{EF} = \frac{OO_1}{CE} = \frac{OO_2}{CF} \tag{5.1.255}$$
利用上式,有
$$\triangle O_1OO_2 \sim \triangle ECF \tag{5.1.256}$$
题目结论成立.

例 25 点 C 是一个给定圆的弦 AB 所对应的两条弧之一 K 的中点,点 P 是圆弧 K 上一个(不同于点 C 的)任意点. 点 M 是线段 PC 内部一点,使得 $PM = \frac{1}{2}|PA - PB|$. 求证:当点 P 在圆弧 K 上变化时,所有点 M 必落在同一个圆周上(图 5.28).

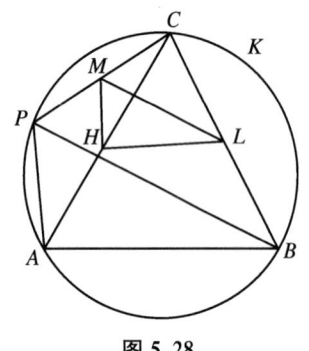

图 5.28

证明: 下面考虑 $PB > PA$ 的情形. $PB < PA$ 的情形完全类似证明,只要将下面的 A, B 互换即可.

取 AC 上点 H, BC 上点 L,使得
$$AH = BL = \frac{1}{2}AB \tag{5.1.257}$$
由于点 C 是圆弧 K 的中点,则 $AC = BC$,
$$AC = BC = \frac{1}{2}(AC + BC) > \frac{1}{2}AB \tag{5.1.258}$$
于是点 H 在线段 AC 的内部,点 L 在线段 BC 的内部,射线 CP 交 $\triangle HCL$ 的外接圆于点 M. 下面证明
$$2PM = PB - PA \tag{5.1.259}$$
利用上面叙述,我们有
$$\frac{CH}{AC} = \frac{AC - AH}{AC} = 1 - \frac{AH}{AC} = 1 - \frac{BL}{BC} = \frac{CL}{BC} \tag{5.1.260}$$
利用上式,有
$$HL \ /\!/ \ AB \tag{5.1.261}$$
利用 C, L, H, M 四点共圆,有
$$\angle HLM = \angle HCM = \angle ACP = \angle ABP \tag{5.1.262}$$
利用上二式,有
$$ML \ /\!/ \ PB \tag{5.1.263}$$
又利用 H, L, C, M 四点共圆,有
$$\angle HML = \angle HCL = \angle ACB = \angle APB \tag{5.1.264}$$
从上二式,有
$$MH \ /\!/ \ PA \tag{5.1.265}$$

利用上式,有
$$\frac{PC}{AC} = \frac{PM}{AH} = \frac{2PM}{AB}(\text{利用公式}(5.1.257)) \tag{5.1.266}$$
从上式,有
$$2PM = \frac{AB \cdot PC}{AC} \tag{5.1.267}$$
利用 Ptolemy 定理,有
$$PB \cdot AC = PA \cdot BC + PC \cdot AB \tag{5.1.268}$$
利用公式(5.1.267)和上式,并且兼顾 $AC = BC$,有
$$PB = PA + \frac{PC \cdot AB}{AC}(\text{公式}(5.1.268)\text{两端乘以}\frac{1}{AC}) = PA + 2PM \tag{5.1.269}$$
于是,公式(5.1.259)成立.所以,满足题目条件的全部点 M 必在△HCL 的外接圆周上.

例 26 △ABC 是面积为 1 的一个三角形,B_1、B_2 和 C_1、C_2 各自是边 AB 和 AC 的三等分点.求由四条直线 CB_1,CB_2,BC_1,BC_2 所围的四边形的面积.

解:我们先证明一个引理.

引理 如果△ABC 的边 CA 上有一点 B^*,边 AB 上有点 C^*,BB^* 与 CC^* 相交于点 O,则
$$\frac{BO}{OB^*} = \frac{BC^*}{C^*A}\left(\frac{AB^*}{B^*C} + 1\right)$$

引理的证明:连 AO,作 $AE \perp CO$,$BF \perp CO$,E,F 为垂足.作 $AG \perp BO$,$CH \perp BO$,G,H 为垂足(图 5.29).可以看到
$$\frac{BO}{OB^*} = \frac{S_{\triangle ABO}}{S_{\triangle AB^*O}} = \frac{S_{\triangle CBO}}{S_{\triangle CB^*O}} = \frac{S_{\triangle ABO} + S_{\triangle CBO}}{S_{\triangle AB^*O} + S_{\triangle CB^*O}} = \frac{S_{\triangle ABO} + S_{\triangle CBO}}{S_{\triangle AOC}}$$
$$= \frac{S_{\triangle CBO}}{S_{\triangle AOC}}\left(\frac{S_{\triangle ABO}}{S_{\triangle CBO}} + 1\right) = \frac{BF}{AE}\left(\frac{AG}{CH} + 1\right) \tag{5.1.270}$$

由于
$$\triangle BFC^* \backsim \triangle AEC^*, \quad \triangle AGB^* \backsim \triangle CHB^* \tag{5.1.271}$$

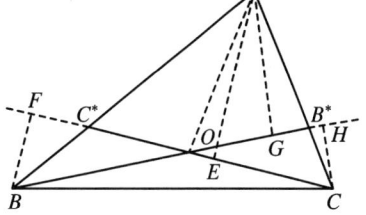

图 5.29

则
$$\frac{BF}{AE} = \frac{BC^*}{AC^*}, \quad \frac{AG}{CH} = \frac{AB^*}{CB^*} \tag{5.1.272}$$

代上式入公式(5.1.270),得引理的结论.

现在回到本题.设 BC_1 与 CB_2 交于点 P,利用上述引理,有
$$\frac{BP}{PC_1} = \frac{BB_2}{B_2A}\left(\frac{AC_1}{C_1C} + 1\right) = \frac{1}{2}\left(\frac{1}{2} + 1\right) = \frac{3}{4} \tag{5.1.273}$$

设 BC_1 与 CB_1 相交于点 Q,再利用上述引理,有
$$\frac{BQ}{QC_1} = \frac{BB_1}{B_1A}\left(\frac{AC_1}{C_1C} + 1\right) = 2\left(\frac{1}{2} + 1\right) = 3 \tag{5.1.274}$$

从上二式,分别有
$$BP = \frac{3}{7}BC_1, \quad QC_1 = \frac{1}{4}BC_1 \tag{5.1.275}$$

利用上式,有
$$PQ = \frac{9}{28}BC_1 \tag{5.1.276}$$

利用公式(5.1.275)和(5.1.276),我们有

$$\frac{BP}{12} = \frac{PQ}{9} = \frac{QC_1}{7} \quad (5.1.277)$$

完全类似地,设 BC_2 与 CB_2 交于点 S,有

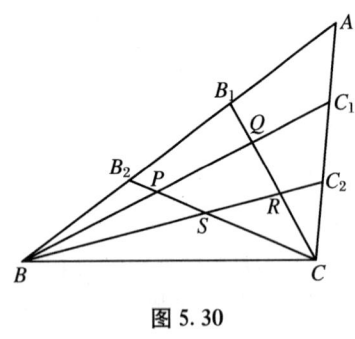

图 5.30

$$\frac{BS}{SC_2} = \frac{BB_2}{B_2A}\left(\frac{AC_2}{C_2C} + 1\right) = \frac{3}{2} \quad (5.1.278)$$

又设 BC_2 与 CB_1 交于点 R(图 5.30),有

$$\frac{BR}{RC_2} = \frac{BB_1}{B_1A}\left(\frac{AC_2}{C_2C} + 1\right) = 6 \quad (5.1.279)$$

从上面叙述,有

$$BS = \frac{3}{5}BC_2, \quad RC_2 = \frac{1}{7}BC_2 \quad (5.1.280)$$

立即可以得到

$$RS = \frac{9}{35}BC_2 \quad (5.1.281)$$

于是,有

$$\frac{BS}{21} = \frac{RS}{9} = \frac{RC_2}{5} \quad (5.1.282)$$

利用公式(5.1.277)和上式,有

$$\frac{S_{\triangle BPS}}{S_{\triangle BQR}} = \frac{BP \cdot BS}{BQ \cdot BR} = \frac{12}{21} \times \frac{21}{30} = \frac{2}{5} \quad (5.1.283)$$

利用上式,有

$$\frac{S_{PQRS}}{S_{\triangle BQR}} = \frac{3}{5} \quad (5.1.284)$$

又利用公式(5.1.277)和(5.1.282),有

$$\frac{S_{\triangle BQR}}{S_{\triangle BC_1C_2}} = \frac{BQ \cdot BR}{BC_1 \cdot BC_2} = \frac{21}{28} \times \frac{30}{35} = \frac{9}{14} \quad (5.1.285)$$

明显地,利用题目条件,有

$$S_{\triangle BC_1C_2} = \frac{1}{3}S_{\triangle ABC} = \frac{1}{3} \quad (5.1.286)$$

利用上面叙述,有

$$S_{PQRS} = \frac{9}{70} \quad (5.1.287)$$

例 27 (1) 在非钝角 $\triangle ABC$ 中,$\angle C = \frac{\pi}{6}$,外接圆圆心是点 O,内心是点 I,点 D 和 E 分别在直线 BC 和 AC 上,且 $BD = AE = AB$(图 5.31). 求证: $DE = IO$,且 $DE \perp IO$.

(2) 在一个非钝角 $\triangle ABC$ 中,$AB > AC$,$\angle B = \frac{\pi}{4}$. 点 O 和 I 分别是 $\triangle ABC$ 的外心和内心,且 $\sqrt{2}OI = AB - AC$,求 $\sin A$.

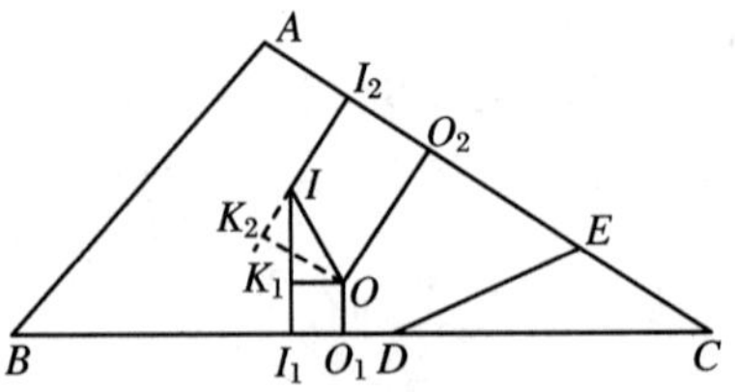

图 5.31

解:(1) 依惯例,依次用 a, b, c 表示 BC, CA, AB,先不考虑 $\angle C = \frac{\pi}{6}$ 这一条件. 过点 O 分别作 BC, AC 的垂线,垂足分别记为 O_1, O_2,过点 I 分别作 BC, AC 的垂线,垂足分别记为 I_1, I_2. 过点 O 分别作直线 II_1, II_2 的垂线,垂足分别记为 K_1, K_2.

于是,有
$$BI_1 = \frac{1}{2}(a + c - b) \tag{5.1.288}$$

当 $b \geqslant c$ 时,从上式知道 $BI_1 \leqslant \frac{1}{2}a$,以及

$$I_1O_1 = BO_1 - BI_1 = \frac{1}{2}(b - c) \tag{5.1.289}$$

当 $b < c$ 时,利用公式(5.1.288),有 $BI_1 > \frac{1}{2}a$,于是,有

$$I_1O_1 = BI_1 - BO_1 = \frac{1}{2}(c - b) \tag{5.1.290}$$

综上所述,有

$$I_1O_1 = \frac{1}{2}|b - c| \tag{5.1.291}$$

完全类似地,有

$$I_2O_2 = \frac{1}{2}|a - c| \tag{5.1.292}$$

从作图可以知道

$$\left. \begin{array}{l} K_1O = I_1O_1 = \frac{1}{2}|b - c| \\ K_2O = I_2O_2 = \frac{1}{2}|a - c| \end{array} \right\} \tag{5.1.293}$$

由于 $K_1O \parallel BC, K_2O \parallel AC$,则

$$\angle K_2OK_1 = \angle DCE \tag{5.1.294}$$

由题目条件,可以得到

$$EC = |b - AE| = |b - AB| = |b - c| \tag{5.1.295}$$

完全类似地,有

$$DC = |a - c| \tag{5.1.296}$$

利用上面叙述,有

$$\frac{K_1O}{K_2O} = \frac{|b - c|}{|a - c|} = \frac{EC}{DC} \tag{5.1.297}$$

利用公式(5.1.294)和上式,有

$$\triangle K_1OK_2 \backsim \triangle ECD \tag{5.1.298}$$

从上式,有

$$\angle K_1K_2O = \angle EDC \tag{5.1.299}$$

又由于

$$\angle IK_1O = \frac{\pi}{2} = \angle IK_2O \tag{5.1.300}$$

则 O, K_1, K_2, I 四点共圆,从而,有

$$\angle K_1IO = \angle K_1K_2O = \angle EDC \tag{5.1.301}$$

又由于 $K_1I \perp BC$,可以得到

$$IO \perp DE \tag{5.1.302}$$

由于 $\triangle IK_1O$ 是一个直角三角形,利用公式(5.1.293)和(5.1.301),有

$$\sin \angle EDC = \sin \angle K_1IO = \frac{K_1O}{OI} = \frac{|b - c|}{2OI} \tag{5.1.303}$$

利用公式(5.1.295)及上式,有

$$OI = \frac{|b-c|}{2\sin \angle EDC} = \frac{EC}{2\sin \angle EDC} \qquad (5.1.304)$$

现在将题目条件$\angle C = \frac{\pi}{6}$引入,在$\triangle CDE$中,利用正弦定理,有

$$\frac{EC}{\sin \angle EDC} = \frac{DE}{\sin \frac{\pi}{6}} = 2DE \qquad (5.1.305)$$

利用公式(5.1.304)和上式,有

$$OI = DE \qquad (5.1.306)$$

注:本例(1)只对非钝角三角形进行讨论.钝角三角形情况留给读者.

(2) 利用题目条件和公式(5.1.290),有

$$I_1 O_1 = \frac{1}{2}(c - b) = \frac{\sqrt{2}}{2} OI \qquad (5.1.307)$$

于是,记点O在II_1上的垂足是点K_1(见图5.32),或记点I在OO_1上的垂足是点K_1(见图5.33).无论哪一种情况,利用题目条件,可以知道$\mathrm{Rt}\triangle OIK_1$都是等腰直角三角形(利用图5.32,有$OK_1 = I_1 O_1 = \frac{\sqrt{2}}{2} OI$,利用图5.33,有$IK_1 = I_1 O_1 = \frac{\sqrt{2}}{2} OI$),以及在图5.32,有

$$OI \mathbin{/\mkern-5mu/} AB \qquad (5.1.308)$$

在图5.33,有

$$OI \perp AB \qquad (5.1.309)$$

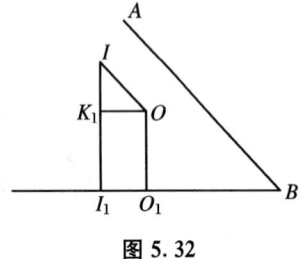

图 5.32

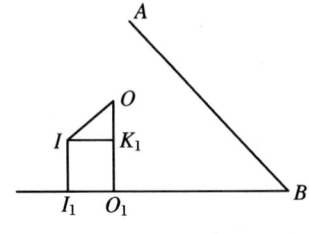

图 5.33

先考虑图5.33,知道$O_2 I_2$具有零长度,即(1)中两点O_2与I_2重合.利用公式(5.1.292),当然由于图形字母不同,实际上将(1)中b与c,$\angle B$与$\angle C$互换,得(2)中情况.知道OI在边AB上的投影长是$\frac{1}{2}|a-b|$,从而,有

$$a = b \qquad (5.1.310)$$

于是,可以得到

$$\angle A = \frac{\pi}{4}, \quad \angle B = \frac{\pi}{2}, \quad \sin A = \frac{\sqrt{2}}{2} \qquad (5.1.311)$$

再考虑图5.32情况,有

$$OI = O_2 I_2 = \frac{1}{2}|a-b| \qquad (5.1.312)$$

利用公式(5.1.307)和上式,有

$$|a-b| = \sqrt{2}(c-b) \qquad (5.1.313)$$

再利用$\triangle ABC$的正弦定理,以及题目条件,有

$$\left|\sin A - \frac{\sqrt{2}}{2}\right| = \sqrt{2}\left(\sin C - \frac{\sqrt{2}}{2}\right) \tag{5.1.314}$$

由于 $\triangle ABC$ 是一个非钝角三角形,又 $\angle B = \frac{\pi}{4}$,则 $\frac{\pi}{2} \geqslant A \geqslant \frac{\pi}{4}$,于是,有

$$\sin A \geqslant \frac{\sqrt{2}}{2} \tag{5.1.315}$$

利用上式,展开公式(5.1.314),可以看到

$$\sqrt{2}\sin C - \sin A = 1 - \frac{\sqrt{2}}{2} \tag{5.1.316}$$

又由于

$$C = \frac{3\pi}{4} - A \tag{5.1.317}$$

可以得到

$$\sqrt{2}\left(\frac{\sqrt{2}}{2}\cos A + \frac{\sqrt{2}}{2}\sin A\right) - \sin A = 1 - \frac{\sqrt{2}}{2} \tag{5.1.318}$$

化简上式,有

$$\cos A = 1 - \frac{\sqrt{2}}{2} \tag{5.1.319}$$

利用上式,有

$$\sin A = \sqrt{1 - \cos^2 A} = \sqrt{\sqrt{2} - \frac{1}{2}} \tag{5.1.320}$$

注:题目(2)是我编的一个题目,被选作1998年中国数学奥林匹克的一个试题.许多同学只给出了一个答案.

例 28 设 $ABCD$ 是圆内接四边形,圆心为点 O. $\angle A$ 和 $\angle B$ 的两条内角平分线相交于点 P, $\angle B$ 和 $\angle C$ 的两条内角平分线相交于点 Q,$\angle C$ 和 $\angle D$ 的两条内角平分线相交于点 R,$\angle D$ 和 $\angle A$ 的两条内角平分线相交于点 S(图 5.34).求证:

(1) 凸四边形 $PQRS$ 是一个圆内接四边形;

(2) $PR \perp QS$.

证明:(1) 利用题目条件,可以看到

$\angle QPS + \angle QRS$

$= \angle APB + \angle CRD$

$= \left[\pi - \frac{1}{2}(\angle A + \angle B)\right] + \left[\pi - \frac{1}{2}(\angle C + \angle D)\right]$

$= \pi \tag{5.1.321}$

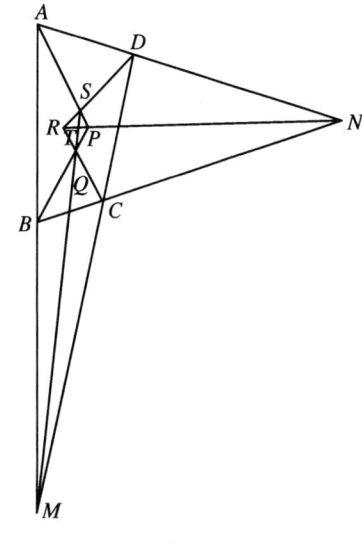

图 5.34

这里利用凸四边形 $ABCD$ 的内角和是 2π. 于是,$PQRS$ 也是一个圆内接四边形.

(2) 当 $AB /\!/ CD$,或 $BC /\!/ AD$ 时,$ABCD$ 是圆内接等腰梯形.不妨设 $BC /\!/ AD$,这等腰梯形有一条对称轴 L,圆心 O 在这直线 L 上,两点 Q,S 也在 L 上,利用对称性,可以看到

$$\text{Rt}\triangle QPS \cong \text{Rt}\triangle QRS \tag{5.1.322}$$

QS 是等腰 $\triangle QPR$ 的 $\angle Q$ 的内角平分线,则 $QS \perp PR$.

于是在 $BC /\!/ AD$ 时,题目结论(2)成立.当 $AB /\!/ CD$ 时,完全类似可得结论.

剩下考虑 BC 与 AD 不平行,且 AB 与 CD 也不平行的情况.设射线 AB 与射线 DC 交于点

M,射线 AD 与射线 BC 交于点 N,又设点 T 是 PR 与 QS 的交点.在 $\triangle ABN$ 中,点 P 是内心.射线 NP 是 $\angle ANB$ 的内角平分线.在 $\triangle NCD$ 中,$\angle ANB$(即 $\angle CND$)的内角平分线与 $\angle ADC$ 的内角平分线(作为 $\angle NDC$ 的外角平分线),$\angle BCD$ 的内角平分线(作为 $\angle DCN$ 的外角平分线)必交于一点,即交于点 R.于是 3 点 N,P,R 在同一条直线上.类似地,3 点 M,Q,S 也在同一条直线上.

利用上面的叙述,可以看到
$$\angle MTN = \angle AMT + \angle ANT + \angle BAD$$
$$= \left(\frac{1}{2}\angle AMD + \frac{1}{2}\angle BAD\right) + \left(\frac{1}{2}\angle BAD + \frac{1}{2}\angle AMB\right)$$
$$= \frac{1}{2}(\pi - \angle ADC) + \frac{1}{2}(\pi - \angle ABC) = \frac{\pi}{2} \tag{5.1.323}$$

于是,题目结论(2)成立.

例 29 锐角 $\triangle ABC$ 中,P 是内部一点,已知有唯一一个等边 $\triangle XYZ$,使得点 X,Y 和 Z 分别在 $\triangle ABC$ 的三条边上,而且点 P 恰在这 $\triangle XYZ$ 的一条边上(图 5.35).指出这个等边 $\triangle XYZ$ 的一种作法.

解:以 AB 为弦,向 $\triangle ABC$ 内部作一段圆弧 $\overparen{AOB}$,使得
$$\angle AOB = \angle C + \frac{\pi}{3} \tag{5.1.324}$$

以 BC 为弦,类似地向 $\triangle ABC$ 内部作一段圆弧 $\overparen{BOC}$,使得
$$\angle BOC = \angle A + \frac{\pi}{3} \tag{5.1.325}$$

点 O 是这两段圆弧的交点,而且,有
$$\angle AOC = 2\pi - \angle AOB - \angle BOC = \angle B + \frac{\pi}{3} \tag{5.1.326}$$

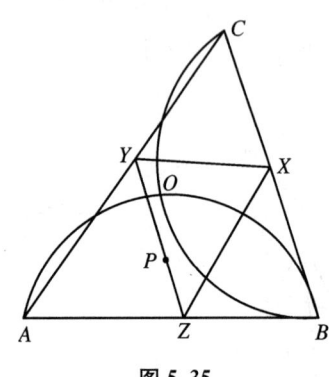

图 5.35

作 $\angle OYP$,使得点 Y 在边 AC 上,且满足 $\angle OYP = \angle OAB$,又作 $\angle OYX = \angle OCB$,使得点 X 在边 BC 上延长 YP 交边 AB 于点 Z(图 5.35).下面证明 $\triangle XYZ$ 是一个等边三角形.

由于
$$\angle OYZ = \angle OYP = \angle OAB = \angle OAZ \tag{5.1.327}$$
则 O,Y,A,Z 四点共圆.从而,有
$$\angle OZY = \angle OAY, \quad \angle A + \angle YOZ = \pi \tag{5.1.328}$$
又由于
$$\angle OYX = \angle OCB = \angle OCX \tag{5.1.329}$$
则 O,Y,C,X 四点共圆,从而,有
$$\angle OXY = \angle OCY, \quad \angle C + \angle YOX = \pi \tag{5.1.330}$$

利用公式(5.1.328)的第二个等式,以及上式的第二个等式,我们有
$$\angle B + \angle ZOX = (\pi - \angle A - \angle C) + (2\pi - \angle YOX - \angle YOZ) = \pi \tag{5.1.331}$$
于是,B,X,O,Z 四点共圆,从而,有
$$\angle OXZ = \angle OBZ, \quad \angle OZX = \angle OBX \tag{5.1.332}$$

利用上面叙述,我们可以看到
$$\angle AOB + \angle BOC + (\angle B + \angle OAZ + \angle OCX) = \angle AOB + \angle BOC + \angle AOC$$
$$= 2\pi \tag{5.1.333}$$

利用题目开始时圆弧的作法及上式,有

$$2\pi = \left(\angle C + \frac{\pi}{3}\right) + \left(\angle A + \frac{\pi}{3}\right) + \angle B + \angle OAZ + \angle OCX$$

$$= \frac{5\pi}{3} + (\angle OYZ + \angle OYX)(\text{利用公式}(5.1.327)\text{ 和}(5.1.329))$$

$$= \frac{5\pi}{3} + \angle ZYX \tag{5.1.334}$$

从上式,立即有

$$\angle ZYX = \frac{\pi}{3} \tag{5.1.335}$$

完全类似可以证明

$$\angle AOC + \angle BOC + (\angle C + \angle OAY + \angle OBX) = 2\pi \tag{5.1.336}$$

以及

$$\angle YZX = \frac{\pi}{3} \tag{5.1.337}$$

利用公式(5.1.335)和(5.1.337),我们知道 $\triangle XYZ$ 是一个等边三角形. 由于是唯一的(题目条件), 这三角形就是所求的.

本题只是在等边 $\triangle XYZ$ 存在且唯一的情况下, 作出这个等边三角形, 即 $\angle OYP$ 和 $\angle OYX$ 都存在的条件下, 讨论这个问题. 我们并不讨论点 P 的位置与等边 $\triangle XYZ$ 存在的关系, 这一问题比较复杂. 下面一段文字, 我们证明 $\angle OYP$ 和 $\angle OYX$ 的确存在.

由于等边 $\triangle XYZ$ 存在, 作 $\triangle AYZ$ 的外接圆与 $\triangle CXY$ 的外接圆, 这两个外接圆不可能相切于点 Y. 用反证法, 设这两个外接圆相切于点 Y, 则过点 Y 作这两个外接圆的公切线, 有

$$\frac{\pi}{3} = \angle XYZ = \angle C + \angle A (\text{利用弦切角等于同弧上的圆周角}) = \pi - \angle B \tag{5.1.338}$$

这与 $\triangle ABC$ 是锐角三角形条件矛盾.

因此, 这两个外接圆相交, 一个交点是点 Y, 设另一个交点是点 O^*.

$$\angle XO^*Z + \angle B = (2\pi - \angle YO^*Z - \angle XO^*Y) + (\pi - \angle A - \angle C)$$

$$= 3\pi - (\angle YO^*Z + \angle A) - (\angle XO^*Y + \angle C) = \pi \tag{5.1.339}$$

因此, 点 O^* 也在 $\triangle BZX$ 的外接圆上. 利用上面叙述, 有

$$\angle AO^*B = \angle AO^*Z + \angle BO^*Z$$

$$= \angle AYZ + \angle BXZ(\text{利用点 } O^* \text{ 在 } \triangle AYZ \text{ 的外接圆上, 也在 } \triangle BXZ \text{ 的外接圆上})$$

$$= (\pi - \angle A - \angle YZA) + (\pi - \angle B - \angle XZB)$$

$$= 2\pi - (\pi - \angle C) - \left(\pi - \frac{\pi}{3}\right) = \angle C + \frac{\pi}{3} \tag{5.1.340}$$

同理, 有

$$\angle BO^*C = \angle A + \frac{\pi}{3} \tag{5.1.341}$$

因此, 点 O^* 与点 O 重合, 因而本题开始时的作法是允许的.

下面介绍平面几何中的一个有用的概念: 根轴.

根轴的定义　在平面上, 有两个圆, 到这两个圆的切线段长相等的点在垂直于连心线的一条直线上, 这条直线称为这两个圆的根轴.

首先, 根轴定义的第一句话是要证明的. 根据平面上两圆的相互位置, 分两圆外切, 两圆相交, 两圆内切, 两圆分离, 一圆在另一圆内部五种情况. 由于证明很简单, 选择其中三种情况证明, 剩下两种情况留给读者练习.

① 两圆外切情况. 两圆连心线所在直线作为 x 轴, 公切点作为原点, 公切线作为 y 轴, 建立

平面直角坐标系.一流动点 $P(x,y)$ 到这两圆的切线段长相等.设一圆的圆心坐标是 $(-r,0)$,这里 r 是这圆的半径,另一圆的圆心坐标是 $(R,0)$,R 是这另一圆的半径(图 5.36(a)),于是,有

$$[(x+r)^2 + y^2] - r^2 = [(x-R)^2 + y^2] - R^2 \tag{5.1.342}$$

化简上式,有

$$2rx = -2Rx, \quad x = 0 \tag{5.1.343}$$

满足条件的点 P 在 y 轴上,根轴就是这两圆的公切线.

② 两圆相交.设公共弦所在直线为 y 轴,两圆连心线所在直线为 x 轴(图 5.36(b)).设公共弦长 $2a$,两圆的半径分别为 r,R,两圆心的坐标分别是 $(-\sqrt{r^2-a^2},0),(\sqrt{R^2-a^2},0)$.类似地,有

$$[(x+\sqrt{r^2-a^2})^2 + y^2] - r^2 = [(x-\sqrt{R^2-a^2})^2 + y^2] - R^2 \tag{5.1.344}$$

化简上式,得

$$2\sqrt{r^2-a^2}\,x = -2\sqrt{R^2-a^2}\,x, \quad x = 0 \tag{5.1.345}$$

满足条件的点在 y 轴上,即这根轴是公共弦所在直线,与连心线垂直.

③ 一圆包含另一圆,设大圆圆心为原点,连心线所在直线为 x 轴,建立直角坐标系(图 5.36(c)),类似地,有

$$(x^2+y^2) - R^2 = [(x-a)^2 + y^2] - r^2 \tag{5.1.346}$$

化简上式,有

$$x = \frac{1}{2a}(R^2 - r^2 + a^2) \tag{5.1.347}$$

根轴在垂直于连心线的直线上.

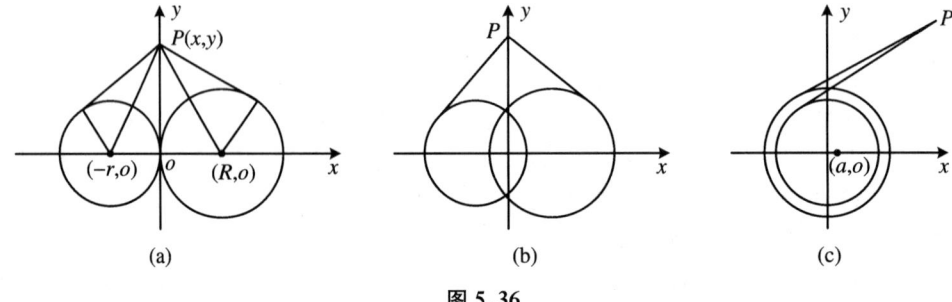

图 5.36

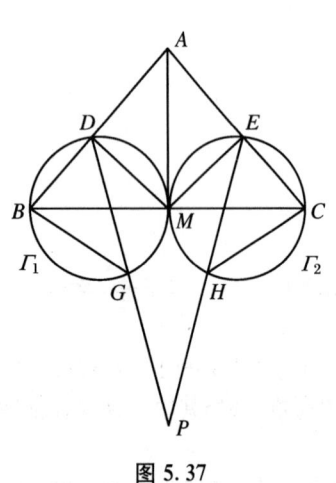

图 5.37

下面举 3 个应用根轴的例题.

例 30 在 $\triangle ABC$ 中,点 M 是边 BC 的中点,分别以 BM,MC 为直径作两个圆,分别交边 AB,AC 于点 D,E,$\triangle ADE$ 的外接圆记为 Γ,分别过点 D 和 E 作圆 Γ 的两条切线,相交于点 P(图 5.37).求证:$PB = PC$.

证明: 利用题目条件,有

$$\angle BDM = \frac{\pi}{2}, \quad \angle MEC = \frac{\pi}{2} \tag{5.1.348}$$

于是,四点 A,D,M,E 在同一个圆周上.由题目条件,这圆周就是 Γ.设 PD 交 $\triangle BDM$ 的外接圆 Γ_1 于点 G,PE 交 $\triangle CEM$ 的外接圆 Γ_2 于点 H.下面证明,点 P 在两圆 Γ_1 和 Γ_2 的根轴上.由前面介绍,只须证明

$$PG \cdot PD = PH \cdot PE \tag{5.1.349}$$

因为上式左端是点 P 到圆 Γ_1 的切线段长平方,上式右端是点 P 到圆 Γ_2 的切线段长平方.由题目条件,有
$$PD = PE \tag{5.1.350}$$
剩下证明 $PG = PH$,利用上式,只须证明
$$GD = EH \tag{5.1.351}$$
由于圆 Γ_1 与圆 Γ_2 是等半径的圆,要证明上式,只须证明
$$\sin \angle DBG = \sin \angle ECH \tag{5.1.352}$$
由于
$$\angle DBG = \angle ABM + \angle GBM = \angle ABM + \angle GDM = \angle ABM + \angle BAM = \angle AMC \tag{5.1.353}$$
同理,有
$$\angle ECH = \angle AMB \tag{5.1.354}$$
由于
$$\angle AMC + \angle AMB = \pi \tag{5.1.355}$$
利用上面叙述,知道公式(5.1.352)成立.从而点 P 的确在外切的两圆 Γ_1,Γ_2 的根轴(公切线)上,从而有
$$PM \perp BC(\text{两圆 } \Gamma_1 \text{ 和 } \Gamma_2 \text{ 的连心线}) \tag{5.1.356}$$
由于题目条件,有
$$BM = MC \tag{5.1.357}$$
利用上二式,题目结论成立.

例 31 设凸四边形 $ABCD$ 是圆内接四边形,点 P 是其内部一点,满足 $\angle BPC = \angle BAP + \angle PDC$.$E,F$ 和 G 分别是点 P 到 AB,AD 和 DC 的垂足.求证:$\triangle FEG \backsim \triangle PBC$.

证明:分两种情况讨论:

(1) 当 $AB \parallel CD$ 时,$ABCD$ 是圆内接等腰梯形,边 AB 的中点 E 与边 CD 的中点 G 的连线段是这等腰梯形的对称轴在这梯形内的部分.过这线段 EG 内任意一点 P 作一条 AB 的平行线分别交边 AD,BC 于 X,Y 两点(图 5.38).当点 P 沿着线段 XY 由点 Y 向点 X 方向移动时,$\angle BPC$ 在严格递减,而 $\angle BAP + \angle PDC$ 在严格递增.因此,在线段 XY 上至多只有一点 P 满足
$$\angle BPC = \angle BAP + \angle PDC \tag{5.1.358}$$
设线段 XY 与对称轴线段 EG 的交点是 P.由于
$$\begin{aligned}\angle BPC &= \angle BPY + \angle CPY = \angle PBA + \angle PCD(\text{利用 } XY \parallel AB \parallel CD) \\&= \angle BAP + \angle PDC(\text{利用 } PC = PD)\end{aligned} \tag{5.1.359}$$
因此,对称轴线段 EG 内的每一点就是题目中的点 P,再作 $PF \perp AD$,由于点 P 在对称轴线段 EG 上,可以看到
$$\angle PBC = \angle PAD, \quad \angle PCB = \angle PDA \tag{5.1.360}$$
又利用 P,E,A,F 四点共圆,有
$$\angle PAD = \angle PAF = \angle PEF = \angle GEF \tag{5.1.361}$$
又利用 P,F,D,G 四点共圆,有
$$\angle PDA = \angle PDF = \angle PGF = \angle EGF \tag{5.1.362}$$
利用公式(5.1.360),(5.1.361)和上式,有
$$\triangle PBC \backsim \triangle FEG \tag{5.1.363}$$

(2) 当 AB 与 CD 不平行时,在 $\angle BPC$ 内作一条射线 PT,满足

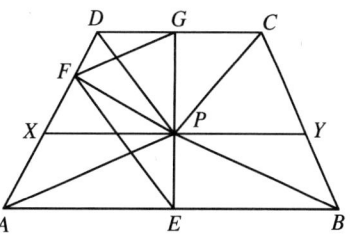

图 5.38

$$\angle BPT = \angle BAP \qquad (5.1.364)$$

由题目条件,有

$$\angle CPT = \angle PDC \qquad (5.1.365)$$

由于 AB 不平行于 CD,设射线 BA 与射线 CD 相交于点 Q(图 5.39),由公式(5.1.364)和(5.1.365)可以知道,直线 PT 是 $\triangle PAB$ 的外接圆 Γ_1 与 $\triangle PCD$ 的外接圆 Γ_2 的公切线,也是这两个圆的根轴. 又由于 $ABCD$ 是圆内接四边形,有

$$QA \cdot QB = QD \cdot QC \qquad (5.1.366)$$

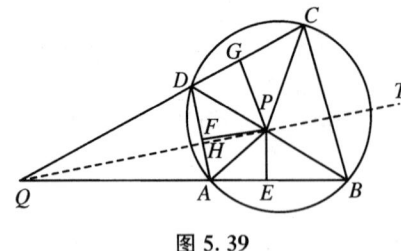

图 5.39

于是点 Q 到圆 Γ_1 的切线段长等于点 Q 到圆 Γ_2 的切线段长. 利用根轴的定义,点 Q 在两圆 Γ_1, Γ_2 的根轴上,即点 Q 在直线 PT 上,这是本题的一个关键点. 于是,有

$$\angle BPC = \angle BAP + \angle PDC = \angle PAE + \angle PDG$$
$$= \angle PFE + \angle PFG = \angle EFG \qquad (5.1.367)$$

这里利用 P, E, A, F 四点共圆,以及利用 P, F, D, G 四点共圆. 又可以看到

$$\angle PBC = \angle ABC - \angle PBA$$
$$= \angle QDA - \angle APQ(\text{利用 } ABCD \text{ 是圆内接四边形,以及直线 } PT \text{ 是} \triangle PAB \text{ 的外接圆的切线})$$
$$\qquad\qquad\qquad\qquad\qquad\qquad\qquad\qquad\qquad\qquad (5.1.368)$$

设 PQ 与 DA 交于点 H,容易看到

$$\angle QDA + \angle DQP = \angle QDH + \angle DQH = \pi - \angle QHD = \pi - \angle AHP$$
$$= \angle HAP + \angle HPA = \angle DAP + \angle APQ \qquad (5.1.369)$$

利用上二式,有

$$\angle PBC = \angle DAP - \angle DQP = \angle FAP - \angle GEP(\text{利用 } P, E, Q, G \text{ 四点共圆})$$
$$= \angle FEP - \angle GEP = \angle FEG \qquad (5.1.370)$$

利用公式(5.1.367)和(5.1.370),有

$$\triangle FEG \backsim \triangle PBC \qquad (5.1.371)$$

例 32 设点 O 和点 I 分别是 $\triangle ABC$ 的外心和内心,$\triangle ABC$ 的内切圆与边 BC, CA, AB 分别相切于点 D, E, F. 直线 FD 与直线 CA 相交于点 P,直线 DE 与直线 AB 相交于点 Q,点 M, N 分别是线段 PE, QF 的中点(图 5.40). 求证:$OI \perp MN$.

证明: 依惯例,用 a, b, c 依次表示 $\triangle ABC$ 的三边 BC, CA, AB. 首先指出 $a \neq c$,如果 $a = c$,则 $DF // AC$,与题目条件不符. 不妨设 $a > c$($a < c$ 的类似证明留给读者练习),考虑 $\triangle ABC$ 与截线 PFD,利用 Menelaus 定理,有

$$\frac{CP}{PA} \cdot \frac{AF}{FB} \cdot \frac{BD}{DC} = 1 \qquad (5.1.372)$$

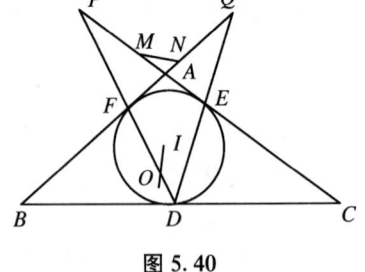

图 5.40

用 p 表示 $\triangle ABC$ 的半周长,有

$$\left. \begin{array}{l} AF = AE = \dfrac{1}{2}(b + c - a) = p - a \\ EC = DC = \dfrac{1}{2}(a + b - c) = p - c \end{array} \right\} \qquad (5.1.373)$$

利用公式(5.1.372)和(5.1.373),有

$$\frac{PA}{PC} = \frac{AF}{FB} \cdot \frac{BD}{DC} = \frac{AF}{DC} = \frac{p-a}{p-c} \qquad (5.1.374)$$

利用上式,有

$$\frac{PA}{AC} = \frac{PA}{PC - PA} = \frac{p-a}{(p-c)-(p-a)} = \frac{p-a}{a-c} \tag{5.1.375}$$

从上式,有

$$PA = \frac{b(p-a)}{a-c} \tag{5.1.376}$$

于是,可以看到

$$PE = PA + AE = \frac{b(p-a)}{a-c} + (p-a) = \frac{2(p-a)(p-c)}{a-c} \tag{5.1.377}$$

由题目条件及上式,有

$$ME = \frac{1}{2}PE = \frac{(p-a)(p-c)}{a-c} \tag{5.1.378}$$

$$MA = ME - AE = \frac{(p-a)^2}{a-c} \tag{5.1.379}$$

这里利用上式及公式(5.1.373)的第一个等式.

$$MC = ME + EC = \frac{(p-c)^2}{a-c} \tag{5.1.380}$$

这里利用公式(5.1.373)的第二个等式及公式(5.1.378).

利用上面叙述,有

$$MA \cdot MC = ME^2 \tag{5.1.381}$$

因为 ME 是点 M 到 $\triangle ABC$ 的内切圆的切线段长,而 $MA \cdot MC$ 是点 M 到 $\triangle ABC$ 的外接圆的切线段长平方.公式(5.1.381)表明,点 M 在这两个圆的根轴上.同理,点 N 也在这两个圆的根轴上.利用根轴垂直于连心线,题目结论成立.

下面再对例 28 补充几句话,利用题目条件,有

$$\begin{aligned}
\angle SDC &= \frac{1}{2}\angle ADC = \frac{1}{2}(\pi - \angle DAB - \angle AMD) \\
&= \frac{1}{2}(\angle BCD - \angle AMD) = \angle QCD - \angle QMD \\
&= \angle MQC = \pi - \angle SQC(\text{利用 } S, Q, M \text{ 三点在同一条直线上})
\end{aligned} \tag{5.1.382}$$

于是,四点 S, Q, C, D 是共圆的.从而,有

$$MC \cdot MD = MQ \cdot MS \tag{5.1.383}$$

这表明点 M 到凸四边形 $ABCD$ 的外接圆(题目条件)的切线段长等于点 M 到凸四边形 $PQRS$ 的外接圆(题目结论(1))的切线段长.完全类似地,有 B, C, P, R 四点共圆,以及

$$NC \cdot NB = NP \cdot NR \tag{5.1.384}$$

点 N 到凸四边形 $ABCD$ 的外接圆的切线段长等于点 N 到凸四边形 $PQRS$ 的外接圆的切线段长.于是,直线 MN 是这两个外接圆的根轴.设点 X 是凸四边形 $PQRS$ 的外接圆的圆心,利用根轴性质,有

$$OX \perp MN \tag{5.1.385}$$

5.2 三角函数法

三角函数作为工具,解决平面几何题目,是本节要介绍的.

例 1 在锐角 $\triangle ABC$ 中,射线 AN 交线段 BC 于点 L,交 $\triangle ABC$ 的外接圆于点 N,$LK \perp AB$

交 AB 于点 K，$LM \perp AC$ 交 AC 于点 M(图 5.41)．问 $S_{AKNM} = S_{\triangle ABC}$ 的充要条件是 AN 应在什么位置？证明你的结论．

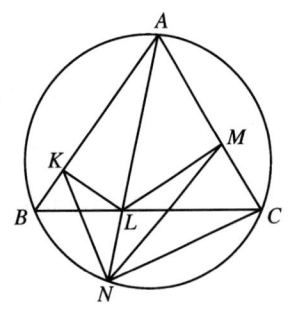

图 5.41

解：记

$$\angle BAL = x, \quad 则 \quad \angle LAC = A - x \tag{5.2.1}$$

又设 AN 与 KM 的交角为 θ（非钝角），明显地，有

$$S_{AKLM} = \frac{1}{2} AL \cdot KM \sin \theta \tag{5.2.2}$$

又

$$S_{AKLM} = S_{\triangle AKL} + S_{\triangle AML} = \frac{1}{2} AK \cdot KL + \frac{1}{2} AM \cdot ML$$

$$= \frac{1}{4}(AL)^2 [\sin 2x + \sin 2(A - x)] \tag{5.2.3}$$

由于 A, K, L, M 是四点共圆的，且 AL 是这圆的一条直径．于是，有

$$KM = AL \sin A \tag{5.2.4}$$

利用上面叙述，有

$$2 \sin A \sin \theta = \sin 2x + \sin 2(A - x) = 2 \sin A \cos(A - 2x) \tag{5.2.5}$$

从上式，有

$$\sin \theta = \cos(A - 2x) \tag{5.2.6}$$

利用公式(5.2.4)和上式，有

$$S_{AKNM} = \frac{1}{2} AN \cdot KM \sin \theta = \frac{1}{2} AN \cdot AL \sin A \sin \theta$$

$$= \frac{1}{2} AL \cdot AN \sin A \cos(A - 2x) \tag{5.2.7}$$

在 $\triangle ABL$ 中，利用正弦定理，有

$$\frac{AB}{\sin \angle BLA} = \frac{AL}{\sin B}, \quad 则 \quad AL = \frac{AB \sin B}{\sin \angle BLA} \tag{5.2.8}$$

在 $\triangle ANC$ 中，也利用正弦定理，有

$$\frac{AC}{\sin B} = \frac{AN}{\sin \angle ACN}, \quad 则 \quad AN = \frac{AC \sin \angle ACN}{\sin B} \tag{5.2.9}$$

明显地，有

$$\angle ACN = C + x, \quad \angle BLA = C + (A - x) \tag{5.2.10}$$

利用上面叙述，有

$$S_{AKNM} = S_{\triangle ABC} \frac{\sin(C + x) \cos(A - 2x)}{\sin(C + A - x)} \tag{5.2.11}$$

因此，利用上式，$S_{AKNM} = S_{\triangle ABC}$ 的充要条件是

$$\sin(C + x) \cos(A - 2x) = \sin(C + A - x) \tag{5.2.12}$$

上式两端乘以 2，左端积化和差，有

$$\sin(C + A - x) + \sin(C + 3x - A) = 2\sin(C + A - x) \tag{5.2.13}$$

化简上式，有

$$\sin(C + 3x - A) = \sin(C + A - x) \tag{5.2.14}$$

上式是 $S_{AKNM} = S_{\triangle ABC}$ 的充要条件．

由于 $x \in [0, A]$，则

$$0 < C \leqslant C + A - x \leqslant C + A < \pi \tag{5.2.15}$$

利用上式，有

$$\sin(C + A - x) > 0 \tag{5.2.16}$$

又利用△ABC 是一个锐角三角形,有

$$-\frac{\pi}{2} < C - A \leqslant C + 3x - A \leqslant C + 2A < \frac{3\pi}{2} \tag{5.2.17}$$

利用公式(5.2.14),不等式(5.2.16)和上式,有

$$\sin(C + 3x - A) > 0, \quad 0 < C + 3x - A < \pi \tag{5.2.18}$$

综上所述,有下述两种可能性.

① $C + A - x = C + 3x - A$,则

$$x = \frac{A}{2} \tag{5.2.19}$$

AN 是 $\angle A$ 的内角平分线.

② $(C + A - x) + (C + 3x - A) = \pi$,则

$$x + C = \frac{\pi}{2} \tag{5.2.20}$$

AN 是△ABC 的外接圆的一条直径.

注:这是我自编的一道题目.

例 2 △$A_1 A_2 A_3$ 是一个锐角三角形,外接圆圆心为 O,点 P_1, Q_1(Q_1 不同于点 A_1)分别表示射线 $A_1 O$ 与边 $A_2 A_3$ 及△$A_1 A_2 A_3$ 的外接圆的交点(图 5.42).类似有点 $P_2, Q_2; P_3, Q_3$,求证:

(1) $\dfrac{OP_1}{P_1 Q_1} + \dfrac{OP_2}{P_2 Q_2} + \dfrac{OP_3}{P_3 Q_3} \geqslant 3$;

(2) $\dfrac{A_1 P_1}{P_1 Q_1} + \dfrac{A_2 P_2}{P_2 Q_2} + \dfrac{A_3 P_3}{P_3 Q_3} \geqslant 27$.

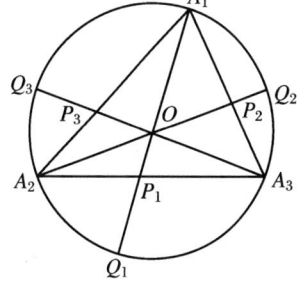

图 5.42

证明:(1) 记 $\alpha_1 = \angle A_2 O A_3, \alpha_2 = \angle A_3 O A_1, \alpha_3 = \angle A_1 O A_2$. 记△$A_1 A_2 A_3$ 的外接圆半径为 R,因为△$A_1 A_2 A_3$ 是一个锐角三角形,外心 O 在△$A_1 A_2 A_3$ 的内部.明显地,有

$$\frac{OP_1}{R} = \frac{S_{\triangle OP_1 A_2}}{S_{\triangle OA_1 A_2}} = \frac{S_{\triangle OP_1 A_3}}{S_{\triangle OA_1 A_3}} \tag{5.2.21}$$

利用上式,可以看到

$$\frac{OP_1}{R} = \frac{S_{\triangle OA_2 A_3}}{S_{\triangle OA_1 A_2} + S_{\triangle OA_1 A_3}} = \frac{\sin \alpha_1}{\sin \alpha_3 + \sin \alpha_2} \tag{5.2.22}$$

类似地,有

$$\frac{OP_2}{R} = \frac{\sin \alpha_2}{\sin \alpha_1 + \sin \alpha_3}, \quad \frac{OP_3}{R} = \frac{\sin \alpha_3}{\sin \alpha_1 + \sin \alpha_2} \tag{5.2.23}$$

利用公式(5.2.22),有

$$P_1 Q_1 = R - OP_1 = R \frac{\sin \alpha_2 + \sin \alpha_3 - \sin \alpha_1}{\sin \alpha_2 + \sin \alpha_3} \tag{5.2.24}$$

完全类似地,有

$$P_2 Q_2 = R \frac{\sin \alpha_1 + \sin \alpha_3 - \sin \alpha_2}{\sin \alpha_1 + \sin \alpha_3}, \quad P_3 Q_3 = R \frac{\sin \alpha_1 + \sin \alpha_2 - \sin \alpha_3}{\sin \alpha_1 + \sin \alpha_2} \tag{5.2.25}$$

由于线段长度是正值,利用上面叙述,有

$$\sin \alpha_2 + \sin \alpha_3 > \sin \alpha_1, \quad \sin \alpha_1 + \sin \alpha_3 > \sin \alpha_2, \quad \sin \alpha_1 + \sin \alpha_2 > \sin \alpha_3 \tag{5.2.26}$$

记

$$\left.\begin{array}{l} x = \sin\alpha_2 + \sin\alpha_3 - \sin\alpha_1 \\ y = \sin\alpha_1 + \sin\alpha_3 - \sin\alpha_2 \\ z = \sin\alpha_1 + \sin\alpha_2 - \sin\alpha_3 \end{array}\right\} \quad (5.2.27)$$

那么,x,y,z 都是正实数,有

$$\sin\alpha_1 = \frac{1}{2}(y+z), \quad \sin\alpha_2 = \frac{1}{2}(x+z), \quad \sin\alpha_3 = \frac{1}{2}(x+y) \quad (5.2.28)$$

利用上面叙述,我们有

$$\frac{OP_1}{P_1Q_1} + \frac{OP_2}{P_2Q_2} + \frac{OP_3}{P_3Q_3} \geqslant 3\sqrt[3]{\frac{OP_1}{P_1Q_1}\frac{OP_2}{P_2Q_2}\frac{OP_3}{P_3Q_3}} (\text{利用 } A_3 \geqslant G_3)$$

$$= 3\sqrt[3]{\frac{(y+z)(z+x)(x+y)}{8xyz}}$$

$$\geqslant 3\sqrt[3]{\frac{2\sqrt{yz}\,2\sqrt{zx}\,2\sqrt{xy}}{8xyz}} = 3 \quad (5.2.29)$$

(2) 明显地,利用公式(5.2.22),我们有

$$A_1P_1 = R + OP_1 = R\frac{\sin\alpha_1 + \sin\alpha_2 + \sin\alpha_3}{\sin\alpha_2 + \sin\alpha_3} \quad (5.2.30)$$

类似地,有

$$A_2P_2 = R + OP_2 = R\frac{\sin\alpha_1 + \sin\alpha_2 + \sin\alpha_3}{\sin\alpha_1 + \sin\alpha_3} \quad (5.2.31)$$

$$A_3P_3 = R + OP_3 = R\frac{\sin\alpha_1 + \sin\alpha_2 + \sin\alpha_3}{\sin\alpha_1 + \sin\alpha_2} \quad (5.2.32)$$

利用上面叙述,我们有

$$\frac{A_1P_1}{P_1Q_1}\frac{A_2P_2}{P_2Q_2}\frac{A_3P_3}{P_3Q_3} = \frac{(\sin\alpha_1 + \sin\alpha_2 + \sin\alpha_3)^3}{xyz} = \frac{(x+y+z)^3}{xyz}$$

$$\geqslant \frac{(3\sqrt[3]{xyz})^3}{xyz}(\text{利用 } A_3 \geqslant G_3) = 27 \quad (5.2.33)$$

例3 在△ABC 的三条边上分别取三等分点,点 P,Q 三等分线段 AB;点 K,L 三等分线段 BC;点 N,M 三等分线段 AC,以 PQ 为边向△ABC 形外作等边三角形△PQC^*,以 KL 为边向△ABC 形外作等边三角形△KLA^*,以 NM 为边向△ABC 形外作等边△NMB^*(图5.43).求证:△$A^*B^*C^*$ 是一个等边三角形.

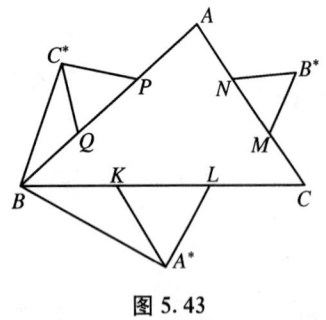

图 5.43

证明: 由于 $\angle BQC^* = \frac{2\pi}{3}$,$BQ = QP = QC^*$,那么,△$QBC^*$ 是一个等腰三角形,则

$$\angle QBC^* = \angle BC^*Q = \frac{\pi}{6} \quad (5.2.34)$$

依惯例,用 a,b,c 依次表示 BC,CA,AB 的长,用 S 表示△ABC 的面积.首先,类似公式(5.2.34),有

$$\angle A^*BC = \angle BA^*K = \frac{\pi}{6} \quad (5.2.35)$$

以及

$$\angle BC^*P = \angle BC^*Q + \angle QC^*P = \frac{\pi}{2} \quad (5.2.36)$$

同理,有

$$\angle BA^*L = \frac{\pi}{2} \tag{5.2.37}$$

在直角 $\triangle BA^*L$ 中,有

$$(BA^*)^2 = (BL)^2 - (A^*L)^2 = \left(\frac{2a}{3}\right)^2 - \left(\frac{a}{3}\right)^2 = \frac{a^2}{3} \tag{5.2.38}$$

类似在直角 $\triangle BC^*P$ 中,有

$$(BC^*)^2 = \frac{c^2}{3} \tag{5.2.39}$$

在 $\triangle A^*BC^*$ 中,可以看到

$$\angle A^*BC^* = \angle ABC + \frac{\pi}{3}(\text{利用公式}(5.2.34)\text{和}(5.2.35)) \tag{5.2.40}$$

利用余弦定理,以及上面叙述,有

$$(A^*C^*)^2 = (BA^*)^2 + (BC^*)^2 - 2BA^* \cdot BC^* \cos \angle A^*BC^*$$
$$= \frac{1}{3}(a^2 + c^2) - \frac{2}{3}ac\cos\left(\frac{\pi}{3} + B\right)$$
$$= \frac{1}{3}(a^2 + c^2) - \frac{2}{3}ac\left(\frac{1}{2}\cos B - \frac{\sqrt{3}}{2}\sin B\right)$$
$$= \frac{1}{3}(a^2 + c^2) - \frac{1}{6}(2ac\cos B) + \frac{\sqrt{3}}{3}ac\sin B$$
$$= \frac{1}{3}(a^2 + c^2) - \frac{1}{6}(a^2 + c^2 - b^2) + \frac{2\sqrt{3}}{3}S$$
$$= \frac{1}{6}(a^2 + b^2 + c^2) + \frac{2\sqrt{3}}{3}S \tag{5.2.41}$$

上式右端关于 a,b,c 三边是对称的,完全类似,有

$$(B^*C^*)^2 = \frac{1}{6}(a^2 + b^2 + c^2) + \frac{2\sqrt{3}}{3}S = (A^*B^*)^2 \tag{5.2.42}$$

因此,$\triangle A^*B^*C^*$ 是一个等边三角形.

例 4 设点 H 是锐角 $\triangle ABC$ 的垂心,已知 $\tan\frac{A}{2} = \frac{1}{2}$(图 5.44).求证:$\triangle AHB$ 的内切圆半径和 $\triangle AHC$ 的内切圆半径之和等于 $\triangle ABC$ 的内切圆半径.

证明: 分别用 r,r^*,r^{**} 依次表示 $\triangle ABC,\triangle AHB,\triangle AHC$ 的内切圆半径.用 R 表示 $\triangle ABC$ 的外接圆半径,p 表示 $\triangle ABC$ 的半周长,a,b,c 依次表示 BC,CA,AB.首先,有

$$\left.\begin{array}{l} r = (p-a)\tan\frac{A}{2} \\ r = 4R\sin\frac{A}{2}\sin\frac{B}{2}\sin\frac{C}{2} \end{array}\right\} \tag{5.2.43}$$

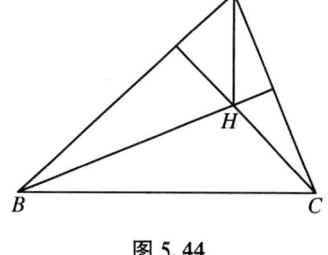

图 5.44

这里利用 $\tan\frac{A}{2} = \dfrac{r}{\frac{1}{2}(b+c-a)}$,很容易得到上式第一个等式.利用 $\triangle ABC$ 的面积既等于 rp,又等于 $\frac{1}{2}bc\sin A$,也容易得到上式的第二个等式.

由于

$$\angle AHB = \pi - \angle BAH - \angle ABH = \pi - \left(\frac{\pi}{2} - \angle B\right) - \left(\frac{\pi}{2} - \angle A\right)$$

$$= \angle A + \angle B = \pi - \angle C \tag{5.2.44}$$

利用上式,$\triangle ABH$ 的外接圆半径等于 $\dfrac{AB}{2\sin\angle AHB} = R$,恰是 $\triangle ABC$ 的外接圆半径. 有

$$AH = \frac{c\cos A}{\cos\left(\dfrac{\pi}{2} - C\right)} = 2R\cos A \tag{5.2.45}$$

类似上式,有

$$BH = 2R\cos B \tag{5.2.46}$$

又可以看到

$$r^* = \frac{1}{2}(HA + HB - AB)\tan\frac{1}{2}\angle AHB = R(\cos A + \cos B - \cos C)\cot\frac{C}{2} \tag{5.2.47}$$

类似上式,有

$$r^{**} = R(\cos A + \cos C - \cos B)\cot\frac{B}{2} \tag{5.2.48}$$

利用上面叙述,有

$$r^* + r^{**} = R\left\{2\cos\frac{C}{2}\left[\cos\frac{1}{2}(A - B) - \cos\frac{C}{2}\right] + 2\cos\frac{B}{2}\left[\cos\frac{1}{2}(A - C) - \cos\frac{B}{2}\right]\right\}$$

$$= 4R\left[\cos\frac{C}{2}\sin\frac{1}{4}(A + C - B)\sin\frac{1}{4}(B + C - A)\right.$$
$$\left. + \cos\frac{B}{2}\sin\frac{1}{4}(A + B - C)\sin\frac{1}{4}(B + C - A)\right]$$

$$= 4R\left[\cos\frac{C}{2}\sin\left(\frac{\pi}{4} - \frac{B}{2}\right)\sin\left(\frac{\pi}{4} - \frac{A}{2}\right) + \cos\frac{B}{2}\sin\left(\frac{\pi}{4} - \frac{C}{2}\right)\sin\left(\frac{\pi}{4} - \frac{A}{2}\right)\right]$$

$$= 2R\left(\cos\frac{A}{2} - \sin\frac{A}{2}\right)\left[\cos\frac{C}{2}\left(\cos\frac{B}{2} - \sin\frac{B}{2}\right) + \cos\frac{B}{2}\left(\cos\frac{C}{2} - \sin\frac{C}{2}\right)\right]$$

$$= 2R\left(\cos\frac{A}{2} - \sin\frac{A}{2}\right)\left[2\cos\frac{B}{2}\cos\frac{C}{2} - \sin\left(\frac{B}{2} + \frac{C}{2}\right)\right]$$

$$= 2R\left(\cos\frac{A}{2} - \sin\frac{A}{2}\right)\left[\sin\frac{A}{2} + \cos\frac{1}{2}(B - C) - \cos\frac{A}{2}\right] \tag{5.2.49}$$

利用公式(5.2.43)的第二式及上式,有

$$\frac{r^* + r^{**}}{r} = \frac{1}{2\sin\dfrac{A}{2}\sin\dfrac{B}{2}\sin\dfrac{C}{2}}\left(\cos\frac{A}{2} - \sin\frac{A}{2}\right)\left[\cos\frac{1}{2}(B - C) + \sin\frac{A}{2} - \cos\frac{A}{2}\right] \tag{5.2.50}$$

利用题目条件,有

$$\cos\frac{A}{2} = \frac{1}{\sqrt{1 + \tan^2\dfrac{A}{2}}} = \frac{2}{\sqrt{5}}, \quad \sin\frac{A}{2} = \frac{1}{\sqrt{5}} \tag{5.2.51}$$

代上式入公式(5.2.50),有

$$\frac{r^* + r^{**}}{r} = \frac{1}{\cos\dfrac{1}{2}(B - C) - \sin\dfrac{A}{2}}\left[\cos\frac{1}{2}(B - C) - \frac{1}{\sqrt{5}}\right] = 1 \tag{5.2.52}$$

例5 $\triangle ABC$ 的内心是点 I,$\triangle BIC$,$\triangle CIA$,$\triangle AIB$ 的外心依次是 A^*,B^*,C^*(图5.45). 求证:$\triangle A^* B^* C^*$ 的内切圆半径大于等于 $\triangle ABC$ 的内切圆半径.

证明: 先确定点 A^*、B^*、C^* 的位置. 设 $\triangle ABC$ 的 $\angle A$ 的内角平分线交 $\triangle ABC$ 的外接圆于点 A^*. 明显地,有

$$\angle A^*BI = \frac{1}{2}(\angle A + \angle B) = \angle BIA^* \quad (5.2.53)$$

于是,有
$$A^*B = A^*I \quad (5.2.54)$$

同理,有
$$A^*C = A^*I \quad (5.2.55)$$

于是,点 A^* 到三点 B,I,C 的长度相等. 点 A^* 就是 $\triangle BIC$ 的外心. 类似地,延长 BI 交 $\triangle ABC$ 的外接圆于一点 B^*, 这点 B^* 恰是 $\triangle AIC$ 的外心. 延长 CI 交 $\triangle ABC$ 的外接圆于一点 C^*, 点 C^* 恰是 $\triangle AIB$ 的外心. 因此, $\triangle A^*B^*C^*$ 的外接圆就是 $\triangle ABC$ 的外接圆. 记 R 是这外接圆的半径,明显地,可以看到

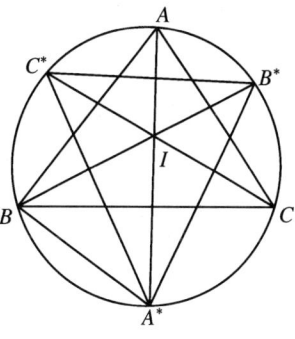

图 5.45

$$\left.\begin{array}{l}\angle C^*A^*B^* = \frac{1}{2}(\angle B + \angle C) \\ \angle C^*B^*A^* = \frac{1}{2}(\angle C + \angle A) \\ \angle B^*C^*A^* = \frac{1}{2}(\angle A + \angle B)\end{array}\right\} \quad (5.2.56)$$

用 r 表示 $\triangle ABC$ 的内切圆半径,用 r^* 表示 $\triangle A^*B^*C^*$ 的内切圆半径. 有

$$r = 4R\sin\frac{A}{2}\sin\frac{B}{2}\sin\frac{C}{2}, \quad r^* = 4R\sin\frac{1}{4}(B+C)\sin\frac{1}{4}(C+A)\sin\frac{1}{4}(A+B)$$
$$(5.2.57)$$

下面证明两个三角函数关系式,用 x,y,z 代表实数.

① $\sin x + \sin y + \sin z - \sin(x+y+z)$
$$= 2\sin\frac{1}{2}(x+y)\left[\cos\frac{1}{2}(x-y) - \cos\frac{1}{2}(x+y+2z)\right]$$
$$= 4\sin\frac{1}{2}(x+y)\sin\frac{1}{2}(x+z)\sin\frac{1}{2}(y+z) \quad (5.2.58)$$

② $\cos x + \cos y + \cos z + \cos(x+y+z)$
$$= 2\cos\frac{1}{2}(x+y)\left[\cos\frac{1}{2}(x-y) + \cos\frac{1}{2}(x+y+2z)\right]$$
$$= 4\cos\frac{1}{2}(x+y)\cos\frac{1}{2}(x+z)\cos\frac{1}{2}(y+z) \quad (5.2.59)$$

在公式(5.2.58)中, 令 $x = \frac{A}{2}, y = \frac{B}{2}, z = \frac{C}{2}$, 有

$$\sin\frac{A}{2} + \sin\frac{B}{2} + \sin\frac{C}{2} - 1 = 4\sin\frac{1}{4}(A+B)\sin\frac{1}{4}(A+C)\sin\frac{1}{4}(B+C) \quad (5.2.60)$$

在公式(5.2.59)中, 令 $x = A, y = B, z = C$, 有

$$\cos A + \cos B + \cos C - 1 = 4\sin\frac{A}{2}\sin\frac{B}{2}\sin\frac{C}{2} \quad (5.2.61)$$

由于

$$\cos A + \cos B = 2\cos\frac{1}{2}(A+B)\cos\frac{1}{2}(A-B) \leqslant 2\sin\frac{C}{2} \quad (5.2.62)$$

类似上式, 又有

$$\cos B + \cos C \leqslant 2\sin\frac{A}{2}, \quad \cos A + \cos C \leqslant 2\sin\frac{B}{2} \quad (5.2.63)$$

利用上面叙述,有
$$r^* \geqslant r \tag{5.2.64}$$
题目结论成立.

例 6 设点 M 是 $\triangle ABC$ 的边 BC 上的中点,$\angle BAC$ 的内角平分线交边 BC 于点 N(图 5.46). 求证:$\angle BAC = \dfrac{\pi}{2} + \angle MAN$ 的充要条件是 $b = c(1 - 2\cos A)$.

注:本题依惯例,用 a,b,c 表示 $\triangle ABC$ 的三边 BC,CA,AB. 下面题目不再说明这点.

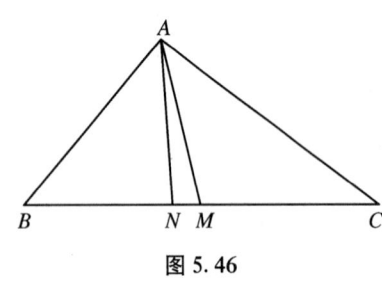

图 5.46

证明: 设
$$\angle BAC = 2\alpha, \quad \angle MAN = \phi \tag{5.2.65}$$

当 $b = c$ 时,两点 M,N 重合. 题目简化为求证 $\angle BAC = \dfrac{\pi}{2}$ 的充要条件是 $\cos A = 0$. 这是显然的. 下面考虑 $b \neq c$ 情况. 不妨设 $b > c$,即 $CN > BN$ 情况. 点 N 在线段 BM 内,由于题目条件,知道 $\triangle AMB$ 的面积等于 $\triangle AMC$ 的面积. 从而,有
$$\frac{1}{2} cAM \sin(\alpha + \phi) = \frac{1}{2} bAM \sin(\alpha - \phi) \tag{5.2.66}$$

利用上式,有
$$\frac{b}{c} = \frac{\sin(\alpha + \phi)}{\sin(\alpha - \phi)} \tag{5.2.67}$$

先证必要性,如果 $2\alpha = \dfrac{\pi}{2} + \phi$,则
$$\phi = 2\alpha - \frac{\pi}{2} \tag{5.2.68}$$

利用上二式
$$\frac{b}{c} = \frac{\sin\left(3\alpha - \dfrac{\pi}{2}\right)}{\sin\left(\dfrac{\pi}{2} - \alpha\right)} = -\frac{\cos 3\alpha}{\cos \alpha} = 3 - 4\cos^2 \alpha = 1 - 2\cos A \tag{5.2.69}$$

必要性得证. 下面证充分性. 设 $b = c(1 - 2\cos A)$,则
$$\frac{b}{c} = 1 - 2\cos A = -\frac{\cos 3\alpha}{\cos \alpha} \tag{5.2.70}$$

这里倒推公式(5.2.69)即得上式. 利用公式(5.2.67)和上式,有
$$\frac{\sin(\alpha + \phi)}{\sin(\alpha - \phi)} = -\frac{\cos 3\alpha}{\cos \alpha} \tag{5.2.71}$$

展开上式,有
$$\sin(\alpha + \phi)\cos \alpha + \sin(\alpha - \phi)\cos 3\alpha = 0 \tag{5.2.72}$$

上式两端乘以 2,利用三角函数积化和差公式,有
$$[\sin(2\alpha + \phi) + \sin \phi] + [\sin(4\alpha - \phi) - \sin(2\alpha + \phi)] = 0 \tag{5.2.73}$$

化简上式,有
$$\sin \phi + \sin(4\alpha - \phi) = 0 \tag{5.2.74}$$

上式再和差化积,有
$$2\sin 2\alpha \cos(2\alpha - \phi) = 0 \tag{5.2.75}$$

利用公式(5.2.65)和上式,有

$$2\alpha - \phi = \frac{\pi}{2} \tag{5.2.76}$$

题目充分性得证.

例 7 在 $\triangle ABC$ 的形外作三个等边三角形 $\triangle A^*BC, \triangle B^*CA, \triangle C^*AB$，$\Gamma$ 是 $\triangle A^*B^*C^*$ 的外接圆. $\overline{A}, \overline{B}, \overline{C}$ 分别是圆 Γ 与直线 A^*A, B^*B, C^*C 的交点(图 5.47). 求证：$A\overline{A} + B\overline{B} + C\overline{C} = AA^*$.

证明：在 $\triangle ACA^*$ 和 $\triangle B^*CB$ 中，有

$$AC = B^*C, \quad BC = A^*C \tag{5.2.77}$$

$$\angle BCB^* = \frac{\pi}{3} + \angle BCA = \angle ACA^* \tag{5.2.78}$$

利用上二式，有

$$\triangle ACA^* \cong \triangle B^*CB \tag{5.2.79}$$

于是，有

$$AA^* = BB^* \tag{5.2.80}$$

类似地，有

$$\triangle ABA^* \cong \triangle C^*BC, \quad AA^* = CC^* \tag{5.2.81}$$

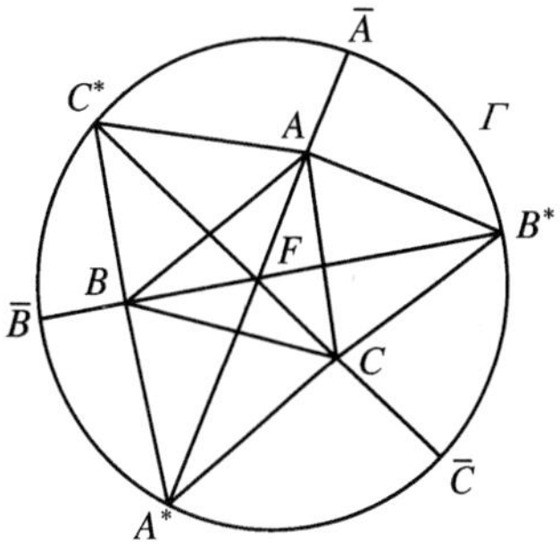

从上二式，有

$$AA^* = BB^* = CC^* \tag{5.2.82}$$

图 5.47

设 BB^*, CC^* 相交于点 F，连 AF 与 A^*F，在 $\triangle ABB^*$ 与 $\triangle ACC^*$ 中，有 $AC^* = AB, AC = AB^*$

$$\angle C^*AC = \frac{\pi}{3} + \angle BAC = \angle BAB^* \tag{5.2.83}$$

于是，有

$$\triangle AC^*C \cong \triangle ABB^* \tag{5.2.84}$$

从上式，有

$$\angle AC^*C = \angle ABB^* \tag{5.2.85}$$

于是，A, C^*, B, F 四点共圆. 利用上述结论，有

$$\left. \begin{array}{l} \angle AFC^* = \angle ABC^* = \dfrac{\pi}{3} \\ \angle C^*FB = \angle C^*AB = \dfrac{\pi}{3} \end{array} \right\} \tag{5.2.86}$$

$$\angle AFB = \angle AFC^* + \angle C^*FB = \frac{2\pi}{3} \tag{5.2.87}$$

类似地，利用 $\triangle ABB^* \cong \triangle AC^*C$，有 $\angle AB^*B = \angle ACC^*$，从而，$A, B^*, C, F$ 四点共圆. 可以得到

$$\angle AFC = \pi - \angle AB^*C = \frac{2\pi}{3} \tag{5.2.88}$$

利用公式 (5.2.87) 和上式，有

$$\angle BFC = 2\pi - \angle AFB - \angle AFC = \frac{2\pi}{3} \tag{5.2.89}$$

从而，A^*, C, F, B 四点共圆，可以看到

$$\angle BFA^* = \angle BCA^* = \frac{\pi}{3} \tag{5.2.90}$$

利用公式 (5.2.87) 和上式，有

$$\angle AFA^* = \angle AFB + \angle BFA^* = \pi \tag{5.2.91}$$

这表明 AA^*, BB^*, CC^* 交于一点 F.

由于 A, C^*, B, F 四点共圆,利用 Ptolemy 定理,有

$$FC^* \cdot AB = AF \cdot BC^* + FB \cdot AC^* = (AF + FB)AB \tag{5.2.92}$$

从上式,有

$$FC^* = FA + FB \tag{5.2.93}$$

完全类似地,有

$$FB^* = FA + FC, \quad FA^* = FB + FC \tag{5.2.94}$$

将公式(5.2.93)与(5.2.94)全部相加,有

$$FA^* + FB^* + FC^* = 2(FA + FB + FC) \tag{5.2.95}$$

如果我们能够证明

$$FA^* + FB^* + FC^* = F\overline{A} + F\overline{B} + F\overline{C} \tag{5.2.96}$$

又利用

$$F\overline{A} + F\overline{B} + F\overline{C} = (FA + FB + FC) + (A\overline{A} + B\overline{B} + C\overline{C}) \tag{5.2.97}$$

可以看到

$$A\overline{A} + B\overline{B} + C\overline{C} = FA + FB + FC = FA + FA^* = AA^* \tag{5.2.98}$$

现在剩下证明公式(5.2.96). 设点 O 是圆 Γ 的圆心. 由于上面叙述,有

$$\angle \overline{A}FC^* = \angle C^*F\overline{B} = \angle \overline{B}FA^* = \angle A^*F\overline{C} = \angle \overline{C}FB^* = \angle B^*F\overline{A} = \frac{\pi}{3} \tag{5.2.99}$$

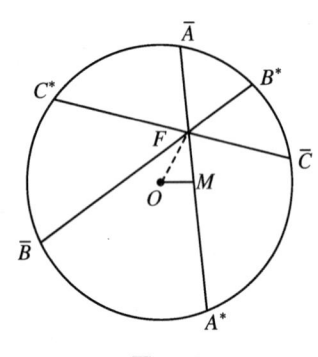

图 5.48

不妨设点 O 在 $\angle \overline{B}FC^*$ 内,设 $\angle \overline{A}FO = \theta, \frac{\pi}{3} \leqslant \theta \leqslant \frac{2\pi}{3}$,则

$$\angle \overline{B}FO = \frac{2\pi}{3} - \theta, \quad \angle C^*FO = \theta - \frac{\pi}{3} \tag{5.2.100}$$

过点 O 作 $OM \perp \overline{A}A^*$,点 M 是线段 $\overline{A}A^*$ 的中点(图 5.48),

$$FA^* = A^*M + FM = \frac{1}{2}A^*\overline{A} + FO\cos\angle A^*FO$$
$$= \frac{1}{2}A^*\overline{A} + FO\cos(\pi - \theta) = \frac{1}{2}A^*\overline{A} - FO\cos\theta \tag{5.2.101}$$

利用上式,有

$$F\overline{A} = A^*\overline{A} - FA^* = \frac{1}{2}A^*\overline{A} + FO\cos\theta \tag{5.2.102}$$

类似地,有

$$F\overline{B} = \frac{1}{2}B^*\overline{B} + FO\cos\angle \overline{B}FO = \frac{1}{2}B^*\overline{B} + FO\cos\left(\frac{2\pi}{3} - \theta\right) \tag{5.2.103}$$

$$FB^* = \frac{1}{2}B^*\overline{B} - FO\cos\left(\frac{2\pi}{3} - \theta\right) \tag{5.2.104}$$

$$F\overline{C} = \frac{1}{2}C^*\overline{C} - FO\cos\angle C^*FO = \frac{1}{2}C^*\overline{C} - FO\cos\left(\theta - \frac{\pi}{3}\right) \tag{5.2.105}$$

$$FC^* = \frac{1}{2}C^*\overline{C} + FO\cos\left(\theta - \frac{\pi}{3}\right) \tag{5.2.106}$$

利用上面叙述,有

$$F\overline{A} + F\overline{B} + F\overline{C} = \frac{1}{2}(A^*\overline{A} + B^*\overline{B} + C^*\overline{C}) + FO\left[\cos\theta + \cos\left(\frac{2\pi}{3} - \theta\right) - \cos\left(\theta - \frac{\pi}{3}\right)\right] \tag{5.2.107}$$

容易得到

$$\cos\theta+\cos\left(\frac{2\pi}{3}-\theta\right)-\cos\left(\theta-\frac{\pi}{3}\right)=2\cos\frac{\pi}{3}\cos\left(\theta-\frac{\pi}{3}\right)-\cos\left(\theta-\frac{\pi}{3}\right)=0 \tag{5.2.108}$$

利用上二式，有

$$F\overline{A}+F\overline{B}+F\overline{C}=\frac{1}{2}(A^*\overline{A}+B^*\overline{B}+C^*\overline{C}) \tag{5.2.109}$$

又利用公式(5.2.101)，(5.2.104)和(5.2.106)，有

$$\begin{aligned}FA^*+FB^*+FC^*&=\frac{1}{2}(A^*\overline{A}+B^*\overline{B}+C^*\overline{C})-FO\left[\cos\theta+\cos\left(\frac{2\pi}{3}-\theta\right)-\cos\left(\theta-\frac{\pi}{3}\right)\right]\\&=\frac{1}{2}(A^*\overline{A}+B^*\overline{B}+C^*\overline{C})\end{aligned} \tag{5.2.110}$$

利用上二式，知道公式(5.2.96)成立.

综上所述，本题结论成立.

例8　在$\triangle ABC$中，$\angle A$是锐角，点P是$\triangle ABC$内部一点，满足$\angle BAP=\angle ACP$和$\angle CAP=\angle ABP$. 点M和N分别是$\triangle ABP$和$\triangle ACP$的内心(图5.49). 用R^*表示$\triangle AMN$的外接圆半径. 求证：

$$\frac{1}{R^*}=\frac{1}{AB}+\frac{1}{AC}+\frac{1}{AP}$$

证明：在$\triangle ABP$内，利用题目条件和余弦定理，有

$$c^2=PA^2+PB^2-2PA\cdot PB\cos(\pi-A)=PA^2+PB^2+2PA\cdot PB\cos A \tag{5.2.111}$$

利用题目条件，有

$$\triangle ABP\backsim\triangle CAP \tag{5.2.112}$$

利用上式，有

$$\frac{BP}{AP}=\frac{c}{b},\quad 即\quad BP=\frac{c}{b}AP \tag{5.2.113}$$

代上式入公式(5.2.111)，有

$$c^2=\frac{AP^2}{b^2}(b^2+c^2+2bc\cos A) \tag{5.2.114}$$

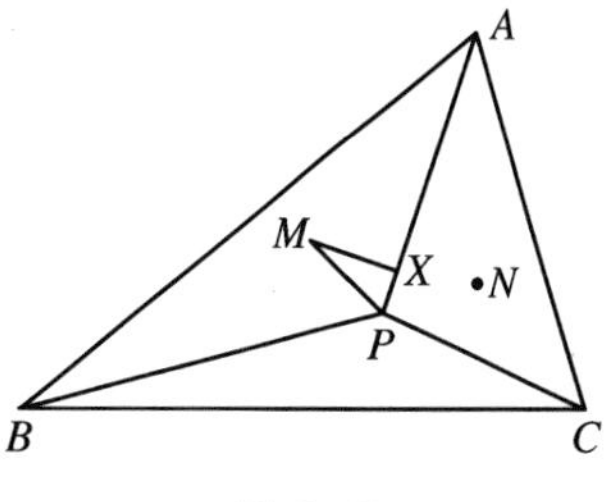

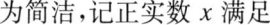

图5.49

为简洁，记正实数x满足

$$x^2=b^2+c^2+2bc\cos A \tag{5.2.115}$$

利用上面叙述，有

$$AP=\frac{bc}{x},\quad BP=\frac{c^2}{x} \tag{5.2.116}$$

利用公式(5.2.115)，有

$$(b+c)^2-x^2=4bc\sin^2\frac{A}{2} \tag{5.2.117}$$

用点X表示点M到AP的垂足，利用题目条件，有

$$\angle XPM=\frac{1}{2}(\pi-A),\quad \frac{PX}{PM}=\cos\angle XPM=\sin\frac{A}{2} \tag{5.2.118}$$

于是，有

$$\frac{PX}{\sin\frac{A}{2}}=PM,\quad \angle MPN=\frac{1}{2}[(\pi-A)+(\pi-A)]=\pi-A \tag{5.2.119}$$

从而，可以看到

$$PX = \frac{1}{2}(AP + BP - c) = \frac{c}{2x}(b+c-x) = \frac{c}{2x}\left[\frac{(b+c)^2 - x^2}{b+c+x}\right]$$

$$= \frac{2bc^2 \sin^2 \frac{A}{2}}{x(b+c+x)} \tag{5.2.120}$$

这里利用公式(5.2.116)和(5.2.117).

利用公式(5.2.119)的第一个等式及上式,有

$$PM = \frac{2bc^2 \sin \frac{A}{2}}{x(b+c+x)} \tag{5.2.121}$$

交换 b 与 c, $\angle B$ 与 $\angle C$, 类似地, 有

$$PN = \frac{2cb^2 \sin \frac{A}{2}}{x(c+b+x)} \tag{5.2.122}$$

利用上二式,有

$$\frac{PM}{PN} = \frac{c}{b} = \frac{BP}{AP}(利用公式(5.2.116)) \tag{5.2.123}$$

从而可以得到

$$\triangle NPM \sim \triangle APB \sim \triangle CPA \tag{5.2.124}$$

这里利用公式(5.2.112),以及 $\angle APB = \pi - A = \angle MPN$,又知道

$$\angle MAN = \frac{1}{2}\angle A, \quad \frac{MN}{AC} = \frac{PM}{PA} \tag{5.2.125}$$

从而,有

$$\frac{1}{MN} = \frac{PA}{b \cdot PM} \tag{5.2.126}$$

由 R^* 的定义,再利用公式(5.2.125)的第一个等式和公式(5.2.126),可以得到

$$\frac{1}{R^*} = \frac{2\sin \frac{A}{2}}{MN} = \frac{2\sin \frac{A}{2} PA}{b \cdot PM} = \frac{b+c+x}{bc}(利用公式(5.2.116)和(5.2.121))$$

$$= \frac{1}{c} + \frac{1}{b} + \frac{1}{AP} \tag{5.2.127}$$

题目结论成立.

例 9 设点 I 是 $\triangle ABC$ 的内心,射线 BI 交边 AC 于点 D,射线 CI 交边 AB 于点 E.又 $\angle BIC$ 的内角平分线交边 BC 于点 P,交线段 DE 于点 Q(图 5.50). 已知存在一个实数 $k \in (1,3)$,满足 $PI = kQI$. 求 $\angle BAC$(用反三角函数表示).

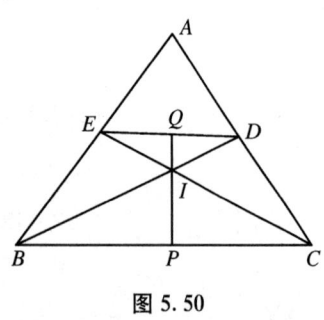

图 5.50

解:用 t_a 表示 $\angle BAC$ 的内角平分线长,容易看到

$$\frac{1}{2}bc\sin A = S_{\triangle ABC} = \frac{1}{2}t_a c \sin \frac{A}{2} + \frac{1}{2}t_a b \sin \frac{A}{2} \tag{5.2.128}$$

从上式,有

$$2bc\cos \frac{A}{2} = t_a(b+c), \quad 即 \quad 2\cos \frac{A}{2} = \left(\frac{1}{c} + \frac{1}{b}\right)t_a \tag{5.2.129}$$

将上式应用于 $\triangle BIC$ 和 $\triangle DIE$,类似地,有

$$2\cos \frac{1}{2}\angle BIC = \left(\frac{1}{BI} + \frac{1}{CI}\right)PI \tag{5.2.130}$$

$$2\cos\frac{1}{2}\angle DIE = \left(\frac{1}{DI} + \frac{1}{EI}\right)QI \tag{5.2.131}$$

上二式左端相等,则右端也应相等,再利用题目条件,有

$$k\left(\frac{1}{BI} + \frac{1}{CI}\right) = \frac{1}{DI} + \frac{1}{EI} \tag{5.2.132}$$

用 r 表示 $\triangle ABC$ 的内切圆半径,有

$$BI = \frac{r}{\sin\frac{B}{2}}, \quad CI = \frac{r}{\sin\frac{C}{2}} \tag{5.2.133}$$

又知道

$$DI = \frac{r}{\sin\angle CDI} = \frac{r}{\sin\left(A + \frac{B}{2}\right)} \tag{5.2.134}$$

$$EI = \frac{r}{\sin\angle BEI} = \frac{r}{\sin\left(A + \frac{C}{2}\right)} \tag{5.2.135}$$

代上面三式入公式(5.2.132),有

$$k\left(\sin\frac{B}{2} + \sin\frac{C}{2}\right) = \sin\left(A + \frac{B}{2}\right) + \sin\left(A + \frac{C}{2}\right) \tag{5.2.136}$$

和差化积上式,再化简,有

$$k\sin\frac{1}{4}(B+C) = \sin\left(A + \frac{1}{4}(B+C)\right) \tag{5.2.137}$$

利用 $B+C=\pi-A$(这里左、右两端皆为角),代入上式,有

$$k\sin\frac{1}{4}(\pi - A) = \sin\frac{1}{4}(\pi + 3A) \tag{5.2.138}$$

利用上式,可以看到

$$(k-1)\sin\frac{1}{4}(\pi - A) = \sin\frac{1}{4}(\pi + 3A) - \sin\frac{1}{4}(\pi - A)$$
$$= 2\cos\frac{1}{4}(\pi + A)\sin\frac{A}{2} = 2\sin\frac{1}{4}(\pi - A)\sin\frac{A}{2} \tag{5.2.139}$$

由于 $\sin\frac{1}{4}(\pi - A) > 0$,从上式,立即有

$$\sin\frac{A}{2} = \frac{1}{2}(k-1), \quad A = 2\arcsin\frac{1}{2}(k-1) \tag{5.2.140}$$

注:本题是根据条件 $k=2$,答案 $A = \frac{\pi}{3}$ 的一个题目改编的.

例 10 (1) $a \leqslant b < c$ 是一个直角 $\triangle ABC$ 的三条边,寻找最大正常数 k,无论 a,b,c 如何变化,始终满足 $a^2(b+c) + b^2(c+a) + c^2(a+b) \geqslant kabc$.

(2) $a \leqslant b < c$ 是一个 $\triangle ABC$ 的三条边,$\angle C$ 固定,寻找最大正常数 k,无论 a,b,c 如何变化,始终满足 $a^2(b+c) + b^2(c+a) + c^2(a+b) \geqslant kabc$.

解:(1) 从题目条件知道 $\angle C = \frac{\pi}{2}$,记 $\angle A = \theta$,由题目条件知道 $0 < \theta \leqslant \frac{\pi}{4}$,明显地,可以看到

$$\frac{1}{abc}[a^2(b+c) + b^2(c+a) + c^2(a+b)]$$
$$= \frac{a}{c} + \frac{a}{b} + \frac{b}{a} + \frac{b}{c} + \frac{c}{b} + \frac{c}{a} = \sin\theta + \tan\theta + \cot\theta + \cos\theta + \frac{1}{\cos\theta} + \frac{1}{\sin\theta}$$

$$= \frac{\sin^2\theta + \cos^2\theta}{\sin\theta\cos\theta} + (\sin\theta + \cos\theta) + \left(\frac{1}{\cos\theta} + \frac{1}{\sin\theta}\right)$$

$$\geq \frac{2}{\sin 2\theta} + 2\sqrt{\sin\theta\cos\theta} + \frac{2}{\sqrt{\sin\theta\cos\theta}} = \frac{2}{\sin 2\theta} + \sqrt{2\sin 2\theta} + \frac{2\sqrt{2}}{\sqrt{\sin 2\theta}}$$

$$= \frac{2}{\sin 2\theta} + \sqrt{2\sin 2\theta} + \frac{\sqrt{2}}{\sqrt{\sin 2\theta}} + \frac{\sqrt{2}}{\sqrt{\sin 2\theta}} \geq \frac{2}{\sin 2\theta} + 3\sqrt[3]{(\sqrt{2})^3 \frac{1}{\sqrt{\sin 2\theta}}} \geq 2 + 3\sqrt{2} \tag{5.2.141}$$

上式等号成立当且仅当 $\sin 2\theta = 1, \theta = \frac{\pi}{4}$,这时 $a = b$.直角 $\triangle ABC$ 是等腰的.本题要寻找的最大正常数

$$k = 2 + 3\sqrt{2} \tag{5.2.142}$$

(2) 记 $\angle C = 2\theta$.由于题目条件,知道 $\triangle ABC$ 的三个内角中,$\angle C$ 最大,则

$$\frac{\pi}{6} < \theta < \frac{\pi}{2} \tag{5.2.143}$$

本题实际上是求

$$f = \frac{1}{abc}[a^2(b+c) + b^2(c+a) + c^2(a+b)] \tag{5.2.144}$$

的最小值.上式右端用 $\beta a, \beta b, \beta c$ 代替 a, b, c 值无变化,这里 β 是任意正实数,且 $\beta a, \beta b, \beta c$ 组成一个三角形的三边,这三角形与原 $\triangle ABC$ 相似.令 $\beta = \frac{1}{c}$,实际上只要在 $c = 1$ 的三角形中去求 f 的最小值即可.为了简洁,这类三角形的其他两边仍用 a, b 表示,$a \leq b$,在 $c = 1$ 时,

$$f = a + b + \frac{1}{a} + \frac{1}{b} + \frac{a}{b} + \frac{b}{a} \tag{5.2.145}$$

由于

$$\frac{a}{b} + \frac{b}{a} \geq 2 \tag{5.2.146}$$

和

$$a + b + \frac{1}{a} + \frac{1}{b} = (a+b)\left(1 + \frac{1}{ab}\right) \tag{5.2.147}$$

在 $\triangle ABC$ 中,利用余弦定理,有

$$1 = a^2 + b^2 - 2ab\cos 2\theta \tag{5.2.148}$$

从上式,我们有

$$(a+b)^2 = 1 + 2ab(1 + \cos 2\theta) = 1 + 4ab\cos^2\theta \tag{5.2.149}$$

上式两端乘以 $\left(1 + \frac{1}{ab}\right)^2$,可以看到

$$(a+b)^2\left(1 + \frac{1}{ab}\right)^2 = (1 + 4ab\cos^2\theta)\left(1 + \frac{2}{ab} + \frac{1}{a^2b^2}\right)$$

$$= 1 + \frac{2}{ab} + \frac{1}{a^2b^2} + 4\cos^2\theta\left(ab + \frac{1}{ab}\right) + 8\cos^2\theta \tag{5.2.150}$$

上式中 θ 是固定的,令

$$x = ab \tag{5.2.151}$$

考虑 x 的变化范围,显然 $x > 0$,由于 $c = 1$,有

$$x = \frac{ab}{c^2} = \frac{\sin A \sin B}{\sin^2 C} = \frac{1}{2\sin^2 C}[\cos(B-A) - \cos(A+B)]$$

$$\leqslant \frac{1+\cos C}{2(1-\cos^2 C)} = \frac{1}{2(1-\cos C)} = \frac{1}{4\sin^2 \theta} \qquad (5.2.152)$$

这里利用 $C=2\theta$,不等式(5.2.143),有

$$\frac{1}{2} < \sin\theta < 1, \quad 1 < 4\sin^2\theta < 4 \qquad (5.2.153)$$

利用上二式,有

$$0 < x \leqslant \frac{1}{4\sin^2\theta} < 1 \qquad (5.2.154)$$

代公式(5.2.151)入公式(5.2.150),有

$$(a+b)^2\left(1+\frac{1}{ab}\right)^2 = 1+\frac{2}{x}+\frac{1}{x^2}+4\left(x+\frac{1}{x}\right)\cos^2\theta + 8\cos^2\theta \qquad (5.2.155)$$

当 $0<y<x<1$ 时,容易看到

$$\left(y+\frac{1}{y}\right)-\left(x+\frac{1}{x}\right) = (y-x)\left(1-\frac{1}{xy}\right) > 0 \qquad (5.2.156)$$

因此,公式(5.2.155)的右端随着 x 的增加而减少.于是,利用不等式(5.2.154),当 $x = \frac{1}{4\sin^2\theta}$ 时,即当 $B=A$, $b=a$ 时, $(a+b)^2\left(1+\frac{1}{ab}\right)^2$ 取最小值.当 $b=a$ 时,利用公式(5.2.148),有

$$a = \frac{1}{2\sin\theta} \qquad (5.2.157)$$

利用公式(5.2.145),(5.2.146),(5.2.147)和上面叙述,有

$$\min f = 2+2a+\frac{2}{a} = \left(2\sqrt{\sin\theta}-\frac{1}{\sqrt{\sin\theta}}\right)^2 + 6 \qquad (5.2.158)$$

上式右端就是所求 k 的最大值.

例 11 设 $\triangle ABC$ 的三边分别长 a,b,c,求证:

$$\sqrt{\cot^2 B + \cot^2 C} + \sqrt{\cot^2 C + \cot^2 A} + \sqrt{\cot^2 A + \cot^2 B} \geqslant \frac{\sqrt{6}(a^3+b^3+c^3)}{3abc}$$

证明:对于实数 x,y,z,显然,有

$$2(x^2+y^2) \geqslant (x+y)^2, \quad 2(x^2+z^2) \geqslant (x+z)^2, \quad 2(y^2+z^2) \geqslant (y+z)^2$$
$$(5.2.159)$$

上式中两两相乘,再开方,有

$$\left.\begin{array}{l} 2\sqrt{(x^2+y^2)(x^2+z^2)} \geqslant (x+y)(x+z) \\ 2\sqrt{(x^2+y^2)(y^2+z^2)} \geqslant (x+y)(y+z) \\ 2\sqrt{(x^2+z^2)(y^2+z^2)} \geqslant (x+z)(y+z) \end{array}\right\} \qquad (5.2.160)$$

利用上式,我们有

$$(\sqrt{y^2+z^2}+\sqrt{z^2+x^2}+\sqrt{x^2+y^2})^2$$
$$\geqslant 2(x^2+y^2+z^2)+(x+y)(x+z)+(x+y)(y+z)+(x+z)(y+z)$$
$$= \frac{3}{2}[(x+y)^2+(x+z)^2+(y+z)^2] \qquad (5.2.161)$$

在上式中,令

$$x = \cot A, \quad y = \cot B, \quad z = \cot C \qquad (5.2.162)$$

再两端开方,可以得到

$$\sqrt{\cot^2 B + \cot^2 C} + \sqrt{\cot^2 C + \cot^2 A} + \sqrt{\cot^2 A + \cot^2 B}$$

$$\geqslant \sqrt{\frac{3}{2}\left[(\cot A + \cot B)^2 + (\cot A + \cot C)^2 + (\cot B + \cot C)^2\right]} \quad (5.2.163)$$

用 R 表示 $\triangle ABC$ 的外接圆半径,可以看到

$$\cot B + \cot C = \frac{\sin(B+C)}{\sin B \sin C} = \frac{\sin A}{\sin B \sin C} = \frac{2Ra}{bc} \quad (5.2.164)$$

类似地,我们有

$$\cot A + \cot C = \frac{2Rb}{ac}, \quad \cot A + \cot B = \frac{2Rc}{ab} \quad (5.2.165)$$

代上二公式入不等式(5.2.163),有

$$\sqrt{\cot^2 B + \cot^2 C} + \sqrt{\cot^2 C + \cot^2 A} + \sqrt{\cot^2 A + \cot^2 B} \geqslant \frac{\sqrt{6}R}{abc}\sqrt{a^4+b^4+c^4} \quad (5.2.166)$$

由 Cauchy 不等式,我们有

$$\sqrt{a^2+b^2+c^2}\sqrt{a^4+b^4+c^4} \geqslant a^3+b^3+c^3 \quad (5.2.167)$$

从上式,有

$$\sqrt{a^4+b^4+c^4} \geqslant \frac{a^3+b^3+c^3}{\sqrt{a^2+b^2+c^2}} \quad (5.2.168)$$

利用 $\triangle ABC$ 的正弦定理,有

$$a^2+b^2+c^2 = 4R^2(\sin^2 A + \sin^2 B + \sin^2 C)$$
$$= 2R^2[(1-\cos 2A)+(1-\cos 2B)+(1-\cos 2C)]$$
$$= 2R^2[3-(\cos 2A + \cos 2B + \cos 2C)] \quad (5.2.169)$$

容易看到

$$\cos 2A + \cos 2B + \cos 2C = 2\cos(A+B)\cos(A-B) + 2\cos^2 C - 1$$
$$= -2\cos C[\cos(A-B)+\cos(A+B)] - 1$$
$$= -4\cos C \cos A \cos B - 1 \quad (5.2.170)$$

代上式入公式(5.2.169),有

$$a^2+b^2+c^2 = 8R^2(1+\cos A \cos B \cos C) \quad (5.2.171)$$

下面证明

$$a^2+b^2+c^2 \leqslant 9R^2 \quad (5.2.172)$$

如果 A,B,C 中有一个角是钝角或直角,则 $\cos A \cos B \cos C \leqslant 0$. 利用公式(5.2.171),立即有不等式(5.2.172). 当 A,B,C 全为锐角时,利用凸函数 $f(x) = -\cos x (0 < x < \frac{\pi}{2})$ 的 Jensen 不等式,有

$$\cos A \cos B \cos C \leqslant \left[\frac{1}{3}(\cos A + \cos B + \cos C)\right]^3 \text{(利用 } G_3 \leqslant A_3\text{)}$$
$$\leqslant \cos^3 \frac{1}{3}(A+B+C) = \cos^3 \frac{\pi}{3} = \frac{1}{8} \quad (5.2.173)$$

利用公式(5.2.171)和上式,知道不等式(5.2.172)成立. 将不等式(5.2.172)代入不等式(5.2.168),有

$$\sqrt{a^4+b^4+c^4} \geqslant \frac{a^3+b^3+c^3}{3R} \quad (5.2.174)$$

将上式代入不等式(5.2.166),题目结论成立.

例 12 $\triangle ABC$ 是一个直角三角形,$\angle C$ 是直角,$\angle B > \angle A$. 点 O 是 $\triangle ABC$ 的外心,点 I 是

其内心(图 5.51). 求证：$\angle BIO$ 是直角当且仅当 $\dfrac{BC}{3} = \dfrac{CA}{4} = \dfrac{AB}{5}$.

证明： 用 R, r 分别表示 $\triangle ABC$ 的外接圆半径、内切圆半径，延长 CI 交 $\triangle ABC$ 的外接圆于一点 C^*，可以看到

$$\angle IAC^* = \frac{1}{2}(\angle A + \angle C) = \angle AIC^*$$

$$C^*I = C^*A = 2R\sin\frac{C}{2} \tag{5.2.175}$$

$$\begin{aligned} CI &= CC^* - C^*I \\ &= 2R\sin\left(A + \frac{C}{2}\right) - 2R\sin\frac{C}{2} \\ &= 4R\cos\frac{1}{2}(A+C)\sin\frac{A}{2} \\ &= 4R\sin\frac{A}{2}\sin\frac{B}{2} \end{aligned} \tag{5.2.176}$$

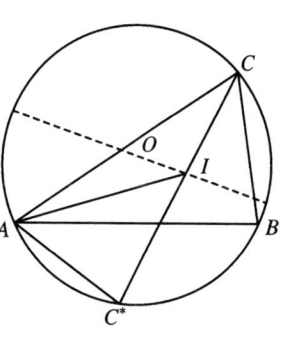

图 5.51

延长 OI 交 $\triangle ABC$ 的外接圆于两点，有

$$(R - OI)(R + OI) = CI \cdot C^*I \tag{5.2.177}$$

利用上面叙述，有

$$R^2 - OI^2 = 8R^2\sin\frac{A}{2}\sin\frac{B}{2}\sin\frac{C}{2} = 2Rr \tag{5.2.178}$$

从上式，有 Euler 公式

$$OI^2 = R^2 - 2Rr \tag{5.2.179}$$

现在可以来证明本题. 我们暂时不用 $\angle C = \dfrac{\pi}{2}$ 这一条件. $IO \perp BI$，当且仅当

$$BI^2 + IO^2 = BO^2 \tag{5.2.180}$$

明显地，有

$$BI = \frac{r}{\sin\dfrac{B}{2}}, \quad BO = R \tag{5.2.181}$$

利用公式 (5.2.179)，(5.2.181) 于公式 (5.2.180) 中，有

$$r = 2R\sin^2\frac{B}{2} \tag{5.2.182}$$

再利用公式 $r = 4R\sin\dfrac{A}{2}\sin\dfrac{B}{2}\sin\dfrac{C}{2}$，以及上式，可以知道 $IO \perp BI$，当且仅当

$$2\sin\frac{A}{2}\sin\frac{C}{2} = \sin\frac{B}{2} \tag{5.2.183}$$

上式左端积化和差，有

$$\cos\frac{1}{2}(A-C) - \cos\frac{1}{2}(A+C) = \sin\frac{B}{2} \tag{5.2.184}$$

于是，有

$$\cos\frac{1}{2}(A-C) = 2\sin\frac{B}{2} \tag{5.2.185}$$

上式两端乘以 $2\sin\dfrac{1}{2}(A+C)$，再积化和差，有

$$\sin A + \sin C = 2\sin B \tag{5.2.186}$$

上式两端乘以 $2R$，有

$$a + c = 2b \tag{5.2.187}$$

公式(5.2.182)到上式全部过程可逆. 因此, 如果无 $\angle C = \dfrac{\pi}{2}$ 这一条件, 公式(5.2.187)就是 $\angle BIO = \dfrac{\pi}{2}$ 的充要条件.

在本题, $\angle C = \dfrac{\pi}{2}$, 先利用公式(5.2.187), 可令

$$a = b - d, \quad c = b + d \tag{5.2.188}$$

这里 $b > d > 0$, 上式代入 $a^2 + b^2 = c^2$, 立即有

$$b = 4d, \quad a = 3d, \quad c = 5d \tag{5.2.189}$$

题目结论成立.

例13 在 $\triangle ABC$ 中, $BC > AC > AB$, 外接圆为 Γ. 三条内角平分线分别交 BC, CA 和 AB 于点 D, E, F. 通过点 B 的直线平行于 EF, 交圆 Γ 于点 Q, 点 P 在圆 Γ 上, 且 $QP \parallel AC$ (图5.52). 求证: $PC = PA + PB$.

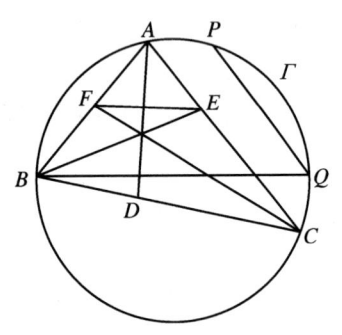

图 5.52

证明: 由于 BE 是 $\angle B$ 的内角平分线, CF 是 $\angle C$ 的内角平分线, 则

$$AE = \frac{bc}{a+c}, \quad AF = \frac{bc}{a+b} \tag{5.2.190}$$

又知道

$$\angle FAE = \angle BAC = \angle BPC \tag{5.2.191}$$

由于 $QP \parallel AC$, 有

$$AP = QC, \quad \angle ABP = \angle QBC \tag{5.2.192}$$

又由于 $EF \parallel BQ$, 则

$$\angle AFE = \angle ABQ = \angle ABP + \angle PBQ = \angle QBC + \angle PBQ = \angle PBC \tag{5.2.193}$$

细心的读者会讲, 你是按图证明的, 为什么直线 BQ 一定穿过 $\triangle ABC$ 的内部呢? 或等价地说, 为什么有 $\angle ABC > \angle AFE$. 下面先证明此事.

在 $\triangle AEF$ 内, 利用正弦定理和公式(5.2.190), 有

$$\frac{\sin \angle AEF}{\sin \angle AFE} = \frac{AF}{AE} = \frac{a+c}{a+b} > \frac{c}{b} (\text{利用 } b > c) = \frac{\sin C}{\sin B} \tag{5.2.194}$$

由于

$$\angle AEF + \angle AFE = \pi - \angle BAC = \angle ABC + \angle ACB \tag{5.2.195}$$

利用题目条件, 知道 $\angle BAC > \dfrac{\pi}{3}$, 令

$$\psi = \pi - \angle BAC, \quad \psi \in \left(0, \frac{2\pi}{3}\right) \tag{5.2.196}$$

利用上面叙述, 有

$$\frac{\sin(\psi - \angle AFE)}{\sin \angle AFE} > \frac{\sin(\psi - B)}{\sin B} \tag{5.2.197}$$

明显地, $\psi - B \in \left(0, \dfrac{\pi}{3}\right)$, 因为 $\psi - B$ 就是 $\triangle ABC$ 内最小角 $\angle ACB$. 利用不等式 (5.2.197), 有

$$\angle ABC > \angle AFE \tag{5.2.198}$$

上式证明很简单, 令

$$f(x) = \frac{\sin(\psi - x)}{\sin x}, \quad x \in (0, \psi) \tag{5.2.199}$$

明显地,有
$$f(x) = \sin\psi\cot x - \cos\psi \tag{5.2.200}$$
由于 ψ 固定,且 $0 < x < \psi < \dfrac{2\pi}{3}$,在开区间 $\left(0, \dfrac{2\pi}{3}\right)$ 内,$\cot x$ 是单调递减函数.因此 $f(x)$ 是单调递减函数.故不等式(5.2.198)成立.

下面回到本题.接着公式(5.2.193)证明,利用公式(5.2.191)和(5.2.193),有
$$\triangle AFE \backsim \triangle PBC \tag{5.2.201}$$
利用上式和公式(5.2.190),有
$$\frac{PB}{PC} = \frac{AF}{AE} = \frac{a+c}{a+b} \tag{5.2.202}$$
利用 Ptolemy 定理,有
$$PB \cdot b = PA \cdot a + PC \cdot c \tag{5.2.203}$$
利用公式(5.2.202),有
$$PB \cdot b = (a+c)PC - PB \cdot a \tag{5.2.204}$$
利用上二式,有
$$PA \cdot a = PC \cdot a - PB \cdot a \tag{5.2.205}$$
从上式,题目结论成立.

例 14 (1) 有两个同心圆,分别具半径 R_1 和 $R(R_1 > R)$,在内圆上有一个 $\triangle ABC$,分别延长 BC,CA 和 AB 交外圆于点 A_1、B_1 和 C_1(图 5.53).求证:$\dfrac{S_{\triangle A_1 B_1 C_1}}{S_{\triangle ABC}} \geqslant \dfrac{R_1^2}{R^2}$.

(2) 设圆 K 与圆 K_1 同心,它们的半径分别为 R 和 $R_1(R_1 > R)$,四边形 $ABCD$ 内接于圆 K,四边形 $A_1 B_1 C_1 D_1$ 内接于圆 K_1,且点 A_1,B_1,C_1,D_1 分别在射线 CD,DA,AB,BC 上(图 5.54).求证:$\dfrac{S_{A_1 B_1 C_1 D_1}}{S_{ABCD}} \geqslant \dfrac{R_1^2}{R^2}$.

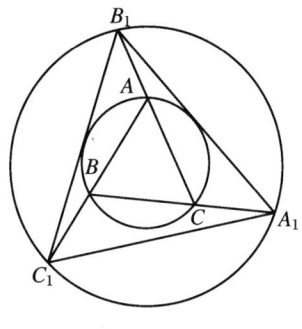

图 5.53

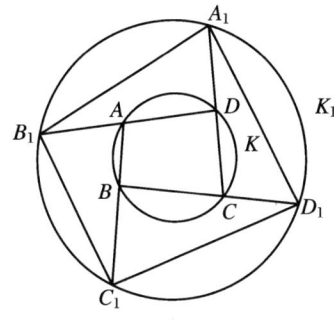

图 5.54

证明:(1) 记 $x = CA_1$,$y = AB_1$,$z = BC_1$,$a = BC$,$b = AC$,$c = AB$.利用圆的切割线定理,有
$$x(a+x) = (R_1 - R)(R_1 + R) = R_1^2 - R^2 \tag{5.2.206}$$
类似地,有
$$y(b+y) = R_1^2 - R^2 = z(c+z) \tag{5.2.207}$$
明显地,有
$$S_{\triangle A_1 B_1 C_1} = S_{\triangle ABC} + S_{\triangle CA_1 B_1} + S_{\triangle AB_1 C_1} + S_{\triangle BC_1 A_1} \tag{5.2.208}$$
而且,可以看到
$$\frac{S_{\triangle CA_1 B_1}}{S_{\triangle ABC}} = \frac{CA_1 \cdot CB_1 \sin(\pi - C)}{AC \cdot BC \sin C} = \frac{x(b+y)}{ab} \tag{5.2.209}$$

完全类似地,有

$$\frac{S_{\triangle AB_1C_1}}{S_{\triangle ABC}} = \frac{y(c+z)}{bc}, \quad \frac{S_{\triangle BC_1A_1}}{S_{\triangle ABC}} = \frac{z(a+x)}{ac} \tag{5.2.210}$$

利用上面叙述,有

$$\frac{S_{\triangle A_1B_1C_1}}{S_{\triangle ABC}} = 1 + \frac{S_{\triangle CA_1B_1}}{S_{\triangle ABC}} + \frac{S_{\triangle AB_1C_1}}{S_{\triangle ABC}} + \frac{S_{\triangle BC_1A_1}}{S_{\triangle ABC}} = 1 + \frac{x(b+y)}{ab} + \frac{y(c+z)}{bc} + \frac{z(a+x)}{ac}$$

$$= 1 + (R_1^2 - R^2)\left(\frac{x}{aby} + \frac{y}{bcz} + \frac{z}{acx}\right) \geqslant 1 + 3(R_1^2 - R^2)\sqrt[3]{\frac{x}{aby}\cdot\frac{y}{bcz}\cdot\frac{z}{acx}}$$

$$= 1 + \frac{3(R_1^2 - R^2)}{\sqrt[3]{a^2b^2c^2}} \tag{5.2.211}$$

在 1.1 节,我们知道 $f(x) = -\sin x (0 \leqslant x \leqslant \pi)$ 的 Jensen 不等式,因此,有

$$abc \leqslant \left(\frac{a+b+c}{3}\right)^3 (\text{利用 } G_3 \leqslant A_3) = \left[\frac{2}{3}R(\sin A + \sin B + \sin C)\right]^3$$

$$= \frac{8}{27}R^3(\sin A + \sin B + \sin C)^3 \leqslant 8R^3\left(\sin\frac{1}{3}(A+B+C)\right)^3$$

$$= 8R^3\sin^3\frac{\pi}{3} = (\sqrt{3}R)^3 \tag{5.2.212}$$

利用不等式(5.2.211)和上式,有

$$\frac{S_{\triangle A_1B_1C_1}}{S_{\triangle ABC}} \geqslant 1 + \frac{3(R_1^2 - R^2)}{(\sqrt{3}R)^2} = \frac{R_1^2}{R^2} \tag{5.2.213}$$

(2) 将四边形 $ABCD$ 和 $A_1B_1C_1D_1$ 的面积分别记为 S 和 S_1. 记 $a = AB, b = BC, c = CD, d = DA$. $x = AB_1, y = BC_1, z = CD_1, w = DA_1$. 于是,有

$$\frac{S_1}{S} = 1 + \frac{S_{\triangle AB_1C_1}}{S} + \frac{S_{\triangle BC_1D_1}}{S} + \frac{S_{\triangle CD_1A_1}}{S} + \frac{S_{\triangle DA_1B_1}}{S} \tag{5.2.214}$$

因为

$$\left.\begin{array}{l}\angle B_1AC_1 = \pi - \angle DAB = \angle DCB = \pi - \angle A_1CD_1 \\ \angle A_1DB_1 = \pi - \angle ADC = \angle ABC = \pi - \angle C_1BD_1\end{array}\right\} \tag{5.2.215}$$

所以,我们可以看到

$$\frac{S_{\triangle AB_1C_1}}{S} = \frac{x(a+y)}{ad+bc} \tag{5.2.216}$$

这里,我们将 S 分解成 $\triangle ABD$ 和 $\triangle BCD$ 的面积和. 类似地,我们也可将 S 分解成 $\triangle ABC$ 和 $\triangle ADC$ 的面积和,还可以看到

$$\frac{S_{\triangle BC_1D_1}}{S} = \frac{y(b+z)}{ab+cd}, \quad \frac{S_{\triangle CD_1A_1}}{S} = \frac{z(c+w)}{ad+bc}, \quad \frac{S_{\triangle DA_1B_1}}{S} = \frac{w(d+x)}{ab+cd} \tag{5.2.217}$$

由圆的切割线定理,有

$$x(d+x) = y(a+y) = z(b+z) = w(c+w) = R_1^2 - R^2 \tag{5.2.218}$$

利用上面叙述,我们有

$$\frac{S_1}{S} = 1 + \frac{x(a+y)}{ad+bc} + \frac{y(b+z)}{ab+cd} + \frac{z(c+w)}{ad+bc} + \frac{w(d+x)}{ab+cd}$$

$$= 1 + (R_1^2 - R^2)\left[\frac{x}{y(ad+bc)} + \frac{y}{z(ab+cd)} + \frac{z}{w(ad+bc)} + \frac{w}{x(ab+cd)}\right]$$

$$\geqslant 1 + 4(R_1^2 - R^2)\frac{1}{\sqrt{(ad+bc)(ab+cd)}}(\text{利用 } A_4 \geqslant G_4) \tag{5.2.219}$$

类似(1)的处理,有

$$2\sqrt{(ad+bc)(ab+cd)}$$
$$\leqslant (ad+bc)+(ab+cd)=(a+c)(b+d)$$
$$\leqslant \left\{\frac{1}{2}[(a+c)+(b+d)]\right\}^2=\frac{1}{4}(a+b+c+d)^2$$
$$=R^2(\sin\angle ADB+\sin\angle CDB+\sin\angle CBD+\sin\angle ABD)^2$$
$$\leqslant R^2\left[4\sin\frac{1}{4}(\angle ADB+\angle CDB+\angle CBD+\angle ABD)\right]^2$$
$$=16R^2\sin^2\frac{\pi}{4}=8R^2 \tag{5.2.220}$$

利用不等式(5.2.219)和上式,有

$$\frac{S_1}{S}\geqslant 1+8(R_1^2-R^2)\frac{1}{8R^2}=\frac{R_1^2}{R^2} \tag{5.2.221}$$

注:本题(2)是我自编的,曾用作1993年第八届全国中学生数学冬令营的试题.

例 15 给定 a,$\sqrt{2}<a<2$,内接于单位圆 Γ 的凸四边形 $ABCD$ 适合以下条件:

(1) 圆心在这凸四边形内部;

(2) 最大边长是 a,最小边长是 $\sqrt{4-a^2}$.

过点 A,B,C,D 依次作圆 Γ 的四条切线 L_A,L_B,L_C,L_D.已知 L_A 与 L_B,L_B 与 L_C,L_C 与 L_D,L_D 与 L_A 分别相交于 A^*,B^*,C^*,D^* 四点(图 5.55).求面积之比 $\dfrac{S_{A^*B^*C^*D^*}}{S_{ABCD}}$ 的最大值与最小值.

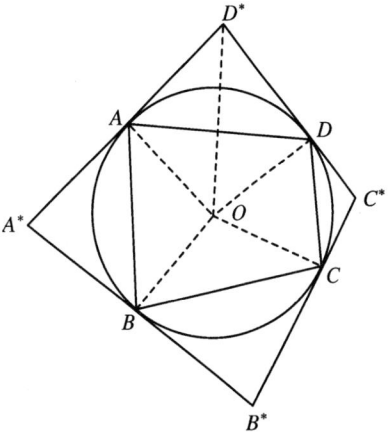

图 5.55

解: 记单位圆 Γ 的圆心为点 O,并记

$$\angle AOB=2\theta_1,\quad \angle BOC=2\theta_2,\quad \angle COD=2\theta_3,\quad \angle DOA=2\theta_4 \tag{5.2.222}$$

于是,$\theta_1,\theta_2,\theta_3,\theta_4$ 都是锐角,且满足

$$\theta_1+\theta_2+\theta_3+\theta_4=\pi \tag{5.2.223}$$

由于圆 Γ 的半径是 1,有

$$S_{A^*B^*C^*D^*}=\tan\theta_1+\tan\theta_2+\tan\theta_3+\tan\theta_4 \tag{5.2.224}$$

以及

$$S_{ABCD}=\frac{1}{2}(\sin 2\theta_1+\sin 2\theta_2+\sin 2\theta_3+\sin 2\theta_4) \tag{5.2.225}$$

利用上二式,有

$$\frac{S_{A^*B^*C^*D^*}}{S_{ABCD}}=\frac{2(\tan\theta_1+\tan\theta_2+\tan\theta_3+\tan\theta_4)}{\sin 2\theta_1+\sin 2\theta_2+\sin 2\theta_3+\sin 2\theta_4} \tag{5.2.226}$$

解问题的思路,化为一个变元的函数处理.由于公式(5.2.226)的右端关于 $\theta_1,\theta_2,\theta_3,\theta_4$ 是对称的.不妨设

$$AD=a,\quad CD=\sqrt{4-a^2} \tag{5.2.227}$$

于是,有

$$\sin\theta_4=\frac{1}{2}a,\quad \sin\theta_3=\frac{1}{2}\sqrt{4-a^2} \tag{5.2.228}$$

利用上式,有

$$\cos\theta_4 = \frac{1}{2}\sqrt{4-a^2}, \quad \cos\theta_3 = \frac{1}{2}a \qquad (5.2.229)$$

利用公式(5.2.228)和(5.2.229),有
$$\cos(\theta_3+\theta_4) = \cos\theta_3\cos\theta_4 - \sin\theta_3\sin\theta_4 = 0 \qquad (5.2.230)$$

从而,有
$$\theta_3+\theta_4 = \frac{\pi}{2}, \quad \theta_1+\theta_2 = \frac{\pi}{2}(兼顾公式(5.2.223)) \qquad (5.2.231)$$

利用上面叙述,有
$$\tan\theta_3 + \tan\theta_4 = \frac{\sin(\theta_3+\theta_4)}{\cos\theta_3\cos\theta_4} = \frac{4}{a\sqrt{4-a^2}} \qquad (5.2.232)$$

$$\tan\theta_1 + \tan\theta_2 = \frac{\sin(\theta_1+\theta_2)}{\cos\theta_1\cos\theta_2} = \frac{1}{\cos\theta_1\sin\theta_1} = \frac{2}{\sin 2\theta_1} \qquad (5.2.233)$$

$$\sin 2\theta_3 + \sin 2\theta_4 = \sin 2\theta_3 + \sin(\pi-2\theta_3) = 2\sin 2\theta_3 = 4\sin\theta_3\cos\theta_3$$
$$= a\sqrt{4-a^2} \qquad (5.2.234)$$

$$\sin 2\theta_1 + \sin 2\theta_2 = \sin 2\theta_1 + \sin(\pi-2\theta_1) = 2\sin 2\theta_1 \qquad (5.2.235)$$

为简洁,记
$$\alpha = \frac{4}{a\sqrt{4-a^2}}, \quad \beta = a\sqrt{4-a^2}, \quad t = \sin 2\theta_1 \qquad (5.2.236)$$

将 t 视为变元, $t\in(0,1]$. 将上述公式代入公式(5.2.226),有
$$\frac{S_{A^*B^*C^*D^*}}{S_{ABCD}} = \frac{2\alpha + \dfrac{4}{t}}{2t + \beta} \qquad (5.2.237)$$

上式右端是 t 的单调递减函数, 而 t 的最大值是1,因此,有
$$\min \frac{S_{A^*B^*C^*D^*}}{S_{ABCD}} = \frac{2\alpha+4}{\beta+2} = \frac{4}{a\sqrt{4-a^2}} \qquad (5.2.238)$$

下面求最大值. 由于 $\theta_1,\theta_2,\theta_3,\theta_4$ 都是锐角, 且 a 是最大边长, $\sqrt{4-a^2}$ 是最小边长, 所以, 有
$$\theta_3 \leqslant \theta_1, \quad \theta_2 \leqslant \theta_4 \qquad (5.2.239)$$

这里利用公式(5.2.228), 公式(5.2.236)的第三个等式, 以及上式, 知道 t 的最小值是
$$\sin 2\theta_3 = \frac{1}{2}a\sqrt{4-a^2}(参考公式(5.2.234))$$

利用上式, 以及公式(5.2.237)后面的叙述, 有
$$\max \frac{S_{A^*B^*C^*D^*}}{S_{ABCD}} = \frac{8}{a^2(4-a^2)} \qquad (5.2.240)$$

注:这是我编的一道题目,用作 2001 年中国数学奥林匹克的一个试题.

例 16 设 AD 是 $\triangle ABC$ 的外接圆(圆心是点 O)的一条直径. 过点 D 作这圆的一条切线, 交射线 CB 于点 P, 直线 PO 分别交 AB, AC 于点 $M、N$(图 5.56). 求证: $OM = ON$.

证明: 过点 B 作直线平行于 MN, 交 AD 于点 X, 交 AC 于点 Q. 由于

$$\frac{MO}{BX} = \frac{AO}{AX} = \frac{ON}{XQ} \qquad (5.2.241)$$

只须证明
$$BX = XQ \qquad (5.2.242)$$

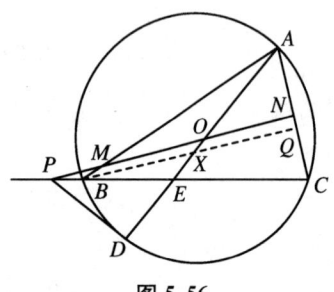

图 5.56

即可.

利用 AD 是 $\triangle ABC$ 的外接圆直径 $2R$,有

$$\angle BAD = \angle BCD = \frac{\pi}{2} - \angle C \tag{5.2.243}$$

$$\angle CAD = \angle CBD = \frac{\pi}{2} - \angle B \tag{5.2.244}$$

利用上二式,可以看到

$$\frac{BX}{XQ} = \frac{S_{\triangle ABX}}{S_{\triangle AQX}} = \frac{c\cos C}{AQ\cos B} \tag{5.2.245}$$

在 $\triangle ABQ$ 中,记

$$\angle ABQ = \alpha, \quad \angle AQB = \angle QBC + \angle C = \angle B + \angle C - \alpha \tag{5.2.246}$$

利用正弦定理,有

$$AQ = \frac{AB}{\sin\angle AQB}\sin\angle ABQ = \frac{c\sin\alpha}{\sin(B+C-\alpha)} \tag{5.2.247}$$

设 AD 与 BC 交于点 E,可以看到

$$\angle BDP = \angle BCD = \frac{\pi}{2} - \angle C, \quad \angle BDE = \angle C \tag{5.2.248}$$

$$\angle DBE = \angle CAD = \frac{\pi}{2} - \angle B, \quad \angle BPD = \angle DBE - \angle BDP = \angle C - \angle B \tag{5.2.249}$$

在 $\triangle ABE$ 中,利用正弦定理,有

$$AE = \frac{c\sin B}{\sin\angle BEA} = \frac{c\sin B}{\sin(\angle C + \angle CAD)} = \frac{c\sin B}{\cos(C-B)} (利用公式(5.2.244)) \tag{5.2.250}$$

又利用 AD 是直径,有

$$ED = 2R - AE = 2R - \frac{c\sin B}{\cos(C-B)} \tag{5.2.251}$$

在 $\text{Rt}\triangle PDE$ 中,利用公式(5.2.249)的最后一个等式,有

$$PD = DE\cot(C-B) = \left[2R - \frac{c\sin B}{\cos(C-B)}\right]\cot(C-B) \tag{5.2.252}$$

在 $\text{Rt}\triangle OPD$ 中,有

$$PD = R\cot\angle OPD \tag{5.2.253}$$

而

$$\begin{aligned}\angle OPD &= \angle BPD + \angle EPO \\ &= (\angle C - \angle B) + \angle EBX(利用公式(5.2.249)的最后一个等式,及 BQ \,/\!/\, MN) \\ &= \angle C - \alpha(利用公式(5.2.246))\end{aligned} \tag{5.2.254}$$

代上式入公式(5.2.253),有

$$PD = R\cot(C-\alpha) \tag{5.2.255}$$

利用公式(5.2.252)和上式,有

$$\cot(C-\alpha) = 2\left[1 - \frac{\sin B\sin C}{\cos(C-B)}\right]\cot(C-B) = \frac{2\cos B\cos C}{\sin(C-B)} \tag{5.2.256}$$

利用上式,有

$$\frac{2\cos B\cos C}{\sin(C-B)} = \frac{\cos(C-\alpha)}{\sin(C-\alpha)} = \frac{\cos C\cos\alpha + \sin C\sin\alpha}{\sin C\cos\alpha - \cos C\sin\alpha} = \frac{\cos C + \sin C\tan\alpha}{\sin C - \cos C\tan\alpha} \tag{5.2.257}$$

利用上式,有

$$\tan \alpha = \frac{2\cos B\cos C\sin C - \cos C\sin(C-B)}{\sin C\sin(C-B) + 2\cos B\cos^2 C} = \frac{\cos B\cos C\sin C + \cos^2 C\sin B}{\cos B + \cos C\cos(B+C)}$$

$$= \frac{\cos C\sin A}{\cos B - \cos C\cos A} \tag{5.2.258}$$

利用公式(5.2.247),及上式,有

$$AQ = \frac{2R\sin C\sin \alpha}{\sin(B+C)\cos \alpha - \cos(B+C)\sin \alpha} = \frac{2R\sin C\tan \alpha}{\sin A + \cos A\tan \alpha}$$

$$= \frac{2R\sin C\cos C\sin A}{\sin A(\cos B - \cos C\cos A) + \cos A\cos C\sin A} = \frac{c\cos C}{\cos B} \tag{5.2.259}$$

利用上式及公式(5.2.245),有公式(5.2.242).题目结论成立.

例 17 已知△ABC 的外接圆的圆心是点 O,这圆内另有一圆 O_A,分别切边 AB 与 AC,并且与圆 O 内切,圆 O_A 的半径用 R_A 表示,类似有圆 O_B 和 O_C,依次用 R_B,R_C 表示其半径(图 5.57).求证:

$$\frac{1}{aR_A} + \frac{1}{bR_B} + \frac{1}{cR_C} = \frac{p^2}{rabc}$$

注:这里 p 依惯例表示△ABC 的半周长,r 表示△ABC 的内切圆半径.

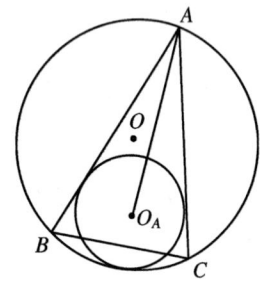

图 5.57

证明:不妨设∠B≥∠C,显然,有

$$\sin \frac{A}{2} = \frac{R_A}{AO_A} \tag{5.2.260}$$

又利用题目条件,有

$$OO_A = R - R_A \tag{5.2.261}$$

又

$$\angle OAB = \frac{\pi}{2} - \angle C$$

$$\angle OAO_A = \left| \angle OAB - \frac{1}{2}\angle A \right| = \frac{1}{2}|\angle B - \angle C| \tag{5.2.262}$$

在△AOO_A 中,利用余弦定理,有

$$OO_A^2 = OA^2 + AO_A^2 - 2OA \cdot AO_A\cos \angle OAO_A \tag{5.2.263}$$

利用上面叙述,有

$$(R - R_A)^2 = R^2 + \frac{R_A^2}{\sin^2 \frac{A}{2}} - 2R\frac{R_A}{\sin \frac{A}{2}}\cos \frac{1}{2}(B - C) \tag{5.2.264}$$

展开上式,化简后,剩下的项都除以 R_A,有

$$R_A - 2R = \frac{R_A}{\sin^2 \frac{A}{2}} - 2R\frac{\cos \frac{1}{2}(B-C)}{\sin \frac{A}{2}} \tag{5.2.265}$$

整理上式,有

$$R_A\left(\frac{1}{\sin^2 \frac{A}{2}} - 1\right) = 2R\left[\frac{\cos \frac{1}{2}(B-C)}{\sin \frac{A}{2}} - 1\right] \tag{5.2.266}$$

利用上式,可以看到

$$R_A \frac{\cos^2 \frac{A}{2}}{\sin^2 \frac{A}{2}} = \frac{2R}{\sin \frac{A}{2}} \left[\cos \frac{1}{2}(B-C) - \cos \frac{1}{2}(B+C) \right]$$

$$= \frac{4R}{\sin \frac{A}{2}} \sin \frac{B}{2} \sin \frac{C}{2} \tag{5.2.267}$$

化简上式,并且利用

$$1 + \cos A = \frac{1}{2bc}[2bc + (b^2 + c^2 - a^2)] = \frac{1}{2bc}[(b+c)^2 - a^2]$$

$$= \frac{2}{bc} p(p-a) \tag{5.2.268}$$

可以得到

$$R_A = \frac{4R}{\cos^2 \frac{A}{2}} \sin \frac{A}{2} \sin \frac{B}{2} \sin \frac{C}{2} = \frac{2r}{1 + \cos A} = \frac{rbc}{p(p-a)} \tag{5.2.269}$$

类似地,有

$$R_B = \frac{rac}{p(p-b)}, \quad R_C = \frac{rab}{p(p-c)} \tag{5.2.270}$$

利用公式(5.2.269)和上式,有

$$\frac{1}{aR_A} + \frac{1}{bR_B} + \frac{1}{cR_C} = \frac{1}{rabc}[p(p-a) + p(p-b) + p(p-c)] = \frac{p^2}{rabc} \tag{5.2.271}$$

题目结论成立.

例 18 已知 AD 是 $\triangle ABC$ 的一条高,且满足 $BC + AD = AB + AC$(图 5.58),求 $\alpha = \angle BAC$ 的取值范围.

解:显然,有 $AD \leqslant AB, AD \leqslant AC$,兼顾题目条件,有

$$BC \geqslant AC, \quad \text{且} \quad BC \geqslant AB \tag{5.2.272}$$

于是 $\triangle ABC$ 的内角 $\angle B, \angle C$ 都是锐角.

下面我们来讨论 α 的取值范围.

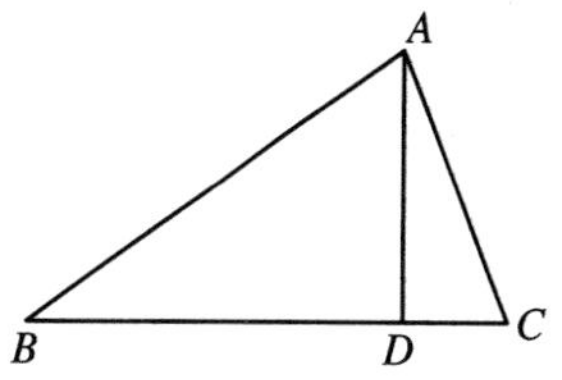

(1) 如果 $\alpha = \angle BAC = \frac{\pi}{2}$,这时候,有

$$AB \cdot AC = AD \cdot BC \tag{5.2.273}$$

图 5.58

为简洁,记 $AD = h, BC = a, AB = x, AC = y$,利用题目条件,有

$$x + y = a + h, \quad xy = ah \tag{5.2.274}$$

于是 $(x, y), (a, h)$ 是同一个一元二次方程的两根,必有

$$x = h \quad \text{或} \quad y = h \tag{5.2.275}$$

这显然是不可能的(因为 $x > h, y > h$).

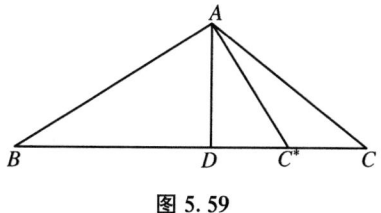

图 5.59

(2) 如果 α 是钝角,作 $\angle BAC^* = \frac{\pi}{2}$,点 C^* 在线段 DC 上(图 5.59),这时候,有

$$AB \cdot AC^* = BC^* \cdot AD \tag{5.2.276}$$

又由于

$$AB^2 + AC^{*2} = BC^{*2} \tag{5.2.277}$$

则

$$(AB + AC^*)^2 = AB^2 + 2AB \cdot AC^* + AC^{*2}$$

$$= BC^{*2} + 2BC^* \cdot AD < (BC^* + AD)^2 \qquad (5.2.278)$$

从上式,立即有
$$AB + AC^* < BC^* + AD \qquad (5.2.279)$$

于是,可以看到
$$AB + AC < AB + (AC^* + C^*C) < AD + (BC^* + C^*C)$$
$$= AD + BC \qquad (5.2.280)$$

这与题目条件矛盾.因此 α 不是钝角.

从(1)和(2),我们知道 α 必为锐角.

(3) 设 $\angle BAD = \alpha_2$,$\angle DAC = \alpha_1$,$\alpha = \alpha_1 + \alpha_2$.为简洁,记 $AD = 1$,于是,有
$$AB = \frac{AD}{\cos \alpha_2} = \frac{1}{\cos \alpha_2}, \quad AC = \frac{1}{\cos \alpha_1} \qquad (5.2.281)$$
$$BC = BD + DC = AD \tan \alpha_2 + AD \tan \alpha_1 = \tan \alpha_1 + \tan \alpha_2 \qquad (5.2.282)$$

利用上面叙述和题目条件,有
$$(\tan \alpha_1 + \tan \alpha_2) + 1 = \frac{1}{\cos \alpha_1} + \frac{1}{\cos \alpha_2} \qquad (5.2.283)$$

上式两端乘以 $\cos \alpha_1 \cos \alpha_2$,有
$$\sin(\alpha_1 + \alpha_2) + \cos \alpha_1 \cos \alpha_2 = \cos \alpha_2 + \cos \alpha_1 \qquad (5.2.284)$$

从上式,我们有
$$\sin(\alpha_1 + \alpha_2) + \frac{1}{2}[\cos(\alpha_1 + \alpha_2) + \cos(\alpha_1 - \alpha_2)] = 2\cos \frac{1}{2}(\alpha_1 + \alpha_2) \cos \frac{1}{2}(\alpha_1 - \alpha_2) \qquad (5.2.285)$$

令
$$\beta = |\alpha_1 - \alpha_2|, \quad \beta \in [0, \alpha) \qquad (5.2.286)$$

从不等式(5.2.272),知道 $\angle A$ 是 $\triangle ABC$ 的最大内角,且 $\triangle ABC$ 不会是等边三角形,因此,有
$$\alpha \in \left(\frac{\pi}{3}, \frac{\pi}{2}\right) \qquad (5.2.287)$$

上式是一个初步估计.利用公式(5.2.285)和(5.2.286),我们可以看到
$$\sin \alpha + \frac{1}{2} \cos \alpha + \frac{1}{2} \cos \beta = 2 \cos \frac{\alpha}{2} \cos \frac{\beta}{2} \qquad (5.2.288)$$

从上式,有
$$\sin \alpha + \frac{1}{2} \cos \alpha = 2 \cos \frac{\alpha}{2} \cos \frac{\beta}{2} - \frac{1}{2}\left(2\cos^2 \frac{\beta}{2} - 1\right) = 2 \cos \frac{\alpha}{2} \cos \frac{\beta}{2} + \frac{1}{2} - \cos^2 \frac{\beta}{2} \qquad (5.2.289)$$

利用公式(5.2.286),有
$$2 \cos \frac{\alpha}{2} \cos \frac{\beta}{2} < \cos^2 \frac{\beta}{2} + \cos^2 \frac{\alpha}{2} \qquad (5.2.290)$$

从上式,有
$$2 \cos \frac{\alpha}{2} \cos \frac{\beta}{2} - \cos^2 \frac{\beta}{2} < \cos^2 \frac{\alpha}{2} \qquad (5.2.291)$$

另外,可以看到
$$\left(2\cos \frac{\alpha}{2} \cos \frac{\beta}{2} + \frac{1}{2} - \cos^2 \frac{\beta}{2}\right) - \left(2\cos \frac{\alpha}{2} - \frac{1}{2}\right) = \left(\cos \frac{\beta}{2} - 1\right)\left(2\cos \frac{\alpha}{2} - 1 - \cos \frac{\beta}{2}\right) \qquad (5.2.292)$$

明显地,可以看到

$$2\cos\frac{\alpha}{2} - 1 - \cos\frac{\beta}{2} = \left(\cos\frac{\alpha}{2} - 1\right) + \left(\cos\frac{\alpha}{2} - \cos\frac{\beta}{2}\right) < 0 \tag{5.2.293}$$

利用上二式,有

$$2\cos\frac{\alpha}{2}\cos\frac{\beta}{2} + \frac{1}{2} - \cos^2\frac{\beta}{2} \geqslant 2\cos\frac{\alpha}{2} - \frac{1}{2} \tag{5.2.294}$$

利用公式(5.2.289),不等式(5.2.291)和上式,我们有

$$2\cos\frac{\alpha}{2} - \frac{1}{2} \leqslant \sin\alpha + \frac{1}{2}\cos\alpha < \frac{1}{2} + \cos^2\frac{\alpha}{2} \tag{5.2.295}$$

换一个角度看,有

$$\left(\frac{1}{2} + \cos^2\frac{\alpha}{2}\right) - \left(\sin\alpha + \frac{1}{2}\cos\alpha\right) = \frac{1}{2} + \frac{1}{2}(1+\cos\alpha) - \left(\sin\alpha + \frac{1}{2}\cos\alpha\right) = 1 - \sin\alpha > 0 \tag{5.2.296}$$

因此,公式(5.2.295)的后一个不等式恒成立.从而只需考虑

$$2\cos\frac{\alpha}{2} - \frac{1}{2} \leqslant \sin\alpha + \frac{1}{2}\cos\alpha \tag{5.2.297}$$

对于满足上式的任一锐角 α,当 β 取遍$[0,\alpha)$时,公式(5.2.289)的右端能取到 $\left[2\cos\frac{\alpha}{2} - \frac{1}{2}, \frac{1}{2} + \cos^2\frac{\alpha}{2}\right)$ 内任一值.利用不等式(5.2.297),$\sin\alpha + \frac{1}{2}\cos\alpha$ 必为区间 $\left[2\cos\frac{\alpha}{2} - \frac{1}{2}, \frac{1}{2} + \cos^2\frac{\alpha}{2}\right)$ 内某一值.因此,必有 $\beta \in [0,\alpha)$,使得等式(5.2.289)成立,即等式(5.2.288)成立.

利用不等式(5.2.297),我们有

$$0 \leqslant \sin\alpha + \frac{1}{2}\cos\alpha + \frac{1}{2} - 2\cos\frac{\alpha}{2} = \cos\frac{\alpha}{2}\left(2\sin\frac{\alpha}{2} + \cos\frac{\alpha}{2} - 2\right) \tag{5.2.298}$$

下面解不等式

$$2\sin\frac{\alpha}{2} + \cos\frac{\alpha}{2} \geqslant 2 \tag{5.2.299}$$

令

$$\varphi = \arcsin\frac{1}{\sqrt{5}}, \quad 0 < \varphi < \frac{\pi}{6} \tag{5.2.300}$$

则

$$\sin\varphi = \frac{1}{\sqrt{5}}, \quad \cos\varphi = \frac{2}{\sqrt{5}} \tag{5.2.301}$$

利用上面叙述,有

$$\sin\left(\frac{\alpha}{2} + \varphi\right) \geqslant \frac{2}{\sqrt{5}} = \sin\left(\frac{\pi}{2} - \varphi\right) \tag{5.2.302}$$

利用公式(5.2.287),有 $\frac{\alpha}{2} + \varphi \in \left(\frac{\pi}{6}, \frac{\pi}{2}\right)$,再由上式,有

$$\frac{\alpha}{2} + \varphi \geqslant \frac{\pi}{2} - \varphi, \quad \text{则} \quad \frac{\alpha}{2} \geqslant \frac{\pi}{2} - 2\varphi \tag{5.2.303}$$

利用公式(5.2.301),有

$$\sin\left(\frac{\pi}{2} - 2\varphi\right) = \cos 2\varphi = 2\cos^2\varphi - 1 = \frac{3}{5} \tag{5.2.304}$$

从上式,有

$$\frac{\pi}{2} - 2\varphi = \arcsin\frac{3}{5} \tag{5.2.305}$$

利用不等式(5.2.303)和上式,有

$$\alpha \geqslant 2\arcsin \frac{3}{5} \qquad (5.2.306)$$

于是,所求 α 的取值范围是 $\left[2\arcsin \frac{3}{5}, \frac{\pi}{2}\right)$. 因为当公式(5.2.288)成立时,公式(5.2.283)一定成立.本题条件满足.

5.3 坐标向量法

平面几何尚有三种方法:坐标法,向量法,复数法.本节主要介绍向量法.先从坐标法的例题开始.

例1 凸四边形 $ABCD$ 各边都相等,且 $\angle ABC$ 是 $\frac{\pi}{3}$,直线 l 过 D 点,但与凸四边形不相交(D 点除外),l 与 AB, BC 的延长线交于点 E, F,点 M 是 CE 与 AF 的交点(图5.60).求证:$CA^2 = CM \cdot CE$.

证明:$\triangle ABC$ 是一个等边三角形,$\triangle ADC$ 也是一个等边三角形,以点 B 为原点,建立直角坐标系.各点坐标是 $B(0,0)$,$A(1,0)$,$E(a,0)(a>1)$,$C\left(\frac{1}{2}, \frac{\sqrt{3}}{2}\right)$,$D\left(\frac{3}{2}, \frac{\sqrt{3}}{2}\right)$,直线 BC 的方程是

$$y = \sqrt{3} x \qquad (5.3.1)$$

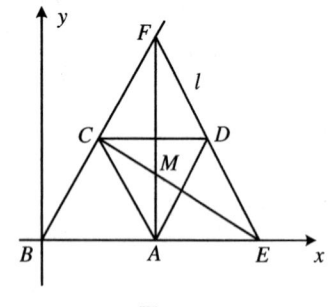

图 5.60

直线 DE 方程是

$$y = \frac{\sqrt{3}(x-a)}{3-2a} \qquad (5.3.2)$$

于是,解上二式组成的方程组,得点 F 坐标 (x, y) 如下

$$x = \frac{a}{2(a-1)}, \quad y = \frac{\sqrt{3} a}{2(a-1)} \qquad (5.3.3)$$

直线 CE 方程是

$$y = \frac{\sqrt{3}(x-a)}{1-2a} \qquad (5.3.4)$$

直线 AF 方程是

$$y = \frac{\sqrt{3} a(x-1)}{2-a} \qquad (5.3.5)$$

解上二式组成的方程组,得点 M 坐标 (x, y) 如下

$$x = \frac{a(1+a)}{2(1-a+a^2)}, \quad y = \frac{\sqrt{3} a(a-1)}{2(1-a+a^2)} \qquad (5.3.6)$$

利用题目条件及上面叙述,我们有

$$CA = 1, \quad CE^2 = \left(\frac{1}{2} - a\right)^2 + \frac{3}{4} = 1 - a + a^2 \qquad (5.3.7)$$

$$CM^2 = \left[\frac{a(1+a)}{2(1-a+a^2)} - \frac{1}{2}\right]^2 + \left[\frac{\sqrt{3} a(a-1)}{2(1-a+a^2)} - \frac{\sqrt{3}}{2}\right]^2$$

$$= \left[\frac{a^2(1+a)^2}{4(1-a+a^2)^2} - \frac{a(1+a)}{2(1-a+a^2)} + \frac{1}{4}\right] + \left[\frac{3a^2(a-1)^2}{4(1-a+a^2)^2} - \frac{3a(a-1)}{2(1-a+a^2)} + \frac{3}{4}\right]$$

$$= \frac{a^2(a^2-a+1)}{(1-a+a^2)^2} + 1 - \frac{2a^2-a}{1-a+a^2} = \frac{1}{1-a+a^2} \quad (5.3.8)$$

利用公式(5.3.7)和(5.3.8),题目结论成立.

例 2 在平面上,已知点 A 是给定圆 O 外一点,求圆内所有点 B 的几何位置.满足下述条件:过点 A 任取圆 O 的一条割线,交圆 O 于两点 P,Q,连直线 PB 和 QB 依次交圆 O 于点 R,H,三点 A,R,H 在同一条直线上(图 5.61).

证明:不妨设圆半径等于 1,以给定圆的圆心 O 为坐标原点,建立直角坐标系,其中向量 OA 为 x 轴正方向,由于点 A 在圆外,可设点 A 坐标是 $(\sec\theta, 0)$,这里 $\theta \in \left(0, \frac{\pi}{2}\right)$.由于四点 P,Q,R,H 在这单位圆上,可设点 P 坐标是 $(\cos\psi, \sin\psi)$,点 Q 坐标是 $(\cos\psi^*, \sin\psi^*)$,这里 ψ, ψ^* 都在区间 $[0, 2\pi)$ 内,且 $\psi^* > \psi$.设点 R 坐标是 $(\cos\varphi, \sin\varphi)$,点 H 坐标是 $(\cos\varphi^*, \sin\varphi^*)$,这里 φ, φ^* 也都在区间 $[0, 2\pi)$ 内,且 $\varphi^* > \varphi$.

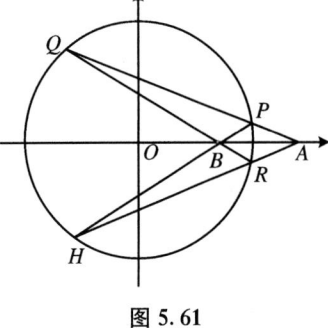

图 5.61

由于三点 A,P,Q 在同一条直线上,有

$$\frac{\sin\psi}{\cos\psi - \sec\theta} = \frac{\sin\psi^*}{\cos\psi^* - \sec\theta} \quad (5.3.9)$$

从上式,有

$$\sin(\psi - \psi^*) = \sec\theta(\sin\psi - \sin\psi^*) \quad (5.3.10)$$

利用上式,以及三角函数的倍角公式和和差化积公式,有

$$\cos\frac{1}{2}(\psi + \psi^*) = \cos\frac{1}{2}(\psi - \psi^*)\cos\theta \quad (5.3.11)$$

由于三点 A,R,H 在同一条直线上,类似上式,分别用 φ, φ^* 依次代替 ψ, ψ^*,有

$$\cos\frac{1}{2}(\varphi + \varphi^*) = \cos\frac{1}{2}(\varphi - \varphi^*)\cos\theta \quad (5.3.12)$$

直线 PH 方程是

$$\frac{y - \sin\psi}{x - \cos\psi} = \frac{\sin\varphi^* - \sin\psi}{\cos\varphi^* - \cos\psi} \quad (5.3.13)$$

直线 QR 方程是

$$\frac{y - \sin\varphi}{x - \cos\varphi} = \frac{\sin\psi^* - \sin\varphi}{\cos\psi^* - \cos\varphi} \quad (5.3.14)$$

联列方程组(5.3.13)和(5.3.14),可以求出点 B 的横坐标(不计算纵坐标).由于方程比较复杂,下面花点篇幅计算.

利用这方程组,有

$$y - \sin\psi = \frac{\sin\varphi^* - \sin\psi}{\cos\varphi^* - \cos\psi}(x - \cos\psi) \quad (5.3.15)$$

$$y - \sin\varphi = \frac{\sin\psi^* - \sin\varphi}{\cos\psi^* - \cos\varphi}(x - \cos\varphi) \quad (5.3.16)$$

上二式相减,有

$$\left(\frac{\sin\varphi^* - \sin\psi}{\cos\varphi^* - \cos\psi} - \frac{\sin\psi^* - \sin\varphi}{\cos\psi^* - \cos\varphi}\right)x$$

$$= \left[\sin\varphi - \frac{(\sin\psi^* - \sin\varphi)\cos\varphi}{\cos\psi^* - \cos\varphi}\right] - \left[\sin\psi - \frac{(\sin\varphi^* - \sin\psi)\cos\psi}{\cos\varphi^* - \cos\psi}\right]$$

$$= \frac{\sin(\varphi - \psi^*)}{\cos \psi^* - \cos \varphi} - \frac{\sin(\psi - \varphi^*)}{\cos \varphi^* - \cos \psi} = \frac{\cos \frac{1}{2}(\varphi - \psi^*)}{\sin \frac{1}{2}(\varphi + \psi^*)} - \frac{\cos \frac{1}{2}(\psi - \varphi^*)}{\sin \frac{1}{2}(\psi + \varphi^*)} \tag{5.3.17}$$

容易看到

$$\frac{\sin \varphi^* - \sin \psi}{\cos \varphi^* - \cos \psi} = -\frac{\cos \frac{1}{2}(\varphi^* + \psi)}{\sin \frac{1}{2}(\varphi^* + \psi)} = -\cot \frac{1}{2}(\varphi^* + \psi) \tag{5.3.18}$$

类似上式,有

$$\frac{\sin \psi^* - \sin \varphi}{\cos \psi^* - \cos \varphi} = -\cot \frac{1}{2}(\varphi + \psi^*) \tag{5.3.19}$$

将上二式代入公式(5.3.17),有

$$\left[\cot \frac{1}{2}(\varphi + \psi^*) - \cot \frac{1}{2}(\varphi^* + \psi)\right]x = \frac{\cos \frac{1}{2}(\varphi - \psi^*)}{\sin \frac{1}{2}(\varphi + \psi^*)} - \frac{\cos \frac{1}{2}(\psi - \varphi^*)}{\sin \frac{1}{2}(\psi + \varphi^*)} \tag{5.3.20}$$

上式两端都乘以 $\sin \frac{1}{2}(\varphi + \psi^*)\sin \frac{1}{2}(\psi + \varphi^*)$,可以得到

$$x = \frac{\cos \frac{1}{2}(\varphi - \psi^*)\sin \frac{1}{2}(\psi + \varphi^*) - \cos \frac{1}{2}(\psi - \varphi^*)\sin \frac{1}{2}(\varphi + \psi^*)}{\cos \frac{1}{2}(\varphi + \psi^*)\sin \frac{1}{2}(\psi + \varphi^*) - \cos \frac{1}{2}(\varphi^* + \psi)\sin \frac{1}{2}(\varphi + \psi^*)} \tag{5.3.21}$$

由于

$$2\cos \frac{1}{2}(\varphi - \psi^*)\sin \frac{1}{2}(\psi + \varphi^*) - 2\cos \frac{1}{2}(\psi - \varphi^*)\sin \frac{1}{2}(\varphi + \psi^*)$$

$$= \left[\sin \frac{1}{2}(\varphi + \varphi^* + \psi - \psi^*) - \sin \frac{1}{2}(\varphi - \psi^* - \psi - \varphi^*)\right]$$

$$\quad - \left[\sin \frac{1}{2}(\psi + \varphi + \psi^* - \varphi^*) - \sin \frac{1}{2}(\psi - \varphi^* - \varphi - \psi^*)\right]$$

$$= \left[\sin \frac{1}{2}(\varphi + \varphi^* + \psi - \psi^*) + \sin \frac{1}{2}(\psi - \varphi^* - \varphi - \psi^*)\right]$$

$$\quad - \left[\sin \frac{1}{2}(\varphi - \psi^* - \psi - \varphi^*) + \sin \frac{1}{2}(\psi + \varphi + \psi^* - \varphi^*)\right]$$

$$= 2\sin \frac{1}{2}(\psi - \psi^*)\cos \frac{1}{2}(\varphi + \varphi^*) - 2\sin \frac{1}{2}(\varphi - \varphi^*)\cos \frac{1}{2}(\psi + \psi^*)$$

$$= 2\sin \frac{1}{2}(\psi - \psi^*)\cos \frac{1}{2}(\varphi - \varphi^*)\cos \theta - 2\sin \frac{1}{2}(\varphi - \varphi^*)\cos \frac{1}{2}(\psi - \psi^*)\cos \theta$$

(利用公式(5.3.11) 和(5.3.12))

$$= 2\cos \theta \sin \frac{1}{2}(\psi - \psi^* - \varphi + \varphi^*) \tag{5.3.22}$$

又可以看到

$$2\cos \frac{1}{2}(\varphi + \psi^*)\sin \frac{1}{2}(\psi + \varphi^*) - 2\cos \frac{1}{2}(\varphi^* + \psi)\sin \frac{1}{2}(\varphi + \psi^*)$$

$$= 2\sin \frac{1}{2}(\varphi^* + \psi - \varphi - \psi^*) \tag{5.3.23}$$

利用公式(5.3.21),(5.3.22)和(5.3.23),可以得到点 B 的横坐标

$$x = \cos \theta \tag{5.3.24}$$

上式表明点 B 的横坐标只依赖点 A 的位置. 而且当圆半径是正常数 R 时, 通过图形的放大或缩小, 可以看到, 当点 A 坐标是 $(R\sec\theta, 0)$ 时, 相应点 B 的横坐标是 $R\cos\theta$. 点 A 的横坐标与点 B 的横坐标之积是 R^2. 当通过点 A 的割线变化时, 点 B 在垂直于点 A 与圆心 O 连线的直线上, 利用向量的内积, 有

$$\boldsymbol{OA} \cdot \boldsymbol{OB} = R^2 \tag{5.3.25}$$

注: 满足公式 (5.3.25) 的点 B 所在的直线称为相对于圆 O 的点 A 的极线, 这极线上的点 B 称为 A 关于圆 O 的共轭点.

例 3 设 Γ 是直径 AB 上一个半圆, 圆心是点 O. 点 M 是直径 AB 延长线上一点 ($MA > MB$). 过点 M 的一条射线交半圆 Γ 于 C, D 两点 ($MC > MD$). $\triangle AOC$ 和 $\triangle BOD$ 的两个外接圆周相交于 O 和 K 两点 (图 5.62). 求证: $OK \perp MK$.

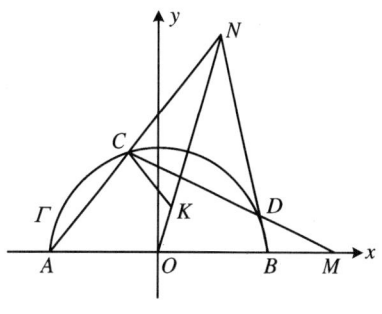

图 5.62

证明: 以点 O 为坐标原点, 向量 $\boldsymbol{AB}$ 为 x 轴的正方向, 建立直角坐标系, 设点 C 坐标是 $(R\cos\varphi, R\sin\varphi)$, 点 D 坐标是 $(R\cos\theta, R\sin\theta)$, 这里 $0 < \theta < \varphi < \pi$. 点 A 坐标是 $(-R, 0)$, 点 B 坐标是 $(R, 0)$.

直线 CD 的方程是

$$\frac{y - R\sin\varphi}{x - R\cos\varphi} = \frac{\sin\theta - \sin\varphi}{\cos\theta - \cos\varphi} = -\cot\frac{1}{2}(\theta + \varphi) \tag{5.3.26}$$

在上式中, 令 $y = 0$, 得点 M 的横坐标

$$x_M = R\cos\varphi + R\tan\frac{1}{2}(\theta + \varphi)\sin\varphi = R\frac{\cos\frac{1}{2}(\varphi - \theta)}{\cos\frac{1}{2}(\varphi + \theta)} \tag{5.3.27}$$

直线 AC 的方程是

$$\frac{y}{x + R} = \frac{R\sin\varphi}{R\cos\varphi + R} = \tan\frac{\varphi}{2}, \quad y = (x + R)\tan\frac{\varphi}{2} \tag{5.3.28}$$

直线 BD 的方程是

$$\frac{y}{x - R} = \frac{R\sin\theta}{R\cos\theta - R} = -\cot\frac{\theta}{2}, \quad y = -(x - R)\cot\frac{\theta}{2} \tag{5.3.29}$$

解公式 (5.3.28) 的第二个等式与公式 (5.3.29) 的第二个等式组成的方程组, 可以求出点 N 的坐标 (x_N, y_N), 下面只需要求出 x_N. 明显地, 有

$$x_N = \frac{R\left(\cot\frac{\theta}{2} - \tan\frac{\varphi}{2}\right)}{\cot\frac{\theta}{2} + \tan\frac{\varphi}{2}} = \frac{R\cos\frac{1}{2}(\theta + \varphi)}{\cos\frac{1}{2}(\theta - \varphi)} \tag{5.3.30}$$

利用 (5.3.27) 和上式, 有

$$x_M x_N = R^2 \tag{5.3.31}$$

由于点 M 在 x 轴上, 纵坐标是零, 圆心 O 是原点, 再利用上式, 有

$$\boldsymbol{OM} \cdot \boldsymbol{ON} = R^2 \tag{5.3.32}$$

利用上例的注, 以及内积的对称性, 知道 M, N 两点关于这半圆 Γ 所在的圆周是共轭的. 设点 N 坐标是 (x_N, y_N), 点 M 视作流动点, 设坐标是 (x, y), 利用公式 (5.3.32), 与点 N 共轭的点 $M(x, y)$ 满足下述方程

$$x_N x + y_N y - R^2 = 0 \tag{5.3.33}$$

上式就是与点 N 关于这圆(半径是 R,圆心是坐标原点)共轭的点所在直线的方程,即点 N 的极线方程.又利用

$$NC \cdot NA = ND \cdot NB \tag{5.3.34}$$

知道点 N 到 $\triangle AOC$ 的外接圆的切线段长等于点 N 到 $\triangle BOD$ 的外接圆的切线段长,则点 N 在这两个外接圆的根轴上(见 5.1 节临近结束部分),而这两个外接圆是相交的,公共弦 OK 所在直线就是根轴.于是,点 N 在直线 OK 上,由于 A,O,K,C 四点共圆,有

$$\angle CKO = \pi - \angle OAC \tag{5.3.35}$$

又利用 $OC = OA$,有

$$\angle OCA = \angle OAC, \quad \angle OCN = \pi - \angle OCA = \angle CKO \tag{5.3.36}$$

利用上式,容易看到

$$\triangle OCK \backsim \triangle ONC \tag{5.3.37}$$

利用上式,有

$$OK \cdot ON = R^2 \tag{5.3.38}$$

由于 O,K,N 三点在同一条直线上,利用上式,有

$$OK \cdot ON = R^2 \tag{5.3.39}$$

关于这圆 O,点 K 关于点 N 是共轭的.利用上面叙述,知道直线 MK 是与点 N 共轭的直线,即直线 MK 的方程就是公式(5.3.33),于是,知道直线 MK 的斜率是 $-\dfrac{x_N}{y_N}$,而直线 OK 就是直线 ON,因此,直线 OK 的斜率是 $\dfrac{y_N}{x_N}$.利用

$$\left(-\dfrac{x_N}{y_N}\right)\dfrac{y_N}{x_N} = -1 \tag{5.3.40}$$

可以知道,直线 MK 与直线 OK 互相垂直.

例 4 设 $PQSR$ 是圆内接四边形,射线 SQ 与射线 RP 交于点 Z,射线 QP 与射线 SR 交于点 A,对角线 PS 与 QR 交于点 Y,线段 YZ 与边 PQ 交于点 M,求证:

(1) $\dfrac{MP}{MQ} = \dfrac{AP}{AQ}$;

(2) $OY \perp AZ$,这里点 O 是圆心.

证明:(1) 先做一些辅助工作.

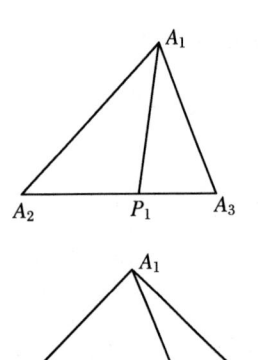

图 5.63

引理 设点 P_1 是 $\triangle A_1A_2A_3$ 的边 A_2A_3 或其延长线上一个不同于 A_2,A_3 的点(图 5.63),则

$$\dfrac{P_1A_2}{P_1A_3} = \dfrac{A_1A_2 \sin \angle P_1A_1A_2}{A_1A_3 \sin \angle P_1A_1A_3}$$

引理的证明:利用正弦定理,有

$$\dfrac{P_1A_2}{A_1A_2} = \dfrac{\sin \angle P_1A_1A_2}{\sin \angle A_1P_1A_2} \tag{5.3.41}$$

$$\dfrac{A_1A_3}{P_1A_3} = \dfrac{\sin \angle A_1P_1A_3}{\sin \angle P_1A_1A_3} \tag{5.3.42}$$

上二式相乘,得引理结论.

先不考虑 $PQSR$ 是圆内接凸四边形这一条件.仅将 $PQSR$ 视作平面上一个凸四边形.设直线 YZ 交直线 AS 于点 N,对于 $\triangle ZPQ$,利用引理,有

$$\frac{MP}{MQ} = \frac{ZP\sin\angle MZP}{ZQ\sin\angle MZQ} \tag{5.3.43}$$

对于 $\triangle ZRQ$,也利用引理,有

$$\frac{YQ}{YR} = \frac{ZQ\sin\angle YZQ}{ZR\sin\angle YZR} = \frac{ZQ\sin\angle MZQ}{ZR\sin\angle MZP} \tag{5.3.44}$$

对于 $\triangle SPR$,利用定理,有

$$\frac{ZP}{ZR} = \frac{SP\sin\angle QSP}{SR\sin\angle QSR} \tag{5.3.45}$$

对于 $\triangle SQR$,也利用引理,有

$$\frac{YR}{YQ} = \frac{SR\sin\angle PSR}{SQ\sin\angle PSQ} \tag{5.3.46}$$

将公式(5.3.43),(5.3.44),(5.3.45)和(5.3.46)全部相乘,有

$$\frac{MP}{MQ} = \frac{SP}{SQ}\cdot\frac{\sin\angle PSR}{\sin\angle QSR} = \frac{AP}{AQ} \tag{5.3.47}$$

这里对 $\triangle SPQ$,利用引理,有上式最后一个等式.

(2) 将公式(5.3.47)的比值记为 λ,记这圆半径是 R, $\lambda\in(0,1)$,于是,有

$$PM = \lambda MQ, \quad AP = \lambda AQ \tag{5.3.48}$$

利用上式,有

$$OM - OP = \lambda(OQ - OM), \quad OP - OA = \lambda(OQ - OA) \tag{5.3.49}$$

这里点 O 是圆心(图 5.64).利用上式,有

$$OM = \frac{1}{1+\lambda}OP + \frac{\lambda}{1+\lambda}OQ, \quad OA = \frac{1}{1-\lambda}OP - \frac{\lambda}{1-\lambda}OQ \tag{5.3.50}$$

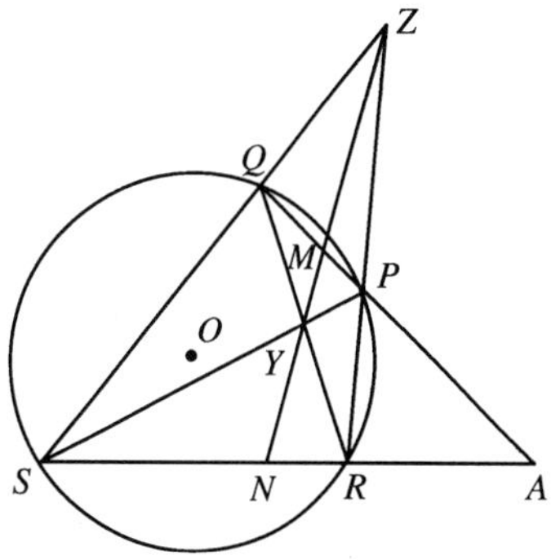

图 5.64

利用上式,有

$$OM\cdot OA = R^2 \tag{5.3.51}$$

因此,两点 A,M 关于这圆是共轭的,同理,两点 A,N 关于这圆也是共轭的(读者可以作为一个习题自己去证明).因此,直线 MN 是对于点 A 关于这圆共轭的直线,即点 A 的极线.利用共轭直线的方程,知道两点 A,Y 是共轭的.同理,两点 Z,Y 关于这圆也是共轭的(有兴趣的读者也可以作为一个练习,自己去证明).于是,可以看到

$$OY\cdot OA = R^2, \quad OY\cdot OZ = R^2 \tag{5.3.52}$$

上面两个向量内积公式相减,有

$$OY\cdot ZA = O, \quad \text{即} \quad OY\perp ZA \tag{5.3.53}$$

注:关于 5.1 节例 28 还可以讲几句话.利用本例(2)的结论,设例 28 中对角线 AC 与 BD 相交于点 E,则 $OE\perp MN$.又 5.1 节例 32 题后的叙述中已证 $OX\perp MN$,则三点 O,X,E 在同一条直线上.上述情况是对 BC 与 AD 不平行,AB 与 CD 也不平行的情况而言的.

当 $AB/\!/CD$ 或 $BC/\!/AD$ 时,例如不妨设 $BC/\!/AD$,$ABDE$ 是圆内接等腰梯形,很容易证明三点 O,X,E 都在这对称轴上,当然这三点共线(有兴趣的读者可以自己去严格证明).

例 5 设 $ABCD$ 是圆内接四边形,且 $BD<AC$. E 是直线 AB、CD 的交点,F 是直线 BC、AD 的交点,L 和 M 分别是线段 AC 和 BD 的中点(图 5.65).求证:

$$\frac{LM}{EF} = \frac{1}{2}\left(\frac{AC}{BD} - \frac{BD}{AC}\right)$$

证明:设 E 是原点,射线 EB 为 x 轴正向,建立直角坐标系,记 e_1 是 x 轴单位向量,e_2 是 y 轴

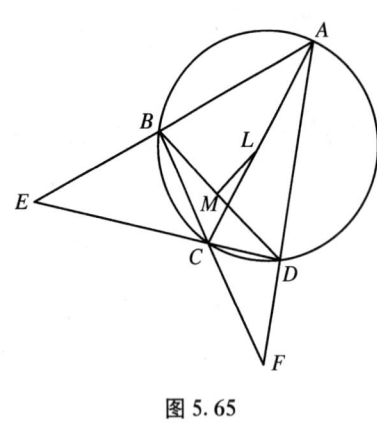

图 5.65

单位向量. 设点 B 坐标为 $(x,0)$, $x>0$. 令

$$e = \frac{EC}{|EC|}, \quad \mu = |EC| \quad (5.3.54)$$

那么, 有

$$EC = \mu e \quad (5.3.55)$$

由于 $EB \cdot EA = EC \cdot ED$, 则

$$\frac{EA}{ED} = \frac{EC}{EB} = \frac{\mu}{x} \quad (5.3.56)$$

为了简洁, 记

$$EA = \mu k e_1 = (\mu k, 0), \quad \text{这里 } k > 0 \quad (5.3.57)$$

由于点 D 在射线 EC 上, 有

$$ED = xke \text{ (利用公式(5.3.55),(5.3.56) 和 (5.3.57))}$$
$$\quad (5.3.58)$$

向量 e 的起点移到点 E, 设终点坐标是 (y_1, y_2), 则 $e = (y_1, y_2)$, 由于 $|e| = 1$, 则 $y_1^2 + y_2^2 = 1$. 再利用公式(5.3.55), 有点 C 的坐标是 $(\mu y_1, \mu y_2)$, 因此, 再利用公式(5.3.57), 知道 AC 中点 L 的坐标是 $\left(\frac{1}{2}(\mu k + \mu y_1), \frac{1}{2}\mu y_2\right)$, 又知道 BD 中点 M 的坐标是 $\left(\frac{1}{2}(x + xky_1), \frac{1}{2}xky_2\right)$. 利用上面叙述, 有

$$LM = EM - EL = \frac{1}{2}(x + xky_1 - \mu k - \mu y_1, xky_2 - \mu y_2)$$
$$= \frac{1}{2}[(x - \mu k)(1,0) + (xk - \mu)(y_1, y_2)]$$
$$= \frac{1}{2}[(x - \mu k)e_1 + (xk - \mu)e] \quad (5.3.59)$$

$$AC^2 = AC \cdot AC = (EC - EA) \cdot (EC - EA)$$
$$= (\mu y_1 - \mu k, \mu y_2) \cdot (\mu y_1 - \mu k, \mu y_2)$$
$$= \mu^2(1 + k^2 - 2ky_1) \text{ (利用 } y_1^2 + y_2^2 = 1) \quad (5.3.60)$$

利用内积定义, 有

$$y_1 = (y_1, y_2) \cdot (1, 0) = \cos \angle(e_1, e) = \cos \angle AEC \quad (5.3.61)$$

$$BD^2 = BD \cdot BD = (ED - EB) \cdot (ED - EB)$$
$$= (xky_1 - x, xky_2) \cdot (xky_1 - x, xky_2) = (xky_1 - x)^2 + (xky_2)^2$$
$$= x^2(k^2 + 1 - 2k\cos\angle AEC) \quad (5.3.62)$$

由于 $AC > BD$, 利用上面叙述, 有 $\mu > x$. 另外, 可以看到

$$\frac{1}{2}\left(\frac{AC}{BD} - \frac{BD}{AC}\right) = \frac{AC^2 - BD^2}{2BD \cdot AC} \quad (5.3.63)$$

$$AC^2 - BD^2 = (\mu^2 - x^2)(k^2 + 1 - 2k\cos\angle AEC) \quad (5.3.64)$$

以及

$$BD \cdot AC = x\mu(k^2 + 1 - 2k\cos\angle AEC) \quad (5.3.65)$$

利用上三式, 有

$$\frac{1}{2}\left(\frac{AC}{BD} - \frac{BD}{AC}\right) = \frac{\mu^2 - x^2}{2x\mu} \quad (5.3.66)$$

直线 AD 方程是

$$\frac{y^*}{x^* - \mu k} = \frac{xy_2}{xy_1 - \mu} \quad (5.3.67)$$

直线 BC 方程是

$$\frac{y^*}{x^* - x} = \frac{\mu y_2}{\mu y_1 - x} \tag{5.3.68}$$

因此点 F 坐标 (x^*, y^*) 同时满足上两个方程,解这联列方程组,有

$$\left.\begin{array}{l} x^* = \dfrac{x\mu}{\mu^2 - x^2}\big[(\mu - xk) + (\mu k - x)y_1\big] \\ y^* = \dfrac{x\mu(\mu k - x)}{\mu^2 - x^2} y_2 \end{array}\right\} \tag{5.3.69}$$

利用上式,有

$$\begin{aligned} EF^2 &= x^{*2} + y^{*2} \\ &= \frac{x^2\mu^2}{(\mu^2 - x^2)^2}\big[(\mu - xk)^2 + (\mu k - x)^2 + 2(\mu - xk)(\mu k - x)y_1\big]\,(\text{利用 } y_1^2 + y_2^2 = 1) \end{aligned} \tag{5.3.70}$$

而利用公式(5.3.59),有

$$4LM^2 = (x - \mu k)^2 + (xk - \mu)^2 + 2(x - \mu k)(xk - \mu)y_1 \tag{5.3.71}$$

从而可以看到

$$EF^2 = \frac{4x^2\mu^2}{(\mu^2 - x^2)^2} LM^2 \tag{5.3.72}$$

上式两端开方,再利用公式(5.3.66),有

$$\frac{LM}{EF} = \frac{\mu^2 - x^2}{2x\mu} = \frac{1}{2}\left(\frac{AC}{BD} - \frac{BD}{AC}\right) \tag{5.3.73}$$

题目结论成立.

下面分两例介绍三角形内一些特殊点的向量表示,相信对喜欢用向量或坐标法的读者有帮助.下述点 O 是空间任意一点.

例 6 (1) 设点 I 是 $\triangle ABC$ 的内心.求证:$OI = \dfrac{aOA + bOB + cOC}{a + b + c}$;

(2) 设 I_A 是 $\triangle ABC$ 的关于 $\angle A$ 的旁心,求证:$OI_A = \dfrac{bOB + cOC - aOA}{b + c - a}$.

证明: 先做一个辅助工作,设点 C 是线段 AB 内一点,满足 $\dfrac{AC}{BC} = \lambda$(图 5.66),则

$$AC = \lambda CB \tag{5.3.74}$$

从上式,有

$$OC - OA = \lambda(OB - OC) \tag{5.3.75}$$

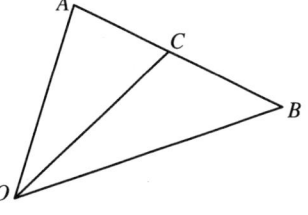

图 5.66

整理上式,有

$$OC = \frac{1}{1 + \lambda}OA + \frac{\lambda}{1 + \lambda}OB \tag{5.3.76}$$

上式是下面需要的.

(1) 设 AD, BE, CF 依次是 $\triangle ABC$ 的内角平分线(图 5.67),我们知道

$$\frac{AI}{ID} = \frac{AB}{BD} = \frac{b + c}{a} \tag{5.3.77}$$

这里利用 $BD = \dfrac{ac}{b + c}$.再利用公式(5.3.76),有

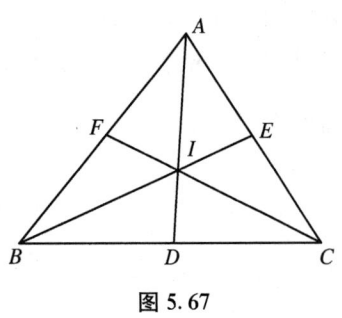

图 5.67

$$OI = \frac{1}{1+\frac{AI}{ID}}OA + \frac{\frac{AI}{ID}}{1+\frac{AI}{ID}}OD$$

$$= \frac{a}{a+b+c}OA + \frac{b+c}{a+b+c}OD \quad (5.3.78)$$

利用 $\frac{BD}{DC} = \frac{c}{b}$,再次利用公式(5.3.76),有

$$OD = \frac{b}{b+c}OB + \frac{c}{b+c}OC \quad (5.3.79)$$

利用公式(5.3.78)和(5.3.79),有题目结论(1).

(2) 仍用点 I 表示 $\triangle ABC$ 的内心(图 5.68),利用三角形内心和旁心的定义,可以得到

$$\frac{AI}{AI_A} = \frac{\frac{1}{2}(b+c-a)}{\frac{1}{2}(a+b+c)} = \frac{b+c-a}{a+b+c} \quad (5.3.80)$$

于是,有向量关系

$$AI = \frac{b+c-a}{a+b+c}AI_A \quad (5.3.81)$$

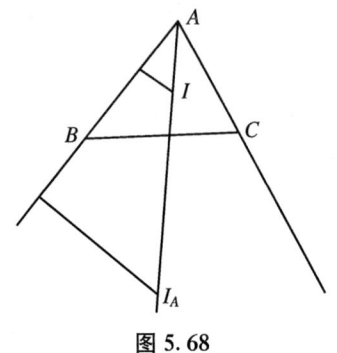

图 5.68

从上式,有

$$OI - OA = \frac{b+c-a}{a+b+c}(OI_A - OA) \quad (5.3.82)$$

整理上式,有

$$\frac{b+c-a}{a+b+c}OI_A = OI - \frac{2a}{a+b+c}OA \quad (5.3.83)$$

于是,可以得到

$$OI_A = \frac{a+b+c}{b+c-a}OI - \frac{2a}{b+c-a}OA = \frac{bOB + cOC - aOA}{b+c-a} \quad (5.3.84)$$

这里利用题目结论(1)中公式.

注:显然同理有

$$OI_B = \frac{aOA + cOC - bOB}{a+c-b} \quad (5.3.85)$$

$$OI_C = \frac{aOA + bOB - cOC}{a+b-c} \quad (5.3.86)$$

这里 I_B,I_C 依次是 $\triangle ABC$ 关于 $\angle B,\angle C$ 的旁心.

例 7 (1) 设点 H 是锐角 $\triangle ABC$ 的垂心(图 5.69),求证:

$$OH = \frac{\tan A\, OA + \tan B\, OB + \tan C\, OC}{\tan A + \tan B + \tan C};$$

(2) 设点 E 是锐角 $\triangle ABC$ 的外心.求证:

$$OE = \frac{1}{2(\tan A + \tan B + \tan C)}$$
$$\cdot [(\tan B + \tan C)OA + (\tan C + \tan A)OB + (\tan A + \tan B)OC]$$

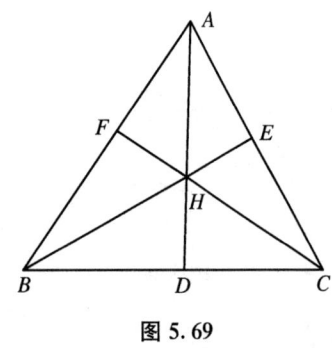

图 5.69

证明:(1) 设 AD,BE,CF 分别是 $\triangle ABC$ 的三条高,在 Rt$\triangle BDH$ 中,有

$$DH = BD\tan\left(\frac{\pi}{2} - C\right) = BD\cot C \quad (5.3.87)$$

类似地,在 Rt$\triangle CDH$ 中,有

$$DH = CD\tan\left(\frac{\pi}{2} - B\right) = CD\cot B \qquad (5.3.88)$$

从上二式,有

$$\frac{BD}{CD} = \frac{\tan C}{\tan B} \qquad (5.3.89)$$

利用公式(5.3.76),有

$$OD = \frac{\tan B}{\tan B + \tan C}OB + \frac{\tan C}{\tan B + \tan C}OC \qquad (5.3.90)$$

用 R 表示$\triangle ABC$ 的外接圆半径,在 Rt$\triangle AHE$ 中,

$$AH = \frac{AE}{\cos \angle CAD} = \frac{c\cos A}{\sin C} = 2R\cos A \qquad (5.3.91)$$

在 Rt$\triangle BDH$ 中,

$$HD = BD\cot C = c\cos B\cot C = 2R\cos B\cos C \qquad (5.3.92)$$

于是,有

$$\frac{AH}{HD} = \frac{\cos A}{\cos B\cos C} = -\frac{\cos(B+C)}{\cos B\cos C} = \tan B\tan C - 1 \qquad (5.3.93)$$

再一次利用公式(5.3.76),有

$$OH = \frac{1}{\tan B\tan C}OA + \frac{\tan B\tan C - 1}{\tan B\tan C}OD \qquad (5.3.94)$$

利用

$$\tan A + \tan B + \tan C = \tan A\tan B\tan C \qquad (5.3.95)$$

有

$$\tan B\tan C = \frac{1}{\tan A}(\tan A + \tan B + \tan C) \qquad (5.3.96)$$

利用上面叙述,有

$$OH = \frac{\tan A}{\tan A + \tan B + \tan C}OA + \frac{\tan B + \tan C}{\tan A + \tan B + \tan C}OD$$

$$= \frac{\tan A}{\tan A + \tan B + \tan C}OA + \frac{\tan B + \tan C}{\tan A + \tan B + \tan C}$$

$$\cdot \left(\frac{\tan B}{\tan B + \tan C}OB + \frac{\tan C}{\tan B + \tan C}OC\right)(\text{利用公式}(5.3.90))$$

$$= \frac{\tan A\,OA + \tan B\,OB + \tan C\,OC}{\tan A + \tan B + \tan C} \qquad (5.3.97)$$

注:上述公式对钝角三角形也成立.有兴趣的读者可以自己证明.

(2) 设点 G 是$\triangle ABC$ 的重心,点 D 是边 BC 的中点(图 5.70),我们知道

$$AG = \frac{2}{3}AD \qquad (5.3.98)$$

于是,有

$$OG = OA + AG = OA + \frac{2}{3}\left(\frac{1}{2}AB + \frac{1}{2}AC\right)(\text{这里再一次利用公式}(5.3.76))$$

$$= OA + \frac{1}{3}(OB - OA) + \frac{1}{3}(OC - OA) = \frac{1}{3}(OA + OB + OC) \qquad (5.3.99)$$

因为 AH, ED 都垂直于边 BC,则 $AH /\!/ ED$,设 AD 与 EH 相交于一点 G^*,则

$$\triangle AHG^* \backsim \triangle DEG^* \qquad (5.3.100)$$

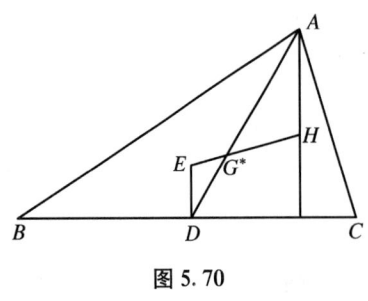

图 5.70

于是,有
$$\frac{AG^*}{G^*D} = \frac{AH}{ED} = 2 \qquad (5.3.101)$$

这里利用公式(5.3.91),以及 $ED = R\cos\frac{1}{2}\angle BEC = R\cos A$.于是,这点 G^* 就是 $\triangle ABC$ 的重心 $G.E,G,H$ 三点共线,这条直线称 Euler 线,于是,有
$$\frac{GH}{EG} = \frac{AH}{ED} = 2 \qquad (5.3.102)$$

利用公式(5.3.76),有
$$OG = \frac{1}{3}OH + \frac{2}{3}OE \qquad (5.3.103)$$

利用上一小题的结论,以及公式(5.3.99),有
$$OE = \frac{1}{2}(3OG - OH) = \frac{1}{2(\tan A + \tan B + \tan C)}$$
$$\cdot [(\tan B + \tan C)OA + (\tan C + \tan A)OB + (\tan A + \tan B)OC](5.3.104)$$

注:关于钝角 $\triangle ABC$,外心的向量的关系式,有兴趣的读者可以自己去推导.另外,要指出,对于特殊情况,如果 $AB = AC$,直线 AH 与直线 DE 重合,三点 E,G,H 仍在同一条直线上,且公式(5.3.102)仍成立.

当点 O 就取 $\triangle ABC$ 的外心时,利用公式(5.3.103),这时候,有
$$OH = 3OG = OA + OB + OC \qquad (5.3.105)$$

例 8 设 $\triangle ABC$ 中,$\angle A$ 不是直角,点 O 是 $\triangle ABC$ 的外心,点 H 是 $\triangle ABC$ 的垂心(图 5.71).问 $\triangle ABC$ 要满足什么条件,才能使(1) $AH = OA$;(2) $OH = OA$?

解: 我们先证明在钝角 $\triangle ABC$ 中,公式(5.3.105)仍然成立.不妨设 $\angle A$ 是钝角,$BE \perp AC$,$AH \perp BC$,点 E 在线段 BH 上,有
$$AE = c\cos(\pi - A) = -2R\sin C\cos A \qquad (5.3.106)$$
又
$$AE = AH\cos\angle HAE = AH\sin C \qquad (5.3.107)$$

外心 O 在钝角 $\triangle ABC$ 的外部,在 $Rt\triangle BOD$ 中,有
$$OD = OB\cos\angle BOD = OB\cos(\pi - A) = -R\cos A$$
$$(5.3.108)$$

这里 R 是 $\triangle ABC$ 的外接圆半径.利用公式(5.3.106)和(5.3.108),再利用公式(5.3.108),仍然有
$$AH = -2R\cos A = 2OD \qquad (5.3.109)$$

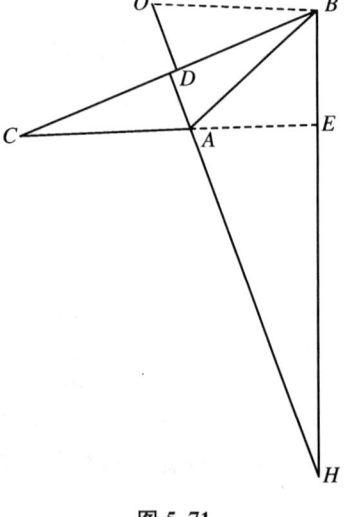

图 5.71

另外,仍然有 $AH \parallel OD$.因此,与锐角三角形的情况完全一样,线段 OH 与中线 AD 相交于 $\triangle ABC$ 的重心 G,公式(5.3.105)对于钝角三角形仍然成立.

对于直角三角形,例如设 $\angle B = \frac{\pi}{2}$,垂心 H 就是点 B,外心 O 是斜边 AC 的中点,利用 $OA = -OC$,公式(5.3.105)仍然成立.

综上所述,公式(5.3.105)对任意 $\triangle ABC$ 成立.利用此公式,我们来解本题.

(1) 由于 $AH = OA$,那么,有

$$|AH| = |OA| = R \tag{5.3.110}$$

利用公式(5.3.105)和上式,有
$$|OB + OC| = |OH - OA| = R \tag{5.3.111}$$

利用上式,有
$$R^2 = (OB + OC) \cdot (OB + OC) = 2R^2 + 2R^2 \cos \angle(OB, OC)$$
$$= 2R^2 + 2R^2 \cos 2A (\text{利用} \angle A \text{是锐角时,} \angle(OB, OC) = 2A; \text{当} \angle A \text{是钝角时,} \angle(OB, OC)$$
$$= 2(\pi - A), \text{这里} \angle(OB, OC) \text{表示向量} OB, OC \text{的夹角}) \tag{5.3.112}$$

利用上式,有
$$\cos 2A = -\frac{1}{2} \tag{5.3.113}$$

由于 $0 < 2A < 2\pi$,从上式,有
$$A = \frac{\pi}{3}, \quad \text{或} \quad A = \frac{2\pi}{3} \tag{5.3.114}$$

(2) 由于 $OH = OA$,则
$$|OH| = |OA| = R \tag{5.3.115}$$

利用上式,有
$$R^2 = (OA + OB + OC) \cdot (OA + OB + OC)$$
$$= 3R^2 + 2R^2 (\cos 2A + \cos 2B + \cos 2C)(\text{参考公式}(5.3.112)) \tag{5.3.116}$$

利用5.2节例11中公式(5.2.170),以及上式,有
$$\cos A \cos B \cos C = 0 \tag{5.3.117}$$

由于 $\angle A$ 不是直角,则
$$B = \frac{\pi}{2} \quad \text{或} \quad C = \frac{\pi}{2} \tag{5.3.118}$$

公式(5.3.114)的推导过程可逆,当此公式成立时,必有 $AH = OA$. 当公式(5.3.118)成立时,必有 $OH = OA$. 因此,公式(5.3.114)和公式(5.3.118)恰是题目要寻找的条件.

下面介绍反演,并且举2个例题.

固定一个正常数 k,在平面上,取定一点 P,在这平面上取任意一个不同于点 P 的点 A,连线段 AP,在射线 AP 方向,线段 AP 的延长线上取一点 A^*(图5.72),满足
$$AP \cdot PA^* = k \tag{5.3.119}$$

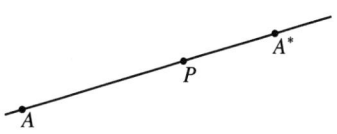

图 5.72

称点 A^* 是点 A 关于点 P 的反演点,点 P 称为反演中心.

在这平面上,任取一个 $\triangle ABC$,三点 A, B, C 无一点与点 P 重合. 依次记三点 A^*, B^*, C^* 是点 A, B, C 关于点 P 的反演点. 利用反演的定义,三点 A, P, A^* 在同一条直线上,三点 B, P, B^* 在同一条直线上,三点 C, P, C^* 也在同一条直线上,且有
$$AP \cdot PA^* = k, \quad BP \cdot PB^* = k, \quad CP \cdot PC^* = k \tag{5.3.120}$$

利用上式中前二个等式,有
$$\frac{PA}{PB^*} = \frac{PB}{PA^*}, \quad \text{又} \quad \angle APB = \angle A^* PB^* \tag{5.3.121}$$

利用上式,知道
$$\triangle PAB \backsim \triangle PB^* A^* \tag{5.3.122}$$

从而有
$$\frac{A^* B^*}{AB} = \frac{PA^*}{PB} = \frac{PB^*}{PA} = \frac{PA \cdot PA^*}{PA \cdot PB} = \frac{k}{PA \cdot PB} \tag{5.3.123}$$

下面坐标计算来精确地思考反演.

取点 P 是坐标原点,在平面上任取一个不同于原点 P 的点 $A(x,y)$,这里 x,y 不同时为零. 设点 A 关于点 P 的反演点 A^* 的坐标是 (x^*,y^*). 利用反演的定义,有

$$(x^2+y^2)(x^{*2}+y^{*2}) = k^2 \tag{5.3.124}$$

以及

$$x^* = \lambda x, \quad y^* = \lambda y, \quad \lambda < 0 \tag{5.3.125}$$

代上式入前式,有

$$\lambda = -\frac{k}{x^2+y^2} \tag{5.3.126}$$

于是,有

$$x^* = -\frac{kx}{x^2+y^2}, \quad y^* = -\frac{ky}{x^2+y^2} \tag{5.3.127}$$

x^*, y^* 也不同时为零.利用上面叙述,有

$$x = \frac{x^*}{\lambda} = -\frac{(x^2+y^2)x^*}{k} = -\frac{kx^*}{x^{*2}+y^{*2}}, \quad y = -\frac{ky^*}{x^{*2}+y^{*2}} \tag{5.3.128}$$

平面上有一个圆,圆心坐标是 (a,b),圆半径是 R,圆周上点 (x,y) 满足

$$(x-a)^2+(y-b)^2 = R^2 \tag{5.3.129}$$

代公式(5.3.128)入上式,有

$$\left(\frac{kx^*}{x^{*2}+y^{*2}}+a\right)^2 + \left(\frac{ky^*}{x^{*2}+y^{*2}}+b\right)^2 = R^2 \tag{5.3.130}$$

展开上式,有

$$\frac{k^2}{x^{*2}+y^{*2}} + \frac{2k(ax^*+by^*)}{x^{*2}+y^{*2}} = R^2-(a^2+b^2) \tag{5.3.131}$$

上式两端同乘以 $x^{*2}+y^{*2}$,有

$$[R^2-(a^2+b^2)](x^{*2}+y^{*2}) - 2k(ax^*+by^*) = k^2 \tag{5.3.132}$$

下面分情况讨论:

① 当 $R^2 = a^2+b^2$ 时,公式(5.3.132)是一条直线方程.再利用公式(5.3.129),原点(反演中心)在这圆周上.这圆周的反演像是一条直线.

② 当 $R^2 \neq a^2+b^2$ 时,由公式(5.3.132),有

$$[R^2-(a^2+b^2)]\left[\left(x^*-\frac{ka}{R^2-(a^2+b^2)}\right)^2 + \left(y^*-\frac{kb}{R^2-(a^2+b^2)}\right)^2\right] = \frac{k^2R^2}{R^2-(a^2+b^2)} \tag{5.3.133}$$

因此,这圆周的反演像仍是圆周.

综上所述,有以下结论:

当反演中心不在圆周上时,这个圆周反演后的像仍是一个圆周.当反演中心在圆周上时,这个圆周反演后的像是一条直线.

利用公式(5.3.133),记点 O^* 是反演像圆周的圆心,则三点 $P(0,0)$(反演中心),圆心 $O(a,b)$(利用公式(5.3.129)),点 $O^*\left(\dfrac{ka}{R^2-(a^2+b^2)}, \dfrac{kb}{R^2-(a^2+b^2)}\right)$ 显然在同一条直线.当反演中心不在一个圆周上时,以这个圆周为外接圆的任一个三角形,反演后像仍为一个三角形.

在反演前,设平面上有两点 $E(x_1,y_1)$, $F(x_2,y_2)$,点 E 反演为点 $E^*(x_1^*,y_1^*)$,点 F 反演为点 $F^*(x_2^*,y_2^*)$.

由于反演中心点 P 是坐标原点,利用公式(5.3.128),有

$$PE = \sqrt{x_1^2 + y_1^2} = \frac{k}{\sqrt{x_1^{*2} + y_1^{*2}}}, \quad PF = \sqrt{x_2^2 + y_2^2} = \frac{k}{\sqrt{x_2^{*2} + y_2^{*2}}} \qquad (5.3.134)$$

又利用公式(5.3.128),有

$$EF = \sqrt{(x_1 - x_2)^2 + (y_1 - y_2)^2} = \sqrt{\left(\frac{kx_1^*}{x_1^{*2} + y_1^{*2}} - \frac{kx_2^*}{x_2^{*2} + y_2^{*2}}\right)^2 + \left(\frac{ky_1^*}{x_1^{*2} + y_1^{*2}} - \frac{ky_2^*}{x_2^{*2} + y_2^{*2}}\right)^2}$$

$$= \frac{k}{\sqrt{(x_1^{*2} + y_1^{*2})(x_2^{*2} + y_2^{*2})}} \sqrt{(x_2^* - x_1^*)^2 + (y_2^* - y_1^*)^2} = \frac{1}{k} PE \cdot PF \cdot E^* F^* \qquad (5.3.135)$$

利用上式,有

$$E^* F^* = \frac{kEF}{PE \cdot PF} \qquad (5.3.136)$$

上式是反演的一个很有用的公式.

例9 $\triangle ABC$ 是一个三角形,点 P 是 $\triangle ABC$ 所在平面上一点,但点 P 不在 $\triangle ABC$ 的外接圆周上. 记 $PA = R_1, PB = R_2, PC = R_3$.

(1) 作一个 $\triangle A^* B^* C^*$(图 5.73),以 aR_1, bR_2, cR_3 为三边长.

(2) 寻找点 P 的轨迹,使得(1)中 $\triangle A^* B^* C^*$ 的面积是一个给定常数.

解:(1) 以点 P 为反演中心,公式(5.3.136)中取

$$k = R_1 R_2 R_3 \qquad (5.3.137)$$

设三点 A^*, B^*, C^* 依次是三点 A, B, C 的反演点,利用公式(5.3.136),有

$$A^* B^* = cR_3, \quad B^* C^* = aR_1, \quad A^* C^* = bR_2 \qquad (5.3.138)$$

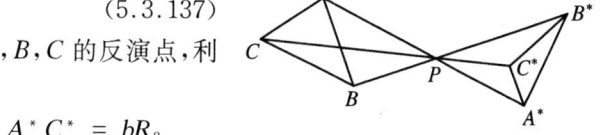

图 5.73

由于点 P 不在 $\triangle ABC$ 的外接圆周上,则三点 A^*, B^*, C^* 不在同一条直线上,因此,$\triangle A^* B^* C^*$ 存在,且满足题目要求.

(2) 由于点 P 不在 $\triangle ABC$ 的外接圆上,从前面叙述可以看出,这外接圆反演后像是 $\triangle A^* B^* C^*$ 的外接圆,且两圆心的连线(直线)通过反演中心 P. 因此,$\triangle ABC$ 的外接圆有一条直径 EF,这两点 E, F 的反演像 $E^*, F^*, E^* F^*$ 必定是 $\triangle A^* B^* C^*$ 的外接圆的一条直径. 用 R 表示 $\triangle ABC$ 的外接圆半径,用点 O 表示其圆心,用 R^* 表示 $\triangle A^* B^* C^*$ 的外接圆半径. 利用公式(5.3.136),有

$$2R^* = \frac{2kR}{PE \cdot PF} = \frac{2kR}{|(OP - R)(OP + R)|} = \frac{2kR}{|OP^2 - R^2|} \qquad (5.3.139)$$

利用上式,有

$$\frac{R^*}{R} = \frac{k}{|OP^2 - R^2|} \qquad (5.3.140)$$

这里 k 满足公式(5.3.137).

由于

$$S_{\triangle ABC} = \frac{abc}{4R}, \quad S_{\triangle A^* B^* C^*} = \frac{a^* b^* c^*}{4R^*} \qquad (5.3.141)$$

利用公式(5.3.137)和(5.3.138),有

$$a^* b^* c^* = (R_1 R_2 R_3)(abc) = kabc \qquad (5.3.142)$$

这里依惯例,用 a^*, b^*, c^* 依次表示 $\triangle A^* B^* C^*$ 的边 $B^* C^*, C^* A^*, A^* B^*$ 的长. 利用上面叙述,有

$$\frac{S_{\triangle A^* B^* C^*}}{S_{\triangle ABC}} = \frac{kR}{R^*} = |OP^2 - R^2| \qquad (5.3.143)$$

由于题目要求，$S_{\triangle A^*B^*C^*}$ 是一个正常数，由于 $\triangle ABC$ 是已知的，$S_{\triangle ABC}$ 也是正常数. 因此，令

$$t^2 = \frac{S_{\triangle A^*B^*C^*}}{S_{\triangle ABC}} \tag{5.3.144}$$

这里 t 是一个正常数.

下面分情况讨论：

① 当 $t > R$ 时，利用公式(5.3.143)和(5.3.144)，有

$$OP = \sqrt{t^2 + R^2} \tag{5.3.145}$$

点 P 在以 $\triangle ABC$ 的外接圆圆心 O 为圆心，半径是 $\sqrt{t^2 + R^2}$ 的圆周上.

② 当 $0 < t < R$ 时，类似地，有

$$R^2 - OP^2 = \pm t^2, \quad OP = \sqrt{R^2 + t^2}, \quad \text{或} \quad OP = \sqrt{R^2 - t^2} \tag{5.3.146}$$

点 P 在以点 O 为圆心，半径是 $\sqrt{R^2 + t^2}$ 或 $\sqrt{R^2 - t^2}$ 的圆周上.

③ 当 $t = R$ 时，完全类似，有

$$R^2 = OP^2 - R^2, \quad \text{或者} \quad R^2 = R^2 - OP^2 \tag{5.3.147}$$

点 P 在以点 O 为圆心，$\sqrt{2}R$ 为半径的圆周上，或者点 P 与点 O 重合.

例 10 设锐角 $\triangle ABC$ 的外接圆的圆心是点 O，射线 CO, AO 和 BO 依次交 $\triangle AOB, \triangle BOC$ 和 $\triangle AOC$ 的外接圆于点 C_1, A_1, B_1，求证：$\dfrac{AA_1}{OA_1} + \dfrac{BB_1}{OB_1} + \dfrac{CC_1}{OC_1} \geq \dfrac{9}{2}$.

证明：用 R 表示 $\triangle ABC$ 的外接圆 Γ 的半径，用点 O 作为反演中心，令 $k = R^2$. 设 AA_1, BB_1, CC_1 依次交 BC, CA, AB 于点 A^*, B^*, C^*. 利用

$$\angle COA^* = \angle COA_1, \quad \angle OCA^* = \angle OBC = \angle OA_1C(\text{利用 } O, B, A_1, C \text{ 四点共圆}) \tag{5.3.148}$$

于是，有

$$\triangle OCA^* \backsim \triangle OA_1C \tag{5.3.149}$$

利用上式，有

$$OA^* \cdot OA_1 = OC^2 = R^2 \tag{5.3.150}$$

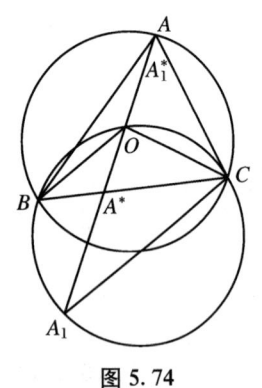

图 5.74

在射线 OA 上取一点 A_1^*，使得 $OA_1^* = OA^*$（图 5.74）. 由公式(5.3.150)和反演的定义，点 A^* 先通过关于点 O 的一个对称，变为点 A_1^*，然后再通过关于点 O 的一个反演，得到点 A_1. 由于通过点 O 的一个对称，任意两点之间的距离等于这两点对称像之间的距离. 因此，前面反演适用的一切结论，都可以直接搬到点 A^* 变到点 A_1 的映射上来，即可以忽略这个关于点 O 的对称，直接认为点 A^* 通过"反演"（实际上是对称加上反演）得到点 A_1，利用反演公式(5.3.136)，并注意到三点 A, B, C 通过这个"反演"仍映为 A、B、C 自身. 于是，有

$$AA_1 = R^2 \frac{AA^*}{OA \cdot OA^*}, \quad OA^* \cdot OA_1 = R^2 \tag{5.3.151}$$

利用上式，有

$$\frac{AA_1}{OA_1} = \frac{AA^*}{OA} \tag{5.3.152}$$

设 $\triangle ABC$ 的边 BC 上的高是 AD，作 $OE \perp BC$，点 E 为垂足（图 5.75），利用 $OE /\!/ AD$，可以看到

$$\frac{OA^*}{AA^*} = \frac{OE}{AD} = \frac{S_{\triangle OBC}}{S_{\triangle ABC}} \tag{5.3.153}$$

由于 $\triangle ABC$ 是一个锐角三角形，外心 O 在这三角形的内部，有

$$OA = AA^* - OA^* \quad (5.3.154)$$

利用上二式，有

$$\frac{OA}{AA^*} = 1 - \frac{OA^*}{AA^*} = 1 - \frac{S_{\triangle OBC}}{S_{\triangle ABC}} \quad (5.3.155)$$

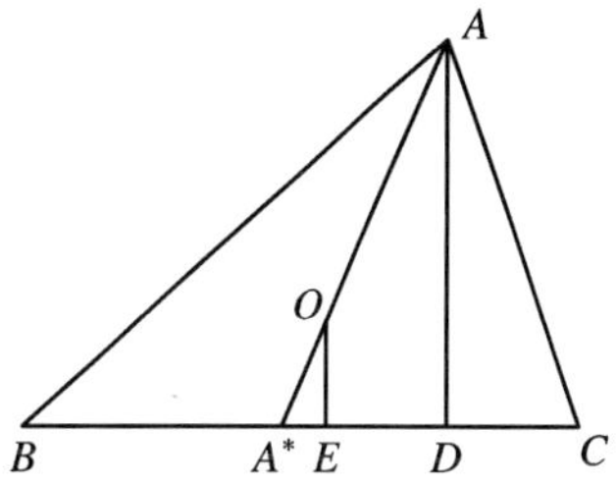

图 5.75

为了简洁，下面用 S 代替 $S_{\triangle ABC}$，x 代替 $S_{\triangle OBC}$，y 代替 $S_{\triangle OAC}$，z 代替 $S_{\triangle OAB}$。于是，再利用公式(5.3.152)，有

$$\frac{OA_1}{AA_1} = \frac{OA}{AA^*} = \frac{S-x}{S}, \quad \frac{AA_1}{OA_1} = \frac{S}{S-x} \quad (5.3.156)$$

完全类似，有

$$\frac{BB_1}{OB_1} = \frac{S}{S-y}, \quad \frac{CC_1}{OC_1} = \frac{S}{S-z} \quad (5.3.157)$$

利用上面叙述，有

$$\frac{AA_1}{OA_1} + \frac{BB_1}{OB_1} + \frac{CC_1}{OC_1} = \frac{S}{S-x} + \frac{S}{S-y} + \frac{S}{S-z} \quad (5.3.158)$$

利用 Cauchy 不等式，有

$$\left(\frac{1}{S-x} + \frac{1}{S-y} + \frac{1}{S-z}\right)[(S-x) + (S-y) + (S-z)] \geqslant 9 \quad (5.3.159)$$

明显地，有

$$(S-x) + (S-y) + (S-z) = 2S \quad (5.3.160)$$

利用公式(5.3.158)，不等式(5.3.159)和公式(5.3.160)，知道题目结论成立。

下面介绍两个有关面积的例题。

例 11 平面内有一个凸四边形 $A_1A_2A_3A_4$，点 $H_i(1 \leqslant i \leqslant 4)$ 是删除点 A_i 后剩下的三个顶点组成的三角形的垂心。求证：四边形 $A_1A_2A_3A_4$ 的面积与四边形 $H_1H_2H_3H_4$ 的面积是相同的。

证明：我们引入有向面积的概念。对于 $\triangle XYZ$，如果三个顶点 X, Y, Z 依次是逆时针的，定义 $\triangle XYZ$ 的面积 $S_{\triangle XYZ}$ 是正值。如果三个顶点 X, Y, Z 依次是顺时针的，定义 $\triangle XYZ$ 的面积 $S_{\triangle XYZ}$ 是负值，利用上面叙述，有

$$S_{\triangle XYZ} = S_{\triangle YZX} = S_{\triangle ZXY} = -S_{\triangle XZY} = -S_{\triangle ZYX} = -S_{\triangle YXZ} \quad (5.3.161)$$

引入有向面积的定义后，设点 T 是这平面上任意一点，有

$$S_{\triangle XYZ} = S_{\triangle XYT} + S_{\triangle YZT} + S_{\triangle ZXT} \quad (5.3.162)$$

下面我们来证明上式。不妨设三个顶点 X, Y, Z 依次是逆时针的，顺时针方向完全类似证明。

点 T 的位置一共有三种情况。下面分别讨论。

① 点 T 在 $\triangle XYZ$ 的外部，且点 T 与点 Y 在直线 XZ 两侧，利用图 5.76，有

$$|S_{\triangle XYZ}| = |S_{\triangle XYT}| + |S_{\triangle YZT}| - |S_{\triangle XZT}| \quad (5.3.163)$$

依照上面叙述，特别是有向面积的定义，公式(5.3.162)成立。

② 点 T 在 $\triangle XYZ$ 的外部，且点 T 与点 Y 在直线 XZ 的同侧，利用图 5.77，有

$$|S_{\triangle XYZ}| = |S_{\triangle XZT}| + |S_{\triangle YZT}| - |S_{\triangle XYT}| \quad (5.3.164)$$

再利用公式(5.3.161)，公式(5.3.162)仍然成立。

③ 点 T 在 $\triangle XYZ$ 的内部，利用图 5.78，有

$$|S_{\triangle XYZ}| = |S_{\triangle XYT}| + |S_{\triangle YZT}| + |S_{\triangle ZXT}| \quad (5.3.165)$$

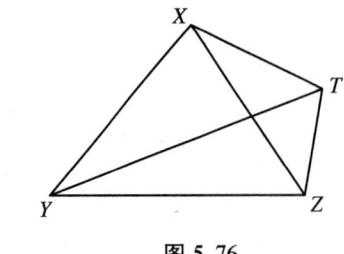

图 5.76

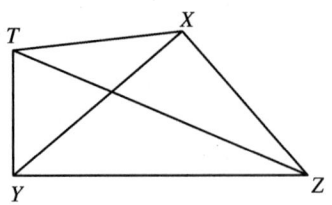

图 5.77

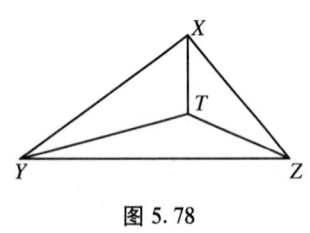

图 5.78

公式(5.3.162)当然成立.

综上所述,公式(5.3.162)成立.当然,如果点 T 在 $\triangle ABC$ 的一条边上,例如点 T 在边 XZ 上,则 $S_{\triangle ZXT} = 0$.公式(5.3.162)仍然成立.

有了上面有向面积的定义及相关叙述,我们可以来证明本题了.

由于 A_2H_1 与 A_1H_2 都与 A_3A_4 垂直(图5.79),则
$$A_2H_1 \,//\, A_1H_2 \tag{5.3.166}$$

利用上式,以及有向面积概念,有
$$S_{\triangle H_1H_2A_1} = S_{\triangle A_2H_2A_1} \tag{5.3.167}$$

类似利用 $A_2H_3 \,//\, A_3H_2$,有
$$S_{\triangle H_2H_3A_2} = S_{\triangle A_3H_3A_2} \tag{5.3.168}$$

点 A_2 是 $\triangle H_2H_3A_1$ 所在平面内一点,利用公式(5.3.162),有
$$S_{\triangle H_2H_3A_1} = S_{\triangle H_2H_3A_2} + S_{\triangle H_3A_1A_2} + S_{\triangle A_1H_2A_2}$$
$$= S_{\triangle A_3H_3A_2} + S_{\triangle H_3A_1A_2} + S_{\triangle A_1H_2A_2} \tag{5.3.169}$$

又由于 $A_1H_3 \,//\, A_3H_1$,有
$$S_{\triangle H_3H_1A_1} = S_{\triangle H_3A_3A_1} \tag{5.3.170}$$

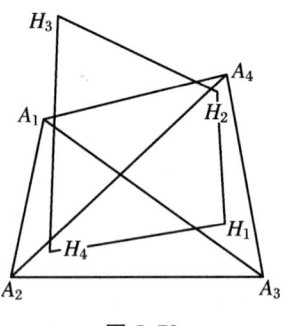

图 5.79

利用上面叙述,有
$$S_{\triangle H_1H_2H_3} = S_{\triangle H_1H_2A_1} + S_{\triangle H_2H_3A_1} + S_{\triangle H_3H_1A_1}$$
$$= S_{\triangle A_2H_2A_1} + (S_{\triangle A_3H_3A_2} + S_{\triangle H_3A_1A_2} + S_{\triangle A_1H_2A_2}) + S_{\triangle H_3A_3A_1}$$
$$= (S_{\triangle A_2H_2A_1} + S_{\triangle A_1H_2A_2}) + (S_{\triangle A_1A_2H_3} + S_{\triangle A_2A_3H_3} + S_{\triangle A_3A_1H_3})$$
$$= S_{\triangle A_1A_2A_3} \tag{5.3.171}$$

完全类似地,有
$$S_{\triangle H_1H_3H_4} = S_{\triangle A_1A_3A_4} \tag{5.3.172}$$

利用上二式,有
$$S_{\triangle H_1H_2H_3H_4} = S_{\triangle A_1A_2A_3A_4} \tag{5.3.173}$$

题目结论成立.

复数方法也可以用来解决平面几何问题,下面举一例来结束本章.

例 12 在平面直角坐标系中,给定一个 $4m$ 边形 P,这里 m 是一个正奇数,满足

(1) P 的顶点坐标都是整数;

(2) P 的边与坐标轴平行;

(3) P 的边长都是奇数.

求证: P 的面积是奇数.

证明:先介绍一个引理.

引理 给定复平面上一个 n 边形 P,其顶点坐标分别为复数 $z_1,z_2,\cdots,z_n$,则 P 的有向面积
$$S_p = \frac{1}{2} I_m(\bar{z}_1 z_2 + \bar{z}_2 z_3 + \cdots + \bar{z}_{n-1} z_n + \bar{z}_n z_1).$$

引理的证明:先证明点 Q 到有向线段 $z_1 z_2$(指向量 $z_1 z_2$)的有向距离 d 满足
$$d = \frac{1}{|z_1 - z_2|} I_m(\bar{z}_1 z_2 + \bar{z}_2 z_Q + \bar{z}_Q z_1) \quad (5.3.174)$$

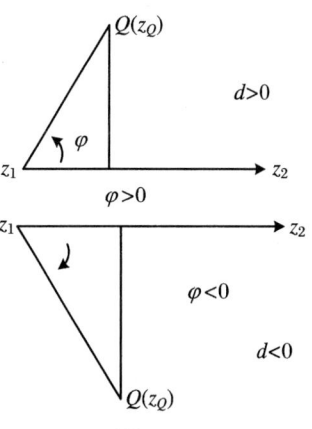

这里 z_Q 是点 Q 的复数表示. 当点 Q 在向量 $z_1 z_2$ 的上方时,$d>0$;当点 Q 在 $z_1 z_2$ 的下方时,$d<0$(图 5.80).

注:当 $\triangle z_1 z_2 Q$ 的三个顶点 z_1,z_2,Q 是逆时针时,$d>0$;当三个顶点 z_1,z_2,Q 是顺时针时,$d<0$. 这与上例有向面积的定义是一致的.

由于 $z_1 z_2$ 方向上的单位向量是 $\dfrac{z_2 - z_1}{|z_2 - z_1|}$,而 $z_1 z_Q$ 方向上的单位向量是 $\dfrac{z_Q - z_1}{|z_Q - z_1|}$,所以由 $z_1 z_2$ 旋转到 $z_1 z_Q$ 方向所转过的有向角 φ(在 $(0,\pi)$ 内,逆时针旋转为正角,顺时针旋转为负角). 由下式确定

图 5.80

$$\sin \varphi = I_m\left(\frac{z_Q - z_1}{|z_Q - z_1|} \bigg/ \frac{z_2 - z_1}{|z_2 - z_1|}\right) = I_m\left(\frac{|z_2 - z_1|(z_Q - z_1)}{|z_Q - z_1|(z_2 - z_1)}\right)$$
$$= I_m\left(\frac{|z_2 - z_1|(z_Q - z_1)(\bar{z}_2 - \bar{z}_1)}{|z_Q - z_1||z_2 - z_1|^2}\right)$$
$$= \frac{1}{|z_Q - z_1||z_2 - z_1|} I_m(z_Q \bar{z}_2 - z_1 \bar{z}_2 - z_Q \bar{z}_1)$$
$$= \frac{1}{|z_Q - z_1||z_2 - z_1|} I_m(z_Q \bar{z}_2 + \bar{z}_1 z_2 + \bar{z}_Q z_1) \quad (5.3.175)$$

这里利用 $z_1 \bar{z}_1 = |z_1|^2$ 是实数,虚部(I_m)是零. 另外,利用复数共轭的性质,有 $I_m(z_1 \bar{z}_2) = -I_m(\bar{z}_1 z_2)$,$I_m(z_Q \bar{z}_1) = -I_m(\bar{z}_Q z_1)$.

从而,有
$$d = |z_Q - z_1| \sin \varphi = \frac{1}{|z_2 - z_1|} I_m(\bar{z}_1 z_2 + \bar{z}_2 z_Q + \bar{z}_Q z_1) \quad (5.3.176)$$

上式就是公式(5.3.174).

利用上式,立刻可以推出 $\triangle z_1 z_2 z_Q$ 的有向面积
$$S_{\triangle z_1 z_2 z_Q} = \frac{1}{2} |z_2 - z_1| d = \frac{1}{2} I_m(\bar{z}_1 z_2 + \bar{z}_2 z_Q + \bar{z}_Q z_1) \quad (5.3.177)$$

这就是引理在 $n=3$ 时的结论.

注:为统一字母,这里不写 $\triangle z_1 z_2 Q$.

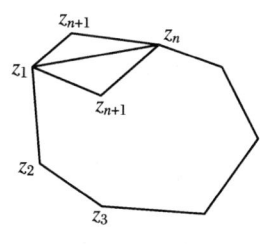

图 5.81

设平面上一个 n 边形的有向面积 S 由引理给出,即设
$$S_{n 边形 z_1 z_2 \cdots z_n} = \frac{1}{2} I_m(\bar{z}_1 z_2 + \bar{z}_2 z_3 + \cdots + \bar{z}_{n-1} z_n + \bar{z}_n z_1)$$
$$(5.3.178)$$

考虑 $n+1$ 边形情况. 首先对于有向面积,有
$$S_{n+1 边形 z_1 z_2 \cdots z_{n+1}} = S_{n 边形 z_1 z_2 \cdots z_n} + S_{\triangle z_1 z_n z_{n+1}} \quad (5.3.179)$$

这里当顶点 $z_1,z_2,\cdots,z_n,z_{n+1}$ 在平面上是依次逆时针排列时,面积为正值,依次顺时针排列时,面积为负值(图 5.81).

无论有向面积 $S_{\triangle z_1 z_2 z_{n+1}}$ 是正是负，有向面积 $S_{n\text{边形} z_1 z_2 \cdots z_n}$ 是正是负，这公式都是正确的.

利用已证明的公式(5.3.177)，归纳法假设(5.3.178)，从公式(5.3.179)，有

$$S_{n+1\text{边形} z_1 z_2 \cdots z_{n+1}} = \frac{1}{2} I_m (\bar{z}_1 z_2 + \bar{z}_2 z_3 + \cdots + \bar{z}_{n-1} z_n + \bar{z}_n z_1) + \frac{1}{2} I_m (\bar{z}_1 z_n + \bar{z}_n z_{n+1} + \bar{z}_{n+1} z_1)$$

$$= \frac{1}{2} I_m (\bar{z}_1 z_2 + \bar{z}_2 z_3 + \cdots + \bar{z}_{n-1} z_n + \bar{z}_n z_{n+1} + \bar{z}_{n+1} z_1) \quad (5.3.180)$$

这里利用 $I_m(\bar{z}_n z_1) = -I_m(\bar{z}_1 z_n)$.

归纳法完成，因而引理结论成立.

这个引理对于平面上任意凸、凹 n 边形都成立.

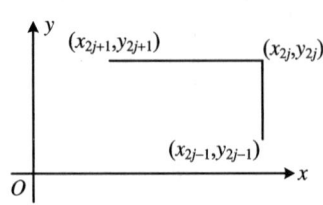

图 5.82

现在回到本题. 设 P 的各顶点坐标

$$z_j = x_j + i y_j, \quad j = 1, 2, \cdots, 4m \quad (5.3.181)$$

由题目条件，知道 x_j, y_j 均为整数(图 5.82)，又不妨设

$$\begin{cases} x_{2j} = x_{2j-1} \\ y_{2j} = y_{2j-1} + \text{奇数} \end{cases}; \quad \begin{cases} x_{2j+1} = x_{2j} + \text{奇数} \\ y_{2j+1} = y_{2j} \end{cases} \quad (5.3.182)$$

这里 $j = 1, 2, \cdots, 2m$，记 $x_{4m+1} = x_1, y_{4m+1} = y_1$，这里奇数有可能是正奇数，也有可能是负奇数.

利用引理，P 的有向面积

$$S_P = \frac{1}{2} I_m \left(\sum_{j=1}^{4m} \bar{z}_j z_{j+1} \right) = \frac{1}{2} \sum_{j=1}^{4m} (x_j y_{j+1} - x_{j+1} y_j) \quad (\text{利用公式}(5.3.181))$$

$$= \frac{1}{2} \sum_{j=1}^{2m} (x_{2j} y_{2j+1} - x_{2j+1} y_{2j}) + \frac{1}{2} \sum_{j=1}^{2m} (x_{2j-1} y_{2j} - x_{2j} y_{2j-1})$$

$$= \frac{1}{2} \sum_{j=1}^{2m} (x_{2j-1} y_{2j} - x_{2j+1} y_{2j}) + \frac{1}{2} \sum_{j=1}^{2m} (x_{2j-1} y_{2j} - x_{2j} y_{2j-1}) \quad (\text{利用公式}(5.3.182))$$

$$(5.3.183)$$

利用公式(5.3.182)，有

$$\sum_{j=1}^{2m} x_{2j} y_{2j-1} = \sum_{j=1}^{2m} x_{2j-1} y_{2j-1} = \sum_{j=1}^{2m} x_{2j+1} y_{2j+1} = \sum_{j=1}^{2m} x_{2j+1} y_{2j} \quad (5.3.184)$$

代上式入公式(5.3.183)，有

$$S_P = \frac{1}{2} \sum_{j=1}^{2m} (x_{2j-1} y_{2j} - x_{2j+1} y_{2j}) + \frac{1}{2} \sum_{j=1}^{2m} (x_{2j-1} y_{2j} - x_{2j+1} y_{2j})$$

$$= \sum_{j=1}^{2m} (x_{2j-1} - x_{2j+1}) y_{2j} \quad (5.3.185)$$

利用公式(5.3.182)，有

$$x_{2j+1} - x_{2j-1} = (x_{2j} + \text{奇数}) - x_{2j} \equiv 1 \pmod{2} \quad (5.3.186)$$

这里 $j = 1, 2, \cdots, 2m$.

利用上二式，有

$$S_P \equiv \sum_{j=1}^{2m} y_{2j} \pmod{2} = \sum_{j=1}^{m} (y_{4j} + y_{4j-2}) \equiv \sum_{j=1}^{m} (y_{4j} - y_{4j-2}) \pmod{2} \quad (5.3.187)$$

利用公式(5.3.182)，有

$$y_{4j} - y_{4j-2} = (y_{4j-1} + \text{奇数}) - y_{4j-1} \equiv 1 \pmod{2} \quad (5.3.188)$$

利用上二式，有

$$S_P \equiv m \pmod{2} \equiv 1 \pmod{2} \quad (5.3.189)$$

这里利用题目条件，知道 m 是正奇数，因而 $|S_P|$ 是奇数. 题目结论成立.

第 5 章习题

1. 在 $\triangle ABC$ 中,点 E 在边 AC 内部,点 F 在边 BC 内部.已知 $AE = BF$.设 $\triangle AFC$ 的外接圆与 $\triangle BCE$ 的外接圆相交于另一点 D.求证:CD 是 $\angle ACB$ 的内角平分线.

提示:设 $\triangle AFC$ 的外接圆交边 AB 于点 F^*,$\triangle BCE$ 的外接圆交边 AB 于点 E^*,CD 交边 AB 于点 D^*.利用四点共圆.

2. 设 $\triangle ABC$ 的内切圆与以 BC 为直径的圆相切.求证:边 BC 上的旁切圆半径等于边 BC.

提示:利用 $pr = r_a(p-a)$,$\dfrac{a}{2} - r = \sqrt{\left(p - b - \dfrac{a}{2}\right)^2 + r^2}$,这里 p 是 $\triangle ABC$ 的半周长,r 是内切圆的半径,r_a 是边 BC 上的旁切圆半径.

3. (1) 在 $\triangle ABC$ 中,$\angle BAC$ 的内角平分线交 BC 边于点 D,$\angle ABC$ 的内角平分线交边 AC 于点 E.已知 $AB + BD = AE + EB$.求证:$\angle ABC = \dfrac{2\pi}{3}$ 或者 $\angle ABC = 2\angle ACB$.

(2) 在 $\triangle ABC$ 中,$\angle ABC$ 的内角平分线交 AC 于点 D,$\angle BCA$ 的内角平分线交边 AB 于点 E.设 $AE = BD$,$AD = CE$.求证:$\triangle ABC$ 是一个等腰三角形.

提示:利用 a, b, c, A, B, C 来表示相关项.

4. 在 $\triangle ABC$ 中,三条内角平分线依次交 BC,CA 和 AB 于点 D, E 和 F,已知 $AF + BD + CE = p$($\triangle ABC$ 的半周长).求证:$\triangle ABC$ 是一个等腰三角形.

提示:用 a, b, c 表示题目等式中相关项.

5. 在 $\triangle ABC$ 中,设点 D 和点 E 依次是边 AC 和 AB 上的点,满足 $\angle DBC = 2\angle ABD$,$\angle ECB = 2\angle ACE$.BD 和 CE 相交于点 O.已知 $OD = OE$.求证:$\triangle ABC$ 是一个等腰三角形或是一个直角三角形.

提示:利用正弦定理.

6. 平面上 $ABCD$ 是一个凸四边形,点 P 是线段 DA 延长线上一点,满足 $\angle APB = \angle BAC$,点 Q 是线段 AD 延长线上一点,满足 $\angle DQC = \angle BDC$,已知 $AP = DQ$.求证:$AB \parallel CD$ 或 $ABCD$ 是圆内接四边形.

提示:利用正弦定理.

7. 在锐角 $\triangle ABC$ 中,AD 是边 BC 上的高,点 H 是垂心.E 是高 AD 的中点,点 M 是边 BC 的中点.求证:$AD = BC$ 的充要条件是 $HM = HE$.

提示:先求证 $DA \cdot HD = DB \cdot DC$.再求证 $HM^2 - HE^2 = \dfrac{1}{4}(BC^2 - AD^2)$.

8. 设点 O 是 $\triangle ABC$ 内部一点,射线 AO, BO, CO 依次交边 BC, CA, AB 于点 D, E, F.点 H 是点 D 到线段 EF 的垂线的垂足.求证:点 H 到 AF, FO, OE 和 EA 的四条垂线的四个垂足是共圆的.

提示:利用四点共圆.

9. $\triangle ABC$ 是一个等腰三角形,$AB = AC < BC$.P 是边 BC 上一点,已知 $AP^2 = BC \cdot PC$,CD 是 $\triangle ABC$ 的外接圆的直径.求证:$DA = DP$.

提示:取 BC 的中点 Q,再计算 DP^2 及 DA^2.

10. 圆 Γ_1, Γ_2 有公共弦 PQ,A 是圆周 Γ_1 上一个流动点,AP, AQ 交圆 Γ_2 于点 B, C,求证:

△ABC 的外接圆圆心位于一个固定圆周上.

提示：取 BC 的中点 N，△ABC 外心是 M，Γ_2 圆心是点 O_2．求证：线段 MN，O_2N 为定值，三点 M，O_2，N 在同一条直线上．

11. 锐角△ABC 具有外接圆 Γ，圆心是点 O．另一个以点 O^* 为圆心的圆 Γ^* 切圆 O 为 A，切边 BC 于点 D，交边 AB 于点 E，交边 AC 于点 F．直线 OO^* 和 EO^* 依次交圆 Γ^* 于点 A^* 和 G．直线 BO 和 A^*G 交于点 H．求证：$DF^2 = AF \cdot GH$．

提示：先求证 $A^*G /\!/ AE$，$EO^* /\!/ BO$，GH = BE．

12. △ABC 的内切圆切边 BC 于点 D，△ABC 的相对于∠B 的旁切圆切射线 BC 于点 E．设 AD = AE．求证：$2\angle BCA - \angle ABC = \pi$．

提示：利用余弦定理．

13. 在平面上，ABCDE 是一个凸五边形，已知 AB = BC，∠ABE + ∠DBC = ∠EBD，∠AEB + ∠BDE = π．求证：△BDE 的垂心位于对角线 AC 上．

提示：设点 P 是△BCD 的外接圆与△BAE 的外接圆的另一个交点，先求证三点 A，P，C 在同一条直线上，再求证点 P 是△BDE 的垂心．

14. 在△ABC 内部，给定两点 M，N，满足∠MAB = ∠NAC，和∠MBA = ∠NBC．求证：
$$\frac{AM \cdot AN}{AB \cdot AC} + \frac{BM \cdot BN}{BA \cdot BC} + \frac{CM \cdot CN}{CA \cdot CB} = 1.$$

提示：在△ABC 外，作一点 K，满足∠BCK = ∠BMA，且∠KBC = ∠MBA．

15. 已知△ABC 满足 AB + BC = 3AC．点 I 是△ABC 的内心，内切圆切边 AB 于点 D，切边 BC 于点 E．点 D，E 关于点 I 的对称点分别是 K，L．求证：A，C，K，L 是四点共圆的．

提示：设射线 BI 与△ABC 的外接圆交于点 P，取边 AC 的中点 M，点 P 在线段 IK 上的垂足是点 N．先求证 Rt△DBI 相似于 Rt△MCP，再求证 Rt△PNI 全等于 Rt△CMP．

16. 已知在△ABC 中，AB > AC，∠A 的一个外角平分线交△ABC 的外接圆于点 E，过 E 作 EF⊥AB，垂足是 F．求证：2AF = AB - AC．

提示：先求证 BF > FA，在 FB 上取点 D，使得 FD = FA．再求证 BD = AC．

17. 设 F_1F_2 是圆内一条弦，直径 BY⊥F_1F_2，取直线 F_1F_2 上在这圆外的一点 X，连 XY 交这圆于点 P．求证：$PX \cdot PY = PF_1 \cdot PF_2$．

提示：设点 A 是 BP 与 F_1F_2 的交点，求证△BPY∽△XPA．

18. 设 ABCD 是一个圆内接四边形，对角线 AC 和 BD 相交于点 X，从点 X 作这四边形四边的垂线，分别交 AB，BC，CD 和 DA 于点 A^*，B^*，C^*，D^*．求证：$A^*B^* + C^*D^* = A^*D^* + B^*C^*$．

提示：设 R 是圆半径，求证 $A^*B^* + C^*D^* = \dfrac{AC \cdot BD}{2R} = A^*D^* + B^*C^*$．

19. 设 E，F 分别是 AC，AB 的中点，D 是边 BC 上任一点，点 P 在 BF 上，DP // CF，点 Q 在 CE 上，DQ // BE．PQ 交 BE 于点 R，交 CF 于点 S．求证：$RS = \dfrac{1}{3}PQ$．

提示：求证 $PR = \dfrac{1}{3}PQ$，$SQ = \dfrac{1}{3}PQ$．

20. 设 P 是△ABC 的外接圆上的一点，从点 P 到 BC，AC 和 AB 的垂足分别为 D，E，F，设点 E 是线段 DF 的中点．求证：$\dfrac{AP}{PC} = \dfrac{AB}{BC}$．

提示：利用四点共圆和正弦定理．

21. 设 AB 是圆心为 O 的圆内一条弦，不是直径．将劣弧 $\overset{\frown}{AB}$ 三等分为 $\overset{\frown}{AC}$，$\overset{\frown}{CD}$，$\overset{\frown}{DB}$，将弦 AB

三等分为 AC^*, C^*D^*, D^*B，设直线 CC^* 与 DD^* 相交于点 P. 求证：$\angle APB = \frac{1}{3}\angle AOB$.

提示：$\triangle PAC^* \backsim \triangle PA^*C, \triangle PC^*D^* \backsim \triangle PCD$.

22. 四边形 $ABCD$ 内接于一圆周，圆心为点 O. 直线 AD 和 BC 相交于点 P，L、M 分别是 AD 和 BC 的中点，Q 和 R 分别是点 O 和 P 到 LM 的垂足. 求证：$LQ = RM$.

提示：设点 H 是 $\triangle CMP$ 的垂心，先求证 $LOMH$ 是一个平行四边形.

23. AB 和 AC 分别切圆 Γ 于点 B、C，点 D 是线段 AB 延长线上一点，点 P 是 $\triangle ACD$ 的外接圆与 Γ 的第二个交点，点 Q 是点 B 到线段 CD 的垂足. 求证：$\angle DPQ = 2\angle ADC$.

提示：设线段 CD 与圆 Γ 的第二个交点是 E，PE 和 AD 相交于点 M，先求证 D, M, Q, P 四点共圆.

24. 设 $\triangle ABC$ 是一个锐角三角形，$\angle A$ 的内角平分线交 $\triangle ABC$ 的外接圆于点 A_1，点 D 是点 A_1 到直线 AB 的垂足，L, M 和 N 分别是线段 AC, AB 和 BC 的中点. $\triangle ABC$ 的外接圆半径是 R，圆心是点 O，内切圆半径是 r，求证：

(1) $AD = \frac{1}{2}(AC + AB)$；

(2) $A_1D = OM + OL$；

(3) $OL + OM + ON = R + r$.

提示：利用三角函数计算.

25. 设点 I 是 $\triangle ABC$ 的内心，过点 I 作 AI 的垂线，分别交边 AB, AC 于点 P, Q，求证：分别与 AB 及 AC 相切于点 P 及点 Q 的圆（圆心为点 L）必与 $\triangle ABC$ 的外接圆（圆心为点 O）相切.

提示：延长 AI 交 $\triangle ABC$ 的外接圆于点 M，$\triangle ABC$ 的外接圆半径是 R. 先求证：$LO^2 = R^2 - LA \cdot IM + LP^2$.

26. 设 $\triangle ABC$ 是一个锐角三角形，$AB > AC$，$\angle BAC = \frac{\pi}{3}$. 设点 O 是 $\triangle ABC$ 的外心，点 H 是 $\triangle ABC$ 的垂心，直线 OH 分别交边 AB, AC 于点 P, Q. 求证：$OP = HQ$.

提示：设 R 是 $\triangle ABC$ 的外接圆半径，先求证 $AH = R$，再求证 $\angle BAC$ 的内角平分线也是 $\angle OAH$ 的内角平分线.

27. 在 $\triangle ABC$ 的三条边上分别取三等分点，点 P, Q 三等分线段 AB，点 K, L 三等分线段 BC，点 N, M 三等分线段 AC，以 PQ 为边向 $\triangle ABC$ 形内作等边三角形 $\triangle PQC^*$，以 KL 为边向 $\triangle ABC$ 形内作等边三角形 $\triangle KLA^*$，以 NM 为边向 $\triangle ABC$ 形内作等边三角形 $\triangle NMB^*$. 求证：$\triangle A^*B^*C^*$ 是一个等边三角形.

提示：参考 5.2 节例 3.

28. 设平面上凸四边形 $ABCD$ 中，对角线 AC 与 BD 相等. 在边 AB, BC, CD, DA 上分别向这凸四边形的形外作中心为 O_1, O_2, O_3, O_4 的四个等边三角形 $\triangle ABC^*, \triangle BCD^*, \triangle CDA^*, \triangle DAB^*$. 求证：$O_1O_3 \perp O_2O_4$.

提示：取 AB 中点 K，CD 中点 M，求证 O_1O_3 平行于 KM，取 BC 中点 L，AD 中点 N，求证 O_2O_4 平行于 LN.

29. 设点 M 是 $\triangle ABC$ 的 BC 边上的中点，如果 $\angle BAM = \angle C$，$\angle MAC = \frac{\pi}{12}$. 求 $\angle C$.

提示：$\triangle ABC \backsim \triangle MBA$. 再利用正弦定理.

30. 在一个圆的直径 AC 上给定点 E，过点 E 作弦 BD，求 BD 使得四边形 $ABCD$ 具有最大面积.

提示：记点 O 为圆心. S_{ABCD} 达到最大当且仅当 $S_{\triangle OBD}$ 是最大.

31. (1) 在平面凸四边形 $ABCD$ 中,设 M,P 分别是 BC,CD 的中点,且 $AM+AP=a$,这里 a 是一个正常数. 求证: $S_{ABCD} \leqslant \frac{1}{2}a^2$.

(2) 平面凸四边形 $ABCD$ 的对角线 AC,BD 长给定,求证:这凸四边形的四条边长的平方和大于等于 AC^2+BD^2,小于等于 $2(AC^2+AC \cdot BD+BD^2)$.

提示:(1) 先求证 $S_{\triangle AMP} \leqslant \frac{1}{8}a^2$. (2) 取 AC 的中点 U, BD 的中点 V,先求证这四条边长的平方和等于 $AC^2+BD^2+4UV^2$.

32. 设 $ABCD$ 是平面上一个凸四边形,具 $AB=AD$, $BC=CD$. $\angle BDC$ 的内角平分线交边 BC 于点 L,线段 AL 交 BD 于点 M,已知 $BL=BM$,求 $2\angle BAD+3\angle BCD$ 的值.

提示: AC 是 $\angle BAD$ 的内角平分线,也是 $\angle BCD$ 的内角平分线. 答案是 3π.

33. (1) 在 $\triangle ABC$ 中,AD 是中线,BE 是内角平分线,已知 $AB=7$, $BC=18$, $EA=ED$. 求 AC 长.

(2) 在等腰 $\triangle ABC$ 中,已知 $\angle ABC=\angle ACB=\frac{4\pi}{9}$,点 P 是边 AB 上一点,满足 $AP=BC$, 求 $\angle BPC$.

提示:(1) 在 BC 边上取点 J,使得 $BJ=AB$. (2) 设 $\angle BPC=\theta$,先求证 $\dfrac{\sin\left(\theta-\dfrac{\pi}{9}\right)}{\sin\dfrac{\pi}{9}}=\dfrac{\sin\theta}{\sin\dfrac{4\pi}{9}}$.

34. 在 $\triangle ABC$ 中,$\angle ABC=\dfrac{\pi}{3}$, $\angle ACB=\dfrac{7\pi}{18}$. 点 D 是边 BC 内一点,满足 $\angle BAD=\dfrac{\pi}{9}$,求证: $AB+BD=AD+DC$.

提示:利用三角函数计算.

35. 设 $\triangle ABC$ 的 $\angle BAC$ 的内角平分线的延长线交 $\triangle ABC$ 的外接圆于一点 D. 设 $AB^2+AC^2=2AD^2$. 求证:线段 AD 与 BC 的夹角是 $\dfrac{\pi}{4}$.

提示:利用三角函数计算.

36. 设 c 和 h 分别是一个直角三角形斜边长和斜边上的高长. 求证: $\dfrac{c}{h}+\dfrac{h}{c} \geqslant \dfrac{5}{2}$.

提示:先求证 $h \leqslant \dfrac{c}{2}$.

37. 设两点 A,B 在圆周 Γ 上,点 C 是这圆 Γ 外一点,满足 BC 是这圆 Γ 的切线,且 $AB=AC$. 设 $\angle ABC$ 的内角平分线交线段 AC 于圆 Γ 内一点 D. 求证: $\angle ABC > \dfrac{2\pi}{5}$.

提示:利用三角函数计算,求证 $\cos\angle ABC < \dfrac{1}{4}(\sqrt{5}-1)$ (恰为 $\sin\dfrac{\pi}{10}$).

38. 设 $\triangle ABC$ 的内心是点 I,且 $BC<AB$, $BC<AC$, $\angle ABC$ 和 $\angle ACB$ 的两条外角平分线依次交射线 AC 和射线 AB 于点 D 和 E,求证: $\dfrac{BD}{CE}=\dfrac{(AI^2-BI^2)CI}{(AI^2-CI^2)BI}$.

提示:利用三角函数计算,化简等式右端.

39. 在 $\triangle ABC$ 中,用 h_a 表示 BC 边上的高长. 求证: $\dfrac{1}{h_a^2}-\left(\dfrac{1}{b^2}+\dfrac{1}{c^2}\right)$ 是正,负或零的充要条件是 $\angle A$ 是钝角,锐角或直角.

提示:利用三角函数计算 $\dfrac{1}{h_a^2}-\left(\dfrac{1}{b^2}+\dfrac{1}{c^2}\right)$.

40. 在锐角三角形中,求证:$\dfrac{r}{2R} \leqslant \dfrac{abc}{\sqrt{2(a^2+b^2)(b^2+c^2)(c^2+a^2)}}$. 这里 a,b,c 是三条边长,R,r 依次表示这三角形的外接圆半径、内切圆半径.

提示:先求证:$a^2 - (b^2+c^2)(1-\cos A) = (b-c)^2 \cos A \geqslant 0$ 等.

41. 在 $\triangle ABC$ 内,点 N 在线段 AC 上,$BN \perp AC$,BL 是 $\angle B$ 的内角平分线,点 L 在 AC 上,M 是 AC 的中点.已知 $\angle ABN = \angle NBL = \angle LBM = \angle MBC$.求 $\triangle ABC$ 的三个内角.

提示:在 $\triangle ABM$ 和 $\triangle BCM$ 中,利用正弦定理.

42. 在 $\triangle ABC$ 中,$\angle ABC = 2\angle ACB$.点 D 是射线 CB 上一点,满足 $\angle ADC = \dfrac{1}{2}\angle BAC$.求证:$\dfrac{1}{CD} = \dfrac{1}{AB} - \dfrac{1}{AC}$.

提示:找出相关角之间关系,在 $\triangle DAC$ 和 $\triangle ABC$ 中利用正弦定理.

43. 在 $\triangle ABC$ 中,令 $f = a\cos^2 A + b\cos^2 B + c\cos^2 C$,求证:$f \geqslant \dfrac{S_{\triangle ABC}}{R}$,这里 R 是 $\triangle ABC$ 的外接圆半径.

提示:利用 5.3 节例 6(1) 中公式,并取点 O 为垂心 H.

44. (1) 在 $\triangle ABC$ 中,$\angle ACB = \dfrac{\pi}{2} + \dfrac{1}{2}\angle ABC$,点 M 是边 BC 的中点.求证:$\angle AMC < \dfrac{\pi}{3}$.

(2) 在 $\triangle ABC$ 中,$\angle BAC = \dfrac{2\pi}{3}$,$AB > AC$,点 M 是边 BC 的中点.求证:$\angle MAC > 2\angle ACB$.

提示:(1) 设点 D 是 $\angle BAC$ 的内角平分线与边 BC 的交点.先求证 $\angle ADC < \dfrac{\pi}{3}$ 和 $BD > DC$.
(2) 设点 D 是边 BC 上的点,满足 $\angle BAD = 2\angle CBA$,再求证 $CD < BD$.

45. 点 P 是 $\triangle ABC$ 内一点,r_1,r_2,r_3 分别表示点 P 到 $\triangle ABC$ 的三边 BC,CA 和 AB 的距离,垂足分别为 D,E,F,$\triangle DEF$ 周长为 L,求证:
$$(r_1+r_2)\cos\dfrac{C}{2} + (r_2+r_3)\cos\dfrac{A}{2} + (r_1+r_3)\cos\dfrac{B}{2} \leqslant L$$

提示:求证 $DE^2 \geqslant (r_1+r_2)^2 \cos^2 \dfrac{C}{2}$ 等.

46. 在平面的凸四边形 $ABCD$ 中,点 E,F 分别是对角线 AC 和 BD 的中点,点 S 是 AC 和 BD 的交点,点 H,K,L,M 分别是 AB,BC,CD,DA 的中点,选择点 G,使得 $FSEG$ 是一个平行四边形.求证:直线 GH,GK,GL,GM 分 $ABCD$ 为面积相等的四部分.

提示:求证 $S_{CKEL} = \dfrac{1}{4} S_{ABCD}$,$S_{GKCL} = \dfrac{1}{4} S_{ABCD}$.

47. 设点 G 是 $\triangle ABC$ 的重心,R 是 $\triangle ABC$ 的外接圆半径.求 $\triangle ABC$ 所需满足的充要条件,使得 $GA^2 + GB^2 + GC^2 > \dfrac{8}{3} R^2$.

提示:先求证 $GA^2 = \dfrac{1}{9}[2(b^2+c^2) - a^2]$ 等.

48. 在 $\triangle ABC$ 中,BM 是中线,已知 $\angle ABM = \angle A + \angle C$,求证:$\tan \angle ABM = 3\tan \angle BAC$.

提示:以点 B 为坐标原点,向量 BA 为 x 轴方向建立直角坐标系.

49. 在 $\triangle ABC$ 中,点 D,E,F 依次是边 BC,CA,AB 的中点,M,N,P 依次是线段 FD,FB,DC 上的点,满足 $\dfrac{FM}{FD} = \dfrac{FN}{FB} = \dfrac{DP}{DC}$.求证:三条直线 AM,EN 和 FP 交于一点.

提示:用 λ 表示题目等式中比值.设点 S 是 AM 与 FE 的交点.又设点 T 是射线 FP 与射线

AC 的交点. 求出相关线段的比值, 用 λ 表示. 最后利用 Ceva 定理的逆定理.

50. 在 $\triangle ABC$ 外, 作三个三角形 $\triangle DBC$, $\triangle ECA$, $\triangle FAB$, 满足 $\angle DBC = \angle DCB = \angle ECA = \angle FBA = \phi$, $\angle CAE = \angle BAF = \theta$, 且满足 $\angle BAC + \theta < \pi$, $\angle ABC + \phi < \pi$, $\angle ACB + \phi < \pi$. 求证: $S_{ABDE} = S_{CAFD}$.

提示: 将问题转化为证明 $S_{\triangle ACE} + S_{\triangle BDF} = S_{\triangle AFB} + S_{\triangle CED}$.

第二部分 资料汇编

第6章 国家集训队与第35届国际数学竞赛

这一章包含以下内容：(1) 1994年中国数学奥林匹克(第9届全国中学生数学冬令营)题目及解答；(2) 1994年国家数学集训队第一至第九次测验题目及解答；(3) 1994年国家数学集训队两次选拔考试题目及解答；(4) 第35届IMO(国际数学奥林匹克竞赛)试题及解答；(5) 第35届IMO备选题.除个别题目外,一般一题只提供一个解法.有兴趣的读者可以自己思考不同的解法.

6.1 1994年中国数学奥林匹克题目及解答

第一天
(1994年1月12日上午8：00～12：30)

一、设 $ABCD$ 是一个梯形($AB \parallel CD$)，E 是线段 AB 上一点，F 是线段 CD 上一点，线段 CE 与 BF 相交于点 H，线段 ED 与 AF 相交于点 G. 求证：$S_{EHFG} \leqslant \frac{1}{4} S_{ABCD}$（图6.1）. 如果 $ABCD$ 是一个任意凸四边形，同样结论是否成立？请说明理由.（复旦大学黄宣国供题）

证明：连接 EF，在梯形 $AEFD$ 中，显然有
$$\sin \angle AGD = \sin \angle DGF = \sin \angle EGF = \sin \angle AGE \tag{6.1.1}$$
$$S_{\triangle AGD} = S_{\triangle AED} - S_{\triangle AEG} = S_{\triangle AEF} - S_{\triangle AEG} = S_{\triangle EGF} \tag{6.1.2}$$
由上二式,有
$$(S_{\triangle EGF})^2 = S_{\triangle EGF} S_{\triangle AGD}$$

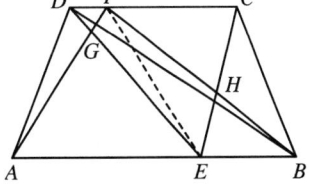

图6.1

$$= \left(\frac{1}{2}EG \cdot GF\sin\angle EGF\right)\left(\frac{1}{2}AG \cdot GD\sin\angle AGD\right)$$
$$= S_{\triangle AGE} \cdot S_{\triangle DGF} \tag{6.1.3}$$

利用上面叙述,有
$$S_{AEFD} = S_{\triangle AGE} + S_{\triangle EGF} + S_{\triangle DGF} + S_{\triangle AGD} \geqslant 2S_{\triangle EGF} + 2\sqrt{S_{\triangle AGE} \cdot S_{\triangle DGF}} = 4S_{\triangle EGF} \tag{6.1.4}$$

类似地,有
$$S_{BEFC} \geqslant 4S_{\triangle EHF} \tag{6.1.5}$$

将上两个不等式相加,两端再乘以 $\frac{1}{4}$,得题目结论.

当 $ABCD$ 是平面内一个任意四边形时,结论不一定成立.举一个反例如下:

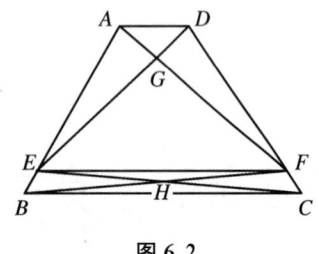

图 6.2

在一个梯形 $ABCD$ 中,$BC \parallel AD$,$AD = 1$,$BC = 100$. 梯形高 $h = 100$. 在 AB 上取一点 E,作 $EF \parallel BC$,交线段 CD 与点 F. 已知线段 EF 与 BC 之间的距离是 1(图 6.2).

$$S_{ABCD} = \frac{1}{2}(AD + BC)h = 5\,050 \tag{6.1.6}$$

$$EF = \frac{1}{100}(99BC + AD) = 99.01 \tag{6.1.7}$$

设点 G 到线段 EF 的距离是 h^*. 显然,有
$$\frac{h^*}{99 - h^*} = \frac{EF}{AD} = 99.01 \tag{6.1.8}$$

从上式,有
$$h^* = \frac{99 \times 99.01}{100.01} \tag{6.1.9}$$

利用上面叙述,有
$$S_{EHFG} > S_{\triangle EFG} = \frac{1}{2}EF \cdot h^* > \frac{1}{4}S_{ABCD} \tag{6.1.10}$$

二、$n(n \geqslant 4)$ 个盘子里放有总数不少于 4 的糖块,从任选的两个盘子中各取一块糖,放入另一个盘子中去,称为一次操作.问能否经过有限次操作,把所有糖块集中到一个盘子里去?证明你的结论.(中国科学院系统所裘宗沪供题)

解:能经过有限次操作,把所有糖块集中到一个盘子里去.对糖块总数 $m(m \geqslant 4)$ 进行归纳.

当 $m = 4$ 时,盛有糖块的盘子不多于 4 个.去掉 $n - 4$ 个空盘.在剩下 4 个盘子里,糖块分布有以下 4 种情况要考虑:

(1) $(1,1,1,1)$;   (2) $(1,2,1,0)$;   (3) $(2,2,0,0)$;   (4) $(1,3,0,0)$.

对于第一种情况,可进行如下几次操作,将糖块集中到一个盘子里:
$(1,1,1,1) \to (3,1,0,0) \to (2,0,2,0) \to (1,0,1,2) \to (0,0,0,4)$.

从上述操作可以看到:对于第二、三、四种情况,糖块亦能集中到一个盘子里.

假设当 $m = k$(正整数 $k \geqslant 4$)时,所有糖块能够集中到一个盘子里. 当 $m = k + 1$ 时,在盛糖块的一个盘子里固定一块糖,对于剩下的 k 块糖,利用数学归纳法,可知这 k 块糖是能够集中到一个盘子里的.如果这个盘子是盛有固定糖块的盘子,则结论成立.否则,恰有两个盘子盛有糖块,一个盘子里只有一块糖,另一个盘子里有 k 块糖,再取两个空盘子,进行如下的操作:

$(1,k,0,0) \to (0,k-1,2,0) \to (0,k-2,1,2) \to (2,k-3,0,2) \to (1,k-1,0,1) \to (0,k+1,0,0)$.

所有糖块在一个盘子里,结论成立.

三、求适合以下条件的所有函数 $f:[1,\infty)\to[1,\infty)$,

(1) $f(x)\leqslant 2(x+1)$;

(2) $f(x+1)=\dfrac{1}{x}[(f(x))^2-1]$.(中国科学院数学所许以超供题)

解:当 $x\in[1,\infty)$ 时,令
$$g(x)=f(x)-(x+1) \tag{6.1.11}$$

利用题目条件,有
$$-x\leqslant g(x)\leqslant x+1 \tag{6.1.12}$$

利用题目条件及上面叙述,有
$$g(x+1)=f(x+1)-(x+2)=\frac{1}{x}[(g(x)+(x+1))^2-1]-(x+2)$$
$$=\frac{1}{x}[g(x)+2(x+1)]g(x) \tag{6.1.13}$$

下面证明,对于区间 $[1,\infty)$ 内任意 x,有
$$g(x)=0 \tag{6.1.14}$$

利用反证法,如果存在区间 $[1,\infty)$ 内某个正实数 $x_0,g(x_0)$ 不等于零.分两种情况讨论:

① 当 $g(x_0)>0$ 时,利用公式(6.1.13),有
$$g(x_0+1)>\frac{x_0+2}{x_0}g(x_0) \tag{6.1.15}$$

在本章,用 $\mathbf{N}^+$ 表示由全体正整数组成的集合.对于 $k\in\mathbf{N}^+$,下面对 k 用数学归纳法证明
$$g(x_0+k)>\frac{(x_0+k)(x_0+k+1)}{x_0(x_0+1)}g(x_0) \tag{6.1.16}$$

当 $k=1$ 时,由不等式(6.1.15)可得上式,设上式对某个 $k\in\mathbf{N}^+$ 成立,则 $g(x_0+k)>0$.考虑 $k+1$ 情况,在公式(6.1.13)中,令 $x=x_0+k$,有
$$g(x_0+k+1)=\frac{1}{x_0+k}[g(x_0+k)+2(x_0+k+1)]g(x_0+k)$$
$$>\frac{1}{x_0+k}(x_0+k+2)g(x_0+k)>\frac{(x_0+k+1)(x_0+k+2)}{x_0(x_0+1)}g(x_0) \tag{6.1.17}$$

上述最后一个不等式是利用归纳假设不等式(6.1.16)得到的.从而不等式(6.1.16)对任意正整数 k 成立.

由于 $g(x_0)>0$,取充分大的正整数 k,使得
$$g(x_0)\frac{(x_0+k)}{x_0(x_0+1)}>1 \tag{6.1.18}$$

利用不等式(6.1.16)和上式,有
$$g(x_0+k)>x_0+k+1 \tag{6.1.19}$$

上式与不等式(6.1.12)是矛盾的.

② 当 $g(x_0)<0$ 时,利用不等式(6.1.12)和公式(6.1.13),有
$$g(x_0+1)=\frac{1}{x_0}[(g(x_0)+x_0)+(x_0+2)]g(x_0)\leqslant\frac{x_0+2}{x_0}g(x_0) \tag{6.1.20}$$

类似不等式(6.1.16)的证明,可以得到当 $k\in\mathbf{N}^+$ 时,有
$$g(x_0+k)\leqslant\frac{(x_0+k)(x_0+k+1)}{x_0(x_0+1)}g(x_0) \tag{6.1.21}$$

由于 $g(x_0)<0$,取很大的正整数 k,使得
$$g(x_0)\frac{(x_0+k)}{x_0(x_0+1)}<-1 \tag{6.1.22}$$

利用上二式,有
$$g(x_0 + k) < -(x_0 + k + 1) \tag{6.1.23}$$
这与不等式(6.1.12)是矛盾的. 综上所述, 公式(6.1.14)成立. 于是, 对于区间 $[1,\infty)$ 内任意正实数 x, 有
$$f(x) = x + 1 \tag{6.1.24}$$

第二天

(1994年1月13日上午8:00~12:30)

四、 已知 $f(z) = c_0 z^n + c_1 z^{n-1} + c_2 z^{n-2} + \cdots + c_{n-1} z + c_n$ 是一个 n 次复系数多项式. 求证: 一定存在一个复数 $z_0, |z_0| \leq 1$, 并且满足 $|f(z_0)| \geq |c_0| + |c_n|$. (北京大学张筑生供题)

证明: 令
$$\omega = \cos\frac{2\pi}{n} + i\sin\frac{2\pi}{n} \tag{6.1.25}$$

取 η 是一个模长为 1 的复数. 如果 $n \geq 2$, 对于正整数 $k = 1, 2, \cdots, n-1$, 有

$$\sum_{k=1}^{n} f(\omega^k \eta) = c_0 \sum_{k=1}^{n}(\omega^k \eta)^n + c_1 \sum_{k=1}^{n}(\omega^k \eta)^{n-1} + c_2 \sum_{k=1}^{n}(\omega^k \eta)^{n-2} + \cdots + c_{n-1}\sum_{k=1}^{n}(\omega^k \eta) + n c_n \tag{6.1.26}$$

显然, 有
$$\sum_{k=1}^{n}(\omega^k \eta)^n = n\eta^n \tag{6.1.27}$$

对于 $j = 1, 2, \cdots, n-1$, 利用几何级数求和公式, 有
$$\sum_{k=1}^{n}(\omega^k \eta)^j = \eta^j \sum_{k=1}^{n}\omega^{kj} = \eta^j \frac{\omega^j - \omega^{(n+1)j}}{1-\omega^j} = 0 \tag{6.1.28}$$

利用上面叙述, 有
$$\sum_{k=1}^{n} f(\omega^k \eta) = n(c_0 \eta^n + c_n) \tag{6.1.29}$$

当 $n=1$ 时, 上式也成立. 因此, 上式对 $\mathbf{N}^+$ 内任意元素 n 成立. 利用上式, 立刻有
$$\frac{1}{n}\sum_{k=1}^{n}|f(\omega^k \eta)| \geq |c_0 \eta^n + c_n| \tag{6.1.30}$$

记
$$c_0 = \rho_0(\cos\theta_0 + i\sin\theta_0), \quad c_n = \rho_n(\cos\theta_n + i\sin\theta_n) \tag{6.1.31}$$

这里 $\rho_0 = |c_0|, 0 \leq \theta_0 < 2\pi, \rho_n = |c_n|, 0 \leq \theta_n < 2\pi$. 选择 $\theta \in [0, 2\pi)$, 使得
$$\theta_0 + n\theta \equiv \theta_n \pmod{2\pi} \tag{6.1.32}$$

例如, 当 $\theta_n \geq \theta_0$ 时, 取 $\theta = \frac{1}{n}(\theta_n - \theta_0)$; 当 $\theta_n < \theta_0$ 时, 取 $\theta = \frac{1}{n}(2\pi + \theta_n - \theta_0)$. 又令
$$\eta = \cos\theta + i\sin\theta \tag{6.1.33}$$

则
$$\begin{aligned}c_0 \eta^n + c_n &= \rho_0(\cos(\theta_0 + n\theta) + i\sin(\theta_0 + n\theta)) + \rho_n(\cos\theta_n + i\sin\theta_n) \\ &= (\rho_0 + \rho_n)(\cos\theta_n + i\sin\theta_n)\end{aligned} \tag{6.1.34}$$

于是, 可以得到
$$|c_0 \eta^n + c_n| = \rho_0 + \rho_n = |c_0| + |c_n| \tag{6.1.35}$$

代上式入不等式(6.1.30), 有

$$\frac{1}{n}\sum_{k=1}^{n}|f(\omega^{k}\eta)|\geqslant|c_{0}|+|c_{n}| \tag{6.1.36}$$

利用上式,至少有一个

$$|f(\omega^{j}\eta)|\geqslant|c_{0}|+|c_{n}| \tag{6.1.37}$$

这里 $j\in\{1,2,\cdots,n\}$,令 $z_{0}=\omega^{j}\eta$,则 $|z_{0}|=1$,再利用上式,则题目结论成立.

五、 对任何正整数 n,求证:

$$\sum_{k=0}^{n}C_{n}^{k}2^{k}C_{n-k}^{\left[\frac{1}{2}(n-k)\right]}=C_{2n+1}^{n}$$

其中 $C_{0}^{0}=1$,$\left[\frac{1}{2}(n-k)\right]$ 表示 $\frac{1}{2}(n-k)$ 的整数部分.(复旦大学舒五昌供题)

注:本题的解答繁简相差很大.在这里,我给出两位国家集训队队员的精彩证明.第一个证明由湖北省武汉市武钢三中朱辰畅同学(女,第36届国际数学奥林匹克竞赛获满分,金牌)给出.第二个证明由江苏省吴县木渎中学顾健同学给出.

证法一: 考虑多项式 $(x+1)^{2n}$,它的 x^{n} 及 x^{n-1} 的系数和是

$$C_{2n}^{n}+C_{2n}^{n-1}=C_{2n+1}^{n} \tag{6.1.38}$$

另一方面,可以看到

$$(x+1)^{2n}=(x^{2}+2x+1)^{n}=\sum_{i+j+k=n}\frac{n!}{i!j!k!}(x^{2})^{i}(2x)^{j}=\sum_{0\leqslant i+j\leqslant n}\frac{n!}{i!j!(n-i-j)!}2^{j}x^{2i+j} \tag{6.1.39}$$

这里 i,j,k 均为非负整数,上式右端 x^{n} 及 x^{n-1} 的系数之和是

$$\sum_{2i+j=n}\frac{n!}{i!j!(n-i-j)!}2^{j}+\sum_{2i+j=n-1}\frac{n!}{i!j!(n-i-j)!}2^{j}=\sum_{i=0}^{\left[\frac{n}{2}\right]}C_{n}^{2i}C_{2i}^{i}2^{n-2i}+\sum_{i=0}^{\left[\frac{1}{2}(n-1)\right]}C_{n}^{2i+1}C_{2i+1}^{i}2^{n-2i-1}$$

$$=\sum_{k=0}^{n}C_{n}^{k}2^{n-k}C_{k}^{\left[\frac{k}{2}\right]} \tag{6.1.40}$$

在上式右端,令 $n-k=s$,可以得到

$$\sum_{k=0}^{n}C_{n}^{k}2^{n-k}C_{k}^{\left[\frac{k}{2}\right]}=\sum_{s=0}^{n}C_{n}^{n-s}2^{s}C_{n-s}^{\left[\frac{1}{2}(n-s)\right]}=\sum_{k=0}^{n}C_{n}^{k}2^{k}C_{n-k}^{\left[\frac{1}{2}(n-k)\right]} \tag{6.1.41}$$

从而得到所要证明的恒等式.

证法二: 有 $2n+1$ 个人,其中一位老师,n 位男同学,n 位女同学.老师记为 T,n 位男同学中任选一人,n 位女同学中也任选一人,这两人称为"一对".现在选 n 个人去参加植树劳动.

有两种选人方法:

① $2n+1$ 个人中任选 n 个人,于是有 C_{2n+1}^{n} 种选人方法.

② 固定 $k\in\{0,1,2,\cdots,n\}$,在 n 对学生中任选 k 对,要求每对中只去一人,对每个 k,有 $C_{n}^{k}2^{k}$ 种选法.其余的 $n-k$ 名是要同学们一对一对地去植树的.所以只有 $\left[\frac{1}{2}(n-k)\right]$ 对同学去植树,有 $C_{n-k}^{\left[\frac{1}{2}(n-k)\right]}$ 种选对方法.这时,去植树的同学总人数是 $k+2\left[\frac{1}{2}(n-k)\right]$,当 $n-k$ 为奇数时,这和值是 $n-1$,老师 T 必须去植树.当 $n-k$ 为偶数时,植树同学总人数是 n,老师 T 不去植树.因此,当 k 固定时,不同的选人方案为 $C_{n}^{k}2^{k}C_{n-k}^{\left[\frac{1}{2}(n-k)\right]}$.当 k 取遍 $0,1,2,\cdots,n$ 时,所有的选人方案总数应当等于 C_{2n+1}^{n}.因此,有

$$\sum_{k=0}^{n}C_{n}^{k}2^{k}C_{n-k}^{\left[\frac{1}{2}(n-k)\right]}=C_{2n+1}^{n} \tag{6.1.42}$$

六、 设 M 为平面上坐标为 $(p\times1994,7p\times1994)$ 的点,其中 p 是素数.求满足下述条件的直

角三角形的个数:
(1) 三角形的三个顶点都是整点,而且 M 是直角顶点;
(2) 三角形的内心是坐标原点.(南开大学黄玉民供题)

解: 连结坐标原点 O 及点 M,取线段中点 $I(p \times 997, 7p \times 997)$,将满足条件的一个直角三角形关于点 I 作一个中心对称,即把点 (x,y) 变为点 $(p \times 1994 - x, 7p \times 1994 - y)$.于是,满足题目条件的一个整点直角三角形变为一个与之全等的整点直角三角形,内心变到点 M,直角顶点变到坐标原点.所求整点直角三角形的个数,只须考虑直角顶点在坐标原点,内心在点 M 的即可(图 6.3).

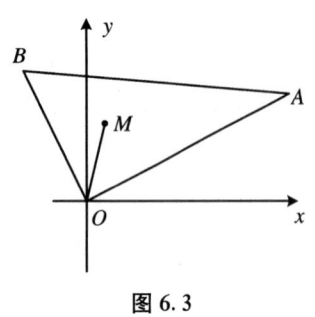

图 6.3

考虑满足上述条件的整点 $\text{Rt}\triangle OAB$,设

$$\angle xOM = \beta, \quad \angle xOA = \alpha, \quad \alpha + \frac{\pi}{4} = \beta \quad (6.1.43)$$

由题目条件,知道

$$\text{tg}\,\beta = 7, \quad \text{tg}\,\alpha = \text{tg}\left(\beta - \frac{\pi}{4}\right) = \frac{3}{4} \quad (6.1.44)$$

于是,直角边 OA 上的任一点的坐标可写成 $(4t, 3t)$,由于 A 是整点,则 $t \in \mathbf{N}^+$, $OA = 5t$,利用 $\angle yOB = \alpha$,可以知道点 B 的坐标是 $(-3t^*, 4t^*)$, $t^* \in \mathbf{N}^+$, $OB = 5t^*$,直角三角形的内切圆半径

$$r = \frac{\sqrt{2}}{2} OM = 5p \times 1994$$

设

$$OA = 2r + p^*, \quad OB = 2r + q^* \quad (6.1.45)$$

由于 OA, OB 及 r 皆是 5 的倍数,则正整数 p^*, q^* 都是 5 的倍数.
利用圆外一点到该圆的两条切线段长相等,有

$$AB = (r + p^*) + (r + q^*) = 2r + p^* + q^* \quad (6.1.46)$$

在直角三角形中,利用勾股定理,并注意到公式(6.1.45)和(6.1.46),有

$$(2r + p^*)^2 + (2r + q^*)^2 = (2r + p^* + q^*)^2 \quad (6.1.47)$$

展开上式,化简后,有

$$p^* q^* = 2r^2 \quad (6.1.48)$$

利用公式(6.1.44)和上式,以及 $\dfrac{p^*}{5}, \dfrac{q^*}{5}$ 都是正整数,有

$$\frac{p^*}{5} \cdot \frac{q^*}{5} = 2^3 \times 997^2 \times p^2 \quad (6.1.49)$$

下面分情况讨论.

① 当 $p \neq 2$ 和 $p \neq 997$ 时,有

$$\frac{p^*}{5} = 2^i \times 997^j \times p^k, \quad \frac{q^*}{5} = 2^{3-i} \times 997^{2-j} \times p^{2-k} \quad (6.1.50)$$

这里 $i \in \{0,1,2,3\}, j \in \{0,1,2\}, k \in \{0,1,2\}$,有 $4 \times 3 \times 3 = 36$ 组不同的(有序)解.

② 当 $p = 2$ 时,有

$$\frac{p^*}{5} = 2^i \times 997^j, \quad \frac{q^*}{5} = 2^{5-i} \times 997^{2-j} \quad (6.1.51)$$

这里 $i \in \{0,1,2,3,4,5\}, j \in \{0,1,2\}$,有 $6 \times 3 = 18$ 组不同的(有序)解.

③ 当 $p = 997$ 时,有

$$\frac{p^*}{5} = 2^i \times 997^j, \quad \frac{q^*}{5} = 2^{3-i} \times 997^{4-j} \tag{6.1.52}$$

这里 $i \in \{0,1,2,3\}$，$j \in \{0,1,2,3,4\}$，有 $4 \times 5 = 20$ 组不同的(有序)解．

于是，所求的直角三角形的个数

$$S = \begin{cases} 36, & \text{当 } p \neq 2 \text{ 和 } p \neq 997 \text{ 时} \\ 18, & \text{当 } p = 2 \text{ 时} \\ 20, & \text{当 } p = 997 \text{ 时} \end{cases} \tag{6.1.53}$$

这届冬令营有 32 支代表，118 名参赛学生．两天竞赛总分 87 分以上(满分 126 分)的 25 名同学组成了 1994 年国家数学集训队．

6.2　1994 年国家数学集训队测验题目及解答

第一次测验

(1994 年 3 月 4 日晚上 6：30～9：30　黄宣国供题)

一、已知 $A_1 A_2 \cdots A_{2n+1}$ 是平面上一个正 $2n+1$ 边形($n \in \mathbf{N}^+$)，O 是这正 $2n+1$ 边形内部任意一点．求证：一定存在一个 $\angle A_i O A_j$，满足 $\pi\left(1 - \dfrac{1}{2n+1}\right) \leqslant \angle A_i O A_j \leqslant \pi$．

证明： 设 A_i 是距点 O 最近的这正多边形的一个顶点(图 6.4)，换言之，$OA_i \leqslant OA_k$，这里 $k = 1, 2, \cdots, 2n+1$．连接线段 $A_i O$，并延长交这正多边形于一点 M，有下述两种可能性：

① 点 M 为这正多边形的某个顶点 A_j，则 $\angle A_i O A_j = \pi$．

② 点 M 在某条边 $A_j A_{j+1}$ 的内部，则 $\angle A_i O A_j$，$\angle A_i O A_{j+1}$ 都小于 π．

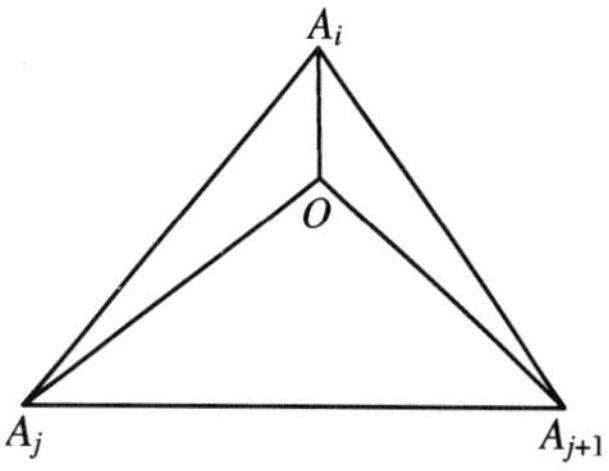

在 $\triangle A_i O A_{j+1}$ 中，由于 $OA_i \leqslant OA_{j+1}$，所以，有

$$\angle A_i A_{j+1} O \leqslant \angle A_{j+1} A_i O \tag{6.2.1}$$

同理，有

$$\angle A_i A_j O \leqslant \angle A_j A_i O \tag{6.2.2}$$

由于 $A_1 A_2 \cdots A_{2n+1}$ 是一个正 $2n+1$ 边形，那么其中一个内角应为 $\dfrac{(2n-1)\pi}{2n+1}$，于是，有

$$\angle A_j A_i A_{j+1} = \frac{1}{2n-1} \cdot \frac{(2n-1)\pi}{2n+1} = \frac{\pi}{2n+1} \tag{6.2.3}$$

图 6.4

利用三角形的内角和为 π，有

$$\angle A_i O A_j + \angle A_i O A_{j+1} = (\pi - \angle A_i A_j O - \angle A_j A_i O) + (\pi - \angle A_i A_{j+1} O - \angle A_{j+1} A_i O)$$

$$\geqslant 2\pi - 2\angle A_j A_i A_{j+1} \text{(利用不等式(6.2.1)和(6.2.2))}$$

$$= 2\pi\left(1 - \frac{1}{2n+1}\right) \tag{6.2.4}$$

那么，$\angle A_i O A_j$ 与 $\angle A_i O A_{j+1}$ 中至少有一个角不小于 $\pi\left(1 - \dfrac{1}{2n+1}\right)$．题目结论成立．

二、求所有正整数 k，使得集合

$$X = \{1\,994, 1\,997, 2\,000, \cdots, 1\,994 + 3k\}$$

能分解为两个子集合 A, B ($A \cup B = X$, $A \cap B = \emptyset$), A 内的全部正整数之和是 B 内全部正整数之和的 9 倍.

解: 分别用 S_X, S_A, S_B 表示集合 X, A, B 内全部元素(正整数)之和. 由题目要求, 有
$$S_X = S_A + S_B = 10 S_B \tag{6.2.5}$$
再利用题目条件, 有
$$S_X = 1990(k+1) + \frac{1}{2}(k+1)(3k+8) \tag{6.2.6}$$
利用上二式, 有
$$S_B = 199(k+1) + \frac{1}{20}(k+1)(3k+8) \tag{6.2.7}$$
因而 $(k+1)(3k+8)$ 必是 20 的整数倍. 当 k 除以 5 余 0, 1, 2 或 3 时, $(k+1)(3k+8)$ 不是 5 的倍数, 因此, 只有
$$k = 5n - 1 \tag{6.2.8}$$
这里 n 是正整数, 利用上式, 有
$$\frac{1}{20}(k+1)(3k+8) = \frac{5}{4}n(3n+1) \tag{6.2.9}$$
当 n 除以 4 余 2 或 3 时, $n(3n+1)$ 不是 4 的倍数, 因此, 只有
$$n = 4t \quad \text{或} \quad n = 4t - 3, \quad t \in \mathbf{N}^+ \tag{6.2.10}$$
代上式入公式 (6.2.8), 有
$$k = 20t - 1 \quad \text{或} \quad k = 20t - 16 \tag{6.2.11}$$
这里 $t \in \mathbf{N}^+$.

下面分情况讨论.

① 当 $k = 20t - 1$ 时, 集合 X 内有 $20t$ 个元素, 将 X 中全部元素按从小到大的顺序排列, 每 20 个相继正整数为一组, 把每组中最大与最小的两个元素归入集合 B, 另外 18 个元素归入集合 A. 显然, 这样得到的集合 A 与 B 满足题目要求.

② 当 $k = 20t - 16$ 时, 利用公式 (6.2.7), 有
$$S_B = 199(20t - 15) + 5(4t - 3)(3t - 2) \tag{6.2.12}$$
集合 X 内每个元素, 除以 3 余 2, 再利用上式, 有
$$2|B| \equiv 4t \pmod{3} \tag{6.2.13}$$
利用上式, 有
$$|B| \equiv 2t \pmod{3} \tag{6.2.14}$$
当 $t = 8$ 时, 如果子集合 A, B 存在, 利用公式 (6.2.12), 有
$$S_B = 1990 \times 13 + 6175 = 1990 \times 14 + 4185 = 1990 \times 15 + 2195 = 1990 \times 16 + 205 \tag{6.2.15}$$
集合 X 内最大的 13 个正整数之和, 由于现在 $k = 144$, 是
$$(1990 + 400) + (1990 + 403) + (1990 + 406) + \cdots + (1990 + 436)$$
$$= 1990 \times 13 + 5434 < 1990 \times 13 + 6175 \tag{6.2.16}$$
因此, B 内元素个数肯定大于 13. 又利用公式 (6.2.14) 及 $t = 8$, 有 $|B| \equiv 1 \pmod{3}$, 因此, B 内全部元素个数既不可能是 14, 也不可能是 15. 集合 X 内最小的 16 个正整数之和是
$$(1990 + 4) + (1990 + 7) + (1990 + 10) + \cdots + (1990 + 49)$$
$$= 1990 \times 16 + 424 > 1990 \times 16 + 205 \tag{6.2.17}$$
因此, B 内元素个数肯定小于 16, 矛盾. 这表明 $t = 8$ 时, 满足题目条件的子集合 A, B 不存在. 当 $t = 9$ 时, $k = 164$. 利用公式 (6.2.12), 有

$$S_B = 1994 \times 18 + 1068 \tag{6.2.18}$$

现在集合 X 内 165 个元素,最小的是 1 994,最大的是 2 486.取 X 内最小的 16 个元素,加上元素 2 210,2 486,组成子集合 B,即令

$$B = \{1994, 1997, 2000, \cdots, 2039, 2210, 2486\} \tag{6.2.19}$$

B 内全体元素之和恰是满足公式(6.2.18).

如果正整数 k 满足题目要求,那么对于正整数 $k+20$,只要将集合 X 中新增加的 20 个元素最大的元素和最小的元素归入集合 B,其余 18 个元素归入集合 A,这样,新的子集合 A, B 仍然满足题目要求.由于 $k = 144$ 时,没有满足题目条件的解,则 $k = 20t - 16$,这里正整数 $t \leqslant 8$ 也没有满足题目要求的解.

综上所述,满足题目条件的所有正整数 k 必为下述形式:

$$k = 20t - 1(t \in \mathbf{N}^+); \quad k = 20t - 16(\text{正整数 } t \geqslant 9) \tag{6.2.20}$$

注:提一个一般性的问题:给定三个正整数 a, k, m,求所有正整数 n,使得集合 $X = \{a, a+k, a+2k, \cdots, a+nk\}$ 能分解为两个子集合 A, B, A 内全部元素之和是 B 内全部元素之和的 m 倍. 有兴趣的读者可以思考之.

三、在 $[-1, 1]$ 内取 n 个实数 $x_1, x_2, \cdots, x_n$(正整数 $n \geqslant 2$).令 $f_n(x) = (x - x_1)(x - x_2)\cdots(x - x_n)$,问是否存在一对实数 a, b,同时满足以下两个条件:

(1) $-1 < a < 0 < b < 1$;

(2) $|f_n(a)| \geqslant 1, |f_n(b)| \geqslant 1$.

注:本题较难,但有趣的解法也多.这里给出三个风格迥异的解法.第二个解法是沈阳东北育才中学的李晓龙同学给出.第三个解法是测验以后,由上海华东师大二附中王海栋(第 35 届国际数学奥林匹克竞赛获银牌,第 36 届国际数学奥林匹克竞赛获金牌)等人完成的.

解法一:首先证明下述不等式:

如果 $-1 < -c < 0 < b < 1, f(x) = |x+c|^b |x-b|^c$,则对于闭区间 $[-1, 1]$ 内任意实数 x,有 $f(x) < 1$.

当 b, c 都是正有理数时,记 $b = \dfrac{m_1}{n_1}, c = \dfrac{m_2}{n_2}, m_1, n_1, m_2, n_2$ 皆正整数,且 $m_1 < n_1, m_2 < n_2$.

$$(1-c)^b (1+c)^c = \left(1 - \frac{m_2}{n_2}\right)^{\frac{m_1}{n_1}} \left(1 + \frac{m_1}{n_1}\right)^{\frac{m_2}{n_2}}$$

$$< \left\{\frac{1}{n_1}\left[m_1\left(1 - \frac{m_2}{n_2}\right) + (n_1 - m_1)\right]\right\} \left\{\frac{1}{n_2}\left[m_2\left(1 + \frac{m_1}{n_1}\right) + (n_2 - m_2)\right]\right\}$$

(对于上式右端第一大项后补充乘以 $(n_1 - m_1)$ 个 1,对于上式右端第二大项后补充乘以 $(n_2 - m_2)$ 个 1,然后利用 $G_{n_2} \leqslant A_{n_2}, G_{n_1} \leqslant A_{n_1}$,并且考虑到等式成立条件)

$$= \left(1 - \frac{m_1 m_2}{n_1 n_2}\right)\left(1 + \frac{m_1 m_2}{n_1 n_2}\right) = 1 - b^2 c^2 \tag{6.2.21}$$

当 b, c 是 $(0, 1)$ 内实数时,我们知道,一定有一列有理数,其极限是 b,一定有另一列有理数,其极限是 c.于是,对不等式(6.2.21),通过取极限,对 $(0, 1)$ 内任意实数 b, c,仍然有

$$(1-c)^b (1+b)^c \leqslant 1 - b^2 c^2 < 1 \tag{6.2.22}$$

明显地,对于区间 $[-1, -c]$ 内任意实数 x,有

$$f(x) \leqslant (1-c)^b (1+b)^c < 1 \tag{6.2.23}$$

对于区间 $[b, 1]$ 内任意实数 x,有

$$f(x) \leqslant (1+c)^b(1-b)^c \leqslant 1-c^2b^2 \text{(在不等式(6.2.22)中交换 } b,c) < 1 \quad (6.2.24)$$

对于区间 $(-c,b)$ 内任意实数 x,

$$f(x) = (x+c)^b(b-x)^c \quad (6.2.25)$$

利用上式,有

$$\frac{f(x)}{b^b c^c} = \left(\frac{x}{b} + \frac{c}{b}\right)^b \left(\frac{b}{c} - \frac{x}{c}\right)^c \quad (6.2.26)$$

类似不等式(6.2.22)的证明,先考虑 b,c 是正有理数情况.仍然记 $b = \frac{m_1}{n_1}, c = \frac{m_2}{n_2}, m_1, n_1, m_2, n_2$ 都是正整数,$m_1 < n_1, m_2 < n_2$.类似不等式(6.2.21)的证明,有

$$\frac{f(x)}{b^b c^c} \leqslant \left\{\frac{1}{n_1}\left[m_1\left(\frac{x}{b} + \frac{c}{b}\right) + (n_1 - m_1)\right]\right\}\left\{\frac{1}{n_2}\left[m_2\left(\frac{b}{c} - \frac{x}{c}\right) + (n_2 - m_2)\right]\right\}$$
$$= (x+c+1-b)(b-x+1-c) = 1-(x+c-b)^2 \leqslant 1 \quad (6.2.27)$$

通过取极限,上式对 $(-c,b)$ 内任意实数 x 成立.于是,对于区间 $(-c,b)$ 内任意实数 x,有

$$f(x) \leqslant b^b c^c < 1 \quad (6.2.28)$$

综上所述,要证明的不等式成立.

令 $a = -c$,则 $0 < c < 1$,利用题目条件,有

$$|f_n(a)|^b |f_n(b)|^{-a}$$
$$= |f_n(-c)|^b |f_n(b)|^c$$
$$= (|c+x_1|^b |b-x_1|^c)(|c+x_2|^b |b-x_2|^c)\cdots(|c+x_n|^b |b-x_n|^c)$$
$$= f(x_1)f(x_2)\cdots f(x_n) < 1 \quad (6.2.29)$$

因此,不存在一对实数 a,b,满足题目中两个条件.

解法二:用反证法,设存在满足题目条件(1)、(2)的 a,b,设

$$\{x_1, x_2, \cdots, x_n\} = \{x_1, x_2, \cdots, x_k\} \cup \{x_{k+1}, x_{k+2}, \cdots, x_{k+m}\} \cup \{x_{k+m+1}, x_{k+m+2}, \cdots, x_{k+m+h}\} \quad (6.2.30)$$

这里 k, m, h 都是非负整数,满足 $k + m + h = n$.其中 $-1 \leqslant x_j \leqslant a, j = 1, 2, \cdots, k$. $k = 0$ 意味着无一个 x_j 在区间 $[-1,a]$ 内.下面情况类似.$a < x_{k+t} \leqslant b, t = 1, 2, \cdots, m, b < x_{k+m+s} \leqslant 1$,$s = 1, 2, \cdots, h$.由于 $f_n(x)$ 的定义中关于 $x_1, x_2, \cdots, x_n$ 是对称的.适当改变下标,总能达到上述要求.利用上述及题目条件,有

$$|f_n(a)| \leqslant (a+1)^k (x_{k+1}-a)(x_{k+2}-a)\cdots(x_{k+m}-a)(1-a)^h \quad (6.2.31)$$
$$|f_n(b)| \leqslant (b+1)^k (b-x_{k+1})(b-x_{k+2})\cdots(b-x_{k+m})(1-b)^h \quad (6.2.32)$$

由上二式,有

$$|f_n(a)||f_n(b)| \leqslant (a+1)^k (b+1)^k (1-a)^h (1-b)^h [(x_{k+1}-a)(b-x_{k+1})]$$
$$\cdot [(x_{k+2}-a)(b-x_{k+2})]\cdots[(x_{k+m}-a)(b-x_{k+m})] \quad (6.2.33)$$

利用 $G_2 \leqslant A_2$,有

$$(x_{k+t}-a)(b-x_{k+t}) \leqslant \left[\frac{1}{2}(x_{k+t}-a+b-x_{k+t})\right]^2$$
$$= \left(\frac{b-a}{2}\right)^2, \quad \text{这里 } t = 1, 2, \cdots, m \quad (6.2.34)$$

利用上二式,有

$$|f_n(a)||f_n(b)| \leqslant (a+1)^k (b+1)^k (1-a)^h (1-b)^h \left(\frac{b-a}{2}\right)^{2m} \quad (6.2.35)$$

如果能证明上式右端小于1,则导出了矛盾.

下面分情况讨论:

① 如果 $k>m+h$,利用不等式(6.2.31),有

$|f_n(a)| \leqslant (a+1)^k(b-a)^m(1-a)^h < (a+1)^{m+h}(b-a)^m(1-a)^h$(利用 $0<1+a<1$)

$= (1-a^2)^h[(1+a)(b-a)]^m$

$\leqslant (1-a^2)^h\left[\left(\dfrac{1+b}{2}\right)^2\right]^m \leqslant 1$(利用 $0<1-a^2<1, 0<\dfrac{1+b}{2}<1$) (6.2.36)

上式与 $|f_n(a)| \geqslant 1$ 矛盾. 那么,有

$$k \leqslant m+h \tag{6.2.37}$$

② 如果 $h>k+m$,利用不等式(6.2.32),有

$|f_n(b)| \leqslant (b+1)^k(b-a)^m(1-b)^h < (b+1)^k(b-a)^m(1-b)^{k+m}$

$= (1-b^2)^k[(b-a)(1-b)]^m \leqslant (1-b^2)^k\left[\left(\dfrac{1-a}{2}\right)^2\right]^m \leqslant 1$ (6.2.38)

这与 $|f_n(b)| \geqslant 1$ 矛盾. 于是,有

$$h \leqslant k+m \tag{6.2.39}$$

利用不全相等的一列正实数的几何平均必小于其算术平均,有

$(a+1)^k(b+1)^k(1-a)^h(1-b)^h\left(\dfrac{b-a}{2}\right)^{2m}$

$< \left\{\dfrac{1}{2k+2h+2m}\left[k(a+1)+k(b+1)+h(1-a)+h(1-b)+2m\left(\dfrac{b-a}{2}\right)\right]\right\}^{2k+2h+2m}$

$= \left\{\dfrac{1}{2n}[2k+2h+b(k+m-h)+a(k-h-m)]\right\}^{2n}$

$\leqslant \left\{\dfrac{1}{2n}[2k+2h+(k+m-h)-(k-h-m)]\right\}^{2n}$(利用不等式(6.2.37)和(6.2.39))

$= \left[\dfrac{1}{2n}(2k+2h+2m)\right]^{2n} = 1$ (6.2.40)

利用不等式(6.2.35)和上式,有

$$|f_n(a)||f_n(b)| < 1 \tag{6.2.41}$$

这与题目条件(2)矛盾. 因此,满足题目条件的 a,b 不存在.

解法三: 由对称性,不妨设

$$x_1 \leqslant x_2 \leqslant \cdots \leqslant x_n \tag{6.2.42}$$

令

$$g(x) = |x-x_1| + |x-x_2| + \cdots + |x-x_n| \tag{6.2.43}$$

这里 $x \in [-1,1]$,当 x 分别属于区间 $[-1,x_1], [x_1,x_2], \cdots, [x_{\left[\frac{n}{2}\right]-1}, x_{\left[\frac{n}{2}\right]}]$ 时,公式 (6.2.43)的右端 x 的系数分别是 $-n, -n+2, \cdots, -n+2\left(\left[\dfrac{n}{2}\right]-1\right)$,均为负实数. 当 x 属于区间 $[x_{\left[\frac{n}{2}\right]}, x_{\left[\frac{n}{2}\right]+1}]$ 时,公式(6.2.43)的右端 x 的系数当 n 是奇数时,为 -1. 当 n 是偶数时,为零. 当 x 分别属于区间 $[x_{\left[\frac{n}{2}\right]+1}, x_{\left[\frac{n}{2}\right]+2}], \cdots, [x_{n-1}, x_n], [x_n, 1]$ 时,公式(6.2.43)的右端 x 的系数分别是 $-n+2\left(\left[\dfrac{n}{2}\right]+1\right), \cdots, -n+2(n-1), -n+2n$,均为正实数.

从而,函数 $g(x)$ 在区间 $[-1, x_{\left[\frac{n}{2}\right]}]$ 上单调递减,在区间 $[x_{\left[\frac{n}{2}\right]}, x_{\left[\frac{n}{2}\right]+1}]$ 上单调递减(当 n 是奇数时),或为常值(当 n 是偶数时),在区间 $[x_{\left[\frac{n}{2}\right]+1}, 1]$ 上,$g(x)$ 单调递增.

于是,如果 $-1 \leqslant y_1 < y_2 < y_3 \leqslant 1$,有

$$g(y_2) \leqslant \max(g(y_1), g(y_3)) \tag{6.2.44}$$

利用公式(6.2.43),有

$$g(-1) + g(1) = \sum_{i=1}^{n}[(1+x_i) + (1-x_i)] = 2r \qquad (6.2.45)$$

$$g(0) = \sum_{i=1}^{n}|x_i| \leqslant n \qquad (6.2.46)$$

如果 $g(-1) \leqslant g(1)$,利用公式(6.2.45),有 $g(-1) \leqslant n$,对于区间 $(-1,0)$ 内任意实数 a,利用上面叙述,有

$$g(a) \leqslant \max(g(-1), g(0)) \leqslant n \qquad (6.2.47)$$

再利用 $G_n \leqslant A_n$,有

$$|f_n(a)| = |a - x_1||a - x_2|\cdots|a - x_n| \leqslant \left[\frac{1}{n}(|a - x_1| + |a - x_2| + \cdots + |a - x_n|)\right]$$

$$= \left(\frac{1}{n}g(a)\right)^n \leqslant 1 \qquad (6.2.48)$$

下面我们考虑其等号成立的条件. 上式第二个不等式为等式,当且仅当 $g(a) = n$. 再利用不等式(6.2.47),可以知道 $g(0), g(-1)$ 中至少有一个是 n. 如果 $g(0)$ 是 n,利用公式(6.2.46),可以看到所有 x_i 的绝对值均为 1. 又 $g(a) = n$,如果所有 x_i 是 1,利用公式(6.2.43),有

$$g(a) = n(1-a) > n \qquad (6.2.49)$$

矛盾. 如果所有 x_i 均为 -1,类似有

$$g(a) = n(1+a) < n \qquad (6.2.50)$$

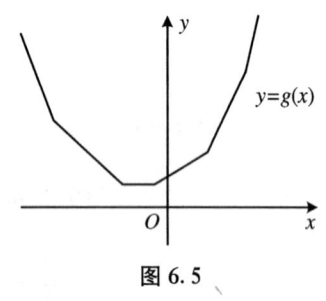

图 6.5

也矛盾. 这表明全部 x_i 中,有一些为 1,另一些为 -1. 当 $x_i = 1$ 时,$|a - x_i| = 1 - a > 1$;当 $x_i = -1$ 时,$|a - x_i| = 1 + a < 1$. 这表明不等式(6.2.48)的第一个不等式不可能取等号. 矛盾.

如果 $g(-1)$ 是 n,利用公式(6.2.45),有 $g(1) = n$. 又 $g(a) = n$,利用前面对 $g(x)$ 递减、递增性质的分析,可以知道(参考图 6.5),对于区间 $[-1,1]$ 内任意实数 x,有 $g(x) = n$,那么,必有 $g(0) = n$,化为前面的情况. 从而,有

$$|f_n(a)| < 1 \qquad (6.2.51)$$

如果 $g(1) < g(-1)$,利用公式(6.2.45),有 $g(1) < n$. 完全类似上述证明,可以得到开区间 $(0,1)$ 内任意实数 b,必有 $|f_n(b)| < 1$. 因此,满足题目要求的实数对 (a,b) 不存在.

第二次测验

(1994 年 3 月 6 日上午 8:30~11:30 黄玉民供题)

一、设 $0 \leqslant a \leqslant b \leqslant c \leqslant d \leqslant e$,且 $a+b+c+d+e=1$,求证:$ad + dc + cb + be + ea \leqslant \frac{1}{5}$.

证明:利用 Chebyshev 不等式,有

$$a(d+e) + b(c+e) + c(b+d) + d(a+c) + e(a+b)$$

$$\leqslant \frac{1}{5}(a+b+c+d+e)[(d+e)+(c+e)+(b+d)+(a+c)+(a+b)] = \frac{2}{5}$$

$$(6.2.52)$$

利用上式,题目结论成立.

二、已知正实数数列 $a_1, a_2, a_3, \cdots$,满足 $a_{n+1} = \dfrac{1}{a_1 + a_2 + \cdots + a_n}$ $(n \in \mathbf{N}^+)$,求 $\lim_{n \to \infty} \sqrt{n}\, a_n$.

解:先证明一个极限等式

$$\lim_{n\to\infty}\frac{1}{n}\left(1+\frac{1}{2}+\frac{1}{3}+\cdots+\frac{1}{n}\right)=0 \tag{6.2.53}$$

记

$$T_n = \sum_{k=1}^{n}\frac{1}{k}, \quad b_n = \frac{1}{n}T_n \tag{6.2.54}$$

则

$$T_{2^n} = 1+\frac{1}{2}+\left(\frac{1}{3}+\frac{1}{4}\right)+\left(\frac{1}{5}+\frac{1}{6}+\frac{1}{7}+\frac{1}{8}\right)+\cdots+\left(\frac{1}{2^{n-1}+1}+\frac{1}{2^{n-1}+2}+\cdots+\frac{1}{2^n}\right)$$
$$> 1+\frac{1}{2}+2\times\frac{1}{4}+4\times\frac{1}{8}+\cdots+2^{n-1}\times\frac{1}{2^n} = 1+\frac{n}{2} \tag{6.2.55}$$

以及

$$T_{2^n} < 1+1+2\times\frac{1}{2}+4\times\frac{1}{4}+\cdots+2^{n-1}\times\frac{1}{2^{n-1}} = 1+n \tag{6.2.56}$$

利用上面叙述,有

$$\frac{1}{2^n}\left(1+\frac{n}{2}\right) < \frac{1}{2^n}T_{2^n} < \frac{1}{2^n}(1+n) \tag{6.2.57}$$

明显地,当正整数 $n \geq 4$ 时,有

$$n^2 \leq 2^n \tag{6.2.58}$$

(对 n 用数学归纳法,很容易证明)利用上式,有

$$\frac{1}{2^n}(1+n) \leq \frac{1}{n^2}(1+n) = \frac{1}{n^2}+\frac{1}{n} \tag{6.2.59}$$

上式对任意正整数 $n \geq 4$ 成立.

利用上式,有

$$\lim_{n\to\infty}\frac{1}{2^n}(1+n) = 0 \tag{6.2.60}$$

利用不等式(6.2.57)和上式,有

$$\lim_{n\to\infty}\frac{1}{2^n}T_{2^n} = 0, \quad 即 \quad \lim_{n\to\infty}b_{2^n} = 0 \tag{6.2.61}$$

利用 $T_n \geq 1$,可以看到

$$b_n - b_{n+1} = \frac{1}{n}T_n - \frac{1}{n+1}T_{n+1} = \frac{1}{n(n+1)}[(n+1)T_n - nT_{n+1}]$$
$$= \frac{1}{n(n+1)}[T_n - n(T_{n+1}-T_n)]$$
$$= \frac{1}{n(n+1)}\left(T_n - \frac{n}{n+1}\right) > 0 \tag{6.2.62}$$

于是,$\{b_n \mid n \in \mathbf{N}^+\}$ 是单调递减数列,对于任意正整数 m,一定有相应正整数 n,满足 $n > 2^m$,从而,有

$$0 < b_n < b_{2^m} \tag{6.2.63}$$

利用公式(6.2.61)和上式,有

$$\lim_{n\to\infty}b_n = 0 \tag{6.2.64}$$

从而极限等式(6.2.53)成立.

下面我们来解本题.记

$$S_n = a_1 + a_2 + \cdots + a_n \tag{6.2.65}$$

则

$$S_{n+1} = S_n + a_{n+1} = S_n + \frac{1}{S_n} \tag{6.2.66}$$

上式两端平方,有

$$S_{n+1}^2 = S_n^2 + 2 + \frac{1}{S_n^2} \tag{6.2.67}$$

在上式中,分别用 $n-1, n-2, \cdots, 1$ 代替 n,有

$$S_n^2 = S_{n-1}^2 + 2 + \frac{1}{S_{n-1}^2} = S_{n-2}^2 + 4 + \left(\frac{1}{S_{n-2}^2} + \frac{1}{S_{n-1}^2}\right) = \cdots$$

$$= S_1^2 + 2(n-1) + \left(\frac{1}{S_1^2} + \frac{1}{S_2^2} + \cdots + \frac{1}{S_{n-1}^2}\right) = 2(n-1) + a_1^2 + \frac{1}{a_1^2} + \left(\frac{1}{S_2^2} + \cdots + \frac{1}{S_{n-1}^2}\right)$$
$$\tag{6.2.68}$$

利用上式,可以看到,对任意正整数 n,有

$$S_n^2 > 2(n-1) \tag{6.2.69}$$

利用上二式,有

$$S_n^2 < 2(n-1) + a_1^2 + \frac{1}{a_1^2} + \frac{1}{2}\left(1 + \frac{1}{2} + \cdots + \frac{1}{n-2}\right) \tag{6.2.70}$$

由不等式(6.2.69)和(6.2.70),有

$$2\left(1 - \frac{1}{n}\right) < \frac{1}{n}S_n^2 < 2\left(1 - \frac{1}{n}\right) + \frac{1}{n}\left(a_1^2 + \frac{1}{a_1^2}\right) + \frac{1}{2n}\left(1 + \frac{1}{2} + \cdots + \frac{1}{n-2}\right) \tag{6.2.71}$$

利用

$$0 < \frac{1}{2n}\left(1 + \frac{1}{2} + \cdots + \frac{1}{n-2}\right) < \frac{1}{2n}\left(1 + \frac{1}{2} + \cdots + \frac{1}{n}\right) \tag{6.2.72}$$

及极限公式(6.2.53),有

$$\lim_{n \to \infty} \frac{1}{2n}\left(1 + \frac{1}{2} + \cdots + \frac{1}{n-2}\right) = 0 \tag{6.2.73}$$

利用上面叙述,有

$$\lim_{n \to \infty} \frac{1}{n} S_n^2 = 2 \tag{6.2.74}$$

从而有

$$\lim_{n \to \infty} \frac{\sqrt{n}}{S_n} = \frac{\sqrt{2}}{2} \tag{6.2.75}$$

于是,我们可以得到

$$\lim_{n \to \infty} \sqrt{n} a_n = \lim_{n \to \infty} \left(\sqrt{n} \frac{1}{S_{n-1}}\right) = \lim_{n \to \infty} \left(\frac{\sqrt{n}}{\sqrt{n-1}} \frac{\sqrt{n-1}}{S_{n-1}}\right) = \frac{\sqrt{2}}{2} \tag{6.2.76}$$

三、 已给正整数 n,问平面上最少要适当选取多少不同的点才可能具有如下性质:

对每一个给定 $k(1 \leqslant k \leqslant n)$,平面上总存在一条直线,使之恰好通过所选取的 k 个点.

解:我们用 X 表示所有选取的点构成的集合,L_k 表示恰好包含 X 中 k 个点的直线,$k = 1, 2, \cdots, n$.

一方面,由于 L_n 包含 X 中的 n 个点,L_{n-1} 包含 X 中 $n-1$ 个点,而且至少有 $n-2$ 个点不在 L_n 上(因为 L_{n-1} 与 L_n 至多有一个公共点).L_{n-2} 包含 X 中 $n-2$ 个点.由于 L_{n-2} 与 L_n,L_{n-1} 至多各有一个公共点.于是 L_{n-2} 上至少有 $n-4$ 个点不在 L_n 和 L_{n-1} 上.依次类推,用 $|X|$ 表示集合 X 中所有点的数目.那么,有

$$|X| \geqslant n + (n-2) + (n-4) + (n-6) + \cdots + \left(n - 2\left[\frac{n}{2}\right]\right)$$

$$= \left(\left[\frac{n}{2}\right]+1\right)n - \frac{1}{2}\left[\frac{n}{2}\right]\left(2+2\left[\frac{n}{2}\right]\right) = \left(\left[\frac{n}{2}\right]+1\right)\left(n-\left[\frac{n}{2}\right]\right) \tag{6.2.77}$$

分 $n=2t(t\in \mathbf{N}^+), n=2t-1(t\in \mathbf{N}^+)$,容易看到

$$\left(\left[\frac{n}{2}\right]+1\right)\left(n-\left[\frac{n}{2}\right]\right) = \left[\frac{n+2}{2}\right]\left[\frac{n+1}{2}\right] \tag{6.2.78}$$

于是,有

$$|X| \geqslant \left[\frac{n+1}{2}\right]\left[\frac{n+2}{2}\right] \tag{6.2.79}$$

另一方面,我们对 n 用归纳法,证明对任意正整数 n,平面上可以选取一个含 $\left[\frac{n+1}{2}\right]\left[\frac{n+2}{2}\right]$ 个点的集合 X_n 满足题目条件.当 $n=1$ 时,取 X_1 恰含 1 个点,这时,只有一个可能: $k=1$.当然,在平面上总存在一条直线(不唯一)恰通过这一点.当 $n=2$ 时,取 X_2 恰含 2 个点,这时 k 有两种可能: $k=1$ 或 $k=2$.明显地,在平面上存在一条直线 L_1,恰通过 X_2 中一个点.另外,在这平面上还存在唯一一条直线,恰通过 X_2 中 2 个点.

设当 $n<m$ 时,这样的集合 X_n 均存在.考虑 $n=m(m\geqslant 3)$ 的情况.

由归纳法假设,集合 X_{m-2} 恰含 $\left[\frac{m-1}{2}\right]\left[\frac{m}{2}\right]$ 个点,对每一个正整数 k, $1\leqslant k\leqslant m-2$,平面上总存在一条直线 L_k, L_k 恰好通过 X_{m-2} 中 k 个点,取一条直线 L, L 不与任一条直线 $L_k(1\leqslant k\leqslant m-2)$ 平行,也不通过 L_j, L_k 的交点 $(1\leqslant j, k\leqslant m-2, j\neq k)$,另外, L 不通过 X_{m-2} 中任一点.设直线 L 与 L_k 的交点是 $P_k(k=1,2,\cdots,m-2)$,在直线 L 上另外取两点 P_{m-1}, P_m.显然,这 m 个点 $P_1, P_2, \cdots, P_m$ 中无一点在 X_{m-2} 内,我们将这 m 个点与 X_{m-2} 内所有点合并,用 X_m 表示这个新集合,这 X_m 内全部点的数目

$$|X_m| = m + |X_{m-2}| = m + \left[\frac{m-1}{2}\right]\left[\frac{m}{2}\right] \tag{6.2.80}$$

当 $m=2t(t\in \mathbf{N}^+)$ 时,有

$$m + \left[\frac{m-1}{2}\right]\left[\frac{m}{2}\right] = 2t + (t-1)t = t(t+1) = \left[\frac{m+1}{2}\right]\left[\frac{m+2}{2}\right] \tag{6.2.81}$$

当 $m=2t+1$ 时 $(t\in \mathbf{N}^+)$,类似有

$$m + \left[\frac{m-1}{2}\right]\left[\frac{m}{2}\right] = (2t+1) + t^2 = (t+1)^2 = \left[\frac{m+1}{2}\right]\left[\frac{m+2}{2}\right] \tag{6.2.82}$$

于是,有

$$|X_m| = \left[\frac{m+1}{2}\right]\left[\frac{m+2}{2}\right] \tag{6.2.83}$$

利用前面叙述,我们知道直线 $L_1, L_2, \cdots, L_{m-2}, L$ 分别包含 X_m 中的 $2, 3, \cdots, m-1, m$ 个点.另外,作一条直线,恰通过 X_m 中一个点,这样构造的点集 X_m 符合要求.

综上所述,给定正整数 n,平面上最少要适当选取 $\left[\frac{n+1}{2}\right]\left[\frac{n+2}{2}\right]$ 个不同点,才可能满足题目要求.

第三次测验

(1994 年 3 月 10 日上午 8:30~11:30 黄宣国供题)

一、在 $[-1,1]$ 内给定 n 个不同点 $x_1, x_2, \cdots, x_n$(正整数 $n\geqslant 2$),记 $t_k(1\leqslant k\leqslant n)$ 为点 x_k 到其他所有点 $x_i(i\neq k)$ 的距离的乘积.求证: $\sum_{k=1}^{n}\frac{1}{t_k} \geqslant 2^{n-2}$.

证明：在 2.2 节例 22，我们知道 Chebyshev 多项式，对于 Chebyshev 多项式 $T_{n-1}(x)$，利用 Lagranage 插值公式，有

$$T_{n-1}(x) = T_{n-1}(x_1) \frac{(x-x_2)(x-x_3)\cdots(x-x_n)}{(x_1-x_2)(x_1-x_3)\cdots(x_1-x_n)} + T_{n-1}(x_2) \frac{(x-x_1)(x-x_3)\cdots(x-x_n)}{(x_2-x_1)(x_2-x_3)\cdots(x_2-x_n)}$$

$$+ \cdots + T_{n-1}(x_n) \frac{(x-x_1)(x-x_2)\cdots(x-x_{n-1})}{(x_n-x_1)(x_n-x_2)\cdots(x_n-x_{n-1})} \qquad (6.2.84)$$

这里 $x_1, x_2, \cdots, x_n$ 是题目中 $[-1,1]$ 内给定的 n 个不同点. 比较公式 (6.2.84) 两端首项系数，有

$$2^{n-2} = \frac{T_{n-1}(x_1)}{(x_1-x_2)(x_1-x_3)\cdots(x_1-x_n)} + \frac{T_{n-1}(x_2)}{(x_2-x_1)(x_2-x_3)\cdots(x_2-x_n)}$$

$$+ \cdots + \frac{T_{n-1}(x_n)}{(x_n-x_1)(x_n-x_2)\cdots(x_n-x_{n-1})} \qquad (6.2.85)$$

利用 Chebyshev 多项式性质，有

$$|T_{n-1}(x_j)| \leqslant 1 \qquad (6.2.86)$$

利用题目条件，有

$$\left.\begin{array}{l} t_1 = |(x_1-x_2)(x_1-x_3)\cdots(x_1-x_n)| \\ t_2 = |(x_2-x_1)(x_2-x_3)\cdots(x_2-x_n)| \\ \cdots\cdots \\ t_n = |(x_n-x_1)(x_n-x_2)\cdots(x_n-x_{n-1})| \end{array}\right\} \qquad (6.2.87)$$

公式 (6.2.85) 两端取绝对值，再利用不等式 (6.2.86) 和公式 (6.2.87)，题目结论成立.

二、一辆汽车只能带 L 公升汽油，用这些汽油可以行驶 a 千米. 现在有 k 辆同类型汽车 ($k \in \mathbf{N}^+$)，要行驶 $d(d > a)$ 千米的路到某地. 途中没有加油的地方，但可以先运些汽油到路旁任何地点存储起来，准备后来之用. 问应如何行驶，才能到达目的地，并且最省汽油? 证明你的结论.

解：设 xy 是一条以 x 点为起点的射线，在射线 xy 上取一点 M_0，使得 $xM_0 = a$ 千米. 显然，从点 M_0 到点 x，k 辆汽车只须耗油 kL 公升，而且 kL 公升是最少的耗油量.

在射线 M_0y 上取一点 M_1，M_1 不同于点 M_0，k 辆汽车从点 M_1 到点 x，kL 公升汽油是不够的. 我们规定，一辆汽车从某一点出发一趟称一次. 显然，从点 M_1 至少出发 $k+1$ 次. 设 $M_0M_1 = b$ 千米，至少要一辆汽车回去取油一次，取油是为了弥补 k 辆汽车在 M_0M_1 这段路上的消耗. 一辆汽车回去取油一次，至多取油 L 公升，且在 M_0M_1 这段路上要来回跑两趟. 于是，k 辆汽车从点 M_1 出发经点 M_0 往前走，在 M_1M_0 这段路上，一共耗费 $(k+2)\frac{b}{a}L$ 公升汽油，如果 $(k+2)\frac{b}{a}L \leqslant L$，即当 $b \leqslant \frac{a}{k+2}$ 千米时，只须派一辆汽车回去取油一次即可. 特别当 $b = \frac{a}{k+2}$ 千米时，从点 M_1 到点 x 至少需要耗费 $(k+1)L$ 公升汽油. 这明显是最少的耗油量.

类似地，在射线 M_1y 上取一点 M_2 (图 6.6)，M_2 不同于 M_1，显然，由点 M_1 到点 x 至少耗油 $(k+1)L$ 公升汽油. 那么，从点 M_2 至少要运送 $(k+1)L$ 公升汽油到点 M_1，即从点 M_2 至少出发 $k+2$ 次，至少要两辆汽车回来共同取油一次，或要一辆汽车回来

图 6.6

取油两次. 因此，在 $M_2M_1 = b^*$ 千米这段路上至少耗油 $(k+4)\frac{b^*}{a}L$ 公升，特别取 $b^* = \frac{a}{k+4}$ 千米时，从点 M_2 到点 x 至少需要耗油 $(k+2)L$ 公升.

利用上面的讨论猜测：k 辆汽车，要走完

$$d_n = \left(1 + \frac{1}{k+2} + \frac{1}{k+4} + \cdots + \frac{1}{k+2n}\right)a \qquad (6.2.88)$$

千米的路程,至少耗油 $(k+n)L$ 公升.下面对正整数 n 用数学归纳法证明上述猜测是正确的.

当 $n=1$ 时,上述分析已证明要走完 $d_1 = \left(1 + \dfrac{1}{k+2}\right)a$ 千米,至少耗油 $(k+1)L$ 公升.下面说明这 $(k+1)L$ 公升汽油足够了.

先派一辆汽车,从点 M_1 出发,这辆汽车带油 L 公升,汽车从点 M_1 到点 M_0,已耗油 $\dfrac{L}{k+2}$ 公升.在点 M_0 储存 $\dfrac{k}{k+2}L$ 公升汽油,尚剩 $\dfrac{L}{k+2}$ 公升汽油,恰够这辆汽车从点 M_0 开回点 M_1,然后,全部 k 辆汽车,每辆载 L 公升汽油,一起从点 M_1 出发,到达点 M_0 时,共耗油 $\dfrac{k}{k+2}L$ 公升,把在点 M_0 储存的汽油全装上车,每辆 $\dfrac{L}{k+2}$ 公升汽油.恰弥补从点 M_1 到点 M_0 的消耗,这时,每辆汽车恰有 L 公升汽油,恰够开到终点 x.

假设 k 辆汽车,要走完 d_n 千米路程,至少耗油 $(k+n)L$ 公升汽油.现考虑

$$d_{n+1} = d_n + \frac{a}{k+2n+2} \tag{6.2.89}$$

千米的情况.

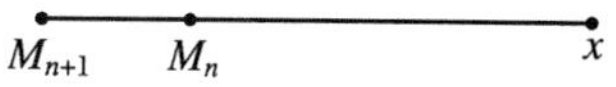

设 $M_n x = d_n$, $M_{n+1} x = d_{n+1}$(图 6.7),则

$$M_{n+1}M_n = \frac{a}{k+2n+2} \tag{6.2.90}$$

图 6.7

千米.全部汽车从点 M_{n+1} 出发,开往终点 x,全部汽车在点 M_n,车上载的及在点 M_n 预先储存的汽油总量须不少于 $(k+n)L$ 公升.因此,在点 M_{n+1},汽车总共至少出发 $(k+n+1)$ 次到点 M_n,一共只有 k 辆汽车,那么,这多跑的 $n+1$ 次车必须再从 M_n 回到 M_{n+1}.于是,在 $M_{n+1}M_n$ 这段路上至少耗油

$$[k+2(n+1)]\frac{M_{n+1}M_n}{a}L = L \tag{6.2.91}$$

公升.于是,要走完 d_{n+1} 千米路程,至少耗油 $(k+n+1)L$ 公升.下面说明这些汽油足够走完 d_{n+1} 千米路程,让 $n+1$ 辆汽车先后从点 M_{n+1} 出发,也可让一辆汽车在 $M_{n+1}M_n$ 上来回跑,$n+1$ 辆汽车,从点 M_{n+1} 至 M_n,再回到 M_{n+1},路上共耗油 $\dfrac{2(n+1)}{k+2(n+1)}L$ 公升.这 $n+1$ 辆汽车满载汽油从点 M_{n+1} 出发,在点 M 路旁储存汽油总量为

$$(n+1)L - \frac{2(n+1)}{k+2(n+1)}L = nL + \frac{kL}{k+2(n+1)} \tag{6.2.92}$$

公升.再开回点 M_{n+1},然后,全部 k 辆汽车满载汽油从点 M_{n+1} 出发,到达点 M_n 时,路上已消耗 $\dfrac{kL}{k+2(n+1)}$ 公升汽油,k 辆汽车在点 M_n,汽车上所带汽油加上路旁储存汽油,总量为 $(k+n)L$ 公升.利用归纳法假设,恰够从点 M_n 到达终点 x.

如果 d 满足 $d_n < d < d_{n+1}$,完全类似上述证明,很容易得到只需耗油 $(k+n)L + (k+2n+2)\dfrac{d-d_n}{a}L$ 公升,就能走完全程,而且是最少的耗油量.

下面证明:对于一般的 $d > a$,一定有一个正整数 n 存在,使得 $d_n \leqslant d < d_{n+1}$,即证明

$$\lim_{n \to \infty} d_n = \infty \tag{6.2.93}$$

由于 k 是正整数,利用公式(6.2.88),有

$$d_n > \frac{1}{2}\left(1 + \frac{1}{k+1} + \frac{1}{k+2} + \cdots + \frac{1}{k+n}\right)a = \frac{1}{2}\left(\sum_{j=1}^{k+n} \frac{1}{j} - \sum_{l=2}^{k} \frac{1}{l}\right) \tag{6.2.94}$$

由于 k 固定,利用本节第二次测验的第二题,可以知道

$$\lim_{n\to\infty}\sum_{j=1}^{k+n}\frac{1}{j} = \infty \tag{6.2.95}$$

从而公式(6.2.93)成立.至此本题完全解决.

三、 a 是一个非零实数,给定正整数 $n\geqslant 2$.求满足下述方程 $f(x^2) = f(x)f(x+a)$ 的所有 n 次实系数多项式 $f(x)$.

解: 由题目方程可以知道,如果 x 是多项式 $f(x)$ 的根,则 x^2 也是 $f(x)$ 的根.如果 $f(x)$ 的非零根 x_0 的模长不等于1,则 $f(x)$ 的根 $x_0^2, x_0^4, x_0^8, \cdots$ 的模长互不相同,而正整数 n 是给定的,这不可能.从而 $f(x)$ 的根只有两种可能性.根 x 的模长是1,或 $x = 0$.

在题目方程中,用 $x - a$ 代替 x,有

$$f((x-a)^2) = f(x-a)f(x) \tag{6.2.96}$$

从上式可以知道,如果 x 是 $f(x)$ 的根,则 $(x-a)^2$ 也是 $f(x)$ 的根.

下面我们对 a 分情况讨论:

① 当 $a = \pm 1$ 时,由上面叙述可以知道,$f(x)$ 的根 $(x-a)^2$ 的模长是1,或是零.于是,当 $a = 1$ 时,满足 $|x-1| = 1$ 的复数 x 在圆心是实数1的一个单位圆上,它与圆心是实数0的一个单位圆只交两点 $\cos\frac{\pi}{3} + i\sin\frac{\pi}{3}, \cos\frac{5\pi}{3} + i\sin\frac{5\pi}{3}$.因此,$f(x)$ 的根 x 只可能是以下几个:

$$x_1 = 0, \quad x_2 = 1, \quad x_3 = \frac{1}{2} + \frac{\sqrt{3}}{2}i, \quad x_4 = \frac{1}{2} - \frac{\sqrt{3}}{2}i \tag{6.2.97}$$

由前面叙述可以知道,如果 x_3, x_4 是 $f(x)$ 的根,则 x_3^2, x_4^2 也是 $f(x)$ 的根,它们应当满足

$$|x_3^2 - 1| \in \{1, 0\}, \quad |x_4^2 - 1| \in \{1, 0\} \tag{6.2.98}$$

然而,由直接计算,可以看到

$$|x_3^2 - 1| = \sqrt{3}, \quad |x_4^2 - 1| = \sqrt{3} \tag{6.2.99}$$

得矛盾.于是,当 $a = 1$ 时,$f(x)$ 的根只有两种可能:0 或 1.于是,必有

$$f(x) = rx^k(x-1)^{n-k} \tag{6.2.100}$$

这里 r 是一个非零实数,k 是一个不超过 n 的非负整数,将公式(6.2.100)代入方程 $f(x^2) = f(x)f(x+1)$,有

$$r = 1, \quad n = 2k \tag{6.2.101}$$

因而当 $a = 1$ 时,所求的多项式

$$f(x) = x^{\frac{n}{2}}(x-1)^{\frac{n}{2}} \tag{6.2.102}$$

这里正整数 n 必为偶数.

当 $a = -1$ 时,完全类似 $a = 1$ 的讨论,可以得到 $f(x)$ 的根可能为以下几个:

$$x_1 = 0, \quad x_2 = -1, \quad x_3 = -\frac{1}{2} + \frac{\sqrt{3}}{2}i, \quad x_4 = -\frac{1}{2} - \frac{\sqrt{3}}{2}i \tag{6.2.103}$$

由于 $|x_2^2 + 1| = 2$,即不等于1,也不等于0,因此,x_2 不可能是 $f(x)$ 的根.由于 x_3, x_4 是一对共轭复数,所求的实系数多项式 $f(x)$ 只能是下述形式

$$f(x) = rx^s(x-x_3)^t(x-x_4)^t \tag{6.2.104}$$

这里 r 是一个非零实数,s, t 是非负整数,满足 $s + 2t = n$.利用公式(6.2.103)和(6.2.104),有

$$f(x) = rx^s(x^2 + x + 1)^t \tag{6.2.105}$$

代入题目方程 $f(x^2) = f(x)f(x-1)$,有

$$r = 1, \quad s = 0 \tag{6.2.106}$$

因此,当 $a = -1$ 时,所求的多项式

$$f(x) = (x^2 + x + 1)^{\frac{n}{2}} \qquad (6.2.107)$$

这里正整数 n 是偶数.

② 当 $a \neq \pm 1$ 时,由于实数 0 不满足 $|0 - a| \in \{0, 1\}$,因此,0 不是多项式 $f(x)$ 的根.于是 $f(x)$ 的根 x 必定满足

$$|x| = 1, \quad |x - a| = 1, \quad |x^2 - a| = 1 \qquad (6.2.108)$$

利用上式的第一个等式,有

$$x = \cos\theta + i\sin\theta, \quad \theta \in [0, 2\pi) \qquad (6.2.109)$$

将上式代入公式(6.2.108)后二个等式,有

$$(\cos\theta - a)^2 + \sin^2\theta = 1, \quad (\cos 2\theta - a)^2 + \sin^2 2\theta = 1 \qquad (6.2.110)$$

利用上式,有

$$\cos\theta = \frac{a}{2}, \quad \cos 2\theta = \frac{a}{2} \qquad (6.2.111)$$

利用上式,有

$$\frac{a}{2} = \cos 2\theta = 2\cos^2\theta - 1 = \frac{a^2}{2} - 1 \qquad (6.2.112)$$

由于 $a \neq -1$,从上式,必有

$$a = 2, \quad \cos\theta = 1, \quad \sin\theta = 0, \quad x = 1 \qquad (6.2.113)$$

于是, $f(x)$ 的表达式只能是

$$f(x) = r(x - 1)^n \qquad (6.2.114)$$

这里 r 是一个非零实数.将上式代入公式 $f(x^2) = f(x)f(x+2)$,必有

$$r = 1 \qquad (6.2.115)$$

于是,$f(x)$ 的全部解

$$f(x) = \begin{cases} x^{\frac{n}{2}}(x-1)^{\frac{n}{2}}, & n \text{ 为偶数}, a = 1 \\ (x^2 + x + 1)^{\frac{n}{2}}, & n \text{ 为偶数}, a = -1 \\ (x-1)^n, & a = 2 \end{cases} \qquad (6.2.116)$$

对于其他非零实数 a,无所求的多项式 $f(x)$.

第四次测验

(1994 年 3 月 12 日上午 8:30~11:30 黄宣国供题)

一、已知 $a_1 < a_2 < a_3 < \cdots < a_n < \cdots$ 是一个正整数的无穷序列.求证:从集合 $S = \{a_i + a_j \mid i \in \mathbf{N}^+, j \in \mathbf{N}^+\}$ 中,一定能够找到一个无穷正整数组成的子列,在这子列中,每个正整数都不是其他任一正整数的倍数.

证明: 分两种情况讨论:

① 在 $\{a_i \mid i \in \mathbf{N}^+\}$ 的每个无穷子列 $a_{i_1}, a_{i_2}, \cdots, a_{i_k}, \cdots$ 中,总存在一个和式 $a_{i_j} + a_{i_l}$,以及这子列 $\{a_{i_k} \mid k \in \mathbf{N}^+\}$ 的一个无穷子列 $a_{t_1} < a_{t_2} < \cdots < a_{t_s} < \cdots$,满足条件,对于任意 $s \in \mathbf{N}^+$,有

$$2a_{t_s} \not\equiv 0 \pmod{(a_{i_j} + a_{i_l})} \qquad (6.2.117)$$

由于 $a_{i_j} + a_{i_l}$ 的同余类一共有有限个,因此,$a_{t_1}, a_{t_2}, \cdots, a_{t_s}, \cdots$ 中,一定有无穷多个元素属于同一个同余类,换言之,存在 $a_j^{(1)} = a_{i_j}, a_l^{(1)} = a_{i_l}$ 和 $\{a_i \mid i \in \mathbf{N}^+\}$ 中无穷多个元素,记为 $a_1^{(2)}, a_2^{(2)}, \cdots, a_n^{(2)}, \cdots$ 满足 $a_j^{(1)} + a_l^{(1)} < a_1^{(2)} < a_2^{(2)} < \cdots < a_n^{(2)} < \cdots$,对于任意正整数 n,

$$2a_n^{(2)} \not\equiv 0 (\bmod (a_j^{(1)} + a_l^{(1)}))$$
$$a_1^{(2)} \equiv a_2^{(2)} \equiv \cdots \equiv a_n^{(2)} \equiv \cdots (\bmod (a_j^{(1)} + a_l^{(1)}))$$
(6.2.118)

在无穷子序列 $\{a_i^{(2)} \mid i \in \mathbf{N}^+\}$ 中,用完全相同的方法,可以知道,必定存在两个元素 $a_{j^*}^{(2)}, a_{l^*}^{(2)}$,以及一个无穷子列 $\{a_i^{(3)} \mid i \in \mathbf{N}^+\}$,且 $a_{j^*}^{(2)} + a_{l^*}^{(2)} < a_1^{(3)} < a_2^{(3)} < \cdots < a_n^{(3)} < \cdots$,使得对于任意正整数 n

$$2a_n^{(3)} \not\equiv 0 (\bmod (a_{j^*}^{(2)} + a_{l^*}^{(2)}))$$
$$a_1^{(3)} \equiv a_2^{(3)} \equiv \cdots \equiv a_n^{(3)} \equiv \cdots (\bmod (a_{j^*}^{(2)} + a_{l^*}^{(2)}))$$
(6.2.119)

由上面叙述,可以看到

$$a_{j^*}^{(2)} + a_{l^*}^{(2)} \equiv 2a_{j^*}^{(2)} \not\equiv 0 (\bmod (a_j^{(1)} + a_l^{(1)}))$$
(6.2.120)

于是,$a_j^{(1)} + a_l^{(1)} < a_{j^*}^{(2)} + a_{l^*}^{(2)}$ 和 $a_{j^*}^{(2)} + a_{l^*}^{(2)}$ 不是 $a_j^{(1)} + a_l^{(1)}$ 的倍数.

对于集合 $\{a_i^{(3)} \mid i \in \mathbf{N}^+\}$,可以看到,任意两元素之和即不是 $a_{j^*}^{(2)} + a_{l^*}^{(2)}$ 的倍数,也不是 $a_j^{(1)} + a_l^{(1)}$ 的倍数.而且这两元素之和既大于 $a_{j^*}^{(2)} + a_{l^*}^{(2)}$,当然也大于 $a_j^{(1)} + a_l^{(1)}$.这样一直做下去,我们可以得到一个无穷正整数组成的递增子列,其中每个正整数都是 $a_i + a_j$ 的形式.在这个子列中,每个正整数都不是其他任一正整数的倍数.

② 存在一个子列 $a_{i_1} < a_{i_2} < \cdots < a_{i_n} < \cdots$,使得对每个 $a_{i_j} + a_{i_s}$,只有有限多个 a_{i_s},具性质

$$2a_{i_s} \not\equiv 0 (\bmod (a_{i_j} + a_{i_s}))$$
(6.2.121)

因此,对每个固定 $a_{i_j} + a_{i_s}$,必有正整数 m,对于大于等于 m 的任意正整数 n,有

$$2a_n \equiv 0 (\bmod (a_{i_j} + a_{i_s}))$$
(6.2.122)

我们考虑子列 $a_{i_1} + a_{n_1}, a_{i_1} + a_{n_2}, \cdots, a_{i_1} + a_{n_k}, \cdots$,这里下标 $0 < n_1 < n_2 < \cdots < n_k < \cdots$,而且对于任意大于等于 2 的正整数 k,满足下述条件:对于 $1 \leqslant j < k$,有

$$2a_{n_k} \equiv 0 (\bmod (a_{i_1} + a_{n_j}))$$
(6.2.123)

另外,因为 $0 < 2a_{i_1} < a_{i_1} + a_{n_j} (j \in \mathbf{N}^+)$,这里 a_{n_j} 可以任意选,只要 $a_{n_j} > a_{i_1}$ 就可,那么,有

$$2a_{i_1} \not\equiv 0 (\bmod (a_{i_1} + a_{n_j})) (j \in \mathbf{N}^+)$$
(6.2.124)

利用上面叙述,有

$$2(a_{i_1} + a_{n_k}) \equiv 2a_{i_1} (\bmod (a_{i_1} + a_{n_j})) \not\equiv 0 (\bmod (a_{i_1} + a_{n_j})), \quad 1 \leqslant j < k$$
(6.2.125)

从而,单调递增序列 $\{a_{i_1} + a_{n_j} \mid j \in \mathbf{N}^+\}$ 中无一个正整数是其他任一正整数的倍数.

二、求方程 $x^r - 1 = p^n$ 的满足下述两条件的所有正整数组解 (x, r, p, n):

(1) p 是一个素数;

(2) $r \geqslant 2$ 和 $n \geqslant 2$.

解:分两种情况讨论:

① 当 $x = 2$ 时,利用题目方程,有

$$2^r - 1 = p^n$$
(6.2.126)

p 必为奇质数,如果 $n = 2l (l \in \mathbf{N}^+)$,记 $p = 2k + 1 (k \in \mathbf{N}^+)$,有

$$p^n + 1 = (2k+1)^{2l} + 1 \equiv 2 (\bmod 4)$$
(6.2.127)

因此,方程 (6.2.126) 不成立.从而 n 必为奇数,利用这方程,有

$$2^r = p^n + 1 = (p+1)(1 - p + p^2 - p^3 + \cdots - p^{n-2} + p^{n-1})$$
(6.2.128)

p 是奇质数,则 $1 + p \geqslant 4$.由上式,有

$$1 + p = 2^t, \quad t \in \mathbf{N}^+ \text{ 和 } t \geqslant 2$$
(6.2.129)

利用上式,记 $n = 2s + 1, s \in \mathbf{N}^+$,有

$$p^n + 1 = (2^t - 1)^{2s+1} + 1$$

$$= 2^{2t}m + (2s+1)2^t \text{(利用二项式展开公式}, m \text{ 是整数)} \tag{6.2.130}$$

由上式可以知道 p^n+1 能被 2^t 整除,但不能整除 2^{t+1},再利用公式(6.2.128)的第一个等式,有 $r=t, 2^t = p^n+1$. 又由于(6.2.130)的第一个等式,这是不可能的($t \geq 2$). 这表明当 $x=2$ 时,没有满足题目方程的解.

② 当 $x \geq 3$ 时,利用题目方程,有
$$p^n = x^r - 1 = (x-1)(x^{r-1} + x^{r-2} + \cdots + x + 1) \tag{6.2.131}$$

于是,必有
$$x - 1 = p^m, \quad m \in \mathbf{N}^+ \tag{6.2.132}$$

由上式,必有
$$x \equiv 1 \pmod{p} \tag{6.2.133}$$

另一方面,可以知道 $x^{r-1} + x^{r-2} + \cdots + x + 1$ 也是 p 的某个幂次. 又利用公式(6.2.133),有
$$x^{r-1} + x^{r-2} + \cdots + x + 1 \equiv r \pmod{p} \tag{6.2.134}$$

于是, r 必是 p 的倍数.

如果 $p=2$,那么 $r=2r_1, r_1 \in \mathbf{N}^+$,由题目中方程,有
$$2^n = (x^{r_1} - 1)(x^{r_1} + 1) \tag{6.2.135}$$

那么, $x^{r_1} - 1, x^{r_1} + 1$ 这两个相邻偶数(利用上式)都是2的幂次,则必有
$$x^{r_1} - 1 = 2, \quad \text{即} \quad x^{r_1} = 3 \tag{6.2.136}$$

从上式,立刻有
$$p = 2, \quad x = 3, \quad r_1 = 1, \quad r = 2, \quad n = 3 \tag{6.2.137}$$

这是满足题目条件的一组解.

如果 $p \geq 3$,利用公式(6.2.132),有
$$x^r - 1 = (p^m + 1)^r - 1 = rp^m + \sum_{k=2}^{r} C_r^k p^{km} \tag{6.2.138}$$

考虑每一项 $C_r^k p^{km} (2 \leq k \leq r)$,明显地,有
$$C_r^k p^{km} = C_{r-1}^{k-1} rp^m \frac{p^{(k-1)m}}{k} \tag{6.2.139}$$

明显地(读者可以自己证明),对于任意正整数 $k \geq 2$,有
$$k < p^{(k-1)m} \tag{6.2.140}$$

因此, k 的质因子分解中 p 的幂次小于 $(k-1)m$. 所以,公式(6.2.139)的左端 $C_r^k p^{km}$ 的质因子分解式中 p 的幂次高于 rp^m 中所含 p 的幂次 $\alpha (\alpha \geq m)$,再利用公式(6.2.138)知道 x^r-1 能被 p^α 整除,但不能被 $p^{\alpha+1}$ 整除. 因此,有
$$p^\alpha < x^r - 1 = p^n \tag{6.2.141}$$

因此, $n > \alpha$,与上面叙述矛盾. 因此,满足题目方程的解只有公式(6.2.137).

三、给定正整数 $n \geq 3, \lambda$ 是一个给定实数. 确定下列函数 $x_1^2 + x_2^2 + \cdots + x_n^2 + \lambda x_1 x_2 \cdots x_n$ 的最大值与最小值. 这里 $x_1, x_2, \cdots, x_n$ 是非负实数,满足条件 $x_1 + x_2 + \cdots + x_n = 1$.

解:利用题目条件,有
$$1 - \sum_{k=1}^{n} x_k^2 = \left(\sum_{k=1}^{n} x_k\right)^2 - \sum_{k=1}^{n} x_k^2 = 2 \sum_{1 \leq i < j \leq n} x_i x_j \geq 2C_n^2 \sqrt[C_n^2]{(x_1 x_2 \cdots x_n)^{n-1}} \text{(利用 } A_{C_n^2} \geq G_{C_n^2})$$
$$= n(n-1)(x_1 x_2 \cdots x_n)^{\frac{2}{n}} = n(n-1)(x_1 x_2 \cdots x_n)(x_1 x_2 \cdots x_n)^{\frac{2}{n} - 1} \tag{6.2.142}$$

利用 $G_n \leq A_n$,及题目条件,有
$$x_1 x_2 \cdots x_n \leq \left(\frac{1}{n} \sum_{k=1}^{n} x_k\right)^n = \left(\frac{1}{n}\right)^n \tag{6.2.143}$$

又利用 $\frac{2}{n} - 1 < 0 (n \geq 3)$，可以得到

$$(x_1 x_2 \cdots x_n)^{\frac{2}{n}-1} \geq \left(\frac{1}{n}\right)^{2-n} \qquad (6.2.144)$$

利用上式叙述，有

$$\sum_{k=1}^{n} x_k^2 + n^{n-1}(n-1) x_1 x_2 \cdots x_n \leq 1 \qquad (6.2.145)$$

下面我们来证明另一个不等式

$$(n-1) \sum_{k=1}^{n} x_k^2 + n^{n-1} x_1 x_2 \cdots x_n \geq 1 \qquad (6.2.146)$$

分两种情况讨论：

① 如果 $x_1, x_2, \cdots, x_n$ 中有 $n-2$ 个数的乘积大于等于 $\frac{2(n-1)}{n^{n-1}}$，不妨设 $x_3 x_4 \cdots x_n \geq \frac{2(n-1)}{n^{n-1}}$，于是，可以看到

$$(n-1) \sum_{k=1}^{n} x_k^2 + n^{n-1} x_1 x_2 \cdots x_n \geq (n-1) \sum_{k=1}^{n} x_k^2 + 2(n-1) x_1 x_2 = (n-1) \left[(x_1 + x_2)^2 + \sum_{k=3}^{n} x_k^2 \right]$$

$$\geq \left[(x_1 + x_2) + \sum_{k=3}^{n} x_k \right]^2 (\text{利用 Cauchy 不等式，视 } x_1 + x_2 \text{ 为一个}$$
$$\text{非负实数}) = 1 \qquad (6.2.147)$$

② 现在考虑 $x_1, x_2, \cdots, x_n$ 中任意 $n-2$ 个数之积小于 $\frac{2(n-1)}{n^{n-1}}$ 的情况. 令 $A = \frac{1}{n}$. 如果有 x_i, x_j，使得 $x_i > A > x_j$，不等式(6.2.146)的左端 x_i, x_j 分别用 $A, x_i + x_j - A$ 代替. 不妨设 $i < j$，可以看到

$$(n-1) \sum_{k=1}^{n} x_k^2 + n^{n-1} x_1 x_2 \cdots x_n - (n-1)$$
$$\cdot [x_1^2 + \cdots + x_{i-1}^2 + A^2 + x_{i+1}^2 + \cdots + x_{j-1}^2 + (x_i + x_j - A)^2 + x_{j+1}^2 + \cdots + x_n^2]$$
$$- n^{n-1} x_1 \cdots x_{i-1} A x_{i+1} \cdots x_{j-1} (x_i + x_j - A) x_{j+1} \cdots x_n$$
$$= (n-1) [x_i^2 + x_j^2 - A^2 - (x_i + x_j - A)^2]$$
$$+ n^{n-1} [x_i x_j - A(x_i + x_j - A)] x_1 \cdots x_{i-1} x_{i+1} \cdots x_{j-1} x_{j+1} \cdots x_n$$
$$= (n-1) [2A(x_i + x_j) - 2A^2 - 2x_i x_j]$$
$$+ n^{n-1} [x_i x_j - A(x_i + x_j - A)] x_1 \cdots x_{i-1} x_{i+1} \cdots x_{j-1} x_{j+1} \cdots x_n$$
$$= (x_i - A)(A - x_j)[2(n-1) - x_1 \cdots x_{i-1} x_{i+1} \cdots x_{j-1} x_{j+1} \cdots x_n] > 0 \qquad (6.2.148)$$

注意 $x_1, \cdots, x_{i-1}, x_{i+1}, \cdots, x_{j-1}, x_i + x_j - A, x_{j+1}, \cdots, x_n$ 这 $n-1$ 个非负实数之和是 $1 - A = (n-1)A$. 如果这 $n-1$ 个非负实数不全相等，再利用上面方法，逐步调整，最后，有

$$(n-1) \sum_{k=1}^{n} x_k^2 + n^{n-1} x_1 x_2 \cdots x_n \geq (n-1) n A^2 + n^{n-1} A^n = 1 \qquad (6.2.149)$$

利用不等式(6.2.145)和(6.2.146)，本题就容易解决了. 记

$$F_\lambda(x_1, x_2, \cdots, x_n) = \sum_{k=1}^{n} x_k^2 + \lambda x_1 x_2 \cdots x_n \qquad (6.2.150)$$

如果 $\lambda \leq \frac{n^{n-1}}{n-1}$，再利用不等式(6.2.143)，有

$$F_\lambda(x_1, x_2, \cdots, x_n) - \frac{\lambda}{n^n} = \sum_{k=1}^{n} x_k^2 + \lambda \left(x_1 x_2 \cdots x_n - \frac{1}{n^n} \right) \geq \sum_{k=1}^{n} x_k^2 + \frac{n^{n-1}}{n-1} \left(x_1 x_2 \cdots x_n - \frac{1}{n^n} \right)$$

$$= \frac{1}{n-1}\left[(n-1)\sum_{k=1}^{n} x_k^2 + n^{n-1} x_1 x_2 \cdots x_n\right] - \frac{1}{n(n-1)}$$

$$\geqslant \frac{1}{n-1} - \frac{1}{n(n-1)} = \frac{1}{n} \tag{6.2.151}$$

于是,我们有如下不等式:如果 $\lambda \leqslant \dfrac{n^{n-1}}{n-1}$,则

$$F_\lambda(x_1, x_2, \cdots, x_n) \geqslant \frac{\lambda + n^{n-1}}{n^n} \tag{6.2.152}$$

当 $x_1 = x_2 = \cdots = x_n = \dfrac{1}{n}$ 时,上式取等号.

如果 $\lambda > \dfrac{n^{n-1}}{n-1}$,利用不等式(6.2.146),有

$$F_\lambda(x_1, x_2, \cdots, x_n) \geqslant \sum_{k=1}^{n} x_k^2 + \frac{n^{n-1}}{n-1} x_1 x_2 \cdots x_n \geqslant \frac{1}{n-1} \tag{6.2.153}$$

取 $x_1 = 0, x_2 = x_3 = \cdots = x_n = \dfrac{1}{n-1}$,上述不等式取等号.实际上,取一个 $x_j = 0$,其余 x_k 都取 $\dfrac{1}{n-1}$.不等式(6.2.153)取等号.

上面我们讨论了最小值问题.下面讨论最大值问题.如果 $\lambda \leqslant n^{n-1}(n-1)$,利用不等式(6.2.145),有

$$F_\lambda(x_1, x_2, \cdots, x_n) \leqslant \sum_{k=1}^{n} x_k^2 + n^{n-1}(n-1) x_1 x_2 \cdots x_n \leqslant 1 \tag{6.2.154}$$

取一个 $x_j = 1$,其余 x_k 皆取 0,上式取等号.

如果 $\lambda > n^{n-1}(n-1)$,利用不等式(6.2.143)和(6.2.145),有

$$F_\lambda(x_1, x_2, \cdots, x_n) - \frac{\lambda}{n^n} = \sum_{k=1}^{n} x_k^2 + \lambda\left(x_1 x_2 \cdots x_n - \frac{1}{n^n}\right)$$

$$\leqslant \sum_{k=1}^{n} x_k^2 + n^{n-1}(n-1)\left(x_1 x_2 \cdots x_n - \frac{1}{n^n}\right) \leqslant 1 - \frac{n-1}{n} = \frac{1}{n} \tag{6.2.155}$$

当 $x_1 = x_2 = \cdots = x_n = \dfrac{1}{n}$ 时,上式取等号.则当 $\lambda > n^{n-1}(n-1)$ 时,有

$$F_\lambda(x_1, x_2, \cdots, x_n) \leqslant \frac{\lambda + n^{n-1}}{n^n} \tag{6.2.156}$$

上式等号能取到.因此,最大值问题也解决.至此,本题完全解决.

第五次测验

(1994年3月14日上午 8:45～11:45 黄宣国供题)

一、在一个光滑的桌面上,放有半径分别为 1, 2, 4 的三个木球,每个木球与桌面相切,每个木球都与其余两个木球外切.另外,在桌面上还有一个半径小于 1 的小木球,与桌面相切,而且与这三个木球都外切.求这小木球的半径.

解:过小木球的球心 D,作一个平面 M,平行于桌面,然后过三个木球的球心作平面 M 的垂线,垂足分别为 A、B、C,先求 AB 长(图 6.8).设半径为 1,2 的木球的球心分别为点 O_1, O_2(图 6.9),则

$$O_1O_2 = 1 + 2 = 3,$$
$$AB = \sqrt{O_1O_2^2 - (2-1)^2} = 2\sqrt{2} \Bigg\} \tag{6.2.157}$$

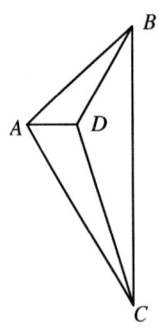

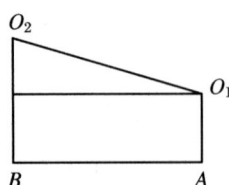

图 6.8 图 6.9

完全类似地,可以得到
$$\left.\begin{array}{l} BC = \sqrt{(2+4)^2 - (4-2)^2} = 4\sqrt{2} \\ AC = \sqrt{(4+1)^2 - (4-1)^2} = 4 \end{array}\right\} \tag{6.2.158}$$

设所求小木球的半径是 r,$0 < r < 1$,同样地,有
$$\left.\begin{array}{l} AD = \sqrt{(1+r)^2 - (1-r)^2} = 2\sqrt{r} \\ BD = \sqrt{(2+r)^2 - (2-r)^2} = 2\sqrt{2r} \\ CD = \sqrt{(4+r)^2 - (4-r)^2} = 4\sqrt{r} \end{array}\right\} \tag{6.2.159}$$

又设
$$\angle ADB = \theta, \quad \angle BDC = \psi, \quad \angle ADC = 2\pi - (\theta + \psi) \tag{6.2.160}$$

在 $\triangle ADB$ 中,利用余弦定理,有
$$AB^2 = AD^2 + BD^2 - 2AD \cdot BD\cos\theta \tag{6.2.161}$$

利用上面叙述,有
$$\cos\theta = \frac{3r-2}{2\sqrt{2}r} \tag{6.2.162}$$

在 $\triangle BDC$ 和 $\triangle ADC$ 中,也分别利用余弦定理,有
$$\cos\psi = \frac{3r-4}{2\sqrt{2}r}, \quad \cos(\theta+\psi) = \frac{5r-4}{4r} \tag{6.2.163}$$

利用公式(6.2.162)和(6.2.163),可以看到
$$\left.\begin{array}{l} \sin\theta = \sqrt{1-\cos^2\theta} = \dfrac{1}{2\sqrt{2}r}\sqrt{12r-4-r^2} \\ \sin\psi = \sqrt{1-\cos^2\psi} = \dfrac{1}{2\sqrt{2}r}\sqrt{24r-16-r^2} \end{array}\right\} \tag{6.2.164}$$

又利用公式
$$\cos(\theta+\psi) = \cos\theta\cos\psi - \sin\theta\sin\psi \tag{6.2.165}$$

可以得到
$$\frac{5r-4}{4r} = \frac{1}{8r^2}\left[(3r-2)(3r-4) - \sqrt{12r-4-r^2}\sqrt{24r-16-r^2}\right] \tag{6.2.166}$$

化简上式,有
$$\sqrt{12r-4-r^2}\sqrt{24r-16-r^2} = 8 - 10r - r^2 \tag{6.2.167}$$

上式两端平方后,再化简,有
$$7r^2 - 28r + 16 = 0 \tag{6.2.168}$$
由于 $0 < r < 1$,解上述方程,有
$$r = \frac{2}{7}(7 - \sqrt{21}) \tag{6.2.169}$$

二、对于模长为 1 的 n 个复数 $z_1, z_2, \cdots, z_n$(正整数 $n \geq 3$),求 $\min\limits_{z_1,z_2,\cdots,z_n}\left[\max\limits_{\{u\in\mathbf{C}\mid|u|=1\}}(|u-z_1| |u-z_2|\cdots|u-z_n|)\right]$,并且讨论最大值中的最小值达到时,复数 $z_1, z_2, \cdots, z_n$ 满足的条件.

解:令
$$f(u) = (u-z_1)(u-z_2)\cdots(u-z_n) = u^n + c_1 u^{n-1} + c_2 u^{n-2} + \cdots + (-1)^n z_1 z_2 \cdots z_n \tag{6.2.170}$$
记
$$\omega = \cos\frac{2\pi}{n} + i\sin\frac{2\pi}{n}, \quad |\omega| = 1 \tag{6.2.171}$$
取 η 为模长是 1 的待定复数.利用 6.1 节第四题公式(6.2.129),可以看到
$$\sum_{k=1}^{n} f(\omega^k \eta) = n(\eta^n + (-1)^n z_1 z_2 \cdots z_n) \tag{6.2.172}$$
记
$$z_j = \cos\theta_j + i\sin\theta_j, \quad 1 \leq j \leq n, 0 \leq \theta_j < 2\pi \tag{6.2.173}$$
于是,有
$$z_1 z_2 \cdots z_n = \cos(\theta_1 + \theta_2 + \cdots + \theta_n) + i\sin(\theta_1 + \theta_2 + \cdots + \theta_n) \tag{6.2.174}$$
取
$$\eta = -\left[\cos\frac{1}{n}\sum_{k=1}^{n}\theta_k + i\sin\frac{1}{n}\sum_{k=1}^{n}\theta_k\right] \tag{6.2.175}$$
从而,有
$$\eta^n = (-1)^n z_1 z_2 \cdots z_n \tag{6.2.176}$$
利用公式(6.2.172)和上式,有
$$\sum_{k=1}^{n} f(\omega^k \eta) = 2n(-1)^n z_1 z_2 \cdots z_n \tag{6.2.177}$$
利用上式,我们可以得到
$$\sum_{k=1}^{n} |f(\omega^k \eta)| \geq 2n \tag{6.2.178}$$
于是,至少有一个模长为 1 的复数 $\omega^k \eta$,使得
$$|f(\omega^k \eta)| \geq 2 \tag{6.2.179}$$
这表明对于模长为 1 的任意 n 个复数 $z_1, z_2, \cdots, z_n$(正整数 $n \geq 3$),有
$$\max_{\{u\in\mathbf{C}\mid|u|=1\}}\{|u-z_1||u-z_2|\cdots|u-z_n|\} \geq 2 \tag{6.2.180}$$
下面证明,存在 n 个复数 $z_1, z_2, \cdots, z_n$,使得公式(6.2.180)取等号.当公式(6.2.180)取等号时,则不等式(6.2.178)取等号,这表明 n 个复数 $f(\omega\eta), f(\omega^2\eta), \cdots, f(\omega^n\eta)$ 模长都是 2,而且在复平面上的表示均具有同一个方向,再利用公式(6.2.177),有
$$f(\omega\eta) = f(\omega^2\eta) = \cdots = f(\omega^n\eta) = 2(-1)^n z_1 z_2 \cdots z_n \tag{6.2.181}$$
令
$$F(u) = f(u) - u^n - (-1)^n z_1 z_2 \cdots z_n = c_1 u^{n-1} + c_2 u^{n-2} + \cdots + c_{n-1} u \tag{6.2.182}$$
这里利用公式(6.2.170).

$F(u)$ 是 u 的至多 $n-1$ 次多项式,对于元素 $k \in$ 集合 $\{1, 2, \cdots, n\}$,有

$$F(\omega^k \eta) = f(\omega^k \eta) - (\omega^k \eta)^n - (-1)^n z_1 z_2 \cdots z_n$$
$$= 2(-1)^n z_1 z_2 \cdots z_n - \eta^n - (-1)^n z_1 z_2 \cdots z_n = 0 \quad (6.2.183)$$

这里利用公式(6.2.171),(6.2.176),(6.2.181)和(6.2.182). 这表明 $F(u)$ 有 n 个不同复根, $F(u)$ 必恒等于零. 于是,有

$$f(u) = u^n + (-1)^n z_1 z_2 \cdots z_n \quad (6.2.184)$$

令

$$u_k = \omega^k \eta \left(\cos \frac{\pi}{n} + i \sin \frac{\pi}{2} \right) \quad (6.2.185)$$

这里 $k = 1, 2, \cdots, n$,从而有

$$f(u_k) = -\eta^n + (-1)^n z_1 z_2 \cdots z_n = 0 \quad (6.2.186)$$

这里利用公式(6.2.171)和(6.2.176), 这表明 $u_1, u_2, \cdots, u_n$ 是 $f(u)$ 的 n 个复根. 再利用公式 (6.2.170) 立刻可以知道 $u_1, u_2, \cdots, u_n$ 就是 $z_1, z_2, \cdots, z_n$. 又由于 $\omega \eta \left(\cos \frac{\pi}{n} + i \sin \frac{\pi}{n} \right)$, $\omega^2 \eta \left(\cos \frac{\pi}{n} + i \sin \frac{\pi}{n} \right), \cdots, \omega^n \eta \left(\cos \frac{\pi}{n} + i \sin \frac{\pi}{n} \right)$ 是复平面内单位圆周上的 n 个点, 而且任意两个相邻点的幅角差是 $\frac{2\pi}{n}$, 这表明 $z_1, z_2, \cdots, z_n$ 恰是单位圆内接正 n 边形的 n 个顶点.

综上所述:

$$\min_{z_1, z_2, \cdots, z_n} \left[\max_{\{u \in \mathbf{C} \mid |u| = 1\}} (|u - z_1| |u - z_2| \cdots |u - z_n|) \right] = 2 \quad (6.2.187)$$

而且这最大值中的最小值达到时,复数 $z_1, z_2, \cdots, z_n$ 所对应的点是复平面单位圆周的内接正 n 边形的 n 个顶点.

三、已知 $\triangle ABC$,在 $\triangle ABC$ 的形外作三个相似矩形 BCA_1A_2, CAB_1B_2, ABC_1C_2,满足条件

$$\frac{CA_1}{BC} = \frac{AB_1}{CA} = \frac{BC_1}{AB} = k$$

点 A^*, B^*, C^* 分别在线段 A_1A_2, B_1B_2, C_1C_2 上, 而且有

$$\frac{A_1 A^*}{A_1 A_2} = \frac{B_1 B^*}{B_1 B_2} = \frac{C_1 C^*}{C_1 C_2} = \lambda$$

直线 AB^*, BC^*, CA^* 相交成 $\triangle XYZ$ (图 6.10). 求证:

$$\frac{S_{\triangle XYZ}}{S_{\triangle ABC}} = \frac{[\lambda + k(\cot A + \cot B + \cot C)]^2}{\lambda^2 + k^2}$$

证明:$\triangle AB_1 B^*, \triangle CA_1 A^*, \triangle BC_1 C^*$ 都是直角三角形,由题目条件立刻可以知道

$$BC = A_1 A_2, \quad CA = B_1 B_2, \quad AB = C_1 C_2 \quad (6.2.188)$$

和

$$\frac{A_1 A^*}{C_1 A_1} = \frac{B_1 B^*}{A B_1} = \frac{C_1 C^*}{B C_1} = \frac{\lambda}{k} \quad (6.2.189)$$

于是, 三个直角三角形 $\triangle AB_1 B^*, \triangle CA_1 A^*, \triangle BC_1 C^*$ 两两相似. 从而有

$$\angle B_1 AB^* = \angle A_1 CA^* = \angle C_1 BC^* = \theta \quad (6.2.190)$$

则

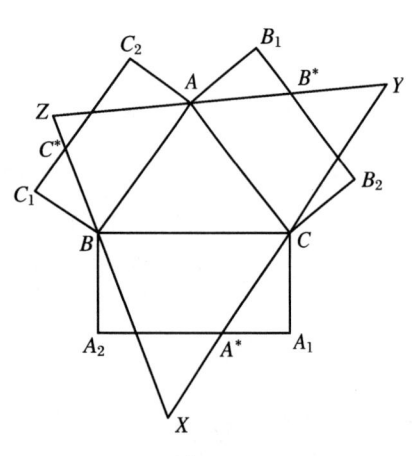

图 6.10

$$\tan\theta = \frac{\lambda}{k} \tag{6.2.191}$$

在 $\triangle ACY$ 中,有

$$\angle ZYX = \pi - \angle ACY - \angle CAY = \pi - \angle ACY - \left(\frac{\pi}{2} - \theta\right) = \pi - \angle ACY - \angle BCX = \angle ACB$$
$$\tag{6.2.192}$$

同理,有

$$\angle ZXY = \angle CBA \tag{6.2.193}$$

于是,有

$$\triangle XYZ \backsim \triangle BCA \tag{6.2.194}$$

在 $\triangle ACY$ 中,利用正弦定理,有

$$\frac{CY}{AC} = \frac{\sin\left(\frac{\pi}{2} - \theta\right)}{\sin C} = \frac{\cos\theta}{\sin C} \tag{6.2.195}$$

类似地,在 $\triangle BCX$ 中,有

$$\frac{XC}{BC} = \frac{\sin\left(\frac{\pi}{2} + \theta - B\right)}{\sin B} \tag{6.2.196}$$

从而,可以看到

$$\frac{XY}{BC} = \frac{CY}{BC} + \frac{CX}{BC} = \frac{CY}{AC}\frac{AC}{BC} + \frac{XC}{BC} = \frac{\cos\theta\sin B}{\sin C\sin A} + \frac{\cos(B-\theta)}{\sin B}$$
$$= \cos\theta\frac{\sin(A+C)}{\sin A\sin C} + \frac{1}{\sin B}(\cos B\cos\theta + \sin B\sin\theta) = \cos\theta(\cot A + \cot B + \cot C) + \sin\theta$$
$$\tag{6.2.197}$$

利用公式(6.2.191),有

$$\sin\theta = \frac{\lambda}{\sqrt{\lambda^2 + k^2}}, \quad \cos\theta = \frac{k}{\sqrt{\lambda^2 + k^2}} \tag{6.2.198}$$

利用公式(6.2.194),(6.2.197)和(6.2.198),有

$$\frac{S_{\triangle XYZ}}{S_{\triangle ABC}} = \left(\frac{XY}{BC}\right)^2 = \frac{[\lambda + k(\cot A + \cot B + \cot C)]^2}{\lambda^2 + k^2} \tag{6.2.199}$$

第六次测验

(1994 年 3 月 16 日上午 8:30~11:30 舒五昌供题)

一、设 $S = \{1,2,3,\cdots,10\}$,$A_1, A_2, \cdots, A_k$ 是 S 的子集,它们满足
  (1) $|A_i| = 5(i = 1,2,\cdots,k)$;
  (2) $|A_i \cap A_j| \leqslant 2(i,j = 1,2,\cdots,k, i \neq j)$.
求这样一批子集的个数 k 的最大值.

解:首先,对 S 的任何二元子集 $\{a,b\}$,我们证明,在 $A_1, A_2, \cdots, A_k$ 中至多只有两个集合包含 $\{a,b\}$.用反证法,如果有三个集合,不妨设为 A_1, A_2, A_3 都包含 $\{a,b\}$,那么,利用题目条件 (2),可以知道 $A_1 - \{a,b\}, A_2 - \{a,b\}, A_3 - \{a,b\}$ 两两不相交,由题目条件(1),这三个子集中的每个都包含三个正整数,一共有 9 个两两不同的正整数,但是 $S - \{a,b\}$ 只有 8 个不同的正整数.矛盾.

其次,我们证明,对于 S 中任何正整数 a,$A_1, A_2, \cdots, A_k$ 中至多有三个集合包含 a.设有三个

集合 A_1, A_2, A_3 都包含 a. 这时 $A_1-\{a\}, A_2-\{a\}, A_3-\{a\}$ 都是 S 的 4 元子集. 由于 $S-\{a\}$ 仅 9 个元素,因此,这三个 4 元子集总有两个集合交非空. 不妨设有 $b \in S-\{a\}, b \in A_1 \cap A_2$. 由于 $A_1 \cap A_2$ 已包含 $\{a, b\}$. 由前述可以知道 b 不属于 A_3. 又由于题目条件(2),$|A_3 \cap A_1|$ 至多是 2,已知 $a \in A_1 \cap A_3$,则 $|A_3 \cap (A_1-\{a\})| \leq 1$. 同理,有 $|A_3 \cap (A_2-\{a\})| \leq 1$. 从而可以知道 $|A_3 \cap (A_1 \cup A_2)| \leq 3$. 又 $|A_1 \cup A_2|=8$,于是,有 $|S-(A_1 \cup A_2)|=2$. 又可以知道 $|A_3-(A_1 \cup A_2)| \geq 5-3=2$. 从而可以得到 $S-(A_1 \cup A_2) \subseteq A_3$. 由此可见,如果还有一个集合,不妨设为 A_4,也包含 a,则类似有 $S-(A_1 \cup A_2) \subseteq A_4$,那么 $A_3 \cap A_4$ 包含 a 以及 $S-(A_1 \cup A_2)$,导致 $|A_3 \cap A_4| \geq 3$,这与题目条件(2)矛盾.

利用上面叙述,知道 S 中每个元素至多属于 $A_1, A_2, \cdots, A_k$ 中的三个集合. 从而,有

$$\sum_{j=1}^{k} |A_j| \leq 3|S| = 30 \tag{6.2.200}$$

再利用题目条件(1),有

$$5k \leq 30, \quad k \leq 6 \tag{6.2.201}$$

下面举一例,说明上述不等式能取等号.

$$\left.\begin{array}{l} A_1 = \{1,2,3,4,5\}, \quad A_2 = \{1,2,6,7,8\}, \quad A_3 = \{1,3,6,9,10\} \\ A_4 = \{2,4,7,9,10\}, \quad A_5 = \{3,5,7,8,10\}, \quad A_6 = \{4,5,6,8,9\} \end{array}\right\} \tag{6.2.202}$$

这六个子集满足题目要求. 因此,要求的 k 的最大值是 6.

二、设 n 是正整数,$n \geq 2$,如果若干个(可以只有一个)正整数所成的数列 $(a_1, a_2, \cdots, a_k)$,使得 $a_1 \leq a_2 \leq \cdots \leq a_k$,且满足 $a_1+a_2+\cdots+a_k=n$,称 $(a_1, a_2, \cdots, a_k)$ 为 n 的一个分拆,n 的分拆全体记为 P_n,并记 $\{(a_1, a_2, \cdots, a_k) \in P_n | a_1 < a_2 < \cdots < a_k\}$ 为 D_n,记 $\{(a_1, a_2, \cdots, a_k) \in P_n | a_1, a_2, \cdots, a_k$ 都是奇数$\}$ 为 O_n,求证:$|D_n|=|O_n|$.

证明:对于 O_n 中任一元素 $(a_1, a_2, \cdots, a_k)$,这里 $a_1, a_2, \cdots, a_k$ 全是奇数. 记其中 $1, 3, 5, \cdots$ 的个数分别为 $t_1, t_3, t_5, \cdots$,这里 t_j 是非负整数. 那么,利用题目条件,有

$$\sum_{j \text{是奇数}} j t_j = n \tag{6.2.203}$$

对于不等于零的 t_j,用二进制写出,即

$$t_j = 2^{\beta_0} + 2^{\beta_1} + \cdots + 2^{\beta_l} \tag{6.2.204}$$

这里 $0 \leq \beta_0 < \beta_1 < \cdots < \beta_l$,$\beta_0$ 是零或正整数,$\beta_1, \cdots, \beta_l$ 全是正整数,从而有

$$j t_j = 2^{\beta_0} j + 2^{\beta_1} j + \cdots + 2^{\beta_l} j \tag{6.2.205}$$

由于每个正整数可唯一地写成 $2^\alpha j$,这里 j 是奇数,α 是非负整数. 因此,对于每个奇数 j,$2^{\beta_0} j, 2^{\beta_1} j, \cdots, 2^{\beta_l} j$ 是两两不相同的. 另外,对于不同的奇数 j, j^* 及任意两个非负整数 α, β,$2^\alpha j$ 与 $2^\beta j^*$ 也不会相等. 利用公式(6.2.203)和(6.2.205),我们得到一批形如 $2^\alpha j$ 的数,这里 α 是非负整数,j 是奇数,它们的总和是 n,它们两两不相等. 将这些数从小到大排列,记为 $b_1, b_2, \cdots, b_s$,这里 $b_1 < b_2 < \cdots < b_s$,则 $(b_1, b_2, \cdots, b_s) \in D_n$. 定义一个映射 $\varphi: O_n \to D_n$,

$$\varphi((a_1, a_2, \cdots, a_k)) = (b_1, b_2, \cdots, b_s) \tag{6.2.206}$$

当 $(a_1, a_2, \cdots, a_k)$ 与 $(a_1^*, a_2^*, \cdots, a_m^*)$ 是 O_n 中不同元素时,利用上面办法,依次有 $t_1, t_3, t_5, \cdots$ 及 $t_1^*, t_3^*, t_5^*, \cdots$,明显地,总有一对 t_j 与 t_j^* 不相等. 写成二进制时,t_j 与 t_j^* 总有一位不同(参考公式(6.2.204))的右端. 具体地说,存在 2^α(α 是非负整数),它只有在 t_j 与 t_j^* 中的一个二进制表达式中出现,对应地,有一个 $2^\alpha j$,它只有 $\varphi((a_1, a_2, \cdots, a_k))$ 与 $\varphi((a_1^*, a_2^*, \cdots, a_m^*))$ 中的一个出现. 因此 φ 是一个单射. 反之,对于 D_n 中任一元素 $(b_1, b_2, \cdots, b_s)$,将每个 b_k($1 \leq k \leq s$)写成 $2^{\beta_k} j_k$,这里 j_k 是奇数,β_k 是非负整数. 把 $b_1, b_2, \cdots, b_s$ 中具相同奇数 j_k 的正整数相加,可得 $j_k t_{j_k}$(参考公式(6.2.205)),这样得到的正整数 t_{j_k} 是 $\varphi^{-1}((b_1, b_2, \cdots, b_s))$ 中奇数 j_k 的个数.

于是 $\varphi^{-1}((b_1,b_2,\cdots,b_s))$ 唯一确定，φ 是满射．所以有 $|D_n|=|O_n|$．

三、设有 $n(n\geq 3)$ 个城市，某航空公司在其中的某些城市间开辟有直达航班．已知：

(1) 对这 n 个城市中任两个城市 A、B，有唯一的方式可乘该公司的飞机从 A 到 B（A、B 间未必有直达航班，可能要经几次转机，唯一是指经过同一城市至多一次）．

(2) 在总共 C_n^2 种乘坐该公司飞机的路线中，票价恰好分别为 $1,2,\cdots,C_n^2$ 百元．

求证：n 是完全平方数，或是完全平方数加 2．

证明：任取一个城市 A，设这 n 个城市中乘坐该公司飞机到 A 票价为偶数百元的城市构成集合 S．票价为奇数百元的城市构成集合 T，由于零百元是偶数，将城市 A 归入集合 S，设
$$|S|=x,\quad |T|=y,\quad x+y=n \tag{6.2.207}$$

容易看到 S 中的任意两个城市之间，或 T 中的任意两个城市之间，乘坐该公司的飞机的票价都是偶数百元．

例如在 S 中任取两个城市 B,C，B 到 C 的飞机票价是 B 到 A，A 到 C 的飞机票价之和也可能是 B 到 A，A 到 C 的飞机票价之和减去城市 A 到城市 D 的飞机票价的 2 倍．因此，从城市 B 到城市 C 的飞机票价始终是偶数百元．将 S 换成 T，可得同样结论．

类似地，S 中一个城市与 T 中一个城市之间，乘坐该公司的飞机票价均为奇数百元．

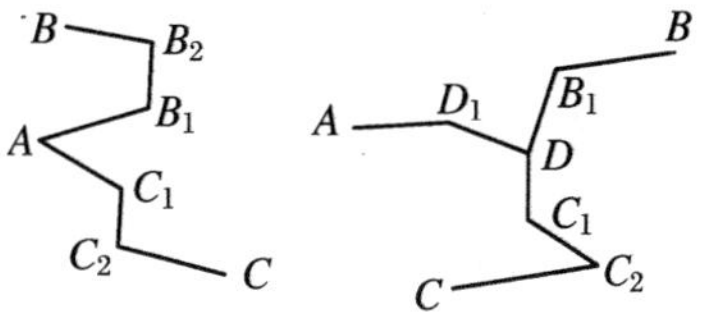

由于 $1,2,3,\cdots,C_n^2$ 中奇数与偶数的个数可能相等，也可能奇数个数比偶数个数多 1，再利用上面叙述，有
$$xy-(C_x^2+C_y^2)=0 \text{ 或 } 1 \tag{6.2.208}$$

这是因为 xy 是 $1,2,3,\cdots,C_n^2$ 中全部奇数个数，$C_x^2+C_y^2$ 是 $1,2,3,\cdots,C_n^2$ 中全部偶数个数（注意，利用题目条件(2)，不同的两对城市之间飞机票价肯定不同，图 6.11）．利用公式(6.2.208)，有
$$x+y=(x-y)^2, \quad \text{或} \quad x+y=(x-y)^2+2 \tag{6.2.209}$$

图 6.11

利用公式(6.2.207)和上式，题目结论成立．

第七次测验

（1994 年 3 月 18 日上午 8：30～11：30　李成章供题）

一、过正十二边形内部的一个非中心点，最多能作几条不同的对角线？

解：设 $A_1A_2\cdots A_{12}$ 是正十二边形，外接圆圆心是点 O．首先我们证明 4 条对角线 A_1A_5，A_2A_6，A_3A_8，A_4A_{11} 相交于正十二边形内部的一个非中心点．因为 $\overparen{A_5A_8}=\overparen{A_8A_{11}}$，$\overparen{A_{11}A_1}=\overparen{A_1A_3}$，$\overparen{A_3A_4}=\overparen{A_4A_5}$，所以直线 A_3A_8，A_5A_1，$A_{11}A_4$ 分别是 $\triangle A_3A_5A_{11}$ 的三条内角平分线．于是，这三条直线相交于一点 K，点 K 是 $\triangle A_3A_5A_{11}$ 的内心（图 6.12）．同理，直线 A_2A_6，A_4A_{11}，A_8A_3 是 $\triangle A_2A_4A_8$ 的三条内角平分线．这三条直线恰交于一点，这点就是点 K．于是 4 条对角线 A_1A_5，A_2A_6，A_3A_8，A_4A_{11} 恰相交于这正十二边形内部一点 K．由于 A_1A_5 不是直径，则点 K 不是这正十二边形的外接圆圆心 O（中心点）．

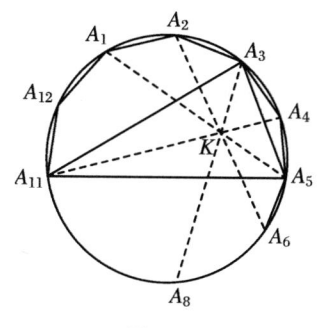

图 6.12

其次，我们证明在正十二边形中，不存在 5 条对角线，它们相交于其内部的一个非中心点．

用反证法．设这样的 5 条对角线存在，那么，这 5 条对角线的

十个端点两两不同,并且其中任意一条对角线将这正十二边形的外接圆分成的两段圆弧上分别有其余 4 条对角线的 4 个端点.由此可以知道,如果这十个端点给出,那么,这相交于一点的 5 条对角线也就确定了.由对称性,不妨设这正十二边形的十二个顶点中除去这十个端点后剩余的两个顶点的一个是 A_1,另一个是 $A_2, A_3, A_4, A_5, A_6, A_7$ 中的某个点.这只要适当改变顶点下标,就能做到.下面我们对另一个顶点分情况讨论:

① 如果是 A_2,这表明 5 条对角线分别是 $A_3A_8, A_4A_9, A_5A_{10}, A_6A_{11}, A_7A_{12}$ 相交于一个非中心点 M. 由于 $\overparen{A_4A_7} = \overparen{A_9A_{12}}$,则 $A_4A_7 = A_9A_{12}$,又 $\angle MA_4A_7 = \angle A_9A_4A_7 = \angle A_7A_{12}A_9$, $\angle A_9MA_{12} = \angle A_7MA_4$,则 $\triangle A_9MA_{12} \cong \triangle A_7MA_4$(利用上面叙述,并且注意 $\angle A_7A_{12}A_9 = \angle MA_{12}A_9$),从而有 $MA_9 = MA_7$. 这推出 $\triangle OMA_9 \cong \triangle OMA_7$. 于是,$\angle A_9OM = \angle A_7OM$,延长线段 OM 交这正十二边形外接圆于一点,这点平分 $\overparen{A_7A_9}$,这点必是 A_8,点 M 在半径 OA_8 内部,则点 M 不会在对角线 A_3A_8 内部.

② 如果是 A_3,这表明 5 条对角线 $A_2A_8, A_4A_9, A_5A_{10}, A_6A_{11}, A_7A_{12}$ 相交于一个非中心点 M,完全类似①的证明,可以得到 $\triangle A_9MA_{10} \cong \triangle A_5MA_4$,$\triangle OMA_9 \cong \triangle OMA_5$,三点 O, M, A_7 在一条直线上,点 M 不会在对角线 A_7A_{12} 内部.又矛盾.

③ 如果另一顶点是 A_4, A_5, A_6, A_7 中的某个点,那么,这 5 条对角线必包含 A_2A_8, A_3A_9,这是两条直径,相交于这正十二边形的中心点,也矛盾.综上所述,本题的答案是 4.

二、已知共有 12 个剧团,参加一次为期 7 天的戏剧节.要求每个剧团都能看到其他所有剧团的演出,当天没有演出任务的剧团在台下观看,问最少要演出多少场?

解:显然,3 个剧团不能只演 2 天.由抽屉原理,这 2 天中肯定有 1 天,至少有 2 个剧团在演出,这天,这 2 个剧团无法相互观摩.在剩下的 1 天内,这 2 个剧团要互相观摩,这显然不可能.

下面证明,7 个剧团或 8 个剧团不能只演 3 天.利用抽屉原理,这 3 天中肯定有一天,至少有 3 个剧团在演出,这 3 个剧团必须在剩下的 2 天里互相观摩,由前面叙述,这是不可能的.

再证明,9 个剧团不能只演 4 天.首先,每个剧团至多演 3 天,因为连演 4 天,这个剧团就无法观摩其他剧团演出.另外,如果有一个剧团只演一天,那么,在这天,另外 8 个剧团必须在台下观摩,不能演出.在剩下的 3 天内,这 8 个剧团要互相观摩演出,由前面叙述,这不可能.如果有一个剧团演出 3 天,那么,在剩下的 1 天内,另外 8 个剧团必须全部演出,让这个剧团观摩,那么在另外 3 天内,8 个剧团要互相观摩演出,这不可能.

因此,每个剧团必定只演 2 天,4 天内取 2 天,一共有 $C_4^2 = 6$ 种不同的取法.有 9 个剧团,必有 2 个剧团在相同的 2 天内演出,这 2 个剧团无法互相观摩,矛盾.

有了上面叙述,可以容易地解答本题了.

如果有 k 个剧团只演一场,这里 k 是非负整数,$12-k$ 个剧团至少演两场,由于 k 个剧团只演一场,那么,这 k 个剧团必须在不同的 k 天分别演出,这表明 $0 \leqslant k \leqslant 7$,其他 $12-k$ 在这 k 天只能当观众.于是,这 $12-k$ 个剧团必须在剩下的 $7-k$ 天互相观摩演出.$k=7, k=6$ 显然不可能.当 $k=5$ 时,7 个剧团必须在 2 天内互相观摩演出.当 $k=4$ 时,8 个剧团必须在 3 天内互相观摩演出.当 $k=3$ 时,9 个剧团必须在 4 天内互相观摩演出.由前面叙述,这些情况皆不可能.因此,只有 $k \leqslant 2$.由于 k 个剧团只演一场,$12-k$ 个剧团至少演两场,总共至少演出 $k+2(12-k)=24-k \geqslant 22$ 场,用 $A_1, A_2, \cdots, A_{12}$ 表示 12 个剧团.用 $A_7 = \{4, 5\}$ 表示第 7 个剧团在第 4 天,第 5 天分别演一场情况.其余表示意义类似.请看下例.

$A_1 = \{1\}, A_2\{2\}, A_3 = \{3,4\}, A_4 = \{3,5\}, A_5 = \{3,6\}, A_6 = \{3,7\}, A_7 = \{4,5\}, A_8 = \{4,6\},$
$A_9 = \{4,7\}, A_{10} = \{5,6\}, A_{11} = \{5,7\}, A_{12} = \{6,7\}.$

上面这例满足题目要求.本题最少要演 22 场.

三、已给空间中九点,其中任何四点不共面,在这九点间连接若干条线段,使图中不存在四面体,问图中最多有多少个三角形?

解:先证明一个引理.

引理 在一个 n 个点的图中不存在三角形,则连线段总数不超过 $\left[\dfrac{n^2}{4}\right]$ 条.

证明:记这 n 个点为 $A_1,A_2,\cdots,A_n$(当然无三点共线),不妨设从点 A_1 引出的线段数最多.共有 k 条线段 $A_1A_n,A_1A_{n-1},\cdots,A_1A_{n-k+1}$,适当调整下标,能做到这点.由于图中无三角形,$A_{n-k+1},\cdots,A_{n-1},A_n$ 这 k 个点之间无线段相连.从而图中每条线段至少有一个端点为 $A_1,A_2,\cdots,A_{n-k}$ 中点,以 $A_j(1\leqslant j\leqslant n-k)$ 点为一个端点的线段至多 k 条.那么,图中线段总数记为 M,

$$M \leqslant k(n-k) \leqslant \left(\dfrac{k+(n-k)}{2}\right)^2 = \dfrac{n^2}{4} \tag{6.2.210}$$

由于 M 是一个正整数,则

$$M \leqslant \left[\dfrac{n^2}{4}\right] \tag{6.2.211}$$

引理结论成立.

现在我们证明,如果这图中至少有 28 个三角形,那么必有一个四面体.

用反证法,如果无一个四面体,不妨设这九点是 $A_1,A_2,\cdots,A_9$.先证明必有一点,为至少 10 个三角形的顶点.也用反证法,假设每个点 $A_j(1\leqslant j\leqslant 9)$ 至多是 9 个三角形的顶点.那么三角形的顶点数,允许重复计数,一共至多有 $9\times 9=81$ 个.现在至少有 28 个三角形,至少有 $3\times 28=84$ 个顶点(也允许重复计数),矛盾.

不妨设点 A_1 为至少 10 个三角形的顶点,设从点 A_1 至少引出 k 条线段,在 k 条线段中任取两条,可能是一个三角形的两条边.由于 $C_4^2=6<10$,则 $k\geqslant 5$.由于一共只有 9 点,则 $k\leqslant 8$.下面分情况讨论.

① 当 $k=5$ 时,不妨设从点 A_1 引出 5 条线段是 $A_1A_2,A_1A_3,\cdots,A_1A_6$.由于不存在四面体,则 5 点 $A_2,A_3,\cdots,A_6$ 中没有三角形.利用引理,这 5 点组成的子图中至多有 $\left[\dfrac{25}{4}\right]=6$ 条线段,即以 A_1 为顶点的三角形至多有 6 个,矛盾.

② 当 $k=6$ 时,不妨设从点 A_1 引出的 6 条线段是 $A_1A_2,A_1A_3,\cdots,A_1A_7$.由于不存在四面体,则 6 点 $A_2,A_3,\cdots,A_7$ 中没有三角形.利用引理,这 6 点组成的子图中至多有 $\left[\dfrac{36}{4}\right]=9$ 条线段,即以点 A_1 为顶点的三角形至多有 9 个,矛盾.

③ 当 $k=7$ 时,不妨设从点 A_1 引出的 7 条线段是 $A_1A_2,A_1A_3,\cdots,A_1A_8$,类似①和②,可以知道以 $A_2,A_3,\cdots,A_8$ 这 7 个点构成的子图中没有三角形,线段总数不超过 $\left[\dfrac{49}{4}\right]=12$ 个,明显地,不以点 A_1 为顶点的三角形必以点 A_9 为一个顶点,以 A_9 为顶点的三角形也至多有 12 个,那么三角形总数不超过 $12+12=24$ 个,小于 28 个,矛盾.

④ 当 $k=8$ 时,从点 A_1 引出 8 条线段 $A_1A_2,A_1A_3,\cdots,A_1A_9$,此时 $A_2,A_3,\cdots,A_9$ 这 8 个点构成的子图中没有三角形.由引理,其线段总数不超过 $\left[\dfrac{64}{4}\right]=16$ 条,从而原图中至多有 16 个三角形,也矛盾.

综上所述,我们得到,如果九点的图中无四面体,则至多有 27 个三角形.

将九点 $A_1,A_2,\cdots,A_9$ 分成三组:$\{A_1,A_2,A_3\},\{A_4,A_5,A_6\},\{A_7,A_8,A_9\}$,同组中两点不连线段,不同组中任两点都连一条线段,从而有 $3\times 3\times 3=27$ 个三角形,无一个四面体.

综上所述,本题答案是 27.

注：这里给出了本题的一个直接证明，有兴趣的读者可以将 4.2 节例 6 中的著名定理与本题结合起来，化简证明和推广本题，将 9 改为一般正整数 n.

第八次测验

(1994 年 3 月 19 日上午 8：30～11：30   夏兴国供题)

一、设 n 是一个给定正整数，求所有连续函数 $f(x)$，使得 $C_n^0 f(x) + C_n^1 f(x^2) + C_n^2 f(x^{2^2}) + \cdots + C_n^{n-1} f(x^{2^{n-1}}) + C_n^n f(x^{2^n}) = 0$，并证明你的结论，这里 x 是实数.

解：对 n 用数学归纳法，当 $n=1$ 时，题目条件告诉我们
$$f(x) + f(x^2) = 0 \tag{6.2.212}$$
先取 $x=0$，再取 $x=1$，有
$$f(0) = 0, \quad f(1) = 0 \tag{6.2.213}$$
在等式 (6.2.212) 中用 x^2 代替 x，有
$$f(x^2) + f(x^4) = 0, \quad 则 \quad f(x^4) = f(x) \tag{6.2.214}$$
不断地利用上式中后一个等式，对于任意正整数 m，有
$$f(x^{4^m}) = f(x) \tag{6.2.215}$$
令 $x = y^{\frac{1}{4^m}}$，再利用上式，有
$$f(y) = f(y^{\frac{1}{4^m}}) \tag{6.2.216}$$
这里 y 是任意正实数. 在上式中，对于任意固定正实数 y，令 $m \to \infty$，利用 f 是连续函数，有
$$f(y) = \lim_{n \to \infty} f(y^{\frac{1}{4^m}}) = f(\lim_{n \to \infty} y^{\frac{1}{4^m}}) = f(1) = 0 \text{（利用公式 (6.2.213)）} \tag{6.2.217}$$
当实数 $x < 0$ 时，利用公式 (6.2.212)，有
$$f(x) = -f(x^2) = 0 \tag{6.2.218}$$
于是，当 $n=1$ 时，$f(x)$ 必恒等于零. 设当 $n=k$ 时，这里 k 是某个正整数. 满足题目条件的 $f(x)$ 恒等于零. 考虑 $n=k+1$ 情况，利用题目条件，有
$$C_{k+1}^0 f(x) + C_{k+1}^1 f(x^2) + C_{k+1}^2 f(x^{2^2}) + \cdots + C_{k+1}^k f(x^{2^k}) + C_{k+1}^{k+1} f(x^{2^{k+1}}) = 0 \tag{6.2.219}$$
利用组合公式
$$C_{k+1}^j = C_k^j + C_k^{j-1}, \quad 这里 \; j = 1, 2, \cdots, k \tag{6.2.220}$$
$$[C_k^0 f(x) + C_k^1 f(x^2) + C_k^2 f(x^{2^2}) + \cdots + C_k^k f(x^{2^k})] +$$
$$[C_k^0 f(x^2) + C_k^1 f(x^{2^2}) + \cdots + C_k^{k-1} f(x^{2^k}) + C_k^k f(x^{2^{k+1}})] = 0 \tag{6.2.221}$$
令
$$g(x) = C_k^0 f(x) + C_k^1 f(x^2) + C_k^2 f(x^{2^2}) + \cdots + C_k^k f(x^{2^k}) \tag{6.2.222}$$
利用上二式，有
$$g(x) + g(x^2) = 0 \tag{6.2.223}$$
由于 $f(x)$ 是连续函数，则 $g(x)$ 也是连续函数. 利用 $n=1$ 时的证明，知道 $g(x)$ 必恒等于零. 再利用公式 (6.2.222) 和归纳法假设，知道 $f(x)$ 必恒等于零.

于是，满足题目条件的 $f(x)$ 必恒等于零.

二、设 a, b 是正奇数，定义数列 $\{f_n\}$ 如下：$f_1 = a, f_2 = b$；当正整数 $n \geq 3$ 时，f_n 为 $f_{n-1} + f_{n-2}$ 的最大奇因子. 试证明：当 n 充分大时，f_n 为常数. 并指出这个常数是什么？

解：当 $a = b$ 时，f_3 等于 $2a$ 的最大奇因子，则 $f_3 = a$. 由此，容易得到所有 $f_n = a$.

当 $a \neq b$ 时，如果 $\{f_n \mid n \in \mathbf{N}^+\}$ 内任意相邻两项 f_n, f_{n+1} 不相等，由于都是正奇数，则有

$f_n + f_{n+1} = 2t, t \in \mathbf{N}^+$. 从而,有
$$f_{n+2} \leqslant t = \frac{1}{2}(f_n + f_{n+1}) < \max(f_n, f_{n+1}) \tag{6.2.224}$$
因此,如果数列 $\{f_n \mid n \in \mathbf{N}^+\}$ 内任意相邻两项不相等,利用不等式(6.2.224),有
$$f_{n+3} < \max(f_{n+1}, f_{n+2}) \tag{6.2.225}$$
利用不等式(6.2.224)和(6.2.225),有
$$\max(f_{n+2}, f_{n+3}) < \max(f_n, f_{n+1}) \tag{6.2.226}$$
上式中 n 是任意正整数,这样,我们有一个无限下降的正整数数列,这显然不可能. 于是,必有一个正整数 k,使得
$$f_k = f_{k+1} \tag{6.2.227}$$
于是,利用题目条件,有 $f_{k+2} = f_k$,容易明白,对于任意大于等于 k 的正整数 n,必有
$$f_n = f_k \tag{6.2.228}$$
换言之,当 n 充分大时,f_n 是常数. 设此常数为 m. 由于对于任意正整数 n,有
$$f_n + f_{n+1} = 2^\alpha f_{n+2}, \quad \alpha \in \mathbf{N}^+ \tag{6.2.229}$$
f_n, f_{n+1}, f_{n+2} 皆是奇数,因而,有
$$(f_n, f_{n+1}) = (f_{n+1}, f_{n+2}) \tag{6.2.230}$$
这表明数列 $\{f_n \mid n \in \mathbf{N}^+\}$ 中任意相邻两项的最大公约数相同. 于是,有
$$m = (a, b) \tag{6.2.231}$$
即所求常数是 a, b 的最大公约数.

三、复数 $z = x + \mathrm{i}y(x, y$ 为实数$)$,$P(z)$ 表示平面上的点 (x, y). 若 z_1, z_2, z_3, z_4, z_5 都是非零复数,且

(1) $P(z_1), P(z_2), P(z_3), P(z_4), P(z_5)$,是凸五边形 Q 的顶点,原点在 Q 内部;

(2) $P(\alpha z_1), P(\alpha z_2), P(\alpha z_3), P(\alpha z_4), P(\alpha z_5)$ 都在 Q 内,$\alpha = p + \mathrm{i}q$,其中 p 和 q 都是实数.

求证: $p + q\tan\dfrac{\pi}{5} \leqslant 1$.

证明: 先考虑一个与本题有关的极值问题.

设正整数 $n \geqslant 3, A_1 A_2 \cdots A_n$ 是平面内一个凸 n 边形(图 6.13),P 是这凸 n 边形内部一点. 求
$$\max_{\text{任意凸}n\text{边形}} \min_{\text{一个凸}n\text{边形}} (\angle PA_1A_2, \angle PA_2A_3, \angle PA_3A_4, \cdots, \angle PA_{n-1}A_n, \angle PA_nA_1)$$
记
$$\angle PA_kA_{k+1} = \theta_k, \quad 1 \leqslant k \leqslant n, A_{n+1} = A_1 \tag{6.2.232}$$
$\theta_k \in (0, \pi)$,利用三角形的正弦定理,有

$$\left.\begin{aligned}\frac{PA_1}{PA_2} &= \frac{\sin(A_2 - \theta_2)}{\sin\theta_1} \\ \frac{PA_2}{PA_3} &= \frac{\sin(A_3 - \theta_3)}{\sin\theta_2} \\ &\cdots\cdots \\ \frac{PA_n}{PA_1} &= \frac{\sin(A_1 - \theta_1)}{\sin\theta_n}\end{aligned}\right\} \tag{6.2.233}$$

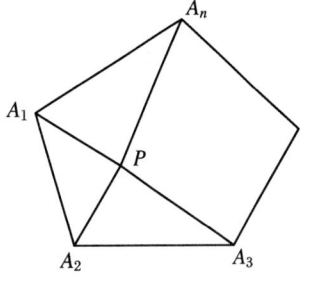

图 6.13

记
$$\theta = \min(\theta_1, \theta_2, \cdots, \theta_n) \tag{6.2.234}$$
将公式(6.2.233)中全部 n 个等式相乘,有
$$1 = \frac{\sin(A_1 - \theta_1)}{\sin\theta_1} \frac{\sin(A_2 - \theta_2)}{\sin\theta_2} \cdots \frac{\sin(A_n - \theta_n)}{\sin\theta_n} \tag{6.2.235}$$

另外,可以看到

$$\frac{\sin(A_k - \theta_k)}{\sin \theta_k} = \sin A_k \cot \theta_k - \cos A_k \leqslant \sin A_k \cot \theta - \cos A_k = \frac{\sin(A_k - \theta)}{\sin \theta} \tag{6.2.236}$$

这里 $k \in \{1,2,\cdots,n\}$,利用公式(6.2.234),以及余切函数在 $(0,\pi)$ 内是单调递降的. 利用上二式,有

$$1 \leqslant \frac{\sin(A_1 - \theta)}{\sin \theta} \frac{\sin(A_2 - \theta)}{\sin \theta} \cdots \frac{\sin(A_n - \theta)}{\sin \theta} \tag{6.2.237}$$

利用上式,两端开 n 次方,有

$$\begin{aligned}
\sin \theta &\leqslant \sqrt[n]{\sin(A_1 - \theta)\sin(A_2 - \theta)\cdots\sin(A_n - \theta)} \\
&\leqslant \frac{1}{n}[\sin(A_1 - \theta) + \sin(A_2 - \theta) + \cdots + \sin(A_n - \theta)] (\text{利用 } G_n \leqslant A_n) \\
&\leqslant \sin \frac{1}{n}\left(\sum_{k=1}^n (A_k - \theta)\right) (\text{利用 } f(x) = -\sin x \text{ 是}[0,\pi] \text{ 内一个凸函数}) \\
&= \sin\left(\frac{(n-2)\pi}{n} - \theta\right) = \sin\left(\frac{2\pi}{n} + \theta\right)
\end{aligned} \tag{6.2.238}$$

展开上式右端,有

$$\sin \theta \leqslant \sin \frac{2\pi}{n} \cos \theta + \cos \frac{2\pi}{n} \sin \theta \tag{6.2.239}$$

整理上式,有

$$\tan \theta \leqslant \tan\left(\frac{\pi}{2} - \frac{\pi}{n}\right) \tag{6.2.240}$$

利用正切函数在 $\left(0, \frac{\pi}{2}\right)$ 内是单调递增函数,有

$$\theta \leqslant \left(\frac{1}{2} - \frac{1}{n}\right)\pi \tag{6.2.241}$$

所求最大值是 $\left(\frac{1}{2} - \frac{1}{n}\right)\pi$. 例如取 $A_1 A_2 \cdots A_n$ 是正 n 边形,点 P 是中心点,就达到这最大值.

特别当 $n = 5$ 时,不等式(6.2.241)的右端是 $\frac{3\pi}{10}$. 即平面内任一个凸五边形,点 P 是其内部一点,$\angle PA_1A_2, \angle PA_2A_3, \angle PA_3A_4, \angle PA_4A_5, \angle PA_5A_1$ 中必有一个角小于等于 $\frac{3\pi}{10}$.

下面我们来解本题.

设距原点 O 最远的一个凸五边形 Q 的顶点为 $P(z_i)$,则 Q 的内部任意一点到 O 的距离均不超过 $OP(z_i)$,于是,再利用题目条件,有

$$OP(\alpha z_i) < OP(z_i) \tag{6.2.242}$$

由此推出 α 的模长 $|\alpha| \leqslant 1$,当 $q \leqslant 0$ 时,有

$$p + q\tan\frac{\pi}{5} \leqslant p \leqslant \sqrt{p^2 + q^2} = |\alpha| \leqslant 1 \tag{6.2.243}$$

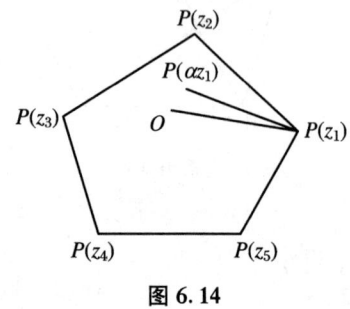

图 6.14

下面考虑 $q > 0$ 的情况. 由前面叙述,不妨设 $\theta_1 = \angle PA_1A_2 \leqslant \frac{3\pi}{10}$. 因为 $q > 0$,复数 αz_1 的幅角大于 z_1 的幅角. 又 $P(\alpha z_1)$ 在 Q 内部(图 6.14). 这表明点 $P(\alpha z_1)$ 在 $\angle OP(z_1)$

$P(z_2)$ 内部,于是,有

$$\angle P(\alpha z_1)P(z_1)O \leqslant \theta_1 \leqslant \frac{3\pi}{10} \tag{6.2.244}$$

注意本题开始部分叙述的 P 取原点 O,即设 $\angle OP(z_1)P(z_2) \leqslant \frac{3\pi}{10}$,这里 A_i 即点 $P(z_i)$,$1 \leqslant i \leqslant 5$.

向量 $P(z_1)O$ 与向量 $P(z_1)P(\alpha z_1)$ 分别代表复数 $-z_1$,$(\alpha-1)z_1$,从而复数 $\dfrac{-z_1}{(\alpha-1)z_1}$ 的幅角 $\arg\left(\dfrac{-z_1}{(\alpha-1)z_1}\right)$(即 $\angle P(\alpha z_1)P(z_1)O$)小于等于 $\dfrac{3\pi}{10}$.另外,可以看到

$$\frac{-z_1}{(\alpha-1)z_1} = \frac{1}{1-\alpha} = \frac{1}{1-p-q\mathrm{i}} = \frac{(1-p)+q\mathrm{i}}{(1-p)^2+q^2} \tag{6.2.245}$$

于是,有

$$\arg\left(\frac{(1-p)+q\mathrm{i}}{(1-p)^2+q^2}\right) \leqslant \frac{3\pi}{10} \tag{6.2.246}$$

这导致

$$\frac{q}{1-p} \leqslant \tan\frac{3\pi}{10} \tag{6.2.247}$$

利用 $|\alpha| \leqslant 1$ 及 $q>0$,有 $|p|<1$.利用上式,有

$$p\tan\frac{3\pi}{10} + q \leqslant \tan\frac{3\pi}{10} \tag{6.2.248}$$

上式两端同乘以 $\cot\dfrac{3\pi}{10}$,再利用 $\cot\dfrac{3\pi}{10} = \tan\dfrac{\pi}{5}$,题目中不等式成立.

第九次测验

(1994年3月20日上午8:30~11:30 过伯祥供题)

一、$\triangle FDE$ 是 $\triangle ABC$ 的内接相似三角形,F 在 AB 边上,D、E 分别在 BC、CA 边上,$\angle F = \angle A$,$\angle D = \angle B$.

(1) 试说明这种构图存在的可能性.并正确画出一个 $\triangle ABC$ 的内接相似 $\triangle FDE$(不必写作法).

(2) 求证这种构图中存在这样一点 O,绕着点 O 把 $\triangle FDE$ 旋转一个适当角度到 $\triangle F'D'E'$ 的位置,这时点 F'、D'、E' 分别在射线 OA、OB、OC 上,且 $F'D' \parallel AB$,$D'E' \parallel BC$,$E'F' \parallel CA$(图 6.15).找出这样一点 O,并证明之.

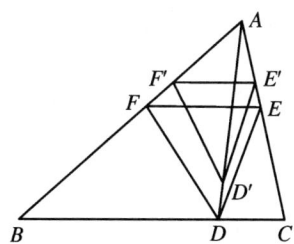 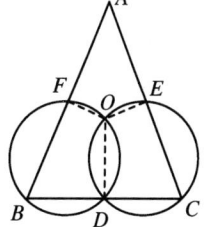

图 6.15

解:(1) 我们在 AB、AC 上取点 F'、E',再取点 D',使得 $\angle D'F'E' = \angle A$, $\angle D'E'F' = \angle C$,连接 AD',并延长交 BC 于点 D,过点 D 分别作 $D'F'$,$D'E'$ 的平行线,交 AB、AC 于点 F、E,于是,可以看到

$$\frac{AF'}{AF} = \frac{AD'}{AD} = \frac{AE'}{AE} \qquad (6.2.249)$$

有

$$EF \parallel E'F', \quad \triangle DEF \sim \triangle D'E'F' \qquad (6.2.250)$$

从而 $\triangle FDE$ 是 $\triangle ABC$ 的一个内接相似三角形.

(2) 由于

$$\angle EDF = \angle B < \angle B + \angle C \qquad (6.2.251)$$

从而 $\triangle BDF$ 的外接圆与 $\triangle CDE$ 的外接圆不会在点 D 相切. 因为如果这两个外接圆在点 D 相切,则过点 D 作这两个圆的公切线 DT,有

$$\angle C + \angle B = \angle EDT + \angle FDT = \angle EDF \qquad (6.2.252)$$

上式与不等式(6.2.251)是矛盾的. 于是,这两个外接圆必相交,设 O 是另一个交点,连结 AO、BO、CO、DO、EO 和 FO,可以看到

$$\angle FAE + \angle FOE = \angle BAC + (2\pi - \angle FOD - \angle EOD) = \angle BAC + \angle FBD + \angle ECD = \pi$$
$$(6.2.253)$$

这表明点 O 在 $\triangle FAE$ 的外接圆上.

因为 O、A、E、F 四点共圆,有

$$\angle OFE = \angle OAE \qquad (6.2.254)$$

又 E、O、D、C 四点共圆,有

$$\angle OED = \angle OCD \qquad (6.2.255)$$

类似地,有

$$\angle ODF = \angle OBF, \quad \angle DFE = \angle BAC, \quad \angle DEF = \angle ACB, \quad \angle EDF = \angle ABC$$
$$(6.2.256)$$

从而可以看到

$$\angle OFD = \angle DFE - \angle OFE = \angle BAC - \angle OAE = \angle OAB \qquad (6.2.257)$$
$$\angle OEF = \angle DEF - \angle OED = \angle ACB - \angle OCD = \angle OCA \qquad (6.2.258)$$
$$\angle ODE = \angle EDF - \angle ODF = \angle ABC - \angle OBF = \angle OBC \qquad (6.2.259)$$

利用上面叙述,有

$$\triangle OFE \sim \triangle OAC(\text{利用公式}(6.2.258) \text{及} \angle OFE = \angle OAC) \qquad (6.2.260)$$
$$\triangle OED \sim \triangle OCB(\text{利用公式}(6.2.259) \text{及} \angle OED = \angle OCB) \qquad (6.2.261)$$
$$\triangle ODF \sim \triangle OBA(\text{利用公式}(6.2.257) \text{及} \angle ODF = \angle OBA) \qquad (6.2.262)$$

将 $\triangle DEF$ 绕着点 O 顺时针旋转角 α,这里 $\alpha = \angle FOA$,旋转后的三角形记为 $\triangle D'E'F'$. 点 F 旋转后为点 F',F' 在射线 OA 上,利用公式(6.2.260),有

$$\angle FOE = \angle AOC \qquad (6.2.263)$$

点 E 旋转后为点 E',点 E' 必在射线 OC 上. 类似地,点 D' 必在射线 OB 上. 而且很容易看出

$$F'D' \parallel AB, \quad D'E' \parallel BC, \quad E'F' \parallel CA \qquad (6.2.264)$$

二、A、B 为两条定直线 AX、BY 上的定点,P、R 为射线 AX 上的两点,Q、S 为射线 BY 上两点,$\frac{AP}{BQ} = \frac{AR}{BS} = \frac{a}{b}$ 为定比. M、N、T 分别为线段 AB、PQ、RS 上的点,$\frac{AM}{MB} = \frac{PN}{NQ} = \frac{RT}{TS} = \frac{e}{f}$ 为另一定义(图6.16).问 M、N、T 三点的位置关系如何?证明你的结论.

解:建立平面直角坐标系,用(x_A, y_A)表示点A的坐标,(x_B, y_B)表示点B的坐标等等.

利用题目条件,有

$$\frac{AR}{AP} = \frac{BS}{BQ} = u \qquad (6.2.265)$$

再设

$$x_P = x_A + a_1, \quad y_P = y_A + b_1, \quad x_Q = x_B + a_2, \quad y_Q = y_B + b_2 \qquad (6.2.266)$$

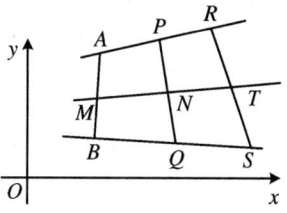

图 6.16

利用上面叙述,有

$$AR = uAP, \quad BS = uBQ \qquad (6.2.267)$$

以及

$$\left.\begin{array}{l} x_R - x_A = u(x_P - x_A), \quad y_R - y_A = u(y_P - y_A) \\ x_S - x_B = u(x_Q - x_B), \quad y_S - y_B = u(y_Q - y_B) \end{array}\right\} \qquad (6.2.268)$$

从而可以得到

$$x_R = x_A + ua_1, \quad y_R = y_A + ub_1, \quad x_S = x_B + ua_2, \quad y_S = y_B + ub_2 \qquad (6.2.269)$$

利用题目条件,又可以知道

$$\left.\begin{array}{l} x_M = \dfrac{fx_A + ex_B}{e + f}, \quad y_M = \dfrac{fy_A + ey_B}{e + f} \\[2mm] x_N = \dfrac{fx_P + ex_Q}{e + f}, \quad y_N = \dfrac{fy_P + ey_Q}{e + f} \\[2mm] x_T = \dfrac{fx_R + ex_S}{e + f}, \quad y_T = \dfrac{fy_R + ey_S}{e + f} \end{array}\right\} \qquad (6.2.270)$$

利用公式(6.2.266),(6.2.269)和(6.2.270),有

$$\frac{y_T - y_M}{y_N - y_M} = \frac{f(y_R - y_A) + e(y_S - y_B)}{f(y_P - y_A) + e(y_Q - y_B)} = u \qquad (6.2.271)$$

类似地,有

$$\frac{x_T - x_M}{x_N - x_M} = u \qquad (6.2.272)$$

公式(6.2.271)和(6.2.272)表明M、N、T三点在同一条直线上.

三、$r_1, r_2(r_1 < r_2)$为已知的相离两圆的半径,小圆圆心为O_1,大圆圆心为O_2,它们的内、外公切线分别与连心线O_1O_2相交于R、S两点.在线段RS上取一点C,使得C在小圆的外部,过点C引小圆的两条切线,与以RS为直径的圆交于四点,其中P_1、P_2为直线RS同侧的两点.求证:直线P_1P_2为大圆的切线.

证明:我们知道相离两圆的内公切线交点R,外公切线交点S都在连心线O_1O_2上,而且利用两对直角三角形相似,有

$$\frac{RO_1}{RO_2} = \frac{r_1}{r_2} = \frac{SO_1}{SO_2} \qquad (6.2.273)$$

下面用解析几何证明,满足

$$\frac{PO_1}{PO_2} = \frac{r_1}{r_2} \qquad (6.2.274)$$

的动点P在一个圆周上,这圆的一条直径在连心线O_1O_2(直线)上.

取直线O_1O_2为x轴,线段O_1O_2的中点为坐标原点.设点O_1的坐标为$(-a, 0)$,点O_2的坐标为$(a, 0)$,这里a是正常数.设动点P的坐标为(x, y),那么,有

$$(PO_1)^2 = (x + a)^2 + y^2, \quad (PO_2)^2 = (x - a)^2 + y^2 \qquad (6.2.275)$$

利用公式(6.2.274)和(6.2.275),有
$$0 = r_2^2[(x+a)^2 + y^2] - r_1^2[(x-a)^2 + y^2]$$
$$= (r_2^2 - r_1^2)\left[x + \frac{a(r_1^2 + r_2^2)}{r_2^2 - r_1^2}\right]^2 + (r_2^2 - r_1^2)y^2 - \frac{4a^2 r_1^2 r_2^2}{r_2^2 - r_1^2} \quad (6.2.276)$$

利用上式,知道点 P 的坐标 (x,y) 满足下述方程
$$\left[x + \frac{a(r_1^2 + r_2^2)}{r_2^2 - r_1^2}\right]^2 + y^2 = \frac{4a^2 r_1^2 r_2^2}{(r_2^2 - r_1^2)^2} \quad (6.2.277)$$

上述方程是一个圆方程,圆心坐标是 $\left(-\frac{a(r_1^2 + r_2^2)}{r_2^2 - r_1^2}, 0\right)$,圆心在 x 轴上,即在连心线 $O_1 O_2$(直线)上,这圆半径是 $\frac{2ar_1 r_2}{r_2^2 - r_1^2}$.把上面过程逆推,可以看出,这满足方程(6.2.277)的点 $P(x,y)$ 必满足公式(6.2.274),这圆称为 Apollonius 圆.

此圆与连心线 $O_1 O_2$(直线)相交于两点,这两点是连心线(直线)上满足公式(6.2.274)的仅有的两点.由于公式(6.2.273),R,S 两点在此 Apollonius 圆上.于是,线段 RS 是该圆的一条直径.现在,我们知道,题目中以 RS 为直径的圆即为上述 Apollonius 圆.于是,有
$$\frac{P_2 O_1}{P_2 O_2} = \frac{r_1}{r_2} \quad (6.2.278)$$

连结 $P_1 P_2$,并且过点 P_2 作大圆的切线 $P_2 E$,点 D 是过点 C 的小圆的切线与小圆的切点.由于
$$\frac{P_2 O_1}{P_2 O_2} = \frac{r_1}{r_2} = \frac{O_1 D}{O_2 E} \quad (6.2.279)$$

这里点 E 在大圆上,又知道(见图6.17)
$$\angle O_1 D P_2 = \frac{\pi}{2} = \angle O_2 E P_2 \quad (6.2.280)$$

从而有
$$\text{Rt}\triangle O_1 D P_2 \sim \text{Rt}\triangle O_2 E P_2 \quad (6.2.281)$$

利用上式,有
$$\angle O_1 P_2 D = \angle O_2 P_2 E \quad (6.2.282)$$

因为
$$\frac{P_2 O_1}{P_2 O_2} = \frac{r_1}{r_2} = \frac{RO_1}{RO_2} \quad (6.2.283)$$

所以 $P_2 R$ 是 $\angle O_1 P_2 O_2$ 的内角平分线.因而,有
$$\angle O_1 P_2 R = \angle O_2 P_2 R \quad (6.2.284)$$

利用图形关于连心线是对称的,有(见图6.17)
$$\angle P_3 P_2 S = \angle P_1 P_2 S \quad (6.2.285)$$

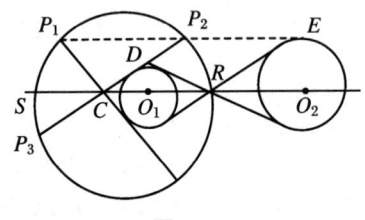

图 6.17

于是,可以看到
$$\angle P_1 P_2 S + \angle P_3 P_2 S + \angle O_1 P_2 D + \angle O_1 P_2 R + \angle O_2 P_2 R + \angle O_2 P_2 E$$
$$= 2(\angle P_3 P_2 S + \angle O_1 P_2 D + \angle O_1 P_2 R)(\text{利用公式}(6.2.282),(6.2.284) \text{ 和}(6.2.285))$$
$$= 2\angle RP_2 S = \pi \quad (6.2.286)$$

于是,P_1, P_2, E 三点在同一条直线上,直线 $P_1 P_2$ 是大圆的切线.

6.3　1994年国家数学集训队选拔考试题目及解答

第一次考试
(1994年3月25日上午8∶00~12∶30)

一、求所有的由四个正整数 a,b,c,d 组成的数组,使数组中任意三个数的乘积除以剩下的一个数的余数都是1.(中国科技大学李尚志供题)

解:由于 bcd 除以 a 余1,则 $a \geq 2$,并且可以写

$$bcd = sa + 1 \tag{6.3.1}$$

这里 s 是正整数.由上式知道 a 与 b,c,d 中任一个都互素(即互质).同理可知 b,c,d 都大于等于2,而且 a,b,c,d 两两不同且两两互素.

不妨设 $2 \leq a < b < c < d$,由题目条件知道 $abc + abd + acd + bcd - 1$ 能分别被 a,b,c,d 整除,利用前面叙述,有正整数 k,满足

$$abc + abd + acd + bcd - 1 = kabcd \tag{6.3.2}$$

上式两端除以 $abcd$,有

$$\frac{1}{d} + \frac{1}{c} + \frac{1}{b} + \frac{1}{a} = k + \frac{1}{abcd} \tag{6.3.3}$$

由于 $a < b < c < d$,再利用上式,有

$$\frac{4}{a} > k \tag{6.3.4}$$

又由于 $a \geq 2$,则必有

$$k = 1, \quad a = 2 \quad 或 \quad a = 3 \tag{6.3.5}$$

当 $a = 3$ 时,必有 $b \geq 4, c \geq 5, d \geq 6$.如果 $d = 6$,则只有 $b = 4, c = 5, b, d$ 不互素,矛盾,则 $d \geq 7$.于是,我们发现

$$\frac{1}{a} + \frac{1}{b} + \frac{1}{c} + \frac{1}{d} \leq \frac{1}{3} + \frac{1}{4} + \frac{1}{5} + \frac{1}{7} < 1 \tag{6.3.6}$$

上式与公式(6.3.3)是矛盾的.因此,只有

$$a = 2 \tag{6.3.7}$$

这时候,方程(6.3.3)简化为

$$\frac{1}{b} + \frac{1}{c} + \frac{1}{d} = \frac{1}{2} + \frac{1}{2bcd} \tag{6.3.8}$$

这里 $3 \leq b < c < d$,由于 a,d 是互质的,有 $d \geq 7$.利用公式(6.3.8),有

$$\frac{3}{b} > \frac{1}{2}, \quad b = 3 \quad 或 \quad b = 5 \tag{6.3.9}$$

注意 a 与 b 是互质的,b 必为奇数.

当 $b = 5$ 时,利用 c,d 都与 a 互质,c,d 也都是奇数,有 $c \geq 7$ 和 $d \geq 9$.于是,可以看到

$$\frac{1}{b} + \frac{1}{c} + \frac{1}{d} \leq \frac{1}{5} + \frac{1}{7} + \frac{1}{9} = \frac{143}{315} < \frac{1}{2} \tag{6.3.10}$$

上式与方程(6.3.8)矛盾.因此,只有

$$b = 3 \tag{6.3.11}$$

且 $c \geq 5, d \geq 7$. 利用上式与方程(6.3.8),有

$$\frac{1}{c} + \frac{1}{d} = \frac{1}{6} + \frac{1}{6cd} \tag{6.3.12}$$

从上式,立即有

$$\frac{2}{c} > \frac{1}{6}, \quad 即 \quad c \leq 11 \tag{6.3.13}$$

利用方程(6.3.12),有

$$d = 6 + \frac{35}{c-6} \tag{6.3.14}$$

从而 35 必是 $c-6$ 的整数倍. 又 $d \geq 7$, 及不等式(6.3.13),只有下述两种可能
$$c = 7 \quad 或 \quad c = 11 \tag{6.3.15}$$

当 $a < b < c < d$ 时, 读者容易验证
$$(a,b,c,d) = (2,3,7,41),(2,3,11,13) \tag{6.3.16}$$

满足题目要求. 将上式左、右两端视为集合,这就是本题的解集.

二、在 $n \times n$ 方格纸的每一方格中填入一个数,使得每一行和每一列都成等差数列,这样填好数的方格纸称为一个等差密码表. 如果知道了这等差密码表中某些方格中的数就能破译该密码表,则称这些方格的集合为一把钥匙. 该集合的格子数称为钥匙的长度.

(1) 求最小的正整数 s, 使得在 $n \times n$ 方格纸($n \geq 4$)中任取 s 个方格都组成一把钥匙.

(2) 求最小的正整数 t, 使得在 $n \times n$ 方格纸($n \geq 4$)两条对角线上任取 t 个方格都组成一把钥匙. (北京大学张筑生供题)

解:(1) 当 $s \leq 2n-1$ 时,在第一行与第一列中取 s 个方格,显然这 s 个方格不是一把钥匙.

下面证明当 $s = 2n(n \geq 4)$ 时,在 $n \times n$ 方格纸中任取 $2n$ 个方格都组成一把钥匙. $n \times n$ 方格纸共有 n 列,一定有两列存在,在这两列的每一列中,至少有两个方格. 由于是等差密码表,知道一列中两个数 $a_i, a_j (1 \leq i < j \leq n)$,则公差 $d = \frac{a_j - a_i}{j - i}$ 可以求出. 从而可以首先破译两列. 再考虑 n 行, 由于每行中已破译两数, 类似上述理由, 每行都能破译. 从而所求的最小正整数 $s = 2n$.

(2) 当 $t \leq n$ 时,在同一条对角线上取 t 个方格,显然无法破译这等差密码表. 当 $t = n+1$ 时,首先,这 $n+1$ 个方格位于 n 列中,必有一列至少有二个方格. 由于两条对角线与一列至多有两个公共方格. 因此,这列上只有二个方格. 从(1)的证明可以知道,能破译这列. 这 $n+1$ 个方格删除这二个方格,尚有 $n-1$ 个方格,不在已破译的这列中. 由于 $n-1 \geq 3$,有两种可能情况. 第一种情况,有一列有两个方格,那么这列也可以破译,于是有两列已破译,从而全方格纸能破译. 第二种情况, 在剩下的 $n-1$ 列中,每列只有一个方格, 那么考虑行, 由于两条对角线与每行至多有两个公共方格. 那么这 $n-1(\geq 3)$ 个方格至少位于两行上. 因此, 至少有两行, 每行都至少有两个方格数已知, 一方格数是原来的, 一方格数是已破译这列的. 类似(1)的证明, 这两行能破译出, 从而全密码表能破译出. 综上所述,满足题目条件的最小正整数 $t = n+1$.

三、求具有如下性质的最小正整数 n:把正 n 边形 S 的任何 5 个顶点染成红色时,总有 S 的一条对称轴 l, 使每一红点关于 l 的对称点都不是红点. (南开大学李成章供题)

解:当 $n \leq 5$ 时,题目要求显然不能满足. 当 $6 \leq n \leq 9$ 时,我们把 S 的相邻 5 个顶点染成红色,题目要求也不能满足. 下面分析 $n \geq 10$, 正 n 边形 $A_1 A_2 \cdots A_n$ 的对称轴, 当 $n = 2k (k \in \mathbf{N}^+)$ 时,有 $2k$ 条对称轴, 直线 $A_i A_{k+i} (i=1,2,\cdots,k)$ 和线段 $A_i A_{i+1} (i=1,2,\cdots,k)$ 的中垂线(即垂直平分线),当 $n = 2k+1 (k \in \mathbf{N}^+)$ 时,顶点 $A_i (1 \leq i \leq 2k+1)$ 与线段 $A_{k+i} A_{k+i+1}$ 的中点的连线是对称轴.

当 $n=10$ 时,把正十边形的顶点 A_1, A_2, A_4, A_6, A_7 染成红色,就不具备题目中所述的性质.记 $A_iA_{5+i}(i=1,2,\cdots,5)$ 的连线为 l_i,记线段 A_iA_{i+1} 的中垂线为 $l_{i+\frac{1}{2}}(i=1,2,\cdots,5)$.于是,这正十边形的全部对称轴为 $l_1, l_2, l_3, l_4, l_5, l_{\frac{3}{2}}, l_{\frac{5}{2}}, l_{\frac{7}{2}}, l_{\frac{9}{2}}, l_{\frac{11}{2}}$,一共 10 条.当 $i=1,2,4$ 时,l_i 映点 A_i 为点 A_i 自身,因此,l_1, l_2, l_4 不是题目中所要的对称轴. l_3 映点 A_2 为点 A_4,l_5 映点 A_4 为点 A_6,$l_{\frac{3}{2}}$ 映点 A_1 为点 A_2,$l_{\frac{5}{2}}$ 映点 A_1 为点 A_4,$l_{\frac{7}{2}}$ 映点 A_1 为点 A_6,$l_{\frac{9}{2}}$ 映点 A_2 为点 A_7,$l_{\frac{11}{2}}$ 映点 A_4 为点 A_7.所以,这正十边形中无一条对称轴满足题目要求.因此,正十边形不具备题目中性质.

当 $n=11$ 时,把正十一边形的顶点 A_1, A_2, A_4, A_6, A_7 染成红色,就不具备题目中所述的性质.顶点 $A_i(1\leq i\leq 11)$ 与线段 $A_{5+i}A_{6+i}$ 的中点的连线是对称轴.记为 l_i,对称轴 $l_i(i=1,2,4,6,7)$ 映点 A_i 为点 A_i 自身.l_3 映点 A_2 为点 A_4,l_5 映点 A_4 为点 A_6,l_8 映点 A_1 为点 A_4,l_9 映点 A_1 为点 A_6,l_{10} 映点 A_2 为点 A_7,l_{11} 映点 A_4 为点 A_7.因此,正十一边形不具备题目中性质.

完全类似地,当 $n=12$ 或 $n=13$ 时,如果把顶点 A_1, A_2, A_4, A_6, A_7 都染成红色,这些正 n 边形也不具备题目中性质.细节留给读者去证明.

因此,满足题目性质的 $n \geq 14$.

下面证明正十四边形具备题目中性质.正十四边形有 7 条对称轴是不通过顶点的.当下标 i 为奇数时,称顶点 A_i 为奇顶点.当下标 i 为偶数时,称顶点 A_i 为偶顶点.显然,每一条不通过顶点的对称轴使奇顶点与偶顶点互相对称.设 5 个红顶点中有 m 个奇顶点 $(0\leq m\leq 5)$,必有 $5-m$ 个偶顶点.染红色的奇顶点与染红色的偶顶点的连线的条数是

$$m(5-m) \leq \left(\frac{5}{2}\right)^2 < 7 \tag{6.3.17}$$

由于上式左端是整数,有

$$m(5-m) \leq 6 \tag{6.3.18}$$

这表明,红色的奇顶点与红色的偶顶点的连线段的中垂线最多只有 6 条,因此,至少还有一条不通过顶点的对称轴,使得任一红顶点的对称点都不是红点.

综上所述,满足题目性质的最小正整数 n 是 14.

第二次考试

(1994 年 3 月 26 日上午 8:00~12:30)

四、 已知 $5n$ 个实数 $r_i, s_i, t_i, u_i, v_i (1\leq i\leq n, n$ 是正整数$)$ 都大于 1,记 $R = \frac{1}{n}\sum_{i=1}^{n} r_i$, $S = \frac{1}{n}\sum_{i=1}^{n} s_i$, $T = \frac{1}{n}\sum_{i=1}^{n} t_i$, $U = \frac{1}{n}\sum_{i=1}^{n} u_i$, $V = \frac{1}{n}\sum_{i=1}^{n} v_i$. 求证:$\prod_{i=1}^{n}\left(\frac{r_is_it_iu_iv_i+1}{r_is_it_iu_iv_i-1}\right) \geq \left(\frac{RSTUV+1}{RSTUV-1}\right)^n$. (北京大学张筑生供题)

证明: 先建立一个引理.

引理 设 $x_1, x_2, \cdots, x_n$ 为 n 个大于 1 的正实数,$A = \sqrt[n]{x_1x_2\cdots x_n}$,则 $\prod_{i=1}^{n}\left(\frac{x_i+1}{x_i-1}\right) \geq \left(\frac{A+1}{A-1}\right)^n$.

引理的证明: 记

$$x_i = \max\{x_1, x_2, \cdots, x_n\}, \quad x_j = \min\{x_1, x_2, \cdots, x_n\} \tag{6.3.19}$$

则

$$x_i \geq A \geq x_j > 1 \tag{6.3.20}$$

首先我们证明

$$\frac{(x_i+1)(x_j+1)}{(x_i-1)(x_j-1)} \geq \left(\frac{A+1}{A-1}\right)\left(\frac{\frac{x_ix_j}{A}+1}{\frac{x_ix_j}{A}-1}\right) \tag{6.3.21}$$

由于

$$(x_i+1)(x_j+1)(A-1)(x_ix_j-A) - (x_i-1)(x_j-1)(A+1)(x_ix_j+A)$$
$$= (x_ix_j+x_i+x_j+1)(Ax_ix_j-x_ix_j-A^2+A)$$
$$\quad -(x_ix_j-x_i-x_j+1)(Ax_ix_j+x_ix_j+A^2+A)$$
$$= 2A(x_i+x_j)(x_ix_j+1) - 2(x_ix_j+1)(x_ix_j+A^2)$$
$$= 2(x_ix_j+1)(A-x_i)(x_j-A) \geq 0 \tag{6.3.22}$$

利用上式, 知道 $x_ix_j > A$ 和不等式(6.3.21)成立. 利用不等式(6.3.21), 有

$$\prod_{l=1}^{n}\left(\frac{x_l+1}{x_l-1}\right) \geq \prod_{l \neq i, l \neq j}\left(\frac{x_l+1}{x_l-1}\right)\left(\frac{\frac{x_ix_j}{A}+1}{\frac{x_ix_j}{A}-1}\right)\left(\frac{A+1}{A-1}\right) \tag{6.3.23}$$

再考虑 $n-1$ 个正实数, $n-2$ 个 x_l ($l \neq i$ 及 $l \neq j$) 和 $\frac{x_ix_j}{A}$, 这 $n-1$ 个正实数的几何平均值仍是 A, 不断利用上述方法, 至多经过 $n-1$ 步, 有

$$\prod_{l=1}^{n}\left(\frac{x_l+1}{x_l-1}\right) \geq \left(\frac{a+1}{a-1}\right)\left(\frac{A+1}{A-1}\right)^{n-1} \tag{6.3.24}$$

这里 a 是大于 1 的正实数, 且 a 的几何平均值是 A, 即 $a = A$. 于是引理得证.

现在给出本题的证明. 令

$$x_i = r_i s_i t_i u_i v_i, \quad 1 \leq i \leq n \tag{6.3.25}$$

由引理, 有

$$\prod_{i=1}^{n}\left(\frac{r_i s_i t_i u_i v_i + 1}{r_i s_i t_i u_i v_i - 1}\right) \geq \left(\frac{B+1}{B-1}\right)^n \tag{6.3.26}$$

这里

$$B = \sqrt[n]{x_1 x_2 \cdots x_n} = \sqrt[n]{\prod_{i=1}^{n}(r_i s_i t_i u_i v_i)} \tag{6.3.27}$$

显然 $B > 1$.

如果能证明

$$\frac{B+1}{B-1} \geq \frac{RSTUV+1}{RSTUV-1} \tag{6.3.28}$$

则本题结论成立. 由于

$$RSTUV = \left(\frac{1}{n}\sum_{i=1}^{n}r_i\right)\left(\frac{1}{n}\sum_{i=1}^{n}s_i\right)\left(\frac{1}{n}\sum_{i=1}^{n}t_i\right)\left(\frac{1}{n}\sum_{i=1}^{n}u_i\right)\left(\frac{1}{n}\sum_{i=1}^{n}v_i\right)$$
$$\geq \sqrt[n]{\prod_{i=1}^{n}r_i}\sqrt[n]{\prod_{i=1}^{n}s_i}\sqrt[n]{\prod_{i=1}^{n}t_i}\sqrt[n]{\prod_{i=1}^{n}u_i}\sqrt[n]{\prod_{i=1}^{n}v_i} = B \tag{6.3.29}$$

可以看到

$$(B+1)(RSTUV-1) - (B-1)(RSTUV+1) = 2(RSTUV-B) \geq 0 \tag{6.3.30}$$

从而不等式(6.3.28)成立.

五、p, q 是两个不同的素数, 正整数 $n \geq 3$, 求所有整数 a, 使得多项式 $f(x) = x^n + ax^{n-1} + pq$ 能够分解为两个不低于一次的整系数多项式的积. (复旦大学黄宣国供题)

解:设
$$f(x) = g(x)h(x) \tag{6.3.31}$$
这里
$$g(x) = a_l x^l + \cdots + a_1 x + a_0, \quad h(x) = b_m x^m + \cdots + b_1 x + b_0 \tag{6.3.32}$$
这里 l,m 都是正整数,$a_i(0 \leqslant i \leqslant l)$, $b_j(0 \leqslant j \leqslant m)$ 都是整数,a_l, b_m 都是非零整数.利用上面叙述,及题目条件,有
$$a_l = b_m = \pm 1 \tag{6.3.33}$$
不妨设 $a_l = b_m = 1$,如果 $a_l = b_m = -1$,可考虑 $f(x) = (-g(x))(-h(x))$.再比较公式 (6.3.31) 两端常数项系数,有
$$a_0 b_0 = pq \tag{6.3.34}$$
由于 p,q 是两个不同的素数,不妨设 a_0 不是 p 的倍数,则 b_0 是 p 的倍数.由于 $b_m = 1$,设 b_β 是 p 的倍数,这里 $\beta = 0, 1, \cdots, r-1$, b_r 不是 p 的倍数,这里 $r \leqslant m$, r 是一个正整数.记 $f(x)$ 的 x^r 的系数是 C_r,利用公式 (6.3.31) 和 (6.3.32),有
$$C_r = a_0 b_r + a_1 b_{r-1} + a_2 b_{r-2} + \cdots + a_r b_0 \tag{6.3.35}$$
这里当 $r > l$ 时,$a_r = 0$,由于 a_0 不是 p 的倍数,b_r 也不是 p 的倍数,但 $b_{r-1}, b_{r-2}, \cdots, b_0$ 都是 p 的倍数,则 C_r 不是 p 的倍数.再利用题目条件,有(注意 $r \leqslant m \leqslant n-1$)
$$m = n-1, \quad l = 1 \tag{6.3.36}$$
于是,
$$g(x) = x + a_0 \tag{6.3.37}$$
从而必有 $f(-a_0) = 0$.再利用题目条件,有
$$0 = f(-a_0) = (-a_0)^n + a(-a_0)^{n-1} + pq \tag{6.3.38}$$
利用上式,有
$$(-a_0)^{n-1}(a - a_0) = -pq \tag{6.3.39}$$
由于 $n-1 \geqslant 2$,以及 p,q 是两个不同的素数,则只有
$$a_0 = \pm 1 \tag{6.3.40}$$
当 $a_0 = 1$ 时,利用公式 (6.3.39),有
$$a = 1 + (-1)^n pq \tag{6.3.41}$$
当 $a_0 = -1$ 时,利用公式 (6.3.39),有
$$a = -1 - pq \tag{6.3.42}$$
公式 (6.3.41) 和 (6.3.42) 给出的本题的解.

六、对于两个凸多边形 S, T,如果 S 的顶点都是 T 的顶点,称 S 是 T 的子凸多边形.

(1) 求证:当 n 是奇数时(正整数 $n \geqslant 5$),对于凸 n 边形,存在 m 个无公共边的子凸多边形,使得原多边形的每条边及每条对角线都是这 m 个子凸多边形中的边;

(2) 求出上述 m 的最小值,并给出证明.(河南师范大学夏兴国供题)

解:(1) 记 $n = 2k+1$(正整数 $k \geqslant 2$),凸 n 边形顶点依次为 $A_1, A_2, \cdots, A_{2k+1}$. 我们有 k 个三角形 $\triangle A_i A_{k+i} A_{2k+1}$ ($i = 1, 2, \cdots, k$) 和 $\frac{1}{2}k(k-1)$ 个四边形 $A_i A_j A_{k+i} A_{k+j}$ ($1 \leqslant i < j \leqslant k$). 显然,上述
$$k + \frac{1}{2}k(k-1) = \frac{1}{2}k(k+1) = \frac{1}{8}(n^2 - 1) \tag{6.3.43}$$
个子凸多边形符合题目要求.

(2) 作一条直线 L,不通过凸 n 边形的任何一个顶点,这条直线将这凸 n 边形一分为二,

使原多边形的 k 个顶点在直线的一侧,另外 $k+1$ 个顶点在直线 L 的另一侧.显然,与这直线 L 相交的边或对角线共有 $k(k+1)$ 条.

如果有 m 个子凸多边形满足题目要求,那么其中每一个子凸多边形最多包含与直线 L 相交的两条边.而这两条子凸多边形的边恰是原凸 n 边形的边或对角线.而上述 $k(k+1)$ 条边和对角线全部是这 m 个子凸多边形的边.因此,有

$$m \geqslant \frac{1}{2}k(k+1) = \frac{1}{8}(n^2-1) \tag{6.3.44}$$

再利用(1)可以知道,所求 m 的最小值是 $\frac{1}{8}(n^2-1)$.

6.4 第 35 届国际数学奥林匹克竞赛试题及解答

第一天

(比赛时间 1994 年 7 月 13 日上午 8:45~13:15)

一、设 m 和 n 是正整数,$a_1,a_2,\cdots,a_m$ 是集合 $\{1,2,\cdots,n\}$ 中的不同元素.每当 $a_i+a_j \leqslant n$,$1 \leqslant i \leqslant j \leqslant m$,就有某个 k,$1 \leqslant k \leqslant m$,使得 $a_i+a_j=a_k$.求证:$\frac{1}{m}(a_1+a_2+\cdots+a_m) \geqslant \frac{1}{2}(n+1)$.(法国供题)

证明:不妨设 $a_1 > a_2 > \cdots > a_m$.本题关键在于证明,对任意 $i \in \{1,2,\cdots,m\}$,有

$$a_i + a_{m+1-i} \geqslant n+1 \tag{6.4.1}$$

用反证法,设存在某个 $i \in \{1,2,\cdots,m\}$,有

$$a_i + a_{m+1-i} \leqslant n \tag{6.4.2}$$

则可以看到

$$a_i < a_i + a_m < a_i + a_{m-1} < \cdots < a_i + a_{m+1-i} \leqslant n \tag{6.4.3}$$

$a_i+a_m,a_i+a_{m-1},\cdots,a_i+a_{m+1-i}$ 是 i 个两两不同的正整数,由题目条件,它们中的每一个都应是 a_k 形式,利用不等式(6.4.3),可以知道,必为 $a_1,a_2,\cdots,a_{i-1}$ 之一,但是 $a_1,a_2,\cdots,a_{i-1}$ 全部仅是 $i-1$ 个不同的正整数.这显然是一个矛盾.所以不等式(6.4.1)成立.利用这个不等式,有

$$2(a_1+a_2+\cdots+a_m) = (a_1+a_m)+(a_2+a_{m-1})+\cdots+(a_m+a_1) \geqslant m(n+1) \tag{6.4.4}$$

上式两端除以 $2m$,题目结论成立.

对于本题,我们可以提一个问题,等号何时成立?当题目等号成立时,利用上面叙述,对任意 $i \in \{1,2,\cdots,m\}$,有

$$a_i + a_{m+1-i} = n+1 \tag{6.4.5}$$

在上式中,取 $i=m$,有

$$a_m < a_m + a_m < a_m + a_{m-1} < \cdots < a_m + a_2 < a_m + a_1 = n+1 \tag{6.4.6}$$

由于 a_m,a_2 都是正整数,有

$$a_m + a_2 \leqslant n \tag{6.4.7}$$

于是,$a_m+a_m,a_m+a_{m-1},\cdots,a_m+a_2$ 是区间 $(a_m,n]$ 内 $m-1$ 个不同的正整数.由题目条

件,它们中的每一个都为 a_k 形式,因此,必有
$$a_m + a_m = a_{m-1}, \quad a_m + a_{m-1} = a_{m-2}, \quad \cdots, \quad a_m + a_2 = a_1 \tag{6.4.8}$$
利用上面叙述,立即有
$$a_{m-1} = 2a_m, \quad a_{m-2} = 3a_m, \quad \cdots, \quad a_2 = (m-1)a_m, \quad a_1 = ma_m \tag{6.4.9}$$
再利用题目中不等式取等号,有
$$\frac{1}{2}(n+1) = \frac{1}{m}(a_1 + a_2 + \cdots + a_m) = \frac{1}{2}(m+1)a_m \tag{6.4.10}$$
从上式,有
$$a_m = \frac{n+1}{m+1} \tag{6.4.11}$$
当然,$n+1$ 必须是 $m+1$ 的整数倍,否则等号不会成立.利用公式(6.4.9)和(6.4.11),所有 $a_1, a_2, \cdots, a_m$ 全部确定.

二、$\triangle ABC$ 是一个等腰三角形,$AB = AC$,假设

(1) M 是 BC 的中点,O 是直线 AM 上的点,使得 OB 垂直于 AB;

(2) Q 是线段 BC 上不同于 B 和 C 的一个任意点;

(3) 点 E 在直线 AB 上,点 F 在直线 AC 上,使得 E、Q、F 是不同的点且共线.

求证:$OQ \perp EF$ 当且仅当 $QE = QF$.(亚美尼亚—澳大利亚供题)

证明: 连结线段 OE, OF, OC(图 6.18).

如果 $OQ \perp EF$,由于 $OB \perp AE$,因此,O、Q、B、E 四点共圆,有

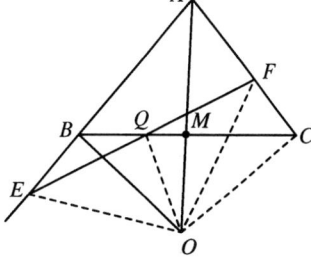

图 6.18

$$\angle OEQ = \angle OBQ \tag{6.4.12}$$

由 $AB = AC, \angle BAO = \angle CAO, AO = AO$,得到
$$\triangle BAO \cong \triangle CAO \tag{6.4.13}$$
于是,有
$$\angle ACO = \angle ABO = \frac{\pi}{2} \tag{6.4.14}$$
利用上面叙述,有
$$\angle FCO + \angle FQO = \frac{\pi}{2} + \frac{\pi}{2} = \pi \tag{6.4.15}$$
从而 O、C、F、Q 是四点共圆的,
$$\angle OCQ = \angle OFQ \tag{6.4.16}$$
而
$$\angle OBQ = \frac{\pi}{2} - \angle ABC = \frac{\pi}{2} - \angle ACB = \angle OCQ \tag{6.4.17}$$
利用公式(6.4.12),(6.4.16)和(6.4.17),有
$$\angle OEQ = \angle OFQ \tag{6.4.18}$$
$\triangle OEF$ 是一个等腰三角形,有
$$OE = OF \tag{6.4.19}$$
又 $OQ \perp EF$,则
$$QE = QF \tag{6.4.20}$$
反之,如果上式成立,四川省内江市安岳中学李挺同学用反证法很简洁地证明了 $OQ \perp EF$. 如果 OQ 不垂直于 EF,过点 Q 作直线 E^*F^*,使得 $OQ \perp E^*F^*$,点 E^* 在直线 AB 上,点 F^* 在直线 AC 上,利用前面证明,可以得 $QE^* = QF^*$,又公式(6.4.20)成立,则四边形 EE^*FF^* 是一个

平行四边形,直线 $EE^* /\!/ FF^*$,但这两直线相交于点 A,矛盾.

三、对于任何正整数 k,$f(k)$ 表示集合 $\{k+1, k+2, \cdots, 2k\}$ 内在二进制下恰有 3 个 1 的所有元素的个数.

(1) 求证:对于每个正整数 m,至少存在一个正整数 k,使得 $f(k) = m$;

(2) 确定所有正整数 m,对每一个 m,恰存在一个 k,满足 $f(k) = m$. (罗马尼亚供题)

证明: 用 S 表示正整数集合内在二进制下恰有 3 个 1 的所有元素组成的集合. 首先证明

$$f(k+1) = \begin{cases} f(k), & \text{当 } 2k+1 \text{ 不在 } S \text{ 内} \\ f(k)+1, & \text{当 } 2k+1 \in S \end{cases} \tag{6.4.21}$$

由于 $f(k+1)$ 是集合 $\{k+2, k+3, \cdots, 2k+1, 2k+2\}$ 内在二进制下恰有 3 个 1 的所有元素组成的集合,$f(k)$ 是集合 $\{k+1, k+2, \cdots, 2k\}$ 内在二进制下恰有 3 个 1 的所有元素组成的集合,在二进制下,在 $k+1$ 的个数位后面添加一个零,恰等于 $2(k+1)$ 在二进制表示下的数字.于是,$k+1$ 与 $2(k+1)$ 同属于 S,或者同时不属于 S,因此,有公式(6.4.21).

(1) 显然 $f(1) = 0, f(2) = 0$. 当 $k = 2^s$ 时,这里 s 是大于等于 2 的正整数,$f(2^s)$ 表示集合 $\{2^s+1, 2^s+2, \cdots, 2^{s+1}\}$ 内在二进制表示下恰有 3 个 1 的所有元素的个数. 在二进制下,

$$2^s + 1 = 10\cdots01 (\text{中间有 } s-1 \text{ 个 } 0), \quad 2^{s+1} = 10\cdots0 (1 \text{ 后面有 } s+1 \text{ 个 } 0) \tag{6.4.22}$$

考虑所有形如 $1**\cdots*$ 的 $s+1$ 位数,取 2 个 1 放入这 s 个 $*$ 中的任何两个 $*$ 位置,其余 $*$ 位置全部放入 0,就得到集合 $\{2^s+1, 2^s+2, \cdots, 2^{s+1}\}$ 内在二进制表示下恰有 3 个 1 的一个元素. 于是,有

$$f(2^s) = C_s^2 = \frac{1}{2}s(s-1) \tag{6.4.23}$$

当正整数 s 增大时,上式右端显然无上界. 再利用公式(6.4.21)可以知道,当 k 取遍所有正整数时,$f(k)$ 取遍所有非负整数. 于是,对于每个正整数 m,至少存在一个正整数 k,满足 $f(k) = m$.

(2) 由于对每一个(适当的)正整数 m,恰存在一个正整数 k,满足 $f(k) = m$,则由公式 (6.4.21),可以知道

$$f(k+1) = f(k) + 1 = m + 1 \tag{6.4.24}$$

$$f(k-1) = f(k) - 1 = m - 1 \tag{6.4.25}$$

这表明 $2k+1 \in S, 2(k-1)+1 \in S$. 设在二进制下,有

$$k = 2^s + k_1 2^{s-1} + k_2 2^{s-2} + \cdots + k_{s-1} 2 + k_s \tag{6.4.26}$$

这里 $k_j \in \{1, 0\}, 1 \leqslant j \leqslant s$,$s$ 是正整数. 于是,可以看到

$$2k - 1 = 2^{s+1} + k_1 2^s + k_2 2^{s-1} + \cdots + k_{s-1} 2^2 + k_s 2 - 1 \tag{6.4.27}$$

$$2k + 1 = 2^{s+1} + k_1 2^s + k_2 2^{s-1} + \cdots + k_{s-1} 2^2 + k_s 2 + 1 \tag{6.4.28}$$

由于在二进制下,$2k+1$ 恰有 3 个 1,于是 $k_1, k_2, \cdots, k_{s-1}, k_s$ 中只有一个是 1,其余皆是 0. 于是,有

$$2k + 1 = 2^{s+1} + 2^t + 1 \tag{6.4.29}$$

这里正整数 $t \leqslant s$,从上式,有

$$k = 2^s + 2^{t-1} \tag{6.4.30}$$

利用上式,有

$$2k - 1 = 2^{s+1} + 2^t - 1 = 2^{s+1} + 2^{t-1} + 2^{t-2} + \cdots + 2 + 1 \tag{6.4.31}$$

由于在二进制下,$2k-1$ 恰有 3 个 1,则

$$t = 2 \tag{6.4.32}$$

利用公式(6.4.30)和(6.4.32),有

$$k = 2^s + 2, \quad s \geqslant 2 \tag{6.4.33}$$

从而,有
$$k+1 = 2^s + 2 + 1, \quad 2k = 2^{s+1} + 2^2 \tag{6.4.34}$$

在二进制下,$k+1$ 为 $10\cdots011$(中间有 $s-2$ 个 0),$2k$ 为 $10\cdots0100$(一共有 s 个 0),在 $k+1$ 与 $2k$ 间的正整数是 $1**\cdots*$(有 s 个 $*$,但排除 $10\cdots000,10\cdots001,10\cdots010$ 这最小的三个数),及 $s+2$ 位数 $10\cdots000,10\cdots001,10\cdots010,10\cdots011,10\cdots0100$. 因此,有

$$f(2^s + 2) = C_s^2 + 1 = \frac{1}{2}s(s-1) + 1 \tag{6.4.35}$$

从而 $f(k) = m$ 恰有唯一解,必有公式(6.4.33)和

$$m = \frac{1}{2}s(s-1) + 1 \tag{6.4.36}$$

这里正整数 $s \geq 2$.

请读者自己验证,由公式(6.4.33)和(6.4.36)确定的正整数对 k, m,满足题目条件.

第二天

(比赛时间 1994 年 7 月 14 日上午 8∶45～13∶15)

四、求出所有的有序正整数对 (m, n),使得 $\dfrac{n^3 + 1}{mn - 1}$ 是一个整数. (澳大利亚供题)

解: 由于 $mn - 1$ 和 m^3 是互质的,因此 $mn - 1$ 整除 $n^3 + 1$ 等价于 $mn - 1$ 整除 $m^3(n^3 + 1)$. 显然,有

$$m^3(n^3 + 1) = (m^3 n^3 - 1) + (m^3 + 1) \tag{6.4.37}$$

明显地,$mn - 1$ 整除 $m^3 n^3 - 1$,利用上面叙述,可以得到下述结论:$mn - 1$ 整除 $n^3 + 1$ 等价于 $mn - 1$ 整除 $m^3 + 1$.

下面分情况讨论:

① 如果 $m = n$,由

$$\frac{n^3 + 1}{n^2 - 1} = n + \frac{1}{n - 1} \tag{6.4.38}$$

$\dfrac{1}{n-1}$ 必为一个整数. 于是

$$m = n = 2 \tag{6.4.39}$$

是一组解.

② 如果 $m \neq n$,由于有前述结论,不妨设 $m > n$. 如果 $n = 1$,利用题目条件,可以知道 $\dfrac{2}{m-1}$ 是一个整数,从而有

$$m = 2, n = 1 \quad \text{和} \quad m = 3, n = 1 \tag{6.4.40}$$

这是二组解,对称地,

$$m = 1, n = 2 \quad \text{和} \quad m = 1, n = 3 \tag{6.4.41}$$

也是二组解.

如果 $n \geq 2$,由于

$$n^3 + 1 \equiv 1 \pmod{n}, \quad mn - 1 \equiv -1 \pmod{n} \tag{6.4.42}$$

则存在某个正整数 k,满足

$$\frac{n^3 + 1}{mn - 1} = kn - 1 \tag{6.4.43}$$

由于 $m>n$，可以看到
$$\frac{n^3+1}{mn-1} < \frac{n^3+1}{n^2-1} = n + \frac{1}{n-1} \tag{6.4.44}$$
利用上二式，有
$$(k-1)n < 1 + \frac{1}{n-1} \tag{6.4.45}$$
又 $n \geq 2$，则必有
$$k = 1 \tag{6.4.46}$$
利用公式(6.4.43)和上式，有
$$n^3 + 1 = (mn-1)(n-1) = mn^2 - n - mn + 1 \tag{6.4.47}$$
化简、整理上式，有
$$m = \frac{n^2+1}{n-1} = n + 1 + \frac{2}{n-1} \tag{6.4.48}$$
利用 m,n 都是正整数，有
$$n = 2, m = 5 \quad \text{和} \quad n = 3, m = 5 \tag{6.4.49}$$
将上式中 m,n 互换也是解。

综上所述，本题 (m,n) 一共有 9 对有序正整数解：$(2,2),(2,1),(3,1),(1,2),(1,3),(2,5)$，$(3,5),(5,2),(5,3)$。

五、 设 S 表示所有大于 -1 的实数组成的集合，确定所有的函数 $f: S \to S$，满足以下两个条件：

(1) 对于 S 内的所有 x 和 y，有 $f(x + f(y) + xf(y)) = y + f(x) + yf(x)$；

(2) 在区间 $-1 < x < 0$ 与 $x > 0$，$\frac{f(x)}{x}$ 是严格递增的。（英国供题）

解：在函数方程中，令 $y = x$，有
$$f(x + f(x) + xf(x)) = x + f(x) + xf(x) \tag{6.4.50}$$
如果能证明 $f(x) = x$ 的解只有一个 $x = 0$，利用方程(6.4.50)，有
$$x + f(x) + xf(x) = 0, \quad \text{即} \quad f(x) = -\frac{x}{1+x} \tag{6.4.51}$$
当 $-1 < x < 0$ 时，由于 $\frac{f(x)}{x}$ 是严格递增的，因此 $\frac{f(x)}{x} = 1$ 至多有一个解 $x = u, u \in (-1, 0)$。如果这样的 u 存在，在方程(6.4.50)中，令 $x = u$，并利用 $f(u) = u$，有
$$f(2u + u^2) = 2u + u^2 \tag{6.4.52}$$
由于 $u^2 + 2u = (u+1)^2 - 1, 0 < u + 1 < 1$，可以知道 $0 < (u+1)^2 < 1, -1 < (u+1)^2 - 1 < 0$，利用区间 $(-1, 0)$ 内 $\frac{f(x)}{x} = 1$ 至多有一个解，可以得到
$$u^2 + 2u = u \tag{6.4.53}$$
利用上式，立即有
$$u(u+1) = 0 \tag{6.4.54}$$
由于 $-1 < u < 0$，上式是不成立的。所以，当 $-1 < x < 0$ 时，不会有 x 满足 $f(x) = x$。

当 $x > 0$ 时，由于 $\frac{f(x)}{x}$ 是严格递增的，因此，当 $x > 0$ 时，$\frac{f(x)}{x} = 1$ 也至多有一解 $x = u$，这里 $u > 0$。类似地，在方程(6.4.50)中，令 $x = u$，并利用 $f(u) = u$，仍有方程(6.4.52)，当 $u > 0$ 时，显然 $u^2 + 2u > 0$，从而仍然有公式(6.4.53)和(6.4.54)。由于 $u > 0$，公式(6.4.54)是不成立的。所以，当 $x > 0$ 时，不会有 x 满足 $f(x) = x$。因此，必有公式(6.4.51)。

当公式(6.4.51)成立时，
$$x + f(y) + xf(y) = x - \frac{y}{1+y} - \frac{xy}{1+y} = \frac{x-y}{1+y} \quad (6.4.55)$$

于是，可以看到
$$f(x + f(y) + xf(y)) = f\left(\frac{x-y}{1+y}\right) = -\frac{\frac{x-y}{1+y}}{1+\frac{x-y}{1+y}} = \frac{y-x}{1+x}$$

$$= y + f(x) + yf(x)(将公式(6.4.55)中 x 与 y 互换) \quad (6.4.56)$$

所以公式(6.4.51)是满足题目条件的唯一解.

六、求证：存在一个具有下述性质的正整数的集合 A，对于任何由无限多个素数组成的集合 S，存在 $k \geq 2$ 及正整数 $m \in A$ 和 $n \notin A$，使得 m 和 n 均为 S 中 k 个不同元素的乘积.（芬兰供题）

首先介绍备选题中的答案，然后介绍同学的证明.

证法一：设 $q_1, q_2, \cdots, q_n, \cdots$ 是全部素数从小到大的排列. 即 $q_1 = 2, q_2 = 3, q_3 = 5, q_4 = 7, q_5 = 11$ 等等，令

$$A_1 = \{2q_2, 2q_3, 2q_4, \cdots, 2q_n \cdots\} \quad (6.4.57)$$

即 A_1 是全部 2 乘奇质数组成的集合，又令

$$A_2 = \{3q_3q_4, 3q_3q_5, \cdots, 3q_4q_5, 3q_4q_6, \cdots\} \quad (6.4.58)$$

A_2 是全部 $3q_iq_j$ 组成的集合，这里 q_i, q_j 都是大于 3 的素数，且 $q_i < q_j$. ……

简洁地写，对于任一个正整数 t_1，令

$$A_{t_1} = \bigcup_{t_1 < t_2 < \cdots < t_{q_{t_1}}} q_{t_1} q_{t_2} \cdots q_{t_{q_{t_1}}} \quad (6.4.59)$$

这里 $q_{t_i}(i=1,2,\cdots,q_{t_1})$ 全部是素数，这并集是满足 $q_{t_1} < q_{t_2} < \cdots < q_{t_{q_{t_1}}}$ 条件的全部 q_{t_1} 个素数乘积的并集.

再令

$$A = \bigcup_{t_1=1}^{\infty} A_{t_1} \quad (6.4.60)$$

对于由无限个素数组成的集合

$$S = \{p_1, p_2, \cdots, p_t, \cdots\} \quad (6.4.61)$$

其中 $p_1 < p_2 < \cdots < p_t < \cdots$，因为素数 p_i 是某个 $q_{t_i}(i=1,2,\cdots,p_1+2)$，利用公式(6.4.59)，知道

$$p_1 p_2 \cdots p_{p_1} = q_{t_1} q_{t_2} \cdots q_{t_{p_1}} \in A_{t_1} \subset A \quad (6.4.62)$$

这里利用 $p_1 = q_{t_1}$. 令

$$m = p_1 p_2 \cdots p_{p_1}, \quad 则 \quad m \in A \quad (6.4.63)$$

由于

$$q_{t_3} - q_{t_1} = p_3 - p_1 \geq 3 \quad (6.4.64)$$

那么，可以看到

$$p_{p_1+2} = q_{t_{p_1+2}} = q_{t_{q_{t_1}+2}} < q_{t_{q_{t_3}}} \quad (6.4.65)$$

从而，有

$$p_3 p_4 \cdots p_{p_1+2} = q_{t_3} q_{t_4} \cdots q_{t_{q_{t_3}+2}} \notin A \quad (6.4.66)$$

令

$$n = p_3 p_4 \cdots p_{p_1+2}, \quad k = p_1 \quad (6.4.67)$$

本题得证.

下面介绍上海市建平中学张健同学的证明.

证法二：首先,他证明了如下的引理:

引理 在正整数集合的所有有限子集上,可以涂黑色或白色,使得对正整数的任意一个无限集,总有两个 k 元子集,$k \geqslant 2$,一个子集是黑色的,一个子集是白色的.

引理的证明:对于正整数的一个 k 元子集,$k \geqslant 2$,如果在 $\mod k$ 意义下,k 元子集内所有元素属于同一个剩余类,将该子集涂黑色,否则涂白色.

对于任意一个无限正整数的集合 $B = \{b_1, b_2, \cdots\}$,记
$$k = |b_1 - b_2| + 1, \quad k \geqslant 2 \tag{6.4.68}$$

显然,b_1, b_2 是 $\mod k$ 不同余的,由前面叙述,k 元子集 $\{b_1, b_2, \cdots, b_k\}$ 涂白色. 但是 B 是一个无限集,必存在一个无限子集 $\{b_{i_1}, b_{i_2}, \cdots\}$,这里 $i_1 < i_2 < \cdots$,使得这子集内所有元素是 $\mod k$ 同余的,那么子集 $\{b_{i_1}, b_{i_2}, \cdots, b_{i_k}\}$ 涂黑色. 引理成立.

现在来证本题.

设 $p_1 < p_2 < p_3 < \cdots < p_n < \cdots$ 是全部素数,用下述方法取集合 A. 对于任意有限正整数集合 $\{i_1, i_2, \cdots, i_k\}$,其中 $i_1 < i_2 < \cdots < i_k$,如果集合 $\{i_1, i_2, \cdots, i_k\}$ 是黑色的,令 $p_{i_1} p_{i_2} \cdots p_{i_k} \in A$,否则 $p_{i_1} p_{i_2} \cdots p_{i_k}$ 不属于 A.

下面证明集合 A 满足题目条件.

对于任意无限素数集合 $S = \{p_{j_1}, p_{j_2}, \cdots\}$,下标集合 $\{j_1, j_2, \cdots\}$ 是一个严格递增的无限正整数集合. 由引理,有两个 k 元子集 $\{i_1, i_2, \cdots, i_k\}$,$\{l_1, l_2, \cdots, l_k\}$,使得 $\{i_1, i_2, \cdots, i_k\}$ 是黑色的,$\{l_1, l_2, \cdots, l_k\}$ 是白色的. 于是 $m = p_{i_1} p_{i_2} \cdots p_{i_k} \in A$,$n = p_{l_1} p_{l_2} \cdots p_{l_k} \notin A$.

附

第35届国际数学奥林匹克竞赛团体部分前十名成绩一览表

团体名次	代表队名称	团体总分	金	银	铜
第1名	美国队	252	6		
第2名	中国队	229	3	3	

(其中:北京人大附中姚健钢获满分42分,金牌;上海建平中学张健,获满分42分,金牌;湖南师范大学附中彭建波获满分42分,金牌;上海华东师大二附中王海栋获35分,银牌;北京大学附中奚晨海获34分,银牌;四川内江市安岳中学李挺获34分,银牌)

第3名	俄罗斯队	224分	3	2	1
第4名	保加利亚队	223分	3	2	1
第5名	匈牙利队	221分	1	5	
第6名	越南队	207分	1	5	
第7名	英国队	206分	2	2	2
第8名	伊朗队	203分	2	2	2
第9名	罗马尼亚队	198分		5	1
第10名	日本队	180分	1	2	3

在本届IMO上,一共有30名选手获得金牌,占全部参赛选手385名的8%. 上述团体总分前十名的代表队一共获得22枚金牌. 获得另外8枚金牌的代表队是波兰队(获2枚金牌),奥地利队,加拿大队,法国队,德国队,斯洛伐克队,乌克兰队(各获一枚金牌).

6.5 第 35 届国际数学奥林匹克竞赛备选题题目及解答

第 35 届 IMO 备选题一共 24 题,其中 6 题已选作考题(见上节).在本节,将介绍其余 18 题.

代数备选题

代数备选题一共 5 题.

一、设 $a_0 = 1994$,对任何非负整数 n,$a_{n+1} = \dfrac{a_n^2}{a_n+1}$.求证:$1994 - n$ 是小于等于 a_n 的最大整数,这里 $0 \leqslant n \leqslant 998$.(美国供题)

证明: 不妨考虑得广泛一点,先仅设 a_0 是一个正整数,由题目条件,有 $a_n > 0$.又由于

$$a_n - a_{n+1} = \frac{a_n}{1+a_n} > 0 \tag{6.5.1}$$

因此,有 $a_0 > a_1 > a_2 > \cdots > a_n > \cdots$.当 n 是正整数时,利用公式(6.5.1),有

$$\begin{aligned} a_n &= a_0 + (a_1 - a_0) + (a_2 - a_1) + \cdots + (a_n - a_{n-1}) \\ &= a_0 - \left(\frac{a_0}{1+a_0} + \frac{a_1}{1+a_1} + \cdots + \frac{a_{n-1}}{1+a_{n-1}} \right) \\ &= a_0 - n + \left(\frac{1}{1+a_0} + \frac{1}{1+a_1} + \cdots + \frac{1}{1+a_{n-1}} \right) > a_0 - n \end{aligned} \tag{6.5.2}$$

如果 $1 \leqslant n \leqslant \dfrac{1}{2}(a_0 + 2)$,则

$$a_0 - (n-1) \geqslant n-1 \geqslant 0 \tag{6.5.3}$$

在不等式(6.5.2)中,用 $n-1$ 代替 n,有

$$a_{n-1} > a_0 - (n-1) \geqslant 0 \quad (n \geqslant 2) \tag{6.5.4}$$

利用上式及 $0 < a_{n-1} < a_{n-2} < \cdots < a_1 < a_0$,有

$$\frac{1}{1+a_0} + \frac{1}{1+a_1} + \cdots + \frac{1}{1+a_{n-1}} \leqslant \frac{n}{1+a_{n-1}} \leqslant \frac{n}{a_0 - n + 2} (利用不等式(6.5.4)) \tag{6.5.5}$$

当 $n=1$ 时,上式是等式.当 $n \geqslant 2$ 时,上式是严格不等式.当 $n \geqslant 2$ 时,利用 $n \leqslant \dfrac{1}{2}(a_0+2)$,有

$$n \leqslant a_0 - n + 2 \tag{6.5.6}$$

利用上面叙述,不论 $n=1$,或正整数 $n \geqslant 2$,都有

$$\frac{1}{1+a_0} + \frac{1}{1+a_1} + \cdots + \frac{1}{1+a_{n-1}} < 1 \tag{6.5.7}$$

利用公式(6.5.2)及上式,有

$$[a_n] = a_0 - n \tag{6.5.8}$$

当 $n=0$ 时,上式仍然成立.因此,有下述结论:a_0 是一个正整数,对于任何非负整数 n,$a_{n+1} = \dfrac{a_n^2}{a_n+1}$,则 $a_0 - n$ 是小于等于 a_n 的最大整数,这里 $0 \leqslant n \leqslant \dfrac{1}{2}(a_0+2)$.

特别当 $a_0 = 1994$ 时,恰为本题.

二、本届 IMO 第一题.

三、本届 IMO 第五题.

四、设 $\mathbf{R}$ 是全体实数组成的集合，$\mathbf{R}^+$ 是全体正实数组成的子集合. α,β 是给定实数，寻找所有函数 $f:\mathbf{R}^+\to\mathbf{R}$，使得对 $\mathbf{R}^+$ 内所有 x 和 y，有 $f(x)f(y)=y^\alpha f\left(\dfrac{x}{2}\right)+x^\beta f\left(\dfrac{y}{2}\right)$. (蒙古供题)

解：在题目函数方程中，令 $y=x$，有

$$f\left(\frac{x}{2}\right)=\frac{(f(x))^2}{x^\alpha+x^\beta} \tag{6.5.9}$$

在上式中，将 x 改成 y，有

$$f\left(\frac{y}{2}\right)=\frac{(f(y))^2}{y^\alpha+y^\beta} \tag{6.5.10}$$

将上二式代入题目函数方程，有

$$f(x)f(y)=\frac{y^\alpha}{x^\alpha+x^\beta}(f(x))^2+\frac{x^\beta}{y^\alpha+y^\beta}(f(y))^2 \tag{6.5.11}$$

在上式中，交换 x 与 y，有

$$f(y)f(x)=\frac{x^\alpha}{y^\alpha+y^\beta}(f(y))^2+\frac{y^\beta}{x^\alpha+x^\beta}(f(x))^2 \tag{6.5.12}$$

将上二式相加，再两端除以 $(x^\alpha+x^\beta)(y^\alpha+y^\beta)$，可以看到

$$\left(\frac{f(x)}{x^\alpha+x^\beta}-\frac{f(y)}{y^\alpha+y^\beta}\right)^2=0 \tag{6.5.13}$$

对于任何正实数 x 和 y，有

$$\frac{f(x)}{x^\alpha+x^\beta}=\frac{f(y)}{y^\alpha+y^\beta} \tag{6.5.14}$$

在上式中，令 $y=1$，且记 $\lambda=\dfrac{1}{2}f(1)$，有

$$f(x)=\lambda(x^\alpha+x^\beta) \tag{6.5.15}$$

当 $\lambda=0$，$f(x)$ 恒等于零，它显然是一个解. 下面设 λ 是非零常数.

分情况讨论.

① 当 $\alpha\neq\beta$ 时，利用公式 (6.5.15)，有

$$f(y)=\lambda(y^\alpha+y^\beta),\quad f\left(\frac{x}{2}\right)=\lambda\left[\left(\frac{x}{2}\right)^\alpha+\left(\frac{x}{2}\right)^\beta\right],\quad f\left(\frac{y}{2}\right)=\lambda\left[\left(\frac{y}{2}\right)^\alpha+\left(\frac{y}{2}\right)^\beta\right] \tag{6.5.16}$$

将公式 (6.5.15) 和 (6.5.16) 代入题目函数方程，有

$$\lambda^2(x^\alpha+x^\beta)(y^\alpha+y^\beta)=y^\alpha\lambda\left[\left(\frac{x}{2}\right)^\alpha+\left(\frac{x}{2}\right)^\beta\right]+x^\beta\lambda\left[\left(\frac{y}{2}\right)^\alpha+\left(\frac{y}{2}\right)^\beta\right] \tag{6.5.17}$$

上式两端除以非零实常数 λ，有

$$\left(\lambda-\frac{1}{2^\alpha}\right)x^\alpha y^\alpha+\left(\lambda-\frac{1}{2^\alpha}-\frac{1}{2^\beta}\right)x^\beta y^\alpha+\lambda x^\alpha y^\beta+\left(\lambda-\frac{1}{2^\beta}\right)x^\beta y^\beta=0 \tag{6.5.18}$$

不妨设 $\alpha>\beta$（$\alpha<\beta$ 完全类似），上式两端除以 $x^\alpha y^\alpha$，有

$$\left(\lambda-\frac{1}{2^\alpha}\right)+\left(\lambda-\frac{1}{2^\alpha}-\frac{1}{2^\beta}\right)x^{\beta-\alpha}+\lambda y^{\beta-\alpha}+\left(\lambda-\frac{1}{2^\beta}\right)x^{\beta-\alpha}y^{\beta-\alpha}=0 \tag{6.5.19}$$

在上式中，令 $x\to\infty$，及 $y\to\infty$，有

$$\lambda=\frac{1}{2^\alpha} \tag{6.5.20}$$

将上式代入公式 (6.5.18)，有

$$-\frac{1}{2^\beta}x^\beta y^\alpha+\frac{1}{2^\alpha}x^\alpha y^\beta+\left(\frac{1}{2^\alpha}-\frac{1}{2^\beta}\right)x^\beta y^\beta=0 \tag{6.5.21}$$

在上式中,令 $y=x$,并且两端同除以 $x^{2\beta}$,有

$$-\frac{1}{2^{\beta}}x^{\alpha-\beta}+\frac{1}{2^{\alpha}}x^{\alpha-\beta}+\frac{1}{2^{\alpha}}-\frac{1}{2^{\beta}}=0 \tag{6.5.22}$$

在上式中,令 $x\to 0$,有

$$\frac{1}{2^{\alpha}}-\frac{1}{2^{\beta}}=0 \tag{6.5.23}$$

由于 $\alpha>\beta$,上式是不可能成立的,因而当 $\alpha\neq\beta$ 时,除了恒等于零的平凡解,$f(x)$ 无其他解.

② 当 $\alpha=\beta$ 时,利用公式(6.5.15),有

$$f(x)=2\lambda x^{\alpha} \tag{6.5.24}$$

在题目函数方程中,利用上式,有

$$4\lambda^2 x^{\alpha} y^{\alpha}=2^{1-\alpha}\lambda x^{\alpha}y^{\alpha}+2^{1-\alpha}\lambda x^{\alpha}y^{\alpha} \tag{6.5.25}$$

利用上式,立即有

$$\lambda=\frac{1}{2^{\alpha}} \tag{6.5.26}$$

因此,函数方程又有一解

$$f(x)=2^{1-\alpha}x^{\alpha} \tag{6.5.27}$$

当然是在 $\beta=\alpha$ 条件下.

五、 对 $x\neq 0$,$f(x)=\dfrac{x^2+1}{2x}$,定义 $f^{(0)}(x)=x$,对所有正整数 n 和 $x\neq 0$,$f^{(n)}(x)=f(f^{(n-1)}(x))$.求证:对所有非负整数 n 和 $x\neq -1,0,1$,有 $\dfrac{f^{(n)}(x)}{f^{(n+1)}(x)}=1+\dfrac{1}{f\left(\left(\dfrac{x+1}{x-1}\right)^{2^n}\right)}$. (波兰供题)

证明: 备选题(英文本)提供的解答很难.本题可以用数学归纳法证明.对非负整数 n 用数学归纳法.当 $n=0$ 时,对于 $x\neq -1,0,1$ 时,有

$$\frac{f^{(0)}(x)}{f^{(1)}(x)}=\frac{2x^2}{x+1} \tag{6.5.28}$$

而

$$1+\frac{1}{f\left(\dfrac{x+1}{x-1}\right)}=1+\frac{2\left(\dfrac{x+1}{x-1}\right)}{\left(\dfrac{x+1}{x-1}\right)^2+1}=1+\frac{2(x^2-1)}{2(x^2+1)}=\frac{2x^2}{x^2+1} \tag{6.5.29}$$

所以,当 $n=0$ 时,题目中等式成立.

设 $n=k$ 时,这里 k 是某个非负整数,当 $x\neq -1,0,1$ 时,有

$$\frac{f^{(k)}(x)}{f^{(k+1)}(x)}=1+\frac{1}{f\left(\left(\dfrac{x+1}{x-1}\right)^{2^k}\right)} \tag{6.5.30}$$

由于 $f(x)=\dfrac{x^2+1}{2x}$,当 $x\neq -1,0,1$ 时,$f(x)\neq -1,0,1$($f(x)\neq 0$ 是明显的;如果 $f(x)=-1$,则 $(x+1)^2=0$,$x=-1$;如果 $f(x)=1$,则 $(x-1)^2=0$,$x=1$).于是,当 $n=k+1$ 时,利用归纳假设公式(6.5.30),有

$$\frac{f^{(k+1)}(x)}{f^{(k+2)}(x)}=\frac{f^{(k)}(f(x))}{f^{(k+1)}(f(x))}=1+\frac{1}{f\left(\left(\dfrac{f(x)+1}{f(x)-1}\right)^{2^k}\right)} \tag{6.5.31}$$

利用题目条件,有

$$\frac{f(x)+1}{f(x)-1} = \frac{(x+1)^2}{(x-1)^2} \tag{6.5.32}$$

利用上二式,有

$$\frac{f^{(k+1)}(x)}{f^{(k+2)}(x)} = 1 + \frac{1}{f\left(\left(\frac{x+1}{x-1}\right)^{2^{k+1}}\right)} \tag{6.5.33}$$

归纳法完成. 本题结论成立.

组合数学备选题

组合数学备选题一共有 7 题.

一、在 5×5 的方格纸上,两个游戏者轮流在空格内填数. 第一个游戏者总是填 1,第二个游戏者总是填 0,两人轮流填数,直到这方格纸填满数. 在九个 3×3 方格纸的每一个中,3×3 方格纸上的九个数之和是可计算的,用 A 表示这九个数和的最大值. 不管第二个游戏者怎样填数,问第一个游戏者适当填数,能得到的 A 值有多大?(乌克兰供题)

解:从左到右,分别用 a,b,c,d,e 表示 5 列,分别用 $1,2,3,4,5$ 表示 5 行. 然后轻轻擦掉第一、第二行的分界线段,及第三、第四行的分界线段,在图中用虚线表示这两条线段. 于是,从第一行到第四行一共有十个 2×1 的长方形,每个 2×1 的长方形有上、下两个方格. 首先证明第二个游戏者能适当填数,使得 $A \leqslant 6$.

每当第一个游戏者在一个 2×1 的长方形内的一个方格里填 1,紧接着第二个游戏者就在同一个 2×1 长方形的另一个方格里填 0. 因为任何 3×3 正方形必定包含 3 个 2×1 长方形. 那么第二个游戏者采用上述方法,在一个 3×3 正方形内至少可以填 3 个 0. 于是,第二个游戏者采用适当的方法,可以使 $A \leqslant 6$.

下面证明第一个游戏者可采用适当的方法,使得 $A = 6$,不管第二个游戏者怎样填数.

第一个游戏者在 $c3$(第 3 列第 3 行方格)位置上首先填一个 1,紧接着第二个游戏者有两种选择:(1)在第 3 行的另外某一个方格内填一个 0,或(2)在第 4 行或第 5 行的某一个方格内,填一个 0(如果在第 1 行或第 2 行的某一个方格内填 0,由于图形的对称性,将从上到下第 1 行到第 5 行重新标为第 5 行到第 1 行).

不管(1)或(2)的哪一种情况,接着,第一个游戏者又可以填数,他可以在 $c2$ 位置填一个 1,作为第二个游戏者,可以有两种选择:

① 不在 $c1$ 位置填 0;

② 在 $c1$ 位置填 0.

如果是①,又轮到第一个游戏者,他可以在 $c1$ 位置填 1,于是在 c 列前三行就有 3 个 1. 然后第二个游戏者是在某个空格填个 0. 至此,第二个游戏者只填了 3 个 0,那么在 3×3 正方形 $(a,b,c) \times (1,2,3)$(前三列与前三行组成的正方形)或 3×3 正方形 $(c,d,e) \times (1,2,3)$(后三列与前三行组成的正方形)中至少存在一个 3×3 正方形,在这个 3×3 正方形内,第二个游戏者至多只填了一个 0. 不妨设 $(a,b,c) \times (1,2,3)$ 内至多只填一个 0,尚有 5 个空格,而且又轮到第一个游戏者开始填数,那么不管第二个游戏者如何填数,第一个游戏者至少还可以在这 5 个空格内填上 3 个 1. 因此,在 $(a,b,c) \times (1,2,3)$ 这 3×3 正方形内有 6 个 1,即 $A = 6$.

如果是②,考虑第二个游戏者第一次填 0 的位置. 有两种可能性:在 $c4$ 位置填 0,或不在 $c4$ 位置填 0. 如果第一次不在 $c4$ 位置填 0,则第三次轮到第一个游戏者填数,他可以在 $c4$ 位置填 1. 那么 c 列第 $2,3,4$ 行就有 3 个 1. 类似前面证明,$(a,b,c) \times (2,3,4)$ 或 $(c,d,e) \times (2,3,4)$ 中可以填 6 个 1. 如第二个游戏者第一次在 $c4$ 填 0, 那么 b 列是空白的. 又轮到第一个游戏者填数, 那么在 b 列前三行, 即 $(b)\times(1,2,3)$ 中, 不管第二个游戏者如何填数, 第一个游戏者在这 3 个方格中可以填 2 个 1. 那么在 $(b,c)\times(1,2,3)$ 中, 已有 4 个 1, 其中 $c1$ 位置是 0, $c4$ 位置也是 0. 在 $(a)\times(1,2,3)$, 再加上 b 列前三行中没有填 1 的方格 $*$, 组成第一个四方格; $(d)\times(1,2,3)$, 再加上 b 列方格 $*$, 组成第二个四方格. 这两个四方格有一个公共方格 $*$, 在这两个四方格中, 至多有两个 0, 那么一定有一个四方格内至多只有一个 0. 不妨设 $(a)\times(1,2,3)$, 再加上方格 $*$ 内, 至多只有一个 0, 即这个四方格内还存在 3 个方格可填数. 现又轮到第一个游戏者开始填数了, 在剩下的 3 个空格内, 一定可以填 2 个 1. 于是 $(a,b,c)\times(1,2,3)$ 内有 6 个 1.

综上所述, 不管第二个游戏者怎样填数, 第一个游戏者适当填数, 能得到的 A 值是 6.

二、在某个城市, 用实数计算年龄, 不用整数, 每两个市民 x 和 x' 或者互相认识, 或者互相不认识. 此外, 如果他们互相不认识, 那么, 一定存在一群市民 $x=x_0,x_1,\cdots,x_n=x'$, 对某个正整数 $n\geqslant 2$, 使得 x_{i-1} 和 x_i 是互相认识的. 在一次人口普查中, 所有男性市民公布了他们的年龄, 且至少有一个男性市民. 每个女性市民只提供了以下信息: 她的年龄是她认识的所有市民的年龄的平均值. 求证: 这些信息足够唯一确定所有女性市民的年龄. (哥伦比亚供题)

证明: 用 $a_1,a_2,\cdots,a_m$ 表示这城市所有男性市民的年龄, 这里 m 是一个正整数. 下面证明每个女性市民的年龄可以表示为 $c_1a_1+c_2a_2+\cdots+c_ma_m$, 这里 c_i 是已知非负实数, $1\leqslant i\leqslant m$, $c_1+c_2+\cdots+c_m=1$.

对女性市民(未知数)的数目 n 用数学归纳法. 当 $n=1$ 时, 即这个城市只有一个女性市民, 由题目条件, 她的年龄是她认识的所有市民的年龄的平均值. 由于只有一个女性市民, 她所认识的所有市民都是男性市民. 设她认识的所有男性市民的年龄为 $a_{i_1},a_{i_2},\cdots,a_{i_k}$, 这些数都是已知正实数. 这位女性市民的年龄为

$$\frac{1}{k}(a_{i_1}+a_{i_2}+\cdots+a_{i_k}) = \sum_{i=1}^m c_i a_i \tag{6.5.34}$$

当 i 是某个 i_j 时 $(1\leqslant j\leqslant k)$, $c_{i_j}=\frac{1}{k}$, 其余 c_i 都是 0, 从而有

$$\sum_{i=1}^m c_i = k\,\frac{1}{k} = 1 \tag{6.5.35}$$

假设这城市有 n 个女性市民时, 结论成立. 即当这城市有 n 个市民的年龄未知时, 结论成立. 这里 n 是某个正整数.

现在考虑这城市有 $n+1$ 个女性市民, 即城市内有 $n+1$ 个市民的年龄未知.

选择其中一个女性市民 M, 设她的年龄 x, M 认识 k 个市民, 这里 k 是某个正整数, 而且这 k 个市民中至少有一个男性市民. 因为由题目条件, 先任取一女性市民 x, 男性市民 x', 如果他们认识, 取 x 为 M. 如果他们不认识, 必存在一群市民 $x=x_0,x_1,\cdots,x_n=x'$, 这里正整数 $n\geqslant 2$, 使得 x_{i-1} 和 x_i 是互相认识的, 那么一定有正整数 i, 使得 x_{i-1} 是女的, x_i 是男的, 取这 x_{i-1} 为 M. 因此, 这样的女性市民 M 必存在.

把具年龄 x(x 视作已知数)的女性市民 M 划入男性市民集合, 那么未知年龄的女性市民有 n 个, 由归纳法假设, 除了 M 外的每个女性市民的年龄都是下述形式

$$c_1a_1+c_2a_2+\cdots+c_ma_m+c_{m+1}x \tag{6.5.36}$$

这里 $c_j(1\leqslant j\leqslant m+1)$ 是已知非负实数, 且

$$\sum_{i=1}^{m+1} c_j = 1 \tag{6.5.37}$$

与女性市民 M 互相认识的 k 个市民的年龄和是 kx. 另外, 这 k 个市民每一个的年龄应具有形式

$$b_1^* a_1 + b_2^* a_2 + \cdots + b_m^* a_m + b_{m+1}^* x \qquad (6.5.38)$$

这里 b_j^* ($1 \leqslant j \leqslant m+1$) 也是已知非负实数,且

$$\sum_{j=1}^{m+1} b_j^* = 1 \qquad (6.5.39)$$

将这 k 个市民的年龄相加,得

$$b_1 a_1 + b_2 a_2 + \cdots + b_m a_m + b_{m+1} x \qquad (6.5.40)$$

显然

$$\sum_{j=1}^{m+1} b_j = k \qquad (6.5.41)$$

其中每个 b_j 都是已知非负实数. 利用上面叙述,有

$$kx = \sum_{j=1}^{m} b_j a_j + b_{m+1} x \qquad (6.5.42)$$

由于女性市民 M 至少认识一个男性市民 a_j,所以由公式(6.5.38)表达式中必有一个是 a_j. 于是,有 $b_j^* = 1$,从而 $b_j \geqslant 1$. 再利用公式(6.5.41),有

$$b_{m+1} \leqslant k - b_j \leqslant k - 1 \qquad (6.5.43)$$

即

$$k - b_{m+1} \geqslant 1 \qquad (6.5.44)$$

利用公式(6.5.42)和上式,有

$$x = \frac{1}{k - b_{m+1}} \sum_{j=1}^{m} b_j a_j \qquad (6.5.45)$$

这里 $\dfrac{b_j}{k - b_{m+1}}$ ($1 \leqslant j \leqslant m$) 是已知非负实数,利用公式(6.5.41),有

$$\sum_{j=1}^{m} \frac{b_j}{k - b_{m+1}} = 1 \qquad (6.5.46)$$

对于除了 M 以外的所有女性市民,利用公式(6.5.36)和(6.5.45),其年龄具有形式

$$\left(c_1 + \frac{c_{m+1} b_1}{k - b_{m+1}}\right) a_1 + \left(c_2 + \frac{c_{m+1} b_2}{k - b_{m+1}}\right) a_2 + \cdots + \left(c_m + \frac{c_{m+1} b_m}{k - b_{m+1}}\right) a_m \qquad (6.5.47)$$

这里每个 $c_i + \dfrac{c_{m+1} b_i}{k - b_{m+1}}$ 是已知非负实数,$1 \leqslant i \leqslant m$,利用公式(6.5.37)和(6.5.46),有

$$\sum_{i=1}^{m} \left(c_i + \frac{c_{m+1} b_i}{k - b_{m+1}}\right) = \sum_{i=1}^{m} c_i + c_{m+1} = 1 \qquad (6.5.48)$$

所以,由数学归纳法,题目结论成立.

三、有 n ($n \geqslant 2$) 堆硬币,只允许下面形式的搬动:每次搬动,选择两堆,从一堆搬动某些硬币到另一堆,使得另一堆硬币的数目增加了一倍.

(1) 当 $n = 3$ 时,求证:可以经过有限次搬动,使得硬币合为两堆;

(2) 当 $n = 2$ 时,用 r 和 s 表示两堆硬币的数目,求 r 和 s 的关系式的一个充分必要条件,使得硬币能合为一堆. (马其顿供题)

解:(1) 设 3 堆硬币的数目分别为 a, b, c,这里 $0 < a \leqslant b \leqslant c$,具数目 a 的一堆硬币称为第一堆硬币,具数目 b 的称为第二堆,具数目 c 的称为第三堆.

设 $b = aq + r$,这里 q 是一个正整数,r 是一个非负整数,$0 \leqslant r \leqslant a - 1$. 在二进制下,写出 q,有

$$q = m_0 + 2m_1 + 2^2 m_2 + \cdots + 2^k m_k \qquad (6.5.49)$$

这里 k 是某个非负整数. $m_k = 1$,其余 $m_i = 0$ 或 1,$0 \leqslant i \leqslant k - 1$,现进行若干次搬动如下:

在第一次搬动时,如果 $m_0 = 1$,从第二堆搬数目 a 的硬币到第一堆. 如果 $m_0 = 0$,从第三堆

搬数目 a 的硬币到第一堆.经过第一次搬动后,第一堆硬币的数目为 $2a$.

再进行第二次搬动,如果 $m_1=1$,从第二堆搬动 $2a$ 数目的硬币到第一堆.如果 $m_1=0$,从第三堆搬动 $2a$ 数目的硬币到第一堆.经过第二次搬动后,第一堆硬币的数目为 $2^2 a$.

一般来讲,经过 i 次搬动后($1<i<k$),第一堆硬币数目为 $2^i a$,这时第二堆硬币的数目
$$b^* = (2^i m_i + 2^{i+1} m_{i+1} + \cdots + 2^k m_k) + r \tag{6.5.50}$$
第三堆硬币的数目大于等于
$$\begin{aligned}&[(2^i m_i + 2^{i+1} m_{i+1} + \cdots + 2^k m_k) - (1 + 2 + 2^2 + \cdots + 2^{i-1})]a + r \\ &= [(2^i m_i + 2^{i+1} m_{i+1} + \cdots + 2^k m_k) - 2^i + 1]a + r\end{aligned} \tag{6.5.51}$$

现在开始进行第 $i+1$ 次搬动,如果 $m_i=1$,从第二推搬动 $2^i a$ 数目的硬币到第一堆.如果 $m_i=0$,从第三堆搬动 $2^i a$ 数目的硬币到第一堆.这样一直进行到第 $k+1$ 次搬动完成.这时,第二堆硬币数目还剩 r 个.因此,我们有了新的3堆硬币,最少的一堆硬币数目为 r 个.$r<a$,如果 $r>0$,再对这新的三堆硬币重复上述办法,又可得到新3堆硬币,最少的一堆数目为 r^*,$r^* < r < a$.如此下去,经有限次搬动后,必可使最少的一堆硬币数目为 0.于是 3 堆硬币合并为两堆.

(2) 在两堆情况,需要寻找在每次搬动后,什么东西是不变的.如果在某次搬动前,两堆硬币数目分别为 x,y,不妨设 $y \geqslant x$.显然
$$x + y = r + s \tag{6.5.52}$$
经过搬动后,两堆硬币数目分别为 $2x, y-x$,如果 p 是一个奇质数,α 是一个正整数,满足 $p^\alpha | (2x, y-x)$,则
$$p^\alpha | 2x, \quad p^\alpha | (y-x) \tag{6.5.53}$$
从而有
$$p^\alpha | x, \quad p^\alpha | ((y-x)+x), \quad 即 \quad p^\alpha | (x,y) \tag{6.5.54}$$
反之,如果 $p^\alpha | (x,y)$,易知 $p^\alpha | (2x, y-x)$.如果两堆硬币能合并为一堆,在合并的最后一次搬动前,两堆硬币数目应当一样,设都为 z 个.那么,有
$$r + s = 2z \tag{6.5.55}$$
如果奇质因子 p 的某个幂次 $p^\alpha | z$,则 $p^\alpha | (z,z)$,利用上面叙述,可知 $p^\alpha | z$,当且仅当 $p^\alpha | (r,s)$,再利用公式(6.5.55),有
$$\frac{r}{(r,s)} + \frac{s}{(r,s)} = \frac{2z}{(r,s)} \tag{6.5.56}$$
这里 $\frac{2z}{(r,s)}$ 是一个正整数,且
$$\frac{2z}{(r,s)} = 2^k \tag{6.5.57}$$
这里 k 是某个正整数.于是两堆硬币能合并为一堆的必要条件是
$$r + s = 2^k (r,s) \tag{6.5.58}$$
这里 k 是某个正整数.

下面对 k 用数学归纳法,证明公式(6.5.58)是两堆硬币合并为一堆的充分条件.

当 $k=1$ 时,利用公式(6.5.58),必有
$$r = s = (r,s) \tag{6.5.59}$$
于是只须搬动一次,两堆硬币就能合并为一堆.设两堆硬币数目之和除以它们的最大公约数为 2^m 时,两堆硬币能合并为一堆,这里 m 是某个正整数.现在考虑 $k=m+1$ 情况.即考虑
$$r + s = 2^{m+1}(r,s) \tag{6.5.60}$$
的情况.如果 $r=s$,只需搬动一次,两堆硬币能合为一堆.下面讨论 $r \neq s$,不妨设 $r>s$,记
$$r = (2^m + t)(r,s), \quad s = (2^m - t)(r,s) \tag{6.5.61}$$

这里 t 是正整数,$t<2^m$,由于 2^m+t 与 2^m-t 是互质的,则 t 是奇数.搬动一次后,设两堆硬币数目分别是 r^*,s^*,这里

$$r^* = [(2^m+t)-(2^m-t)](r,s) = 2t(r,s) \atop s^* = 2(2^m-t)(r,s)} \qquad (6.5.62)$$

由于 t 是奇数,则 t 与 2^m-t 是互质的.于是,有

$$\frac{r^*+s^*}{(r^*,s^*)} = \frac{2m}{(t,2^m-t)} = 2^m \qquad (6.5.63)$$

归纳法假设条件满足,数目分别为 r^*,s^* 的两堆硬币经过有限次搬动能合并为一堆,充分性得证.

四、在一行内有 $n+1$ 个固定位置,从右到左按递增顺序,记为第 0 位,第 1 位,$\cdots$,第 n 位.有 $n+1$ 张卡片,上面分别写着 $0,1,\cdots,n$.在上述每个位置中放入一张卡片,如果对所有 $0 \leqslant i \leqslant n$,写有 i 的卡片放入第 i 位时,游戏便结束.如果没有达到,则进行下述的搬动,确定最小的非负整数 k,使得第 k 位上放着写有 $l(l>k)$ 的卡片,拿掉这张卡片,从第 $k+1$ 位开始到第 l 位向右搬动每张卡片一个位置,在第 l 位放入写有 l 的卡片.上述整个过程称为一次搬动.

(1) 求证:这游戏至多进行 2^n-1 次搬动便结束;

(2) 求证:存在卡片的一个唯一的初始分布,游戏恰进行了 2^n-1 次搬动才结束.(爱沙尼亚供题)

证明:(1) 如果写有 i 的卡片放在第 i 个位置上,规定 $d_i=0$,否则规定 $d_i=1$,这里 $1 \leqslant i \leqslant n$.令

$$b = d_1 + 2d_2 + 2^2 d_3 + \cdots + 2^{n-1} d_n \qquad (6.5.64)$$

显然 $0 \leqslant b$,且

$$b \leqslant 1 + 2 + 2^2 + \cdots + 2^{n-1} = 2^n - 1 \qquad (6.5.65)$$

$b=0$ 当且仅当所有 $d_i=0(1 \leqslant i \leqslant n)$,即对于任意 $i,1 \leqslant i \leqslant n$,写有 i 的卡片在第 i 个位置上,那么写有 0 的卡片在第 0 个位置上,这游戏就结束了.

从题目条件可以知道,在每次搬动后,某个 d_l 由 1 变到 0,而 $d_{l+1},d_{l+2},\cdots,d_n$ 没有变动,在经过一次搬动后,公式(6.5.64)中的 b 变为 b^*,由上面叙述,有

$$b - b^* = (d_1 + 2d_2 + 2^2 d_3 + \cdots + 2^{l-2} d_{l-1} + 2^{l-1}) - (d_1^* + 2d_2^* + 2^2 d_3^* + \cdots + 2^{l-2} d_{l-1}^*)$$
$$\geqslant 2^{l-1} - (1 + 2 + 2^2 + \cdots + 2^{l-2}) = 1 \qquad (6.5.66)$$

这里 $d_1,d_2,d_3,\cdots,d_{l-1},d_1^*,d_2^*,d_3^*,\cdots,d_{l-1}^*$ 是 1 或是 0.因此,每搬动一次,搬动后与搬动前相比,相应的 b 至少减少 1.而开始时 $b \leqslant 2^n-1$,于是,至多搬动 2^n-1 次,相应的 b 就变为 0.因此,这游戏至多进行 2^n-1 次搬动便结束.

(2) 先证明存在性,再证明唯一性.

卡片的某个初始分布恰经过 2^n-1 次搬动才结束,从(1)的证明可以知道,开始时 b 必定为 2^n-1.将写有 0 的卡片放在第 n 个位置上,将写有 i 的卡片放在第 $i-1$ 个位置上,这里 $1 \leqslant i \leqslant n$,下面对 n 用数学归纳法证明游戏将进行 2^n-1 次才结束.

当 $n=1$ 时,在 1,0 两个位置上分别放着写有 0,1 的卡片,因此只须搬动一次即可.

假设对某个正整数 n,结论成立,考虑 $n+1$ 的情况.开始时,第 $n+1,n,n-1,\cdots,2,1,0$ 位置上依次放着写有 $0,n+1,n,\cdots,3,2,1$ 的卡片,由于写有 0 的卡片放在第 $n+1$ 个位置上,因此,在搬动这张卡片之前,第 0 位上一定是放着某个写有正整数的卡片,按照搬动规则,只有当这个数为 $n+1$ 时,写有 0 的卡片才能从第 $n+1$ 位置上被搬走,因此,暂时不管这张写有 0 的卡片及第 $n+1$ 个位置.将写有 $n+1$ 的卡片涂改为 0^*.这里加 * 表示是涂改过的,即把写有 $n+1$ 的卡片当成写有 0 的卡片.由归纳法假设,经过 2^n-1 次搬动,写有 $i(1 \leqslant i \leqslant n)$ 的卡片在第 i 个位

置上,写有 0^* 的卡片(实际上是写有 $n+1$ 的卡片)在第 0 个位置上.把 0^* 还原成 $n+1$,于是,经过 2^n-1 次搬动后,为下述情况:

$$\begin{array}{lcccccc} \text{位置数} & n+1 & n & n-1 & \cdots & 2 & 1 & 0 \\ \text{卡片数} & 0 & n & n-1 & \cdots & 2 & 1 & n+1 \end{array} \right\} \quad (6.5.67)$$

再经过一次搬动后,为下述情况:

$$\begin{array}{lcccccc} \text{位置数} & n+1 & n & n-1 & \cdots & 2 & 1 & 0 \\ \text{卡片数} & n+1 & 0 & n & \cdots & 3 & 2 & 1 \end{array} \right\} \quad (6.5.68)$$

现在第 $n,n-1,\cdots,2,1,0$ 位置上,分别放着写有 $0,n,\cdots,3,2,1$ 的卡片,再一次利用数学归纳法,经过 2^n-1 次搬动,使第 $i(0\leqslant i\leqslant n)$ 位置上放着写有 i 的卡片.于是整个游戏结束.一共搬动了

$$(2^n-1)+1+(2^n-1)=2^{n+1}-1 \quad (6.5.69)$$

次,数学归纳法完成.

现在来证明唯一性.

卡片的某个初始分布,恰经过 2^n-1 次搬动,才结束游戏.从(1)可以知道,开始时,相应的 b 必为 2^n-1.每次搬动,b 恰下降 1.因此倒推搬动,从 b 为 0 的状态开始,每次倒推搬动,b 恰增加 1.这决定了每次倒推搬动的规则:倒推搬动前,找出满足下述条件的最小正整数 i,第 i 个位置上放着写有 i 的卡片,拿掉这张卡片,将第 $0,1,2,\cdots,i-1$ 位置上的卡片分别往左搬动一个位置,然后将写有 i 的卡片放在第 0 位置上.由于 i 的最小性,每次倒推搬动前,如果 $i\geqslant 2$,有

$$d_1=d_2=\cdots=d_{i-1}=1,\quad d_i=0 \quad (6.5.70)$$

倒推搬动后,变为

$$d_1=d_2=\cdots=d_{i-1}=0,\quad d_i=1 \quad (6.5.71)$$

其余 $d_j(i+1\leqslant j\leqslant n)$ 不动,那么倒推搬动前后,相应的 b 恰增加 1,如果 $i=1$,由于每次倒推搬动,只交换 0,1 位置上的两张卡片,相应 b 恰增加 1,所以,每次倒推搬动都是唯一的,倒推搬动 2^n-1 次后,其位置是唯一确定的,这就证明了唯一性.

五、1994 个姑娘围着一张圆桌,玩一副 n 张牌的游戏.开始时,一个姑娘手中握有所有牌.如果至少一个姑娘至少握有两张牌时,那么这些姑娘中的一个必须分给她左、右两个姑娘各一张牌.当且仅当每个姑娘至多握有一张牌时,这游戏就结束了.

(1) 如果 $n\geqslant 1994$,求证:这游戏不能结束;

(2) 如果 $n<1994$,求证:这游戏必定结束.(瑞典供题)

证明:(1) 如果 $n\geqslant 1994$,由于只有 1994 个姑娘,至少有一个姑娘手中至少握有两张牌,游戏当然永远不会结束.

当 $n=1994$ 时,将姑娘由顺时针或逆时针分别编号为 $G_1,G_2,\cdots,G_{1994}$,开始时,G_1 手中握有所有牌.对于一张牌,如果它在姑娘 G_i 手中 $(1\leqslant i\leqslant 1994)$,给一个流通值 i,用 S 表示所有牌上流通值的总值.开始时,$S=1994$,现在考虑在分牌过程中,S 值的变化规则.如果姑娘 $G_i(2\leqslant i\leqslant 1993)$ 手中两张牌,这两张牌上的流通值之和为 $2i$,一张牌分给姑娘 G_{i-1},一张牌分给姑娘 G_{i+1},在分牌后,这两张牌上的流通值之和为

$$(i-1)+(i+1)=2i \quad (6.5.72)$$

因此,在分牌前后,S 值没有变化.如果 G_1 手中有两张牌,她分给 G_{1994} 一张牌,分给 G_2 一张牌,S 值在分牌后增加 1994.如果姑娘 G_{1994} 手中两张牌,她给 G_1,G_{1993} 各一张牌,S 值在分牌后,减少 1994.因此,经过若干次分牌后,S 的值为 $1994l$,这里 l 是某个正整数.

现在 $n=1994$,用反证法,如果游戏到某一步结束了,这时,每个姑娘手中恰有一张牌,这时 S 值为

$$1+2+3+\cdots+1\,994=997\times1\,995 \tag{6.5.73}$$

上式右端是奇数，不可能是 1 994 的正整数倍，即不可能等于 $1\,994l$，矛盾.

(2) 当 $n<1\,994$ 时，用反证法，设这游戏可以无限次进行下去，由于姑娘个数有限，一定至少有一个姑娘，她无限次地分牌给左、右两位姑娘，由于牌总数有限，这左、右两位姑娘必定也要无限次地分牌.因此，这三个姑娘都要无限次地分牌给自己左、右两位姑娘.利用上述想法，可以知道，这 1 994 个姑娘中的每一个都要无限次地分牌给左、右两位姑娘.

由于开始时，全部 n 张牌都在姑娘 G_1 手中，因此必定有姑娘的两个分牌序列

$$G_1\to G_2\to\cdots G_{i-1}\to G_i,\quad 及\quad G_1\to G_{1\,994}\to\cdots G_{i+2}\to G_{i+1} \tag{6.5.74}$$

G_i，G_{i+1} 每个姑娘手中至少有一张不同牌.而且 G_i，G_{i+1} 手中不同牌的总数至少有 3 张.不妨设 G_i 手中至少有一张牌，G_{i+1} 手中至少有两张不同牌. G_i 姑娘手中至少有一张牌，由分牌规则，G_{i-1} 姑娘手中至少有过两张不同牌. G_{i-2} 姑娘手中至少有过 3 张不同牌，……，在公式(6.5.74)的第一个分牌序列中，G_2 姑娘手中至少有过 $i-1$ 张不同牌.在公式(6.5.74)的第二个分牌序列中，G_{i+1} 姑娘手中至少有两张不同牌，则 G_{i+2} 姑娘手中至少有 3 张不同牌，……$G_{1\,994}$ 姑娘手中至少有过 $1\,995-i$ 张不同牌，因此姑娘 G_1 手中至少应有

$$(i-1)+(1\,995-i)=1\,994 \tag{6.5.75}$$

张不同牌，这与 $n<1\,994$ 矛盾.因此，当 $n<1\,994$ 时，这游戏必定会结束.

六、在一个无限大的正方形格子纸上，两个游戏者轮流在空格上填字母，第一个游戏者总是填 X，第二个游戏者总是填 O，每次填一个字母，如果在一行、一列或一条对角线上，有 11 个连续的 X，则第一个游戏者胜，求证：第二个游戏者总能设法防止第一个游戏者胜.(芬兰供题)

证明：将这无限大的正方形方格纸划分为无限多个 4×4 的填数 1，2，3，4 的正方形及无限多个 2×2 的空白正方形，见图 6.19.

在 4×4 填数的方格内，任取不涂深色的一个数，在这个数的同一行、同一列或同一对角线上相邻的方格中总有一个不涂深色的数和它相同，称这两个填有相同的方格为一对多米诺方格，这一对相同数称为一对多米诺数，同样定义跨 4×4 方格的同一条对角线上相邻的一对多米诺数，用深色涂这两数所在的多米诺方格.从图 6.19 上可以看出，在同一行，同一列或同一条对角线上连续 11 个方格中总有至少有一对多米诺方格.

3	3	**2**	2	4	1			1	**4**	3	3	**2**	2	4	1
2	**2**	3	3	**4**	1			1	4	2	**2**	3	3	**4**	1
4	1			1	**4**	3	3	**2**	2	4	1			1	**4**
4	1			1	4	2	**2**	3	3	**4**	1			1	4
1	**4**	3	3	**2**	2	4	1			1	**4**	3	3	**2**	2
1	4	2	**2**	3	3	**4**	1			1	4	2	**2**	3	3
2	2	4	1			1	**4**	3	3	**2**	2	4	1		
3	3	**4**	1			1	4	2	**2**	3	3	**4**	1		
		1	**4**	3	3	**2**	2	4	1			1	**4**	3	3
		1	4	2	**2**	3	3	**4**	1			1	4	2	**2**
3	3	**2**	2	4	1			1	**4**	3	3	**2**	2	4	1
2	**2**	3	3	**4**	1			1	4	2	**2**	3	3	**4**	1
4	1			1	**4**	3	3	**2**	2	4	1			1	**4**
4	1			1	4	2	**2**	3	3	**4**	1			1	4
1	**4**	3	3	**2**	2	4	1			1	**4**	3	3	**2**	2
1	4	2	**2**	3	3	**4**	1			1	4	2	**2**	3	3

图 6.19

第二个游戏者采用下列方法填数,当第一个游戏者在一个填数的方格上填上 X 时,第二个游戏者就在同对多米诺方格上填 O. 如果第一个游戏者在 2×2 的空白正方形的一个空格上填 X,则第二个游戏者就在同一 2×2 空白正方形的其他某个空格上填 O,如果第一个游戏者要在同一行、同一列或同一对角线上得到连续 11 个 X,则必在某一对多米诺方格中都填上 X,但第二个游戏者现在采用的策略,破坏了这一可能性,因此第一个游戏者永不可能得到题目中所要的结果.

七、 对任何整数 $n \geq 2$,求证:在一个平面上存在 2^{n-1} 个点的一个集合,使得无三点在同一条直线上,且无 $2n$ 个点是一个凸 $2n$ 边形的顶点.(巴西供题)

证明: 用归纳的方法定义具有 2^{n-1} 个点的集合 $S_n(n \geq 2)$,使得 S_n 满足题目中的条件.

定义 $S_2 = \{(0,0),(1,1)\}$.

如果 S_n 已知,这里 n 是某个大于等于 2 的正整数,取很大的正实数 M_n,使得对于 S_n 内所有点 $(x_i,y_i),(x_j,y_j),(x_k,y_k)$ 和 (x_l,y_l),这里 $k \neq l$,满足

$$\frac{y_i + M_n - y_j}{x_i + 2^{n-1} - x_j} > \frac{y_k - y_l}{x_k - x_l} \tag{6.5.76}$$

特别在上式中,令 $i = j$,有

$$M_n > 2^{n-1}\left(\frac{y_k - y_l}{x_k - x_l}\right) \tag{6.5.77}$$

令点集

$$T_n = \{(x + 2^{n-1}, y + M_n) \mid (x, y) \in S_n\} \tag{6.5.78}$$

简记 $T_n = S_n + (2^{n-1}, M_n)$.

S_n 具有 2^{n-1} 个点,T_n 也具有 2^{n-1} 个点. 令集合

$$S_{n+1} = S_n \bigcup T_n \tag{6.5.79}$$

利用不等式(6.5.77),我们知道,不存在 S_n 中两点 (x_k, y_k) 及 (x_l, y_l),使得

$$x_k + 2^{n-1} = x_l, \quad y_k + M_n = y_l \tag{6.5.80}$$

于是,S_{n+1} 恰是具有 2^n 个点的集合.

下面证明 S_n 满足题目条件.

当 $n = 2$ 时,S_2 仅两点,当然满足条件.

当 $n \geq 3$ 时,先证明 S_n 无三点共线,用反证法,设存在一个最小的正整数 n,$n \geq 3$,使得 S_n 包含三个共线点 P_1, P_2, P_3. 因为 $S_n = S_{n-1} \bigcup T_{n-1}$,由于 S_{n-1} 中无三点共线,则 T_{n-1} 中也无三点共线. 于是点 $P_i(1 \leq i \leq 3)$ 中至少有一点属于 T_{n-1},并至少有另一点属于 S_{n-1}. 不妨设点 P_1 在 S_{n-1} 内,点 P_3 在 T_{n-1} 内,对于点 P_2,有以下两种情况:

(1) 如果点 P_2 在 S_{n-1} 内,由数 M_n 及集合 T_n 的取法,保证集合 $T_n(n \geq 2)$ 内任一点及 S_n 内任一点连线的斜率大于 S_n 内任意两点连线的斜率,当然也大于 T_n 内任意不同两点连线的斜率. 利用这个结论,我们知道直线 P_1P_3 的斜率大于直线 P_1P_2 的斜率. 于是,三点 P_1, P_2, P_3 不共线,矛盾.

(2) 如果点 P_2 在 T_{n-1} 内,利用直线 P_1P_2 的斜率大于直线 P_2P_3 的斜率,也导出矛盾.

所以,这样构造的 S_n 内无三点共线.

下面证明,这样构造的 S_n 内无 $2n$ 个点是一个凸 $2n$ 边形的顶点,也利用反证法.

设存在最小的正整数 n,$n \geq 3$,S_n 内有 $2n$ 个点,组成一个凸 $2n$ 边形的顶点,记这个凸 $2n$ 边形为 M.

在 M 内,从横坐标最小的点到横坐标最大的点之间连一条对角线或边,记为 d. 先考虑 d 为对角线的情况. d 分 M 为两个凸多边形,这两个凸多边形一共有 $2n + 2$ 条边. 于是,至少有一个

凸多边形 M_1,至少有 $n+1$ 条边.

首先考虑这凸多边形 M_1 位于对角线 d 的下方,那么至少有 $n+1$ 个顶点 $P_i(x_i, y_i)$, $0 \leqslant i \leqslant n$,使得 $x_{i-1} < x_i$,这里 $1 \leqslant i \leqslant n$. P_0 是横坐标最小的点.不妨设 P_n 是 d 的另一端点,即横坐标最大的点.否则用 $P_m(m>n)$ 代替 P_n 进行讨论.

由于这凸多边形 M_1 在 d 的下方,则 M_1 各边所在直线的斜率在逐渐增加,即对于 $1 \leqslant i \leqslant n-1$,有

$$\frac{y_i - y_{i-1}}{x_i - x_{i-1}} < \frac{y_{i+1} - y_i}{x_{i+1} - x_i} \tag{6.5.81}$$

现在证明所有点 $P_i(0 \leqslant i \leqslant n-1)$ 属于 S_{n-1}. 由于 S_{n-1} 内无凸 $2(n-1)$ 边形的顶点,则 T_{n-1} 内也无凸 $2(n-1)$ 边形的顶点,那么,M 的顶点既有 S_{n-1} 内点,也有 T_{n-1} 内点.从 S_2 的构造,T_n 及 S_{n+1} 的定义,极容易证明 $S_n(n \geqslant 2)$ 内任意一点的横坐标小于 2^{n-1}. 由此可知 S_n 内任意一点的横坐标小于 T_n 内任意一点的横坐标. 另外,由 S_n 的构造可以知道,S_n 中任意一点的横坐标是非负的.

在 M 内,由于点 $P_0(x_0, y_0)$ 横坐标 x_0 最小,于是,$P_0(x_0, y_0) \in S_{n-1}$. 由于 $P_n(x_n, y_n)$ 的横坐标 x_n 最大,于是 $P_n(x_n, y_n) \in T_{n-1}$.

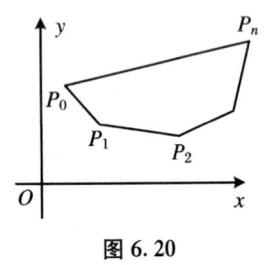

图 6.20

下面证明,对于所有 $1 \leqslant i \leqslant n-1$,点 P_i 属于 S_{n-1}. 用反证法,设存在某个 k, $1 \leqslant k \leqslant n-1$,使得点 P_{k-1} 在 S_{n-1} 内,点 P_k 及点 P_{k+1} 在 T_{n-1} 内(图 6.20).

于是,由 T_{n-1} 的定义,点 P_k 坐标 (x_k, y_k) 及点 P_{k+1} 坐标 (x_{k+1}, y_{k+1}) 满足

$$\left.\begin{array}{l}(x_k, y_k) = (x_k^* + 2^{n-2}, y_k^* + M_{n-1}) \\ (x_{k+1}, y_{k+1}) = (x_{k+1}^* + 2^{n-2}, y_{k+1}^* + M_{n-1})\end{array}\right\} \tag{6.5.82}$$

这里点 (x_k^*, y_k^*), (x_{k+1}^*, y_{k+1}^*) 在 S_{n-1} 内.

由 M_{n-1} 的定义,有

$$\frac{y_k - y_{k-1}}{x_k - x_{k-1}} = \frac{y_k^* + M_{n-1} - y_{k-1}}{x_k^* + 2^{n-2} - x_{k-1}} > \frac{y_{k+1}^* - y_k^*}{x_{k+1}^* - x_k^*} = \frac{y_{k+1} - y_k}{x_{k+1} - x_k} \tag{6.5.83}$$

上式与不等式 (6.5.81) 是矛盾的.所以,对所有 $0 \leqslant i \leqslant n-1$,点 P_i 属于集合 S_{n-1}.

当 d 是 M 的一条边时,上述结论显然也成立,只不过 n 将被 $2n$ 所替代.

由于 $S_{n-1} = S_{n-2} \cup T_{n-2}$. 如果对所有 $0 \leqslant i \leqslant n-1$,点 P_i 属于集合 S_{n-1},则对所有 $0 \leqslant i \leqslant n-2$,点 P_i 属于 S_{n-2}. 这可以通过类似上述证明得到.于是,所有点 $P_i(0 \leqslant i \leqslant n-3)$ 属于 S_{n-3},$\cdots$,所有点 $P_i(0 \leqslant i \leqslant 2)$ 属于 S_2,但集合 S_2 仅两点,矛盾.

如果凸多边形 M 至少有 $n+1$ 条边在 d 上方,类似证明,可以得到有 n 个点 P_i,这里 $n \leqslant i \leqslant 2n-1$,属于 T_{n-1},$n-1$ 个点 P_i,这里 $n \leqslant i \leqslant 2n-2$,属于 T_{n-2},$n-2$ 个点 P_i,这里 $n \leqslant i \leqslant 2n-3$,属于 T_{n-3},$\cdots$,最后,有 3 个点 P_i,这里 $n \leqslant i \leqslant n+2$,属于 T_2,但是 T_2 仅两点,也矛盾.

几何备选题

几何备选题一共 5 题.

一、在一条直线 l 的一侧画一个半圆 Γ,C 和 D 是 Γ 上两点,Γ 上过 C 和 D 的切线各自交 l 于 B 和 A,半圆的圆心在线段 BA 上,E 是线段 AC 和 BD 的交点,F 是 l 上点,EF 垂直于 l(图 6.21),求证:EF 平分 $\angle CFD$. (法国供题)

证明:设直线 AD, BC 相交于点 P,过点 P 作直线 l 的垂线,交 l 于点 H.

用点 O 表示半圆 Γ 的圆心,$\triangle OAD$ 是一个直角三角形,$\triangle PAH$ 也是一个直角三角形.$\angle A$ 是公共角,于是,有

$$\triangle OAD \backsim \triangle PAH \qquad (6.5.84)$$

因此,有

$$\frac{AH}{AD} = \frac{HP}{DO} \qquad (6.5.85)$$

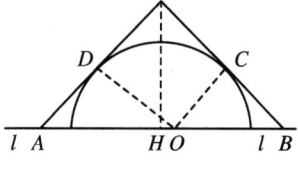

图 6.21

类似地,直角 $\triangle OCB$ 相似于直角 $\triangle PHB$,得

$$\frac{BH}{BC} = \frac{HP}{CO} \qquad (6.5.86)$$

因为 $DO = CO$,利用上面叙述,有

$$\frac{AH}{AD} = \frac{BH}{BC} \qquad (6.5.87)$$

又

$$CP = DP \qquad (6.5.88)$$

利用上二式,有

$$\frac{AH}{HB} \frac{BC}{CP} \frac{PD}{DA} = 1 \qquad (6.5.89)$$

由 Ceva 定理的逆定理,三条直线 AC,BD 和 PH 相交于一点,直线 PH 迭合于直线 EF,点 H 与点 F 重合.

由于

$$\angle ODP = \frac{\pi}{2}, \quad \angle OCP = \frac{\pi}{2} \qquad (6.5.90)$$

因此,O、D、P、C 四点共圆,OP 是此圆的一条直径,又

$$\angle PHO = \frac{\pi}{2} \qquad (6.5.91)$$

所以点 H 也在这个圆上.因此,有

$$\angle DFP = \angle DOP = \angle COP = \angle CFP \qquad (6.5.92)$$

题目结论成立.

二、$ABCD$ 是一个四边形,且 BC 平行于 AD,M 是 CD 的中点,P 是 MA 的中点,Q 是 MB 的中点,直线 DP 和 CQ 交于点 N(图 6.22).求证:点 N 不在 $\triangle ABM$ 的外部的充要条件是 $\frac{1}{3} \leqslant \frac{AD}{BC} \leqslant 3$.(乌克兰供题)

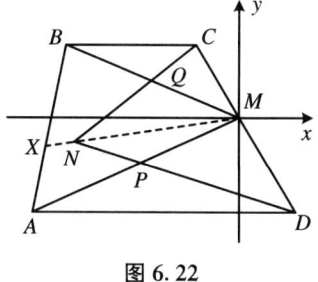

图 6.22

证明: 采用平面解析几何方法.设点 M 为坐标原点,与 AD 平行的直线为 x 轴,建立直角坐标系.于是点 M 坐标为 $(0,0)$,设点 C 坐标是 (a,b),$b>0$,点 D 坐标为 $(-a,-b)$.记点 B 坐标是 (c,b),点 A 坐标为 $(d,-b)$.线段 MA 的中点 P 坐标是 $\left(\frac{d}{2}, -\frac{b}{2}\right)$,线段 MB 的中点 Q 坐标是 $\left(\frac{c}{2}, \frac{b}{2}\right)$.

直线 CQ 的方程是

$$y - b = \frac{b}{2a - c}(x - a) \qquad (6.5.93)$$

直线 DP 的方程是

$$y + b = \frac{b}{2a + d}(x + a) \qquad (6.5.94)$$

解上二式组成的联列方程组,可以求出点 N 的坐标为
$$\left(\frac{2(c-a)(2a+d)}{c+d}-a,\frac{b(c-d-2a)}{c+d}\right)$$

下面采用向量法,利用上面叙述,有
$$\mathbf{MN}=\left(\frac{2(c-a)(2a+d)}{c+d}-a,\frac{b(c-d-2a)}{c+d}\right),\quad \mathbf{MA}=(d,-b),\quad \mathbf{MB}=(c,b) \tag{6.5.95}$$

求实数 λ,μ,使得
$$\mathbf{MN}=\lambda\mathbf{MB}+\mu\mathbf{MA} \tag{6.5.96}$$

利用(6.5.95)和(6.5.96),有
$$\left.\begin{aligned}\lambda c+\mu d &= \frac{2(c-a)(2a+d)}{c+d}-a \\ \lambda b-\mu b &= \frac{b(c-d-2a)}{c+d}\end{aligned}\right\} \tag{6.5.97}$$

解上述方程组,有
$$\left.\begin{aligned}\lambda &= \frac{(a+d)(3c-4a-d)}{(c+d)^2} \\ \mu &= \frac{(a-c)(c-4a-3d)}{(c+d)^2}\end{aligned}\right\} \tag{6.5.98}$$

可以知道
$$AD=-a-d,\quad BC=a-c \tag{6.5.99}$$

利用公式(6.5.98)和(6.5.99),有
$$\left.\begin{aligned}\lambda &= \frac{AD(3BC-AD)}{(AD+BC)^2} \\ \mu &= \frac{BC(3AD-BC)}{(AD+BC)^2}\end{aligned}\right\} \tag{6.5.100}$$

利用 5.3 节例 6 中公式(5.3.76),设点 N 在 $\triangle MAB$ 内部,延长 MN 与边 AB 交于点 X,记 $\dfrac{AX}{BX}=\beta$,则存在 $k\in[0,1]$,使得
$$\mathbf{MN}=k\mathbf{MX}=k\left(\frac{1}{1+\beta}\mathbf{MA}+\frac{\beta}{1+\beta}\mathbf{MB}\right)=\frac{k}{1+\beta}\mathbf{MA}+\frac{k\beta}{1+\beta}\mathbf{MB} \tag{6.5.101}$$

记
$$\lambda=\frac{k\beta}{1+\beta},\quad \mu=\frac{k}{1+\beta} \tag{6.5.102}$$

容易明白,点 N 不在 $\triangle ABM$ 的外部当且仅当 $\lambda\geqslant 0,\mu\geqslant 0,\lambda+\mu=k\leqslant 1$ 同时成立. 又利用公式(6.5.100),有
$$\lambda+\mu=\frac{6AD\cdot BC-(AD^2+BC^2)}{(AD+BC)^2} \tag{6.5.103}$$

知道
$$2AD\cdot BC\leqslant AD^2+BC^2$$

及
$$4AD\cdot BC\leqslant (AD+BC)^2 \tag{6.5.104}$$

可以得到
$$\lambda+\mu\leqslant\frac{4AD\cdot BC}{(AD+BC)^2}\leqslant 1 \tag{6.5.105}$$

利用公式(6.5.100)和上式,知道点 N 不在 $\triangle ABM$ 的外部的充要条件是
$$3BC \geqslant AD \quad \text{和} \quad 3AD \geqslant BC \tag{6.5.106}$$
同时成立.这就是题目结论.

三、一个圆 ω 切于两条平行直线 l_1 和 l_2,第二个圆 ω_1 切 l_1 于点 A,外切 ω 于点 C,第三个圆 ω_2 切 l_2 于点 B,外切 ω 于点 D,外切 ω_1 于点 E,AD 交 BC 于点 Q(图 6.23).求证:点 Q 是 $\triangle CDE$ 的外心.(俄罗斯供题)

证明: 设点 O 是圆 ω 的圆心,圆 ω 半径是 r;点 O_1 是圆 ω_1 的圆心,圆 ω_1 半径是 r_1,设圆 ω 切直线 l_1 于点 H,切直线 l_2 于点 K.从点 A 作 ω 的另一条切线,切圆 ω 于点 D^*,连直线 HD^* 交直线 l_2 于点 B^*,过点 B^* 直线垂直于 l_2,交线段 OD^* 的延长线于点 O_2^*.那么,有 $O_2^* B^* // HO$,及

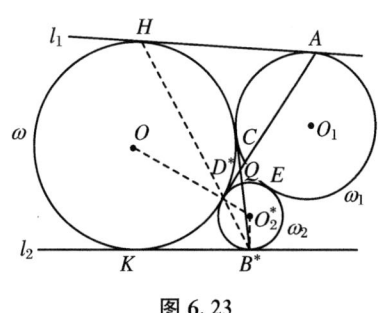

图 6.23

$$\angle O_2^* B^* D^* = \angle OHD^* = \angle OD^* H = \angle O_2^* D^* B^* \tag{6.5.107}$$

因此,有
$$O_2^* B^* = O_2^* D^* = r_2^* (\text{表示}) \tag{6.5.108}$$

以点 O_2^* 为圆心,r_2^* 为半径,作一个圆 ω_2^* 切圆 ω 于点 D^*,切直线 l_2 于点 B^*,如果能证明圆 ω_2^* 也与圆 ω_1 外切,那么圆 ω_2^* 与圆 ω_2 叠合.点 O_2^* 与点 O_2 叠合(圆 ω_2^* 与圆 ω_2 叠合的理由请读者给出).

设 $HA = x,KB^* = y,\triangle AHO$ 与 $\triangle AD^*O$ 是两个全等的直角三角形,所以 HD^* 垂直于 AO,
$$\angle B^* HO = \angle OAH \tag{6.5.109}$$

由上式,可以知道
$$\text{Rt}\triangle OHA \backsim \text{Rt}\triangle B^* KH \tag{6.5.110}$$

从而有
$$\frac{OH}{KB^*} = \frac{HA}{HK} \tag{6.5.111}$$

利用上面叙述,有
$$xy = 2r^2 \tag{6.5.112}$$

$OO_1 = r + r_1$,于是,可以看到
$$x^2 = (r + r_1)^2 - (r - r_1)^2 = 4rr_1 \tag{6.5.113}$$

类似地,有
$$y^2 = (r + r_2^*)^2 - (r - r_2^*)^2 = 4rr_2^* \tag{6.5.114}$$

而
$$\begin{aligned}O_2^* O_1^2 &= (x-y)^2 + (2r - r_1 - r_2^*)^2 \\ &= (x^2 - 2xy + y^2) + (4r^2 + r_1^2 + r_2^{*2} - 4rr_1 - 4rr_2^* + 2r_1 r_2^*) \\ &= (r_1 + r_2^*)^2 \end{aligned} \tag{6.5.115}$$

这里利用公式(6.5.112),(6.5.113)和(6.5.114),利用上式,有
$$O_2^* O_1 = r_1 + r_2^* \tag{6.5.116}$$

从而圆 ω_2^* 与圆 ω_1 外切,这导致圆 ω_2^* 与圆 ω_2 叠合.点 D^* 与点 D 重合,点 B^* 与点 B 重合.AD 是圆 ω 的切线,由于 AD 垂直于 OD,则 AD 垂直于 DO_2,点 D 在圆 ω_2 上,则 AD 也是圆 ω_2 的切线,AD 是圆 ω 与圆 ω_2 的公切线.

类似可以证明 BC 是圆 ω 与圆 ω_1 的公切线. 明显地, 有

$$QC = QD \tag{6.5.117}$$

如果 QE 与圆 ω_1 相切, 则 $QC = QE$. 如果 QE 与圆 ω_2 相切, 则 $QD = QE$. 本题结论成立. 如果 QE 既不是圆 ω_1 的切线, 也不是圆 ω_2 的切线, 下面证明这种情况不会发生.

用反证法, 如果上述情况产生, 连直线 QE, 交圆 ω_1 于点 X, 交圆 ω_2 于点 Y, 点 E 在线段 XY 内. QX 不等于 QY. 又可以看到

$$QX \cdot QE = QC^2 = QD^2 = QE \cdot QY \tag{6.5.118}$$

则 $QX = QY$. 矛盾.

四、本届 IMO 第二题.

五、一条直线 l 与具圆心 O 的圆 ω 不相交, E 是 l 上点, OE 垂直于 l, M 是 l 上任意不同于 E 的点. 从点 M 作 ω 的两条切线切 ω 于点 A 和 B, C 是 MA 上的点, 使得 EC 垂直于 MA, D 是 MB 上的点, 使得 ED 垂直于 MB, 直线 CD 交 OE 于点 F(图 6.24). 求证: 点 F 的位置不依赖于点 M 的位置. (塞浦路斯供题)

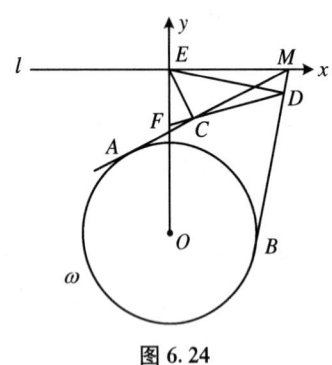

图 6.24

证明: 用平面解析几何方法, 设点 E 为坐标原点, l 为 x 轴, 圆 ω 的圆心 O 的坐标为 $(0, a)$, 点 M 坐标为 $(b, 0)$, 圆 ω 的方程为

$$x^2 + (y - a)^2 = R^2 \tag{6.5.119}$$

这里 R 是圆 ω 的半径. $R < |a|$. 连接 OM, 直线 OM 的斜率

$$k_{OM} = -\frac{a}{b} \tag{6.5.120}$$

因此, 直线 OM 与 x 轴正向的夹角为 $\arctan\left(-\frac{a}{b}\right)$.

由于

$$\angle AMO = \angle BMO = \theta, \quad \theta \in \left(0, \frac{\pi}{2}\right) \tag{6.5.121}$$

利用上面叙述, 有

$$\sin\theta = \frac{R}{\sqrt{a^2 + b^2}}, \quad \cos\theta = \frac{\sqrt{a^2 + b^2 - R^2}}{\sqrt{a^2 + b^2}} \tag{6.5.122}$$

$$\tan\theta = \frac{R}{\sqrt{a^2 + b^2 - R^2}} \tag{6.5.123}$$

切线 MB 方程是

$$y = \tan\left(\arctan\left(-\frac{a}{b}\right) + \theta\right)(x - b) \tag{6.5.124}$$

切线 MA 方程是

$$y = \tan\left(\arctan\left(-\frac{a}{b}\right) - \theta\right)(x - b) \tag{6.5.125}$$

利用公式(6.5.123), 直接计算可以得到

$$\tan\left(\arctan\left(-\frac{a}{b}\right) + \theta\right) = \frac{Rb - a\sqrt{a^2 + b^2 - R^2}}{aR + b\sqrt{a^2 + b^2 - R^2}} \tag{6.5.126}$$

$$\tan\left(\arctan\left(-\frac{a}{b}\right) - \theta\right) = \frac{Rb + a\sqrt{a^2 + b^2 - R^2}}{aR - b\sqrt{a^2 + b^2 - R^2}} \tag{6.5.127}$$

因而切线 MB 的方程是

$$y = \frac{Rb - a\sqrt{a^2 + b^2 - R^2}}{aR + b\sqrt{a^2 + b^2 - R^2}}(x - b) \tag{6.5.128}$$

切线 MA 的方程是

$$y = \frac{Rb + a\sqrt{a^2 + b^2 - R^2}}{aR - b\sqrt{a^2 + b^2 - R^2}}(x - b) \tag{6.5.129}$$

由于直线 ED 垂直于 MB，于是直线 ED 方程是

$$y = \frac{aR + b\sqrt{a^2 + b^2 - R^2}}{a\sqrt{a^2 + b^2 - R^2} - Rb}x \tag{6.5.130}$$

解公式(6.5.128)和上式组成的联列方程组，可以得到点 D 坐标是

$$\left(\frac{b(Rb - a\sqrt{a^2 + b^2 - R^2})^2}{(a^2 + b^2)^2}, \frac{b(aR + b\sqrt{a^2 + b^2 - R^2})(a\sqrt{a^2 + b^2 - R^2} - Rb)}{(a^2 + b^2)^2} \right)$$

完全类似地，可以得到 C 点的坐标是

$$\left(\frac{b(Rb + a\sqrt{a^2 + b^2 - R^2})^2}{(a^2 + b^2)^2}, \frac{b(Rb + a\sqrt{a^2 + b^2 - R^2})(b\sqrt{a^2 + b^2 - R^2} - aR)}{(a^2 + b^2)^2} \right)$$

因此，直线 CD 的斜率为

$$k_{CD} = \frac{b^2 - a^2}{2ab} \tag{6.5.131}$$

由于，直线 CD 的方程是

$$(a^2 + b^2)^2 y - b(aR + b\sqrt{a^2 + b^2 - R^2})(a\sqrt{a^2 + b^2 - R^2} - Rb)$$
$$= \frac{b^2 - a^2}{2ab}((a^2 + b^2)^2 x - b(Rb - a\sqrt{a^2 + b^2 - R^2})^2) \tag{6.5.132}$$

由于点 F 的横坐标为 0，记 F 点的纵坐标为 y_F，利用公式(6.5.132)，有

$$y_F = \frac{a^2 - R^2}{2a} \tag{6.5.133}$$

y_F 与 b 无关．于是点 F 不依赖于点 M 的位置变化．

数论备选题

数论备选题一共 7 题．

一、 M 是 $\{1,2,3,\cdots,15\}$ 的一个子集，使得 M 的任何 3 个不同元素的乘积不是一个平方数，确实 M 内全部元素的最多数目．(保加利亚供题)

解：由于子集 $\{1,4,9\}$，$\{2,6,12\}$，$\{3,5,15\}$ 和 $\{7,8,14\}$ 是四个两两不相交的子集，且每个子集中 3 个元素的乘积是一个完全平方数．如果 M 的不同元素个数大于等于 12，则 $\{1,2,3,\cdots,15\}$ 中不在 M 内的元素至多 3 个，上述四个 3 元子集中，至少有一个 3 元子集的全部元素在 M 内，这是题目条件不允许的．因此 M 的不同元素个数至多 11 个，即从上述四个 3 元子集中各至少取一个元素，然后从 $\{1,2,3,\cdots,15\}$ 中删除这些元素，M 必是这种类型的子集．注意上述四个 3 元子集不包含 10．

如果 10 不在 M 内，则 M 内元素个数小于等于 10．如果 10 在 M 内，下面证明 M 内元素的个数也小于等于 10．用反证法，设 M 内元素个数恰为 11 个．如果两元子集 $\{3,12\}$ 不在 M 内，则 $3,12$ 中至少有一个不在 M 内．在 $\{1,2,3,\cdots,15\}$ 内再至多删去 3 个元素，组成 M．由于 $\{2,5\}$，$\{6,15\}$，$\{1,4,9\}$ 和 $\{7,8,14\}$ 四个两两不相交的子集，这四个子集中至少有一个在 M 内，这留在 M 内的如果是一个 3 元子集，由于 3 元之积是一个完全平方数，不合题意．如果是一个两元子集，

这两个元素与 10 的积是完全平方数,也不合题意.如果两元子集 $\{3,12\}$ 在 M 内,由题意,则 $\{1\}$,$\{4\}$,$\{9\}$,$\{2,6\}$,$\{5,15\}$,$\{7,8,14\}$ 中任一个都不是 M 的子集.上述 6 个两两不相交的子集的每个子集中至少有一个元素不在 M 内,于是 M 内全部元素个数至多 9 个,与 M 恰有 11 个元素矛盾.

所以,满足题目条件的 M 的全部元素个数不会超过 10 个.取
$$M = \{1,4,5,6,7,10,11,12,13,14\} \tag{6.5.134}$$
M 恰含 10 个元素,而且 M 内任 3 个元素之积都不是完全平方数.因此,M 的全部元素的最多数目是 10.

二、本届 IMO 第四题.

三、本届 IMO 第六题.

四、对于任何正整数 x_0,三个序列 $\{x_n\}$,$\{y_n\}$ 和 $\{z_n\}$ 定义如下:

(1) $y_0 = 4, z_0 = 1$;

(2) 对非负整数 n,如果 x_n 是偶数,$x_{n+1} = \frac{1}{2} x_n$,$y_{n+1} = 2y_n$ 和 $z_{n+1} = z_n$;

(3) 对非负整数 n,如果 x_n 是奇数,$x_{n+1} = x_n - \frac{1}{2} y_n - z_n$,$y_{n+1} = y_n$ 和 $z_{n+1} = y_n + z_n$.

整数 x_0 称为一个好数当且仅当从某个正整数 n 开始,$x_n = 0$,寻找小于等于 1 994 的好数的数目.(法国供题)

解:从题目条件,立刻可以知道,对于任意 $n \in \mathbf{N}^+$,$y_n = 2^k$.这里 k 是与 n 有关的一个正整数,且 $k \geq 2$,$z_n \equiv 1 \pmod 4$,z_n 是正整数,x_n 是整数.

下面先证明:

对于正整数 n,如果 x_{n-1} 是偶数,则 $y_n > z_n$;如果 x_{n-1} 是奇数,则 $2y_n > z_n$.

对 n 用数学归纳法.当 $n = 1$ 时,由题目条件(1),有 $y_0 > z_0$,及 $2y_0 > z_0$.因此 $n = 1$ 时,上述结论成立.设上述结论对某个正整数 n 成立.考虑 $n+1$ 的情况.

当 x_n 是偶数时,由题目条件(2),知道
$$y_{n+1} = 2y_n > z_n (\text{由归纳法假设,以及 } y_n > 0) = z_{n+1} \tag{6.5.135}$$

当 x_n 是奇数时,首先确定 x_{n-1} 的奇偶性,如果 x_{n-1} 是奇数,利用题目条件(3),以及上述 $y_n = 2^k (k \geq 2)$,z_n 始终是奇数,有 x_n 必是偶数,这与 x_n 是奇数矛盾.因此 x_{n-1} 必是偶数.由题目条件及归纳法假设,可以知道
$$y_{n+1} = y_n > z_n, \quad 2y_{n+1} = 2y_n > y_n + z_n = z_{n+1} \tag{6.5.136}$$
则要证明的结论成立.

下面对好数 x_0 分情况讨论:

(1) 如果 x_0 是一个好数,当且仅当从 $n = 1$ 开始,$x_n = 0$,在这种情况,x_0 如何确定呢?

由于 $x_0 \neq 0$,则 x_0 必是奇数.用反证法,如果 x_0 是偶数,由题目条件(2),有 $x_1 = \frac{1}{2} x_0$,由于 $x_1 = 0$,则 $x_0 = 0$,矛盾.再利用题目条件(1)和(3),有
$$0 = x_1 = x_0 - \frac{1}{2} y_0 - z_0 = x_0 - 3, \quad \text{则} \quad x_0 = 3 \tag{6.5.137}$$

因此 $x_0 = 3$ 是一个好数.

(2) 如果 x_0 是一个好数,当且仅当从某个正整数 $n \geq 2$ 开始,$x_n = 0$.先确定 x_{n-2} 是奇数,还是偶数,如果 x_{n-2} 是一个奇数,由题目条件(3),x_{n-1} 是一个偶数,利用 $x_n = \frac{1}{2} x_{n-1}$,有 $x_{n-1} = 0$,矛盾.因此,x_{n-2} 必是一个偶数,而且 x_{n-1} 必是一个奇数.由题目开始时叙述的且已用数学归纳法

证明的结论,知道 $y_{n-1} > z_{n-1}$.

利用题目条件(3)和 $x_n = 0$,有

$$x_{n-1} = \frac{1}{2}y_{n-1} + z_{n-1}, \quad y_n = y_{n-1}, \quad z_n = y_{n-1} + z_{n-1} \tag{6.5.138}$$

因此,当 y_{k-1}, z_{n-1} 已知时,x_{n-1}, y_n 和 z_n 可以唯一确定.由于 x_{n-2} 是偶数,由题目条件(2),有

$$x_{n-1} = \frac{1}{2}x_{n-2}, \quad y_{n-1} = 2y_{n-2}, \quad z_{n-1} = z_{n-2} \tag{6.5.139}$$

从而 $x_{n-2}, y_{n-2}, z_{n-2}$ 可以定出.

一般地,如果 x_k, y_k, z_k 已经求出,而且有序数组 $(y_k, z_k) \neq (4,1)$,那么 $x_{k-1}, y_{k-1}, z_{k-1}$ 怎样来确定呢?

① 当 $y_k > z_k$ 时(y_k 偶,z_k 奇,两者不能相等),x_{k-1} 必定是偶数.用反证法,如果 x_{k-1} 是奇数,由题目条件(3),有

$$y_k = y_{k-1} = z_k - z_{k-1} < z_k \tag{6.5.140}$$

得矛盾.再利用题目条件(2),有

$$x_{k-1} = 2x_k, \quad y_{k-1} = \frac{1}{2}y_k, \quad z_{k-1} = z_k \tag{6.5.141}$$

② 当 $y_k < z_k$ 时,x_{k-1} 必定是奇数.用反证法,如果 x_{k-1} 是偶数,利用题目开始时叙述的结论,有 $y_k > z_k$,矛盾.再利用题目条件(3),有

$$y_{k-1} = y_k, \quad z_{k-1} = z_k - y_k, \quad x_{k-1} = x_k + \frac{1}{2}y_{k-1} + z_{k-1} \tag{6.5.142}$$

由公式(6.5.141)和(6.5.142)可以知道,对于任何正整数 k,必有

$$y_k \geq y_{k-1}, \quad z_k \geq z_{k-1} \tag{6.5.143}$$

而且等号不会同时成立.因此,如果有序数组 $(y_k, z_k) = (4,1)$,即 $y_k = y_0, z_k = z_0$.那么相应的 x_k 就是所求的 x_0.换言之,这时必有 $k=0$.由上面叙述可以看出,从任一对正整数 $k(k \geq 2), t$ 出发,取

$$y_{n-1} = 2^k, \quad z_{n-1} = 4t+1, \quad x_n = 0 \tag{6.5.144}$$

反复利用公式(6.5.141)和(6.5.142),那么全部 $x_k, y_k, z_k (0 \leq k \leq n)$ 都可以算出,直到 $y_0 = 4, z_0 = 1$ 为止,这时 n 也可以算出.记相应的 $x_0 = f(y_{n-1}, z_{n-1})$.例如,前面已经计算过,当 $n=1$ 时,$f(4,1) = 3$.

取 $y_{n-1} = 64, z_{n-1} = 61$,利用上面方法,得到下列数表,并能定出 $n=9$.

$$\left.\begin{array}{lll}
x_9 = 0, & y_9 = 64, & z_9 = 125, \\
x_8 = 93, & y_8 = 64, & z_8 = 61, \\
x_7 = 186, & y_7 = 32, & z_7 = 61, \\
x_6 = 231, & y_6 = 32, & z_6 = 29, \\
x_5 = 462, & y_5 = 16, & z_5 = 29, \\
x_4 = 483, & y_4 = 16, & z_4 = 13, \\
x_3 = 966, & y_3 = 8, & z_3 = 13, \\
x_2 = 975, & y_2 = 8, & z_2 = 5, \\
x_1 = 1\,950, & y_1 = 4, & z_1 = 5, \\
x_0 = 1\,953, & y_0 = 4, & z_0 = 1
\end{array}\right\} \tag{6.5.145}$$

另一个例子是

$$\left.\begin{array}{lll} x_6 = 0, & y_6 = 128, & z_6 = 129, \\ x_5 = 65, & y_5 = 128, & z_5 = 1, \\ x_4 = 130, & y_4 = 64, & z_4 = 1, \\ x_3 = 260, & y_3 = 32, & z_3 = 1, \\ x_2 = 520, & y_2 = 16, & z_2 = 1, \\ x_1 = 1\,040, & y_1 = 8, & z_1 = 1, \\ x_0 = 2\,080, & y_0 = 4, & z_0 = 1 \end{array}\right\} \quad (6.5.146)$$

由上述两个例子,有
$$f(64,61) = 1\,953, \quad f(128,1) = 2\,080 \qquad (6.5.147)$$
1 953 是一个好数,而 2 080>1 994 不是要寻找的好数.

利用公式(6.5.138),(6.5.139),(6.5.141),(6.5.142)等的叙述,容易看到
$$f(2y,z) > f(y,z), \quad f(y,z+4) > f(y,z) \qquad (6.5.148)$$

有兴趣的读者可以列出数表,仔细证明上式.这留给读者作为练习.利用公式(6.5.147)和不等式(6.5.148),小于等于 1 994 的好数的集合是由下述正整数组成(注意 $y_{n-1} > z_{n-1}$),
$$f(4,1), f(8,1), f(8,5), f(16,1), f(16,5), f(16,9), f(16,13), \cdots,$$
$$f(64,1), f(64,5), f(64,9), \cdots, f(64,61)$$

上述这个集合一共有
$$1 + 2 + 4 + 8 + 16 = 31 \qquad (6.5.149)$$
个元素.

五、本届 IMO 第 3 题.

六、设 x_1 和 x_2 是互质的正整数,对 $n \geqslant 2$,定义 $x_{n+1} = x_n x_{n-1} + 1$.

(1) 对每个正整数 $i > 1$,求证:存在正整数 $j > i$,使得 x_i^i 整除 x_j^j.

(2) x_1 是否必定整除某个 x_j^j,这里正整数 $j > 1$. (拉脱维亚供题)

解:(1) 正整数 $i > 1$,p 是 x_i 的一个质因子,对于任一正整数 n,引入一列非负整数 u_n, $0 \leqslant u_n < p - 1$,使得
$$u_n \equiv x_n \pmod{p} \qquad (6.5.150)$$
显然,再利用题目条件,有
$$u_{n+1} \equiv u_n u_{n-1} + 1 \pmod{p} \qquad (6.5.151)$$
因为 $0 \leqslant u_{n-1}, u_n \leqslant p-1$,$u_{n-1}, u_n$ 全是整数,则不同的有序非负整数对 (u_{n-1}, u_n) 只有有限个.而当 $n \geqslant 2$ 时,n 取遍全部大于等于 2 的正整数时,(u_{n-1}, u_n) 有无限多对.因此,一定有正整数 $k, l, 2 \leqslant k < l$,使得
$$(u_{k-1}, u_k) = (u_{l-1}, u_l) \qquad (6.5.152)$$
即 $u_{k-1} = u_{l-1}, u_k = u_l$.再利用公式(6.5.151),有
$$u_{k+1} \equiv u_{l+1} \pmod{p}, \quad \text{则} \quad u_{k+1} = u_{l+1} \qquad (6.5.153)$$
因此,在删除有限多个 $u_1, u_2, \cdots, u_{k-2}$ 以后,易知 $\{u_n \mid n \geqslant k-1\}$ 是周期变化的.

由于 $p \mid x_i$,及 $u_i \equiv x_i \pmod{p}$,于是,有
$$u_i = 0 \qquad (6.5.154)$$
下面证明,存在某个正整数 k_p,使得
$$u_{i+k_p} = 0 \qquad (6.5.155)$$
用反证法,如果对于任意正整数 j,$u_{i+j} \neq 0$,考虑第一、第二个周期序列 $\{u_k, u_{k+1}, \cdots, u_{k+s-1}\}$ 与 $\{u_{k+s}, u_{k+s+1}, \cdots, k_{k+2s-1}\}$,即 $u_k = u_{k+s}, u_{k+1} = u_{k+s+1}, \cdots, u_{k+s-1} = u_{k+2s-1}$,且 $\{u_k, u_{k+1}, \cdots, u_{k+s-1}\}$ 中无一对数相同,上述两个序列中无一数为 0.由于公式(6.5.154),$k \geqslant i+1 >$

2,利用公式(6.5.151),有
$$u_k u_{k-1} \equiv u_{k+1} - 1 \pmod p = u_{k+s+1} - 1 \equiv u_{k+s} u_{k+s-1} \pmod p \qquad (6.5.156)$$
由于 $u_k = u_{k+s} \neq 0$,则 $1 \leqslant u_k, u_{k+s} \leqslant p-1$,利用公式(6.5.156)及 p 是一个质数,有
$$u_{k-1} = u_{k+s-1} \qquad (6.5.157)$$
这与 $\{u_k, u_{k+1}, \cdots, u_{k+s-1}\}$ 是第一个周期序列矛盾. 所以公式(6.5.155)成立.

利用公式(6.5.154)及(6.5.151),有
$$u_{i+1} = 1 \qquad (6.5.158)$$
又利用公式(6.5.155)及(6.5.151),有
$$u_{i+k_p+1} = 1 \qquad (6.5.159)$$
利用上二式及公式(6.5.151),有 $u_{i+k_p+2} = u_{i+2}, u_{i+k_p+3} = u_{i+3}$ 等等. 显然, 对于所有正整数 l, 有
$$u_{i+lk_p} = 0 \qquad (6.5.160)$$
利用公式(6.5.150)和上式,有
$$p \mid x_{i+lk_p} \qquad (6.5.161)$$
对于 x_i 的不同的质因子,用 m 表示相应的全部 k_p 的最小公倍数,那么,对于所有正整数 l,x_{i+lm} 整除 x_i 的每个质因子. 用 t 表示 x_i 的质因子分解式中每个质因子的最高指数,选择正整数 l,使得
$$j = i + lm > ti \qquad (6.5.162)$$
那么 x_i^i 整除 x_j^j.

(2) 结论不一定正确. 下面举一个反例. 取
$$x_1 = 22, \quad x_2 = 9 \qquad (6.5.163)$$
x_1 与 x_2 互质, 22 的质因子有 2 个, 2 与 11, 先取 $p=2$, 由公式(6.5.151), 可求得
$$u_1 = 0, \quad u_2 = 1, \quad u_3 = 1, \quad u_4 = 0, \quad u_5 = 1, \quad u_6 = 1, \quad u_7 = 0, \quad u_8 = 1, \quad u_9 = 1 \qquad (6.5.164)$$
因此, $\{u_n \mid n \in \mathbf{N}^+\}$ 是周期的,一个周期序列是 $\{0,1,1\}$.

再取 $p=11$,为表示区别,下面用 u_n^* 表示相应的 u_n,类似有
$$\left.\begin{array}{l}u_1^* = 0, \quad u_2^* = 9, \quad u_3^* = 1, \quad u_4^* = 10, \quad u_5^* = 0, \quad u_6^* = 1 \\ u_7^* = 1, \quad u_8^* = 2, \quad u_9^* = 3, \quad u_{10}^* = 7, \quad u_{11}^* = 0, \quad u_{12}^* = 1\end{array}\right\} \qquad (6.5.165)$$
等等.

因此 $\{u_n^* \mid n \in \mathbf{N}^+\}$ 是 $\{0,9,1,10,0,1,1,2,3,7,\cdots\}$(省略号表示 0,1,1,2,3,7 是周期出现).

对于任意正整数 $n>1$, $u_n=0$, 当且仅当 $n\equiv 1\pmod 3$; $u_n^*=0$ 当且仅当 $n\equiv 5\pmod 6$. 而对于任意正整数 k,l, 不会有 $3k+1=6l+5$. 因此, 不存在 $x_j(j>1)$ 它既能整除 2, 又能整除 11. 所以, 对任意正整数 $j>1$, x_1 不能整除 x_j, 所以不会有 x_1 整除 x_j^j.

七、一个摆动数是一个正整数,它的各位数字,在十进制下,非零与零交替出现,个位数非零,确定所有正整数,它不能整除任何摆动数.(英国供题)

解:如果正整数 n 是 10 的倍数,这样的 n 不能整除任何摆动数. 如果正整数 n 是 25 的一个倍数,那么 n 的任何倍数的最末两位数只有下述四种情况:25,50,75 或 00. 因此, 这样的 n 也不能整除任何摆动数.

下面证明上述两种数是不能整除任何摆动数的所有正整数.

我们首先考虑奇数 m,且 m 不是 5 的倍数,那么,m 与 10 互质. 于是,对于任何正整数 k,$(10^k-1)m$ 与 10 互质. 利用数论中著名的 Euler 定理(见第 3.3 节例 13),存在一个正整数 l, 使得
$$10^l \equiv 1 \pmod{(10^k-1)m} \qquad (6.5.166)$$
实际上,利用集合 $\{10, 10^2, 10^3, \cdots, 10^s\}$,这里正整数 $s > (10^k-1)m$,必有两个元素

mod $(10^k - 1)m$ 同余,也立即能推出上式.

现在,对于任何正整数 t,有
$$10^{tl} - 1 = (10^t - 1)(10^{t(l-1)} + 10^{t(l-2)} + \cdots + 10^t + 1) = (10^t - 1)x_t \quad (6.5.167)$$
这里
$$x_t = 10^{t(l-1)} + 10^{t(l-2)} + \cdots + 10^t + 1 \quad (6.5.168)$$

在上式中,令 $t = k$,利用公式(6.5.167)的左端是 $(10^k - 1)m$ 的倍数,有 x_k 应当是 m 的一个倍数.这里 k 是任意正整数,特别 x_2 应当是 m 的一个倍数.而 x_2 是一个摆动数.因此,奇数 m,当 m 不是 5 的倍数时,这样的 m 不是题目中所求的数.

如果奇数 m 是 5 的倍数,但不是 25 的倍数,可记 $m = 5m_1$, m_1 是奇数,但不是 5 的倍数.由刚才已证,存在由公式(6.5.168)定义的摆数 x_2, x_2 是 m_1 的倍数,于是 $5x_2$ 是 m 的倍数, $5x_2$ 仍是一个摆动数.这样的 m 不是题目所求的数.

现在考虑 2 的幂次,对正整数 t 用数学归纳法,证明对于 2^{2t+1},对应有一个摆动数 w_t,恰是 2^{2t+1} 的倍数,而且 w_t 恰有 t 位非零数字.

对 $t = 1$,取 $w_1 = 8$,对 $t = 2$,取 $w_2 = 608$,设对某个正整数 t,相应的摆动数
$$w_t = 2^{2t+1}d, \quad 令 w_{t+1} = 10^{2t}c + w_t \quad (6.5.169)$$
这里 d 是一个正整数, $c \in \{1, 2, 3, \cdots, 9\}$, c 待定.由于 w_t 是 $2t-1$ 位数,则 w_{t+1} 为 $2t+1$ 位数.恰有 $t+1$ 个非零数字
$$w_{t+1} = 2^{2t}(5^{2t}c + 2d) \quad (6.5.170)$$
利用上式, 2^{2t+1} 整除 w_{t+1} 当且仅当 8 整除 $5^{2t}c + 2d$. 取 c 与 $6d$,在 mod 8 意义下同余.集合 $\{1, 2, 3, \cdots, 9\}$ 中这样的 c 必定存在,且 c 为偶数,可记 $c = 8s + 6d$,这里 s 是一个整数.
$$5^{2t}c + 2d = (24 + 1)^t c + 2d \equiv 6d + 2d \pmod{8} \equiv 0 \pmod{8} \quad (6.5.171)$$

取定上述 c 后,有 2^{2t+1} 整除 w_{t+1}.因此,2 的任何一个幂次,都有一个摆动数是它的倍数,这样的数,不是我们所要的.

现在考虑 $2^t m$ 形式的正整数,这里 t 是一个正整数, m 是一个奇数, m 不是 5 的倍数.由前面所述,存在一个摆动数 w_t, w_t 是 $2t-1$ 位数,使得 2^{2t+1} 整除 w_t,另外,还存在
$$x_{2t} = 10^{2t(l-1)} + 10^{2t(l-2)} + \cdots + 10^{2t} + 1 \quad (6.5.172)$$
x_{2t} 是 m 的一个倍数,这只要在公式(6.5.168)中,用 $2t$ 代替 t 即可. $w_t x_{2t}$ 是 $2^t m$ 的一个倍数,容易看出 $w_t x_{2t}$ 是一个摆动数.

第 7 章 1994 年数学竞赛集锦

我作为 1994 年中国数学奥林匹克代表队的领队,参加了当年代表队的领队会议,与各代表队交流了数学竞赛资料,本章就是根据这些交流资料写成的.由于不少代表队赠送的仅仅是题目,无解答,因此本章前十三节的许多题目的解答是作者拟的,也有一部分题目的解答是根据简短的提示作的.由于题目总体数量多,有些题目有些难度,因此不妥之处恐难免,希望读者谅解.

7.1 1994 年保加利亚数学奥林匹克竞赛试题及解答

(本节题目由保加利亚领队 Oleg Mushkarov,副领队 Nikolay Raikov 赠送)

冬天数学竞赛

八年级

一、寻找所有整数 k,使得存在一个整数 x,满足方程

$$\sqrt{39-6\sqrt{12}} + \sqrt{kx(kx+\sqrt{12})+3} = 2k$$

解:因为

$$39 - 6\sqrt{12} = (6-\sqrt{3})^2 \tag{7.1.1}$$

$$kx(kx+\sqrt{12})+3 = (kx+\sqrt{3})^2 \tag{7.1.2}$$

由上二式,以及题目方程,有

$$6 - \sqrt{3} + |kx+\sqrt{3}| = 2k \tag{7.1.3}$$

上式移项,有

$$|kx+\sqrt{3}| = 2k+\sqrt{3}-6 \tag{7.1.4}$$

由于上式左端大于等于零,则

$$2k+\sqrt{3}-6 \geqslant 0, \quad k \geqslant 3-\frac{\sqrt{3}}{2} \tag{7.1.5}$$

由于上式,以及

$$2 < 3-\frac{\sqrt{3}}{2} < 3 \tag{7.1.6}$$

可以看到整数

$$k \geqslant 3 \tag{7.1.7}$$

由于 k,x 都是整数,知道 $kx+\sqrt{3}$ 不等于零.下面分情况讨论.

① 如果 $kx+\sqrt{3}>0$,利用公式(7.1.4),有

$$kx + \sqrt{3} = 2k + \sqrt{3} - 6 \tag{7.1.8}$$

化简上式,可以得到
$$k(2 - x) = 6 \tag{7.1.9}$$

由于 k, x 都是整数,利用公式(7.1.7)和(7.1.9),有
$$\begin{cases} k = 3 \\ x = 0 \end{cases}, \begin{cases} k = 6 \\ x = 1 \end{cases} \tag{7.1.10}$$

② 如果 $kx + \sqrt{3} < 0$,利用公式(7.1.4),有
$$-(kx + \sqrt{3}) = 2k + \sqrt{3} - 6 \tag{7.1.11}$$

由于 k, x 都是整数,上式是不可能成立的.因此,本题的解就是公式(7.1.10)给出的两组.

二、(1) 在 $\triangle ABC$ 中,$\angle ACB = 120°$,O 是 $\triangle ABC$ 的外接圆的中心,R 是其半径.如果 H 是 $\triangle ABC$ 的垂心,求证: A, B, O, H 四点共圆,且该圆的圆心是圆弧 $\overset{\frown}{ACB}$ 的中点 O_1 (图 7.1).

(2) 在上述条件下,如果 $\triangle ABC$ 的重心是 G,I 是 $\triangle ABC$ 的 Euler 圆的圆心,求证: O, G, I, H 四点共线.

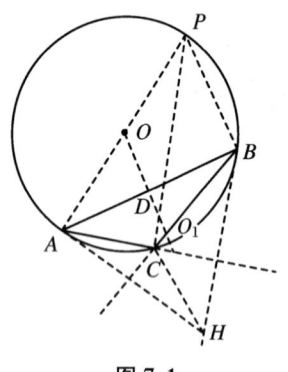

图 7.1

证明:(1) 取线段 AB 的中点 D,连接直线 OD,交圆弧 $\overset{\frown}{ACB}$ 于中点 O_1. 连接直线 AO 交 $\triangle ABC$ 的外接圆于点 P,连接 BP, CP,可以看到
$$\angle ABP = \angle ACP = \frac{\pi}{2} \tag{7.1.12}$$

于是 BP 与 CH 都垂直于 AB,有 $BP \parallel CH$,又 PC 与 BH 都垂直于 AC,有 $PC \parallel BH$,因此,$PBHC$ 是一个平行四边形,得
$$CH = PB \tag{7.1.13}$$

再利用题目条件,有
$$\angle PAB + \angle ABP = \angle ACB = \frac{2\pi}{3} \tag{7.1.14}$$

利用公式(7.1.12)和(7.1.14),有
$$\angle PAB = \frac{\pi}{6} \tag{7.1.15}$$

于是,在 Rt$\triangle ABP$ 中,有
$$PB = \frac{1}{2} PA = R \tag{7.1.16}$$

利用公式(7.1.13)和(7.1.16),有
$$CH = R \tag{7.1.17}$$

OD 是 $\triangle ABP$ 的一条中位线,于是 $OD \parallel PB$,又 $PB \parallel CH$,得 $OD \parallel CH$. 又 $OO_1 = R$,则 OO_1HC 也是一个平行四边形,从而有
$$O_1H = OC = R \tag{7.1.18}$$

又可以看到
$$\angle AOO_1 = \angle APB(\text{利用 } OD \parallel PB) = \frac{\pi}{2} - \angle PAB = \frac{\pi}{3}(\text{利用公式}(7.1.15)) \tag{7.1.19}$$

所以 $\triangle OAO_1$ 是一个等边三角形. 又由于 D 是 AB 的中点,则 $\triangle OAO_1 \cong \triangle OBO_1$,$\triangle OBO_1$ 也是一个等边三角形,因而有
$$O_1A = O_1B = O_1O = R \tag{7.1.20}$$

利用公式(7.1.18)和(7.1.20)知道,A, B, O, H 四点在以点 O_1 为圆心,R 为半径的圆周上,

这就是(1)的结论.

(2) 在展开证明之前,先简洁介绍 Euler 圆.利用 5.3 节的例 7,我们知道 Euler 线,即△ABC 的垂心 H,外心 O,重心 G 在一条直线上,且重心 G 在线段 OH 内部,$\frac{OG}{GH} = \frac{1}{2}$.取线段 OH 的中点 I(为了与题目字母一致),又取△ABC 的三边的中点,垂心 H 到△ABC 的三个顶点连线段的三个中点,△ABC 的三个垂足,这九个点在以点 I 为圆心,$\frac{1}{2}R$(△ABC 的外接圆半径是 R)为半径的圆周上,这就是 Euler 圆.下面在△ABC 是一个钝角三角形情况给出证明.钝角三角形 Euler 线的存在性见 5.3 节例 8.

在△ABC 是一个钝角三角形时,例如本题,$\angle C$ 是钝角.设点 D 是 AB 的中点,$CE\perp AB$,点 E 是垂足,设点 C^* 是线段 CH 的中点(图 7.2).明显地,可以看到 IC^* 是△HOC 的平行于 OC 的一条中位线,则

$$IC^* = \frac{1}{2}OC = \frac{1}{2}R \tag{7.1.21}$$

又延长 CE 交△ABC 的外接圆于点 K,可以看到

$$\angle KAB = \angle KCB = \angle ECB = \frac{\pi}{2} - \angle ABC = \angle EAH \tag{7.1.22}$$

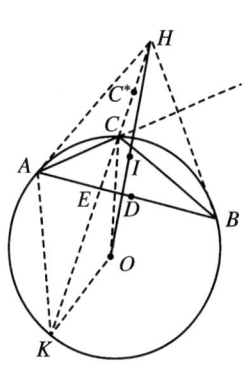

图 7.2

这里利用 $BC \perp AH$.于是,有

$$\text{Rt}\triangle AHE \cong \text{Rt}\triangle AKE \tag{7.1.23}$$
$$HE = EK \tag{7.1.24}$$

IE 是△HOK 的平行于 OK 的一条中位线,则

$$IE = \frac{1}{2}OK = \frac{1}{2}R \tag{7.1.25}$$

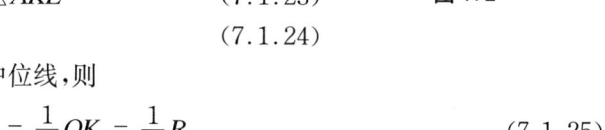

图 7.3

过点 I 作 $IX \perp AB$,点 X 是垂足,OD,IX,HE 都垂直于 AB,所以 OD,IX,HE 都互相平行,又点 I 是 OH 的中点,则点 X 必是 DE 的中点(图 7.3),从而,有

$$ID = IE = \frac{1}{2}R \tag{7.1.26}$$

因此,三点 C^*,D,E 在以点 I 为圆心,$\frac{1}{2}R$ 为半径的圆周上,同理可证其他六点也在这个圆周上.

当△ABC 是一个锐角三角形时,利用上述类似的方法,请读者自己作图,Euler 圆仍然存在,有兴趣的读者可以自己仿照上面去证明,Euler 圆的圆心 I 仍是线段 OH 的中点.

有了上面叙述,题目结论显然成立.

注:在(2)中,$\angle ACB = 120°$ 条件是多余的.

三、给定 33 个正整数,它们的全部质因子是 2,3,5,7 和 11,求证:这 33 个正整数中必有两个的乘积是一个完全平方数.

证明:记 $n_1, n_2, \cdots, n_{33}$ 是给定的正整数,由题目条件,可以知道

$$n_k = 2^{a_k} 3^{b_k} 5^{c_k} 7^{d_k} 11^{e_k} \tag{7.1.27}$$

这里 $k = 1, 2, \cdots, 33$. a_k, b_k, c_k, d_k, e_k 都是非负整数,于是

$$n_i n_k = 2^{a_i + a_k} 3^{b_i + b_k} 5^{c_i + c_k} 7^{d_i + d_k} 11^{e_i + e_k} \tag{7.1.28}$$

这里 $i \neq k$, $1 \leqslant i, k \leqslant 33$.当且仅当 $a_i + a_k, b_i + b_k, c_i + c_k, d_i + d_k, e_i + e_k$ 都是偶数时,

$n_i n_k$ 是一个完全平方数.

考虑 5 元非负整数组成的数组 $(a_k, b_k, c_k, d_k, e_k)(k=1,2,\cdots,33)$,作一个映射
$$f(a_k, b_k, c_k, d_k, e_k) = (\pi(a_k), \pi(b_k), \pi(c_k), \pi(d_k), \pi(e_k)) \quad (7.1.29)$$

这里
$$\pi(a) = \begin{cases} 0, & \text{如果非负整数 } a \text{ 是偶数} \\ 1, & \text{如果非负整数 } a \text{ 是奇数} \end{cases} \quad (7.1.30)$$

而全部不同的数组 $(\pi(a_k), \pi(b_k), \pi(c_k), \pi(d_k), \pi(e_k))$ 只有 $2^5 = 32$ 个. 现在有 33 个正整数,则必有 $i \neq k, 1 \leq i, k \leq 33$,满足
$$\pi(a_i) = \pi(a_k), \quad \pi(b_i) = \pi(b_k), \quad \pi(c_i) = \pi(c_k), \quad \pi(d_i) = \pi(d_k), \quad \pi(e_i) = \pi(e_k) \quad (7.1.31)$$

于是,a_i 与 a_k, b_i 与 b_k, c_i 与 c_k, d_i 与 d_k, e_i 与 e_k 有相同的奇偶性,再利用公式(7.1.28),可以知道 $n_i n_k$ 是一个完全平方数.

九年级

一、 已知 $f(x) = x^4 - 4x^3 + (3+m)x^2 - 12x + 12$,这里 m 是一个实参数.

(1) 求所有整数 m,使得 $f(x) - f(1-x) + 4x^3 = 0$ 至少有一个整数解;

(2) 求所有 m 的值,使得对每个实数 $x, f(x) \geq 0$.

解: (1) 由题设

$0 = [x^4 - 4x^3 + (3+m)x^2 - 12x + 12]$
$\quad - [(1-x)^4 - 4(1-x)^3 + (3+m)(1-x)^2 - 12(1-x) + 12] + 4x^3$
$= [x^4 - (1-x)^4] + 4[(1-x)^3 - x^3] + (3+m)[x^2 - (1-x)^2] + 12[(1-x) - x] + 4x^3$
$= (4x^3 - 6x^2 + 4x - 1) + 4(1 - 3x + 3x^2 - 2x^3) + (3+m)(2x-1) + 12(1-2x) + 4x^3$
$= 6x^2 + 2(m-13)x + 12 - m \quad (7.1.32)$

根据题目要求,上述关于 x 的一元二次方程的判别式 Δ 应当是一个完全平方数,而
$$\Delta = 4(m-13)^2 - 24(12-m) = 4[(m-10)^2 - 3] \quad (7.1.33)$$

于是存在一个非负整数 y,使得
$$(m-10)^2 - 3 = y^2 \quad (7.1.34)$$

移项后因式分解,有
$$(m - 10 + y)(m - 10 - y) = 3 \quad (7.1.35)$$

又由于 $m - 10 + y \geq m - 10 - y$,有
$$\begin{cases} m - 10 + y = 3 \\ m - 10 - y = 1 \end{cases} \quad \text{或} \quad \begin{cases} m - 10 + y = -1 \\ m - 10 - y = -3 \end{cases} \quad (7.1.36)$$

解得
$$m = 12 \quad \text{或} \quad m = 8 \quad (7.1.37)$$

如果 $m = 12$,利用方程(7.1.32),有
$$6x^2 - 2x = 0, \quad \text{整数解 } x = 0 \quad (7.1.38)$$

如果 $m = 8$,利用方程(7.1.32),有
$$6x^2 - 10x + 4 = 0, \quad \text{整数解 } x = 1 \quad (7.1.39)$$

(2) 利用题目条件,有
$$f(x) = (x^2 + 3)(x-2)^2 + (m-4)x^2 \quad (7.1.40)$$

如果 $m < 4$,
$$f(2) = 4(m-4) < 0 \quad (7.1.41)$$

这不符合题意. 如果 $m \geq 4$, 显然, 对每个实数 $x, f(x) \geq 0$. 于是所求的 m 为区间 $[4, \infty)$.

二、点 M 和 N 分别位于 $\triangle ABC$ 的边 BC 和 AC 上, 点 A 不同于点 N, 点 C 也不同于点 N. 点 C 不同于点 M, 点 B 也不同于点 M (图 7.4). 求线段 MN 的中点 P 的位置, 使得 $S_{\triangle ABM} = S_{\triangle BCN}$.

解: 记

$$BM = x, \quad CN = y, \quad AC = b, \quad BC = a \tag{7.1.42}$$

在 $\triangle ABC$ 中, h_a 是点 A 到边 BC 的距离, h_b 是点 B 到边 AC 的距离, 于是, 有

$$S_{\triangle ABM} = \frac{1}{2} h_a x, \quad S_{\triangle BCN} = \frac{1}{2} h_b y \tag{7.1.43}$$

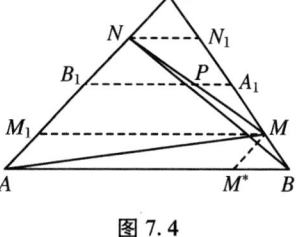

图 7.4

利用上式及题目条件, 有

$$\frac{h_a}{h_b} = \frac{y}{x} \tag{7.1.44}$$

又由于

$$S_{\triangle ABC} = \frac{1}{2} a h_a = \frac{1}{2} b h_b \tag{7.1.45}$$

有

$$\frac{h_a}{h_b} = \frac{b}{a} \tag{7.1.46}$$

利用公式 (7.1.44) 和 (7.1.46), 有

$$\frac{y}{x} = \frac{b}{a} \tag{7.1.47}$$

过点 M 作 $MM_1 \parallel AB$, 交线段 AC 于点 M_1, 过点 N 作 $NN_1 \parallel AB$, 交线段 BC 于点 N_1, 过点 M 作 $MM^* \parallel AC$, 交线段 AB 于点 M^*, $AM^* MM_1$ 是一个平行四边形, 又由于 $MM^* \parallel CA$, 可以看到

$$\frac{AM_1}{x} = \frac{M^* M}{BM} = \frac{AC}{BC} = \frac{b}{a} \tag{7.1.48}$$

比较公式 (7.1.47) 和 (7.1.48), 有

$$AM_1 = y \tag{7.1.49}$$

于是, 线段 MN 的中点 P 位于梯形 $MM_1 NN_1$ 的中位线 $A_1 B_1$ 上. 利用公式 (7.1.42) 和 (7.1.49), 知道 $A_1 B_1$ 也是 $\triangle ABC$ 的平行于 AB 的中位线.

下面证明 $\triangle ABC$ 的平行于 AB 的中位线 $A_1 B_1$ 内部任一点 P 具有题目中性质. 不妨设 $PA_1 \leq PB_1$ 情况. 如果 $PA_1 = PB_1$, 即点 P 是线段 $A_1 B_1$ 的中点, 取点 M 为 A_1, 点 N 为 B_1 (图 7.5), 容易看到

$$S_{\triangle ABM} = \frac{1}{2} S_{\triangle ABC} = S_{\triangle BCN} \tag{7.1.50}$$

下面考虑 $PA_1 < PB_1$ 情况. 点 Q 是射线 PA_1 上一点, 满足 $QP = PB_1$, 过点 Q 作直线 $L \parallel AC$, L 交 BC 于点 M, 由于

$$\triangle MQA_1 \backsim \triangle CB_1 A_1 \tag{7.1.51}$$

有

$$\frac{A_1 M}{A_1 C} = \frac{A_1 Q}{A_1 B_1} < 1 \tag{7.1.52}$$

于是点 M 必在线段 $A_1 B$ 内部.

连接 MP, 延长后交 AC 于点 N, 由于 $QM \parallel AC$, $QP =$

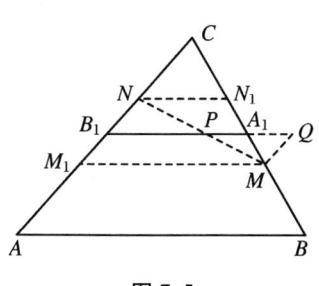

图 7.5

PB_1,则
$$\triangle MQP \cong \triangle NB_1P, \quad PM = PN \tag{7.1.53}$$
点 P 是线段 MN 的中点,又利 $\triangle MQA_1 \backsim \triangle CB_1A_1$,有
$$\frac{B_1N}{B_1C} = \frac{QM}{B_1C}(利用 \triangle MQP \cong \triangle NB_1P) = \frac{A_1Q}{A_1B_1} < 1 \tag{7.1.54}$$
于是点 N 必在线段 B_1C 内部.

过点 M 作 $MM_1 \parallel AB$,交 AC 于点 M_1,过点 N 作 $NN_1 \parallel AB$,交 BC 于点 N_1,那么 M_1MQB_1 是一个平行四边形,从而有
$$B_1M_1 = QM = B_1N(利用 \triangle MQP \cong \triangle NB_1P) \tag{7.1.55}$$
于是,A_1B_1 也是梯形 MM_1NN_1 的中位线,又由于 A_1B_1 是 $\triangle ABC$ 的平行于 AB 的一条中位线,有
$$AM_1 = CN \tag{7.1.56}$$
从而,立即有
$$S_{\triangle ABM} = S_{\triangle ABM_1} = \frac{1}{2}AM_1 h_b = \frac{1}{2}CN h_b = S_{\triangle BCN} \tag{7.1.57}$$
综上所述,并且仅当点 P 是 $\triangle ABC$ 的平行于 AB 的中位线 A_1B_1 内部所有点时(两端点 A_1,B_1 删除),题目结论成立.

三、$\mathbf{N}$ 是所有非负整数的集合,使得函数 $f:\mathbf{N} \to \mathbf{N}$,满足对于每个 $n \in \mathbf{N}$,$f(f(n)) + f(n) = 2n + 3$,求 $f(1993)$.

解:首先证明 f 是单射,如果 $f(m) = f(n)$,则 $f(f(m)) = f(f(n))$,再利用题目中函数方程,有
$$2m + 3 = f(f(m)) + f(m) = f(f(n)) + f(n) = 2n + 3 \tag{7.1.58}$$
从而有 $m = n$,f 是单射.

记
$$f(0) = x, \quad x \geqslant 0 \tag{7.1.59}$$
在题目函数方程中,令 $n = 0$,有
$$f(x) + x = 3, \quad f(x) = 3 - x \tag{7.1.60}$$
又由于 $f(x) \geqslant 0$,则
$$x \leqslant 3 \tag{7.1.61}$$
在题目函数方程中,令 $n = x$,再利用公式(7.1.60),有
$$f(3 - x) = 3x \tag{7.1.62}$$
又在题目函数方程中,令 $n = 3 - x$,有
$$f(3x) + 3x = 2(3 - x) + 3 \tag{7.1.63}$$
化简上式,有
$$f(3x) = 9 - 5x \tag{7.1.64}$$
由于上式左端是非负整数,有
$$x \leqslant \frac{9}{5} < 2 \tag{7.1.65}$$
又 x 也是非负整数,必有
$$x = 0 \quad 或 \quad x = 1 \tag{7.1.66}$$
如果 $x = 0$,利用公式(7.1.59)和(7.1.60),会导出矛盾.因此,必有公式(7.1.66)的第二式,即
$$f(0) = 1 \tag{7.1.67}$$

再利用公式(7.1.60),有
$$f(1) = 2 \tag{7.1.68}$$
下面用数学归纳法证明:对于任何非负整数 n,有
$$f(n) = n + 1 \tag{7.1.69}$$
当 $n=0$ 和 $n=1$ 时,利用公式(7.1.67)和(7.1.68),知道公式(7.1.69)成立,设当 $n=k$(k 是正整数)时,
$$f(k) = k + 1 \tag{7.1.70}$$
在题目函数方程中,令 $n=k$,再利用上式,有
$$f(k+1) = (2k+3) - f(k) = k + 2 \tag{7.1.71}$$
因而公式(7.1.69)成立,特别有
$$f(1\,993) = 1\,994 \tag{7.1.72}$$

十年级

一、求下述方程的所有整数解: $\cos\left(\dfrac{\pi}{8}(3x - \sqrt{9x^2 + 160x + 800})\right) = 1$.

解: 利用题目方程,有
$$\frac{\pi}{8}(3x - \sqrt{9x^2 + 160x + 800}) = 2n\pi \tag{7.1.73}$$
这里 n 是一个整数,化简上式,再两端平方,有
$$9x^2 + 160x + 800 = (3x - 16n)^2 \tag{7.1.74}$$
展开上式右端,再化简,有
$$(3n+5)[8(3n-5) - 9x] = 25 \tag{7.1.75}$$
由于 n,x 都是整数,从上式可以知道 $|3n+5|$ 是 25 的一个正整数因子. 于是 $3n+5$ 只可能是集合 $\{1,-1,5,-5,25,-25\}$ 中元素. 由于 n 是整数,
$$n = -2, 0, \text{或} -10 \tag{7.1.76}$$
利用(7.1.75)和(7.1.76),有
$$\begin{cases} n = -2 \\ x = -7 \end{cases}, \begin{cases} n = 0 \\ x = -5 \end{cases}, \begin{cases} n = -10 \\ x = -31 \end{cases} \tag{7.1.77}$$
将上式代入题目中方程检验,$x=-5$ 不是解,满足题目方程的所有整数解是
$$x = -7, \quad x = -31 \tag{7.1.78}$$

二、一个直角梯形,面积是 4,上、下底边长之比为 1:3,求其内切圆半径的最大值.

注:在梯形内部与梯形三边相切的圆称为梯形的内切圆.

解: 设 $ABCD$ 是一个直角梯形,$AB \parallel CD$,$AB > CD$,$DA \perp AB$,延长 AD、BC 交于点 E(图 7.6). 设 $CD = x$,$DE = y$,则 $AB = 3x$. 由于
$$\frac{DE}{AE} = \frac{DC}{AB} = \frac{1}{3} \tag{7.1.79}$$
则
$$AE = 3y, \quad AD = 2y \tag{7.1.80}$$
利用题目条件,有
$$4 = S_{ABCD} = \frac{1}{2}(x + 3x) \cdot 2y = 4xy \tag{7.1.81}$$
利用上式,有
$$xy = 1 \tag{7.1.82}$$

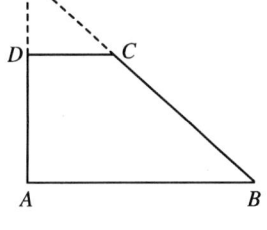

图 7.6

下面分情况讨论：

(1) 内切圆 Γ_1 切上、下底边与 AD，记这圆 Γ_1 的半径为 r_1，由于圆 Γ_1 与上、下底边相切，则
$$2r_1 = AD = 2y, \quad r_1 = y \tag{7.1.83}$$

圆 Γ_1 位于直角梯形 $ABCD$ 内部，而且切于 AB，CD 与 DA，则
$$AB + CD \geqslant AD + BC \tag{7.1.84}$$

向梯形内部平行移动 BC，与圆 Γ_1 相切，再利用圆 Γ_1 的外切四边形对边长的和必定相等，可知不等式(7.1.84)成立. 将相关数据代入不等式(7.1.84)，有
$$3x + x \geqslant 2y + \sqrt{(2y)^2 + (3x - x)^2} \tag{7.1.85}$$

化简上式，移项，再两端平方，有
$$(2x - y)^2 \geqslant x^2 + y^2 \tag{7.1.86}$$

化简上式，有
$$3x^2 \geqslant 4xy = 4 \text{(利用公式(7.1.82))} \tag{7.1.87}$$

利用上式，有
$$x \geqslant \frac{2}{\sqrt{3}} \tag{7.1.88}$$

利用公式(7.1.82)和(7.1.83)，有
$$0 < y \leqslant \frac{\sqrt{3}}{2}, \quad \max r_1 = \frac{\sqrt{3}}{2} \tag{7.1.89}$$

对应的圆 Γ_1 显然存在.

如果内切圆切上、下底边与 BC，则可以移动该圆与上、下底边及 AD 相切. 因而这种情况也属于上述情况(1).

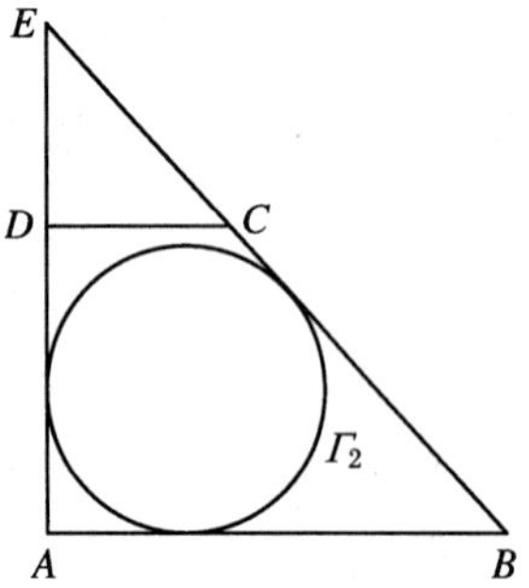

(2) 设半径为 r_2 的圆 Γ_2 切这直角梯形于 AB，AD 和 BC，那么这圆 Γ_2 是 $\triangle ABE$ 的内切圆，用 p 表示 $\triangle ABE$ 的半周长 (图 7.7)，则
$$S_{\triangle ABE} = pr_2 \tag{7.1.90}$$

而
$$p = \frac{1}{2}(AE + AB + BE) = \frac{1}{2}(3y + 3x + \sqrt{(3y)^2 + (3x)^2})$$
$$= \frac{3}{2}(x + y + \sqrt{x^2 + y^2}) \tag{7.1.91}$$

又
$$S_{\triangle ABE} = \frac{1}{2}AB \cdot AE = \frac{9}{2}xy = \frac{9}{2} \tag{7.1.92}$$

这里利用公式(7.1.82). 利用上面计算，有
$$r_2 = \frac{3}{x + y + \sqrt{x^2 + y^2}} \tag{7.1.93}$$

图 7.7

现在圆 Γ_2 位于直角梯形 $ABCD$ 内部，有 $2r_2 \leqslant AD$，即 $r_2 \leqslant y$（利用公式(7.1.80)），再兼顾公式(7.1.93)，有
$$\frac{3}{x + y + \sqrt{x^2 + y^2}} \leqslant y \tag{7.1.94}$$

化简上式，再利用公式(7.1.82)，有
$$y\sqrt{x^2 + y^2} \geqslant 2 - y^2 \tag{7.1.95}$$

上式两端平方，再利用公式(7.1.82)，有

$$1 + y^4 \geqslant (2 - y^2)^2 \tag{7.1.96}$$

化简上式,有

$$y \geqslant \frac{\sqrt{3}}{2} \tag{7.1.97}$$

将公式(7.1.82)代入公式(7.1.93),有

$$r_2 = \frac{3}{\frac{1}{y} + y + \sqrt{\frac{1}{y^2} + y^2}} \tag{7.1.98}$$

显然,有

$$y + \frac{1}{y} \geqslant 2, \quad y^2 + \frac{1}{y^2} \geqslant 2 \tag{7.1.99}$$

利用公式(7.1.98)和不等式(7.1.99),有

$$r_2 \leqslant \frac{3}{2 + \sqrt{2}} = \frac{3}{2}(2 - \sqrt{2}) \tag{7.1.100}$$

因此圆 Γ_2 的半径 r_2 的最大值

$$\max r_2 = \frac{3}{2}(2 - \sqrt{2}) \tag{7.1.101}$$

这时,

$$y = 1 > \frac{3}{2}(2 - \sqrt{2}) > \frac{\sqrt{3}}{2} \tag{7.1.102}$$

再利用公式(7.1.82),此时

$$x = 1, \quad AD = 2(\text{利用公式}(7.1.80)), \quad CD = 1, \quad AB = 3 \tag{7.1.103}$$

直角梯形 $ABCD$ 唯一存在.

(3) 半径为 r_3 的圆 Γ_3 切 AD、CD 和 BC,如果圆 Γ_3 不与 AB 相切,我们能放大圆 Γ_3,使得放大后的圆与 AB、AD 相切,并且与 CD 或 BC 之一相切.因此,这种情况可化为前面(1)或(2)这两种情况之一.

综上所述,再利用公式(7.1.102)的最后一个不等式,可知所求的内切圆半径的最大值是 $\frac{3}{2}(2-\sqrt{2})$,这时直角梯形 $ABCD$ 存在且唯一.

三、多项式序列 $p_0(x), p_1(x), p_2(x), \cdots$ 满足等式
$$p_0(x) = 1, p_1(x) = x, (n + t - 2)p_{n+1}(x) = (2n + t - 2)xp_n(x) - np_{n-1}(x)$$
这里 t 是大于1的固定实数,n 是任意正整数.

(1) 求证:对每个多项式
$$f(x) = a_0 x^n + a_1 x^{n-1} + \cdots + a_{n-1}x + a_n (a_0 \neq 0, a_i \text{ 都是实数}, 0 \leqslant i \leqslant n)$$
存在唯一一个实数集合 $\{c_0, c_1, \cdots, c_n\}$,使得
$$f(x) = c_0 p_0(x) + c_1 p_1(x) + \cdots + c_n p_n(x)$$

(2) 求 c_0,使得
$$f(x) = (x^2 + \alpha x + \beta)^2 \left(x - \frac{1}{2}\right)$$
这里 α 和 β 是实数.

(3) 如果 $t \geqslant 10$,求证:在(2)内求出的 c_0,满足 $c_0 \leqslant 0$.

解:(1) 明显地,$p_n(x)$ 是 x 的 n 次实系数多项式,利用题目条件,有

$$p_2(x) = \frac{tx^2 - 1}{t - 1}, \quad p_3(x) = \frac{(t+2)x^3 - 3x}{t - 1}$$
$$p_4(x) = \frac{1}{t^2 - 1}\left[(t+4)(t+2)x^4 - 6(t+2)x^2 + 3\right] \tag{7.1.104}$$

当 n 是非负整数时，记

$$p_n(x) = a_{n,n}x^n + a_{n,n-1}x^{n-1} + a_{n,n-2}x^{n-2} + \cdots + a_{n,1}x + a_{n,0} \tag{7.1.105}$$

这里系数全是实数，$a_{n,n} \neq 0$. 下面证明，当 $n + j$ 是奇数时，有

$$a_{n,j} = 0 \tag{7.1.106}$$

当 $n = 0,1$ 时，从题目条件知道上式成立，当 $n = 2,3,4$ 时，利用公式(7.1.104)知道公式 (7.1.106)成立. 利用数学归纳法，设 $n \leq k$ 时，这里正整数 $k \geq 4$，公式(7.1.106)成立，考虑 $n = n + 1$ 情况. 利用题目条件和公式(7.1.105)，$p_{k+1}(x)$ 中 x^l 的系数 $a_{k+1,l}(l = 0,1,2,\cdots,k+1)$ 应满足下述关系式

$$a_{k+1,l} = \frac{2k + t - 2}{k + t - 2}a_{k,l-1} - \frac{k}{k + t - 2}a_{k-1,l} \tag{7.1.107}$$

这里 $l = 1,2,\cdots,k-1$，且

$$a_{k+1,k} = \frac{2k + t - 2}{k + t - 2}a_{k,k-1}, \quad a_{k+1,0} = -\frac{k}{k + t - 2}a_{k-1,0} \tag{7.1.108}$$

当 $k + 1 + l$(这里 $l = 1,2,\cdots,k-1$)是奇数时，利用公式(7.1.107)及归纳法假设，有

$$a_{k,l-1} = 0, \quad a_{k-1,l} = 0, \quad a_{k+1,l} = 0 \tag{7.1.109}$$

这里利用 $k + l - 1$ 是奇数. 利用 $k + (k-1)$ 是奇数，利用公式(7.1.108)的第一个等式，及归纳法假设，有

$$a_{k+1,k} = 0 \tag{7.1.110}$$

当 $k + 1$ 是奇数时，$k - 1$ 也是奇数，利用公式(7.1.10)的第二个等式及归纳法假设，有

$$a_{k+1,0} = 0 \tag{7.1.111}$$

所以当 $n = k + 1$ 时，公式(7.1.106)成立.

有了公式(7.1.106)，我们可以来解决(1)了. 由题意列出方程

$$a_0 x^n + a_1 x^{n-1} + a_2 x^{n-2} + \cdots + a_{n-1}x + a_n =$$
$$c_0 p_0(x) + c_1 p_1(x) + c_2 p_2(x) + \cdots + c_{n-1}p_{n-1}(x) + c_n p_n(x) \tag{7.1.112}$$

这里 $c_0, c_1, c_2, \cdots, c_{n-1}, c_n$ 是未知数. 比较上式两端 x 的同次幂的系数，再利用公式(7.1.105) 和(7.1.106)，可以知道

$$a_0 = c_n a_{n,n}, \quad a_1 = c_{n-1}a_{n-1,n-1},$$
$$a_2 = c_n a_{n,n-2} + c_{n-2}a_{n-2,n-2}, \quad a_3 = c_{n-1}a_{n-1,n-3} + c_{n-3}a_{n-3,n-3}, \quad \cdots$$

当 n 为偶数时，

$$a_n = c_n a_{n,0} + c_{n-2}a_{n-2,0} + \cdots + c_2 a_{2,0} + c_0 a_{0,0}$$

当 n 为奇数时，

$$a_n = c_{n-1}a_{n-1,0} + c_{n-3}a_{n-3,0} + \cdots + c_2 a_{2,0} + c_0 a_{0,0} \tag{7.1.113}$$

从上述这些公式，可以逐步唯一地确定 $c_n, c_{n-1}, c_{n-2}, c_{n-3}, \cdots, c_2, c_1, c_0$.

(2) 利用题目条件，以及公式(7.1.104)，当

$$(x^2 + \alpha x + \beta)^2\left(x - \frac{1}{2}\right) = c_0 p_0(x) + c_1 p_1(x) + c_2 p_2(x) + c_3 p_3(x) + c_4 p_4(x) + c_5 p_5(x) \tag{7.1.114}$$

时，比较两端常数项，x^2, x^4 的系数，有

$$\left.\begin{array}{r}-\dfrac{1}{2}\beta^2 = c_0 - \dfrac{c_2}{t-1} + \dfrac{3c_4}{t^2-1} \\ -\dfrac{1}{2}\alpha^2 - \beta + 2\alpha\beta = \dfrac{c_2 t}{t-1} - \dfrac{6c_4(t+2)}{t^2-1} \\ 2\alpha - \dfrac{1}{2} = \dfrac{c_4(t+4)(t+2)}{t^2-1}\end{array}\right\} \quad (7.1.115)$$

由上述方程组,有解

$$\left.\begin{array}{l}c_4 = \dfrac{t^2-1}{(t+2)(t+4)}\left(2\alpha - \dfrac{1}{2}\right) \\ c_2 = \dfrac{(t-1)}{t}\left[2\alpha\beta - \beta - \dfrac{1}{2}\alpha^2 + \dfrac{6}{t+4}\left(2\alpha - \dfrac{1}{2}\right)\right] \\ c_0 = -\dfrac{1}{2}\beta^2 + \dfrac{1}{t}\left[2\alpha\beta - \beta - \dfrac{1}{2}\alpha^2 + \dfrac{6}{t+4}\left(2\alpha - \dfrac{1}{2}\right)\right] - \dfrac{3}{(t+2)(t+4)}\left(2\alpha - \dfrac{1}{2}\right)\end{array}\right\}$$

(7.1.116)

因此,所求的

$$c_0 = -\dfrac{1}{2t}\alpha^2 - \dfrac{1}{2}\beta^2 + \dfrac{2}{t}\alpha\beta - \dfrac{1}{t}\beta + \dfrac{6}{t(t+2)}\alpha - \dfrac{3}{2t(t+2)} \quad (7.1.117)$$

(3) 将 β 视作参数,α 视作变元,利用公式(7.1.117),有

$$c_0 = -\dfrac{1}{2t}\alpha^2 + \left[\dfrac{2}{t}\beta + \dfrac{6}{t(t+2)}\right]\alpha - \left[\dfrac{1}{2}\beta^2 + \dfrac{1}{t}\beta + \dfrac{3}{2t(t+2)}\right] \quad (7.1.118)$$

上式右端是关于 α 的一元二次多项式,其判别式 Δ 满足

$$\begin{aligned}\Delta &= \left[\dfrac{2}{t}\beta + \dfrac{6}{t(t+2)}\right]^2 - \dfrac{2}{t}\left[\dfrac{1}{2}\beta^2 + \dfrac{1}{t}\beta + \dfrac{3}{2t(t+2)}\right] \\ &= \left(\dfrac{4}{t^2} - \dfrac{1}{t}\right)\beta^2 + \left[\dfrac{24}{t^2(t+2)} - \dfrac{2}{t^2}\right]\beta + \left[\dfrac{36}{t^2(t+2)^2} - \dfrac{3}{t^2(t+2)}\right] \\ &= \dfrac{4-t}{t^2}\left[\beta + \dfrac{10-t}{(t+2)(t-4)}\right]^2 + \dfrac{2(10-t)(1-t)}{t^2(t+2)^2(4-t)}\end{aligned} \quad (7.1.119)$$

当 $t \geqslant 10$ 时,由上式知道 $\Delta \leqslant 0$. 又由于 α^2 的系数是负实数,则公式(7.1.118)的右端小于等于零. 于是,当 $t \geqslant 10$ 时,$c_0 \leqslant 0$.

十一年级

一、数列 $\{a_n \mid n \in \mathbf{N}^+\}$ 由下述公式定义

$$a_1 = 1994, \cdots, a_{n+1} = \dfrac{a_n^2}{2[a_n] + 21} \ (n \in \mathbf{N}^+)$$

这里 $[a_n]$ 是不超过 a_n 的最大整数. $\mathbf{N}^+$ 是由全体正整数组成的集合.

(1) 求证:$a_{12} < 1$.
(2) 求证:这数列是收敛的,找出它的极限.
(3) 求最小的正整数 k,使得 $a_k < 1$.

解:(1) 显然 $a_n > 0 (n \in \mathbf{N}^+)$,利用 $[a_n] > a_n - 1$,有

$$a_{n+1} < \dfrac{a_n^2}{2(a_n - 1) + 21} = \dfrac{a_n^2}{2a_n + 19} < \dfrac{a_n}{2} \quad (7.1.120)$$

不断地利用上式,有

$$0 < a_n < \dfrac{a_{n-1}}{2} < \dfrac{a_{n-2}}{2^2} < \cdots < \dfrac{a_1}{2^{n-1}} = \dfrac{1994}{2^{n-1}} \quad (7.1.121)$$

在上式中,令 $n = 12$,有

$$a_{12} < \frac{1\,994}{2\,048} < 1 \tag{7.1.122}$$

(2) 利用公式(7.1.121),有

$$\lim_{n\to\infty} a_n = 0 \tag{7.1.123}$$

(3) 具体计算,由公式(7.1.120),如果存在正实数 s,使得

$$a_{n+1} < \frac{a_n^2}{2a_n + 19} < s \tag{7.1.124}$$

由上述后一个不等式,有

$$a_n^2 - 2sa_n - 19s < 0 \tag{7.1.125}$$

上述左端的大根是 $\frac{1}{2}[2s + \sqrt{4s^2 + 76s}]$,小根是负值,利用抛物线图像的性质,有

$$a_n < s + \sqrt{s^2 + 19s} \tag{7.1.126}$$

换句话讲,当上式成立时,有不等式(7.1.124),当 $s \geqslant 3$ 时,有

$$(s^2 + 19s) - (s + 5)^2 = 9s - 25 > 0 \tag{7.1.127}$$

利用上式,当 $s \geqslant 3$ 时,有

$$\sqrt{s^2 + 19s} > s + 5 \tag{7.1.128}$$

利用不等式(7.1.126)和(7.1.128),当

$$a_n < 2s + 5 \tag{7.1.129}$$

时,不等式(7.1.126)成立,从而有不等式(7.1.124).根据这个结论以及题目条件,有

$$\left.\begin{array}{l} a_1 < 2\,005, \quad a_2 < 1\,000, \quad a_3 < 500, \quad a_4 < 250, \quad a_5 < 125 \\ a_6 < 60, \quad a_7 < 28, \quad a_8 < 12, \quad a_9 < 4, \quad a_{10} < 1 \end{array}\right\} \tag{7.1.130}$$

下面证明 $a_9 > 1$,由题目条件,有

$$a_{n+1} \geqslant \frac{a_n^2}{2a_n + 21} (n \in \mathbf{N}^+) \tag{7.1.131}$$

如果存在正实数 t,使得

$$\frac{a_n^2}{2a_n + 21} > t \tag{7.1.132}$$

则 $a_{n+1} > t$.上式等价于下述不等式

$$a_n^2 - 2ta_n - 21t > 0 \tag{7.1.133}$$

类似不等式(7.1.125)的处理,当

$$a_n > t + \sqrt{t^2 + 21t} \tag{7.1.134}$$

时,不等式(7.1.133)成立.由于对于任意正实数 t,

$$t^2 + 21t < (t + 11)^2 \tag{7.1.135}$$

则

$$t + \sqrt{t^2 + 21t} < 2t + 11 \tag{7.1.136}$$

因此,我们有如下结论:当

$$a_n > 2t + 11 \tag{7.1.137}$$

时,有 $a_{n+1} > t$.根据这个结论,有

$$\left.\begin{array}{l} a_1 = 1\,994, \quad a_2 > 991, \quad a_3 > 490, \quad a_4 > 239, \quad a_5 > 114 \\ a_6 > 51, \quad a_7 > 20, \quad a_8 \geqslant \dfrac{a_7^2}{2a_7 + 21} \end{array}\right\} \tag{7.1.138}$$

考虑 $(0, \infty)$ 内函数

$$f(x) = \frac{x^2}{2x+21} \quad (7.1.139)$$

当 $x>y>0$ 时,我们可以看到

$$f(x) - f(y) = \frac{x^2}{2x+21} - \frac{y^2}{2y+21} = \frac{1}{(2x+21)(2y+21)}[x^2(2y+21) - y^2(2x+21)]$$

$$= \frac{(x-y)}{(2x+21)(2y+21)}[2xy + 21(x+y)] > 0 \quad (7.1.140)$$

于是 $f(x)$ 是开区间 $(0,\infty)$ 内单调递增函数. 利用公式 (7.1.138) 的最后二个不等式, 有

$$a_8 > \frac{400}{40+21} > 6 \quad (7.1.141)$$

再利用不等式 (7.1.131) 以及 $f(x)$ 是开区间 $(0,\infty)$ 内单调递增函数, 我们可以得到

$$a_9 \geqslant \frac{a_8^2}{2a_8+21} > \frac{36}{12+21} > 1 \quad (7.1.142)$$

利用公式 (7.1.130) 和上式, 所求的使得 $a_k<1$ 的最小正整数

$$k = 10 \quad (7.1.143)$$

二、凸四边形 $ABCD$ 内接于一个以点 O 为圆心, 直径为 25 的圆, P,Q 分别是 AD 和 CD 上的点, 使得 $OP \perp AD$, $OQ \perp CD$ (图 7.8). 如果 AB,BC,CD,DA,OP,OQ 是 6 个不同的正整数, 求 $ABCD$ 的各边长.

解:在 Rt$\triangle ODP$ 和 Rt$\triangle ODQ$ 中, 有

$$OD^2 = OP^2 + \left(\frac{1}{2}AD\right)^2, \quad OD^2 = OQ^2 + \left(\frac{1}{2}CD\right)^2 \quad (7.1.144)$$

由题目条件, 有 $2OD=25$. 利用上式, 我们考虑方程

$$x^2 + 4y^2 = 625 \quad (7.1.145)$$

的正整数组解.

显然 x 必为奇数. 下面考虑 y 的奇偶性. 如果 y 是奇数, 则

$$y^2 \equiv 1 \pmod 4, \quad 4y^2 \equiv 4 \pmod 8, \quad 625 \equiv 1 \pmod 8 \quad (7.1.146)$$

利用方程 (7.1.145) 和上式, 有

$$x^2 \equiv 5 \pmod 8 \quad (7.1.147)$$

而正整数 x 必为 $8k, 8k\pm1, 8k\pm2, 8k\pm3, 8k+4$, 这里 k 是零或正整数. 因此, 不可能有公式 (7.1.147). 从而 y 必是偶数. 再由方程 (7.1.145), 有

$$2y < 25, \quad y \leqslant 12 \quad (7.1.148)$$

则正偶数 $y \in \{2,4,6,8,10,12\}$. 由简单计算, 有下述正整数组解

$$y = 10, x = 15 \quad \text{或} \quad y = 12, x = 7 \quad (7.1.149)$$

利用上面叙述, 满足条件的只有

$$AD = 7, \quad CD = 15, \quad OP = 12, \quad OQ = 10 \quad (7.1.150)$$

或者

$$AD = 15, \quad CD = 7, \quad OP = 10, \quad OQ = 12 \quad (7.1.151)$$

设

$$\angle ODP = \alpha, \quad \angle ODQ = \beta \quad (7.1.152)$$

先利用公式 (7.1.150) 这一组数值进行计算. 在 Rt$\triangle OPD$ 中, 以及在 Rt$\triangle OQD$ 中, 有

$$\cos\alpha = \frac{PD}{OD} = \frac{7}{25}, \quad \cos\beta = \frac{QD}{OD} = \frac{3}{5} \quad (7.1.153)$$

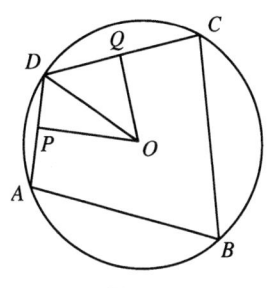

图 7.8

利用上式,立即有
$$\sin\alpha = \frac{24}{25}, \quad \sin\beta = \frac{4}{5} \tag{7.1.154}$$

利用公式(7.1.153)和(7.1.154),有
$$\cos\angle ADC = \cos(\alpha+\beta) = \cos\alpha\cos\beta - \sin\alpha\sin\beta = -\frac{3}{5} \tag{7.1.155}$$

读者可以看出,利用公式(7.1.151)这一组数值进行计算,仍有公式(7.1.155),在 $\triangle ACD$ 中,利用余弦定理,随意采用公式(7.1.150)和(7.1.151),都有
$$AC^2 = AD^2 + CD^2 - 2AD \cdot CD\cos(\alpha+\beta) = 400 \tag{7.1.156}$$

于是,有
$$AC = 20 \tag{7.1.157}$$

利用公式(7.1.155),有
$$\cos\angle ABC = \cos(\pi - \angle ADC) = \frac{3}{5} \tag{7.1.158}$$

在 $\triangle ABC$ 中,利用余弦定理,有
$$AC^2 = AB^2 + BC^2 - 2AB \cdot BC\cos\angle ABC \tag{7.1.159}$$

令
$$AB = x, \quad BC = z \tag{7.1.160}$$

利用公式(7.1.157)~(7.1.160),有
$$5z^2 - 6xz + 5(x^2 - 400) = 0 \tag{7.1.161}$$

将上式视作变元 z 的一元二次方程,有
$$z = \frac{1}{5}(3x \pm 4\sqrt{625-x^2}) \tag{7.1.162}$$

由于 x, z 都是正整数,又利用题目条件,公式(7.1.150)及(7.1.160),知道 $z\neq 15$,当 $x=25$ 时,利用公式(7.1.162),有 $z=15$,因此,$x\neq 25$,$625-x^2$ 应是一个正整数的平方,下面分情况讨论.

如果 x 是奇数,那么 $625-x^2$ 是偶数.于是,有正整数 y,满足
$$625 - x^2 = (2y)^2 = 4y^2 \tag{7.1.163}$$

上式恰是方程(7.1.145).

如果 x 是偶数,记 $x=2y^*$,这里 y^* 是正整数.类似地,有正整数 x^*,满足
$$625 - 4y^{*2} = x^{*2} \tag{7.1.164}$$

上式本质上就是方程(7.1.145).利用公式(7.1.150)和题目条件,有 $x\neq 7$ 和 $x\neq 15$,再利用公式(7.1.149),不必研究 $AB=x$, x 为奇数情况.只需考虑方程(7.1.164)情况.利用本题开始部分的叙述,有
$$AB = 2y^* = 20 \quad \text{或} \quad AB = 2y^* = 24 \tag{7.1.165}$$

注意:$x=AB$,将上式代入公式(7.1.162),注意 z 是正整数,有
$$BC = 24 \quad \text{或} \quad BC = 20 \tag{7.1.166}$$

于是满足题目条件的全部解是
$$\begin{cases}AD=7\\CD=15\\AB=20\\BC=24\end{cases}, \begin{cases}AD=7\\CD=15\\AB=24\\BC=20\end{cases}, \begin{cases}AD=15\\CD=7\\AB=20\\BC=24\end{cases}, \begin{cases}AD=15\\CD=7\\AB=24\\BC=20\end{cases} \tag{7.1.167}$$

三、两个人 A 和 B 玩一种游戏,A 在集合 $\{1,2,3,4\}$ 中任选一个元素,B 给 A 看一串问题,

其中每个问题都是下述类型:"你选的这个元素在不在元素{*,…,*}中?"A 只能回答:"在"或"不在",而且 A 至多只能说一次谎.求证:

(1) B 只须先后提 5 个问题,在得到 A 的问答后,就能讲出 A 所选的那个元素.

(2) B 不能只提 4 个问题,在得到 A 的回答后,就总能讲出 A 所选的那个元素.

证明:(1) B 只须向 A 先后提以下五个问题:

① 你选的这个元素在不在子集 $\{1,2\}$ 中?
② 你选的这个元素在不在子集 $\{1,2\}$ 中?
③ 你选的这个元素在不在子集 $\{1,3\}$ 中?
④ 你选的这个元素在不在子集 $\{1,3\}$ 中?
⑤ 你选的这个元素在不在子集 $\{1,4\}$ 中?

如果 A 选的元素是 1,那么,B 只能得到 A 的以下可能的问答:

(1) 如果 A 没说谎,他必定依次回答:在,在,在,在,在.

(2) 如果 A 说过一次谎,他必定回答:4 个在,1 个不在.

如果 A 选的元素是 2,那么,B 只能得到 A 的以下可能的回答:

(3) 如果 A 没说谎,他必定依次回答:在,在,不在,不在,不在.

(4) 如果 A 说过一次谎,他只有下述可能的依次回答:前二个中一个在,一个不在,后三个不在.或者前二个在,后三个中一个在,二个不在.

如果 A 选的元素是 3,那么 B 只能得到 A 的以下可能的依次回答:

(5) 如果 A 没说谎,他必定依次回答:不在,不在,在,在,不在.

(6) 如果 A 说过一次谎,他只有下述可能的依次回答:前二个中一个在,一个不在,后三是在,在,不在;或者前二个不在,后三个是不在,在,不在;或在,不在,不在;或在,在,在.

如果 A 选的元素是 4,那么 B 只能得到 A 的以下可能的回答:

(7) 如果 A 没有说谎,他必定依次回答:不在,不在,不在,不在,在.

(8) 如果 A 说过一次谎,他只有下述可能的依次回答:前四个中三个不在,一个在,最后一个是在;或者全部不在.

以上全部回答中,无两种回答完全相同.因此,B 根据 A 的回答,立即能指出 A 选的是什么元素.

(2) 如果 B 只提 4 个问题,由于每个问题只能回答"在"或"不在",因此,全部不同的回答只有 $2^4 = 16$ 种,而任选 $\{1,2,3,4\}$ 中一个元素,对于 B 所提 4 个问题,一共有 5 种两两不同的回答(不说谎,分别在第一、第二、第三、第四个问题的回答时说了谎).这样,对 4 个元素,一共有 $5 \times 4 = 20$ 种回答.由于全部不同的回答只有 16 种,于是这 20 种回答中,至少有 2 种回答完全一样的,实际上远不止 2 种回答完全一样,而且这两种完全一样的回答分别属于不同元素的回答组,这里同一个元素的回答组由 5 种肯定两两不同的回答组成.因此 B 无法总能确定 A 选的元素.

十二年级

一、(1) 求证:方程 $x^3 + x^2 + x = a$ 对于每个实数 a,只有一个实数解.

(2) 实数列 $\{x_n \mid n \in \mathbf{N}^+\}$ 满足 $x_{n+1}^3 + x_{n+1}^2 + x_{n+1} = x_n$,且 $x_1 > 0$.求证:这数列收敛并求这极限.

证明:(1) 令
$$f(x) = x^3 + x^2 + x - a \qquad (7.1.168)$$

这里 x 是任意实数.

当实数 x,y 满足 $x > y$ 时,可以看到
$$f(x) - f(y) = (x^3 - y^3) + (x^2 - y^2) + (x - y)$$

$$= (x-y)[(x+y)^2 + (x+y) + 1 - xy] \tag{7.1.169}$$

下面证明
$$(x+y)^2 + (x+y) + 1 - xy > 0 \tag{7.1.170}$$

分情况讨论：

① 如果 $x \geq 0, y \leq 0$，则
$$(x+y)^2 + (x+y) + 1 - xy = \left[(x+y) + \frac{1}{2}\right]^2 + \frac{3}{4} - xy > 0 \tag{7.1.171}$$

② 如果 $x > y \geq 0$，由于
$$(x+y)^2 \geq 4xy \geq xy \tag{7.1.172}$$

则在情况①和②，不等式(7.1.170)成立.

③ 如果 $0 \geq x > y$，令
$$x = -x^*, \quad y = -y^*, \quad 则 \quad y^* > x^* \geq 0 \tag{7.1.173}$$

可以看到
$$\begin{aligned}(x+y)^2 + (x+y) + 1 - xy &= (x^* + y^*)^2 - (x^* + y^*) + 1 - x^* y^* \\ &= \left[\frac{1}{4}(x^* + y^*)^2 - x^* y^*\right] + \frac{3}{4}\left[(x^* + y^*) - \frac{2}{3}\right]^2 + \frac{2}{3}\end{aligned} \tag{7.1.174}$$

上式右端显然大于零，从上面叙述知道不等式(7.1.170)成立. 再利用公式(7.1.169)知道 $f(x)$ 是 $(-\infty, \infty)$ 内一个严格单调递增函数. 利用 $f(x)$ 的定义，有
$$\lim_{n \to -\infty} f(x) = -\infty, \quad \lim_{n \to \infty} f(x) = \infty \tag{7.1.175}$$

所以对于任意的给定实数 a，$f(x) = 0$ 有而且只有一个实数解 x.

(2) 首先证明，对于任意正整数 n，
$$x_n > 0 \tag{7.1.176}$$

当 $n = 1$ 时，由题目条件知道上式成立. 设对某个正整数 n，不等式(7.1.176)成立. 考虑下述函数
$$f(x) = x^3 + x^2 + x - x_n \tag{7.1.177}$$

明显地，有
$$f(0) = -x_n < 0, \quad f(x_n) = x_n^3 + x_n^2 > 0 \tag{7.1.178}$$

利用前面证明知道 $f(x)$ 是严格单调递增函数，则在开区间 $(0, x_n)$ 内有唯一一个正实数 x_{n+1}，满足
$$f(x_{n+1}) = 0 \tag{7.1.179}$$

于是数列 $\{x_n \mid n \in \mathbf{N}^+\}$ 是一个严格单调递降正实数数列，因此，必收敛. 设
$$\lim_{n \to \infty} x_n = \lambda, \quad \lambda \geq 0 \tag{7.1.180}$$

对于等式
$$x_{n+1}^3 + x_{n+1}^2 + x_{n+1} = x_n \tag{7.1.181}$$

两端取极限 $(n \to \infty)$，有
$$\lambda^3 + \lambda^2 + \lambda = \lambda \tag{7.1.182}$$

化简上式，有
$$\lambda^2(\lambda + 1) = 0 \tag{7.1.183}$$

由于 $\lambda \geq 0$，必有
$$\lambda = 0 \tag{7.1.184}$$

因此，实数 $\{x_n \mid n \in \mathbf{N}^+\}$ 的极限是零.

二、给定$\triangle ABC$,$L = \frac{1}{2}(AB + BC + CA)$,圆$\Gamma_1$是$\angle A$的旁切圆(切于线段$BC$,射线$AB$和射线$AC$),圆$\Gamma$分别切圆$\Gamma_1$和$\triangle ABC$的内切圆$\Gamma_2$于点$Q,P$,直线$PQ$和$\angle BAC$的内角平分线交点是$R$,$RT$是圆$\Gamma$的切线.求证:$RT = \sqrt{L(L-a)}$,这里$a = BC$.

证明: 用点O表示圆Γ的圆心,点O_1是$\triangle ABC$的$\angle A$的旁切圆Γ_1的圆心,点O_2是$\triangle ABC$的内切圆Γ_2的圆心,设r是圆Γ_2的半径,r_a是圆Γ_1的半径.点S是直线PQ和圆Γ_1的交点.连接OO_1,O_1S,OO_2,可以看到

$$\angle QSO_1 = \angle O_1QS(\text{利用}\ O_1Q = O_1S = r_a) = \angle OQP = \angle OPQ \quad (7.1.185)$$

利用O,P,O_2三点共线及上式,有

$$OO_2 \parallel O_1S \quad (7.1.186)$$

因此,有

$$\triangle RPO_2 \sim \triangle RSO_1 \quad (7.1.187)$$

于是,有

$$\frac{RO_2}{RO_1} = \frac{r}{r_a} \quad (7.1.188)$$

而

$$RO_1 = RO_2 + O_1O_2 \quad (7.1.189)$$

由上二式,有

$$RO_2 = \frac{rO_1O_2}{r_a - r}, \quad RO_1 = \frac{r_aO_1O_2}{r_a - r} \quad (7.1.190)$$

用N、M分别表示线段O_1O_2与圆Γ_2,Γ_1的交点,可以看到
$\angle NMQ + \angle NPQ = (\pi - \angle O_1MQ) + (\pi - \angle NPO_2 - \angle QPO)$(利用$N,M,O_1$三点共线,以及$O_2,P,O$三点共线)

$$= \left[\pi - \frac{1}{2}(\pi - \angle MO_1Q)\right] + \left[\pi - \frac{1}{2}(\pi - \angle PO_2N) - \frac{1}{2}(\pi - \angle POQ)\right](\text{利}$$
用$MO_1 = QO_1$,$PO_2 = NO_2$和$PO = QO$)

$$= \frac{1}{2}\pi + \frac{1}{2}(\angle MO_1Q + \angle PO_2N + \angle POQ)$$

$$= \pi(\text{利用}\ \triangle O_1O_2O\ \text{三内角和为}\ \pi) \quad (7.1.191)$$

因此,P,N,M,Q四点共圆.由此,可以得到
$RT^2 = RP \cdot RQ = RN \cdot RM$
$= (RO_2 + r)(RO_1 - r_a)$
$= \left(\frac{rO_1O_2}{r_a - r} + r\right)\left(\frac{r_aO_1O_2}{r_a - r} - r_a\right)$
$= rr_a\left[\frac{(O_1O_2)^2}{(r_a - r)^2} - 1\right] \quad (7.1.192)$

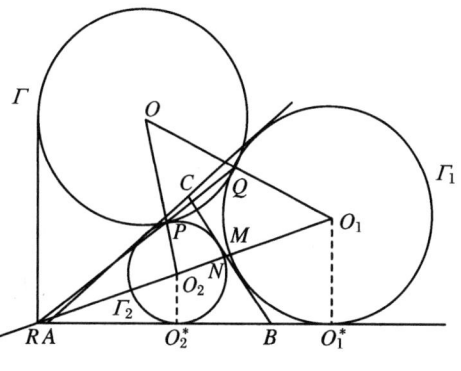

图7.9

直线AB切圆Γ_1于点O_1^*,切圆Γ_2于点O_2^*(图7.9).明显地,有

$$AO_1^* = L, \quad AO_2^* = L - a \quad (7.1.193)$$

于是,有

$$O_1^*O_2^* = AO_1^* - AO_2^* = a \quad (7.1.194)$$

由于$O_2O_2^* \perp O_1^*O_2^*$,$O_1O_1^* \perp O_1^*O_2^*$,因此,有

$$(O_1O_2)^2 = (O_1^*O_2^*)^2 + (r_a - r)^2 = a^2 + (r_a - r)^2 \quad (7.1.195)$$

代上式入公式(7.1.192),有
$$RT^2 = \frac{rr_a a^2}{(r_a - r)^2} \tag{7.1.196}$$

明显地,有
$$S_{\triangle ABC} = rL \tag{7.1.197}$$
$$S_{\triangle ABC} = S_{\triangle ABO_1} + S_{\triangle ACO_1} - S_{\triangle BCO_1} = \frac{1}{2}ABr_a + \frac{1}{2}ACr_a - \frac{1}{2}BCr_a = (L-a)r_a \tag{7.1.198}$$

利用上二式,有
$$\frac{r}{r_a} = \frac{L-a}{L} \tag{7.1.199}$$

利用公式(7.1.196)和(7.1.199),有
$$RT^2 = \frac{a^2 \dfrac{r}{r_a}}{\left(1 - \dfrac{r}{r_a}\right)^2} = L(L-a) \tag{7.1.200}$$

三、 n 是一个正整数,求方程 $x^n + y^n = 1994$ 的全部正数组解 (x,y).

解:当 $n=1$ 时,显然
$$x = a, \quad y = 1994 - a \tag{7.1.201}$$

这里 a 是一个任意整数,一定是满足题目条件的解. 当 $n=2$ 时,考虑方程
$$x^2 + y^2 = 1994 \tag{7.1.202}$$

因为 $1994 \equiv 2 \pmod{4}$,所以满足方程(7.1.202)的整数 x,y 必定都是奇数. 又由于 $1994 \equiv 4 \pmod{5}$,而类型为 $5k+1, 5k+2, 5k+3, 5k+4$ (k 是整数)的整数的平方除以 5 的余数是 1 或 4. 那么,从方程(7.1.202)可以知道 x,y 中必有一个且只有一个是 5 的倍数. 不妨设 x 是 5 的倍数, y 不是 5 的倍数. 记
$$x = 5x_1 \tag{7.1.203}$$

这里 x_1 是整数. 由于 x 是奇数,则 x_1 也是奇数. 由于 $y^2 > 0$,则
$$25x_1^2 < 1994, \quad |x_1| \leqslant 7 \tag{7.1.204}$$

则奇数 $x_1 \in \{\pm 1, \pm 3, \pm 5, \pm 7\}$. 由于 y 是整数,由简单计算,必有
$$x_1 = \pm 5, \quad x = \pm 25, \quad y = \pm 37 \tag{7.1.205}$$

因此,当 $n=2$ 时,方程(7.1.202)的全部整数解有以下 8 组
$$\left. \begin{cases} x=25 \\ y=37 \end{cases}, \begin{cases} x=25 \\ y=-37 \end{cases}, \begin{cases} x=-25 \\ y=37 \end{cases}, \begin{cases} x=-25 \\ y=-37 \end{cases} \\ \begin{cases} x=37 \\ y=25 \end{cases}, \begin{cases} x=-37 \\ y=25 \end{cases}, \begin{cases} x=37 \\ y=-25 \end{cases}, \begin{cases} x=-37 \\ y=-25 \end{cases} \right\} \tag{7.1.206}$$

下面考虑正整数 $n \geqslant 3$ 的情况. 如果 $n=2m$,这里正整数 $m \geqslant 2$. 从题目方程,有
$$(x^m)^2 + (y^m)^2 = 1994 \tag{7.1.207}$$

从上面讨论,可以知道 x^m 和 y^m 必等于 ± 25 和 ± 37,但是 37 是一个质数. 因此,当 $n=2m$ 时,上述方程无整数组解,这里正整数 $m \geqslant 2$.

下面考虑奇数 $n \geqslant 3$,由于 n 是奇数,则满足题目方程的整数组解 x, y 中至少有一个为正整数,不妨设 $x \geqslant y, x$ 是正整数. 由于 n 是奇数,有
$$x^n + y^n = (x+y)(x^{n-1} - x^{n-2}y + \cdots - xy^{n-2} + y^{n-1}) = 2 \times 997 \tag{7.1.208}$$

如果 x, y 是满足上式的正整数组解,由于
$$x^3 + y^3 = (x+y)(x^2 - xy + y^2) \tag{7.1.209}$$

现在证明
$$x^2 - xy + y^2 \geqslant 3 \tag{7.1.210}$$
由于
$$x^2 - xy + y^2 = (x-y)^2 + xy \geqslant xy \tag{7.1.211}$$
用反证法,设
$$x^2 - xy + y^2 \leqslant 2 \tag{7.1.212}$$

利用上二式,有 $xy \leqslant 2$,那么只能有 $x=2, y=1$,或者 $x=1, y=1$. 显然 $x=1, y=1$ 不满足方程(7.1.208),当 $x=2, y=1$ 时,利用方程(7.1.208),有 $2^n = 1993$,这也是不可能的. 因此,对于满足方程(7.1.208)的一对正整数 $x, y (x \geqslant y)$,必有不等式(7.1.210). 由于 $n \geqslant 3, x, y$ 都是正整数,有

$$x^n + y^n \geqslant x^3 + y^3 \tag{7.1.213}$$

利用公式(7.1.208)的第一个等式,公式(7.1.209)和不等式(7.1.213),有
$$x^{n-1} - x^{n-2}y + \cdots - xy^{n-2} + y^{n-1} \geqslant x^2 - xy + y^2 \geqslant 3 (利用不等式(7.1.210))$$
$$\tag{7.1.214}$$

由于 x, y 不可能全等于 1, x, y 中一个是 2,另一个是 1 也不可能,则正整数 x, y 满足 $x+y \geqslant 4$,再利用不等式(7.1.214)和 997 是一个质数,可以明白,当正奇数 $n \geqslant 3$ 时,不可能有正整数组解. 明显地, $y=0, x$ 是正整数也不是解.

现在考虑 y 是负整数情况. 令 $z = -y$, z 是一个正整数. 由于奇数 $n \geqslant 3$,有
$$x^n + y^n = x^n - z^n = (x-z)(x^{n-1} + x^{n-2}z + \cdots + xz^{n-2} + z^{n-1}) = 2 \times 997$$
$$\tag{7.1.215}$$
由于 $x > z \geqslant 1$,又 $n \geqslant 3$,有
$$x^{n-1} + x^{n-2}z + \cdots + xz^{n-2} + z^{n-1} \geqslant x^2 + xz + z^2 > 3 \tag{7.1.216}$$

利用公式(7.1.215),知道 x, z 不可能是一奇一偶,即 x, z 必定同奇偶. 又利用 997 是质数及不等式(7.1.216),必定有
$$\left.\begin{array}{l} x - z = 2 \\ x^{n-1} + x^{n-2}z + \cdots + xz^{n-2} + z^{n-1} = 997 \end{array}\right\} \tag{7.1.217}$$

利用上式的第一个等式,以及方程(7.1.215),有
$$(z+2)^n - z^n = 1994 \tag{7.1.218}$$

下面证明满足上式的 n 必是质数. 用反证法,如果 n 不是质数,那么有两个大于 1 的奇数 n_1, n_2,使得 $n = n_1 n_2$,于是,可以看到
$$2 \times 997 = (z+2)^{n_1 n_2} - z^{n_1 n_2} = [(z+2)^{n_1}]^{n_2} - (z^{n_1})^{n_2}$$
$$= [(z+2)^{n_1} - z^{n_1}]\{[(z+2)^{n_1}]^{n_2-1} + [(z+2)^{n_1}]^{n_2-2}z^{n_1}$$
$$+ \cdots + (z+2)^{n_1}(z^{n_1})^{n_2-2} + (z^{n_1})^{n_2-1}\} \tag{7.1.219}$$

由于奇数 $n_1 \geqslant 3$,有
$$(z+2)^{n_1} - z^{n_1} > (z^{n_1} + n_1 z + 2^{n_1}) - z^{n_1} > 3 \tag{7.1.220}$$

又由于奇数 $n_2 \geqslant 3$,有
$$[(z+2)^{n_1}]^{n_2-1} + [(z+2)^{n_1}]^{n_2-2}z^{n_1} + \cdots + (z+2)^{n_1}(z^{n_1})^{n_2-2} + (z^{n_1})^{n_2-1} >$$
$$[(z+2)^{n_1}]^{n_2-1} \geqslant (z+2)^6 \geqslant 3^6 \tag{7.1.221}$$

由于 997 是一个质数,利用不等式(7.1.220)和(7.1.221),知道公式(7.1.219)是不可能成立的. 因此,满足公式(7.1.218)的奇数 n 必是质数. 由于 n 是奇质数,那么组合数 $C_n^j (j=1, 2, \cdots, n-1)$ 都是 n 的倍数. 从而存在正整数 k,使得
$$(z+2)^n - z^n = (z^n + nk + 2^n) - z^n = nk + 2^n \tag{7.1.222}$$

利用 Fermat 小定理,有
$$2^n \equiv 2 \pmod{n} \tag{7.1.223}$$
利用公式(7.1.218),(7.1.222)和(7.1.223),可以得到 $1994-2$ 应是奇质数 n 的倍数.由于
$$1992 = 3 \times 8 \times 83 \tag{7.1.224}$$
从而有
$$n = 3 \quad \text{或} \quad n = 83 \tag{7.1.225}$$
如果 $n=3$,方程(7.1.218)变为
$$(z+2)^3 - z^3 = 1994 \tag{7.1.226}$$
化简上式,有
$$z^2 + 2z - 331 = 0 \tag{7.1.227}$$
上述方程显然没有正整数解.
当 $n=83$ 时,方程(7.1.218)变为
$$(z+2)^{83} - z^{83} = 1994 \tag{7.1.228}$$
然而可以看到
$$(z+2)^{83} - z^{83} > (z^{83} + 2^{83}) - z^{83} = 2^{83} > 1994 \tag{7.1.229}$$
因此,方程(7.1.228)也无正整数解 z.
综上所述,本题的全部解为公式(7.1.206)给出的 8 组解.

春天数学竞赛

八年级

一、 a 是一个实数,求方程 $|2x-3a|+|a+1-x|=x+1$ 的所有解 x.

解: x 是一个实数,按 $2x-3a,a+1-x$ 的正负分以下四种情况分别讨论.

(1) 当 $2x-3a \geqslant 0, a+1-x \geqslant 0$ 时,由题目方程,有
$$(2x-3a) + (a+1-x) = x+1 \tag{7.1.230}$$
于是,有
$$a = 0, \quad 0 \leqslant x \leqslant 1 \tag{7.1.231}$$

(2) 当 $2x-3a \geqslant 0, a+1-x < 0$ 时,类似有
$$(2x-3a) - (a+1-x) = x+1 \tag{7.1.232}$$
于是,有
$$x = 2a+1 \tag{7.1.233}$$
这时,应当有
$$0 \leqslant 2(2a+1) - 3a = a+2, \quad a \geqslant -2 \tag{7.1.234}$$
和
$$0 > a+1-(2a+1) = -a, \quad a > 0 \tag{7.1.235}$$
综合不等式(7.1.234)和(7.1.235),当 $a > 0$ 时,方程有解(7.1.233).

(3) 当 $2x-3a < 0$ 和 $a+1-x \geqslant 0$ 时,有
$$(3a-2x) + (a+1-x) = x+1 \tag{7.1.236}$$
由上式,有
$$x = a \tag{7.1.237}$$
这时,应当有

$$0 > 2a - 3a = -a, \quad a > 0 \tag{7.1.238}$$

和 $a + 1 - x = 1 > 0$. 综合上面叙述, 当 $a > 0$ 时, 方程有解 (7.1.237).

(4) 当 $2x - 3a < 0$ 和 $a + 1 - x < 0$ 时, 类似有

$$(3a - 2x) - (a + 1 - x) = x + 1 \tag{7.1.239}$$

于是, 有

$$x = a - 1 \tag{7.1.240}$$

这时, 应当有

$$0 > a + 1 - (a - 1) = 2 \tag{7.1.241}$$

上式是不可能成立的.

综上所述, 满足题目条件的所有解为

当 $a = 0$ 时, $0 \leqslant x \leqslant 1$; 当 $a > 0$ 时, $x = 2a + 1$, 或 $x = a$ (7.1.242)

二、D 是 $\triangle ABC$ 边 AB 上一点, 圆 Γ_1 是 $\triangle BCD$ 的 $\angle B$ 的旁切圆, 分别切射线 BD 和射线 BC 于点 K, Q. 圆 Γ_2 是 $\triangle ACD$ 的 $\angle A$ 的旁切圆, 分别切射线 AD 和射线 AC 于点 L, P. $\triangle ACD$ 的内切圆 Γ_3 分别切边 AC, AD 于点 M 和 E, $\triangle BCD$ 的内切圆在 Γ_4 分别切边 BC 和 BD 于点 N 和 F (图 7.10).

(1) 求证: $FK = EL = MP = NQ$;

(2) 如果 $\angle ACB = 90°$, 确定点 D 的位置, 使得凸四边形 $MNPQ$ 的面积最小.

解: 点 A 到圆 Γ_3 的两条切线段长相等, 即

$$AE = AM \tag{7.1.243}$$

点 A 到圆 Γ_2 的两条切线段长也相等, 有

$$AP = AL \tag{7.1.244}$$

利用上二式, 有

$$MP = AP - AM = AL - AE = EL \tag{7.1.245}$$

点 B 到圆 Γ_1 的两条切线段长相等, 即

$$BK = BQ \tag{7.1.246}$$

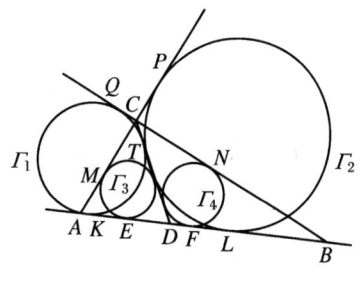

图 7.10

点 B 到圆 Γ_4 的两条切线段长也相等, 有

$$BF = BN \tag{7.1.247}$$

利用上二式, 有

$$NQ = BQ - BN = BK - BF = FK \tag{7.1.248}$$

设圆 Γ_1 切线段 CD 于点 T, 那么, 有

$$DT = DK, \quad CT = CQ \tag{7.1.249}$$

从而有

$$BK + BQ = (BD + DK) + (BC + CQ) = BD + BC + (DT + CT) = BD + BC + CD \tag{7.1.250}$$

利用公式 (7.1.246) 和 (7.1.250), 有

$$BK = BQ = \frac{1}{2}(BD + BC + CD) \tag{7.1.251}$$

利用公式 (7.1.247) 和 $\triangle BCD$ 的内切圆 Γ_4 的简单性质, 有

$$BF = \frac{1}{2}(BF + BN) = \frac{1}{2}(BD + BC - CD) \tag{7.1.252}$$

利用公式 (7.1.251) 和 (7.1.252), 有

$$FK = BK - BF = CD \tag{7.1.253}$$

类似地,有

$$EL = AL - AE, \quad AL = \frac{1}{2}(AP + AL) = \frac{1}{2}(AC + AD + CD)$$
$$AE = \frac{1}{2}(AE + AM) = \frac{1}{2}(AD + AC - CD), \quad EL = CD \quad (7.1.254)$$

利用公式(7.1.245),(7.1.248),(7.1.253)和(7.1.254),知道题目结论(1)成立.

(2) 由题目条件,有 $NQ \perp MP$,可以看到

$$S_{MNPQ} = S_{\triangle MNP} + S_{\triangle MPQ} = \frac{1}{2}(MP \cdot CN + MP \cdot CQ) = \frac{1}{2}MP \cdot NQ \quad (7.1.255)$$

由上式及题目结论(1),兼顾公式(7.1.253),有

$$S_{MNPQ} = \frac{1}{2}CD^2 \quad (7.1.256)$$

由于 $\triangle ABC$ 给定,当 $CD \perp AB$ 时,CD 长最小,即当点 D 是点 C 在斜边 AB 上的投影时, S_{MNPQ} 最小.

三、求所有正整数 k,使得有 k 个连续正整数之和是一个正整数的立方.

解:记正整数 m 满足

$$m^3 = n + (n+1) + (n+2) + \cdots + (n+k-1) = \frac{1}{2}k(2n+k-1) \quad (7.1.257)$$

这里 n 是一个正整数,令

$$t = 2n + k - 1, \quad 则 \quad n = \frac{1}{2}(t - k + 1) \quad (7.1.258)$$

由于 n 是一个正整数,则 $t > k$. 下面分情况讨论.

① 当 k 是一个奇数时,那么 t 是一个偶数.对于任意正奇数 k,利用上面叙述,令

$$t = 2k^2, \quad 则 \quad m = k \quad (7.1.259)$$

② 当 k 是一个偶数时,那么,存在正整数 r 和正奇数 s,满足

$$k = 2^r s \quad (7.1.260)$$

由于 k 是偶数,则 t 必是奇数,利用公式(7.1.257),(7.1.258)和(7.1.260),有

$$m^3 = 2^{r-1} s t \quad (7.1.261)$$

取

$$r - 1 = 3u, \quad t = s^2 3^{3r} \quad (7.1.262)$$

相应的正整数 n, m 存在,这里 u 是非负整数.

综上所述,所有正整数 k,和偶数 $k = 2^r s$. 这里正整数 r 满足条件 $r - 1$ 是 3 的倍数, s 是一个正奇数. 它们是满足题目条件的全部解.

九年级

一、a 是一个实数,给定方程 $x = a + \sqrt{a + \sqrt{x}} \ (x \geqslant 0)$.

(1) 求证:上述方程等价于方程 $x = a + \sqrt{x} \ (x \geqslant 0)$.

(2) 求给定方程的所有实数解 x.

解:(1) 如果非负实数 x 满足

$$x = a + \sqrt{x} \quad (7.1.263)$$

两端开方,有

$$\sqrt{x} = \sqrt{a + \sqrt{x}} \quad (7.1.264)$$

由上二式,有

$$x = a + \sqrt{a + \sqrt{x}} \tag{7.1.265}$$

反之,如果非负实数 x 满足公式(7.1.265),令

$$y = a + \sqrt{x} \tag{7.1.266}$$

利用公式(7.1.265)和(7.1.266),有 $y \geq 0$,

$$x = (y - \sqrt{x}) + \sqrt{y} \tag{7.1.267}$$

利用上式,有

$$(\sqrt{x} - \sqrt{y})(\sqrt{x} + \sqrt{y} + 1) = 0 \tag{7.1.268}$$

因此,只有

$$x = y \tag{7.1.269}$$

利用公式(7.1.266)和(7.1.269),有公式(7.1.263),因此(1)的结论成立.

(2) 要求给定方程的解,利用刚才所证,只须求出方程(7.1.263)的全部解即可,显然,可以看到

$$(x - a)^2 = x \tag{7.1.270}$$

展开上式,整理后可以得到

$$x^2 - (2a + 1)x + a^2 = 0 \tag{7.1.271}$$

从而有解

$$x = \frac{1}{4}(1 \pm \sqrt{4a + 1})^2 \tag{7.1.272}$$

因此,方程有实数解当且仅当 $a \geq -\dfrac{1}{4}$.

再由检验可得如下结论:

如果 $a = -\dfrac{1}{4}$,给定方程有唯一非负实数解 $x = \dfrac{1}{4}$,如果 $-\dfrac{1}{4} < a \leq 0$,方程有两个解

$$x_1 = \frac{1}{4}(1 + \sqrt{4a + 1})^2, \quad x_2 = \frac{1}{4}(1 - \sqrt{4a + 1})^2 \tag{7.1.273}$$

如果 $a > 0$,方程有唯一解

$$x = \frac{1}{4}(1 + \sqrt{4a + 1})^2 \tag{7.1.274}$$

二、给定 $\triangle ABC$,$AB = c$,$BC = a$,$AC = b$,$b \geq a$. 点 O 是 $\triangle ABC$ 内切圆 Γ 的圆心. $\triangle ABC$ 的 $\angle C$ 的旁切圆切 AB 于点 P,点 M 是 AB 的中点,点 Q 是直线 MO 和 BC 的交点(图 7.11).

(1) 求证:$PM = \dfrac{1}{2}(b - a)$.

(2) 求 BQ 的长.

解:(1) 记

$$p = \frac{1}{2}(a + b + c), \quad AP = p - b \tag{7.1.275}$$

于是,有

$$PM = AM - AP = \frac{1}{2}c - (p - b) = \frac{1}{2}(b - a) \tag{7.1.276}$$

(2) 设圆 Γ 切 AB 于点 N,有

$$NB = p - b = AP \tag{7.1.277}$$

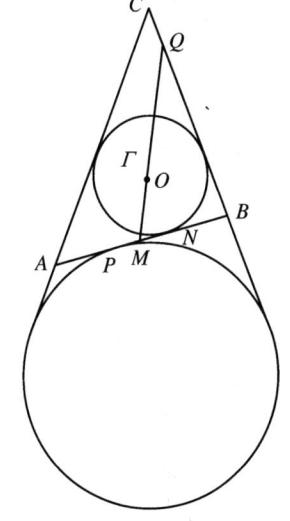

图 7.11

先考虑 $b>a$ 情况. 以点 A 为坐标原点, 射线 AB 为 x 轴正向, 建立直角坐标系. 那么点 B 坐标为 $(c,0)$, 点 C 坐标是 $(b\cos A, b\sin A)$.

明显地, 有
$$AN = p - a \tag{7.1.278}$$

用 S 表示 $\triangle ABC$ 的面积, 则点 O 坐标为 $(p-a, \dfrac{S}{p})$(注意 $ON \perp AB$). 点 M 坐标是 $(\dfrac{c}{2}, 0)$, 点 P 坐标是 $(p-b, 0)$. 设直线 CP 的斜率为 k_1, 直线 MQ 的斜率为 k_2, 则

$$k_1 = \frac{b\sin A}{b\cos A - (p-b)} = \frac{b\sin A}{b(1+\cos A) - p} \tag{7.1.279}$$

$$k_2 = \frac{\dfrac{S}{p}}{(p-a) - \dfrac{c}{2}} = \frac{2S}{p(b-a)} \tag{7.1.280}$$

显然, 有
$$2S = bc\sin A \tag{7.1.281}$$

利用上面叙述, 有
$$\frac{k_2}{k_1} = \frac{c[b(1+\cos A) - p]}{p(b-a)} \tag{7.1.282}$$

由于
$$\begin{aligned}
c[b(1+\cos A) - p] - p(b-a) &= bc(1+\cos A) - cp - p(b-a) \\
&= bc(1+\cos A) - \tfrac{1}{2}(a+b+c)(b+c-a) \\
&= bc(1+\cos A) - \tfrac{1}{2}[(b+c)^2 - a^2] \\
&= bc\cos A - \tfrac{1}{2}(b^2+c^2-a^2) = 0
\end{aligned} \tag{7.1.283}$$

利用公式(7.1.282)和(7.1.283), 有
$$k_1 = k_2 \tag{7.1.284}$$

从而有
$$CP \parallel MQ \tag{7.1.285}$$

利用上式, 有
$$\frac{CB}{QB} = \frac{PB}{MB} = \frac{c-AP}{\dfrac{c}{2}} = \frac{b+c-a}{c} \tag{7.1.286}$$

这里利用公式(7.1.275). 从上式, 有
$$BQ = \frac{ac}{b+c-a} \tag{7.1.287}$$

当 $a = b$ 时, $\triangle ABC$ 是一个等腰三角形, 点 P, N, M 三点重合. 则点 Q 与点 C 重合. 于是
$$BQ = a \tag{7.1.288}$$

这时, 公式(7.1.287)还是正确的. 它包含了 $a = b$ 情况. 因此, 公式(7.1.287)给出了本题所求的 BQ 长.

三、与八年级第三题相同.

十年级

一、实数 $p \geqslant \dfrac{1}{4}$, 求下述方程的所有正实数解 x.

$$\log_{\sqrt{2}}^2 x + 2\log_{\sqrt{2}} x + 2\log_{\sqrt{2}}(x^2 + p) + p + \frac{15}{4} = 0$$

解：当 $p > \frac{1}{4}$ 时，利用 x 是实数，有

$$\left(x - \frac{1}{2}\right)^2 + p - \frac{1}{4} > 0 \tag{7.1.289}$$

展开上式，化简后有

$$x^2 + p > x \tag{7.1.290}$$

利用上式及 $\sqrt{2} > 1$，有

$$\log_{\sqrt{2}}(x^2 + p) > \log_{\sqrt{2}} x \tag{7.1.291}$$

利用 $p > \frac{1}{4}$ 和上式，可以看到

$$\log_{\sqrt{2}}^2 x + 2\log_{\sqrt{2}} x + 2\log_{\sqrt{2}}(x^2+p) + p + \frac{15}{4} > \log_{\sqrt{2}}^2 x + 4\log_{\sqrt{2}} x + 4 = (\log_{\sqrt{2}} x + 2)^2 \geqslant 0 \tag{7.1.292}$$

从而当 $p > \frac{1}{4}$ 时，题目中给出的方程无正实数解 x。如果 $p = \frac{1}{4}$，由于

$$\left(x - \frac{1}{2}\right)^2 \geqslant 0, \quad 则 \quad x^2 + \frac{1}{4} \geqslant x \tag{7.1.293}$$

于是，可以得到

$$\log_{\sqrt{2}}\left(x^2 + \frac{1}{4}\right) \geqslant \log_{\sqrt{2}} x \tag{7.1.294}$$

因此，

$$题目方程左端 \geqslant (\log_{\sqrt{2}} x + 2)^2 \geqslant 0 \tag{7.1.295}$$

所以满足方程的正实数解必须满足

$$x^2 + \frac{1}{4} = x, \quad \log_{\sqrt{2}} x + 2 = 0 \tag{7.1.296}$$

因而必有

$$x = \frac{1}{2} \tag{7.1.297}$$

经检验，上式是满足题目方程的（唯一）解。

二、A, B 两点位于以点 O 为圆心，R 为半径的圆 Γ 上，这两点分圆周为 $1:2$ 的两段圆弧。C 点是大圆弧 $\overset{\frown}{AB}$ 上一点，P, Q 分别位于线段 BC 和 AC 上，使得 $AP \perp BC$，$BQ \perp AC$。H 是 AP 和 BQ 的交点。N 是小圆弧 $\overset{\frown}{AB}$ 的中点（图 7.12）。

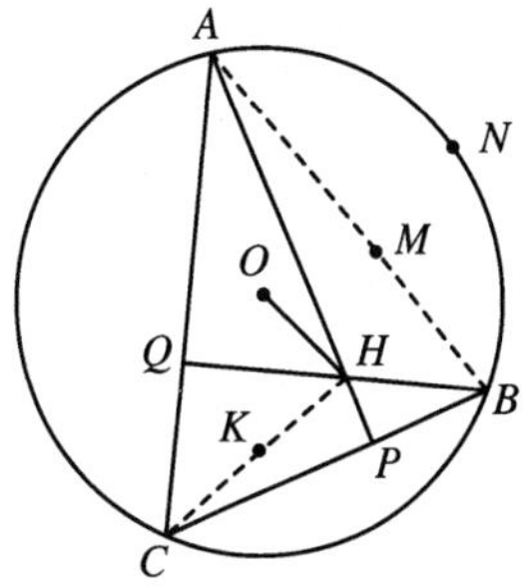

(1) 当 C 在大圆弧 $\overset{\frown}{AB}$ 上运动时，求 $\triangle PCQ$ 的外接圆的圆心的几何位置。

(2) 求证：$CN \perp OH$。

解：(1) 明显地，有

$$\angle BCA = \frac{\pi}{3} \tag{7.1.298}$$

设 K 是 $\triangle PCQ$ 的外接圆的圆心，由于

$$\angle HPC = \frac{\pi}{2} = \angle HQC \tag{7.1.299}$$

图 7.12

因此，H, Q, C, P 四点共圆，点 H 在 $\triangle PCQ$ 的外接圆上，而且线段 HC 是该圆的一条直径，

点 K 是线段 HC 的中点. 线段 AB 的中点记为 M.

利用 5.3 节例 7(兼看例 8)公式 (5.3.105),再利用点 K 是线段 CH 的中点,点 M 是线段 AB 的中点,有

$$MK = OK - OM = \frac{1}{2}(OC + OH) - \frac{1}{2}(OA + OB) = OC \qquad (7.1.300)$$

因此 $\triangle PCQ$ 的外接圆圆心 K 必在以 AB 中点 M 为圆心,R 为半径的半圆上,但该半圆直径的两个端点应删除.

(2) 利用上面叙述,又可以看到

$$CH = OH - OC = OA + OB \qquad (7.1.301)$$

又

$$\angle AOB = \frac{2\pi}{3} \qquad (7.1.302)$$

以及利用点 N 是小圆弧 $\overset{\frown}{AB}$ 的中点,有

$$\angle AON = \angle BON = \frac{\pi}{3} \qquad (7.1.303)$$

因而 $\triangle AON$ 与 $\triangle BON$ 都是等边三角形,四边形 $AOBN$ 是一个菱形. 从而有

$$ON = OA + OB \qquad (7.1.304)$$

利用公式 (7.1.301) 和 (7.1.304),可以得到 CH 与 ON 平行而且相等,$OCHN$ 是一个平行四边形,又 $OC = ON$,则 $OCHN$ 是一个菱形,于是对角线 CN 与 OH 互相垂直.

三、 在一个城市内公共汽车线路不止一条,任意两条不同线路有且只有一个公共的汽车站,每两个汽车站之间有一条公共汽车线路连接它们.

(1) 如果每条线路恰有 3 个汽车站,求汽车线路数目.

(2) 如果公共汽车线路数目是 13,每条汽车线路至少有 3 个公共汽车站,求每条公共汽车线路上车站的数目.

(3) 如果每个车站是一个正多边形的顶点,用一个不规则三角形(三边长两两不相等)表示(1)中一条公共汽车线路,请画出(1)的全部线路图. 类似画出(2)的全部线路图.

解:本题的一般形式的讨论见 4.2 节例 13,利用那题的结论,设 n 是一条汽车线路上车站数.

(1) 利用 $n(n-1)+1$ 是汽车线路总数,在本题 $n=3$,则汽车线路总数是 7.

(2) 又利用 $n(n-1)+1$ 是汽车线路总数,现在这数目是 13,则 $n=4$,即每条公共汽车线路上有 4 个车站.

(3) 用 O 表示正七边形 $A_1A_2A_3A_4A_5A_6A_7$ 的外接圆的圆心,那么不规则 $\triangle A_1A_2A_4$ 表示一条汽车线路,其他 6 条汽车线路可以用 $\triangle A_1A_2A_4$ 逆时针绕点 O 分别旋转 $\frac{2\pi}{7}, \frac{4\pi}{7}, \frac{6\pi}{7}, \frac{8\pi}{7}$,$\frac{10\pi}{7}, \frac{12\pi}{7}$ 而得到. 具体写出来即为以下六个三角形:

$\triangle A_2A_3A_5$, $\triangle A_3A_4A_6$, $\triangle A_4A_5A_7$, $\triangle A_5A_6A_1$, $\triangle A_6A_7A_2$, $\triangle A_7A_1A_3$

包括 $\triangle A_1A_2A_4$,这就是(1)的全部汽车线路.

对于(2)的全部汽车线路图,作出圆内接正十三边形 $B_1B_2\cdots B_{13}$. 每条线路应当是一个不规则四边形(四边长两两不相等)表示. 四边形 $B_1B_2B_5B_7$ 就是这样一个四边形. 其他 12 个不规则四边形可以用四边形 $B_1B_2B_5B_7$ 逆时针绕圆心分别旋转 $\frac{2\pi}{13}, \frac{4\pi}{13}, \frac{6\pi}{13}, \frac{8\pi}{13}, \frac{10\pi}{13}, \frac{12\pi}{13}, \frac{14\pi}{13}, \frac{16\pi}{13}, \frac{18\pi}{13}$,$\frac{20\pi}{13}, \frac{22\pi}{13}, \frac{24\pi}{13}$ 得到. 具体写出来即为以下 12 个四边形:$B_2B_3B_6B_8$, $B_3B_4B_7B_9$, $B_4B_5B_8B_{10}$,

$B_5B_6B_9B_{11}$,$B_6B_7B_{10}B_{12}$,$B_7B_8B_{11}B_{13}$,$B_8B_9B_{12}B_1$,$B_9B_{10}B_{13}B_2$,$B_{10}B_{11}B_1B_3$,$B_{11}B_{12}B_2B_4$,$B_{12}B_{13}B_3B_5$,$B_{13}B_1B_4B_6$,包括 $B_1B_2B_5B_7$,容易验证这些图形满足题目条件.(请读者自己作图)

十一年级

一、k 是一个实数,对于任意实数 x,令 $f(x) = \dfrac{x^4 + kx^2 + 1}{x^4 + x^2 + 1}$.

(1) 求 $f(x)$ 的最大值与最小值.

(2) 求所有实数 k,使得对每三个实数 a,b 和 c,存在一个三角形,具有边长 $f(a),f(b)$ 和 $f(c)$.

解:(1)

$$f(x) = 1 + \frac{(k-1)x^2}{x^4 + x^2 + 1} \tag{7.1.305}$$

显然有

$$x^4 + x^2 + 1 \geqslant 3x^2 \tag{7.1.306}$$

利用上式,有

$$0 \leqslant \frac{x^2}{x^4 + x^2 + 1} \leqslant \frac{1}{3} \tag{7.1.307}$$

如果实数 $k \geqslant 1$,利用上面叙述,可以得到 $f(x)$ 的最大值是 $\dfrac{1}{3}(k+2)$,$f(x)$ 的最小值是 1.

如果实数 $k < 1$,$f(x)$ 的最大值是 1,最小值是 $\dfrac{1}{3}(k+2)$.

(2) 利用题目条件,必有

$$2\min f(x) > \max f(x) \tag{7.1.308}$$

这里利用一个三角形的二边之和大于第三边.

如果 $k \geqslant 1$,利用上面叙述,有

$$2 > \frac{1}{3}(k+2),\quad \text{则}\quad 1 \leqslant k < 4 \tag{7.1.309}$$

如果 $k < 1$,利用上面叙述,有

$$\frac{2}{3}(k+2) > 1,\quad \text{则}\quad -\frac{1}{2} < k < 1 \tag{7.1.310}$$

综合上面叙述,有

$$-\frac{1}{2} < k < 4 \tag{7.1.311}$$

下面证明对于满足不等式(7.1.311)的任一实数 k,题目结论成立.

对于 $k \geqslant 1$,由于 $k<4$,则公式(7.1.309)的第一个不等式成立,即不等式(7.1.308)成立,这表明对于任意三个实数 a,b,c(允许相等),$f(a),f(b),f(c)$ 三个数中任两数之和大于第三数. 因此,必存在一个三角形,具有边长 $f(a),f(b),f(c)$.

如果 $-\dfrac{1}{2} < k < 1$,公式(7.1.310)的第一个不等式成立,此时仍然有不等式(7.1.308),类似上面叙述,题目结论同样成立.

二、一个锐角 $\triangle ABC$,$\angle BAC = 60°$,三点 H,O,I 分别是 $\triangle ABC$ 的垂心、外心和内心. 如果 $BH = OI$,求 $\angle ABC$ 和 $\angle ACB$.

解:依惯例,分别用 $\angle A,\angle B,\angle C$ 表示 $\angle BAC,\angle ABC,\angle ACB$. 先考虑三点 O,H,I 两两不重合情况. 利用题目条件,知道三点 O,H,I 都在 $\triangle ABC$ 内部,在 $\triangle BHC$ 中,有

$$\angle BHC = \pi - \angle HBC - \angle HCB = \pi - \left(\frac{\pi}{2} - \angle C\right) - \left(\frac{\pi}{2} - \angle B\right)$$
$$= \angle B + \angle C = \pi - \angle A = \frac{2\pi}{3} \tag{7.1.312}$$

另外,可以看到
$$\angle BIC = \pi - \left(\frac{1}{2}\angle B + \frac{1}{2}\angle C\right) = \frac{\pi}{2} + \frac{1}{2}\angle A = \frac{2\pi}{3} \tag{7.1.313}$$

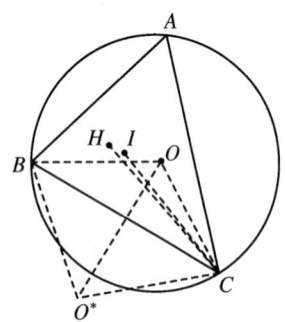

图 7.13

又知道
$$\angle BOC = 2\angle A = \frac{2\pi}{3} \tag{7.1.314}$$

设 $\triangle BOC$ 的外接圆 Γ 圆心是点 O^*,利用上面叙述,知道点 H,I 都在这圆 Γ 上. 又利用 $BO = CO$,知道 $\triangle BOO^*$ 与 $\triangle COO^*$ 三对边对应相等,这两个三角形全等(图 7.13). 因此,有
$$\angle BOO^* = \angle COO^* = \frac{1}{2}\angle BOC = \frac{\pi}{3} \tag{7.1.315}$$

于是 $\triangle BOO^*$ 与 $\triangle COO^*$ 都是等边三角形. 因此 $\triangle BOO^*$ 的外接圆 Γ 的半径就是 $\triangle ABC$ 的外接圆半径 R. 在 $\triangle AHI$ 和 $\triangle AOI$ 中,可以看到

$$\angle IAH = |\angle BAI - \angle BAH| = \left|\frac{1}{2}\angle A - \left(\frac{\pi}{2} - \angle B\right)\right| = \left|\angle B - \frac{\pi}{3}\right| \tag{7.1.316}$$

$$\angle IAO = \left|\frac{1}{2}\angle A - \angle OAC\right| = \left|\frac{1}{2}\angle A - \frac{1}{2}(\pi - \angle AOC)\right|$$
$$= \left|\frac{1}{2}\angle A - \frac{\pi}{2} + \angle B\right| = \left|\angle B - \frac{\pi}{3}\right| \tag{7.1.317}$$

又利用 5.3 节例 7 中公式(5.3.91)及本题条件,有
$$AH = 2R\cos A = R \tag{7.1.318}$$

利用公式(7.1.316),(7.1.317)和(7.1.318),可以看到
$$\triangle AHI \cong \triangle AOI \tag{7.1.319}$$

因此,有
$$HI = OI \tag{7.1.320}$$

又利用题目条件,有
$$BH = HI \tag{7.1.321}$$

由于 $\triangle OBC$ 是一个等腰三角形,则
$$\angle BCO = \frac{1}{2}(\pi - \angle BOC) = \frac{\pi}{6} \tag{7.1.322}$$

这里利用公式(7.1.314).

在圆 Γ 上,利用公式(7.1.320)和(7.1.321),对应劣弧 $\overset{\frown}{BH}$, $\overset{\frown}{HI}$, $\overset{\frown}{OI}$ 相等. 于是,有
$$\angle BCH = \frac{1}{3}\angle BCO = \frac{\pi}{18} \tag{7.1.323}$$

因此,有
$$\angle B = \frac{\pi}{2} - \angle BCH = \frac{4\pi}{9} \tag{7.1.324}$$

$$\angle C = \pi - \angle A - \angle B = \frac{2\pi}{9} \tag{7.1.325}$$

下面证明 O, H, I 三点两两不重合.

如果点 H 与点 I 重合,利用公式(7.1.312)和(7.1.314)知道 B,C,O,H 四点共圆.又 $BH = OH$,则 $\triangle BOC$ 的外接圆 Γ 上对应劣弧 $\overset{\frown}{BH}$ 与 $\overset{\frown}{OH}$ 相等,有

$$\angle BCH = \frac{1}{2}\angle BCO = \frac{\pi}{12}(\text{利用公式}(7.1.322)) \tag{7.1.326}$$

点 H 与点 I 重合,因此 CH 既是 $\angle BCO$ 的内角平分线,又是 $\angle BCA$ 的内角平分线,这显然不可能.

如果点 H 与点 O 重合,则

$$\angle BCH = \angle BCO = \frac{\pi}{6} \tag{7.1.327}$$

$$\angle B = \frac{\pi}{2} - \angle BCH = \frac{\pi}{3} \tag{7.1.328}$$

$\triangle ABC$ 是一个等边三角形,三点 O,I,H 重合. $OI = 0 < BH$.这与题目条件矛盾.

如果 O 与 I 重合,类似上述也矛盾.

综上所述,三点 O,H,I 的确两两不重合.

三、与十年级第三题相同.

十二年级

一、实数 $a_0, a_1, a_2, \cdots, a_n, \cdots$ 满足下述等式 $a_0 = a$,这里 a 是一个实数,$a_n = \dfrac{a_{n-1}\sqrt{3}+1}{\sqrt{3}-a_{n-1}}$ ($n \in \mathbf{N}^+$),求 a_{1994}.

解:利用题目条件,通过简单计算,有

$$a_1 = \frac{a\sqrt{3}+1}{\sqrt{3}-a}, \quad a_2 = \frac{a+\sqrt{3}}{1-a\sqrt{3}}, \quad a_3 = -\frac{1}{a}, \quad a_4 = \frac{a-\sqrt{3}}{\sqrt{3}a+1}, \quad a_5 = \frac{\sqrt{3}a-1}{a+\sqrt{3}}, \quad a_6 = a \tag{7.1.329}$$

于是,对任一正整数 k,极容易得到

$$a_{6k+r} = a_r, \quad \text{这里} r \in \{0,1,2,3,4,5\} \tag{7.1.330}$$

再利用 $1994 \equiv 2 \pmod 6$,有

$$a_{1994} = a_2 = \frac{a+\sqrt{3}}{1-a\sqrt{3}} \tag{7.1.331}$$

二、在一个圆心为 O 的单位圆内,有一个内接四边形 $ABCD$,AB 是直径.$BC:CD:DA = 1:\sqrt{7}:4$.直径分圆为两个半圆,点 C,D 在一个半圆(周)上,在另一个半圆(周)上找一点 M,使得点 M 到 BC,CD 和 DA 的距离之和有最大值(图 7.14).

解:设

$$BC = a, \quad \angle BOC = \alpha, \quad \angle COD = \beta, \quad \angle DOA = \gamma \tag{7.1.332}$$

则

$$\alpha + \beta + \gamma = \pi \tag{7.1.333}$$

$$CD = \sqrt{7}a, \quad DA = 4a \tag{7.1.334}$$

以及知道

$$\sin\frac{\alpha}{2} = \frac{a}{2}, \quad \sin\frac{\beta}{2} = \frac{\sqrt{7}}{2}a, \quad \sin\frac{\gamma}{2} = 2a \tag{7.1.335}$$

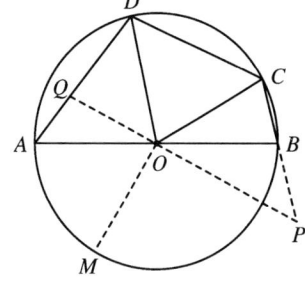

图 7.14

利用公式(7.1.333),有
$$\sin\frac{\alpha}{2} = \cos\left(\frac{\beta}{2} + \frac{\gamma}{2}\right) = \cos\frac{\beta}{2}\cos\frac{\gamma}{2} - \sin\frac{\beta}{2}\sin\frac{\gamma}{2} \tag{7.1.336}$$

利用公式(7.1.335)和(7.1.336),可以看到
$$\frac{a}{2} = \sqrt{1 - \frac{7}{4}a^2}\,\sqrt{1 - 4a^2} - \sqrt{7}a^2 \tag{7.1.337}$$

上式移项后,两端平方,有
$$\left(\frac{a}{2} + \sqrt{7}a^2\right)^2 = \left(1 - \frac{7}{4}a^2\right)(1 - 4a^2) \tag{7.1.338}$$

化简上式,可以看到
$$\sqrt{7}a^3 + 6a^2 - 1 = 0 \tag{7.1.339}$$

函数 $f(x) = \sqrt{7}x^3 + 6x^2 - 1$ 在区间 $(0, \infty)$ 内是严格单调递增函数,知道 $f\left(\frac{1}{\sqrt{7}}\right) = 0$. 因此,在开区间 $(0, \infty)$ 内, $f(x) = 0$ 只有唯一的正实数解 $x = \frac{1}{\sqrt{7}}$. 因此,利用公式(7.1.339),有
$$a = \frac{1}{\sqrt{7}} \tag{7.1.340}$$

再利用公式(7.1.334)和(7.1.335),有
$$BC = \frac{1}{\sqrt{7}}, \quad CD = 1, \quad DA = \frac{4}{\sqrt{7}}, \quad \beta = \frac{\pi}{3} \tag{7.1.341}$$

设点 P 是射线 CB 上的点,使得 $CP = 1$,点 Q 是线段 DA 上的点,使得 $DQ = 1$. 由于 $OC = CP$,则
$$\angle POC = \frac{\pi}{2} - \frac{1}{2}\angle OCB = \frac{\pi}{2} - \frac{1}{4}(\pi - \alpha) = \frac{1}{4}(\pi + \alpha) \tag{7.1.342}$$

由于 $OD = DQ$,有
$$\angle DOQ = \frac{\pi}{2} - \frac{1}{2}\angle ODA = \frac{\pi}{2} - \frac{1}{4}(\pi - \gamma) = \frac{1}{4}(\pi + \gamma) \tag{7.1.343}$$

利用公式(7.1.332),(7.1.342)和(7.1.343),有
$$\angle POC + \angle COD + \angle DOQ = \frac{1}{4}(\pi + \alpha) + \beta + \frac{1}{4}(\pi + \gamma) = \frac{\pi}{2} + \frac{1}{4}(\alpha + \beta + \gamma) + \frac{3}{4}\beta$$
$$= \pi (利用公式(7.1.333) 和(7.1.341)) \tag{7.1.344}$$

所以 P, O, Q 三点共线.

用 d_1, d_2, d_3 分别表示点 M 到 BC, CD 和 DA 的距离,可以看到
$$\left.\begin{array}{l} S_{\triangle MPC} = \frac{1}{2}d_1 PC = \frac{1}{2}d_1 \\ S_{\triangle MCD} = \frac{1}{2}d_2 CD = \frac{1}{2}d_2 \\ S_{\triangle MQD} = \frac{1}{2}d_3 DQ = \frac{1}{2}d_3 \end{array}\right\} \tag{7.1.345}$$

因此,有
$$d_1 + d_2 + d_3 = 2(S_{\triangle MPC} + S_{\triangle MCD} + S_{\triangle MQD}) = 2(S_{PCDQ} + S_{\triangle MPQ}) \tag{7.1.346}$$

面积 S_{PCDQ} 是固定不变的. 因此, $d_1 + d_2 + d_3$ 取最大值,当且仅当 $S_{\triangle MPQ}$ 为最大. 又由于线段 PQ 是固定不变的,要 $S_{\triangle MPQ}$ 最大,只要找到点 M 到 PQ 距离的最大值即可. 显然,过圆心点 O 作 $OM \perp PQ$,点 M 是这垂线与单位圆的交点,这时 $OM = 1$,显然 OM 作为 $\triangle MPQ$ 的底边 PQ 上的

高,长度 1 是最大的.

三、与十年级第三题相同.

保加利亚国家数学奥林匹克竞赛

第三轮(第一轮、第二轮题目较容易,所以未列入)

一、设正整数 $n>1$,$A_n = \{x \in \mathbf{N}^+ | x$ 与 n 的最大公因数 $(x,n) \neq 1\}$.正整数 n 称为有趣的,如果对于任何 $x,y \in A_n$,有 $x+y \in A_n$,求所有有趣的大于 1 的正整数 n.

解:设 p 是一个质数.我们先证明对于所有 $n = p^s (s \in \mathbf{N}^+)$ 是有趣的正整数.对于这样的 n,如果有 $x \in \mathbf{N}^+$,$(x,n) \neq 1$,那么,p 一定是 x 的因子,因而对于任何 $x,y \in A_n$,x,y 都是 p 的倍数,于是 $x+y$ 也是 p 的倍数,从而有 $(x+y, p^s) \neq 1$,即 $x+y \in A_n$,所以 $n = p^s$ 是有趣的大于 1 的正整数.

如果正整数 n 至少有两个不同的质因子,记 $n = p^s q$,这里 p 是一个质数,s 是一个正整数,$q>1$,且 q 是一个与 p 互质的正整数.由于 $(p, p^s q) = p$,$(q, p^s q) = q$,则 $p \in A_n$,$q \in A_n$.显然 $(p+q, p^s q) = 1$,即 $p+q$ 不属于 A_n,则 $n = p^s q$ 不是有趣的正整数.

所以,所求的全部有趣的大于 1 的正整数 $n = p^s$,这里 p 是任意质数,s 是任意正整数.

二、一个圆内切于一个三角形和一个正方形,求证:至少这正方形的半周长在这三角形内部.

证明:设该圆半径是 1,容易看到这个正方形至少有一个顶点在该三角形内部.如果这个正方形有两个顶点在该三角形内部,利用在三角形内部正方形的一个顶点到两相邻切点(正方形与圆的切点)的两段正方形线段之和恰为正方形周长的 1/4,而且这两段线段全在这三角形内部.对于另一个在三角形内部的正方形顶点,也有这种情况,所以本题结论成立.

因此,下面只须考虑只有正方形的一个顶点在这三角形内部的情况.这个正方形的边长是 2.

设点 O 是该单位圆的圆心,S 是在这三角形外部的正方形的三个顶点之一,点 M,K 是与点 S 相邻的正方形与该圆的两个切点.三角形的一条边分别交线段 MS 与点 Q,交线段 KS 于点 P,$PK + MQ$ 是交点为 S 的正方形的两段切线段 SK, SM 在三角形内部的两段线段之和(图 7.15).三角形的这条边切圆于点 L.可以看到

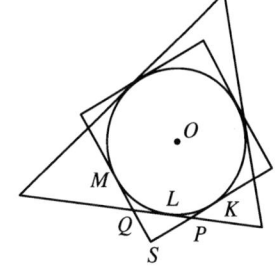

图 7.15

$$PK + MQ = PL + QL = PQ \qquad (7.1.347)$$

下面计算 PQ 的长(图 7.16),设

$$\angle SPQ = \alpha \qquad (7.1.348)$$

显然 $OL \perp PQ$,容易看到

$$\angle OPL = \frac{1}{2}\angle KPL = \frac{1}{2}(\pi - \alpha) \qquad (7.1.349)$$

$$\angle MQP = \pi - \angle SQP = \pi - \left(\frac{\pi}{2} - \alpha\right) = \frac{\pi}{2} + \alpha \qquad (7.1.350)$$

$$\angle LOQ = \frac{\pi}{2} - \frac{1}{2}\angle MQP = \frac{\pi}{4} - \frac{\alpha}{2} \qquad (7.1.351)$$

$$\angle POL = \frac{\pi}{2} - \angle OPL = \frac{\alpha}{2} \qquad (7.1.352)$$

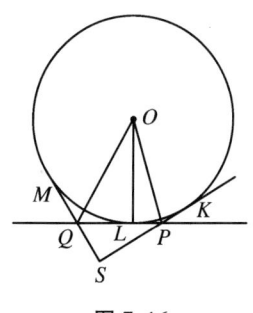

图 7.16

这里利用公式(7.1.349).

在 Rt$\triangle OLP$ 中,有
$$\frac{PL}{OL} = \tan \angle POL = \tan \frac{\alpha}{2} \tag{7.1.353}$$

在 Rt$\triangle OLQ$ 中,有
$$\frac{QL}{OL} = \tan \angle LOQ = \tan\left(\frac{\pi}{4} - \frac{\alpha}{2}\right) \tag{7.1.354}$$

这里利用公式(7.1.351),又利用 $OL = 1$,可以看到
$$PQ = PL + QL = \tan\frac{\alpha}{2} + \tan\left(\frac{\pi}{4} - \frac{\alpha}{2}\right) = \frac{\sin\frac{\alpha}{2}}{\cos\frac{\alpha}{2}} + \frac{\sin\left(\frac{\pi}{4} - \frac{\alpha}{2}\right)}{\cos\left(\frac{\pi}{4} - \frac{\alpha}{2}\right)}$$

$$= \frac{\sin\left(\frac{\alpha}{2} + \left(\frac{\pi}{4} - \frac{\alpha}{2}\right)\right)}{\cos\frac{\alpha}{2}\cos\left(\frac{\pi}{4} - \frac{\alpha}{2}\right)} = \frac{\sqrt{2}}{\cos\frac{\pi}{4} + \cos\left(\alpha - \frac{\pi}{4}\right)} \geqslant \frac{\sqrt{2}}{\frac{\sqrt{2}}{2} + 1} = 2(\sqrt{2} - 1) \tag{7.1.355}$$

由于在三角形外部的正方形顶点有 3 个,因此,类似不等式(7.1.355)的不等式还应当有 2 个. 顶点在三角形内部的一个正方形的顶点,它到相邻两切点(正方形与圆的切点)的两段正方形的线段之和恰为 2. 记在该三角形内部的正方形的线段总长为 L,则
$$L \geqslant 2 + 6(\sqrt{2} - 1) = 6\sqrt{2} - 4 > 4 \tag{7.1.356}$$
这里 4 恰为该正方形的半周长.

三、在一张无限大的国际象棋棋盘上有一点 (p,q) 马,这马在水平方向走 p 格(可向东,向西),同时,在垂直方向走 q 格(可向南,向北),表示这马跳了一步. 当然这马也可在垂直方向走 p 格,同时在水平方向走 q 格,表示跳了一步. 求所有的正整数对 (p,q),使得这只 (p,q) 马从任何一格出发,可以到达这张棋盘的任何一格内.

解:将这张国际象棋棋盘用黑、白两色交替染色. 如果 p,q 是奇偶性不同的一对正整数,那么这只马每跳一步,必从白色格子跳到黑色格子,或者从黑色格子跳到白色格子. 如果 p,q 是奇偶性相同的一对正整数,那么这只马每跳一步,必从白色格子跳到白色格子,或者从黑色格子跳到黑色格子. 因此要这只马从任何一格出发,可以跳到这张棋盘的任何一格内,$p + q$ 必是奇数.

当 p,q 是奇偶性不同的一对正整数时,在这棋盘上引进一个直角坐标系,取这只马开始时所在方格的右上角为坐标原点,每个方格的边长作为单位长. 因此,每个方格右上角是一个整点(横、纵坐标全为整数). 这个方格与其右上角的整点有 1—1 对应关系. 如果这只马跳到一个格子内,这方格(即格子)的右上角的整点记为 (x,y),我们就讲这只马在 (x,y) 上. 开始时,马在 $(0,0)$ 上,将点 $(0,0)$ 对应的方格涂成黑色,黑、白两色交替涂满全部方格,于是对点 (x,y) 对应的方格,当 $x + y$ 为偶数时,涂黑色;当 $x + y$ 为奇数时,涂白色.

记 p,q 的最大公因数为 d,即 $(p,q) = d$,如果 $d > 1$,这马从点 $(0,0)$ 对应的方格出发,到达点 (x,y) 对应的方格,整数 x,y 都是 d 的倍数. 显然,当 $d > 1$ 时,这只马不能满足题目要求.

从上面分析知道,要满足题目要求,整数对 (p,q) 必满足两个条件:(1) $p + q$ 是奇数;(2) p,q 互质.

下面证明这两个条件是充分的.

我们知道由于 p,q 互质,一定有两个整数 u,v,满足
$$up + vq = 1 \tag{7.1.357}$$
下面我们仔细写出这马跳跃过程,它可以跳到点 $(2p,0)$ 对应的方格,或者 $(-2p,0)$ 对应的方格,例如利用

$$(0,0) \to (p,q) \to (2p,0) \quad \text{或} \quad (0,0) \to (-p,q) \to (-2p,0) \tag{7.1.358}$$

这马也可以跳到点$(2q,0)$对应的方格,或$(-2q,0)$对应的方格,例如利用

$$(0,0) \to (q,p) \to (2q,0) \quad \text{或} \quad (0,0) \to (-q,p) \to (-2q,0) \tag{7.1.359}$$

上述一个箭头表示这只马从点对应的方格跳到另一点对应的方格.
利用公式(7.1.357),有

$$2pu + 2qv = 2 \tag{7.1.360}$$

从上面叙述及公式(7.1.360)可以知道,这只马可以适当地跳有限步.从方格$(0,0)$(即点$(0,0)$对应的方格.为简洁,下面都采用类似说法)跳到方格$(2,0)$内,也可以从方格$(0,0)$跳到方格$(-2,0)$内(将公式(7.1.360)两端乘以-1),那么,对于任一整数n,这只马可以适当地跳有限步,从方格$(0,0)$跳到方格$(2n,0)$内.由于$p+q$是奇数,不妨设p是奇数,这马可以从黑方格$(2n,0)$跳一步到白方格$(2n+p,q)$内.类似上面方法,经过适当地有限步跳,这马可以跳到任一白方格$(2n+p, 2m+q)$内,这里m是任一整数.由于q为偶数,取$m = -\dfrac{q}{2}$,这马可以跳到白方格$(2n+p,0)$内,因此,这只马可以跳遍所有白方格$(x,0)$,这里x为任一奇数,正奇数、负奇数都行.这样一来,对应x轴上任一整点方格,这只马都可以跳到.如果q是奇数,这马从黑方格$(2n,0)$跳一步到白方格$(2n+q,p)$,类似上述证明,这马仍可以跳遍对应x轴上任一整点的方格.对于任一方格(x^*,y^*),这里x^*,y^*都是整数,这只马可以从方格$(0,0)$先经过有限步跳到方格$(x^*,0)$.然后完全类似上述证明,这只马可以跳遍对应于直线$x=x^*$上任一整点的方格,特别能跳到方格(x^*,y^*)内.

四、实数列$a_1,a_2,\cdots,a_n,\cdots$由下述等式定义:$a_{n+1} = 2^n - 3a_n, n=0,1,2,\cdots$.
(1) 求依赖于a_0和n的a_n的表达式.
(2) 求a_0,使得对任何正整数n,有$a_{n+1} > a_n$.

解:(1) 利用题目条件,可以看到

$$\begin{aligned}
a_n &= 2^{n-1} - 3a_{n-1} = 2^{n-1} - 3(2^{n-2} - 3a_{n-2}) = 2^{n-1} - 3 \times 2^{n-2} + 3^2 a_{n-2} \\
&= 2^{n-1} - 3 \times 2^{n-2} + 3^2 \times 2^{n-3} - 3^3 a_{n-3} = \cdots \\
&= [2^{n-1} - 3 \times 2^{n-2} + 3^2 \times 2^{n-3} - 3^3 \times 2^{n-4} + \cdots + (-1)^{n-1} 3^{n-1}] + (-1)^n 3^n a_0 \\
&= \frac{1}{5}[2^n + (-1)^{n-1} 3^n] + (-1)^n 3^n a_0
\end{aligned} \tag{7.1.361}$$

(2) 利用公式(7.1.361),有

$$a_{n+1} - a_n = \frac{1}{5}[2^{n+1} + (-1)^n 3^{n+1}] + (-1)^{n+1} 3^{n+1} a_0 - \frac{1}{5}[2^n + (-1)^{n-1} 3^n] - (-1)^n 3^n a_0$$

$$= \frac{1}{5} 2^n + (-1)^n 4 \times 3^n \left(\frac{1}{5} - a_0\right) \tag{7.1.362}$$

从上式,有

$$\frac{1}{3^n}(a_{n+1} - a_n) = \frac{1}{5}\left(\frac{2}{3}\right)^n + (-1)^n 4\left(\frac{1}{5} - a_0\right) \tag{7.1.363}$$

利用$\lim\limits_{n\to\infty}\left(\dfrac{2}{3}\right)^n = 0$,如果$\dfrac{1}{5} - a_0 > 0$,对于非常大的奇数$n$,有$a_{n+1} - a_n < 0$.如果$\dfrac{1}{5} - a_0 < 0$,对于非常大的偶数$n$,有$a_{n+1} - a_n < 0$,这都不满足题目要求.因此,只有

$$a_0 = \frac{1}{5} \tag{7.1.364}$$

当上式成立时,再利用公式(7.1.362),有

$$a_{n+1} - a_n = \frac{1}{5} 2^n \tag{7.1.365}$$

满足题目条件.

五、 设 $ABCDA_1B_1C_1D_1$ 是一个长方体. 从点 A 到直线 A_1B, A_1C, A_1D 的垂线分别交直线 A_1B_1, A_1C_1 和 A_1D_1 于点 M, N, P(图 7.17).

(1) 求证：M, N, P 三点是共线的.

(2) 如果点 E 在线段 A_1B 上，$AE \perp A_1B$，点 F 在线段 A_1D 上，$AF \perp A_1D$. 求证：PE, MF 和 AN 三条直线交于一点.

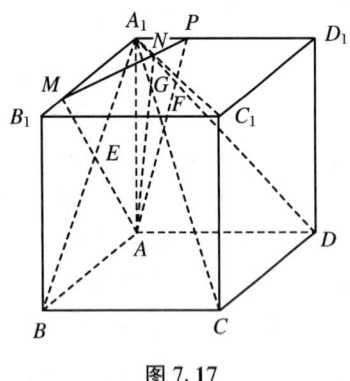

图 7.17

证明： (1) 如果我们能证明三条直线 AM, AN 和 AP 在同一平面 β 内时，则三点 M, N, P 在平面 β 与平面 $A_1B_1C_1D_1$ 的交线上，题目结论成立.

作 $AG \perp A_1C$，交 A_1C 于点 G，直线 AG 就是直线 AN，直线 AF 就是直线 AP，直线 AE 就是直线 AM. 因此问题转化为证明三条直线 AE, AF 与 AG 在同一张平面上.

由于

$$\angle AEA_1 = \frac{\pi}{2}, \quad \angle AGA_1 = \frac{\pi}{2}, \quad \angle AFA_1 = \frac{\pi}{2} \tag{7.1.366}$$

以线段 AA_1 中点为球心，AA_1 为直径，作一个球面 S，五点 A, A_1, E, F, G 在该球面上.

现在我们简单地向读者介绍一些球极投影的概念和性质.

设在空间有一个球，球心为点 O，半径为 R. 过球心 O 的一条直径，有两个端点，一个端点记为 N，称为北极，另一个端点记为 S，称为南极. 过点 S 作一张平面 β^*，垂直于这条直径 NS. 在球面上任取不同于点 N 的一点 A，作射线 NA，交平面 β^* 于一点 A^*. 于是我们有一个映射 $\pi: A \to A^*$，这个映射称为（北极的）球极投影. 这个球极投影将点 S 映到自身点 S. 这个球极投影是单射.

由于

$$\angle NAS = \frac{\pi}{2} = \angle NSA^* \tag{7.1.367}$$

有

$$\text{Rt}\triangle NAS \backsim \text{Rt}\triangle NSA^* \text{（有一个公共锐角）} \tag{7.1.368}$$

从而有

$$\frac{NA}{NS} = \frac{NS}{NA^*}, \quad 即\ NA \cdot NA^* = NS^2 \tag{7.1.369}$$

用过点 S 的一张平面（既不是平面 β^*，也不通过点 N）去截这球面，截线当然是一个圆 Γ，该圆的一条直径是 ST，$\pi(T) = T^*$，在平面 β^* 内，以 ST^* 为直径，作一个圆 Γ^*（图 7.18）. 下面证明圆 Γ 的球极投影像恰为圆 Γ^*.

在圆 Γ 上任取不同于点 S, T 的一点 A，点 A 的球极投影像为点 A^*. 由于点 A 在圆 Γ 上，该圆的一条直径是 ST，则

$$\angle TAS = \frac{\pi}{2} \tag{7.1.370}$$

即 $TA \perp SA$. 利用公式 (7.1.367)，有 $NA \perp SA$，则

$$SA \perp 平面\ TNA \tag{7.1.371}$$

利用上式，有

$$SA \perp A^*T^* \tag{7.1.372}$$

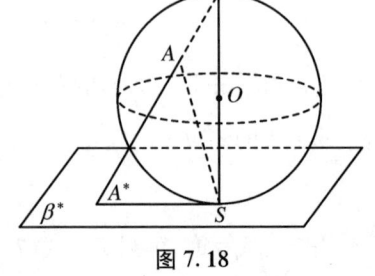

图 7.18

因为线段 A^*T^* 在平面 β^* 内,则 $A^*T^* \perp NS$,则
$$A^*T^* \perp \text{平面} NSA \tag{7.1.373}$$
于是,有
$$A^*T^* \perp A^*S \tag{7.1.374}$$
这表明
$$\angle T^*A^*S = \frac{\pi}{2} \tag{7.1.375}$$
即点 A^* 在圆 Γ^* 上.因此,圆 Γ 上任意一点 A 的球极投影像 A^* 必在圆 Γ^* 上.当点在圆 Γ 上运动一周时,其像必为整个圆 Γ^*.

反之,对于平面 β^* 内以任一线段 ST 为直径的圆 Γ^* 上任一点 A^*,由于 $A^*T^* \perp A^*S$,又 $A^*T^* \perp NS$,则 $A^*T^* \perp$ 平面 NSA^*,$A^*T^* \perp SA$,这里点 A 在球面上,满足 $\pi(A) = A^*$,又 $\pi(T) = T^*$(图 7.19).利用 SN 是球的直径,点 A 在这球面上,有

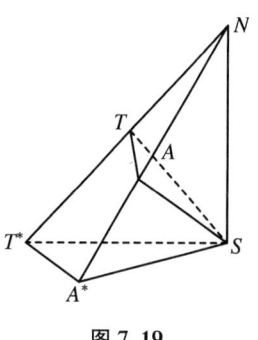

图 7.19

$$\angle SAN = \frac{\pi}{2}, \quad SA \perp NA^*, \quad SA \perp \text{平面} NA^*T^*, \quad SA \perp AT \tag{7.1.376}$$

点 A 在以 ST 为直径的圆 Γ 上(利用 $\pi(\Gamma) = \Gamma^*$,及 π 的单射性质),所以,在球极投影 π 下,圆 Γ 上的点与圆 Γ^* 上的点 1—1 对应.

有了这些辅助知识,我们可以继续本题的证明.现在,令点 A_1 为北极,点 A 为南极,矩形 $ABCD$ 所决定的平面记为 β^*.我们知道矩形 $ABCD$ 有外接圆 Γ^*,由上述介绍的球极投影的知识,可以知道,通过南极 A 的外接圆 Γ^* 是球面上一个圆 Γ(既不在平面 β^* 上,也不通过北极 A_1),在(北极 A_1)球极投影下的像.

显然,利用 $\angle A_1AD = \frac{\pi}{2} = \angle A_1FA$,有
$$AA_1^2 = A_1F \cdot A_1D \tag{7.1.377}$$
利用 $\angle A_1AB = \frac{\pi}{2} = \angle A_1EA$,有
$$AA_1^2 = A_1E \cdot A_1B \tag{7.1.378}$$
又利用 $\angle A_1AC = \frac{\pi}{2} = \angle A_1GA$,有
$$AA_1^2 = A_1G \cdot A_1C \tag{7.1.379}$$
所以上述球极投影将 A, E, G, F 四点分别映为 A, B, C, D 四点(参考公式(7.1.369)).由于 A, B, C, D 在圆 Γ^* 上,于是 A, E, G, F 四点在圆 Γ 上.因此,A, E, G, F 四点在同一个平面 β 内,因而三条直线 AE, AF 与 AG 在平面 β 内.特别地,点 G 是直线 A_1C 与平面 β 的交点.

(2) 点 E 在直线 A_1B 上,点 P 在直线 A_1D_1 上,因此,直线 PE 在平面 A_1BCD_1 上.点 M 在直线 A_1B_1 上,点 F 在直线 A_1D 上,于是直线 MF 在平面 A_1B_1CD 上.平面 A_1BCD_1 与平面 A_1B_1CD 相交于直线 A_1C,而 PE 和 MF 是 $\triangle APM$ 内分别从顶点 P, M 向这三角形形内作的线段,因此,必有一交点 H,这交点 H 在 PE 上,则应在平面 A_1BCD_1 上,这交点 H 在 MF 上,则应在平面 A_1B_1CD 上,于是点 H 必在这两张平面的交线 A_1C 上.于是点 H 是平面 APM 与直线 A_1C 的交点.而平面 APM 就是 A, E, G, F 四点确定的平面 β,因此点 H 就是(1)内最后提及的点 G.所以,PE, MF 和 AN 三条直线交于一点(利用点 G 在直线 AN 上).

六、$a, b, c \in \mathbb{R}$,已知方程 $ax^2 + bx + c = 0$ 有两个实根,如果 $|a(b-c)| > |b^2 - ac| + |c^2 - ab|$,求证:该方程在区间 $(0, 2)$ 内至少有一个根.

证明：利用题目中条件，显然 $a \neq 0$. 又由于用 $-a, -b, -c$ 代替 a, b, c 时，题目所有条件不变. 因此，不妨设 $a > 0$，由于

$$|(b-c)(a+b+c)| = |(b^2-ac)-(c^2-ab)| \leqslant |b^2-ac| + |c^2-ab| < |a(b-c)| \tag{7.1.380}$$

利用上述不等式，显然有 $b \neq c$，以及

$$|a+b+c| < a\,(\text{利用 } a > 0) \tag{7.1.381}$$

展开上式左端，可以看到

$$-2a < b+c < 0 \tag{7.1.382}$$

记

$$f(x) = ax^2 + bx + c \tag{7.1.383}$$

则

$$f(0) + f(2) = 2(2a+b+c) > 0 \tag{7.1.384}$$

下面判断 b 与 c 的大小. 如果 $b < c$，则

$$(b^2-ac) + (c^2-ab) \leqslant |b^2-ac| + |c^2-ab| < |a(b-c)| = a(c-b) \tag{7.1.385}$$

化简上式，有

$$b^2 + c^2 < 2ac \tag{7.1.386}$$

又由于题目条件 $f(x) = 0$ 有两个实根，则 $b^2 - 4ac \geqslant 0$. 结合不等式(7.1.386)，有

$$b^2 \geqslant 4ac > 2(b^2+c^2) \tag{7.1.387}$$

这是显然不可能. 因此，必有

$$b > c \tag{7.1.388}$$

再利用不等式(7.1.382)，必有

$$c < 0, \quad f(0) = c < 0 \tag{7.1.389}$$

上式结合不等式(7.1.384)，有

$$f(2) > 0 \tag{7.1.390}$$

利用上二式知道 $f(x)$ 在开区间 $(0,2)$ 内至少有一个实根.

第四轮

一、两个圆 Γ_1, Γ_2 分别以点 O_1, O_2 为圆心，R, r 为半径. $R \geqslant \sqrt{2}\, r$，$O_1O_2 = \sqrt{R^2 + r^2 - r\sqrt{4R^2 + r^2}}$. A 是大圆 Γ_1 上一点，直线 AB, AC 分别切小圆 Γ_2 于点 B, C，分别交圆 Γ_1 于点 D, E(图 7.20). 求证：$BD \cdot CE = r^2$.

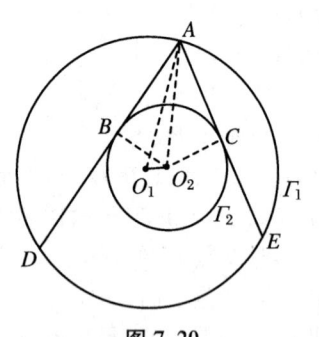

图 7.20

证明：我们首先证明

$$O_1O_2 + r < R \tag{7.1.391}$$

即整个小圆 Γ_2 在大圆 Γ_1 内部. 利用题目条件，有

$$(R-r)^2 - (O_1O_2)^2 = (R-r)^2 - (R^2 + r^2 - r\sqrt{4R^2 + r^2})$$
$$= r(\sqrt{4R^2 + r^2} - 2R) > 0 \tag{7.1.392}$$

所以，不等式(7.1.391)成立. 连接 AO_1, AO_2, O_2B, O_2C，设

$$AO_2 = t, \quad \angle O_2AC = \varphi, \quad \angle O_1AO_2 = \psi \tag{7.1.393}$$

在等腰 $\triangle O_1AE$ 中，可以看到

$$O_1A = O_1E = R, \quad AE = 2R\cos(\varphi + \psi) \tag{7.1.394}$$

$$EC = AE - AC = 2R\cos(\varphi + \psi) - \sqrt{t^2 - r^2} \tag{7.1.395}$$

$$\angle BAO_1 = |\varphi - \psi| \tag{7.1.396}$$

类似地,有

$$BD = 2R\cos(\varphi - \psi) - \sqrt{t^2 - r^2} \tag{7.1.397}$$

在 $\triangle O_1O_2A$ 和 $\triangle ACO_2$ 中,记 $O_1O_2 = d$,利用余弦定理以及正、余弦函数的定义,有

$$\cos\psi = \frac{R^2 + t^2 - d^2}{2Rt}, \quad \sin\varphi = \frac{r}{t}, \quad \cos\varphi = \frac{\sqrt{t^2 - r^2}}{t} \tag{7.1.398}$$

利用三角函数性质,可以看到

$$\cos(\varphi + \psi)\cos(\varphi - \psi) = \frac{1}{2}(\cos 2\varphi + \cos 2\psi) = \frac{1}{2}[(2\cos^2\psi - 1) + (1 - 2\sin^2\varphi)]$$

$$= \cos^2\psi - \sin^2\varphi \tag{7.1.399}$$

$$\cos(\varphi + \psi) + \cos(\varphi - \psi) = 2\cos\varphi\cos\psi \tag{7.1.400}$$

利用上面的叙述,有

$CE \cdot BD = [2R\cos(\varphi + \psi) - \sqrt{t^2 - r^2}][2R\cos(\varphi - \psi) - \sqrt{t^2 - r^2}]$(利用公式(7.1.396)
和(7.1.397))

$$= 4R^2\cos(\varphi + \psi)\cos(\varphi - \psi) - 2R\sqrt{t^2 - r^2}[\cos(\varphi - \psi) + \cos(\varphi + \psi)] + (t^2 - r^2)$$

$= 4R^2(\cos^2\psi - \sin^2\varphi) - 4R\sqrt{t^2 - r^2}\cos\varphi\cos\psi + (t^2 - r^2)$(利用公式(7.1.399)
和(7.1.400))

$= 4R^2\left[\frac{(R^2 + t^2 - d^2)^2}{4R^2t^2} - \frac{r^2}{t^2}\right] - 4R\sqrt{t^2 - r^2}\frac{R^2 + t^2 - d^2}{2Rt}\frac{\sqrt{t^2 - r^2}}{t} + (t^2 - r^2)$(利用公式(7.1.398))

$$= \frac{1}{t^2}[(R^2 + t^2 - d^2)^2 - 4R^2r^2 - 2(t^2 - r^2)(R^2 + t^2 - d^2) + t^2(t^2 - r^2)]$$

$$= \frac{1}{t^2}[((R^2 + t^2 - d^2) - (t^2 - r^2))^2 + t^2(t^2 - r^2) - 4R^2r^2 - (t^2 - r^2)^2]$$

$$= \frac{1}{t^2}[(R^2 + r^2 - d^2)^2 + r^2(t^2 - r^2) - 4R^2r^2] \tag{7.1.401}$$

由于 d 的定义及题目条件,有

$$R^2 + r^2 - d^2 = r\sqrt{4R^2 + r^2} \tag{7.1.402}$$

利用公式(7.1.401)和(7.1.402),有

$$CE \cdot BD = \frac{1}{t^2}[r^2(4R^2 + r^2) + r^2(t^2 - r^2) - 4R^2r^2] = r^2 \tag{7.1.403}$$

注:细心的读者会问 $R \geqslant \sqrt{2}r$ 这一条件有什么用呢?我认为它对保证 O_1O_2 长有意义. 当 $R \geqslant \sqrt{2}r$ 时,有

$$(R^2 + r^2)^2 - r^2(4R^2 + r^2) = R^2(R^2 - 2r^2) \geqslant 0$$

从而 $\sqrt{R^2 + r^2 - r\sqrt{4R^2 + r^2}}$ 是非负实数.

二、求所有函数 $f: \mathbf{R} \to \mathbf{R}$,使得

$$xf(x) - yf(y) = (x - y)f(x + y)$$

解:如果对于任意实数 x, $f(x)$ 等于实常数 b,显然这是满足题目条件的一个解. 下面考虑 f 不是实常数函数情况.

点 $(x, f(x))$ 与点 $(y, f(y))$ $(y \neq x)$ 的连线 $l_{x,y}$ 方程是

$$\frac{y^* - f(x)}{x^* - x} = \frac{f(y) - f(x)}{y - x} \tag{7.1.404}$$

这里(x^*, y^*)是直线上流动点的坐标. 由题目条件, 当实数$y \neq 0$时, 有

$$\frac{f(x+y) - f(x)}{(x+y) - x} = \frac{f(y) - f(x)}{y - x} \tag{7.1.405}$$

利用公式(7.1.404)和(7.1.405), 可以知道点$(x+y, f(x+y))$ ($y \neq 0$)也在直线$l_{x,y}$上. 取$x \neq 0, y = 2x$, 于是点$(x, f(x))$与点$(2x, f(2x))$确定一条直线$l_{x,2x}$, 利用刚才的证明, 可以知道点列$(3x, f(3x)), (4x, f(4x)), \cdots, (nx, f(nx))$ ($n \in \mathbf{N}^+$)皆在这条直线$l_{x,2x}$上. 同理, 取$y \neq 0$, $y \neq x$, 用$l_{y,2y}$表示点$(y, f(y))$与点$(2y, f(2y))$的连线. 点列$(3y, f(3y)), (4y, f(4y)), \cdots, (ny, f(ny))$ ($n \in \mathbf{N}^+$)都在直线$l_{y,2y}$上. 由于两点$(x, f(x)), (x+y, f(x+y))$在直线$l_{x,y}$上, 则点$(2x+y, f(2x+y))$也在直线$l_{x,y}$上. 另外, 用同样的理由, 三点$(y, f(y)), (2x, f(2x)), (2x+y, f(2x+y))$也在同一条直线上. 由于两点$(y, f(y)), (2x+y, f(2x+y))$在直线$l_{x,y}$上, 那么, 点$(2x, f(2x))$也在直线$l_{x,y}$上. 于是直线$l_{x,2x}$就是直线$l_{x,y}$. 类似地, 直线$l_{y,2y}$就是直线$l_{y,x}$, 即直线$l_{y,2y}$也是直线$l_{x,y}$. 因此, 三条直线$l_{x,2x}, l_{y,2y}, l_{x,y}$重合, 记这条直线为$L$. 因为$x \neq 0$, 取$y = -x$, $x + y = 0$. 可以知道$(0, f(0))$也在直线L上. 因此, 对于任一实数x, 点$(x, f(x))$在这条直线L上. 于是, 有实数a, b, 满足

$$f(x) = ax + b \tag{7.1.406}$$

由于$f(x)$不是常值函数, 则$a \neq 0$. 对于任意一对实数(a, b), 这里$a \neq 0$. 由公式(7.1.406)可定义函数$f(x)$, 容易验证$f(x)$满足题目条件. 这表明公式(7.1.406)是满足题目条件的全部解. 当然允许$a = 0$.

三, p是一个质数, 求方程$x^p + y^p = p^z$的全部正整数组解(x, y, z, p).

解: 如果(x, y, z, p)是一组满足题目条件的正整数组解. 由于p是质数, 则x, y的最大公因数有下述等式

$$(x, y) = p^k \tag{7.1.407}$$

这里k是一个非负整数. 利用上式, 有

$$x = p^k x^*, \quad y = p^k y^* \tag{7.1.408}$$

这里x^*, y^*是两个互质的正整数, 将上式代入题目中方程, 有

$$x^{*p} + y^{*p} = p^{z-kp} \tag{7.1.409}$$

由于x^*, y^*都是正整数, 记

$$z^* = z - kp \tag{7.1.410}$$

z^*也是一个正整数. 利用上二式, 有

$$x^{*p} + y^{*p} = p^{z^*} \tag{7.1.411}$$

方程(7.1.411)的形状与题目中的方程完全一样, 只不过方程(7.1.411)多了一个辅助条件: x^*, y^*互质, 从而可以推出x^*不是p的倍数, y^*也不是p的倍数. 下面分情况讨论:

(1) 当$p = 2$时, 首先知道x^*, y^*都是奇数. 此时方程(7.1.411)化为

$$x^{*2} + y^{*2} = 2^{z^*} \tag{7.1.412}$$

由于x^*, y^*都是奇数, 有

$$x^{*2} \equiv 1 \pmod 4, \quad y^{*2} \equiv 1 \pmod 4 \tag{7.1.413}$$

利用方程(7.1.412)和上式, 有

$$z^* = 1, \quad x^* = 1, \quad y^* = 1 \tag{7.1.414}$$

再利用公式(7.1.408), 有

$$x = 2^k, \quad y = 2^k, \quad z = 2k + 1 \tag{7.1.415}$$

(2) 当 p 是奇质数时,这时 $x^{*p} + y^{*p}$ 是 $x^* + y^*$ 的倍数,再利用方程(7.1.411),有
$$x^* + y^* = p^t \tag{7.1.416}$$
这里 t 是一个正整数. 由于 $p \geq 3$, 则 $x^* + y^* \geq 3$, 于是有
$$x^{*p} + y^{*p} > x^* + y^* \tag{7.1.417}$$
利用上二式及方程(7.1.411),有
$$1 \leq t \leq z^* - 1 \tag{7.1.418}$$
利用方程(7.1.411)及公式(7.1.416),有
$$x^{*p} + (p^t - x^*)^p = p^{z^*} \tag{7.1.419}$$
展开上式左端第二项,并且利用 p 是奇数,有
$$p^{tp} - C_p^1 p^{(p-1)t} x^* + \cdots - C_p^{p-2} p^{2t} x^{*p-2} + C_p^{p-1} p^t x^{*p-1} = p^{z^*} \tag{7.1.420}$$
因为 p 是奇质数,则 $C_p^j (j = 1, 2, \cdots, p-2, p-1)$ 都是 p 的倍数. 公式(7.1.420)的左端除了最后一项外,其余各项都是 p^{2t+1} 的倍数,而左端最后一项仅是 p^{t+1} 的倍数. 因此, p^{z^*} 一定是 p^{t+1} 的倍数, 但肯定不是 p^{t+2} 的倍数. 因此, 必定有
$$z^* = t + 1 \tag{7.1.421}$$
代上式入公式(7.1.416),有
$$x^* + y^* = p^{z^* - 1} \tag{7.1.422}$$
由方程(7.1.411)和上式,有
$$x^{*p} + y^{*p} = p(x^* + y^*) \tag{7.1.423}$$
当正整数 $u \geq 2$ 时,用数学归纳法极容易证明,对于任何大于等于 3 的正整数 n,有
$$u^{n-1} > n \tag{7.1.424}$$
利用上式,当 $x^* \geq 2$ 和 $y^* \geq 2$ 时,有
$$x^{*p} + y^{*p} = x^* x^{*p-1} + y^* y^{*p-1} > p(x^* + y^*) \tag{7.1.425}$$
不等式(7.1.425)与公式(7.1.423)是矛盾的. 因此, x^* 和 y^* 中至少有一个是 1. 不妨设 $x^* = 1$, 利用公式(7.1.422)和(7.1.423),有
$$y^* = p^{z^* - 1} - 1 \tag{7.1.426}$$
$$y^{*p} - py^* = p - 1 \tag{7.1.427}$$
利用公式(7.1.427),可以知道 y^* 是 $p-1$ 的一个因子,再利用公式(7.1.426),必有
$$z^* - 1 = 1, \quad z^* = 2, \quad y^* = p - 1 \tag{7.1.428}$$
将上式代入公式(7.1.427),有
$$(p-1)^p - p(p-1) = p - 1 \tag{7.1.429}$$
利用上式,有
$$(p-1)^{p-1} = p + 1 \tag{7.1.430}$$
当正整数 $p > 3$ 时,用数学归纳法,很容易证明
$$(p-1)^{p-1} > p + 1 \tag{7.1.431}$$
利用公式(7.1.430)和(7.1.431),必有
$$p = 3 \tag{7.1.432}$$
将上式代入公式(7.1.428),有
$$y^* = 2 \tag{7.1.433}$$
因此,再利用公式(7.1.408)和(7.1.410),有
$$x = 3^k, \quad y = 2 \times 3^k, \quad z = 2 + 3k \tag{7.1.434}$$
由于 x, y 的对称性,还应当有
$$x = 2 \times 3^k, \quad y = 3^k, \quad z = 2 + 3k \tag{7.1.435}$$

综述之,本题的所有解为

$$\begin{cases} x = 2^k \\ y = 2^k \\ z = 2k+1 \\ p = 2 \end{cases}, \begin{cases} x = 3^k \\ y = 2 \times 3^k \\ z = 2+3k \\ p = 3 \end{cases}, \begin{cases} x = 2 \times 3^k \\ y = 3^k \\ z = 2+3k \\ p = 3 \end{cases} \tag{7.1.436}$$

四、 点 I 是非等腰 $\triangle ABC$ 的内切圆的圆心,这内切圆分别切 BC,CA 和 AB 于点 A_1,B_1 和 C_1. 求证:$\triangle AIA_1$,$\triangle BIB_1$ 和 $\triangle CIC_1$ 的外接圆的圆心共线.

证明: 过点 C 作直线垂直于 CI,交直线 AB 于点 C^*. 非等腰 $\triangle ABC$ 这一条件,保证直线 CC^* 不会与直线 AB 平行. 类似地,过点 B 作直线 BB^* 垂直于 BI,交直线 AC 于点 B^*. 过点 A 作直线 AA^* 垂直于 AI,交直线 BC 于点 A^* (图 7.21). 不妨设 AB 是 $\triangle ABC$ 的最短边,由于

$$\angle C^*C_1I = \frac{\pi}{2} = \angle C^*CI \tag{7.1.437}$$

则 C,I,C_1,C^* 四点共圆. $\triangle CIC_1$ 的外接圆的圆心是线段 IC^* 的中点.

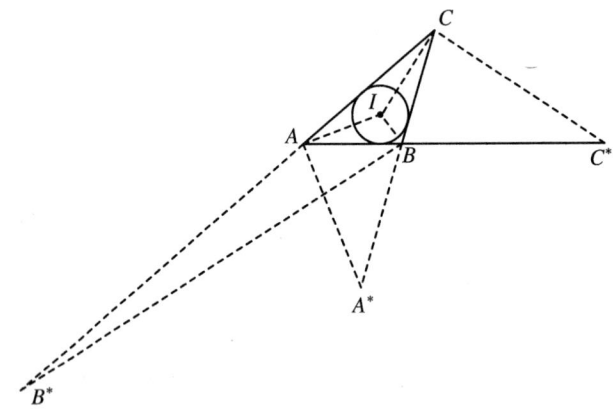

图 7.21

同理 $\triangle BIB_1$ 和 $\triangle AIA_1$ 的外接圆的圆心分别是线段 IB^*,IA^* 的中点,如果能证明 A^*,B^*,C^* 三点共线,则这三个外接圆的圆心共线,题目结论成立.

注意 CC^* 是 $\angle ACB$ 的一条外角平分线,利用 5.1 节例 3 的公式 (5.1.17),可以知道

$$\frac{C^*A}{C^*B} = \frac{CA}{CB} \tag{7.1.438}$$

类似地,有

$$\frac{B^*A}{B^*C} = \frac{BA}{BC} \tag{7.1.439}$$

和

$$\frac{A^*B}{A^*C} = \frac{AB}{AC} \tag{7.1.440}$$

利用上面叙述,有

$$\frac{A^*B}{A^*C} \cdot \frac{B^*C}{B^*A} \cdot \frac{C^*A}{C^*B} = \frac{AB}{AC} \cdot \frac{BC}{BA} \cdot \frac{CA}{CB} = 1 \tag{7.1.441}$$

利用 Menelaus 定理的逆定理,注意到点 C^* 不在线段 AB 内部,直线 A^*B^* 不与线段 AB 相交,则 A^*,B^*,C^* 三点共线.

五、 设 k 是一个正整数,r_n 是 C_{2n}^n 除以 k 的余数,$0 \leqslant r_n \leqslant k-1$,求所有 k,使得数列 $r_1,r_2,r_3,\cdots$,对所有 $n \geqslant p$,有一个周期,这里 p 是一个固定正整数(即它从某一项开始是周期变化的).

解:当 $k=1$ 时,所有 $C_{2n}^n \equiv 0 \pmod{1}$,因此,$k=1$ 是一个解.

当 $k=2$ 时,对于任意正整数 n,有
$$C_{2n}^n = C_{2n-1}^n + C_{2n-1}^{n-1} = 2C_{2n-1}^{n-1} \equiv 0 \pmod{2} \qquad (7.1.442)$$

所以 $k=2$ 也是一个解.

当 $k=4$ 时,我们知道 $(1+x)^{2n}$ 的展开式中 x^n 的系数是 C_{2n}^n. 对于任一整数 x,先证明,对任意正整数 m,有
$$(1+x)^{2^m} \equiv 1 + 2x^{2^{m-1}} + x^{2^m} \pmod{4} \qquad (7.1.443)$$

对 m 用数学归纳法. 当 $m=1$ 时,上式是恒等式. 设对某个正整数 m,上式成立. 考虑 $m+1$ 情况,利用归纳法假设,有
$$(1+x)^{2^{m+1}} = ((1+x)^{2^m})^2 \equiv (1 + 2x^{2^{m-1}} + x^{2^m})^2 \pmod{4} \equiv 1 + 2x^{2^m} + x^{2^{m+1}} \pmod{4} \qquad (7.1.444)$$

所以公式(7.1.443)成立.

当 $n = 2^j$ 时,这里 j 是非负整数,$(1+x)^{2n} = (1+x)^{2^{j+1}}$,其展开式中 x^2 的系数是 C_{2n}^n. 又在公式(7.1.443)中,令 $m = j+1$,可以知道
$$(1+x)^{2^{j+1}} \equiv 1 + 2x^{2^j} + x^{2^{j+1}} \pmod{4} \qquad (7.1.445)$$

因此,有
$$C_{2n}^n \equiv 2 \pmod{4} \qquad (7.1.446)$$

另外,如果正整数 $n \geqslant 3$,且 n 不是 2 的幂次,记
$$n = 2^j + r, \quad \text{这里} \ 0 < r < 2^j \qquad (7.1.447)$$

j 是一个正整数. 利用公式(7.1.443),可以看到
$$(1+x)^{2n} = (1+x)^{2^{j+1}}(1+x)^{2r} \equiv (1 + 2x^{2^j} + x^{2^{j+1}})(1+x)^{2r} \pmod{4} \qquad (7.1.448)$$

因为 $2r < n < 2^{j+1}$,上式 x^n(x 为整数)在 mod 4 意义下,只有一项 $2x^{2^j}C_{2r}^r x^r = 2C_{2r}^r x^n$. 因此,在 mod 4 意义下,$x^n$ 的系数是 $2C_{2r}^r$,利用公式(7.1.442),知道 C_{2r}^r 是偶数,则 $2C_{2r}^r$ 是 4 的倍数. 因而当正整数 $n \geqslant 3$,且 n 不是 2 的幂次时,有
$$C_{2n}^n \equiv 2C_{2r}^r \pmod{4} \equiv 0 \pmod{4} \qquad (7.1.449)$$

利用公式(7.1.446)和上式,知道 $\{C_{2n}^n \mid n \in \mathbf{N}^+\}$ 在 mod 4 意义下,不是周期的,即 $k=4$ 不满足题目要求.

如果 k 是一个奇质数 p,因为 p 是 C_p^i(这里 $i=1,2,\cdots,p-1$)的一个因子,则对于任意整数 x,利用二项式展开公式,有
$$(1+x)^p \equiv 1 + x^p \pmod{p} \qquad (7.1.450)$$

对正整数 m 利用数学归纳法,极容易得到
$$(1+x)^{p^m} \equiv 1 + x^{p^m} \pmod{p} \qquad (7.1.451)$$

这里 x 是任意整数.

利用公式(7.1.451),对于 $j = 1, 2, \cdots, p^m - 1$,有
$$(1+x)^{p^m + j} = (1+x)^{p^m}(1+x)^j \equiv (1 + x^{p^m})(1+x)^j \pmod{p} \qquad (7.1.452)$$

这里 x 是任意整数. 利用上式可以知道,在 mod p 意义下,上式右端 x^i 的系数是 1,对 $j < i < p^m$,x^i 的系数是零,而
$$(1+x)^{2p^m} \equiv (1 + x^{p^m})^2 \pmod{p} \equiv 1 + 2x^{p^m} + x^{2p^m} \pmod{p} \qquad (7.1.453)$$

利用上式,有
$$C_{2p^m}^{p^m} \equiv 2 \pmod{p} \qquad (7.1.454)$$

当奇正整数 $j \leqslant p^m - 1$ 时,取 $2n = p^m + j$,$j < n < p^m$,那么,从上面叙述(公式(7.1.452)及

其后面一段文字)可以知道在 mod p 意义下,x^n 的系数为零.即当 $n = \frac{1}{2}(p^m + j)$ 时,这里任一奇正整数 $j < p^m$,有

$$C_{2n}^n \equiv 0 \pmod{p} \tag{7.1.455}$$

由公式(7.1.454)和(7.1.455)可以知道 $\{C_{2n}^n \mid n \in \mathbf{N}^+\}$ 在 mod p 意义下,不是周期的.

剩下的 k 全为合数,只有以下两种情况:

(1) $k = 4l$(正整数 $l \geq 2$);

(2) $k = pl$(p 为奇质数,正整数 $l \geq 2$).

如果序列 $\{C_{2n}^n \mid n \in \mathbf{N}^+\}$ 除以上述 k 的余数,从某一项开始是周期变化的,则序列 $\{C_{2n}^n \mid n \in \mathbf{N}^+\}$ 除以 4 或 p 的余数从这一项开始也是周期变化的,但前面已证明这是不可能的.

综上所述,所求的正整数 k 只有两个:1 和 2.

六、n 是一个正整数,A 是集合 $\{1, 2, \cdots, n\}$ 的子集的一个集合,使得 A 内无元素包含 A 的其他元素,求 A 的全部元素个数的最大值.

解:考虑 n 个元素 $1, 2, \cdots, n$ 的全排列,显然全排列的总数是 $n!$ 个.

设 A 中有 f_k 个 k 元子集作为元素,这里 $f_k (k = 1, 2, \cdots, n)$ 是非负整数,则

$$\sum_{k=1}^{n} f_k = |A| \tag{7.1.456}$$

当 f_k 是正整数时,取 f_k 个 k 元子集中任意一个元素 $\{a_1, a_2, \cdots, a_k\}$,以 $\{a_1, a_2, \cdots, a_k\}$ 为前 k 个元素的全排列个数为 $k!(n-k)!$ 个.由于 A 中任意两个元素互不包含,则 A 内全部 f_k 个 $k!(n-k)!$ 的全排列中,这里 $k = 1, 2, \cdots, n$,当 k 在 $1, 2, \cdots, n$ 中变化时,对应地没有两个全排列是完全一样的.如果有 $f_k = 0$,对应 k 元子集的全排列不考虑.于是,有

$$\sum_{k=1}^{n} f_k k!(n-k)! \leq n! \tag{7.1.457}$$

从杨辉三角形可以知道,当正整数 n 固定时,$C_n^k (k = 1, 2, \cdots, n-1, n)$ 在 $k = \left[\frac{n}{2}\right]$ 时为最大.因此,利用上面叙述,有

$$|A| = \sum_{k=1}^{n} f_k \leq C_n^{\left[\frac{n}{2}\right]} \sum_{k=1}^{n} \frac{f_k}{C_n^k} = C_n^{\left[\frac{n}{2}\right]} \frac{1}{n!} \sum_{k=1}^{n} f_k k!(n-k)! \leq C_n^{\left[\frac{n}{2}\right]} \tag{7.1.458}$$

当 A 取 $\{1, 2, \cdots, n\}$ 中全部 $\left[\frac{n}{2}\right]$ 元子集组成集合时,恰达到所含元素的最大值 $C_n^{\left[\frac{n}{2}\right]}$.因此 A 的元素的个数的最大值为 $C_n^{\left[\frac{n}{2}\right]}$.

注:这里 $\left[\frac{n}{2}\right]$ 表示不超过 $\frac{n}{2}$ 的最大整数.

7.2 1994 年罗马尼亚数学奥林匹克竞赛试题及解答

(本节题目由罗马尼亚领队 Ioan Tomescu,副领队 Mircea Becheanu 赠送)

九年级

一、在 $\triangle ABC$ 中,点 A^* 在边 BC 内部,点 B^* 在边 CA 上,点 C^* 在边 AB 上,如果三条线段 AA^*,BB^* 和 CC^* 相交于一点 P,且点 P 不与点 A 重合(图 7.22).求证:$\dfrac{B^*C}{B^*A} + \dfrac{C^*B}{C^*A} \geq 4 \dfrac{PA^*}{PA}$.

并且求点 P 的轨迹,使得等号成立.

证明: 明显地,当点 B^*、C^* 分别在线段 AC,AB 内部时,有

$$\frac{S_{\triangle APC^*}}{S_{\triangle BPC^*}} = \frac{AC^*}{BC^*} = \frac{S_{\triangle ACC^*}}{S_{\triangle BCC^*}} \qquad (7.2.1)$$

于是,可以看到

$$\frac{AC^*}{BC^*} = \frac{S_{\triangle ACC^*} - S_{\triangle APC^*}}{S_{\triangle BCC^*} - S_{\triangle BPC^*}} = \frac{S_{\triangle ACP}}{S_{\triangle BCP}} \qquad (7.2.2)$$

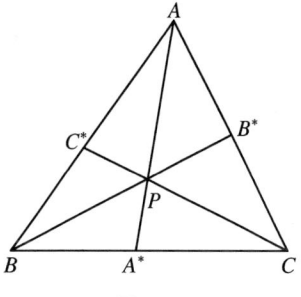

图 7.22

类似地,有

$$\frac{S_{\triangle ABP}}{S_{\triangle CBP}} = \frac{AB^*}{CB^*} \qquad (7.2.3)$$

利用上二式,有

$$\frac{AB^*}{B^*C} + \frac{AC^*}{BC^*} = \frac{S_{\triangle ACP} + S_{\triangle ABP}}{S_{\triangle BCP}} \qquad (7.2.4)$$

而

$$\frac{S_{\triangle ABP}}{S_{\triangle A^*BP}} = \frac{PA}{PA^*} = \frac{S_{\triangle CAP}}{S_{\triangle CPA^*}} \qquad (7.2.5)$$

利用上式,有

$$\frac{PA}{PA^*} = \frac{S_{\triangle ABP} + S_{\triangle CAP}}{S_{\triangle A^*BP} + S_{\triangle CPA^*}} = \frac{S_{\triangle ABP} + S_{\triangle CAP}}{S_{\triangle BCP}} \qquad (7.2.6)$$

利用公式(7.2.4)和(7.2.6),有

$$\frac{AB^*}{B^*C} + \frac{AC^*}{BC^*} = \frac{PA}{PA^*} \qquad (7.2.7)$$

显然,我们有

$$\left(\frac{B^*C}{B^*A} + \frac{C^*B}{C^*A}\right)\left(\frac{AB^*}{B^*C} + \frac{AC^*}{BC^*}\right) \geqslant 4 \qquad (7.2.8)$$

利用上二式,可以得到

$$\frac{B^*C}{B^*A} + \frac{C^*B}{C^*A} \geqslant 4\frac{PA^*}{PA} \qquad (7.2.9)$$

当上述不等式取等号时,不等式(7.2.8)也应取等号.这时,应当有

$$\frac{B^*C}{B^*A} = \frac{C^*B}{C^*A} \qquad (7.2.10)$$

这表明

$$B^*C^* \parallel BC \qquad (7.2.11)$$

利用 Ceva 定理,有

$$\frac{AC^*}{C^*B} \cdot \frac{BA^*}{A^*C} \cdot \frac{CB^*}{B^*A} = 1 \qquad (7.2.12)$$

利用公式(7.2.10)和(7.2.12),有

$$BA^* = A^*C \qquad (7.2.13)$$

即点 A^* 是线段 BC 的中点,点 P 在边 BC 的中线 AA^* 上.

当点 B^* 就是点 C 时,点 C^* 就是点 B,线段 BB^* 与 CC^* 重合,就是线段 BC,点 P 为线段 BC 内部任一点,这时不等式(7.2.9)的左、右两端全为零,不等式取等号.

另外,当点 B^* 就是点 C,点 C^* 不是点 B 时,线段 BB^* 就是 BC,BB^*,CC^* 相交于点 C,则点 C 就是点 P,AC 就是 AA^*,点 A^* 就是点 C,这与点 A^* 在边 BC 内部矛盾,这种情况不会发生.类似地,当点 C^* 就是点 B,点 B^* 不是点 C 时,点 A^* 就是点 B,这也不合题意,这种情况也不会

发生.

由于点 P 不能与点 A 重合,则点 B^* 不能与点 A 重合,点 C^* 也不能与点 A 重合.

因而,当不等式(7.2.9)取等式时,点 P 的轨迹就是线段 BC 内部,或 BC 上的中线 AA^*,但点 A 不在轨迹内.

二、求证:不存在三角形,它的三边长全为质数,面积是一个正整数.

证明:用 S 表示三角形的面积,a,b,c 分别表示这三角形的三边长,利用三角形面积的 Heron 公式,有

$$16S^2 = (a+b+c)(a+b-c)(a-b+c)(b+c-a) \tag{7.2.14}$$

用反证法,如果有一个三角形满足题目条件,由于

$$\left.\begin{array}{l}(a+b+c)-(a+b-c)=2c\\(a+b+c)-(a-b+c)=2b\\(a+b+c)-(b+c-a)=2a\end{array}\right\} \tag{7.2.15}$$

则四个正整数 $a+b+c, a+b-c, a-b+c, b+c-a$ 具有相同的奇偶数.由于 S 是一个正整数,利用公式(7.2.14)可以知道这四个正整数全是偶数.于是只有两种可能性:a,b,c 全为偶数,或 a,b,c 中两奇一偶.由于 a,b,c 全为质数,当 a,b,c 全为偶数时,必有

$$a = b = c = 2 \tag{7.2.16}$$

利用公式(7.2.14)和(7.2.16),有

$$S = \sqrt{3} \tag{7.2.17}$$

这与 S 是一个正整数矛盾.

当 a,b,c 中两奇一偶时,由于全是质数,这偶数一定是 2.不妨设

$$a = 2 \tag{7.2.18}$$

利用

$$c - 2 = c - a < b < c + a = c + 2 \tag{7.2.19}$$

因此,奇质数 b 在开区间 $(c-2, c+2)$ 内.完全类似,奇质数 c 在开区间 $(b-2, b+2)$ 内.在开区间 $(c-2, c+2)$ 内的整数仅有 $c-1, c, c+1$,由于 c 是奇数,$c-1, c+1$ 都是偶数,b 是奇数,必有

$$b = c \tag{7.2.20}$$

将公式(7.2.18)和(7.2.20)代入公式(7.2.14),可以看到

$$16S^2 = (2+2b) \cdot 4 \cdot (2b-2) = 16(b^2-1) \tag{7.2.21}$$

化简上式,有

$$b^2 - S^2 = 1 \tag{7.2.22}$$

由于 b,S 都是正整数,上式是不可能成立的.

因此,本题结论成立.

三、a,b,c,A,B,C 是 6 个正实数,使得方程 $ax^2 - bx + c = 0$ 和 $Ax^2 - Bx + C = 0$ 有实根.求证:在方程 $ax^2 - bx + c = 0$ 的两实根之间的任一实数 u 与方程 $Ax^2 - Bx + C = 0$ 的两实根之间的任一实数 U,有下述不等式

$$(au + AU)\left(\frac{c}{u} + \frac{C}{U}\right) \leqslant \left(\frac{b+B}{2}\right)^2$$

证明:由题目条件,有

$$au^2 - bu + c \leqslant 0, \quad AU^2 - BU + C \leqslant 0 \tag{7.2.23}$$

由于 a,b,c,A,B,C 都是正实数,再利用上式,有

$$u > 0, \quad U > 0 \tag{7.2.24}$$

利用公式(7.2.23)和(7.2.24),有

$$0 < au + \frac{c}{u} \leqslant b, \quad 0 < AU + \frac{C}{U} \leqslant B \tag{7.2.25}$$

将上述两个不等式相加,有

$$0 < au + \frac{c}{u} + AU + \frac{C}{U} \leqslant b + B \tag{7.2.26}$$

利用 $A_2 \geqslant G_2$,以及上式,有

$$(au + AU)\left(\frac{c}{u} + \frac{C}{U}\right) \leqslant \frac{1}{4}\left[(au + AU) + \left(\frac{c}{u} + \frac{C}{U}\right)\right]^2 \leqslant \left(\frac{b+B}{2}\right)^2 \tag{7.2.27}$$

四、如图 7.23,在 $\triangle ABC$ 中,$AB < AC$.

(1) 求证:有两点 M, N,使得点 B 在线段 MC 内,点 C 在线段 NB 内,$\triangle AMB, \triangle ABC$ 和 $\triangle ACN$ 的内切圆半径是相等的.

(2) 如果点 M, N 同(1),求证:$MB < CN$,$\angle BAM < \angle CAN$.

证明:(1) 设

$$BM = x \tag{7.2.28}$$

由于 $\triangle AMB, \triangle ABC$ 和 $\triangle ACN$ 的内切圆半径都相等,记为 r. 又依惯例,记 BC 为 a,AC 为 b,AB 为 c. 可以看到

$$\frac{S_{\triangle ABM}}{S_{\triangle ABC}} = \frac{x}{a} \tag{7.2.29}$$

另一方面,有

$$\frac{S_{\triangle ABM}}{S_{\triangle ABC}} = \frac{x + c + AM}{a + b + c} \tag{7.2.30}$$

利用上二式,有

$$\frac{x}{a} = \frac{x + c + AM}{a + b + c}, \quad 则 \quad aAM = x(b + c) - ac \tag{7.2.31}$$

在 $\triangle ABM$ 中,利用余弦定理,有

$$AM^2 = c^2 + x^2 - 2cx\cos \angle ABM \tag{7.2.32}$$

在 $\triangle ABC$ 中,利用余弦定理,有

$$b^2 = a^2 + c^2 - 2ac\cos \angle ABC \tag{7.2.33}$$

又由于

$$\angle ABM = \pi - \angle ABC \tag{7.2.34}$$

可以看到

$$\frac{c^2 + x^2 - AM^2}{2cx} = \cos \angle ABM = -\cos \angle ABC = \frac{b^2 - (a^2 + c^2)}{2ac} \tag{7.2.35}$$

利用公式(7.2.31)和(7.2.35),有

$$\frac{1}{a}[b^2 - (a^2 + c^2)] = \frac{1}{x}(c^2 + x^2) - \frac{1}{x}\left\{\frac{1}{a}[x(b+c) - ac]\right\}^2 \tag{7.2.36}$$

化简上式后,得到

$$x = \frac{a(a^2 + 2bc + 3c^2 - b^2)}{(b+c)^2 - a^2} \tag{7.2.37}$$

设 $CN = y$,完全类似地(只须将 b, c 互换即可),有

$$y = \frac{a(a^2 + 2bc + 3b^2 - c^2)}{(b+c)^2 - a^2} \tag{7.2.38}$$

利用$|b-c|<a$,可以看到

$$\left.\begin{aligned} a^2 + 2bc + 3c^2 - b^2 &= a^2 + 4c^2 - (b-c)^2 > 0 \\ a^2 + 2bc + 3b^2 - c^2 &= a^2 + 4b^2 - (b-c)^2 > 0 \end{aligned}\right\} \tag{7.2.39}$$

因此,正实数x,y唯一确定,由点M,N存在且唯一.

(2) 由题目条件知道$c<b$.因此,有

$$(a^2 + 2bc + 3b^2 - c^2) - (a^2 + 2bc + 3c^2 - b^2) = 4(b^2 - c^2) > 0 \tag{7.2.40}$$

利用公式(7.2.37),(7.2.38)和(7.2.40),有

$$y > x, \quad 即 \quad CN > MB \tag{7.2.41}$$

设AM切$\triangle ABM$的内切圆于D,AN切$\triangle ACN$的内切圆于点E,则

$$\tan\frac{1}{2}\angle BAM = \frac{r}{AD}, \quad \tan\frac{1}{2}\angle CAN = \frac{r}{AE} \tag{7.2.42}$$

如果能证明$AD<AE$,则

$$\tan\frac{1}{2}\angle BAM > \tan\frac{1}{2}\angle CAN \tag{7.2.43}$$

又由于$\frac{1}{2}\angle BAM$,$\frac{1}{2}\angle CAN$都是锐角,利用正切函数在$(0,\frac{\pi}{2})$内是严格单调递增的,则题目的第二个不等式成立.

下面证明$AD<AE$.

$$AD = \frac{1}{2}(AM + c - x) = \frac{1}{2}\left[c - x + \frac{1}{a}(x(b+c) - ac)\right] (利用公式(7.2.31))$$

$$= \frac{1}{2a}[x(b+c) - ax] = \frac{x}{2a}(b + c - a) \tag{7.2.44}$$

完全类似地(在上式中互换b与c,x改为y),有

$$AE = \frac{y}{2a}(b + c - a) \tag{7.2.45}$$

由于$b+c-a>0$,利用不等式(7.2.41),(7.2.44)和(7.2.45),有$AD<AE$.

十年级

一、 对于每个整数$n \geq 2$,$x_1, x_2, \cdots, x_n \in [0,1]$. 求证:$\sum_{k=1}^{n} x_k - \sum_{1 \leq k < j \leq n} x_k x_j \leq 1$.

证明: 对正整数$n(n \geq 2)$用数学归纳法.

当$n=2$时,由于$x_1, x_2 \in [0,1]$,可以看到

$$x_1 + x_2 - x_1 x_2 = 1 - (1 - x_1)(1 - x_2) \leq 1 \tag{7.2.46}$$

设当$n=m$(正整数$m \geq 2$)时,对于$x_1, x_2, \cdots, x_m \in [0,1]$,有

$$\sum_{k=1}^{m} x_k - \sum_{1 \leq k < j \leq m} x_k x_j \leq 1 \tag{7.2.47}$$

当$n=m+1$时,首先,有

$$\sum_{k=1}^{m+1} x_k - \sum_{1 \leq k < j \leq m+1} x_k x_j = (1 - \sum_{k=1}^{m} x_k) x_{m+1} + (\sum_{k=1}^{m} x_k - \sum_{1 \leq k < j \leq m} x_k x_j) \tag{7.2.48}$$

将x_{m+1}改成变元x,$x \in [0,1]$.令

$$f(x) = (1 - \sum_{k=1}^{m} x_k) x + (\sum_{k=1}^{m} x_k - \sum_{1 \leq k < j \leq m} x_k x_j) \tag{7.2.49}$$

这里$x_1, x_2, \cdots, x_m$是$[0,1]$内已知的实数,利用归纳法假设不等式(7.2.47),有

$$f(0) = \sum_{k=1}^{m} x_k - \sum_{1 \leq k < j \leq m} x_k x_j \leq 1 \tag{7.2.50}$$

又可以看到
$$f(1) = 1 - \sum_{1 \leq k < j \leq m} x_k x_j \leq 1 \tag{7.2.51}$$
平面内 $(x, f(x))$ $(x \in [0,1])$ 是一段直线段，因此 $f(x)$ 的最大值在端点达到，利用不等式 (7.2.50) 和 (7.2.51)，可以得到对于 $[0,1]$ 内任一实数 x，有
$$f(x) \leq 1 \tag{7.2.52}$$
特别对于 $[0,1]$ 中 x_{m+1}，有
$$f(x_{m+1}) \leq 1 \tag{7.2.53}$$
再利用公式 (7.2.48) 和 (7.2.49)，有
$$\sum_{k=1}^{m+1} x_k - \sum_{1 \leq k < j \leq m+1} x_k x_j \leq 1 \tag{7.2.54}$$
利用归纳法，本题结论成立.

二、如果一个八面体的面全是三角形，它的面两两对应平行，求证：它的面两两全等.

证明： 这个八面体一共有 $\frac{1}{2} \times 3 \times 8 = 12$ 条棱. 设顶点数为 x，利用 Euler 公式，有
$$8 - 12 + x = 2, \quad 即 \quad x = 6 \tag{7.2.55}$$
八面体的八个三角形分四组，每组两个三角形. 它们所在的平面互相平行，因此八面体的每个顶点最多是 4 个三角形的顶点. 即过每个顶点最多有 4 条棱. 如果（至少）有一个顶点恰有 3 条棱，那么全部棱的总数记为 L，
$$L \leq \frac{1}{2}(3 + 4 \times 5) = \frac{23}{2} < 12 \tag{7.2.56}$$
得矛盾. 因此，每个顶点恰有 4 条棱.

从顶点 A 出发的 4 条棱依次记为 AB, AC, AD 和 AE，记 F 为这八面体的第 6 个顶点.

由于平面 ABC // 平面 DEF，平面 ABE // 平面 CDF，可以知道平面 ABC 与平面 ABE 的交线 AB 平行于平面 DEF 与平面 CDF 的交线 DF，即
$$AB \text{ // } DF \tag{7.2.57}$$
类似地，利用平面 ACD // 平面 BEF，平面 ADE // 平面 BCF，有
$$AD \text{ // } BF \tag{7.2.58}$$
利用公式 (7.2.57) 和 (7.2.58)，可以得到 $ABFD$ 是一个平行四边形. 于是，有
$$AB = DF, \quad AD = BF \tag{7.2.59}$$
完全类似地可以证明 $ACFE$ 和 $BCDE$ 都是平行四边形，因而有
$$AC = EF, \quad AE = CF, \quad BC = DE, \quad CD = BE \tag{7.2.60}$$
利用公式 (7.2.59) 和 (7.2.60)，有
$$\triangle ABC \cong \triangle FDE, \quad \triangle ACD \cong \triangle FEB, \quad \triangle ADE \cong \triangle FBC, \quad \triangle AEB \cong \triangle FCD \tag{7.2.61}$$

三、$\{x_n \mid n \in \mathbf{N}^+\}$ 是一个实数列，对于每个正整数 $n \geq 2$，有 $x_1 - C_n^1 x_2 + C_n^2 x_3 - \cdots + (-1)^n C_n^n x_{n+1} = 0$，求证：对每对正整数 k, n，$1 \leq k \leq n-1$，成立
$$\sum_{p=0}^{n} (-1)^p C_n^p x_{p+1}^k = 0$$
证明： 取一个等差级数（即算术级数）$\{a_n \mid n \in \mathbf{N}^+\}$，这里 $a_1 = x_1, a_2 = x_2$，记这个等差级数的公差为 d，
$$d = x_2 - x_1 \tag{7.2.62}$$
于是，有

$$\sum_{p=0}^{n}(-1)^p C_n^p a_{p+1} = \sum_{p=0}^{n}(-1)^p C_n^p (a_1 + pd) = a_1 \sum_{p=0}^{n}(-1)^p C_n^p + d \sum_{p=0}^{n}(-1)^p p C_n^p \tag{7.2.63}$$

当 p 是正整数时,有

$$p C_n^p = \frac{n!}{(p-1)!(n-p)!} = n C_{n-1}^{p-1} \tag{7.2.64}$$

明显地,有

$$0 = (1-1)^n = \sum_{p=0}^{n}(-1)^p C_n^p \tag{7.2.65}$$

$$0 = (1-1)^{n-1} = \sum_{q=0}^{n-1}(-1)^q C_{n-1}^q \tag{7.2.66}$$

先利用公式(7.2.63),(7.2.64)和(7.2.65),有

$$\sum_{p=0}^{n}(-1)^p C_n^p a_{p+1} = nd \sum_{p=1}^{n}(-1)^p C_{n-1}^{p-1} = -nd \sum_{q=0}^{n-1}(-1)^q C_{n-1}^q (\diamondsuit\; q = p-1) = 0 \tag{7.2.67}$$

在上式中,分别令 $n = 2,3,4,5,\cdots$,再考虑到 $a_1 = x_1, a_2 = x_2$,有

$$\left.\begin{aligned} &x_1 - 2x_2 + a_3 = 0 \\ &x_1 - 3x_2 + 3a_3 - a_4 = 0 \\ &x_1 - 4x_2 + 6a_3 - 4a_4 + a_5 = 0 \\ &x_1 - 5x_2 + 10a_3 - 10a_4 + 5a_5 - a_6 = 0 \\ &\cdots\cdots \\ &x_1 - C_n^1 x_2 + C_n^2 a_3 - \cdots + (-1)^n C_n^n a_{n+1} = 0 \end{aligned}\right\} \tag{7.2.68}$$

在题目条件等式中,也令 $n = 2,3,4,5,\cdots$,有

$$\left.\begin{aligned} &x_1 - 2x_2 + x_3 = 0 \\ &x_1 - 3x_2 + 3x_4 - x_4 = 0 \\ &x_1 - 4x_2 + 6x_3 - 4x_4 + x_5 = 0 \\ &x_1 - 5x_2 + 10x_3 - 10x_4 + 5x_5 - x_6 = 0 \\ &\cdots\cdots \\ &x_1 - C_n^1 x_2 + C_n^2 x_3 - \cdots + (-1)^n C_n^n x_{n+1} = 0 \end{aligned}\right\} \tag{7.2.69}$$

利用公式(7.2.68)和(7.2.69),立即有

$$x_3 = a_3, \quad x_4 = a_4, \quad x_5 = a_5, \quad \cdots, \quad x_n = a_n \tag{7.2.70}$$

换句话讲,题目给出的 $\{x_n \mid n \in \mathbf{N}^+\}$ 是一个等差级数.

现在对 k 用归纳法来证明本题. 下面正整数 $n \geq 2$,当 $k=1$ 时,由公式(7.2.67)和(7.2.70),知道题目结论成立. 当 $n \geq 3$ 时,设对正整数 $k, 1 \leq k \leq n-2$,题目结论对 k 成立,考虑 $k+1$ 情况. 由于 $\{x_n \mid n \in \mathbf{N}^+\}$ 是等差级数,可以看到

$$\begin{aligned} \sum_{p=0}^{n}(-1)^p C_n^p x_{p+1}^{k+1} &= \sum_{p=0}^{n}(-1)^p C_n^p x_{p+1}^k x_{p+1} = \sum_{p=0}^{n}(-1)^p C_n^p x_{p+1}^k (x_1 + pd) \\ &= x_1 \sum_{p=0}^{n}(-1)^p C_n^p x_{k+1}^p + d \sum_{p=0}^{n}(-1)^p C_n^p p x_{k+1}^k = nd \sum_{p=1}^{n}(-1)^p C_{n-1}^{p-1} x_{p+1}^k \end{aligned} \tag{7.2.71}$$

这里利用归纳法假设,知道公式(7.2.71)第三个等式右端第一大项等于零. 对于第二大项,利用公式(7.2.64),可以得到最后一个等式.

由于 $\{x_{p+1} \mid p \in \mathbf{N}^+\}$ 也是一个等差级数,令 $y_p = x_{p+1}$,利用归纳法假设,对于等差数列 $\{y_p \mid p \in \mathbf{N}^+\}$,应有(注意 $n-1 \geqslant k+1$)

$$\sum_{p=0}^{n-1} (-1)^p C_{n-1}^p y_{p+1}^k = 0 \qquad (7.2.72)$$

这里 $k \in \{1, 2, \cdots, n-2\}$.这里要指出一点,归纳法假设中的正整数 n 是任意大于等于 $k+1$ 的一个正整数.利用公式(7.2.72),有

$$\sum_{p=0}^{n-1} (-1)^p C_{n-1}^p x_{p+2}^k = 0 \qquad (7.2.73)$$

在上式中,令 $p+1 = t$,有

$$\sum_{t=1}^{n} (-1)^{t-1} C_{n-1}^{t-1} x_{t+1}^k = 0 \qquad (7.2.74)$$

在上式中,将 t 改写成 p,可以知道公式(7.2.71)的右端为零.因而本题结论成立.

四、 m,n 是两个不同的正整数,求方程 $x^{m+1} - x^n + 1 = 0$ 和 $x^{n+1} - x^m + 1 = 0$ 的公共复根.

解: 不妨设 $m > n$,设 x 是题目中两个方程的公共复根.将题目中两个方程相减,有

$$0 = (x^{m+1} - x^{n+1}) + (x^m - x^n) = x^n (x+1)(x^{m-n} - 1) \qquad (7.2.75)$$

因为 0 和 -1 不是题目中方程的根,利用上式,有

$$x^{m-n} = 1 \qquad (7.2.76)$$

上式两端乘以 x^n,有

$$x^m = x^n \qquad (7.2.77)$$

将上式代入题目中的第二个方程,有

$$x^{n+1} - x^n + 1 = 0 \qquad (7.2.78)$$

即

$$x^n (x - 1) = -1 \qquad (7.2.79)$$

利用公式(7.2.76)知道公共复根 x 的模长等于 1,等式(7.2.79)两端取模长,有

$$|x - 1| = 1 \qquad (7.2.80)$$

记

$$x = \cos \theta + \mathrm{i} \sin \theta, \quad \theta \in [0, 2\pi) \qquad (7.2.81)$$

利用上二式,有

$$1 = |x - 1|^2 = (\cos \theta - 1)^2 + \sin^2 \theta = 2(1 - \cos \theta) \qquad (7.2.82)$$

从而有

$$\cos = \frac{1}{2}, \quad \theta = \frac{\pi}{3} \text{ 或 } \theta = \frac{5\pi}{3} \qquad (7.2.83)$$

利用公式(7.2.81)和(7.2.83),有

$$x = \frac{1}{2} + \frac{\sqrt{3}}{2}\mathrm{i}, \quad \text{或} \quad x = \frac{1}{2} - \frac{\sqrt{3}}{2}\mathrm{i} \qquad (7.2.84)$$

上式中的两个 x 值都满足

$$x - 1 = x^2 \qquad (7.2.85)$$

利用公式(7.2.79)和(7.2.85),有

$$x^{n+2} = -1 \qquad (7.2.86)$$

利用公式(7.2.84)和(7.2.86),可以看到

$$-1 = \left(\cos \frac{\pi}{3} \pm \mathrm{i} \sin \frac{\pi}{3}\right)^{n+2} = \cos \frac{(n+2)\pi}{3} \pm \mathrm{i} \sin \frac{(n+2)\pi}{3} \qquad (7.2.87)$$

于是,有

$$n = 6k + 1 \tag{7.2.88}$$

这里 k 是一个非负整数.

将公式(7.2.77)代入题目中第一个方程,有

$$x^{m+1} - x^m + 1 = 0 \tag{7.2.89}$$

类似上面叙述,有

$$m = 6s + 1 \tag{7.2.90}$$

这里 s 是任一个非负整数.

请读者自己验证,当 n, m 取公式(7.2.88)和(7.2.90)形式时,当然要保证 m, n 不相等,题目中两方程才有公共复根,它们由公式(7.2.84)给出,而且是两个公共复根.

罗马尼亚代表队选拔考试

第一轮

一、如果正整数 n 的因子中无一个是完全平方数,求证:没有互质的正整数 x 和 y,使得 $x^n + y^n$ 是 $(x+y)^3$ 的倍数.

证明: 用反证法,如果有互质的正整数 x 和 y,使得 $(x+y)^3$ 是 $x^n + y^n$ 的因子.由于 x, y 都是正整数,则 $x+y \geqslant 2$.下面分情况讨论.

(1) 如果 n 是偶数,首先,有

$$x^n + y^n = x^n + [(x+y) - x]^n \equiv 2x^n \pmod{(x+y)} \tag{7.2.91}$$

由于 $(x+y)^3$ 是 $x^n + y^n$ 的因子,再利用公式(7.2.91),有

$$2x^n \equiv 0 \pmod{(x+y)} \tag{7.2.92}$$

因为 x, y 互质,则 x 与 $x+y$ 互质,于是 x^n 与 $x+y$ 是互质的,再利用公式(7.2.92),必有

$$x + y = 2, \quad 即 \quad x = 1, y = 1 \tag{7.2.93}$$

这时 $x^n + y^n$ 等于 $2, 2$ 不可能是 2^3 的倍数.

(2) 如果 n 是奇数,可以看到

$$x^n + y^n = x^n + [(x+y) - x]^n \equiv C_n^2 (x+y)^2 (-x)^{n-2} + C_n^1 (x+y)(-x)^{n-1} \pmod{(x+y)^3}$$
$$\equiv -\frac{1}{2} n(n-1)(x+y)^2 x^{n-2} + n(x+y) x^{n-1} \pmod{(x+y)^3} \tag{7.2.94}$$

由于 $x^n + y^n$ 是 $(x+y)^3$ 的倍数,因而有一个整数 k,使得

$$-\frac{1}{2} n(n-1)(x+y)^2 x^{n-2} + n(x+y) x^{n-1} = k(x+y) \tag{7.2.95}$$

利用上式,有 nx^{n-1} 必是 $x+y$ 的倍数,由于 x 与 $x+y$ 互质,则 n 是 $x+y$ 的倍数.于是 $\frac{1}{2} n(n-1)(x+y)^2$ 是 $(x+y)^3$ 的倍数.再利用公式(7.2.95),可以看到 n 必是 $(x+y)^2$ 的倍数,这与题目条件矛盾.

综上所述,题目结论成立.

二、正整数 $n \geqslant 4$,求单位圆内内接 n 边形面积的最大值,使得这 n 边形有两条互相垂直的对角线(图 7.24).

解: 首先证明,设圆内接 n 边形有两条互相垂直的对角线 AC, BD,则圆心 O 必在凸四边形 $ABCD$ 内部.

用反证法,设圆心 O 在凸四边形 $ABCD$ 外部,不妨设圆心 O 在线段 AD 及圆弧 $\overset{\frown}{AD}$(上面无点 B、C)所围成的区域内,连接 DO,延长后交这圆

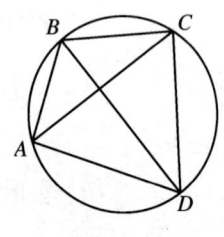

图 7.24

弧 AD 于一点 E(图 7.25). 由于

$$\pi = \overset{\frown}{AB} + \overset{\frown}{CD}(\text{利用 } AC, BD \text{ 互相垂直})$$
$$< \overset{\frown}{DE}(\text{上面有 } A,B,C \text{ 三点}) = \pi \qquad (7.2.96)$$

矛盾.

利用上述结论,从而圆内接 n 边形有两条互相垂直的对角线,可推出圆心 O 必在这 n 边形内部.

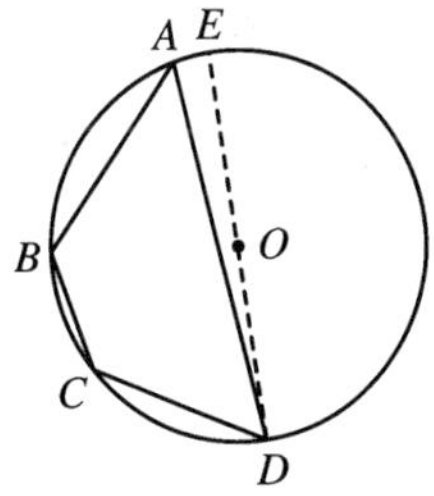

记这 n 边形 $A_1A_2\cdots A_n$ 的面积为 S,又记

$$\theta_i = \angle A_iOA_{i+1}, \quad i=1,2,\cdots,n, \quad A_{n+1} = A_1 \qquad (7.2.97)$$

于是,有

$$\sum_{i=1}^n \theta_i = 2\pi, \quad S = \frac{1}{2}\sum_{i=1}^n \sin\theta_i \qquad (7.2.98)$$

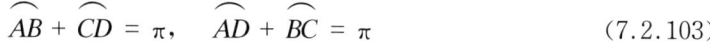

图 7.25

利用凸函数 $f(x) = -\sin x(0 \leqslant x \leqslant \pi)$ 的 Jensen 不等式,有

$$S \leqslant \frac{n}{2}\sin\frac{1}{n}\sum_{i=1}^n \theta_i = \frac{n}{2}\sin\frac{2\pi}{n} \qquad (7.2.99)$$

(1) 当 n 为偶数时,利用上式,有

$$\max S = \frac{n}{2}\sin\frac{2\pi}{n} \qquad (7.2.100)$$

且这时

$$\theta_1 = \theta_2 = \cdots = \theta_n = \frac{2\pi}{n} \qquad (7.2.101)$$

$A_1A_2\cdots A_n$ 为正 n 边形,由于 $n = 2m$(正整数 $m \geqslant 2$)

$$\angle A_iOA_{i+m} = \pi(i = 1,2,\cdots,m) \qquad (7.2.102)$$

对角线 A_iA_{i+m} 是直径,对角线 $A_{i-1}A_{i+1}$ 与对角线 A_iA_{i+m} 互相垂直(这里 $A_0 = A_{2m}$),所以当 n 为偶数时,所求的单位圆内内接 n 边形面积的最大值为 $\frac{n}{2}\sin\frac{2\pi}{n}$,这时 n 边形为正 n 边形.

(2) 当 n 为奇数时,问题变得复杂一些了.因为可以证明正 $2m+1$ 边形(m 是正整数)没有两条互相垂直的对角线.用反证法,如果正 $2m+1$ 边形有两条互相垂直的对角线 AC 与 BD,于是,有

$$\overset{\frown}{AB} + \overset{\frown}{CD} = \pi, \quad \overset{\frown}{AD} + \overset{\frown}{BC} = \pi \qquad (7.2.103)$$

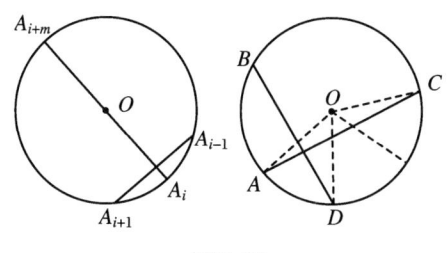

图 7.26

由于 A,B,C,D 四点是顶点 $A_1,A_2,\cdots,A_{2m+1}$ 中四点(图 7.26),那么,必存在若干个圆心角 θ_i,其和为 π.于是适当改变圆心角的下标,应有如下结论

$$\sum_{i=1}^k \theta_i = \pi \qquad (7.2.104)$$

这里 k 是正整数.由于是正 $2m+1$ 边形,有

$$\theta_1 = \theta_2 = \cdots = \theta_{2m+1} = \frac{2\pi}{2m+1} \qquad (7.2.105)$$

利用公式(7.2.104)和(7.2.105),有

$$2k = 2m+1 \qquad (7.2.106)$$

上式是不可能成立的.因此,当 $n = 2m+1$ 时,题目中要求的最大值不是正 $2m+1$ 边形的面积.

现在考虑单位圆内内接 $2m+1$ 边形,具有两条互相垂直的对角线 AC 与 BD.上述公式(7.2.103)和(7.2.104)仍然成立.利用公式(7.2.98)的第一式和公式(7.2.104),应当有

$$\sum_{i=k+1}^{2m+1} \theta_i = \pi \qquad (7.2.107)$$

利用公式(7.2.98)的第二式,以及 $f(x) = -\sin x$ 是闭区间$[0,\pi]$内一个凸函数,可以得到

$$S = \frac{1}{2}\sum_{i=1}^{k}\sin\theta_i + \frac{1}{2}\sum_{i=k+1}^{2m+1}\sin\theta_i \leqslant \frac{k}{2}\sin\frac{1}{k}\sum_{i=1}^{k}\theta_i + \frac{1}{2}(2m+1-k)\sin\frac{1}{2m+1-k}\sum_{i=k+1}^{2m+1}\theta_i$$

$$= \frac{k}{2}\sin\frac{\pi}{k} + \frac{1}{2}(2m+1-k)\sin\frac{\pi}{2m+1-k} \qquad (7.2.108)$$

这里 $k \in \{1,2,\cdots,m\}$,因为利用公式(7.2.103),可以设公式(7.2.104)中$k \leqslant m$.

下面寻找不等式(7.2.108)的右端的最大值.

如果正整数 $k < m$,容易看到

$$\frac{\pi}{2m+1-k} < \frac{\pi}{m+1} < \frac{\pi}{m} < \frac{\pi}{k} \qquad (7.2.109)$$

利用上式,有$(0,1)$内两个正实数 p,q,使得

$$\frac{\pi}{m+1} = \frac{p\pi}{2m+1-k} + \frac{(1-p)\pi}{k} \qquad (7.2.110)$$

$$\frac{\pi}{m} = \frac{q\pi}{2m+1-k} + \frac{(1-q)\pi}{k} \qquad (7.2.111)$$

利用加权的 Jensen 不等式(见1.1节内定理2),有

$$\frac{1}{p+(1-p)}\left[p\sin\frac{\pi}{2m+1-k} + (1-p)\sin\frac{\pi}{k}\right] \leqslant \sin\frac{1}{p+(1-p)}\left[\frac{p\pi}{2m+1-k} + \frac{(1-p)\pi}{k}\right] \qquad (7.2.112)$$

化简上式,并用利用公式(7.2.110),有

$$p\sin\frac{\pi}{2m+1-k} + (1-p)\sin\frac{\pi}{k} \leqslant \sin\frac{\pi}{m+1} \qquad (7.2.113)$$

完全类似地,有

$$q\sin\frac{\pi}{2m+1-k} + (1-q)\sin\frac{\pi}{k} \leqslant \sin\frac{\pi}{m} \qquad (7.2.114)$$

利用上述两个不等式,可以看到

$$(m+1)\sin\frac{\pi}{m+1} + m\sin\frac{\pi}{m} \geqslant [(m+1)p + mq]\sin\frac{\pi}{2m+1-k}$$
$$+ [(m+1)(1-p) + m(1-q)]\sin\frac{\pi}{k} \qquad (7.2.115)$$

利用公式(7.2.110)和(7.2.111),有

$$\frac{(m+1)p}{2m+1-k} + \frac{(m+1)(1-p)}{k} = 1 \qquad (7.2.116)$$

$$\frac{mq}{2m+1-k} + \frac{m(1-q)}{k} = 1 \qquad (7.2.117)$$

记

$$A = (m+1)p + mq, \quad B = (m+1)(1-p) + m(1-q) \qquad (7.2.118)$$

再将公式(7.2.116)和(7.2.117)相加,有

$$\frac{A}{2m+1-k} + \frac{B}{k} = 2 \qquad (7.2.119)$$

又将公式(7.2.118)中两个等式相加,有

$$A + B = (m+1) + m = 2m+1 \qquad (7.2.120)$$

解由公式(7.2.119)和(7.2.120)组成的联列方程组,有

注意,这里 $k \in \{1, 2, \cdots, m\}$.

将公式(7.2.118)和(7.2.121)代入不等式(7.2.115),有

$$(m+1)\sin\frac{\pi}{m+1} + m\sin\frac{\pi}{m} \geqslant (2m+1-k)\sin\frac{\pi}{2m+1-k} + k\sin\frac{\pi}{k} \tag{7.2.122}$$

再利用不等式(7.2.108),有

$$S \leqslant \frac{1}{2}\left[(m+1)\sin\frac{\pi}{m+1} + m\sin\frac{\pi}{m}\right] \tag{7.2.123}$$

令

$$\theta_1 = \theta_2 = \cdots = \theta_m = \frac{\pi}{m}, \quad \theta_{m+1} = \theta_{m+2} = \cdots = \theta_{2m+1} = \frac{\pi}{m+1} \tag{7.2.124}$$

很容易作出一个单位圆内接 $2m+1$ 边形,使得题目条件满足,而且这 $2m+1$ 边形取到最大面积 $\frac{1}{2}\left[(m+1)\sin\frac{\pi}{m+1} + m\sin\frac{\pi}{m}\right]$.

三、 11 个集合 $M_1, M_2, \cdots, M_{11}$,每个集合有 5 个元素,并且任意两个集合交非空.求具有最多(公共)元素的集合数目的最小可能的值.

解: 用 $n(x)$ 表示含有元素 x 的集合的数目.用 T 表示所有 11 个集合 $M_1, M_2, \cdots, M_{11}$ 内全部元素组成的集合.由题目条件,可以知道

$$\sum_{x \in T} n(x) = 5 \times 11 = 55 \tag{7.2.125}$$

$C_{n(x)}^2$ 是 $n(x)$ 个集合中任选两个集合作为一对的数目,也是 11 个集合中任选两个含有元素 x 的集合对的数目.由题目条件,当 $i, j \in \{1, 2, \cdots, 11\}$,且 $i \neq j$ 时,总有 $M_i \cap M_j \neq \varnothing$,于是 M_i, M_j 中必至少有一个公共元素 $x \in T$,换句话讲,(M_i, M_j) 是 $n(x)$ 个含 x 的集合中的一对集合,所以,有

$$\sum_{x \in T} C_{n(x)}^2 \geqslant C_{11}^2 = 55 \tag{7.2.126}$$

利用上式,有

$$\frac{1}{2}\sum_{x \in T} n(x)(n(x)-1) \geqslant 55 \tag{7.2.127}$$

记

$$n = \max\{n(x) \mid x \in T\} \tag{7.2.128}$$

利用上二式,有

$$\frac{1}{2}(n-1)\sum_{x \in T} n(x) \geqslant 55, \quad \text{则 } n \geqslant 3 \tag{7.2.129}$$

这里利用公式(7.2.125).

如果 $n=3$,那么,对于集合 T 内任一元素 x,$n(x) \leqslant 3$.下面先证明不存在 T 内元素 x,$n(x) \leqslant 2$.用反证法,如果存在集合 T 内某个元素 x,使得 $n(x) \leqslant 2$.将含 x 的两个集合(或一个集合),不妨设 M_1, M_2(或仅 M_1)含 x,那么至少有 9 个集合 $M_3, M_4, \cdots, M_{11}$ 不含元素 x.这 9 个集合中每一个集合 $M_j (3 \leqslant j \leqslant 11)$ 与集合 M_1 至少有一个公共元素,这个公共元素不是 x,那么必是 M_1 的其他 4 个元素之一,这 4 个元素属于 9 个集合 $M_3, M_4, \cdots, M_{11}$,那么必有一个元素至少属于 $M_3, M_4, \cdots, M_{11}$ 中 3 个集合,记这个元素为 y,由于 M_1 也含元素 y,则 $n(y) \geqslant 4$,这与 $n=3$ 矛盾.

因此,当 $n=3$ 时,对于集合 T 内任一个元素 x,有 $n(x)=3$,再利用公式(7.2.125),左端是 $3T$,但右端 55 不是 3 的倍数,导出矛盾.于是,必有

$$n \geqslant 4 \tag{7.2.130}$$

当 $n=4$ 时,我们可以给出一个例.

$M_1 = M_2 = \{1,2,3,4,5\}$, $M_3 = \{1,6,7,8,9\}$, $M_4 = \{1,10,11,12,13\}$
$M_5 = \{2,6,9,10,14\}$, $M_6 = \{3,7,11,14,15\}$, $M_7 = \{4,8,9,12,15\}$
$M_8 = \{5,9,13,14,15\}$, $M_9 = \{4,5,6,11,14\}$, $M_{10} = \{2,7,11,12,13\}$
$M_{11} = \{3,6,8,10,13\}$

综上所述,具有最多(公共)元素的集合数目的最小可能值是 4.

四、 $A_1A_2A_3A_4$ 是一个四面体,如果空间另外有一点 N 到这四面体的 6 条棱所在直线的 6 个投影点在同一新的平面 $\alpha(N)$ 内,这点 N 称为 Servais 点,$\alpha(N)$ 称为 Servais 平面,如果一点 M 关于棱 A_iA_j 的中点 B_{ij} 的 6 个对称点 N_{ij} 都是 Servais 点. 求证:点 M 落在每个 Servais 平面 $\alpha(N_{ij})$ 内,这里 $1 \leqslant i < j \leqslant 4$.

注:另外有一点 N,表示这点 N 不在平面 $A_1A_2A_3$,$A_1A_2A_4$,$A_1A_3A_4$ 或 $A_2A_3A_4$ 的任一个上. 新平面 $\alpha(N)$ 表示 $\alpha(N)$ 不属于平面 $A_1A_2A_3$,$A_1A_2A_4$,$A_1A_3A_4$ 或 $A_2A_3A_4$ 之中任一个.

证明: 空间一点 N 是 Servais 点,那么点 N 到这四面体 $A_1A_2A_3A_4$ 的一个面的三条棱所在直线的三个投影点的位置,有以下两种情况:第一种情况,三个投影点在同一条直线上;第二种情况,三个投影点不在同一条直线上.

先考虑第二种情况,为了简洁,不妨设点 N 到 $\triangle A_1A_2A_3$ 的三条棱所在直线的三个投影点不在同一条直线上,那么这三个投影点确定的平面 $\alpha(N)$ 就是 $\triangle A_1A_2A_3$ 所在的平面. 而且点 N 到另外三条棱 A_1A_4,A_2A_4,A_3A_4 所在直线的三个投影点必须在 $\alpha(N)$ 上,那么,这三个投影点就是 A_1,A_2,A_3. 于是有 $NA_1 \perp A_1A_4$,$NA_2 \perp A_2A_4$,$NA_3 \perp A_3A_4$. A_1,A_2,A_3,A_4 和 N 五点在以线段 A_4N 为直径的球面上.

当然利用题目条件,第二种情况可以不考虑,但是对这种情况有兴趣的读者可以深入地讨论一下.

言归正传. 由题目条件,首先我们有以下结论:Servais 点 N 到任意 $\triangle A_iA_jA_k$ ($1 \leqslant i < j < k \leqslant 4$) 的三边 A_iA_j,A_iA_k,A_jA_k 所在直线的三个投影点 Q、R、P 共线. 过点 N 作平面 $A_iA_jA_k$ 的垂线,垂足为点 N^* (图 7.27). 由于 $NP \perp A_jA_k$,$NQ \perp A_iA_j$,$NR \perp A_iA_k$,则 $N^*P \perp A_jA_k$,$N^*Q \perp A_iA_j$,$N^*R \perp A_iA_k$. 现在证明点 N^* 在 $\triangle A_iA_jA_k$ 的外接圆上. 连结 N^*A_j 和 N^*A_k,由于

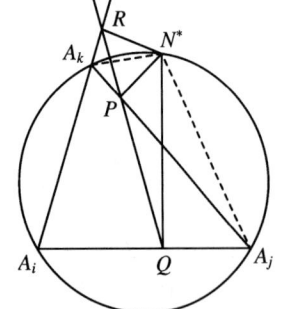

图 7.27

$$\angle N^*RA_k = \frac{\pi}{2} = \angle N^*PA_k \tag{7.2.131}$$

因此,P,N^*,R,A_k 四点共圆,于是,有

$$\angle RA_kN^* = \angle RPN^* \tag{7.2.132}$$

又由于

$$\angle N^*PA_j = \frac{\pi}{2} = \angle N^*QA_j \tag{7.2.133}$$

则 N^*,P,Q,A_j 四点共圆,因此,有

$$\angle RPN^* = \angle QA_jN^* \tag{7.2.134}$$

利用公式(7.2.132)和(7.2.134),有

$$\angle RA_kN^* = \angle QA_jN^* \tag{7.2.135}$$

从而 A_k,A_i,A_j,N^* 四点共圆.

有了上面这些预备知识,现在可以来解决本题了. 用点 M_{ijk} 表示点 M 到 $\triangle A_iA_jA_k$ ($1 \leqslant i < j < k \leqslant 4$) 所在平面的投影. 先证明点 M_{ijk} 是 $\triangle A_iA_jA_k$ 的垂心. 点 M 关于棱 A_jA_k 的中点 B_{jk} 的对

称点 N_{jk}（Servais 点）到 $\triangle A_iA_jA_k$ 所在平面的垂足 N_{jk}^* 必在 $\triangle A_iA_jA_k$ 的外接圆上（图 7.28）. 利用

$$MB_{jk} = N_{jk}B_{jk}, \quad \angle MB_{jk}M_{ijk} = \angle N_{jk}^*B_{jk}N_{jk} \tag{7.2.136}$$

所以，有

$$\text{Rt}\triangle MB_{jk}M_{ijk} \cong \text{Rt}\triangle N_{jk}B_{jk}N_{jk}^* \tag{7.2.137}$$

利用上式，有

$$M_{ijk}B_{jk} = N_{jk}^*B_{jk} \tag{7.2.138}$$

同理有

$$M_{ijk}B_{ij} = N_{ij}^*B_{ij}, \quad M_{ijk}B_{ik} = N_{ik}^*B_{ik} \tag{7.2.139}$$

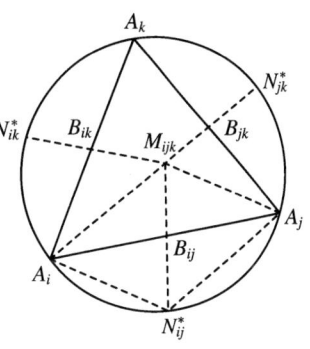

图 7.28

这里点 N_{ij}^*，N_{ik}^* 分别是点 M 关于棱 A_iA_j 中点，A_iA_k 中点的对称点到 $\triangle A_iA_jA_k$ 所在平面的垂足. 点 N_{ij}^*，N_{ik}^* 也在 $\triangle A_iA_jA_k$ 的外接圆上. 因此，$A_iN_{ij}^*A_jM_{ijk}$，$A_jN_{jk}^*A_kM_{ijk}$，$A_iN_{ik}^*A_kM_{ijk}$ 是三个平行四边形. 从而有

$$\angle N_{jk}^*A_jA_k = \angle M_{ijk}A_kA_j \tag{7.2.140}$$

又可以知道

$$A_kN_{jk}^* = M_{ijk}A_j = A_iN_{ij}^* \tag{7.2.141}$$

又利用同一圆周上弦长相等，对应的圆周角也应相等，有

$$\angle A_iA_jN_{ij}^* = \angle N_{jk}^*A_jA_k \tag{7.2.142}$$

显然，有

$$\angle M_{ijk}A_iA_j = \angle A_iA_jN_{ij}^* \tag{7.2.143}$$

利用公式（7.2.140），（7.2.142）和（7.2.143），有

$$\angle N_{jk}^*A_jA_k = \angle M_{ijk}A_kA_j = \angle M_{ijk}A_iA_j \tag{7.2.144}$$

类似地，有

$$\angle M_{ijk}A_jA_k = \angle N_{jk}^*A_kA_j = \angle N_{ik}^*A_kA_i = \angle M_{ijk}A_iA_k \tag{7.2.145}$$

$$\angle M_{ijk}A_jA_i = \angle N_{ij}^*A_iA_j = \angle N_{ik}^*A_iA_k = \angle M_{ijk}A_kA_i \tag{7.2.146}$$

利用公式（7.2.144），（7.2.145）和（7.2.146），有

$$\angle N_{jk}^*A_jA_i = \angle N_{jk}^*A_jA_k + \angle M_{ijk}A_jA_k + \angle M_{ijk}A_jA_i$$
$$= \frac{1}{2}(\angle M_{ijk}A_kA_j + \angle M_{ijk}A_iA_j + \angle M_{ijk}A_jA_k + \angle M_{ijk}A_iA_k$$
$$+ \angle M_{ijk}A_jA_i + \angle M_{ijk}A_kA_i)$$
$$= \frac{\pi}{2} \tag{7.2.147}$$

从上式，有

$$N_{jk}^*A_j \perp A_iA_j \tag{7.2.148}$$

又利用 $A_kM_{ijk} /\!/ N_{jk}^*A_j$，可以知道

$$A_kM_{ijk} \perp A_iA_j \tag{7.2.149}$$

同理有

$$A_iM_{ijk} \perp A_jA_k, \quad A_j\dot M_{ijk} \perp A_iA_k \tag{7.2.150}$$

利用公式（7.2.149）和（7.2.150），可以知道点 M_{ijk} 是 $\triangle A_iA_jA_k$ 的垂心.

利用公式（7.2.147）知道 $A_iN_{jk}^*$ 是 $\triangle A_iA_jA_k$ 的外接圆的直径. 于是，有

$$N_{jk}^*A_k \perp A_kA_i \tag{7.2.151}$$

又由于 $N_{jk}N_{jk}^* \perp$ 平面 $A_iA_jA_k$，因此，可以看到

$$N_{jk}A_k \perp A_kA_i \tag{7.2.152}$$

完全类似上式,有

$$N_{jk}A_j \perp A_jA_i \tag{7.2.153}$$

完全类似,可以考虑 $\triangle A_jA_kA_l$,这里 A_l 是不同于 A_i,A_j,A_k 的四面体的第四个顶点. 应有

$$N_{jk}A_k \perp A_kA_l, \quad N_{jk}A_j \perp A_jA_l \tag{7.2.154}$$

利用公式(7.2.152),(7.2.153)和(7.2.154),可以得到

$$N_{jk}A_k \perp \text{平面 } A_iA_kA_l, \quad N_{jk}A_k \perp A_iA_l \tag{7.2.155}$$

$$N_{jk}A_j \perp \text{平面 } A_iA_jA_l, \quad N_{jk}A_j \perp A_iA_l \tag{7.2.156}$$

利用上二式,有

$$A_iA_l \perp \text{平面 } N_{jk}A_jA_k \tag{7.2.157}$$

因此点 N_{jk} 到直线 A_iA_l 上的投影点在平面 $N_{jk}A_jA_k$ 内,而 N_{jk} 到 A_jA_k 直线上的投影点显然在直线 A_jA_k 上,利用上面叙述,有

$$\alpha(N_{jk}) = \text{平面 } N_{jk}A_jA_k \tag{7.2.158}$$

又点 M 关于线段 A_jA_k 中点 B_{jk} 的对称点是 N_{jk},所以点 M 在平面 $N_{jk}A_jA_k$ 内,即点 M 在平面 $\alpha(N_{jk})$ 内.

从上述证明可以看出,只要适当改变下标,对于四面体 $A_1A_2A_3A_4$ 中任意两个顶点 A_j,A_k,点 M 都在平面 $\alpha(N_{jk}) = $ 平面 $N_{jk}A_jA_k$ 内.

第二轮

一、设正整数 $n \geqslant 3$,$X_n = \{1,2,\cdots,n\}$. 对于一个子集合 X,$X \subseteq X_n$,定义 X 的一个容量 $m(X) = \sum_{x \in X} x$ 和 $m(\emptyset) = 0$. 如果 $m(X)$ 是一个偶数,集合 X 称为一个偶子集;如果 $m(X)$ 是奇数,集合 X 称为一个奇子集.

(1) 求证:偶子集的数目和奇子集的数目是相等的;

(2) 求证:偶子集的容量之和等于奇子集的容量之和;

(3) 求奇子集的容量之和.

注:本题恰是1992年我国高中数学联赛第二试的第二题.

解:(1) 取 X_n 的不含元素 1 的子集 A,即取 $X_n - \{1\}$(一共有 $n-1$ 个元素)的全部子集,这样的子集一共有 2^{n-1} 个. 记 $A^* = A \cup \{1\}$,把 X_n 的子集合 A 与 A^* 分成一组. 于是 X_n 的 2^n 个子集分成 2^{n-1} 组,每组两个子集合 A,A^*,一个是奇子集,一个是偶子集. 因而 X_n 的奇子集的个数与偶子集的个数相等,都是 2^{n-1} 个.

(2) 对于 X_n 的子集 B,将 B 与余集 $X_n - B$ 分在一组,这样 X_n 的全部 2^n 个子集合被分成 2^{n-1} 组. 由于 $B,X_n - B$ 的容量之和等于 X_n 的容量 $\frac{1}{2}n(n+1)$,所以 X_n 的所有子集的容量之和为

$$2^{n-1}\frac{1}{2}n(n+1) = 2^{n-2}n(n+1) \tag{7.2.159}$$

将 X_n 的全部子集分成四类,含有元素 1 的奇子集,不含元素 1 的奇子集,含有元素 1 的偶子集,以及不含元素 1 的偶子集. 以 a,b,c,d 分别依次表示上述四类子集的个数,并用 A,B,C,D 依次表示上述四类子集的容量之和. 明显地,有

$$a = d, \quad b = c \tag{7.2.160}$$

又利用 $X_n - \{1\} - \{3\}$ 的子集 A,以及 $A^* = A \cup \{3\}$,将 A,A^* 分在一组,全部 $X_n - \{1\}$ 内子集被分成 2^{n-2} 组,每组内两个子集合 A,A^*,一个是偶子集,另一个是奇子集,从而有

$$b = d = 2^{n-2} \tag{7.2.161}$$

利用公式(7.2.160)和(7.2.161),有

$$a = b = c = d = 2^{n-2} \tag{7.2.162}$$

由于在不含1的偶子集中加入元素1就是含元素1的奇子集,不含元素1的奇子集加入1就是含元素1的偶子集,从而有

$$D + 2^{n-2} = A, \quad B + 2^{n-2} = C \tag{7.2.163}$$

利用上述两个公式,立即有

$$A + B = C + D \tag{7.2.164}$$

于是,X_n 的奇子集的容量和等于 X_n 的偶子集的容量和.

(3) 利用公式(7.2.159)和(7.2.164),有

$$A + B = \frac{1}{2}(A + B + C + D) = 2^{n-3}n(n+1) \tag{7.2.165}$$

二、 n 是一个正奇数,求证:$n(n-1)^{(n-1)^n+1} + n$ 是 $((n-1)^n + 1)^2$ 的倍数. 这个性质对偶数 n 成立吗? 证明你的结论.

证明: 当 n 为正奇数时,利用二项式展开公式,有

$$(n-1)^n + 1 = n^2 q \tag{7.2.166}$$

这里 q 是一个正奇数(由于公式左端是奇数),且与 n 是互质的(由于公式左端 n 的最低幂次项是 n^2). 利用 $n^2 q$ 是奇数,再利用二项式展开公式,有

$$(n-1)^{n^2 q} = n^{n^2 q} - C_{n^2 q}^1 n^{n^2 q - 1} + \cdots + C_{n^2 q}^{n^2 q - 1} n - 1 \tag{7.2.167}$$

利用上式,有

$$(n-1)^{n^2 q} + 1 \equiv 0 \pmod{n^3} \tag{7.2.168}$$

由于 n 与 q 是互质的,如果能证明 $(n-1)^{n^2 q} + 1$ 是 q^2 的倍数,再利用公式(7.2.168),知道 $(n-1)^{n^2 q} + 1$ 是 $n^3 q^2$ 的倍数.

为简洁,记

$$A = (n-1)^n \tag{7.2.169}$$

利用 nq 是奇数,可以看到

$$(n-1)^{n^2 q} + 1 = A^{nq} + 1 = (A+1)(A^{nq-1} - A^{nq-2} + \cdots + A^2 - A + 1) \tag{7.2.170}$$

利用公式(7.2.166)和(7.2.169),可以知道

$$A + 1 \equiv 0 \pmod{q} \tag{7.2.171}$$

以及

$$A^{nq-1} - A^{nq-2} + \cdots + A^2 - A + 1 \equiv (-1)^{nq-1} - (-1)^{nq-2} + \cdots + (-1)^2 - (-1) + 1 \pmod{q}$$
$$\equiv nq \, (nq \text{ 个 1 相加}) \pmod{q} \equiv 0 \pmod{q} \tag{7.2.172}$$

利用公式(7.2.170),(7.2.171)和(7.2.172),可以知道 $(n-1)^{n^2 q} + 1$ 是 q^2 的倍数. 从而 $(n-1)^{n^2 q} + 1$ 是 $n^3 q^2$ 的倍数. 又利用公式(7.2.166),有

$$n(n-1)^{(n-1)^n + 1} + n = n[(n-1)^{n^2 q} + 1] \tag{7.2.173}$$

从而上式左端是 $n^4 q^2$ 的倍数. 再利用(7.2.166),知道题目结论成立.

当 n 为偶数时,本题结论不一定成立.

例如取偶数 $n \geqslant 4$,利用二项式展开公式,有

$$(n-1)^n + 1 = kn + 2 \tag{7.2.174}$$

于是,可以看到

$$(n-1)^{(n-1)^n + 1} = (n-1)^{kn+2} = ((n-1)^n)^k (n-1)^2$$
$$\equiv (-1)^k (n-1)^2 \pmod{(n-1)^n + 1} \tag{7.2.175}$$

利用上式,有
$$n[(n-1)^{(n-1)^n+1}+1] \equiv n[(-1)^k(n-1)^2+1](\mod((n-1)^n+1)) \quad (7.2.176)$$
由于正整数 $n \geq 4$,对 n 用数学归纳法,极容易证明
$$(n-1)^{n-2} \geq n+1 \quad (7.2.177)$$
于是当正整数 $n \geq 4$ 时,可以得到
$$[(n-1)^n+1]-n[(-1)^k(n-1)^2+1] \geq [(n-1)^n+1]-n[(n-1)^2+1]$$
$$= (n-1)\{(n-1)[(n-1)^{n-2}-n]-1\} > 0 \quad (7.2.178)$$

因此,利用公式(7.2.176)和(7.2.178)知道,$n[(n-1)^{(n-1)^n+1}+1]$ 不是 $(n-1)^n+1$ 的倍数. 本题结论不成立.

注:当偶数 $n \geq 4$ 时的证明,由上海市延安中学周骏同学得到.

三、 求证:由 $a_n = 3^n - 2^n$ 定义的数列 $\{a_n \mid n \in \mathbf{N}^+\}$ 不包含几何级数的连续三项.

证明: 由于
$$a_{n+1} - a_n = (3^{n+1} - 2^{n+1}) - (3^n - 2^n) = 2 \times 3^n - 2^n > 0 \quad (7.2.179)$$
所以,对于任意正整数 n,有
$$a_{n+1} > a_n \quad (7.2.180)$$
现在证明:当 $1 \leq m < n$ 时,这里 m, n 全是正整数,成立
$$a_m a_{2n-m} < a_n^2 < a_m a_{2n-m+1} \quad (7.2.181)$$
如果能证明上式,再利用不等式(7.2.180),可以知道:对于正整数 k, m, n,这里 $m < n < k$,有
$$a_n^2 \neq a_m a_k \quad (7.2.182)$$
本题结论成立.

利用题目条件,有
$$a_n^2 - a_m a_{2n-m} = (3^n - 2^n)^2 - (3^m - 2^m)(3^{2n-m} - 2^{2n-m})$$
$$= 2^m 3^m (3^{2(n-m)} + 2^{2(n-m)} - 2^{n+1-m} 3^{n-m})$$
$$= 2^m 3^m (3^{n-m} - 2^{n-m})^2 > 0 \quad (7.2.183)$$
另外,有
$$a_m a_{2n-m+1} - a_n^2 = (3^m - 2^m)(3^{2n-m+1} - 2^{2n-m+1}) - (3^n - 2^n)^2$$
$$= (3^{m-1} - 2^{m-1})(2 \times 3^{2n-m+1} - 2^{2n-m+1}) + 2^{n+1} 3^{m-1}(3^{n-m+1} - 2^{n-m+1}) > 0 \quad (7.2.184)$$
利用公式(7.2.183)和(7.2.184),知道不等式(7.2.181)成立.

四、 给定一个锐角 $\triangle ABC$,作一个内接等边三角形,使得三个顶点分别在 $\triangle ABC$ 的三条边上,而且这个内接等边三角形边长有最小值.

解: 对于一个给定等边 $\triangle MNP$,我们可以作一个 $\triangle A^* B^* C^*$,使得点 M 在边 $A^* B^*$ 上,点 N 在边 $B^* C^*$ 上,点 P 在边 $C^* A^*$ 上,且 $\triangle A^* B^* C^* \backsim \triangle ABC$,$\triangle A^* B^* C^*$ 的存在性是很显然的. 例如,过点 M 作直线 $l_1 \parallel AB$,过点 N 作直线 $l_2 \parallel BC$,直线 l_1 与 l_2 交于点 B^*. 过点 P 作直线 $l_3 \parallel AC$,直线 l_3 与直线 l_1 交于点 A^*,直线 l_3 与 l_2 交于点 C^*,$\triangle A^* B^* C^*$ 显然与 $\triangle ABC$ 相似.

由于 $\angle A^* = \angle A$,所以点 A^* 在以 MP 为弦,$\dfrac{MP}{2\sin A}$ 为半径的大圆弧 Γ_1 上. 类似地,点 B^* 在以 MN 为弦,$\dfrac{MN}{2\sin B}$ 为半径的大圆弧 Γ_2 上,点 C^* 在以 NP 为弦,$\dfrac{NP}{2\sin C}$ 为半径的大圆弧 Γ_3 上. 过

点 M 作一条直线 L,交圆弧 Γ_1 于点 E_1,交圆弧 Γ_2 于点 E_2,取点 D_1 为线段 ME_1 中点,点 D_2 为线段 ME_2 中点(图 7.29). 显然,有

$$E_1E_2 = E_1M + ME_2 = 2D_1M + 2D_2M = 2D_1D_2 \tag{7.2.185}$$

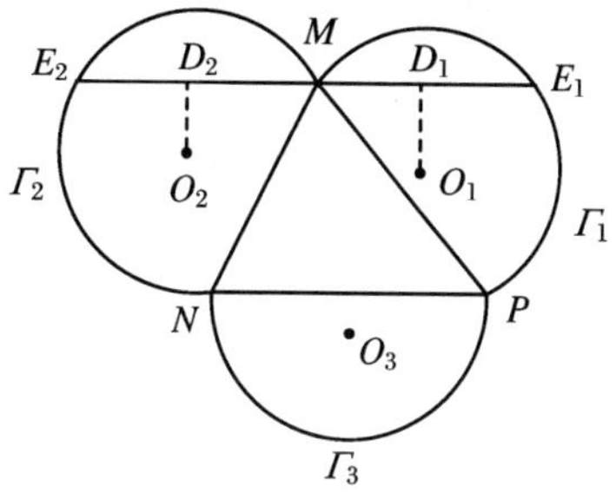

现在要问,过点 M 与圆弧 Γ_1,Γ_2 都相交的直线在这两圆弧内的线段长的最大值是多少呢? 连圆弧 Γ_1 的圆心 O_1 与圆弧 Γ_2 的圆心 O_2,再连接 O_1D_1,O_2D_2. 显然,有

$$O_1D_1 \perp ME_1, \quad O_2D_2 \perp ME_2, \quad D_1D_2 \leqslant O_1O_2 \tag{7.2.186}$$

图 7.29

利用公式(7.2.185)和(7.2.186),可以得到

$$\max E_1E_2 = 2O_1O_2 \tag{7.2.187}$$

E_1E_2 取到最大值,当且仅当 $E_1E_2 \parallel O_1O_2$. 因此,给定一个等边 $\triangle MNP$,我们可以构造一个 $\triangle A^*B^*C^*$,使得三点 M,N,P 分别在 $\triangle A^*B^*C^*$ 三边上,$\triangle A^*B^*C^* \backsim \triangle ABC$,且 $\triangle A^*B^*C^*$ 具最大的三条边长(当 E_1E_2 取到最大值时,连接 E_1P,E_2N,这两条直线相交于一点 E_3,$\triangle E_1E_2E_3 \backsim \triangle ABC$,就是所求的 $\triangle A^*B^*C^*$,点 E_3 必在大圆弧 Γ_3 上). 在 $\triangle ABC$ 边 AB 上取一点 M^*,使得

$$\frac{AM^*}{M^*B} = \frac{A^*M}{MB^*} \tag{7.2.188}$$

在边 BC 上取一点 N^*,使得

$$\frac{BN^*}{N^*C} = \frac{B^*N}{NC^*} \tag{7.2.189}$$

在边 CA 上取一点 P^* (图 7.30),使得

$$\frac{CP^*}{P^*A} = \frac{C^*P}{PA^*} \tag{7.2.190}$$

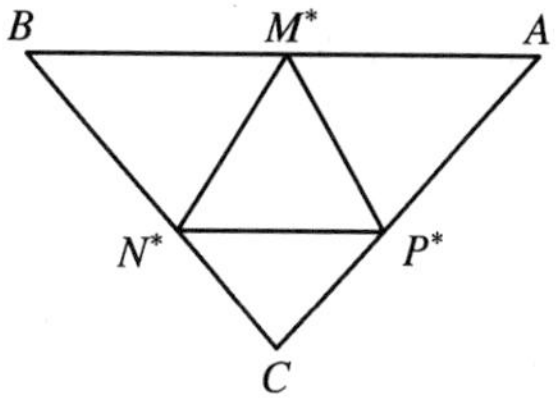

利用公式(7.2.188)和(7.2.190),有

$$\frac{AM^*}{AB} = \frac{A^*M}{A^*B^*}, \quad \frac{AP^*}{AC} = \frac{A^*P}{A^*C^*} \tag{7.2.191}$$

图 7.30

由于 $\triangle ABC \backsim \triangle A^*B^*C^*$,有

$$\frac{AB}{A^*B^*} = \frac{AC}{A^*C^*} \tag{7.2.192}$$

利用公式(7.2.191)和(7.2.192),有

$$\frac{AM^*}{A^*M} = \frac{AP^*}{A^*P} \tag{7.2.193}$$

又 $\angle A^* = \angle A$,则

$$\triangle AM^*P^* \backsim \triangle A^*MP \tag{7.2.194}$$

因此,可以看到

$$\frac{M^*P^*}{MP} = \frac{AM^*}{A^*M} = \frac{AP^*}{A^*P} = \frac{AC}{A^*C^*} \text{(利用公式(7.2.191) 的第二式)}$$

$$= \frac{AB}{A^*B^*} \text{(利用公式(7.2.192))} \tag{7.2.195}$$

类似地,有

$$\frac{M^*N^*}{MN} = \frac{AB}{A^*B^*}, \quad \frac{P^*N^*}{PN} = \frac{AB}{A^*B^*} \tag{7.2.196}$$

再利用 $MP = MN = PN$，可以得到
$$M^*P^* = M^*N^* = P^*N^* \tag{7.2.197}$$
所以 $\triangle M^*N^*P^*$ 是一个等边三角形．又明显地，有
$$\frac{S_{\triangle MNP}}{S_{\triangle M^*N^*P^*}} = \frac{(MP)^2}{(M^*P^*)^2} = \frac{(A^*B^*)^2}{(AB)^2} = \frac{S_{\triangle A^*B^*C^*}}{S_{\triangle ABC}} \tag{7.2.198}$$
由于 $S_{\triangle ABC}$ 是固定的值，$S_{\triangle MNP}$ 也是已知的值．而 $S_{\triangle A^*B^*C^*}$ 取到最大值，则 $S_{\triangle M^*N^*P^*}$ 必取满足题目条件的最小值．由于 $\triangle M^*N^*P^*$ 是等边三角形，则边长必定最小．

第三轮

一、求下列数列最小项的值：
$$a_1 = 1993^{1994^{1995}} \quad \text{和} \quad a_{n+1} \begin{cases} \frac{1}{2}a_n & \text{如果 } a_n \text{ 是偶数} \\ a_n + 7 & \text{如果 } a_n \text{ 是奇数} \end{cases}$$

解：显然，对于任意正整数 n，a_n 是正整数．在正整数组成的集合中，总有最小正整数存在．因此，总存在正整数 m，使得 m 是题目中数列最小项 a_p 的值．由于当 a_p 为偶数时，$a_{p+1} = \frac{1}{2}a_p < a_p$，所以这最小值 a_p 必是奇数．由题目条件，有
$$a_{p+1} = a_p + 7, \quad a_{p+2} = \frac{1}{2}a_{p+1} = \frac{1}{2}(a_p + 7) \tag{7.2.199}$$
由于 a_p 是最小，有
$$a_{p+2} \geqslant a_p, \quad \text{则} \quad m = a_p \leqslant 7 \tag{7.2.200}$$
由于 m 是正奇数，m 只有 4 个可能的值：1,3,5,7．利用题目条件，并注意 1993 不是 7 的倍数，有
$$a_1 \equiv r \pmod{7} \tag{7.2.201}$$
这里 $r \in \{1,2,3,4,5,6\}$．又利用题目条件，可以知道，当 a_n 是奇数时，有
$$a_{n+1} \equiv a_n \pmod{7} \tag{7.2.202}$$
当 a_n 是偶数时，首先有
$$a_n = 7k + r^* \tag{7.2.203}$$
这里 k 为非负整数，$0 \leqslant r^* \leqslant 6$．当 k 为奇数时，r^* 必为奇数；当 k 为偶数时，r^* 也必为偶数．当 k,r^* 都为奇数时，则 k,r^* 都是正整数，且由题目条件，有
$$a_{n+1} = \frac{1}{2}a_n = \frac{7}{2}(k-1) + \frac{1}{2}(r^* + 7) \tag{7.2.204}$$

再利用
$$\left. \begin{array}{l} \text{当 } r^* = 1 \text{ 时}, \frac{1}{2}(1+7) = 4 \equiv 4r^* \pmod{7} \\ \text{当 } r^* = 3 \text{ 时}, \frac{1}{2}(3+7) = 5 \equiv 4r^* \pmod{7} \\ \text{当 } r^* = 5 \text{ 时}, \frac{1}{2}(5+7) = 6 \equiv 4r^* \pmod{7} \end{array} \right\} \tag{7.2.205}$$

可以看到，当 k,r^* 都为奇数时，有
$$a_{n+1} \equiv 4r^* \pmod{7} \equiv 4a_n \pmod{7} \tag{7.2.206}$$
当 k,r^* 都为偶数时，类似有
$$a_{n+1} = \frac{1}{2}a_n = \frac{7}{2}k + \frac{r^*}{2} \tag{7.2.207}$$

再利用

$$\left.\begin{aligned}&\text{当 } r^*=0 \text{ 时}, \frac{r^*}{2}=0=4r^* \\ &\text{当 } r^*=2 \text{ 时}, \frac{r^*}{2}=1\equiv 4r^*(\bmod 7) \\ &\text{当 } r^*=4 \text{ 时}, \frac{r^*}{2}=2\equiv 4r^*(\bmod 7) \\ &\text{当 } r^*=6 \text{ 时}, \frac{r^*}{2}=3\equiv 4r^*(\bmod 7)\end{aligned}\right\} \quad (7.2.208)$$

所以,当 k,r^* 都为偶数时,等式(7.2.206)仍然成立. 公式(7.2.202)和(7.2.206)是两个重要公式. 当 a_{n+1} 是奇数时,利用公式(7.2.202),有 $a_{n+2}\equiv a_{n+1}(\bmod 7)$;当 a_{n+1} 是偶数时,利用公式(7.2.206),有 $a_{n+2}\equiv 4a_{n+1}(\bmod 7)$. 再利用 $16\equiv 2(\bmod 7)$,我们有

$$a_{n+2}\equiv a_n(\bmod 7),\quad \text{或 } a_{n+2}\equiv 4a_n(\bmod 7),\quad \text{或 } a_{n+2}\equiv 2a_n(\bmod 7) \quad (7.2.209)$$

对正整数 k 用数学归纳法,极容易看到

$$a_{n+k}\equiv a_n(\bmod 7),\quad \text{或 } a_{n+k}\equiv 4a_n(\bmod 7),\quad \text{或 } a_{n+k}\equiv 2a_n(\bmod 7) \quad (7.2.210)$$

(公式的证明留给读者).

如果 $a_p=m=5$,则 $a_{p+1}=12,a_{p+2}=6,a_{p+3}=3$,与 m 的最小性矛盾. 于是 $m\neq 5$. 又由于 a_1 不是 7 的倍数,利用公式(7.2.210)可以知道,对于任意正整数 n,a_n 都不会是 7 的倍数,则 $m\neq 7$. 再利用公式(7.2.200)及后面的叙述,有

$$m=1 \quad \text{或} \quad m=3 \quad (7.2.211)$$

当满足公式(7.2.201)的 $r=1,2,4$ 时,再利用公式(7.2.210),有 $m=1$,当 $r=3,5,6$ 时,利用公式(7.2.210),有 $m=3$.

由于 $1994\equiv -1(\bmod 3)$,于是,有

$$1994^{1995}\equiv -1(\bmod 3)\equiv 2(\bmod 3) \quad (7.2.212)$$

因而有正整数 t,使得

$$1994^{1995}=3t+2 \quad (7.2.213)$$

这里 t 是偶数(因为 1994 是偶数). 利用 1993 与 7 互质,由 Fermat 小定理,有

$$1993^6\equiv 1(\bmod 7) \quad (7.2.214)$$

再利用 $1993\equiv -2(\bmod 7)$,可以得到

$$1993^{1994^{1995}}=1993^{3t+2}(\text{利用公式}(7.2.213))=(1993^6)^s(1993)^2(\text{利用 } t=2s, s \text{ 是正整数})$$
$$\equiv (-2)^2(\bmod 7)(\text{利用公式}(7.2.214))\equiv 4(\bmod 7) \quad (7.2.215)$$

这表明 $r=4$. 利用公式(7.2.211)后面的叙述,必有

$$m=1 \quad (7.2.216)$$

二、考虑半径分别为 a,b 和 c 的三个球面 $S_1,S_2,S_3,a+c>2b$. 三个球的球心位于一条直线 L 上,球 S_2 外切于球 S_1 和 S_3,球 S_1,S_3 无公共点. 另一条直线 T 分别切三球 S_1,S_2,S_3. 求这两条直线 L 和 T 的夹角的正弦.

解:用 O_1,O_2,O_3 分别表示三球 S_1,S_2,S_3 的球心. A,B,C 分别是直线 T 上与球 S_1,S_2,S_3 的切点. 过点 C 作一张平面 π 垂直于直线 T,由于 $O_3C\perp$ 直线 T,则点 O_3 在平面 π 内,过点 O_1,O_2 分别作 $O_1M\perp$ 平面 π,$O_2N\perp$ 平面 π,M,N 是垂足(图 7.31). 在平面 π 内,由于 $O_1M\parallel AC$,则 O_1,M,A,B,C 五点在同一平面内. 又 $\angle O_1AC=\frac{\pi}{2}$,容易看到 O_1ACM 是一个矩形,则 $MC=a$,O_2BCN 也是一个矩形,

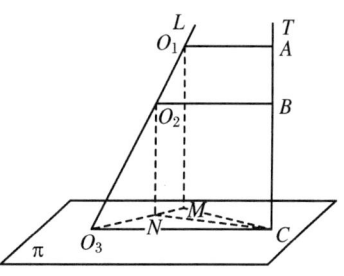

图 7.31

$CN = b$, $O_3C = c$. 设 $NO_3 = x$, 则 $x > 0$. 如果 $x = 0$, 则 $L \perp$ 平面 π, $L \parallel T$, $a = b = c$, 这与题目条件矛盾. 由于 $O_2N \parallel O_1M$, 则

$$\frac{O_3O_2}{O_2O_1} = \frac{O_3N}{NM} \tag{7.2.217}$$

这里利用三点 O_3, N, M 在同一条直线上. 利用上式, 有

$$NM = \frac{(a+b)x}{b+c} \tag{7.2.218}$$

在 $\triangle CMO_3$ 内, 利用余弦定理, 有

$$\cos \angle CMO_3 = \frac{CM^2 + MO_3^2 - CO_3^2}{2CM \cdot MO_3} \tag{7.2.219}$$

在 $\triangle CMN$ 内, 也利用余弦定理, 有

$$\cos \angle CMN = \frac{CM^2 + MN^2 - CN^2}{2CM \cdot MN} \tag{7.2.220}$$

公式 (7.2.219) 和 (7.2.220) 的左端显然相等, 于是, 有

$$(CM^2 + MO_3^2 - CO_3^2)MN = (CM^2 + MN^2 - CN^2)MO_3 \tag{7.2.221}$$

移项上式, 可以看到

$$CM^2 \cdot NO_3 + CO_3^2 \cdot MN - CN^2 \cdot MO_3 - MO_3 \cdot MN \cdot NO_3 = 0 \tag{7.2.222}$$

将相关数据代入上式, 并且利用公式 (7.2.218), 有

$$a^2 x + c^2 \frac{(a+b)x}{b+c} - b^2 \left[x + \frac{(a+b)x}{b+c} \right] - \left[x + \frac{(a+b)x}{b+c} \right] \frac{(a+b)x^2}{b+c} = 0 \tag{7.2.223}$$

上式两端除以正实数 x, 经过化简, 有

$$x^2 = \frac{(b+c)^2(a+c-2b)}{a+2b+c} \tag{7.2.224}$$

记 θ 为直线 L 与 T 的夹角, 那么, 有

$$\sin \theta = \sin \angle O_3O_2N = \frac{x}{O_2O_3} = \sqrt{\frac{a+c-2b}{a+c+2b}} \tag{7.2.225}$$

三、$a_1, a_2, \cdots, a_n$ 是一个数列, 对每个 k, $1 \leqslant k \leqslant n$, $a_k \in \{0, 1\}$, 如果 a_k, a_{k+1} 两数相同, 记 $b_k = 0$. 如果 a_k, a_{k+1} 两数不同, 记 $b_k = 1$. 于是得到一个新数列 $b_1, b_2, \cdots, b_{n-1}$, $b_k \in \{0, 1\}$, 这里 $1 \leqslant k \leqslant n-1$. 重复上述运算, 得到一个全由 0 及 1 两个数字组成的三角形数表, 最后一行仅一个数字. 求这张数字组成的三角形数表 1 的和的最大值.

解: 用 x_n 表示所求的最大值.

当 $n = 1$ 时, 显然 $x_1 = 1$, 当 $n = 2$ 时, 显然 $x_2 = 2$, 当 $n = 3$ 时, 这三角形数表有以下 8 种情况

$$\left.\begin{matrix} 1\ 0\ 1 & 1\ 1\ 0 & 0\ 1\ 1 & 1\ 1\ 1 \\ 1\ 1 & 0\ 1 & 1\ 0 & 0\ 0 \\ 0 & 1 & 1 & 0 \\ 1\ 0\ 0 & 0\ 1\ 0 & 0\ 0\ 1 & 0\ 0\ 0 \\ 1\ 0 & 1\ 1 & 0\ 1 & 0\ 0 \\ 1 & 0 & 1 & 0 \end{matrix}\right\} \tag{7.2.226}$$

于是, 有 $x_3 = 4$.

对于有 $n + 3$ 行的三角形数表, 设前三行为

$$\begin{matrix} a_1 & a_2 & a_3 & \cdots & a_n & a_{n+1} & a_{n+2} & a_{n+3} \\ & b_1 & b_2 & b_3 & \cdots & b_n & b_{n+1} & b_{n+2} \\ & & c_1 & c_2 & \cdots & & c_n & c_{n+1} \end{matrix} \tag{7.2.227}$$

将上述 $3n+6$ 个数分成 $n+2$ 个 3 元数组 $\{a_1,b_1,c_1\},\{a_2,b_2,c_2\},\cdots,\{a_n,b_n,c_n\}$, $\{a_{n+1},b_{n+1},c_{n+1}\},\{a_{n+2},b_{n+2},a_{n+3}\}$. 如果 3 元数组 $\{a_k,b_k,c_k\}(1\leqslant k\leqslant n+1)$ 中至少有一个零, 称这数组为有零 3 元数组. 如果 $\{a_k,b_k,c_k\}$ 全为 $1(1\leqslant k\leqslant n)$, 则考虑相邻两个数组 $\{a_k,b_k,c_k\},\{a_{k+1},b_{k+1},c_{k+1}\}$, 由题目条件, 必有 $a_{k+1}=0,b_{k+1}=0$. 于是这两个 3 元数组一共至少有 2 个零. 称这两个数组为平均有零 3 元数组. 如果 $\{a_{n+1},b_{n+1},c_{n+1}\}$ 全为 1, 由表(7.2.227), 有 $a_{n+2}=0,b_{n+2}=0$. 如果 $\{a_{n+1},b_{n+1},c_{n+1}\}$ 是有零 3 元数组, 则 $\{a_{n+2},b_{n+2},a_{n+3}\}$ 必为有零 3 元数组. 所以前三行 $3n+6$ 个数中至少有 $n+2$ 零. 因为上述 $n+2$ 个 3 元数组或者是有零 3 元数组, 或者是平均有零 3 元数组. 于是, 有

$$x_{n+3}\leqslant x_n+(2n+4) \tag{7.2.228}$$

下面对 n 分情况讨论.

(1) 当 $n=3k(k\in\mathbf{N}^+)$ 时, 不断地利用公式(7.2.228), 有

$$\left.\begin{aligned}x_{3k}&\leqslant x_{3(k-1)}+6(k-1)+4\\ x_{3(k-1)}&\leqslant x_{3(k-2)}+6(k-2)+4\\ &\cdots\cdots\\ x_9&\leqslant x_6+6\times 2+4\\ x_6&\leqslant x_3+6\times 1+4\\ x_3&=4\end{aligned}\right\} \tag{7.2.229}$$

将上述一系列不等式相加, 得

$$x_{3k}\leqslant 3(k-1)k+4k=(3k+1)k \tag{7.2.230}$$

(2) 当 $n=3k+1(k\in\mathbf{N}^+)$ 时, 不断地利用不等式(7.2.228), 有

$$\left.\begin{aligned}x_{3k+1}&\leqslant x_{3k-2}+6k\\ x_{3k-2}&\leqslant x_{3k-5}+6(k-1)\\ &\cdots\cdots\\ x_7&\leqslant x_4+6\times 2\\ x_4&\leqslant x_1+6\\ x_1&=1\end{aligned}\right\} \tag{7.2.231}$$

将上述不等式全部相加, 有

$$x_{3k+1}\leqslant 3k(k+1)+1 \tag{7.2.232}$$

(3) 当 $n=3k+2(k\in\mathbf{N}^+)$ 时, 完全类似, 有

$$\left.\begin{aligned}x_{3k+2}&\leqslant x_{3k-1}+6k+2\\ x_{3k-1}&\leqslant x_{3k-4}+6(k-1)+2\\ &\cdots\cdots\\ x_8&\leqslant x_5+6\times 2+2\\ x_5&\leqslant x_2+6\times 1+2\\ x_2&=2\end{aligned}\right\} \tag{7.2.233}$$

上述不等式全部相加, 有

$$x_{3k+2}\leqslant(k+1)(3k+2) \tag{7.2.234}$$

将不等式(7.2.230), (7.2.232)和(7.2.234)综合, 有

$$x_n\leqslant\left[\frac{n(n+1)+1}{3}\right] \tag{7.2.235}$$

下面的例子说明不等式(7.2.235)的等式能取到. 如果是这样, 则

$$x_n = \left[\frac{n(n+1)+1}{3}\right] \qquad (7.2.236)$$

倒过来作这个三角形数表,最后一行放一个 1,倒数第二行依次放 0,1,倒数第三行依次放 1,1,0,倒数第四、五、六行在倒数第一、二、三行左端分别添 3 个数 1,0,1;0,1,1;1,1,0.倒数第七、八、九行在倒数第四、五、六行前面分别添上同样数 1,0,1;0,1,1;1,1,0.依次一直作下去,有下面三角形数表(表中 $n=9$)

$$
\begin{array}{c}
1\ 1\ 0\ 1\ 1\ 0\ 1\ 1\ 0 \\
0\ 1\ 1\ 0\ 1\ 1\ 0\ 1 \\
1\ 0\ 1\ 1\ 0\ 1\ 1 \\
1\ 1\ 0\ 1\ 1\ 0 \\
0\ 1\ 1\ 0\ 1 \\
1\ 0\ 1\ 1 \\
1\ 1\ 0 \\
0\ 1 \\
1
\end{array} \qquad (7.2.237)
$$

这样三行一组,在每组三行的前面分别重复添加 1,0,1;0,1,1;1,1,0,一直作到倒数第 n 行(即第一行).倒数每行 1 的数目依次是 1,1,2;3,3,4;5,5,6;7,7,8;…,因此,当 $n=3k(k\in \mathbf{N}^+)$ 时,这张三角形数表 1 的个数记为 S_1,

$$
\begin{aligned}
S_1 &= (1+1+2)+(3+3+4)+(5+5+6)+\cdots+[(2k-1)+(2k-1)+2k] \\
&= 2[1+3+5+\cdots+(2k-1)]+2(1+2+3+\cdots+k)=(3k+1)k
\end{aligned} \qquad (7.2.238)
$$

当 $n=3k+1$ 时,即在上述 $n=3k$ 的三角形数表上添第一行(即倒数第 $3k+1$ 行),由于这一行是 $n=3k$ 时三角形数表第三行左端添加 1,0,1 而得到,那么这第一行 1 的数目是 $(2k-1)+2=2k+1$,那么,当 $n=3k+1$ 时,这样构造的三角形数表 1 的总和记为 S_2,则

$$S_2 = S_1 + (2k+1) = 3k(k+1)+1 \qquad (7.2.239)$$

当 $n=3k+2$ 时,只须在 $n=3k+1$ 时的三角形数表上添加最上面一行作为第一行,这一行是 $n=3k$ 时的三角形数表第二行左端添加 0,1,1 而得到,所以,这添加一行的 1 的个数也是 $2k+1$,那么,当 $n=3k+2$ 时,这样构造的三角形数表 1 的总和是 S_3,有

$$S_3 = S_2 + (2k+1) = (k+1)(3k+2) \qquad (7.2.240)$$

至此问题解决.

四、考虑两个同心圆 $C(0,R)$ 和 $C(0,R_1),R_1>R$,四边形 $ABCD$ 内接于圆 $C(0,R)$,四边形 $A_1B_1C_1D_1$ 内接于圆 $C(0,R_1)$,使得点 A_1,B_1,C_1,D_1 分别在射线 CD,DA,AB,BC 上,求证: $\dfrac{S_{\triangle A_1B_1C_1D_1}}{S_{\triangle ABCD}} \geqslant \dfrac{R_1^2}{R^2}$.

注:这恰是我为 1993 年冬令营编的一题.解答见 5.2 节例 14(2).

第四轮

一、p 是一个质数,实数 $a_1,a_2,\cdots,a_{p+1}$ 有下述性质,如果任意删去某个 $a_j(1\leqslant j\leqslant p+1)$,剩下的 p 个实数一定能至少分为两组,每组实数的算术平均值相同,求证:所有 $a_1,a_2,\cdots,a_{p+1}$ 都相等.

注:本题的解答仅供教师参考.

证明:如果实数 $a_1,a_2,\cdots,a_{p+1}$ 具有题目中性质,任取一个实数 a,那么 $p+1$ 个实数 a_1+a,$a_2+a,\cdots,a_{p+1}+a$ 显然也具有题目中性质,取

$$a = -\frac{1}{p+1}\sum_{j=1}^{p+1} a_j \tag{7.2.241}$$

那么，$p+1$ 个实数 $a_1+a, a_2+a, \cdots, a_{p+1}+a$ 的和为零。为简洁，仍用 a_j 表示 a_j+a ($1\leqslant j\leqslant p+1$)。因此我们有

$$\sum_{j=1}^{p+1} a_j = 0 \tag{7.2.242}$$

删除一个实数 a_j 后，余下的 p 个实数可以分成算术平均值相等的 r 组，这里正整数 $r\geqslant 2$。由于这 r 组实数的算术平均值相等，记为 b。那么，每一组内全部实数之和为 b 乘以这组实数的个数。将这 r 组实数全部相加。利用公式(7.2.242)可以知道这 r 组全部 p 个实数之和为 $-a_j$，从而有

$$bp = -a_j, \quad b = -\frac{a_j}{p} \tag{7.2.243}$$

在这 r 组实数中任意挑出一组，这组内全部实数个数小于等于 $p-1$，记这组内全部实数为 $a_{j1}, a_{j2}, \cdots, a_{jk_j}$。那么，利用公式(7.2.243)，有

$$\frac{1}{k_j}(a_{j1} + a_{j2} + \cdots + a_{jk_j}) = -\frac{a_j}{p} \tag{7.2.244}$$

上式左端无 a_j。由于上式中 j 可以取 $1, 2, \cdots, p+1$，那么有方程组

$$\left.\begin{array}{l}\dfrac{a_1}{p} + \dfrac{1}{k_1}(a_{11} + a_{12} + \cdots + a_{1k_1}) = 0 \\ \dfrac{a_2}{p} + \dfrac{1}{k_2}(a_{21} + a_{22} + \cdots + a_{2k_2}) = 0 \\ \cdots\cdots \\ \dfrac{a_{p+1}}{p} + \dfrac{1}{k_{p+1}}(a_{p+1,1} + a_{p+1,2} + \cdots + a_{p+1,k_{p+1}}) = 0\end{array}\right\} \tag{7.2.245}$$

这里 $k_j \in \{1, 2, \cdots, p-1\}$，$j=1, 2, \cdots, p+1$，$a_{js}$ 全部取自集合 $\{a_1, a_2, \cdots, a_{p+1}\}$。将 $a_1, a_2, \cdots, a_{p+1}$ 视作未知量。方程组(7.2.245)是含 $p+1$ 个未知量的线性方程组。方程组(7.2.245)的系数行列式

$$D = \frac{1}{p^{p+1}} + \frac{t}{p's} \tag{7.2.246}$$

这里 r 是非负整数，且 $r\leqslant p$，s 是一个与 p 互质的正整数，t 是一个整数。由于 p 是质数，容易看到，公式(7.2.246)的右端不等于零。因此方程组(7.2.245)只有零解，即

$$a_1 = a_2 = \cdots = a_{p+1} = 0 \tag{7.2.247}$$

因而原来题目中的 $a_1, a_2, \cdots, a_{p+1}$ 全相等，都等于 $\dfrac{1}{p+1}\sum_{j=1}^{p+1} a_j$。

二、n 是一个正整数，求整系数多项式 $f(x)$ 的个数，使得其系数属于集合 $\{0,1,2,3\}$，并满足 $f(2)=n$。

解：记

$$f(x) = a_0 + a_1 x + a_2 x^2 + \cdots + a_k x^k \tag{7.2.248}$$

这里 k 是非负整数，$a_j (0\leqslant j\leqslant k) \in \{0,1,2,3\}$，$a_k$ 不等于零。由于题目条件，有

$$n = a_0 + a_1 2 + a_2 2^2 + \cdots + a_k 2^k \tag{7.2.249}$$

令

$$b_j = \left[\frac{a_j}{2}\right], \quad j=0,1,2,\cdots,k \tag{7.2.250}$$

显然，$b_j \in \{0,1\}$。又令

$$m = b_0 + b_1 2 + b_2 2^2 + \cdots + b_k 2^k \qquad (7.2.251)$$

利用上面叙述,有

$$0 \leqslant m \leqslant \frac{n}{2} \qquad (7.2.252)$$

于是,有一个满足题目条件的多项式 $f(x)$,对应地,有闭区间 $\left[0, \frac{n}{2}\right]$ 内一个非负整数 m. 现在证明,对于 $\left[0, \frac{n}{2}\right]$ 内任一个非负整数 m,一定有唯一一个满足题目条件的整系数多项式 $f(x)$,使得公式(7.2.248)~(7.2.251)成立.

在闭区间 $\left[0, \frac{n}{2}\right]$ 内任取一个非负整数 m,用 2 进制写出这个 m,即

$$m = c_0 + c_1 2 + c_2 2^2 + \cdots + c_k 2^k \qquad (7.2.253)$$

这里 $c_k = 1, k$ 是非负整数,$c_j \in \{0, 1\}, j = 0, 1, 2, \cdots, k-1$. 那么公式(7.2.248)中整数 $a_j \in \{0, 1, 2, 3\}$ 如何确定呢?

由于 n 是给定的,利用公式(7.2.249),知道 $n - a_0$ 是 2 的倍数. 利用公式(7.2.250),应有

$$\left[\frac{a_0}{2}\right] = c_0 \qquad (7.2.254)$$

这里 $a_0 \in \{0, 1, 2, 3\}$. 当 $c_0 = 0$ 时,如果 n 是偶数,必有 $a_0 = 0$;如果 n 是奇数,必有 $a_0 = 1$. 当 $c_0 = 1$ 时,如果 n 是偶数,$a_0 = 2$;如果 n 是奇数,$a_0 = 3$,所以 a_0 唯一确定. 有了 a_0,类似上述证明,一定有唯一整数 $a_j (1 \leqslant j \leqslant k)$,$a_j \in \{0, 1, 2, 3\}$,使得 $n - a_0 - a_1 2 - a_2 2^2 - \cdots - a_j 2^j$ 是 2^{j+1} 的倍数,且满足

$$\left[\frac{a_j}{2}\right] = c_j \qquad (7.2.255)$$

实际上,a_j 的确定很容易. 由归纳法假设可以知道 $n - a_0 - a_1 2 - a_2 2^2 - \cdots - a_{j-1} 2^{j-1}$ 已是 2^j 的倍数. 当 $c_j = 0$ 时,如果 $n - a_0 - a_1 2 - a_2 2^2 - \cdots - a_{j-1} 2^{j-1}$ 是 2^{j+1} 的倍数,令 $a_j = 0$,如果 $n - a_0 - a_1 2 - a_2 2^2 - \cdots - a_{j-1} 2^{j-1}$ 是 2^j 的奇数倍,令 $a_j = 1$,当 $c_j = 1$ 时,对于上述第一种情况,令 $a_j = 2$;对于上述第二种情况,令 $a_j = 3$. 因此,我们找到了满足题目条件的多项式与闭区间 $\left[0, \frac{n}{2}\right]$ 内整数 m 之间的一个 1—1 对应. 因此,满足题目条件的多项式个数就是 $\left[\frac{n}{2}\right] + 1$.

三、求下述方程的全部整数组解 $(x, y, n)(n \geqslant 2)$

$$x^n + y^n = 1994$$

注:解答见 7.1 节冬天数学竞赛十二年级第三题.

7.3 1994年英国数学奥林匹克竞赛试题及解答

(本节题目由英国领队 Tony Gardiner,副领队 Vin de Silva 赠送)

第一轮

一、从任何一个 3 位数 n 开始,我们得到一个新数 $f(n)$,它是 n 的三位数字,三个两两数字的乘积,三位数字乘积的累加.

(1) 当 $n = 625$ 时,求 $\dfrac{n}{f(n)}$(取整数值);

(2) 求所有 3 位数 n, 使得 $\dfrac{n}{f(n)} = 1$.

解: 设 $n = \overline{abc} = 100a + 10b + c$, 这里 $a, b, c \in \{0, 1, 2, \cdots, 9\}$, 且 $a \geqslant 1$. 由题目条件, 有
$$f(n) = (a + b + c) + (ab + bc + ca) + abc \tag{7.3.1}$$

(1) 当 $n = 625$ 时, $a = 6, b = 2, c = 5$. 于是, 有 $a + b + c = 13, ab + bc + ca = 52, abc = 60$. 代入公式 (7.3.1), 有
$$f(625) = 125, \quad \dfrac{625}{f(625)} = 5 \tag{7.3.2}$$

(2) 利用题目条件和公式 (7.3.1), 有
$$100a + 10b + c = (a + b + c) + (ab + bc + ca) + abc \tag{7.3.3}$$
于是可以看到
$$c = \dfrac{99a + 9b - ab}{a + b + ab} \tag{7.3.4}$$
再利用 $c \leqslant 9$, 有
$$99a + 9b - ab \leqslant 9(a + b + ab) \tag{7.3.5}$$
化简上式, 有
$$90a \leqslant 10ab, \quad 9 \leqslant b, \quad b = 9 \tag{7.3.6}$$
将上式代入公式 (7.3.4), 有
$$c = \dfrac{90a + 81}{10a + 9} = 9 \tag{7.3.7}$$
这导致
$$n = \overline{a99} \tag{7.3.8}$$
这里 $a \in \{1, 2, 3, \cdots, 9\}$, 当 n 取公式 (7.3.8) 形式时, 公式 (7.3.3) 满足, 所以满足题目要求的 n 有 9 个: 199, 299, 399, 499, 599, 699, 799, 899, 999.

二、在 $\triangle ABC$ 中, 点 X 位于边 BC 上.

(1) 假设 $\angle BAC = 90°$, X 是 BC 的中点, $\angle BAX$ 是 $\angle BAC$ 的 $\dfrac{1}{3}$ (图 7.32), 问 $\triangle ACX$ 有哪些性质?

(2) 假设 $\angle BAC = 60°$, $BX = \dfrac{1}{3} BC$, AX 平分 $\angle BAC$ (图 7.33), 问 $\triangle ACX$ 有哪些性质?

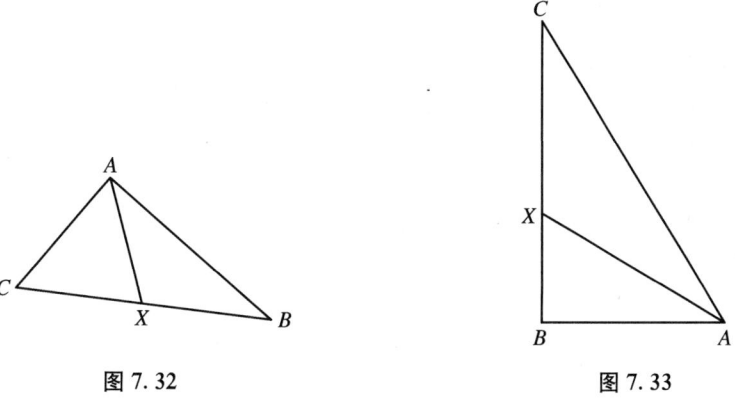

图 7.32   图 7.33

解: (1) 由题目条件, 知道点 X 是 $\triangle ABC$ 的外接圆的圆心, 从而有
$$BX = AX = CX \tag{7.3.9}$$

又利用题目条件,有
$$\angle BAX = \frac{\pi}{6} \tag{7.3.10}$$
因而,可以看到
$$\angle CAX = \frac{\pi}{3} \tag{7.3.11}$$
利用公式(7.3.9)和(7.3.11),知道△ACX 是一个等边三角形.

(2) 利用题目条件,有
$$\angle BAX = \frac{\pi}{6} = \angle CAX \tag{7.3.12}$$
在△BAX 内,利用正弦定理,有
$$\frac{AX}{\sin B} = \frac{BX}{\sin \frac{\pi}{6}} = 2BX = \frac{2}{3}BC \tag{7.3.13}$$
这里利用题目条件,有最后一个等式.又在△ACX 内,利用正弦定理,有
$$\frac{AX}{\sin C} = \frac{CX}{\sin \frac{\pi}{6}} = 2CX = \frac{4}{3}BC \tag{7.3.14}$$
利用公式(7.3.13)和(7.3.14),有
$$\sin B = 2\sin C = 2\sin\left(\frac{2\pi}{3} - B\right)(利用\angle B + \angle C = \frac{2\pi}{3})$$
$$= \sqrt{3}\cos B + \sin B \tag{7.3.15}$$
从上式立即有
$$\cos B = 0, \quad \angle B = \frac{\pi}{2} \tag{7.3.16}$$
在△AXB 中,∠AXC 是一个外角,有
$$\angle AXC = \angle BAX + \angle B = \frac{2\pi}{3} \tag{7.3.17}$$
在△ACX 中,有
$$\angle ACX = \pi - \angle AXC - \angle CAX = \frac{\pi}{6} \tag{7.3.18}$$
因此△ACX 是顶角为$\frac{2\pi}{3}$的一个等腰三角形($XA = XC$).

三、整数列 $u_0, u_1, u_2, u_3, \cdots$ 满足 $u_0 = 1$,且对于每个正整数 n,$u_{n+1}u_{n-1} = ku_n$,这里 k 是某个固定正整数.如果 $u_{2000} = 2000$,求 k 的所有可能的值.

解:由题目条件,有
$$u_2 = ku_1 \tag{7.3.19}$$
如果 $u_1 = 0$,则 $u_2 = 0$.利用数学归纳法,设 $u_{n-1} = 0$,这里某个正整数 $n \geq 3$,由题目条件,则 $u_n = 0$,所以对于任意正整数 n,$u_n = 0$.这与题目条件不符.因此 $u_1 \neq 0$.由题目条件及公式(7.3.19),有
$$u_3 = k^2, \quad u_4 = \frac{k^2}{u_1}, \quad u_5 = \frac{k}{u_1}, \quad u_6 = 1, \quad u_7 = u_1 \tag{7.3.20}$$
显然,利用上式及题目条件,容易得到,对任何正整数 p 及 $q \in \{0,1,2,3,4,5\}$,有
$$u_{6p+q} = u_q \tag{7.3.21}$$
由于 $2\,000 = 6 \times 333 + 2$,再利用公式(7.3.19)和(7.3.21),再兼顾题目条件,有

$$2\,000 = u_{2\,000} = u_2 = k u_1 \tag{7.3.22}$$

利用题目条件 $k > 0$，则整数 u_1 必是正整数．利用公式(7.3.20)的第三个等式和公式(7.3.22)，有

$$u_1^2 u_5 = 2\,000 = 2^4 \times 5^3 \tag{7.3.23}$$

由于上式及 u_1 是一个整数，u_5 也是一个整数，则

$$u_1^2 \in \{1, 4, 16, 25, 100, 400\} \tag{7.3.24}$$

又由于 u_1 是一个正整数，有

$$u_1 \in \{1, 2, 4, 5, 10, 20\} \tag{7.3.25}$$

利用上式及公式(7.3.22)，有 6 个可能的值

$$k \in \{2\,000, 1\,000, 500, 400, 200, 100\} \tag{7.3.26}$$

四、设点 Q, R 位于圆 Γ 上，P 是 Γ 外一点，PQ, PR 与圆 Γ 相切．A 是切线段 PQ 的延长线上一点，Γ^* 是 $\triangle PAR$ 的外接圆．圆 Γ^* 与圆 Γ 相交于点 B．AR 交圆 Γ 于点 C（图 7.34）．求证：$\angle PAR = \angle ABC$．

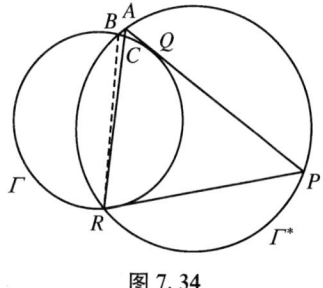

图 7.34

证明： 连接 BR，由于 A, B, R, P 四点在圆 Γ^* 上，有

$$\angle ABR = \pi - \angle APR \tag{7.3.27}$$

由于

$$\angle ABC + \angle CBR = \angle ABR = \angle PAR + \angle PRA \tag{7.3.28}$$

这里利用公式(7.3.27)，以及 $\triangle PAR$ 的内角和为 π．

又因为 PR 切于圆 Γ，则

$$\angle PRC = \angle CBR \tag{7.3.29}$$

利用公式(7.3.28), (7.3.29), 并注意 $\angle PRC = \angle PRA$，则题目结论成立．

五、一个单调增加的整数数列，如果它的第一项是个奇数，第二项为偶数，第三项为奇数，第四项为偶数，……依次类推，则称它为交错数列．空集也当作一个交错数列．用 $A(n)$ 表示交错数列的数目，它们中的整数全部取自集合 $\{1, 2, \cdots, n\}$．显然 $A(1) = 2, A(2) = 3$．求 $A(20)$ 并证明你的结论．

解： 当 $n = 1$，空集及 $\{1\}$ 是两个交错数列．于是 $A(1) = 2$．当 $n = 2$ 时，空集及 $\{1\}, \{1, 2\}$ 是 3 个交错数列，于是 $A(2) = 3$．

如果 $\{a_1, a_2, a_3, \cdots, a_m\}$ 是取自集合 $\{1, 2, \cdots, n\}$ 的非空交错数列，由题目条件，有 $a_1 = 1$，或奇数 $a_1 \geq 3$．当 $a_1 = 1$ 时，那么 $\{a_2 - 1, a_3 - 1, \cdots, a_m - 1\}$ 是取自集合 $\{1, 2, \cdots, n-1\}$ 的一个交错数列，而且 $a_1 = 1$ 的取自集合 $\{1, 2, \cdots, n\}$ 的一个交错数列 $\{a_1, a_2, a_3, \cdots, a_m\}$ 与取自集合 $\{1, 2, \cdots, n-1\}$ 的交错数列 $\{a_2 - 1, a_3 - 1, \cdots, a_m - 1\}$ 是 1—1 对应的，所以当 $a_1 = 1$ 的取自集合 $\{1, 2, \cdots, n\}$ 的交错数列个数为 $A(n-1)$．当奇数 $a_1 \geq 3$ 时，取自集合 $\{1, 2, \cdots, n\}$ 的交错数列 $\{a_1, a_2, \cdots, a_m\}$ 与取自集合 $\{1, 2, \cdots, n-2\}$ 的非空交错数列 $\{a_1 - 2, a_2 - 2, \cdots, a_m - 2\}$ 成 1—1 对应，这样的交错数列的个数为 $A(n-2) - 1$．

从上面分析，我们有（注意空集也是交错数列）

$$A(n) = A(n-1) + A(n-2) \tag{7.3.30}$$

我们知道 Fibonacci 数列，$F_1 = 1, F_2 = 1, F_{n+2} = F_{n+1} + F_n$．由于 $A(1) = F_3, A(2) = F_4$，设 $A(n-2) = F_n, A(n-1) = F_{n+1}$，这里正整数 $n \geq 3$，那么，利用公式(7.3.30)及归纳法假设，有

$$A(n) = F_{n+1} + F_n = F_{n+2} \tag{7.3.31}$$

从而，对于任意正整数 n，有

$$A(n) = F_{n+2}, \quad \text{特别} \quad A(20) = F_{22} \tag{7.3.32}$$

下面依次推算,求出 F_{22}.

$$\left.\begin{aligned}&F_4 = 3, \quad F_5 = 5, \quad F_6 = 8, \quad F_7 = 13, \quad F_8 = 21, \quad F_9 = 34, \quad F_{10} = 55, \quad F_{11} = 89,\\ &F_{12} = 144, \quad F_{13} = 233, \quad F_{14} = 377, \quad F_{15} = 610, \quad F_{16} = 987, \quad F_{17} = 1\,597,\\ &F_{18} = 2\,584, \quad F_{19} = 4\,181, \quad F_{20} = 6\,765, \quad F_{21} = 10\,946, \quad F_{22} = 17\,711\end{aligned}\right\} \tag{7.3.33}$$

第二轮

一、 求最小的正整数 $n>1$,使得 $1^2, 2^2, 3^2, \cdots, n^2$ 的算术平均值是一个完全平方数.

解:由于

$$1^2 + 2^2 + 3^2 + \cdots + n^2 = \frac{1}{6}n(n+1)(2n+1) \tag{7.3.34}$$

利用题目条件,有正整数 k,使得

$$\frac{1}{6}(n+1)(2n+1) = k^2 \tag{7.3.35}$$

由于 $n \geqslant 2$,从上式,有 $k \geqslant 2$. 由于 k 是正整数,从上式,知道 $n+1$ 必是偶数,记

$$n+1 = 2m \tag{7.3.36}$$

这里 m 是正整数,且 $m \geqslant 2$,代上式入公式(7.3.35),有

$$\frac{1}{3}m(4m-1) = k^2 \tag{7.3.37}$$

由此可知 m 是 3 的倍数,或者 $4m-1$ 是 3 的倍数.

(1) 当 $m = 3t\,(t \in \mathbf{N}^+)$ 时,利用公式(7.3.37),有

$$t(12t-1) = k^2 \tag{7.3.38}$$

由于 t 与 $12t-1$ 互质,则 t 与 $12t-1$ 都是完全平方数. 一个完全平方数除以 4,余数为 0 或 1,但 $12t-1$ 除以 4 余数为 3,矛盾. 所以,无所求解.

(2) 当 $4m-1 = 3t\,(t \in \mathbf{N}^+)$ 时,再利用公式(7.3.37),有

$$\frac{1}{4}(3t+1)t = k^2 \tag{7.3.39}$$

由于 $m \geqslant 2$,则 $t \geqslant 3$. 从上式,有

$$(3t+1)t = (2k)^2 \tag{7.3.40}$$

一个正整数 t,只可能是 $4j+1, 4j+2, 4j+3, 4j+4$ 四种类型之一,这里 j 是非负整数. 由于 $m = \frac{1}{4}(3t+1)$,则 $3t+1$ 必是 4 的倍数. 那么,必有

$$t = 4j+1 \tag{7.3.41}$$

这里 j 是一个正整数. 代公式(7.3.41)入公式(7.3.40),有

$$(3j+1)(4j+1) = k^2 \tag{7.3.42}$$

由于 $4j+1$ 与 j 互质,则 $4j+1$ 必与 $3j+1$ 互质. 再利用公式(7.3.42),必有正整数 a, b,使得

$$3j+1 = a^2, \quad 4j+1 = b^2 \tag{7.3.43}$$

利用上式,有

$$3b^2 + 1 = 4a^2 \tag{7.3.44}$$

从方程(7.3.43)的第二个等式知道 b 必为奇数,且 $b \geqslant 3$,记

$$b = 2s+1, \quad s \in \mathbf{N}^+ \tag{7.3.45}$$

于是,可以看到

$$3b^2 + 1 = 12s(s+1) + 4 \tag{7.3.46}$$

又由于 $s(s+1)$ 是偶数,则
$$3b^2 + 1 \equiv 4 \pmod{8} \tag{7.3.47}$$

利用公式(7.3.44)以及公式(7.3.47)知道 a 必为奇数,再利用公式(7.3.43)的第一个等式,有奇数 $a \geqslant 3$. 因此,可记
$$b = 4c \pm 1, \quad a = 4d \pm 1 \tag{7.3.48}$$

这里 c, d 都是正整数. 将公式(7.3.48)代入公式(7.3.44),化简后,有
$$3c(2c \pm 1) = 4d(2d \pm 1) \tag{7.3.49}$$

上式右端是 4 的倍数,则
$$c = 4e \tag{7.3.50}$$

这里 e 是正整数. 代公式(7.3.50)入公式(7.3.48)的第一个等式,有
$$b = 16e \pm 1 \tag{7.3.51}$$

将上式代入公式(7.3.43)的第二个等式,有
$$j = 8e(8e \pm 1) \tag{7.3.52}$$

代上式入公式(7.3.41),有
$$t = 32e(8e \pm 1) + 1 \tag{7.3.53}$$

因此,有
$$m = \frac{1}{4}(3t + 1) = 24e(8e \pm 1) + 1 \tag{7.3.54}$$

利用公式(7.3.36)和(7.3.54),有
$$n = 48e(8e \pm 1) + 1 \tag{7.3.55}$$

在上式右端中,取 $e = 1$,圆括号内取减号,这样得到的 n 自然是最小的,这时再利用公式(7.3.35),有
$$n = 337, \quad k = 195 \tag{7.3.56}$$

二、有多少个两两不全等的三角形,具有下述性质:

(1) 三角形每条边长都是正整数;

(2) 每个三角形周长都是 1 994.

解: 当正整数 $n \geqslant 3$ 时,考虑周长是 n,边长分别为 a, b, c 的一个三角形,不妨设 $a \leqslant b \leqslant c$,考虑 $a-1, b-1, c-1$ 三个整数. 由于 $a+b > c$,则 $a+b-1 \geqslant c$,从而有 $(a-1)+(b-1) \geqslant c-1$. 下面分情况讨论.

(1) 当 $(a-1)+(b-1) > c-1$ 时,由于 $c-1 \geqslant 0$,则利用这个不等式知道 $b-1$ 一定是正整数(利用 $a \leqslant b$),又利用 $b \leqslant c$,则 $c-1$ 一定是一个正整数. 再利用这个不等式及 $b \leqslant c$,有 $a-1$ 也一定是一个正整数. 从而,以 $a-1, b-1, c-1$ 这三个正整数为三边长的三角形显然存在,其周长为 $n-3$.

(2) 当 $(a-1)+(b-1) = c-1$ 时,有
$$a+b = c+1, \quad n = a+b+c = 2c+1 \tag{7.3.57}$$

于是,以 a, b, c 为三条边长的三角形周长 n 是一个奇数. 从而可以知道,当 n 为偶数时,必有上述情况(1). 且以 $(a-1), (b-1), (c-1)$ 为三边长的三角形存在时,以 a, b, c 为三边长的三角形必存在. 下面来求满足公式(7.3.57)的三角形数目. 利用公式(7.3.57),有
$$c = \frac{1}{2}(n-1), \quad a+b = \frac{1}{2}(n+1) \tag{7.3.58}$$

由于 $0 < a \leqslant b$,利用公式(7.3.58)的第二个等式,有
$$1 \leqslant a \leqslant \left[\frac{1}{4}(n+1)\right] \tag{7.3.59}$$

当 a 取 $1,2,3,\cdots,\left[\dfrac{1}{4}(n+1)\right]$ 中任一正整数时,对应地有唯一正整数 $b,b\geqslant a$,满足公式 (7.3.58) 的第二个等式.因此,满足公式 (7.3.57) 的三角形(两两不全等)的数目为 $\left[\dfrac{1}{4}(n+1)\right]$.

用 T_n 表示三角形每条边长都是正整数,周长为 n 的两两不全等的三角形的数目.从上面分析,有

$$\left.\begin{aligned}T_n &= T_{n-3}, &\text{当 } n \text{ 为偶数时}\\ T_n &= T_{n-3}+\left[\dfrac{1}{4}(n+1)\right], &\text{当 } n \text{ 为奇数时}\end{aligned}\right\} \quad (7.3.60)$$

不断地利用上式,有

$$\begin{aligned}T_{1994} &= T_{1991} = T_{1988}+\left[\dfrac{1992}{4}\right] = T_{1985}+\left[\dfrac{1992}{4}\right]\\ &= T_{1982}+\left[\dfrac{1986}{4}\right]+\left[\dfrac{1992}{4}\right] = T_{1979}+\left[\dfrac{1992}{4}\right]+\left[\dfrac{1986}{4}\right]\\ &= T_{1976}+\left[\dfrac{1980}{4}\right]+\left[\dfrac{1992}{4}\right]+\left[\dfrac{1986}{4}\right]\end{aligned} \quad (7.3.61)$$

上式完全可以类似地推导下去,利用 $1994 = 6\times 332+2$,可以看到

$$\begin{aligned}T_{1994} &= T_2+\left[\dfrac{6}{4}\right]+\left[\dfrac{12}{4}\right]+\left[\dfrac{18}{4}\right]+\cdots+\left[\dfrac{1980}{4}\right]+\left[\dfrac{1986}{4}\right]+\left[\dfrac{1992}{4}\right]\\ &= \left(\left[\dfrac{6}{4}\right]+\left[\dfrac{18}{4}\right]+\left[\dfrac{30}{4}\right]+\cdots+\left[\dfrac{1986}{4}\right]\right)\\ &\quad +\left(\left[\dfrac{12}{4}\right]+\left[\dfrac{24}{4}\right]+\left[\dfrac{36}{4}\right]+\cdots+\left[\dfrac{1992}{4}\right]\right)(\text{利用 } T_2 = 0)\\ &= (1+4+7+\cdots+496)+(3+6+9\cdots+498)\\ &= 83\times(497+501) = 82\,834\end{aligned} \quad (7.3.62)$$

所以本题所求的两两不全等的三角形个数是 82 834 个.

三、AP,AQ,AR,AS 是一个给定圆的四条弦,已知 $\angle PAQ = \angle QAR = \angle RAS$(图 7.35).求证:$AR(AP+AR) = AQ(AQ+AS)$.

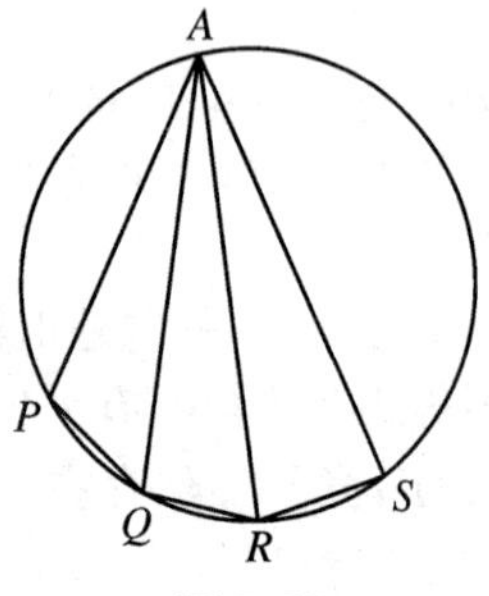

图 7.35

证明:由题目条件,有

$$PQ = QR = RS = d \quad (7.3.63)$$

又记

$$\angle PAQ = \angle QAR = \angle RAS = \theta \quad (7.3.64)$$

在 $\triangle APQ,\triangle AQR,\triangle ARS$ 中,利用余弦定理,有

$$d^2 = AP^2+AQ^2-2AP\cdot AQ\cos\theta \quad (7.3.65)$$
$$d^2 = AQ^2+AR^2-2AQ\cdot AR\cos\theta \quad (7.3.66)$$
$$d^2 = AR^2+AS^2-2AR\cdot AS\cos\theta \quad (7.3.67)$$

公式 (7.3.65) 乘以 AR 减去公式 (7.3.66) 乘以 AP,可以得到

$$\begin{aligned}d^2(AR-AP) &= (AP^2+AQ^2-2AP\cdot AQ\cos\theta)AR-(AQ^2+AR^2-2AQ\cdot AR\cos\theta)AP\\ &= (AR-AP)(AQ^2-AP\cdot AR)\end{aligned} \quad (7.3.68)$$

当 $AR\neq AP$ 时,利用上式,有

$$d^2 = AQ^2-AP\cdot AR \quad (7.3.69)$$

当 $AR = AP$ 时,则 $\overparen{ARQ} = \overparen{AR}+\overparen{RQ} = \overparen{AP}+\overparen{PQ} = \overparen{APQ}$,$AQ$ 为直径,$\angle APQ = \dfrac{\pi}{2}$.公式 (7.3.69) 仍然成立.完全类似地,有

$$d^2 = AR^2 - AQ \cdot AS \tag{7.3.70}$$

利用公式(7.3.69)和(7.3.70),有

$$AR(AP + AR) = AQ(AQ + AS) \tag{7.3.71}$$

四、n 是一个给定的正整数,有多少个在 $\mod 2^n$ 意义下的完全平方数?

解:用 A_n 表示在 $\mod 2^n$ 意义下的完全平方数的个数.显然有

$$A_1 = 2(0,1 \text{ 两数}), \quad A_2 = 2(0,1 \text{ 两数}) \tag{7.3.72}$$

对于正整数 $n \geq 3$,下面先证明

$$A_n = 2^{n-3} + A_{n-2} \tag{7.3.73}$$

下面分情况讨论.

(1) 先考虑奇数情况.设 a, b 是奇数,$0 < a < 2^n$,$0 < b < 2^n$,且满足

$$a^2 \equiv b^2 (\mod 2^n) \tag{7.3.74}$$

利用上式,有

$$(a - b)(a + b) \equiv 0 (\mod 2^n) \tag{7.3.75}$$

由于 a, b 都是奇数,则 $a - b, a + b$ 都偶数,由于奇数只有 $4k + 1, 4k + 3$ 两种形式,这里 k 是非负整数,那么,$a - b, a + b$ 不可能都是 4 的倍数,即 $a - b, a + b$ 中必有一个只是 2 的奇数倍.再利用公式(7.3.75),必有

$$a - b \equiv 0 (\mod 2^{n-1}) \quad \text{或} \quad a + b \equiv 0 (\mod 2^{n-1}) \tag{7.3.76}$$

于是,可以得到

$$b \equiv a (\mod 2^{n-1}) \quad \text{或} \quad b \equiv -a (\mod 2^{n-1}) \tag{7.3.77}$$

再利用 $0 < a < 2^n$,$0 < b < 2^n$,不妨设 $b \geq a$,有

$$b = a, \quad b = 2^{n-1} + a (\mod 2^n) \tag{7.3.78}$$

或者

$$b = 2^{n-1} - a (\mod 2^n), \quad b = 2^n - a \tag{7.3.79}$$

由于 a 是奇数,当正整数 $n \geq 3$ 时,公式(7.3.78)和(7.3.79)中右端 4 个正整数 $a, 2^{n-1} + a (\mod 2^n), 2^{n-1} - a (\mod 2^n), 2^n - a$ 两两不相等.在 $\mod 2^n$ 意义下,小于 2^n 的正奇数一共有 2^{n-1} 个.在这 2^{n-1} 个奇数中,任取一个作为 a,对于这个 a,满足公式(7.3.74)的 $b(0 < b < 2^n)$ 有 4 个(见公式(7.3.78)和(7.3.79)).因此,将这 2^{n-1} 个奇数,按照满足公式(7.3.78)和(7.3.79)的 4 个奇数一组,分成 2^{n-3} 组.对于不同两组中的奇数,公式(7.3.74)不成立.因此,在奇数情况下,所求数目为 2^{n-3}.

(2) 现在考虑偶数情况.设偶数 $2a, 2b$,这里 $0 \leq a, b < 2^{n-1}$,满足

$$(2a)^2 \equiv (2b)^2 (\mod 2^n), \quad \text{则} \quad a^2 \equiv b^2 (\mod 2^{n-2}) \tag{7.3.80}$$

由于当 $2^{n-1} \leq 2a, 2b < 2^n$ 时,有

$$\left. \begin{array}{l} (2a - 2^{n-1})^2 \equiv (2a)^2 (\mod 2^n) \\ (2b - 2^{n-1})^2 \equiv (2b)^2 (\mod 2^n) \end{array} \right\} \tag{7.3.81}$$

(注意正整数 $n \geq 3$).因此我们只须考虑 $0 \leq 2a < 2^{n-1}$,$0 \leq 2b < 2^{n-1}$ 的情况(对于公式(7.3.80)而言).这样一来,在 $\mod 2^{n-2}$ 意义下,完全平方数的个数与在 $\mod 2^n$ 意义下,完全平方数是偶数的个数成 1—1 对应.

综合情况(1)和(2),公式(7.3.73)成立.

当 $n = 2k$(正整数 $k \geq 2$)时,不断地利用公式(7.3.73),有

$$\left. \begin{array}{l} A_{2k} = 2^{2k-3} + A_{2k-2}, \quad A_{2k-2} = 2^{2k-5} + A_{2k-4}, \quad A_{2k-4} = 2^{2k-7} + A_{2k-6}, \\ \cdots, \quad A_6 = 2^3 + A_4, \quad A_4 = 2 + A_2 \end{array} \right\} \tag{7.3.82}$$

将上式中一系列等式相加,再利用公式(7.3.72),有

$$A_{2k} = (2 + 2^3 + \cdots + 2^{2k-5} + 2^{2k-3}) + A_2 = \frac{1}{3}(2^{2k-1} + 4) \tag{7.3.83}$$

当 $n = 2k + 1$ (k 是正整数)时,不断地利用公式(7.3.73),有

$$\left.\begin{array}{l} A_{2k+1} = 2^{2k-2} + A_{2k-1}, \quad A_{2k-1} = 2^{2k-4} + A_{2k-3}, \quad A_{2k-3} = 2^{2k-6} + A_{2k-5}, \\ \cdots, \quad A_5 = 2^2 + A_3, \quad A_3 = 1 + A_1 \end{array}\right\} \tag{7.3.84}$$

将上式中一系列等式相加,再利用公式(7.3.72),有

$$A_{2k+1} = (1 + 2^2 + \cdots + 2^{2k-4} + 2^{2k-2}) + 1 = \frac{1}{3}(2^{2k} + 5) \tag{7.3.85}$$

将公式(7.3.83)和(7.3.85)综合,并兼顾公式(7.3.72),有

$$\begin{cases} A_n = \dfrac{1}{3}(2^{n-1} + 4), & \text{当 } n \text{ 为偶数时} \\ A_n = \dfrac{1}{3}(2^{n-1} + 5), & \text{当 } n \text{ 为奇数时} \end{cases} \tag{7.3.86}$$

7.4 1994年韩国数学奥林匹克竞赛试题及解答

(本节题目由韩国领队 Dae Hyeon Pahk,副领队 Hwasin Park 赠送)

第一轮(上午)

一、考虑长、宽、高分别为 l、m、n 的一个长方体,它由 lmn 个单位小立方体组成(见图7.36).

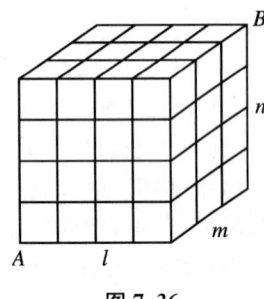

图 7.36

(1) 该长方体内一共有多少个小长方体(包括立方体)?

(2) 如果只能沿小立方体棱走,求从顶点 A 走到顶点 B 的(不同)最短路线数目 S(可以通过给定长方体的内部).

(3) 如果 $l = m = n$,求证:在(2)中求得的数目 S 是 3 的倍数.

解:(1) 在长 l 的闭区间 $[0, l]$ 内,有 $l + 1$ 个整点,我们任取两个整点.在长 m 的闭区间 $[0, m]$ 内,有 $m + 1$ 个整点,也任取两个整点.在长 n 的闭区间 $[0, n]$ 内,有 $n + 1$ 个整点,再任取两个整点.那么这 6 个整点位置自然地对应确定题目中长方体内一个小长方体.反之也是如此.因此,所求的小长方体的数目是

$$C_{l+1}^2 C_{m+1}^2 C_{n+1}^2 = \frac{1}{8} lmn(l+1)(m+1)(n+1) \tag{7.4.1}$$

(2) 从小立方体一个顶点走到相邻的一个顶点,称为一步.从点 A 到点 B,必须至少走 $l + m + n$ 步.l 步是沿这长方体的长的方向,m 步是沿这长方体的宽方向,n 步是沿这长方体的高的方向.因此,从点 A 到点 B 的不同最短路线数目等于 $l + m + n$ 步中选出 l 步在长的方向,选出 m 步在宽的方向,剩下 n 步在高的方向的数目.由题目条件,这数目等于 S,于是,有

$$S = C_{l+m+n}^l C_{m+n}^m = \frac{(l+m+n)!}{l!(m+n)!} \cdot \frac{(m+n)!}{m!n!} = \frac{(l+m+n)!}{l!m!n!} \tag{7.4.2}$$

(3) 如果 $l = m = n$,利用公式(7.4.2),有

$$S = \frac{(3m)!}{(m!)^3} = 3 \cdot \frac{(3m-1)!}{(m-1)!(m!)^2} = 3 C_{3m-1}^m C_{2m-1}^m \tag{7.4.3}$$

所以 S 是 3 的倍数.

二、a, b, c, d 都是正整数,$r = 1 - \dfrac{a}{b} - \dfrac{c}{d}$,如果 $a + c \leqslant 1993$,且 $r > 0$,求证:$r > \dfrac{1}{1993^3}$.

证明:因为
$$r = \frac{bd - ad - bc}{bd} \tag{7.4.4}$$
由于 $r>0$,以及 a,b,c,d 都是正整数,有
$$bd > ad + bc, \quad \text{则} \quad bd \geqslant ad + bc + 1 \tag{7.4.5}$$
利用上式第一个不等式,有
$$b > a, \quad d > c \tag{7.4.6}$$
利用公式(7.4.4)以及公式(7.4.5)的第二个不等式,有
$$r \geqslant \frac{1}{bd} \tag{7.4.7}$$
关于 b 与 d,不妨设 $b \leqslant d$,当 $b>d$ 时完全类似证明.关于 b 与 d 的值,有以下三种情况:
(1) $b \leqslant d \leqslant 1993$;(2) $1993 \leqslant b \leqslant d$;(3) $b < 1993 < d$.
对于情况(1),利用不等式(7.4.7),有
$$r \geqslant \frac{1}{1993^2} > \frac{1}{1993^3} \tag{7.4.8}$$
对于情况(2),当 $a + c \leqslant 1992$ 时,利用公式(7.4.4),有
$$r \geqslant 1 - \frac{a+c}{1993} \geqslant \frac{1}{1993} > \frac{1}{1993^3} \tag{7.4.9}$$
当 $a+c=1993$ 时,由于 $r>0$,首先可以证明 $d \geqslant 1994$.用反证法,如果 $d<1994$,由于情况(2),及 b,d 都是正整数,必有 $b=d=1993$.再利用公式(7.4.4),有 $r=0$,与条件 $r>0$ 矛盾.因此,有 $d \geqslant 1994$.再利用公式(7.4.4),有
$$r \geqslant 1 - \frac{a}{1993} - \frac{c}{1994} = 1 - \frac{a + 1993^2}{1993 \times 1994} (\text{利用 } a + c = 1993)$$
$$\geqslant 1 - \frac{1992 + 1993^2}{1993 \times 1994} = \frac{1}{1993 \times 1994} > \frac{1}{1993^3} \tag{7.4.10}$$
对于情况(3),利用公式(7.4.4),有
$$r = \frac{(b-a)d - bc}{bd} = \frac{(b-a)}{b}\left[1 - \frac{bc}{d(b-a)}\right] \tag{7.4.11}$$
再由于 $r>0$ 及不等式(7.4.6),有 $b-a \geqslant 1$,以及
$$1 - \frac{bc}{d(b-a)} > 0 \tag{7.4.12}$$
由题目条件知道 $c \leqslant 1992$,因此,有
$$1 - \frac{bc}{d(b-a)} \geqslant 1 - \frac{1992b}{d} \tag{7.4.13}$$
① 如果 $d \geqslant 1993b$,利用上式,有
$$1 - \frac{bc}{d(b-a)} \geqslant 1 - \frac{1992b}{1993b} = \frac{1}{1993} \tag{7.4.14}$$
利用公式(7.4.11),以及不等式(7.4.14),有
$$r \geqslant \frac{1}{1993b} > \frac{1}{1993^2} (\text{利用 } b < 1993) > \frac{1}{1993^3} \tag{7.4.15}$$
② 如果 $d<1993b$,利用公式(7.4.11),有 $(b-a)d - bc$ 必是正整数(由于 $r>0$),以及
$$r \geqslant \frac{1}{bd} > \frac{1}{1993b^2} > \frac{1}{1993^3} \tag{7.4.16}$$
这里利用 $b<1993$.

三、求所有非负整数 n,使得 $2^{2^n}+5$ 是一个质数.

解:当 $n=0$ 时,利用 7 是一个质数,所以 $n=0$ 是所求的非负整数.下面考虑 n 是正整数情况,可以看到
$$2^{2^n} = (3-1)^{2^n} \equiv 1 (\mathrm{mod}\, 3) \tag{7.4.17}$$
所以 $2^{2^n}+5$ 必是 3 的倍数,不可能是质数.因此,所求的解只有 $n=0$.

四、求一个函数 $f(m,n)$,满足下述条件:对每对非负整数 m,n,
(1) $2f(m,n) = 2+f(m+1,n-1)+f(m-1,n+1)$ $(m\geqslant 1, n\geqslant 1)$.
(2) $f(m,0)=f(0,n)=0$ $(m\geqslant 0, n\geqslant 0)$.

解:由条件(1),有
$$f(m,n)-f(m-1,n+1) = f(m+1,n-1)-f(m,n)+2 \tag{7.4.18}$$
在上式中,用 $m-k, n+k$(非负整数 $k\leqslant m$)分别代替 m、n,有
$$f(m-k,n+k)-f(m-k-1,n+k+1)$$
$$= f(m-k+1,n+k-1)-f(m-k,n+k)+2 \tag{7.4.19}$$
对于上式,关于 k 从 $0,1,2,\cdots$ 到 $m-1$ 求和,有
$$\sum_{k=0}^{m-1}[f(m-k,n+k)-f(m-k-1,n+k+1)]$$
$$= \sum_{k=0}^{m-1}[f(m-k+1,n+k-1)-f(m-k,n+k)]+2m \tag{7.4.20}$$
化简上式,有
$$f(m,n)-f(0,m+n) = f(m+1,n-1)-f(1,n+m-1)+2m \tag{7.4.21}$$
再利用题目条件(2),上式可简化为
$$f(m+1,n-1)-f(m,n) = f(1,n+m-1)-2m \tag{7.4.22}$$
在上式中,用 $m+k, n-k$(非负整数 $k<n$)分别代替 m,n,有
$$f(m+k+1,n-k-1)-f(m+k,n-k) = f(1,n+m-1)-2(m+k) \tag{7.4.23}$$
上式关于 k 从 $0,1,2,\cdots$ 到 $n-1$ 求和,有
$$f(m+n,0)-f(m,n) = nf(1,n+m-1)-2mn-n(n-1) \tag{7.4.24}$$
再利用题目条件(2),上式可简化为
$$f(m,n) = (2m+n-1)n-nf(1,n+m-1) \tag{7.4.25}$$
在公式(7.4.22)中分别用 $m-k, n+k$ 代替 m,n,再关于 k 从 $1,2,\cdots$ 到 m 求和,有
$$\sum_{k=1}^{m}[f(m-k+1,n+k-1)-f(m-k,n+k)] = mf(1,n+m-1)-2\sum_{k=1}^{m}(m-k) \tag{7.4.26}$$
化简上式,再利用题目条件(2),有
$$f(m,n) = mf(1,n+m-1)-m(m-1) \tag{7.4.27}$$
公式(7.4.25)乘以 m 加上公式(7.4.27)乘以 n,有
$$(m+n)f(m,n) = (m+n)mn \tag{7.4.28}$$
因此,当非负整数 m,n 不全为零时,有
$$f(m,n) = mn \tag{7.4.29}$$
利用题目条件(2)可以知道,对于 $m=n=0$,上式也是成立的.

五、如图 7.37,P 是正方形 $ABCD$ 内一点,l_1, l_2, l_3, l_4 分别是过点 A, B, C, D 的直线,且依次垂直于 BP, CP, DP, AP.求证:l_1, l_2, l_3, l_4 相交于一点.

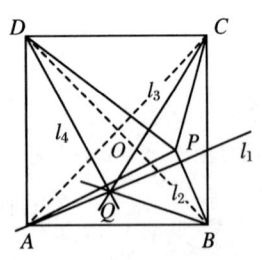

图 7.37

证明：记点 O 是正方形 $ABCD$ 的中心．考虑题目整个图形绕点 O 逆时针旋转 $\frac{\pi}{2}$ 前后情况．在这个旋转过程中，$A\to B, B\to C, C\to D, D\to A$，$l_1\to$ 直线 BP，$l_2\to$ 直线 CP，$l_3\to$ 直线 DP，$l_4\to$ 直线 AP．由于 4 条直线 BP, CP, DP, AP 相交于一点 P，则逆时针旋转 $\frac{\pi}{2}$ 前，l_1, l_2, l_3, l_4 这 4 条直线相交于一点 Q，点 Q 绕点 O 逆时针旋转 $\frac{\pi}{2}$ 后，恰转到点 P，点 Q 是点 P 绕点 O 顺时针旋转 $\frac{\pi}{2}$ 后的像．

第一轮（下午）

六、矩形 $ABCD$ 具长 m 和宽 n，m、n 是两个正整数．从顶点 A 沿与 AB 边成 $45°$ 角的光线到边 CD 上．然后不断地在边上反射．直到与另一个顶点相交为止．如果反射的次数是 $f(m,n)$（图 7.38）．回答下述问题：

(1) 如果 m、n 互质，求 $f(m,n)$．

(2) 如果 $\dfrac{m^*}{m}=\dfrac{n^*}{n}$，求证：$f(m^*,n^*)=f(m,n)$．

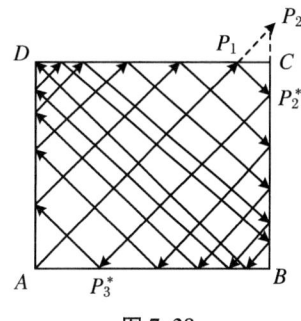

图 7.38

解：(1) 由于 m, n 互质，那么 m, n 的最小公倍数是 mn．考虑边长为 mn 的一个大正方形，它包含 mn 个长 m、宽 n 的小矩形．在这个大正方形的一条对角线上，记这条对角线与 mn 个小矩形的边的交点依次为 $P_1, P_2, P_3, \cdots$，如果我们考虑沿小矩形边的反射，那么我们能看到点 $P_1, P_2, P_3, \cdots$，一一对应于光线在小矩形 $ABCD$ 的反射点 $P_1^*, P_2^*, P_3^*, \cdots$，因此，$f(m,n)$ 恰是这对角线与小矩形边相交的点 $P_1, P_2, P_3, \cdots$ 的个数，这条对角线两端点不计算在内．小矩形的平行于大正方形底边的直线，不计算大正方形的上、下两底边所在的直线，一共有 $m-1$ 条．小矩形的垂直于大正方形底边的直线，不计算大正方形垂直于底边的两边所在的直线，一共有 $n-1$ 条．这 $(m-1)+(n-1)$ 条直线中每一条与这条对角线恰有一个交点 P_j．由于 m、n 互质，则任一个 $jn(j=1,2,\cdots,m-1)$ 都不是 m 的倍数，任一 $km(k=1,2,\cdots,n-1)$ 都不是 n 的倍数．所以，所有点 P_j，对应地，所有点 P_j^* 都不是 A, B, C, D 之一．因而，有

$$f(m,n)=m+n-2 \tag{7.4.30}$$

(2) 当 $\dfrac{m^*}{n^*}=\dfrac{m}{n}$ 时，不妨设 m, n 互质，则存在正整数 k，使得

$$m^*=mk, \quad n^*=nk \tag{7.4.31}$$

(1)中的结论在图形相似变换下显然不变，有

$$f(m^*,n^*)=f(m,n) \tag{7.4.32}$$

如果 m、n 不互质，再作一次图形的相似变换即可．

七、对每三个正整数 x, y, z，令 $f(x,y,z)=[1+2+3+\cdots+(x+y-2)]-z$．求所有正整数组 (a,b,c,d)，满足 $f(a,b,c)=f(c,d,a)=1993$．

解：由题目条件，对于任意三个正整数 x, y, z，有

$$f(x,y,z)=\frac{1}{2}(x+y-2)(x+y-1)-z \tag{7.4.33}$$

利用上式及题目条件，有

$$\frac{1}{2}(a+b-2)(a+b-1)-c=\frac{1}{2}(c+d-2)(c+d-1)-a=1993 \tag{7.4.34}$$

利用上式的第一个等式，有

$$(a+b-2)(a+b-1)+2a = (c+d-2)(c+d-1)+2c \tag{7.4.35}$$

上式变形后,可以看到

$$(a+b-1)^2 + (a-b+1) = (c+d-1)^2 + (c-d+1) \tag{7.4.36}$$

上式移项后,再因式分解,有

$$(a+b+c+d-2)(a+b-c-d) = (c-a)+(b-d) \tag{7.4.37}$$

令

$$M = a+b+c+d, \quad M \geqslant 4 \tag{7.4.38}$$

利用上二式,有

$$(a-c)(M-1) = (d-b)(M-3) \tag{7.4.39}$$

下面证明

$$b = d \tag{7.4.40}$$

用反证法. 如果 $b \neq d$,不妨设 $b < d$($b > d$ 完全类似,留给读者练习). 利用公式(7.4.38)和(7.4.39),有 $a > c$. 由于

$$(M-1)-(M-3) = 2 \tag{7.4.41}$$

那么,$M-1$ 与 $M-3$ 的最大公因数 m 只能是 1 或 2. 如果 $m=1$,那么,$M-1$ 与 $M-3$ 互质,利用公式(7.4.39),知道 $d-b$ 是 $M-1$ 的倍数. 由于 a,b,c,d 皆正整数,利用公式(7.4.38),有

$$M \geqslant 2+b+d > 2+d-b \tag{7.4.42}$$

上式与 $d-b \geqslant M-1$ 矛盾. 如果 $m=2$,那么 $M-1, M-3$ 皆偶数,而且 $\frac{1}{2}(M-1)$ 与 $\frac{1}{2}(M-3)$ 互质. 再利用公式(7.4.39)(两端乘以 $\frac{1}{2}$),可以知道 $d-b$ 是 $\frac{1}{2}(M-1)$ 的倍数,$a-c$ 是 $\frac{1}{2}(M-3)$ 的倍数. 于是 $4(a-c)(d-b)$ 是 $(M-1)(M-3)$ 的倍数. 然而,我们有

$$\begin{aligned}
&(M-1)(M-3) - 4(a-c)(d-b) \\
&= (M^2 - 4M + 3) - 4(ad - cd - ab + bc) \\
&= (a+b+c+d)^2 - 4(a+b+c+d) + 3 - 4(ad-cd-ab+bc) \quad (\text{利用公式}(7.4.38)) \\
&= (a+c-b-d)^2 + 4[a(b-1) + b(a-1) + c(d-1) + d(c-1)] + 3 > 0 \tag{7.4.43}
\end{aligned}$$

这又得矛盾. 因此,公式(7.4.40)成立. 又利用公式(7.4.39),有

$$a = c \tag{7.4.44}$$

代公式(7.4.40)和(7.4.44)入公式(7.4.34),有

$$\frac{1}{2}(a+b-2)(a+b-1) - a = 1993 \tag{7.4.45}$$

令

$$x = a+b-2 \tag{7.4.46}$$

利用上二式,以及 a 是一个正整数,有

$$x(x+1) > 3986 \tag{7.4.47}$$

又利用 $62 \times 63 = 3906, 63 \times 64 = 4032$,有

$$x \geqslant 63 \tag{7.4.48}$$

利用公式(7.4.45)和(7.4.46),有

$$x(x+1) = 2a + 3986 = 2x - 2b + 3990 \tag{7.4.49}$$

利用上式,以及 b 是一个正整数,有

$$x(x-1) \leqslant 3988 \tag{7.4.50}$$

利用不等式(7.4.47)后面的数字计算,有
$$x \leqslant 63, \quad \text{则} \quad x = 63 \qquad (7.4.51)$$
这里利用不等式(7.4.48).

代公式(7.4.51)入公式(7.4.49),有
$$a = 23, \quad b = 42 \qquad (7.4.52)$$
所以,利用公式(7.4.40),(7.4.44)和(7.4.52),有
$$a = c = 23, \quad b = d = 42 \qquad (7.4.53)$$

八、 考虑实数 x 的 3 进制下的展开式,K 是 $[0,1]$ 内所有下述数 x 的集合. x 的每位数字是 0 或 2. 如果 $S = \{x+y \mid x, y \in K\}$. 求证:$S = \{z \mid 0 \leqslant z \leqslant 2\} = [0, 2]$.

证明: 在 K 内 x 和 y 的每位数字是 0 和 2,因此,$\dfrac{x}{2}, \dfrac{y}{2}$ 的每位数字是 0 和 1. 由于
$$0 + 0 = 0, \quad 0 + 1 = 1, \quad 1 + 1 = 2 \qquad (7.4.54)$$
所以 $\dfrac{x}{2} + \dfrac{y}{2}$ 的每位数字在 3 进制下取 0,1 和 2,不会进位. 在 3 进制下,$0.222\cdots$(有无限多个 2)$= 1$,因此,$\dfrac{x+y}{2}$ 可以取到 $[0,1]$ 内所有实数. 因而 $x + y$ 能取到闭区间 $[0,2]$ 内的所有值,所以 $S = [0, 2]$.

九、 在 $\triangle ABC$ 中,令 $L = a+b+c$(即 L 为 $\triangle ABC$ 的周长),M 是三条中线长之和. 求证: $\dfrac{M}{L} > \dfrac{3}{4}$.

证明: 在 $\triangle ABC$ 中,设 AA^*, BB^*, CC^* 都是中线,G 为重心(图 7.39). 在 $\triangle A^*B^*G$ 中,有
$$GA^* + GB^* > A^*B^* \qquad (7.4.55)$$

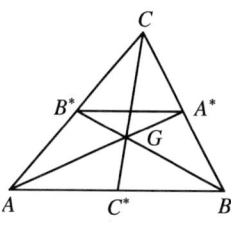

图 7.39

从而有
$$\frac{1}{3}AA^* + \frac{1}{3}BB^* > \frac{1}{2}c \qquad (7.4.56)$$
上式两端乘以 3,有
$$AA^* + BB^* > \frac{3}{2}c \qquad (7.4.57)$$
完全类似地,有
$$AA^* + CC^* > \frac{3}{2}b, \quad BB^* + CC^* > \frac{3}{2}a \qquad (7.4.58)$$
将不等式(7.4.57)和(7.4.58)中三个不等式全部相加,有
$$2M > \frac{3}{2}(a+b+c) = \frac{3}{2}L \qquad (7.4.59)$$
于是题目结论成立.

十、 $C_0, C_1, C_2, \cdots$ 是平面上一族圆周,定义如下:
(1) C_0 是单位圆周 $x^2 + y^2 = 1$;
(2) 对于每个 $n = 0, 1, 2, \cdots$,圆周 C_{n+1} 位于上半平面 $y \geqslant 0$ 内及 C_n 上方. 并与圆周 C_n 外切,与双曲线 $x^2 - y^2 = 1$ 外切于两点.

如果 r_n 是圆周 C_n 的半径,求证:r_n 是整数,并求出 r_n.

解: 因为圆周 C_0 与双曲线 $x^2 - y^2 = 1$ 关于 y 轴是对称的. 因此,利用题目条件可以知道 C_n 的圆心全在 y 轴上. 于是,可以设圆 C_n 的圆心坐标为 $(0, a_n)$,这里 $a_n > 0$. 圆 C_n 的方程是
$$x^2 + (y - a_n)^2 = r_n^2 (n \in \mathbf{N}^+) \qquad (7.4.60)$$

由于圆周 C_n 与 $C_{n-1}(n \in \mathbf{N}^+)$ 外切,有
$$a_n - a_{n-1} = r_n + r_{n-1} (n \in \mathbf{N}^+) \tag{7.4.61}$$
因为圆周 C_n 与双曲线 $x^2 - y^2 = 1$ 外切的两切点具相同的纵坐标,因而知道方程组
$$\begin{cases} x^2 - y^2 = 1, \\ x^2 + (y - a_n)^2 = r_n^2 \end{cases} \tag{7.4.62}$$
恰有两组解,且这两组解的 y 是相等的.将方程组(7.4.62)的第一式代入第二式,整理后,有
$$2y^2 - 2a_n y + (a_n^2 + 1 - r_n^2) = 0 \tag{7.4.63}$$
方程(7.4.63)的判别式应等于零,有
$$a_n^2 = 2(r_n^2 - 1) \tag{7.4.64}$$
由于 $r_0 = 1$,记 $a_0 = 0$.那么,公式(7.4.64)对于所有非负整数 n 成立.用 $n - 1(n \in \mathbf{N}^+)$ 代替公式(7.4.64)中的 n,有
$$a_{n-1}^2 = 2(r_{n-1}^2 - 1) \tag{7.4.65}$$
上二式相减,有
$$a_n^2 - a_{n-1}^2 = 2(r_n^2 - r_{n-1}^2) \tag{7.4.66}$$
利用公式(7.4.61)和上式,有
$$a_n + a_{n-1} = 2(r_n - r_{n-1}) \tag{7.4.67}$$
利用公式(7.4.61)和上式,可以得到
$$2a_n = 3r_n - r_{n-1} (n \in \mathbf{N}^+) \tag{7.4.68}$$
$$2a_{n-1} = r_n - 3r_{n-1} (n \in \mathbf{N}^+) \tag{7.4.69}$$
在公式(7.4.68)中,用 $n - 1$ 代替 n,有
$$2a_{n-1} = 3r_{n-1} - r_{n-2} \tag{7.4.70}$$
这里正整数 $n \geq 2$.利用公式(7.4.69)和(7.4.70),有
$$r_n = 6r_{n-1} - r_{n-2} \tag{7.4.71}$$
由于 $r_0 = 1$,下面先求 r_1,由公式(7.4.61),及 $a_0 = 0$,有
$$a_1 = r_1 + 1 \tag{7.4.72}$$
在公式(7.4.64)中,取 $n = 1$,有
$$a_1^2 = 2(r_1^2 - 1) \tag{7.4.73}$$
利用公式(7.4.72)和(7.4.73),有
$$(r_1 + 1)^2 = 2(r_1^2 - 1), \quad 即 \quad r_1^2 - 2r_1 - 3 = 0 \tag{7.4.74}$$
由于 r_1 是正实数,必有
$$r_1 = 3 \tag{7.4.75}$$
又兼顾 $r_0 = 1$,以及公式(7.4.71),知道对于任意正整数 n,r_n 是一个整数,且是唯一确定的.

递推公式(7.4.71)的特征方程是
$$\lambda^2 - 6\lambda + 1 = 0 \tag{7.4.76}$$
上述方程有两根
$$\lambda_1 = 3 + 2\sqrt{2}, \quad \lambda_2 = 3 - 2\sqrt{2} \tag{7.4.77}$$
因此,有
$$r_n = \alpha \lambda_1^n + \beta \lambda_2^n \tag{7.4.78}$$
在上式中,分别令 $n = 0$ 及 $n = 1$,利用 $r_0 = 1$ 及公式(7.4.75),有
$$\begin{cases} \alpha + \beta = 1 \\ (3 + 2\sqrt{2})\alpha + (3 - 2\sqrt{2})\beta = 3 \end{cases} \tag{7.4.79}$$

上述方程组有解
$$\alpha = \frac{1}{2}, \quad \beta = \frac{1}{2} \tag{7.4.80}$$

从而有
$$r_n = \frac{1}{2}\left[(3+2\sqrt{2})^n + (3-2\sqrt{2})^n\right] \tag{7.4.81}$$

最后一轮

(第一天第一至第三题,第二天第四至第六题)

一、 S 是所有非负整数的集合. 求所有函数 $f:S\to S, g:S\to S, h:S\to S$ 满足下述两个条件:
(1) 对任何 $m、n\in S, f(m+n) = g(m) + h(n) + 2mn$;
(2) $g(1) = h(1) = 1$.

解: 在条件(1)中,令 $n=0$,有
$$f(m) = g(m) + h(0), \quad 即 \quad g(m) = f(m) - h(0) \tag{7.4.82}$$

在题目条件(1)中,令 $m=0$,类似有
$$h(n) = f(n) - g(0) \tag{7.4.83}$$

再在题目条件(1)中令 $m=n=0$,有
$$f(0) = g(0) + h(0) \tag{7.4.84}$$

将公式(7.4.82),(7.4.83)和(7.4.84)代入题目条件(1)中的方程,得
$$f(m+n) = f(m) + f(n) + 2mn - f(0) \tag{7.4.85}$$

于是,我们把题目中的含3个函数的方程,化为只含一个函数 f 的方程.

在公式(7.4.85)中,令 $m=1$,有
$$f(n+1) = f(n) + 2n + (f(1) - f(0)) \tag{7.4.86}$$

在上式中,将 n 改为 k,并且关于 k 从 $0,1,2,\cdots$ 到 $n-1$ 求和,有
$$\sum_{k=0}^{n-1} f(k+1) = \sum_{k=0}^{n-1} f(k) + n(n-1) + n(f(1) - f(0)) \tag{7.4.87}$$

化简上式,可以看到
$$f(n) = n(n-1) + nf(1) - (n-1)f(0) \tag{7.4.88}$$

在公式(7.4.82)中,令 $m=1$,有
$$f(1) = g(1) + h(0) \tag{7.4.89}$$

在公式(7.4.83)中,令 $n=1$,有
$$f(1) = g(0) + h(1) \tag{7.4.90}$$

利用上二式及题目条件(2),有
$$f(1) = 1 + h(0), \quad f(1) = 1 + g(0) \tag{7.4.91}$$

由题目条件及上式,存在非负整数 a,使得
$$h(0) = g(0) = a, \quad f(0) = 2a \tag{7.4.92}$$

这里利用公式(7.4.84).

将公式(7.4.91)和(7.4.92)代入公式(7.4.88),有
$$f(n) = n^2 - na + 2a \tag{7.4.93}$$

利用公式(7.4.82),(7.4.83)和(7.4.93),有
$$g(n) = n^2 - na + a, \quad h(n) = n^2 - na + a \tag{7.4.94}$$

这里兼顾公式(7.4.92).

下面讨论 a 的取值范围.

① 如果 $a = 2k$ (k 为非负整数),利用公式(7.4.94)的第一个等式,又令 $n = k$,有
$$g(k) = 2k - k^2 \tag{7.4.95}$$
由于题目条件,知道上式左端是非负整数,从而有
$$k \in \{0,1,2\}, \quad a \in \{0,2,4\} \tag{7.4.96}$$
② 如果 $a = 2k + 1$ (k 为非负整数),在公式(7.4.94)的第一个等式中令 $n = k$,有
$$g(k) = -k^2 + k + 1 = -\left(k - \frac{1}{2}\right)^2 + \frac{5}{4} \tag{7.4.97}$$
知道上式左端是非负整数,只可能有
$$k \in \{0,1\}, \quad a \in \{1,3\} \tag{7.4.98}$$
因此,公式(7.4.93)和(7.4.94)给出了所求的全部解.这里 $a \in \{0,1,2,3,4\}$. 检验工作留给读者.

二、α, β, γ 是一个给定三角形的三个内角,求证:
$$\csc^2 \frac{\alpha}{2} + \csc^2 \frac{\beta}{2} + \csc^2 \frac{\gamma}{2} \geqslant 12$$
并求等号成立条件.

证明:利用 $A_3 \geqslant G_3$,有
$$\csc^2 \frac{\alpha}{2} + \csc^2 \frac{\beta}{2} + \csc^2 \frac{\gamma}{2} \geqslant 3\left(\csc \frac{\alpha}{2} \csc \frac{\beta}{2} \csc \frac{\gamma}{2}\right)^{\frac{2}{3}} \tag{7.4.99}$$
等号成立当且仅当 $\alpha = \beta = \gamma$.

利用 1.1 节例 1 与例 2,有
$$\left(\sin \frac{\alpha}{2} \sin \frac{\beta}{2} \sin \frac{\gamma}{2}\right)^{\frac{1}{3}} \leqslant \frac{1}{3}\left(\sin \frac{\alpha}{2} + \sin \frac{\beta}{2} + \sin \frac{\gamma}{2}\right)$$
$$\leqslant \sin \frac{1}{3}\left(\frac{\alpha}{2} + \frac{\beta}{2} + \frac{\gamma}{2}\right) = \sin \frac{\pi}{6} = \frac{1}{2} \tag{7.4.100}$$
等号成立当且仅当 $\alpha = \beta = \gamma$,利用上式,有
$$\sin \frac{\alpha}{2} \sin \frac{\beta}{2} \sin \frac{\gamma}{2} \leqslant \frac{1}{8} \tag{7.4.101}$$
利用公式(7.4.99)和(7.4.101),有
$$\csc^2 \frac{\alpha}{2} + \csc^2 \frac{\beta}{2} + \csc^2 \frac{\gamma}{2} \geqslant 3\left(\sin \frac{\alpha}{2} \sin \frac{\beta}{2} \sin \frac{\gamma}{2}\right)^{-\frac{2}{3}} \geqslant 12 \tag{7.4.102}$$
上式等号成立当且仅当 $\alpha = \beta = \gamma$.

三、在一个 $\triangle ABC$ 中,I 是内心,O 是外心,R 是外接圆的半径,A^*, B^*, C^* 是三个旁心.对于 $\triangle A^*B^*C^*$,O^* 是外心,R^* 是外接圆的半径(图 7.40).求证:(1) $R^* = 2R$;(2) $IO^* = 2IO$.

证明:(1) 由于
$$\angle C^*CB^* = \angle C^*CA + \angle ACB^*$$
$$= \frac{1}{2}\angle BCA + \frac{1}{2}(\pi - \angle BCA) = \frac{\pi}{2} \tag{7.4.103}$$
所以,有
$$C^*C \perp A^*B^* \tag{7.4.104}$$
同理有
$$B^*B \perp A^*C^* \tag{7.4.105}$$

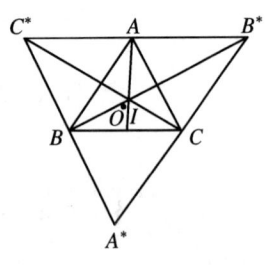

图 7.40

由于 CC^* 及 BB^* 是 $\triangle ABC$ 的两条内角平分线,因此,点 I 是 $\triangle A^*B^*C^*$ 的垂心(注意点 A, B, C 分别在线段 B^*C^*, C^*A^*, A^*B^* 上),从而 B^*, C^*, B, C 四点共圆,该圆以线段 B^*C^* 为

一条直径. 在 $\triangle BC^*C$ 中,利用内角和为 π,有

$$\angle BC^*C = \pi - \frac{1}{2}\angle BCA - \left[\angle ABC + \frac{1}{2}(\pi - \angle ABC)\right] = \frac{1}{2}\angle BAC \quad (7.4.106)$$

在 $\triangle BC^*C$ 中,利用正弦定理,并注意到公式(7.4.106)前面的叙述,有

$$BC = B^*C^*\sin\angle BC^*C \quad (7.4.107)$$

利用公式(7.4.106)和(7.4.107),有

$$B^*C^* = \frac{BC}{\sin\frac{1}{2}A} = 4R\cos\frac{1}{2}A \quad (7.4.108)$$

类似地,有

$$A^*C^* = 4R\cos\frac{1}{2}B, \quad A^*B^* = 4R\cos\frac{1}{2}C \quad (7.4.109)$$

在 $\triangle A^*BC$ 中,有

$$\angle BA^*C = \pi - \frac{1}{2}(\pi - \angle ABC) - \frac{1}{2}(\pi - \angle ACB) = \frac{1}{2}(\angle ABC + \angle ACB) \quad (7.4.110)$$

因而在 $\triangle A^*B^*C^*$ 中,利用正弦定理,有

$$2R^* = \frac{B^*C^*}{\sin\angle BA^*C} = 4R\,(利用公式(7.4.108)和(7.4.110)) \quad (7.4.111)$$

由此立即有题目结论(1).

(2) 用 r 表示 $\triangle ABC$ 的内切圆的半径. 利用 5.2 节例 12 中公式(5.2.178)以及同一节例 4 中公式(5.2.43),有

$$IO^2 = R^2 - 2Rr, \quad r = 4R\sin\frac{A}{2}\sin\frac{B}{2}\sin\frac{C}{2} \quad (7.4.112)$$

过点 O^* 作 B^*C^* 垂线,垂足为点 M,点 M 为 B^*C^* 的中点(图 7.41). 在 $Rt\triangle O^*MC^*$ 中,有

$$O^*M = O^*C^*\cos\angle C^*O^*M = R^*\cos\angle BA^*C \quad (7.4.113)$$

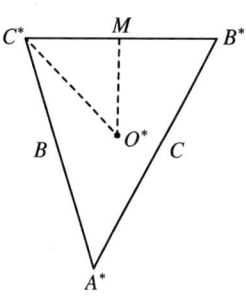

图 7.41

利用题目结论(1),公式(7.4.110)和(7.4.113),有

$$O^*M = 2R\cos\frac{1}{2}(B+C) = 2R\sin\frac{1}{2}A \quad (7.4.114)$$

明显地,有

$$AI = \frac{r}{\sin\frac{1}{2}A} = 4R\sin\frac{1}{2}B\sin\frac{1}{2}C \quad (7.4.115)$$

这里利用公式(7.4.112)的第二个等式.

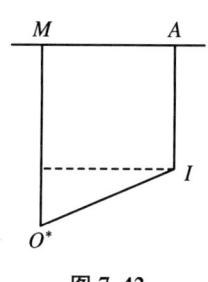

图 7.42

由于点 I 是 $\triangle A^*B^*C^*$ 的垂心,$A^*A \perp B^*C^*$(图 7.42). 类似公式(7.4.110),有

$$\angle A^*C^*A = \angle BC^*A = \frac{1}{2}(\angle CAB + \angle ABC) \quad (7.4.116)$$

在 $Rt\triangle A^*AC^*$ 中,有

$$AC^* = A^*C^*\cos\angle A^*C^*A$$
$$= 4R\cos\frac{B}{2}\sin\frac{C}{2}\,(利用公式(7.4.109)和(7.4.116))$$

$$(7.4.117)$$

利用公式(7.4.108),有
$$MC^* = \frac{1}{2}B^*C^* = 2R\cos\frac{A}{2} \tag{7.4.118}$$

因而,立即可以得到
$IO^{*2} = (O^*M - AI)^2 + AM^2$
$= \left(2R\sin\frac{A}{2} - 4R\sin\frac{B}{2}\sin\frac{C}{2}\right)^2 + \left(4R\cos\frac{B}{2}\sin\frac{C}{2} - 2R\cos\frac{A}{2}\right)^2$ (利用公式(7.4.114),
(7.4.115) 和 $AM = |AC^* - MC^*|$,再利用公式(7.4.117) 和(7.4.118))
$= 4R^2 + 16R^2\sin^2\frac{C}{2} - 16R^2\sin\frac{C}{2}\cos\left(\frac{A}{2} - \frac{B}{2}\right)$
$= 4R^2 + 16R^2\sin\frac{C}{2}\left[\cos\left(\frac{A}{2} + \frac{B}{2}\right) - \cos\left(\frac{A}{2} - \frac{B}{2}\right)\right]$
$= 4R^2 - 32R^2\sin\frac{C}{2}\sin\frac{A}{2}\sin\frac{B}{2}$
$= 4R^2 - 8Rr$ (利用公式(7.4.112) 的第二个等式)
$= 4IO^2$ (利用公式(7.4.112) 的第一个等式) (7.4.119)

从而有题目结论(2).

四、对任何整数 k,求证:方程 $y^2 - k = x^3$ 不可能同时有下述 5 组整数解 $(x_1, y_1), (x_2, y_1-1), (x_3, y_1-2), (x_4, y_1-3)$ 和 (x_5, y_1-4). 如果上述方程有下列 4 组整数组 $(x_1, y_1), (x_2, y_1-1), (x_3, y_1-2)$ 和 (x_4, y_1-3). 求证: $k \equiv 17 \pmod{63}$.

证明:对第一个结论用反证法,如果有
$$\left.\begin{array}{l}x_1^3 + k = y_1^2, \quad x_2^3 + k = (y_1-1)^2, \quad x_3^3 + k = (y_1-2)^2 \\ x_4^3 + k = (y_1-3)^2, \quad x_5^3 + k = (y_1-4)^2\end{array}\right\} \tag{7.4.120}$$

将上式中等式两两相减,可以看到
$$x_1^3 - x_2^3 = 2y_1 - 1, \quad x_2^3 - x_3^3 = 2y_1 - 3, \quad x_3^3 - x_4^3 = 2y_1 - 5, \quad x_4^3 - x_5^3 = 2y_1 - 7 \tag{7.4.121}$$

将上式中等式再两两相减,可以看到
$$x_1^3 - 2x_2^3 + x_3^3 = 2, \quad x_2^3 - 2x_3^3 + x_4^3 = 2, \quad x_3^3 - 2x_4^3 + x_5^3 = 2 \tag{7.4.122}$$

由于每个整数 x 必为 $3k, 3k+1, 3k-1$ 之一,这里 k 是某个整数,显然,有
$$(3k+1)^3 \equiv 1 \pmod 9, \quad (3k-1)^3 \equiv -1 \pmod 9, \quad (3k)^3 \equiv 0 \pmod 9 \tag{7.4.123}$$

利用公式(7.4.122)和(7.4.123),关于 x_1, x_2, x_3 只有下述 4 种情况:
$$\left.\begin{array}{l}(1) \ x_1^3 \equiv 1, \quad x_2^3 \equiv 0, \quad x_3^3 \equiv 1 \pmod 9 \\ (2) \ x_1^3 \equiv 1, \quad x_2^3 \equiv -1, \quad x_3^3 \equiv -1 \pmod 9 \\ (3) \ x_1^3 \equiv 0, \quad x_2^3 \equiv -1, \quad x_3^3 \equiv 0 \pmod 9 \\ (4) \ x_1^3 \equiv -1, \quad x_2^3 \equiv -1, \quad x_3^3 \equiv 1 \pmod 9\end{array}\right\} \tag{7.4.124}$$

关于 x_2, x_3, x_4 也只有类似 4 种情况:
$$\left.\begin{array}{l}(5) \ x_2^3 \equiv 1, \quad x_3^3 \equiv 0, \quad x_4^3 \equiv 1 \pmod 9 \\ (6) \ x_2^3 \equiv 1, \quad x_3^3 \equiv -1, \quad x_4^3 \equiv -1 \pmod 9 \\ (7) \ x_2^3 \equiv 0, \quad x_3^3 \equiv -1, \quad x_4^3 \equiv 0 \pmod 9 \\ (8) \ x_2^3 \equiv -1, \quad x_3^3 \equiv -1, \quad x_4^3 \equiv 1 \pmod 9\end{array}\right\} \tag{7.4.125}$$

比较公式(7.4.124)和(7.4.125),只有第(2)和第(8)种情况才有公共解. 因此, 必有
$$x_1^3 \equiv 1, \quad x_2^3 \equiv -1, \quad x_3^3 \equiv -1, \quad x_4^3 \equiv 1 \pmod 9 \tag{7.4.126}$$

类似地,关于 x_3, x_4 和 x_5 的全部可能的值是

$$\left.\begin{array}{l}(9)\ x_3^3 \equiv 1, \quad x_4^3 \equiv 0, \quad x_5^3 \equiv 1 (\bmod 9) \\ (10)\ x_3^3 \equiv 1, \quad x_4^3 \equiv -1, \quad x_5^3 \equiv -1 (\bmod 9) \\ (11)\ x_3^3 \equiv 0, \quad x_4^3 \equiv -1, \quad x_5^3 \equiv 0 (\bmod 9) \\ (12)\ x_3^3 \equiv -1, \quad x_4^3 \equiv -1, \quad x_5^3 \equiv 1 (\bmod 9) \end{array}\right\} \quad (7.4.127)$$

公式(7.4.126)和(7.4.127)无公共解. 本题第一个结论成立.

如果方程有 4 组整数解 $(x_1, y_1), (x_2, y_1-1), (x_3, y_1-2)$ 和 (x_4, y_1-3), 那么, 上述公式 (7.4.124), (7.4.125) 和 (7.4.126) 还是正确的.

由于一个整数 x 除以 7, 余数只能是 0,1,2,3,4,5,6 之一. 又由于

$$2^3 \equiv 1(\bmod 7), \quad 3^3 \equiv -1(\bmod 7), \quad 4^3 \equiv 1(\bmod 7), \quad 5^3 \equiv -1(\bmod 7), \quad 6^3 \equiv -1(\bmod 7) \tag{7.4.128}$$

所以, 对于任意整数 x, 有

$$x^3 \equiv 0, 1 \text{ 或 } -1(\bmod 7) \tag{7.4.129}$$

利用公式 (7.4.122) 的前二个等式和公式 (7.4.129), 公式 (7.4.124), (7.4.125) 和 (7.4.126) 还是正确的, 只不过将 mod 9 改为 mod 7. 换句话讲, 我们有

$$x_1^3 \equiv 1, \quad x_2^3 \equiv -1, \quad x_3^3 \equiv -1, \quad x_4^3 \equiv 1(\bmod 7) \tag{7.4.130}$$

利用 7 与 9 是互质的, 利用公式 (7.4.126) 和 (7.4.130), 我们有

$$x_1^3 \equiv 1, \quad x_2^3 \equiv -1, \quad x_3^3 \equiv -1, \quad x_4^3 \equiv 1(\bmod 63) \tag{7.4.131}$$

利用公式 (7.4.121) 的第一个等式, 以及公式 (7.4.131), 有

$$2y_1 - 1 \equiv 2(\bmod 63), \quad \text{则} \quad y_1 \equiv 33(\bmod 63) \tag{7.4.132}$$

再利用公式 (7.4.120) 的第一个等式, 有

$$k = y_1^2 - x_1^3 \equiv 33^2 - 1(\bmod 63) \equiv 17(\bmod 63) \tag{7.4.133}$$

这里利用 $33^2 - 1 = 17 \times 63 + 17$. 题目的后一个结论成立.

五、$\mathbf{N}^+$ 是所有正整数组成的集合, 对于 $\mathbf{N}^+$ 的一个子集 $S, n \in \mathbf{N}^+$, 定义

$$S \oplus \{n\} = \{s + n \mid s \in S\}$$

另外定义子集 S_k 如下

$$S_1 = \{1\}, S_k = \{S_{k-1} \oplus \{k\}\} \bigcup \{2k-1\} (k = 2,3,4,\cdots)$$

(1) 求 $\mathbf{N}^+ - \bigcup_{k=1}^{\infty} S_k$;

(2) 求所有 $k \in \mathbf{N}^+$, 使得 $1994 \in S_k$.

解: (1) 显然, 有

$$\left.\begin{array}{l} C_{k+1}^2 + (k+1) = \frac{1}{2}(k+1)k + (k+1) = C_{k+2}^2 \\ C_{k+2}^2 - C_k^2 = \frac{1}{2}(k+2)(k+1) - \frac{1}{2}k(k-1) = 2k+1 \end{array}\right\} \tag{7.4.134}$$

利用题目条件, 有

$$\left.\begin{array}{l} S_1 = \{1\}, \quad S_2 = \{S_1 \oplus \{2\}\} \bigcup \{3\} = \{3\} = \{C_3^2\} \\ S_3 = \{S_2 \oplus \{3\}\} \bigcup \{5\} = \{6, 5\} = \{C_4^2, C_4^2 - C_2^2\} \end{array}\right\} \tag{7.4.135}$$

利用数学归纳法, 设对某个正整数 k,

$$S_k = \{C_{k+1}^2, C_{k+1}^2 - C_2^2, C_{k+1}^2 - C_3^2, \cdots, C_{k+1}^2 - C_{k-1}^2\} \tag{7.4.136}$$

再利用题目条件, 以及公式 (7.4.134), 有

$$\begin{aligned} S_{k+1} &= \{C_{k+1}^2 + (k+1), C_{k+1}^2 - C_2^2 + (k+1), C_{k+1}^2 - C_3^2 + (k+1), \cdots, \\ &\quad C_{k+1}^2 - C_{k-1}^2 + (k+1), 2k+1\} \\ &= \{C_{k+2}^2, C_{k+2}^2 - C_2^2, C_{k+2}^2 - C_3^2, \cdots, C_{k+2}^2 - C_{k-1}^2, C_{k+2}^2 - C_k^2\} \end{aligned} \tag{7.4.137}$$

因此,公式(7.4.136)对于任意正整数 k 成立.

对于 $j=2,3,\cdots,k-1$,由于

$$C_{k+1}^2 - C_j^2 = \frac{1}{2}k(k+1) - \frac{1}{2}j(j-1) = \frac{1}{2}(k+j)(k-j+1) \quad (7.4.138)$$

明显地 $k+j$ 与 $k-j+1$ 具有不同的奇偶性,且 $k+j>1+k-j\geqslant 2$.因而 $\frac{1}{2}(k+j)(k-j+1)$ 不会具有 2^m 的形式(这里 $m\in \mathbf{N}^+$).反之,如果一个正整数 n 不具有 2^m 的形式(这里 $m\in \mathbf{N}^+$),且 $n>1$,则 n 一定有奇质因子,那么,存在一奇一偶的两个正整数 p,q,使得 $p>q\geqslant 2$,且满足

$$2n = pq \quad (7.4.139)$$

令

$$k+j = p, \quad k-j+1 = q \quad (7.4.140)$$

于是,有

$$k = \frac{1}{2}(p+q-1), \quad j = \frac{1}{2}(p-q+1) \quad (7.4.141)$$

由于 p,q 是一奇一偶,且 $p\geqslant q+1$,则 k,j 都是正整数,且

$$k-j = q-1 \geqslant 1, \quad 1 \leqslant j \leqslant k-1 \quad (7.4.142)$$

利用公式(7.4.139)和(7.4.140),有

$$n = \frac{1}{2}(k+j)(k-j+1) = C_{k+1}^2 - C_j^2 \quad (7.4.143)$$

这里利用公式(7.4.138).

因而有

$$\mathbf{N}^+ - \bigcup_{k=1}^{\infty} S_k = \{2^m \mid m \in \mathbf{N}^+\} \quad (7.4.144)$$

(2) 取 $n=1994$,则

$$2n = 4 \times 997 \quad (7.4.145)$$

注意997是一个质数.再利用公式(7.4.139),有

$$p = 997, \quad q = 4 \quad (7.4.146)$$

又利用公式(7.4.141),有

$$k = 500, \quad j = 497 \quad (7.4.147)$$

利用公式(7.4.143),有

$$1994 \in S_{500} \quad (7.4.148)$$

这里兼顾公式(7.4.136).

六、对于一个 $\triangle ABC$,

(1) 求证:$\cos^2 A + \cos^2 B + \cos^2 C = 1 - 2\cos A\cos B\cos C$;

(2) 如果 $\dfrac{\cos A}{39} = \dfrac{\cos B}{33} = \dfrac{\cos C}{25}$,求 $\sin A, \sin B, \sin C$ 三数值之比.

解:(1)

$$\begin{aligned}\cos^2 A + \cos^2 B + \cos^2 C &= \frac{3}{2} + \frac{1}{2}(\cos 2A + \cos 2B + \cos 2C) \\ &= \frac{3}{2} + \frac{1}{2}[2\cos(A+B)\cos(A-B) + 2\cos^2 C - 1] \\ &= 1 - [\cos(A+B) + \cos(A-B)]\cos C \\ &= 1 - 2\cos A\cos B\cos C \end{aligned} \quad (7.4.149)$$

(2) 令

$$\frac{\cos A}{39} = \frac{\cos B}{33} = \frac{\cos C}{25} = \frac{1}{x} \tag{7.4.150}$$

显然 $x>0$，即 A,B,C 都是锐角．利用公式(7.4.149)，有

$$\frac{1}{x^2}(39^2 + 33^2 + 25^2) = 1 - \frac{2}{x^3}39 \times 33 \times 25 \tag{7.4.151}$$

整理上式，有

$$x^3 - 3\,235x - 990 \times 65 = 0 \tag{7.4.152}$$

从而有

$$(x - 65)(x^2 + 65x + 990) = 0 \tag{7.4.153}$$

由于 $x>0$，上述方程有唯一解

$$x = 65 \tag{7.4.154}$$

代上式入公式(7.4.150)，有

$$\cos A = \frac{3}{5}, \quad \cos B = \frac{33}{65}, \quad \cos C = \frac{5}{13} \tag{7.4.155}$$

于是，有

$$\sin A = \frac{4}{5}, \quad \sin B = \frac{56}{65}, \quad \sin C = \frac{12}{13} \tag{7.4.156}$$

从而可以得到

$$\frac{\sin A}{13} = \frac{\sin B}{14} = \frac{\sin C}{15} \tag{7.4.157}$$

7.5 1994年爱尔兰数学奥林匹克竞赛试题及解答

(本节题目由爱尔兰领队 Fergus Gaines，副领队 Donal Hurley 赠送)
(上午第一至第五题，下午第六至第十题)

一、x,y 是正整数，$y>3$，且

$$x^2 + y^4 = 2[(x-6)^2 + (y+1)^2]$$

求证：$x^2 + y^4 = 1\,994$．

证明：化简题目中等式，有

$$(y^2 - 1)^2 - (x - 12)^2 = 4y - 69 \tag{7.5.1}$$

因式分解上式，有

$$(y^2 + x - 13)(y^2 - x + 11) = 4y - 69 \tag{7.5.2}$$

如果 $4y>69$，由于 y 是一个正整数，则 $y \geqslant 18$．又 x 也是一个正整数，可以看到

$$(y^2 + x - 13) - (4y - 69) > y^2 - 4y + 56 = (y - 2)^2 + 52 > 52 \tag{7.5.3}$$

由于 $4y>69$，再利用公式(7.5.2)，知道 $y^2 - x + 11$ 是一个非零整数，公式(7.5.2)两端取绝对值，可以知道 $4y - 69 > |y^2 + x - 13|$．这显然与不等式(7.5.3)矛盾．因此，有

$$4y \leqslant 69, \quad 3 < y \leqslant 17 \tag{7.5.4}$$

由题目中等式的右端是一个偶数，则 x,y 同奇偶．但是当 x,y 都为偶数时，题目等式左端是 4 的倍数，但等式右端仅是 2 的倍数，不是 4 的倍数，则 x,y 必同为奇数，$y \geqslant 5$．

公式(7.5.2)两端取绝对值，利用 $|y^2 - x + 11|$ 是一个正整数，可以看到

$$69 - 4y > y^2 + x - 13 > y^2 - 13 \tag{7.5.5}$$

这里利用公式(7.5.4),从上式,有
$$y^2 + 4y < 82 \tag{7.5.6}$$
$$(y+2)^2 < 86 \tag{7.5.7}$$
由于 y 是正整数,则
$$y \leqslant 7, \quad 奇数\ y \in \{5,7\} \tag{7.5.8}$$
当 $y = 7$ 时,公式(7.5.2)化为
$$(x+36)(60-x) = -41 \tag{7.5.9}$$
x 为正整数,上式显然是不成立的.因此唯一的可能性是
$$y = 5 \tag{7.5.10}$$
代上式入公式(7.5.2),有
$$(x+12)(36-x) = -49 \tag{7.5.11}$$
由于 x 是正整数,只有
$$x = 37 \tag{7.5.12}$$
利用公式(7.5.10)和(7.5.12),题目结论成立.

二、A, B, C 是共线三点,点 B 在点 A, C 之间,在同一平面内,作三个等边 $\triangle ABD, \triangle BCE, \triangle CAF$,使得点 D, E 在直线 AC 一侧,点 F 在另一侧(图 7.43).求证:这三个等边三角形的中心组成一个新等边三角形的三个顶点,这个新等边三角形的中心在直线 AC 上.

证明:本题采用复数解法.设 AC 为实轴,点 B 为原点,点 A 对应实数 $-a$,这里 a 为正实数,点 C 对应正实数 b.由于 $\triangle ABD$ 为一个等边三角形,点 D 对应复数 $a\left(\cos\frac{2\pi}{3} + \mathrm{i}\sin\frac{2\pi}{3}\right)$.$\triangle BCE$ 为等边三角形,点 E 对应复数 $b\left(\cos\frac{\pi}{3} + \mathrm{i}\sin\frac{\pi}{3}\right)$.$\triangle ACF$ 也为等边三角形,点 F 对应复数

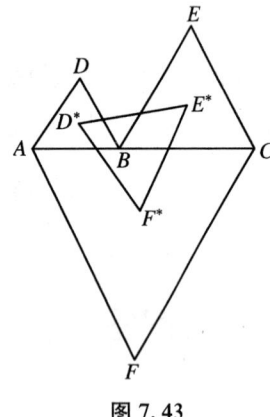

图 7.43

$$-a + (a+b)\left[\cos\left(-\frac{\pi}{3}\right) + \mathrm{i}\sin\left(-\frac{\pi}{3}\right)\right] = -a + (a+b)\left(\cos\frac{\pi}{3} - \mathrm{i}\sin\frac{\pi}{3}\right)$$

等边 $\triangle ABD$ 的中心 D^* 对应复数
$$\frac{1}{3}\left[0 + (-a) + a\left(\cos\frac{2\pi}{3} + \mathrm{i}\sin\frac{2\pi}{3}\right)\right] = -\frac{a}{2} + \frac{\sqrt{3}}{6}a\mathrm{i}$$

等边 $\triangle BCE$ 的中心 E^* 对应复数
$$\frac{1}{3}\left[0 + b + b\left(\cos\frac{\pi}{3} + \mathrm{i}\sin\frac{\pi}{3}\right)\right] = \frac{b}{2} + \frac{\sqrt{3}}{6}b\mathrm{i}$$

等边 $\triangle ACF$ 的中心 F^* 对应复数
$$\frac{1}{3}\left[-a + b + \left(-a + (a+b)\left(\cos\frac{\pi}{3} - \mathrm{i}\sin\frac{\pi}{3}\right)\right)\right] = \frac{1}{2}(b-a) - \frac{\sqrt{3}}{6}(a+b)\mathrm{i}$$

利用上面叙述,可以得到
$$D^*E^{*2} = \left|\left(\frac{b}{2} + \frac{\sqrt{3}}{6}b\mathrm{i}\right) - \left(-\frac{a}{2} + \frac{\sqrt{3}}{6}a\mathrm{i}\right)\right|^2$$
$$= \frac{1}{4}(a+b)^2 + \frac{1}{12}(b-a)^2 = \frac{1}{3}(a^2 + b^2 + ab) \tag{7.5.13}$$

$$D^*F^{*2} = \left|\left(\frac{1}{2}(b-a) - \frac{\sqrt{3}}{6}(a+b)\mathrm{i}\right) - \left(-\frac{a}{2} + \frac{\sqrt{3}}{6}a\mathrm{i}\right)\right|^2$$

$$= \frac{b^2}{4} + \frac{1}{12}(2a+b)^2 = \frac{1}{3}(a^2+b^2+ab) \tag{7.5.14}$$

$$E^*F^{*2} = \left|\left(\frac{1}{2}(b-a) - \frac{\sqrt{3}}{6}(a+b)\mathrm{i}\right) - \left(\frac{b}{2} + \frac{\sqrt{3}}{6}b\mathrm{i}\right)\right|^2$$

$$= \frac{a^2}{4} + \frac{1}{12}(a+2b)^2 = \frac{1}{3}(a^2+b^2+ab) \tag{7.5.15}$$

利用公式(7.5.13),(7.5.14)和(7.5.15),知道$\triangle D^*E^*F^*$是一个等边三角形. 这个等边三角形的中心O^*对应复数

$$\frac{1}{3}\left[\left(-\frac{a}{2} + \frac{\sqrt{3}}{6}a\mathrm{i}\right) + \left(\frac{b}{2} + \frac{\sqrt{3}}{6}b\mathrm{i}\right) + \left(\frac{1}{2}(b-a) - \frac{\sqrt{3}}{6}(a+b)\mathrm{i}\right)\right] = \frac{1}{3}(b-a)$$

因此点O^*必在实轴AC上, 且在线段AC内部.

三、求所有次数大于等于 1 的实系数多项式$f(x)$,满足方程$f(x^2) = f(x)f(x-1)$.

解:见 6.2 节第三次测验第三题的解答, 利用该题解答可以知道, 满足本题的解是

$$f(x) = (x^2 + x + 1)^k \tag{7.5.16}$$

这里k是某个正整数.

四、考虑每个元素都是 0 或 1 的所有$m \times n$矩阵的集合A, 求具有下述性质的A内矩阵的数目, 使得每行和每列 1 的数目都是偶数.

解:A是一个$m \times n$矩阵, 删去A的最后一行和最后一列, 得到一个子矩阵A_0, A_0具$m-1$行, $n-1$列. A_0列全部元素也都是 0 与 1. 任取一个$(m-1) \times (n-1)$矩阵A_0, 这个矩阵A_0的所有元素都是 0 与 1, A_0的第i行($1 \leqslant i \leqslant m-1$), 第$j$列($1 \leqslant j \leqslant n-1$)位置上任意放入 1 或 0, 不作任何限制. 当A_0取定后, 由于A的每行和每列 1 的数目都是偶数, 将A_0添上最后一行与最后一列成为$m \times n$矩阵, 这最后添加的$m+n-1$个元素(0 或 1)是唯一确定的. 例如A_0第i行($1 \leqslant i \leqslant m-1$) 1 的个数是奇数, 最后添加在第$i$行的位于最后一列的一数是 1. 当$A_0$第$i$行 1 的个数是偶数时, 最后添加在第$i$行的位于最后一列的一数是 0, 而且矩阵$A$的最后一行前面$n-1$个元素 1 的个数与$A$的最后一列上面$m-1$个元素 1 的个数(都是按照题目要求添加的)的奇偶性相同. 从而矩阵A的第m行, 第n列的位置上放 1 或 0 也是唯一确定的. 因此本题所求矩阵A的数目等于上述矩阵A_0的数目$2^{(m-1)(n-1)}$个.

五、$f(n)$定义在正整数集合上, 且满足$f(1) = 2$, $f(n+1) = (f(n))^2 - f(n) + 1$, $n=1,2,3,\cdots$. 求证:对所有整数$n > 1$,

$$1 - \frac{1}{2^{2^{n-1}}} < \frac{1}{f(1)} + \frac{1}{f(2)} + \cdots + \frac{1}{f(n)} < 1 - \frac{1}{2^{2^n}}$$

证明:利用题目条件, 有

$$f(n+1) - 1 = f(n)(f(n) - 1) \tag{7.5.17}$$

又由于$f(1) = 2$, 可以知道对于任意正整数n, 有

$$f(n) \geqslant 2 \tag{7.5.18}$$

利用上面叙述, 公式(7.5.17)两端取倒数, 有

$$\frac{1}{f(n+1) - 1} = \frac{1}{f(n) - 1} - \frac{1}{f(n)} \tag{7.5.19}$$

将上式中n改成k, 并且关于k从 1 到n求和, 有

$$\sum_{k=1}^{n} \frac{1}{f(k)} = \sum_{k=1}^{n}\left[\frac{1}{f(k) - 1} - \frac{1}{f(k+1) - 1}\right] = \frac{1}{f(1) - 1} - \frac{1}{f(n+1) - 1}$$

$$= 1 - \frac{1}{f(n+1) - 1} \tag{7.5.20}$$

下面对正整数 n 用数学归纳法证明,当 $n \geqslant 2$ 时
$$2^{2^{n-1}} < f(n+1) - 1 < 2^{2^n} \tag{7.5.21}$$
如果能证明上式,结合公式(7.5.20),题目结论成立. 利用公式(7.5.17),有
$$f(2) = 3, \quad f(3) = 7 \tag{7.5.22}$$
利用上式,知道不等式(7.5.21)对 $n = 2$ 成立.

设 $n = m$ 时,不等式(7.5.21)成立. 这里 m 是某个正整数, $m \geqslant 2$. 考虑 $n = m + 1$,利用公式(7.5.17),有
$$f(m+2) = f(m+1)(f(m+1) - 1) + 1 \tag{7.5.23}$$
由归纳法假设,有
$$2^{2^{m-1}} < f(m+1) - 1 < 2^{2^m} \tag{7.5.24}$$
又利用 $f(m+1)$ 是正整数,有
$$2^{2^{m-1}} + 1 \leqslant f(m+1) - 1 \leqslant 2^{2^m} - 1 \tag{7.5.25}$$
利用公式(7.5.23)和不等式(7.5.25),可以看到
$$f(m+2) \geqslant (2^{2^{m-1}} + 2)(2^{2^{m-1}} + 1) + 1 = 2^{2^m} + 3 \times 2^{2^{m-1}} + 3 > 2^{2^m} + 1 \tag{7.5.26}$$
以及
$$f(m+2) \leqslant 2^{2^m}(2^{2^m} - 1) + 1 < 2^{2^{m+1}} + 1 \tag{7.5.27}$$
利用上两式,知道不等式(7.5.21)对 $n = m + 1$ 成立. 所以不等式(7.5.21)成立.

六、 数列 $\{x_n \mid n \in \mathbf{N}^+\}$ 由下述公式定义
$$x_1 = 2, \quad nx_n = 2(2n-1)x_{n-1}, \quad n = 2, 3, \cdots$$
求证:对于每个正整数 n, x_n 是一个整数.

证明: 由题目条件,有
$$x_2 = 6 = C_4^2, \quad x_3 = 20 = C_6^3 \tag{7.5.28}$$
利用数学归纳法,设当 $n = k$ 时,有
$$x_k = C_{2k}^k \tag{7.5.29}$$
这里正整数 $k \geqslant 3$.

再在题目条件中,令 $n = k + 1$,有
$$(k+1)x_{k+1} = 2(2k+1)x_k = 2(2k+1)C_{2k}^k = 2(2k+1)\frac{(2k)!}{k!k!}$$
$$= \frac{(2k+2)!}{(k+1)!(k+1)!}(k+1) \tag{7.5.30}$$
从上式,有
$$x_{k+1} = C_{2k+2}^{k+1} \tag{7.5.31}$$
因此,对任意正整数 n,有
$$x_n = C_{2n}^n \tag{7.5.32}$$
x_n 当然是正整数.

七、 p, q, r 是两两不同的实数,满足方程组
$$\begin{cases} q = p(4-p) \\ r = q(4-q) \\ p = r(4-r) \end{cases}$$
求所有 $p + q + r$ 可能的值.

解:
$$p = r(4-r) = -(r-2)^2 + 4 \leqslant 4 \tag{7.5.33}$$

类似地,有
$$q \leqslant 4, \quad r \leqslant 4 \tag{7.5.34}$$

下面证明 $p \geqslant 0$. 用反证法. 如果 $p<0$, 由于 $4-p>0$, 从题目中第一个方程, 有 $q<0$. 再利用题目中第二个方程, 有 $r<0$, 从而有
$$p + q + r < 0 \tag{7.5.35}$$

将题目中三个方程相加,有
$$p + q + r = 4(p + q + r) - (p^2 + q^2 + r^2) \tag{7.5.36}$$

化简上式,有
$$(p^2 + q^2 + r^2) - 3(p + q + r) = 0 \tag{7.5.37}$$

上式与不等式(7.5.35)是矛盾的.

利用上面叙述,有
$$0 \leqslant p \leqslant 4, \quad 完全类似有 \ 0 \leqslant q \leqslant 4, 0 \leqslant r \leqslant 4 \tag{7.5.38}$$

利用上式第一个不等式,可以令
$$p = 4\sin^2\theta, \quad \theta \in \left[0, \frac{\pi}{2}\right] \tag{7.5.39}$$

将上式代入题目中第一个方程,有
$$q = 4\sin^2 2\theta \tag{7.5.40}$$

将上式代入题目中第二个方程,有
$$r = 4\sin^2 4\theta \tag{7.5.41}$$

将上式代入题目中第三个方程,有
$$p = 4\sin^2 8\theta \tag{7.5.42}$$

利用公式(7.5.39)和(7.5.42),有
$$\sin 8\theta = \pm \sin \theta \tag{7.5.43}$$

再利用 $0 \leqslant 8\theta \leqslant 4\pi$, 有
$$\left. \begin{array}{l} 8\theta = \theta, \quad 8\theta = \pi - \theta, \quad 8\theta = \pi + \theta, \quad 8\theta = 2\pi - \theta \\ 8\theta = 2\pi + \theta, \quad 8\theta = 3\pi - \theta, \quad 8\theta = 3\pi + \theta, \quad 8\theta = 4\pi - \theta \end{array} \right\} \tag{7.5.44}$$

从上式,有
$$\theta = 0, \quad \theta = \frac{\pi}{9}, \quad \theta = \frac{\pi}{7}, \quad \theta = \frac{2\pi}{9}, \quad \theta = \frac{2\pi}{7}, \quad \theta = \frac{\pi}{3}, \quad \theta = \frac{3\pi}{7}, \quad \theta = \frac{4\pi}{9}$$
$$\tag{7.5.45}$$

当 $\theta = 0$ 时, 利用公式(7.5.39),(7.5.40)和(7.5.41), 有 $p = q = r = 0$, 这与题目条件不符, 应舍去.

当 $\theta = \frac{\pi}{3}$ 时, 类似有 $p = q = r = 3$, 也应舍去. 当 $\theta = \frac{\pi}{9}$ 时, 利用公式(7.5.39),(7.5.40)和(7.5.41), 有
$$p + q + r = 4\left(\sin^2 \frac{\pi}{9} + \sin^2 \frac{2\pi}{9} + \sin^2 \frac{4\pi}{9}\right) \tag{7.5.46}$$

当 $\theta = \frac{2\pi}{9}$ 和 $\frac{4\pi}{9}$ 时, 利用公式(7.5.39),(7.5.40)和(7.5.41), 仍然得到公式(7.5.46). 因而当 $\theta = \frac{\pi}{9}, \frac{2\pi}{9}$ 和 $\frac{4\pi}{9}$ 时, 利用公式(7.5.46), 有
$$p + q + r = 2\left(1 - \cos\frac{2\pi}{9}\right) + 2\left(1 - \cos\frac{4\pi}{9}\right) + 2\left(1 - \cos\frac{8\pi}{9}\right)$$

$$= 6 - 2\left(\cos\frac{2\pi}{9} + \cos\frac{4\pi}{9} + \cos\frac{8\pi}{9}\right) = 6 - 2\left(2\cos\frac{\pi}{3}\cos\frac{\pi}{9} - \cos\frac{\pi}{9}\right) = 6 \tag{7.5.47}$$

完全类似地,当 $\theta = \frac{\pi}{7}, \frac{2\pi}{7}, \frac{3\pi}{7}$ 时,都有

$$p + q + r = 4\left(\sin^2\frac{\pi}{7} + \sin^2\frac{2\pi}{7} + \sin^2\frac{4\pi}{7}\right) = 6 - 2\left(\cos\frac{2\pi}{7} + \cos\frac{4\pi}{7} + \cos\frac{8\pi}{7}\right)$$

$$= 6 - 2\left(2\cos\frac{3\pi}{7}\cos\frac{\pi}{7} - \cos\frac{\pi}{7}\right) = 6 - 2\cos\frac{\pi}{7}\left(2\cos\frac{3\pi}{7} - 1\right)$$

$$= 6 - \frac{\sin\frac{2\pi}{7}}{\sin\frac{\pi}{7}}\left(2\cos\frac{3\pi}{7} - 1\right) = 6 - \frac{1}{\sin\frac{\pi}{7}}\left(\sin\frac{5\pi}{7} - \sin\frac{\pi}{7} - \sin\frac{2\pi}{7}\right) = 7 \tag{7.5.48}$$

因此,本题所求 $p + q + r$ 的全部可能的值仅两个:6 和 7.

八、对每个正整数 $n > 1$,求证:

$$n[(n+1)^{\frac{2}{n}} - 1] < \sum_{j=1}^{n} \frac{2j+1}{j^2} < n(1 - n^{-\frac{2}{n-1}}) + 4$$

证明: 明显地,我们有

$$\sum_{j=1}^{n} \frac{2j+1}{j^2} = \sum_{j=1}^{n}\left[\frac{(j+1)^2}{j^2} - 1\right] = \sum_{j=1}^{n}\left(\frac{j+1}{j}\right)^2 - n > n\sqrt[n]{\left(\frac{2}{1}\right)^2 \left(\frac{3}{2}\right)^2 \left(\frac{4}{3}\right)^2 \cdots \left(\frac{n+1}{n}\right)^2} - n$$

$$= n[(n+1)^{\frac{2}{n}} - 1] \tag{7.5.49}$$

对于后一个不等式,容易看到

$$(n+4) - \sum_{j=1}^{n} \frac{2j+1}{j^2} = 4 + \sum_{j=1}^{n}\left(1 - \frac{2j+1}{j^2}\right) = 4 + \sum_{j=1}^{n} \frac{(j-1)^2 - 2}{j^2}$$

$$= 4 + \sum_{j=1}^{n} \frac{(j-1)^2}{j^2} - 2\sum_{j=1}^{n} \frac{1}{j^2} \tag{7.5.50}$$

引入待定正常数 k,可以看到

$$\sum_{j=1}^{n} \frac{(j-1)^2}{j^2} = \left(\frac{1}{4} - k\right) + \left(k + \frac{2^2}{3^2} + \frac{3^2}{4^2} + \cdots + \frac{(n-1)^2}{n^2}\right)$$

$$> \left(\frac{1}{4} - k\right) + (n-1)\sqrt[n-1]{k\left(\frac{2}{3}\right)^2 \left(\frac{3}{4}\right)^2 \cdots \left(\frac{n-1}{n}\right)^2}$$

$$= \left(\frac{1}{4} - k\right) + (n-1)\left(\frac{4k}{n^2}\right)^{\frac{1}{n-1}} = \left(\frac{1}{4} - k\right) + (n-1)(4k)^{\frac{1}{n-1}} n^{-\frac{2}{n-1}} \tag{7.5.51}$$

令

$$k = \frac{1}{4}\left(\frac{n}{n-1}\right)^{n-1} \quad (\text{正整数 } n > 1) \tag{7.5.52}$$

从上式,有

$$(n-1)(4k)^{\frac{1}{n-1}} = n \tag{7.5.53}$$

代上二式入公式(7.5.51),有

$$\sum_{j=1}^{n} \frac{(j-1)^2}{j^2} > \frac{1}{4} - \frac{1}{4}\left(\frac{n}{n-1}\right)^{n-1} + n^{1-\frac{2}{n-1}} \tag{7.5.54}$$

利用 3.1 节例 14 内的证明(见公式(3.1.230)和不等式(3.1.235)),有

$$\left(\frac{n}{n-1}\right)^{n-1} = \left(1 + \frac{1}{n-1}\right)^{n-1} < 3 \tag{7.5.55}$$

这里正整数 $n>1$.

利用公式(7.5.50),不等式(7.5.54)和(7.5.55),有
$$(n+4) - \sum_{j=1}^{n} \frac{2j+1}{j^2} > n^{1-\frac{2}{n-1}} + \frac{7}{2} - 2\sum_{j=1}^{n} \frac{1}{j^2} \tag{7.5.56}$$

容易看到
$$\sum_{j=1}^{n} \frac{1}{j^2} = 1 + \frac{1}{4} + \frac{1}{3^2} + \frac{1}{4^2} + \frac{1}{5^2} + \cdots + \frac{1}{n^2} < \frac{5}{4} + \frac{1}{2 \times 3} + \frac{1}{3 \times 4} + \frac{1}{4 \times 5} + \cdots + \frac{1}{(n-1)n}$$
$$= \frac{5}{4} + \left(\frac{1}{2} - \frac{1}{3}\right) + \left(\frac{1}{3} - \frac{1}{4}\right) + \left(\frac{1}{4} - \frac{1}{5}\right) + \cdots + \left(\frac{1}{n-1} - \frac{1}{n}\right)$$
$$= \frac{5}{4} + \frac{1}{2} - \frac{1}{n} < \frac{7}{4} \tag{7.5.57}$$

利用上二式,有
$$(n+4) - \sum_{j=1}^{n} \frac{2j+1}{j^2} > n^{1-\frac{2}{n-1}} \tag{7.5.58}$$

本题第二个不等式得证.

注:本题的证明是我苦思三天的结晶.

九、 w,a,b,c 是两两不同的实数,已知存在实数 x,y,z,满足
$$\begin{cases} x + y + z = 1 \\ xa^2 + yb^2 + zc^2 = w^2 \\ xa^3 + yb^3 + zc^3 = w^3 \\ xa^4 + yb^4 + zc^4 = w^4 \end{cases}$$

请用 a,b,c 表示 w.

解: 由第一个方程,知道 x,y,z 不全为零.不妨设 $z \neq 0$,利用题目的第一个方程,有
$$x = 1 - (y + z) \tag{7.5.59}$$

将上式代入题目的其余方程,有
$$y(b^2 - a^2) + z(c^2 - a^2) = w^2 - a^2 \tag{7.5.60}$$
$$y(b^3 - a^3) + z(c^3 - a^3) = w^3 - a^3 \tag{7.5.61}$$
$$y(b^4 - a^4) + z(c^4 - a^4) = w^4 - a^4 \tag{7.5.62}$$

公式(7.5.60)乘以 $(b^2 + a^2)$,再减去公式(7.5.62),有
$$(c^2 - a^2)(b^2 - c^2)z = (w^2 - a^2)(b^2 - w^2) \tag{7.5.63}$$

公式(7.5.60)乘以 $(b^3 - a^3)$,再减去公式(7.5.61)乘以 $(b^2 - a^2)$,化简后,有
$$(b-a)(b-c)(c-a)(ab+ac+bc)z = (b-a)(b-w)(w-a)(ab+aw+bw) \tag{7.5.64}$$

由于 $a \neq b$,从上式,有
$$(b-c)(c-a)(ab+ac+bc)z = (b-w)(w-a)(ab+aw+bw) \tag{7.5.65}$$

由于 $a \neq c, b \neq c, z \neq 0, w \neq a, w \neq b$,公式(7.5.63)除以公式(7.5.65),当 $ab+ac+bc$ 不等于零时,有
$$\frac{(c+a)(b+c)}{ab+ac+bc} = \frac{(w+a)(b+w)}{ab+aw+bw} \tag{7.5.66}$$

从上式,有
$$1 + \frac{c^2}{ab+ac+bc} = 1 + \frac{w^2}{ab+aw+bw} \tag{7.5.67}$$

从而可以看到

$$\frac{c^2}{ab+ac+bc} = \frac{w^2}{ab+aw+bw} \tag{7.5.68}$$

上式变形后,利用 $w \neq c$,有

$$w = -\frac{abc}{ab+ac+bc} \tag{7.5.69}$$

当 $ab+ac+bc$ 等于零时,首先,我们断言 $a+b$ 不等于零.用反证法,如果 $a+b$ 等于零,则 $(a+b)c$ 等于零.从而导致 ab 等于零.于是 a,b 都等于零,这与 $a \neq b$ 矛盾.再利用 w 既不等于 a,也不等于 b,以及公式(7.5.65),有

$$ab+aw+bw=0, \quad w=-\frac{ab}{a+b} \tag{7.5.70}$$

十、如果一个正方形被划分为 n 个凸多边形,当 n 给定时,求这些凸多边形的边的最大数目.

提示:如果一个多边形被划分为 n 个多边形,Euler 定理告诉我们 $v-e+n=1$,这里 v 是这些多边形的顶点数,e 是总边数.

解:由于一个正方形被划分为 n 个凸多边形,因此这些多边形的每个顶点,如果它不是正方形的顶点,必是至少三个凸多边形的顶点.用 A,B,C,D 表示正方形的顶点.用 $d(V)$ 表示通过顶点 V 的边数,对于 V 不等于 A,B,C,D 之一,有 $d(V) \geq 3$.因而有

$$d(V) \leq 3(d(V)-2) \tag{7.5.71}$$

上式关于除去 A,B,C,D 四点的所有多边形的顶点求和.由于除去正方形四边的每条边恰是两个凸多边形的边,因而公式(7.5.71)求和后,有

$$2e - (d(A)+d(B)+d(C)+d(D))$$
$$\leq 3[2e-(d(A)+d(B)+d(C)+d(D))]-6(v-4) \tag{7.5.72}$$

化简上式,有

$$4e \geq 2(d(A)+d(B)+d(C)+d(D))+6(v-4) \tag{7.5.73}$$

又由于 $d(A) \geq 2, d(B) \geq 2, d(C) \geq 2$ 及 $d(D) \geq 2$,所以有

$$2e \geq 8+3(v-4)=3v-4 \tag{7.5.74}$$

由于

$$v-e+n=1 \tag{7.5.75}$$

上式两端乘以3,可以得到

$$3e+3 = 3v+3n \leq (2e+4)+3n \tag{7.5.76}$$

这里利用不等式(7.5.74),化简上式,有

$$e \leq 3n+1 \tag{7.5.77}$$

上式等号是可以达到的.过正方形的一边相继作 $n-1$ 条邻边的平行线,这个正方形被划分为 n 个矩形.这些矩形的总边数可以这样计算:最左端的一个矩形有4条边,紧接着每增加一个矩形,增加3条边,所以总边数

$$e = 4+3(n-1) = 3n+1 \tag{7.5.78}$$

综上所述,所求的边的最大数目是 $3n+1$.

7.6 1994年(第20届)俄罗斯数学奥林匹克竞赛试题及解答

(本节题目由俄罗斯领队 Alexander Fomin,副领队 Gatina Kouznetsova 赠送)

第一天

九年级

一、 如果实数 x,y 满足
$$(x + \sqrt{x^2+1})(y + \sqrt{y^2+1}) = 1$$
求证: $x + y = 0$.

证明: 在题目等式两端同时乘以 $\sqrt{x^2+1} - x$,有
$$y + \sqrt{y^2+1} = \sqrt{x^2+1} - x \tag{7.6.1}$$
又在题目等式两端同时乘以 $\sqrt{y^2+1} - y$,类似有
$$x + \sqrt{x^2+1} = \sqrt{y^2+1} - y \tag{7.6.2}$$
将上二式相加,立即有
$$x + y = -(x+y), \quad 则 \quad x + y = 0 \tag{7.6.3}$$

二、 圆周 S_1 与 S_2 外切于点 F,直线 l 分别与 S_1 和 S_2 相切于点 A 和 B,一条与 l 平行的直线与 S_2 相切于点 C,且与 S_1 相交于两个点(图7.44).求证:A,F,C 三点共线.

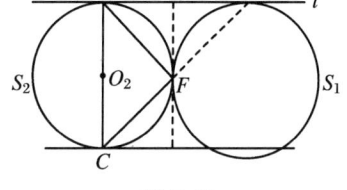

图 7.44

证明: 记圆 S_2 的圆心为点 O_2.由题目条件知道 BC 是圆 S_2 的一条直径,且
$$\angle BFC = \frac{\pi}{2} \tag{7.6.4}$$
连接 AF,过点 F 作两圆的公切线 FE,交直线 l 于点 E.显然,有
$$EF = EB, \quad EF = EA \tag{7.6.5}$$
从上式,有
$$\angle EFB = \angle EBF, \quad \angle EFA = \angle EAF \tag{7.6.6}$$
$$\angle BFA = \angle EFB + \angle EFA = \frac{1}{2}(\angle EFB + \angle EBF) + \frac{1}{2}(\angle EFA + \angle EAF) = \frac{\pi}{2} \tag{7.6.7}$$
所以,利用公式(7.6.4)和(7.6.7),有
$$\angle AFC = \angle BFC + \angle BFA = \pi \tag{7.6.8}$$
即 A,F,C 三点共线.

三、 桌上有 3 堆火柴,第一堆中有 100 根,第二堆中有 200 根,第三堆中有 300 根.两人游戏,依次轮流进行如下的操作,在每次操作中取走一堆火柴,再将剩下的两堆中的某一堆分成两个非空的堆,谁不能再操作下去,就算谁输.试问:采取正确的策略,谁会赢,是一开始取火柴的选手,还是其对手?

解: 记一开始取火柴的选手为选手 A,另一选手为选手 B.下面证明选手 A 采用正确的策

略,可以使得选手 A 在第 k 次操作之前,桌上 3 堆火柴的数目分别为 $2^n a, 2^n b, 2^n c$,这里 n 为非负整数,m 为正整数,$0 \leqslant n < m$. a, b, c 都是奇数,$a \leqslant b$.

对 k 用数学归纳法. 当 $k = 1$ 时,利用
$$100 = 2^2 \times 25, \quad 200 = 2^3 \times 25, \quad 300 = 2^2 \times 75 \tag{7.6.9}$$
可以知道上述断言对 $k = 1$ 成立.

假设在选手 A, B 各进行了 $k-1$ 次操作后,这里 k 是一个正整数,在选手 A 进行第 k 次操作之间,桌上 3 堆火柴数目如前所述为 $2^n a, 2^n b, 2^n c$,选手 A 进行如下的第 k 次操作,取走 $2^n a$ 根火柴的那一堆,然后将 $2^m c$ 根火柴的那一堆分成两堆. 2^n 根火柴一堆,$2^m c - 2^n$ 根火柴一堆. 现在桌上 3 堆火柴数目分别为 $2^n \times 1, 2^n(2^{m-n}c - 1), 2^n b$. 明显地,$1, 2^{m-n}c - 1, b$ 都是奇数. 记上述 3 堆火柴数目分别为 $2^n a_1, 2^n a_2, 2^n a_3$. 这里 a_1, a_2, a_3 都是奇数. 接着,选手 B 拿走一堆火柴,不妨设选手 B 拿走了 $2^n a_1$ 这一堆火柴,将含有 $2^n a_2$ 根火柴的那一堆分成两堆,对于这新两堆火柴的数目,总能写成 $2^{n_1} b_1, 2^{n_2} b_2$ 形式,这里 b_1, b_2 都是奇数,n_1, n_2 都为非负整数. $n_1 \leqslant n_2$. 由于
$$2^{n_1} b_1 + 2^{n_2} b_2 = 2^n a_2 \tag{7.6.10}$$

如果 $n_1 = n_2$,再利用公式(7.6.10),有
$$2^n a_2 = 2^{n_1}(b_1 + b_2) = 2^{n_1 + k} \frac{b_1 + b_2}{2^k} \tag{7.6.11}$$

由于 $b_1 + b_2$ 为偶数,则一定有正整数 k,使得 $\frac{b_1 + b_2}{2^k}$ 为正奇数. 利用 a_2 也是奇数,有
$$n = n_1 + k, \quad n_1 = n_2 = n - k < n \tag{7.6.12}$$
归纳法完成.

如果 $n_1 < n_2$,公式(7.6.10)两端除以 2^{n_1},有
$$b_1 + 2^{n_2 - n_1} b_2 = 2^{n - n_1} a_2 \tag{7.6.13}$$
上式左端为正整数,且是奇数,必有
$$n = n_1 \tag{7.6.14}$$

归纳法也完成. 所以本题解答开始时的断言成立. 选手 A 采用上述策略,不会陷入困境而无法操作. 由于火柴总数有限,每一次操作以后,火柴总数在减少,操作不可能无限次进行下去. 因此,必存在某个正整数 k,当选手 A 进行了第 k 次操作后,选手 B 不能再操作下去,选手 A 赢.

四、在一条直线上标出 n 个不同的蓝点和 n 个不同的红点. 求证:同色点两两之间的距离之和不超过异色点两两之间的距离之和.

证明: 我们来证明更一般的命题. 假定 $2n$ 个点中共有 N 个不同的点,对正整数 N 用数学归纳法,证明本题结论成立.

当 $N = 1$ 时,$2n$ 个点全部重合为一点,任意两点的距离都是零. 命题当然成立.

当不同点有 $N-1$ 个时,用 S_1^{N-1} 表示同色点两两之间的距离之和,用 S_2^{N-1} 表示异色点两两之间的距离之和. 假设
$$S_1^{N-1} \leqslant S_2^{N-1} \tag{7.6.15}$$

当不同点共有 N 个时,沿这条直线自左到右将这 N 个不同点依次编号为 $A_1, A_2, \cdots, A_N$. 设有 k 个红点和 s 个蓝点重合于点 A_1,将所有重合于点 A_1 的点都移到点 A_2 上,则不同点共有 $N-1$ 个. 用 S_1^N 表示不同点共有 N 个时,同色点两两之间的距离之和,用 S_2^N 表示异色点两两之间的距离之和,
$$(S_1^N - S_2^N) - (S_1^{N-1} - S_2^{N-1}) = (S_1^N - S_1^{N-1}) - (S_2^N - S_2^{N-1}) \tag{7.6.16}$$
$S_1^N - S_1^{N-1}$ 的数目可以这样计算:k 个重合于点 A_1 的红点中任选一个红点,其余 $n-k$ 个红点中也任取一个红点. 设这红点位置在 $A_l (2 \leqslant l \leqslant N)$ 上. 在点 A_1 没有移到点 A_2 之前,这两个红

点之间的距离为 A_1A_l,当点 A_1 移到点 A_2 后,这两个红点之间的距离为 A_2A_l.因此距离减少了 $A_1A_l - A_2A_l = A_1A_2$.所以,点 A_1 移到点 A_2 后,红点之间的距离总共减少了 $k(n-k)$ A_1A_2.类似地,点 A_1 移到点 A_2 后,蓝点之间的距离总共减少了 $s(n-s)A_1A_2$,因而,有

$$S_1^N - S_1^{N-1} = [k(n-k) + s(n-s)]A_1A_2 \tag{7.6.17}$$

现在来计算 $S_2^N - S_2^{N-1}$.在 k 个重合于点 A_1 的红点中任选一个红点,在 $n-s$ 个不重合于点 A_1 的蓝点中任选一个蓝点.类似上述证明,在点 A_1 移到点 A_2 后,距离减少了 A_1A_2.在 s 个重合于点 A_1 的蓝点中任选一个,其余 $n-k$ 个不重合于点 A_1 的红点中也任选一个,在点 A_1 移到点 A_2 后,距离也减少了 A_1A_2.因此,完全类似,有

$$S_2^N - S_2^{N-1} = [k(n-s) + s(n-k)]A_1A_2 \tag{7.6.18}$$

将公式(7.6.17)和(7.6.18)代入公式(7.6.16),有

$$(S_1^N - S_2^N) - (S_1^{N-1} - S_2^{N-1}) = \{[k(n-k) + s(n-s)] - [k(n-s) + s(n-k)]\}A_1A_2$$
$$= -(k-s)^2 A_1A_2 \leqslant 0 \tag{7.6.19}$$

利用公式(7.6.16)和(7.6.19),有

$$S_1^N - S_2^N \leqslant S_1^{N-1} - S_2^{N-1} \leqslant 0$$

特别地,取 $N = 2n$ 时,有

$$S_1^{2n} \leqslant S_2^{2n} \tag{7.6.20}$$

这就是本题所要证明的结论.

十年级

一、给定 3 个二次三项式 $f_1(x) = x^2 + p_1x + q_1, f_2(x) = x^2 + p_2x + q_2, f_3(x) = x^2 + p_3x + q_3$.求证:方程 $|f_1(x)| + |f_2(x)| = |f_3(x)|$ 至多有 8 个根.

证明:题目中方程去掉绝对值后,可以得到以下 4 个方程

$$\left.\begin{array}{l}f_1(x) + f_2(x) = f_3(x), \quad f_1(x) + f_2(x) = -f_3(x) \\ f_1(x) - f_2(x) = f_3(x), \quad f_1(x) - f_2(x) = -f_3(x)\end{array}\right\} \tag{7.6.21}$$

上述每个方程至多两个根,所以题目方程至多 8 个根.

二、与九年级第三题相同.

三、设三角形三边之长分别为 a, b, c,三边上的中线之长分别为 m_a, m_b, m_c,外接圆直径为 D.求证:

$$\frac{a^2 + b^2}{m_c} + \frac{b^2 + c^2}{m_a} + \frac{c^2 + a^2}{m_b} \leqslant 6D$$

证明:在 $\triangle ABC$ 中,依惯例,用 a, b, c 依次表示边 BC, AC, AB.分别延长 $\triangle ABC$ 的三条中线 $AA_2(m_a), BB_2(m_b), CC_2(m_c)$,交 $\triangle ABC$ 的外接圆于点 A_1, B_1, C_1(图 7.45).明显地,有

$$m_a + A_2A_1 = AA_1 \leqslant D, \quad m_b + B_2B_1 = BB_1 \leqslant D, \quad m_c + C_2C_1 = CC_1 \leqslant D \tag{7.6.22}$$

由于 BC, AA_1 是圆内两条相交于点 A_2 的弦,可以得到

$$m_a \cdot A_2A_1 = \left(\frac{1}{2}a\right)^2 = \frac{1}{4}a^2 \tag{7.6.23}$$

从上式,有

$$A_2A_1 = \frac{a^2}{4m_a} \tag{7.6.24}$$

完全类似地,有

$$B_2B_1 = \frac{b^2}{4m_b}, \quad C_2C_1 = \frac{c^2}{4m_c} \tag{7.6.25}$$

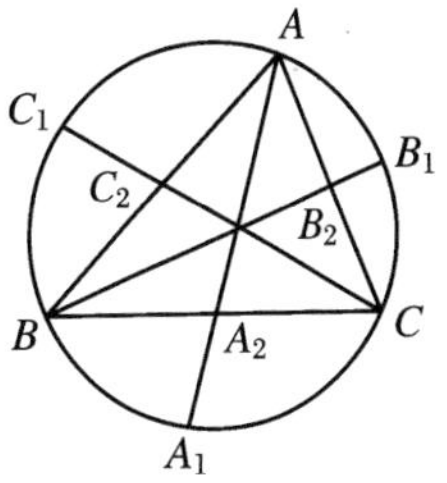

图 7.45

代公式(7.6.24)和(7.6.25)入不等式(7.6.22),有

$$m_a + \frac{a^2}{4m_a} \leqslant D, \quad m_b + \frac{b^2}{4m_b} \leqslant D, \quad m_c + \frac{c^2}{4m_c} \leqslant D \tag{7.6.26}$$

将上述三个不等式全部相加,有

$$\frac{1}{4m_a}(4m_a^2 + a^2) + \frac{1}{4m_b}(4m_b^2 + b^2) + \frac{1}{4m_c}(4m_c^2 + c^2) \leqslant 3D \tag{7.6.27}$$

在$\triangle ABA_2$中,利用余弦定理,有

$$c^2 = m_a^2 + \left(\frac{1}{2}a\right)^2 - am_a \cos \angle AA_2B \tag{7.6.28}$$

在$\triangle ACA_2$中,也利用余弦定理,有

$$b^2 = m_a^2 + \left(\frac{1}{2}a^2\right) - am_a \cos(\pi - \angle AA_2B) \tag{7.6.29}$$

将公式(7.6.28)和(7.6.29)两端分别相加,然后两端同时乘以2,有

$$2(b^2 + c^2) = 4m_a^2 + a^2 \tag{7.6.30}$$

完全类似地,还有

$$2(a^2 + c^2) = 4m_b^2 + b^2, \quad 2(a^2 + b^2) = 4m_c^2 + c^2 \tag{7.6.31}$$

将公式(7.6.30)和(7.6.31)代入不等式(7.6.27),有

$$\frac{1}{2m_a}(b^2 + c^2) + \frac{1}{2m_b}(a^2 + c^2) + \frac{1}{2m_c}(a^2 + b^2) \leqslant 3D \tag{7.6.32}$$

上式两端同时乘以2,题目结论成立.

四、在正$6n+1$边形中,将k个顶点染成红色,其余顶点染成蓝色.求证:具有同色顶点的等腰三角形的数目不依赖于染色的方法.

证明: 在正$6n+1$边形$A_1A_2 \cdots A_{6n}A_{6n+1}$中,任取一条边,为了简洁,不妨设$A_1A_2$. $\triangle A_{6n+1}A_1A_2, \triangle A_1A_2A_3, \triangle A_1A_2A_{3n+2}$是以$A_1A_2$为边的仅有的3个等腰三角形,当然这等腰三角形的顶点必须是这正$6n+1$边形的顶点.下面记$A_{6n+1+k} = A_k(1 \leqslant k \leqslant 6n)$.

另外,任取一条对角线$A_1A_j(3 \leqslant j \leqslant 6n)$,则$\triangle A_1A_jA_{2j-1}, \triangle A_{6n+3-j}A_1A_j$是两个以$A_1A_j$为一条边的等腰三角形.如果$j$是奇数,则$\triangle A_1A_{\frac{1}{2}(j+1)}A_j$是第3个等腰三角形.如果$j$是偶数,则$\triangle A_1A_jA_{3n+\frac{1}{2}j+1}$是第3个等腰三角形.没有其他的以$A_1A_j$为边,以正$6n+1$边形顶点为顶点的等腰三角形了.所以任取一条对角线,同任取一条边一样,也恰有3个等腰三角形,以正$6n+1$边形顶点为顶点,以这条对角线为一边.

有了这些预备知识以后,我们可以来证明本题了.在正$6n+1$边形内,我们分别将两个端点为两蓝,一蓝一红,两红的对角线和边的数目记为$\overline{BB}, \overline{BR}, \overline{RR}$,分别用$\overline{BBB}, \overline{BBR}, \overline{BRR}, \overline{RRR}$表示具有三个蓝顶点,两蓝一红顶点,一蓝两红顶点,三个红顶点的等腰三角形的数目.

利用本题开始时叙述的预备知识可以知道,在$\overline{BB}$数目的对角线和边中任取一条,有3个等腰三角形,以这条对角线或边作为等腰三角形的一条边.以正$6n+1$边形顶点为顶点,这些等腰三角形,可能属于$\overline{BBB}$之一,也可能属于$\overline{BBR}$之一.于是,我们有

$$3\overline{BB} = 3\overline{BBB} + \overline{BBR} \tag{7.6.33}$$

上式右端$\overline{BBB}$乘以3,是因为在左端$3\overline{BB}$数目的等腰三角形中,3个顶点全为蓝色的每个三角形都恰计算了3次.完全类似,有

$$3\overline{BR} = 2\overline{BBR} + 2\overline{BRR} \tag{7.6.34}$$

上式左端在$3\overline{BR}$数目的等腰三角形中,两蓝一红,两红一蓝的每个三角形都恰计算了两次.类似于公式(7.6.33),有

$$3\overline{RR} = 3\overline{RRR} + \overline{BRR} \tag{7.6.35}$$

将公式(7.6.33)和(7.6.35)相加,两端同时乘以 $\frac{1}{3}$,有

$$\overline{BB} + \overline{RR} = \overline{BBB} + \overline{RRR} + \frac{1}{3}(\overline{BBR} + \overline{BRR}) = \overline{BBB} + \overline{RRR} + \frac{1}{2}\overline{BR} \quad (7.6.36)$$

这里利用公式(7.6.34).

从上式,有

$$\overline{BBB} + \overline{RRR} = \overline{BB} + \overline{RR} - \frac{1}{2}\overline{BR} = C_{6n+1-k}^2 + C_k^2 - \frac{1}{2}(6n+1-k)k \quad (7.6.37)$$

上式右端数目只依赖于 n 与 k,与染色方法无关.

十一年级

一、设 a 和 b 是两个给定的正整数,使得 $\frac{a+1}{b} + \frac{b+1}{a}$ 是一个整数.求证:a 和 b 的最大公约数不超过 $\sqrt{a+b}$.

证明: 由于

$$\frac{a+1}{b} + \frac{b+1}{a} = \frac{1}{ab}(a^2 + b^2 + a + b) \quad (7.6.38)$$

设 a 和 b 的最大公约数是 d,ab 可被 d^2 整除.再由题目条件,$a^2 + b^2 + a + b$ 可被 d^2 整除,显然,$a^2 + b^2$ 可以被 d^2 整除,所以 $a + b$ 可以被 d^2 整除,从而有 $\sqrt{a+b} \geqslant d$.

二、在凸 100 边形内部,有 k 个给定点,$2 \leqslant k \leqslant 50$.求证:可以从这凸 100 边形中选择 $2k$ 个顶点,以这 $2k$ 个顶点为顶点作一个 $2k$ 边形,使得这给定的 k 个点全部落在这 $2k$ 边形内部.

证明: 给定一个有限点集 X,这点集内点不全在同一条直线上.我们将包含这有限点集 X 的全部点的面积最小凸多边形称为这点集 X 的一个"凸包".明显地,对于这点集 X,总存在一个多边形,以这点集内一部分(或全部)点为顶点,使得这点集内全部点都落在这多边形的内部或边上(包括顶点上),且这多边形的每个顶点都属于这点集.如果这多边形是凸的,那么它就是凸包,如果这多边形是凹的,我们总可以在它的顶点之间适当添加一些线段,使得有一个凸多边形,其内部或边上包含 X 内全部点.由于 X 是一个有限点集,两点之间连线总数有限.因此,以 X 内点为顶点的凸多边形总数有限,总有面积最小的一个,它就是凸包.因此,不共线有限点集总有一个凸包.

如果这 k 个给定点不全在同一条直线上,依照上面所述,设 $M = A_1 A_2 \cdots A_n$ 是所给定的 k 个点的一个凸包.由于点 $A_j (1 \leqslant j \leqslant n)$ 是属于这 k 个点组成的集合,所以点 $A_j (1 \leqslant j \leqslant n)$ 全部在这凸 100 边形内部.取 M 内部一点 O,延长每条线段 $OA_j (1 \leqslant j \leqslant n)$,使它与凸 100 边形的周界相交于点 $B_j (1 \leqslant j \leqslant n)$.明显地,$\triangle OA_j A_{j+1} (1 \leqslant j \leqslant n, A_{n+1} = A_1)$ 包含在 $\triangle OB_j B_{j+1}$ 内.所以 M 包含在多边形 $B_1 B_2 \cdots B_n$ 内部.每个点 $B_j (1 \leqslant j \leqslant n)$ 都在这凸 100 边形的边上,取出含有这些点 $B_j (1 \leqslant j \leqslant n)$ 的所有的边,并考察这些边的端点的集合,该集合中共有 $m \leqslant 2n \leqslant 2k$ 个点,我们再任意地补入这 100 边形的 $2k - m$ 个顶点,一共得到 $2k$ 个顶点,以这 $2k$ 个点为顶点所作的凸 $2k$ 边形,当然包含 M.

如果这 k 个给定点在同一条直线上,这条直线与凸 100 边形交于两条边 $A_j A_{j+1}$,$A_l A_{l+1}$ ($1 \leqslant j < l \leqslant 100$),这 k 个点必在凸四边形 $A_j A_{j+1} A_l A_{l+1}$ (如果 $j+1 < l$) 内,或在 $\triangle A_j A_{j+1} A_{l+1}$ (如果 A_{j+1} 就是 A_l) 内,再任意地补入 $2k - 4$ 或 $2k - 3$ 个凸 100 边形的顶点,这 $2k$ 个顶点组成一个凸 $2k$ 边形,它包含这在同一条直线上的 k 个点.

三、圆周 S_1 与 S_2 外切于点 F,它们的外公切线分别同圆 S_1 与 S_2 相切于点 A,B,一条平行于 AB 的直线与 S_2 相切于点 C,与 S_1 相交于点 D 和 E (图 7.46).求证:$\triangle ABC$ 与 $\triangle BDE$ 的外接圆的公共弦经过点 F.

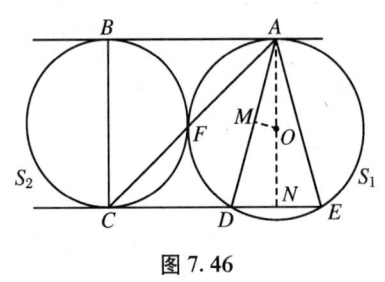

图 7.46

证明: 在九年级第二题中已证明 A, F, C 三点共线. 如果我们能证明 $\triangle ABC$ 的外接圆 Γ_1 和 $\triangle BDE$ 的外接圆 Γ_2 的圆心都在直线 AC 上, 圆 Γ_1 和 Γ_2 的公共弦是过点 B 的线段, 且这线段垂直于圆 Γ_1 和 Γ_2 的连心线 AC (如果能证明圆 Γ_1 与 Γ_2 的圆心不重合). 由于 BC 是圆 S_2 的一条直径, $\angle BFC = \dfrac{\pi}{2}$, $BF \perp AC$, 所以点 F 在圆 Γ_1 与圆 Γ_2 的公共弦上.

现在来证明 $\triangle ABC$ 的外接圆 Γ_1 和 $\triangle BDE$ 的外接圆 Γ_2 的圆心都在直线 AC 上, 且这两个圆心不重合.

显明地, 由于 $\angle ABC = \dfrac{\pi}{2}$, $\triangle ABC$ 的外接圆 Γ_1 的圆心是线段 AC 的中点.

对于圆 Γ_2, 由于 AB 是圆 S_1 的切线, 且 $AB \parallel CD$, 则
$$\angle AED = \angle BAD = \angle ADE \quad (7.6.39)$$
所以 $\triangle ADE$ 是一个等腰三角形
$$AD = AE \quad (7.6.40)$$
如果能证明
$$AD = AB \quad (7.6.41)$$
则点 A 就是 $\triangle BDE$ 的外接圆 Γ_2 的圆心, 则要证明的问题全部解决.

设圆 S_1 的半径是 R, 圆 S_2 的半径是 r, 显然, 利用题目条件, 有
$$AB = \sqrt{(R+r)^2 - (R-r)^2} = 2\sqrt{Rr} \quad (7.6.42)$$

过圆 S_1 的圆心 O, 分别作弦 ED 的中垂线 ON, AD 的中垂线 OM, 点 N, M 分别为垂足. 由于公式(7.6.40), 则 A, O, N 三点共线. $\text{Rt}\triangle AND$ 与 $\text{Rt}\triangle AMO$ 有一个公共锐角, 从而有
$$\text{Rt}\triangle AND \backsim \text{Rt}\triangle AMO, \quad \dfrac{AD}{AO} = \dfrac{AN}{AM} \quad (7.6.43)$$

利用 $AB \parallel CE$, 有
$$AN = BC = 2r, \quad AO = R \quad (7.6.44)$$
又知道
$$AM = \dfrac{1}{2}AD \quad (7.6.45)$$

将公式(7.6.44)和(7.6.45)代入公式(7.6.43), 有
$$\dfrac{1}{2}AD^2 = 2Rr, \quad 则 \quad AD = 2\sqrt{Rr} = AB \quad (7.6.46)$$

这里利用公式(7.6.42).

四、在一张无限大的方格纸的每一个小方格内填有一个实数. 考察两个各由有限个小方格构成的图形 G_1 和 G_2, 这两个图形可以沿着方格纸平移几个小方格(即平移前后点的横、纵坐标都只相差整数). 现在知道, 对于 G_1 的任何位置, 被它所盖住的所有小方格中的数的和都是正的. 求证: 存在着 G_2 的一个位置, 使得被它所盖住的数的和也是正的.

证明: 任取一个小方格, 将其中心记为 O, 以点 O 为原点, 建立直角坐标系, 使得坐标轴平行于方格纸, 并以小方格的边长作为单位长度. 当图形 G_1 和 G_2 固定在某两个位置上时, 将被它们所盖住的小方格的中心点分别记为 $A_1, A_2, \cdots, A_m$ 和 $B_1, B_2, \cdots, B_n$.

用 X 表示任一具有整数坐标的点, c 表示具有整数坐标(横、纵坐标都是整数)的任一向量. 将起点是原点 O, 写在向量 $OX + c$ 的终点为中心的小方格中的数记作 $9(X, c)$. 又记向量

$$\boldsymbol{OA}_i = \boldsymbol{a}_i (i = 1,2,\cdots,m), \quad \boldsymbol{OB}_j = \boldsymbol{b}_j (j = 1,2,\cdots,n) \tag{7.6.47}$$

显然,有

$$\boldsymbol{OA}_i + \boldsymbol{b}_j = \boldsymbol{a}_i + \boldsymbol{b}_j = \boldsymbol{OB}_j + \boldsymbol{a}_i \tag{7.6.48}$$

而在以向量 $\boldsymbol{OD} = \boldsymbol{a}_i + \boldsymbol{b}_j$ 的终点 D(向量起点是原点 O)为中心的小方格中的数只有一个. 于是,有

$$g(A_i, \boldsymbol{b}_j) = g(B_j, \boldsymbol{a}_i) \tag{7.6.49}$$

设将图形 G_1 和图形 G_2 自原来的位置平移了一个向量 $\boldsymbol{OX}$,即取平移前的任一点 A,点 A 平移后为点 B,满足 $\boldsymbol{OB} = \boldsymbol{OA} + \boldsymbol{OX}$. 平移后两图形所盖住的数的和分别记为 $S_1(X), S_2(X)$. 显然,点 $A_1, A_2, \cdots, A_m$ 平移后为向量 $\boldsymbol{OX} + \boldsymbol{a}_1, \boldsymbol{OX} + \boldsymbol{a}_2, \cdots, \boldsymbol{OX} + \boldsymbol{a}_m$ 的终点(起点都在原点 O). 我们有

$$S_1(X) = \sum_{i=1}^{m} g(X, \boldsymbol{a}_i) \tag{7.6.50}$$

类似地,有

$$S_2(X) = \sum_{j=1}^{n} g(X, \boldsymbol{b}_j) \tag{7.6.51}$$

利用上述公式,我们可以看到

$$\sum_{i=1}^{m} S_2(A_i) = \sum_{i=1}^{m} \sum_{j=1}^{n} g(A_i, \boldsymbol{b}_j) = \sum_{i=1}^{m} \sum_{j=1}^{n} g(B_j, \boldsymbol{a}_i) \text{(利用公式(7.6.49))}$$

$$= \sum_{j=1}^{n} S_1(B_j) \tag{7.6.52}$$

由题目条件可以知道 $S_1(B_j)(1 \leqslant j \leqslant n)$ 都是正实数,因为它恰是图形 G_1 在某个位置上所盖住的数的和,因此,$\sum_{i=1}^{m} S_2(A_i)$ 是正实数,从而至少有一个 $S_2(A_i)$ 为正实数,这恰是本题的结论.

第二天

九年级

五、求证:恒等式

$$\frac{a_1}{a_2(a_1+a_2)} + \frac{a_2}{a_3(a_2+a_3)} + \cdots + \frac{a_n}{a_1(a_n+a_1)} = \frac{a_2}{a_1(a_1+a_2)}$$

$$+ \frac{a_3}{a_2(a_2+a_3)} + \cdots + \frac{a_1}{a_n(a_n+a_1)}$$

证明: 显然,可以看到

题目等式左端 $= \left(\dfrac{1}{a_2} - \dfrac{1}{a_1+a_2}\right) + \left(\dfrac{1}{a_3} - \dfrac{1}{a_2+a_3}\right) + \cdots + \left(\dfrac{1}{a_n} - \dfrac{1}{a_{n-1}+a_n}\right) + \left(\dfrac{1}{a_1} - \dfrac{1}{a_n+a_1}\right)$

$= \left(\dfrac{1}{a_1} - \dfrac{1}{a_1+a_2}\right) + \left(\dfrac{1}{a_2} - \dfrac{1}{a_2+a_3}\right) + \cdots + \left(\dfrac{1}{a_n} - \dfrac{1}{a_n+a_1}\right)$

$=$ 题目等式右端 $\tag{7.6.53}$

六、正整数 1 到 1 000 分别以每卡一数写在 1 000 张卡片上. 每张卡片是单位正方形. 然后用这些卡片盖住排成一行的 1 994 个单位正方形中的 1 000 个单位正方形. 如果写着 n 的卡片的右侧有未被放卡片的单位正方形,则可将写着 $n+1$ 的卡片移过来盖住这单位正方形,称这为一次移动. 求证:这样移动的次数不可能超过 50 万次.

证明:由于移动的卡片上的数为 $n+1(n\in \mathbf{N}^+)$,所以写着1的卡片是不会被移动的.写着2的卡片至多可被移动一次,即当写着1的卡片右侧有未放卡片的单位正方形时.下面证明,写着正整数 $n(n=1,2,\cdots,1000)$ 的卡片至多被移动 $n-1$ 次.对 n 用数学归纳法,当 $n=1,2$ 时,上述结论成立.假设当 $n=k$ 时(k 是小于1000的某个正整数),写着正整数 k 的卡片至多被移动 $k-1$ 次.那么,当 $n=k+1$ 时,首先,当写着 k 的卡片右侧有未放卡片的单位正方形时,写着 $k+1$ 的卡片可以移到写着 k 的卡片的右侧.由归纳法假设,写着 k 的卡片至多被移动 $k-1$ 次,那么,对应地,与写着 k 的卡片相邻的写着 $k+1$ 的卡片还可以至多移动 $k-1$ 次,那么,写有 $n=k+1$ 的卡片至多可被移动 k 次.于是,写有1到1000的卡片的移动总次数记为 M,可以得到

$$M \leqslant 1+2+3+\cdots+998+999 = 999\times 500 < 500\,000(\text{次}) \tag{7.6.54}$$

七、 设 $ABCD$ 为梯形,$AB/\!/CD$,在其两腰 AD 和 BC 上分别存在点 P 和 Q,满足 $\angle APB=\angle CPD$,$\angle AQB=\angle CQD$(图7.47).求证:点 P 和 Q 到梯形二条对角线交点的距离相等.

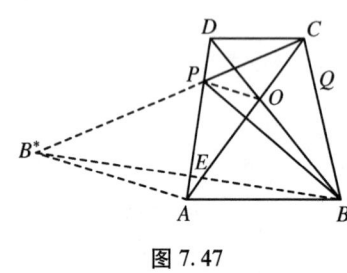

图 7.47

证明:过点 B 作 $BE\perp AD$,延长射线 BE 到点 B^*,使得 $B^*E=BE$.明显地,有

$$\angle CPD = \angle APB = \angle APB^* \tag{7.6.55}$$

于是 C,P,B^* 三点共线.

在 $\triangle APB$ 内,利用正弦定理,有,

$$\frac{BP}{\sin \angle PAB} = \frac{AB}{\sin \angle APB} \tag{7.6.56}$$

在 $\triangle PDC$ 中,也利用正弦定理,有

$$\frac{PC}{\sin \angle PDC} = \frac{CD}{\sin \angle CPD} \tag{7.6.57}$$

再由于题目条件,以及 $AB/\!/CD$,有

$$\angle PAB = \pi - \angle PDC \tag{7.6.58}$$

可以得到

$$\frac{BP}{AB} = \frac{PC}{CD} \tag{7.6.59}$$

又利用 $BP=B^*P$,有

$$\frac{B^*P}{PC} = \frac{AB}{CD} \tag{7.6.60}$$

设点 O 是梯形 $ABCD$ 的两条对角线的交点,利用 $\triangle ABO \backsim \triangle CDO$,有

$$\frac{AO}{OC} = \frac{AB}{CD} \tag{7.6.61}$$

利用公式(7.6.60)和(7.6.61),有

$$\frac{B^*P}{PC} = \frac{AO}{OC} \tag{7.6.62}$$

连接 OP,AB^*,有

$$OP/\!/AB^* \tag{7.6.63}$$

从而有

$$\triangle COP \backsim \triangle CAB^* \tag{7.6.64}$$

于是,可以得到

$$\frac{OP}{AB^*} = \frac{OC}{AC} \tag{7.6.65}$$

利用(7.6.61),有

$$\frac{AC}{OC} = \frac{AO + OC}{OC} = \frac{AB + CD}{CD} \tag{7.6.66}$$

利用公式(7.6.65)和(7.6.66),有

$$\frac{OP}{AB^*} = \frac{CD}{AB + CD} \tag{7.6.67}$$

从上式,有

$$OP = \frac{AB \cdot CD}{AB + CD} \tag{7.6.68}$$

完全类似地,有

$$OQ = \frac{AB \cdot CD}{AB + CD}, \quad OP = OQ \tag{7.6.69}$$

八、一张平面被两族平行直线划分为单位正方形,考虑由所分成的单位正方形形成的 $n \times n$ 的正方形.将其中至少有一条边位于 $n \times n$ 正方形边界上的所有单位正方形的并集称为这 $n \times n$ 正方形的边框.给定一个 100×100 的正方形,求证:恰有一个方法,利用 50 个正方形的不重叠的边框就能覆盖它.

证明: 在所给的 100×100 的正方形 $ABCD$ 的两条对角线 AC 和 BD 上共分布着 200 个两两不重叠的单位正方形(两个单位正方形至多可能有一条公共边),而每一个 $n \times n(n \in \mathbf{N}^+)$ 正方形的边框至多能盖住这上述 200 个单位正方形中的 4 个.题目要求用 50 个不重叠的正方形的边框盖住这 100×100 的正方形,那么,满足题目要求的 50 个正方形的每一个的边框都恰好盖住这 200 个单位正方形中的 4 个.即每一个正方形的边框盖住对角线 AC 上的两个单位正方形,也应盖住对角线 BD 上的两个单位正方形.

现在证明,正方形 $ABCD$ 的 4 个角上的单位正方形一定要为同一个正方形的边框所覆盖.为叙述简洁,我们将一个单位正方形为某个正方形的边框所覆盖,就称这个单位正方形属于这正方形的边框.如果顶点 A 和 C 所在的单位正方形属于同一个正方形的边框 K,并且它们位于这边框的相邻的边上,那么这正方形的边框 K 的这两条边的公共顶点 B 或 D 所在的单位正方形也应当属于 K.不妨设点 B 所在的单位正方形属于 K,利用正方形边框关于正方形中心的对称性,则点 D 所在的单位正方形也应当属于这正方形的边框 K,因而 K 盖住对角线 BD 上的两个单位正方形,这两个单位正方形,一个以点 B 为顶点,一个以点 D 为顶点.如果顶点 A 和 C 所在的单位正方形位于 K 的两条平行的边上,则 K 的每条边应当由 100 个单位正方形所组成,所以顶点 B 和 D 所在的单位正方形也应当属于这正方形的边框.最后,我们要指出,点 A 和点 C 所在的单位正方形不可能属于两个不同正方形的边框,这用反证法,如果点 A 和点 C 所在的单位正方形分别属于两个不同正方形的边框,由于这两个正方形的边框要盖住对角线 BD 上的两个单位正方形,那么,这两个正方形有必定重叠的边框,这与题目条件矛盾.

这样,要满足题目条件,必有一个正方形的边框盖住顶点 A, B, C, D 所在的 4 个单位正方形,100×100 的正方形,去掉这个正方形的边框,得到一个 98×98 的正方形 $A^* B^* C^* D^*$,类似上述讨论,必有一个正方形的边框,盖住顶点 A^*, B^*, C^*, D^* 所在的 4 个单位正方形,如此继续下去,题目结论成立.

十年级

五、求证:对于正整数 k, m 和 n,有 $[k, m][m, n][n, k] \geqslant [k, m, n]^2$,这里 $[a, b, \cdots, z]$ 表示正整数 $a, b, \cdots, z$ 的最小公倍数.

证明: 对 k, m, n 进行质因子分解,可以写成

$$k = p_1^{\alpha_1} p_2^{\alpha_2} \cdots p_t^{\alpha_t}, \quad m = p_1^{\beta_1} p_2^{\beta_2} \cdots p_t^{\beta_t}, \quad n = p_1^{\gamma_1} p_2^{\gamma_2} \cdots p_t^{\gamma_t} \tag{7.6.70}$$

这里 $p_1, p_2, \cdots, p_t$ 全是质数,$\alpha_j, \beta_j, \gamma_j (1 \leqslant j \leqslant t)$ 全是非负整数,显然有

$$[k,m] = p_1^{\max(\alpha_1,\beta_1)} p_2^{\max(\alpha_2,\beta_2)} \cdots p_t^{\max(\alpha_t,\beta_t)} \\ [m,n] = p_1^{\max(\beta_1,\gamma_1)} p_2^{\max(\beta_2,\gamma_2)} \cdots p_t^{\max(\beta_t,\gamma_t)} \\ [n,k] = p_1^{\max(\alpha_1,\gamma_1)} p_2^{\max(\alpha_2,\gamma_2)} \cdots p_t^{\max(\alpha_t,\gamma_t)} \Bigg\} \tag{7.6.71}$$

$$[k,m,n]^2 = p_1^{2\max(\alpha_1,\beta_1,\gamma_1)} p_2^{2\max(\alpha_2,\beta_2,\gamma_2)} \cdots p_t^{2\max(\alpha_t,\beta_t,\gamma_t)} \tag{7.6.72}$$

将 $\alpha_j,\beta_j,\gamma_j$ 中最小的一个记为 α_j^*,最大的一个记为 γ_j^*,剩余一个记为 β_j^*,则

$$\alpha_j^* \leqslant \beta_j^* \leqslant \gamma_j^* \ (1 \leqslant j \leqslant t) \tag{7.6.73}$$

从而可以得到

$$\max(\alpha_j,\beta_j) + \max(\beta_j,\gamma_j) + \max(\alpha_j,\gamma_j) = \max(\alpha_j^*,\beta_j^*) + \max(\beta_j^*,\gamma_j^*) + \max(\alpha_j^*,\gamma_j^*) \\ = \beta_j^* + 2\gamma_j^* \geqslant 2\gamma_j^* = 2\max(\alpha_j,\beta_j,\gamma_j) \tag{7.6.74}$$

所以本题结论成立.

六、函数 $f(x)$ 和 $g(x)$ 都定义在绝对值不超过 1 000 的所有整数的集合上,满足 $f(x) = g(y)$ 的所有整数对 (x,y) 的数目记为 m,满足 $f(x) = f(y)$ 的所有整数对 (x,y) 的数目记为 n,满足 $g(x) = g(y)$ 的所有整数对 (x,y) 数目记为 k. 求证: $2m \leqslant n + k$.

证明:设 a 是 $f(x)$ 的一个值,满足 $f(x) = a$ 的全部解 x 的个数记为 n_a(正整数),这里 x 是绝对值不超过 1 000 的整数. 满足 $g(y) = a$ 的全部解 y 的个数记为 k_a, k_a 非负整数. 这里 y 也是绝对值不超过 1 000 的整数,那么满足方程组

$$\begin{cases} f(x) = a \\ g(y) = a \end{cases} \tag{7.6.75}$$

的所有整数对 (x,y) 有 $n_a k_a$ 对. 满足方程组

$$\begin{cases} f(x) = a \\ f(y) = a \end{cases} \tag{7.6.76}$$

的所有整数对 (x,y) 有 n_a^2 对. 满足方程组

$$\begin{cases} g(x) = a \\ g(y) = a \end{cases} \tag{7.6.77}$$

的所有整数对 (x,y) 有 k_a^2 对.

利用

$$2n_a k_a \leqslant n_a^2 + k_a^2 \tag{7.6.78}$$

上式两端关于函数 f 的所有(有限)值 a 求和,立即有

$$2m \leqslant n + k \tag{7.6.79}$$

上式中利用题目条件及前面叙述,有

$$m = \sum_a n_a k_a, \quad n = \sum_a n_a^2, \quad k \geqslant \sum_a k_a^2 \tag{7.6.80}$$

这里 $\sum_a$ 表示关于函数 f 的所有(有限)值 a 求和.

七、圆 S_1,S_2,S_3 都与圆 S 外切,切点分别是 A_1,B_1,C_1,并且它们还分别与 $\triangle ABC$ 的两条边相切. 求证:三条直线 AA_1,BB_1 与 CC_1 相交于一点.

证明:我们利用位似变换来证明本题. 在一张平面上,给定一点 O,将点 x 变为同一平面上的点 x^* 具有下列性质的变换称为位似变换

$$Ox^* = kOx \tag{7.6.81}$$

这里 k 是固定的一个实数,既不等于零,也不等于1. 显然,点 O 在位似变换前后保持不变,点 O 称为位似中心,实数 k 称为位似系数,为叙述简洁,将以点 O 为位似中心,k 为位似系数的位似变换记为 H_O^k. 由公式(7.6.81),我们可以写

$$x^* = H_O^k(x) \tag{7.6.82}$$

位似变换有以下两个与本题相关的基本性质：

(1) 位似变换 H_O^k 将圆变为圆

设位似中心为坐标原点，圆 Γ 上点 x 坐标为 (x_1, y_1)，这里
$$(x_1 - a)^2 + (y_1 - b)^2 = R^2 \tag{7.6.83}$$
这里点 (a, b) 是圆 Γ 的圆心，R 是圆 Γ 的半径。利用公式 (7.6.81)，设位似变换后点 x 的像 $x^* = H_O^k(x)$ 坐标为 (x_1^*, y_1^*)，这里
$$x_1^* = kx_1, \quad y_1^* = ky_1 \tag{7.6.84}$$
利用公式 (7.6.83) 和 (7.6.84)，立即有
$$(x_1^* - ka)^2 + (y_1^* - kb)^2 = k^2 R^2 \tag{7.6.85}$$
因此，圆 Γ 在位似变换后的像是以点 (ka, kb) 为圆心，$|k|R$ 为半径的圆 Γ^*。这位似变换将圆 Γ 的圆心 (a, b) 映为圆 Γ^* 的圆心 (ka, kb)，且位似中心 O 在这两圆圆心的连线 (直线) 上。

(2) 已知两个位似变换 $H_{O_1}^{k_1}, H_{O_2}^{k_2}$，这里 O_1, O_2 是不同的两点，
$$H_{O_1}^{k_1}: \boldsymbol{O_1 x^*} = k_1 \boldsymbol{O_1 x}; \quad H_{O_2}^{k_2}: \boldsymbol{O_2 x^*} = k_2 \boldsymbol{O_2 x} \tag{7.6.86}$$
记
$$x^{**} = H_{O_2}^{k_2}(H_{O_1}^{k_1}(x)) \tag{7.6.87}$$
利用上面叙述，有
$$x^{**} = H_{O_2}^{k_2}(x^*), \quad x^* = H_{O_1}^{k_1}(x), \quad \boldsymbol{O_1 x^*} = k_1 \boldsymbol{O_1 x}, \quad \boldsymbol{O_2 x^{**}} = k_2 \boldsymbol{O_2 x^*} \tag{7.6.88}$$
取一个待定点 O^*，又取一个待定非零实数 k，满足
$$\boldsymbol{O^* x^{**}} = k \boldsymbol{O^* x} \tag{7.6.89}$$
利用公式 (7.6.88) 和 (7.6.89)，有
$$\boldsymbol{O^* O_2} + \boldsymbol{O_2 x^{**}} = k(\boldsymbol{O^* O_1} + \boldsymbol{O_1 x}) \tag{7.6.90}$$
以及
$$k\boldsymbol{O_1 x} = \boldsymbol{O^* O_2} - k\boldsymbol{O^* O_1} + \boldsymbol{O_2 x^{**}} = \boldsymbol{O^* O_1} + \boldsymbol{O_1 O_2} - k\boldsymbol{O^* O_1} + k_2(\boldsymbol{O_2 O_1} + \boldsymbol{O_1 x^*})$$
$$= (1-k)\boldsymbol{O^* O_1} + (1-k_2)\boldsymbol{O_1 O_2} + k_2 k_1 \boldsymbol{O_1 x} \tag{7.6.91}$$
在上式中，取点 x 为点 O_1，有
$$(1-k)\boldsymbol{O^* O_1} + (1-k_2)\boldsymbol{O_1 O_2} = \boldsymbol{O} \tag{7.6.92}$$
利用公式 (7.6.91) 和 (7.6.92)，有
$$k\boldsymbol{O_1 x} = k_2 k_1 \boldsymbol{O_1 x}, \quad \text{则} \quad k = k_2 k_1 \tag{7.6.93}$$
如果 $k_2 k_1$ 不等于 1，取点 O^* 满足
$$(1 - k_2 k_1)\boldsymbol{O^* O_1} + (1 - k_2)\boldsymbol{O_1 O_2} = \boldsymbol{O} \tag{7.6.94}$$
即取点 O^* 满足
$$\boldsymbol{O_1 O^*} = \frac{1 - k_2}{1 - k_2 k_1} \boldsymbol{O_1 O_2} \tag{7.6.95}$$
从上式可以知道点 O^* 在直线 $O_1 O_2$ 上，所以，利用上面叙述，当 $k_2 k_1$ 不等于 1 时，两个位似中心不同的位似变换 $H_{O_1}^{k_1}$ 与 $H_{O_2}^{k_2}$ 的复合变换 $H_{O_2}^{k_2} H_{O_1}^{k_1}$ 还是一个位似变换，且位似中心在直线 $O_1 O_2$ 上。有以上述位似变换的两个基本知识，下面来证明本题。

设 $\triangle ABC$ 的内切圆 S^* 的圆心是点 I，半径是 r，圆 S 的圆心是点 O，半径是 R (图 7.48)。如果点 O 与点 I 重合，则点 I (即点 O) 与 3 个圆 S_1, S_2, S_3 圆心的三条连线就是 $\triangle ABC$ 的三条内分角线，这三条内分角线显然就是 AA_1, BB_1, CC_1，则本题结论成立。

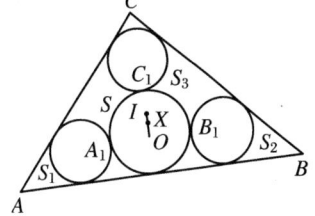

图 7.48

下面考虑点 I 与点 O 不重合情况. 设点 X 是线段 OI 上一点, 使得

$$\frac{OX}{XI} = \frac{R}{r} \tag{7.6.96}$$

记圆 S_1 的半径是 r_1, 又记

$$k_1 = \frac{r_1}{r}, \quad k_2 = -\frac{R}{r_1} \tag{7.6.97}$$

则

$$k_2 k_1 = -\frac{R}{r} \neq 1 \tag{7.6.98}$$

考虑两个位似变换 $H_A^{k}, H_{A_1}^{k}$ 的复合变换 $H_{A_1}^{k} H_A^{k}$, 利用前述位似变换的基本知识, 可以知道 $H_{A_1}^{k} H_A^{k}$ 也是一个位似变换. 利用公式 (7.6.95), 这个复合位似变换中心 O^* 应满足

$$AO^* = \frac{1-k_2}{1-k_2 k_1} AA_1 = \frac{r(r_1 + R)}{r_1(r + R)} AA_1 \tag{7.6.99}$$

这里利用公式 (7.6.97) 和 (7.6.98). 点 O^* 应在直线 AA_1 上. 再由公式 (7.6.89), 有

$$O^* x^{**} = -\frac{R}{r} O^* x \tag{7.6.100}$$

这里 $x^{**} = H_{A_1}^{k} H_A^{k}(x)$.

圆 S_1 的圆心 O_1 当然在直线 AI 上, 且

$$\frac{AO_1}{AI} = \frac{r_1}{r}, \quad AO_1 = \frac{r_1}{r} AI \tag{7.6.101}$$

利用公式 (7.6.97) 和上式, 有

$$H_A^{k_1}(I) = O_1 \tag{7.6.102}$$

又由于圆 S_1 的半径 r_1 是圆 S^* 半径 r 的 $\frac{r_1}{r}$ 倍, 利用公式 (7.6.97) 和位似变换基本性质 (1), 有

$$H_A^{k_1}(S^*) = S_1 \tag{7.6.103}$$

即 $H_A^{k_1}$ 将圆 S^* 映成圆 S_1.

完全类似地, 由于

$$A_1 O = -\frac{R}{r_1} A_1 O_1 = k_2 A_1 O_1 \tag{7.6.104}$$

这里利用公式 (7.6.97), 则

$$H_{A_1}^{k_2}(O_1) = O \tag{7.6.105}$$

利用位似变换基本性质 (1), $H_{A_1}^{k_2}$ 将以点 O_1 为圆心, r_1 为半径的圆 S_1 映成以点 O 为圆心, $|k_2|r_1 = R$ 为半径的圆 S. 所以, 利用公式 (7.6.103) 及上面叙述, 有

$$H_{A_1}^{k_2}(H_A^{k_1}(S^*)) = H_{A_1}^{k_2}(S_1) = S \tag{7.6.106}$$

由位似变换性质 (1), 上述复合位似变换 $H_{A_1}^{k_2} H_A^{k_1}$ 应当将圆 S^* 的圆心 I 映为圆 S 的圆心 O, 且这复合位似中心应在直线 OI 上.

由公式 (7.6.96) 和 (7.6.100), 有

$$XO = -OX = -\frac{R}{r} XI, \quad O^* O = -\frac{R}{r} O^* I \tag{7.6.107}$$

利用上面第一个公式, 有

$$XO = -\frac{R}{r}(XO + OI) \tag{7.6.108}$$

于是, 有

$$XO = -\frac{R}{R+r}OI \tag{7.6.109}$$

利用公式(7.6.107)的第二个公式,类似有

$$O^*O = -\frac{R}{R+r}OI \tag{7.6.110}$$

利用上二式,有点 X 重合于点 O^*,即位似变换 $H_{A_1}^k H_A^k$ 的位似中心是点 X,点 X 在线段 OI 上.由位似变换基本性质(2)可以知道点 X 必在直线 A_1A 上,即直线 AA_1 通过点 X.

完全类似证明直线 BB_1,直线 CC_1 都通过点 X,所以三条直线 AA_1,BB_1,CC_1 相交于一点 X.

八、某班共有 30 名学生,每一名学生在班内有同样多朋友.试问:比自己的大多数朋友的成绩都要好的学生最多可能有多少名?对于这班内任何两名同学,都可以比较成绩谁好些.

解:为叙述简洁,将自己成绩比大多数朋友都要好的学生称为优秀学生,设这班共有 x 名优秀学生.由题目条件,设每个学生各有 k 个朋友.班上任两个朋友 z_1,z_2 组成一个朋友对 (z_1,z_2).班上成绩最好的学生 z,在他的 k 个朋友对 $(z,z_i)(i=1,2,\cdots,k)$ 中 z 都是成绩最好的.而其余每个优秀学生 a_j 至少在 $\left[\dfrac{k}{2}\right]+1$ 个朋友对 $(a_j,b_{j_t})(t=1,2,\cdots,\left[\dfrac{k}{2}\right]+1)$ 中是成绩好的.因此,优秀学生们至少一共在 $k+(x-1)\left(\left[\dfrac{k}{2}\right]+1\right)$ 个朋友对中是成绩好的这个朋友对的数目不会超过班内朋友对总数 $\dfrac{1}{2}\times 30k=15k$.于是,可以看到

$$k+\frac{1}{2}(x-1)(k+1)\leqslant 15k \tag{7.6.111}$$

这里利用 $\left[\dfrac{k}{2}\right]+1\geqslant \dfrac{1}{2}(k+1)$,从而有

$$x\leqslant \frac{28k}{k+1}+1 \tag{7.6.112}$$

另一方面,设 a_1 是班内所有优秀学生中成绩最差.依照上面叙述,a_1 的成绩应比至少 $\left[\dfrac{k}{2}\right]+1$ 个同学的成绩好.而这些同学应属于 $30-x$ 个同学.所以,有

$$\frac{1}{2}(k+1)\leqslant 30-x \tag{7.6.113}$$

从而可以看到

$$k\leqslant 59-2x \tag{7.6.114}$$

当 $0<k<t$ 时,显然有

$$\frac{t}{t+1}-\frac{k}{k+1}=\frac{t-k}{(t+1)(k+1)}>0 \tag{7.6.115}$$

利用上二式,有

$$\frac{k}{k+1}\leqslant \frac{59-2x}{60-2x} \tag{7.6.116}$$

利用不等式(7.6.112)和(7.6.116),有

$$x\leqslant \frac{28(59-2x)}{60-2x}+1 \tag{7.6.117}$$

由于 $60-2x>0$,再利用上式,两端同时乘以 $60-2x$,并化简,有

$$x^2-59x+856\geqslant 0 \tag{7.6.118}$$

上式左端的两根是 $\dfrac{1}{2}(59+\sqrt{57})$,$\dfrac{1}{2}(59-\sqrt{57})$.第一个根大于 30,则

$$x \leqslant \frac{1}{2}(59 - \sqrt{57}) \tag{7.6.119}$$

再由于 x 是正整数,有

$$\max x = 25 \tag{7.6.120}$$

右侧列表证明优秀学生可以达到 25 个.将全班学生按成绩由好到差顺序依次编号为 1 到 30 号,并将全部同学排列成 6×5 的数表形式.

1	2	3	4	5
6	7	8	9	10
11	12	13	14	15
16	17	18	19	20
21	22	23	24	25
26	27	28	29	30

(1) 如果有两个学生处于相邻的行,但不属于同一列,例如学生 2 号与 8 号,学生 13 号与 17 号.

(2) 如果有两个学生处于同一列,但其中一个学生处于最后一行,例如学生 2 号与 27 号,学生 15 号与 30 号.

(3) 如果有两个学生在第一行,例如学生 1 号与 5 号.

规定满足以上(1)、(2)、(3)之一的两个学生是一个朋友对.

首先求 k.对第一行,例如以学生 1 号为例,他的全部朋友对是 $(1,2),(1,3),(1,4),(1,5),(1,26),(1,7),(1,8),(1,9),(1,10)$,所以对于学生 1 号(第 2 至第 5 号学生也类似),有

$$k = 9 \tag{7.6.121}$$

处于第 j 行($2\leqslant j\leqslant 5$)中第 i 列($1\leqslant i\leqslant 5$)的学生,他的全部朋友恰是(下述前一个为行数,后一个为列数)处于下述位置的同学:$(j-1,1),\cdots,(j-1,i-1),(j-1,i+1),\cdots,(j-1,5)$(共 4 个),类似第 $j+1$ 行也是 4 个.另加 $(6,i)$,也有公式(7.6.121).

对处于最后一行中第 i 列($1\leqslant i\leqslant 5$)的学生而言,在第 5 行有 4 个朋友,第 i 列有 5 个朋友,也满足公式(7.6.121).

容易看到从 1 号到 25 号同学都比他的至少 5 个朋友的成绩好.例如第 25 号同学,他的全部朋友是第 16,17,18,19,26,27,28,29,30 号学生,他恰比 5 个朋友的成绩好.

十一年级

五、给定正整数序列 $a_1,a_2,\cdots,a_n,\cdots$,其中 a_1 不是 5 的倍数,并且对于任何正整数 n,有 $a_{n+1}=a_n+b_n$,其中 b_n 是 a_n 的末位数.求证:这序列中有无限多项是 2 的幂次.

证明:由于 a_1 不是 5 的倍数,则 a_1 的末位数 b_1 既不是 0,也不是 5,则 $b_1\in\{1,2,3,4,6,7,8,9\}$,由题目条件,知道 $b_2\in\{2,4,6,8\}$,$b_3\in\{4,8,2,6\}$,$b_4\in\{8,6,4,2\}$,$b_5\in\{6,2,8,4\}$,$b_6\in\{2,4,6,8\}$.从上面叙述可以知道 b_6 与 b_2 完全一样.因此,$b_2,b_3,b_4,b_5,b_6,b_7,b_8,\cdots$ 必以 4 为周期.从而对任何大于 1 的正整数 n,有

$$\begin{aligned}a_{n+4} &= a_{n+3}+b_{n+3} = (a_{n+2}+b_{n+2})+b_{n+3} = (a_{n+1}+b_{n+1})+b_{n+2}+b_{n+3}\\ &= a_n+(b_n+b_{n+1}+b_{n+2}+b_{n+3}) = a_n+(2+4+6+8) = a_n+20\end{aligned} \tag{7.6.122}$$

于是,对任何正整数 k,反复利用上式,有

$$a_{n+4k} = a_n+20k \tag{7.6.123}$$

由于 $a_n,a_{n+1},a_{n+2},a_{n+3}$ 四项的末位数集合必为 $\{2,4,6,8\}$.所以这四项中必有两项为 $10m+2$ 和 $10m+4$ 形式,如果 m 是非负整数,这两数中必有一数是 4 的倍数,记这项为 a_{n_1},$a_{n_1}=4l,l\in\mathbf{N}^+$.$a_{n_1}$ 的末位数是 2 或 4.l 当然不是 5 的倍数.再利用公式(7.6.123),有

$$a_{n_1+4k} = a_{n_1}+20k = 4(l+5k) \tag{7.6.124}$$

这里 $k\in\mathbf{N}^+$.

下面证明在集合 $\{l+5k\mid k\in\mathbf{N}^+\}$ 中有无限多个元素为 2 的幂次.

考虑 2 的幂次序列,由于在 mod 5 意义下,有

$$2,4,8 \equiv 3, \quad 16 \equiv 1, \quad 32 \equiv 2, \quad 64 \equiv 4, \quad 128 \equiv 3, \quad 256 \equiv 1, \quad 等等 \quad (7.6.125)$$

所以 2 的幂次序列在 mod 5 意义下,余数成 2,4,3,1,2,4,3,1,…周期变化.由于 l 不是 5 的倍数,所以在 mod 5 意义下,l 必为 2,4,3,1 之一.因此,从上面叙述可以知道,有无限多个 2 的幂次除以 5 的余数与 l 除以 5 的余数相同,而小于固定数 l 的 2 的幂次只有有限个,因而有无限多个大于 l 的 2 的幂次,除以 5 的余数同 l 除以 5 的余数相同.而集合 $\{l+5k \mid k \in \mathbf{N}^+\}$ 是大于 l 的与 l 在 mod 5 意义下同余的全部正整数.因此,有无限多个 2 的幂次在这个集合中,即集合 $\{a_n \mid n \in \mathbf{N}^+\}$ 中有无限多个 2 的幂次.

六、 与十年级第六题相同.

七、 设四面体 $ABCD$ 的高 AA_1, BB_1, CC_1, DD_1 相交于四面体 $A_1B_1C_1D_1$ 的内切球的球心 H(图 7.49).求证:$ABCD$ 是正四面体(由四面体的顶点向相对的面所作的垂线上,位于顶点和垂足之间的线段称为四面体的高).

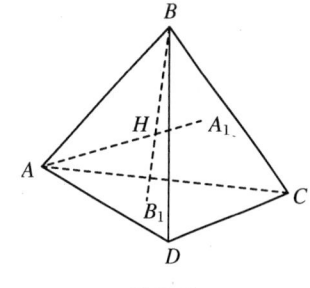

图 7.49

证明: $AA_1 \perp$ 平面 BCD,则 $AA_1 \perp CD$,又 $BB_1 \perp$ 平面 ACD,则 $BB_1 \perp CD$,所以 CD 垂直于两条直线 AA_1 和 BB_1 张成的平面 ABH.

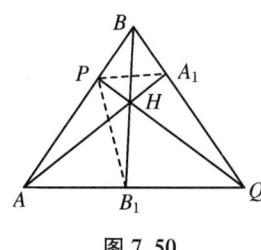

图 7.50

完全类似地,AB 垂直于平面 CDH,用 P 表示直线 AB 与平面 CDH 的交点,用 Q 表示直线 CD 与平面 ABH 的交点.平面 ABQ 就是平面 ABH.在 $\triangle ABQ$ 内,线段 AA_1, BB_1, QP 是三条高(图 7.50),必然有 $QH \perp AB$,又 QP(在平面 CDH 内)$\perp AB$,QP 当然在平面 ABQ 内,则 Q, H, P 三点共线.容易看到

$$\angle A_1 PH = \angle A_1 PQ = \angle A_1 AQ = \frac{\pi}{2} - \angle B_1 QB$$
$$= \angle B_1 BQ = \angle B_1 PQ \quad (7.6.126)$$

这里分别利用 A, Q, A_1, P 四点共圆和 B, P, B_1, Q 四点共圆.于是,射线 PA_1 与射线 PB_1 关于直线 PQ 是对称的.

因为平面 $ABH \perp$ 平面 CDH,平面 ABH 与平面 CDH 的交线是直线 PQ.所以射线 PA_1 与射线 PB_1 关于平面 CDH 是对称的.

由于点 H 是四面体 $A_1B_1C_1D_1$ 的内切球的球心,点 H 在平面 PC_1D_1 内(注意平面 PC_1D_1 就是平面 PCD,即平面 CDH).点 H 到平面 $A_1C_1D_1$ 的距离就是这内切球的半径,点 H 到平面 $B_1C_1D_1$ 的距离也为这内切球的半径,所以平面 $A_1C_1D_1$ 与平面 $B_1C_1D_1$ 关于平面 C_1D_1H(即平面 CDH)对称.当平面 $A_1C_1D_1$ 关于平面 CDH 对称到平面 $B_1C_1D_1$ 位置上时,线段 PA_1 应关于平面 CDH 对称到线段 PA_1^*,点 A_1^* 应在射线 PB_1 上.点 A_1 在平面 $A_1C_1D_1$ 内,则点 A_1^* 应在平面 $B_1C_1D_1$ 内.所以点 A_1^* 是射线 PB_1 与平面 $B_1C_1D_1$ 的交点,即点 A_1^* 必与点 B_1 重合.于是线段 PA_1 与线段 PB_1 关于平面 CDH 对称,有

$$PA_1 = PB_1 \quad (7.6.127)$$

利用公式(7.6.126)和(7.6.127),有

$$\triangle PA_1Q \cong \triangle PB_1Q \quad (7.6.128)$$

从而有

$$\angle BQP = \angle A_1QP = \angle B_1QP = \angle AQP \quad (7.6.129)$$

所以,QP 是 $\angle AQB$ 的内角平分线.又 $QP \perp AB$,因而有

$$\mathrm{Rt}\triangle AQP \cong \mathrm{Rt}\triangle BQP \quad (7.6.130)$$

从上式,有

$$QA = QB \tag{7.6.131}$$

由于平面 $ABQ \perp CD$,则 $BQ \perp CD$,$AQ \perp CD$.再利用公式(7.6.131),有

$$\text{Rt}\triangle DQA \cong \text{Rt}\triangle DQB \tag{7.6.132}$$

从而有

$$DA = DB \tag{7.6.133}$$

完全类似地,可以得到

$$DC = DB = BD = BC = CB = CA = AC = AB \tag{7.6.134}$$

四面体 $ABCD$ 的四个面都是正三角形,四面体 $ABCD$ 是一个正四面体.

八、A,B 两人在一张 1994×1994 方格的国际象棋棋盘上轮流跳动一枚棋子马,每次跳动,A 只能横向跳动这枚棋子马,从一个方格跳到横向的邻格中;B 只能纵向跳动马,将马从一个方格跳到纵向的邻格中.A 将这枚棋子放入一个方格,由此开始跳动第一步.在游戏中,不允许将这枚棋子马跳到它曾经到达过的方格中,谁不能再跳动这枚马,就算谁输.求证:A 有取胜策略.

证明:由于国际象棋棋盘方格总数有限,在游戏中,A,B 两人总有一人会取胜.

将国际象棋棋盘方格黑、白交换着色,马每跳一步,这枚棋子马必从一种颜色的方格跳到另一种颜色的方格内(图 7.51).下面我们给出 A 取胜的马的全部跳法.

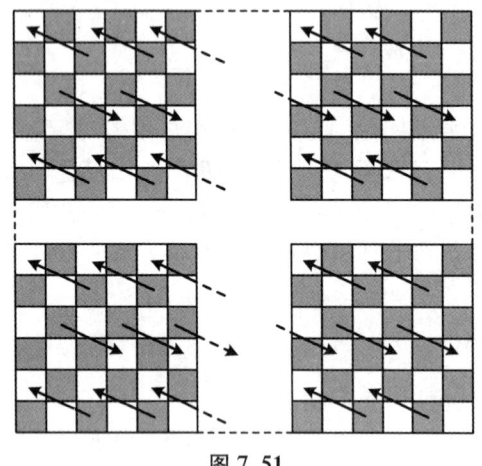

图 7.51

第 1,2 行,从第 2 行、第 3 列黑方格开始,作出一系列平行的箭头,每个箭头表示 A 跳这枚棋子马的路线.讲仔细一点,按国际象棋马的跳法规则,从第 2 行、第 3 列黑方格中心点 x 到第 1 行、第 1 列白方格中心点 y 的向量记为 a.分别从第 2 行的第 3 列、第 5 列、第 7 列、…、第 1 993 列黑方格中心点出发,作出一系列平行向量 a.在第 3,4 行,第 3 行的第 2 列、第 4 列、第 6 列、…、第 1 992 列黑方格的中心点出发,作出一系列平行向量 $-a$.

第 5,6 行作法同第 1,2 行,第 7,8 行作法同第 3,4 行,…,第 1 993,1 994 行作法同第 1,2 行.显然所有上述向量 a 与 $-a$ 表示的跳马路线无一重复.

开始时,A 将这枚棋子马放入上述跳法图中画箭头出发的一个黑方格内,由此依上述跳法图开始跳第一步.由于 B 只能纵向跳马,而且不能跳到这枚棋子马曾经跳过的方格中,那么 B 跳这枚马后,这枚棋子马必落在图中画有箭头出发点的黑方格内.因此,B 跳马后,A 总有马跳的路线.因此,A 按图 7.51 中路线跳马,A 必胜.

7.7 1994 年(第 43 届)捷克(和斯洛伐克)数学奥林匹克竞赛试题及解答

(本节题目由捷克领队 Karel Horak,副领队 Jaromir Simsa 赠送)

一、$\mathbf{N}^+$ 是所有正整数组成的集合.$f:\mathbf{N}^+ \to \mathbf{N}^+$ 是一个函数,满足下述不等式:对于任意 $x \in \mathbf{N}^+$,

$$f(x) + f(x+2) \leq 2f(x+1)$$

求证:在平面内存在一条直线,它包含无限多点 $(x, f(x))$.

证明: 对于 $\mathbf{N}^+$ 内任意元素 x,令
$$d(x) = f(x+1) - f(x) \tag{7.7.1}$$
再由题目条件,可以看到
$$d(x+1) = f(x+2) - f(x+1) \leqslant f(x+1) - f(x) = d(x) \tag{7.7.2}$$
即数列 $\{d(x) \mid x \in \mathbf{N}^+\}$ 是单调递降的.下面证明:对于 $\mathbf{N}^+$ 内任意元素 x,有
$$d(x) \geqslant 0 \tag{7.7.3}$$
利用反证法,如果有一个正整数 k,使得 $d(k) < 0$.由于 $d(k)$ 是一个整数,因而 $d(k) \leqslant -1$. 再利用公式 (7.7.2),有
$$d(k) \geqslant d(k+1) \geqslant d(k+2) \geqslant \cdots \geqslant d(k+n) \geqslant \cdots \tag{7.7.4}$$
这里 n 是任意正整数.于是,对于任意正整数 L,有
$$f(k+L+1) = \sum_{j=0}^{L}[f(k+j+1) - f(k+j)] + f(k) = \sum_{j=0}^{L} d(k+j) + f(k)$$
$$\leqslant (L+1)d(k) + f(k) \leqslant -(L+1) + f(k) \tag{7.7.5}$$
令 $L = f(k)$.上式左端是一个正整数,右端是 -1.显然,这是一个矛盾.因此,不等式 (7.7.3) 成立.利用不等式 (7.7.2) 和 (7.7.3),对于任意正整数 x,所有非负整数都在闭区间 $[0, d(1)]$ 内,那么,一定有无限多 $d(n)$ 等于 $[0, d(1)]$ 内同一个整数,即无限多个正整数 $n_1 < n_2 < \cdots < n_k < \cdots$,满足
$$d(n_1) = d(n_2) = \cdots = d(n_k) = \cdots = c \tag{7.7.6}$$
这里 c 是闭区间 $[0, d(1)]$ 内一个非负整数.再利用不等式 (7.7.2),对于大于等于 n_1 的任意一个正整数 n,首先,一定有上述一个正整数 $n_k \geqslant n$,以及可以看到
$$d(n_1) \geqslant d(n) \geqslant d(n_k), \quad \text{则} \quad d(n) = c \tag{7.7.7}$$
再利用公式 (7.7.1),可以看到,对于任意正整数 n,有
$$f(n_1 + n) - f(n_1) = \sum_{k=0}^{n-1}[f(n_1+k+1) - f(n_1+k)] = \sum_{k=0}^{n-1} d(n_1+k) = nc \tag{7.7.8}$$
于是,有无限多点 $\{(x, f(x)) \mid x \text{ 是大于等于 } n_1 \text{ 的任意正整数}\}$ 都位于直线
$$y = cx + f(n_1) - cn_1 \tag{7.7.9}$$
上.

二、一个体积为 V 的立方体内含一个凸多面体 M,M 到这个立方体的每个面的垂直投影就是这个面的全部.求多面体的体积的最小值.

解: 此立方体记为 $ABCDEFGH$,$ABCD$ 是一个面,AE, BF, CG, DH 是垂直于面 $ABCD$ 的棱. 由于 M 到这个立方体的每个面的垂直投影就是这个面的全部,因此,M 与这个立方体的每条棱的交集必定非空.因此,棱 DH 上必有 M 的点.在这立方体的每条棱上选择属于 M 的一点(由于这立方体有 12 条棱,那么每条棱上都有 M 的点).将 M 与立方体每条棱相交的点集都收缩到被选择的一点,对应地得到一个多面体 M^*,显然用 V 表示体积,有
$$V(M) \geqslant V(M^*) \tag{7.7.10}$$

下面来计算 M^* 的体积,它与立方体的每条棱恰相交于一点.即 M^* 是将立方体切去八个四面体而得到.这八个四面体分别以 A, B, C, D, E, F, G, H 为一个顶点(图 7.52).现在来求这被切去的八个四面体的体积之和.设棱 AE 上有点 Z,有两个被切去的四面体 $ZAYX, ZEUV$,点 Y, X 分别在棱 AD, AB 上,点 U, V 分别在棱

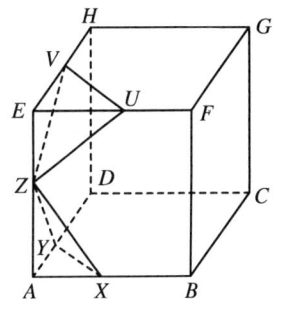

图 7.52

EF, EH 上.

设 $x = AX, y = AY, z = AZ, u = EU, v = EV, w = EZ, a = AB = AD = AE$, 那么, 有
$$z + w = a \tag{7.7.11}$$

另外, 可以看到 x, u, y, v 皆小于等于 a,
$$V(\text{四面体 } AXYZ) + V(\text{四面体 } EUVZ) = \frac{1}{6}xyz + \frac{1}{6}uvw \leqslant \frac{1}{6}a^2(z+w) = \frac{1}{6}a^3 \tag{7.7.12}$$

因此, 八个被切去的四面体利用上面方法两两配对, 得到这八个四面体的体积之和小于等于 $\frac{2}{3}a^3$. 从而, 有
$$V(M^*) \geqslant a^3 - \frac{2}{3}a^3 = \frac{1}{3}a^3 \tag{7.7.13}$$

$V(M^*) = \frac{1}{3}a^3$ 是可以达到的. 取 M 是四面体 $BDEG$, 这个四面体是棱长为 $\sqrt{2}a$ 的正四面体.
$$V(\text{正四面体 } BDEG) = \frac{1}{3} \cdot \frac{\sqrt{3}}{4}(\sqrt{2}a)^2 \sqrt{(\sqrt{2}a)^2 - \left(\frac{\sqrt{6}}{3}a\right)^2} = \frac{\sqrt{3}}{6}a^2\sqrt{2a^2 - \frac{2}{3}a^2} = \frac{1}{3}a^3 \tag{7.7.14}$$

四面体 $BDEG$ 当然满足题目条件. 所以, 所求多面体的体积的最小值是这立方体体积的 $\frac{1}{3}$.

三、在平面内, 画一个凸 1994 边形 M 连同它的一部分对角线, 使得 M 的每个顶点恰有所画的一条对角线. 画出的每条对角线分 M 为两部分, 其中边数较少的部分的边的数目定义为这条对角线的长. 用 $(d_1, d_2, \cdots, d_{997})$ 表示按非递增次序排列的画出的对角线长的序列.

问是否有对角线长的序列, 满足:

(1) $(d_1, d_2, \cdots, d_{997}) = (3, 3, \cdots, 3, 2, 2, \cdots, 2)$ (有 991 个 3, 6 个 2).

(2) $(d_1, d_2, \cdots, d_{997}) = (8, \cdots, 8, 6, \cdots, 6, 3, \cdots, 3)$ (有 4 个 8, 985 个 6, 8 个 3).

解: 我们将证明下述命题:

如果在一个凸 $2n$ 边形内选定 n 条对角线, 使得这 $2n$ 边形的每个顶点恰连一条对角线, 那么, 偶数长的对角线的数目一定是偶数.

对这 $2n$ 边形的全部顶点交替着色, 黑色与白色. 那么有 n 个白顶点, n 个黑顶点. 对于这 $2n$ 边形的每边的两个端点, 一个是白顶点, 一个是黑顶点. 利用题目条件, 连接相同颜色的两个顶点的对角线长是集合 $\{2, 4, 6, \cdots, 2\left[\frac{n}{2}\right]\}$ 内元素. 设有 k 条对角线是连接黑、白两色顶点的, 这里 k 是非负整数. 删除这 k 条对角线及其 $2k$ 个端点 (k 个黑顶点与 k 个白顶点), 那么还有 $2n - 2k$ 个顶点, 其中 $n - k$ 个白顶点, $n - k$ 个黑顶点. 由于每个顶点有且只有一条对角线通过, 则 $n - k$ 个白顶点必定两两配对, 从而 $n - k$ 必是偶数. 这每一对白顶点之间连一条对角线, 共连有 $\frac{1}{2}(n - k)$ 条对角线. 类似 $n - k$ 个黑顶点也必定两两配对, 连有 $\frac{1}{2}(n - k)$ 条对角线. 因此, 一共有 $n - k$ 条连接相同颜色的两个顶点的对角线, 这 $n - k$(偶数)条对角线中每条对角线长都是偶数, 所以上述命题成立.

利用上述命题, 即可知道满足 (2) 的对角线长序列不存在.

对于 (1), 用 $A_1, A_2, \cdots, A_{1994}$ 表示平面内凸 1994 边形的全部顶点, 作对角线 $A_1A_3, A_4A_6, A_7A_9, A_8A_{10}, A_{11}A_{13}, A_{12}A_{14}$, 这 6 条对角线全部长 2. 而对角线 $A_2A_5, A_{9+6j}A_{12+6j}, A_{10+6j}A_{13+6j}, A_{11+6j}A_{14+6j} (j = 1, 2, 3, \cdots, 330)$, 一共有 991 条长 3 的对角线, 这满足题目条件 (1). 所以

满足(1)的对角线长序列存在.

四、$\{a_n \mid n \in \mathbf{N}^+\}$ 是正整数的一个序列,使得对每个 n,$(a_n-1)(a_n-2)\cdots(a_n-n^2)$ 是一个正整数,且为 n^{n^2-1} 的倍数. 求证:对元素全为质数的任一有限集 P,下述不等式成立
$$\sum_{p \in P} \frac{1}{\log_p a_p} < 1$$

注:我已将此例移到第一章,解答见 1.3 节例 26.

五、AA_1,BB_1,CC_1 是一个锐角 $\triangle ABC$ 的三条高(点 A_1 在 BC 上,且 $AA_1 \perp BC$ 等等),H 是它们的交点(图 7.53). 如果 $\triangle AC_1H$,$\triangle BA_1H$,$\triangle CB_1H$ 有相等的面积,问 $\triangle ABC$ 是否为等边三角形?

证明:垂心 H 在锐角 $\triangle ABC$ 的内部,用 x,y,z 和 v 分别表示 $\triangle HBA_1$,$\triangle HBC_1$,$\triangle HCA_1$ 和 $\triangle HAB_1$ 的面积. 利用题目条件,有
$$S_{\triangle CB_1H} = S_{\triangle AC_1H} = x \tag{7.7.15}$$

考虑 $\triangle AC_1H$ 与 $\triangle HBC_1$ 的面积,有
$$\frac{AC_1}{C_1B} = \frac{x}{y} \tag{7.7.16}$$

又可以看到
$$\frac{AC_1}{C_1B} = \frac{S_{\triangle ACC_1}}{S_{\triangle BCC_1}} = \frac{2x+v}{x+y+z} \tag{7.7.17}$$

利用上二式,有
$$\frac{x}{y} = \frac{2x+v}{x+y+z} \tag{7.7.18}$$

化简上式,有
$$x(x+z) = y(x+v) \tag{7.7.19}$$

完全类似地,有
$$\frac{x+y+v}{2x+z} = \frac{AB_1}{B_1C} = \frac{v}{x} \tag{7.7.20}$$

$$\frac{2x+y}{x+z+v} = \frac{BA_1}{A_1C} = \frac{x}{z} \tag{7.7.21}$$

化简上二式,有
$$x(x+y) = v(x+z) \tag{7.7.22}$$
$$z(x+y) = x(x+v) \tag{7.7.23}$$

对于 3 个正实数 y,z,v,不妨设 y 为最大(z 最大或 v 最大类似可证),即
$$y \geqslant z, \quad y \geqslant v \tag{7.7.24}$$

因此,有
$$x+v \leqslant x+y \tag{7.7.25}$$

利用公式(7.7.23)和上式,有
$$z \leqslant x \tag{7.7.26}$$

又利用公式(7.7.22)和(7.7.24)的第一式,有
$$x \leqslant v \tag{7.7.27}$$

利用上二式,有
$$x+z \leqslant x+v, \quad 则 \quad x \geqslant y(\text{利用公式}(7.7.19)) \tag{7.7.28}$$

利用不等式(7.7.24),(7.7.27)和(7.7.28),有
$$y = x = v \tag{7.7.29}$$

利用公式(7.7.22)和上式,有
$$y = z \tag{7.7.30}$$
从上二式,有
$$x = y = z = v \tag{7.7.31}$$
于是可以得到点 C_1 是边 AB 的中点,点 A_1 是边 BC 的中点,点 B_1 是边 AC 的中点,$\triangle ABC$ 是一个等边三角形.

六、求证:在开区间$(0,1)$内一定能找到 4 对两两不同的正数$(a,b)(a\neq b)$,满足
$$\sqrt{(1-a^2)(1-b^2)} > \frac{a}{2b} + \frac{b}{2a} - ab - \frac{1}{8ab}$$

证明:开区间$(0,1)$内每一个正数都可以写成 $\cos\alpha$ 形式,这里 $\alpha\in\left(0,\frac{\pi}{2}\right)$,取
$$a = \cos\alpha, \quad b = \cos\beta, \quad \alpha,\beta\in\left(0,\frac{\pi}{2}\right) \tag{7.7.32}$$

利用上式,可以看到
$$ab + \sqrt{(1-a^2)(1-b^2)} = \cos(\alpha-\beta) \tag{7.7.33}$$

上式两端平方后,有
$$a^2b^2 + 2ab\sqrt{(1-a^2)(1-b^2)} + (1-a^2)(1-b^2) = \cos^2(\alpha-\beta) \tag{7.7.34}$$

上式移项后,可以得到
$$2ab\sqrt{(1-a^2)(1-b^2)} = \cos^2(\alpha-\beta) - 1 + a^2 + b^2 - 2a^2b^2 \tag{7.7.35}$$

上式两端乘以 $\frac{1}{2ab}$,有
$$\sqrt{(1-a^2)(1-b^2)} = \frac{1}{2ab}(\cos^2(\alpha-\beta)-1) + \frac{a}{2b} + \frac{b}{2a} - ab \tag{7.7.36}$$

因此,当 $0<|\alpha-\beta|<\frac{\pi}{6}$ 时,利用
$$\cos(\alpha-\beta) > \frac{\sqrt{3}}{2} \tag{7.7.37}$$

有
$$\cos^2(\alpha-\beta) - 1 > -\frac{1}{4} \tag{7.7.38}$$

代上式入公式(7.7.36),知道题目中不等式成立.因此在开区间$\left(0,\frac{\pi}{2}\right)$内,选择 4 对两两不同的角 α,β,满足不等式(7.7.37),再利用公式(7.7.32),得 4 对两两不同的正数$(a,b)(a\neq b)$满足题目中不等式.

7.8 1994 年越南数学奥林匹克竞赛试题及解答

(本节题目由越南领队 Duc Chinh Phan,副领队 Hung Thang Dang 赠送)

第一轮(第一天)

一、解方程组$(x,y,z\in\mathbf{R})$

$$\begin{cases} x^3 + 3x - 3 + \ln(x^2 - x + 1) = y \\ y^3 + 3y - 3 + \ln(y^2 - y + 1) = z \\ z^3 + 3z - 3 + \ln(z^2 - z + 1) = x \end{cases}$$

解:为了使更多的读者理解本题,我们对本题解释几句,然后解题.从3.1节例14知道,

$$f(k) = \left(1 + \frac{1}{k}\right)^k (k \in \mathbf{N}^+) \tag{7.8.1}$$

是单调递增有上界函数.因此,必有极限,用e表示这个极限,即

$$e = \lim_{k \to \infty} \left(1 + \frac{1}{k}\right)^k (k \in \mathbf{N}^+) \tag{7.8.2}$$

$e = 2.718\cdots$,$\log_e$ 简记为 $\ln$.

现在考虑本题.令

$$F(t) = t^3 + 3t - 3 + \ln(t^2 - t + 1)(t \in \mathbf{R}) \tag{7.8.3}$$

由题目条件,可以知道

$$F(x) = y, \quad F(y) = z, \quad F(z) = x \tag{7.8.4}$$

利用上式,有

$$F(F(F(x))) = x \tag{7.8.5}$$

为了避免出现导数运算,我们引入两个辅助极限等式.设 α 是一个不等于零的实常数,有

(1) $\lim\limits_{y \to \infty} \left(1 + \dfrac{\alpha}{y}\right)^y = e^\alpha (y \in \mathbf{R})$;

(2) $\lim\limits_{x \to 0} \dfrac{\ln(1 + \alpha x)}{x} = \alpha$.

证明:(1) 明显地,有

$$\left(1 + \frac{\alpha}{y}\right)^y = \left[\left(1 + \frac{1}{\frac{y}{\alpha}}\right)^{\frac{y}{\alpha}}\right]^\alpha \tag{7.8.6}$$

令

$$x = \frac{y}{\alpha} \tag{7.8.7}$$

则

$$\left(1 + \frac{\alpha}{y}\right)^y = \left[\left(1 + \frac{1}{x}\right)^x\right]^\alpha \tag{7.8.8}$$

当 y 为实数时,x 必为实数.利用$[x] \leqslant x < [x] + 1$,容易看到(当 $x > 0$ 时)

$$\left(1 + \frac{1}{[x]+1}\right)^{[x]} < \left(1 + \frac{1}{x}\right)^x < \left(1 + \frac{1}{[x]}\right)^{[x]+1} \tag{7.8.9}$$

当实数 $x \to \infty$ 时,正整数 $n = [x]$ 趋于 ∞,有

$$\lim_{x \to \infty}\left(1 + \frac{1}{[x]+1}\right)^{[x]} = \lim_{n \to \infty}\left(1 + \frac{1}{n+1}\right)^n = \lim_{n \to \infty}\frac{\left(1+\frac{1}{n+1}\right)^{n+1}}{1 + \frac{1}{n+1}} = e \tag{7.8.10}$$

另一方面,可以看到

$$\lim_{x \to \infty}\left(1 + \frac{1}{[x]}\right)^{[x]+1} = \lim_{n \to \infty}\left\{\left(1 + \frac{1}{n}\right)^n \left(1 + \frac{1}{n}\right)\right\} = e \tag{7.8.11}$$

利用上面三个公式,有

$$\lim_{x \to \infty}\left(1 + \frac{1}{x}\right)^x = e \tag{7.8.12}$$

利用公式(7.8.6),(7.8.7)和(7.8.8),当 $\alpha>0$ 时,有
$$\lim_{y\to\infty}\left(1+\frac{\alpha}{y}\right)^y = e^\alpha \tag{7.8.13}$$

当 $\alpha<0$ 时,由于 $y>0$,由公式(7.8.7),有 $x<0$,$y\to\infty$ 导致 $x\to-\infty$. 对于 $x<-1$,令
$$x^* = -x, \quad x^* > 1 \tag{7.8.14}$$

这时,有
$$\left(1+\frac{1}{x}\right)^x = \left(\frac{1}{1-\frac{1}{x^*}}\right)^{x^*} = \left(1+\frac{1}{x^*-1}\right)^{x^*} \tag{7.8.15}$$

利用上式,有
$$\lim_{x\to-\infty}\left(1+\frac{1}{x}\right)^x = \lim_{x^*\to\infty}\left\{\left(1+\frac{1}{x^*-1}\right)^{x^*-1}\left(1+\frac{1}{x^*-1}\right)\right\} = e(利用公式(7.8.12))$$
$$\tag{7.8.16}$$

利用公式(7.8.6),(7.8.7),(7.8.8)和(7.8.16),当 $\alpha<0$ 时,仍然有公式(7.8.13). 辅助极限等式(1)成立.

对于辅助极限等式(2),令
$$u = \frac{1}{\alpha x} \tag{7.8.17}$$

则利用辅助极限等式(1),特别是公式(7.8.16),有
$$\lim_{x\to 0}(1+\alpha x)^{\frac{1}{x}} = \lim_{\substack{u\to\infty \\ (或 u\to-\infty)}}\left\{\left(1+\frac{1}{u}\right)^u\right\}^\alpha = e^\alpha \tag{7.8.18}$$

利用上式,有
$$\lim_{x\to 0}\frac{\ln(1+\alpha x)}{x} = \lim_{x\to 0}\ln\{(1+\alpha x)^{\frac{1}{x}}\} = \alpha \tag{7.8.19}$$

因此,辅助极限等式(2)成立. 明显地,当 $\alpha=0$ 时,辅助极限等式(1)、(2)仍然有效. 有了这些辅助知识,我们来证明,当 $t^*>t$ 时,
$$F(t^*) > F(t) \tag{7.8.20}$$

利用公式(7.8.3),有
$$F(t^*) - F(t) = (t^{*3} - t^3) + 3(t^* - t) + \ln\frac{t^{*2} - t^* + 1}{t^2 - t + 1}$$
$$= (t^* - t)(t^{*2} + t^*t + t^2 + 3) + \ln\left(1 + \frac{(t^* - t)(t^* + t - 1)}{t^2 - t + 1}\right)$$
$$\tag{7.8.21}$$

令
$$x = t^* - t > 0 \tag{7.8.22}$$

则
$$\frac{(t^* - t)(t^* + t - 1)}{t^2 - t + 1} = \frac{x(x + 2t - 1)}{t^2 - t + 1} \tag{7.8.23}$$

记
$$\alpha(x) = \frac{x + 2t - 1}{t^2 - t + 1} \tag{7.8.24}$$

则
$$\lim_{x\to 0}\alpha(x) = \frac{2t - 1}{t^2 - t + 1} \tag{7.8.25}$$

记上式右端为 α.

利用公式(7.8.22),下面 $x>0$,但 x 很接近于零.令
$$\varepsilon(x) = \ln\left(1 + \frac{(t^* - t)(t^* + t - 1)}{t^2 - t + 1}\right) - \alpha x \tag{7.8.26}$$

于是,可以看到
$$\begin{aligned}\frac{\varepsilon(x)}{x} &= \frac{1}{x}\ln(1 + \alpha(x)x) - \alpha \text{ (利用公式(7.8.23) 和(7.8.24))} \\ &= \frac{1}{x}\ln\left(\frac{1 + \alpha(x)x}{1 + \alpha x}\right) + \frac{1}{x}\ln(1 + \alpha x) - \alpha \\ &= \frac{1}{x}\ln\left(1 + \frac{(\alpha(x) - \alpha)x}{1 + \alpha x}\right) + \frac{1}{x}\ln(1 + \alpha x) - \alpha\end{aligned} \tag{7.8.27}$$

而
$$\left(1 + \frac{(\alpha(x) - \alpha)x}{1 + \alpha x}\right)^{\frac{1}{x}} = \left(1 + \frac{x^2}{(t^2 - t + 1)(1 + \alpha x)}\right)^{\frac{1}{x}} \tag{7.8.28}$$

令
$$u = \frac{(t^2 - t + 1)(1 + \alpha x)}{x^2} \tag{7.8.29}$$

由上二式,有
$$\left(1 + \frac{(\alpha(x) - \alpha)x}{1 + \alpha x}\right)^{\frac{1}{x}} = \left\{\left(1 + \frac{1}{u}\right)^u\right\}^{\frac{x}{(t^2 - t + 1)(1 + \alpha x)}} \tag{7.8.30}$$

当 $x \to 0$ 时,$u \to \infty$,且 $\frac{x}{(t^2 - t + 1)(1 + \alpha x)} \to 0$,注意 $t^2 - t + 1 = \left(t - \frac{1}{2}\right)^2 + \frac{3}{4} > 0$,并且利用公式(7.8.12),有
$$\lim_{x \to 0}\left(1 + \frac{(\alpha(x) - \alpha)x}{1 + \alpha x}\right)^{\frac{1}{x}} = 1 \tag{7.8.31}$$

将上式,辅助极限等式(2)应用于公式(7.8.27),有
$$\lim_{x \to 0} \frac{\varepsilon(x)}{x} = 0 \tag{7.8.32}$$

利用公式(7.8.21),(7.8.22),(7.8.25)和(7.8.26),有
$$\begin{aligned}F(t^*) - F(t) &= x[(t + x)^2 + (t + x)t + t^2 + 3] + \frac{(2t - 1)x}{t^2 - t + 1} + \varepsilon(x) \\ &= x\left(3t^2 + 3 + \frac{2t - 1}{t^2 - t + 1}\right) + x^2(3t + x) + \varepsilon(x)\end{aligned} \tag{7.8.33}$$

由于
$$3t^2 + 3 + \frac{2t - 1}{t^2 - t + 1} = 3t^2 + 1 + \frac{2t^2 + 1}{t^2 - t + 1} \geqslant 3t^2 + 1 + \frac{2t^2 + 1}{\frac{3}{2}(t^2 + 1)} \text{(利用} |t| \leqslant \frac{1}{2}(t^2 + 1)\text{)}$$
$$\geqslant \frac{5}{3} \text{(利用} 2t^2 + 1 \geqslant t^2 + 1\text{)} \tag{7.8.34}$$

所以,当 $x>0$ 时,利用公式(7.8.33)和(7.8.34),并兼顾(7.8.22),有
$$F(t + x) - F(t) \geqslant x\left[\frac{5}{3} + x(3t + x) + \frac{\varepsilon(x)}{x}\right] \tag{7.8.35}$$

再利用公式(7.8.32),当 $x>0$,且 $x \to 0$ 时,上式右端显然大于零(注意 t 是固定实数).于是,有
$$F(t + x) > F(t) \tag{7.8.36}$$

对于任意 $t^* > t$,取很大的正整数 n,使得 $x = \frac{1}{n}(t^* - t)$ 非常接近于零,$t, t + x, t + 2x$,

$\cdots$, $t+nx \in [t, t^*]$. 不断地利用不等式(7.8.36),有
$$F(t^*) = F(t+nx) > F(t+(n-1)x) > F(t+(n-2)x) > \cdots > F(t+x) > F(t) \tag{7.8.37}$$

这就证明了 $F(t)$ 是一个单调递增函数. 于是, 当 $x > y$ 时, 有 $F(x) > F(y)$, $F(F(x)) > F(F(y))$, 则 $F(F(F(x))) > F(F(F(y)))$. 所以满足公式(7.8.5)的实数解 x 是唯一的. 由于 $F(x) = x$ 的解 x 肯定满足方程(7.8.5), 所以, 如果满足
$$F(x) = x \tag{7.8.38}$$
的解 x 存在, 它就是方程(7.8.5)的唯一解.

由于公式(7.8.3)和(7.8.38), 有
$$x^2 + 2x - 3 + \ln(x^2 - x + 1) = 0 \tag{7.8.39}$$

令
$$G(t) = t^2 + 2t - 3 + \ln(t^2 - t + 1)\ (t \in \mathbf{R}) \tag{7.8.40}$$

利用公式(7.8.3)与上式, 有
$$G(t) = F(t) - t \tag{7.8.41}$$

对于任意正实数 x, 利用不等式(7.8.35), 有
$$G(t+x) - G(t) = (F(t+x) - F(t)) - x \geq x\left[\frac{2}{3} + x(3t+x) + \frac{\varepsilon(x)}{x}\right] \tag{7.8.42}$$

所以当正实数 x 非常接近于零时, 同样有 $G(t+x) > G(t)$, $G(t)$ 也是单调递增函数. 所以, 至多只有一个实数 x, 满足
$$G(x) = 0 \tag{7.8.43}$$

由于 $G(1) = 0$, 所以满足方程(7.8.39)的解只有
$$x = 1 \tag{7.8.44}$$

再利用题目方程组, 立即有
$$y = 1, \quad z = 1 \tag{7.8.45}$$

所以本题只有公式(7.8.44)和(7.8.45)给出的一组解.

注: 由于考虑到绝大多数中学生没有学习过导数, 因此本题解答多了不少篇幅. 如果利用导数, 本题解答自然简洁不少.

二、给定一个 $\triangle ABC$, 点 A^* 是点 A 关于直线 BC 的对称点, 点 B^* 是点 B 关于直线 CA 的对称点, 点 C^* 是点 C 关于直线 AB 的对称点(图7.54). 求 $\triangle ABC$ 的充分必要条件, 使得 $\triangle A^*B^*C^*$ 是一个等边三角形.

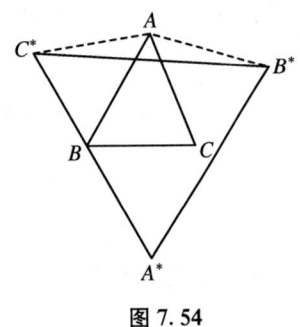

图 7.54

解: 利用题目条件, 有
$$\left. \begin{array}{ll} \angle CAB^* = \angle CAB, & AB^* = AB \\ \angle BAC^* = \angle BAC, & AC^* = AC \end{array} \right\} \tag{7.8.46}$$

依惯例, 分别用 a, b, c 表示边 BC, CA, AB 的长. 在 $\triangle AB^*C^*$ 中, 利用余弦定理及上面叙述, 有
$$B^*C^{*2} = AB^{*2} + AC^{*2} - 2AB^* \cdot AC^* \cos \angle B^*AC^*$$
$$= c^2 + b^2 - 2cb\cos 3A\ (可能 \angle B^*AC^* = 2\pi - 3A) \tag{7.8.47}$$

类似地, 有
$$A^*C^{*2} = a^2 + c^2 - 2ac\cos 3B \tag{7.8.48}$$
$$A^*B^{*2} = a^2 + b^2 - 2ab\cos 3C \tag{7.8.49}$$

利用题目条件，$\triangle A^* B^* C^*$ 是一个等边三角形，有
$$b^2 + c^2 - 2bc\cos 3A = a^2 + c^2 - 2ac\cos 3B = a^2 + b^2 - 2ab\cos 3C \qquad (7.8.50)$$
利用$\triangle ABC$的正弦定理，以及上式的第一个等式，有
$$\sin^2 B - \sin^2 A = 2\sin C(\sin B\cos 3A - \sin A\cos 3B) \qquad (7.8.51)$$
明显地，可以看到
$$\sin^2 B - \sin^2 A = \frac{1}{2}(1 - \cos 2B) - \frac{1}{2}(1 - \cos 2A) = \frac{1}{2}(\cos 2A - \cos 2B)$$
$$= -\sin C\sin(A - B) \qquad (7.8.52)$$
以及
$$\begin{aligned}\sin B\cos 3A - \sin A\cos 3B &= \sin B(4\cos^3 A - 3\cos A) - \sin A(4\cos^3 B - 3\cos B) \\ &= 4\sin B\cos^3 A - 4\sin A\cos^3 B + 3\sin(A - B) \\ &= 3\sin(A - B) + 4\sin B\cos A(1 - \sin^2 A) - 4\sin A\cos B(1 - \sin^2 B) \\ &= \sin(B - A) + 2\sin A\sin B(\sin 2B - \sin 2A) \\ &= \sin(B - A)(1 - 4\sin A\sin B\cos C) \end{aligned} \qquad (7.8.53)$$
代公式(7.8.52)和(7.8.53)入(7.8.51)，有
$$\sin(B - A)(1 - 8\sin A\sin B\cos C) = 0 \qquad (7.8.54)$$
完全类似地，利用公式(7.8.50)的第二个等式，有
$$\sin(B - C)(1 - 8\sin C\sin B\cos A) = 0 \qquad (7.8.55)$$
这里只须交换公式(7.8.54)中A与C即可．

利用公式(7.8.54)，有
$$\sin(B - A) = 0 \quad \text{或} \quad \sin A\sin B\cos C = \frac{1}{8} \qquad (7.8.56)$$
利用公式(7.8.55)，有
$$\sin(B - C) = 0 \quad \text{或} \quad \sin C\sin B\cos A = \frac{1}{8} \qquad (7.8.57)$$

下面分情况讨论：

① 当$\sin(B - A) = 0$和$\sin(B - C) = 0$时，显然有
$$\angle A = \angle B = \angle C \qquad (7.8.58)$$
$\triangle ABC$是一个等边三角形．

② 当$\sin(B - A) = 0$和$\sin C\sin B\cos A = \frac{1}{8}$时，从第一个等式，有
$$\angle B = \angle A \qquad (7.8.59)$$
由上式，有
$$\angle C = \pi - 2\angle A \qquad (7.8.60)$$
代公式(7.8.59)和(7.8.60)入第二个等式，有
$$\sin^2 2A = \frac{1}{4}, \quad \text{则} \quad \sin 2A = \frac{1}{2} \qquad (7.8.61)$$
这里利用公式(7.8.59)，知道$\angle A$是锐角．

于是，有
$$\angle A = \frac{\pi}{12} \quad \text{或} \quad \angle A = \frac{5\pi}{12} \qquad (7.8.62)$$
$\triangle ABC$是$\angle A = \angle B = \frac{\pi}{12}$的一个等腰三角形，或是$\angle A = \angle B = \frac{5\pi}{12}$的等腰三角形．

③ 当 $\sin A \sin B \cos C = \frac{1}{8}$ 和 $\sin(B-C) = 0$,完全类似②的讨论(只须将②中 A 与 C 互换),有△ABC 是 $\angle C = \angle B = \frac{\pi}{12}$ 的一个等腰三角形,或是 $\angle C = \angle B = \frac{5\pi}{12}$ 的等腰三角形.

④ 当 $\sin A \sin B \cos C = \frac{1}{8}$ 和 $\sin C \sin B \cos A = \frac{1}{8}$ 时,首先,有
$$\sin A \cos C = \sin C \cos A, \quad \sin(A-C) = 0, \quad \angle A = \angle C \tag{7.8.63}$$
利用上式,有
$$\angle B = \pi - 2\angle C \tag{7.8.64}$$
将上二式代入第一个等式,有
$$\sin^2 2C = \frac{1}{4}, \quad \sin 2C = \frac{1}{2} \tag{7.8.65}$$
完全类似上面叙述,知道△ABC 是 $\angle A = \angle C = \frac{\pi}{12}$ 的一个等腰三角形,或是 $\angle A = \angle C = \frac{5\pi}{12}$ 的等腰三角形.

综上所述,满足本题的全部解是:△ABC 是一个等边三角形,或△ABC 是顶角为 $\frac{\pi}{6}$ 或 $\frac{5\pi}{6}$ 的等腰三角形.请读者验证,这时△$A^*B^*C^*$的确为等边三角形.

三、a 是 $(0,1)$ 内一个实数,考虑由下述定义的数列 $\{x_n \mid n = 0, 1, 2, \cdots\}$, $x_0 = a$, $x_n = \frac{4}{\pi^2}\left(\arccos x_{n-1} + \frac{\pi}{2}\right)\arcsin x_{n-1}$ ($n = 1, 2, 3, \cdots$).求证:当 n 趋于无限时,数列 $\{x_n \mid n = 0, 1, 2, \cdots\}$ 有一个极限,并求这个极限.

证明:我们利用题目条件,容易看到 $x_n > 0$ ($n \in \mathbf{N}^+$),记
$$\arccos x_{n-1} = \theta, \quad \arcsin x_{n-1} = \psi \tag{7.8.66}$$
这里 $\theta \in \left[0, \frac{\pi}{2}\right)$, $\psi \in \left(0, \frac{\pi}{2}\right]$.利用上式,有
$$\cos \theta = x_{n-1} = \sin \psi = \cos\left(\frac{\pi}{2} - \psi\right) \tag{7.8.67}$$
由于 $\frac{\pi}{2} - \psi \in \left[0, \frac{\pi}{2}\right)$,从上式,有
$$\theta = \frac{\pi}{2} - \psi \tag{7.8.68}$$
于是,再利用题目条件,对于任一正整数 n,有
$$x_n = \frac{4}{\pi^2}\left(\arccos x_{n-1} + \frac{\pi}{2}\right)\left(\frac{\pi}{2} - \arccos x_{n-1}\right) = 1 - \frac{4}{\pi^2}\arccos^2 x_{n-1} \leqslant 1 \tag{7.8.69}$$
注:利用题目条件 $a_0 \in (0,1)$ 及上面叙述,本质上是用归纳法证明 $0 < x_n \leqslant 1$.

下面证明,对于任意一个正整数 n,有
$$x_n \geqslant x_{n-1} \tag{7.8.70}$$
如果上式成立,则 $\{x_n \mid n = 0, 1, 2, \cdots\}$ 是一个单调递增有上界的数列,则必有极限.利用公式 (7.8.69),如果能证明
$$\frac{\pi^2}{4}(1 - x_{n-1}) \geqslant \arccos^2 x_{n-1} \quad (n \in \mathbf{N}^+) \tag{7.8.71}$$
则不等式(7.8.70)成立.现在来证明不等式(7.8.71).利用公式(7.8.66)和(7.8.67),不等式(7.8.71)等价于
$$\frac{\pi^2}{4}(1 - \cos \theta) \geqslant \theta^2 \tag{7.8.72}$$

即证明
$$\cos\theta \leqslant 1 - \frac{4}{\pi^2}\theta^2 \tag{7.8.73}$$
这里 $\theta \in \left[0, \frac{\pi}{2}\right)$. 由于
$$1 - \cos\theta = 2\sin^2\frac{\theta}{2} \tag{7.8.74}$$
如果能证明当 $\theta \in \left[0, \frac{\pi}{2}\right]$ 时, 有
$$\sin\frac{\theta}{2} \geqslant \frac{\sqrt{2}}{\pi}\theta \tag{7.8.75}$$
则不等式(7.8.73)成立.

由于 $\frac{\theta}{2} \in \left[0, \frac{\pi}{4}\right)$, 作出 $y = \sin x \left(0 \leqslant x \leqslant \frac{\pi}{4}\right)$ 的图像. 显然, 这段正弦曲线在两点 $(0,0)$, $\left(\frac{\pi}{4}, \frac{\sqrt{2}}{2}\right)$ 连线段 L 的上方, 直线段 L 的方程是
$$y = \frac{2\sqrt{2}}{\pi}x, \quad x \in \left[0, \frac{\pi}{4}\right] \tag{7.8.76}$$
于是, 对于闭区间 $\left[0, \frac{\pi}{4}\right]$ 内的任一个实数 $\frac{\theta}{2}$, 过点 $\left(\frac{\theta}{2}, \sin\frac{\theta}{2}\right)$ 作直线垂直于 x 轴, 与线段 L 有一交点 $\left(\frac{\theta}{2}, \frac{\sqrt{2}}{\pi}\theta\right)$ (图 7.55). 由于这段正弦曲线在 L 上方, 于是, 有不等式(7.8.75). 因而不等式(7.8.70)成立.

因此, 有正实数 β, 满足
$$\beta = \lim_{n\to\infty} x_n \tag{7.8.77}$$
在公式(7.8.69)两端, 令 $n \to \infty$, 有
$$\beta = 1 - \frac{4}{\pi^2}\arccos^2\beta \tag{7.8.78}$$
令
$$t = \arccos\beta, \quad 0 \leqslant t < \frac{\pi}{2} \tag{7.8.79}$$
利用上二式, 有
$$\cos t = 1 - \frac{4}{\pi^2}t^2 \tag{7.8.80}$$
从上式, 有
$$\sin^2\frac{t}{2} = \frac{2}{\pi^2}t^2 \tag{7.8.81}$$
从上述不等式(7.8.75)取等号条件, 必有 $\theta = 0$ 或 $\theta = \frac{\pi}{2}$, 由于 $0 \leqslant t < \frac{\pi}{2}$, 则从公式(7.8.81)必导致
$$t = 0 \tag{7.8.82}$$
代上式入公式(7.8.79), 有
$$\beta = 1 \tag{7.8.83}$$

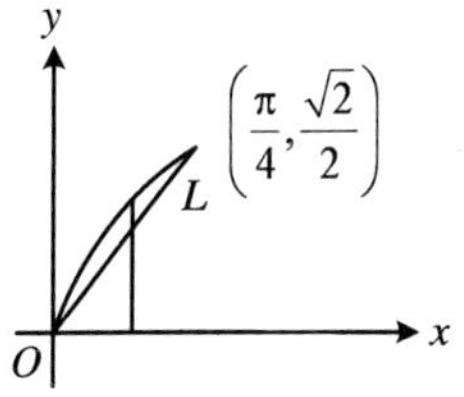

图 7.55

第一轮(第二天)

四、在凸多边形 $A_0 A_1 \cdots A_n (n \geqslant 3)$ 的顶点 A_0 上有 n 颗玻璃球, 其余顶点无球. 下述形式的

搬动称为一次转移:在点 A_i 上取一颗玻璃球,将它放在 A_i 相邻的一个顶点上,并同时在 A_j 上取一颗玻璃球,且将它放到 A_j 的一个相邻顶点上($i,j=0,1,2,\cdots,n$,允许 $i=j$).求 n 的所有值,使得经过适当的有限次转移后,在每个顶点 $A_1,A_2,\cdots,A_n$ 上恰有一颗玻璃球.

解:当 $n=2k(k\in \mathbf{N}^+)$ 时,在顶点 A_0 上取 2 颗玻璃球,将它分别放到顶点 A_1,A_{2k} 上.作为第一次玻璃球转移.A_1,A_{2k} 上两个玻璃球经过一次转移可同时搬动到顶点 A_2,A_{2k-1} 上(注意顶点下标和仍为 $2k+1$).于是,经过 $k-t+1$ 次转移后,这里 $t=1,2,\cdots,k$,A_0 上两颗玻璃球可以同时分别搬到顶点 A_{k-t+1} 和 A_{k+t} 上.分别取 $t=1,2,\cdots,k$.A_0 上 $2k$ 颗玻璃球经过总数为 m 次转移后,满足题目要求.这里

$$m=\sum_{t=1}^{k}(k-t+1)=\frac{1}{2}k(k+1) \qquad (7.8.84)$$

当 $n=2k+1(k\in \mathbf{N}^+)$ 时,对凸多边形 $A_0A_1\cdots A_n$ 的顶点交替染色,红色与蓝色.不妨将点 A_0 染成红色.任何两个相邻的顶点具有不同的颜色,在每次转移中,红顶点上的玻璃球搬到蓝顶点上,或蓝顶点上玻璃球搬到红顶点上.由于同时进行两个顶点上球的搬动,所以,在每次转移前后,放在同一颜色顶点上的玻璃球的数目和的奇偶性是不变的.如果经过有限次转移后,最后在顶点 $A_1,A_2,\cdots,A_{2k+1}$ 上分别有一颗玻璃球.开始时,在红顶点 A_0 上有 $2k+1$ 颗玻璃球.到最后,k 个红顶点上分别有一颗玻璃球.那么,$2k+1$ 与 k 具相同的奇偶性,即 k 必为奇数,那么,有正整数 m,使得 $k=2m-1$,这时 $n=4m-1$.

下面证明当 $n=4m-1(m\in\mathbf{N}^+)$ 时,能满足题目要求.在顶点 A_0 上取两颗球,第一次转移将这两颗球同时搬到顶点 A_1 上.第二次转移将顶点 A_1 上两颗玻璃球同时搬到顶点 A_2 上,$\cdots\cdots$,因此,经过 $2t$ 次转移后,可以将顶点 A_0 上两颗玻璃球,同时搬到顶点 A_{2t} 上,取 $t=1,2,\cdots,2m-1$,经过总数为 $2\sum_{t=1}^{2m-1}t=2m(2m-1)$ 次转移后,在顶点 $A_2,A_4,\cdots,A_{4m-2}$ 上分别有两颗玻璃球.在顶点 A_0 上尚剩一颗玻璃球,在顶点 $A_1,A_3,\cdots,A_{4m-1}$ 上无玻璃球.在顶点 $A_{4t}(t=0,1,2,\cdots,m-1)$ 上搬动一颗玻璃球到顶点 A_{4t+1} 上.在顶点 $A_{4t+2}(t=0,1,2,\cdots,m-1)$ 上搬动一颗玻璃球到顶点 A_{4t+3} 上.分别取 $t=0,1,2,\cdots,m-1$.再经过这 m 次转移后,在顶点 $A_1,A_2,\cdots,A_{4m-1}$ 上分别有一颗玻璃球.

综上所述,满足题目条件的所有正整数 n 为全体偶数和 $n=4m-1(m\in\mathbf{N}^+)$.

五、给定中心在点 O 的一个球面 S,S 的半径为 $R(R>0)$.通过点 O 的两个互相垂直的平面 P,Q 分别交球面 S 于两个圆(周)S_P,S_Q.求四条高交于一点(垂心)的四面体 $ABCD$ 的垂心的轨迹,这里 $\triangle BCD$ 的外接圆为 S_P,点 A 在圆(周)S_Q 上.

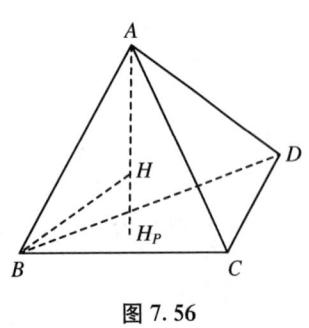

图 7.56

解:设四面体 $ABCD$ 的垂心为点 H,点 H 到平面 P 的垂足为 H_P(图 7.56).由于 BH 垂直平面 ACD,则 $BH\perp CD$,又 $AH_P\perp CD$,所以 CD 垂直平面 ABH_P.$BH_P\perp CD$.同理,有 $CH_P\perp BD$,于是点 H_P 是 $\triangle BCD$ 的垂心.反之,如果点 A 到平面 BCD 的垂足 H_P 是 $\triangle BCD$ 的垂心,那么,CD 垂直平面 ABH_P.顶点 B 到平面 ACD 的垂线必垂直于 CD,因此,这垂线必在平面 ABH_P 内,这垂线交 AH_P 于点 H.连接 CH,CH_P,由于 $CH_P\perp BD$,$AH_P\perp BD$,则 BD 垂直平面 ACH_P,$BD\perp CH$.又 $AH_P\perp BC$,$DH_P\perp BC$,则 BC 垂直平面 ADH_P,$BC\perp AD$.又 $BH\perp AD$(因为 BH 垂直平面 ACD),则 AD 垂直平面 BCH.$AD\perp CH$,于是 CH 垂直平面 ABD(前面已证 $BD\perp CH$).同理,DH 垂直平面 ABC.所以,四面体 $ABCD$ 的四条高交于一点 H(垂心).

设直线 BH_P 和 CD 交于点 E,球心 O 是 $\triangle BCD$ 的外接圆 S_P 的圆心,延长 BE 交 $\triangle BCD$ 的外接圆于点 F,连接 CF(图 7.57).由于

$$\angle DCH_P = \angle DBH_P = \angle DBF = \angle DCF \qquad (7.8.85)$$

所以直角 $\triangle H_P CE$ 与直角 $\triangle FCE$ 全等，$H_P E = EF$. 连接直线 OH_P，交 $\triangle BCD$ 的外接圆 S_P 于两点，那么，有

$$\begin{aligned} BH_P \cdot H_P F &= (H_P O + R)(R - H_P O) = R^2 - H_P O^2 \\ &= AO^2 - H_P O^2 = AH_P^2 \end{aligned} \qquad (7.8.86)$$

利用上面叙述，有

$$2 BH_P \cdot H_P E = AH_P^2 \qquad (7.8.87)$$

在 $\triangle ABE$ 内，$BH \perp AE$（因为 AE 在平面 ACD 内），所以点 H 是 $\triangle ABE$ 的垂心（图 7.58）. 由于

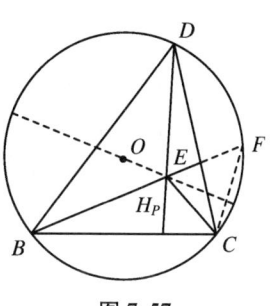

图 7.57

$$\angle BAH_P = \angle H_P EH \qquad (7.8.88)$$

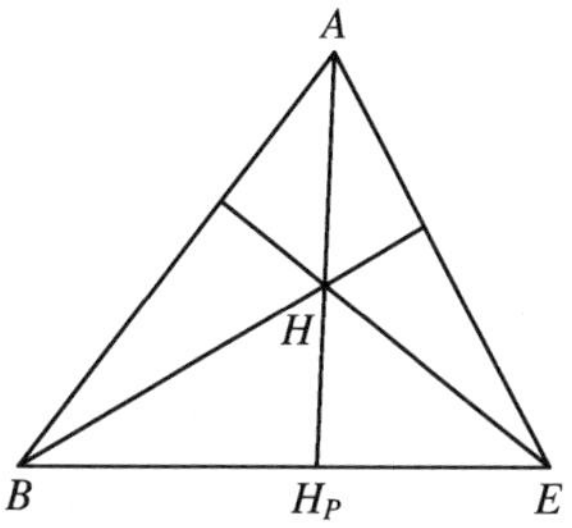

则直角 $\triangle BAH_P$ 相似于直角 $\triangle HEH_P$，从而有

$$\frac{BH_P}{H_P H} = \frac{AH_P}{H_P E} \qquad (7.8.89)$$

利用公式 (7.8.87) 和 (7.8.89)，有

$$AH_P = 2 H_P H \qquad (7.8.90)$$

点 H 是线段 AH_P 的中点.

圆（周）S_P 与 S_Q 相交于两点 X,Y，点 A 的轨迹是 $S_Q - \{X, Y\}$. 在圆 S_Q 所在的平面内写出圆 S_Q 的方程：

$$x^2 + y^2 = R^2 \qquad (7.8.91)$$

这里点 O 为坐标原点，点 X, Y 坐标分别为 $(-R, 0), (R, 0)$.

图 7.58

设点 A 坐标为 (x, y)，利用公式 (7.8.90)，则点 H 坐标为 $\left(x, \dfrac{y}{2}\right)$（这里 y 轴平行于 AH 直线，且 HA 就是 y 轴的正方向）. 于是点 H 流动坐标 (x^*, y^*) 满足

$$x^* = x, \quad y^* = \frac{1}{2} y \qquad (7.8.92)$$

将上式代入公式 (7.8.91)，有

$$\frac{x^{*2}}{R^2} + \frac{y^{*2}}{\left(\dfrac{R}{2}\right)^2} = 1 \qquad (7.8.93)$$

如果我们能够证明，给定一条直径 XY 内部一点 H_P，一定存在圆 S_P 一个内接 $\triangle BCD$，以点 H_P 为 $\triangle BCD$ 的垂心，则所求点 H 的轨迹是长半轴为 R，短半轴为 $\dfrac{R}{2}$ 的一个椭圆（图 7.59）. 但 $(-R, 0)$ 与 $(R, 0)$ 两点不在轨迹内（即点 X, Y 不在轨迹内）.

利用 5.3 节例 7 公式 (5.3.105)，有 H_P 是 $\triangle BCD$ 的垂心，当且仅当

$$OH_P = OB + OC + OD \qquad (7.8.94)$$

这里球心点 O 是 $\triangle BCD$ 的外心.

在圆 S_P 所在的平面内，以圆 S_P 的圆心 O 为原点，直径 XY 所在直线为 x 轴，建立直角坐标系. 设点 H_P 坐标为 $(R \cos t, 0)$，这里 $t \in (0, \pi)$. 设点 D 坐标为 $(R \cos t, R \sin t)$，点 B 坐标为 $(-R \cos \theta, -R \sin \theta)$，点 C 坐标为 $(R \cos \theta, -R \sin \theta)$，这里 $\theta \in \left(0, \dfrac{\pi}{2}\right)$，$\theta$ 是一个待定常数. 利用公式 (7.8.94)，应当有

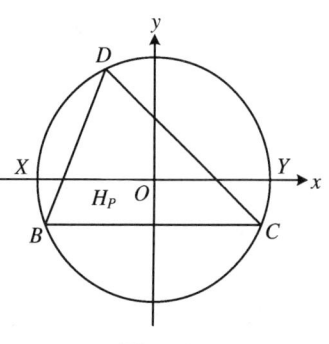

图 7.59

$$\sin t - 2\sin\theta = 0, \quad \theta = \arcsin\left(\frac{1}{2}\sin t\right) \tag{7.8.95}$$

θ 唯一确定,至此本题解决. 当然以点 H_P 为垂心的 $\triangle BCD$ 不一定唯一.

六、 是否存在多项式 $P(x), Q(x), T(x)$ 同时满足下述条件:

(1) $P(x), Q(x)$ 和 $T(x)$ 的每个系数都是正整数;

(2) $T(x) = (x^2 - 3x + 3)P(x) = \left(\dfrac{x^2}{20} - \dfrac{x}{15} + \dfrac{1}{12}\right)Q(x)$.

解: 题目中条件(2)等价于下述等式

$$60T(x) = 60(x^2 - 3x + 3)P(x) = (3x^2 - 4x + 5)Q(x) \tag{7.8.96}$$

由于一元二次多项式 $60(x^2 - 3x + 3)$ 与 $3x^2 - 4x + 5$ 没有公共根,所以问题转化为寻找一个整系数多项式 $S(x)$,使得

$$\left.\begin{array}{l} P(x) = (3x^2 - 4x + 5)S(x) \\ Q(x) = 60(x^2 - 3x + 3)S(x) \end{array}\right\} \tag{7.8.97}$$

利用公式(7.8.96)和(7.8.97),有

$$T(x) = (3x^2 - 4x + 5)(x^2 - 3x + 3)S(x) \tag{7.8.98}$$

由于题目只要求寻出相应的一组解(不是求全部解),那么自然地从最简单的多项式开始试. 取

$$S(x) = (x + 1)^n \tag{7.8.99}$$

这里正整数 n 待定. 将上式代入公式(7.8.97),有

$$P(x) = (3x^2 - 4x + 5)(x^n + C_n^1 x^{n-1} + C_n^2 x^{n-2} + \cdots + C_n^{n-1} x + 1)$$

$$= 3x^{n+2} + (3C_n^1 - 4)x^{n+1} + \sum_{k=1}^{n-1}(3C_n^{k+1} - 4C_n^k + 5C_n^{k-1})x^{n-k+1} + (5C_n^{n-1} - 4)x + 5 \tag{7.8.100}$$

上式右端当正整数 $n \geq 2$ 时,$3C_n^1 - 4, 5C_n^{n-1} - 4$ 都是正整数. 对于 $k = 1, 2, \cdots, n-1$,有

$$3C_n^{k+1} - 4C_n^k + 5C_n^{k-1}$$

$$= \frac{n!}{(k+1)!(n-k+1)!}[3(n-k)(n-k+1) - 4(k+1)(n-k+1) + 5k(k+1)]$$

$$= \frac{n!}{(k+1)!(n-k+1)!}(3n^2 - 10kn + 12k^2 - n + 2k - 4) \tag{7.8.101}$$

令

$$f(n) = 3n^2 - (10k+1)n + (12k^2 + 2k - 4) \tag{7.8.102}$$

视 k 为一个参数,上式关于 n 的一元二次多项式的判别式

$$\Delta = (10k+1)^2 - 12(12k^2 + 2k - 4) = -4(11k^2 + k) + 49 \tag{7.8.103}$$

当 $k \geq 2$ 时,$\Delta < 0$,因而,当 $k \geq 2$ 时,有

$$f(n) > 0 \tag{7.8.104}$$

特别地,当 $n \geq 3$ 时,对于 $k = 2, 3, \cdots, n-1$,不等式(7.8.104)成立. 当 $k = 1$ 时,利用公式(7.8.102),有

$$f(n) = 3n^2 - 11n + 10 \tag{7.8.105}$$

当正整数 $n \geq 3$ 时,对于 $k = 1$,显然不等式(7.8.104)仍然成立.

所以,综上所述,当正整数 $n \geq 3$ 时,$P(x)$ 的各项系数全是正整数.

由公式(7.8.97)和(7.8.99),有

$$\frac{1}{60}Q(x) = (x^2 - 3x + 3)(x+1)^n = (x^2 - 3x + 3)(x^n + C_n^1 x^{n-1} + C_n^2 x^{n-2} + \cdots + C_n^{n-1} x + 1)$$

$$= x^{n+2} + (C_n^1 - 3)x^{n+1} + \sum_{k=1}^{n-1}(C_n^{k+1} - 3C_n^k + 3C_n^{k-1})x^{n-k+1} + (3C_n^{n-1} - 3)x + 3$$
(7.8.106)

当正整数 $n \geq 4$ 时，x^{n+1} 与 x 的系数都是正整数. 另外, 还可以看到
$C_n^{k+1} - 3C_n^k + 3C_n^{k-1}$

$$= \frac{n!}{(k+1)!(n-k+1)!}[(n-k)(n-k+1) - 3(k+1)(n-k+1) + 3k(k+1)]$$

$$= \frac{n!}{(k+1)!(n-k+1)!}[n^2 - (5k+2)n + (7k^2 + 2k - 3)] \tag{7.8.107}$$

令
$$f^*(n) = n^2 - (5k+2)n + (7k^2 + 2k - 3) \tag{7.8.108}$$

这里同样视 k 为参数. 上式 $f^*(n)$ 的一元二次多项式的判别式

$$\Delta = (5k+2)^2 - 4(7k^2 + 2k - 3) = -3k(k-4) + 16 \tag{7.8.109}$$

当 $k \geq 6$ 时, $\Delta < 0$. 因此, 当正整数 $n \geq 7$ 时, 对于 $k = 6, 7, \cdots, n-1$, 有
$$f^*(n) > 0 \tag{7.8.110}$$

利用公式 (7.8.108), 我们可以看到

$$\left.\begin{array}{l}当 k = 1 时, f^*(n) = (n-1)(n-6) \\ 当 k = 2 时, f^*(n) = n^2 - 12n + 29 \\ 当 k = 3 时, f^*(n) = (n-6)(n-11) \\ 当 k = 4 时, f^*(n) = (n-9)(n-13) \\ 当 k = 5 时, f^*(n) = (n-13)(n-14)\end{array}\right\} \tag{7.8.111}$$

所以, 当正整数 $n \geq 15$ 时, 对于 $k = 1, 2, \cdots, n-1$, 始终有不等式 (7.8.110). 于是, 当正整数 $n \geq 15$ 时, 可以看到 $\frac{1}{60}Q(x)$ 是具正整数系数的多项式. 在公式 (7.8.99) 中, 取 $n = 18$. 有

$$\left.\begin{array}{l}P(x) = (3x^2 - 4x + 5)(x+1)^{18} \\ Q(x) = 60(x^2 - 3x + 3)(x+1)^{18} \\ T(x) = [(3x^2 - 4x + 5)(x+1)^3][(x^2 - 3x + 3)(x+1)^{15}]\end{array}\right\} \tag{7.8.112}$$

从上述证明可以知道 $P(x), Q(x), T(x)$ 都是具有正整数系数的多项式. 实际上, 令

$$S(x) = (x+1)^{18+n} \tag{7.8.113}$$

这里 n 是任一非负整数. 相应地 $P(x), Q(x)$ 和 $R(x)$ 都是具有正整数系数的多项式.

第二轮

(越南代表队选拔赛 第一天)

一、给定一个平行四边形 $ABCD$, E 是边 BC 上一点, F 是边 CD 上一点, 使得 $\triangle ABE$ 和 $\triangle BCF$ 有相等的面积. 对角线 BD 交 AE 于点 M, 交 AF 于点 N (图 7.60). 求证:

(1) 存在一个三角形, 它的三边分别等于 BM, MN, ND;

(2) 当 E, F 变动时, 使得 MN 的长度减少, 上述 (1) 中三角形的外接圆半径也减少.

证明: (1) 明显地, 有

$$\frac{S_{\triangle ABE}}{S_{\triangle ABCD}} = \frac{BE}{BC} \tag{7.8.114}$$

$$\frac{S_{\triangle BCF}}{S_{\triangle ABCD}} = \frac{CF}{CD} \tag{7.8.115}$$

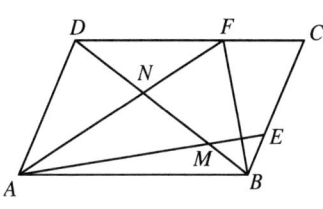

图 7.60

利用题目条件以及上二式,有

$$\frac{BE}{BC} = \frac{CF}{CD} \tag{7.8.116}$$

由于 $AD \parallel BE$,有

$$\triangle ADM \backsim \triangle EBM \tag{7.8.117}$$

于是,有

$$\frac{BE}{BC} = \frac{BE}{AD} = \frac{BM}{DM} \tag{7.8.118}$$

又 $AB \parallel DF$,则

$$\triangle ABN \backsim \triangle FDN \tag{7.8.119}$$

于是,可以看到

$$1 - \frac{CF}{CD} = \frac{DF}{AB} = \frac{ND}{NB} \tag{7.8.120}$$

利用公式(7.8.116),(7.8.118)和(7.8.120),有

$$1 = \frac{BM}{MD} + \frac{ND}{NB} = \frac{BM}{MN + ND} + \frac{ND}{MN + BM} \tag{7.8.121}$$

化简上式,有

$$BM^2 + ND^2 - MN^2 - BM \cdot ND = 0 \tag{7.8.122}$$

在平面上作一个 $\angle POQ = \frac{\pi}{3}$,以点 O 为顶点,在射线 OP 上取点 P^*,使得 $OP^* = BM$;在射线 OQ 上取点 Q^*,使得 $OQ^* = ND$.连接 P^*Q^*,在 $\triangle OP^*Q^*$ 中,再利用余弦定理,容易看到

$$P^*Q^* = MN \tag{7.8.123}$$

所以,以 BM, ND, MN 为三边的三角形存在.

(2) 记上述 $\triangle OP^*Q^*$ 的外接圆半径为 R,利用正弦定理,有

$$MN = P^*Q^* = 2R\sin\frac{\pi}{3} = \sqrt{3}R \tag{7.8.124}$$

所以当 MN 减少时,R 也减少.

二、考虑方程 $x^2 + y^2 + z^2 + t^2 - Nxyzt - N = 0$,这里 N 是一个给定的正整数.

(1) 求证:存在无限多个正整数 N,使得上述方程有正整数组解 (x, y, z, t);

(2) 取 $N = 4^k(8m + 7)$,这里 k, m 是非负整数.求证:题目中方程没有正整数组解.

证明:(1) 取任意三个正整数 a, b, c,令

$$N = a^2 + b^2 + c^2 \tag{7.8.125}$$

又令

$$x = a, \quad y = b, \quad z = c, \quad t = Nabc \tag{7.8.126}$$

明显地,上式是题目方程的一组正整数组解.由于 a, b, c 是任意三个正整数,所以,满足题目条件的正整数 N 有无限多个.

(2) 见 3.3 节例 12(2) 的证明.

三、给定一个 4 次实系数多项式 $f(x)$,且有 4 个正实根.求证:方程

$$\frac{1-4x}{x^2}f(x) + \left(1 - \frac{1-4x}{x^2}\right)f'(x) - f''(x) = 0$$

也有 4 个正实根.

注:本题及其解答供教师参考.

证明:先考虑 $f(x)$ 的 4 个实根两两不相等情况.记 $0 < x_1 < x_2 < x_3 < x_4$,$x_1, x_2, x_3, x_4$ 是 $f(x)$ 的 4 个正实根,则

$$f(x) = a_0(x - x_1)(x - x_2)(x - x_3)(x - x_4) \tag{7.8.127}$$

不妨设 $a_0 > 0$(否则用 $-f(x)$ 代替 $f(x)$ 讨论). 于是,有

$$f'(x) = a_0(x - x_2)(x - x_3)(x - x_4) + a_0(x - x_1)(x - x_3)(x - x_4)$$
$$+ a_0(x - x_1)(x - x_2)(x - x_4) + a_0(x - x_1)(x - x_2)(x - x_3) \tag{7.8.128}$$

令

$$g(x) = f(x) - f'(x) \tag{7.8.129}$$

利用上面叙述,可以看到

$$g(x_1) > 0, \quad g(x_2) < 0, \quad g(x_3) > 0, \quad g(x_4) < 0 \tag{7.8.130}$$

当正实数 x 很大时,有 $g(x) > 0$. 因此,$g(x)$ 在四个区间 $(x_1, x_2), (x_2, x_3), (x_3, x_4), (x_4, \infty)$ 内各有一个实根,即 $g(x)$ 的 4 个根全为正实数.

如果 x_1, x_2, x_3, x_4 中有重根情况,例如 $x_1 = x_2 < x_3 = x_4$,相应地,有

$$\left. \begin{array}{l} f(x) = a_0(x - x_1)^2(x - x_3)^2, \quad 实数\ a_0 > 0 \\ g(x) = f(x) - f'(x) = a_0(x - x_1)(x - x_3)[(x - x_1)(x - x_3) - 2(x - x_3) - 2(x - x_1)] \end{array} \right\} \tag{7.8.131}$$

$g(x)$ 有两个正根 x_1, x_2,令

$$F(x) = (x - x_1)(x - x_3) - 2(x - x_3) - 2(x - x_1) \tag{7.8.132}$$

$F(x_1) > 0, F(x_3) < 0$,而 $F(x)$ 的首项系数为 1,于是 $F(x)$ 在区间 $(x_1, x_3), (x_3, \infty)$ 内各有一个正根,这两根也是 $g(x)$ 的根. 于是 $g(x)$ 仍有 4 个正根.

其他等根情况完全类似证明(留给读者自己证明),所以 $g(x)$ 仍然有 4 个正实根,这里 $0 < x_1 \leqslant x_2 \leqslant x_3 \leqslant x_4$.

对于任意正实数 t,令

$$G(t) = t^4 g\left(\frac{1}{t}\right) \tag{7.8.133}$$

这里函数 g 由公式(7.8.129)定义. 由于 $g(x)$ 有 4 个正实根,显然 $G(t)$ 也有 4 个正根. 令 $t = \frac{1}{x}$,有

$$G\left(\frac{1}{x}\right) = \frac{1}{x^4} g(x) = \frac{1}{x^4}(f(x) - f'(x)) \tag{7.8.134}$$

由上面叙述,可以知道 $G(t)$ 是 t 的 4 次实系数多项式,而且可以知道方程

$$G(t) - G'(t) = 0 \tag{7.8.135}$$

也恰有 4 个正根. 利用公式(7.8.133)和(7.8.134)以及 $x = \frac{1}{t}$,有

$$G(t) - G'(t) = \frac{1}{x^4}(f(x) - f'(x)) - 4t^3 g\left(\frac{1}{t}\right) - t^4 g'(x)\left(-\frac{1}{t^2}\right)$$
$$= \frac{1}{x^4}(f(x) - f'(x)) - \frac{4}{x^3}(f(x) - f'(x)) + \frac{1}{x^2}(f'(x) - f''(x))$$
$$= \frac{1}{x^4}(1 - 4x)f(x) + \frac{1}{x^2}\left(1 - \frac{1 - 4x}{x^2}\right)f'(x) - \frac{1}{x^2}f''(x) \tag{7.8.136}$$

上式两端乘以 x^2(注意 $x > 0$),可以知道方程

$$\frac{1 - 4x}{x^2} f(x) + \left(1 - \frac{1 - 4x}{x^2}\right) f'(x) - f''(x) = 0 \tag{7.8.137}$$

有 4 个正实根.

第二轮

(越南代表队选拔赛 第二天)

四、平面内给定一个等边 $\triangle ABC$ 和一点 M, A^*, B^*, C^* 分别是 A, B, C 关于点 M 的对称点(图 7.61).

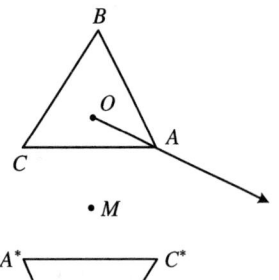

(1) 求证:平面内一定存在一点 P, 使得
$$PA = PB^*, \quad PB = PC^*, \quad PC = PA^* \quad (7.8.138)$$

(2) D 是边 AB 的中点,当点 M 变化时(M 不与 D 重合),求证:$\triangle MNP$(点 N 是直线 DM 和 AP 的交点)的外接圆必通过一个给定点.

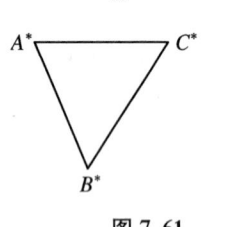

图 7.61

证明: (1) 利用复数,设等边 $\triangle ABC$ 的外心 O 对应实数 0(原点),点 A 对应正实数 a,点 B 对应复数 $a\left(\cos\dfrac{2\pi}{3}+\mathrm{i}\sin\dfrac{2\pi}{3}\right)$,点 C 对应复数 $a\left(\cos\dfrac{4\pi}{3}+\mathrm{i}\sin\dfrac{4\pi}{3}\right)$,点 M 对应复数 z_0.则点 A^* 对应复数 $2z_0-a$,点 B^* 对应复数 $2z_0-a\left(\cos\dfrac{2\pi}{3}+\mathrm{i}\sin\dfrac{2\pi}{3}\right)$,点 C^* 对应复数 $2z_0-a\left(\cos\dfrac{4\pi}{3}+\mathrm{i}\sin\dfrac{4\pi}{3}\right)$.设满足题目要求的点 P 对应复数 z(待定).

利用 $PA=PB^*$, 有
$$|z-a|=\left|z-\left(2z_0-a\left(\cos\dfrac{2\pi}{3}+\mathrm{i}\sin\dfrac{2\pi}{3}\right)\right)\right| \quad (7.8.139)$$

利用 $PB=PC^*$, 有
$$\left|z-a\left(\cos\dfrac{2\pi}{3}+\mathrm{i}\sin\dfrac{2\pi}{3}\right)\right|=\left|z-\left[2z_0-a\left(\cos\dfrac{4\pi}{3}+\mathrm{i}\sin\dfrac{4\pi}{3}\right)\right]\right| \quad (7.8.140)$$

利用 $PC=PA^*$, 有
$$\left|z-a\left(\cos\dfrac{4\pi}{3}+\mathrm{i}\sin\dfrac{4\pi}{3}\right)\right|=|z-(2z_0-a)| \quad (7.8.141)$$

记
$$z_0=x_0+\mathrm{i}y_0, \quad z=x+\mathrm{i}y \quad (7.8.142)$$

这里 x_0, y_0, x, y 都是实数.上面三个等式两端平方,再利用公式(7.8.142),有

$$(x-a)^2+y^2=\left(x-2x_0+a\cos\dfrac{2\pi}{3}\right)^2+\left(y-2y_0+a\sin\dfrac{2\pi}{3}\right)^2 \quad (7.8.143)$$

$$\left(x-a\cos\dfrac{2\pi}{3}\right)^2+\left(y-a\sin\dfrac{2\pi}{3}\right)^2=\left(x-2x_0+a\cos\dfrac{4\pi}{3}\right)^2+\left(y-2y_0+a\sin\dfrac{4\pi}{3}\right)^2 \quad (7.8.144)$$

$$\left(x-a\cos\dfrac{4\pi}{3}\right)^2+\left(y-a\sin\dfrac{4\pi}{3}\right)^2=(x-2x_0+a)^2+(y-2y_0)^2 \quad (7.8.145)$$

分别化简上面三个等式,可以看到

$$\left(2x_0-a-a\cos\dfrac{2\pi}{3}\right)x+\left(2y_0-a\sin\dfrac{2\pi}{3}\right)y=2(x_0^2+y_0^2)-2a\left(x_0\cos\dfrac{2\pi}{3}+y_0\sin\dfrac{2\pi}{3}\right) \quad (7.8.146)$$

$$\left(x_0-a\cos\dfrac{2\pi}{3}\right)x+y_0 y=(x_0^2+y_0^2)-a\left(x_0\cos\dfrac{4\pi}{3}+y_0\sin\dfrac{4\pi}{3}\right) \quad (7.8.147)$$

$$\left(2x_0-a-a\cos\dfrac{4\pi}{3}\right)x+\left(2y_0-a\sin\dfrac{4\pi}{3}\right)y=2(x_0^2+y_0^2)-2ax_0 \quad (7.8.148)$$

解公式(7.8.146)和(7.8.148)组成的关于 x, y 的二元一次方程组,如果 $x_0\neq\dfrac{a}{4}$,有唯一解

$$\begin{cases} x = 2\left(x_0\cos\dfrac{\pi}{3} + y_0\sin\dfrac{\pi}{3}\right) \\ y = 2\left(y_0\cos\dfrac{\pi}{3} - x_0\sin\dfrac{\pi}{3}\right) \end{cases} \tag{7.8.149}$$

由于是求一点 P,经检验由公式(7.8.149)定义的一点 P(对应复数 $x+\mathrm{i}y$)满足方程(7.8.146),(7.8.147)和(7.8.148),满足题目条件的点存在.

注:当 $x_0 = \dfrac{a}{4}$ 时,公式(7.8.149)仍是满足三个方程(7.8.146),(7.8.147)和(7.8.148)的唯一解.满足条件的点 P 是唯一确定的.

(2) 在平面上点到点的一个变换

$$f(z) = 2z\left(\cos\dfrac{\pi}{3} - \mathrm{i}\sin\dfrac{\pi}{3}\right) \tag{7.8.150}$$

这里 z 是任意一个复数,也就是平面上任意一点对应的复数.变换 f 先将点 z 映成 $2z$,然后将 $2z$ 绕原点顺时针旋转 $\dfrac{\pi}{3}$,得 $f(z)$.所以 f 是一个相似变换.明显地,一个相似变换 f 将平面上一条直线映成一条直线.利用公式(7.8.150),有 $f(0)=0$,即 f 映等边 $\triangle ABC$ 的外心 O 为点 O 自身.点 D 对应复数 $\dfrac{1}{2}\left[a + a\left(\cos\dfrac{2\pi}{3} + \mathrm{i}\sin\dfrac{2\pi}{3}\right)\right]$. 又由于

$$f\left(\dfrac{1}{2}\left[a + a\left(\cos\dfrac{2\pi}{3} + \mathrm{i}\sin\dfrac{2\pi}{3}\right)\right]\right) = \left[a + a\left(\cos\dfrac{2\pi}{3} + \mathrm{i}\sin\dfrac{2\pi}{3}\right)\right]\left(\cos\dfrac{\pi}{3} - \mathrm{i}\sin\dfrac{\pi}{3}\right) = a \tag{7.8.151}$$

于是 f 映点 D 为点 A. 又由于

$$f(z_0) = 2z_0\left(\cos\dfrac{\pi}{3} - \mathrm{i}\sin\dfrac{\pi}{3}\right) = x + \mathrm{i}y(\text{利用}\ z_0 = x_0 + \mathrm{i}y_0,\text{以及公式}(7.8.149)) \tag{7.8.152}$$

于是 f 映点 M 为点 P. 由于 f 映直线为直线,所以 f 映直线 DM 为直线 AP. 由于 f 是一个相似变换,映射前后对应角度不变,又 f 映射线 OM 到射线 OP,所以直线 OM 与 DM 的夹角 $\angle OMD$ 应等于直线 OP 与直线 AP 的夹角 $\angle OPA$(图 7.62).从而有

$$\angle OMN = \angle OMD = \angle OPA = \angle OPN \tag{7.8.153}$$

O,M,P,N 四点共圆. $\triangle MNP$ 的外接圆通过给定点 O.

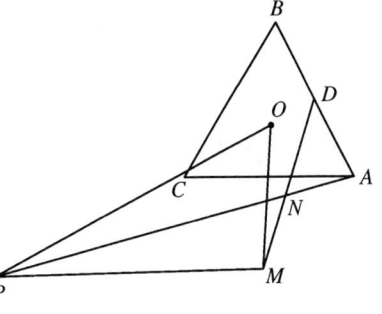

图 7.62

五、求所有函数 $f:\mathbf{R}\to\mathbf{R}$,对所有实数 x,满足

$$f(\sqrt{2}x) + f((4+3\sqrt{2})x) = 2f((2+\sqrt{2})x)$$

解:记 $a = f(0)$,在题目函数方程中,令 $x = 0$,得一个恒等式,这表明 a 可以是一个任意实数.令

$$t = (2+\sqrt{2})x \tag{7.8.154}$$

将上式代入题目中的函数方程,有

$$f\left(\dfrac{\sqrt{2}t}{2+\sqrt{2}}\right) + f((\sqrt{2}+1)t) = 2f(t) \tag{7.8.155}$$

当 $x > 0$ 时,显然 $t > 0$. 又令

$$t = (\sqrt{2} - 1)^u \tag{7.8.156}$$

这里 u 是实数. 可以看到

$$\frac{\sqrt{2}\,t}{2 + \sqrt{2}} = (\sqrt{2} - 1)t = (\sqrt{2} - 1)^{u+1} \tag{7.8.157}$$

$$(\sqrt{2} + 1)t = (\sqrt{2} - 1)^{u-1} \tag{7.8.158}$$

将公式(7.8.156),(7.8.157)和(7.8.158)代入公式(7.8.155),有

$$f((\sqrt{2} - 1)^{u+1}) + f((\sqrt{2} - 1)^{u-1}) = 2f(\sqrt{2} - 1)^u \tag{7.8.159}$$

又记

$$g(u) = f((\sqrt{2} - 1)^u) \tag{7.8.160}$$

从上二式,有

$$g(u + 1) + g(u - 1) = 2g(u) \tag{7.8.161}$$

令

$$h(u) = g(u + 1) - g(u) \tag{7.8.162}$$

从上二式,有

$$h(u - 1) = h(u) \tag{7.8.163}$$

不断地利用上式, 对于任意整数 n, 有

$$h(u + n) = h(u) \tag{7.8.164}$$

于是, 对于任意整数 n, 有

$$g(u + n) - g(u) = \sum_{k=1}^{n} [g(u + k) - g(u + k - 1)]$$

$$= \sum_{k=1}^{n} h(u + k - 1) = nh(u) \tag{7.8.165}$$

在区间 $[0,1)$ 上任意定义一个函数 $h(u)$, 然后, 对于任意整数 n, 令公式(7.8.164)成立, 这里 $u \in [0,1)$. 于是, 我们得到了整个 $\mathbf{R}$ 上一个周期函数 h. 利用公式(7.8.165), 有

$$g(u) = \begin{cases} g(u), & \text{当 } u \in [0,1) \text{ 时} \\ g(u - n) + nh(u), & \text{当 } u \in [n, n+1) \text{ 时} \end{cases} \tag{7.8.166}$$

这里 n 是任意非零整数, 而区间 $[0,1)$ 内函数 $g(u)$ 可以任意定义. 利用公式(7.8.160), 有

$$f(x) = g(\log_{(\sqrt{2}-1)} x)\,(x > 0) \tag{7.8.167}$$

当 $x < 0$ 时, 令

$$-(2 + \sqrt{2})x = t = (\sqrt{2} - 1)^u \tag{7.8.168}$$

将上式代入题目中的函数方程, 有

$$f\left(\frac{-\sqrt{2}\,t}{2 + \sqrt{2}}\right) + f(-(\sqrt{2} + 1)t) = 2f(-t) \tag{7.8.169}$$

以及

$$f(-(\sqrt{2} - 1)^{u+1}) + f(-(\sqrt{2} - 1)^{u-1}) = 2f(-(\sqrt{2} - 1)^u) \tag{7.8.170}$$

令

$$g(u) = f(-(\sqrt{2} - 1)^u) \tag{7.8.171}$$

公式(7.8.161)仍然成立, 所以公式(7.8.166)还是正确的. 再利用公式(7.8.171), 有

$$f(x) = g(\log_{(\sqrt{2}-1)} |x|)\,(x < 0) \tag{7.8.172}$$

综合公式(7.8.167)和(7.8.172), 有

$$f(x) = \begin{cases} a, & \text{当 } x = 0 \text{ 时,这里 } a \text{ 是任意实数} \\ g(\log_{(\sqrt{2}-1)} |x|), & \text{当 } x \text{ 取非零实数时} \end{cases} \quad (7.8.173)$$

这里函数 g 满足公式(7.8.166).

六、求 $T = \sum \dfrac{1}{n_1! n_2! \cdots n_{1994}! (n_2 + 2n_3 + 3n_4 + \cdots + 1993 n_{1994})!}$, 这里 $\sum$ 是对满足下述方程

$$n_1 + 2n_2 + 3n_3 + \cdots + 1994 n_{1994} = 1994$$

的所有非负整数组 $(n_1, n_2, n_3, \cdots, n_{1994})$ 求和(规定 $0! = 1$).

解:考虑下述所有数组的集合 $A:(a_1, a_2, a_3, \cdots a_{1994}, a_{1995}, \cdots, a_{1993+1994})$,这里每个 $a_i \in (0,1), 1 \leqslant i \leqslant 1993 + 1994$,并且 1 的个数在每个数组里恰出现 1994 次. A 中全部元素的个数恰是 C_{3987}^{1994}. 对于满足题目等式条件的一个非负整数组 $(n_1, n_2, n_3, \cdots, n_{1994})$,我们作下述考虑:

在集合 A 中,有连续 k 个 1 的数组称为一个 k 子列(数组),例如 $(1,1,\cdots,1,0,0,\cdots,0)$(最左端有 k 个 1,其余皆为 0).

取 $A_{(n_1, n_2, \cdots, n_{1994})}$ 表示集合 A 中满足下述条件的数组组成的子集合.在每个数组中,恰有 n_1 个 1 子列, n_2 个 2 子列,$\cdots$,n_k 个 k 子列,$\cdots$,n_{1994} 个 1994 子列.由于集合 A 中任一元素(即数组)中 1 的个数恰为 1994 个,再利用题目等式条件,有

$$A = \bigcup A_{(n_1, n_2, \cdots, n_{1994})} \quad (7.8.174)$$

这里并集是对满足题目等式条件的所有非负整数组解 $(n_1, n_2, \cdots, n_{1994})$ 作并集.下面求子集合 $A_{(n_1, n_2, \cdots, n_{1994})}$ 内所有元素的个数.

将 1994 个 □ 及 1993 个 ∗,以 □∗□∗⋯□∗ 交替放置成一排,将 1994 个 1,分成 1 个 1 一组,有 n_1 组;2 个 1 一组,有 n_2 组;3 个 1 一组,有 n_3 组,$\cdots$,1994 个 1 一组,有 n_{1994} 组.由于题目等式条件,这 1994 个 1 恰分完.然后将上述 n_1 组 1 个 1 的元素任意放入 n_1 个 □ 位置上.接着将 n_2 组 2 个 1 的元素组任意放入其余 $1994 - n_1$ 个有 □ 位置的 n_2 个位置内,一个 □ 内只放 1 个 1(下同).再将 n_3 组 3 个 1 的元素组任意放入剩下 $1994 - n_1 - n_2$ 个有 □ 位置的 n_3 个位置内,$\cdots$,将所有 1 的元素组放完.每个 □ 内恰有一个 1,然后按放法,从左到右,写出这 1994 个 1, □ 删除,每个 ∗ 用 0 代替,不打乱原来 □ 与 ∗ 的前后次序,依次用 1 与 0 代替,这样,对于固定的非负整数组 $(n_1, n_2, \cdots, n_{1994})$(当然要满足题目等式条件),有一个子集合 $A_{(n_1, n_2, \cdots, n_{1994})}$ 与之 1—1 对应,因此,有

$$|A_{(n_1, n_2, \cdots, n_{1994})}| = C_{1994}^{n_1} C_{1994-n_1}^{n_2} C_{1994-n_1-n_2}^{n_3} \cdots C_{1994-n_1-n_2-\cdots-n_{1993}}^{n_{1994}}$$

$$= \dfrac{1994!}{n_1! n_2! \cdots n_{1994}! (1994 - n_1 - n_2 - \cdots - n_{1994})!}$$

$$= \dfrac{1994!}{n_1! n_2! \cdots n_{1994}! (n_2 + 2n_3 + \cdots + 1993 n_{1994})!} \text{(利用题目等式条件)}$$

$$(7.8.175)$$

利用题目中 T 的定义,公式(7.8.175),有

$$1994! T = \sum |A_{(n_1, n_2, \cdots, n_{1994})}| = |A| \text{ (利用公式(7.8.174))} = C_{3987}^{1994} \quad (7.8.176)$$

从上式,有

$$T = \dfrac{C_{3987}^{1994}}{1994!} \quad (7.8.177)$$

7.9 1994年加拿大数学奥林匹克竞赛试题及解答

(本节题目由加拿大领队 Richard Nowakowski,副领队 Ravi Vakil 赠送)

一、求和式 $\sum_{n=1}^{1994}(-1)^n \dfrac{n^2+n+1}{n!}$.

解: 考虑更一般的情况,将 1994 改为正整数 k,利用 $0!=1$,对于任意正整数 n,有

$$\frac{n^2+n+1}{n!} = \frac{n}{(n-1)!} + \frac{n+1}{n!} \tag{7.9.1}$$

从而可以看到

$$\sum_{n=1}^{k}(-1)^n \frac{n}{(n-1)!} = \sum_{t=0}^{k-1}(-1)^{t+1}\frac{(t+1)}{t!} (\diamondsuit\ n-1=t) \tag{7.9.2}$$

利用上二式,我们有

$$\sum_{n=1}^{k}(-1)^n \frac{n^2+n+1}{n!} = \sum_{n=0}^{k-1}(-1)^{n+1}\frac{(n+1)}{n!} + \sum_{n=1}^{k}(-1)^n\frac{(n+1)}{n!}$$

$$= -1 + (-1)^k \frac{(k+1)}{k!} \tag{7.9.3}$$

特别当 $k=1994$ 时,有

$$\sum_{n=1}^{1994}(-1)^n \frac{n^2+n+1}{n!} = -1 + \frac{1995}{1994!} \tag{7.9.4}$$

二、求证: $\sqrt{2}-1$ 的每个正整数幂都是形式 $\sqrt{m} - \sqrt{m-1}$,这里 m 是某个正整数.

注:解答见 2.1 节的例 2.

三、 25 个人围一圆桌而坐,每小时进行一轮投票,每人必须投"赞成票"或"反对票".每个人投票必遵循下述规则:在第 n 轮投票时,如果他和相邻的一人投同样的票,则在第 $n+1$ 轮投票时,他投与第 n 轮一样的票.在第 n 轮投票时,如果他投的票与相邻两人都不一样,则在第 $n+1$ 轮投票时,他投不同于第 n 轮的票.求证:不论第一轮投票时,各人投什么票,总有一个时刻,从这时刻起,每人在每一轮中投同样的票.

证明: 如果在第一轮投票中,相邻两人投相同的票,依照题目条件,在以后各轮投票中,他们始终投相同的票,称这样的两个人是一对朋友.由于 25 是奇数,先证明,在第一轮投票中,必至少有一对朋友存在.用反证法,如果在第一轮投票中,无一对朋友存在,将投赞成票的人用 * 表示,投反对票的人用△表示,那么围成一圆桌而坐的人 *△*△…交替出现,投赞成票的人与投反对票的人应当一样多,这与总人数 25(奇数)矛盾.

由于第一轮投票中,至少有一对朋友存在,如果所有 25 个人都有朋友,则本题结论成立.如果在第一轮投票中,有人没有朋友,那么一定有一对朋友 a,b 存在,a 旁边还有一个人 c,c 无朋友.那么,在第二轮投票中,a,b 始终不改变观点,投与第一轮相同的票,按照题目要求,c 改变观点,投与 a,b 相同的票,于是 c,a 成了一对朋友.所以每投一轮票必至少增加一对朋友.于是投了适当有限轮票后,25 个人全部有了朋友.本题结论成立.

注:将 25 改为任一正奇数 $2m+1(m\in N)$,本题结论显然仍成立.

四、 AB 是圆 Γ 的直径,P 为不在直径 AB 上一个任意点.假设直线 PA 与圆 Γ 的另一交点为 U,直线 PB 与圆 Γ 的另一交点为 V(注意在切线情况下,可能点 U 与点 A 迭合,点 V 与点 B 迭合,还有,如果点 P 在圆 Γ 上,那么,三点 P,U,V 迭合).假设 $PU=sPA, PV=tPB, s,t$ 为非负

实数.用s,t来表示$\angle APB$的余弦.

解:分两种情况讨论.

(1) 如果点 P 在圆外,连接 AV,BU(图 7.63),可以看到

$$\angle AUB = \frac{\pi}{2} = \angle AVB \tag{7.9.5}$$

以及

$$\cos\angle APB = \frac{PU}{PB} = \frac{PV}{PA} \tag{7.9.6}$$

利用上式,以及题目条件,有

$$\cos\angle APB = \sqrt{\frac{PU}{PB}\frac{PV}{PA}} = \sqrt{st} \tag{7.9.7}$$

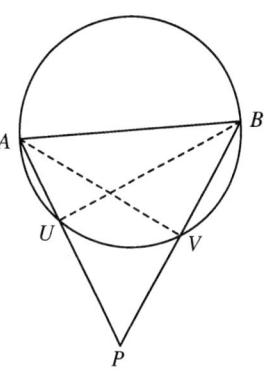

图 7.63

(2) 如果点 P 在圆 Γ 上,则 P,U,V 三点重合.$PU=0,PV=0$,所以 s,t 都为零,而$\angle APB=\frac{\pi}{2}$,$\cos\angle APB=0=\sqrt{st}$.

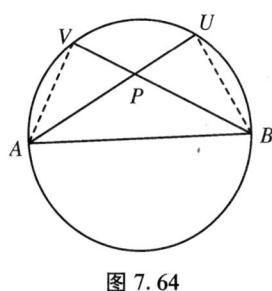

图 7.64

(3) 如果点 P 在圆 Γ 内(图 7.64),相应地,有

$$\begin{aligned}\cos\angle APB &= \cos(\pi-\angle APV)\\ &= -\cos\angle APV = -\frac{PV}{PA}\end{aligned} \tag{7.9.8}$$

$$\begin{aligned}\cos\angle APB &= \cos(\pi-\angle BPU)\\ &= -\cos\angle BPU = -\frac{PU}{PB}\end{aligned} \tag{7.9.9}$$

利用公式(7.9.8)和(7.9.9),有

$$\cos\angle APB = -\sqrt{\frac{PV}{PA}\frac{PU}{PB}} = -\sqrt{st} \tag{7.9.10}$$

五、$\triangle ABC$ 是一个锐角三角形,AD 是 BC 边上的高,H 是线段 AD 上任一内点,线段 BH 与 CH 的延长线分别交 AC 于点 E,AB 于点 F(图 7.65).求证:$\angle EDH=\angle FDH$.

证明:过点 E 作 $EP\perp BC$,过点 F 作 $FQ\perp BC$,垂足分别是 P,Q,并且 EP 与 CF 交于点 M,FQ 与 BE 交于点 N.由于 $AD/\!/EP$,有

$$\angle EDH = \angle DEP \tag{7.9.11}$$

和

$$\tan\angle EDH = \tan\angle DEP = \frac{DP}{EP} \tag{7.9.12}$$

图 7.65

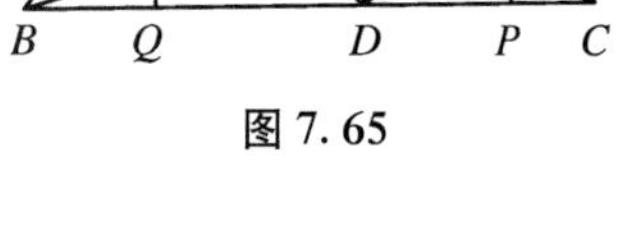

类似地,有

$$\tan\angle FDH = \tan\angle DFQ = \frac{DQ}{FQ} \tag{7.9.13}$$

由于 $EP/\!/AD$,有

$$\frac{EM}{AH} = \frac{CE}{CA} = \frac{EP}{AD} \tag{7.9.14}$$

又由于 $FQ/\!/AD$,有

$$\frac{FN}{AH} = \frac{BF}{BA} = \frac{FQ}{AD} \tag{7.9.15}$$

利用上二式,有

$$\frac{EM}{EP} = \frac{AH}{AD} = \frac{FN}{FQ} \tag{7.9.16}$$

由于 $FN \parallel EM$，则
$$\triangle FHN \sim \triangle MHE, \quad \frac{DQ}{DP} = \frac{FN}{EM} \tag{7.9.17}$$

这里利用相似三角形对应边的之比等于对应边上高的比. 利用公式(7.9.16)和(7.9.17)，有
$$\frac{DQ}{DP} = \frac{FQ}{EP} \tag{7.9.18}$$

利用公式(7.9.12),(7.9.13)和(7.9.18)，有
$$\angle EDH = \angle FDH \tag{7.9.19}$$

注:《数学通讯》1995年第5期发表了熊斌的文章《1994年加拿大数学奥林匹克试题及解答》. 关于本题，他过点 A 作一条直线 l 平行于 BC，延长 DF 交直线 l 于点 P，延长 DE 交直线 l 于点 Q，然后证明 $\triangle ADP \cong \triangle ADQ$. 有兴趣的读者可以循着他的思路一试.

7.10 1994年北欧数学奥林匹克竞赛试题及解答

(本节题目由挪威领队 Jon Reed，副领队 Einar Andreas Rodland 赠送)

一、O 是一个具边长为 a 的等边 $\triangle ABC$ 内一点，射线 AO, BO 和 CO 分别交这三角形的三边于点 A_1, B_1, C_1 (图7.66). 求证: $OA_1 + OB_1 + OC_1 < a$.

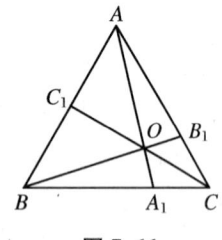

图 7.66

证明: 明显地，有
$$\frac{S_{\triangle OBA_1}}{S_{\triangle ABA_1}} = \frac{OA_1}{AA_1} = \frac{S_{\triangle OCA_1}}{S_{\triangle ACA_1}} \tag{7.10.1}$$

利用上式，可以看到
$$\frac{S_{\triangle OBC}}{S_{\triangle ABC}} = \frac{OA_1}{AA_1} \tag{7.10.2}$$

完全类似地，有
$$\frac{S_{\triangle OAC}}{S_{\triangle ABC}} = \frac{OB_1}{BB_1}, \quad \frac{S_{\triangle OAB}}{S_{\triangle ABC}} = \frac{OC_1}{CC_1} \tag{7.10.3}$$

将公式(7.10.2)和(7.10.3)中三个等式相加，有
$$\frac{OA_1}{AA_1} + \frac{OB_1}{BB_1} + \frac{OC_1}{CC_1} = 1 \tag{7.10.4}$$

由于
$$\angle AA_1B + \angle AA_1C = \pi \tag{7.10.5}$$

所以 $\angle AA_1B$ 与 $\angle AA_1C$ 中，至少有一个角不是锐角. 如果 $\angle AA_1B$ 不是锐角，在 $\triangle AA_1B$ 中，有 $AB > AA_1$. 如果 $\angle AA_1C$ 不是锐角，在 $\triangle AA_1C$ 中，有 $AC > AA_1$. 由于 $\triangle ABC$ 是等边三角形，无论哪种情况，都有
$$AA_1 < a \tag{7.10.6}$$

完全类似地，有
$$BB_1 < a, \quad CC_1 < a \tag{7.10.7}$$

利用公式(7.10.4)，不等式(7.10.6)和(7.10.7)，知道题目结论成立.

二、平面内一个整点(横纵坐标均为整数)的有限集 S 称为一个双邻集. 如果对 S 内每点 (p,q)，恰有点 $(p+1,q),(p,q+1),(p-1,q),(p,q-1)$ 中的两点在 S 内. 对怎样的正整数 n，存在一个双邻集，恰包含 n 个整点.

解:我们先证明如下的断言.

一个双邻集 S 恰包含 n 个整点,则 n 必为偶数.

从 S 内任一个整点 (p,q) 出发,由于 4 点 $(p+1,q),(p,q+1),(p-1,q),(p,q-1)$ 中恰有两点在 S 内,取这两点中的一点,用一条线段连接整点 (p,q) 与这一点 $((p,q)$ 的相邻整点). 注意当 $p+q$ 是偶数时,由于线段另一端点的横、纵坐标之和是 $p+q+1$ 或 $p+q-1$,必为奇数. 类似当 $p+q$ 是奇数时,线段另一端点横、纵坐标之和是偶数. 对于这线段的另一端点,必有 S 内这一整点的一个相邻整点存在(横、纵坐标之和与另一整点横、纵坐标之和只相差 1 的整点,称这两整点互为相邻整点). 用线段连接这两相邻整点,这样一直连接下去,有有限条线段组成的折线连接 S 内若干有限整点,记为 $P_1 \to P_2 \to P_3 \to \cdots \to P_k \to \cdots$,这里 $P_1, P_2, P_3, \cdots, P_k$ 都是 S 内整点,$P_j \to P_{j+1}$ 表示从整点 P_j 出发,连一段线段到 P_j 的相邻整点 P_{j+1}. 由于 S 是一个有限集,则一定存在 S 内整点 P_k,它第一次重合于 S 内整点 $P_j(1 \leqslant j < k)$. 由于 S 是一个双邻集,则必有 $j=1$. 因为如果 $j > 1$,则整点 P_j(在 S 内)有 3 个相邻整点 P_{j-1},P_{j+1},P_{k-1},与 S 是一个双邻集矛盾. 因此,双邻集 S 内全部整点可用连接相邻整点的线段组成有限个闭折线图形. 由于任一个闭折线图形中,每两相邻整点的横、纵坐标之和只相差 1,那么,每两相邻整点横、纵坐标之和呈偶数、奇数、偶数、奇数、……交替出现. 由于是闭折线,则任一个闭折线图形整点个数必为偶数个. 因而我们的断言成立.

当 $n=2$ 时,2 个整点无法构成一个双邻集.

当 $n=6$ 时,6 个整点要成为一个双邻集,这 6 点必组成一个闭折线图形(由连接相邻整点的线段围成). 由于是闭折线图形,则边长为 1 的水平线段必是上、下 1—1 对应的,边长为 1 的垂直线段也是左、右 1—1 对应的. 因此当 $n=6$ 时,要组成闭折线图形只能是图 7.67 中之一:

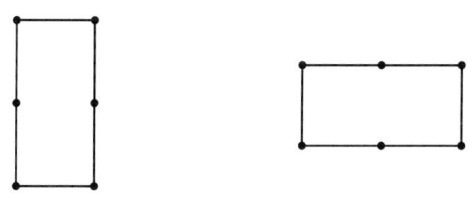

图 7.67

上述两图形显然都不是双邻集.

剩下偶数 $n=4$ 和偶数 $n \geqslant 8$.

4 个整点 $(p,q),(p+1,q),(p+1,q-1),(p,q-1)$ 恰组成一个双邻集(图 7.68),这里 p,q 是整数.

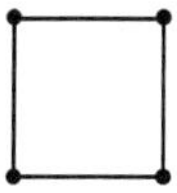

10 个整点 $(p,q),(p+1,q),(p+2,q),(p+3,q),(p,q-1),(p+3,q-1),(p,q-2),(p+1,q-2),(p+2,q-2),(p+3,q-2)$ 也组成一个双邻集,这里 p,q 全是整数.

图 7.68

当 $n=4k(k \in \mathbf{N}^+)$ 时,取 k 个 4 整点组成的双邻集,每两个双邻集的距离(一个双邻集中任一点到另一双邻集中任一点距离的最小值)大于 2,将这 k 个 4 整点组成的双邻集合并为一个集合,这个集合当然是恰含 $4k$ 个整点的双邻集.

当 $n=4k+2$ 时,这里正整数 $k \geqslant 2$. 由于
$$n = 4(k-2) + 10 \tag{7.10.8}$$

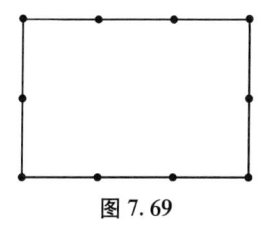

图 7.69

取 $k-2$ 个 4 整点组成的双邻集,取一个 10 整点组成的双邻集,每两个双邻集的距离大于 2,将这 $k-1$ 个双邻集合并为一个集合(图 7.69),这个集合当然是恰含 $4k+2$(正整数)个整点的双邻集.

三、$ABCD$ 是一个正方形的纸片,将这纸片 D 的一角折叠,使得线段 AD 折叠成 A^*D^* 位置,其中点 D^* 在边 BC 上,边 A^*D^* 与边 AB 相交于点 E. 求证:$\triangle EBD^*$ 的周长是正方形 $ABCD$ 周长的一半.

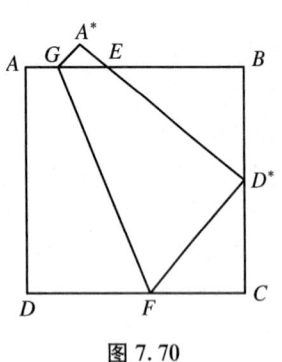

图 7.70

证明:如图 7.70,由于是折叠,有
$$\left. \begin{array}{l} FD^* = FD, \quad AG = A^*G \\ \angle GA^*E = \dfrac{\pi}{2} = \angle FD^*E \\ \angle DFG = \angle D^*FG \\ \angle AGF = \angle A^*GF \end{array} \right\} \quad (7.10.9)$$

设正方形 $ABCD$ 边长为 a,$\angle DFG = \theta$,有
$$\angle D^*FC = \pi - 2\theta \text{(利用公式(7.10.9)第三个等式)} \tag{7.10.10}$$

以及
$$a = DF + FC = FD^* + FC \text{(利用公式(7.10.9)的第一个等式)} \tag{7.10.11}$$

在 $Rt\triangle FCD^*$ 内,利用公式(7.10.10),有
$$FD^* = \frac{CD^*}{\sin(\pi - 2\theta)} = \frac{CD^*}{\sin 2\theta} \tag{7.10.12}$$

$$FC = \frac{CD^*}{\tan(\pi - 2\theta)} = -\frac{CD^*}{\tan 2\theta} = -\frac{CD^*\cos 2\theta}{\sin 2\theta} \tag{7.10.13}$$

代公式(7.10.12)和(7.10.13)入公式(7.10.11),有
$$a = CD^* \tan\theta \tag{7.10.14}$$

利用上式,有
$$CD^* = a\cot\theta, \quad BD^* = a - CD^* = a(1 - \cot\theta) \tag{7.10.15}$$

利用公式(7.10.9)的第三个等式和公式(7.10.10),有
$$\angle ED^*B = \frac{\pi}{2} - \angle FD^*C = \angle D^*FC = \pi - 2\theta \tag{7.10.16}$$

$\triangle EBD^*$ 的周长记为 L. 利用公式(7.10.16),有
$$L = BD^* + EB + ED^* = BD^* + BD^*\tan(\pi - 2\theta) + \frac{BD^*}{\cos(\pi - 2\theta)}$$
$$= BD^* \frac{\cos 2\theta - \sin 2\theta - 1}{\cos 2\theta} = BD^* \frac{(-\sin 2\theta - 2\sin^2\theta)}{\cos 2\theta}$$
$$= a\left(1 - \frac{\cos\theta}{\sin\theta}\right)\left(\frac{-2\sin\theta}{\cos\theta - \sin\theta}\right) \text{(利用公式(7.10.15))} = 2a \tag{7.10.17}$$

而正方形 $ABCD$ 的周长为 $4a$,所以本题结论成立.

四、求所有正整数 $n < 200$,使得 $n^2 + (n+1)^2$ 是一个完全平方数.

解:由题目条件,存在正整数 k,满足
$$n^2 + (n+1)^2 = k^2 \tag{7.10.18}$$

显然 $k > n+1$. 且移项后,有
$$(n+1)^2 = k^2 - n^2 = (k+n)(k-n) \tag{7.10.19}$$

由于 n 与 $n+1$ 互质,则 n, k 互质,而且 $n+1, k$ 也互质. 记
$$d = (k+n, k-n) \tag{7.10.20}$$

即 d 是 $k+n$ 与 $k-n$ 的最大公约数,于是 d 整除 $(k+n) - (k-n) = 2n$. 又利用 k, n 互质,则 d 与 n 互质. 于是,有
$$d = 1 \quad \text{或} \quad d = 2 \tag{7.10.21}$$

下面分情况讨论.

(1) 当 $d=1$ 时,利用公式(7.10.19),有
$$k + n = a^2, \quad k - n = b^2, \quad n + 1 = ab \tag{7.10.22}$$

这里 a,b 是两个互质的正整数.利用前二个等式,有
$$n = \frac{1}{2}(a^2 - b^2), \quad a > b \tag{7.10.23}$$

由于 a,b 互质,及 n 是一个正整数,则 a,b 都是奇数.利用公式(7.10.22)的第三个等式及(7.10.23),有
$$a^2 - 2ba + (2 - b^2) = 0 \tag{7.10.24}$$

视上式为 a 的一元二次方程,b 为参数,有
$$a = b + \sqrt{2(b^2 - 1)} \tag{7.10.25}$$

这里利用 $a>b$,舍去另一根.又 a,b 都是正整数,存在正整数 t,使得
$$b^2 - 1 = 2t^2, \quad a = b + 2t \tag{7.10.26}$$

利用上式中第一个等式,知道 b 为奇数.记
$$b = 2s + 1 (s \in \mathbf{N}^+) \tag{7.10.27}$$

利用公式(7.10.26)中第一个等式,以及公式(7.10.27),有
$$t^2 = 2s(s + 1) \tag{7.10.28}$$

当 s 为偶数时,利用 $2s$ 与 $s+1$ 互质,那么存在两个互质的正整数 c,d,满足
$$2s = c^2, \quad s + 1 = d^2 \tag{7.10.29}$$

这里 c 是偶数,d 是奇数.代上式入公式(7.10.28),有
$$t = cd \tag{7.10.30}$$

利用公式(7.10.26),(7.10.27),(7.10.29)和(7.10.30),有
$$b = c^2 + 1, \quad a = c^2 + 1 + 2cd \tag{7.10.31}$$

再利用公式(7.10.22)的第三式,有
$$n = (c^2 + 1 + 2cd)(c^2 + 1) - 1 > (c^2 + 1)^2 \tag{7.10.32}$$

又由于 $n<200$,有
$$c^2 + 1 < 15 \tag{7.10.33}$$

由于 c 是偶数,只有 $c=2$,代入公式(7.10.29),有 $s=2, d^2=3$,与 d 是正整数矛盾.

当 s 为奇数时,利用 s 与 $2(s+1)$ 互质,从公式(7.10.28)可以知道,存在互质的两个正整数 c^*,d^*,满足
$$s = c^{*2}, \quad 2(s+1) = d^{*2}, \quad t = c^* d^* \tag{7.10.34}$$

这里 d^* 是偶数,c^* 是奇数.类似公式(7.10.31),有
$$b = 2c^{*2} + 1, \quad a = 2c^{*2} + 1 + 2c^* d^* \tag{7.10.35}$$

再利用公式(7.10.22)的第三式,有
$$n = (2c^{*2} + 1)^2 + 2c^* d^* (2c^{*2} + 1) - 1 > (2c^{*2} + 1)^2 \tag{7.10.36}$$

由于 $n<200$,从上式,有
$$2c^{*2} + 1 < 15, \quad c^* = 1 \tag{7.10.37}$$

这里由于 c^* 是奇数,再利用公式(7.10.34),有
$$s = 1, \quad d^* = 2 \tag{7.10.38}$$

将公式(7.10.37)和(7.10.38)代入公式(7.10.35)和(7.10.22)的第三式,有
$$b = 3, \quad a = 7, \quad n = 20 \tag{7.10.39}$$

(2) 当 $d=2$ 时,$k+n$ 与 $k-n$ 全是偶数.由于 k 与 n 互质,则 k,n 全是奇数.又由于公式

(7.10.19),有互质的两个正整数 a^*,b^*,满足

$$\frac{1}{2}(k+n) = a^{*2}, \quad \frac{1}{2}(k-n) = b^{*2} \tag{7.10.40}$$

$$\frac{1}{2}(n+1) = a^* b^*, \quad a^* > b^* \tag{7.10.41}$$

利用公式(7.10.40),有

$$n = a^{*2} - b^{*2} \tag{7.10.42}$$

利用公式(7.10.41)和(7.10.42),有

$$a^{*2} - 2b^* a^* + (1 - b^{*2}) = 0 \tag{7.10.43}$$

视上式为关于 a^* 的一元二次方程,有

$$a^* = b^* + \sqrt{2b^{*2} - 1} \tag{7.10.44}$$

这里由于 $a^* > b^*$,舍去另一根.因为 a^*,b^* 都是正整数,利用公式(7.10.44),有正整数 t^*,满足

$$2b^{*2} - 1 = t^{*2}, \quad a^* = b^* + t^* \tag{7.10.45}$$

显然

$$b^* = 1, \quad t^* = 1, \quad a^* = 2, \quad n = 3 (利用公式(7.10.41)) \tag{7.10.46}$$

是解.

下面考虑正整数 $b^* \geq 2$ 的情况.这时 $t^* > 1$,又 t^* 是正奇数(利用公式(7.10.45)的第一式),记

$$t^* = 2t + 1 (t \in \mathbf{N}^+) \tag{7.10.47}$$

将上式代入公式(7.10.45)的第一式,有

$$b^{*2} = 2t(t+1) + 1 \tag{7.10.48}$$

b^* 必是奇数,则 $b^* \geq 3$.可以看到

$$2b^{*2} - 1 > b^{*2}, \quad a^* > 2b^* \tag{7.10.49}$$

这里利用公式(7.10.44).再利用公式(7.10.41),有

$$n + 1 > 4b^{*2} \tag{7.10.50}$$

利用 $n < 200$,以及 b^* 是正奇数,且 $b^* \geq 3$,有

$$b^* \in \{3, 5, 7\} \tag{7.10.51}$$

当 $b^* = 3, 7$ 时,利用公式(7.10.45)的第一式,有 t^* 不是正整数,舍去.

当 $b^* = 5$ 时,利用公式(7.10.45),可以得到

$$t^* = 7, \quad a^* = 12, \quad n = 119 \tag{7.10.52}$$

这里又利用公式(7.10.41).

综上所述,经检验 $n = 3, 20, 119$ 是满足本题条件的全部解.

7.11 1994年(第45届)波兰数学奥林匹克竞赛试题及解答

(本节题目由波兰领队 Andrzej Makowski,副领队 Maciej Brynski 赠送)

第一天

一、确定所有正有理数组 (x, y, z),使得 $x + y + z$,$\dfrac{1}{x} + \dfrac{1}{y} + \dfrac{1}{z}$ 和 xyz 都是整数(这里

$x \leqslant y \leqslant z$).

解：由于
$$xy + yz + zx = xyz\left(\frac{1}{x} + \frac{1}{y} + \frac{1}{z}\right) \tag{7.11.1}$$

所以 $xy + yz + zx$ 也是整数.

令
$$f(u) = (u-x)(u-y)(u-z) = u^3 - (x+y+z)u^2 + (xy+yz+zx)u - xyz \tag{7.11.2}$$

$f(u)$ 是整系数 3 次多项式. 由于 x, y, z 是 $f(u)$ 的三个正有理数根, 记
$$x = \frac{a}{b} \tag{7.11.3}$$

这里 a, b 是正整数, 且 a, b 互质. 将公式(7.11.3)代入公式(7.11.2), 有
$$0 = b^2 f\left(\frac{a}{b}\right) = \frac{a^3}{b} - (x+y+z)a^2 + (xy+yz+zx)ab - xyzb^2$$

从上式, 必有
$$b = 1, \quad x = a \tag{7.11.4}$$

则 x 为整数, 同理, y, z 也是整数. 由于 $x \leqslant y \leqslant z$, 则
$$\begin{cases} x = 1 \\ y = 1 \\ z = 1 \end{cases}, \quad \begin{cases} x = 1 \\ y = 2 \\ z = 2 \end{cases} \tag{7.11.5}$$

是满足题目条件的两组解.

当 $x = 1$ 时, $1 + \frac{1}{y} + \frac{1}{z}$ 是正整数, 则 $\frac{1}{y} + \frac{1}{z}$ 也是正整数. 如果 $y \geqslant 3$, 则 $z \geqslant y \geqslant 3$, $\frac{1}{y} + \frac{1}{z} \leqslant \frac{2}{3}$. 因此, 当 $x = 1$ 时, 仅公式(7.11.5)给出的两组解.

当 $x = 2$ 时, 有
$$\begin{cases} x = 2 \\ y = 3 \\ z = 6 \end{cases}, \quad \begin{cases} x = 2 \\ y = 4 \\ z = 4 \end{cases} \tag{7.11.6}$$

是两组解. 当 $y \geqslant 5$ 时, $z \geqslant y \geqslant 5$, 于是, 有
$$\frac{1}{2} + \frac{1}{y} + \frac{1}{z} < 1 \tag{7.11.7}$$

与题目条件矛盾. 因此, $x = 2$ 时, 仅公式(7.11.6)列出的两组解.

当 $x = 3$ 时,
$$x = 3, \quad y = 3, \quad z = 3 \tag{7.11.8}$$

是满足题目条件的一组解. 当 $x \geqslant 3, z \geqslant y \geqslant 4$ 时, 有
$$\frac{1}{x} + \frac{1}{y} + \frac{1}{z} < 1 \tag{7.11.9}$$

这与 $\frac{1}{x} + \frac{1}{y} + \frac{1}{z}$ 是正整数矛盾.

综上所述, 满足本题的全部解就是公式(7.11.5), (7.11.6)和(7.11.8)列出的 5 组.

二、在平面内, 给定两条平行线 k, l, 一个圆不与直线 k 相交. 从直线 k 上一点 A 引这圆的两条切线与直线 l 相交于 B、C 两点, m 是过点 A 及 BC 中点的直线(图 7.71). 求证: 当点 A 在直

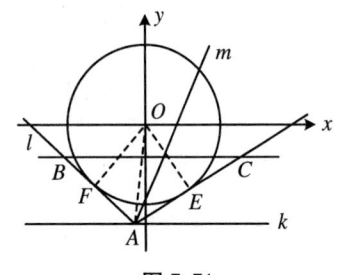

图 7.71

线 k 上变化时,所有对应直线 m 有一个公共点.

证明: 利用解析几何方法,以题目中圆 Γ 的圆心 O 为原点, x 轴平行于直线 k,也平行于直线 l,圆 Γ 的方程为

$$x^2 + y^2 = R^2 \tag{7.11.10}$$

这里 R 是圆 Γ 的半径.

直线 k 的方程为

$$y = -s, \quad 这里 s > R \tag{7.11.11}$$

直线 l 的方程为

$$y = t \tag{7.11.12}$$

t 是一个实数.在直线 k 上任取一点 $A(x^*, -s)$,过点 A 的圆 Γ 的两条切线与圆 Γ 相切的两个切点分别记为 E, F.利用 $\triangle OEA$ 与 $\triangle OFA$ 都是直角三角形,有

$$OA^2 = R^2 + AE^2, \quad OA^2 = R^2 + AF^2 \tag{7.11.13}$$

利用上式,则切点坐标 $(\bar{x}, \bar{y})$ 满足下述方程组

$$\begin{cases} R^2 + (\bar{x} - x^*)^2 + (\bar{y} + s)^2 = x^{*2} + s^2 \\ \bar{x}^2 + \bar{y}^2 = R^2 \end{cases} \tag{7.11.14}$$

化简上述方程组的第一个方程,有

$$R^2 + (\bar{x}^2 - 2x^* \bar{x}) + (\bar{y}^2 + 2s\bar{y}) = 0 \tag{7.11.15}$$

再利用方程组的第二个方程,上式又可简化为

$$s\bar{y} = x^* \bar{x} - R^2 \tag{7.11.16}$$

这方程组的第二个方程乘以 s^2,然后利用公式(7.11.16),可以看到

$$s^2 \bar{x}^2 + (x^* \bar{x} - R^2)^2 = s^2 R^2 \tag{7.11.17}$$

整理上式,有

$$(s^2 + x^{*2})\bar{x}^2 - 2x^* R^2 \bar{x} + R^2(R^2 - s^2) = 0 \tag{7.11.18}$$

于是,有

$$\bar{x} = \frac{R}{s^2 + x^{*2}}(x^* R \pm s \sqrt{s^2 + x^{*2} - R^2}) \tag{7.11.19}$$

将上式代入公式(7.11.16),有

$$\bar{y} = \frac{R}{s^2 + x^{*2}}(-Rs \pm x^* \sqrt{s^2 + x^{*2} - R^2}) \tag{7.11.20}$$

因此,点 E 坐标是

$$\left(\frac{R}{s^2 + x^{*2}}(x^* R + s \sqrt{s^2 + x^{*2} - R^2}), \frac{R}{s^2 + x^{*2}}(-Rs + x^* \sqrt{s^2 + x^{*2} - R^2}) \right)$$

点 F 坐标是

$$\left(\frac{R}{s^2 + x^{*2}}(x^* R - s \sqrt{s^2 + x^{*2} - R^2}), \frac{R}{s^2 + x^{*2}}(-Rs - x^* \sqrt{s^2 + x^{*2} - R^2}) \right)$$

切线 AE 的方程是

$$\frac{y + s}{x - x^*} = \frac{Rx^* + s \sqrt{s^2 + x^{*2} - R^2}}{Rs - x^* \sqrt{s^2 + x^{*2} - R^2}} \tag{7.11.21}$$

切线 AF 的方程是

$$\frac{y + s}{x - x^*} = \frac{Rx^* - s \sqrt{s^2 + x^{*2} - R^2}}{Rs + x^* \sqrt{s^2 + x^{*2} - R^2}} \tag{7.11.22}$$

利用公式(7.11.12)与(7.11.21),直线 AE 与直线 l 的交点 C 的坐标是

$$\left(x^* + \frac{(Rs - x^*\sqrt{s^2 + x^{*2} - R^2})}{(Rx^* + s\sqrt{s^2 + x^{*2} - R^2})}(s+t), t \right)$$

利用公式(7.11.12)与(7.11.22),直线 AF 与直线 l 的交点 B 的坐标是

$$\left(x^* + \left(\frac{Rs + x^*\sqrt{s^2 + x^{*2} - R^2}}{Rx^* - s\sqrt{s^2 + x^{*2} - R^2}} \right)(s+t), t \right)$$

线段 BC 的中点坐标是

$$\left(x^* + \frac{1}{2}(s+t)\left(\frac{Rs - x^*\sqrt{s^2 + x^{*2} - R^2}}{Rx^* + s\sqrt{s^2 + x^{*2} - R^2}} + \frac{Rs + x^*\sqrt{s^2 + x^{*2} - R^2}}{Rx^* - s\sqrt{s^2 + x^{*2} - R^2}} \right), t \right)$$
$$= \left(x^* - \frac{(s+t)x^* s}{s^2 - R^2}, t \right)$$

这中点与点 A 连线 m 的方程是

$$\frac{y+s}{x-x^*} = \frac{R^2 - s^2}{x^* s} \tag{7.11.23}$$

点 $\left(0, -\frac{R^2}{s}\right)$ 在直线 m 上,且与实数 x^* 无关.即对应的直线 m 始终通过固定点 $\left(0, -\frac{R^2}{s}\right)$.

三、 $C \geq 1$ 是一个固定的正整数,对于集合 $\{1,2,\cdots,n\}$ 的每个非空子集 A,从集合 $\{1,2,\cdots,C\}$ 内指定一个正整数 $w(A)$,满足 $w(A \cap B) = \min(w(A), w(B))$.这里 A, B 是集合 $\{1,2,\cdots,n\}$ 的任意两个交集非空的子集.如果有 $\alpha(n)$ 种这样的指定方法,计算 $\lim_{n\to\infty} \sqrt[n]{\alpha(n)}$.

解: 如果 $C=1$,显然 $\alpha(n)=1$,$\lim_{n\to\infty}\sqrt[n]{\alpha(n)}=1$.下面考虑 $C \geq 2$.集合 $\{1,2,\cdots,n\}$ 的全部非空子集一共有 $2^n - 1$ 个.在那些子集上的 w 值给定后,题目中的函数 w 就唯一确定了,这是解决本题的关键.

令子集

$$B_k = \{1, 2, \cdots, k-1, k+1, \cdots, n\} \tag{7.11.24}$$

这里 $k = 1, 2, \cdots, n$.即 B_k 是集合 $\{1,2,\cdots,n\}$ 的 $n-1$ 元子集.记 $D = \{1,2,\cdots,n\}$.如果已知 $w(B_1), w(B_2), \cdots, w(B_n), w(D)$ 这 $n+1$ 个值,下面我们来证明对于 $\{1,2,\cdots,n\}$ 中任何非空子集 A,$w(A)$ 是确定的.

在 C_n^{n-2} 个 $n-2$ 元子集中,任取一个子集 A,由于 A 包含 $n-2$ 个元素,那么存在 $k, l, 1 \leq k < l \leq n$,满足

$$A = \{1, 2, \cdots, n\} - \{k, l\} = B_k \cap B_l \tag{7.11.25}$$

于是,利用题目条件,可以知道

$$w(A) = \min\{w(B_k), w(B_l)\} \tag{7.11.26}$$

$w(A)$ 的值确定了.于是所有 C_n^{n-2} 个 $n-2$ 元子集上的 w 值完全确定.利用数学归纳法,设全部 $n-(k-1)$ 元子集的 w 值全部确定,这里正整数 k 满足 $2 \leq k \leq n-1$,则对于 $\{1,2,\cdots,n\}$ 的任一个 $n-k$ 元子集 C^*,显然一定能找到一个 $n-k+1$ 元子集 B,与一个 $n-1$ 元子集 $B_j (1 \leq j \leq n)$,满足

$$C^* = B \cap B_j \tag{7.11.27}$$

再利用题目条件,有

$$w(C^*) = \min\{w(B), w(B_j)\}$$

$w(C^*)$ 的值确定.所以全部 $2^n - 1$ 个非空子集上的 w 值被 $w(B_1), w(B_2), \cdots, w(B_n), w(D)$ 确定,因此函数 w 确定. $w(D)$ 与每个 $w(B_j)(1 \leq j \leq n)$ 都取自集合 $\{1,2,\cdots,C\}$.每一个都至多有 C 种取法.因而全部 $\{w(B_1), w(B_2), \cdots, w(B_n), w(D)\}$ 的取值方法至多有 C^{n+1} 种.从上述叙述,有

$$\alpha(n) \leqslant C^{n+1} \tag{7.11.28}$$

再由题目条件,当 $w(B_1), w(B_2), \cdots, w(B_n)$ 取定后,$w(D)$ 并不能任意地取 $\{1,2,\cdots,C\}$ 中一个值.因为利用 $B_j = B_j \cap D$,必有

$$w(B_j) = \min\{w(B_j), w(D)\} \tag{7.11.29}$$

换句话讲,有

$$w(D) \geqslant \max\{w(B_1), w(B_2), \cdots, w(B_n)\} \tag{7.11.30}$$

另一方面,任取一组值 $\{w(B_1), w(B_2), \cdots, w(B_n)\}$,这里 $w(B_j) \in \{1,2,\cdots,C\}, 1 \leqslant j \leqslant n$.取 $w(D)$ 满足不等式(7.11.30)即可.从而当 $w(D)$ 取定后,函数 w 唯一确定.利用上面叙述,容易明白

$$C^n < \alpha(n) < C^{n+1} \tag{7.11.31}$$

利用上式,有

$$C < \sqrt[n]{\alpha(n)} < C^{1+\frac{1}{n}} \tag{7.11.32}$$

从而可以得到

$$\lim_{n \to \infty} \sqrt[n]{\alpha(n)} = C \tag{7.11.33}$$

上式包含了 $C = 1$ 情况.

第二天

四、 有三个杯子,分别能盛 m 升,n 升和 $m+n$ 升水,这里 m 和 n 是互质的正整数.开始时,两个小杯子是空的,只有最大的一个杯子里盛满了水.将一个杯子里的水全部倒入另一个杯子,或者另一杯子加入若干水后已满杯,称为一次操作.求证:对于闭区间 $[1, m+n-1]$ 内任一正整数 k,进行若干次适当的操作后,一定能使最大的一个杯子里恰有 k 升水.

证明: 将能盛 m 升,n 升和 $m+n$ 升水的 3 个杯子分别记为第 1,2 和 3 号杯.开始状态为 $(0,0,m+n)$,这里圆括号内 j 个数表示第 j 号杯子里盛水的升数($j=1,2,3$).如果 $m=n=1$,则第 3 号杯子有 2 升水.将第 3 号杯子里的水倒入第 1 号杯子,使得第 1 号杯子为满杯,即经过一次操作:$(0,0,2) \to (1,0,1)$.本题结论成立.

下面考虑 m, n 不全为 1 的情况.由于 m, n 互质,则 m, n 不会相等.不妨设 $n > m$,先设 $m > 1$.有

$$n = k^* m + r \tag{7.11.34}$$

这里 $k^*, r \in \mathbf{N}^+$,且 $1 \leqslant r \leqslant m-1$.

将第 3 号杯子内的水倒入第 1 号杯子 m 升水,再将这 m 升水倒入第 2 号杯子.类似这样方法,进行了 $2k^*$ 次操作后,水的分布状态为 $(0, k^*m, m+r)$.然后进行如下的操作(每个箭头表示一次操作):

$(0, k^*m, m+r) \to (m, k^*m, r) \to (m-r, n, r)$(利用公式(7.11.34)) $\to (m-r, 0, n+r)$
$\to (0, m-r, n+r) \to (m, m-r, n+r-m) \to (0, 2m-r, n+r-m)$
$\to (m, 2m-r, n+r-2m) \to (0, 3m-r, n+r-2m) \to \cdots$
$\to (0, (k^*-1)m+m-r, n+r-(k^*-1)m)$(重复前面操作)
$= (0, k^*m-r, m+2r)$(利用公式(7.11.34))$\to (m, k^*m-r, 2r) \tag{7.11.35}$

如果 $2r < m$,则 $m + (k^*m - r) > n$.接着进行如下的操作:

$(m, k^*m-r, 2r) \to (m-2r, n, 2r)$(利用公式(7.11.34))
$\to (m-2r, 0, n+2r) \to (0, m-2r, n+2r) \tag{7.11.36}$

如果 $2r \geqslant m$,利用公式(7.11.34),接着公式(7.11.35)再进行如下的操作:

$(m, k^*m-r, 2r) \to (0, n+m-2r, 2r) \to (m, n+m-2r, 2r-m)$

$\to (2m-2r, n, 2r-m)$(将第 1 号杯子倒 $2r-m$ 升水入第 2 号杯子,如果 $2r=m$,这次操作省略不作)$\to (2m-2r, 0, n+2r-m) \to (0, 2m-2r, n+2r-m)$ (7.11.37)

利用公式(7.11.36)和(7.11.37)可以知道,进行有限次操作后,水的分布状态为 $(0, m-k_3, n+k_3)$,这里 k_3 是一个小于 m 的非负整数,且满足
$$n + k_3 \equiv 3r \pmod{m} \tag{7.11.38}$$

再进行类似的操作,读者容易明白,对于任意正整数 $t \in \{1, 2, \cdots, m-1\}$,进行适当的有限次操作后,可产生水的分布状态 $(0, m-k_t, n+k_t)$,这里 $k_t \in \{0, 1, 2, \cdots, m-1\}$,且满足
$$n + k_t \equiv tr \pmod{m} \tag{7.11.39}$$

由于 m, n 互质,则 m, r 互质.集合 $\{tr \mid t = 1, 2, \cdots, m-1\}$ 在 $\bmod m$ 意义下,能取到全部元素 $1, 2, \cdots, m-1$.现在,利用
$$n + k_t = am + r^*, \quad a \in \mathbf{N}^+, \quad r^* \in \{1, 2, \cdots, m-1\} \tag{7.11.40}$$

这里 $r^* \equiv tr \pmod{m}$,r^* 能取到 $\{1, 2, \cdots, m-1\}$ 内任一元素.

对于闭区间 $[1, m+n-1]$ 内任意正整数 k,可以写
$$k = bm + r_1 \tag{7.11.41}$$

这里 b 是非负整数,$r_1 \in \{0, 1, 2, \cdots, m-1\}$.我们继续讨论.如果 $r_1 = 0$,b 是一个正整数时,可以进行如下的操作:

$(0, 0, m+n) \to (m, 0, n) \to (m, n, 0) \to (0, n, m) \to (m, n-m, m)$
$\to (0, n-m, 2m) \to \cdots \to (0, n-(b-1)m, bm)$(重复前面操作,例如当 $b \geqslant 3$ 时,进行操作 $(0, n-m, 2m) \to (m, n-2m, 2m) \to (0, n-2m, 3m)$ 等等) (7.11.42)

如果 $m = 1$,则公式(7.11.41)中 $r_1 = 0$,从公式(7.11.42),知道题目结论成立.下面 $m \geqslant 2$.当 $r_1 \in \{1, 2, \cdots, m-1\}$ 时,利用上面叙述可以知道,进行适当的有限次操作后,水的分布状态为 $(0, m-t, n+t)$,这里 t 是非负整数,$n + t = am + r_1$,再利用公式(7.11.34),有 $a \geqslant k^*$.

如果 $a > b$,则将第 3 号杯子内的水倒 m 升入第 1 号杯子,再将这 m 升水倒入第 2 号杯子,这样类似操作了 $2(a-b)$ 次后,最后第 3 号杯子内恰有
$$(am + r_1) - (a-b)m = bm + r_1 = k \tag{7.11.43}$$

升水.再利用公式(7.11.34),有 $b \leqslant k^* + 1$.

如果 $a < b$,则 $a = k^*, b = k^* + 1$,可以看到
$$n + m - 1 = (k^* + 1)m + r - 1 \tag{7.11.44}$$

又 $k \leqslant n + m - 1$,再利用公式(7.11.41),有
$$r_1 \leqslant r - 1 \tag{7.11.45}$$

于是,可以得到
$$n + t = k^* m + r_1 \leqslant k^* m + (r-1) < n \tag{7.11.46}$$

这与 $t \geqslant 0$ 矛盾.因此 $a < b$ 的情况不会产生.又当 $a = b$ 时,有 $n + t = k$,这样,第 3 号杯子内也有 k 升水.

注:本题的思想可以推广,例如,我自编了以下一个题目:m, n, k 是三个正整数.有 4 个酒杯,分别能盛 $m, n, k, m+n+k$ 升酒.将一个酒杯里的酒全部倒入另一个酒杯,或者另一酒杯加入若干酒后已满杯,称为一次操作.开始时,能盛 $m+n+k$ 升酒的酒杯里盛满酒,另外三个为空杯,求 m, n, k 三个数的一个充分必要条件,使得对于 $1, 2, 3, \cdots, m+n+k-1$ 中任一正整数 s,进行有限次适当的操作后,有一个酒杯里恰有 s 升酒.

本题曾作为 1995 年国家数学集训队第 5 次测验的第 2 题,有兴趣的读者可以一试(提示:充分必要条件是 m, n, k 三数的最大公约数是 1).也可以提类似的有限个酒杯的问题.

五、$A_1, A_2, \cdots, A_8$ 是一个平行六面体的顶点,O 是它的中心,求证:

$$4(OA_1^2 + OA_2^2 + \cdots + OA_8^2) < (OA_1 + OA_2 + \cdots + OA_8)^2$$

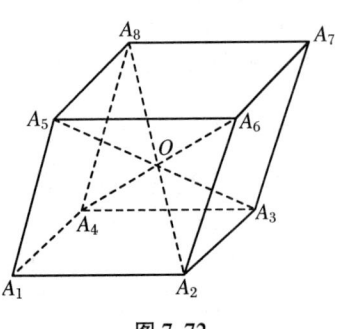

图 7.72

证明：设这平行六面体的对角线 $A_2A_8, A_4A_6, A_1A_7,$ A_3A_5 相交于一点 O，这点 O 是这平行六面体的中心（图 7.72）. 这 4 条对角线被点 O 全部平分.

从而可以知道

$$\left. \begin{array}{ll} OA_1 = OA_7, & OA_2 = OA_8 \\ OA_4 = OA_6, & OA_3 = OA_5 \end{array} \right\} \quad (7.11.47)$$

在平行四边形 $A_1A_3A_7A_5$ 中，设 $\angle A_5A_1A_3 = \theta$，则 $\angle A_1A_3A_7 = \pi - \theta$. 在平行四边形 $A_1A_3A_7A_5$ 中，利用公式 (7.11.47)，有

$$4(OA_1^2 + OA_3^2) = A_1A_7^2 + A_3A_5^2 = 2(A_1A_3^2 + A_1A_5^2) \quad (7.11.48)$$

（注：不知道上述公式的读者可以利用 $\triangle A_1A_3A_7$ 和 $\triangle A_1A_3A_5$ 的余弦定理，自己去推导.）

利用公式 (7.11.47) 和 (7.11.48)，有

$$OA_1^2 + OA_3^2 + OA_5^2 + OA_7^2 = A_1A_3^2 + A_1A_5^2 \quad (7.11.49)$$

完全类似地，有

$$OA_2^2 + OA_4^2 + OA_6^2 + OA_8^2 = A_2A_4^2 + A_2A_6^2 \quad (7.11.50)$$

利用上二式，有

$$4(OA_1^2 + OA_2^2 + \cdots + OA_8^2) = 4(A_1A_3^2 + A_1A_5^2 + A_2A_4^2 + A_2A_6^2) \quad (7.11.51)$$

为简洁，记

$$A_1A_2 = a, \quad A_2A_3 = b, \quad A_1A_5 = c \quad (7.11.52)$$

又由于 $A_1A_2A_3A_4$ 是一个平行四边形，有

$$A_1A_3^2 + A_2A_4^2 = 2(a^2 + b^2) \quad (7.11.53)$$

利用上面三个公式，有

$$4(OA_1^2 + OA_2^2 + \cdots + OA_8^2) = 8(a^2 + b^2 + c^2) \quad (7.11.54)$$

又记 $\angle A_8A_4A_2 = \psi$，利用余弦定理，可以看到

$$OA_1 + OA_7 = A_1A_7 = \sqrt{A_1A_3^2 + c^2 + 2A_1A_3 c \cos\theta} \quad (7.11.55)$$

$$OA_3 + OA_5 = A_3A_5 = \sqrt{A_1A_3^2 + c^2 - 2A_1A_3 c \cos\theta} \quad (7.11.56)$$

$$OA_4 + OA_6 = A_4A_6 = \sqrt{A_2A_4^2 + c^2 + 2A_2A_4 c \cos\psi} \quad (7.11.57)$$

$$OA_2 + OA_8 = A_2A_8 = \sqrt{A_2A_4^2 + c^2 - 2A_2A_4 c \cos\psi} \quad (7.11.58)$$

将上面四个公式相加，有

$$OA_1 + OA_2 + \cdots + OA_8 = (\sqrt{A_1A_3^2 + c^2 + 2A_1A_3 c \cos\theta} + \sqrt{A_1A_3^2 + c^2 - 2A_1A_3 c \cos\theta})$$
$$+ (\sqrt{A_2A_4^2 + c^2 + 2A_2A_4 c \cos\psi} + \sqrt{A_2A_4^2 + c^2 - 2A_2A_4 c \cos\psi}) \quad (7.11.59)$$

由于

$$(\sqrt{A_1A_3^2 + c^2 + 2A_1A_3 c \cos\theta} + \sqrt{A_1A_3^2 + c^2 - 2A_1A_3 c \cos\theta})^2$$
$$= 2(A_1A_3^2 + c^2) + 2\sqrt{(A_1A_3^2 + c^2)^2 - 4A_1A_3^2 c^2 \cos^2\theta}$$
$$= 2(A_1A_3^2 + c^2) + 2\sqrt{A_1A_3^4 + c^4 - 2A_1A_3^2 c^2 \cos 2\theta}$$
$$> 2(A_1A_3^2 + c^2) + 2|A_1A_3^2 - c^2| \quad (\text{利用} \cos 2\theta < 1) \quad (7.11.60)$$

完全类似有

$$(\sqrt{A_2A_4^2 + c^2 + 2A_2A_4 c \cos\psi} + \sqrt{A_2A_4^2 + c^2 - 2A_2A_4 c \cos\psi})^2$$

$$> 2(A_2A_4^2 + c^2) + 2 \mid A_2A_4^2 - c^2 \mid \tag{7.11.61}$$

利用公式(7.11.59),(7.11.60)和(7.11.61),可以得到

$$(OA_1 + OA_2 + \cdots + OA_8)^2$$
$$> [2(A_1A_3^2 + c^2) + 2 \mid A_1A_3^2 - c^2 \mid] + [2(A_2A_4^2 + c^2) + 2 \mid A_2A_4^2 - c^2 \mid]$$
$$+ 4\sqrt{A_1A_3^2 + c^2 + \mid A_1A_3^2 - c^2 \mid}\sqrt{A_2A_4^2 + c^2 + \mid A_2A_4^2 - c^2 \mid}$$
$$\geqslant 2(A_1A_3^2 + A_2A_4^2 + 2c^2) + 2(A_1A_3^2 - c^2) + 2(A_2A_4^2 - c^2)$$
$$+ 4\sqrt{A_1A_3^2 + c^2 + (c^2 - A_1A_3^2)}\sqrt{A_2A_4^2 + c^2 + (c^2 - A_2A_4^2)}$$
$$= 4(A_1A_3^2 + A_2A_4^2) + 8c^2 = 8(a^2 + b^2 + c^2)(\text{利用公式}(7.11.53))$$
$$= 4(OA_1^2 + OA_2^2 + \cdots + OA_8^2)(\text{利用公式}(7.11.54)) \tag{7.11.62}$$

六、假设 n 个两两不同的实数 $x_1, x_2, \cdots, x_n$(正整数 $n \geqslant 4$)满足条件 $x_1 + x_2 + \cdots + x_n = 0$ 和 $x_1^2 + x_2^2 + \cdots + x_n^2 = 1$. 求证:一定能在 $x_1, x_2, \cdots, x_n$ 中找到四个不同的实数 a, b, c, d,使得

$$a + b + c + nabc \leqslant x_1^3 + x_2^3 + \cdots + x_n^3 \leqslant a + b + d + nabd$$

证明: 首先考虑

$$\sum_{k=1}^{n} x_k^3 > 0 \tag{7.11.63}$$

的情况. 不妨设 $x_1 < x_2 < \cdots < x_n$,否则调整下标记号,总能达到这点.

第一步,我们来证明,在 n 个两两不同的实数 $x_1, x_2, \cdots, x_n$ 中一定能找到 3 个不同的实数 x_i, x_j, x_k,使得

$$\sum_{l=1}^{n} x_l^3 < x_i + x_j + x_k + nx_ix_jx_k \tag{7.11.64}$$

分三种情况来证明上式.

① $x_1, x_2, \cdots, x_n$ 中至少有 3 个正实数,即 $0 < x_{n-2} < x_{n-1} < x_n$. 由于题目条件,对于任意 $j \in \{1, 2, \cdots, n\}$,有

$$x_j^2 < 1, \quad x_{n-2}^3 = x_{n-2}x_{n-2}^2 < x_{n-2}, \quad x_{n-1}^3 = x_{n-1}x_{n-1}^2 < x_{n-1}, \quad x_n^3 = x_nx_n^2 < x_n$$
$$\tag{7.11.65}$$

由于存在正整数 $k \leqslant n-3$,使得

$$x_1 < x_2 < \cdots < x_k \leqslant 0 < x_{k+1} < \cdots < x_n \tag{7.11.66}$$

那么,当 $k < n-3$ 时,有

$$\sum_{l=1}^{n} x_l^3 < (x_{k+1}^3 + x_{k+2}^3 + \cdots + x_{n-3}^3) + (x_{n-2}^3 + x_{n-1}^3 + x_n^3)$$
$$< (n-3-k)x_{n-3}^3 + (x_{n-2} + x_{n-1} + x_n) < nx_{n-2}x_{n-1}x_n + x_{n-2} + x_{n-1} + x_n$$
$$\tag{7.11.67}$$

当 $k = n-3$ 时,有

$$\sum_{l=1}^{n} x_l^3 < x_{n-2}^3 + x_{n-1}^3 + x_n^3 < nx_{n-2}x_{n-1}x_n + x_{n-2} + x_{n-1} + x_n \tag{7.11.68}$$

② $x_1, x_2, \cdots, x_n$ 中恰有两个正实数,即

$$x_1 < x_2 < \cdots < x_{n-2} \leqslant 0 < x_{n-1} < x_n \tag{7.11.69}$$

利用题目条件,有

$$\sum_{l=1}^{n-2} x_l = -(x_{n-1} + x_n) \tag{7.11.70}$$

考虑下列和式

$$\sum_{l=1}^{n-2} (x_l + x_{n-1} + x_n + nx_lx_{n-1}x_n) = (x_{n-1} + x_n)(n-3-nx_{n-1}x_n) \tag{7.11.71}$$

利用题目条件,有

$$\sum_{l=1}^{n-2} x_l^2 + x_{n-1}^2 + x_n^2 = 1 \tag{7.11.72}$$

利用平方平均不等式和公式(7.11.70),有

$$(n-2)\sum_{l=1}^{n-2} x_l^2 = (n-2)\sum_{l=1}^{n-2}(-x_l)^2 > (\sum_{l=1}^{n-2}(-x_l))^2 = (x_{n-1}+x_n)^2 \tag{7.11.73}$$

利用公式(7.11.72)和不等式(7.11.73),有

$$1 > (x_{n-1}^2 + x_n^2) + \frac{1}{n-2}(x_{n-1}+x_n)^2 = \frac{n-1}{n-2}(x_{n-1}^2+x_n^2) + \frac{2}{n-2}x_{n-1}x_n \tag{7.11.74}$$

利用1.1节例3,有

$$\left[\frac{1}{n-2}\sum_{l=1}^{n-2}(-x_l)^3\right]^{\frac{1}{3}} > \frac{1}{n-2}\sum_{l=1}^{n-2}(-x_l) = \frac{1}{n-2}(x_{n-1}+x_n) \tag{7.11.75}$$

这里利用公式(7.11.70).

上式两端立方后,再乘以 -1,有

$$\sum_{l=1}^{n-2} x_l^3 < -\frac{1}{(n-2)^2}(x_{n-1}+x_n)^3 \tag{7.11.76}$$

利用上式,有

$$\sum_{l=1}^{n} x_l^3 = (x_{n-1}^3 + x_n^3) + \sum_{l=1}^{n-2} x_l^3 < (x_{n-1}+x_n)\left[(x_{n-1}^2 - x_{n-1}x_n + x_n^2) - \frac{1}{(n-2)^2}(x_{n-1}+x_n)^2\right]$$

$$= (x_{n-1}+x_n)\left[\frac{(n-3)(n-1)}{(n-2)^2}(x_{n-1}^2+x_n^2) - \frac{n^2-4n+6}{(n-2)^2}x_{n-1}x_n\right] \tag{7.11.77}$$

利用公式(7.11.71)和(7.11.74),有

$$\sum_{l=1}^{n-2}(x_l + x_{n-1} + x_n + nx_l x_{n-2} x_n)$$

$$> (x_{n-1}+x_n)\left[\frac{(n-3)(n-1)}{n-2}(x_{n-1}^2+x_n^2) + \frac{2(n-3)}{n-2}x_{n-1}x_n - nx_{n-1}x_n\right]$$

$$= (x_{n-1}+x_n)\left[\frac{(n-3)(n-1)}{n-2}(x_{n-1}^2+x_n^2) - \frac{n^2-4n+6}{n-2}x_{n-1}x_n\right]$$

$$> (n-2)\sum_{l=1}^{n} x_l^3 (利用公式(7.11.77)) \tag{7.11.78}$$

利用上式,必有一个正整数 $l \in \{1, 2, \cdots, n-2\}$,使得

$$x_l + x_{n-1} + x_n + nx_l x_{n-2} x_n > \sum_{l=1}^{n} x_l^3 \tag{7.11.79}$$

③ $x_1, x_2, \cdots, x_n$ 中只有一个正实数,即

$$x_1 < x_2 < \cdots < x_{n-1} \leqslant 0 < x_n \tag{7.11.80}$$

设 A 是集合 $\{1, 2, \cdots, n-1\}$ 的所有两元子集组成的集合. A 内全部元素的个数是 C_{n-1}^2. 显然,有

$$\sum_{(i,j) \in A}(x_i + x_j + x_n + nx_i x_j x_n) = \sum_{(i,j) \in A}(x_i + x_j) + C_{n-1}^2 x_n + nx_n \sum_{(i,j) \in A} x_i x_j \tag{7.11.81}$$

容易明白,

$$\sum_{(i,j) \in A}(x_i + x_j) = (n-2)\sum_{i=1}^{n-1} x_i = -(n-2)x_n \tag{7.11.82}$$

利用题目条件,有

$$0 = (\sum_{i=1}^{n} x_i)^2 = \sum_{i=1}^{n} x_i^2 + 2\sum_{1 \leqslant i < j \leqslant n} x_i x_j = 1 + 2\sum_{(i,j) \in A} x_i x_j + 2x_n \sum_{i=1}^{n-1} x_i$$
$$= 1 - 2x_n^2 + 2\sum_{(i,j) \in A} x_i x_j \tag{7.11.83}$$

利用上面三个公式,有

$$\sum_{(i,j) \in A} (x_i + x_j + x_n + nx_i x_j x_n) = \left[\frac{1}{2}(n-1)(n-2) - (n-2)\right] x_n + nx_n\left(x_n^2 - \frac{1}{2}\right)$$
$$= \left(\frac{1}{2}n^2 - 3n + 3\right) x_n + nx_n^3 \tag{7.11.84}$$

类似于不等式(7.11.75),有

$$\left[\frac{1}{n-1} \sum_{l=1}^{n-1} (-x_l)^3\right]^{\frac{1}{3}} > \frac{1}{n-1} \sum_{l=1}^{n-1} (-x_l) = \frac{1}{n-1} x_n \tag{7.11.85}$$

对上式两端立方,再乘以 -1,有

$$\sum_{l=1}^{n-1} x_l^3 < -\frac{1}{(n-1)^2} x_n^3 \tag{7.11.86}$$

从上式,立即有

$$\sum_{l=1}^{n} x_l^3 < \left[1 - \frac{1}{(n-1)^2}\right] x_n^3 = \frac{n^2 - 2n}{(n-1)^2} x_n^3 \tag{7.11.87}$$

利用题目条件及平方平均不等式,有

$$1 = x_n^2 + \sum_{l=1}^{n-1} x_l^2 > x_n^2 + \frac{1}{n-1}(\sum_{l=1}^{n-1} (-x_l))^2 = x_n^2 + \frac{1}{n-1} x_n^2 = \frac{n}{n-1} x_n^2 \tag{7.11.88}$$

当正整数 $n \geqslant 5$ 时,立即可以看到

$$\frac{1}{2}n^2 - 3n + 3 = \frac{1}{2}n(n-6) + 3 > 0 \tag{7.11.89}$$

当正整数 $n \geqslant 5$ 时,利用公式(7.11.84),(7.11.88)和(7.11.89),有

$$\sum_{(i,j) \in A} (x_i + x_j + x_n + nx_i x_j x_n) > \left(\frac{1}{2}n^2 - 3n + 3\right) x_n \left(\frac{n}{n-1} x_n^2\right) + nx_n^3$$
$$= \frac{n}{n-1} x_n^3 \left[\left(\frac{1}{2}n^2 - 3n + 3\right) + (n-1)\right]$$
$$= \frac{n(n-2)^2}{2(n-1)} x_n^3 > C_{n-1}^2 \sum_{l=1}^{n} x_l^3 (利用公式(7.11.87))$$
$$\tag{7.11.90}$$

从上式可以知道,当正整数 $n \geqslant 5$ 时,必有一个两元子集 $(i,j) \in A$,使得

$$x_i + x_j + x_n + nx_i x_j x_n > \sum_{l=1}^{n} x_l^3 \tag{7.11.91}$$

当 $n = 4$ 时,$x_1 < x_2 < x_3 \leqslant 0 < x_4$,令

$$y_j = -x_j, \quad j = 1,2,3 \tag{7.11.92}$$

那么,有

$$y_1 > y_2 > y_3 > 0, \quad x_4 = y_1 + y_2 + y_3 \tag{7.11.93}$$

于是,可以看到

$$x_2 + x_3 + x_4 + 4x_2 x_3 x_4 - (x_1^3 + x_2^3 + x_3^3 + x_4^3)$$
$$= y_1 + 4y_2 y_3 (y_1 + y_2 + y_3) + (y_1^3 + y_2^3 + y_3^3) - (y_1 + y_2 + y_3)^3 \tag{7.11.94}$$

明显地,有

$$(y_1 + y_2 + y_3)^3 = (y_1^3 + y_2^3 + y_3^3) + 3y_1(y_2^2 + y_3^2) + 3y_2(y_1^2 + y_3^2) + 3y_3(y_1^2 + y_2^2) + 6y_1 y_2 y_3$$
$$\tag{7.11.95}$$

利用上二式,公式(7.11.92)及题目条件,兼顾公式(7.11.93),有

$$x_2 + x_3 + x_4 + 4x_2x_3x_4 - (x_1^3 + x_2^3 + x_3^3 + x_4^3)$$
$$= y_1[y_1^2 + y_2^2 + y_3^2 + (y_1 + y_2 + y_3)^2] + 4y_2y_3(y_1 + y_2 + y_3)$$
$$- [3y_1(y_2^2 + y_3^2) + 3y_2(y_1^2 + y_3^2) + 3y_3(y_1^2 + y_2^2) + 6y_1y_2y_3]$$
$$= 2y_1(y_1^2 + y_2^2 + y_3^2 + y_1y_2 + y_2y_3 + y_1y_3) - 2y_1y_2y_3$$
$$- 3y_1^2(y_2 + y_3) + y_2^2(y_3 - 3y_1) + y_3^2(y_2 - 3y_1)$$
$$= y_1^2[2y_1 - (y_2 + y_3)] - y_2^2(y_1 - y_3) - y_3^2(y_1 - y_2)$$
$$> y_1^2\{[2y_1 - (y_2 + y_3)] - (y_1 - y_3) - (y_1 - y_2)\}(利用公式(7.11.93) 的第一式) = 0$$
$$(7.11.96)$$

综合上面的叙述可以知道,在条件不等式(7.11.63)下,不等式(7.11.64)成立.

利用题目条件,有

$$0 = (\sum_{l=1}^{n} x_l)^3 = \sum_{l=1}^{n} x_l^3 + 3\sum_{l=1}^{n} x_l(x_1^2 + \cdots + x_{l-1}^2 + x_{l+1}^2 + \cdots + x_n^2) + 6\sum_{(i,j,k)\in B} x_ix_jx_k(这里 B 是集合\{1,2,\cdots,n\} 中所有 3 元子集组成的集合. 不知道此公式的读者, 可以对 n 用数学归纳法, 自己去证明它, 这里正整数 n \geq 3)$$

$$= \sum_{l=1}^{n} x_l^3 + 3\sum_{l=1}^{n} x_l(1 - x_l^2) + 6\sum_{(i,j,k)\in B} x_ix_jx_k = -2\sum_{l=1}^{n} x_l^3 + 6\sum_{(i,j,k)\in B} x_ix_jx_k \quad (7.11.97)$$

从上式,可以知道

$$\sum_{(i,j,k)\in B} x_ix_jx_k = \frac{1}{3}\sum_{l=1}^{n} x_l^3 \quad (7.11.98)$$

明显地,有

$$\sum_{(i,j,k)\in B} (x_i + x_j + x_k) = C_{n-1}^2 \sum_{l=1}^{n} x_l = 0 \quad (7.11.99)$$

上式左端任意固定一个 x_l, x_l 出现的次数是集合$\{1,2,\cdots,l-1,l+1,\cdots,n\}$中任选两个元素的组合数. 于是有公式(7.11.99),这里 $l = 1, 2, \cdots, n$.

利用公式(7.11.98)和(7.11.99),有

$$\sum_{(i,j,k)\in B} (x_i + x_j + x_k + nx_ix_jx_k) = \frac{n}{3}\sum_{l=1}^{n} x_l^3 \quad (7.11.100)$$

现在我们继续本题的证明. 考虑集合

$A_1 = \{x_{i_1} + x_{j_1} + x_{k_1} + nx_{i_1}x_{j_1}x_{k_1} \mid$ 两两不同的 $x_{i_1}, x_{j_1}, x_{k_1}$ 中至少有两数取自满足不等式 (7.11.64)的集合$\{x_i, x_j, x_k\}\}$ (7.11.101)

$A_2 = \{x_{i_2} + x_{j_2} + x_{k_2} + nx_{i_2}x_{j_2}x_{k_2} \mid$ 两两不同的 $x_{i_2}, x_{j_2}, x_{k_2}$ 中恰有两数取自集族$\{x_{i_1}, x_{j_1}, x_{k_1}\}$ 之一$\}$ (7.11.102)

$A_3 = \{x_{i_3} + x_{j_3} + x_{k_3} + nx_{i_3}x_{j_3}x_{k_3} \mid$ 两两不同的 $x_{i_3}, x_{j_3}, x_{k_3}$ 中恰有两数取自集族$\{x_{i_2}, x_{j_2}, x_{k_2}\}$ 之一$\}$ (7.11.103)

当然这里所有的 $x_{i_1}, x_{j_1}, x_{k_1}; x_{i_2}, x_{j_2}, x_{k_2}; x_{i_3}, x_{j_3}, x_{k_3}$ 全部取自集合$\{x_1, x_2, \cdots, x_n\}$.

我们断言

$A_1 \cup A_2 \cup A_3 = \{x_{i'} + x_{j'} + x_{k'} + nx_{i'}x_{j'}x_{k'} \mid$ 两两不同的 $x_{i'}, x_{j'}, x_{k'}$ 取自集合$\{x_1, x_2, \cdots, x_n\}\}$ (7.11.104)

明显地, $A_1 \cup A_2 \cup A_3$ 在上式右端集合中. 对于上式右端集合中任一元素 $x_{i'} + x_{j'} + x_{k'} + nx_{i'}x_{j'}x_{k'}$, 如果 $x_{i'}, x_{j'}, x_{k'}$ 三数中至少有两数属于集合$\{x_i, x_j, x_k\}$(满足不等式(7.11.64)的三元数组$\{x_i, x_j, x_k\}$),则这元素显然属于 A_1. 如果 $x_{i'}, x_{j'}, x_{k'}$ 三数中只有一数属于集合$\{x_i, x_j, x_k\}$,则元素 $x_{i'} + x_{j'} + x_{k'} + nx_{i'}x_{j'}x_{k'}$ 必属于 A_2. 证明很简单,例如 $x_{i'} = x_i$,则

$$\left.\begin{array}{l}x_i + x_{j'} + x_k + nx_ix_{j'}x_k \in A_1 \\ x_i + x_{j'} + x_{k'} + nx_ix_{j'}x_{k'} \in A_2\end{array}\right\} \qquad (7.11.105)$$

如果 $x_{i'}, x_{j'}, x_{k'}$ 中无一数属于集合 $\{x_i, x_j, x_k\}$,则容易看到

$$\left.\begin{array}{l}x_i + x_{j'} + x_k + nx_ix_{j'}x_k \in A_1 \\ x_i + x_{j'} + x_{k'} + nx_ix_{j'}x_{k'} \in A_2 \\ x_{i'} + x_{j'} + x_{k'} + nx_{i'}x_{j'}x_{k'} \in A_3\end{array}\right\} \qquad (7.11.106)$$

从而公式(7.11.104)成立.

现在在条件不等式(7.11.63)下,证明本题的另一个不等式.先考虑集合 A_1,如果 A_1 中有元素小于等于 $\sum_{l=1}^n x_l^3$,则题目结论成立.如果集合 A_1 中元素都大于 $\sum_{l=1}^n x_l^3$,则考虑集合 A_2,如果集合 A_2 中有元素小于等于 $\sum_{l=1}^n x_l^3$,由于 A_1 中所有元素都大于 $\sum_{l=1}^n x_l^3$,则在集合 A_1 中一定能找到满足题目不等式右端的元素,此元素大于 $\sum_{l=1}^n x_l^3$.如果 A_2 中所有元素都大于 $\sum_{l=1}^n x_l^3$,则考虑集合 A_3.如果集合 A_3 中有元素小于等于 $\sum_{l=1}^n x_l^3$,则题目结论成立.如果 A_3 中所有元素都大于 $\sum_{l=1}^n x_l^3$,利用公式(7.11.104),对于集合 B 内任一元素 (i,j,k),有

$$x_i + x_j + x_k + nx_ix_jx_k > \sum_{l=1}^n x_l^3 \qquad (7.11.107)$$

上式左端对 B 内所有元素求和,有

$$\sum_{(i,j,k) \in B} (x_i + x_j + x_k + nx_ix_jx_k) > C_n^3 \sum_{l=1}^n x_l^3 \qquad (7.11.108)$$

利用不等式(7.11.63),公式(7.11.100)和上式,有

$$\frac{n}{3} > C_n^3, \quad 则 2 > (n-1)(n-2) \qquad (7.11.109)$$

由于正整数 $n \geq 4$,上式显然不成立.因此,在条件不等式(7.11.63)下,本题结论成立.

剩下先考虑

$$\sum_{l=1}^n x_l^3 < 0 \qquad (7.11.110)$$

情况.令

$$y_l = -x_l, \quad l = 1, 2, \cdots, n \qquad (7.11.111)$$

再利用题目条件,有

$$\sum_{l=1}^n y_l = 0, \quad \sum_{l=1}^n y_l^2 = 1, \quad \sum_{l=1}^n y_l^3 > 0 \qquad (7.11.112)$$

利用刚才得到的结论,一定存在 $\{y_1, y_2, \cdots, y_n\}$ 中四个不同的实数 y_i, y_j, y_k, y_l,使得

$$y_i + y_j + y_k + ny_iy_jy_k \leq \sum_{s=1}^n y_s^3 < y_i + y_j + y_l + ny_iy_jy_l \qquad (7.11.113)$$

利用公式(7.11.111)和(7.11.113),有

$$x_i + x_j + x_l + nx_ix_jx_l < \sum_{s=1}^n x_s^3 \leq x_i + x_j + x_k + nx_ix_jx_k \qquad (7.11.114)$$

因此,在条件不等式(7.11.110)下,本题结论仍然成立.

最后考虑

$$\sum_{l=1}^n x_l^3 = 0 \qquad (7.11.115)$$

情况. 再利用公式(7.11.100), 有

$$\sum_{(i,j,k) \in B} (x_i + x_j + x_k + n x_i x_j x_k) = 0 \tag{7.11.116}$$

如果所有 $x_i + x_j + x_k + n x_i x_j x_k$ 都为零, 则本题结论成立. 否则至少有一个 $x_i + x_j + x_k + n x_i x_j x_k > 0$. 利用公式(7.11.101)至不等式(7.11.108)的讨论, 可以知道在条件等式(7.11.115)下, 本题结论仍然成立.

7.12 1994 年中国台北数学奥林匹克竞赛试题及解答

(本节题目由中国台北领队林哲雄, 副领队 Jui-Chi Chang 赠送)
(第一天第一至第三题, 第二天第四至第六题)

一、 $ABCD$ 是一个四边形, $AD = BC$, $\angle A + \angle B = 120°$. 由 AC, DC 和 DB 远离 AB 作三个等边 $\triangle ACP$, $\triangle DCQ$ 和 $\triangle DBR$ (图 7.73). 求证: P, Q 和 R 三点共线.

证明: 用复数方法来证明本题. A, B, C, D 四点按顺时针排列. 设点 A, B, C, D 分别对应复数 z_A, z_B, z_C, z_D. 由题目条件, 有

$$|z_A - z_D| = |z_B - z_C| \tag{7.12.1}$$

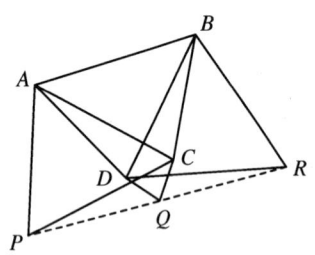

图 7.73

又由于 $\angle A$ 和 $\angle B$ 之和为 $\frac{2\pi}{3}$, 则向量 DA 与 CB 夹角为 $\frac{\pi}{3}$.

向量 DA 绕点 D 顺时针旋转 $\frac{\pi}{3}$ 后等于向量 CB, 从而有

$$\begin{aligned} z_B - z_C &= (z_A - z_D)\left[\cos\left(-\frac{\pi}{3}\right) + i\sin\left(-\frac{\pi}{3}\right)\right] \\ &= (z_A - z_D)\left(\cos\frac{\pi}{3} - i\sin\frac{\pi}{3}\right) \end{aligned} \tag{7.12.2}$$

$\triangle ACP$ 是一个等边三角形, 则向量 AC 绕点 A 顺时针旋转 $\frac{\pi}{3}$ 得向量 AP, 于是, 有

$$z_P - z_A = (z_C - z_A)\left(\cos\frac{\pi}{3} - i\sin\frac{\pi}{3}\right) \tag{7.12.3}$$

这里 z_P 表示点 P 对应的复数.

类似地, 由于 $\triangle DCQ$ 为一个等边三角形, 向量 DC 绕点 D 顺时针旋转 $\frac{\pi}{3}$ 得向量 DQ, 用 z_Q 表示点 Q 对应的复数, 有

$$z_Q - z_D = (z_C - z_D)\left(\cos\frac{\pi}{3} - i\sin\frac{\pi}{3}\right) \tag{7.12.4}$$

又由于 $\triangle DBR$ 是一个等边三角形, 向量 DB 绕点 D 顺时针旋转 $\frac{\pi}{3}$ 得向量 DR, 用 z_R 表示点 R 对应的复数, 有

$$z_R - z_D = (z_B - z_D)\left(\cos\frac{\pi}{3} - i\sin\frac{\pi}{3}\right) \tag{7.12.5}$$

公式(7.12.3)与(7.12.4)相减, 有

$$z_P - z_Q = (z_A - z_D)\left(\cos\frac{\pi}{3} + i\sin\frac{\pi}{3}\right) \tag{7.12.6}$$

公式(7.12.4)与(7.12.5)相减, 有

$$z_Q - z_R = (z_C - z_B)\left(\cos\frac{\pi}{3} - i\sin\frac{\pi}{3}\right)$$

$$= (z_D - z_A)\left(\cos\frac{\pi}{3} - i\sin\frac{\pi}{3}\right)^2 \text{(利用公式(7.12.2))}$$

$$= (z_A - z_D)\left(\cos\frac{\pi}{3} + i\sin\frac{\pi}{3}\right) \tag{7.12.7}$$

利用公式(7.12.6)和(7.12.7),有

$$z_Q - z_R = z_P - z_Q \tag{7.12.8}$$

于是向量 RQ 等于向量 QP,从而 R,Q,P 三点共线,而点 Q 恰是线段 PR 的中点.

二、a,b,c 是正实数,α 是实数.假设

$$f(\alpha) = abc(a^\alpha + b^\alpha + c^\alpha)$$

$$g(\alpha) = a^{\alpha+2}(b+c-a) + b^{\alpha+2}(a-b+c) + c^{\alpha+2}(a+b-c)$$

确定 $f(\alpha)$ 与 $g(\alpha)$ 的大小.

解:

$f(\alpha) - g(\alpha)$

$= abc(a^\alpha + b^\alpha + c^\alpha) + (a^{\alpha+3} + b^{\alpha+3} + c^{\alpha+3}) - a^{\alpha+2}(b+c) - b^{\alpha+2}(a+c) - c^{\alpha+2}(a+b)$

$$= a^{\alpha+1}(a-b)(a-c) + b^{\alpha+1}(b-a)(b-c) + c^{\alpha+1}(c-a)(c-b) \tag{7.12.9}$$

下面证明上式右端大于等于零.这是著名的 Schur 不等式.不妨设 $a \geq b \geq c$.令

$$x = a - b \geq 0, \quad y = b - c \geq 0 \tag{7.12.10}$$

将上式代入公式(7.12.9),有

$f(\alpha) - g(\alpha) = (b+x)^{\alpha+1} x(x+y) - b^{\alpha+1} xy + (b-y)^{\alpha+1}(-x-y)(-y)$

$$= (b+x)^{\alpha+1} x(x+y) - b^{\alpha+1} xy + (b-y)^{\alpha+1}(x+y)y \tag{7.12.11}$$

由于 $c > 0$ 及公式(7.12.10)的第二式,有

$$0 \leq y < b \tag{7.12.12}$$

下面对 α 分情况讨论:

① 当 $\alpha > -1$ 时,可以看到(注意公式(7.12.10))

$$x(x+y)(b+x)^{\alpha+1} \geq xyb^{\alpha+1} \tag{7.12.13}$$

利用公式(7.12.11),不等式(7.12.12)和(7.12.13),有

$$f(\alpha) \geq g(\alpha) \tag{7.12.14}$$

② 当 $\alpha = -1$ 时,利用公式(7.12.11),有

$$f(-1) - g(-1) = x(x+y) - xy + (x+y)y = x^2 + xy + y^2 \geq 0 \tag{7.12.15}$$

③ 当 $\alpha < -1$ 时,则 $\alpha + 1 < 0$,利用不等式(7.12.12),有

$$(b-y)^{\alpha+1} \geq b^{\alpha+1} \tag{7.12.16}$$

于是,可以看到

$$y(x+y)(b-y)^{\alpha+1} \geq xyb^{\alpha+1} \tag{7.12.17}$$

利用公式(7.12.11)和不等式(7.12.17),仍有不等式(7.12.14),因此本题的结论是 $f(\alpha) \geq g(\alpha)$.

三、α 是一个正整数,使得 α 是 $5^{1994} - 1$ 的倍数.求证:在 5 进制下,α 的表达式至少有 1994 位数不同于零.

证明: 设在 5 进制下,有

$$\alpha = \overline{\alpha_n \alpha_{n-1} \cdots \alpha_2 \alpha_1 \alpha_0} \tag{7.12.18}$$

这里 $\alpha_k \in \{0,1,2,3,4\}$,$0 \leq k \leq n$,$\alpha_n \geq 1$.在 5 进制下,容易明白,当数字上加一长横条表示 5 进制,有

$$5^{1994} - 1 = \overline{44\cdots 4}(1994 \text{ 个 } 4) \tag{7.12.19}$$

利用上面叙述及题目条件,有

$$n \geq 1993 \tag{7.12.20}$$

将公式(7.12.18)中的右端每1994位数为一段,利用5进制性质,有

$$\alpha = \overline{\alpha_{1993}\alpha_{1992}\cdots\alpha_2\alpha_1\alpha_0} + 5^{1994}\overline{\alpha_{3987}\alpha_{3986}\cdots\alpha_{1994}} + 5^{3988}\overline{\alpha_{5981}\alpha_{5980}\cdots\alpha_{3988}} + \cdots + 5^k \overline{\alpha_n\alpha_{n-1}\cdots\alpha_k} \tag{7.12.21}$$

这里

$$k = 1994\left[\frac{n}{1994}\right] \tag{7.12.22}$$

$\left[\dfrac{n}{1994}\right]$ 表示不超过 $\dfrac{n}{1994}$ 的最大整数. 利用公式(7.12.21),可以知道

$$\alpha \equiv \overline{\alpha_{1993}\alpha_{1992}\cdots\alpha_2\alpha_1\alpha_0} + \overline{\alpha_{3987}\alpha_{3986}\cdots\alpha_{1994}} + \overline{\alpha_{5981}\alpha_{5980}\cdots\alpha_{3988}} + \cdots + \overline{\alpha_n\alpha_{n-1}\cdots\alpha_k} (\bmod (5^{1994}-1)) \tag{7.12.23}$$

对本题结论用反证法. 假设有某个正整数 α,是 $5^{1994}-1$ 的倍数,但是这个 α 在5进制下至多有1993位数不等于零. 在5进制下,两个数字 A 与 B 相加,它们的和中不等于零的位数个数小于等于 A,B 中不等于零的位数个数之和. 这一结论很显然,在十进制下也成立. 于是,公式(7.12.23)的右端,不等于零的位数至多有1993个(兼顾公式(7.12.18)),而公式(7.12.23)的右端比 α 小多了. 再将公式(7.12.23)的右端类似公式(7.12.21)分段,再得到类似公式(7.12.23)右端的一数,如此继续下去. 最后,我们可以得到一个至多1995位数

$$b = \overline{b_{1994}b_{1993}\cdots b_2 b_1 b_0} \tag{7.12.24}$$

b 与 α 在 $\bmod(5^{1994}-1)$ 意义下同余,即 b 也是 $5^{1994}-1$ 的倍数,但是 b 至多有1993位数不等于零. 但是在5进制下,至多1995位数中是 $5^{1994}-1$ 的倍数仅5个,它们在十进制下写出来是

$$5^{1994}-1, \quad 2(5^{1994}-1), \quad 3(5^{1994}-1), \quad 4(5^{1994}-1), \quad 5(5^{1994}-1) \tag{7.12.25}$$

在5进制下,参考公式(7.12.19),上述5个数分别为

$$\left.\begin{array}{l}\overline{44\cdots 4}(1994 \text{ 个 } 4), \overline{144\cdots 43}(\text{中间} 1993 \text{ 个 } 4), \overline{244\cdots 42}(\text{中间} 1993 \text{ 个 } 4), \\ \overline{344\cdots 41}(\text{中间} 1993 \text{ 个 } 4), \overline{44\cdots 40}(1994 \text{ 个 } 4)\end{array}\right\} \tag{7.12.26}$$

这5个数不等于零的位数个数都超过1993个,矛盾.

四、求证:有无限多个正整数 n,具下述性质:对每个具有 n 项的整数等差数列 $a_1, a_2, \cdots, a_n$,集合 $\{a_1, a_2, \cdots, a_n\}$ 的算术平均值与标准方差都是整数.

注:对任何实数集合 $\{x_1, x_2, \cdots, x_n\}$,这集合的标准方差定义为 $x^* = \sqrt{\dfrac{1}{n}\sum_{j=1}^{n}(x_j - \bar{x})^2}$,这里 $\bar{x} = \dfrac{1}{n}\sum_{j=1}^{n}x_j$,是算术平均值.

证明:设正整数 n 满足题目条件,对于任一个整数等差数列 $\{a_1, a_2, \cdots, a_n\}$,记公差为 d,d 为整数.

$$\sum_{k=1}^{n} a_k = \frac{1}{2}n(a_1 + a_n) = na_1 + \frac{1}{2}n(n-1)d \tag{7.12.27}$$

记

$$\bar{a} = \frac{1}{n}\sum_{k=1}^{n} a_k \tag{7.12.28}$$

利用上二式,有

$$\bar{a} = a_1 + \frac{1}{2}(n-1)d \tag{7.12.29}$$

这里 d 是任意整数. 由上式立即有 $\bar{a}$ 是整数, 当且仅当 n 为奇数. 下面来分析标准方差的情况. 利用公式(7.12.28)和(7.12.29), 有

$$\sum_{j=1}^{n}(a_j-\bar{a})^2 = \sum_{j=1}^{n}\left[a_j-a_1-\frac{1}{2}(n-1)d\right]^2 \tag{7.12.30}$$

由于

$$a_j - a_1 = (j-1)d \tag{7.12.31}$$

代上式入公式(7.12.30), 有

$$\sum_{j=1}^{n}(a_j-\bar{a})^2 = \sum_{j=1}^{n}\left[j-\frac{1}{2}(n+1)\right]^2 d^2 = 2\left[1^2+2^2+3^2+\cdots+\left(\frac{1}{2}(n-1)\right)^2\right]d^2$$

$$= \frac{1}{12}n(n^2-1)d^2 \tag{7.12.32}$$

于是, 相应的方差为

$$a^* = \sqrt{\frac{1}{n}\sum_{j=1}^{n}(a_j-\bar{a})^2} = \sqrt{\frac{1}{12}(n^2-1)}\,d \tag{7.12.33}$$

要满足题目条件, 应当存在非负整数 m, 满足

$$\frac{1}{12}(n^2-1) = m^2 \tag{7.12.34}$$

即

$$n^2 - 12m^2 = 1 \tag{7.12.35}$$

这是一个 Pell 方程, $m=0, n=1$ 是一组非负整数解, $m_1=2, n_1=7$ 是最小的一组正整数解. 利用 3.1 节例 17, 有下述全部正整数组解

$$\begin{cases} n_k = \dfrac{1}{2}\left[(7+4\sqrt{3})^k + (7-4\sqrt{3})^k\right] \\ m_k = \dfrac{1}{4\sqrt{3}}\left[(7+4\sqrt{3})^k - (7-4\sqrt{3})^k\right] \end{cases} \tag{7.12.36}$$

($k \in \mathbf{N}^+$). 这无限多个 n_k 就是题目需要的. 从而题目结论成立.

五、 $X=\{0,a,b,c\}$ 和 $M(X)=\{f \mid f: X \to X\}$ 是从 X 到自身的所有函数的集合. 在 X 上定义加法运算 $\oplus$ 如下表:

+	0	a	b	c
0	0	a	b	c
a	a	0	c	b
b	b	c	0	a
c	c	b	a	0

(1) 如果 $S=\{f\in M(X) \mid f((x\oplus y)\oplus x)=(f(x)\oplus f(y))\oplus f(x), \forall x,y\in X\}$, 确定 S 内元素的数目.

(2) 如果 $I=\{f\in M(X) \mid f(x\oplus x)=f(x)\oplus f(x), \forall x\in X\}$, 确定 I 内元素的数目.

注: 这里 $\forall$ 表示任意.

解: (1) 利用题目中加法表, 可以知道 $\forall x,y\in\{0,a,b,c\}$, 有

$$x\oplus y = y\oplus x, \quad x\oplus x = 0 \tag{7.12.37}$$

有

$$(x\oplus y)\oplus x = (y\oplus x)\oplus x = y\oplus(x\oplus x) = y\oplus 0 = y \tag{7.12.38}$$

完全类似地, 有

$$(f(x) \oplus f(y)) \oplus f(x) = f(y) \tag{7.12.39}$$

因此,可以得到

$$S = M(X) \tag{7.12.40}$$

$M(X)$ 全部元素(映射作为元素)的个数为 $4^4 = 256$ 个. 因为集合 X 有 4 个元素,每个元素可以映为这 4 个元素之一.

由于公式(7.12.37)的第二个等式,有

$$f(x \oplus x) = f(0), \quad f(x) \oplus f(x) = 0 \tag{7.12.41}$$

所以,集合

$$I = \{f \in M(X) \mid f(0) = 0\} \tag{7.12.42}$$

由此可以知道集合 I 内全部元素个数为 $4^3 = 64$ 个. 因为 3 个元素 a,b,c 的每个元素可以映为 4 元素 $a,b,c,0$ 之一.

六、 对于 $-1 \leqslant x \leqslant 1$,令

$$T_n(x) = \frac{1}{2^n}[(x + \sqrt{1-x^2}i)^n + (x - \sqrt{1-x^2}i)^n] \quad (n \in \mathbf{N}^+)$$

(1) 求证:对于 $-1 \leqslant x \leqslant 1$,$T_n(x)$ 是首项系数为 1 的 x 的 n 次多项式,且 $T_n(x)$ 的最大值是 $\frac{1}{2^{n-1}}$;

(2) 假设 $p(x) = x^n + a_{n-1}x^{n-1} + \cdots + a_1 x + a_0$ 是首项系数为 1 的实系数多项式,使得对在 $-1 \leqslant x \leqslant 1$ 内的所有 x,$p(x) > -\frac{1}{2^{n-1}}$. 求证:存在 $[-1,1]$ 内 x^*,使得 $p(x^*) > \frac{1}{2^{n-1}}$.

证明: 令

$$T_n^*(x) = 2^{n-1} T_n(x) \quad (n \in \mathbf{N}^+) \tag{7.12.43}$$

利用上式及题目条件,有

$$T_1^*(x) = x, \quad T_2^*(x) = 2x^2 - 1 \tag{7.12.44}$$

当正整数 $n \geqslant 3$ 时,又可以看到

$$2x T_{n-1}^*(x) - T_{n-2}^*(x)$$
$$= 2^{n-1} x T_{n-1}(x) - 2^{n-3} T_{n-2}(x)$$
$$= x[(x+\sqrt{1-x^2}i)^{n-1} + (x-\sqrt{1-x^2}i)^{n-1}] - \frac{1}{2}[(x+\sqrt{1-x^2}i)^{n-2} + (x-\sqrt{1-x^2}i)^{n-2}]$$
$$= (x+\sqrt{1-x^2}i)^{n-2}\left[x(x+\sqrt{1-x^2}i) - \frac{1}{2}\right] + (x-\sqrt{1-x^2}i)^{n-2}\left[x(x-\sqrt{1-x^2}i) - \frac{1}{2}\right]$$
$$= (x+\sqrt{1-x^2}i)^{n-2} \frac{1}{2}(x+\sqrt{1-x^2}i)^2 + (x-\sqrt{1-x^2}i)^{n-2} \frac{1}{2}(x-\sqrt{1-x^2}i)^2$$
$$= \frac{1}{2}[(x+\sqrt{1-x^2}i)^n + (x-\sqrt{1-x^2}i)^n]$$
$$= 2^{n-1} T_n(x) = T_n^*(x) \text{(利用公式(7.12.43))} \tag{7.12.45}$$

于是,我们知道 $T_n^*(x)$ 恰是 Chebyshev 多项式. 首项系数是 2^{n-1}. 因此,利用公式(7.12.43)知道,$T_n(x)$ 的首项系数是 1. 我们知道

$$T_n^*(\cos\theta) = \cos n\theta \quad (n \in \mathbf{N}^+), \quad \forall \theta \in [0, 2\pi), \quad |T_n^*(x)| \leqslant 1, \quad \forall x \in [-1, 1]$$
$$\tag{7.12.46}$$

利用公式(7.12.43)和(7.12.46),$\forall x \in [-1, 1]$,有

$$|T_n(x)| = \frac{1}{2^{n-1}} |T_n^*(x)| \leqslant \frac{1}{2^{n-1}} \tag{7.12.47}$$

又利用题目条件,知道

$$T_n(1) = \frac{1}{2^{n-1}} \tag{7.12.48}$$

于是 $T_n(x)$ 的最大值是 $\frac{1}{2^{n-1}}$.

(2) 由于 $T_n(x)(-1 \leqslant x \leqslant 1)$ 是 x 的首项系数为 1 的 n 次实系数多项式,则对于 $[-1,1]$ 上任一个首项系数为 1 的 n 次实系数多项式 $p(x)$,一定唯一存在 n 个实数 $b_1, b_2, \cdots, b_{n-1}, b_n$,使得 $\forall x \in [-1,1]$,有

$$p(x) = T_n(x) + b_1 T_{n-1}(x) + b_2 T_{n-2}(x) + \cdots + b_{n-1} T_1(x) + b_n \tag{7.12.49}$$

取

$$x_k = \cos \frac{2k+1}{n}\pi, \quad k = 0,1,2,\cdots, n-1 \tag{7.12.50}$$

对于 $j = 1, 2, \cdots, n$,利用题目条件,有

$$T_j(x_k) = \frac{1}{2^j}\left[\left(\cos\frac{2k+1}{n}\pi + i\sin\frac{2k+1}{n}\pi\right)^j + \left(\cos\frac{2k+1}{n}\pi - i\sin\frac{2k+1}{n}\pi\right)^j\right]$$

$$= \frac{1}{2^{j-1}}\cos\frac{(2k+1)j}{n}\pi \tag{7.12.51}$$

于是,利用公式(7.12.49)和(7.12.50),有

$$\sum_{k=0}^{n-1} p(x_k) = \sum_{k=0}^{n-1} T_n(x_k) + b_1 \sum_{k=0}^{n-1} T_{n-1}(x_k) + b_2 \sum_{k=0}^{n-1} T_{n-2}(x_k) + \cdots + b_{n-1}\sum_{k=0}^{n-1} T_1(x_k) + nb_n \tag{7.12.52}$$

利用公式(7.12.51),可以看到,对于 $j = 1, 2, \cdots, n-1$,有

$$\sum_{k=0}^{n-1} T_j(x_k) = \frac{1}{2^{j-1}}\sum_{k=0}^{n-1}\cos\frac{(2k+1)j}{n}\pi = \frac{1}{2^j \sin\frac{j\pi}{n}}\sum_{k=0}^{n-1}\left[\sin\frac{2(k+1)j}{n}\pi - \sin\frac{2kj}{n}\pi\right]$$

$$= \frac{1}{2^j \sin\frac{j\pi}{n}}\sin 2j\pi = 0 \tag{7.12.53}$$

将公式(7.12.51)代入公式(7.12.52)的右端第一大项,有

$$\sum_{k=0}^{n-1} T_n(x_k) = \frac{1}{2^{n-1}}\sum_{k=0}^{n-1}\cos(2k+1)\pi = -\frac{n}{2^{n-1}} \tag{7.12.54}$$

将公式(7.12.53)和(7.12.54)代入公式(7.12.52),有

$$\sum_{k=0}^{n-1} p(x_k) = -\frac{n}{2^{n-1}} + nb_n \tag{7.12.55}$$

利用题目条件,以及公式(7.12.50),有

$$p(x_k) > -\frac{1}{2^{n-1}}, \quad 则 \quad \sum_{k=0}^{n-1} p(x_k) > -\frac{n}{2^{n-1}} \tag{7.12.56}$$

利用公式(7.12.55)和不等式(7.12.56),有

$$b_n > 0 \tag{7.12.57}$$

又令

$$x_k^* = \cos\frac{2k\pi}{n}, \quad k = 0,1,2,\cdots, n-1 \tag{7.12.58}$$

利用公式(7.12.49),类似地,有

$$\sum_{k=0}^{n-1} p(x_k^*) = \sum_{k=0}^{n-1} T_n(x_k^*) + b_1 \sum_{k=0}^{n-1} T_{n-1}(x_k^*) + b_2 \sum_{k=0}^{n-1} T_{n-2}(x_k^*) + \cdots + b_{n-1}\sum_{k=0}^{n-1} T_1(x_k^*) + nb_n \tag{7.12.59}$$

对于 $j=1,2,\cdots,n-1$,利用公式(7.12.58)和题目条件,有

$$\sum_{k=0}^{n-1} T_j(x_k^*) = \sum_{k=0}^{n-1} \frac{1}{2^j}\left[\left(\cos\frac{2k\pi}{n}+\mathrm{i}\sin\frac{2k\pi}{n}\right)^j + \left(\cos\frac{2k\pi}{n}-\mathrm{i}\sin\frac{2k\pi}{n}\right)^j\right]$$

$$= \sum_{k=0}^{n-1} \frac{1}{2^{j-1}}\cos\frac{2kj}{n}\pi = \frac{1}{2^j \sin\frac{j\pi}{n}}\sum_{k=0}^{n-1}\left[\sin\frac{(2k+1)j}{n}\pi - \sin\frac{(2k-1)j}{n}\pi\right]$$

$$= \frac{1}{2^j \sin\frac{j\pi}{n}}\left[\sin\frac{(2n-1)j}{n}\pi + \sin\frac{j\pi}{n}\right] = 0 \tag{7.12.60}$$

又利用题目条件及公式(7.12.58),有

$$T_n(x_k^*) = \frac{1}{2^n}\left[\left(\cos\frac{2k\pi}{n}+\mathrm{i}\sin\frac{2k\pi}{n}\right)^n + \left(\cos\frac{2k\pi}{n}-\mathrm{i}\sin\frac{2k\pi}{n}\right)^n\right]$$

$$= \frac{1}{2^{n-1}}\cos 2k\pi = \frac{1}{2^{n-1}} \tag{7.12.61}$$

将公式(7.12.60)和(7.12.61)代入公式(7.12.59),有

$$\sum_{k=0}^{n-1} p(x_k^*) = \frac{n}{2^{n-1}} + nb_n > \frac{n}{2^{n-1}} \tag{7.12.62}$$

这里利用不等式(7.12.57).

于是,必存在一数 $p(x_l^*)$($l\in$ 集合 $\{0,1,2,\cdots,n-1\}$),满足

$$p(x_l^*) > \frac{1}{2^{n-1}} \tag{7.12.63}$$

利用公式(7.12.58),显然有 $|x_l^*|\leqslant 1$.

7.13 1994 年中国香港代表队选拔赛试题及解答

(本节题目由香港领队 Thomas K. K. Au,副领队 Tsz-Mei Ko 赠送)

第一天

一、在一个 $\triangle ABC$ 中,$\angle C=2\angle B$,P 为 $\triangle ABC$ 内满足 $AP=AC$ 及 $PB=PC$ 的一点(图 7.74).求证:AP 是 $\angle A$ 的三等分线.

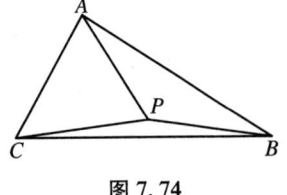

图 7.74

证明:利用三角函数计算,不添一条辅助线,就可以得到本题结论.

利用题目条件,可设

$$\theta = \angle PCB = \angle PBC \tag{7.13.1}$$

由于点 P 在 $\triangle ABC$ 内部,有 $\angle B$ 大于 θ,可以看到

$$\angle ACP = \angle C - \theta = 2\angle B - \theta \tag{7.13.2}$$

$$\angle ABP = \angle B - \theta \tag{7.13.3}$$

又由题目条件,知道 $\triangle ACP$ 是一个等腰三角形,则

$$\angle CAP = \pi - 2\angle ACP = \pi - 2(2\angle B - \theta) \tag{7.13.4}$$

从而容易看到

$$\angle PAB = \angle A - \angle CAP = (\pi - \angle B - \angle C) - [\pi - 2(2\angle B - \theta)]$$

$$= 3\angle B - \angle C - 2\theta = \angle B - 2\theta \tag{7.13.5}$$

由惯例,依次用 a,b,c 表示边 BC,CA,AB 的长.在 $\triangle ABC$ 中,利用正弦定理,有
$$c = \frac{b\sin C}{\sin B} = 2b\cos B(利用 \angle C = 2\angle B) \tag{7.13.6}$$

在 $\triangle APB$ 中,有
$$\angle APB = \pi - \angle PAB - \angle ABP = \pi - (2\angle B - 3\theta)(利用公式(7.13.3) 和公式(7.13.5)) \tag{7.13.7}$$

在 $\triangle APB$ 中,利用正弦定理,有
$$\frac{c}{\sin \angle APB} = \frac{PB}{\sin \angle PAB} \tag{7.13.8}$$

在 $\triangle ACP$ 中,也利用正弦定理,有
$$\frac{PC}{\sin \angle CAP} = \frac{AP}{\sin \angle ACP} = \frac{b}{\sin \angle ACP} \tag{7.13.9}$$

这里利用题目条件.利用公式(7.13.2),(7.13.4)和(7.13.9),有
$$PC = 2b\cos(2B - \theta), \quad PB = 2b\cos(2B - \theta) \tag{7.13.10}$$

这里利用题目条件.

代公式(7.13.5),(7.13.7)和(7.13.10)入公式(7.13.8),再利用公式(7.13.6),可以得到
$$\sin(B - 2\theta)\cos B = \cos(2B - \theta)\sin(2B - 3\theta) \tag{7.13.11}$$

再利用三角函数积化和差公式,有
$$\sin(2B - 2\theta) - \sin 2\theta = \sin(4B - 4\theta) - \sin 2\theta \tag{7.13.12}$$

化简上式,并且注意到题目条件
$$0 < \angle B - \theta < \angle B = \frac{1}{3}(\angle B + \angle C) < \frac{\pi}{3} \tag{7.13.13}$$

有
$$\cos 2(B - \theta) = \frac{1}{2} \tag{7.13.14}$$

于是,有
$$\angle B - \theta = \frac{\pi}{6} \tag{7.13.15}$$

又利用公式(7.13.4)和(7.13.5),有
$$\angle CAP = \pi - 4(\angle B - \theta) - 2\theta = \frac{\pi}{3} - 2\theta = 2[(\angle B - \theta) - \theta] = 2\angle PAB \tag{7.13.16}$$

于是,有
$$\angle PAB = \frac{1}{3}\angle A \tag{7.13.17}$$

注:本题有多种方法证明,请读者给出一个平面几何综合法的证明,不以三角函数计算为主.

二、10 名选手参加乒乓球赛,每两个选手对赛一局,如果选手 i 胜选手 j,选手 j 胜选手 k,选手 k 胜选手 i,则称为有一个三角形.设 W_i 和 L_i 分别表示第 i 个选手胜和败的局数.又如果选手 i 胜选手 j 时,总有 $L_i + W_j \geq 8$.求证:这次球赛恰有 40 个三角形.

注:第 i 个选手即选手 i.

证明: 在这 10 名选手中,按得胜局数,由多到少,将选手(重新)编号,从第 1 号编到第 10 号,即
$$W_1 \geq W_2 \geq \cdots \geq W_{10}, \quad L_1 \leq L_2 \leq \cdots \leq L_{10} \tag{7.13.18}$$

由于每名选手先后与其他 9 名选手先后各赛一局,故

$$L_i + W_i = 9, \quad 1 \leqslant i \leqslant 10 \tag{7.13.19}$$

由于 10 名选手一共比赛了 $C_{10}^2 = 45$ 局. 在每局比赛中,必有一名选手胜,另一名选手败. 于是,有

$$\sum_{i=1}^{10} W_i = 45, \quad \sum_{i=1}^{10} L_i = 45 \tag{7.13.20}$$

由于公式(7.13.18)的第一个不等式和公式(7.13.20)的第一式,有

$$W_1 \geqslant 5 \tag{7.13.21}$$

下面我们来确定 W_1 的值. 采用先易后难,逐步深入的方法.

如果 $W_1 \geqslant 7$,再利用公式(7.13.19),有 $L_1 \leqslant 2$. 记第 1 号选手战胜的 7 个对手分别为第 $i_1, i_2, \cdots, i_7$ 号选手,依照题目条件,有

$$L_1 + W_{i_j} \geqslant 8, \quad j = 1, 2, \cdots, 7 \tag{7.13.22}$$

又利用 $L_1 \leqslant 2$,有

$$W_{i_j} \geqslant 6, \quad j = 1, 2, \cdots, 7 \tag{7.13.23}$$

利用上面叙述,有

$$W_1 + \sum_{j=1}^{7} W_{i_j} \geqslant 7 + 6 \times 7 = 49 \tag{7.13.24}$$

上式与公式(7.13.20)的第一个公式矛盾. 因而,有

$$W_1 \leqslant 6 \tag{7.13.25}$$

下面用反证法,证明 $W_1 = 6$ 是不可能的. 设 $W_1 = 6$. 记第 1 号选手战胜过 6 个对手分别为第 $i_1, i_2, \cdots, i_6$ 号选手,这里 $2 \leqslant i_1 < i_2 < \cdots < i_6, i_6 \geqslant 7$. 利用题目条件,有

$$L_1 + W_{i_j} \geqslant 8, \quad j = 1, 2, \cdots, 6 \tag{7.13.26}$$

由于 $L_1 = 3$,则 $W_{i_j} \geqslant 5, j = 1, 2, \cdots, 6$. 如果 $i_6 \geqslant 9$,利用不等式(7.13.18),有 $W_9 \geqslant W_{i_6} \geqslant 5$. 从而有

$$\sum_{k=1}^{9} W_k \geqslant 6 + 5 \times 8 = 46 \tag{7.13.27}$$

上式与公式(7.13.20)的第一式矛盾. 从而 $i_6 \leqslant 8$. 如果 $i_6 = 8$,再利用公式(7.13.18)的第一个不等式,有 $W_1 \geqslant W_2 \geqslant \cdots \geqslant W_8 \geqslant 5$. 于是,有

$$W_9 + W_{10} = \sum_{i=1}^{10} W_i - \sum_{k=1}^{8} W_k \leqslant 45 - (6 + 5 \times 7) = 4 \tag{7.13.28}$$

这里利用公式(7.13.20)的第一式.

第 1 号选手没有战胜过第 9 号选手与第 10 号选手. 换句话讲,第 9 号,第 10 号选手都战胜过第 1 号选手. 再利用公式(7.13.28),有

$$1 \leqslant W_9 \leqslant 3, \quad 1 \leqslant W_{10} \leqslant 3 \tag{7.13.29}$$

现在考虑第 2 号选手. 由于 $W_1 = 6$,则 $W_2 \leqslant 6$. 如果 $W_2 = 6$,则 $L_2 = 3$(利用公式(7.13.19)). 由于第 1 号选手与第 2 号选手都胜了 6 局. 不妨设第 1 号选手战胜过第 2 号选手. 设第 2 号选手战胜过的 6 个对手分别为第 $j_1, j_2, \cdots, j_6$ 号选手. 这里 $3 \leqslant j_1 < j_2 < \cdots < j_6$. 显然,$j_6 \geqslant 8$. 由题目条件,有

$$L_2 + W_{j_k} \geqslant 8, \quad k = 1, 2, \cdots, 6 \tag{7.13.30}$$

再利用 $L_2 = 3$,有

$$W_{j_k} \geqslant 5, \quad k = 1, 2, \cdots, 6 \tag{7.13.31}$$

利用不等式(7.13.29),那么,有

$$j_6 = 8, \quad W_3 \geqslant W_4 \geqslant \cdots \geqslant W_8 \geqslant 5 \tag{7.13.32}$$

类似不等式(7.13.28),有

$$W_9 + W_{10} = \sum_{i=1}^{10} W_i - (W_1 + W_2 + \sum_{k=3}^{8} W_k) \leqslant 45 - (6 + 6 + 5 \times 6) = 3 \quad (7.13.33)$$

由于第 1 号选手和第 2 号选手都没有战胜过第 9 号选手和第 10 号选手中任何一位,而且第 9 号选手与第 10 号选手要比赛一局,则

$$W_9 + W_{10} \geqslant 5 \quad (7.13.34)$$

不等式(7.13.33)和(7.13.34)是一对矛盾. 所以当 $W_1 = 6$ 时, 必有 $W_2 = 5$ (在 $i_6 = 8$ 假定下). 这时,不等式(7.13.28)仍然成立. 由于公式(7.13.18)的第一式以及 $W_8 \geqslant 5$, 这时必有

$$W_2 = W_3 = \cdots = W_8 = 5 \quad (7.13.35)$$

利用 $L_2 = 4$, 设第 2 号选手战胜过第 9 号选手或第 10 号选手之一, 不妨设战胜过第 9 号选手, 再利用题目条件, 有

$$W_9 \geqslant 8 - 4 = 4 \quad (7.13.36)$$

这显然与公式(7.13.28)导致的不等式(7.13.29)矛盾. 因此, 第 2 号选手必负于第 9 号选手与第 10 号选手, 从而不等式(7.13.34)仍然成立. 这与不等式(7.13.28)也矛盾. 所以当 $W_1 = 6$ 时, 必有 $i_6 = 7$. 这样, 第 1 号选手必战胜第 $2, 3, \cdots, 7$ 号选手, 负于第 $8, 9, 10$ 选手, 而且 $W_2 \geqslant W_3 \geqslant \cdots \geqslant W_7 \geqslant 5$.

接着考虑第 2 号选手. 如果 $W_2 = 6$, 则 $L_2 = 3$. 仍然设第 1 号选手战胜了第 2 号选手. 仍记第 2 号选手战胜了第 $j_1, j_2, \cdots, j_6$ 号选手. 这里 $3 \leqslant j_1 < j_2 < \cdots < j_6, j_6 \leqslant 8$, 这时, 不等式(7.13.30)和(7.13.31)仍然有效. 如果 $j_6 \geqslant 9$, 则有 $W_3 \geqslant W_4 \geqslant \cdots \geqslant W_9 \geqslant 5$, 这时

$$\sum_{j=1}^{9} W_j \geqslant 6 + 6 + 5 \times 7 = 47 \quad (7.13.37)$$

这又与公式(7.13.20)的第一式矛盾. 因而 $j_6 = 8$. 这时候, 不等式(7.13.33)仍然成立. 不等式(7.13.34)也成立, 这又导致矛盾.

从上面叙述, 我们知道, 如果 $W_1 = 6$, 则 $i_6 = 7, W_2 = 5$. 从而必有

$$W_2 = W_3 = \cdots = W_7 = 5 \quad (7.13.38)$$

第 $2, 3, \cdots, 7$ 号选手中任两名选手要对赛一局. 在这 6 名选手之间一共比赛了 $C_6^2 = 15$ 局. 这 6 名选手中一定有一名选手在这 15 局比赛中至多胜了 2 局, 而这名选手又负于第 1 号选手. 又利用公式(7.13.38), 可以知道, 这名选手必胜第 $8, 9, 10$ 号选手各一局. 那么, 利用题目条件及 $L_2 = L_3 = \cdots = L_7 = 4$, 有

$$4 + W_{10} \geqslant 8, \quad W_{10} \geqslant 4 \quad (7.13.39)$$

再利用公式(7.13.18)的第一式, 有 $W_8 \geqslant W_9 \geqslant W_{10} \geqslant 4$. 我们可以看到

$$\sum_{i=1}^{10} W_i \geqslant 6 + 5 \times 6 + 4 \times 3 = 48 \quad (7.13.40)$$

这与公式(7.13.20)的第一式矛盾.

综上所述, $W_1 = 6$ 是不可能的, 从而必有

$$W_1 = 5, \quad L_1 = 4 \quad (7.13.41)$$

我们断言

$$W_5 = 5 \quad (7.13.42)$$

用反证法, 设 $W_5 \leqslant 4$, 再利用不等式(7.13.18)的第一式, 可以看到

$$\sum_{i=1}^{10} W_i \leqslant 5 \times 4 + 4 \times 6 = 44 \quad (7.13.43)$$

上式与公式(7.13.20)的第一式矛盾. 从而公式(7.13.42)成立. 利用公式(7.13.41)和(7.13.42), 有

$$W_1 = W_2 = W_3 = W_4 = W_5 = 5 \quad (7.13.44)$$

下面证明
$$W_6 = 4 \tag{7.13.45}$$
用反证法,如果上式不成立,分情况讨论:

① 当 $W_6 > 4$ 时,则 $W_6 = 5$(利用公式(7.13.44)及公式(7.13.18)的第一式).如果第 $1,2,\cdots,6$ 号选手中有人战胜过第 10 号选手,利用题目条件,以及公式(7.13.19),有
$$4 + W_{10} \geqslant 8, \quad W_{10} \geqslant 4 \tag{7.13.46}$$
从而有
$$W_7 \geqslant W_8 \geqslant W_9 \geqslant W_{10} \geqslant 4 \tag{7.13.47}$$
再利用公式(7.13.44),有
$$\sum_{i=1}^{10} W_i \geqslant 5 \times 6 + 4 \times 4 = 46 \tag{7.13.48}$$
上式与公式(7.13.20)的第一式矛盾.因此,第 $1,2,\cdots,6$ 号选手中无一战胜过第 10 号选手,于是,有
$$W_{10} \geqslant 6 > W_1 \tag{7.13.49}$$
这显然不可能.

② 当 $W_6 < 4$ 时,利用公式(7.13.18)的第一式,有
$$\sum_{j=6}^{10} W_j \leqslant 5 W_6 < 20 \tag{7.13.50}$$
但是,我们利用公式(7.13.20)的第一式,以及公式(7.13.44),知道公式(7.13.50)的左端恰是 20.这是一个矛盾.

综上所述,公式(7.13.45)成立.

利用公式(7.13.45),不等式(7.13.50)的左端恰是 20,立即有
$$W_6 = W_7 = W_8 = W_9 = W_{10} = 4 \tag{7.13.51}$$
利用公式(7.13.44)和(7.13.51),我们可以得到本题的结论.下面我们仔细地来证明它.

第 $1,2,3,4,5$ 号选手称为 A 组选手,第 $6,7,8,9,10$ 号选手称为 B 组选手.取 A 组第 k 号选手($1 \leqslant k \leqslant 5$),设在 A 组中胜 k 号选手的选手数目为 j_k 个.由于 A 组选手之间一共比赛了 $C_5^2 = 10$ 局,则
$$\sum_{k=1}^{5} j_k = 10 \tag{7.13.52}$$

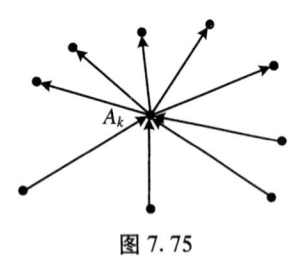

图 7.75

对于 A 组第 k 号选手,在其余 9 名选手中,战胜这名选手的共有 4 名,其中 A 组有 j_k 人,B 组有 $4-j_k$ 人.负于第 k 号选手的共 5 名选手,A 组有 $4-j_k$ 人,B 组有 $1+j_k$ 人.作图 7.75,用 10 个点 A_1,A_2,A_3,A_4,A_5(表示 A 组选手),A_6,A_7,A_8,A_9,A_{10}(表示 B 组选手)代表这 10 位选手.如果第 i 号选手 A_i 战胜选手 A_j,用向量 $\overrightarrow{A_i A_j}$ 表示($1 \leqslant i, j \leqslant 10, i \neq j$).在图 7.75 中,下面一行 4 个点代表战胜 A 组第 k 号选手 A_k 的 4 名选手($1 \leqslant k \leqslant 5$),上面一行 5 个点代表负于 A_k 的 5 名选手.

为了得到以 A_k 为一个顶点的所要的三角形的个数,只须计算以上面一行中点为起点,下面一行中点为终点的向量的个数.即只须计算下面一行选手(其中 A 组有 j_k 人,B 组有 $4-j_k$ 人)负的局数.当然要减去下面一行选手之间的比赛局数.从而以点 A_k 为一个顶点的所求的三角形的个数是
$$4 j_k + 5(4 - j_k) - C_4^2 = 14 - j_k \tag{7.13.53}$$

这里 $4j_k$ 局是图 7.75 中下面一行 A 组 j_k 人,每人负 4 局,B 组 $4-j_k$ 人,每人负 5 局,总共负 $5(4-j_k)$ 局,下面 4 人互相比赛 C_4^2 局,这个数目当然要减除.

对于 A 组每位选手 $A_k(1\leqslant k\leqslant 5)$ 都这样计算. 对于 B 组每位选手 $A_l(6\leqslant l\leqslant 10)$. 设 B 组第 l 位选手 A_l,在与 B 组其他 4 名选手比赛中胜了 j_l 局. 类似(7.13.52),有

$$\sum_{l=6}^{10} j_l = 10 \tag{7.13.54}$$

只须将图中所有向量反向,就得到了 B 组第 l 选手 $A_l(6\leqslant l\leqslant 10)$ 的图. 完全类似于 (7.13.53)的计算,以 $A_l(6\leqslant l\leqslant 10)$ 为一个顶点的所求的三角形的个数也是 $14-j_l$,设所求的所有三角形个数 T,则

$$T = \frac{1}{3}\left[\sum_{k=1}^{5}(14-j_k) + \sum_{l=6}^{10}(14-j_l)\right] = 40 \tag{7.13.55}$$

这里上式右端乘以 $\frac{1}{3}$,是由于中括号内和式将所有满足题目条件的三角形每个都计算了三次. 再利用公式(7.13.52)和(7.13.54).

三、求所有非负整数 x,y 和 z,满足

$$7^x + 1 = 3^y + 5^z$$

解:当 $z=0$ 时,利用 7 与 3 互质,必有

$$z = 0, \quad x = 0, \quad y = 0 \tag{7.13.56}$$

明显地,有另一组解

$$z = 1, \quad x = 1, \quad y = 1 \tag{7.13.57}$$

下面考虑 $z\geqslant 1$,而且当 $y=1$ 时,$x>1$ 情况. 我们知道,当正整数 $z\geqslant 2$ 时,5^z 的最末两位数是 25. 于是,当 $z\in \mathbf{N}^+$ 时,有

$$5^z - 1 \equiv 4 \pmod{20} \tag{7.13.58}$$

题目中不定方程在 mod 20 意义下,再利用上式,有

$$7^x \equiv 3^y + 4 \pmod{20} \tag{7.13.59}$$

由于

$$7^4 \equiv 2\,401 \equiv 1 \pmod{20} \tag{7.13.60}$$

记

$$x = 4k + l \tag{7.13.61}$$

这里 k 是非负整数,$l\in\{0,1,2,3\}$. 利用上二式,有

$$7^x \equiv 7^l \pmod{20} \tag{7.13.62}$$

类似地,利用 $3^4 \equiv 81 \equiv 1 \pmod{20}$,记

$$y = 4k^* + l^* \tag{7.13.63}$$

这里 k^* 是非负整数,$l^*\in\{0,1,2,3\}$,有

$$3^y \equiv 3^{l^*} \pmod{20} \tag{7.13.64}$$

将公式(7.13.62)和(7.13.64)代入公式(7.13.59),有

$$7^l \equiv 3^{l^*} + 4 \pmod{20} \tag{7.13.65}$$

由于

$$\left.\begin{array}{l} 7^0 = 1, \quad 7^1 = 7, \quad 7^2 \equiv 9 \pmod{20}, \quad 7^3 \equiv 3 \pmod{20} \\ 3^0 = 1, \quad 3^1 = 3, \quad 3^2 = 9, \quad 3^3 \equiv 7 \pmod{20} \end{array}\right\} \tag{7.13.66}$$

利用公式(7.13.65)和(7.13.66),只有

$$l = 1, \quad l^* = 1 \tag{7.13.67}$$

将公式(7.13.61),(7.13.63)和(7.13.67)代入题目中不定方程,有

$$7^{4k+1} + 1 = 3^{4k^*+1} + 5^z \tag{7.13.68}$$

当 $k=0$ 时,又回到公式(7.13.57),因而只须考虑 k 是正整数情况.利用公式(7.13.60)的第一个等式,有

$$7^{4k+1} = 7(2\,401)^k \equiv 7(\bmod 16) \tag{7.13.69}$$

$$3^{4k^*+1} = 3(81)^{k^*} \equiv 3(\bmod 16) \tag{7.13.70}$$

方程(7.13.68)两端 mod 16,再利用公式(7.13.69)和(7.13.70),有

$$5^z \equiv 5(\bmod 16) \tag{7.13.71}$$

由于

$$5^4 = 625 \equiv 1(\bmod 16) \tag{7.13.72}$$

记

$$z = 4u + v \tag{7.13.73}$$

这里 u 是非负整数, $v \in \{0,1,2,3\}$. 由于

$$5^0 = 1, \quad 5^1 = 5, \quad 5^2 \equiv 9(\bmod 16), \quad 5^3 \equiv 13(\bmod 16) \tag{7.13.74}$$

利用上面三个公式,可以知道,满足公式(7.13.71)的只有

$$z = 4u + 1 \tag{7.13.75}$$

又由于

$$3^3 \equiv 1(\bmod 13) \tag{7.13.76}$$

记

$$y = 3t + s \tag{7.13.77}$$

这里 t 是非负整数, $s \in \{0,1,2\}$. 由于公式(7.13.76)和(7.13.77),有

$$3^y \equiv 3^s(\bmod 13) \tag{7.13.78}$$

又利用公式(7.13.75),有

$$5^z = 5(25)^{2u} = 5(26-1)^{2u} \equiv 5(\bmod 13) \tag{7.13.79}$$

将公式(7.13.78)和(7.13.79)代入题目中方程,有

$$7^x \equiv 3^s + 4(\bmod 13) \tag{7.13.80}$$

这里 $s \in \{0,1,2\}$. 由于 7 与 13 互质,则 $s \neq 2$. 因此,只有 $s \in \{0,1\}$, 即

$$\left. \begin{array}{l} 7^x \equiv 5(\bmod 13), \quad \text{这时 } s = 0 \\ 7^x \equiv 7(\bmod 13), \quad \text{这时 } s = 1 \end{array} \right\} \tag{7.13.81}$$

由于

$$\left. \begin{array}{l} 7^3 = 343 \equiv 5(\bmod 13), \quad 5^4 = (26-1)^2 \equiv 1(\bmod 13), \\ 7^{12} = (7^3)^4 \equiv 5^4(\bmod 13) \equiv 1(\bmod 13) \end{array} \right\} \tag{7.13.82}$$

以及在 mod 13 意义下,有

$$\left. \begin{array}{l} 7^0 = 1, \quad 7^1 = 7, \quad 7^2 \equiv 10, \quad 7^3 \equiv 5, \quad 7^4 \equiv 9, \quad 7^5 \equiv 11, \\ 7^6 \equiv 12, \quad 7^7 \equiv 6, \quad 7^8 \equiv 3, \quad 7^9 \equiv 8, \quad 7^{10} \equiv 4, \quad 7^{11} \equiv 2 \end{array} \right\} \tag{7.13.83}$$

利用公式(7.13.81), (7.13.82)和(7.13.83),可以得到

$$x = 12a + 3, \quad a \text{ 是非负整数,这时 } s = 0 \tag{7.13.84}$$

或者

$$x = 12a^* + 1, \quad a^* \text{ 是非负整数,这时 } s = 1 \tag{7.13.85}$$

当 x 取公式(7.13.84)形式时,与前面 $x = 4k+1$ 矛盾(k 是非负整数).因此, x 必取公式(7.13.85)形式,再利用公式(7.13.77),有

$$y = 3t + 1 \tag{7.13.86}$$

又利用前面 $y = 4k^* + 1$ (k^* 是非负整数),知道 $y-1$ 是 12 的倍数,有

$$y = 12b + 1, \quad b \text{ 是非负整数} \tag{7.13.87}$$

将公式(7.13.75),(7.13.85)和(7.13.87)代入题目中不定方程,有

$$7^{12a^* + 1} + 1 = 3^{12b+1} + 5^{4u+1} \tag{7.13.88}$$

这里 b, u 都是非负整数, a^* 是正整数($a^* = 0$ 将导致已得到公式(7.13.57)).
由于

$$3^{12} = (7 \times 11 + 4)^3 \equiv 4^3 (\bmod 7) \equiv 1 (\bmod 7) \tag{7.13.89}$$

则

$$3^{12b+1} \equiv 3 (\bmod 7) \tag{7.13.90}$$

利用方程(7.13.88)和公式(7.13.90),有

$$5^z = 5^{4u+1} \equiv 5 (\bmod 7) \tag{7.13.91}$$

这里利用公式(7.13.75),得第一个等式.
由于

$$5^6 = (7 - 2)^6 \equiv 2^6 (\bmod 7) \equiv 1 (\bmod 7) \tag{7.13.92}$$

以及在 mod 7 意义下,有

$$5^0 = 1, \quad 5^1 = 5, \quad 5^2 \equiv 4, \quad 5^3 \equiv 6, \quad 5^4 \equiv 2, \quad 5^5 \equiv 3 \tag{7.13.93}$$

利用公式(7.13.91),(7.13.92)和(7.13.93),有

$$z = 6m + 1 \tag{7.13.94}$$

这里 m 是非负整数,又利用公式(7.13.75),有

$$z = 12d + 1 \tag{7.13.95}$$

这里 d 是非负整数,于是,方程(7.13.88)变形为

$$7^{12a^* + 1} + 1 = 3^{12b+1} + 5^{12d+1} \tag{7.13.96}$$

这里 a^* 是正整数,非负整数 b, d 不能同时为零. 下面对 b 进行讨论:
① 当 $b = 0$ 时, d 是一个正整数. 由于

$$7^{12} = (2 \times 25 - 1)^6 \equiv 1 (\bmod 25) \tag{7.13.97}$$

方程(7.13.96)两端 mod 25,左端为 8,右端为 3,得矛盾.
② 当 b 是一个正整数时,由于

$$5^6 = (126 - 1)^2 \equiv 1 (\bmod 9) \tag{7.13.98}$$

则

$$5^{12d+1} \equiv 5 (\bmod 9) \tag{7.13.99}$$

方程(7.13.96)两端 mod 9,再利用上式,有

$$7^{12a^* + 1} \equiv 4 (\bmod 9) \tag{7.13.100}$$

由于

$$7^{12} = (9 - 2)^{12} \equiv 2^{12} (\bmod 9) = (9 - 1)^4 \equiv 1 (\bmod 9) \tag{7.13.101}$$

利用上式,知道公式(7.13.100)的左端在 mod 9 意义下等于 7,这导致矛盾.
综上所述,满足题目条件的所有非负整数组解仅公式(7.13.56)和(7.13.57)两组.

第二天

一、设 x, y 和 $z > 0$,且满足 $yz + zx + xy = 1$. 求证:

$$x(1 - y^2)(1 - z^2) + y(1 - z^2)(1 - x^2) + z(1 - x^2)(1 - y^2) \leq \frac{4}{9}\sqrt{3}$$

证明: 令

$$x = \tan\frac{A}{2}, \quad y = \tan\frac{B}{2}, \quad z = \tan\frac{C}{2} \tag{7.13.102}$$

这里 $0 < A, B, C < \pi$. 又利用题目条件,有
$$A + B + C = \pi \tag{7.13.103}$$

注:不知道公式(7.13.103)的读者,可自己去计算 $\tan\left(\dfrac{A}{2} + \dfrac{B}{2} + \dfrac{C}{2}\right)$,从而导出公式(7.13.103).

利用上面叙述,有
$$x(1-y^2)(1-z^2) + y(1-z^2)(1-x^2) + z(1-x^2)(1-y^2)$$
$$= \dfrac{\sin\dfrac{A}{2}}{\cos\dfrac{A}{2}}\dfrac{\cos B}{\cos^2\dfrac{B}{2}}\dfrac{\cos C}{\cos^2\dfrac{C}{2}} + \dfrac{\sin\dfrac{B}{2}}{\cos\dfrac{B}{2}}\dfrac{\cos C}{\cos^2\dfrac{C}{2}}\dfrac{\cos A}{\cos^2\dfrac{A}{2}} + \dfrac{\sin\dfrac{C}{2}}{\cos\dfrac{C}{2}}\dfrac{\cos A}{\cos^2\dfrac{A}{2}}\dfrac{\cos B}{\cos^2\dfrac{B}{2}}$$
$$= \dfrac{1}{2\cos^2\dfrac{A}{2}\cos^2\dfrac{B}{2}\cos^2\dfrac{C}{2}}(\sin A\cos B\cos C + \sin B\cos C\cos A + \sin C\cos A\cos B)$$
$$\tag{7.13.104}$$

利用公式(7.13.103),有
$$\sin A\cos B\cos C + \sin B\cos C\cos A + \sin C\cos A\cos B = \sin(A+B)\cos C + \sin C\cos A\cos B$$
$$= \sin C[\cos A\cos B - \cos(A+B)]$$
$$= \sin C\sin A\sin B \tag{7.13.105}$$

利用公式(7.13.104)和(7.13.105),有
$$x(1-y^2)(1-z^2) + y(1-z^2)(1-x^2) + z(1-x^2)(1-y^2) = 4\tan\dfrac{A}{2}\tan\dfrac{B}{2}\tan\dfrac{C}{2} = 4xyz$$
$$\tag{7.13.106}$$

这里利用公式(7.13.102).

利用题目条件及 $A_3 \geqslant G_3$,有
$$1 = yz + zx + xy \geqslant 3\sqrt[3]{(yz)(zx)(zy)} = 3\sqrt[3]{(xyz)^2} \tag{7.13.107}$$

利用上式,有
$$xyz \leqslant \dfrac{\sqrt{3}}{9} \tag{7.13.108}$$

再利用公式(7.13.106),知道题目结论成立.

二、给定正整数集合上一个函数 $f(n)$ 满足下述条件:如果 $n > 2\,000, f(n) = n - 12$;如果 $n \leqslant 2\,000, f(n) = f(f(n+16))$.

(1) 求 $f(n)$;

(2) 求方程 $f(n) = n$ 的所有解.

解:(1) 从题目条件,有

$$\left.\begin{array}{l} f(2\,000) = f(f(2\,016)) = f(2\,004) = 1\,992, \quad f(1\,999) = f(f(2\,015)) = f(2\,003) = 1\,991 \\ f(1\,998) = f(f(2\,014)) = f(2\,002) = 1\,990, \quad f(1\,997) = f(f(2\,013)) = f(2\,001) = 1\,989 \\ f(1\,996) = f(f(2\,012)) = f(2\,000) = 1\,992, \quad f(1\,995) = f(f(2\,011)) = f(1\,999) = 1\,991 \\ f(1\,994) = f(f(2\,010)) = f(1\,998) = 1\,990, \quad f(1\,993) = f(f(2\,009)) = f(1\,997) = 1\,989 \\ f(1\,992) = f(f(2\,008)) = f(1\,996) = 1\,992, \quad f(1\,991) = f(f(2\,007)) = f(1\,995) = 1\,991 \\ f(1\,990) = f(f(2\,006)) = f(1\,994) = 1\,990, \quad f(1\,989) = f(f(2\,005)) = f(1\,993) = 1\,989 \\ f(1\,988) = f(f(2\,004)) = f(1\,992) = 1\,992, \quad f(1\,987) = f(f(2\,003)) = f(1\,991) = 1\,991 \\ f(1\,986) = f(f(2\,002)) = f(1\,990) = 1\,990, \quad f(1\,985) = f(f(2\,001)) = f(1\,989) = 1\,989 \end{array}\right\}$$
$$\tag{7.13.109}$$

于是猜测,对非负整数 k,这里 $k \leqslant 499, m \in \{0,1,2,3\}$,有
$$f(2\,000 - 4k - m) = 1\,992 - m \tag{7.13.110}$$

对非负整数 k 用数学归纳法,利用公式(7.13.109)可以知道,当 $k = 0,1,2,3$ 时,等式 (7.13.110)成立. 设当非负整数 $k \leqslant t$ 时,这里正整数 $t \geqslant 3$,公式(7.13.110)成立. 考虑 $k = t+1$ 情况,记
$$n = 2\,000 - 4(t+1) - m \tag{7.13.111}$$

于是,有
$$n + 16 = 2\,016 - 4(t+1) - m \leqslant 2\,000 \tag{7.13.112}$$

这里利用 $t+1 \geqslant 4, m \geqslant 0$. 利用题目条件,以及上面二式,有
$$\begin{aligned}
f(n) &= f(f(n+16)) = f(f(2\,000 - 4(t-3) - m)) \\
&= f(1\,992 - m)(\text{利用归纳假设}(7.13.110)) \\
&= 1\,992 - m(\text{利用公式}(7.13.109))
\end{aligned} \tag{7.13.113}$$

因而,利用数学归纳法,公式(7.13.110)成立. 从而有
$$f(n) = \begin{cases} n - 12, & \text{当 } n > 2\,000 \text{ 时} \\ 1\,992 - m, & \text{当 } n = 2\,000 - 4k - m \text{ 时} \end{cases} \tag{7.13.114}$$

上式右端 k 是非负整数,且 $k \leqslant 499, m \in \{0,1,2,3\}$.

(2) 利用公式(7.13.114),要 $f(n) = n$,则 $n \leqslant 2\,000$,且有
$$2\,000 - 4k - m = 1\,992 - m \tag{7.13.115}$$

从而立即有
$$k = 2 \tag{7.13.116}$$

即
$$n = 1\,992 - m, \quad m \in \{0,1,2,3\} \tag{7.13.117}$$

于是,满足条件的全部正整数 n 是 $1\,992, 1\,991, 1\,990, 1\,989$.

三、设 m 和 n 为已知的正整数,m 以十进制表示时位数为 d,其中 $d \leqslant n$. 求 $(10^n - 1)m$ 以十进制表示时所有各位数字的总和.

解:在十进制下,记
$$m = \overline{a_1 a_2 \cdots a_d} \tag{7.13.118}$$

这里 $a_j \in \{0,1,2,\cdots,9\}, j = 1,2,\cdots,d, a_1 \geqslant 1$,
$$(10^n - 1)m = \overline{a_1 a_2 \cdots a_d 00 \cdots 0}(n \text{ 个零}) - \overline{a_1 a_2 \cdots a_d} \tag{7.13.119}$$

$a_d, a_{d-1}, \cdots, a_2, a_1$,设从左到右第一个不为零的数字为 $a_k (k \in \{1,2,\cdots,d\})$,即
$$a_{k+1} = a_{k+2} = \cdots = a_d = 0 \tag{7.13.120}$$

注意如果 $k = d$,上式自动消失. 记 $d^* = n - d$,由题目条件,知道 d^* 是非负整数. 从而可以得到
$$\begin{aligned}
&\overline{a_1 a_2 \cdots a_k 00 \cdots 0}(n + d - k \text{ 个零}) - \overline{a_1 a_2 \cdots a_k 00 \cdots 0}(d - k \text{ 个零}) \\
&= \overline{a_1 a_2 \cdots a_{k-1} b_k 9 \cdots 9 a_1^* a_2^* \cdots a_{k-1}^* a_k^* 00 \cdots 0}(d - k \text{ 个零})
\end{aligned} \tag{7.13.121}$$

这里 $b_k = a_k - 1$(如果 $k = 1$,则公式(7.13.121)的右端 $\overline{a_1 a_2 \cdots a_{k-1}}$ 部分消失). $a_k^* = 10 - a_k, a_j^* = 9 - a_j$,这里 $j = 1,2,\cdots,k-1$. 公式(7.13.121)右端中间有 $n - k$ 个 9. 记 $(10^n - 1)m$ 的各位数字之和为 A,则
$$\begin{aligned}
A &= (a_1 + a_2 + \cdots + a_{k-1} + b_k) + 9(n - k) + (a_1^* + a_2^* + \cdots + a_{k-1}^* + a_k^*) \\
&= (a_1 + a_2 + \cdots + a_{k-1} + a_k - 1) + 9(n - k) \\
&\quad + [(9 - a_1) + (9 - a_2) + \cdots + (9 - a_{k-1}) + (10 - a_k)]
\end{aligned}$$

$$= 9n \qquad (7.13.122)$$

因此 $(10^n - 1)m$ 以十进制表示时,所有各位数字的总和为 $9n$.

7.1 节至 7.13 节只删去了罗马尼亚十一、十二两个年级的竞赛,因为这八个题目中有七题是有关微积分与线性代数内容的.这与我国一般中学数学教学内容不符.除此之外,其余题目是全译,即没有删除一个题目.

为了向国内广大读者多介绍些国外数学竞赛的资料,下面一节,将十余国的数学竞赛题目译出供参考.

7.14 1994 年十国数学奥林匹克竞赛题汇

本节内容可以在教师的指导下,组织中学生课外小组讨论解决.

7.14.1 第 43 届立陶宛数学奥林匹克竞赛(1994 年)

十年级

(题目由立陶宛领队 Algirdas Zabulionis,副领队 Juozas Macys 赠送)

1. 求整数 x,使得 $x^2 + 615$ 是 2 的整数幂.
2. 在平面上标出 9 个不同点,使得连接每两点画一条直线,一共有 27 条两两不重合的直线.
3. 如果 $x^4 - 6x^2y^2 + y^4 = 1$,且 $4x^3y - 4xy^3 = 1$.求 $x^2 + y^2$ 的值.
4. 正方形 $ABCD$ 边长为 1,点 E 是边 AD 延长线上一点,点 F 是边 CD 延长线上一点.这样得到的凸五边形 $ABCEF$ 的每条对角线平行于这五边形的边,求这五边形的边 CE、EF 和 FA 的长.
5. 正数 x 和 y 满足不等式 $x^2 + xy + y^2 > 3$,求证:$x^2 + xy$ 和 $y^2 + xy$ 中至少有一个大于 2.

十一年级

1. 如果两个正整数的乘积等于 1994^{43},求这两个正整数的和的全部可能的值.
2. 一个三角形的三边长分别为 a, b, c,且 $ab + bc + ca = 12$,求证:$6 \leqslant a + b + c < 7$.
3. 解方程组
$$\begin{cases} (x+y)(x+z) = x \\ (y+x)(y+z) = 2y \\ (z+x)(z+y) = 3z \end{cases}$$
4. 求证:方程
$$\{x^2\} + \{x\} - 1 = 0$$
没有有理数解.这里 $\{x\}$ 是实数 x 的正小数部分.
5. 在凸多边形内部能否找到一点,使得这点到该凸多边形的顶点的距离的平方和等于该多边形面积的 2 倍?

十二年级

1. (1) 长、宽分别为 m、n 的矩形(m、n 都是正整数)被划分为 mn 个单位正方形,有多少个单位正方形被这矩形的一条对角线分割?

(2) 长、宽、高分别为 m, n, k(m, n, k 都是正整数)的长方体被划分为 mnk 个单位立方体,有多少个单位立方体被这长方形的一条对角线穿过?

2. 求出两两不同的正整数 a,b,c,d,使得它们的乘积能被 $a+b,a+c,a+d,b+c$, $b+d,c+d,a+b+c,a+b+d,a+c+d,b+c+d,a+b+c+d$ 中任一个整除.

3. 一个四面体的六条棱分别用 a,b,c,d,e,f 表示,它的各面的周长分别用 P_1,P_2,P_3,P_4 表示.求证:$\sqrt{a^2+b^2+c^2+d^2+e^2+f^2} \leqslant \max\{P_1,P_2,P_3,P_4\}$.

4. 是否存在一个函数 $f:\mathbf{R} \to \mathbf{R}$,使得对所有 $x \in \mathbf{R}$,$f(f(x))=x^3$?

5. 在一个矩形内有 5 个圆,它们互相外切,且有 4 个圆与这矩形各边相切(图 7.76).已知这矩形的宽(短边)是 1,求这矩形的长(长边).

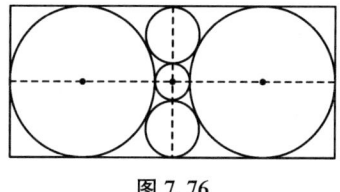

图 7.76

7.14.2 第 44 届拉脱维亚数学奥林匹克竞赛(1994 年)

(题目由拉脱维亚领队 Aivars Berzins,副领队 Maija Vituma 赠送)

1. 已知 $\cos x = \cos y, \sin x = -\sin y$,求证:
$$\sin 1994x + \sin 1994y = 0$$

2. 在平面内,考虑每个顶点都是整点的五边形.

(1) 求证:它的面积不少于 $\dfrac{3}{2}$;

(2) 如果这个五边形是凸的,求证:它的面积不少于 $\dfrac{5}{2}$.

3. 给定 $a>0, b>0, c>0, a+b+c=abc$,求证:a,b,c 中至少有一个大于 $\dfrac{17}{10}$.

4. 求所有正整数 m,n,使得
$$1!+2!+3!+\cdots+n! = m^3$$

5. 在一个公司里有 1 994 个雇员,每个雇员认识 1 600 个其他雇员.求证:一定能找到 6 个雇员,其中每个雇员都认识其他 5 个雇员.

第一次选拔赛试题

1. x,y 是正整数,满足 $3x^2+x=4y^2+y$.求证:$x-y, 3x+3y+1$ 和 $4x+4y+1$ 都是完全平方数.

2. 求证:可以找到 2^{1994} 个不同的正整数对 (a_i, b_i),使得下述 2 条性质同时成立:

(1) $\dfrac{1}{a_1 b_1} + \dfrac{1}{a_2 b_2} + \cdots + \dfrac{1}{a_{2^{1994}} b_{2^{1994}}} = 1$;

(2) $(a_1+a_2+\cdots+a_{2^{1994}})+(b_1+b_2+\cdots+b_{2^{1994}})=3^{1995}$.

3. 给定一个单位圆,一些线段组成的集合称为这单位圆的一个覆盖,当且仅当与这圆有一个公共点的每条直线必与这集合内的某条线段有一个公共点.

(1) 求证:这单位圆的一个覆盖内所有线段的总长大于 3;

(2) 是否存在这单位圆的一个覆盖,使得这覆盖内所有线段的总长小于 5?

4. 在一块黑板上写着一个正整数,两个游戏者轮流玩写正整数数字游戏,当黑板上写着数 n 时,第一个游戏者将黑板上 n 擦掉,用 $\dfrac{n}{2}, \dfrac{n}{4}$ 或 $3n$ 中的一个整数代替它(如果 $\dfrac{n}{2}$,或 $\dfrac{n}{4}$ 是正整数,才允许前一的二种选择);第二个游戏者可用 $n+1$ 或 $n-1$ 代替黑板上的数 n.第一个游戏者希望黑板上出现正整数 3(不在乎谁写这数),他能达到目的吗?

5. 三个相同半径的圆相交于一个公共点 O,两两相交于另外三点 $A,B,C.T$ 是一个三角形,它的三边分别是这三个等圆的外公切线,三个等圆在这三角形 T 内.求证:T 的面积不少于 $\triangle ABC$ 面积的 9 倍.

第二次选拔赛试题

1. 给定 $0 \leqslant x_i \leqslant 1, i=1,2,\cdots,n$,求表达式

$$\frac{x_1}{x_2 x_3 \cdots x_n + 1} + \frac{x_2}{x_1 x_3 \cdots x_n + 1} + \cdots + \frac{x_n}{x_1 x_2 \cdots x_{n-1} + 1}$$

的最大值.

2. 在一个圆周上有 $2n$ 个点,将这圆周分成 $2n$ 个相等弧,以这 $2n$ 个点为端点,画 n 条弦,使得所有弦长都不同.如果

(1) $n=24$;

(2) $n=1994$.

这样做可能吗?为什么?

3. $\triangle ABC$ 给定,从顶点 B 出发,作 n 条射线与边 AC 相交.对这样得到的 $n+1$ 个三角形的每一个,内切圆半径为 r_i,外接圆半径为 $R_i(1 \leqslant i \leqslant n+1)$.求证:$\dfrac{r_1 r_2 \cdots r_{n+1}}{R_1 R_2 \cdots R_{n+1}}$ 既不依赖于 n,也不依赖于射线的位置.

第三次选拔赛试题

1. 一个正方形划分为 n^2 个小方格(n 行和 n 列),在某些小方格内,写上"1"或"2",使得在每行和每列内恰有一个"1"和恰有一个"2".允许交换两行两列的位置,称之为一次移动.求证:存在有限次移动,使得写有"1"的小方格与写有"2"的小方格恰交换了位置.

2. a_{ij} 是整数($1 \leqslant i,j \leqslant 3$),$|a_{ij}|<100$,已知方程 $a_{11}x^2 + a_{22}y^2 + a_{33}z^2 + a_{12}xy + a_{13}xz + a_{23}yz = 0$ 有一组解(1 234,3 456,5 678),求证:该方程有另一组正整数解(x,y,z),这里 x,y,z 两两互质,而且与题目中一组解不成比例.

3. $ABCD$ 是圆内接四边形,对角线相交于点 O,AB 和 CD 的中点分别用 U 和 V 表示.求证:过点 O,U 和 V 分别垂直于 AD,BD 和 AC 的三条直线相交于一点.

7.14.3 克罗地亚数学奥林匹克竞赛(1994 年)

(题目由克罗地亚领队 Hanjs Zeljko,副领队 Brnetic Ilko 赠送)

一年级

1. 求方程 $\dfrac{1}{m} + \dfrac{1}{m} - \dfrac{1}{mn^2} = \dfrac{3}{4}$ 的所有整数组解.

2. a,c 分别是梯形的上、下底边的长,有一条线段平行于梯形的底边,而且这线段的两个端点分别在这梯形的两腰上.

(1) 当这线段平分梯形面积时,求证:这条线段长 $\sqrt{\dfrac{a^2+c^2}{2}}$;

(2) 当这线段是梯形的中位线时,求证:这条线段长 $\dfrac{a+c}{2}$;

(3) 当这线段分梯形为两个相似梯形时,求证:这条线段长 $\sqrt{ac}$;

(4) 当这线段通过这梯形对角线的交点时,求证:这条线段长 $\dfrac{2}{\dfrac{1}{a}+\dfrac{1}{c}}$.

3. 求解方程组

$$\begin{cases} 2x_1 - 5x_2 + 3x_3 = 0 \\ 2x_2 - 5x_3 + 3x_4 = 0 \\ \cdots\cdots \\ 2x_{1993} - 5x_{1994} + 3x_1 = 0 \\ 2x_{1994} - 5x_1 + 3x_2 = 0 \end{cases}$$

4. 对任何两个正数 p,q,求证:

$$(p^2 + p + 1)(q^2 + q + 1) \geqslant 9pq$$

二年级

1. 求所有复数 z,使得

$$|z^2 + 1| = 2|z| \quad \text{和} \quad |z - 3\mathrm{i}| = \sqrt{10}$$

2. 假设 $f:\mathbf{R}\to\mathbf{R}$ 是一个二次函数 $f(x) = ax^2 + bx + c$,用 D 表示它的判别式,P 表示根的乘积,S 表示根的和.求证:恰有一个函数 f,使得 a, D, P, S 是 4 个连续整数(按单调递增次序).

3. 求直角三角形的两个锐角,使得这直角三角形外接圆的直径与内切圆的直径之比为 $5:2$.

4. 解方程

$$\dfrac{3}{2}\log_{\frac{1}{4}}(x+2)^2 - 3 = \log_{\frac{1}{4}}(4-x)^3 - \log_4(x+6)^3$$

三年级

1. 在直角 $\triangle ABC$ 的斜边上,选择点 P,使得 $PA = m, PB = n, PC = d$,求证:$a^2 m^2 + b^2 n^2 = c^2 d^2$,这里 $BC = a, CA = b, AB = c$.

2. 解方程

$$2\cos\left(\dfrac{\pi}{2}(1+x)\right) = \dfrac{1}{x^2} + x^2$$

3. 立方体 $ABCDA_1B_1C_1D_1$ 的体积是 V,求两个四面体 AB_1CD_1 与 A_1BC_1D 的公共部分的体积.

4. 平面内,5 点 P_1, P_2, P_3, P_4, P_5 都是整点,求证:至少有一对点 $(P_i, P_j), i \neq j$,使得线段 P_iP_j 通过不同于 P_i, P_j 的整点 Q.

四年级

1. 一个由正整数组成的无限等差数列中有一元素是完全平方数,求证:这数列中有无限多个元素有此性质.

2. 对于复数 z,令 $w = f(z) = \dfrac{2}{3-z}$.

(1) 在复平面内,求集合 $\{w \mid z = 2 + \mathrm{i}y, y \in \mathbf{R}\}$;

(2) 求证:函数 w 能写成形式

$$\dfrac{w-1}{w-2} = \lambda\dfrac{z-1}{z-2}$$

(3) $z_0 = \dfrac{1}{2}$,数列 $\{z_n \mid n \in \mathbf{N}^+\}$ 由下式定义

$$z_n = \dfrac{2}{3 - z_{n-1}}, \quad n \in \mathbf{N}^+$$

利用(2),计算数列$\{z_n \mid n \in \mathbf{N}^+\}$的极限.

3. 求实系数多项式 $P(x)$,使得对某个 $n \in \mathbf{N}^+$,有
$$xP(x-n) = (x-1)P(x)$$

4. 与三年级第 4 题相同.

7.14.4 马其顿数学奥林匹克竞赛(1994 年)

(题目由马其顿领队 Donco Dimovski,副领队 Kostadin Trencevski 赠送)

1. $a_1, a_2, \cdots, a_{1994}$ 是正整数,$a_1 + a_2 + \cdots + a_{1994} = 1994^{1994}$. 求 $a_1^3 + a_2^3 + \cdots + a_{1994}^3$ 除以 6 后的余数.

2. 在平面直角坐标系下,$\triangle ABC$ 的 3 个顶点坐标全是整数,在这三角形内部恰有一点 P,具整数坐标. 定义 $m(\triangle ABC) = \dfrac{AP}{PE}$,这里 E 是射线 AP 与 BC 的交点. 对全部这样的 $\triangle ABC$,求 $m(\triangle ABC)$ 的最大值.

3. $x_1, x_2, \cdots, x_n (n \geq 2)$ 是(1)非负整数;(2)正整数;而且 $x_1 + x_2 + \cdots + x_n = m$. 在情况(1)或情况(2)下,求 $S = x_1 x_2 + x_1 x_3 + \cdots + x_1 x_n + x_2 x_3 + x_2 x_4 + \cdots + x_2 x_n + \cdots + x_{n-1} x_n$ 的最大值. 这里 m 是已知正整数.

4. 在平面内,有 1 994 个给定点,使得在它们的任何 100 点中,有 98 个点能被直径为 1 的圆盘覆盖(有些点可能在这圆盘的边界上),确定直径为 1 的圆盘的最少数目,它们足够覆盖所有 1 994 个点.

5. 在一个 $3^n \times 3^n$ 方格的棋盘上($n \in \mathbf{N}^+$),有一个 1×1 的方格被剪去.

(1) 每个这样的棋盘能被形如 ┓┏ 的方格纸(形状 1)和形如 ┏┓┏ 的方格纸(形状 2)所覆盖,这里小正方形是 1×1 的方格.

(2) 在上述覆盖中,形状 2 的方格纸最少要用多少张?

7.14.5 瑞典数学奥林匹克竞赛(1993 年 11 月)

(题目由瑞典领队 Goran Wanby,副领队 Andreas Strombergsson 赠送)

1. 正整数 x 使得 $3x$ 的各位数字之和恰是 x 的各位数字之和. 求证:x 是 9 的倍数.

2. 一条长途汽车路线被车站 $A, B, C, D, E, F, G, H, I, J$ 和 K 分成 10 段. 从起点站 A 到终点站 K 是 56 千米,任意两个相邻段的距离和不超过 12 千米,任意 3 个连续段的距离至少 17 千米. 求 B 站到 G 站的距离.

注:车站之间距离用千米计算(只保留整数).

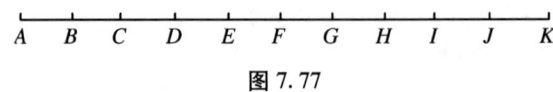

图 7.77

3. a, b 是两个整数,求证:方程 $a^2 + b^2 + x^2 = y^2$ 有一组整数解 (x, y),当且仅当乘积 ab 是偶数.

4. 对每对实数 a 和 b,这里 $a \neq 0$ 和 $b \neq 0$,有一个实数 $a * b$,使得
$$a * (b * c) = (a * b) * c, \quad a * a = 1$$

解方程 $x * 3b = 216$.

5. 一个三角形具周长 $2p$,三边长分别为 a,b 和 c. 如果可能,作一个新三角形,三边长分别为 $p-a,p-b,p-c$. 这步骤然后重复进行,对怎样的初始三角形,这步骤可以无限地重复进行下去?

6. a 和 b 是实数,$f(x) = (ax+b)^{-1}$,对怎样的 a,b,存在三个不同实数 x_1, x_2, x_3,使得 $f(x_1) = x_2, f(x_2) = x_3, f(x_3) = x_1$?

7.14.6 第 30 届西班牙数学奥林匹克竞赛(1993 年 11 月)

(题目由西班牙领队 Francisco Bellot-Rosado,副领队 Juan Manvel Conde Calero 赠送)
第一天第 1~4 题,第二天第 5~8 题

1. 求证:对所有 $n \in \mathbf{N}^+$,分数 $\dfrac{n-1}{n}, \dfrac{n}{2n+1}, \dfrac{2n+1}{2n^2+2n}$ 都是不可约的.

2. 给定一个半径为 R 的球和一个底面圆恰是这球面的赤道,顶点在球外的圆锥. 已知这圆锥体积是球体积的一半,求这球面和圆锥交线圆的半径.

3. 解下述方程组
$$\begin{cases} x|x| + y|y| = 1 \\ [x] + [y] = 1 \end{cases}$$
这里 $|t|$ 是实数 t 的绝对值. $[t]$ 表示不超过实数 t 的最大整数.

4. AD 是 $\triangle ABC$ 的内角平分线(点 D 在线段 BC 上),点 E 是 D 关于 BC 中点的对称点,点 F 是边 BC 上的点,使得 $\angle BAF = \angle EAC$. 求证:$\dfrac{BF}{FC} = \dfrac{AB^3}{AC^3}$.

5. 求所有正整数 n,使得 $n(n+1)(n+2)(n+3)$ 恰有 3 个质因子.

6. 一个椭圆的长轴恰是一个矩形 $ABCD$ 的长边 CD,且这椭圆通过这矩形对角线的交点 E,在矩形外部椭圆上取一点 F,连接 FA, FB,分别交 CD 于点 G, H,求证:3 条线段 DG, GH, HC 恰成一个几何级数的连续 3 项.

7. 给定实数 a,求实数 $x_1, x_2, \cdots, x_n$,满足下述方程组
$$\begin{cases} x_1^2 + ax_1 + \left(\dfrac{a-1}{2}\right)^2 = x_2 \\ x_2^2 + ax_2 + \left(\dfrac{a-1}{2}\right)^2 = x_3 \\ \cdots\cdots \\ x_{n-1}^2 + ax_{n-1} + \left(\dfrac{a-1}{2}\right)^2 = x_n \\ x_n^2 + ax_n + \left(\dfrac{a-1}{2}\right)^2 = x_1 \end{cases}$$

8. 从下到上,有 1 001 级台阶要攀登. 在某些台阶上有石块,在每级台阶上,至多放一个石块. 一个游客 A 可以捡任何台阶上的石块,向上走若干级台阶,直到遇第一个空台阶才放下石块;他的对手 B 只能移一级台阶上的石块到下一级空台阶上(每次只能将石块移一级台阶). 在初始位置,有 500 块石块,自下而上放在前 500 级台阶上. 游客 A 与 B 玩轮流搬石块游戏. 游客 A 先开始搬,他的目标是将一石块搬到最高一级台阶上,旅游 B 能阻止游客 A 的目标吗?

7.14.7 斯洛文尼亚数学奥林匹克竞赛(1994 年)

(题目由斯洛文尼亚领队 Darjo Felda,副领队 Matjaz Zeljko 赠送)

一年级

1. 数 $e_1, e_2, e_3, \cdots, e_{n-1}, e_n$ 中每一个等于 1 或 -1,如果
$$e_1 e_2 + e_2 e_3 + \cdots + e_{n-1} e_n + e_n e_1 = 0$$
求证:n 是 4 的倍数.

2. 求证:任何正整数 n 的所有正因子的平方和不能等于 $(n+1)^2$.

3. 已知一个三角形和一条边上一点,过这点请作一条直线,平分这三角形为面积相等的两部分.

4. 一个班级里有 20 名学生.在节日里,这班的每个学生给他同班的 10 名同学每人一张贺卡.求证:至少有两名同学互赠贺卡.

二年级

1. m 和 n 是正整数,$mn + 1$ 是 24 的倍数,求证:$m + n$ 也是 24 的倍数.

2. 在一个假日里,数学小组的同学们围绕一小鱼塘周围放一些椅子,在每个椅子上写一个正整数,玛丽和塔得同时绕这鱼塘散步.塔得注意到在每个椅子上的数字恰是在这椅子前面的两把椅子上的数字差的绝对值.玛丽随身带了一只小型计算器,经计算发现所有椅子上的数字和是 1994.求证:椅子的总数是 3 的倍数.

3. n, x, y 和 z 都是正整数,且 $z \leqslant n$.求证:方程 $x^n + y^n = z^n$ 无解.

4. 给定一个圆,圆心为 S,一条不通过点 S 的弦 AB 内部取一点 C,$\triangle SAC$ 的外接圆与给定圆的交点是 $D(D \neq A)$.求证:$CD = CB$.

三年级

1. n 是一个正整数,如果 $2n + 1$ 和 $3n + 1$ 都是完全平方数,求证:n 是 40 的倍数.

2. 对每个实数 x,求证:$\cos(\sin x) > \sin(\cos x)$.

3. 假设多项式 $p(x) = x^3 + ax^2 + bx + c$ 只有实根.求证:多项式 $q(x) = x^3 - bx^2 + acx - c^2$ 至少有一个非负实根.

4. 点 D 是直角 $\triangle ABC$ 的斜边 AC 上点,$AB = CD$.求证:$\triangle ABC$ 的 $\angle A$ 内角平分线,通过 B 点的中线和 $\triangle ABD$ 过点 D 的高三线相交于一点.

四年级

1. 求证:不存在一个函数 $f: \mathbf{Z} \to \mathbf{Z}$ ($\mathbf{Z}$ 是由全体整数组成的集合),使得对于每个整数 x,$f(f(x)) = x + 1$.

2. 在下图中每个空格内填一个正整数,使得每行与每列都是一个等差数列.

	74		
			186
		103	
0			

3. 求证:数列 49, 4489, 444889, 44448889, ⋯ 中的每一项都是一个完全平方数(在每一项里有 n 个 4, $n-1$ 个 8 和一个 9).

4. $ABCD$ 是一个圆内接四边形,Q 是边 AB 的中点,S 是这四边形对角线的交点,P, R 分别

表示点 S 到 AD 和 BC 的射影. 求证: $PQ = QR$.

7.14.8　意大利数学奥林匹克竞赛(1994 年)

(题目由意大利领队 Roberto Dvornicich,副领队 Claudio Bernardi 赠送)

1. 求证:存在一个整数 N,使得对所有整数 $n \geqslant N$,一个正方形能划分为 n 个两两互不重叠的正方形的并集.

2. 求方程 $y^3 = x^3 + 16$ 的所有整数组解 (x, y).

3. 一个记者要到岛上去采访,这岛上所有居民或者是撒谎者(他们总是撒谎),或者是骑士(他们总是讲真话). 记者采访了岛上每个居民恰一次,他得到了下述的回答:

A_1:在这个岛上至少有一个撒谎者;

A_2:在这个岛上至少有 2 个撒谎者;

……

A_{n-1}:在这个岛上至少有 $n-1$ 个撒谎者;

A_n:在这个岛上至少有 n 个撒谎者.

记者能否确定,这岛上是撒谎者多,还是骑士多?

4. 平面上一条直线 r 分平面为两个半平面. $\triangle ABC$ 在一个半平面内,点 A',B',C'是点 A,B,C 关于直线 r 的对称点. 过点 A' 引一条直线平行于 BC,过点 B' 引一条直线平行于 AC,过点 C' 引一条直线平行于 AB. 求证:这三条直线相交于一点.

5. OP 是单位立方体的一条对角线,通过 OP 作一张平面,求这张平面在这立方体内的截面面积的最大值与最小值.

6. 在一个 10×10 的正方形棋盘上,用下面方法在每个 1×1 的小方格内填写 $1, 2, \cdots, 100$. 在第一行从左到右按单调递增次序在每个小方格内分别填上 $1, 2, \cdots, 10$,第二行从左到右按单调递增次序填上 $11, 12, \cdots, 20, \cdots$,最后一行从左到右按单调递增次序填上 $91, 92, \cdots, 100$. 现在改变 50 个数的符号,使得每行和每列包含 5 个正数 5 个负数. 求证:在改变符号后,这棋盘上所有数的和是零.

7.14.9　日本数学奥林匹克竞赛(1994 年)

(题目由日本领队 Tetsuya Ando,副领队 Tsushima Ryuji 赠送)

第一轮

1. 确定在 xy 平面上直线 $y = \dfrac{3}{7}x + \dfrac{3}{10}$ 两整点之间的最短距离.

2. $a = \sqrt{2} + \sqrt{3}$,将 $\sqrt{2}$ 写成 a 的一个多项式,具有有理数系数和次数最小.

3. $ABCD—EFGH$ 是一个立方体,角 θ 满足 $0° \leqslant \theta \leqslant 90°$,且是平面 AFH 和平面 BDE 之间的夹角. 求 $\cos \theta$.

4. 一点 P 在平面的整点之间移动,当 P 在 (a, b) 位置上时,P 恰向右、上、左或下移动一格(即移到 $(a+1, b)$,$(a, b+1)$,$(a-1, b)$ 或 $(a, b-1)$),按照 $a + b \equiv 0, 1, 2$ 或 $3 \pmod 4$ 而定. 在经过 10 次移动后,从点 P_0 移动到 $(0, 10)$,确定点 P_0 所有可能的坐标.

5. 考虑 $\triangle ABC$,D 是线段 AB 上一点,E 是线段 AC 上一点,P 是 BE 和 CD 的交点,假设 $\triangle ADE$,$\triangle BPD$ 和 $\triangle CEP$ 的面积分别是 5,8 和 3. 求 $\triangle ABC$ 的面积.

6. 有多少种方法,在正八面体的每个面上分别写上正整数 1 至 8,如果在正八面体的一个适当旋转后,一种写法与另一种写法一致,则视为同一种方法.

7. 有多少种方法,在一个圆周上安排 5 把红椅子和 5 把白椅子,如果在一个适当的旋转下,椅子颜色的安排是相同的,则视为同一种方法.

8. 置 $A = \{0,1,2,3,4,5,6,7\}$,有多少种映射 $f: A \to A$,满足下述条件(1)和(2).

(1) 如果 $i, j \in A, i \neq j$,那么 $f(i) \neq f(j)$;

(2) 如果 $i, j \in A, i + j = 7$,那么 $f(i) + f(j) = 7$.

9. 对正整数 a, b,具 $a > b$,令 $x_n = a^2 n^2 + 2bn (n \in \mathbf{N}^+)$. 对于一个实数 x,用 $\{x\}$ 表示 x 的小数部分,求 $\lim\limits_{n \to \infty} \{\sqrt{x_n}\}$.

10. 对正整数 n,用 $r(n)$ 表示 n 除以 10 的余数. 置
$$A = \{0,1,2,3,4,5,6,7,8,9\}$$
有多少种子集 $S \subset A$,满足下述条件(1)和(2)?

(1) S 恰包含 5 个元素;

(2) $\{r(x+y) | x, y \in S, x \neq y\} = A$.

11. 求一个多项式 $f(x, y)$,有最小的次数,且满足下述条件(1)和(2):

(1) $f(x, y) + f(y, x) = 0$;

(2) $f(x, x+y) + f(y, x+y) = 0$.

12. 在一个 100 平方千米的正方形城市内,有 10 千米长的 22 条笔直的街道,将这城市分割为一个个街区. 11 条街道从东到西,每两条街道之间的距离是 1 千米,其他 11 条街道从北到南,每两条街道之间的距离也是 1 千米. 在这城市上,定义坐标系,使得这 22 条街道分别对应直线(段) $y = m (m = -5, -4, \cdots, 4, 5)$ 和 $x = m (m = -5, -4, \cdots, 4, 5)$,5 个办公楼位置分别位于 $(-5, 1.3), (2, 4.5), (4.4, 3), (4, -1)$ 和 $(-2.7, -2)$ 上. 5 个商人,每人从上述一个(两两不同的)办公楼出来,相聚在一条街道的 P 点,$P = (x, y)$. 任何商人只能沿街道行走. $S(x, y)$ 是 5 个商人行走的总距离,求点 P,使得 $S(x, y)$ 有最小值.

最后一轮

1. 对正整数 n, a_n 是最接近 $\sqrt{n}$ 的正整数,$b_n = n + a_n$. 从所有正整数组成的集合 $\mathbf{N}^+$ 内删除所有 $b_n (n = 1, 2, \cdots)$,得到一个从小到大的正整数序列 $\{C_n\}$,求依赖于 n 的 C_n 的表达式.

2. 在一个平面内有 5 个点,其中任何三点不共线. 连接这 5 点中的每两点,共得 10 条线段. $l_1, l_2, \cdots, l_{10}$ 是这 10 条线段之长. 假设 $l_1^2, l_2^2, \cdots, l_9^2$ 是有理数,求证:l_{10}^2 也是有理数.

3. 平面内有一个 $\triangle A_0 A_1 A_2$ 和七个点 $P_0, P_1, \cdots, P_6$,假如任何点 P_i 和 P_{i+1} 是关于点 A_k 对称的,这里 k 是 i 除以 3 的余数.

(1) 求证:$P_0 = P_6$;

(2) 如果连接点 P_i 和 P_{i+1} 的每条线段不相交于 $\triangle A_0 A_1 A_2$ 的内部,描述点 P_0 可能的位置.

4. 在 $\triangle ABC$ 中,M 是边 BC 的中点,$\angle MAC = 15°$,求 $\angle B$ 的最大值.

5. 有 N 个人和 N 张牌,从 1 到 N 的正整数分别写在 N 张牌上,每牌上一数,玩抽牌游戏. 当 N 个人每人抽一张牌后,按手中牌上的数确定下一轮抽牌的先后次序. 在先后抽二轮牌后,按下述规则给礼品,一个人 X 得到礼品,如果没有人 Y,使得 Y 在这二次抽牌中,每次都在 X 前面抽牌,否则 X 不能得到礼品. 举例,如果 X 在第一轮抽牌时为第一个,他在第二轮抽牌后,总能得到礼品. 求得到礼品的人的期望值.

7.14.10 第17届奥地利—波兰数学奥林匹克竞赛(1994年)

(题目由奥地利领队 Thomas Muhlgassner,副领队 Gerhard Windischbacher 赠送)
(每次3个题目,共竞赛3天)

1. 函数 $f: \mathbf{R} \to \mathbf{R}$ 满足下述条件:对所有 $x \in \mathbf{R}, f(x+19) \leqslant f(x)+19, f(x+94) \geqslant f(x)+94$. 求证:对所有 $x \in \mathbf{R}, f(x+1) = f(x)+1$.

2. 数列 $\{a_n\}$ 定义如下: $a_0 = \frac{1}{2}, a_{n+1} = \frac{2a_n}{1+a_n^2}$,对所有非负整数 n,数列 $\{c_n\}$ 定义如下: $c_0 = 4, c_{n+1} = c_n^2 - 2c_n + 2$,对所有非负整数 n. 求证:对所有正整数 n,
$$a_n = \frac{2c_0 c_1 \cdots c_{n-1}}{c_n}$$

3. 有每排15个正方形房间组成的两排房屋(排列次序像棋盘上的两行),每个房间有3扇门,它与相邻的一间、两间或所有三间房间相通(通向楼外的门忽略不计).门的分布使得不离开这幢建筑,就能从一个房间走到另一个房间(在30间房间的墙上),门有多少种分布法,使得上述条件满足?

4. $n \geqslant 2$ 是一个固定的正整数, P_0 是正 $n+1$ 边形的一个固定顶点,剩下顶点随意记为 $P_1, P_2, \cdots, P_n$,对 $n+1$ 边形的每条边,指定一个正整数如下:如果边的端点是点 P_i 和 P_j,那么,在这条边上写数 $|i-j|$. S 是如此指定的所有 $n+1$ 个数的和(显然, S 依赖于顶点的记法).
(1) 对固定 n,可得到的 S 的最小值是多少?
(2) 对于 S 的这个最小值,有多少种不同的方法能够得到它?

5. 求下列方程的所有整数组解
$$\frac{1}{2}(x+y)(y+z)(z+x) + (x+y+z)^3 = 1 - xyz$$

6. $n>1$ 是一个奇数,假如 $x_1, x_2, \cdots, x_n$ 全是非负整数,满足方程组
$$\begin{cases} (x_2-x_1)^2 + 2(x_2+x_1) + 1 = n^2 \\ (x_3-x_2)^2 + 2(x_3+x_2) + 1 = n^2 \\ \cdots\cdots \\ (x_1-x_n)^2 + 2(x_1+x_n) + 1 = n^2 \end{cases}$$
求证: $x_1 = x_n$,或者存在 $j, 1 \leqslant j \leqslant n-1$,使得 $x_j = x_{j+1}$.

7. 确定所有(十进制下)2位数 $n = (ab)_{10} = 10a+b (a \geqslant 1)$,具下述性质:对每个整数 x, $x^a - x^b$ 是 n 的倍数.

8. 考虑函数方程 $f(x,y) = af(x,z) + bf(y,z)$,这里 a,b 是实数.对每对实数 a,b,求函数 $f: \mathbf{R}^2 \to \mathbf{R}$ 的一般形式,对所有 $x, y, z \in \mathbf{R}$,满足给定的方程.

9. 在平面内,一条直线 g 上依次给定4个不同点 $A, B, C, D, AB = a, BC = b, CD = c$.
(1) 每当可能时,求一点 P,不在直线 g 上,使得 $\angle APB, \angle BPC, \angle CPD$ 是相等的;
(2) 求证:具上述性质的一点 P 存在的充要条件是下述不等式成立: $(a+b)(b+c) < 4ac$.

7.14.11 第11届巴尔干数学奥林匹克竞赛(1994年)

(题目由希腊领队 Theodoros Bolis,副领队 Dimintrios Kontogiannis 赠送)

1. 给定一个锐角 $\angle XAY$ 和内部一点 P,过点 P 作一条直线,分别交边 AX 和 AY 于点 B 和 C,使得 $\triangle ABC$ 的面积是 AP^2. (塞浦路斯供题)

2. 求证：多项式 $x^4 - 1994x^3 + (1993 + m)x^2 - 11x + m$ 至多有一个整数根，这里 m 是整数.（希腊供题）

3. 对正整数 $n \geqslant 2$，求 $\max\{\sum_{k=1}^{n-1} |\alpha_{k+1} - \alpha_k| \mid \alpha_1, \alpha_2, \cdots, \alpha_n$ 是 $1, 2, \cdots, n$ 的一个排列$\}$.（罗马尼亚供题）

4. 求最小的正整数 $n > 4$，使得有 n 个人组成的一个集合，具下述两个性质：
(1) 任何两个人，如果他们互相认识，但他俩没有公共熟人；
(2) 任何两个人，如果他们互不认识，但他俩恰有两个公共熟人.
注：熟人是一个对称关系.（保加利亚供题）

7.15 印度数学奥林匹克初等问题集

(本节题目由印度领队 Ramaswamy Subramanian, 副领队 Belur Jana Venkatachala 赠送)

数论

1. 求最小的正整数，使得最末一位数是 7，并且将 7 移到这数的首位，得一新数是原数的 5 倍.

提示：设原数为 $10x + 7$，这里 x 是 n 位数，新数为 $7 \times 10^n + x$.

2. 将 19 到 93 的所有 2 位数从左到右连续合并写成一数 $N = 19202122\cdots919293$. 求能整除 N 的 3 的最高幂次.

提示：求出 N 的各位数字之和.

3. 如果 x, y, z 和 n 都是正整数，满足 $x^n + y^n = z^n$. 求证：x, y 和 z 都大于 n.

提示：不妨设 $y \geqslant x, z \geqslant y + 1, x^n = z^n - y^n = (z - y)(z^{n-1} + z^{n-2}y + \cdots + y^{n-1}) > [(y+1) - y]nx^{n-1} = nx^{n-1}$.

4. 给定两个互质的正整数 m, n，都大于 1. 求证：$\dfrac{\lg m}{\lg n}$ 不是一个有理数.

提示：用反证法，如果存在互质的正整数 a, b，使得 $\dfrac{\lg m}{\lg n} = \dfrac{a}{b}$，那么 $m^b = n^a$，矛盾.

5. 如果 a, b, x 和 y 都是大于 1 的整数，a, b 互质，$x^a = y^b$. 求证：存在大于 1 的整数 n，使得 $x = n^b, y = n^a$.

提示：整除 x 的任何质数 p，一定整除 y. 如果 p^α（α 是某个正整数）整除 x，但 $p^{\alpha+1}$ 不整除 x；p^β（β 是某个正整数）整除 y，但 $p^{\beta+1}$ 不整除 y，有 $\alpha a = \beta b$.

6. 确定所有正整数对 (m, n)，使得 $2^m + 3^n$ 是一个完全平方数.

提示：先证明 m, n 必为偶数.

7. 对任何大于 1 的整数 n，求证：$n^4 + 4^n$ 不是一个质数.

提示：当 n 为奇数时，$n^4 + 4^n = (n^2 + 2^n)^2 - 2^{n+1}n^2$.

8. 求所有 4 位数，有下述性质：
(1) 它是一个平方数；
(2) 它的前二位数互相相等；
(3) 它的后二位数互相相等.

提示：记 $n = \overline{aabb}$，因为 n 是一个平方数，则 $b \in \{1, 4, 5, 6, 9\}$. 然后考虑除以 4 的余数.

9. 如果 a,b,c 是任何 3 个整数,求证:$abc(a^3-b^3)(b^3-c^3)(c^3-a^3)$ 被 7 整除.

提示:任何整数的立方除以 7 余数为 0,1,6 之一.

10. 求 $C_{2\,000}^{1\,000}$ 的最大的 3 位数质因子.

提示:利用 $C_{2\,000}^{1\,000}=\dfrac{2\,000!}{(1\,000!)^2}$,寻找分母中出现两次,分子中出现 3 次的最大的 3 位数质因子.

11. 如果 $\dfrac{1}{a}+\dfrac{1}{b}=\dfrac{1}{c}$,这里 a,b,c 是正整数,且这三数的最大公因数是 1.求证:$a+b$ 是一个完全平方数.

提示:记 $a=c+m,b=c+n,m,n\in \mathbf{N}^+$.

12. 求证:有一个正整数 n,使得 $n!$ 在十进制下末尾恰有 1 993 个零.

提示:寻找 n,使得 $n!$ 恰能整除 $10^{1\,993}$,但不能整除 $10^{1\,994}$.关键是寻找 n,使得 $n!$ 恰能整除 $5^{1\,993}$.

13. 求 $2^{1\,990}$ 除以 1 990 的余数.

提示:199 是一个质数,利用 Fermat 小定理,199 整除 $2^{199}-2$.

14. 确定所有非负整数对 (x,y),使得 $(xy-7)^2=x^2+y^2$.

提示:$(xy-6)^2+13=(x+y)^2$.

15. 求所有正整数 n,使得

(1) n 不是完全平方数;

(2) $[\sqrt{n}]^3$ 能整除 n^2,并证明之.

提示:记 $[\sqrt{n}]=k,k^2<n<(k+1)^2$.

16. 求证:4 个连续正整数的乘积不是一个完全立方数.

提示:如果 n 为偶数,$n+1$ 与 $n(n+2)(n+3)$ 互质.利用反证法,$n+1$ 与 $n(n+2)(n+3)$ 都是完全平方数,然后证明 $n(n+2)(n+3)$ 不是一个完全立方数.如果 n 为奇数,类似讨论.

17. (1) 求所有正整数 n 的集合,使得 3^{n+1} 整除 $2^{3^n}+1$;

(2) 求证:对任何正整数 n,3^{n+2} 不能整除 $2^{3^n}+1$.

提示:对 n 用数学归纳法.

18. 对任何正整数 n,用 $S(n)$ 表示有序正整数对 (x,y) 的数目,使得 $\dfrac{1}{x}+\dfrac{1}{y}=\dfrac{1}{n}$.例如 $S(2)=3$.求正整数 n 的集合,使得 $S(n)=5$.

提示:记 $x=n+a,y=n+b$,这里 a,b 是正整数,$n^2=ab$.

19. 对一个正整数 n,令 $A(n)=\dfrac{(2n)!}{(n!)^2}$.求正整数 n 的集合,使得

(1) $A(n)$ 是一个偶数;

(2) $A(n)$ 是 4 的倍数.

提示:$A(n)=C_{2n}^n$ 是一个正整数,用 2 进制写出 n.

代数

20. 求无限序列 $1,\sqrt{2},\sqrt[3]{3},\cdots,\sqrt[n]{n},\cdots$ 的最大值.

提示:对正整数 $n\geqslant 3$,求证:$\sqrt[n]{n}>\sqrt[n+1]{n+1}$.

21. 如果 a,b,c 是奇数,求证:$ax^2+bx+c=0$ 无有理数根.

提示:用反证法.设 $\dfrac{p}{q}$ 是根,这里 p,q 是两个互质的非零整数.$ap^2+bpq+cq^2=0$.然后导出

矛盾.

22. 如果 a,b 是正实数,满足 $a+b=1$,求证:
$$\left(a+\frac{1}{a}\right)^2+\left(b+\frac{1}{b}\right)^2 \geqslant \frac{25}{2}$$

提示:利用平方平均不等式.

23. 求证:不存在两两不相等的 4 个正整数 a,b,c 和 d,满足 $a^3+b^3=c^3+d^3,a+b=c+d$.

提示:求证:$ab=cd$.

24. 如果 $a_0,a_1,\cdots,a_{50}$ 是多项式 $(1+x+x^2)^{25}$ 的系数,求证:$a_0+a_1+\cdots+a_{50}$ 是一个偶数.

提示:先后令 $x=1,x=-1$.

25. 求证:多项式 $f(x)=x^4+26x^3+52x^2+78x+1989$ 不能表示为 $f(x)=p(x)q(x)$,这里 $p(x),q(x)$ 都是次数小于 4 的整系数多项式.

提示:利用反证法.

26. 如果 a,b,c 和 d 是任何 4 个实数,不全为零,求证:方程 $x^6+ax^3+bx^2+cx+d=0$ 的根不全为实根.

提示:设 $x_1,x_2,\cdots,x_6$ 是方程的 6 个根,有
$$\sum_{j=1}^{6} x_j = 0, \qquad \sum_{1 \leqslant j<k \leqslant 6} x_j x_k = 0$$

第一个等式再两端平方.

27. 已知方程 $x^4+px^3+qx^2+rx+s=0$ 有 4 个正实根,求证:$pr-16s\geqslant 0$ 及 $q^2-36s\geqslant 0$,等号成立当且仅当 4 个正实根都相等.

提示:利用 Vieta 定理.

28. a,b,c 是实数,且 $0<a,b,c<1,a+b+c=2$. 求证:$\dfrac{abc}{(1-a)(1-b)(1-c)}\geqslant 8$.

提示:令 $x=1-a,y=1-b,z=1-c$.

29. 求证:$1<\dfrac{1}{1\,001}+\dfrac{1}{1\,002}+\dfrac{1}{1\,003}+\cdots+\dfrac{1}{2\,001}<\dfrac{4}{3}$.

提示:利用 $\left(\sum\limits_{k=1\,001}^{2\,001} k\right)\left(\sum\limits_{k=1\,001}^{2\,001} \dfrac{1}{k}\right)>(2\,001)^2$.

30. 如果 x,y 和 z 是 3 个实数,满足 $x+y+z=4$ 和 $x^2+y^2+z^2=6$. 求证:x,y 和 z 都位于闭区间 $\left[\dfrac{2}{3},2\right]$ 内,x 能达到 $\dfrac{2}{3}$ 和 2 之一吗?

提示:利用 $y+z=4-x,y^2+z^2=6-x^2,y^2+z^2\geqslant\dfrac{1}{2}(y+z)^2$.

31. $f(x)$ 是一个整系数多项式,如果有 5 个两两不同整数 a_1,a_2,a_3,a_4,a_5,满足 $f(a_j)=2$,这里 $1\leqslant j\leqslant 5$. 求证:没有整数 b,使得 $f(b)=9$.

提示:$f(x)-2=(x-a_1)(x-a_2)(x-a_3)(x-a_4)(x-a_5)g(x)$.

32. 确定所有函数 $f:\mathbf{R}-\{0,1\}\to\mathbf{R}$,满足函数方程:对 $x\neq 0$ 和 $x\neq 1$,
$$f(x)+f\left(\frac{1}{1-x}\right)=\frac{2(1-2x)}{x(1-x)}$$

提示:令 $y=\dfrac{1}{1-x}$.

33. $p(x)=x^2+ax+b$,这里 a,b 是整数,给定任何整数 n,求证:有一个整数 M,使得 $p(n)p(n+1)=p(M)$.

提示：求证 $p(n)p(n+1) = p(n(n+1) + an + b)$.

34. 如果 $a_1, a_2, \cdots, a_n$ 是 n 个两两不同的正奇数，且不能被大于 5 的任何质数整除，求证：
$$\frac{1}{a_1} + \frac{1}{a_2} + \cdots + \frac{1}{a_n} < 2$$
提示：求证：存在正整数 m，使得
$$\frac{1}{a_1} + \frac{1}{a_2} + \cdots + \frac{1}{a_n} < \left(1 + \frac{1}{3} + \frac{1}{3^2} + \cdots + \frac{1}{3^m}\right)\left(1 + \frac{1}{5} + \frac{1}{5^2} + \cdots + \frac{1}{5^m}\right)$$

35. 如果 $p(x)$ 是一个整系数多项式，求证：不存在三个两两不同的整数 a, b, c，满足 $p(a) = b, p(b) = c, p(c) = a$.
提示：对任何两个不相等的整数 m, n，$m - n$ 整除 $p(m) - p(n)$.

36. a, b, c 是一个三角形的三条边，求证：$\dfrac{a}{b+c} + \dfrac{b}{a+c} + \dfrac{c}{a+b}$ 在 $\left[\dfrac{3}{2}, 2\right)$ 内.
提示：$\dfrac{a}{b+c} + \dfrac{b}{c+a} + \dfrac{c}{a+b} = (a+b+c)\left(\dfrac{1}{a+b} + \dfrac{1}{b+c} + \dfrac{1}{c+a}\right) - 3$.

37. f 是非负整数集合到非负整数集合内的一个映射，满足：
(1) 如果对所有非负整数 x，
$$x - f(x) = 19\left[\frac{x}{19}\right] - 90\left[\frac{f(x)}{90}\right]$$
(2) $1\,900 < f(1\,900) < 2\,000$.
求 $f(1\,990)$ 的所有可能的值. 这里 $[z]$ 表示不超过实数 z 的最大整数.
提示：先求证 $f(1\,990) - 90\left[\dfrac{f(1\,990)}{90}\right] = 14$.

几何

38. 在 △ABC 内，求证：角 A 是角 B 的 2 倍，当且仅当 $a^2 = b(b+c)$.
提示：如果角 A 是角 B 的 2 倍，延长射线 CA 到点 D，使得 $AD = AB$，△ABC 相似于 △BDC.

39. 在平面内，两圆 C_1 和 C_2 相交于不同两点 P 和 Q，过点 P 的一条直线分别交圆 C_1 和 C_2 于点 A 和 B，Y 是 AB 的中点，QY 分别交圆 C_1 和 C_2 于点 X 和 Z. 求证：Y 也是 XZ 的中点.
提示：求证 △AXY 全等于 △BZY.

40. 如果 $ABCD$ 是一个圆内接四边形，对角线 AC 和 BD 相交于点 P，O 是 △APB 的外接圆圆心，H 是 △CPD 的垂心. 求证：O, P, H 三点共线.
提示：连接直线 OP，交 CD 于点 L，求证：$PL \perp CD$.

41. 给定平面 Σ 内一个 △ABC，求平面 Σ 内所有点 P 的集合，使得 △ABP，△BCP 和 △CAP 的外接圆是同一个.
提示：考虑 △ABC 的外接圆及 △ABC 的垂心.

42. 假设 $ABCD$ 是一个圆内接四边形，x, y, z 分别是点 A 到 BD, BC, CD 的距离. 求证：$\dfrac{BD}{x} = \dfrac{BC}{y} + \dfrac{CD}{z}$.
提示：利用直角三角形锐角的余切函数.

43. 假设 $ABCD$ 是一个凸四边形，P, Q 分别是 CD, AB 的中点，AP 和 DQ 相交于点 X，BP 和 CQ 相交于点 Y. 求证：$S_{\triangle ADX} + S_{\triangle BCY} = S_{四边形PXQY}$. 如果 $ABCD$ 不是一个凸四边形，结论是否成立.
提示：连接 PQ, BD，利用一条三角形的中线平分这三角形的面积.

44. 假设 P 是 $\triangle ABC$ 的一个内点，AP, BP, CP 分别交对边 BC, CA, AB 于点 D, E, F，求证：$\dfrac{AF}{FB} + \dfrac{AE}{EC} = \dfrac{AP}{PD}$.

提示：将线段之比化为相应三角形的面积之比.

45. 半径为 a 及 b 的两个圆外切，另有半径为 c 的圆与这两圆外切，这三个圆有一条公共外公切线，求证：$\dfrac{1}{\sqrt{c}} = \dfrac{1}{\sqrt{a}} + \dfrac{1}{\sqrt{b}}$.

提示：求这条外公切线上三圆的切点之间彼此的距离.

46. 在 $\triangle ABC$ 内，已知 BC 边上高 h_a，CA 边上高 h_b，BC 边上中线 m_a，求作 $\triangle ABC$.

提示：过 BC 边上中点 M 作 CA 的垂线 MT，点 T 为垂足. 设 $AK \perp BC$，点 K 为垂足. 先作直角 $\triangle AKM$ 和直角 $\triangle ATM$.

47. 给定 $\angle QBP$ 和 $\angle QBP$ 外一点 L，过 L 作一条直线，交 BQ 于点 A，交 BP 于点 C，使得 $\triangle ABC$ 有一个给定的周长.

提示：考虑 $\triangle ABC$ 的角 B 的傍切圆.

48. $\triangle ABC$ 的内心是点 I，内切圆分别切 BC, CA 于点 D, E，如果 BI 交 DE 于点 G，求证：AG 垂直于 BG.

提示：连结 ID 和 AI，$\triangle BDG \sim \triangle BIA$，$\triangle BDI \sim \triangle BGA$.

49. A 是两个相交圆的一个交点，这两圆圆心分别是点 X 与点 Y，过点 A 分别作这两个圆的两条切线交两圆于点 B, C，取点 P，使得 $PXAY$ 是一个平行四边形. 求证：点 P 是 $\triangle ABC$ 的外接圆圆心.

提示：AY 垂直于 AB，AX 垂直于 AC.

50. $\triangle ABC$ 有内心 I，点 X, Y 分别在线段 AB, AC 上，满足 $BX \cdot AB = IB^2$ 和 $CY \cdot AC = IC^2$. 假设 X, I, Y 是共线的，求角 A.

提示：BI 切于 $\triangle AXI$ 的外接圆，CI 切于 $\triangle AYI$ 的外接圆.

51. $\triangle ABC$ 的内心是点 I，内切圆切 BC 于点 T，过点 T 作直线平行于 IA 交这内切圆于点 S，过点 S 的这内切圆的切线分别交 AB, AC 于点 C^*、B^*，求证：$\triangle AB^*C^*$ 相似于 $\triangle ABC$.

提示：直线 AI 交 BC 于点 K，连 IS，$\triangle IST$ 是一个等腰三角形，计算相关角.

52. 假设 $A_1 A_2 A_3 \cdots A_n$ 是一个正 n 边形，满足 $\dfrac{1}{A_1 A_2} = \dfrac{1}{A_1 A_3} + \dfrac{1}{A_1 A_4}$，求 n.

提示：先求证：$A_1 A_4 = A_1 A_5$.

53. 假设 $ABCD$ 是一个四边形，以线段 AB 中点为圆心，作一个半圆，分别与线段 BC, CD 和 DA 相切. 求证：$AB^2 = 4BC \cdot AD$.

提示：记点 O 为圆心，求证 $\triangle AOD$ 相似于 $\triangle BCO$.

54. $\triangle ABC$ 是一个锐角三角形，在这三角形内部有一点 P，从 P 到 BC, CA, AB 分别作垂线，垂足为 D, E, F，确定点 P 的所有可能位置的集合，使得 $\triangle DEF$ 是一个等腰三角形，点 P 在什么位置，$\triangle DEF$ 是一个等边三角形.

提示：先考虑 $DE = DF$ 情况，利用四点共圆，求证：$\dfrac{BP}{PC} = \dfrac{AB}{AC}$.

55. 三个相等圆有一个公共点 O，这三圆位于同一个三角形内部，且每个圆分别与这三角形的两条相邻边相切. 求证：这三角形的内心 I，外心 O^* 和点 O 三点共线.

提示：用 K, L, M 分别表示这三个圆的圆心. 点 O 是 $\triangle KLM$ 的外心. $\triangle KLM$ 的三边分别平行于题目中三角形的三边.

56. 在 $\triangle ABC$ 中，$\angle A = 90°$，S 是这三角形的外接圆. S_1 是一个圆，分别与射线 AB, AC 相

切,且与圆 S 内切.另外,圆 S_2 与射线 AB,AC 相切,与圆 S 外切,如果 r_1,r_2 分别是圆 S_1 和 S_2 的半径.求证:$r_1 r_2 = 4S_{\triangle ABC}$.

提示:用 P 表示圆 S_1 的圆心,圆 S_1 与圆 S 切于点 K,与射线 AB 切于点 M,与射线 AC 切于点 L.考虑直角 $\triangle BMP$ 与直角 $\triangle CLP$.

57. $ABCD$ 是一个圆内接四边形,对角线 AC 和 BD 互相垂直,相交于点 E.求证:$EA^2 + EB^2 + EC^2 + ED^2 = 4R^2$.这里 R 是上述圆的半径.

提示:记圆心为点 O,作 OP 垂直于 AC,OQ 垂直于 BD,点 P 在 AC 上,点 Q 在 BD 上.$OPEQ$ 是矩形.

组合

58. 考虑集合 $\{1,2,3,4,\cdots,299,300\}$ 的所有 3 元子集的集合.确定 3 个元素之和是 3 的倍数的 3 元子集的数目.

提示:将全部 3 元子集按元素之和除以 3 的余数进行分类,也可将集合内全部元素按除以 3 的余数分划成 3 个子集合.

59. 集合 $X = \{1,2,3,\cdots,19,20\}$,有多少个 3 元子集,使得每个子集内 3 个元素的乘积是 4 的倍数?

提示:考虑 3 元子集 $\{a,b,c\}$ 的个数,使得 abc 不是 4 的倍数.

60. 假设 A_1,A_2,$\cdots$,A_6 是 6 个集合,每个集合具 4 个元素.B_1,B_2,$\cdots$,B_n 是 n 个集合,每个集合具 2 个元素,已知 $S = A_1 \cup A_2 \cup \cdots \cup A_6 = B_1 \cup B_2 \cup \cdots \cup B_n$.对于 S 内每个元素,恰属于 4 个 A_i ($1 \leq i \leq 6$) 和恰属于 3 个 B_j ($1 \leq j \leq n$).求 n.

提示:每个 A_i ($1 \leq i \leq 6$) 有 4 个元素,一共有 24 个元素,每个元素重复 4 次,一共有 6 个不同元素.

61. 两个盒子装有 65 个大小不同的球,每个球具有白、黑、红或黄四种颜色之一.如果任取同色的 5 个球,它们中至少有两个半径相等.求证:在某一盒子里至少有 3 个球,具相同的颜色与相等的半径.

提示:利用抽屉原理,至少有一个盒子里有 33 个球,其中至少有 9 个球具同一颜色.

62. 在两个缸内,都放有一些球.我们允许下述两种类型的操作:(1) 同时从两个缸内取走相同数目的球;(2) 从一个缸内取走球的数目是另一个缸内球数的 2 倍.求证:经有限次操作后,两个缸内无一只球.

提示:当两缸球数 m、n 相等时,一次操作即可,当 $m > n$ 时,第一次从每缸取走 $n - 1$ 只球.

63. A 表示集合 $\{1,11,21,31,\cdots,541,551\}$ 的一个子集合.有下述性质:A 内无两个元素之和为 552.求证:A 内所有元素个数不会超过 28 个.

提示:将集合内全部元素配对 $\{1,551\}$,$\{11,541\}$,$\cdots$,$\{271,281\}$,恰有 28 对.

64. $A = \{1,2,3,\cdots,100\}$.B 是 A 的一个子集,有 48 个元素.求证:B 内有两个不同的元素 x 和 y,它们的和是 11 的倍数.

提示:将 A 分成 11 个子集 A_0,A_1,A_2,$\cdots$,A_{10},这里 A_j ($j = 0,1,2,\cdots,10$) 表示 A 内除以 11 余数同为 j 的所有元素组成的集合.

65. 求 1,2,3,4,5,6 的排列 $\{P_1,P_2,P_3,P_4,P_5,P_6\}$ 的数目,使得对 $k = 1,2,3,4,5$,$\{P_1,P_2,\cdots,P_k\}$ 不形成 $1,2,\cdots,k$ 的一个排列.

提示:用 T_6 表示所求的数目.求证:$T_6 = 6! - T_1 5! - T_2 4! - T_3 3! - T_4 2! - T_5$,这里 T_j ($j = 1,2,3,4,5$) 的意义类似 T_6.依次求出 T_j.

66. 有 17 个不同的正整数,组成一个集合 A.这 17 个正整数中没有一个质因数超过 10.求证:A 中必有两个正整数的乘积是一个完全平方数.

提示：集合 A 内元素全为 $2^a 3^b 5^c 7^d$ 形式,这里 a,b,c,d 都是非负整数.

67. A 是 $\{1,2,3,\cdots,2n-1,2n\}$ 的一个子集合,包含 $n+1$ 个元素.求证：

(1) A 中必有两个元素互质；

(2) A 中必有两个元素,一个能够整除另一个.

提示：(1) A 中必有两个连续的正整数.(2) 将 A 中正整数全部写成 $2^p q$ 形式,这里 q 是奇数,p 是非负整数.

68. 任给 7 个不同实数,求证：一定能从中找到两个实数 x,y,满足 $0 < \dfrac{x-y}{1+xy} < \dfrac{1}{\sqrt{3}}$.

提示：令 $x_k = \tan \alpha_k (k=1,2,\cdots,7)$,这里 $\alpha_k \in \left(-\dfrac{\pi}{2}, \dfrac{\pi}{2}\right)$,再利用抽屉原理.

69. 在一个岛上有 6 个城市,每两个城市之间必有火车或长途汽车连接.求证：必能从中找到 3 个城市,它们之间是用同一种交通工具连接的.

提示：平面上画 6 个点,无三点共线,代表 6 个城市.如果两个城市之间用火车连接,就用红线段连接相应两点,如果是用长途汽车连接,就用蓝线连接相应两点,必有线段同色的三角形.

杂题

70. 一个国际象棋棋盘上有 64 个方格,如果两个方格有一条公共棱或一个公共顶点,称这两个方格为相邻方格,在这棋盘的每个方格内,填一个正整数,使得每个方格内的正整数是它的所有相邻方格内正整数的算术平均值.求证：这 64 个方格内所有正整数全相等.

提示：考虑 64 个方格内所填正整数最小的一个.

71. T 是所有 3 元正整数组 (a,b,c) 的集合,使得 $1 \leqslant a < b < c \leqslant 6$.对于 T 内每个 3 元整数组 (a,b,c),作乘积 abc,然后将这些乘积全部相加,求证：这和数必是 7 的倍数.

提示：考虑 3 元整数组对 $(a,b,c),(7-a,7-b,7-c)$.

72. 求出下面的加法算式中的数字,每个不同字母代表集合 $\{0,1,2,\cdots,9\}$ 中不同元素

$$\begin{array}{r} FORTY \\ + \quad TEN \\ + \quad TEN \\ \hline SIXTY \end{array}$$

提示：先求证 $N=0, E=5$.

73. 有一个班级,有 25 个同学,其中 17 个同学参加自行车比赛,13 个同学参加游泳比赛,8 个同学参加举重比赛.三个比赛都参加的同学一个也没有.在一次数学测验中,有 6 个同学的成绩得 D 或 F,如果参加自行车比赛,游泳比赛和举重比赛的同学的成绩都是 B 或 C,确定得成绩 A 的同学的人数,求既参加自行车比赛,又参加游泳比赛的同学的人数.

提示：先求证有 19 个同学参加了题目中的体育比赛,要利用 4.2 节例 14 的容斥原理.

74. 五个人 A,B,C,D,E 分别戴黑色或白色的帽子.没有一个人知道自己戴的帽子的颜色.但他们可以观察别人戴的帽子的颜色.他们中有四个人讲了以下一些话：

A：我看见三个戴黑帽,一个人戴白帽.

B：我看见四个人戴白帽.

C：我看见一顶黑帽和三顶白帽.

D：我看见四顶白帽.

E 发现 A,B,C,D 中戴黑帽的人讲了真话,戴白帽的人讲了谎话.请讲出这五个人所戴帽子的颜色.

提示:用反证法.先求证:E必戴黑帽.

75. S是$A = \{1,2,\cdots,n\}$到自身的一个双射函数(单射和满射).求证:有一个正整数$m>1$,使得对A内每个k,$f^{(m)}(k) = f(k)$,这里$f^{(m)}(k) = f(f(\cdots f(f(k))\cdots))(m\uparrow f)$.

提示:先求证:必存在正整数n_1与n_2,$n_1>n_2$,使得对A内每个k,有$f^{(n_1)}(k) = f^{(n_2)}(k)$.

76. 求证:平面内存在一个凸六边形,使得

(1) 所有内角都相等;

(2) 在某种顺序下,边长分别为1,2,3,4,5,6.

提示:取点A为坐标原点,点B坐标为$(1,0)$,具体写出满足条件的凸六边形的各顶点坐标.

77. 有10件物体,总重20千克.每件物体重量为一个正整数,没有一件物体超过10千克重.求证:这10件物体能分成两堆,每堆重10千克.

提示:用$a_1,a_2,\cdots,a_{10}$表示这10件物体重量,且满足$10 \geq a_1 \geq a_2 \geq \cdots \geq a_{10} \geq 1$,$a_1 + a_2 + \cdots + a_{10} = 20$.令$S_k = a_1 + a_2 + \cdots + a_k$,这里$k = 1,2,\cdots,9$.考虑11个数$0,S_1,S_2,\cdots,S_9,a_1 - a_{10}$除以10的余数.

第 8 章 各国(地区)数学竞赛试题选编

我从加拿大中等数学杂志(Crux mathematicorum with mathematical mayhem)2001 年至 2011 年约 7 000 页英文资料中选译了近 400 个(1995 年至 2007 年)各国(地区)数学竞赛题目,大致按年份排列分成三节,供读者,特别是中学老师选用.(2008 年以来各国(地区)数学竞赛已有中文书籍)

为了统一符号,在译题中,例如将三角形的外心全部用 O,垂心是 H,内心用 I 表示,角度统一用弦度.函数一般用 f 表示等.有些题目是从其他文字转译成英语的,个别有明显疏漏的地方,经思考后,作了些修改,但全部中文译题不妥之处恐难免,请读者谅解.

8.1 1995 年至 2000 年各国(地区)数学竞赛试题

在本节中,用 **R** 表示由全体实数组成的集合,用 $\mathbf{N}^+$ 表示由全体正整数组成的集合.

1. 对任意一个 10 次整系数多项式 $f(x)$,求证:一定存在一个无限项等差级数组成的集合,它不包含元素 $f(k)$,这里 k 是任意整数.(1995 年 伊朗)

2. 求证:五个连续正整数的乘积一定不是完全平方数.(1995 年 伊朗)

3. 设实数 $x > 1$,且 x 不是正整数.记 $a_n = [x^{n+1}] - x[x^n]$,这里 n 是任意正整数.求证:数列 $\{a_n\}$ 不是周期数列.(1996 年 日本)

4. 设 m、n 是一对互质的正整数,求 $5^m + 7^m$ 与 $5^n + 7^n$ 的最大公约数.(1996 年 日本)

5. 整数 $n \geq 2$,设 n^2 能表示为两个连续正整数的立方差.求证:n 是两个正整数的平方之和.并求出一个 n.(1996 年 以色列和匈牙利联合竞赛)

6. 设 x, y 是正整数,已知 $\dfrac{x^2 + y^2 + 6}{xy}$ 是一个正整数.求证:$\dfrac{x^2 + y^2 + 6}{xy}$ 是一个完全立方数.(1995～1996 年 爱沙尼亚)

7. 在 $\triangle ABC$ 中,求证:$a\sin A + b\sin B + c\sin C \geq 9r$,这里 r 是 $\triangle ABC$ 的内切圆半径.(1995～1996 年 爱沙尼亚)

8. 求证:多项式 $f_n(x) = 1 + x + \dfrac{x^2}{2} + \dfrac{x^3}{6} + \cdots + \dfrac{x^n}{n!}$,当 n 是偶数时,无实数根;当 n 是奇数时,恰有一个实数根.(1995～1996 年 爱沙尼亚)

9. 对任何非正实数 $a_1, a_2, \cdots, a_{1996}$,求证:$2^{a_1} + 2^{a_2} + \cdots + 2^{a_{1996}} \leq 1995 + 2^{a_1 + a_2 + \cdots + a_{1996}}$.(1996 年 摩尔多瓦)

10. 设 x, y 是实数,求证:$x^2 + y^2 + 1 > x\sqrt{y^2 + 1} + y\sqrt{x^2 + 1}$.(1996～1997 年 爱沙尼亚)

11. 在 $\triangle ABC$ 中,已知 $\tan A, \tan B$ 和 $\tan C$ 的值之比依次为 $1 : 2 : 3$.求 $\dfrac{AC}{AB}$.(1996～1997

年　爱沙尼亚)

12. 设函数 $f:\mathbf{N}^+ \to \mathbf{N}^+$ 满足 $\sum_{k=1}^{n} f(k) = n^2 f(n)$,这里 n 是任意正整数.已知 $f(1) = 999$,求 $f(1\,997)$.(1997 年　爱沙尼亚)

13. 用 $d(n)$ 表示正整数 n 的最大奇因子,定义一个函数 $f:\mathbf{N}^+ \to \mathbf{N}^+$,满足下述条件: $f(2n-1) = 2^n, f(2n) = n + \frac{2n}{d(n)}$,这里 n 是任意正整数,求所有正整数 k,满足 $f(f(\cdots f(1)\cdots))$ (k 重 f) $= 1\,997$.(1997 年　乌克兰)

14. 求所有整数组解 (x,y),满足方程 $1 + 1\,996x + 1\,998y = xy$.(1997 年　爱尔兰)

15. 在正三角形 $\triangle ABC$ 中,点 M 是其内部一点,D,E,F 依次是点 M 到边 BC,CA,AB 上的垂直投影.已知 $\angle FDE$ 是直角,求点 M 的轨迹位置.(1997 年　爱尔兰)

16. 设 a,b,c 都是非负实数,满足 $a + b + c \geqslant abc$.求证:$a^2 + b^2 + c^2 \geqslant abc$.(1997 年　爱尔兰)

17. 求所有多项式 $f(x)$,满足下述方程 $(x-16)f(2x) = 16(x-1)f(x)$.(1997 年　爱尔兰)

18. 设 $ABCD$ 是平面上一个圆外切四边形,已知 $\angle A = \angle B = \frac{2\pi}{3}, \angle D = \frac{\pi}{2}, BC = 1$.求 AD 长.(1997 年　爱尔兰)

19. 设 A 是集合 $\{0,1,2,\cdots,1\,997\}$ 的一个多于 $1\,000$ 个元素的子集,求证:或者 A 包含 2 的一个幂次,或者 A 内存在两个不同的元素 a,b,使得 $a + b$ 是 2 的一个幂次.(1997 年　爱尔兰)

20. 设 S 是满足下述条件的所有正整数 n 组成的集合:
(1) 每个 n 有 $1\,000$ 位数字,而且每位数字都是奇数;
(2) 每个 n 的两个相邻位数的差的绝对值是 2.
求集合内全部(两两不同)元素的数目.(1997 年　爱尔兰)

21. 设 p 是一个质数,n 是一个正整数,集合 $T = \{1,2,3,\cdots,n\}$,称 n 是 p 可划分的,假设存在 T 的非空子集 $T_1, T_2, \cdots, T_p$,满足:
① $T = T_1 \cup T_2 \cup \cdots \cup T_p$;
② $T_i \cap T_j = \varnothing (1 \leqslant i < j \leqslant p)$;
③ 每个 T_i 内所有元素之和是相等的 $(1 \leqslant i \leqslant p)$.
(1) 设 n 是 p 可划分的,求证:p 是 n 或 $n+1$ 的一个因子;
(2) 设 n 是 $2p$ 的整数倍,求证:n 是 p 可划分的.(1997 年　爱尔兰)

22. 求下列方程的实数组解 $\begin{cases} x_1 + x_2 + \cdots + x_{1\,997} = 1\,997 \\ x_1^4 + x_2^4 + \cdots + x_{1\,997}^4 = x_1^3 + x_2^3 + \cdots + x_{1\,997}^3 \end{cases}$.(1997 年　乌克兰)

23. 求 $3^{1\,000}$ 和 $3^{1\,997}$ 的最后四位数字.(1997 年　克罗地亚)

24. 设奇质数 $p \geqslant 7$.求证:存在一个正整数 $n, 2n$ 个整数 $x_1, x_2, \cdots, x_n; y_1, y_2, \cdots, y_n$,它们中无一个是 p 的倍数,且满足 $x_1^2 + y_1^2 \equiv x_2^2 \pmod{p}, x_2^2 + y_2^2 \equiv x_3^2 \pmod{p}, \cdots, x_{n-1}^2 + y_{n-1}^2 \equiv x_n^2 \pmod{p}, x_n^2 + y_n^2 \equiv x_1^2 \pmod{p}$.(1997 年　土耳其)

25. 给定正整数 $n \geqslant 2, n$ 个正实数 $x_1, x_2, \cdots, x_n$,满足 $\sum_{l=1}^{n} x_l^2 = 1$,记 $S = \sum_{l=1}^{n} x_l$,求 $\sum_{k=1}^{n} \frac{x_k^2}{S - x_k}$ 的最小值.(1997 年　土耳其)

26. 设 n 是一个给定正整数,a,b 都是实数.求所有二次三项式 $x^2 + ax + b$,这里 $a^2 \geqslant 4b$,使得 $x^2 + ax + b$ 是 $x^{2n} + ax^n + b$ 的一个因式.(1997 年　奥地利)

27. 设 n 是一个正整数,求证:存在整系数的多项式 $f(x)$ 和 $g(x)$,满足 $f(x)(x+1)^{2^n} + g(x)(x^{2^n}+1) = 2$. (1997年 伊朗)

28. 设 $w_1, w_2, \cdots, w_k$ 是 $k(k \geq 2)$ 个不同实数,其和不等于零.求证:存在 k 个整数 $n_1, n_2, \cdots, n_k$,使得 $\sum_{i=1}^{k} n_i w_i > 0$,对于集合 $\{1, 2, \cdots, k\}$ 的每个非恒等变换 π,有 $\sum_{i=1}^{k} n_i w_{\pi(i)} > 0$. (1997年 伊朗)

29. 设 n 是一个正整数,平面上有一个正 2^n 边形.对于每个顶点,写个字母 A 或 B.求证:适当地用这样一个方法,能够使得所有可能的 n 个字母的序列都在这正 2^n 边形的沿顺时针方向的 n 个两两不同的顶点上出现. (1997年 日本)

30. 求证:$11\cdots11122\cdots2225$(其中有连续 1997 个 1, 1998 个 2)是一个完全平方数. (1998年 巴尔干地区)

31. 求所有正整数对 (x, y),满足方程 $x^y = y^{x-y}$. (1998年 巴尔干地区)

32. 给定集合 $\{0, 1, 2, \cdots, 9\}$ 中 3 个元素.求证:能够找到由这 3 个元素(可重复)组成的 16 个 3 位数,使得其中任意两个的差都不是 16 的倍数. (1998年 巴尔干地区)

33. 设 a, b 是整数,整数序列 $\{a_n\}(n=0,1,2,\cdots)$ 由下面公式确定:$a_0 = a, a_1 = b, a_2 = 2b - a + 2, a_{n+3} = 3a_{n+2} - 3a_{n+1} + a_n$,这里 n 是任意非负整数.

(1) 求出 a_n 的一般项公式;

(2) 求所有整数对 a, b,对所有正整数 $n \geq 1998, a_n$ 都是完全平方数.

34. 设正整数 $n \geq 2, x_1, x_2, \cdots, x_n$ 是正实数,满足 $\sum_{j=1}^{n} \frac{1}{x_j + 1998} = \frac{1}{1998}$.求证:$\frac{1}{n-1} \sqrt[n]{x_1 x_2 \cdots x_n} \geq 1998$. (1998年 越南)

35. 设 x, y 是实数,满足 $2x - y = 2$.求 $\sqrt{x^2 + (y+1)^2} + \sqrt{x^2 + (y-3)^2}$ 的最小值. (1998年 越南)

36. 对于每个正整数 n,求证:恰存在一个 n 次实系数多项式 $f(x)$,对所有非零实数 x,满足 $f\left(x - \frac{1}{x}\right) = x^n - \frac{1}{x^n}$. (1998年 越南)

37. 设 $ABCD$ 是一个圆内接四边形,点 M 是劣弧 $\overset{\frown}{AB}$ 上一点,求证:$MC \cdot MD \geq 3\sqrt{3} MA \cdot MB$. (1998年 地中海地区)

38. 设 n 是一个正整数,求证:$x^2 + x + 1$ 是 $x^{2n} + x^n + 1$ 的一个因式当且仅当 n 不是 3 的整数倍. (1998年 地中海地区)

39. 在 $\triangle ABC$ 中,点 I 是内心,点 D, E, F 依次是 $\triangle ABC$ 的内切圆与边 BC, CA, AB 的切点,设 M 是 $\angle BIC$ 的内角平分线与边 BC 的交点,线段 FE 与 AM 交于点 P,求证:DP 是 $\angle FDE$ 的内角平分线. (1998年 地中海地区)

40. 设 x, y, z 都是正实数,$k > 2, a = x + ky + kz, b = kx + y + kz, c = kx + ky + z$.求证:$\frac{x}{a} + \frac{y}{b} + \frac{z}{c} \geq \frac{3}{2k+1}$. (1998年 希腊)

41. 设 a 是一个实数,实数序列 $\{x_n\}(n=1,2,\cdots,)$ 由下式确定:$x_1 = a, x_{n+1} = \frac{x_n(x_n^2 + 3)}{3x_n^2 + 1}(n=1,2,\cdots)$.求证:这序列有有限极限,并求出它. (1998年 越南)

42. 设 n 是一个正整数,n 个正整数组成的集合 $\{a_1, a_2, \cdots, a_n\}$(允许元素相同)称为一个好集合,设 $a_1 + a_2 + \cdots + a_n = 2n$,且这集合内无全部元素之和是 n 的子集.求所有好集合的数目. (1998~1999年 伊朗)

43. 设 n 是一个正整数,$d_1 < d_2 < d_3 < d_4$ 是 n 的 4 个最小的正因子,求所有正整数 n,满足 $n = d_1^2 + d_2^2 + d_3^2 + d_4^2$.(1998~1999 年　伊朗)

44. 设数列 $\{x_n\}$(n 是任意整数)由下式确定:$x_0 = 0$,如果整数 $n = 3^{r-1}(3k+1)$,$x_n = x_{n-1} + \frac{1}{2}(3^r - 1)$;如果整数 $n = 3^{r-1}(3k+2)$,$x_n = x_{n-1} - \frac{1}{2}(3^r + 1)$,这里 k 是整数,r 是正整数.求证:每个整数恰在这数列中出现一次.(1998~1999 年　伊朗)

45. 设 $n(r)$ 表示半径大于 1 的圆周内(圆半径是 r)整点的数目.求证:$n(r) < 6\sqrt[3]{\pi r^2}$. (1998~1999 年　伊朗)

46. 求所有函数 $f : \mathbf{R} \to \mathbf{R}$,满足方程 $f(f(x) + y) = f(x^2 - y) + 4f(x)y$,这里 x, y 是任意整数.(1998~1999 年　伊朗)

47. 在 $\triangle ABC$ 中,$\angle BAC$ 的内角平分线交边 BC 于点 D,Γ 是一个圆周,切边 BC 于点 D,且通过点 A,设点 M 是这圆 Γ 与边 AC 的第二个交点,BM 与这圆 Γ 交于点 P.求证:AP 是 $\triangle ABD$ 的一条中线.(1998~1999 年　伊朗)

48. 给定 $\triangle ABC$,在平面上将每个点染红、绿两色之一,一点一色.求证:或者存在两红点,其距离是 1,或者存在三个绿点,形成的三角形全等于 $\triangle ABC$.(1998~1999 年　伊朗)

49. 设 $ABCDEF$ 是平面上一个凸六边形,具 $\angle B + \angle D + \angle F = 2\pi$,$\dfrac{AB}{BC} \dfrac{CD}{DE} \dfrac{EF}{FA} = 1$.求证: $\dfrac{BC}{CA} \dfrac{AE}{EF} \dfrac{FD}{DB} = 1$.(1998~1999 年　伊朗)

50. 正整数 $n \geqslant 3$,设 $r_1, r_2, \cdots, r_n$ 是实数.求证:存在子集 $I \subseteq$ 集合 $\{1, 2, \cdots, n\}$,使得 I 与 3 元子集 $\{i, i+1, i+2\}$ 的交集至少有一个元素和至多两个元素,这里 i 是集合 $\{1, 2, \cdots, n-2\}$ 内任一元素,且满足 $\left| \sum_{i \in I} r_i \right| \geqslant \dfrac{1}{6} \sum_{i=1}^{n} |r_i|$.(1998~1999 年　伊朗)

51. 正整数 $n \geqslant 2$,设 $a_1 < a_2 < \cdots < a_n$ 是 n 个实数.求证:$\sum_{j=1}^{n} a_j a_{j+1}^4 \geqslant \sum_{j=1}^{n} a_{j+1} a_j^4$,这里 $a_{n+1} = a_1$.(1998~1999 年　伊朗)

52. 设 $A = 11\cdots11$(n 位 1)是质数,求证:n 必是质数.逆命题是否成立?(1998 年　希腊)

53. 设 I 是宽 $\dfrac{1}{n}$ 的一个开区间,这里 n 是一个正整数.确定这区间 I 内既约分数 $\dfrac{a}{b}$(这里 a 是整数,b 是闭区间 $[1, n]$ 内正整数)的最多数目.(1998 年　希腊)

54. 已知 k 个两两不同的正偶数与 l 个两两不同的正奇数之和是 1997.求 $3k + 4l$ 的最大值. (1998 年　希腊)

55. 求所有实数 x,满足方程 $x[x[x[x]]] = 88$.(1998 年　捷克 — 斯洛伐克)

56. 设 a, b, c 是正实数,求证:以 a, b, c 为三边长的三角形存在当且仅当下述方程组
$$\begin{cases} \dfrac{y}{z} + \dfrac{z}{y} = \dfrac{a}{x} \\ \dfrac{z}{x} + \dfrac{x}{z} = \dfrac{b}{y} \\ \dfrac{x}{y} + \dfrac{y}{x} = \dfrac{c}{z} \end{cases}$$
有一组实数解.(1998 年　捷克 — 斯洛伐克)

57. 设 $ABCD$ 是圆内接四边形,点 L 是对角线 AC 的中点,点 N 是对角线 BD 的中点.设 BD 是 $\angle ANC$ 的内角平分线.求证:AC 是 $\angle BLD$ 的内角平分线.(1999 年　土耳其)

58. 在 $\triangle ABC$ 中,点 D 在边 AB 上,点 E 在边 AC 上,线段 DE 与 $\triangle ABC$ 的内切圆相切,且 DE 平行于 BC.求证:$DE \leqslant \dfrac{1}{8}(AB + BC + CA)$.(1999 年　意大利)

59. 三内角皆小于 $\frac{2\pi}{3}$ 的 $\triangle ABC$ 相对于角 A 的旁切圆(圆心是 O_A)依次切射线 AB,线段 BC,射线 AC 于点 C_1, A_1, B_1,线段 AO_A, BO_A, CO_A 的中点依次是 A_2, B_2, C_2. 求证:直线 A_1A_2,B_1B_2,C_1C_2 相交于一点.(1999 年　美国)

60. 解方程 $\frac{1}{x^2} + \frac{1}{(4-\sqrt{3}x)^2} = 1$.(1999 年　美国)

61. 已知对任意正整数 n,$a^n - b^n$ 都是正整数,求证:实数对 a 和 b 都是整数.(1999 年　美国)

62. 用 $s(a)$ 表示正整数 a 的各位数字之和,求所有正整数 k,使得对任意正整数 n,$x_n = \frac{s(n)}{s(kn)}$ 是有界的.(1999 年　美国)

63. 在 $\triangle ABC$ 中,CD 是一条高,已知 $AB = 1999, BC = 1998, AC = 2000$. $\triangle ACD$ 的内切圆和 $\triangle BCD$ 的内切圆分别切线段 CD 于点 M, N,求线段 MN 的长.(1999 年　摩尔多瓦)

64. 设 a, b, c 都是正实数,$x = \sqrt[3]{abc}$. 求证:$\frac{1}{a+b+x} + \frac{1}{b+c+x} + \frac{1}{c+a+x} \leqslant \frac{1}{x}$.(1999 年　摩尔多瓦)

65. 求所有整数 m,使得方程 $\left[\frac{m^2 x - 13}{1999}\right] = \frac{x - 12}{2000}$ 有 1999 个不同的实数解.(1999 年　摩尔多瓦)

66. 确定所有实数对 λ_1, λ_2,使得方程 $(x + i\lambda_1)^n + (x + i\lambda_2)^n = 0$ 的所有解 x 都是实数. 求这个解.(1999 年　克罗地亚)

67. 设 α, β 是两个正无理数,满足 $\frac{1}{\alpha} + \frac{1}{\beta} = 1$,$A = \{[n\alpha] \mid n \in \mathbf{N}^+\}$,$B = \{[n\beta] \mid n \in \mathbf{N}^+\}$. 求证:$A \cup B = \mathbf{N}^+$,$A \cap B = \emptyset$.(1999 年　克罗地亚)

68. n 是一个正整数,求证:存在正整数 k,使得对闭区间 $[1, n]$ 内任意正整数 s,$k2^s + 1$ 都是合数.(1999 年　蒙古)

69. 是否存在由无穷个两两不同的正整数组成的数列 $\{a_n\}$(n 是任意正整数),满足下述条件:

(1) 对每个正整数 n,$a_n < 1999n$;

(2) 每个 a_n 的十进制表示中不包含连续 3 个 1.(1999 年　蒙古)

70. 对任何质数 p 和正整数 n,求证:Euler 函数 $\varphi(p^n - 1)$ 是 n 的整数倍.(1999 年　蒙古)

71. 点 M 始终在 $\triangle ABC$ 的边 AC 上,以 BM 为直径的圆 Γ 分别交边 AB, BC 于点 P、Q. 当点 M 变化时,求圆 Γ 在两点 P, Q 的切线的交点的轨迹(位置).(1999 年　蒙古)

72. 设 $\triangle ABC$ 是一个直角三角形,$\angle A = \frac{\pi}{2}$,$\angle B < \angle C$. $\triangle ABC$ 的外接圆 Γ 在点 A 的切线交射线 BC 于点 D,点 E 是点 A 关于直线 BC 的对称点,点 A 到线段 BE 的垂直投影是点 X,点 Y 是线段 AX 的中点,射线 BY 交圆 Γ 于点 Z. 求证:直线 BD 是 $\triangle ADZ$ 的外接圆的一条切线.(1999 年　南斯拉夫)

73. 设 $P(x) = x^4 + ax^3 + bx^2 + cx + 1$ 和 $Q(x) = x^4 + cx^3 + bx^2 + ax + 1$,这里 a, b, c 都是实数,$a \neq c$. 寻找 a, b 和 c 的关系式,使得 $P(x)$ 和 $Q(x)$ 有两个公共根. 并在这情况下,解方程 $P(x) = 0, Q(x) = 0$.(2000 年　西班牙)

74. 求所有函数 $f: \mathbf{R} \to \mathbf{R}$,满足 $f(x^2 - y^2) = (x - y)(f(x) + f(y))$,这里 x, y 是任意实数.(2000 年　韩国)

75. 设 6 个正实数满足 $a > b > c, x > y > z$，求证：$\dfrac{a^2 x^2}{(by+cz)(bz+cy)}$ + $\dfrac{b^2 y^2}{(cz+ax)(cx+az)} + \dfrac{c^2 z^2}{(ax+by)(ay+bx)} \geqslant \dfrac{3}{4}$.（2000 年　韩国）

76. 已知多项式 $f(x) = x^3 + 153x^2 - 111x + 38$.
(1) 求证：在闭区间 $[1, 3^{2000}]$ 内至少有 9 个正整数 a，使得 $f(a)$ 是 3^{2000} 的整数倍；
(2) 求闭区间 $[1, 3^{2000}]$ 内正整数 a 的数目，使得 $f(a)$ 是 3^{2000} 的整数倍.（2000 年　越南）

77. 设正整数 $n \geqslant 3, \alpha$ 在开区间 $(0, \pi)$ 内. 令 $f_n(x) = x^n \sin \alpha - x \sin n\alpha + \sin(n-1)\alpha$.
(1) 求证：有唯一一个二次三项式 $f(x) = x^2 + ax + b$，使得对于每个正整数 $n \geqslant 3, f(x)$ 是 $f_n(x)$ 的一个因式.
(2) 求证：不存在形式 $g(x) = x + c$ 的一次函数，这里 c 是实数，使得对每个正整数 $n \geqslant 3$，$g(x)$ 是 $f_n(x)$ 的一个因式.（2000 年　越南）

78. 求所有正整数 $n \geqslant 3$，使得在空间存在 n 个点 $A_1, A_2, \cdots, A_n$，其中无三点共线，无四点共圆，且所有 $\triangle A_i A_j A_k (1 \leqslant i < j < k \leqslant n)$ 的外接圆半径都是相等的.（2000 年　越南）

79. 求方程 $(x^2 - y^2)^2 = 1 + 16y$ 的全部整数组解 (x, y).（2000 年　拉脱维亚）

80. 设 p, q 是实数，求证：$p^2 + q^2 + 1 \geqslant \sqrt{2} p(q+1)$.（2000 年　拉脱维亚）

81. 寻找 3 元实数组 (a, b, c)，满足方程 $x^3 + ax^2 + bx + c = 0, x^3 + bx^2 + cx + a = 0$ 和 $x^3 + cx^2 + ax + b = 0$.
(1) 有一个公共实根；
(2) 有一个公共负实根.（2000 年　英国伦敦贝尔格莱维亚区）

82. 给定正整数 $n \geqslant 5$，序列 $(e_1, e_2, \cdots, e_n)$ 中每个元素都取自两元集合 $\{-1, 1\}$. 这序列称为 n 项反称序列. 选择其中五个连续项，然后全部乘以 -1，称为一次翻转运动，两个 n 项反称序列称为相似的，如果其中一个反称序列可以通过有限次翻转运动，变为另一个反称序列，求这样的 n 项反称序列数目的最大值，其中没有两个互相相似的 n 项反称序列.（2000 年　英国伦敦贝尔格莱维亚区）

83. (1) 求所有正整数 n，使得方程 $(a^a)^n = b^b$ 至少有一组大于 1 的正整数解 (a, b)；
(2) 求所有正整数组 a, b，满足 $(a^a)^5 = b^b$.（2000 年　英国伦敦贝尔格莱维亚区）

84. 设集合 $M = \{1, 2, 3, \cdots, n\}$ 中每个元素的正偶因子的数目（全体）之和是 A；M 中每个元素的正奇因子的数目（全体）之和是 B. 求证：$|A - B| \leqslant n$.（2000 年　匈牙利）

85. 寻找一个（给定）三角形内部一点 P，从这点 P 到这三角形三边的垂直投影连成一个三角形，使得点 P 是这个三角形的内心.（2000 年　匈牙利）

86. 在 $\triangle A_1 A_2 A_3$ 的形外，有两个等腰三角形 $\triangle A_3 A_1 O_2$ 和 $\triangle A_1 A_2 O_3$，具 $O_2 A_3 = O_2 A_1$，和 $O_3 A_1 = O_3 A_2$. $\triangle A_1 A_2 A_3$ 形外有一点 O_1，满足 $\angle O_1 A_3 A_2 = \dfrac{1}{2} \angle A_1 O_3 A_2$ 和 $\angle A_1 A_3 A_3 =$ $\dfrac{1}{2} \angle A_1 O_2 A_3$. 点 T 是点 O_1 到边 $A_2 A_3$ 的垂直投影. 求证：

(1) $A_1 O_1$ 垂直于 $O_2 O_3$；
(2) $\dfrac{A_1 O_1}{O_2 O_3} = 2 \dfrac{O_1 T}{A_2 A_3}$.（2000 年　伊朗）

87. 设 k 是一个正整数，M 是一个超过 2^k 个两两不同整数组成的集合. 求证：能从 M 中选择 $k+2$ 个元素组成子集 N，满足下述性质：对给定正整数 $m > 1$，这子集 N 中任取 m 个元素之和是两两不同的.（2000 年　匈牙利）

88. 对每个正整数 n，求证：存在一个整系数多项式 $f(x)$，使得 $f(1), f(2), \cdots, f(n)$ 是 2 的不

同幂次. (2000 年 伊朗)

89. 设 a,b,c 是实数,对于任意正实数 $x_1,x_2,\cdots,x_n$,满足
$$\left(\frac{1}{n}\sum_{i=1}^n x_i\right)^a \left(\frac{1}{n}\sum_{i=1}^n x_i^2\right)^b \left(\frac{1}{n}\sum_{i=1}^n x_i^3\right)^c \geqslant 1.$$
求证:存在两个非负实数 α,β,满足 $(a,b,c)=\alpha(-2,1,0)+\beta(1,-2,1)$. (2000 年 伊朗)

90. 在 $\triangle ABC$ 中, $\angle B$ 的内角平分线交边 AC 于点 D, $\angle C$ 的内角平分线交边 AB 于点 E. 这两条内角平分线相交于点 I. 设 $ID=IE$, 求证: 或者 $\triangle ABC$ 是一个等腰三角形,或者 $\angle BAC=\frac{\pi}{3}$. (2000 年 北欧)

91. 求所有的函数 $f:\mathbf{R}\to\mathbf{R}$,满足方程 $f(x(f(x)+f(y)))=(f(x))^2+y$,这里 x,y 是任意实数. (2000 年 巴尔干地区)

92. 设 n 是给定正整数,求所有正整数 m,满足条件:存在正整数数列 $x_1<x_2<\cdots<x_n$,使得 $\frac{1}{x_1}+\frac{2}{x_2}+\frac{3}{x_3}+\cdots+\frac{n}{x_n}=m$. (2000 年 爱尔兰)

93. 求方程 $5x^2-14y^2=11z^2$ 的所有整数组解 (x,y,z). (2000 年 匈牙利)

94. 设 A 是由长 n 位的二进制数作元素组成的一个集合. $0\in A$,表示这 n 位数全为 0, A 内元素 $c=(c_1,c_2,\cdots,c_n)$ 称为 A 内元素 $a=(a_1,a_2,\cdots,a_n)$ 和 $b=(b_1,b_2,\cdots,b_n)$ 之和,如果 $a_i=b_i$ 时, $c_i=0$; 如果 $a_i\neq b_i$ 时, $c_i=1$. 设 $f:A\to A$ 是一个函数,满足 $f(0)=0$,设 A 内元素 a 和 b 恰有 k 项不同,那么 $f(a)$ 和 $f(b)$ 也恰有 k 项不同. 设集合 A 内元素 a,b,c 满足 $a+b+c=0$. 求证: $f(a)+f(b)+f(c)=0$. (2000 年 保加利亚)

95. 设 $\triangle ABC$ 是一个非等腰的锐角三角形,点 E 是中线 AD 内部一点,点 D 在边 BC 上,点 F 是点 E 到边 BC 上的垂直投影,点 M 是线段 EF 内一点. N 和 P 依次是点 M 到直线 AC 和 AB 的垂直投影. 求证: $\angle PMN$ 和 $\angle PEN$ 的两条内角平分线是平行的. (2000 年 巴尔干地区)

96. 有一个 50×90 的大矩形,将它分割成若干个 $1\times 10\sqrt{2}$ 的小矩形,使得小矩形的各边平行于这大矩形的边. 求这样分割的小矩形数目的最大值. (2000 年 巴尔干地区)

97. 正整数 r 满足 $r=t^s$,这里 t,s 都是大于等于 2 的正整数,则称 r 是一个幂. 求证: 对任何正整数 n,存在一个由 n 个两两不同的正整数组成的集合 A, 满足下述条件:

(1) A 内每个元素都是一个幂;

(2) 对于 A 内任何 k 个元素 ($2\leqslant k\leqslant n$) $r_1,r_2,\cdots,r_k$, $\frac{1}{k}(r_1+r_2+\cdots+r_k)$ 仍是一个幂.

(2000 年 巴尔干地区)

98. 设数列 $a_1,a_2,a_3,\cdots$ 是由公式 $a_n=n^2+n+1$ 确定(这里 n 是任意正整数). 求证: 这个数列的任何两个相邻项的乘积一定是这数列的某一项. (2000 年 立陶宛)

99. 在 $\triangle ABC$ 中,点 D 是边 AB 的中点,边 BC 上点 E 满足 $\frac{BE}{EC}=2$. 已知 $\angle ADC=\angle BAE$. 求 $\angle BAC$. (2000 年 立陶宛)

100. 求所有正整数组 (x,y,z),具 $x\leqslant y\leqslant z$,且 $\frac{1}{x}+\frac{1}{y}+\frac{1}{z}$ 是一个正整数. (2000 年 立陶宛)

101. 一个函数 $f:\mathbf{R}\to\mathbf{R}$ 满足下述方程: 对所有实数 x 和 y, $(x+y)(f(x)-f(y))=f(x^2)-f(y^2)$. 求:

(1) 一个这样的函数;

(2) 所有这样的函数. (2000 年 立陶宛)

102. 给定方程 $x^2 + y^2 + z^2 + u^2 = xyzu + 6$. 求:

(1) 至少一组正整数解;

(2) 至少 33 组正整数解;

(3) 至少 100 组正整数解. (2000 年　立陶宛)

103. 求所有三角形,满足下述条件:一个顶点出发的中线和高关于相同顶点出发的内角平分线是对称的. (2000 年　匈牙利)

104. 设 m, n 是正整数,满足 $m \leqslant n$. 求证:m 是 $n[C_n^0 - C_n^1 + C_n^2 - \cdots + (-1)^{m-1} C_n^{m-1}]$ 的一个因子. (2000 年　匈牙利)

105. 任何三角形的两条边上,必存在两点,某线段长至多是这三角形周长的 c 倍,并且将这三角形的周长分为相等的两部分. 求所有这样的正实数 c 的最小值. (2000 年　匈牙利)

106. C 是一个正整数,用 C_1, C_3, C_7 和 C_9 分别表示 C 的正因子数目,它们的最末一位数在十进制下依次是 1,3,7 和 9. 求证: $C_3 + C_7 \leqslant C_1 + C_9$. (2000 年　匈牙利)

107. 设 A, B, C, D 是平面上四个圆周,满足圆 A 与圆 B 外切于点 P,圆 B 与圆 C 外切于点 Q,圆 C 与圆 D 外切于点 R,圆 D 与圆 A 外切于点 S. 设两圆 A 和 C 不相交,两圆 B 和 D 不相交.

(1) 求证:四点 P, Q, R 和 S 在一个圆周上;

(2) 设圆 A 和圆 C 的半径都是 2,圆 B 和圆 D 的半径都是 3. 圆 A 的圆心与圆 C 的圆心的距离是 6. 求四边形 $PQRS$ 的面积. (2000 年　墨西哥)

108. 求最小的正整数 a,使得对每个整数 x, $f(x) = 5x^{13} + 13x^5 + 9ax$ 都是 65 的整数倍. (2000 年　爱尔兰)

109. 设 x, y 都是非负实数,满足 $x + y = 2$,求证: $x^2 y^2 (x^2 + y^2) \leqslant 2$. (2000 年　爱尔兰)

110. 设 $ABCD$ 是一个圆内接四边形,圆半径是 R. a, b, c, d 是四边形的四边长,S 是其面积. 求证: $R^2 = \frac{1}{16S^2}(ab + cd)(ac + bd)(ad + bc)$,以及 $\sqrt{2}RS \geqslant (abcd)^{\frac{3}{4}}$,等号成立当且仅当 $ABCD$ 是一个正方形. (2000 年　爱尔兰)

111. 设 $f(x) = a_n x^n + a_{n-1} x^{n-1} + \cdots + a_1 x + a_0$ 是非负实系数多项式. 已知 $f(4) = 2, f(16) = 8$. 求证: $f(8) \leqslant 4$,并寻找及证明满足 $f(8) = 4$ 的这样的多项式. (2000 年　爱尔兰)

8.2　2001 年至 2004 年各国(地区)数学竞赛试题

1. $\triangle ABC$ 是一个等腰三角形,$AB = AC = 5, BC = 6$. 点 D 在边 AC 上,点 P 在线段 BD 上,使得 $\angle APC = \frac{\pi}{2}$. 设 $\angle ABP = \angle BCP$. 求比值 $\frac{AD}{DC}$. (2001 年　加拿大)

2. 设 A 是平面上 4(行) × 4(列) 形成的一个 16 点方阵(上、下、左、右相邻两点距离相等). 求 A 内点的最大数目,使得其中任何三点不形成一个等腰直角三角形. (2001 年　西班牙)

3. 考虑抛物线 $y = x^2 + px + q$,它交两条坐标轴于三个不同点. 过这三个不同点可以作一个圆周,当实数对 (p, q) 变化时. 求证:所有圆周通过一个固定点,并确定这个点的坐标. (2001 年　西班牙)

4. 设 p 是一个质数,求所有整数 k,使得 $\sqrt{k^2 - pk}$ 是一个正整数. (2001 年　西班牙)

5. 已知平面上一个凸四边形的面积是 1. 求证:这凸四边形的四边长与两条对角线长之和不小于 $2(2 + \sqrt{2})$. (2001 年　西班牙)

6. 给定方程 $x^{2001} = y^x$.

(1) 求所有正整数对(x,y),这里 x 为质数,满足上述方程.

(2) 求这方程的所有正整数对解(x,y). (2001年　意大利)

7. $\triangle ABC$ 的内切圆 Γ 切 AB 于点 T, DT 是圆 Γ 的一条直径. 直线 CD 交边 AB 于点 S. 求证: $AT = SB$. (2001年　意大利)

8. 设 a 和 b 是一对整数, 已知对每个非负整数 n, $2^n a + b$ 是一个完全平方数, 求证: $a = 0$. (2001年　波兰)

9. $ABCD$ 是一个平行四边形, K 和 L 依次在边 BC 和 CD 上, 满足 $BK \cdot AD = DL \cdot AB$. 线段 DK 与 BL 交于点 P. 求证: $\angle DAP = \angle BAC$. (2001年　波兰)

10. 设 $n_1 < n_2 < \cdots < n_{2000} < 10^{100}$ 是 2000 个正整数. 求证: 集合 $\{n_1, n_2, \cdots, n_{2000}\}$ 有两个非空的不相交的子集 A 和 B, 具相等数目的元素, 每个子集的元素和相等, 每个子集的全部元素的平方和也相等. (2001年　波兰)

11. 求正整数 x, y, z, 满足 $x > z > 1999 \times 2000 \times 2001 > y$, 及 $2000x^2 + y^2 = 2001z^2$. (2001年　以色列和匈牙利)

12. 设 A, B, C, D 是一条直线上从左到右的两两不同四点. 求平面上点 P 的轨迹, 满足 $\angle APB = \angle CPD$. (2001年　以色列和匈牙利)

13. 求一个连续函数 $f: \mathbf{R} \to \mathbf{R}$, 对所有实数 x, 满足 $f(f(x)) = f(x) + x$. (2001年　以色列和匈牙利)

14. 设 $f(x) = x^3 - 3x + 1$. 求多项式 $F(x)$, 使得它的全部根是 $f(x)$ 的全部根的 5 次幂. (2001年　以色列和匈牙利)

15. 给定 $\triangle ABC$, 边 AC 和 AB 的中点依次是 B_1, C_1, $\triangle ABC$ 的内心是点 I, 直线 $B_1 I$ 与 $C_1 I$ 依次交射线 AB, AC 于点 C_2, B_2, 已知 $\triangle ABC$ 与 $\triangle AB_2C_2$ 的面积相等. 求 $\angle BAC$. (2001年　以色列和匈牙利)

16. 给定 32 个正整数(允许相等), 其中无一个大于 60, 这全部 32 个正整数之和是 120. 求证: 可以将这些正整数划分成两个不相交的子集, 使得这两个子集的全部元素之和相等. (2001年　以色列和匈牙利)

17. 设 R, r 分别是 $\triangle ABC$ 的外接圆半径和内切圆半径, R^*, r^* 分别是 $\triangle A^*B^*C^*$ 的外接圆半径和内切圆半径. 已知 $\angle C = \angle C^*$, $Rr^* = R^*r$, 求证: 这两个三角形相似. (2001年　韩国)

18. 求所有正整数 n, 使得 $2^n - 1$ 是 3 的整数倍, $\frac{1}{3}(2^n - 1)$ 是 $4m^2 + 1$ 的一个因子, 这里 m 是某个整数. (2001年　韩国)

19. 设 $a_1 a_2 a_3 a_4 a_5 a_6$ 是 6 个正整数 1, 2, 3, 4, 5, 6 的一个排列. 求这样的(两两不同) 排列的数目, 它是由 123456 恰通过 4 次两元素互换而得到. (2001年　韩国)

20. 给定闭区间 $[0,1]$ 内 2001 个实数 $x_1, x_2, \cdots, x_{2001}$, 求 $\left(\dfrac{1}{2001}\sum\limits_{k=1}^{2001} x_k^2\right) - \left(\dfrac{1}{2001}\sum\limits_{k=1}^{2001} x_k\right)^2$ 的最大值. (2001年　以色列)

21. $\triangle ABC$ 的三边长分别是 4, 5, 6, 在一边上任取一点 D, 点 D 到其他两边的垂足分别是点 P, Q, 求线段 PQ 的最小值. (2001年　以色列)

22. (1) 求一对整数 (x,y), 满足方程 $15x^2 + y^2 = 2^{2000}$;

(2) 是否存在整数对 (x,y), 其中 x 是奇数, 满足(1) 中方程? (2001年　以色列)

23. 设 $ABCDE$ 是一平面上一个正五边形, 其中五角星形 $ACEBD$ 的面积是 1. 点 P 是线段 AC

和 BE 的交点,点 Q 是线段 BD 和 CE 的交点,求四边形 $APQD$ 的面积.(2001年　巴西)

24. 求证:$\sqrt{2}$ 在第 $1\,000\,000$ 位小数和第 $3\,000\,000$ 位小数之间至少有一个非零数字.(2001年　巴西)

25. 设 m,n 都是正整数,一个 $m\times n$ 方格表,每个小方格被染成黑色或白色,满足下述条件:与每个染黑小方格相邻的染黑小方格的数目是奇数.求证:染黑小方格的总数目是偶数.这里两个小方格相邻意味着有一条公共边.(2001年　日本)

26. 一个正整数 n 在十进制下写成 $a_m a_{m-1} \cdots a_1$,这里 $a_m, a_{m-1}, \cdots, a_1 \in \{0,1,2,\cdots,9\}$,但 $a_m \neq 0$.求所有正整数 n,满足 $n = (a_m+1)(a_{m-1}+1)\cdots(a_1+1)$.(2001年　日本)

27. 三个非负实数 a,b,c 满足 $a^2 \leqslant b^2+c^2, b^2 \leqslant c^2+a^2, c^2 \leqslant a^2+b^2$.求证:$(a+b+c)(a^2+b^2+c^2)(a^3+b^3+c^3) \geqslant 4(a^6+b^6+c^6)$,并问等号何时成立?(2001年　日本)

28. 设 p 是一个质数,m 是一个正整数.求证:存在一个正整数 n,使得 p^n 的十进制表示中间出现连续 m 个零.(2001年　日本)

29. 在一个平面内,$\triangle ABC$ 和 $\triangle PQR$ 具有下述性质:
(1) A 是线段 QR 的中点,P 是线段 BC 的中点;
(2) QR 是 $\angle BAC$ 的一条外角平分线,BC 是 $\angle QPR$ 的一条外角平分线.
求证:$AB+AC = PQ+PR$.(2001年　日本)

30. 求所有正整数组解 (x,y,z),满足方程 $\dfrac{1}{x}+\dfrac{2}{y}-\dfrac{3}{z}=1$.(2001年　法国)

31. 求下述方程组的实数组解:$\begin{cases} x^2+y^2=1 \\ u^2+v^2=1 \\ xu+yv=1 \\ xu-yv=\dfrac{1}{2} \end{cases}$.(2001年　法国)

32. 设两个整数 m,s 满足 $ms = 2\,000^{2001}$,求证:方程 $mx^2 - sy^2 = 3$ 无整数组解 (x,y).(2001年　马其顿)

33. 是否存在一个函数 $f:\mathbf{N}^+ \to \mathbf{N}^+$,满足下述方程:对所有正整数 $n \geqslant 2$,有 $f(f(n-1)) = f(n+1) - f(n)$?(2001年　马其顿)

34. 求所有正整数 a,b,c,满足:a^2+1 和 b^2+1 都是质数,且 $(a^2+1)(b^2+1) = c^2+1$.(2001年　波兰)

35. 在一个锐角 $\triangle ABC$ 的形外,作两个矩形 $ACPQ$ 和 $BKLC$,设这两个矩形有相同的面积.求证:点 C,$\triangle ABC$ 的外心,线段 PL 的中点是共线的.(2001年　波兰)

36. 设正整数 $n \geqslant 3$,对任意正实数数列 $x_1, x_2, \cdots, x_n$,求证:下述两个不等式至少有一个是正确的.

$$\sum_{k=1}^{n} \frac{x_k}{x_{k+1}+x_{k+2}} \geqslant \frac{n}{2}, \quad \sum_{k=1}^{n} \frac{x_k}{x_{k-1}+x_{k-2}} \geqslant \frac{n}{2}$$

这里 $x_{n+1}=x_1, x_{n+2}=x_2, x_0=x_n$ 和 $x_{-1}=x_{n-1}$.(2001年　波兰)

37. 设 k 是一个给定正整数,无限整数数列 $\{a_n\}$ 由下式给出:$a_1 = k+1$ 和 $a_{n+1} = a_n^2 - ka_n + k$($n$ 是任意正整数).求证:当正整数 m,n 不相等时,a_m 与 a_n 是互质的.(2001年　波兰)

38. 求所有正整数 z,使得方程 $x(x+z) = y^2$ 无正整数组解 (x,y).(2001年　哥伦比亚)

39. x,y 是两个实数,求证:$3(x+y+1)^2+1 \geqslant 3xy$,并求等号成立条件.(2001年　哥伦比亚)

40. 设正整数 $n \geqslant 4$,集合 $S = \{P_1, P_2, \cdots, P_n\}$ 是平面上 n 个点组成的一个集合,其中无 3

点共线,无四点共圆.用 $a_t(1 \leqslant t \leqslant n)$ 表示 $\triangle P_i P_j P_k$ 的外接圆的数目,使得点 P_t 在这外接圆内部.令 $m(S) = a_1 + a_2 + \cdots + a_n$,求证:存在一个正整数 $f(n)$,只依赖于 n,使得 S 是平面上一个凸 n 边形的顶点的集合当且仅当 $m(S) = f(n)$.(2001 年　哥伦比亚)

41. b 是一个正奇数,令 $a = \dfrac{1}{4}(b^2 - 1)$,对每个正整数 $n > \sqrt{a}$,定义一个数列 $n_0, n_1, \cdots, n_k, \cdots$,用下述方法:$n_0 = n$ 和 $n_i = n_{i-1}^2 - a$,这里 i 是任意正整数,求所有正整数 n,使得存在一个正整数 k,满足 $n_k = n$.(2001 年　哥伦比亚)

42. 雷纳德先生邀请一群少年骑马绕湖中他的游艇若干圈作游戏.他采用下述规则:
① 在每一圈,他恰邀请 3 名少年上他的游艇.
② 每一对少年一起在他的游艇上恰只一圈.
(1) 雷纳德先生邀请 n 名少年,求证:n 必是 $6t + 1$ 形式(这里 t 是正整数),或者是 $6t + 3$ 形式(这里 t 是非负整数) 才能玩上述游戏;
(2) 对任何非负整数 t,求证:雷纳德先生能够邀请 $6t + 3$ 名少年玩上述游戏.(2001 年　哥伦比亚)

43. 求所有质数 p,满足下述条件:$(x^3 - x) - y^2$ 是 p 的整数倍的有序非负整数对 (x, y) 的数目恰是 p 对,这里非负整数 x, y 都小于 p.(2002 年　土耳其)

44. 在一个锐角 $\triangle ABC$ 中,$BC < AC < AB$,点 D 在边 AB 上,点 E 在边 AC 上,满足 $BD = BC = CE$.求证:$\triangle ADE$ 的外接圆半径等于 $\triangle ABC$ 的内心与外心的距离.(2002 年　土耳其)

45. 设 n 是一个正整数,$\mathbf{R}^n = \{(x_1, x_2, \cdots, x_n) \mid x_i \in \mathbf{R}, 1 \leqslant i \leqslant n\}$,这里 $\mathbf{R}$ 是由全体实数组成的集合.$T = \{(x_1, x_2, \cdots, x_n) \in \mathbf{R}^n \mid$ 存在 $\{1, 2, \cdots, n\}$ 的一个排列 σ,满足 $x_{\sigma(i)} - x_{\sigma(i+1)} \geqslant 1$,对每个 $i \in \{1, 2, \cdots, n-1\}\}$.求证:有一个正实数 d 满足下述条件:对 $\mathbf{R}^n$ 内任意元素 $(a_1, a_2, \cdots, a_n)$,存在 T 内两个元素 $(b_1, b_2, \cdots, b_n)$ 和 $(c_1, c_2, \cdots, c_n)$,对每个 $i \in \{1, 2, \cdots, n\}$,满足 $a_i = \dfrac{1}{2}(b_i + c_i)$,$|a_i - b_i| \leqslant d$,$|a_i - c_i| \leqslant d$.(2002 年　土耳其)

46. 在平面上,一个小圆内切于一个大圆 Γ 于点 B,另一个小圆内切这大圆 Γ 于点 C,这两个小圆外切于点 A.过点 A 的两个小圆的公切线在大圆 Γ 内的线段中点是点 D.设这三个圆的圆心是不共线的.求证:点 A 是 $\triangle BCD$ 的内心.(2002 年　土耳其)

47. 设 $\triangle ABC$ 是一个非等腰三角形,分别用点 H, I 和 O 表示 $\triangle ABC$ 的垂心、内心和外心.设 $\triangle ABC$ 的一个顶点在 $\triangle HIO$ 的外接圆周上.求证:$\triangle ABC$ 必有另一个顶点也在这个外接圆周上.(2002 年　匈牙利)

48. 求证:能将平面上一个 3^n 边形(n 是一个正整数) 的全部边和对角线划分为若干个 3 元子集,每个 3 元子集中 3 个元素恰构成一个三角形的三边长.(2002 年　匈牙利)

49. Fibonacci 级数 $\{f_n\}$(n 是正整数) 由下式定义:$f_1 = f_2 = 1$,$f_n = f_{n-1} + f_{n-2}$(正整数 $n \geqslant 3$).设互质的正整数 a, b 满足 $\min\left\{\dfrac{f_n}{f_{n-1}}, \dfrac{f_{n+1}}{f_n}\right\} \leqslant \dfrac{a}{b} \leqslant \max\left\{\dfrac{f_n}{f_{n-1}}, \dfrac{f_{n+1}}{f_n}\right\}$,求证:$b \geqslant f_{n+1}$.(2002 年　匈牙利)

50. 设 x, y, z 是正实数,满足 $x^2 + y^2 + z^2 = 1$.求证:$x^2 yz + xy^2 z + xyz^2 \leqslant \dfrac{1}{3}$.(2002 年　英国)

51. 求所有正整数 a, b, c,满足 $a!b! = a! + b! + c!$.(2002 年　英国)

52. $\triangle ABC$ 中,$AB < AC$,外接圆圆心是点 S,从点 A 到 BC 的垂线交这外接圆于点 P,点 X 在线段 AC 上,射线 BX 交这外接圆于点 Q.求证:$BX = CX$ 当且仅当线段 PQ 是这圆的一条直径.(2002 年　英国)

53. 两个实数序列 $\{a_n\}$ 和 $\{b_n\}$ 满足：$a_0 = b_0 = 0$，对每个正整数 n，$a_n = a_{n-1}^2 + 3$，$b_n = b_{n-1}^2 + 2^n$，比较 a_{2003} 和 b_{2003} 的大小. (2002年　哈萨克斯坦)

54. 求所有实数 k，使得下述方程有唯一解：$x^2 + y^2 = 2k^2, kx - y = 2k$. (2002年　乌克兰)

55. 设 α 是一个实数，使得无穷数列 $\sin\alpha, \sin 2\alpha, \sin 3\alpha, \cdots, \sin n\alpha, \cdots$ 中的连续5项都是有理数. 求证：这数列的所有项都是有理数. (2002年　乌克兰)

56. 是否存在一个正整数 q 和一个质数 p，满足 $3^p + 7^p = 2 \times 5^q$？(2002年　乌克兰)

57. 求所有函数 $f: \mathbf{R} \to \mathbf{R}$，对所有实数 x, y，满足 $f(xf(x) + f(y)) = x^2 + y$. (2002年　乌克兰)

58. 设 $SABC$ 是一个四面体，满足 $SA + SB = CA + CB$，$SB + SC = AB + AC$ 和 $SC + SA = BC + BA$. 点 O 是这四面体的外接球的球心. A_1, B_1, C_1 分别是棱 BC, CA, AB 的中点. 求四面体 $OA_1B_1C_1$ 的外接球的半径，用 $a = BC, b = CA$ 和 $c = AB$ 来表示. (2002年　乌克兰)

59. 设 ω 是 $\triangle ABC$ 的内切圆，K, M 和 N 依次是这内切圆 ω 与边 AB, BC 和 AC 相切的切点. 线段 AK 的中点和线段 AN 的中点的连线，与线段 CM 的中点和线段 CN 的中点的连线相交于点 P. 求证：$\triangle APC$ 的外接圆与圆 ω 相切. (2002年　乌克兰)

60. 求平面上具有下述条件的凸五边形 $ABCDE$ 的面积. $AB = BC, CD = DE, \angle ABC = \dfrac{5\pi}{6}$，$\angle CDE = \dfrac{\pi}{6}$ 和 $BD = 2$. (2002年　乌克兰)

61. 设 p, q 都是正整数，$f(x) = (x+1)^p (x-3)^q = x^n + a_1 x^{n-1} + a_2 x^{n-2} + \cdots + a_{n-1}x + a_n$.

(1) 设 $a_1 = a_2$，求证：$3n$ 是一个完全平方数.

(2) 求证：存在无限多对正整数 (p, q)，使得对多项式 $f(x)$，有 $a_1 = a_2$. (2002年　白俄罗斯)

62. 平面上凸四边形 $ABCD$ 的两条对角线 AC 和 BD 垂直相交于点 O. 设 $\triangle AOB, \triangle BOC, \triangle COD, \triangle DOA$ 的内切圆 S_1, S_2, S_3, S_4 的圆心依次用 O_1, O_2, O_3, O_4 表示.

(1) 求证：圆 S_1, S_2, S_3, S_4 的直径和小于等于 $(2-\sqrt{2})(AC + BD)$；

(2) 求证：$O_1O_2 + O_2O_3 + O_3O_4 + O_4O_1 < 2(\sqrt{2} - 1)(AC + BD)$. (2002年　白俄罗斯)

63. 设 a, b, c, d 都在开区间 $(0, \pi)$ 内，且满足 $\dfrac{\sin a}{\sin b} = \dfrac{\sin c}{\sin d} = \dfrac{\sin(a-c)}{\sin(b-d)}$. 求证：$a = b$ 和 $c = d$. (2002年　白俄罗斯)

64. 平面上凸四边形 $ABCD$ 有下述性质：$AB = BC = AD + CD$. 设 $\angle BAD = \alpha$，对角线 $AC = d$，求 $\triangle ABC$ 的面积. (2002年　白俄罗斯)

65. 已知数列 $\{y_n\}$（n 是非负整数）由 $y_0 = 1$ 和 $y_{n+1} = \dfrac{1}{2}(3y_n + \sqrt{5y_n^2 - 4})$ 给出，这里 n 是任意非负整数. 求证：y_n 全是整数. (2002年　英国)

66. 设 a, b, c 都是非负实数，满足 $a^2 + b^2 + c^2 + abc \leqslant 4$. 求 $a + b + c + abc$ 的最大值. (2002年　南斯拉夫)

67. 求所有正整数对 (x, y)，使得 $x^2 + 1$ 是 y 的整数倍，$y^3 + 1$ 是 x^2 整数倍. (2002年　希腊)

68. 设 a, b, c 都是非负实数，满足 $a^2 + b^2 + c^2 = 1$. 求证：$\dfrac{a}{b^2+1} + \dfrac{b}{c^2+1} + \dfrac{c}{a^2+1} \geqslant \dfrac{3}{4}(a\sqrt{a} + b\sqrt{b} + c\sqrt{c})^2$，并求等号成立条件. (2002年　希腊)

69. 在锐角 $\triangle ABC$ 中，M 和 N 依次是边 AC 和 BC 的内点，K 是线段 MN 的中点. $\triangle CAN$ 的

外接圆和 $\triangle BCM$ 的外接圆交于另一点 D. 求证:直线 CD 通过 $\triangle ABC$ 的外心当且仅当边 AB 的垂直平分线通过点 K. (2002年　希腊)

70. 如果 $m = 5^n + 3^n + 1$ 是一个质数,求证:正整数 n 是12的倍数. (2002年　意大利)

71. 求所有整数 n,使得方程 $x^2 - 3x + n = 0$ 的所有根都是整数. (2002年　意大利)

72. 正整数 $n \geq 2$,设实系数多项式 $f(x) = x^n + a_{n-1}x^{n-1} + \cdots + a_1 x + 1$ 至少有一个实根. 求 $\sum_{j=1}^{n-1} a_j^2$ 的最小值. (2002年　捷克—波兰—斯洛伐克)

73. 正整数 $n > 1$,一个质数 p,满足下述条件:$p-1$ 是 n 的整数倍,$n^3 - 1$ 是 p 的整数倍,求证:$4p - 3$ 是完全平方数. (2002年　捷克—波兰—斯洛伐克)

74. 锐角 $\triangle ABC$ 中,点 O 是外接圆圆心,点 P 在边 AC 上,点 Q 在边 BC 上,满足:$\dfrac{AP}{PQ} = \dfrac{BC}{AB}$ 和 $\dfrac{BQ}{PQ} = \dfrac{AC}{AB}$. 求证:四点 O, P, Q, C 是共圆的. (2002年　捷克—波兰—斯洛伐克)

75. n 是一个给定正整数,集合 $S = \{1, 2, \cdots, n\}$. 问有多少函数 $f: S \to S$,满足对 S 内所有元素 $x, x + f(f(f(f(x)))) = n + 1$ 成立. (2002年　捷克—波兰—斯洛伐克)

76. 求所有正整数 p, q, n,其中 p 和 q 都是质数,满足 $p(p+3) + q(q+3) = n(n+3)$. (2002年　爱尔兰)

77. 设 a, b, c 都在开区间 $(0,1)$ 内,求证:$\dfrac{a}{1-a} + \dfrac{b}{1-b} + \dfrac{c}{1-c} \geq \dfrac{3\sqrt[3]{abc}}{1 - \sqrt[3]{abc}}$,并确定等号成立条件. (2002年　爱尔兰)

78. 设 n 是4个不同质数 a, b, c, d 的乘积,满足:
(1) $a + c = d$;
(2) $a(a + b + c + d) = c(d - b)$;
(3) $1 + bc + d = bd$.
求 n. (2002年　爱尔兰)

79. 用 $\mathbf{Q}$ 表示由全体有理数组成的集合,求所有函数 $f: \mathbf{Q} \to \mathbf{Q}$,满足 $f(x + f(y)) = y + f(x)$,对所有 $x, y \in \mathbf{Q}$ 成立. (2002年　爱尔兰)

80. 令 $\alpha = 2 + \sqrt{3}$. 求证:对任意非负整数 $n, \alpha^n - [\alpha^n] = 1 - \alpha^{-n}$. (2002年　爱尔兰)

81. 设 $\triangle ABC$ 的三边长都是整数,点 D 和 E 分别是 $\triangle ABC$ 的内切圆切边 BC 和 AC 的切点. 设 $|AD^2 - BE^2| \leq 2$,求证:$AC = BC$. (2002年　爱尔兰)

82. 一个 $3 \times n$ 方格表,第一行的每个小方格从左到右按次序填入 $1, 2, \cdots, n$;第二行从左到右每个小方格按次序填入 $i, i+1, \cdots, n-1, n, 1, 2, \cdots, i-1$,这里 i 是集合 $\{1, 2, \cdots, n\}$ 内某个元素;第三行按下面规则填入 $1, 2, \cdots, n$,使得每列的小方格内3个元素之和是相同的. 问是否存在按上面规则的填数法?如果存在,求满足上述规则的不同填数法的数目. (2002年　爱尔兰)

83. 正整数 $n \geq 3$,设 $a_1, a_2, \cdots, a_n$ 是正实数,$b_1, b_2, \cdots, b_n$ 是两两不同的正实数,令 $S = \sum_{j=1}^{n} a_j, T = b_1 b_2 \cdots b_n$.
(1) 求下述多项式的不同的实根的数目 $f(x) = (x - b_1)(x - b_2)\cdots(x - b_n) \sum_{j=1}^{n} \dfrac{a_j}{x - b_j}$;
(2) 求证:$\dfrac{1}{n-1} \sum_{j=1}^{n} \left(1 - \dfrac{a_j}{S}\right) b_j > \left(\dfrac{T}{S} \sum_{j=1}^{n} \dfrac{a_j}{b_j}\right)^{\frac{1}{n-1}}$. (2002年　韩国)

84. 设 x, y, z 是实数,满足 $x + y + z = 3$ 和 $xy + yz + zx = a$,求实参数 a 的值,使得 x 的最大值与最小值之差等于8. (2002年　波黑)

85. 设 n 是一个正整数,求证:$(n+1)(n+2)\cdots(n+10)$ 不是一个完全平方数.(2002年 波黑)

86. 在 $\triangle ABC$ 中,$\angle B$ 的内角平分线交边 AC 于点 D,$\angle C$ 的内角平分线交边 AB 于点 E.线段 DE 交 $\angle A$ 的内角平分线于一点,过这点作边 BC 的平行线,分别交边 AB 于点 M,交边 AC 于点 N.求证:$2MN = BM + CN$.(2002年 波黑)

87. 设 a,b,c 是实数,满足 $a^2 + b^2 + c^2 = 1$.求证:$\dfrac{a^2}{1+2bc} + \dfrac{b^2}{1+2ca} + \dfrac{c^2}{1+2ab} \geqslant \dfrac{3}{5}$.(2002年 波黑)

88. 设 p,q 是不同的质数,解下述方程组的整数组解 (x,y,z),$\begin{cases} \dfrac{z+p}{x} + \dfrac{z-p}{y} = q \\ \dfrac{z+p}{y} - \dfrac{z-p}{x} = q \end{cases}$.(2002年 波黑)

89. 平面上一个凸四边形 $ABCD$ 的各个顶点都是整点,它的两条对角线的交点 S 也是整点.S^* 表示这凸四边形 $ABCD$ 的面积,S_1 表示 $\triangle ABS$ 的面积.求证:$\sqrt{S^*} \geqslant \sqrt{S_1} + \dfrac{\sqrt{2}}{2}$.(2002年 波黑)

90. 数列 $\{a_n\}$(n 是任意正整数)满足 $a_1 = 20, a_2 = 30, a_{n+2} = 3a_{n+1} - a_n$.求所有正整数 n,使得 $1 + 5a_n a_{n+1}$ 是一个完全平方数.(2002年 土耳其)

91. 求所有函数 $f: \mathbf{N}^+ \to \mathbf{N}^+$,满足下述不等式 $2n + 2001 \leqslant f(f(n)) + f(n) \leqslant 2n + 2003$,这里 n 是任意正整数.(2002年 土耳其)

92. 设正整数 $n \geqslant 4$,$A_1, A_2, \cdots, A_n$ 是平面上 n 个点,其中无三点共线,在这些点对之间用下述规则连接段,每点至少连出 3 条线段.求证:存在正整数 $k > 1$,和取自集合 $\{A_1, A_2, \cdots, A_n\}$ 的两两不同元素 $X_1, X_2, \cdots, X_{2k}$,使得对每个 $i \in \{1, 2, \cdots, 2k-1\}$ 点 X_i 与 X_{i+1} 连有线段,且点 X_{2k} 与 X_1 也连有线段.(2002年 土耳其)

93. 在 $\triangle ABC$ 中,点 A 到 $\angle B$ 的内角平分线的垂足是点 A_1,点 A 到 $\angle C$ 的内角平分线的垂足是点 A_2,类似定义 $B_1, B_2; C_1, C_2$.求证:$2(A_1A_2 + B_1B_2 + C_1C_2) = AB + BC + CA$.(2002年 匈牙利)

94. 求 $1, 2, \cdots, n$ 的所有排列 $(a_1, a_2, \cdots, a_n)$,使得对每个 $i \in \{1, 2, \cdots, n\}, 2(a_1 + a_2 + \cdots + a_i)$ 是 $i+1$ 的整数倍.(2002年 伊朗)

95. 数列 $\{a_n\}$(n 是任意非负整数)由 $a_0 = 2, a_1 = 1$ 和 $a_{n+1} = a_n + a_{n-1}$(n 是任意正整数)确定.设 p 是 $a_{2k} - 2$ 的一个质因子,求证:p 也是 $a_{2k+1} - 1$ 的一个质因子.(2002年 伊朗)

96. 在 $\triangle ABC$ 中,已知三边长都是质数,求证:这三角形的面积不是整数.(2003年 克罗地亚)

97. 设 3 个正实数 x, y, z 的乘积是 1,且 $\dfrac{1}{x} + \dfrac{1}{y} + \dfrac{1}{z} \geqslant x + y + z$.求证:对任意正整数 k,$\dfrac{1}{x^k} + \dfrac{1}{y^k} + \dfrac{1}{z^k} \geqslant x^k + y^k + z^k$.(2003年 克罗地亚)

98. 在等腰 $\triangle ABC$ 中,底边长 a,底边上的高长 h,两腰长都是 b.已知 $\dfrac{1}{2}a + h \geqslant \sqrt{2}b$.确定这三角形的三角关系,另外,设 $b = 8\sqrt{2}$,求这三角形的面积.(2003年 克罗地亚)

99. 有多少 30^{2003} 的正因子不是 20^{2000} 的正因子?(2003年 克罗地亚)

100. 求最大的正整数 n,使得下述方程组有一组整数解 $(x, y_1, y_2, \cdots, y_n)$,$(x+1)^2 + y_1^2 =$

$(x+2)^2 + y_2^2 = \cdots = (x+k)^2 + y_k^2 = \cdots = (x+n)^2 + y_n^2$. (2003 年　越南)

101. 在平面上,$\triangle ABC$ 的外接圆圆心是点 O. M,N 是射线 AC 上两点,满足 $MN = AC$, 点 D 是点 M 到直线 BC 上的垂足, 点 E 是点 N 到直线 AB 上的垂足.

(1) 求证: $\triangle ABC$ 的垂心位于 $\triangle BED$ 的外接圆周上;

(2) 设点 O^* 是 $\triangle BED$ 的外接圆的圆心. 求证:线段 AN 的中点是点 B 关于线段 OO^* 的中点的对称点. (2003 年　越南)

102. 用 $\mathbf{R}^+$ 表示由所有正实数组成的集合, F 是所有满足下述条件的函数 $f:\mathbf{R}^+ \to \mathbf{R}^+$ 组成的集合, 对任意 $x \in \mathbf{R}^+$, 有 $f(3x) \geqslant f(f(2x)) + x$. 求最大的实数 α, 使得对所有 $f \in F$ 和 $x \in \mathbf{R}^+$, 有 $f(x) \geqslant \alpha x$. (2003 年　越南)

103. 设正整数 $n > 1$, 求证:可以将所有正整数染成红色或蓝色, 使得下述条件同时满足:

(1) 每个正整数是红色或蓝色, 有无限多个正整数染红色, 也有无限多个正整数染蓝色;

(2) n 个染红色的不同正整数之和也是一个染红色的正整数, n 个染蓝色的不同正整数之和也是一个染蓝色的正整数. (2003 年　越南)

104. 对每个正整数 $n > 1$, 用 S_n 表示前 n 个正整数 $1,2,\cdots,n$ 的排列 $(a_1,a_2,\cdots,a_n)$ 的数目, 每个排列满足下述条件: $1 \leqslant |a_k - k| \leqslant 2$, 对于 $k = 1,2,\cdots,n$. 求证:对所有正整数 $n > 6$, $\frac{7}{4}S_{n-1} < S_n < 2S_{n-1}$. (2003 年　越南)

105. 设复数 z_1,z_2,z_3,z_4,z_5 具有相同的非零模长, 满足 $\sum_{j=1}^{5} z_j = \sum_{j=1}^{5} z_j^2 = 0$. 求证: z_1, z_2, z_3, z_4, z_5 必是平面上一个正五边形的 5 个顶点的复坐标. (2003 年　罗马尼亚)

106. 设 $OABC$ 是空间一个四面体, 满足 OA, OB, OC 互相垂直. r 是这四面体的内切球半径, 点 H 是 $\triangle ABC$ 的垂心. 求证: $OH \leqslant (\sqrt{3} + 1)r$. (2003 年　罗马尼亚)

107. 一个由有限个复数组成的集合 A, 满足下述性质: 当 $z \in A$ 时, 对每个正整数 $n, z^n \in A$.

(1) 求证: $\sum_{z \in A} z$ 是一个整数;

(2) 对每个整数 k, 一定有满足题目条件的由有限个复数组成的集合 A, 使得 $\sum_{z \in A} z = k$. (2003 年　罗马尼亚)

108. $\triangle ABC$ 的内切圆分别切边 AB,BC,CA 于点 P,Q,R. 求证: $\frac{BC}{PQ} + \frac{CA}{QR} + \frac{AB}{RP} \geqslant 6$. (2003 年　韩国)

109. 设 m 是一个正整数,

(1) 如果 $3^{2^m} + 1$ 是 $2^{m+1} + 1$ 的整数倍, 求证: $2^{m+1} + 1$ 是一个质数;

(2) (1) 的逆命题是否成立? 说明理由. (2003 年　韩国)

110. 求最大的实数 k, 对于满足 $a^2 > bc$ 的任何正实数 a,b,c, 有 $(a^2 - bc)^2 > k(b^2 - ca)(c^2 - ab)$. (2003 年　日本)

111. 设 P 点是 $\triangle ABC$ 内部一点, 射线 BP 交边 AC 于点 Q, 射线 CP 交边 AB 于点 R, 已知 $AR = RB = CP$ 和 $CQ = PQ$. 求 $\angle BRC$. (2003 年　日本)

112. 平面上, 一个凸 2003 边形的全部顶点分别被染上红、蓝和绿色, 一个顶点染一种颜色, 使得相邻顶点不同色. 求染色方法总数. (2003 年　匈牙利)

113. 设 t 是一个固定正整数, $f_t(n)$ 表示正整数 k 的数目, 这里 $1 \leqslant k \leqslant n$, C_k^t 是奇数, 设 n 是 2 的一个充分大的幂, 求证: $\frac{1}{n}f_t(n) = \frac{1}{2^r}$, 这里 r 是一个由 t 确定的整数, 与 n 无关. (2003 年

114. 对每个正整数 $n>1$,用 $p(n)$ 表示 n 的最大质因子. 求两两不同正整数 x,y,z 组成的所有 3 元数组,满足:

(1) $2y = x + z$;

(2) $p(xyz) \leqslant 3$. (2003 年 英国)

115. 设 $f: \mathbf{N}^+ \to \mathbf{N}^+$ 是一个单射兼满射.

(1) 求证:$\mathbf{N}^+$ 内存在一个算术级数 $a, a+d, a+2d$,这里 $d>0$,满足 $f(a) < f(a+d) < f(a+2d)$.

(2) $\mathbf{N}^+$ 内是否存在一个算术级数 $a, a+d, a+2d, \cdots, a+2\,003d$,这里 $d>0$,满足 $f(a) < f(a+d) < f(a+2d) < \cdots < f(a+2\,003d)$. (2003 年 英国)

116. 求证:有无限多对正整数 $(a,b)(a>b)$,满足下述性质:

(1) a,b 是互质的;

(2) $b^2 - 5$ 是 a 的整数倍;

(3) $a^2 - 5$ 是 b 的正整数倍. (2003 年 德国)

117. 设 n 是一个正整数,$a(n)$ 表示满足 $a(n)!$ 是 n 的整数倍的最小正整数. 求所有正整数 n,满足 $\dfrac{a(n)}{n} = \dfrac{2}{3}$. (2003 年 德国)

118. 求所有函数 $f: \mathbf{R} \to \mathbf{R}$,满足 $f(xy)(f(x) - f(y)) = (x-y)f(x)f(y)$,这里 x,y 是任意实数. (2003 年 白俄罗斯)

119. 设 $f(x)$ 是一个非负实系数多项式,满足 $(f(1))^2 \geqslant 1$. 求证:对任意正实数 x,$f\left(\dfrac{1}{x}\right)f(x) \geqslant 1$. (2004 年 波罗的海地区)

120. 设 p,q,r 都是实数,满足 $pqr = 1$,n 是正整数,求证:$\dfrac{1}{p^n + q^n + 1} + \dfrac{1}{q^n + r^n + 1} + \dfrac{1}{r^n + p^n + 1} \leqslant 1$. (2004 年 波罗的海地区)

121. 设正整数 $n \geqslant 3$,实数元素组成的集合 $\{x_1, x_2, \cdots, x_n\}$,其全部元素的算术平均值为 x. 求证:存在一个正整数 $k(1 \leqslant k \leqslant n)$,使得下述每个集合 $\{x_1, x_2, \cdots, x_k\}, \{x_2, x_3, \cdots, x_k\}, \cdots, \{x_{k-1}, x_k\}, \{x_k\}$ 的算术平均值都不大于 x. (2004 年 波罗的海地区)

122. 设 $\tan v = 2v$,这里 $v \in \left(0, \dfrac{\pi}{2}\right)$,问 $\sin v < \dfrac{20}{21}$ 是否成立?为什么?(2004 年 瑞典)

123. 设 $a = 11\cdots11$(40 位 1),$b = 11\cdots1$(12 位 1). 求正整数 a 和 b 的最大公因子. (2004 年 南非)

124. 设正整数 $n \geqslant 2$,求区间 $(0,n)$ 内整数 x 的数目,使得 x^2 除以 n 余数是 1. (2004 年 南非)

125. 设 a,b 是非负实数,求证:$\sqrt{2}(\sqrt{a(a+b)^3} + b\sqrt{a^2+b^2}) \leqslant 3(a^2+b^2)$,且等号成立当且仅当 $a = b$. (2004 年 爱尔兰)

126. 求所有质数对 (p,q),具 $2 \leqslant p, q < 100$,满足 $p+6, p+10, q+4, q+10$ 和 $p+q+1$ 全是质数. (2004 年 爱尔兰)

127. 解方程 $\arcsin[\sin x] = \arccos[\cos x]$. (2004 年 乌克兰)

128. 求所有实数 x,满足方程 $\dfrac{x}{x+4} = \dfrac{5[x]-7}{7[x]-5}$. (2004 年 捷克)

129. 设 $\triangle ABC$ 是一个锐角三角形,垂心是点 H,外心是点 O,内切圆半径是 r,外接圆半径

是 R. 设 P 是线段 OH 上任意一点, 求证: $6r \leqslant PA + PB + PC \leqslant 3R$. (2004 年　摩尔多瓦)

130. 对每个正整数 n, 用 $w(n)$ 表示 n 的正质因子的数目, 求最小的正整数 k, 对所有正整数 n, 满足 $2^{w(n)} \leqslant k\sqrt[4]{n}$. (2004 年　新西兰)

131. 数列 $a_0, a_1, a_2, \cdots$ 由下式定义: $a_{m+n} + a_{m-n} - m + n - 1 = \dfrac{1}{2}(a_{2m} + a_{2n})$, 这里 m, n 是任意非负整数, 且 $m \geqslant n$. 设 $a_1 = 3$, 求 a_{2004}. (2004 年　巴尔干地区)

132. 求所有质数对 (x, y), 满足方程 $x^y - y^x = xy^2 - 19$. (2004 年　巴尔干地区)

133. 设点 O 是锐角 $\triangle ABC$ 的外心, 以三边中点为圆心, 都通过点 O 的三个圆相交于另外三点 K, L 和 M. 求证: 点 O 是 $\triangle KLM$ 的内心. (2004 年　巴尔干地区)

134. 求所有函数 $f : \mathbf{R} \to \mathbf{R}$, 对任意实数 x 和 y, 有 $f(xf(x) + f(y)) = (f(x))^2 + y$. (2004 年　日本)

135. 设 a, b, c 都是正实数, 满足 $a + b + c = 1$. 求证: $\dfrac{1+a}{1-a} + \dfrac{1+b}{1-b} + \dfrac{1+c}{1-c} \leqslant 2\left(\dfrac{b}{a} + \dfrac{c}{b} + \dfrac{a}{c}\right)$. (2004 年　日本)

136. 求证: 不存在正整数 n, 使得 $2n^2 + 1, 3n^2 + 1$ 和 $6n^2 + 1$ 都是完全平方数. (2004 年　日本)

137. 解方程组 $\begin{cases} x^3 + x(y-z)^2 = 2 \\ y^3 + y(z-x)^2 = 30 \\ z^3 + z(x-y)^2 = 16 \end{cases}$. (2004 年　越南)

138. 解方程组 $\begin{cases} x^3 + 3xy^2 = -49 \\ x^2 - 8xy + y^2 = 8y - 17x \end{cases}$. (2004 年　越南)

139. 求所有实数对 (x, y), 满足下述方程组 $\begin{cases} x^4 + y^4 = 17(x+y)^2 \\ xy = 2(x+y) \end{cases}$. (2004 年　德国)

140. 对任意正整数 n, 求证: 存在一个相应的正整数 z, 满足下述条件:
(1) z 恰有 n 位数字;
(2) z 中没有一位数字是 0;
(3) z 恰是它的各位数字之和的整数倍. (2004 年　德国)

141. 对任意正整数 n, 用 a_n 表示最接近 $\sqrt{n}$ 的正整数. 求 $\sum\limits_{j=1}^{2004} \dfrac{1}{a_j}$. (2004 年　德国)

142. 对任意正实数 a, b, c, d, 求证: $a^3 + b^3 + c^3 + d^3 \geqslant a^2 b + b^2 c + c^2 d + d^2 a$. (2004 年　德国)

143. 对于所有正实数 a, b, c, 求证: $\left| \dfrac{4(a^3 - b^3)}{a+b} + \dfrac{4(b^3 - c^3)}{b+c} + \dfrac{4(c^3 - a^3)}{c+a} \right| \leqslant (a-b)^2 + (b-c)^2 + (c-a)^2$. (2004 年　摩尔多瓦)

144. 设 a_1, a_2, a_3 是 3 个两两不同的正整数, 满足下述条件: $a_2 + a_3 + a_2 a_3$ 是 a_1 的整数倍; $a_3 + a_1 + a_3 a_1$ 是 a_2 的整数倍; $a_1 + a_2 + a_1 a_2$ 是 a_3 的整数倍. 求证: a_1, a_2, a_3 不可能全是质数. (2004 年　南非)

145. 在平面上, $\triangle ABC$ 的 $\angle C$ 的内角平分线交边 AB 于点 D, 过两点 C 和 D 的一个圆周 Γ_1, 使得直线 BC 和 CA 都不是切线. 这圆周依次交直线 BC 和 CA 于 M, N 两点.
(1) 求证: 存在一个圆周 Γ_2, 切直线 DM 于点 M, 切直线 DN 于点 N.
(2) (1) 中的圆周 Γ_2 分别交直线 BC 和 CA 于 P 和 Q 两点. 求证: 当圆 Γ_1 变化时, MP 和 NQ 的长度始终是不变的. (2004 年　越南)

146. 求表达式 $f(x,y,z) = \dfrac{x^4+y^4+z^4}{(x+y+z)^4}$ 的最大值与最小值,这里 x,y,z 是正实数,满足条件 $(x+y+z)^3 = 32xyz$. (2004 年   越南)

147. 求所有 3 元正整数组 (x,y,z),满足方程 $(x+y)(1+xy) = 2^z$. (2004 年   越南)

148. 正整数 $n \geqslant 2$,对满足 $2n-3 \leqslant k \leqslant \dfrac{1}{2}n(n-1)$ 的每个正整数 k,求证:存在 n 个不同实数 $a_1, a_2, \cdots, a_n$,使得形式 $a_i + a_j (1 \leqslant i < j \leqslant n)$ 的所有数中,恰存在 k 个不同值. (2004 年   越南)

149. 对每个正整数 n,用 $S(n)$ 表示十进制下 n 的所有数字之和,设 m 是 2003 的正整数倍,求 $S(m)$ 的最小值. (2004 年   越南)

8.3　2005 年至 2007 年各国(地区) 数学竞赛试题

1. 求所有整数对 (x,y),满足方程 $(x+y^2)(x^2+y) = (x+y)^3$. (2005 年   瑞典)

2. 在 $\triangle ABC$ 中,$\angle A$ 的内角平分线交边 BC 于点 D,$\angle C$ 的内角平分线交边 AB 于点 E. 设 $\angle B$ 大于 $\dfrac{\pi}{3}$. 求证:$AE + CD < AC$. (2005 年   瑞典)

3. 设 n 是一个正整数,求证:$n(n+1)(n+2)$ 不是一个完全平方数. (2005 年   泰国)

4. 求最小的正整数 n,使得 $n^{2545} - 2541$ 是 2549 的整数倍. (2005 年   泰国)

5. 设 n 是一个正整数,有多少种方法,可以将 $2 \times n$ 的一个矩形划分成若干个正整数边长的矩形?(2005 年   土耳其)

6. 求所有 3 元非负整数组 (m,n,k),满足 $5^m + 7^n = k^3$. (2005 年   土耳其)

7. 设 x,y,z 是正实数,且 $xy + yz + zx = 1$. 求证:$\dfrac{27}{4}(x+y)(y+z)(z+x) \geqslant (\sqrt{x+y} + \sqrt{y+z} + \sqrt{z+x})^2 \geqslant 6\sqrt{3}$. (2005 年   土耳其)

8. 求正实数 x,满足不等式 $x^{2\sin x - \cos 2x} < \dfrac{1}{x}$. (2005 年   匈牙利)

9. 设 $f(x) = ax^2 - bx + c$,这里 a,b,c 都是实数,已知 $0 < |a| < 1$,满足 $f(a) = -b$ 和 $f(b) = -a$. 求证:$|c| < 3$. (2005 年   匈牙利)

10. 平面上一条抛物线的三条切线形成一个三角形的三边,求证:这个三角形的垂心在这条抛物线的准线上. (2005 年   巴西)

11. 求所有实数对 (x,y),满足方程组 $\begin{cases} x^3 + 1 - xy^2 - y^2 = 0 \\ y^3 + 1 - x^2y - x^2 = 0 \end{cases}$. (2005 年   德国)

12. 用 $Q(n)$ 表示正整数 n 的各位数字之和(十进制). 求证:$Q(Q(Q(2005^{2005}))) = 7$. (2005 年   德国)

13. 设正整数 n 的所有正因子是 $d_1 < d_2 < \cdots < d_8$,这里 $d_1 = 1$,$d_8 = n$,已知 $20 \leqslant d_6 \leqslant 25$. 求 n. (2005 年   匈牙利)

14. 设 $x_k, y_k (k=1,2,\cdots,n)$ 都是正实数,满足 $kx_k y_k \geqslant 1$.

(1) 求证:$\sum\limits_{k=1}^{n} \dfrac{x_k - y_k}{x_k^2 + y_k^2} \leqslant \dfrac{1}{4} n\sqrt{n+1}$;

(2) 问(1)中等式何时成立?说明理由. (2005 年   阿尔巴尼亚)

15. 一个正整数 n 称为可爱的,如果存在整数 $a_1,a_2,\cdots,a_n$,满足关系式 $a_1+a_2+\cdots+a_n = a_1a_2\cdots a_n = n$. 求所有可爱的正整数 n. (2005 年　匈牙利)

16. $\triangle ABC$ 是一个锐角三角形,$\angle BAC = \dfrac{\pi}{3}$, $AB = c$, $AC = b$, $b > 0$. $\triangle ABC$ 的外心和垂心依次是 O 和 H,直线 OH 分别交边 AB 于点 X,交边 AC 于点 Y. 求证:
    (1) $\triangle AXY$ 的周长是 $b + c$;
    (2) $OH = b - c$. (2005 年　匈牙利)

17. 设 b 是一个整数,a,c 都是正整数. 求证:存在一个正整数 x,使得 $a^x + x - b$ 是 c 的整数倍. (2005 年　巴西)

18. 设 a,b,c 都是非负实数,满足 $\dfrac{1}{a^2+1} + \dfrac{1}{b^2+1} + \dfrac{1}{c^2+1} = 2$. 求证:$ab + bc + ca \leqslant \dfrac{3}{2}$. (2005 年　伊朗)

19. 设 AA_1, BB_1, CC_1 分别是锐角 $\triangle ABC$ 的 3 条高,设 O_A, O_B, O_C 依次是 $\triangle AB_1C_1$, $\triangle BC_1A_1$, $\triangle CA_1B_1$ 的内心. 设 T_A, T_B, T_C 依次是 $\triangle ABC$ 的内切圆边 BC, CA, AB 的切点. 求证:$T_AO_CT_BO_AT_CO_B$ 是一个正六边形. (2006 年　土耳其)

20. 求所有正整数 n,使得 $n + 200$ 和 $n - 269$ 都是整数的立方. (2006 年　斯洛伐克)

21. n 是一个正整数,且是 4 的倍数. 求集合 $\{1,2,3,\cdots,n\}$ 的排列 σ 的数目. 对所有元素 $j \in$ 集合 $\{1,2,3,\cdots,n\}$,满足 $\sigma(j) + \sigma^{-1}(j) = n + 1$.

   注:这里 σ^{-1} 表示 σ 的逆映射. (2006 年　印度)

22. 一个正整数 n 的全部正因子 $d_1, d_2, \cdots, d_t$ 满足 $1 = d_1 < d_2 < \cdots < d_t = n$. 设已知 $d_7^2 + d_{15}^2 = d_{16}^2$. 求 d_{17} 的所有可能值. (2006 年　印度)

23. 求方程组的所有实数解 $\begin{cases} \sqrt{x^2 - 2x + 6}\log_3(6 - y) = x \\ \sqrt{y^2 - 2y + 6}\log_3(6 - z) = y \\ \sqrt{z^2 - 2z + 6}\log_3(6 - x) = z \end{cases}$ (2006 年　越南)

24. 考虑函数 $f(x) = -x + \sqrt{(x+a)(x+b)}$,这里 a, b 是两个不同的正实数. 对于开区间 $(0,1)$ 内每个实数 s,求证:一定存在唯一的对应正实数 α,满足 $f(\alpha) = \left(\dfrac{1}{2}(a^s + b^s)\right)^{\frac{1}{s}}$. (2006 年　越南)

25. 求所有实系数多项式 $f(x)$,满足方程 $f(x^2) + x(3f(x) + f(-x)) = (f(x))^2 + 2x^2$. (2006 年　越南)

26. 一个由整数元素组成的集合 T 称为无和的. 设 T 内任意两个元素 u, v (可以相同),$u + v$ 不属于 T. 求证:
    (1) 集合 $S = \{1,2,3,\cdots,2\,006\}$ 的无和子集至多有 1 003 个元素;
    (2) 任何由 2 006 个正整数组成的集合 S,一定存在由 669 个元素组成的无和子集. (2006 年　越南)

27. 求所有正整数 n,使得下述多项式 $f_n(x)$ 的每个系数都是 7 的倍数. 这里,$f_n(x) = (x^2 + x + 1)^n - (x^2 + x)^n - (x^2 + 1)^n - (x + 1)^n + x^{2n} + x^n + 1$. (2006 年　土耳其)

28. 设正整数 $n \geqslant 2$, $a_1, a_2, \cdots, a_n$ 是正实数,满足关系式 $t = \sum\limits_{j=1}^{n} a_j = \sum\limits_{j=1}^{n} a_j^2$,这里 t 不等于 1. 求证:$\sum\limits_{x \neq j} \dfrac{a_i}{a_j} \geqslant \dfrac{(n-1)^2 t}{t-1}$. (2006 年　土耳其)

29. 设 a, b, c 是正实数,求证:$(a^2 + b^2)^2 \geqslant (a + b + c)(a + b - c)(b + c - a)(c + a -$

b). (2006 年　英国)

30. 在平面上, $ABCD$ 是一个凸四边形, M,N 是边 AB 上两点, 满足 $AM = MN = NB$. P,Q 是边 CD 上两点, 满足 $CP = PQ = QD$. 求证: $S_{\text{四边形}AMCP} = S_{\text{四边形}MNPQ} = \frac{1}{3}S_{\text{四边形}ABCD}$.

注: 这里 S 表示面积. (2006 年　英国)

31. 设 A,B,C,D 和 E 是依顺时针方向在半径为 r 的一个圆周上的五点, 且满足 $AC = BD = CE = r$. 求证: $\triangle ACD$, $\triangle BCD$ 和 $\triangle BCE$ 的三个垂心恰是一个直角三角形的三个顶点. (2006 年　捷克—波兰—斯洛伐克)

32. 有 n 个儿童围坐在一张圆桌旁, 爱蕾卡是他们中最年长的. 开始时, 她有 n 粒糖果, 其他儿童无糖果. 爱蕾卡依下述规则分配糖果. 在每一轮, 爱蕾卡选择一个手中至少有两粒糖果的儿童(包括她自身)将糖果分给她左、右儿童各一粒, 在第一、二轮, 爱蕾卡必须选择自己开始这游戏. 当 $n \geq 3$ 时, 是否存在一种分配, 经过若干轮后, 每个儿童手中各恰有一粒糖果. (2006 年　捷克—波兰—斯洛伐克)

33. 设 AA_1, BB_1 和 CC_1 是锐角 $\triangle ABC$ 的三条高, 求证: 点 C_1 到线段 AC, BC, BB_1 和 AA_1 的四个垂足是共线的. (2006 年　白俄罗斯)

34. (1) 求所有正整数 n, 使得 $2^n - 1$ 和 $2^n + 1$ 都是质数;
    (2) 求所有质数 p, 使得 $4p^2 + 1$ 和 $6p^2 + 1$ 都是质数. (2006 年　斯洛伐克)

35. 求方程组的实数组解 $\begin{cases} \tan^2 x + 2\cot^2 2y = 1 \\ \tan^2 y + 2\cot^2 2z = 1 \\ \tan^2 z + 2\cot^2 2x = 1 \end{cases}$. (2006 年　捷克和斯洛伐克)

36. 设 a,b 是实数, 求证: $(1+a^2)(1+b^2) \geq a(1+b^2) + b(1+a^2)$. (2006 年　斯洛伐克)

37. 设 a,b,c 是正实数, 求证: $\dfrac{a^2 - 2a + 2}{b+c} + \dfrac{b^2 - 2b + 2}{c+a} + \dfrac{c^2 - 2c + 2}{a+b} \geq \dfrac{3}{2}$. (2006 年　白俄罗斯)

38. a,b 是两个正整数, $a + 77b$ 是 79 的整数倍, $a + 79b$ 是 77 的整数倍, 求 $a+b$ 的最小值. (2006 年　白俄罗斯)

39. 在 $\triangle ABC$ 中, 点 J 是相对于 $\angle A$ 的 $\triangle ABC$ 的旁切圆圆心, 旁切圆切边 BC 于点 A_1, 切射线 AC 于点 B_1, 切射线 AB 于点 C_1. 设直线 A_1B_1 和 AB 交于点 D, 点 E 是点 C_1 到直线 DJ 的垂足. 求 $\angle BEA_1$ 和 $\angle AEB_1$. (2006 年　斯洛文尼亚)

40. 设 n 是正整数, 在一行放有 $2n$ 个白球和 $2n$ 个黑球. 求证: 不管这些球如何放置, 总能找到 $2n$ 个连续排列的球, 其中恰有 n 个是白球. (2006 年　斯洛伐克)

41. $\triangle ABC$ 不是等边三角形, $\angle A$ 和 $\angle B$ 的内角平分线分别交边 BC 于点 K, 交边 AC 于点 L. 设 $\triangle ABC$ 的内心、外心、垂心依次是点 $I、O、H$. 求证: 下述两个条件是等价的:
    (1) 直线 KL 是 $\triangle ALI, \triangle BHI, \triangle BKI$ 的三个外接圆的公切线;
    (2) 五点 A,B,K,L 和 O 是共圆的. (2006 年　捷克和斯洛伐克)

42. 正整数 $n \geq 2$, 设 $a_1, a_2, \cdots, a_n$ 是实数, d 表示其中最小值与最大值之差的绝对值. 记 $S = \sum_{1 \leq i < j \leq n} |a_i - a_j|$. 求证: $(n-1)d \leq S \leq \dfrac{n^2}{4}d$. (2006 年　伊比利亚(欧洲西南部)和美国)

43. 平面上一个凸四边形 $ABCD$ 有一个内切圆 Γ, 分别切 AD 于点 P, 切 CD 于点 Q. 设线段 BD 与圆 Γ 交于点 X,Y. M 是线段 XY 的中点. 求证: $\angle AMP = \angle CMQ$. (2006 年　伊比利亚(欧洲西南部)和美国)

44. 设直角 $\triangle ABC$ 的三个顶点 A,B,C 都位于抛物线 $y = x^2$, R 是这直角 $\triangle ABC$ 的外接圆半径. 设 $R \geq \beta$, 求正实数 β 的最大值, 不依赖于上述直角 $\triangle ABC$ 的顶点在这抛物线上的位置.

45. 正整数数列 $\{a_n\}$ 定义如下: $a_0 = m, a_{n+1} = a_n^5 + 487$ (这里 n 是任意非负整数),求 m 的所有值,使得这数列包含尽可能多的完全平方数. (2006 年 北欧)

46. a,b,c 是正实数,求证: $3(a+b+c) \geqslant 8\sqrt[3]{abc} + \sqrt[3]{\frac{1}{3}(a^3+b^3+c^3)}$,并确定等号成立条件. (2006 年 奥地利)

47. 设 $\{h_n\}$ (n 是任意正整数) 是由正有理数组成的调和数列,即 $h_n = \frac{2h_{n-1}h_{n+1}}{h_{n-1}+h_{n+1}} (n \geqslant 2)$,设这数列中有一项是有理数的平方,求证:这数列中有无限多项,它们都是有理数的平方. (2006 年 奥地利)

48. 求所有有理数 x,使得 $1 + 105 \times 2^x$ 是一个有理数的平方. (2006 年 奥地利)

49. 求所有单调函数 $f: \mathbf{R} \to \mathbf{R}$,满足方程 $f(-f(x)) = f(f(x)) = (f(x))^2$,这里 x 是任意实数. (注:一个函数称为单调的,或对所有 $a < b$,有 $f(a) \leqslant f(b)$;或对所有 $a < b$,有 $f(a) \geqslant f(b)$). (2006 年 奥地利)

50. 设 k 和 n 都是正整数,求证: $(n^4-1)(n^3-n^2+n-1)^k + (n+1)n^{4k-1}$ 是 n^5+1 的整数倍. (2006 年 克罗地亚)

51. a,b,c 是正实数,求证: $\frac{1}{a(1+b)} + \frac{1}{b(1+c)} + \frac{1}{c(1+a)} \geqslant \frac{3}{1+abc}$. (2006 年 巴尔干地区)

52. 设 m 是一个给定正整数,对正整数 a,数列 $\{a_n\}$ (n 是非负整数) 由下式定义: $a_0 = a$,
$a_{n+1} = \begin{cases} \frac{1}{2}a_n & \text{如果 } a_n \text{ 是偶数} \\ a_n + m & \text{如果 } a_n \text{ 是奇数} \end{cases}$,求所有正整数 a,使得这数列是一个周期数列. (2006 年 巴尔干地区)

53. 解方程 $2\cos(2\pi x) + \cos(3\pi x) = 0$. (2006 年 立陶宛)

54. 设 a,b 都取自闭区间 $[0,1]$,求证: $\frac{a}{\sqrt{2b^2+5}} + \frac{b}{\sqrt{2a^2+5}} \leqslant \frac{2}{\sqrt{7}}$. (2006 年 立陶宛)

55. 求下述方程组的实数解 $\begin{cases} x^6 = y^4 + 18 \\ y^6 = x^4 + 18 \end{cases}$. (2006 年 立陶宛)

56. m,n 是正整数,已知 $mn-23$ 是 24 的整数倍. 求证: m^3+n^3 是 72 的整数倍. (2006 年 立陶宛)

57. a,b,c,d 是实数,满足 $a+b+c+d = 0$. 求证: $(ab+ac+ad+bc+bd+cd)^2 + 12 \geqslant 6(abc+abd+acd+bcd)$. (2006 年 哈萨克斯坦)

58. 平面上 $ABCDEF$ 是一个凸六边形,已知 $AD = BC + EF, BE = AF + CD$ 和 $CF = DE + AB$. 求证: $\frac{AB}{DE} = \frac{CD}{AF} = \frac{EF}{BC}$. (2006 年 哈萨克斯坦)

59. 设集合 $M = \{x^2 + x \mid x \in \mathbf{N}^+\}$,对每个正整数 $k \geqslant 2$,求证:在 M 内存在元素 $a_1, a_2, \cdots, a_k, b_k$,满足 $a_1 + a_2 + \cdots + a_k = b_k$. (2006 年 摩尔多瓦)

60. 设 a,b,c 是正实数,满足 $abc = 1$. 求证: $\frac{a+3}{(a+1)^2} + \frac{b+3}{(b+1)^2} + \frac{c+3}{(c+1)^2} \geqslant 3$. (2006 年 摩尔多瓦)

61. 设正整数 $n \geqslant 3$,集合 $A = \{1,2,3,\cdots,n\}$. 求集合 A 划分为 3 个互不相交的子集 X,Y,Z 的数目,这里 3 个子集 X,Y,Z 仅仅是次序不同,就认为是同一个划分. (2006 年 摩尔多瓦)

62. 设 $f(n)$ 表示集合 $\{1,2,3,\cdots,n\}$ 是满足下述条件的排列 $\{a_1,a_2,a_3,\cdots,a_n\}$ 的数目:

$a_1 = 1$, $|a_i - a_{i+1}| \leqslant 2$, 对任意 $i \in \{1,2,3,\cdots,n-1\}$. 求证: $f(2\,006)$ 是 3 的整数倍. (2006年 摩尔多瓦)

63. 设 a,b,c 是正实数, 满足 $a+b+c=1$. 求证: $(1+a)\sqrt{\dfrac{1-a}{a}} + (1+b)\sqrt{\dfrac{1-b}{b}} + (1+c)\sqrt{\dfrac{1-c}{c}} \geqslant \dfrac{3\sqrt{3}}{4} \dfrac{(1+a)(1+b)(1+c)}{\sqrt{(1-a)(1-b)(1-c)}}$. (2006年 蒙古)

64. 设 p,q 是两个不同质数, a,b 是两个不同的正整数. 求证: 存在一个质数 r, 满足下述条件: $a^{pq} - b^{pq}$ 是 r 的整数倍, 且 $r-1$ 是 pq 的整数倍. (2006年 蒙古)

65. 设正整数 $n \geqslant 2$, $a_1, a_2, \cdots, a_n$ 都是实数, 对每个实数 x, 令 $f(x) = \cos(a_1 + x) + \dfrac{1}{2}\cos(a_2 + x) + \dfrac{1}{2^2}\cos(a_3 + x) + \cdots + \dfrac{1}{2^{n-1}}\cos(a_n + x)$. 如果 $f(x_1) = f(x_2) = 0$, 求证: $x_1 - x_2$ 是 π 的倍数. (2006年 波黑)

66. 设 a,d 是两个正整数, 求证: 无穷等差级数 $a, a+d, a+2d, \cdots, a+nd, \cdots$ 包含了一个无穷几何级数 $b, bq, bq^2, \cdots, bq^n, \cdots$, 这里 b,q 是相应的两个正整数. (2006年 波黑)

67. 设正整数 $n \geqslant 2$, $x_1, x_2, \cdots, x_n$ 是实数. 求证: $\sum_{i=1}^{n}\sum_{j=1}^{n} |x_i + x_j| \geqslant n\sum_{i=1}^{n} |x_i|$. (2006年 伊朗)

68. 对于正整数 n, 开区间 $\left(0, \dfrac{\pi}{4}\right)$ 内任意正实数 a,b, 求证: $\dfrac{\sin^n a + \sin^n b}{(\sin a + \sin b)^n} \geqslant \dfrac{\sin^n 2a + \sin^n 2b}{(\sin 2a + \sin 2b)^n}$. (2006年 罗马尼亚)

69. 求集合 $\{2\,000, 2\,001, 2\,002, \cdots, 3\,000\}$ 内所有 3 元子集 (a,b,c), 满足 $a^2 + b^2 = c^2$, 且 a,b,c 的最大公因数是 1. (2006年 印度)

70. 求所有 3 元整数组 (x,y,z), 满足方程 $2^x + 3^y = z^2$. (2007年 斯洛伐克)

71. 求证: 不存在两个不同的正整数 x,y, 满足 $x^{2007} + y! = y^{2007} + x!$. (2007年 保加利亚)

72. 求最小的正整数 n, 使得 $\cos\dfrac{\pi}{n}$ 能表示为形式 $p + \sqrt{q} + \sqrt[3]{r}$, 这里 p,q,r 都是有理数. (2007年 保加利亚)

73. 数列 $\{a_i\}(i \in \mathbf{N}^+)$ 满足: $a_1 > 0$, $a_{n+1} = \dfrac{a_n}{1+a_n^2}$, 这里 n 是任意正整数. 求证:

(1) 对正整数 $n \geqslant 2$, $a_n \leqslant \dfrac{1}{\sqrt{2n}}$;

(2) 存在正整数 n, 满足 $a_n > \dfrac{7}{10\sqrt{n}}$. (2007年 保加利亚)

74. 求所有正整数 m, 使得对所有整数对 α, β, $\dfrac{1}{3\alpha^2 + \beta^2}[2^m \alpha^m - (\alpha+\beta)^m - (\alpha-\beta)^m]$ 是一个整数. (2007年 保加利亚)

75. 求所有正整数 $n \geqslant 3$, 满足条件: 对于任意两个正整数 $m < n-1, r < n-1$, 存在集合 $\{1, 2, \cdots, n-1\}$ 的 m 个不同元素, 它们的和 mod n 余 r. (2007年 保加利亚)

76. 解方程组 $\begin{cases} x^2 + yu = (x+u)^n \\ x^2 + yz = u^4 \end{cases}$, 这里 x,y 和 z 都是质数, u 和 n 是正整数. (2007年 保加利亚)

77. 设 $x \leqslant y \leqslant z$ 都是实数, 满足 $xy + yz + zx = 1$. 求证: $xz < \dfrac{1}{2}$, 是否能改进常数 $\dfrac{1}{2}$? (2007

78. 圆内接凸四边形 $ABCD$，对角线 AC 和 BD 相交于点 E。已知 $AB = 39, AE = 45, AD = 60$ 和 $BC = 56$。求 CD 的长。(2007年 地中海地区)

79. 在 $\triangle ABC$ 中，$\angle A$ 与 a（即边 BC）长是给定的，已知 $a = \sqrt{rR}$，这里 r, R 分别是 $\triangle ABC$ 的内切圆和外接圆的半径。求另外二边 b 和 c。(2007年 地中海地区)

80. 设 $ABCD$ 是平面上一个凸四边形，具 $AB = BC = CD, AC \neq BD$，点 E 是对角线 AC 和 BD 的交点。求证：$AE = DE$ 当且仅当 $\angle BAD + \angle ADC = \dfrac{2\pi}{3}$。(2007年 巴尔干地区)

81. 求所有函数 $f: \mathbf{R} \to \mathbf{R}$，满足下述方程 $f(f(x) + y) = f(f(x) - y) + 4f(x)y$，这里 x, y 是任意实数。(2007年 巴尔干地区)

82. 求所有正整数 n，满足下述条件：存在集合 $\{1, 2, 3, \cdots n\}$ 的一个排列 σ，使得 $\sqrt{\sigma(1) + \sqrt{\sigma(2) + \sqrt{\cdots + \sqrt{\sigma(n)}}}}$ 是一个有理数。(2007年 巴尔干地区)

83. 设 a, b, c 是非负实数，满足 $a + b \leqslant c + 1, b + c \leqslant a + 1$ 和 $c + a \leqslant b + 1$。求证：$a^2 + b^2 + c^2 \leqslant 2abc + 1$。(2007年 印度)

84. 设 p 是一个质数和 $p \equiv 3 \pmod{4}$，求所有整数对 (x, y)，满足方程 $y^2 = x^3 - p^2 x$。(2007年 印度)

85. 求所有函数 $f: \mathbf{R} \to \mathbf{R}$，满足方程 $f(x + y) + f(x)f(y) = (1 + y)f(x) + (1 + x)f(y) + f(xy)$。这里 x, y 是任意实数。(2007年 印度)

86. 设正整数 $n \geqslant 4$，求证：任何一个三角形能被分割成 n 个等腰三角形。(2007年 斯洛文尼亚)

87. 平面上 $ABCD$ 是一个梯形，AB 平行于 CD 和 $AB > CD$。E 和 F 分别是线段 AB 和 CD 上的点，满足 $\dfrac{AE}{EB} = \dfrac{DF}{FC}$，$K$ 和 L 是线段 EF 上的两点，满足 $\angle AKB = \angle DCB$ 和 $\angle CLD = \angle CBA$。求证：K, L, B 和 C 是四点共圆的。(2007年 斯洛文尼亚)

88. 求方程 $x^8 - x^7 + 2x^6 - 2x^5 + 3x^4 - 3x^3 + 4x^2 - 4x + \dfrac{5}{2} = 0$ 的实根数目。(2007年 芬兰)

89. 在锐角 $\triangle ABC$ 中，O 是其外接圆圆心，T 是 $\triangle AOC$ 的外接圆圆心，点 M 是边 AC 的中点，点 D 在射线 BA 上，点 E 在线段 BC 上，满足 $\angle MDB = \angle MEB = \angle ABC$。求证：直线 BT 与 DE 互相垂直。(2007年 斯洛伐克)

90. 设 $\triangle ABC$ 的过重心 T 的一条直线分别交边 AB 于点 P，交边 AC 于点 Q。求证：$4PB \cdot QC \leqslant PA \cdot QA$。(2007年 斯洛伐克)

91. 正整数 x, y 都大于 1，满足方程 $2x^2 - 1 = y^{15}$。
(1) 求证：x 是 5 的整数倍；
(2) 求这方程的至少一组解，你能找出方程的全部解吗？(2007年 斯洛伐克)

92. (1) 求正整数 n，使得 n 的各位数字之和与 $n + 2007$ 的各位数字之和相等；
(2) 是否存在正整数 n，使得 n 的各位数字之和与 $n + 199$ 的各位数字之和相等。(2007年 拉脱维亚)

93. 实数数列 $a_1, a_2, a_3, \cdots$ 满足 $a_{11} = 4, a_{22} = 2, a_{33} = 1$。另外，对每个正整数 n，有关系式 $\dfrac{a_{n+3} - a_{n+2}}{a_n - a_{n+1}} = \dfrac{a_{n+3} + a_{n+2}}{a_n + a_{n+1}}$。求证：
(1) 每个 a_i 都不等于零；

(2) 对任意正整数 k,$\sum_{k=1}^{100} a_j^k$ 是一个完全平方数.(2007年　拉脱维亚)

94. 求实数 a,b,使得方程 $x^2 + a^2x + b^3 = 0$ 和 $x^2 + b^2x + a^3 = 0$ 有一个公共实根.(2007年　拉脱维亚)

95. 解方程组 $\begin{cases} \sin^2 x + \cos^2 y = y^2 \\ \sin^2 y + \cos^2 x = x^2 \end{cases}$.(2007年　拉脱维亚)

96. (1) 求最小的正整数 m,使得存在 $2m+1$ 个连续正整数,其立方和是一个正整数的立方;

(2) 求最小的正整数 k,使得存在 $2k+1$ 个连续正整数,其平方和是一个完全平方数.(2007年　摩尔多瓦)

97. 平面上有五点的凸包面积是 S.求证:其中必有三点形成的三角形的面积不大于 $\frac{1}{10}(5-\sqrt{5})S$.(2007年　摩尔多瓦)

98. 在 $\triangle ABC$ 中,R 和 r 分别是其外接圆半径和内切圆半径,r_a,r_b,r_c 分别是 $\triangle ABC$ 的 $\angle A,\angle B,\angle C$ 对应的旁切圆半径.求证:$a^2\left(\dfrac{2}{r_a} - \dfrac{r}{r_b r_c}\right) + b^2\left(\dfrac{2}{r_b} - \dfrac{r}{r_c r_a}\right) + c^2\left(\dfrac{2}{r_c} - \dfrac{r}{r_a r_b}\right) = 4(R+3r)$.(2007年　摩尔多瓦)

99. 一圆周切 $\triangle ABC$ 的边 AB 于点 P,切边 AC 于点 Q,又切 $\triangle ABC$ 的外接圆于点 R,设线段 PQ 与 AR 交于点 S.求证:$\angle SBA = \angle SCA$.(2007年　摩尔多瓦)

100. 设 a,b,c 是正实数,满足 $a+b+c=1$,求证:$\dfrac{1}{ab+2c^2+2c} + \dfrac{1}{bc+2a^2+2a} + \dfrac{1}{ca+2b^2+2b} \geq \dfrac{1}{ab+bc+ca}$.(2007年　土耳其)

101. 求所有正奇数 n,满足下述条件:存在正奇数 $x_1,x_2,\cdots,x_n$,满足 $\sum_{j=1}^{n} x_j^2 = n^4$.(2007年　土耳其)

102. 设 $\triangle ABC$ 的三条边长全是正整数,$AC = 2\,007$,$\angle BAC$ 的内角平分线交边 BC 于点 D,设 $AB = CD$.求 AB 和 BC.(2007年　英国)

103. $\triangle ABC$ 是一个锐角三角形,$AB > AC$,$\angle BAC = \dfrac{\pi}{3}$.设点 O 是外心,点 H 是垂心.直线 OH 交边 AB 于点 P,交边 AC 于点 Q.求证:$PO = HQ$.(2007年　英国)

104. n 是一个正整数,$n+1$ 是 24 的整数倍

(1) 求证:n 有偶数个正因子(包含 1 和 n 自身);

(2) 求证:n 的所有正因子之和是 24 的倍数.(2007年　克罗地亚)

105. 求一个正整数 n,使得 n^2-1 恰有 10 个正因子,对任意正整数 n,求证:n^2-4 不可能恰有 10 个正因子.

106. 求所有函数 $f:\mathbf{R} \to \mathbf{R}$,满足方程 $f(x^2(z^2+1) + f(y)(z+1)) = 1 - f(z)(x^2 + f(y)) - z(1+z)x^2 + 2f(y)$,这里 x,y,z 是任意实数.(2007年　斯洛文尼亚)

107. 记 $x = 0.a_1 a_2 a_3 a_4 \cdots$,$y = 0.b_1 b_2 b_3 b_4 \cdots$ 是两个正实数的十进制小数表示.已知对任意正整数 n,$b_n = a_{2^n}$;又已知 x 是一个有理数.求证:y 也是一个有理数.(2007年　斯洛文尼亚)

108. 求所有正整数对 (x,y),满足方程 $\dfrac{1}{x} - \dfrac{1}{y} = \dfrac{1}{12}$.(2007年　英国)

109. 设平面上有 $n(n \geq 3)$ 个不同点,其中无三点共线,任两点连一条线段.设这些线段中

最大长度是 L. 设取到长度 L 的线段数目是 $r(n)$. 求证: $r(n) \leqslant \dfrac{1}{3} n^2$. (2007 年　摩尔多瓦)

110. 求证: 存在无限多个质数 p, 对于每个质数 p, 存在一个正整数 n, 使得 p 是 $n!+1$ 的一个因子, 但 n 不是 $p-1$ 的整数倍. (2007 年　摩尔多瓦)

111. 求所有正整数对 (k,n), 使得 k^4+n^2 是 7^k-3^n 的整数倍. (2007 年　越南)

112. 设 b,n 都是大于 1 的正整数, 设对每个正整数 $k>1$, 存在一个相应整数 a_k, 使得 $b-a_k^n$ 是 k 的整数倍. 求证: 存在某个整数 A, 满足 $b=A^n$. (2007 年　越南)

113. 设 AD 是 $\triangle ABC$ 的一条高, 点 D 在边 BC 上, 设点 E,F 依次是点 D 关于直线 AB,AC 的对称点. $\triangle BDE$ 和 $\triangle CDF$ 的内切圆半径分别是 r_1,r_2, 外接圆半径分别是 R_1,R_2, 求证: $|S_{\triangle ABD}-S_{\triangle ACD}| \geqslant |r_1 R_1 - r_2 R_2|$. (2007 年　爱沙尼亚)

114. 正整数 $n \geqslant 2$, 设对某个正整数 $b>1$, $\dfrac{b^n-1}{b-1}$ 是一个质数的幂. 求证: n 是质数. (2007 年　爱沙尼亚)

115. 求所有连续函数 $f: \mathbf{R} \to \mathbf{R}$, 对于任意实数 x,y, 满足方程 $f(x+f(y))=y+f(x+1)$. (2007 年　爱沙尼亚)

116. 正整数 $n \geqslant 2$, 求只依赖于 n 的最大正实数 $c(n)$, 对所有两两不同的 n 个整数 $a_1,a_2,\cdots,a_n$, 满足 $(n+1)\sum_{j=1}^{n} a_j^2 - \left(\sum_{j=1}^{n} a_j\right)^2 \geqslant c(n)$, 并确定等号成立条件. (2007 年　奥地利)

117. 在锐角 $\triangle ABC$ 中, BB_1 是 $\angle B$ 的内角平分线, 点 B_1 在边 AC 上, 点 K 是 $\triangle ABC$ 的外接圆劣弧 $\overset{\frown}{BC}$ 上一点, 使得 B_1K 垂直于 BC, 点 L 是边 AC 上的点, BL 垂直于 AK, 射线 BB_1 交 $\triangle ABC$ 的外接圆上另一点 T. 求证: 三点 K,L,T 在同一条直线上. (2007 年　俄罗斯)

118. 求所有 3 次多项式 $f(x)$, 对任意非负实数 x,y, 有 $f(x+y) \geqslant f(x)+f(y)$. (2007 年　伊朗)

119. 点 O 是锐角 $\triangle ABC$ 内部一点, 满足 $OA=OB+OC$, $\triangle ABC$ 的外接圆是 Γ, 点 B^* 和 C^* 分别是圆 Γ 的劣弧 $\overset{\frown}{AC}$ 和 $\overset{\frown}{AB}$ 的中点. 求证: $\triangle COC^*$ 和 $\triangle BOB^*$ 的外接圆相切. (2007 年　伊朗)

120. 圆 Γ 是锐角 $\triangle ABC$ 的外接圆, 圆心是点 O, 另一圆 Γ^* (圆心是点 O^*) 与圆 Γ 切于点 A, 并且与边 BC 切于点 D. 圆 Γ^* 依次交边 AB 于点 E, 交边 AC 于点 F. 射线 OO^* 交圆 Γ 于另一点 A^*, 直线 EO^* 交圆 Γ^* 于点 G, 直线 BO 与 A^*G 交于点 H. 求证: $DF^2 = AF \cdot GH$. (2007 年　韩国)

121. 求所有质数对 p,q, 使得 p^p+q^q+1 是 pq 的整数倍. (2007 年　韩国)

122. 求所有非负整数对 (x,y), 满足方程 $x^3 y+x+y=xy+2xy^2$. (2007 年　法国)

123. 给定 100 个正整数 (允许相等), 它们的和等于它们的乘积, 求这 100 个正整数中出现 1 的次数的最小值. (2007 年　法国)

124. 设 AD,BE,CF 是锐角 $\triangle ABC$ 的三条高, 这里点 D,E,F 分别在边 BC,AC,AB 上. 设点 M 是边 BC 的中点, $\triangle AEF$ 的外接圆交线段 AM 于另一点 X, 线段 AM 与 CF 相交于点 Y, 设 Z 是线段 AD 与射线 BX 的交点. 求证: YZ 平行于 BC. (2007 年　法国)

125. 求 $11^{12^{13}}$ 的十位数数字. (2007 年　日本)

126. 在 15 张卡片上分别写上数字 $1,2,\cdots,15$, 一张卡片上写一个数字, 选择其中某些卡片 (至少一张), 这些卡片上写的数字都大于等于被选卡片数目, 问这样的选择方法一共有多少种? (2007 年　日本)

127. 求满足方程 $a^2 b^2 = 4a^5+b^3$ 的所有正整数组解 (a,b). (2007 年　日本)

128. 数列 $\{a_n\}$ (n 是非负整数) 由下式确定: $a_0=3, a_n=2+a_0 a_1 \cdots a_{n-1}$, 这里 n 是任意正

整数.

(1) 求证:这数列中任意不同两项是互质的正整数;

(2) 求 a_{2007}. (2007年 克罗地亚)

129. 在锐角 △ABC 中,设 A_1, B_1, C_1 依次是边 BC, CA, AB 的中点. △ABC 的外接圆圆心是点 O,半径是 1. 求证: $\dfrac{1}{OA_1} + \dfrac{1}{OB_1} + \dfrac{1}{OC_1} \geqslant 6$. (2007年 克罗地亚)